Código de processo penal
comentários consolidados e crítica jurisprudencial

Código de processo penal

comentários consolidados e crítica jurisprudencial

Fauzi Hassan Choukr

10ª edição

Rua Clara Vendramin, 58 | Mossunguê
CEP 81200-170 | Curitiba | PR | Brasil
Fone: (41) 2106-4170
www.intersaberes.com
editora@intersaberes.com

Conselho Editorial Dr. Alexandre Coutinho Pagliarini | Dr.ª Elena Godoy | Dr. Neri dos Santos | Mª Maria Lúcia Prado Sabatella
Editora-chefe Lindsay Azambuja
Gerente Editorial Ariadne Nunes Wenger
Assistente Editorial Daniela Viroli Pereira Pinto
Edição de Texto Monique Francis Fagundes Gonçalves | Tiago Krelling Marinaska
Capa e Projeto Gráfico Sílvio Gabriel Spannenberg
Diagramação Renata Silveira
Iconografia Regina Claudia Cruz Prestes

Dados Internacionais de Catalogação na Publicação (CIP)
(Câmara Brasileira do Livro, SP, Brasil)

Choukr, Fauzi Hassan
  Código de processo penal: comentários consolidados e crítica jurisprudencial/ Fauzi Hassan Choukr. – 10. ed. – Curitiba, PR: Intersaberes, 2023.

  Bibliografia.
  ISBN 978-65-5517-236-2

  1. Direito penal – Brasil 2. Processo penal – Leis e legislação – Brasil I. Título. II. Série.

22-99364 CDU-343.1(81)(094.56)

Índices para catálogo sistemático:
1. Brasil: Código de processo penal comentado   343.1(81)(094.56)

Eliete Marques da Silva – Bibliotecária – CRB-8/9380

10ª edição, 2023.
Foi feito o depósito legal.
Informamos que é de inteira responsabilidade do autor a emissão de conceitos.
Nenhuma parte desta publicação poderá ser reproduzida por qualquer meio ou forma sem a prévia autorização da Editora InterSaberes.
A violação dos direitos autorais é crime estabelecido na Lei n. 9.610/1998 e punido pelo art. 184 do Código Penal.

Sumário

- 8   Espírito de interpretação
- 9   Prefácio à 1ª edição
- 11   Apresentação à 1ª edição
- 13   Apresentação à 10ª edição

- 14   Decreto-Lei n. 3.689, de 3 de outubro de 1941

- 14   **Livro I** – Do Processo em Geral

- 14   **Título I** – Disposições Preliminares
- 42   **Título II** – Do Inquérito Policial
- 120   **Título III** – Da Ação Penal
- 174   **Título IV** – Da Ação Civil
- 181   **Título V** – Da Competência

- 186   **Capítulo I** – Da Competência pelo Lugar da Infração
- 189   **Capítulo II** – Da Competência pelo Domicílio ou Residência do Réu
- 190   **Capítulo III** – Da Competência pela Natureza da Infração
- 202   **Capítulo IV** – Da Competência por Distribuição
- 203   **Capítulo V** – Da Competência por Conexão ou Continência
- 213   **Capítulo VI** – Da Competência por Prevenção
- 215   **Capítulo VII** – Da Competência pela Prerrogativa de Função
- 223   **Capítulo VIII** – Disposições Especiais

- 225   **Título VI** – Das Questões e Processos Incidentes

- 225   **Capítulo I** – Das Questões Prejudiciais
- 228   **Capítulo II** – Das Exceções
- 239   **Capítulo III** – Das Incompatibilidades e Impedimentos
- 240   **Capítulo IV** – Do Conflito de Jurisdição
- 246   **Capítulo V** – Da Restituição das Coisas Apreendidas
- 252   **Capítulo VI** – Das Medidas Assecuratórias
- 265   **Capítulo VII** – Do Incidente de Falsidade
- 267   **Capítulo VIII** – Da Insanidade Mental do Acusado

- 272   **Título VII** – Da Prova

- 272   **Capítulo I** – Disposições Gerais
- 288   **Capítulo II** – Do exame de corpo de delito, da cadeia de custódia e das perícias em geral
- 306   **Capítulo III** – Do Interrogatório do Acusado
- 332   **Capítulo IV** – Da Confissão
- 335   **Capítulo V** – Do Ofendido
- 340   **Capítulo VI** – Das Testemunhas
- 356   **Capítulo VII** – Do Reconhecimento de Pessoas e Coisas
- 360   **Capítulo VIII** – Da Acareação
- 361   **Capítulo IX** – Dos Documentos
- 363   **Capítulo X** – Dos Indícios
- 364   **Capítulo XI** – Da Busca e da Apreensão

- 373   **Título VIII** – Do Juiz, do Ministério Público, do Acusado e Defensor, dos Assistentes e Auxiliares da Justiça

- 373   **Capítulo I** – Do Juiz
- 379   **Capítulo II** – Do Ministério Público
- 384   **Capítulo III** – Do Acusado e seu Defensor
- 388   **Capítulo IV** – Dos Assistentes

- 392   **Capítulo V** – Dos Funcionários da Justiça
- 392   **Capítulo VI** – Dos Peritos e Intérpretes

- 394   **Título IX** – Da Prisão, das Medidas Cautelares e da Liberdade Provisória

- 397   **Capítulo I** – Disposições Gerais
- 427   **Capítulo II** – Da Prisão em Flagrante
- 461   **Capítulo III** – Da Prisão Preventiva
- 476   **Capítulo IV** – Da Prisão Domiciliar
- 480   **Capítulo V** – Das Outras Medidas Cautelares
- 486   **Capítulo VI** – Da Liberdade Provisória, com ou sem Fiança

- 502   **Título X** – Das Citações e Intimações

- 502   **Capítulo I** – Das Citações
- 516   **Capítulo II** – Das Intimações

- 519   **Título XII** – Da Sentença

- 537   **Livro II** – Dos Processos em Espécie

- 537   **Título I** – Do Processo Comum

- 537   **Capítulo I** – Da Instrução Criminal
- 577   **Capítulo II** – Do Procedimento Relativo aos Processos da Competência do Tribunal do Júri (Redação dada pela Lei n. 11.689, de 9-6-2008)
- 693   **Capítulo III** – Do Processo e do Julgamento dos Crimes da Competência do Juiz Singular

- 693   **Título II** – Dos Processos Especiais

- 693   **Capítulo I** – Do Processo e do Julgamento dos Crimes de Falência
- 694   **Capítulo II** – Do Processo e do Julgamento dos Crimes de Responsabilidade dos Funcionários Públicos
- 696   **Capítulo III** – Do Processo e do Julgamento dos Crimes de Calúnia e Injúria, de Competência do Juiz Singular
- 697   **Capítulo IV** – Do Processo e do Julgamento dos Crimes contra a Propriedade Imaterial
- 702   **Capítulo V** – Do Processo Sumário
- 705   **Capítulo VI** – Do Processo de Restauração de Autos Extraviados ou Destruídos
- 708   **Capítulo VII** – Do Processo de Aplicação de Medida de Segurança por Fato Não Criminoso

- 708   **Título III** – Dos Processos de Competência do Supremo Tribunal Federal e dos Tribunais de Apelação

- 708   **Capítulo I** – Da Instrução
- 709   **Capítulo II** – Do Julgamento

- 709   **Livro III** – Das Nulidades e dos Recursos em Geral

- 709   **Título I** – Das Nulidades
- 723   **Título II** – Dos Recursos em Geral

- 766   **Capítulo IV** – Do Protesto por Novo Júri

766 CAPÍTULO V – Do Processo e do Julgamento dos Recursos em Sentido Estrito e das Apelações, nos Tribunais de Apelação
772 CAPÍTULO VII – Da Revisão
784 CAPÍTULO VIII – Do Recurso Extraordinário
790 CAPÍTULO IX – Da Carta Testemunhável
792 CAPÍTULO X – Do Habeas Corpus e seu Processo

808 LIVRO IV – Da Execução

808 TÍTULO I – Disposições Gerais
810 TÍTULO II – Da Execução das Penas em Espécie

810 CAPÍTULO I – Das Penas Privativas de Liberdade
811 CAPÍTULO II – Das Penas Pecuniárias
812 CAPÍTULO III – Das Penas Acessórias

812 TÍTULO III – Dos Incidentes da Execução

812 CAPÍTULO I – Da Suspensão Condicional da Pena
813 CAPÍTULO II – Do Livramento Condicional

816 TÍTULO IV – Da Graça, do Indulto, da Anistia e da Reabilitação

816 CAPÍTULO I – Da Graça, do Indulto e da Anistia
817 CAPÍTULO II – Da Reabilitação

820 TÍTULO V – Da Execução das Medidas de Segurança

823 LIVRO V – Das Relações Jurisdicionais com Autoridade Estrangeira

828 TÍTULO ÚNICO

828 CAPÍTULO I – Disposições Gerais
831 CAPÍTULO II – Das Cartas Rogatórias
832 CAPÍTULO III – Da Homologação das Sentenças Estrangeiras

833 LIVRO VI – Disposições Gerais

841 Lista de siglas
843 Referências
863 Sobre o autor

"Uma constituição que se compromete com a dignidade humana lança, com isso, os contornos de sua compreensão do Estado e do Direito e estabelece uma premissa antropológico-cultural. Respeito e proteção da dignidade humana como dever (jurídico) fundamental do Estado constitucional constitui a premissa para todas as questões jurídico--dogmáticas particulares."

(HÄBERLE, P. A dignidade humana como fundamento da comunidade estatal. In: SARLET, I. W. (Org.). **Dimensões da dignidade**: ensaios de filosofia do direito e direito constitucional. 2. ed. Porto Alegre: Livraria do Advogado, 2009. p. 81)

Espírito de interpretação

O poder estatal só está legitimado, por meio da jurisdição, a impor uma sanção penal para recompor o direito material quando certificado seu rompimento. Essa recomposição concreta se dá por meio de um direito de ação no qual a dignidade humana é o vetor fundamental a orientar o funcionamento daquilo que se denomina sistema penal.

Corolário da dignidade humana, a liberdade orienta-se em primeiro plano e será constrita à medida da pena definitiva. Assim, pode-se afirmar que o processo penal visa, primordialmente, garantir a liberdade justa, e, certificada a injustiça da sua fruição, ela será mitigada nos exatos limites da legalidade da pena. O modelo acusatório de processo, que não se limita à divisão formal dos papéis processuais, reclama a assimilação dos valores e princípios expostos. Sua consecução não é um mero ideal abstrato, mas uma necessidade prática na construção de uma sociedade que, mais que democrática na sua forma, se quer humana na sua essência.

Ademais, no plano da crítica dos precedentes, uma ampla revisão e aprofundamento do trabalho jurisdicional mantendo-se, contudo, julgados anteriores quando necessário para demonstrar o comportamento da compreensão da matéria pelos Tribunais.

Assim, entrega-se à comunidade jurídica um texto que amadurece ao longo de suas sucessivas edições agora numa nova Casa, com o mesmo compromisso acadêmico que norteou a pesquisa original da Obra.

Fauzi Hassan Choukr

Prefácio à 1ª edição

A imprescindível constitucionalização do Processo Penal, por Fauzi Hassan Choukr.

"Homem nenhum lhes pode revelar nada, senão aquilo que já queda meio adormecido no alvorecer de seu conhecimento. (...) Pois a visão de um homem não empresta suas asas a outro homem" (GIBRAN, Kahlil. *O profeta*. Trad. Eduardo Pereira e Ferreira. São Paulo: Editora Nova Alexandria, 2002, p. 67-68).

O Prof. Dr. Fauzi Hassan Choukr fez a obra mais acabada, dentro do Direito Processual Penal brasileiro, de aproximação do Código de Processo Penal com a Constituição da República. Seu *Código de Processo Penal*: comentários consolidados e crítica jurisprudencial, só por isso, já mereceria ser reverenciado.

Esgotou, por outro lado, tão rápido a 1ª edição que me não foi possível – enleado que estava com meu concurso para Professor Titular de Direito Processual Penal na Universidade Federal do Paraná – preparar o Prefácio para ela, levando o douto autor e a Lumen Juris a fazerem o lançamento na crença de serem minhas palavras – como de fato são – um mero apêndice. Estavam certos eles (o livro fala por si), mas quem ganhou mesmo fui eu, isto é, ganhei o argumento referente à pesquisa de campo, aquele que me permitiu, nos últimos meses, em percorrendo gabinetes de juízes, órgãos do Ministério Público, professores e, sobretudo, salas de grandes advogados criminalistas (para não falar das bibliotecas), perceber que sobre as escrivaninhas estava sempre lá o *Código de Processo Penal*: comentários consolidados e crítica jurisprudencial do Prof. Dr. Fauzi Hassan Choukr, sintoma de um avanço espantoso para quem, com grande desconfiança, frequentava os mesmos gabinetes e salas e via, naqueles lugares, outros "Códigos", tão menos ilustres, quase sem brilho, ou melhor, com seleções desastradas (no conjunto) e desastrosas (nos efeitos) de arestos, tudo sem comentários ou, quando aparecem, em geral tratam tão só de reproduzir os conceitos (nem sempre corretos) das decisões.

Afinal, se os Tribunais competentes fizessem um exame sério de consciência e meditassem acerca da importância de a situação seguir como está (o Código de Processo Penal, quase intacto, regendo o processo penal), com tantas injustiças sendo praticadas em nome do *status quo*, por certo se partiria para uma paulatina declaração de sua não recepção pela Constituição da República de 1988 e inconstitucionalidade de grande parte das leis que se impôs à nação desde sua vigência, com as consequências daí decorrentes, do ato declaratório e, dentre elas, uma legislação processual penal adequada ao *due process of law*.

Agora, então, ganhamos um novo sopro de esperança, porque o Prof. Dr. Fauzi Hassan Choukr não só amontoou (recolheu e reproduziu) os arestos, mas tratou de lhes dar, no conjunto, comentários pertinentes, sempre sob a luz da Constituição da República.

Chega-se, assim, quem sabe, não só à obra de comentários ao Código de Processo Penal que, de fato, faltava (com um volume só), mas àquela destinada a ser a extrema-unção do Código de Processo Penal, se – como deve ser – for levada a sério.

Ora, não se vai adiante sem o necessário corte epistemológico, como queria Bachelard, mas ele é, antes de tudo, negação de um passado de erro, ao qual só se chega com a compreensão correta da leitura atual; e aqui, como não poderia deixar de ser, o Código de Processo Penal não passa no teste; não resiste à menor análise de constitucionalidade.

Há, porém, nisso tudo, que se entender o *status quo* e perceber ser a constitucionalização do Código de Processo Penal e da legislação processual penal um – dir-se-ia, em sentido atécnico – processo; e não um mero ato isolado. O conjunto (a noção é grega, sabe-se bem) pede lugar na dinâmica tempo-espaço, não perdoando aqueles ousados que a atropelam: declarar-se a não recepção ou a inconstitucionalidade do Código de Processo Penal (e legislação extravagante) de uma vez só seria criar quase um vácuo – em *ultima ratio* – de poder, algo em verdade impossível e altamente discutível se dentro da esfera de competência do Poder Judiciário, por conta do caos que poderia gerar, mas, e sobretudo, pelo insuportável decisionismo, como anotaria Ferrajoli.

Assim, não parece ser esse o caminho correto (e não é!), mas não se pode, sob tal fundamento, manter uma estrutura sabidamente não recepcionada ou inconstitucional (depende do caso, como se sabe) para sempre, fazendo sofrer à gente. Aqui, como parece elementar, ao Poder Judiciário cabe, tendo ciência da situação – e empurrando aqueles que a ignoram –, passar aos imprescindíveis ajustes constitucionais (ou paulatinamente ir fazendo), por sinal como se deu com várias Cortes Constitucionais europeias no último pós-guerra mundial, a começar pela italiana, a qual foi, passo a passo, declarando a inconstitucionalidade do CPPI (Codice Rocco, de 1930), a tal ponto de, em um determinado momento, "forçar" as mais variadas tendências políticas a aceitarem o óbvio, ou seja, um novo Código, que tem por núcleo o princípio dispositivo (sem embargo de já andar retaliado pela [des]razão de alguns e pelos jogos do momento político neoliberal), com suas consequências estruturais.

Por outro lado (e aqui falo também à minha querida amiga Ana, advogada brilhante e esposa dedicada do Prof. Dr. Fauzi Hassan Choukr), um livro, como se sabe, é quase um filho, ou seja, como a ele – um filho – amamos mais que a nós mesmos. Um filho, porém, não é nosso, mas do mundo, como lembrou Kahlil Gibran, traduzindo algo sabido pela cultura milenar árabe e responsável, quem sabe, pela forte presença dela na nossa sociedade, tendo, lá na matriz – não é por outro motivo que Freud usava tanto a mitologia grega, sempre tão rica a ler os destinos do homem –, feito ver que muitas das nossas dores (para não arriscar dizer todas) estão diretamente vinculadas à filiação, ou melhor dizendo, às funções materna e paterna, quase sempre por esquecerem essa banal lição. Assim, nascemos para ir além dos nossos pais – e vamos, quase sempre –, não raro os enterrando não sem antes termos ganho, além do nome, a estrada do mundo, como se eles não existissem.

O preço que pagamos é conhecido: saímos deles, mas eles não saem de nós, nem quando os enterramos. É o jogo da vida, deixando no tempo a sua marca; e a ética e a estética dessas "metamorfoses ambulantes" (como dizia o genial Raulzito) que somos nós. Há, todavia, que aprender com a vida; e no paradoxo da liberdade/prisão, filhos do mundo/filhos-nossos-para-sempre, temos, isto sim, alguma chance de dar a eles o menor sofrimento possível nesta vida onde, como disse Sartre, "o inferno são os outros", isto é, cada um de nós aos olhos alheios.

Os filhos do mundo, sob a nossa identidade, encontram um "lugar" deles, como este *Código de Processo Penal*: comentários consolidados e crítica jurisprudencial já encontrou o seu, sob os auspícios da Lumen Juris, aparecendo sobre a mesa de quem quer, pelo caminho correto da Constituição da República, fazer democrática a regra do jogo e, assim, permitir que mais dos nossos (cidadãos) possam sonhar com – e quiçá viver – a felicidade.

"Seus filhos não são seus filhos. Mas sim filhos e filhas do anseio da Vida por si mesma. Eles vêm por meio de vocês, mas não provêm de vocês. E, embora estejam com vocês, não lhes pertencem" (GIBRAN, Kahlil. *O profeta*. Trad. Eduardo Pereira e Ferreira. São Paulo: Editora Nova Alexandria, 2002, p. 67-68).

Prof. Dr. Jacinto Nelson de Miranda Coutinho
Professor Titular de Direito Processual Penal da UFPR
Chefe do Departamento de Direito Penal e Processual Penal da UFPR

Apresentação à 1ª edição

Coube-me a honra de apresentar ao leitor este excelente *Código de Processo Penal: comentários consolidados e crítica jurisprudencial*.

Na realidade, faço questão de ressaltar que se trata de tímida apresentação desta obra de fôlego. Não se cuida da apresentação do autor, cujos méritos intelectuais são sobejamente conhecidos, porque este dispensa apresentação. Fauzi Hassan Choukr é referência obrigatória, hoje, de todos os que estão seriamente empenhados em estudar o processo penal.

Muitos artigos do jurista Fauzi Choukr, publicados em revistas jurídicas no Brasil e no exterior, pautam a pesquisa no campo do processo penal e, principalmente, influenciam de forma decisiva a mudança de rumo da jurisprudência, antes acomodada ao "sedutor" filão da aplicação acrítica do Código de Processo Penal de 1941.

Creio, porém, que sua dissertação de mestrado, convertida em livro de sucesso e publicada igualmente pela Lumen Juris, sob o título *Garantias constitucionais na investigação criminal*, e sua tese de doutorado (ambas defendidas na USP), denominada *Processo penal de emergência*, dão o tom da nova concepção de direito processual penal em torno da qual convergem estudiosos dos vários cantos do Brasil.

O eixo desta concepção diferenciada, que alguns teimam de certa maneira em querer etiquetar ("garantista", "crítica" etc.), nem sempre por razões acadêmicas, está centrado na compreensão do fenômeno jurídico como expressão da cultura da sociedade, que não pode ser isolado das demais manifestações da comunidade. Assim, temas aparentemente neutros, como jurisdição, ação e processo, são reconduzidos ao espaço social onde têm significado mais abrangente que os conceitos que lhes são atribuídos pelos manuais tradicionais, estes, quase todos, herdeiros do paleopositivismo, conforme certamente reconheceria Luigi Ferrajoli.

A visão paleopositivista do direito processual penal representa a "vanguarda do atraso" não só por sua evidente defasagem metodológica. Mais grave que o "véu de ignorância" que encobre a limitada interpretação e aplicação de regras processuais penais datadas da Ditadura Vargas é o desprezo pelos comandos constitucionais que se impõem a todos, inclusive aos tribunais (parece óbvio), desde 1988.

Disse em outra ocasião que "os saberes tradicionais das Escolas de Direito talvez sejam essenciais à compreensão da vida humana em coletividade, conforme se apresenta aos nossos olhos, mas sem dúvida têm significativa carga de responsabilidade na perpetuação" da desigual distribuição de ônus e bônus sociais.

Não sem tempo os tribunais brasileiros, renovados em sua composição por juízes formados a partir da experiência pós-88, começam a mudar o destino da jurisprudência, superando paulatinamente os lugares-comuns constituídos sob a égide da ideologia do Código de Processo Penal de Vargas e Francisco Campos.

É necessário, todavia, refinamento metodológico para encontrar os sinais de uma transformação que é, por natureza, lenta. Perceber as permanências e mudanças, em termos de orientação dos órgãos colegiados, e contrastar as decisões com o que há de mais moderno no que diz respeito aos conceitos e categorias do processo penal é tarefa árdua, que poucos juristas estão habilitados a enfrentar.

Este foi o desafio que o autor se impôs. Preparado e culto, Fauzi Choukr encarna o jurista contemporâneo que se sente responsável por construir uma sociedade mais justa e solidária.

Sabedor do papel que o Código de Processo Penal ainda desempenha na constelação de leis esparsas que tratam da matéria, o autor buscou investigar cada assunto previsto no Código à luz da Constituição da República e dos Tratados Internacionais. Relembrou a importância dos compromissos assumidos pelo Brasil nesse plano e demonstrou, do ponto de vista da dogmática crítica do processo, o que cada artigo, instituto ou categoria significa.

Conseguiu apurar olhos e ouvidos para apreender o posicionamento dos tribunais, o que é central na atual ordem constitucional brasileira, fundada em princípios republicanos e democráticos, e além disso combinou a análise, oferecendo ao leitor rico e confiável material de pesquisa, que serve tanto aos profissionais (advogados, juízes e promotores de justiça, delegados de polícia) como aos estudantes que de fato pretendem estar preparados para o mundo competitivo que se lhes apresenta na atualidade.

Alcançar esse resultado valendo-se da simplicidade da linguagem é outra virtude que cabe salientar, pois de nada adiantaria colocar à disposição o extraordinário material que se oferece, se a linguagem interditasse o acesso às informações.

Por tudo isso, fico profundamente honrado em escrever estas linhas, adiantando ao leitor, com certeza, o prazer que terá ao ler mais este trabalho do estimado amigo Fauzi Choukr.

Geraldo Prado

Agosto de 2005.

Mestre e Doutor em Direito pela Universidade Gama Filho. Pós-Doutor pela Universidade de Coimbra, no Centro de Estudos Interdisciplinares do Século XX, na área de História das Ideias e da Cultura Jurídicas. Docente da Universidade Federal do Rio de Janeiro (UFRJ) e da Faculdade Nacional de Direito (FND). Professor visitante do curso de Doctorado en Derecho na Facultad de Derecho de la Universidad Nacional de Lomas de Zamora, Buenos Aires, Argentina. Investigador do Centro de Investigação em Direito Penal e Ciências Criminais da Universidade de Lisboa. Desembargador aposentado do Tribunal de Justiça do Rio de Janeiro. Consultor Jurídico.

Apresentação à 10ª edição

Ao ensejo da publicação da 10ª. Ed. desta Obra cumpre-me, primeiramente, agradecer o apoio irrestrito dado pela Editora InterSaberes que, desde o primeiro momento, abraçou de forma extremamente profissional o projeto acadêmico e comercial, merecendo ser destacada a dedicação ímpar de todos setores envolvidos na produção deste Livro, condição indispensável para que o público leitor tenha acesso ao conteúdo com invejável apresentação.

No plano acadêmico, esta 10ª. Ed. traduz a consolidação, em sede jurisprudencial, de inúmeras ponderações trazidas ao longo das edições anteriores. Duas, em especial, merecem destaque: a progressiva exigência de rigor epistêmico no campo probatório e o afastamento, pelo STF, da inconcebível possibilidade de falar-se em "execução provisória" de pena, com o julgamento da adequação constitucional do art. 283 deste Código.

Ademais, esta 10ª. Ed. contempla a progressiva consolidação da convivência da tecnologia com o desenvolvimento do devido processo penal em praticamente todas as searas possíveis, do campo probatório à realização de audiências, estas definitivamente afetadas pelo período pandêmico no qual foi-se obrigado a refletir e limitar o emprego da tecnologia remota na produção de atos processuais.

Mas, se avanços existem, a estagnação ainda é a regra, alimentada pela insuficiência teórico-prática na construção de um CPP globalmente reformado que, mais que uma reforma, deve(ria) significar a própria refundação do processo penal brasileiro.

Os rumos do processo legislativo ainda em curso desde 2009, e há mais de uma década na Câmara dos Deputados, não alimentam perspectivas sequer de atualização mínima, o que se dizer então da necessária ruptura fundacional.

Neste cenário de continuísmo desolador em muitas situações (a ver-se, entre elas, o perene emprego de medidas cautelares privativas da liberdade com evidentes contornos de antecipação de pena) cumpre resistir na defesa da Constituição e do Sistema Interamericano de Direitos Humanos, além de toda ordem internacional a que nos encontramos vinculados neste campo que, para além de serem meras referências morais, são normas exigíveis na construção teórica, legislativa e no direito vivo.

Resistência que nunca faltou no espírito desta Obra. E sua vida ao longo de 10 edições demonstra que ainda vale ter na democracia e no Estado de Direito o horizonte para onde se caminha.

Serra do Japy, verão de 2023

Fauzi Hassan Choukr

Pós-Doutorado pela Universidade de Coimbra (2012/2013). Doutorado (1999) e Mestrado (1994) em Direito Processual Penal pela Universidade de São Paulo. Especializado em Direitos Humanos pela Universidade de Oxford (New College; 1996) e em Direito Processual Penal pela Universidade Castilla la Mancha (2007). Capacitação profissional para o sistema acusatório junto ao CEJA – Centro de Estudos Jurídicos das Américas (OEA), Chile, 2016; Pesquisador convidado do Instituto Max Planck para direito penal estrangeiro, internacional e criminologia (1997 a 2008): Pesquisador convidado do Collège de France, cátedra sob regência da Prof.ª Mirreile Delmas-Marty (2005 a 2011). Coordenador do PPGD da Facamp – Programa aprovado pela CAPES. Pesquisas concentradas nos seguintes temas: direitos fundamentais e sistema penal; internacionalização de direitos e globalização econômica; justiça de transição. Promotor de Justiça no Estado de São Paulo (desde 1989)

Decreto-Lei n. 3.689, de 3 de outubro de 1941

O PRESIDENTE DA REPÚBLICA, usando da atribuição que lhe confere o art. 180 da Constituição, decreta a seguinte Lei:

1. O processo penal como um ato de força do Poder Executivo

Nascido em plena época de exceção ao Estado de Direito, sob a égide formal da Constituição de 1937, para atender "ao estado de apreensão criado no País pela infiltração comunista, que se torna dia a dia mais extensa e mais profunda, exigindo remédios, de caráter radical e permanente" conforme afirmava seu próprio preâmbulo, e sob influência do regime fascista italiano, o direito processual penal brasileiro conheceu, fora do Parlamento e pelas mãos práticas de Francisco Campos, sua reunificação legislativa e com uma compreensão de democracia profundamente distinta da atual.[1]

Do ponto de vista normativo significou a superação dos Códigos estaduais, fenômeno que teve seu nascedouro com a Constituição de 1891, a qual possibilitou aos Estados-membros a competência legislativa em matéria de processo ao dispor, em seu artigo 34, § 23, entre as atribuições do Congresso, a de "legislar sobre direito civil, comercial e criminal da República e o processual da justiça federal", abrindo-se assim, por exclusão, a legislação estadual.

LIVRO I – Do Processo em Geral

TÍTULO I – Disposições Preliminares

Art. 1º O processo penal reger-se-á, em todo o território brasileiro, por este Código, ressalvados:

1. Impropriedade científica da terminologia empregada no "Livro I"

A nomenclatura aqui empregada demonstra-se anacrônica até mesmo para a ciência processual da época em que o Código foi escrito. Com o emprego do rótulo "processo em geral" dá-se uma indesejável confusão terminológica entre os conceitos básicos da ciência processual (jurisdição, ação e processo), além de alocar, de maneira errônea, a fase investigativa no mesmo contexto que o próprio processo.

Analisando tal cenário, Jacinto Miranda Coutinho mais uma vez nos explica de forma lapidar

a falta de sincronia terminológica quanto aos conceitos fundamentais, supondo-se que deles há um domínio. Tal suposição, sem embargo, tem-se mostrado falsa. Afinal, há falta de sincronia quanto aos conceitos, mas, mais grave, quanto aos referenciais semânticos isso também acontece em grande escala. E aí começa um dos maiores suplícios da via-sacra do Direito Processual Penal brasileiro.[2]

1.1 Consequências práticas da inconsistência científica

Importa destacar o resultado substancial dessa crítica. Ele se verifica na diluição de conceitos que, exatamente por frágeis (ou falsos, cientificamente falando), possibilitam um discurso desconexo, pelo qual o "objeto" processo penal pode ser apreendido da forma como o emitente desejar, e ser compreendido como ao receptor do discurso convier.

Em suma: fala-se o que se quer e ouve-se o que se deseja ouvir. Assim, "inquérito" se "transforma" em processo e se passa a compreender este último como uma mera repetição (e, portanto, desnecessária) daquele, por exemplo.

Corolário disso, a estrutura deste Livro demonstra claramente a hierarquia de valores que inspiram o Código. Como decorrência natural do espírito autoritário que possui e que alimenta largamente sua interpretação, até mesmo nos dias de hoje, os primeiros cuidados do Código dirão respeito à atividade de polícia para, depois, seguir-se a estrutura da ação e, por fim, as disposições de competência. Previsões sobre os atores processuais são bem posteriores e, verdadeiramente, o papel da jurisdição se afigura diluído entre os elementos de caráter administrativo que aparecem em primeiro lugar.

Essa ubiquação se mostra inadequada aos ditames do Estado de Direito tais como assentados na CR/88 e na CADH. Numa revisão de fundo nos valores culturais e na estrutura de direito positivo, seria importante, como vetor interpretativo de um futuro novo Código modificado integralmente, que viessem assentados os cânones constitucionais em primeiro plano, numa sede preliminar como, na verdade, já havia sido sugerido, para o direito francês, pela Comissão Justiça Penal e Direitos do Homem, em 1993, e, dentre outras legislações, pode ser encontrado em países que passaram pela superação de momentos de exceção ao Estado de Direito (nesse sentido, veja-se, por exemplo, o Código Nacional

---

1   Para uma demonstração dessa diferença, veja-se LOSSO, Tiago Bahia. **Estado Novo**: discurso, instituições e práticas administrativas. Campinas, SP : [s. n.], 2006.

2   MIRANDA COUTINHO, Jacinto Nelson de. Efetividade do processo penal e golpe de cena: um problema às reformas processuais. In: Miranda COUTINHO, Jacinto Nelson de (Org.). **Escritos de direito e processo penal em homenagem ao Professor Paulo Cláudio Tovo**. Rio de Janeiro: Lumen Juris, 2002. p. 139-147.

argentino, e os Códigos de Processo Penal da Nicarágua e do Equador, dentre outros).

2. Conceito de "processo" na teoria processual

Na teoria processual contemporânea, a lição de Fazzalari surge como a que mais adequadamente vincula o conceito de processo aos primados do Estado de Direito.

Como sustentado por Barros, após expor o conceito prévio de procedimento, fundamental para compreender aquele do processo tal como postulado pelo autor italiano,

> a esse conceito de procedimento, o autor agrega o conceito de processo, que se distingue pelo critério lógico de inclusão – como justifica Aroldo Plínio (cf. Gonçalves, 1992, p. 67-68) –, pois o processo é uma das espécies de procedimento, que se distingue pelo tratamento dispensado aos partícipes que sofrerão os efeitos do ato final, que devem participar do procedimento em posição de simétrica paridade, ou seja, em contraditório.[3]

Para fins dos presentes *Comentários*, essa proposta conceitual será empregada sem que adentre, contudo, na revisão do processo como relação jurídica, discussão teórica que escaparia do objetivo final da obra.

2.1 Conceito de processo penal

O **processo penal**, ramo do direito público, é o conjunto de intervenções ordenadas e pré-constituídas a partir das bases constitucionais-convencionais do denominado *devido processo legal* que aqui também se apresentará como *devido processo constitucional--convencional* e se desenvolve amparado na proteção da dignidade da pessoa humana e destinado à preservação da liberdade justa, que virá a ser eventualmente limitada com obediência à legalidade estrita da norma de direito material.

Não é, isoladamente, algo desenvolvido com vistas às estruturas do poder público punitivo exclusivamente, mas deve satisfazer a dignidade da pessoa humana sob todas as suas manifestações como, por exemplo, na proteção também de direitos de vítimas e testemunhas, impondo a criação normativa-estrutural que venha a contemplar esse aspecto.

2.2 Dependência teórica do processo penal à teoria dos direitos fundamentais

Além disso, a entrada em vigor da CR, em 1988 significou para o processo penal a imposição de uma nova ordem acarretando mais que a mera reforma da estrutura anterior e deu concretude à célebre afirmação de Goldschimidt sobre ser a estrutura do processo penal um "termômetro" da Constituição[4] ou àquilo que Roxin[5] aponta como sendo o processo penal um "sismógrafo" da Constituição.

Portanto, a construção teórica do processo penal está intimamente ligada à evolução teórica dos direitos fundamentais previstos em textos internacionais e na cultura de sua interpretação, assim como naqueles de direito interno.

Pode-se projetar que, tomada essa premissa com todas suas possíveis conclusões, o processo penal pode vir a ser considerado como *técnica de aplicação concreta dos direitos fundamentais no exercício da atividade persecutória estatal*.

Isso modifica o eixo da concepção processo como "instrumento e garantia" na forma como exposto pela doutrina (sobretudo a partir do marco processual civilista) ou mesmo o processo como "instrumentalidade garantista" (na prestigiosa lição própria do processo penal) porque em ambas a instrumentalidade diz respeito, essencialmente, a uma norma de direito material que tem fundo penal.

Aqui, o que se propõe é essa instrumentalidade diz respeito, sobretudo, às normas materiais protetivas de direitos fundamentais que se projetam para a esfera de todos os intervenientes processuais (pessoas suspeitas, acusadas, vítimas ou testemunhas) e não como mecanismo de afirmação de uma norma de direito material penal posto que, visualizado como mecanismo de confirmação / negação de uma norma material penal está-se justificando toda uma sorte de instrumentos próprios de mecanismos inquisitivos como, por exemplo, o emprego largo de medidas cautelares.

3. Distinção entre processo e procedimento para fins de competência legislativa

Por fim, num plano legislativo, compreender o que "é processo" e distingui-lo do que é procedimento passa a ter uma importância ainda maior após a CR/88, pois, nas competências legislativas tem-se no art. 22 que "compete privativamente à União legislar sobre: I – direito civil, comercial, penal, processual, eleitoral, agrário, marítimo, aeronáutico, espacial e do trabalho". Mas, como a clareza dogmática não existe e o Código atrapalha com sua estrutura, há

---

3 BARROS, Flaviane de Magalhães. O processo, a jurisdição e a ação sob a ótica de Elio Fazzalari. **Virtuajus: Revista Eletrônica da Faculdade Mineira de Direito**, Belo Horizonte, v. 1, p. 1-29, 2003.

4 JAMES. "Teoria General del Proceso" EJEA, Buenos Aires, 1961. p. 110.

5 ROXIN, Claus. **Derecho Procesal Penal**. Buenos Aires: Editores Del Puerto, 2003. p. 10.

toda sorte de "desvios" materiais na produção normativa. Cita-se como exemplo uma situação mais evidente, que foi a da criação de juizados especiais criminais em certos estados antes da lei federal (como se deu no Mato Grosso do Sul e na Paraíba) e, numa norma de âmbito correcional no Estado de São Paulo que permite um tratamento diferenciado à testemunha (Ato n. 32-2000), além do tratamento da denominada "execução provisória" da sentença penal (também no Estado de São Paulo), todas matérias que, quanto à sua forma de produção, parecem escapar do ditame constitucional, embaralhando os conceitos de processo e procedimento.

4. Aplicação territorial do CPP

O Código de Processo Penal aplica-se nos limites geográficos estabelecidos do território brasileiro, entendido como território, por extensão, o quanto disposto no art. 5°, § 1°, do Código Penal quando dispõe que,

> Para os efeitos penais, consideram-se como extensão do território nacional as embarcações e aeronaves brasileiras, de natureza pública ou a serviço do governo brasileiro onde quer que se encontrem, bem como as aeronaves e as embarcações brasileiras, mercantes ou de propriedade privada, que se achem, respectivamente, no espaço aéreo correspondente ou em alto-mar.

Complementado pelo § 2°:

> É também aplicável a lei brasileira aos crimes praticados a bordo de aeronaves ou embarcações estrangeiras de propriedade privada, achando-se aquelas em pouso no território nacional ou em voo no espaço aéreo correspondente, e estas em porto ou mar territorial do Brasil.

5. Conceito de "território brasileiro"

Para fins de aplicação da lei processual penal, é de ser considerado como território nacional a projeção terrestre, aérea e marítima, tais como definidas em Lei, das fronteiras brasileiras.

Assim, faz parte do território nacional a denominada "coluna atmosférica", de acordo com o Código Brasileiro do Ar (Decreto-Lei n. 32, de 18 de novembro de 1966, reformado pelo Decreto-Lei n. 34, de 28 de fevereiro de 1967), bem como o mar brasileiro, assim definido: "O mar territorial brasileiro compreende uma faixa de doze milhas marítimas de largura, medidas a partir da linha de baixa-mar do litoral continental brasileiro, tal como indicado nas cartas náuticas de grande escala, reconhecidas oficialmente pelo Brasil" (art. 1°, *caput*, da Lei n. 8.617/1993).

Como extensão do território nacional tem-se a locação física das representações diplomáticas pátrias em outros Estados, cujo regramento se dá pela Convenção de Viena sobre as Relações Diplomáticas (de 18 de abril de 1961), que foi incorporada ao direito brasileiro pelo Decreto n. 56.435/1965, bem como a Convenção de Viena sobre as Relações Consulares (de 24 de abril de 1963), promulgada no Brasil com o Decreto n. 61.078/1967. No art. 31, § 1°, do texto supramencionado tem-se que: "O agente diplomático gozará de imunidade de jurisdição penal do Estado acreditado. Gozará também de imunidade de jurisdição civil e administrativa".

6. Extraterritorialidade: a amplitude do tema com o Tribunal Penal Internacional

O Tribunal Penal Internacional foi criado pelo Estatuto de Roma em 1998 e entrou em vigor após a sexagésima ratificação, o que se deu em abril de 2002, tendo entrado em funcionamento em julho daquele ano.

No caso brasileiro, cumpre esclarecer a forma como se deu a ratificação do Estatuto, sempre permeada de discussões em face de algumas previsões daquele documento que não se compatibilizariam com a CR, notadamente uma suposta fricção destrutiva entre uma das penas restritivas de liberdade e a letra explícita do texto constitucional quanto à impossibilidade de penas perpétuas. As penas cominadas pelo Estatuto de Roma encontram-se previstas no art. 77, o qual dispõe, no seu item "b", acerca da pena de prisão perpétua, quando justificada pela extrema gravidade do crime e pelas circunstâncias pessoais do condenado. Para a fixação das penas serão levados em conta os critérios definidos no art. 78, dentre eles, a gravidade do crime e as circunstâncias pessoais do condenado.

Ao ler a disposição estatutária, a doutrina brasileira pautou-se quase que integralmente na (justa) aversão constitucional à ideia de penas de caráter perpétuo (e de morte), as quais haviam sido repudiadas pelo ordenamento de longa data. Dessa forma, lida a Constituição e ali localizada entre as determinadas "cláusulas pétreas" a impossibilidade de prisão perpétua, não haveria outro caminho senão o da não ratificação do Estatuto (que não admite reservas).

Partiu-se, então, para um trabalho dogmático de superação desse entendimento, tendo sido André de Carvalho Ramos[6] um dos primeiros juristas a enfrentar com profundidade o tema na doutrina pátria. Ao empregar um raciocínio analógico, demonstrou com clareza que, em casos de extradição, o e. Supremo Tribunal Federal alterou sua posição

---

6   CARVALHO RAMOS, André de. O estatuto do Tribunal Penal Internacional e a Constituição brasileira. In: CHOUKR, Fauzi Hassan; AMBOS, Kai (Org.). **Tribunal Penal Internacional**. São Paulo: RT, 2000.

histórica para permitir a extradição de um condenado à pena perpétua sem que houvesse a necessidade de comutá-la.

A resposta oficial brasileira soube ser mais original que o esperado. A Comissão de Relações Exteriores e de Defesa Nacional, na sua Mensagem n. 1.084, de 2001, acatando o Parecer do relator, Deputado Nilmário Miranda, aprovou o projeto de Decreto Legislativo n. 152, de 2002 (PDC n. 1.661, de 2002, na Câmara dos Deputados), encaminhando-o em seguida ao Senado Federal, onde, apoiado no mesmo texto de André Carvalho já mencionado, na Comissão respectiva votou-se pela aprovação do Projeto, dentre outros, sob os seguintes argumentos: Tendo em vista a natureza das funções outorgadas, à luz do Regimento Interno do Senado Federal, a esta Comissão, não nos cabe realizar, nesse parecer, análise da matéria do ponto de vista de sua compatibilidade com a Constituição Federal. Todavia, pela leitura dos pareceres do Consultor Jurídico do Ministério das Relações Exteriores e da Comissão de Constituição e Justiça e de Redação da Câmara dos Deputados, podemos concluir pela inexistência de óbices, quanto à constitucionalidade, que possam impedir a adesão do Brasil ao Estatuto de Roma. Cabe lembrar que a Constituição Federal, no art. 7º do Ato das Disposições Constitucionais Transitórias, determina que "O Brasil propugnará pela formação de um tribunal internacional dos direitos humanos". Com efeito, somente uma instituição com a importância e independência conferidas ao TPI estará capacitada a afastar as ameaças do unilateralismo e da seletividade no tratamento dos crimes contra a humanidade. Como órgão que expressa o mais moderno multilateralismo e da cooperação entre os Estados, o Tribunal Penal Internacional vem sanar um antigo vácuo jurídico existente no sistema internacional, contribuindo, ademais, para prevenir as violações maciças dos direitos humanos e as ameaças contra a paz e a segurança dos Estados e, em última análise, da humanidade.

Quando levado à discussão em Plenário (6 de junho de 2002), foi enaltecido unanimemente pelos Senadores o caráter de proteção aos direitos humanos que possui o Tribunal Penal Internacional, a necessidade da proteção internacional dos direitos humanos e a posição brasileira quanto ao tema do rol de penas quando dos trabalhos que originaram o Estatuto, particularmente como um dos países que lutou contra a pena de morte e patrocinou a possibilidade da prisão perpétua.

Com base nesse texto, foi editado o Decreto Legislativo n. 112, de 2002, o qual aprovou o texto do Estatuto de Roma do Tribunal Penal Internacional, aprovado em 17 de julho de 1998 e assinado pelo Brasil em 7 de fevereiro de 2000, com a seguinte redação:

Art. 1º Fica aprovado o texto do Estatuto de Roma do Tribunal Penal Internacional, aprovado em 17 de julho de 1998 e assinado pelo Brasil em 7 de fevereiro de 2000.

Parágrafo único. Ficam sujeitos à aprovação do Congresso Nacional quaisquer atos que possam resultar em revisão do referido Estatuto, bem como quaisquer ajustes complementares que, nos termos do inciso I do art. 49 da Constituição Federal, acarretem encargos ou compromissos gravosos ao patrimônio nacional.

Art. 2º Este Decreto Legislativo entra em vigor na data de sua publicação.

Diante do embate sobre o tema, pode-se concluir que o trabalho político de aprovação acatou a posição que, enxergando um suposto conflito entre normas constitucionais, conferiu primazia àquela que propugna a criação de um tribunal internacional de direitos humanos – mesmo porque lastreada nos arts. 1º, III, e 4º, II, VI e VII, da CR/88, que também podem ser considerados como direitos indisponíveis –, visualizando nas disposições do Estatuto de Roma referentes à pena de prisão perpétua (patrocinada pelo Brasil, inclusive) um mecanismo de exceção que se torna ainda mais residual porque, em primeiro lugar, a jurisdição internacional é, em si mesma, complementar em relação à nacional; em segundo lugar porque, dentro das penas, a perpétua é também residual e, em terceiro, porque sua própria condição de perpetuidade pode ser questionada, a partir de mecanismos de revisão obrigatória que a relativizam.

6.1 Competência material do Tribunal Penal Internacional

Com a competência definida no art. 5º do Estatuto, tem-se que o Tribunal atua (obedecendo-se ao princípio da complementariedade) na persecução dos seguintes crimes:

- o crime de genocídio;
- os crimes contra a humanidade;
- os crimes de guerra;
- o crime de agressão.

6.2 Princípio da complementariedade

É o eixo fundamental de atuação do Tribunal que, a teor do Estatuto, autoriza o seu funcionamento nos seguintes casos (art. 17):

o caso estiver sendo objeto de investigação ou processo em Estado que tem jurisdição sobre o mesmo, a menos que tal Estado genuinamente não seja capaz ou não esteja disposto a levar a cabo a investigação ou o processo;

o caso tiver sido objeto de investigação por um Estado que tenha jurisdição sobre o mesmo e tal Estado tenha decidido não promover ação penal contra o indivíduo em questão, a menos que essa decisão tenha resultado da falta de disposição do referido Estado de levar a cabo o processo ou da impossibilidade de fazê-lo.

O mesmo artigo complementa:

2. A fim de determinar se há ou não disposição de agir em um determinado caso, o Tribunal examinará, levando em consideração os princípios do devido processo legal reconhecidos pelo direito internacional, se está presente uma ou várias das seguintes circunstâncias, conforme o caso:

o processo foi ou está sendo conduzido com o propósito de subtrair o indivíduo em questão de sua responsabilidade penal por crimes do âmbito da jurisdição do Tribunal, ou a decisão nacional foi adotada com o mesmo propósito, conforme o disposto no art. 5°;

houve um atraso injustificado no processo, o qual, dadas as circunstâncias, é incompatível com a intenção de efetivamente submeter o indivíduo em questão à ação da justiça;

o processo não foi ou não está sendo conduzido de forma independente ou imparcial e foi ou está sendo conduzido de forma, dadas as circunstâncias, incompatível com a intenção de efetivamente submeter o indivíduo em questão à ação da justiça.

3. A fim de determinar a incapacidade para investigar ou processar um caso determinado, o Tribunal examinará se o Estado não pode, devido ao colapso total ou substancial de seu sistema judiciário nacional ou ao fato de o mesmo não estar disponível, fazer comparecer o acusado, reunir os elementos de prova e os testemunhos necessários ou não está, por outras razões, em condições de levar a cabo o processo. Necessidade da adaptação do direito material e processual interno às disposições do Estatuto de Roma.

Vê-se com facilidade que o Tribunal somente atuará subsidiariamente onde houver legislação interna que preveja as condutas tipificadas no art. 5° do Estatuto. Caso contrário, não havendo jurisdição interna aplicável por falta de normas de direito material, o agente se submete imediatamente à jurisdição internacional.

Tramita no Congresso Nacional projeto de lei que visa integrar o ordenamento brasileiro ao Tribunal, já tendo sido alvo de análise em outro trabalho (Choukr, 2004, passim).

6.3 Jurisdição universal e o direito brasileiro

O conceito de jurisdição universal traduz a possibilidade da persecução de crimes independentemente do local de seu cometimento e/ou da nacionalidade do agente ou da vítima, quando o crime a ser perseguido disser respeito a crimes contra a humanidade, crimes de guerra ou genocídio.

Sobre a situação brasileira já pontuamos[7] que o tema tem disciplina no Código Penal quando trata da "territorialidade" (art. 5°) cuja sistemática complementada com o art. 7° (extraterritorialidade) sendo certo que "para o caso do crime de genocídio, (inciso I, "d"), podemos afirmar que o Brasil adota o princípio da jurisdição extraterritorial incondicionada, que, porém, não se confunde com a jurisdição universal "pura", porque exige que o agente seja brasileiro, ou estrangeiro domiciliado no país[8]" afastando desta forma a possibilidade, pelo CP, de jurisdição universal "*stricto sensu*", mas demonstra um "*passo intermediário entre uma jurisdição baseada estritamente na territorialidade e uma jurisdição propriamente universal*"[9], ou "jurisdição universal mitigada"[10].

Por fim, frise-se uma vez mais a Emenda Constitucional n. 45/2004, dando a seguinte redação ao art. 5° da CR/88: "§ 4° O Brasil se submete à jurisdição de Tribunal Penal Internacional a cuja criação tenha manifestado adesão" (NR).

> I – os tratados, as convenções e regras de direito internacional;

1. Os tratados internacionais e a forma de sua entrada em vigor no direito brasileiro: posições antes da Emenda n. 45

Antes da Emenda n. 45 não havia previsão constitucional expressa que diferenciasse a forma de entrada em vigor de um tratado em virtude da matéria que ele contém. Dessa forma, tanto os tratados que versem, *v.g.*, sobre direitos humanos como aqueles

---

7   MOURA, Maria Thereza Rocha de Assis; AMBOS, Kai; STEINER, Sylvia; CHOUKR, Fauzi Hassan. Jurisdicción penal para crímenes internacionales en América Latina. **Revista Penal**, v. 10, p. 130-160, 2002. Também publicado em MOURA, Maria Thereza Rocha de Assis; STEINER, Sylvia Helena de Figueiredo; CHOUKR, Fauzi Hassan. **Jurisdição penal para crimes internacionais na América Latina**. Freiburg: Max-Planck-Institut für Ausländisches und Internationales Strafrecht, 2001 (Informe).

8   Paulo José da Costa Júnior. **Curso de direito penal**. *Op. cit.*, p. 38.

9   Casos difíceis: submeter à Justiça estrangeira..., *op. cit.*, p. 17.

10 CANÊDO, Carlos. **O genocídio como crime internacional**. Belo Horizonte: Del Rey Ed., 1999. p. 211.

que digam respeito a normas comerciais seguiam a mesma tramitação *a priori*[11].

Dessa maneira, de acordo com o art. 84 da CR/88, "Compete privativamente ao Presidente da República: (...) VIII – celebrar tratados, convenções e atos internacionais, sujeitos a referendo do Congresso Nacional", excetuando-se a hipótese do art. 49 da mesma Constituição que diz ser da competência exclusiva do Congresso Nacional "I – resolver definitivamente sobre tratados, acordos ou atos internacionais que acarretem encargos ou compromissos gravosos ao patrimônio nacional".

Assim, os tratados versados na questão, vez que não importam em encargos ou gravame para o patrimônio nacional, são celebrados pelo Presidente da República (entenda-se: assinados pelo Presidente da República por meio de seus plenipotenciários) e dependem de aprovação pelo Congresso Nacional por meio de um decreto legislativo emanado pela Presidência do Senado Federal (de acordo com o art. 59 da CR/88: "O processo legislativo compreende a elaboração de: (...) VI – decretos legislativos").

Após a ratificação, uma última etapa: o Executivo, por meio de um Decreto presidencial, faz a publicação do texto ratificado no Diário Oficial, conferindo assim a última etapa de publicação do texto. Dessa maneira, as etapas podem ser assim resumidas: (a) assinatura do tratado; (b) expedição de Decreto legislativo pela presidência do Senado, autorizando o Executivo à ratificação; (c) ratificação e (d) promulgação de Decreto presidencial no Diário Oficial como última publicação da matéria.

2. Autoexecutoriedade dos tratados sobre direitos humanos: posição antes da Emenda Constitucional n. 45/ 2004

Em termos de tratados e convenções internacionais, uma das grandes discussões no direito brasileiro sempre foi o *status* normativo dessas normas quando dizem respeito à proteção dos direitos humanos, a teor do art. 5º, § 2º, da CR/88 e, também como decorrente do seu objeto, sua autoexecutoriedade[12].

Sobre a posição normativa desses textos internacionais, já tivemos a oportunidade de seguir em trabalho anterior[13] aquela que entendemos ser a melhor doutrina[14] a qual considerava que tais textos teriam *status* constitucional assim que entrados em vigor no direito interno brasileiro, sobrepondo-se, por consequência, às demais normas que estivessem abaixo da Constituição.

3. Tratados sobre direitos humanos e Emenda Constitucional n. 45/2004

O tratamento constitucional do tema foi substancialmente alterado com a entrada em vigor da Emenda Constitucional n. 45, que, agregando o § 3º ao art. 5º, assim passa a dispor: "§ 3º Os tratados e convenções internacionais sobre direitos humanos que forem aprovados, em cada Casa do Congresso Nacional, em dois turnos, por três quintos dos votos dos respectivos membros, serão equivalentes às emendas constitucionais".

A compreensão da hierarquia normativa de tais tratados – reitere-se, os que dizem respeito a temas de "direitos humanos" – foi alvo de particular debate técnico-político no âmbito do STF. Basicamente dois posicionamentos podem ser destacados contemporaneamente: a) tais tratados têm hierarquia constitucional independentemente do momento em que entraram em vigor no direito brasileiro e do processo legislativo usado para tanto; b) esses tratados estão abaixo da Constituição, mas acima das demais normas do processo legislativo interno quando tiverem entrado em vigor antes da EC n. 45 e somente terão *status* constitucional se tiverem obedecido ao processo legislativo específico previsto na mencionada Emenda Constitucional.

A primeira posição, a saber, tais tratados têm nível constitucional, é esposada pelo Min. Celso de Mello, particularmente no seu voto paradigmático quando do julgamento do Habeas Corpus n. 87.585-8, em 12 de março de 2009, no qual ponderou os fundamentos dos textos internacionais com sua vocação para proteção da liberdade, o compromisso do Estado brasileiro no cenário internacional e a necessidade de extrair dos textos protetivos de direitos humanos sua máxima eficácia, concluindo que

> É que, em tal situação, cláusulas convencionais inscritas em tratados internacionais sobre direitos humanos – como aquelas previstas na Convenção Americana de Direitos Humanos (art. 7º, § 7º) –, ao limitarem a possibilidade da prisão

---

11 Para uma visão global acerca da forma e poder de celebrar tratados, veja-se, por todos, CACHAPUZ DE MEDEIROS, Antonio Paulo. **O poder de celebrar tratados.** Porto Alegre: Sérgio Antonio Fabris, 1995.

12 Contemporaneamente reafirmado pela melhor doutrina: PIOVESAN, Flávia. **Direitos humanos e o direito constitucional internacional.** 15. ed. São Paulo: Saraiva, 2015. p. 162.

13 CHOUKR, Fauzi Hassan. **A convenção interamericana dos direitos humanos e o direito interno brasileiro:** bases para sua compreensão. São Paulo: Edipro, 2001.

14 Entre outros PIOVESAN, Flávia. A incorporação, a hierarquia e o impacto dos Tratados de proteção dos direitos humanos no direito brasileiro. In: PIOVESAN, Flávia; GOMES, Luiz Flávio (Org.). **O sistema interamericano de proteção dos direitos humanos e o direito brasileiro.** São Paulo: RT, 2000; STEINER, Sylvia Helena de Figueiredo. **A Convenção Interamericana sobre direitos humanos e sua integração ao processo penal brasileiro.** São Paulo: RT, 2000.

civil, reduzindo-a a uma única e só hipótese (inexecução voluntária e inescusável de obrigação alimentar), nada mais refletirão senão aquele grau de preeminência hierárquica dos tratados internacionais de direitos humanos em face da legislação comum, de caráter infraconstitucional, editada pelo Estado brasileiro.

A segunda posição, de possuírem tais tratados hierarquia inferior à constitucional, mas acima das demais produções legislativas previstas no direito interno, foi estampada em julgado como o que afirma:

> A esses diplomas internacionais sobre direitos humanos é reservado o lugar específico no ordenamento jurídico, estando abaixo da Constituição, porém acima da legislação interna. O *status* normativo supralegal dos tratados internacionais de direitos humanos subscritos pelo Brasil, torna inaplicável a legislação infraconstitucional com ele conflitante, seja ela anterior ou posterior ao ato de ratificação (STF, HC 88.240/SP, rel. Min. Ellen Gracie, j. 7-10-2008)

Tendo como um veemente defensor o Min. Gilmar Mendes no RE 466.343/SP, posição esta que se afigura hoje majoritária no âmbito daquela Corte. Mas, como aponta Sarlet[15]:

> De qualquer modo, há de ser levado a sério o argumento de que mediante o cumprimento do disposto no parágrafo 3° do artigo 5° da CR os tratados assim incorporados teriam um regime jurídico mais forte (status de emenda constitucional) do que os tratados anteriores, os quais, a prevalecer a atual orientação do STF, gozam de hierarquia supralegal, sem prejuízo, contudo, da possibilidade de uma interpretação que, ao fim e ao cabo, assegure uma paridade em termos de hierarquia. Por outro lado, o dispositivo introduzido pela EC 45 pode ser compreendido como buscando reforçar o entendimento de que os tratados anteriores, já por força do art. 5°, parágrafo 2°, da CF, possuem hierarquia materialmente constitucional, sem falar na interpretação – igualmente colacionada, mas aqui questionada – de acordo com a qual os tratados anteriores teriam sido recepcionados como equivalentes às emendas constitucionais pelo novo parágrafo 3° do artigo 5° da CF.

E, quanto à executoriedade imediata dos tratados que versam sobre direitos humanos consolidou-se a compreensão que A Constituição é expressa em dispor que as

> "normas definidoras dos direitos e garantias fundamentais têm aplicação imediata", não dizendo quais são ou quais devem ser essas normas. A Constituição não especifica se elas devem provir do direito interno ou do direito internacional (por exemplo, dos tratados internacionais de direitos humanos) mencionando apenas que todas elas têm aplicação imediata, independentemente de serem ou não aprovadas por maioria qualificada.[16]

> II – as prerrogativas constitucionais do Presidente da República, dos ministros de Estado, nos crimes conexos com os do Presidente da República, e dos ministros do Supremo Tribunal Federal, nos crimes de responsabilidade (Constituição, arts. 86, 89, § 2°, e 100);

1. Atualização legislativa da Constituição da República

É de ser reconhecido, em primeiro plano, que a denominada competência originária para julgamento de determinadas pessoas que ocupam cargos públicos dá-se, no direito brasileiro, a partir da Constituição.

Analisando o tema sob a ótica do direito em vigor, Martins afirma que

> A matéria não pode ser regulada por lei. É da sistemática constitucional que as normas instituidoras de foro por prerrogativa de função devem ter respaldo constitucional, isto é, devem estar contidas na própria Constituição Federal. Tampouco podem resultar de interpretação judiciária. Em se tratando de privilégio, prevalece a premissa de exegese restritiva, pois só pode resultar de norma constitucional explícita e expressa.[17]

Nesse sentido,

> A competência do STF é de direito estrito e decorre da Constituição, que a restringe aos casos enumerados no art. 102 e incisos. A circunstância de o Presidente da República estar sujeito à jurisdição da Corte, para os feitos criminais e mandados de segurança, não desloca para esta o exercício da competência originária em relação

---

15 SARLET, I. W. Integração dos tratados de Direitos Humanos no ordenamento jurídico. **Consultor Jurídico**, São Paulo, SP, p. 1-10, 27 mar. 2015.

16 MAZZUOLI, Valério de Oliveira. **Curso de Direitos Humanos**. São Paulo: Método, 2014. p. 199.

17 MARTINS JÚNIOR, Wallace Paiva. Improbidade Administrativa, agentes políticos e foro privilegiado. **Revista de Direito Administrativo**. Rio de Janeiro, v. 232, p. 231-254, abr./jun. 2003. p. 249.

às demais ações propostas contra ato da referida autoridade.[18]

Porém, a extensão da prorrogação da competência como efeito da conexão e continência merece análise destacada a partir dos Comentários dos artigos 77 e 78 deste Código.

> III – os processos da competência da Justiça Militar;

1. Definição de competência da Justiça Militar
Trata-se a Justiça Militar de ramo do Poder Judiciário que tem sua competência definida em razão da matéria para processar e julgar os crimes militares e para investigar crimes não militares praticados por integrantes da corporação nos termos da Lei n. 9.299/1996.

Com efeito, o art. 124 da Constituição define a competência da Justiça Militar Federal e o art. 125, em especial no seu § 4º, a da Justiça Militar Estadual, fazendo referência ao Decreto-lei n. 1.001, de 21 de outubro de 1969, o Código Penal Militar (CPM), e que em seu art. 9º define o que vem a ser crime militar em tempo de paz, e, no art. 10, em tempo de guerra.

1.1 Composição da Justiça Militar da União
Dispõe o art. 122 da Constituição da República que são órgãos da Justiça Militar: I – o Superior Tribunal Militar e II – os Tribunais e Juízes Militares instituídos por lei, sendo que o art. 123 determina:

> O Superior Tribunal Militar compor-se-á de quinze Ministros vitalícios, nomeados pelo Presidente da República, depois de aprovada a indicação pelo Senado Federal, sendo três dentre oficiais-generais da Marinha, quatro dentre oficiais-generais do Exército, três dentre oficiais-generais da Aeronáutica, todos da ativa e do posto mais elevado da carreira, e cinco dentre civis.

1.2 Composição da Justiça Militar dos Estados
O art. 125 da Constituição da República assim se refere aos Tribunais Militares Estaduais:

> § 3º A lei estadual poderá criar, mediante proposta do Tribunal de Justiça, a Justiça Militar estadual, constituída, em primeiro grau, pelos juízes de direito e pelos Conselhos de Justiça e, em segundo grau, pelo próprio Tribunal de Justiça, ou por Tribunal de Justiça Militar nos Estados em que o efetivo militar seja superior a vinte mil integrantes (Redação dada pela Emenda Constitucional n. 45, de 2004);

Como anotado na análise da matéria,

> Nos Estados de Minas Gerais, São Paulo e Rio Grande do Sul, a Justiça Militar é estruturada em duas instâncias: a Primeira constituída pelos Juízes de Direito do Juízo Militar e os Conselhos de Justiça, os quais atuam nas auditorias militares; e a Segunda, pelos Tribunais de Justiça Militar, composta por juízes que integram esses órgãos. Nos outros estados da Federação, os Tribunais de Justiça estaduais funcionam como órgão de segunda instância da Justiça Militar.[19]

2. Conceito de crime militar: limites constitucionais e convencionais
A temática da jurisdição militar sempre foi das mais polêmicas no direito brasileiro devido ao teor da redação do art. 9º do Código Penal Militar, subordinado que é ao disposto no art. 124 da CR que remete ao legislador ordinário a tarefa de definir o que vem a ser "crime militar" cujo conteúdo, além daquele previsto na norma do CPM acima mencionada sofreu alterações com as LC n. 97/1999[20], LC n. 117/2004[21] como na da LC n. 136/2010[22] e, como se verá de forma mais específica, nas Leis n. 9.299/1996 e 13.491, de 13 de outubro de 2017.

Assim, não seria a condição de militar da pessoa submetida à persecução (ou vítima) aquela indispensável para caracterizar o crime como militar e, por extensão, reservar à jurisdição especial a tarefa de investigar e julgar a conduta. Neste sentido tem-se que um "crime praticado, por militar, em hora de folga, em lugar estranho à administração militar, sem motivação policial ou militar, e sem uso de arma pertencente à Polícia Militar, é da competência

---

18 STF. **RTJ 159/28**. Pleno. Relator: Min. Ilmar Galvão.

19 CARVALHO, Maria Beatriz Andrade. A Justiça Militar Estadual: estrutura, competência e fundamentos de existência. **Revista Jus Navigandi**, Teresina, ano 15, n. 2651, 4 out. 2010. Disponível em: <https://jus.com.br/artigos/17546>. Acesso em: 22 mar. 2022.

20 Dispõe sobre as normas gerais para a organização, o preparo e o emprego das Forças Armadas.

21 Altera a Lei Complementar n. 97, de 9 de junho de 1999, que "dispõe sobre as normas gerais para a organização, o preparo e o emprego das Forças Armadas", para estabelecer novas atribuições subsidiárias.

22 Altera a Lei Complementar n. 97, de 9 de junho de 1999, que "dispõe sobre as normas gerais para a organização, o preparo e o emprego das Forças Armadas", para criar o Estado-Maior Conjunto das Forças Armadas e disciplinar as atribuições do Ministro de Estado da Defesa.

da Justiça comum"[23]. A contrario sensu, "constitui crime militar o ilícito penal cometido contra civil, por integrante da Polícia Militar em serviço de policiamento ostensivo ou preventivo, ainda que em local não sujeito à administração militar"[24].

À estrutura constitucional deve-se, contudo, acrescer a compreensão do sistema interamericano de direitos humanos, mais especificamente a compreensão da Corte Interamericana de Direitos Humanos[25] sobre o funcionamento excepcional dessa jurisdição.[26]

Neste ponto, pese o brilho do trabalho realizado por Rabelo acima mencionado não se pode concordar quando quer afastar a gama de precedentes da CIDH ao direito interno brasileiro ao afirmar que "A Justiça militar da União é um órgão judicial civil! Esse é um fato relevantíssimo para defesa da competência da JMU quanto ao julgamento de civis e para o afastamento dos precedentes da Corte IDH nesse ponto"[27]. Composto por militares na sua mais alta Corte e nos demais graus de jurisdição, a presença de civis não desnatura a presença daqueles.

Tanto assim o é que o próprio autor reconhece, na sequência, que

Nesse sentido, é necessário manter a competência da JMU para julgamento de civis, mas também é preciso evoluir na regulamentação do tema, entendendo-se que militares da ativa, vinculados ao Poder Executivo, como são os juízes militares membros dos Conselhos de Justiça, não podem participar desse julgamento, sob pena de violação do princípio do juiz natural e da cláusula da imparcialidade objetiva.[28]

Mas, o que mais importa na visão do sistema interamericano é a destacada excepcionalidade dessa jurisdição, premissa política indispensável na visão macro do tema como destacado no caso "Lori Berenson x Peru"[29] entre outros.

Por esse ângulo político a jurisdição militar serve ao julgamento dos fatos militares próprios que envolvam a estrutura e funcionamento das Forças Armadas e instituições militares outras, deixando à justiça civil a competência para as demais questões ainda que envolvam atividade militar que possam ser consideradas como atípicas, especialmente as ligadas à segurança pública, espaço de ocupação crescente das instituições militares diante da falência estrutural de muitos Estados da Federação e, em muitos casos, da própria União.

Nessas hipóteses, antes de apregoar a inserção progressiva e antinatural das Forças Armadas na seara da segurança sob argumento que "não é mera continuação das atividades policiais com outros meios: cuida-se aí de defesa de parcela da soberania brasileira sobre parcelas do território nacional, em contraposição a iniciativas ilícitas de estabelecimento de poder de fato paralelo e avesso ao Estado, ainda que sem o intuito imediato de substitui-lo como organização política básica da vida nacional"[30] deve-se buscar que o Estado seja compelido a oferecer esse direito fundamental (o da segurança) e, em o sendo negado, que se atue a intervenção federal cujos limites constitucionais são mais precisos e visam corrigir os problemas estruturais.

2.1 A desconformidade convencional da Lei n. 13.491/2017

A Lei n. 13.491/2017 que será abordada nos tópicos seguintes foi alvo de ação declaratória de inconstitucionalidade ADI 5901, tendo como requerente o Partido Socialismo e Liberdade (PSOL) e como pontos questionados a

(i) violação à competência do Tribunal do Júri para o julgamento de crimes dolosos contra a vida (art. 5º, XXXVIII, da CF), a qual somente por norma de mesma estatura poderia ser excepcionada; (ii) desrespeito ao devido processo legal (de que faz parte ser julgado por juízo competente); (iii) rompimento do juiz natural; (iv) violação a tratados internacionais de direitos humanos, que garantem julgamento por tribunais competentes, independentes e imparciais, com interpretação restritiva da jurisdição militar.

---

23   STJ. **CC 15.471/SP**. Relator: Luiz Vicente Cernicchiaro. DJU 18 nov. 1996. p. 44.836.

24   STF. **HC 70.282-1**. Relator: Min. Celso de Mello, j. 25 maio 1993; v.u., DJU 11 jun. 1993, p. 11.592.

25   A ver o trabalho de RABELO NETO, Luiz Octavio. Competência da Justiça Militar da União para julgamento de civis: compatibilidade constitucional e com o sistema interamericano de proteção de direitos humanos. **Revista de Doutrina e Jurisprudência do Superior Tribunal Militar**, v. 25, p. 53-137, 2016.

26   No sentido da excepcionalidade dessa Jurisdição o entendimento consolidado do STF. Entre outros ver STF. **HC 121.189/ PR**. 1ª Turma. Relator para acórdão: Min. Roberto Barroso. Julgamento: 19 ago. 2014. DJe 25 set. 2014.

27   RABELO NETO, *op. cit.*

28   Idem, *ibidem*.

29   **Caso Lori Berenson Mejía Vs. Perú**. Fondo, Reparaciones y Costas. Sentencia de 25 de noviembre de 2004. Serie C, n. 119. Disponível em: <http://www.corteidh.or.cr/docs/casos/articulos/seriec_119_esp.pdf>. Acesso em: 22 mar. 2022.

30   BRASIL PGR. Parecer do Ministério Público 19219 – OBF – PGR. In: **ADI 5.032-DF**. Relator: Min. Marco Aurélio. Disponível em: <http://portal.stf.jus.br/processos/detalhe.asp?incidente=4451226>. Acesso em: 22 mar. 2022.

Na sua manifestação o MPF apresentou parecer de procedência assentado, entre outros argumentos, na sua colisão com o marco convencional posto que

há inúmeras sentenças da Corte Interamericana de Direitos Humanos (Corte IDH), cuja jurisdição contenciosa obrigatória o Brasil já reconheceu, que expressamente estabelecem severos limites à jurisdição militar, podendo ser citada a sentença no caso Durand e Ugarte vs. Peru:

- 117. Em um Estado democrático de direito, a jurisdição penal militar deve ter um alcance restritivo e excepcional e estar direcionado a proteção de interesses jurídicos especiais, vinculados com as funções que a lei atribui às forças militares. Assim, deve estar excluído do âmbito da jurisdição militar o julgamento de civis e só deve julgar militares pelo cometimento de delitos ou faltas que, por sua própria natureza, atentam contra bens jurídicos próprios da ordem militar.[31]

Essa ADI e a manifestação do MPF se situam no marco teórico destes Comentários que perfila a natureza restrita da atuação da jurisdição militar.

3. Redefinição de crimes militares com a Lei n. 9.299/96 antes da Lei n. 13.491/2017

Até a edição da Lei n. 9.299/96, era polêmica a questão da definição da competência para julgamento dos crimes dolosos contra a vida praticados por militares contra civis. Com o advento da legislação, que ora se encontra em vigor, deslocou-se a competência desses feitos para a justiça comum, com julgamento pelo Tribunal do Júri.

Até então se reconhecia (majoritariamente): a competência da Justiça Militar estadual mesmo naqueles casos que, ajustando-se às hipóteses definidas no artigo 9º, II, do CPM (Dec.-lei n. 1.001/69), envolviam crimes dolosos contra a vida cometidos por policial militar em serviço. A Justiça Militar estadual, que tem assento na Lei Fundamental da República (art. 125, inc. 4º), é o juiz natural das causas penais que se incluam na esfera de sua competência. O delito de homicídio doloso, desde que se enquadre,

juridicamente como crime de natureza militar, submete-se, em detrimento das atribuições jurisdicionais do Júri, à competência da Justiça castrense[32].

Com a entrada em vigor da referida lei, quanto aos fatos novos a partir de então, nenhum problema seria detectado no deslocamento da competência. Problemas sempre surgiram, contudo, para os casos que já se encontravam em andamento. Nessas situações decidiu-se que "Tendo sido proferida sentença antes da entrada em vigor da referida lei, ainda que a mesma tenha sido publicada após sua vigência, persiste a competência da Justiça militar, inclusive para o julgamento do recurso".[33] Nesse ponto o STF manteve-se coerente com acórdão anterior (HC 76.380), no qual ficou assentado que "As disposições concernentes à jurisdição e competência se aplicam de imediato, mas se já houver sentença relativa ao mérito, a causa prossegue na jurisdição em que ela foi prolatada, salvo se suprimido o Tribunal que deverá julgar o recurso".

O e. STF se valeu, aparentemente, do conceito da perpetuação da jurisdição para manter o caso sub judice na Justiça especial, o que, sem embargo, nem sempre foi seguido dentro desse mesmo Tribunal [34], ou por outros Tribunais[35], nos quais se decidiu que deveria haver "aplicação imediata aos processos pendentes", pois

não há como, sem base em elementos palpáveis, afirmar que seria mais conveniente para o réu se submeter à jurisdição imposta pela lei precedente, apesar de derrogada. O certo é que inexiste oráculo para atestar qual é a jurisdição mais benevolente. Ninguém tem dom adivinhatório para eleger a mais benevolente ou a mais rigorosa.

Como se observa de toda essa discussão jurisprudencial[36], a compreensão da alteração do art. 9º do CPM sempre se dá pelo viés de direito processual. No entanto, para uma revisão conceitual da matéria, é fundamental verificar o tema pelo que tem de essencial: a redefinição da natureza da norma de direito material. Com efeito, o que o legislador operou no âmago não foi um deslocamento de competência, mas uma redefinição do conceito de crime, a dizer, da própria norma substantiva, retirando seu caráter

---

31 Mencionando, ainda, os casos Corte Interamericana de Direitos Humanos. Caso "Cruz Sánchez e Outros vs. Perú". Sentença de 17 de abril de 2015, parágrafo 397 e Corte Interamericana de Direitos Humanos. Caso "Nadege Dorzema vs. República Dominicana". Sentença de 24 de agosto de 2012, parágrafo 181.

32 STF. **HC 70.282-1**. Relator: Min. Celso de Mello. Data de julgamento: 25 maio 1993; v.u. DJU 11 jun. 1993, p. 11.592.

33 STF. **HC 78.320/SP**. Relator: Min. Sydney Sanches. Data de julgamento: 2 fev. 1999. Informativo do STF n. 137. Assim também foi entendido no e. STJ. **Conflito de Competência 23.658/MG (98.0074549-1)**.

34 *v.g.*, o próprio e. STJ também se manifestou pelo deslocamento do caso para a Justiça Militar. Ver acórdão da 3ª Seção; CCo. 29.026/PR; Relator: Min. Gilson Dipp; Data de julgamento: 9 ago. 2000; DJU 25 set. 2000, p. 64.

35 *v.g.*, TJSP. **HC 224.625-3**. Relator: Silva Pinto. Data de julgamento: 17 fev. 1997, v.u.

36 Também refletida na doutrina; para tanto ver, dentre outros, BARROS, Marco Antonio de. Juiz natural: comentários sobre a aplicação do princípio em face do parcial deslocamento da competência da Justiça Militar Estadual para a Justiça Comum (Lei 9.299/1996). **Revista do IBCcrim**, n. 21, 1998.

militar (e, por consequência, afeto à jurisdição militar) e dando-lhe o caráter civil (deslocando-o, assim, para a justiça "comum"). Nesse ponto, o art. 9º do CPM é claro ao dizer que "consideram-se crimes militares, em tempo de paz", regulando, assim, o direito material que haverá de ser aplicado.

4. A Lei 13.491, de 13 de outubro de 2017 e a nova definição de crimes militares

4.1 Aspectos de conformidade constitucional

A lei em questão é fruto de um entre vários processos legislativos que visam alterar o conceito de crime militar, mais exatamente o de n. 5.768/2016 na Câmara do Deputados proposto pelo Deputado Espiridião Amim e que recebeu n. 44 no Senado, com a justificativa a "ausência de definição da jurisdição competente para o julgamento dos crimes dolosos contra a vida cometidos por militares das Forças Armadas, no exercício de suas atividades rotineiras, haja vista que o § 2º cuida somente dos crimes cometidos por militares das Forças Armadas no exercício das atividades nele especificadas", dado que

as Forças Armadas encontram-se, cada vez mais, presentes no cenário nacional atuando junto à sociedade, sobretudo em operações de garantia da lei e da ordem. Acerca de tal papel, vale citar algumas atuações mais recentes, tais como, a ocorrida na ocasião da greve da Polícia Militar da Bahia, na qual os militares das Forças Armadas fizeram o papel da polícia militar daquele Estado; a ocupação do Morro do Alemão, no Estado do Rio de Janeiro, em que as Forças Armadas se fizeram presentes por longos meses; e, por fim, a atuação no Complexo da Maré, que teve início em abril de 2014. Dessa forma, estando cada vez mais recorrente a atuação do militar em tais operações, nas quais, inclusive, ele se encontra mais exposto à prática da conduta delituosa em questão, nada mais correto do que buscar-se deixar de forma clarividente o seu amparo no projeto de lei.

Na Câmara, o relator do Projeto, Deputado Julio Lopes, apresentou substitutivo para incluir o critério de temporalidade à vigência dessa nova norma, levando-se em conta a realização dos Jogos Olímpicos no RJ, para que ela tivesse vigência até 31 de dezembro de 2016. E, sob essa mesma justificativa houve sugestão de temporalidade da norma mas até 31 de dezembro de 2017.

Ambas as sugestões foram rechaçadas e, no Senado, o texto foi acrescido para incluir matéria não prevista na redação original, a da ampliação do conceito de "crime militar" a todos os existentes em legislação extravagante que venham a ocorrer na forma disposta no art. 9º, II, em seus incisos.

Essa alteração foi tida como substancial por parte de um dos primeiros comentaristas da regra, gerando vício no processo legislativo pois a matéria não havia sido apreciada na Casa de origem[37] e, portanto, maculando de inconstitucional (ao menos nesse ponto) o novo texto legal. Desse entendimento divergiu Galvão[38] esclarecendo que

A alteração da definição de crime militar estava sendo discutida no PL 2014/2003 da Câmara, que teve início no Senado no ano de 2000 com o PLS 132. No Senado, o texto aprovado e encaminhado para a Câmara previa exatamente a alteração do inciso II do art. 9º que agora foi promovida pela Lei 13.491/2017.... Na Câmara, o PL 2014 foi aprovado pela Comissão de Constituição e Justiça e ainda se encontra na casa legislativa. A alteração na definição de crime militar que o PL 2014 propunha e acabou por ocorrer por meio de outro projeto foi amplamente discutida, inclusive com a realização de audiência pública na Comissão de Constituição de Justiça da Câmara, da qual participei e pode ser vista na rede mundial de computadores (parte 1 e parte 2). O Projeto de Lei n. 5.768 da Câmara, que recebeu o n. 44 no Senado, apenas copiou o que já constava do texto do PL 2014/2003. Portanto, não houve uma inclusão sorrateira de nova redação para o inciso II.

4.2 Ampliação do conceito de crimes militares

Neves, em texto inicial sobre a matéria expõe possíveis consequências da expansão do conceito de crime militar trazido com a nova redação do art. 9º do CPM para fazer inserir no âmbito da jurisdição castrense todos os crimes previstos na legislação penal especial

aos quais se dará a designação, doravante, de crimes militares extravagantes, por estarem tipificados fora do Código Penal Militar, e que devem, segundo a teoria clássica, conhecer a classificação de crimes impropriamente militares, para, por exemplo, diante de uma condenação com trânsito em julgado, possibilitar a indução à reincidência em outro crime comum que seja cometido pelo autor, antes do curso do período

---

37 Nesse sentido, ver o texto de FOUREAX, Rodrigo. **A Lei 13.491/17 e a ampliação da competência da Justiça Militar**. Disponível em:<https://www.observatoriodajusticamilitar.info/single-post/2017/11/12/A-Lei-1349117-e-a-amplia%C3%A7%-C3%A3o-da-compet%C3%AAncia-da-Justi%C3%A7a-Militar>. Acesso em: 22 mar. 2022.

38 GALVÃO, Fernando. **Não há inconstitucionalidade formal na lei 13.491/2017**. Disponível em: <http://www.aopmbm. org.br/artigo-juiz-fernando-galvao-nao-ha-inconstitucionalidade-formal-na-lei-13-4912017/>. Acesso em: 22 mar. 2022.

depurador, nos termos do inciso II do art. 64 do Código Penal comum.[39]

Falando na possibilidade de apuração de aborto como "crime militar extravagante" assim como aplicação da Lei n. 13.505/2017 que acrescenta dispositivos à Lei no 11.340, de 7 de agosto de 2006 (Lei Maria da Penha), para dispor sobre o direito da mulher em situação de violência doméstica e familiar de ter atendimento policial e pericial especializado, ininterrupto e prestado, preferencialmente, por servidores do sexo feminino, a expansão da atividade investigativa e processual da jurisdição militar projeta-se para um âmbito que vai de encontro ao quanto disposto nos comentários realizados no item 2, "supra" e impõe o reconhecimento da clara ofensa às estruturas militares próprias como limite de legitimação hermenêutico da nova lei.

4.3 Crime doloso contra a vida na Lei n. 13.491/2017

Como apresentado no tópico "a", supra, a justificativa primária da edição da nova legislação era a identificação da jurisdição competente quando da ocorrência de crime doloso contra a vida praticado por integrante das Forças Armadas nas atividades de segurança pública.

Assim, a nova norma do art. 9º, III, destaca que:

§ 2º Os crimes de que trata este artigo, quando dolosos contra a vida e cometidos por militares das Forças Armadas contra civil, serão da competência da Justiça Militar da União, se praticados no contexto:
(...)
III – de atividade de natureza militar, de operação de paz, de garantia da lei e da ordem ou de atribuição subsidiária, realizadas em conformidade com o disposto no art. 142 da Constituição Federal e na forma dos seguintes diplomas legais:
(...)

Nesse ponto haverá uma clara distinção de competência para os militares acusados por crimes dolosos posto que os integrantes das Forças Armadas serão processados e julgados no âmbito da justiça castrense, enquanto os demais o serão perante a jurisdição civil, no Tribunal do Júri.

A questão que se coloca aqui é se a nova legislação induz a criação de Tribunais do Júri no âmbito da Justiça Militar da União ou não como, de forma enfática, sustenta trabalho doutrinário específico sobre a questão.[40]

Como aponta Aras,

Em 2011, uma emenda ao antigo parágrafo único do art. 9º do CPM promoveu uma supressão à competência do júri (federal). Por força da Lei 12.432/2011, os crimes militares quando dolosos contra a vida e cometidos contra civil seriam da competência da Justiça comum (estadual ou federal), salvo quando praticados no contexto de ação militar realizada na forma do art. 303 da Lei n. 7.565/1986 – Código Brasileiro de Aeronáutica. Essa ressalva visava a estabelecer a competência da JMU quando militares da Força Aérea Brasileira fossem levados a destruir aeronaves clandestinas (hostis) ou suspeitas de tráfico de drogas em voo no espaço aéreo brasileiro.[41]

O autor citado completa que a nova legislação veio na esteira desse dispositivo para incluir as demais hipóteses ora previstas e deixa em aberto o órgão judiciário competente para tanto.

Partindo das premissas já expostas nestes Comentários sobre a marcante excepcionalidade que deve permear o funcionamento da jurisdição militar temos que, ao assumir que o crime doloso contra a vida praticado por militar integrante das Forças Armadas praticado no contexto das tarefas de segurança deve ser processado e julgado perante o Tribunal do Júri, competência constitucional que não pode ser suprimida pela modificação infranconstitucional. Esse órgão judiciário seria civil e inserido na estrutura militar, conclusão que não é inédita na história[42] e que, se adotada atestaria a absoluta imprestabilidade constitucional da lei em comento.

5. Crimes praticados por militares contra militares

Nada obstante a reforma legislativa, decisões do e. STF mantiveram na Justiça Castrense o julgamento de crimes dolosos contra a vida praticados por

---

39 NEVES, Cícero Robson Coimbra. **Inquietações na investigação criminal militar após a entrada em vigor da Lei n. 13.491, de 13 de outubro de 2017**. Disponível em: <http://www.mpm.mp.br/portal/wp-content/uploads/2017/11/apresentacao-workshop-lei-13491-cicero.pdf>. Acesso em: 22 mar. 2022.

40 ALVES-MARREIROS, Adriano. **Lei 13.491/2017, uma breve análise sobre a mudança da natureza comum para militar de certos casos de crimes dolosos contra a vida**. Disponível em: <http://genjuridico.com.br/2017/11/27/lei-13-4912017/>. Acesso em: 22 mar. 2022.

41 ARAS, Vladimir. **As novas competências da Justiça Militar após a Lei 13.491/2017**. Disponível em: <https://vladimiraras.blog/2017/10/18/as-novas-competencias-da-justica-militar-apos-a-lei-13-4912017/>. Acesso em: 22 mar. 2022.

42 *Vide* STM. **Apelação 000254-78.2013.7.01.0201/RJ**. Pleno. Relator: Min. José Coelho Ferreira. Data de julgamento: 21 jun. 2016, citado por Aras no texto mencionado.

militares e tendo como vítimas militares, em situações alheias àquelas funcionais.

Nesse sentido o STF, julgando conflito de competência suscitado pelo STM em face do STJ, por maioria, com fundamento no art. 9º, II, a, do Código Penal Militar, assentou a competência da Justiça Militar para o julgamento de crime de homicídio cometido por militar, em face de outro militar, ocorrido fora do local de serviço. Considerou-se que, embora o homicídio tenha ocorrido na casa dos envolvidos, por motivos de ordem privada, subsiste a competência da Justiça Militar porquanto qualquer crime cometido por militar em face de outro militar, ambos em atividade, atinge, ainda que indiretamente, a disciplina, que é a base das instituições militares. Vencidos os Ministros Sepúlveda Pertence, Celso de Mello e Marco Aurélio, que assentavam a competência da Justiça Comum para o julgamento da espécie (CPM, "art. 9º: Consideram-se crimes militares, em tempo de paz: (...) II – os crimes previstos neste Código, embora também o sejam com igual definição na lei penal comum, quando praticados: a) por militar em situação de atividade ou assemelhado, contra militar na mesma situação ou assemelhado"). Precedentes citados: RE 122.706/RJ (RTJ 137/408) e CJ n. 6.555/SP (RTJ 115/1095)[43].

6. Investigação criminal (inquérito policial) e crime praticado por militar (Lei n. 9.299/1996)

Lido de acordo com a Constituição, vê-se, pelo art. 144, § 4º, que às polícias civis, dirigidas por delegados de polícia de carreira, incumbem, ressalvada a competência da União, as funções de polícia judiciária e a apuração de infrações penais, exceto as militares.

Num primeiro momento, isso deixa clara a incongruência do texto da Lei n. 9.299/1996 com o texto constitucional, pois aquele texto, embora tenha retirado o julgamento dos crimes dolosos contra a vida da justiça castrense, manteve por lá a investigação criminal desses fatos. Ora, como apontado em comentário a artigo anterior, tratou-se de uma redefinição material de crime que, nessas hipóteses, não é mais crime militar, mas, sim, comum, praticado por militar, devendo, pois, ser investigado na esfera civil.

O tema chegou a ser tratado pelo STF, que, analisando medida cautelar em ação direta de inconstitucionalidade ajuizada pela Associação dos Delegados de Polícia do Brasil – ADEPOL contra a Lei n. 9.299/1996, afastou a tese de que a apuração dos referidos crimes deveria ser feita em inquérito policial civil, e não em inquérito policial militar, e, por maioria, indeferiu a liminar por ausência de relevância na arguição de ofensa ao inciso IV, do

§ 1º e ao § 4º do art. 144, da CR, que atribuem às polícias federal e civil o exercício das funções de polícia judiciária e a apuração de infrações penais, exceto as militares, considerando que o dispositivo impugnado não impede a instauração paralela de inquérito pela polícia civil (vencidos os Ministros Celso de Mello, relator, Maurício Corrêa, Ilmar Galvão e Sepúlveda Pertence).[44]

A posição da Suprema Corte, na verdade, apenas ratifica a histórica sujeição do suspeito a (qualquer) autoridade do Estado e acirra a disputa pelo "poder investigativo" entre as duas corporações. No limite, deixa de lado a própria disciplina constitucional quando reserva, à Justiça Militar, a apuração dos crimes militares próprios e, pelo raciocínio exposto, nada estaria a impedir que esse alargamento se desse em relação a qualquer outro crime. Não por outra razão, toda a discussão sobre o conceito de "autoridade policial" reflete esse alargamento que, diga-se de passagem, parece vir na contramão da História.

7. Arquivamento de investigação na Justiça Militar por "legítima defesa"

A anomalia discutida no tópico anterior (manutenção da investigação no âmbito da Justiça Militar) não tardou a provocar metástases interpretativas que, se não enfrentadas com a melhor técnica, simplesmente levariam à própria desconstituição da "reforma" de 1996.

Com efeito, inicialmente o tema surgiu no âmbito de conflito de atribuições, sendo exemplo disso o Protocolado n. 95.815/2012 no âmbito do MPSP dirimido pelo Exmo. Procurador-Geral de Justiça nos seguintes termos:

1. Se compete à Justiça Comum Estadual processar e julgar crimes dolosos contra a vida de civil praticados por militar (art. 125, § 4º, CF/88; art. 9º, par. único, CPM; art. 82, § 2º, CPPM), a ela compete também, e privativamente, pronunciar-se, em sede de promoção de arquivamento do inquérito policial, recebimento de denúncia, decisão de pronúncia ou plenária, sobre a ausência ou insuficiência de provas, excludente de ilicitude, inclusive a tese de legítima defesa. 2. Descabimento de providências nos tribunais superiores em face de processos com decisão transitada em julgado que subtraem a competência da Justiça Comum Estadual para o exame de crime doloso contra a vida de civil praticado por militar, tendo em vista a nulidade do consequente arquivamento dos respectivos inquéritos policiais militares, e a possibilidade de remessa de cópia integral à Promotoria de Justiça do Tribunal de Júri pela

---

43   STF. **CC 7.071/RJ**. Plenário. Relator: Min. Sydney Sanches. Data de julgamento: 5 set. 2002. Informativo STF n. 280.

44   STF. **ADIn 1.494/DF**. Relator original: Min. Celso de Mello. Relator para acórdão: Min. Marco Aurélio. Data de julgamento: 9 abr. 1997.

Promotoria de Justiça Militar, que se recomenda. 3. Possibilidade de recursos e outros remédios processuais em relação aos demais casos não julgados ou sem trânsito em julgado. 4. Comunicação à Procuradoria de Justiça Criminal e à Promotoria de Justiça Militar. (Despacho do Procurador-Geral de Justiça de 22/10/2012)

A interpretação era realmente esdrúxula por parte da "Justiça Castrense": se ficar comprovada a ocorrência da legítima defesa não há crime e, portanto, não haveria de ser encaminhada a investigação criminal para a Justiça "Civil".

A situação foi enfrentada pelo STJ no Conflito de Competência n. 131.899 – Rel. Ministro Rogerio Schietti Cruz suscitado a partir de determinado despacho judicial no qual se afirmava:

inexiste razão jurídica para o envio dos autos originais do presente IPM para a manifestação dos promotores do Júri, vez que, a subscritora do requerimento é Promotora de Justiça militar, logo, cabendo-lhe, s.m.j, a manifestação da existência, ou não, de delito de homicídio, quando então apenas na hipótese positiva, os autos do IPM deverão ser enviados ao Júri. XII. Nada impede que cópias do presente IPM sejam promovidas por parte do Ministério Público, para exame por parte dos promotores de justiça que atuam junto às Varas do Júri, ainda quando se reconheça a existência de excludentes de ilicitude, como ocorrem no caso em concreto. XIII. O que não se pode admitir é o envio dos autos originais do IPM ao Júri, sem que esta Justiça Especializada diga no mérito se existe, ou não, crime doloso contra a vida de civil, conforme se infere da Lei 9299/96 e da ADI 001/10, in verbis: XIX. Por esses motivos, aqui resumidos, e outros mais, se necessário for utilizar oportunamente, incabível a remessa dos autos originais deste IPM ao Júri, como requerido pelo ilustre e culto Promotor de Justiça, sem que, no mérito, esta Justiça Militar decida sobre o que é de sua competência, já solidificada por parte da jurisprudência e da doutrina especializada. (Fls. 265/267).

Pois, de fato, diversamente do que ponderava aquele magistrado, havia "melhor juízo" interpretativo a ser dado ao tema e assim o foi pelo DD Ministro Relator ao definir que

a determinação de arquivamento dos autos realizada pelo Juízo castrense deve ser, de pronto, tornada sem efeito. Isso porque, o § 2° do art. 82 do Código de Processo Penal Militar determina que, "nos crimes dolosos contra a vida, praticados contra civil, a Justiça Militar encaminhará os autos do inquérito policial militar à justiça comum".

Aqui é de ser destacado que o Juízo Natural para a apreciação destas hipóteses é a Justiça "civil" a quem cabe definir se houve ou não a incidência de qualquer excludente e não aquele militar.

Ver, também, ulteriores observações sobre o tema no art. 18 destes **Comentários**.

8. A definição de crimes militares com a Lei n. 9.299/1996

Até a edição da Lei n. 9.299/1996, era polêmica a questão da definição da competência para julgamento dos crimes dolosos contra a vida praticados por militares contra civis. Com o advento da legislação, que ora se encontra em vigor, deslocou-se a competência desses feitos para a justiça comum, com julgamento pelo Tribunal do Júri.

Até então se reconhecia (majoritariamente):

a competência da Justiça Militar estadual mesmo naqueles casos que, ajustando-se às hipóteses definidas no artigo 9°, II, do CPM (Dec.-lei n. 1.001/69), envolviam crimes dolosos contra a vida cometidos por policial militar em serviço. A Justiça Militar estadual, que tem assento na Lei Fundamental da República (art. 125, inc. 4°), é o juiz natural das causas penais que se incluam na esfera de sua competência. O delito de homicídio doloso, desde que se enquadre, juridicamente como crime de natureza militar, submete-se, em detrimento das atribuições jurisdicionais do Júri, à competência da Justiça castrense" (STF, HC 70.282-1, Relatora: Celso de Mello, j. 25 maio 1993; v.u., DJU 11 jun. 1993, p. 11.592).

Com a entrada em vigor da referida lei, quanto aos fatos novos a partir de então, nenhum problema seria detectado no deslocamento da competência. Problemas sempre surgiram, contudo, para os casos que já se encontravam em andamento. Nessas situações decidiu-se que "Tendo sido proferida sentença antes da entrada em vigor da referida lei, ainda que a mesma tenha sido publicada após sua vigência, persiste a competência da Justiça militar, inclusive para o julgamento do recurso" (STF. HC 78.320/SP. Relator: Sydney Sanches. Data de julgamento: 2 fev. 1999. Informativo do STF n. 137). Assim também foi entendido no e. STJ, Conflito de Competência 23.658/MG (98.0074549-1). Nesse ponto o STF manteve-se coerente com acórdão anterior (HC 76.380), no qual ficou assentado que "As disposições concernentes à jurisdição e competência se aplicam de imediato, mas se já houver sentença relativa ao mérito, a causa prossegue na jurisdição em que ela foi prolatada, salvo se suprimido o Tribunal que deverá julgar o recurso".

O e. STF se valeu, aparentemente, do conceito da perpetuação da jurisdição para manter o caso *sub judice* na Justiça especial, o que, sem embargo, nem sempre foi seguido dentro desse mesmo Tribunal (*v.g.*, o próprio e. STJ também se manifestou pelo deslocamento do caso para a Justiça Militar. Ver acórdão da 3ª Seção; CCo. 29.026/PR; Relator: Min. Gilson Dipp; Data de julgamento: 9 ago. 2000; DJU 25 set. 2000, p. 64), ou por outros Tribunais (*v.g.*, TJSP; HC 224.625-3; Relator: Silva Pinto; Data de julgamento: 17 fev. 1997, v.u.), nos quais se decidiu que deveria haver "aplicação imediata aos processos pendentes", pois

> não há como, sem base em elementos palpáveis, afirmar que seria mais conveniente para o réu se submeter à jurisdição imposta pela lei precedente, apesar de derrogada. O certo é que inexiste oráculo para atestar qual é a jurisdição mais benevolente. Ninguém tem dom adivinhatório para eleger a mais benevolente ou a mais rigorosa.

Como se observa de toda essa discussão jurisprudencial[45], a compreensão da alteração do art. 9º do CPM sempre se dá pelo viés de direito processual. No entanto, para uma revisão conceitual da matéria, é fundamental verificar o tema pelo que tem de essencial: a redefinição da natureza da norma de direito material. Com efeito, o que o legislador operou no âmago não foi um deslocamento de competência, mas uma redefinição do conceito de crime, a dizer, da própria norma substantiva, retirando seu caráter militar (e, por consequência, afeto à jurisdição militar) e dando-lhe o caráter civil (deslocando-o, assim, para a justiça "comum"). Nesse ponto, o art. 9º do CPM é claro ao dizer que "consideram-se crimes militares, em tempo de paz", regulando, assim, o direito material que haverá de ser aplicado.

9. Crimes praticados por militares contra militares

Nada obstante a reforma legislativa, decisões do e. STF mantiveram na Justiça Castrense o julgamento de crimes dolosos contra a vida praticados por militares e tendo como vítimas militares, em situações alheias àquelas funcionais.

Nesse sentido o STF, julgando conflito de competência suscitado pelo STM em face do STJ, por maioria, com fundamento no art. 9º, II, "a", do Código Penal Militar, assentou a competência da Justiça Militar para o julgamento de crime de homicídio cometido por militar, em face de outro militar, ocorrido fora do local de serviço. Considerou-se que, embora o homicídio tenha ocorrido na casa dos envolvidos, por motivos de ordem privada, subsiste a competência da Justiça Militar porquanto qualquer crime cometido por militar em face de outro militar, ambos em atividade, atinge, ainda que indiretamente, a disciplina, que é a base das instituições militares. Vencidos os Ministros Sepúlveda Pertence, Celso de Mello e Marco Aurélio, que assentavam a competência da Justiça Comum para o julgamento da espécie (CPM, art. 9º: "Consideram-se crimes militares, em tempo de paz: (...) II – os crimes previstos neste Código, embora também o sejam com igual definição na lei penal comum, quando praticados: a) por militar em situação de atividade ou assemelhado, contra militar na mesma situação ou assemelhado"). Precedentes citados: RE 122.706/RJ (RTJ 137/408) e CJ n. 6.555/SP (RTJ 115/1095).[46]

10. Investigação criminal (inquérito policial) e crime praticado por militar (Lei n. 9.299/1996)

Lido de acordo com a Constituição, vê-se, pelo art. 144, § 4º, que às polícias civis, dirigidas por delegados de polícia de carreira, incumbem, ressalvada a competência da União, as funções de polícia judiciária e a apuração de infrações penais, exceto as militares.

Num primeiro momento, isso deixa clara a incongruência do texto da Lei n. 9.299/1996 com o texto constitucional, pois aquele texto, embora tenha retirado o julgamento dos crimes dolosos contra a vida da justiça castrense, manteve por lá a investigação criminal desses fatos. Ora, como apontado em comentário a artigo anterior, tratou-se de uma redefinição material de crime que, nessas hipóteses, não é mais crime militar, mas, sim, comum, praticado por militar, devendo, pois, ser investigado na esfera civil.

O tema chegou a ser tratado pelo STF, que, analisando medida cautelar em ação direta de inconstitucionalidade ajuizada pela Associação dos Delegados de Polícia do Brasil – Adepol contra a Lei n. 9.299/1996, afastou a tese de que a apuração dos referidos crimes deveria ser feita em inquérito policial civil, e não em inquérito policial militar, e, por maioria, indeferiu a liminar por ausência de relevância na arguição de ofensa ao inciso IV, do § 1º e ao § 4º do art. 144, da CF, que atribuem às polícias federal e civil o exercício das funções de polícia judiciária e a apuração de infrações penais, exceto as militares, considerando que o dispositivo impugnado não impede a instauração paralela de inquérito pela polícia civil (vencidos os Ministros Celso de Mello, relator, Maurício Corrêa, Ilmar Galvão e Sepúlveda Pertence.).[47]

A posição da Suprema Corte, na verdade, apenas ratifica a histórica sujeição do suspeito a (qualquer) autoridade do Estado e acirra a disputa pelo "poder

---

45 Também refletida na doutrina; para tanto ver, dentre outros, BARROS, Marco Antonio de. Juiz natural: comentários sobre a aplicação do princípio em face do parcial deslocamento da competência da Justiça Militar Estadual para a Justiça Comum (Lei n. 9.299/1996). **Revista do IBCcrim**, n. 21, 1998.

46 STF. **CC 7.071/RJ**. Plenário. Relator: Min. Sydney Sanches. Data de julgamento: 5 set. 2002. Informativo STF n. 280.

47 STF. **ADIn 1.494/DF**. Relator original: Min. Celso de Mello. Relator para acórdão: Min. Marco Aurélio. 9 abr. 1997.

investigativo" entre as duas corporações. No limite, deixa de lado a própria disciplina constitucional quando reserva, à Justiça Militar, a apuração dos crimes militares próprios e, pelo raciocínio exposto, nada estaria a impedir que esse alargamento se desse em relação a qualquer outro crime. Não por outra razão, toda a discussão sobre o conceito de "autoridade policial" reflete esse alargamento que, diga-se de passagem, parece vir na contramão da História.

11. Arquivamento de investigação na Justiça Militar por "legítima defesa"

A anomalia discutida no tópico anterior (manutenção da investigação no âmbito da Justiça Militar) não tardou a provocar metástases interpretativas que, se não enfrentadas com a melhor técnica, simplesmente levariam à própria desconstituição da "reforma" de 1996.

Com efeito, inicialmente o tema surgiu no âmbito de conflito de atribuições, sendo exemplo disso o Protocolado n. 95.815/12 no âmbito do MPSP dirimido pelo Exmo. Procurador-Geral de Justiça nos seguintes termos:

> 1. Se compete à Justiça Comum Estadual processar e julgar crimes dolosos contra a vida de civil praticados por militar (art. 125, § 4º, CF/88; art. 9º, par. único, CPM; art. 82, § 2º, CPPM), a ela compete também, e privativamente, pronunciar-se, em sede de promoção de arquivamento do inquérito policial, recebimento de denúncia, decisão de pronúncia ou plenária, sobre a ausência ou insuficiência de provas, excludente de ilicitude, inclusive a tese de legítima defesa. 2. Descabimento de providências nos tribunais superiores em face de processos com decisão transitada em julgado que subtraem a competência da Justiça Comum Estadual para o exame de crime doloso contra a vida de civil praticado por militar, tendo em vista a nulidade do consequente arquivamento dos respectivos inquéritos policiais militares, e a possibilidade de remessa de cópia integral à Promotoria de Justiça do Tribunal de Júri pela Promotoria de Justiça Militar, que se recomenda. 3. Possibilidade de recursos e outros remédios processuais em relação aos demais casos não julgados ou sem trânsito em julgado. 4. Comunicação à Procuradoria de Justiça Criminal e à Promotoria de Justiça Militar. (Despacho do Procurador-Geral de Justiça de 22 out. 2012)

A interpretação era realmente esdrúxula por parte da "Justiça Castrense": se ficar comprovada a ocorrência da legítima defesa não há crime e, portanto, não haveria de ser encaminhada a investigação criminal para a Justiça "Civil".

A situação foi enfrentada pelo STJ no Conflito de Competência n. 131.899 – Rel. Ministro Rogerio Schietti Cruz suscitado a partir de determinado despacho judicial no qual se afirmava:

> inexiste razão jurídica para o envio dos autos originais do presente IPM para a manifestação dos promotores do Júri, vez que, a subscritora do requerimento é Promotora de Justiça militar, logo, cabendo-lhe, s.m.j, a manifestação da existência, ou não, de delito de homicídio, quando então apenas na hipótese positiva, os autos do IPM deverão ser enviados ao Júri. XII. Nada impede que cópias do presente IPM sejam promovidas por parte do Ministério Público, para exame por parte dos promotores de justiça que atuam junto às Varas do Júri, ainda quando se reconheça a existência de excludentes de ilicitude, como ocorrem no caso em concreto. XIII. O que não se pode admitir é o envio dos autos originais do IPM ao Júri, sem que esta Justiça Especializada diga no mérito se existe, ou não, crime doloso contra a vida de civil, conforme se infere da Lei 9299/96 e da ADI 001/10, in verbis: XIX. Por esses motivos, aqui resumidos, e outros mais, se necessário for utilizar oportunamente, incabível a remessa dos autos originais deste IPM ao Júri, como requerido pelo ilustre e culto Promotor de Justiça, sem que, no mérito, esta Justiça Militar decida sobre o que é de sua competência, já solidificada por parte da jurisprudência e da doutrina especializada. (Fls. 265/267).

Pois, de fato, diversamente do que ponderava aquele magistrado, havia "melhor juízo" interpretativo a ser dado ao tema e assim o foi pelo DD Ministro Relator ao definir que "a determinação de arquivamento dos autos realizada pelo Juízo castrense dever ser, de pronto, tornada sem efeito. Isso porque, o § 2º do art. 82 do Código de Processo Penal Militar determina que, "nos crimes dolosos contra a vida, praticados contra civil, a Justiça Militar encaminhará os autos do inquérito policial militar à justiça comum.

Aqui é de ser destacado que o Juízo Natural para a apreciação destas hipóteses é a Justiça "civil" a quem cabe definir se houve ou não a incidência de qualquer excludente e não aquele militar.

Ver, também, ulteriores observações sobre o tema no art. 18 destes **Comentários**.

> IV – os processos da competência do tribunal especial (Constituição, art. 122, n. 17);

1. Nota histórica sobre o "tribunal especial"

Alocado no capítulo supostamente destinado aos "direitos e garantias individuais" na Constituição ditatorial de 1937, o art. 122 previa:

A Constituição assegura aos brasileiros e estrangeiros residentes no País o direito à liberdade, à segurança individual e à propriedade, nos termos seguintes: (...) n. 17: os crimes que atentarem contra a existência, a segurança e a integridade do Estado, a guarda e o emprego da economia popular serão submetidos a processo e julgamento perante Tribunal especial, na forma que a lei instituir.

Na verdade, a lei já o houvera instituído, pois tal Tribunal inseria-se na denominada "justiça revolucionária". Ele fora criado pelo Decreto n. 19.398, de 11 de novembro de 1931, que dava poderes ditatoriais ao Chefe do governo provisório após a revolução de 24 de outubro de 1930 (além de ter fechado o Congresso e destituído os governadores, nomeando-se interventores) para julgar atos praticados durante o governo de Artur Bernardes e, depois, estendeu sua competência para todos os atos que fossem considerados atentatórios à "reconstrução" do País.

Para bem compreender como se dá a lógica desse aparato de exceção, é necessário reconstituir um pouco mais aquela quadra histórica. Deve-se ter em conta que, após um período inicial de aparente envolvimento com questões democráticas, quando Vargas governa provisoriamente até a Constituição de 1934 (período em que se exerce a primeira forma do "Tribunal Especial"), passa-se a viver um período crescente de exceção aos ditames do então frágil Estado de Direito, sendo que, após os episódios que redundaram na "intentona comunista" e na caça que se seguiria àqueles,

Vargas, auxiliado por alguns oficiais do Exército e por outros policiais civis, dá início a um período ditatorial sem precedentes até então: a repressão e a violência tomam conta das ruas, escolas, sindicatos, universidades... e exerce o seu mandato Constitucional até 10 de novembro de 1937, que é quando, com o apoio de forças militares, dá um golpe de Estado, impedindo a realização de novas eleições que culminariam com a sua substituição.

Nesse contexto,

auxiliado pelo jurista Francisco Campos, outorga nova Constituição ao Brasil, de cunho marcadamente fascista, já que inspirada no modelo polonês da época. A ditadura Vargas, que não medira esforço para sufocar os movimentos de esquerda, institui um Estado intervencionista, cujo exercício de qualquer poder passava invariavelmente pelo seu crivo.[48]

Há a

instituição do Tribunal de Segurança Nacional (quando se) dá início a um período de alta repressão e perseguição política... criado em 1936, através da Lei n. 244, de 11 de setembro de 1936, com único escopo de julgar os envolvidos na Intentona Comunista de 1935. Todavia, com o Estado Novo varguista, surge um decreto, o de n. 88, de 20 de dezembro de 1937, que passava a dar ampla autonomia a este Tribunal, desvinculando-o de questões ligadas à revolta e tentativa de golpe de 1935. Mas é com o Decreto n. 474, de 08 de junho de 1938, que o TSN passa a ser usado contra os opositores do Estado Novo, incluindo liberais e integralistas que antes haviam apoiado o golpe em 1937. A ampliação da competência do TSN, que nada mais era do que a última instância de ação do sistema varguista, que se iniciava pela sua polícia política, chegou aos crimes contra a economia popular (decreto de 18 de novembro de 1938) e os crimes de Segurança contra o Estado (Decreto-lei n. 4.766, de 1º de outubro de 1942).[49]

A conformação histórica de todo esse cenário pode ser considerada como um dos grandes exemplos nacionais de uma jurisdição de exceção.

V – os processos por crimes de imprensa.

1. Não recepção da Lei de Imprensa pela Constituição de 1988

Cumpre cifrar, inicialmente, que a legislação republicana atinente à liberdade de imprensa tem marco significativo com a Lei n. 2.083, de 12 de novembro de 1953, parida sob a égide da Constituição de 1946, a qual em seu art. 141, § 5º, previa:

É livre a manifestação do pensamento, sem que dependa de censura, salvo quanto a espetáculos e diversões públicas, respondendo cada um, nos casos e na forma que a lei preceituar, pelos abusos que cometer. Não é permitido o anonimato. É assegurado direito de resposta. A publicação de livros e periódicos não dependerá de licença do poder público. Não será, porém, tolerada

---

48 PONTES, Evandro Fernandes de; PONTES, José Antonio Siqueira de. Texto elaborado para o relatório "O papel do direito penal na transição dos Estados autoritários para a democracia", sob coordenação de CHOUKR, Fauzi Hassan. Inédito no Brasil. Projeto de pesquisa do Max Plack Institute – Freiburg im Breisgau – 1999. Na Alemanha, o resumo do relatório brasileiro foi publicado em Freiburg im Breisgau: Ed. Iuscrim, 2000.

49 PONTES, Evandro Fernandes de; PONTES, José Antonio Siqueira de. Texto elaborado para o relatório "O papel do direito penal na transição dos Estados autoritários para a democracia", sob coordenação de CHOUKR, Fauzi Hassan. Inédito no Brasil. Projeto de pesquisa do Max Plack Institute – Freiburg im Breisgau – 1999. Na Alemanha, o resumo do relatório brasileiro foi publicado em Freiburg im Breisgau: Ed. Iuscrim, 2000.

propaganda de guerra, de processos violentos para subverter a ordem política e social, ou de preconceitos de raça ou de classe.

A Lei de 1953 sofreu profunda alteração durante os anos sessenta com uma nova Lei de Imprensa (Lei n. 5.250, de 9 de fevereiro de 1967, publicada no DOU de 10 de fevereiro de 1967), já sob a égide do governo militar, havendo projeto para uma reedição dessa disciplina jurídica específica.

Porém, o STF, ao decidir Arguição de Descumprimento de Preceito Fundamental (ADPF) 130-7, julgou não ter sido recepcionada a Lei n. 5.250/1967 pela Constituição da República de 1988, ratificando os termos de liminar concedida em 21 de fevereiro de 2008, quando do atendimento da medida liminar pelo Ministro Carlos Ayres Britto, tendo como arguente o Partido Democrático Trabalhista – PDT. No julgamento definitivo, para o Min. Ricardo Lewandowski, o texto da lei, além de não se harmonizar com os princípios democráticos e republicanos presentes na Carta Magna, é supérfluo, podendo ser a matéria regulada por outras fontes legais já existentes.

2. Consequências processuais da não recepção da lei de imprensa

A decisão pela não recepção da lei de imprensa não significa automaticamente a extinção de ações penais em curso ou mesmo investigações criminais, visto que os fatos passam a ser regidos pelas normas correspondentes do Código Penal.

Tal conclusão já foi esposada pelo próprio STF em apreciação da Reclamação 7.378, aforada diante da decisão da jurisdição estadual de extinguir queixa-crime com base no quanto decidido na ADPF 130-7. Apreciando liminarmente a matéria, o Min. Celso de Mello (que votou pela denegação da ADPF), ponderou que a Jurisdição Penal pode ser invocada tomando-se como base o disposto no Código Penal e Código de Processo Penal.

No mesmo sentido, no âmbito do STF, o Inquérito 2.674 e as Reclamações 6.315 e 6.883.

> *Parágrafo único.* Aplicar-se-á, entretanto, este Código aos processos referidos nos ns. IV e V, quando as leis especiais que os regulam não dispuserem de modo diverso.

1. Código de Processo Penal como fonte subsidiária

A aplicação do processo penal na forma preconizada neste Código se projeta para outros ramos do direito, inclusive não penais. Tal pode ser testemunhado pela espraiada aplicação do art. 28 na esfera civil ou, mais exatamente, sempre que se for exigir uma intervenção do Ministério Público e esta venha a ser recusada pelo órgão oficiante.

Assim foi abordado o tema em caso no qual

> houve pedido de condenação ao pagamento de indenização [com] Manifestação do Ministério Público pela inexistência de interesse público a justificar sua intervenção. Juízo a quo que, discordando da promoção, determina a expedição de ofício ao PGJ, por aplicação analógica do artigo 28 do CPP.[50]

2. Para a subsidiariedade do CPP aos ritos especiais, ver nestes *Comentários* art. 394

> Art. 2º A lei processual penal aplicar-se-á desde logo, sem prejuízo da validade dos atos realizados sob a vigência da lei anterior.

1. Conceito de lei processual penal

A lei processual penal a que se refere o presente artigo é a produção normativa constitucionalmente estabelecida que tem como objeto a regulação da aplicação jurisdicional do Direito Penal, bem como da investigação criminal em qualquer de suas modalidades, e a estruturação do funcionamento da jurisdição penal, aí entendidos os órgãos jurisdicionais e seus auxiliares, das partes e intervenientes no processo penal.

2. Lei processual penal e processos legislativos

2.1 "Lei delegada"

A delegação legislativa foi tema tratado com objetividade diferenciada pela Constituição da República de 1988, dispondo o art. 68 que (§ 1º):

> Não serão objeto de delegação os atos de competência exclusiva do Congresso Nacional, os de competência privativa da Câmara dos Deputados ou do Senado Federal, a matéria reservada à lei complementar, nem a legislação sobre: I – organização do Poder Judiciário e do Ministério Público, a carreira e a garantia de seus membros; II – nacionalidade, cidadania, direitos individuais, políticos e eleitorais; III – planos plurianuais, diretrizes orçamentárias e orçamentos.

Nesse ponto foi mais além daquilo que previa a EC n. 1/1967 em seu art. 52, que, regulando a mesma matéria, não vedava o emprego de tal processo

---

50 TJ-RJ. **AI 00698018120128190000 RJ 0069801-81.2012.8.19.0000**. Décima Sexta Câmara Cível. Relator: Des. Eduardo Gusmão Alves de Brito Neto. Data de julgamento: 7 maio 2013. Data de publicação: 9 dez. 2013.

legislativo a temas como a organização do Ministério Público e aos "direitos individuais".

A impossibilidade do emprego de leis delegadas para a matéria processual penal distancia o Brasil de outros ordenamentos, como Itália e Portugal, os quais concretizaram a reforma integral de seus códigos de processo penal empregando aquele mecanismo legislativo, fundamentalmente porque, tratando-se de normas que diretamente incidem sobre direitos fundamentais, não seria possível a delegação, pelo Congresso, de tais matérias. Mais ainda, ao falar-se numa nova disciplina processual penal, ainda que reflexamente estar-se-ia dispondo sobre a Magistratura e o Ministério Público, do que se conclui a impossibilidade para o emprego dessa via processual legislativa para o tratamento processual penal.

2.2 Medida provisória

2.2.1 Antes da EC n. 32/2001

Ao entrar em vigor, a Constituição da República nada dispunha expressamente quanto aos limites materiais negativos para o emprego de medidas provisórias, o que gerou ao menos uma norma jurídica processual penal a partir desse processo legislativo, qual seja, a "lei da prisão temporária", que entrou em nosso Direito pela Medida Provisória n. 111, de 24 de novembro de 1989, e foi confirmada com pequena mudança de redação pela Lei n. 7.960, de 21 de dezembro do mesmo ano.

2.2.2 Após a EC n. 32/2001

Posteriormente, com a Emenda Constitucional n. 32, de 2001, passou-se a vedar expressamente o emprego desse mecanismo processual legislativo para a normatização do processo penal, assim como do direito penal material e do processo civil, sem embargo de ter sido usada posteriormente para temas de execução penal. Literalmente:

> Art. 62. Em caso de relevância e urgência, o Presidente da República poderá adotar medidas provisórias, com força de lei, devendo submetê-las de imediato ao Congresso Nacional.
>
> § 1º É vedada a edição de medidas provisórias sobre matéria:
> I – relativa a:
> a) (...) b) direito penal, processual penal e processual civil.

Tal vedação é absoluta, independentemente de ser a medida provisória supostamente benéfica ao suspeito/acusado, não se podendo, com a devida vênia, comungar da posição esposada por Gomes[51], para quem seria válida e eficaz uma eventual medida provisória editada com esse perfil. No mesmo sentido da refutação dessa posição, veja-se Távora e Alencar[52].

Se por via de leis delegadas ou por medidas provisórias não é possível a construção da norma processual penal, resta analisar, a partir das disposições constitucionais, quais as opções de processo legislativo que restam para a (re)estrutura da matéria a fim de, sobretudo, adequar e otimizar os princípios e regras constitucionalmente estabelecidos para a persecução penal.

2.3 Lei complementar

Adotando-se a ideia da especificidade das matérias a um determinado processo legislativo tem-se que a lei complementar poderia ser cabível na seara processual penal desde que houvesse a previsão constitucional para a reserva material específica, o que somente existe na hipótese de a União, mediante Lei Delegada, editar norma que venha a servir de base (patamar mínimo legislativo) para que os Estados-membros construam seus Códigos estaduais, implicando a federalização do modelo processual penal.

Antecipando-se a eventuais críticas, e no sentido de com elas construir um diálogo verdadeiramente edificante, deve ser evitada aqui a resistência à ideia pela fracassada experiência ocorrida entre a Constituição de 1891 e a unificação legislativa em 1941. As condições históricas, políticas, sociais e mesmo de densificação do pensamento jurídico são completamente distintas daquele momento para o atual. Aquela fragmentação provincial dos Códigos teve terreno árido para sobreviver e não conseguiu fazê-lo, mesmo porque a própria construção da República se deu de forma imprópria para otimizar o conceito federal.

Também deve ser considerado que não se trata, aqui, da construção de um "relativismo sábio", a dizer, o fácil discurso das diferenças regionais, das especificações locais como arrimo para a construção de uma realidade federada na legislação processual penal. Por certo que essas diferenças existem, mas não podem ser empregadas no discurso de diminuição das tutelas dos direitos fundamentais, a dizer, que Estados menos desenvolvidos apenas economicamente se contentem com a construção de um processo penal violador das estruturas constitucionais. Daí o papel da lei complementar como uma

---

51 GOMES, Luiz Flávio. **Direito Penal Parte Geral**. São Paulo: RT 1º edição, 2003. p. 130.

52 TÁVORA, Nestor; ALENCAR, Rosmar Antonni Rodrigues Cavalcanti de. **Curso de direito processual penal**. Salvador: JusPodivm, 2012. p. 39

verdadeira delegação não apenas da competência para legislar, mas dos patamares mínimos a serem contidos nas legislações estaduais.

Forçosamente, a qualidade técnica variará em relação a cada legislação estadual, mas isto não pode ser igualmente um óbice *a priori* para a discussão, vez que o cenário atual, marcando a esquizofrenia jurídico-política entre a Constituição da República e o Código é brutalmente pior.

Por fim, deve ser acrescido que essa proposta de reflexão já encontrou eco na sensibilidade política. Com efeito, o Projeto de Lei Complementar n. 87/2007, da autoria do Deputado Federal Leonardo Picciani (PMDB-RJ), enfrentava a questão, dispondo que: "Art. 2º Os Estados e o Distrito Federal ficam autorizados a legislar sobre questões processuais penais relativas aos delitos enumerados no art. 1º". Este (art. 1º), por sua vez, dispõe que

Os Estados e o Distrito Federal ficam autorizados a tipificar condutas como crime ou contravenção, cominando as respectivas penas privativas de liberdade ou restritivas de direitos, nos casos de:

> I – crimes contra a vida;
> II – crimes contra a pessoa;
> III – crimes contra o patrimônio;
> IV – crimes contra a liberdade sexual;
> V – crimes contra a incolumidade pública;
> VI – crimes contra a Administração Pública estadual;
> VII – crimes contra a Administração Pública Municipal;
> IX – tráfico ilícito de substâncias entorpecentes;
> X – comércio, posse, transporte e utilização de arma de fogo e respectiva munição.[53]

A simples existência da ideia na forma exposta parece-nos importante para aprimorar o debate, ao que singelamente permitimo-nos acrescer que fosse o caso de a Lei Complementar procurar descrever de forma mais detalhada as premissas estruturantes do processo penal a ser estadualmente codificado, funcionando de forma precisa como atividade delegada, mesmo porque, com a concorrência de competência legislativa criada, as normas da União passam a ter um perfil mais geral.

2.4 Lei ordinária federal

Dúvidas não restam quanto a ser a lei "ordinária" a forma obviada pela Constituição para disciplinar o processo penal e cuja tramitação exige várias intervenções até que se culmine com sua efetiva entrada em vigor.

Malgrado o perene discurso da impossibilidade de uma reforma global do Código de Processo Penal que permeou o discurso político (e parte significativa do discurso acadêmico) nos últimos vinte anos, por via da lei ordinária foram feitas inúmeras intervenções legislativas, que vêm modificando setores completos da estrutura processual penal.

Assim, no âmbito do processo de conhecimento foram alteradas as formas procedimentais ordinária e sumária pela Lei n. 11.719/2008, bem como o procedimento do júri pela Lei n. 11.689/2008. Da mesma maneira, buscou-se alguma reforma no campo probatório pela Lei n. 11.690/2008. No plano cautelar, destacam-se a Lei n. 7.960/89, sobre prisão temporária, e as Leis ns. 8.072/1990, 8.930/1994 e 9.695/1998, todas sobre crimes hediondos, com amplos reflexos na estrutura da prisão cautelar, a qual viria a sofrer ampla reformulação com a Lei n. 12.403/2011. Ainda no campo da execução penal, a Lei n. 10.792/2003 criou o regime disciplinar diferenciado de execução penal e a Lei n. 12.654/2012 dispôs sobre a possibilidade de coleta de material para fins de elaboração de perfil genético da pessoa condenada.

Na denominada legislação emergencial foi construído um arcabouço normativo completo, com a Lei n. 9.034/1995 sobre crime organizado, que viria a ser sucessivamente reformada pelas Leis ns. 10.217/2001, 12.694/2012 e 12.850/2013, completada com normas como a Lei n. 9.271/1996 (lavagem de dinheiro), modificada pela Lei n. 12.683/2012 (para tornar mais eficiente a persecução penal dos crimes de lavagem de dinheiro).

Todas essas referências, extraídas de um contexto muito mais amplo, demonstram a opção legislativa brasileira, no nosso sentir equivocada, que se orienta pela reforma parcial da estrutura processual penal; no entanto, não foi modificado seu modo real de funcionamento pela maioria delas.

3. Norma processual penal e organização judiciária

A dimensão do presente texto não permite a total exploração da matéria mencionada neste tópico que, pela sua importância, merece ao menos um aceno, ainda que para reproduzir preocupações já expostas em trabalho anterior e endossadas por prestigiosa doutrina[54]. Com efeito, não se trata da mera exposição formal existente no âmbito constitucional que distribui competências legislativas

---

53 O PLC foi arquivado ao final da legislatura após ter sido aprovado na CCJ da Câmara. Informações complementares em: <http://www.camara.gov.br/proposicoesWeb/fichadetramitacao?idProposicao=358999>. Acesso em: 23 mar. 2022.

54 LOPES JR., Aury. **Direito processual penal e sua conformidade constitucional**. Rio de Janeiro: Lumen Juris, 2007. v. 1. p. 468-471.

sobre o tema nas esferas da União e dos Estados, mas da latente e potencial capacidade de conflito entre a organização e as normas processuais penais, tema que parece distante das preocupações dos processualistas penais e que apresenta pontos de árdua solução, como naquelas situações nas quais, a título de organizar novas varas especializadas por meio de normas de organização judiciária altera-se o próprio conteúdo da competência com deslocamento dos casos já em curso.

Longe de ser mera especulação acadêmica, o sobredito tema vem merecendo cabal atenção dos operadores, cabendo ao Supremo Tribunal Federal pronunciar-se sobre a matéria no julgamento do HC 88.660, sendo que, no voto da Min. Cármen Lúcia, chega-se a afirmar que

o tema pertinente à organização judiciária não estaria restrito ao campo de incidência exclusiva da lei, uma vez que dependeria da integração de critérios preestabelecidos na Constituição, nas leis e nos regimentos internos dos tribunais. Entendeu que, no caso, o TRF da 5ª Região não invadira competência reservada ao Poder Legislativo, mas exercitara competência constitucionalmente legítima e amparada pelo seu regimento interno, o mesmo não ocorrendo com o CJF, que exorbitara de sua competência ao definir atribuições de órgãos judiciais. Todavia, asseverou que, embora inconstitucional a Resolução 314/2003, este vício não atingiria a Resolução 10-A/2003, pois esta fora formalmente expedida nos termos da Constituição e não estaria fundamentada apenas naquela resolução. Afastou, ainda, afronta ao princípio do juiz natural, haja vista que a resolução do TRF da 5ª Região não instituiu juízo *ad hoc* ou criou tribunais de exceção. De outro lado, considerou que a posterior especialização de vara, quando já definida a competência pela distribuição, macularia de ilegalidade a aludida Resolução 10-A/2003, porquanto não observadas as normas legais do processo penal (CPP, art. 75).

A sobredita Resolução n. 314/2003 possuía inicialmente o seguinte texto:

> Art. 1º Os Tribunais Regionais Federais, na sua área de jurisdição, especializarão varas federais criminais com competência exclusiva ou concorrente, no prazo de sessenta dias, para processar e julgar os crimes contra o sistema financeiro nacional e de lavagem ou ocultação de bens, direitos e valores.

Posteriormente, adotando o quanto recomendado na Resolução n. 3 do Conselho Nacional de Justiça, a redação passou a ser a seguinte:

O art. 1º da Resolução n. 314, de 12 de maio de 2003, passa a vigorar com a seguinte redação:

Art. 1º Os Tribunais Regionais Federais, na sua área de jurisdição, poderão especializar varas federais criminais com competência exclusiva ou concorrente para processar e julgar:

I – os crimes contra o sistema financeiro nacional e de lavagem ou ocultação de bens, direitos e valores; e

II – os crimes praticados por organizações criminosas, independentemente do caráter transnacional ou não das infrações.

Parágrafo único. Deverão ser adotados os conceitos previstos na Convenção das Nações Unidas contra o Crime Organizado Transnacional promulgada pelo Decreto n. 5.015, de 12 de março de 2004.

A Recomendação n. 3, de 30 de maio de 2006, que dispõe sobre "a especialização de varas criminais para processar e julgar delitos praticados por organizações criminosas e dá outras providências", entre vários considerandos e inúmeros outros pontos, assenta:

> c) que a especialização se dê, preferencialmente, pela transformação das varas, em especial aquelas com competência para processar e julgar crimes contra o sistema financeiro nacional e de lavagem ou ocultação de bens, direitos e valores, quando existentes.
>
> d) que os Tribunais fixem a competência territorial das varas especializadas.
>
> d.1) que, na Justiça Federal, a competência referida no item anterior tenha preferencialmente abrangência coincidente com os limites territoriais de uma seção judiciária. [e que]
>
> e) que as varas especializadas em crime organizado contem com mais de um juiz, bem como com estrutura material e de pessoal especializado compatível com sua atividade, garantindo-se aos magistrados e servidores segurança e proteção para o exercício de suas atribuições.
>
> f) sempre que necessário, a mudança de sede da vara criminal especializada e a movimentação de pessoal, de modo a melhor atender a seus propósitos. [bem como, em outro tópico]
>
> g) que as ações penais não sejam redistribuídas.

Pela aleatória escolha de itens acima efetuada, que se projeta para a organização orgânica do Poder Judiciário, observa-se que se compreendem na esfera dessa organização temas que, verdadeiramente, dizem respeito à construção do processo penal, e não de mera disciplina de funcionamento, demonstrando-se assim a dificuldade de, com clareza, estabelecer-se um ponto de equilíbrio legislativo entre aquilo que somente se pode fazer por força de lei – em sentido estrito – e aquilo que diz respeito à legítima atividade organizadora dos Tribunais, até para que estes não fiquem operacionalmente engessados.

4. Normas "mistas": aspectos de direito material e processual

Normas "mistas" ou "híbridas" são as que regulam aspectos materiais e processuais, num único texto, aspectos de direito material e processual. Estes últimos sempre dependentes daqueles, e jamais ao contrário, pela simples ideia de que o instrumento não pode ser superior àquilo que ele vem operacionalizar.

Portanto, é o direito material quem dá as diretrizes do processo, e jamais o contrário. Quando isso ocorre, está-se diante de uma grave anomalia, como o que se dava na redação original da Lei n. 9.099/1995 quando disciplinava que infração penal de menor potencial ofensivo seria aquela que conduta que, além da quantidade de pena prevista no tipo penal não foi suscetível de processamento por "rito especial"[55].

Esse caráter "misto" ou híbrido seria distinto da inserção de normas tipicamente materiais no CPP de acordo com o conceito de "heterotopia" proposto por Avena[56] que exemplifica a situação afirmando que "É o que ocorre, por exemplo, com o direito ao silêncio assegurado ao réu em seu interrogatório. Esta garantia, a despeito de sua previsão no Código de Processo Penal (art. 186), possui caráter nitidamente assecuratório de direitos, o que evidencia sua natureza material", acrescendo aos seus exemplos "as normatizações relativas à prisão do réu ou à concessão de liberdade provisória, ainda que embutidas no Código de Processo Penal, possuem conteúdo material, uma vez que dizem respeito à garantia constitucional da liberdade".

Parece-nos, com a devida vênia, que a ideia é útil (heterotopia), inclusive em via de mão dupla, pois

há normas processuais inseridas no Código Penal. Mas deve-se ter em conta que toda norma processual penal atinge, direta ou indiretamente, a esfera da liberdade. Ademais, num dos exemplos dado, o da cautelaridade, há uma aproximação entre a prisão enquanto cautela penal e a prisão como pena definitiva. Ambas, por certo, projetam-se na esfera de liberdade da pessoa submetida à persecução, mas com estruturas e funcionalidades distintas.

5. Aplicação da norma processual no tempo

5.1 Regra geral: aplicação imediata

Quanto à aplicação imediata, sempre se contentou a doutrina com a adequação da ideia, no conhecido aforismo latino *tempus regit actum*[57].

Nesse ponto a literalidade da norma e sua interpretação dominante impõem a aplicação imediata, considerando como válidos os atos praticados no regime anterior sem a necessidade de renová-los ou adequá-los à nova legislação. Assim, por exemplo, "O interrogatório do paciente ocorreu em data anterior à publicação da Lei n. 11.719/2008, o que, pela aplicação do princípio do *tempus regit actum*, exclui a obrigatoriedade de renovação do ato validamente praticado sob a vigência de lei anterior".[58]

5.2 Possibilidades de não aplicação imediata da norma processual penal

No entanto, pode o assunto ser considerado sob um enfoque diverso daquele empregado pelos clássicos processualistas penais, conforme nos aponta Binder[59]. Partindo do conteúdo do art. 18 da Constituição argentina ("ninguém pode ser condenado sem um julgamento prévio fundamentado em lei anterior ao fato do processo"), afirma o autor que "podemos inferir que a organização legal do processo deve ser também anterior ao fato que motiva esse processo. Tão anterior quanto a tipificação dos delitos pelos quais esse processo foi iniciado. Existe uma relação paralela entre a legalidade prévia da tipificação dos delitos e a estruturação legal prévia do processo", e conclui que

> este paralelismo não surge somente do conceito de função motivadora da norma, que também fundamenta o princípio de legalidade penal,

---

55   Na literalidade da redação original: art. 61. Consideram-se infrações penais de menor potencial ofensivo, para os efeitos desta Lei, as contravenções penais e os crimes a que a lei comine pena máxima não superior a um ano, excetuados os casos em que a lei preveja procedimento especial. (Posteriormente alterada pela Lei nº 10.259, de 2001)

56   AVENA, Norberto. **Processo Penal Esquematizado**. 3. ed. São Paulo: Método, 2011. p. 65.

57   Entre os mais renomados, por exemplo, TORNAGHI, Hélio. **Comentários ao Código de Processo Penal**. Rio de Janeiro: Forense, 1956. p. 89; ESPÍNOLA FILHO, Eduardo. **Código de Processo Penal brasileiro**. 2. ed. Rio de Janeiro: Freitas Bastos, 1945. v. VII. p. 165; FREDERICO MARQUES, José. **Elementos de direito processual penal**. Campinas: Bookseller, 1998. v. I. p. 45.

58   STF. **HC 104.555**. 1ª Turma. Relator: Min. Ricardo Lewandowski, 28 set. 2010.

59   BINDER, Alberto. **Introdução ao direito processual penal**. Rio de Janeiro: Lumen Juris, 2003a.

mas do fato político comum de que, em sentido amplo, a irretroatividade da lei penal – a lei penal propriamente dita e a lei processual penal – está relacionada com o controle da arbitrariedade no exercício do poder penal.

Na verdade, a posição do autor está alicerçada numa visão de conjunto do fenômeno processual. Assim ele o explica:

o processo é, por si só, uma unidade – não divisível em atos específicos dotada de um certo significado de política criminal. O processo é regido pela lei processual como um todo, posto que consiste em um conjunto de atos encadeados que convergem para o julgamento e giram ao seu redor. Portanto, a ideia básica de julgamento prévio que analisamos até agora dá ao conjunto de atos anteriores e posteriores ao julgamento – que formam a totalidade do processo penal – uma unidade com significado político-criminal que não poderá ser alterada pela nova lei processual.

Se a base legal da qual parte o renomado autor é desconhecida do direito brasileiro (seja na CR, seja na CADH), as premissas teóricas que fundam a exposição da matéria nos são totalmente idênticas. O paralelismo da natureza da norma penal com a processual penal – aqui refletido no tema da (ir)retroatividade – também será empregado no âmbito da interpretação analógica como limite ao emprego desse método de integração do ordenamento.

5.3 Validade dos atos já praticados

No entanto, as sucessivas reformas das leis processuais, fruto que são da opção brasileira pelas reformas pontuais ou "setoriais", acabam criando gravames processuais à pessoa submetida à persecução ou mesmo gerando incertezas sobre o poder de acusar, razão pela qual a simples aplicação do aforisma *tempus regit actum* não parece ser mais suficiente.

A ilustrar essa posição a partir de uma lógica conservadora e somente atrelada ao CPP, o STF

denegou a ordem de "habeas corpus" em que se discutia suposta nulidade processual, em razão de não se ter garantido aos pacientes o interrogatório ao final da instrução criminal com base na Lei 11.719/2008. No caso, em 14.5.2007, os pacientes teriam sido denunciados pela prática de crime de concussão (CPM, art. 305). Em 26.9.2007, o juízo realizara o interrogatório, nos termos do art. 302 do CPPM, que estabelece o interrogatório

"após o recebimento da denúncia" e "antes de ouvidas as testemunhas".

O Tribunal consignou que independentemente de a Lei 11.719/2008, publicada em 23 de junho de 2008, ter alterado, para o final da instrução criminal, o momento em que o réu devesse ser interrogado, incabível, na espécie, a alegação de nulidade, pois a nova legislação não poderia ser aplicada aos atos processuais praticados antes de sua entrada em vigor (20 de agosto de 2008), em observância ao princípio "*tempus regit actum*" (CPP, art. 2º). Assim, não seria possível cogitar qualquer constrangimento ou ilegalidade em relação aos pacientes, pela singela circunstância de o interrogatório ter sido realizado quase um ano antes da vigência da Lei 11.719/2008.[60]

No marco teórico destes *Comentários* defende-se que a aplicação imediata da nova lei processual deve seguir, além do critério temporal, o da sua incidência nos direitos fundamentais da pessoa submetida à persecução em primeiro plano, sem descurar daqueles ligados à acusação e à tutela das vítimas.

Assim, pode-se compreender alguma divisão teórica baseada na reforma que diga respeito – ou não – aos direitos fundamentais envolvidos na persecução, malgrado essa linha divisória possa ser por demais tênue nos casos concretos.

5.3.1 Atos que não importem restrição ou que aumentem a fruição de direitos fundamentais

A nova lei pode ser aplicada de plano quando não houver restrição de direitos fundamentais da pessoa acusada ou das vítimas. Da mesma maneira, normas que ampliem a fruição desses direitos devem ter reconhecida sua aplicação imediata.

Há manifestações doutrinárias e jurisprudenciais para desconsiderar nessas hipóteses o próprio período de *vacatio legis* em situações como a que

Tratando-se de paciente primário que está sendo acusado de prática de receptação simples, cujas penas abstratamente previstas no preceito secundário são de reclusão, de 01 a 04 anos, e multa, devem ser antecipados os efeitos tutelares da Lei n. 12.403/2011, cuja entrada em vigor ocorrerá em menos de 30 dias, ou seja, em 6-7-2011, pois o caso concreto examinado não se encaixa nas hipóteses autorizadoras do decreto de prisão preventiva, a teor da nova redação que este diploma legal conferiu ao art. 313 do CPP. Ordem concedida.[61]

---

60 STF. **HC 123228/AM**. Relator: Min. Cármen Lúcia. 24 jun. 2015.

61 TJRS. **HC 70042899070**. Relator: Des. Aymoré Roque Pottes de Mello. Data de julgamento: 9 jun. 2011. Também citado por MASI, Carlo Velho. O princípio da retroatividade aplicado às leis processuais penais mais benéficas. **Jus Navigandi**, Teresina, ano 16, n. 3.085, 12 dez. 2011. Disponível em: <http://jus.com.br/revista/texto/20596>. Acesso em: 23 mar. 2022.

5.3.2 Atos que importem restrição a direitos fundamentais

Por outro lado, normas que restrinjam direitos fundamentais não haveriam de ter sua incidência imediata, obedecendo o devido processo legal ao modelo existente à época de a persecução ter início.

Reconhecendo-se aqui uma vez mais a óbvia e íntima ligação entre a norma penal material e a norma processual no seu relacionamento instrumental, mas, também, na sua estrutura (legalidade estrita e consequências a ela correlatas), quer-se destacar, no entanto, que a fruição dos direitos e garantias fundamentais no processo ("tutela" de cognição ou mesmo "tutela" executiva) e para o processo ("tutela" cautelar) deve ser analisada de forma autônoma em relação ao Direito Penal.

Isso nos faz respeitosamente discordar de Gomes também citado por Masi[62] (2011) quando afirma sobre as cautelares que

> a Lei n. 12.403 é uma lei processual, mas com prevalentes caracteres penais, eis que dizem respeito ao poder punitivo, uma vez que criou novas medidas restritivas de direitos para o regime de cumprimento cautelar da pena, desta forma merecendo o respeito aos mesmos princípios das leis penais, ou seja, leis penais benéficas retroagem e têm aplicação imediata por tratar dos direitos e garantias fundamentais da pessoa humana (CF, art. 5º, § 1º).

Ligar automaticamente o processo penal ao "poder punitivo" levaria, em última análise, à total subordinação da norma processual àquela penal, e não é disso que se trata. Há direitos fundamentais no processo que não podem ser aproximados àqueles tutelados na norma material e é deles que se trata quando se afirma que a nova norma processual não pode ser aplicada quando vier a eliminá-los ou restringi-los, valendo tal afirmação para os direitos fundamentais da pessoa submetida à persecução ou da pessoa vitimada pela conduta lesiva ao bem jurídico.

5.4 Nova disciplina no projeto de reforma global do CPP (PLS 165/2009)

No PLS 165/2009, desde os trabalhos da Comissão de Juristas tem-se a seguinte redação: "Art. 7º A lei processual penal aplicar-se-á desde logo, ressalvada a validade dos atos realizados sob a vigência da lei anterior. § 1º As disposições de leis e de regras de organização judiciária que inovarem sobre procedimentos e ritos, bem como as que importarem modificação de competência, não se aplicam aos processos cuja instrução tenha sido iniciada. § 2º Aos recursos aplicar-se-ão as normas processuais vigentes na data da publicação da decisão impugnada".

No Relatório final do Senado considerou-se que

> Quanto aos problemas de direito intertemporal, o art. 7º do projeto de Código prevê a aplicação imediata da nova lei processual penal, ressalvada a validade dos atos realizados sob a vigência da lei anterior, tal como consta do art. 2º do atual CPP. Se, porém, em face de uma nova lei ou regra de organização judiciária, houver inovação de procedimentos e ritos ou modificação de competência, o projeto de Código proíbe a aplicação da nova lei aos processos cuja instrução tenha sido iniciada. Em complemento, determina que, em relação aos recursos, aplicam-se as normas processuais vigentes na data da decisão impugnada. Por fim, o projeto de Código impede a retroatividade de leis que conjuguem disposições penais e processuais penais, salvo em relação à norma penal mais favorável, desde que não esteja subordinada ou não tenha relação de dependência com o conteúdo das disposições processuais. Com essa ressalva, o projeto de Código pretende evitar a criação jurisprudencial de uma terceira lei, diferente da que estava em vigor, como também da nova lei.[63]

> Art. 3º A lei processual penal admitirá interpretação extensiva e aplicação analógica, bem como o suplemento dos princípios gerais de direito.

1. Interpretação analógica: bases para emprego e limites

A admissão da analogia como método de interpretação tem como limite a natureza das normas reguladoras do processo penal a partir da sua fonte maior que é a Constituição.

Tal observação por vezes se torna de difícil compreensão dado que se impõe o discurso dogmático da teoria geral do processo, que, numa visão unificadora a partir de uma metodologia comparativa (sobretudo a partir da obra de Carnelutti[64], repetida em grande parte pela abalizada doutrina nacional: Dinamarco[65], faz parecer possível a simples transposição

---

62 MASI, Carlo Velho. O princípio da retroatividade aplicado às leis processuais penais mais benéficas. Jus Navigandi, Teresina, ano 16, n. 3.085, 12 dez. 2011. Disponível em: <http://jus.com.br/revista/texto/20596>. Acesso em: 23 maio 2012.

63 BRASIL. Senado. **Anteprojeto de reforma do Código de Processo Penal**. Brasília: Senado Federal, 2009. Disponível em: <http://legis.senado.gov.br/mate-pdf/58503.pdf>. Acesso em: 23 mar. 2022. p. 24.

64 CARNELUTTI, Francesco. Per una teoria generale del processo. In: **Questione sul processo penale**. Bologna: Dott Cesare Zuffi-Editore, 1950.

65 DINAMARCO, Cândido Rangel. **A instrumentalidade do processo**. São Paulo: RT, 1987. p. 75-103.

de instrumentos existentes no processo civil ao processo penal, acarretando riscos a esse último, como adiante se verá.

Com o amadurecimento das discussões constitucionais-convencionais do processo penal avultou a crítica a essa "teoria geral"[66] que não, de um lado, nem teoria e, de outro, nem geral. Trata-se, isso sim de um simples cotejo de tópicos existentes entre os vários ramos processuais extraindo-se deles alguma simetria semântica, mas pouco observada a essência de cada qual em nome de uma busca de "unidade".[67]

2. Interpretação analógica: exemplo de impossibilidade de utilização do método

Um claro limite à integração analógica do processo penal pelo civil está no campo do chamado "poder geral de cautela", debatido exaustivamente antes do NCPC e da reforma das cautelares penais pela Lei nº 12.403, de 2011.

Nesse itinerário houve quem afirmasse[68] ao se referir ao cenário cautelar processual penal antes de 2011 que "o desalentador quadro de medidas cautelares apresentado por nosso Código, não obstante todos os esforços levados a efeito pelo legislador nos últimos anos, contribui para a inegável ineficácia do processo criminal, distanciando-o, realisticamente, dos cânones de efetividade que tão de perto vêm informando a atual legislação processual civil".

Tratava-se, na verdade, de posição que já se manifestava na doutrina[69] ao afirmar que

A possibilidade jurídica na ação cautelar consiste em se verificar, *prima facie*, se a medida cautelar pleiteada é admissível no estatuto processual ou em qualquer lei dessa natureza. Existe uma tipicidade processual não diferente da tipicidade de direito substancial. Portanto, importa verificar se o pedido do autor pode subsumir-se num dos modelos descritos nos preceitos normativos do

direito vigorante. Inexistindo no ordenamento jurídico a medida cautelar pleiteada, não há possibilidade jurídica para o pedido do autor.

A admissibilidade desse "poder geral" ainda hoje é defendida[70] com amplo apego à teoria geral do processo e significa, na prática, a expansão das cautelares para além dos limites da legalidade estrita processual penal.

3. A correção normativa da norma processual penal: revisão do fundamento "direito público subjetivo"

Começa-se por afirmar que não tem qualquer sustentação perante a estrutura constitucional contemporânea a tão alegada natureza jurídica das normas processuais penais como um "direito público subjetivo do réu", sob a qual se erguem construções justificadoras de instrumentos como (entre tantos outros) a suspensão condicional do processo.

Tal abordagem foi alvo de questionamento a Ferrajoli em entrevista concedida ao autor destes *Comentários* em 14 de dezembro de 1997[71] quando lhe foi perguntado como "entende o conteúdo da fórmula jurídica 'direito subjetivo público' em face da construção teórica do garantismo", tendo sido sua resposta literal que

A expressão nasce na cultura alemã do século passado e, depois, transfere-se para a italiana, pela obra de Santi Romano. Na construção italiana, a fórmula "direito público subjetivo" está intimamente ligada à concessão de direitos pelo Estado com o objetivo de diminuir o papel dos direitos fundamentais. Isto porque, em sua origem, era uma ideia organicista e decisionista do Estado, de caráter anti-iluminista, antijusnaturalística, que nega o caráter social do Estado. O direito público subjetivo procuraria encerrar,

---

66 Na literatura mais recente com, por exemplo, MOREIRA, Rômulo de Andrade. Breve esboço a respeito da inexistência de uma teoria geral do processo. **Revista Magister de Direito Penal e Processual Penal**, Porto Alegre, v. 11, n. 61, p. 5-47, ago./set. 2014. Também MACHADO, Naira Blanco. Ponderações sobre a (in)existência de uma teoria geral do processo e as finalidades do processo penal. Ciências Penais: **Revista da Associação Brasileira de Professores de Ciências Penais**, São Paulo, v. 7, n. 13, p. 225-248., jul./dez. 2010; LOPES JÚNIOR, Aury. Quando Cinderela terá suas próprias roupas? A necessária recusa à teoria geral do processo. **Revista Brasileira de Direito Processual Penal**, S.l., v. 1, p. 9, 2015, e SILVEIRA, Marco Aurélio Nunes da; PAULA, Leonardo Costa de. Teoria unitária do processo e sua crise paradigmática: a teoria dualista e a cera de abelha. **Revista de Estudos Criminais**, Porto Alegre, v. 15, n. 62, p. 79-102, jul./set. 2016.

67 Por todos, MARQUES, José Frederico. A unidade do processo. O processo penal dos estados democráticos. In: MARQUES, José Frederico. **Estudos de direito processual penal**. 2. ed. Campinas: Millennium, 2001. p. 5-8.

68 ALVES, Rogério Pacheco. O poder geral de cautela no processo penal. **Revista do Tribunais**, n. 799, maio 2002. Disponível em: <www.revistasrtonline.com.br>. Acesso em: 23 mar. 2022.

69 CAMPOS BARROS, Romeu Pires. **Processo penal cautelar**. Rio de Janeiro: Forense, 1982.

70 CASTRO, Pedro Machado de Almeida. Medidas cautelares pessoais, poder geral de cautela e a taxatividade mitigada. **Revista brasileira de direito processual penal**, S.l., v. 3, n. 2, p. 691-716, 2017; LIMA, Marcellus Polastri. **A tutela cautelar no processo penal**. 3. ed. São Paulo: Atlas, 2014.

71 FERRAJOLI, Luigi; CHOUKR, Fauzi Hassan. A teoria do garantismo e seus reflexos no direito e no processo penal (entrevista). **Boletim IBCCRIM**, São Paulo, v. 7, n. 77, p. 3-4, abr. 1999.

então, uma autolimitação, uma auto-obrigação, do poder estatal, que é uma ideia que, de fato, nega o caráter, por assim dizer, da existência de direitos contra o Estado. Tudo isto está na base de uma certa visão que justifica a impossibilidade da existência de direitos fundamentais e mesmo de jurisdição contra o Estado. Mas, na Europa, há uma verdadeira revolução de paradigma constitucional e jurisdicional que vai de encontro ao denominado direito público subjetivo.

Tal lição é repetida por Duarte[72] quando esclarece que direito público subjetivo encontra-se

> situado no fundamento da ordem e do ordenamento jurídico, o Estado aparece como, repete Jellinek, pessoa capaz de instaurar as relações de domínio, às quais correspondem uma formal sujeição dos indivíduos: sua liberdade natural não alcança relevância senão desde o pressuposto de vir formalmente reconhecido pelo Estado pessoa.

O resultado prático dessa concepção é patente: não se concebe a situação de liberdade como uma situação natural, mas sim como algo qualificado pelo Estado. Dessa maneira, por exemplo, para o processo penal brasileiro, discute-se se a liberdade provisória é um "direito público subjetivo do réu", mas não se argui a fundo a constitucionalidade dos fundamentos da prisão preventiva; idem para a suspensão condicional do processo, sempre debatida para se saber se ela é um "direito público subjetivo do réu", mas não para saber de sua adequação constitucional. Mesmo em temas mais áridos – e talvez por isso nem sempre compreendidos na sua fundamental dimensão prática – como o direito de ação, este compreendido entre nós como um direito abstrato, tal abordagem se faz presente.

No seu conjunto, embora "simpática", a concepção do direito público subjetivo, se não for repensada nas bases em que se encontra na dogmática processual penal brasileira, permanece como uma das fontes maiores de justificativas autoritárias.

4. A correção normativa da norma processual penal: a pragmática constitucional

Outro passo essencial na correção normativa do processo penal é o do uso prático e concreto das normas constitucionais. Trata-se, pois, de superar a "imagem débil da juridicidade constitucional caracterizada pelo período liberal e a afirmação, por parte do Estado Social de Direito, do caráter normativo das constituições, que passará a integrar um plano de

normatividade superior"[73] ou, como aponta didaticamente Canotilho,

> 1) as normas constitucionais constituem uma *lex* superior que recolhe o fundamento da validade um si própria (autoprimazia normativa); (2) as normas de constituição são normas de normas (*normae normarum*) afirmando-se como uma fonte de produção jurídica de outras normas (leis, regulamentos, estatutos); (3) a superioridade normativa das normas constitucionais implica o principio da conformidade de todos os actos dos poderes públicos com a Constituição.[74]

E, na reconstrução desse perfil constitucional, assume um papel central toda a teoria dos direitos fundamentais, para remodelar "uma ordem normativa capaz de direcionar a própria ordem econômica e social em função da promoção da dignidade da pessoa humana".[75]

Assim, o regramento processual penal somente pode ser considerado como válido e eficaz (*vide* comentário seguinte) se passar pela depuração constitucional de suas normas a partir do primado da dignidade da pessoa humana, não sendo possível, pois, tentar fazer caber a figura infraconstitucional a qualquer custo na ordem constitucional; a operação lógica é a inversa: primeiro o conhecimento da CR (e da CADH) e, depois, a adequação do Código de Processo Penal àquelas normas.

Essa tarefa de adequação não significa a intangibilidade de suspeitos ou acusados – como, de uma maneira muito rasteira e manipulada, certos setores sociais querem fazer crer –, mas a da estrita legalidade qualificada pelos valores acima, na construção prática da persecução penal.

5. Revisão e reafirmação dos conceitos de vigência, validade e eficácia da norma processual penal: abordagem garantista

Entendendo-se que o garantismo, na forma como especificado por Ferrajoli[76] serve como justificativa teórica suficiente para amoldar a estrutura processual penal aos postulados do Estado Social de Direito, recorda-se aqui, a partir da lição do mencionado autor, que

> as condições de validade estabelecidas por suas leis fundamentais incorporam não só requisitos de regularidade formal, senão também condições de justiça material. (...) A maior parte das objeções ou das declarações de ilegitimidade ou de invalidade de uma lei, uma sentença ou

---

72 DUARTE, Oto Ramos. **Teoria do discurso e correção normativa do direito**. São Paulo: Landy, 2003. p. 32 e ss.

73 DUARTE, 2003, p. 39.

74 CANOTILHO, J. J. Gomes. **Direito Constitucional e teoria da constituição**. 2. ed. Coimbra: Almedina, 2001, p. 1131.

75 DUARTE, 2003, p. 38.

76 FERRAJOLI, Luigi. **Direito e razão**. Tradução de Fauzi Hassan Choukr et al. São Paulo: RT, 2001.

um ato administrativo, de fato nada tem que ver com defeitos formais, senão com defeitos substanciais.

Para Ferrajoli, é "vigência" a validade apenas formal das normas tal qual resulta da regularidade do ato normativo; e limitaremos o uso da palavra "validade" à validade também material das normas produzidas, quer dizer, dos seus significados ou conteúdos normativos.

Por conseguinte, será possível dividir a legitimidade jurídica ou interna – separada sempre da legitimidade política ou externa, em qualquer caso de tipo material – em legitimidade jurídica formal, que se refere somente às formas prescritas para os atos normativos e, por conseguinte, à vigência das normas produzidas, e legitimidade jurídica substancial, que, ao contrário, refere-se aos conteúdos dessas mesmas normas, ali onde estes também estejam prescritos ou proibidos por normas acerca da sua produção. Por fim, "nem a validade nem a eficácia de uma norma podem ser deduzidas da sua vigência, que, comparada com o dever ser da validade, pertence à dimensão do ser, enquanto comparada com o ser da efetividade pertence à dimensão do dever ser".[77]

Juiz das Garantias: (Incluído pela Lei nº 13.964, de 2019) (Vigência)

1. Suspensão da eficácia dessa norma – ADI

As ADI 6.298, ADI 6.299, ADI 6.300 e ADI 6.305 foram aforadas com o intuito de declarar a inconstitucionalidade da criação do "juiz de garantias".

A primeira o foi pela Associação dos Magistrados Brasileiros – AMB e Associação dos Juízes Federais do Brasil – Ajufe, sob o argumento que a nova lei "Não previu qualquer regra de transição, motivo pela qual tornar-se-á eficaz após o transcurso da vacatio legis de 30 dias após a publicação da lei, quando então deverá a figura jurídica do 'Juiz das Garantias' ser implementada em todos os Estados e na União, pelos respectivos Tribunais", e que há "patente inconstitucionalidade formal da lei impugnada, porque ela contempla ao mesmo tempo 'normas gerais', ao criar o 'Juiz das Garantias', e normas de 'procedimento em matéria processual'" uma vez que "da matéria que não de processo penal, mas sim de procedimento processual, uma vez que dispôs sobre normas da fase pré-processual do inquérito, cuja competência legislativa é concorrente da União com os Estados (CF, art. 24, XI)."

Com fundamentos próximos foi seguida pelas demais ações mencionadas, a segunda delas aforada por dois partidos políticos (CIDADANIA e PODEMOS), a terceira igualmente ajuizada por um partido político, o PSL – Partido Social Liberal, sendo a última desencadeada pela Associação Nacional dos Membros do Ministério Público – Conamp.

No seu conjunto culminaram com uma liminar monocrática que gerou perplexidade entre os próprios integrantes do STF[78] e que pontou "(a1) O juiz das garantias, embora formalmente concebido pela lei como norma processual geral, altera materialmente a divisão e a organização de serviços judiciários em nível tal que enseja completa reorganização da justiça criminal do país, de sorte que inafastável considerar que os artigos 3º-A a 3º-F consistem preponderantemente em normas de organização judiciária, sobre as quais o Poder Judiciário tem iniciativa legislativa própria (Art. 96 da Constituição)", seguindo-se afirmações de aumento de gastos do Poder Judiciário e que a existência de estudos sobre vieses cognitivos não

autoriza [m] a aplicação automática dessa premissa ao sistema de justiça criminal brasileiro, criando-se uma presunção generalizada de que qualquer juiz criminal do país tem tendências que favoreçam a acusação, nem permite inferir, a partir dessa ideia geral, que a estratégia institucional mais eficiente para minimizar eventuais vieses cognitivos de juízes criminais seja repartir as funções entre o juiz das garantias e o juiz da instrução.

De roldão, a liminar "ilegal" levou a estrutura acusatória do processo com a vedação da atividade investigativa pelo juiz na fase preliminar e a vedação de seu papel supletivo ao órgão acusador.

Nenhum dos argumentos expendidos nas ações mencionadas comporta acolhimento no marco teórico destes Comentários.

Afirmações como tratar-se de norma de "procedimento" e não "processo" levariam a conclusões absurdas como a legitimação dos Estados para legislar sobre investigação preliminar e, de igual porte, as que tendem a afirmar que se trata de organização judiciária porque é de competência para atos processuais que se trata.

Por fim, vieses cognitivos importam e, sem esse pomposo nome, orientaram semelhantes estruturas jurídicas em todas as reformas processuais penais nos anos 1990 e 2000, na Europa (Portugal, Itália, França) e América Latina, espaço jurídico com o qual temos pouca interlocução porque discutimos assuntos que, nesses países reformados, são dados como superados porque desaboná-los (como se passa com a estrutura judicante em questão) significa

---

77 FERRAJOLI, Luigi. **Direito e razão**. Tradução de Fauzi Hassan Choukr et al. São Paulo: RT, 2001. p. 331.

78 CONJUR. **Liminar suspendendo juiz das garantias por um ano é ilegal, diz Gilmar Mendes**. Disponível em:<https://www.conjur.com.br/2021-mar-18/liminar-suspendendo-juiz-garantias-ilegal-gilmar-mendes>. Acesso em: 24 mar. 2022.

retroceder a um estágio processual hoje considerado como pré-civilizatório.

2. Posição destes *Comentários*

No momento em que esta Obra está sendo finalizada, ainda não há decisão de mérito sobre as ADIs mencionadas, sendo verdadeiramente inútil traçar comentários que podem perder o sentido diante da futura (e incerta, em amplo sentido) decisão que virá.

Assim, opta-se por esgotar o enunciado das ações em curso e seu estado mais atualizado, sem adentrar na análise dos dispositivos com eficácia suspensa.

Art. 3º-A. O processo penal terá estrutura acusatória, vedadas a iniciativa do juiz na fase de investigação e a substituição da atuação probatória do órgão de acusação. (Incluído pela Lei nº 13.964, de 2019) (Vigência) (Vide ADI 6.298) (Vide ADI 6.300) (Vide ADI 6.305)

Art. 3º-B. O juiz das garantias é responsável pelo controle da legalidade da investigação criminal e pela salvaguarda dos direitos individuais cuja franquia tenha sido reservada à autorização prévia do Poder Judiciário, competindo-lhe especialmente: (Incluído pela Lei nº 13.964, de 2019) (Vigência) (Vide ADI 6.298) (Vide ADI 6.299) (Vide ADI 6.300) (Vide ADI 6.305)

I – receber a comunicação imediata da prisão, nos termos do inciso LXII do caput do art. 5º da Constituição Federal; (Incluído pela Lei nº 13.964, de 2019) (Vigência)

II – receber o auto da prisão em flagrante para o controle da legalidade da prisão, observado o disposto no art. 310 deste Código; (Incluído pela Lei nº 13.964, de 2019) (Vigência)

III – zelar pela observância dos direitos do preso, podendo determinar que este seja conduzido à sua presença, a qualquer tempo; (Incluído pela Lei nº 13.964, de 2019) (Vigência)

IV – ser informado sobre a instauração de qualquer investigação criminal; (Incluído pela Lei nº 13.964, de 2019) (Vigência)

V – decidir sobre o requerimento de prisão provisória ou outra medida cautelar, observado o disposto no § 1º deste artigo; (Incluído pela Lei nº 13.964, de 2019) (Vigência)

VI – prorrogar a prisão provisória ou outra medida cautelar, bem como substituí-las ou revogá-las, assegurado, no primeiro caso, o exercício do contraditório em audiência pública e oral, na forma do disposto neste Código ou em legislação especial pertinente; (Incluído pela Lei nº 13.964, de 2019) (Vigência)

VII – decidir sobre o requerimento de produção antecipada de provas consideradas urgentes e não repetíveis, assegurados o contraditório e a ampla defesa em audiência pública e oral; (Incluído pela Lei nº 13.964, de 2019) (Vigência)

VIII – prorrogar o prazo de duração do inquérito, estando o investigado preso, em vista das razões apresentadas pela autoridade policial e observado o disposto no § 2º deste artigo; (Incluído pela Lei nº 13.964, de 2019) (Vigência)

IX – determinar o trancamento do inquérito policial quando não houver fundamento razoável para sua instauração ou prosseguimento; (Incluído pela Lei nº 13.964, de 2019) (Vigência)

X – requisitar documentos, laudos e informações ao delegado de polícia sobre o andamento da investigação; (Incluído pela Lei nº 13.964, de 2019) (Vigência)

XI – decidir sobre os requerimentos de: (Incluído pela Lei nº 13.964, de 2019) (Vigência)

a) interceptação telefônica, do fluxo de comunicações em sistemas de informática e telemática ou de outras formas de comunicação; (Incluído pela Lei nº 13.964, de 2019) (Vigência)

b) afastamento dos sigilos fiscal, bancário, de dados e telefônico; (Incluído pela Lei nº 13.964, de 2019) (Vigência)

c) busca e apreensão domiciliar; (Incluído pela Lei nº 13.964, de 2019) (Vigência)

d) acesso a informações sigilosas; (Incluído pela Lei nº 13.964, de 2019) (Vigência)

e) outros meios de obtenção da prova que restrinjam direitos fundamentais do investigado; (Incluído pela Lei nº 13.964, de 2019) (Vigência)

XII – julgar o habeas corpus impetrado antes do oferecimento da denúncia; (Incluído pela Lei nº 13.964, de 2019) (Vigência)

XIII – determinar a instauração de incidente de insanidade mental; (Incluído pela Lei nº 13.964, de 2019) (Vigência)

XIV – decidir sobre o recebimento da denúncia ou queixa, nos termos do art. 399 deste Código; (Incluído pela Lei nº 13.964, de 2019) (Vigência)

XV – assegurar prontamente, quando se fizer necessário, o direito outorgado ao investigado e ao seu defensor de acesso a todos os elementos informativos e provas produzidos no âmbito da investigação criminal, salvo no que concerne, estritamente, às diligências em andamento; (Incluído pela Lei nº 13.964, de 2019) (Vigência)

XVI – deferir pedido de admissão de assistente técnico para acompanhar a produção da perícia; (Incluído pela Lei nº 13.964, de 2019) (Vigência)

XVII – decidir sobre a homologação de acordo de não persecução penal ou os de colaboração premiada, quando formalizados durante a investigação; (Incluído pela Lei nº 13.964, de 2019) (Vigência)

XVIII – outras matérias inerentes às atribuições definidas no caput deste artigo. (Incluído pela Lei nº 13.964, de 2019) (Vigência)

§ 1º (VETADO).

§ 1º O preso em flagrante ou por força de mandado de prisão provisória será encaminhado à presença do juiz de garantias no prazo de 24 (vinte e quatro) horas, momento em que se realizará audiência com a presença do Ministério Público e da Defensoria Pública ou de advogado constituído, vedado o emprego de videoconferência. (Incluído pela Lei nº 13.964, de 2019) (Vigência)

§ 2º Se o investigado estiver preso, o juiz das garantias poderá, mediante representação da autoridade policial e ouvido o Ministério Público, prorrogar, uma única vez, a duração do inquérito por até 15 (quinze) dias, após o que, se ainda assim a investigação não for concluída, a prisão será imediatamente relaxada. (Incluído pela Lei nº 13.964, de 2019) (Vigência)

Art. 3º-C. A competência do juiz das garantias abrange todas as infrações penais, exceto as de menor potencial ofensivo, e cessa com o recebimento da denúncia ou queixa na forma do art. 399 deste Código. (Incluído pela Lei nº 13.964, de 2019) (Vigência) (Vide ADI 6.298) (Vide ADI 6.299) (Vide ADI 6.300) (Vide ADI 6.305)

§ 1º Recebida a denúncia ou queixa, as questões pendentes serão decididas pelo juiz da instrução e julgamento. (Incluído pela Lei nº 13.964, de 2019) (Vigência)

§ 2º As decisões proferidas pelo juiz das garantias não vinculam o juiz da instrução e julgamento, que, após o recebimento da denúncia ou queixa, deverá reexaminar a necessidade das medidas cautelares em curso, no prazo máximo de 10 (dez) dias. (Incluído pela Lei nº 13.964, de 2019) (Vigência)

§ 3º Os autos que compõem as matérias de competência do juiz das garantias ficarão acautelados na secretaria desse juízo, à disposição do Ministério Público e da defesa, e não serão apensados aos autos do processo enviados ao juiz da instrução e julgamento, ressalvados os documentos relativos às provas irrepetíveis, medidas de obtenção de provas ou de antecipação de provas, que deverão ser remetidos para apensamento em apartado. (Incluído pela Lei nº 13.964, de 2019) (Vigência)

§ 4º Fica assegurado às partes o amplo acesso aos autos acautelados na secretaria do juízo das garantias. (Incluído pela Lei nº 13.964, de 2019) (Vigência)

Art. 3º-D. O juiz que, na fase de investigação, praticar qualquer ato incluído nas competências dos arts. 4º e 5º deste Código ficará impedido de funcionar no processo. (Incluído pela Lei nº 13.964, de 2019) (Vigência) (Vide ADI 6.298) (Vide ADI 6.299) (Vide ADI 6.300) (Vide ADI 6.305)

Parágrafo único. Nas comarcas em que funcionar apenas um juiz, os tribunais criarão um sistema de rodízio de magistrados, a fim de atender às disposições deste Capítulo. (Incluído pela Lei nº 13.964, de 2019) (Vigência) (Vide ADI 6.299)

Art. 3º-E. O juiz das garantias será designado conforme as normas de organização judiciária da União, dos Estados e do Distrito Federal, observando critérios objetivos a serem periodicamente divulgados pelo respectivo tribunal. (Incluído pela Lei nº 13.964, de 2019) (Vigência) (Vide ADI 6.298) (Vide ADI 6.299) (Vide ADI 6.300) (Vide ADI 6.305)

Art. 3º-F. O juiz das garantias deverá assegurar o cumprimento das regras para o tratamento dos presos, impedindo o acordo ou ajuste de qualquer autoridade com órgãos da imprensa para explorar a imagem da pessoa submetida à prisão, sob pena de responsabilidade civil, administrativa e penal. (Incluído pela Lei nº 13.964, de 2019) (Vigência) (Vide ADI 6.298) (Vide ADI 6.299) (Vide ADI 6.300) (Vide ADI 6.305)

Parágrafo único. Por meio de regulamento, as autoridades deverão disciplinar, em 180 (cento e oitenta) dias, o modo pelo qual as informações sobre a realização da prisão e a identidade do preso serão, de modo padronizado e respeitada a programação normativa aludida no caput deste artigo, transmitidas à imprensa, assegurados a efetividade da persecução penal, o direito à informação e a dignidade da pessoa submetida à prisão. (Incluído pela Lei nº 13.964, de 2019) (Vigência)

TÍTULO II – Do Inquérito Policial

1. O fracasso operacional do sistema investigativo criminal no Brasil

É corrente a aversão do sistema de justiça brasileiro[79] em produzir dados qualitativos sobre sua atuação concreta inviabilizando desta forma, entre outras coisas, a própria produção de políticas públicas na área de segurança e, mesmo quando há o

---

[79] Nessa afirmação compreende-se, para fins deste artigo, não apenas os trabalhos do Poder Judiciário mas, igualmente, do Ministério Público e da Polícia que sofrem da mesma patologia aqui descrita.

aumento da quantidade de dados produzidos, decorrente da modernização tecnológica do Estado, [isto] provoca, por sua vez, a opacidade do excesso de exposição e permite que discursos de transparência sejam assumidos sem, todavia, instaurar mudanças nas regras e práticas de governo.[80]

Mas, embora precários, esses números possuem um traço em comum quando se fala de investigação criminal: sua baixíssima eficiência.

Tomando algumas das poucas manifestações referentes ao Estado de São Paulo, dados atinentes ao ano de 2010 apontavam que um indivíduo que vier a incorrer em alguma sorte de crime em São Paulo (SP) pouco provavelmente chegará ao banco dos réus: 1 chance em 20, ou 5,2%. Do grupo de pessoas que são processadas, mais de 50% só são acionadas na justiça por terem sido pegas em flagrante. Em situações que não se enquadram nesse rol, as possibilidades de investigação policial exitosa caem vertiginosamente: 1 em 40, ou 2,5%.[81]

E completava aquele levantamento

Os furtos registrados nas delegacias são o tipo de crime com menor número de denúncias no Judiciário: só 3,1% viram processos. No caso dos roubos, esse número sobe para 4,8%. Entre os crimes com maior índice de resolução estão os homicídios: 32% viram ação penal. Já o alto índice de resolução de estupros (41%) se deve ao fato de que os poucos casos denunciados pelas vítimas geralmente têm autoria conhecida.[82]

Anos mais tarde a situação manteve-se praticamente inalterada conforme destacava então

O secretário da Segurança Pública de São Paulo, Fernando Grella, [quem] disse nesta terça-feira (25) que apenas 2% dos casos de roubos são esclarecidos no estado de São Paulo. A avaliação foi feita após a pasta divulgar as estatísticas criminais de fevereiro, que apontam aumento de 47,6% nos casos de roubos na cidade de São Paulo.[83]

Mas a inoperância não se restringe a crimes patrimoniais no Estado de São Paulo.

O levantamento mais crítico dos dados de ineficiência investigativa foi realizado pela Estratégia Nacional de Justiça e Segurança Pública – Enasp, criada em 22 de fevereiro de 2010, por ato do Ministro de Estado da Justiça, do Presidente do Conselho Nacional do Ministério Público e do Presidente do Conselho Nacional de Justiça com o objetivo de planejar e implementar a coordenação de ações e metas nas áreas de justiça e segurança pública.

Integrando essa Estratégia, o CNMP[84] propôs agilizar a investigação e o julgamento dos crimes de homicídio com a elaboração de planilhamento das investigações em curso e concluir todos os inquéritos e procedimentos que investigam homicídios dolosos instaurados até 31 de dezembro de 2007, a dizer, que já tramitavam há três anos quando a proposta foi elaborada.

O resultado do levantamento apontou que, no Brasil, até 31 de dezembro de 2007 existiam quase 135.000 casos de homicídio – ou inicialmente tipificados como tal – sem qualquer solução, aqui entendida a formação do convencimento do Ministério Público para ajuizar a ação penal ou promover o arquivamento do inquérito.[85]

Do ponto de vista estritamente jurídico, esse baixo grau de eficiência investigativa é fruto de um modelo previsto no CPP cujos pontos de maior destaque são:

Distanciamento do Ministério Público para com o andamento da investigação, desde sua instauração, tornando-o um observador longínquo do desenvolvimento da investigação;

Autonomia policial absoluta para atos investigativos não interventivos de direitos fundamentais e, mesmo nesses casos, autonomia para decidir *quando postular a intervenção* e *sobre o que postular a intervenção*;

Inexistência de mecanismos concretos de delimitação da duração temporal da investigação,

---

80 LIMA, Renato Sérgio de. A produção da opacidade: estatísticas criminais e segurança pública no Brasil. **Novos estudos – CEBRAP [online]**, n. 80, p. 65-69, 2008. Disponível em: <http://www.scielo.br/scielo.php?script=sci_arttext&pid=S0101-33002008000100005&lng=en&nrm=iso>. Acesso em: 24 mar. 2022.

81 MANSO, Bruno Paes; BRANCATELLI, Rodrigo. Em SP, 95% dos crimes ficam impunes. **Estadão**, 16 jul. 2020. Disponível em: <http://sao-paulo.estadao.com.br/noticias/geral,em-sp-95-dos-crimes-ficam-impunes,581914>. Acesso em: 24 mar. 2022. Esse mapa da impunidade resulta do cruzamento feito pelo Estado dos dados da produção do Ministério Público Estadual entre 2002 e 2009 com os crimes registrados pela Secretaria da Segurança Pública.

82 Idem, *ibidem*.

83 PINHO, Márcio. Secretário diz que 2% dos casos de roubos são esclarecidos em SP. **G1**, 25 mar. 2014. Disponível em: <https://g1.globo.com/sao-paulo/noticia/2014/03/secretario-diz-que-2-dos-casos-de-roubos-sao-esclarecidos-em-sp.html>. Acesso em: 24 mar. 2022.

84 Conselho Nacional do Ministério Público.

85 BRASIL descumpre meta sobre homicídios. **Amaerj**, 14 jun. 2012. Disponível em: <https://amaerj.org.br/noticias/brasil-descumpre-meta-sobre-homicidios/>. Acesso em: 24 mar. 2022.

cuja responsabilidade de acompanhamento é do Ministério Público e mesmo do Judiciário[86];

Inexistência de mecanismos de controle do arquivamento pelas vítimas ou–no caso presente – seus familiares ou mesmo de ONGs que pudessem, pelo seu objeto associativo, intervir; igual ausência de previsão para intervir, no curso da investigação, postulando celeridade e completude dos atos de investigação.

Manutenção dos mesmos padrões de finalização da investigação, a saber o arquivamento ou a acusação sem qualquer previsão de formas alternativas que incidam especificamente na fase investigativa.[87]

Inexistência de mecanismos de *prestação de contas* pelos intervenientes de modo a que pudessem justificar socialmente sua (i)nação *de mérito* que, essencialmente, traduz denegação de *acesso à Justiça.*

2. Encaminhamentos da (re)forma global: as permanências do modelo de 1942

2.1 A redução da investigação à forma inquérito policial

Duas das grandes dificuldades de lidar com reformas sobre investigação criminal no Brasil que rompam com o modelo ineficiente acima descrito residem nos seguintes aspectos: "A constitucionalização pela CR/88 da atividade policial com a atribuição de investigação – não com exclusividade para a polícia–no art. 144 do texto constitucional; A crescente presença de policiais – civis ou militares – eleitos para o Congresso Nacional".[88]

A percepção da forma de investigação, por parte da Comissão de Juristas que trabalhou no PLS 156/2009, aliada ao quadro político acima descrito ajudam a entender que as linhas básicas da investigação

tenham permanecido inalteradas em pontos essenciais como:

Redução da investigação à forma inquérito policial;

Permanência do distanciamento do pronto contato do Ministério Público com a investigação sem, nem mesmo, estruturas minimamente o controle externo da atividade policial conforme determina a CR e até hoje não regulado em Lei;

Manutenção de poderes postulatórios autônomos da polícia investigativa com potenciais dissonâncias com as necessidades da acusação a ser futuramente desenvolvida;

Manutenção do ato de "indiciamento" momento de efetivação de juízo de valor efetuado pela polícia investigativa que possui irrelevância para a acusação formal, mas de larga repercussão midiática;

Ausência de mecanismo efetivo de controle temporal da investigação, basicamente reproduzindo a mesma sistemática atual;

Completa ausência de participação da vítima no controle da investigação, reproduzindo o modelo atual que permite apenas ao juiz provocar o controle interno-hierárquico junto ao Procurador Geral.[89]

Persistência dos "autos do inquérito" acompanhando o processo crime.[90]

Manutenção potencial do emprego da investigação como fundamento da sentença de mérito quando, a teor do art. 168 tal como aprovado na redação do Senado, há possibilidade do emprego das chamadas provas "irrepetíveis", materialmente identificadas com as provas periciais produzidas na investigação e raramente confrontadas naquela fase e, escassamente de forma produtiva, em Juízo. Mais ainda, nada existe naquela redação enquanto vedação expressa a

---

86 Isto porque na estrutura do CPP os pedidos de prorrogação de prazo para finalização da investigação são apreciados pelo Juiz – e não pelo MP.

87 Nada obstante, no capítulo dos procedimentos houve a ampliação de formas de transação penal na atual proposta do procedimento sumário (art. 283) do Código de Processo Penal (PL8.045/2010) para crimes apenados entre 2 a 8 anos.

88 "Segundo dados do Tribunal Superior Eleitoral (TSE), policiais militares, civis e federais conquistaram 55 cadeiras nas assembleias estaduais e na Câmara federal nas eleições deste ano. No pleito anterior, o número de cargos alcançados foi de 44. Dos parlamentares ex-policiais eleitos no domingo, 15 são deputados federais e 40 estaduais. De acordo com analistas, no Legislativo – principalmente na Câmara Federal – esses parlamentares tendem a trabalhar com temas relacionados à segurança, como debates sobre mudanças na legislação penal e no Estatuto da Criança e do Adolescente, a reforma do sistema prisional e políticas sobre drogas e menores infratores". COSTA, C. Número de ex-policiais eleitos deputados aumenta 25%. **BBC News Brasil**, 7 out. 2014. Disponível em: <https://www.bbc.com/portuguese/noticias/2014/10/141006_eleicoes2014_policiais_cc>. Acesso em: 24 mar. 2022.

89 O artigo aprovado no Senado não cumpre essa função: Art. 39. Arquivado o inquérito policial, o juiz das garantias comunicará a sua decisão à vítima, ao investigado e ao delegado de polícia.

90 Art. 36. Os autos do inquérito instruirão a denúncia, sempre que lhe servirem de base. (Redação aprovada no Senado).

intepretações expansionistas para o emprego, na sentença, do produto da investigação.

As inovações – que foram significativas para os padrões do CPP – se traduzem nos seguintes pontos básicos:

A estruturação de uma "base geral" da investigação, com regras que podem ser projetadas para outros cenários como a "investigação pelo Ministério Público";

A identificação da constituição de uma pessoa como suspeita, nada obstante não tenha sido formalmente considerada como tal;

A possibilidade de uma "investigação defensiva", sem embargo de sua regulação precária;

A criação do "juiz de garantias", talvez o mais criticado item da reforma na parte investigativa.

Pode-se acompanhar a pretensão reformista quanto ao Juiz de Garantias na seguinte exposição de motivos do Sen. Renato Casagrande na apreciação do tema em seu relatório quando o PLS 156/2009 tramitava no Senado sob sua relatoria:

A ideia é garantir ao juiz do processo ampla liberdade crítica em relação ao material colhido na fase de investigação. O raciocínio é o seguinte: o juiz que atua no inquérito, seja mantendo o flagrante ou decretando a prisão preventiva do investigado, seja autorizando a quebra dos dados resguardados por sigilo constitucional, incluindo a interceptação das conversas telefônicas, seja permitindo técnicas invasivas como a infiltração de agentes, pois bem, esse juiz tende, cedo ou tarde, a assumir a perspectiva dos órgãos de persecução criminal (polícia e Ministério Público). Por isso, para que o processo tenha respeitado o equilíbrio de forças e assegurada a imparcialidade do magistrado, seria melhor, na ótica do PLS nº 156, de 2009, separar as duas funções. .... Todavia, é preciso ter claro que o juiz das garantias difere do juiz das varas de inquérito policial, hoje instituídas em algumas capitais, como São Paulo e Belo Horizonte. É que o juiz das garantias deve ser compreendido na estrutura do modelo acusatório que se quer adotar. Por conseguinte, o juiz das garantias não será o gerente do inquérito policial, pois não lhe cabe requisitar a abertura da investigação tampouco solicitar diligências à autoridade policial. Ele agirá mediante provocação, isto é, a sua participação ficará limitada aos casos em que a investigação atinja direitos fundamentais da pessoa investigada. O inquérito tramitará diretamente entre polícia e Ministério Público. Quando houver necessidade, referidos órgão dirigir-se-ão ao juiz das garantias. Hoje, diferentemente, tudo passa pelo juiz da vara de inquéritos policiais.[91]

Sem dúvida, o juiz de garantias não é um "gerente da investigação", mas, sim o controlador da sua legalidade e, diante da dimensão do território nacional, uma questão operacional chamou a atenção de órgãos de classe e do próprio Senado na evolução do Projeto de Lei, qual seja, o da insuficiência de pessoal para dar suporte à nova estrutura, notadamente a insuficiência de Magistrados, além do propalado "alto custo" de sua criação.

Com relação a este último aspecto, particularmente apontado por entidade classista de magistrados[92], há de se destacar que qualquer estrutura de exercício de poder dentro de um modelo democrático tem, sem dúvida, um custo muito maior que o verificável em modelos processuais condizentes com outras matrizes políticas.

Por outro lado, a carência de pessoal, notadamente Magistrados, a apreciação feita pelo Senado[93] encaminhou com bastante equilíbrio a questão, ao pontuar que esse argumento não se afigura intransponível diante da possibilidade de mecanismos de regionalização ou escala de substituição, todos a serem exercidos de acordo com a lei de organização judiciária de cada Estado.

3. O que seria desejável reformar na reforma

Na dimensão permitida para o presente texto, nada obstante a existência de inúmeros outros aspectos sensíveis que poderiam ser abordados numa verdadeira refundação do modelo processual penal brasileiro, opta-se por explorar os temas a seguir.

---

91 Relatório apresentado pelo Senador Renato Casagrande no processo legislativo do PLS 156/09, citado por CAVALCANTI, Danille Souza de Andrade e Silva. O juiz de garantias na investigação preliminar criminal. **Revista Jurídica da Seção Judiciária de Pernambuco**, n. 9, p. 15-40, 2019. DIsponível em: <https://www.jfpe.jus.br/images/stories/docs_pdf/biblioteca/artigos_periodicos/DanielleSouzadeAndrade/O_juiz_das_garantias_REv_SJPE_n9_2019.pdf>. Acesso em: 24 mar. 2022.

92 "a criação de um juiz de garantias trará um custo muito alto para a sociedade na medida em que para um processo só são necessários dois juízes. Um só para colher as provas e outro para julgar Além de não ser nada prático, esta ferramenta será muito dispendiosa ao erário público", posição patrocinada pela AJUFE (citada por *Jusbrasil* em: AJUFE apresenta sugestões ao novo Código de Processo Penal (CPP). **Jusbrasil**, 2010. Disponível em: <https://ajufe.jusbrasil.com.br/noticias/2249894/ajufe-apresenta-sugestoes-ao-novo-codigo-de-processo-penal-cpp>. Acesso em: 24 mar. 2022.).

93 Relatório Sen. Renato Casagrande, cit.

3.1 O deslocamento da investigação do seu protagonismo processual

Lida na sua integralidade, a investigação criminal continua a pairar sobre o processo da mesma forma que o faz no quadro atual, seja porque a oralidade não foi exaustivamente incorporada como método essencial em Juízo, seja porque os autos de investigação continuam acompanhando a acusação formal e, porque, em a acompanhando, acarretam seu potencial emprego pelo juiz de mérito.[94]

Lamentavelmente, nada obstante os esforços de membros da Comissão do PLS 156/2009 em bradar pela conversão acusatória do processo penal, desde a fase inquisitiva permanece a estrutura de 1942 e as inserções de um "juiz de garantias" ou uma melhor definição – ainda que parcial – da condição da pessoa suspeita não alteraram a espinha dorsal do ordenamento jurídico.

Com efeito, a presença de um "juiz de garantias" é essencial para alavancar um sistema de controle da investigação em audiência, obedecendo o método oral que, a rigor, deve orientar todo o funcionamento de um modelo acusatório do processo penal.

Assim, esse juiz seria o responsável por controlar o desenvolvimento da investigação na forma proposta no item 3.3 para, em audiência, o Ministério Público venha a postula os encaminhamentos desejados para a investigação e futuro da persecução, atendendo àquilo que se busca como saídas alternativas à investigação e mesmo ao processo com a devida reconfiguração da compreensão da obrigatoriedade de acusar.

Esse modelo refundado implica, com a oralidade, na adoção de filtros periódicos da evolução da persecução para, em audiência, sob controle judicial e efetivo exercício de direitos defensivos, seja controlado – inclusive o tempo – o desenrolar da atividade estatal.

3.2 A inserção de mecanismos alternativos de solução de conflitos penais ao final da investigação

Observado o direito comparado na forma do quadro abaixo que tem em consideração as várias opções ofertadas pelo legislador para resolução do caso penal vê-se que as opções mantidas pelo projeto de reforma não avançaram, constituindo-se numa repetição do que existe hoje:[95]

---

[94] Observe-se que na sempre festejada reforma do processo penal italiano, o deslocamento do protagonismo da investigação foi uma (senão "a") missão a ser enfrentada conforme recorda ILLUMINATI, Guilio. The Accusatorial Process from the Italian Point of View. **NCJ Int'l L. & Com. Reg.**, v. 35, p. 297, 2009.

[95] Elaborado com base em RAMIREZ, Cristián Riego. Informe comparativo: "Seguimiento de los procesos de reforma judicial en América Latina". **Sistemas Judiciales**, Santiago, n. 5, p. 34-77, 2005. Disponível em: <https://sistemasjudiciales.org/wp-content/uploads/2018/08/revista5.pdf>. Acesso em: 24 mar. 2022, levando-se em conta que o quadro foi produzido antes da reforma do Código Nacional Argentino, todavia ainda não em vigor.

Figura A Opções para resolução de casos penais

País	Facultades discrecionales			Salidas alternativas			Simplificación Procesal
	Archivo	Desestimación	Oportunidad	Suspens. prueba	Acuerdo Reparatorio	Conciliación/ Mediación	Procedimiento Abreviado
Argentina /Prov. Bs. As.	Sí	No	No	Sí	Sí	Sí	Sí
Argentina /Prov. Córdoba	Sí	Sí	No	Sí	No	Sí	Sí
Bolivia	Sí	Sí	Sí	Sí	Sí	Sí	Sí
Chile	Sí	Sí	Sí	Sí	Sí	Sí	Sí
Colombia	Sí	Sí	Sí	Sí	Sí	Sí	Sí
Costa Rica	Sí	Sí	Sí	Sí	Sí	Sí	Sí
Ecuador	Sí	Sí	No	No	No	Sí	Sí
El Salvador	Sí	Sí	Sí	Sí	Sí	Sí	Sí
Guatemala	Sí	Sí	Sí	Sí	Sí	Sí	Sí
Honduras	Sí	Sí	Sí	Sí	Sí	Sí	Sí
Nicaragua	No	Sí	Sí	Sí	Sí	Sí	Sí
Paraguay	Sí	Sí	Sí	Sí	Sí	Sí	Sí
República Dominicana	Sí	Sí	Sí	Sí	Sí	Sí	Sí
Venezuela	Sí	Sí	Sí	Sí	Sí	Sí	Sí

É de se pontuar que a reforma clama, por certo, por uma tomada de posição em relação ao que se quer enquanto política criminal, seus atores e, dentre eles, seus protagonistas. E, para tanto, a adoção de saídas alternativas ao caso penal pressupõe uma tomada de posição sobre a forma de encarar o princípio da obrigatoriedade do exercício da acusação em Juízo, também apresentada como "obrigatoriedade da ação penal".[96]

Normalmente recorre-se ao argumento da isonomia como fruto da obrigatoriedade de acusar, numa visão que é tão coerente na sua construção teórica quanto indemonstrável na sua dimensão prática posto que acarreta exatamente o oposto: a seletividade informal do sistema levada a efeito, sobretudo, por instituições policiais e à margem de qualquer controle judicial.

Encarada a discussão sobre a (não)obrigatoriedade de acusar abre-se, inevitavelmente, o leque das saídas alternativas, as quais, se continuarem a serem entendidas exclusivamente pelo viés crítico de constituírem fruto de um colonialismo jurídico[97], permanecerão como tabus resultando na manutenção do status quo de ineficiência como acima apontado.

Por certo não se despreza toda uma sorte de reflexões sobre as consequências inflacionárias para o sistema penal material que advêm da política de soluções processuais alternativas (quanto mais

---

96 Que, mesmo sob esse viés, não existe na letra expressa de lei existindo sim, a não obrigatoriedade de acusar nos termos da Lei n. 12.850/2013, que prevê, na colaboração premiada, a possibilidade do não exercício da acusação contra o denunciante-colaborador.

97 Afirmação que, rigorosamente, não subsiste no direito comparado, onde a discussão se coloca em outras bases. Por exemplo, para a Europa continental, ver a acessível publicação, no Brasil, de MA, Yue. A discricionariedade do promotor de justiça e a transação penal nos Estados Unidos, França, Alemanha e Itália: uma perspectiva comparada. **Revista Do Conselho Nacional Do Ministério Público**, n. 1 192 e ss, 2011. Disponível em: <https://ojs.cnmp.mp.br/index.php/revista/article/download/16/11/206>. Acesso em: 24 mar. 2022.

estímulo a soluções rápidas e prontas, maior a tentação de empregar-se o sistema penal como regulador social) e do risco que potencialmente elas podem causar a um modelo de direitos fundamentais.

Mas, ao primeiro aspecto, o processo legislativo brasileiro parece ter encontrado um caminho que se insere no marco do PL n. 4.373/2016 que cria a Lei de Responsabilidade Político-Criminal exigindo maior rigor na produção legislativa específica e a análise de seus impactos sociais. Por outro lado, o respeito aos direitos fundamentais é uma meta a ser perseguida sempre, e da forma como o modelo jurídico se encontra hoje não há a satisfação daqueles nem pela ótica da pessoa submetida à investigação, tampouco de vítimas. O cenário é, verdadeiramente, de denegação da justiça.

> Art. 4º A polícia judiciária será exercida pelas autoridades policiais no território de suas respectivas circunscrições e terá por fim a apuração das infrações penais e da sua autoria. (Redação dada pela Lei n. 9.043, de 9-5-1995)
>
> *Parágrafo único.* A competência definida neste artigo não excluirá a de autoridades administrativas, a quem por lei seja cometida a mesma função.

1. Acusatoriedade e investigação criminal

Houve profunda alteração na formação do processo penal brasileiro com a edição da CR/88 e a posterior ratificação da CADH em 1992, podendo-se extrair desse conjunto normativo a adoção do modelo acusatório[98], ainda que compreendido nos limites da divisão funcional dos papéis desempenhados pelos intervenientes envolvidos.[99]

Essa base acusatória implica nas seguintes consequências iniciais:

Quanto à sua regulamentação: sujeita à legalidade estrita;

Quanto aos seus pressupostos: a existência de um fundamento razoável a respeito da prática de uma infração penal;

Quanto ao seu momento: anterior à decisão de proceder em Juízo (acusar) ou perante o Juízo (arquivar), como regra geral. Para determinados níveis de criminalidade constrói-se o conceito de investigação proativa com técnicas específicas de investigação;[100]

Quanto a sua finalidade: fornecer elementos informativos e/ou provas para embasar a tomada de decisão pelo acusador público ou privado para formalizar a acusação ou provocar o arquivamento;

Quanto ao seu objeto: conduta definida na Lei penal cometida por pessoas físicas ou jurídicas;

Quanto ao responsável: Polícia (na modalidade inquérito policial); Ministério Público (na investigação pelo MP);

Quanto à intervenção judicial: necessária nos atos que impliquem invasão de direitos fundamentais da pessoa submetida à persecução e, igualmente, nos momentos de finalização da investigação para controle de seu arquivamento ou da propositura da acusação penal;

Quanto à participação defensiva: cabível nos limites estabelecidos em Lei e sem acarretar a formação de contraditório nesta etapa.

Complementando o cenário é da estrutura constitucional-convencional que a atividade persecutória e, dentre elas, a investigativa, seja moldada pela efetividade e completude, afirmação extraída a partir de decisões significativas no direito internacional público em sede de sistemas regionais protetivos de direitos humanos[101] quando afirmam esses atributos da investigação, notadamente naquelas que dizem respeito a graves violações de direitos humanos.

---

98 Neste sentido, CHOUKR, Fauzi Hassan. **Garantias constitucionais na investigação criminal.** 2. ed. Rio de Janeiro: Lumen Juris, 2001; PRADO, Geraldo. **Sistema acusatório.** 2. ed. Rio de Janeiro: Lumen Juris, 2000.

99 Neste sentido GRINOVER, Ada Pellegrini. A iniciativa instrutória do juiz no processo penal acusatório. **Revista Brasileira de Ciências Criminais,** São Paulo, v. 7, n. 27, p. 71-79, jul./set. 1999.

100 Tendo como base o art. 20 da Convenção das Nações Unidas contra o Crime Organizado Transnacional e art. 50 da Convenção das Nações Unidas contra a Corrupção.

101 Neste sentido trecho de decisão da Corte Europeia de Direitos Humanos, assimilável ao sistema interamericano de direitos humanos e ao direito interno brasileiro (tradução livre do autor): "A efetiva investigação exigida de acordo com os art. 2 e 3 [da CEDH] serve para manter a confiança pública nas autoridades, à manutenção do estado de direito e para afastar qualquer conclusão no sentido de que haja conluio ou tolerância para com atos ilegais, bem como serve para assegurar a efetiva implementação da lei interna protetora do direito à vida e do direito de não haver submissão a tratamento desumano e, nos casos que envolvam agentes públicos, para assegurar a responsabilidade desses nos casos de mortes que ocorram sob suas responsabilidades (ver, entre outros julgados, McKerr v. the United Kingdom, no. 28883/95, §§ 111 and 114, ECHR 2001-III, and Paul and Audrey Edwards v. the United Kingdom, no. 46477/99, §§ 69 and 72, ECHR 2002-II)". Case of Eduard Popa v. The Republic of Moldova. (Application n. 17.008/2007). Data de julgamento: 12 dez. 2013.

Ademais, deve nesse contexto político-cultural-normativo ser observado o direito das vítimas à efetivação da tutela estatal. Neste ponto, a investigação deve ser apta a ensejar a possibilidade de plena cognição em processo judicial do fato nas esferas penal e civil (ações reparatórias), sendo certo que

> Isto porque o Inquérito Policial, como peça meramente informativa não era remédio jurídico adequado e eficaz para processar, sancionar e reparar uma denúncia de violação de direitos humanos, de acordo com os padrões convencionais. Neste caso, o meio jurídico idôneo seria a acusação penal pública, instaurada pelo Ministério Público que conferiria ao juiz o poder de, havendo indícios da ocorrência do crime, julgar o autor da violação e eventualmente condená-lo.[102]

2. O papel do juiz na investigação no contexto do sistema acusatório

A respeito do assunto já tivemos a oportunidade de frisar que

> No tocante a investigação preparatória, profundas alterações surgem pela adoção do modelo acusatório, mas a necessária visualização do fenômeno não aparece com a nitidez desejada ante o descompasso entre a realidade constitucional e o superado Código em vigor. Justamente esta ausência de sintonia dá ao tema um indesejável aspecto corporativo, podendo transformá-lo apenas numa questão de perda ou ganho do espaço decisório entre os operadores do direito, neste difícil momento da persecução penal. Urge então construir, ao menos no âmbito doutrinário e jurisprudencial, entendimentos harmonizados com esta nova ordem, sem o temor de dissentir com antigas posturas, vez que o momento é justamente de ruptura com uma configuração repressiva que nunca foi socialmente eficaz, politicamente adequada e academicamente moderna. A construção deste novo modelo exigirá renúncia a antigos papéis e apego ferrenho aos novos, pois inegavelmente do novo perfil do magistrado também dependerá o sucesso do modelo.[103]

Agregava-se, na sequência, que "dentro da matriz constitucional, a parcela de atuação reservada ao juiz ficará destinada à ideia de garantismo", sendo que "a visão garantidora coloca o magistrado na posição fundamental de salvaguarda dos direitos do investigado ainda na fase preparatória (onde justamente as garantias constitucionais não aparecem9.

com nitidez), dando-se tal proteção através da jurisdicionalização dos incidentes investigativos que necessitem a legítima violação de direitos constitucionalmente estabelecidos para apuração dos fatos", sendo "exemplos desta nova participação do magistrado (...) a necessária ordem judicial para as buscas domiciliares nos crimes não permanentes, além daquelas medidas cautelares de ordem patrimonial e nas hipóteses de interceptação telefônica".[104]

Conclui-se afirmando que

> o magistrado deve encontrar-se, portanto, distante daquilo que poderíamos chamar de "objeto" da investigação e, mais que isto, sua formação de convencimento não se deve deixar levar pelos informes colhidos ainda na fase da preparação da acusação penal. E, muito embora desejável, a prática desmente a desvinculação, estimulando o lado oposto da moeda, na medida em que os próprios autos da investigação caminharão ao lado dos da acusação penal. Do ponto de vista estrutural, ocorre que, não raramente, um único magistrado tomará conhecimento da investigação desde seu início, acompanhará seu desenvolvimento, receberá a inicial acusatória e prosseguirá no feito até final decisão. Todo o material antecedente à ação é de seu conhecimento, inegavelmente influencia seu espírito e predispõe sua utilização, num indesejável contato com algo que tem uma finalidade restrita e não poderia ser amplamente usado.

3. Espécies de investigação criminal

A investigação criminal é um gênero que pode ser dividido em várias espécies, tomando-se em conta alguns critérios, destacando-se dentre eles quem dirige/controla a investigação. Nesse sentido, a investigação criminal pode ser dividida em três espécies: a investigação dirigida pela autoridade policial; a investigação dirigida pelo magistrado e a investigação dirigida pelo Ministério Público.

Há, ainda, investigações de natureza parlamentar (comissões parlamentares de inquérito) cuja singular estrutura mescla aspectos de natureza estritamente civil (há comissões com objeto que não diz respeito a temas penais) com perquirições acerca de temas efetivamente penais. De qualquer modo, como se comentará na sequência, suas informações podem servir para sustentar acusações penais em juízo.

A divisão das espécies de investigação ainda pode ser feita de acordo com a natureza da conduta típica que se apura. Nesse sentido, a Constituição da

---

102 Comissão Interamericana DH Relatório n. 66/06[1] caso 12.001. Mérito Simone André Diniz X Brasil. 21 de outubro de 2006.

103 CHOUKR, Fauzi Hassan. **Processo penal à luz da Constituição**. Bauru: Edipro, 1999. A ver, também, MAZLOUM, Ali. **Reserva de jurisdição:** Os limites do juiz na investigação criminal. São Paulo, SP: Matrix, 2017.

104 CHOUKR, Fauzi Hassan. **Processo penal à luz da Constituição**. Bauru: Edipro, 1999

República indiretamente criou ao menos três níveis de condutas típicas e projetou para cada qual regras próprias. No nível mais simples, as infrações penais de menor potencial ofensivo cuja apuração se dá de forma sumária e extremamente simplificada; na outra extremidade, os chamados crimes hediondos ou assemelhados que, desde a matriz constitucional, possuem regras processuais específicas e particularmente rigorosas sobretudo no que tange às medidas cautelares, e, por fim, de forma residual, a conduta típica que fica entre ambas e que possui a estrutura que se poderia chamar de "ordinária" na forma de investigar e processar.

Por fim, distinção de significativa importância no direito comparado, mas ainda pouco analisada no direito brasileiro, diz respeito ao momento da investigação, dividindo-a em proativa ou reativa. Estas últimas ilustram o modelo tradicional do Código, com a investigação acontecendo após a prática criminosa. A investigação proativa se realiza antes do acontecimento do fato criminoso, normalmente em situações de criminalidade organizada e empregando mecanismos específicos como a infiltração de agentes ou escutas ambientais, constituindo-se igualmente em atividade de inteligência e assim fugindo dos parâmetros tradicionais da investigação.

4. De acordo com o titular da investigação

4.1 O juiz controlador da investigação: o juizado de instrução

O CPP nunca estabeleceu o juizado de instrução como regra posto que, segundo a exposição de motivos do Código de Processo Penal, da autoria de seu mentor maior, Francisco Campos,

> O preconizado juízo de instrução, que importaria limitar a função da autoridade policial a prender criminosos, averiguar a materialidade dos crimes e indicar testemunhas, só é praticável sob a condição de que as distâncias dentro do seu território de jurisdição sejam fácil e rapidamente

superáveis. Para atuar proficuamente em comarcas extensas, e posto que deve ser excluída a hipótese de criação de juizados de instrução em cada sede do distrito, seria preciso que o juiz instrutor possuísse o dom da ubiquidade.

Essa justificativa, incompleta do ponto de vista técnico porque onde existem os juizados de instrução a polícia não é impedida de prender (p. ex., nos casos de flagrante) era conveniente do ponto de vista político vez que o Brasil, no curso de mais um momento de exceção ao Estado de Direito, havia concebido um modelo investigativo maleável de acordo com os interesses políticos dominantes, com sua instauração e transcurso perante uma autoridade (policial) totalmente dependente do Poder Executivo e que culminava com a atuação de outra Instituição à época de igual fragilidade e dependência política (o Ministério Público).

No entanto, a ideia contou com alguma simpatia da doutrina[105] e com esparsos projetos de lei no sentido de sua instituição sendo que o último deles[106] de extrema vagueza pois se limitava a definir que (Art. 4º) "As condutas penalmente tipificadas, seja no ato da infração penal, ao longo ou após a conclusão do inquérito policial, ou ainda aquelas já iniciadas através de acusação penal, poderão ser objeto de apreciação e julgamento pelos Juizados de Instrução Criminal, nos termos do art. 1º" que, por sua vez, determina: "Esta lei orienta a criação, funcionamento e regulamentação de Juizados de Instrução Criminal".[107]

A discutível iniciativa legislativa foi censurada pela própria Comissão de Constituição e Justiça da Câmara que se posicionou pela inconstitucionalidade da proposta sob o fundamento que, ao relegar a verdadeira regulamentação do tema ao CNJ, teria havido violação do texto constitucional na ótica do relator Grabiel Chalita (PMDB-SP)[108] mas sem adentrar nas considerações sistêmicas da proposta e sua incompatibilidade material com o modelo acusatório.

---

105 Borges, Edinaldo de Holanda. O sistema processual acusatório e o juizado de instrução. **Boletim Científico da Escola Superior do Ministério Público da União**, v. 2, n. 6, p. 47-56, jan./mar. 2003. Ainda, de forma mais abrangente e pela criação do "Juizado" GOMES, Luiz Flávio. Juizados de instrução e colaborador da Justiça: esboço de proposta legislativa. **Jus Navigandi**, Teresina, ano 12, n. 1509, 19 ago. 2007. Disponível em: <http://jus.com.br/revista/texto/10294>. Acesso em: 24 mar. 2022. Ainda FONSECA, José Arnaldo da. Juizado de instrução criminal. In: CONSELHO DE JUSTIÇA FEDERAL. Centro de Estudos Jurídicos. **Propostas da Comissão de Altos Estudos da Justiça Federal.** Brasília: Conselho da Justiça Federal, Centro de Estudos Judiciários, 2003. p. 31-43. v. 1.

106 Projeto de Lei n. 19/11, do Deputado Maurício Rands (PT-PE).

107 BRASIL. **Projeto de Lei n. 19/2011, do Deputado Maurício Rands (PT-PE)**. Disponível em: <http://www.camara.gov.br/proposicoesWeb/prop_mostrarintegra;jsessionid=F2F3D01E91D7A21B99F32EA55A9E8D8B.node1?codteor=836767&filename=PL+19/2011>. Acesso em: 25 mar. 2022.

108 BRASIL. Câmara dos Deputados. Comissão de Contituição e Justiça e de Cidadania. **Projeto de Lei n. 19, de 2011**. Disponível em: <http://www.camara.gov.br/proposicoesWeb/prop_mostrarintegra;jsessionid=F2F3D01E91D7A21B99F32EA55A9E-8D8B.node1?codteor=900245&filename=Tramitacao-PL+19/2011>. Acesso em: 25 mar. 2022.

4.2 Investigação pela polícia: o inquérito policial

4.2.1 Inquérito policial e sua consolidação histórica

Forma mais habitual de exercer-se a investigação preparatória à acusação penal, porém não a única, o inquérito policial possui, inegavelmente, um papel destacado na persecução penal e no modo de realizar o que Zaffaroni denomina "sistema penal" ou seja,

> ao controle social punitivo institucionalizado, que na prática abarca a partir de quando se detecta ou supõe detectar-se uma suspeita de delito ate que se impõe e executa uma pena, pressupondo uma atividade normativa que cria a lei que institucionaliza o procedimento, a atuação dos funcionários e define os casos e condições para esta atuação.[109]

Conforme aponta Foucault[110], trata-se de "um tipo de estabelecimento da verdade totalmente ligado à gestão administrativa da primeira grande forma de estado conhecida no Ocidente. Esses procedimentos de inquérito foram, no entanto, esquecidos durante os séculos X e XI na Europa da alta feudalidade e teriam sido totalmente esquecidos se a Igreja não os tivesse utilizado na gestão de seus próprios bens", e se caracterizam, entre outras coisas, pelo fato de que "O poder se exerce primeiramente fazendo perguntas, questionando. Não sabe a verdade e procura sabê-la".

No ordenamento brasileiro é necessário o alerta que

> o inquérito policial não é, como muitos têm afirmado, uma criação do Decreto n. 4.824, de 22 de novembro de 1871. Esta suposição parte do esquecimento das antigas práticas do nosso processo criminal e da abusiva execução que foi dada ao disposto naquele decreto, execução que se afastava do seu espírito e da sua letra. Já muito antes desse decreto havia uma inquirição de testemunhas na polícia, à qual se referem muitos julgados dos nossos tribunais, entre outros o Acórdão do Supremo Tribunal de Justiça, de 7 de dezembro

de 1859, que se pode ler na nota 115, de Filgueiras, ao artigo 86 do Código do Processo.[111]

Portanto,

> a oficialização da expressão inquérito policial se deu com a criação do decreto 4.824, de 22 de novembro de 1871. No entanto, seus atos já perduravam desde a Lei 261, de 3 de dezembro de 1841 e do Regulamento 120, de 31 de janeiro de 1842, funções atribuídas à polícia judiciária.87 Esta tem tal nome porque, até 1871, as funções policiais e judiciárias eram exercidas conjuntamente, inclusive cargos de chefe de polícia e delegados eram ocupados por juízes e desembargadores. Mais tarde, veio a separação e se deu pela Lei 2.033, de 20 de setembro de 1871, que não utilizava a expressão inquérito policial, mas diligências.[112]

4.2.2 Inquérito policial: forma clássica de conceituação

Partamos da definição clássica para a natureza da investigação criminal – e de sua espécie mais conhecida, o inquérito policial – que não de hoje é considerado como

> um acto extrajudicial, de competência da polícia judiciária, uma informação preparatória e preventiva, feita enquanto não intervém a autoridade judiciária competente ou, em synthese, uma peça de instrução ou de instrumento, para servir de base à denúncia, à queixa ou ao procedimento ex officio.[113]

Essas bases ganharam repercussão em Campos Barros[114] onde se encontra a feição do inquérito policial como informativo e acautelatório. E também tiveram eco em Frederico Marques[115] quando rotula o inquérito policial como um procedimento administrativo-persecutório, de instrução provisória, destinado a preparar a acusação penal. Caminha-se pela mesma trilha com Azevedo Franco[116] e Espínola Filho.[117]

A visão doutrinária ganhou espaço na jurisprudência que, tratando o inquérito policial como peça

---

109 ZAFFARONI, Eugenio Raúl; PIERANGELI, José Henrique. **Manual de Direito Penal brasileiro**: Parte Geral. 5. ed. São Paulo: Revista dos Tribunais, 2004, p. 76.

110 FOUCAULT, Michel. **A verdade e as formas jurídicas**: II conferência. 4. ed. São Paulo: NAU, 2005. p. 70.

111 ALMEIDA JUNIOR, João Mendes de. **O processo criminal brasileiro**. 3. ed. Rio de Janeiro: Livraria Globo, 1920. p. 75. v. 2.

112 WEBER, Cristiano. **O advogado diante da inquisitorialidade do inquérito policial**. São Leopoldo: Oikos, 2009. p. 42.

113 SIQUEIRA, Galdino. **Curso de processo criminal**. São Paulo: Livraria e Oficina Magalhães, 1917. p. 305 e ss.

114 Campos Barros, Romeu Pires. **Sistema de processo penal brasileiro**. Rio de Janeiro: Forense, 1987. p. 261.

115 Frederico Marques, José. **Tratado de direito processual penal**. São Paulo: Saraiva, 1980. v. 1. p. 189. Ainda TUCCI, Rogério Lauria. Devido processo penal e alguns dos seus mais importantes corolários. **Revista da Faculdade de Direito**, Universidade de São Paulo, v. 88, p. 463-484, 1993.

116 AZEVEDO FRANCO, Ary. **Código de processo penal**. Rio de Janeiro: Livraria Jacinto, 1946. p. 42 e ss.

117 ESPÍNOLA Filho, Eduardo. Código de Processo Penal brasileiro anotado. 6. ed. Rio de Janeiro: Freitas Bastos, 1980. v. 1. Comentário aos arts. 1-62; v. 2, pp. 221 e ss.

"meramente informativa", encerrava a discussão mesmo dentro desses limites.[118]

4.2.3 Marco constitucional-convencional e adequação conceitual da fase investigativa

A construção tradicional é importante, tem o seu espaço acadêmico, mas não é, segundo cremos, suficiente diante do marco constitucional-convencional com sua base principiológica e de garantia. Mesmo porque ao assimilar a investigação a uma "peça" de caráter "meramente informativo" está-se tomando sua funcionalidade como estruturante de seu conceito.

Ademais, essa visão esvazia por completo a necessária aplicação dos princípios e garantias constitucionais ao momento investigativo da persecução.

Quanto aos princípios, contemporaneamente observa-se sua passagem

> da especulação metafísica abstrata para o campo concreto e positivo do Direito, com baixíssimo teor de densidade normativa; a transição crucial da ordem jusprivatista (sua antiga inserção nos Códigos) para a órbita juspublicística (seu ingresso nas Constituições); a suspensão da distinção clássica entre princípios e normas; o deslocamento dos princípios da esfera da jusfilosofia para o domínio da Ciência Jurídica; a proclamação de sua normatividade; a perda de seu caráter de normas programáticas; o reconhecimento definitivo de sua positividade e concretude por obra sobretudo das Constituições; a distinção entre regras e princípios, como espécies diversificadas do gênero norma, e, finalmente, por expressão máxima de todo esse desdobramento doutrinário, o mais significativo de seus efeitos: a total hegemonia e preeminência dos princípios.[119]

Já as garantias devem "exprimir os meios, instrumentos, procedimentos e instituições de destinados a assegurar o respeito, a efetividade do gozo e a exigibilidade dos direitos individuais"[120] e, para o presente tópico assume particular importância a gama de garantias judiciais[121] que devem se projetar inevitavelmente para a esfera investigativa (em qualquer das suas modalidades) pois, como lembra Ferrajoli, "são de facto as garantias que assinalam a frágil fronteira entre poderes judicial próprio e impróprio, além do qual o poder dos juízes se arrisca a converter-se de instrumento de defesa da legalidade e de tutela de direitos naquilo que Condorcet chamava "o poder mais odioso".[122]

Pois ambos, princípios e garantias devem integrar o marco conceitual da investigação criminal desde a base constitucional-convencional.

4.2.4 Finalidade do inquérito policial

Cabe frisar que o e. STF, em consonância com a estrutura constitucional, decidiu que "O inquérito policial, que constitui instrumento de investigacusação penal, qualifica-se como procedimento administrativo destinado a subsidiar a atuação persecutória do Ministério Público, que é – enquanto *dominus litis* – o verdadeiro destinatário das diligências executadas pela Polícia Judiciária. A unilateralidade das investigações preparatórias da acusação penal não autoriza a Polícia Judiciária a desrespeitar as garantias jurídicas que assistem ao indiciado, que não mais pode ser considerado mero objeto de investigações. O indiciado é sujeito de direitos e dispõe de garantias, legais e constitucionais, cuja inobservância, pelos agentes do Estado, além de eventualmente induzir-lhes a responsabilidade penal por abuso de poder, pode gerar a absoluta desvalia das provas ilicitamente obtidas no curso da investigação policial"[123] indo, dessa forma, ao encontro de uma nova racionalidade da fase preparatória ao exercício da acusação penal.

O julgado mencionado haveria de superar definitivamente o paradigma tradicional, que vê na fase investigativa uma mera etapa administrativa cujos vícios não contaminam a persecução penal, dentro da velha visão de que "eventuais irregularidades em peças que integram o inquérito policial não contaminam o processo, nem ensejam a sua anulação, dado que o inquérito é mera peça informativa da denúncia ou da queixa"[124].

---

118 STJ. **HC 64430 DF 2006/0175482-4**. 5ª Turma. Relator: Min. Gilson Dipp. Data de julgamento: 10 maio 2007. Data de publicação: DJ 18 jun. 2007. p. 281; STJ. **REsp 750591 GO 2005/0080719-6**. 5ª Turma. Relator: Min. Laurita Vaz. Data de julgamento: 30 maio 2008. Data de publicação: DJe 30 jun. 2008; TJ-MG. **10439060594017001 MG 1.0439.06.059401-7/001**. Relator: Des. Alberto Deodato Neto. Data de julgamento: 24 nov. 2009. Data de publicação: 28 jan. 2010.

119 Bonavides, Paulo. **Curso de direito constitucional**. São Paulo, SP: Malheiros, 1993. p. 237.

120 SILVA, José Afonso da. **Curso de direito constitucional positivo**. 20. ed. São Paulo, SP: Malheiros, 2002. p. 439.

121 HERKENHOFF, João Baptista; PAIXÃO, Antônio Côrtes. Garantias processuais dos direitos humanos no sistema jurídico brasileiro. **Revista de Informação Legislativa**, v. 45, n. 180, p. 215-241, out./dez. 2008.

122 FERRAJOLI, Luigi. Jurisdição e democracia. **Revista do Ministério Público de Portugal**, v. 72, 1997.

123 STF. **HC 73271 SP**. 1ª Turma. Relator: Min. Celso de Mello. Data de julgamento: 19 mar. 1996. Data de publicação: DJ 4 out. 1996. PP-37100 Ement VOL-01844-01 PP-00060.

124 STF. **HC 74127 RJ**. 2ª Turma. Relator: Min. Carlos Velloso. Data de julgamento: 15 abr. 1997. Data de publicação: DJ 13 jun. 1997. pp-26693; ement vol-01873-04; pp-00822.

Nada obstante, como se verá ao longo destes **Comentários**, o marco cultural inquisitivo ainda é dominante com a perene presença dos padrões interpretativos anteriores até mesmo à Constituição de 1988.

Não se trata, no entanto, de condicionar o exercício da jurisdição à fase administrativa, mas de extrair consequências a comandos de legalidade que devem perpassar toda a persecução penal. Assim, admitir a possibilidade de fruição de provas ou informações obtidas com desrespeito aos ditames constitucionais leva ao estímulo à ilegalidade, o que não pode ser aceito nem no exercício da jurisdição, nem na fase anterior que eventualmente o antecede, mormente em sociedades com tênue história democrática como é a brasileira.

4.3 Investigação criminal pelo Ministério Público

Tema que ganhou atualidade ao longo dos últimos anos é a possibilidade de o Ministério Público vir a desenvolver investigações próprias com objetivo de sustentar ações penais públicas cuja legitimidade lhe cabe por força constitucional.

Sumariando os argumentos deve-se destacar a possibilidade da investigação pelo Ministério Público desde o marco constitucional porquanto:

A Constituição prevê inúmeras formas de investigação para além daquela criminal cujo resultado pode ser empregado em persecuções penais (v.g., os trabalhos de comissões parlamentares de inquérito ou o inquérito civil público);

A Constituição não restringe a investigação criminal à modalidade inquérito policial;

Ao disciplinar a investigação na modalidade inquérito policial ela o atribui à Polícia Judiciária sob o controle do Ministério Público;

A esse cenário normativo constitucional devem ser acrescidos argumentos estruturais do funcionamento do modelo acusatório de persecução, destacadamente:

O modelo investigativo deve propiciar que o responsável pela atividade de acusar/não acusar tenha pronto e efetivo domínio dos fatos investigados desde o primeiro momento;

Os atos investigativos devem ser tomados de acordo com as estratégias estabelecidas por quem tem o poder jurídico de acusar/não acusar, e não por outros órgãos públicos;

São inaceitáveis juízos de valor sobre atos investigativos ou condutas apuradas efetuados por quem não detém o poder de acusar/não acusar;

O poder de acusar/não acusar pertence à Instituição (Ministério Público) e não à determinado órgão de execução personificado.

E, observado o próprio regramento infraconstitucional deve-se destacar:

Que a obtenção das informações necessárias à formação do convencimento para acusar/não acusar pode acontecer fora do contexto do "inquérito policial" (v.g., artigo 40 do CPP)

Que o Ministério Público possui poderes de obtenção de informações de órgãos públicos ou particulares tal como disciplinado, entre outros, pela LOMP.

A doutrina empregou em vários momentos esses argumentos, isolada ou cumulativamente, como o fizeram Rangel[125] e Streck e Feldens[126].

Por outro lado, inúmeros trabalhos buscaram, ao longo dos anos, desautorizar a investigação pelo Ministério Público, especialmente sob o fundamento da exclusividade investigativa supostamente atribuída à CR à polícia na forma do inquérito[127]. E a somada a essa afirmação buscou-se nulificar investigações ou mesmo processos já em curso sob a justificativa que o órgão de execução do Ministério Público que esteve à frente da investigação não poderia ser responsável pela veiculação da acusação (oferecimento da denúncia).

Com a devida vênia não compactuamos com qualquer desses argumentos.

O art. 144, §1º, IV da CR determina a exclusividade policial nas tarefas de "polícia judiciária" e nada veda sobre o estabelecimento de outras formas de investigação que, quando criadas, que sejam restringidas à titularidade por órgãos policiais.

Da mesma maneira, o § 4º do mesmo artigo constitucional, ao disciplinar que a polícia civil deve ser presidida por "delegado de polícia" e tem como função apurar infrações penais, em momento algum

---

125 RANGEL, Paulo. **Investigação criminal direta pelo Ministério Público**. Rio de Janeiro: Lumen Juris, 2003b.

126 STRECK, Lênio Luiz; FELDENS, Luciano. **Crime e Constituição**: a legitimidade da função investigatória do Ministério Público. Rio de Janeiro: Forense, 2003. Também, dentre outros, CASTILHO, Ela Wiecko Volkmer de. Investigação criminal pelo Ministério Público. **Boletim dos Procuradores da República**, v. 1, n. 11, p. 3-5, mar. 1999.

127 MORAES FILHO, Evaristo. Ministério Público e inquérito policial. **Revista do Instituto Brasileiro de Ciências Criminais**, n. 19, p. 105-110, 1997; também, dentre outros, PERUCHIN, Marcelo Caetano Guazzelli. Da ilegalidade da investigação criminal exercida, exclusivamente, pelo Ministério Público no Brasil. Revista Jurídica. *São Paulo*, v. 52, n. 315, p. 100-106, jan. 2004. In: **Ensaios penais em homenagem ao professor Alberto Rufino Rodrigues de Sousa**. Porto Alegre: Ricardo Lenz, 2003. p. 537-544.

emprega o adverbio "exclusivamente" (como acontece no art. 129, I, ao tratar da titularidade para a acusação penal) de modo a restringir a investigação criminal como atribuição não compartilhável com quem tem o dever de verificar a acusação/não acusação.

Quanto à afirmação de macular-se o processo por identidade do órgão de execução no momento investigativo e no oferecimento da denúncia reside aqui uma incompreensível visão que a persecução pertence a uma pessoa física (órgão de execução do MP) e não à Instituição Ministério Público.

E, além de pertencer a acusação "a uma pessoa", existe todo controle judicial sobre a veiculação da acusação que é, ela sim, a verdadeira garantia a ser resguardada: a imparcialidade do julgador.

4.3.1 Investigação pelo Ministério Público e a Resolução n. 13/2006 do Conselho Nacional do Ministério Público

Nesse momento, discutir sobre a admissibilidade ou não da investigação pelo Ministério Público apenas retarda a edificação da legislação que virá a discipliná-la, no seio da qual deverão existir mecanismos rigorosos de controle (como já deveriam existir de forma clara a partir de 1988 no bojo do denominado controle externo da atividade policial).

Essencialmente, cremos, somente se resolverá a situação diante de uma reforma global do Código na qual esteja redimensionada a fase investigativa. A chave para codificar o tema está na Constituição, que, disciplinando a legitimidade da acusação penal pública ao Ministério Público, exige que ele esteja próximo da investigação desde seu início (e não que atue apenas como um mero espectador dessa etapa).

Na recodificação deve-se trabalhar com a unificação das formas de investigação (hoje difusas, desconexas e, no limite, inoperantes também por conta exatamente disso), possibilitando um sistema de divisão de atos de investigação na forma preconizada no parágrafo anterior, e num sistema de delegação de atos do titular da acusação penal para a polícia investigativa. Essa racionalização será essencial para o resgate da economia da investigação e para as relações de troca entre todos os envolvidos nessa etapa (aqui, por certo, incluída a pessoa suspeita).

Mas, para além das meras questões de adequação legislativa, há de ser ponderado que, sem uma conversão espiritual no sentido do modelo acusatório como exteriorização das premissas democráticas no processo penal, conferir-se ao Ministério Público a possibilidade da investigação significará apenas a mudança dos atores inquisitivos, e não uma mudança da forma "do ser" da investigação, o que, sem dúvida, pouco alterará o cenário atual, vindo a repetir apenas o que é já conhecido da antropologia, quando se afirma que "apesar das evidentes transformações institucionais por que passou o Brasil, desde o período colonial até a República contemporânea, certas tradições jurídicas, em especial aquelas voltadas para a descoberta da verdade no sistema processual penal, pouco se alteraram"[128].

Assim, com intuito de disciplinar a matéria da investigação criminal pelo Ministério Público, o Conselho Nacional do Ministério Público editou a Resolução n. 13, de 2 de outubro de 2006, para regulamentar, no âmbito do Ministério Público, a instauração e tramitação do procedimento investigatório criminal.

Definiu como um procedimento investigatório criminal instrumento de natureza administrativa e inquisitorial, presidido pelo membro do Ministério Público com atribuição criminal, afirmando que não é condição de procedibilidade ou pressuposto processual para o ajuizamento de acusação penal e não exclui a possibilidade de formalização de investigação por outros órgãos legitimados da Administração Pública, limitando seu emprego à apuração da ocorrência de infrações penais de natureza pública (art. 1º).

Após discorrer sobre a forma de instauração e suas consequências (arts. 2º a 5º), fala-se em "instrução", empregando conceito polissêmico e problemático no processo penal como já apontado nestes Comentários (*vide* análise introdutória ao tema no Livro II "dos processos em espécie"), limitando-a temporalmente a:

> Art. 12. O procedimento investigatório criminal deverá ser concluído no prazo de 90 (noventa) dias, mas permitidas, por igual período, prorrogações sucessivas, por decisão fundamentada do membro do Ministério Público responsável pela sua condução.

Quanto à publicidade dos atos investigativos, ela é regra pelo art. 13, "salvo disposição legal em contrário ou por razões de interesse público ou conveniência da investigação", determinando-se ainda, que o presidente do procedimento investigatório criminal poderá decretar o sigilo das investigações, no todo ou em parte, por decisão fundamentada, quando a elucidação do fato ou interesse público exigir; garantida ao investigado a obtenção, por cópia autenticada, de depoimento que tenha prestado e dos atos de que tenha, pessoalmente, participado (art. 14).

A forma de conclusão é regrada pelo art. 15, em seu parágrafo único, que determina: "A promoção de arquivamento será apresentada ao juízo competente,

---

128 KANT DE LIMA, Roberto. Tradição inquisitorial no Brasil, da Colônia à República: da devassa ao inquérito policial. **Religião e Sociedade**, n. 16, p. 1-2, 1992.

nos moldes do art. 28 do CPP, ou ao órgão superior interno responsável por sua apreciação, nos termos da legislação vigente".

Como disposição transitória regra-se que:

> Art. 17. No procedimento investigatório criminal serão observados os direitos e garantias individuais consagrados na Constituição da República Federativa do Brasil, aplicando-se, no que couber, as normas do Código de Processo Penal e a legislação especial pertinente.
>
> Da estrutura da Resolução denota-se uma simetria considerável com a estrutura normativa do inquérito policial, motivo pelo qual as críticas permanecem as mesmas daquela forma de investigação, tais como anotadas nestes Comentários a partir do art. 4º, para onde remetemos o leitor.

Sem embargo da disciplina do CNMP, como já frequente na prática, a investigação administrada pelo Ministério Público chegou aos Tribunais com vários questionamentos, um deles o do acesso aos autos. Num caso concreto, o e. STF

> deferiu, em parte, habeas corpus impetrado em favor de paciente entendendo que eventual sigilo em procedimento investigatório não pode ser oposto ao acusado e ao seu defensor relativamente aos atos de instrução já realizados e documentados. Nesse sentido, esclareceu-se que o segredo deve ser mantido somente quanto aos atos de investigação, tanto na deliberação quanto na sua prática, quando necessário à elucidação do fato ou exigido pelo interesse social (CPP, art. 20). Todavia, uma vez formalizada a diligência, em documento, deve-se permitir o exercício do direito de defesa na fase preliminar da persecução penal. Citaram-se, ainda, algumas normas infraconstitucionais que tratam da inoponibilidade ao defensor do sigilo eventualmente decretado na persecução penal (Lei 8.906/94, art. 7º, XIV; CPPM, art. 16; Lei 6.368/76, art. 20). Além disso, asseverou-se que invocar a intimidade dos demais investigados para obstar o acesso aos autos importa restrição ao direito de cada um dos envolvidos. Por fim, aduziu-se que, diversamente do inquérito penal, que possui regramento próprio no CPP, os procedimentos investigatórios do Ministério Público não encontram figura nem forma legais, a dificultar o exercício do direito de defesa. HC parcialmente deferido para garantir ao paciente, por intermédio de seus advogados regularmente constituídos, o direito

de acesso, no que lhe diga respeito, aos autos de procedimento investigatório em trâmite perante a Procuradoria da República, no Estado do Rio de Janeiro. Ressaltou-se que este provimento assegura ao paciente o direito de acesso apenas às informações formalmente documentadas nos autos desse procedimento.[129]

4.3.2 A consolidação da investigação pelo Ministério Público pelo STF

A legalidade da investigação pelo Ministério Público foi assumida pelo STF que

> Entendeu que ao Ministério Público não seria vedado proceder a diligências investigatórias, consoante interpretação sistêmica da Constituição (art. 129), do CPP (art. 5º) e da LC 75/1993 (art. 8º). Advertiu que a atividade investigatória não seria exclusiva da atividade judiciária. Mencionou que a atividade de investigação, fosse ela exercida pela polícia ou pelo Ministério Público, mereceria, pela sua própria natureza, vigilância e controle. Aduziu que a atuação do "parquet" deveria ser, necessariamente, subsidiária, a ocorrer, apenas, quando não fosse possível ou recomendável efetivar-se pela própria polícia. Exemplificou situações em que possível a atuação do órgão ministerial: lesão ao patrimônio público, excessos cometidos pelos próprios agentes e organismos policiais (vg. tortura, abuso de poder, violências arbitrárias, concussão, corrupção), intencional omissão da polícia na apuração de determinados delitos ou deliberado intuito da própria corporação policial de frustrar a investigação, em virtude da qualidade da vítima ou da condição do suspeito. (...) Em razão disso, o procedimento do "parquet" encontraria amparo no art. 129, II, da CF.[130]

E, por fim, a mesma Corte Constitucional acabou reconhecendo de forma mais detalhada os poderes investigativos do Ministério Público com os seguintes contornos:[131]

> "A legitimidade do poder investigatório do órgão seria extraída da Constituição, a partir de cláusula que outorgaria o monopólio da acusação penal pública e o controle externo sobre a atividade policial."

> Tramitação em "prazo razoável";

> Com respeito aos "direitos e garantias que assistem a qualquer indiciado ou a qualquer pessoa sob investigação do Estado, observadas, sempre,

---

129 STF. **HC 88.190/RJ**. Relator: Min. Cezar Peluso. 29 ago. 2006.
130 STF. **RHC 97926/GO**. Relator: Min. Gilmar Mendes. 2 set. 2014. (RHC-97926)
131 STF. **RE 593727/MG**. Relator original: Min. Cezar Peluso. Relator para o acórdão: Min. Gilmar Mendes, 14 maio 2015.

por seus agentes, as hipóteses de reserva constitucional de jurisdição e, também, as prerrogativas profissionais de que se acham investidos, em nosso País, os advogados'

Estrito "controle jurisdicional dos atos, necessariamente documentados (Enunciado 14 da Súmula Vinculante), praticados pelos membros dessa Instituição"

A função investigatória do Ministério Público não se converteria em atividade ordinária, mas excepcional, a legitimar a sua atuação em casos de abuso de autoridade, prática de delito por policiais, crimes contra a Administração Pública, inércia dos organismos policiais, ou procrastinação indevida no desempenho de investigacusação penal;

O "parquet", porém, não poderia presidir o inquérito policial, por ser função precípua da autoridade policial.

O STF chegou a esse resultado por maioria (O Min. Marco Aurelio entendeu pela impossibilidade absoluta da investigação pelo MP) e alcançou um resultado mais político que jurídico.

Extraiu um caráter subsidiário da investigação do Ministério Público por sua conta e risco dado que essa qualificação (subsidiariedade) não existe na CR ou em qualquer ponto do modelo infraconstitucional. E, aos olhos da CIDH apresenta-se incompreensível.

E, verdadeiramente deixo a latere a questão da forma legal a ser estabelecida, limitando-se a afirmar o obvio, que é a necessidade desse modelo investigativo satisfazer o respeito aos direitos e garantias das pessoas físicas ou jurídicas submetidas à investigação.

4.4 De acordo com o tipo de criminalidade

4.4.1 A criminalidade de menor potencial ofensivo

Uma primeira modificação diz respeito à Lei n. 9.099/95. Dentre os inúmeros pontos que podem ser abordados no procedimento para apuração daquelas infrações, está o de se questionar se existe ou não uma investigação prévia à audiência preliminar. Já tivemos a oportunidade de frisar que

A Lei n. 9.099/95 aparentemente não deixa vácuos temporais entre o momento do cometimento da infração e a realização da audiência preliminar. Tal idealização, além de questionável do ponto de vista dogmático, não tem qualquer emprego prático, pois há imperfeições técnicas na realização

do termo de ocorrência, além das hipóteses nas quais a realização imediata de audiência significa uma verdadeira opressão estatal sobre as partes, ante a falta de mínimos testemunhos ou comezinhos informes técnicos. Ao largo dessas considerações outras surgiram, como o questionamento do desaparecimento de uma fase investigativa no seio da Lei n. 9.099/95 e a possibilidade de realizações de diligências antes da prometida audiência.[132]

Precedentes na jurisprudência repudiaram a possibilidade de realização de diligências, afirmando que

Ocorre constrangimento ilegal na devolução do termo circunstanciado à Autoridade Policial para realização de diligências, antes de serem dadas, ao réu, as oportunidades de composição dos danos ou de transação penal, pois a Lei n. 9.099/95 prevê o requerimento de diligências complementares quando, frustrada a tentativa de composição e a aplicação imediata de pena de multa ou restritiva de direitos, o Promotor de Justiça não tiver elementos para o oferecimento da denúncia oral, bem como nas hipóteses em que o termo é obscuro, inobjetivo ou omisso, portanto, nestas condições, exigir-se mais que isto será querer obrigar a Autoridade Policial a fazer o que a lei não determina (art. 5º, II, da Constituição Federal).[133]

Com a devida vênia, entendimento como o esposado anteriormente demonstra a assimilação do "autor do fato" a um "réu" (a dizer: os polos dessa suposta relação processual são dados pelo modo como o termo circunstanciado de ocorrência é lavrado, o que é inadmissível), evidenciando a total instrumentalização da pessoa que acaba sendo alocada na posição de "sujeito ativo" do cometimento de uma infração desse porte e que, por essa potencial arbitrariedade seletiva, tem o (paradoxal) direito de receber do Estado uma proposta de acusação penal lastreada no vazio.

Razão assiste, assim, ao entendimento que vislumbra diferentes formas de investigação entre o inquérito policial e o termo circunstanciado de ocorrência, afirmando-se que

A Lei n. 9.099/95 introduziu novo sistema processual-penal. Não se restringe a mais um procedimento especial. O inquérito policial foi substituído pelo termo circunstanciado. Aqui, o fato é narrado resumidamente, identificando-o e as pessoas envolvidas. O Juiz pode solicitar à autoridade policial esclarecimentos quanto ao TC. Inadmissível, contudo, determinar elaboração

---

132 CHOUKR, **Garantias Constitucionais**... p. 25.

133 TACRIM-SP. **HC 298.018/6**. 12ª Câmara. Relator: Abreu Machado. Data de julgamento: 2 dez. 1996. RJTACRIM 34/441.

de inquérito policial. A distinção entre ambos é normativa, definida pela finalidade de cada um. Tomadas de depoimentos é próprio do inquérito, que visa caracterizar infração penal. O TC, ao contrário, é bastante para ensejar tentativa de conciliação.[134]

E, no mesmo sentido,

O Termo de Ocorrência substitui o inquérito policial por meio de um registro detalhado da narração sucinta do fato delituoso, com local e hora verificados, acrescida de breves relatos de autor, vítima e testemunhas, citando-se objetos apreendidos, relacionados à infração, podendo conter, ainda, dependendo do delito, a indicação das perícias requeridas pela autoridade policial que o lavrou, de forma a subsidiar a formalização de eventual denúncia pelo Ministério Público. Por tal razão, não pode ser resumido ao registro de um mero relato. Ademais, consoante se observa na dicção do § 1º do artigo 69 da Lei nº 9.099/95, a lavratura do Termo Circunstanciado acarreta a dispensa da prisão em flagrante e da fiança.[135]

Por isso, apoiado em Bitencourt, continuamos:

A Lei 9.099/95 não eliminou a atividade da polícia judiciária, apenas circunscreveu-a, em limites mais estreitos, quantitativa e qualitativamente. Ao substituir o tradicional inquérito policial pelo "progressista" termo circunstanciado não dispensou aquela autoridade da obrigação funcional de ser diligente e eficiente na coleta e confecção dos elementos indiciários, que devem subsidiar a propositura de uma futura acusação penal. Ao contrário, ao simplificar o procedimento investigatório policial, passou a exigir-lhe mais qualidade na elaboração do substitutivo do inquérito policial. A autoridade policial tem que ter consciência que referido termo deverá reunir dados suficientes para possibilitar ao titular da acusação penal postular a aplicação da lei penal, isto é, tem que configurar a existência de justa causa para a proposta de aplicação de penas alternativas à prisão que, em outros termos, não deixa de ser o início e, quando aceita, fim da acusação penal... Por tudo isso, o termo circunstanciado não pode assemelhar à velha

certidão de ocorrência de antigamente que, além de uma declaração, de regra, unilateral, era absolutamente insuficiente, por não apresentar o mínimo necessário para o início de uma demanda penal. Será indispensável, no mínimo, a versão dos dois polos envolvidos no conflito social, além do rol de testemunhas, com as respectivas qualificações e endereços, bem como da requisição dos exames necessários.[136]

O CPP continua a ser empregado de forma supletiva à legislação extravagante, já se tendo decidido dentro desse contexto que é

nulo o despacho judicial que determina o arquivamento de termo circunstanciado sem prévia manifestação do Ministério Público, uma vez que, conforme art. 76 da Lei n. 9.099/95, a exemplo do que ocorre com o inquérito policial, os autos que tiverem início com termo circunstanciado devem seguir primeiro para o Promotor, que pode pedir seu arquivamento ou propor, se for o caso, a aplicação imediata da pena"[137], ou, ainda, "a avaliação judicial reserva-se para depois de manifestação do titular da acusação penal. 3. o juiz não pode arquivar de ofício as peças de informação.[138]

4.4.2 Investigação criminal e a denominada "macrocriminalidade"

Se, de um lado, a criminalidade de menor potencial ofensivo parece flertar com a inexistência de uma investigação preparatória, o outro extremo, o da apuração das condutas ligadas à macrocriminalidade esmera-se em instrumentos que aumentam a policialização do processo penal.

Trata-se, pois, do que foi denominado "processo penal de emergência"[139], que vai significar aquilo que foge dos padrões tradicionais de tratamento pelo sistema repressivo, constituindo um subsistema de derrogação dos cânones culturais empregados na normalidade. Num certo sentido a criminologia contemporânea dá guarida a esse subsistema, colocando-o na escala mais elevada de gravidade criminosa a justificar a adoção de mecanismos excepcionais a combatê-la, embora sempre defenda o modelo de "estado democrático e de direito" como limite máximo da atividade legiferante nessa seara.

---

134 STJ. **HC 6.249/SP**. 6ª Turma. Relator: Min. Luiz Vicente Cernicchiaro. DJU 25 fev. 1998. p. 123.

135 TJ-RJ. **APL 04151280720118190001 RJ 0415128-07.2011.8.19.0001**. 11ª Câmara Cível. Relator: Des. Claudio de Mello Tavares. Data de julgamento: 29 jul. 2015. Data de publicação: 31 jul. 2015.

136 BITENCOURT, Cezar Roberto. **Juizados especiais criminais e alternativas à pena de prisão**. Porto Alegre: Livraria do Advogado, 1997. p. 164-165.

137 TACRIMSP. **Recurso em Sentido Estrito n. 1.053.103/8**. 3ª Câmara. Relator: Des. Poças Leitão. Data de julgamento: 15 abr. 1997. RJTACRIM 35/463.

138 TJ-DF. **DVJ 12311920078070011 DF 0001231-19.2007.807.0011**. 2ª Turma Recursal dos Juizados Especiais Cíveis e Criminais do DF. Relator: Min. Fábio Eduardo Marques. Data de julgamento: 11 set. 2007. Data de publicação: 19 out. 2007. DJU p. 168.

139 CHOUKR, Fauzi Hassan. **Processo penal de emergência**. Rio de Janeiro: Lumen Juris, 2002.

Acompanhando as palavras de Moccia,

não se quer absolutamente negar ou diminuir a extrema gravidade dos fenômenos de corrupção, que têm efeitos devastadores para as instituições e a própria vida de nosso país. Certamente estamos diante de uma fenomenologia multiforme de comportamentos fortemente caracterizados pela capacidade de provocar danos à sociedade, que impõe, como necessidade absoluta, o processo para aqueles que, em vários níveis e de várias formas, contribuíram a criar aquele estado de profunda corrupção.[140]

Para este "combate", o incremento do poder policial é uma das principais "armas", com a adoção de mecanismos como a denominada "ação controlada", infiltração de agentes, o incremento da colaboração com a Justiça e, fora do plano jurídico, uma grande exposição à mídia da etapa investigativa, mesmo quando ela não vem a se traduzir em resultados concretos ao longo da jurisdição. Cada um desses mecanismos será observado ao seu devido tempo ao longo dos Comentários.

4.5 De acordo com o momento da atividade criminosa

4.5.1 Investigação reativa

A lógica do CPP trabalha, primordialmente, com uma forma de ser da investigação que poderíamos denominar "reativa", lastreada num determinado modo de compreender a criminalidade à época em que a legislação foi projetada e entrou em vigor.

Assim, a modalidade de investigação manipulada pelo Código como a principal, a saber, o inquérito policial, destina-se a uma verificação dos fatos a posteriori de sua ocorrência, funcionando como mecanismo de reconstrução histórica.

Como apontado[141], trata-se de um modelo

voltado para responder às ocorrências que são relatadas pela população. É, portanto, um trabalho eminentemente reativo. A rotina das unidades generalistas consiste na recepção do diário de ocorrências criminais e na seleção de casos a serem investigados por pequenas equipes de policiais. Não há divisão clara de trabalho entre os investigadores, que são responsáveis pela execução de todas as tarefas afetas à investigação,

tais como interrogar suspeitos, entrevistar pessoas, examinar a cena do crime, produzir relatórios, solicitar exames periciais e encaminhar requerimentos. Os policiais que trabalham nessas unidades não seguem necessariamente uma ordem de casos a serem investigados. Frequentemente, os investigadores desenvolvem atividades relacionadas a vários casos simultaneamente, o que certamente compromete o resultado das diligências.

4.5.2 Investigação proativa

No entanto, na esteira do discurso de "combate à criminalidade", sobretudo a de matiz "organizada", houve, inicialmente com a Lei n. 9.034, de 3-5-1995 (a que dispõe sobre a utilização de meios operacionais para a prevenção e repressão de ações praticadas por organizações criminosas), a introdução de um novo "modo de ser da investigação", passando a encará-la de maneira "proativa", como melhor forma de proceder à investigação quanto ao tipo de criminalidade mencionada.

Aproxima-se esse modelo com as atividades de inteligência policial sem, contudo, com elas se confundir[142]. Ao analisar o tema, o citado autor vale-se da apreciação que

É bastante sutil a diferenciação entre a atividade de Inteligência e a de investigação policial. Ambas lidam, muitas vezes, com os mesmos objetos (crime, criminosos e questões conexas), com seus agentes atuando lado a lado. Enquanto a investigação policial tem como propósito direto instrumentar a persecução penal, a Inteligência Policial é um suporte básico para a execução das atividades de segurança pública, em seu esforço investigativo inclusive. A metodologia (de abordagem geral e de procedimentos específicos) da Inteligência Policial está essencialmente identificada com a da Inteligência de Estado.

4.5.3 Quanto ao cargo ou função da pessoa investigada: investigação e foro por prerrogativa de função

Há de ser considerada toda a gama de especificidade das investigações criminais quando a pessoa submetida à persecução detém o chamado "foro por prerrogativa de função" vez que isso alterará o regime de início, de desenvolvimento das

---

140 MOCCIA, Sergio. MOCCIA, Sergio. **La perenne emergenza**: tendenze autoritarie nel sistema penale. 2. ed. Napoli: Scientifiche Italiane, 1997, *apud* CHOUKR, Fauzi Hassan. **Processo penal de emergência**. Rio de Janeiro: Lumen Juris, 2002. p. 8.

141 COSTA, Arthur Trindade Maranhão; OLIVEIRA JUNIOR, Almir de. Novos padrões de investigação policial no Brasil. **Soc. Estado**, Brasília, v. 31, n. 1, p. 147-164, abr. 2016. <http://www.scielo.br/scielo.php?script=sci_arttext&pid=S0102-69922016000100147&lng=en&nrm=iso>. Acesso em: 25 mar. 2022.

142 DOS SANTOS, Célio Jacinto. Investigação criminal e inteligência: qual a relação? **Revista Brasileira de Ciências Policiais**, v. 2, n. 1, p. 103-131, 2012.

investigações e mesmo, quando o caso da consolidação do "indiciamento".[143]

4.5.4 Membros do Poder Executivo – inquérito originário – instaurado por determinação do STF e com operacionalização pela Polícia, depois da manifestação do MP. A PF não pode instaurar inquérito "de ofício"

No caso de a pessoa investigada deter foro por prerrogativa de função em virtude de sua vinculação ao Poder Executivo e com julgamento sendo da competência do STF, a instauração do inquérito policial somente pode ocorrer por determinação daquela Corte a partir de provocação da Procuradoria-Geral da República, sendo a investigação levada a efeito pela Polícia Federal.

Essa foi a posição adotada pelo STF no julgamento do Inq. 2.411, no qual o relator, Min. Gilmar Mendes, delineou a matéria, decidindo que "neste ponto, valeria o esforço no sentido de diferençar as regras e procedimentos aplicáveis ao inquérito policial em geral, tal como previsto no art. 4º ao art. 23 do Código de Processo Penal, daquele inquérito originário, de competência originária do Supremo Tribunal Federal, a ser processado nos termos do art. 102, I, b, da CF e do regramento do RI/STF", concluindo na sequência que, nesse contexto, a Polícia Federal não estaria autorizada a abrir de ofício inquérito policial para apurar a conduta de parlamentares federais ou do próprio Presidente da República (no caso do STF).

Nada obstante, observando-se a competência por prerrogativa de função estabelecida perante os Tribunais Estaduais (v.g., julgamento de crimes de responsabilidade de Prefeitos), pode-se sustentar que "não se tratando de crime praticado por magistrado ou membro do MP, mas sim por prefeito, não há dispositivo legal que impeça a realização de inquérito pela polícia. Nesse caso, o Relator no Tribunal a quo atuará como Juiz no inquérito" (precedente citado: RHC 8.038/MT; DJ 18 dez. 1998. REsp 236.724/ CE; Relator: Min. Felix Fischer; Data de julgamento: 7 nov. 2000). Observe-se que

> o Prefeito Municipal, por força da Constituição da República, tem juízo natural (art. 29, X). Aí, portanto, deverá ser processado e julgado. A notitia criminis pode ser ofertada por qualquer pessoa, inclusive membro do Ministério Público. A investigação, porém, só pelo órgão que tiver atribuição, no caso, para oferecer a denúncia. (STJ. RHC 4.402-0/SC. 6ª Turma. Relator: Min. Luiz Vicente Cernicchiaro, DJU 11 nov. 1996, p. 43.773)

4.5.5 Membros do Poder Legislativo – inquérito originário – instaurado por determinação do STF e com operacionalização pela Polícia, depois da manifestação do MP. A PF não pode instaurar inquérito "de ofício"

Na esteira do quanto apontado no tópico anterior, igualmente se dá para Parlamentares que detêm foro por prerrogativa de função, o mesmo valendo no que tange ao acompanhamento, pelo Tribunal, dos atos de investigação. Nesse sentido: "Compete ao Supremo Tribunal Federal supervisionar inquérito policial em que Senador tenha sido intimado para esclarecer imputação de crime que lhe fez indiciado".[144]

Essa compreensão supera aquela que entendia que "a garantia da imunidade parlamentar em sentido formal não impede a instauração de inquérito policial contra membro do Poder Legislativo. Desse modo, o parlamentar – independentemente de qualquer licença congressional – pode ser submetido a atos de investigação criminal promovidos pela Polícia Judiciária, desde que tais medidas pré-processuais de persecução penal sejam adotadas no âmbito de procedimento investigatório em curso perante órgão judiciário competente: o Supremo Tribunal Federal, no caso de qualquer dos investigados ser congressista (CF, art. 102, I, b)", na medida em que

> a compreensão do sentido inerente à cláusula constitucional asseguradora da imunidade parlamentar formal conduz ao reconhecimento de que essa prerrogativa político-jurídica – existente desde a expedição do diploma pela Justiça Eleitoral – apenas obsta o prosseguimento da acusação penal condenatória ajuizada contra membro do Congresso Nacional, até que sobrevenha a concessão da necessária licença, por parte da Casa a que pertence o legislador".[145]

4.5.6 Membros do Poder Judiciário – acompanhamento pelo Tribunal competente, com operacionalização pela Polícia

Nos termos do art. 33, parágrafo único, da Loman, "Quando, no curso de investigação, houver indício da prática de crime por parte do magistrado, a autoridade policial, civil ou militar, remeterá os respectivos autos ao tribunal ou órgão especial competente para o julgamento, a fim de que prossiga na investigação".

---

143 Para uma visão ampla ver SOUSA, Stenio Santos. Foro por prerrogativa de função: procedimentos no curso da investigação criminal preliminar. **Revista Criminal: Ensaios sobre a Atividade Policial**, São Paulo, v. 1, n. 1, p. 23-55, out./dez. 2007.

144 STF. **RCL 2.349/TO**. Plenário, por maioria. Relator originário: Min. Carlos Velloso. Relator para o acórdão: Min. Cezar Peluso. DJ 5 ago. 2005.

145 STF. **Inquérito 1.504/DF**. Relator: Min. Celso de Mello.

4.5.7 Membros do Ministério Público – acompanhamento pelo Tribunal competente – realização da investigação pelo PGJ

No caso de crime apurado tendo como investigado membro do Ministério Público (especificamente no caso do Estado de São Paulo), dispõe o art. 222 da Lei Orgânica Estadual de São Paulo:

> Quando, no curso de investigação, houver indício de prática de infração penal por parte de membro do Ministério Público, a autoridade policial, civil ou militar, remeterá imediatamente os respectivos autos ao Procurador-Geral de Justiça, a quem competirá dar prosseguimento à apuração do fato.

Assim, no caso específico do parquet, o desenvolvimento da atividade investigativa, uma vez tendo a suspeita recaído em integrante da Instituição, será efetuado pela Procuradoria-Geral de Justiça.

5. Conceito de Polícia Judiciária

É divisão no âmbito das Polícias civis e militar que tem a missão funcional de investigar de forma proativa ou reativa a ocorrência de fatos penalmente relevantes, instruindo sua ocorrência ao Ministério Público e ao Poder Judiciário na forma da lei.

Também aponta no sentido da definição exposta aquela apresentada por Zaccarioto, apoiado na evolução histórica do tema, ao afirmar que "a polícia judiciária caracteriza-se exatamente como a função estatal – e por vezes até nomina o próprio órgão do Estado encarregado do seu exercício – destinada à investigação, promovendo o aclaramento da autoria e das circunstâncias das infrações penais."[146]

6. Conceito de autoridade policial

A conceituação de "autoridade" ganhou importância, sobretudo após a edição da Lei n. 9.099/95, especificamente sobre a extensão para os policiais militares na prática de alguns atos, especialmente o encaminhamento direto das informações ao Poder Judiciário.

Assim, ao longo dos anos de vigência da mencionada legislação, houve um pouco de tudo. Inicialmente, cada Estado resolveu adotar uma forma particularizada de enfrentamento da matéria, iniciando-se no âmbito do Poder Executivo, como no caso do Estado de São Paulo, onde a Resolução SSP n. 353, em 27 de novembro de 1995, que tratou a matéria, dispôs, em seu art. 1º, que "O Policial civil ou militar que tomar conhecimento de prática de infração penal deverá comunicá-la, imediatamente, à autoridade policial da Delegacia de Polícia da respectiva circunscrição policial".

Anos mais tarde, como fruto do desenvolvimento da discussão do assunto, o tema foi regulado pelo Conselho Superior da Magistratura/TJSP por meio do Provimento n. 758/2001, que permite que Policiais Militares façam registros de ocorrências policiais menos graves.

A experiência legislativa do TJSP veio na esteira de outras similares, como a do TJSC sobre o assunto, que, por meio da Corregedoria-Geral da Justiça, editou o Provimento n. 4/99, permitindo a ampliação do conceito de autoridade para nele incluir a Polícia Militar.

Essa proliferação legislativa espelhava conclusões extraídas de encontros de carreiras de operadores do direito, como o IX Encontro dos Tribunais de Alçada do Brasil, realizado nos dias 29 e 30 de agosto de 1997, em São Paulo, SP, que em seu Comunicado de n. 20, de 16 de outubro de 1997, dispõe: "A Autoridade Policial a que se refere à Lei n. 9.099/95, é o Delegado de Polícia", ou o XVII Encontro Nacional do Colégio dos Desembargadores Corregedores-Gerais de Justiça do Brasil, reunidos em São Luís do Maranhão, nos dias 4 e 5 de março de 1999, quando se produziu a denominada "Carta de São Luís do Maranhão", que, ampliando o conceito, dispôs que

> autoridade policial, na melhor interpretação do art. 69 da Lei n. 9.099/95, é também o policial de rua, o policial militar, não constituindo, portanto, atribuição exclusiva da polícia judiciária a lavratura de termos circunstanciados. O combate à criminalidade e à impunidade exige atuação dinâmica de todos os Órgãos da Segurança Pública [no mesmo sentido, a carta de Cuiabá – Cuiabá, MT, nos dias 25 a 28 de agosto de 1999 –, por ocasião do XVII Encontro Nacional, Ministério Público dos Estados e da União].

O desenrolar da matéria alcançou os Tribunais superiores, tendo o STJ decidido que

> nos casos de prática de infração penal de menor potencial ofensivo, a providência prevista no art. 69, da Lei n. 9.099/95, é da competência da autoridade policial, não consubstanciando, todavia, ilegalidade a circunstância de utilizar o Estado o contingente da Polícia Militar, em face da deficiência dos quadros da Polícia Civil.[147]

No mesmo sentido, o HC 00.002909-2 do TJSC:

> para a persecução penal dos crimes de menor potencial ofensivo, em face do sistema previsto na lei dos juizados especiais criminais, e dando-se adequada interpretação sistemática à expressão 'autoridade policial' contida no art. 69 da Lei n. 9.099/95, admite-se lavratura de

---

146 ZACCARIOTTO, José Pedro. **A polícia judiciária no estado democrático**. Sorocaba: Brazilian Books, 2005.

147 STJ. **HC 7.199/PR**. Relator: Min. Vicente Leal. DJ 28 set. 1998.

termo circunstanciado por policial militar, sem exclusão de idêntica atividade do delegado de polícia.[148]

O que se pode concluir ao final deste itinerário (a par do evidente sabor corporativo que a envolve) é que as regulamentações do conceito de "autoridade", por via de regramentos administrativos paridos no âmbito do Poder Executivo e do Poder Judiciário, carecem de fundamentação. Mesmo que se queira dar ao tema o ar de "procedimento", o mínimo que se pode esperar é que a regra nasça no seio do Poder Legislativo de cada Estado.

No mais, pode-se concluir que, havendo investigação no âmbito da lei em tela, um limite material à atividade policial militar se impõe a partir da CR: o da investigação apenas para crimes militares definidos em lei como tal. Assim, essa Instituição pode até investigar, mas não matérias civis. [149]

7. Divisão territorial das atividades policiais

7.1 Conceito e nomenclatura

De forma geral a divisão territorial das atividades policiais dá-se em unidades geograficamente delimitadas (por normas jurídicas específicas) as quais, no mais das vezes, denominam-se circunscrições, regiões nas quais a Autoridade Policial exerce suas atribuições (e não "competência").

7.2 Atividades de policiais fora de sua circunscrição e atividades investigativas fora da circunscrição

Ponto de caráter prático diz respeito ao exercício dessas atribuições nos limites da circunscrição. Tal norma não pode ser vista fora de seu cotejo com a administração da justiça penal e em desacordo com o primado maior que é o do juiz natural.

Assim, devem ser evitadas interpretações que autorizem medidas investigativas realizadas fora da comarca que será a naturalmente competente para o julgamento da causa, vez que isso tenderá a esvaziar a afirmação da atividade jurisdicional como um todo, dificultando o exercício da acusação penal – pela ótica do Estado, de um lado – e do próprio exercício dos direitos constitucionais de defesa – de outro.

Assim, ainda que se admita a realização das prisões em flagrante fora da competência territorial do juiz natural da causa por policiais de fora da

circunscrição onde o fato se deu, situação já convalidada em vários precedentes ao afirmar que "a prisão em flagrante é ato meramente administrativo, podendo ser realizada, nos crimes permanentes, como o tráfico de drogas, por policiais fora de sua circunscrição, sem que isso acarrete a nulidade do ato"[150] ou que "Não constituem nulidades a lavratura do auto de prisão em flagrante em circunscrição policial diversa da ocorrência do fato"[151], predominando a visão estrita da administração sobre a jurisdição e, no limite, permitindo que normas de caráter administrativo se sobreponham à garantia do juiz natural[152], com o controle judicial da formalização do flagrante e eventual imposição de medida cautelar restritiva ou não da liberdade no marco legal da audiência de custódia, deve-se privilegiar, sempre, que esse controle seja feito pelo juiz natural.

7.3 Reflexos na veiculação da acusação penal e futuro processo

O questionamento acerca do desempenho de autoridades policiais no âmbito da organização geográfica das suas atividades não é tema que possua reflexos no exercício da acusação penal pelo Ministério Público (acusação penal de legitimação pública), descabendo, igualmente, qualquer mácula à instrução da denúncia oferecida o fato de determinada investigação criminal, na modalidade inquérito policial, ter sido realizada em unidade territorial distinta daquela que teria inicialmente atribuição para tanto.

Trata-se de matéria organizacional da Polícia, cujas discussões sobre a extrapolação eventual de atribuições deve-se dar no seio daquela Instituição.

7.4 Medida Provisória 27/2002 e Lei n. 10.446, de 8 de maio de 2002

Um primeiro ponto que merece reparo é o da forma de surgimento da lei mencionada, parida inicialmente como medida provisória, o que acarreta toda a sorte de crítica já exposta em comentário anterior, ressaltando-se que, entre a redação da medida provisória e a confirmação da lei, houve profunda alteração de redação.

Um ponto comum entre elas é o da legitimação espacial da atribuição da Polícia Federal quando houver "repercussão interestadual ou internacional que exija repressão uniforme", certamente ficando em aberto o que seja exatamente "repercussão",

---

148 TJ-SC. **HC 29.092 SC 2000.002909-2**. Segunda Câmara Criminal. Relator: Min. Des. Nilton Macedo Machado. Data de julgamento: 18 abr. 2000. Data de Publicação: Habeas Corpus n. 00.002909-2, de Blumenau.

149 No mesmo sentido, DOTTI, René Ariel. A autoridade policial na lei n. 9.099/95. **Boletim IBCCRIM**, São Paulo, n. 41, p. 5, maio 1996.

150 TJPB. **HC 97.000587-8**; no mesmo sentido: (TJ-CE. **HC 0621622520158060000 CE 0621622-25.2015.8.06.0000**. 2ª Câmara Criminal. Relator: Des. Francisco Gomes de Moura. Data de Publicação: 28 jul. 2015.

151 TJSP. **Apelação Criminal 234.893-3**. Tatuí, 4ª Câmara Criminal. Relator: Des. Passos de Freitas, 31 mar. 1998, v.u.

152 *Vide* Apelação Criminal 293.670-3, Praia Grande, 6ª Câmara Criminal. Relator: Des. Lustosa Goulart, 16 mar. 2000, v.u.

mormente pela notável influência midiática que pode dar a essa palavra um conteúdo flexível demais.

A legitimação material, no entanto, sofreu profundas alterações, pois, inicialmente, previa-se a possibilidade da intervenção investigativa para os crimes de sequestro, cárcere privado e extorsão mediante sequestro (arts. 148 e 159 do Código Penal), se o agente foi impelido por motivação política ou quando praticado em razão da função pública exercida pela vítima; II – formação de cartel (incisos I, "a", II, III e VII, do art. 4º da Lei n. 8.137, de 27 de dezembro de 1990) e relativos à violação a direitos humanos, que a República Federativa do Brasil se comprometeu a reprimir em decorrência de tratados internacionais de que seja parte. Com relação a esses delitos, há de ser ponderado que os relativos à violação a direitos humanos estão fortemente ligados ao ideal de entronização do Estatuto de Roma no direito interno brasileiro, ressaltando-se que a maior parte dos crimes previstos naquele Estatuto não tem previsão específica no direito brasileiro.

Havia, ainda, uma válvula de escape vinculada à taxatividade do inciso I, que o transformava em potencial porta de entrada para investigação de quaisquer outros crimes, pois, segundo o texto da medida provisória, atendidos os pressupostos do caput, o Departamento de Polícia Federal poderá proceder à apuração de outros casos, desde que requeira tal providência ao Ministro de Estado da Justiça em representação fundamentada.

Tal medida teve vigência a partir de 24 de janeiro de 2002, até a entrada em vigor, em 8 de maio de 2002, da Lei n. 10.446, que passou a disciplinar a atribuição material da intervenção concorrente da Polícia Federal, além das situações previstas, para os crimes de furto, roubo ou receptação de cargas, inclusive bens e valores, transportadas em operação interestadual ou internacional, quando houver indícios da atuação de quadrilha ou bando em mais de um Estado da Federação.

Manteve-se, ainda, a "válvula de escape", com uma redação ligeiramente distinta, possibilitando-se que, uma vez atendidos os pressupostos do *caput*, o Departamento de Polícia Federal proceda à apuração de outros casos, desde que tal providência seja autorizada ou determinada pelo Ministro de Estado da Justiça.

Mas, para além dessas questões operacionais, há uma indesejável intromissão política do Ministro da Justiça na ampliação das atribuições da Polícia Federal em casos concretos, o que significa, no limite, uma interferência do Poder Executivo na fase preparatória da acusação penal, tocando a autonomia dos Estados.

Por fim, destaca-se que uma vez assumida a investigação pela Polícia Federal, "delineou situações outras de competência federal, cabendo à Justiça Federal o processo e julgamento dos delitos relacionados, quando presentes as situações nela previstas, além do natural controle externo das atividades da Polícia Federal pelo Ministério Público Federal".[153]

8. Estrutura da polícia judiciária

Não é possível iniciar uma abordagem da estrutura da polícia judiciária no Brasil sem se levar em consideração que, em qualquer forma que ela é exercida (pela polícia civil estadual, federal ou mesmo pela polícia militar no âmbito de uma investigação policial militar), todas essas estruturas têm, no entanto, um ponto em comum: o atrelamento ao Poder Executivo.

Assim, temos que, no âmbito federal, o chefe da instituição, denominado "Superintendente da Polícia Federal", que chefia o chamado "Departamento de Polícia Federal (DPF)", está subordinado ao Ministro da Justiça, que, por seu turno, liga-se ao Presidente da República. É um cargo de confiança, a dizer, pode-se demitir ad nutum o Superintendente, que não goza (como de resto em todas as demais situações) de qualquer tipo de período fixo de administração. Não há, por sua vez, qualquer controle externo – técnico ou político – a essa nomeação. Ao Superintendente está ligada toda a estrutura do DPF (Choukr; Ambos, 2004). No âmbito estadual, a polícia civil e a militar estão subordinadas à denominada Secretaria de Segurança Pública, cujo titular, o Secretário de Segurança Pública, é diretamente nomeado pelo Governador do Estado. O chefe da Polícia Civil, denominado "Delegado-Geral de Polícia", é nomeado pelo Poder Executivo, sofrendo as mesmas restrições enunciadas no parágrafo anterior (idem, ibidem).

Dessa exposição pode-se concluir em termos essenciais o seguinte: a) direta e histórica vinculação dos aparatos policiais com o ápice do Poder Executivo; b) nomeação livre dos chefes desses aparatos sem qualquer forma de controle externo técnico ou político.

Qualquer análise sobre a estrutura operacional de uma investigação na modalidade enunciada exige, pois, que se reflita e leve em consideração essa dependência, pois ela deverá se projetar na forma do denominado "controle externo da atividade policial".

9. Impropriedade terminológica da palavra "competência"

Como outro exemplo da imprecisão técnica do Código, fala-se em "competência" da autoridade policial quando a indicação precisa seria atribuição, na medida em que não se está tratando de atividade jurisdicional, mas, sim, administrativa. É mais um reflexo da indesejável mescla entre investigação-processo ou administrativização-jurisdicionalização.

---

153 MEIRELLES, José Ricardo. A lei n. 10.446/02: competência federal. **Boletim IBCCRIM**, São Paulo, v. 10, n. 119, p. 7-9, out. 2002.

Art. 5º Nos crimes de ação pública o inquérito policial será iniciado:

1. O distanciamento do titular da acusação penal do momento inicial da investigação na modalidade inquérito policial

Uma marcante característica do sistema inquisitivo é o distanciamento do titular da acusação penal para com o momento da instauração da investigação. Pelo regime do Código, o primeiro contato dá-se de forma tardia, após o trigésimo dia, quando o inquérito deveria se encerrar, mas que, na prática, configura o momento em que se pede prazo para prorrogação da fase preparatória, estando o suspeito solto.

Quando muito, se alguma medida coercitiva há de ser postulada antes desse lapso, é apenas nesse momento que o Ministério Público, na condição fática de mero espectador, estará envolvido na investigação. É uma manifestação, portanto, do domínio concreto dessa etapa pela polícia, sendo o titular da acusação penal – sem embargo de toda a estrutura constitucional – afastado, substancialmente, do controle daquilo que se faz na investigação.

Analisando a necessidade de readequação desse cenário – também presente, em certa medida, em outros países –, Ambos[154] aponta que "A autoridade acusatória deve ser partícipe, o mais ampla e o mais cedo possível, das investigações para poder exercer sua função de controle. Portanto, também, e sobretudo, no âmbito da luta preventiva contra a delinquência deve ser informada sem demora das medidas de investigação, ou já com anterioridade, da fixação de pontos prioritários no estado prévio, e não só quando se requer para levar a cabo medidas coercitivas. Especialmente, deve ter acesso ilimitado ao efetivo de dados policiais. Tal inicial participação não só é correta num Estado de Direito, senão também exigível por razões de eficácia, pois incrementa a qualidade (jurídica) dos resultados da investigação e, em seu caso, da acusação, com vistas às probabilidades de condenação", posição da qual compartilhamos na busca de uma estrutura preparatória que possa, de fato, envolver aqueles que serão as partes da relação processual futura.

2. Instauração de inquérito policial e denunciação caluniosa

É entendimento que "O crime de denunciação caluniosa, embora relacionado com a instauração de inquérito policial, guarda autonomia. A denúncia, por isso, não está condicionada ao arquivamento da investigação na Polícia. Outros elementos idôneos podem arrimar a imputação do Ministério Público"[155].

Martinelli afirma que[156]

A investigação policial, como elementar do crime de denunciação caluniosa, pode ser qualquer ato preliminar de apuração do fato. A finalidade da norma incriminadora é justamente evitar a movimentação indevida da máquina do Estado, buscando-se a credibilidade e o bom funcionamento da Administração Pública. Todo ato de servidor público deve ser respeitado para que não seja praticado em vão.

3. "Trancamento" de inquérito policial

A ideia consolidada até a CR/88 de ser a investigação um "simples procedimento administrativo"[157] e, com isso, afastar a possibilidade de reconhecer-se que a sua instauração configure constrangimento já se encontra superada diante do novo cenário jurídico construído.

Merece ser considerada a palavra de Miranda Coutinho[158] quando afirma a necessidade de uma tipicidade aparente para que se desencadeie a investigação, a dizer, um mínimo patamar de legalidade que venha a dar suporte a essa etapa. Não é possível, pois, investigar no vazio, sem dados (mínimos) concretos que indiquem perfunctoriamente a ocorrência de um ilícito penal (e que esteja fora dos contornos de uma infração penal de menor potencial ofensivo, em princípio), sob pena de incorrer-se em abuso de poder, inclusive com repercussões na responsabilidade administrativa do agente público (qualquer que seja ele).

Assim,

Para a instauração de um inquérito policial basta a existência de elementos mínimos demonstrativos da ocorrência de um delito, com a descrição precisa dos fatos, de modo a possibilitar a

---

154 AMBOS, Kai. Controle da polícia pelo ministério público x domínio policial da investigação. In: CHOUKR, Fauzi Hassan. **Processo penal e estado de direito**. Campinas: Edicamp, 2002. p. 245-279.

155 STJ. **REsp 91.158/MG**. 6ª Turma. Relator: Min. Luiz Vicente Cernicchiaro. DJU, 30 jun. 1997. p. 31.091.

156 MARTINELLI, J. P. O. Dos crimes de denunciação caluniosa, comunicação falsa de crime ou de contravenção e autoacusação falsa. In: Marcelo Xavier de Freitas Crespo. (Org.). Crimes contra a Administração Pública – aspectos polêmicos. São Paulo: Quartier Latin, 2010, v. 1, p. 138-157.

157 TJSP. **Recurso de Habeas Corpus 167.244-3**. Osasco. Relator: Des. Gentil Leite, 18 ago. 1994.

158 COUTINHO, Jacinto Nelson de Miranda. A lide e o conteúdo do processo penal. Curitiba: Juruá Editora, 1998, p. 148. Com antecedentes em BREDA, Antonio Acir. Efeitos da declaração de nulidade no processo penal. **Revista do Ministério Público do Paraná**, Curitiba, ano 9, n. 9, p. 171-189, 1980, e sua "tipicidade objetiva".

investigação pela autoridade competente: o objetivo do inquérito é justamente a apuração de uma infração penal e de sua autoria, a fim de possibilitar ao titular da acusação penal o ingresso em juízo (CPP, art. 4º). O só fato de não ser cristalina a inocorrência de conduta criminosa do agente ou sua manifesta atipicidade faz com que a prática dos fundamentos e dos limites do agir da paciente seja objeto de apuração.[159]

Na atual prática processual penal, o cogitado "trancamento" da acusação penal se dá pelo emprego do habeas corpus. Como ação autônoma de conhecimento sumário que é (vide Comentários aos arts. 647 e seguintes), sua impetração dependerá, quanto ao grau jurisdicional competente, daquela que for considerada a autoridade coatora (juiz ou membro do Ministério Público ou o Delegado de Polícia).

4. Capitulações provisórias quando da instauração da investigação pela polícia

Desde um ponto de vista lógico do sistema acusatório consentâneo com a CR não poderia haver definições jurídicas relevantes no curso da investigação criminal senão aquelas tomadas por quem detém o poder de acusar.

No entanto, o direito processual brasileiro, distante das mínimas balizas de compatibilização do Código com os primados da CR e da CADH, quebra esse tratamento desimportante, na medida em que, dependendo da classificação operada pela autoridade policial, os destinos da investigação podem ser profundamente diversos.

Isso decorre, entre outros motivos, pelo afastamento do titular da acusação penal do início da investigação, seu papel meramente formal e o domínio fático exercido pela polícia nessa quadra do sistema penal, como já mencionado anteriormente, donde a capitulação provisória de um crime como "hediondo" pode acarretar prisões temporárias dilatadas excessivamente no tempo, por exemplo, ou a possibilidade de interceptações ambientais ou a infiltração de agentes no cenário da investigação emergencial.

Logicamente a palavra do Ministério Público e a autorização judicial devem existir no plano formal, encerrando-se exatamente neste nível sua importância. Não se está muito longe, no âmbito prático, de equipararem-se essas manifestações a meras chancelas burocráticas.[160]

4.1 Responsabilização funcional da autoridade policial pelas capitulações provisórias

É certo que as capitulações provisórias efetuadas pela polícia investigativa submetem-se ao crivo posterior do titular da acusação e ao controle judicial, notadamente no caso da prisão em flagrante e a posterior verificação da necessidade cautelar no âmbito da audiência de custódia.

Esses "juízos de valor" na esfera policial, ao lado de potencialmente colidirem com aqueles desenvolvidos pelo Ministério Público na condução da acusação futura podem se desdobrar em atos de improbidade administrativa, ao menos na forma como encarada por determinado julgado ainda pendente de recurso no momento em que esta edição dos *Comentários* foi produzida e que condenou o policial por ofensa aos princípios da Administração no cenário da Lei n. 8.429/1992[161].

Trata-se, na hipótese, de Delegado de Polícia que

ao receber do Centro de Detenção Provisória uma mulher que guardava 40,61 gramas de maconha no ânus, teria: i) deixado de lavrar o auto de prisão em flagrante por tráfico ilícito de entorpecentes; ii) classificado a conduta como aquela tipificada no art. 33, § 2º, da Lei 11.343/06; iii) lavrado Termo Circunstanciado, a par do crime não ser de menor potencial ofensivo. Isso permitiu que aludida mulher, de nome [omissis], se evadisse do distrito da culpa. . E, segundo relatos coletados, assim teria agido o requerido porque ficou condoído com a situação da mulher, que portava uma criança de colo.

Processado no marco legal da Lei de Improbidade Administrativa, defendeu-se o réu afirmando que

i) há independência funcional do Delegado de Polícia, não podendo ser punido porque sua interpretação difere daquela do Promotor de Justiça ou do Juiz de Direito; ii) inexiste comprovação de dolo ou de má-fé; iii) restou absolvido em primeiro e segundo graus de jurisdição quanto ao crime de prevaricação que lhe foi imputado; iv) faz-se necessário levar em conta os elementos absolutórios constantes no Acórdão criminal, ante os reflexos que possui para esta causa; v) a fuga da ré não pode ser imputada ao Delegado de Polícia, que não se omitiu, apenas exarou opinião diversa daquela externada pelo Ministério Público, que

---

159 TRF-1. **HC 34.006-MG 0034006-48.2012.4.01.0000**. 4ª Turma. Relator: Des. Federal Hilton Queiroz, j. 24 jul. 2012. Data de publicação: e-DJF 15 set. 2012, p. 490.

160 Para uma análise do tema ver ÁVILA, Thiago André Pierobom de. O poder de definição da tipicidade das condutas investigadas: uma análise dos papéis processuais do Ministério Público, do juiz e da polícia de investigação. **Revista do Ministério Público do Distrito Federal e Territórios**, n. 7, p. 333-367, 2013.

161 Processo n. 1008253-56.2014.8.26.0361 – Ação Civil de Improbidade Administrativa – 22 maio 2017. Caso julgado na Vara da Fazenda Pública da Comarca de Mogi das Cruzes-SP.

não pediu a prisão preventiva da ré, preferindo atacar o Delegado de Polícia.

5. Atos praticados fora do âmbito da investigação instaurada

Ponto que merece destaque é o da inexistência de métodos preparatórios ao inquérito policial, denominados muitas vezes "sindicâncias sumárias" ou similares, cuja ilegalidade já foi apontada por inúmeros autores.[162]

De forma mais ampla, qualquer medida prévia à instauração da investigação merece ser rotulada de ilegal. Tal prática se mostra de particular gravidade diante de inúmeros métodos investigativos que, na sua larga maioria, são disponibilizados por meio da legislação emergencial. Pelo raciocínio exposto,

> constitui constrangimento ilegal a conduta do Juiz que decreta a prisão preventiva do réu em sindicância administrativa, e requisita, concomitantemente, a instauração de inquérito policial, pois tal atitude equivale a afirmar que os elementos tipificadores da infração penal haviam, ainda, de ser apurados, inexistindo, portanto, base legal para o decreto da referida medida.[163]

Contudo, essa matéria sofre oscilações no âmbito dos precedentes quando conjugada com a (im)possibilidade de início de uma investigação criminal mediante "denúncia anônima". Nesse contexto já se decidiu que

> a autoridade policial, ao receber uma denúncia anônima, deve antes realizar diligências preliminares para averiguar se os fatos narrados nessa "denúncia" são materialmente verdadeiros, para, só então, iniciar as investigações. 2. No caso concreto, ainda sem instaurar inquérito policial, policiais civis diligenciaram no sentido de apurar a eventual existência de irregularidades cartorárias que pudessem conferir indícios de verossimilhança aos fatos. Portanto, o procedimento tomado pelos policiais está em perfeita consonância com o entendimento firmado no precedente supracitado, no que tange à realização de diligências preliminares para apurar a veracidade das informações obtidas anonimamente e, então, instaurar o procedimento investigatório propriamente dito. 3. Ordem denegada.[164]

I – de ofício;

1. Formas de início da investigação na modalidade inquérito policial

A investigação na modalidade inquérito policial pode ter seu início por uma das seguintes formas: auto de prisão em flagrante ou, portaria da autoridade policial.

A portaria, por sua vez, pode ser baixada mediante:

Conhecimento espontâneo

Conhecimento provocado

A provocação, por sua vez, pode ocorrer:

Por requisição judicial, do Ministério Público ou do Ministério da Justiça

Por requerimento da vítima ou de quem a lei autorize a proceder em seu lugar

1.1 Auto de prisão em flagrante

Trata-se de uma das formas de início da investigação criminal na modalidade inquérito, para cujos requisitos e hipóteses de ocorrência da prisão em flagrante, assim como a maneira de sua formalização, veja-se arts. 301 e seguintes nestes **Comentários**.

1.2 Por portaria

A portaria é o documento expedido pela Autoridade Policial que, descrevendo a ocorrência de uma conduta em tese típica, dá início à investigação criminal na modalidade inquérito policial, sendo que o Código não estipula um prazo específico para que ela seja "baixada" a partir do conhecimento do fato criminoso pela Autoridade Policial. Restará, assim, eventual apuração de responsabilidade nos âmbitos penal e administrativo caso a demora na formalização da portaria seja injustificada.

Sua importância não pode ser desconsiderada. Ela marca o início formal da investigação, somente a partir do qual medidas investigativas específicas poderão ser tomadas, por exemplo o requerimento para a decretação de prisão temporária; também servirá como critério de verificação de aglutinação de investigações sobre os mesmos fatos, mas instauradas por autoridades distintas, procedendo-se à unificação com observância na anterioridade da instauração. Por fim, uma vez instaurada a investigação com a edição da portaria, não poderá ser ela arquivada pela própria autoridade policial (cf. art. 17 deste Código).

---

162 Dentre eles, DOS SANTOS, Bonni. Sistemas processuais e interpretação da lei penal na persecução criminal: uma contribuição ao debate. **Revista da EMERJ**, v. 6, n. 21, 2003.

163 HC 281.918/1. 10ª Câmara. Relator: José Santana, j. 11 out. 1995. RJDTACRIM 28/249.

164 STF. **HC 98.345**. 1ª Turma. Relator: Min. Marco Aurélio. Relator para o acórdão: Min. Dias Toffoli. DJe, 17 set. 2010.

1.2.1 A partir de conhecimento provocado de origem conhecida

A portaria pode ser editada a partir de conhecimento levado à autoridade policial por qualquer pessoa, procedendo-se ao registro inicial da ocorrência. A falsa comunicação de crime ou a imputação falsa a alguém da prática delitiva tem repercussões no Direito penal material.

1.2.2 A partir de conhecimento provocado de origem anônima

A instauração de investigação criminal com base em notícia anônima é tema recorrente na jurisprudência do STF HC 84.827/TO; Relator: Min. Marco Aurélio; Data de julgamento: 15 fev. 2005 (Informativo STF n. 376), apontou-se que a instauração de procedimento criminal originada, unicamente, de documento apócrifo seria contrária à ordem jurídica constitucional, que veda expressamente o anonimato. Salientando a necessidade de se preservar a dignidade da pessoa humana, afirmou que o acolhimento da delação anônima permitiria a prática do denuncismo inescrupuloso, voltado a prejudicar desafetos, impossibilitando eventual indenização por danos morais ou materiais, o que ofenderia os princípios consagrados nos incisos V e X do art. 5º da CF. Tal entendimento foi abarcado pelo Tribunal que, no caso concreto, determinou o trancamento de inquérito policial requisitado pelo Ministério Público Federal com base exclusivamente em informação anônima.

Sem embargo, o anonimato, por si só, não é capaz de invalidar o conteúdo da informação, consoante decidido pelo STF no Inquérito 1.957/PR, em 11 de maio de 2005, sendo possível a instauração da investigação desde que a informação de procedência desconhecida revista-se de um mínimo de sustentabilidade, o que somente pode ser verificado no caso concreto.

No HC 106.152, a 1ª Turma do STF voltou a afirmar a possibilidade de utilizar notícias-crime anônimas para a deflagração de investigações criminais preliminares:

> A Turma, de início, reafirmou o entendimento da Corte no sentido de que notícias anônimas não autorizam, por si sós, a propositura de ação penal ou mesmo, na fase de investigação preliminar, o emprego de métodos invasivos de investigação, como interceptação telefônica ou busca e apreensão. Entretanto, elas podem constituir fonte de informação e de provas que não pode ser simplesmente descartada pelos órgãos do Poder Judiciário. Assim, assentou a inexistência

de invalidade na investigação instaurada a partir de notícia crime anônima encaminhada ao MPF. Destacou que em um mundo no qual o crime torna-se cada vez mais complexo e organizado, seria natural que a pessoa comum tivesse receio de se expor ao comunicar a ocorrência de delito. Daí a admissibilidade de notícias crimes anônimas. Nas investigações preliminares, ao se verificar a credibilidade do que fora noticiado, a investigação poderia prosseguir, inclusive, se houvesse agregação de novas provas e se preenchidos os requisitos legais, com o emprego de métodos especiais de investigação ou mesmo com a propositura de ação penal, desde que, no último caso, as novas provas caracterizassem justa causa. Elementos probatórios colhidos pelas autoridades policiais teriam constatado a inexistência de registro de bens, imóveis e veículos ou qualquer propriedade em nome dos sócios constantes no contrato social de empresa cujos lançamentos tributários eram expressivos, o que poderia caracterizar não serem os reais proprietários. Na situação dos autos, fora a interceptação telefônica que revelara os indícios da prática de crimes mais relevantes. Não haveria que se falar, portanto, em utilização indevida da notícia crime anônima, cujo tratamento observara a jurisprudência do STF. Ademais, a investigação e a persecução penal teriam prosseguido com base nas provas colacionadas a partir dela e não com fulcro exclusivo nela. De igual forma, as diligências mais invasivas, como a interceptação telefônica, só foram deflagradas após a colheita de vários elementos probatórios que corroboravam o teor da notícia anônima e que, por si só, autorizavam a medida investigatória.[165]

O STJ vem reiterando esses entendimentos quando da apreciação da matéria, como no caso em que se considerou que

> a Subprocuradoria-Geral da República agiu nos estritos limites definidos nos precedentes do Supremo Tribunal Federal, tendo requisitado a instauração de inquérito somente depois de constatadas as diligências preliminares levadas a termo por comissão designada pelo tribunal de justiça, que, num juízo sumário, apurou a idoneidade dessa notícia. (...) Precedentes citados do STF: HC 98.345/RJ, DJe 17-9-2010; HC 99.490/SP, DJe 1º-2-2011; QO no RE 583.937/RJ, DJe 18-12-2009; do STJ: HC 118.860/SP, DJe 17-12-2010; AgRg na APn 626/DF, DJe 11-11-2010; HC 119.702/PE, DJe 2-3-2009, e RHC 7.717/SP, DJ 19-10-1998.[166]

---

165 STF. **HC 106152/MS**. Relator: Min. Rosa Weber, 29 mar. 2016. (Boletim Informativo STF 819). No mesmo sentido: HC 133148/ES. Relator: Min. Ricardo Lewandowski. Data de julgamento: 21 fev. 2017.

166 STJ. **AP 644/BA**. Relator: Min. Eliana Calmon. Data de julgamento: 30 nov. 2011.

Ainda no mesmo sentido, em outro caso, foi decidido que

A Turma, reiterando jurisprudência assente no STJ, entendeu que, embora tais informações não sejam idôneas, por si só, a dar ensejo à instauração de inquérito policial, muito menos de deflagração de acusação penal, caso sejam corroboradas por outros elementos de prova, dão legitimidade ao início do procedimento investigatório. Assim, no caso, não há nenhum impedimento para o prosseguimento da acusação penal, muito menos qualquer ilicitude a contaminá-la, uma vez que o MP agiu em estrito cumprimento de suas funções. Ademais o Parquet, conforme entendimento da Quinta Turma deste Superior Tribunal, possui prerrogativa de instaurar procedimento administrativo de investigação e conduzir diligências investigatórias (art. 129, VI, VII, VIII e IX, da CF; art. 8º, § 2º, I, II, IV, V e VII, da LC n. 75/93 e art. 26 da Lei n. 8.625/93).[167]

Contudo, no emblemático caso da denominada "operação castelo de areia"

deflagrada em 2009 e [que] investiga[va] crimes financeiros e lavagem de dinheiro, tendo como centro as operações da Construtora Camargo Correa... O Superior Tribunal de Justiça suspendeu liminarmente os efeitos da operação, sob o fundamento de que foi iniciada por denúncia anônima, o que não teria valor jurídico. E sua 6ª Turma decretou a nulidade do processo. No dito acórdão se fez alusão, também com causa de nulidade, à denúncia anônima. A outra causa teria sido a pouco fundamentada decisão em que a escuta foi autorizada.[168]

Ali decidiu-se que

A denúncia anônima, como bem definida pelo pensamento desta Corte, pode originar procedimentos de apuração de crime, desde que empreendida investigações preliminares e respeitados os limites impostos pelos direitos fundamentais do cidadão, o que leva a considerar imprópria a realização de medidas coercitivas absolutamente genéricas e invasivas à intimidade tendo por fundamento somente este elemento de indicação da prática delituosa.[169]

Na sequência, o STF acabou por convalidar o quanto havia sido decidido pelo STJ.[170]

Cabe registrar, ainda, a posição sustentada por Tucci[171] quando afirma que

Não deve haver qualquer dúvida, de resto, sobre que a notícia do crime possa ser transmitida anonimamente à autoridade pública. (...) constitui dever funcional da autoridade pública destinatária da notícia do crime, especialmente a policial, proceder, com máxima cautela e discrição, a uma investigação preambular no sentido de apurar a verossimilhança da informação, instaurando o inquérito somente em caso de verificação positiva. E isto, como se a sua cognição fosse espontânea, ou seja, como quando se trate de notitia criminis direta ou inqualificada.

Sem embargo, admitir investigações "prévias", as quais não possuem qualquer fundamento e regramento legal, pode acarretar sérios riscos à legalidade estrita que norteia o processo penal, ainda que bem-intencionada sua finalidade.

1.2.2.1 A Lei n. 13.608, de 10 de janeiro de 2018 e a informação anônima

A lei 13.608/2018 estabeleceu uma regulamentação nacional para a estrutura denominada de "disque denuncia" que foi criada, em 1995, na cidade do Rio de Janeiro e, posteriormente, espalhou-se por outras cidades do país.

Como a nova regulamentação em âmbito nacional tem-se a obrigação para (Art. 1º) As empresas de transportes terrestres que operam sob concessão da União, dos Estados, do Distrito Federal ou dos Municípios são obrigadas a exibir em seus veículos, em formato de fácil leitura e visualização: I – a expressão "Disque-Denúncia", relacionada a uma das modalidades existentes, com o respectivo número telefônico de acesso gratuito, e II – expressões de incentivo à colaboração da população e de garantia do anonimato, na forma do regulamento desta Lei.

Preservando o sigilo de quem presta a informação, a legislação foi além para incentivar Estados, Distrito Federal e Municípios a estabelecer formas de recompensa pelo oferecimento de informações que sejam úteis para a prevenção, a repressão ou a apuração de crimes ou ilícitos administrativos.

Contudo, é sempre necessário advertir que "A 'denúncia anônima' não constitui prova de coisa alguma, não se podendo restaurar, no século XXI,

---

167 STJ. **RHC 24.472/RJ**. Relator: Min. Jorge Mussi, j. 15 set. 2011.

168 OLIVEIRA, Mozar Costa de. **A operação "castelo de areia" e o Superior Tribunal de Justiça**. 2011. Disponível em: <http://www.ibccrim.org.br/artigo/10576-A-operacao-castelo-de-areia-e-o-superior-tribunal-de-justica>. Acesso em: 25 mar. 2022.

169 STJ. **Habeas Corpus 137.349-SP (2009/0101038-5)**. Relatora: Min. Maria Thereza de Assis Moura.

170 STF. **ARE 654335**. Relator: Min. Roberto Barroso. Data de julgamento: 12 fev. 2015. Data de publicação: DJe-032. Divulgação: 18 fev. 2015. Publicação: 19 fev. 2015.

171 TUCCI, Rogério Lauria. **Persecução penal, prisão e liberdade**. São Paulo: Saraiva, 1980. p. 34-35.

o procedimento da Inquisição"[172], motivo pelo qual o agente público deve ter a máxima cautela na sua condução funcional a fim de que atos de abordagem ou investigativos baseados nesse sistema de informação não fujam à legalidade.[173]

1.2.3 A partir de conhecimento "de ofício" da autoridade policial

Trata-se da hipótese em que a própria autoridade policial, sem outros intervenientes, toma conhecimento do fato potencialmente típico e determina a edição da Portaria.

Assim como na maior parte dos sistemas no direito comparado, os agentes públicos encarregados da persecução devem atuar obrigatoriamente quando tomam conhecimento da prática de uma infração penal que possa, materialmente, dar vazão a uma investigação na modalidade inquérito policial, sendo que "comete crime de prevaricação o Delegado de Polícia que, por amizade, para satisfazer sentimento pessoal, deixa de instaurar inquérito policial requisitado pelo agente do Ministério Público, ato de seu ofício".[174]

> II – mediante requisição da autoridade judiciária ou do Ministério Público, ou a requerimento do ofendido ou de quem tiver qualidade para representá-lo.

1. Formas de início: requisição ou requerimento – distinção e consequências

A par da diferença de legitimados para o ato (a requisição cabível ao Ministério Público ou ao Juiz; o requerimento, pelo "ofendido" ou seu representante), há de se ter em mente um limite material: "Em se tratando de infração onde a ação é de iniciativa privada, é inadmissível a requisição de instauração de inquérito policial por parte do Ministério Público".[175]

De outra parte, costuma-se apontar que a requisição não pode ser desatendida, ao passo que o requerimento pode ser denegado, posição esta refutada por prestigiada doutrina que não endossa essa consequência mecânica.[176]

Obviamente, isso não pode ser levado ao extremo de quebrar-se a lição apontada por Miranda Coutinho acerca da "tipicidade aparente". Assim,

> Somente configura a falta de justa causa para instauração de inquérito policial e, consequentemente, a ocorrência de constrangimento ilegal, quando for possível identificar, à primeira vista, abuso intolerável de poder; quando for possível verificar, prima facie, que o fato imputado, nem mesmo em tese, constitui crime, ou que não se encontra configurada a participação delituosa do paciente ou, ainda, quando a inexistência do crime resulta indiscutível das provas documentais apresentadas pelo Impetrante.[177]

1.1 Por requisição do Ministério Público

Embora prescindível para o oferecimento da denúncia, o inquérito é a forma mais comum de apoiá-la, sobretudo em casos de marcante complexidade.

Trata-se de manifestação direta da titularidade da acusação penal pública, a qual traz em si, de forma explícita ou implícita, todos os demais atos que sejam destinados a instruí-la, como é o caso presente.

A requisição não é uma mera faculdade, mas um dever que se impõe quando o titular da persecução não encontra de plano os elementos indispensáveis para a formação de seu convencimento para qualquer direção, seja o arquivamento da informação ou a já propositura da acusação penal.

1.2 Por requisição de Magistrado

Trata-se de possibilidade atribuída ao Magistrado que acionaria diretamente a Polícia, determinando a instauração de inquérito.

Nada obstante, esse poder/dever atribuído pelo Código se choca com a estrutura constitucional do processo penal que tem como consequência o distanciamento do Magistrado de temas de mérito da

---

172 TJ-RJ. **APL 00019172120128190037 RJ 0001917-21.2012.8.19.0037**. Relator: Des. Sergio de Souza Verani. Quinta Câmara Criminal. Data de julgamento: 23 jan. 2014. Data de publicação: 17 mar. 2014.

173 TJ-RJ. **APL 03783682520128190001 RJ 0378368-25.2012.8.19.0001**. Relator: Des. Teresa de Andrade Castro Neves. Sexta Câmara Cível. Data de julgamento: 18 mar. 2015. Data de publicação: 23 mar. 2015.

174 TJPB. **Apelação Criminal 96.002294-2**. Des. Raphael Carneiro Arnaud, 1996.

175 **Recurso de Habeas Corpus 656.917/1**. 5ª Câmara. Relator: Heitor Prado. Data de julgamento: 27 fev. 1991. RJDTACRIM 11/211.

176 SIQUEIRA, Geraldo Batista de; SIQUEIRA, Marina da Silva; BORBA, Sérgio Sávio Bastista. Investigação policial – requisição de inquérito policial – diligências probatórias e *opinio delicti*: arts. 12, 27, 28, 39, § 5º, 67 e 155, CPP – Lei n. 4.898, art. 12 – art. 1º, parte final, da Lei n. 8.038/1990 – arts. 5º, II e 13, II, CPP. **Revista Magister de Direito Penal e Processual Penal**, Porto Alegre, v. 6, n. 34, p. 45-56, fev./mar. 2010.

177 TRF-1. **HC 24402 TO 2006.01.00.024402-6**. 4ª Turma. Relator: Desembargador Federal Mário César Ribeiro. Data de julgamento: 14 ago. 2006. Data de publicação: 11 set. 2006. DJ p. 124.

investigação, resguardando-lhe o papel de garantidor (*vide* nota n. 1 ao art. 4º nestes **Comentários**).

Assim, na esteira do quanto ponderado também por Lopes Jr. (2008, p. 254), entendemos que o Magistrado deve encaminhar ao Ministério Público as eventuais informações que possam gerar a instauração de investigação, posição mapeada na doutrina por Passos.[178]

1.3 Por requisição do Ministro da Justiça

Dá-se nos casos de necessária apuração de crimes contra a honra do Presidente da República ou chefe de governo estrangeiro (art. 145, parágrafo único, do CP) e nos crimes praticados por estrangeiro contra o brasileiro fora do Brasil (art. 7º, § 3º, do CP).

2. Identificação da autoridade para fins de *habeas corpus*

Um dos mais relevantes aspectos práticos da matéria diz respeito à fixação da competência para apreciação de eventual habeas corpus visando obstar o seguimento da investigação, visto que a "Indicação de autoridade que não possui poderes para corrigir eventual ilegalidade. [acarreta] Habeas corpus não conhecido"[179]. E as discussões surgem quando o inquérito é instaurado por requisição do MP ou do Magistrado.

Assim, embora encontre-se precedente apontando que "A competência para processar e julgar habeas corpus impetrado contra ato de Delegado de Polícia que instaura inquérito policial, ainda que por requisição do Juiz ou do Ministério Público, é do Juízo de 1º grau"[180], majoritariamente vincula-se a autoridade coatora a quem requisitou a instauração.

Nesse sentido,

> Em se tratando de inquérito policial instaurado por requisição do Ministério Público Federal, a autoridade coatora é o próprio Parquet e não o Delegado de Polícia, tendo em vista que a autoridade policial está obrigada a atender a requisição ministerial não podendo exercer qualquer juízo de conveniência acerca de sua instauração, salvo em caso de flagrante ilegalidade, o que inexiste na hipótese.[181]

§ 1º O requerimento a que se refere o n. II conterá sempre que possível:

a) a narração do fato, com todas as circunstâncias;

b) a individualização do indiciado ou seus sinais característicos e as razões de convicção ou de presunção de ser ele o autor da infração, ou os motivos de impossibilidade de o fazer;

c) a nomeação das testemunhas, com indicação de sua profissão e residência.

1. Caráter informal do requerimento

Embora o CPP preveja requisitos mínimos, a interpretação do dispositivo deve privilegiar a manifestação da vontade da vítima, não se exigindo exímia técnica jurídica ou o perfazimento integral de todos os tópicos enumerados neste parágrafo bastando, apenas, que haja a mínima cognição possível de um fato aparentemente típico.

2. (Des)necessidade de advogado para formulação do requerimento

Tratando-se de mero direito de petição endereçado à Administração, descabe a necessidade da intervenção do profissional técnico. Obviamente, no entanto, a presença de uma pessoa qualificada na formulação da peça otimiza sua qualidade e pode dar contornos jurídicos mais precisos a um momento que se pauta pela precariedade de informações.

3. Descumprimento dos requisitos legais: consequências

A ausência dos requisitos "b" e "c", por si só, não pode macular a peça. No entanto, a descrição dos fatos de maneira confusa, tortuosa e da qual não se possa inferir, ainda que minimamente, a ocorrência de uma conduta penalmente relevante acarretará o potencial indeferimento da instauração da investigação.

4. Ratificação do requerimento

Trata-se de prática que não apresenta respaldo no Código de Processo Penal, malgrado seja praxe para inúmeras autoridades policiais. Compreende-se esse "excesso de zelo" a partir de evitar-se a instauração de uma investigação temerária ou mesmo

---

178 PASSOS, Paulo Cezar dos. **Uma visão crítica da iniciativa acusatória**. 167 f. Dissertação (Mestrado em Direito Processual e Cidadania) – Universidade Paranaense, Umuarama, 2008. Disponível em: <http://dominiopublico.mec.gov.br/download/teste/arqs/cp073377.pdf>. Acesso em: 28 mar. 2022.

179 TRF-1. **HC 200327020144010000**. 4ª Turma. Relator: Des. Fed. Hilton Queiroz. Data de julgamento: 10 jun. 2014. Data de Publicação: 11 jun. 2014.

180 TRIBUNAL DE JUSTIÇA DO RS. **Habeas Corpus 70067409318**. 4ª Câmara Criminal. Relator: Des. Aristides Pedroso de Albuquerque Neto. Data de julgamento: 3 dez. 2015.

181 TRF-2. **RSE 201051018099935**. 1ª Turma Especializada. Relator: Des. Fed. Paulo Espírito Santo. Data de julgamento: 26 jun. 2012. Data de publicação: 10 jul. 2012.

para fundamentar com maior amplitude eventual rejeição do requerimento. Assim, de há muito se assentou na jurisprudência que se trata de "ato que, além de desnecessário, já se inclui nos trâmites do inquérito policial"[182]

5. Atos de investigação posteriores

Deve ser observado que o simples requerimento de instauração de inquérito policial não desloca a natureza da apuração da infração. Assim, crimes cuja ação se exerce por meio de legitimação ativa privada não comportam atos de investigação que seriam próprios de outras espécies de infração "de ofício".

Nesse sentido já se decidiu que

em sede de delito previsto no art. 35 da Lei n. 7.646/87, as diligências, como a busca e apreensão, somente podem ser determinadas em procedimento específico, requerido pela vítima e não por força de representação feita pelo Delegado de Polícia, pois é um contrassenso afirmar-se que a iniciativa da acusação penal compete apenas ao ofendido e que as providências preliminares podem ser feitas de ofício, pela Autoridade Policial ou Judiciária, sendo certo, pois, que o requerimento de abertura de inquérito pelo ofendido, não tem o condão de outorgar legitimidade ao Delegado de Polícia para provocar tais providências.[183]

6. Omissão ou desconhecimento das circunstâncias

O desconhecimento de determinadas circunstâncias pode ser sanado a qualquer tempo, não estando a autoridade investigadora limitada ao quanto estritamente apontado pelo requerente.

Quando, no entanto, a omissão for dolosa, visando incriminar determinada pessoa, há a ocorrência, em tese, do crime de denunciação caluniosa, desde que "o fato descrito na falsa denunciação tenha ensejado a instauração de inquérito policial ou de processo judicial"[184], não bastando a instauração de mera sindicância administrativa, ainda que resultante de comportamento atribuído ao agente. A configuração desse crime contra a administração da Justiça exige, dentre os elementos que se revelam essenciais a sua

tipificação, a abertura de inquérito policial ou de processo judicial, ainda que de natureza castrense.[185]

7. Impropriedade da locução "indiciado"

Na verdade não existe, neste momento, a figura do "indiciado". Há a indicação da pessoa que, aos olhos do requerente, afigura-se como suspeita. O indiciamento é ato típico de polícia judiciária, tomado a critério da autoridade policial, e exige um mínimo de elementos informativos ou provas sobre a autoria.

8. Dados qualificadores das testemunhas

Não são imprescindíveis, posto que as investigações a serem efetuadas podem suprir as eventuais lacunas de qualificação mencionadas na norma.

> § 2º Do despacho que indeferir o requerimento de abertura de inquérito caberá recurso para o chefe de Polícia.

1. Conceito

Recurso de caráter administrativo, de índole voluntária e dirigido ao superior hierárquico da autoridade policial que indeferiu o pedido de instauração da investigação, já foi compreendido como uma das formas de "controle popular", conforme apontam Scarance Fernandes e Gomes Filho[186], quando afirmam que "há, entretanto, diversas formas de a própria vítima poder controlar o exercício da jurisdição. Na fase policial, pode ela, se o seu requerimento de instauração de inquérito policial é indeferido, recorrer dessa decisão ao superior hierárquico da autoridade policial".

Talvez resida aí mais uma manifestação da aproximação da atividade administrativa (investigação) com a jurisdicional, pois somente com muita elasticidade se pode concluir que o recurso endereçado a um órgão administrativo pode acarretar um controle da jurisdição.

Melhor faz, segundo cremos, ir direto ao ponto da ineficiência e pouca operacionalidade prática[187] desse mecanismo que pode, de forma muito mais ágil e sem qualquer óbice, transformar-se numa postulação junto ao Ministério Público para, eventualmente, determinar a instauração da investigação

---

182 TJSP. Seção Criminal. **Rev. Crim. 42.732-3/SP**. Relator: Des. Marino Falcão. Data de julgamento: 19 ago. 1986 (maioria de votos). BAASP 1.467/23, de 28 jan. 1987.

183 Apelação 960.537/0. 9ª Câmara. Relator: Samuel Júnior. Declaração de voto vencido: Evaristo dos Santos. Data de julgamento: 3 abr. 1996. RJTACRIM 32/348.

184 RHC 11.094/SP. Relator: Min. Vicente Leal. DJU, 18 fev. 2002.

185 STF. **HC 71.466-8/DF**. Relator: Min. Celso de Mello. DJU 19 dez. 1994.

186 GOMES FILHO, Antonio Magalhães; FERNANDES, Antonio Scarance. A reforma do processo penal brasileiro. **Justitia**, São Paulo, a, v. 52, p. 40-46, 1990.

187 LOPES JUNIOR, Aury. **Direito processual penal**. 13. ed. São Paulo: Saraiva, 2016. p. 102.

por meio da requisição à polícia, caso necessite de maiores informes para formar seu juízo de valor.

§ 3º Qualquer pessoa do povo que tiver conhecimento da existência de infração penal em que caiba ação pública poderá, verbalmente ou por escrito, comunicá-la à autoridade policial, e esta, verificada a procedência das informações, mandará instaurar inquérito.

1. Comunicação facultativa

Postura comum em outros ordenamentos, a comunicação facultativa se faz presente também no direito brasileiro, apresentando-se como sanção à comunicação fraudulenta o crime de denunciação caluniosa.

2. Mera comunicação e indenização

A comunicação que gera uma investigação e que, ao final pode ser arquivada não gera indenização, visto que

A comunicação de fato existente à autoridade policial (furto), mediante registro de ocorrência (BO) não configura ato ilícito, mormente quando o declarante não indica alguém específico como autor do fato. O arquivamento do inquérito policial por falta de provas acerca da autoria do crime, também não é suficiente para afastar, de forma indubitável e irrefutável, a participação e/ou responsabilidade do acusado. Inexistindo prova de má-fé por parte dos demandados, tampouco de qualquer excesso cometido pelos policiais durante o cumprimento do mandado de busca e apreensão na casa do demandante, não há falar em situação constrangedora capaz de ensejar indenização por danos morais. Sentença de improcedência mantida.[188]

No entanto, quando se tratar de

ação leviana, temerária e maliciosa para satisfação pessoal movida por interesse político. Revelado que a comunicação feita pelo réu à autoridade policial de um crime que não existiu, teve inspiração de cunho político para constranger moralmente o autor, seu desafeto, restou caracterizada uma denunciação por uma ação temerária, leviana e maliciosa para satisfazer um interesse pessoal visando denegrir publicamente a imagem

do autor, a reparação do dano moral que este sofreu é medida que se impõe.[189]

§ 4º O inquérito, nos crimes em que a ação pública depender de representação, não poderá sem ela ser iniciado.

1. Necessidade da representação

O tema será desenvolvido em maior profundidade nos comentários ao art. 24. Contudo, desde já assente-se que

a representação não é mais do que a manifestação do consentimento da vítima, ou de quem a possa representar, com o oferecimento da denúncia pelo Ministério Público, ou com a investigação criminal pela autoridade policial. Desta forma, trata-se de condição de procedibilidade, e não petição inicial que instaura o processo penal. Desta forma, se a vítima deixa transcorrer *in albis* o prazo legal, sem exercitar o seu direito de representação em juízo, demonstra, com sua inércia, que perdeu o interesse pela prestação jurisdicional.[190]

§ 5º Nos crimes de ação privada, a autoridade policial somente poderá proceder a inquérito a requerimento de quem tenha qualidade para intentá-la.

1. Desobrigação de instauração por portaria "de ofício"

Como já decidido,

no caso da ação de iniciativa privada, o Código é muito claro ao consignar que se trata de um requerimento, portanto, sem a obrigatoriedade de instauração do respectivo inquérito. 3. Bem assim, poderia o agravante ter se valido de recurso ao chefe de Polícia, nos termos do § 5º do artigo 5§ do Código de Processo Penal, o que não impede o acesso ao Judiciário, mas reforça a tese de que o Delegado não estava obrigado a instaurar o inquérito, como requerido (...) 6. Tenha-se, por fim, que não há qualquer impedimento ao Agravante para que preste a queixa-crime independente da instauração do inquérito policial, porque este não é condição para aquela, e o fato de haver prazo decadencial não é substrato suficiente a ensejar a abertura do inquérito policial quando

---

188 TRIBUNAL DE JUSTIÇA DO RS. **Apelação Cível n. 70054923578**. 9ª Câmara Cível. Relator: Eugênio Facchini Neto. Data de julgamento: 9 out. 2013.

189 TJSP. **Apelação Cível 79.177-4**. Bananal, 9ª Câmara de Direito Privado. Relator: Juiz Ruiter Oliva. Data de julgamento: 18 ago. 1999, v.u.

190 TJ-MS. **APL 00018678920128120101 MS 0001867-89.2012.8.12.0101**. Relator: Juiz Mario Eduardo Fernandes Abelha. 3ª Turma Recursal Mista. Data de julgamento: 14 maio 2013. Data de publicação: 21 mar. 2014.

este se mostra despiciendo. 7. Agravo de instrumento a que se nega provimento.[191]

Ademais, "o simples requerimento, junto à autoridade policial, para instauração de inquérito policial não se confunde com o ajuizamento de queixa-crime, não se interrompendo também o prazo decadencial, previsto no artigo 103 do Código Penal".[192]

> Art. 6º Logo que tiver conhecimento da prática da infração penal, a autoridade policial deverá:

1. Atos obrigatórios

Os atos investigativos tratados neste artigo têm caráter obrigatório, não podendo a Autoridade Policial deixar de proceder como aqui determinado, salvo quando as circunstâncias objetivas assim o impedirem. A não realização do ato pode, em última análise, desde que configurada a omissão por interesse pessoal, configurar o crime de prevaricação, posto que remansosa a jurisprudência do Supremo Tribunal Federal no sentido de ser indispensável à configuração do delito de prevaricação a demonstração concreta do interesse ou sentimento pessoal que teria movido o agente público, sem o que é atípica a conduta, por faltar elemento essencial ao tipo.[193]

> I – dirigir-se ao local, providenciando para que não se alterem o estado e conservação das coisas, até a chegada dos peritos criminais; (Redação dada pela Lei n. 8.862, de 28 mar. 1994)

1. Conceito de local de crime

Para a criminalística, um dos conceitos possíveis de local de crime é

> a porção do espaço compreendida num raio que, tendo por origem o ponto no qual é constatado o fato, se estenda de modo a abranger todos os lugares em que, aparente, necessária ou presumivelmente, hajam sido praticados, pelo criminoso, ou criminosos, os atos materiais, preliminares ou posteriores, à consumação do delito, e com este diretamente relacionados.[194]

2. Obrigação da preservação do local do crime pela autoridade policial

A preservação do local do crime não é uma faculdade da autoridade policial, mas um dever que lhe incumbe. Nesse ponto, dado que há uma dicotomia institucional entre o policiamento "de rua" e as atividades específicas de polícia judiciária, problemas de ordem prática sempre surgem e dificilmente são resolvidos apenas pela cooperação entre as instituições envolvidas (Polícia Militar, Guardas Municipais e Polícia Civil).

Assim, é do presidente do inquérito policial que devem ser cobrados o isolamento e manutenção das áreas relativas ao cometimento da infração penal, sem prejuízo da demonstração de que a violação indevida de tais limites se deu por outros funcionários do Estado (ou mesmo particulares), que poderão, a seu devido tempo, responder pelo ato praticado.

Tal resposta em relação a estes últimos pode se dar, até mesmo, no campo criminal, vez que, em tese, a modificação dolosa do local do crime pode ser tipificada no art. 347 do Código Penal, em seu parágrafo único (ou, no caso da legislação extravagante, o art. 312 do Código de Trânsito brasileiro, que contém redação similar).

Ênfase deve ser dada, pois, no treinamento dos policiais de rua para a importância da preservação do local do crime e do estado das coisas, pois sua correta manutenção pode ser decisiva para o desenvolvimento das investigações.

3. Relevância prática da conservação do local de crime

Sem dúvida, para o êxito de uma investigação, a conservação do local de crime e do estado das coisas ali encontradas é de vital importância. Na falta de maiores elementos dados pelo Código, normas no seio da Administração nascem sempre com o objetivo de disciplinar as funções policiais nesse sentido. Uma delas, por exemplo, foi a Resolução SEPC/SEPM/SEDEC n. 0052, de 20 de setembro de 1991, que regulamenta o Decreto n. 16.658, de 21 de junho de 1991, quanto às normas de procedimento relativas à preservação de locais de crime, editada conjuntamente pelos Secretários de Estado da Polícia Civil, da Polícia Militar e da Defesa Civil do Rio de Janeiro, na qual se dispunha, no art. 2º, que, "logo que constatada a existência do fato, dever-se-á: (...) II – Isolar o local, aplicando as medidas preliminares relativas a sua

---

191 TRF-3. **AI 36245 SP 0036245-68.2012.4.03.0000**. 5ª Turma. Relator: Des. Fed. Antonio Cedenho. Data de julgamento: 9 set. 2013.

192 TJ-DF. **APR 20020110554303 DF**. 2ª Turma Recursal dos Juizados Especiais Cíveis e Criminais do DF. Relator: Luciano Vasconcellos. Data de julgamento: 4 dez. 2002. Data de publicação: DJU, 17 fev. 2003. p. 71.

193 STF. **HC 81.504/SP**. 1ª Turma. Relator: Min. Ilmar Galvão. Data de publicação: DJU, 3 maio 2002.

194 DOREA, Luiz Eduardo Carvalho et al. **Criminalística**. 2. ed. Campinas: Millenium, 2003. p. 52, citando RABELLO, Eraldo. Contribuições ao Estudo dos Locais de Crime. In: **Revista de Criminalística do Rio Grande do Sul**, n. 7, 1968. p. 51-75.

preservação, tais como, o afastamento de pessoas, a proteção de vestígios e outros" e, "comunicar o fato ao Delegado de Polícia, não admitidas quaisquer protelações, relatando todas as circunstâncias até então verificadas".

Este, por sua vez (art. 3º), determinará as providências compatíveis com a natureza do fato, permanecendo sob a sua orientação os agentes responsáveis pela preservação do local, até final liberação deste, por parte da referida Autoridade, independente da Secretaria de Estado a que pertencerem os referidos agentes e (art. 6º), visando à preservação do local de crime, deverão ser observados, por exemplo, os procedimentos de isolar o local, principalmente a "cena do crime" e suas vias de acesso. Tais posturas, numa reforma realmente profunda da legislação processual penal, poderiam servir de base para uma redisciplina da fase de investigação, mantendo-se tais obrigações codificadas, e não como frutos ocasionais das autoridades estaduais.

4. Como trabalham os peritos

"Para a realização das perícias, os Peritos Criminais contam com auxiliares, tais como Fotógrafos Técnico-Periciais, Desenhistas Técnico-Periciais e Papiloscopistas Policiais. Já os Médicos-Legistas, contam com os Auxiliares de Necropsia e os Atendentes de Necrotério" (Fonte: SSP/SP).

> II – apreender os objetos que tiverem relação com o fato, após liberados pelos peritos criminais; (Redação dada pela Lei n. 8.862, de 28 mar. 1994)

1. Forma de apreensão

Os objetos relacionados com o fato devem ser apreendidos mediante "auto" próprio, documento cuja titularidade cabe ao presidente do inquérito policial (entenda-se, pois, o Delegado de Polícia), entregue por um exibidor e cuja realização se deve fazer na presença de duas testemunhas. Além disso, a descrição dos objetos é imprescindível, bem como sua individualização, apontando-se, também, o local em que foram encontradas e fazendo constar no auto a data da apreensão.

2. Distinção entre apreensão e busca

Discute-se se deve ser estabelecida uma distinção entre apreensão e busca. A apreensão já foi

conceituada como "ato processual penal, subjetivamente complexo, de apossamento, remoção ou guarda de coisas"[195], distinção também assumida por outros autores[196]. No entanto, Torres[197] (2004) discorda dessa dicotomia, compreendendo o tema conjuntamente, pois "interesse existe quando da busca decorre a apreensão de algo, pois do contrário estaríamos diante da invasão à intimidade do réu, desmotivada, consequentemente em todo o seu conteúdo ilícita".

A verdadeira distinção de importância parece residir nas palavras finais de Torres, quando indica que nenhum desses atos pode ser realizado sem a finalidade precípua da utilidade do bem na persecução penal (donde inviável o preconizado por Nogueira[198] (2002) no sentido de apreensões de cunho "cautelar social"), somando-se a isso que, fora das situações de flagrante sem a colaboração espontânea da pessoa que detém a coisa, a apreensão somente se dará por ordem motivada da autoridade judicial.

3. Retenção definitiva dos objetos apreendidos: *vide Comentários* aos arts. 118 e seguintes

4. Restituição das coisas apreendidas: Ver *Comentários* aos arts. 118 e seguintes

> III – colher todas as provas que servirem para o esclarecimento do fato e suas circunstâncias;

1. Conceito de prova

Ver nestes Comentários notas ao art. 155, parágrafo único.

2. Juízo de oportunidade sobre quais "provas" devem ser colhidas

Inicialmente cabe à autoridade que preside as investigações efetuar o juízo de valor sobre quais "provas" colher. No caso do inquérito policial, ao Delegado de Polícia.

Contudo, como o acervo investigativo dirige-se ao titular da acusação penal a fim de formar seu convencimento, surge aqui um ponto de extrema fragilidade do sistema investigativo na modalidade inquérito policial, que é a discordância sobre a relevância de determinada prova/informação entre o investigador (no caso, a Polícia) e o Ministério

---

195   PITOMBO, Cleonice A. Valentim Bastos. **Da busca e apreensão**. São Paulo: RT, 1998, p. 192.

196   COELHO NOGUEIRA, Carlos Frederico. **Comentários ao Código de Processo Penal**. São Paulo: Edipro, 2002. v. I: arts. 1º ao 91.

197   TORRES, Ana Maria Campos. **A busca e apreensão e o devido processo**. Rio de Janeiro: Forense, 2004, p. 95.

198   COELHO NOGUEIRA, Carlos Frederico. **Comentários ao Código de Processo Penal**. São Paulo: Edipro, 2002. v. I: arts. 1º ao 91.

Público. Não raras vezes será impossível, pelo tempo decorrido, pela natureza do objeto de investigação ou por outra causa, a realização do ato quando o Ministério Público, entendendo-o necessário, assim o requisitar.

3. Meios excepcionais de obtenção de meios de prova: a infiltração de agentes

Recorde-se, inicialmente, com Hassemer que

pode ser absolutamente correto que a luta contra a criminalidade organizada requeira a introdução de investigadores ocultos. Porém esta discussão não deveria ser conduzida como exigência de um direito penal conforme ao Estado de Direito, senão como exigência de um direito penal eficiente e suficiente do ponto de vista criminalístico, em contradição com os princípios que nos foram transmitidos quanto a um direito penal em conformidade a um Estado de Direito.[199]

No direito brasileiro a infiltração de agentes tem como marcos legais a Lei n. 10.217, de 11 de abril de 2001, que alterou os arts. 1.º e 2.º da Lei n. 9.034, de 3 de maio de 1995, (a que dispunha sobre a utilização de meios operacionais para a prevenção e repressão de ações praticadas por organizações criminosas) e a Lei 12850 de 2013 sobre o combate ao crime organizado. Há, também, previsão a essa forma de investigação no art. 53 da Lei n. 11.343/2006 sobre a persecução penal nos casos de tráfico ilícito de entorpecentes.[200]

Assim, o emprego dos "agentes infiltrados", cuja previsão havia sido alvo de veto quando da promulgação da lei brasileira de combate ao crime organizado, apresenta-se possível mediante autorização judicial (uma inicial concessão da disciplina emergencial ao texto constitucional, em seu art. 93, IX) que, no entanto, é sigilosa e realizável por agentes de polícia, em qualquer espécie de investigação pois nada obstante a Lei n. 12.850 referir-se apenas ao inquérito policial, essa estrutura normativa é utilizável, por analogia, também na investigação conduzida pelo Ministério Público.

Seu emprego deve-se dar em um caso concreto e de forma residual, desde que não seja possível a obtenção de meios de prova por outras formas. Nesse ponto, portanto, a infiltração aqui tratada não trata da obtenção de recursos de inteligência de forma ampla, mas, sim, condicionada a uma persecução específica.

O Ministério Público ou a autoridade policial podem requerer judicialmente o emprego desse meio excepcional investigativo. Havendo postulação policial deve o Ministério Público obrigatoriamente se manifestar sob risco de invalidade dos atos praticados. Fica, nesse modelo, descartada a possibilidade de determinação ex officio.

Havendo prazo legalmente fixado de, no máximo, até 6 meses nada obstante a lei possa acarretar a conclusão que esse seria o prazo fixado desde início. Contudo, tratando-se de medida excepcional temos que deve esse período ser tido como limite e sua prorrogação devidamente autorizada pela autoridade judicial dependerá de justificativa concreta para tanto.

Questão fundamental é a de separar a figura do agente infiltrado enquanto elemento passivo na prática criminosa da situação em que se coloca como provocador da conduta penal. Assim, se "A atuação do agente infiltrado não se resumiu à de mero observador dos acontecimentos, participando ele ativamente no desenrolar dos eventos que culminaram na prática do ilícito eleitoral, de modo a ficar caracterizado o flagrante preparado. Ilicitude da prova colhida e daquelas derivadas".[201]

Ademais, em muitas situações o próprio agente se mostra, ele mesmo, como a fonte de prova, sobretudo testemunhal, especialmente em situações nas quais "A autoria do fato descrito na denúncia restou devidamente comprovada através da prova testemunhal, especialmente do depoimento do agente infiltrado".[202]

Quanto aos direitos do agente, um dos mais sensíveis é a preservação da sua qualidade de atuação, sobretudo quando da veiculação de notícias sobre os fatos. Temos que, nessa hipótese, o risco é presumido, donde não ser possível aderir à compreensão de determinado precedente ao dispor que a

Decisão que determinou à agravante abster-se de informar a qualidade de agente infiltrado nas notícias que veiculasse sobre o agravado. Risco de dano irreparável ou de difícil reparação em prejuízo do agravado não demonstrado. Necessidade de dilação probatória. Decisão reformada. Recurso provido.[203]

---

199 Hassemer, **Crítica...** *op cit*, p. 75.

200 TRF-3. **ACR 8944 MS 2007.60.00.008944-2**. 2ª Turma. Relator: Des. Fed. Cotrim Guimarães. Data de julgamento: 20 out. 2009.

201 TSE. **REspe 67604 RO**. Relator: Min. Henrique Neves da Silva Data de julgamento: 13 nov. 2014. Data de publicação: DJE, Tomo 218, 19 nov. 2014. p. 25-26.

202 TJ-PR. **APL 13300791 PR 1330079-1 (Acórdão)**. 1ª Câmara Criminal. Relator: Campos Marques. Data de julgamento: 18 jun. 2015. Data de publicação: DJ, 1594 29 jun. 2015.

203 **TJ-SP. AI 812357220128260000 SP 0081235-72.2012.8.26.0000**. 4ª Câmara de Direito Privado. Relator: Milton Carvalho. Data de julgamento: 11 out. 2012. Data de publicação: 18 out. 2012.

3.1 A infiltração de agentes no ambiente virtual: Lei n. 13.441/2017

Como fruto dos trabalhos da "CPI da Pedofilia"[204] que destacou ter

A propósito, como relatado, a Lei n. 11.829, de 2008, fruto dos trabalhos desta CPI, criminalizou o chamado Internet grooming, ao introduzir o art. 241-D no ECA... Todavia, como apurar as referidas condutas? E, o que é mais importante, como evitar que o agente chegue ao seu desiderato final, que é molestar sexualmente a criança ou adolescente com quem manteve contato pela Internet? Ante a dificuldade de aplicação da regra que dispõe sobre a infiltração de agentes prevista na Lei nº 9.034, de 1995, não há outra saída senão disciplinar, com o maior detalhamento possível, a infiltração de agentes de polícia na Internet.

Nesse âmbito, incentivou-se a aprovação do PLS 100, de 2010, origem da Lei n. 13.441/2007 que buscou, igualmente, solucionar a controvérsia até então existente da validade da obtenção de meios de prova no ambiente virtual.[205]

A disciplina legal segue as mesmas linhas básicas da infiltração presencial, com esse meio sendo empregado de forma residual e atuado por policiais com a necessária autorização judicial após a provocação policial ou do Ministério Público alterando-se, contudo, o período inicial para 90 dias e duração máxima de 720 dias, apenas renovável se demonstrada sua necessidade.

> IV – ouvir o ofendido;

1. Forma da oitiva da pessoa ofendida

Como não existe previsão expressa da forma como a pessoa ofendida deva ser ouvida na investigação criminal, deve ser o depoimento tomado na forma preconizada no art. 201 deste Código quando da oitiva em Juízo, no que tange, especificamente, às questões de segurança da vítima ou seu representante legal, sendo possibilitado, para esse fim, por exemplo, o sigilo de seus dados pessoais, bem como assegurado o direito à sua privacidade com a não exposição aos meios midiáticos.

No mais, *vide* nestes Comentários ao art. 201 para aprofundamento das questões específicas.

2. Oitiva no caso da Lei Maria da Penha – modificações com a Lei n. 13.505/2017

A lei em questão trouxe algumas inovações no âmbito da apuração dos crimes de violência doméstica determinando, como diretrizes gerais, que

é direito da mulher em situação de violência doméstica e familiar o atendimento policial e pericial especializado, ininterrupto e prestado por servidores – preferencialmente do sexo feminino – previamente capacitados" e sua oitiva deve estar orientada para a:

salvaguarda da integridade física, psíquica e emocional da depoente, considerada a sua condição peculiar de pessoa em situação de violência doméstica e familiar;

garantia de que, em nenhuma hipótese, a mulher em situação de violência doméstica e familiar, familiares e testemunhas terão contato direto com investigados ou suspeitos e pessoas a eles relacionadas;

não revitimização da depoente, evitando sucessivas inquirições sobre o mesmo fato nos âmbitos criminal, cível e administrativo, bem como questionamentos sobre a vida privada.

Para tanto há previsão de um procedimento próprio, com as seguintes características:

a inquirição será feita em recinto especialmente projetado para esse fim, o qual conterá os equipamentos próprios e adequados à idade da mulher em situação de violência doméstica e familiar ou testemunha e ao tipo e à gravidade da violência sofrida;

quando for o caso, a inquirição será intermediada por profissional especializado em violência doméstica e familiar designado pela autoridade judiciária ou policial;

o depoimento será registrado em meio eletrônico ou magnético, devendo a degravação e a mídia integrar o inquérito.

Inicialmente deve-se pontuar que essas medidas devem ser aplicadas a qualquer forma de investigação e não apenas ao inquérito policial. Ademais, indicam medidas de políticas públicas voltadas à administração da segurança pública, num primeiro momento, mas que devem ser exigidas de todos os órgãos públicos que lidem que esse tipo de violência.

---

204 BRASIL. Congresso Nacional. Senado Federal. **Relatório Final da Comissão Parlamentar de Inquérito**: Comissão Parlamentar de Inquérito destinada a investigar e apurar a utilização da Internet para a prática de crimes de "pedofilia", bem como a relação desses crimes com o crime organizado. 2010. Disponível em: <https://www2.senado.leg.br/bdsf/handle/id/194582>. Acesso em: 28 mar. 2022.

205 SILVA, Danni Sales. Da validade processual penal das provas obtidas em *sites* de relacionamento e a infiltração de agentes policiais no meio virtual. **Revista Brasileira de Ciências Criminais**, São Paulo, v. 24, n. 120, p. 203-235, maio/jun. 2016.

Assim, são exigíveis também do Poder Judiciário e do Ministério Público.

> V – ouvir o indiciado, com observância, no que for aplicável, do disposto no Capítulo III do Título VII, deste Livro, devendo o respectivo termo ser assinado por 2 (duas) testemunhas que lhe tenham ouvido a leitura;

1. A inconstitucionalidade do "indiciamento"

A previsão normativa do indiciamento ilustra uma das faces de maior conflito entre o marco constitucional-convencional e a lógica inquisitiva do CPP uma vez que constitui a formação de um juízo de valor sobre a conduta atribuída à pessoa investigada por quem não detém o poder de acusar. Constitui-se, por isso mesmo, um ato investigativo que se resume à visão unilateral do investigador que, rigorosamente, nada impacta a formação do convencimento do responsável pela decisão de veicular ou não a acusação.

As manifestações de inconstitucionalidade e não convencionalidade desse mecanismo podem ser apresentadas da seguinte forma:

A pessoa submetida à investigação não pode se submeter a juízos de valor que acarretam influência direta ou indireta ao seu estado de liberdade ou dignidade por quem não detém o poder de veicular a acusação (ou promover o arquivamento da investigação);

Não há sentido técnico jurídico de consolidar-se um juízo de valor sobre determinada conduta por quem não detém o poder de acusar ou promover o arquivamento, constituindo-se

Não há repercussão material vinculativa do indiciamento no curso do processo.

Essas inconsistências estruturais não são sanáveis com a inserção da necessária motivação na determinação da formalização do indiciamento[206], tampouco entendê-lo como um ato vinculante a ser tomado pela autoridade investigadora[207] como determinado pela Lei 12830/2013 que nada alterou para sanar a desconformidade constitucional-convencional. Apenas com alguma dose de tolerância

pode-se ver nesse diploma legal algum progresso sistêmico.[208]

1.1. A garantia da condição de suspeito não é dada pelo indiciamento

Dúvida não há que existe a plena necessidade de assentar-se a condição jurídica de *suspeito* à pessoa submetida à investigação a fim de que, com clareza, possa ela exigir as garantias e direitos fundamentais que lhe são próprias, em especial o nemo tenetur, a impossibilidade que se lhe exija que produza prova contra si mesma.

Contudo, não é o indiciamento que lhe confere esse status pela óbvia razão que esse ato não vincula o Ministério Público na sua tarefa de acusar / não acusar a partir dos elementos informativos.

Como já afirmado em trabalho anterior[209], "o indiciado de hoje não é o acusado de amanhã". E, acrescentamos, o indiciado de hoje nem mesmo é o suspeito de hoje, necessariamente, pela ótica de quem tem o poder de efetivar o juízo de valor sobre o conteúdo e transcurso da investigação.

Por isso, a afirmação que ""O processo penal trabalha com um juízo progressivo na formação da culpa. Há, basicamente, quatro estágios na formação da culpa. Assim, temos os seguintes graus de responsabilidade penal: a) suspeito; b) indiciado; c) acusado (ou réu) e d) culpado"[210] não se presta a enfrentar o problema de fundo posto que ausente nessa afirmação a necessária conformação constitucional que vincula, sob a ótica de quem detém o poder de acusar / não acusar a valoração sobre a conduta.

Olvida-se nesse rumo de afirmações que o Ministério Público não está vinculado a qualquer juízo de valor feito por policiais investigadores e que o eleito como indiciado pode não ser, obrigatoriamente, o denunciado. Ademais, pode sobrevir acusação sobre quem não foi denunciado, esvaziando-se seu propalado fundo "de garantia".

1.1.1 A inexistência de imputações amplas no processo penal condizente com o marco constitucional-convencional

Há uma postura doutrinária[211] que sustenta a existência de "imputações amplas" no processo penal

---

206 EL TASSE, Adel. Indiciamento em inquérito policial: ato obrigatoriamente motivado. **Revista dos Tribunais**, São Paulo, v. 772, p. 480-484, fev. 2000.

207 PITOMBO, Sergio Marcos de Moraes. O indiciamento como ato de polícia judiciária. **Revista dos Tribunais**, São Paulo, v. 577, p. 313-316, nov. 1983.

208 LOPES JÚNIOR, Aury; KLEIN, Roberta Coelho. O indiciamento e a Lei 12.830/2013: um avanço, mas não o suficiente. **Boletim IBCCRIM**, São Paulo, v. 21, n. 249, p. 5-6, ago. 2013.

209 CHOUKR, **Garantias...** *op. cit.*

210 DEZEM, Guilherme Madeira. **Curso de processo penal**. 2. ed. São Paulo: Revista dos Tribunais, 2016. p. 60.

211 FERNANDES, Antonio Scarance. **Reação defensiva à imputação**. São Paulo: Revista dos Tribunais, 2002. p. 123-133.

e, por essa via, justifica o discurso do indiciamento na forma como estabelecido no CPP. Essa base doutrinária alimenta outras pesquisas, entre elas obra específica sobre o assunto de rara profundidade[212]. Numa dessas manifestações[213] admite-se que o indiciamento "constitui, para além do constrangimento, uma garantia do devido processo legal", sendo um "projeto de eventual denúncia ou queixa".

Nada obstante a seriedade acadêmica dessas fontes, temos pela inadmissibilidade da premissa de pensamento ali empregada com a consequente manutenção de desconformidade constitucional-convencional do indiciamento.

Exatamente porque, ao contrário do afirmado, não pode existir no marco constitucional-convencional *imputações amplas*. Ao contrário, exatamente para resguardar o concreto e efetivo exercício de direitos defensivos a pessoa suspeita tem o direito de se ver imputada apenas por quem tem o ônus de acusar e não por qualquer outra agencia estatal (falando-se de acusações públicas).

Assim o sistema se amolda: não pode ser difuso entre órgãos intervenientes na persecução a imputação ou qualquer outra sorte de atitudes ativas ou proativas em desfavor de qualquer pessoa.

Verdadeiramente é, a imputação – em qualquer fase persecutória – uma atividade restrita e não ampla posto que disso decorre o compromisso do titular da acusação para com o estado jurídico de determinada pessoa (física ou jurídica) e não um exercício aleatório de juízos de valor.

A imputação ampla em nada assegura direitos defensivos, daí porque ser inócua a compreensão do ato de indiciamento adjetivando-lhe de "bifronte": o indiciamento deve ser visto de maneira bifronte: atua tanto como mecanismo indicativo para a sociedade de que o trabalho policial está encerrado no que se refere à autoria quanto para o indiciado que passa a poder atuar de maneira mais ampla na questão da sua defesa.[214]

Mais uma vez aqui destaca-se o distanciamento dessa colocação do marco constitucional-convencional. O trabalho policial não é autônomo, não existe "*per se*" mas, sim, instrumentalizado em relação à avaliação de acusar / não acusar que cabe ao Ministério Público.

1.2 Definição de "indiciado"

Não existe no Código, fazendo o legislador apenas menção a "indiciado" (há a palavra nos arts. 6º, V, 10, § 3º, e 15).

A falta de precisão para o conceito de indiciamento faz com que ele já tenha sido assimilado a "consignação do nome do suspeito ou indiciado nos livros, registros, fichas, folha de antecedentes etc."[215]. Se o indiciamento se satisfaz com a presença de indícios, eles devem apontar para a materialidade e autoria, descartando-se a mera suspeita isolada[216].

De qualquer modo, não há possibilidade de continuar-se a ver o indiciado como um "objeto" da investigação como tradicionalmente se faz e, caso se queira manter este ato no interior da fase preliminar à acusação penal, deve-se alterar o foco para enxergá-lo como um "sujeito de direitos".

Nesse sentido, igualmente, a precisa decisão do STF quando afirmou que

A unilateralidade das investigações preparatórias da acusação penal não autoriza a Polícia Judiciária a desrespeitar as garantias jurídicas que assistem ao indiciado, que não mais pode ser considerado mero objeto de investigações. O indiciado é sujeito de direitos e dispõe de garantias, legais e constitucionais, cuja inobservância, pelos agentes do Estado, além de eventualmente induzir-lhes a responsabilidade penal por abuso de poder, pode gerar a absoluta desvalia das provas ilicitamente obtidas no curso da investigação policial (...). Esse entendimento – que reflete a própria jurisprudência do Supremo Tribunal Federal, construída sob a égide da vigente Constituição – encontra apoio na lição de autores eminentes, que, não desconhecendo que o exercício do poder não autoriza a prática do arbítrio (ainda que se cuide de mera investigação conduzida sem a garantia do contraditório), enfatizam que, em tal procedimento inquisitivo, há direitos titularizados pelo indiciado que não podem ser ignorados pelo Estado. Cabe referir, nesse sentido, o magistério de Fauzi Hassan Choukr (Garantias constitucionais na investigação criminal, p. 74, item n. 4.2, 1995, RT); Ada Pellegrini Grinover (A polícia civil e as garantias constitucionais de liberdade, in A polícia à luz do direito, p. 17, 1991, RT); Rogério Lauria Tucci (Direitos e garantias individuais no processo penal brasileiro, p. 383, 1993, Saraiva); Roberto Maurício Genofre (O indiciado:

---

212 GUIMARÃES, Johnny Wilson Batista. **Imputação criminal preliminar e indiciamento**: legitimidade e conformação constitucional. Belo Horizonte: D'Plácido, 2017.

213 POZZER, Benedito Roberto Garcia. Correlação entre acusação e sentença no processo penal brasileiro. **IBCcrim**. São Paulo, p. 89-91, 2001.

214 DEZEM, Guilherme Madeira. **Curso de processo penal**. 2. ed. São Paulo: Revista dos Tribunais, 2016. p. 59.

215 TJSP. **HC 180.305-3**. Barueri. Relator: Silva Pinto. CCRIM 2, v.u., 20 fev. 1995.

216 TJSP. **HC 251.440-3**. 2ª Câmara Criminal. Relator: Silva Pinto, 9 mar. 1998, v.u.

de objeto de investigações a sujeito de direitos, in Justiça e Democracia, v. 1/181, item n. 4, 1996, RT); Paulo Fernando Silveira (Devido processo legal – Due process of law, p. 101, 1996, Del Rey); Romeu de Almeida Salles Junior (Inquérito policial e acusação penal, p. 60-61, item n. 48, 7. ed., 1998, Saraiva) e Luiz Carlos Rocha (Investigação policial – Teoria e prática, p. 109, item n. 2, 1998, Saraiva), dentre outros.[217]

1.3 "Modos de indiciamento": direto ou indireto

Na prática processual penal existe a possibilidade de realizar-se o indiciamento com ou sem a presença da pessoa que se submete a essa condição. Trata-se, no primeiro caso, do denominado indiciamento "direto" e, no segundo, do "indireto"[218], este último que acentua ainda mais a desconformidade sistêmica e propicia grande sorte de abusos.[219]

1.4 Momento da ocorrência do "indiciamento"

1.4.1 No transcurso da investigação

Quanto ao momento do indiciamento, que responde à indagação sobre "quando se deve proceder ao ato", embora algumas vezes se observe posição mais restritiva na jurisprudência, fato é que, pelo CPP, não existe um mínimo de investigação a ser desenvolvido antes que se proceda ao indiciamento.

Na ótica do Código ele pode acontecer, simplesmente, após a instauração formal da investigação, mesmo fora das hipóteses de flagrante, o que configura inegável arbitrariedade legislativa, descompassada dos valores fundadores do sistema jurídico a partir da CR e da CADH, chegando-se a afirmar textualmente que "O indiciamento e interrogatório serão procedidos pela autoridade policial, no instante em que julgar conveniente, pois esta é uma prerrogativa sua"[220].

1.4.1.1 Pluralidade de investigações e "duplo indiciamento"

"Configura ofensa ao princípio do non bis in idem, o indiciamento em dois inquéritos policiais, em curso em Comarcas distintas, para a apuração do mesmo fato, em tese, criminoso. 2. Quando não é possível firmar a competência pelo lugar da consumação do crime, porque não restaram esclarecidos os fatos ou a conduta criminosa do indiciado, firma-se a competência pela prevenção. 3. Ordem concedida para

trancar o último inquérito policial instaurado em desfavor do Paciente, sem prejuízo da investigação de sua conduta".[221]

1.4.2 Quando do oferecimento da denúncia

Rigorosamente falando, não há sentido no ato de indiciamento após ou no momento do oferecimento da denúncia. Nada obstante, trata-se de prática que, não podendo ser considerada corriqueira, também não é rara.

Analisando o tema, acórdão do TJSP decidiu que (HC 870583.3/0-0000-000, da Comarca de Piracicaba, denegado por votação unânime) "o chamado 'indiciamento formal' nada mais é que o registro oficial dos dados de identificação do acusado, quais sejam, o nome e alcunha, se for o caso, a filiação, profissão, residência e domicílio, etc.". Aliás, não é demasiado repetir, em acréscimo, o julgado desta Col. Corte,

se o ato de indiciamento (...) representa singela anotação em livros, registros, fichas e folhas de antecedentes de alguém, por força de sinais significativos a propósito da prática de um fato típico, está sendo objeto de investigação, não teria nenhum sentido vedar a mesma providência depois que tais sinais, mais relevantes e claros agora, levaram-no até a ver-se denunciado, alvo da persecução criminal instaurada. Se para o indiciamento, na fase investigatória, bastam indícios, sinais ou suspeitas da autoria do fato com características de tipicidade (RT 603/365; 562/331; 590/362; 562/365, etc.), mostra-se desarrazoada a vedação dele uma vez reforçadas e melhor evidenciadas aquelas marcas, tanto que, por força desse reforço e dessa melhor evidenciação, levaram ao oferecimento de denúncia regularmente aceita pelo magistrado. (...) Por isso, e já que a norma constitucional, ou a lei ordinária, não limitam o tempo da legitimidade do indiciamento, claro que a providência, se esquecida no melhor momento para sua tomada, não haverá de representar constrangimento algum uma vez deferida pela autoridade judiciária competente. Trata-se de simples suprimento de uma omissão e a regularização de anotações a propósito do envolvimento do suspeito em fato delituoso inequívoco, mesmo que isso se dê após o oferecimento de denúncia regularmente aceita, em oportunidade certamente retardada, mas em

---

217 RTJ 168/896-897, rel. Min. Celso de Mello.

218 TUCCI, Rogério Lauria. Indiciamento e qualificação indireta. Fase de investigação criminal. Distinção. Revista dos Tribunais, São Paulo, v. 571, p. 291-294, maio 1983.

219 QUEIJO, Maria Elizabeth. Os abusos no indiciamento indireto. Boletim IBCCRIM, São Paulo, v. 19, n. 223, p. 8-9., jun. 2011.

220 TJSP. **HC 265.270-3**. Orlândia. 3ª Câmara Criminal. Relator: Walter Guilherme, 9 fev. 1999, v.u.

221 STJ. **HC 44197 MT 2005/0082398-3**. Relator: Min. Laurita Vaz. Data de julgamento: 13 fev. 2007. 5ª Turma. Data de publicação: DJ, 12 mar. 2007 p. 264 .RSTJ vol. 209. p. 394.

nenhum instante imprópria para a formalização.[222]

Essa visão colide com as críticas aqui expendidas que melhor se encontram em julgado no qual foi julgada

Hipótese na qual os recorrentes foram indiciados pela suposta prática dos crimes de quadrilha, fraude em licitações e lavagem de dinheiro, após o recebimento da denúncia pelos mesmos fatos. Com o recebimento da denúncia, encontra-se encerrada a fase investigatória, e o indiciamento do paciente, neste momento, configura-se coação desnecessária e ilegal. Precedentes do STJ. Deve ser determinada a revogação do indiciamento dos recorrentes, relativo aos mesmos fatos descritos na exordial acusatória já recebida, sem prejuízo do prosseguimento da ação penal. Recurso provido, nos termos do voto do Relator.[223]

2. Ato exclusivo de polícia judiciária: Lei n. 12.830/2013

Pode ser reduzida à manifestação de Pitombo[224] a construção do indiciamento como ato exclusivo de polícia judiciária.

Essa posição acabou sendo explicitamente adotada pela Lei n. 12.830/2013, que, em seu art. 2º, § 6º, dispõe que "O indiciamento, privativo do delegado de polícia, dar-se-á por ato fundamentado, mediante análise técnico-jurídica do fato, que deverá indicar a autoria, materialidade e suas circunstâncias".

A atual disciplina legal, fruto que é de uma expansão das atividades policiais, acentua ainda mais a possível distinção de entendimentos entre titular da acusação penal e o dirigente da investigação na modalidade inquérito policial, afastando-se definitivamente o atual modelo da manifestação jurisprudencial que afirmava ser "necessário aguardo de manifestação do promotor de Justiça" para a ocorrência do ato, sob pena de caracterização de constrangimento ilegal[225].

Ainda mais sob a nova disciplina fica a advertência jurisprudencial contida no HC 85.541/República Federal da Alemanha, julgado pelo STF:

Indiciamento. Ato penalmente relevante. Lesividade teórica. Indeferimento. Inexistência de

fatos capazes de justificar o registro. Constrangimento ilegal caracterizado. Liminar confirmada. Concessão parcial de habeas corpus para esse fim. Precedentes. Não havendo elementos que o justifiquem, constitui constrangimento ilegal o ato de indiciamento em inquérito policial (HC 85.541/República Federal da Alemanha. 2ª Turma. Relator: Min. Cezar Peluso. Em sessão de 22 abr. 2008. DJe, 22 ago. 2008).

3. Revogação do ato de indiciamento

Ato de polícia judiciária, sujeito a uma verificação de legalidade pelo Judiciário – mas nunca, na ótica do Código de Processo Penal, pelo titular da acusação penal –, já houve decisão pela sustação temporária do indiciamento para que os indiciados fossem, então, ouvidos em declarações, com determinação, inclusive, de ofício.[226]

4. Finalidade do indiciamento para a acusação penal

A finalidade do indiciamento para a acusação penal é rigorosamente nenhuma. Dele não se extrai qualquer vinculação para o titular da acusação penal (e nem poderia se dar de forma diversa), não havendo, sequer, a necessidade de manifestação deste em relação ao ato de polícia judiciária ora enfocado. Sua ausência, assim, não acarreta prejuízo algum ao processo penal.

4.1 A inconstitucionalidade declarada de efeitos do indiciamento no âmbito cautelar

No julgamento ADI 4911/DF, tendo como relator originário o Min. Edson Fachin, e como relator para o acórdão o Min. Alexandre de Moraes, em julgamento virtual finalizado em 20 nov. 2020, o STF analisou dispositivo da Lei n. 9.613/1998, com redação conferida pela Lei 12.683/2012: "Art. 17-D. Em caso de indiciamento de servidor público, este será afastado, sem prejuízo de remuneração e demais direitos previstos em lei, até que o juiz competente autorize, em decisão fundamentada, o seu retorno".

Perfilando a mesma linha argumentativa exposta nestes Comentários o STF decidiu que "É inconstitucional a determinação de afastamento automático

---

222 TJSP. **HC 460. 569-3/2-00**. 2ª Câmara Criminal. Data de julgamento: 28 jun. 2004.

223 STJ. **RHC 30676 SP 2011/0160730-2**. 5ª Turma. Relator: Min. Gilson Dipp. Data de julgamento: 26 jun. 2012. Data de publicação: DJe, 1º ago. 2012. Ainda: TJ-SP. **HC 22324214020148260000 SP 2232421-40.2014.8.26.0000**. 11ª Câmara de Direito Criminal. Relator: Salles Abreu. Data de julgamento: 11 mar. 2015. Data de publicação: 19 mar. 2015.

224 *Op. cit.*

225 TJSP. **HC 281.473-3**. São José do Rio Preto. 5ª Câmara Criminal. Relator: Gomes de Amorim. 6 maio 1999, m.v., que contou com a adesão de texto dogmático. SOUZA, Gilson Sidney Amancio de. Indiciamento em inquérito policial. Conveniência da prévia manifestação do dominus litis. **Revistas dos Tribunais**, São Paulo, v. 683, p. 391-393, set. 1992.

226 TJ-SP. **HC 20721208520158260000 SP 2072120-85.2015.8.26.0000**. 3ª Câmara de Direito Criminal. Relator: Desembargador Ruy Alberto Leme Cavalheiro. Data de julgamento: 15 set. 2015. Data de publicação: 17 set. 2015.

de servidor público indiciado em inquérito policial instaurado para apuração de crimes de lavagem ou ocultação de bens, direitos e valores.

O afastamento do servidor, em caso de necessidade para a investigação ou instrução processual, somente se justifica quando demonstrado nos autos o risco da continuidade do desempenho de suas funções e a medida ser eficaz e proporcional à tutela da investigação e da própria Administração Pública, circunstâncias a serem apreciadas pelo Poder Judiciário.

Reputa-se violado o princípio da proporcionalidade quando não se observar a necessidade concreta da norma para tutelar o bem jurídico a que se destina, já que o afastamento do servidor pode ocorrer a partir de representação da autoridade policial ou do Ministério Público, na forma de medida cautelar diversa da prisão, conforme os arts. 282, § 2º, e 319, VI, ambos do Código de Processo Penal (CPP) (1).

Ademais, a presunção de inocência exige que a imposição de medidas coercitivas ou constritivas aos direitos dos acusados, no decorrer de inquérito ou processo penal, seja amparada em requisitos concretos que sustentam a fundamentação da decisão judicial impositiva, não se admitindo efeitos cautelares automáticos ou desprovidos de fundamentação idônea.

Por fim, sendo o indiciamento ato dispensável para o ajuizamento de ação penal, a norma que determina o afastamento automático de servidores públicos, por força da opinio delicti da autoridade policial, quebra a isonomia entre acusados indiciados e não indiciados, ainda que denunciados nas mesmas circunstâncias.

5. Formalidades da oitiva do indiciado: o denominado interrogatório policial

A oitiva do indiciado se materializa por meio do interrogatório realizado pela autoridade policial. Prática contestada em inúmeros países, entre nós apresenta-se como um dos momentos aos quais é conferido maior valor na investigação, amiúde sendo tal ato arrimo de verdadeiras decisões de mérito.

Nada obstante, é do modo de ser do Código de Processo Penal que, dentre os inúmeros momentos possíveis da investigação, seja o interrogatório um instante a partir do qual inúmeros atos que (ainda) contêm uma capacidade postulatória (limitada) da autoridade policial emanem.

Dentre eles, por exemplo, a provocação do incidente de sanidade[227] ou a representação pela custódia cautelar, havendo limites quando, num mesmo interrogatório, procede-se à confissão de delitos por atacado[228]. Seu valor é projetado, ainda, para o reconhecimento da atenuante genérica da confissão prevista no Código Penal, ainda que tenha o já réu mentido em juízo[229].

5.1 A Lei n. 13.245, de 2016 e a presença da defesa técnica no interrogatório policial

Inserida no marco da reforma do Estatuto da Ordem dos Advogados do Brasil (Lei n. 8.906, de 4 de julho de 1994), o Projeto de Lei da Câmara (PLC) n. 6.705/2013 de iniciativa do então Deputado Antonio Faria de Sá (PTB/SP) nasceu sob a justificativa de

> dar concretude a estas garantias previstas pela Carta Magna, e exequibilidade do exercício da advocacia no curso das investigações, evitando indiciamentos equivocados, que poderiam ser evitados com a prévia oitiva dos investigados, os quais poderão contribuir com a investigação requerendo diligências. O projeto de lei ainda ressalta que durante o processo de investigação criminal, o investigado esteja devidamente acompanhado do seu advogado, ou de defensor público, na hipótese de ser hipossuficiente, condenando que os atos devem ser realizados em respeito à prevenção de sua inocência [sic].

Era objetivo declarado do então PLC com a redação inicialmente imaginada no art. 7º, XXI,

> Assistir, sob pena de nulidade, aos seus clientes investigados, durante a apuração de infrações, bem como o direito de apresentar razões e quesitos, e requisitar diligências) que houvesse, sim, contraditório na etapa investigativa, que o nobre Parlamentar identificava precipuamente com o inquérito policial na medida em que na sua justificativa se referia expressamente à figura do "indiciado".[230]

No processo legislativo em curso na Câmara dos Deputados três emendas foram apresentadas pelo Deputado Laerte Bessa (PR/DF), uma delas visando a reconfiguração total do texto e, em especial "para configurar que a ausência de assistência pelo advogado aos seus clientes não configuraria 'nulidade da investigação' (leia-se: em sua totalidade), conforme

---

227 TJSP. **Apelação Criminal 308.028-3**. Monte Alto. 1ª Câmara Criminal. Reator: Oliveira Passos. 18 out. 2000, v.u., no qual se converteu o julgamento de uma apelação em diligência com base na manifestação da autoridade policial sobre as condições pessoais do indiciado em seu interrogatório na polícia.

228 RT 568/315, na qual o indiciado confessou nada menos que 16 delitos.

229 RT 761/533.

230 O indiciamento será tema de um nosso texto específico brevemente para retomar o quanto já foi exposto no nosso *Garantias constitucionais na investigação criminal*. 3. ed. RJ: Lumen Juris, 2006.

consta no texto" atualmente proposto, mas sim "nulidade do interrogatório ou depoimento".

Essa última alteração foi acatada pela Comissão de Constituição e Justiça (CCJ), tendo seu Relator, Deputado Evandro Gussi (PV/SP), ponderado que "relativamente ao novo inciso XXI ao mesmo art. 7º do Estatuto da Advocacia, proposta na Emenda ora analisada para configurar que a ausência de assistência pelo advogado aos seus clientes não configuraria 'nulidade da investigação' (leia-se: em sua totalidade) mas sim "nulidade do interrogatório ou depoimento", entendemos que a Emenda, no particular, sim procede e deve ser acolhida desde que na mesma oportunidade se reconheça que tal "nulidade" configura – por igual, imediata e necessariamente – "prova obtida por meio ilícito" e, portanto, atraindo a "teoria dos frutos da árvore envenenada", importe – reitere-se: por igual, imediata e necessariamente – a igual pecha de nulidade absoluta sobre todos os demais elementos investigatórios acaso decorrentes ou derivados daquela eventual e originária "nulidade do interrogatório ou depoimento".

Assim, o Projeto original saiu da CCJ com a redação final:

> XXI – assistir aos seus clientes investigados durante a apuração de infrações, sob pena de nulidade absoluta do respectivo interrogatório ou depoimento e subsequentemente de todos os elementos investigatórios e probatórios acaso dele direta ou indiretamente decorrente ou derivado, bem como o direito de apresentar razões e quesitos, e de requisitar diligências, no curso da mesma apuração.

Com essa redação o texto deu entrada no Senado da República e obteve aprovação na CCJ do Senado, na Relatoria do Senador Romero Jucá, enfatizando-se no substitutivo por ele apresentado o direito de "requisitar diligências" e "apresentar razões e quesitos" tendo havido manifesta preocupação em atualizar o projeto para possibilitar "ao advogado ter acesso às investigações levadas a cabo pelo Ministério Público" acompanhando, assim, nesse ponto em particular, a marcha jurisprudencial consolidada no STF acerca da investigação conduzida pelo Ministério Público.

Desse cenário legislativo, aquilo que abriria as portas a um desejado contraditório na investigação foi expressamente vetado na sanção Presidencial ao Projeto pois

> Da forma como redigido, o dispositivo poderia levar à interpretação equivocada de que a requisição a que faz referência seria mandatória, resultando em embaraços no âmbito de investigações e consequentes prejuízos à administração da justiça. Interpretação semelhante já foi afastada pelo Supremo Tribunal Federal – STF, em sede de Ação Direita de Inconstitucionalidade de dispositivos da própria Lei no 8.906, de 4 de julho de 1994 – Estatuto da Advocacia e a Ordem dos Advogados do Brasil (ADI 1127/DF). Além disso, resta, de qualquer forma, assegurado o direito de petição aos Poderes Públicos em defesa de direitos ou contra ilegalidade ou abuso de poder, nos termos da alínea 'a', do inciso XXXIV, do art. 5º, da Constituição.

Com efeito, afastada expressamente qualquer insinuação legislativa à existência do contraditório na investigação, ficam plenamente reforçados outros direitos de defesa e, rigorosamente falando, nada que já não tivesse sido sumulado, malgrado de aplicabilidade prática questionável[231].

A questão que aqui fica é a da imposição da "sanção de nulidade" ao restante da investigação, tópico a que seguramente se retornaria em eventual ação penal para argui-la por "contaminada". E a preocupação sobressai quando se tem essa matéria (nulidade processual) disciplinada em projeto de lei que diz respeito ao exercício de uma das carreiras jurídicas, nada impedindo que, em reformas de leis orgânicas da Magistratura, do Ministério Público ou mesmo das carreiras policiais se passasse a disciplinar temas processuais penais usando-se o mesmo raciocínio e, porque não, já que quase tudo é válido no *lobbies* do processo legislativo, em sentido contrário ao que foi disciplinado pela lei em comento.

Diversamente do que ocorre no regramento da atividade parlamentar quando da apresentação de emendas, para a qual é consolidado que[232], trata-se, aqui, de analisar os riscos de oportunizar a qualquer

---

231 Súmula 14 do STF: "É direito do defensor, no interesse do representado, ter acesso amplo aos elementos de prova que, já documentados em procedimento investigatório realizado por órgão com competência de polícia judiciária, digam respeito ao exercício do direito de defesa".

232 Como já decidido pelo STF, "As normas constitucionais de processo legislativo não impossibilitam, em regra, a modificação, por meio de emendas parlamentares, dos projetos de lei enviados pelo Chefe do Poder Executivo no exercício de sua iniciativa privativa. Essa atribuição do Poder Legislativo brasileiro esbarra, porém, em duas limitações: a) a impossibilidade de o parlamento veicular matérias diferentes das versadas no projeto de lei, de modo a desfigurá-lo; e b) a impossibilidade de as emendas parlamentares aos projetos de lei de iniciativa do Presidente da República, ressalvado o disposto nos §§ 3º e 4º do art. 166, implicarem aumento de despesa pública (inciso I do art. 63 da CF)" (ADI 3.114, Relator: Min. Ayres Britto, Plenário. DJ, 7 abr. 2006".

movimento legislativo que se adentre em searas que podem não lhes ser próprias pois, aquilo que é saudado como um avanço numa situação pontual pode ser a porta de entrada para outras tantas iniciativas não tão iluminadas. Ou, em outras palavras, algo que Ferrajoli já chamava a atenção ao se referir em um certo grau de "reserva de código" para a área penal[233], concepção que mereceria ser aprofundada para o processo penal.

Por derradeiro, a norma em questão minimamente coloca a legislação brasileira na esteira de discussões mais atuais sobre o tema como é observável no direito comparado[234], mas nada que não pudesse ter evoluído nas nossas próprias análises doutrinárias e jurisprudenciais a partir de 1988, com a Constituição, ou 1992, com a Convenção Americana de Direitos Humanos que passou a vigorar no Brasil. É mais uma das situações em que a cultura de um processo penal parido num estado de exceção como o nosso faz-se presente apesar do tempo.

6. Registro do ato de interrogatório

Seguindo a disciplina do Código de Processo Penal, o ato é registrado apenas por escrito, sem que qualquer outro meio seja disponibilizado, embora plenamente possível o registro audiovisual, por exemplo, ou, ao menos, o fonográfico. Fonte permanente de questionamentos quanto à lisura dos trabalhos policiais (e frequentemente apontado por organismos policiais como fonte de violências), o registro pelos outros meios acima apontados daria maior robustez ao ato, enquanto não se concretiza a reengenharia da fase investigativa.

7. Repercussões extrapenais e direito à indenização pelo indiciamento infundado

Sem embargo de todo peso que o indiciamento carrega do ponto de vista social, com sua exploração à saciedade pela mídia, do ponto de vista de sua interpretação jurisprudencial continua sendo, não raras vezes, compreendido como "procedimento que, embora possa ferir a honra subjetiva de quem a ele se submete, não gera ameaça à liberdade de locomoção do indivíduo".[235]

Paradoxalmente, embora se reconheça a ofensa à honra subjetiva, não se reconhece ao indiciado, no mínimo, o direito a uma indenização pela submissão a esse status que, quando muito, "só é cabível, quando configurada a prática de dolo ou fraude dos agentes representantes do Estado, na administração do procedimento"[236], afastado o direito à indenização "não se evidenciando conduta emulatória, ou mesmo culposa, na notitia criminis"[237], sustentando-se com a legislação infraconstitucional o entendimento, afirmando-se que "o Estado somente responde por indenização nas hipóteses do art. 630 do Código de Processo Penal, ou seja, é necessário que tenha ocorrido condenação equivocada ou injusta", completando-se que "no caso, não houve condenação, e sim, e tão somente, equivocado indiciamento"[238].

Com as devidas reverências que se deve fazer a tais entendimentos, eles se afiguram distantes da estrutura constitucional, quer no que tange à responsabilidade do Estado, quer na estrutura acusatória do processo penal, e, sobretudo, encarnam um distanciamento ao princípio da dignidade da pessoa humana, baliza do Estado de Direito e inspiradora de desdobramentos como a presunção de inocência.

A uma, porque dão irrelevância ao ato – o que enseja a pergunta: por que ele existe?; a duas, porque, embora não relevando o ato, consignam seu potencial ofensivo à honra; e, a três, porque embora reconheçam o ato como irrelevante, mas ofensivo à honra, isentam o Estado de qualquer responsabilidade pela sua prática, excetuando o dolo ou a má-fé. Inviável, pois, a manutenção do sistema na forma em que se encontra[239].

8. Dispositivos da Portaria DGP n. 18/98 da Polícia Civil de São Paulo

A denominada Portaria DGP n. 18[240] contempla normas que buscam dar um pouco mais de racionalidade ao sistema, ao menos para exigir uma satisfação do Estado em termos de motivação do ato administrativo.

A título de ilustração apresenta-se o seguinte artigo:

---

233 FERRAJOLI, LUIGI. Legalidad civil y legalidad penal: sobre la reserva de código en materia penal. **Cuadernos de Doctrina y Jurisprudencia Penal**, v. 9, n. 15, p. 15-30, 2002. Também PASTOR, Daniel. **Recodificación penal y principio de reserva de código**. Buenos Aires: Ad-Hoc, 2005.

234 Para uma abordagem específica desse assunto, ver CAPE, Ed. et al. Suspects in Europe: Procedural rights at the investigative stage of the criminal process in the European Union. **Intersentia**, 2007, *passim*.

235 RT 793/592.

236 TJPB. **HC 95.002799-5**. Des. Marcos Otávio Araújo de Novais.

237 TJSP. **Apelação Cível 264.550-1/SP**. 5ª Câmara de Férias "B" de Direito Privado. Relator: Marco César 9 ago. 1996, v.u.

238 TJSP. **Apelação Cível 55.112-5/SP**. 2ª Câmara de Direito Público. Relator: Aloísio de Toledo César, 22 fev. 2000, v.u.

239 FERREIRA, Aparecido Hernani. **Dano moral como consequência de indiciamento em inquérito policial**. São Paulo: Juarez de Oliveira, 2000.

240 Acerca deste texto legal ver ZACCARIOTTO, José Pedro. **Portaria 18/98 da Delegacia Geral de Polícia**: fundamentos e aplicações práticas. São Paulo: IBCCRIM, 1999.

Art. 5º Logo que reúna, no curso das investigações, elementos suficientes acerca da autoria da infração penal, a autoridade policial procederá ao formal indiciamento do suspeito, decidindo, outrossim, em sendo o caso, pela realização da sua identificação pelo processo dactiloscópico; Parágrafo único. O ato aludido neste artigo deverá ser precedido de despacho fundamentado, no qual a autoridade policial pormenorizará, com base nos elementos probatórios objetivos e subjetivos coligidos na investigação, os motivos de sua convicção quanto à autoria delitiva e à classificação infracional atribuída ao fato, bem assim, com relação à identificação referida, acerca da indispensabilidade da sua promoção, com a demonstração de insuficiência de identificação civil, nos termos da Portaria DPG-18, de 31 de janeiro de 1992.[241]

9. Indiciamento no caso de crimes de competência hierárquica funcional

Conforme já exposto nestes Comentários a respeito da instauração de investigação criminal na modalidade inquérito policial quando se tratar de pessoa suspeita que detenha foro por prerrogativa de função (*vide* art. 5º), também o ato de indiciamento estará sujeito à determinação da Corte com competência originária para o curso do processo penal após postulação da Procuradoria-Geral, não podendo ser determinada a realização do indiciamento por unilateral determinação policial.

Com base na teoria dos poderes implícitos, o próprio desenvolvimento dos atos investigativos e, em especial, do indiciamento, teve sua compreensão alterada pelo STF. Assim, no Inq. 2411 o STF decidiu que

> a discussão acerca dessa possibilidade não é uma mera formulação hipotética. Daí a necessidade de definição das competências constitucionais dos relatores desta Suprema Corte nos inquéritos originários. Segundo a manifestação do Procurador-Geral da República, a iniciativa do procedimento investigatório deve ser confiada ao MPF contando com a supervisão do Ministro-Relator dessa Corte. Nesse contexto, a Polícia Federal não estaria autorizada a abrir de ofício inquérito policial para apurar a conduta de parlamentares federais ou do próprio Presidente da República (no caso do STF). Diante do exposto e na linha dos precedentes arrolados, voto no sentido de que a questão de ordem ora apreciada seja resolvida nos seguintes termos: no exercício de competência penal originária do STF (CF, art. 102,

I, "b" c/c Lei no 8.038/1990, art. 2º), a atividade de supervisão judicial deve ser constitucionalmente desempenhada durante toda a tramitação das investigações (isto é, desde a abertura dos procedimentos investigatórios até o eventual oferecimento, ou não, de denúncia pelo dominus litis). Nestes termos, na linha do parecer da PGR, voto pela anulação do ato formal de indiciamento promovido pela autoridade policial em face do parlamentar investigado.

De forma mais ampla tem-se que o controle do desenvolvimento da investigação também cabe à Corte como decorrência de seus "poderes implícitos" conforme assentado pelo STF na Rcl 2349/TO, T2, DJ 5 de agosto de 2005 e na RCL 1150/PR, Tribunal Pleno, DJ 6 de dezembro de 2002. Neste sentido: I – A inobservância da prerrogativa de foro conferida a Deputado Estadual, ainda que na fase pré-processual, torna ilícitos os atos investigatórios praticados após sua diplomação. II – O trancamento da ação penal, em habeas corpus, constitui medida excepcional que só deve ser aplicada quando indiscutível a ausência de justa causa ou quando há flagrante ilegalidade demonstrada em inequívoca prova pré-constituída. III – Ordem denegada.[242]

> VI – proceder a reconhecimento de pessoas e coisas e a acareações;

1. *Vide Comentários* aos arts. 226 e seguintes

> VII – determinar, se for caso, que se proceda a exame de corpo de delito e a quaisquer outras perícias;

1. Autonomia administrativa para os órgãos periciais

Ponto que merece destaque no debate contemporâneo brasileiro sobre as tarefas periciais é o da autonomia dos órgãos responsáveis por esses trabalhos. Assim, por exemplo, a Ordem dos Advogados do Brasil, em sessão do Conselho Federal realizada em agosto de 1991, deliberou, por unanimidade, pela autonomia dos Institutos de Criminalística e de Medicina Legal. Nessa esteira, vários Estados conferiram autonomia para os Institutos de Criminalística, como, dentre outros, São Paulo, Bahia e Paraná.

Com a Lei n. 12.030 sancionada em 17 de setembro de 2009, passou-se a prever, em nível federal, que: No exercício da atividade de perícia oficial de natureza criminal, é assegurado autonomia técnica, científica e funcional, exigido concurso público, com formação

---

241 EL TASSE, Adel. Indiciamento em inquérito policial: Ato obrigatoriamente motivado. **Revista dos Tribunais**, São Paulo, v. 772, p. 480-484, fev. 2000.

242 STF. **HC 94.705/RJ**. 1ª Turma. Relator: Min. Ricardo Lewandowski. Data de julgamento: 9 jun. 2009. Data de publicação: DJE, 30 jun. 2009.

acadêmica específica, para o provimento do cargo de perito oficial (art. 2º).

2. Conteúdo da requisição dos exames periciais

Dado o distanciamento do titular da acusação penal para com a investigação, na modalidade inquérito policial, o conteúdo do exame pericial dependerá quase que exclusivamente, na prática, do enfoque valorativo dado ao caso pela autoridade policial. O quanto é insatisfatório tal modelo é nítido, na medida em que, sob o enfoque do legitimado ativo, dados poderiam ser de plano requisitados, dispensando-se a realização de perícias complementares para esclarecimentos com vistas ao oferecimento da petição inicial penal. Paradoxalmente, o controle sobre esse conteúdo da perícia tende a ser mais preciso pelo titular da acusação penal privada do que pelo titular da acusação penal pública. Tal cenário somente pode ser recomposto na medida em que se reestruture a fase de investigação como um todo na forma preconizada ao longo destes Comentários, mais uma vez sob o risco de sérias distorções se o caminho for o da fragmentação das reformas.

> VIII – ordenar a identificação do indiciado pelo processo datiloscópico, se possível, e fazer juntar aos autos sua folha de antecedentes;

1. Base constitucional do tratamento da matéria

Como já tivemos a oportunidade de assentar, "a Constituição Federal tratou de limitar sua incidência, para permiti-la apenas nos casos em que o indiciado não for civilmente identificado" e, assim, "se toma a norma constitucional como ponto final de uma calorosa disputa jurisprudencial e doutrinária"[243]. Dependia a eficácia da norma, no entanto, de lei a disciplinar a matéria que, quando editada, veio trazer problemas adicionais de sistematicidade.

2. Embate jurisprudencial antes e depois da CR/88

O tratamento anterior ao texto constitucional dado pela jurisprudência compreende, dentre outros, os seguintes acórdãos: RTJ 71/57, RHC 52.592/GB; 2ª Turma; Relator: Antonio Neder, v.u.; RE 79.839/MA; 2ª Turma; Relator: Min. Leitão de Abreu, v.u.; RTJ 71/615; RE 80.006/DF; 2ª Turma; Relator: Min. Antonio Neder, v.u.; RTJ 72/628; RE 78.609/DF; 2ª Turma; Relator: Min. Thompson Flores, v.u.; RTJ 73/578; RE 82.269/RS; Pleno; Relator: Min. Moreira Alves, v.u.; RTJ 77/625; RE 82.662/DF; 1ª Turma; Relator: Min. Antonio Neder, v.u.; RTJ 77/647; RE 82.993/GO; 1ª Turma; Relator: Min.

Cunha Peixoto, v.u.; RTJ 78/613; RE 85.000; 2ª Turma; Relator: Min. Leitão de Abreu, v.u.; RTJ 78/982; Relator: Pleno; 80.732/DF; Relator: Antonio Neder, v.u.; RTJ 79/211; RE 91.010/RJ; 1ª Turma; Data de julgamento: 4 maio 1979; Relator: Min. Soares Muñoz, v.u.; RTJ 95/384; RE 92.529/RJ; 2ª Turma; Data de julgamento: 20 maio 1980; Relator: Min. Cordeiro Guerra, v.u.; RTJ 95/460; RHC 59.396/DF; 2ª Turma; Data de julgamento: 27 nov. 1981; Relator: Min. Firmino Vaz, v.u.; RTJ 100/163; RHC 60.071/DF; Pleno; Data de julgamento: 30 jun. 1982; Relator: Min. Xavier de Albuquerque, v.u.; RTJ 102/629; RHC 61.454; 1ª Turma; Data de julgamento: 30 mar. 1984; Relator: Min. Soares Muñoz, v.u.; RTJ 109/959. Na mesma RTJ: ns. 67/425, 125/591 e 131/578, isso no âmbito do e. STF e todos anteriores à atual Constituição. O enfoque em todos eles é semelhante. Ainda que exista a identificação civil, a criminal com ela não se confunde, vez que tem objetivos diversos.

Após a entrada em vigor do novo texto político, a divergência existente aumentou e a posição em contrário acabou por prevalecer, ainda que com titubeios: RHC 66.180/SP; 2ª Turma; Relator: Min. Francisco Rezek, v.u.; RTJ 129/142; RHC 67.079/DF; Data de julgamento: 16 dez. 1988; Relator: Min. Francisco Rezek, v.u.; RTJ 129/225; RHC 66.881/DF; Data de julgamento; 7 out. 1988; Relator: Min. Octávio Galotti, v.u.; RTJ 127/588; RHC 67.025/SP; Data de julgamento: 25 nov. 1988; Relator: Min. Carlos Madeira, v.u.; RTJ 131/601; RHC 66.442/DF; Data de julgamento: 19 dez. 1988; Relator: Min. Sydney Sanches, v.u.; RTJ 134/216, além daquele contido na RTJ 129/1122, todos da mesma Corte e passando a enfocar o problema de forma diametralmente oposta.

No entanto, já se decidiu pela possibilidade de "Identificação criminal, pregressamento e confecção de boletim de estatística" de advogado "apesar de outras identificações do profissional liberal" (RT 623/362).

3. A disciplina da Lei n. 10.054, de 7 de dezembro de 2000 (lei revogada)

Após longas discussões parlamentares, referida lei veio possibilitar a realização do ato de identificação para o preso em flagrante delito, o indiciado em inquérito policial, aquele que pratica infração penal de menor gravidade (art. 61, caput e parágrafo único do art. 69 da Lei n. 9.099, de 26 de setembro de 1995), assim como aqueles contra os quais tenha sido expedido mandado de prisão judicial, desde que não identificados civilmente (art. 1º), empregando-se, para tanto, inclusive, o processo datiloscópico e fotográfico, sendo típico ato de polícia judiciária que fará sua juntada nos autos da comunicação da prisão em flagrante ou do inquérito policial.

---

[243] CHOUKR, **Garantias...**, op cit.

Neste ponto é de ser considerado que a lei acertou quando delimitou o tema como de polícia judiciária. No entanto, dentro das hipóteses de incidência da norma, é questionável seu cabimento nos casos da Lei n. 9.099/95, no que atine às infrações penais de menor potencial ofensivo. É de ser reconhecido que, embora segundo a teoria dominante da matéria, acerca do "autor do fato" não há qualquer juízo de desvalor penal pela conduta praticada, a realização da identificação criminal deixa bem claro que isso não é correto, e sobre ela recaem, de fato, juízos de censura e controle estatal.

O limite constitucional da identificação civil é satisfeito com apresentação de documento de identidade reconhecido pela legislação, mas tem restrições quando (I) alguém estiver indiciado ou acusado pela prática de homicídio doloso, crimes contra o patrimônio praticados mediante violência ou grave ameaça, crime de receptação qualificada, crimes contra a liberdade sexual ou crime de falsificação de documento público; (II) – houver fundada suspeita de falsificação ou adulteração do documento de identidade; (III) – o estado de conservação ou a distância temporal da expedição de documento apresentado impossibilite a completa identificação dos caracteres essenciais; (IV) – constar de registros policiais o uso de outros nomes ou diferentes qualificações; (V) – houver registro de extravio do documento de identidade; (VI) – o indiciado ou acusado não comprovar, em quarenta e oito horas, sua identificação civil.

Dessas seis hipóteses, a primeira é uma reserva "material", na medida em que restringe a possibilidade de identificação criminal a casos predeterminados. Se a existência de tal rol é salutar, é de ser criticada, no entanto, a incongruência com outras leis gravosas com as quais a identificação necessariamente não se coaduna. Dessa maneira, se comparada com a lei da prisão temporária, nessa lei especial, a teor do art. 1º (sobretudo inciso III), temos de plano casos nos quais se pode decretar essa modalidade de cautela pessoal e não se pode identificar criminalmente (v.g., crimes contra o sistema financeiro). Da mesma maneira há colidência com o rol dos crimes hediondos (ou a eles equiparados) em casos gritantes, como o tráfico ilícito de entorpecentes, epidemia e, mais uma vez, o genocídio.

As demais previsões da lei atinem a situações ora meramente subjetivas ("fundada suspeita de falsificação") e, na sua última hipótese, tangenciam a inversão dos polos do modelo acusatório, dando ao identificado o ônus de provar sua identificação, prevendo, por fim, em seu art. 4º, que cópia do documento de identificação civil apresentada deverá ser mantida nos autos de prisão em flagrante, quando houver, e no inquérito policial, em quantidade de vias necessárias.

4. A disciplina da Lei n. 12.037, de 1º de outubro de 2009 (lei em vigor)[244]

A nova legislação alterou substancialmente a anterior e, após definir no que consiste a identificação civil, disciplinou que a identificação criminal será possível, mesmo que a pessoa seja civilmente identificada, quando (art. 3º): I – o documento apresentar rasura ou tiver indício de falsificação; II – o documento apresentado for insuficiente para identificar cabalmente o indiciado; III – o indiciado portar documentos de identidade distintos, com informações conflitantes entre si; IV – a identificação criminal for essencial às investigações policiais, segundo despacho da autoridade judiciária competente, que decidirá de ofício ou mediante representação da autoridade policial, do Ministério Público ou da defesa; V – constar de registros policiais o uso de outros nomes ou diferentes qualificações; VI – o estado de conservação ou a distância temporal ou da localidade da expedição do documento apresentado impossibilite a completa identificação dos caracteres essenciais.

Dessa disciplina que, para autores como Moreira[245], encontra-se "em perfeita harmonia com a Constituição Federal, sob o ponto de vista do princípio da razoabilidade", deve-se considerar que os três primeiros (incisos I a III) dizem respeito à suspeita de inidoneidade da documentação apresentada, assim como o último deles (inciso VI). É de se considerar que, nesses casos, alguma documentação foi apresentada, mas paira sobre ela dúvida quanto ao seu conteúdo formal ou material. O remanescente (inciso V) diz respeito à divergência de dados entre aqueles apresentados e os constantes dos registros oficiais.

Nessas hipóteses a identificação criminal dar-se-á por ato determinado pela própria Autoridade Policial, que não dependerá de autorização judicial para tanto.

Já o inciso IV trata de situação distinta, quando a identificação criminal for essencial à investigação

---

[244] Ver, entre outros, CABETTE, Eduardo Luiz Santos. **Comentários iniciais à nova lei de identificação criminal (Lei 12.037/09)**. Disponível em: <http://jus.com.br/revista/texto/13628/comentarios-iniciais-a-nova-lei-de-identificacao-criminal-lei-no-12-037-2009. Acessado em: 28 mar. 2022; ALFERES, Eduardo Henrique. **Lei 12.037/09**: novamente a velha identificação criminal. Disponível em: <http://jus.com.br/revista/texto/15124/lei-no-12-037-09-novamente-avelha-identificacao-criminal>. Acesso em: 28 mar. 2022.

[245] MOREIRA, Rômulo de Andrade. A nova lei de identificação criminal. **Jus Navigandi**, Teresina, ano 13, n. 2.289, 7 out. 2009. Disponível em: <http://jus2.uol.com.br/doutrina/texto.asp?id=13632>. Acesso em: 28 mar. 2022.

criminal. Sob esse fundamento, mudará o regime de determinação da identificação, que deverá contar com os seguintes passos: a) será sempre decidida pelo Juiz Natural, e não poderá ser determinada exclusivamente pela autoridade policial ou outra que proceda a investigação; b) tal determinação deverá apresentar a devida fundamentação da autoridade judicial; c) poderá ser promovida de ofício ou por provocação policial, do Ministério Público ou "da defesa". Não trata o regime jurídico de possibilidade recursal da decisão denegatória ou determinativa da identificação, recaindo eventual impugnação no âmbito das ações autônomas de impugnação.

Nessas hipóteses, ainda que apresentada a documentação e não apresente a identificação civil quaisquer das restrições dos outros incisos, será possível a identificação criminal para conveniência da investigação, conceito que haverá de ser construído empiricamente e com o risco de algum custo para a legalidade estrita do processo penal, pois não há balizas mínimas na lei específica que norteiem essa interpretação.

Por fim, dois artigos separadamente zelam pela dignidade da pessoa submetida à identificação criminal. O primeiro deles (art. 4º) é genérico, apontando que "a autoridade encarregada tomará as providências necessárias para evitar o constrangimento do identificado", e o segundo, mais específico (art. 6º), dispõe que "É vedado mencionar a identificação criminal do indiciado em atestados de antecedentes ou em informações não destinadas ao juízo criminal, antes do trânsito em julgado da sentença condenatória".

Dessa disciplina, procedente em seu conteúdo e finalidade, parece-nos importante destacar uma vez mais a ausência do regime recursal específico para impugnação de situações nas quais a pessoa identificada criminalmente tenha sido exposta a constrangimento desnecessário ou tenha sido mencionada essa identificação na forma do art. 6º.

Malgrado posições como as de Moreira[246], que defendem o emprego do *habeas corpus* nessas situações, afirmando que "inobservância deste mandamento pode ser remediado pela utilização do habeas corpus, pois, como se sabe, esta garantia constitucional deve ser também conhecida e concedida sempre que alguém sofrer ou se achar ameaçado de sofrer violência ou coação em sua liberdade de locomoção, por ilegalidade ou abuso de poder. Logo, se a medida foi abusiva (não necessária), cabível a utilização do habeas corpus que visa a tutelar a liberdade física, a liberdade de locomoção do homem", parece difícil afirmar-se de maneira absoluta o cabimento do habeas corpus nesses casos diante da ausência direta de interferência na liberdade de locomoção. Com a

devida vênia ao prestigiado autor citado, o Mandado de Segurança aplicável perfeitamente em sede criminal, amparando o direito líquido e certo a que não seja empregada irregularmente a identificação, parece ser o caminho jurídico mais adequado, bem como para tutelar as hipóteses do art. 7º (no caso de não oferecimento da denúncia, ou sua rejeição, ou absolvição, é facultado ao indiciado ou ao réu, após o arquivamento definitivo do inquérito, ou trânsito em julgado da sentença, requerer a retirada da identificação fotográfica do inquérito ou processo, desde que apresente provas de sua identificação civil) quando indevidamente indeferido o pedido. Somente quando de forma clara houver a violação da liberdade de locomoção seria empregável o mecanismo do *habeas corpus*.

5. Modos de proceder à identificação

No Boletim de Identificação Criminal e Modus Operandi (BIC), além das impressões digitais, são consignados dados de três categorias, referentes ao identificado, ao inquérito e ao modus operandi. No que se refere à pessoa do autor, além da qualificação civil completa, devem ter indicadas outras características físicas que permitam a correta individualização do identificado, tais como cútis, cor dos olhos, cor e tipo de cabelo. São anotadas, ainda, a presença de deformidades, cicatrizes, tatuagens, amputações e outras peculiaridades físicas (Del-Campo, 2005, p. 78).

6. A identificação pelo DNA: Lei n. 12.654/2012

A Lei n. 12.654, de 28 de maio de 2012, veio disciplinar a possibilidade de identificação criminal com a coleta de material biológico para a obtenção do perfil genético (art. 5º), dispondo que:

> Art. 5º-A Os dados relacionados à coleta do perfil genético deverão ser armazenados em banco de dados de perfis genéticos, gerenciado por unidade oficial de perícia criminal e que (§ 3º) As informações obtidas a partir da coincidência de perfis genéticos deverão ser consignadas em laudo pericial firmado por perito oficial devidamente habilitado.

Para a proteção da intimidade prevê que (§ 2º) Os dados constantes dos bancos de dados de perfis genéticos terão caráter sigiloso, respondendo civil, penal e administrativamente aquele que permitir ou promover sua utilização para fins diversos dos previstos nesta Lei ou em decisão judicial e que (§ 1º) As informações genéticas contidas nos bancos de dados de perfis genéticos não poderão revelar traços

---

246 MOREIRA, Rômulo de Andrade. A nova lei de identificação criminal. **Jus Navigandi**, Teresina, ano 13, n. 2.289, 7 out. 2009. Disponível em: <http://jus2.uol.com.br/doutrina/texto.asp?id=13632>. Acesso em: 28 mar. 2022.

somáticos ou comportamentais das pessoas, exceto determinação genética de gênero, consoante as normas constitucionais e internacionais sobre direitos humanos, genoma humano e dados genéticos.

Completa afirmando que

> Art. 7º-B. A identificação do perfil genético será armazenada em banco de dados sigiloso, conforme regulamento a ser expedido pelo Poder Executivo" e "Art. 7º-A. A exclusão dos perfis genéticos dos bancos de dados ocorrerá no término do prazo estabelecido em lei para a prescrição do delito.

A coleta do material genético será obrigatória nos casos de crime praticado, dolosamente, com violência de natureza grave contra pessoa, ou por qualquer dos crimes previstos no art. 1º da Lei n. 8.072, de 25 de julho de 1990 (art. 9º-A).

A questão referente ao DNA é verdadeiramente a da compulsoriedade da coleta invasiva e não exatamente o valor probatório, mesmo porque na sobredita Lei não há coleta para fins de persecução em curso. Some-se a isso a finalidade do uso desse material dentro de um âmbito maior de atuação estatal no enfrentamento da criminalidade.

Também é importante o argumento que, no caso das pessoas condenadas, seria uma forma de "presunção de voltar a delinquir" como afirma prestigiosa doutrina[247]. Nada obstante, é necessário refinar a assertiva dado que, da forma como apresentada qualquer registro, com contribuição voluntária ou involuntária da pessoa condenada, seria afrontoso à presunção de inocência.

Diante da legislação brasileira e no marco das discussões aventadas temos que:

A supletividade da coleta do DNA para a identificação *nos casos em curso* mostra-se insuficientemente regulada porquanto a identificação civil ou a criminal com coleta de digitais aparentemente cumpre de forma definitiva essa função. Assim, a lei deveria estabelecer critérios claros e objetivos que norteariam a tomada desse material genético;

Para a formação de banco de dados, a tomar as diretrizes internacionais vinculando a construção dessa base a crimes particularmente graves deveria a lei normatizar de forma mais minudente essa tomada;

Maior detalhamento da cadeia de custódia do material genético na lei específica ou na reforma do CPP;

Deveria haver atualização das leis orgânicas policiais, da magistratura, do MP e das demais carreiras intervenientes nesse quadro no sentido de prever especificamente as situações funcionais envolvendo a coleta e preservação desses dados;

Atualização de códigos de conduta dos funcionários envolvidos para prever o relacionamento funcional com as práticas de coleta de material genético.

Em termos de precedente, o TJMG julgou caso considerando inconstitucional a norma sob o argumento que a pessoa condenada já havia sido identificada e, porque

a seletividade primária, atinente à limitação legal de imposição da submissão à identificação do perfil genético aos condenados por crime praticado, dolosamente, com violência de natureza grave contra pessoa, ou por crimes hediondos, quanto a seletividade secundária, referente à discricionariedade dos órgãos da execução penal de escolher o condenado que será submetido à coleta (haja vista que poucas pessoas estão sendo selecionadas para realizar tal procedimento), partem de uma premissa manifestamente inconstitucional, qual seja, de que os indivíduos que cometeram determinados tipos de ilícitos têm maior propensão para praticá-los novamente. Já que, no caso, o objetivo da identificação seria o uso dos dados em eventuais crimes futuros, na esteira do poder-dever do Estado de prevenir e reprimir condutas que ofendem os bens jurídicos tutelados. Melhor esclarecendo, percebo que, se a intenção da determinação legal em comento é de facilitar a identificação de um sujeito durante uma investigação criminal ou para possibilitar um grau de repressão ao crime mais eficiente, ou até para que inocentes não sejam injustamente condenados, tal procedimento de identificação do perfil genético deveria ser aplicado a todos os cidadãos brasileiros, já que, ao menos formalmente, somos todos iguais, sem distinções de qualquer natureza, não podendo haver a discriminação com pessoas que já foram anteriormente condenadas penalmente. Ora, admitir tal seletividade corresponde a considerarmos que uma pessoa que já foi condenada por um crime grave tem mais propensão a cometer outros crimes, bem como que, mesmo após ressocializada,

---

247 OLIVEIRA, Eugênio Pacelli de. **A identificação genética/Lei 12.654** – 06.06.2012. 2 jul. 2012. Disponível em: <http://eugeniopacelli.com.br/quartas/a-identificacao-geneticalei-12-654-06-06-2012/>. Acesso em: 28 mar. 2022.

deve ser submetida a tratamento diferenciado dos demais cidadãos, em razão do seu histórico passado.[248]

7. Folha de antecedentes: conceito

Carlos Frederico Coelho Nogueira[249] faz elucidativa diferenciação entre atestado de antecedentes e folha de antecedentes:

Não se confunda, porém, "atestado de antecedentes" (antigamente denominado "folha corrida") com "folha de antecedentes", pois esta, mencionada pelo CPP no inciso VIII de seu art. 6º, constitui documento expedido pela Polícia Civil centralizada em razão de solicitação de outros órgãos policiais, ou do Ministério Público, ou do Poder Judiciário, para instrução de inquéritos ou processos (item 96), não se subsumindo ao dispositivo legal em análise. A folha de antecedentes não é fornecida a particulares, ao contrário dos "atestados" de antecedentes, estes últimos regidos pelo parágrafo único do art. 20 do CPP.

8. Consequências práticas da identificação criminal

Como já expusemos,

a identificação criminal gera a inclusão do indiciado nos cadastros da polícia civil e da justiça criminal e, se por si só a existência de tais registros não serve para influenciar na dosimetria da pena, vez que dependente a majoração da juntada das certidões judiciais; não raras vezes tais dados servem de embasamento para a adoção de uma medida cautelar constritiva da liberdade, mormente por ser curto o espaço de tempo para a tomada de decisão.[250]

9. Sigilo dos dados de registro

Os dados identificadores tendem a permanecer em bancos de informação mesmo após a finalização da investigação ou o arquivamento daqueles trabalhos, fazendo surgir em várias oportunidades reclamos para que sejam excluídos perenemente, normalmente com o manejo do mandado de

segurança, o qual tende a ser reiteradamente negado por ausência de direito líquido e certo a ampará-lo sob a justificativa que

A lei assegura o sigilo dos cadastros criminais, nas hipóteses de arquivamento de inquérito, absolvição, reabilitação e extinção de punibilidade. Tais dados, a luz da jurisprudência pretoriana não podem ser excluídos dos terminais dos Institutos de Identificação. 2 – Apelo improvido. Unânime.[251]

Assim,

As informações relativas a inquérito e processo criminal (em que houve absolvição ou extinção da punibilidade) não podem ser excluídas do banco de dados do Instituto de Identificação. Isso porque tais registros comprovam fatos e situações jurídicas e, por essa razão, não devem ser apagados ou excluídos, observando-se, evidentemente, que essas informações estão protegidas pelo sigilo.[252]

Nesse contexto afasta-se, também, a possibilidade de indenização a ser paga pelo Estado com a manutenção dos dados mesmo após a sentença absolutória.[253]

> IX – averiguar a vida pregressa do indiciado, sob o ponto de vista individual, familiar e social, sua condição econômica, sua atitude e estado de ânimo antes e depois do crime e durante ele, e quaisquer outros elementos que contribuírem para a apreciação do seu temperamento e caráter.

1. O modo de operacionalizar as informações sobre a vida do indiciado

Do ponto de vista prático, a coleta dessas informações se dá pelo preenchimento de formulários que são passados ao indiciado, sendo que as informações ali constantes são, no mais das vezes, prestadas pela própria pessoa que submete ao ato. Equipes interdisciplinares atuando nesse momento e investigações específicas para os fins colimados nesse inciso não fazem parte da preocupação do Código de Processo

---

248 STF. **RCL 20644 MG – MINAS GERAIS 0001974-61.2015.1.00.0000**. Relator: Min. Teori Zavascki. Data de julgamento: 28 abr. 2016. Data de publicação: DJe-088, 3 maio 2016.

249 NOGUEIRA, Carlos Frederico Coelho. **Comentários ao código de processo penal**: volume I – arts. 1º ao 91. São Paulo: Edipro, 2002. p. 425.

250 CHOUKR, Fauzi Hassan. **Garantias constitucionais na investigação criminal**. 2. ed. Rio de Janeiro: Lumen Juris, 2001. p. 120.

251 TJ-AC. **ACR 20090049920 AC 2009.004992-0**. Câmara Criminal. Relator: Des. Feliciano Vasconcelos. Data de julgamento: 8 abr. 2010.

252 STJ. **RMS 38951 SP 2012/0179487-0**. 2ª Turma. Relator: Min. Og Fernandes. Data de julgamento: 10 mar. 2015. Data de publicação: DJe, 16 mar. 2015.

253 TJ-SP. **APL 00037101020138260572 SP 0003710-10.2013.8.26.0572**. 1ª Câmara de Direito Público. Relator: Luís Francisco Aguilar Cortez. Data de julgamento: 1º jul. 2014. Data de publicação: 10 jul. 2014.

Penal – que reduz tudo à figura da autoridade policial – nem das práticas ao longo das suas décadas de vigência. A situação beira o grotesco quando se dá o chamado "indiciamento indireto", praticado na ausência da pessoa suspeita.

2. Uma possível leitura criminológica

Dando um pouco mais de densidade à reflexão sobre essa coleta de dados, pode-se invocar a lição de Batista e Zafaroni[254], quando apontam a formação da denominada criminalização secundária (distinguindo-a da criminalização primária, que se materializa na edição de uma lei penal abstrata) e que, no seu desenvolvimento, propicia a criação de estereótipos que "acaba(m) sendo o principal critério seletivo da criminalização secundária", e que "a seleção criminalizante secundária conforme ao estereótipo condiciona todo o funcionamento das agências do sistema penal, de tal modo que o mesmo se torna inoperante para qualquer outra clientela".

A formação desse estereótipo se robustece, do ponto de vista formal, com medidas como as apontadas nesse inciso, que, dentre outras, dão a possibilidade ao Estado-Administração, por meio de um agente sem qualquer formação técnica específica na área psicológica, de fazer, por exemplo, "análise de caráter" ou de "temperamento", potencialmente incrementando um direito penal de autor, e não do fato, e acirrando a criminalização secundária acima exposta.

> X – colher informações sobre a existência de filhos, respectivas idades e se possuem alguma deficiência e o nome e o contato de eventual responsável pelos cuidados dos filhos, indicado pela pessoa presa. (Incluído pela Lei n. 13.257, de 2016)

1. Gênese da alteração legislativa

A Lei n. 13.257/2016 dispõe sobre as políticas públicas para a primeira infância, esta definida por Ramidoff[255] como

> A primeira infância cronologicamente (quantitativamente) foi legalmente identificada como o "período que abrange os primeiros 6 (seis) anos completos ou 72 (setenta e dois) meses de vida da criança", nos termos do art. 2º da Lei n. 13.257/2016 (Lei da Primeira Infância); isto é, guarda referência à metade do tempo legalmente reconhecido ao período destinado à infância, uma vez que se considera criança a pessoa com

idade de 0 (zero) a 12 (doze) anos incompletos, conforme o art. 2º da Lei n. 8.069/90 (Estatuto da Criança e do Adolescente)".

Segue o mesmo autor para elucidar que

> a primeira infância, a partir do advento da Lei n. 13.257/2016, transforma-se em uma das principais questões a serem contempladas pelas políticas sociais públicas; até porque, essas "questões políticas são sérias demais para serem deixadas aos políticos" (Arendt, 2003, p. 70), transformando-se, assim, em objetividade a ser legalmente buscada pelos gestores públicos, em todos os níveis de governo, haja vista que se encontram vinculados aos ditames protetivos expressamente previstos na Lei n. 13.257/2016.[256]

2. Projeção para o processo penal

Os valores inerentes à proteção da primeira infância projetam-se para o processo penal sobretudo quando da pessoa responsável por alguém naquela condição etária encontrar-se presa.

Por isso, a colheita das informações destacadas neste inciso devem orientar o julgador na avaliação da necessidade cautelar a teor do art. 310, sobretudo na audiência de custódia ou, de forma mais ampla, a qualquer momento que a necessidade cautelar tiver de ser avaliada.

Daí porque, nada obstante o descumprimento da norma pela autoridade policial não ensejar qualquer mácula no curso da persecução deve ser avaliada em termos de atividade funcional.

Da mesma maneira, ausente a informação determinada neste inciso diante do seu não cumprimento pela autoridade policial, é um dever do Ministério Público assim como, de ofício, pelo Magistrado, que venham aos autos o quanto aqui determinado.

Informações verbais, num primeiro momento, devem ser consideradas suficientes diante da natureza da proteção jurídica que aqui se opera. Eventuais comprovações documentais podem ser juntadas a posteriori e, caso contradigam o quanto afirmado pela pessoa presa, devem projetar suas consequências a esta última.

Ademais, nada obstante prevista no campo da investigação na modalidade inquérito policial, é exigível na investigação conduzida pelo Ministério Público.

> Art. 7º Para verificar a possibilidade de haver a infração sido praticada de determinado modo, a autoridade policial poderá proceder à reprodução

---

254 ZAFFARONI, Eugenio Raúl et al. **Direito penal brasileiro: primeiro volume**: teoria geral do direito penal. 4. ed. Rio de Janeiro: Revan, 2013. p. 45 e ss.

255 RAMIDOFF, MÁRIO LUIZ . Infâncias, adolescências e juventudes: direitos humanos, políticas públicas e movimentos sociais. **Revista de Direitos e Garantias Fundamentais (FDV)**, v. 17, p. 219-240, 2017. p. 234.

256 RAMIDOFF, *op loc cit.*

> simulada dos fatos, desde que esta não contrarie a moralidade ou a ordem pública.

1. Momento de ocorrência da reprodução dos fatos (reconstituição)

Embora inicialmente tratada na fase do inquérito policial, nada obsta a realização do ato quando do desenvolvimento da acusação penal, sendo sua realização material produzida pela polícia judiciária. Quando for realizado no transcurso da acusação penal, deve-se privilegiar a possibilidade de acompanhamento do ato pela defesa, ao menos com sua intimação para fazê-lo.[257]

2. A efetiva importância probatória do ato

A reprodução se dá, no mais das vezes, por meio de tomadas fotográficas de pessoas em posições físicas que são descritas nos depoimentos contidos nos autos. Raramente se observa a realização da reprodução por meio audiovisual, por exemplo. Isso acarreta um notório empobrecimento desse meio de informação, aliando-se a isso que as reproduções nem sempre são feitas no mesmo horário do cometimento do delito nem das condições climáticas nas quais o fato se passou.

3. Necessidade da presença do indiciado

No início da vigência da CR/88 o STF decidiu:

> Paciente que se recusa a participar da reprodução simulada dos fatos – violação ao princípio do contraditório – inocorrência – (...) – a reconstituição do crime configura ato de caráter essencialmente probatório, pois destina-se – pela reprodução simulada dos fatos – a demonstrar o modus faciendi de prática delituosa (CPP, art. 7º). O suposto autor do ilícito penal não pode ser compelido, sob pena de caracterização de injusto constrangimento, a participar da reprodução simulada do fato delituoso. O magistério doutrinário, atento ao princípio que concede a qualquer indiciado ou réu o privilégio contra a autoincriminação, ressalta a circunstância de que é essencialmente voluntária a participação do imputado no ato – provido de indiscutível eficácia probatória – concretizador da reprodução simulada do fato delituoso – a reconstituição do crime, especialmente quando realizada na fase judicial da persecução penal, deve fidelidade ao princípio constitucional do contraditório, ensejando ao

réu, desse modo, a possibilidade de a ela estar presente e de, assim, impedir eventuais abusos, descaracterizadores da verdade real, praticados pela autoridade pública ou por seus agentes – não gera nulidade processual a realização da reconstituição da cena delituosa quando, embora ausente o defensor técnico por falta de intimação, dela não participou o próprio acusado que, agindo conscientemente e com plena liberdade, recusou-se, não obstante comparecendo ao ato, a colaborar com as autoridades públicas na produção dessa prova.[258]

A esse respeito Queijo[259] pondera que "Com relação às provas produzidas com a cooperação do acusado, mas sem intervenção corporal: poderão ser determinadas pela autoridade policial ou pela autoridade judiciária, mesmo sem o consentimento do acusado, desde que impliquem apenas colaboração passiva deste".

> Art. 8º Havendo prisão em flagrante, será observado o disposto no Capítulo II do Título IX deste Livro.

1. Vide *Comentários* à prisão em flagrante a partir do art. 301

> Art. 9º Todas as peças do inquérito policial serão, num só processado, reduzidas a escrito ou datilografadas e, neste caso, rubricadas pela autoridade.

1. Unicidade de autos

Apegada à tradição inquisitiva do processo penal, a investigação policial na modalidade inquérito policial é registrada por escrito e de forma burocrática, com os custos e a lentidão que isso acarreta.

No percurso das reformas pontuais do processo penal, a Comissão presidida pela Profa. Ada Pellegrini Grinover tratou do tema da investigação criminal naquilo que viria a ser o PL n. 4.209, de 2001. Entre todas as alterações sugeridas, uma em particular parecia ocupar espaço diferenciado no imaginário da modernidade processual: a forma de documentação dos atos procedimentais.

Buscando alcançar as metas anunciadas na exposição de motivos, a redação final mudou uma norma de lugar, mantendo-a íntegra quanto ao seu conteúdo. Inicialmente cabível para a apuração sumária,

---

257 Em sentido contrário, STF. **HC 73.706**. Relator: Ilmar Galvão.

258 STF. **HC 69.026/DF**. Relator: Min. Celso de Mello. Data de julgamento: 10 dez. 1991.

259 QUEIJO, Maria Elizabeth. O direito de não produzir prova contra si mesmo: o princípio *'nemo tenetur se detegere'* e suas decorrências no processo penal. 2. ed. São Paulo: Saraiva, 2012. p. 360-361. Adotando esse entendimento, TJ-SP. **APL 00290387920118260161 SP 0029038-79.2011.8.26.0161**. 1ª Câmara de Direito Criminal Relator: Márcio Bartoli. Data de julgamento: 5 maio 2014. Data de publicação: 12 maio 2014.

no então art. 6º, § 3º, afirmava-se que, "No inquérito, as informações serão colhidas de forma singela, e, sempre que possível, celeremente, podendo os depoimentos ser tomados em qualquer local, oral, informal e resumidamente".

Mas nunca é demais repetir que

> não se pode, entretanto, confundir informalidade com ausência pura e simples de atos investigativos, a dizer que o exercício da acusação penal pode abrir mão de uma etapa preparatória prévia que venha a evitar abusos no exercício daquela. Em outras palavras, simplificação da investigação não é sinônimo de sua supressão. Tal sinonímia somente é possível graças a ausência das bases dogmáticas inicialmente realçadas, cuja lacuna acabou por cumprir a prescrição de Gimbernart e von Liszt quando afirmavam que a ausência de sólidas bases de conhecimento poderia levar determinado instrumento jurídico a se comportar de forma oscilante, sem parâmetros de funcionamento. E, com efeito, foi isto que aconteceu com a investigação no seu aspecto tecnológico, alçado que foi a instrumento de puro arbítrio e que causou em momentos longos da nossa história repulsa por parte dos formadores de opinião engajados com posições mais humanitárias. Por tudo isso perdeu-se a noção de que a investigação, quando corretamente operada com as bases valorativas como as atrás apontadas, limitada no tempo e no espaço a regras de estrita legalidade, é uma garantia contra o ajuizamento da acusação penal infundada, cujo exercício é mais pernicioso que o da investigação destemperada. Ambas, no limite, são exteriorizações da mesma face autoritária do Estado.[260]

Posteriormente, o § 4º do mesmo artigo apregoava que

> O registro dos depoimentos do investigado, indiciado, ofendido e testemunhas poderá ser feito pelos meios ou recursos de gravação magnética, estenotipia ou técnica similar, inclusive audiovisual, destinada a obter maior fidelidade das informações. Na forma por último indicada, será encaminhado ao Ministério Público o registro original, sem necessidade de transcrição.

É de se lamentar, por fim, que norma de invejável importância como a da separação de autos entre aqueles da investigação e da acusação penal, prevista no primeiro anteprojeto, tenha sucumbido ante o inconformismo dos órgãos estatais encarregados da persecução e o silêncio dos órgãos defensivos.

O PLS 156, que trata da reforma global do Código de Processo Penal tratou do assunto no art. 29 (numeração correspondente ao PLS na forma como enviado para a Câmara dos Deputados):

> Art. 29. No inquérito, as diligências serão realizadas de forma objetiva e no menor prazo possível, sendo que as informações poderão ser colhidas em qualquer local, cabendo ao delegado de polícia resumi-las nos autos com fidedignidade, se obtidas de modo informal. § 1º O registro do interrogatório do investigado, das declarações da vítima e dos depoimentos das testemunhas poderá ser feito por escrito ou mediante gravação de áudio ou filmagem, com o fim de obter maior fidelidade das informações prestadas. § 2º Se o registro se der por gravação de áudio ou filmagem, fica assegurada a sua transcrição e fornecimento de cópia a pedido do investigado, de seu defensor ou do Ministério Público.

2. Forma de procedimentalização: escrita

A forma escrita é decorrente da tradição inquisitiva já mencionada e, na forma como compreendida historicamente, possui um viés de "garantia" de fidelidade e perpetuação do ato. No cenário da perpetuação de uma cultura distante da acusatória, faz sentido essa percepção dominante, mormente quando o fruto da investigação é largamente usado como base na sentença de mérito não apenas perante o juiz togado, mas, igualmente, perante o juiz leigo.

3. Defasagem tecnológica

A bizarra menção a "datilografar" atos produzidos na investigação apenas é uma demonstração a mais do atraso generalizado da forma como o legislador concebe este momento da persecução. O mundo real, contudo, trata de superar esse marcante anacronismo com o emprego inquestionável de novas tecnologias e há possibilidade de empregar-se, com alguma dose de bom senso e praticidade, os termos da Lei n. 11.900/2009.[261]

---

260 CHOUKR, Fauzi Hassan. Inquérito policial e peças informativas do crime. Simplificação e modernização do inquérito. Gravação de depoimentos e declarações por meio eletrônico ou magnético. Hipótese de simples remessa de provas documentais ao Ministério Público. **Justitia – Órgão Oficial do Ministério Público do Estado de São Paulo**, São Paulo, v. 189, p. 91-99. Comunicação apresentada no "Seminário – Aspectos Penais em 500 Anos", realizado pelo Centro de Estudos Judiciais da Justiça Federal, no Superior Tribunal de Justiça, em Brasília, em 23-24 de março de 2000.

261 ALMEIDA, Duarte Leonardo Lopes de. **Uma breve análise sobre o inquérito policial brasileiro**. Disponível em: <http://www.ambito-juridico.com.br/site/?n_link=revista_artigos_leitura&artigo_id=12936>. Acesso em: 29 mar. 2022.

4. Meio de autenticação

Com a necessária atualização tecnológica, a autenticação digital da assinatura da autoridade policial passa a fazer as vezes da rubrica mencionada no artigo.

5. PLS 3/2012 e o registro dos atos de investigação

Da autoria do Senador José Pimentel (PT-CE), o PLS 3/2012 prevê que

> Art. 10 (...)
>
> § 4º As inquirições das testemunhas e dos indiciados serão gravadas em áudio e vídeo e armazenadas por até dois anos, salvo determinação do juiz estabelecendo de outra forma (NR).
>
> Até o final da mais recente edição destes **Comentários**, aguardava-se designação de relator na CCJ do Senado.

> Art. 10. O inquérito deverá terminar no prazo de 10 (dez) dias, se o indiciado tiver sido preso em flagrante, ou estiver preso preventivamente, contado o prazo, nesta hipótese, a partir do dia em que se executar a ordem de prisão, ou no prazo de 30 (trinta) dias, quando estiver solto, mediante fiança ou sem ela.

1. Limites temporais do inquérito policial – considerações gerais

Já tivemos a oportunidade de frisar que "o Código de Processo Penal não possui um controle 'típico' (entendido como a existência de uma previsão expressa de limitação temporal, seja com prazos 'fechados' ou 'abertos') do tempo de duração da investigação criminal", e que

> muito embora tenha o legislador procurado delimitar temporalmente o trâmite da investigação, não soube fazê-lo, criando um artigo superficialmente rigoroso, mas praticamente inoperante, além de tecnicamente imperfeito. Imperfeito enquanto técnica (e sistema) porque despreza a atividade valorativa do titular da acusação penal, que dará a última palavra sobre quando o feito está verdadeiramente concluído e apto para ensejar a propositura da acusação penal ou o arquivamento da investigação.[262]

> Continuávamos para afirmar que

> "mesmo na hipótese mais drástica (indiciado preso), onde o prazo é menor, nem por isto necessariamente dá-se por concluída a investigação no decêndio. Certo é que, nesses casos, não pode o

indiciado continuar sofrendo uma constrição à liberdade e, se não oferecida a inicial acusatória dentro do prazo aludido, deverá ser posto solto. Mas isto em hipótese alguma significa que a investigação será encerrada ao final do termo mencionado: ao contrário, ela se estenderá para que o legitimado ativo possa formar sua convicção". "Situação mais fácil de ser visualizada é aquela onde o indiciado não está preso, ou mesmo é desconhecido. Nesses casos o prazo é de trinta dias, e o período pode ser renovado por igual tempo a critério do titular da ação, até que esteja maturado seu juízo a respeito dos fatos".[263]

2. Duplicidade de períodos temporais

Como já afirmado,

> outro desvio técnico e sistemático é a duplicidade de períodos que prevê o Código. Um prazo para "concluir" a investigação e outro para "propor" a acusação penal, como se fosse possível cindir temporalmente essas atividades. Pela linha adotada, a atividade investigativa somente se dá por encerrada, quando o titular da ação efetuar um juízo de valor acerca de seu conteúdo, propondo a ação ou requerendo o arquivamento dos autos.

3. O denominado controle "atípico" da limitação temporal da investigação na modalidade inquérito policial antes da Lei n. 12.234/2010

Antes da entrada vigor da Lei n. 12.234/2010, afirmávamos que

> O controle "atípico" não se encontra no Código de Processo Penal, e sim no Código Penal. São as hipóteses de reconhecimento da ocorrência da prescrição retroativa, com sua moderna introdução pela reforma parcial que entrou em vigor em 1985. Seus reflexos foram sempre analisados dentro de um certo padrão, do qual escapou a possibilidade de visualizar a prescrição retroativa enquanto forma de controle temporal da atividade investigatória. Pela via oblíqua, portanto, chega-se à delimitação temporal da fase pré-processual, como é desejável em qualquer modelo atento às modernas técnicas processuais e em sintonia com os valores aqui reiteradamente expostos. Mas os inconvenientes da forma como a situação está regulada são inúmeros. O primeiro deles é que esse sistema delimita o tempo a posteriori, já no final da ação, quando o juiz proferir sua sentença e forem efetuados os cálculos do art. 109 (eventualmente com concurso do art. 114) do Código Penal. Isto significa que o

---

262 CHOUKR, **Garantias...**, *op. cit.*, p. 34.
263 Idem, *ibidem*, p. 159.

Estado movimentou toda a máquina repressiva para, no final de sua atividade, declarar que o período investigatório superou o máximo que lhe era permitido e sancionando a morosidade com a imprestabilidade de utilização de seus elementos informativos. Veja-se que a desestruturação do 'modelo' brasileiro é tão grande que, embora não prevendo um controle expresso, cria-o por caminhos tortuosos implantando ainda sanção gravíssima à sua desobediência, tal como no modelo italiano. O desvirtuamento prossegue porque o termo a quo é considerado o dia da ocorrência do fato delituoso, sem referência ao início formal da investigação.[264]

Malgrado a modificação operada com a Lei n. 12.234/2010 ("§ 1º A prescrição, depois da sentença condenatória com trânsito em julgado para a acusação ou depois de improvido seu recurso, regula-se pela pena aplicada, não podendo, em nenhuma hipótese, ter por termo inicial data anterior à da denúncia ou queixa"), o raciocínio ainda é válido para todos os casos anteriores à entrada em vigor da referida norma.

4. Forma de contagem do prazo

Para a contagem do prazo pode-se distinguir a situação de a pessoa investigada estar ou não presa. Para a contagem do prazo, deve-se verificar se a pessoa investigada está presa ou não. Atendendo-se à ideia de que as medidas cautelares restritivas da liberdade serão descontadas do tempo de eventual prisão advinda de sentença condenatória, é imperioso que comecem a ser contadas desde logo e, portanto, a regra aplicável é a do art. 10 do Código Penal ("Art. 10. O dia do começo inclui-se no cômputo do prazo. Contam-se os dias, os meses e os anos pelo calendário comum").

Para as hipóteses de pessoa investigada solta, o art. 798 do Código de Processo Penal pode ser invocado ("Art. 798. Todos os prazos correrão em cartório e serão contínuos e peremptórios, não se interrompendo por férias, domingo ou dia feriado. § 1º Não se computará no prazo o dia do começo, incluindo-se, porém, o do vencimento").

5. O significado processual da superação do prazo para conclusão da investigação na modalidade inquérito policial

As questões que surgem sobre a superação do prazo para esta modalidade de investigação dizem respeito, no mais das vezes, à pessoa suspeita que está presa, seja por força da prisão em flagrante convertida em prisão preventiva na forma do controle exercido em audiência de custódia a teor do art. 310 do CPP.

Entende-se frequentemente que qualquer irregularidade nesse contexto é sanada com o oferecimento da denúncia[265], e que o possível excesso de prazo na conclusão de inquérito policial não se projeta na acusação penal[266], e é justificável a superação aplicando-se a "razoabilidade"[267] embora em determinadas situações a exasperação excessiva do prazo venha a configurar constrangimento ilegal.

Trata-se, enfim, de "prazo impróprio", nada obstante, quando a demora for demasiada, seja

> imperioso que, no atual estágio do inquérito policial, se imprima maior celeridade na sua conclusão, tendo em vista que não pode a sociedade, tampouco os investigados, permanecer em estado de insegurança jurídica acerca dos fatos que são seu objeto, razão pela qual é necessário que tal providência seja expressamente recomendada na forma de concessão de ordem de habeas corpus ex officio.[268]

Tais acórdãos demonstram dois modos comuns de entendimento da matéria: (i) a superação do prazo não tem qualquer efeito para a acusação penal e (ii) o prazo não tem natureza "legal", podendo ser prorrogado a teor das necessidades da investigação, sem que isso signifique qualquer constrangimento para a pessoa presa. Na lógica tradicional, a superação do prazo – quando considerada ilegal – acarreta apenas a libertação da pessoa presa além do tempo determinado em lei, mas nenhuma consequência ulterior advém para a investigação[269].

Diante da estrutura normativa e cultural do Código de Processo Penal, a discussão se mostra estacionada basicamente nos patamares acima, que têm como características principais as seguintes: (i) o Estado tem o domínio temporal da investigação; (ii) a superação do prazo pode acarretar, quando muito, a libertação do suspeito, mas sem qualquer consequência posterior para a investigação; (iii) não

---

264 **Garantias constitucionais**, *op. cit.*, p. 160.

265 TJ-TO. **HC 00084483320168279100**. Relator: Helvecio de Brito Maia Neto.

266 TJ-ES. **HC 00077397420138080000**. 1ª Câmara Criminal. Relator: Sérgio Bizzotto Pessoa de Mendonça. Data de julgamento: 10 jul. 2013. Data de publicação: 18 jul. 2013.

267 TJ-PR. **HC 4375182 PR 0437518-2**. 1ª Câmara Criminal. Relator: Oto Luiz Sponholz. Data de julgamento: 22 nov. 2007. Data de publicação: DJ, 7512.

268 STJ. **HC 283521 GO 2013/0395102-8**. 5ª Turma. Relator: Min. Jorge Mussi. Data de julgamento: 7 ago. 2014. Data de publicação: DJe, 19 ago. 2014.

269 RT 741/605.

existe uma preocupação pragmática com a duração da investigação quando o suspeito estiver solto, havendo apenas o limite temporal da prescrição em abstrato – ou, na deformidade do sistema antes apontada, quando da sentença condenatória e da prescrição em concreto; (iv) discute-se, em grande parte da prática, a própria natureza do prazo, ora "sancionando" sua superação com a liberdade do suspeito, ora ignorando-a em face da natureza da investigação.

6. Legitimação para considerar o inquérito policial "encerrado"

É da tradição do Código de Processo Penal que o inquérito se considera encerrado dentro dos prazos anteriormente discutidos. Tal disciplina somente se coaduna com o espírito do legislador infraconstitucional, desapegando-se de qualquer visualização do sistema processual penal a partir da CR/88.

Naquela visão, e somente nela, tem sentido a discussão sobre o envio dos autos no "décimo dia", ou no dia seguinte ao décimo dia – quando o indiciado estiver preso. Na leitura constitucional não existe a cisão de valores sobre o produto da investigação, a dizer, o titular da acusação penal se convence da propositura da acusação penal ou não, e é nesse momento que a investigação termina, o que implica a necessária releitura das possibilidades de agir do Ministério Público ao "fim da investigação" (denunciar, arquivar ou requerer diligências), resumindo-as as duas primeiras, pois, na última, o inquérito ainda não está finalizado. Somente a visão da preponderância dos valores inquisitivos encarnados na atuação policial dá sustentação a interpretações em sentido contrário e, enquanto o Código de Processo Penal não tiver a necessária conversão material e espiritual aos ditames da CR/88 e do modelo acusatório, a discussão se manterá no nível inadequado em que se encontra.

> §1º A autoridade fará minucioso relatório do que tiver sido apurado e enviará os autos ao juiz competente.

1. Dimensão do relatório policial

Efetivamente, o valor do relatório policial, num sistema que fosse aderente à CR e à CADH, deveria ser mínimo, na medida em que a capitulação jurídica cabe ao titular da acusação penal[270], e sua ausência, se tanto, configura mera irregularidade administrativa[271] pois, como asseverado, "A ausência de relatório conclusivo da investigação policial gera, no máximo, mera irregularidade que não impede o oferecimento da peça acusatória, especialmente se o Parquet tem elementos suficientes para embasar seu recebimento".[272]

Na estrutura cultural do Código de Processo Penal, no entanto, passa-se de forma diversa. Não raras vezes o relatório policial é usado como supedâneo para requerimentos de constrição da liberdade, podendo ser tomado seu conteúdo como verdadeira "razão de decidir" do "despacho" que "decreta" a prisão preventiva[273] pois "O art. 311, do Código de Processo Penal, é claro ao permitir a decretação da prisão preventiva 'de ofício, se no curso da ação penal, ou a requerimento do Ministério Público, do querelante ou do assistente, ou por representação da autoridade policial', pelo quê a ausência de representação do Ministério Público não configura flagrante ilegalidade, no caso dos autos, porquanto a prisão cautelar foi requerida pelo Delegado de Polícia da Comarca de Nova Viçosa/BA. VII – Recurso ordinário em habeas corpus improvido"[274] e, até mesmo, em decisões determinantes de indenização na esfera cível em ações de reparação de dano[275].

A esse respeito, com mais acerto já se decidiu que

> É prescindível a existência de relatório final, no inquérito policial, para que seja ofertada a denúncia, pois o Ministério Público não fica atrelado à referida peça. 2. Só se trancará a ação penal por meio de habeas corpus, se restar evidente a ausência de crime. Existindo indícios de ato delituoso, embasados em prova documental, a persecução penal deve prosseguir.[276]

---

270 RT 738/633 (1997).

271 TJ-PR. **8557917 PR 855791-7 (Acórdão)**. 1ª Câmara Criminal. Relator: Jesus Sarrão. Data de julgamento: 29 mar. 2012.

272 TJ-PR. **RC 9599364 PR 959936-4 (Acórdão)**. 2ª Câmara Criminal em Composição Integral. Relator: José Mauricio Pinto de Almeida. Data de julgamento: 31 jan. 2013. Data de publicação: DJ, 1047, 26 fev. 2013.

273 TJ-MS. **HC 4206 MS 2005.004206-5**. 2ª Turma Criminal. Relator: Des. Carlos Stephanini. Data de julgamento: 4 maio 2005. Data de publicação: 30 maio 2005.

274 STJ. **RHC 41867 BA 2013/0356386-0**. 5ª Turma. Relator: Min. Regina Helena Costa, Data de julgamento: 10 jun. 2014. Data de publicação: DJe, 18 jun. 2014.

275 TJSC. **Processo 2007.038407-9**. Brusque. 4ª Câmara de Direito Civil. Relator: Ronaldo Moritz Martins da Silva. 18 ago. 2011.

276 TJ-PR. **HC 3566985 PR 0356698-5**. 2ª Câmara Criminal. Relator: João Kopytowski. Data de julgamento: 27 jul. 2006. Data de publicação: DJ, 7186.

Assim como no indiciamento, este é um momento em que o descompasso dos juízos de valor que existem no Código de Processo Penal auxilia a deslegitimar o sistema persecutório e se encontra alheio ao modelo constitucional.

2. Ausência de assinatura no relatório

Trata-se de "irregularidade sem reflexo na ação penal" como acertadamente já se decidiu.[277]

§2º No relatório poderá a autoridade indicar testemunhas que não tiverem sido inquiridas, mencionando o lugar onde possam ser encontradas.

1. Indicação de testemunhas

Preservando-se a ideia de ser a investigação uma preparação à acusação penal, a indicação de testemunhas na forma preconizada neste artigo em nada impede seu arrolamento na denúncia, desde que obedecidos os limites numéricos estabelecidos.

"Por outro lado, se, ainda depois de ordenado o arquivamento do inquérito, a autoridade policial poderá proceder a novas pesquisas, se de outras provas tiver notícia, com maioria de razões poderá valer-se do art. 10, § 2º, e indicar outras diligências sacrificadas pela angústia do tempo ou somente frutuosas depois do início da ação. Com a flexibilidade adquirida pela instrução criminal, em regra só há verdadeira necessidade de baixa dos autos para integrar requisito da denúncia. Mesmo quanto a estes cabem aditamentos e retificações (art. 569)", no dizer de fonte doutrinária consagrada.[278]

§3º Quando o fato for de difícil elucidação, e o indiciado estiver solto, a autoridade poderá requerer ao juiz a devolução dos autos, para ulteriores diligências, que serão realizadas no prazo marcado pelo juiz.

1. O relacionamento da polícia judiciária com outras agências públicas durante o inquérito policial

É da estrutura inquisitiva do Código de Processo Penal que a polícia judiciária se relacione primordialmente com o Magistrado, e não com o Ministério Público, no transcurso do inquérito policial.

A inadequação deste artigo ao texto constitucional em vigor é patente, pois o relacionamento deve se dar entre a agência pública titular da acusação penal e a polícia judiciária. É aquela que deve zelar pelo interesse do produto da investigação com o objetivo de compilar o material necessário à formação de seu convencimento para propor ou não a acusação penal, embora ainda se sinta na posição dos Tribunais a compreensão da matéria de forma inversa, dando a entender que é o Ministério Público quem auxilia a polícia judiciária, e não o contrário[279].

Não por outra razão, ainda que de cunho administrativo, inúmeras normas surgiram após 1988, disciplinando a tramitação dos autos diretamente entre a polícia judiciária e o Ministério Público, preservando-se o juiz para que cumpra seu papel adequado aos ditames da acusatoriedade inscrita pela CR/88 e pela CADH, não lhe cabendo o papel de acompanhar a investigação no sentido ditado pelo Código de Processo Penal, mas na forma de garantidor da integridade das garantias constitucionais que podem ser flexibilizadas ao longo da investigação.

Art. 11. Os instrumentos do crime, bem como os objetos que interessarem à prova, acompanharão os autos do inquérito.

1. A inexistência de uma verdadeira cadeia de custódia no direito brasileiro

A cadeia de custódia constitui "procedimento preponderante e de suma importância para a garantia e transparência na apuração criminal quanto à prova material, sendo relato fiel de todas as ocorrências da evidência, vinculando os fatos e criando um lastro de autenticidade jurídica entre o tipo criminal, autor e vítima".[280]

O processo penal brasileiro, contudo, jamais se preocupou com essa dimensão que agora avulta em importância diante aumento do emprego de fontes de prova de natureza distinta daquele testemunhal, que exigem a necessária certificação que o objeto a ser manuseado pela fonte de prova pericial (sobretudo) corresponde àquele que foi localizado no ambiente criminoso, garantindo sua integridade.[281]

A presente disposição, aliadas às outras poucas que podem ser inseridas no mesmo contexto, não cumpre qualquer das finalidades da cadeia de custódia, a saber:

---

277 TJ-MS. **ACR 1278 MS 2001.001278-5**. 2ª Turma Criminal. Relator: Des. Rubens Bergonzi Bossay. Data de julgamento: 6 jun. 2001. Data de publicação: 28 jun. 2001.

278 LYRA, Roberto. Passado, presente e futuro da prova penal. **Justitia**, 1965/51.

279 RT 743/631 (1997).

280 MACHADO, Margarida Helena Serejo. A Regulamentação da Cadeia de Custódia na Ação Penal: uma necessidade Premente. **Corpo Delito**. Brasília, n. 1, p. 18-23, 2009. p. 18.

281 Brasil. Superior Tribunal de Justiça. Ministra Assusete Magalhães. **Quebra de sigilo de dados e das comunicações telefônicas**: o dever estatal de preservação da fonte de prova. Doutrina: edição comemorativa, 25 anos. Brasília: 2014. p. 517.

- **Documentação**: trata-se do verdadeiro histórico de vida da fonte de prova, pelo qual se identifica cronologicamente seu itinerário desde sua apreensão e em todas as etapas em que deve permanecer custodiado;
- **Rastreio**[282]: decorre da documentação o rastreio do histórico da fonte de prova custodiada;
- **Integridade**: adequado e seguro armazenamento e acondicionamento da fonte de prova de modo a preservar seu conteúdo de forma completa;
- **Confiabilidade**: da documentação e da integridade emanam a confiabilidade que a fonte de prova custodiada deve merecer na apreciação judicial uma vez que tenha sido possível obter dela um meio de prova;
- **Responsabilização**: possibilidade de, por meio da documentação, alcançar-se a pessoa humana que interveio na cadeia de custódia gerando, por exemplo, sua quebra indevida.[283]

> Art. 12. O inquérito policial acompanhará a denúncia ou queixa, sempre que servir de base a uma ou outra.

1. Separação dos autos da investigação daqueles da acusação penal

Uma das formas de evitar-se o prolongamento da investigação para a fase jurisdicional é a separação de autos[284], pois "é muito mais cômodo utilizar informações já existentes, ainda que nos autos da investigação, do que produzi-las sob o crivo do contraditório".

Afirmamos em outra oportunidade que

a repudiada influência em juízo dos informes colhidos nas investigações deve-se, parcialmente, à inexistência de separação dos autos da investigação daqueles que formarão a acusação penal e pode-se dizer que há uma comunhão de "bases procedimentais" de um e outro momento. Com efeito, transpõe-se materialmente tudo aquilo que foi produzido na fase de preparação para os autos definitivos, e a intromissão, ainda que inconsciente, acaba acontecendo até pelo manuseio corriqueiro do processo.[285]

Acrescentávamos que

"ao contrário do que se pode pensar, o tema não é historicamente desconhecido entre nós. A doutrina brasileira já foi sensível para a questão quando da fase pluralista de legislação processual, momento este imediatamente anterior à unificação operada com a entrada em vigor do combalido código atual. No trabalho de reforma legislativa do então 'estado neutro', na verdade o Distrito Federal, à época o Rio de Janeiro, houve a proposta de adoção do sistema como aqui preconizado separação fascicular... Cardoso de Mello, ao abordar o processo reformista acima indicado, esclareceu que 'no seio da comissão encarregada pelo Min. João Alves, de elaborar um novo Código de Processo Penal para o antigo Município Neutro, comissão de que participava o prof. Cândido Mendes de Almeida, cogitou-se seriamente, ao que se informa, da abolição do inquérito policial e de transformação dos pretores em juízes de instrução... Com tal objetivo, o Código de 1924 distinguia a investigação da inquirição. O processo de investigação, contendo o auto de prisão em flagrante e os laudos periciais, acompanharia a denúncia ou queixa, para fundamentá-la. Dos autos de inquirição tomaria conhecimento exclusivo o Ministério Público, proibida, expressis verbis, a sua juntada ao processo da ação, seja em original, seja através de certidões".

Por fim, aduzimos que

"a divisão fascicular diminuiria sensivelmente o emprego na acusação penal das informações colhidas na investigação, servindo como mecanismo de dinamização da fase jurisdicional, compelindo os atores da justiça criminal, especificamente o titular da acusação penal, a movimentarem-se com mais dinamismo em juízo e abandonarem a tranquila posição de meros usuários dos informes preparativos. Ao lado desta providência "mecânica", outra, de índole mais substancial, deve ser pensada, que é a diferenciação de julgadores para cada uma dessas etapas. Nosso sistema não prevê a diferenciação e, como se procurará demonstrar, a ausência da

---

282 EDINGER, Carlos. Cadeia de custódia, rastreabilidade probatória. **Revista Brasileira de Ciências Criminais**, São Paulo, v. 24, n. 120, p. 237-257, maio/jun. 2016.

283 Inclusive para fins de verificação de sua responsabilidade administrativa: LEONARDO, Paula Velho. A cadeia de custódia e o perito oficial sob a ótica da lei de improbidade administrativa. **Âmbito Jurídico**, Rio Grande, ano XIII, n. 81, out. 2010. Disponível em: <http://www.ambitojuridico.com.br/site/index.php?n_link=revista_artigos_leitura&artigo_id=8433>. Acesso em: 29 mar. 2022.

284 CHOUKR, Fauzi Hassan. **Garantias constitucionais na investigação criminal**. 2. ed. Rio de Janeiro: Lumen Juris, 2001. p. 87.

285 Idem, *ibidem*.

distinção de magistrados é comprometedora para o sistema".[286]

> Art. 13. Incumbirá ainda à autoridade policial:
>
> I – fornecer às autoridades judiciárias as informações necessárias à instrução e julgamento dos processos;

1. Atividade fora dos limites do inquérito

Trata-se da invocação da polícia judiciária para a realização de atividades já no transcurso do exercício da jurisdição, na medida em que tal agência estatal, na ótica do Código de Processo Penal, é visualizada como longa manus do Magistrado.

A invocação ao fornecimento de informações necessárias à instrução e julgamento deve ser vista com reservas diante da CR e da CADH, pois, ainda que utilizada a palavra informação no sentido técnico-formal, distinguindo-a do conceito processual de prova, deva ela ser produzida pelo acusador e submetida ao necessário contraditório.

> II – realizar as diligências requisitadas pelo juiz ou pelo Ministério Público;

1. Cumprimento das diligências requisitadas pelo juiz

Como mais uma das manifestações da estrutura do Código de Processo Penal que relaciona a polícia judiciária com a Magistratura e, residualmente, com o Ministério Público na fase de investigação, predispõe esta norma a possibilidade de estes últimos órgãos requisitarem à polícia a realização de diligências.

Deve ser relembrado que, num modelo aderente ao perfil constitucional, não há espaço para diligências determinadas pelo Juiz, que deve, a rigor, reservar-se para a determinação das medidas de investigação que afetem os direitos fundamentais, como já exposto. Em suma, não se trata uma vez mais do juiz "investigador", mas do juiz "de garantias".

2. Diligências requisitadas pelo Ministério Público

Quanto às diligências requisitadas pelo Ministério Público, estas de caráter a consolidar sua opinião sobre o acervo informativo, não é possível que a Autoridade Policial se recuse a realizá-las. Nesse

particular, a recusa somente será justificada se manifestamente "ilegal", mas jamais por um juízo de valor do policial sobre a atuação do Ministério Público, e exige o emprego de manifestação expressa das razões do descumprimento.

No que tange às consequências do descumprimento da requisição, na seara penal a discussão gira em torno da ocorrência, na espécie, do crime de desobediência, o qual vem sendo afastado por considerações teóricas lastreadas na ideia de que "sujeito ativo pode ser qualquer pessoa, desde que não se trate de funcionário público no exercício de suas funções"[287] e repercutidas na jurisprudência, posto

> embora não esteja a autoridade policial sob subordinação funcional ao Juiz ou ao membro do Ministério Público, tem ele dever funcional de realizar as diligências requisitadas por estas autoridades, nos termos do art. 13, II, do CPP. A recusa no cumprimento das diligências requisitadas não consubstancia, sequer em tese, o crime de desobediência, repercutindo apenas no âmbito administrativo-disciplinar.[288]

A sanção a ser considerada não se restringe, a nosso ver, aos limites administrativos-disciplinares, demandando-se, no caso concreto, a verificação da ocorrência de improbidade administrativa nos termos do art. 11 da Lei n. 8.429/1992, dado que as condutas ali mencionadas são meramente exemplificativas.

Para a finalização das investigações, que é o fim último a que se destina essa modalidade, diante da postura policial nada impede que o Ministério Público, em face dos poderes constitucionalmente conferidos, complete a investigação com suas próprias atividades investigativas.

> III – cumprir os mandados de prisão expedidos pelas autoridades judiciárias;

1. Cumprimentos de mandado e informatização da Justiça criminal

Trata-se de providência que vem tendo seu perfil operacional alterado com a progressiva informatização da Justiça criminal. Assim criou-se o Banco Nacional de Mandados de Prisão (BNMP) do Conselho Nacional de Justiça (CNJ), em atendimento à Resolução n. 137/2011 do CNJ cuja finalidade é facilitar o conhecimento de mandados de prisão por qualquer pessoa, além de facilitar o cumprimento

---

286 CHOUKR, Fauzi Hassan. **Garantias constitucionais na investigação criminal**. 2. ed. Rio de Janeiro: Lumen Juris, 2001. p. 124.

287 BITENCOURT, Cezar Roberto. **Tratado de direito penal**: parte especial. São Paulo: Saraiva, 2004. v. 4. p. 457.

288 STJ. **RHC 6511**. Relator: Min. Vicente Leal. Data de publicação: DJ, 27 out. 1997. RT 747/624.

de diligências por parte das autoridades policiais e de auxiliar os magistrados no exercício de sua jurisdição.[289]

> IV – representar acerca da prisão preventiva.

1. Postulações policiais que influenciam o exercício da acusação penal

O modelo jurídico brasileiro vê com naturalidade, mesmo após a CR/1988, que a autoridade policial possa exercer autonomamente determinadas postulações que se projetam para o curso da acusação e processo crime.

Com efeito, com a assertiva formal de que essas requisições são submetidas a controle material do Ministério Público e judicial quanto ao seu deferimento, o ordenamento acomodou-se de forma conviver com provocações judiciais que influenciam o curso da atividade jurisdicional por quem não detém o poder jurídico da acusar ou de encaminhar o arquivamento da investigação.

Menos ainda socorre essa posição a afirmação de que a investigação criminal tem, em si, um caráter "cautelar"[290] e, por isso, admite que medidas cautelares tenham uma legitimação bipartida entre quem investiga e quem tem o poder de acusar/arquivar a investigação.

Isso porque, no marco constitucional-convencional que deve orientar o processo penal, ainda que exista uma espécie investigativa que se desenvolva sob a presidência policial, nenhuma postulação que influencie o curso da atividade jurisdicional pode ser tomada unilateralmente por quem não detém o poder de acusar, tampouco justificar essa unilateralidade sob o jargão de uma manifestação *a posteriori* do Ministério Público.

Art. 13-A. Nos crimes previstos nos arts. 148, 149 e 149-A, no § 3º do art. 158 e no art. 159 do Decreto-Lei no 2.848, de 7 de dezembro de 1940 (Código Penal), e no art. 239 da Lei no 8.069, de 13 de julho de 1990 (Estatuto da Criança e do Adolescente), o membro do Ministério Público ou o delegado de polícia poderá requisitar, de quaisquer órgãos do poder público ou de empresas da iniciativa privada, dados e informações cadastrais da vítima ou de suspeitos. (Incluído pela Lei nº 13.344, de 2016)

Parágrafo único. A requisição, que será atendida no prazo de 24 (vinte e quatro) horas, conterá: (Incluído pela Lei nº 13.344, de 2016)

I – o nome da autoridade requisitante; (Incluído pela Lei nº 13.344, de 2016)

II – o número do inquérito policial; e (Incluído pela Lei nº 13.344, de 2016)

III – a identificação da unidade de polícia judiciária responsável pela investigação. (Incluído pela Lei nº 13.344, de 2016)

1. Aspectos gerais da Lei n. 13.344/2016

A norma em questão insere-se no contexto da adesão brasileira aos documentos internacionais voltados para o enfrentamento do tráfico internacional de pessoas[291], forma de criminalidade em expansão e que se assemelha, segundo certas abordagens, àquilo que, no passado, foi a escravidão[292] e que, no plano internacional caracteriza-se como "o movimento transfronteiriço ilegal de pessoas, seja coativo ou consensual não importando o sexo das pessoas envolvidas ou as razões pelas quais ele é realizado".[293] E, no plano do enfrentamento desse fenômeno social contemporâneo está, por certo, a criminalização de condutas.[294]

Como aponta Bassiouni,[295]

> o tráfico foi discutido e revisto em vários contextos internacionais de alto nível como na

---

289 A respeito da eficiência do sistema informatizado ver ARGOLO, Francisco Sales de. A eficácia da prisão efetuada a partir da rede Infoseg. **Âmbito Jurídico**, Rio Grande, ano XIII, n. 79, ago 2010. Disponível em: <http://www.ambito-juridico.com.br/site/index.php?n_link=revista_artigos_leitura&artigo_id=8220>. Acesso em: 29 mar. 2022.

290 Retomando o quanto produzido pela literatura a esse respeito e defendendo a possibilidade dessas postulações, MIRANDA, Gladson Rogério de Oliveira. Processo penal cautelar e polícia judiciária. **Revista Jus Navigandi**, Teresina, ano 8, n. 154, 7 dez. 2003. Disponível em: <https://jus.com.br/artigos/4586>. Acesso em: 29 mar. 2022.

291 Para uma ampla visão do conceito e sua evolução na ordem internacional ver GALLAGHER, Anne T. **The international law of human trafficking**. Cambridge, UK: Cambridge University Press, 2010.

292 SHECAIRA, Sérgio Salomão; SILVEIRA, Renato de Mello Jorge. Tráfico internacional de mulheres e de crianças. **Boletim IBCCRIM**, São Paulo, v. 10, n. 112, p. 3, mar. 2002.

293 BASSIOUNI, Cherif et al. Addressing International Human Trafficking in Women and Children for Commercial Sexual Exploitation in the 21st Century. **Revue Internationale de Droit Pénal**, v. 81, n. 3, p. 417-491, 2010. p. 12. (tradução livre).

294 RODRIGUES, Anabela Maria Pinto Miranda. A incriminação do tráfico de pessoas no contexto da política criminal contemporânea. In: ANDRADE, Manuel da Costa; ANTUNES, Maria João; SOUSA, Susana Aires de. **Estudos em homenagem ao Prof. Doutor Jorge Dias de Figueiredo Dias**: volume III. Coimbra: Coimbra Editora, 2009. (Studia Iuridica, 100. Ad Honorem, 5). p. 577-585.

295 BASSIOUNI, Cherif et al. Addressing International Human Trafficking in Women and Children for Commercial Sexual Exploitation in the 21st Century. **Revue Internationale de Droit Pénal**, v. 81, n. 3, p. 417-491, 2010. (tradução livre).

Assembleia Geral da ONU, a Conferência Mundial de Direitos Humanos em Viena, em 1993 e a Conferência Mundial sobre as Mulheres em Beijing, em 1995. Em resposta às preocupações surgidas sobre o tráfico humano as Nações Unidas adoraram o Protocolo para prevenir, suprimir e punir o tráfico de pessoas, especialmente mulheres e crianças, em 2000[296]. Esse Protocolo tornou-se o instrumento internacional primário para definir tráfico humano e prover o estabelecimento de políticas globais coordenadas antitráfico.

Por esse texto define-se que

a) A expressão "tráfico de pessoas" significa o recrutamento, o transporte, a transferência, o alojamento ou o acolhimento de pessoas, recorrendo à ameaça ou uso da força ou a outras formas de coação, ao rapto, à fraude, ao engano, ao abuso de autoridade ou à situação de vulnerabilidade ou à entrega ou aceitação de pagamentos ou benefícios para obter o consentimento de uma pessoa que tenha autoridade sobre outra para fins de exploração. A exploração incluirá, no mínimo, a exploração da prostituição de outrem ou outras formas de exploração sexual, o trabalho ou serviços forçados, escravatura ou práticas similares à escravatura, a servidão ou a remoção de órgãos.

Esse Protocolo entrou em vigor no direito interno brasileiro inicialmente por meio do Decreto Legislativo no 231, de 29 de maio de 2003 e, na sequência, em 2004, pelo Decreto n. 5.017 daquele ano.[297]

2. Requisição de informações pelas autoridades investigadoras

Do ponto de vista operacional a norma traz o exercício explícito do poder de requisição direta, dos investigadores, a pessoas jurídicas de direito público ou privado que possam oferecer informações cadastrais sobre vítimas ou suspeitos impondo o prazo de 24 horas para o atendimento.

Com efeito, a discussão jurídica aqui não será nova, nem no que tange à disponibilização das informações, tampouco quanto ao descumprimento do prazo que gerará, inevitavelmente, a discussão sobre eventual cometimento do crime de desobediência e suas diminutas consequências no direito penal brasileiro.

Art. 13-B. Se necessário à prevenção e à repressão dos crimes relacionados ao tráfico de pessoas, o membro do Ministério Público ou o delegado de polícia poderão requisitar, mediante autorização judicial, às empresas prestadoras de serviço de telecomunicações e/ou telemática que disponibilizem imediatamente os meios técnicos adequados – como sinais, informações e outros – que permitam a localização da vítima ou dos suspeitos do delito em curso. (Incluído pela Lei nº 13.344, de 2016)

§ 1º Para os efeitos deste artigo, sinal significa posicionamento da estação de cobertura, setorização e intensidade de radiofrequência. (Incluído pela Lei nº 13.344, de 2016)

§ 2º Na hipótese de que trata o caput, o sinal: (Incluído pela Lei nº 13.344, de 2016)
I – não permitirá acesso ao conteúdo da comunicação de qualquer natureza, que dependerá de autorização judicial, conforme disposto em lei; (Incluído pela Lei nº 13.344, de 2016)
II – deverá ser fornecido pela prestadora de telefonia móvel celular por período não superior a 30 (trinta) dias, renovável por uma única vez, por igual período; (Incluído pela Lei nº 13.344, de 2016)
III – para períodos superiores àquele de que trata o inciso II, será necessária a apresentação de ordem judicial. (Incluído pela Lei nº 13.344, de 2016)

§ 3º Na hipótese prevista neste artigo, o inquérito policial deverá ser instaurado no prazo máximo de 72 (setenta e duas) horas, contado do registro da respectiva ocorrência policial. (Incluído pela Lei nº 13.344, de 2016)

§ 4º Não havendo manifestação judicial no prazo de 12 (doze) horas, a autoridade competente requisitará às empresas prestadoras de serviço de telecomunicações e/ou telemática que disponibilizem imediatamente os meios técnicos adequados – como sinais, informações e outros – que permitam a localização da vítima ou dos suspeitos do delito em curso, com imediata comunicação ao juiz. (Incluído pela Lei nº 13.344, de 2016)

1. Enfoque de constitucionalidade

Diversamente do artigo anterior, a presente norma exige o devido controle jurisdicional na adoção da

---

296 Protocolo Adicional à Convenção das Nações Unidas contra o Crime Organizado Transnacional Relativo à Prevenção, Repressão e Punição do Tráfico de Pessoas, em Especial Mulheres e Crianças, adotado em Nova York em 15 de novembro de 2000.

297 BRASIL. Decreto nº 5.017, de 12 de março de 2004. Promulga o Protocolo Adicional à Convenção das Nações Unidas contra o Crime Organizado Transnacional Relativo à Prevenção, Repressão e Punição do Tráfico de Pessoas, em Especial Mulheres e Crianças. Disponível em:. <http://www.planalto.gov.br/ccivil_03/_ato2004-2006/2004/decreto/d5017.htm>. Acesso em: 27 fev. 2022.

medida porquanto implica em colaboração coata de empresas prestadoras de serviços, sobretudo os de telefonia.

Contudo, não se afigura correta constitucionalmente a previsão de supressão da ordem judicial pela inércia do órgão jurisdicional em despachar. O que se deve, à luz da CR, é exigir-se a providencia do órgão jurisdicional hierarquicamente superior sujeitando-se o julgador às apurações disciplinares.

2. Prazo para instauração da investigação

Com a nuance de rigidez exigida pelos compromissos internacionais aderidos pelo Brasil impôs-se o prazo de 72 horas para instauração da investigação.

De natureza imprópria, todavia, esse prazo pode ser considerado como empregável analogicamente a todas as situações de gravidade especial determinada pela legislação exigindo-se, ao menos, a responsabilidade funcional pelo seu descumprimento injustificado.

Da mesma maneira, deve ser aplicado à investigação titulada pelo Ministério Público à mingua de disposição específica.

3. Limites operacionais ao presente artigo

Assentada a constitucionalidade da medida, alentado trabalho doutrinário lança algum ceticismo em relação às suas reais capacidades operacionais das medidas técnicas previstas neste artigo[298], concluindo que a busca por GPS é mais acurada que a forma aqui prevista.

> Art. 14. O ofendido, ou seu representante legal, e o indiciado poderão requerer qualquer diligência, que será realizada, ou não, a juízo da autoridade.

1. A adoção da cadeia de custódia

Para os comentários sobre a cadeia de custódia, ver art. 158-A.

2. Contraditório e inquérito policial

Tema dos mais frequentes na discussão sobre a estrutura da investigação na modalidade inquérito policial é a presença do contraditório no desenvolvimento dessa atividade estatal. As lições que se seguirão nascem das reflexões de Albernaz e Pontes[299]

(2000, passim), muitas das quais também esposamos em texto anterior[300].

Principiando os autores pela noção de devido processo legal como um "conjunto de garantias, dentre as quais (...) o contraditório", valem-se da lição de Frederico Marques quando acentuava que "esse princípio é decorrência imediata de nosso regime constitucional de legalidade democrática, porque deriva da igualdade perante a lei e do direito ao processo", e recordavam o dizer de Joaquim Canuto Mendes de Almeida, para quem "o contraditório é, pois, em resumo, ciência bilateral dos atos e termos processuais e possibilidade de contrariá-los", e concluíam: "Vê-se que este conceito apoiou sua argumentação na ideia de contrariedade, que possuiria três momentos: 1. pedir; 2. demonstrar; 3. impugnar." Posteriormente, relembram os autores a posição de Dinamarco, para quem o contraditório é "Informação necessária. Reação possível", e completam:

> contraditório é um princípio constitucional que qualifica uma relação jurídica processual, permitindo, dentro de um prazo, que as partes se manifestem com relação a determinado ato ou termo, mediante a ciência necessária do mesmo. Qual seja, a informação e a reação são qualidades intrínsecas ao processo.

A função do contraditório, segundo a lição emprestada, "é equilibrar a relação processual, sendo permitido o seu exercício tanto ao autor da ação quanto ao réu", realçando a bilateralidade do princípio, pois,

> se o direito de participação do acusado merece integral e eficiente proteção da ordem jurídica, também a participação do autor, que se quer igualmente eficiente, deve ser tutelada, para que seja assegurado o equilíbrio dos interesses segurança e liberdade, como penhor do correto desenvolvimento da jurisdição.

Continuam para afirmar que "assim, o contraditório (...). É, portanto, um instrumento de que a parte dispõe para exercer um poder para influir no ato decisório que causará a entrega de uma prestação jurisdicional", sendo que "o que se pretende com o raciocínio desenvolvido, é destacar a importância do contraditório (...) na reconstrução de uma realidade o quanto menos imperfeita".

Projetando toda essa base conceitual para a investigação na modalidade ora enfocada, refutam

---

298 SANTOS, Cleopas Isaías; VALE, Samyr Béliche. A Lei nº 13.344/2016 e as novas técnicas de localização de vítimas e suspeitos de crimes de tráfico de pessoas: eficácia, legalidade e conformação constitucional. **Revista brasileira de direito processual penal,** S.l., v. 3, n. 2, p. 633-658., 2017.

299 ALBERNAZ, Flávio Boechat; PONTES, Evandro Fernandes de. Contraditório e inquérito policial no direito brasileiro. In: CHOUKR, Fauzi H. (Org.). Estudos de processo penal: o mundo à revelia. Campinas: Agá-Juris, 2000.

300 CHOUKR, Fauzi Hassan. **Garantias constitucionais na investigação criminal**. 2. ed. Rio de Janeiro: Lumen Juris, 2001.

os autores a tese de Tucci e Tucci[301], ao tratarem do tema da "Contrariedade no inquérito policial", quando "concluem pela obrigatoriedade do contraditório no inquérito policial, por se tratar de um direito subjetivo do perquirido", rechaçando "a técnica ultimamente utilizada, que visa extrair conclusões da exaustiva leitura de pequenos trechos de artigos da Constituição, sem contextualizá-los, transformada, ainda em método".

Para responder no mérito as afirmações que se quer espancar, expõem Albernaz e Pontes que "uma coisa é um procedimento animado pelo contraditório, outra, é o exercício do contraditório para se validar um ato já realizado" e que "quando falamos em procedimento sob o pálio do contraditório, estamos falando em relação jurídica processual, i.e., processo. A inserção do contraditório num procedimento implica a necessária ciência de todos os atos já praticados e os a serem praticados; abertura congruente de prazo, com dies a quo, para a preparação e apresentação da manifestação, que consiste na participação efetiva dos litigantes em todos os atos que impliquem livre-convencimento e atividade decisória do Estado-juiz. Assim, procedimento em contraditório implica ciência e participação em todos os atos que venham a influir na decisão do juiz", o que, como expusemos, não existe na fase de investigação.

Também por uma leitura sistêmica, os autores, "concordando com aqueles que afirmam que não há uma acusação no inquérito", afastam lição de parte da doutrina[302] ao afirmarem que no inquérito policial possa haver litigante, "posto que não há acusados, mas litigantes (titulares de conflitos de interesses)", e apresentam séria conclusão: da possibilidade de lide no inquérito policial. Que há um conflito de interesses, isso não pode ser negado. Todavia, no sentido carnelutiano do termo, esse conflito de interesses pode ser qualificado como lide, a ponto de exigir-se a atividade contraditória das "partes" no inquérito policial? Com a devida vênia, não. Aduzem que "as afirmações da possibilidade de litigante, o que, por via indireta, nos leva a concluir na possibilidade de lide e de um acusado já na fase de inquérito, esbarram no sentido da atividade inquisitorial policial (...) bem como no conceito de processo penal dado por alguns autores".

Um último aspecto da lição doutrinária que escora os presentes Comentários deve ser invocado: a

diferença entre "contraditório do inquérito vs. contraditório no inquérito", pois

apesar de concluirmos que transformar o inquérito em um procedimento animado pelo contraditório iria desvirtuar o desempenho da atividade policial, disso não resulta que somos contra o exercício do contraditório para determinados atos realizados durante as investigações. Frente aos princípios que informam o processo penal moderno, que, por força do art. 129, I e VIII, da Constituição Federal, fez a opção pelo modelo acusatório, que se expressa no desempenho de um processo penal de partes, bem como diante da necessidade de um acompanhamento técnico-jurídico que o acusado faz jus para determinados atos, sente-se, posta a negativa de um contraditório no inquérito, uma lacuna que prejudica a figura de todos aqueles que se encontram na posição de investigados.

Tais lições doutrinárias, as quais endossamos quase na integralidade, vêm ao encontro da preocupação com o necessário equilíbrio que deve haver na fase de investigação, que, se não pode perder seu caráter de formador do convencimento do titular da acusação penal, não pode continuar a tratar o investigado como um "objeto" da investigação, fazendo-lhe apenas concessões episódicas como as que afirmam que "inobstante o caráter inquisitório do inquérito policial como bem é sabido, nada impede que o indiciado requeira a anexação aos autos de provas que inviabilizem, de logo, o prosseguimento de uma futura acusação penal"[303].

Deve-se ir mais além no sentido de uma reestruturação global da investigação, que, no que diz respeito à participação do investigado, deve ter uma definição mais precisa no que tange aos denominados incidentes que devem ser jurisdicionalizados[304] e com a necessidade (e não mera possibilidade) da presença de uma defesa técnica em todos os atos que venham a comportar constrições à liberdade individual. Adverte-se, mais uma vez, contudo, que adoções de medidas parciais, no bojo de reformas pontuais ou setoriais, como se dá no direito brasileiro, não são capazes de visualizar o sistema como um todo e, portanto, corre-se o risco de, tomando pontos isolados de um determinado raciocínio jurídico, construir uma realidade distorcida e fomentadora do desequilíbrio das situações jurídicas que envolvem os atores do sistema penal.

---

301 TUCCI, Rogério Lauria; TUCCI, João Rogério. **Devido processo legal e tutela jurisdicional**. São Paulo: RT, 1993. p. 27.

302 GRINOVER, Ada Pellegrini; CINTRA, Antonio Carlos de Araújo; DINAMARCO, Cândido Rangel. **Teoria geral do processo**. 31. ed. São Paulo: Malheiros, 2015. p. 79.

303 TJPB. Rec. de ofício 97.000280-1. Relator: Des. Otacílio Cordeiro da Silva.

304 CHOUKR, Fauzi Hassan. **Garantias constitucionais na investigação criminal**. 2. ed. Rio de Janeiro: Lumen Juris, 2001. *passim*.

3. A investigação defensiva

A investigação defensiva não existe como algo estruturado no atual Código de Processo Penal havendo, apenas, referência a postulações defensivas perante a autoridade policial (art. 14 do CPP). Tal norma deve ser estendida àquelas hipóteses de investigação desenvolvida pelo Ministério Público.

No Projeto de Lei 156[305] oriundo do Senado da República[306] que se afigura como a única tentativa em 25 anos[307] de reformar por completo o Código de Processo Penal e a primeira com esse perfil desde a reconstitucionalizão de 1988, após os trabalhos da Comissão de Juristas, o Senado aprovou, com ligeiras modificações, o texto do artigo 14 que confere alguma forma à "investigação defensiva", com a seguinte redação:

> É facultado ao investigado, por meio de seu advogado, de defensor público ou de outros mandatários com poderes expressos, tomar a iniciativa de identificar fontes de prova em favor de sua defesa, podendo inclusive entrevistar pessoas. Parágrafo único. As entrevistas realizadas na forma do caput deste artigo deverão ser precedidas de esclarecimentos sobre seus objetivos e do consentimento das pessoas ouvidas.

Como a literatura nacional carece de adensamento sobre a matéria nada obstante a existência de obras sobre o tema[308] deixando, assim, de decantar o assunto de modo a torná-lo naturalmente presente entre nós, resta concluir que estamos diante da importação de um modelo de investigação, e sua aparente origem pode ser a da norma do direito italiano que conhece desde a recodificação de 1988 certa estrutura de investigação pela "defesa" como, inclusive, um sinal de aproximação a mais com os modelos de "common law".

Com efeito, na redação original daquele Código, no art. 38 já havia previsão – pouco operacional diante da então vagueza da norma – de investigações defensivas, norma que sofreu forte modificação com a Lei n. 332/1995 que, acrescentando disposições à original, possibilitou à defesa a apresentação direta ao Juízo as investigações por ela efetuadas sem, contudo, eliminar questionamentos acerca da confiabilidade do produto de tais investigações defensivas.

Mas, foi com a modificação da Constituição italiana em 1999, e a nova redação dada ao art. 111 que se estabeleceu marco distintivo na matéria naquele país posto ter havido a introdução de texto que, aproximando-se daquilo que existe no art. 5º, LV da nossa Constituição, estabeleceu o contraditório e paridade de armas em "todo processo" e explicitou a possibilidade da defesa possuir tempo e condições necessárias ao seu preparo, além de possibilitar-lhe a intimação e oitiva de pessoas de seu interesse nas mesmas condições da acusação.

Tais disposições renovadas deram origem à Lei n. 397/2000 que modificaram a estrutura da investigação defensiva que, ab-rogando o então artigo 38, tipificou os atos de investigação defensivos "disciplinando singularmente os atos de aquisição indireta dos elementos de prova (...) e de aquisição direta (requisição de documentos junto à Administração Pública, elaboração de croquis ou de provas irrepetíveis...)"[309], bem como veio a eliminar uma das mais delicadas questões práticas sobre essa forma de investigação que é a da utilização do produto investigativo e seu peso na formação do convencimento do julgador, determinando a equivalência entre o resultado dessa investigação e daquela efetuada pelo acusador em autos próprios de investigação da defesa[310].

Da análise de direito comparado pode-se recear que a norma brasileira em gestação venha a sofrer dos mesmos problemas de vagueza e incerteza que se apresentavam no texto original do CPP italiano. Assim, sendo uma possibilidade concreta no ordenamento pátrio a introdução dessa forma investigativa, urge aperfeiçoar o texto que vier a entrar em vigor a fim de não transformar essa modalidade em algo que a torne inoperável e um obstáculo para uma perfeita prestação jurisdicional.

3.1 Resolução do Conselho Federal da OAB e a investigação defensiva

Em 11 de dezembro de 2018, o Conselho Federal da OAB publicou uma norma (Proposição n. 49.0000.2017.009603-0/COP) que regulamenta, no âmbito do exercício da advocacia, a realização da chamada "investigação defensiva".

Em primeiro lugar deve-se destacar os limites dessa norma que, pela sua natureza, não se apresenta como modificadora do Código de Processo Penal nem pode impor qualquer obrigação a órgãos

---

305 Texto integral disponível em: <www.senado.gov.br/novocpp>.

306 Criada na forma do Requerimento n. 227, de 2008, aditado pelos Requerimentos ns. 751 e 794, de 2008, e pelos Atos do Presidente ns. 11, 17 e 18, de 2008.

307 Para uma ampla visão das tentativas de reforma do CPP em termos parciais e globais, veja-se PASSOS, Edilenice. **Código De Processo Penal: Notícia Histórica Sobre As Comissões Anteriores**. Brasília: Senado Federal; Secretaria de Informação e Documentação, 2008.

308 Dentre outros, SAAD, Marta. **O direito de defesa no inquérito policial**. São Paulo: Revista dos Tribunais, 2004.

309 Aprile, Ercole e Silvestri, Pietro. "La formazione della prova penale". Milao: Giuffrè Editt.2002, p. 23

310 Op. cit. P. 24

públicos ou privados que não estejam estabelecidas em obediência ao processo legislativo respectivo para cada matéria.

Assim, se a teor do quanto consta no artigo 4º do Provimento, o(a) advogado(a), "determinar a elaboração de laudos e exames periciais" tal "determinação" não possui força cogente a órgãos públicos (v.g., Instituto de Criminalística) ou privados "laudos financeiros", mas estará essa "determinação" sujeita ao controle jurisdicional na forma da lei.

Exatamente pelo mesmo fundamento os exatos limites dessa normativa foram apontados quando se afirmou que

> De início, uma questão não foge do óbvio: sem poderes para legislar em matéria de processo penal, a nova resolução tem abrangência muito limitada (o que não retira seu mérito). Quando muito, estabelece diretrizes disciplinares da atuação do advogado no âmbito interno do próprio órgão de classe (no exercício da sua atribuição fiscalizatória da profissão). Desse modo, está longe de estabelecer uma prerrogativa legal do advogado investigar.[311]

4. Súmula Vinculante n. 14 do STF e direito de vista dos autos da investigação

Na esteira da linha de interpretação adotada nestes Comentários o STF consagra em súmula vinculante o direito ao acesso aos autos da investigação[312], editando a Súmula de n. 14 com a seguinte redação: "É direito do defensor, no interesse do representado, ter acesso amplo aos elementos de prova que, já documentados em procedimento investigatório realizado por órgão com competência de polícia judiciária, digam respeito ao exercício do direito de defesa".

Nada obstante, pondera-se em muitas ocasiões que "O acesso do defensor aos autos do inquérito se restringe aos elementos de prova já documentados e que digam respeito ao indiciado, resguardando-se as diligências pendentes de cumprimento ou em andamento, que prescindam de sigilo".[313]

Ou ainda é ressalvado que

O direito assegurado ao indiciado (bem como ao seu defensor) de acesso aos elementos constantes em procedimento investigatório que lhe digam respeito e que já se encontrem documentados nos autos, não abrange, por óbvio, as informações concernentes à decretação e à realização das diligências investigatórias, mormente as que digam respeito a terceiros eventualmente envolvidos.[314]

Assim, nega-se

> o acesso aos autos de inquérito que tramita sob segredo de justiça, no qual não figura como indiciado, nem sofreu restrição em sua liberdade ou em seu patrimônio com base no aludido procedimento. Nesse contexto, não há como se reconhecer, na espécie, a arguida ofensa à Súmula Vinculante n.º 14 do Supremo Tribunal Federal. 5. Ausência de ilegalidade flagrante apta a ensejar a eventual concessão da ordem de ofício. 6. Habeas corpus não conhecido.[315]

> **Art. 14-A.** Nos casos em que servidores vinculados às instituições dispostas no art. 144 da Constituição Federal figurarem como investigados em inquéritos policiais, inquéritos policiais militares e demais procedimentos extrajudiciais, cujo objeto for a investigação de fatos relacionados ao uso da força letal praticados no exercício profissional, de forma consumada ou tentada, incluindo as situações dispostas no art. 23 do Decreto-Lei nº 2.848, de 7 de dezembro de 1940 (Código Penal), o indiciado poderá constituir defensor. (Incluído pela Lei nº 13.964, de 2019) (Vigência)

1. O direito à defesa técnica durante a investigação criminal

É do marco teórico destes Comentários, a partir da base constitucional convencional, que toda pessoa investigada, em qualquer forma de investigação e independentemente da natureza da norma incriminadora cuja ocorrência se apura, tenha direito à

---

311 EL HIRECHE, Gamil Föppel. **Regulamentação da investigação defensiva**: nem tudo que reluz é ouro. Disponível em: <https://www.conjur.com.br/2019-jan-16/gamil-foppel-regulamentacao-investigacao-defensiva>. Acesso em: 29 mar. 2022.

312 Como óbvia manifestação do exercício defensivo na investigação. Ver em SAAD, Marta. Duas formas de ciência da acusação, premissa para pleno exercício do direito de defesa: acusação formal, certa e definida e acesso aos autos do inquérito policial. In: VILARDI, Celso Sanchez; PEREIRA, Flavia Rahal Bresser; DIAS NETO, Theodomiro. **Direito penal econômico**: crimes econômicos e processo penal. São Paulo: Saraiva, 2008.

313 TJ-MG. **COR 10000150045474000 MG**. Conselho da Magistratura. Relator: Eduardo Mariné da Cunha. Data de julgamento: 9 mar. 2016. Data de publicação: 29 mar. 2016.

314 STF. **EDcl no HC 94.387/RS**. 1ª Turma. Relator: Min. Ricardo Lewandowski. DJe, 21 maio 2010.

315 STJ. **HC 194820 PR 2011/0010864-3**. 5ª Turma. Relator: Min. Laurita Vaz. Data de julgamento: 25 jun. 2013. Data de publicação: DJe, 1º ago. 2013.

assistência de profissional para conduzir sua atividade defensiva.

Daí porque, para fins destes Comentários, a norma do caput carece de qualquer utilidade específica salvo a da afirmação simbólica de uma vitória política dos grupos que apoiaram o discurso que levou à edição do conjunto normativo midiaticamente denominado de "pacote anticrime".

2. Violência policial brasileira e condenação na Corte Interamericana de Direitos Humanos

O "Caso Cosme Rosa Genoveva, Evando de Oliveira e outros ('Favela Nova Brasília') vs. Brasil" é um dos mais emblemáticos ligados ao tema tratado neste artigo quando se entende que aqui se trata de violência policial no uso de suas tarefas institucionais.

O caso se refere às falhas e à demora na investigação e punição dos responsáveis pelas supostas "execuções extrajudiciais de 26 pessoas [...] no âmbito das incursões policiais feitas pela Polícia Civil do Rio de Janeiro em 18 de outubro de 1994 e em 8 de maio de 1995 na Favela Nova Brasília". Alega-se que essas mortes foram justificadas pelas autoridades policiais mediante o levantamento de "atas de resistência à prisão". Alega-se também que, na incursão de 18 de outubro de 1994, três mulheres, duas delas menores, teriam sido vítimas de tortura e atos de violência sexual por parte de agentes policiais. Finalmente, se alega que a investigação dos fatos mencionados teria sido realizada supostamente com o objetivo de estigmatizar e revitimizar as pessoas falecidas, pois o foco teria sido dirigido à sua culpabilidade e não à verificação da legitimidade do uso da força.

A Corte Interamericana de Direitos Humanos considerou que os chamados "autos de resistência" – uma das formas como a polícia costuma registrar as mortes de pessoas que perderam a vida pela ação policial – impactaram negativamente o curso das investigações, contribuindo para a demora e a falta de diligência. Também entendeu que o Estado deve tomar medidas preventivas em contextos em que sejam evidentes os riscos de violência contra mulheres e meninas. Ao final, considerou violados os direitos à integridade pessoal, à circulação e à residência, bem como as garantias e proteções judiciais.

O tribunal também impôs medidas de reparação e não repetição, como a obrigação de investigar e punir os responsáveis pelas violações, a disponibilização de tratamento médico e psicológico às vítimas, a criação de políticas públicas específicas — como a instalação de um sistema numérico de acompanhamento das ações policiais — e a extinção dos autos de resistência.

3. Autos de resistência

Patrocinada pelo Governo Federal, particularmente pela Secretaria Especial de Direitos Humanos[316] houve a introdução de nova nomenclatura para substituir aquela existente como prática corriqueira em delegacias de polícia e que ganhou notoriedade no cenário internacional: os "autos de resistência" passaram a ser definidos como "lesão corporal decorrente de oposição à intervenção policial" ou "homicídio decorrente de oposição à intervenção policial, conforme o caso" de acordo com a Resolução Conjunta n. 2, de 13 de outubro de 2015, publicado no Diário Oficial da União em 4 jan. 2016 posto que a pressa, nessas situações, é de fato inimiga da perfeição.

Essa modificação repercutiu, por exemplo, em ato Departamento de Polícia Federal, Conselho Superior De Polícia que, no uso da competência que lhe é conferida pelo art. 10 do Regimento Interno do Departamento de Polícia Federal, aprovado pela Portaria n. 2.877, de 30 de dezembro de 2011, do Excelentíssimo Senhor Ministro de Estado da Justiça, publicada na Seção 1 do DOU n. 1, de 2 de janeiro de 2012, e o Conselho Nacional dos Chefes de Polícia Civil, no uso das competências estabelecias no art. 1º do Estatuto do Conselho Nacional dos Chefes de Polícia Civil,

> Considerando a necessidade de regulamentação e uniformização dos procedimentos internos das polícias judiciárias, objetivando conferir transparência na elucidação de ocorrências em que haja resultado lesão corporal ou morte decorrentes de oposição à intervenção policial, resolvem:

> Art. 1º Ficam definidos os procedimentos internos a serem adotados pelas polícias judiciárias em face de ocorrências em que haja resultado lesão corporal ou morte decorrentes de oposição à intervenção policial.

> Art. 2º Os dirigentes dos órgãos de polícia judiciária providenciarão para que as ocorrências de que trata o art. 1º sejam registradas com a classificação "lesão corporal decorrente de oposição à intervenção policial" ou "homicídio decorrente de oposição à intervenção policial", conforme o caso.

Nada obstante a "mudança de nomenclatura", o resultado prático continuo deixando a desejar, nada impactando – como obviamente haveria de acontecer – na resolução concreta das situações fáticas que importam no emprego dos novos rótulos.

§ 1º Para os casos previstos no caput deste artigo, o investigado deverá ser citado da instauração do procedimento investigatório, podendo constituir defensor no prazo de até 48 (quarenta e oito)

---

316 A ver em <http://blog.planalto.gov.br/fim-dos-autos-de-resistencia-em-acoes-policiais-fortalece-cidadania-diz-secretario/>. Acesso em: 6 jan. 2016.

horas a contar do recebimento da citação. (Incluído pela Lei nº 13.964, de 2019)

1. Imprecisão conceitual

A menção ao verbo "citar" no bojo do contexto jurídico tratado neste artigo causa estranheza ímpar diante da veemente imprecisão terminológica. À exaustão, a literatura jurídica já definiu os campos conceituais dos atos informativos e, seguramente, citação aqui não se trata.

2. Limite temporal e sua superação

Tratado como mera possibilidade na letra da "lei" ao referir a "podendo constituir" tem-se que o prazo de 48 horas nada mais é que uma referência moral, notadamente porque a marcha investigativa não se obstará pela não nomeação de defesa técnica.

§ 2º Esgotado o prazo disposto no § 1º deste artigo com ausência de nomeação de defensor pelo investigado, a autoridade responsável pela investigação deverá intimar a instituição a que estava vinculado o investigado à época da ocorrência dos fatos, para que essa, no prazo de 48 (quarenta e oito) horas, indique defensor para a representação do investigado. (Incluído pela Lei nº 13.964, de 2019) (Vigência)

§ 3º (VETADO).

§ 4º (VETADO).

§ 5º (VETADO).

1. Defesa corporativa

Toda essa estrutura somente tem sentido quando se a observa como um marco normativo de defesa institucional das condutas praticas por integrantes das corporações invocadas no "*caput*". Mais do que defesa de condutas individuais tem-se, com o acréscimo das normas ora enfocadas uma defesa de políticas institucionais.

Apenas neste contexto faz sentido a previsão do presente parágrafo, cuja superação de prazo também não tem o condão de obstar o desenvolvimento de qualquer investigação.

§ 3º Havendo necessidade de indicação de defensor nos termos do § 2º deste artigo, a defesa caberá preferencialmente à Defensoria Pública, e, nos locais em que ela não estiver instalada, a União ou a Unidade da Federação correspondente à respectiva competência territorial do procedimento instaurado deverá disponibilizar profissional para acompanhamento e realização de todos os atos relacionados à defesa administrativa do

investigado. (Incluído pela Lei nº 13.964, de 2019) (Vigência)

§ 4º A indicação do profissional a que se refere o § 3º deste artigo deverá ser precedida de manifestação de que não existe defensor público lotado na área territorial onde tramita o inquérito e com atribuição para nele atuar, hipótese em que poderá ser indicado profissional que não integre os quadros próprios da Administração. (Incluído pela Lei nº 13.964, de 2019) (Vigência)

1. Defesa administrativa do investigado

Aqui mais uma inequívoca falta de técnica na redação legislativa ou, quando menos, um apego a uma visão amplamente superada da dinâmica da investigação preliminar, posto que ignora amplamente a existência da necessária jurisdicionalização dos mecanismos afetantes. A antiga ideia de "fase administrativa x fase judicial" da investigação preliminar somente não se encontra superada para as bases conceituais anteriores ao marco constitucional de 1988.

§ 5º Na hipótese de não atuação da Defensoria Pública, os custos com o patrocínio dos interesses dos investigados nos procedimentos de que trata este artigo correrão por conta do orçamento próprio da instituição a que este esteja vinculado à época da ocorrência dos fatos investigados. (Incluído pela Lei nº 13.964, de 2019) (Vigência)

1. Custos com assistência jurídica

Aparentemente esta norma inova na fonte de custeio dos gastos tratados neste artigo posto que, como regra, os convênios de assistência judiciária têm seus custos arcados pelo orçamento das Defensorias Públicas.

§ 6º As disposições constantes deste artigo se aplicam aos servidores militares vinculados às instituições dispostas no art. 142 da Constituição Federal, desde que os fatos investigados digam respeito a missões para a Garantia da Lei e da Ordem. (Incluído pela Lei nº 13.964, de 2019) (Vigência)

1. GLO – Garantia da Lei e da Ordem

Presente no texto constitucional, trata-se de operações militares a serviço de atividades de segurança pública em sentido amplo.

Conforme a publicação "Garantia da Lei e da Ordem – MD33-M-10 (2ª Edição/2014)", aprovada pela Portaria Normativa nº 186/MD, de 31 de janeiro de 2014, Operação de Garantia da Lei e da

Ordem (Op GLO) é uma operação militar determinada pelo Presidente da República e conduzida pelas Forças Armadas de forma episódica, em área previamente estabelecida e por tempo limitado, que tem por objetivo a preservação da ordem pública e da incolumidade das pessoas e do patrimônio em situações de esgotamento dos instrumentos para isso previstos no art. 144 da Constituição ou em outras em que se presuma ser possível a perturbação da ordem (Artigos 3º, 4º e 5º do Decreto Nº 3.897, de 24 de agosto de 2001).[317]

Sua utilização recorrente desde 1988[318] sendo que

Um levantamento divulgado pela Folha de S. Paulo em abril de 2019 apurou que o governo federal gastou R$ 2,6 bilhões, em valores corrigidos pela inflação, em 49 operações de GLO realizadas pelas Forças Armadas de janeiro de 2010 a dezembro de 2018. Do total, 49% foi utilizado em operações realizadas durante três eventos esportivos: a Copa das Confederações em 2013, com cerca de R$ 572,7 milhões; os Jogos Mundiais Militares de 2011, com orçamento de R$ 590,8 milhões; e a Copa do Mundo, em 2014, com gastos de R$ 109,2 milhões. Um estudo do Ministério da Defesa revelou que das 135 operações de GLO realizadas desde o governo do presidente Fernando Collor de Mello, em 1992, 17% das ações foram desencadeadas em virtude da violência urbana e outros 18,5% com o objetivo de suprir a segurança pública em períodos de greve das Polícias Militares estaduais.[319]

Com críticas igualmente crescentes no desenvolvimento dessa atividade[320] tendo esse contexto sido determinante, do ponto de vista da política legislativa, para a pretensa reorganização do art. 14 do CPP.

> Art. 15. Se o indiciado for menor, ser-lhe-á nomeado curador pela autoridade policial.

1. Interrogatório de menor sem curador

Com a revogação do art. 194 do Código de Processo Penal, pode-se entender como desnecessária a presença do curador do suspeito menor de 21 anos no ato de interrogatório e assim se reconhece que "não há nulidade ante a falta de nomeação de curador no inquérito policial ao réu menor de 21 e maior de 18 anos de idade, uma vez que a Lei n. 10.792/2003 extinguiu a figura do curador"[321].

> Art. 16. O Ministério Público não poderá requerer a devolução do inquérito à autoridade policial, senão para novas diligências, imprescindíveis ao oferecimento da denúncia.

1. Ministério Público e realização de diligências

Dentro da necessária revisão da estrutura de investigação a partir da CR/88, descabe ao órgão judiciário o monitoramento das medidas de investigação que são necessárias ao oferecimento da denúncia nos moldes do art. 16.

Com efeito, não se trata da velha discussão sobre a possibilidade da insurgência do órgão acusatório contra decisões judiciais que impediam o retorno dos autos à Polícia para complemento das investigações, sendo que, em tais hipóteses, o meio de impugnação usado é sempre a correição parcial[322] e não o mandado de segurança pois

> O indeferimento do pedido de diligência formulado pelo Ministério Público Federal em autos de inquérito policial, no sentido de obtenção de informações a respeito do parcelamento que suspendeu as investigações, não consubstancia violação a direito líquido e certo, uma vez que

---

317 COSTA, Gabriel Mangabeira da. **A importância da liderança tática do oficial intermediário do Exército Brasileiro nas operações de garantia da lei e da ordem (GLO)**. 2019. Disponível em: <https://bdex.eb.mil.br/jspui/bitstream/123456789/5150/1/Artigo%20Cient%C3%ADfico%20-Cap%20Da%20Costa.pdf>. Acesso em: 29 mar. 2022.

318 Para um breve histórico de seu emprego ver VIVIANI, Patrícia; BRITO, Max Repsold. Operações de garantia da lei e da ordem e o ordenamento jurídico. **Direito Militar: Revista da Associação dos Magistrados das Justiças Militares Estaduais – AMAJME**, Florianópolis, v. 18, n. 109, p. 15-18, set./out. 2014.

319 DONADELLI, Laura M. e MACIEIRA, Guilherme Evaristo R. M. Forças Armadas na segurança pública. In: **Informe especial 2019**: Forças Armadas na segurança pública. Observatório Sul-Americano de Defesa e Forças Armadas – Informe Brasil. Disponível em: <https://gedes-unesp.org/wp-content/uploads/2020/04/Informe-Tem%C3%A1tico-Brasil-03-2019.pdf>. Acesso em: 29 mar. 2022.

320 A ver, entre outros, GORRILHAS, Luciano Moreira. Desmistificando as buscas domiciliares por militares em favelas do Rio de Janeiro em ações da garantia da lei e da ordem ou em atividades de polícia judiciária militar. **Direito Militar: Revista da Associação dos Magistrados das Justiças Militares Estaduais – AMAJME**, Florianópolis, v. 20, n. 129, p. 14-18, maio/jun. 2018.

321 STJ. **HC 98.623/BA, 2008/0008152-6**. Relator: Min. Arnaldo Esteves Lima Data de julgamento: 7 ago. 2008.

322 TJ-RS. **COR 70044150035 RS**. 6ª Câmara Criminal. Relator: Ícaro Carvalho de Bem Osório. Data de julgamento: 11 ago. 2011. Data de publicação: DJ, 22 ago. 2011.

tais informações podem ser obtidas pelo próprio titular da ação penal, sendo, também, improcedentes as alegadas violações aos princípios da verdade real, da celeridade e do impulso oficial. II – Segurança denegada.[323]

Trata-se, isso sim, de alterar a lógica do sistema, dando coerência ao relacionamento entre titular da acusação penal e polícia judiciária, e excluindo o magistrado dessa tramitação quando não houver, nas medidas de investigação, invasão aos direitos fundamentais. Não se pode é admitir, diante do prisma constitucional, a possibilidade de o próprio magistrado, além de monitorar o titular da acusação penal, converter-se em órgão de diligências, como já se decidiu em mais de uma ocasião.[324]

Certamente, com isso não se preconiza o poder absoluto do legitimado ativo, que será controlado por outras vias como se verá na sequência, mas, sim, preservar o modelo acusatório tal como entendido pela CR/88.

Por isso, com acerto manifestação jurisprudencial que preconiza a própria possibilidade do Ministério Público produzir as diligências complementares necessárias (inclusive na esteira dos poderes investigatórios do parquet reconhecidos pelo STF) sem a necessidade do retorno dos autos à unidade policial e sem, portanto, passar pelo crivo judicial. Nesse sentido: 1. O Ministério Público, por expressa previsão constitucional e legal, possui a prerrogativa de conduzir diligências investigatórias, podendo requisitar diretamente documentos e informações que julgar necessários ao exercício de suas atribuições de *dominus litis*. 2. A inversão tumultuária do processo, passível de correição parcial, somente se caracteriza nas hipóteses em que o órgão ministerial demonstra, de pronto, a incapacidade de realização da diligência requerida por meios próprios[325].

> Art. 17. A autoridade policial não poderá mandar arquivar autos de inquérito.

1. Reserva legal para o arquivamento

Na espécie de investigação aqui tratada, o arquivamento do inquérito é dado pelo Ministério Público com controle interno-hierárquico provocado unicamente pelo Juiz. O sistema se completa com

o mecanismo de revisão previsto no art. 28 deste Código.

Pode-se afirmar que tal vedação, de fato, constitui-se como decorrência lógica de um sistema que prevê a polícia judiciária como executora de uma atividade de investigação que não lhe pertence em termos valorativos, mas cujo desfecho está a cargo do legitimado ativo sob o controle judicial (*vide* Comentários ao art. 28).

E, prevista no presente artigo para a autoridade policial, igualmente é vedado o arquivamento sem que o Ministério Público assim tenha se manifestado do que "O Ministério Público é o titular da ação penal, não podendo o juízo determinar, de ofício, o arquivamento de inquérito policial, nos termos do artigo 129, inciso I, da Constituição"[326] sendo que "o magistrado incorre em 'error in procedendo'", nos termos do art. 28 do Código de Processo Penal, sanável através da correição parcial, com fulcro no art. 24, IX, do Regimento Interno do TJMG.[327] Nem mesmo eventual ato constritivo ilegal praticado pela autoridade policial teria o condão de autorizar o arquivamento de ofício daquela investigação.[328]

> Art. 18. Depois de ordenado o arquivamento do inquérito pela autoridade judiciária, por falta de base para a denúncia, a autoridade policial poderá proceder a novas pesquisas, se de outras provas tiver notícia.

1. Súmula 524 do STF

Arquivado o inquérito policial, por despacho do juiz, a requerimento do promotor de justiça, não pode a acusação penal ser iniciada, sem novas provas (DJ, de 12 dez. 1969).

2. Diferença entre art. 18 e Súmula 524 (STF)

Na dicção do próprio STF

> A situação sob análise não é, como visto, a de oferecimento de denúncia após o desarquivamento de inquérito, mas de reabertura de inquérito. Para que ocorra o desarquivamento de inquérito, basta que haja notícia de novas provas, nos termos do art. 18 do Código de Processo Penal, enquanto não se extinguir a punibilidade pela prescrição. De fato, diante da notícia de novos

---

323 TRF-3. **MS 38035 SP 0038035-24.2011.4.03.0000.** 1ª Seção. Relator: Des. Fed. Cotrim Guimarães. Data de julgamento: 18 out. 2012.

324 Dentre outras, na seguinte: RT 629/346.

325 STJ. **REsp 913.041.** Relator: Jane Silva. DJe, 3 nov. 2008.

326 TJ-SP. **COR 00019773620128260445 SP 0001977-36.2012.8.26.0445.** 4ª Câmara de Direito Criminal. Relator: Willian Campos. Data de julgamento: 5 ago. 2014. Data de publicação: 6 ago. 2014.

327 TJ-MG. **COR 10000130741804000 MG.** Conselho da Magistratura. Relator: Valdez Leite Machado. Data de julgamento: 3 jun. 2014. Data de publicação: 4 jul. 2014.

328 TJ-PR. **RC 12630290 PR 1263029-0 (Acórdão).** 2ª Câmara Criminal. Relator: Laertes Ferreira Gomes Data de julgamento: 9 out. 2014. Data de publicação: DJ, 1448, 5 nov. 2014.

elementos de convicção veiculada pelo Parquet, afigura-se admissível a reabertura das investigações nos termos da parte final do citado dispositivo do CPP, mesmo porque o arquivamento de inquérito policial não faz coisa julgada nem acarreta a preclusão, por cuidar-se de decisão tomada rebus sic stantibus. Assento, por oportuno, que não se discute aqui a possibilidade de o Ministério Público apresentar a denúncia diretamente, prescindindo do inquérito policial, quando tiver elementos de convicção suficientes para fazê-lo, nos termos do art. 46, § 1º, do CPP, mas de desarquivamento de inquérito policial. Convém registrar, ainda, que, se para desarquivar o inquérito policial basta a notícia de provas novas, diversamente, o Ministério Público só ofertar a denuncia se tiverem sido produzidas provas novas, nos termos da supramencionada Súmula 524 do STF. Como bem observa Afrânio Silva Jardim, atualmente, toda questão relativa ao desarquivamento vem sendo examinada e resolvida por meio da automática aplicação da mencionada Súmula, como se ela estivesse limitada a uma interpretação extensiva do artigo 18 da lei processual penal. Não se percebeu, lembra ele, a real diferença entre o que está escrito na norma legal e aquilo que diz a jurisprudência sumulada. Mas a diferença é evidente, fazendo com que ambas as regras tenham campos de incidência distintos, como lembrou o Procurador-Geral da República (fl. 213). Enquanto o art. 18 regula o desarquivamento de inquérito policial, quando decorrente da carência de provas (falta de base para denúncia), só admitindo a continuidade das investigações se houver notícia de novas provas, a Súmula 524 cria uma condição específica para o desencadeamento da ação penal, caso tenha sido antes arquivado o procedimento, qual seja, a produção de novas provas. É certo, ademais, que o desarquivamento pode importar na imediata propositura da ação penal, se as novas provas tornem dispensável a realização de qualquer outra diligência policial. Mas isso não quer dizer que esses dois momentos – o desarquivamento e o ajuizamento da demanda–possam ser confundidos. Como salientei acima, para o desarquivamento é suficiente a notícia de novas provas, legitimando o prosseguimento das investigações encerradas pela decisão de arquivamento. Já a propositura da ação penal dependerá do

sucesso destas investigações, isto é, da efetiva produção de novas provas. Sem tal requisito, faltará justa causa para a ação penal, devendo a denúncia ser rejeitada nos termos do artigo 43, III, do CPP. Desse modo, o desarquivamento do inquérito policial nada mais significa do que uma decisão administrativa, de natureza persecutória, no sentido de modificar os efeitos do arquivamento. Enquanto este tem como consequência a cessação das investigações, aquele tem como efeito a retomada das investigações inicialmente paralisadas pela decisão de arquivamento. Em resumo, sem notícia de prova nova o inquérito policial não pode ser desarquivado, e sem produção de prova nova não pode ser proposta ação penal. É evidente que o juiz poderá sempre rejeitar a denúncia do Ministério Público, com base no inquérito policial desarquivado, se ela não tiver arrimada em novas provas. Mas, para que estas novas provas sejam apresentadas, é preciso permitir a reativação das investigações, mediante o desarquivamento do inquérito, em face da notícia de novas provas. Afasta-se, pois, na espécie, a incidência da Súmula 524, porque ela – insisto – não regula o desarquivamento, disciplinando apenas, o exercício da ação penal baseada em inquérito arquivado.[329]

3. Conceito de "outras provas" para que se proceda a "novas pesquisas"

A redação do artigo em comento não auxilia também o enfrentamento técnico, dada sua pobreza conceitual. Fala em "novas pesquisas" a partir de "outras provas", sendo que estas últimas podem ser conceituadas como "somente aquelas que produzem alteração no panorama probatório dentro do qual fora concebido e acolhido o requerimento de arquivamento"[330].

Assim, "Situa-se no conceito de novas provas o depoimento de indiciado que noticia a prática de delitos por parte de empresa, fato este susceptível de alterar o quadro fático, ensejando o prosseguimento das investigações"[331].

É considerado viável que essas "novas provas" venham a surgir independentemente do inquérito arquivado, "coletadas de outros autos"[332], traduzindo-se esse desdobramento em "Ato que visa à realização de diligências policiais pela notícia da existência de outros meios probantes, ainda que

---

329 STF. **HC 94869**. Relator: Tribunal Pleno Min. Ricardo Lewandowski. Data de julgamento: 26 jun. 2013. Data de publicação: DJe, 25 fev. 2014.

330 Recurso em Sentido Estrito 147.972-3. Santo André. Relator: Djalma Lofrano. CCRIM 6, v.u., 15 dez. 1994.

331 STJ. **RHC 9627 SP 2000/0015112-2**. 6ª Turma. Relator: Min. Vicente Leal. Data de julgamento: 3 maio 2001. Data de publicação: DJ, 04.06.2001 p. 251 JBC vol. 41. p. 424.

332 STJ–HC: 68155 RJ 2006/0223631-3, Relator: Ministra LAURITA VAZ, Data de Julgamento: 14/06/2007, T5–QUINTA TURMA, Data de Publicação: DJ 06/08/2007. p. 562.

indiciários, a fim de que produzidos modifiquem a matéria de fato, possibilitando o oferecimento da denúncia ou queixa"[333].

4. Legitimação ativa para a realização de "novas pesquisas"

Diante da estrutura acusatória contemplada na CR/88, pela qual a figura do magistrado não deve se imiscuir no procedimento investigativo a não ser na forma já preconizada nestes Comentários, cabe a iniciativa ao legitimado ativo, o que se dará, no mais das vezes, por provocação da autoridade policial que detém materialmente o domínio da situação.

No entanto, já se decidiu pela "inexistência de direito líquido e certo ao desarquivamento"[334] posto que "Não há ilegalidade ou abuso de poder, passível de correção via mandado de segurança, na decisão judicial que, acolhendo manifestação do Ministério Público, ordena o arquivamento de inquérito policial"[335].

Em suma, trata-se da consagração da impossibilidade de qualquer mecanismo de controle exercido pela vítima (*vide* art. 28), assentado que

> esta Corte Superior firmou o entendimento de que "a vítima de crime de ação penal pública incondicionada não tem direito líquido e certo de impedir o arquivamento do inquérito ou peças de informação" (...) 3. O mérito da suficiência de suporte probatório para a instauração da ação penal é juízo exclusivo do órgão acusatório, ainda que por reexame no efeito devolutivo ministerial (art. 28 do CPP), não cabendo do arquivamento do inquérito policial recursos judiciais, que tenderiam a indevidamente forçar o início da ação penal – prerrogativa exclusiva do constitucional representante social da acusação penal.[336]

5. Arquivamento do inquérito com base em atipicidade da conduta

Se o artigo em comento parece reduzir as hipóteses de fundamentação do arquivamento ao caso singular da inexistência de base para oferecimento da inicial acusatória, o direito vivido aparece mais rico em nuances. Uma delas diz respeito à ausência de tipicidade da conduta, o que inviabilizaria a reabertura da investigação[337].

Rigorosamente falando, quando manifesta a atipicidade, não seria o caso sequer da instauração da fase prévia, conforme já apontado nestes

Comentários. A afirmação contida no julgado citado, entretanto, abre espaço para aprofundamentos sobre algum tipo de "mérito" do produto investigativo, na medida em que se está diante de um juízo de valor emitido pelo legitimado ativo que, submetido ao controle por provocação judicial, foi confirmado em seu conteúdo. Mas o foi com base nos elementos de informação havidos inicialmente, e pode ser modificado com base em novas informações.

6. Arquivamento de inquérito com base em atipicidade de conduta: evolução da posição do e. STF

Sem embargo das considerações anteriores, é interessante destacar entendimento em curso no e. STF sobre o tema, dado no âmbito de apreciação do Inquérito 2.164, tendo como relator o Min. Gilmar Mendes, que, após apreciar o quanto foi decidido no HC 83.343/SP, considerou que a jurisprudência do Supremo Tribunal Federal (INQ 510/DF, rel. Min. Celso de Mello, Plenário, unânime, DJ, 19 abr. 1991; INQ 719/AC; Relator: Min. Sydney Sanches; Plenário, unânime; DJ, 24 set. 1993; INQ 851/SP; Relator: Min. Néri da Silveira; Plenário, unânime; DJ, 6 jun. 1997; HC 75.907/RJ; Relator: Min. Sepúlveda Pertence; 1ª Turma, maioria; DJ, 9 abr. 1999; HC 80.560/GO; Relator: Min. Sepúlveda Pertence; 1ª Turma, unânime; DJ, 30 mar. 2001; INQ 1.538/PR; Relator: Min. Sepúlveda Pertence; Plenário, unânime; DJ 14 set. 2001; HC 80.263/SP; Relator: Min. Sepúlveda Pertence; Plenário, unânime; DJ, 27 jun. 2003; INQ 1.608/PA; Relator: Min. Marco Aurélio; Plenário, unânime; DJ, 6 ago. 2004; INQ 1.884/RS; Relator: Min. Marco Aurélio; Plenário, maioria; DJ, 27 ago. 2004; INQ-QO 2.044/SC; Relator: Min. Sepúlveda Pertence; Plenário, maioria; DJ 8 abr. 2005; e HC 83.343/SP, 1ª Turma, unânime; DJ 19 ago. 2005) assevera que o pronunciamento de arquivamento, em regra, deve ser acolhido sem que se questione ou se entre no mérito da avaliação deduzida pelo titular da acusação penal, exceto nas duas hipóteses em que a determinação judicial do arquivamento possa gerar coisa julgada material, a saber: prescrição da pretensão punitiva e atipicidade da conduta. Nesse particular, é válido transcrever o inteiro teor da ementa do Inquérito n. 1.604, também da relatoria do Ministro Sepúlveda Pertence, que expõe a questão ainda com maior clareza:

> Inquérito policial: arquivamento requerido pelo chefe do Ministério Público por falta de base empírica para a denúncia: irrecusabilidade. 1. No

---

333 RT 779/510 (2001).

334 TJSP. **Mandado de Segurança 305.325-3/SP**. 1ª Câmara Criminal. Relator: David Haddad. 22 maio 2000. v.u.

335 STJ. **RMS 53510 SP 2017/0050389-0**. Relator: Min. Maria Thereza de Assis Moura. Data de publicação: DJ, 25 abr. 2017.

336 STJ. **RMS 38486 SP 2012/0139016-4**. 5ª Turma. Relator: Min. Ribeiro Dantas. Data de julgamento: 5 abr. 2016. Data de publicação: DJe, 15 abr. 2016.

337 RT 670/357 (1991)

processo penal brasileiro, o motivo do pedido de arquivamento do inquérito policial condiciona o poder decisório do juiz, a quem couber determiná-lo, e a eficácia do provimento que exarar. 2. Se o pedido do Ministério Público se funda na extinção da punibilidade, há de o juiz proferir decisão a respeito, para declará-la ou para denegá-la, caso em que o julgado vinculará a acusação: há, então, julgamento definitivo. 3. Do mesmo modo, se o pedido de arquivamento – conforme a arguta distinção de Bento de Faria, acolhida por Frederico Marques –, traduz, na verdade, recusa de promover a acusação penal, por entender que o fato, embora apurado, não constitui crime, há de o Juiz decidir a respeito e, se acolhe o fundamento do pedido, a decisão tem a mesma eficácia de coisa julgada da rejeição da denúncia por motivo idêntico (C.Pr.Pen., art. 43, I), impedindo denúncia posterior com base na imputação que se reputou não criminosa. 4. Diversamente ocorre se o arquivamento é requerido por falta de base empírica, no estado do inquérito, para o oferecimento da denúncia, de cuja suficiência é o Ministério Público o árbitro exclusivo. 5. Nessa hipótese, se o arquivamento é requerido por outro órgão do Ministério Público, o juiz, conforme o art. 28 C.Pr.Pen., pode submeter o caso ao chefe da instituição, o Procurador-Geral, que, no entanto, se insistir nele, fará o arquivamento irrecusável. 6. Por isso, se é o Procurador-Geral mesmo que requer o arquivamento – como é atribuição sua nas hipóteses de competência originária do Supremo Tribunal – a esse não restará alternativa que não o seu deferimento, por decisão de efeitos rebus sic stantibus, que apenas impede, sem provas novas, o oferecimento da denúncia (C.Pr.Pen., art. 18; Súmula n. 524). 7. O mesmo é de concluir, se – qual sucede no caso –, o Procurador-Geral, subscrevendo-o, aprova de antemão o pedido de arquivamento apresentado por outro órgão do Ministério Público" (Inq. 1.604, rel. Min. Sepúlveda Pertence, DJ 13 dez. 2002).

Constata-se, portanto, que apenas nas hipóteses de atipicidade da conduta e extinção da punibilidade poderá o Tribunal analisar o mérito das alegações trazidas pelo Procurador-Geral da República. Isso evidencia que, nas demais hipóteses, como nada mais resta ao Tribunal a não ser o arquivamento do inquérito, a manifestação do Procurador-Geral da República, uma vez emitida, já é definitiva no sentido do seu arquivamento. Sendo assim, o ato de "solicitar o arquivamento", na hipótese estrita em que se alegue a inexistência de lastro probatório mínimo, apresenta a natureza eminentemente jurídica de

obstar a apreciação judicial de eventual persecução penal por parte do Poder Judiciário (acórdão datado de 5 de setembro de 2006).

Com a devida vênia, ainda se mantém no presente acórdão compreensão distante daquela que encerra a natureza do papel exercido pelo magistrado no encerramento da investigação quando o legitimado ativo resolve não propô-la. Efetivamente, mecanismo de controle sobre a não propositura da ação deve existir e, no direito brasileiro, na posição restritiva adotada pelo CPP – e totalmente consentânea com suas origens políticas – esse papel é exclusivamente exercido pelo magistrado, dele estando excluída a vítima, por exemplo.

Nas hipóteses mencionadas pelo e. Relator do acórdão acima, a da extinção da punibilidade pela morte do suspeito com base no art. 107, I, do Código Penal não traduz, ousando-se divergir, qualquer análise do mérito e, quando se fala em atipicidade geradora de "coisa julgada material", igualmente não se tem a aplicação desse instituto jurídico, porque não há relação jurídico-processual decidida.

Neste ponto, sem que se faça um recenseamento literário do tema, basta lembrar a já longínqua lição de Paula Batista[338] (Compêndio, § 182) – aqui mencionada na medida em que o v. acórdão baseia seu entendimento em Bento de Faria – quando afirma: "não há, pode-se dizer, discordância entre os escritores sobre o ponto de distinção entre coisa julgada em sentido formal e em sentido substancial (ou material). É a primeira uma qualidade da sentença quando já não é recorrível por força da preclusão dos recursos; seria, por sua vez, a segunda a sua eficácia específica e, propriamente, a autoridade da coisa julgada e estaria condicionada à formação da primeira", mas ambas formadas no desenvolvimento do exercício da jurisdição.

7. Arquivamento de inquérito policial por atipicidade de conduta e "coisa julgada"

Conforme apontado ao longo destes Comentários (*vide* art. 28) e em obra anterior, não é propriamente correto falar-se em "coisa julgada" quando do arquivamento das investigações.

Sem embargo, o e. STF julgou o HC 83.346[339], no qual afirmou que

a decisão que determina o arquivamento do inquérito policial, a pedido do Ministério Público, quando o fato nele apurado não constituir crime, produz, mais que preclusão, coisa julgada material, impedindo ulterior instauração de processo que tenha por objeto o mesmo episódio, ainda que a denúncia se baseie em novos elementos de prova. Nesses termos, a Turma deferiu habeas

---

338 BUZAID, Alfredo. Paula Batista. Atualidades de um velho processualista. **Justitia**, 30-31/1960.

339 Relator: Min. Sepúlveda Pertence. DJ, 19 ago. 2005.

corpus impetrado em favor de ex-prefeito condenado pela prática do crime previsto no art. 1º, II, do Decreto-lei 201/67 ('Art. 1º (...) II – utilizar-se, indevidamente, em proveito próprio ou alheio, de bens, rendas ou serviços públicos'), consistente no desvio de finalidade de recursos, advindos de convênio entre Município e o Ministério do Bem--Estar Social, para o pagamento de obra diversa da pactuada, com o fim de ensejar benefício à empreiteira. Considerando a identidade dos fatos pelos quais o paciente fora processado e julgado com aqueles que já teriam sido objeto de anterior inquérito policial, arquivado por determinação do Tribunal de Justiça estadual – em decisão, não recorrida, que analisara o mérito e concluíra pela atipicidade do fato –, a Turma entendeu que a instauração de acusação penal pelo Ministério Público Federal, sob o fundamento de que teriam surgido novas provas a justificar o recebimento da denúncia na Justiça Federal, violara a coisa julgada. Salientou que, não obstante a decisão de arquivamento tivesse sido prolatada pela justiça comum, absolutamente incompetente para o caso, já que o delito imputado é ofensivo a interesse da União, os seus efeitos não poderiam ser afastados, sob pena de reformatio in pejus indireta. Habeas corpus deferido para trancar o processo condenatório.

Posteriormente, essa posição foi revista quando a 1ª Turma do STF

indeferiu habeas corpus no qual pleiteado o trancamento de acusação penal instaurada a partir do desarquivamento de inquérito policial, em que reconhecida excludente de ilicitude. No caso, o citado inquérito apurava homicídio imputado ao paciente, delegado de polícia, e a outros policiais, sendo arquivado a pedido do Ministério Público do Estado do Espírito Santo, que reputara configurado o estrito cumprimento do dever legal. Passados dez anos da decisão judicial, fora instalado, pelo parquet, o Grupo de Trabalho para Repressão ao Crime Organizado – GRCO naquela unidade federativa – que dera origem, posteriormente, a Comissões Parlamentares de Inquérito em âmbito estadual e nacional –, cujos trabalhos indicariam que o paciente e os demais policiais não teriam agido em estrito cumprimento do dever legal, mas sim supostamente executado a vítima ("queima de arquivo"). A partir disso, novas oitivas das mesmas testemunhas arroladas no inquérito arquivado foram realizadas e o órgão ministerial, concluindo pela

caracterização de prova substancialmente nova, desarquivara aquele procedimento, o que fora deferido pelo juízo de origem e ensejara o oferecimento de denúncia. A impetração alegava que o arquivamento estaria acobertado pelo manto da coisa julgada formal e material, já que reconhecida a inexistência de crime, incidindo o Enunciado 524 da Súmula do STF.[340]

7.1 Desnecessidade da discussão sobre "coisa julgada" no arquivamento de investigação na modalidade inquérito policial

Diante do reconhecimento do modelo interno-hierárquico de controle do desfecho da investigação (*vide* art. 28 deste Código), descabe, com a devida vênia aos entendimentos opostos, enveredar pela discussão da coisa julgada – formal ou material.

Com efeito, a partir da compreensão de que o juiz não efetua qualquer atividade jurisdicional nesse momento, mas é apenas o impulsionador da revisão interna no Ministério Público, bem como pela óbvia constatação de que não se tem aí uma sentença, não há relação jurídica processual em curso e descabe imaginar a ocorrência de coisa julgada. Ainda que com consideráveis restrições quanto à ementa, pode-se invocar aresto que proclama que "o arquivamento de Inquérito Policial, por se tratar de decisão de natureza meramente processual, não faz coisa julgada, podendo o órgão acusador, com base em novas provas, mover a competente acusação penal"[341].

A discussão na jurisprudência, empregando-se o tema da coisa julgada nesse momento, no entanto, existe e leva à perplexidade em alguns momentos. Num deles já se reconheceu a possibilidade de exceção da coisa julgada em face do arquivamento, sem que haja "novas provas"[342], afirmando-se que "novas provas são aquelas que produzem alteração no panorama probatório dentro do qual foi concebido e acolhido o pedido de arquivamento, e não aquelas, apenas, formalmente novas".

Outra manifestação jurisprudencial procura fazer distinção entre coisa julgada formal e material, afirmando que

o arquivamento do inquérito, a requerimento do Ministério Público, faz coisa julgada formal, somente ensejando a reabertura do caso com novas provas (Súmula 524 do STF). Não constitui fato ensejador da denúncia, após o arquivamento, a mera qualificação diversa do crime, que permanece essencialmente o mesmo[343].

---

340 STF. **HC 95.211/ES**. 1ª Turma. Relator: Min. Cármen Lúcia. 10 mar. 2009 (Info. 538).

341 TRF. HC. 4ª Região. Relator: Juiz Jardim de Camargo. DJ 12 maio 1999. p. 358.

342 RSTJ 67/17.

343 RT 710/348.

A importância desse julgado liga-se ao tema da impossibilidade de ne bis in idem, projetando para a investigação uma distinção entre qualificação jurídica do fato ou da conduta como integrante da palavra *bis* no aforismo latino acima, e que será apreciado em outro ponto destes **Comentários**.

Outra visão jurisprudencial apregoa a impossibilidade de se falar em coisa julgada quando a "decisão judicial" sobre o arquivamento não analisar o "mérito", "conforme inteligência do art. 18 do CPP"[344]. Nada obstante, quando se trata de conservar a competência material de uma justiça especializada em relação à justiça estadual, não se reconhece coisa julgada: "O arquivamento na Justiça Estadual do inquérito policial instaurado para apuração de determinada conduta não tem o condão de fazer coisa julgada, que se oporia contra todos os elementos supervenientes que indicassem para uma nova persecução penal"[345].

Observe-se que, em tese, seria interessante que se discutisse, no âmbito legislativo, um melhor tratamento para o momento do arquivamento com aquilo que se denominou no acórdão supra como "análise de mérito". Isso, no entanto, implicaria a necessária revisão geral do modelo, dentro do contexto de uma reforma global do Código de Processo Penal.

Em toda a discussão, ao menos se preserva o art. 18 das influências da "coisa julgada", afirmando-se que ela não existe "em relação aos fatos objeto do inquérito policial subjacente, eis que a decisão de arquivamento de inquérito policial não obsta a realização de novas investigações acerca dos fatos que visa apurar"[346].

Compreende-se, assim, a impossibilidade da prática de atos típicos de inquérito em investigação já finda, sendo que "o indiciamento em inquérito policial arquivado, sem o prévio desarquivamento, não representa a produção de novas pesquisas ou provas (art. 18, CPP)"[347].

No mais, o que paira na visão jurisprudencial em parte da doutrina, é puramente a não aceitação do controle interno no Ministério Público, do arquivamento, e do papel que efetivamente cabe ao juiz nesse momento: de ser o único meio pelo qual se pode controlar o acusador público nessa fase (que não se confunde, como já visto, com a inação, que causaria a legitimação privada para o exercício da acusação penal pública). A vítima, que poderia ocupar (também ou primordialmente, dependendo de como se queira vê-la no processo penal) esse papel provocador – como o faz em inúmeras legislações comparadas –, encontra-se completamente alijada desse momento. Tudo assim se resolve burocraticamente no bojo das agências públicas encarregadas da persecução, o que é amplamente lógico na ideologia do Código de Processo Penal.[348]

7.2 Arquivamento de inquérito policial pelo reconhecimento de legítima defesa e "coisa julgada"

A Justiça Militar buscou construir um marco de precedentes que, se tivesse sido levado adiante significaria o esvaziamento de todo o movimento sócio-político que lutou pela migração da competência dos crimes dolosos contra a vida praticados por militares, contra civis, da justiça especializada para a comum, algo que não é assumido por integrantes de forças militares e intervenientes processuais da jurisdição castrense.[349]

Contudo, o STF, analisando caso que envolvia a então competência da Justiça Militar para apurar crimes dolosos contra a vida e posterior modificação legislativa sobre a matéria, foi denegada "ordem em '*habeas corpus*'" em que se pleiteava o reconhecimento da coisa julgada material e a extinção de ação penal. No caso, em razão da suposta prática do delito de homicídio tentado (CP, art. 121, § 2º, IV, c/c art. 14, II), foram instaurados dois inquéritos – um civil e um militar – em face de ora paciente e de corréus. O inquérito policial militar fora arquivado em 21 out. 1993, a pedido do Ministério Público, que entendera que os agentes teriam agido em estrito cumprimento de dever legal. Já no inquérito policial civil, o paciente fora denunciado em 23 dez. 1998 e, instruída a ação penal, condenado à pena de 10 anos de reclusão. O Colegiado, inicialmente, destacou que, à época em que proferida a decisão determinando o arquivamento do inquérito policial militar, a Justiça Castrense seria competente para processar e julgar o paciente pelo delito em questão, já que somente com o advento da Lei n. 9.299/1996 teria sido deslocado o julgamento dos crimes dolosos contra a vida de civis para o tribunal do júri. Por outro lado, consoante o Enunciado 524 da Súmula do STF, decisão proferida por juiz competente, em que tivesse sido

---

344 STJ. RHC. Relator: Carlos Thibau. DJ, 12 mar. 1990. p. 1709.

345 TRF. HC. 3ª Região. Relator: Juiz Arice Amaral. DJU, 30 abr. 2003. p. 373.

346 TRF. HC. Relator: Juiz Theotonio Costa. DJ, 5 maio 1998. p. 403-404.

347 TRF. REO. Relator: Juiz Luiz Antonio Bonat. DJU, 12 set. 2001. p. 462.

348 Apontando a possibilidade de controle pela vítima nessas situações, CORTIZO SOBRINHO, Raymundo. Cabimento da ação penal privada subsidiária da pública no arquivamento de inquérito policial. **Arquivos da Polícia Civil: Revista tecno-científica**, São Paulo, n. 48, p. 183-185, 2005.

349 ROCHA, Abelardo Julio da. Do "arquivamento indireto" do inquérito policial militar pela justiça militar estadual quando reconhecida a inexistência de crime doloso contra a vida de civil. **Direito Militar: Revista da Associação dos Magistrados das Justiças Militares Estaduais – AMAJME**, Florianópolis, v. 18, n. 108, p. 11-15, jul./ago. 2014.

determinado o arquivamento de inquérito a pedido do Ministério Público, em virtude de o fato apurado estar coberto por causa excludente de ilicitude, não obstaria o desarquivamento quando surgissem novas provas, reiterado o que decidido no HC 95.211/ES (DJe de 22 ago. 2011). A decisão da Justiça Militar, na hipótese em comento, não afastara o fato típico ocorrido, mas sim sua ilicitude, em razão do estrito cumprimento do dever legal, que o Ministério Público entendera provado a partir dos elementos de prova de que dispunha até então. Nesse diapasão, o eventual surgimento de novos elementos de convicção teria o condão de impulsionar a reabertura do inquérito na justiça comum, a teor do art. 18 do CPP ("Depois de ordenado o arquivamento do inquérito pela autoridade judiciária, por falta de base para a denúncia, a autoridade policial poderá proceder a novas pesquisas, se de outras provas tiver notícia"). Na espécie, a simples leitura das provas constantes dos autos apontaria uma nova versão para os fatos delituosos, em consequência do prosseguimento das investigações na justiça comum, não havendo impedimento legal para a propositura da nova ação penal contra o paciente naquela seara. Vencido o Ministro Teori Zavascki (relator), que entendia estar configurada a coisa julgada material.[350]

8. Arquivamento do inquérito policial por escoamento do prazo prescricional ou decadencial

Situação distinta dá-se com a superação dos limites temporais da persecução estatal por força da ocorrência da prescrição ou decadência. Nesse caso está-se diante de impossibilidade instransponível de reabertura da investigação, pois o Estado não pode exercer seu poder coercitivo para além do limite temporal expressamente previsto. Nesse sentido, prescrição e decadência integram a própria essência do tipo penal, servindo como elementos de certeza do tipo: a certeza do limite temporal pelo qual a persecução pode ocorrer.

9. Uma discussão sempre presente: arquivamentos "implícitos"

Decorrência de um direito anterior à CR/88, a doutrina discute largamente ao longo da vigência formal do Código de Processo Penal a existência de "arquivamentos implícitos".[351]

Neste ponto é de ser lembrada a lição de Siqueira[352], quando afirma que

Nilo Batista, depois de invocar a autoridade de Hélio Tornaghi e José Frederico Marques, aponta acórdãos vários, inclusive da Suprema Corte, acolhendo arquivamentos implícitos ou tácitos de inquérito policial, que se efetivariam com a denúncia e seu recebimento em relação a alguns indiciados, desde que ficassem de fora outros autores. No mesmo trabalho, o Prof. Nilo Batista, na justificativa de tal forma de arquivamento, alinha o argumento lógico, segundo o qual, a entender-se contrariamente, ter-se-ia situação verdadeiramente esdrúxula, uma vez que o não denunciado não seria indiciado, nem acusado etc. Ora, se assim é, a não inclusão de um dos apontados partícipes na denúncia, especialmente quando seja nela designado ou referido, tem um sentido, tem um significado, que se obtém ex contrario sensu: não foi ele participante do crime, no entender do autor da denúncia. E a consequência de tal significado é evidente: inexistiriam elementos suficientes para denunciá-lo; está o inquérito arquivado em relação a ele.

Evidentemente, essa preocupação é sentida diante da (des)estrutura da fase investigativa, que parece manipular – na ordem dominante – o curso da acusação penal. Arquivamentos "implícitos" somente têm sentido nesse contexto. Na verdade, o que pauta o exercício da jurisdição é a petição inicial acusatória – em qualquer modalidade do exercício da legitimação para o direito de ação –, e não outros elementos valorativos que se extraem – não sistematicamente – no transcurso da investigação, ao arrepio da ordem constitucional. Adicionar importância a arquivamentos implícitos é, por consequência, dar valor ao ato de indiciamento, que, como visto, é muito mais disfuncional que servidor a uma lógica processual penal condizente com o Estado de Direito no Código de Processo Penal brasileiro.

Sem embargo, deve ser considerado que determinados atos causam inegável constrangimento à pessoa suspeita como, *v.g.*, a decretação de sua prisão temporária. Em situações nas quais a pessoa é presa, mas não denunciada, a manifestação expressa do Estado é de rigor, inclusive quando se coloca em pauta a possibilidade de eventual reparação de danos pela prisão indevida.

10. Acusação penal instaurada com base em inquéritos arquivados

Pode-se resumir o entendimento sobre este ponto, afirmando-se que "o oferecimento da denúncia e seu recebimento, com base em inquérito policial

---

350 STF. **HC 125101/SP**. Relator original: Min. Teori Zavascki. Redação para o acórdão: Min. Dias Toffoli. 25 ago. 2015.

351 A ver, entre outros, BUSANA, Álvaro; PERDIZES, Ludgero Henrique. A admissibilidade do arquivamento implícito (jurisprudência comentada). **Revista Brasileira de Ciências Criminais**, São Paulo, v. 2, n. 5, p. 160-163, jan./mar. 1994.

352 SIQUEIRA, Geraldo Batista de. Ministério Público: opinio delicti, consequências vinculatórias. **Justitia**, 1978/103.

arquivado, sem a observância da cautela probatória, redundam em constrangimento ilegal, considerando-se nula a sentença condenatória que vier a ser proferida" (Revisão Criminal 202.586-3/SP; 2º Grupo de Câmaras Criminais; Relator: Gonçalves Nogueira; 17 set. 1996, m.v.). Corolário lógico de um sistema que busca se adequar aos primados constitucionais, a acusação penal não pode ser movida com base numa peça investigativa a qual o próprio Estado afirmou não possuir serventia, ao menos na forma com que foi arquivada. Admitir uma acusação nesses moldes seria a mesma coisa que negar a própria existência do arquivamento da investigação.

11. Desarquivamento de inquérito e Juizado Especial Criminal

Caso de interesse para o tema foi analisado pelo e. STF, que assim se posicionou sobre o desarquivamento de inquérito no âmbito do Juizado Especial Criminal:

A Turma, por maioria, indeferiu habeas corpus em que se pretendia a nulidade de acórdão de turma recursal de juizado especial criminal que indeferira idêntica medida e mantivera decisão de juízo singular que determinara o desarquivamento de inquérito policial instaurado contra o paciente pela suposta prática de lesões corporais simples. No caso concreto, o Ministério Público requerera o arquivamento do inquérito, por falta de interesse processual, em face da não localização da vítima para realização de exame complementar de corpo de delito, o que fora acolhido pelo juízo. Posteriormente, em decorrência da manifestação da vítima informando a existência de erro no endereço constante do mandado de intimação, o mesmo órgão ministerial pedira o desarquivamento do feito, o que também fora deferido. Sustentava o impetrante que o desarquivamento se dera em afronta ao art. 10, XXXIII, da Lei Complementar 28/92, do Estado do Rio de Janeiro ("Cabe ao Procurador-Geral requisitar autos arquivados, promover seu desarquivamento e, se for o caso, oferecer denúncia ou designar outro órgão do Ministério Público para fazê-lo"), e, ainda, ao Enunciado 524 da Súmula do STF ("Arquivado o inquérito policial, por despacho do juiz, a requerimento do promotor de justiça, não pode a acusação penal ser iniciada, sem novas provas"). Esclareceu-se, de início, que o art. 72 da Lei n. 9.099/95, ao exigir a presença da vítima para audiência preliminar, criou, implicitamente, na hipótese da mesma não ser localizada para tanto, nova modalidade de arquivamento das peças informativas diversa daquelas previstas no art. 18 do CPP, na Súmula n. 524 e na

norma estadual invocada (Lei n. 9.099/95, art. 72: "Na audiência preliminar, presente o representante do Ministério Público, o autor do fato e a vítima e, se possível, o responsável civil, acompanhados por seus advogados, o Juiz esclarecerá sobre a possibilidade da composição dos danos e da aceitação da proposta de aplicação imediata de pena não privativa de liberdade"; CPP, art. 18: "Depois de ordenado o arquivamento do inquérito pela autoridade judiciária, por falta de base para a denúncia, a autoridade policial poderá proceder a novas pesquisas, se de outras provas tiver notícia"). Entendeu-se que, sendo hipótese de crime condicionado à representação do ofendido, o arquivamento do feito somente seria considerado definitivo se a vítima, ciente deste, se mantivesse inerte, o que não ocorrera na espécie. Vencido o Min. Marco Aurélio que deferia o writ por considerar que, em homenagem à segurança jurídica, a existência da premissa errônea não seria suficiente, por si só, para acatar o pedido de reconsideração do arquivamento.[353]

Art. 19. Nos crimes em que não couber ação pública, os autos do inquérito serão remetidos ao juízo competente, onde aguardarão a iniciativa do ofendido ou de seu representante legal, ou serão entregues ao requerente, se o pedir, mediante traslado.

1. Investigação e iniciativa da parte privada para propor a acusação penal

Trata-se das situações em que a investigação criminal instrui ações de legitimação privada genuína, e não a denominada acusação penal privada subsidiária da pública.

Nessas hipóteses, a investigação criminal na modalidade inquérito policial transcorre dentro dos trâmites normais na unidade policial e seu eventual envio de prazo para conclusão ao Judiciário até que se dê seu encerramento.

A partir desse momento os autos são disponibilizados ao ofendido ou seu representante legal e aguardarão o decurso do prazo decadencial para a eventual propositura da acusação penal que, como notório, não se interromperá diante de eventual incompletude da investigação.

De tudo isso se conclui que existe uma relação diferenciada do ofendido para com a investigação no caso da instrumentalização das ações privadas genuínas, com o legítimo direito de cobrar agilidade às investigações.

---

353 STF. **HC 84.638/RJ**. Relator: Min. Sepúlveda Pertence. 28 set. 2004.

> Art. 20. A autoridade assegurará no inquérito o sigilo necessário à elucidação do fato ou exigido pelo interesse da sociedade.

1. Fundamento constitucional

No art. 5º da CR/88, no inciso LX, tem-se que "a lei só poderá restringir a publicidade dos atos processuais quando a defesa da intimidade ou o interesse social o exigirem". Normalmente, esse é o fundamento invocado quando se começa a analisar o art. 20 do Código de Processo Penal.

Entretanto, a ele deve ser acrescido o art. 8º da CADH, que trata das garantias judiciais e em seu n. 5 dispõe: "O processo penal deve ser público, salvo no que for necessário para preservar os interesses da justiça". Tal norma tem status constitucional, segundo alegamos em outra parte destes Comentários, e interage com a redação original da CR/88 em grau de superioridade de redação no que tange ao artigo em comento, pois não fala em "atos processuais" – os quais rigorosamente os da investigação não são –, mas em restrição da publicidade no "processo penal", no qual a investigação, sem dúvida, enquadra-se.

2. Interesses em conflito

Pelas dimensões a que se propõe no transcurso destes Comentários, é natural que não se possa ir a fundo na abordagem de tema tão rico em polêmica. Cabe, no entanto, ressaltar que a situação não é exclusiva do cenário brasileiro, destacando-se, segundo a doutrina internacional que

> obviamente, mínimas restrições são essenciais durante a fase de investigação. Sem dúvida, o problema surge em diferentes modos para diferentes culturas legais. O sistema acusatório é tradicionalmente avesso a restrições. (...) O sistema inquisitivo é secreto por sua própria natureza. Entretanto, quaisquer que possam ser as inclinações processuais, é difícil imaginar que uma investigação possa ser levada a efeito eficientemente em público (...) Mais ainda, a presunção de inocência requer que as suspeitas não sejam divulgadas prematuramente.[354]

No entanto, seguindo-se a mesma fonte, "antes de tudo, com relação à eficácia da investigação, informar o público pode ser necessário para proteger a harmonia social após a ocorrência de determinados casos. É também conhecido que em alguns tipos de casos e em alguns estágios da investigação, publicidade – ou ao menos alguma publicidade – pode ser muito mais uma vantagem do que um prejuízo. Por fim, a publicidade da mídia pode, algumas vezes, ser útil num contrabalanço à pressão política", para concluir que "o futuro deste conjunto contraditório é que soluções radicais parecem ser escassamente possíveis. Hoje, apenas uma 'regulada' fase investigativa secreta é concebível, e não uma impenetrável barreira para a circulação da informação".[355]

Tais considerações abrem margem àquilo que pode ser considerado como o sigilo "externo" e o "interno" da investigação.

3. Sigilo "externo" da investigação

Por sigilo "externo" vai-se compreender a restrição à divulgação do conteúdo da investigação aos meios midiáticos em geral. Normalmente, este tema vem ligado à restrição de divulgação da imagem das pessoas envolvidas, sejam na qualidade de suspeitos, vítimas ou testemunhas, e as poucas regras que existem – fora do Código de Processo Penal, acrescente-se – sobre o tema giram em torno desses parâmetros. A vedação de divulgação de documentos, integral ou parcialmente, pela imprensa, é uma preocupação tardia no mundo jurídico brasileiro, como se verá a seguir.

No campo "externo" do "segredo" investigativo, o mundo jurídico se contrapõe formalmente – e com extrema fragilidade – ao "incremento de programas dedicados a notícias de violência e no subsequente aumento do consumo desses produtos culturais por diversos setores sociais", sendo que "as notícias de crimes e assaltos ocupam espaços midiáticos nobres, em um contexto em que o consumo de imagens de cenas de violência na televisão fomenta audiências de programas de formatos popularescos"[356].

Pode-se acrescentar que os fatos sociais ligados ao denominado "processo penal de emergência" constituem filão à parte nesse cenário e, de todo o conjunto, extrai-se que a imprensa passa a atuar não apenas como fonte de informação, mas como verdadeiro espaço decisório, que dialogará com os centros formais de tomada de decisão (agências públicas encarregadas da persecução), atribuindo um determinado sentido à informação. A dizer, necessidade de prender-se ou manter-se preso alguém, direcionando linhas investigativas, insurgindo-se contra eventuais absolvições etc.

---

354 DELMAS-MARTY, Mireille (Org.). **Processos penais da Europa**. Tradução de Fauzi Hassan Choukr e Ana Cláudia Ferigato Choukr. Rio de Janeiro: Lumen Juris, 2005.

355 DELMAS-MARTY, Mireille (Org.). **Processos penais da Europa**. Tradução de Fauzi Hassan Choukr e Ana Cláudia Ferigato Choukr. Rio de Janeiro: Lumen Juris, 2005.

356 MONTORO, Tânia. Sangue na tela. In: MOTTA, Luiz Gonzaga (Org.). **Imprensa e poder**. Brasília/São Paulo: Ed. da UNB – Imprensa Oficial, 2002. p. 304.

4. Sigilo "interno" da investigação

O sigilo "interno" da investigação diz respeito ao acesso limitado aos autos tal como concebido na forma inquisitiva do processo penal, e configura verdadeira restrição a que o investigado e mesmo seu defensor possam consultar o produto da investigação. No direito brasileiro – assim como em outros países –, o acesso limitado aos autos é dificultado pelo fato de as investigações serem produzidas unilateralmente por agências públicas, haver escassa previsão legal de participação efetiva da defesa técnica – mesmo nas situações de constrição da liberdade ou de outros direitos fundamentais – e, sobretudo, pela própria cultura inquisitiva que permeia nosso sistema.

Para maiores observações ver art. 14 nestes *Comentários*.

5. Sigilo interno e disposições inferiores à CR/88 e à CADH

Na discussão sobre o sigilo "interno", como visto, invoca-se a Lei n. 8.906, de 4 de julho de 1994 (Estatuto da OAB), que, em seu art. 7º, dispõe:

São direitos do advogado:

(...) XIV – examinar em qualquer repartição policial, mesmo sem procuração, autos de flagrante e de inquérito, findos ou em andamento, ainda que conclusos à autoridade, podendo copiar peças e tomar apontamentos.

O mesmo se dá perante a Lei Complementar n. 80, de 12 de janeiro de 1994, a qual criou a Defensoria Pública e que em seu art. 44 dispõe: "São prerrogativas dos membros da Defensoria Pública da União: (...) VIII – examinar, em qualquer repartição, autos de flagrante, inquérito e processos".

6. Consequências para a persecução penal em face da quebra do sigilo investigativo

Há de ser considerado que não existem repercussões internas no desenvolvimento da investigação com a quebra indevida do sigilo em qualquer das suas modalidades. Reflexamente, a publicidade indevida pode vir a ser uma causa de dificuldade da investigação, mas não se chega à consequência de qualquer mácula de ato investigativo por conta do sigilo quebrado. Mesmo quando há peremptoriamente a impossibilidade da divulgação do conteúdo do ato de investigação, a violação dessa cláusula (*v.g.*,

na lei de interceptação telefônica) não se traduz na imprestabilidade do conteúdo do produto obtido por esse meio de prova. E, como se verá, a quebra do sigilo muitas vezes não se resolve nem mesmo com eventuais indenizações civis para as pessoas prejudicadas.

7. Indenizações pela quebra indevida de dados da investigação

Verdadeiramente há pouca tradição na prática jurídica brasileira em situações de quebra indevida da investigação. Episodicamente se reconhece que a "publicidade dada por autoridade policial a fatos delituosos com apuração em andamento e que não resultaram comprovados no termo final do inquérito, que restou arquivado pelo Poder Judiciário" faz surgir o direito à indenização[357], dando-se o mesmo quando da "Publicação de notícia objeto de procedimento sigiloso, sugerindo coleta de dados de inquérito, confirmando denúncias já divulgadas".[358]

> *Parágrafo único*. Nos atestados de antecedentes que lhe forem solicitados, a autoridade policial não poderá mencionar quaisquer anotações referentes a instauração de inquérito contra os requerentes. (Redação dada pela Lei n. 12.681, de 4 jul. 2012)

1. A investigação criminal e o conceito de "bons e maus" antecedentes

Exatamente desses "registros" nasce uma boa parte da discussão sobre "bons ou maus antecedentes" no direito processual penal brasileiro, material informativo que serve não raras vezes como arrimo a exasperação de pena), embora se diga que "inquéritos policiais e processos em andamento não contam como maus antecedentes na fixação da pena-base, diante da presunção constitucional da não culpabilidade"[359] e se afirme a impossibilidade de se considerar inquéritos e processos em andamento como maus antecedentes.

Sem embargo, prevalece no cotidiano cultural que "entende-se por antecedentes todos os fatos ou episódios da vita anteacta do réu, próximos ou remotos, que possam interessar de qualquer modo à avaliação subjetiva do crime"[360], vez que "os registros que amparam os maus antecedentes são diversos daqueles que caracterizaram a reincidência".[361]

---

357 RT 781/407 (2001).

358 TJSP. **Apelação Cível 34.215-4/SP**. 4ª Câmara de Direito Privado. Relator: Olavo Silveira. 30 abr. 1998, v.u.

359 TJSP. **Apelação Criminal 217.829-3/SP**. 4ª Câmara Criminal. Relator: Bittencourt Rodrigues. Data de julgamento: 10 jun. 1997, v.u.

360 TJRS, RVC 141.758-3, rel. Gonçalves Nogueira, j. 27-9-1993.

361 TJSP Apelação Criminal 248.509-3, Sorocaba, 3ª Câmara Criminal, rel. Walter Guilherme, 18-8-1998, v.u.

Toda essa desestrutura se apresenta ainda mais sentida no direito brasileiro porque, como se dá em outros países de tradição europeia-continental, no objeto do processo de conhecimento se faz, ao mesmo tempo, uma análise do mérito (juízo de valor sobre a conduta praticada) e uma análise da personalidade do acusado. Racionalmente, tais objetos não se confundem, mas são colocados ao sabor da cognição judicial concomitantemente e, no caso da personalidade do réu, ela é sobretudo avaliada por esses dados estatísticos que são manipulados ao sabor do caso concreto, dando azo a um "direito penal do autor", mais do que a uma apreciação objetiva do objeto do conhecimento da conduta prática (direito penal do fato).

2. Conceito de maus antecedentes: aprofundamento da questão na jurisprudência do STJ e do STF

Indo de certa maneira de encontro às consequências admissíveis do princípio da presunção de inocência, o e. STF, "por maioria, indeferiu o writ por reconhecer que, no caso, inquéritos e ações penais em curso podem ser considerados maus antecedentes, para todos os efeitos legais", dentre eles a aplicação de um regime mais gravoso de pena. No caso concreto foi "vencido o Min. Gilmar Mendes, relator, que, tendo em conta que a fixação da pena e do regime do ora paciente se lastreara única e exclusivamente na existência de dois inquéritos policiais e uma acusação penal, concedia o habeas corpus"[362].

Tal entendimento, no entanto, está longe de figurar maioria mesmo dentro daquele e. Tribunal.

Cabe observar, por oportuno, profunda manifestação do Min. Celso de Mello ao afirmar que

> a formulação, contra o sentenciado, de juízo de maus antecedentes, para os fins e efeitos a que se refere o art. 59 do Código Penal, não pode apoiar-se na mera instauração de inquéritos policiais (em andamento ou arquivados), ou na simples existência de processos penais em curso, ou, até mesmo, na ocorrência de condenações criminais ainda sujeitas a recurso. É que não podem repercutir, contra o réu, sob pena de transgressão ao postulado constitucional da não culpabilidade (CF, art. 5º, LVII), situações jurídico-processuais ainda não definidas por decisão irrecorrível do Poder Judiciário, porque inexistente, em tal contexto, título penal condenatório definitivamente constituído.

Na esteira da posição então isolada, o STF decidiu que

> não poderiam ser considerados para esse fim quaisquer outras investigações ou processos criminais em andamento, mesmo em fase recursal. Esse ponto de vista estaria em consonância com a moderna jurisprudência da Corte Interamericana de Direitos Humanos e do Tribunal Europeu dos Direitos do Homem. Ademais, haveria recomendação por parte do Comitê de Direitos Humanos das Nações Unidas, no sentido de que o Poder Público deveria abster-se de prejulgar o acusado. Colacionou, também, o Enunciado 444 da Súmula do STJ ("É vedada a utilização de inquéritos policiais e ações penais em curso para agravar a pena-base"). O lançamento, no mundo jurídico, de enfoque ainda não definitivo e, portanto, sujeito a condição resolutiva, potencializaria a atuação da polícia judiciária, bem como a precariedade de certos pronunciamentos judiciais. Nesse sentido, uma vez admitido pelo sistema penal brasileiro o conhecimento do conteúdo da folha penal como fator a se ter em conta na fixação da pena, a presunção deveria militar em favor do acusado. O arcabouço normativo não poderia ser interpretado a ponto de gerar perplexidade.

O Ministro Teori Zavascki, ao aditar seu voto, ressalvou que as ações penais que já contivessem sentença condenatória, ainda que não definitiva, não deveriam receber o mesmo tratamento dos inquéritos ou das ações penais pendentes de sentença para fins de maus antecedentes. Assim, processos em andamento não poderiam ser considerados como maus antecedentes, a não ser que se cuidasse de ação penal em que houvesse sentença condenatória proferida. Entretanto, no caso concreto, em nenhum dos processos envolvidos já existiria sentença, de modo que manteve a conclusão proferida anteriormente.[363]

Contudo, as informações aqui tratadas podem ser usadas para sustentar decisão que atesta a necessidade cautelar consoante inúmeros precedentes, particularmente no STJ.[364]

---

362 HC 84.088/MS. Relator original: Min. Gilmar Mendes. Relator para o acórdão: Min. Joaquim Barbosa. 29 nov. 2005.
363 STF. RE 591054/SC. Relator: Min. Marco Aurélio. 17 dez. 2014.
364 RHC 55365/CE. 5ª Turma. Relator: Min. Jorge Mussi. Data de julgamento: 17 mar. 2015. DJe, 6 abr. 2015; RHC 52402/BA. 6ª Turma. Relator: Min. Sebastião Reis Júnior. Data de julgamento: 18 dez. 2014. DJe, 5 fev. 2015; RHC 48897/MG. 5ª Turma. Relator: Min. Felix Fischer. Data de julgamento: 2 out. 2014. DJe, 13 out. 2014; HC 285466/PR. 5ª Turma. Relatora: Min. Laurita Vaz. Data de julgamento: 5 ago. 2014. DJe, 21 ago. 2014; HC 289772/CE. 6ª Turma. Relator: Min. Rogerio Schietti Cruz. Data de julgamento: 13 maio 2014. DJe, 28 maio 2014; HC 274203/RS. 5ª Turma. Relator: Min. Marco Aurélio Bellizze. Data de julgamento: 10 set. 2013. DJe, 16 set. 2013; HC 220948/DF. 5ª Turma. Relator: Min. Gilson Dipp. Data de julgamento: 26 jun. 2012. DJe, 1º ago. 2012.

Art. 21. A incomunicabilidade do indiciado depenederá sempre de despacho nos autos e somente será permitida quando o interesse da sociedade ou a conveniência da investigação o exigir.

Parágrafo único. A incomunicabilidade, que não excederá de 3 (três) dias, será decretada por despacho fundamentado do juiz, a requerimento da autoridade policial, ou do órgão do Ministério Público, respeitado, em qualquer hipótese, o disposto no art. 89, III, do Estatuto da Ordem dos Advogados do Brasil (Lei n. 4.215, de 27 de abril de 1963). (Redação dada pela Lei n. 5.010, de 30-5-1966)

1. Disposições sobre incomunicabilidade no direito brasileiro: breve itinerário

O caminho da incomunicabilidade é longo no direito brasileiro e marcado pela sua vinculação a perseguições políticas.

Anote-se que

para os crimes contra a segurança nacional, a Lei nº 314, de 15 de março de 1967, com redação alterada pelo Decreto-Lei no 510, de 20 de março de 1969 (Lei de Segurança Nacional – LSN), foi a primeira no Brasil, depois do Estado Novo, a prever a prisão para efeitos de averiguação, desde que comunicada à autoridade judiciária, sem exceder o prazo de 30 dias, prorrogável por igual período, uma única vez (artigo 47 do decreto-lei nº 314/1967, com redação dada pelo Decreto-Lei nº 510/1969). Nessa modalidade de prisão era prevista a incomunicabilidade do indiciado por prazo de até dez dias (parágrafo 1º). O Decreto-Lei no 898, de 29 de setembro de 1969, no artigo 59 (Lei de Segurança Nacional que revogou o anterior), manteve a prisão para averiguação do indiciado pelo mesmo prazo legal, bem como a incomunicabilidade por até dez dias, quando necessário ao sucesso das diligências policiais. Tal decreto-lei foi revogado pela Lei no 6.620, de 17 de dezembro de 1978, que, passando a dispor sobre os crimes contra a segurança nacional, manteve a possibilidade de prisão do indiciado pelo prazo de trinta dias (prorrogável uma vez), mas reduziu o prazo máximo da incomunicabilidade para oito dias (artigo 53). Posteriormente, essa norma foi revogada pela Lei no 7.170, de 14 de dezembro de 1983, sobre a mesma matéria, que define para a prisão do indiciado o prazo máximo de 15 dias (prorrogável por igual período) e, para a incomunicabilidade, o prazo máximo, improrrogável, de cinco dias (artigo 33).[365]

2. A colocação tópica da incomunicabilidade e seu conteúdo

Na redação do CPP a incomunicabilidade se apresenta como um regime de cumprimento de uma medida cautelar privativa da liberdade de duração limitada. Não seria, portanto, uma nova medida constritiva, mas, sim, a forma de executá-la.

3. Incomunicabilidade como providência excepcional

Na redação do presente artigo a incomunicabilidade aparece como providência de exceção, condicionada a "conveniência da sociedade" ou "conveniência da investigação", ambas situações pressupondo que a pessoa investigada estivesse já sob custódia, o que era a regra na redação original do CPP que a impunha automaticamente[366].

A locução "conveniência da sociedade" justificava-se pela origem político-jurídica do CPP e exemplifica uma das maiores manifestações de seu emprego num regime de exceção ao estado de direito. Da mesma maneira a "conveniência da investigação" era cláusula aberta, cujo conteúdo seria preenchido com o casuísmo orientado pelo espírito cultural e interpretativo do CPP: o inquisitivo.

Ressalvava-se o contato da defesa técnica com o preso[367] sem que houvesse, no entanto, a obrigatoriedade de dar conhecimento a esse profissional ou aos familiares da pessoa presa onde ela se encontrava encarcerada tornando letra morta a ressalva legal.

4. A não recepção do presente artigo pela CR/88

São poucos os autores que defendem a permanência da norma do art. 21 do CPP diante do texto constitucional como faz Dezem[368] arrematando, com Greco Filho, que a incomunicabilidade estaria restrita aos casos de estado de defesa previsto na CR[369]. A

---

365 BRASIL. Comissão Nacional da Verdade. Relatório/Comissão Nacional da Verdade. Brasília: CNV, 2014. p. 314-315.

366 Na redação original do CPP: "Art. 312. A prisão preventiva será decretada nos crimes a que for cominada pena de reclusão por tempo, no máximo, igual ou superior a dez anos". Essa norma somente seria modificada pela Lei 5.349, de 3 de novembro de 1967.

367 Do então Estatuto da OAB: "Art. 89. São direitos do advogado e do provisionado (...) III – comunicar-se, pessoal e reservadamente com os seus clientes, ainda quando estes se achem presos ou detidos em estabelecimento civil ou militar, mesmo incomunicáveis;"

368 **Curso...**, *op. cit.*, p. 58.

369 "Art. 136. O Presidente da República pode, ouvidos o Conselho da República e o Conselho de Defesa Nacional, decretar estado de defesa para preservar ou prontamente restabelecer, em locais restritos e determinados, a ordem pública ou a paz social ameaçadas por grave e iminente instabilidade institucional ou atingidas por calamidades de grandes proporções

dizer-se, não vedada expressamente senão naquela situação excepcional, poderia o ordenamento infraconstitucional prever sua ocorrência.

A posição adotada por Dezem que, aparentemente, segue Greco, é insustentável, com a devida vênia, perante a melhor hermenêutica constitucional. Com efeito, o resultado da interpretação constitucional é exatamente a oposta daquela por eles pretendida.

Isto porque se nem mesmo a situação excepcional do estado de defesa autoriza a incomunicabilidade, menos ainda seria possível fazê-lo num estado de normalidade. O que a norma constitucional diz é, pois, que a segregação não é possível em qualquer situação, nem na normalidade e, menos ainda, na excepcionalidade.[370]

Ademais, o próprio texto constitucional é claro ao afirmar em seu art. 5º,LXII, que a prisão de qualquer pessoa e o local onde se encontre serão comunicados imediatamente ao juiz competente e à família do preso ou à pessoa por ele indicada.[371]

6. A incomunicabilidade na CIDH

O julgado "Suárez Rosero *versus* Ecuador", sentença de 12 nov. 1997, é mencionado pela doutrina brasileira favorável à compatibilidade constitucional-convencional da incomunicabilidade.[372]

Contudo, é necessário destacar, em primeiro plano, que o excerto do caso julgado pela CIDH parte de uma outra base constitucional. O texto deve ser lido em relação aos tópicos 50 e 52 daquele julgado. Assim:

50. A Corte observa que, em conformidade com o artigo 22.19.h da Constituição Política do Equador, a incomunicabilidade de uma pessoa durante a detenção não pode exceder 24 horas (par. 43 supra). Entretanto, o senhor Suárez Rosero permaneceu incomunicável de 23 de junho a 28 de julho de 1992 (par. 34, parte d supra), isto é, um total de 35 dias a mais do limite máximo determinado constitucionalmente.

51. A incomunicabilidade é uma medida de caráter excepcional que tem como propósito impedir que se prejudique a investigação dos fatos. Este isolamento deve estar limitado ao período de tempo determinado expressamente pela lei. Ainda nesse caso, o Estado está obrigado a assegurar ao detido o exercício das garantias mínimas e inderrogáveis estabelecidas na Convenção e, concretamente, o direito a questionar a legalidade da detenção e a garantia do acesso, durante seu isolamento, a uma defesa efetiva.

52. Tendo presente o limite máximo estabelecido na Constituição equatoriana, a Corte declara que a incomunicabilidade a que foi submetido o senhor Rafael Iván Suárez Rosero, que se prolongou de 23 de junho de 1992 a 28 de julho do mesmo ano, violou o artigo 7.2 da Convenção Americana.

Quando, no entanto, a base constitucional desautorizar a medida – como se passa no caso brasileiro – a ressalva do início do tópico 51 não se aplica.

> Art. 22. No Distrito Federal e nas comarcas em que houver mais de uma circunscrição policial, a autoridade com exercício em uma delas poderá, nos inquéritos a que esteja procedendo, ordenar diligências em circunscrição de outra, independentemente de precatórias ou requisições, e bem assim providenciará, até que compareça a autoridade competente, sobre qualquer fato que ocorra em sua presença, noutra circunscrição.

1. Divisão territorial das unidades policiais

A disciplina do presente artigo visa harmonizar o exercício das funções policiais nas bases territoriais onde existe mais de uma circunscrição policial, viabilizando que o serviço policial investigativo ocorra sem interrupções, seja porque atos de investigação, numa mesma base territorial, precisem ser realizados em circunscrições diversas, seja porque a autoridade policial com atribuições específicas não se encontra em atividade no momento.

Disciplina diversa levaria à inevitável paralisia das atividades policiais investigativas, na medida em que numa mesma base, mas em circunscrições diversas, devesse ser expedida, por exemplo, uma carta precatória para oitiva de determinada pessoa.

Tal regra tende a se aplicar, também, a equipes especializadas que atuem em várias bases territoriais, com expressa previsão legal para tanto e que, nas investigações que lhes são afetas, precisem transitar em inúmeras circunscrições.

> Art. 23. Ao fazer a remessa dos autos do inquérito ao juiz competente, a autoridade policial oficiará ao Instituto de Identificação e Estatística, ou repartição congênere, mencionando o juízo a que

---

na natureza (...) § 3º Na vigência do estado de defesa: (...) IV – é vedada a incomunicabilidade do preso".

370 Argumentos também assumidos por Lopes Jr., *op. cit.*, p. 116.

371 E, no Estatuto da OAB tem-se que "Art. 7º–São direitos do advogado: (...) III – comunicar-se com seus clientes, pessoal e reservadamente, mesmo sem procuração, quando estes se acharem presos, detidos ou recolhidos em estabelecimentos civis ou militares, ainda que considerados incomunicáveis."

372 DEZEM, *op. loc cit.*

tiverem sido distribuídos, e os dados relativos à infração penal e à pessoa do indiciado.

1. Remessa do inquérito policial

A remessa dos autos ao Poder Judiciário é a regra diante da forma em que foi concebido o Código de Processo Penal, pela qual a polícia judiciária se relaciona com o Poder Judiciário e, naturalmente, o produto da investigação é ali depositado. Esse depósito é definitivo, sendo inadmissível a "exclusão dos arquivos criminais", em face da "Possibilidade de ser desarquivado diante da produção de novas provas (pelo) art. 18 do Código de Processo Penal"[373].

TÍTULO III – Da Ação Penal

Art. 24. Nos crimes de ação pública, esta será promovida por denúncia do Ministério Público, mas dependerá, quando a lei o exigir, de requisição do Ministro da Justiça, ou de representação do ofendido ou de quem tiver qualidade para representá-lo.

1. A ação como instrumento da jurisdição

O direito de ação é aquele pelo qual se exige a atuação da jurisdição num determinado caso concreto. A jurisdição penal é sempre uma jurisdição de resultados concretos de recomposição do bem da vida lesado que tem a tutela da norma penal.

Assim compreendida a jurisdição, o direito de ação para o processo penal – admitida sua existência – é um direito concreto, a dizer, apenas se realiza com a certificação da ocorrência da lesão penal e acarreta a imposição de uma pena. Se, após a ocorrência de um processo houver a certificação da não ocorrência de uma lesão penal (resultado de absolvição) justifica-se o funcionamento do aparato persecutório como manifestação da administração da justiça e não como exercício do direito de ação.

Na ciência processual brasileira há um apego histórico aos postulados de Liebmann para o direito de ação e quase sempre o emprego desse conceito não demonstra com clareza o papel do Estado no exercício jurisdicional.

A crítica à uniformidade com que a maioria da doutrina pátria se habituou a tratar o tema do direito de ação não é nova. Com efeito, Botelho de Mesquita[374] já invocava lição pretérita para se referir a essa acomodação em torno dos postulados de Liebmann, deixando claro que o silêncio consensual sobre os fundamentos do direito de ação acarretara um empobrecimento científico e político em torno do assunto.

Se a crítica de Mesquita é válida para a seara processual civil, o mesmo se dá com o processo penal, cujo espaço dogmático dos temas fundamentais se construiu historicamente à sombra do processo civil, numa dependência técnico-científica reconhecida também há muito e acelerada por uma questionável existência da "teoria geral do processo".

Da conceituação para o direito de ação a partir da visão da doutrina dominante para o tema, temos, especificamente para o processo penal, que:

> ela não responde à necessária premissa constitucional para o processo penal, não apenas no que tange à discussão sobre quais são as "condições" do exercício do direito de ação, mas, sobretudo, no vínculo a uma forma de compreensão da jurisdição;

> disso decorrerá que o direito de ação, tal como empregado no processo penal pátrio contemporâneo, atua uma forma de jurisdição por não raras vezes atentatória ao Estado de Direito. Neste ponto, o processo passa a ser um instrumento de política governamental na qual a posição central é ocupada pelo Estado-Jurisdição como órgão decisório, sendo a busca da "resposta" jurisdicional a grande meta, ainda que ela se dê de um ponto de vista meramente formal e, em grande medida, sem lastro no direito material correspondente, o que é particularmente visível no âmbito da denominada "justiça penal consensual". [vide comentários na sequência]

Toda uma geração de processualistas penais formada a partir do marco constitucional-convencional[375], caminha no sentido da superação do conceito processual-civilista e, até mesmo no próprio conceito de um direito de ação.

Nesse sentido, entre vários desses pesquisadores destaca-se a fala de Gloeckner[376] para quem

> A evidência da assimetria conceitual enseja a necessidade de se repensar a aplicabilidade do conceito de ação no processo penal. No processo civil seria errôneo se pensar uma ação processual despida de qualquer elemento que remeta ao direito material de ação (o que não implica remontar uma teoria concretista da ação). No processo penal, a inexistência de um direito material da

---

373 JTJ 206/311.

374 BOTELHO DE MESQUITA, José Ignácio. **Da ação civil**. São Paulo: RT, 1975.

375 SILVEIRA, Marco Aurélio Nunes da; PAULA, Leonardo Costa de. Teoria unitária do processo e sua crise paradigmática: a teoria dualista e a cera de abelha. **Revista de Estudos Criminais**, Porto Alegre, v. 15, n. 62, p. 79-102, jul./set. 2016.

376 GLOECKNER, Ricardo Jacobsen. Inaplicabilidade do conceito de ação ao processo penal. **Sistema penal & violência**, v. 3, n. 1, 2011. p. 57.

ação traria como consequência ou a assunção da teoria abstrata da ação (como todas as problemáticas existentes para o processo penal) ou a teoria eclética (com todos os desacertos e com a renovação de uma epistemologia concretista da ação mascarada). Assim sendo, parece mais promissor o abandono da categoria ação para se trabalhar com o conceito de acusação, de uma teoria da acusação.

E, no mesmo sentido aponta Silveira[377] que

parece inadequado vincular uma pretensão de direito material à ação processual penal. E, assim, percebe-se que a base conceitual da ação processual civil, que está sempre em algum grau vinculada ao direito material (ação concreta ou abstrata), não se presta a bem explicar o fenômeno processual penal... Ao direito processual penal, eis que carece daquele suporte jurídico-substantivo (pretensão de direito material), resta muito pouco útil qualquer uma daquelas construções teóricas, parecendo desimportante perguntar se a ação processual penal é concreta ou abstrata, ou algo entre aqueles marcos. Propõe-se, todavia, enxergar o problema de outro ponto de vista, diferente da velha relação jus-actio que informa a doutrina processual civil.

2. Ação penal: equívocos conceituais e terminológicos

O direito de ação se materializa num determinado processo, procedimento qualificado pelo contraditório na lição de Fazzalari[378], obediente a regras preestabelecidas e cuja origem repousa na Constituição-CIDH: o devido processo legal, expressão que abarca um feixe de princípios e que tende à proteção do mais débil[379]. Discorda-se, com a devida vênia, dos que afirmam que o devido processo legal é uma "concessão" do Estado e que, como tal, embora diga respeito a direitos individuais, serve de forma precípua às finalidades deste.

Largamente enfocada sob o prisma da ação de conhecimento, a "ação penal" parece a ela se resumir na dogmática dominante produzida em torno do CPP. Ademais, existe aí uma confusão conceitual histórica: o que se desenvolve de forma diferente em relação à finalidade do provimento jurisdicional não é o direito de ação, mas, sim, o modo de ser do *processo*.

Tem-se, assim, que se trata de um equívoco afirmar a ocorrência de uma "ação de conhecimento", "cautelar" ou de "execução", sendo necessário falar-se em *processo* de conhecimento, cautelar ou de execução penal.

Ademais, há outra confusão teórica de singular importância: a que confunde o direito de ação com quem tem legitimidade para exercê-lo. É o que se passa quando tanto a legislação como larga parte da doutrina se refere à "ação pública" ou "ação privada". *Público* ou *privado* são formas de legitimação para exercer a acusação penal e ambas se movimentam na esfera de um direito de ação – ou direito de administração da justiça – cuja natureza é pública e assentado no marco constitucional-convencional.

3. Modelo acusatório e direito de ação

Grande parte da doutrina pátria exaure o conceito de acusatoriedade na simples diferenciação de funções[380]. De outro lado afigura-se tema central ao debate a denominada *gestão da prova*, possibilidade encontrada em inúmeros ordenamentos europeu-continentais e cuja presença não desnatura o caráter acusatório de um modelo processual de acordo com várias referencias literárias[381], posição que sofre severas críticas por parcela da doutrina nacional.[382]

Para o presente tópico ressalta em importância a denominada divisão de funções que, embora não exaura a complexa discussão sobre modelos processuais, é nuclear a qualquer definição.

Assim, não há efetivamente acusatoriedade quando a acusação penal puder ser veiculada por órgão judicial, a dizer, mesclar-se numa mesma figura as atribuições processuais de acusar e julgar.

Após a CR/88 que consagrou essa separação para veiculação da acusação e provocação da jurisdição por meio do direito de ação (reconhecida no art. 129, I, da CR/1988) algumas manifestações dessa mescla de funções permaneceram e foram sendo, progressivamente superadas (*v.g.* art. 383 e 384 do CPP). Porém,

---

377 SILVEIRA, Marco Aurélio Nunes da. A ação como elemento da trilogia fundamental do direito processual penal: a urgente necessidade de novos enfoques teóricos – uma crítica histórico-jurídica. **Revista Justiça do Direito**, v. 28, n. 2, p. 278-305, 2014. p. 303.

378 FAZZALARI, Elio. **Istituzioni di diritto processuale**. 5. ed. Padova: Cedam, 1989.

379 FERRAJOLI, Luigi et al. **Direito e razão**: teoria do garantismo penal. 3. ed. São Paulo: Revista dos Tribunais, 2010. *passim*. Também FERRAJOLI, Luigi FREPPI et al. **Derechos y garantias**: la ley del más débil. Madrid: Trotta, 1999.

380 *Vide*, por exemplo, GRINOVER, Ada Pellegrini. A instrução processual penal em Ibero-América. **Revista Brasileira de Ciências Criminais**, São Paulo, v. 2, n. 6, p. 72-86, abr./jun. 1994.

381 Na literatura nacional ver a sólida obra de ANDRADE, Mauro Fonseca. **Sistemas processuais penais e seus princípios reitores**. Curitiba: Juruá, 2009, que analisa o tema de forma minudente para, de acordo com seu marco teórico, sustentar a acusatoriedade do modelo processual mesmo quando existir a possibilidade de um papel ativo na construção probatória.

382 Por todos ver COUTINHO, Jacinto Nelson de Miranda. Introdução aos princípios gerais do direito processual penal brasileiro. **Revista de Estudos Criminais**, Porto Alegre, n. 1, p. 26-51, 2001.

remanesce essa mescla na forma como se compreende a *pronúncia* no Tribunal do Júri condicionante não apenas conformadora da acusação perante o juiz natural (o que lhe seria próprio), mas moldadora da própria cognição judicial e obtenção do veredicto como se verá no tópico próprio nestes **Comentários**.

4. Processo de conhecimento: fundamentos e finalidades

A atividade cognitiva é a essência do exercício dessa forma de processo penal, e visa ao estabelecimento da certeza (e não da verdade) sobre a acusação/imputação formulada.

Decorre daí a suma importância da produção probatória como estabelecedora dos padrões de imputação e falsificação (numa linguagem de Ferrajoli), a fim de estabelecer o grau de culpabilidade e a pena dele decorrente. Assim, desprezar a atividade probatória no processo de conhecimento significa esvaziar qualquer das possíveis compreensões sobre culpabilidade e das finalidades da pena.

Forçoso considerar, igualmente, que as teorias da culpabilidade e as teorias sobre os fins da pena implicam determinadas formas de ser específicas de prestação jurisdicional. Teorias funcionais "puras", por exemplo, tendem a justificar um tipo de persecução igualmente "funcional", no sentido de permitirem teoricamente a diminuição dos direitos fundamentais ao longo do exercício da jurisdição.

Essa imbricação fica particularmente clara no modo do exercício da ação penal na Lei n. 9.099/1995 quando se fala da transação penal. Mesmo levando-se em conta que a doutrina triunfalista (na linguagem de Prado[383]) busca justificativas para a existência de uma pena sem processo quando da transação penal, afirmando, por exemplo, que a pena não é "penal", que a sentença que a impõe não é condenatória, mas "meramente homologatória", que em parte justifica a possibilidade do oferecimento de denúncia pela transação não cumprida e outros argumentos correlatos, não se pode descurar de um ponto: da transação advém uma pena (e, com a devida vênia, obviamente penal) que é lançada sobre o "autor do fato" após uma sumaríssima atividade cognitiva e sem qualquer base concreta para aferir a culpabilidade.

Tem-se aí um exemplo claro do que se entende por fins da pena fora dos padrões do Estado social e de direito: uma mera resposta funcional a algum tipo de comportamento que, rigorosamente falando, muitas vezes sequer se sabe se realmente aconteceu. Necessitando "reafirmar a norma" penal, impõe-se uma resposta do Estado, seja ela qual for, mesmo que dotada de um simbolismo vazio.

Por outro lado, cumpre deixar claro que o direito brasileiro, seguindo de perto a tradição dos modelos jurídicos da Europa continental, faz, no processo de conhecimento, uma análise conjunta da imputação e da personalidade do réu. Isso acarreta, na prática, um julgamento conjunto de ambas as situações (o que ficará particularmente claro nos arts. 185 e ss. destes **Comentários**), diferentemente do que ocorre no direito de matriz anglo-saxã.

Uma situação na qual se guarda certa divisão do objeto de conhecimento é a do Tribunal do Júri, em que os juízes leigos não aplicam a pena, mas, em compensação, tomam contato com a "personalidade do agente" da mesma forma que o juiz togado.

Rigorosamente falando, no modelo jurídico que possibilita a confusão dos objetos de conhecimento (imputação e bases para dosimetria da pena a partir da "personalidade do agente") pode haver pontos positivos e negativos. No entanto, em sociedades nas quais o sistema penal é tratado como uma política de governo, o emprego de um sistema "fundido" acarreta a sobrevalorização do autor sobre o fato e, não raras vezes – notadamente no caso do Tribunal do Júri –, a importância dada à pessoa se sobrepõe àquela dada ao ato praticado.

Mais ainda, a mescla de objetos de conhecimento dificilmente otimiza o estabelecimento da pena a partir de uma de suas finalidades (ou de mais de uma finalidade), o que é particularmente visível na motivação das decisões, sempre genérica, desapegada de elementos concretos sobre o ser humano a quem vai se irrogar a pena.

5. Processo de conhecimento de legitimação popular

O Brasil não conhece a ação penal popular a não ser nos casos de crimes de responsabilidade cometidos pelo chefe do Poder Executivo (Presidente da República). Não se trata de um processo penal no sentido estrito, mas é uma forma de persecução que culmina em pena de perda de mandato e cassação de direitos políticos.

A rejeição do Ministério Público brasileiro a essa forma de ação ficou clara na moção de repúdio à chamada "ação penal popular", apresentada no VI Congresso Nacional do Ministério Público realizado em São Paulo entre os dias 26 e 29 de junho de 1985. Trabalho preparatório para a Constituinte que viria, apontava "que referida 'ação penal popular' viola a garantia constitucional de ampla defesa, por permitir que no processo penal, onde o valor fundamental em questão é a própria liberdade do cidadão, a acusação penal, em vez de ser formulada por um órgão técnico e imparcial do Estado, se preste a perseguições políticas ou pessoais, num inadmissível retrocesso à vingança privada" e, portanto, conclamava esforços para que a "ação penal pública seja consagrada no futuro texto constitucional como de exclusiva iniciativa

---

[383] PRADO, Geraldo. **Elementos para uma análise crítica da transação penal**. Rio de Janeiro: Lumen Juris, 2003, passim.

do Ministério Público, ao qual se conferirão todos os instrumentos legais necessários para garantia da independência de suas funções e para defesa da legalidade democrática", o que, de fato, acabou por acontecer.

6. Princípios reitores do processo penal de legitimação pública: fundo constitucional

No exercício do processo penal de legitimação pública, estão presentes os princípios da obrigatoriedade e da indisponibilidade de acordo com a consagrada literatura nacional. Além delas, a publicidade e a oficialidade compõem o cenário clássico dos chamados *princípios reitores* dessa forma de ser do processo e consequente exercício do direito de ação.

Seguindo essa visão, a disponibilidade está em sede constitucional, com a previsão da transação penal (art. 98, I, da CR), estando a obrigatoriedade e a indisponibilidade expressamente previstas no Código de Processo Penal, mas com relacionamento dialético com a igualdade jurídica (vide infra), a obrigatoriedade do exercício da ação pelo legitimado pode ser extraída da CR, inclusive como norma de caráter pétreo.

6.1 Obrigatoriedade do processo penal de conhecimento

A obrigatoriedade de exercer a acusação penal é corriqueiramente apresentada como um dos princípios fundamentais do exercício da acusação penal pública, na medida em que, uma vez presentes os elementos constitutivos da ocorrência da conduta penalmente típica, deve o Estado exercitar a ação penal, não cabendo ao órgão promovente a opção entre exercê-la ou não. À obrigatoriedade opõe-se a discricionariedade ou oportunidade, esta marcada pelo não exercício motivado da *persecutio criminis*.

Desde o ponto de vista dos *modelos processuais* não se pode peremptoriamente afirmar que a discricionariedade esteja vinculada ao modelo acusatório e a obrigatoriedade, ao inquisitivo.

Melhor neste ponto é relembrar a sólida lição de Ferrajoli[384] quando afirma que

> excluído que o modelo teórico acusatório necessariamente suponha a discricionariedade da acusação, deve-se crer, ao contrário, que ele comporta logicamente e funcionalmente o princípio oposto da obrigatoriedade e da irrevogabilidade da ação penal por parte dos acusadores públicos, esteja a ação prevista como exclusiva ou ao contrário em concorrência com formas mais ou menos extensas de ação popular e voluntária. No plano lógico, esse princípio, expressado pelas nossas teses T25 e T50 *nullum crimen, nulla culpa sine accusatione*, é uma consequência da não derrogação do juízo, postulada por nossas teses *nullum crimen, nulla culpa sine iudicio* e do mesmo princípio acusatório *nullum iudicium sine accusatione*. No plano funcional, ele é consequência das razões mesmas da publicidade da acusação, já conquistada em todos os ordenamentos evoluídos: a garantia da igualdade dos cidadãos perante a lei, a asseguração da certeza do direito penal e, sobretudo, a tutela das partes ofendidas mais fracas.

A obrigatoriedade da ação penal vincula-se, assim, com a publicidade da legitimação ativa conferida ao acusador público a partir de uma determinada quadra histórica. Pode-se apresentar que o princípio da obrigatoriedade:

- concorreria para a igualdade perante a lei;
- buscaria evitar o arbítrio estatal na seleção de casos e imposição de penas;
- favoreceria a realização do devido processo legal pelo qual se desenvolve o argumento dialético de imputação/falsificação, obtendo-se eventualmente a certeza da necessidade da pena e da dosimetria adequada ao caso concreto.

A obrigatoriedade da veiculação da acusação penal no direito brasileiro não está explicitada na CR/1988, tampouco pode-se afirmar que decorra direta ou indiretamente da CIDH. Seu *status* constitucional deriva de uma determinada interpretação do princípio da igualdade e seu arrimo de direito positivo encontra-se difuso no CPP.

Exatamente por isso vem ganhando corpo na crítica jurídica[385], e na legislação, espaços de ampliação da discricionariedade e do consenso. Em momento anterior, obra singular[386] preconizava que "não se encontrando viabilidade prática para a obtenção de sucesso com determinada ação penal, o membro do Ministério Público, para atender ao interesse público, não deve oferecê-la". Assim, a discricionariedade estaria vinculada ao êxito possível da persecução, assumindo um papel utilitário em relação ao desempenho funcional do acusador.

Contudo, nos modelos reformados do processo penal na América Latina nem sempre a discricionariedade está vinculada a "êxitos" ou "fracassos" pela ótica do acusador, mas, muitas vezes, atrelada a

---

[384] *Direito e razão*, op. cit., Cap. 9, passim.

[385] Dentre outros, DIVAN, Gabriel Antinolfi. Quatro provocações (preliminares) sobre o "princípio da obrigatoriedade" e a ação penal pública no sistema processual-penal brasileiro. **Revista de Estudos Criminais**, Porto Alegre, v. 13, n. 58, p. 111-126, jul./set. 2015.

[386] GAZOTO, Luis Wanderley. **O princípio da não obrigatoriedade da ação penal pelo Ministério Público**: uma crítica ao formalismo no Ministério Público. Barueri: Manole, 2003. p. 113 e ss.

execução de políticas criminais concretizáveis pelo responsável pela persecução (o Ministério Público, nesses países) que levam em conta inúmeros outros fatores, como a dimensão social do dano causado com a conduta, sua relevância jurídica e mesmo o interesse em não acusar como parte de uma estratégia mais ampla de atendimento aos interesses da Justiça.

Aliás, o não acusar pelo desinteresse da Justiça é um fundamento previsto tanto em modelos inquisitivos, como o francês, assim como presente no campo da persecução internacional como disposto no Estatuto de Roma que regra o Tribunal Penal Internacional.

A opção pela discricionariedade é, pois, mais uma opção política do processo penal. Ela tem um viés positivo de controlar a seletividade do sistema penal, hoje entregue a agencias policiais que, verdadeiramente, exercem o poder de tirar das ruas situações sociais e trabalhá-las como situações jurídico-penais impondo o caminho do funcionamento integral de uma máquina de justiça criminal que está arrimado até a medula num *ethos* inquisitivo.

Por outro lado, a derrogação da obrigatoriedade a partir da discricionariedade (regulada ou não) do exercício da acusação penal leva a um resultado potencial que é o do inchaço do direito penal material pois, quanto mais mecanismos consensuais ou diversionistas da acusação existirem, mais fácil é pensar-se na expansão normativa de condutas penais.

Contudo, o modelo atual brasileiro, da seletividade informal-policial com a obrigatoriedade formal-institucional não apresenta outro resultado senão o da expansão do modelo punitivo mesmo fora dos restritos espaços de consenso e discricionariedade hoje existentes.

6.1.1 A Lei n. 12.850/2013 e a não obrigatoriedade de acusar

A Lei n. 12.850/2013 que trata do enfrentamento à criminalidade organizada possibilita que o acusador público, diante das situações ali enumeradas e no contexto de uma colaboração exitosa por parte da pessoa suspeita, deixe de veicular a acusação.

Trata-se de um texto de dimensões inéditas para o processo penal brasileiro e recebido com severas críticas por parte da doutrina aferrada ao princípio da obrigatoriedade do exercício da acusação. Ademais, o caso de notoriedade nacional que envolveu a decisão de *não acusar* tomada pelo Procurador Geral da República alimentou ainda mais o ceticismo com relação a ambos instrumentos jurídicos (colaboração premiada e não obrigação de acusar).

6.2 Princípio da indisponibilidade

Decorrência direta da obrigatoriedade na literatura tradicional, a indisponibilidade configura-se pela impossibilidade da renúncia ao direito material em que se funda a ação – pelo legitimado público – e mesmo da desistência da ação ou dos meios decorrentes de seu exercício, desde que uma vez empregados, favorecendo-se sempre a interpretação no sentido da continuidade da persecução oficial.

Assim, interposto o recurso, dele não pode o legitimado ativo desistir explícita ou implicitamente. No entanto, essa mesma definição não se aplica aos meios de prova ou à maioria dos demais atos da promoção da ação penal, como aos incidentes jurisdicionais, chegando-se ao exercício da atividade dos meios impugnativos das decisões a favor do réu e, até mesmo, à possibilidade do pedido de absolvição.

Essa visão colide com aquela que tem a não-obrigatoriedade como regra para o exercício da acusação, cuja consequência direta é o poder do acusador dispor da *continuidade do processo* pelas mesmas razões de conveniência e oportunidade frisadas no tópico anterior.

6.3 Indivisibilidade da ação penal

Uma vez consagrada a obrigatoriedade, também como sua decorrência existe a impossibilidade da seletividade do exercício da ação penal apenas contra um dos alegados agentes nas modalidades de concurso (necessário ou facultativo). Nesse diapasão, a falha do legitimado ativo pode ser suprida por meio do mecanismo do aditamento quer da denúncia, quer da queixa.

Cabe, entretanto, frisar que a exclusão de um dos alegados agentes, desde que motivada, não implica qualquer dano ao exercício correto da persecução, vez que mesmo no âmbito da obrigatoriedade existe espaço para uma certa flexibilização, desde que estritamente motivada.

7. Ação penal pública: formas de legitimação

A ação penal é sempre pública, variando sua forma de legitimação, explicação que, por sinal, não é nova na doutrina pátria[387].

Se a questão diz respeito à legitimação, é necessário enfocar o tema a partir deste conceito, ligando-o ao válido exercício do contraditório, como faz Barbosa Moreira[388], ao afirmar que "de três modos pode alguém assumir a posição de parte no processo: tomando a iniciativa de instaurá-lo, sendo chamado a Juízo para ver-se processar, ou intervindo em processo já iniciado por outras pessoas".

O renomado jurista aperfeiçoará a distinção entre a chamada legitimação ordinária e a extraordinária,

---

[387] AZEVEDO, Vicente de Paulo. **Processo penal**. São Paulo: Saraiva, 1952. p. 153.
[388] BARBOSA MOREIRA, José Carlos. **Apontamentos para um estudo sistemático da legitimação extraordinária**. RF 376/1.

subdividindo-a em "autônoma" (quando o contraditório tem-se como regular com a só presença do legitimado extraordinário) e subordinada (em que há a necessidade da presença do legitimado ordinário). A legitimação extraordinária autônoma pode ser exclusiva ou concorrente, hipótese esta em que, para a regularidade do contraditório, é indiferente a presença do legitimado ordinário.

Na sequência aduz que nas hipóteses em que figurava no processo *ab initio* o legitimado extraordinário, e depois intervém, podendo fazê-lo, o ordinário, ambos poderão continuar na posição de coautores ou o extraordinário quedará na posição de assistente. Toda essa explicação será de grande valia ao analisar o papel do Ministério Público como legitimado ativo ordinário nas ações penais de legitimação pública, bem assim a forma como se dá a legitimação na ação penal de legitimação privada subsidiária à pública.

8. A legitimação pública e seus graus de independência

A legitimação pública apresenta graus de independência para o exercício do processo. Basicamente se apresenta como incondicionada ou condicionada, esta última a depender de manifestações específicas que autorizarão a provocação da jurisdição pelo legitimado ativo, como se verá na sequência destes *Comentários*. Essencialmente, porém, o contraditório se aperfeiçoa com a presença exclusiva do acusador público.

9. Mecanismos de autorização para a legitimação do acusador público: representação e requisição

Essencialmente, o Código de Processo Penal trabalha com dois mecanismos de autorização para conferir ao acusador público legitimado para agir: a representação e a requisição. Esta última liga-se a um papel atuante do Ministro da Justiça para determinados delitos (*vide* nestes **Comentários** o tema da requisição de instauração de inquérito policial pelo Ministro da Justiça no art. 5º).

A vinculação da legitimação ativa ao mecanismo da requisição do Ministro da Justiça já foi justificada na doutrina clássica "pelo interesse público de ser evitada [a ação penal], quando possa dar lugar o seu exercício a explorações de funestas consequências, pela tendenciosidade das dissensões políticas"[389], afirmação que é reiterada ao longo do tempo pelos trabalhos acadêmicos subsequentes.

Se a representação deve apresentar os requisitos enunciados no art. 39 e seus parágrafos, o Código de Processo Penal não é claro quanto ao conteúdo exato da requisição vinda do órgão executivo federal. Espínola Filho clama por algumas menções mínimas, como a descrição da infração penal e a qualidade da vítima.[390]

Ponto que igualmente permanece em aberto é a possibilidade ou não da revogação da requisição. A posição de Tornaghi merece ser lembrada:

> Ao invés do que dispõe sobre a representação no artigo 25, o Código não diz expressamente se a requisição é retratável, e até quando. Mas a redação do artigo 24 mostra que a requisição só é necessária para o promovimento [sic] da ação, não para o prosseguimento. A retratação após a denúncia do Ministério Público seria, pois, inoperante. Quanto à retratabilidade anterior à denúncia, deve ser terminantemente excluída pela interpretação sistemática da lei: o Código fala da representação e da requisição no artigo 24. E no artigo 25 somente a respeito da primeira diz que é retratável antes de oferecida a denúncia. Sinal de que a requisição é irrevogável.[391]

Vai no sentido oposto Pedroso[392], quando afirma que

> como já ficou dito, a requisição ministerial é ato administrativo discricionário, de modo que é revogável (conquanto ainda não oferecida a denúncia), pouco importando que eventualmente venha a emitir reflexos de ordem negativa. A retratabilidade da requisição ministerial, porém, só pode se dar de forma expressa. Não se admite requisição revogada tacitamente.

De toda a exposição ilustrativa das várias lacunas legais do Código de Processo Penal a respeito, alguns pontos devem ser fixados: (i) a requisição não impõe ao acusador público o exercício da ação penal, vez que o direito processual penal brasileiro não conhece a possibilidade da imputação coata; (ii) assim, o acusador público, ao verificar que não há base para oferecimento da inicial acusatória (denúncia), poderá promover o arquivamento das peças de informação.

10. Representação e requisição como "condições de procedibilidade"

Para Frederico Marques, a representação do ofendido ou do seu representante legal constitui condição

---

389 ROMEIRO, Jorge Alberto. Da ação penal. **Revista Forense**, Rio de Janeiro, n. 79, 1949. p. 79.
390 ESPÍNOLA Filho, Eduardo. **Código de Processo Penal brasileiro anotado**. 6. ed. Rio de Janeiro: Freitas Bastos, 1980.
391 TORNAGHI, Hélio. **Comentários ao Código de Processo Penal**. Rio de Janeiro: Forense, 1956. p. 459.
392 PEDROSO, Fernando de Almeida. Ação penal pública condicionada. **Justitia**, 100/1978.

de procedibilidade para o exercício da ação penal[393], e assim se manifestam largamente a doutrina e a jurisprudência a respeito.

Se empregada a linguagem de Barbosa Moreira já apresentada, tem-se que a legitimação do acusador público é ordinária, mas tem sua eficácia contida a certos fatores: (i) oferecimento da representação ou requisição; (ii) que essa manifestação de vontade seja ofertada num determinado lapso temporal; (iii) que ela seja emanada por quem tem a autorização legal de fazê-lo.

A desobediência a qualquer desses fatores implica a desautorização ao acusador público de promover a persecução penal, sendo causa de nulidade da atividade jurisdicional que vier a ser instaurada. Nesse sentido, não se trata de uma condição "para o processo", mas de uma verdadeira condição "para a ação", a partir da constatação de que se trata de um tema ligado à legitimidade ativa.

Sumariando o pensamento exposto, Ferrajoli[394] aponta que

> a publicidade e a obrigatoriedade da ação penal não são contraditadas pelo fato de que em alguns casos o exercício do poder de acusação seja subordinado a algumas manifestações de vontade configuradas pela lei como condições de proceder: como a apresentação da queixa ou representação pelo sujeito ofendido, ou do pedido ou autorização pelos órgãos do Poder Executivo. De fato, todos esses atos constituem algumas condições necessárias e bastantes para a possibilidade de proceder penalmente, de modo que, enquanto eles não configuram ações em sentido próprio, mas apenas circunstâncias necessárias em cuja ausência a ação preclui, sua presença é suficiente para que os órgãos da acusação pública sejam obrigados a agir. A discricionariedade, por conseguinte, não é em tais casos do Ministério Público e tampouco do juiz, mas só da parte lesada ou da autoridade pública, à qual o ordenamento reserva o poder de decidir acerca da oportunidade de uma tutela penal do bem ofendido pelo crime.

11. A legitimação para a ação penal e seu regime jurídico nos crimes sexuais

Antes da entrada em vigor da Lei n. 12.015/2009 a regra geral para a ação penal nos denominados crimes sexuais era a legitimação privada. No regime jurídico anterior, havia, no entanto, uma série de casos de "transferência" de legitimação do acusador privado para o acusador público.

Assim se dava no caso dos crimes sexuais quando cometidos por quem tivesse a obrigação legal de se responsabilizar pela vítima, ou quando a pessoa ofendida não tivesse condições de prover as despesas do processo. Naquelas situações a lei autorizava a conversão da legitimação de privada para pública, mediante o emprego do mecanismo da "representação".

A Lei n. 12.015, de 2009 inverteu a disciplina geral então existente, passando a considerar, como regra, a ação de legitimação pública, mas condicionada à representação da vítima (art. 225, *caput*). Apenas no caso de ser a vítima "vulnerável", a saber, menor de 14 anos, enferma ou deficiente mental (definição nos termos dos arts. 217-A e 218), será a ação de legitimação pública incondicionada (art. 225, parágrafo único).

Com sua entrada em vigor, autorizadas vozes do cenário jurídico buscaram estudar as questões de efeitos temporais das normas processuais aplicáveis[395], sobretudo analisando seus reflexos nos casos em andamento para pontuar como se daria a passagem da legitimação ativa nos casos em que em curso queixa-crime e que, a partir de então, haveriam de ter como legitimado ativo principal o Ministério Público.

O problema, além da legitimação, é do regime jurídico que disciplina as acusações penais de legitimação pública e as diferencia daquele regime jurídico das ações de legitimação privada em sentido estrito, pois nestas últimas há mecanismos como a perempção e o perdão do ofendido, além da própria existência de prazo decadencial para o ajuizamento da ação penal, mais benéficos ao acusado. A solução encontrada seria, então, a da manutenção da legitimação privada para os casos em andamento, com seu consequente regime jurídico.

Em primeiro lugar, há de ser considerado o limite temporal para a análise do problema. Consideradas as premissas destes **Comentários** (*vide* art. 3º), o regime jurídico anterior, pelas implicações de Direito material que possui, deve prevalecer diante da redação atual do art. 225.

---

393 FREDERICO MARQUES, José. **Elementos de direito processual penal**. Campinas: Bookseller, 1998. v. I, p. 345.
394 FERRAJOLI, **Direito e razão**, p. 457.
395 BITENCOURT, Cezar Roberto. A ação penal nos crimes contra a liberdade sexual e nos crimes sexuais contra vulnerável. **Revista de Estudos Criminais**, Porto Alegre, v. 10, n. 36, p. 9-22, jan./mar. 2010; LOPES JÚNIOR, Aury. A problemática em torno da ação penal nos crimes contra a dignidade sexual (Lei 12.015/2009). **Boletim IBCCRIM**, São Paulo, v. 17, n. 207, p. 4-5, fev. 2010; MOREIRA, Rômulo de Andrade. Ação penal nos crimes contra a liberdade sexual e nos delitos sexuais contra vulnerável – a lei nº 12.015/2009. **Revista IOB de Direito Penal e Processual Penal**, Porto Alegre, v. 10, n. 58, p. 43-50, out./nov. 2009; TOURINHO FILHO, Fernando da Costa. Crimes contra a liberdade sexual, em face da nova lei. **Revista Magister de Direito Penal e Processual Penal**, Porto Alegre, v. 6, n. 33, p. 78-84, dez./jan. 2010.

Lembre-se que a sistemática brasileira prevê a possibilidade de legitimação concorrente autônoma da legitimação privada em relação à pública (hipótese da ação penal privada subsidiária da pública), mas o regime jurídico sempre se mantém como o da "ação penal pública incondicionada", não se falando em perempção naquela hipótese, por exemplo.

Mas, aqui, a situação é distinta. A lei brasileira não previa a legitimação concorrente autônoma do Ministério Público nas hipóteses (que eram regra geral) em que a legitimação era exclusivamente privada, com seu consequente regime jurídico que contempla mecanismos dispositivos e, sobretudo, a decadência para o exercício da ação.

Assim, como também apontam, dentre outro, Alves[396], há de se considerar como persistente o regime jurídico anterior para os fatos então ocorridos.

Outro ponto importante, que mereceu o ajuizamento de Adin pela Procuradoria-Geral da República, é que, nos casos de violência grave ou evento morte, a ação deixaria de ser pública incondicionada (regime anterior) e passaria a ser condicionada à representação.

Com a devida vênia, descontada a impropriedade física de os mortos representarem ou exigir que seus descendentes o fizessem, a solução encontra-se satisfatoriamente presente no art. 101 do Código Penal, que, dispondo sobre o chamado crime complexo, autoriza a legitimação pública para o ajuizamento da ação penal, que sob esse regime seguirá sem a necessidade de condicionamento para seu exercício.

Tal é, também, a posição de Queiroz, ao afirmar que

> não faria sentido algum que, para crime menos grave (estupro contra vulnerável ou menor de 18 anos, punido com pena de 8 a 15 anos de reclusão), fosse admitida a ação penal pública incondicionada, e para um mais grave (punido com pena de até 30 anos de reclusão) a ação penal dependesse de representação. Note-se, mais, que, também para o estupro contra vulnerável (CP, art. 217-A, §§ 3º e 4º), a lei prevê as formas qualificadas da lesão grave e morte da vítima. Sistematicamente, portanto, a pretensão de se exigir representação para o estupro qualificado é infundada.[397]

Em termos de ação penal na nova disciplina legal, merece destaque a discussão sobre a pertinência da manutenção da Súmula 608 do STF[398], com a seguinte redação: "No crime de estupro, praticado mediante violência real, a ação penal é pública incondicionada".

Malgrado a posição adotada por autores de renome como Rangel[399] no sentido da superação da Súmula diante da transformação desses crimes em condicionados à representação, parece-nos inviável descartar seu texto diante da aplicação do art. 100 do Código Penal, que se mantém em vigor e ainda rege a mesma situação fática que deu origem ao texto sumulado.

Por fim, as bases doutrinárias mencionadas neste tópico colocam como problemática a situação em que a ação penal era pública incondicionada e, agora, passa a ser condicionada à representação da vítima, discutindo o prazo e a forma como se deve dar a representação.

Lopes Jr., no texto citado, elabora, inclusive, distinção conceitual entre representação como condição de procedibilidade e condição de prosseguibilidade.

Mas, antes de verificar a pertinência desse tópico de discussão, é importante verificar em qual(is) hipótese(s) essa ocorrência processual pode aparecer. Observe-se o quadro comparativo, com a coluna da esquerda marcando a nova legislação e a da direita, a revogada:

| **Art. 225.** Nos crimes definidos nos Capítulos I e II deste Título, procede-se mediante ação penal pública condicionada à representação. **Parágrafo único.** Procede-se, entretanto, mediante ação penal pública incondicionada se a vítima é menor de 18 (dezoito) anos ou pessoa vulnerável. | **Art. 225.** Nos crimes definidos nos capítulos anteriores, somente se procede mediante queixa. § 1º Procede-se, entretanto, mediante ação pública: I – se a vítima ou seus pais não podem prover às despesas do processo, sem privar-se de recursos indispensáveis à manutenção própria ou da família; II – se o crime é cometido com abuso do pátrio poder, ou da qualidade de padrasto, tutor ou curador. § 2º No caso do n. I do parágrafo anterior, a ação do Ministério Público depende de representação. |

---

396 ALVES, Leonardo Barreto Moreira. A ação penal nos crimes contra a dignidade sexual após a Lei n. 12.015/2009. **Jus Navigandi**, Teresina, ano 14, n. 2.366, 23 dez. 2009. Disponível em: <http://jus2.uol.com.br/doutrina/texto.asp?id=14051>. Acesso em: 29 mar. 2022.

397 QUEIRÓZ, Paulo. **Ação penal no atual crime de estupro**. Disponível em: <http://pauloqueiroz.net/acao-penal-no-atual--crime-de-estupro/>. Acesso em: 29 mar. 2022.

398 Precedentes de 17 out. 1984, DJ 29 out. 1984, p. 18113; DJ 30 out. 1984, p. 18201; DJ 31 out. 1984, p. 18285.

399 RANGEL, Paulo. **Direito processual penal**. 21. ed. São Paulo: Atlas, 2014. p. 311.

Quais, então, os crimes que eram de ação penal pública incondicionada e agora dependem de representação? Trata-se de hipótese de difícil configuração, vez que o regime jurídico anterior era, de regra, de legitimação privada e não havia ação penal pública que não dependesse de representação no caso do então em vigor art. 225, I.

Já o artigo revogado 225, II (se o crime é cometido com abuso do pátrio poder, ou da qualidade de padrasto, tutor ou curador), era, esse sim, de ação penal pública incondicionada, mas as pessoas ali mencionadas estão, quer-nos parecer, dentro do conceito de vulnerabilidade, sem qualquer exceção.

12. A legitimação para a ação penal e seu regime jurídico no caso dos crimes contra a honra praticados contra funcionários públicos

A Súmula 714[400] consolida correta vertente doutrinária e jurisprudencial pela qual se superou o dogmatismo do Código de Processo Penal que relegava apenas ao acusador público a legitimação para os crimes contra a honra cometidos contra funcionário público no exercício de sua função.

Com efeito,

> com o advento da Constituição Federal de 1988, a defesa da honra foi lançada ao nível de direito individual, não tendo sido excepcionada dessa proteção a honrado funcionário público, atingida em decorrência de sua função. Igualmente, a análise constitucional dos tipos descritos no Capítulo V (Crimes contra a Honra) do Título I da Parte Especial do Código Penal demonstra que, em regra, a ação penal inicia-se por meio de queixa. Por tal motivo, o parágrafo único do artigo 145 do Código Penal deve ser interpretado em harmonia com o *caput* e levando em conta o contido no inciso X do artigo 5º da Constituição Federal, a admitir a legitimação para a propositura da ação penal tanto por parte do funcionário ofendido como por parte do Ministério Público.[401]

Este, pois, o entendimento tido como predominante.

13. A legitimação para a ação penal e seu regime jurídico no caso do crime de injúria qualificada – Lei n. 12.033/2009

Com a entrada em vigor da Lei n. 12.033, de 2009, passa a injúria qualificada a depender de representação da pessoa ofendida (ação penal de legitimação pública condicionada à representação), ou seja, a ofensa em que há utilização de elementos referentes a raça, cor, etnia, religião, origem ou a condição de pessoa idosa ou portadora de deficiência, exceção que vem se juntar às hipóteses de crime praticado contra a honra do Presidente da República, ou de chefe de governo estrangeiro e contra a honra de funcionário público, em razão de suas funções.

Não parece haver problema quanto à aplicação temporal da norma, sendo aplicável o art. 2º deste Código na forma tradicionalmente concebida. Parece-nos, outrossim, que problemas idênticos àqueles já presentes no caso da persecução penal nos crimes contra a honra de funcionário público (em razão de suas funções) podem surgir. Assim, remetemos o leitor ao conteúdo da nota anterior deste artigo.

No mais, frise-se decisão da e. Procuradoria-Geral de Justiça de São Paulo que, ao analisar o tema no Protocolado n. 26.516/2010, decidindo nos termos do art. 28 do CPP, afirmou que:

> Na hipótese dos autos, a indiciada referiu-se à vítima em tom ofensivo chamando-o de "neguinho fedido". O sujeito passivo, indignado com a injúria, comunicou o fato à Polícia, encaminhando-se todos ao Distrito Policial onde se lavrou o auto de prisão em flagrante delito, registrando-se a representação do sujeito passivo. 2. Estando presente o *animus injuriandi*, algo que se extrai também dos depoimentos testemunhais, não há como negar a atribuição do Ministério Público para a propositura da demanda. A Lei n. 12.033, de 29 de setembro de 2009, já em vigor ao tempo dos fatos, alterou a natureza da ação penal no crime do art. 140, § 3º, do CP, antes privada e agora pública condicionada à representação.

14. Representação como mecanismo de direito penal material

Nada obstante o tratamento pelo viés processual, a representação e a requisição, por extensão, apresentam-se igualmente como instrumentos de direito material penal, como se verá em outro ponto destes *Comentários*, ligando-se à extinção da punibilidade caso não exercidas na forma e no tempo determinados em lei. Tal posição é encontrada em parte significativa da doutrina penal brasileira e também em acórdãos importantes dos Tribunais Superiores.

15. A legitimação do acusador público e os denominados crimes complexos

De acordo com a redação do art. 101 do Código Penal, dá-se o crime complexo "quando a lei considera como elemento ou circunstâncias do tipo legal fatos que, por si mesmos, constituem crimes, cabe ação

---

400 É concorrente a legitimidade do ofendido, mediante queixa, e do Ministério Público, condicionada à representação do ofendido, para a ação penal por crime contra a honra de servidor público em razão do exercício de suas funções.
401 TRF. 3ª Região. Relatora: Juíza Ramza Tartuce. DJU, 27 abr. 2004.

pública em relação àquele, desde que, em relação a qualquer destes, se deva proceder por iniciativa do Ministério Público".

Anote-se a tendência contemporânea da jurisprudência do e. STJ:

> na linha de precedentes desta Corte, a expressão violência real alcança a denominada violência moral (no caso, grave ameaça com emprego de arma), estando, aí, tão só excluída a violência presumida. Além do mais, o art. 101 do CP, na dicção predominante, alcança o estupro como crime complexo em sentido amplo. Legitimidade do *Parquet* para a propositura da ação penal.[402]

16. Representação e crimes fiscais

A representação nos crimes contra a ordem tributária não tem a natureza jurídica da representação tratada neste artigo, não configurando "condição de procedibilidade" ou a forma de contenção de legitimação do acusador público.

Assim,

> em sede de crimes contra a ordem tributária, a representação fiscal a que se refere o art. 83 da Lei n. 9.430/96 não é condição de procedibilidade para a promoção da ação penal, podendo o Ministério Público, no exercício de sua competência legal, valer-se de quaisquer outros elementos informativos da ocorrência do delito para oferecer a denúncia.[403]

17. Acusação penal e transação penal (art. 76 da Lei n. 9.099/1995)

Na dogmática brasileira que procura justificar os inúmeros desvios constitucionais da Lei n. 9.099/1995, há uma vertente que afasta a transação penal sobre a pena do exercício do direito de ação. Com efeito, além de não ver na sanção imposta uma pena de caráter penal, na medida em que ela não gera determinados efeitos (*v.g.*, reincidência), aduz que a sentença que impõe a reprimenda não é condenatória, mas meramente "homologatória"[404] Pois bem. O grande ponto a ser respondido é como legitimar o exercício da jurisdição penal (com uma sentença condenatória ou homologatória) sem que para tanto se invoque o exercício do direito de ação. E aqui os inúmeros defensores da transação sobre a pena, com a devida vênia, não alcançam uma resposta que seja condizente com as premissas do Estado social e democrático de direito.

Na história da ciência processual, como relembra Buzaid[405],

> as doutrinas autonomistas, desanexando a ação do direito privado, conceituaram-na como direito subjetivo público individual. Esta nova categoria se manifestou principalmente através de três doutrinas: a) a do Rechtsschutzanspruch: sob essa denominação, Wach definiu o direito subjetivo público processual, pertencente ao titular de um direito material dirigido contra o Estado, ao qual se pede uma proteção jurídica mediante uma sentença favorável e dirigida contra o réu, a fim de que este sofra o ato estatal protetor; b) a dos direitos potestativos: utilizando o conceito de direito potestativo, Chiovenda, na Itália, concebeu a ação como o poder jurídico de realizar as condições para atuação da vontade da lei; c) e a da ação como direito abstrato: é ela um direito subjetivo público individual do cidadão contra o Estado (direito cívico), que tem como elemento substancial o interesse secundário e abstrato do indivíduo à intervenção do Estado para a eliminação dos obstáculos que, por qualquer razão, se interpõem à atuação do direito.

O movimento da máquina jurisdicional *per se*, desapegado de um resultado concreto, é uma consequência de funcionamento abstrato da jurisdição. Como todo aspecto jurídico, nada mais é que uma exteriorização de um determinado modo de ser político do Estado. Tal estrutura encontra campo fértil de propagação em estados autoritários e, não por acaso, foi amplamente recebida no Brasil por meio da teoria "mista" de Liebmann, que nada mais é que a justificativa abstrata da jurisdição (provimento de conteúdo indeterminado) atrelada a determinadas condições.

A relevância prática desses fundamentos manifesta-se em lapidar ementa do e. Tribunal de Alçada Criminal de São Paulo:

> A Lei n. 9.099/95, de 26/9, é um diploma penal controvertível – possivelmente, o de efeitos mais arbitrários na História do Direito Penal Brasileiro. Não é pouco que, por meio dessa Lei, possa aplicar-se pena sem acusação formalizada, sem defesa, sem culpa provada e, se calhar, até mesmo sem fato ilícito.[406]

---

402 STJ. REsp. Relator: Felix Fischer. DJ, 15 set. 2003. p. 353.
403 STJ. **RHC 6898 SP 1997/0072395-0**. Relator: Min. Vicente Leal. Data de julgamento: 27 out. 1997. 6ª Turma. Data de publicação: DJ, 17 nov. 1997. p. 59612. RT vol. 749. p. 619.
404 LEVADA, Cláudio Antônio Soares. A sentença do artigo 76, da Lei Nº9099/95, é declaratória. **Boletim IBCCRIM**, São Paulo, n. 35, p. 3, nov. 1995.
405 BUZAID, Alfredo. Paula Batista. Atualidades de um velho processualista. **Justitia**, 30-31/1960.
406 TACSP. **ACr 1.301.813/9**. Relator: Juiz Ricardo Dipp. Data de julgamento: 8 abr. 2002, v.u.

Tentação a que não se pode ceder é a de, mediante o raciocínio da sentença homologatória, imaginar a atuação da "jurisdição voluntária" no processo penal, no âmbito da transação penal. Caso se vá ao clássico conceito de jurisdição voluntária como "administração pública de interesses privados", de plano se constata sua inaplicabilidade ao sistema penal, mormente se for destacado trecho de reconhecida fonte doutrinária quando diz que "trata-se de manifesta limitação aos princípios de autonomia e liberdade, que caracteriza a vida jurídico-privada dos indivíduos; limitação justificada pelo interesse social nesses atos da vida privada"[407].

No mais, relembre-se outra igual lição clássica de Frederico Marques sobre jurisdição voluntária, ligando o tema à estrutura inquisitiva e acusatória de processo[408]:

> O Estado, como titular do direito de punir, poderia reprimir os delitos administrativamente, e isto ou através de órgãos judiciários, como acontecia no processo inquisitório, ou de órgãos submetidos ao Executivo. No terreno abstrato e teórico, talvez se pudesse chegar à conclusão de que a tutela estatal, assim exercida, fosse mais eficiente e completa; no entanto, os resultados práticos dessa persecução penal administrativa, em que o poder de polícia se substitui à atividade jurisdicional, foram os mais inóquos possíveis, como revela a história. Daí escolher o Estado as vias processuais para exercer sua função punitiva e criar uma técnica toda adequada a esse fim, com o intuito de evitar uma hipertrofia do interesse punitivo, em detrimento da liberdade individual. O uso das vias judiciárias através do processo acusatório, é consequência do Estado de Direito.

A conclusão que se deve extrair da estrutura da transação penal quanto à pena é que ela configura o exercício do direito de ação na modalidade mais abstrata possível, na medida em que culmina com um provimento jurisdicional cujo conteúdo, absolutamente indeterminado em relação à norma de direito material, exaure a missão puramente decisionista que resta aos Estados autoritários que encampam essa forma de funcionar do poder jurisdicional.

§ 1º No caso de morte do ofendido ou quando declarado ausente por decisão judicial, o direito de representação passará ao cônjuge, ascendente, descendente ou irmão. (Parágrafo único renumerado pela Lei n. 8.699, de 27 ago. 1993)

1. Vocação sucessória do direito de representar

O Código de Processo Penal apresenta uma ordem vocacional que, para certos autores não é nem taxativa, nem sequencial. *In verbis*: "a enumeração das pessoas a quem cabe o direito de representação, quando morto ou ausente o ofendido, estabelecida pelo parágrafo único do artigo 24 do Estatuto Adjetivo, não é exaustiva e não acarreta exclusividade do direito na medida em que a ordem enumerativa ali foi posta".[409]

Quanto à taxatividade, não se pode abrir mão, com a devida vênia, a não ser em caso de comprovado impedimento das pessoas que se inserem na redação do artigo em comento. Observe-se que se trata de uma manifestação que influi na legitimação ativa para o exercício da jurisdição, e, se houver a ampliação do rol do modo que bem desejar o intérprete, a própria razão de ser dessa forma condicionada do exercício do direito de ação perde o sentido.

Assim, já se decidiu que

> o direito de representação só pode ser exercido pela vítima ou seu representante legal, sendo menor. Admite-se, excepcionalmente, que a iniciativa parta dos avós, tios, irmãos, pais de criação, das pessoas encarregadas da guarda do ofendido, de pessoa ligada por relação de parentesco ou de quem a menor tenha dependência econômica. Essas situações, entretanto, pressupõem a impossibilidade de representação pelos pais, representantes legais aludidos pelo legislador.[410]

2. Atualização da interpretação da figura do "cônjuge"

Já quanto à ordem vocacional, também com a devida vênia, não nos parece ser aleatória a exposição do Código de Processo Penal, cabendo apenas lembrar que o vocábulo cônjuge deve ser interpretado à luz da CR/88, a qual ampliou o conceito de pessoas unidas, e deve fazer prevalecer o intérprete o tratamento constitucional da matéria e, em sendo assim,

---

407 GRINOVER, Ada Pellegrini; CINTRA, Antonio Carlos de Araújo; DINAMARCO, Cândido Rangel. **Teoria geral do processo**. 31. ed. São Paulo: Malheiros, 2015.
408 MARQUES, José Frederico. **Da competência em matéria penal**. São Paulo: Saraiva, 1953. p. 253.
409 PEDROSO, Fernando de Almeida. Ação penal pública condicionada. *Justitia* 100/1978.
410 TJSP, Apelação Criminal 121.428-3/SP, rel. Carlos Bueno, 4-5-1992

É hoje perfeitamente possível que a companheira, em comprovada união estável com a vítima, possa atuar como assistente de acusação na ação penal cuja pretensão é impor aos causadores do dano as sanções pertinentes. Apesar de a lei processual penal não contemplar expressamente tal hipótese, é forçoso reconhecer, em uma interpretação extensiva das normas adjetivas – admitida nos termos do art. 3º, do CPP – que o art. 226, § 3º, da CF, equipara companheira e cônjuge. A aplicação ao caso, portanto, do disposto nos arts. 31 e 268, do CPP, não é vedada pelo ordenamento jurídico, mas pelo contrário, constitui decisão rigorosamente correta e adequada.[411]

§ 2º Seja qual for o crime, quando praticado em detrimento do patrimônio ou interesse da União, Estado e Município, a ação penal será pública. (Parágrafo acrescentado pela Lei n. 8.699, de 27 ago. 1993)

1. Opção legislativa pela incondicionalidade dos crimes contra a União, Estado e Município

Trata-se de uma opção legislativa, ligada à pronta legitimação ao acusador público, de tornar incondicionada a ação.

A respeito, já se decidiu que

> se a União sofreu prejuízos derivados da suposta conduta ilícita, somente ao Ministério Público Federal caberá a promoção da ação penal e a tomada de medidas afetas ao inquérito correspondente, nada permitindo a ingerência do impetrante, enquanto mero portador da notitia criminis, no andamento das investigações, de forma a indicar a pertinência de tal ou qual diligência ou impetrar mandados de segurança ante eventual desatendimento de seus pleitos. (...) Ofendido, para o fim do art. 14 do Código de Processo Penal, é a pessoa que teve o bem jurídico tutelado pela norma penal diretamente afrontado pela conduta delituosa, situação que não se verifica no que toca ao aqui impetrante, o qual, em tese, apenas não teria recebido honorários pelo suposto trabalho prestado à empresa envolvida nas investigações, situação estranha ao objeto investigado.[412]

Art. 25. A representação será irretratável, depois de oferecida a denúncia.

1. A representação como ato revogável

Conforme já exposto em outro ponto destes Comentários, a representação é ato de manifestação de vontade que, como tal, permite a retratação dentro de determinadas balizas temporais. Como ato de vontade, deve ser livre, sob pena de invalidade de manifestação.

2. Momento final para a retratação da representação: anterioridade ao oferecimento da denúncia

Seguindo a linha do Código de Processo Penal, a retratação deve ser anterior ao recebimento da denúncia. Mas, em alguma vez, já se decidiu sobre a situação do ato de retratação da representação que, embora formalizado mesmo antes de a denúncia ser ofertada, somente chega ao conhecimento oficial após a peça ter sido apresentada em juízo.

Concluiu-se, então, pela sua irrelevância jurídica, afirmando-se que "a validade da retratação, como ato processual renunciativo da representação, pressupõe seja levada a efeito até o oferecimento da denúncia, perante o juiz, o representante do Ministério Público ou a autoridade policial, sustentada a manifestação de vontade em termos cabais e inequívocos".[413]

3. Momento final para a retratação da representação: concomitância com o oferecimento da denúncia

Já se admitiu a retratação da representação até mesmo no dia do oferecimento da denúncia. Nesse sentido:

> Retratação ajuizada no mesmo dia do oferecimento da denúncia – Validade, embora protocolada horas mais tarde – Inteligência dos artigos 102 do Código Penal e 25 do Código de Processo Penal. Assegurável ao ofendido ou representante legal retratar-se da representação até a data do oferecimento da denúncia. Irrelevância se houver intervalo de horas, pois o tempo hábil define-se pelo dia no sentido de "dia civil", isto é, o período que vai de zero hora até vinte e quatro horas.[414]

---

411 TJPR. **MS 3530832/PR**. Relator: Oto Luiz Sponholz. Data de julgamento: 31 ago. 2006.
412 TRF. 3ª Região. Relator: Juiz Carlos Loverra. Data de publicação: DJU 29 out. 2002. p. 413.
413 TJSP. **HC 344.684-3/0/SP**. 3ª Câmara Criminal. Relator: Gonçalves Nogueira. 8 maio 2001, v.u.
414 TJSP. **Revisão Criminal 197.482-3**. Olímpia. 2º Grupo de Câmaras Criminais. Relator: Gonçalves Nogueira. 14 maio 1996, v.u.

4. Momento final para a retratação da representação: lapso temporal entre o oferecimento da denúncia e seu recebimento

O limite eleito pelo Código de Processo Penal é o oferecimento (e não o recebimento) da denúncia. Neste ponto, se houver a retratação no tempo que medeia o oferecimento da representação e o seu recebimento, já se decidiu pela confirmação da legitimação ativa, "pois a retratação da representação foi exercida depois de oferecida a denúncia, embora ainda não recebida e, ademais, o foi condicionadamente, circunstância que lhe retira o verdadeiro caráter de não interesse na persecução"[415].

5. Representação, infrações penais de menor potencial ofensivo e feitos de competência originária

Tema dos mais complexos é o do reconhecimento, ou não, dos instrumentos da Lei n. 9.099/1995 aos crimes cuja apuração tem competência originária deslocada para os Tribunais Superiores, e, em particular, a necessidade de representação para algumas dessas infrações.

A matéria foi analisada no Inquérito 1.055-3, julgado em 3 de maio de 1996, tendo como relator o Min. Celso de Mello. Assim se decidiu:

> A lei nova, que transforma a ação pública incondicionada em ação penal condicionada à representação do ofendido, gera situação de inquestionável benefício em favor do réu, pois impede, quando ausente a delação postulatória da vítima, tanto a instauração da persecutio criminis in judicio quanto o prosseguimento da ação penal anteriormente ajuizada. (...) Lei n. 9.099/95 – consagração de medidas despenalizadoras – normas benéficas – retroatividade virtual. ... A exigência legal de representação do ofendido nas hipóteses de crimes de lesões corporais leves e de lesões culposas, reveste-se de caráter penalmente benéfico e torna consequentemente extensíveis aos procedimentos penais originários instaurados perante o Supremo Tribunal Federal os preceitos inscritos nos arts. 88 e 91 da Lei n. 9.099/95. O âmbito de incidência das normas legais em referência – que consagram inequívoco programa estatal de despenalização, compatível com os fundamentos ético-jurídicos que informam os postulados do direito penal mínimo, subjacentes à Lei n. 9.099/95 – ultrapassa os limites formais e orgânicos dos juizados especiais criminais, projetando-se sobre procedimentos penais instaurados perante outros órgãos judiciários ou tribunais, eis que a ausência de representação do ofendido qualifica-se como causa extintiva da punibilidade, com consequente reflexo sobre a pretensão punitiva do estado. O que deve ficar frisado, em termos de alguma coerência sistêmica, é que, uma vez reconhecida a necessidade da representação, também deve ser reconhecida a possibilidade da transação penal e da suspensão condicional do processo, pelos mesmos fundamentos expostos no acórdão citado.

7. A renúncia à representação na Lei para coibir a violência doméstica e familiar contra a mulher

Por expressa disposição legal (art. 16), "nas ações penais públicas condicionadas à representação da ofendida de que trata esta Lei, só será admitida a renúncia à representação perante o juiz, em audiência especialmente designada com tal finalidade, antes do recebimento da denúncia e ouvido o Ministério Público".

Dessa estrutura podem ser extraídas algumas características:

- Quanto ao momento, a renúncia se dá antes do recebimento da denúncia.
- Quanto à forma, dá-se em audiência específica.

Como consequência, tem-se que, para os fins da lei mencionada, a renúncia formulada perante a autoridade policial não possui mais qualquer efeito jurídico. Outrossim, não descarta a legislação a possibilidade da renúncia por procurador com poderes específicos para tal fim, mas, desde que exercida no momento agora determinado e na forma estabelecida. Por fim, a presença do Ministério Público na audiência, em princípio, não tem o condão de evitar a renúncia, tampouco pode o Juiz fazê-lo, porquanto se trate de ato volitivo.

> Art. 26. A ação penal, nas contravenções, será iniciada com o auto de prisão em flagrante ou por meio de portaria expedida pela autoridade judiciária ou policial.

1. Não recepção do artigo pela CR/88

Como já apontado em comentário precedente, o artigo em questão não foi recepcionado pela CR, por força do disposto no art. 129, I.

> Art. 27. Qualquer pessoa do povo poderá provocar a iniciativa do Ministério Público, nos casos em que caiba a ação pública, fornecendo-lhe, por escrito, informações sobre o fato e a autoria

---

[415] TJSP. **Apelação Criminal 291.954-3**. Jundiaí. 3ª Câmara Criminal. Relator: Walter Guilherme. 21 mar. 2000, m.v.

e indicando o tempo, o lugar e os elementos de convicção.

1. Dispensa de investigação na modalidade inquérito

A investigação criminal na modalidade inquérito policial é dispensável a teor do artigo em questão, relembrando que "a jurisprudência tem proclamado que não está o Ministério Público vinculado ao inquérito policial para promover a ação penal, podendo dispensá-lo se tiver elementos suficientes que caracterizam a materialidade do crime e indícios suficientes de autoria"[416], não havendo qualquer tipo de nulidade na denúncia oferecida sem esta forma de investigação.

Conclui-se que "o inquérito policial, procedimento de natureza puramente informativa, não é peça indispensável à promoção da ação penal, exigindo-se tão somente que a denúncia seja embasada em elementos demonstrativos da existência do fato criminoso e de indícios de sua autoria. Não é inepta a denúncia que descreve fatos que, em tese, apresentam a feição de crime e oferece condições plenas para o exercício de defesa"[417], mas "em havendo propositura de ação penal, o regresso à fase inquisitorial para deferido indiciamento de réus, constitui ilegalidade sanável pelo remédio heroico"[418].

Art. 28. Ordenado o arquivamento do inquérito policial ou de quaisquer elementos informativos da mesma natureza, o órgão do Ministério Público comunicará à vítima, ao investigado e à autoridade policial e encaminhará os autos para a instância de revisão ministerial para fins de homologação, na forma da lei. (Redação dada pela Lei n. 13.964, de 2019) (Vigência) (Vide ADI 6.298) (Vide ADI 6.300) (Vide ADI 6.305)

§ 1º Se a vítima, ou seu representante legal, não concordar com o arquivamento do inquérito policial, poderá, no prazo de 30 (trinta) dias do recebimento da comunicação, submeter a matéria à revisão da instância competente do órgão ministerial, conforme dispuser a respectiva lei orgânica. (Incluído pela Lei n. 13.964, de 2019) (Vigência)

§ 2º Nas ações penais relativas a crimes praticados em detrimento da União, Estados e Municípios, a revisão do arquivamento do inquérito policial poderá ser provocada pela chefia do órgão a quem couber a sua representação judicial. (Incluído pela Lei n. 13.964, de 2019) (Vigência)

---

1. ADIs 6298, 6300 e 6305 e a disciplina do controle de arquivamento da investigação criminal

Dentre as várias insurgências contra modificações trazidas pelo "pacote anticrime" – Lei 13.964/2019, uma das mais agudas tem sido a modificação da forma de controle do arquivamento, retirando das mãos do órgão judicante a provocação do controle interno-hierárquico sempre existente no Ministério Público.

A ideia da legislação questionada vai ao encontro do quanto exposto nestes Comentários, em todas as edições anteriores, sobre esse mecanismo ao afirmar o alheamento da vítima dessa fase e o papel exclusivo do órgão judicante para exercer a provocação ao Ministério Público.

No momento em que a 10ª. Edição destes Comentários é finalizada a norma em questão continua tendo sua vigência suspensa por uma liminar monocrática no STF nos autos da ADI 6305, ajuizada pela CONAMP – que passou a tramitar juntamente com as demais então em curso – sob o fundamento em alegados "em dados empíricos revelados pela autora da ação direta de inconstitucionalidade, afirmou que o Congresso Nacional desconsiderou a dimensão superlativa dos impactos sistêmicos e financeiros que a nova regra de arquivamento do inquérito policial ensejará ao funcionamento dos órgãos ministeriais, havendo violação às cláusulas que exigem prévia dotação orçamentária para a realização de despesas, além da autonomia financeira dos Ministérios Públicos, por força dos artigos 169 e 127 da Constituição Federal."

OBSERVAÇÃO PRELIMINAR

O artigo em questão também é objeto de impugnação constitucional por meio da ADI 6.305 que, com liminar concedida, mantém a redação original do CPP ainda em vigor. Por esta razão são mantidos os comentários constantes nas edições anterior.

1. A razão histórica do art. 28 do CPP

A justificativa histórica para o art. 28 ter mantido a redação que ainda perdura é a fragilidade do Ministério Público à época em que o Código de Processo Penal foi concebido. Com efeito, basta lembrar que o Procurador-Geral da República, até a CR/88, era demissível ad nutum, o que tornava o órgão propício às manobras políticas. Assim, diante da fragilidade estrutural da chefia do Ministério Público, em comparação com a sempre sólida posição do chefe do Poder Judiciário, ao poder estatuído em 1930 era mais conveniente destinar o comando definitivo do

---

[416] STJ. Classe RHC. Relatora: Laurita Vaz. Data de publicação: DJ, 10 nov. 2003. p. 197.
[417] STJ. RHC. Relator: Vicente Leal, DJ, 21 out. 1996. p. 40.274.
[418] STF. **HC 10340/SP**. 6ª Turma. Relator: Min. Hamilton Carvalhido. Data de julgamento: 11 abr. 2000. Data de publicação: DJ 22 maio 2000. p. 142, v.u.).

desfecho da investigação àquele, e não a este último. Paradoxalmente, com o passar dos anos, mecanismo semelhante se transformou num dos grandes paradigmas do modelo acusatório no direito comparado, e a legislação brasileira, neste ponto, amolda-se no figurino acusatório.

2. O modelo de controle da investigação no Código de Processo Penal

Como já tivemos a oportunidade de assentar em texto anterior

> muito embora tenha o CPP fortes ares autoritários, nesse ponto privilegiou o modelo acusatório quase que na sua pureza, vez que coloca nas mãos do titular da ação penal pública a derradeira manifestação sobre a oportunidade ou não de exercitá-la. Esse é o entendimento sobre o conteúdo do art. 28 do Código de Processo Penal, que acabou por montar um mecanismo de regulação da atividade do Ministério Público empregado até mesmo em outros ramos processuais por analogia. Pelo disposto no mencionado artigo, o Juiz pode discordar do arquivamento promovido pelo Promotor. No entanto, o controle será exercitado pelo Procurador-Geral de Justiça que, acolhendo o entendimento do magistrado, designará outro Promotor para oferecer a inicial acusatória ou, entendendo não ser o caso da propositura de ação, determinará o arquivamento da investigação. A conclusão que se extrai é que o modelo brasileiro se aproxima daqueles onde o controle sobre o arquivamento remanesce nas mãos do titular da ação penal, não cabendo ao órgão julgador a imposição do exercício da ação penal. O mecanismo de solução do conflito interpretativo é o hierárquico.[419]

2.1 Art. 28 e competência originária

No marco da competência originária dos Tribunais reside a confirmação do sistema adotado pela CR/88 e que havia sido aceito, em outras bases políticas, pela redação do CPP: a definição do arquivamento da investigação é interno-hierárquica, descabendo a intervenção externa na determinação de arquivamento.

Assim,

> cabe ao Órgão Ministerial a titularidade da ação penal. No caso sub judice, o chefe máximo do Ministério Público local requereu o arquivamento do feito, não podendo, pois, o magistrado obrigá-lo a oferecer a denúncia. O Supremo Tribunal Federal, ao apreciar casos semelhantes, em diversas oportunidades, entendeu que, em tais casos, o pedido de arquivamento deve ser deferido, nada obstando que, surgindo novos elementos aptos a ensejar a persecução criminal, seja oferecida denúncia.[420]

Ainda no âmbito do STJ,

> se membro do MPF, atuando no STJ, requerer o arquivamento do inquérito policial ou de quaisquer peças de informação que tramitem originariamente perante o STJ, este, mesmo considerando improcedentes as razões invocadas, deverá determinar o arquivamento solicitado, sem a possibilidade de remessa para o Procurador-Geral da República, não se aplicando o art. 28 do CPP. O entendimento se harmoniza com a jurisprudência do próprio STJ no sentido de que os membros do MPF atuam por delegação do Procurador-Geral da República na instância especial. Portanto, se eles já estão atuando em nome do PGR, seria um contrassenso aplicar o art. 28. Diante disso, nos casos em que o titular da ação penal se manifesta pelo arquivamento de inquérito policial ou de peças de informação, não há outra medida a ser tomada. Logo, não há razão em aplicar o art. 28 do CPP nos procedimentos de competência originária do STJ. Precedentes citados: Rp 409-DF, Corte Especial, DJe 14/10/2011; AgRg na Sd 150-SP, Corte Especial, DJe 5/5/2008; e AgRg na NC 86-SP.[421]

3. "Arquivamentos implícitos": a insubsistência da discussão a partir do modelo da CR/88

A discussão sobre o "arquivamento implícito" já foi desenvolvida parcialmente no art. 6º destes Comentários. Aqui ela é retomada para (re)afirmar que, diante da disciplina constitucional de legitimação para o exercício da ação penal, não cabe impor ao legitimado ativo que se manifeste sobre o juízo de valor efetuado por outras agências públicas. Isso significaria a subversão da ordem constitucional e, na verdade, o atrelamento do titular da ação penal a outros órgãos administrativos.

Sendo assim, também por esse aspecto perde sentido a existência de mecanismos inquisitivos que privilegiem a manifestação de convencimento de quem não exercerá a ação penal, notadamente o indiciamento.

No direito brasileiro, no entanto, como o titular da ação penal vê-se distante da forma de investigação

---

419 CHOUKR, **Garantias...** op. cit.
420 STJ. HC. Relator: Jorge Scartezzini. Data de publicação: DJ, 30 out. 2000. p. 169.
421 STJ. Corte Especial. **Inq 967-DF**. Relator: Min. Humberto Martins. Data de julgamento: 18 mar. 2015; DJe 30 mar. 2015. Data de publicação: DJ 11 jun. 2001.

mais corriqueira – o inquérito policial –, na verdade factualmente conduzido pela autoridade policial (civil ou militar, dependendo do crime que se apura) que detém inúmeros momentos de valoração que não sofrem qualquer controle prévio pelo titular da ação penal, a doutrina e jurisprudência pátrias se acomodaram com a dualidade exposta, e legitimam, também por esse intermédio, uma persecução marcadamente policialesca, em detrimento da efetiva valoração a ser apresentada em juízo.

Nada obstante, não se pode comungar com interpretações que dão excessiva elasticidade ao juízo de arquivamento efetuado pelo titular da ação penal. Assim, discorda-se, venia concessa, quando se afirma que "se após formulada a denúncia, o órgão do Ministério requer que dela seja excluído um dos denunciados e o Juiz acata o pedido, tal situação, embora fora da técnica jurídica, equivale a pedido de arquivamento do inquérito policial, impondo-se a incidência do preceito inscrito no art. 28, do Código de Processo Penal"[422]. Uma vez oferecida a denúncia, não há mais que se falar em arquivamento de inquérito policial em relação à pessoa já denunciada.

Art. 28. Ordenado o arquivamento do inquérito policial ou de quaisquer elementos informativos da mesma natureza, o órgão do Ministério Público comunicará à vítima, ao investigado e à autoridade policial e encaminhará os autos para a instância de revisão ministerial para fins de homologação, na forma da lei. (Redação dada pela Lei nº 13.964, de 2019) (Vigência) (Vide ADI 6.298) (Vide ADI 6.300) (Vide ADI 6.305)

§ 1º Se a vítima, ou seu representante legal, não concordar com o arquivamento do inquérito policial, poderá, no prazo de 30 (trinta) dias do recebimento da comunicação, submeter a matéria à revisão da instância competente do órgão ministerial, conforme dispuser a respectiva lei orgânica. (Incluído pela Lei nº 13.964, de 2019) (Vigência)

§ 2º Nas ações penais relativas a crimes praticados em detrimento da União, Estados e Municípios, a revisão do arquivamento do inquérito policial poderá ser provocada pela chefia do órgão a quem couber a sua representação judicial. (Incluído pela Lei nº 13.964, de 2019) (Vigência)

Art. 28-A. Não sendo caso de arquivamento e tendo o investigado confessado formal e circunstancialmente a prática de infração penal sem violência ou grave ameaça e com pena mínima inferior a 4 (quatro) anos, o Ministério Público poderá propor acordo de não persecução penal, desde que necessário e suficiente para reprovação e prevenção do crime, mediante as seguintes condições ajustadas cumulativa e alternativamente: (Incluído pela Lei nº 13.964, de 2019) (Vigência)

I – reparar o dano ou restituir a coisa à vítima, exceto na impossibilidade de fazê-lo; (Incluído pela Lei nº 13.964, de 2019) (Vigência)

II – renunciar voluntariamente a bens e direitos indicados pelo Ministério Público como instrumentos, produto ou proveito do crime; (Incluído pela Lei nº 13.964, de 2019) (Vigência)

III – prestar serviço à comunidade ou a entidades públicas por período correspondente à pena mínima cominada ao delito diminuída de um a dois terços, em local a ser indicado pelo juízo da execução, na forma do art. 46 do Decreto-Lei nº 2.848, de 7 de dezembro de 1940 (Código Penal); (Incluído pela Lei nº 13.964, de 2019) (Vigência)

IV – pagar prestação pecuniária, a ser estipulada nos termos do art. 45 do Decreto-Lei nº 2.848, de 7 de dezembro de 1940 (Código Penal), a entidade pública ou de interesse social, a ser indicada pelo juízo da execução, que tenha, preferencialmente, como função proteger bens jurídicos iguais ou semelhantes aos aparentemente lesados pelo delito; ou (Incluído pela Lei nº 13.964, de 2019) (Vigência)

V – cumprir, por prazo determinado, outra condição indicada pelo Ministério Público, desde que proporcional e compatível com a infração penal imputada. (Incluído pela Lei nº 13.964, de 2019) (Vigência)

§ 1º Para aferição da pena mínima cominada ao delito a que se refere o caput deste artigo, serão consideradas as causas de aumento e diminuição aplicáveis ao caso concreto. (Incluído pela Lei nº 13.964, de 2019) (Vigência)

§ 2º O disposto no caput deste artigo não se aplica nas seguintes hipóteses: (Incluído pela Lei nº 13.964, de 2019) (Vigência)

I – se for cabível transação penal de competência dos Juizados Especiais Criminais, nos termos da lei; (Incluído pela Lei nº 13.964, de 2019) (Vigência)

II – se o investigado for reincidente ou se houver elementos probatórios que indiquem conduta criminal habitual, reiterada ou profissional, exceto se insignificantes as infrações penais pretéritas; (Incluído pela Lei nº 13.964, de 2019) (Vigência)

III – ter sido o agente beneficiado nos 5 (cinco) anos anteriores ao cometimento da infração, em acordo de não persecução penal, transação penal ou suspensão condicional do processo; e (Incluído pela Lei nº 13.964, de 2019)

---

[422] STJ. RHC. Relator: Fernando Gonçalves. Data de publicação: DJ, 5 out. 1998. p. 163.

IV – nos crimes praticados no âmbito de violência doméstica ou familiar, ou praticados contra a mulher por razões da condição de sexo feminino, em favor do agressor. (Incluído pela Lei nº 13.964, de 2019) (Vigência)

§ 3º O acordo de não persecução penal será formalizado por escrito e será firmado pelo membro do Ministério Público, pelo investigado e por seu defensor. (Incluído pela Lei nº 13.964, de 2019) (Vigência)

§ 4º Para a homologação do acordo de não persecução penal, será realizada audiência na qual o juiz deverá verificar a sua voluntariedade, por meio da oitiva do investigado na presença do seu defensor, e sua legalidade. (Incluído pela Lei nº 13.964, de 2019) (Vigência)

§ 5º Se o juiz considerar inadequadas, insuficientes ou abusivas as condições dispostas no acordo de não persecução penal, devolverá os autos ao Ministério Público para que seja reformulada a proposta de acordo, com concordância do investigado e seu defensor. (Incluído pela Lei nº 13.964, de 2019) (Vigência)

§ 6º Homologado judicialmente o acordo de não persecução penal, o juiz devolverá os autos ao Ministério Público para que inicie sua execução perante o juízo de execução penal. (Incluído pela Lei nº 13.964, de 2019) (Vigência)

§ 7º O juiz poderá recusar homologação à proposta que não atender aos requisitos legais ou quando não for realizada a adequação a que se refere o § 5º deste artigo. (Incluído pela Lei nº 13.964, de 2019) (Vigência)

§ 8º Recusada a homologação, o juiz devolverá os autos ao Ministério Público para a análise da necessidade de complementação das investigações ou o oferecimento da denúncia. (Incluído pela Lei nº 13.964, de 2019) (Vigência)

§ 9º A vítima será intimada da homologação do acordo de não persecução penal e de seu descumprimento. (Incluído pela Lei nº 13.964, de 2019) (Vigência)

§ 10. Descumpridas quaisquer das condições estipuladas no acordo de não persecução penal, o Ministério Público deverá comunicar ao juízo, para fins de sua rescisão e posterior oferecimento de denúncia. (Incluído pela Lei nº 13.964, de 2019) (Vigência)

§ 11. O descumprimento do acordo de não persecução penal pelo investigado também poderá ser utilizado pelo Ministério Público como justificativa para o eventual não oferecimento de suspensão condicional do processo. (Incluído pela Lei nº 13.964, de 2019) (Vigência)

§ 12. A celebração e o cumprimento do acordo de não persecução penal não constarão de certidão de antecedentes criminais, exceto para os fins previstos no inciso III do § 2º deste artigo. (Incluído pela Lei nº 13.964, de 2019) (Vigência)

§ 13. Cumprido integralmente o acordo de não persecução penal, o juízo competente decretará a extinção de punibilidade. (Incluído pela Lei nº 13.964, de 2019) (Vigência)

§ 14. No caso de recusa, por parte do Ministério Público, em propor o acordo de não persecução penal, o investigado poderá requerer a remessa dos autos a órgão superior, na forma do art. 28 deste Código. (Incluído pela Lei nº 13.964, de 2019) (Vigência)

Art. 29. Será admitida ação privada nos crimes de ação pública, se esta não for intentada no prazo legal, cabendo ao Ministério Público aditar a queixa, repudiá-la e oferecer denúncia substitutiva, intervir em todos os termos do processo, fornecer elementos de prova, interpor recurso e, a todo tempo, no caso de negligência do querelante, retomar a ação como parte principal.

1. A reiteração das discussões

A matéria introduzida neste artigo replica discussões que já deveriam ter sido dadas como sedimentadas desde a introdução, em 1995, dos mecanismos consensuais para a criminalidade não organizada, a saber, a transação penal e a suspensão condicional do processo.

Contudo, como será visto, temas velhos têm sido discutidos como se fossem marcados pelo ineditismo, a saber:

a) O momento da negociação – que, como será visto, desgarrou-se do marco temporal previsto no "caput" do artigo para alcançar até o momento anterior à sentença condenatória recorrível. Quando não, até o julgamento definitivo do último recurso cabível. Quando não, em sede de revisão criminal.
b) A retroatividade da norma para casos em curso acontecidos antes da sua entrada em vigor e já em fase processual avançada.
c) A "natureza jurídica" desse mecanismo, em especial se é um "direito subjetivo" da pessoa investigada.
d) O cabimento do mecanismo em ações de legitimação privada.
e) A forma de quantificação da pena-parâmetro prevista para o mecanismo.

Basicamente a discussão gira em torno, desde sempre, da aludida "natureza mista" da norma negocial, que contém aspectos processuais e outros de direito material penal (extinção da punibilidade de forma mais benéfica, por certo, à pessoa que adere a negociação).

Sem desmerecer a valia dessa discussão – já tratada nestes Comentários –, tem-se, mais uma vez, o enxerto de instrumentos negociais em um sistema – até então predominantemente, mas cada vez menos – que não a admitia, condição geradora de todos esses questionamentos.

Como a negociação é criada, sobretudo, por um viés utilitarista e decisionista, de facilitação do *output* de um sistema gigantesco e sempre em expansão – o Direito Penal material – todos os conflitos aqui citados, surgidos desde 1995, aqui se repetiram.

Teria cabido ao legislador um mínimo de sabedoria – algo que faltou desde os açodados trabalhos políticos que culminaram no chamado "pacote anticrime" – para regrar legislativamente essas situações, desafogando os Tribunais de discussões vencidas no tempo e poupando a Doutrina de reiterar o que se tornou óbvio na matéria.

2. Negócio jurídico processual

O Acordo de Não Persecução Penal (ANPP) integra os mecanismos de justiça penal negociada, cujas críticas metodológicas têm sido feitas nestes Comentários e em outras obras, em particular o "Processo Penal de Emergência" já referido em vários trechos desta Obra.

Nada obstante, a prática negociada é uma realidade e não tem sofrido controles negativos de constitucionalidade, mesmo porque incide num cenário operacional verdadeiramente falimentar (para empregar um vocábulo próprio ao campo jurídico dos negócios) como lembrado por Coelho a partir de dados "do Conselho Nacional de Justiça (CNJ) [que]apontam que, durante o ano de 2019, a taxa de congestionamento criminal foi de 70%, superior à taxa de congestionamento não criminal, apurada em 56,6%. Na fase de conhecimento de 1º grau, o tempo do processo criminal é maior que o do não criminal; os processos criminais duraram, em média, 1 ano e 3 meses a mais do que os não criminais, sendo essa realidade verificada em todos os segmentos de justiça"[423].

O importante – e raro – estudo mencionado, que se ocupa de forma verticalizada com os resultados práticos desse mecanismo aponta que "a instituição do ANPP causou uma redução média do percentual de denúncias mensais no patamar de 6,46%, considerado o cenário nacional"[424] e destaca como um dos fatores desse resultado exatamente a morosidade judicial que desincentiva pessoas investigadas a celebrarem o ANPP porquanto se antevê, na longuíssima tramitação, uma concreta perspectiva de prescrição.

Ainda que esse argumento possa ser rebatido diante dos instrumentos técnicos do ANPP – os quais a Autora mencionada opta por não trabalhar em seu texto pela opção metodológica feita – torna-se evidente que, no cenário atual, provocar o Acordo é muito mais interessante e premente ao Estado que, *prima facie*, à pessoa investigada.

Assim, à míngua de uma verdadeira *refundação* do processo penal que possa construir uma estrutura persecutória marcada pelos cânones básicos do devido processo legal no Estado de Direito e que seja marcada pela verdadeira *oralidade* como método decisório, mecanismos negociais somente tendem a expansão devendo, pois, ser analisados em seus aspectos técnicos.

Para tanto, no marco destes Comentários, será considerado nas discussões que se trata de mecanismo inserido no *sistema penal* e que, portanto, está sujeito à legalidade estrita, não sendo possível empregá-lo para exigir da pessoa beneficiada (física ou jurídica) comportamentos fora desse limite, sob risco de usar-se o sistema punitivo para alargar sua atuação, enfraquecendo, assim, sua legitimidade no Estado de Direito.[425]

3. Momento da proposta do ANPP

Na esteira do quanto mencionado no verbete introdutório de Comentários a este artigo, o STF (HC 191464 AgR, Relator(a): ROBERTO BARROSO, Primeira Turma, julgado em 11/11/2020 destacou que "A Lei n. 13.964/2019, no ponto em que institui o acordo de não persecução penal (ANPP), é considerada lei penal de natureza híbrida, admitindo conformação entre a retroatividade penal benéfica e o tempus regit

---

423 COELHO, Daniela Thomes. Modificação da estrutura de incentivos no Direito Penal: Evidência da implementação inicial do acordo de não persecução penal na Justiça Federal. 2022. Dissertação de Mestrado. Dissertação (mestrado) - Escola de Direito do Rio de Janeiro da Fundação Getulio Vargas. Orientadora: Natasha Schmitt Caccia Salinas. Coorientador: Thiago Bottino do Amaral, p. 08. Disponível em: <https://bibliotecadigital.fgv.br/dspace/bitstream/handle/10438/31918/dissertacao_revisada_versao_final.pdf?sequence=1>. Acesso em: 7 dez. 2022.

424 Op. Cit., p. 80.

425 Para uma ampla discussão ver, entre outros, GLOECKNER, Ricardo Jacobsen. Justiça negocial e acordo de não persecução penal. **Revista Brasileira de Ciências Criminais**, São Paulo, v. 30, n. 191, p. 329-373, jul./ago. 2022. Disponível em: <http://200.205.38.50/biblioteca/index.asp?codigo_sophia=158501>. Acesso em: 7 dez. 2022.

actum. 2. O ANPP se esgota na etapa pré-processual, sobretudo porque a consequência da sua recusa, sua não homologação ou seu descumprimento é inaugurar a fase de oferecimento e de recebimento da denúncia. 3. O recebimento da denúncia encerra a etapa pré-processual, devendo ser considerados válidos os atos praticados em conformidade com a lei então vigente. Dessa forma, a retroatividade penal benéfica incide para permitir que o ANPP seja viabilizado a fatos anteriores à Lei n. 13.964/2019, desde que não recebida a denúncia. 4. Na hipótese concreta, ao tempo da entrada em vigor da Lei n. 13.964/2019, havia sentença penal condenatória e sua confirmação em sede recursal, o que inviabiliza restaurar fase da persecução penal já encerrada para admitir-se o ANPP. 5. Agravo regimental a que se nega provimento com a fixação da seguinte tese: "o acordo de não persecução penal (ANPP) aplica-se a fatos ocorridos antes da Lei n. 13.964/2019, desde que não recebida a denúncia".

Neste ponto acompanhou-se o quanto apreciado pelo STJ: "o cumprimento integral do acordo de não persecução penal gera a extinção da punibilidade (art. 28-A, § 13, do CPP), de modo que como norma de natureza jurídica mista e mais benéfica ao réu, deve retroagir em seu benefício em processos não transitados em julgado (art. 5º, XL, da CF)". (AgRg no HC 575.395/RN, Rel. Min. Nefi Cordeiro, Sexta Turma, j. 8.9.2020, DJe 14.9.2020)**426**

Mas o próprio STJ manifestou-se pela impossibilidade do exercício desse mecanismo em sede recursal, posto que "Mostra-se incompatível com o propósito do instituto do Acordo de Não Persecução Penal (ANPP) quando já recebida a denúncia e já encerrada a prestação jurisdicional na instância ordinária, com a condenação do acusado, cuja causa de diminuição do art. 33, §4º, da Lei de drogas fora reconhecida somente neste STJ, com a manutenção da condenação. 4. Embargos de declaração rejeitados (EDcl no AgRg no AgRg no AREsp 1635787/SP, Rel. Ministro REYNALDO SOARES DA FONSECA, QUINTA TURMA, DJe 13/08/2020)"

E assim seria porquanto "A finalidade do ANPP é evitar que se inicie o processo, não havendo lógica em se discutir a composição depois da condenação, como pretende a defesa … 4. Agravo Regimental a que nega provimento" (HC n. 191.124-AgR, Relator o Ministro Alexandre de Moraes, Primeira Turma, DJe 13.4.2021).

No marco teórica desta Obra é de se considerar como possível a celebração do ANPP para casos anteriores à vigência da Lei que o introduziu e tendo como último marco temporal, em tese, a condenação *definitiva*, não importando a instância em que tenha sido proferida.

Contudo, quanto mais o tempo processual passa, menor, também em tese, é a possibilidade de os requisitos que compõem o leque de condições de celebração do Acordo estejam presentes, mormente quando a sentença condenatória deixar, por qualquer razão evidentemente legal, de aplicar penas restritivas de direitos e impuser pena privativa de liberdade ainda que, potencialmente, em regime aberto.

Nestas hipóteses o órgão acusador poderia argumentar que há um dado objetivo – o conteúdo e forma de execução da pena – a indicar que o ANPP não serviria como mecanismo apto a prevenção e reprovação social da conduta, por exemplo. Em termos "negociais" – pois esta é a lógica, como já exposto – ao acusador, quanto mais próximo o teor da confirmação da condenação, menor o interesse no ANPP.

No momento em que a 10ª. Edição destes ***Comentários*** foi concluída pendia de julgamento o HC 185.913, tendo como Rel. o Min. Gilmar Mendes que aprecia de forma ampla.

4. Requisitos objetivos: confissão

Há modelos consensuais baseados na assunção do cometimento de fatos criminosos – confissão de culpa – e, outros, que não exigem essa manifestação (*nolo contendere*, alegadamente presente na transação da Lei 9099/95, art. 69).

No caso do ANPP optou-se por exigir a assunção de culpa, o que pode ser entendido como a quebra absoluta do princípio da presunção de inocência, ao direito ao silêncio e da vedação da autoincriminação gerador, portanto, de inconstitucionalidade.

Contudo, na lógica expansionista da negociação penal – que, no caso do presente mecanismo abarca cerca de 70% das condutas tipificadas a tomar o critério de quantificação de pena -, não é essa a conclusão do "mercado jurídico-penal". Afinal, sendo a lógica dominante aquela negocial, inevitável concluir que está-se diante de um "mercado" de negociação. E, como toda situação em que se adentra na lógica da *lex mercatoria*, frear sua expansão é tarefa árdua, senão tendendo de antemão ao fracasso.

---

426   Em idêntico sentido: HC 615113/SP, Rel. Ministro OLINDO MENEZES (DESEMBARGADOR CONVOCADO DO TRF 1ª REGIÃO), SEXTA TURMA, julgado em 16/11/2021, DJe 19/11/2021; AgRg no REsp 1936305/SP, Rel. Ministro JOEL ILAN PACIORNIK, QUINTA TURMA, julgado em 16/11/2021, DJe 19/11/2021; AgRg no HC 699955/SC, Rel. Ministro RIBEIRO DANTAS, QUINTA TURMA, julgado em 26/10/2021, DJe 04/11/2021; AgRg no REsp 1905924/SP, Rel. Ministra LAURITA VAZ, SEXTA TURMA, julgado em 26/10/2021, DJe 04/11/2021; AgRg no HC 680533/SC, Rel. Ministro REYNALDO SOARES DA FONSECA, QUINTA TURMA, julgado em 05/10/2021, DJe 13/10/2021; AgRg nos EDcl no AREsp 1648025/SP, Rel. Ministro ROGERIO SCHIETTI CRUZ, SEXTA TURMA, julgado em 05/10/2021, DJe 13/10/2021.

Assim, a "autonomia" que impregna o empreendimento mercatório é aqui invocada para justificar a autoincriminação, sempre adjetivada pela "voluntariedade" e sua correlata atribuição, a "ausência de coação".

Sobre o tema, interessante acórdão oriundo do STJ, – HC 657165 – RJ (2021/0097651-5) –, tendo como Relator o Min. Rogerio Schietti, decidiu que é possível construir-se o ANPP *sem confissão na investigação quando da modalidade inquérito policial*, mas sem chegar a negar peremptoriamente a necessidade de sua existência[427]. Discutiu-se *o momento* da confissão, não sua indispensabilidade.

E o fez a partir de uma específica referência à dinâmica própria da investigação na modalidade inquérito policial, quando se afirma que "Deveras, além de, na enorme maioria dos casos, o investigado ser ouvido pela autoridade policial sem a presença de defesa técnica e sem que tenha conhecimento sobre a existência do benefício legal, não há como ele saber, já naquela oportunidade, se o representante do Ministério Público efetivamente oferecerá a proposta de ANPP ao receber o inquérito relatado. Isso poderia levar a uma autoincriminação antecipada realizada apenas com base na esperança de ser agraciado com o acordo, o qual poderá não ser oferecido pela ausência, por exemplo, de requisitos subjetivos a serem avaliados pelo membro do Parquet."

4.1. A confissão e sua utilização posterior

Situação importante é a que diz respeito às consequências do emprego da confissão caso o acordo seja descumprido e a persecução penal retomada.

A confissão não implica – como é decorrente do marco teórico destes Comentários – na automática prolação da sentença condenatória. E, para tanto, não parece ser necessário empregar-se a distinção entre "assunção de culpa" e "assunção de responsabilidade" proposta em texto instigante[428], reservando àquela uma dimensão "moral".

Isto porque, num processo aderente ao devido processo legal ínsito ao Estado de Direito, a confissão não exime o acusador de provar o quanto alega. Neste ponto, por sinal, nada de novo em manifestações jurisprudenciais que afirmam que "a sentença condenou o paciente por falsidade ideológica e reconheceu a autoria delitiva exclusivamente com lastro em elementos produzidos na fase extrajudicial (depoimentos prestados durante o inquérito policial e ao Promotor de Justiça, além de confissão do celebrante de ANPP), não reproduzidos durante a instrução criminal e não submetidos ao devido contraditório, é de rigor reconhecer a insuficiência do standard probatório que autorizaria a condenação". (STJ, HABEAS CORPUS N. 756907 – Rel. Min. Rogerio Schietti, j. em 13 de setembro de 2022).

Contudo, destaca-se e louva-se a importância de decisões como a mencionada para reafirmar o indispensável no campo de um processo penal que padece de reafirmações constantes de sua base constitucional-convencional.

5. O ANPP e a opção de acusar

Pela lógica do ANPP a proposta de Acordo somente pode ser aceita se o órgão acusador tiver concluído pela necessidade de formular a acusação penal (oferecimento da denúncia). E assim o é porque, ao propor um acordo em situação de arquivamento haveria uma evidente falta de base legal para tanto.

Como consequência, o termo da celebração do acordo deve fazer constar as razões pelas quais o Ministério Público entende *não ser caso* de arquivamento, ao lado daquelas que fundamentam os demais aspectos do ANPP.

Da mesma maneira é inconsequente numa interpretação sistêmica que haja complementação de investigações depois de ofertada a proposta de ANPP.[429]

6. O ANPP como obrigação ao órgão acusador

Na esteira das discussões já conhecidas em temas semelhantes, o STF, no HC 191124 AgR / RO – RONDÔNIA, tendo como Relator(a): Min. ALEXANDRE DE MORAES e julgado em 08/04/2021 decidiu que "1. As condições descritas em lei são requisitos necessários para o oferecimento do Acordo de Não Persecução Penal (ANPP), importante instrumento de política criminal dentro da nova realidade do sistema acusatório brasileiro. Entretanto, não obriga o Ministério Público, nem tampouco garante ao acusado verdadeiro direito subjetivo em realizá-lo. Simplesmente, permite ao Parquet a opção, devidamente fundamentada, entre denunciar ou realizar o acordo, a partir da estratégia de política

---

[427] A negação peremptória da necessidade da confissão, inclusive considerada como dispensável é defendida por DA SILVA, José Carlos Félix; REIS, Debora Cristyna Ferreira; DA SILVA, Klinsmann Alison Rodrigues Félix. Inconstitucionalidade material da confissão no acordo de não persecução penal. Revista acadêmica escola Superior do Ministério Público do Ceará, v. 12, n. 2, p. 81-97, 2020.

[428] NICOLAI, Thiago Diniz Barbosa. FERREIRA, Renata Rodrigues de Abreu. O valor das confissões no acordo de não persecução penal. Revista Consultor Jurídico. Disponível em:<https://www.conjur.com.br/2020-jun-08/nicolai-ferreira-valor-confissoes-anpp>. Acesso em: 7 dez. 2022.

[429] A ver o tema em AQUINO, Mariane de Matos. ANPP e a (Im)possibilidade de complementação das investigações. **Boletim IBCCRIM**, São Paulo, v. 30, n. 359, p. 13 - 14, out. 2022.

criminal adotada pela Instituição. 2. O art. 28-A do Código de Processo Penal, alterado pela Lei 13.964/19, foi muito claro nesse aspecto, estabelecendo que o Ministério Público "poderá propor acordo de não persecução penal, desde que necessário e suficiente para reprovação e prevenção do crime, mediante as seguintes condições."

Nisso repetiu sobre o tema o que já havia sido decidido pelo STJ, no AgRg no RHC 130587 / SP tendo como Relator(a): Min. FELIX FISCHER (5ª. T) e julgado em 17/11/2020 decidiu que "O acordo de persecução penal não constitui direito subjetivo do investigado, podendo ser proposto pelo MPF conforme as peculiaridades do caso concreto e quando considerado necessário e suficiente para a reprovação e a prevenção da infração penal".[430]

7. O ANPP e as ações de legitimação privada

Quanto às ações privadas subsidiárias da pública a resposta é diretamente positiva diante da natureza do exercício daquela legitimação na forma já exposta nestes Comentários.

Para as ações privadas "genuínas" a situação tem ressalvas e, a tomar a interpretação do próprio Congresso, em particular o Senado, sobre o tema, a resposta é negativa. Isto porque o PL 6399/2019, tendo como autor o Senador Elmano Férrer (PODEMOS/PI), apresentado em 11/12/2019 foi editado com esse objetivo. Na CCJ, sob a relatoria do Senador Alexandre Vieira considerou-se que "ii) mantemos a possibilidade de apresentação de proposta de acordo de não persecução penal pelo querelante, e não apenas pelo membro do Ministério Público. Entendemos que essa modalidade de acordo não deve ficar restrita somente aos crimes de ação pública incondicionada e àqueles de ação pública condicionada à representação, uma vez que a transação penal, que também é um acordo de não persecução penal, é aplicável nas ações penais privadas segundo o entendimento dos tribunais superiores."[431]

Neste sentido, à doutrina caberia construir a mesma linha interpretativa do cabimento de inserção desse mecanismo nas ações de iniciativa exclusiva privada.

8. "Necessidade" e "suficiência" do ANPP

São pressupostos abertos e sem construção consolidada na doutrina observado o campo da justiça negociada. Assim, a interpretação deve se valer da construção jurisprudencial da própria dosimetria da pena onde esses conceitos são trabalhados com mais frequência.

9. ANPP e sua aplicação na Justiça Militar

O tema propicia tratamento simétrico àquela já dispendido por outros mecanismos negociais quando discutida sua aplicação na Justiça Militar. Pelos mesmos motivos históricos (a perda da força do argumento da manutenção da disciplina em detrimento da oportunidade da negociação) a admissão do ANPP na Justiça Militar deve se concretizar.[432]

I – reparar o dano ou restituir a coisa à vítima, exceto na impossibilidade de fazê-lo; (Incluído pela Lei n. 13.964, de 2019) (Vigência)

II – renunciar voluntariamente a bens e direitos indicados pelo Ministério Público como instrumentos, produto ou proveito do crime; (Incluído pela Lei n. 13.964, de 2019) (Vigência)

III – prestar serviço à comunidade ou a entidades públicas por período correspondente à pena mínima cominada ao delito diminuída de um a dois terços, em local a ser indicado pelo juízo da execução, na forma do art. 46 do Decreto-Lei n. 2.848, de 7 de dezembro de 1940 (Código Penal); (Incluído pela Lei n. 13.964, de 2019) (Vigência)

IV – pagar prestação pecuniária, a ser estipulada nos termos do art. 45 do Decreto-Lei n. 2.848, de 7 de dezembro de 1940 (Código Penal), a entidade pública ou de interesse social, a ser indicada pelo juízo da execução, que tenha, preferencialmente, como função proteger bens jurídicos iguais ou semelhantes aos aparentemente lesados pelo delito; ou (Incluído pela Lei n. 13.964, de 2019) (Vigência)

V – cumprir, por prazo determinado, outra condição indicada pelo Ministério Público, desde que proporcional e compatível com a infração

---

[430] Também no STJ os seguintes precedentes: AgRg no REsp 1948350/RS, Rel. Ministro JESUÍNO RISSATO (DESEMBARGADOR CONVOCADO DO TJDFT), QUINTA TURMA, julgado em 09/11/2021, DJe 17/11/2021; AgRg no RHC 152756/SP, Rel. Ministro REYNALDO SOARES DA FONSECA, QUINTA TURMA, julgado em 14/09/2021, DJe 20/09/2021; AgRg no RE nos EDcl nos EDcl no AgRg no REsp 1816322/MG, Rel. Ministro HUMBERTO MARTINS, CORTE ESPECIAL, julgado em 13/04/2021, DJe 22/04/2021.

[431] Disponível em <https://legis.senado.leg.br/sdleg-getter/documento?dm=8068190&disposition=inline>. Acesso em: 6 dez. 2022.

[432] Nesse sentido OLIVEIRA, Lorena Hermenegildo de. Acordo de não persecução penal: (in)aplicabilidade na justiça militar à luz da constituição federal de 1988. **Direito Militar**: Revista da Associação dos Magistrados das Justiças Militares Estaduais – AMAJME, Florianópolis, v. 25, n. 152, p. 24 - 28, mar./abr. 2021.

penal imputada. (Incluído pela Lei n. 13.964, de 2019) (Vigência)

1. Condições do ANPP – cumulação e alternatividade

As condições elencadas nos incisos I a IV são, na sua essência, espécies de penas restritivas de direitos e a forma de sua interpretação tende a seguir, em nome da boa interpretação sistêmica, o quanto já se construiu sobre o assunto no Código Penal.

A última previsão padece das críticas já efetuadas nestes Comentários quanto ao emprego do sistema penal para condicionar condutas não previstas expressamente no sistema repressivo, ainda que a título de "não-sanção" mas que configuram, de qualquer modo, restrição à liberdade a partir do aparato penal.

2. Possível conteúdo do ANPP

Figura 1 **Possíveis conteúdos do ANPP**

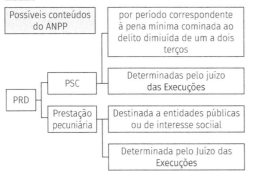

§ 1º Para aferição da pena mínima cominada ao delito a que se refere o **caput** deste artigo, serão consideradas as causas de aumento e diminuição aplicáveis ao caso concreto. (Incluído pela Lei n. 13.964, de 2019) (Vigência)

1. Quantidade de pena como requisito objetivo

Conforme o trato histórico para o tema a partir de 1995, na pena mínima cominada ao delito, serão consideradas as causas de aumento e diminuição aplicáveis ao caso concreto, na forma dos enunciados n. 243 e n. 723 do Superior Tribunal de Justiça e Supremo Tribunal Federal, pela ordem.

§ 2º O disposto no **caput** deste artigo não se aplica nas seguintes hipóteses: (Incluído pela Lei n. 13.964, de 2019) (Vigência)

1. Vedações peremptórias

A norma regulamentadora do ANPP exclui, por opção de política criminal, as hipóteses definidas nos incisos constantes para celebração do Acordo. Delas, as previstas nos incisos I, III e IV são de natureza objetiva. A do inciso II implica numa análise não completamente definida em lei: a insignificância.

1. ANPP e crimes hediondos

Dada a estrutura dos incisos aqui apresentados é natural o questionamento sobre o cabimento do ANPP nas hipóteses de crimes hediondos, excluídos os que são cometidos com violência.

Nada obstante o tema poder ser resolvido com uma interpretação sistêmica do artigo em sua integralidade, quando se poderia objetar o ANPP por ser "insuficiente" e "desnecessário" e, a isso, somar-se que é da lógica própria dos crimes hediondos uma maior severidade na sua persecução e execução da pena (com regras próprias neste campo), o tema merece alguma reflexão.

Primeiro, que a Resolução n. 183 do Conselho Nacional do Ministério Público (antecedente histórico nacional para o tema) vedava expressamente o ANP em caso de crimes hediondos ou equiparados, mas inexiste impedimento na legislação vigente.

E essa hipótese de exclusão permaneceu no PL n. 10.372/2018, um dos quais originou o texto final aprovado (o outro foi o PL n. 882/2019) no bojo do denominado "pacote anticrime", mas que não foi contemplado na redação final.

A vedação legal peremptória não existe, portanto. Mas, a pertinência do oferecimento do acordo em crimes hediondos não violentos precisa ser vista caso a caso nos termos da legislação em vigor. Assim, na Lei N. 8.072, de 25 de julho de 1990, com seus acréscimos, excluindo-se, de plano, aqueles que têm pena superior ao determinado como patamar para o Acordo. Restam, portanto, o Art. 1º. VIII – favorecimento da prostituição ou de outra forma de exploração sexual de criança ou adolescente ou de vulnerável (art. 218-B, caput, e §§ 1º e 2º) e o Art. 1º., §1º II – o crime de posse ou porte ilegal de arma de fogo de uso proibido, previsto no art. 16 da Lei n. 10.826, de 22 de dezembro de 2003.

No caso do art. 218-B do CP a proposta do Acordo esbarra, definitivamente, na ausência do cumprimento dos critérios finalísticos do Acordo tal como disposto no "caput" do art. 28-A em comparação com o tratamento legal diferenciado que, historicamente, se dá à prática dos crimes hediondos. Assim, do ponto de vista sistêmico não faria sentido que uma pessoa acusada por essas práticas pudesse se beneficiar do ANPP.

E mesmo no caso do artigo 16 supramencionado que parte de um mínimo autorizador de substituição da pena privativa de liberdade pela restritiva de direitos, portanto as mesmas "condutas" previstas no Acordo, a vedação do ANPP se justifica pela análise detalhada da ausência dos mesmos fins desejados para esse mecanismo conforme artigo 28-A no caput.

No caso da Lei de Drogas (Lei 11434/2006), o artigo 33 ("tráfico") tem pena mínima superior ao permitido para o ANPP e a sua figura privilegiada (§4º) não é considerado como "hediondo" pela jurisprudência consolidada. Tampouco o é a associação para o tráfico (art. 35).

E, para o artigo 34 da mesma lei é necessário lembrar a recorrente hipótese de consunção na forma da jurisprudência consolidada do STJ a ser verificada nos seguintes precedentes, entre outros: AgInt no AREsp 1237014/SP, Rel. Ministro SEBASTIÃO REIS JÚNIOR, SEXTA TURMA, julgado em 21/08/2018, DJe 03/09/2018; HC 349524/SP, Rel. Ministro ANTONIO SALDANHA PALHEIRO, SEXTA TURMA, julgado em 18/05/2017, DJe 30/05/2017; AgInt no REsp 1470276/SP, Rel. Ministro SEBASTIÃO REIS JÚNIOR, SEXTA TURMA, julgado em 08/11/2016, DJe 21/11/2016.

> I – se for cabível transação penal de competência dos Juizados Especiais Criminais, nos termos da lei; (Incluído pela Lei n. 13.964, de 2019) (Vigência)

1. Transação Penal e ANPP

Ambos são mecanismos negociais e, potencialmente, geram o mesmo resultado: extinção da punibilidade sem o transcurso de um processo regular e sem provocar a reincidência. A opção legislativa é priorizar a transação no lugar da ANPP, o que faz sentido diante da quantidade de pena de uma e outra, o que levaria à própria extinção dos juizados especiais criminais se fosse diversa a orientação dada pela lei.

> II – se o investigado for reincidente ou se houver elementos probatórios que indiquem conduta criminal habitual, reiterada ou profissional, exceto se insignificantes as infrações penais pretéritas; (Incluído pela Lei n. 13.964, de 2019) (Vigência)

1. Conceitos de criminalidade habitual, reiteração criminal e "profissionalismo" em práticas criminosas

Conceitos trazidos do Direito Penal material e já discutidos em outros campos nestes *Comentários*, em especial no das cautelares pessoais.

2. Insignificância como conceito para empregar o ANPP

Insta considerar, em primeiro lugar, que o tratamento dado em grande parte da doutrina penal para o tema[433] coloca a insignificância no plano da ausência da tipicidade a ensejar a não aplicação da pena. Aqui, a insignificância é usada como um fator de exclusão da cláusula de comportamento pessoal desfavorável, modificando substancialmente sua aplicação.

> III – ter sido o agente beneficiado nos 5 (cinco) anos anteriores ao cometimento da infração, em acordo de não persecução penal, transação penal ou suspensão condicional do processo; e (Incluído pela Lei n. 13.964, de 2019) (Vigência)

1. Carência quinquenal

Trata-se da manutenção de critério que foi introduzido desde 1995 e que implica, como já criticado sobre este tema em textos anteriores, a implantação de um sistema de informações rigoroso e compartilhado, sobretudo entre os Estados, de celebração desse acordo. Algo que não foi construído, de forma consistente, desde 1995 sequer no que tange à transação penal.

> IV – nos crimes praticados no âmbito de violência doméstica ou familiar, ou praticados contra a mulher por razões da condição de sexo feminino, em favor do agressor. (Incluído pela Lei n. 13.964, de 2019) (Vigência)

2. Hipóteses de exclusão de cabimento da proposta do ANPP

A lógica empregada segue o quanto já previsto sobre os mecanismos negociais preexistentes e a excepcionalidade trazida no caso da violência doméstica, familiar ou contra mulher dado seu gênero.

---

433 Para uma rápida abordagem ver PELUSO, Vinicius de Toledo Piza. A objetividade do princípio da insignificância. **Boletim do IBCCRIM**, ano, v. 9, 2001.

Assim, também aqui, há uma cultura jurisprudencial construída, inclusive nas discussões de pessoas transgêneros e a aplicabilidade das regras de exclusão de mecanismos negociais nessas situações.

> § 3º O acordo de não persecução penal será formalizado por escrito e será firmado pelo membro do Ministério Público, pelo investigado e por seu defensor. (Incluído pela Lei n. 13.964, de 2019) (Vigência)

1. Formalização

A celebração do ANPP deve-se dar por escrito segundo a lei. Mas, acrescente-se, em documento apartado da formação da convicção do acusador sobre a propositura a fim de separar bem seus conteúdos. Acrescente-se, a explicitação do acusador não significa a obrigatoriedade da redação de uma denúncia formal.

Neste ponto merecem destaque a eventual diferença entre o conteúdo do acordo e o conteúdo da petição, no Juízo das Execuções (vide infra), que deslancha a execução do ANPP, posto que, por qualquer razão (tendentemente um equívoco material) esta última pode apresentar divergência em relação ao ANPP.

Assim, o que vale é o que foi acordado e não o conteúdo eventualmente defeituoso da petição de "execução" pois é dele que nasce a condição de exequibilidade e posterior declaração de extinção da punibilidade.

> § 4º Para a homologação do acordo de não persecução penal, será realizada audiência na qual o juiz deverá verificar a sua voluntariedade, por meio da oitiva do investigado na presença do seu defensor, e sua legalidade. (Incluído pela Lei n. 13.964, de 2019) (Vigência)

> § 5º Se o juiz considerar inadequadas, insuficientes ou abusivas as condições dispostas no acordo de não persecução penal, devolverá os autos ao Ministério Público para que seja reformulada a proposta de acordo, com concordância do investigado e seu defensor. (Incluído pela Lei n. 13.964, de 2019) (Vigência)

1. Homologação em audiência

Forma exigida em lei para a celebração da homologação, momento no qual todas as condições objetivas e subjetivas que fundamentam legalmente a possibilidade de acordo devem ser verificadas. A não homologação gera a possibilidade de interposição de recurso em sentido estrito conforme expressa previsão legal.

2. Controle judicial

O controle judicial limita-se às condições subjetivas negociadas, que não ficam sem qualquer fiscalização por parte do órgão homologador, especialmente no que toca ao cumprimento dos requisitos de adequação e necessidade dos termos do ANPP.

Mas, desde um ponto de vista mais profundo das estruturas persecutórias, o ANPP consolida ainda mais o papel do Ministério Público como articulador concreto de *políticas de segurança*, tema sensível e que precisa ser visto com cautela para não transformar aquela Instituição numa evidente *longa manus* de uma política de segurança pública de *governos*. E, ao protagonizar esse papel, a Magistratura é instada a não fazer – o é absolutamente correto, posto que não cabe ao Poder Judiciário assumir, mesmo que de forma coadjuvante, qualquer papel nesse enredo.

Dentro do controle judicial há um limite *negativo* do papel do órgão judicante: a impossibilidade de *impor* ou, até mesmo, *sugerir* condições do ANPP.

3. Adequação dos termos do ANPP

A previsão legal repete a mesma estrutura do aditamento à acusação prevista no CPP, com consequências jurídicas semelhantes. A recusa do Ministério Público em proceder a reformulação pode gerar a provação ao Procurador Geral ou Procuradoria Geral da República.

4. Intervenientes na audiência

Ato processual reservado ao órgão acusador e a pessoa que se beneficiará do acordo. Terceiros, como vítima e aquelas outras pessoas que teriam expectativa de serem assistentes da acusação na hipótese do ajuizamento tradicional da acusação penal não estão autorizadas por lei a intervirem.

5. Demonstrativo da atuação judicial

Figura 2 Controle judicial do ANP

> § 6º Homologado judicialmente o acordo de não persecução penal, o juiz devolverá os autos ao Ministério Público para que inicie sua execução

perante o juízo de execução penal. (Incluído pela Lei n. 13.964, de 2019) (Vigência)

1. Execução do ANPP

O ANPP não impõe penas, mas a maior parte dos compromissos que podem ser propostos é simétrico a pena restritiva de direitos; o ANPP tem sua base numa investigação criminal que, obrigatoriamente, resultaria numa acusação formal penal, mas não está limitado ao sistema penal para impor condutas acordadas; e, por fim, não impondo penas e, sim, condutas (algumas potencialmente extrapenais), sua execução se dá na Vara das Execuções Criminais.

Isto posto, a cisão operada pela lei entre o juízo da celebração do acordo e o da sua execução carece de explicação lógica.

Com efeito, na redação original do PL 10372/2018 falava-se: "§ 8º Homologado judicialmente o acordo de não persecução penal, o juiz devolverá os autos ao Ministério Público para que inicie sua execução perante o juízo competente, suspendendo-se a prescrição nos termos do art. 116, III do Código Penal".[434]

Foi o PL 882/2019, propulsionado pelo então Min. Da Justiça que sugeriu a redação tal como finalmente aprovada e que constava no original do texto proposto: "§ 6º Homologado judicialmente o acordo de não persecução penal, o juiz devolverá os autos ao Ministério Público para que inicie sua execução perante o juízo de execução penal."[435]

Anote-se que o primeiro PL mencionado foi fruto de Comissão de Juristas criado por "Ato da Presidência desta Casa Legislativa, publicado no Diário da Câmara dos Deputados de 10 de outubro de 2017", tendo sido amplamente discutido com a comunidade jurídica acadêmica e inúmeras associações de classe.

Como está, exige-se, pois, um desdobramento inútil de atos comunicacionais para início da execução e dupla energia institucional para tanto (a fiscalização das Instituições intervenientes na Execução e aquelas do Juízo do Conhecimento, que não deixam de ocupar-se, ainda que de forma mais distante do acompanhamento do ANPP).

2. Duplicidade de atuação de órgãos de execução do Ministério Público

ANPP e Ministério Público	
Órgão de Execução do MP – Conhecimento	Órgão de Execução do MP – Execrim
1. Cognição da investigação	5. Recebimento do ANPP como título da execução da pena
2. Juízo de valor sobre oferecimento de denúncia	6. Intervanção para escolha das condições que equivalem a PRDs
3. Proposta ANPP – critérios de legalidade e finalidades das condições a patir da ótica das finalidades da pena	7. Acompanhamento do cumprimento das condições acordadas
4. Verificação das hipóteses de não propositura do ANPP	8. Verificação do descumprimento e comunicação ao MP do Conhecimento para "rescisão" e oferecimento da denúncia

Dessas possibilidades, a escolha, na Vara da Execuções, de condições para cumprimento do ANPP. Eventualmente, à Vara das Execuções pode-se destinar a tarefa de indicar entidades onde a prestação de serviços se dará, por exemplo. Mas, nunca, caber à Promotoria das Execuções definir o objeto do acordo que, de resto, não poderia ser homologado com uma cláusula genérica e futura.

§ 7º O juiz poderá recusar homologação à proposta que não atender aos requisitos legais ou quando não for realizada a adequação a que se refere o § 5º deste artigo. (Incluído pela Lei n. 13.964, de 2019) (Vigência)

§ 8º Recusada a homologação, o juiz devolverá os autos ao Ministério Público para a análise da necessidade de complementação das investigações ou o oferecimento da denúncia. (Incluído pela Lei n. 13.964, de 2019) (Vigência)

1. *Vide* comentários no §5º, supra.

§ 9º A vítima será intimada da homologação do acordo de não persecução penal e de seu descumprimento. (Incluído pela Lei n. 13.964, de 2019) (Vigência)

1. A vítima e o ANPP

Como em outros mecanismos negociais que frustram um papel minimamente ativo da vítima, o mesmo se passa com o ANPP, que não prevê a sua obrigatória oitiva na construção do Acordo

---

[434] Disponível em: <https://www.camara.leg.br/proposicoesWeb/prop_mostrarintegra;jsessionid=node0aqvaxlnirwn1kzzst8nc80vi1527741.node0?codteor=1666497&filename=PL+10372/2018>. Acesso em: 5 dez. 2022.

[435] Disponível em: <https://www.camara.leg.br/proposicoesWeb/prop_mostrarintegra?codteor=1712088&filename=PL+882/2019>. Acesso em: 5 dez. 2022.

tampouco em audiência, deixando essa prática para o campo das salutares recomendações.

De resto, a ausência de intimação efetiva da vítima não impede o início da execução do ANPP, tampouco inexistindo, para ela, possibilidade de impugnação diante da ausência de interesse recursal de acordo com precedente do TJSP. Neste sentido acórdão do TJSP (Recurso Em Sentido Estrito n. 0007948-10.2021.8.26.0114, Relator Des. Adilson Paukoski Simoni, j. em 13/04/2022) para inadmitir a interposição de recurso em sentido estrito por aquela última.

§ 10. Descumpridas quaisquer das condições estipuladas no acordo de não persecução penal, o Ministério Público deverá comunicar ao juízo, para fins de sua rescisão e posterior oferecimento de denúncia. (Incluído pela Lei n. 13.964, de 2019) (Vigência)

§ 11. O descumprimento do acordo de não persecução penal pelo investigado também poderá ser utilizado pelo Ministério Público como justificativa para o eventual não oferecimento de suspensão condicional do processo. (Incluído pela Lei n. 13.964, de 2019) (Vigência)

1. O descumprimento do ANPP

A função fiscalizadora na Vara das Execuções limita-se à constatação do cumprimento. Atos injustificáveis nesse campo que acarretem a violação do acordo geram a restituição, à origem, do ANPP para potencial oferecimento da denúncia.

Dada a potencial intersecção de aplicação entre o ANPP e a suspensão condicional do processo, o legislador não vedou, mas estimulou a criteriosa análise do comportamento da pessoa beneficiada como justificativa para não emprego d'aqueloutro mecanismo despenalizador.

§ 12. A celebração e o cumprimento do acordo de não persecução penal não constarão de certidão de antecedentes criminais, exceto para os fins previstos no inciso III do § 2º deste artigo. (Incluído pela Lei n. 13.964, de 2019) (Vigência)

1. *Vide* comentários ao 2º, III, supra.

§ 13. Cumprido integralmente o acordo de não persecução penal, o juízo competente decretará a extinção de punibilidade. (Incluído pela Lei n. 13.964, de 2019) (Vigência)

1. Juiz competente

Rigorosamente seria o juízo do conhecimento onde o ANPP se originou. Consequências práticas têm justificado que essa declaração se dê na Vara das Execuções. E a base jurídica para tanto está no fato de que a pessoa submetida à persecução (ainda que negociada) tem o direito de ver sua punibilidade extinta sem demoras excessivas, principalmente aquelas causadas pela cisão de Juízos já criticada acima.

§ 14. No caso de recusa, por parte do Ministério Público, em propor o acordo de não persecução penal, o investigado poderá requerer a remessa dos autos a órgão superior, na forma do art. 28 deste Código. (Incluído pela Lei n. 13.964, de 2019) (Vigência)

1. Modelo de controle sobre a não proposta do ANPP

O controle adotado, como de resto presente tanto no modelo de arquivamento na disciplina original do CPP assim como na tentativa de reformulação já analisada no "caput" do artigo 28 é o interno-hierárquico, provocado pelo órgão julgador e sem a intervenção de terceiros.

Assim, o potencial quadro:

Figura 3 Controle interno hierárquico no MP sobre o ANPP por provocação judicial

1. Fundamento constitucional

A acusação privada subsidiária da pública se encontra na CR/88, art. 5º, LIX – será admitida ação privada nos crimes de ação pública, se esta não for intentada no prazo legal. Nessa condição, embora um instrumento acessório do modelo acusatório, enquadra-se no contexto das denominadas "cláusulas pétreas".

2. Regime jurídico do processo

Ainda que se rotule esse exercício de direito de ação como privado, indicando-se que a peça inicial se trata de uma "queixa-crime" e que seu legitimado deva ser rotulado de "querelante", o regime jurídico encaminha-se, sem sombra de dúvidas, para a ação de legitimação pública na sua forma de persecução. Os princípios regentes são os apontados nos tópicos precedentes, como a obrigatoriedade, indisponibilidade e indivisibilidade e suas consequentes aplicações.

2.1 Legitimação

É restrito à vítima ou quem tenha o poder legal de representá-la. Por faltar essa legitimação decidiu-se que

> Os conselhos indigenistas não possuem legitimidade ativa em matéria penal. Deve, portanto, ser rejeitada a queixa-crime porque não cabe a ação penal privada proposta, que é subsidiária da pública, para imputar a prática dos crimes de racismo e incitação à violência e ódio contra os povos indígenas.[436]

2.2 Inatividade do Ministério Público: conceito

Justamente nesse ponto reside um dos grandes problemas dogmáticos da ação privada subsidiária, condição essa que já nos fez afirmar em texto anterior

> que a ressuscitada ação penal privada "subsidiária da pública" não cumpre a missão atrás considerada. Mesmo tendo sido revigorada com o novo texto constitucional, ainda é entendida no sentido de o ofendido poder movimentar a ação apenas nos casos em que não for proposta pelo Ministério Público no prazo legal, não se constituindo em forma de controle como a existente em outros sistemas.[437]

Com efeito, dada a redação do texto constitucional, fazendo eco àquela já existente no estatuto instrumental penal, a ação subsidiária somente pode ser intentada quando da inatividade do órgão oficial. Mas não é de todo clara, ao menos na experiência jurisprudencial, a extensão do vocábulo inatividade, já tendo sido ele compreendido como a não propositura da ação em face de arquivamento da investigação, esta ocorrida no prazo legal.

Sem embargo de entendimento em sentido contrário, inatividade não se coaduna com a proposta de arquivamento ou mesmo com a devolução dos autos à unidade policial para complementação de investigações, cuja necessidade não reside na avaliação do titular da ação. Cabe ressaltar que a legitimidade extraordinária autônoma e concorrente do querelante, nesse caso, coloca-o em posição de desvantagem em face do legitimado ordinário, como já exposto. Uma das manifestações dessa desvantagem é que o juízo principal sobre o exercício ou não da ação penal é do legitimado ordinário, daí por que, uma vez manifestado o arquivamento, não pode ser a ação ajuizada.

Ao contrário, o Ministério Público, de acordo com expressa previsão legal, pode complementar a queixa ou oferecer denúncia substitutiva. Cabe esclarecer que, substancialmente, têm elas a mesma forma, a teor do disposto no art. 43. No entanto, se desejar aditar a queixa, deverá fazê-lo nos termos do § 2º do art. 46. O prazo para o aditamento da queixa será de 3 (três) dias, contado da data em que o órgão do Ministério Público receber os autos, e, se este não se pronunciar dentro do tríduo, entender-se-á que não tem o que aditar, prosseguindo-se nos demais termos do processo. Isso porque a lei fez diferença entre aditamento da queixa e denúncia substitutiva, embora, fundamentalmente, estejam dentro de ação penal da mesma natureza jurídica.

Ponto de particular relevância é o de saber até quando a ação penal subsidiária pode ser ajuizada. Muito embora seja, na essência, ação de legitimação pública equivocamente rotulada de "privada", há disposição expressa quanto ao período de legitimidade, a teor do disposto no art. 38 do Código de Processo Penal, adiante transcrito, cabendo lembrar que, nos termos do art. 46 do CPP, o prazo para oferecimento da denúncia, estando o réu preso, será de 5 (cinco) dias, contado da data em que o órgão do Ministério Público receber os autos inquérito policial, e de 15 (quinze) dias, se o réu estiver solto ou afiançado. No último caso, se houver devolução do inquérito à autoridade policial (art. 16), contar-se-á o prazo da data em que o órgão do Ministério Público receber novamente os autos. E, de acordo com o § 1º do mencionado artigo, quando o Ministério Público dispensar o inquérito policial, o prazo para oferecimento da denúncia contar-se-á da data em que tiver recebido as peças de informações ou a representação.

No entanto, manifestação jurisprudencial já houve no sentido de entender possível o oferecimento da queixa subsidiária durante o período em que transcorrer a prescrição, notoriamente mais amplo que o termo decadencial. Não é, contudo, viável esse entendimento.

A sistemática brasileira restringiu temporalmente o lapso de legitimidade extraordinária da vítima. Significa dizer que, na hipótese do escoamento do prazo decadencial previsto, e estando os autos ainda

---

436 STF. **Inq 3.862 ED**. 1ª Turma. Relator: Min. Roberto Barroso. Data de julgamento: 18 nov. 2014. Data de publicação: DJE, 12 dez. 2014.

437 CHOUKR, Fauzi Hassan. **Processo penal à luz da Constituição**. Bauru: Edipro, 1999.

em poder do órgão acusatório e não tendo ocorrido o termo prescricional, a legitimidade para a propositura da ação quedará exclusivamente com este último e, ao querelado, no caso de eventual propositura da ação, caberá o papel de assistente, se assim desejar se habilitar.

No caso de rejeição da inicial, a natureza da legitimação indica que o exercício do recurso em sentido estrito se dá por qualquer dos legitimados, cabendo ressaltar que, na concomitância ou exclusiva interposição pelo parquet, o querelado deixa o polo ativo.

Por derradeiro, já se entendeu não haver possibilidade jurídica dessa modalidade de ação em sede penal militar, vez que, nesse sistema de emergência,

> a ação penal, (...) é sempre pública, incondicionada; não se aplica, subsidiariamente, o Código de Processo Penal; aquele tratou exaustivamente da matéria; aplicação subsidiária ocorre quando o texto fundamental, para completar-se, reclama interpretação de outra norma. Não é caso, pois, de ação penal pública de iniciativa privada.[438]

Por fim, o STF chegou a se manifestar afirmando que

> A ação penal relativa aos crimes tipificados nos arts. 171 e 177 do CP é pública incondicionada. A ação penal privada subsidiária da pública, prevista no art. 29 do CPP, só tem cabimento quando há inércia do Ministério Público, o que não ocorreu no caso sob exame. Hipótese em que o parecer do Ministério Público, no sentido da rejeição da queixa-crime, por atipicidade, equivale, na verdade, à requisição de arquivamento do feito.[439]

3. Proposta de suspensão condicional do processo

Ao querelante, no exercício da modalidade de ação aqui tratada, cabe a proposta de suspensão condicional do processo, bem como a eventual fiscalização do cumprimento das condições desta, caso o órgão oficial não tenha reassumido sua posição de legitimado ativo.

De início é de ser aplicado o mesmo entendimento quanto à formulação ou não da proposta, esta considerada pelo e. STF como uma discricionariedade do titular da ação, cuja não apresentação, desde que fundamentada, não gera qualquer direito ao acusado. Assim, tendo o querelante deixado de formular proposta suspensiva, motivadamente, não significará a ausência de promoção dos atos do processo. No entanto, se não propuser a suspensão, bem como silenciar sobre a omissão, serão instados ambos os legitimados a fazê-lo.

Art. 30. Ao ofendido ou a quem tenha qualidade para representá-lo caberá intentar a ação privada.

1. Conceitos: ofendido e vítima

Como já tivemos oportunidade de assentar em texto anterior[440],

> a Assembleia Geral das Nações Unidas adotou a Resolução 40/34, de 11 de dezembro de 1985, na qual restaram declarados os princípios básicos de justiça em favor das vítimas de crime e abuso de poder. Documento que tem por objeto uma definição mais ampla da palavra "vítima", não a restringindo apenas ao contexto criminal, a supracitada Resolução conclamou os Estados-membros a tomarem as medidas necessárias para "promover esforços da comunidade e participação pública na prevenção do crime", bem como "para estabelecer meios para se investigar, processar e sentenciar os culpados por crimes". Na Declaração estão previstos o tratamento digno da vítima, seu direito ao acesso à justiça, mecanismos de restituição e compensação, além daqueles referentes à assistência quando necessária. No bojo destas disposições guarda particular interesse o contido no item 6.a., que confere às vítimas a necessária informação acerca dos seus deveres e a alçada, ritmo de andamento e progresso do processo e a disposição de seus casos, especialmente onde crimes sérios estejam envolvidos e onde elas tenham requerido estas informações.

O Código de Processo Penal emprega a palavra ofendido como sinônima de vítima em várias oportunidades, inclusive no artigo em comento.

2. Investigação criminal e acusação penal de legitimação privada

Já se decidiu que "em se cuidando de ação penal privada não há necessidade de inquérito policial, bastando alguns dados sobre os fatos, a descrição da imputação na peça inaugural e a referida representação"[441]. No entanto, o mais comum é a existência da investigação na modalidade inquérito policial.

Nesses casos, ele será

> instaurado por solicitação do ofendido, ou por quem o represente, (Código de Processo Penal, art. 5º, § 5º) os autos lhe serão entregues, se o

---

438 CHOUKR, Fauzi Hassan. **Processo penal à luz da Constituição**. Bauru: Edipro, 1999.
439 STF. **Inq 2.242 AgR**. Relator: Min. Eros Grau. Data de julgamento: 7 jun. 2006. Data de publicação: DJ, 25 ago. 2006.
440 CHOUKR, Fauzi Hassan. **Processo penal à luz da Constituição**. Bauru: Edipro, 1999.
441 TJSP. **HC 288.733-3**. Ubatuba. 6ª Câmara Criminal. Relator: Gentil Leite. 5 ago. 1999, v.u.

requerer, ou aguardarão em Juízo, para onde serão remetidos, sua iniciativa (Cód. cit., arts. 19 e 30), através de queixa, a ser oferecida dentro em seis meses, contados do dia em que soube quem é o autor do delito, pena de decair do direito de demandar o ofensor (Cód. cit., art. 38).[442]

> Art. 31. No caso de morte do ofendido ou quando declarado ausente por decisão judicial, o direito de oferecer queixa ou prosseguir na ação passará ao cônjuge, ascendente, descendente ou irmão.

1. Comparecimento espontâneo dos sucessores

Já se considerou

> Hipótese em que, ocorrido o óbito do querelante, nenhum sucessor compareceu nos autos para ratificar a queixa-crime ou manifestar de qualquer modo interesse no feito.–Inexigível a intimação das pessoas previstas no artigo 31 do CPP, devendo o sucessor porventura interessado no feito apresentar-se espontaneamente em juízo. – Afastada hipótese de extinção do feito ao fundamento de perempção, por ser fenômeno que ocorre no curso de ação penal, que não existe sem o recebimento da queixa-crime. – Caso em que remanesce somente a queixa-crime sem parte processual a sustentá-la e assim faltando requisito para a existência de relação processual válida e aplicando-se o artigo 395, inciso II, primeira figura, do CPP, dispondo sobre a rejeição da denúncia ou queixa quando "faltar pressuposto processual". – Queixa-crime rejeitada.[443]

> Art. 32. Nos crimes de ação privada, o juiz, a requerimento da parte que comprovar a sua pobreza, nomeará advogado para promover a ação penal.

1. Momento da comprovação da pobreza

Pode ser feita, segundo determinada visão jurisprudencial, a qualquer momento. Nesse sentido, "pode ser feita no curso da ação penal até a sentença final"[444], posição que parece mais aderente à ideia central que é a do acesso à justiça. Nada obstante, deve haver bases mínimas de indicações de pobreza para os fins aqui mencionados.

Isto porque, de acordo com a redação atual da Lei n. 1.060/1950 em seu art. 4º, tem-se que "A parte gozará dos benefícios da assistência judiciária, mediante simples afirmação, na própria petição inicial, de que não está em condições de pagar as custas do processo e os honorários de advogado, sem prejuízo próprio ou de sua família".

2. Presunção de pobreza

Algumas situações fazem presumir a situação de pobreza[445], de acordo com a jurisprudência, presunção que não é absoluta mas que demanda prova no sentido da sua desconstrução[446].

3. Acesso à justiça e impossibilidade de sustento econômico

A impossibilidade de manter seu próprio sustento é, sem dúvida, causa de dificuldade de acesso à justiça. Pela ótica da CR/88, à Defensoria Pública, nos Estados em que ela exista, cabe o patrocínio do ofendido ou de seu representante legal, garantindo-se no art. 5º, LXXIV, o direito à assistência jurídica.

Como já decidido, é

> norma constitucional a ser interpretada de maneira sistemática ou teológica a não incorrer em injustiças trazidas pela interpretação literal, cuja finalidade da norma contida do mencionado dispositivo legal é a de garantir mesmo aos desprovidos de recurso o acesso à Justiça, obrigando ao Estado prestá-la – Trata-se de regra de aplicabilidade imediata (artigo 5º, § 1º, da Constituição Federal), enquadrando-se na categoria de norma de eficácia plena – Lei n. 1.060/50 condiciona a concessão de assistência judiciária a uma simples declaração de pobreza, cabendo à parte contrária à do assistido pelo Estado a prova de que o requerente não se encontra na situação de penúria alegada, observando-se as formalidades legais.[447]

4. Reflexos práticos da assistência: dispensa de custas processuais

Um dos resultados práticos mais sensíveis é a dispensa do recolhimento de custas ou outras formas

---

442 TJBA. **Res. 2.635**. Relator: Des. J. Maciel dos Santos.
443 TRF-3. **Pet 1739 SP 0001739-03.2011.4.03.0000**. Órgão Especial. Relator: Des. Fed. Peixoto Junior. Data de julgamento: 12 mar. 2014.
444 TJSP. **HC 135.777-3**. São Bernardo do Campo. Relator: Dirceu de Mello. 25 nov. 1992.
445 TJ-MS. **ACR 4134 MS 2003.004134-6**. 1ª Turma Criminal. Relator: Des. José Benedicto de Figueiredo. Data de julgamento: 10 jun. 2003. Data de publicação: 26 jun. 2003.
446 TJ-MG. **AI 10103130005210001 MG**. 3ª Câmara Criminal. Relator: Antônio Armando dos Anjos. Data de julgamento: 12 nov. 2013. Data de publicação: 20 nov. 2013.
447 TJSP. **Agravo de Instrumento 86.648-4**. São Paulo. 7ª Câmara de Direito Privado. Relator: Júlio Vidal. 3 jun. 1998, v.u.

de preparo quando reconhecida a hipossuficiência. Descaracterizada a situação de pobreza por qualquer fundamento e não tendo sido efetuados, sob aquela justificativa, o pagamento dos valores devidos, tem-se como prejudicada a continuidade do processo.[448]

> § 1º Considerar-se-á pobre a pessoa que não puder prover às despesas do processo, sem privar-se dos recursos indispensáveis ao próprio sustento ou da família.

1. Pobreza e situação econômica modesta

Anote-se que "não obsta a ação penal pública, por crime contra os costumes, a situação econômica modesta dos pais das vítimas, que não podem dispor de recursos para a promoção da ação penal privada"[449], a dizer, na visão jurisprudencial, a modesta situação econômica satisfaz o requisito legal de alteração da legitimação.

> § 2º Será prova suficiente de pobreza o atestado da autoridade policial em cuja circunscrição residir o ofendido.

1. Atestado de pobreza e outros meios comprobatórios

Cumpre cifrar que o atestado de pobreza mencionado no art. 32 é apenas mais uma das formas – e não a única – pelas quais a situação econômica precária pode ser comprovada. Sua substituição por outros documentos públicos ou privados de idêntico conteúdo basta para que o acesso ao patrono gratuito se dê.

A lei não limita a "prova material" do estado de miserabilidade da ofendida ou de seu representante legal ao atestado fornecido pela autoridade policial. Tal circunstância pode ser aferida pela sua própria notoriedade, dando margem à presunção do estado de pobreza. De qualquer forma, trata-se de "presunção juris tantum de pobreza que, se não impugnada, não permite ao juiz indeferir a mercê, por restringir a garantia constitucional do acesso à justiça"[450].

Assim,

> em casos determinados, para legitimar a ação penal pública, os atestados de pobreza, nem sempre verazes, podem ser substituídos a contento por outros elementos racionais de convicção, se a condição de miserabilidade, v.g., se identifica com a atividade laborativa de quem a alega. Interpretação mais flexível da lei, abolidos os rigorismos, deve ser-lhe dada, para melhor atender aos anseios e interesses da sociedade, dando aos fatos entendimento de caráter eminentemente social.[451]

Art. 33. Se o ofendido for menor de 18 (dezoito) anos, ou mentalmente enfermo, ou retardado mental, e não tiver representante legal, ou colidirem os interesses deste com os daquele, o direito de queixa poderá ser exercido por curador especial, nomeado, de ofício ou a requerimento do Ministério Público, pelo juiz competente para o processo penal.

1. Ofendido e sua representação: desacordo de vontades

O Código de Processo Penal procura dar alguma disciplina à situação na qual as manifestações de vontade de representante e representado colidirem para fins de legitimação da ação penal. Surge a figura do curador especial para a finalidade específica da aludida manifestação, regularizando o feito[452].

2. Nomeação de curador especial

A nomeação pode ser procedida de ofício ou a requerimento do Ministério Público. Neste sentido,

> Se o ofendido for menor de 18 anos, ou mentalmente enfermo, ou retardado mental, e não tiver representante legal, ou colidirem os interesses deste com os daquele, o direito de queixa poderá ser exercido por curador especial, nomeado de ofício ou a requerimento do Ministério Público, pelo juiz competente para o processo penal – Esta Corte, em inúmeros julgados, tem entendido que a representação do ofendido, como condição de procedibilidade, prescinde de rigor formal. Basta que haja a demonstração inequívoca de sua intenção em ver os autores responsabilizados criminalmente. – Ordem denegada.[453]

Art. 34. Se o ofendido for menor de 21 (vinte e um) e maior de 18 (dezoito) anos, o direito de queixa

---

448 TJ-PR. **APL 0003271402013816003400340 PR 0003271-40.2013.8.16.0034/0 (Acórdão)**. 1ª Turma Recursal. Relator: Fernando Swain Ganem. Data de julgamento: 26 nov. 2014 Data de Publicação: 28 nov. 2014.
449 TJSP. **HC 143.091-3**. Mogi das Cruzes. Relator: Djalma Lofrano. 15 abr. 1993.
450 TJSP. RT 648/79.
451 TJBA. **Ap. 78/80**. Relator: Des. Walter Nogueira.
452 JTJ 194/318.
453 STJ. **HC 25690 SP 2002/0162098-0**. 5ª Turma. Relator: Min. Jorge Scartezzini. Data de julgamento: 18 mar. 2004. Data de publicação: DJ, 10 maio 2004. p. 310.

poderá ser exercido por ele ou por seu representante legal.

1. Legitimação ordinária concorrente e prazo para exercício do direito de ação

Na linguagem de Barbosa Moreira já empregada nestes **Comentários**, trata-se de legitimação ordinária concorrente entre a vítima – desde que ela esteja entre 18 e 21 anos de idade – e seu representante legal. Há

> autonomia dos direitos da vítima e de seu representante legal, podendo ser exercidos alternativamente – Prazos decadenciais, portanto, diferentes – Hipótese em que, operado em relação à primeira, o direito continua sob a titularidade do segundo, iniciando-se novo lapso para este a contar do conhecimento da autoria do crime.[454]

Art. 35. Revogado pela Lei n. 9.520, de 27-11-1997.

Texto original: A mulher casada não poderá exercer o direito de queixa sem consentimento do marido, salvo quando estiver dele separada ou quando a queixa for contra ele.
Parágrafo único. Se o marido recusar o consentimento, o juiz poderá supri-lo.

Art. 36. Se comparecer mais de uma pessoa com direito de queixa, terá preferência o cônjuge, e, em seguida, o parente mais próximo na ordem de enumeração constante do art. 31, podendo, entretanto, qualquer delas prosseguir na ação, caso o querelante desista da instância ou a abandone.

---

1. Ampliação do conceito de "cônjuge" em face das uniões estáveis e homoafetivas

Conforme discutido nestes Comentários (art. 252), o conceito de cônjuge empregado pelo Código deve ser ampliado para compreender aqueles que desfrutam da união estável e da união homoafetiva.

Com efeito, em relação às primeiras, a atual estrutura legislativa da matéria, revogando textos anteriores, consagra o texto constitucional da união estável. Assim, o Código Civil (2002): "Art. 1.723. É reconhecida como entidade familiar a união estável entre o homem e a mulher, configurada na convivência pública, contínua e duradoura e estabelecida com o objetivo de constituição de família". Lei n. 9.278/96: "Art. 1º É reconhecida como entidade familiar a convivência duradoura, pública e contínua de um homem e uma mulher, estabelecida com objetivo de constituição de família". Extremamente significativa, a tal respeito, a observação de Carlos Roberto Gonçalves (2005, v. VI, p. 536, item n. 3):

Restaram revogadas as mencionadas Leis n. 8.971/94 e n. 9.278/96 em face da inclusão da matéria no âmbito do Código Civil de 2002, que fez significativa mudança, inserindo o título referente à união estável no Livro de Família e incorporando, em cinco artigos (1.723 a 1.727), os princípios básicos das aludidas leis, bem como introduzindo disposições esparsas em outros capítulos quanto a certos efeitos, como nos casos de obrigação alimentar (art. 1.694).[455]

No corpo do mesmo acórdão tem-se que

> vale rememorar, finalmente, ante o caráter seminal de que se acham impregnados, notáveis julgamentos, que, emanados do E. Tribunal de Justiça do Estado do Rio Grande do Sul e do E. Tribunal Regional Federal da 4ª Região, acham-se consubstanciados em acórdãos assim ementados: "Relação homoerótica – União estável – Aplicação dos princípios constitucionais da dignidade humana e da igualdade – Analogia – Princípios gerais do direito – Visão abrangente das entidades familiares – Regras de inclusão (...) – Inteligência dos arts. 1.723, 1.725 e 1.658 do Código Civil de 2002 – Precedentes jurisprudenciais. Constitui união estável a relação fática entre duas mulheres, configurada na convivência pública, contínua, duradoura e estabelecida com o objetivo de constituir verdadeira família, observados os deveres de lealdade, respeito e mútua assistência. Superados os preconceitos que afetam ditas realidades, aplicam-se os princípios constitucionais da dignidade da pessoa, da igualdade, além da analogia e dos princípios gerais do direito, além da contemporânea modelagem das entidades familiares em sistema aberto argamassado em regras de inclusão. Assim, definida a natureza do convívio, opera-se a partilha dos bens segundo o regime da comunhão parcial. Apelações desprovidas" (Apelação Cível 70005488812, rel. Des. José Carlos Teixeira Giorgis, 7ª Câmara Civil). "6. A exclusão dos benefícios previdenciários, em razão da orientação sexual, além de discriminatória, retira da proteção estatal pessoas que, por imperativo constitucional, deveriam encontrar-se por ela abrangidas. 7. Ventilar-se a possibilidade de desrespeito ou prejuízo a alguém, em função de sua orientação sexual, seria dispensar tratamento indigno ao ser humano. Não se pode, simplesmente, ignorar a condição pessoal do indivíduo, legitimamente constitutiva de sua identidade pessoal (na qual, sem sombra de dúvida, se inclui a orientação sexual), como se tal aspecto não tivesse relação com a dignidade humana. 8. As noções de casamento e amor vêm mudando ao

---

454 TJMG. RT 621/349.
455 STF. **ADI 3300 MC/DF**. Relator: Min. Celso de Mello. Data de julgamento: 6 fev. 2006.

longo da história ocidental, assumindo contornos e formas de manifestação e institucionalização plurívocos e multifacetados, que num movimento de transformação permanente colocam homens e mulheres em face de distintas possibilidades de materialização das trocas afetivas e sexuais. 9. A aceitação das uniões homossexuais é um fenômeno mundial – em alguns países de forma mais implícita – com o alargamento da compreensão do conceito de família dentro das regras já existentes; em outros de maneira explícita, com a modificação do ordenamento jurídico feita de modo a abarcar legalmente a união afetiva entre pessoas do mesmo sexo. 10. O Poder Judiciário não pode se fechar às transformações sociais, que, pela sua própria dinâmica, muitas vezes se antecipam às modificações legislativas. 11. Uma vez reconhecida, numa interpretação dos princípios norteadores da constituição pátria, a união entre homossexuais como possível de ser abarcada dentro do conceito de entidade familiar e afastados quaisquer impedimentos de natureza atuarial, deve a relação da Previdência para com os casais de mesmo sexo dar-se nos mesmos moldes das uniões estáveis entre heterossexuais, devendo ser exigido dos primeiros o mesmo que se exige dos segundos para fins de comprovação do vínculo afetivo e dependência econômica presumida entre os casais (...), quando do processamento dos pedidos de pensão por morte e auxílio-reclusão.[456]

Pelas mesmas razões o processo penal deve adaptar sua literalidade à mudança social e jurídica, reconhecendo-se a legitimação para os unidos estavelmente e aos homoafetivos no caso do presente artigo, bem como em todas as situações deste Código em que a limitação da palavra "cônjuge" apareça.

Art. 37. As fundações, associações ou sociedades legalmente constituídas poderão exercer a ação penal, devendo ser representadas por quem os respectivos contratos ou estatutos designarem ou, no silêncio destes, pelos seus diretores ou sócios-gerentes.

1. Pessoas jurídicas e legitimação para o exercício da acusação penal
São aceitáveis na estrutura do Código de Processo Penal as acusações penais formuladas por pessoais jurídicas. As hipóteses, dentre outras, são que têm como objeto crime contra a honra praticado contra pessoa jurídica.

Cabe lembrar que a pessoa jurídica pode sofrer lesão à sua honra, devendo ser tutelada tanto no aspecto cível quanto no criminal. Neste último ponto, historicamente a pessoa jurídica pode ser considerada como alvo do crime de difamação, seja pelo crime previsto no Código Penal, como pela Lei de Imprensa, mas não admitida a possibilidade por crime de injúria por não ter a empresa honra subjetiva.

A representação da pessoa jurídica nessas hipóteses cabe a quem, pelo contrato social, possa fazê-la, certamente não se confundindo com a representação "para o processo", vez que se trata de outro instituto jurídico.

Art. 38. Salvo disposição em contrário, o ofendido, ou seu representante legal, decairá no direito de queixa ou de representação, se não o exercer dentro do prazo de 6 meses, contado do dia em que vier a saber quem é o autor do crime, ou, no caso do art. 29, do dia em que se esgotar o prazo para o oferecimento da denúncia.

1. Representação legal para o exercício da representação
Dá-se como possível o oferecimento da representação por pessoa que "possuía a guarda ou a vigilância, ainda que momentânea, da vítima"[457].

Cabe cifrar, contudo, que a extensão para terceiros ordinariamente não representantes legais somente se dá quando os que legalmente têm a capacidade para representar se encontram ausentes ou de qualquer forma impedidos. Dessa maneira, já se recusou representação oferecida por avó da ofendida quando os representantes legais da menor não estavam impossibilitados de oferecê-la, sendo hipótese em que os pais tinham a guarda da vítima e se encontravam presentes. No caso concreto houve a anulação do processo desde o recebimento da denúncia, com extinção da punibilidade pela decadência[458].

2. Queixa-crime e representação: vícios no endereçamento e formulação
Não há qualquer semelhança jurídica entre esses mecanismos, seja no tocante à sua forma, ao seu endereçamento, ou à finalidade jurídica de cada um. Assim, "queixa-crime apenas em juízo é oferecida. – A queixa dada na Polícia é, sempre, queixa-notícia. – A

---

456 Revista do TRF. 4ª Região, v. 57, p. 309-348, 310. Relator: Des. Fed. João Batista Pinto Silveira.
457 TJSP. **Decisão 7-6-1993**. Relator: Canguçú de Almeida. No mesmo sentido, (STJ) RT 709/391.
458 JTJ 137/585.

representação tem em vista a ação pública, não valendo para a ação privada"[459].

No entanto, há certa licenciosidade da jurisprudência, que já chegou a decidir que não contém vício a "peça inicialmente apresentada sob a denominação de representação assinada pelo próprio querelante e posteriormente ratificada por seu advogado (...) principalmente se descreve suficientemente o fato criminoso imputado ao querelado identificado"[460].

E, posteriormente,

O Supremo Tribunal Federal, ao julgar o Inq (AgRg) 726-0, firmou o entendimento segundo o qual os delitos de ofensa propter officium são passíveis de ação penal privada ou ação penal pública condicionada à representação. 2. O recebimento da queixa-crime como representação induz a necessidade de o Ministério Público, como titular da ação penal pública, oferecer denúncia, sem a qual, todos os atos posteriores ao recebimento são nulos.[461]

No normal da interpretação, reconhece-se, contudo, que "se a ação penal é pública condicionada e o ofendido a inicia mediante queixa, falta-lhe legitimidade para agir na persecução punitiva, pela ausência de uma das condições da ação, devendo tal peça vestibular ser rejeitada com fulcro no art. 43, III, do Código de Processo Penal"[462].

3. Representação: momento para seu oferecimento no Código de Processo Penal

O termo inicial para o oferecimento da representação conta-se a partir da ciência da autoria do ato que se quer investigar, para as situações em geral. Quando da nomeação de curador especial para fins do exercício da representação, o termo inicial é o da sua investidura.

Assim,

Nos crimes de ação penal pública condicionada, a decadência do direito à representação conta-se da data em que a vítima tomou conhecimento dos fatos ou de quem é o autor do crime.[463] E, de forma mais enfática, "prazo de decadência da representação se conta do conhecimento inequívoco da autoria, não de meras suspeitas (...).[464]

Nas hipóteses de crime continuado, o termo inicial será o da ciência da autoria quanto ao último ato praticado[465].

4. Representação: momento para seu oferecimento na Lei n. 9.099/1995

No âmbito da Lei n. 9.099/1995, vários problemas se colocam diante da possibilidade da desclassificação do delito, uma vez que o legislador parece ter concebido a incidência da lei em questão apenas como operada em casos nos quais não haja critérios de modificação da competência.

Dentre as inúmeras possibilidades que fogem à Lei n. 9.099/1995, tem-se especialmente o caso dos crimes de competência do Tribunal do Júri, nas hipóteses das denominadas desclassificações próprias (operadas pelo Conselho de Sentença) ou impróprias (operadas pelo juiz togado).

Com efeito, a aplicação da Lei n. 9.099/1995 deve se operar, ainda que deva se aguardar o trânsito em julgado, pois

sendo provisória a decisão de desclassificação operada pelo tribunal do júri, porquanto atacada por recursos das partes, fica prejudicada a imediata aplicação retroativa do art. 88 da Lei n. 9.099/95, visto que, no caso, a resposta penal pelo delito de lesões corporais leves, caso confirmado, ensejará, incontornavelmente, o reconhecimento da prescrição da pretensão punitiva.[466]

Nada obstante, problemas perduram. Um deles, o da desclassificação e a eventual decadência do direito de representar. Embora não haja saída textual na lei especial, parâmetros de interpretação do Código de Processo Penal devem ser utilizados caso se queira manter alguma visão sistêmica.

Por eles pode-se concluir que a presença da vítima nos atos processuais deve ser considerada como desejo de representar, a menos que nessas oportunidades tenha se manifestado frontalmente em sentido oposto. Isso porque não pode ser ela prejudicada com o reconhecimento da decadência do direito de representação que se operou porque somente ao final houve a desclassificação delitiva.

Nesse sentido já se decidiu que

---

459 TJBA. **Ap. 3.217**. Relator: Des. J. Maciel dos Santos.
460 RT 766/760.
461 TRF-1. **RCCR 5808 PA 2005.39.00.005808-1**. 3ª Turma. Relator: Des. Fed. Tourinho Neto. Data de julgamento: 26 mar. 2007. Data de publicação: DJ, 13 abr. 2007. p. 28.
462 TJBA. HC 0.019.936-4, rel. Des. Moacyr Pitta Lima.
463 STF. **Inq 3.672**. 1ª Turma. Relator: Min. Rosa Weber. Data de julgamento: 14 out. 2014. Data de publicação: DJE de 21 nov. 2014.
464 STF. **HC 89.938**. 1ª Turma. Relator: Min. Sepúlveda Pertence. Data de julgamento: 14 nov. 2006. Data de publicação: DJ, 15 dez. 2006.
465 RT 610/362.
466 STJ. HC. Relator: Felix Fischer. Data de publicação: DJ, 24 nov. 1997. p. 61.250.

ocorrendo, na sentença, a desclassificação do crime de lesão corporal gravíssima para lesão corporal culposa, surge a necessidade da representação do ofendido para o prosseguimento da ação penal. Neste caso, o prazo para o exercício do direito de representação é de 30 (trinta) dias, após a intimação do ofendido ou de seu defensor, nos termos da Lei dos Juizados Especiais. Intimação do ofendido que se faz imprescindível, para a propositura da ação penal e para a contagem do prazo decadencial.[467]

Trata-se de interpretação mais consentânea com os direitos da vítima que aquela encontrada na afirmação que "Opera-se a decadência do direito de representação se o ofendido não o exerce dentro de seis meses, contado do dia em que veio saber quem é o autor do crime. 2. Acolhida a preliminar suscitada pela Procuradoria Geral de Justiça".[468]

5. Prazo decadencial e acusação penal subsidiária

Da literalidade da norma, tem-se que o espaço de tempo para oferecer ação penal privada subsidiária da pública é de 06 (seis) meses, contados a partir do encerramento do prazo para o Ministério Público oferecer a denúncia (art. 38 do CPP)[469].

> Parágrafo único. Verificar-se-á a decadência do direito de queixa ou representação, dentro do mesmo prazo, nos casos dos arts. 24, parágrafo único, e 31.

1. Natureza do prazo para oferecimento da representação ou queixa

"O prazo é de decadência e, em consequência, é improrrogável, não se suspende, nem se interrompe e atinge o direito de agir da parte".[470]

No mais, "O prazo decadencial, como tem caráter penal, é fatal e improrrogável, não se aplicando a ele o disposto no art. 798, § 3º, do CPP, que adia para o primeiro dia útil o prazo que terminar em domingo ou feriado".[471_472_473]

1. Forma de contagem do prazo decadencial
Conforme certa visão jurisprudencial

> Como regra, o prazo da decadência é de 06 (seis) meses e em se tratando de causa de extinção da punibilidade o prazo tem natureza penal, devendo ser contado nos termos do art. 10 do Código Penal e não de acordo com o art. 798, § 1º do Código de Processo Penal, quer dizer, inclui-se no cômputo do prazo o dies a quo. Assim, tendo em vista que a queixa-crime foi oferecida antes de esgotado o prazo legal não há que se falar em extinção da punibilidade em razão da decadência.[474]

Assim, "o prazo decadencial é prazo fatal, e improrrogável"[475] e deve ser contado com a "Inclusão do dia do começo com término na véspera do mesmo dia do mês subsequente – Inteligência e aplicação dos arts. 10 do CP e 41, § 1º, da Lei n. 5.250/67[476]".

Conclui-se com a consideração que "O prazo decadencial do art. 38 do CPP é para o oferecimento da queixa-crime, e não para o seu recebimento pelo juiz, e, no caso de ser ela antecedida de inquérito policial ("pedido de providências"), deve o prazo ser apurado a partir da conclusão oficial desse procedimento preparatório".[477]

> Art. 39. O direito de representação poderá ser exercido, pessoalmente ou por procurador com poderes especiais, mediante declaração, escrita ou oral, feita ao juiz, ao órgão do Ministério Público, ou à autoridade policial.

1. Representação: modo
Dá-se como dominante o entendimento da maior flexibilidade possível para o oferecimento da

---

467 STJ. REsp. Relator: Gilson Dipp. Data de publicação: DJ, 24 mar. 2003. p. 261.
468 TJ-MG. **APR 10470110075244001 MG**. 5ª Câmara Criminal. Câmaras Criminais Isoladas. Relator: Pedro Vergara. Data de julgamento: 26 fev. 2013. Data de publicação: 4 mar. 2013.
469 TJSC. **Processo 2004.034439-9**. Relator: Amaral e Silva. 8 mar. 2005.
470 Confira-se a esse respeito RT 676/384 e 625/299, citadas em "Leis penais especiais e sua interpretação jurisprudencial", de Alberto Silva Franco e outros autores. 6. ed. **Revista dos Tribunais**. p. 1.705.
471 RJDTACRIM 29/293.
472 TJ-SC. **RCCR 156741 SC 2001.015674-1**. 2ª Câmara Criminal. Relator: Torres Marques. Data de julgamento: 26 fev. 2002.
473 TJPB. **Decisão 25-4-1996**. Relator: Des. Raphael Carneiro Arnaud. Data de publicação: 30 abr. 1996.
474 STJ. **APN 390 DF 2004/0163560-9 CE**. Corte Especial. Relator: Min. Felix Fischer. Data de julgamento: 1º jun. 2005. Data de publicação: DJ, 8 ago. 2005. p. 175. LEXSTJ, vol. 193. p. 245. RSTJ, vol. 194. p. 21.
475 TJ-RO. **APL 00021237620108220601 RO 0002123-76.2010.822.0601**. Porto Velho. Turma Recursal. Relator: Juiz Edenir Sebastião A. da Rosa. Data de julgamento: 11 nov. 2011. Data de publicação: DO, 6 dez. 2011.
476 RT 625/299.
477 STF. **RHC 85.951**. 2ª Turma. Relator: Min. Gilmar Mendes. Data de julgamento: 7 fev. 2006. Data de publicação: DJ, de 3 mar. 2006.

representação, de modo a legitimar o acusador público a exercer a ação penal. Nesse sentido, por exemplo, "Para os crimes de ação penal pública condicionada, não se exige que a representação obedeça a qualquer regramento formal, de modo que a simples notitia criminis perante à autoridade policial é suficiente para configurá-la."[478,479,480]

> § 1º A representação feita oralmente ou por escrito, sem assinatura devidamente autenticada do ofendido, de seu representante legal ou procurador, será reduzida a termo, perante o juiz ou autoridade policial, presente o órgão do Ministério Público, quando a este houver sido dirigida.

1. Representação: amplitude de interpretação

A forma de interpretação do desejo de legitimar o Ministério Público para o exercício da ação penal é tida da maneira mais ampla possível. Nesse sentido, "o Superior Tribunal de Justiça vem entendendo que o simples registro da ocorrência perante a autoridade policial equivale à representação para fins de instauração da instância penal"[481]. Fala-se, em suma, de "atos inequívocos da vítima em querer ver punido o seu ofensor"[482].

Outrossim, nem mesmo o silêncio da pessoa interessada pode ser tomado, segundo certa vertente jurisprudencial, como óbice ao reconhecimento da representação. Assim,

> O silêncio da representante do ofendido, no ato em que assistiu as declarações deste, independente de ter comparecido por intimação, não deve ser entendido como renúncia ao direito de representação, mas sim como falha da autoridade policial que, na oportunidade, não a orientou da necessidade daquela manifestação.[483]

Fato é que, ampliando em demasia a interpretação "positiva" da vontade de representar, chega-se ao limite de desconstruir esse mecanismo. Com efeito, se forma livre de representar é, de fato, algo positivo, extrair do silêncio da pessoa interessada, de seus trejeitos, de seus olhos marejados, ou da sua simples presença física numa unidade policial, o equivalente à manifestação de vontade positiva é dar um passo largo demais rumo ao exercício da legitimação ativa.

2. Representação: destinatários

Pela locução do Código de Processo Penal, tem-se que a representação pode ser dirigida à autoridade policial, ao juiz de direito ou ao órgão do Ministério Público. A representação perante a autoridade policial é a forma mais corriqueira, na medida em que a investigação na modalidade inquérito policial é largamente utilizada.

> § 2º A representação conterá todas as informações que possam servir à apuração do fato e da autoria.

1. Representação e seu conteúdo

Como já visto, vigorando amplitude de interpretação no sentido de encontrar em qualquer atitude da vítima ou de seu representante legal uma mínima manifestação de vontade que seja para liberar o acusador público do mecanismo de contenção para o exercício da ação penal, torna-se logicamente decorrente de tudo isso que haja grande liberdade de compreensão quanto aos limites do parágrafo em comento.

Assim, o verbo "conter" que consta na estrutura desta norma é amplamente flexibilizado. Uma correta flexibilização aparece na jurisprudência, ao afirmar que deve haver dissociação entre o teor da representação e o conteúdo da imputação, sendo termo que não delimita o âmbito de atuação do Ministério Público, tampouco do juiz, quando da sentença, pois é peça que tem por fim tão só autorizar as providências necessárias à apuração do crime cometido[484]. Isso acarreta a possibilidade de o Ministério Público denunciar todos os implicados no evento delituoso, mesmo se não nomeados pela vítima.

> § 3º Oferecida ou reduzida a termo a representação, a autoridade policial procederá a inquérito, ou, não sendo competente, remetê-lo-á à autoridade que o for.

1. Autoridade policial: hipótese de atribuição, e não de "competência"

Trata-se do mesmo "equívoco" entre as atribuições policiais e a distribuição de poder entre os órgãos jurisdicionais, tal como já apontado em outro ponto destes **Comentários**. Rigorosamente, não há

---

478 TJ-MG. **APR 10153120050478001 MG**. 3ª Câmara Criminal. Relator: Octavio Augusto De Nigris Boccalini. Data de julgamento: 5 maio 2015. Data de publicação: 15 maio 2015.
479 TJSP. **Apelação Criminal 168.328-3**. Fernandópolis. 3ª Câmara Criminal. Relator: Segurado Braz. v.u., 24 out. 1994.
480 TJBA. **Rec. n. 7/77**. Relator: Des. Oliveira e Sousa.
481 STJ. REsp. Relator: Min. José Arnaldo da Fonseca. Data de publicação: DJ, 9 dez. 2003. p. 331.
482 TJSP. **HC 273.943-3**. São José do Rio Preto. 5ª Câmara Criminal. Relator: Dante Busana. 4 fev. 1999, v.u.
483 TJSP. **Recurso em Sentido Estrito 182.162-3/SP**. 1ª Câmara Criminal. Relator: Lopes da Silva. 18 set. 1995, v.u.
484 TJSP. RT 650/275.

autoridade "competente" para o inquérito policial, mas sim com atribuições funcionais para tanto.

2. Representação oferecida à autoridade policial distinta da que presidirá o inquérito

Em tese, não há impedimentos para que se dirija a representação à autoridade policial que não terá atribuição no feito, desde que o seja no prazo determinado em lei, sob pena de decadência do exercício desse direito. À autoridade que recebeu a representação e que não presidirá o inquérito cabe a remessa à unidade policial cabível da peça ofertada pela vítima ou seu representante legal.

> §4º A representação, quando feita ao juiz ou perante este reduzida a termo, será remetida à autoridade policial para que esta proceda a inquérito.

1. Encaminhamento da representação oferecida ao juiz de direito

Muito embora a locução do Código de Processo Penal fale em envio "à autoridade policial", nada impede que, conjugado com o art. 40 do mesmo diploma legal, uma vez que a representação preencha os requisitos do § 5º deste mesmo artigo, seja a documentação enviada para o Ministério Público, e desde logo, havendo elementos para tanto, seja oferecida a denúncia.

> §5º O órgão do Ministério Público dispensará o inquérito, se com a representação forem oferecidos elementos que o habilitem a promover a ação penal, e, neste caso, oferecerá a denúncia no prazo de 15 (quinze) dias.

1. Dispensa de investigação na modalidade inquérito

A partir do momento em que a representação contenha todos os elementos necessários à formação do convencimento do titular da ação penal, a investigação na modalidade inquérito policial (como qualquer outra) pode ser dispensada. Não existe "nulidade" em tal prática pois "O órgão acusador pode até dispensar o inquérito policial para oferecer denúncia, mas deve embasá-la em elementos mínimos de convicção. Exige-se, para isso, prova razoável de materialidade e mínimos indícios de autoria".[485]

No entanto, a "dispensa da apuração policial pelo Ministério Público, sem que houvesse prova irretorquível a subsidiar a denúncia", é causa de constrangimento que se encontra remediado na sistemática brasileira pelo emprego do habeas corpus"[486].

2. Representação e princípio da indivisibilidade da acusação penal

"A representação do ofendido não limita o princípio da indivisibilidade da ação penal. Em síntese: eficaz a representação contra um, ela o será contra todos os implicados a juízo do Ministério Público que, no momento da denúncia, atuará em nome da ordem pública sem consultar interesses privados e sem aguardar, aleatoriamente, que o ofendido estenda o campo da representação"[487].

Nada obstante, Delmanto[488] afirma que

> é intranquila a possibilidade de poderem ser incluídos na denúncia outros envolvidos, além dos apontados na representação do ofendido. Parece-nos que a solução deve ser buscada em cada caso concreto, apurando-se se a denúncia extravasa ou não a vontade manifestada pela vítima, não se admitindo que o acusador vá além do desejo do ofendido.

Com a devida vênia, a contenção para o exercício da legitimação, uma vez superada, não pode limitar a atuação dos princípios regentes da legitimação pública, dentre os quais se encontra o dever de tratamento igualitário para todos os que se encontram na mesma situação jurídica.

A vítima, neste ponto, não tem o direito de "eleger" os acusados de acordo com sua conveniência ou oportunidade, a partir do momento em que legitimou o Ministério Público a atuar o direito de efetivar a persecução penal.

> Art. 40. Quando, em autos ou papéis de que conhecerem, os juízes ou tribunais verificarem a existência de crime de ação pública, remeterão ao Ministério Público as cópias e os documentos necessários ao oferecimento da denúncia.

1. Dispensa da investigação na modalidade inquérito policial

Trata-se de mais uma hipótese legal em que a investigação criminal se faz por caminhos distintos do inquérito policial, cabendo a denúncia baseada

---

485 STJ. **APn 596 GO 2008/0212234-0**. Corte Especial. Relatora: Min. Nancy Andrighi. Data de julgamento: 3 ago. 2011. Data de publicação: DJe, 29 ago. 2011.
486 RT 792/709.
487 RJTACrim 2/220.
488 DELMANTO, Celso; Delmanto, Roberto; Delmanto Junior, Roberto; Delamanto, Fabio. **Código Penal**. São Paulo: Saraiva. 8. ed. 2010. p. 381.

em representação oferecida por juiz de Direito dada a inexistência de dúvidas quanto à materialidade e à autoria do delito, havendo, pois, justa causa para a ação penal.

2. Ação penal baseada em inquérito civil – posição do STF

A possibilidade de fundamentar o oferecimento da denúncia em informes investigativos não criminais mereceu recente atenção do e. STF, que, diante de caso concreto, assim se manifestou:

> Habeas Corpus. Paciente denunciada por omitir dado técnico indispensável à propositura de ação civil pública (art. 10 da Lei n. 7.347/85). Alegada nulidade da ação penal, que teria origem em procedimento investigatório do Ministério Público e incompatibilidade do tipo penal em causa com a Constituição Federal. Caso em que os fatos que basearam a inicial acusatória emergiram durante o Inquérito Civil, não caracterizando investigação criminal, como quer sustentar a impetração. A validade da denúncia nesses casos – proveniente de elementos colhidos em Inquérito civil – se impõe, até porque jamais se discutiu a competência investigativa do Ministério Público diante da cristalina previsão constitucional (art. 129, II, da CF). Na espécie, não está em debate a inviolabilidade da vida privada e da intimidade de qualquer pessoa. A questão apresentada é outra. Consiste na obediência aos princípios regentes da Administração Pública, especialmente a igualdade, a moralidade, a publicidade e a eficiência, que estariam sendo afrontados se de fato ocorrentes as irregularidades apontadas no inquérito civil. Daí por que essencial a apresentação das informações negadas, que não são dados pessoais da paciente, mas dados técnicos da Companhia de Limpeza de Niterói, cabendo ao Ministério Público zelar por aqueles princípios, como custos iuris, no alto da competência constitucional prevista no art. 127, caput.[489]

Mais recentemente igualmente decidiu-se que em caso de crime ambiental que no qual a denúncia foi oferecida com base

> em elementos colhidos no bojo de inquérito civil público destinado à apuração de danos ao meio ambiente. Viabilidade. 2. O Ministério Público pode oferecer denúncia independentemente de investigação policial, desde que possua os elementos mínimos de convicção quanto à materialidade e aos indícios de autoria, como no caso (art. 46, § 1º, do CPP). 3. Recurso a que se nega provimento.[490]

Com efeito, argumentos surgem da própria estrutura do Código para que tais informes possam ser empregados para sustentar a denúncia. A questão que se coloca reside nos eventuais limites ao emprego da peça investigativa civil para embasar a inicial penal. Sem embargo, uma vez presentes informes necessários a partir da investigação civil, não há efetiva necessidade de repetir-se em investigação criminal o mesmo objeto.

> Art. 41. A denúncia ou queixa conterá a exposição do fato criminoso, com todas as suas circunstâncias, a qualificação do acusado ou esclarecimentos pelos quais se possa identificá-lo, a classificação do crime e, quando necessário, o rol das testemunhas.

1. Princípio do *ne bis in idem*

A CR/88, no seu texto original, não contempla qualquer regra expressa sobre o princípio *ne bis in idem*. Assim, sua existência ficava condicionada à interpretação de normas como a do atual art. 5º, § 2º, do texto magno, sempre entendendo-se que se trata, efetivamente, de norma de matiz constitucional.

Com a entrada em vigor da CADH no direito brasileiro, o princípio acabou textualizado. O art. 8º (Garantias judiciais) da Convenção Americana de Direitos do Homem determina no seu item 2 que "O acusado absolvido por sentença passada em julgado não poderá ser submetido a novo processo pelos mesmos fatos".

2. A função garantidora do conceito de acusação e imputação e objeto do processo

Diante do princípio de sede constitucional do *ne bis in idem*, é necessário verificar, com a maior precisão possível, qual o conteúdo de conceitos básicos como acusação, imputação e objeto do processo, pois disso derivará a extensão da aplicação prática da norma constitucional.

Malan[491] faz uma análise acurada dos conceitos de acusação e imputação, concluindo que

> se equivalem, caracterizando o ato processual através do qual se formula a pretensão processual penal. O objeto processual, por sua vez, não é a própria acusação ou imputação, e sim o seu conteúdo, ou seja, o fato naturalístico atribuído

---

[489] STF. **HC 84367-1**. Relator: Min. Carlos Brito. Data de julgamento: 9 nov. 2004.
[490] STF. **RE 466.893**. Relator: Min. Joaquim Barbosa. DJ, 1º ago. 2008.
[491] MALAN, Diogo Rudge. **A sentença incongruente no processo penal**. Rio de Janeiro: Lumen Juris, 2003. p. 103 e ss.

ao réu (...) independente da sua qualificação jurídico-penal.

Nesse sentido, pela leitura do estudo mencionado, a proteção do *ne bis in idem* está ligada ao próprio objeto do processo, dada a redação da Convenção Americana de Direitos do Homem, havendo a "impossibilidade de os mesmos fatos configuradores da modalidade serem erigidos em crime autônomo em nova ação penal"[492].

Do ponto de vista processual, os mecanismos do *habeas corpus* – caso exista alguma violação à liberdade de locomoção em vista de um processo repetido com base nos mesmos fatos – e a exceção da coisa julgada servem como instrumentos de proteção do princípio em análise.

3. Momento da delimitação do objeto do processo e a estrutura inquisitiva do processo penal brasileiro: considerações anteriores à Lei n. 11.719/2008

É imperioso, pois, que o objeto do processo seja definido o mais cedo possível, e não seja suscetível de alterações ao longo da relação processual. Conforme afirma Pedroso[493], expondo Silva Franco, e este, por sua vez, apoiado em Eberhard Schmidt:

> num processo de tipo acusatório, não se compreende que o objeto da acusação fique ambíguo, indefinido, incerto ou logicamente contraditório, pois é ele que estabelece os limites das atividades, cognitiva e decisória do juiz. A este efeito do objeto da acusação é que Eberhard Schmidt denominou vinculação temática do juiz. Este só pode ter como "objeto de suas comprovações objetivas e de sua valoração jurídica aquele sucesso histórico cuja identidade, com respeito ao fato e com respeito ao autor resulta da ação".

No direito brasileiro, uma das mais profundas manifestações de inquisitividade é a possibilidade da (re)definição do objeto do processo na fase decisória, por meio do emprego dos mecanismos previstos no art. 384 do Código de Processo Penal.

Assim, desenvolve-se toda uma determinada atividade cognitiva a partir de um objeto veiculado numa acusação para, ao final da relação processual, poder alterar-se seu conteúdo. A "estabilização da demanda" no processo penal brasileiro não se dá na fase que lhe seria apropriada, acarretando potencial incerteza na atividade de cognição e consequente manipulação do acusado. Mais ainda, acarreta desperdício de recursos estatais na (de)formação de uma relação processual célere e objetiva.

Além das críticas que serão desenvolvidas nestes **Comentários** ao art. 384, desde já aponta-se para a impropriedade não só ideológica como estrutural do Código de Processo Penal, neste ponto assentada em dois aspectos fundamentais:

> inexistência de uma verdadeira e concreta fase de admissibilidade da acusação na larga maioria dos casos;

> descompromisso decorrente do item anterior com a necessidade da motivação da decisão de recebimento de acusação, no mais das vezes ato desprovido de fundamentação que, para boa parte da jurisprudência e da doutrina, é mesmo "desnecessária" neste ponto, como será visto ao longo destes *Comentários*.

4. Momento da delimitação do objeto do processo e a estrutura inquisitiva do processo penal brasileiro: considerações após a Lei n. 11.719/2008

Como será oportunamente visto nestes **Comentários** a partir do art. 395, houve uma tentativa de reformular o modelo brasileiro de modo a adequá-lo às premissas constitucionais.

Nada obstante, se alguma evolução legislativa houve, ao menos no que diz respeito ao estabelecimento de uma fase formal de admissibilidade com contraditório escrito, não se pode dizer que tenha desde já havido uma assimilação cultural do novo sistema, ainda que com as imperfeições que serão objeto de consideração mais adiante. Mais ainda: essa etapa em contraditório ocorre após o recebimento da denúncia (vide considerações específicas no art. 395) e não lhe é prévia.

A rejeição da denúncia funda-se estritamente na sua evidente inépcia, na ausência de pressupostos processuais ou condição da ação ou, ainda, na consideração da ausência de justa causa.

5. Fixação do objeto do processo e prova penal

Também é necessário deixar apontada desde este momento a íntima vinculação do tema ora tratado com o da prova processual. Com efeito, num processo de matriz acusatória, a prova está conformada pelo objeto. Quando se escapa dessa correlação, tem-se um campo fecundo para a realização de uma resenha historiográfica da vida do acusado, propiciando um processo com base num direito penal do autor, e não na conduta praticada. Num sistema mais racional, a fixação e a estabilização do objeto do processo

---

[492] RT 630/306.
[493] PEDROSO, Fernando Almeida. **Processo penal**: o direito de defesa – repercussão, amplitude e limites. 2. ed. São Paulo: RT, 2001. p. 122.

o mais cedo possível são condições necessárias para a escorreita produção probatória.

6. Acusação/imputação e fixação da competência

Não se pode desvincular a importância dos conceitos de acusação, imputação e objeto do processo para com o tema da competência, a dizer, o princípio do juiz natural.

Com efeito, no direito brasileiro, dada a anunciada desestrutura de uma fase de admissibilidade condizente com o processo penal no Estado de direito, a fixação do juiz natural muitas vezes não se dá com base no objeto do processo, mas sim com sua veiculação formal. É como se decidiu no seguinte provimento: "Circunstância do tráfico com o exterior que funciona como elemento de fixação da competência não no quadro naturalístico de sua comprovação mas no aspecto formal da imputação"[494].

Método comum na fixação da competência, tal desestrutura compromete a própria fruição da garantia do juiz natural, na medida em que toda a atividade cognitiva – e consequente produção probatória – se desenrola distante do juiz efetivamente competente. No sentido da manutenção dessa desestrutura, já se decidiu pela inadmissibilidade da "Nova definição jurídica do fato antes da instrução, modificando o juízo processante", havendo a "necessidade de instrução regular para fixação da competência"[495].

7. Acusação, objeto do processo e exercício do direito à informação

No art. 8º da Convenção Americana de Direitos do Homem, já mencionado, há o direito à "comunicação prévia e pormenorizada ao acusado da acusação formulada", que se materializará na citação do acusado, disciplinada no art. 366, no qual serão apresentadas maiores considerações nestes *Comentários*.

Sem embargo, desde já deve ficar evidenciado que o direito à informação relaciona-se com a precisão da imputação e do objeto do processo tal como veiculados pelo legitimado ativo. Encadeados logicamente, a quebra de um dos elos acarreta o prejuízo para o todo. Assim, desestruturada a fase da estabilização da demanda, desestrutura-se também o direito à informação e, por tabela, o direito de não produzir prova contra si mesmo e a própria atividade cognitiva no desenvolvimento da relação processual.

8. Aptidão da imputação e objeto do processo

Inicialmente,

Torna-se importante assinalar que o tema concernente à inépcia da denúncia tem relevante projeção no âmbito constitucional, pois o descumprimento, pelo Ministério Público, do seu encargo de produzir acusações precisas e apoiadas em fundamento empírico idôneo transgride, de modo frontal, os postulados essenciais da plenitude de defesa, da observância do contraditório, do due process of law e da dignidade da pessoa humana, como resulta claro de julgamento emanado deste STF.[496]

Nesse sentido, a acusação deve:

ser veiculada de forma a ser compreendida na língua nativa do acusado. Caso não fale português, deverá ser traduzida para o idioma necessário. Somente assim se completará toda a mecânica de direitos que giram em torno desse momento, como o direito à informação, o direito à não autoincriminação, o direito ao silêncio e o direito ao exercício da autodefesa;

ser veiculada numa linguagem acessível para a pessoa acusada (não se descurando da técnica jurídica, por certo), sem termos obscuros e sem rebuscamentos fraseais;

ser veiculada de forma a possibilitar o exercício da defesa técnica da maneira mais clara possível, com a imputação de fato típico certo e determinado.

Na forma como tradicionalmente desenhada pela jurisprudência, a aptidão – e seu polo antagônico, a inépcia – pode ser resumida na ideia de que "Se a imputação permite que se estabeleça adequação típica, a denúncia não pode, aí, ser considerada inepta"[497].

Nada obstante, "se a conduta desenvolvida pelo paciente não está descrita na denúncia, ainda que sucintamente, de modo que sua deficiência impeça a compreensão da acusação nela formulada, tal hipótese inquina o processo de nulidade, porquanto fere frontalmente o princípio da ampla defesa"[498]. O grau de sumariedade – ou o quanto sucinto se pode ser na narrativa – é indefinido.

9. Objeto do processo e limite objetivo da coisa julgada

Por todo o exposto até o momento, fica claro que a correta delimitação do objeto do processo liga-se

---

494 TRF. 3ª Região. Relator: Juiz Peixoto Junior. Data de publicação: DJU 30 jan. 2004. p. 319.
495 RT 626/295.
496 STF. **HC 99.459 MC**. Relator: Min. Celso de Mello (dec. monocrática). Dia de julgamento: 1º jul. 2009. Data de publicação: DJe, 4 ago. 2009.
497 STJ. Relator: Felix Fischer. Data de publicação: DJ, 4 out. 1999. p. 69.
498 TJPB. **HC 97.000848-6**. Relator: Des. Otacílio Cordeiro da Silva.

completamente com a coisa julgada em seu chamado "limite objetivo", ou seja, sobre o que recai o manto da imutabilidade da decisão. Tal imutabilidade, como será visto no tópico referente à revisão criminal, possui alguma flexibilidade a favor do acusado, dentro de estreitos limites, mas é solidamente definitiva quando se trata da atividade persecutória pelo Estado.

10. Imputação e objeto determinado do processo: impossibilidade de acusação alternativa

Lembra Silva Jardim[499] que

> diz-se alternativa a imputação quando a peça acusatória vestibular atribui ao réu mais de uma conduta penalmente relevante, asseverando que apenas uma delas efetivamente terá sido praticada pelo imputado, embora todas se apresentem como prováveis, em face da prova do inquérito. Desta forma, fica expresso, na denúncia ou queixa, que a pretensão punitiva se lastreia nesta ou naquela ação narrada.

O festejado mestre fluminense, escrevendo antes da entrada em vigor da CR e da CADH, conclui no mesmo trabalho que

> não há qualquer dispositivo legal no vigente Código de Processo Penal (...) vedando a admissibilidade da imputação alternativa; também não se pode extrair tal vedação do sistema processual ou de seus princípios básicos (...) Os limites objetivos e subjetivos da coisa julgada penal são ampliados em razão da imputação alternativa objetiva ou subjetiva, respectivamente, na medida em que se amplia o *thema decidendum*; a imputação alternativa não prejudica o regular exercício do direito de defesa e nem viola o princípio da correlação entre a acusação e sentença.

A possibilidade de uma imputação alternativa mostra-se, no entanto, contrária à estrutura acusatória do processo penal. Com efeito, a incerteza quanto ao que imputar advém das fragilidades da preparação da ação penal, na sua fase de investigação – em qualquer de suas modalidades –, ou do açodamento da realização do ofício de acusar, e não exatamente de uma condição estrutural do sistema jurídico, a dizer, que se possa extrair dos princípios processuais assentados na CR e na CADH a sua possibilidade de existência.

11. Acusação, objeto do processo e limites subjetivos da coisa julgada penal

A veiculação da acusação, impondo a alguém a prática de uma conduta que materializa o objeto do processo, individualizará o limite subjetivo da coisa julgada (em relação a quem a imutabilidade da decisão dirá respeito) como fruto do mandamento constitucional de que nenhuma pena passará da pessoa do acusado.

12. Aptidão da imputação, objeto do processo e individualização das condutas em caso de concurso de agentes necessário ou eventual

"Tratando-se, (...) de coautoria, a denúncia deve especificar devidamente em que consistiu a participação do paciente, não podendo ser indicada de forma vaga e genérica nesse instrumento da ação penal, pena de inépcia"[500].

No mais,

> a denúncia deve esclarecer, ainda que sucintamente, o envolvimento do acusado com os fatos narrados, sob pena de dificultar o exercício da ampla defesa, ofendendo aos princípios constitucionais do contraditório e do devido processo legal. A falta de indicação da forma pela qual teria o denunciado participado do crime, acarreta a inépcia da inicial. Consequentemente, seu recebimento pelo Magistrado representa constrangimento ilegal passível de ser sanado pela via do remédio heroico.[501]

Assim, a individualização da descrição da conduta é imperiosa para:

> o exercício do direito de defesa e para que se alcance, quando o caso, uma repreenda adequada ao grau de culpabilidade do agente a extensão dos limites subjetivos da coisa julgada penal.

No entanto, em determinadas categorias de crimes, a imputação genérica vem sendo largamente admitida pela jurisprudência, nada obstante sua recorrente crítica dogmática[502], beirando a

---

499 SILVA JARDIM, Afrânio. O ônus da prova na ação penal condenatória. **Revista Brasileira de Direito Processual**, v. 51, p. 13-34, jul./set. 1986.
500 TJBA. **HC 6.333**. Relator: Des. Walter Nogueira.
501 TJPB. **HC 97.000606-8**. Relator: Des. Júlio Aurélio Moreira Coutinho. 1997.
502 CARVALHO, Salo de; WUNDERLICH, Alexandre. Criminalidade econômica e denúncia genérica: uma prática inquisitiva. In: FAYET JÚNIOR, Ney. **Ensaios penais em homenagem ao Professor Alberto Rufino Rodrigues de Sousa**. Porto Alegre: Ricardo Lenz, 2003; TAVARES, Alexandre Macedo. A inépcia formal da denúncia genérica nos crimes contra a ordem tributária. **Revista Dialética de Direito Tributário**, São Paulo, n. 179, p. 7-13, ago. 2010; KNIPPEL, Edson Luz. Denúncia genérica: inconstitucionalidade. In: D'URSO, Umberto Luiz Borges; D'URSO, Clarice. **Temas de direito penal e processo penal**. S.l.: s. n., [2014?]. p. 57-62.

responsabilidade objetiva, embora alguns julgados digam o contrário[503] preconizando certa distinção entre "denúncias genéricas" e "gerais".[504]

Dessa forma, "nos delitos praticados em sociedade, não se exige que a denúncia especifique, minuciosamente, a conduta de cada agente, até porque certos contornos dos fatos, o comportamento individual dos autores e outros elementos diferenciadores somente poderão surgir na instrução criminal".[505]

Emprega-se aqui, muitas vezes, a categoria dos denominados delitos multitudinários, dentre os quais se encontra notadamente a rixa, que se afigura pela prática de uma conduta em razão da influência de multidão ou tumulto, sendo causa de diminuição de pena (art. 65 do CP) quando o agente não tiver dado causa a essa situação. Nesses casos já houve provimento no sentido da "Desnecessidade de individualizar a conduta de cada agente".[506]

Dessa forma, "não é inepta a denúncia, nem se reveste de qualquer vício a sentença condenatória nela baseada, se, em se tratando de crime multitudinário, não se descreve a conduta individualizada de cada participante da quadrilha. Na fundamentação do julgado, não é mais do que preciso estabelecer a livre-associação do réu à sociedade criminosa. Despiciendo esclarecer em quais dos crimes efetivamente praticados pelo bando, de que tenha participado"[507], reconhecendo-se que

> Os tribunais pátrios vêm assentando o entendimento de que, nos crimes multitudinários, é admitida a narração genérica dos fatos na denúncia, sem discriminação taxativa da conduta de cada denunciado, eis que somente a instrução poderia esclarecer a participação de cada um no evento criminoso (RT 742/533).[508]

13. Correlação entre acusação e sentença

"De acordo com o princípio jurídico da correlação, a condenação deve ser congruente com a acusação, não podendo o juiz apenar o réu por fato que ainda que implicitamente lhe não tenha sido imputado e de que se não haja defendido, sob pena de nulidade da sentença"[509].

Como "corolário do princípio da correlação na sentença penal, exsurge que o réu se defende dos fatos narrados na denúncia e não da capitulação jurídica que lhe confere a peça acusatória"[510]. Assim, "é *extra petita* a sentença que condena os réus pela prática de delito não imputado na denúncia. Novo ordenamento jurídico consagrou o princípio da correlação, segundo o qual deve haver uma correlação entre a sentença e o fato descrito na denúncia"[511].

14. Exposição do fato criminoso, com todas as suas circunstâncias

Rigorosamente falando, numa estrutura processual acusatória, não há possibilidade de acusações implícitas, donde a exposição do fato criminoso com todas as suas circunstâncias deve ser textual. Algo em sentido contrário ao que aqui se afirma foi decidido nos julgados contidos na LEXSTJ 155/306 e na RJTAMG 85/387. Já houve provimento que, indo mais além, permite não somente que o objeto do processo permaneça implícito como se venha a individualizar a conduta de cada um dos réus de acordo com o desenvolvimento da relação jurídico-processual.[512]

15. A qualificação do acusado ou esclarecimentos pelos quais se possa identificá-lo

A estrutura do Código, tal como concebido na sua redação original, possibilitava amplamente o julgamento à revelia do tipo inicial (*vide* art. 366). Somente nesse quadro pode-se conceber que alguém seja levado ao sistema penal sem que sejam conhecidos seus dados de identificação. Refletindo a ideologia das décadas de 1930 e 1940, ainda se decide que "eventual insuficiência na qualificação do réu não enseja inépcia da denúncia, se outros elementos de convicção dão supedâneo à individualização"[513], o que conta com apoio estrito do art. 295 deste Código, ainda não adaptado aos próprios parâmetros do art. 366.

---

503 TJSP. **HC 168.918-3**. Sorocaba. 6ª Turma. Relator: Segurado Braz. 11 ago. 1994. Ainda STJ. **HC 32233 SP 2003/0222767-7**. Relator: Min. Paulo Medina. Data de julgamento: 7 jun. 2005. Data de publicação: DJ, 1 ago. 2005. p. 564.
504 STF. **HC 116781 PE**. 2ª Turma. Relator: Min. Teori Zavascki. Data de julgamento: 1º abr. 2014. Data de publicação: DJe-074, 14 abr. 2014 (divulge); 15 abr. 2014 (public).
505 TJSP. **HC 170.573-3/SP**. Rel.ator: Silva Pinto. 5 set. 1994. Repetido, de forma mais atenuada, em STJ. **HC 197876 BA 2011/0034279-6**. 5ª Turma. Relator: Min. Napoleão Nunes Maia Filho. Data de julgamento: 5 maio 2011. Data de publicação: DJe, 9 jun. 2011.
506 TJSP. **Apelação Criminal 144.110-3**. Ribeirão Preto. Relator: Celso Limongi. 10 mar. 1994.
507 STJ. Relator: Anselmo Santiago. Data de publicação: DJ, 29 jun. 1998. p. 340. Idem: RSTJ 84/299.
508 TRF. 1ª Região. Data de publicação: DJ, 17 maio 2002. p. 163.
509 TRF. 1ª Região. Relator: Juiz Aristides Medeiros. Data de publicação: DJ, 3 fev. 1994. p. 2884.
510 TRF. 3ª Região. Relator: Juiz Arice Amaral. Data de publicação: DJU, 7 abr. 2001. p. 485.
511 TRF. 3ª Região. Relator: Juiz Arice Amaral. Data de publicação: DJ, 11 fev. 1998. p. 555.
512 STJ. Relator: Fernando Gonçalves. Data de publicação: DJ, 10 mar. 2003. p. 315.
513 STJ. Relator: Fernando Gonçalves. Data de publicação: DJ, 10 mar. 2003. p. 315.

Como espírito largamente reinante nesta matéria, em que a acusação e o próprio objeto do processo podem ser "consertados" a qualquer tempo, por certo faz sentido também postergar a correta individualização física da pessoa acusada, sendo que "existindo nos autos elementos a viabilizar, futuramente, a devida identificação do acusado, apesar da ausência da sua perfeita qualificação, não pode ser considerada inepta a denúncia"[514].

Certamente não se fala aqui de erros materiais, como a errônea grafia do nome do réu, desde que não venha somada à ausência de outros dados que permitam sua identificação[515]. Assim,

> descabe falar-se em inépcia da denúncia que contém mero erro gráfico quanto ao patronímico do acusado, se ao longo do conteúdo da peça acusatória declina-se corretamente o nome do acusado, mormente quando o cotejo com as outras peças existentes nos autos (inquérito policial, auto de qualificação e interrogatório, decreto de prisão preventiva etc.) conduzem à certeza sobre a identidade do acusado.[516]

No mais, quando constarem "dados suficientes para a identificação do paciente, como o nome dos pais e a data de nascimento, e tendo sido aposto, além do nome do acusado, sobrenomes que fazem parte do nome completo de sua mãe", tem-se como sanada a situação[517].

16. A classificação do crime

Muito embora o artigo em questão fale da classificação do crime como integrante da peça acusatória, tal menção reveste-se de precariedade aos olhos da doutrina e da jurisprudência dominantes, dada a possibilidade da correção prevista nos arts. 383 e 384 deste Código.

Com efeito, tentativas de correção da capitulação pela via do *habeas corpus* já foram feitas e no mais das vezes rejeitadas, na medida em que "aferir se a capitulação legal foi correta ou não é intento não condizente com a via eleita, angusta por excelência, onde não há espaço para dilação probatória, indispensável para pleitos deste jaez"[518].

Assim, tendentemente tem-se que

> a correta capitulação dos fatos delituosos imputados ao réu poderá ser analisada pelo Juiz, no momento da prolação da sentença, em face do resultado obtido por ocasião da produção de provas, a teor do que dispõem os arts. 383 e 384, do Código de Processo Penal. (...). A análise do acerto ou não da capitulação atribuída aos fatos delituosos imputados ao impetrante demanda, necessariamente, a dilação probatória, o que não se apresenta cabível na via estreita do *habeas corpus* (...). A errônea capitulação do tipo penal não importa em constrangimento ilegal uma vez que o réu deve se defender dos fatos narrados na denúncia, e não de sua classificação legal.[519]

Todo esse cenário apresenta-se particularmente gravoso quando se tem, a partir de uma estrutura processual de emergência uma série de medidas probatórias (emprego de determinados meios específicos de prova) e cautelares (sobretudo as medidas cautelares pessoais) que dependem da correta classificação do crime (e não do evento naturalístico que se traduz no objeto do processo, como já exposto).

Observe-se, por exemplo, a possibilidade da interceptação telefônica como meio de prova (que está restrita a uma determinada hipótese de delitos) ou a suposta impossibilidade de liberdade provisória nos termos da lei dos crimes hediondos, mecanismos que são baseados numa determinada capitulação legal lançada à época da veiculação da acusação. Afirmar-se que essa capitulação, tal como ocorre atualmente no CPP, pode ser precária significa autorizar a adoção de medidas excessivamente invasivas literalmente sem base legal.

A assertiva justificadora para tal entendimento – a dizer, a necessidade de se realizar a instrução probatória para, ao final, saber-se exatamente qual é a imputação – somente faz sentido num modelo altamente inquisitivo como o vigente no Código, pelo qual, como já frisado, a "estabilização da demanda" se dá tardiamente. Trata-se, portanto, da necessidade da correção normativa do CPP à luz da CR e da CADH, e de buscar-se numa reforma de fundo do Código a adequação desse mecanismo às bases acusatórias.

17. Rol das testemunhas

Deve vir quando do oferecimento da inicial acusatória, "não havendo possibilidade de fazê-lo posteriormente. 2. Reclamação procedente".[520]

514　STJ. Relator: Edson Vidigal. Data de publicação: DJ, 12 mar. 2001. p. 153.
515　LEXSTJ 146/320.
516　RT 763/515.
517　STJ. **HC 10073 RJ 1999/0062570-6**. 5ª Turma. Relator: Min. Gilson Dipp. Data de julgamento: 21 out. 1999. Data de publicação: DJ, 22 nov. 1999. p. 170.
518　STJ. Relator: Fernando Gonçalves. Data de publicação: DJ, 3 set. 2001. p. 258.
519　TRF. 1ª Região. Relator: Des. Fed. Ítalo Fioravanti Sabo Mendes. Data de publicação: DJ, 20 mar. 2003. p. 89.
520　TJ-DF. **RCL 2132520098070000 DF 0000213-25.2009.807.0000**. Relator: Edson Alfredo Smaniotto. 1ª Turma Criminal. Data de julgamento: 21 set. 2009. Data de publicação: DJ-e, 18 nov. 2009. p. 204.

Contudo, os cânones interpretativos da origem do CPP permanecem vivos no campo dos precedentes, fundamentando decisões que afirmam:

> A inquirição de testemunha arrolada intempestivamente pelo assistente de acusação tampouco configura violação de direito ou abuso de poder, haja vista que a pessoa arrolada poderia ser inquirida como testemunha do juízo, conforme preceitua o art. 209 do CPP. 3 – Aplicável, ainda, o princípio da busca da verdade real, que mais sentido adquire na espécie, porquanto a testemunha arrolada pelo assistente teria sido a única que presenciou os fatos. ORDEM DENEGADA. (Habeas Corpus Nº 71004169140, Turma Recursal Criminal, Turmas Recursais, Relator: Cristina Pereira Gonzales, Julgado em 17/12/2012).[521]

18. Denúncia e proposta de suspensão condicional do processo

A Lei n. 9.099/1995, no seu art. 89, textualmente dispõe:

> Nos crimes em que a pena mínima cominada for igual ou inferior a um ano, abrangidas ou não por essa lei, o Ministério Público, ao oferecer denúncia, poderá propor a suspensão do processo, por dois a quatro anos, desde que o acusado não esteja sendo processado ou não tenha sido condenado por outro crime, presentes os demais requisitos que autorizam a suspensão condicional da pena" (art. 77 do Código Penal).

Assim, o denominado *sursis* processual compõe-se de requisitos objetivos e subjetivos e, dentre os necessários à concessão, a inexistência de processo ou condenação anterior do acusado, o que somente pode ser avaliado pela juntada da folha de antecedentes.

Conforme acertada linha jurisprudencial, "o momento processual adequado à proposta da suspensão do processo é o do oferecimento da denúncia. Entendimento contrário importaria em negativa de vigência do art. 2º do Código de Processo Penal"[522]. No mais,

> inocorre constrangimento ilegal no fato de não ser aplicada a suspensão condicional do processo, prevista no art. 89 da Lei n. 9.099/95, a feito iniciado antes de sua vigência, pois passado o momento de oferecimento da denúncia, quando poderia ser proposta a suspensão, ocorre preclusão, de modo que a concessão do benefício, fora desse momento procedimental, contraria o espírito da lei, o princípio *tempus regit actum*, e o art. 90, dispositivo que não foi declarado inconstitucional.[523]

Dessas lições extrai-se que:

- quando do oferecimento da denúncia, deve-se propor a suspensão condicional do processo;
- para efetuar a proposta, devem estar presentes os requisitos objetivos e subjetivos;
- na análise dos requisitos subjetivos, deve ser verificada a existência de antecedentes do acusado, o que só é possível mediante as informações oficiais;
- propostas tardias, fora da denúncia, são acobertadas pela preclusão.

19. "Natureza" da norma do art. 89 da Lei n. 9.099/1995

É considerada por larga parte da doutrina e da jurisprudência como "dúplice":

> a Lei n. 9.099/95, resultante do comando do art. 98 da Constituição da República, tem natureza dúplice. Art. 89 é norma processual quando determina a interrupção sob o *nomen iuris* – suspensão do processo. Substancialmente, configura norma de natureza material, qual seja, gera situação mais favorável ao acusado. Em sendo norma penal mais benigna é de aplicação compulsória e imediata.[524]

Assim,

> sendo direito público subjetivo do acusado, gera obrigação de o Ministério Público expor as condições. Em havendo recusa, por entender inexistentes as condições objetivas e subjetivas, o juiz precisa decidir. Inadequado aplicar, analogicamente, o art. 28 do Código de Processo Penal; aqui o objeto e a ação penal. Lá foi iniciada a ação penal. A suspensão do processo é diversa. O juiz, ao receber a proposta, não é mero chanceler: poderá recusá-la, inteira ou parcialmente. Desenvolve juízo de valor, inclusive de oportunidade. O magistrado, assim, deve dar o impulso processual (não substituir o Ministério Público quanto à legitimidade para a ação penal).[525]

---

521 TJ-RS. **HC 71004169140 RS**. Turma Recursal Criminal. Relator: Cristina Pereira Gonzales. Data de julgamento: 17 dez. 2012. Data de publicação: DJ, 18 dez. 2012.
522 Embargos Infringentes 1.001.235/7. 11ª Câmara. Relator: Ricardo Dipp. Data de julgamento: 17 jun. 1996. RJTACRIM 31/299.
523 HC 286.754/1. 1ª Câmara. Relator: Damião Cogan Data de julgamento: 11 abr. 1996. RJTACRIM 32/402.
524 STJ. **REsp 117.271/RS AC**. Relator: Min. Luiz Vicente Cernicchiaro.
525 STJ. **AC RHC 5.746/SP**. Relator: Min. Luiz Vicente Cernicchiaro.

20. Quantidade da pena como requisito objetivo

"Para verificação dos requisitos da suspensão condicional do processo (art. 89), a majorante do crime continuado deve ser computada. A eventual divergência entre o agente do *Parquet* e o Órgão Julgador, acerca do oferecimento da suspensão se resolve, analogicamente, com o mecanismo do art. 28 do CPP"[526].

21. Decisão sobre a suspensão e "coisa julgada"

"Não faz coisa julgada a decisão homologatória da suspensão provisória do processo, com base na Lei n. 9.099/95, art. 89"[527].

22. Aplicação do "instituto" independentemente do rito e da competência

"Tratando a hipótese de delito que comporte pena não superior a um ano, é de se aplicar a Lei n. 9.099/95, não importando a justiça competente para o julgamento do feito. A aplicação da norma penal mais benéfica é impositiva. Precedentes do STJ e do STF"[528].

23. Suspensão condicional do processo e nulidade relativa

Tratando do tema da ausência de manifestação do Ministério Público e da ausência de manifestação sobre a proposta de suspensão condicional do processo, o e. STF entendeu que se trata de hipótese de nulidade relativa.

Assim,

> com base nesse entendimento, a Turma indeferiu *habeas corpus*, mas concedeu a ordem, de ofício, para que o STJ complemente a prestação jurisdicional referente ao exame das demais causas de pedir. No caso concreto, pleiteava-se, preliminarmente, a declaração de nulidade do processo, para que fosse observado o disposto no art. 89 da Lei n. 9.099/1995 ["Nos crimes em que a pena mínima cominada for inferior a um ano, abrangida, ou não, por esta lei, o Ministério Público, ao oferecer a denúncia, poderá propor a suspensão do processo, por 2 (dois) a 4 (quatro) anos, desde que o condenado não esteja sendo processado ou não tenha sido condenado por outro crime, presentes os demais requisitos que autorizariam a suspensão condicional da pena (artigo 77 do Código Penal)"] e, de modo sucessivo,

a nulidade do acórdão, a fim de que o tribunal de justiça estadual avaliasse a prova documental, sendo que, na impossibilidade de acolhimento dos pedidos anteriores, pretendia-se a nulidade do acórdão proferido, por atipicidade. Entendendo tratar-se de omissão de formalidade ligada à denúncia, asseverou-se que tal nulidade relativa considera-se sanada se não arguida em tempo oportuno (CPP, artigos 571 e 572).[529]

Com efeito, diante de toda a base teórica expendida nestes *Comentários* acerca do tema das nulidades (a partir do art. 563, em especial), parece-nos escapar do âmbito das nulidades ainda ditas como "relativas" a não manifestação do Ministério Público sobre a proposta de suspensão. Com efeito, não podendo ser suprida por iniciativa judicial, tal como já exposto, caberia o reconhecimento da nulidade insanável à não manifestação deliberada, com o que se escaparia daquela hipótese na qual a proposta pode não ser oferecida desde que devidamente fundamentada nos aspectos objetivos ou subjetivos previstos em lei.

24. A imputação e seus elementos circunstanciais

Se o artigo em comento leva às condições essenciais para que a acusação seja apta, de outro lado deixa em aberto uma série de situações que, quando omitidas, precisam ser valoradas para se saber se importam ou não em comprometimento da peça que veicula o objeto do processo.

Empiricamente tem-se que "data e lugar do crime, ademais, são requisitos acidentais, cuja omissão não a invalida"[530]. E repete-se afirmando que "a data do fato delituoso não é elemento essencial da denúncia. Logo, a ausência daquele dado na peça acusatória configura nulidade relativa, sanável se não arguida no momento oportuno"[531]. Concede-se, no entanto, para afirmar que "quando impossível o conhecimento preciso do momento consumativo, deverá a denúncia, ao menos, situar o fato no tempo, de tal sorte a permitir a certeza da inocorrência da prescrição, motivo legal que, ausente, enseja sua rejeição"[532].

Com efeito, este último provimento afigura-se como menos gravoso em relação aos anteriormente mencionados. A data do delito não é uma condição "acidental" da acusação, mas verdadeira baliza temporal pela qual se mede a possibilidade de o Estado exercer a persecução. É, pois, algo que se situa fora

---

526 STJ. **AC RHC 7.779/SP**. Relator: Min. Felix Fischer.
527 STJ. **AC RHC 6.147/SP**. Relator: Min. Edson Vidigal.
528 STJ. **AC HC 9.244/RS**. Relator: Min. Edson Vidigal.
529 HC 86.039/AM. Relator: Min. Marco Aurélio. 29 nov. 2005.
530 TJSP. **Apelação Criminal 116.176-3/SP**. Relator: Andrade Cavalcanti. 23 nov. 1992.
531 JSTJ 9/333.
532 TJSP. **Apelação Criminal 131.976-3/SP**. Relator: Dante Busana. 30 jun. 1994.

do campo das nulidades "relativas", dado seu caráter de verdadeira condição negativa para o exercício da ação penal (a dizer: não houve a prescrição), como dirá, na sequência, o próprio art. 43.

> Art. 42. O Ministério Público não poderá desistir da ação penal.

1. *Vide* notas ao art. 24

> Art. 43. Revogado pela Lei n. 11.719, de 20-6-2008.
>
> Texto original: A denúncia de queixa será rejeitada quando:
> I – o fato narrado evidentemente não constituir crime;
> II – já estiver extinta a punibilidade, pela prescrição ou outra causa;
> III – for manifesta a ilegitimidade da parte ou faltar condição exigida pela lei para o exercício da ação penal.
> *Parágrafo único.* Nos casos do n. III, a rejeição da denúncia ou queixa não obstará ao exercício da ação penal, desde que promovida por parte legítima ou satisfeita a condição.

1. Revogado pela Lei n. 11.719/2008

> Art. 44. A queixa poderá ser dada por procurador com poderes especiais, devendo constar do instrumento do mandato o nome do querelante e a menção do fato criminoso, salvo quando tais esclarecimentos dependerem de diligências que devem ser previamente requeridas no juízo criminal.

1. Formalidade da procuração

É essencial para o recebimento da inicial, registrando-se que "A capacidade postulatória dá-se no momento da interposição da queixa-crime. Advogado registrado na OAB posteriormente à distribuição da exordial acusatória. Transcorrido o prazo decadencial, impossível a regularização processual".[533]

Outrossim, é necessário que o

> mandato seja conferido com poderes especiais expressos, além de fazer menção ao fato criminoso, nos termos do art. 44 do Código de Processo Penal. 2. O substabelecimento, enquanto meio de transferência de poderes anteriormente concedidos em procuração, deve obedecer integralmente ao que consta do instrumento do mandato, porquanto é dele totalmente dependente. Ainda que neste instrumento esteja inserida a cláusula ad judicia, há limites objetivos que devem ser observados quando da transmissão desses poderes, visto que o substabelecente lida com direitos de terceiros, e não próprios. 3. Na espécie, como a procuração firmada pela querelante somente conferiu aos advogados os poderes da cláusula ad judicia et extra, apenas estes foram objeto de transferência aos substabelecidos, razão pela qual deve ser tida por inexistente a inclusão de poderes especiais para a propositura de ação penal privada, uma vez que eles não constavam do mandato originário. 4. Nula é a queixa-crime, por vício de representação, se a procuração outorgada para a sua propositura não atende às exigências do art. 44 do Código de Processo Penal. 5. Recurso provido para conceder a ordem de habeas corpus, a fim de declarar a nulidade ab initio da queixa-crime, tendo como consequência a extinção da punibilidade do querelado, nos termos do art. 107, IV, do Código Penal.[534]

2. Queixa e suas formalidades: menção ao fato

Trata-se de formalidade essencial na visão da jurisprudência. Com efeito,

> Para o recebimento da queixa-crime faz-se necessário que a inicial venha acompanhada de um mínimo de elementos indiciários da existência do ilícito, de forma a configurar justa causa para o início da ação penal, além da exposição do fato criminoso com todas as suas circunstâncias, sob pena de inépcia da inicial, de acordo com o estipulado no art. 41 do CPP. 4. Na situação versada, além de não descrever a data, local e hora da suposta prática do delito contra a honra, a inicial não expõe os fatos com todas as circunstâncias, sequer narrando a própria conduta entendida como difamatória.[535]

Conclui-se, portanto, que "impõe-se 'um mínimo de provas a demonstrar a viabilidade da queixa-crime', inclusive, de eventual Inquérito Policial instaurado" sendo que, nesse caso concreto,

> A verdade é que sequer foi a inicial instruída com declarações de testemunhas presenciais a

---

[533] TJ-RS. **RC 71005430608 RS**. Turma Recursal Criminal. Relator: Edson Jorge Cechet. Data de julgamento: 09 nov. 2015. Data de publicação: DJ, 12 nov. 2015.

[534] STJ. **RHC 33790 SP 2012/0189707-4**. 6ª Turma. Relatora: Min. Maria Thereza de Assis Moura. Data de julgamento: 27 jun. 2014. Data de publicação: DJe, 5 ago. 2014.

[535] TJ-RS. **RC 71005430608 RS**. Turma Recursal Criminal. Relator: Edson Jorge Cechet. Data de julgamento: 9 nov. 2015. Data de publicação: DJ, 12 nov. 2015.

corroborar a plausibilidade da imputação. Nem há, de igual forma, algum Registro de Ocorrência em que se possa extrair a verossimilhança do sustentado. A simples referência a testemunhas do fato em um rol na inicial não elide o dever de provar, ainda, que apenas, para a formação de um juízo de delibação, a plausibilidade da imputação. Acresça-se que, nem há que se afirmar a justa causa na exclusiva palavra da vitima, quando se sabe que esta não basta, a míngua de outros elementos de prova que a corroborem. (...) Ações Penais, ante os próprios reflexos suscetíveis de serem produzidos, exigem mais de uma mera suposição para existir na vida daquele que está sendo demandado.[536]

Art. 45. A queixa, ainda quando a ação penal for privativa do ofendido, poderá ser aditada pelo Ministério Público, a quem caberá intervir em todos os termos subsequentes do processo.

1. Legitimação do MP para atos postulatórios na ação penal de legitimação privada exclusiva

Entendemos contrária à estrutura constitucional a possibilidade de o Ministério Público intervir na ação penal privada com atos postulatórios, como o aditamento da inicial para incluir nova pessoa no polo passivo.

Entendimentos baseados na literalidade do Código de Processo Penal, em desatenção à CR, induzem à existência de uma legitimação subordinada e concorrente do parquet ao exercício da ação penal de legitimação privada. O descabimento da possibilidade do aditamento já foi reconhecido na jurisprudência (TACrimSP, RT 533/354), não sendo o caso de nulidade "relativa", como já foi considerado em outro julgado[537].

Assim, embora com ressalvas aos termos do julgado apresentado na sequência, deve ser concluído que

> nos crimes de ação penal exclusivamente privada o representante do Ministério Público atua como assistente do querelante, e só pode aditar a queixa-crime com o fim de suprir alguma lacuna nela ocorrida, não tendo legitimidade para oferecer aditamento visando nela incluir outro autor do crime.[538]

Art. 46. O prazo para oferecimento da denúncia, estando o réu preso, será de 5 (cinco) dias, contado da data em que o órgão do Ministério Público receber os autos do inquérito policial, e de 15 (quinze) dias, se o réu estiver solto ou afiançado. No último caso, se houver devolução do inquérito à autoridade policial (art. 16), contar-se-á o prazo da data em que o órgão do Ministério Público receber novamente os autos.

1. Impropriedade terminológica

A primeira observação diz respeito à impropriedade da palavra "réu" na redação do artigo. Com efeito, de réu ainda não se trata, mas de pessoa que, quando muito, foi indiciada e, neste momento, encontra-se na condição de denunciada. A posição de réu somente será assumida após o recebimento da inicial.

Não se trata de mera discussão cerebrina, mas de classificação que tem efeitos práticos. Ao usar a palavra "réu", o legislador assimilava a fase investigativa àquela jurisdicional, entrevendo algum tipo de acusação policial, o que, como já demonstrado em outro ponto destes Comentários, não condiz com o processo penal no Estado de Direito.

2. Consequências jurídicas da superação dos prazos

A falaciosa estrutura do Código de Processo Penal induz o intérprete a acreditar que a limitação temporal deste artigo realmente produz efeitos quando, na verdade, observada de forma sistêmica, tem-se que tais disposições nada mais fazem que aparentar severidade.

Com efeito, na situação de a pessoa denunciada estar solta, a superação dos 15 dias nada altera na sorte processual. Tampouco existe qualquer consequência automática para o legitimado ativo no plano administrativo. Assim, como já demonstrado nestes Comentários, o verdadeiro marco temporal será o da ocorrência ou não da prescrição (agregando-se aqui uma vez mais a discussão sobre a prescrição em perspectiva).

Paradigmaticamente tem-se que o "excesso de prazo no seu oferecimento [da denúncia] ou aditamento que revela mera irregularidade não contaminando o processo – Imprevista pela lei qualquer pena de preclusão a hipótese – Preliminar rejeitada. O excesso de prazo no oferecimento da denúncia não é motivo de nulidade"[539].

---

536 TJ-RJ. **APR 00007829820138190049** RJ **0000782-98.2013.8.19.0049**. 2ª Turma Recursal Criminal. Relatora: Claudia Marcia Goncalves Vidal. Data de publicação: 14 ago. 2014.
537 STJ. Relator: Min. Paulo Medina. Data de publicação: DJ, 30 jun. 2003. p. 315.
538 RJDTACRIM 3/158.
539 TJSP. **Apelação Criminal 152.510-3**. Presidente Prudente. 2ª Câmara Criminal. Relator: Devienne Ferraz. 26 jul. 1995, v.u.; no mesmo sentido, Apelação Criminal 210.656-3. Cotia. 4ª Câmara Criminal. Relator: Bittencourt Rodrigues. 4 mar. 1997, v.u.

Certamente de nulidade não se trata, mas da necessidade de revogar-se medida constritiva da liberdade imposta em sede cautelar, como na situação de "réu preso em flagrante delito há mais de 50 (cinquenta) dias".[540]

Maiores considerações sobre a contagem do prazo e as consequências jurídicas serão vistas ao longo do art. 647 destes **Comentários**.

> § 1º Quando o Ministério Público dispensar o inquérito policial, o prazo para o oferecimento da denúncia contar-se-á da data em que tiver recebido as peças de informações ou a representação.

1. Dispensa da investigação pelo Ministério Público

A regra em questão apresenta particular relevância quando se a conjuga com a possibilidade da investigação realizada pelo próprio MP (vide Comentários ao art. 4º).

A forma de contagem de prazo mantém os mesmos parâmetros do artigo precedente.

> § 2º O prazo para o aditamento da queixa será de 3 (três) dias, contado da data em que o órgão do Ministério Público receber os autos, e, se este não se pronunciar dentro do tríduo, entender-se-á que não tem o que aditar, prosseguindo-se nos demais termos do processo.

1. Para considerações sobre o papel do Ministério Público na queixa-crime, ver nestes Comentários art. 45

> Art. 47. Se o Ministério Público julgar necessários maiores esclarecimentos e documentos complementares ou novos elementos de convicção, deverá requisitá-los, diretamente, de quaisquer autoridades ou funcionários que devam ou possam fornecê-los.

1. Fundamento constitucional

A base constitucional está na norma do art. 129, VI, VII e IX, da Constituição da República de 1988 e sustenta, inclusive, a denominada "investigação direta" pelo Ministério Público, tal como reconhecido em vários precedentes, ao afirmar que

A legitimidade do Ministério Público para conduzir diligências investigatórias decorre de expressa previsão constitucional, oportunamente regulamentada pela Lei Complementar, mesmo porque proceder à colheita de elementos de convicção, a fim de elucidar a materialidade do crime e os indícios de autoria, é um consectário lógico da própria função do órgão ministerial de promover, com exclusividade, a ação penal pública.[541]

2. Poder de requisição do Ministério Público e quebra de sigilo bancário

O poder requisitório do Ministério Público tem, evidentemente, limites colocados na CR e na CADH que determinam que, a partir do determinado momento em que determinadas requisições, se atendidas, invadam esferas dos direitos fundamentais, apenas o juiz poderá tomá-las.

O problema se torna particularmente delicado quando se coteja o poder requisitório com a possibilidade da quebra do sigilo bancário, tendo em vista a redação da Lei Orgânica do Ministério Público.

Palu[542] apresenta situação na qual

> Decidiu-se que o Ministério Público não pode determinar tal requisição, por ofensa ao princípio constitucional que protege a inviolabilidade da vida privada; na questão, discutia-se se o art. 26 da Lei Orgânica do Ministério Público (Lei n. 8.625/93) havia derrogado o princípio exposto no art. 38 da Lei de Reforma Bancária (Lei n. 4.595/65), tendo entendido o relator, Ministro Flaquer Scartezzini, que a lei por último citada passou a ter status de lei complementar por força do art. 192 da Constituição Federal, e que "disposto como direito fundamental, por extensão à proteção da vida privada, o sigilo bancário pode ceder diante do interesse público relevante, mediante ordem judicial, assegurados o devido processo legal e a garantia de sua preservação. Caso contrário, não fossem estas condições, a simples invocação do interesse público, nem sempre presente, poderia ensejar a uma indevida interferência dos órgãos estatais nas esferas privadas e na intimidade do cidadão (HC 2.019-7/RJ, 5ª T., j. 13-4-1994).

Em sentido contrário e, a nosso ver, com razão, Feldens[543] para quem o tema do sigilo bancário não se encontra em sede constitucional, sendo reservada sua disciplina a leis complementares.

---

540 TJ-PR. **HC 2486851 PR Habeas Corpus Crime – 0248685-1**. 2ª Câmara Criminal (extinto TA). Relator: Rafael Augusto Cassetari. Data de julgamento: 18 dez. 2003. Data de publicação: 20 fev. 2004. DJ, 6565.
541 STJ. **REsp. 331.788/DF (2001/0084551-3)**. Relatora: Min. Laurita Vaz. Data de julgamento: 24 jun. 2003.
542 PALU, Oswaldo. Direitos e garantias individuais e criminalidade. **Justitia**, São Paulo, v. 57, n. 169, jan./mar. 1995. p. 28.
543 FELDENS, Luciano. Sigilo bancário e ministério público: da necessária coabitação entre as leis complementares 105/01 e 75/93. **Boletim dos Procuradores da República**. p. 12-14.

Essa posição acabou sendo aceita pelo STF ao decidir que

O poder de investigação do Estado é dirigido a coibir atividades afrontosas à ordem jurídica e a garantia do sigilo bancário não se estende às atividades ilícitas. A ordem jurídica confere explicitamente poderes amplos de investigação ao Ministério Público – art. 129, incisos VI, VIII, da Constituição Federal, e art. 8º, incisos II e IV, e § 2º, da Lei Complementar nº 75/1993. 5. Não cabe ao Banco do Brasil negar, ao Ministério Público, informações sobre nomes de beneficiários de empréstimos concedidos pela instituição, com recursos subsidiados pelo erário federal, sob invocação do sigilo bancário, em se tratando de requisição de informações e documentos para instruir procedimento administrativo instaurado em defesa do patrimônio público. Princípio da publicidade, ut art. 37 da Constituição. 6. No caso concreto, os empréstimos concedidos eram verdadeiros financiamentos públicos, porquanto o Banco do Brasil os realizou na condição de executor da política creditícia e financeira do Governo Federal, que deliberou sobre sua concessão e ainda se comprometeu a proceder à equalização da taxa de juros, sob a forma de subvenção econômica ao setor produtivo, de acordo com a Lei nº 8.427/1992. 7. Mandado de segurança indeferido.[544]

Art. 48. A queixa contra qualquer dos autores do crime obrigará ao processo de todos, e o Ministério Público velará pela sua indivisibilidade.

1. Indivisibilidade da ação penal: pública e privada

Conforme já expresso em abalizada doutrina, "o princípio da indivisibilidade rege toda e qualquer ação penal, seja pública ou privada, não cabendo fazer aqui qualquer distinção entre pública condicionada e incondicionada"[545] posição essa que não é compartilhada em todos os precedentes ao se ponderar que "O princípio da indivisibilidade da ação penal é aplicável, apenas, à ação penal privada. Precedentes do Supremo Tribunal Federal e do Superior Tribunal de Justiça".[546]

Especificamente no que tange à redação do artigo,

a queixa, peça inaugural da ação penal privada, que se subordina ao princípio da disponibilidade tem, na imposição da indivisibilidade, um limite à faculdade do *jus accusationis*. O legislador, que permitiu ao ofendido ou a seu representante legal agir segundo sua conveniência, limitou-lhe a liberdade processual, condicionando a abstenção ao processo, em caso de multiplicidade de agentes, a sua extensão a todos os participantes ativos. Não lhe reconheceu o direito de eleição entre os autores para o fim de acusação.[547]

2. Indivisibilidade: alcance prático

"Os princípios da indivisibilidade e da obrigatoriedade da ação penal não obstam o ajuizamento, em separado, de outra ação pelo Ministério Público, ou mesmo o aditamento da denúncia em momento oportuno, depois de coligidos elementos suficientes para embasar a acusação".[548]

Essa indivisibilidade também alcançará a renúncia ao exercício da acusação.

Com efeito, o direito de queixa é indivisível, é dizer, a queixa contra qualquer dos autores do crime obrigará ao processo de todos (art. 48 do CPP). Dessarte, o ofendido não pode limitar a este ou aquele autor da conduta tida como delituosa o exercício do *jus accusationis*, tanto que o art. 49 do CPP dispõe que a renúncia ao direito de queixa, em relação a um dos autores do crime, a todos se estenderá. Portanto, o princípio da indivisibilidade da ação penal privada torna obrigatória a formulação da queixa-crime em face de todos os autores, coautores e partícipes do injusto penal, sendo que a inobservância de tal princípio acarreta a renúncia ao direito de queixa, que de acordo com o art. 107, V, do CP, é causa de extinção da punibilidade. Contudo, para o reconhecimento da renúncia tácita ao direito de queixa, exige-se a demonstração de que a não inclusão de determinados autores ou partícipes na queixa-crime se deu de forma deliberada pelo querelante.[549]

---

544 STF. **MS 21729 DF**. Relator: Min. Marco Aurélio. Tribunal Pleno. Data de julgamento: 5 out. 1995. Data de publicação: DJ, 19 out. 2001. PP-00033 Ement Vol-02048-01 PP-00067 RTJ Vol-00179 PP-00225.

545 SILVA JARDIM, Afrânio. O princípio da indivisibilidade e a ação penal pública condicionada. **Justitia**, v. 146, p. 96-99, abr./jun. 1989. Da mesma maneira, TOURINHO FILHO, Fernando da Costa. O princípio da indivisibilidade de ação penal pública (Parecer). **Revista Brasileira de Ciências Criminais**, São Paulo, v. 1, n. 2, p. 107-116, abr./jun. 1993.

546 STJ. **HC 108341 BA 2008/0127547-8**. 5ª Turma. Relator: Min. Laurita Vaz. Data de julgamento: 9 nov. 2010. Data de publicação: DJe, 6 dez. 2010.

547 SIQUEIRA, Geraldo Batista de. Adultério, crime plurissubjetivo, eventualmente delito monossubjetivo: reflexos na ação penal privada. **Justitia**, 121/1983.

548 STF. **Ac. de 26.6.2008 no AAG nº 6.758**. Relator: Min. Joaquim Barbosa.

549 STJ. **RHC 55.142-MG**. Relator: Min. Felix Fischer. Data de julgamento: 12 maio 2015. Data de publicação: DJe, 21 maio 2015.

Art. 49. A renúncia ao exercício do direito de queixa, em relação a um dos autores do crime, a todos se estenderá.

1. Renúncia: unilaterilidade
Na tarefa de distinguir os institutos que se seguirão (renúncia e perdão) inicia-se por afirmar que a renúncia ter caráter unilateral que, portanto, independe de manifestação da pessoa acusada (querelada) para surtir seus efeitos jurídicos.

2. Renúncia expressa e renúncia tácita
Tem-se que "renúncia tácita é aquela extraível da postura do ofendido; objetivamente incompatível com a vontade de processar o ofensor. É incompatível tal vontade, com o processar um e desconsiderar o coofensor".[550]

3. Renúncia expressa ou tácita: consequências
E, como fruto da indivisibilidade antes mencionada já se afirmou que "A ausência de oferecimento de queixa-crime em relação aos coautores, em tese, dos crimes contra honra implica a renúncia do direito de queixa em relação a todos, nos termos do art. 49 do CPP".[551] desde que "a não inclusão de determinados autores ou partícipes na queixa-crime se deu de forma deliberada pelo querelante".[552]

4. Momento para a renúncia
Conforme didático precedente,

> oferecida a queixa-crime, não é mais cabível a renúncia porque não há mais nada a renunciar. A pretensão do querelante de obstar o prosseguimento da ação penal pode ser acolhida pelo perdão do ofendido (arts. 105 e 106 do CP), a depender, contudo, da aceitação do querelado. Na hipótese, apesar de indeferido o pedido de renúncia, não há qualquer elemento nos autos que corrobore o dolo específico do querelado de macular a reputação do querelante ao decidir exceção de suspeição, daí se rejeitar a queixa-crime.[553]

5. Composição de danos e renúncia
No marco da Lei 9099/95, havendo a composição em relação a um dos possíveis querelados, a todos ela aproveita a título de renúncia. Neste sentido,

> a composição pelos danos, sendo aceita e homologada judicialmente, implica a renúncia ao direito de queixa, nos termos do disposto no art. 74, parágrafo único, da Lei 9.099/1995, tratando-se a renúncia, expressa ou tácita (art. 104 do CP), de causa extintiva da punibilidade, sendo irretratável (art. 107, V, CP). Por força do princípio da indivisibilidade, a todos se estende a manifestação do intento de não processar parte dos envolvidos, de modo que a renúncia beneficia a todos eles. Precedente citado: HC 29.861-SP, Quinta Turma, DJ 25/2/2004.[554]

Art. 50. A renúncia expressa constará de declaração assinada pelo ofendido, por seu representante legal ou procurador com poderes especiais.

Parágrafo único. A renúncia do representante legal do menor que houver completado 18 (dezoito) anos não privará este do direito de queixa, nem a renúncia do último excluirá o direito do primeiro.

1. Renúncia expressa – conceito
"A decadência, renúncia, perdão, perempção e a desistência, todas, são maneiras de ostentar o poder dispositivo do particular ofendido – ou de quem tenha qualidade para representá-lo, em Juízo –, na hipótese de imaginada infração penal, em que, somente, se procede mediante queixa (arts. 30 e 31, do Cód. de Proc. Penal)".[555]

2. Diferença entre renúncia e desistência
"A desistência, entretanto, irrompe, qual única de nítido caráter processual; tanto que desponta na fase de reconciliação do procedimento especial; tanto que o direito material sequer a refere. O querelante, pela desistência expressa – no sistema do Código de Processo Penal – ocasiona a extinção do procedimento, antes de admitida, ou rejeitada, a ação penal condenatória, de exclusiva iniciativa privada. Daí, a consequente determinação de arquivamento da

---

550 TJSP. **Queixa-crime 161.760-3**. São Manoel. 4ª Câmara Criminal. Relator: Ary Belfort. 26 set. 1994, v.u.
551 STJ. **APn 560 RJ 2009/0010215-8**. Corte Especial. Relator: Min. Felix Fischer. Data de julgamento: 16 set. 2009. Data de publicação: DJe, 29 out. 2009.
552 STJ. **HC 186405 RJ 2010/0179440-7**. 5ª Turma. Relator: Min. Jorge Mussi. Data de julgamento: 2 dez. 2014. Data de publicação: DJe, 11 dez. 2014.
553 STJ. **APn 600-MS**. Relator: Min. Teori Albino Zavascki. Data de julgamento: 18 ago. 2010.
554 STJ. **AP 724-DF**. Relator: Min. Og Fernandes. Data de julgamento: 20 ago. 2014.
555 RJTACrim 23/386.

querela aforada, com eficácia preclusiva: perda do exercício de direito, ou faculdade processual".[556]

Na sequência do mesmo acórdão:

a manifestação e comunicação de vontade do queixoso, por via de petição nos autos, guardam, portanto, a natureza jurídica de renúncia ao exercício do direito de queixa. Aflorou de forma expressa; mostrando intento unilateral de não acusar; anterior à existência da ação penal condenatória, dotada de procedimento especial (art. 104, do Cód. Penal c/c art. 50, do Cód. de Proc. Penal). Incabente considerar que o ato continha, ou encerra, reconciliação; e originou, ou implica, desistência da querimônia. O temperamento dos institutos jurídicos independe do nome, que se lhes queira dar. Dimana da origem, estrutura e da função, que possuem, no direito. Vale acertar: seus caracteres essenciais; o que faz, com que sejam o que são. Pretenso ofendido, que se resigna, antecipando-se à reconciliação, abdica da exercência do direito de queixa, no procedimento especial, dos crimes contra a honra. A ação penal condenatória, só, nasce com o juízo positivo de prelibação da querela. Há, anteriormente, processo e procedimento, de tentativa judicial de pacificação, se deduzida a queixa (art. 104, caput, do Cód. Penal c/c arts. 50 e 520, do Cód. de Proc. Penal). Queixa proposta não se mistura com recebida, em tal enfoque.

3. Renúncia: efeitos

A renúncia, na ação penal privada, é causa expressa extintiva da punibilidade (art. 107, V, CP).

4. Renúncia expressa: natureza da legitimidade para exercê-la

Trata-se de legitimação concorrente, e não subordinada, na esteira da classificação já usada em outros pontos destes *Comentários*.

5. Súmula do e. STF de n. 594

"Os direitos de queixa e de representação podem ser exercidos, independentemente, pelo ofendido ou por seu representante legal".

6. Preservação da legitimidade do menor de 18 anos

O direito de queixa poderá ser exercido tanto pela ofendida como pelo seu representante legal. Na hipótese de omissão ou de renúncia deste, a ofendida, ao completar 18 (dezoito) anos, poderá exercer esse direito de queixa, sendo que, nesse caso, o prazo decadencial começará a fluir a partir da data em que ela atingir a maioridade penal. Precedente do STF. RECr 94.524-MS, Relator para o acórdão Min. Néri da Silveira. II. – H.C. indeferido.[557]

7. Renúncia expressa, honorários advocatícios e custas processuais

Já houve provimento jurisdicional que considerou que

no âmbito de uma ação penal privada, ambas as partes terão de contratar Advogados, assim como assumir a responsabilidade pelas despesas processuais, especialmente custas. Não há razão legítima, nem conforme ao bom direito, que autorize a isenção do vencido ao pagamento ou reembolso dessas despesas ao vencedor. Desde que solvente e com capacidade econômica para tanto, não será absolutamente justo nem jurídico favorecer o vencido a expensas do vencedor, isentando-o e imunizando-o dos ônus da sucumbência. Será o mesmo que dar valia ao desfalque do patrimônio alheio, sem causa ou razão legal, o que não é tolerado em nosso ordenamento jurídico.[558]

Art. 51. O perdão concedido a um dos querelados aproveitará a todos, sem que produza, todavia, efeito em relação ao que o recusar.

1. Conceito de perdão

Trata-se de "O perdão é o ato processual pelo qual, iniciada a ação penal privada exclusiva, o ofendido ou seu representante legal desiste do seu prosseguimento. Tem como efeito a extinção da punibilidade, desde que aceito pelo querelado (ato bilateral)".[559]

1.1 Disciplina no Código Penal: art. 106

A disciplina do perdão manifestado pelo querelante está regrada em detalhes no Código Penal, no qual, no art. 106, se prevê:

- o momento ("dentro" ou "fora" do processo);
- sua forma ("expressa" ou "tácita");
- sua extensão passiva (aproveitando todos os querelados) e ativa (somente produz efeitos em relação a quem se comportou de modo a considerar a ocorrência do perdão);

---

[556] RJTACrim 23/386.
[557] STF. **HC 75697 DF**. 2ª Turma. Relator: Min. Carlos Velloso. Data de julgamento: 3 fev. 1997. Data de publicação: DJ, 19 set. 2003. PP-00031 Ement Vol-02124-05 PP-00892.
[558] RJTACrim 8/73.
[559] GURGEL, Sergio Ricardo do Amaral. **Manual de processo penal**. 2. ed. Niterói: Impetus, 2015. p. 15.

- o marco final para sua concessão (antes do trânsito em julgado da sentença condenatória).

O perdão tido como "tácito" nada mais é que a perempção processual (ausência de atos indicativos de manifestação de vontade de prosseguir-se com a ação penal) e não exige manifestação de vontade do querelado (diferentemente do perdão "expresso" que assim o exige de acordo com o art. 106, III, do Código Penal).

1.2 Diferença entre o perdão do querelante e o perdão judicial

Embora sejam causas de extinção da punibilidade (no caso do perdão aceito pelo querelante, no art. 107, V, do Código Penal; o perdão judicial, previsto no art. 107, IX, do mesmo Código), os perdões do querelante e o judicial diferem profundamente em outros aspectos. O primeiro, cabível na ação penal privada "exclusiva" ou "genuína" ou "típica"; o segundo, por determinação judicial em sentença de natureza condenatória, a dizer, há a necessidade de culminar-se um processo de conhecimento e a formação do convencimento do Magistrado no sentido de impor ao réu uma pena que, no entanto, ser-lhe-á perdoada por expressa previsão legal (arts. 121, § 5º; 129, § 8º; 140, § 1º, I e II, do CP, por exemplo) e apresentação de requisitos subjetivos e objetivos, ou seja,

> para a concessão da causa extintiva da punibilidade inerente ao perdão judicial na hipótese da receptação culposa, indispensável que reste comprovada não só a primariedade do réu, como também o diminuto valor da coisa objeto da receptação, os bons antecedentes e ter o agente atuado com culpa levíssima.[560]

2. Perdão na ação penal privada e outras formas de perdão

Vocábulo empregado em vários pontos no sistema penal, o perdão precisa ser delimitado para os fins deste artigo. Assim,

> o perdão judicial, previsto no art. 107, IX, do CP, é uma faculdade atribuída ao Magistrado que pode deixar de aplicar a pena ao reconhecer a ocorrência das circunstâncias que o justifiquem, logo independe de consentimento do ofendido e, por não implicar disponibilidade ou desistência, pode ser aplicado em qualquer tipo de ação penal; já o perdão do ofendido, nos termos dos arts. 105 e 106 do mesmo Codex, impede o prosseguimento

da ação penal, é causa de extinção da punibilidade quando aceito pelo ofensor e somente pode ser exercido quando se trata de ação penal privada, eis que, na ação penal pública condicionada, o Ministério Público não pode dispor da ação penal, *ex vi* do art. 42 do CPP.[561]

3. Perdão: momento do oferecimento

O perdão, enquanto manifestação da vontade do legitimado ativo para a não continuidade da acusação penal, pode se manifestar ao longo de todo o desenvolvimento processual, estendendo-se até o grau recursal, enquanto não houver sentença transitada em julgado. Outrossim, "não havendo queixa devidamente recebida, não há que se falar em perdão. O fato poderá constituir-se, porém, em renúncia ao direito de queixa"[562].

4. Atos de disponibilidade da ação penal privada: a suspensão condicional do processo

Tem-se como incabível, para boa parte da jurisprudência, a possibilidade de o querelante ofertar proposta de suspensão condicional do processo.

Com efeito, nos crimes em que o *jus persequendi* é exercido por ação de iniciativa privada como, tal o crime de injúria, é impróprio o uso do instituto da suspensão condicional do processo, previsto no art. 89, da Lei n. 9.099/1995, já que a possibilidade de acordo é da essência do seu modelo, no qual têm vigor os princípios da oportunidade e da disponibilidade (STJ. DJ 23 jun. 2003; p. 444; Relator: Vicente Leal). Isso porque, nessa visão jurisprudencial, o benefício da suspensão condicional do processo, acordado pelas partes nos termos do art. 89 da Lei n. 9.099/1995, retira, dos recorrentes, o interesse de agir, condição precípua para o conhecimento da ação[563].

Trata-se de compreensão da matéria com a qual não concordamos. A suspensão condicional do processo é um mecanismo alternativo no processo tendente à despenalização da conduta. Nada implica em acordo no privado do termo, tampouco induz a ausência de vontade do querelante em ver processado o querelado.

5. Perdão e honorários advocatícios

Havendo perdão já se entendeu pelo não pagamento de honorários, "Considerando que no caso dos autos não houve apreciação do mérito da ação penal, mas desistência da queixa-crime durante a audiência preliminar vislumbra-se que não era mesmo caso

---

560 TJES. **Apelação Criminal 11070106957**. 1ª Câmara Criminal. Relator: Ney Batista Coutinho. Data de julgamento: 29 fev. 2012. Data de publicação: 9 mar. 2012.
561 RJTACrim 36. 1997. p. 163.
562 TJSP. **Queixa-crime 19.551-0/SP**. Relator: Nelson Schiesari. 9 nov. 1994.
563 STJ. Relator: Hamilton Carvalhido. DJ, 10 fev. 2003. p. 238.

de fixar verba honorária, uma vez que não houve parte sucumbente".564

Art. 52. Se o querelante for menor de 21 (vinte e um) e maior de 18 (dezoito) anos, o direito de perdão poderá ser exercido por ele ou por seu representante legal, mas o perdão concedido por um, havendo oposição do outro, não produzirá efeito.

1. Natureza da legitimação
Aqui o legislador alterna a natureza da legitimação para concessão do perdão, tornando-a concorrente, porém subordinada. Com efeito, assim se justifica no plano teórico a impossibilidade de produção de efeitos do perdão concedido por um dos legitimados, mas negado pelo outro. Note-se que ambos os atos são juridicamente perfeitos, válidos. Não se operam, no entanto, os efeitos típicos do perdão.

Art. 53. Se o querelado for mentalmente enfermo ou retardado mental e não tiver representante legal, ou colidirem os interesses deste com os do querelado, a aceitação do perdão caberá ao curador que o juiz lhe nomear.

1. Vide nestes Comentários art. 33

Art. 54. Se o querelado for menor de 21 (vinte e um) anos, observar-se-á, quanto à aceitação do perdão, o disposto no art. 52.

1. Vide nestes Comentários art. 52

Art. 55. O perdão poderá ser aceito por procurador com poderes especiais.

1. Inadmissibilidade da cláusula genérica *ad judicia*
Diante da sistemática do Código de Processo Penal, não é admissível a aceitação do perdão por procurador com poderes genéricos, sendo imprescindível que haja especificação expressa, no mandato, dos poderes para tal fim.

2. Perdão como ato personalíssimo
Como apontado por abalizada doutrina, "a aceitação do perdão é ato personalíssimo e somente produzirá seus efeitos àquele querelado que aceitou o perdão, devendo o processo continuar, ou a sentença condenatória transitar em julgado, se o feito estiver nesta fase, em relação aquele (s) que rejeitaram o perdão". 565

Art. 56. Aplicar-se-á ao perdão extraprocessual expresso o disposto no art. 50.

1. Vide nestes Comentários art. 50

Art. 57. A renúncia tácita e o perdão tácito admitirão todos os meios de prova.

1. Limites probatórios
Por certo a locução do artigo está limitada pelo texto constitucional que considera inadmissíveis no processo as provas obtidas por meios ilícitos.

2. Lei n. 9.099/1995 – composição dos danos civis como forma de renúncia tácita ao direito de queixa (e de representação)
"A homologação do acordo civil acarreta a renúncia ao direito de queixa ou de representação (art. 74, parágrafo único, da Lei n. 9.099/95). Assim, a composição dos danos civis, homologada pelo Juiz, equivale à renúncia tácita ao direito de ação, não mais podendo ter prosseguimento o processo".566 Da mesma maneira, a ocorrência da composição dos danos civis, ainda que extra-autos, uma vez devidamente demonstrada, tem o mesmo efeito.

Art. 58. Concedido o perdão, mediante declaração expressa nos autos, o querelado será intimado a dizer, dentro de 3 (três) dias, se o aceita, devendo, ao mesmo tempo, ser cientificado de que o seu silêncio importará aceitação.
Parágrafo único. Aceito o perdão, o juiz julgará extinta a punibilidade.

1. Vide art. 107, IX, do Código Penal

2. Sobre a forma de contagem dos prazos, ver nestes Comentários arts. 798 e seguintes

---

564 TJ-SP. **MS 21288107120148260000 SP 2128810-71.2014.8.26.0000**. 15ª Câmara de Direito Criminal. Relator: Willian Campos. Data de julgamento: 29 jan. 2015. Data de publicação: 6 maio 2015.
565 CURY, Rogério. **A extinção da punibilidade pelo perdão do ofendido aceito**. Disponível em: <https://rogeriocury.jusbrasil.com.br/artigos/148018758/a-extincao-da-punibilidade-pelo-perdao-do-ofendido-aceito>. Acesso em: 1º abr. 2022.
566 RJTACrim 37-224.

3. Recusa ao perdão
Tradicionalmente, a recusa ao perdão é entendida como uma possibilidade do querelante, tendo como fundamento a sua "bilateralidade"[567].

Não nos parece, contudo, possível conceber-se essa posição no atual estado constitucional da matéria que, animado pela presunção de inocência, torna desnecessária a persecução penal com vistas a firmá-la. O resultado aqui é o mesmo de outras situações de extinção da punibilidade: o que faria o juiz, diante da continuidade do processo por insistência do réu, quando provas surgissem que autorizassem sua condenação? Evidentemente, tal paradoxo não seria admissível diante da base constitucional.

Outrossim, nada impediria que o querelado, nessas situações, viesse a procurar nas vias cíveis a indenização pela persecução penal caprichosa que contra ele houvesse sido intentada.

> Art. 59. A aceitação do perdão fora do processo constará de declaração assinada pelo querelado, por seu representante legal ou procurador com poderes especiais.

1. Perdão extraprocessual
É aquele não manifestado formalmente nos autos do processo penal em curso.

2. Ato formal
O perdão extraprocessual, para ser juridicamente válido, exige uma declaração formal assinada pelo próprio querelante ou, alternativamente, pelo representante legal ou, ainda, pelo procurador com poderes específicos. Terceiros não incluídos nesse rol que a lei apresenta como taxativo não têm habilitação legal para fazê-lo.

> Art. 60. Nos casos em que somente se procede mediante queixa, considerar-se-á perempta a ação penal:

1. Regime cabível apenas na ação penal privada "exclusiva"
A perempção não existe na forma ora regulada nas denominadas ações penais privadas subsidiárias das públicas. Como já apontado nestes Comentários, trata esta última de ação penal cujo regime de legitimação é concorrente entre o acusador público e o privado, mas com o conjunto de regras próprias da ação penal de legitimação exclusiva do acusador público.

2. Perempção: conceito e consequência
Trata-se de omissão processual que tem como consequência a extinção do feito dada a desídia da parte. Já foi frisado que se "analisarmos o conceito em referência, verificaremos que a manifestação negativa de vontade expressada pelo ofendido no curso da ação penal instaurada tem conotação de renúncia, mas, tecnicamente não a é"[568].

A distinção implica que a renúncia deve ser operada antes da propositura da ação na visão deste autor, cabendo a perempção pela desídia ao longo do processo.

> I – quando, iniciada esta, o querelante deixar de promover o andamento do processo durante 30 (trinta) dias seguidos;

1. Contagem do prazo
Tal prazo, como assinalado no inciso, parece ter natureza decadencial, não se interrompendo por qualquer causa. Seu dies a quo será o da devida intimação da ordem judicial para a promoção dos atos necessários, pois, como já escreveu Tornaghi[569], o "que a lei quer é que o processo não fique à mercê do querelante". Ainda, para evitar a perempção, "não é preciso que o processo siga, já que isto não está nas mãos do querelante. Basta que ele promova o andamento, isto é, pratique os atos que dele dependem e que possa realizar para dar curso ao processo".

> II – quando, falecendo o querelante, ou sobrevindo sua incapacidade, não comparecer em juízo, para prosseguir no processo, dentro do prazo de 60 (sessenta) dias, qualquer das pessoas a quem couber fazê-lo, ressalvado o disposto no art. 36;

1. Não recepção em parte deste artigo pela CR/88
O falecimento do querelante haveria de ser considerado como perda da legitimação ativa e consequente encerramento do processo. Nada obstante o caráter pessoal da lesão ao bem jurídico protegido, o CPP estende a legitimidade a terceiros em caso de morte do autor da ação.

Assim, embora se reconheça que "tratando-se de perempção da ação penal, ainda que o

---

[567] TORNAGHI, *op. cit.*, v. 1, p. 58.
[568] XAVIER DE AQUINO, José Carlos Gonçalves. Qual a natureza jurídica do instituto que extingue a punibilidade do agente nos termos do art. 91 da Lei n. 9.099/95? **RJTACrim**, 27/15.
[569] TORNAGHI, Hélio. **Comentários ao Código de Processo Penal**. Rio de Janeiro: Forense, 1956. p. 62.

prosseguimento do processo esteja paralisado em virtude da exigência superveniente ao recebimento da queixa (a promulgação da Constituição de 1988 com a consequente necessidade de licença da Câmara dos Deputados), essa paralisação não impede que seja declarada a perempção da queixa-crime, com base no inciso II do artigo 60 do CPC, que decorre da necessidade de estar presente em juízo o ofendido-querelante ou quem possa legalmente substituí-lo. Declara-se perempta a queixa-crime"[570], esse direito de promover a ação penal, de caráter personalíssimo, não haveria de ser transferível.

> III – quando o querelante deixar de comparecer, sem motivo justificado, a qualquer ato do processo a que deva estar presente, ou deixar de formular o pedido de condenação nas alegações finais;

1. Ausência injustificada
A ausência de que trata este inciso é aquela sem justificação apresentada em tempo hábil, que deve ser entendida como anterior à audiência (na regra geral das situações), sob o risco de se entender, na falta da pessoa que promove a ação, sinal de desinteresse pelo deslinde da causa.

2. Comparecimento a atos obrigatórios
Com a nova disciplina dos ritos com audiência pretensamente uma, tem-se que a presença do querelante é obrigatória a tal ato, desde que se o compreenda como um ato de participação efetiva de autor e réu. Assim,

> Ausente o querelante na audiência de sumário de acusação evidenciada está a sua desídia em relação ao prosseguimento do feito, correta a decisão do Magistrado que extinguiu a punibilidade do querelado, com fundamento no artigo 60, inciso III, do CPP, visto ter ocorrido o fenômeno da perempção. 2) Querelante que fora devidamente intimado em audiência, o art. 370 do CPP não faz nenhuma alusão à necessidade de intimação pessoal do querelante para o ato em questão, eis que a advogada do mesmo fora intimada tanto em audiência, como também por mandado, não havendo que se falar em reforma da sentença. 3) Recurso improvido.[571]

3. Sessão de julgamento de recurso: ato não obrigatório
Já se decidiu que

> a perempção da ação penal em que se procede mediante queixa ocorre na hipótese de ausência do querelante a atos instrutórios do processo aos quais deve estar presente, e de falta de pedido de condenação nas razões finais, inexistindo qualquer dispositivo que comine tal penalidade no caso de não comparecimento à sessão designada para julgamento do recurso interposto contra o recebimento da inicial.[572]

Assiste razão ao julgado, na medida em que a sustentação oral nessa oportunidade ou a presença física do acusador não são atos que se possam considerar como obrigatórios.

4. Pedido expresso de condenação
Inexistindo como regra alegações finais escritas, entende-se o presente inciso como obrigatoriedade de formular o pedido de acusação nos debates orais. Tal pedido se apresenta como de rigor, sob risco de entender-se sua ausência como sinônimo de desinteresse para com a causa. Deve, igualmente, ser pedido claro e direto, sem dar margens a dúbia interpretação.

5. Alegações finais
Com a reforma procedimental em 2008 e a nova estrutura dos ritos ordinário, sumário e sumaríssimo, não há que cogitar em alegações finais, mas, sim, debates em audiência como regra e sua substituição por memoriais em caráter residual.

> IV – quando, sendo o querelante pessoa jurídica, esta se extinguir sem deixar sucessor.

1. Extinção da pessoa jurídica
A sucessão de pessoas jurídicas na condição de querelantes, quando uma delas se extingue, possui as mesmas restrições já estabelecidas quando do comentário sobre a morte da pessoa física nessa mesma posição processual.

> Art. 61. Em qualquer fase do processo, o juiz, se reconhecer extinta a punibilidade, deverá declará-lo de ofício.
> *Parágrafo único.* No caso de requerimento do Ministério Público, do querelante ou do réu, o juiz

---

570 STF. **AP 301/SP**. Relator: Min. Moreira Alves. Dia de publicação: DJ, 6 nov. 1992. p. 20105. Ement. v. 01683-01. p. 1.
571 TJ-ES. **Recurso Sentido Estrito 35050120399 ES 35050120399**. 2ª Câmara Criminal. Relator: Adalto Dias Tristão. Data de julgamento: 17 jun. 2009. Data de publicação: 10 jul. 2009.
572 RJTACrim 30/401.

mandará autuá-lo em apartado, ouvirá a parte contrária e, se o julgar conveniente, concederá o prazo de 5 (cinco) dias para a prova, proferindo a decisão dentro de 5 (cinco) dias ou reservando-se para apreciar a matéria na sentença final.

1. Reconhecimento da extinção da punibilidade: modos

O Código de Processo Penal trata de forma distinta o modo pelo qual a extinção da punibilidade pode ser reconhecida. Quando provocada pelas partes ou pelo Ministério Público, abre-se um incidente probatório específico para tal fim, com um objeto distinto do objeto de conhecimento da "ação principal", cujo resultado pode ser alcançado, na locução do Código, de imediato (5 dias) ou ser postergado até julgamento conjunto com o mérito da ação inicial.

Com efeito, esta última possibilidade afigura-se como constrangedora para o acusado no período compreendido entre a prova da extinção e o momento posterior (talvez muito posterior) em que o Magistrado venha a decidir conjuntamente o incidente e a ação principal. O dever de reconhecer a extinção é, pois, imediato.

Art. 62. No caso de morte do acusado, o juiz somente à vista da certidão de óbito, e depois de ouvido o Ministério Público, declarará extinta a punibilidade.

1. Ausência de certidão de óbito

A locução do Código deve ser completada por decisão judicial que tenha igual efeito.

2. Certidão de óbito falsa

Tema sempre recorrente para os autores que visam dar maior "eficiência" ao sistema e não se conformam com o trânsito em julgado da sentença baseada em documento falso certificador do óbito, é o da possibilidade da revisão *pro societate*. Nesse caso, remete-se o leitor aos arts. 621 e seguintes destes *Comentários*.

TÍTULO IV – Da Ação Civil

1. Modelos de ressarcimento existentes na legislação brasileira[573]

Optamos por expor o cenário normativo de uma forma que nos parece mais útil à compreensão da matéria. Assim, a pessoa legitimada para buscar a satisfação do ressarcimento pode:

Ajuizar ação de conhecimento, na esfera cível, almejando um título executivo para a satisfação integral do dano causado. Esse título é ilíquido e precisa ser apurado para, na sequência, ser executado;

Usar a sentença penal condenatória como título executivo totalmente ilíquido, que precisará ser apurado na sua integralidade para, então, ser executado como título líquido em ação de execução;

Usar a sentença penal condenatória como título parcialmente líquido correspondente ao valor mínimo do ressarcimento (aplicação do art. 387, IV do CPP) diretamente numa ação de execução; caso o titular do direito ao ressarcimento deseje ver satisfeito a totalidade do valor precisará percorrer o *iter* do item 2, supra.

Art. 63. Transitada em julgado a sentença condenatória, poderão promover-lhe a execução, no juízo cível, para o efeito da reparação do dano, o ofendido, seu representante legal ou seus herdeiros.

Parágrafo único. Transitada em julgado a sentença condenatória, a execução poderá ser efetuada pelo valor fixado nos termos do inciso IV do caput do art. 387 deste Código sem prejuízo da liquidação para a apuração do dano efetivamente sofrido. (Incluído pela Lei n. 11.719, de 20-6-2008)

1. Tramitação legislativa da Lei n. 11.719, de 2008

Nos trabalhos da Comissão Grinover, no texto entregue ao Congresso Nacional, o texto sugerido foi: "Art. 63. (...) Parágrafo único. Transitada em julgado a sentença condenatória, a execução poderá ser efetuada pelo valor fixado nos termos do art. 387, VII, sem prejuízo da liquidação para a apuração do dano efetivamente sofrido" (AC).

A redação no Senado manteve-se no mesmo sentido, apenas alterando o inciso do art. 387 mencionado no parágrafo acrescido. Observa-se, assim, desde o início, a repetição da expressão "transitada em julgado a sentença condenatória", que estilisticamente poderia ser evitada até para maior clareza do texto, vez que o *caput* trata do tema da legitimação para a execução, e o parágrafo, do quantum a ser executado.

No Senado foi cogitada alteração profunda no presente artigo que acabou por não ser acolhida na redação final, mas que, pelo teor, merece ser invocada:

Art. 63. (...)

---

[573] Conforme expusemos em obra recente: CHOUKR, Fauzi Hassan. **Iniciação ao processo penal**. Florianópolis: Empório do Direito, 2017. Especialmente Cap. 2.

§ 1º A apuração e reparação do dano decorrente da infração penal deverão ser promovidos no próprio juízo penal.

§ 2º O arbitramento do valor do dano e a avaliação dos bens, direitos e valores far-se-ão por perito nomeado pelo juiz, onde não houver avaliador judicial, com a fixação de prazo para a entrega do laudo.

§ 3º Apresentado o laudo, as partes poderão se manifestar no prazo de dez dias, que correrá em cartório, após o que o juiz homologará o valor atribuído aos bens, direitos e valores e à reparação, podendo corrigir o arbitramento do valor do dano se lhe parecer excessivo.

§ 4º Após a sentença condenatória transitada em julgado, se o Réu não depositar em Juízo, no prazo legal, o valor da condenação, o juiz determinará sejam os bens penhorados e alienados em hasta pública e a quantia depositada em conta judicial.

§ 5º No prazo legal, o Réu poderá requerer a intimação do ofendido para receber em juízo o que lhe é devido conforme a decisão ou poderá apontar bens à penhora.

§ 6º Após o trânsito em julgado da sentença condenatória, qualquer questão relacionada à reparação do dano que não tenha sido apresentada no curso da ação penal será resolvida no juízo cível.

§ 7º Nenhum recurso contra a decisão referida no § 3º deste artigo será conhecida sem o comparecimento pessoal do Réu em juízo.

§ 8º Aplicam-se subsidiariamente, no couber, as disposições da lei processual civil. (NR)

A Justificação da emenda apresentada pelo Senador Demóstenes Torres igualmente merece ser transcrita:

> A presente emenda visa adequar o texto do PLC 36, de 2007, por tratar de matéria específica sobre reparação de dano em decorrência da prática de infração penal, ao que já foi objeto de projeto de lei aprovado pelo Senado e que se encontra na Câmara com relatório aprovado pela Comissão de Segurança Pública pronto para votação, sob o n. Projeto de Lei n. 7.222, de 2006, origem Senado Federal (PLS 140, de 2005). Em 2005, apresentei o referido projeto de lei objetivando disciplinar a reparação de dano em decorrência de infração penal, que recebeu o número PLS 140, de 2005. Teve como relator o ilustre Senador Pedro Simon, foi aprovado e encaminhado à Câmara dos Deputados, lá recebeu o n. 7.222, de 2006. Atualmente se encontra aprovado pela Comissão de Segurança Pública daquela Casa, cujo relator é o Deputado Federal Neucimar Fraga. O PLS 140 é de fundamental importância para ajustar o Código de Processo Penal pátrio às novas demandas sociais, assim como para corrigir uma inexplicável deficiência presente desde o momento em que ele entrou em vigor, em 1941: a preocupação com a vítima. A nossa lei processual penal, infelizmente, parece se preocupar mais com o réu do que com aquele que sofreu o dano decorrente do ato infracional. Além de constituir inegável avanço, pois acompanha a tendência internacional de valorizar a vítima, esquecida pelo nosso direito processual penal, produz alguns efeitos indiretos não menos importantes: estimula o réu a comparecer e a se defender; cria nele o interesse num processo mais célere, para que seus bens não fiquem indisponíveis por muito tempo; e estimula um maior concerto entre a polícia e o MP na fase de investigação. Se o direito penal demanda a impávida presença estatal para investigar e punir aquele que infringe suas normas, tal intervenção deve ser completa, para abarcar também o dano que tal infração ocasiona à vítima e às pessoas de sua família, o que não deve, jamais, deixar de ser do interesse público. O texto acima representa um grande avanço no sistema processual penal pátrio. A sociedade ressente de instrumento jurídico que lhe faculta a reparação do dano de forma célere, bem como prevenir a reparação do dano, para evitar que ocorra o perigo da demora com resultado negativo irreparável: como no caso de criança que fica órfã em razão da perda do mantenedor ou mantenedora em decorrência de infração penal. Quantas injustiças foram e ainda são impostas a inocentes em decorrência de infração penal. O projeto já aprovado no Senado está preste de se transformar em lei. Esse é um fato auspicioso. Pois, efetivamente, se corrige a deficiência do nosso Código de Processo Penal no que se tange a reparação do dano e ajusta-o às demandas sociais na Seara. No mesmo desdobramento estão os artigos 387 e 394, que precisam sofrer adequação, assim, quando da aprovação do projeto sobre reparação de dano em decorrência de infração penal, seus dispositivos legais estarão em simetria com as alterações promovidas pelo PLC 36, de 2007, ora em exame.[574]

A posição do i. Senador haveria de ter merecido maior atenção, mormente no último parágrafo de sua Justificação, diante dos inúmeros problemas enfrentados na operacionalização do art. 387, para onde remetemos o leitor nestes **Comentários**.

---

574 BRASIL. Senado Federal. **Substitutivo ao PLC nº 36, de 2007 (nº 4.207, de 2001, na origem)**. Disponível em: <https://legis.senado.leg.br/sdleg-getter/documento?dm=4137409&ts=1567534512844&disposition=inline>. Acesso em: 1º abr. 2022.

2. Execução provisória do julgado penal em sede civil

Pela estrutura constitucional, não é possível sua ocorrência, dada a regência do princípio da presunção de inocência. Aqui a situação é distinta da possibilidade da execução provisória do próprio julgado penal, pois, neste caso, o sentenciado, enquanto aguarda o julgamento definitivo de mérito, pode ter sua situação carcerária melhorada com o reconhecimento de algum benefício típico da execução definitiva.

3. Legitimação

Trata-se de legitimação ordinária concorrente à autônoma entre as pessoas elencadas neste artigo. Posteriormente, no art. 68, haverá a discussão sobre a posição do Ministério Público como substituto processual do legitimado ativo pobre.

4. Juiz que julga a ação penal e posteriormente julga a ação civil

Situação potencialmente frequente em comarcas de Juízo único, na verdade acarreta a perplexidade de o mesmo julgador vir a julgar, em sedes independentes, o mesmo fato.

Há uma saída sistêmica que parece atender às carências estruturais do Estado, refletida no seguinte julgado: "Suspeição e impedimento – Inocorrência – Ação civil indenizatória ex delicto – Sentença anterior em ação penal sobre os mesmos fatos – Responsabilidades e conceitos diversos – Impedimento somente quando atua no mesmo processo em outro grau de jurisdição – Exceção rejeitada".[575]

5. Natureza do título executivo e sua liquidez

O título é, sem dúvida, judicial. No entanto, sua liquidez depende de apuração "por artigos", a dizer: uma nova relação será instaurada com o intuito de verificar a exatidão do quantum que será efetivamente executado. Assim, será a "Discussão possível somente em relação ao *quantum debeatur*, não a respeito do *an debeatur*".[576]

> Art. 64. Sem prejuízo do disposto no artigo anterior, a ação para ressarcimento do dano poderá ser proposta no juízo cível, contra o autor do crime e, se for caso, contra o responsável civil.
> Parágrafo único. Intentada a ação penal, o juiz da ação civil poderá suspender o curso desta, até o julgamento definitivo daquela.

1. Independência de instâncias

A legislação brasileira, consoante alentada explicação de Assis[577] opta pela denominada independência de instâncias para a ação de reparação de danos ocorridos em virtude da prática de ato ilícito penal. Com isso é possível que, ao mesmo tempo em que transcorra a ação penal, a pessoa legitimada venha a propor a correspondente ação civil.

Conclui-se que "tanto na doutrina quanto na jurisprudência não há obrigatoriedade de o juiz sobrestar a indenizatória fundada no mesmo fato com o fim de esperar a solução no juízo criminal, até porque, entre a ação penal e a civil de reparação ex-delicto não há relação de prejudicialidade".[578]

2. Caracterização da prejudicialidade

A dizer da doutrina, trata-se de prejudicialidade externa, o que também se reflete na jurisprudência[579].

3. Relação de prejudicialidade entre as ações civis e penais na estrutura do Código de Processo Penal

Muito embora as instâncias sejam distintas e independentes, existe uma relação de prejudicialidade entre elas, sendo que determinados resultados que possam surgir na ação penal prejudicarão a sorte da ação civil. Daí o art. 315 do NCPC (art. 110 do CPC/73) determinar a suspensão do pleito civil no aguardo do desfecho do processo penal.

No entanto, tal emprego se dá "somente quando o fato ilícito, elemento do suporte fático da regra jurídica de Direito Penal, é ao mesmo tempo elemento do suporte fático da regra jurídica de Direito Civil, justificando o sobrestamento do feito até o deslinde da ação penal".[580]

Dessa forma,

> o art. 110 do Código de Processo Civil (suspensão do processo) é de uso restrito, qualificado pelo fator necessidade do julgamento de questão prejudicial na Justiça Criminal – O Juiz do Cível encarregado de decidir uma ação de ressarcimento de danos morais por fatos que tipificam as condutas dos arts. 139 e 140 do Código Penal, deve ultimar o seu julgamento, independente da fase em que se

---

575 JTJ 216/279.
576 JTJ 226/60.
577 ASSIS, Araken de. **Eficácia civil da sentença penal**. 2. ed. São Paulo: RT, 2000.
578 TJSP. **Agravo de Instrumento 199.547-4/SP**. 6ª Câmara de Direito Privado. Relator: Octavio Helene. 21 jun. 2001, v.u.
579 TJ-RS. **AI 70067139436 RS**. Relator: Luiz Roberto Imperatore de Assis Brasil. Data de Julgamento: 17 fev. 2016. 11ª Câmara Cível. Data de publicação: DJ, 19 fev. 2016.
580 TJSP. RT 667/91.

encontra o processo criminal instaurado concomitantemente – Agravo provido.[581]

4. Relação de prejudicialidade entre as ações civis e penais na estrutura da Lei n. 9.099/1995

A Lei n. 9.099/1995 trouxe alguma alteração ao cenário das independências de instância, tal como disposto no Código de Processo Penal. Com efeito, havendo composição civil – anterior à composição penal –, tem-se a impossibilidade do exercício da ação penal. Como já analisado em outros pontos destes Comentários, trata-se de verdadeira renúncia ao direito de conferir ao legitimado ativo (quando a hipótese for de legitimação contida para o acusador público, no caso da ação condicionada) a legitimação ou mesmo de abrir mão do direito em que se funda ação penal (no caso de legitimação ordinária do acusador privado).

Art. 65. Faz coisa julgada no cível a sentença penal que reconhecer ter sido o ato praticado em estado de necessidade, em legítima defesa, em estrito cumprimento de dever legal ou no exercício regular de direito.

1. Coisa julgada – fundamentos e prejudicialidade

Trata o presente artigo de hipóteses nas quais a coisa julgada penal faz óbice às pretensões civis, tratando de "excludente da ilicitude do ato, que obsta à pretensão indenizatória"[582].

De forma mais abrangente,

1. A independência entre as instâncias civil e penal comporta mitigações, uma vez que, em certos casos, a sentença criminal produz coisa julgada na órbita cível. 2. Quando a defesa da parte acusada estiver fundamentada em legítima defesa, mostra-se prudente o sobrestamento da ação civil até o julgamento do processo penal, observado o prazo máximo de suspensão de um ano (art. 265, § 5º, do CPC). Isso porque o trâmite simultâneo dos processos gera o risco (desnecessário) de superveniência de decisões contraditórias, já que a absolvição na esfera penal–com base na descriminante da legítima defesa–faz coisa

julgada no âmbito cível, a teor do disposto no art. 65 do Código de Processo Penal.[583]

No entanto, há de ser mantida a possibilidade de reparação em face dos atos antecedentes ao emprego das causas que excluem o crime.[584]

1.1 Absolvição criminal posterior à procedência da ação civil ex delicto

A predominância do fundamento do julgado penal prevalece. Portanto, "A absolvição no juízo criminal, pelo reconhecimento da excludente de ilicitude, posterior à sentença proferida na ação indenizatória 'ex delicto', importa em evidente causa superveniente extintiva da obrigação, impondo o seu reconhecimento em sede de impugnação à execução".[585]

2. *Vide* arts. 23, 24 e 25 do CP

Não há crime quando o agente pratica o fato: I – em estado de necessidade; II – em legítima defesa; III – em estrito cumprimento de dever legal ou no exercício regular de direito.

3. Definição legal de estado de necessidade (art. 24 do CP)

Considera-se em estado de necessidade quem pratica o fato para se salvar de perigo atual, que não provocou por sua vontade, nem podia de outro modo evitar, direito próprio ou alheio, cujo sacrifício, nas circunstâncias, não era razoável exigir-se. (§ 1º) – Não pode alegar estado de necessidade quem tinha o dever legal de enfrentar o perigo. (§ 2º) – Embora seja razoável exigir-se o sacrifício do direito ameaçado, a pena poderá ser reduzida de um a dois terços.

4. Definição legal de estado de legítima defesa (art. 25 do CP)

Entende-se em legítima defesa quem, usando moderadamente dos meios necessários, repele injusta agressão, atual ou iminente, a direito seu ou de outrem.

5. Contagem do prazo prescricional

"O entendimento predominante no STJ é o de que, em se tratando de ação civil ex delicto, objetivando reparação de danos, o início do prazo prescricional

---

581   TJSP. **Agravo de Instrumento 112.159-4**. Bauru. 3ª Câmara de Direito Privado. Relator: Santarelli Zuliani, 10 ago. 1999, v.u.
582   TJSP. **Apelação Cível 66.138-4**. Adamantina. 8ª Câmara de Direito Privado. Relator: Yussef Cahali. 17 mar. 1999, v.u.
583   TJ-RS. **AI 70066499658 RS**. 9ª Câmara Cível. Relator: Carlos Eduardo Richinitti. Data de julgamento: 11 nov. 2015. Data de publicação: DJ, 13 nov. 2015.
584   ASSIS, 2000, p. 110-111, especialmente enfático para o tema quanto ao estado de necessidade.
585   TJ-MG. **10701061606367001 MG 1.0701.06.160636-7/001**. Relator: Sebastião Pereira de Souza. Data de julgamento: 25 jul. 2007. Data de publicação: 10 ago. 2007.

para ajuizamento da ação só começa a fluir a partir do trânsito em julgado da ação penal".[586]

E o prazo é trienal. Neste sentido,

> 1. Trata-se de ação indenizatória por danos morais decorrentes de fato apurado na esfera penal (crime de ameaça e coação no curso do processo). Prescrição trienal reconhecida na origem. 2. Em se tratando de ação civil ex delicto, aplica-se o disposto no artigo 200 do Código Civil, que assim dispõe: "Quando a ação se originar de ato que deva se apurado no juízo criminal, não correrá a prescrição antes da respectiva sentença definitiva".[587]

5.1 Prescrição indenizatória e crimes cometidos no regime militar

Importante exceção ao contexto da prescrição indenizatória se dá no marco das reparações civis pelas violências cometidas no estado de exceção (1964-1985). Nesse sentido o STJ já se posicionou afirmando que

> os atos praticados no período do regime de exceção são imprescritíveis, porque atentaram contra a dignidade da pessoa humana. 2. Tampouco a presente hipótese insere-se no Código Civil. Tanto assim, que não se cuida de ilícito civil, mas, antes, de infração tipificada na Lei Penal. 3. A Lei n. 9.140, 5 de dezembro de 1995, a despeito de ter reconhecido como mortas as pessoas desaparecidas em razão de participação, ou acusação de participação, em atividades políticas no período de 02 de setembro de 1961 a 15 de agosto de 1979, bem como de ter possibilitado o pleito indenizatório, omitiu-se, todavia, quanto ao tema respeitante à prescrição. 4. No sub examinem, a Lei n. 6.683, de 28 de agosto de 1979, anistiou todos aqueles que praticaram "crimes políticos" e os que perpetraram condutas conexas a esses "crimes", e, aí, entenda-se a prática de tortura, e, via de consequência, impediu que essas pessoas fossem processadas. Por isso, sem a deflagração do termo a quo da prescrição, é evidente que não há falar no aperfeiçoamento do instituto em comento. 4. O art. 63 do Código de Processo Penal exige o trânsito em julgado da sentença condenatória como março deflagrador do prazo prescricional. Portanto, se é certo que a Lei n. 6.683, de 28 de agosto de 1979 impediu que os perpetradores do delito de tortura fossem criminalmente processados, não é somenos a inviabilidade de fixar-se o termo a quo da prescrição. (...) 6. Ad argumentantum tantum, as assertivas de que a Constituição Federal faz expressamente constar todas as hipóteses de imprescritibilidade, sendo que, dentre elas, não está prevista a indenização pelos atos praticados no regime de exceção, é inarredável. Sucede que essa questão deve ser relegada a segundo plano, já que a nova ordem de interpretação principiológica da Lei Fundamental, à luz do pós-positivismo, sinaliza que a solução do litígio, principalmente em se tratando de direitos fundamentais, deve estar voltado para a quaestio apresentada, e não para a norma em si. Dessa forma, tendo em vista a gravidade do crime perpetrado e o bem a que se visa tutelar, não se pode interpretar a Carta de 1988 em numerus clausus. 7. O óbice legal à apuração das infrações perpetradas no regime de exceção preconizada pela Lei da Anistia (Lei 6.683, de 28 de agosto de 1979) inviabiliza, em última análise, que o Estado-Juiz a profira sentença penal condenatória e impede também, por consequência lógica, a fruição do prazo prescricional da indenização que dela decorreria.[588]

6. Improcedência da ação civil e revisão criminal

São esferas independentes e a improcedência da ação civil ex declito não é causa da revisão criminal da sentença ou acórdão condenatório. Assim,

> Não configura prova nova (art. 621, inc. III, do CPP), a ponto de justificar o ajuizamento de revisão criminal e o revolvimento da coisa julgada, a sentença que, na esfera cível, julga improcedente ação indenizatória ex delicto com relação aos mesmos fatos pelos quais o revisionando foi condenado na seara penal.[589]

Art. 66. Não obstante a sentença absolutória no juízo criminal, a ação civil poderá ser proposta

---

[586] STJ. **REsp 907966 RO 2006/0267383-1**. 1ª Turma. Relator: Min. Teori Albino Zavascki. Data de julgamento: 27 mar. 2007. Data de publicação: DJ, 9 abr. 2007. p. 244.

[587] TJ-RS. **AC 70066679127 RS**. 9ª Câmara Cível. Relator: Iris Helena Medeiros Nogueira. Data de julgamento: 11 nov. 2015. Data de publicação: DJ, 13 nov. 2015.

[588] STJ. **AgRg no REsp 1056333 RJ 2008/0100159-6**. 1ª Turma. Relator: Min. Denise Arruda. Data de julgamento: 25 maio 2010. Data de publicação: DJe, 18 jun. 2010.

[589] TJ-SC. **AGR 20140138883 SC 2014.013888-3 (Acórdão)**. Seção Criminal Julgado. Relator: Sérgio Rizelo. Data de julgamento: 29 jul. 2014.

quando não tiver sido, categoricamente, reconhecida a inexistência material do fato.

1. Fundamentos da sentença penal absolutória
Nos termos do art. 386 deste Código de Processo Penal, que trata das hipóteses de absolvição, apenas uma delas serve como óbice para a persecução civil: a que não reconhece a existência material do crime (inciso I). Nos demais casos, os fundamentos absolutórios não interferirão na demanda civil.

2. Impronúncia (rito do júri) e ação civil *ex delicto*
A impronúncia, uma vez reconhecida sua permanência no ordenamento processual penal, diz respeito à incerteza quanto à autoria e à própria materialidade, mas não chega a infirmar a inexistência de qualquer desses fundamentos. Assim, permanece em aberto a via da responsabilização civil.

> Art. 67. Não impedirão igualmente a propositura da ação civil:
> I – o despacho de arquivamento do inquérito ou das peças de informação;

1. "Despacho" e decisão da Procuradoria-Geral
A redação aqui empregada carece de melhor técnica, porquanto induz a ideia de que o arquivamento se toma por decisão judicial, quando, na verdade, como visto nos Comentários aos arts. 18 e 28, tem-se o juiz como eventual provocador do controle interno-hierárquico no Ministério Público.

Assim, o "despacho" também deve ser entendido no contexto da atuação do Procurador-Geral de Justiça em manter a promoção de arquivamento deliberada em primeiro grau ou a atividade daquele órgão da administração superior do Ministério Público nos casos de competência originária.

2. Arquivamento: tratamento jurisprudencial
Não há discrepâncias sentidas na jurisprudência a respeito do tratamento dado a este artigo, concluindo-se que "arquivamento que não impede o reconhecimento da culpa para efeito da responsabilidade indenizatória"[590] e nem mesmo "o arquivamento do inquérito policial não impede a ação civil de reparação do dano".[591]

3. Investigação pelo Ministério Público
Igual tratamento deve ser dispensado às hipóteses de arquivamento de investigações autônomas desenvolvidas pelo Ministério Público, conforme já sustentado nestes Comentários, especialmente art. 4º.

II – a decisão que julgar extinta a punibilidade;

1. Definição de causas extintivas de punibilidade
Como relembra renomado jurista pátrio[592],

> as causas extintivas da punibilidade são atos ou fatos que impedem a aplicação da sanção penal. (...) Algumas dessas causas resultam de acontecimentos naturais, como a morte; outras de fatos complexos, como a passagem do tempo e a inércia do titular do direito (prescrição, decadência, renúncia e perempção); outras, ainda, decorrem da vontade do Estado (indulto, anistia, graça, perdão judicial), da vontade do ofendido (renúncia e perdão) ou da vontade do agente (retratação, ressarcimento do dano, casamento com a ofendida); algumas se relacionam exclusivamente a ilícitos de ação privada; algumas podem alcançar todos os crimes (morte) ou somente alguns deles (ressarcimento do dano no peculato culposo e o perdão do ofendido). As causas extintivas podem ocorrer após o fato, durante o processo ou depois da condenação. Algumas fazem desaparecer o próprio tipo legal de ilícito crime (lei nova retroativa); outras excluem a reprovabilidade do fato (anistia) e outras extinguem somente a pena (indulto), mantendo-se o caráter ilícito do fato para os demais efeitos jurídicos, como o dever de indenizar o dano (prescrição da ação penal) (DOTTI, RCEJF n. 7).

2. Hipóteses de extinção dispersas em inúmeros textos legais
Reconhece-se que o art. 107 do Código Penal não é suficiente para elencar todas as causas extintivas da punibilidade. Dessa forma, podem ser lembradas ainda as seguintes situações:

> O pagamento parcelado do tributo, em relação a fato ocorrido na vigência da Lei n. 8.137/90, o art. 34 da Lei n. 9.249, de 26-12-95, a Lei n. 9.099, de 26-9-95, art. 89, a Medida Provisória n. 1.571-7, de 23-10-97 (*DOU* de 24-10-97, p. 24.052), pelo art. 7º, § 6º, estabeleceu que o parcelamento de dívida

---

[590] TJSP. **Apelação Cível 218.177-1.** CCIV 7. Iguape. Relator: Leite Cintra. 30 nov. 1994. v.u.
[591] STJ. **REsp 276.198/RJ**. 4ª Turma. Relator: Min. Ruy Rosado de Aguiar. Dia de julgamento: 14 dez. 2000.
[592] DOTTI, René Ariel. Teoria geral da punibilidade. **Revista do Centro de Estudos da Justiça Federal**, n. 7, texto n. 4. Disponível em: <http://www.cjf.gov.br/revista/numero7/artigo4.htm>. Acesso em: 1º abr. 2022.

oriunda de contribuição social e outras importâncias devidas ao Instituto Nacional de Seguro Social (INSS) implica a suspensão da aplicação da norma incriminadora prevista pela alínea *d* do art. 95 da Lei n. 8.212, de 24-7-91.[593]

III – a sentença absolutória que decidir que o fato imputado não constitui crime.

1. Não interferência da sentença absolutória penal na pretensão civil

É literalmente reconhecida a independência de instâncias[594] com as mitigações já analisadas quanto aos fundamentos que reconhecem a incidência de causas excludentes.

> Art. 68. Quando o titular do direito à reparação do dano for pobre (art. 32, §§ 1º e 2º), a execução da sentença condenatória (art. 63) ou a ação civil (art. 64) será promovida, a seu requerimento, pelo Ministério Público.

1. Legitimação do Ministério Público para esta ação

O tema ganhou novo destaque com a CR/88, sobretudo para questionar se o MP ainda pode ou não ajuizar a ação em comento ou se lhe careceria legitimação[595].

Enfocando o assunto, a abalizada doutrina sustentou a manutenção da legitimação, indo mais além, inclusive, para afirmar que

> nada impede que o Ministério Público, ao invés de ajuizar ações reparatórias individuais, como legitimado pelo art. 68 do CPP, proponha ação civil pública em defesa dos interesses individuais homogêneos de várias vítimas do mesmo crime, devendo reconhecer-se nesta hipótese o interesse social que o legitima à causa, nos termos da Lei da Ação Civil Pública (art. 21) combinado com o *caput* do art. 127 e com o art. 129, IX,

CF. Em suma, as Defensorias Públicas têm, sem sombra de dúvida, a atribuição de representar em juízo os interesses pessoais das vítimas de crimes, para sua satisfação individual; mas sem prejuízo da legitimação à causa do Ministério Público que, com o mesmo objetivo imediato, estará perseguindo o interesse social e o do próprio Estado, podendo agir tanto a título individual como a título coletivo, pela via da ação civil pública.[596]

1. O reconhecimento de "inconstitucionalidade progressiva" da legitimação do MP[597]

O STF acabou por encontrar uma solução de compromisso sobre o tema, considerando que se trata de norma tida como "progressivamente inconstitucional" STF[598]: No contexto da Constituição de 1988, a atribuição anteriormente dada ao Ministério Público pelo art. 68 C. Pr. Penal – constituindo modalidade de assistência judiciária – deve reputar-se transferida para a Defensoria Pública: essa, porém, para esse fim, só se pode considerar existente, onde e quando organizada, de direito e de fato, nos moldes do art. 134 da própria Constituição e da lei complementar por ela ordenada: até que – na União ou em cada Estado considerado –, se implemente essa condição de viabilização da cogitada transferência constitucional de atribuições, o art. 68 C. Pr. Pen. será considerado ainda vigente.[599]

E, ao longo da existência desse precedente paradigmático os demais Tribunais da mesma forma se posicionaram para afirmar, por exemplo, "O reconhecimento da ilegitimidade ativa do Ministério Público para, na qualidade de substituto processual de menores carentes, propor ação civil pública ex delicto, sem a anterior intimação da Defensoria Pública para tomar ciência da ação e, sendo o caso, assumir o polo ativo da demanda, configura violação ao art. 68 do CPP[600].

Essa compreensão foi reiterada em sede doutrinária em várias obras, dentre elas a que considera

---

593 DOTTI, René Ariel. Teoria geral da punibilidade. **Revista do Centro de Estudos da Justiça Federal**, n. 7, texto n. 4. Disponível em: <http://www.cjf.gov.br/revista/numero7/artigo4.htm>. Acesso em: 1º abr. 2022.
594 TJSP. **Apelação Cível 246.010-1**. Presidente Prudente. 9ª Câmara de Direito Público. Relator: Paulo Bonito. 10 abr. 1996, v.u.
595 STOCCO, Rui. Legitimidade do Ministério Público na ação civil ex delicto. **Revista dos Tribunais**, São Paulo, v. 745, p. 431-440, nov. 1997., p. 431-440; SARAIVA, Wellington Cabral. Ação civil ex delicto: legitimidade ativa do Ministério Público. **Revista dos Tribunais**, p. 484-501, v. 741, jul. 1997.
596 GRINOVER, Ada Pellegrini. O Ministério Público na reparação do dano às vítimas do crime. **Revista da Fundação Escola Superior do Ministério Público do Distrito Federal e Territórios**, ano 2, n. 4, jul./set. 1994. p. 42-43.
597 Considerações parcialmente apresentadas em CHOUKR, Fauzi Hassan. **Iniciação ao processo penal**. Florianópolis: Empório do Direito, 2017.
598 Entre outros, STF. Relator Min. Marco Aurélio. **Recurso Extraordinário n. 135328**. Tribunal Pleno. 29 jun. 1994.
599 STF. **RE 147776/SP**. São Paulo. 1ª Turma. Relator: Min. Sepúlveda Pertence. Data de julgamento: 19 maio 1998. Data de publicação: DJ, 19 jun. 1998. PP-00009 Ement Vol-01915-01 PP-00136.
600 BRASIL. **REsp 888.081-MG**. Relator: Min. Raul Araújo (por unanimidade). Dai de julgamento: em 15 set. 2016. Data de publicação: DJe, 18 out. 2016. Inf. 592/STJ.

que, "De fato, por essa interpretação, o art. 68 do CPP está em processo de inconstitucionalização progressiva, isto é, com a transferência dessa atribuição do Ministério Público à Defensoria Pública. Mas, como o cidadão não pode ficar sem o amparo jurídico do Estado, mantém-se a legitimidade do parquet para propor a ação civil ex delicto, enquanto não implementada esta substituição".[601]

TÍTULO V – Da Competência

1. Juiz natural e distribuição da jurisdição (competência)

O objetivo do presente tópico não é o de elaborar um recenseamento bibliográfico do tema "juiz natural", dada a extensão da produção literária a esse respeito.

Basta que se recorde lição ainda anterior à atual CR (e cuja atualidade se prende não somente ao conteúdo do texto, mas, também, a que seu autor integra o e. STF), pela qual se aduz que

> o conceito de juiz natural existe em função de dois grandes princípios: a) o da legalidade (a abstração do ordenamento judiciário impede, na lição de Piero Calamandrei, que "a escolha dos juízes seja feita ad personam, de forma a anular-lhes antecipadamente a independência e a imparcialidade") e b) o da igualdade.[602]

Na sequência, conclui-se que

> a adoção do princípio do juiz natural (também denominado juiz legal, juiz competente ou juiz constitucional) leva às seguintes consequências jurídicas: a) ficam vedados os juízos extraordinários, constituídos após o fato, para o julgamento de determinados casos ou pessoas. Proscrevem-se, destarte, os juízos ad hoc e os tribunais de exceção; b) fica subtraído ao controle do Poder Executivo o mecanismo de substituições, convocações e designações de juízes, a ser exercido exclusivamente pelo Poder Judiciário; c) a independência e a imparcialidade dos juízes e tribunais são uma decorrência natural do princípio do juiz legal; d) somente os órgãos dotados de poder jurisdicional, previstos pela Constituição, é que se conformam ao princípio do juiz natural; e) o princípio do juiz natural também diz respeito a outros órgãos, estabelecidos na Constituição,

com poder de julgar, situados, porém, fora do âmbito do Judiciário, tais como o Senado Federal, nos casos de impeachment e os tribunais administrativos, nas hipóteses de contencioso administrativo em sentido próprio.[603]

Com a (re)constitucionalização do País, sobreveio a atual CR e, conforme aponta Miranda Coutinho[604],

> nosso legislador constituinte de 1988, como se sabe, não tratou expressamente do juiz natural, como haviam feito os europeus continentais após a Revolução Francesa, de um modo geral, exatamente para que não se alegasse não estar inserido nele a questão referente à competência. Ao contrário, por exemplo, do art. 25, da Constituição italiana atual, em vigor desde 01.01.48 ("Nessuno può essere disolto dal giudice naturale precostituito per legge"), preferiu nosso legislador constituinte, seguindo o alerta da nossa melhor doutrina, em face dos acontecimentos ocorridos no país e profundamente conhecidos (veja-se a atuação do Ato Institucional n. 2, de 27.10.65, e a discussão no STF a respeito da matéria, com seus respectivos resultados práticos), tratá-la de modo a não deixar margem às dúvidas, como garantia constitucional do cidadão, no art. 5º, LIII: "ninguém será processado nem sentenciado senão pela autoridade competente". Parte considerável de nossa doutrina, no entanto, quiçá por não se dar conta da situação, mormente após a definição constitucional, continua insistindo que a matéria referente à competência não tem aplicação no princípio em discussão. Em verdade, o que se está a negar, aqui, é a própria CF, empeçando-se a sua efetivação.

De acordo com o eixo metodológico adotado nestes **Comentários**, há de se considerar que o princípio do juiz natural deve ser enxergado no sentido inverso do apregoado pela doutrina dominante quando afirma que "as garantias constitucionais-processuais, mesmo quando aparentemente postas em benefício da parte, visam em primeiro lugar ao interesse público na condução do processo segundo as regras do devido processo legal"[605], a saber: a fruição da garantia do juiz natural exteriorizada nas regras de competência, integra o devido processo legal, e não pode ser manipulada em nome de um "interesse público".

---

601 DEMERCIAN, Pedro Henrique; MALULY, Jorge Assaf. **Curso de Processo Penal**. 4. ed. Rio de Janeiro: Forense, 2009. p. 168.
602 MELLO FILHO, José Celso de. A tutela judicial da liberdade. **Justitia**, v. 105, ano 1979.
603 MELLO FILHO, José Celso de. A tutela judicial da liberdade. **Justitia**, v. 105, ano 1979.
604 MIRANDA COUTINHO, Jacinto Nelson. Introdução aos princípios gerais do direito processual penal brasileiro. **Revista de Estudos Criminais**, Porto Alegre, n. 1, p. 26-51, 2001.
605 GRINOVER, Ada Pellegrini; SCARANCE FERNANDES, Antonio; GOMES FILHO, Antonio. As nulidades no processo penal 12. ed. rev. e atual. São Paulo: Revista dos Tribunais, 2011, p. 25, citado também nestes **Comentários** no art. 563.

2. O juiz natural na ótica dos direitos de defesa (e não apenas como vetor de distribuição de poder)

Decorrência direta da posição anterior, o juiz natural não deve ser contemplado apenas pela ótica da mera distribuição de poder, como faz a doutrina tradicional, ao afirmar que "jurisdição, foro e juízo são os três momentos dessa paulatina operação de concretização do poder conferido de maneira abstrata ao poder judiciário; quando se chega ao terceiro momento dessa escala de ascendente concretização, determinada está a competência para o processo e julgamento de uma causa penal individualizada"[606] ou como afirmava Almeida Júnior: "O Poder Judiciário é o poder de julgar instituído; a jurisdição é o poder de julgar constituído; a competência é o poder de julgar organizado".[607]

Cabe a precisa lição de Figueiredo Dias, ao encarar o princípio como

> o direito fundamental dos cidadãos a que uma causa seja julgada por um tribunal previsto como competente por lei anterior, e não ad hoc criado ou tido como competente. (...) Para corresponder a tais exigências importa assinalar ao princípio um tríplice significado: a) Ele põe em evidência, em primeiro lugar, o plano da fonte: só a lei pode instituir o juiz e fixar-lhe a competência. b) Em segundo lugar, procura ele explicitar um ponto de referência temporal, através deste afirmando um princípio de irretroactividade: a fixação do juiz e da sua competência tem de ser feita por uma lei vigente já ao tempo em que foi praticado o facto criminoso que será objeto do processo; c) Em terceiro lugar, pretende o princípio vincular a uma ordem taxativa de competência, que exclua qualquer alternativa a decidir arbitrária ou mesmo discricionariamente e que se projetará para toda a administração da justiça penal. As consequências práticas podem ser verificadas na sequência.[608]

3. Fixação temporal das regras de competência ("perpetuação da jurisdição")

Partindo-se da lição acima, pode-se concluir que as alterações das regras de competência não podem atingir casos já em andamento, na exata lição de Binder[609]. Isso implica a construção do princípio da "perpetuação da jurisdição" de acordo com a essência da estrutura da norma processual penal e sua íntima ligação com a norma penal substancial.

Retoma-se, aqui, tudo quanto já foi dito nestes Comentários a propósito do art. 1º, III, quando se abordou o tema do deslocamento do julgamento dos crimes militares para os processos em curso, quando da entrada em vigor da Lei n. 9.299/1996. Naquele trecho desta obra sustentou-se que a alteração não era possível diante da fixação da competência a partir da definição da norma de direito material à época do cometimento da conduta, frisando-se que, ao se admitir tal postura como correta, estar-se-ia aproximando o tema da competência da essência da norma substancial penal.

Com efeito, é realmente isso que acontece quando se extraem consequências da estrutura acusatória do processo penal em aderência ao Estado de Direito. Binder (2003a, p. 95 e ss.) nos mostra como se apresentam simétricas as estruturas normativas do direito penal e do processo penal no plano de conformação à Constituição, devendo-se destacar: (i) A fonte normativa em sentido estrito de ambas; (ii) A estrutura de linguagem (*lex certae*); (iii) A estrutura temporal (*lex previae*).

4. Juiz natural e delegação de atribuições

Relembrando Frederico Marques[610], como exemplo da doutrina tradicional,

> motivos de oportunidade podem ocorrer que modifiquem as regras e preceitos sobre a competência funcional e a competência material. Tais motivos, na legislação pátria, assim se agrupam: a) prorrogação de foro; b) delegação; c) desaforamento. (...) "A delegação, no dizer de Carnelutti, é a prática mediante a qual o órgão competente e eventualmente impedido encarrega do cumprimento do ato, a respeito do qual se verifica o impedimento, um outro órgão igualmente judiciário".

5. Competência preestabelecida em lei: o problema das Leis de Organização Judiciária e atos administrativos do Poder Judiciário

Nem sempre é dado o devido destaque dogmático às Leis de Organização Judiciária e seus reflexos no princípio do juiz natural, podendo ser resumido no teor de determinado provimento o estado da questão: "A inobservância de norma estadual de fixação

---

606 FREDERICO MARQUES, José. **Da competência em matéria penal**. São Paulo: Saraiva, 1953. p. 50.
607 ALMEIDA JUNIOR, João Mendes de. **O processo criminal brasileiro**. 3. ed. Rio de Janeiro: Livraria Globo, 1920. v. 2. p. 75.
608 DIAS, Figueiredo. **Direito processual penal**. Coimbra: Coimbra Editora, 1974. p. 322. Volume I.
609 BINDER, Alberto M. **Introdução ao direito processual penal**. Tradução de Fernando Zani. Rio de Janeiro: Lúmen Juris, 2003.
610 MARQUES, José Frederico. **Elementos de direito processual penal**: v. 1. 3. ed. atual. Campinas: Millennium, 2009. p. 259. v. I.

de competência gera nulidade relativa, que fica sanada se não alegada no tempo oportuno, máxime quando não evidenciado prejuízo-princípio pas de *nullité sans grief*"[611].

Mais uma vez apoiado em Miranda Coutinho[612], tem-se que

> a questão, então, há de ser discutida a partir do que vem a ser juízo competente. Ao que parece, não há no mundo quem melhor trate desta matéria que o professor Jorge de Figueiredo Dias, sempre fundado nos pressupostos constitucionais de seu país, de todo aplicados ao nosso entendimento. Esclarece ele "que o princípio do juiz natural visa, entre outras finalidades, estabelecer a organização fixa dos tribunais", mas ela "não é ainda condição bastante para dar à administração da justiça – *hoc sensu*, à jurisdição – a ordenação indispensável que permite determinar, relativamente a um caso concreto, qual o tribunal a que, segundo a sua espécie, deve ser entregue e qual, dentre os tribunais da mesma espécie, deve concretamente ser chamado a decidi-lo". Assim, seguindo o pensamento do professor de Coimbra, faz-se necessário regulamentar o âmbito de atuação de cada tribunal, de modo a que cada caso concreto seja da competência de apenas um tribunal: o juiz natural.

Este, pois, um dos graves problemas de efetivação do princípio do juiz natural no ordenamento brasileiro. Todo o discurso dogmático parece resumir-se à exposição das "regras de determinação/modificação de competência", como se a estrutura das leis de organização judiciária e os regimentos internos dos Tribunais não fizessem parte desse tecido. E eles não apenas fazem como modificam substancialmente a forma de materialização do princípio do juiz natural.

Lembre-se do caso no qual o e. STF apreciou e

> negou provimento a recurso ordinário em habeas corpus no qual se alegava ofensa ao princípio do juiz natural e ao art. 29, XXII, do Código de Organização Judiciária do Estado de Sergipe, alterado pela LC 20/95 ("Art. 29. Ao Presidente do Tribunal compete: (...) XXII – Designar, ouvido o Tribunal, Juiz de Direito para servir, excepcionalmente, em Comarca ou vara diferente da sua, no interesse da Justiça"), em face de ato do Presidente do Tribunal de Justiça daquele Estado que, sem a autorização, por Resolução do Tribunal Pleno, designara magistrados para atuarem em processos penais onde os recorrentes figuram como réus. Considerou-se inexistente a ofensa ao princípio do juiz natural, tendo em conta que, diante das declarações de suspeição dos juízes titulares e substitutos, o Presidente do Tribunal de Justiça de Sergipe utilizou-se da prerrogativa que lhe é conferida pelo citado artigo, designando juízes imparciais para atuarem no feito. Entendeu-se, também, não ter havido violação ao mencionado inciso XXII do artigo 29, uma vez que a exigência de resolução autorizativa do Tribunal Pleno – acrescida pelo inciso XXXIII da LC 20/95 – é evidenciada nos casos de nomeação de magistrados para funcionarem em "mutirões forenses", o que não ocorreu no caso em questão.[613]

Analisando normas estritamente administrativas, também teve o e. STF oportunidade de se pronunciar para afirmar que

> Compete ao Superior Tribunal de Justiça o julgamento de habeas corpus contra decisão de corregedor-geral de tribunal de justiça que designara vara criminal para processar e julgar feito. Com base nesse entendimento, a Turma deu provimento a recurso para reformar acórdão do STJ que não conhecera de habeas corpus em que se alegava ofensa ao princípio do juiz natural, por entender que "a inobservância do critério de distribuição ocorreu na esfera administrativa, não vinculando, obrigatoriamente, a *persecutio criminis in iudicio*". Recurso provido para determinar que o STJ conheça do habeas corpus e o julgue como entender de direito.[614]

Os exemplos são inúmeros e se sucedem tanto no âmbito das Justiças Estaduais como na Justiça Federal. Com efeito, nesta última pode ser inserida a Resolução n. 20, de 26 de maio de 2003, que cria varas criminais para processar e julgar os crimes contra o sistema financeiro nacional e de lavagem ou ocultação de bens, direitos e valores, sendo que seu art. 2º tem a seguinte redação:

> Serão processados perante vara criminal especializada os crimes previstos no art. 1º, qualquer que seja o meio, modo ou local de execução. § 1º As varas criminais especializadas são consideradas juízo criminal especializado em razão da matéria e terão competência sobre toda a área territorial compreendida em cada seção judiciária. § 2º Serão processados e julgados perante as varas criminais especializadas as ações e incidentes relativos a sequestro e apreensão de bens, direitos ou valores, pedidos de restituição de coisas apreendidas, busca e apreensão, hipoteca legal

---

611 STJ. **REsp 290943 PB 2000/0127708-1**. 5ª Turma. Relator: Min. José Arnaldo da Fonseca. Data de julgamento: 15 abr. 2003. Data de publicação: DJ, 19 maio 2003. p. 244.
612 Idem, *ibidem*.
613 STF. **RHC 82.548/SE**. Relator: Min. Carlos Velloso. 3 dez. 2002.
614 STF. **RHC 80.571/SE**. Relator: Min. Ilmar Galvão. 12 dez. 2000.

e quaisquer outras medidas assecuratórias, bem como todas as medidas relacionadas com a repressão penal de que trata o caput deste artigo inclusive medidas cautelares antecipatórias ou preparatórias.

Além da fixação de regras de competência absoluta por meio de Resolução, o art. 6º determina a manutenção do transcurso das ações penais nas varas em que se encontravam – o que é correto –, procedendo-se apenas à redistribuição das investigações e outras medidas "administrativas" já em curso.

Por fim, nos limites da Justiça Estadual, pode ser lembrado o Provimento n. 836/2004 do e. Conselho Superior da Magistratura de São Paulo, que dispõe que,

> na Capital, enquanto não instaladas Turmas Criminais nos Foros Regionais, todos os recursos serão julgados pelo Colégio Recursal Criminal em funcionamento no Complexo Judiciário Ministro Mário Guimarães. Art. 2º Este Provimento entrará em vigor na data de sua publicação, retroagindo seus efeitos à data de instalação do Colégio Recursal Criminal da Capital.

Todas essas normas, em regra, são justificadas sob o manto do "poder de organização judiciária" que, obviamente, deve existir. Nada obstante, a forma como muitas vezes elas entram no cenário jurídico muito mais se aproxima da verdadeira legislação sobre o regime do juiz natural, invadindo-se assim um espaço legislativo que não lhes é próprio.

Pode-se coroar toda a explicação empregando-se determinado provimento – assim como se fez no início deste texto – o qual afirma que

> Não existe incompetência territorial quando, conforme legislação interna do Tribunal de Justiça, que altera a Lei de Organização Judiciária local, se propõe ação penal em vara diferente daquela que atualmente julga os delitos ocorridos no local da infração, em razão de que, à época da propositura da ação, a vara hoje competente ainda não havia sido instalada.[615]

6. Competência de natureza "absoluta" e "relativa" e suas consequências

De forma amplamente aceita, considera-se que

Em Direito Processual, assim Penal como Civil, a competência, como limite à jurisdição, comporta divisão clássica – e evidente – pela visão oposta do problema, isto é, segundo a incompetência seja absoluta ou relativa. Em matéria criminal, a incompetência absoluta se define ratione materiae ou ratione personae, segundo se trate, de Juízo Civil, absolutamente incompetente para conhecer de causas criminais (salvo os crimes falimentares) ou da competência dos órgãos jurisdicionais de 2º Grau, ou, ainda, as hipóteses em que determinado foro é garantido por lei, em função de privilégio funcional do acusado. Contrariamente, nas hipóteses de competência concorrente, distribuída por critérios de local da prática delitiva, domicílio do réu etc., a incompetência será sempre relativa, inexistente a incompatibilidade acima referida. A incompetência absoluta é improrrogável. A incompetência relativa deve ser alegada no prazo da defesa prévia, pena de a matéria se tornar preclusa, ocorrendo a sua prorrogação. O que não se pode é admitir transigência no tocante à incompetência ratione materiae ou ratione personae, mas o mesmo, a toda evidência, não ocorre com o critério de repartição ratione loci, posto que se resume, em síntese, a uma mera repartição dos litígios entre Juízos de iguais atribuições, vale dizer, competência, sem afetar a própria substância da res in iudicio deducta ou a qualidade pessoal da parte.[616]

De modo mais ilustrado, alerta Frederico Marques[617] que "a competência, no processo penal, é de regra absoluta. Apenas em se tratando de competência de foro é que se tem admitido a prorogatio fori em virtude da não arguição da declinatória do foro".

Consoante a visão dominante, o regime de tratamento pode ser assim resumido quanto à competência absoluta:

- é improrrogável;
- quando inobservada, é causa de nulidade insanável;
- pode ser arguida em qualquer tempo e grau de jurisdição;
- pode ser arguida pelas partes ou reconhecida de ofício;
- não preclui;
- pode ser reconhecida pelo emprego do *habeas corpus*.

Em sentido oposto, quanto à incompetência relativa:

- é "prorrogável";
- não dá causa a nulidades insanáveis;
- tem de ser arguida em tempo oportuno;
- somente é reconhecida por provocação das partes;
- preclui;

---

615 STJ. **HC 20096 RJ 2001/0198460-5**. 5ª Turma. Relator: Min. Jorge Scartezzini. Data de julgamento: 18 fev. 2003. Data de publicação: DJ, 14 abr. 2003. p. 236. RSTJ, vol. 172, p. 486.

616 RJTACrim 7/171.

617 MARQUES, José Frederico. **Elementos de direito processual penal**: v. 1. 3. ed. atual. Campinas: Millennium, 2009. p. 404. v. 2.

- é reconhecida por via da exceção de competência.

7. O juiz natural e sua ligação com o conceito de "prova"

Também emerge como possível consequência da estrutura democrática do processo penal que o tema do juiz natural, operacionalizado pelas regras de competência, tenha profundas ligações com a estrutura conceitual da "prova". Sem embargo do quanto será dito nos arts. 155 e seguintes nestes Comentários, desde já se adianta que, ao integrar o conceito de prova está a figura do juiz natural como um de seus eixos fundamentais.

Assim, não se pode concluir do ponto de vista técnico que se tenha como "prova" algo produzido diante da figura do juiz natural da causa, conclusão que já foi também exposta nestes Comentários quando foi abordada a gama de informações produzidas em sede de investigação preliminar à ação penal e a elas não se pôde dar o rótulo de "prova". Igualmente, tal postura terá consequências para temas como a prova "emprestada" e dirá respeito, no mesmo grau de importância, à própria estrutura procedimental que, no processo penal brasileiro, propicia o completo distanciamento do juiz natural para com o desenrolar do rito que, fragmentado, burocrático e diluído no tempo, permite inúmeros atos "probatórios" realizados longe do personagem judicial que julgará o mérito na condição de julgador natural.

8. Atos decisórios tomados por juiz incompetente

AUTORIDADES LOCAIS ABSOLUTAMENTE INCOMPETENTES. NULIDADE RADICAL DOS ATOS PROCESSUAIS POR ELAS PRATICADOS. AUSÊNCIA DE EFICÁCIA INTERRUPTIVA DA PRESCRIÇÃO PENAL EM VIRTUDE DE O RECEBIMENTO DA DENÚNCIA HAVER RESULTADO DE DELIBERAÇÃO PROFERIDA POR JUIZ INCOMPETENTE "RATIONE MATERIAE". NÃO INCIDÊNCIA DO ART. 117, N. I, DO CÓDIGO PENAL, QUANDO A DECISÃO QUE RECEBE A DENÚNCIA EMANA DE AUTORIDADE JUDICIÁRIA ABSOLUTAMENTE INCOMPETENTE. MAGISTÉRIO JURISPRUDENCIAL DO SUPREMO TRIBUNAL FEDERAL A ESSE RESPEITO. DOUTRINA. COMPETÊNCIA PENAL, NO CASO, DA JUSTIÇA FEDERAL (CF, ART. 109, VI).

POLÍTICO-JURÍDICA DO PRINCÍPIO CONSTITUCIONAL DO JUIZ NATURAL (CF, art. 5º, LIII). DOUTRINA. PRECEDENTES. INVALIDAÇÃO DOS ATOS DE PERSECUÇÃO PENAL DESDE A DENÚNCIA, INCLUSIVE. CONSEQUENTE NULIDADE DO ATO DECISÓRIO QUE RECEBEU A DENÚNCIA. POSSIBILIDADE DE RENOVAÇÃO DOS ATOS PROCESSUAIS, DESTA VEZ PERANTE O STF, POR TRATAR-SE DE IMPUTADO COM PRERROGATIVA DE FORO (CF, ART. 102, n. I, "c"). INOCORRÊNCIA, NA ESPÉCIE, DE PRESCRIÇÃO PENAL. PEDIDO DEFERIDO EM PARTE.

AÇÃO PENAL 635 GOIÁS

8.1 Denúncia recebida por juiz absolutamente incompetente e prescrição

DIREITO PENAL E PROCESSUAL PENAL. RECEBIMENTO DE DENÚNCIA POR AUTORIDADE INCOMPETENTE E PRESCRIÇÃO.

Quando a autoridade que receber a denúncia for incompetente em razão de prerrogativa de foro do réu, o recebimento da peça acusatória será ato absolutamente nulo e, portanto, não interromperá a prescrição. Precedente citado do STJ: REsp 819.168-PE; Quinta Turma; DJ, 5 fev. 2007. Precedente citado do STF: HC 63.556-RS; Segunda Turma; DJ, 9 maio 1986. APn 295-RR: Rel. Min. Jorge Mussi; Data de julgamento: 17 dez. 2014; DJe, 12 fev. 2015 (Informativo 555).

Art. 69. Determinará a competência jurisdicional:
I – o lugar da infração;
II – o domicílio ou residência do réu;
III – a natureza da infração;
IV – a distribuição;
V – a conexão ou continência;
VI – a prevenção;
VII – a prerrogativa de função.

1. Critérios de fixação da competência

São os modos pelos quais a competência se determina ab initio, ainda que posteriormente possa vir a ser modificada.

Trata-se de matéria cujo tratamento se encontra "consolidado" na dogmática processual penal. Pode ser lembrada a esse respeito a lição de Espínola Filho (1980, v. II, p. 80),

> para firmar a competência, tem-se de reconhecer não menos de três condições, cada uma da quais pode determinar a incompetência: 1º) o assunto ou matéria, de que se trata, é da natureza ou número daqueles cujo conhecimento a lei atribui ao julgador ou não? Se não é desse número, segue-se que ele é incompetente ratione materiae; 2º) ainda em caso afirmativo, cumpre demais examinar se a pessoa do réu tem ou não algum foro especial em razão de algum cargo seu, como de membro da relação, tribunal supremo ou do senado, pois que, a ter, dá-se a incompetência ratione personae; 3º) Ainda quando a pessoa não tenha foro privilegiado, cumpre reconhecer

se, no caso dado, prevalece a competência ratione loci, isto é, o foro do domicílio do réu, ou do lugar do delito, ou enfim, do lugar em que ele foi preso ou encontrado, caso a lei admita também este; pois, a prevalecer outro qualquer que não seja o do julgador, ele deve abster-se, salvo se houver jurisdição cumulativa.

2. Critérios de fixação de competência e suas consequências

Afirma-se, de há muito, que a competência fixada em razão dos critérios estabelecidos apresenta-se com as consequências seguintes:

- os critérios em razão da matéria e "em razão da função" afiguram-se como "improrrogáveis", e a desobediência a esses preceitos dá causa a nulidades "absolutas";
- os demais critérios dão causa a nulidade "relativa".

Dessa forma, tem-se que "É antiga, unânime e reiterada a jurisprudência do STF, no sentido de que a incompetência ratione loci gera nulidade relativa, arguível no momento processual oportuno", sendo citados nesse sentido os seguintes provimentos[618]:

- HC 69.599-0/RJ. Relator: Min. Sepúlveda Pertence. Pleno. Data de julgamento: 30 jun. 1993 ("A jurisprudência do STF está consolidada no sentido de que é relativa, no processo penal, não só a competência territorial de foro, mas também a firmada por prevenção (...)"; Ementário n. 1.714-3, p. 380).
- HC 74.275/SP. 1ª Turma. Relator: Min. Moreira Alves. Dia de julgamento: 15 out. 1996 ("A incompetência ratione loci gera nulidade relativa, razão por que, se não arguida no momento processual oportuno – o que não ocorreu no caso –, a incompetência do juízo fica prorrogada, sanando-se, assim, essa nulidade"; Ementário n. 1.850-3, p. 605).
- HC 70.624/MG. 2ª Turma. Relator: Min. Carlos Velloso. Data de julgamento: 16 set. 1997 ("A incompetência ratione loci é relativa e, se não arguida opportuno tempore, preclui", Ementário n. 1.890-1, p. 212). Também no STJ, tem-se remansosa unanimidade: RHC 1.027/PE; 5ª Turma; Relator: Min. Cid Flaquer Scartezzini; Data de julgamento: 10 abr. 1991 ("Sendo relativa a incompetência ratione loci, opera-se a preclusão do direito da declinatoria fori, quando não arguida no prazo da defesa").
- HC 3.436/MS. 5ª Turma. Relator: Min. Assis Toledo. Data de julgamento: 31 maio 1995 ("Tratando-se de competência ratione loci prorroga-se ante a inexistência de oportuna declinatoria fori").

- RHC 6.721/PE. 6ª Turma. Relator: Min. Anselmo Santiago. Data de julgamento: 2 dez. 1997 ("A incompetência ratione loci é relativa, prorrogando-se a jurisdição do magistrado incompetente, no caso de não ser oposta a declinatoria fori no prazo da defesa prévia (art. 108, CPP)".
- HC 6.589/SP. 6ª Turma. Relator: Min. Fernando Gonçalves. Data de julgamentos: 21 maio 1998 ("A incompetência ratione loci é relativa, pelo que, não arguida no momento próprio, vale dizer, prazo para a defesa prévia, opera-se a preclusão, restando, em atenção a prorrogação de competência, ratificados todos os atos praticados no processo penal").
- RHC 8.915/SP. 5ª Turma. Relator: Min. Felix Fischer. Data de julgamento: 4 nov. 1999 ("A competência relativa do juízo – ratione loci – deve ser arguida antes da sentença, sob pena de preclusão"); RHC 8.879/SE; 6ª Turma; Relator: Min. Vicente Leal; Data de julgamento: 18 nov. 1999 ("A incompetência ratione loci é de natureza relativa e deve ser arguida por via de exceção").
- HC 11.550/SP. 5ª Turma. Relator: Min. Gilson Dipp. Data de julgamento: 15 ago. 2000 ("A incompetência territorial constitui-se em nulidade relativa, sendo impróprio o reconhecimento de qualquer vício, se não suscitado em tempo oportuno – antes de proferida a sentença – e se ausente a demonstração de prejuízo à defesa").

Na sequência, dentro de cada um dos artigos, os critérios serão aprofundados.

Capítulo I – Da Competência pelo Lugar da Infração

1. Natureza "relativa" do critério territorial de fixação da competência

É largamente aceita na doutrina e na jurisprudência brasileiras a concepção de que "Impõe-se a arguição da incompetência territorial, eminentemente relativa, na primeira oportunidade para pronunciamento da Defesa, operando-se, à sua falta, a prorrogação da competência do juízo"[619] cabendo à defesa opor a respectiva exceção.

Nessa linha de raciocínio, "tratando-se de incompetência relativa, cabe à defesa opor a respectiva exceção, no prazo legal, sob pena de preclusão, prorrogando-se a competência firmada. A incompetência relativa não pode ser declarada de ofício"[620].

---

618 Monteiro, Ruy Carlos de Barros. Crime de "desvio de dinheiro" e inquérito policial com duração arbitrária: caso concreto no STJ. **Revista de julgados do tribunal de alçada criminal do Estado de São Paulo**, n. 55, p. 13-42, jan./fev. 2002.
619 STF. **RHC 119965 MG**. 1ª Turma. Relatora: Min. Rosa Weber. Data de julgamento: 22 abr. 2014. Data de publicação: DJe-213. 29 out. 2014(divulg.); 30 out. 2014 (publ.).
620 STJ. Relator: Gilson Dipp. Data de publicação: 14 jun. 2004. p. 252.

2. Crítica à "relativização" do critério territorial (ver, também, art. 424 nestes *Comentários*)

A natureza "relativa" da competência territorial não subsiste a um modelo processual acusatório. Com efeito, pode ser a "relativização da competência" tida como fruto de uma aproximação indevida dos postulados do processo civil ao processo penal, o que acabou sendo solidificado por meio de uma ponte denominada "teoria geral do processo" que impõe a natural aproximação de "ramos" processuais absolutamente distintos.

Um breve recenseamento da dogmática tida como a mais abalizada (mostra, inicialmente, que a competência penal, "por ser matéria de ordem pública (...) salvo em casos excepcionais de competência territorial, é absolutamente improrrogável"[621] esclarecendo em outro trecho que

> as questões sobre a competência ratione loci são as que apresentam menor relevo, quanto às consequências derivadas da infração às regras legais (...) e a razão desse entendimento é óbvia: na distribuição de poderes ratione loci as atribuições judiciárias se diversificam em virtude de fatores acidentais e de valor relativo.[622]

Com a devida vênia, tal entendimento somente se mostra adequado quando se pensa no juiz natural apenas como um fenômeno de distribuição de poder (*ex parte principis*) e da sujeição das partes a esse poder. Não se amolda, contudo, a premissas como as expostas nestes Comentários, pelas quais o juiz natural é um direito fundamental, e não cabe ao Estado flexibilizar ao seu talante a regra primária de fixação da competência.

Não é demais lembrar que o juiz natural, compreendido como aquele com competência prefixada em lei, é essencial integrante do conceito de "prova", por exemplo, e somente ele, por força do modelo acusatório, tem a possibilidade de, diante dos ditames constitucionais, flexibilizar os direitos fundamentais da pessoa acusada, fazendo-o, por exemplo, por meio da restrição da liberdade nos exatos limites da legalidade e da tipicidade processual penal.

Por outro lado, havendo apenas questões de "ordem pública" (uma expressão tão cara à dogmática processual penal "clássica") no processo penal, na medida em que a norma penal material é sempre uma norma de ordem pública ainda quando conferida a legitimação privada ao exercício do direito de ação, não há sentido em afirmar que se possa dotar de incerteza a fixação do julgador que produzirá um provimento que atuará a norma material penal.

Visto de outro ângulo, ao menos no âmbito das ações penais de legitimação exclusivamente pública, não há que se dar ao acusador público a possibilidade de aleatoriamente propor a ação em que ele acredite ser mais conveniente, situação esta que é, em última análise, a consequência direta da flexibilização do critério territorial.

> Art. 70. A competência será, de regra, determinada pelo lugar em que se consumar a infração, ou, no caso de tentativa, pelo lugar em que for praticado o último ato de execução.
>
> § 1º Se, iniciada a execução no território nacional, a infração se consumar fora dele, a competência será determinada pelo lugar em que tiver sido praticado, no Brasil, o último ato de execução.
>
> § 2º Quando o último ato de execução for praticado fora do território nacional, será competente o juiz do lugar em que o crime, embora parcialmente, tenha produzido ou devia produzir seu resultado.
>
> § 3º Quando incerto o limite territorial entre duas ou mais jurisdições, ou quando incerta a jurisdição por ter sido a infração consumada ou tentada nas divisas de duas ou mais jurisdições, a competência firmar-se-á pela prevenção.

1. "Consumação" do ato típico como definição do local

O Código de Processo Penal fala no momento consumador do delito como o que define a base territorial para fixação da competência. A casuística que daí surge é imensa, e tão mais problemática quando mais se afasta da hipótese dos crimes de consumação instantânea.

Dessa forma, tomando-se aleatoriamente alguns tipos penais, e observando-se sua compreensão a partir do entendimento dado pelo legitimado ativo para o exercício da ação penal, têm-se, por exemplo, as seguintes situações:

- Para os delitos contra a ordem tributária, "Por tratar-se de crime material, o ilícito de supressão ou redução de tributo, previsto no art. 1º da Lei n.º 8.137/90, consuma-se no local onde verificado o prejuízo decorrente da conduta típica. 2. Ademais, de acordo com entendimento do Supremo Tribunal Federal, cristalizado na Súmula Vinculante nº 24, a consumação dos crimes contra a ordem tributária previstos no art. 1º da Lei nº 8.137/90 (crimes materiais) somente ocorre no momento da constituição definitiva do crédito tributário."[623]

---

621 Frederico Marques, 1953, p. 306.
622 Idem, *ibidem*, p. 176.
623 TRF-3. **CJ 31090 SP 0031090-84.2012.4.03.0000**. 1ª Seção. Relator: Des. Fed. Luiz Stefanini. Data de julgamento: 7 fev. 2013.

- "O delito de apropriação indébita consuma-se no momento e no local em que o agente transforma a posse em propriedade.[624]
- Para o crime do art. 172, do CP, "A consumação do delito previsto no art. 172 do CP, crime formal e unissubsistente, dá-se com a simples e efetiva colocação da duplicata em circulação, independentemente do prejuízo. Precedentes do STJ."[625]
- No estelionato ou furto mediante fraude, o "o crime de estelionato, o local da ação é onde se deu a obtenção da vantagem ilícita, a teor do art. 171 do CP. E este é o lugar de fixação da competência, por força do art. 70 do Código de Processo Penal."[626]
- O crime de falso testemunho "O crime de falso testemunho consuma-se com o encerramento do depoimento prestado pela testemunha, quando a mesma profere afirmação falsa, nega ou cala a verdade, razão pela qual, para a sua apuração, sobressai a competência do Juízo do local onde foi prestado o depoimento, sendo irrelevante o fato de ter sido realizado por intermédio de carta precatória."[627]

2. Fixação da competência territorial pela consumação e "princípio do esboço do resultado"

Muito embora a literalidade do artigo em questão imponha o local da consumação do crime como o local da fixação da competência territorial, situações existem nas quais a prática do crime não coincide localmente com a da consumação, entendida como o local onde o evento naturalístico se opera.

Enfrentando o assunto, abalizada doutrina afirma que, "em princípio, mesmo na hipótese de um crime material consumar-se em local diverso daquele onde foi efetivada a sua execução, determinará a competência o lugar do resultado. Todavia, quando o evento do crime material sobrevier em local diferente daquele onde sua ação ou execução foi efetivada, a norma enunciada no aludido artigo 70 não há de ser tida e encarada, em casos excepcionais, com rigor absoluto, instando que se lhe introduzam temperanças e flexibilidade, dando-se ensejo a critério racional e a possíveis exceções", empregando-se para tanto a interpretação teleológica que se lhe empreste e o fato de, exaurida a ação do crime em um lugar e aí já se prenunciando ou esboçando a produção do resultado, ocorrer este, por mero acidente ou casualidade, em local diverso daquele onde, pelo encaminhamento natural dos fatos, deveria verificar-se.[628]

Tal concepção se reflete em alguns provimentos, como o do STJ no qual se afirmou que,

Segundo o disposto no inciso I do art. 69 do Código de Processo Penal, tem-se como regra para a determinação da competência jurisdicional o lugar da infração penal, sendo o que se denomina de competência ratione loci, visto ser o local que presumivelmente é tido como o que permite uma natural fluidez na produção probatória em juízo, razão pela qual deve o agente ser aí punido. 2. A competência para o processamento e julgamento da causa, em regra, é firmada pelo foro do local em que ocorreu a consumação do delito (locus delicti commissi), com a reunião de todos os elementos típicos, ou, no caso de tentativa, pelo lugar em que for praticado o último ato de execução. Adotou-se a teoria do resultado. (Art. 70, caput, do CPP). (...) 4. O princípio que rege a fixação de competência é de interesse público, objetivando alcançar não só a sentença formalmente legal, mas, principalmente, justa, de maneira que a norma prevista no caput do art. 70 do Código de Processo Penal não pode ser interpretada de forma absoluta. 5. Partindo-se de uma interpretação teleológica da norma processual penal, em caso de crimes dolosos contra a vida, a doutrina, secundada pela jurisprudência, tem admitido exceções nas hipóteses em que o resultado morte ocorrer em lugar diverso daquele onde se iniciaram os atos executórios, ao determinar que a competência poderá ser do local onde os atos foram inicialmente praticados. 6. O motivo que levou o legislador a estabelecer como competente o local da consumação do delito foi, certamente, o de facilitar a apuração dos fatos e a produção de provas, bem como o de garantir

---

624 STF. **HC 87846 MG**. 1ª Turma. Relator: Sepúlveda Pertence. Data de julgamento: 28 mar. 2006. Data de publicação: DJ, 19 maio 2006. PP-00017; EMENT VOL-02233-01; PP-00159; LEXSTF v. 28, n. 330, 2006, p. 493-497; RT v. 95, n. 852, 2006, p. 494-495.
625 TJ-PE. **APL 384872320028170001 PE 0038487-23.2002.8.17.0001**. 3ª Câmara Criminal. Relator: Alderita Ramos de Oliveira. Data de julgamento: 12 jul. 2011. Data de publicação: 134, republicado por não haver saído no DJE 132 por erro no sistema Judwin).
626 TRF-2. **CC 8223 RJ 2008.02.01.013000-2**. 1 Turma Especializada. Relator: Des. Fed. Abel Gomes. Data de julgamento: 19 nov. 2008. Data de publicação: DJU, Data: 27 jan. 2009. p. 44.
627 STJ. **CC 30309 PR 2000/0084893-0**. 3ª Seção. Relator: Min. Gilson Dipp. Data de julgamento: 28 nov. 2001. Data de publicação: DJ, 11 mar. 2002. p. 163.
628 PEDROSO, Fernando de Almeida. Competência penal: princípio do esboço do resultado e crimes qualificados pelo evento. **Justitia**, 158/1992.

que o processo possa atingir à sua finalidade primordial, qual seja, a busca da verdade real.[629]

3. Delimitação territorial das comarcas
Deve-se recordar que

> A distribuição de competência entre Varas corresponde à competência de Juízo, cuja disciplina incumbe às leis de organização judiciária. A distribuição entre comarcas é competência de foro. Regras de competência de foro, ou territorial, não pertencem à organização judiciária, mas ao próprio Direito Processual Civil. Por isso, estão no Código de Processo Civil (arts 94-100). Constitui erro pensar que, atribuindo a Lei de Organização Judiciária às Varas Fazendárias competência para as causas em que é parte o Estado (competência de juízo), com isso elas tenham força para atrair essas causas para o foro da capital. Se a lei de Organização judiciária pretendesse isso, seria inconstitucional, por infração à exclusividade da competência legislativa sobre o assunto.[630]

> Art. 71. Tratando-se de infração continuada ou permanente, praticada em território de duas ou mais jurisdições, a competência firmar-se-á pela prevenção.

1. Definição legal de crime continuado
"Quando o agente, mediante mais de uma ação ou omissão, pratica dois ou mais crimes da mesma espécie e, pelas condições de tempo, lugar, maneira de execução e outras semelhantes, devem os subsequentes ser havidos como continuação do primeiro, aplicasse-lhe a pena de um só dos crimes, se idênticas, ou a mais grave, se diversas, aumentada, em qualquer caso, de um sexto a dois terços" e, por seu turno, a permanência tratando-se, na verdade, como pontua Busato, de uma ficção jurídica[631] cujo objetivo último é evitar a desproporcionalidade na aplicação das penas se tomada cada uma das ações sequenciais que integram a conduta continuada de forma isolada.[632]

2. Conceito de crime permanente
Segundo conceituada doutrina, "crime permanente é aquele crime cuja consumação se alonga no tempo, dependente da atividade do agente, que poderá cessar quando este quiser (cárcere privado e sequestro)". Quanto aos crimes instantâneos de efeitos permanentes, afirma Bitencourt que "não se confunde com o crime permanente com crime instantâneo de efeitos permanentes (homicídio, furto), cuja permanência não depende da continuidade da ação do agente".[633]

Refletindo o tema para o processo penal, pondera-se que "tendo sio o crime, vale dizer, de natureza permanente, cuja consumação se protrai no tempo, cometido em territórios sujeitos a diferentes jurisdições, a competência é determinada pela prevenção.[634]

> **CAPÍTULO II** – Da Competência pelo Domicílio ou Residência do Réu

> Art. 72. Não sendo conhecido o lugar da infração, a competência regular-se-á pelo domicílio ou residência do réu.
>
> § 1º Se o réu tiver mais de uma residência, a competência firmar-se-á pela prevenção.
>
> § 2º Se o réu não tiver residência certa ou for ignorado o seu paradeiro, será competente o juiz que primeiro tomar conhecimento do fato.

1. Conceito de domicílio
É regrado pelo Código Civil, pela conjugação dos arts. 70 a 72, dispondo aquele texto legal.

2. Critério subsidiário para o processo penal de conhecimento
O artigo em comento funciona como um critério subsidiário diante da impossibilidade de ser determinada a exata localidade em que o crime se consumou.

Enquanto critério de natureza territorial, manterá, segundo o entendimento da jurisprudência e da doutrina majoritárias, a característica de ser um

---

629 STJ. **HC 196458 SP 2011/0023804-6**. 6ª Turma. Relator: Min. Sebastião Reis Júnior. Data de julgamento: 6 dez. 2011. Data de publicação: DJe, 8 fev. 2012.
630 STJ. **Recurso Especial nº 34.816-MG**. Relator: Min. Milton Luiz Pereira, citando texto de Candido Rangel Dinamarco contido na RT 622/76.
631 BUSATO, Paulo. **Direito penal**: vol I – Parte Geral. SP: Atlas, 2014. p. 936-937.
632 Nada obstante, o renomado autor também reconhece que, ao lado da justificação desse mecanismo pela ótica da teoria das penas cabe, igualmente, sua justificação igualmente pela teoria da imputação, especialmente quando se falar dos crimes de acumulação. Sendo assim, em suas palavras, a continuidade delitiva deve ser vista de forma "holística".
633 BITENCOURT, Cézar Roberto. **Tratado de direito penal**. São Paulo: Saraiva, 2010. p. 253-254.
634 STJ. CC 26633 RJ 1999/0059986-1, Relator: Ministro FERNANDO GONÇALVES, Data de Julgamento: 08/11/2001, S3–TERCEIRA SEÇÃO, Data de Publicação: DJ 04.02.2002 p. 278.

critério de fixação "relativo", empregando-se para tanto todo o argumento já tratado no art. 70.

Assim, "Em se tratando de queixa-crime formalizada contra agente público e não se conhecendo o local exato da consumação da infração penal, a competência é regida pelo artigo 72 do Código de Processo Penal, ou seja, fica ligada ao foro do domicílio ou da residência do réu".[635]

> Art. 73. Nos casos de exclusiva ação privada, o querelante poderá preferir o foro de domicílio ou da residência do réu, ainda quando conhecido o lugar da infração.

1. Foro "de eleição" no âmbito das ações penais de legitimação exclusivamente privada

Trata-se, uma vez mais, de critério de natureza "relativa", segundo visão dominante na doutrina e na jurisprudência, submetendo-se ao regime próprio deste critério de fixação, conforme já apontado nestes Comentários ao longo dos arts. 69 e 70.

Assim, "nas hipóteses de exclusiva ação privada, faculta-se ao querelante propor a queixa-crime no foro do domicílio ou da residência do réu, ainda quando conhecido o lugar da infração, ut artigo 73 do Código de Processo Penal"[636] e, de forma mais didática para a dicção do Código de Processo Penal, "a regra básica, em sede de fixação de competência, é a do art. 70 do CPP. O art. 72 indica hipótese de foro supletivo e o art. 73 aponta para apelação do querelante, e não do querelado"[637].

CAPÍTULO III – Da Competência pela Natureza da Infração

> Art. 74. A competência pela natureza da infração será regulada pelas leis de organização judiciária, salvo a competência privativa do Tribunal do Júri.
>
> § 1º Compete ao Tribunal do Júri o julgamento dos crimes previstos nos arts. 121, §§ 1º e 2º, 122, parágrafo único, 123, 124, 125, 126 e 127 do Código Penal, consumados ou tentados. (Redação dada pela Lei n. 263, de 23-2-1948)
>
> § 2º Se, iniciado o processo perante um juiz, houver desclassificação para infração da competência de outro, a este será remetido o processo, salvo se mais graduada for a jurisdição do primeiro, que, em tal caso, terá sua competência prorrogada.
>
> § 3º Se o juiz da pronúncia desclassificar a infração para outra atribuída à competência de juiz singular, observar-se-á o disposto no art. 410; mas, se a desclassificação for feita pelo próprio Tribunal do Júri, a seu presidente caberá proferir a sentença (art. 492, § 2º).

1. Critério em razão da matéria: características

O critério em razão da matéria é (corretamente) entendido como um critério de natureza "absoluta", com as consequências de nulidade (absoluta) quando descumprido. Tal se deve ao fundo essencialmente constitucional desse critério.

2. O critério ratione materiae e sua ligação com o critério territorial

O critério em razão da matéria aplica-se a determinados delitos, como já visto, e assim a competência inicialmente se determina. Sem embargo, além desse critério determinante, o critério territorial também se aplica em complementação.

3. Competência material da Justiça Federal

De acordo com a locução constitucional (art. 109) a competência para processamento e julgamento de crime será da Justiça Federal quando houver a presença concomitante e cumulativa da seguintes situações: a) o fato esteja previsto como crime no Brasil e no estrangeiro; b) o Brasil seja signatário de convenção ou tratado internacional por meio do qual assume o compromisso de reprimir criminalmente aquela espécie delitiva; e c) a conduta tenha ao menos se iniciado no Brasil e o resultado tenha ocorrido, ou devesse ter ocorrido no exterior, ou reciprocamente.

Analisando essa disposição, já foi afirmado que

> a internacionalidade da conduta criminosa não acarreta, de per si, lesão a bens, serviços ou interesses da União. Tanto é verdade que a própria Constituição Federal, em seu art. 109, V, faz menção à necessidade de que a essa internacionalidade territorial da conduta delituosa se acresça a previsão em Tratado ou Convenção Internacional. De mais a mais, fosse a mera

---

[635] STF. **Inq: 2956 DF**. Tribunal Pleno Relator: Min. Marco Aurélio. Data de julgamento: 19 maio 2011. Data de publicação: DJe-104, 31 maio 2011 (divulg.); 1º jun. 2011 (public); Ement Vol-02534-01 PP-00001.

[636] TRF-1. **CC 43272 BA 2008.01.00.043272-6** 2ª Seção.Relator: Des. Fed. Cândido Ribeiro. Data de Julgamento: 18 mar. 2009. Data de publicação: 30 mar. 2009; e-DJF1. p. 53. Ainda, TJ-MT. **RSE 00061699220118110015 14190/2014**. 2ª Câmara Criminal. Relator: Des. Marcos Machado. Data de julgamento: 13 ago. 2014. Data de publicação: 18 ago. 2014.

[637] STJ. **RHC 7211 MA 1998/0003379-3**. 5ª Turma. Relator: Min. Felix Fischer. Data de julgamento: 19 fev. 1998. Data de publicação: DJ, 14 dez. 1998. p. 259.

internacionalidade da conduta suficiente para fins de fixação da competência da Justiça Federal, todo e qualquer crime contra a honra praticado pela internet em páginas eletrônicas internacionais teria que ser julgado pela Justiça Federal, entendimento este que vem sendo rechaçado pelo próprio STJ.[638]

4. Caracterização da competência da Justiça Federal em crimes informáticos

"À luz do preconizado no art. 109, V, da CF, a competência para processamento e julgamento de crime será da Justiça Federal quando preenchidos 03 (três) requisitos essenciais e cumulativos, quais sejam, que: a) o fato esteja previsto como crime no Brasil e no estrangeiro; b) o Brasil seja signatário de convenção ou tratado internacional por meio do qual assume o compromisso de reprimir criminalmente aquela espécie delitiva; e c) a conduta tenha ao menos se iniciado no Brasil e o resultado tenha ocorrido, ou devesse ter ocorrido no exterior, ou reciprocamente. (...) Basta à configuração da competência da Justiça Federal que o material pornográfico envolvendo crianças ou adolescentes tenha estado acessível por alguém no estrangeiro, ainda que não haja evidências de que esse acesso realmente ocorreu. A extração da potencial internacionalidade do resultado advém do nível de abrangência próprio de sítios virtuais de amplo acesso, bem como da reconhecida dispersão mundial preconizada no art. 2º, I, da Lei 12.965/2014, que instituiu o Marco Civil da Internet no Brasil. Não se constata o caráter de internacionalidade, ainda que potencial, quando o panorama fático envolve apenas a comunicação eletrônica havida entre particulares em canal de comunicação fechado, tal como ocorre na troca de e-mails ou conversas privadas entre pessoas situadas no Brasil. Evidenciado que o conteúdo permaneceu enclausurado entre os participantes da conversa virtual, bem como que os envolvidos se conectaram por meio de computadores instalados em território nacional, não há que se cogitar na internacionalidade do resultado. Tese fixada: 'Compete à Justiça Federal processar e julgar os crimes consistentes em disponibilizar ou adquirir material pornográfico envolvendo criança ou adolescente (arts. 241, 241-A e 241-B da Lei 8.069/1990) quando praticados por meio da rede mundial de computadores'".[639]

5. Alguns aspectos gerais da competência ratione materiae da União

A partir da base constitucional tem-se a caracterização da competência da Justiça Federal para o julgamento, por exemplo:

- Do crime de concussão, se os agentes são servidores ou empregados de entidades federais posto que "O bem jurídico que se visa resguardar no crime de concussão é a Administração Pública, a confiabilidade de seus agentes."[640]
- Do crime de estelionato, quando da fraude aos "recursos financeiros do Sistema Único de Saúde (SUS) repassados aos Estados e municípios".[641]
- Nos crimes contra a organização do trabalho para o qual "O Supremo Tribunal Federal firmou o entendimento de que a competência para julgar os crimes contra a organização do trabalho é da Justiça Federal. Agravo regimental a que se nega provimento."[642]
- Nos crimes de contrabando/descaminho "com jurisdição no lugar onde foi efetuada a prisão em flagrante, ou apreendidas as mercadorias introduzidas no país sem o pagamento dos tributos devidos".[643]
- Dos crimes contra a administração da justiça, como o patrocínio infiel, "se a suposta ação delituosa (...) atingiu a Justiça do trabalho, que é federal".[644]
- Dos crimes de falsidade documental, quando das "Infrações cometidas por funcionário público no exercício de função pública federal e contra bens e materiais da Justiça Eleitoral".[645]

---

638 LIMA, Renato Brasileiro de. **Manual de Processo Penal**. Salvador: Jus Podyum, 4ª. Ed., 2016. p. 573.
639 RE 628.624. Relator para o acórdão: Min. Edson Fachin. Data de julgamento: 29 out. 2015. Data de publicação: DJE, 6 abr. 2016, com repercussão geral.
640 STJ. **RHC 17974/SC**. Relator: Min. Hélio Quaglia Barbosa. Data de julgamento: 13 dez. 2005. Data da publicação: DJ, 13 fev. 2006.
641 STJ. **CC 13.325/SP**. Relator: Flaquer Scartezzini. Data de publicação: DJU, 3 fev. 1997. p. 663. Também TRF-1. **ACR 00083390820044013600**. 3ª Turma. Relator: Des. Fed. Mário César Ribeiro. Data de julgamento: 9 set. 2015. Data de publicação: 18 set. 2015.
642 STF. **RE 511849 PA**. 1ª Turma. Relator: Min. Roberto Barroso. Data de julgamento: 4 fev. 2014. Data de publicação: acórdão eletrônico DJe-035; 19 fev. 2014 (divulg.); 20 fev. 2014 (public). Entendimento reafirmado no RE 459510/MT; Relator: Min. Cezar Peluso. 1º jul. 2014.
643 STJ. **CC 13522 PR 1995/0020820-2**. 3ª Seção. Relator: Min. Jesus Costa Lima. Data de julgamento: 18 maio 1995. Data de publicação: DJ, 19 jun. 1995. p. 18628 RSTJ; vol. 86 p. 34; DJ, 19 jun. 1995; p. 18628; RSTJ, vol. 86, p. 34.
644 STF. **RE 159.350-4**. Relator: Paulo Brossard. Data de julgamento: 24 set. 1993, v.u. Data de publicação: DJU, 12 nov. 1993. p. 24.027.
645 TRE-RS. **RC 648168 RS**. Relator: Des.ª Elaine Harzheim Macedo. Data de julgamento: DJe TRE-RS, tomo 152. Data de publicação: 16 ago. 2012. p. 15. Também TacrimSP. **HC 70.563-4**. Relator: Paulo Brossard. Data de julgamento: 22 out. 1993, v.u.

- Do crime de uso de documento falso, "quando exibido perante repartição federal (CP, art. 304), por se tratar de crime praticado em detrimento do serviço da União (CF, art. 109, IV)".[646]
- Os delitos de falsidade ideológica, "com o objetivo de alterar, falsamente, documento particular em processo civil instaurado perante a Justiça Federal, por se tratar de crime contra a administração da justiça, em detrimento de serviço da União".[647]
- Do crime contra o sistema financeiro, desde que, como sempre, "se constata qualquer lesão a serviços ou interesses da União"[648] competência esta que "tem assento constitucional. A alegação de que o prejuízo decorrente do delito foi suportado exclusivamente por instituição financeira privada não afasta tal regra constitucional. Interesse da União na segurança e na confiabilidade do sistema financeiro nacional"[649], sendo que a competência em tela "circunscreve-se aos casos previstos na Lei n. 7.492/86, não podendo ser ampliada para abranger crimes que, embora afetem a economia ou o sistema financeiro, não estão nela previstos"[650]. Ademais, com a criação das varas especializadas para julgamento dessa forma de criminalidade tem-se que "a competência para o processamento e julgamento do feito, inclusive diante de reconhecida conexão probatória, é do juízo da vara criminal especializada em crimes contra o sistema financeiro e lavagem de dinheiro, ou seja, onde se encontra a mencionada ação penal, ainda que em seção judiciária diversa da do estado onde reside a recorrente. Precedentes citados: RHC 19.909-PR, DJ 3/12/2007; HC 57.991-PR, DJ 27/3/2007, e HC 35.138-PR, DJ 13/9/2004.[651]
- Dos crimes contra o patrimônio praticados com violência, "em detrimento da Caixa Econômica Federal"[652] – mas sem se estender às permissionárias de serviços, como casas lotéricas[653] – ou contra funcionário da ECT – Empresa pública da União[654] ou "de bens e documentos sob sua guarda".[655] Contudo, "os crimes praticados com dano à agência franqueada dos Correios, como no roubo aos valores de caixa da empresa, a competência será da jurisdição estadual, mas nos danos ao serviço postal, pelo extravio ou supressão de correspondência, dá-se a competência da jurisdição federal, nos termos do art. 109, IV, da Constituição Federal. 2. Evidenciado o dano ao serviço postal, em razão do roubo de material enviado por SEDEX, está caracterizada a lesão ao serviço-fim dos Correios, a atrair a competência federal".[656]

6. Discussões sobre a competência federal: aspectos destacados

O interesse (jurídico) da União nem sempre é de tranquila caracterização, mesmo quando há, em tese, algum vínculo com aquele ente, como se vê nos seguintes casos:

- Nas ações relativas "a delito de parcelamento irregular do solo urbano, previsto na Lei n. 6.766/79, ainda que se trate de área integrante do patrimônio da União, desde que não se verifique prejuízo direto a esta entidade, restringindo-se as consequências do crime a particulares e à Administração Municipal ou do Distrito Federal".[657] Nada obstante, o STJ Decidiu que "Compete à Justiça Federal o processamento e julgamento da ação penal proposta para apurar a prática do crime de parcelamento irregular de terras pertencentes à União".[658]

Data de publicação: DJU, 25 fev. 1994. p. 5.997.
646 STF. **RE 203.191/SC**. Relator: Néri da Silveira. Data de julgamento: 27 abr. 1999. Informativo STF n. 147.
647 STF. **RHC 79.331/RJ**. Relator: Celso de Mello. Data de julgamento: 24 ago. 1999. Informativo STF n. 159.
648 STF. **CC 3618-4/SP**. Relator: Edson Vidigal. j. 3-12-1992, v.u., DJ 7-6-1993, p. 11.234.
649 STF. **HC 93733 RJ**. 1ª Turma. Relator: Min. Carlos Britto. Data de julgamento: 17 jun. 2008. Data de publicação: DJe-064; 2 abr. 2009 (divulg.); 3 abr. 2009 (public.); Ement Vol-02355-02 PP-00366.
650 STJ. **CC 18.519/GO**. Rel. Vicente Leal, j. 18-12-1997, v.u., DJU 16-2-1998, p. 23.
651 STJ. **RHC 25.163-PR**. Rel. Min. Laurita Vaz, julgado em 5/10/2010.
652 STF. **HC 70.541-3**. Rel. Sidney Sanches, j. 9-11-1993, v.u., DJU 18-3-1994, p. 5.151. Também TRF-3. **ACR 30108 SP 97.03.030108-8**. 5ª Turma. Relator: Des. Fed. Andre Nabarrete. Data de julgamento: 23 out. 2001.
653 STJ. **AgRg no CC 137550 SP 2014/0330963-0**. 3ª Seção. Relator: Min. Ericson Maranho (desembargador convocado do TJ/SP). Data de julgamento: 8 abr. 2015. Data de publicação: DJe, 15 abr. 2015.
654 STJ. **HC 6.337/RJ**. Relator: Edson Vidigal. Data de publicação: DJU 16 fev. 1998. p. 113.
655 STJ. **HC 6.336/RJ**. Relator: William Patterson. Data de publicação: DJU, 8 jun. 1998. p. 178.
656 STJ. **CC 133751 SP 2014/0108202-3**. 3ª Seção. Relator: Min. Rogerio Schietti Cruz. Data de julgamento: 24 set. 2014. Data de publicação: DJe, 4 dez. 2014.
657 STJ. **CC 34485 DF 2002/0009237-7**. 3ª Seção. Relator: Min. Fontes de Alencar. Data de julgamento: 14 ago. 2002. Data de publicação: DJ, 2 set. 2002. p. 145.
658 STF. **HC 84056 DF**. 1ª Turma. Relator: Eros Grau. Data de julgamento: 30 nov. 2004. Data de publicação: DJ, 4 fev. 2005. PP-00027; Ement Vol-02178-01; PP-00133; LEXSTF v. 27, n. 316, 2005, p. 389-394; RTJ Vol-00193-03 PP-01028) (RJADCOAS 40/560).

- Para apurar crime de falsidade documental praticado para lesar o INSS[659], "Havendo prejuízo somente para os beneficiários da previdência social"[660].
- Quando se trate de caso em que tenha ocorrido a "cobrança de honorários médicos, em caráter particular, de segurado da Previdência, com vistas a antecipar realização de cirurgia, ainda que tenha havido pagamento pelo sistema SUS"[661].
- Os crimes contra a organização do trabalho, considerando-se que "Não havendo ofensa à organização geral do trabalho ou a direito dos trabalhadores coletivamente considerados" (STJ. CC 9.736-3. Relator: Assis Toledo. Data de julgamento: 15 dez. 1994. Data de publicação: DJU, 20 fev. 1995. p. 3.117). Contudo, essa orientação mudou substancialmente e o "O Supremo Tribunal Federal firmou o entendimento de que a competência para julgar os crimes contra a organização do trabalho é da Justiça Federal. Agravo regimental a que se nega provimento".[662]
- Dos crimes contra sociedade de economia mista, reconhecendo-se que "processo e julgamento de roubos perpetrados contra o Banco do Brasil S/A, que é uma sociedade de economia mista, e contra o União de Bancos Brasileiros S/A – Unibanco, que é uma instituição financeira totalmente privada, sã(...) o da competência da Justiça Estadual. Também é da Justiça Estadual a competência para o processo e julgamento de roubos perpetrados contra agências franqueadas pelos Correios, que são empresas totalmente privadas. Tais delitos, na realidade, não se confundem com os crimes perpetrados diretamente contra a Empresa Brasileira de Correios e Telégrafos – ECT, esta sim uma empresa pública. Assim, a meu sentir, não (...) se está diante de caso da competência da Justiça Federal, à qual somente cabe processar e julgar crimes nos casos previstos na Constituição Federal, ou crimes conexos a estes"[663].
- Ocorrências ligadas a silvícolas: "o objeto jurídico é o referencial. Não obstante a tutela da União aos índios, competente é a Justiça Comum do Estado para processar e julgar crimes de homicídio e lesão corporal, ocorridos em área de reserva indígena, ainda que a vítima seja índio"[664]. Esse entendimento foi posteriormente reproduzido em acórdão que afirmou "Na espécie, o crime de homicídio teria sido praticado por motivo de vingança, uma vez que o suposto autor intelectual da morte do chefe da tribo, fora expulso da comunidade pela suspeita de que seria o autor de furtos ocorridos nas proximidades da aldeia. 3. Não se vislumbrando lesão a direitos indígenas coletivamente considerados, afasta-se a competência da Justiça Federal, nos termos da Súmula n° 140/STJ." [665] Sem embargo, também já se decidiu em sentido exatamente oposto, considerando-se o art. 109, XI, da Constituição Federal para afirmar que "todos os direitos (a começar pelo direito à vida) que possa ter uma comunidade indígena ou um índio em particular estão sob a rubrica do inciso XI do artigo 109 da Constituição Federal". Tendo sido *habeas corpus* concedido para que se desloque o feito para a Justiça Federal.[666]

6.1 Competência penal da Justiça do Trabalho

A Emenda Constitucional n. 45/2004 acendeu a discussão sobre a possibilidade de a Justiça do Trabalho julgar ações penais.

Essencialmente, dois fundamentos foram empregados: a redação que autoriza a justiça trabalhista a julgar "os mandados de segurança, habeas corpus e habeas data, quando o ato questionado envolver matéria sujeita à sua jurisdição" (art. 114, IV), e o inciso IX do mesmo artigo (outras controvérsias decorrentes da relação de trabalho, na forma da lei).

Quanto ao primeiro deles, a simples possibilidade da apreciação de habeas corpus não configura, certamente, o alargamento da competência para o campo penal. Malgrado a existência de acórdão do e. STF afirmativo de que "Sendo o habeas corpus, desenganadamente, uma ação de natureza penal, a competência para seu processamento e julgamento será sempre de juízo criminal, ainda que a questão material subjacente seja de natureza civil, como no caso de infidelidade de depositário, em execução

---

659 STJ. **CC 13.414/SC**. Relator: José Dantas. Data de julgamento: 17 ago. 1995, v.u. Data de publicação: DJU, 4 set. 1995. p. 27.800.
660 STJ. **RHC 1.967-4/RJ**. Relator: José Cândido, Data de julgamento: 25 out. 1993, v.u. Data de publicação: DJU, 6 dez. 1993. p. 26.676.
661 STJ. **CC 4.341-3/SP**. Relator: Jesus Costa Lima. Data de julgamento: 18 nov. 1993, m.v. Data de publicação: DJU, 14 mar. 1994. p. 4.460.
662 STF. **RE 511849 PA**. 1ª Turma. Relator: Min. Roberto Barroso. Data de julgamento: 4 fev. 2014. Data de Publicação: acórdão eletrônico; DJe-035; 19 fev. 2014 (divulg.) 20 fev. 2014 (public.).
663 STJ. **CC 108946**. Relator: Min. Og Fernandes. Data de publicação: DJe, 20 abr. 2010.
664 STJ. **CC 4.469-7**. Relator: Vicente Cernicchiaro. Data de julgamento: 17 jun. 1993, v.u. Data de publicação: DJU, 2 ago. 1993. p. 14.172.
665 STJ. **CC 101569 PR 2008/0270630-9**. 3ª Seção. Relator: Min. Jorge Mussi. Data de julgamento: 25 ago. 2010. Data de publicação: DJe, 6 set. 2010.
666 STF. **HC 71.835-3/MS**. Relator: Francisco Rezek, Data de julgamento: 4 abr. 1995, m.v. Data de publicação: DJU, 22 nov. 1996. p. 45.687.

de sentença. Não possuindo a Justiça do Trabalho, onde se verificou o incidente, competência criminal, impõe-se reconhecer a competência do Tribunal Regional Federal para o feito"[667], este não parece, com a devida vênia, o entendimento mais abrangente, pois a prisão civil por dívida de alimentos, quando impugnada por via do "remédio heroico", o é na justiça cível, e não na penal.

O arrimo mais consistente para discussão poderia ser o do inciso IX, de aparente larga abrangência, dentro da qual caberia a inserção da competência penal. Dois aspectos seriam levados em consideração na inteligência da matéria: (i) a possibilidade de se inserir o campo penal na locução constitucional "outras controvérsias..." e (ii) o limite dos tipos penais que podem ser considerados como oriundos de "... controvérsias decorrentes da relação de trabalho na forma da lei".

Quanto ao primeiro ponto, é de ser ponderado que, ao se assimilar ação penal (processualmente falando) a "controvérsias", parece haver a identificação com a existência de lide no processo penal, ou ao menos assumir um resultado positivo para essa divergência doutrinária, afirmando-se que essa "controvérsia" é também geradora de condutas humanas penalmente relevantes. Realmente é um salto dogmático muito grande e de difícil aceitação, que somente se resolve com o emprego de argumentos periféricos como a existência de uma nova dimensão da justiça do trabalho ou da possibilidade de interpretação "conforme" a Constituição[668], mecanismo pelo qual, por sinal, pode-se também "deformar" a Constituição (e não apenas conformá-la).

Caso se aceitasse a competência da Justiça do Trabalho para processos penais, restaria indagar o limite dos tipos penais que podem ser apreciados pela Justiça trabalhista. Tivesse ocorrido a opção por uma interpretação meramente tópica como, de resto, elaborada em outros crimes como o roubo ou o estupro seguido de morte, desconsiderados como dolosos contra a vida, malgrado o resultado morte, a solução seria identificar a competência material apenas quanto aos crimes contra a organização do trabalho, tal como previstos no Código Penal e a contravenção penal prevista no art. 19, § 2º, da Lei n. 8.213/91.

Essa solução não agradou setores de operadores do direito, chegando-se a afirmar que "o critério científico, pois, de fixação da competência criminal trabalhista, há de ser ex ratione materiae, na consonância do art. 114 e seus incisos: se da relação de trabalho (aí compreendidas as relações sindicais e as resultantes do exercício do direito de greve) decorrer uma conduta típica, antijurídica e culpável, não importando o tipo penal envolvido, a ação penal que nasce para o Ministério Público (do Trabalho) é da alçada da Justiça do Trabalho"[669], preconizando o mencionado autor que seriam de competência da Justiça do Trabalho, por essa premissa,

> o estelionato resultante de fraude ao seguro-desemprego e ao FGTS (art. 171, caput, do CP), o crime de periclitação à vida ou à saúde nos casos de exposição do trabalhador a risco (art. 132, caput, do CP), a contravenção penal de retenção indevida de CTPS (art. 3º da Lei n. 5.553/68), as discriminações raciais, religiosas, de orientação sexual praticadas na relação de trabalho (Lei n. 7.716/89), e ainda os crimes contra as pessoas portadoras de deficiência (Lei n. 7.853/89), pelo tipo não conter qualquer menção à relação de trabalho ou a direito trabalhista, fugiriam do alcance da Justiça laboral. (...) os crimes de admissão irregular de servidor (art. 1º, XIII, do Decreto-lei n. 201/67), de inversão de pagamento da Administração Pública sem vantagem ao erário nos precatórios trabalhistas (art. 1º, XII, do Decreto-lei 201/67), de lesão corporal culposa (art. 129, § 6º, do CP) e homicídio culposo em acidente do trabalho (art. 121, § 3º, do CP), falsidade ideológica (em recibos em branco, controles paralelos de jornada – art. 299 do CP), outros crimes de discriminação no emprego das Leis ns. 9.099/95, Lei n. 10.741/2003, (trabalho da mulher, idosos), etc.

6.1.1 O STF e a negação da competência criminal da Justiça do Trabalho

Solucionando o tema no âmbito do controle de constitucionalidade, o STF julgou a ADI 3.648/DF apreciando os incisos I, IV e IX, do art. 114 da Constituição Federal modificados pela EC/45 considerando que "não atribui à Justiça do Trabalho competência para processar e julgar ações penais (01.02. 2007)."

7. Incidente de Deslocamento de Competência (IDC) – § 5º do art. 109 na EC n. 45

Criado pela Emenda Constitucional n. 45/2004, o "incidente de deslocamento de competência" encontra-se disposto no art. 109, § 5º, com a seguinte redação:

---

667 STF. **CC 6.979-1/DF-Ac. TP**. Relator: Min. Ilmar Galvão. 15 ago. 1991.
668 CHAVES JR., José Eduardo de Resende. A Emenda Constitucional n. 45/2004 e a competência penal da Justiça do Trabalho. **Jus Navigandi**, Teresina, ano 10, n. 909, 29 dez. 2005. Disponível em: <http://jus2.uol.com.br/doutrina/texto.asp?id=7787>. Acesso em: 1º abr. 2022.
669 D'AMBROSO, Marcelo José Ferlin. **Competência criminal da justiça do trabalho e legitimidade do Ministério Público do trabalho em matéria penal: elementos para reflexão**. Disponível em: <http://www.anpt.org.br/download/competencia_criminal.doc>. Acesso em: 30 jan. 2006.

Nas hipóteses de grave violação de direitos humanos, o Procurador-Geral da República, com a finalidade de assegurar o cumprimento de obrigações decorrentes de tratados internacionais de direitos humanos dos quais o Brasil seja parte, poderá suscitar, perante o Superior Tribunal de Justiça, em qualquer fase do inquérito ou processo, incidente de deslocamento de competência para a Justiça Federal.

7.1 O Incidente de Deslocamento de Competência (IDC) e sua mecânica política – comparação de casos práticos[670]

Até o momento em que a sétima edição destes Comentários foi escrita, cinco casos foram objeto do IDC, tendo sido o deslocamento admitido em três deles.

O primeiro foi o caso Dorothy Stang (IDC 01/05) negado pelo STJ por entender aquela Corte que a Jurisdição local havia atuado a contento.[671]

O segundo caso foi "Caso Manoel Mattos" vítima de homicídio em em janeiro de 2009 na praia de Acaú, em Pitimbú, município do litoral sul da Paraíba. O crime teve ligação com a atuação profissional da vítima, que era advogado e havia atuado em casos de grupo de extermínio. A 3ª seção do STJ decidiu que era *"notória a incapacidade das instâncias e autoridades locais em oferecer respostas efetivas"* ao caso, que foi deslocado para a JF do Estado.

Levado o caso a julgamento pelo Tribunal do Júri federal em 15 de abril de 2015, os acusados *"Flávio Inácio Pereira, apontado como um dos mandantes da execução, e José da Silva Martins (autor dos disparos) foram considerados culpados pelo Conselho de Sentença. Flávio Inácio Pereira e José da Silva Martins pegaram, respectivamente, 26 e 25 anos"*.[672]

O IDC n. 3 tem como objeto o "deslocamento dos procedimentos administrativos ou judiciais de investigação, inquéritos policiais ou ações penais

---

670 Ver, também, CHOUKR, Fauzi Hassan. **Iniciação ao processo penal**. Florianópolis: Empório do Direito, 2017.

671 Acatou-se, assim, a explicação do Judiciário local, cujo trecho principal é aqui transcrito: Em Pacajá, o Poder Judiciário estadual conta com uma vara única. O Dr. Lucas do Carmo de Jesus é o juiz titular da comarca, com residência fixada na localidade, onde impulsiona os serviços forenses e, segundo as informações do qual (cópia anexa), as polícias Civil e Federal instauraram seus inquéritos, respectivamente, em 12/02/2005 e 13/02/2005, tendo concluído as investigações, antes do prazo legal de 30 dias, sendo que os procedimentos iniciais da fase de instrução foram realizados em tempo recorde. Ainda nessa fase, cerca de dezesseis medidas cautelares penais foram requeridas pelo Ministério Público e pelas Polícias Judiciárias que conduziam as investigações ao Juízo de Pacajá, tais como, prisões temporárias, preventivas, pedidos de interceptações telefônicas, que foram registradas e autuadas em apartado e, apreciadas no menor tempo possível. Foram indiciados Rayfran das Neves Sales, Clodoaldo Carlos Batista, Amair Feijoli da Cunha e Vitalmiro Bastos de Moura, que tiveram suas prisões preventivas decretadas, e foram presos, à exceção do último acusado, em 20/02/2005, 22/02/2005 e 19/02/2005, respectivamente. O oferecimento da denúncia pelo membro do Ministério Público Estadual foi feito de forma célere, tendo sido apresentada essa peça também antes do prazo legal, em 07/03/2005 em face dos 4 (quatro) indiciados, por homicídio duplamente qualificado, na qual são apontados como incursos nas sanções punitivas previstas no art. 121, § 2º, incisos I e IV, do Código Penal Brasileiro. Clodoaldo Carlos Batista e Rayfran das Neves Sales são apontados como executores do assassinato, Amair Feijoli da Cunha foi denunciado como intermediário do crime. O quarto denunciado, Vitalmiro Barros de Moura, que continua foragido, foi denunciado como o mandante do crime. A denúncia foi recebida e no mesmo dia, em despacho, o magistrado definiu o dia 15, às 9h, para o interrogatório dos réus que estão recolhidos no Complexo Penitenciário de Americano, localizado no município de Santa Izabel do Pará, 38 km de Belém, determinando, também, o desmembramento do processo em relação ao réu solto, para que não haja demora na instrução processual relacionada aos outros três que estão recolhidos. No dia aprazado o juiz antes referido se deslocou da comarca e interrogou os denunciados no próprio presídio, entre às 10h e 22h30m, sendo que, ao final, foi concedido aos defensores dos acusados o prazo de 3 (três) dias para a apresentação de defesa prévia e designados os dias 21/03/2005 e 23/03/2005 para a oitiva das testemunhas arroladas pela acusação. Esclareceu, ainda, aquele magistrado que a testemunha Cícero Pinto da Cruz está incluída no Programa de Proteção de Vítimas e Testemunhas e está residindo em Belém, razão pela qual, e por questões de segurança, foi determinada a realização da audiência para sua oitiva nesta Capital, no dia 21/03/2003, às 09h00m, sendo que as demais testemunhas arroladas pela acusação (seis), serão ouvidas no Fórum da Comarca de Pacajá, no dia 23/03/2005, a partir das 09h00m. As partes foram intimadas das deliberações do Juízo na própria audiência. Informou, por fim, o Dr. Lucas de Jesus que aos acusados Rayfran e Clodoaldo foram nomeadas defensoras públicas, eis que não tinham advogados constituídos para promover suas defesas, bem como que todas as diligências requeridas pelo Ministério Público local foram deferidas, consistentes na juntada de peças periciais, de levantamento do local do crime e reprodução simulada do crime, restando a apresentação do laudo de exames correlatos à necropsia, da perícia de danos no veículo queimado próximo ao local do crime, da reprodução simulada da cena do crime e laudo da perícia de recenticidade e eficiência da arma do crime.

672 JUSTIÇA condena dois réus pela morte do advogado Manoel Mattos. **G1** Pernambuco. 15 abr. 2015. Disponível em <http://g1.globo.com/pernambuco/noticia/2015/04/justica-condena-dois-reus-pela-morte-do-advogado-manoel-mattos.html>. Acesso em: 1º abr. 2020.

relacionados a violência policial e atuação de grupos de extermínio no Estado de GO desde 2000".

Nesse caso o STJ assentou e reiterou algumas premissas de apreciação e acolhimento do IDC, podendo ser apresentados os seguintes tópicos:

> É obrigatória a demonstração inequívoca da total incapacidade das instâncias e autoridades locais em oferecer respostas às ocorrências de grave violação aos direitos humanos.
>
> No momento do exame dessa condição devem incidir os princípios da proporcionalidade e razoabilidade, estes que, embora não estejam expressamente positivados, já foram sacramentados na jurisprudência pátria.
>
> Não se pode confundir incapacidade ou ineficácia das instâncias e autoridades locais com ineficiência.
>
> Enquanto a incapacidade ou ineficácia derivam de completa ignorância no exercício das atividades estatais tendentes à responsabilização dos autores dos delitos apontados, a ineficiência constitui a ausência de obtenção de resultados úteis e capazes de gerar consequências jurídicas, não obstante o conjunto de providências adotadas.
>
> Morosidade judiciária, por si só, não justifica a pretensão.[673]

O quinto caso O IDC n.5, tem como objeto a morte do promotor de Justiça estadual Thiago Faria Soares (MPPE) cuja atuação funcional combatia grupos de extermínio no interior de PE. Na decisão, a 3ª turma do STJ concluiu que

> A falta de entendimento operacional entre a Polícia Civil e o Ministério Público estadual enseja um conjunto de falhas na investigação criminal que arrisca comprometer o resultado final da persecução penal, com possibilidade, inclusive, de gerar a impunidade dos mandantes e dos executores do citado crime de homicídio.

O julgamento pelo Tribunal do Júri federal aconteceu em 28 de outubro de 2016 e "José Maria Pedro Rosendo Barbosa, acusado de ser o mandante do crime, foi condenado a 50 anos e 4 meses de reclusão em regime fechado pelo homicídio doloso do promotor e pelas duas tentativas de homicídio".[674]

O IDC n. 4 é o *único caso não penal até o momento*. Foi aforado pelo próprio interessado, o que levou ao não conhecimento da matéria que tinha como objeto "culminaram com sua aposentadoria por invalidez permanente, motivada por laudo que teria constatado quadro de "esquizofrenia paranoide" e de "psicopatia". Alega que "com a publicidade dos autos nos órgãos oficiais e do nome do autor como 'esquizofrênico e psicopata', o ofendido passou a sofrer agressões físicas e morais na sociedade pernambucana nas vias públicas, o que vem gerando perigo de morte à sua vida e tormento à sua família".[675]

8. A Lei para coibir a violência doméstica e familiar contra a mulher e a determinação da competência para feitos penais

A Lei n. 11.340/2006 cria uma nova fonte *material* de fixação de competência que, nos termos dos *Comentários* efetuados no tópico anterior, deve, necessariamente, vir conjugada com um critério *territorial*.

Inicialmente deve ser recordado que a lei em questão não criou novos tipos penais, mas *qualificou* como crimes de violência contra a mulher os tipos penais já existentes.

Neste ponto, pois, cabe inicialmente identificar a conduta como portadora das características acima mencionadas para, então, projetá-la ao órgão jurisdicional competente. Cabe destacar que a estrutura desejada pela Lei está estabelecida pelo art. 14, que assim determina: "Os Juizados de Violência Doméstica e Familiar contra a Mulher, órgãos da Justiça Ordinária com competência cível e criminal, poderão ser criados pela União, no Distrito Federal e nos Territórios, e pelos Estados, para o processo, o julgamento e a execução das causas decorrentes da prática de violência doméstica e familiar contra a mulher", sendo complementado pelo disposto no art. 33:

> Enquanto não estruturados os Juizados de Violência Doméstica e Familiar contra a Mulher, as varas criminais acumularão as competências cível e criminal para conhecer e julgar as causas decorrentes da prática de violência doméstica e familiar contra a mulher, observadas as previsões do Título IV desta Lei, subsidiada pela legislação processual pertinente.

Cria-se, assim, uma estrutura específica de órgãos jurisdicionais (Juizados de Violência Doméstica e Familiar contra a Mulher) com competência *ratione materiae* que, enquanto não instalados, terão sua competência deslocada para as varas criminais

---

673 STJ. **RE no IDC: 3 GO 2013/0138069-0**. Relator: Min. Laurita Vaz. Data de publicação: DJ, 5 jun. 2015.
674 MANDANTE da morte do promotor de Itaíba é condenado a 50 anos de prisão. **G1** Pernambuco, 28 out. 2016. Disponível em:<http://g1.globo.com/pernambuco/noticia/2016/10/mandante-da-morte-do-promotor-de-itaiba-e-condenado-50-anos-de-prisao.html>. Acesso em: 4 abr. 2022.
675 STJ. Incidente de Deslocamento de Competência n. 4 – PE (2013/0278698-1). Relator: Min. Rogério Schietti. Dia de julgamento: 20 maio 2014.

comuns, *inclusive para apreciação das matérias cíveis* decorrentes da lei especial. Por fim, igualmente por expressa disposição legal, ainda que a conduta típica seja uma infração penal de menor potencial ofensivo, está excluída a competência *ratione materiae* dos Juizados Especiais Criminais instituídos inicialmente pela Lei n. 9.099/1995 (art. 41). Trata-se não somente de um afastamento da *competência* como, igualmente, *do procedimento* estabelecido naquela legislação especial.

Mas, uma vez configurada a violência doméstica e, portanto, estabelecida a competência em razão da matéria, deve-se atentar para algumas outras situações que se conjugam a esse aspecto.

Inicialmente, deve-se ter em conta em qual base territorial (critério *ratione loci*) serão desenvolvidos a investigação e o processo. Neste ponto, o critério estabelecido pelo Código de Processo Penal para definir a territorialidade (art. 70) vem como apoio para identificar qual dos Juizados específicos (ou varas criminais) numa mesma comarca será o órgão jurisdicional competente.

Sem embargo, diante da cumulação de ações penais e cíveis no órgão jurisdicional *criminal*, pode haver alguma confusão prática, na medida em que a lei especial determina que, para as ações civis, há foro de eleição (Art. 15. É competente, por opção da ofendida, para os processos cíveis regidos por esta Lei, o Juizado: I – do seu domicílio ou de sua residência; II – do lugar do fato em que se baseou a demanda; III – do domicílio do agressor). Quer nos parecer, no caso de conexão de ações cíveis e criminais, que deverá prevalecer como critério territorial definidor aquele estabelecido como eletivo, vez que ele atende da melhor forma à estrutura genérica da Lei, que é a da proteção da mulher vitimada. No mais, deve ser recordada a possibilidade de deslocamento diante da eleição de foro, que não é desconhecida no processo penal (art. 73).

Outra possibilidade se dá quando há morte da vítima, com ânimo doloso, caracterizando-se, assim, crime doloso contra a vida, configurando-se, dessa forma, a competência constitucional atribuída ao Tribunal do Júri. Aqui não se pode falar de deslocamento do caso para os Juizados de Violência Doméstica e Familiar contra a Mulher e, muito menos, para as varas criminais "comuns", exatamente por conta do estabelecimento, no texto constitucional, dos parâmetros de competência do Júri, que não podem ser modificados por legislação infraconstitucional. Tampouco se pode falar que seja, nessa hipótese, agregada à competência criminal do Tribunal do Júri qualquer questão civil, isto pelo mesmo fundamento legal invocado. Neste ponto, se questões civis surgirem daquela violência, serão processadas e julgadas pelos outros órgãos jurisdicionais mencionados na Lei.

Por fim, a título de reflexão, resta bastante controvertida a opção legislativa em destinar a vara criminal ordinária para julgamento de todas as causas originadas da aplicação da Lei enquanto não estabelecidos os Juizados específicos.

9. Juizados especiais criminais (critério em razão da matéria): definição de infração penal de menor potencial ofensivo

Os juizados especiais criminais têm a definição da matéria que lhes cabe (infrações penais de menor potencial ofensivo) dada pelas Leis ns. 9.099/1995 e 10.259/2001, em suposta complementação do disposto no art. 98 da CR.

Malgrado aberrante técnica iniciada com a Lei n. 9.099/1995 que considerava a essência de uma infração em função do rito utilizado para sua persecução (não eram consideradas infrações de menor potencial ofensivo aquelas que fossem perseguidas por "rito especial"; art. 61 da Lei n. 9.099/1995), a lei que se lhe seguiu foi alvo de imensa polêmica pragmática, na medida em que ampliou o conceito da infração, inclusive para desconsiderar o rito como parte integrante do conceito de infração de menor potencial ofensivo.

Assim, o STJ (3ª Seção)

> firmou o entendimento no sentido de que, preenchidos os requisitos autorizadores, a Lei dos Juizados Especiais Criminais aplica-se aos crimes sujeitos a ritos especiais, inclusive àqueles apurados mediante ação penal exclusivamente privada. Com o advento da Lei n. 10.259/2001, em obediência ao princípio da isonomia, o rol dos crimes de menor potencial ofensivo foi ampliado, porquanto o limite da pena máxima foi alterado para 02 anos.[676]

No entanto, quanto à extensão do conceito em termos da pena máxima, como se tratava nominalmente da regulação dos juizados na esfera federal, foi o quanto bastou para que se tentasse limitar o conceito para aqueles limites jurisdicionais.

Não sem muita resistência, o bom senso prevaleceu para atestar o óbvio: a definição de crime independe da jurisdição que a julga, na medida em que é um conceito substancial e não processual. Apenas se pode aceitar a resistência na aceitação desse conceito elementar porque a nova lei fez aumentar

---

[676] STJ. Relatora: Laurita Vaz. Data de publicação: DJ, 4 ago. 2003. p. 380. Em idêntico sentido: REsp 610.229/RJ 2003/0207407-0. Data de julgamento: 13 abr. 2004. Data de publicação: DJ, 17 maio 2004. p. 284; REsp 609.060/RJ 2003/0208162-0. Data de julgamento: 13 abr. 2004. Data de publicação: DJ, 17 maio 2004. p. 284; REsp 608.883/RJ 2003/0203870-8. Data de julgamento: 13 abr. 2004. Data de publicação: DJ, 17 maio 2004, p. 284, dentre outros.

sensivelmente a quantidade de "infrações de menor potencial ofensivo", o que, no limite, significa o aumento da submissão de pessoas a um sistema penal marcado por flagrantes inconstitucionalidades[677].

9.1 Juizados especiais criminais (critério em razão da matéria): aplicação de "instrumentos" da justiça consensual a tipos que não são infração de menor potencial ofensivo

O alargamento do "modelo consensual" parece ser ilimitado. Além das polêmicas já elencadas, sempre que possível o legislador casuísta faz aumentar a incidência de tipos penais que, sem embargo não serem conceitualmente "infrações penais de menor potencial ofensivo", acabam se sujeitando a determinadas técnicas procedimentais específicas do juizado especial criminal.

Tal estratégia, de duvidosa constitucionalidade, encontra-se presente, por exemplo, na Lei n. 10.741/2003, o "Estatuto do Idoso", que em seu art. 94 determinou que "aos crimes previstos nesta Lei, cuja pena máxima privativa de liberdade não ultrapasse 4 (quatro) anos, aplica-se o procedimento previsto na Lei n. 9.099, de 26 de setembro de 1995 (GN), e, no que couber, as disposições do Código Penal e Código de Processo Penal".

A mesma "técnica" já havia sido usada na Lei n. 9.503/1997 (Código de Trânsito Brasileiro), no art. 291, o qual dispõe que "aos crimes cometidos na direção de veículos automotores, previstos neste Código, aplicam-se as normas gerais do Código Penal e do Código de Processo Penal, se este Capítulo não dispuser de modo diverso, bem como a Lei n. 9.099, de 26 de setembro de 1995, no que couber".

Em ambas as situações, não se trata de "infrações penais de menor potencial ofensivo", mas, sim, de sujeição desses tipos a determinados atos procedimentais especificamente previstos na lei primitiva (Lei n. 9.099/1995), por exemplo a transação penal.

9.2 Juizados especiais criminais (critério em razão da matéria): conjugação com o critério territorial

Sem embargo se tratar de fixação da competência em razão da matéria, aplica-se no caso da jurisdição criminal de menor potencial ofensivo o critério territorial como critério complementar de fixação da competência. Tal se encontra expressamente previsto no art. 63 da Lei n. 9.099/1995: "A competência do Juizado será determinada pelo lugar em que foi praticada a infração penal".

9.3 Juizados especiais criminais (critério em razão da matéria): derrogação da "justiça especial"

Contudo, a própria legislação mencionada determina duas espécies de derrogação da competência dos Juizados, a saber: pela não localização do "autor do fato" para ser citado e pela "complexidade" da causa.

Assim, em relação à primeira hipótese, o art. 66 determina que "a citação será pessoal e far-se-á no próprio Juizado, sempre que possível, ou por mandato. Parágrafo único. Não encontrado o acusado para ser citado, o Juiz encaminhará as peças existentes ao Juízo comum para adoção do procedimento previsto em lei"; com vistas à segunda causa, o art. 77 determina em seu § 2º que "se a complexidade ou circunstâncias do caso não permitirem a formulação da denúncia, o Ministério Público poderá requerer ao Juiz o encaminhamento das peças existentes, na forma do parágrafo único do art. 66 desta lei".

Em ambas as situações, não se deve perder de vista que a infração *ainda é* de menor potencial ofensivo e o deslocamento para a "jurisdição ordinária" se dá por condições estritamente processuais. A segunda delas, acrescente-se, inclusive, fica totalmente à discricionariedade do acusador, merecendo, por óbvio, controle jurisdicional para que se alcance o parâmetro do que vêm a ser as tais "circunstâncias" ou a "complexidade" que impedem o órgão acusador de formular a inicial penal.

9.4 Juizado especial e conexão

Tema não tratado pela lei especial, e de solução insatisfatória a partir do Código de Processo Penal, diz respeito à hipótese de conexão de infrações entre aquelas previstas como de menor potencial ofensivo e as demais.

Já houve provimento que, analisando o problema, considerou que

> em se tratando de pluralidade de crimes, cometidos na previsão do art. 70 do Código Penal, havendo, pois, pluralidade de ações, reunidas em instituto próprio para, literalmente, não ser confundido com o concurso formal e o crime continuado, o Código de Processo Penal, ao tratar das espécies de competência, realça quando ocorre por "Conexão", em cujo âmbito se coloca a espécie "quando a prova de uma infração ou de qualquer de suas circunstâncias elementares influir na prova de outra infração. Se uma das infrações atrair a Lei n. 9.099/95, cumpre distinguir. Princípios constitucionais não podem ser relegados em homenagem à lei ordinária. Se uma das infrações chama o Código de Processo Penal, seguir-se-á o respectivo procedimento. A outra será apreciada conforme a lei especial; uma das suas finalidades é evitar a instrução, aproximando

---

[677] PRADO, Geraldo. **Elementos para uma análise crítica da transação penal**. Rio de Janeiro: Lumen Juris, 2003.

as partes. Encerrado na – fase preliminar – resta prejudicado o procedimento sumaríssimo".[678]

A solução encontrada põe em relevo o fundo constitucional, posição esta que nos parece a mais correta, e vem também esposada igualmente por Bitencourt, para quem

> a competência do Juizado Especial Criminal foi firmada em nível constitucional (art. 98, I, CF), restringindo-se à conciliação (composição e transação), processo, julgamento e execução de infrações penais de menor potencial ofensivo. É competência que delimita o poder de julgar em razão da natureza do delito *(ratione materiae)*, e, sendo assim, absoluta. Logo, na ausência de disposição legal permissiva, é inadmissível a submissão a processo pelo Juizado Especial Criminal de outras infrações penais, sob pena de nulidade absoluta.[679]

Contudo, ainda prevalece a leitura mais rasa ao CPP que à CR em vários precedentes.[680]

9.5 Justiça Eleitoral e Juizado Especial Criminal

É possível o julgamento, pela Justiça Eleitoral, de causas eleitorais consideradas como infrações penais de menor potencial ofensivo. Assim,

> A criação dos Juizados Especiais Criminais não afasta a competência da Justiça Eleitoral para processar e julgar os crimes elencados no Código Eleitoral e nas demais leis, *in casu*, Lei n. 9.504/97, por se tratar de competência em razão da natureza da infração. II. Aplicam-se, todavia, no que cabível, os institutos preconizados na Lei n. 9.099/95. III. A Lei dos Juizados Especiais incide nos crimes sujeitos a procedimentos especiais, desde que obedecidos os requisitos autorizadores, permitindo a transação e a suspensão condicional do processo inclusive nas ações penais de competência da Justiça Eleitoral (RSTJ 174/430).[681]

No entanto, já houve acórdão que não reconheceu tão amplamente a questão, afirmando que "as infrações penais definidas no Código Eleitoral obedecem ao disposto nos seus arts. 355 e seguintes e o seu processo é **especial**, não podendo, via de consequência, ser da competência dos **Juizados Especiais** a sua apuração e julgamento". O termo circunstanciado de ocorrência pode ser utilizado em substituição ao auto de prisão em flagrante, até porque a apuração de infrações de pequeno potencial ofensivo elimina a prisão em flagrante. O entendimento dominante da doutrina brasileira é no sentido de que a categoria jurídica das infrações penais de pequeno potencial ofensivo, após o advento da Lei n. 10.259/2001, foi parcialmente alterada, passando a ser assim consideradas as infrações com pena máxima até dois anos ou punidas apenas com multa. É possível, para as infrações penais eleitorais cuja pena não seja superior a dois anos, a adoção da transação e da suspensão condicional do processo, salvo para os crimes que contam com um sistema punitivo **especial**, entre eles aqueles a cuja pena privativa de liberdade se cumula a cassação do registro se o responsável for candidato, a exemplo do tipificado no art. 334 do Código Eleitoral[682].

9.6 Ato de Turma Recursal de Juizado Especial Criminal e competência para impugnação

A primeira regência de precedentes sobre a matéria levou à edição da Súmula 690[683]: "Compete originariamente ao Supremo Tribunal Federal o julgamento de "habeas corpus" contra decisão de Turma Recursal de Juizados Especiais Criminais."

Esse entendimento sumulado restou, contudo, superado. Assim,

> Quanto ao pedido de análise do aduzido cerceamento de defesa em sede de habeas corpus, ressalto que a Súmula 690/STF não mais prevalece a partir do julgamento pelo Pleno do HC 86834/SP, relatado pelo Rel. Ministro Marco Aurélio (DJ em 9.3.2007), no qual foi consolidado o entendimento de que compete ao Tribunal de Justiça ou ao Tribunal Regional Federal, conforme o caso, julgar habeas corpus impetrado contra ato praticado por integrantes de Turmas Recursais de Juizado Especial.[684]

---

678 STJ. Relator: Luiz Vicente Cernicchiaro. Data de publicação: DJ, 28 set. 1998. p. 121.
679 BITENCOURT, Cezar Roberto. **Juizados especiais criminais e alternativas à pena de prisão**. Porto Alegre: Livraria do Advogado, 1997. p. 59. No mesmo sentido: MOREIRA, Rômulo de Andrade. Competência em caso de conexão ou continência entre infração penal comum e de menor potencial ofensivo. **Boletim IBCCRIM**, São Paulo, v. 10, n. 116, p. 3, jul. 2002.
680 TJ-MG. **CJ 10000130339740000 MG**. 2ª Câmara Criminal. Relator: Beatriz Pinheiro Caires. Data de julgamento: 11 jul. 2013. Data de publicação: 22 jul. 2013.
681 STJ. **CC 37595 SC 2002/0164351-3**. 3ª Seção. Relator: Min. Gilson Dipp. Data de julgamento: 9 abr. 2003. Data de publicação: DJ, 23 jun. 2003. p. 238. RJADCOAS, vol. 47, p. 558; RMP, vol. 22, p. 500; RSTJ, vol. 174, p. 430.
682 Revista de Jurisprudência do TSE, v. 14, t. 1, p. 407.
683 Data de publicação do enunciado: DJ, 13 out. 2003.
684 ARE 676275 AgR. 2ª Turma. Relator: Min. Gilmar Mendes. Data de julgamento: 12 jun. 2012. Data de publicação: DJe, 1 ago. 2012; HC 90905 AgR. 1ª Turma. Relator: Min. Sepúlveda Pertence. Data de julgamento: 10 abr. 2007. Data de publicação:

O precedente que gerou a superação da súmula sobre a competência em grau de recurso para apreciação de decisões proferidas no âmbito dos Juizados Especiais Criminais foi o HC 86.834/SP, tendo como Relator o Min. Marco Aurélio, o e. STF decidiu, não sem antes deixar claras as dificuldades estruturais daquela Corte, ao afirmar que "em quadra na qual se nota que o Supremo fechará o ano com cerca de 78 mil processos distribuídos aos respectivos integrantes, cumpre o apego maior à definição da competência da Corte, estabelecida pela Constituição Federal", concluir que

> por isso, articulo mais uma vez a matéria, concluindo não incumbir ao Supremo julgar *habeas* quando o ato impugnado decorra de atuação de turma recursal de juizado especial criminal, concluindo pela competência do Tribunal de Justiça ou do Tribunal Regional a que vinculado o órgão apontado como coator. No caso, declino da competência para o Tribunal de Justiça do Estado de São Paulo.

A mesma linha de entendimento vale para a impetração de mandado de segurança como analisado por abalizada doutrina.[685]

9.7 Princípios orientadores no julgamento

O julgamento perante o Juizado Especial Criminal orienta-se, de acordo com a CR, art. 98, pela oralidade e sumariedade e, pela Lei n. 9.099/1995 no seu art. 62, pela informalidade, economia processual e celeridade, qualidades às quais se soma, por força da Lei n. 13.603/2018, a simplicidade.

Trata-se de norma com longo processo legislativo com origem no PL 3031/2011 (autoria do Deputado Aguinaldo Ribeiro – PP/PB) que nasceu sob a justificativa de uniformizar os textos dos arts. 2º e 62 da Lei n. 9.099/1995 posto que, no primeiro, consta a simplicidade como princípio e, no segundo, não o havia.

Sem maiores complexidades técnicas, recebeu, apenas, acréscimos de técnica legislativa como "identificar o artigo modificado pelo acréscimo das letras 'NR' maiúsculas, entre parênteses, uma única vez ao seu final".[686]

10. Definição de crime doloso contra a vida

Historicamente, a jurisprudência e a doutrina brasileiras conformaram-se em fazer uma leitura eminentemente tópica do conceito de crimes dolosos contra a vida, certamente incentivadas pelo teor do § 1º do art. 74, que indica como crimes dolosos contra a vida aqueles que estão compreendidos contemporaneamente entre os arts. 121 e 128 do Código Penal. Como consequência, os demais crimes com evento morte, como o estupro seguido de morte e o roubo seguido de morte, são julgados pelo juiz singular togado fora da estrutura do tribunal do júri.

10.1 Crime de Genocídio: competência do Tribunal do Júri ou do Juízo Federal monocrático

No entanto, a figura típica do genocídio deve merecer uma reflexão à parte dada sua previsão na Lei n. 2.889, de 1º de outubro de 1956 e, ainda, no art. 208 do CPM (Decreto n. 1.001/1969), que prevê o crime de genocídio praticado por militar em tempo de paz. A descrição típica integra-se com a previsão do tipo penal de genocídio previsto na Lei n. 2.889/1956 e nos arts. 401 e 402 do mesmo CPM, que preveem, da mesma forma, o crime de genocídio praticado por militar em tempo de guerra.

O caso foi levado à Comissão Interamericana de Direitos Humanos pelo Centro pela Justiça e pelo Direito Internacional – CEJIL, Human Rights Watch/Americas, Programa Venezuelano de Educação e Ação em Direitos Humanos – PROVEA e Escritório do Vicariato Apostólico de Puerto Ayacucho que denunciaram

> a suposta negligência e omissão do Governo do Brasil no massacre de 16 indígenas Yanomami ("as supostas vítimas"), em junho e julho de 1993, na região de Haximu, na Venezuela. Com efeito, os peticionários afirmam que, entre os meses de junho e julho de 1993, em dois incidentes, garimpeiros brasileiros assassinaram 16 indígenas Yanomami na região de Haximu, inclusive anciãos, mulheres e crianças. Posteriormente, segundo os peticionários, a fim de escapar de possíveis retaliações do povo indígena, os garimpeiros, saíram da Venezuela por aeroportos ilegais da região, e teriam se refugiado na cidade de Boa Vista, estado de Roraima, no Brasil.[687]

No âmbito da CIDH o caso foi arquivado porquanto observou-se o funcionamento da Justiça brasileira com

> a condenação de Pedro Emiliano Garcia, Eliézio Monteiro Neri, Juvenal Silva, Francisco Alves Rodrigues e João Pereira de Morais a penas de

---

DJe, 11 maio 2007; HC 86834. Relator: Min. Marco Aurélio. Tribunal Pleno. Data de julgamento: 23 ago. 2006. Data de publicação: DJ, 9 mar. 2007.

685 MOREIRA, Rômulo De Andrade. A Lei n. 12.016/09 e o mandado de segurança em matéria criminal. **Revista do Instituto de Pesquisas e Estudos: Divisão Jurídica**, v. 45, n. 56, 2016.

686 BRASIL. Câmara dos Deputados. **Projeto de Lei nº 3.301, de 2011**. Disponível em: <http://www.camara.gov.br/proposicoesWeb/prop_mostrarintegra?codteor=1330491&filename=PRL+2+CCJC+%3D%3E+PL+3031/2011>. Acesso em: 4 abr. 2022.

687 A ver o relatório de arquivamento em: <http://www.cidh.oas.org/casos.port.htm>.

20 anos e seis meses pelos crimes de genocídio, dano à propriedade e associação para o genocídio, com os agravantes estabelecidos pela Lei 8.072/90 dos Crimes Hediondos. A referida sentença de primeira instância foi anulada em apelação pelo Tribunal Regional Federal (TRF) da 1ª Região, que decidiu que a competência originária para julgar os crimes era da justiça estadual ordinária, por meio de um tribunal do júri, e não do juiz federal. Essa decisão foi emitida em 30 de junho de 1998.

Submetida a recurso especial, o STJ decidiu que

Neste diapasão, no caso sub judice, o bem jurídico tutelado não é a vida do indivíduo considerado em si mesmo, mas sim a vida em comum do grupo de homens ou parte deste, ou seja, da comunidade de povos, mais precisamente, da etnia dos silvícolas integrantes da tribo HAXIMÚ, dos YANOMAMI, localizada em terras férteis para a lavra garimpeira. (...) Recurso conhecido e provido para, reformando o v. aresto a quo, declarar competente o Juiz Singular Federal para apreciar os delitos arrolados na denúncia, devendo o Tribunal de origem julgar as apelações que restaram, naquela oportunidade, prejudicadas, bem como o pedido de liberdade provisória formulado.[688]

Ainda de acordo com a CIDH,

Os réus condenados recorreram contra a mencionada decisão do STJ sobre a competência originária para julgar o delito de genocídio mediante o Recurso Extraordinário RE 351487, apresentado ao STF. A CIDH toma nota de que esse recurso extraordinário foi rejeitado pelo STF em 3 de agosto de 2006. Posteriormente, o TRF emitiu a sua decisão sobre o mérito das apelações contra a sentença condenatória de primeira instância em 1º de setembro de 2009, na qual manteve a condenação aos réus e, além disso, acrescentou à pena de 20 anos e seis meses por genocídio a pena adicional de um ano e dois meses de reclusão pelo crime de "destruição, subtração ou ocultamento de cadáver" estabelecido no artigo 211 do Código Penal brasileiro. Essa decisão passou em julgado em 3 de novembro de 2009, em virtude da qual os perpetradores dos fatos de genocídio contra o povo Yanomami foram condenados mediante uma decisão judicial definitiva.

Com efeito, no "a Turma decidiu afetar ao Plenário o julgamento de recurso extraordinário em que se discute a competência para processar e julgar os crimes cometidos por garimpeiros contra índios ianomâmis, no chamado massacre de Haximu"[689].

E, no STF foi decidido que

O tipo penal do delito de genocídio protege, em todas as suas modalidades, bem jurídico coletivo ou transindividual, figurado na existência do grupo racial, étnico ou religioso, a qual é posta em risco por ações que podem também ser ofensivas a bens jurídicos individuais, como o direito à vida, a integridade física ou mental, a liberdade de locomoção etc. (...) COMPETÊNCIA CRIMINAL. Ação penal. Conexão. Concurso formal entre genocídio e homicídios dolosos agravados. Feito da competência da Justiça Federal. Julgamento cometido, em tese, ao tribunal do júri. Inteligência do art. 5º, XXXVIII, da CF, e art. 78, I, cc. art. 74, § 1º, do Código de Processo Penal. Condenação exclusiva pelo delito de genocídio, no juízo federal monocrático. Recurso exclusivo da defesa. Improvimento. Compete ao tribunal do júri da Justiça Federal julgar os delitos de genocídio e de homicídio ou homicídios dolosos que constituíram modalidade de sua execução.[690]

Desse itinerário jurídico observa-se que, no caso concreto:

- a competência foi fixada inicialmente como do juízo singular federal[691];
- o TRF da 1ª. Região entendeu que a competência seria, no caso, de um júri afeto à justiça estadual[692];
- em Recurso Especial o STJ entendeu que o caso deveria ser julgado pelo juiz federal singular[693]; e, por fim,
- em Recurso Extraordinário o STF entendeu que 'o genocídio não é crime doloso contra a vida, o que constitui razão a mais da competência do juízo monocrático". [694]

---

688 STJ. **REsp 222653 RR 1999/0061733-9**. 5ª Turma. Relator: Min. Jorge Scartezzini. Data de julgamento: 12 set. 2000. Data de publicação: DJ, 30 out. 2000. p. 174. JSTJ, vol. 22, p. 339; LEXSTJ, vol. 139, p. 368; RSTJ, vol. 139, p. 505; RT, vol. 786, p. 605.
689 RE 351.487/RR. Relator: Min. Cezar Peluso. 20 set. 2005.
690 RE 351487. Relator: Min. Cezar Peluso. Tribunal Pleno. Data de julgamento: 3 ago. 2006. Data de publicação: DJ, 10 nov. 2006. PP-00050, Ement Vol-02255-03, PP-00571; RTJ, Vol-00200-03, PP-01360 RT, v. 96, n. 857, 2007. p. 543-557. LEXSTF, v. 29, n. 338, 2007, p. 494-523.
691 Processo n. 93.000574-0, pelo Juiz Federal Itagiba Catta Preta Neto em Boa Vista, Roraima, em 20 de dezembro de 1996.
692 Processo n. 93.000574-0, pelo TRF da 1ª Região, em Brasília, Distrito Federal, em 30 de junho de 1998.
693 Recurso Especial N. 222.653, emitida pelo STJ, em 12 de setembro de 2000 com ementa citada acima, 5ª Turma; Relator: Min. Felix Fischer; Data de julgamento: 12 set. 2000.
694 RE 351487. Relator: Min. Cezar Peluso. Tribunal Pleno. Data de julgamento: 3 ago. 2006. Data de publicação: DJ, 10 nov. 2006. PP-00050, Ement Vol-02255-03, PP-00571; RTJ, Vol-00200-03, PP-01360; RT, v. 96, n. 857, 2007, p. 543-557; LEXSTF, v. 29, n. 338,

Contudo, no caso concreto analisado, porquanto importava em modalidade concursal diante da dinâmica real de cometimento importava na unidade de julgamento perante caberia ao júri federal a competência para julgamento posto que havia crime de genocídio em concurso com crime doloso contra a vida: "É que, havendo concurso entre crimes dolosos contra a vida (os homicídios) e o crime de genocídio, a competência para julgá-los todos seria do Tribunal do Júri, à luz do artigo 5º, inciso XXXVIII, da Constituição Federal, e do artigo 78, inciso I, do Código de Processo Penal".[695]

11. Competência e redes sociais

Na crescente discussão do impacto da tecnologia no processo penal, importante destacar a competência da Justiça Federal, em cotejo com aquela estadual, para julgamento praticado por redes sociais, reiterou o STJ seu entendimento de que "a Terceira Seção do Superior Tribunal de Justiça, em julgamento ocorrido em 13/05/2020, assentou que a Constituição da República "reconhece a competência da Justiça Federal não apenas no caso de acesso da publicação por alguém no estrangeiro, mas também nas hipóteses em que a amplitude do meio de divulgação tenha o condão de possibilitar o acesso", e que, "diante da potencialidade de o material disponibilizado na internet ser acessado no exterior, está configurada a competência da Justiça Federal, ainda que o conteúdo não tenha sido efetivamente visualizado fora do território nacional" (CC 163.420/PR, Rel. Ministro JOEL ILAN PACIORNIK, DJe 01/06/2020; sem grifos no original)."

De igual forma se decidiu no CC 191.970 – RS (2022/0308989-7), Relatora: Ministra Laurita Vaz, j. em 14/12/2022.

CAPÍTULO IV – Da Competência por Distribuição

Art. 75. A precedência da distribuição fixará a competência quando, na mesma circunscrição judiciária, houver mais de um juiz igualmente competente.

Parágrafo único. A distribuição realizada para o efeito da concessão de fiança ou da decretação de prisão preventiva ou de qualquer diligência anterior à denúncia ou queixa prevenirá a da ação penal.

1. Distribuição, prevenção e modelo acusatório de processo

Cabe a Geraldo Prado e Paulo Rangel, em inúmeras palestras, a iniciativa de amoldar os temas da distribuição e da prevenção ao modelo acusatório de processo, buscando superar a compreensão de que elas vinculam o julgador que primeiro tomou contato com um determinado caso a todos os atos que lhe são posteriores, funcionando, nos moldes propostos no presente artigo, como um tipo de critério de "desempate" entre dois juízos igualmente competentes a partir da constatação de que um deles primeiro realizou algum tipo de atividade de caráter jurisdicional.

Ao lado desses dois juristas, deve igualmente ser feita menção à posição de Lopes Jr.[696], para quem "o problema de se ter um juiz com poderes instrutórios vê-se potencializado em sistemas como o brasileiro, que, ao conceberem a prevenção como causa de fixação da competência, geram a imensa monstruosidade jurídica: um juiz investiga e, depois, na fase processual, julga. Mas a crise não surge só com o juiz instrutor, senão com os diversos pré-juízos que os juízes rotineiramente fazem sobre atos da investigação preliminar, gerando um imenso prejuízo. Esse é o ponto nevrálgico da questão: o prejuízo que gera os diversos pré-juízos feitos na investigação preliminar" (grifos no original), para concluir pouco depois, de forma categórica, que "em definitivo, a prevenção deve ser uma causa de exclusão da competência" (grifos no original).

Certamente, não se trata aqui senão de amoldar o Código de Processo Penal à CR e à CADH, que são, como já reiteradamente exposto nestes Comentários, os parâmetros normativos inafastáveis ao "sistema" processual penal. Elas devem, pois, fazer-se refletir em toda a extensão da persecução, primando pela verdadeira equidistância do magistrado em relação à causa, e se projetar desde os momentos investigativos até as tramitações recursais ou de matérias que lhes são transversais, como o *habeas corpus*.

Certamente, também, isso implica uma profunda correção normativa do Código de Processo Penal a partir da interpretação constitucional, o que não se dará sem inúmeros traumas práticos, marcantemente por parte dos operadores do direito que acreditam que o Código se sobrepõe à CR e à CADH.

Assim, trata-se de rever posturas assentadas como as que determinam que "o conhecimento prévio do habeas corpus torna preventa a competência

---

2007, p. 494-523.

[695] Como o recurso era exclusivo da defesa e, em primeiro grau não havia ocorrido a condenação por crime de homicídio, o STF manteve a pena inicialmente cominada.

[696] LOPES JUNIOR, Aury. **Direito Processual Penal**–13ª edição. 13. ed. São Paulo: Saraiva, 2016, p. 267.

do relator para todas as demais ações de habeas corpus em que figure como paciente a mesma pessoa (RISTF, art. 69)"[697], e, sobretudo, daquelas que acreditam que "a distribuição, antes de pretender ser uma garantia ligada ao princípio do Juiz Natural, tem a função de disciplinar o serviço forense, procedendo-se a uma repartição de igualdade entre juízes competentes"[698].

2. "Distribuição" de inquéritos policiais e fixação da competência

Toda a desestrutura da fase investigativa compreendida aqui na sua forma mais corriqueira, o inquérito policial, projeta-se também para o tema da "distribuição", considerando-se de forma ampla que a prática desses atos em que há carga decisória, tomando o juiz conhecimento formal do fato, impede a posterior distribuição dos autos de inquérito a outro juiz.[699]

Assim, a administração se sobrepuja à jurisdição, resumindo-se no provimento que concluiu que "a distribuição do processo, que torna prevento o juízo, é a efetivada no início do inquérito, tendo caráter definitivo; não há distribuição da denúncia"[700].

Com efeito, dentro da lógica inquisitiva do Código de Processo Penal, todo o relacionamento da polícia judiciária se dá com o Juiz, e não com o titular da ação penal, e, por tal razão, o inquérito possui uma distribuição judicial, e não o encaminhamento ao acusador público (na forma como adotada pelo Código).

O relacionamento "direto" entre o Ministério Público e a Polícia Judiciária é apenas residual no País e nem sempre pacífico, e a existência de estruturas como as "centrais de inquérito" também o é. De todo esse cenário, ao qual se agrega que a condução fática da investigação se faz, na modalidade inquérito policial, pela polícia, exsurge uma vez mais que os requerimentos de medidas cautelares se dão entre a administração policial e o magistrado, sendo o acusador público mero expectador de todo esse desenrolar.

Dessa forma, a fixação da competência em virtude da distribuição se dá não por uma medida do acusador no desempenho de uma função junto à jurisdição, mas por atividade da administração policial, postulando atos jurisdicionais (vide uma vez mais a crítica ao modelo cautelar já desenvolvida nestes Comentários) como a decretação da prisão temporária ou a quebra de sigilo telefônico, por exemplo.

3. Hipóteses de não ocorrência da distribuição e da prevenção

Dentro da ótica tradicional, algumas situações descaracterizam a distribuição e, por consequência, a prevenção que se lhe segue. Nesse contexto estão:

- "anterior diligência de busca e apreensão não gera a prevenção, e determinou a livre distribuição do Inquérito Policial cuja instauração teve origem na aludida medida acautelatória. 2. No entendimento majoritário da Colenda 1ª Seção desta Casa, inexiste vínculo entre os procedimentos investigatórios, instaurados com base em documentação apreendida resultante da concretização de diligência de busca e apreensão, e o Juízo que se limitou a autorizá-la"[701];
- na hipótese de interceptação telefônica considerando que "A especialização de varas é forma de racionalização do trabalho jurisdicional e, tratando-se de separação da fase investigatória, inclusive salutar à garantia da imparcialidade do juiz das garantias, que não atuará na no juízo da culpa, com valoração das provas no feito criminal contraditório. 3. A previsão contida no art. 1º da Lei nº 9.296/96 é simples reiteração da regra geral de que as medidas cautelares são solvidas pelo juízo competente para a ação principal, e não determinação de diferenciado tratamento de competência para a quebra do sigilo telefônico"[702];
- "Distribuição feita em virtude de recurso não conhecido"[703].

CAPÍTULO V – Da Competência por Conexão ou Continência

Art. 76. A competência será determinada pela conexão:
    I – se, ocorrendo duas ou mais infrações, houverem sido praticadas, ao mesmo tempo, por várias pessoas reunidas, ou por várias pessoas em concurso, embora diverso o tempo

---

697 STF. **HC 75.684-1/RJ**. Relator: Celso de Mello. Data de julgamento: 12 ago. 1997. Data de publicação: DJU, 21 ago. 1997. p. 38.525.
698 TRF. 2ª Região. DJU, 23 dez. 2002. p. 176. Relator: Juiz Antônio Cruz Netto.
699 Nesse sentido, J-DF. **CCP 57433920118070000 DF 0005743-39.2011.807.0000**. Câmara Criminal. Relator: Silvânio Barbosa dos Santos. Data de julgamento: 23 maio 2011. Data de publicação: 27 maio 2011. Data de publicação: DJ-e, p. 56.
700 TRF. 5ª Região. Rel. Des. Fed. Paulo Roberto de Oliveira Lima. Data de publicação: DJ, 25 abr. 2002. p. 628.
701 TRF-3. **RSE 1620 SP 2001.61.08.001620-5**. 1ª Turma. Relator: Des. Fed. Johonson Di Salvo. Data de julgamento: 24 abr. 2007.
702 STF. **RHC 49.380/ES**. 6ª Turma. Relator: Min. Nefi Cordeiro. Data de julgamento: 4 abr. 2014. Data de publicação: DJe, 4 dez. 2014.
703 TJSP. **HC 131.421-3**. Pirassununga. Relator: Denser de Sá. 2 set. 1992.

e o lugar, ou por várias pessoas, umas contra as outras;
II – se, no mesmo caso, houverem sido umas praticadas para facilitar ou ocultar as outras, ou para conseguir impunidade ou vantagem em relação a qualquer delas;
III – quando a prova de uma infração ou de qualquer de suas circunstâncias elementares influir na prova de outra infração.

1. Objetivo da conexão

Segundo a dogmática processual, que sempre visualiza o fenômeno processual a partir do interesse do Estado (visão estritamente publicista), a conexão é uma técnica processual pela qual se busca evitar o desperdício de recursos públicos na tarefa da persecução penal. Tal economia se manifesta na reunião de causas para evitarem-se julgamentos colidentes ou para uma melhor otimização da produção probatória (conexão instrumental).

Por uma decorrência lógica da premissa adotada, é possibilitado ao Estado desconectar causas quando o objetivo econômico não se fizer presente, o que é justificado dogmaticamente pelo fato de que, na essência, a conexão reúne ações que seriam potencialmente propostas de forma isolada, e que são reunidas apenas em nome do benefício mencionado.

Em outras palavras,

a conexão existe quando duas ou mais infrações estiverem entrelaçadas por um vínculo, um nexo, um liame que aconselha a junção dos processos, proporcionando, assim, ao julgador perfeita visão do quadro probatório, e, de consequência, melhor conhecimento dos fatos, de molde a poder entregar a prestação jurisdicional com firmeza e justiça.[704]

Dessa forma, "Em se tratando de diversos processos-crimes, cujas infrações não foram cometidas numa mesma época por idênticos coautores, inexiste a conexão prevista no art. 76, inciso I, do Código de Processo Penal, dado que a reunião dos feitos, em razão da chamada conexão por concurso, somente é possível quando caracterizada a existência de união de vontades entre todos os agentes dos diversos delitos, e não somente em relação a alguns deles. Não havendo um elo de vontade a unir, de forma unânime, todos os agentes dos delitos, em razão de os coautores não serem identicamente os mesmos em todos os feitos, inocorrente é a chamada conexão intersubjetiva, que exige a existência de um liame, expresso num acordo, mesmo que tácito, que esteja a ligar todos os agentes dos diversos delitos. Havendo diversidade de coautores e utilização de meios próprios e distintos de execução, não há como ser reconhecida a conexão das infrações penais, sob o undamento da existência de crime continuado"[705], prevalecendo a "regra geral determinadora da fixação da competência prevista no artigo 70 do Código de Processo Penal que se mantém incólume"[706].

2. Conexão como forma de alterar (prorrogar) a competência

Da forma como estabelecida, a conexão é causa de modificação da competência, acarretando a "prorrogação", quando se apresenta "um laço ou liame que estabelece a ligação entre as infrações praticadas e as pessoas nelas envolvidas"[707].

No entanto, essa forma de prorrogação não se presta a alterar a estrutura constitucional da distribuição de competência. Com efeito,

mesmo em havendo conexão, não se pode subtrair da Justiça Federal sua competência jurisdicional. Invocável é a "teoria da construção escalonada das normas jurídicas" (stufenbautheorie), uma vez que a Constituição fixa previamente o juiz natural no caso de crimes cometidos contra bens, serviços e interesses da União.[708]

Da mesma maneira,

A norma do art. 81, caput, do CPP, ainda que busque privilegiar a celeridade, a economia e a efetividade processuais, não possui aptidão para modificar competência absoluta constitucionalmente estabelecida, como é o caso da competência da Justiça Federal. Ausente qualquer das hipóteses previstas no art. 109, IV, da CF, ainda que isso somente tenha sido constatado após a realização da instrução, os autos devem ser remetidos ao juízo competente, nos termos do § 2º do art. 383 do CPP.[709]

2.1 Conexão e foro por prerrogativa de função

---

704 TOURINHO FILHO, Fernando da Costa. **Código de processo penal comentado**: arts. 1º a 393º. 14. ed. São Paulo: Saraiva, 2012.
705 TRF. 3ª Região. Relator: Juiz Oliveira Lima. Data de publicação: DJU, 9 maio 2000. p. 194.
706 TRF. 3ª Região. Relator: Juíza Suzana Camargo. Data de publicação: DJ, 17 nov. 1998.
707 FREDERICO MARQUES, 1998. p. 273. v. I.
708 STJ. **Rec. em HC nº 5.622-SP**. 6ª Turma. Relator: Min. Vicente Leal. Data de publicação: DJU, 1º set. 1997.
709 HC 113.845. 2ª Turma. Relator: Min. Teori Zavascki. Data de julgamento: 20 ago. 2013. Data de publicação: DJE, 5 set. 2013.

3. A conexão de ações pela ótica dos direitos fundamentais

De forma relevante, pode-se afirmar que a conexão, visualizada como mecanismo de salvaguarda dos direitos fundamentais da pessoa acusada submetida à jurisdição do Estado, implica a impossibilidade do exercício do Direito à persecução da forma mais gravosa ao polo passivo. A conexão deixa de ser, assim, uma mera faculdade do Estado para tornar-se num direito da pessoa a ser submetida ao processo da forma como melhor possa se defender (conexão instrumental) de múltiplas imputações.

Reflexamente, o tema da conexão se ligará ao da litispendência e da impossibilidade da submissão da pessoa acusada a dupla persecução simultânea, sendo que "não se determina a competência pela prevenção do Juízo, se os fatos apurados são, em tese, diversos, não restando caracterizada a hipótese de conexão"[710].

E, como consequência direta, "No caso de duas ações penais que, com base nos mesmos fatos, narram condutas diversas, com diferente enquadramento típico, o procedimento correto é a reunião de ambas perante um único juízo, tendo em vista a conexão, tal como reconhecido no acórdão impugnado"[711].

4. Conexão como relação entre duas ações penais – consequências

Corolário direto da compreensão de que a conexão vincula duas ações penais, está a situação na qual se encontra descaracterizada a conexão quando uma das persecuções já estiver finda. Em outras palavras, a "existência de processo findo que faz com que desapareça eventual conexão entre as demandas, tornando inexistente qualquer razão de ordem prática a justificar alteração da competência originária" (TJSP; CC; Relator: Sabino Neto; 30 jan. 1992).

5. Inaplicabilidade dos conceitos em relação à investigação preliminar

Conexão e continência são conceitos ligados à fixação da competência e se prendem aos fenômenos jurisdicionais. Assim, não se aplicam à relação entre uma ação penal e a investigação. Nesse sentido, "os arts. 78 e seguintes do CP tratam de conexão ou continência de 'processos'. No caso concreto, só existe um processo. O outro feito (inquérito) ainda se acha em gestação, constituindo um mero procedimento administrativo. Impossibilidade de reunião"[712].

6. "Classificação" das espécies de conexão

Diante das várias hipóteses dos incisos do artigo em tela, tem-se normalmente aceito a "classificação" da conexão como:

- Entre sujeitos (intersubjetiva): a do inciso I do art. 76, ou seja, aquela "que exige a existência de um liame, expresso num acordo, mesmo que tácito, que esteja a ligar todos os agentes dos diversos delitos".[713]
- Conexão teleológica: a do inciso II do art. 76, a qual demanda um grau de proximidade entre as infrações, de modo a considerá-las num mesmo contexto fático.[714]
- Instrumental: a do inciso III, que visa a uma melhor produção probatória (tratando-se de conexão probatória ou instrumental, no sentido de que a prova de uma infração influa na de outra, por economia processual e, também, eficácia probatória, como adverte a doutrina, é de rigor a reunião dos processos.[715]

Para esta última hipótese (assim como para as demais), deve-se recordar que "a jurisprudência do Supremo Tribunal Federal firmou entendimento e que, para restar configurada a conexão instrumental, *não bastam razões de mera conveniência* no *simultaneus processus*, reclamando-se que haja vínculo objetivo entre os diversos fatos criminosos".[716]

6.1 Conexão "instrumental" e colaboração premiada

A dimensão contemporânea do emprego da colaboração premiada vem trazendo desafios hermenêuticos não apenas para a adequação desse mecanismo ao marco constitucional-convencional, como, também, perante a arcaica e defasada estrutura do CPP. Acentua-se a dificuldade desse cenário quando muitos dos casos possuem a chamada "competência originária" por prerrogativa de função.

Exatamente no âmbito de caso rumoroso e com inúmeros desdobramentos foi apreciada a questão envolvendo a Colaboração premiada, prevenção e a conexão. Tirante os aspectos específicos do caso e indo para uma apreciação mais ampla da forma de interligação desses institutos, o STF

---

710 STJ. Relator: Gilson Dipp. Data de publicação: 4 mar. 2002. p. 275.
711 STF. **HC 97.216**. Relator: Min. Joaquim Barbosa. Data de julgamento: 16 nov. 2010. Segunda Turma, DJE de 1º-2-2011
712 STJ. Relator: Adhemar Maciel. Data de publicação: 15 maio 1995. p. 13445.
713 TRF. 3ª Região. Relator: Juiz Oliveira Lima. Data de publicação: DJU, 9 maio 2000. p. 194.
714 Descrevendo situação em que tal liame não ocorreu, ver TRF. 1ª Região. Relator: Olindo Menezes. Data de publicação: DJU, 25 jun. 1999. p. 150.
715 STJ. Relator: Fernando Gonçalves. Data de publicação: 25 set. 2000. p. 147.
716 HC 81.811/RJ. 1ª Turma. Relator: Min. Sepúlveda Pertence. Data: DJ, 22 nov. 2002 (sem grifo no original).

teceu considerações acerca do instituto da colaboração premiada, necessárias ao correto desate da controvérsia quanto à prevenção. Nesse sentido, ressaltou que, no seio da avença, o colaborador presta declarações perante a autoridade policial e/ou o Ministério Público com vistas a um ou mais resultados elencados nos incisos do art. 4º da Lei 12.850/2013. Não raro, como ocorre na hipótese em análise, relata-se mais de um fato delituoso em contextos não necessariamente imbricados. Ponderou que, apesar de a Corte ter decidido, no Inq 4.130 QO/PR (DJE de 3.2.2016), que o juízo homologador do acordo não é, necessariamente, competente para o processamento de todos os fatos relatados, existindo, entretanto, entre esses episódios, ao menos um em que se verifique a presença de conexão com objeto de feito previamente distribuído, faz-se imperiosa a observância da regra prevista no art. 79, "caput", do Código de Processo Penal (CPP), a demandar a distribuição por prevenção, nos exatos termos do art. 69, "caput", do RISTF. Com efeito, verificada a existência de liame de natureza objetiva, subjetiva ou probatória entre o conteúdo de termos de depoimento prestados pelo colaborador e o objeto de investigação em curso, incumbe à autoridade judicial responsável pela supervisão do procedimento investigatório, por força da prevenção, homologar o acordo de colaboração celebrado e adotar, subsequentemente, as providências acerca de cada fato relatado. Tal conclusão resguarda o jurisdicionado dos efeitos da litispendência e da coisa julgada. O Colegiado frisou ser o juízo prevento o detentor de condições mais adequadas para analisar os pontos de contato entre as declarações dos colaboradores e as outras investigações em curso, impondo, se for o caso, a tramitação conjunta.[717]

6.2 Conexão e limites à atividade acusadora

"A conexão permite ao juízo disputar a competência para julgamento do feito, mas não o autoriza, a pretexto do liame probatório, a superar o dominus litis, o Ministério Público, e determinar o oferecimento de denúncia contra o impetrante, formulando prévio juízo de culpa, gerador de nulidade processual. A conexão intersubjetiva ou instrumental decorrente de encontro fortuito de prova que nada tem a ver com o objeto da investigação principal, não tem o condão de impor o unum et idem judex, máxime com vulneração do princípio acusatório. A conexão no processo dá-se em favor da jurisdição de modo a facilitar a colheita da prova, evitar decisões contraditórias e permitir cognição mais profunda e exauriente da matéria posta a julgamento. O simples encontro fortuito de prova de infração que não possui relação com o objeto da investigação em andamento não enseja o simultaneus processus."[718]

7. Irrecorribilidade do provimento que decide sobre reunião de processos

Consoante entendimento assentado, "é irrecorrível a decisão que indefere a reunião de processos, quando não caracterizada a conexão ou continência"[719].

8. Descabimento do *habeas corpus* para decidir sobre a existência de conexão

Não se conhece de *habeas corpus* quanto à inexistência de conexão, pois é questão que não foi submetida à Corte de segundo grau, em observância da repartição constitucional de competência[720].

9. Conexão e reabilitação

Já se decidiu que

> pedidos de reabilitação relativos a sentenças condenatórias diversas, mas por ele mesmo prolatadas. A regra de conexão instrumental, prevista no art. 76, III, do CPP pode e deve, por analogia, ser estendida ao processo não condenatório, quando os mesmos e idênticos elementos de convencimento ofereçam relevância plúrima. Impõem-no o princípio da economia processual. Autoriza-o a analogia com o procedimento de escopo condenatório (apenas minuciosamente regulamentado pelo legislador). Recomenda-o a regra lógica que faz imaginar o pouco alcance de uma reabilitação por partes, a pressões sucessivas; particularmente quando seja possível decidir-se unitariamente da pretensão.[721]

Art. 77. A competência será determinada pela continência quando:
   I – duas ou mais pessoas forem acusadas pela mesma infração;

---

717 STF. **Pet 7074 QO/DF**. Relator: Min. Edson Fachin. Data de julgamento: 21, 22, 28 e 29 jul. 2017. (Pet-7074).
718 RHC 120.379. 1ª Turma. Relator: Min. Luiz Fux. Data de julgamento: 26 ago. 2014. Data de publicação: DJE, 24 out. 2014.
719 STJ. **REsp 93375 PR 1996/0023121-4**. 5ª Turma. Relator: Min. Cid Flaquer Scartezzini. Data de julgamento: 3 mar. 1998. Data de publicação: DJ, 6 abr. 1998. p. 146.
720 STJ. Relator: Paulo Medina. Data de publicação: 31 maio 2004. p. 368.
721 JTacrim 75/164.

II – no caso de infração cometida nas condições previstas nos arts. 51, § 1º, 53, segunda parte, e 54 do Código Penal.

1. Continência como causa de modificação da competência

"Na hipótese de concurso de infrações penais de jurisdições originárias diversas, a competência da Justiça Federal para uma delas atrai, por conexão ou continência, a competência para o julgamento das demais."[722]

2. Continência como manifestação processual do concurso de pessoas

A continência é a manifestação processual do concurso de pessoas tal como estabelecido no art. 29 do CP. Assim, em primeiro plano, "Inexistindo concurso de agentes ou liame circunstancial entre os delitos, não se modifica a competência por conexão ou continência"[723], raciocínio que vale, inclusive, para a Justiça castrense, em cujo âmbito já decidiu que "Na infração em concurso de agentes o que se exige é a apuração em um só processo. A conexão e a continência determinam a unidade do processo, conforme previsto no artigo 102 do CPPM, sendo sua separação uma exceção que no caso é incabível".[724]

Art. 78. Na determinação da competência por conexão ou continência, serão observadas as seguintes regras: (Redação dada pela Lei n. 263, de 23 fev. 1948)
I – no concurso entre a competência do júri e a de outro órgão da jurisdição comum, prevalecerá a competência do júri; (Redação dada pela Lei n. 263, de 23 fev. 1948)
II – no concurso de jurisdições da mesma categoria: (Redação dada pela Lei n. 263, de 23 fev. 1948)
 a) preponderará a do lugar da infração, à qual for cominada a pena mais grave; (Redação dada pela Lei n. 263, de 23 fev. 1948)
 b) prevalecerá a do lugar em que houver ocorrido o maior número de infrações, se as respectivas penas forem de igual gravidade; (Redação dada pela Lei n. 263, de 23 fev. 1948)
 c) firmar-se-á a competência pela prevenção, nos outros casos; (Redação dada pela Lei n. 263, de 23 fev. 1948)
III – no concurso de jurisdições de diversas categorias, predominará a de maior graduação; (Redação dada pela Lei n. 263, de 23 fev. 1948)
IV – no concurso entre a jurisdição comum e a especial, prevalecerá esta. (Redação dada pela Lei n. 263, de 23 fev. 1948)

1. Súmula 721 do STF

A competência constitucional do tribunal do júri prevalece sobre o foro por prerrogativa de função estabelecido exclusivamente pela Constituição estadual. Assim, para

saber a quem cabe julgar os crimes dolosos contra a vida quando praticados por deputado estadual, isto é, se a prerrogativa de função desses parlamentares está inserida na própria CF ou apenas na Constituição do estado. As constituições locais, ao estabelecer para os deputados estaduais idêntica garantia prevista para os congressistas, refletem a própria CF, não se podendo, portanto, afirmar que a referida prerrogativa encontra-se prevista, exclusivamente, na Constituição estadual. Assim, deve prevalecer a teoria do paralelismo constitucional, referente à integração de várias categorias de princípios que atuam de forma conjunta, sem hierarquia, irradiando as diretrizes constitucionais para os demais diplomas legais do estado. Diante desses fundamentos, por maioria, conheceu-se do conflito e se declarou competente para o julgamento do feito o TJ.[725]

2. Latrocínio: Súmula 603 do STF

De acordo com a Súmula 603 do STF, "A competência para o processo e julgamento de latrocínio é do juiz singular e não do tribunal do júri". Trata-se de entendimento aprovado na Sessão Plenária de 17/10/1984 com base nos precedentes HC 57387 (Publicações: DJ de 29/02/1980; RTJ 96/1031), HC 57086 (Publicações: DJ de 10/08/1979, RTJ 90/847), HC 56817 (Publicações: DJ de 30/03/1979, RTJ 93/102) e HC 56704 (Publicações: DJ de 23/03/1979, RTJ 95/94), todos com base no Código Penal com sua redação original de 1940 e antes da CR/88.

---

722 RHC 96.713. 2ª Turma: Relator: Min. Joaquim Barbosa. Data de julgamento: 7 dez. 2010. Data de publicação: DJE, 1º fev. 2011. No mesmo sentido: RHC 106.815. 1ª Turma. Relator: Min. Marco Aurélio. Data de julgamento: 14 abr. 2015. Data de publicação: DJE, 18 maio 2015.

723 STJ. **CC 38675 PE 2003/0049575-0**. 3ª Turma. Relator: Min. Maria Thereza de Assis Moura. Data de julgamento: 28 fev. 2007. Data de publicação: DJ, 26 mar. 2007. p. 195.

724 STM. **RSE 1083720137010201 RJ 0000108-37.2013.7.01.0201**. Relator: Olympio Pereira da Silva Junior. Data de julgamento: 26 nov. 2013. Data de publicação: DJE, 14 fev. 2014.

725 STJ. **CC 105.227**. 3ª Seção. Relator: Min. Maria T. A. Moura. Data de julgamento: 24 nov. 2010.

Mas, para o tema do latrocínio surge em dificuldade a própria configuração desse crime, com as hipóteses variando de acordo com a consumação/tentativa da morte e/ou subtração do patrimônio.

E, para solucionar a questão, ao menos no campo dos precedentes, o STF editou a Súmula 610 – "Há crime de latrocínio, quando o homicídio se consuma, ainda que não realize o agente a subtração de bens da vítima".

3. Conexão e continência entre Tribunal do Júri e infrações penais de menor potencial ofensivo: a Lei n. 11.313, de 28 de junho de 2006

Visando solucionar o histórico impasse mencionado no tópico anterior, foi editada a Lei n. 11.313/2006, alterando os arts. 60 e 61 da Lei n. 9.099, de 26 de setembro de 1995. Da redação adotada pode-se concluir que diante do vácuo legislativo anterior que deixava a solução da lacuna ao sabor de entendimentos doutrinários e jurisprudenciais houve evolução. Mas, lamentavelmente, outros problemas são evidenciados.

Um deles é o da possibilidade de legislação infraconstitucional alterar, por via da conexão ou continência, competência constitucionalmente estabelecida, no caso a do Juizado Especial Criminal, deslocada por força da *vis atractiva* para a "justiça comum" ou o "Tribunal do Júri" (aliás, como se este fosse uma sorte de jurisdição especial, o que não é).

A não ser que se queira interpretar a Constituição a partir do Código – tarefa comuníssima no quotidiano jurídico –, não se poderia excepcionar a competência constitucional do Juizado Especial Criminal senão pela própria CR, o que somente se daria por força de Emenda Constitucional, o que não foi o caso. Essa também parece ser a posição de Moreira.[726]

No mais, outro tópico a ser enfrentado diz respeito ao procedimento para a transação penal e composição de danos civis, mais exatamente *quando* e *por quem* essas regras devem ser praticadas e apreciadas.

No caso de norma igualmente "despenalizadora", como apraz a parte da doutrina (suspensão condicional do processo), existe regra quanto ao momento da sua proposta (quando da denúncia) e acostumou-se a fazer a sua apreciação no ato de interrogatório. Caso o encaminhamento da solução seja o mesmo, a proposta de transação deveria ser precedente ao oferecimento da denúncia (levando-se em conta a suposta natureza "despenalizadora" dos "institutos") ou, no mínimo, a parte dela, e apreciada pelo juiz togado que preside a Vara do Júri.

Mas essa solução, rigorosamente falando, significaria a quebra da própria estrutura da conexão nos crimes dolosos contra a vida, que, antes de ser um problema de procedimento, é um tema de juiz natural. Pela solução acima, infrações penais de menor potencial ofensivo jamais seriam apreciadas de forma conexa pelo juiz natural, lembrando-se que, uma vez sendo pronunciado o réu por aqueles crimes, os conexos devem acompanhá-lo ao plenário, sob pena de usurpação da garantia constitucional do juiz natural, que não é o juiz togado, mas sim o conselho de sentença, como já mencionado nestes *Comentários*.

Se assim for, o que a norma em vigor causou foi a supressão da competência do Juizado Especial Criminal para as infrações penais de menor potencial ofensivo nas causas "conexas" aos crimes dolosos contra a vida, mas, igualmente, subtraiu do juiz natural dessas causas (o conselho de sentença) a apreciação das infrações penais de menor potencial ofensivo, destinando a apreciação da "transação penal" e da "indenização civil" a quem nada tem a ver com os fatos: o juiz-presidente do Tribunal do Júri.

Pragmaticamente, a saída tenderá a ser essa, sem grandes titubeios, quer-nos parecer. Certamente, será argumentado que o utilitarismo dos "institutos despenalizadores" não se compraz com a longevidade do procedimento do Júri e não se amolda a uma apreciação pelos jurados, sendo objetado, inclusive, como se deveria fazer para incluir, na sessão de julgamento, a apreciação da transação penal e da composição civil de danos.

Ao final, uma vez mais, as consequências pragmáticas se sobrepondo ao texto constitucional. Melhor seria, como já apregoado nestes *Comentários*, a cisão das causas de menor potencial ofensivo daquelas atinentes aos crimes dolosos contra a vida, caminho não optado pelo legislador ordinário.

3.1 Conexão e continência entre Tribunal do Júri e mecanismos despenalizadores: Lei n. 11.689/2008

Como nova tentativa de dar maior sistematicidade ao tema, na reforma do júri de 2008 acabou por prever tratamento renovado à matéria em seu art. 492 deste Código onde é efetuada a análise específica.

3.2 Desclassificação para competência do Juizado Especial Criminal

A posição que se consolida admite a permanência da competência no Juízo de origem, como em caso no qual o

---

726. MOREIRA, Rômulo de Andrade. Conexão e continência e os juizados especiais criminais. A Lei n. 11.313/2006. **Jus Navigandi**, Teresina, ano 10, n. 1.108, 14 jul. 2006. Disponível em: <http://jus2.uol.com.br/doutrina/texto.asp?id=8642>. Acesso em: 4 abr. 2022.

processo [está] em fase de alegações finais – desclassificação para infração de menor potencial ofensivo – redistribuição dos autos à Vara do JECrim – impossibilidade – princípios da perpetuação da jurisdição e da identidade física do juiz – inteligência do artigo 87 do Código de Processo Civil aplicado por analogia ao processo penal e do artigo 399, § 2º, do Código de Processo Penal.[727]

E será perante esse Juízo que os eventuais instrumentos despenalizadores deverão ser atuados pois a modificação da competência operada carrega consigo não apenas uma mudança de rito, mas, sobretudo, do exercício de alternativas ao processo (mecanismos de não aplicação de pena).

4. Natureza da competência do art. 78, I
É absoluta, dada a fundamentação constitucional[728] levando consigo os crimes conexos pois "Na determinação de competência por conexão ou continência, no concurso entre a competência do júri e a de outro órgão da jurisdição comum, prevalecerá a competência do júri, tudo conforme a regra do art. 78, I, do CPP".[729]

5. Critérios de atribuição da competência: penas mais graves entre os vários crimes praticados
Quando se estiver no âmbito da mesma parcela de competência, com dois juízos estritamente iguais na distribuição de competência, o que acarretaria, em tese, a situação que ambos poderiam ser competentes para o caso, é necessário impedir que o Estado submeta a pessoa acusada a uma dupla persecução simultânea, donde a existência de critérios de atribuição de competência, a começar pela pena imposta em abstrato ao delito capitulado.

Levando-se em conta tudo quanto já foi dito nestes **Comentários** sobre a precariedade do sistema pátrio para a estabilização da demanda, é bem possível que a infração mais grave quando da imputação não o seja ao final, quando da sentença. Mais ainda, como já visto nos artigos precedentes, a distribuição de inquéritos policiais (modalidade mais frequente da investigação preparatória) passa a ter um papel decisivo no cenário do tema.

Desde uma análise estritamente literal das disposições penais, poucas são as dúvidas, pois o *quantum* de pena em abstrato (pena *máxima*, por certo)
fala por si. O roubo é mais grave que o furto ou que o estelionato; a falsificação é mais grave que o uso do documento falso etc.

6. Natureza "relativa" do critério do art. 78, II e suas alíneas
Na leitura tradicional do Código de Processo Penal, "Ressalte-se que, quando da determinação do juízo prevalente nas causas conexas e continentes, se inservíveis os critérios do art. 78, II, "a" e "b", do CPP (CPP, art. 78, II, "c"), atua como verdadeiro critério de concentração da competência relativa".[730]

7. "Graduação de jurisdições" como critério de solução
Quando o Código de Processo Penal fala em "jurisdições de diversas categorias" (inciso III), ou "jurisdições da mesma categoria", incorre em erro técnico, na medida em que, sendo a jurisdição sinônimo de *poder*, ela não apresenta "categorias" e, sendo a competência, dentro da leitura tradicional, "uma fração" da jurisdição, não se apresenta em categorias como se fora uma patente militar.

Sem embargo, o que existe é, por força constitucional, uma divisão material para o exercício da jurisdição. O que define, pois, a competência é a matéria destinada a cada um dos órgãos jurisdicionais, tendo como ponto de partida a CR.

Emanando dela, a partir de uma lógica excludente, tomando como ponto de partida a mais alta especialização da organização da Justiça brasileira (o STF), vai-se caminhando pelos Tribunais Superiores e pela distinção entre Justiça Federal e Estadual, sempre tendo como ponto de partida a matéria (e não "graus" ou "categorias" de jurisdição). Em si, nenhuma jurisdição é mais categorizada ou mais importante que outra.

> Art. 79. A conexão e a continência importarão unidade de processo e julgamento, salvo:
> I – No concurso entre a jurisdição comum e a militar;
> II – No concurso entre a jurisdição comum e a do juízo de menores.
>
> § 1º Cessará, em qualquer caso, a unidade do processo, se, em relação a algum corréu, sobrevier o caso previsto no art. 152.

---

727 TJ-SP. **CJ 00130532920158260000** SP 0013053-29.2015.8.26.0000. Câmara Especial. Relator: Eros Piceli (Vice-Presidente). Data de julgamento: 27 jul. 2015. Data de publicação: 1º ago. 2015.

728 TJSP. **Recurso em Sentido Estrito 362.239-3**. Franco da Rocha. 1ª Câmara Criminal. Relator: Fortes Barbosa. Data de publicação: 25 mar. 2002, v.u.

729 TJ-MG. **APR 10521120052423002 MG**. 2ª Câmara Criminal. Relator: Catta Preta. Data de julgamento: 14 ago. 2014. Data de publicação: 25 ago. 2014.

730 STJ. **CC 131030** SP 2013/0368082-0. Relator: Min. Ribeiro Dantas. Data de publicação: DJ, 30 maio 2017.

§ 2º A unidade do processo não importará a do julgamento, se houver corréu foragido que não possa ser julgado à revelia, ou ocorrer a hipótese do art. 461.

1. Súmula 704 do STF
Não viola as garantias do Juiz Natural, da ampla defesa e do devido processo legal a atração por continência ou conexão do processo do corréu ao foro por prerrogativa de função de um dos denunciados.

2. Efeitos da conexão e continência nos casos de concurso de justiças
O art. 79 do CPP, ao estabelecer os efeitos da conexão e da continência, determina a unidade de processo e julgamento, ressalvando tão somente as situações previstas nos seus incisos e parágrafos e no art. 80 do CPP, de onde decorre que, absolvido o réu de crime da competência da Justiça Federal, continua esta competente para julgar o crime da competência da Justiça Estadual [731].

3. "Juízo de Menores"
Trata-se, na verdade, da Vara da Infância e Juventude. Nessas hipóteses, tendo a conduta típica sido praticada por inimputável etário ao lado de pessoas imputáveis, àquela Vara caberá a apuração do denominado ato infracional, enquanto à Justiça Criminal o julgamento dos demais.

Art. 80. Será facultativa a separação dos processos quando as infrações tiverem sido praticadas em circunstâncias de tempo ou de lugar diferentes, ou, quando pelo excessivo número de acusados e para não lhes prolongar a prisão provisória, ou por outro motivo relevante, o juiz reputar conveniente a separação.

1. Causas de separação dos processos conexos
O Código de Processo Penal dispõe algumas circunstâncias que facultativamente autorizam a desunião de causas que inicialmente poderiam ser alvo de conexão, mesmo porque, "a conexão nem sempre impõe a junção dos processos".[732]

Dessa forma,

O Código de Processo Penal, no seu art. 80, faculta ao magistrado, embora haja conexão ou continência, separar os autos ao aferir, em seu juízo de conveniência, a existência de motivo relevante, em benefício dos acusados ou da própria administração da Justiça [733], dentro das fundamentações a saber:

- condições diferentes de tempo e local do cometimento das infrações;
- excessivo número de acusados e seus reflexos na "prisão provisória";
- "motivo relevante", a critério do juiz;
- desconexão pela previsibilidade do excesso de prazo.

A desconexão deve ser providenciada pelo magistrado, pois, "se o amplo excesso de prazo da prisão preventiva não pode ser atribuído ao próprio acusado, e não sendo, no caso, suficiente para justificá-lo o número de acusados, pois não se verifica a adoção de qualquer medida tendente a agilizar o processo e nem aquela prevista no art. 80, segunda parte, do Código de Processo Penal, é de conceder-se o *habeas corpus* para que responda o paciente em liberdade ao processo penal a que se encontra submetido"[734], sendo o "desmembramento do processo determinado para não prolongar a prisão provisória do acusado"[735].

Tal caso não pode ser tido como mera "faculdade" do julgador, na medida em que compromete a liberdade da pessoa acusada e, reflexamente, o próprio desenvolvimento da relação processual.

Isso dito, entendimento em sentido exatamente oposto, calcado na insistência da reunião de ações, acaba por onerar os acusados com demora na produção da prestação jurisdicional, considerando-se que

o elevado número de acusados e a diversidade dos municípios de domicílio de cada um deles, bem como o fato de que o processamento do feito por esta Corte, em Estado diverso daquele em que teve lugar o ilícito penal, torna necessária a expedição de cartas precatórias, autoriza que se leve em consideração o princípio da razoabilidade no que diz respeito aos prazos para conclusão das diversas etapas da instrução criminal.[736]

2. Desconexão pela pluralidade de tempo e local de execução
Muito embora o Código de Processo Penal tenha se pautado (ou tenha buscado fazê-lo) no local da *consumação* como o determinante territorial da competência, no presente artigo, ao tratar da possibilidade

---

731 TRF. 1ª Região. Relatora: Juíza Vera Carla Nelson de Oliveira Cruz. DJ, 29 maio 2002. p. 102.
732 STF. **Inq. 1887/GO**. Relator: Min. Ellen Gracie.
733 STJ. Relator: Fernando Gonçalves. Data de publicação: 21 out. 2002. p. 432.
734 TJSP. **HC 179.328-3**. Diadema. Relator: Gonçalves Nogueira, v.u. 24 jan. 1995.
735 STF. RT 621/401.
736 TRF. 2ª Região. Relator: Juiz Ney Fonseca. Data de publicação: DJU, 20 jun. 2003. p. 72.

de desunir causas, emprega como fator determinante o local da *atividade* ("tiverem sido praticadas").

Assim, "se as diversas infrações – art. 157, § 2º, inciso I, e art. 157, § 3º – foram cometidas em circunstâncias de tempo e de lugar diferentes, é conveniente a separação dos processos, nos termos do art. 80, do CPP"[737], sendo igualmente claro que "Não há conceber que infração ainda em fase de apuração, em sede de inquérito, possa exercer *vis atractiva* sobre outras que já ensejaram a instauração de ação penal".[738]

3. Desconexão por número excessivo de acusados e celeridade do julgamento

O número excessivo de acusados, mesmo diante da existência de foro por prerrogativa de função, pode causar a cisão do julgamento, mantendo-se no foro especial apenas aquele que o detém e remetendo-se o caso para a jurisdição comum, a fim de que os demais sejam julgados. Assim,

> a atual jurisprudência desta Corte Especial, em consonância com o entendimento da Suprema Corte, vem decidindo que em hipóteses semelhantes à dos autos, em que a grande maioria dos denunciados não tem foro por prerrogativa de função (*in casu*, dos dez denunciados, apenas um detém o foro por prerrogativa de função por ter assumido o cargo de Conselheiro da Corte de Contas Estadual), bem como por ser real o risco da verificação da prescrição da pretensão punitiva do Estado em relação a vários dos crimes narrados na proemial acusatória, o desmembramento do feito, nos termos do art. 80 do CPP, é medida que busca, em verdade, garantir a celeridade e razoável duração do processo, além de tornar exequível a própria instrução criminal de modo a viabilizar a *persecutio criminis in iudicio*, preservando a observância da ampla defesa e do princípio do juiz natural.[739]

5. Desconexão por "outro motivo relevante"

O Código de Processo Penal, dentro de sua lógica, visualiza o tema da competência a partir dos interesses do Estado na persecução e, por conseguinte, é natural que tenha alocado (mais) uma cláusula aberta para facultar ao juiz, dentro dos mais amplos padrões discricionários, desunir processos, sendo de forma ampla considerado que "Na forma do art. 80, do Código de Processo Penal, apresenta-se como facultativa a separação dos processos, não se vislumbrando, na hipótese, ilegalidade ou abuso de poder no ato do juiz que, valendo-se desse dispositivo legal, determinou a separação dos processos".[740]

Algum parâmetro objetivo pode ser encontrado em determinado provimento que considerou necessária a desunião "dos processos, que se encontram em situações e fases diversas"[741], ou em caso que julgou que

> a separação dos processos prevista no art. 80 do Código de Processo Penal constitui exceção ao instituto da conexão (CPP, art. 76), devendo ser efetuada quando o magistrado, através de seu poder discricionário, julgar conveniente para não provocar tumulto processual. Na espécie, a paciente responde ou respondeu a mais de 60 feitos, incluindo inquéritos e ações penais, os quais se encontram em diversas fases, alguns com sentenças prolatadas e diversos corréus.[742]

No mais, pode-se relacionar o tema em foco com a "verdade real", para firmar que deve haver a separação diante de "motivo relevante que restaria por entravar a instrução processual, em prejuízo para a apuração da verdade real"[743].

> **Art. 81.** Verificada a reunião dos processos por conexão ou continência, ainda que no processo da sua competência própria venha o juiz ou tribunal a proferir sentença absolutória ou que desclassifique a infração para outra que não se inclua na sua competência, continuará competente em relação aos demais processos.
>
> *Parágrafo único.* Reconhecida inicialmente ao júri a competência por conexão ou continência, o juiz, se vier a desclassificar a infração ou impronunciar ou absolver o acusado, de maneira que exclua a competência do júri, remeterá o processo ao juízo competente.

1. Justiças distintas e efeitos de desmembramento das ações

Os efeitos do desmembramento do processo vêm sendo tratados em distintos artigos pelo Código de Processo Penal. Cabe lembrar uma vez mais, contudo, que uma vez

> firmada a competência da Justiça Federal, em virtude da conexão probatória de crimes da

---

737 STJ. Relator: Vicente Leal. Data de publicação: 6 maio 2002. p. 240.
738 LEXSTJ 62/322.
739 STJ. **Questão de ordem na Ação Penal 2006/0188653-8**. Relator: Min. Luiz Fux. Data de publicação: DJe, 7 dez. 2010.
740 TRF. 1ª Região. Relator: Juiz Ítalo Mendes. Data de publicação: DJ, 27 set. 2000. p. 2.
741 TJSP. **CC 32.549-0**. Relator: Lair Loureiro. 21 nov. 1996, v.u.
742 TRF. 2ª Região. Relator: Juiz Benedito Gonçalves. Data de publicação: DJU, 7 dez. 2000.
743 RSTJ 124/512.

competência Federal e Estadual, nos termos do art. 77, III, do CPC e da Súmula n. 122 do STJ, o posterior desmembramento do feito não tem o condão de deslocar a competência para a Justiça Estadual. Em tal hipótese, fica prorrogada a competência da Justiça Federal, segundo a inteligência do art. 81 do CPP.[744]

2. Perpetuação da jurisdição à luz da Constituição

A possibilidade do julgamento da causa por juiz que não é mais o natural para tanto, tendo em vista a ocorrência da desclassificação do delito que funcionava como fator de atração, é normalmente denominada "perpetuação da jurisdição" e se encontra fortemente justificada pela celeridade e economia processuais.

Entendemos que as situações devem ser tratadas distintamente, a saber, aquela em que há julgamento do mérito, com absolvição da pessoa acusada, e aquela em que se encontra a desclassificação da conduta típica que, a rigor, implicaria deslocamento para outro juízo que seria, então, o natural para a causa.

Para ambas as situações, a jurisprudência e doutrina dominantes justificam a manutenção do julgamento essencialmente motivados pela literalidade da norma, justificando situações em que, após a desclassificação, passa a ter a Justiça Federal competência prorrogada para temas que não lhe são constitucionalmente atribuídos, considerando-se que "tem competência a Justiça Federal para o julgamento dos crimes conexos de receptação e posse ilegal de arma de fogo na hipótese de anterior desclassificação do delito de contrabando para receptação, porque em vista do princípio da *perpetuatio jurisdictionis* previsto no art. 81 do CPP, o delito de contrabando atraiu a competência da Justiça Federal"[745] e inclusive projetando essa perpetuação para eventual apreciação de recurso.

Assim,

ainda que se trate de infração de menor potencial ofensivo, tendo o feito tramitado perante a Justiça Comum, ante a inexistência de Juizado Especial instalado na comarca, não há que se falar em competência da Turma Recursal para apreciar o recurso de apelação interposto contra a sentença condenatória, já que este, pelo princípio da *perpetuatio jurisdictionis*, deve ser examinado pelo órgão jurisdicional hierarquicamente superior que, no caso concreto, é uma das Câmaras Criminais do Tribunal de Justiça do Estado de Santa Catarina.[746]

Na esteira do marco teórico destes *Comentários*, a conclusão pela desclassificação não poderia perpetuar a jurisdição em temas não constitucionalmente atribuídos a determinada Justiça ou órgão jurisdicional, seja em nome da instrumentalidade extremada ou da celeridade, posto que à frente de ambas está a matriz constitucional, como, aliás, foi decidido:

> Na hipótese de conexão entre crime de descaminho e de receptação, em que existiu atração do processamento/julgamento para a Justiça Federal, sobrevindo a extinção da punibilidade do agente pela prática do delito de descaminho, desaparece o interesse da União, devendo haver o deslocamento da competência para a Justiça Estadual.[747]

Note-se, aliás, que o legislador originário do CPP, quando desejou que regra não incidisse, assim o fez no parágrafo único, excetuando as hipóteses do Tribunal do Júri seja para os casos de absolvição, impronúncia ou mesmo desclassificação.

Art. 82. Se, não obstante a conexão ou continência, forem instaurados processos diferentes, a autoridade de jurisdição prevalente deverá avocar os processos que corram perante os outros juízes, salvo se já estiverem com sentença definitiva. Neste caso, a unidade dos processos só se dará, ulteriormente, para o efeito de soma ou de unificação das penas.

---

1. Desobediência à reunião de processos pela conexão e continência

Dada a compreensão predominante de relatividade da natureza dessas causas de modificação da competência, determinado provimento decidiu que "o vínculo da conexão dá fundamento, por certo, à unidade de processos, sem sanção, contudo, de nulidade"[748]. Sem embargo, isso pode ser aceito apenas quando estiverem presentes critérios de fixação igualmente tidos como de natureza "relativa".

A respeito do tema, o e. STF

indeferiu *habeas corpus* no ponto em que se pretendia a reforma de acórdão do STJ, que anulara o processo instaurado contra o paciente, desde o início, apenas em relação ao delito de contrabando, que assentara ser da competência da justiça federal, mantendo a condenação já imposta

---

744 TRF. 1ª Região. Relator: Juíza Ivani Silva da Luz. Data de publicação: DJ, 23 maio 2002. p. 126.
745 STJ. **HC 87.431/SP**. Relator: Min: Haroldo Rodrigues. Data de publicação: DJe, 28 fev. 2011.
746 STJ. **HC 127.904/SC**. Relator: Min. Jorge Mussi. Data de publicação: DJe, 24 jun. 2011.
747 STJ. **CC 110.998**. 3ª Seção. Relator: Min. Maria T. A. Moura. Data de julgamento: 26 maio 2010.
748 STJ. Relator: Hamilton Carvalhido. Data de publicação: DJ, 13 ago. 2001. p. 269.

pela justiça estadual relativamente aos delitos conexos. Alegava-se, na espécie, que, em razão da conexão entre os crimes, o STJ não poderia anular o processo apenas parcialmente. Considerou-se que, por já haver sentença condenatória proferida pela justiça estadual, aplica-se ao caso o art. 82 do CPP, restringindo-se, assim, a nulidade, apenas ao crime de competência da justiça federal (CP, art. 82: "Se, não obstante a conexão ou continência, forem instaurados processos diferentes, a autoridade de jurisdição prevalente deverá avocar os processos que corram perante outros juízes, salvo se já estiverem com sentença definitiva. Neste caso, a unidade dos processos só se dará, ulteriormente, para o efeito de soma ou unificação das penas"). Precedente citado: HC 74.788/MS (DJU, 12 set. 1997)".[749]

Aquela e. Corte já havia ressalvado, ainda, que

o art. 82, do CPP ("Se, não obstante a conexão ou continência, forem instaurados processos diferentes, a autoridade de jurisdição prevalente deverá avocar os processos que corram perante outros juízes, salvo se já estiverem com sentença definitiva") não prevalece sobre a faculdade atribuída ao juiz de determinar a separação dos processos quando, pelo excessivo número de acusados, ou por outro motivo relevante, esta separação seja conveniente. Com esse fundamento, a Turma indeferiu pedido de *habeas corpus*, no qual se sustentava a obrigatoriedade da reunião dos diversos processos instaurados contra o paciente – acusado da prática de crimes relacionados com o "jogo do bicho", no Estado do Rio de Janeiro –, em virtude da existência de conexão probatória.[750]

2. Conceito de "jurisdição prevalente"
Deve ser empregada aqui, uma vez mais, a base constitucional de fixação de competência a partir do critério em razão da matéria, conforme já exposto nestes *Comentários*.

3. Conceito de "sentença definitiva" para fins deste artigo
Trata-se da sentença de mérito, ainda que sujeita ao duplo grau de jurisdição. Isso pode ser visto por julgados que, apreciando a matéria, assim decidiram:

- O termo "sentença definitiva" constante do art. 82 do CPP se refere a sentença que define a lide penal, e não a sentença transitada em julgado.[751]
- Contudo, a regra estabelecida pelo Código de Ritos, art. 82, resguardando a segurança jurídica, excepciona os casos com sentença definitiva, que é entendida, pela melhor interpretação, como aquela que põe termo ao processo, mesmo que pendente a possibilidade de interposição de recurso. Assim, a decisão que faz retornar a causa à origem sob o pretexto da conexão pela continuidade delitiva, desconsiderando a sentença em curso, porquanto ainda não transitada, contraria o que já vem sendo preconizado nesta Corte, na linha da inteligência da norma processual pertinente.[752]
- Não obstante a possibilidade da existência de conexão ou continência na hipótese, não é possível a reunião dos processos, por já existir sentença em um deles. Ainda que o *decisum* não tenha transitado em julgado, em face de recurso defensivo a ser julgado pelo Tribunal *ad quem*, o Julgador anteriormente prevento não exerce mais jurisdição do processo. A lei, ao referir sentença definitiva, quer significar sentença de mérito ou recorrível.[753]

4. Súmula 235 do STJ
De acordo com a Súmula 235 do STJ, "A conexão não determina a reunião dos processos, se um deles já foi julgado".

Capítulo VI – Da Competência por Prevenção

Art. 83. Verificar-se-á a competência por prevenção toda vez que, concorrendo dois ou mais juízes igualmente competentes ou com jurisdição cumulativa, um deles tiver antecedido aos outros na prática de algum ato do processo ou de medida a este relativa, ainda que anterior ao oferecimento da denúncia ou da queixa (4 a 8) (arts. 70, § 3º, 71, 72, § 2º, e 78, II, c).

1. Súmula 706 do STF
É relativa a nulidade decorrente da inobservância da competência penal por prevenção. Conforme a doutrina dominante, "a inobservância da competência por prevenção pode ocasionar nulidade relativa, que não sofrendo impugnação no momento oportuno,

---

749 HC 81.617/MT. Relator: Min. Carlos Velloso. 4 jun. 2002.
750 HC 73.423/RJ. Relator: Min. Francisco Rezek. 10 dez. 1996.
751 STJ. Relator: Felix Fischer. Data de publicação: 13 set. 2004. p. 281.
752 STJ. Relator: José Arnaldo da Fonseca. Data de publicação: 17 maio 2004. p. 279.
753 STJ. Relator: Gilson Dipp. Data de publicação: 30 jun. 2003. p. 129.

com a demonstração do efetivo prejuízo, tendo-se em vista o princípio *pas de nullité sans grief*".

2. Prevenção e crime "progressivo"

O denominado "crime progressivo" caracteriza-se como aquele em que "quando o agente, para alcançar o resultado mais grave, pratica outro de natureza menos grave, que fica absorvido por aquele"[754] ou, em outras palavras, "Nos denominados crimes progressivos, a consunção do delito-meio pelo delito-fim pressupõe a existência entre ambos de uma relação minus a plus, de conteúdo a continente, de parte ao todo, sendo impossível ao delito cujo preceito secundário comina penas mais brandas absorver o mais grave".[755]

E, nesses casos, dá-se a "Competência para a ação penal, do juízo a que foi ela distribuída e onde ocorreu a derradeira infração".[756]

3. Prevenção no âmbito do juizado especial criminal em relação à "justiça comum"

Não se reconhece prevenção na situação de "Procedimento criminal inicialmente distribuído como termo circunstanciado de apresentação, posteriormente como inquérito policial"[757].

4. Submissão da jurisdição à administração

Na esteira destes *Comentários*, como já afirmado, a jurisdição penal se submete largamente à administração (sobretudo a de caráter policial). Isso se reflete em construções jurisprudenciais como a que afirma "Prevenção – Distribuição de processo – Efetivação no início do inquérito com caráter definitivo que torna o Juízo prevento – Inexistência de distribuição da denúncia".[758]

Assim,

não havendo distribuição, não há de se falar em incompetência relativa do juízo em que flui a causa, precisamente porque não fixada a competência de outro juízo, tendo plena aplicação a regra da prevenção "toda vez que, concorrendo dois ou mais juízes igualmente competentes ou com jurisdição cumulativa, um deles tiver antecedido aos outros na prática de algum ato do processo ou de medida a este relativa, ainda que anterior ao oferecimento da denúncia ou da queixa" (art. 83 do Código de Processo Penal). Não há confundir critérios de determinação de competência com critérios de fixação de competência, compreendendo estes a distribuição e a prevenção.[759]

5. Inexistência de "prevenção" em sede de investigação criminal

Muito embora seja correto afirmar que a prevenção é um fenômeno tipicamente processual e, assim, não seria aplicável enquanto "instituto" às investigações preliminares à ação penal, é imprescindível reconhecer que a pessoa investigada não pode ser submetida a uma multiplicidade de perquirições.[760]

Assim, "No caso de instauração de novo inquérito policial para apuração do mesmo fato já objeto de análise de ação penal, deve aquele ser trancado por falta de justa causa".[761]

6. Arquivamento de investigação e prevenção

Conforme assentado em determinado provimento,

a competência por prevenção, segundo regra processual prevista no art. 83 do CPP, pressupõe concorrência de dois ou mais juízes igualmente competentes. Arquivamento de inquérito policial determinado por Juízo incompetente, em razão de indiciado sujeito a foro por prerrogativa de função, não previne a competência, prevalecendo, por conseguinte, aquela fixada pelo critério da livre-distribuição.[762]

7. Medidas investigativas e prevenção

Na forma como ordinariamente compreendida, haveria de ser considerada a prevenção pelo juiz que

---

754 STJ. **4458 SP 1995/0013575-2**. 5ª Turma. Relator: Min. Jesus Costa Lima. Data de julgamento: 29 mar. 1995. Data de publicação: DJ, 24 abr. 1995. p. 10409. RT, vol. 722, p. 554.
755 TRF-1. **APR 00041497220044013900 0004149-72.2004.4.01.3900**. 3ª Turma. Relator: Des. Fed. Monica Sifuentes. Data de julgamento: 17 nov. 2015. Data de publicação: DJF1, 26 nov. 2015. p. 947.
756 RT 544/328. Também TRE-MT. **CC 16 MT**. Relator: José Pires da Cunha. Data de publicação: DOMT – Diário oficial de MT, 4 jun. 2007, Volume 116, Tomo 24.606, p. 54.
757 TJSP. **Conflito de Jurisdição 39.413-0/SP**. Câmara Especial. Relator: Rebouças de Carvalho. Data de publicação: 25 set. 1997, v.u.
758 TRF. RT 805/727.
759 STJ. Relator: Hamilton Carvalhido. Data de publicação: 2 ago. 2004. p. 596.
760 STJ. **RHC 52387 SP 2014/0257858-8**. 5ª Turma. Relator: Min. Jorge Mussi. Data de julgamento: 4 nov. 2014. Data de Publicação: DJe, 12 nov. 2014.
761 TJ-MG. **Rec em Sentido Estrito: 10054130013953001 MG**. 2ª Câmara Criminal. Relator: Catta Preta. Data de julgamento: 30 abr. 2015. Data de publicação: 11 maio 2015.
762 STJ. Relator: Juiz Clelio Erthal. Data de publicação: DJU, 6 jun. 2003. p. 281.

determinou as medidas "urgentes" (*rectius*: cautelares) na investigação, com todas as anomalias que acarretaria para o modelo acusatório de processo.

Em caso de certa peculiaridade, admitiu-se a inocorrência da prevenção quando da determinação de quebra de sigilo fiscal, pois se tratou de fato que se dirigiu a pessoas incertas e indeterminadas, sendo hipótese em que o inquérito policial decorrente daquela medida judicial não vincula a distribuição ao mesmo juízo que a ordenou.[763]

No entanto, não haverá prevenção nessas hipóteses quando o magistrado for "incompetente para a causa".[764]

8. Prevenção e atos de investigação
No mais,

> a decisão que decreta a prisão temporária, bem como a que determina a quebra do sigilo das comunicações telefônicas, na fase inquisitorial, realiza, de modo pleno, o suporte fático da norma de competência por prevenção. Uma vez firmada a competência pela prevenção, faz-se desnecessária a distribuição subsequente do inquérito, não ultrapassando a falta da precedente, neste caso, os limites da mera irregularidade. A discussão acerca da validade e autenticidade de determinada prova material, cujo deslinde se faz indissociável do reexame do conjunto da prova, é de todo estranha à angusta via do remédio heroico e própria de ação revisional. Também a questão do crime continuado, porque reclama rediscussão de todo o conjunto fático-probatório, enquanto expressão de uma menor reprovabilidade do agente, faz-se incabível em sede de *habeas corpus*, não havendo como pretender, de resto, a afirmação de sua caracterização à luz pura e simples do nexo temporal que une os delitos.[765]

Capítulo VII – Da Competência pela Prerrogativa de Função

Art. 84. A competência pela prerrogativa de função é do Supremo Tribunal Federal, do Superior Tribunal de Justiça, dos Tribunais Regionais Federais e Tribunais de Justiça dos Estados e do Distrito Federal, relativamente às pessoas que devam responder perante eles por crimes comuns e de responsabilidade. (Redação dada pela Lei n. 10.628, de 24 dez. 2002)

§ 1º A competência especial por prerrogativa de função, relativa a atos administrativos do agente, prevalece ainda que o inquérito ou a ação judicial sejam iniciados após a cessação do exercício da função pública. (Parágrafo incluído pela Lei n. 10.628, de 24-12-2002) (*Vide* ADINs 2.797-2 e 2.860-0)

§ 2º A ação de improbidade, de que trata a Lei n. 8.429, de 2 de junho de 1992, será proposta perante o tribunal competente para processar e julgar criminalmente o funcionário ou autoridade na hipótese de prerrogativa de foro em razão do exercício de função pública, observado o disposto no § 1º. (Redação dada pela Lei n. 10.628, de 24-12-2002) (*Vide* ADINs 2.797-2 e 2.860-0)

1. "Natureza" do foro por prerrogativa de função e suas consequências
É "absoluta" a competência determinada pela prerrogativa de função, sendo que

> aos ocupantes de determinados cargos públicos, o ordenamento pátrio não apenas lhes assegura um procedimento específico (Lei n. 8.038/1990), mas também defere a prévia eleição de foro especial cuja competência é instituída pela própria Constituição Federal (CF/88, art. 102, I, b e c; art. 105, I, a; art. 105, III; art. 108; e art. 96, III) e regulamentada em norma a ela subjacente (CPP, art. 69, VII, e art. 84, caput). E justamente por tal distribuição dinâmica da jurisdição encontrar gênese na própria Constituição Federal, é que importa afirmar que ela traduz disciplina de competência absoluta, tanto para casos vinculados ao critério da especialização (em razão da matéria) quanto para hipóteses em que a infração penal é cometida por acusado investido de relevantes funções públicas (*ratione personae*).[766]

1.1 Alcance do foro por prerrogativa de função: a Questão de Ordem na Ação Penal 937/RJ
A crescente importância prática desse modelo especial de competência fez com que a doutrina e os precedentes se adensassem sobre a matéria a partir de 2005, com a AP 471 (caso "mensalão") chegando ao ponto de inflexão com os processos da denominada "Operação Lava-Jato".

No bojo desse contexto sociopolítico adveio a Questão de Ordem ligada à Ação Penal 937/RJ:

> Ministério Público Eleitoral do Estado do Rio de Janeiro em face de Marcos da Rocha Mendes,

---

763 TRF. RT 816/702.
764 STJ. RT 655/349.
765 STJ. Relator: Hamilton Carvalhido. Data de julgamento: 3 jun. 2002.
766 TJSC. **Inquérito 2009.044965-6**. Relatora: Des. Salete Silva Sommariva. Data de julgamento: 26 abr. 2010.

pela prática do crime de captação ilícita de sufrágio – corrupção eleitoral (art. 299 do Código Eleitoral) (...). No caso, o réu teria supostamente cometido o crime quando era candidato à Prefeitura de Cabo Frio. Ao ser denunciado, porém, já ocupava o cargo de Prefeito e, assim, detinha foro por prerrogativa de função perante o Tribunal Regional Eleitoral (...) No entanto, com o encerramento do mandato do réu na Prefeitura, o TRE-RJ declinou de sua competência em favor do Juízo da 256ª Zona Eleitoral do Rio de Janeiro (fls. 355). Posteriormente, o TRE, em sede de habeas corpus, anulou o recebimento da denúncia e os atos posteriores, já que, à época, o acusado "já não ocupava o cargo que lhe deferia foro por prerrogativa de função... [Após] alegações finais [houve a] diplomação do réu, em 10.02.2015, como Deputado Federal, o Juízo da 256ª Zona Eleitoral/RJ declinou da competência para o Supremo Tribunal Federal, em decisão de 24.04.2015. Marcos da Rocha Mendes era o primeiro suplente de deputado federal de seu partido e passou a exercer o mandato por afastamento dos deputados eleitos.

No voto do Min. Relator (Barroso) restou assentando que:

I. Quanto ao sentido e alcance do foro por prerrogativa

O foro por prerrogativa de função, ou foro privilegiado, na intepretação até aqui adotada pelo Supremo Tribunal Federal, alcança todos os crimes de que são acusados os agentes públicos previstos no art. 102, I, b e c da Constituição, inclusive os praticados antes da investidura no cargo e os que não guardam qualquer relação com o seu exercício.

Impõe-se, todavia, a alteração desta linha de entendimento, para restringir o foro privilegiado aos crimes praticados no cargo e em razão do cargo. É que a prática atual não realiza adequadamente princípios constitucionais estruturantes, como igualdade e república, por impedir, em grande número de casos, a responsabilização de agentes públicos por crimes de naturezas diversas. Além disso, a falta de efetividade mínima do sistema penal, nesses casos, frustra valores constitucionais importantes, como a probidade e a moralidade administrativa.

Para assegurar que a prerrogativa de foro sirva ao seu papel constitucional de garantir o livre exercício das funções – e não ao fim ilegítimo de assegurar impunidade – é indispensável que haja relação de causalidade entre o crime imputado e o exercício do cargo. A experiência e as estatísticas revelam a manifesta disfuncionalidade do sistema, causando indignação à sociedade e trazendo desprestígio para o Supremo.

A orientação aqui preconizada encontra-se em harmonia com diversos precedentes do STF. De fato, o Tribunal adotou idêntica lógica ao condicionar a imunidade parlamentar material – i.e., a que os protege por suas opiniões, palavras e votos – à exigência de que a manifestação tivesse relação com o exercício do mandato. Ademais, em inúmeros casos, o STF realizou interpretação restritiva de suas competências constitucionais, para adequá-las às suas finalidades. Precedentes.

II. Quanto ao momento da fixação definitiva da competência do STF

A partir do final da instrução processual, com a publicação do despacho de intimação para apresentação de alegações finais, a competência para processar e julgar ações penais – do STF ou de qualquer outro órgão – não será mais afetada em razão de o agente público vir a ocupar outro cargo ou deixar o cargo que ocupava, qualquer que seja o motivo. A jurisprudência desta Corte admite a possibilidade de prorrogação de competências constitucionais quando necessária para preservar a efetividade e a racionalidade da prestação jurisdicional. Precedentes.

Assim, a Questão de Ordem foi julgada pelo Relator com a seguinte solução:

(i) O foro por prerrogativa de função aplica-se apenas aos crimes cometidos durante o exercício do cargo e relacionados às funções desempenhadas; e

(ii) Após o final da instrução processual, com a publicação do despacho de intimação para apresentação de alegações finais, a competência para processar e julgar ações penais não será mais afetada em razão de o agente público vir a ocupar cargo ou deixar o cargo que ocupava, qualquer que seja o motivo.[767]

1.2 A prorrogação do foro por prerrogativa de função por meio da conexão[768]

Na AP 470 julgada pelo STF (também chamado "caso mensalão") quando a persecução ainda se encontrava na etapa investigativa foi suscitada a questão do

---

767 Quando esta edição destes **Comentários** estava sendo concebida, o processo estava com vistas para o Min. Alexandre de Moraes, solicitada em 1º jun. 2017.
768 Trecho extraído de CHOUKR, Fauzi Hassan. **Iniciação...** op. cit., Cap. 3.

desmembramento para quem não detinha o chamado foro por prerrogativa de função.[769]

Embora o Min. Relator Joaquim Barbosa tenha decidido pela separação do processo com a remessa ao juízo comum os casos dos que não detinham o chamado "foro por prerrogativa de função"[770], o colegiado do STF optou por um entendimento a partir do CPP, deixando de analisar o fundo constitucional do assunto, e decidiu por maioria rejeitar

> a proposta de adoção do critério subjetivo para o desmembramento do inquérito, nos termos do artigo 80 do CPP, resta o critério objetivo, que, por sua vez, é desprovido de utilidade no caso concreto, em face da complexidade do feito. Inquérito não desmembrado. Questão de ordem resolvida no sentido da permanência, sob a jurisdição do Supremo Tribunal Federal, de todas as pessoas denunciadas.[771]

Nesse julgamento o "Supremo Tribunal Federal, não se debruçou na oportunidade sobre a questão constitucional mais sensível, se poderia uma norma infraconstitucional modificar ou ampliar a competência do Supremo Tribunal Federal" [772], compreensão que foi reiterada pela Corte quando da apreciação do recebimento da denúncia e que foi solucionada pela maioria da Corte com a justificativa da preclusão da matéria[773].

Ao final cabe destacar que a prorrogação do foro difere da hipótese da ocorrência de fato único investigado, situação na qual não se pode falar em cumulação ou desmembramento de investigações.

Assim,

A Primeira Turma, por maioria, deu provimento a agravo regimental interposto contra decisão do relator que havia determinado o desmembramento e a remessa, ao Tribunal Regional Federal da 3ª Região, dos autos de inquérito instaurado para investigar a suposta prática de crimes cometidos por senador da República e outros três acusados. A Turma entendeu que, na hipótese, o Ministério Público investiga um fato único, a respeito do qual pleiteia a acusação com desmembramento de funções no fato. Dessa forma, não se aplica a conexão ou continência entre crimes, por haver um único fato separado, o qual deve ser julgado no Supremo Tribunal Federal (STF). O Ministro Roberto Barroso ressaltou que o Plenário considerou excepcional o foro por prerrogativa, mas que é a união indissociável entre as condutas, e não a mera conexão, que revela a impossibilidade de se proceder ao desmembramento do processo. Observou que, no caso sob exame, o atual estágio da investigação revela que as condutas dos investigados sem prerrogativa de foro estão indissociavelmente unidas à conduta do parlamentar. Desse modo, estão de tal forma unidas que não seria possível apurar os fatos de maneira dissociada, visto que o desmembramento, diante dos elementos coletados até o presente momento, traria inequívoco prejuízo às investigações. Vencido o Ministro Marco Aurélio, relator, que desprovia o agravo por considerar que o STF deveria processar e julgar unicamente autoridades com prerrogativa de foro, tendo em conta que as normas definidoras de sua competência são de direito estrito.[774]

1.3 Foro por prerrogativa de função e aproveitamento de atos decisórios proferidos por outras instâncias

Um dos grandes problemas práticos que surge com o chamado "foro especial" é o da dinâmica da "aquisição-perda" dessa prerrogativa que pode acontecer

---

769 "O relator disse ainda que, atualmente, apenas seis dos 40 denunciados possuem prerrogativa de foro por serem deputados federais: João Paulo Cunha (PT-SP), José Janene (PP-PR), Pedro Henry (PP-MT), Romeu Queiroz (PTB-MG), Professor Luizinho (PT-SP) e João Magno (PT-MG). Ele destacou que os deputados João Paulo Cunha (PT-SP) e Pedro Henry (PP-MT) se reelegeram nas eleições de outubro e José Genoino (PT-SP), Valdemar Costa Neto (PL-SP) e Paulo Rocha (PT-PA) também se elegeram. Com isso, esses cinco vão adquirir ou manter direito a foro privilegiado no início do próximo ano" (STF, *link* mencionado).

770 Houve três linhas de voto: a) o do ministro Joaquim Barbosa, que queria manter no STF apenas os processos de quem têm prerrogativa de foro; b) a manutenção das investigações contra os 40 denunciados na Corte, proposta pela ministra Cármen Lúcia Antunes Rocha; c) por fim, a solução proposta pelo ministro Sepúlveda Pertence – classificada de "voto médio" – de manter no Supremo os denunciados que detêm foro privilegiado junto com os coautores desses. (STF. http://www.stf.jus.br/portal/cms/verNoticiaDetalhe.asp?idConteudo=68322).

771 STF. **Inq-QO-QO 2245**. Relator: Min. Joaquim Barbosa. Tribunal Pleno. Data de julgamento: 6 dez. 2006. Data de publicação: 9 nov. 2007.

772 ARAÚJO, Gabriela Shizue Soares de. Mensalão: ampliação da competência originária do STF por prerrogativa de função. **Jus Navigandi**, Teresina, ano 18, n. 3605, 15 maio 2013. Disponível em: <https://jus.com.br/artigos/24438>. Acesso em: 4 abr. 2022.

773 Restando isolados os votos dos Mins. Lewandowski e Marco Aurélio que insistiram na impossibilidade da Corte ter sua competência ampliada por força de interpretação do CPP em superioridade ao que determina o texto constitucional.

774 STF. **Inq 4506 AgR/DF**. Relator original: Min. Marco Aurélio. Ministro redação para o acórdão: Min. Alexandre de Moraes. Data de julgamento: 14 nov. 2017. (Inq-4506).

com a assunção a cargos que a possuem ou a perda dessa mesma condição e o aproveitamento dos atos decisórios ou não decisórios tomados pelo Juízo então competente mas que não possui mais a jurisdição no caso concreto, tema cujo ponto de partida é o art. 567 do Código de Processo Penal.[775]

Para os atos não decisórios Grinover sustenta que

> agora, em face do texto expresso da Constituição de 1988, que erige em garantia do juiz natural a competência para processar e julgar (art. 5º, LIII, CF.), não há como aplicar-se a regra do art. 567 do Código de Processo Penal aos casos de incompetência constitucional: não poderá haver aproveitamento dos atos não decisórios, quando se tratar de competência de jurisdição, como também de competência funcional (hierárquica e recursal), ou de qualquer outra, estabelecida pela Lei Maior.[776]

Essa visão doutrinária implica na manutenção intacta da estrutura do CPP e, na verdade, subordina o texto constitucional aos ditames da norma infraconstitucional. Ademais, ao longo dos anos em que o CPP vem sendo modificado por reformas pontuais, perde-se a clareza do que é um "ato decisório" na lógica inicial do Código porquanto inúmeras decisões não terminativas porém decisórias e com larga influência no convencimento do julgador foram criadas, como *v.g.*, a referente a interceptações telefônicas.

Essa distinção entre atos decisórios e não decisórios, ao invés de facilitar a atuação do juiz natural a partir da CR, ao contrário, a desgasta por deixar a discussão permanentemente em aberto dada sua natureza de "ordem pública" a inspirar uma competência de cariz "absoluta".

Mas o emprego dessa dicotomia segue e mesmo para os atos decisórios já se considerou que, "Com efeito, tratando-se de norma com fundamento direto na Constituição, não há como aproveitarem-se atos praticados por juízes absolutamente incompetentes, inclusive os que determinaram medidas de caráter cautelar"[777], uma vez que "essa competência é abrangente, alcançando toda a fase do inquisitório, desde a distribuição do inquérito policial ou outras peças de informação, cabendo à Superior Instância as atribuições que o CPP confere aos Juízes singulares" [778], possibilitando-se, no entanto, eventual manutenção da constrição se houver "ratificação" das razões que a ensejaram[779], condição essa normalmente aceita em casos de incompetência absoluta que não a fundada em ofensa à prerrogativa de função.

E, quanto aos atos "não meritórios", "o tema estaria na orbita das denominadas nulidades relativas, devendo, portanto, ser arguida em tempo oportuno: "A suposta nulidade do feito em razão da ratificação das decisões proferidas pelo Juízo incompetente deveria ter sido alegada oportunamente, por se tratar de nulidade relativa. Os atos ratificados eram anteriores ao oferecimento da denúncia, portanto pré-processuais e passíveis de aproveitamento. 3. Não arguida no momento adequado, está configurada a preclusão e sanada a eventual nulidade. Prejuízo não demonstrado." [780]

Ainda, no mesmo sentido,

> a ausência de nulidade na ratificação de atos decisórios não meritórios, como no caso, pois a ratificação consiste na validação desses atos pelo juízo competente, mormente quando não demonstrado qualquer prejuízo, uma vez que o processo seguiu seus trâmites normais e a pronúncia foi proferida pelo juízo competente.[781]

Porém, a situação está longe de possuir uma conformação pacífica no campo dos precedentes.

Alentado acórdão no qual o STJ reconheceu que

> No caso em que, após iniciada a ação penal perante determinado juízo, ocorra modificação da competência em razão da investidura do réu em cargo que atraia foro por prerrogativa de função, serão válidos os atos processuais – inclusive o recebimento da denúncia – realizados antes da causa superveniente de modificação da competência, sendo desnecessária, no âmbito do novo juízo, qualquer ratificação desses atos, que, caso ocorra, não precisará seguir as regras que deveriam ser observadas para a prática, em ação originária, de atos equivalentes aos atos ratificados. Realmente, reconhecida a incompetência, a posteriori, de determinado juízo, deve o processo ser encaminhado ao juízo competente, que pode aproveitar os atos já praticados. Nesse

---

775 Art. 567. A incompetência do juízo anula somente os atos decisórios, devendo o processo, quando for declarada a nulidade, ser remetido ao juiz competente.
776 GRINOVER, Ada Pellegrini; SCARANCE FERNANDES, Antonio; GOMES FILHO, Antonio Magalhães. **As nulidades no processo penal**. 8. ed. São Paulo: RT, 2004.
777 RT 754/561.
778 TJSP. **Inq. 173.572-3**. Relator: Silva Pinto. Data de julgamento: 20 mar. 1995.
779 STJ. **HC 27.807/MT**. Relator: Min. Gilson Dipp. Data de julgamento: 16 mar. 2004. Data de publicação: DJU, 19 abr. 2004. p. 216.
780 STJ. **HC 178607**. Relator: Min. Maria Thereza de Assis Moura. Data de publicação: DJe, 19 ago. 2010.
781 STJ. **EDcl no REsp 1453601 AL 2014/0111294-0**. 5ª Turma. Relator: Min. Des. Leopoldo de Arruda Raposo (Convocado do TJ/PE). Data de julgamento: 24 mar. 2015. Data de publicação: DJe, 8 abr. 2015.

sentido, a jurisprudência do STF afirma que, nos casos de incompetência absoluta, é possível a ratificação tanto dos atos sem caráter decisório quanto dos atos decisórios (AgR no RE 464.894- PI, Segunda Turma, DJe 15/8/2008). Nesse contexto, verifica-se que a ratificação de atos processuais é procedimento intrinsecamente ligado à ideia de nulidade por incompetência relativa ou absoluta superveniente. Não se trata, contudo, do caso aqui analisado, em que, após iniciada a ação penal, ocorre modificação da competência em razão da investidura, pelo réu, no curso do processo, em cargo que atraia foro por prerrogativa de função. De fato, a competência, quando fixada a partir de regras do sistema, a priori, não se modifica, em obediência ao princípio do juiz natural. No entanto, uma das hipóteses em que se dá a modificação da competência, sem ofensa ao referido princípio, ocorre quando há alteração ratione personae, fruto do cargo ou da função que alguém venha a ocupar no curso do processo. Assim, iniciada a ação penal perante determinado juízo, com a superveniência de condição que atraia o foro especial por prerrogativa de função, deve o processo ser remetido, no estado em que se encontra, ao novo juízo competente. Nesse caso, devem ser mantidos íntegros todos os atos processuais até então praticados, sob pena de violação ao princípio tempus regit actum, uma vez que o juiz era competente antes da modificação. Desnecessária, portanto, qualquer ratificação, visto que os atos até então praticados são válidos. Ademais, ainda que, por mero preciosismo, ocorra a ratificação, ela não precisará seguir as regras que deveriam ser observadas para a prática, em ação originária, de atos equivalentes aos atos ratificados. Isso significa dizer que a ratificação do recebimento de denúncia ofertada em primeiro grau não precisaria ser apreciada pelo colegiado do Tribunal competente para o julgamento da ação originária, sendo possível ao relator realizar monocraticamente essa ratificação, conforme, aliás, já se manifestou o STF (RHC 120.356-DF, Primeira Turma, DJe de 30/10/2014).[782]

Temos que a discussão sobre a regra de competência cujo assento é efetivamente constitucional, mas que oscila em caso concreto de acordo com situações supervenientes ao processo (*v.g.* eleição de parlamentar) não pode servir para considerar como nulos os atos decisórios tomados por Juízo efetivamente competente à época em que os proferiu.

Assim, por exemplo, "A declinação da competência não tem o condão de invalidar a interceptação telefônica autorizada por Juízo que inicialmente se acreditava ser competente. Precedentes do STJ".[783]

1.4 Perpetuação da jurisdição mesmo com assunção do foro privilegiado

Questão igualmente interessante é a da verificação do momento em que a "perda/aquisição" do foro por prerrogativa pode influenciar no deslocamento da competência. Em caso singular o STF decidiu que

> Proferido o primeiro voto em julgamento de apelação criminal por Tribunal de Justiça, o exercício superveniente de mandato parlamentar pelo réu, antes da conclusão do julgamento, não tem o condão de deslocar a competência para o Supremo Tribunal Federal. 2. Ademais, no caso, o réu foi diplomado suplente e assumiu o mandato, em razão do afastamento do titular, dois dias antes de o Revisor devolver o processo para continuação do julgamento, havendo comunicado esse fato apenas no dia da sessão. Mais que isso, atualmente, conforme consulta ao sítio da Câmara dos Deputados, o réu não exerce mais o mandato parlamentar. 3. Em questão de ordem, declarada a validade do julgamento da apelação pelo Tribunal de Justiça.[784]

2. Limites legislativos estaduais à extensão do "foro privilegiado"

Diante das tentativas legislativas de alargamento dos foros por prerrogativa de função, cabe lembrar caso em que

> Segundo recente precedente do Supremo Tribunal Federal, embora possam os Estados-membros organizar a sua justiça, como dispõe a Constituição Federal, devem fazê-lo com observância do modelo federal (CF, art. 125). Nesse contexto, as Constituições Estaduais só poderão atribuir aos seus agentes políticos as mesmas prerrogativas que a Constituição Federal concede às autoridades que lhe sejam correspondentes. Sendo o paciente defensor público estadual, não possui foro por prerrogativa de função no Tribunal de Justiça, por não existir garantia equivalente na Constituição Federal com relação ao defensor público da União.[772]

---

782 STJ. **HC 238.129-TO**. Relatora originária: Min. Maria Thereza de Assis Moura. Relatora para acórdão: Min. Rogerio Schietti Cruz. Data de julgamento: 16 set. 2014. Data de publicação: DJe, 25 fev. 2015. (Informativo 556).

783 STF. **HC 128006/RR**. 5ª Turma. Relator: Min. Napoleão Nunes Maia Filho. Data de julgamento: 23 fev. 2010. Data de publicação: Dje, 12 abr. 2010.

784 STF. **AP 634 DF**. Relator: Min. Roberto Barroso. Tribunal Pleno. Data de julgamento: 6 fev. 2014. Data de Publicação: DJe-213, 29 out. 2014 (divulg.); 30 out. 2014 (public.). Acórdão Eletrônico.

2.1 Outras formas de extensão do "foro privilegiado"

Não raras vezes, o legislador estadual busca ampliar o cabimento de foros por prerrogativa de função. Caso emblemático nesse sentido foi o do art. 161, IV, *d*, 3, da Constituição do Estado do Rio de Janeiro, que se mostra

> atentatório à Carta da República, posto que compete exclusivamente à União legislar sobre matéria processual penal e penal (art. 22, I, da Carta Política Federal), como é o caso dos autos: estipulação de foro privilegiado para vereadores. Ademais, mesmo que se considerasse válida a regra inserta na Constituição Estadual, a paciente teve seu mandato cassado antes do recebimento da denúncia. Como o Supremo Tribunal Federal cancelou a Súmula n. 394, em 25-8-1999[785], passou a predominar o entendimento de que, cessado o exercício funcional, encerrava-se a competência especial por prerrogativa de função, sendo que o feito deveria baixar à instância singular. Inaplicabilidade do art. 84 do Código de Processo Penal, modificado pela Lei n. 10.628/2002, visto que passou a prescrever, quando cessada a função pública, a continuidade de foro especial tão somente para os processos criminais que envolvam "atos administrativos do agente".[786]

Tal extensão também não se pode dar por via do alargamento interpretativo, como na situação em que se analisou

> a prerrogativa de foro do Superior Tribunal de Justiça para, originariamente, processar e julgar nos crimes comuns os Governadores de Estado não se estende aos Vice-governadores ainda que a prática delituosa tenha ocorrido quando, por motivo de viagem do titular do cargo, estivesse o Vice-governador em exercício interino das funções de Governador.[787]

3. Foro por prerrogativa de função e competência do Tribunal do Júri

No confronto entre a competência por prerrogativa de função e a prevista para o Tribunal do Júri, entende-se que prevalece aquela, até por conta de sua posição igualmente constitucional. Assim, já se decidiu que

> a Constituição da República reeditou a instituição do Tribunal do Júri, atribuindo-lhe competência para processar e julgar os crimes dolosos contra a vida (art. 5º, XXXIX). A carta política, igualmente, estabeleceu ser da competência do Tribunal de Justiça, processar e julgar os membros do Ministério Público, nos crimes comuns e de responsabilidade, ressalvada a competência da justiça eleitoral (art. 96, III). Interpretação sistemática da Constituição (norma especial derroga norma geral) autoriza concluir, porque o homicídio é crime comum, ser da competência do Tribunal de Justiça processar e julgar promotor público acusado desse delito.[788]

4. Foro por prerrogativa de função, tribunal do júri e Súmula 721 do e. STF

O e. STF editou a Súmula 721 acerca do tema, cujo enunciado afirma: "A competência constitucional do Tribunal do Júri prevalece sobre o foro por prerrogativa de função estabelecida exclusivamente pela Constituição estadual", apresentando como precedentes os julgados contidos nas RTJ 143/925 e 71/264.

5. Súmula 702 do STF

A competência do tribunal de justiça para julgar prefeitos restringe-se aos crimes de competência da justiça comum estadual; nos demais casos, a competência originária caberá ao respectivo tribunal de segundo grau.

6. Súmula 703 do STF

A extinção do mandato do prefeito não impede a instauração de processo pela prática dos crimes previstos no art. 1º do Decreto-lei n. 201/1967.

7. A Súmula 394 do STF e a Lei n. 10.628/2002 (julgada inconstitucional)

Ponto de relevância para a compreensão da alteração patrocinada pela Lei n. 10.628/2002 foi a revisão pelo e. STF da Súmula 394, a qual dispunha: "Cometido o crime durante o exercício funcional, prevalece a competência especial por prerrogativa de função, ainda que o inquérito ou a ação penal sejam iniciados após a cessação daquele exercício".

Tal compreensão foi revista por julgamento ocorrido em 25 de agosto de 1999, quando o tribunal, por unanimidade, a cancelou e, por maioria, vencidos os ministros Sepúlveda Pertence, Nelson Jobim, Ilmar Galvão e Néri da Silveira, recusou proposta de edição de nova súmula, nos termos do voto do primeiro dos vencidos. Decidiu-se, ainda, por unanimidade, que continuariam válidos todos os atos praticados e decisões proferidas pelo Supremo Tribunal Federal, com base na Súmula 394. É dizer, a presente decisão tem efeito *ex nunc*. A proposta de nova súmula, efetuada pelo e. Min. Sepúlveda Pertence, tinha o

---

785 Inq 687 QO/SP. Relator: Min. Sydney Sanches. Data de publicação: DJU, 9 nov. 2001.
786 STJ. Relator: Jorge Scartezzini. Data de publicação: 2 ago. 2004. p. 440.
787 RT 818/524.
788 STJ. Relator: Luiz Vicente Cernicchiaro. Data de publicação: 10 mar. 1997. p. 5.996.

seguinte teor: "cometido o crime no exercício do cargo ou a pretexto de exercê-lo, prevalece a competência por prerrogativa de função, ainda que o inquérito ou a ação penal sejam iniciados após a cessação daquele exercício funcional".

7.1 A declaração de inconstitucionalidade pelo e. STF da redação do art. 84 – inconstitucionalidade

Indo ao encontro daquilo que foi preconizado por inúmeros juristas e também sustentado nestes *Comentários*, o e. STF declarou a inconstitucionalidade do artigo em comento.

Com efeito, descartadas as discussões preliminares sobre ilegitimidade de parte da CONAMP e da AMB, no mérito considerou-se que

> o Min. Sepúlveda Pertence, relator, julgou procedente o pedido de ambas as ações. Salientou que o § 1º do art. 84 do CPP constitui reação legislativa ao cancelamento da Súmula n. 394, ocorrido no julgamento do Inq 687 QO/SP (*DJU* 9-11-2001), cujos fundamentos a lei nova estaria a contrariar, e no qual se entendera que a tese sumulada não se refletira na CF/88 (Enunciado 394 da Súmula: "Cometido o crime durante o exercício funcional, prevalece a competência especial por prerrogativa de função, ainda que o inquérito ou a ação penal sejam iniciados após a cessação daquele exercício"). Asseverou ser improcedente a alegação de que o cancelamento da Súmula n. 394 se dera por inexistir, à época, previsão legal que a consagrasse, já que tanto a súmula quanto a decisão no Inq 687 QO/SP teriam derivado de interpretação direta e exclusiva da Constituição Federal. Declarou a inconstitucionalidade do § 1º do art. 84 do CPP por considerar que o mesmo, além de ter feito interpretação autêntica da Carta Magna, o que seria reservado à norma de hierarquia constitucional, teria usurpado a competência do STF como guardião da Constituição Federal ao inverter a leitura por ele já feita de norma constitucional, o que, se admitido, implicaria sujeitar a interpretação constitucional do STF ao referendo do legislador ordinário. Declarou, também, a inconstitucionalidade do § 2º do art. 84 do CPP. Disse que esse parágrafo veiculou duas regras: a que estende a competência especial por prerrogativa de função para inquérito e ação penais à ação de improbidade administrativa e a que manda aplicar, em relação à mesma ação de improbidade, a previsão do § 1º do citado artigo. Esta última regra, segundo o relator, estaria atingida por arrastamento pela declaração de inconstitucionalidade já proferida. E a primeira implicaria declaração de competência originária não prevista no rol taxativo da Constituição Federal. Ressaltou que a ação de improbidade administrativa é de natureza civil, conforme se depreende do § 4º do art. 37 da CF ("Os atos de improbidade administrativa importarão a suspensão dos direitos políticos, a perda da função pública, a indisponibilidade dos bens e o ressarcimento ao erário, na forma e gradação previstas em lei, sem prejuízo da ação penal cabível.") e que o STF jamais entendeu ser competente para o conhecimento de ações civis, por ato de ofício, ajuizadas contra as autoridades para cujo processo penal o seria. Salientou, ainda, que a Constituição Federal reservou às constituições estaduais, com exceção do disposto nos arts. 29, X e 96, III, a definição da competência dos seus tribunais (CF, art. 125, § 1º), o que afastaria, por si só, a possibilidade da alteração dessa previsão por lei federal ordinária. Concluiu que o eventual acolhimento, no julgamento da Rcl 2.138/DF, da tese de que a competência constitucional para julgar crimes de responsabilidade se estenderia às ações de improbidade, não prejudicaria nem seria prejudicado pela declaração de inconstitucionalidade do § 2º do art. 84, já que a competência dos tribunais para julgar crimes de responsabilidade é bem mais restrita que aquela para julgar os crimes comuns.

A posição do relator, acatada por maioria, devolveu o julgamento das ações de improbidade para a esfera cível – de onde jamais saíram ou deveriam ter saído – e saneou a redação do § 2º.

> Art. 85. Nos processos por crime contra a honra, em que forem querelantes as pessoas que a Constituição sujeita à jurisdição do Supremo Tribunal Federal e dos Tribunais de Apelação, àquele ou a estes caberá o julgamento, quando oposta e admitida a exceção da verdade.

1. Tipificação dos crimes contra a honra

Encontra-se nos arts. 138 a 140 do Código Penal e, a rigor, apenas a calúnia admite a exceção da verdade mencionada no final do artigo. Assim, resta indagar se a persecução dos crimes de difamação ou injúria está regrada pelo presente texto.

Neste ponto, clássica é a lição de Frederico Marques, para quem,

> em se tratando do art. 85 do CPP, apresenta-se como relevante para deslocar a competência penal do juízo de primeiro grau para o foro privilegiado das jurisdições superiores, exclusivamente a exceção da verdade oposta e admitida em processo por crime de calúnia. Quando a acusação tiver por objeto crime de difamação, inaplicável é a norma contida no citado preceito legal.[789]

---

789 MARQUES, José Frederico. **Elementos de direito processual penal**: v. 1. 3. ed. atual. Campinas: Millennium, 2009. p. 269-270.

E, assim, a jurisprudência reconhece o deslocamento da competência apenas quando houver a possibilidade de emprego da exceção da verdade.

2. Extensão para a hipótese de oferecimento de denúncia

Ainda que o artigo preveja a figura de "querelantes", é possível que se trate igualmente a ação proposta pelo Ministério Público, posto que a ação penal privada pode ser intentada pelo *parquet* nos casos dos arts. 141, I e II, e 140, § 3º, do Código Penal.

3. Desatualização legislativa

A nomenclatura do artigo está francamente desatualizada. No âmbito federal têm-se os Tribunais Regionais Federais e, no caso da Justiça Estadual, têm-se os Tribunais de Justiça.

4. Exceção da verdade

Sendo a ação proposta pelo querelante no seu foro por prerrogativa de função a exceção da verdade, mecanismo típico de defesa, recorda ainda Frederico Marques que

> em se tratando, porém, do art. 85 do CPP, apresenta-se como relevante, para deslocar a competência penal do juízo de primeiro grau para o foro privilegiado das jurisdições superiores, exclusivamente a exceção da verdade oposta e admitida em processo por crime de calúnia. Quando a acusação tiver por objeto crime de difamação, inaplicável é a norma contida no citado preceito legal.[790]

> Art. 86. Ao Supremo Tribunal Federal competirá, privativamente, processar e julgar:
> I – os seus ministros, nos crimes comuns;
> II – os ministros de Estado, salvo nos crimes conexos com os do Presidente da República;
> III – o procurador-geral da República, os desembargadores dos Tribunais de Apelação, os ministros do Tribunal de Contas e os embaixadores e ministros diplomáticos, nos crimes comuns e de responsabilidade.

1. *Vide* arts. 102 e 105 da Constituição da República

Nos termos da CR/88, são os seguintes os cargos que detêm o chamado "foro por prerrogativa de função".

No Supremo Tribunal Federal: Presidente e vice-Presidente da República; Deputados federais; Senadores; Ministros de Estado; Procurador-geral da República; Comandantes da Marinha, do Exército e da Aeronáutica; Membros do Tribunal de Contas da União; Membros dos tribunais superiores (STF, STJ, TST, TSE e STM); Chefes de missão diplomática de caráter permanente.

No Superior Tribunal de Justiça: Governadores; Desembargadores dos Tribunais de Justiça; Membros dos Tribunais de Contas Estaduais; Membros dos Tribunais Regionais Federais, dos Tribunais Regionais Eleitorais e dos Tribunais Regionais do Trabalho; Membros dos conselhos e Tribunais de Contas dos municípios; Membros do Ministério Público da União que atuem nos tribunais.

> Art. 87. Competirá, originariamente, aos Tribunais de Apelação o julgamento dos governadores ou interventores nos Estados ou Territórios, e prefeito do Distrito Federal, seus respectivos secretários e chefes de Polícia, juízes de instância inferior e órgãos do Ministério Público.

1. Desatualização legislativa do presente artigo

Constata-se diretamente que as referências legislativas feitas neste artigo não têm cabimento diante da atual estrutura constitucional e infraconstitucional brasileira, não somente para a figura jurídica de exceção dos "interventores", existentes durante o regime Varguista, no qual foi concebido e entrou em vigor o presente Código, mas, também, para os demais cargos públicos mencionados no artigo.

Assim, a indicação correta para os cargos mencionados, a partir da Constituição da República, é:

- para Governadores de Estado, o órgão jurisdicional competente para ações penais é o Superior Tribunal de Justiça, a teor do disposto no art. 105, I, *a*, da Constituição da República;
- para Prefeitos, o órgão jurisdicional competente para as ações penais é o Tribunal de Justiça do respectivo Estado, a teor do disposto no art. 29, X, da Constituição da República (Emenda Constitucional n. 1, de 1992);
- para Juízes de Direito e órgãos do Ministério Público, o órgão jurisdicional competente para as ações penais é o Tribunal de Justiça do respectivo Estado, a teor do disposto no art. 96, III, da Constituição da República.

De acordo com o disposto nas respectivas constituições estaduais, os Secretários de Estado e a cúpula policial (Delegado-Geral de Polícia, Comandante-Geral da Polícia Militar) têm determinada a competência para julgamento nos feitos criminais. No caso do Estado de São Paulo, por exemplo, a competência para tanto é do Tribunal de Justiça (art. 74 da Constituição do Estado de São Paulo).

---

790 MARQUES, José Frederico. **Elementos de direito processual penal**: v. 1. 3. ed. atual. Campinas: Millennium, 2009. v. 2.

CAPÍTULO VIII – Disposições Especiais

Art. 88. No processo por crimes praticados fora do território brasileiro, será competente o juízo da Capital do Estado onde houver por último residido o acusado. Se este nunca tiver residido no Brasil, será competente o juízo da Capital da República.

1. Hipótese do presente artigo

O art. 88 do Código de Processo Penal cabe, apenas, quando o estrangeiro pratica crime fora do território brasileiro e não tem domicílio no País, não incidindo quando a infração penal é aqui consumada[791]. No mais, quando praticado o crime no exterior, por brasileiro, não será permitida a extradição.

2. Prevalência da regra

A fixação da competência no Juízo da capital do Estado da residência do acusado/suspeito é regra imperativa: "ainda que se trate de crime não federal, da competência da Justiça Estadual, assim, também, se procede. Não é, pois, pelo fato de hoje termos a interiorização da Justiça Federal que a competência será da Vara Federal que abranja a cidade onde o réu por último tinha residência"[792].

Art. 89. Os crimes cometidos em qualquer embarcação nas águas territoriais da República, ou nos rios e lagos fronteiriços, bem como a bordo de embarcações nacionais, em alto-mar, serão processados e julgados pela justiça do primeiro porto brasileiro em que tocar a embarcação, após o crime, ou, quando se afastar do País, pela do último em que houver tocado.

1. Definição de "águas territoriais da República"

Cumpre considerar, inicialmente, a definição legal do que vêm a ser as "águas territoriais da República".

Com efeito, a partir de determinado provimento tem-se que

a Lei n. 8.617, de 4-1-1993, em seu art. 1º, redimensionou o mar territorial reduzindo-o de 200 para 12 milhas marítimas de largura. A competência para o processo e julgamento de crime praticado em 7-1-1993, a bordo de navio que se encontrava além das 12 milhas do mar territorial, é da justiça do país sob cuja bandeira navegava o navio, no caso, a dos Estados Unidos da América do Norte.[793]

E, com isso, "Aplica-se, em matéria de competência, a lei brasileira (CP, art. 5º, parágrafo 2º)".[794]

1.1 Crime acontecido em plataforma petrolífera

O STJ apreciou situação na qual houve

dissenso acerca da competência territorial para processar inquérito policial, no qual se apurou a suposta prática do crime de homicídio culposo ocorrido em plataforma petrolífera ancorada em alto mar. 3. Os dados constantes do inquérito não fornecem elementos aptos a firmar a competência conforme a regra do art. 89 do Código de Processo Penal. É que, embora considerada embarcação (art. 2º, V, c/c o XIV, da Lei n. 9.537/1997), não há notícia de que a plataforma, após o delito, tenha retornado ao continente, tampouco evidência de qual localidade saiu antes de partir rumo ao oceano. Nesse passo, incide a regra subsidiária do art. 91 do Código de Processo Penal (competência por prevenção). 4. Conflito de atribuição conhecido como de competência, para declarar competente o Juízo de Direito da 1ª Vara Criminal da comarca de Angra dos Reis/RJ, o suscitado.[795]

1.2 Limitação à competência da Justiça Federal

Já se assentou o entendimento que

O mero fato de a União ser competente para explorar, diretamente ou mediante concessão, autorização ou permissão os serviços de transporte aéreo, ferroviário, aquaviário e rodoviário não necessariamente induz a competência da Justiça Federal para o julgamento de delitos envolvendo tais serviços.[796]

---

791 TRF4. **HC 66.372/SC**. 2001.04.01.066372-5. 7ª Turma. Relator: José Luiz Borges Germano da Silva. Data de julgamento: 4 dez. 2001. Data de publicação: DJ, 16 jan. 2002. p. 1381.

792 TRF 1. **C 55.758/MG** – 055758-13.2011.4.01.0000. Relator: Des. Fed. Tourinho Neto. Data de publicação: e-DJF1, 18 nov. 2011. p. 14.

793 TRF. 4ª Região. Relatora: Juíza Luiza Dias Cassales. DJU, 6 out. 1993. p. 41801.

794 STF. **Ext 722 FR**. Relator: Min. Nelson Jobim. Tribunal Pleno. Data de julgamento: 5 maio 1999. Data de publicação: DJ, 17 set. 1999. PP-00038, Ement Vol-01963-01, PP-00015; RTJ, Vol-00170-03, PP-00761.

795 STJ. **CAt 272 SP 2014/0169976-0**. 3ª Seção. Relator: Min. Sebastião Reis Júnior. Data de julgamento: 12 nov. 2014. Data de publicação: DJe, 19 nov. 2014.

796 STJ. **CC 45.652/SP**. 3ª Seção. Relator: Min. Nilson Naves. Data de julgamento: 22 set. 2004. Data de publicação: DJ, 24 nov. 2004. p. 227; RHC 50.054/SP. 6ª Turma. Relator: Min. Nefi Cordeiro. Data de julgamento: 4 nov. 2014. Data de publicação: DJe, 14 nov. 2014.

2. Consolidação da competência pela Justiça Federal: hipóteses

Malgrado o disposto no art. 109 da CR, nem sempre é de tranquila caracterização a competência da Justiça Federal para julgamento de crimes cometidos a bordo de embarcações, quando o crime, em si, não é de competência estritamente material da Justiça Federal, por exemplo o caso do tráfico internacional de drogas, situação na qual não se discutirá o tipo de embarcação utilizado para a prática do crime.

O alerta do parágrafo anterior se justifica porque, nas demais hipóteses, há de ser feita a distinção do tipo de embarcação de que se trata, pois uma vez

> não demonstrada a natureza de navio da embarcação envolvida no acidente, que ocasionou a morte de um policial militar, por não haver registro nos órgãos competentes, além de a embarcação não ser apta a realizar viagens internacionais ou de longo curso, como exige o Decreto n. 15.788-1922, afasta-se a competência da Justiça Federal.[797]

Fora dos casos de competência material da Justiça Federal, a regra, pois, para atrair o caso para aquela Justiça leva em conta que o crime tenha sido cometido "em tese, no interior de navio de grande cabotagem, autorizado e apto a realizar viagens internacionais, *ex vi* do inciso IX, art. 109, da CF".[798]

Sem embargo, "é da competência da Justiça Federal Comum, por não se caracterizar como crime militar, processar e julgar civil, preso em flagrante, que teria desacatado sargento da Marinha em atividade de fiscalização em embarcação atracada".[799]

> Art. 90. Os crimes praticados a bordo de aeronave nacional, dentro do espaço aéreo correspondente ao território brasileiro, ou ao alto-mar, ou a bordo de aeronave estrangeira, dentro do espaço aéreo correspondente ao território nacional, serão processados e julgados pela justiça da comarca em cujo território se verificar o pouso após o crime, ou pela da comarca de onde houver partido a aeronave.

1. Conceito de "estar a bordo"

Situação na qual a pessoa se encontra no *interior* da aeronave (ou embarcação). De acordo com o Ministério da Marinha do Brasil, "estar a bordo é estar por dentro da borda de um navio. Abordar é chegar à borda para entrar. O termo é mais usado no sentido de entrar a bordo pela força: abordagem. Mas, em realidade, é o ato de chegar a bordo de um navio, para nele entrar"[800].

2. Definição de espaço aéreo

Vide art. 11 da Lei n. 7.565/1986: "Art. 11. O Brasil exerce completa e exclusiva soberania sobre o espaço aéreo acima de seu território e mar territorial".[801]

3. Aplicação prática da regra de competência

Interessante decisão monocrática de recebimento de denúncia pode ser aqui invocada ao afirmar que

> A aplicação da regra é bastante simples e, em verdade, desconsidera o ponto exato do território em que se cometeu o crime, fixando a competência alternativamente nos portos de entrada ou de saída, e nos pontos de pouso e/ou decolagem (...) A aplicação da regra prevista no artigo 109, IX da Constituição, ao definir a competência da Justiça Federal em razão da matéria, não lança qualquer luz sobre a vara federal territorialmente competente, que poderia integrar qualquer daquelas três seções judiciárias. Em outras palavras, a incidência da regra constitucional é indiferente à definição da competência territorial. Quanto a essa última, a norma hábil a defini-la continua sendo aquela contida no artigo 90 do estatuto processual penal: os crimes praticados a bordo de aeronave nacional, dentro do espaço aéreo correspondente ao território brasileiro, serão processados e julgados pela justiça da seção judiciária federal em cujo território se verificar o pouso após o crime, ou pela da seção judiciária federal de onde houver partido a aeronave.[802]

---

797 TRF. 1ª Região. Relator: Des. Fed. Carlos Olavo. Data de publicação: DJU, 5 fev. 2003. p. 45.
798 STJ. **CC 14488 PA 1995/0037338-6**. 3ª Seção. Relator: Min. Vicente Leal. Data de julgamento: 19 out. 1995. Data de publicação: DJ, 11 dez. 1995. p. 43174; LEXSTJ, Vol. 81, p. 301; RT, Vol. 729. p. 509.
799 STJ. **CC 33273 BA 2001/0118325-1**. 3ª Seção. Relator: Min. Paulo Gallotti. Data de julgamento: 26 jun. 2002. Data de publicação: DJ, 2 dez. 2002. p. 219.
800 Lyra, Márcio de Faria Neves Pereira de. **Tradição do Mar**: usos, costumes e linguagem/organizado pelo Capitão de Fragata Márcio Lyra. 6. ed. rev. e aum. Brasília, DF: Serviço de Relações Públicas da Marinha, 1987.
801 BRASIL. **Lei n. 7565, de 19 de dezembro de 1986**. Dispõe sobre o Código Brasileiro de Aeronáutica.
802 Tribunal Regional Federal da 2ª Região (TRF-2). Marcus Vinicius Figueiredo de Oliveira Costa. Juiz(a) Federal Titular Vitória, 13 de março de 2014. 17 mar. 2014. Judicial – JFES. p. 189.

Art. 91. Quando incerta e não se determinar de acordo com as normas estabelecidas nos arts. 89 e 90, a competência se firmará pela prevenção. (Redação dada pela Lei n. 4.893, de 9 dez. 1965)

1. Dúvida quanto à base territorial onde o crime foi cometido

De forma ampla, contudo, tem-se que o "crime cometido em qualquer embarcação, em território brasileiro, não podendo ser precisado o lugar, duvidosa a questão relativa a competência, deve ser aplicado o princípio da prevenção".[803]

TÍTULO VI – Das Questões e Processos Incidentes

CAPÍTULO I – Das Questões Prejudiciais

Art. 92. Se a decisão sobre a existência da infração depender da solução de controvérsia, que o juiz repute séria e fundada, sobre o estado civil das pessoas, o curso da ação penal ficará suspenso até que no juízo cível seja a controvérsia dirimida por sentença passada em julgado, sem prejuízo, entretanto, da inquirição das testemunhas e de outras provas de natureza urgente.
Parágrafo único. Se for o crime de ação pública, o Ministério Público, quando necessário, promoverá a ação civil ou prosseguirá na que tiver sido iniciada, com a citação dos interessados.

1. Definição de "questão"

A partir de uma construção de "teoria geral do processo", mas, como na maior parte dos casos, produzida pela ótica do processo civil, tem-se que "questão" é um ponto controvertido na causa, dividindo-se em "internas" e "externas", "homogêneas" e "heterogêneas", "obrigatórias" ou "facultativas".

Por outro lado, dizer que as "questões" podem ser homogêneas ou heterogêneas implica distingui-las a partir da natureza do direito material em jogo.

Ainda nesse domínio temático deve-se ressaltar que

A constituição definitiva do crédito tributário é condição necessária para o ajuizamento da ação penal que verse sobre o crime de sonegação fiscal. Já a pendência de ação anulatória na esfera cível,
quando muito, constitui questão prejudicial heterogênea facultativa que, a teor do artigo 93 do CPP, poderá ocasionar a suspensão do curso do processo, a critério do juiz natural da causa.[804]

Por outro lado, havendo uma vez no mesmo campo de direito material, ainda que com jurisdições distintas como a penal comum e a militar tem-se a questão homogênea.[805]

Por fim, acarreta a distinção entre questões "internas" e "externas" as que têm nascimento na própria "relação jurídica principal" e entre as "obrigatórias" e "facultativas" uma verdadeira *opção* do julgador na suspensão, na forma preconizada, sobretudo, pelo art. 93.

De forma didática, expõe conceituado doutrinador que

questão incidental, por outro lado, é aquela que surge no processo, cai sobre ele, ocasionando alterações no caminho procedimental. É acessória em relação à questão principal, pois depende de que haja processo para existir. Constitui ademais um "acidente" no percurso processual, pois produz mudanças no seu trajeto, ao exigir para sua resolução a prática de novos atos, diversos dos que eram previstos para a sua normal tramitação. Dessa forma, é essencial para uma questão ser incidental que ela ocasione alguma alteração no desenvolvimento do processo, seja um alongamento do procedimento principal, seja a instauração de um procedimento colateral. A questão incidental será o objeto de conhecimento do Juiz, a matéria a ser resolvida. A alteração no processo constituirá ou o "incidente" ou o "procedimento incidental". A questão incidental pode levar, portanto, ao surgimento de "momento novo" no processo para a sua solução, sem necessidade de instauração de um procedimento colateral. O incidente constitui esse momento novo, formado de um ou mais atos não inseridos na sequência procedimental, e que serve para a decisão da questão incidental ou, às vezes, tão somente para o exame dos pressupostos de admissibilidade da questão incidental.[806]

2. Questão "prejudicial"

Com base nos argumentos já expostos e com apoio na mesma base doutrinária, tem-se que

---

803 TRF. 2ª Região. Relator: Juiz Frederico Gueiros. DJU, 12 jun. 1990.
804 STJ. **REsp 1066641/SC**. 6ª Turma. Relator: Min. Rogerio Schietti Cruz. Data de julgamento: 8 abr. 2014. Data de publicação: DJe, 25 abr. 2014.
805 STF. **RHC 119626 DF**. 2ª Turma. Relator: Min. Celso de Mello. Data de julgamento: 25 fev. 2014. Data de publicação: DJe-185, 23 set. 2014 (divulg.); 24 set. 2014 (public.). Acórdão Eletrônico.
806 FERNANDES, Antônio Scarance. **Prejudicialidade**: conceito, natureza jurídica, espécies de prejudiciais. São Paulo: Revista dos Tribunais, 1988.

a questão prejudicial se caracteriza por ser um antecedente lógico e necessário da questão prejudicada, cuja solução condiciona o teor do julgamento da questão subordinada, trazendo ainda consigo a possibilidade de se constituir em objeto de processo autônomo (...) São prejudiciais homogêneas as do mesmo ramo de Direito ou que, sendo de ramo diverso, estiveram dentro da mesma espécie de jurisdição... É possível ante a prejudicialidade homogênea verificar se há suspensão obrigatória ou facultativa do processo.[807]

3. Inexistência de suspensão diante de investigação criminal

Em caso de prejudicial heterogênea facultativa, é necessário o trânsito em julgado da decisão proferida no Juízo cível para vincular a instância penal, e mesmo assim, se este último assim o reputar. Precedentes citados. Os efeitos de decisão proferida na esfera cível não se aplicam a inquérito policial, posto que as questões prejudiciais dizem respeito à suspensão do curso de processo, de modo que se referem a questões a serem examinadas no curso de ação penal (arts. 92 e 93 do CPP).[808]

4. Suspensão "obrigatória"

Não deve ser considerada como uma "faculdade" do magistrado a suspensão do processo no caso veiculado no *caput*, na medida em que influencia a própria existência do tipo penal (*v.g.*, bigamia) ou a situação de imputabilidade etária (menoridade penal).

O indeferimento injustificado da suspensão do processo acarreta à parte o direito, até mesmo, de manejar ações autônomas de impugnação.

5. Provas "urgentes"

Da redação do presente artigo nasce a base de interpretação analógica da redação atual do art. 366 (*vide* nestes **Comentários**) onde são desenvolvidos ulteriores comentários.

Art. 93. Se o reconhecimento da existência da infração penal depender de decisão sobre questão diversa da prevista no artigo anterior, da competência do juízo cível, e se neste houver sido proposta ação para resolvê-la, o juiz criminal poderá, desde que essa questão seja de difícil solução e não verse sobre direito cuja prova a lei civil limite, suspender o curso do processo, após a inquirição das testemunhas e realização das outras provas de natureza urgente.

§ 1º O juiz marcará o prazo da suspensão, que poderá ser razoavelmente prorrogado, se a demora não for imputável à parte. Expirado o prazo, sem que o juiz cível tenha proferido decisão, o juiz criminal fará prosseguir o processo, retomando sua competência para resolver, de fato e de direito, toda a matéria da acusação ou da defesa.

§ 2º Do despacho que denegar a suspensão não caberá recurso.

§ 3º Suspenso o processo, e tratando-se de crime de ação pública, incumbirá ao Ministério Público intervir imediatamente na causa cível, para o fim de promover-lhe o rápido andamento.

1. Questão prejudicial heterogênea

Assim, quando a causa penal exigir a solução de uma determinada matéria civil, por exemplo, a questão será "heterogênea", como na hipótese de questionamento do débito tributário em que

a existência de decisão administrativa ou judicial favorável ao contribuinte provoca inegável repercussão na própria tipificação do delito, caracterizando questão prejudicial externa facultativa que autoriza a suspensão do processo penal, a teor do artigo 93 do Código de Processo Penal. 4. Assim, ainda que o descaminho seja delito de natureza formal, a decisão judicial que conclui pela inexistência de importação irregular de mercadorias e anula o auto de infração, o relatório de perdimento e o processo administrativo fiscal repercute na própria tipicidade do fato, constituindo questão prejudicial externa que justifica e até recomenda a suspensão do processo penal instaurado até o trânsito em julgado da ação civil. 5. Idêntico raciocínio deve ser aplicado à persecução penal relativamente ao crime de quadrilha porque, embora autônomo, somente se configura quando a associação de pessoas tem o fim específico de cometer crimes, não subsistindo a justa causa para a ação penal se por força da questão prejudicial externa restar evidenciado que a associação se destinava à prática de fato atípico. 6. Não se conhece do recurso na parte em que o recorrente não impugna o fundamento do acórdão recorrido, o que evidencia deficiência na fundamentação recursal que impede o seu conhecimento ante à incidência dos Enunciados

---

807 FERNANDES, Antônio Scarance. **Prejudicialidade**: conceito, natureza jurídica, espécies de prejudiciais. São Paulo: Revista dos Tribunais, 1988.
808 TRF-2. **HC 2561 RJ 2001.02.01.033915-2**. 1ª Turma Especializada. Relator: Des. Fed. Abel Gomes. Data de julgamento: 9 maio 2007. Data de publicação: DJU, Data: 21 maio 2007. p. 260-261.

nº 283 e 284/STF. 7. Recurso parcialmente conhecido e improvido."[809]

No mais,

para que ocorra a suspensão do processo criminal, nos termos do art. 93 do CPP, devem-se cumular os seguintes requisitos: existência de questão submetida à jurisdição cível de que dependa a apreciação quanto à existência de infração penal; tal questão deve ser, a um só tempo, realmente relevante para o deslinde da controvérsia penal e de difícil solução; e, por fim, que sejam ouvidas as testemunhas e realizadas outras provas de natureza urgente. 2. Não há demonstração da necessidade da quebra da sistemática legal no caso concreto, vale dizer, nenhum motivo substancialmente relevante foi declinado na impetração que justificasse o deferimento da suspensão sem a oitiva das testemunhas e colheita de possíveis provas urgentes. 3. Denegação da ordem de *habeas corpus*.[810]

2. "Questão de difícil solução" e definição do período de suspensão

Não possui qualquer conceituação técnica e repousa exclusivamente no julgador essa conceituação. Da mesma maneira, a definição do período de suspensão não tem limites no Código de Processo Penal, aparentemente sendo relegada à manifestação judicial essa delimitação. Caberá invocar, por analogia, regras do Código de Processo Civil que tratam da suspensão do processo como parâmetros para que a decisão judicial não fique completamente ausente de balizas.

Assim, exemplificativamente já se decidiu que "Cuida-se, quando muito, de questão prejudicial facultativa, de fácil e não de difícil resolução, pois basta aos réus provarem que o serviço foi efetivamente prestado e que, portanto, os fatos não configuram ilícito penal".[811]

Exige-se, apenas, que a discussão na esfera não penal esteja em curso pois "Mostrando-se as questões debatidas nas demandas cíveis ajuizadas anteriormente à ação penal dispensáveis para o reconhecimento da existência da infração penal cuja prática é atribuída aos réus, inexiste questão prejudicial apta a ensejar a suspensão do processo criminal".[812]

3. Impossibilidade da suspensão em caso de investigação

O artigo em comento, assim como o anterior, não tem incidência no âmbito da investigação criminal, ao menos na modalidade inquérito policial.

4. Irrecorribilidade da decisão denegatória

Trata-se de mais uma das hipóteses nas quais o Código de Processo Penal, não prevendo a possibilidade de recurso específico, impele a parte interessada a empregar o mecanismo das ações autônomas de impugnação, com todos os ônus que isso significa, conforme já analisado nestes **Comentários**.

5. Recorribilidade da decisão que determina a suspensão

A decisão que determina a suspensão do processo na forma mencionada nos arts. 93 e 94 é passível de recurso com o emprego do "recurso em sentido estrito", nos termos do art. 581, XVI (Art. 581. (...) XVI – que ordenar a suspensão do processo, em virtude de questão prejudicial).

Como apontado em determinado precedente,

Não se pode pretender que uma decisão que ordene a suspensão do processo penal seja imune a algum recurso, já que seus efeitos podem se equivaler, na prática, à rejeição da pretensão punitiva do Estado. Assim também entendeu o legislador processual ao prever, no referido dispositivo, o recurso cabível contra tal decisão. Naturalmente só não se referiu à hipótese em questão (suspensão do processo em que o réu for citado por edital e não constitua defensor, *ex vi* do art. 366 do CPP) simplesmente porque ela só veio a surgir com a Lei n. 9.271, de 17-4-96.[813]

> Art. 94. A suspensão do curso da ação penal, nos casos dos artigos anteriores, será decretada pelo juiz, de ofício ou a requerimento das partes.

1. Determinação de ofício e racionalidade decisória

Como já anotado, "Comprovada a existência de questão prejudicial, nos termos do art. 93, do CPP, a

---

809 STJ. **REsp 1413829 CE 2013/0357713-9**. 6ª Turma. Relatora: Min. Maria Thereza de Assis Moura. Data de julgamento: 11 nov. 2014. Data de publicação: DJe, 27 nov. 2014.
810 TRF 1. **RO 2007.01.00.020247-1**. 3ª Turma. Relator: Des. Fed. Olindo Menezes. Data de julgamento: 26 jun. 2007. Data de publicação: DJ, 6 jul. 2007. p. 27.
811 TRF-3. **RSE 52330 SP 97.03.052330-7**. 2ª Turma. Relator: Juiz Convocado Ferreira da Rocha. Data de julgamento: 26 maio 2000.
812 TRF-4. **ACR 91 PR 2001.70.03.000091-4**. 7ª Turma. Relator: Décio José da Silva. Data de julgamento: 1º ago. 2006. Data de publicação: DJ, 16 ago. 2006. p. 673.
813 TACrimSP. Cor. Parcial 1.065.541/4. 2ª Câmara. Relator: Erix Ferreira. Data de julgamento: 4 set. 1997.

suspensão do feito criminal se dá a critério do magistrado da causa".[814]

> **CAPÍTULO II** – Das Exceções
>
> Art. 95. Poderão ser opostas as exceções de:
> I – suspeição;
> II – incompetência de juízo;
> III – litispendência;
> IV – ilegitimidade de parte;
> V – coisa julgada.

1. Garantia do juiz natural

É inerente ao modelo processual consentâneo com o Estado de Direito – entenda-se, o modelo acusatório – que o juiz da causa esteja cercado de garantias "orgânicas" (na linguagem de Ferrajoli) e às partes esteja assegurada a presença de um magistrado imparcial, também, sob o aspecto subjetivo, a dizer, que não possua comprometimento *pessoal* com o resultado do processo.

Os mecanismos que se seguem dizem respeito a essa "imparcialidade", ao menos do ponto de vista formal, com a demonstração de situações que, *objetivamente*, são tidas como causas de comprometimento pessoal do juiz com o processo.

Certamente há todo um flanco de subjetivismo remanescente, que não é alcançado neste contexto normativo. Por isso as convicções pessoais do juiz no desenvolvimento do processo são alvo de controle pela garantia da *motivação das decisões*, meio pelo qual se procura domesticar a racionalidade do magistrado na produção de seus provimentos.

Tal entendimento se faz presente em vários julgados, como quando se afirma que

> Por se tratar de questão de ordem pública, o impedimento do juiz pode ser alegado a qualquer tempo e grau de jurisdição, insuscetível, inclusive, de preclusão, não sendo mister que a parte interessada se utilize da via de exceção, a fim de que a matéria possa ser conhecida, assim podendo se manifestar, por petição simples, na respectiva ação. A não apreciação da arguição de impedimento pode caracterizar nulidade decorrente de eventual cerceamento de defesa. Independentemente da natureza do processo ou procedimento que vai ser por ele decidido, a garantia do juiz natural deve sempre ser resguardada, notadamente em razão de o constituinte de 1988 ter conferido, também, ao processo administrativo a garantia do contraditório e ampla defesa, tal como fez com o processo judicial (art. 5º, LV, da CF). IV. Em nada altera a questão do apontado impedimento do juiz, o fato de a sua atuação se verificar em esferas de competência distintas, no caso a administrativa e jurisdicional, posto a preocupação do legislador cingir-se com a própria manifestação do Estado Democrático de Direito na composição da lide, sem fazer qualquer distinção quanto à sua natureza. Nos termos do disposto no art. 252, inciso III, do Código de Processo Penal, o juiz não poderá exercer jurisdição no processo em que tiver funcionado como juiz de outra instância, pronunciando-se, de fato ou de direito, sobre a questão. O termo "instância", a que alude o art. 252, inciso III, do Código de Processo Penal, não está apenas por grau de jurisdição, mas, também, por suas diferentes espécies, entre as quais a administrativa e a judicial.[815]

Fica claro, pois, que tal exceção visa buscar a imparcialidade do *juiz*, e não atacar qualquer ponto em relação ao *juízo*[816], e que, dessa forma, ocorre a perda do objeto da exceção "ante a circunstância fática de que o excipiente não mais exerce suas funções perante o juízo excepto".[817]

2. Conceito de "exceções"

Exceção é um tipo de defesa considerada como "indireta", na medida em que não diz respeito ao objeto da ação denominada "principal".

De há muito se discute (sobretudo no âmbito processual civil) a natureza jurídica da exceção, vinculando-a à forma de conceber a jurisdição e o exercício do direito de ação. É necessário fazer uma leitura do tema sob as luzes dos fundamentos do processo penal nos parâmetros da acusatoriedade e, por extensão, ler o tema sob o enfoque do estado de direito, tendo como balizas a CR e a CADH.

Assim, por exemplo, o direito brasileiro impossibilita a dupla persecução pelo mesmo fato criminoso. Tal previsão não está expressamente prevista na Constituição Federal, mas pode ser dela extraída tanto de seu art. 5º, § 1º, como da Convenção Interamericana (Pacto de São José da Costa Rica). Para sanar eventuais desobediências a este postulado, basicamente dois podem ser os mecanismos empregados. O primeiro, de eficácia inegavelmente mais rápida, é o *habeas corpus*, como meio de proteção das garantias individuais. O segundo, de índole endoprocessual, é a exceção de coisa julgada ou de litispendência, de

---

[814] TJ-RO. **MS 20056450820088220000 RO 2005645-08.2008.822.0000**. Relator: Juiz Marcos Alberto Oldakowski. Data de publicação: DO, 4 set. 2008.
[815] TRF. 3ª Região-MS. Órgão Especial. Relatora: Juíza Diva Malerbi. 7 jul. 2003.
[816] TRF. 3ª Região. Relator: Juiz Jorge Scartezzini. 17 abr. 1990.
[817] Tribunal. 3ª Região. Exsusp. 2ª Turma. Relator: Juiz Celio Benevides. 26 fev. 1997.

acordo com o caso, previstas ambas no Código de Processo Penal a partir do art. 95.

3. Classificação das exceções
Dentro de uma visão tradicional do tema, tem-se que a exceção processual se divide em dilatória, ou seja, aquela que somente alonga o curso do processo, e em peremptória, que se opõe à primeira e pela qual se extingue a relação processual.

4. Procedimentalização das exceções no contexto geral do Código de Processo Penal
Como exposto nestes **Comentários**, o rito processual penal brasileiro, fruto direto da matriz inquisitiva de processo, não contempla um momento oportuno de verificação de admissibilidade da causa. Dessa forma, o verdadeiro emprego dessas exceções se perde no campo prático. Assim, por exemplo, a litispendência é reconhecida por via do *habeas corpus*, e não pela via da exceção, o mesmo valendo para a coisa julgada. Numa reforma processual penal de fundo, haveria a necessidade de, na audiência de verificação de admissibilidade da causa, ter-se a discussão de todos os temas que gravitam em torno das exceções.

5. Taxatividade do rol
As hipóteses previstas neste artigo, na forma adotada em sua redação, são taxativas. A interpretação de outras causas que venham a colocar fim à relação processual não se encontra neste artigo, mas pode ser localizada em outras partes do Código de Processo Penal, por exemplo o fim do processo pela ausência de justa causa, cuja análise se dá por via do *habeas corpus*.

> Art. 96. A arguição de suspeição precederá a qualquer outra, salvo quando fundada em motivo superveniente.

1. Fundamento convencional
A base convencional encontra-se no art. 8º, 1, da Convenção Americana sobre Direitos Humanos (Pacto de São José da Costa Rica):

> 1. Toda pessoa tem direito a ser ouvida, com as devidas garantias e dentro de um prazo razoável, por um juiz ou tribunal competente, independente e imparcial, estabelecido anteriormente por lei, na apuração de qualquer acusação penal formulada contra ela, ou para que se determinem seus direitos ou obrigações de natureza civil, trabalhista, fiscal ou de qualquer outra natureza.

1.1 Suspeição e modelo acusatório
O modelo acusatório adotado pela CR é claro e não depende de qualquer apreciação do art. 3º do CPP com a redação dada pela Lei n. 13.964/2019, lastreado, no mínimo, na separação funcional dos atos de acusar e julgar.

Assim, apreciando a matéria no bojo do tema de colaboração premiada, onde o tema foi, na nossa análise, indevidamente alocado como questão de impedimento (art. 252 do CPP), o STF decidiu – corretamente quando ao raciocínio – que

> Da leitura das atas de depoimentos, o ministro depreendeu ser evidente a atuação acusatória do julgador. Ao analisar a sequência de atos, verificou a proeminência do magistrado na realização de perguntas ao interrogado, as quais fogem completamente ao controle de legalidade e voluntariedade de eventual acordo de colaboração premiada. Avaliou ter havido atuação direta do julgador em reforço à acusação. Logo, não houve mera supervisão dos atos de produção de prova, mas o direcionamento e a contribuição do magistrado para o estabelecimento e para o fortalecimento da tese acusatória.[818]

1.2 O reconhecimento da incompetência não afasta a análise da existência de suspeição
Havendo alegação simultânea de incompetência (imparcialidade objetiva) e suspeição (imparcialidade subjetiva) reconhecida primeiramente aquela, ainda assim deve ser apreciada a segunda.

E assim deve ser posto que se tratam de atributos complementares para a imparcialidade o julgador, esteio do devido processo legal. Ademais, a suspeição acarreta uma ampla nulificação probatória, inutilizando o acervo cognitivo de forma ampla, mesmo no novo juízo declarado como competente. Esta a situação dos HC 164.493 e 193.726 no contexto de atos da então denominada operação "lava jato" que, considerou a suspeição do então julgador no caso concreto e nulificou as provas as que teve sob sua presidência no transcurso do processo.

1.1 Distinção entre as causas de suspeição e impedimento
Afirma-se correntemente que o impedimento tem caráter objetivo, enquanto a suspeição tem relação com o subjetivismo do juiz. A imparcialidade do juiz é um dos pressupostos processuais

---

[818] RHC 144615 AgR/PR. Relator originário: Min. Edson Fachin. Redator para o acórdão. Min. Gilmar Mendes. Data de julgamento: 25 ago. 2020. (RHC-144615).

subjetivos do processo. No impedimento há presunção absoluta (juris et de jure) de parcialidade do juiz em determinado processo por ele analisado, enquanto na suspeição há apenas presunção relativa (juris tantum).[819]

As causas de suspeição se encontram no art. 254, enquanto as de impedimento se apresentam nos arts. 252 e 253 do Código de Processo Penal, para onde também se remete o leitor nestes **Comentários**.

1.2 As causas de suspeição ou impedimento no NCPC e o processo penal

Um dos possíveis reflexos do NCPC no processo penal encontra-se nas hipóteses de suspeição e impedimento do julgador cujo quadro legal foi modificado sobretudo nos termos dos arts. 144, VIII[820], e 145, III[821] daquele novo Código, ao processo penal.

Com efeito, recordando-se o quanto já exposto nestes **Comentários** a respeito dos limites da analogia do processo civil ao penal, no presente tema afigura-se situação de ampliação da garantia do juiz natural posto que as causas elencadas nos arts. 252 e 254 do CPP prendem-se a uma matriz sócio-cultural bastante distinta daquela hoje existente.

Percebendo a necessidade de ampliar essas hipóteses sem perder a linha da taxatividade que lhe deve ser inerente, pois uma ampliação meramente hermenêutica pode conduzir à insegurança jurídica, o STF já decidiu que

> Quando esta Corte Suprema assenta que não se pode estender, pela via da interpretação, o rol do artigo 252 do Código de Processo Penal, quer ela dizer que não é possível ao Judiciário legislar para incluir causa não prevista pelo legislador. Essa inclusão pode se dar por analogia pura e simples, como também pela dita interpretação extensiva, que nada mais é do que a inclusão, a partir de um referencial legal, de um item não previsto em um rol taxativo.[822]

Quando esta Corte Suprema assenta que não se pode estender, pela via da interpretação, rol do art. 252 do Código de Processo Penal, quer ela dizer que não é possível ao Judiciário legislar para incluir causa não prevista pelo legislador. Essa inclusnao pode se dar por analogia pura e simples, como também pela dita interpretação extensiva, que nada mais é do que a inclusão, a partir de um referencial legal, de um item não previsto em uu rol taxativo.

2. O emprego estrito da via excepcional

O Código de Processo Penal emprega com exclusividade o mecanismo em análise para correção da garantia do juiz natural. Assim, não se pode, segundo determinada vertente de compreensão da matéria, empregar o *habeas corpus* para a mesma finalidade, eis que ele "se reserva a outras hipóteses de teratologia ou de evidente constrangimento ilegal"[823].

O mesmo vale para situação analisada em certo julgado que considerou que

> todas as decisões de natureza interlocutória são recorríveis em sede penal, descabendo o Ministério Público valer-se da exceção de suspeição para conseguir objetivo análogo. A arguição de exceção de incompetência somente terá sentido se o autor da ação penal tiver interposto recurso em sentido estrito da sentença que deixou de receber a denúncia.[824]

3. Precedência dessa arguição

Pelos motivos expostos no tópico anterior, fica clara a necessidade de que a condição de imparcialidade seja garantida com precedência em relação a todas as demais.

Na prática, isso significa, dentre outras coisas, que essa exceção tem ritual próprio e a matéria ventilada não se presta a ser analisada como "preliminar" de qualquer outra manifestação processual.

Nesse sentido, assiste razão a determinado provimento no qual se pontificou que

> é de se observar que o pedido de suspeição não pode ser preliminar de recurso de apelação. A exceção de suspeição tem que ser ajuizada em apartado e possui tramitação própria. O advogado do réu, por desconhecer a lei processual penal, alegou exceção de suspeição como preliminar

---

819 Conforme exposição didática do próprio STF disponível em: <http://www.stf.jus.br/portal/cms/verNoticiaDetalhe.asp?idConteudo=103393>.
820 Art. 144. Há impedimento do juiz, sendo-lhe vedado exercer suas funções no processo: (...) VIII – em que figure como parte cliente do escritório de advocacia de seu cônjuge, companheiro ou parente, consanguíneo ou afim, em linha reta ou colateral, até o terceiro grau, inclusive, mesmo que patrocinado por advogado de outro escritório;
821 Art. 145. Há suspeição do juiz: (...) III – quando qualquer das partes for sua credora ou devedora, de seu cônjuge ou companheiro ou de parentes destes, em linha reta até o terceiro grau, inclusive;
822 STF. **Habeas Corpus n. 97.544**. Relator: Min. Eros Grau. Redator para o acórdão Min. Gilmar Mendes. Data de julgamento: 21 set. 2010.
823 TACRIM. 11ª Câmara. Relator: Luis Soares de Mello. 12 ago. 2002, concluindo que "este não se presta para apreciar direito estranho à liberdade de locomoção" (TRF. HC. 4ª Região, 1ª Turma. Relator: Juiz Amir Sarti. 18 abr. 2001).
824 TRF. 2ª Região. 1ª Turma. Relator: Juiz Carreira Alvim. 13 jun. 2002.

de conhecimento de mérito de recurso. Não há como conhecer de seu pedido.[825]

4. Causa superveniente

"A suspeição por situação superveniente não opera retroativamente. O forte constrangimento do julgador, que poderia abalar, inclusive, a sua imparcialidade, não configurada a mera hipótese de *recusatio iudicis*, desmerece contestação. Se, ao acolher a *imputatio facti*, o juiz, por uma questão de lógica, afasta, fundamentadamente, dada a incompatibilidade, a hipótese de atipia, não há que se falar de omissão acerca da tese da defesa"[826].

> Art. 97. O juiz que espontaneamente afirmar suspeição deverá fazê-lo por escrito, declarando o motivo legal, e remeterá imediatamente o processo ao seu substituto, intimadas as partes.

1. Irrecorribilidade da decisão

Não existem mecanismos processuais no âmbito do "sistema" de recursos próprios para impugnação da decisão que reconhece a própria suspeição.

2. Manifestação "por escrito"

O correto é compreender-se que a manifestação deve ficar explícita nos autos, e não que se trate de uma peça processual autônoma exarada pelo juiz. Assim, não há problemas no reconhecimento, em ata, da condição de suspeito. As tramitações internas do juiz para com a cúpula do Poder Judiciário resolvem-se com expedição de ofício, expondo as razões de afastamento do juiz da causa.

3. Retratação da causa de suspeição e seus efeitos

Já se decidiu de forma bastante flexível que "Não é nula a sentença proferida por magistrado que anteriormente se declarara impedido de funcionar em ação penal da qual era vítima a mãe de sua empregada, decisão que reconsiderou por não se tratar de um dos motivos que impossibilitam o exercício da jurisdição" (STJ. RHC. 6ª Turma. Relator: Paulo Gallotti. 1º out. 2001). Quer-nos parecer que a suscitação pelo próprio magistrado das causas de suspeição, uma vez determinada pelo órgão superior da Magistratura competente a designação de juiz substituto, não pode ser retificada, dada a instabilidade que causaria às partes.

4. Escala de substituição e determinação do substituto

Trata-se de ato administrativo interno no próprio Poder Judiciário sobre o qual não existe qualquer controle fora dos limites administrativos desse Poder.

5. Intimação das partes

Embora irrecorrível, por certo as partes têm o direito de serem intimadas da substituição do juiz. Até porque pode ser oposta igual exceção em relação ao juiz substituto.

> Art. 98. Quando qualquer das partes pretender recusar o juiz, deverá fazê-lo em petição assinada por ela própria ou por procurador com poderes especiais, aduzindo as suas razões acompanhadas de prova documental ou do rol de testemunhas.

1. Momento da oposição da exceção

Tomando-se por base o entendimento do STJ contemporaneamente sobre a matéria, quanto às alegações de impedimento a exceção pode ser oposta a qualquer tempo[827] e, quanto à suspeição, na primeira oportunidade em que a parte interessada vier a se manifestar no processo[828], conferindo a esse fundamento um caráter relativo e, portanto, preclusivo.

2. Forma de apresentação da exceção

A exceção não se apresenta senão por petição. Descabe, assim, a arguição em audiência, com a formalização do pedido no termo daquele ato. Nada obstante, já se decidiu pela apresentação dessa forma, inclusive invocando o descabimento de outorga de procuração com poderes especiais quando da "arguição da exceção de suspeição em audiência, onde se encontram presentes os acusados e seus procuradores".[829]

3. Autopostulação da exceção

Trata-se de possibilidade do exercício da autodefesa (quando arguida pela pessoa acusada), fundada,

---

825 RJTACrim 14/60. O mesmo entendimento igualmente na esfera cível em TJ-SP. 1ª Câmara de Direito Privado. **CR 5343524000 SP**. Relator: Guimarães e Souza. Data de julgamento: 10 fev. 2009. Data de publicação: 20 fev. 2009.
826 STJ. REsp. Relator: Felix Fischer. 3 nov. 2003.
827 STJ. **RHC n. 57.488/RS**. 5ª Turma. Relator: Min. Ribeiro Dantas. Data de julgamento: 7 jun. 2016, v.u. Data de publicação: DJE, 17 jun. 2016.
828 STJ. Corte Especial. **APn n. 733/DF**. Relator: Min. Herman Benjamin. Data de julgamento: 6 jun. 2015, v.u. Data de publicação: DJE, 4 ago. 2015.
829 TRF. 4ª Região. Exsusp. 8ª Turma. Relator: Juiz Luiz Fernando Wowk Penteado. 24 set. 2003.

inclusive, na salvaguarda da garantia do juiz natural, tal como exposto no art. 95 nestes **Comentários**.

4. Procurador com poderes especiais

Uma vez sendo postulada por via de defensor técnico, a exceção deve ser oposta com a outorga de poderes especiais para tal fim.[830]

Sem embargo, houve caso em que se conheceu

> de suspeição com defeito inicial de representação se juntada a procuração com poderes especiais, ainda que fora do prazo concedido pela excepta para regularização processual. Relator vencido quanto à preliminar ao entendimento de não se mostrar possível a juntada posterior de mandato por se tratar a exigência do art. 98 do CPP de requisito essencial, de obrigatória observância, cuja arguição é motivada por aspectos estritamente pessoais, que poderá redundar inclusive na hipótese de crime contra a honra.[831]

A regra, no entanto, é interpretada com maior grau de literalidade por larga parte dos provimentos, ao afirmar que "Não se conhece de exceção de suspeição quando o advogado subscritor não tem poderes especiais para argui-la"[832].

Art. 99. Se reconhecer a suspeição, o juiz sustará a marcha do processo, mandará juntar aos autos a petição do recusante com os documentos que a instruam, e por despacho se declarará suspeito, ordenando a remessa dos autos ao substituto.

1. Suspeição e investigação criminal

Acresça-se ao quanto dito no art. 97 situação análoga, na qual determinado magistrado, dando sua própria suspeição

> sob o argumento de não reunir condições para dar prosseguimento aos trabalhos em questão, por pressões excessivas que sobre ele estariam sendo exercitadas, incabível simples remessa, nas circunstâncias específicas ao Juiz Substituto. Impõe-se a redistribuição do Inquérito Policial, por não enquadrar o caso vertente nas hipóteses estabelecidas no Provimento n. 03/99, da E.

Corregedoria-Geral. – Conflito não provido. Competência do Juízo Suscitante.[833]

Art. 100. Não aceitando a suspeição, o juiz mandará autuar em apartado a petição, dará sua resposta dentro em 3 (três) dias, podendo instruí-la e oferecer testemunhas, e, em seguida, determinará sejam os autos da exceção remetidos, dentro em 24 (vinte e quatro) horas, ao juiz ou tribunal a quem competir o julgamento.

§ 1º Reconhecida, preliminarmente, a relevância da arguição, o juiz ou tribunal, com citação das partes, marcará dia e hora para a inquirição das testemunhas, seguindo-se o julgamento, independentemente de mais alegações.

§ 2º Se a suspeição for de manifesta improcedência, o juiz ou relator a rejeitará liminarmente.

1. Modo de autuação da exceção

Consoante expressamente dispõe o Código de Processo Penal, em apartado, a indicar que não haverá prejuízo para a continuidade da ação da qual a exceção se originou.

2. Julgamento pelo Tribunal

"A exceção de suspeição, em havendo recusa do Juiz, é feito da competência dos tribunais. É nula a decisão do magistrado que nulifica processo, à razão de suspeição do juiz, sob cuja presidência vinha se desenvolvendo no feito".[834]

3. Dilação probatória

É possível, e é uma das causas que impede o reconhecimento da exceção pela via do *habeas corpus*, a qual, por exemplo, já foi considerada "inadequada para a discussão acerca do vínculo de parentesco e amizade que envolveriam o Juiz e a vítima, eis que tal análise ensejaria o revolvimento do conjunto fático-probatório".[835]

De forma mais abrangente, "é inviável a análise de possível suspeição do juiz em sede de *habeas corpus*, pois, para adentrar-se a tal questão é necessário imiscuir-se no conjunto probatório colacionado na

---

830 TOLEDO, Plisio Machado. Exceção de suspeição. Exigência de procuração com poderes especiais. **Justitia**, v. 117, p. 305-311, abr./jun. 1982.
831 TRF. 4ª Região. Exsusp. 8ª Turma. Relator: Juiz Fernando Quadros da Silva. 15 out. 2003.
832 TRF. 4ª Região. Exsusp. 8ª Turma. Relator: Juiz Luiz Fernando Wowk Penteado. 24 set. 2003.
833 TRF. 2ª Região. **CC 4416 2000.02.01.048712-4**. Relator: Juiz Sergio Feltrin Correa. Data de publicação: DJU, 17 out. 2000.
834 STJ. **HC 17492 PB 2001/0086858-5**. 6ª Turma. Relator: Min. Hamilton Carvalhido. Data de julgamento: 16 mar. 2004. Data de publicação: DJ, 26 abr. 2004. p. 220.
835 STJ. **RHC 10620 MG 2000/0113135-4**. 5ª Turma. Relator: Min. Gilson Dipp. Data de julgamento: 4 mar. 2004. Data de publicação: DJ, 5 abr. 2004. p. 274.

exceção, o que não se coaduna com a via estreita do *writ*".[836]

Tal posicionamento afigura-se como correto, na medida em que "A arguição de suspeição deve ser fundamentada, a fim de poder haver aferição se o juiz deve ou não ser afastado da direção do processo"[837], sendo que sua suspeição "há que ser demonstrada por fatos concretos que lhe retirem a imparcialidade e a isenção de ânimo. A mera alegação de pré-julgamento, dissociada de outros elementos de comprovação, não dá azo à invalidação da sentença"[838], e uma vez "incomprovados os fatos indicativos da parcialidade do magistrado, não prospera seu afastamento da causa".[839]

4. Testemunhas ouvidas na exceção

Certamente estão submetidas ao mesmo regime jurídico das demais, conforme arts. 202 a 225 do Código de Processo Penal. Não há limites legais ao número de pessoas ouvidas, podendo-se, por interpretação analógica, empregar o limite estabelecido no Código.

5. Prazo para julgamento da exceção

Embora o Código de Processo Penal trate a exceção de suspeição como prioritária, não dispõe expressamente o prazo para sua resolução, o que já deu ensejo a situações patológicas, como aquela em que se aduziu, por conta na demora do julgamento definitivo desse procedimento, que

> ofende o princípio constitucional da separação dos poderes (CF, art. 2º) a intimação de magistrado para prestar esclarecimentos perante comissão parlamentar de inquérito sobre ato jurisdicional praticado. Com base nesse entendimento, o Tribunal deferiu *habeas corpus* impetrado contra a intimação de desembargador para prestar depoimento perante CPI, a fim de esclarecer quais os motivos que o levaram a demorar mais de três anos para concluir autos de exceção de suspeição que já estava prejudicada pelo afastamento do magistrado tido como suspeito.[840]

Art. 101. Julgada procedente a suspeição, ficarão nulos os atos do processo principal, pagando o juiz as custas, no caso de erro inescusável; rejeitada, evidenciando-se a malícia do excipiente, a este será imposta a multa de duzentos mil-réis a dois contos de réis.

1. Nulidade dos atos processuais

A consequência jurídica da nulidade vale para a hipótese do artigo em comento (procedência da suspeição), mas não para o autorreconhecimento da hipótese de comprometimento, tendo sido considerado pelo e. STF em determinado provimento que "não são nulos os atos anteriores ao acolhimento, pelo próprio excepto (CPP, art. 99), de exceção de suspeição deduzida pelo réu. Hipótese em que o juiz acolhera a exceção a pretexto de evitar o retardamento do feito".[841]

Por outro turno, "julgada improcedente a exceção de suspeição, válidos são todos os atos praticados pelo juiz-presidente do processo (v. art. 101 do Código de Processo Penal)".[842]

1.1 Tipo de nulidade tratada neste artigo

Cumpre verificar, diante da estrutura da exceção em comento, qual o tipo da nulidade aqui mencionado. O tema deva ser visto em conjunto com os arts. 563 e seguintes e, a rigor, deverá ser a nulidade tratada como de caráter absoluto, importando no não aproveitamento dos atos anteriores, eis que praticados por juiz parcial.

Assim, por exemplo, acórdão interessante do então Tribunal de Alçada Criminal de São Paulo assim se posicionou:

> Contudo, ainda que possa ter parecido por lapso, o MM. Juiz declarado suspeito, voltou a proferir despachos, não de mero expediente, mas decisões. (...) Nulo se afigura, portanto, o processo, posto que, Juiz suspeito nele decidiu. Essas decisões são, em realidade, inexistentes, já que o Juiz não tinha jurisdição. Decisão de quem não tem jurisdição é o nada no mundo do processo.[843]

Sem embargo, não raras vezes os Tribunais procuram mitigar as consequências desse tipo de nulidade apoiando decisões em conceitos marcantemente autoritários. Neste ponto,

---

836 STJ. **HC 12232 SP 2000/0013425-2**. 6ª Turma. Relator: Min. Fernando Gonçalves. Data de julgamento: 16 maio 2000. Data de publicação: DJ, 1º ago. 2000. p. 347.

837 TRF. 1ª Região. 3ª Turma. **ES 01000342909**. Relator: Tourinho Neto. Data de julgamento: 2 set. 1997. Data de publicação: DJU, 3 out. 1997. p. 81635.

838 TRF-3. **EIACR 80586 SP 96.03.080586-6**. 1ª Turma. Relator: Juiz Sinval Antunes. Data de julgamento: 14 out. 1997. Data de publicação: DJ, 11 nov. 1997. p. 95513.

839 TRF. 1ª Região. Exsusp. 4ª Turma. Relator: Juiz Hilton Queiroz. 17 mar. 2000.

840 STF. **HC 80.539/PA**. Relator: Min. Maurício Corrêa. 21 mar. 2001.

841 STF. **HC 74.476/PR**. Relator: Min. Francisco Rezek. 1º out. 1996.

842 TRF. 1ª Região-AC. 3ª Turma Relator: Juiz Tourinho Neto. 17 out. 1997.

843 RJTACrim 14/107.

sendo a suspeição manifestada posteriormente ao início da instrução criminal e não tendo o Juiz prosseguido na direção do feito, já que foi, até mesmo, promovido para outra Comarca, não há que se falar em nulidade dos atos processuais anteriores a esse fato. Precedentes desta Corte e do STF.[844]

2. Pagamento de custas pelo juiz
Inaplicável no ordenamento atual.

3. Má-fé processual
O Código de Processo Penal fala em pagamento de quantia cuja atualização jamais foi operacionalizada ao longo dos anos. Mas, trata-se de uma das poucas situações textuais no Código em que se ventila o tema da má-fé processual cabível, por óbvio, para qualquer das partes.

> Art. 102. Quando a parte contrária reconhecer a procedência da arguição, poderá ser sustado, a seu requerimento, o processo principal, até que se julgue o incidente da suspeição.

1. Suspensão do processo a pedido do assistente do acusador público
Fica mais delicada a situação quando se trata de estender a possibilidade do exercício do pedido de suspensão ao assistente do acusador público. Literalmente, tal faculdade não está prevista nos arts. 268 e seguintes.

2. Suspensão do feito principal
Diante do tipo de matéria discutida na presente exceção, é de ser reconhecido que o melhor caminho seria o da suspensão da ação principal como regra, e não apenas quando o excepto reconhecer sua condição de parcialidade, até como forma de preservação da figura do juiz natural.

> Art. 103. No Supremo Tribunal Federal e nos Tribunais de Apelação, o juiz que se julgar suspeito deverá declará-lo nos autos e, se for revisor, passar o feito ao seu substituto na ordem da precedência, ou, se for relator, apresentar os autos em mesa para nova distribuição.
>
> § 1º Se não for relator nem revisor, o juiz que houver de dar-se por suspeito, deverá fazê-lo verbalmente, na sessão de julgamento, registrando-se na ata a declaração.
>
> § 2º Se o presidente do tribunal se der por suspeito, competirá ao seu substituto designar dia para o julgamento e presidi-lo.
>
> § 3º Observar-se-á, quanto à arguição de suspeição pela parte, o disposto nos arts. 98 a 101, no que lhe for aplicável, atendido, se o juiz a reconhecer, o que estabelece este artigo.
>
> § 4º A suspeição, não sendo reconhecida, será julgada pelo tribunal pleno, funcionando como relator o presidente.
>
> § 5º Se o recusado for o presidente do tribunal, o relator será o vice-presidente.

1. Regimento Interno do STF
As previsões deste artigo precisam ser lidas à luz do quanto disposto nos arts. 277 a 287 do Regimento Interno do STF, que regula a matéria.

2. Manutenção da estrutura genérica dos artigos anteriores
Embora com especificidades, a arguição de suspeição para os integrantes dos Tribunais obedece aos mesmos padrões já mencionados, inclusive no que tange à forma de interpretação das causas de suspeição ou impedimento.

Assim,

> as causas de suspeição do julgador estão exaustivamente elencadas nos arts. 252 e 254 do CPP. Inviabilizada a sua ampliação, a suspeição arguida, decorrente do fato de dois embargos de declaração terem sido anteriormente rejeitados mediante a condução do mesmo Relator, não se enquadra no rol legalmente estatuído.[845]

> Art. 104. Se for arguida a suspeição do órgão do Ministério Público, o juiz, depois de ouvi-lo, decidirá, sem recurso, podendo antes admitir a produção de provas no prazo de 3 (três) dias.

1. Via exclusiva de excepcionar a atuação de órgão do Ministério Público
Conforme aponta determinado provimento, "a eventual suspeição dos representantes do *parquet* federal oficiantes no feito é arguição que somente tem sede na via da exceção, prevista no art. 104 do Código de Processo Penal, sem o que descabido à

---

844 STJ. **RHC 12483 RJ 2002/0024918-0**. 5ª Turma. Relatora: Min. Laurita Vaz. Data de julgamento: 15 abr. 2003. Data de publicação: DJ, 26 maio 2003. p. 368.

845 STJ. **EDcl nos EDcl nos EDcl no AgRg no Ag 125.202/DF 1996/0062322-8**. Relator: Gilson Dipp. Data de publicação: DJ, 7 fev. 2000. p. 171.

parte invocá-la em sede de apelação, como causa de nulidade do processo, por ter para ela concorrido"[846], de tal forma que "A suspeição da Promotora de Justiça deve ser arguida em incidente próprio, em primeira instância, nos termos do art. 104 do CPP, o que impede a sua análise através do *writ*".[847]

2. Cessação das atividades do órgão do Ministério Público

Tem-se como causa de desaparecimento da condição da situação de exceção. Assim, há perda de objeto: "com a promoção, o excipiente (Procurador da República) deixou de oficiar perante a vara em que judicava o magistrado (excepto). Pela ocorrência de causa superveniente à instauração da suspeição, carece o excipiente de interesse de agir".[848]

3. Oitiva necessária do órgão atacado

É imperiosa, sob pena de nulidade do julgamento da exceção que, nesse caso, pode ser impugnada por ação autônoma – caso acolhida a reclamação – por meio de mandado de segurança.

4. Procedimento

A "arguição de suspeição de membro do Ministério Público de primeiro grau deve ser processada e julgada em Primeira Instância, pelo Juízo do feito, não cabendo recurso contra a decisão proferida, conforme dispõe o art. 104 do CPP".[849]

5. Princípio do promotor natural e convalidação de atos processuais

No julgamento do HC 85.137/MT pelo e. STF, o Ministro-Relator Cezar Peluso julgou caso cujo objeto dizia respeito a denúncia oferecida por órgão do Ministério Público em comarca posteriormente considerada como incompetente para o feito, concluindo que

> o ato processual de oferecimento da denúncia, praticado, em foro incompetente, por um representante, prescinde, para ser válido e eficaz, de ratificação por outro do mesmo grau funcional e do mesmo Ministério Público, apenas lotado em foro diverso e competente, porque o foi em nome da instituição, que é una e indivisível.[850]

No corpo do acórdão lê-se que

> oferecida por representante do Ministério Público Federal em São Paulo, foi a denúncia recebida pela Justiça Federal de Cuiabá-MT, sem que o representante do Ministério Público Federal oficiante neste segundo juízo a tivesse ratificado. O que se ataca no presente *writ* é a decisão que recebeu a denúncia sem ratificação, pois, segundo sustenta a inicial, tal ato teria ferido o disposto no § 1º do art. 108 do Código de Processo Penal. (...) O que cumpre salientar é que a declinação de foro se deu apenas por observância das regras de competência territorial, de modo que operou dentro do próprio âmbito da Justiça Federal, onde há unidade do Ministério Público, embora com diversidade de atribuições definidas pela diversidade dos foros em que são lotados seus representantes (...) A ratificação é ato do juízo competente, que pode, ou não, aproveitar atos instrutórios realizados perante o incompetente, que são nulos apenas os decisórios, aos quais, é óbvio, não podem equiparar-se os praticados por qualquer das partes, nem, pois, a apresentação de denúncia. E o ato processual de oferecimento da denúncia, praticado, em foro incompetente, por um representante prescinde, para ser válido e eficaz, de ratificação de outro do mesmo grau funcional e do mesmo Ministério Público, no caso o Federal, lotado em foro diverso e competente, porque o foi em nome da instituição, que é uma e indivisível.

> Art. 105. As partes poderão também arguir de suspeitos os peritos, os intérpretes e os serventuários ou funcionários de justiça, decidindo o juiz de plano e sem recurso, à vista da matéria alegada e prova imediata.

1. Peritos

Vide arts. 159, 279 e 280 nestes **Comentários** para o tema "peritos".

2. Funcionários da Justiça

Vide art. 274 nestes **Comentários** para o tema "funcionários da justiça".

> Art. 106. A suspeição dos jurados deverá ser arguia oralmente, decidindo de plano o presidente do Tribunal do Júri, que a rejeitará se, negada pelo

---

[846] TRF. 3ª Região. ACr. 1ª Turma. Relator: Juiz Theotonio Costa. 30 dez. 1997.
[847] TJ-MG. **HC 10000130585003000 MG**. 6ª Câmara Criminal. Relatora: Denise Pinho da Costa Val. Data de julgamento: 1º out. 2013. Data de publicação: 9 out. 2013.
[848] TRF. 3ª Região. Relator: Juiz Roberto Haddad. 8 abr. 1997.
[849] RJDTACRIM 4/252.
[850] STF. **HC 85137 MT**. 1ª Turma. Relator: Cezar Peluso. Data de julgamento: 13 set. 2005. Data de publicação: DJ, 28 out. 2005. PP-00050, Ement Vol-02211-01, PP-00199; LEXSTF, v. 27, n. 324, 2005. p. 436-444.

recusado, não for imediatamente comprovada, o que tudo constará da ata.

1. Suspeição de jurados
Sobre as causas de suspeição e impedimento dos jurados, ver arts. 447 a 452 nestes *Comentários*.

2. Ata do júri
Sobre a lavratura da ata de julgamento no rito do tribunal do júri, ver nestes *Comentários* art. 495.

> Art. 107. Não se poderá opor suspeição às autoridades policiais nos atos do inquérito, mas deverão elas declarar-se suspeitas, quando ocorrer motivo legal.

1. Não aplicação do procedimento de suspeição
A norma em tela prevê a não aplicação do procedimento da exceção da suspeição à autoridade policial, abonando tal entendimento farta jurisprudência sobre o tema, ao asseverar que "os motivos de suspeição e de impedimentos não se aplicariam à autoridade policial, ainda mais porque não se comprovou que o delegado nutre inimizade para com o paciente".[851]

Não havendo a possibilidade do emprego do *procedimento*, nada obsta, contudo, que a própria autoridade se declare suspeita, e o deve fazer, por obrigação deontológica, de acordo com os termos do art. 256 do CPP.

2. Relacionamento entre Delegado de Polícia e Juiz de Direito
Já houve oferecimento de exceção de suspeição por ter o magistrado declarado na sentença que o delegado de polícia que presidira o inquérito merecia sua confiança, tendo sido reconhecido que a afirmação, por si só, não induz amizade íntima.[852]

3. Uso de meios administrativos para afastamento da autoridade policial
Não sendo cabível o emprego da exceção,

Nos termos do art. 107, do CPP, não há possibilidade de declarar-se suspeição e/ou impedimento de delegado que preside Inquérito Policial, nada impedindo que se recorra administrativamente ao superior hierárquico para alcançar tal desiderato, até porque a matéria escapa do âmbito estreito do habeas corpus.[853]

> Art. 108. A exceção de incompetência do juízo poderá ser oposta, verbalmente ou por escrito, no prazo de defesa.
> § 1º Se, ouvido o Ministério Público, for aceita a declinatória, o feito será remetido ao juízo competente, onde, ratificados os atos anteriores, o processo prosseguirá.
> § 2º Recusada a incompetência, o juiz continuará no feito, fazendo tomar por termo a declinatória, se formulada verbalmente.

1. Mecanismo específico para arguição da incompetência "relativa"
Trata-se de meio para alegar a ocorrência das denominadas incompetências de natureza relativa, cabendo seu emprego no momento oportuno, sob pena de preclusão. Assim, "a incompetência territorial acarreta nulidade relativa e que deve ser arguida por ocasião da defesa prévia, através de exceção, sob pena de preclusão".[854]

A possibilidade de arguição da competência relativa apenas pela via da exceção foi acolhida em entendimento sumula do e. STJ que, no enunciado n. 33 assim dispõe: "A incompetência relativa não pode ser declarada de ofício". A invocação dessa súmula é, contudo, problemática para o processo penal posto que ela foi concebida especificamente com precedentes processuais civis[855]. Tal origem fez com que alguns precedentes resolvessem afastá-la exatamente sob essa fundamentação.[856]

---

851 TJDF. **HC 20010020000277/DF**. Relator: Nívio Geraldo Gonçalves. Data de publicação: DJU, 13 fev. 2001. p. 12. Na mesma linha, TJ-MG. **APR 10003140013883001 MG**. 1ª Câmara Criminal. Relator: Walter Luiz. Data de julgamento: 16 jun. 2015. Data de publicação: 26 jun. 2015.

852 RT 533/368.

853 TJ-AP. **HC 128205 AP**. Secção Única. Relator: Des. Edinardo Souza. Data de julgamento: 23 ago. 2005. Data de publicação: DOE 3598, 6 set. 2005. p. 17.

854 TACRIM. Relator: Salvador D'Andréa. 3 fev. 2000.

855 CC 1.496-SP (1ª Seção; 13 nov. 1990; DJ, 17 dez. 1990); CC 1.519-SP (1ª Seção; 13 nov. 1990; DJ, 8 abr. 1991); CC 1.506-DF (1ª Seção; 13 nov. 1990; DJ, 19 ago. 1991); CC 245-MG (2ª Seção; 28 jun. 1989; DJ, 11 set. 1989); CC 872-SP (2ª Seção; 27 jun. 1990; DJ, 20 ago. 1990); CC 1.589-RN (2ª Seção; 27 fev. 1991; DJ, 1º abr. 1991); Corte Especial, em 24 out. 1991; DJ, 29 out. 1991; p. 15.312; RSTJ 33, p. 379).

856 "Diferentemente do que ocorre no processo civil, a competência, seja absoluta ou relativa, pode ser apreciada de ofício pelo julgador, consoante previsto no art. 109 do Código de Processo Penal, sendo inaplicável o enunciado da Súmula nº 33/STJ, por se destinar a processos cíveis. Preliminar rejeitada. II. O meio utilizado para a ação delitiva, que consistia em

2. Incompetência relativa e *habeas corpus*
Não é possível substituir o emprego desse mecanismo por outro como o *habeas corpus*, que "não é via adequada para se arguir incompetência relativa do juízo, por ser objeto de exceção prevista na lei processual penal, sob pena de supressão de uma instância".[857]

Sem embargo, já se decidiu quanto à incompetência *ratione loci* que "dela só se conhece em sede de *habeas corpus* quando, suscitada a exceção, o Juiz se declara competente para a ação penal".[858]

3. Impossibilidade de cumulação de pedidos
Não é possível cumular, numa mesma via de exceção, os pedidos de reconhecimento de incompetência territorial e suspeição do magistrado. Nesse sentido, há "vício formal que impede o conhecimento da exceção" quando da "cumulação de pedido com exceção de incompetência territorial", havendo a "inadmissibilidade em virtude da incompatibilidade de ritos".[859]

4. Irrecorribilidade da rejeição
Descabe recurso, mesmo em sentido estrito, do provimento que reconhece a própria competência.

No entanto, do provimento que a acata, cabe recurso:

> da decisão proferida no incidente de exceção de incompetência cabe recurso a ser decidido pelo egrégio conselho superior da magistratura, pois ainda que se pudesse admitir a necessidade do exame concernente a competência territorial, falece ao tribunal de alçada criminal competência *ex ratione materiae* para conhecer e decidir tal questão.[860]

> Art. 109. Se em qualquer fase do processo o juiz reconhecer motivo que o torne incompetente, declará-lo-á nos autos, haja ou não alegação da parte, prosseguindo-se na forma do artigo anterior.

1. Cabimento nas hipóteses de incompetência "absoluta"
Caso se leve coerentemente adiante a distinção entre as naturezas "absoluta" e "relativa" dos critérios de fixação da competência, o artigo em comento somente terá sentido ao se falar das causas de fixação de natureza "absoluta", que, pela sua natureza, não dependem de provocação das partes, podendo ser arguidas de ofício pelo magistrado a qualquer tempo e em qualquer grau de jurisdição.

Assim, analisando caso no qual o feito processado no juízo que não foi o lugar onde ocorreu o evento morte e em que a exceção de incompetência não foi realizada, tratando-se de "matéria que, não sendo arguida em tempo hábil, torna-se preclusa e prorroga a competência", considerou-se incabível a atuação do "magistrado que, ante a competência prorrogada, levanta questão incidental nos moldes do art. 109 do CPP, após haver realizado toda a instrução do processo".[861]

> Art. 110. Nas exceções de litispendência, ilegitimidade de parte e coisa julgada, será observado, no que lhes for aplicável, o disposto sobre a exceção de incompetência do juízo.
>
> § 1º Se a parte houver de opor mais de uma dessas exceções, deverá fazê-lo numa só petição ou articulado.
>
> § 2º A exceção de coisa julgada somente poderá ser oposta em relação ao fato principal, que tiver sido objeto da sentença.

1. Conceito de litispendência
Sem embargo de tudo quanto foi dito nestes **Comentários**, recorde-se determinado provimento que considerou que "o fenômeno da litispendência depende, necessariamente, da existência de mais de um processo penal versando sobre fatos absolutamente idênticos, a reclamar, assim, o seu reconhecimento

---

omitir obrigação administrativa (sanção pecuniária por anterior extrapolação de prazo de permanência em solo brasileiro) se mostrou absolutamente ineficaz, no caso concreto, diante do uso de sistema informatizado pelo serviço de imigração brasileiro. III. Aplicável o art. 17 do Código Penal, resta absolvido o réu ex vi do art. 386 do Código de Processo Penal. IV. Apelação provida." (TRF-5. **ACR 6373 RN 0001783-90.2008.4.05.8400**. 4ª Turma. Relatora: Des. Fed. Margarida Cantarelli. Data de julgamento: 31 mar. 2009. Data de publicação: DJ, n. 73, 17 abr. 2009. p. 473, 2009).

857 TJMS. Relator: Des. Nildo de Carvalho. Data de julgamento: 25 jul. 2001; no mesmo sentido: RT 695/382.
858 TJSC. HC. Relator: Des. Salim Schead dos Santos. 20 jan. 2004.
859 TJSP. Câmara Especial. **Exceção de Suspeição 53.839-0/SP**. Relator: Oetterer Guedes. 18 fev. 1999, v.u.
860 TACRIM. Relator: Souza Nery. 22 nov. 2001.
861 TJPB. Des. Otacílio Cordeiro da Silva. 19 jun. 1997.

como forma de evitar que uma pessoa venha a ser julgada duas vezes pela mesma conduta".[862]

No mais,

não há que se falar em *bis in idem* e, por conseguinte, em litispendência, quando ausente a identidade entre os fatos narrados na denúncia e no inquérito policial, tanto que referidos feitos tramitam em varas federais diversas, numa nítida demonstração de que nem mesmo estaria caracterizada a conexão entre os fatos apurados em cada um deles. O fenômeno da litispendência depende da existência de mais de um processo penal versando sobre fatos absolutamente idênticos, a reclamar, assim, o seu reconhecimento como forma de evitar que uma pessoa venha a ser julgada duas vezes pela mesma conduta, sendo que, inocorrentes esses pressupostos, não há como ser reconhecida.[863]

Considere-se, ainda, que no julgamento do RHC 117462/RJ O STF considerou-se que

constatada a litispendência, não deveria ser levado em conta o critério cronológico de sua instauração para estabelecer qual das ações penais deveria ser extinta, mas sim o critério da extensão dos fatos imputados. Desta feita, somente seria viável o pretendido trancamento da segunda ação penal se os fatos nela retratados fossem rigorosamente os mesmos. Porém, no caso, os fatos não seriam idênticos e haveria abrangência maior da segunda ação.[864]

2. Abrangência da coisa julgada penal

Buscando adaptar a ideia de coisa julgada ao Estado de Direito é necessário ponderar que

Com a superveniência do trânsito em julgado da sentença absolutória, decorre que, da situação de bis in idem em que tramitaram as ações, passou-se à coisa julgada que, como é notório, implica na imutabilidade do comando contido na sentença. Pacificou-se a jurisprudência no sentido de que a sentença prolatada por juiz absolutamente incompetente, embora nula, é suscetível de trânsito em julgado e produz efeitos, não podendo ser anulada.[865]

E, no mesmo sentido,

A sentença absolutória transitada em julgado, ainda que emanada de juiz absolutamente incompetente não pode ser anulada e dar ensejo a novo processo pelos mesmos fatos. 2. Incide, na espécie, o princípio do ne bis in idem, impedindo a instauração de processo-crime pelos mesmos fatos por que foi o paciente absolvido perante Juízo absolutamente incompetente. 3. Não havendo no ordenamento jurídico brasileiro revisão criminal pro societate, impõe-se acatar a autoridade da coisa julgada material, para garantir-se a segurança e a estabilidade que o ordenamento jurídico demanda.[866]

2.1 Coisa julgada e transação penal – Súmula Vinculante 35 do STF

Um dos aspectos mais problemáticos ao Estado de Direito trazidos pela Lei n. 9.099/1995 é a discussão sobre a possibilidade de ajuizar-se ação penal diante da transação não adimplida, sob o argumento de que não teria havido a ocorrência da *res judicata*, ante a inexistência de sentença condenatória.

Com efeito, posições doutrinárias[867] e jurisprudenciais dividiram-se sobre o tema, para entender a impossibilidade do oferecimento da acusação e, portanto, deslocar a efetividade da transação para o campo da execução e, outra, defendendo a possibilidade de, diante do descumprimento, oferecer a acusação formal pois não teria havido a coisa julgada.

Fato é que, como decorrência da posição assumida nestes **Comentários** existe uma acusação já veiculada e objeto de transação que, homologada, gera a imposição de uma pena de caráter penal. Assim, na visão desta Obra seria necessário executar o acordo sendo impossível o oferecimento de nova postulação acusatória pelos mesmos fatos.

Essa, inclusive, a posição de vários precedentes no âmbito do STJ ao afirmar que

Sem embargo, o melhor entendimento se fez predominar, sendo "firme a jurisprudência do

---

862 TRF. 3ª Região. Relatora: Juíza Suzana Camargo. Data de publicação: DJU 18 fev. 2003. p. 673.
863 TRF. 3ª Região. Relatora: Juíza Suzana Camargo. Data de publicação: DJU, 26 fev. 2002. p. 414.
864 STF. **RHC 11742/RJ**. Relator: Min. Dias Toffoli. 10 fev. 2015.
865 TRF-3. **ACR 37298 SP 2006.03.99.037298-4**. 2ª Turma. Relatora: Des. Fed. Cecilia Mello. Data de julgamento: 11 maio 2010.
866 STJ. **HC 36.091/SP**. Relator: Min. Hélio Quaglia Barbosa. Data de publicação: DJU, 24 fev. 2005.
867 Para uma breve visão da literatura, entre outros, ver NEVES JÚNIOR, Francisco. Ainda o descumprimento da transação penal. In: SOUSA JUNIOR, José Geraldo de. **Na fronteira**: conhecimento e práticas jurídicas para a solidariedade emancipatória. Porto Alegre: Unigran/Síntese/Ed. da UnB, 2003; MICHELOTI, Marcelo Adriano. Consequências do descumprimento da obrigação ambiental prévia à transação penal. **Revista CEJ**, Brasília, v. 13, n. 47, p. 138-140, out./dez. 2009; ALBUQUERQUE, Marly Anne Ojaime Cavalcanti. **Transação penal**: uma análise doutrinária e jurisprudencial do seu descumprimento injustificado. 2008. Disponível em:<https://www.ibccrim.org.br/artigo/9804-Artigo-Transacao-penal-uma-analise-doutrinaria-e-jurisprudencial-do-seu-descumprimento-injustificado>. Acesso em: 4 abr. 2022.

Excelso Supremo Tribunal Federal e a deste Superior Tribunal de Justiça no sentido de afirmar o incabimento de propositura de ação penal, na hipótese de descumprimento da transação penal" (art. 76 da Lei n. 9.099/1995)[868] ou a que "Se o réu não paga a multa aplicada em virtude da transação penal, esta deve ser cobrada em execução penal, nos moldes do art. 51 do Código Penal, não sendo admissível o oferecimento de denúncia"[869], bem como o provimento que declara que "a sentença homologatória da transação penal, por sua natureza, gera eficácia de coisa julgada formal e material, impedindo, mesmo ante o descumprimento do avençado pelo paciente, a instauração da ação penal. – A decisão que determina o prosseguimento da ação penal e considera insubsistente a transação homologada configura constrangimento ilegal".[870]

Esta, contudo, não foi a solução encontrada pelo STF que sumulou a matéria de forma vinculante na Súmula Vinculante 35:

A homologação da transação penal prevista no artigo 76 da Lei 9.099/1995 não faz coisa julgada material e, descumpridas suas cláusulas, retoma-se a situação anterior, possibilitando-se ao Ministério Público a continuidade da persecução penal mediante oferecimento de denúncia ou requisição de inquérito policial.

3. Exceção sobre "fato principal"
Se a literalidade do artigo fosse levada em questão, ficaria de fora a questão da reincidência, por ser "incidental de execução que foge à regra da *res judicata*".[871]

4. Irrecorribilidade do provimento que aprecia a exceção deste artigo
É de se considerar, diante da leitura tradicional do Código de Processo Penal, que não caberia o recurso em sentido estrito, pois o

o elenco de hipóteses traçadas no art. 581 do Código de Processo Penal, como passíveis de recurso em sentido estrito, é taxativo e não exemplificativo. A decisão que rejeita exceção de coisa julgada não está arrolada naquele elenco, não comportando ataque por intermédio de recurso em sentido estrito. Trata-se de decisão irrecorrível. Não conhecimento do recurso.

A manutenção desse antigo provimento no âmbito dos procedentes é verificada em outros julgados que, baseados na taxatividade do rol do art. 581 excluem a possibilidade de emprego desse recurso em situações não ali previstas.[872]

Art. 111. As exceções serão processadas em autos apartados e não suspenderão, em regra, o andamento da ação penal.

1. Processamento das exceções
A regra do apensamento das exceções ofertadas é geral, cabendo a suspensão facultativa da denominada "ação principal". Como medida de prudência, seria melhor tomar a suspensão como regra, e não como mera faculdade.

Sem embargo, tem-se que "o oferecimento de exceção de coisa julgada não provoca a suspensão da ação penal, salvo na hipótese de flagrante ilegalidade"[873] e, no geral, que

a *exceptio suspicionis* visa, tão somente, a apurar possível ausência de imparcialidade de Juiz. Seu processamento, quando não acolhido pelo juiz excepto ocorre, inclusive, em apartado. Vale dizer, forma-se processo específico para a exceção de suspeição que, efetivamente, não paralisa o andamento regular do feito principal. Assim, a rejeição da exceção pelo Tribunal (como visto supra), sem o trânsito em julgado, não impede a abertura de prazo para a interposição de agravo de instrumento contra decisão denegatória de admissibilidade de recurso especial.[874]

CAPÍTULO III – Das Incompatibilidades e Impedimentos

Art. 112. O juiz, o órgão do Ministério Público, os serventuários ou funcionários de justiça e os peritos ou intérpretes abster-se-ão de servir no

---

868 STJ. Relator: Hamilton Carvalhido. Data de publicação: 17 maio 2004. p. 289.
869 STJ. Relator: Felix Fischer. Data de publicação: 10 ago. 2004. p. 328.
870 STJ. Relator: Jorge Scartezzini. Data de publicação: 28 jun. 2004. p. 362.
871 TJSP. **Agravo 309.855-3/SP**. 2ª Câmara Criminal. Relator: Geraldo Xavier. 21 jun. 2001, v.u.
872 TJ-MS. **RECSENSES 2344 MS 2006.002344-6**. 2ª Turma Criminal. Relator: Des. João Carlos Brandes Garcia. Data de julgamento: 5 abr. 2006. Data de publicação: 27 abr. 2006; TJ-RJ. RSE 00047419120118190067 RJ 0004741-91.2011.8.19.0067. 3ª Câmara Criminal. Relator: Des. Paulo Sergio Rangel do Nascimento. Data de julgamento: 14 out. 2014. Data de publicação: 20 out. 2014.
873 TRF. 1ª Região. Relator: Juiz Ítalo Mendes. 26 maio 2000.
874 STJ. **HC 11395 SP 1999/0110359-2**. 5ª Turma. Relator: Min. Jorge Scartezzini. Data de julgamento: 6 jun. 2000. Data de publicação: DJ, 27 nov. 2000. p. 175. LEXSTJ, Vol. 140, p. 298.

processo, quando houver incompatibilidade ou impedimento legal, que declararão nos autos. Se não se der a abstenção, a incompatibilidade ou impedimento poderá ser arguido pelas partes, seguindo-se o processo estabelecido para a exceção de suspeição.

1. Conceito de "abstenção"

Para fins do presente artigo, a abstenção deve ser compreendida como a ausência de prática de atos oficiais, na medida das atribuições funcionais e processuais de cada um dos funcionários mencionados.

A abstenção é a oportunidade processual conferida aos órgãos da Justiça (em sentido amplo) mencionados no artigo para que, de forma espontânea, deixem de atuar num determinado caso, e, malgrado o artigo mencione apenas a abstenção processual, deve ser entendido que ela se projeta para a fase investigativa anterior à ação penal.

Caso o órgão do Ministério Público ou os funcionários não se abstenham, restará à parte interessada proceder a provocação na forma procedimental indicada.

2. Rito a ser seguido

Nos termos do art. 112 do Código de Processo Penal:

> O juiz, o órgão do Ministério Público, os serventuários ou funcionários de justiça e os peritos ou intérpretes abster-se-ão de servir no processo, quando houver incompatibilidade ou impedimento legal, que declararão nos autos. Se não se der a abstenção, a incompatibilidade ou impedimento poderá ser arguido pelas partes, seguindo-se o processo estabelecido para a exceção de suspeição. (...) 2. O rito processual a ser seguido deverá ser o mesmo previsto no Código de Processo Penal para a exceção de suspeição, disciplinado pelos arts. 96 a 111 do referido Código. 3. Assim, considerando que o subscritor da petição inicial não detém procuração nos autos, com poderes especiais para arguir o impedimento, não deve ser conhecida a exceção de impedimento apresentada.[875]

Capítulo IV – Do Conflito de Jurisdição

Art. 113. As questões atinentes à competência resolver-se-ão não só pela exceção própria, como também pelo conflito positivo ou negativo de jurisdição.

1. Conflito de jurisdição: acertamento do conceito

Os temas tratados nos artigos seguintes não dizem propriamente respeito a um conflito "de jurisdição", mas, sim, de "competência". O conflito de jurisdição haveria de se caracterizar apenas no caso da colidência de esferas de poder que poderiam submeter a pessoa acusada à persecução penal. Haveria, assim, a possibilidade de a jurisdição nacional conflitar com outra que lhe fosse externa, outro país ou, se o caso, o Tribunal Penal Internacional.

2. Conflito de competência: essência do mecanismo

Trata-se de mecanismo pelo qual se corrige a distribuição de competência quando dois órgãos fracionados se apresentam concomitantemente competentes (conflito positivo) ou igualmente incompetentes (conflito negativo) para o julgamento da ação penal.

2.1 Natureza da competência sobre a qual se conflita

Se a exceção de incompetência é prevalentemente empregada para discutir a competência pelo seu critério "relativo", o conflito de jurisdição não apresenta esse limite. Com efeito, trata-se de mecanismo do Código de Processo Penal pelo qual mesmo a competência de raiz "relativa" na linguagem dominante (*v.g.*, a definida pelo critério territorial) pode ser questionada por órgãos jurisdicionais *ex officio*, desde que entre eles haja divergência de entendimento.

Assim, por exemplo, em caso de decretação de quebramento de fiança, cuja decisão fora proferida por juiz que anteriormente se declarara absolutamente incompetente para o julgamento do feito e que suscita conflito negativo de competência, com a posterior reconsideração *ex officio* da declinação. Tem-se, pois, a

> impossibilidade de convalidação da medida. Contém eiva insanável decisão proferida por juízo desprovido de jurisdição em razão de anterior declaração de incompetência absoluta para o processo e julgamento do processo, declinando-a para outro e suscitando conflito negativo de competência. A posterior reconsideração da decisão declinatória da competência não possui o condão de convalidar os atos praticados enquanto perdurou a incompetência do juízo, resultando insubsistentes os efeitos dele emanados e íntegra a decisão concessiva

---

875 TRF 1. **EXI 9.021/DF 2008.01.00.009021-4**. Relator: Des. Fed. Ítalo Fioravanti Sabo Mendes. Data de publicação: *e-DJF1*, 10 jul. 2008. p. 182.

da liberdade provisória sob fiança aos pacientes, afastando-se o quebramento decretado, negando-se eficácia jurídica aos atos decisórios proferidos neste interregno. Ordem concedida para declarar a nulidade do decreto de quebramento da fiança arbitrada aos pacientes, constante de fls. 927/929 dos autos da ação penal subjacente, tornando definitiva a liminar relativa à ordem de prisão dele emanada, ressalvando-se ao Juízo impetrado a renovação do ato, nos estritos termos do comando expresso no art. 573, *caput*, do Código de Processo Penal.[876]

3. Órgão julgador do conflito

Necessariamente, um órgão distinto daqueles que estão envolvidos no conflito. Sendo o caso de conflito entre juízes pertencentes a um mesmo Tribunal (*v.g.*, Justiça Estadual), o órgão competente é, normalmente, uma fração do Tribunal de Justiça daquele Estado.

No caso do envolvimento de Juízes Estaduais e Federais, a competência para apreciação do conflito é do Superior Tribunal de Justiça, de acordo com o art. 105, "d", da CR: "os conflitos de competência entre quaisquer tribunais, ressalvado o disposto no art. 102, I, *o*, bem como entre tribunal e juízes a ele não vinculados e entre juízes vinculados a tribunais diversos".

A exceção mencionada no artigo diz respeito à competência do e. STF para julgamento dos conflitos quando entre o Superior Tribunal de Justiça e quaisquer tribunais, entre Tribunais Superiores, ou entre estes e qualquer outro tribunal.

3.1 Conflito entre turmas recursais do JECRIM e Tribunal de Justiça

"Compete ao STJ dirimir conflito entre Tribunal de Justiça e Turma Recursal do Juizado Especial. Precedente do STF. As decisões da Turma Recursal, composta por Juízes de 1º grau, não estão sujeitas à jurisdição dos Tribunais Estaduais (Alçada ou Justiça). O conflito é solucionado pelos termos do art. 105, inc. I, alínea *d*, da CF, na parte que impõe tal incumbência ao STJ quando estiver envolvido 'tribunal e juízes a ele não vinculados' (...) Hipótese em que a competência é absoluta e improrrogável, sob pena de nulidade".[877]

3.2 Necessidade de dissídio entre dois magistrados

O conflito exige a manifestação positiva ou negativa quanto à competência entre dois magistrados. Assim, não caracteriza o conflito a hipótese da "irresignação do promotor de justiça com despacho do juiz de direito que determinou redistribuição de autos de inquérito ao juízo comum – Ausência de decisão de dois magistrados que enseje configuração de conflito – Remessa dos autos à Procuradoria-Geral de Justiça".[878]

4. Limites ao reconhecimento do conflito

Sendo "positivo" ou "negativo" o conflito, considera-se que "Não se verifica conflito de jurisdição se um dos juízes, para declinar de sua competência, afirma sua suspeição".[879]

Assim, "é imprescindível, para que haja conflito positivo de jurisdição, que duas ou mais autoridades se considerarem competentes para conhecer do mesmo fato criminoso (...) ou quando entre elas surgir controvérsia sobre unidade de juízo, junção ou separação de processos".[880]

> Art. 114. Haverá conflito de jurisdição:
> I – quando duas ou mais autoridades judiciárias se considerarem competentes, ou incompetentes, para conhecer do mesmo fato criminoso;
> II – quando entre elas surgir controvérsia sobre unidade de juízo, junção ou separação de processos.

1. Autoridades "judiciárias": conceito

São os juízes de direito, e não quaisquer outras autoridades. Por essa razão, não existe conflito entre Juiz e órgão do Ministério Público, entre este e Delegados de Polícia ou entre aqueles e estes últimos. Da mesma maneira, não existe conflito de jurisdição entre Delegados de Polícia. Eventualmente, entre todos que não Juízes, surgirá alguma polêmica que será decidida em sede de conflito de atribuições, como adiante se verá.

Diante do afirmado, não nos parece o melhor caminho o perfilado por Nucci quando, partindo de situação conflituosa entre agente administrativo e Juiz de Direito no transcurso de atos ligados ao Juizado Especial Criminal, vê na insurgência do policial a possibilidade de ajuizar conflito em face da negativa de prática do ato. Textualmente: "Quando a

---

876 TRF. 3ª Região. Data de publicação: *DJU*, 3 nov. 1998. p. 205.
877 STJ. Relator: Gilson Dipp. Data de publicação: DJ, 2 jun. 2003. p. 183. Relator: Gilson Dipp.
878 TJSP. **Conflito de Jurisdição 65.257-0/SP**. Câmara Especial. Relator: Álvaro Lazzarini. 24 fev. 2000, v.u.
879 TRF-2. **CC 0 92.02.16094-5**. 3ª Turma. Relator: Des. Fed. Valmir Peçanha. Data de julgamento: 9 nov. 1992. Data de publicação: DJU, 18 fev. 1993.
880 STJ. **CC 111357**. Relator: Min. Maria Thereza de Assis Moura. Data de publicação: DJ, 23 fev. 2011.

autoridade judiciária atua, no campo da investigação policial, determinando a realização de diligências ou concedendo prazo para tanto, profere decisões de caráter administrativo, razão pela qual pode entrar em conflito, em tese, com a autoridade policial".[881]

Não bastasse a inexistência de qualquer dos pressupostos dos arts. 114 e seguintes, tampouco a literalidade da lei quando fala em autoridades judiciárias, não se presta o conflito de jurisdição a solucionar atritos entre o Judiciário e a Administração.

Pelas mesmas razões, descabe considerar a existência de conflito de jurisdição entre órgão do Ministério Público e policiais. Nesse sentido:

> Conflito de atribuições entre autoridade policial federal e representante do Ministério Público Federal, instaurado porque o último estaria tentando usurpar atribuições do primeiro, ao se imiscuir indevidamente na condução de inquérito policial. Liminar concedida em correição parcial pelo juiz corregedor do Tribunal Regional Federal da 3ª região à Procuradoria da República para assegurar-lhe não somente vista dos autos do inquérito policial como também garantir-lhe o pleno exercício de funções institucionais e reservados ao *parquet* na Constituição de 1988, de controle externo da atividade policial e requisição de diligências investigatórias (art. 129, VII e VIII), obstaculizado pelo Mm. Juiz federal de primeiro grau. Descumprimento da decisão correcional, pelo Mm. Juiz Federal de primeiro grau, que sugeriu à autoridade policial a arguição do conflito. *Inviabilidade do conflito de atribuições, por não figurar em qualquer de seus polos uma autoridade judiciária, resolvendo-se a pendência no âmbito disciplinar do Tribunal Regional Federal.*[882] (grifo nosso)

Em caso envolvendo exatamente a situação do Juizado Especial Criminal, a solução foi idêntica. Com efeito, o e. TJSP, no CC 70.717-0/0-00 – Jundiaí – Câmara Especial do Tribunal de Justiça do Estado de São Paulo, por unanimidade de votos (Data de julgamento: 14 dez. 2000. Relator: Fonseca Tavares), tendo como suscitante o dd. Delegado Seccional de Polícia de Jundiaí e suscitado o MM. Juiz de Direito do Juizado Especial Criminal de Jundiaí, assim decidiu:

> Não se configura, nos autos, o conflito de atribuições previsto no art. 74, inciso IX, da Constituição Estadual. Segundo se constata no exame dos autos, o que existiu no caso presente foi divergência entre um Promotor de Justiça e um Delegado de Polícia sobre o procedimento a ser adotado nos casos de infrações penais de pequeno potencial ofensivo na Comarca de Jundiaí. (...) Em síntese, não se configurou qualquer conflito de atribuições entre autoridade administrativa e autoridade judiciária a ser resolvido por esta Câmara Especial do Tribunal de Justiça, cuja competência não alcança divergências envolvendo Promotores de Justiça e Delegados de Polícia.

2. Conflito de competência e conflito de atribuições entre órgãos do Ministério Público: aspectos de diferenciação

Não é simples a diferenciação entre o chamado conflito de competência e o de atribuições.

Com efeito, problema se dá quando, "Em se tratando de conflito entre Promotores, acerca da competência para oferecimento da denúncia, não há que se falar em conflito de jurisdição. O Procurador-Geral de Justiça tem a competência para dirimir conflito de atribuição entre membros do Ministério Público".[883]

Descontada a impropriedade terminológica posto que não se trata de "competência" de órgãos de execução do Ministério Público, mas, sim, de atribuição para atuação num determinado caso concreto, esse cenário seria distinto daquele em que as decisões são encampadas pelos respectivos juízos, hipótese que viria a se caracterizar como conflito de jurisdição, e não conflito de atribuições.[884]

Nesse cenário, a diferenciação entre uma forma e outra de conflito está no fato de que as divergências, embora manifestadas inicialmente por órgãos do Ministério Público, foram assumidas pelos respectivos Juízes, passando-se dessa forma a discutir a competência para julgamento, e não simplesmente o órgão de execução do Ministério Público que deveria atuar no feito.

Divergindo dessa posição, Moreira afirma que "Com efeito, o que diferencia o conflito de atribuição do conflito de jurisdição ou competência não são exatamente as autoridades em confronto, mas o tipo de ato a ser praticado. Assim, o fato de dois Juízes declararem em seus respectivos despachos não serem competentes para determinado feito, não implica necessariamente que tenha surgido entre eles um conflito negativo de jurisdição ou competência, pois o que importa para a perfeita identificação do problema é visualizarmos em cada caso concreto qual a natureza do ato a ser praticado e não a autoridade

---

881 NUCCI, Guilherme de Souza. **Código de Processo Penal comentado**. 16. ed. RJ: GEN, 2014. p. 288.
882 STJ. **Conflito de Atribuições n. 22**. Relator: Min. Carlos Thibau. RT 681/401.
883 TJ-MG. **CJ 10000140204165000 MG**. 2ª Câmara Criminal. Relator: Nelson Missias de Morais. Data de julgamento: 22 maio 2014. Data de publicação: 2 jun. 2014.
884 STJ. **CC 1284/RJ**. Brasília. Relator: Min. Assis Toledo. Data de julgamento: 20 nov. 1990.

que o venha a praticar"[885], posição que contava com precedentes do STJ.[886]

Contudo, é forçoso concluir que a discussão ainda que seja sobre a atribuição funcional, dada a forma como a estrutura de atuação do Ministério Público está montada implica, necessariamente, uma análise, ainda que superficial, de *mérito* em situações nas quais a competência é fundada em razão da matéria.

Basta que se lembre da hipótese do crime doloso contra a vida, cuja discussão, ainda em sede de oferecimento da inicial penal, comporta um juízo sobre a verdadeira tipificação da conduta e, por conseguinte, no mérito da causa. Adicionalmente, também implicará uma maior ou menor elasticidade do rito.

Cabe destacar que Silva Jardim alerta igualmente para esse tormentoso aspecto, esclarecendo literalmente que "Inúmeras vezes, para se saber quem tem atribuição para deflagrar determinada ação penal, temos que resolver uma questão prévia. Temos de partir do juízo da tipicidade dos fatos apurados no inquérito policial, mormente quando se trata de atribuição *ratione materiae*".[887]

O problema surge em função de uma conjugação de fatores, destacando-se:

- a contingência de a investigação criminal, no mais das vezes, ser efetuada na modalidade inquérito policial;
- ter essa investigação uma tramitação direta entre a polícia e o Judiciário;
- haver inúmeras atividades investigativas que, tomadas faticamente a juízo da autoridade policial, implicam uma análise precoce de temas que embasarão a competência *ratione materiae*;
- haver uma sobrelevação das consequências da investigação em temas de cunho estritamente jurisdicional;
- o sistema brasileiro, de cunho inquisitivo, desconhecer, na estrutura do Código de Processo Penal, a separação do juiz que acompanha as investigações do juiz que decidirá sobre a admissibilidade e sobre o próprio mérito da ação penal.

Já como critério de verificação de conflito de atribuições, tem-se que

o conflito negativo de atribuições só se forma quando um Promotor, ao se negar a atuar em determinado feito, declara que o encargo é de outro, que já se recusara, antes, a receber o caso. Depende, portanto, de uma recíproca transferência do feito, com dúplice negativa de poderes para nele oficiar. Se os dois Promotores que já se manifestaram, concordam que o primeiro não tem atribuições para oficiar no inquérito, ainda não há esse singular dissídio, tanto mais porque o entendimento do terceiro Promotor, a quem o suscitante deseja transferir o caso, pode coincidir com o deste, o que privará a discussão de objeto útil. Somente caberá a decisão da Procuradoria-Geral em instante sucessivo, se o litígio, renovando-se, ficar, efetivamente, caracterizado.[888]

2.1 Conflito de atribuições: órgão responsável pela resolução

Uma vez caracterizada a existência de conflito de atribuições por órgãos do Ministério Público, caberá, inicialmente, verificar se esses órgãos pertencem ao mesmo Ministério Público ou não pois existem na estrutura brasileira os Ministérios Públicos dos Estados, o Federal e, dentro destes, os especializados na área Eleitoral, Militar e do Trabalho. Além deles há, também, o Ministério Público ligado ao Tribunal de Contas dos Estados e da União, estes com atribuições na esfera não penal.

Na primeira hipótese, a solução é dada pelo Procurador-Geral de Justiça do Estado ou pelo Procurador-Geral da República se o conflito se formar entre integrantes do Ministério Público da União.

Assim, "Ocorrendo conflito de atribuições entre Procuradores Regionais da República para o oferecimento da denúncia, a questão deve ser resolvida pelo chefe do Ministério Público Federal, ou seja, o Procurador-Geral da República".[889]

Se, no entanto, a divergência for formulada entre um órgão do Ministério Público Estadual e outro do Ministério Público da União, há acentuado problema de determinação do órgão que vai dirimir o conflito.

Na primeira edição destes **Comentários**, tomou-se a posição institucional prevalente de conferir ao Procurador-Geral da República essa tarefa, malgrado a existência de determinação legal expressa a respeito, o que faz com que já tenha sido inclusive analisada a matéria no âmbito do e. STJ e do e. STF.

2.2 Solução de conflitos entre Ministérios Públicos distintos na atual visão do STF

Acerca desse tema o STF vem oscilando nos últimos anos podendo ser identificados alguns casos

---

885 MOREIRA, Rômulo de Andrade. Conflito negativo de atribuições entre membros do Ministério Público: quem deveria conhecer e decidir? **Revista Magister de Direito Penal e Processual Penal**, Porto Alegre, v. 7, n. 37, p. 21-34., ago./set. 2010.
886 STJ. **CC 2310/RS**. Brasília. 3ª Seção. Relator: Min. Luiz Vicente Cernicchiaro. Data de julgamento: 7 nov. 1991.
887 JARDIM, Afrânio Silva. Conflito de atribuições entre órgãos de execução de Ministérios Públicos diversos. **Justitia**, São Paulo, v. 48, n. 133, jan./mar. 1986.
888 Protocolado n. 31.437/1996 (Conflito de Atribuições) da PGJ – MPSP.
889 STJ. Relator: Juiz José Luiz B. Germano da Silva. Data de publicação: DJ, 19 jan. 2000. p. 4.

paradigmáticos como ACO 924; Plenário; Relator: Min. Luiz Fux; Data de julgamento: 19 maio 2016; ACO 1394; Plenário; Relator: Min. Marco Aurélio; Data de julgamento: 19 maio 2016; PET 4706; Plenário; Relator: Min. Marco Aurélio; Data de julgamento: 19 maio 2016; PET 4863; Plenário; Relator: Min. Marco Aurélio; Data de julgamento: 19 maio 2016.

Superando a posição até então predominante no STF que se verificava nas Pets 4706 e 4863 em cujos julgamentos se assentou o entendimento do Min. Marco Aurélio, de que, quando a Constituição da República não designa o órgão competente para dirimir um conflito, cabe ao STF fazê-lo. Literalmente: "Também não é possível assentar-se competir ao Procurador-Geral da República a última palavra sobre a matéria. A razão é muito simples: de acordo com a norma do § 1º do art. 128 do Diploma Maior, chefia ele o Ministério Público da União, não tendo ingerência, considerados os princípios federativos, nos Ministérios Públicos dos Estados. Todavia, diante da inexistência de disposição específica na Lei Fundamental relativa à competência, o impasse não pode continuar. Esta Corte tem precedente segundo o qual, diante da conclusão sobre o silêncio do ordenamento jurídico a respeito do órgão competente para julgar certa matéria, a ela própria cabe a atuação", o STF voltou a compreender que na hipótese de conflito entre Ministérios Públicos distintos a solução deve ser dada pelo Procurador Geral da República (ACO 924).

Com isso a posição defendida nestes **Comentários** desde sua edição original permanece prevalente no âmbito do STF, sendo que o "Tribunal Pleno definiu que, à luz do princípio da unidade do Ministério Público, tais causas devem ser dirimidas pelo Procurador-Geral da República, por caber-lhe a chefia do MPU e do CNMP".[890]

2.3 Conflito de competência e de atribuições: tentativa de encaminhamento de solução

A exposição efetuada, demonstrativa que é do conturbado cenário envolvendo temas fundamentais para a administração da Justiça penal, clama por uma solução legislativa adequada para o tema. No silêncio da lei, algumas conclusões podem ser esboçadas:

> O conflito de atribuições somente se dá quando houver divergência entre órgãos do Ministério Público *sobre suas atribuições*, o qual será resolvido pelo Procurador-Geral.

> Quando a dúvida sobre o órgão de execução tangenciar a definição da competência para apreciação do feito, o conflito será de *competência*, independentemente de algum magistrado ter ou não se pronunciado a respeito.

Uma vez assentada a premissa anterior, potencialmente haverá conflito de *competência*, e não de atribuição, entre órgãos do Ministério Público estadual e o da União, marcantemente fundada no critério material ou hierárquico funcional, ambos da natureza "absoluta", no dizer da doutrina e jurisprudência dominantes.

Assumidas como corretas as bases do raciocínio exposto, será francamente residual, se não verdadeiramente inexistente, conflito entre o Ministério Público dos Estados e o da União, pois o que se discute sempre não é atribuição funcional, mas sim competência jurisdicional.

3. Conflito no transcurso da investigação criminal

Rigorosamente falando, não haveria que se cogitar em conflito de jurisdição quando da fase investigativa preliminar à ação penal, na medida em que a jurisdição e a competência ainda não foram formalmente invocadas.

No entanto, dentro da lógica do Código de Processo Penal, que dá largo peso à investigação e acaba por compreender na sua leitura tradicional que o juiz que tem contato com a investigação se torna competente para todos os demais atos, é natural que se compreenda que o "Magistrado que pratica no inquérito atos determinando diligências, decidindo pedidos de fiança e de relaxamento de flagrante" se torna prevento e, em eventual conflito posteriormente instalado, venha a ser reconhecido como competente.[891] Chega-se a falar em conexão de inquéritos policiais como fator preponderante para decidir sobre a ocorrência ou não do conflito.[892]

Doutrinariamente, abalizada fonte afirma que "Inexiste possibilidade de conflito de competência ou jurisdição na fase inquisitorial, pela própria natureza dos atos que aí são praticados. Ficam expressamente ressalvadas as hipóteses de jurisdição cautelar, como, por exemplo, a decretação de prisão preventiva ou concessão de liberdade provisória (contracautela). O simples fato de os Juízes, no inquérito, terem encaminhado os respectivos autos, a requerimento do MP, para outro órgão judicial não implica afirmar ou negar a sua competência, tratando-se de despachos de mero expediente ou ordinatórios. Note-se que o art. 109 do CPP permite que o Juiz declare sua

---

[890] STF. **Ação Cível Originária 2.852 RIO DE JANEIRO**. Relator: Min. Luiz Fux. Data de julgamento: 6 jun. 2016.
[891] TJSP. **Conflito de Jurisdição 29.573-0/SP**. Câmara Especial. Relator: Lair Loureiro. Data de publicação: 14 dez. 1995, v.u.
[892] TJSP. **Conflito de Competência 40.429-0**. Araçatuba. Câmara Especial. Relator: Cunha Bueno. 6 nov. 1997, v.u.

incompetência "em qualquer fase do processo", não do inquérito policial"[893].

> Art. 115. O conflito poderá ser suscitado:
> I – pela parte interessada;
> II – pelos órgãos do Ministério Público junto a qualquer dos juízes em dissídio;
> III – por qualquer dos juízes ou tribunais em causa.

1. Legitimidade para suscitar o conflito
Não alcança o assistente da acusação, porque não é parte e não está expressamente autorizado para tal.

Quanto ao Ministério Público, ao se referir ao órgão junto "a qualquer dos juízes em dissídio", é de se considerar pertinente a possibilidade de provocação, por órgão do Ministério Público Estadual junto ao e. STJ, ao menos quando se tratar de conflito que verse entre Turma Recursal do Juizado Especial Criminal e o Tribunal de Justiça do Estado.

2. Juizados especiais criminais: decisão acerca de conflito de jurisdição
Entre as várias situações de crise hermenêutica causada pela adoção do subsistema da Lei n. 9.099/1995 está aquela de solucionar as situações conflituosas entre as Turmas Recursais do Juizado Especial e os Tribunais de Justiça.

> Nos primeiros anos de interpretação firmou-se o entendimento de competir ao STJ dirimir conflito entre Tribunal de Justiça e Turma Recursal do Juizado Especial sendo que (...) As decisões de Turma Recursal de Juizado Especial, composta por Juízes de 1º Grau, não estão sujeitas à jurisdição de Tribunais estaduais (de Alçada ou de Justiça). 2. Também as dos Tribunais de Alçada não se submetem às dos Tribunais de Justiça. 3. Sendo assim, havendo Conflito de Competência, entre Turma Recursal de Juizado Especial e Tribunal de Alçada, deve ele ser dirimido pelo Superior Tribunal de Justiça, nos termos do art. 105, I, 'd', da C.F., segundo o qual a incumbência lhe cabe, quando envolva "tribunal e juízes a ele não vinculados". 4. Conflito não conhecido, com remessa dos autos ao Superior Tribunal de Justiça, para julgá-lo, como lhe parecer de direito.[894]

Esse era, também, o entendimento do STJ ao afirmar que

> 1. A jurisprudência do STJ considera que as Turmas Recursais de Juizado Especial não são órgãos vinculados ao Tribunal de Justiça, razão pela qual o conflito entre eles é conflito "entre tribunal e juízes a ele não vinculados", o que determina a competência desta Corte para dirimi-lo, nos termos do art. 105, I, d, da Constituição.[895]

Contudo, progressivamente esse entendimento foi sendo modificado para entender-se que não há conflito de competência entre Tribunal de Justiça e Turma Recursal dado que este órgão jurisdicional, por ser integrado por juízes de primeira instância, estaria afeto administrativamente à mesma Corte.[896]

Daí porque, em sede de repercussão geral, o STJ decidiu que

> não reconhece a existência de conflito de competência entre Tribunal de Justiça e Turma Recursal de Juizado Especial Criminal pertencentes a um mesmo Estado, dado que, em 26/8/2009, o Plenário do Supremo Tribunal Federal, no julgamento do Recurso Extraordinário 590.409/RJ, com repercussão geral reconhecida, afirmou que a Turma Recursal não possui qualidade de Tribunal, visto que é instituído pelo respectivo Tribunal de Justiça e está a ele subordinada administrativamente. Precedentes. 2. Conflito de competência não conhecido. Remessa dos autos ao Tribunal de Justiça do Estado do Paraná.[897]

"Inexiste conflito de competência entre Tribunal de Justiça e Turma Recursal de Juizado Especial Criminal no âmbito do mesmo Estado, tendo em vista que a Turma Recursal não possui qualidade de Tribunal, sendo instituída pelo respectivo Tribunal de Justiça e estando a ele subordinado administrativamente".

> Art. 116. Os juízes e tribunais, sob a forma de representação, e a parte interessada, sob a de requerimento, darão parte escrita e circunstanciada do conflito, perante o tribunal competente, expondo os fundamentos e juntando os documentos comprobatórios.

---

893 JARDIM, Afrânio Silva. **Direito processual penal**. 10. ed. Rio de Janeiro: Forense, 2001. p. 225.
894 STF. **CC 7.081/MG**. Relator: Min. Sydney Sanches. Plenário. Data de publicação: DJ, 27 set. 2002. No mesmo sentido: **CC 7.212/BA**. Relator: Min. Eros Grau. Data de publicação: DJ, 31 ago. 2005.
895 STJ. **CC 98057 AL 2008/0170859-8**. 1ª Seção. Relator: Min. Teori Albino Zavascki. Data de julgamento: 8 out. 2008. Data de publicação: DJe, 20 out. 2008.
896 STJ. **CC 124.633/SC**. 3ª Seção. Relator: Min. Des. Alderita Ramos de Oliveira (convocada do TJ/PE). Data de publicação: DJe, 1º fev. 2013.
897 STJ. **CC 140.332/PR**. Data de julgamento: 24 fev. 2016.

§ 1º Quando negativo o conflito, os juízes e tribunais poderão suscitá-lo nos próprios autos do processo.

§ 2º Distribuído o feito, se o conflito for positivo, o relator poderá determinar imediatamente que se suspenda o andamento do processo.

§ 3º Expedida ou não a ordem de suspensão, o relator requisitará informações às autoridades em conflito, remetendo-lhes cópia do requerimento ou representação.

§ 4º As informações serão prestadas no prazo marcado pelo relator.

§ 5º Recebidas as informações, e depois de ouvido o procurador-geral, o conflito será decidido na primeira sessão, salvo se a instrução do feito depender de diligência.

§ 6º Proferida a decisão, as cópias necessárias serão remetidas, para a sua execução, às autoridades contra as quais tiver sido levantado o conflito ou que o houverem suscitado.

1. Procedimento para julgamento do conflito

Inicia-se com "representação", quando a provocação for proveniente do próprio órgão jurisdicional e, por requerimento, quando o conflito for provocado pela parte interessada.

A exigência de petição autônoma, processada a partir de seu encaminhamento para o Tribunal, somente existirá quando for o conflito suscitado pelas partes; caso contrário, ao ser suscitada pelos próprios órgãos jurisdicionais, o será no bojo dos próprios autos, sendo o conflito do tipo "negativo".

Na hipótese de conflito "positivo", o artigo em tela recomenda a suspensão do feito até que ele seja dirimido. Trata-se, na verdade, de providência salutar para evitar-se prejuízo ao normal prosseguimento do feito, com a indevida exposição da pessoa acusada à dúplice persecução.

A existência de "informações" faz o procedimento guardar certa semelhança com algumas ações mandamentais, por exemplo o mandado de segurança. Trata-se de mecanismo facultativo, cuja ausência no prazo judicialmente estabelecido (portanto, não preclusivo) não impede o julgamento do mérito do conflito.

Art. 117. O Supremo Tribunal Federal, mediante avocatória, restabelecerá a sua jurisdição, sempre que exercida por qualquer dos juízes ou tribunais inferiores.

1. O mecanismo da "avocatória"

Embora nominalmente presente na legislação brasileira, não corresponde mais ao concebido pelo art. 117 do Código de Processo Penal.

Com efeito, no atual Regimento Interno do Supremo Tribunal Federal a avocatória vem prevista (arts. 252 a 258) e terá cabimento

> quando, de decisão proferida em qualquer Juízo ou Tribunal, decorrer imediato perigo de grave lesão à ordem, à saúde, à segurança ou às finanças públicas, poderá o Procurador-Geral da República requerer a avocação da causa, para que se lhe suspendam os efeitos, devolvendo-se o conhecimento integral do litígio ao Supremo Tribunal Federal, salvo se a decisão se restringir a questão incidente, caso em que o conhecimento a ela se limitará.

2. O mecanismo da "reclamação"

O instrumento contemporaneamente utilizado para restabelecer a competência dos Tribunais quando houver a possibilidade de incorreta apreciação do caso é a *reclamação*.

Com efeito, prevista no art. 102 da CR, quanto ao e. STF, tem-se que a reclamação existe para a preservação de sua competência e garantia da autoridade de suas decisões, o mesmo valendo para o e. STJ, cuja regra existe de forma idêntica no art. 105. Da mesma forma, nas Constituições Estaduais, a norma existe, preservando a competência dos respectivos Tribunais de Justiça.

CAPÍTULO V – Da Restituição das Coisas Apreendidas

Art. 118. Antes de transitar em julgado a sentença final, as coisas apreendidas não poderão ser restituídas enquanto interessarem ao processo.

1. Mecanismo típico

Como regra, o pedido de "restituição de coisa apreendida em persecução penal deve ser examinad[o], em geral, em incidente de restituição, adotando-se os arts. 118 e segs. do CPP".[898]

2. Atipicidade da via mandamental (mandado de segurança)

Sendo a restituição o incidente adequado para pleitear a devolução de bens apreendidos, em regra "é

---

[898] TRF. 1ª Região. Relator: Juiz Lindoval Marques de Brito. Data de publicação: DJU, 6 maio 2002. p. 82. Relator: Juiz Lindoval Marques de Brito.

imprópria a via mandamental para solucionar incidente de bens apreendidos em processo penal"[899], a menos que se trate de "casos excepcionais, quando a decisão judicial for teratológica ou houver ilegalidade ou abuso de poder (precedentes)".[900]

Sem embargo, essa colocação não pode ser tida de forma absoluta. Já se decidiu que

> prevalece no direito pretoriano o entendimento de ser cabível o mandado de segurança contra ato de apreensão de bem em inquérito policial ou ação penal, não obstante haja procedimento específico previsto no § 1º do art. 120, do CPP, mas desde que presente o direito líquido e certo imprescindível à via mandamental (...) Não se discute da celeridade procedimental do mandado de segurança, que não se verifica no rito do indigitado incidente de restituição, de modo que quando há prova pré-constituída e fica demonstrada a urgência na solução da questão posta em juízo, admite-se a utilização desta via excepcional, que nestes casos mostra-se mais eficaz e adequada no resguardo de direitos. Verifica-se, pois, que na hipótese de apreensão de coisa relacionada a crime, o direito positivo abre possibilidade de utilização de duas ações, sendo certo que a opção pela ação constitucional do mandado de segurança está sujeita à existência do direito líquido e certo. É certo, que fica difícil, em princípio, por meio da utilização da via extraordinária do mandado de segurança, cuidar-se de matéria criminal, a qual envolve, em regra, obrigatória e profunda análise das condutas criminosas, acabando por exigir dilação probatória, o que é incompatível com procedimento da ação mandamental, porquanto a decisão final apenas considerará os fatos comprovados com a inicial e as informações. Todavia, quando os elementos contidos nos autos mostram-se suficientes à análise do direito alegado, ou seja, independem de dilação probatória, é cabível a utilização da via mandamental.[901]

3. Incidente e prosseguimento do processo penal de conhecimento

O incidente não obsta o prosseguimento da ação penal de conhecimento ou mesmo a investigação preliminar, pois ele

> consiste em procedimento legal de devolução, a quem de direito, de objeto apreendido durante diligência policial ou judiciária. Prestando-se, por sua natureza incidental, exclusivamente à sua finalidade precípua, não impede a ação penal, na qual se analisa a ocorrência de fato delituoso e sua respectiva autoria, com a ampla possibilidade de as partes produzirem provas.[902]

4. Momento da devolução de objetos apreendidos

Em tese, o incidente está condicionado à sentença transitada em julgado. Assim, "antes de transitar em julgado a sentença final, as coisas apreendidas não poderão ser restituídas enquanto interessarem ao processo"[903], sobretudo quando se tratar de "bem que interessa ao processo por ser o instrumento do delito".

No entanto, quando elas "não interessarem mais ao processo, poderão, antes do trânsito em julgado, ser restituídas aos legítimos proprietários, mormente quando se observa que o bem não é instrumento nem produto de crime"[904].

5. Objeto da restituição

O incidente se presta à devolução da coisa apreendida. Assim, "não há que se discutir, através de incidente de restituição, a aplicabilidade da teoria da desproporcionalidade da pena de perdimento, pela diferença entre o valor real do veículo cuja devolução é pleiteada e o das mercadorias apreendidas, matéria que diz respeito ao mérito da ação penal".[905]

> Art. 119. As coisas a que se referem os arts. 74 e 100 do Código Penal não poderão ser restituídas, mesmo depois de transitar em julgado a sentença

---

899 TRF. 1ª Região. Relatora: Juíza Eliana Calmon. *DJU* 23 ago. 1999. p. 139. Relatora: Juíza Eliana Calmon.
900 TRF-1. 3ª Turma. **ACR 136049620104013400 DF 0013604-96.2010.4.01.3400**. Relator: Des. Fed. Monica Sifuentes. Data de julgamento: 31 jul. 2013. Data de publicação: e-DJF1, 9 ago. 2013. p. 177.
901 TRF-3. **MS 55957 SP 1999.03.00.055957-4**. 1ª Seção. Relator: Juiz Convocado Manoel Alvares. Data de julgamento: 6 jun. 2001.
902 TRF. 3ª Região. Relatora: Juíza Vesna Kolmar. Data de publicação: DJU 30 mar. 2004. p. 132.
903 TJSP. **Mandado de Segurança 146.308-3/SP**. Relator: Dirceu de Melo. 26 ago. 1993.
904 TJMS. Relator: Luiz Carlos Santini. Data de julgamento: 11 set. 2002.
905 TRF. 3ª Região. Relator: Juiz Theotonio Costa. Data de publicação: DJU, 27 abr. 1999. p. 205.

> final, salvo se pertencerem ao lesado ou a terceiro de boa-fé.

1. Atualização legislativa

Os artigos mencionados dizem respeito ao conteúdo do atual art. 91 do Código Penal.

Portanto, se os "Bens que não se enquadram nas hipóteses do artigo 91, II, do Código Penal. Inexistência de notícia de arguição de propriedade por parte de terceiros. Restituição devida".[906]

> Art. 120. A restituição, quando cabível, poderá ser ordenada pela autoridade policial ou juiz, mediante termo nos autos, desde que não exista dúvida quanto ao direito do reclamante.

1. Necessidade de comprovação da propriedade

Por certo, "As coisas apreendidas que não mais interessarem ao processo poderão ser restituídas, desde que inexista dúvida quanto ao direito do requerente"[907], sendo certo que "é de se entender que se constitui em pressuposto para o deferimento do pedido de restituição de coisa apreendida a inequívoca comprovação da propriedade do bem objeto do requerimento de restituição".[908]

Assim,

> Se o postulante adquiriu o automóvel através de contrato de alienação fiduciária e transferiu a posse antes do adimplemento das prestações pactuadas, através de procuração com plenos poderes, não é parte legítima para requerer a restituição, pois não é nem proprietário e nem detentor da coisa.–Se o autor não tem legitimidade para a causa é carecedor da ação, devendo o processo ser extinto sem julgamento de mérito, nos termos do art. 267, VI, do CPC, aplicado ao caso por analogia, à luz do permissivo do art. 3º do CPP.[909]

Contudo, mesmo diante da comprovação inequívoca da titularidade é necessário perquirir se "está presente alguma das hipóteses previstas na legislação processual para a manutenção desta apreensão, ou seja, se o bem apreendido ainda interessa ao processo ou se é fruto de crime, conforme o disposto nos artigos 118, 121 e 124 do Código de Processo Penal".[910]

1.1 Intervenção de terceiro

"Se o terceiro intervém no processo incidente de coisa apreendida, reivindicando para si a devolução, deve o julgador decidir pela legitimidade ou não, ouvindo as partes, e, após, examinar o mérito do pedido. Em havendo dúvida sobre a quem pertence o bem, pela resistência do autor da restituição, quanto a pretensão do terceiro, decidirá o juiz nos termos do art. 120, § 4º do Código de Processo Penal".[911]

> § 1º Se duvidoso esse direito, o pedido de restituição autuar-se-á em apartado, assinando-se ao requerente o prazo de 5 (cinco) dias para a prova. Em tal caso, só o juiz criminal poderá decidir o incidente.

1. Desobediência ao procedimento e suas consequências

Em tese, é caso de não conhecimento do pedido de restituição quando feito

> nos próprios autos da ação penal e não como incidente a ser autuado em apartado (art. 120 do Código de Processo Penal). No caso, como não cabe recurso desse despacho indeferitório da restituição, idônea se afigura a impetração direta do presente *writ* para debate da matéria, em homenagem ao princípio da ampla defesa (art. 5º, LV, CF).[912]

> § 2º O incidente autuar-se-á também em apartado e só a autoridade judicial o resolverá, se as coisas forem apreendidas em poder de terceiro de boa-fé, que será intimado para alegar e provar

---

906 TJ-SP. **APL 00658772120098260114** SP 0065877-21.2009.8.26.0114. 3ª Câmara de Direito Criminal. Relator: Ruy Alberto Leme Cavalheiro. Data de julgamento: 5 maio 2015. Data de publicação: 5 maio 2015.
907 TRF-1. **ACR 253 PA 2004.39.00.000253-8**. 4ª Turma. Relator: Des. Fed. Ítalo Fioravanti Sabo Mendes. Data de julgamento: 12 abr. 2005. Data de publicação: 3 maio 2005. Data de publicação: DJ, p. 29.
908 TRF-1. **ACR 3600 AC 2009.30.00.003600-2**. 4ª Turma. Relator: Des. Fed. Ítalo Fioravanti Sabo Mendes. Data de julgamento: 3 nov. 2009. Data de publicação: e-DJF1, 23 nov. 2009. p. 95.
909 TRF-4. **ACR 2839 RS 2004.71.04.002839-0**. 8ª Turma. Relator: Paulo Afonso Brum Vaz. Data de julgamento: 22 set. 2004. Data de publicação: DJ, 13 out. 2004. p. 726.
910 STJ. **AREsp 357483 SE 2013/0219215-5**. Relator: Min. Sebastião Reis Júnior. Data de publicação: DJ, 8 abr. 2015.
911 TRF. 1ª Região. Data de publicação: DJU, 4 dez. 1989. Relatora: Juíza Eliana Calmon.
912 TRF. 1ª Região. Relator: Juiz Leomar Amorim. Data de publicação: DJU, 19 out. 1992. p. 32960.

o seu direito, em prazo igual e sucessivo ao do reclamante, tendo um e outro 2 (dois) dias para arrazoar.

1. Recurso cabível da decisão definitiva: apelação

Como reiteradamente afirmado, o provimento que julga o incidente de restituição de coisas apreendidas tem natureza definitiva, daí por que,

> no pedido de restituição de coisas apreendidas cabe apelação contra a decisão que solucionar o incidente (...) na esteira do magistério de José Frederico Marques (cf. *Elementos de direito processual penal*, 1. ed., v. IV, n. 1.066) e Fernando da Costa Tourinho Filho (*Processo penal*, 5. ed., Bauru, 1979, v. 4º, p. 298), bem como de iterativa jurisprudência (*RT* 534/102, 442/132, 438/125, 434/112, 432/72, 422/139, 409/134, 404/289, 354/330, 347/342, 337/268, 295/80, 281/494 etc.), pelo que, nos expressos termos da v. Súmula n. 267 do Excelso Pretório, é o impetrante carecedor da segurança requerida, porque deveria impugnar a decisão hostilizada pelo *writ* com apelação.[913]

1.1 Pedido atípico de suspensão da decisão

Malgrado a estrutura recursal existente, fato é que o recurso de apelação não comporta efeito suspensivo. Daí por que já houve situação na qual, por meio de petição autônoma e inominada diretamente ao Tribunal no transcurso da apelação,

> ante as razões invocadas pelo Ministério Público indicativas de possibilidade de prejuízo ao desenvolvimento do processo criminal, suspende-se, até o julgamento da apelação criminal interposta, a decisão monocrática que determinou a liberação parcial de mercadorias apreendidas para verificação de irregularidade, exceto em relação às usadas.[914]

2. Impropriedade do mandado de segurança

Sendo a apelação o meio recursal próprio para a insurgência contra o provimento que decide o incidente de restituição de coisas apreendidas, o mandado de segurança é tido como meio inidôneo, sendo o "impetrante carecedor da segurança".[915]

Concluindo,

> o recurso cabível contra decisão que resolve o incidente de restituição de coisa apreendida

(art. 120, CPP) é apelação (RT 485/314, 659/357), consoante dispõe o art. 593, inciso II, do CPP, tendo em vista que tal decisão tem força de definitiva. Com a ausência de interposição do recurso cabível no prazo legal (preclusão temporal), por certo fica trancada a possibilidade de solução da questão perante a justiça criminal, já que por ter força de definitiva, seus efeitos tornaram-se imutáveis, ou seja, não pode ser alterada, notadamente por meio da utilização da via mandamental. Segundo a jurisprudência há, sim, possibilidade de impetração do mandado de segurança independente da interposição do recurso cabível, o que se dá nas decisões teratológicas, ou seja, aquelas que já podem ser consideradas "mortas" desde o seu nascedouro por ser extrema a ilegalidade ou o abuso de poder nelas constante. Ante a ausência de interesse de agir por inadequação da via utilizada, deve ser extinto o *mandamus*, sem o conhecimento do mérito, nos termos do art. 267, VI, do CPC, por carência de ação.[916]

3. Indeferimento de produção de prova

Muito embora seja admissível o requerimento para o exercício de determinados meios de prova, "não configura cerceamento de defesa o indeferimento da produção de prova testemunhal e pericial para demonstração da titularidade do bem apreendido, eis que, nesse incidente, havendo dúvida sobre tal aspecto, deve o interessado ser remetido às vias ordinárias" (CPP, art. 120, § 4º).[917]

> § 3º Sobre o pedido de restituição será sempre ouvido o Ministério Público.

1. Ausência de manifestação do Ministério Público: nulidade absoluta

A falta de audiência do Ministério Público quanto ao pedido de restituição de mercadoria apreendida constitui nulidade insanável, bem como sua instauração *ex officio* por juízo tornado absolutamente incompetente por força de redistribuição ordenada pelo provimento n. 21 do conselho da justiça federal, que instalou novas varas da justiça federal na capital. Apelação provida para declarar nulo *ab initio* o incidente de restituição, ratificando-se a entrega do veículo por ele operada como efeito intrínseco à decisão que extinguiu a punibilidade do delito de contrabando, além da circunstância de terem sido

---

913 TJSP. 3ª Câmara. Trecho do v. Acórdão. Data de julgamento: 15 dez. 1986, v.u. Relator: Des. Cunha Camargo. RT 616/296.
914 TRF. 2ª Região. Data de publicação: *DJU*, 24 nov. 1998. Relator: Juiz Ney Fonseca.
915 TJSP. **MS 261.226-3/7-00**. Capital. 6ª Câmara Criminal. Relator: Des. Debatin Cardoso, v.u. Data de julgamento: 1º out. 1998.
916 TRF. 3ª Região. Relator: Juiz Manoel Alvares. Data de publicação: *DJU* 5 jun. 2001. p. 150.
917 TRF. 1ª Região. Relator: Juiz Antonio Ezequiel. Data de publicação: *DJU* 3 set. 2001. p. 61. Relator: Juiz Antonio Ezequiel.

recolhidos integralmente todos os tributos e seus consectários decorrentes da importação.[918]

> § 4º Em caso de dúvida sobre quem seja o verdadeiro dono, o juiz remeterá as partes para o juízo cível, ordenando o depósito das coisas em mãos de depositário ou do próprio terceiro que as detinha, se for pessoa idônea.

1. Objeto da cognição restrito ao campo penal
"Ao juiz que atua no feito criminal cumpre apenas decidir sobre a liberação dos bens quanto à apreensão processual, sendo-lhe vedada a manifestação sobre a constrição administrativa, matéria que refoge à sua competência. O ato administrativo que mantiver a apreensão em sede fiscal somente poderá ser examinado pelo judiciário se acionada a via própria".[919]

2. Encaminhamento dos autos ao juízo cível
O incidente de restituição de coisa apreendida é matéria processual penal, devendo ser decidido na esfera criminal, podendo ser deferida a devolução, caso comprovada, de forma induvidosa, a propriedade da coisa e o direito do requerente. No caso de dúvidas sobre quem seja seu verdadeiro dono, o Juiz criminal deve indeferir o pedido, remetendo as partes ao Juízo cível, por tratar-se de matéria de alta indagação em matéria cível, cuja solução não deve ser acometida ao juízo criminal. Descabe ao Juízo criminal remeter autos do Incidente de Restituição para ser julgado perante a Justiça Civil, eis que a determinação contida no § 4º do art. 120 do Código de Processo Penal é de que se decida o Incidente de Restituição, remetendo as partes ao juízo cível no caso de dúvidas sobre a propriedade do bem. Estas, caso assim entenderem, deverão promover ação civil adequada perante uma das varas cíveis, a fim de comprovar a propriedade do bem pleiteado.[920]

3. Recurso cabível da decisão que remete o caso para o juízo cível
Se da decisão que julga definitivamente o incidente é possível a interposição da *apelação*, "cabe mandado de segurança contra ato judicial que, em incidente de restituição de coisas apreendidas, remete os interessados ao juízo cível para definir a quem pertence o objeto da apreensão, posto que se trata de direito não amparado por *habeas corpus* e irrecorrível a decisão. Duvidosa a propriedade dos bens apreendidos, indicados como produto de crime, cabe ao juízo cível dirimir a questão dominial, não se apresentando como líquido e certo o direito do impetrante/recorrente".[921]

> § 5º Tratando-se de coisas facilmente deterioráveis, serão avaliadas e levadas a leilão público, depositando-se o dinheiro apurado, ou entregues ao terceiro que as detinha, se este for pessoa idônea e assinar termo de responsabilidade.

1. Aplicação nos casos da Lei n. 12.694/2012
Nos termos da Lei n. 12.694/2012 (crimes praticados por organizações criminosas), há alteração do art. 144 deste Código com novas formas de leilão e antecipação da venda de bens ligados àquela atividade criminosa.

2. Manejo recursal e juízo competente para restituição
Conforme precedente,

> Mesmo que os autos da ação principal já tenham sido remetidos à instância recursal, o Juízo Singular continua competente para decidir em processo incidente de medida assecuratória, que ainda tramita regularmente na instância inicial. 2. Inexiste ilegalidade, quando o juízo, forte na interpretação extensiva e aplicação analógica (CPP, art. 3º) adotar, além dos artigos 120, § 5.º e 137, § 1.º, do CPP, os artigos 60 a 62 da Lei Antitóxicos, autoriza a venda antecipada de veículos constritos por se tratarem de produto de crime e restar demonstrada se tratar de medida necessária para evitar a sua depreciação e deterioração.[922]

3. Utilização de bens não facilmente deterioráveis
Há de se considerar caso em que se afirmou que "É possível a aplicação analógica dos arts. 61 e 62 da Lei 11.343/2006 para admitir a utilização pelos órgãos públicos de aeronave apreendida no curso da persecução penal de crime não previsto na Lei de Drogas, sobretudo se presente o interesse público de evitar a deterioração do bem. Isso porque, em primeiro lugar, de acordo com o art. 3o do CPP, a lei processual penal admitirá interpretação extensiva e aplicação analógica, bem como o suplemento dos princípios gerais de direito. Assim, é possível,

---

918 TRF. 3ª Região. Relator: juiz Theotonio Costa. Data de publicação: *DJU* 9 dez. 1997. p. 107353.
919 TRF. 3ª Região. Relatora: Juíza Sylvia Steiner. Data de publicação: *DJU*, 16 ago. 2001. p. 1.359.
920 TRF. 3ª Região. Relator: Juiz Theotonio Costa. Data de publicação: *DJU*, 10 out. 2000. p. 404.
921 STJ. Data de publicação: *DJ*, 12 mar. 1990. p. 1.708. Relator: Dias Trindade.
922 TRF-4. **MS 29219 PR 2009.04.00.029219-1**. 7ª Turma. Relator: Tadaaqui Hirose. Data de julgamento: 15 set. 2009. Data de publicação: DE, 23 set. 2009.

sobretudo porque permitido pelo próprio CPP, o uso da analogia, que consiste em processo de integração por meio do qual se aplica a uma determinada situação para a qual inexiste hipótese normativa própria um preceito que regula hipótese semelhante. Ressalte-se, ainda, que, para o uso da analogia, não importam a natureza da situação concreta e a natureza do diploma de onde se deve extrair a norma reguladora. Em segundo lugar, porque a exigência contida no art. 61 da Lei 11.343/2006, referente à existência de interesse público ou social, encontra-se cumprida no presente caso, qual seja, evitar a deterioração do bem apreendido. Por fim, em terceiro lugar, porque a preocupação em se prevenir que a demora nos processos judiciais venha a propiciar a degeneração do bem apreendido é atual, existindo, inclusive, no projeto do novo Código de Processo Penal (PL 8.045/2010), seção específica a tratar do tema, sob o título "Da utilização dos bens por órgãos públicos", o que demonstra a efetiva ocorrência de lacuna no Código atualmente em vigor, bem como a clara intenção de supri-la. Decisão monocrática citada: Inq 603, Min. Paulo Gallotti, DJ 14/11/2008.[923]

> Art. 121. No caso de apreensão de coisa adquirida com os proventos da infração, aplica-se o disposto no art. 133 e seu parágrafo.

1. *Vide* nestes *Comentários* art. 133

> Art. 122. Sem prejuízo do disposto no art. 120, as coisas apreendidas serão alienadas nos termos do disposto no art. 133 deste Código. (Redação dada pela Lei nº 13.964, de 2019)
> *Parágrafo único.* (Revogado). (Redação dada pela Lei nº 13.964, de 2019)

1. Perdimento de bens como efeito da sentença condenatória

A sentença condenatória gera, dentre outros efeitos, o de serem perdidos, em favor da União, os bens obtidos com o produto do crime (art. 91, II, do CP), "sendo automático e decorrente do trânsito em julgado da sentença condenatória"[924], "observado o princípio constitucional proeminente – o do devido processo legal. Nenhum cidadão pode ser privado de seus bens (ou coagido a efetuar pagamento) sem defesa, em processo em que se lhe assegure o contraditório, porquanto o direito de propriedade constitui garantia constitucional".[925]

Assim, por exemplo, "o perdimento de bens em favor da União (...), somente deve ser decretado quando forem utilizados para a prática do tráfico ilícito de entorpecentes, devendo existir, consequentemente, um imprescindível nexo etiológico entre o delito e o objeto utilizado para a sua execução".[926]

> Art. 123. Fora dos casos previstos nos artigos anteriores, se dentro no prazo de 90 (noventa) dias, a contar da data em que transitar em julgado a sentença final, condenatória ou absolutória, os objetos apreendidos não forem reclamados ou não pertencerem ao réu, serão vendidos em leilão, depositando-se o saldo à disposição do juízo de ausentes.

1. A Recomendação n. 30 do Conselho Nacional de Justiça

A preocupação com o excessivo volume de bens apreendidos ligados à prática de atos criminalmente ilícitos vem sendo objeto de atenção pelo Conselho Nacional de Justiça, que, em 2010, editou a Recomendação n. 30 com as seguintes diretrizes:

I – Aos magistrados com competência criminal, nos autos dos quais existam bens apreendidos sujeitos à pena de perdimento na forma da legislação respectiva, que: *a)* mantenham, desde a data da efetiva apreensão, rigoroso acompanhamento do estado da coisa ou bem, diretamente ou por depositário formalmente para isso designado sob responsabilidade; *b)* ordenem, em cada caso e justificadamente, a alienação antecipada da coisa ou bem apreendido para preservar-lhe o respectivo valor, quando se cuide de coisa ou bem apreendido que pela ação do tempo ou qualquer outra circunstância, independentemente das providências normais de preservação, venha a sofrer depreciação natural ou provocada, ou que por ela venha a perder valor em si, venha a ser depreciada como mercadoria, venha a perder a aptidão funcional ou para o uso adequado, ou que de qualquer modo venha a perder a equivalência com o valor real na data da apreensão; *c)* observem, quando verificada a conveniência, oportunidade ou necessidade da alienação antecipada, as disposições da lei processual penal e

---

923 STJ. **REsp 1.420.960-MG**. Relator: Min. Sebastião Reis Júnior. Data de julgamento: 24 fev. 2015. Data de publicação: DJe, 2 mar. 2015.
924 TRF. 2ª Região, *DJU* 5-7-2001, rel. Juiz Poul Erik Dyrlund.
925 STJ. **RMS 6594 RJ 1995/0071442-6**. 1ª Turma. Relator: Min. Demócrito Reinaldo. Data de julgamento: 27 maio 1996. Data de publicação: DJ, 1º jul. 1996. p. 23987. RSTJ, Vol. 89, p. 68; RT, Vol. 735. p. 551.
926 TRF-1. **ACR 59380 MT 2000.01.00.059380-9**. 3ª TURMA. Relator: Des. Fed. Olindo Menezes. Data de julgamento: 24 set. 2002. Data de publicação: DJ, 4 out. 2002. p. 89.

subsidiariamente as da lei processual civil relativas à execução por quantia certa no que respeita à avaliação, licitação e adjudicação ou arrematação e da respectiva jurisprudência; *d*) depositem as importâncias em dinheiro ou valor, assim apuradas, em banco autorizado a receber os depósitos ou custódia judiciais, vencendo as atualizações correspondentes, e ali as conservem até a sua restituição, perda ou destinação por ordem judicial; *e*) adotem as providências no sentido de evitar o arquivamento dos autos antes da efetiva destinação do produto da alienação. II – Aos juízos de primeiro grau e tribunais que, na medida do possível, promovam periodicamente audiências ou sessões unificadas para alienação antecipada de bens nos processos sob a sua jurisdição ou sob a jurisdição das suas unidades judiciárias (leilão unificado), com ampla divulgação, permitindo maior número de participações.

Art. 124. Os instrumentos do crime, cuja perda em favor da União for decretada, e as coisas confiscadas, de acordo com o disposto no art. 100 do Código Penal, serão inutilizados ou recolhidos a museu criminal, se houver interesse na sua conservação.

Art. 124-A. Na hipótese de decretação de perdimento de obras de arte ou de outros bens de relevante valor cultural ou artístico, se o crime não tiver vítima determinada, poderá haver destinação dos bens a museus públicos. (Incluído pela Lei nº 13.964, de 2019)

1. Caput do artigo revogado

O artigo mencionado do Código Penal foi revogado em 1984 e não existe disposição semelhante em vigor.

CAPÍTULO VI – Das Medidas Assecuratórias

Art. 125. Caberá o sequestro dos bens imóveis, adquiridos pelo indiciado com os proventos da infração, ainda que já tenham sido transferidos a terceiro.

1. Fundamentos

No plano dogmático, o presente Capítulo do Código de Processo Penal se insere no tópico das *cautelares*, obedecendo, pois, às mesmas exigências enfocadas nestes *Comentários* sobretudo no que tange à verificação da necessidade cautelar.

Sendo assim, "as infrações penais, que justificam o sequestro, não são todas e quaisquer infrações criminais cometidas no curso da vida do acusado, mas aquelas objeto do processo principal, do qual o pedido de sequestro é medida incidental".[927]

O Código de Processo Penal, em seu Capítulo VI, cuidou de disciplinar as chamadas medidas cautelares, também chamadas providências assecuratórias, visando, assim, tornar certa a satisfação de obrigações, bem como garantir a execução de sentenças criminais. As medidas assecuratórias previstas no processo penal visam evitar o dano proveniente da morosidade da ação penal, garantindo, através da guarda judicial das coisas, o ressarcimento do prejuízo causado pelo delito, sendo que, por ter a natureza de processos incidentais, a competência para presidi-las é do juiz competente para o processo criminal.[928]

Lembra Câmara que

A medida cautelar do sequestro de bens tem previsão no Código de Processo Penal, na Lei 8.429/92 (que dispõe sobre as sanções aplicáveis aos agentes públicos nos casos de enriquecimento ilícito no exercício de mandato, cargo, emprego ou função na administração pública direta, indireta ou fundacional); na 11.342/06 (relativo aos crimes de tráfico de drogas); na Lei 9.613/98 (relativo aos crimes de lavagem de dinheiro). A indisponibilidade de bens obtidos por meio de corrupção também tem previsão no art. 54 da Convenção da ONU Contra a Corrupção, de 31 de outubro de 2003, que foi incorporado à legislação brasileira por meio do Decreto 5.687/06.[929]

2. Limites constitucionais

Assim, a obediência estrita à CR é inquestionável, já tendo sido considerado que

após a vigência da CF/88 o sequestro autorizado pelos arts. 125 e 126, do Código de Processo Penal, está submetido ao devido processo legal. Há, assim, necessidade de se instaurar procedimento sumaríssimo onde se permita a defesa do proprietário do bem. A decisão há de ser fundamentada e vinculada aos fatos demonstrados no referido procedimento.[930]

---

927 TRF. 3ª Região. Relator: Juiz Oliveira Lima. Data de publicação: DJU, 28 jul. 1998. p. 88. Relator: Juiz Oliveira Lima.
928 TRF. 3ª Região. Data de publicação: *DJU*, 8 maio 2001. p. 361. Relatora: Juíza Suzana Camargo.
929 CÂMARA, Luiz Antonio; LEARDINI, Márcia. Breves considerações sobre o sequestro no processo penal brasileiro. **Revista Jurídica**, v. 27, n. 11, p. 92-118, 2012.
930 TRF. 5ª Região. Relator: Juiz José Delgado. Data de publicação: *DJU*, 28 jul. 1995. p. 46.827.

3. Conceito dogmático de sequestro

Campos Barros[931] aponta que "em sentido amplo sequestro é a apreensão de coisas determinadas para assegurar o julgamento sobre o domínio ou a posse dessas coisas, colocando-as em depósito para que possam ser entregues ao vencedor" e, lembrando Tornaghi, completa afirmando que "o Código de Processo Penal não empregou a palavra sequestro em seu sentido técnico; deu-lhe compreensão demasiadamente grande, fazendo entrar nela não apenas o que tradicionalmente se costuma denominar sequestro, mas também outros institutos afins e, especialmente, o arresto".

3.1 Sequestro: momentos de sua ocorrência

A medida cautelar em questão pode ser ajuizada ainda na fase investigativa ou já no curso da ação penal de conhecimento. Naquela primeira oportunidade, "o sequestro de bens imóveis, ordenado em face de existência de indícios de sua proveniência ilícita, é medida assecuratória incidente da ação penal, que somente perde a eficácia se não for oferecida a denúncia no prazo de sessenta dias, *ex vi* do art. 131, I, do Código de Processo Penal".[932]

3.2 Medida cautelar e competência

Deve-se ter em conta, inicialmente, que

> o sequestro é processo incidental, que, atuando na esfera cível, tem por finalidade a reparação do dano e a correção penal sobre o patrimônio dos que o auferem por meios ilícitos. Por conseguinte a esfera de atuação do procedimento de sequestro está intimamente vinculada ao processo-crime, donde mais uma vez se afirmar a prevenção do julgador que conhecer do procedimento penal.[933]

A competência para a adoção da medida cautelar segue as regras para o processo "principal". Assim, "tendo sido decretada a nulidade do processo principal *ab initio* (ação penal), por incompetência da justiça federal, igual sorte merece a medida cautelar preventiva de sequestro de bens, ajuizada pelo Ministério Público Federal perante a mesma justiça incompetente".[934]

3.3 Limite cognitivo para a determinação do sequestro de bens

O Código de Processo Penal exige um mínimo de atividade cognitiva para a decretação do sequestro, acrescentando que "A jurisprudência e a doutrina não exigem, para a obtenção do sequestro dos bens adquiridos pelo autor de crime, a prova plena dos fatos e da autoria, sendo aceitos, para tanto, os indícios veementes da procedência ilícita dos bens".[935]

3.4 Acesso aos autos

Considerando a hipótese de "segredo" no transcurso da medida, determinado provimento decidiu que

> o exercício dos direitos fundamentais não ostenta caráter absoluto, sendo lícito, em vista de interesse público relevante, que se lhe imponha restrições. Assim, a vedação de acesso temporário aos autos da medida de sequestro encontra justificativa como medida de resguardo de interesses públicos relevantes, não havendo qualquer ilegalidade e/ou inconstitucionalidade no art. 273 do Provimento n. 5 da Corregedoria desta Corte.[936]

Torna-se necessário, entretanto, retornar ao quanto já foi dito nestes *Comentários* quanto ao sigilo das investigações e ponderar que a vedação de acesso aos autos jamais pode alcançar o advogado no exercício de seu mister, podendo, isso sim, incidir sobre os terceiros alheios ao desenvolvimento da "medida".

3.5 Bens suficientes para satisfação da cautela

Já se decidiu que

> não sobressai ilegalidade na decisão monocrática que, calcada na norma que visa ao sequestro dos bens o quanto bastem para a satisfação de débito oriundo de crime contra a Fazenda Pública, determina o sequestro de todos os bens dos indiciados. O art. 1º do Decreto-Lei n. 4.240/1941, por ser norma especial, prevalece sobre o art. 125 do CPP e não foi por este revogado eis que a legislação especial não versa sobre a mera apreensão do produto do crime, mas, sim, configura específico meio acautelatório de ressarcimento da Fazenda Pública, de crimes contra ela praticados. Os tipos penais em questão regulam assuntos diversos e têm existência compatível. Não há que

---

931 CAMPOS BARROS, Romeu Pires. **Processo penal cautelar**. Rio de Janeiro: Forense, 1982. p. 416.
932 RMS 25.486/MG. Relator: Min. Felix Fischer. Data de publicação: DJe, 22 set. 2008.
933 TRF. 2ª Região. Relatora: Juíza Julieta Lidia Lunz. Data de publicação: *DJU*, 1º out. 2003. p. 137. Relatora: Juíza Julieta Lidia Lunz.
934 TRF. 1ª Região. Relator: Juiz Murat Valadares. Data de publicação: *DJU*, 5 mar. 1990.
935 TRF. 1ª Região. Relator: Des. Fed. Luciano Tolentino Amaral. Data de publicação: *DJU*, 19 dez. 2002. p. 108.
936 TRF. 4ª Região. Relator: Juiz Paulo Afonso Brum Vaz. Data de publicação: *DJU*, 28 jan. 2004. p. 245.

se argumentar sobre o momento em que os bens submetidos a sequestro foram adquiridos, pois o dispositivo do r. Decreto-lei visa alcançar tantos bens quanto bastem à satisfação do débito decorrente do delito contra a Fazenda Pública.[937]

Sem embargo, é questionável a compreensão da matéria dessa forma, com a devida vênia, dados os pressupostos instrumentais do processo cautelar e os limites constitucionais a ele impostos.

4. Sequestro de bens e crime de sonegação fiscal

Continua sendo possível; "a teor de orientação já firmada na 6ª Turma do STJ, não está revogado, pelo Código de Processo Penal, o Decreto-lei n. 3.240, de 1941, no ponto em que disciplina o sequestro de bens de pessoa indiciada por crime de que resulta prejuízo para a fazenda pública".[938]

Se é possível o sequestro de bens móveis ou imóveis, para o ressarcimento ao erário público, ainda durante as investigações (segundo o ainda vigente Decreto-lei n. 3.240/41), tanto mais quando já oferecida denúncia, a qual se presume estar calcada em indícios veementes de responsabilidade do acusado; a indisponibilização absoluta de todos os bens do impetrado (réu em demanda penal), por seu turno, enseja o comprometimento das finanças necessárias à sua mantença e de toda a sua família, verdadeiro padecimento por inanição, o que repulsa à boa consciência jurídica; devida a concessão parcial da segurança para liberar, dos valores sequestrados, apenas os rendimentos recebidos de pessoas jurídicas, a título de verbas alimentícias, em valor correspondente aos do ano anterior, declarados quando do ajuste anual do imposto de renda.[939]

5. Transferência de bens a terceiro

Não impede a incidência da medida cautelar, na medida em que "o art. 125 do CPP autoriza o sequestro de bens imóveis, adquiridos pelo indiciado com os proveitos da infração, mesmo que tenham sido transferidos a terceiro".[940]

5.1 Transferência para pessoa jurídica

A criação de pessoas jurídicas com o objetivo de, por ela, serem cometidos os atos ilícitos é prática, por certo, repudiada com o emprego da "desconsideração da personalidade jurídica". Assim, "se a pessoa jurídica serve como instrumento para a prática de delitos como sonegação fiscal, entre outros, cabe a desconsideração da personalidade jurídica e o sequestro de bens, a fim de acautelar o ressarcimento do prejudicado".[941]

Art. 126. Para a decretação do sequestro, bastará a existência de indícios veementes da proveniência ilícita dos bens.

---

1. Conceito de "indícios veementes"

Como já apontado nestes *Comentários*, larga parte da estrutura do Código de Processo Penal, no que tange às medidas (*rectius*: ação) cautelares, funda-se em expressões "porosas", completadas a critério do operador do direito no caso concreto. Mais uma vez isso se apresenta com a expressão "indícios veementes".

Com efeito, poucos são os julgados e os doutrinadores que se aventuram a desfiar o conteúdo da expressão. Num deles decidiu-se que "Inexistindo "indícios veementes", ou seja, elementos que eloquentemente apontam um fato, "gerando uma suposição vizinha da certeza" (Hélio Tornaghi), no caso, a origem ilícita dos bens sobre os quais se pretenda recair o sequestro, incabível é a concessão dessa medida extrema".[942]

2. Limites ao emprego das ações autônomas de impugnação

Malgrado a porosidade da expressão "indícios veementes", a jurisprudência não tolera o questionamento do seu conteúdo pelas vias estreitas das ações autônomas de impugnação, pois "em Mandado de Segurança não se faz cabível dilação probatória na dimensão pretendida".[943] De forma geral, considera-se que se trata de "matéria que, envolvendo questão de fato controvertida, não comporta exame na via sumaríssima do *mandamus*".[944]

---

937 STJ. Relator: Gilson Dipp. Data de publicação: 17 jun. 2002. p. 287.
938 STJ. **REsp 1124658 BA 2009/0105749-4**. 6ª Turma. Relator: Min. Og Fernandes. Data de julgamento: 17 dez. 2009. Data de publicação: DJe, 22 fev. 2010.
939 TRF. 5ª Região. Relator: Des. Fed. Paulo Roberto de Oliveira Lima. Data de publicação: *DJU*, 3 jun. 2003. p. 748.
940 TRF. 1ª Região. Relator: Des. Fed. Hilton Queiroz. Data de publicação: *DJU*, 18 fev. 2004. p. 5.
941 TRF. 4ª Região. Relator: José Luiz B. Germano da Silva. **Processo 200070000272889**. Data de publicação: *DJU*, 17 out. 2001. p. 1.070.
942 TRF. 1ª Região. Relator: Juiz Mário César Ribeiro. Data de publicação: *DJU*, 7 maio 1999. p. 230.
943 STJ. Relação: Edson Vidigal. Data de publicação: 21 jun. 1999. p. 171.
944 STJ. **RMS 3075 SP 1993/0014150-3**. 5ª Turma. Relator: Min. Assis Toledo. Data de julgamento: 3 maio 1995. Data de publicação: DJ, 19 jun. 1995. p. 18715.

É igualmente rechaçada a possibilidade de cumulação da via autônoma de impugnação com o exercício do recurso adequado. Dessa forma, "se a parte interpôs apelação contra a medida assecuratória dos seus bens (art. 593, III, CPP), não está autorizada a impetrar mandado de segurança com a mesma finalidade, exceto para conferir efeito suspensivo ao recurso, nas hipóteses de danos irreparáveis, inocorrentes na espécie".[945]

Mais clara ainda é a impossibilidade de emprego de *habeas corpus*, "se para o deslinde da alegação de ilegalidade do sequestro realizado sobre os bens do paciente, porque não observadas as formalidades legais, é necessário o revolvimento da prova condensada no bojo dos autos, o tema situa-se fora do alcance do *habeas corpus*".[946]

Art. 127. O juiz, de ofício, a requerimento do Ministério Público ou do ofendido, ou mediante representação da autoridade policial, poderá ordenar o sequestro, em qualquer fase do processo ou ainda antes de oferecida a denúncia ou queixa.

1. Sequestro de bens e execução da pena

Vinculando-se ao tema da asseguração patrimonial da ação "principal", pode-se questionar seu eventual reflexo na ação de execução penal, por exemplo quando se considera que "Para a concessão do livramento condicional ao condenado na hipótese de reparação parcial do dano, não é imprescindível a prova de sua insolvência, sendo suficiente a demonstração de sequestro de todos os seus bens disponíveis"[947], ou no caso em que

> presentes os demais requisitos previstos no Decreto Presidencial que concede o perdão natalino sob a forma de comutação da pena, não se exige a plena reparação do dano se restou demonstrado que todo o patrimônio do condenado foi objeto de sequestro judicial, com entrega dos bens para a Administração da entidade pública lesada.[948]

2. Sequestro de bens e pluralidade de agentes

Obedecidos os pressupostos cautelares, como já mencionado nestes *Comentários*, é de se notar igualmente a individualidade da medida para cada agente, se cometido o crime em concurso necessário ou facultativo de agentes.

Enfocando essa noção, assim como os limites de razoabilidade para a medida já expostos nos artigos precedentes destes **Comentários**, interessante provimento considerou que

> o fato de, sendo oito os réus na ação penal, apenas dois terem sido atingidos com o sequestro não invalida a medida assecuratória em apreço, pois a lei não estabeleceu, na espécie, litisconsórcio necessário de todos os demandados. A circunstância de ser a medida concorrente e idêntica à da mesma natureza decretada pelo Juízo da 1ª Vara Federal de Mato Grosso, no Processo 2002.36.00.007873-7, não a nulifica, por indemonstrada litispendência relativamente à causa principal; 5. A desconformidade entre o pleito ministerial (pedido cautelar de indisponibilidade dos bens) e a decisão judicial ("sequestro de todos os bens, direitos e valores") é irrelevante, à vista do art. 127 do Código de Processo Penal. A afronta aos princípios da razoabilidade e proporcionalidade é desfeita com a limitação da medida ao montante do prejuízo causado.[949]

Art. 128. Realizado o sequestro, o juiz ordenará a sua inscrição no Registro de Imóveis.

1. Recurso cabível

A hipótese se amolda ao inciso II, do art. 593 do Código de Processo Penal, levando-se em conta o caráter definitivo da medida concedida (sequestro e especialização dos bens imóveis).[950]

Art. 129. O sequestro autuar-se-á em apartado e admitirá embargos de terceiro.

1. Emprego da estrutura do Código de Processo Civil

Os embargos a que se refere o presente artigo estão regulados pelo NCPC no artigo 674 e seus parágrafos e sua aplicação ao processo penal precisa ser verificada com prudência no marco teórico da integração

---

945 TRF-1. **MS 10237 TO 2002.01.00.010237-1**. 2ª Seção. Relator: Des. Fed. Olindo Menezes. Data de julgamento: 16 jun. 2004. Data de publicação: 7 jul. 2004. Data de publicação: DJ, p. 8.
946 STJ. Relator: Vicente Leal. Data de publicação: 21 jun. 1999. p. 202.
947 STJ. **HC 8193 RJ 1998/0088280-4**. 6ª Turma. Relator: Min. Vicente Leal. Data de julgamento: 18 mar. 1999. Data de publicação: DJ, 12 abr. 1999. p. 197. LEXSTJ, Vol. 121, p. 310.
948 TJ-SP. **EP 1884914520108260000 SP 0188491-45.2010.8.26.0000**. 8ª Câmara de Direito Criminal. Relator: Marco Antônio Cogan. Data de julgamento: 17 mar. 2011. Data de publicação: 8 abr. 2011.
949 TRF-1. **ACR 5922 MT 2003.36.00.005922-3**. 4ª Turma. Relator: Des. Fed. Hilton Queiroz. Data de julgamento: 23 mar. 2004. Data de publicação: DJ, 23 abr. 2004. p. 38.
950 STJ. Relator: José Arnaldo da Fonseca. Data de publicação: 10 jun. 2002. p. 241.

normativa já discutida nestes **Comentários** posto que, como se trata de ação autônoma, torna-se de difícil compatibilização com o sistema adotado pelo Código de Processo Penal.

Num primeiro momento, porque o Código de Processo Penal legitima vários intervenientes, que não o titular da acusação penal à propositura da medida em tela. Assim, diversamente da estrutura processual civilista, o polo passivo dos embargos poderia se diluir entre o Ministério Público, a autoridade policial e o próprio juiz de direito. Esta última possibilidade desnuda por completo o modelo inquisitivo processual penal e só com excessiva elasticidade de tolerância se pode aceitar a expansão da legitimação para a medida.

Sem embargo, diante da desestrutura acusatória do Código de Processo Penal, algum esforço se faz para colocar, em todas as situações, o Ministério Público no polo passivo (embargado), o que, por seu turno, também acarreta alguma dificuldade operacional.

Isso porque, sendo *ação*, o órgão do Ministério Público precisa ser *citado* para exercer a resposta aos embargos. Diante disso se coloca a imperatividade de que o órgão ministerial a ser *citado* seja a e. Procuradoria-Geral de Justiça, na medida em que somente esse órgão da administração superior pode fazê-lo. Rigorosamente falando, o órgão de execução de primeiro grau não poderá receber a citação, sob pena de nulidade. Já o exercício da defesa substancial que daí decorre nada impede seja delegado, pela e. Procuradoria-Geral, ao órgão de primeiro grau quando a ação penal por lá tramitar.

1.1 Impossibilidade de condenação do Ministério Público nas custas

A posição genérica sobre a condenação pelo Ministério Público em custas processuais e honorários de sucumbência é pela impossibilidade de fazer com que o Estado pague tais verbas.

Assim, tem-se o

> incabimento da condenação do MP em custas e honorários, em embargos de terceiro relativo a sequestro de imóvel em ação cautelar que visava garantir eventual decisão condenatória em ação penal. O único titular do *jus puniendi* é o Estado-administração, sendo a ação penal promovida pelo Ministério Público, nos casos como o presente, quando se trata de crime de ação penal pública incondicionada, não sendo cabíveis honorários advocatícios no processo penal. Condenar-se o MPF a pagar honorários em casos como o presente seria o mesmo que

condená-lo quando a sentença fosse absolutória, o que seria um absurdo.[951]

1.2 Momento para oposição dos embargos

"Os embargos deveriam ter sido opostos da diligência de sequestro (CPP, art. 130), não sendo cabível quando o processo já se encontra na fase de execução da sentença condenatória, no caso, avaliação e venda dos bens sequestrados. Em se tratando do perdimento de bens adquiridos com o proveito do crime, como efeito da condenação (CP, art. 91, II, *b*), a competência para determinar e proceder à avaliação e à venda dos bens em leilão público é do juízo criminal (CPP, art. 133)".[952]

> Art. 130. O sequestro poderá ainda ser embargado:
> I – pelo acusado, sob o fundamento de não terem os bens sido adquiridos com os proventos da infração;
> II – pelo terceiro, a quem houverem os bens sido transferidos a título oneroso, sob o fundamento de tê-los adquirido de boa-fé.
> *Parágrafo único*. Não poderá ser pronunciada decisão nesses embargos antes de passar em julgado a sentença condenatória.

1. Legitimação do terceiro para opor embargos

Se é certo que o art. 125 do CPP admite o sequestro de imóvel, ainda que já transferido a terceiro, não menos exato que o art. 129 do mesmo estatuto permite embargos de "senhor e possuidor" a quem não agiu de má-fé, ainda mais quando não poderia suspeitar da procedência ilícita do bem adquirido antes do ajuizamento da medida cautelar. O caráter oneroso do negócio e a boa-fé do adquirente são causas suficientes para o levantamento do sequestro. Se o juízo criminal concluiu pela inexistência de qualquer indício de fraude decorrente do ajuste entre vendedor-comprador, deduzindo-se daí a boa-fé do adquirente, e à vista da comprovação de que o imóvel sob constrição não foi auferido com ganhos vindos de atos infracionais, a regra aplicável é a do art. 129, e não do art. 130, parágrafo único, ambos do CPP, pois este presume ter sido o bem sequestrado obtido com provento da infração.[953]

Recorde-se, igualmente, que

> O "sequestro" judicial penal poderá ser "embargado" pelo "acusado" – sob o fundamento dos bens não terem sido adquiridos com os proventos do crime – ou pelo "terceiro" – a quem houverem sido transferidos os bens a título oneroso – "sob

---

951 TRF. 4ª Região. Relator: Juiz Fabio Rosa. Data de publicação: *DJU*, 7 maio 2003. p. 810.
952 TRF. 2ª Região. Relator: Juiz Paulo Barata. Data de publicação: *DJU*, 4 abr. 2002.
953 TRF. 4ª Região. Relator: Juiz Luiz Fernando Wowk Penteado. Data de publicação: *DJU*, 28 jan. 2004. p. 395.

o fundamento de tê-los adquirido de boa-fé" (inciso I e II do art. 130, CPP). II – O acusado responde patrimonialmente inclusive até as forças da herança na medida da transferência patrimonial correspondente ao ilícito (Art. 5º, inciso XLV da CF). O terceiro sem boa-fé, não terá direito à restituição porque figurará como "receptador" ou cúmplice. Somente a boa-fé demonstrada poderá garantir a alguém a conservação de bens cuja aquisição tenha se operado de forma e modo ilibados, hipótese em que as transferências onerosas gerarão o efeito de passar à propriedade do criminoso o equivalente em dinheiro (no caso de compra) ou bens (no de permuta), únicos sobre os quais poderá recair a ação constritiva da Justiça. III – Não interessa ao processo criminal, ainda que interesse à vítima do desvio de dinheiro, a manutenção de coisas adquiridas por terceiros de boa-fé em estabelecimento comercial, leilão ou feira, aquisição de quem não deixava razões para suspeitar que não fosse o dono (art. 1268, NCCB/02). Nessa hipótese, autoriza o art. 118 do CPP, a restituição do bem, antes do trânsito em julgado da sentença final. IV – Não cabe na hipótese, estabelecer traço de semelhança com as obrigações civis propter rem, chamadas híbridas ou ambulatórias, por se postarem entre os direitos patrimoniais e os reais perseguindo a coisa onde quer que ela esteja. Produto de crime é produto de crime. Se com ele o agente adquire algum bem, móvel ou imóvel e o vende, a perseguição judicial pela via da medida cautelar do sequestro prevista no CPP, deverá ater-se ao valor auferido por último pelo agente com a venda desse bem, nunca o próprio bem, sob pena de enriquecimento ilícito do acusado e prejuízo do terceiro de boa-fé. V – Numa análise macro sistêmica do direito nacional – em que os ramos do direito civil e penal forçosamente têm de convergir –, essa tese (direito de ressarcimento *propter rem*) também não sobrevive.[954]

2. Suspensão obrigatória dos embargos

Da locução do presente artigo, tem-se que a ação de embargos fica suspensa e condicionada à solução da ação penal. Obviamente, quando o Código de Processo Penal fala em sentença "condenatória" o faz por apego inconfessado ao modelo inquisitivo, pois o correto seria referir-se apenas à sentença. Deixa-se ainda em aberto o fato da possibilidade de recurso, dotando de suspensividade a sentença condenatória. Diante do princípio constitucional da presunção de inocência, há de se considerar que os embargos não podem ser desacolhidos diante da sentença que ainda pende de recurso, à exceção daqueles que, pelo seu caráter diferenciado (no dizer da lei e da interpretação dominante), não apresentam efeito suspensivo (recurso extraordinário e especial).

Ainda com relação ao presente parágrafo único, já se decidiu que ele não tem aplicação

> quando se está tratando de decisão proferida em embargos opostos em face do sequestro (arresto) previsto no art. 136 do mesmo diploma legal. Deve ser determinado o levantamento de sequestro que recaiu sobre imóvel pertencente à ex-esposa do réu. A partilha não configurou alienação do referido imóvel, senão que a simples individuação do quinhão da divorcianda. Sem a devida transcrição no Registro de Imóveis do contrato de compra e venda, os demais imóveis constantes no processo permanecem no rol de direitos do apelante, podendo ser objeto de constrição judicial. O sequestro (preparatório da hipoteca legal) é medida cautelar prevista no ordenamento processual penal pátrio, que tem por escopo assegurar tanto a reparação de dano *ex delicto*, quanto a efetividade de sanção pecuniária que possa vir a ser imposta ao indiciado. A liquidez do título (art. 184 do CPC) não é condição para a decretação do sequestro previsto no art. 136 do CPP. Possível excesso na estimativa de pena de multa é matéria a ser avaliada no caso de haver sentença condenatória. A medida cautelar do sequestro não afronta princípios constitucionais.[955]

> Art. 131. O sequestro será levantado:
> I – se a ação penal não for intentada no prazo de 60 (sessenta) dias, contado da data em que ficar concluída a diligência;
> II – se o terceiro, a quem tiverem sido transferidos os bens, prestar caução que assegure a aplicação do disposto no art. 74, II, b, segunda parte, do Código Penal;
> III – se for julgada extinta a punibilidade ou absolvido o réu, por sentença transitada em julgado.

1. Prazo da eficácia da medida tomada na fase investigativa

Rigorosamente falando, os efeitos do sequestro penal ("levantamento") cessam após o escoamento do sexagésimo dia da determinação da medida, quando ela tiver sido determinada no bojo da investigação. Como o Código de Processo Penal fala

---

954 TJ-PR. **APL 13757349 PR 1375734-9 (Acórdão)**. 3ª Câmara Criminal. Relator: Gamaliel Seme Scaff. Data de julgamento: 19 nov. 2015. Data de publicação: DJ, 4 dez. 2015. 1704.
955 TRF. 4ª Região. Data de publicação: *DJU*, 6 set. 2000. p. 98. Relator: Juiz José Luiz B. Germano da Silva.

em "intentada a ação penal", deve-se considerar a data de seu ajuizamento, e não a da decisão sobre sua admissibilidade ou não.

No entanto, como não raras vezes acontece no desenvolvimento da persecução penal, já houve provimento que foi elástico (até certo ponto) com a superação do prazo mencionado, decidindo que

> o sequestro na esfera penal, como medida que venha a assegurar eventual indenização às vítimas, deve ser concluído em 60 dias. Ainda que tolerado eventual excesso, por motivo justificado e flagrante interesse público, não é possível admitir-se que persista a medida preventiva por mais de três anos sem que seja proposta a correspondente ação penal".[956]

2. Caução

"A caução de que trata o art. 131, II, do Diploma Processual Penal pode ser prestada através de qualquer das modalidades previstas no art. 827 do CPC, não havendo obrigatoriedade do depósito em dinheiro, desde que a medida seja suficiente para assegurar a aplicação da lei".[957]

> Art. 132. Proceder-se-á ao sequestro dos bens móveis se, verificadas as condições previstas no art. 126, não for cabível a medida regulada no Capítulo XI do Título VII deste Livro.

1. Sequestro de bens móveis: hipótese

Como recorda Lopes Jr.,

> Quando estivermos diante do objeto direto do crime, muitas vezes constituindo o próprio corpo de delito, a medida cabível será a (busca e posterior) apreensão do bem. Assim, o carro furtado ou roubado é apreendido, pois constitui objeto direto do crime. Já aqueles bens adquiridos com os proventos da infração ou com os lucros dela obtidos serão objeto de sequestro e não de apreensão. Daí por que o carro comprado com o dinheiro obtido pelo tráfico de substâncias entorpecentes, o lucro do roubo ou furto, etc., será sequestrado e não apreendido.[958]

2. Descabimento do sequestro de bens móveis quando passível a busca e apreensão

É possível, desde que incabível a busca e apreensão. Assim,

> os bens relacionados com o evento delituoso podem ser apreendidos pela autoridade policial, consoante o disposto nos arts. 6, II, e 240, § 1º, letra d, do Código de Processo Penal, c/c § 2º do mesmo artigo do mesmo estatuto. O bem móvel que pode ser apreendido via de busca não se sujeita a sequestro (art. 132, do Código de Processo Penal). O pedido de sequestro deve ser autuado em apartado, não podendo ser feito nos autos do pedido de fiança.[959]

É a posição doutrinária largamente aceita e que melhor se coaduna com o espírito da estrutura do Código de Processo Penal.[960]

3. Procedência do bem e confronto do presente artigo com o art. 137

Determinou o provimento que

> o sequestro de bens móveis, como medida cautelar, preparatória de execução dos efeitos civis de eventual sentença condenatória só tem lugar depois de instaurado o processo, justificando-se tal restrição, vez que não se trata de constrição sobre objetos comprovadamente resultantes do delito ou adquiridos com seu produto, mas de antecipação de uma consequência econômica de decisão no Juízo Criminal (...) o sequestro de bens móveis, como medida assecuratória de futura reparação de prejuízo, só pode ser enquadrado no art. 137 do Código de Processo Penal, já que o art. 132 trata de hipótese diversa, ou seja, de restrição sobre bens de proveniência ilícita, pois que se reporta ao art. 126.[961]

4. Descabimento de mandado de segurança

É possível, a teor dos arts. 126 e 132 do CPP:

> Inexistindo nos autos indícios veementes de que os bens apreendidos dos agravados e os valores sequestrados em conta bancária da agravada tenham proveniência ilícita, e levando em conta que os agravados sequer foram indiciados no inquérito policial distribuído no Juízo de Primeiro

---

956 TRF. 4ª Região. Relator: Juiz Vladimir Freitas. Data de publicação: *DJU*, 21 ago. 2002. p. 860.
957 TRF. 4ª Região. Relator: Juiz Élcio Pinheiro de Castro. Data de publicação: *DJU*, 17 out. 2001. p. 1.076.
958 "Curso de Processo Penal"... *op. cit.* p. 529.
959 TRF. 1ª Região. Relator: Juiz Nelson Gomes da Silva. Data de publicação: DJU, 10 set. 1992. p. 27.788.
960 PITOMBO, Sérgio. **Do sequestro no processo penal brasileiro**. São Paulo: José Bushatsky, 1973.
961 RJutacrim 15/178.

Grau, deve ser deferido pedido de restituição formulado.[962]

Art. 133. Transitada em julgado a sentença condenatória, o juiz, de ofício ou a requerimento do interessado ou do Ministério Público, determinará a avaliação e a venda dos bens em leilão público cujo perdimento tenha sido decretado. (Redação dada pela Lei n. 13.964, de 2019)

§ 1º Do dinheiro apurado, será recolhido aos cofres públicos o que não couber ao lesado ou a terceiro de boa-fé. (Incluído pela Lei n. 13.964, de 2019)

§ 2º O valor apurado deverá ser recolhido ao Fundo Penitenciário Nacional, exceto se houver previsão diversa em lei especial. (Incluído pela Lei n. 13.964, de 2019)

Art. 133-A. O juiz poderá autorizar, constatado o interesse público, a utilização de bem sequestrado, apreendido ou sujeito a qualquer medida assecuratória pelos órgãos de segurança pública previstos no art. 144 da Constituição Federal, do sistema prisional, do sistema socioeducativo, da Força Nacional de Segurança Pública e do Instituto Geral de Perícia, para o desempenho de suas atividades. (Incluído pela Lei n. 13.964, de 2019)

§ 1º O órgão de segurança pública participante das ações de investigação ou repressão da infração penal que ensejou a constrição do bem terá prioridade na sua utilização. (Incluído pela Lei n. 13.964, de 2019)

§ 2º Fora das hipóteses anteriores, demonstrado o interesse público, o juiz poderá autorizar o uso do bem pelos demais órgãos públicos. (Incluído pela Lei n. 13.964, de 2019)

§ 3º Se o bem a que se refere o caput deste artigo for veículo, embarcação ou aeronave, o juiz ordenará à autoridade de trânsito ou ao órgão de registro e controle a expedição de certificado provisório de registro e licenciamento em favor do órgão público beneficiário, o qual estará isento do pagamento de multas, encargos e tributos anteriores à disponibilização do bem para a sua utilização, que deverão ser cobrados de seu responsável. (Incluído pela Lei n. 13.964, de 2019)

§ 4º Transitada em julgado a sentença penal condenatória com a decretação de perdimento dos bens, ressalvado o direito do lesado ou terceiro de boa-fé, o juiz poderá determinar a transferência definitiva da propriedade ao órgão público beneficiário ao qual foi custodiado o bem. (Incluído pela Lei n. 13.964, de 2019)

1. Competência (*vide*, ainda, art. 143)

O tema da definição da competência para que se ultimem os atos referentes ao sequestro (avaliação e venda em leilão) não é dos mais tranquilos.

De forma sumária, pode-se argumentar que "a circunstância de haver trânsito em julgado da sentença penal não é impeditiva de o sequestro tramitar perante a vara criminal, mas seu pressuposto, conforme determina o art. 133 do CPP"[963] e, assim, "nos termos dos arts. 122 e 133 do Código de Processo Penal compete ao Juízo Criminal determinar a realização de hasta pública para a venda de bens sequestrados ou confiscados nos autos de ação penal e, consequentemente, é do mesmo Juízo a competência para processar e julgar os incidentes posteriores, inclusive relativos à arrematação".[964]

No entanto, como será visto no art. 143 destes *Comentários*, há sensível divergência doutrinária e jurisprudencial acerca do tema.

2. Recurso cabível da designação de leilão

Por força da aplicação analógica do Código de Processo Civil (art. 3º do CPP), admite-se a interposição de agravo de instrumento contra decisão que, em ação cautelar de sequestro de bens vinculada a ação penal, indefere o pedido de cancelamento do leilão formulado pelo terceiro adquirente. A realização da hasta pública antes do julgamento dos embargos acarretará prejuízo irreparável, em face da alegação de boa-fé. Recurso provido para determinar a suspensão da venda judicial do veículo até que seja examinado o mérito da pretensão do Embargante.[965]

Art. 134. A hipoteca legal sobre os imóveis do indiciado poderá ser requerida pelo ofendido em qualquer fase do processo, desde que haja certeza da infração e indícios suficientes da autoria.

1. Natureza da medida

Tem-se que o

> sequestro, preparatório da hipoteca legal e esta, são medidas cautelares previstas no ordenamento processual penal pátrio, que têm por escopo assegurar tanto a reparação de dano *ex delicto*, quanto a efetividade de sanção pecuniária e o

---

962 TJ-MA. **AGR 0633592015 MA 0003919-22.2015.8.10.0000**. 3ª Câmara Criminal. Relator: Tyrone José Silva. Data de julgamento: 14 mar. 2016. Data de publicação: 28 mar. 2016.
963 TRF. 3ª Região. Relator: Juiz Pedro Rotta. Data de publicação: DJU, 7 out. 1991. p. 103.
964 TRF. 4ª Região. Relator: Juiz Élcio Pinheiro de Castro. Data de publicação: *DJU*, 19 mar. 2003. p. 708.
965 TRF. 4ª Região. Relator: Juiz Volkmer de Castilho. Data de publicação: *DJU*, 11 jun. 2003. p. 758.

pagamento de custas processuais, que possam vir a ser impostos ao indiciado.[966]

2. Legislação civil
Vide Código Civil, art. 1.489, III, com a seguinte redação: "Art. 1.489. A lei confere hipoteca: (...) III – ao ofendido, ou aos seus herdeiros, sobre os imóveis do delinquente, para satisfação do dano causado pelo delito e pagamento das despesas judiciais".

3. Impropriedade terminológica
Conforme salientado por abalizada doutrina[967], descabe a menção a "indiciado", preferentemente substituído por réu ou acusado, já que a medida pode sobrevir após o início da ação penal.

4. Desnecessidade da medida quando já satisfeita por outra via
Foi decidido no MS 2001.04.01.009210-2 que "se a hipoteca legal visa à garantia da reparação do dano (art. 134 do CPP), sendo o caso de suspensão da ação penal, e já estando os bens da empresa comprometidos pela própria opção ao REFIS (art. 10, § 2º, do Decreto n. 3.431, de 24-04-2000) a medida de sequestro é desnecessária".[968]

Art. 135. Pedida a especialização mediante requerimento, em que a parte estimará o valor da responsabilidade civil, e designará e estimará o imóvel ou imóveis que terão de ficar especialmente hipotecados, o juiz mandará logo proceder ao arbitramento do valor da responsabilidade e à avaliação do imóvel ou imóveis.

§ 1º A petição será instruída com as provas ou indicação das provas em que se fundar a estimação da responsabilidade, com a relação dos imóveis que o responsável possuir, se outros tiver, além dos indicados no requerimento, e com os documentos comprobatórios do domínio.

§ 2º O arbitramento do valor da responsabilidade e a avaliação dos imóveis designados far-se-ão por perito nomeado pelo juiz, onde não houver avaliador judicial, sendo-lhe facultada a consulta dos autos do processo respectivo.

§ 3º O juiz, ouvidas as partes no prazo de 2 (dois) dias, que correrá em cartório, poderá corrigir o arbitramento do valor da responsabilidade, se lhe parecer excessivo ou deficiente.

§ 4º O juiz autorizará somente a inscrição da hipoteca do imóvel ou imóveis necessários à garantia da responsabilidade.

§ 5º O valor da responsabilidade será liquidado definitivamente após a condenação, podendo ser requerido novo arbitramento se qualquer das partes não se conformar com o arbitramento anterior à sentença condenatória.

§ 6º Se o réu oferecer caução suficiente, em dinheiro ou em títulos de dívida pública, pelo valor de sua cotação em Bolsa, o juiz poderá deixar de mandar proceder à inscrição da hipoteca legal.

1. Legitimação
Estritamente da parte ofendida, a teor dos arts. 134 e 135 do Código de Processo Penal. No entanto, pode agir o Ministério Público quando a vítima for pobre, mas não mais, conforme apregoa o art. 142, para satisfazer interesse da Fazenda Pública, por não estar tal atividade no rol daquelas que a CR/88 lhe determina. No caso, caberá à Procuradoria-Geral do Estado buscar a satisfação.

2. Sobre a forma dos trabalhos periciais de avaliação, ver as regras gerais de perícia na forma dos arts. 275 a 281 e seguintes nestes *Comentários*
Sem embargo, acrescente-se que

> a ausência de prova pericial contábil não torna nula a decisão amparada por ampla documentação, avaliação judicial, bem como levantamento de órgão do Estado de São Paulo. O interessado não apresenta qualquer razão plausível para infirmar o trabalho da Receita Federal. O § 5º do art. 135 do CPP possibilita novo arbitramento, se o outro se deu antes da condenação.[969]

3. Momento da liquidação da responsabilidade patrimonial
Após a condenação[970], com a discussão sobre a competência conforme arts. 133 e 143. Antes disso, a avaliação provisória poderá ser feita pelo juiz penal.

4. Descabimento do prazo do § 3º para a Fazenda Pública
Dentro de uma linha comum ao entendimento sobre a natureza dos prazos conferidos à Fazenda Pública, tem-se que

---

966 TRF. 4ª Região. Data de publicação: DJU, 16 jan. 2002. p. 1.349. Relator: Juiz José Luiz B. Germano da Silva.
967 CAMPOS BARROS, 1982. p. 425.
968 TRF. 4ª Região. Relator: Juiz Fabio Rosa. Data de publicação: DJU, 13 fev. 2002. p. 795.
969 TRF. 3ª Região. Data de publicação: DJU, 2 jul. 2002. p. 370. Relator: Juiz André Nabarrete.
970 CAMPOS BARROS, 1982. p. 427.

o prazo marcado pelo art. 136 do Código de Processo Penal não se aplica aos casos de crimes praticados contra a Fazenda Pública, nos quais incide a regra contida no art. 4º, § 2º, do Decreto-lei n. 3.240/41, que, no tocante à providência da hipoteca legal dos bens imóveis sequestrados, não determina peremptoriamente prazo a ser observado para sua especialização, e, ademais, a fixação desse lapso temporal é despicienda, posto que a providência deve ser tomada no interesse e em favor da Fazenda Pública, como garantia da reparação dos tributos suprimidos de seus cofres e porque tais prazos, fixados em relação ao Ministério Público, são impróprios.[971]

5. Parcelamento de débito e impossibilidade da medida
O parcelamento concedido e o seu respectivo pagamento se constituem em fato novo desautorizador de especialização da hipoteca legal prevista no art. 134, do Código de Processo Penal.[972]

6. Recurso cabível contra o provimento que determina a especialização
É considerada uma sentença definitiva. Assim, "o recurso cabível para enfrentar a decisão que concede a especialização de hipoteca legal é a apelação. Inteligência do art. 593, II, do CPP".[973]

> Art. 136. O arresto do imóvel poderá ser decretado de início, revogando-se, porém, se no prazo de 15 (quinze) dias não for promovido o processo de inscrição da hipoteca legal. (Redação dada pela Lei n. 11.435, de 28 dez. 2006).

1. Impropriedade terminológica antes da Lei n. 11.435/2006
Não se tratava, como constante na redação original, exatamente de sequestro, mas sim de *arresto*, incidente, na visão do Código, sobre todos os bens (lícitos ou ilícitos) da pessoa acusada para que deles não se desfizesse, equívoco corrigido desde a alteração legislativa em 2006.

Ainda na vigência do regime anterior, considerou determinado provimento que

> não se cogita de eventual violação à norma constitucional insculpida no art. 5º, LIV e LVII, porquanto o deferimento de sequestro prévio (Código de Processo Penal, art. 136) e de hipoteca legal (Código de Processo Penal, art. 134), que exigem apenas prova da materialidade da infração e indícios suficientes da autoria, podem ser afastados se, por sentença irrecorrível, o réu for absolvido ou julgada extinta a punibilidade.[974]

De forma mais ampla, tem-se que

> a realização de quaisquer das medidas assecuratórias previstas na legislação processual penal, tais como o sequestro, o arresto (segundo os doutrinadores, chamado inadvertidamente de sequestro prévio) e a hipoteca legal (arts. 125 e seguintes do CPP), são providências que visam a acautelar os interesses do prejudicado com a prática da infração, consubstanciando-se em questões incidentais, cuja competência para presidi-las é do juiz competente para o processo criminal. O art. 136 estabelece o chamado, inadvertidamente, de sequestro prévio, e recai sobre o imóvel estranho ao delito, não sobre o adquirido com os proventos ou produto da infração, e não pode ser confundido com o sequestro previsto no art. 125. Este somente permite o sequestro dos bens fruto do ilícito, enquanto aquele possibilita o sequestro cautelar de quaisquer bens imóveis do réu, e visa garantir o ressarcimento do dano, para posteriormente serem objeto do pedido de inscrição da hipoteca legal.[975]

> Art. 137. Se o responsável não possuir bens imóveis ou os possuir de valor insuficiente, poderão ser arrestados bens móveis suscetíveis de penhora, nos termos em que é facultada a hipoteca legal dos imóveis. (Redação dada pela Lei n. 11.435, de 28 dez. 2006).
>
> § 1º Se esses bens forem coisas fungíveis e facilmente deterioráveis, proceder-se-á na forma do § 5º do art. 120.
>
> § 2º Das rendas dos bens móveis poderão ser fornecidos recursos arbitrados pelo juiz, para a manutenção do indiciado e de sua família.

1. Finalidade da presente medida
"O arresto e a inscrição de hipoteca legal destinam-se, precipuamente, a garantir futura indenização ex delicto. Têm nítida natureza cautelar, podendo ser manejadas como procedimento preparatório.

---

971 TRF. 3ª Região. Relatora: Juíza Suzana Camargo. Data de publicação: *DJU*, 11 mar. 2003. p. 31.
972 TRF. 3ª Região. Relatora: Juíza Ramza Tartuce. Data de publicação: *DJU*, 7 ago. 1996. p. 5.282.
973 TRF. 3ª Região. Relator: Juiz Theotonio Costa. Data de publicação: *DJU*, 23 jul. 1996. p. 50.642.
974 TRF. 2ª Região. Relatora: Juíza Nizete Rodrigues. Data de publicação: *DJU*, 17 abr. 1997. p. 25.075.
975 TRF. 4ª Região. Relator: Juiz Vilson Darós. Data de publicação: *DJU*, 22 set. 1999. p. 494-495.

Prescindem, pois, do prévio oferecimento da denúncia".[976]

2. Indicação de arresto de bens penhoráveis

O arresto de bens móveis suscetíveis de penhora, mesmo não sendo estes produtos de crime, nem adquiridos com os proventos da infração, está previsto no art. 137 do CPP. No caso em tela, a restituição de contribuições pagas a instituto de previdência privada para fins de complementação de aposentadoria, após o desligamento do empregado da empresa, é suscetível de penhora.[977]

No mais, "o arresto de bens móveis do acusado somente se aconselha quando não tenha ele bens imóveis, ou os tenha em valor insuficiente para formalizar o sequestro (art. 137, CPP)".[978]

3. Impossibilidade de arrestar bens impenhoráveis

"O artigo 137 do Estatuto Penal Adjetivo é claro ao permitir o arresto apenas de bens penhoráveis do acusado, inviabilizando, nos termos do artigo 649, inciso IV, do CPC, que a medida cautelar incida sobre créditos alimentares, entre os quais se inserem os valores oriundos de reclamatórias trabalhistas".[979]

4. Origem do bem

"O arresto decretado nos moldes do artigo 137, do Código de Processo Penal, não pressupõe a origem ilícita dos bens móveis, pois a constrição, nesta hipótese, é determinada com o mero objetivo de garantir a satisfação, em caso de condenação, de eventual pena de multa, custas processuais e ressarcimento dos danos causados pela perpetração delitiva."[980]

5. Irrecorribilidade

Malgrado já se tenha afirmado que "não cabe a interposição de embargos contra sequestro (arresto) e especialização de hipoteca previstos nos arts. 134 e 137 do CPP, porquanto tais medidas assecuratórias não incidem sobre bens adquiridos com os proventos da infração, mas quaisquer bens do indiciado ou réu, a fim de garantir à vítima a reparação do dano"[981], é de restar sempre aberta a via da ação autônoma de impugnação diante da flagrante ilegalidade cometida contra direito líquido e certo.

> Art. 138. O processo de especialização da hipoteca e do arresto correrão em auto apartado. (Redação dada pela Lei n. 11.435, de 28 dez. 2006)

1. Regra de atuação

Em apartado, na medida em que se trata de ação cautelar que tramitará independente da ação de conhecimento e cujos resultados se estenderão para além do final daquela em caso de sentença condenatória definitiva.

> Art. 139. O depósito e a administração dos bens arrestados ficarão sujeitos ao regime do processo civil. (Redação dada pela Lei n. 11.435, de 28-12-2006)

1. Legislação processual civil

No NCPC o tema é tratado a partir dos artigos 861. No entanto, diante das disposições que facultam às partes a forma de acordar a administração temos que, para o processo penal será necessária a judicialização desse acordo, não sendo possível que haja entre acusador e acusado disposição sobre a matéria.

> Art. 140. As garantias do ressarcimento do dano alcançarão também as despesas processuais e as penas pecuniárias, tendo preferência sobre estas a reparação do dano ao ofendido.

1. Reparação do dano e crimes ambientais

A legislação ambiental dá um novo colorido ao tema. Já se decidiu que a "medida cautelar de sequestro de bens móveis para garantia do ressarcimento de danos causados pela derrubada de árvores em floresta de preservação permanente, reserva indígena. A medida assecuratória do sequestro garante os valores das penas pecuniárias arbitradas na ação penal originária, das custas processuais e dos honorários periciais", com fulcro no art. 140 do CPP-40.[982]

2. Ordem de preferência para a reparação do dano

Pela própria natureza dos institutos em questão, as custas processuais (de resto de rara incidência) e as penas pecuniárias (revertidas para o Estado) ficam

---

[976] TJ-SC. **APR 20130187591 SC 2013.018759-1 (Acórdão)**. 4ª Câmara Criminal Julgado. Relator: Roberto Lucas Pacheco. Data de julgamento: 21 ago. 2013.
[977] TRF. 1ª Região. Relator: Des. Fed. Cândido Ribeiro. Data de publicação: *DJU*, 31 out. 2002. p. 155.
[978] TRF. 1ª Região. Relator: Juiz Olindo Menezes. Data de publicação: *DJU*, 23 mar. 1998. p. 90.
[979] TRF. 4ª Região. Data de publicação: *DJU*, 14-7-2004, p. 559, rel. Juiz Élcio Pinheiro de Castro.
[980] TRF-2. **ENUL 200202010059822 RJ 2002.02.01.005982-2**. 1ª Seção Especializada. Relator: Juiz Federal Convocado Aluisio Goncalves de Castro Mendes. Data de julgamento: 25 nov. 2010. Data de publicação: E-DJF2R, 10 dez. 2010. p. 17.
[981] TRF. 4ª Região. Relator: Juiz José Luiz B. Germano da Silva. Data de publicação: *DJU*, 3 jul. 2002. p. 490.
[982] TRF. 4ª Região. Relator: Juiz Gilson Dipp. Data de publicação: *DJU*, 18 dez. 1996. p. 98352.

em plano inferior à reparação do dano à pessoa que teve o bem jurídico lesado.

Art. 141. O arresto será levantado ou cancelada a hipoteca, se, por sentença irrecorrível, o réu for absolvido ou julgada extinta a punibilidade. (Redação dada pela Lei n. 11.435, de 28 dez. 2006)

1. Perda da instrumentalidade
Diante das hipóteses do artigo – absolvição ou extinção da punibilidade –, a medida perde seu caráter instrumental, uma vez transitada em julgado a sentença com esses dispositivos.

Dessa forma, tratando do tema ainda na redação anterior do presente artigo, decidiu-se que

> o sequestro deve ser levantado e a hipoteca legal cancelada "se, por sentença irrecorrível, o réu for absolvido ou julgada extinta a punibilidade" (CPP, art. 141). Como nos presentes autos o Magistrado declarou a extinção do feito, sem julgamento de mérito, com base em sentença proferida nos autos principais, a qual havia extinguido a punibilidade dos acusados, pela anistia prevista no art. 11, parágrafo único, da Lei n. 9.639/98, sentença esta que não transitou em julgado, impõe-se a reforma daquela.[983]

Art. 142. Caberá ao Ministério Público promover as medidas estabelecidas nos arts. 134 e 137, se houver interesse da Fazenda Pública, ou se o ofendido for pobre e o requerer.

1. Legitimação do Ministério Público
Numa interpretação literal se afirma que "Nos termos do art. 142 do Código de Processo Penal, o Ministério Público tem legitimidade para requerer medida assecuratória de sequestro e posterior hipoteca legal (arts. 134 e 136 do CPP) em havendo interesse da Fazenda Pública".[984]

Nada obstante, a legitimação decorre do art. 129, I, da Constituição da República, ao conferir a legitimação da ação penal pública ao Ministério Público, e não deste Código, e muito menos deriva dos interesses da Fazenda Pública a fonte de atuação do *parquet*.

2. Carência da ação
Poucos são os julgados que explicitamente reconhecem aos instrumentos aqui tratados a base jurídica do exercício do direito de ação, conforme se expõe nestes **Comentários** (*vide* artigo).

Um dos poucos que assim se comportam diz claramente que "não estando presentes os pressupostos previstos pelo art. 142 do Código de Processo Penal, configura-se a carência da ação, autorizadora do indeferimento da inicial".[985]

Art. 143. Passando em julgado a sentença condenatória, serão os autos de hipoteca ou arresto remetidos ao juiz do cível (art. 63). (Redação dada pela Lei n. 11.435, de 28 dez. 2006)

1. Conciliação do presente artigo com o art. 133
Como bem apontado pela doutrina, "se o juiz penal, ao proferir a sentença condenatória, prover a respeito do arresto, a dúvida não se coloca. Todavia, se o julgador nada disser a respeito do incidente (apreensão dos bens do réu), postergando a seu processamento, aí sim a divergência se instala".[986]

O autor mencionado destaca as posições de Campos Barros[987] e Walter P. Acosta, que, "invocando Espínola Filho, destaca que ao juiz criminal é que compete ordenar a realização do leilão, remetendo os autos ao do cível somente depois que, graças à instauração da competente ação pelo interessado, seja aquele conhecido", apoiado também em Fernando da Costa Tourinho Filho, para quem

> tais providências ditadas pelo art. 133 e seu parágrafo do CPP devem ser tomadas pelo Juiz penal. A princípio pareceu-nos devesse ser observada a regra contida no art. 143 do CPP. Agora, com absoluta firmeza, concluímos que aquele dispositivo se refere à hipoteca legal e ao sequestro tratado no art. 137 do mesmo diploma. (...) Se é o Juiz penal quem determina o leilão, na hipótese de produtos de crime, por que razão não poderá fazê-lo, quando se tratar de coisas adquiridas com o produto da infração? Ademais devesse o Juiz penal remeter os autos ao Juízo cível, o art. 133 teria redação idêntica àquela do art. 143.

Mais adiante: "evidente que a remessa se fará, uma vez conhecido o Juiz competente".

Por fim, Shimura concluiu que "em nosso entendimento, após o trânsito em julgado, o Juízo competente para processar o incidente de sequestro (*rectius*, arresto) é o cível", dando suas razões para tanto.

---

983 TRF. 2ª Região. Relator: Juiz Benedito Gonçalves. Data de publicação: *DJU*, 19 jun. 2001.
984 TRF. 4ª Região. Relator: Juiz Élcio Pinheiro de Castro. Data de publicação: *DJU*, 14 jul. 2004. p. 559.
985 TRF. 3ª Região. Relator: Juiz Souza Pires. Data de publicação: *DJU*, 5 abr. 1993. p. 110.
986 SHIMURA, Sérgio Seiji. Competência para processar o sequestro penal após o trânsito em julgado da decisão condenatória. **Justitia**, v. 155, ano 1991.
987 Campos Barros, Romeu. **Processo Penal Cautelar**..., *op. cit.*, 1982. p. 422.

A nosso ver, somente terá cabimento a remessa quando da propositura da ação mencionada no art. 63, sem o que não há definição do juízo cível para que se efetue a remessa.

2. Quadro-Geral das Medidas Assecuratórias

	Sequestro	Arresto	Hipoteca Legal
Natureza	Cautelar	Cautelar (visando a reparação do dano e preparatória à hipoteca legal)	Cautelar
Fundamento legal (CPP)	Art. 126	Arts. 136 e 137	Art. 134
Legitimados a requerer	Juiz; MP; ofendido	Ofendido	Ofendido
	Autoridade Policial (somente quando requerida no inquérito)	MP no caso do art. 142 apenas para a vítima pobre; no caso da Fazenda Pública, age a Procuradoria do Estado	MP no caso do art. 142 apenas para a vítima pobre; no caso da Fazenda Pública, age a Procuradoria do Estado
Momento da ocorrência	Desde a investigação até a sentença penal de conhecimento	Após a propositura da ação penal de conhecimento	Após a propositura da ação penal de conhecimento
Limites da eficácia da medida no tempo	60 dias a contar da efetivação (prazo no qual deverá ser ajuizada a ação penal)	15 dias para a inscrição no Registro de Imóveis	15 dias para a inscrição no Registro de Imóveis
	Se a ação penal já tiver sido iniciada, a medida pode perdurar até a sentença definitiva		
Juízo competente	Penal	Penal	Penal
Requisitos do pedido	Certeza da infração; Indícios suficientes de autoria	Certeza da infração; Indícios suficientes de autoria	Certeza da infração; Indícios suficientes de autoria
Objetos sobre os quais recai o pedido	Bens imóveis e móveis adquiridos com o proveito do crime	Todos os bens do réu, independentemente da origem lícita ou não	Bens imóveis
Legitimados a pedir o "levantamento" da constrição	Indiciado; réu; terceiros a quem o bem tenha sido transferido	Indiciado ou réu (art. 134 com impropriedade terminológica)	Indiciado ou réu (art. 134 com impropriedade terminológica)
Meios de defesa "típicos"	Art. 131, I, II e III – embargos de terceiro/de sequestro	Embargos de terceiro (ou devolução do bem quando da sentença absolutória ou extintiva da punibilidade)	Embargos de terceiro (ou devolução do bem quando da sentença absolutória ou extintiva da punibilidade)

Art. 144. Os interessados ou, nos casos do art. 142, o Ministério Público poderão requerer no juízo cível, contra o responsável civil, as medidas previstas nos arts. 134, 136 e 137.

Art. 144-A. O juiz determinará a alienação antecipada para preservação do valor dos bens sempre que estiverem sujeitos a qualquer grau de deterioração ou depreciação, ou quando houver dificuldade para sua manutenção.

§ 1º O leilão far-se-á preferencialmente por meio eletrônico.

§ 2º Os bens deverão ser vendidos pelo valor fixado na avaliação judicial ou por valor maior. Não alcançado o valor estipulado pela administração judicial, será realizado novo leilão, em até 10 (dez) dias contados da realização do primeiro, podendo os bens ser alienados por valor não inferior a 80% (oitenta por cento) do estipulado na avaliação judicial.

§ 3º O produto da alienação ficará depositado em conta vinculada ao juízo até a decisão final do processo, procedendo-se à sua conversão em renda para a União, Estado ou Distrito Federal, no caso de condenação, ou, no caso de absolvição, à sua devolução ao acusado.

§ 4º Quando a indisponibilidade recair sobre dinheiro, inclusive moeda estrangeira, títulos, valores mobiliários ou cheques emitidos como ordem de pagamento, o juízo determinará a conversão do numerário apreendido em moeda nacional corrente e o depósito das correspondentes quantias em conta judicial.

§ 5º No caso da alienação de veículos, embarcações ou aeronaves, o juiz ordenará à autoridade de trânsito ou ao equivalente órgão de registro e controle a expedição de certificado de registro e licenciamento em favor do arrematante, ficando este livre do pagamento de multas, encargos e tributos anteriores, sem prejuízo de execução fiscal em relação ao antigo proprietário.

§ 6º O valor dos títulos da dívida pública, das ações das sociedades e dos títulos de crédito negociáveis em bolsa será o da cotação oficial do dia, provada por certidão ou publicação no órgão oficial.

§ 7º (VETADO).

1. Os termos da Lei n. 12.694, de 24 de julho de 2012

É a que dispõe sobre o processo e o julgamento colegiado em primeiro grau de jurisdição de crimes praticados por organizações criminosas e que acresceu as "letras" ao artigo em questão. Essa disciplina legal não foi alterada pela Lei n. 12.850/2013 que redefiniu o conceito material de crime organizado e reorganizou a forma da persecução.

2. Normas orientadoras da matéria

Sobre a alienação antecipada, além da previsão do art. 120, § 5º, deste Código existe aquela contida na Lei n. 11.343/2006 (Lei de Drogas; art. 62, § 4º) e, finalmente, a da Lei n. 12.683/2012 (processos da Lei de Lavagem em conjugação com o art. 4º, § 1º da Lei n. 9.613/1998).

3. Objetivo da norma

Buscar dar efetividade à constrição patrimonial diante da condição específica do bem apreendido, cuja retenção pode gerar sua deterioração ou completo perdimento. Assim, a "Alienação antecipada dos veículos penhorados que se mostra aconselhável, visto tratar-se de bens que sofrem depreciação de seu valor com o passar do tempo"[988], providencia com a qual se torna "inviável a nomeação do agente como depositário fiel".[989]

CAPÍTULO VII – Do Incidente de Falsidade

Art. 145. Arguida, por escrito, a falsidade de documento constante dos autos, o juiz observará o seguinte processo:
   I – mandará autuar em apartado a impugnação, e em seguida ouvirá a parte contrária, que, no prazo de 48 (quarenta e oito) horas, oferecerá resposta;
   II – assinará o prazo de 3 (três) dias, sucessivamente, a cada uma das partes, para prova de suas alegações;
   III – conclusos os autos, poderá ordenar as diligências que entender necessárias;
   IV – se reconhecida a falsidade por decisão irrecorrível, mandará desentranhar o documento e remetê-lo, com os autos do processo incidente, ao Ministério Público.

1. Necessidade da instauração do incidente

"A propositura de incidente de falsidade documental é prescindível em processo em que não se apura o delito de *falsum* e no qual os documentos controvertidos não foram utilizados para sustentar a condenação. A não propositura do incidente de falsidade nos autos da ação penal no qual os documentos foram utilizados, não torna preclusa a possibilidade de investigação da matéria por meio do competente inquérito policial".[990]

---

[988] TJ-SP. **AI 20056414720148260000 SP 2005641-47.2014.8.26.0000**. Relator: Gilberto Leme. Data de julgamento: 18 fev. 2014, 27ª Câmara de Direito Privado, Data de Publicação: 21/02/2014.

[989] TJ-MS. **APL 08119390920158120001 MS 0811939-09.2015.8.12.0001**. 1ª Câmara Criminal. Relator: Des. Romero Osme Dias Lopes. Data de julgamento: 27 out. 2015. Data de publicação: 29 out. 2015.

[990] STJ. Relator: José Arnaldo da Fonseca. Data de publicação: 5 nov. 2001. p. 123.

Cabe lembrar, no entanto, que o "incidente (...) somente pode ser levantado contra documentos ou atos judiciais quando possam influir na decisão da causa".[991]

2. Objeto do incidente

"O incidente do art. 145 do CPP se presta a provar a falsidade de documentação, juntada aos autos por uma das partes, e que se tem por autêntica".[992]

No mais, o incidente de falsidade não constitui meio processual idôneo a comprovar a falsidade de conclusões proferidas por comissão administrativa de inquérito, sob a alegação de cerceamento de defesa por não terem sido proferidas com oportunidade do contraditório, por ser o deslinde probatório, com a plenitude de defesa, cabível no âmbito da cognição a ser desenvolvida no curso da instrução da ação penal, resultando afastada a necessidade da ditação especial no incidente probatório suscitado[993].

2.1 Falsidade ideológica

A falsidade ideológica de documento particular pode ser apurada pelo Juiz no curso de processo, sendo dispensável a instauração do incidente de falsidade[994].

3. Definição de documento para fins do incidente

Não se insere na definição de documento para fins do presente incidente o auto de reconhecimento pessoal "que não ingressa tecnicamente na definição de documento adotado pelo Código Penal – Não cabimento do incidente de falsidade instaurado, mormente confirmados os reconhecimentos pessoais em Juízo, já existindo pronúncia".[995]

Em complemento, "os documentos públicos, mesmo apresentados por cópia não autenticada, gozam de presunção de veracidade, sendo invalidáveis por via de incidente de falsidade".[996]

4. Inviabilidade do emprego das ações autônomas de impugnação

Tem-se, de forma geral, a impossibilidade da discussão da matéria pela via das ações autônomas de impugnação. O incidente de falsidade não se harmoniza com rito do mandado de segurança, que exige prova pré-constituída já com a impetração; tanto o incidente como a arguição de falsidade são próprios de ritos mais amplos, incompatíveis com a celeridade do *writ*.[997]

5. Tempestividade

Sujeita-se à regra de tempestividade geral de manifestação prevista neste Código. Superado o prazo após a juntada do documento cuja falsidade se quer arguir, ocorre a preclusão.

Assim, já se decidiu que

ainda que com a prerrogativa de *custos legis*, está o Ministério Público sujeito aos princípios processuais constantes do sistema jurídico brasileiro e, portanto, caso permaneça inerte, pode ser atingido pela preclusão. Deve reconhecer-se, contudo, que o incidente de falsidade foi requerido intempestivamente. Não poderá, portanto, ser processado como tal e, a final, gerar os efeitos de uma decisão em incidente de falsidade, bem como fazer coisa julgada.[998]

6. Impossibilidade de instauração do incidente após a sentença

Sentenciado o feito, exaure-se a prestação jurisdicional, não sendo possível a reabertura da instrução probatória, menos ainda em "incidente de falsidade ideológica" de prova arguido meses após a sentença, também objeto de apelo, em respeito à preclusão *pro judicato*[999], sendo "correta a decisão do magistrado que inadmitiu incidente de falsidade de documento, suscitado após o julgamento da causa, com sentença já transitada em julgado para a acusação, posto que, na espécie, presente se faz a preclusão consumativa".[1000]

---

991 TRF. 2ª Região. Relator: Juiz Paulo Barata. Data de publicação: *DJU*, 11 mar. 2003. p. 147.
992 TRF. 3ª Região. Data de publicação: *DJU*, 17 set. 2002. p. 155. Relator: Juiz André Nabarrete.
993 TRF. 3ª Região. Relator: Juiz Theotonio Costa. Data de publicação: *DJU*, 11 maio 1999. p. 410.
994 TRF. 4ª Região. Relator: Juiz Jardim de Camargo. Data de publicação: *DJU*, 17 mar. 1999. p. 544.
995 TJSP. **Recurso em Sentido Estrito 387.214-3/1/SP**. 5ª Câmara Criminal. Relator: Damião Cogan. 20 nov. 2003, v.u.
996 TRF-1. **INQ 10388 PA 2007.01.00.010388-9**. 2ª Seção. Relator: Des. Fed. Olindo Menezes. Data de julgamento: 31 out. 2007. Data de publicação: DJ, 7 dez. 2007. p. 5.
997 TRF. 3ª Região. Relatora: Juíza Marisa Santos. Data de publicação: *DJU*, 31 maio 2001. p. 885.
998 REsp 257.263/PR. 2ª Turma. Relator: Min. Franciulli Netto. Data de julgamento: 17 maio 2001 (divulg.); DJ, 1º out. 2001 (public.). p. 186.
999 TRF. 1ª Região. Relator: Juiz Luciano Tolentino Amaral. Data de publicação: *DJU*, 6 set. 2001. p. 347.
1000 TRF. 1ª Região. Relator: Juiz Hilton Queiroz. Data de publicação: *DJU*, 7 jun. 2001. p. 176.

7. Recurso cabível
O recurso cabível contra sentença que julga improcedente incidente de falsidade é o recurso em sentido estrito.[1001]

> Art. 146. A arguição de falsidade, feita por procurador, exige poderes especiais.

1. Necessidade de poderes especiais na procuração
Cotejando o tema do artigo com a estrutura predominante do Código de Processo Penal acerca da "descoberta da verdade", o teor do presente artigo foi mitigado em determinado julgado afirmador de que

> o art. 146 do Código de Processo Penal exige poder especial para instauração do incidente de falsidade. O processo penal visa projetar a verdade real. É finalidade de natureza material. O procedimento, apesar de disciplinador de condutas, não pode impedir que o fim seja alcançado. Conclusão oposta levará a contrastar a teleologia do processo. Assim, na falta do respectivo poder na procuração, cumpre abrir-se oportunidade para o defensor agir. O procedimento submete-se ao processo.[1002]

Nada obstante, não se chega ao ponto de admitir a instauração a partir de postulação por pessoa que não tem habilitação legal para tanto. Assim,

> qualquer pessoa no exercício constitucional do direito de petição pode deduzir reclamações e endereçá-las ao Juiz de Direito da Comarca, ao Promotor de Justiça, ao Delegado de Polícia e a outras autoridades, porém, em se tratando de ação judicial, como o pedido de instauração de incidente de falsidade, somente os legalmente habilitados ao exercício profissional da advocacia têm capacidade postulatória.[1003]

> Art. 147. O juiz poderá, de ofício, proceder à verificação da falsidade.

1. Instauração de ofício
No caso presente, o Juiz pode assumir postura ativa no desencadeamento do incidente, na medida em que o documento trazido por qualquer das partes (ou pelo assistente de acusação) pode se demonstrar essencial ao julgamento da ação penal em curso.

Conforme pertinente observação doutrinária,

> anote-se, ademais, que o processo incidente de falsidade guarda algumas peculiaridades. Com efeito, em face do interesse que permeia a arguição, a confissão da parte contrária não é capaz de impedir que o juiz determine diligências de ofício, se entender necessário. É que pode estar em jogo a presença de crime de falso ideológica ou material.[1004]

> Art. 148. Qualquer que seja a decisão, não fará coisa julgada em prejuízo de ulterior processo penal ou civil.

1. Eficácia limitada
Os limites do incidente fizeram com que o Código de Processo Penal ajustasse os efeitos da coisa julgada àquele âmbito.

E, exatamente por esse fundamento Lima assevera que

> Logo, como não há uma ampla dilação probatória no bojo desse incidente de falsidade, cuja finalidade precípua é apenas afastar a força probatória de documento falso juntado aos autos do processo penal, para que dele seja desentranhado, a decisão nele proferida não faz coisa julgada em ulterior processo penal ou cível.[1005]

CAPÍTULO VIII – Da Insanidade Mental do Acusado

> Art. 149. Quando houver dúvida sobre a integridade mental do acusado, o juiz ordenará, de ofício ou a requerimento do Ministério Público, do defensor, do curador, do ascendente, descendente, irmão ou cônjuge do acusado, seja este submetido a exame médico-legal.
>
> § 1º O exame poderá ser ordenado ainda na fase do inquérito, mediante representação da autoridade policial ao juiz competente.
>
> § 2º O juiz nomeará curador ao acusado, quando determinar o exame, ficando suspenso o processo, se já iniciada a ação penal, salvo quanto

---

1001 Na literalidade da norma, TRF. 4ª Região. Relator: Juiz Guilherme Beltrami. Data de publicação: *DJU*, 24 maio 2000. p. 57.

1002 STJ. **REsp 148227 PR 1997/0064958-0**. 6ª Turma. Relator: Min. Luiz Vicente Cernicchiaro. Data de julgamento: 21 maio 1998. Data de publicação: DJ, 15 jun. 1998. p. 175. RSTJ, Vol. 111, p. 367.

1003 *RJTacrim* 28/297.

1004 TÁVORA, Nestor; ALENCAR, Rosmar Antonni Rodrigues Cavalcanti de. **Curso de direito processual penal**. Salvador: JusPodivm, 2012. p. 271.

1005 Lima, *op. cit.*, p. 1630.

às diligências que possam ser prejudicadas pelo adiamento.

1. Dúvida que justifica a instauração do incidente

"Meras alegações desprovidas de conteúdo probatório não bastam para configurar a insanidade mental do réu. Faz-se necessária, pelo menos, a presença de indícios de distúrbios psíquicos, a ensejarem dúvidas quanto à saúde mental do acusado, a ser apurada em incidente de insanidade".[1006]

Essa dúvida merece, portanto, ser encarada como uma "dúvida concreta sobre a integridade mental do acusado", concluindo-se que "o simples requerimento, por si, não obriga o magistrado a aceitá-lo"[1007], mas sim, "tem sua realização condicionada, no caso concreto, à discricionariedade do juiz do processo, que estabelece um juízo de necessidade da realização, ou não, do referido exame".[1008]

Pode-se cogitar do ponto de vista pragmático que

deve ser instaurado o incidente de insanidade mental na hipótese em que os relatos do comportamento do réu feitos pelas vítimas e pelos policiais que efetuaram sua prisão, fazem transparecer fundadas suspeitas quanto à sua integridade mental e ainda o próprio acusado admite ser viciado em *crack*, pois o art. 149 do CPP, prevê a instauração do incidente, até de ofício, quando houver dúvida quanto à higidez mental do agente.[1009]

Também recomenda a instauração, uma vez

havendo nos autos do Processo-Crime notícia de ser o acusado viciado em drogas, é indispensável a instauração do incidente de insanidade mental, uma vez que o uso de substâncias entorpecentes pode provocar o desencadeamento de doença mental, tornando o réu inimputável ou semi-imputável, nos termos do art. 26, *caput* e parágrafo único, do CP.[1010]

2. Não realização do incidente e nulidade

Coerentemente com os pressupostos do tópico anterior, tem-se que

ocorre nulidade, por cerceamento de defesa, na hipótese em que não é realizado exame de dependência toxicológica quando, com base em elementos sérios, há dúvida sobre ser o réu usuário de entorpecentes, pois, sem dissipá-la por intermédio do incidente respectivo, não poderia o Juiz sentenciar o feito, mesmo porque apenas a realização do competente exame médico seria hábil para demonstrar a eventual inimputabilidade ou semi-imputabilidade do acusado, circunstâncias relevantes com possível repercussão em seu favor, isentando-o de pena, ou reduzindo-a significativamente, sendo certo que não se pode substituir tal perícia por qualquer outro meio de convicção.[1011]

3. Momento para instauração do incidente

A partir do momento em que subsistam as dúvidas concretas mencionadas no tópico anterior, nasce a possibilidade do requerimento. Nada obstante, já se considerou que "a fase recursal não é o momento adequado para se instaurar tal incidente"[1012], sendo

extemporânea a alegação, em segunda instância, de inimputabilidade penal, quando não foi suscitado o incidente de insanidade mental (art. 149, CPP) durante o curso da ação. Incabível a realização do incidente previsto no art. 149 do CPP durante a fase recursal quando inexistam nos autos da ação indícios de que o acusado padeça de moléstia mental.[1013]

3.1 Incidente e trânsito em julgado da ação de conhecimento

"O pedido de instauração de incidente de insanidade mental, se formulado apenas após o julgamento de recurso pelo Tribunal, deve ser feito pela via da revisão criminal, e não diretamente ao juízo de primeira instância, que, ao indeferi-lo, não submeteu o condenado a constrangimento ilegal".[1014]

4. Descabimento da discussão do tema nas ações autônomas de impugnação

Corretamente já se decidiu que "a aferição da existência de elementos aptos à instauração de incidente de insanidade mental em processo-crime, com

---

1006 TRF. 2ª Região. Relator: Juiz Sergio Schwaitzer. Data de publicação: *DJU*, 23 maio 2003. p. 393.
1007 STJ. Relator: Jorge Scartezzini. Data de publicação: *DJ*, 29 set. 2003. p. 279.
1008 STJ. Relator: Jorge Scartezzini. Data de publicação: *DJ*, 2 ago. 2004. p. 438.
1009 TACrimSP. **Apelação 1.271.277/2**. São Paulo. 13ª Câmara. Relator: Teodomiro Méndez. 6 nov. 2001, v.u.
1010 TACrimSP. **Apelação 1.245.403/5**. São Sebastião. 8ª Câmara. Relator: René Nunes. 31 maio 2001, m.v.
1011 TACrimSP. **Apelação 1.289.507/6**. São Paulo. 10ª Câmara. Relator: Breno Guimarães. 6 fev. 2002, v.u.
1012 STJ. Relator: Jorge Scartezzini. Data de publicação: *DJ*, 2 ago. 2004. p. 438.
1013 TRF. 4ª Região. Relator: Juiz Fabio Rosa. Data de publicação: *DJU*, 3 out. 2001. p. 948.
1014 STJ. **HC 15385 MG 2000/0142503-0**. 5ª Turma. Relator: Min. Felix Fischer. Data de julgamento: 22 maio 2001. Data de publicação: DJ, 13 ago. 2001. p. 186. LEXSTJ, Vol. 147, p. 384; RSTJ, Vol. 150, p. 47.

base no argumento de que o histórico familiar do réu aponta precedentes de doenças psíquicas, exige dilação probatória, não permitida em sede de mandado de segurança".[1015]

Da mesma maneira, "os motivos que levam o magistrado a determinar a instauração de incidente de insanidade mental do acusado não são possíveis de serem sopesados no âmbito estreito do *habeas corpus*".[1016]

5. Comprovação da insanidade por outras vias

Em caso singular, houve decisão que considerou que o

> fato de o paciente haver juntado provas de que foi aposentado por insanidade mental, reconhecida em processo administrativo, não tem o condão de inquinar de nulo o processo-crime em que se deixou de proceder a verificação da prefalada insanidade, eis que as esferas de competência não se confundem. Não constitui constrangimento ilegal o fato de o tribunal de justiça haver reconhecido a necessidade da instauração de incidente de insanidade mental, nem determinar que o paciente se recolha a manicômio judicial para se submeter ao exame médico-legal, eis que duvidosa a incapacidade à época dos fatos e sua condição de sentenciado, impossibilitado de recorrer em liberdade.[1017]

6. Legitimação

É difusa a legitimação ordinária para o requerimento de instauração do incidente, conferindo o Código de Processo Penal a legitimação inclusive ao juiz, atuando de ofício.[1018]

7. Suspensão do inquérito e incidente de insanidade

Embora já se tenha decidido que "instaurado o incidente de insanidade mental, determina o § 2º do art. 149 do Código de Processo Penal a suspensão do processo e não do inquérito policial"[1019], é necessário relativizar esse entendimento, na medida em que a fase investigativa, por óbvio, afeta a dignidade da pessoa suspeita (*vide* arts. 4º e seguintes nestes **Comentários**), que não pode se sujeitar a essa constrição se for declarada inimputável.

Aliás, a observação pertinente da doutrina vem de longa data para afirmar que

> a verificação do estado mental do indiciado não é somente uma matéria de interesse para ele e para a sua defesa, mas focaliza-se, também, como da maior relevância para a Justiça Pública; esta não pode, decentemente, levar a termo a ação penal, indiferente às condições de sanidade mental daqueles que se sujeitam a processo e sobre os quais pode incidir a ação punitiva do Estado.[1020]

Assim, a melhor técnica a partir da conformação constitucional do processo penal é ampliar a interpretação para conceber a suspensão também na fase investigativa.

7.1 Suspensão do processo e incidente

Qualificado como uma questão prejudicial interna, "durante a realização do exame, os prazos processuais não têm curso e a avaliação da suposta incapacidade do acusado vem em seu próprio benefício e envolve interesse público"[1021], "não se podendo colher provas, ressalvada a exceção do art. 149, § 2º, do CPP"[1022].

7.2 Impossibilidade da suspensão da prescrição pela instauração do incidente

Embora se trate de caso em que venha a existir a suspensão da investigação ou da ação penal, isso não alcança, por certo, a suspensão da prescrição do delito. Neste ponto já se decidiu que

> Inexistindo lei especial prevendo a suspensão da prescrição da pretensão punitiva no caso de instauração do incidente de insanidade mental e não estando essa hipótese enquadrada nas regras gerais do Código Penal, não se pode interpretar extensivamente o disposto no art. 149, § 2º, do CPP, para atribuir à suspensão processual ali prevista também o efeito de suspender o prazo prescricional, uma vez que é máxima indiscutível do Direito Penal a impossibilidade de analogia *in malam partem*.[1023]

1015 STJ. Relator: Vicente Leal. Data de publicação: *DJ*, 17 jun. 2002. p. 299.

1016 *RJTACrim* 16/178.

1017 STJ. **HC 76 SP 1989/0009052-6**. 5ª Turma. Relator: Min. Cid Flaquer Scartezzini. Data de julgamento: 29 nov. 1989. Data de publicação: DJ, 5 fev. 1990. p. 458. RT, Vol. 656, p. 34.

1018 STJ. Relator: Edson Vidigal. Data de publicação: *DJ*, 1º set. 1997. p. 40.853.

1019 STJ. Relator: Fernando Gonçalves. Data de publicação: *DJ*, 23 set. 1996. p. 35.154.

1020 STJ. **HC 148585 SP 2009/0186973-0**. 65ª Turma. Relator: Min. Celso Limongi (Desembargador convocado do TJ/SP). Data de julgamento: 28 abr. 2011. Data de publicação: DJe, 11 maio 2011, citando Espínola Filho.

1021 TACrimSP. **HC n. 193.510/1**. 7ª Câmara. Relator: Walter Tintori. Data de julgamento: 2 ago. 1990. RJDTACRIM 7/190.

1022 RJTACrim 15/198.

1023 *RJTACrim* 48/363.

Art. 150. Para o efeito do exame, o acusado, se estiver preso, será internado em manicômio judiciário, onde houver, ou, se estiver solto, e o requererem os peritos, em estabelecimento adequado que o juiz designar.

§ 1º O exame não durará mais de 45 (quarenta e cinco) dias, salvo se os peritos demonstrarem a necessidade de maior prazo.

§ 2º Se não houver prejuízo para a marcha do processo, o juiz poderá autorizar sejam os autos entregues aos peritos, para facilitar o exame.

1. Laudo pericial e prova emprestada

Diante da possibilidade da ocorrência de continuidade delitiva na forma do art. 71 do Código Penal, é de se considerar que "o laudo psiquiátrico do incidente de insanidade mental (produzido em autos apartados) pode ser utilizado nos diferentes processos. O laudo pericial de inimputabilidade só não pode ser anterior ao crime".[1024]

2. Excesso de prazo na conclusão do incidente e seus reflexos

Nos termos do entendimento explicitado pelo verbete n. 64, da Súmula do STJ, "não constitui constrangimento ilegal o excesso de prazo na instrução, provocado pela defesa", sobretudo se em decorrência de declaração do paciente de que dependente da droga apreendida em seu poder, a ensejar o exame de dependência química, a requerimento da defesa e a consequente instauração de incidente de insanidade, com a suspensão do processo, nos termos do art. 149, do CPP, como *in casu*.[1025]

Tal posição há de ser vista igualmente com reservas. Se o incidente foi deferido dada sua pertinência para o caso, não há que se falar em "requerimento da defesa" de modo a onerá-la pela morosidade da máquina administrativa, caso contrário chega-se até o ponto do inconcebível, como no caso em que se acabou por concluir que "é injustificável o excessivo interregno de mais de um ano, para a realização de exame de insanidade mental, sem a invocação de causa razoável".[1026]

Também deve ser levado em conta o posicionamento de determinado julgado, ao decidir que o poder de direção da causa pertence ao Juiz, e não aos Peritos, até porque a tutela da liberdade jurídica dos indivíduos lhe cabe, por força da Constituição da República e das leis do processo. Assim, se demora o exame de insanidade mental por razões técnicas bem demonstradas pelos Peritos, inexiste constrangimento ilegal; se o exame alonga-se por tempo razoável, também não se pode invocar ilegalidade ou abuso de poder; mas se a perícia, tida por necessária, após mais de nove meses, nem principiou, a prisão, que bem difere do internamento em estabelecimento adequado, torna-se ilegal (art. 150 e § 1º, do CPP).[1027]

Art. 151. Se os peritos concluírem que o acusado era, ao tempo da infração, irresponsável nos termos do art. 22 do Código Penal, o processo prosseguirá, com a presença do curador.

1. Homologação judicial do laudo

O trabalho pericial deve ter a homologação judicial para surtir seus efeitos jurídicos. Daí a importância em destacar que o juiz pode, diante da fragilidade do trabalho técnico ou de sua incoerência, descartá-lo.

Na esteira desse entendimento, determinado provimento considerou que

não merece aceitação o laudo de incidente de insanidade mental elaborado por Peritos que, sem melhor fundamentação técnica, aceitando a afirmativa isolada do acusado de que estava sob efeito do uso de maconha e de bebida alcoólica quando do fato delituoso, estabelecem o diagnóstico de que se trata de portador de transtornos neuróticos de personalidade e de leve deficiência mental, para concluírem pela sua inimputabilidade e semi-imputabilidade, concomitantes.[1028]

Diante disso, é de se analisar criticamente o conteúdo de determinado provimento que afirma que "não há obrigação legal de que o juiz profira decisão homologatória de laudo pericial, em incidente de insanidade mental".[1029]

2. Alteração legislativa

O artigo mencionado, atualmente, é o 26 do CP.

[1024] *RJTAcrim* 5/196.
[1025] STJ. **HC 15.176/RJ**. 5ª Turma. Relator: Min. Felix Fischer. Data de publicação: *DJ*, 13 ago. 2001, v.u.; STJ. **HC 11.651**. 5ª Turma. Relator: Min. José Arnaldo da Fonseca. Data de publicação: *DJ*, 5 jun. 2000, v.u.; TRF1. **HC 01000170466/PA**. 3ª Turma. Relator: Juiz Eustáquio Silveira. Data de publicação: *DJ*, 14 abr. 2000, v.u.
[1026] TRF. 3ª Região. Relatora: Juíza Ramza Tartuce. Data de publicação: *DJU*, 23 jul. 2002. p. 222.
[1027] *JTACrim* 7/186.
[1028] *JTACrim* 12/81.
[1029] STJ. Relator: Assis Toledo. Data de publicação: 5 ago. 1996. p. 26372.

3. Renovação da instrução
Dada a possibilidade de utilização de determinados meios de prova, a implicar atos de "instrução", deve-se considerar o conteúdo de determinado provimento que declarou que "É nulo o processo em que, constatada a inimputabilidade do acusado em incidente de insanidade mental, deixa o magistrado de primeira instância de renovar a instrução, com a devida presença do curador, sendo certo que toda prova testemunhal colhida na ausência do acusado e de qualquer curador vicia o feito", pois

> A teor do disposto no art. 151 do CPP, constatada insanidade mental do acusado, o processo não pode avançar sem que o Curador nomeado ao réu o acompanhe em todos os atos do processo. Em precedente semelhante, o Col. Supremo Tribunal Federal, em acórdão proferido nos autos de HC 66.927-1/SP, de lavra do E. Min. Moreira Alves, assinalou que "pelo sistema de nosso Código de Processo Penal, quando se trata de questão de insanidade mental do acusado, o curador nomeado para este o representa e não simplesmente o assiste, por ocorrer incapacidade absoluta.[1030]

Art. 152. Se se verificar que a doença mental sobreveio à infração o processo continuará suspenso até que o acusado se restabeleça, observado o § 2º do art. 149.

§ 1º O juiz poderá, nesse caso, ordenar a internação do acusado em manicômio judiciário ou em outro estabelecimento adequado.

§ 2º O processo retomará o seu curso, desde que se restabeleça o acusado, ficando-lhe assegurada a faculdade de reinquirir as testemunhas que houverem prestado depoimento sem a sua presença.

---

1. Não recepção do artigo pela CR
Analisando de forma precisa o problema da não recepção do artigo em questão pela CR, decidiu-se situação na qual

> alcançando o feito a fase da prolação da sentença, foi determinado seu desmembramento com relação ao paciente, a fim de que instaurado o incidente de insanidade mental. Revelou o exame que, embora capaz à época do crime, ao paciente sobreveio "quadro de depressão com sintomas psicóticos", o que levou o MM. Juiz de Direito a, fundado no art. 152 do CPP, suspender o processo até seu restabelecimento, devendo ele ser internado em estabelecimento de custódia e tratamento psiquiátrico, com submissão anual a exame para a verificação de eventual cessação da doença mental (...) Sucede, todavia, que o dispositivo legal em que se amparou o MM. Juiz de Direito para determinar a suspensão da ação penal a que o paciente responda, com sua internação até que eventualmente cessada a doença mental superveniente, tem sido entendido, ao menos na doutrina, como manifestamente inconstitucional ou como parcialmente revogado pela Constituição vigente, na medida em que impõe ao réu medida de caráter penal, por prazo indeterminado e sem culpa reconhecida por sentença condenatória, violando os princípios do devido processo legal e da presunção de inocência. A questão, devidamente ilustrada com lições de festejados autores, vem superior e magnificamente enfrentada no parecer da lavra do E. Procurador de Justiça, Dr. Hermann Herschander, ao qual cumpre reportar, até para evitar ociosa repetição, invocado que fica desde logo como parte integrante desta decisão. Com efeito, inviável, ante os princípios consagrados na vigente Carta Política, a supressão da liberdade de alguém, por tempo indeterminado e até que eventualmente se restabeleça de doença mental, forçoso convir que a decisão de Primeiro Grau acarretou ao paciente, ainda presumivelmente inocente, manifesto constrangimento ilegal. Não podendo prevalecer a r. decisão de fls. 204 e segs. dos autos da ação penal, cumpre retomar o respectivo curso, cabendo, porém, de imediato e sob pena de desobediência (da Autoridade Administrativa), remover o paciente para estabelecimento adequado, onde possa receber o tratamento determinado no despacho suso referido e até que, nomeado Curador e refeita a instrução criminal, venha o feito a ser devidamente julgado, com a sentença determinando, em sendo o caso, sua internação em hospital de custódia e tratamento psiquiátrico ou o que de direito. Aliás, também neste particular, cabe nova incursão no excelente parecer ministerial, onde, na esteira das lições de Julio Fabbrini Mirabete e Vicente Greco Filho, se anota que em casos como o presente "de duas uma: ou o processo permanece suspenso até que o acusado se restabeleça e nenhuma restrição de ordem penal pode ser-lhe aplicada, ou o processo deve seguir seus trâmites normais até sentença e seu trânsito em julgado, e somente se se reconhecer a sua culpabilidade poderá sofrer ele restrição penal, que será pena e não medida de segurança. A pena, então, será cumprida, se privativa de liberdade e em circunstâncias que exijam o recolhimento mediante internação em Hospital de Custódia e Tratamento psiquiátrico, conforme preconiza a Lei de Execução Penal, no art. 108, para o caso de doença mental sobrevir ao início da execução da

---

1030 RJTACrim 53/178.

pena". Em suma, no caso em testilha, a ordem é de ser concedida, para que, revogada a suspensão do processo, retome este seu curso, mediante a nomeação de Curador ao paciente, atendendo-se, em caso de final condenação, o disposto no art. 42 do CP e 108 da LEP.[1031]

Art. 153. O incidente da insanidade mental processar-se-á em auto apartado, que só depois da apresentação do laudo, será apenso ao processo principal.

1. Processamento
O incidente de insanidade mental pode ser instaurado durante a ação penal, se o juiz tiver dúvida sobre a integridade mental do acusado, devendo, entretanto, ser processado em auto apartado, sem prejuízo para o andamento do processo principal.[1032]

Art. 154. Se a insanidade mental sobrevier no curso da execução da pena, observar-se-á o disposto no art. 682.

1. Revogação da norma
O art. 682 foi revogado pela LEP e atualmente corresponde ao art. 183 daquele diploma legal.

TÍTULO VII – Da Prova

CAPÍTULO I – Disposições Gerais

Art. 155. O juiz formará sua convicção pela livre-apreciação da prova produzida em contraditório judicial, não podendo fundamentar sua decisão exclusivamente nos elementos informativos colhidos na investigação, ressalvadas as provas cautelares, não repetíveis e antecipadas. (Redação dada pela Lei n. 11.690, de 9 jun. 2008)

Parágrafo único. Somente quanto ao estado das pessoas serão observadas as restrições estabelecidas na lei civil. (Incluído pela Lei n. 11.690, de 9 jun. 2008)

1. Conceito de prova
É o produto obtido pela atividade das partes legítimas, com emprego de meio lícito, em contraditório, perante o juiz natural da causa, tendente a certificar o conteúdo da imputação e o objeto do processo ou a descaracterizá-lo, devendo ser sopesado pelo órgão julgador na fundamentação de seu provimento.

1.1 Prova e sua funcionalidade
A prova obtida pelo emprego de um determinado meio tem como fim primordial fornecer ao juiz natural (e não qualquer outro) os fundamentos de sua convicção para a edição do provimento jurisdicional. Diante disso, cresce em importância o relacionamento entre *prova e motivação*, tema que será abordado nos arts. 387 e seguintes destes **Comentários**.

1.2 Prova e sua relação com a culpabilidade
O tema da prova no campo processual se relaciona com o tema da culpabilidade no campo do direito penal material, quando se quer dar à pena um fim legítimo dentro da estrutura do Estado de Direito. A prova sobre a culpabilidade demarca o campo da sanção nos moldes dos arts. 59 e 68 do Código Penal, servindo de parâmetro para os objetivos de ressocialização, por exemplo.

Não por outra razão, como se verá na sequência, os mecanismos abortivos da produção probatória por meio do "consenso" enfraquecem essa relação e tornam, também por esse aspecto, a "transação" (*rectius*: imposição) penal num exercício de arbitrariedade, na medida em que desvinculada de qualquer base racional para eleição da sanção mais "adequada".

1.3 A desconstrução da prova no "modelo consensual" de Justiça
O tema foi apresentado por vários autores[1033] e, dentre os que apoiam as várias faces do "modelo consensual", assoma em importância o argumento decisionista, refletido nas próprias palavras do destacado autor acima mencionado ao afirmar que "por óbvio, no processo penal consensual, e para a própria transação penal, a verdade dos fatos não é algo que possa ser totalmente desprezado", enaltecendo-se a qualificação provisória dada aos fatos para completar que "contudo, admitido provisoriamente que os fatos se subsumem no tipo penal (...) o importante é que o autor do fato aceite a proposta de pena restritiva de direitos ou multa e que a cumpra".

Em outras palavras, muito embora a doutrina dominante acerca da pertinência do consenso penal afirme que não há assunção de culpa com a transação penal, *de fato*, existe uma "liberação" do Estado de todos os compromissos legais *e éticos* da produção probatória, uma vez operada a transação.

Não se pode, no entanto, afirmar que o modelo brasileiro se aproxima neste ponto dos modelos anglo-saxões de consenso. Notadamente na Inglaterra, deve-se ter em conta que

---

1031 *RJTACrim* 55/231.
1032 TRF. 1ª Região. Relator: Juiz Eustáquio Silveira. Data de publicação: *DJU*, 25 set. 1997. p. 78.416.
1033 Por todos, ver BADARÓ, Gustavo H. R. I. **Ônus da prova no processo penal**. São Paulo: RT, 2003. p. 58 e seguintes.

as regras sobre provas são consideravelmente mais precisas que as de seus sistemas vizinhos na Europa continental, mas o fato que a grande maioria dos casos passa ao largo das Cortes pela via da assunção de culpa significa que a precisão das regras probatórias é, na prática, largamente afastada. Isto cria, potencialmente, um sério problema nos casos nos quais o acusado assume a culpa, admitindo os fatos que o tornam responsável pela infração, mas discorda de alguns fatos que poderiam aumentar a pena: por exemplo, na situação em que o acusado admite ter lesionado a vítima mas – ao contrário do alegado pela persecução – postula que tenha sido provocado por ela. De acordo com a jurisprudência, o juiz, em tais situações, deve optar. Ou ouve testemunhas com o objetivo de estabelecer a verdade, *ou deve aceitar a versão dos fatos tal como apresentada pela defesa*. Não lhe é permitido prolatar uma sentença com base na versão da acusação sem que tenha sido produzido prova a respeito.[1034]

Assim, diversamente do que se pode querer apregoar de forma açodada, nos países de democracia consolidada e economia estabilizada, o relacionamento entre o tema "prova" e "consenso" não se dá superficialmente. Ao contrário, as questões que não forem objeto de prova (e repousarem no mero campo das imputações infundadas) não têm como decorrência automática a projeção do peso nas costas do "autor do fato" que será o receptor da pena estatal.

A dúvida quanto ao teor da imputação, caso ela exista e persista, *recai sobre o Estado*. Deve ser somado que a característica da transação penal nesses países não se dá de maneira formulária, diversamente do que ocorre na realidade brasileira, não apenas pelo óbvio descompasso entre as "partes", mas, também, porque naqueles países de *commom law* a transação tem parâmetros operacionais, diversamente daqui, onde inexistem limites claros *operativos* para a "transação" que, assim, aproxima-se mais de uma "imposição" penal.

1.4 Distinção entre meio de prova, fonte de prova e elementos de prova

Meio de prova é o mecanismo empregado, com previsão legal ou sem proibição expressa, que visa obter determinado conteúdo que constituirá, este sim, a prova em si.

Gomes Filho[1035] apresenta distinção também entre prova e elementos de prova, estes consistentes nos *dados concretos* que compõem o quanto produzido por um determinado meio probatório e serão inadmissíveis quando praticados com violação de direitos. Mais ainda, para o mesmo doutrinador haverá de ser diferenciado o que é fonte de prova daquilo que é meio de prova e, por fim, os meios de investigação.

Fonte de prova serão as "pessoas ou coisas" das quais se pode obter o elemento de prova (dados); por seu turno, segundo Gomes Filho, meio de prova são os "instrumentos ou atividades" que produzem os "canais de informação". E disso se diferencia o meio de investigação, modo de obter provas materiais, normalmente regulado em lei e que se aplica fora do processo.

1.5 Meios de prova e dignidade da pessoa

Os meios de prova não podem afrontar a dignidade da pessoa humana.

Com efeito, tratando do tema no direito alemão, mas com fundamento que torna a análise universal, Roxin aponta que "de la posición del imputado como sujeto procesal resulta que su libre voluntad de decisión y su voluntad de acción tampoco pueden ser menoscabadas en su papel como medio de prueba".[1036]

Observações idênticas ecoam na doutrina nacional, quando se afirmou acertadamente que

> em outra categoria, que se poderia chamar patológica, situam-se as limitações decorrentes da proscrição de métodos que atuam positivamente sobre o corpo ou sobre o psiquismo do acusado violando-lhe a liberdade de autodeterminação, ou incidindo sobre capacidade de recordar os fatos: enquanto o privilégio contra a autoincriminação assegura o direito de calar, essas proibições reprimem as condutas tendentes a fazer o acusado falar contra sua vontade, em desacordo com as próprias representações da realidade. A repulsa a tais métodos, por isso, não representa apenas uma forma de tutela da liberdade de expressão, da dignidade da integridade física e moral do indivíduo, mas igualmente: assegura a correção do acertamento dos fatos, na medida em que evita distorções da realidade, comuns e esperadas em situações do gênero: a verdade

---

[1034] DELMAS-MARTY, Mireille (Org.). **Processos penais da Europa**. Tradução de Fauzi Hassan Choukr e Ana Cláudia Ferigato Choukr. Rio de Janeiro: Lumen Juris, 2005.

[1035] GOMES FILHO, Antonio Magalhães. Notas sobre a terminologia da prova: reflexos no processo penal brasileiro. In: YARSHELL, Flávio Luiz. **Estudos em homenagem à Professora Ada Pellegrini Grinover**. São Paulo: DPJ, 2005. 865 p. 303-318.

[1036] ROXIN, Claus. **Derecho procesal penal**. Tradução de Daniel Pastor e Gabriela Córdoba. 25. ed. Buenos Aires: Del Puerto, 2000. p. 214.

obtida nem sempre será a do interrogatório, mas sim a desejada pelo inquiridor.[1037]

Tais lições, voltadas para a forma de proceder em relação à pessoa acusada, podem ser projetadas diretamente às demais pessoas ouvidas no processo e, assim, não apenas a ofensa à dignidade da pessoa humana na produção probatória impede que esses métodos de obtenção venham a ser atuados como, igualmente, impedem a valoração da prova por meio deles produzida.

1.6 Fases para o alcance da produção da prova

Assumindo a postura adotada por Grinover, tem-se que "as atividades processuais concernentes à prova desdobram-se em quatro momentos: as provas são: a) propostas (indicadas ou requeridas); b) admitidas (quando o juiz se manifesta sobre sua admissibilidade); c) produzidas (introduzidas no processo); e d) apreciadas (valoradas pelo juiz)".[1038]

2. Tramitação legislativa da Lei n. 11.690/2008

O texto sancionado era o mesmo constante da redação apresentada pela Comissão Grinover ao Congresso Nacional:

> Art. 155. O juiz formará sua convicção pela livre-apreciação da prova produzida em contraditório judicial, não podendo fundamentar sua decisão nos elementos informativos colhidos na investigação, ressalvadas as provas cautelares, irrepetíveis e antecipadas.
>
> *Parágrafo único.* Somente quanto ao estado das pessoas serão observadas as restrições à prova estabelecidas na lei civil (NR).

Na tramitação legislativa, houve proposta de emenda do Deputado Flávio Dino para que fosse acrescida ao final do *caput* a expressão "e aquelas submetidas a posterior contraditório", sob a justificativa de que a proposta original, tal como apresentada, atinge diretamente o princípio da livre convicção judicial, limitando-o seriamente.

A jurisprudência atual – inclusive da Suprema Corte – é no sentido da possibilidade de o juiz utilizar dados colhidos na fase inquisitorial como elemento de convicção, desde que conjugados com outros apurados mediante o contraditório no processo criminal. A proposta, de iniciativa da Associação Nacional dos Procuradores da República, foi rejeitada, e teria sido, caso aprovada, a justificativa legal para empregar-se indiscriminadamente a investigação como arrimo da sentença.[1039]

3. Prova e juiz natural

Um dos integrantes essenciais do conceito de prova é a figura do juiz natural. Com efeito, já foram analisados nestes **Comentários** (arts. 69 e seguintes) os problemas estruturais da projeção da garantia do juiz natural para o tema da competência e, aqui, cumpre destacar que o produto da cognição nem sempre se dá perante o juiz natural da causa, a dizer, ele será produzido perante quem não é o apreciador do mérito.

A situação acima é particularmente destacada no procedimento do Tribunal do Júri (vide arts. 406 a 497 nestes **Comentários**), no qual o juiz natural da causa tem acesso a um acervo limitado de informações previamente produzidas na presença do juiz togado. Da mesma forma, aparecerá no contexto das chamadas "provas emprestadas".

Pela mesma razão, no âmbito das investigações preliminares à ação penal, fora daquilo que já denominamos incidentes jurisdicionalizados, *não é possível falar em prova na investigação*, descabendo, pois, *a fundamentação do provimento de mérito com base nessas informações*.

Decorrência desse entendimento também pode ser vista no campo dos recursos, pois a mecânica recursal, tal como existente no direito brasileiro, chama à apreciação definitiva da prova quem não é o juiz natural da causa. A esse respeito, remetemos o leitor aos termos dos arts. 574 e seguintes nestes **Comentários**.

4. Bases garantistas para a compreensão do princípio do "livre-convencimento"

Na construção de um modelo processual consentâneo com a estrutura do Estado de Direito, Ferrajoli[1040] reconstrói a leitura do denominado "princípio do livre-convencimento", aduzindo que como o livre-convencimento, enquanto equivale a um princípio autoritário quando permite, como ocorre segundo os cânones correntes, a formação do juízo de culpabilidade independentemente das provas, representa uma garantia na medida em que de um lado submete qualquer meio de prova à livre-valoração do juiz excluindo-lhe todo caráter presumivelmente probatório, e de outro permite o juízo de culpabilidade só se "adequadamente provado", isto é, confirmado via *modus ponens* por uma pluralidade de provas e não falseado via *modus tollens* por nenhuma contraprova. O juiz, segundo esse princípio, pode em

---

1037 GOMES FILHO, Antônio Magalhães. **Direito à prova no processo penal**. São Paulo: Revista dos Tribunais, 1997. p. 144.
1038 GRINOVER et al. **Teoria Geral do Processo**, *op. cit.*, p. 427.
1039 BRASIL. Câmara dos Deputados. Disponível em: <http://www.camara.gov.br/sileg/integras/461289.pdf>.
1040 FERRAJOLI. **Direito e Razão...**, *op. cit.* Cap. 9.

suma condenar não simplesmente *secundum conscientiam*, mas *ex informata conscientia*, justificando o seu convencimento *iuxta alligata atque probata*.

4.1 Livre-convencimento e "ativismo" judicial no modelo acusatório

Partindo da construção aventada em tópico anterior, na qual se procurou demonstrar que o juiz no modelo acusatório é ativo enquanto fiscalizador da legalidade e licitude probatória, compreende-se que sua liberdade de convencimento está intimamente ligada à proteção que operar na forma de produção e obtenção do conteúdo da prova. De certa forma, Ferrajoli antecipa essa visão, afirmando que "enquanto no processo acusatório é livre a valoração, mas é vinculado o método de aquisição das provas, no processo inquisitório é vinculada a valoração das provas, mas é livre o seu método de formação".[1041]

Dessa forma, não basta repetir que "o juiz tem inteira liberdade na valoração das provas (art. 157 do CPP), devendo demonstrar o realce que cada uma adquire no caso concreto"[1042], ou mesmo que

> o princípio do livre-convencimento exige fundamentação concreta, vinculada, do ato decisório. A escolha das penas restritivas de direito dentre as previstas no art. 43 do CP, sem apontar qualquer fundamento, não preenche as exigências constitucionais e infraconstitucionais (art. 93, inciso IX, 2ª parte, da Carta Magna e arts. 157, 381 e 387 do CPP). Não se pode confundir livre-convencimento com convicção íntima (Precedentes).[1043]

Sem embargo da correção teórica desses dois últimos julgados mencionados, deve ser acrescido ao seu conteúdo que o princípio do livre-convencimento deve vincular o juiz ao modo legal/lícito de obtenção das provas.

4.2 Impossibilidade de controle do princípio por via de *habeas corpus*

Considera-se amplamente no âmbito jurisprudencial que "o Magistrado aprecia a prova em convencimento livre e fundamentado" (art. 157 do CPP), insuscetível de revisão em *habeas corpus*.[1044]

4.3 Ausência de hierarquia

Na esteira de tudo quanto já foi dito, conclui-se que o princípio do livre-convencimento supera o da enumeração legal das provas, enunciando que "é que, no nosso sistema processual penal, vigora o princípio do livre-convencimento do juiz pela livre-apreciação das provas (CPP, art. 157), inexistindo, portanto, hierarquia entre elas"[1045], mas com cautela deve ser visto o provimento que decide considerando que "Se é certo que o juiz fica adstrito às provas constantes dos autos, não é menos certo que não fica subordinado a nenhum critério apriorístico no apurar, através delas, a verdade material. O juiz criminal é, assim, restituído à sua própria consciência" (Exposição de Motivos do Código de Processo Penal, item VII)[1046], pois a transposição acrítica da exposição de motivos do Código de Processo Penal leva, inevitavelmente, a colisões com a CR e com a CADH.

Diante de tal premissa, pode-se admitir que "o Juiz não está adstrito ao laudo pericial, podendo utilizar, para a formação de sua convicção, elementos outros provados nos autos. Incidência do princípio do livre-convencimento do juiz, inscrito no CPP, art. 157".[1047]

5. Prova e legitimidade de partes

Os meios de prova empregados devem se atuados pelas partes legítimas à persecução. Este tema será mais uma vez abordado quando do enfoque sobre o "colaboracionismo" nos moldes hoje dispostos pela legislação de emergência e, dentro do Código de Processo Penal, nos limites dos arts. 185 e seguintes.

6. Prova e contraditório

O conceito de contraditório é indissociavelmente ligado ao de "prova". Com efeito, não existem, no processo penal aderente ao Estado de Direito, informações unilaterais que possam servir de arrimo ao convencimento do julgador. Todos os meios empregados devem ser submetidos ao crivo da parte contrária, em "paridade de armas", na clássica expressão usada por larga parte da doutrina.

1041 FERRAJOLI, *op. cit.*, p. 489.
1042 TRF. 4ª Região. Relator: Juiz Fabio Rosa. 29 out. 2002.
1043 STJ. **REsp 363548 SC 2001/0119653-2**. 5ª Turma. Relator: Min. Felix Fischer. Data de julgamento: 2 maio 2002. Data de publicação: DJ, 10 jun. 2002. p. 250. REVFOR, Vol. 368, p. 392.
1044 STJ. **HC 31348 SP 2003/0193452-9**. 6ª Turma. Relator: Min. Paulo Medina. Data de julgamento: 4 maio 2004. Data de publicação: DJ, 7 jun. 2004. p. 284. RT, Vol. 828. p. 577.
1045 TJ-SC. **ACR 565438 SC 2008.056543-8**. 2ª Câmara Criminal. Relator: Salete Silva Sommariva. Data de julgamento: 24 set. 2009.
1046 C 16706/RJ. 6ª Turma. Relator: Min. Hamilton Carvalhido. Data de publicação: DJ, 24 set. 2001. p. 352.
1047 STJ. **HC 31935 PB 2003/0211786-3**. 5ª turma. Relator: Min. Felix Fischer. Data de julgamento: 1º abr. 2004. Data de publicação: DJ, 31 maio 2004. p. 336.

6.1 Prova Emprestada

O "empréstimo probatório" é definido como a utilização de um determinado conteúdo probatório em processo distinto daquele em que foi originalmente requerido, deferido e produzido. Tal emprego aparece estimulado por critérios de racionalidade e eficiência processuais que devem ser prestigiados, mas não podem ser empegados de forma ilimitada.

Buscando confinar suas hipóteses de ocorrência aos padrões do devido processo legal deve-se ter como critérios iniciais a serem obedecidos: a) licitude e legalidade da prova obtida na origem; b) efetiva ocorrência do contraditório na origem; c) partes legítimas minimamente idênticas entre aquelas da origem da prova e quando da sua utilização posterior.

Mesmo com tais limites o tema se apresenta complexo na prática principalmente quando envolver: i) utilização de provas em unidades jurisdicionais distintas; ii) utilização de provas em atividades persecutórias distintas, notadamente entre aquelas administrativas e as judiciais.

No primeiro caso já houve decisão do STF na qual foi indeferida

> ordem em "habeas corpus" no qual se pretendia a anulação de ação penal com argumento em prova ilícita. Na espécie, foram aproveitados dados alusivos a interceptação telefônica verificada em outra unidade da Federação e em outro processo-crime, porém autorizada judicialmente. A Turma entendeu que o fato de a escuta telefônica ter visado elucidar outra prática delituosa não impediria a sua utilização em persecução criminal diversa (compartilhamento). Além disso, não caracteriza ofensa ao art. 93, IX, da CF o ato em que adotados como razões de decidir os fundamentos lançados na manifestação do Ministério Público. Por fim, preenchidas as exigências previstas na Lei n. 9.296/96 (Lei de Interceptação Telefônica), descabe considerar ilícita a prova ante a suposta ausência de autuação. Tratar-se-ia de mera irregularidade, não violadora dos elementos essenciais à validade da medida cautelar.[1048]

Na segunda hipótese, analisando caso concreto, o STF decidiu que

> as questões da prova emprestada e do duplo grau de jurisdição (...). No que se refere à temática da prova emprestada, assinalou que a jurisprudência da Corte admitiria, excepcionalmente, sua validade, desde que observados determinados postulados. No caso, a prova derivada de interceptação telefônica teria sido produzida, em outro processo, sob observância do contraditório, a conferir-lhe legitimidade jurídica. Nesse sentido, os elementos informativos de persecução penal ou as provas colhidas no bojo de instrução processual penal, desde que obtidos mediante interceptação telefônica devidamente autorizada por juízo competente, admitiriam compartilhamento para fins de instruir procedimento criminal ou administrativo disciplinar. Além disso, no juízo para o qual trasladada a prova deveria ser observada a garantia do contraditório, como teria ocorrido.[1049]

6.1.1 Diferença entre prova emprestada e prova "compartilhada"

Toda prova que se empresta é, inevitavelmente, compartilhada. Assim, por essa ótica não há diferença entre ambas. Nada obstante, Pacelli aponta que ainda que provas compartilhadas sejam emprestadas, a recíproca não é verdadeira (o compartilhamento não é condição *sine qua non* para para a prova emprestada). Portanto, a prova compartilhada tem origem no trabalho processual e, port meio da anuência daquele juízo, é endereçada a terceiro, desde respeitados o sigilo, se necessário for, bem como os fatores de contraditório e ampla defesa. A prova emprestada, por sua vez, dispensa autorização expedida no juízo.[1050]

Aqui a diferença residiria na maneira em que houve a produção da prova no Juízo de origem que, na situação pensada pelo prestigiado doutrinador, dependeria de autorização específica como ocorre nas hipóteses que implicam em invasão de direitos fundamentais. Assim, o julgador que autoriza uma determinada interceptação telefônica deveria autorizar, também, seu compartilhamento em Juízo diverso; a produção ordinária de um depoimento não dependeria de tal ordem para ser emprestada. Em suma: no compartilhamento haveria um duplo controle jurisdicional: o da origem da produção da prova visando o seu compartilhamento e o Juízo de recepção da prova compartilhada que deveria zelar tanto pela legalidade quanto pela pertinência, oportunidade e relevância da prova a ser introduzida.

Mas há uma seara, a da cooperação penal internacional em matéria probatória, em que se verifica uma distinção relevante: a inexistência de ordem judicial para invasão de direitos fundamentais.

Analisando a questão, o STJ decidiu que

> Não há ilegalidade na utilização, em processo penal em curso no Brasil, de informações

---

1048 STF. **HC 128102/SP**. Relator: Min. Marco Aurélio. 9 dez. 2015. (HC-128102).
1049 STF. **RHC 122806/AM**. Relatora: Min. Cármen Lúcia. 18 nov. 2014. (RHC-122806).
1050 OLIVEIRA, Eugênio Pacelli. **Prova compartilhada**. Disponível em: <http://genjuridico.com.br/2016/01/11/prova-compartilhada/>. Acesso em: 5 abr. 2022.

compartilhadas por força de acordo internacional de cooperação em matéria penal e oriundas de quebra de sigilo bancário determinada por autoridade estrangeira, com respaldo no ordenamento jurídico de seu país, para a apuração de outros fatos criminosos lá ocorridos, ainda que não haja prévia decisão da justiça brasileira autorizando a quebra do sigilo. Em matéria penal, deve-se adotar, em regra, o princípio da territorialidade, desenvolvendo-se na justiça pátria o processo e os respectivos incidentes, não se podendo olvidar, outrossim, de eventuais tratados ou outras normas internacionais a que o país tenha aderido, nos termos dos arts. 1º do CPP e 5º, caput, do CP. Tem-se, assim, que a competência internacional é regulada ou pelo direito internacional ou pelas regras internas de determinado país, tendo por fontes os costumes, os tratados normativos e outras regras de direito internacional. Dessa forma, se a juntada da documentação aos autos se deu por força de pedidos de cooperação judiciária internacional baseados no Acordo de Assistência Judiciária em Matéria Penal, tendo sido apresentada devidamente certificada, de modo a se comprovar a autenticidade e a regularidade na sua obtenção, não há que se falar em ilegalidade no compartilhamento das provas oriundas da quebra do sigilo bancário realizado em outro país.[1051]

7. O conceito de prova na investigação

Já afirmávamos, nas edições anteriores destes *Comentários*, que se trata de ponto da mais alta relevância o conceito de "prova" na investigação. Com efeito, recordando trabalho dogmático, reiteramos que

> é necessário lembrar que no transcurso daquela etapa, basicamente duas ordens de *elementos informativos* são produzidas: uma de cunho perecível e outra de caráter perene. A distinção proposta coloca entre as primeiras os *elementos informativos cautelares*, onde se encontram, por exemplo, as perícias médicas, os laudos de constatação, os exames periciais em documentos, grafias, local de delito e outros análogos (...) Do outro lado encontram-se aqueles informes da investigação que, pela sua característica, podem ser repetidos em juízo. Nessa categoria encontra-se, basicamente, a informação *subjetiva*, ou seja, as declarações prestadas por vítima e testemunhas, estas presenciais ou referenciais aos fatos apurados.[1052]

Essa distinção se vincula ao tema do contraditório e, por sua vez, toca em dois outros assuntos fundamentais: o conceito de prova e a possibilidade de valoração daquilo que se produz na investigação no momento decisório da ação penal.

Atendendo ao conjunto de conceitos que compõem o devido processo legal, temos que *prova se caracteriza pelo produto obtido pelos meios de produção lícitos, em contraditório, pelas partes legítimas, na presença do juiz natural da causa, e que deve ser por ele apreciado na decisão do mérito da ação penal*. Dito dessa maneira, pode-se concluir, à luz da Constituição, da CADH e do regime acusatório no processo penal por elas instituído que, na investigação (em qualquer de suas modalidades), não existe prova no sentido técnico-formal no seu transcurso, podendo-se, quando muito, fazer uma concessão limitada aos informes periciais produzidos em determinado momento e que, pela sua natureza, não poderiam ser feitos em momento posterior.

7.1 A valoração do produto da investigação na decisão de mérito: a posição no direito brasileiro

Inovando nesta seara, o anteprojeto já preconizava limites negativos ao livre-convencimento do juiz, na medida em que impedia literalmente ser empregado na decisão (importante ressaltar a amplitude do vocábulo empregado, não se limitando tal óbice às sentenças mas, igualmente, às decisões, tal como consta da redação de outro anteprojeto que faz clara distinção entre as modalidades de provimentos jurisdicionais) aquilo que tiver sido produzido ao longo da investigação preliminar (também aqui merece destaque a amplitude da expressão, não se limitando a vedação aos informes do inquérito policial, mas de qualquer tipo de investigação preliminar), procurando dessa forma preservar a verdadeira finalidade da investigação, não raras vezes desvirtuada na análise do acervo da relação processual, pois *O inquérito policial não pode ser sede de sentença condenatória, porquanto a prova testemunhal que nele se colheu só adquire valor jurídico através de sua jurisdicionalização, que só acontece no sumário*.[1053]

Malgrado o enfoque acima, não raras vezes o entendimento não é nesse sentido, largamente se admitindo o emprego dos meios informativos do inquérito como sustentação da sentença condenatória que, não se apresentando como um suporte direto para a condenação, aparece mitigado por expressões como "confirmação em juízo" que, na

---

[1051] STJ. **HC 231.633-PR**. Relator: Min. Jorge Mussi. Data de publicação: 25 nov. 2014.
[1052] CHOUKR, **Garantias...**, 2002.
[1053] TJSP. **Apelação Criminal 134.310-3**. Osasco. Relator: Dante Busana. 11 fev. 1993. Ainda: RT 672/344. Nega-se, entretanto, que possa ser questionada a matéria por via de habeas corpus: TJSP. **Habeas Corpus 277.217-3/SP**. 4ª Câmara Criminal. Relator: Passos de Freitas. 9 mar. 1999, v.u.

essência, significam a manutenção da persistência da investigação na cognição judicial.

Assim, é interessante notar como a jurisprudência se mantém coesa a essa posição mesmo com o marco constitucional-convencional e a busca da reforma em 2008, com julgados ainda próximos da edição do texto constitucional[1054] e que se reproduzem ao longo do tempo[1055] persistindo contemporaneamente[1056].

Tal postura se projeta para toda a sorte de relações processuais, inclusive na revisão criminal: Condenação fulcrada em inquérito policial e delação – inocorrência. Revisão criminal indeferida. Há que se valorar a prova obtida por ocasião do inquérito policial, quando esta projeta-se na própria instrução criminal, posto que, corroborada pelas demais provas colhidas na fase judicial.[1057]

7.2 Causas procedimentais do emprego da investigação criminal na modalidade inquérito policial como elemento de valoração na sentença de mérito

Ao lado das razões já apontadas em obra anterior, que indicam a proximidade dos autos do inquérito juntamente aos da ação penal [1058], o emprego da investigação na modalidade ora enfocada se prende ao modelo procedimental brasileiro em vigor há mais de sessenta anos, basicamente escrito e espraiado em demasia no tempo, com atos processuais distantes uns dos outros e que, como exteriorização de um modelo inquisitivo, é avesso à oralidade como forma primária de produção dos atos processuais (e, por conseguinte, da proximidade do juiz com a produção da prova). Mais comentários sobre o tema da oralidade serão desenvolvidos quando da análise dos procedimentos.

8. Prova de estado para reconhecimento da redução do prazo prescricional

O reconhecimento da menoridade reclama prova por documento hábil. Inteligência do art. 155 do CPP.[1059]

Art. 156. A prova da alegação incumbirá a quem a fizer, sendo, porém, facultado ao juiz de ofício: (Redação dada pela Lei n. 11.690, de 9 jun. 2008)
I – ordenar, mesmo antes de iniciada a ação penal, a produção antecipada de provas consideradas urgentes e relevantes, observando a necessidade, adequação e proporcionalidade da medida; (Incluído pela Lei n. 11.690, de 9 jun. 2008)
II – determinar, no curso da instrução, ou antes de proferir sentença, a realização de diligências para dirimir dúvida sobre ponto relevante. (Incluído pela Lei n. 11.690, de 9-6-2008)

1. Tramitação legislativa da Lei n. 11.690/2008

No plano das atividades desenvolvidas pela "Comissão Grinover" para reforma do Código de Processo Penal, o art. 156 passaria a determinar que "*A prova da alegação incumbirá a quem a fizer, sendo, porém, facultado ao juiz: I – ordenar, mesmo antes de iniciada a ação penal, a produção antecipada de provas consideradas urgentes e relevantes, observando a necessidade, adequação e proporcionalidade da medida; II – determinar, de ofício, no curso da instrução, ou antes de proferir sentença, a realização de diligências para dirimir dúvida sobre ponto relevante*", cabendo neste ponto lembrar que A teoria do ônus da prova relaciona-se estreitamente com a conservação do princípio dispositivo no processo pelo que respeita à verificação dos fatos. Num sistema que admitisse a pesquisa de ofício da veracidade dos fatos, não teria significação a repartição do ônus da prova.

O texto sugerido mantém o juiz num papel ativo da produção probatória e trabalha com a mesma categoria de verdade real (em contraposição à verdade processual) existente no modelo inquisitivo. Não se enfrentou o delicado tema dos limites probatórios do juiz na seara penal, como de fato exige a premissa acusatória.

A norma sancionada, abraçando o espírito e a literalidade do texto sugerido pela Comissão Grinover, acentua o marco inquisitivo de processo nos moldes expostos na sequência, mormente porque admite a ingerência direta do juiz, de ofício, em atuar meios de

---

1054 TJSP. **Apelação 568.829/2**. 12ª Câmara. Relator: Abreu Machado. Data de julgamento: 15 maio 1989. Declaração de voto vencido: Gonzaga Franceschini. Declaração de voto vencedor: Emeric Levai. RJDTACRIM 4/134.
1055 TJSP. **Apelação Criminal 138.208-3**. Presidente Venceslau. 3ª Câmara Criminal. Relator: Segurado Braz. 21 nov. 1994, v.u.; RT 535/354; RT 634/273; RT 628/353; STF. RT 709/404.
1056 STJ. **HC 16079 RJ 2001/0022499-7**. 5ª Turma. Relator: Min. José Arnaldo da Fonseca. Data de julgamento: 4 out. 2001. Data de publicação: DJ, 4 fev. 2002. p. 431; STJ. **HC 26484 PR 2003/0002806-4**. 5ª Turma. Relator: Min. Jorge Scartezzini. Data de julgamento: 6 abr. 2004. Data de publicação: DJ, 28 jun. 2004. p. 356; STJ. **AgRg no HC 185240 MG 2010/0171081-1**. 6ª Turma. Relatora: Min. Assusete Magalhães. Data de julgamento: 27 ago. 2013. Data de publicação: DJe, 6 maio 2014, entre vários outros.
1057 TJSP. **Revisão Criminal 74.788.600**. Guaraniacu. Primeiro Grupo de Câmaras Criminais. Relator: Juiz Cícero da Silva. Data de julgamento: 6 set. 1995. **Ac. 268**. Data de publicação: 22 set. 1995.
1058 Ver, no mesmo sentido, Lopes Jr., 2016.
1059 TRF. 3ª Região. Relator: Juíza Sylvia Steiner. 27 mar. 2001.

prova "mesmo antes de iniciada a ação penal", a dizer, *na investigação criminal*, cuja incongruência sistêmica com a CR e com a CADH nos parece inquestionável.

2. Ônus da prova a partir da CR e da CADH

A disciplina constitucional exige a releitura do artigo em comento a fim de adequá-lo à estrutura da CR e da CADH, sob o risco de, em não o fazendo, tornar-se letra morta a presunção de inocência, fundamento maior do relacionamento do acusador público para com a prova.

Deve-se evitar, em obediência ao texto constitucional, a leitura rasa do Código de Processo Penal que leva a afirmações lineares como a de que "a prova da alegação incumbe a quem a fizer, sob pena de não ser considerada pelo julgador (art. 156 do CPP)"[1060] ou que "nos termos do art. 156 do Código de Processo Penal, a prova da alegação incumbe a quem a fizer, não se admite a transferência de tal ônus à acusação, se o fato foi alegado pela defesa".[1061]

Com efeito, a partir da lição de Silva Jardim, tem-se que,

> na verdade, o que a nova Constituição proíbe é que o legislador ordinário inverta o ônus da prova, exigindo que o réu tenha de provar a sua inocência, sob pena de condenação em razão de dúvida. Vale dizer, a presunção de não culpado faz com que o Ministério Público ou querelante tenham de alegar e provar cabalmente que o réu praticou uma infração penal, ou seja, uma conduta objetiva e subjetivamente típica, ilícita e reprovável. Tal dispositivo constitucional vem reforçar o que já sustentávamos em outro estudo doutrinário denominado "o ônus da prova na ação penal condenatória", publicado in *Direito processual penal*, estudos e pareceres, Rio, Forense, 1987, 2. ed., p. 149-168.[1062]

De certa forma, há julgados que buscam adequar o Código de Processo Penal ao texto constitucional, podendo ser localizadas ementas com o seguinte teor:

> No Estado democrático de direito, a formulação do juízo condenatório deve assentar-se em elementos de certeza plena. "Para a prova de certos fatos, o legislador exige apenas um juízo de verossimilhança e, para outros, que a prova seja convincente *prima facie*: para a condenação penal, por exemplo, é necessário um elevado grau de certeza sobre a prova do fato e da autoria; havendo dúvidas, o juiz deverá absolver por insuficiência de provas (art. 386, VI, do CPP)" (Ada Pellegrini Grinover, *As nulidades no processo penal*, RT, 6. ed., 1998, p. 118). Não restando satisfatório ou convincente o conjunto probatório, milita em favor do réu o princípio *in dubio pro reo* decorrente, em nosso sistema, da regra inserta na 1ª parte, do art. 156, c/c arts. 41 e 386, inciso VI, todos do CPP. Em sede de processo penal, para justificar a condenação, exige-se o juízo de certeza, que não se confunde com o juízo de probabilidade. A verdade formal somente se admite para a absolvição. (...) Em nenhum momento a Carta Magna dispensa a parte acusadora de demonstrar a ocorrência do injusto penal, vez que, à luz do princípio da presunção de inocência, impõe-se, em qualquer situação, não importando a natureza jurídica do tipo penal, que se desincumba o Ministério Público de produzir acervo probatório mínimo e suficiente da ilicitude do fato típico a traduzir a presença de uma justa causa formal e material a respaldar um decreto condenatório.[1063]

Assim,

> não se presume o dolo do agente, haja vista que o sistema penal pátrio não consagra a responsabilidade objetiva, incumbindo ao *dominus litis* a prova dos elementos do tipo, sejam objetivos, normativos ou subjetivos (dolo e culpa), a teor do que dispõe o art. 156 do Código de Processo Penal. Sentença absolutória mantida, porquanto o *Parquet* não se desincumbiu a contento do ônus probatório que lhe competia.[1064]

Diante de tal premissa, são de manifesta incongruência com o modelo processual penal a partir da CR e da CADH algumas das situações descritas na sequência.

2.1 A "repartição" do ônus da prova na doutrina e na jurisprudência

A partir de determinada literatura processual penal, celebrou-se na jurisprudência brasileira uma sorte de "repartição" de ônus no campo probatório.

Com efeito, afirma-se sem grande titubeio e com alta dose de convicção que

> Compete à defesa o ônus da prova da excludente de culpabilidade pela inexigibilidade de conduta diversa, conforme colaciona Mestre Tourinho Filho sobre o art. 156 do CPP"[1065] e, na esteira desse entendimento, tem-se que "Compete

---

1060 TRF. 3ª Região. Relator: Juiz Arice Amaral. 7 dez. 1999.
1061 TRF. 3ª Região. Relator: Juiz Theotonio Costa. 19 set. 1995.
1062 JARDIM, Afrânio Silva. A prisão no curso do processo em face da nova Constituição. **Justitia**, v. 145, 1989.
1063 TRF. 2ª Região. Relator: Juiz Poul Erik Dyrlund. 4 dez. 2002.
1064 TRF. 4ª Região. Relator: Juiz Vilson Darós. 7 jun. 2001.
1065 TRF. 2ª Região. Relator: Juiz Raldênio Bonifacio Costa. 13 maio 2003.

ao réu demonstrar que agiu sob excludente de antijuridicidade ou de culpabilidade (art. 156 do CPP).[1066]

Assim, é operada uma "divisão de funções" no campo probatório, pela qual

> Se a acusação comprovou o que lhe cabia (tipicidade, autoria etc.) e a defesa não produziu prova que refutasse a da acusação, não se desincumbiu de seu ônus *probandi* (excludentes de antijuridicidade, culpabilidade e punibilidade), art. 156 do CPP, não há falar em prova duvidosa da condenação.[1067]

Causa bastante curiosidade na supracitada ementa completar as reticências devidas ao ônus do acusador público no campo da prova.

A jurisprudência se repete afirmando que "É cediço que o ônus da prova cabe a quem alega (art. 156 do CPP). Em se tratando a prescrição de fato extintivo do direito de punir do Estado, o ônus da prova cabe ao réu"[1068] e que "Compete ao réu demonstrar que agiu sob excludente de antijuridicidade ou de culpabilidade (art. 156 do CPP)".[1069]

Importante ressaltar, nesse cenário, que a prova sobre o erro de ilicitude parece recair integralmente sobre o acusado, acomodando-se o acusador com a simples imputação objetiva da conduta, havendo casos de condenação "uma vez que [o acusado] não logrou demonstrar a alegada ignorância (CPP, art. 156), restando manifestamente comprovada a autoria do fato".[1070]

Contudo, como bem aponta Streck[1071] essa inversão é impossível no processo penal,

> Isto, por do onus probandi no processo penal, e por transformar a garantia do in dubio pro reu em in dubio pro societate. Se na área cível não é possível fazer numa inversão convencional do ônus da prova quando se trata de direitos indisponíveis quanto mais no âmbito criminal em que se está em "jogo" a liberdade do ser humano inexistir a repartição.

2.2 Ônus da prova pelo acusado e tipos penais

Alguns tipos penais parecem ser mais sensíveis à inversão do ônus da prova. Empiricamente, tome-se a situação na qual, apreciando falsidade cometida em detrimento do INSS, decidiu-se que "A condição de diretor e administrador da empresa que se utiliza de documento falso em processo licitatório faz presumir, pelo interesse direto em participar do certame, o conhecimento da irregularidade, cabendo ao réu, nos termos do art. 156 do CPP, fazer prova da negativa"[1072] e, no mesmo diapasão, outro provimento no qual se decidiu caso em que se imputava a conduta de apropriação de quantias a serem depositadas ao mesmo INSS, determinando-se que "o desconto de contribuição e de consignação legalmente autorizadas sempre se presume feito oportuna e regularmente pela empresa a isso obrigada, não lhe sendo lícito alegar omissão para se eximir do recolhimento, nos termos do § 5º do art. 33 da Lei n. 8.212/91. Em consequência, afirma-se caber ao réu a prova de que não ocorreu o desconto das contribuições dos segurados – art. 156 do CPP"[1073], "incumbindo à defesa, em cada caso (art. 156, CPP), no nível de uma possível causa extintiva de culpabilidade, fazer a prova de eventuais dificuldades financeiras, de insuficiência de meios ou de impossibilidade econômica".[1074]

Fora dos delitos previdenciários, no âmbito dos patrimoniais cometidos com violência à pessoa, não raras vezes que, no delito cometido com "arma", "presume-se *juris tantum* a aptidão ofensiva da arma, sendo da parte que a nega o ônus da prova (Código de Processo Penal, art. 156)".[1075]

De forma geral,

> em tema de delito patrimonial a apreensão da coisa subtraída em poder do acusado gera a presunção de sua responsabilidade e, invertendo-se o ônus da prova, impõe-lhe justificativa inequívoca. A justificativa dúbia e inverossímil transmuda a posição em certeza e autoriza, por isso mesmo, o desate condenatório.[1076]

1066 TRF. 4ª Região. Relator: Juiz Luiz Fernando Wowk Penteado. 4 fev. 2004.
1067 TRF. 4ª Região. Relator: Juiz José Luiz B. Germano da Silva. 17 jun. 2003.
1068 TRF. 4ª Região. Relator: Juiz Otávio Roberto Pamplona. 19 fev. 2004.
1069 TRF. 4ª Região. Relator: Juiz Luiz Fernando Wowk Penteado. 4 fev. 2004
1070 TRF. 1ª Região. Relator: Juiz Leão Aparecido Alves. 27 ago. 2002.
1071 STRECK, L. L. A presunção da inocência e a impossibilidade do ônus da prova em materia criminal: os tribunais estaduais contra o STF. **Revista Jurídica do Ministério Público**, v. 1, p. 201-219, 2015.
1072 TRF. 4ª Região. Relator: Juiz Vladimir Freitas. 10 set. 2002.
1073 TRF. 4ª Região. Relatora: Juíza Ellen Gracie Northfleet. 21 set. 1999.
1074 TRF. 1ª Região. Relator: Des. Fed. Olindo Menezes. 26 nov. 2003.
1075 STJ. **HC 85944 SP 2007/0150746-7**. 6ª Turma. Relator: Min. Hamilton Carvalhido. Data de julgamento: 4 dez. 2007. Data de publicação: DJe, 4 ago. 2008.
1076 TJ-PR. **ACR 6386976 PR 0638697-6**. 5ª Câmara Criminal. Relator: Eduardo Fagundes. Data de julgamento: 15 abr. 2010. Data de publicação: DJ 377.

2.3 Crimes societários, denúncias genéricas e ônus da prova

Nos crimes societários, nos quais, como já visto, existe uma larga tolerância à não individualização da conduta dos denunciados, o sistema é coroado com a inversão do ônus da prova, considerando-se que

> a prova da autoria pode ser feita com a demonstração da participação dos acusados no contrato social e da gerência da empresa, incumbindo à defesa, em cada hipótese (art. 156, CPP), provar, sendo o caso, que não tiveram participação gerencial na pessoa jurídica, nem por via de consequência, no cometimento do crime.[1077]

Quando não, são transpostos do direito civil conceitos para fundamentar a culpa penal:

> O administrador, assim definido no contrato social ou estatuto, é o responsável, por presunção lógica e pela chamada *culpa in vigilando*, pelo crime de sonegação fiscal praticado. Essa presunção é, todavia, *juris tantum*, reservando-se à prova a confirmação da negativa (art. 156 do CPP), como o ocorrido no concreto, onde a feitura das notas "calçadas" é atribuída aos réus, que não provaram o contrário.[1078]

2.4 Ônus da prova e prisão em flagrante

A condição de flagrante delito é outra que parece ser essencial para operar a "inversão probatória". É fato, já se decidiu que

> tendo o agente sido preso em flagrante delito ocorre a inversão do ônus da prova. Isto é, com o flagrante confirmado em juízo pela prova testemunhal, em princípio, a acusação comprovou a ocorrência do crime e a sua autoria. Qualquer alegação tendente a afastar esta presunção que gerou o flagrante é ônus do acusado. Passa a viger a máxima contida no art. 156 do Código de Processo Penal, segundo qual "a prova da alegação incumbirá a quem a fizer".[1079]

2.5 Ônus da prova e revisão criminal

É presente na literatura processual brasileira a afirmação de que "em sede de revisão criminal inverte-se o ônus probatório".[1080] Para maiores observações, remetemos o leitor à análise dos arts. 621 e seguintes do Código de Processo Penal na forma destes *Comentários*.

3. A gestão judicial da prova como princípio inquisitivo

Já foi abordado nestes *Comentários* o conceito de modelo acusatório de processo. Naquele momento, o eixo de conceituação girou em torno da repartição de funções entre os operadores do direito e a dignificação da pessoa suspeita ou acusada, colocada então como "sujeito de direitos", e não como mero instrumento do Estado na busca da "verdade real" (esse eixo de conceituação predomina, por exemplo, na alentada obra de Badaró.[1081]

Aqui, o eixo distintivo entre o modelo acusatório de processo e o inquisitivo se dá na "gestão" da prova, a usar-se a expressão de Miranda Coutinho.[1082]

Para esse autor, apoiado parcialmente em Figueiredo Dias,

> a característica fundamental do sistema inquisitório, em verdade, está na gestão da prova, confiada essencialmente ao magistrado que, em geral, no modelo em análise, recolhe-a secretamente, sendo que 'a vantagem (aparente) de uma tal estrutura residiria em que o juiz poderia mais fácil e amplamente informar-se sobre a verdade dos factos – de todos os factos penalmente relevantes, mesmo que não contidos na acusação –, dado o seu domínio único e onipotente do processo em qualquer das suas fases.[1083]

Na sequência, concluíra que "o sistema processual penal brasileiro é, na essência, inquisitório, porque regido pelo princípio inquisitivo, já que a gestão da prova está, primordialmente, nas mãos do juiz".

1077 TRF. 1ª Região. Relator: Des. Fed. Olindo Menezes. 27 maio 2003.
1078 TRF. 1ª Região. Relator: Desembargador Federal Luciano Tolentino Amaral, 15-4-2003.
1079 TRF. 4ª Região. Relator: Juiz Volkmer de Castilho, 29-10-2001.
1080 TJ-PR. **RVCR 2423807 PR 0242380-7**. 5ª Câmara Criminal em Composição Integral. Relator: Eduardo Fagundes. Data de julgamento: 5 ago. 2010. Data de publicação: DJ, 455, entre inúmeros outros julgados no mesmo sentido.
1081 BADARÓ, *op. cit.*, 2003. p. 112.
1082 A gestão da prova como característica central da acusatoriedade não é, contudo, unânime na doutrina comparada e mesmo na nacional. Para um contraponto ver ANDRADE, M. F. **Sistemas Processuais Penais e seus Princípios Reitores**. 2. ed. Curitiba: Juruá, 2013. v. 1. 520 p., bem como GUIMARÃES, Rodrigo Régnier Chemim. **Atividade probatória complementar do juiz como ampliação da efetividade do contraditório e da ampla defesa no novo processo penal brasileiro**. 786 f. Tese (Doutorado Em Direito) –Programa de Pós-Graduação e, Direito. UFPR, Curitiba, 2015. Disponível em <https://acervodigital.ufpr.br/handle/1884/41025>. Acesso em: 5 mar. 2022.
1083 MIRANDA COUTINHO, Jacinto Nelson. Introdução aos princípios gerais do direito processual penal brasileiro. **Revista de Estudos Criminais**, Porto Alegre, n. 1, p. 26-51, 2001.

3.1 A "inércia" acusatória do juiz versus o "ativismo" inquisitivo do magistrado

A literatura acerca do tema aprecia destacar a polarização do papel "inerte" do juiz penal no modelo acusatório em contraposição ao seu papel "ativo" no modelo inquisitivo. Veja-se, a propósito, a posição de Lopes Jr. referindo-se exatamente a esse aspecto.[1084]

Aqui afirmamos sobre o tema, de forma pontual e sintética, que "o ativismo judicial no modelo acusatório está no papel dinâmico desempenhado pelo juiz no controle da licitude, legalidade e pertinência da prova, bem como na sua necessária valoração motivada quando do provimento".

Assim, diversamente do quanto afirmado por larga parte da doutrina brasileira – e vários setores da literatura comparada – o juiz jamais assume um papel passivo diante do cenário probatório porquanto ainda que não lhe seja próprio no modelo processual penal aderente ao Estado de Direito assumir posições proativas na obtenção de meios de prova, será sempre sua função ativa no processo zelar pelo marco da legalidade e licitude.

3.2 Acentuação do modelo inquisitivo com a reforma da Lei n. 11.690/2008

A escolha legislativa amparada nos trabalhos da Comissão Grinover, ao estabelecer a possibilidade de intervenção judicial no acervo probatório "mesmo antes de iniciada a ação penal", acentuou o grau de inquisitividade do modelo processual penal brasileiro, posto que autoriza o magistrado a, no curso da investigação preliminar, determinar a realização de provas (e não de informações como expressamente afirma o texto).

Com efeito, se o modelo resiste a ser denominado inquisitivo pela possibilidade da intervenção judicial de ofício na produção da prova quando já em curso a ação penal, momento em que "o juiz criminal deve proceder à reconstituição histórica dos fatos mediante a realização de provas, ordenando diligências que repute necessárias (CPP, art. 156, II)"[1085] e mesmo onde "o deferimento de provas submete-se ao prudente arbítrio do magistrado, cuja decisão há de levar em conta o conjunto probatório já existente [e é] lícito ao juiz indeferir diligências que reputar impertinentes, desnecessárias ou protelatórias (arts. 184 e 400, § 1º, do CPP, este último incluído pela Lei n. 11.719/2008)"[1086], não há como escapar à constatação da plena inquisitividade do sistema quando ele assim o procede antes mesmo de iniciada a ação penal.

Art. 157. São inadmissíveis, devendo ser desentranhadas do processo, as provas ilícitas, assim entendidas as obtidas em violação a normas constitucionais ou legais. (Redação dada pela Lei n. 11.690, de 9 de junho de 2008)

1. Tramitação legislativa da Lei n. 11.690/2008

Nos trabalhos iniciais da Comissão Grinover, a redação sugerida era: "Art. 157. São inadmissíveis, devendo ser desentranhadas do processo, as provas ilícitas, assim entendidas as obtidas em violação a princípios ou normas constitucionais. § 1º São também inadmissíveis as provas derivadas das ilícitas, quando evidenciado o nexo de causalidade entre umas e outras, e quando as derivadas não pudessem ser obtidas senão por meio das primeiras. § 2º Após o trânsito em julgado da decisão de desentranhamento da prova declarada ilícita, serão tomadas as providências para o arquivamento sigiloso em cartório. § 3º O juiz que conhecer do conteúdo da prova declarada ilícita não poderá proferir a sentença", sendo que, a princípio, a redação destes artigos constituía um anteprojeto autônomo.

A superioridade técnica dessa redação original em relação àquela finalmente aprovada era notória e verdadeiramente ousada para a doutrina brasileira quando previa expressamente o afastamento do juiz que tomou contato com a prova ilícita do julgamento do mérito da causa.

Nada obstante, já nos debates legislativos sobre o tema, a redação acima, que foi encaminhada para o Congresso Nacional, teve seus rumos alterados para modificar para pior o texto, seja eliminando a menção à exclusão do juiz que teve contato com a prova ilícita, seja porque buscou definir o que é prova ilícita e, ao fazê-lo, criou situação confusa ao misturá-la com a prova ilegítima.

2. As provas ilícitas e sua inadmissibilidade: fundamento constitucional

O direito brasileiro não admite as provas ilícitas (art. 5º, LVI, da CF). Trata-se, pois, de regra de introdução da prova no cenário processual, impedindo, por tabela, sua valoração, e que se estende a qualquer meio de prova (testemunhal, documental ou pericial).

Conforme o sempre festejado elastério de Barbosa Moreira,

> conforme bem se sabe, manifestam-se a tal respeito duas teses radicais. De acordo com a primeira, – dominante, registre-se, não apenas em países de regime autoritário, como os

---

[1084] Lopes Jr, op cit, 2016, p. 154
[1085] STF. **HC 82.587/RJ**. Relator: Min. Cezar Peluso. 26 maio 2009.
[1086] STF. **HC 104.473/PE**. Relator: Min. Ricardo Lewandowski.

que formavam o antigo bloco socialista, mas também noutros de tradições inquestionavelmente liberais, no sentido mais nobre da palavra, *v.g.*, Inglaterra, Canadá, Austrália, Bélgica, Dinamarca, Suíça: vide Ada Pellegrini Grinover, *Liberdades públicas e processo penal*, 2. ed., São Paulo, 1982, p. 116 e segs., 129 e segs., deve prevalecer em qualquer caso o interesse da Justiça no descobrimento da verdade, de sorte que a ilicitude da obtenção não subtrai à prova o valor que possua como elemento útil para formar o convencimento do juiz; a prova será admissível, sem prejuízo da sanção a que fique sujeito o infrator. Já para a segunda, o direito não pode prestigiar comportamento antijurídico, nem consentir que dele tire proveito quem haja desrespeitado o preceito legal, com prejuízo alheio; por conseguinte, o órgão judicial não reconhecerá eficácia à prova ilegitimamente obtida.[1087]

2.1 Conceito teórico de prova ilícita

A literatura sobre o conceito de provas ilícitas e provas ilegais é vasta.

Avolio[1088] adverte que

> reputam-se ilícitas as provas obtidas com infração a normas ou princípios de direito material. 2. Embora essa violação ocorra no plano do direito material, a ilicitude repercute no plano processual, tornando a prova inutilizável. 3. A maioria dos ordenamentos comparados prevê atualmente a inutilizabilidade no processo das provas ilícitas, segundo critérios próprios: na Itália e Alemanha, por disposição expressa dos respectivos Códigos de Processo Penal; nos Estados Unidos, por construção jurisprudencial a partir do enunciado da IV Emenda à Constituição, consubstanciada na *exclusionary rule*; na Espanha, por disposição genérica contida na Lei Orgânica do Poder Judiciário sobre as provas obtidas a partir de violação dos direitos ou liberdades fundamentais.

2.2 Distinção teórica entre prova ilícita e prova ilegítima

Ainda de acordo com Avolio[1089],

> é possível distinguir, perfeitamente, as provas ilícitas das provas ilegítimas. A prova ilegítima é aquela cuja colheita estaria ferindo normas de direito processual. Assim, veremos que alguns dispositivos da lei processual penal contêm regras de exclusão de determinadas provas, como, por exemplo, a proibição de depor em relação a fatos que envolvam o sigilo profissional (art. 207 do CPP brasileiro); ou a recusa de depor por parte de parentes e afins (art. 206). A sanção para o descumprimento dessas normas encontra-se na própria lei processual. Então, tudo se resolve dentro do processo, segundo os esquemas processuais que determinam as formas e as modalidades de produção da prova, com a sanção correspondente a cada transgressão, que pode ser uma sanção de nulidade.

2.3 Conceito normativo de prova ilícita e suas consequências

A marcante distinção teórica acima exposta se mostra indispensável para efetuar-se a distinção *prática* entre ilicitude e ilegitimidade, diferenciação que se projetava para o plano das nulidades e que pela redação do *caput* do presente artigo se desfaz, como se observa claramente da redação, vez que a ilicitude passa a abranger a ofensa tanto à Constituição como à legislação infraconstitucional.

A consequência da definição legal se projeta para o plano das nulidades, a saber, as ofensas a ambos os níveis legislativos são doravante tratadas como nulidades, sendo inadmissível a entrada dessas provas no processo.

Atento ao problema, e buscando encontrar alguma solução para a tomada de posição da legislação, Dezem[1090] afirma que

> cumpre observar que se revela perigosa a redação apresentada pelo art. 157, na medida em que já estava relativamente assentado na doutrina e na jurisprudência o conceito de prova ilícita e sua diferenciação com a prova ilegítima. Tal equívoco de redação no referido artigo acaba por causar confusão: ora, se as provas ilícitas são aquelas obtidas em violação às normas constitucionais ou legais, então qual o espaço reservado para as chamadas provas ilegítimas, cuja sanção é a nulidade?

A seguir, aponta que "entendemos que duas são as soluções possíveis: a) em primeiro lugar, ignora-se tudo o quanto construído até aqui e, então, adota-se este critério atécnico criado pela reforma processual, de forma a não mais a distinção entre prova ilícita e prova ilegítima ou b) realiza-se leitura do art. 157 a

---

1087 MOREIRA, José Carlos Barbosa. A Constituição e as provas ilicitamente obtidas. **Revista Forense**, v. 337, p. 128, 1996.
1088 AVOLIO, Luiz Francisco Torquato. **Provas ilícitas**: interceptações telefônicas e gravações clandestinas: atualizada em face da Lei 9.296/96 e da jurisprudência. São Paulo: Revista dos Tribunais, 1999. p. 153.
1089 AVOLIO, *op. loc. cit.*, p. 43.
1090 DEZEM, Guilherme Madeira. **Da prova penal**: tipo processual, provas típicas e atípicas (atualizado de acordo com as Leis n. 11.689/2008, 11.690/2008 e 11.719/2008). Campinas: Millenium, 2008. p. 124-125.

partir da construção doutrinária apresentada, ou seja, fica a distinção entre prova ilícita e prova ilegítima", e conclui: "Preferimos esta segunda alternativa: mantém-se o sistema técnico distinção entre provas ilícitas e provas ilegítimas; e, então, a grande novidade da nova redação do art. 157 é reconhecer que pode haver prova em decorrência de violação de norma material infraconstitucional".

Malgrado o sério esforço teórico que vem no sentido de superar uma definição legal indesejável, não é possível escantear a lei porque *parte* da doutrina adota conceito que não o amparado legalmente.

Com efeito, será visto na sequência que o aparente rigor da definição do *caput* se desfará com o emprego dos mecanismos previstos nos parágrafos deste artigo. Assim, o mínimo que se pode fazer é tentar preservar com uma leitura garantista aquilo que a literalidade do artigo determina.

2.4 Prova ilícita e seus reflexos no processo: nulidade

A literalidade da CR impõe a inadmissibilidade no processo das provas ilícitas. No entanto, a literalidade cede diante da interpretação por critérios de proporcionalidade, os quais, em última análise, buscam mitigar a previsão constitucional, flexibilizando a admissão no processo das provas obtidas por meios ilícitos.

No direito brasileiro, no entanto, a maior parte dos provimentos jurisprudenciais apenas nomeia a proporcionalidade sem elucidar seu conteúdo. Assim, o jargão "proporcionalidade" passa a ser uma "senha" para acessar o código de descumprimento da CR. De outro lado, a inadmissibilidade das provas ilícitas gera um problema de "contaminação" das demais provas que dela são dependentes. Estas são as chamadas provas "por derivação", como adiante se verá.

O STF, em mais de uma oportunidade, já se pronunciou sobre o tema, afirmando:

> Ninguém pode ser investigado, denunciado ou condenado com base, unicamente, em provas ilícitas, quer se trate de ilicitude originária, quer se cuide de ilicitude por derivação. Qualquer novo dado probatório, ainda que produzido, de modo válido, em momento subsequente, não pode apoiar-se, não pode ter fundamento causal nem derivar de prova comprometida pela mácula da ilicitude originária. A exclusão da prova originariamente ilícita – ou daquela afetada pelo vício da ilicitude por derivação – representa um dos meios mais expressivos destinados a conferir efetividade à garantia do "due process of law" e a tornar mais intensa, pelo banimento da prova ilicitamente obtida, a tutela constitucional que preserva os direitos e prerrogativas que assistem a qualquer acusado em sede processual penal. Doutrina. Precedentes. – A doutrina da ilicitude por derivação (teoria dos "frutos da árvore envenenada") repudia, por constitucionalmente inadmissíveis, os meios probatórios, que, não obstante produzidos, validamente, em momento ulterior, acham-se afetados, no entanto, pelo vício (gravíssimo) da ilicitude originária, que a eles se transmite, contaminando-os, por efeito de repercussão causal. Hipótese em que os novos dados probatórios somente foram conhecidos, pelo Poder Público, em razão de anterior transgressão praticada, originariamente, pelos agentes da persecução penal, que desrespeitaram a garantia constitucional da inviolabilidade domiciliar. – Revelam-se inadmissíveis, desse modo, em decorrência da ilicitude por derivação, os elementos probatórios a que os órgãos da persecução penal somente tiveram acesso em razão da prova originariamente ilícita, obtida como resultado da transgressão, por agentes estatais, de direitos e garantias constitucionais e legais, cuja eficácia condicionante, no plano do ordenamento positivo brasileiro, traduz significativa limitação de ordem jurídica ao poder do Estado em face dos cidadãos. – Se, no entanto, o órgão da persecução penal demonstrar que obteve, legitimamente, novos elementos de informação a partir de uma fonte autônoma de prova – que não guarde qualquer relação de dependência nem decorra da prova originariamente ilícita, com esta não mantendo vinculação causal –, tais dados probatórios revelar-se-ão plenamente admissíveis, porque não contaminados pela mácula da ilicitude originária.[1091]

2.5 Prova ilícita e seus reflexos no processo: desentranhamento

Uma vez inadmissíveis no processo, a rigor as provas obtidas por tais meios deveriam ser desentranhadas dos autos. Solução nesse sentido consta do julgamento pelo e. STF[1092] e foi agora expressamente consagrada no *caput* do presente artigo.

2.6 Prova ilícita e seus reflexos no processo: fundamento para revisão criminal

Pertinente é a observação destacada por Grinover[1093], ao afirmar que poderá ser objeto de revisão criminal

---

1091 HC 93.050. 2ª Turma. Relator: Min. Celso de Mello. Data de julgamento: 10 jun. 2008. Data de publicação: DJE, 1º ago. 2008.
1092 Inq 731/DF (EDCL). Relator: Min. Néri da Silveira. 22 maio. 1996.
1093 GRINOVER, Ada Pellegrini; GOMES FILHO, Antonio Magalhães; SCARANCE FERNANDES, Antonio. Recursos no processo penal: teoria geral dos recursos, recursos em espécie, ações de impugnação. São Paulo: RT, 1996, p. 53.

o aresto que tiver sido lavrado com apoio em prova que se descobre como ilícita.

2.7 Possibilidade do emprego de prova ilícita *pro reo*

Quanto ao emprego da prova ilícita a favor exclusivamente do acusado há leitura constitucional que, partindo da afirmação que "O âmbito de proteção da garantia quanto à inadmissibilidade da prova ilícita está em estreita conexão com outros direitos e garantias fundamentais, como o direito à intimidade e à privacidade (art. 5º, X), o direito à inviolabilidade do domicílio (art. 5º, XI), o sigilo de correspondência e das comunicações telegráficas, de dados e das comunicações telefônicas (art. 5º, XII) e o direito ao sigilo profissional (CF, art. 5º, XIII e XIV, *in fine*), dentre outros" conclui que "o princípio do devido processo legal, em sua face atinente à ampla defesa, autoriza a produção de provas ilícitas *pro reo*. A garantia da inadmissibilidade das provas obtidas de forma ilícita, como corolário do devido processo legal, é direcionada, em princípio, à acusação (Estado), que detém o ônus da prova. Quando a prova obtida ilicitamente for indispensável para o exercício do direito fundamental à ampla defesa pelo acusado, de modo a provar a sua inocência, não há por que se negar a sua produção no processo"[1094], mas não se pode dizer que se trate de tema pacífico e assumido pela jurisprudência.

3. Encontro fortuito ("Serendipidade"[1095] ou "crime achado")

O "encontro fortuito" de provas está ligado, essencialmente, aos desdobramentos não previstos decorrentes da obtenção de um meio de prova licitamente determinado.

Tendo sua base como lícita (*v.g.* a determinação judicial de busca e apreensão), especula-se sobre os limites do encontro fortuito tendo como base, no exemplo dado, os limites do mandado.

Nesse sentido, Pacelli sustenta a licitude do encontro fortuito apenas se estiver materialmente vinculado aos termos da ordem judicial[1096], posição essa que Dezem afirma ser a sustentada pelo STF[1097] e que não conta com sua concordância. Lopes Jr.[1098], sustentando a desvinculação do encontro fortuito com a causa inicial da diligência recorda que essa é a posição do STJ e mesmo em vários precedentes do STF por ele mencionados.

Com efeito, como igualmente sustentamos em obra distinta[1099] deve-se ter como regra a possibilidade de admissão da prova fortuitamente encontra, abrindo exceção à situação da interceptação telefônica diante da sua autorização em hipóteses *numerus clausus* hipótese em que o meio de prova fortuitamente localizado deverá servir para iniciar novas investigações quando o objeto do encontro casual for completamente distinto daquele que originou a interceptação. Sua lícita é, mesmo nesse caso, inquestionável.

Quanto à compreensão do tema no campo dos precedentes, além dos julgados já mencionados por Lopes Jr como já citado, recente acórdão do STF ponderou em caso concreto, no qual "o juízo de origem determinou a prisão preventiva do paciente em razão da suposta prática de homicídio qualificado. O impetrante sustentou a ilicitude das provas colhidas, a inépcia da denúncia e a falta de justa causa para o prosseguimento da ação penal" porque a descoberta dessa nova conduta deu-se no âmbito de uma interceptação telefônica autorizada para investigar tráfico internacional de drogas. Na decisão

> O Colegiado afirmou que a hipótese dos autos é de crime achado, ou seja, infração penal desconhecida e não investigada até o momento em que se descobre o delito. A interceptação telefônica, apesar de investigar tráfico de drogas, acabou por revelar crime de homicídio. Assentou que, presentes os requisitos constitucionais e legais, a prova deve ser considerada lícita. Ressaltou, ainda, que a interceptação telefônica foi autorizada pela justiça, o crime é apenado com reclusão e inexistiu o desvio de finalidade.[1100]

Com mais este precedente afigura-se claro, sob nossa análise, que o STF aceita irrestritamente o que denominou de "crime achado".

1094 Mendes, Gilmar Ferreira; BRANCO, Paulo Gustavo Gonet. **Curso de direito constitucional**. 7. ed. rev. e atual. São Paulo: Saraiva, 2012. p. 754-755.

1095 Segundo o Dicionário Houaiss, "ing. serendipity (1754) (no sentido definido) derivado de(o) top. Serendip ou Serendib (do ár. Sarandīb), antigo nome do Sri Lanka, + suf. ing. -ity, palavra cunhada, em 1754, por Horace Walpole (1717-1797, escritor inglês), a partir de um antigo conto persa intitulado Os três príncipes de Serendip, cujos heróis sempre davam com coisas sem ter procurado por elas: aptidão, faculdade ou dom de atrair o acontecimento de coisas felizes ou úteis, ou de descobri-las por acaso." Versão *on-line*. Disponível em: <https://houaiss.uol.com.br/pub/apps/www/v3-2/html/index.php#2>. Acesso em: 5 abr. 2022.

1096 PACELLI, **Curso...** *op. cit.*, p. 37/38.

1097 DEZEM, **Curso...** *op. cit.*, p. 271.

1098 LOPES JR, **Direito processual penal...** *op. cit.*, p. 294.

1099 CHOUKR, Fauzi Hassan. **Iniciação ao processo penal**. Florianópolis: Empório do Direito, 2017. Cap. 8.

1100 HC 129678/SP. Relator originário: Min. Marco Aurélio. Redator para o acórdão: Min. Alexandre de Moraes. 13 jun. 2017.

§ 1º São também inadmissíveis as provas derivadas das ilícitas, salvo quando não evidenciado o nexo de causalidade entre umas e outras, ou quando as derivadas puderem ser obtidas por uma fonte independente das primeiras. (Incluído pela Lei n. 11.690, de 9 jun. 2008)

1. Prova lícita derivada de prova ilícita
Trata-se da

> denominada teoria dos "frutos da árvore envenenada" que já havia chamado a atenção da doutrina, quando se questionava "se não merecerá particular reexame a precipitação em importar, de maneira passiva e acrítica – segundo não raro acontece –, a doutrina dos 'frutos da árvore venenosa', ainda mais em formulação indiscriminada, nua dos matizes que a recobrem no próprio país de origem? A jurisprudência norte-americana, com efeito, não a consagra sem ponderáveis restrições: *vide*, a respeito, La Fave – Israel, ob. cit. (nota 24), p. 471 e segs.; Del Carmen, ob. cit. (nota 23), p. 65 e segs. Boa informação no artigo de Danilo Knijnik 'A 'doutrina dos frutos da árvore venenosa' e os discursos da Suprema Corte na decisão de 16.12.93', in *Ajuris*, n. 66, p. 76 e segs. Alguns dados em Costa Andrade, *Sobre as proibições de prova em processo penal*, Coimbra, 1992, p. 171-172. Interessante notar que nos Estados Unidos, entre outros casos, se tem repelido a tese da ilicitude 'derivada' ou 'por contaminação' quando o órgão judicial se convence de que, fosse como fosse, se chegaria 'inevitavelmente', nas circunstâncias, a obter a prova por meio legítimo, isto é, ainda a fazer-se abstração da ilegalidade praticada".[1101]

Fiel a este último entendimento, o e. STF já decidiu que "a existência nos autos de prova obtida ilicitamente (escuta telefônica) não basta à invalidação do processo, se a sentença condenatória está baseada em prova testemunhal autônoma, isto é, colhida sem necessidade dos elementos informativos revelados pela prova ilícita".[1102]

A "autonomia das fontes" acabou sendo reconhecida pela nova norma, nada obstante a conceituação do termo ser imprecisa na redação sancionada.

2. Fonte independente de prova
Dezem[1103] apresenta a fonte independente como a que surge na situação em que "duas fontes das quais pode ser obtida a prova, sendo uma admissível e outra ilícita, é de se considerar como admissível a não contaminada pela prova derivada", e, para Pacelli, "baseia-se precisamente na ausência fática de relação de causalidade ou de dependência lógica ou temporal (produção da prova posteriormente à ilícita). Fonte da prova independente é apenas isso: prova não relacionada com os fatos que geraram a produção da prova contaminada".[1104]

Na verdade, a concepção de uma "fonte independente de prova" vem ao encontro da necessidade de atenuar-se o mecanismo da ilicitude.

Como aponta Costa Andrade[1105], trata-se da

> chamada *doctrine of attenuation* que abre a porta à valoração da prova secundária sempre que "the causal connection (...) may have become so attenuated as to dissipate the taint". Proclamada logo no Nardone v. United States e posteriormente reconfirmada e reforçada na sua plausibilidade no Wong Sun v. United States (1963) esta doutrina apela para um princípio de imputação susceptível de reduzir as margens (exageradas) de um efeito a distância sobreponível às indicações de uma estrita *conditio sine qua non*. No mesmo sentido acaba por apontar um segundo e igualmente decisivo princípio, reconduzível à doutrina da *independent source*. Que legitima a valoração de provas secundárias sempre que elas foram ou poderiam ter sido obtidas por via autônoma e legal, à margem da *exclusionary rule* que impende sobre a prova primária. Cabendo, contudo, precisar as exigências particularmente apertadas de que os tribunais americanos fazem depender a valência duma causalidade hipotética. Tal só ocorrerá nos casos em que a produção da prova secundária, por via independente e legal, se possa, em concreto, considerar como "imminent, but in fact unrealized source of evidence" ("inevitable discovery exception"). Particularmente expressiva do horizonte em que hoje se inscreve a experiência americana a este propósito é a proposta constante do Model Penal Code of Pre-Arraignment Procedure (1974) cujo § 150.4 estabelece a *suppression* da prova ilegalmente obtida, 'unless the prosecution establishes that such evidence would probably have been discovered by law enforcement authorities irrespective of such (illegalities) and the Court finds that exclusion of such evidence is not necessary to deter violations of this Code".

1101 Barbosa Moreira.
1102 HC 73.311/MS. Relator: Min. Néri da Silveira. 30 abr. 1996.
1103 *Op. cit.*, p. 133.
1104 PACELLI, Oliveira. **Curso de processo penal**. 21. Ed. São Paulo, SP: GEN, 2017. p. 34. Cap. 9. (*e-book*).
1105 ANDRADE, Manuel da Costa. **Sobre as proibições de prova em processo penal**. Coimbra: Coimbra Editora, 2006. P. 172-173.

§ 2º Considera-se fonte independente aquela que por si só, seguindo os trâmites típicos e de praxe, próprios da investigação ou instrução criminal, seria capaz de conduzir ao fato objeto da prova. (Incluído pela Lei n. 11.690, de 9-6-2008)

1. Fonte independente e descoberta inevitável

A "descoberta inevitável" é uma construção teórico-jurisprudencial que tem seu assento na Suprema Corte dos EUA no caso Nix v. Williams de 1984, e se baseia "na ideia de que a projeção do efeito da prova proibida não impossibilita a admissão de outras provas derivadas quando estas tivessem inevitavelmente (would inevitably) sido descobertas, através de outra atividade investigatória legal. O que está aqui em causa note-se, não é, contrariamente ao que sucede no caso da "fonte independente", a constatação de que através de uma atividade de investigação autónoma daquela que originou a prova ilegal se chegou efetivamente à prova derivada. Contrariamente, nestas situações, está em causa a demonstração pela acusação de que uma outra atividade investigatória não levada a cabo, mas que seguramente iria ocorrer naquela situação, não fora a descoberta através da prova proibida, conduziria inevitavelmente ao mesmo resultado.[1106]

Assim, de acordo com a mesma fonte doutrinária, "em ambas as excepções é necessário que exista um *clean path*, um caminho lícito, que conduza às provas secundárias mas enquanto neste último [fonte independente] o percurso é actual, no primeiro [descoberta inevitável] é meramente hipotético ('iminente, *but in fact unrealized source of evidence*')".[1107]

§ 3º Preclusa a decisão de desentranhamento da prova declarada inadmissível, esta será inutilizada por decisão judicial, facultado às partes acompanhar o incidente. (Incluído pela Lei n. 11.690, de 9-6-2008)

1. Desentranhamento

Mesmo antes da reforma que alterou o presente artigo, e sempre a partir de um olhar constitucional, já havia sido decidido que

2. Reconhecida a ilicitude de prova constante dos autos, consequência imediata é o direito da parte, à qual possa essa prova prejudicar, a vê-la desentranhada. 3. Hipótese em que a prova questionada foi tida como ilícita, no julgamento da Ação Penal n. 307, fato já considerado no acórdão de recebimento da denúncia. 4. Pedido de desentranhamento formulado na resposta oferecida pelo embargante e reiterado em outro instante processual. 5. Embargos de declaração recebidos, para determinar o desentranhamento dos autos das peças concernentes à prova julgada ilícita, nos termos discriminados no voto condutor do julgamento.[1108]

Mas, para além do desentranhamento há a necessidade da desconsideração objetiva do conteúdo da prova ilícita. Assim já se pronunciou o STF quando denegou ordem em "habeas corpus" em que alegada ausência de justa causa para a propositura de ação penal ocasião em que não apenas as provas ilícitas foram retiradas dos autos, como os fatos a ela relacionados também foram desconsiderados.[1109]

Remanesce, contudo, a lacuna legislativa causada com a aprovação do texto sem a menção à impossibilidade do juiz que teve contato com a prova ilícita julgar o processo, providencia que sanaria o grave problema da contaminação subjetiva do julgador.

2. Recorribilidade do desentranhamento

Malgrado o texto fale em preclusão da decisão sobre o desentranhamento, a norma aprovada não alterou o sistema recursal, donde se conclui pela inexistência de meios recursais estritos para impugnação, restando eventual discussão em sede de mandado de segurança desde que provada ser a prova lícita e, daí, o consequente "direito líquido e certo" a que ela permaneça nos autos.

§ 4º Vetado.
Texto original: o juiz que conhecer do conteúdo da prova declarada inadmissível não poderá proferir a sentença ou acórdão.

1. O veto e suas razões

O veto a esse parágrafo nasceu do próprio Ministério da Justiça e da Advocacia-Geral da União, exposto nos seguintes termos, adotados pela Presidência da República:

O objetivo primordial da reforma processual penal consubstanciada, dentre outros, no presente projeto de lei, é imprimir celeridade e simplicidade ao desfecho do processo e assegurar a prestação jurisdicional em condições adequadas. O referido dispositivo vai de encontro a tal

---

[1106] TEIXEIRA, António Manuel de Jesus. **Os limites do efeito à distância nas proibições de prova no processo penal português**. 2014. Tese de Doutorado. p. 102-103.
[1107] TEIXEIRA, *op. loc. cit.*
[1108] STF. **Inq. ED 731/DF**. Relator: Min. Néri da Silveira. Data de publicação: DJ, 7 jun. 1996. p. 19.847. Ement. Vol. 1831-01. p. 27.
[1109] STF. **HC 116931/RJ**. Relator: Min. Teori Zavascki. 3 mar. 2015.

movimento, uma vez que pode causar transtornos razoáveis ao andamento processual, ao obrigar que o juiz que fez toda a instrução processual deva ser eventualmente substituído por um outro que nem sequer conhece o caso. Ademais, quando o processo não mais se encontra em primeira instância, a sua redistribuição não atende necessariamente ao que propõe o dispositivo, eis que mesmo que o magistrado conhecedor da prova inadmissível seja afastado da relatoria da matéria, poderá ter que proferir seu voto em razão da obrigatoriedade da decisão coligada.

Com base na "praticidade" e numa distorcida aplicação em Segundo Grau, evitou-se a entrada no ordenamento jurídico de norma que contribuiria sobremaneira ao aperfeiçoamento da substancial garantia do juiz natural, entendido não apenas como o pré-constituído em Lei e com competência previamente determinada, mas, sobretudo, na sua imparcialidade ao julgar.

> **Capítulo II** – Do exame de corpo de delito, da cadeia de custódia e das perícias em geral
>
> (Redação dada pela Lei n. 13.964, de 2019)
>
> Art. 158. Quando a infração deixar vestígios, será indispensável o exame de corpo de delito, direto ou indireto, não podendo supri-lo a confissão do acusado.

1. Indispensabilidade do corpo de delito

É a regra geral nos crimes que deixam vestígios. Diante de tal cenário, a jurisprudência aduz que "não se tratando de crime de materialidade naturalística, dispensa-se o cumprimento do art. 158 do Código de Processo Penal, o qual prevê que a confissão do acusado não supre o exame de corpo de delito, direto ou indireto, quando a infração deixar vestígios".[1110]

2. Relativização da necessidade da realização do exame pericial

Nada obstante a regra imposta pelo presente artigo, não raro se decide que

> havendo outros elementos probatórios, de regra, lícitos, legítimos e adequados para demonstrar a verdade judicialmente válida dos fatos, não há

razão para desconsiderá-los sob o pretexto de que o art. 158 do CPP admite, para fins de comprovação da conduta delitiva, apenas e tão somente, o respectivo exame pericial.[1111]

Nesse sentido, "a prova pericial no processo criminal (CPP, art. 158) destina-se a fazer prova nas infrações que deixam vestígios, revelando-se desnecessária nos crimes contra a ordem tributária se nos autos se encontram documentos que demonstram suficientemente a materialidade do crime"[1112], ou "a prova da materialidade pode ser obtida por quaisquer meios processuais lícitos" (TRF. 4ª Região. Relator: Juiz Gilson Dipp. 8 abr. 1997).

3. Diferença entre exame de corpo de delito e laudo

O exame de corpo de delito (CPP, art. 158) não se confunde com o laudo de avaliação (CPP, art. 172). A ausência do segundo não macula o feito e não constitui causa de nulidade. A materialidade exsurge nítida do acervo probatório.[1113]

3.1 Exame pericial e falhas na produção do laudo

À luz do § 1º do art. 158 do Código de Processo Penal, a inexistência de peritos oficiais não inibe o exame de corpo de delito, não constituindo mais do que mera irregularidade a ausência de termo de compromisso, se a autoridade chancela o auto respectivo. A atestação que resulta do exame documentado pelo laudo tem o seu valor subordinado à sua natureza, devendo ser distinguido o que é pronunciamento técnico e o que é juízo de constatação de fato. O valor do laudo, quanto aos juízos técnicos e aos juízos de fato, como meios de prova, estão abertos à impugnação própria do contraditório e, pois, do direito de acusar e de defender, reduzindo a um nada a alegação abstrata de prejuízo, impedindo, por óbvias razões, transformar mera irregularidade em nulidade.[1114]

4. Momento de realização

Acórdão de conteúdo inusitado afirmou que

> o exame pericial no processo criminal deve ser feito no Inquérito Policial, ficando sua realização no curso da ação penal relegada para situações excepcionais e devidamente comprovadas. Todavia, se determinada a realização da prova técnica no processo penal, cabe ao Requerente, no caso

---

1110 TRF. 2ª Região. Relator: Juiz André Fontes. 27 ago. 2003.
1111 STJ. **RHC 13215 SC 2002/0096262-6**. 5ª Turma. Relator: Min. Felix Fischer. Data de julgamento: 15 abr. 2003. Data de publicação: DJ, 26 maio 2003. p. 368.
1112 TRF. 4ª Região. Relator: Juiz Tadaaqui Hirose. 23 set. 2003.
1113 TRF. 3ª Região. Relator: Juiz Helio Nogueira, 17 abr. 2001.
1114 STJ. **REsp 181937 ES 1998/0051202-0**. 6ª Turma. Relator: Min. Hamilton Carvalhido. Data de julgamento: 5 jun. 2001. Data de publicação: DJ, 24 set. 2001. p. 354.

o Réu, adiantar os salários provisórios do Perito, nos termos do art. 19 do Código de Processo Civil, cuja aplicação justifica-se pela analogia admitida no art. 3º do Código de Processo Penal.[1115]

Surpreende o conteúdo da ementa, porque a realização do exame pericial na fase investigativa não exime a oportunidade do denominado "contraditório diferido" (vide art. 6º nestes **Comentários**), a implicar, potencialmente, a nova realização de exame pericial, nada havendo de excepcional nisso e, no mais, porque a aplicação analógica do art. 19 do CPC coloca em confronto dois modelos jurídicos que não são exatamente congruentes no que tange à realização dos exames periciais. Assim, exigir que o réu (ou o acusador) *pague* por novo exame pericial foge nitidamente da estrutura processual penal.

4.1 Ausência do exame pericial quando do oferecimento da denúncia

Normalmente a jurisprudência admite a apresentação da inicial penal pelo acusador (público) sem a juntada da respectiva comprovação da materialidade.

Dessa forma, por exemplo,

> Ainda que se trate de crime que deixe vestígios (art. 158 do CPP), não há nulidade decorrente do recebimento de denúncia sem realização de perícia, se existe nos autos laudo assinado por servidor de Instituto de Pesos e Medidas, e, além disso, pode ser realizado o exame durante a instrução.[1116]

Da mesma maneira, "nos crimes que deixam vestígios, o corpo de delito considerado indispensável (CPP, art. 158) não é, todavia, peça obrigatória de instrução da denúncia, podendo o exame pericial ser realizado no curso da instrução criminal".[1117]

5. Falta de exame de corpo de delito: consequências processuais

Na estrutura do Código de Processo Penal, sendo o caso de comprovação da materialidade pelo laudo pericial, a inexistência deste nos autos é causa de absolvição. Condenações sem essa comprovação são insustentáveis, impondo-se a nulidade do provimento condenatório. Sem embargo, nem sempre essa concepção é acolhida nos Tribunais, decidindo-se não raras vezes que "a falta do exame de corpo de delito por si só, não serve para anular o processo. Suprimento pela prova testemunhal idônea que se admite, a teor do Código de Processo Penal, arts. 158 e 167".[1118]

6. Exame de corpo de delito direto

"O Código de Processo Penal estabelece duas modalidades de realização de exame de corpo de delito: o direto e o indireto. O corpo de delito, na clássica definição de João Mendes, é o conjunto dos elementos sensíveis do fato criminoso. Diz-se direto quando reúne elementos materiais do fato imputado. Indireto, se, por qualquer meio, evidencia a existência do acontecimento delituoso".[1119]

Do primeiro diz-se que realizado sobre a base material da ação criminosa praticada e, quando presente esta base, não haveria de ser possível a substituição da modalidade direta pela "indireta", que se resume à realização do exame de corpo de delito a partir de perspectivas ou hipóteses de como teria sido a base material da ação criminosa. Como apontado em determinado provimento, quando da impossibilidade da realização do exame na ação que deixa vestígios, o "Suprimento pela prova indireta [é] inadmissível"[1120], culminando com a absolvição.

Deve ficar claro que a impossibilidade da realização do exame há de ser compreendida apenas pela inexistência de base material para a realização direta, a dizer, quando o exame não é realizado no momento oportuno pela desídia do Estado, ou sua realização é imprestável pela falta de aptidão técnica dos operadores encarregados de fazê-lo, não há que onerar o réu com uma prova indireta em vez daquela que poderia ter sido imediatamente realizada.

6.1 Não realização de perícia e (im)possibilidade de substituição

No contexto dessa discussão tem-se por exemplo, num crime como o aborto que "a ausência do laudo pericial, a materialidade do delito de aborto pode ser comprovada pela prova testemunhal, que supre o referido exame."[1121]

1115 TRF. 4ª Região. MS. Relator: Juiz Fabio Rosa. 13 maio 2003.
1116 STJ. **RHC 11620 PR 2001/0090930-0**. 6ª Turma. Relator: Min. Vicente Leal. Data de julgamento: 20 nov. 2001. Data de publicação: DJ, 4 fev. 2002. p. 550.
1117 STJ. REsp. Relator: Vicente Leal. 19 set. 2000; da mesma maneira, TRF. 1ª Região. HC. Relator: Juiz Osmar Tognolo. 27 set. 1995.
1118 STJ. **RHC 11414 SE 2001/0060918-3**. 5ª Turma. Relator: Min. Edson Vidigal. Data de julgamento: 19 jun. 2001. Data de publicação: DJ, 20 ago. 2001. p. 495. JBC, Vol. 42, p. 283.
1119 STJ. REsp 30435 RJ 1992/0032289-1. 6ª Turma. Relator: Min. Luiz Vicente Cernicchiaro. Data de julgamento: 9 fev. 1993. Data de publicação: DJ, 12 abr. 1993. p. 6087.
1120 TJSP. RT, 554/339.
1121 TJ-RO. **APL 00065065220138220000 RO 0006506-52.2013.822.0000**. 1ª Câmara Criminal. Relator: Des. Hiram Souza Marques. Data de julgamento: 18 dez. 2014. Data de publicação: DO, 22 dez. 2014.

Da mesma maneira, quando da falsificação de documento

Comprovada está a materialidade do delito de falsificação e uso de documento falso, quando presente nos autos informação da instituição bancária informando que não houve o pagamento e que não reconhece os documentos apresentados, máxime, quando corroborados pela prova oral, sendo irrelevante a não realização de exame pericial, suprido pelas demais provas produzidas.[1122]

Não raras emprega-se, para sustentar uma condenação diante da ausência da necessária prova pericial, o "princípio do livre convencimento motivado [pelo qual], pode o juiz formar sua convicção sobre a existência ou não da majorante do emprego de arma com base na prova oral, que possui o mesmo valor da prova pericial, vez que não existe hierarquia entre elementos probatórios".[1123]

Quando não, pura e simplesmente sobreleva-se a palavra da vítima ou testemunha de forma peremptória, como na situação dos

crimes de roubo, muitas vezes praticados na clandestinidade, a palavra dos ofendidos assume especial importância, tanto para confirmar a materialidade e a autoria, como o emprego de violência ou de grave ameaça exercida contra pessoa, mediante emprego de arma de fogo. Em tais situações, a prova oral supre inclusive, para fins de reconhecimento da causa de aumento prevista no art. 157, § 2º, I, do CP, eventual ausência de laudo pericial.[1124]

7. Exame de corpo de delito indireto

Dadas as circunstâncias fáticas, em situações excepcionais, cabe o exame mediato ou indireto, sendo que "admite a lei processual penal o exame de corpo de delito indireto em havendo desaparecido os vestígios, e o suprimento da prova pericial pela prova testemunhal" (arts. 158 e 167, CPP).[1125]

A realização de exames indiretos, de acordo com tudo quanto já foi exposto, é residual. Deve ser vista com cautela, portanto, a assertiva de que "os elementos coligidos na denúncia e durante a instrução, configuram o denominado corpo de delito indireto, que, conforme as mais atuais e abalizadas doutrina e jurisprudência, suprem o exame direto.[1126]

8. Confissão e exame de corpo de delito

A confissão do acusado não substitui o exame de corpo de delito que é indispensável sempre que a infração deixar vestígios.

Da mesma maneira, tem-se, por exemplo, que "a caracterização do crime previsto no art. 21 da Lei n. 7.805/89 decorre da 'realização de trabalhos de extração de substâncias minerais, sem a competente permissão, concessão ou licença", cuja conduta deixa vestígio, sendo indispensável a realização de exame pericial, não o suprindo eventual confissão do agente, consoante prevê o art. 158 do CPP. Se o tipo penal decorre da ação de "realização de trabalhos de extração de substâncias minerais", sem o respaldo legal, fica evidente que o local da extração teria de ser mencionado e periciado.[1127]

> *Parágrafo único*. Dar-se-á prioridade à realização do exame de corpo de delito quando se tratar de crime que envolva: (Incluído dada pela Lei n. 13.721, de 2018)
> I - violência doméstica e familiar contra mulher; (Incluído dada pela Lei n. 13.721, de 2018)
> II - violência contra criança, adolescente, idoso ou pessoa com deficiência. (Incluído dada pela Lei n. 13.721, de 2018)

Art. 158-A. Considera-se cadeia de custódia o conjunto de todos os procedimentos utilizados para manter e documentar a história cronológica do vestígio coletado em locais ou em vítimas de crimes, para rastrear sua posse e manuseio a partir de seu reconhecimento até o descarte. (Incluído pela Lei nº 13.964, de 2019)

§ 1º O início da cadeia de custódia dá-se com a preservação do local de crime ou com procedimentos policiais ou periciais nos quais seja detectada a existência de vestígio. (Incluído pela Lei nº 13.964, de 2019)

§ 2º O agente público que reconhecer um elemento como de potencial interesse para a produção da

---

1122 TJ-SP. **APL 00000670720118260025 SP 0000067-07.2011.8.26.0025**. 7ª Câmara de Direito Criminal. Relator: J. Martins. Data de julgamento: 23 out. 2014. Data de publicação: 5 nov. 2014.
1123 TJ-DF. **APR 20100110075386 DF 0003993-33.2010.8.07.0001**. 1ª Turma Criminal. Relator: Mario Machado. Data de julgamento: 13 jun. 2013.
1124 TJ-SP. **APL 00419689020118260562 SP 0041968-90.2011.8.26.0562**. 8ª Câmara de Direito Criminal. Relator: Grassi Neto. Data de julgamento: 11 jun. 2015. Data de publicação: 16 jun. 2015.
1125 STJ. **HC**. Relator: Hamilton Carvalhido. 21 fev. 2002. Também, TJ-MG. **200000035657880001 MG 2.0000.00.356578-8/000**. Relator: Eduardo Brum. Data de julgamento: 30 abr. 2003. Data de publicação: 20 maio 2003.
1126 TRF. 2ª Região. **ACR**. Relator: Juiz Paulo Espírito Santo.
1127 TRF. 1ª Região. **ACR**. Relator: Juiz Lindoval Marques de Brito. 9 abr. 2002.

prova pericial fica responsável por sua preservação. (Incluído pela Lei nº 13.964, de 2019)

§ 3º Vestígio é todo objeto ou material bruto, visível ou latente, constatado ou recolhido, que se relaciona à infração penal. (Incluído pela Lei nº 13.964, de 2019)

Art. 158-B. A cadeia de custódia compreende o rastreamento do vestígio nas seguintes etapas: (Incluído pela Lei nº 13.964, de 2019)

I – reconhecimento: ato de distinguir um elemento como de potencial interesse para a produção da prova pericial; (Incluído pela Lei nº 13.964, de 2019)

II – isolamento: ato de evitar que se altere o estado das coisas, devendo isolar e preservar o ambiente imediato, mediato e relacionado aos vestígios e local de crime; (Incluído pela Lei nº 13.964, de 2019)

III – fixação: descrição detalhada do vestígio conforme se encontra no local de crime ou no corpo de delito, e a sua posição na área de exames, podendo ser ilustrada por fotografias, filmagens ou croqui, sendo indispensável a sua descrição no laudo pericial produzido pelo perito responsável pelo atendimento; (Incluído pela Lei nº 13.964, de 2019)

IV – coleta: ato de recolher o vestígio que será submetido à análise pericial, respeitando suas características e natureza; (Incluído pela Lei nº 13.964, de 2019)

V – acondicionamento: procedimento por meio do qual cada vestígio coletado é embalado de forma individualizada, de acordo com suas características físicas, químicas e biológicas, para posterior análise, com anotação da data, hora e nome de quem realizou a coleta e o acondicionamento; (Incluído pela Lei nº 13.964, de 2019)

VI – transporte: ato de transferir o vestígio de um local para o outro, utilizando as condições adequadas (embalagens, veículos, temperatura, entre outras), de modo a garantir a manutenção de suas características originais, bem como o controle de sua posse; (Incluído pela Lei nº 13.964, de 2019)

VII – recebimento: ato formal de transferência da posse do vestígio, que deve ser documentado com, no mínimo, informações referentes ao número de procedimento e unidade de polícia judiciária relacionada, local de origem, nome de quem transportou o vestígio, código de rastreamento, natureza do exame, tipo do vestígio, protocolo, assinatura e identificação de quem o recebeu; (Incluído pela Lei nº 13.964, de 2019)

VIII – processamento: exame pericial em si, manipulação do vestígio de acordo com a metodologia adequada às suas características biológicas, físicas e químicas, a fim de se obter o resultado desejado, que deverá ser formalizado em laudo produzido por perito; (Incluído pela Lei nº 13.964, de 2019)

IX – armazenamento: procedimento referente à guarda, em condições adequadas, do material a ser processado, guardado para realização de contraperícia, descartado ou transportado, com vinculação ao número do laudo correspondente; (Incluído pela Lei nº 13.964, de 2019)

X – descarte: procedimento referente à liberação do vestígio, respeitando a legislação vigente e, quando pertinente, mediante autorização judicial. (Incluído pela Lei nº 13.964, de 2019)

Art. 158-C. A coleta dos vestígios deverá ser realizada preferencialmente por perito oficial, que dará o encaminhamento necessário para a central de custódia, mesmo quando for necessária a realização de exames complementares. (Incluído pela Lei nº 13.964, de 2019)

§ 1º Todos vestígios coletados no decurso do inquérito ou processo devem ser tratados como descrito nesta Lei, ficando órgão central de perícia oficial de natureza criminal responsável por detalhar a forma do seu cumprimento. (Incluído pela Lei nº 13.964, de 2019)

§ 2º É proibida a entrada em locais isolados bem como a remoção de quaisquer vestígios de locais de crime antes da liberação por parte do perito responsável, sendo tipificada como fraude processual a sua realização. (Incluído pela Lei nº 13.964, de 2019)

Art. 158-D. O recipiente para acondicionamento do vestígio será determinado pela natureza do material. (Incluído pela Lei nº 13.964, de 2019)

§ 1º Todos os recipientes deverão ser selados com lacres, com numeração individualizada, de forma a garantir a inviolabilidade e a idoneidade do vestígio durante o transporte. (Incluído pela Lei nº 13.964, de 2019)

§ 2º O recipiente deverá individualizar o vestígio, preservar suas características, impedir contaminação e vazamento, ter grau de resistência adequado e espaço para registro de informações sobre seu conteúdo. (Incluído pela Lei nº 13.964, de 2019)

§ 3º O recipiente só poderá ser aberto pelo perito que vai proceder à análise e, motivadamente, por pessoa autorizada. (Incluído pela Lei nº 13.964, de 2019)

§ 4º Após cada rompimento de lacre, deve se fazer constar na ficha de acompanhamento de vestígio o nome e a matrícula do responsável, a data, o local, a finalidade, bem como as informações referentes ao novo lacre utilizado. (Incluído pela Lei nº 13.964, de 2019)

§ 5º O lacre rompido deverá ser acondicionado no interior do novo recipiente. (Incluído pela Lei nº 13.964, de 2019)

Art. 158-E. Todos os Institutos de Criminalística deverão ter uma central de custódia destinada à guarda e controle dos vestígios, e sua gestão deve ser vinculada diretamente ao órgão central de perícia oficial de natureza criminal. (Incluído pela Lei nº 13.964, de 2019)

§ 1º Toda central de custódia deve possuir os serviços de protocolo, com local para conferência, recepção, devolução de materiais e documentos, possibilitando a seleção, a classificação e a distribuição de materiais, devendo ser um espaço seguro e apresentar condições ambientais que não interfiram nas características do vestígio. (Incluído pela Lei nº 13.964, de 2019)

§ 2º Na central de custódia, a entrada e a saída de vestígio deverão ser protocoladas, consignando-se informações sobre a ocorrência no inquérito que a eles se relacionam. (Incluído pela Lei nº 13.964, de 2019)

§ 3º Todas as pessoas que tiverem acesso ao vestígio armazenado deverão ser identificadas e deverão ser registradas a data e a hora do acesso. (Incluído pela Lei nº 13.964, de 2019)

§ 4º Por ocasião da tramitação do vestígio armazenado, todas as ações deverão ser registradas, consignando-se a identificação do responsável pela tramitação, a destinação, a data e horário da ação. (Incluído pela Lei nº 13.964, de 2019)

Art. 158-F. Após a realização da perícia, o material deverá ser devolvido à central de custódia, devendo nela permanecer. (Incluído pela Lei nº 13.964, de 2019)

Parágrafo único. Caso a central de custódia não possua espaço ou condições de armazenar determinado material, deverá a autoridade policial ou judiciária determinar as condições de depósito do referido material em local diverso, mediante requerimento do diretor do órgão central de perícia oficial de natureza criminal. (Incluído pela Lei nº 13.964, de 2019)

1. A cadeia de custódia no direito brasileiro

A cadeia de custódia constitui "procedimento preponderante e de suma importância para a garantia e transparência na apuração criminal quanto à prova material, sendo relato fiel de todas as ocorrências da evidência, vinculando os fatos e criando um lastro de autenticidade jurídica entre o tipo criminal, autor e vítima"[1128].

O processo penal brasileiro, contudo, historicamente jamais se preocupou com essa dimensão que agora avulta em importância diante aumento do emprego de fontes de prova de natureza distinta daquele testemunhal - sobretudo a prova digital -, que exige a necessária certificação que o objeto a ser manuseado, garantindo sua integridade[1129], em particular preservando os seguintes aspectos:

- Documentação: trata-se do verdadeiro histórico de vida da fonte de prova, pelo qual se identifica cronologicamente seu itinerário desde sua apreensão e em todas as etapas em que deve permanecer custodiado;
- Rastreio[1130]: decorre da documentação o rastreio do histórico da fonte de prova custodiada;
- Integridade: adequado e seguro armazenamento e acondicionamento da fonte de prova de modo a preservar seu conteúdo de forma completa
- Confiabilidade: da documentação e da integridade emanam a confiabilidade que a fonte de prova custodiada deve merecer na apreciação judicial uma vez que tenha sido possível obter dela um meio de prova;
- Responsabilização: possibilidade de, por meio da documentação, alcançar-se a pessoa humana que interveio na cadeia de custódia gerando, por exemplo, sua quebra indevida.[1131]

1128 MACHADO, Margarida Helena Serejo. **A Regulamentação da Cadeia de Custódia na Ação Penal**: Uma necessidade Premente. Corpo Delito, n.1, p. 18-23, Brasília, 2009. p. 18.

1129 Brasil. Superior Tribunal de Justiça. Ministra Assusete Magalhães. Quebra de sigilo de dados e das comunicações telefônicas: O dever estatal de preservação da fonte de prova. Doutrina: edição comemorativa, 25 anos. Brasília: 2014, p. 517.

1130 EDINGER, Carlos. **Cadeia de custódia, rastreabilidade probatória. Revista Brasileira de Ciências Criminais**, São Paulo, v. 24, n. 120, p. 237-257, mai./jun. 2016.

1131 Inclusive para fins de verificação de sua responsabilidade administrativa: LEONARDO, Paula Velho. A cadeia de custódia e o perito oficial sob a ótica da lei de improbidade administrativa. In: Âmbito Jurídico, Rio Grande, XIII, n. 81, out 2010. Disponível em: <http://www.ambitojuridico.com.br/site/index.php?n_link=revista_artigos_leitura&artigo_id=8433>. Acesso em: 28 dez. 2022.

2. As consequências da quebra da cadeia de custódia

A integridade da prova é inegociável, regra basilar para o processo penal no Estado de Direito[1132]. A quebra da cadeia de custódia implica na inutilização, enquanto fonte de cognição, do objeto a ela submetido[1133] e, se este for o esteio fulcral da tese de acusação, potencialmente estará comprometido o resultado condenatório, salvo se a cognição puder ser feita de maneira idêntica por outros meios de prova[1134]. Nos crimes materiais, contudo, essa possibilidade tende a ser nula diante da própria exigência legal da comprovação que é própria àqueles crimes.

Tratando do tema, o STJ, no HC n. 653515/RJ de relatoria do Min. Rogerio Schietti Cruz, tratou de caso (tráfico de drogas) em que o objeto a ser periciado chegou no setor técnico "embalado em frágil saco plástico incolor (do tipo usado para acondicionamento de alimentos em mercados e feiras), fechado por nó e desprovido de lacre."

A conclusão do I. Magistrado parece ir ao encontro do aqui exposto, afirmando que "devem ser sopesadas pelo magistrado com todos os elementos produzidos na instrução, a fim de aferir se a prova é confiável. Assim, à míngua de outras provas capazes de dar sustentação à acusação, deve a pretensão ser julgada improcedente, por insuficiência probatória, e o réu ser absolvido". Contudo, o cerne da fundamentação afasta a imprestabilidade absoluta do meio de prova cuja cadeia de custódia foi quebrada, para lastrear a absolvição no conjunto total de elementos cognitivos para um crime cuja materialidade é de ser necessariamente comprovada. Ainda no caso concreto, como havia concurso de crimes, a condenação em associação para o tráfico foi mantida.

1. Exigência de prioridade

Fruto do PL 235/2011 da autoria do então Deputado Federal Sandes Jr (PP/GO) e nada obstante sua boa intenção legislativa, do ponto de vista prático sua exigência tende a ser tímida porquanto não acarreta qualquer sanção processual seu descumprimento.

Assim, se no curso do inquérito policial ou investigação pelo Ministério Público houver desobediência à prioridade tratada neste artigo as sanções serão estritamente funcionais.

> Art. 159. O exame de corpo de delito e outras perícias serão realizados por perito oficial, portador de diploma de curso superior. (Redação dada pela Lei n. 11.690, de 9 de junho de 2008)

1. Tramitação legislativa da Lei n. 11.690/2008

A redação original da Comissão Grinover era sensivelmente mais simples:

> Art. 159. O exame de corpo de delito e outras perícias serão, em regra, realizados por perito oficial.
>
> § 1º Na falta de perito oficial, o exame será realizado por duas pessoas idôneas, escolhidas, de preferência, dentre as que tiverem habilitação técnica.
>
> § 2º Os peritos não oficiais prestarão o compromisso de bem e fielmente desempenhar o encargo.
>
> § 3º Serão facultadas ao Ministério Público e seu assistente, ao querelante, ao ofendido, ao investigado e ao acusado a formulação de quesitos e indicação de assistente técnico, que atuará a partir de sua admissão pelo juiz. (NR)

Por emenda apresentada pelo Deputado Jovair Novaes, houve a alteração do *caput* para a seguinte redação: "Art. 159. Os exames de corpo de delito e as outras perícias serão realizadas por peritos oficiais, portadores de diploma de curso superior".

A justificativa foi contundente:

> É inadmissível que no atual desenvolvimento tecnológico e científico possamos patrocinar um retrocesso ao Código de Processo Penal (a proposta do PL 4.205/2001 retrocede aos "avanços" de 1941, relativo ao art. 159) em relação à Perícia Oficial. Colocar no *caput* do mencionado artigo que as "perícias serão, em regra, realizadas por peritos oficiais" é patrocinar o completo sucateamento dos já debilitados Institutos de Criminalística e de Medicina Legal. Da mesma forma, retirar

---

[1132] A este respeito ver, por todos, PRADO, Geraldo. **La cadena de custodia de la prueba en el proceso penal**. Madrid: Marcial Pons, 2019. 187 p. ISBN 978-84-9123-686-3. Disponível em: <http://200.205.38.50/biblioteca/index.asp?codigo_sophia=157612>. Acesso em: 28 dez. 2022.

[1133] Para tanto ver, também, MENEZES, Isabela Aparecida de; BORRI, Luiz Antonio; JUNIOR SOARES, Rafael. A quebra da cadeia de custódia da prova e seus desdobramentos no processo penal brasileiro. **Revista brasileira de direito processual penal**, Belo Horizonte, v. 4, n. 1, p. 277-300, 2018. Disponível em: http://200.205.38.50/biblioteca/index.asp?codigo_sophia=141287. Ainda: MARGRAF, Alencar Frederico; PESCH, Natália Mendes. Garantias constitucionais na produção probatória e o descaso com a cadeia de custódia. **Revista de Direito Constitucional e Internacional**: Cadernos de direito constitucional e ciência política, São Paulo, v. 26, n. 106, p. 225-246, mar./abr. 2018. Disponível em: <http://200.205.38.50/biblioteca/index.asp?codigo_sophia=144557>. Acesso em: 28 dez. 2022.

[1134] Discordando-se, assim, da posição assumida por LIMA, Renato Brasileiro. Manual de Processo Penal. 8. ed. atual. ampl. Salvador: JusPodivm, 2020. p. 722-723.

a exigência de diploma de nível superior para a nomeação do chamado "perito *ad hoc*" é, perigosamente, voltar a situação anterior da edição da Lei n. 8.862/94, em que se deixava a "porta aberta" para nomeações equivocadas e meramente formais para atender a interesses outros.[1135]

2. Perícia realizada por apenas um perito
Foi a inovação do *caput* do artigo, "advento da Lei 11.690/08, que alterou o art. 159 do Código de Processo Penal, com vigência a partir de 9/6/08, consolidou o entendimento de que "O exame de corpo de delito e outras perícias serão realizados por perito oficial, portador de diploma de curso superior".[1136]

Assim, há de ser considerada ratificada "a jurisprudência do Supremo Tribunal Federal [que] está sedimentada no sentido de entender válida a perícia quando realizada por um único perito oficial. A exigência de dois peritos pressupõe a hipótese prevista no § 1º do art. 159 do Código de Processo Penal"[1137] e que "É também firme a jurisprudência deste Superior Tribunal de Justiça e do Supremo Tribunal Federal em que a exigência da realização do exame pericial por dois peritos restringe-se às hipóteses de peritos não oficiais (Código de Processo Penal, art. 159)".[1138]

3. Não identificação e falta de assinatura do perito: consequências
Quanto à não identificação da assinatura do perito, ainda no regime anterior considerou-se que "O laudo pericial assinado por dois peritos (em conformidade com a nova redação do art. 159 do CPP), mas no qual somente uma das assinaturas está identificada, padece de simples irregularidade".[1139]

Por outro lado,

A falta de assinatura do perito oficial no laudo químico toxicológico não tem o condão de macular toda a instrução processual, apesar de ser uma irregularidade. Além disso, inviável a declaração de nulidade do feito, por tal lapso, se a materialidade da conduta infracional foi comprovada por outros meios de prova (v.g., boletim de ocorrência de autoria conhecida, auto de apreensão de adolescente, laudos de constatação prévia da drogas, auto de exibição e apreensão).[1140]

4. Compromisso, peritos oficiais e não oficiais
No tocante ao compromisso legal dos peritos, somente os não oficiais o prestarão de bem e fielmente desempenhar o encargo, nos termos do art. 159, § 2º, do Código de Processo Penal. Os oficiais não estão sujeitos a essa formalidade, porque, como agentes servidores públicos, milita em seu favor a presunção de que agem escorreitamente no exercício das suas funções, eis que são empossados após formal compromisso de bem e fielmente cumprirem seus deveres, em investidura que advém da lei.[1141]

Convém acrescer, a título de justificação teórica aceita largamente sobre o tema, que

a perícia, no processo penal, apresenta a peculiaridade de ser uma função estatal destinada a fornecer dados instrutórios de ordem técnica e a proceder à verificação e formação do corpo de delito (...) Embora os peritos sejam nomeados pela autoridade policial ou pelo juiz, sem interferência das partes (art. 276), quebra alguma há nisso ao princípio do contraditório. Em primeiro lugar, o perito é o órgão auxiliar para exercer função técnica com absoluta imparcialidade; e, em segundo lugar, acusação e defesa podem criticar o trabalho dos peritos, requerer novos exames, pedir esclarecimentos aos expertos, apresentar quesitos e solicitar do juiz exames complementares ou repetição da perícia com a nomeação de novos técnicos.[1142]

5. Flexibilização da norma do art. 159 do CPP
Já se decidiu que "o rigorismo formal da prova pericial (art. 159, Código de Processo Penal) não deve ser exigido para perícias simples, como verificação de arrombamento. O conjunto da prova, com o laudo

---

1135 BRASIL. Câmara dos Deputados. Disponível em: <http://www.camara.gov.br/sileg/integras/461301.pdf>.
1136 STJ. **RHC 26193 PR 2009/0105373-3**. 5ª Turma. Relator: Min. Arnaldo Esteves Lima. Data de julgamento: 1º out. 2009. Data de publicação: DJe, 3 nov. 2009.
1137 STF. **HC 73.148/SP**. 2ª Turma. Relator: Min. Marco Aurélio. ac. un. Data de publicação: DJ, 12 abr. 1996; TRF. 1ª Região. HC. Relator: Juiz Luciano Tolentino Amaral. 18 dez. 2001.
1138 STJ. **HC 21444 MA 2002/0036567-1**. 6ª Turma. Relator: Min. Hamilton Carvalhido. Data de julgamento: 6 fev. 2003. Data de publicação: DJ, 10 mar. 2003. p. 314.
1139 STJ. **HC 8079 SP 1998/0078953-7**. 5ª Turma. Relator: Min. Felix Fischer. Data de julgamento: 18 fev. 1999. Data de publicação: DJ, 29 mar. 1999. p. 194. LEXSTJ, Vol. 120, p. 301.
1140 STJ. **HC 278925 SP 2013/0335670-3**. 5ª Turma. Relatora: Min. Laurita Vaz. Data de julgamento: 10 dez. 2013. Data de publicação: DJe, 3 fev. 2014.
1141 TJSP. Relator: Bittencourt Rodrigues. 16 ago. 1993.
1142 MARQUES, Frederico. *Op. cit.* Vol. II, p. 354-355.

pericial, aliado à prova oral formam matriz suficiente para o reconhecimento da qualificadora".[1143]

§ 1º Na falta de perito oficial, o exame será realizado por 2 (duas) pessoas idôneas, portadoras de diploma de curso superior preferencialmente na área específica, dentre as que tiverem habilitação técnica relacionada com a natureza do exame. (Redação dada pela Lei n. 11.690, de 9 de jun. de 2008)

1. Ausência de perito oficial

A norma em questão visa servir de "válvula de escape" às sabidas situações de precariedade da estrutura dos serviços periciais. Assim, critérios suplementares como idoneidade e habilitação em curso superior são utilizados, a controle da autoridade que determina a realização do exame, que, no caso da investigação preliminar, é normalmente o delegado de polícia.

Para esse último critério, leva-se em conta a exigência de que seja o perito nomeado portador de diploma de curso superior, não fazendo a lei a necessária observação de ser o curso válido e regular perante os órgãos de administração do ensino e, igualmente, não condiciona essa titulação à área do conhecimento necessário no caso concreto, tornando assim, em inúmeras situações, esse critério em formalidade quase vazia.

Mesmo diante dessa precariedade, contudo, os critérios existem e devem ser obedecidos. A ausência desses parâmetros haverá de levar à imprestabilidade do trabalho pericial produzido.

§ 2º Os peritos não oficiais prestarão o compromisso de bem e fielmente desempenhar o encargo. (Redação mantida pela Lei n. 11.690, de 9-6-2008)

1. Compromisso, peritos oficiais e não oficiais

Prestam igualmente compromisso com as consequências jurídicas dele decorrentes, além de se submeterem ao mesmo regime de suspeição e impedimento.

§ 3º Serão facultadas ao Ministério Público, ao assistente de acusação, ao ofendido, ao querelante e ao acusado a formulação de quesitos e indicação de assistente técnico. (Incluído pela Lei n. 11.690, de 9-6-2008)

1. Quesitos na perícia durante o inquérito policial

Ver nestes **Comentários** o art. 176.

Desde já, contudo, é de ser destacada a forma predominante de compreensão da matéria estampada em precedente do STF ao decidir que "A determinação de elaboração de laudo pericial na fase do inquérito, sem prévio oferecimento de quesitos pela defesa, não ofende o princípio da ampla defesa. Posterior juntada e oportunidade de manifestação da defesa e oferecimento de quesitos".[1144]

2. Assistente técnico no processo penal

Trata-se de uma das mais alardeadas mudanças em relação ao regime até então vigente, vez que, historicamente, "no processo penal, não há a figura do assistente técnico, pois, por expressa previsão legal, as perícias são realizadas por peritos oficiais, em regra. Inteligência do art. 159 e §§ do CPP. Nos termos do art. 276 do CPP, as partes não podem intervir na nomeação do perito, sendo ato exclusivo de autoridade policial ou judiciária"[1145], apenas com a ressalva de que havia possibilidade de intervenção na nomeação quando fosse alegada a incompatibilidade do profissional, nos termos do art. 112 do Código de Processo Penal.

Tal posição era reiteradamente encontrada na jurisprudência – fazendo eco à estrutura legal existente –, decidindo-se até a Lei n. 11.690/2008 que "no processo penal, a perícia é oficial; em regra, os exames e perícias são feitos por peritos oficiais – nomeados por autoridade policial ou judiciária (arts. 159, 275, 276, 277 entre outros). 2. Perícia extrajudicial tem valor de simples parecer técnico. 3. É inadmissível denúncia fundada em tal perícia".[1146]

Com a nova norma, a indicação do assistente técnico passa a ter previsão legal, disso decorrendo que seu trabalho, inserido nos autos como elemento de convicção, deverá ser judicialmente valorado no momento oportuno e levado em conta na apreciação do mérito da causa.

2.1 Momento da persecução para nomeação do assistente

Inserido no presente art. 159, o atual parágrafo não parece condicionar, no tempo, a indicação do assistente técnico.

[1143] TJRS. **AC**. Relator: Ivan Leomar Bruxel. 4 dez. 2003.
[1144] STF. **AI 658.050-AgR**. Relator: Min. Joaquim Barbosa. 2ª Turma. Data de publicação: DJE, 29 abr. 2011.
[1145] TRF. 1ª Região. Relator: Juiz Candido Ribeiro. 26 jun. 2001.
[1146] STJ. **HC 38.717**. Relator: Nilson Naves. Data de publicação: DJ, 15 maio 2006. p. 292.

Isso, na verdade, acontecerá no parágrafo seguinte, quando a locução "a partir de sua admissão pelo juiz" induzirá à conclusão de que a assistência técnica somente pode surgir com a ação penal devidamente estabelecida.

Acrescente-se, ainda, que não há possibilidade de existir assistência à acusação na investigação preliminar; em relação a essa figura processual, a indicação do técnico assistente somente poderá se dar após sua regular entrada nos autos, após o deferimento judicial para tanto. Da mesma maneira, ao falar em querelante ou querelado, está-se, sem dúvida, diante do transcurso da ação penal privada genuína – ou, ao menos, da ação penal privada subsidiária da pública.

2.2 Assistente técnico e paridade de armas no processo penal

Caso a figura do assistente técnico venha a ser usufruída no processo penal apenas pelas partes que detenham poder econômico – ou estrutura estatal ou paraestatal –, estaremos diante de um sensível mecanismo de desequilíbrio entre os atores processuais.

A situação parece recair, sem dúvida, em desfavor de acusados que, privados de defesa constituída, servem-se de defesas dativas, as quais, mesmo no caso de Defensorias Públicas, podem não ter meios de buscar auxílio de peritos próprios, retornando-se a situação, na prática, nos moldes do regime anterior. Parcerias com órgãos de classe, ONGs e similares parecem ser o caminho para encurtar essa distância.

3. Regência temporal da norma

Tendo como base a forma dominante de compreensão da temporalidade das normas processuais penais na forma como disciplinada no CPP já se decidiu que não há "cerceamento de defesa em consequência de não ter sido oportunizada a indicação de assistentes técnicos. Perícia realizada antes da vigência da lei n. 11.690/08. Ausência de norma que autorizasse tal indicação. preliminar rechaçada".[1147]

Por certo, no marco constitucional-convencional, tratando-se de norma ampliadora da oportunidade de exercício de defesa, a compreensão da matéria deve ser outra, para discutir-se, ao menos, a oportunidade de indicação do assistente em situações como a aqui aventada.

§ 4º O assistente técnico atuará a partir de sua admissão pelo juiz e após a conclusão dos exames e elaboração do laudo pelos peritos oficiais, sendo as partes intimadas desta decisão. (Incluído pela Lei n. 11.690, de 9-6-2008)

1. Momento de atuação do assistente técnico

Dá-se após o término do trabalho regular dos peritos oficiais e do oferecimento da conclusão daqueles expertos.

Contudo, melhor seria se a norma fizesse referência expressa à homologação do laudo, vez que, rigorosamente falando, não existe decisão acerca da mera elaboração.

Numa melhor construção jurídica, pode-se presumir que a ideia fosse a de ser produzido o laudo oficial, submetê-lo a uma eventual contradição técnica a partir dos trabalhos dos assistentes e, na sequência, haver ou não a homologação do trabalho dos peritos oficiais.

§ 5º Durante o curso do processo judicial, é permitido às partes, quanto à perícia: (Incluído pela Lei n. 11.690, de 9-6-2008)
I – requerer a oitiva dos peritos para esclarecerem a prova ou para responderem a quesitos, desde que o mandado de intimação e os quesitos ou questões a serem esclarecidas sejam encaminhados com antecedência mínima de 10 (dez) dias, podendo apresentar as respostas em laudo complementar; (Incluído pela Lei n. 11.690, de 9-6-2008)

1. Oitiva do(s) perito(s)

A oitiva de peritos na audiência única (ou concentrada) encontra-se condicionada à identificação dos pontos que devam ser objeto de apreciação e que devem ser apresentados, por escrito, com antecedência. Sem essa identificação, é lícito ao Magistrado entender tratar-se de prova impertinente aos autos.

O prazo mencionado no artigo e inciso em comento, de dez dias, deve ser tomado, cremos, como aquele período anterior ao da data designada para audiência.

Por outro lado, ao facultar a apresentação das respostas também por escrito, na forma de laudo complementar, quebrar-se-ia o ideal de oralidade da coleta do depoimento.

Há aqui, no entanto, uma questão prática que precisa ser considerada. A intimação em dez dias da data da audiência e a apresentação de laudo complementar ainda antes desse ato – com o objetivo de evitar-se o comparecimento pessoal do perito em audiência – podem acarretar à parte prejuízo na apreciação do trabalho complementado, prejudicando o direito à prova.

[1147] TJ-SC. **ACR 621997 SC 2009.062199-7**. 3ª Câmara Criminal. Relator: Alexandre d'Ivanenko. Data de julgamento: 16 set. 2010.

Assim, entendemos que a simples apresentação do laudo complementar antes da audiência não exime, a *priori*, a presença do perito em audiência.

> II – indicar assistentes técnicos que poderão apresentar pareceres em prazo a ser fixado pelo juiz ou ser inquiridos em audiência. (Incluído pela Lei n. 11.690, de 9-6-2008)

1. Modo de atuação do assistente técnico

O assistente técnico não produz, de acordo com a locução da presente norma, laudos, mas, sim, pareceres. A definição técnica de laudo será observada na nota n. 1 do art. 160 e não guarda similitude com a estrutura de um "parecer", este entendido como o modo pelo qual um determinado experto se manifesta acerca da matéria que lhe é submetida a apreciação.

A norma em questão indica alternatividade na forma de apresentação da conclusão do assistente: por escrito, com prazo determinado judicialmente ou em audiência.

O prazo judicialmente fixado afigura-se como peremptório, salvo impossibilidade justificada de apresentação na data aprazada. A dilação se mostra a critério do Magistrado e não está submetida a impugnação pelas vias recursais.

A inquirição em audiência está submetida ao regime de concentração dos atos processuais e à ordem de oitiva determinada no art. 400 deste Código, no contexto dos "esclarecimentos dos peritos".

Nesse ponto não há preciso esclarecimento do momento em que o assistente técnico deva se pronunciar na audiência. Dada a natureza supletiva de suas atividades, entendemos que a palavra do assistente técnico deva ser ouvida antes daquela dos peritos oficiais que, pela sua natureza e por produzirem estes um laudo – e não ofertarem um "parecer" –, devam apresentar a última informação técnica nos autos.

> § 6º Havendo requerimento das partes, o material probatório que serviu de base à perícia será disponibilizado no ambiente do órgão oficial, que manterá sempre sua guarda, e na presença de perito oficial, para exame pelos assistentes, salvo se for impossível a sua conservação. (Incluído pela Lei n. 11.690, de 9-6-2008)

1. Acesso ao material objeto da perícia

Ver art. 170 nestes **Comentários** e os demais comentários feitos acerca da cadeia de custódia no art. 6º.

> § 7º Tratando-se de perícia complexa que abranja mais de uma área de conhecimento especializado, poder-se-á designar a atuação de mais de um perito oficial, e a parte indicar mais de um assistente técnico. (Incluído pela Lei n. 11.690, de 9-6-2008)

1. Exemplo de "outras perícias": espectrograma

O artigo em comento abre a possibilidade de realização de outras perícias que não as previstas expressamente no Código, medida que é salutar diante dos avanços tecnológicos e que deve ser lida com observância ao princípio da dignidade da pessoa acusada, inclusive no que tange à impossibilidade de obrigá-la a produzir prova contra si mesma.

Nesse exato sentido, a propósito da prova de confrontação de registros vocais, o e. STF já se manifestou afirmando que "O privilégio contra a autoincriminação, garantia constitucional, permite ao paciente o exercício do direito de silêncio, não estando, por essa razão, obrigado a fornecer os padrões vocais necessários a subsidiar prova pericial que entende lhe ser desfavorável".[1148]

> Art. 160. Os peritos elaborarão o laudo pericial, onde descreverão minuciosamente o que examinarem, e responderão aos quesitos formulados. (Redação dada pela Lei n. 8.862, de 28-3-1994)
>
> *Parágrafo único.* O laudo pericial será elaborado no prazo máximo de 10 (dez) dias, podendo este prazo ser prorrogado, em casos excepcionais, a requerimento dos peritos. (Redação dada pela Lei n. 8.862, de 28-3-1994)

1. Perícia: definição

Segundo locução contemporânea,

> Define-se perícia médico-legal como um conjunto de procedimentos médicos e técnicos que tem como finalidade o esclarecimento de um fato de interesse da Justiça. Ou como um ato pelo qual a autoridade procura conhecer, por meios técnicos e científicos, a existência ou não de certos acontecimentos, capazes de interferir na decisão de uma questão judiciária ligada à vida ou à saúde do homem ou que com ele tenha relação.[1149]

1.1 Especificidade técnica da perícia

A perícia é meio de prova que não se confunde com outras fontes de informação técnica que, pela sua forma e responsabilidade de produção, não podem se assimilar àquela. Nesse sentido, por exemplo, "Relatório médico preliminar não se confunde com

---

[1148] STF. **HC 83.096**. Relatora: Min.ª Ellen Gracie. Data de publicação: DJ, 12 dez. 2003.
[1149] FRANÇA, Genival Veloso de. **Medicina legal**. 10. ed. Rio de Janeiro: Guanabara Koogan, 2015. p. 46.

laudo pericial decorrente de auto de exame de corpo de delito (CPP, art. 159/160). É no laudo que os dois peritos devem responder aos quesitos e firmá-lo".[1150]

2. Diferença entre laudo e auto
Conforme lição de Maranhão[1151], as diferenças entre esses dois documentos, embora existam conceitualmente, tendem a desaparecer. No entanto, aponta que o "auto é feito perante a autoridade e o laudo redigido pelo perito".

2.1 Laudo pericial e seus componentes
Aponta a clássica doutrina médico-legal que o laudo se compõe de *preâmbulo*, onde o perito se identifica, seguindo-se do *histórico* e dos *antecedentes*, a *descrição*, daí para a *discussão* e *conclusão* e, finalmente, *os quesitos e respostas*[1152].

CIÊNCIA ÀS PARTES DA REALIZAÇÃO DA PERÍCIA
"A perícia deve ser comunicada às partes, sob pena de nulidade. Já se decidiu sobre o tema que, *in casu*, não houve constrangimento ilegal a ser sanado, porquanto, ainda que não tenha sido intimada da data da realização da perícia, a Defesa teve ciência de que esta seria realizada, bem como teve a oportunidade de formular quesitos, como o fez".[1153]

Assim, já se decidiu acertadamente que a não abertura de prazo para a formulação de quesitos pelas partes a serem respondidos pelos peritos é causa potencial de nulidade.[1154]

3. Prazo impróprio para a realização da perícia
O prazo assinalado no presente artigo para a apresentação da perícia foi historicamente considerado "impróprio", ou seja, sua superação é considerada causa de mera irregularidade. Eventualmente, sujeitará os peritos a sanções administrativas e civis, não cabendo cogitar a ocorrência do crime de desobediência, pois

> o perito nomeado pelo Juiz que deixa de atender determinação de apresentação de laudo complementar não comete o crime de desobediência, pois o legislador definiu o ilícito do art. 330 do CP como crime praticado pelo particular contra a Administração e, para efeitos penais, o Perito Judicial é equiparado ao Funcionário Público, cominando-lhe a lei sanções civis.[1155]

Contudo, com a reforma dos ritos em 2008 e a pretensão de unidade e unicidade de audiência deve-se ter em conta a necessidade do trabalho pericial estar disponível às partes para a realização da audiência que pode restar prejudicada se a prova pericial não tiver sido produzida a tempo.

Art. 161. O exame de corpo de delito poderá ser feito em qualquer dia e a qualquer hora.

---

1. Momento da realização do exame
Como regra geral, o imediatismo do tempo é uma condição essencial para um melhor aproveitamento desse meio de prova.

Analisando o artigo em questão, Dorea et al[1156] afirmam que

> o mandamento legal aqui analisado não determina expressamente que os exames devam ser realizados em qualquer hora e dia, mas admitem essa possibilidade. Tem como objetivo apressar a realização dos exames e eliminar possíveis omissões na agilidade desse mister. No entanto, devemos entender que a única razão de não realizarmos imediatamente qualquer exame deva ser aquela de ordem técnica. Existem casos de exames, especialmente em áreas externas, que somente à luz do dia pode-se realizar com mais precisão. Nesse caso, deveremos averiguar *in loco* e, constatada a dificuldade, determinar o completo isolamento do local até o momento possível para realizá-lo.

Art. 162. A autópsia será feita pelo menos 6 (seis) horas depois do óbito, salvo se os peritos, pela evidência dos sinais de morte, julgarem que possa ser feita antes daquele prazo, o que declararão no auto.

Parágrafo único. Nos casos de morte violenta, bastará o simples exame externo do cadáver, quando não houver infração penal que apurar, ou quando as lesões externas permitirem precisar a causa da morte e não houver necessidade

---

1150 STF. **HC**. 2ª Turma. Min. Nelson Jobim. 23 maio 2000.
1151 MARANHÃO, Odon Ramos. **Curso básico de medicina legal**. 4. ed. São Paulo: Malheiros, 1992.
1152 MARANHÃO, Odon Ramos. **Curso básico de medicina legal**. 4. ed. São Paulo: Malheiros, 1992. p. 51.
1153 STJ. Relatora: Laurita Vaz. Data de publicação: 2 ago. 2004. p. 468.
1154 STJ. DJ 2-8-2004, p. 582, rel. Hamilton Carvalhido.
1155 JTACrim, 38/356; no mesmo sentido, RT, 613/413 e RT, 598/327.
1156 DOREA, Luiz Eduardo Carvalho et al. **Criminalística**. 2. ed. Campinas: Millenium, 2003. p. 34.

de exame interno para a verificação de alguma circunstância relevante.

1. Autópsia e necropsia
Do ponto de vista médico-legal, a autópsia assemelha-se à necropsia[1157], lembrando que contemporaneamente a segunda opção é mais usada nos meios forenses e, a primeira, nos hospitais.

2. Sinais de morte
Maranhão[1158] aponta como "sinais comuns imediatos" da morte a *perda da consciência, insensibilidade, imobilidade, parada da respiração, da circulação* e os denominados "sinais comuns consecutivos" como *o resfriamento, a rigidez, a hipóstase ou livor* e a *mancha verde abdominal*.

3. Limites da validade do parágrafo único
Quando houver a realização de laudo necroscópico "ao arrepio das normas técnicas", dá-se a inaplicabilidade do art. 162, parágrafo único, do Código de Processo Penal com a "inviabilidade do laudo na averiguação do nexo etiológico, configurada".[1159]

Art. 163. Em caso de exumação para exame cadavérico, a autoridade providenciará para que, em dia e hora previamente marcados, se realize a diligência, da qual se lavrará auto circunstanciado.
Parágrafo único. O administrador de cemitério público ou particular indicará o lugar da sepultura, sob pena de desobediência. No caso de recusa ou de falta de quem indique a sepultura, ou de encontrar-se o cadáver em lugar não destinado a inumações, a autoridade procederá às pesquisas necessárias, o que tudo constará do auto.

1. Exumação e auto circunstanciado
Dorea et al.[1160] indicam que a lavratura do auto deve ser analisada sob dois aspectos: uma, quando presentes médicos funcionando como peritos *ad hoc*; outra, quando atuarem os peritos oficiais médicos. No primeiro caso, o auto será lavrado em conjunto com a autoridade; no segundo, apenas pela autoridade. Sobre a necessidade da presença de peritos criminais na exumação, concluem afirmando que dependerá do objetivo: se for apenas o exame cadavérico,

não haverá necessidade dos peritos; porém, se a busca objetivar outros elementos de informação, a presença deverá ser requisitada pela autoridade.

2. Não realização: reflexos processuais
"Devidamente demonstrada na decisão do Juiz a ausência de necessidade da diligência requerida pelo acusado, não há que falar-se em violação ao princípio da ampla defesa" (RSTJ, 142/445) ou "incontestavelmente comprovada a materialidade do delito, não enseja nulidade a não realização, por impossibilidade material da polícia, da perícia de exumação do corpo da vítima".[1161]

Art. 164. Os cadáveres serão sempre fotografados na posição em que forem encontrados, bem como, na medida do possível, todas as lesões externas e vestígios deixados no local do crime. (Redação dada pela Lei n. 8.862, de 28-3-1994)

1. Especificação da fotografia
Na lição de Dorea et al.[1162], as fotografias podem ser panorâmicas, gerais ou de detalhe. A primeira diz respeito ao modo de retratar a situação da área onde aconteceu o fato; a segunda, tomada "tanto do local em geral, como vestígios em particular" e, por fim, a terceira, "visando esclarecer e comprovar certas caraterísticas, todas peculiares à situação ou posição de determinados vestígios". O artigo em comento emprega essas modalidades.

2. Ausência de fotografias: consequências processuais
A ausência de fotografias, por si, não é suficiente para acarretar a conclusão de ocorrência de limitação à defesa.

Art. 165. Para representar as lesões encontradas no cadáver, os peritos, quando possível, juntarão ao laudo do exame provas fotográficas, esquemas ou desenhos, devidamente rubricados.

1. Informações adicionais
A previsão do presente artigo tem caráter adicional em relação ao meio de prova pericial, não sendo sua

---

1157 DOREA, Luiz Eduardo Carvalho; STUMVOLL, Victor Paulo; QUINTELA, Visctor. **Criminalística**. 4. ed. Campinas, SP: Millenium Editora, 2010. p. 44.
1158 *Op. cit.*, p. 233-234.
1159 TJSP. **RVC**. Relator: Segurado Braz. 21 jun. 1993.
1160 *Op. cit.*, p. 45.
1161 STJ. **HC 18779 MG 2001/0126836-7**. 6ª Turma. Relator: Min. Hamilton Carvalhido. Data de julgamento: 16 mar. 2004. Data de publicação: DJ, 26 abr. 2004. p. 220.
1162 *Op. cit.*, p. 59.

ausência, isoladamente, considerada causa de comprometimento do trabalho técnico realizado.

> Art. 166. Havendo dúvida sobre a identidade do cadáver exumado, proceder-se-á ao reconhecimento pelo Instituto de Identificação e Estatística ou repartição congênere ou pela inquirição de testemunhas, lavrando-se auto de reconhecimento e de identidade, no qual se descreverá o cadáver, com todos os sinais e indicações. Parágrafo único. Em qualquer caso, serão arrecadados e autenticados todos os objetos encontrados, que possam ser úteis para a identificação do cadáver.

1. Identificação pelo método dactiloscópico
Tem-se a datiloscopia como "a ciência que examina (estuda) os desenhos localizados nas extremidades das falanges palmar e plantar". Dessa análise, "somente duas alternativas nos levam a conclusão do laudo pericial – positivo ou negativo, isto é: as impressões digitais pertencem, ou não, a determinada pessoa". São postulados da datiloscopia a *perenidade, a imutabilidade, a variabilidade* e, para determinado autor, a *classificabilidade*.[1163]

2. Exame de DNA
Reconhece-se que "parece lógico que somente a evidência do DNA não possa ser a prova definitiva – outras informações adicionais são necessárias"[1164], mas é totalmente possível a identificação do corpo pelo método mencionado, desde que haja material suficiente para a análise, como a polpa de dente molar ou outros tecidos, como "osso, músculo (3cm3), cabelos (com raiz), cérebro e manchas de sangue".[1165]

3. Identificação ortodentária
Obtida a partir do "conhecimento das particularidades anatômicas normais dos dentes humanos, macroscópicas e microscópicas", sendo que, nesse cenário de instrumental de identificação, é de ser considerado que "os arcos dentários podem ter realce na solução de certos problemas médico-legais", "como na identificação de vítimas ou de criminosos"[1166].

4. Diferença entre identificação e reconhecimento
De acordo com Maranhão (1992, p. 54), "o reconhecimento é uma identificação empírica e a identificação é um reconhecimento científico". Na sequência, aponta como critérios científicos para a identificação a *unicidade, perenidade e imutabilidade* e, dentre os métodos mais comuns para a realização da atividade, Dorea et al.[1167] apontam a *identificação da impressão digital* e *o reconhecimento pessoal*.

> Art. 167. Não sendo possível o exame de corpo de delito, por haverem desaparecido os vestígios, a prova testemunhal poderá suprir-lhe a falta.

1. Corpo de delito "indireto"
Dentro dos limites já analisados nestes **Comentários** (art. 158), considera-se que "até mesmo a falta do exame de corpo de delito não impede a propositura da ação penal – não só porque o mesmo pode ser produzido na fase instrutória, mas, também, porque pode ser suprido pelo exame de corpo de delito indireto, na forma do art. 167 do CPP".[1168]

Assim, "Para a comprovação da materialidade da infração penal, descrita no artigo 129, § 9º, do Código Penal, admite-se o exame de corpo de delito indireto, procedido com base nas informações contidas na ficha médica, da exata maneira como ocorrido no caso vertente".[1169]

2. Hierarquia na realização dos exames direto e indireto

3. Comprovação da alcoolemia e exame indireto Acórdão do STJ (HC 132.374/MS, 5ª T.)
Segue decisão:

> No HC, pede-se o trancamento de ação penal diante da falta de justa causa porque não houve o exame de alcoolemia. Segundo o Ministro relator, para a configuração do crime de trânsito descrito no art. 306 da Lei n. 9.503/97 (CTB), a realização da perícia, quando possível, torna-se imprescindível. Entretanto, ressalvou as hipóteses em que a perícia não é realizada porque, na comarca, não há os equipamentos necessários à realização do exame ou em razão da recusa do acusado em

---

1163 GALANTE FILHO et al. GALANTE FILHO et al. **Identificação humana**. Porto Alegre: Sagra Luzzatto, 1999. p. 21-22.
1164 GALANTE FILHO et al. **Identificação humana**. Porto Alegre: Sagra Luzzatto, 1999. p. 274.
1165 GALANTE FILHO et al. **Identificação humana**. Porto Alegre: Sagra Luzzatto, 1999. p. 272.
1166 GALANTE FILHO et al. **Identificação humana**. Porto Alegre: Sagra Luzzatto, 1999. p. 329.
1167 *Op. cit.*, p. 46.
1168 STJ. 5ª Turma. Relator: Gilson Dipp. 8 jun. 2000.
1169 TJ-MG. **APR 10295100026679001 MG**. 4ª Câmara Criminal. Relator: Corrêa Camargo. Data de julgamento: 5 jun. 2013. Data de publicação: 13 jun. 2013.

submeter-se aos exames de alcoolemia. Nesses casos, observou ser possível concluir o estado de embriaguez quando ele é perceptível por testemunhas ou pelo exame clínico, de acordo com preceitos doutrinários estabelecidos em medicina legal. Dessa forma, esclareceu que, quando não é possível realizar o exame para indicar a concentração de álcool no sangue, há outros tipos de prova (testemunhal ou exame clínico) que atestam, indubitavelmente, o estado de embriaguez do motorista, o que admite a aplicação do art. 167 do CPP. Observou ainda que, no caso dos autos, o exame de alcoolemia não foi realizado por falta de equipamento hábil na comarca, além de não ficar esclarecida a razão pela qual não se fez o exame de sangue. Porém, houve o exame clínico e, por essa razão, há suficientes indícios de materialidade do crime, sendo precipitado o trancamento da ação penal. Diante do exposto, a Turma denegou a ordem de *habeas corpus*.[1170]

> Art. 168. Em caso de lesões corporais, se o primeiro exame pericial tiver sido incompleto, proceder-se-á a exame complementar por determinação da autoridade policial ou judiciária, de ofício, ou a requerimento do Ministério Público, do ofendido ou do acusado, ou de seu defensor.

1. Obrigatoriedade do exame complementar

"O laudo complementar (art. 168, § 2º, CP) referentemente às lesões do policial de natureza grave é obrigatório, não sendo suprido pelo prognóstico do exame de corpo de delito efetuado logo após o crime (STF, *RT* 607/387, 512/477)".[1171]

Assim, é "Desnecessária a realização de laudo complementar para comprovar as qualificadoras do crime de lesão corporal, pois o Laudo oficial foi conclusivo, não necessitando de maiores esclarecimentos, sendo corroborado pela prova oral colhida em Juízo."[1172]

> § 1º No exame complementar, os peritos terão presente o auto de corpo de delito, a fim de suprir-lhe a deficiência ou retificá-lo.

1. Forma de produção do exame complementar

O laudo complementar deve ser produzido a partir da presença da pessoa lesionada, ocasião em que será aperfeiçoado o trabalho pericial inicial. Com efeito, nesse contexto é necessária a presença da vítima, tornando-se operacionalmente difícil presumir a extensão das lesões.

Anote-se que o perito responsável deve apresentar o laudo como requisitado, ainda que com resultado inconclusivo, sob pena do crime de desobediência, e, em determinada situação concreta, até mesmo o de prevaricação.

> § 2º Se o exame tiver por fim precisar a classificação do delito no art. 129, § 1º, I, do Código Penal, deverá ser feito logo que decorra o prazo de 30 (trinta) dias, contado da data do crime.

1. Incidência restrita do laudo complementar

O art. 168, § 2º, do Código de Processo Penal – que prevê a realização de exame complementar logo após o decurso do prazo de 30 dias, contado da data do crime – aplica-se na lesão corporal de que trata o art. 129, § 1º, inciso I, do Código Penal, isto é, para o fim de precisar se restou evidenciada a incapacidade da vítima para as ocupações habituais por mais de trinta dias. Inaplicável, portanto, à hipótese dos autos, já que a qualificadora pela qual o Paciente foi condenado é a prevista no inciso II do § 1º do art. 129 do Código Penal.[1173]

> § 3º A falta de exame complementar poderá ser suprida pela prova testemunhal.

1. Substituição por outros meios de prova

Embora possível a substituição do exame complementar por outros meios de prova, deve-se ter como regra que "a inexistência do exame complementar para a classificação do delito previsto no art. 129, § 1º, I, do Código Penal, ou sua realização muito depois de trinta dias contados da data do crime, só podem encontrar suprimento probatório em depoimentos indiscutíveis e incontroversos".[1174]

> Art. 169. Para o efeito de exame do local onde houver sido praticada a infração, a autoridade providenciará imediatamente para que não se altere o estado das coisas até a chegada dos peritos, que poderão instruir seus laudos com fotografias, desenhos ou esquemas elucidativos.

1170 STJ. **HC 132.374/MS**. 5ª Turma. Relator: Min. Felix Fischer. Data de julgamento: 6 out. 2009.
1171 TRF. 4ª Região. Relator: Juiz Volkmer de Castilho. 1º abr. 2002.
1172 TJ-DF. **APR 20040310157918**. 3ª Turma Criminal. Relator: Humberto Adjuto Ulhôa. Data de julgamento: 5 fev. 2015. Data de publicação: DJE, 10 fev. 2015. p. 115.
1173 STJ. **HC 108.265**. Relatora: Laurita Vaz. Data de publicação: DJe, 30 nov. 2009.
1174 TJSP. **AC**. Relator: Luiz Pantaleão. 8 mar. 1993.

Parágrafo único. Os peritos registrarão, no laudo, as alterações do estado das coisas e discutirão, no relatório, as consequências dessas alterações na dinâmica dos fatos. (Parágrafo acrescentado pela Lei n. 8.862, de 28-3-1994)

1. Fotografia
Na dicção da mesma fonte acima citada, "a fotografia, na sua aplicação criminalística, possui, como desenho, critérios para sua elaboração, a fim de atingir o objetivo a que se propõe. Não apresenta noção exata de dimensões, mas ilustra com perfeição e facilidade de detalhes da peça fotografada no real estado em que se encontra".[1175]

2. Desenho
Conforme já foi observado por autor especializado,

> serve, portanto, o desenho, para a elaboração de gráficos, mapas, croquis, desenhos vazados, desenhos de máquinas desmontadas, cortes, rebatimentos, detalhes e projetos, além de outras utilidades. Os desenhos de mapas ou desenhos de locais diversos são elaborados de tal forma que o observador se encontre posicionado em um ângulo de visão de 90° acima de cada ponto que forma o desenho, ou seja, sem perspectiva.[1176]

Art. 170. Nas perícias de laboratório, os peritos guardarão material suficiente para a eventualidade de nova perícia. Sempre que conveniente, os laudos serão ilustrados com provas fotográficas, ou microfotográficas, desenhos ou esquemas.

1. Ausência de contraprova e nulidade processual
A impossibilidade de realização do laudo com o material mencionado neste artigo pode acarretar a nulidade processual.

Situação nesse sentido foi apreciada no julgado contido na *RJTACrim* 23/405, no qual se analisou a seguinte situação fática, ligada a crime contra as relações de consumo: "Trata-se de infração que deixa vestígios sendo, portanto, indispensável o exame de corpo de delito (...) No caso, dentro do prazo legal, requereu o impetrante a realização de perícia de contraprova (fls. 33/34). Ocorre que a Divisão de Bromatologia e Química do Instituto Adolfo Lutz, em ofício encaminhado à 1ª Delegacia do DECON – Departamento Estadual de Polícia do Consumidor, informou não ser possível a realização da contraprova, em face da inutilização das amostras colhidas", acarretando, assim, o trancamento da ação penal com a consequente concessão da ordem.

Art. 171. Nos crimes cometidos com destruição ou rompimento de obstáculo a subtração da coisa, ou por meio de escalada, os peritos, além de descrever os vestígios, indicarão com que instrumentos, por que meios e em que época presumem ter sido o fato praticado.

1. Vestígios que necessitam de perícia
O reconhecimento da escalada e do rompimento do obstáculo, como qualificadoras que deixam vestígios, necessita de comprovação por meio de exame pericial, sob pena de não poderem ser reconhecidas numa eventual dosimetria da pena.

2. Desnecessidade de ilustração fotográfica
Não é essencial que o laudo referido neste artigo venha acompanhado de fotografias ou desenhos. Nesse sentido, já se decidiu que

> o laudo pericial destina-se, essencialmente, à comprovação dos vestígios encontrados pelos Peritos no local da infração, não havendo necessidade de ser instruído com fotografias, ou de ser roborado por prova testemunhal, se suas conclusões oferecerem credibilidade, na medida em que não forem desmentidas, de forma cabal, no curso do processo.

No curso do acórdão explicita-se que

> a perícia de fls. 15 esclareceu que o ingresso no imóvel onde os fios subtraídos se encontravam foi feito mediante escalada de um portão de 2 m de altura e mediante rompimento de obstáculo, porque uma janela foi danificada para abertura de um vão, por onde os agentes tiveram acesso ao interior do imóvel. Por conseguinte, essas duas qualificadoras também não podem ser afastadas. Não havia necessidade alguma de a perícia ter sido instruída com fotografias, ou de ter sido roborada por prova testemunhal, para ser considerada válida para prova das indigitadas qualificadoras. O laudo pericial destina-se, essencialmente, à comprovação dos vestígios encontrados pelos peritos no local da infração. Suas conclusões merecem credibilidade na medida em que não tenham sido desmentidas, de forma cabal, no curso do processo, independentemente de anexos fotográficos ou de apoio em prova testemunhal. No caso da simplicidade deste tratado nestes autos, por certo, não teria sido necessário

---

[1175] REIS, Albani Borges. **Metodologia Científica em Perícia Criminal**. 2. ed. Campinas: Millenium, 2011. p. 18.
[1176] REIS, Albani Borges. **Metodologia Científica em Perícia Criminal**. 2. ed. Campinas: Millenium, 2011. p. 20.

que os peritos cuidassem de fotografar a cena do crime.[1177]

Art. 172. Proceder-se-á, quando necessário, à avaliação de coisas destruídas, deterioradas ou que constituam produto do crime.
Parágrafo único. Se impossível a avaliação direta, os peritos procederão à avaliação por meio dos elementos existentes nos autos e dos que resultarem de diligências.

1. Laudo de avaliação e laudo de corpo de delito: diferença

"O exame de corpo de delito (CPP, art. 158) não se confunde com o laudo de avaliação (CPP, art. 172). A ausência do segundo não macula o feito e não constitui causa de nulidade. A materialidade exsurge nítida do acervo probatório".[1178]

Em complemento,

não se confunde exame de corpo de delito com perícia de avaliação. Esta, diversamente daquele, não é obrigatória, só sendo necessária quando o valor das coisas destruídas, deterioradas ou que constituam produto do crime, pode influir na condenação ou na dosagem da pena (art. 172 do Código de Processo Penal).[1179]

Art. 173. No caso de incêndio, os peritos verificarão a causa e o lugar em que houver começado, o perigo que dele tiver resultado para a vida ou para o patrimônio alheio, a extensão do dano e o seu valor e as demais circunstâncias que interessarem à elucidação do fato.

1. Quesitos do laudo

Devem obedecer aos tópicos estabelecidos no presente artigo (*v.g.*, quesito: do incêndio resultou perigo à integridade física ou ao patrimônio alheio? Resposta: sim), sendo que cabe aos peritos "nos termos do que dispõe o art. 173 do Código Penal – CP, [...] verificar, de forma minuciosa, todas as circunstâncias que forem de interesse para a solução do caso, entre elas, a causa do incêndio, o perigo resultante para a vida e patrimônio alheio, bem como a extensão e valor do dano".[1180]

Art. 174. No exame para o reconhecimento de escritos, por comparação de letra, observar-se-á o seguinte:
I – a pessoa a quem se atribua ou se possa atribuir o escrito será intimada para o ato, se for encontrada;
II – para a comparação, poderão servir quaisquer documentos que a dita pessoa reconhecer ou já tiverem sido judicialmente reconhecidos como de seu punho, ou sobre cuja autenticidade não houver dúvida;
III – a autoridade, quando necessário, requisitará, para o exame, os documentos que existirem em arquivos ou estabelecimentos públicos, ou nestes realizará a diligência, se daí não puderem ser retirados;
IV – quando não houver escritos para a comparação ou forem insuficientes os exibidos, a autoridade mandará que a pessoa escreva o que lhe for ditado. Se estiver ausente a pessoa, mas em lugar certo, esta última diligência poderá ser feita por precatória, em que se consignarão as palavras que a pessoa será intimada a escrever.

1. Exame grafotécnico e *nemo tenetur* (direito de não fazer prova contra si mesmo)

Malgrado alguns argumentos de caráter pragmático em sentido contrário, diante da estrutura constitucional do processo penal não se pode compelir o suspeito ou acusado a fornecer padrões gráficos para a realização do exame em questão, em face do princípio da impossibilidade de produção de prova contra si mesmo.

Assim, o STF já considerou que

o Pacto Internacional sobre Direitos Civis e Políticos (Pacto de São José da Costa Rica) institucionaliza o princípio da "não autoincriminação" (*nemo tenetur se detegere*). Esse direito subjetivo de não se autoincriminar constitui uma das mais eminentes formas de densificação da garantia do devido processo penal e do direito à presunção de não culpabilidade (inciso LVII do art. 5º da CF). A revelar, primeiro, que o processo penal é o espaço de atuação apropriada para o órgão de acusação demonstrar por modo robusto a autoria e a materialidade do delito. Órgão que não pode se esquivar da incumbência de fazer da instrução criminal a sua estratégia oportunidade de produzir material probatório substancialmente

---

1177 RJTACrim, 22/291.
1178 TRF. 3ª Região. Relator: Juiz Helio Nogueira. 17 abr. 2001.
1179 TRF. 2ª Região. Relator: Juiz Valmir Peçanha. 13 maio 1991.
1180 STJ. **HC 360603 PR 2016/0166734-1**. 5ª turma. Relator: Min. Joel Ilan Paciornik. Data de julgamento: 21 fev. 2017. Data de publicação: DJe, 6 mar. 2017.

sólido em termos de comprovação da existência de fato típico e ilícito, além da culpabilidade do acusado.[1181]

E, em relação ao artigo em questão, a mesma Corte se pronunciou ao afirmar que

diante do princípio *nemo tenetur se detegere*, que informa o nosso direito de punir, é fora de dúvida que o dispositivo do inciso IV do art. 174 do Código de Processo Penal há de ser interpretado no sentido de não poder ser o indiciado compelido a fornecer padrões gráficos do próprio punho, para os exames periciais, cabendo apenas ser intimado para fazê-lo a seu alvedrio.[1182]

2. Limites materiais para a realização do exame

"O art. 174 do Código de Processo Penal não admite o exame grafotécnico em cópia de documentos existentes em arquivos ou repartições públicas. Prevê, sim, que a autoridade requisite tais documentos ou se desloque até o local onde se encontram para realização da perícia grafotécnica. Não se pode atribuir validade a laudo de exame documentoscópico realizado em cópias de documentos de péssima qualidade, mormente quando essa é a única prova existente contra o Réu".[1183]

3. Perícia realizada em cópias

Admite-se a possibilidade de realização do presente exame em cópias dos documentos originais como na situação em que se considerou que

O fato de se ter cotejado o material gráfico das rés com cópia dos comprovantes das transações efetuadas com o cartão de crédito extraviado não infirmam as conclusões do laudo documentoscópico, uma vez que os peritos do Departamento de Polícia Federal informaram que os originais dos documentos não eram imprescindíveis para a perícia.[1184]

4. Impossibilidade do emprego de *habeas corpus* para contestar a perícia

"A via sumaríssima do *habeas corpus* não se revela idônea à análise da habilitação de um dos peritos, bem como da ocorrência ou não da conduta, visto demandar aprofundado exame probatório, mormente se a impetração busca contestar as conclusões do laudo documentoscópico".[1185]

Art. 175. Serão sujeitos a exame os instrumentos empregados para a prática da infração, a fim de se lhes verificar a natureza e a eficiência.

1. Lesões corporais e tipos de instrumento

Do instrumento empregado podem advir lesões do tipo *contundente, contuso, cortante, perfurantes, corto-contusos, lacero-contundentes, corto-dilacerantes, corto-perfurantes e pérfuro-contundentes*.[1186] A definição advém do trabalho pericial que visa analisar a natureza e a eficiência do instrumento empregado.

2. Exame de eficiência e armas de fogo

É aconselhável a realização do exame de eficiência de arma de fogo mesmo quando não solicitada pela autoridade policial.[1187]

Art. 176. A autoridade e as partes poderão formular quesitos até o ato da diligência.

1. Formulação de quesitos aos peritos

A formação da prova pericial na fase inquisitiva é extremamente problemática, posto que a incidência do presente artigo raramente se dá de forma plena, mesmo porque, como já exposto, não existe naquele momento a figura das "partes" e mesmo a ciência da realização do ato, o que prejudica, até mesmo para o Ministério Público, a devida intervenção com postulação de quesitos que, quando surgem, são de caráter complementar e podem ser totalmente desatendidos até mesmo pelo tempo decorrido entre a requisição para a complementação da perícia e a deterioração eventual do objeto a ser periciado.

Não bastasse isso, há visão amplamente presente na prática dos Tribunais que entende que "o inquérito policial constitui peça informativa, e não probatória, que serve de base para a propositura da ação penal, sendo certo que o princípio da ampla defesa não se aplica na fase inquisitorial, a qual prescinde de contraditório" (REsp 897.057/ES). 2. As provas produzidas na fase inquisitiva – cujo exame pericial,

---

1181 STF. **HC 101.909**. 2ª Turma. Relator: Min. Ayres Britto. Data de julgamento: 28 fev. 2012. Data de publicação: DJE, 19 jun. 2012.
1182 STF. **HC 77.135**. Relator: Min. Ilmar Galvão. Data de publicação: DJ, 6 nov. 1998.
1183 TRF. 1ª Região. Relator: Juiz Osmar Tognolo. 29 set. 1998.
1184 TRF-5. **ACR 5343 RN 2000.84.00.004777-8**. 1ª Turma. Relator: Des. Fed. Francisco Cavalcanti. Data de julgamento: 29 nov. 2007. Data de publicação: DJ, 15 jan. 2008. p. 584. n. 10, ano 2008.
1185 STJ. **HC 13858 RS 2000/0070161-0**. 5ª Turma. Relator: Min. Felix Fischer. Data de julgamento: 6 mar. 2001. Data de publicação: DJ, 26 mar. 2001. p. 441.
1186 DOREA, 2003, p. 106-108.
1187 TOCHETTO, Domingos. **Balística forense**: aspectos técnicos e jurídicos. Porto Alegre: Sagra Luzzatto, 1999, p. 333.

nesse momento iniciado, encerrou-se quando já deflagrado o processo penal – não impõem, para sua validez, o exercício da ampla defesa e do contraditório, que restam postergados para a fase de instrução e julgamento, dando à defesa oportunidade de formular quesitos e requerer a realização de laudos complementares. 3. Não há falar em ilicitude dos exames radiográficos e de ressonância, especialmente quando o paciente está acompanhado da defesa técnica, de forma que, devidamente assessorado, pode recusar-se a ser submetido à perícia.[1188]

Assim, a norma que impõe aos peritos a resposta aos quesitos cai em puro descrédito, posto que as deficiências, mesmo quando ocorridas na "fase processual", são tratadas com relativização, posto que

> oportunizada ao acusado o ofertamento de quesitos relativos a exame grafotécnico, não há falar em violação do direito à ampla defesa e ao contraditório, em não vindo à luz a questação facultada. 5. De qualquer modo, nulidade houvesse pela falta de intimação para a formulação de quesitos, seria de natureza relativa, a reclamar arguição oportuna e demonstração de prejuízo, inocorrentes na espécie até por que a comissão processante se valeu de elementos outros de convicção para formar seu juízo da autoria e materialidade dos fatos imputados, que, aliás, foram confessados no próprio interrogatório.[1189]

Quando não, se trata a formulação de quesitos como um verdadeiro incômodo processual e, portanto, fadado à denegação pura e simples. Assim, "Homicídio. Júri. Pronúncia. Perícia. Realização na fase do inquérito. Desnecessidade de quesitos da parte. Preliminar de nulidade afastada".[1190]

> Art. 177. No exame por precatória, a nomeação dos peritos far-se-á no juízo deprecado. Havendo, porém, no caso de ação privada, acordo das partes, essa nomeação poderá ser feita pelo juiz deprecante.
> Parágrafo único. Os quesitos do juiz e das partes serão transcritos na precatória.

1. Perícia por precatória

Segue regime próprio de nomeação do perito (no Juízo deprecado) e com quesitação eventualmente transcrita na precatória, pressupondo intimação anterior das partes para que ofereçam suas indagações.

A exceção – ação privada – parece referir-se às ações privadas genuínas, e não à ação penal privada subsidiária da pública, que mantém o regime processual da ação penal de legitimação pública.

> Art. 178. No caso do art. 159, o exame será requisitado pela autoridade ao diretor da repartição, juntando-se ao processo o laudo assinado pelos peritos.

1. Sobre o laudo assinado por um só perito, ver art. 159 nestes *Comentários*

> Art. 179. No caso do § 1º do art. 159, o escrivão lavrará o auto respectivo, que será assinado pelos peritos e, se presente ao exame, também pela autoridade. Parágrafo único. No caso do art. 160, parágrafo único, o laudo, que poderá ser datilografado, será subscrito e rubricado em suas folhas por todos os peritos.

1. Modo de produção do auto e do laudo

As inovações tecnológicas permitem, sem dúvida, outros mecanismos idôneos de confecção de autos e laudos, com mídias e assinaturas digitais devidamente certificadas, ficando superada, assim, a menção expressa à datilografia como sucedâneo do laudo escrito, formas normais quando da entrada em vigência do Código.

> Art. 180. Se houver divergência entre os peritos, serão consignadas no auto do exame as declarações e respostas de um e de outro, ou cada um redigirá separadamente o seu laudo, e a autoridade nomeará um terceiro; se este divergir de ambos, a autoridade poderá mandar proceder a novo exame por outros peritos.

1. Momento da divergência

O presente artigo trata da divergência entre os peritos quando da lavratura do laudo. Situação diversa é aquela em que os peritos, arrolados para deporem, oferecem versão divergente daquela constante do laudo, o que pode se dar no curso da audiência pretensamente uma estabelecida na reforma dos ritos em 2008.

> Art. 181. No caso de inobservância de formalidades, ou no caso de omissões, obscuridades ou contradições, a autoridade judiciária mandará

1188 STJ. **HC 91.903/SP**. Relator: Min. Arnaldo Esteves Lima. Data de publicação: DJe, 15 mar. 2010.
1189 STJ. **MS 7.051/DF**. Relator: Min. Hamilton Carvalhido. Data de publicação: DJ, 5 maio 2003, p. 215. Ainda: STJ. **REsp 453.868/PR**. Relator: Min. Hamilton Carvalhido. Data de publicação: DJ, 2 ago. 2004. p. 582.
1190 TJSC. **Recurso Criminal 9.940 (88.084368-8)**. Palmitos. Relator: Juiz Cesar Abreu. 17 fev. 1998.

suprir a formalidade, complementar ou esclarecer o laudo. (Redação dada pela Lei n. 8.862, de 28-3-1994)

Parágrafo único. A autoridade poderá também ordenar que se proceda a novo exame, por outros peritos, se julgar conveniente.

1. Realização de nova perícia: faculdade judicial

O indeferimento do pedido da parte de realização de nova perícia não é causa, desde que devidamente fundamentada, de qualquer irregularidade no processo, como na situação em que o laudo "respondeu, de forma certeira e convincente, todos os quesitos, inclusive da Defesa, tornando inócua a sua repetição, conforme consignado na oportunidade".[1191]

No mais, tem-se que

a perícia foi efetuada por órgão oficial, de idoneidade e competência reconhecida, com a participação de duas expertas pertencentes à instituição. Assim, o Magistrado processante, a quem cabe, ao seu prudente arbítrio, apreciar os pedidos de diligências, não está obrigado a deferir nova perícia, se não julgá-la necessária, mormente se inexiste argumento capaz de pôr em dúvida a prestabilidade do laudo pericial já realizado. O questionamento acerca da competência das peritas e do método de realização do exame também não prospera, porquanto deduzido de maneira genérica, desprovido de qualquer elemento concreto que pudesse, eventualmente, desacreditar o trabalho técnico realizado. [1192]

Art. 182. O juiz não ficará adstrito ao laudo, podendo aceitá-lo ou rejeitá-lo, no todo ou em parte.

1. Rejeição do laudo pelo juiz

"O magistrado não está vinculado às conclusões do laudo pericial, podendo o mesmo ser aceito ou rejeitado, total ou parcialmente, de acordo com o disposto no art. 182 do CPP", sendo que as conclusões do laudo podem ser afastadas desde que fundamentadamente (STJ, rel. Paulo Medina, 13-4-2004), não podendo, sob essas condições, ser "reputada como viciada uma decisão judicial, apenas, porque rejeitadas as constatações postas em laudos periciais".[1193]

Art. 183. Nos crimes em que não couber ação pública, observar-se-á o disposto no art. 19.

1. *Vide* art. 19 nestes *Comentários*

Art. 184. Salvo o caso de exame de corpo de delito, o juiz ou a autoridade policial negará a perícia requerida pelas partes, quando não for necessária ao esclarecimento da verdade.

1. Necessidade de fundamentação

O teor da presente norma precisa ser compreendido à luz do modelo acusatório. Com efeito, "Diante do princípio da livre-apreciação da prova, é possível que o Juiz, mediante decisão devidamente fundamentada, indefira pedido de perícia, por considerá-la desnecessária para a elucidação dos fatos, sem restar configurado por isso cerceamento de defesa"[1194] (STJ. 5ª Turma. Relator: Edson Vidigal. 6 fev. 2001).

Em outra situação fática apontou-se que

após a realização do exame das impressões digitais, foi ofertada a devida oportunidade para a defesa se manifestar. 2. Ante o encaminhamento de ofício pelo Serviço de Perícia Dactiloscópica do Instituto de Identificação "Ricardo Gubleton Daunt", atestando que ambas as impressões digitais pertenciam à acusada, não configura constrangimento ilegal o indeferimento do pedido formulado pela defesa de nova perícia, já que o CPP, em seu art. 184, assim permite que o Juiz proceda quando entender que a diligência é desnecessária ou meramente protelatória.

Capítulo III – Do Interrogatório do Acusado

Art. 185. O acusado que comparecer perante a autoridade judiciária, no curso do processo penal, será qualificado e interrogado na presença de seu defensor, constituído ou nomeado. (Redação dada pela Lei n. 10.792, de 1º-12-2003)

1. Interrogatório do acusado e modelos processuais

O modo de administração do interrogatório é um dos padrões de indicação do modelo processual, seja do ponto de vista normativo, seja do ponto de vista cultural.

[1191] RJTACrim, 49/254.
[1192] STJ. **RHC 15479 SC 2003/0232729-3**. 5ª Turma. Relatora: Min.ª Laurita Vaz. Data de julgamento: 18 maio 2004. Data de publicação: DJ, 21 jun. 2004. p. 230.
[1193] TRF. 5ª Região. Relator: Des. Federal Araken Mariz. 22 ago. 2000.
[1194] STJ. **RHC 10678 PR 2000/0120449-1**. 5ª Turma. Relator: Min. Edson Vidigal. Data de julgamento: 6 fev. 2001. Data de publicação: DJ, 12 mar. 2001. p. 155.

Escrevendo sobre o projeto que deu origem à Lei n. 10.792/2003[1195], já assentávamos que apenas a alteração das bases normativas, desacompanhada da devida capacitação para a atuação do modelo acusatório, de nada adiantaria, pois, potencialmente, os padrões culturais de atuação do modelo inquisitivo ainda prevaleceriam.[1196]

E, nesse modelo, a instrumentalização do réu é latente e, a rigor, começa muitas vezes na mácula da citação, sobretudo quando o réu está preso. Com efeito, nesta última hipótese é comum encontrar provimentos jurisdicionais que dispensam a necessidade de citação (e, por conseguinte, prejudicam o exercício da autodefesa e da defesa técnica). Em muitas situações entende-se que basta a simples leitura da peça incoativa na própria sala de audiência (ou seja, já no ato de interrogatório) para que a "ciência" da acusação seja dada e a defesa executada.

Ainda nesse campo, o próprio STF contemporaneamente entende que

> em caso análogo ao que está sendo processado – no sentido de que [a] alegação de nulidade da citação, por não ter sido expedido mandado judicial juntamente com o pedido de requisição do réu preso, está superada pelo comparecimento em juízo, onde foi constatada a desnecessidade de adiamento do interrogatório e de que [a] designação do interrogatório para a mesma data em que expedida a requisição não afeta o direito de defesa do acusado (...) porque não existe na lei processual exigência de interregno (HC n. 69.350) (HC 71.839, Rel. Min. Ilmar Galvão, DJ 25.11.1994). 3. Ausência de demonstração de prejuízo. Apesar de existir entendimento deste Supremo Tribunal no sentido de que o prejuízo de determinadas nulidades seria de prova impossível, o princípio do pas de nullité sans grief exige, em regra, a demonstração de prejuízo concreto à parte que suscita o vício, independentemente da sanção prevista para o ato, podendo ser ela tanto a de nulidade absoluta quanto a relativa, pois não se decreta nulidade processual por mera presunção. Precedentes. 4. Ordem denegada.[1197]

A própria ausência do defensor técnico, se continuasse a ser entendida como causa de nulidade relativa, bem como se permanecesse a forma como tradicionalmente se entende o conceito de "prejuízo" no processo penal (vide nestes **Comentários** arts. 563 a 573), levaria ao esvaziamento completo da nova disciplina, notadamente o pleno exercício da defesa técnica, especialmente nos casos com acusado preso e com defensor dativo nomeado pelo Estado.[1198]

Assim, com acerto a consolidação do entendimento que

> Há no Superior Tribunal de Justiça a orientação no sentido de que "a realização do interrogatório do réu sem a presença do defensor, após a entrada em vigor da Lei nº 10.792/2003, constitui nulidade absoluta, porquanto, a inobservância das formalidades legais previstas nos artigos 185 a 188 do CPP fere o princípio da ampla defesa e do devido processo legal" (HC 73.179/DF, Rel. Min. Felix Fischer, DJe de 18/06/2007) 2. No caso dos autos, tendo sido realizado interrogatório dos acusados sem a presença de defensor, constituído ou dativo, está caracterizada a violação ao princípio da ampla defesa, especialmente quanto à falta de defesa técnica no único momento (excetuado o casos de Tribunal do Júri) em que o acusado, pessoalmente, exerce seu direito de defesa.[1199]

Da mesma maneira, a

> Lei 10.792/2003 modificou o artigo 185 do Código de Processo Penal exigindo a presença de defensor, constituído ou dativo, no interrogatório. A ausência de defensor no interrogatório gera nulidade absoluta, a qual é reconhecida ex officio, ante o cerceamento da ampla defesa e do contraditório, nos termos do artigo 5º, inciso LV, da Constituição Federal.[1200]

1195 AMBOS, Kai; CHOUKR, Fauzi Hassan. **A reforma do processo penal no Brasil e na América Latina**. São Paulo: Método, 2001. p. 57 e ss. Para uma resenha das modificações com a nova disciplina legal ver FERNANDES, Antonio Scarance. A mudança no tratamento do interrogatório. **Boletim IBCCRIM**, São Paulo, v. 17, n. 200, p. 19-20, jul. 2009.

1196 A respeito ver CRUZ, Rogerio Schietti Machado. A lei n. 10.792/03, o contraditório e o conservadorismo. **Boletim IBCCRIM**, São Paulo, v. 11, n. 135, p. 7-8, fev. 2004.

1197 STF. **HC 98434 MG**. 1ª Turma. Relatora: Min.ª Cármen Lúcia. Data de julgamento: 20 maio 2014. Data de publicação: DJe-190, 29 set. 2014 (divulg.); 30 set. 2014 (public.). (Acórdão Eletrônico).

1198 A respeito deste ponto específico ver DOTTI, René Ariel. A presença do defensor no interrogatório. **Revista Síntese de direito penal e processual penal**, Porto Alegre, v. 4, n. 20, p. 5-18, jun./jul. 2003.

1199 STJ. **HC 95105 MG 2007/0277501-7**. 5ª Turma. Relator: Min. Honildo Amaral de Mello Castro (Desembargador Convocado do TJ/AP). Data de julgamento: 26 out. 2010. Data de publicação: DJe, 22 nov. 2010.

1200 TJ-PR. **ACR 3647872 PR 0364787-2**. 5ª Câmara Criminal. Relator: Marcus Vinicius de Lacerda Costa. Data de julgamento: 23 nov. 2006. Data de publicação: DJ, 7264. No mesmo sentido: TJ-PR. **ACR 2712681 PR Apelação Crime – 0271268-1**. 5ª Câmara Criminal. Relatora: Rosana Andriguetto de Carvalho. Data de julgamento: 21 jul. 2005. Data de publicação: DJ 694, 26 ago. 2005.

1.1 Interrogatório como meio de prova ou meio de defesa

Quando da entrada em vigor do atual Código de Processo Penal, foi apontada

> a importante inovação – o interrogatório deixa de ser simples peça de defesa e se transforma, também, em meio de apuração de responsabilidade criminal, isto é, em meio de prova. O juiz, além das perguntas do formulário, acima transcritas, deve inquirir dos motivos determinantes do crime, das circunstâncias que o rodearam, dos antecedentes do réu e, se este negar a imputação, quais as provas da sua inocência. Como se vê, no interrogatório, segundo os preceitos do Código, o juiz tem nova oportunidade e novos meios para obter a prova desejada.[1201]

Era, de fato, inovação, na medida em que o regime anterior de interrogatório parcialmente era fruto da "reação liberal [que] levou o legislador a se aproximar do modelo inglês, transformou o interrogatório em simples ato de defesa, cerceado até o juiz nas indagações, quase que se resumindo tudo na respeitosa advertência com as palavras do Jervis act: 'o que disseres será consignado por escrito e poderá ser invocado contra ti'. E repetia-se, com a promulgação do Decreto n. 848 de 11 de outubro de 1890, a preocupação de ato defensivo, no depor o réu, pela manifestação do então Ministro da Justiça Campos Sales: 'aí está consagrado na sua maior pureza o princípio da inviolabilidade de defesa'. Dentro desta orientação, onde reinava o cuidado máximo de proteção ao acusado, a ponto de se emprestar à sua audiência só sentido defensivo, imune até à perquirição judicial, incabia mesmo, dentro desta sistemática, a intervenção do Promotor na fala do réu"[1202] como apontava texto produzido em outro momento histórico.

Ada Pellegrini Grinover, em texto bem anterior à própria CR/88 afirmava que

> O réu, sujeito da defesa, não tem obrigação nem dever de fornecer elementos de prova que o prejudiquem. Pode calar-se ou até mesmo mentir. Ainda que se quisesse ver no interrogatório um meio de prova, só seria em sentido meramente eventual, em face da faculdade dada ao acusado de não responder. A autoridade judiciária não pode dispor do réu como meio de prova, diversamente do que ocorre com as testemunhas; deve respeitar sua liberdade, no sentido de defender-se como entender melhor, falando ou calando-se, e ainda advertindo-o da faculdade de não responder.
>
> (...)
>
> o único arbítrio há de ser sua consciência, cuja liberdade há de ser garantida em um dos momentos mais dramáticos para a vida de um homem e mais delicado para a tutela de sua dignidade.[1203]

Essa posição inspirou não apenas os trabalhos constituintes como a reforma de 2003 que deu origem à norma aqui analisada bem como a significativa literatura produzida sobre a matéria.[1204]

2. Modo de ser do interrogatório

O interrogatório é ato marcado pela oralidade, não podendo ser substituído por peça escrita. Excepciona-se a hipótese do art. 192 em relação à possibilidade de perguntas escritas ao surdo-mudo.

2.1 Interrogatório da pessoa jurídica

Alentada ementa enfrentou o problema trazido especificamente com a edição da Lei n. 9.685/98, a saber, a forma como deve se dar o interrogatório da pessoa jurídica, agora criminalmente responsabilizável nos crimes ambientais. As discussões derivam da ausência de um regramento específico, não previsto na lei especial ambiental e igualmente não referido nas sucessivas reformas pontuais do interrogatório no seio do Código de Processo Penal.

Assim, decidiu-se que

> O interrogatório, como se sabe, caracteriza-se como um ato de prova e de defesa. Revela o fato e todos os componentes a serem analisados no que se refere à imputação criminal. Uma prova acusatória sem uma confissão exige muito maior carga de convencimento do que outra que corrobora uma confissão. Essa é uma evidência de que o interrogatório constitui prova. Por certo que não tem eficácia exclusiva, podendo até mesmo caracterizar o crime de autoacusação

---

1201 AMBOS, Kai; CHOUKR, Fauzi Hassan. **A reforma do processo penal no Brasil e na América Latina**. São Paulo: Método, 2001. p. 57 e ss.
1202 ALMEIDA, Jorge Luiz de. Do interrogatório. **Justitia**, 74/1971.
1203 Grinover, Ada Pellegrini. **O processo em sua unidade** – II. Rio de Janeiro: Forense, 1984.
1204 Entre vários textos, MOREIRA, Reinaldo Daniel. A reforma do código de processo penal e a dimensão político-criminal do interrogatório no processo penal. **Boletim IBCCRIM**, São Paulo, v. 16, n. 194, p. 15, jan. 2009; GOMES, Luiz Flávio; CERQUEIRA, Thales Tácito Pontes Luz de Pádua. As inovações no interrogatório judicial. In: GOMES, Luiz Flávio; VANZOLINI, Maria Patricia (Coord.). **Reforma criminal**: comentários às leis – lei 10.406/2002 – Código civil, lei 10.684/2003 – Refis, lei 10.695/2003 – crimes contra a propriedade imaterial, lei 10.701/2003 – lavagem de capitais, lei 10.713/2003 – alterações à LEP, lei 10.732/2003. São Paulo: Revista dos Tribunais, 2004.

falsa descrito no art. 341 do Código Penal. Também contém eficácia de defesa o interrogatório, sendo esta a precípua função dele, por isso ficando obrigado o juízo a ouvir o interrogando em qualquer fase do processo, sob pena de lesão ao princípio da ampla defesa. O réu, ao falar em juízo, tem a oportunidade de esclarecer a situação fática, explicar os motivos de sua ação, revelar fatos desconhecidos em seu proveito, dar sua interpretação referentemente a provas já colhidas etc. Tratando-se de interrogatório de pessoa jurídica, quem tem esse poder? Logicamente, aquele que se posicionou como o centro de decisão na ocasião dos fatos ou que ocupa a função contemporaneamente ao processo. Só essa pessoa tem a capacidade de esclarecer e explicar a motivação da conduta, que importa para a imputação da pessoa jurídica. Obviamente, se houver colidência de interesses entre as defesas da sociedade e do diretor, este não poderá representá-la no ato de interrogatório. Todavia, nunca poderá atribuir-se a preposto o direito de ser interrogado em nome da empresa. Acaso haja incompatibilidade entre as defesas do diretor do qual emanou a ordem e da pessoa jurídica, por certo nesse processo a sociedade não será interrogada, a não ser que exista outro administrador integrante do colegiado, que não tenha sido acusado.[1205]

No âmbito acadêmico, Grinover expressou sua posição a respeito para considerar, assim como no aresto acima, a necessidade de proceder-se ao interrogatório na figura do "(...) gestor da pessoa jurídica (...), com todas as garantias previstas nos novos artigos do Código de Processo Penal".[1206]

Verifica-se que, de fato, a pessoa jurídica enquanto ré deve se fazer representar por quem efetivamente detenha capacidade de geri-la caso essa pessoa física não seja, ela mesma, corré na ação penal, situação que se afigura possível na sistemática pátria que possibilita a responsabilização criminal da pessoa física e da jurídica concomitantemente.

3. Modelo acusatório e momento adequado do interrogatório

A partir da compreensão que se tenha do ato de interrogatório, inúmeras consequências advirão. Uma delas é a colocação tópica do ato. Não por acaso, entendido pelo Código de Processo Penal como meio de prova, aloca-se no Título VII do Livro I do Código, exatamente do que trata da prova e, no desenvolvimento do procedimento ordinário, é ele o primeiro ato de "instrução", quebrando, assim, a clássica ideia de que a defesa tem a palavra por último.

Ao concebê-lo como meio de defesa – melhor concepção dentro da estrutura acusatória –, o interrogatório deveria encerrar o procedimento. Essa experiência existe no direito brasileiro, no âmbito do procedimento da ação penal da Lei n. 9.099/1995, e corresponde a um avanço técnico no contexto de uma legislação que padece das inúmeras críticas apontadas ao longo destes *Comentários*.

3.1 Interrogatório e juiz natural: a situação das cartas precatórias

É frequente o entendimento jurisprudencial e mesmo doutrinário que admite que o interrogatório judicial poderá ser feito mediante carta precatória, amparado, essencialmente, na concepção predominante até 2008 na inexistência da "identidade física do juiz" no processo penal.

Esse posicionamento e o fundamento acima mencionado se faz sentir em vários outros julgados que alicerçam a matéria e que, na sua maioria, antecedem a CR/88 e a CADH. Neste sentido podem ser destacados os seguintes julgados: Tribunal Federal de Recursos. Conflito de Competência n. 2.899 (Tribunal Pleno). Data de publicação: DJU, 24 nov. 1978, p. 9.847; Tribunal de Alçada Criminal/SP. HC 119.1-82. Data de julgamento: 20 jan. 1983; STF. RHC 33.519. Relator: Min. Sampaio Costa; RHC 34.540. Relator: Min. Rocha Lagoa; RHC 42.387. Relator: Min. Evandro Lins; RHC 46.721. Relator: Min. Thompson Flores; HC 46.812. Relator: Min. Themístocles Cavalcanti; HC 57.794. Relator: Ministro Thompson Flores; HC 63.067. Relator: Min. Aldir Passarinho; Rec. 80.376. Relator: Min. Eloy da Rocha; Rec. 84.485. Relator: Min. Bilac Pinto; HC 66.050. Relator: Min. Aldir Passarinho.

Acrescente-se outro julgado que afirma que "o interrogatório do agente efetuado por carta precatória em outro Juízo é válido, já que este ato, embora tenha como característica essencial a 'judicialidade', não é privativo de Juiz determinado".[1207] Este último julgado fundamenta a possibilidade do interrogatório em ato do "E. Conselho Superior da Magistratura, através do Provimento n. CXCI/1984 [o qual] permitiu a realização do interrogatório do acusado, preso ou solto, na comarca em que estiver".

O provimento mencionado constitui um grande marco – ao menos no Estado de São Paulo – sobre o tema, e foi um reflexo de toda a jurisprudência anterior. Nada obstante, trata-se de um ato administrativo que, com a devida vênia, não teria o condão de

---

1205 TRF. 4ª Região. Relator: Fábio Rosa. Data de publicação: DOU, 26 fev. 2003. p. 914.
1206 GRINOVER, Ada Pellegrini. Aspectos processuais da responsabilidade penal da pessoa jurídica. In: GOMES, Luiz Flávio. **Responsabilidade penal da pessoa jurídica e medidas provisórias e direito penal**. São Paulo: RT, 1999. p. 46-50.
1207 RJTACrim, 3/172.

modificar ou muito enfraquecer o texto constitucional no que tange ao juiz natural.

E, ainda hoje, nada obstante o marco constitucional-convencional e mesmo a reforma infraconstitucional de 2008 ainda se persiste afirmando que "A Lei nº 11.719/2008, ao introduzir no processo penal o princípio da identidade física do juiz, não excluiu, analisadas as peculiaridades de cada caso concreto, a possibilidade de utilização da carta precatória para oitiva do réu, como forma de cooperação entre os Juízos"[1208] e mesmo que

> o entendimento jurisprudencial dominante é no sentido de que o princípio da identidade física do juiz, inserido no ordenamento processual penal no art. 399, § 2º pela Lei nº 11.719/08, não possui caráter absoluto, incidindo, em razão da ausência de regras específicas na legislação processual penal e por força do que dispõe o art. 3º, do CPP, a regra disposta no art. 132, do Código de Processo Civil.[1209]

Esse, pois, o aspecto principal. As bases jurisprudenciais que regem a matéria são totalmente anteriores à CR e à CADH, as quais conferem ao acusado o direito de ser ouvido por um juiz, mas não *por qualquer juiz, senão pelo juiz natural da causa*. Trata-se, pois, de reler o tema à luz das disciplinas superiores e não buscar – como frequentemente se faz – adequar esses textos a concepções que não lhes são próprias.

O interrogatório por carta precatória fere o direito à fruição do juiz natural da causa e não pode subsistir diante do atual fundamento constitucional. As dificuldades eventualmente práticas do interrogatório em outra comarca somente têm sentido quando se concebe como natural um *rito fragmentado* como o previsto no Código de Processo Penal (rito ordinário e, de forma geral, a maioria dos demais ritos). Concentração de atos, oralidade e imediação, postulados essenciais de ritos no modelo acusatório, diminuem – ou dissipam por completo – essas anomalias.

Por isso, muito menos afrontoso que o mecanismo da carta-precatória é aquela da realização do ato por videoconferência como será discutido no âmbito do artigo § 2º deste art. 185.

4. Contato prévio entre o réu e seu defensor

Aqui mais um aspecto que demonstra que, sem a verdadeira capacitação dos operadores para lidar com os traços do sistema acusatório, a regra potencialmente pode vir a ser esvaziada.

Isso porque o contato prévio deve ser apto a efetivar a defesa material da pessoa acusada, não se resumindo a um breve encontro (quase um "esbarrão") entre acusado e defensor nos corredores do Fórum, ou nas dependências prisionais, conforme apontado no item acima, mormente porque esse momento é quase sempre o primeiro encontro entre os mencionados, sobretudo no caso de defensores nomeados pelo Estado.

Nada obstante o tema continua sendo visualizado pelo prisma da quase irrelevância ou, quando muito, na seara das nulidades relativas[1210]. E, se assim é o entendimento quando do interrogatório, a "requisição para entrevista pessoal com o advogado, por ocasião da apresentação da Resposta Preliminar à Acusação, constitui mera liberalidade do juiz. Imprescindível, por força de lei, o encontro prévio e reservadamente com o patrono quando do interrogatório".[1211]

Isto porque,

> as normas processuais penais não prevêem a requisição do preso na situação descrita. Ao contrário, indicam que essa providência é medida excepcional. 4. A realização de entrevista com o preso constitui atribuição da Defensoria Pública que, considerando-a imprescindível para a defesa de seu patrocinado, deve adotar as providências necessárias para entrevistá-lo, não obstante o volume excessivo de trabalho atribuído aos defensores públicos. Aliás, é o entendimento que se infere do art. 108, parágrafo único, inciso IV, da Lei Complementar n. 80/1994. 5. O indeferimento do pedido, pelo Juízo de primeiro grau, restou devidamente fundamentado, tendo sido consignada a falta de demonstração da excepcionalidade do requerimento e a inviabilidade da pretensão, dado o escasso número de viaturas e de agentes penitenciários responsáveis pelo deslocamento de presos.[1212]

1208 TRF-2. **HC 201202010056401**. 2ª Turma Especializada. Relator: Des. Fed. Messod Azulay Neto. Data de julgamento: 5 jun. 2012. Data de publicação: 27 jun. 2012.

1209 TRF-2. **HC 201202010208810**. 1ª Turma Especializada. Relator: Des. Fed. Paulo Espírito Santo. Data de julgamento: 20 mar. 2013. Data de publicação: 1º abr. 2013.

1210 TJ-RJ. **APL 03051058620148190001 RJ 0305105-86.2014.8.19.0001**. 7ª Câmara Criminal. Relator: Des. Joaquim Domingos de Almeida Neto. Data de julgamento: 10 set. 2015. Data de publicação: 16 set. 2015; em igual sentido: **TJ-MG 10209000075640011 MG 1.0209.00.000756-4/001**, Relator: Eduardo Brum. Data de julgamento: 24 fev. 2010. Data de publicação: 17 mar. 2010.

1211 TJ-RJ. **RSE 00007720220148190055 RJ 0000772-02.2014.8.19.0055**. 4ª Câmara Criminal. Relator: Des. Jose Roberto Lagranha Tavora. Data de julgamento: 12 maio 2015. Data de publicação: 10 jun. 2015.

1212 STJ. **HC 227958 RJ 2011/0299333-5**. 5ª Turma. Relatora: Min.ª Laurita Vaz. Data de julgamento: 22 out. 2013. Data de publicação: DJe, 5 nov. 2013.

§ 1º O interrogatório do réu preso será realizado, em sala própria, no estabelecimento em que estiver recolhido, desde que estejam garantidas a segurança do juiz, do membro do Ministério Público e dos auxiliares bem como a presença do defensor e a publicidade do ato. (Redação dada pela Lei n. 11.900, de 8-1-2009)

1. Interrogatório do acusado preso

Determina a nova redação, que difere da anterior basicamente porque acrescentou o trecho "do membro do Ministério Público", que deve ser feito, prioritariamente, no estabelecimento prisional em que se encontra e, diante da eventual falta de condições de segurança, será realizado nos termos do Código de Processo Penal, a dizer, na sede do juízo.

No mais, essa modalidade de interrogatório parece ter sido concebida como prioritária em relação à videoconferência e mesmo em relação à requisição do réu para comparecer à sede do Juízo.

Sendo assim, há um problema estrutural, pois esta norma foi concebida na sua redação original quando o interrogatório era um ato isolado – e geralmente o primeiro do rito –, e não como se dá agora, como último ato da audiência una. Levada ao pé da letra a norma, estar-se-ia diante de uma inevitável divisão da audiência para que o interrogatório fosse realizado em data diferenciada, bem como se inviabilizaria a própria realização dos debates e julgamento.

§ 2º Excepcionalmente, o juiz, por decisão fundamentada, de ofício ou a requerimento das partes, poderá realizar o interrogatório do réu preso por sistema de videoconferência ou outro recurso tecnológico de transmissão de sons e imagens em tempo real, desde que a medida seja necessária para atender a uma das seguintes finalidades: (Redação dada pela Lei n. 11.900, de 8-1-2009)

1. Recorribilidade da decisão sobre o emprego da videoconferência

Malgrado a imposição de cientificação às partes da realização do ato por meio da videoconferência, não comporta a decisão sobre a matéria meio recursal de impugnação, cabendo, se tanto, ação autônoma que, nesse caso, seria preferentemente o *habeas corpus*, vez que se está tratando de liberdade de locomoção no próprio sentido físico da expressão.

2. Pedido para emprego da videoconferência

No silêncio da lei, tem-se a fórmula genérica, a saber, por requerimento das partes (a defesa sobretudo no inciso II) ou determinado de ofício pelo Magistrado.

3. Interrogatório a distância e juiz natural: o tema da videoconferência antes da Lei n. 11.900/2009

Então sem previsão normativa, já houve iniciativa legislativa para tentar instituí-lo,[1213] e mesmo acórdãos já surgiram dando agasalho ao tema: "interrogatório feito via sistema conferência em *real time*. Inexistindo a demonstração de prejuízo, o ato reprochado não pode ser anulado, *ex vi* art. 563 do Código de Processo Penal. Recurso desprovido. Decisão por unanimidade, negar provimento ao recurso".[1214]

No âmbito estadual, foram vários os provimentos que deram agasalho à iniciativa. Nesse sentido, tem-se que

> inocorre nulidade na realização de interrogatório on-line ou virtual quando o contato visual e auditivo entre o Magistrado e o interrogando resta respeitado pela presença de imagem e som de forma recíproca e o ato for acompanhado por Advogados, um na sala de audiência e outro no estabelecimento prisional assistindo ao réu, uma vez que assim ficam resguardadas a este a autodefesa e a liberdade de expressão, sendo necessária, para invalidar a referida inquirição, a comprovação de efetivo prejuízo à atividade defensória.[1215]

Mencionada ementa refere-se a *habeas corpus* impetrado pela Procuradoria-Geral do Estado de São Paulo, alegando nulidade em determinado processo na medida em que foi realizado interrogatório judicial on-line (a distância) ou interrogatório virtual, em detrimento do princípio constitucional da plenitude de defesa, e também se "assevera que referido ato, fundamental à defesa do paciente, é de ser feito em contato direto com o Magistrado a fim de lhe possibilitar o exaurimento da plenitude de defesa assegurada na Carta Magna". Complementa-se afirmando que

> a autodefesa, aquela que é exercida diretamente pelo réu, tem como oportunidade maior o ato de interrogatório judicial, aqui prejudicado pela ausência de contato direto do paciente com o Magistrado que preside a instrução. Assim, a ausência de contato direto e pessoal limitou ao paciente a plenitude de liberdade de expressão, dada a ausência da publicidade do ato realizado, o que torna nulo o interrogatório virtual, devendo

---

1213 BRASIL. Câmara dos Deputados. **Projeto de Lei [Cd]) 01233 de 1999**. Autor(Es): Luiz Antonio Fleury, PTB-SP.
1214 STJ. Relator: Min. Felix Fischer. Data de publicação: DJ, 5 maio 1997. p. 17.067.
1215 RJTACrim, 33/377.

outro ser realizado, observadas as disposições legais pertinentes à espécie.

A ordem, no entanto, foi denegada.

Contrário a tal posicionamento, outro acórdão do mesmo Tribunal afirmou que

> o interrogatório judicial realizado on-line viola os princípios constitucionais da publicidade dos atos judiciais e da amplitude da defesa, já que, embora incluído no capítulo da prova no Código de Processo Penal, ele é hoje considerado como ato de autodefesa do réu, sendo o único ato processual em que o Juiz dialoga com o acusado.[1216]

3.1 Interrogatório à distância e juiz natural: as posições do STF

A Lei n. 11.900/2009 buscou sanar as críticas que levaram o STF a, em duas oportunidades, anular processos-crime pela prática da videoconferência.

O primeiro acórdão (HC 88.914-0/SP. Relator: Min. Cezar Peluso) tratava-se de *habeas corpus* impetrado contra decisão da 6ª Turma do Superior Tribunal de Justiça e foi processado, perante a 30ª Vara Criminal do Foro Central da comarca da Capital/SP, pela prática dos delitos previstos nos arts. 159, *caput*, 157, § 2º, incs. I e II, e 329, todos do Código Penal, tendo sido absolvido desta última imputação, mas condenado à pena de 14 (quatorze) anos, 2 (dois) meses e 20 (vinte) dias de reclusão, para cumprimento integral em regime fechado, pelo delito de extorsão mediante sequestro, e execução inicial em regime fechado, quanto aos dois roubos. Consta que,

> preliminarmente, o(a) MM. Juiz(a) de Direito deliberou a realização da audiência pelo sistema de teleaudiência. Na sala de audiências do Juízo há equipamento eletrônico para realização de atos processuais orais por esse sistema, estando o réu em sala semelhante no presídio em que recolhido, assistido por advogado. Consiste ele na viabilidade técnica para realização de audiência a distância, garantidas a visão, audição, comunicação reservada entre o réu e seu Defensor e facultada a gravação em "compact disc", a ser anexado aos autos para consulta posterior (se disponível o equipamento). Na sala especial do estabelecimento prisional referido foi(ram) apresentado(a, s) réu(ré, s) com imagem, escuta e canal de áudio reservado à sua disposição para comunicar-se com seu Defensor(es), assistido pelo(a) advogado(a) da FUNAP, para garantia da livre-manifestação de vontade do interrogando, conforme registro lá efetuado e remetido ao Juízo por meio eletrônico. O(a) advogado(a) presente assina também este termo como fiscalizador da fidelidade do registro do interrogatório.

A Defensoria impetrou a ordem e o STJ sustentou a legalidade da realização do ato na forma como produzida, apontando como razão de decidir trecho da decisão de Primeiro Grau na qual consta, expressamente:

> Não há violação de qualquer princípio de tratado internacional recepcionado pelo Brasil. A presença do réu em Juízo é garantida, como, aliás, prevista na lei, observada, apenas, a evolução tecnológica. Não violado, assim, o Pacto de San Jose da Costa Rica, de 22 de novembro de 1969, introduzida a sua eficácia jurídica no Brasil pelo Decreto n. 678, de 06 de novembro de 1992 (cfr. art. 8º Garantias judiciais). Como se pode verificar, o pacto foi assinado muito tempo antes da introdução das modernas tecnologias dos meios de comunicação. Sem violação a seus preceitos, possível a utilização do sistema de teleaudiência, em face do crescimento da população paulista – e mundial – e necessidade de aprimoramento dos serviços públicos, especialmente judiciários. Mister lembrar a importância do direito à defesa consagrado ao réu no processo. Em seu interrogatório, vê o Juiz, dialoga e tem oportunidade de exercer seu primeiro ato de defesa no processo. Fundamental que seja registrada sua versão, com detalhe, para a fixação dos eventuais pontos controvertidos da causa penal. Na audiência de instrução, acompanha a realização do ato juntamente com seu defensor, facultada a comunicação – note-se que, na hipótese do art. 217 do Código de Processo Penal, o defensor poderá consultá-lo on-line, ao contrário do que ocorre no sistema processual, caracterizando relevante avanço jurídico.

Da fundamentação extraem-se os seguintes pontos principais – aqui excluída a comparação do ato de interrogatório com sessão psicanalítica como afirmado pelo e. Min. Relator:

- ausência de lei expressa para regular o ato;
- ofensa à ampla defesa;
- ofensa ao direito de a pessoa acusada ser levada à presença do Magistrado;
- ofensa à publicidade do ato.

Posteriormente, novo caso foi levado à apreciação do STF diante da realização de interrogatório por videoconferência com base na legislação do Estado de São Paulo sobre a matéria (Lei Estadual n. 11.819/2005).

No HC 90.900, o STF entendeu que cabe somente à União legislar sobre a matéria (processo penal). A relatora, ministra Ellen Gracie, entendeu possível a realização de interrogatório por videoconferência e entendeu não haver inconstitucionalidade material,

---

1216 RJTACRim, 33/381.

tendo em vista que o procedimento instituído pela norma paulista preserva todos os direitos e garantias fundamentais, inclusive a garantia da ampla defesa e o devido processo legal, bem como ser o sistema de videoconferência uma nova forma de contato direto, não necessariamente no mesmo local. Apoiou-se, ainda, na Convenção de Palermo (combate à criminalidade transnacional organizada, ratificada pelo Brasil em 2000) para sustentar a legalidade da lei estadual, vez que a ratificação da Convenção seria, a seu ver, a norma federal.

O ministro Menezes Direito votou pela concessão do *habeas*, entendendo que a lei estadual viola flagrantemente a disciplina do art. 22, inciso I, da Constituição da República e destacou que a hipótese não se refere a procedimento, mas a processo, ressaltando que a matéria está explicitamente regulada no art. 185, do Código de Processo Penal. "Com isso, a matéria é de processo e sendo de processo a União detém o monopólio, a exclusividade para estabelecer a disciplina legal na matéria", afirmou. Quanto à possibilidade da realização de videoconferência, prevista na Convenção Internacional como exposta pela relatora, o ministro disse que, em contrapartida, o Pacto de São José da Costa Rica estabelece a obrigatoriedade da presença física do réu perante o juiz.

Neste acórdão, tem-se como fundamento à concessão da ordem e anulação do ato de interrogar-se por videoconferência a ausência de lei federal expressa a respeito e a impossibilidade de lei estadual regular a matéria por se tratar de competência legislativa exclusiva da União.

3.2 Interrogatório a distância e juiz natural: o tema da videoconferência e a Lei n. 11.900/2009. Posição atual destes *Comentários*

A partir da redação da Lei n. 11.900/2009 e da forma como estruturada a utilização da videoconferência em seus termos operacionais práticos, permitimo-nos, com a honestidade argumentativa devida, rever a posição que orientou as primeiras edições destes **Comentários** que se sustentava na Convenção Americana de Direitos do Homem, que em seu art. 5º afirma explicitamente: "Toda pessoa detida ou retida deve ser conduzida, sem demora, **à presença de um juiz** ou outra autoridade autorizada pela lei a exercer funções judiciais" (grifo nosso).

Com efeito, a atual situação legal satisfaz as seguintes exigências para adequar o emprego desse meio de produção do ato processual, a saber:

- é norma federal como impõe a competência constitucional para legislar sobre a matéria superando, assim, a crítica jurisprudencial[1217] e doutrinária quanto à fonte normativa[1218];
- obedeceu ao processo legislativo interno ao Congresso Nacional para editá-la, a saber, não padece de vício de procedimento legislativo;
- trata com excepcionalidade o interrogatório por videoconferência;[1219]
- exige fundamentação judicial específica e vinculada à necessidade de o ato ser praticado dessa forma;
- viabiliza a publicidade do ato quando o processo não estiver tramitando em segredo de justiça;
- possibilita o pleno contato da defesa técnica com a pessoa acusada.[1220]

Aos demais tópicos empregados, sobretudo, no primeiro v. acórdão do STF, temos, com a devida vênia, que:

- a intimidação por prestar depoimento no cárcere não é menos previsível que a intimidação no trajeto realizado entre o cárcere e a sala de audiências, e nem a presença física nessa sala pode controlar o que se passará no trajeto de retorno do Fórum à unidade prisional;
- o *smell of the fear* reclamado não pode ser objetivamente cobrado na motivação da decisão de mérito e não se apresenta como critério juridicamente mensurável para invalidar um ato processual praticado de determinada forma;
- sem o que, destinado ao juiz natural da causa – e não a qualquer juiz –, não há como afirmar que exista o *smell of the fear* em interrogatórios

---

1217 A ver, entre outros, STJ. **HC 145243 SP 2009/0162259-0**. 5ª Turma. Relatora: Min.ª Laurita Vaz. Data de julgamento: 18 nov. 2010. Data de publicação: DJe, 6 dez. 2010.

1218 Acerca da crítica doutrinária ver, entre outros, FERNANDES, Antonio Scarance. A inconstitucionalidade da lei estadual sobre videoconferência. **Boletim IBCCRIM**, São Paulo, v. 12, n. 147, p. 7, fev. 2005; BADARÓ, Gustavo Henrique Righi Ivahy. A lei estadual n. 11.819, de 05/01/05, e o interrogatório por videoconferência: primeiras impressões. **Boletim IBCCRIM**, São Paulo, v. 12, n. 148, p. 2, mar. 2005; GOMES, Rodrigo Carneiro. A Lei n. 11.900/2009 e a adoção da videoconferência no Brasil. **Revista CEJ**, Brasília, v. 13, n. 47, p. 84-93, out./dez. 2009.

1219 Na forma como progressivamente aceito pelos precedentes: STJ. **HC 194.576/SP**. 5ª Turma. Rel. Min. Jorge Mussi. Data de publicação: DJe, 24 abr. 2013; AgRg no HC 199.414/SP. 5ª Turma. Relator: Min. Marco Aurélio Bellizze. Data de publicação: DJe, 21 set. 2012.

1220 Em sentido contrário, sustentando a ofensa a direitos defensivos ver MOREIRA, Rômulo de Andrade. A nova lei do interrogatório por videoconferência. **Revista Magister de Direito Penal e Processual Penal**, Porto Alegre, v. 5, n. 27, p. 94-106, dez./jan. 2009.

por carta precatória. [vide **Comentários** ao *caput* do art. 185]

Ainda com a devida vênia, é fechar os olhos à realidade afirmar-se que não há contato direto entre juiz e pessoa acusada nesse ato. O que não há é contato presencial como, de resto, existe em outras hipóteses do processo penal, uma delas também ligada ao direito à ampla defesa, quando da realização de interrogatórios por meio da carta de ordem.

Temos, por fim, que esse meio privilegia o contato da pessoa acusada com quem, efetivamente, vai julgá-la, sendo muito menos danoso à estrutura processual no Estado de Direito que a mecânica historicamente considerada como "asséptica" das cartas precatórias, este ato, sim, realizado perante quem não é o juiz da causa, na ausência do Promotor Natural (*vide* **Comentários** ao art. 185) e muitas vezes com a mera presença formal de um defensor dativo, situação das mais comuns quando se trata de réu pobre, a imensa maioria daqueles que estão na condição de acusados no processo penal.

4. Fundamentos para uso da videoconferência: hipóteses taxativas e não cumulativas

As hipóteses enumeradas como justificadoras do emprego da videoconferência são taxativas e, de acordo com a disposição do presente parágrafo, não necessariamente cumulativas.

Outrossim, devem encontrar respaldo nos autos com dados a partir dos quais se possa inferir a fundada suspeita (inciso I) ou gravíssima questão de ordem pública (inciso IV) validando-se o ato em situação determinada na qual

> A adoção da medida foi calcada em elementos extraídos do caso concreto, especialmente nos fortes indícios de que a conduta do agente provavelmente estaria inserida na atividade de organização criminosa empresarial com atuação internacional e na necessidade da escolta do acusado por centenas de quilômetros para propiciar o interrogatório presencial, com risco de fuga. 3. Não se limitou o magistrado a reproduzir o texto legal, mas alinhavou a gravidade concreta como substrato para a realização de atos processuais por intermédio da referida tecnologia, com espeque nos requisitos do artigo 185, § 2.º, incisos I e IV, do Código de Processo Penal, demonstrando-se, assim, a necessidade da providência excepcional.[1221]

4.1 Taxatividade das hipóteses e preservação do contato da pessoa acusada com o juiz natural

A lógica imperante na reforma de 2009 era a de tratar a videoconferência como hipótese excepcional como, de fato, ela deve ser vista.

Porém, a excepcional em relação ao que, deve-se perguntar. Se a estrutura do processo penal brasileiro fosse realmente oral, com o cumprimento dos cânones acusatórios que implicam, pela oralidade, o contato direto e inafastável da pessoa acusada com seu juiz natural, a exceção do ato à distância seria bem-vinda em hipóteses taxativas.

Porém, é exatamente o oposto que acontece. Como a oralidade e concentração de atos perante o juiz natural funciona de forma precária, insiste-se na produção do ato por carta-precatória, que é a antítese do quanto dispõe a Convenção Americana de Direitos Humanos.

E o resultado é o que se vê em precedentes como o seguinte:

> A denúncia foi recebida em 19 de dezembro de 2011 e, após a audiência de instrução, a defesa requereu a expedição de carta precatória para a realização do interrogatório, porquanto o réu reside no Estado de Minas Gerais; no entanto, o Juízo determinou a realização do interrogatório pelo sistema de videoconferência. 3. Da análise do feito, observa-se que nenhuma das hipóteses descritas no artigo 185, § 2º, do Código de Processo Penal restou configurada, mesmo porque se trata de réu solto. 4. Não pode o magistrado, em verdadeira afronta ao princípio do devido processo legal, criar uma hipótese não prevista em lei, ainda que sob a justificativa de que referido ato traria eficiência ou agilidade ao processo. 5. Devido à importância do princípio da identidade física do juiz, sua aplicação somente deve ser afastada se houver motivo suficiente para tal, como no caso em apreço. 6.Ordem concedida para determinar a realização do interrogatório pessoal do paciente perante o Juízo deprecado da 1ª Vara Federal de Uberlândia/MG.[1222]

Com a devida vênia à compreensão da Corte em questão, o que fez o Magistrado foi exatamente preservar o juiz natural (e não o contrário) porquanto o mecanismo da carta-precatória exatamente o frustra. A taxatividade, no caso, foi empregada como forma de burlar a estrutura constitucional do processo e não protegê-la.

1221 STJ. **RHC 57546 SP 2015/0051676-9**. 6ª Turma. Relatora: Min.ª Maria Thereza de Assis Moura. Data de julgamento: 14 abr. 2015. Data de publicação: DJe, 23 abr. 2015.

1222 TRF-3. **HC 28793 SP 0028793-70.2013.4.03.0000**. 1ª Turma. Relator: Des. Fed. José Lunardelli. Data de julgamento: 6 maio 2014.

5. Direito "subjetivo" ao emprego da videoconferência

Conforme determinado precedente,

> 1. O interrogatório efetivado por videoconferência é medida excepcional prevista no artigo 185, § 2º do Código de Processo Penal, e se realizado nas formas prescritas em lei, com a presença de um Defensor e de um Advogado, tanto no Presídio onde o acusado está acautelado, quanto nas dependências do Forum, não comporta nulidade. Não se configurando a presença de quaisquer das hipóteses legalmente previstas, o Magistrado pode optar pelo interrogatório por meio de carta precatória, não havendo direito subjetivo do acusado, ao interrogatório por videoconferência, sendo certo que, no caso, a Autoridade judiciária ressaltou expressamente o direito de o ora recorrente permanecer em silêncio, mas este, por livre e espontânea vontade, optou por responder às perguntas realizadas na audiência de interrogatório.[1223]

Na linha destes **Comentários**, a carta-precatória configura violação direta do direito da pessoa acusada a se ver diante de seu juiz natural, ainda que à distância, motivo pelo qual não se compartilha, com a devida vênia, do entendimento esposado no precedente acima mencionado.

6. Videoconferência transnacional

Trata-se de providência possível e de crescente possibilidade de aplicação diante do incremento dos mecanismos de cooperação penal internacional.

Assim, como esclarece prestigiosa doutrina,[1224]

> Quando se tem em mira a tomada de depoimentos no exterior, as opções que se colocam ao Ministério Público ou à Polícia são: a) a realização de missão no estrangeiro para oitiva do depoimento, com os custos inerentes, isto é, transporte aéreo e diárias; b) a transferência voluntária da pessoa para prestar depoimento no Brasil, o que pode ser inviável devido à voluntariedade da medida e aos custos de transporte e hospedagem do depoente; c) a remessa de uma carta rogatória (mutual legal assistance request) ativa ao país estrangeiro para a oitiva da pessoa, a partir de uma lista de perguntas previamente traduzidas, o que pode burocratizar a coleta da prova ou tatrasá-la; ou d) o teledepoimento ou teleinterrogatório (videoconferência). As vantagens deste último método estão na redução de custos da diligência, isto é, na economia de verbas públicas do Poder Executivo, do Ministério Público e do Poder Judiciário, além da densificação dos princípios do juiz natural, do promotor natural, da oralidade, da imediatidade, da identidade física do juiz, do contraditório (no sentido do diálogo ou confronto processual durante o *"cross-examination"*) e da celeridade.

> I – prevenir risco à segurança pública, quando exista fundada suspeita de que o preso integre organização criminosa ou de que, por outra razão, possa fugir durante o deslocamento; (Incluído pela Lei n. 11.900, de 8-1-2009)

1. Preso integrante de organização criminosa

Não é necessário que responda o preso por acusação de formação de quadrilha ou bando, ou que esteja na denúncia inserida a menção às Leis n. 9.034/1995, 12.694/2012 ou 12.850/2013. Basta a fundada suspeita diante da prova colhida nos autos ou informações fidedignas trazidas ao conhecimento do Magistrado, ao Ministério Público ou às forças policiais que devem levar o conhecimento da situação ao Juízo.

2. Fundada suspeita de fuga

Deve estar fundamentada em informação concreta, não podendo ser o mero receio genérico, sem vinculação a dados minimamente confiáveis.

> II – viabilizar a participação do réu no referido ato processual, quando haja relevante dificuldade para seu comparecimento em juízo, por enfermidade ou outra circunstância pessoal; (Incluído pela Lei n. 11.900, de 8-1-2009)

1. Viabilização da presença da pessoa acusada

A condição de dificuldade de comparecimento deve ser devidamente demonstrada nos autos, em qualquer das hipóteses e, com mais clareza, quando se tratar de "outra circunstância pessoal", a fim de que esse modo de produção do ato não se torne regra.

Assim, já se considerou que

> O paciente encontra-se recolhido em estabelecimento penitenciário localizado no Município de Itaí/SP, distante aproximadamente 300 km da sede do Juízo. Nesse contexto, o transporte do paciente por longos 300 km, em viatura policial, atenta contra sua dignidade humana, de modo que a realização da audiência de

---

1223 TJ-RJ. **RSE 00241976720088190023** RJ 0024197-67.2008.8.19.0023. 2ª Câmara Criminal. Relator: Des. Katia Maria Amaral Jangutta. Data de julgamento: 2 jun. 2015. Data de publicação: 12 jun. 2015.

1224 A este respeito ver a descrição de ARAS, Vladimir. **Videoconferência criminal transnacional**. Disponível em: <https://vladimiraras.blog/2014/08/08/videoconferencia-criminal-transnacional/>. Acesso: 18 abr. 2022.

videoconferência encontraria respaldo no art. 185, § 2º, inc. II, parte final, do CPP. (...) 9 – Há que se destacar, ainda, que a utilização do sistema de videoconferência privilegia outros princípios constitucionais como a celeridade processual (art. 5º, inc. LXXVIII, CF) e a eficiência da Administração (art. 37, caput, CF), com a redução de custos de transporte ao Estado.

> III – impedir a influência do réu no ânimo de testemunha ou da vítima, desde que não seja possível colher o depoimento destas por videoconferência, nos termos do art. 217 deste Código; (Incluído pela Lei n. 11.900, de 8-1-2009)

1. Influência no depoimento de vítima ou testemunhas

Vide **Comentários** ao art. 217 com o emprego da videoconferência para a oitiva da vítima e testemunhas.

> IV – responder à gravíssima questão de ordem pública. (Incluído pela Lei n. 11.900, de 8-1-2009)

1. Conceito de ordem pública

Conforme entendimento assumido pelo e. STF,

O conceito jurídico de ordem pública não se confunde com incolumidade das pessoas e do patrimônio (art. 144 da CF/1988). Sem embargo, ordem pública se constitui em bem jurídico que pode resultar mais ou menos fragilizado pelo modo personalizado com que se dá a concreta violação da integridade das pessoas ou do patrimônio de terceiros, tanto quanto da saúde pública (nas hipóteses de tráfico de entorpecentes e drogas afins). Daí sua categorização jurídico-positiva, não como descrição do delito nem da cominação de pena, porém como pressuposto de prisão cautelar; ou seja, como imperiosa necessidade de acautelar o meio social contra fatores de perturbação que já se localizam na gravidade incomum da execução de certos crimes. Não da incomum gravidade abstrata desse ou daquele crime, mas da incomum gravidade na perpetração em si do crime, levando à consistente ilação de que, solto, o agente reincidirá no delito. Donde o vínculo operacional entre necessidade de preservação da ordem pública e acautelamento do meio social. Logo, conceito de ordem pública que se desvincula do conceito de incolumidade das pessoas e do patrimônio alheio (assim como da violação à saúde pública), mas que se enlaça umbilicalmente à noção de acautelamento do meio social. É certo que, para condenar penalmente alguém, o órgão julgador tem de olhar para trás e ver em que medida os fatos delituosos e suas coordenadas dão conta da culpabilidade do acusado. Já no que toca à decretação da prisão preventiva, se também é certo que o juiz valora esses mesmos fatos e vetores, ele o faz na perspectiva da aferição da periculosidade do agente. Não propriamente da culpabilidade. Pelo que o *quantum* da pena está para a culpabilidade do agente assim como o decreto de prisão preventiva está para a periculosidade, pois é tal periculosidade que pode colocar em risco o meio social quanto à possibilidade de reiteração delitiva (cuidando-se, claro, de prisão preventiva com fundamento na garantia da ordem pública).[1225]

Ver ainda os **Comentários** ao art. 312 para complementação da análise.

> § 3º Da decisão que determinar a realização de interrogatório por videoconferência, as partes serão intimadas com 10 (dez) dias de antecedência. (Incluído pela Lei n. 11.900, de 8-1-2009)

1. Comunicação às partes

É obrigatória, sob pena de nulidade, malgrado a inexistência de mecanismo recursal próprio para impugnar a decisão.

Contudo,

Por mais que o § 3º do artigo 185 do Código de Processo Penal determine que a realização do interrogatório por meio de sistema de videoconferência seja precedida de intimação com prazo mínimo de dez dias, na espécie, existem peculiaridades que elidem a decretação da nulidade, em razão do desatendimento de tal providência. Quando da audiência em questão, a Defesa renunciou ao direito de entrevista pessoal e reservada com o paciente. Nesse contexto, é imperioso ter presente que a relação processual é pautada pelo princípio da boa-fé objetiva, da qual deriva o subprincípio da vedação do venire contra factum proprium (proibição de comportamentos contraditórios). Assim, não há falar em nulidade em razão da prévia conduta do defensor que, em tese, teria ensejado a apregoada irregularidade, não se demonstrando, aliás, qualquer prejuízo derivado do ato processual atacado. 4. Não viola a garantia da ampla defesa, nem a ratio

---

1225 STF. **HC 96.212**. 1ª Turma. Relator: Min. Ayres Britto. Data de julgamento: 16 jun. 2010. Data de publicação: DJE, 6 ago. 2010. No mesmo sentido: **HC 114.524**. Relatora: Min.ª Rosa Weber (decisão monocrática). Data de julgamento: 13 ago. 2012. Data de publicação: DJE, 22 ago. 2012; **HC 102.043**. 1ª Turma. Relator: Min. Dias Toffoli. Data de julgamento: 24 ago. 2010. Data de publicação: DJE, 22 nov. 2010.

que subjaz ao enunciado 14 da Súmula Vinculante, a manutenção de sigilo no curso da realização de interceptação telefônica. Em certos casos, enquanto não concluída a diligência de natureza cautelar, o sigilo é imprescindível para que não se frustrem os escorreitos fins persecutórios.[1226]

§ 4º Antes do interrogatório por videoconferência, o preso poderá acompanhar, pelo mesmo sistema tecnológico, a realização de todos os atos da audiência única de instrução e julgamento de que tratam os arts. 400, 411 e 531 deste Código. (Incluído pela Lei n. 11.900, de 8-1-2009)

1. Acompanhamento da audiência pelo preso

É regra que vale para a maior parte dos casos, mas não atinge a situação em que o depoente, vítima ou testemunha, encontra-se sob proteção estatal, regularmente inscrita no programa oficial para tanto.

Também não se aplica ao acompanhamento do interrogatório do corréu, o que implicaria ofensa ao art. 191.

§ 5º Em qualquer modalidade de interrogatório, o juiz garantirá ao réu o direito de entrevista prévia e reservada com o seu defensor; se realizado por videoconferência, fica também garantido o acesso a canais telefônicos reservados para comunicação entre o defensor que esteja no presídio e o advogado presente na sala de audiência do Fórum, e entre este e o preso. (Incluído pela Lei n. 11.900, de 8-1-2009)

1. Videoconferência e direito de defesa

Segundo prestigiosa doutrina,

> deve-se garantir ao acusado preso o contato com seu defensor constituído ou nomeado, tanto no momento anterior à decisão e antes da realização da audiência de instrução e julgamento para a preparação da defesa e esclarecimentos de pontos relevantes. Bem como, deve-se assegurar que no estabelecimento prisional seja garantida a presença de um defensor nomeado ou constituído para que qualquer irregularidade seja imediatamente apresentada ao juiz, ao Ministério Público e ao defensor do acusado que se encontram na sala de audiência.[1227]

§ 6º A sala reservada no estabelecimento prisional para a realização de atos processuais por sistema de videoconferência será fiscalizada pelos corregedores e pelo juiz de cada causa, como também pelo Ministério Público e pela Ordem dos Advogados do Brasil. (Incluído pela Lei n. 11.900, de 8-1-2009)

1. Videoconferência e direito de defesa: fiscalização das dependências

Trata-se de necessidade imperiosa para garantir a integridade do espaço físico e dos meios tecnológicos empregados. Faltou à redação estabelecer expressamente a possibilidade do acompanhamento pela Defensoria Pública.

A disciplina de fiscalização ficou relegada a normatização própria, como seria realmente correto, mas haveria de ser indicada uma periodicidade mínima para sua realização.

§ 7º Será requisitada a apresentação do réu preso em juízo nas hipóteses em que o interrogatório não se realizar na forma prevista nos §§ 1º e 2º deste artigo. (Incluído pela Lei n. 11.900, de 8-1-2009)

1. Interrogatório presencial na sede do Juízo

Passa a ser o mecanismo residual em relação ao interrogatório no estabelecimento prisional e à própria mecânica da videoconferência aquele pelo qual se prevê a requisição do preso.

A norma, tal como concebida, representa um contrassenso, vez que a presença do acusado no Juízo há de ser a regra geral inclusive em virtude da concentração dos atos processuais, que o torna o último dos atos de instrução para ser sucedido pelos debates e julgamento.

Há, igualmente, de ser reiterado que a videoconferência, como mecanismo residual, não pode ser considerada prioritário em relação à presença física da pessoa acusada na sede do Juízo.

§ 8º Aplica-se o disposto nos §§ 2º, 3º, 4º e 5º deste artigo, no que couber, à realização de outros atos processuais que dependam da participação de pessoa que esteja presa, como acareação, reconhecimento de pessoas e coisas, e inquirição de

---

1226 STJ. **HC 264888 PB 2013/0042266-9**. 6ª turma. Relatora: Min.ª Maria Thereza de Assis Moura. Data de julgamento: 14 out. 2014. Data de publicação: DJe, 29 out. 2014.

1227 BARROS, Flaviane de Magalhães. **Reforma do processo penal**: comentários críticos dos artigos modificados pelas Leis n. 11.690/2008, n. 11.719/2008 e n. 11.900/2009. 2. ed. Belo Horizonte: Del Rey, 2009. p. 59.

testemunha ou tomada de declarações do ofendido. (Incluído pela Lei n. 11.900, de 8-1-2009)

1. Videoconferência e atos do processo

A norma busca estender, aos demais atos que dependam da pessoa acusada, a mecânica da videoconferência. A transferência não é, contudo, automática, no sentido de excluir outras regras que incidem sobre as matérias específicas.

Assim, para o reconhecimento pessoal não se pode descurar das regras estabelecidas no art. 226 (*vide* art. 226 nestes **Comentários**) ou mesmo para acareação (*vide* art. 229 nestes **Comentários**) e, no limite, o exercício do *nemo tenetur se detegere* (*vide* art. 186 nestes **Comentários**).

> § 9º Na hipótese do § 8º deste artigo, fica garantido o acompanhamento do ato processual pelo acusado e seu defensor. (Incluído pela Lei n. 11.900, de 8-1-2009)

1. Videoconferência e direito de defesa

Como corretamente assentado em precedente, é "Necessária a presença de advogado no presídio e na sala de audiência durante a realização de interrogatório por meio de videoconferência, sob pena de nulidade absoluta."[1228]

E, uma vez

> Assegurada a presença de advogados, tanto na sala em que se encontrava o magistrado quanto no local em que as testemunhas foram ouvidas, bem como possibilitado o pleno acompanhamento do ato em tempo real, não há falar em nulidade na realização da audiência de testemunhas por meio do sistema de videoconferência.[1229]

> Art. 186. Depois de devidamente qualificado e cientificado do inteiro teor da acusação, o acusado será informado pelo juiz, antes de iniciar o interrogatório, do seu direito de permanecer calado e de não responder perguntas que lhe forem formuladas. (Redação dada pela Lei n. 10.792, de 1º-12-2003)

> Parágrafo único. O silêncio, que não importará em confissão, não poderá ser interpretado em prejuízo da defesa. (Incluído pela Lei n. 10.792, de 1º-12-2003)

1. Fundamentação normativa do direito ao silêncio

A menção ao direito ao silêncio está no art. 5º da CR/88, LXIII: "o preso será informado de seus direitos, entre os quais o de permanecer calado, sendo-lhe assegurada a assistência da família e de advogado". Na CADH, no art. 8º, alínea *g*: "direito de não ser obrigado a depor contra si mesma, nem a declarar-se culpada".

2. Direito ao silêncio (*nemo tenetur*)[1230]

Em obra de grande fôlego, Queijo[1231] expõe que "o direito ao silêncio é a mais tradicional manifestação do *nemo tenetur se detegere*, mas o citado princípio não se restringe a ele. O direito ao silêncio se apresenta como uma das decorrências do *nemo tenetur se detegere*, pois o referido princípio, como direito fundamental e garantia do cidadão no processo penal, como limite ao arbítrio do Estado, é bem mais amplo e há diversas outras decorrências igualmente importantes que dele se extraem".

Na sequência, a jurista conceitua: "o direito ao silêncio corresponde ao direito de não responder às indagações formuladas pela autoridade. É o direito de calar, reconhecimento da liberdade moral do acusado".[1232] E, como posteriormente afirmará com razão, o direito ao silêncio se projeta a todos os tipos de interrogatório.

3. Necessidade da menção à possibilidade de fruir do direito ao silêncio

Nada obstante toda a estatura constitucional – e nada obstante a precária condição cultural da larga maioria dos réus no processo penal brasileiro –, a ausência da "advertência" do poder de silenciar ainda é tolerada e não considerada como causa de qualquer mácula. Assim, "a nulidade pela ausência de advertência ao acusado acerca do direito de permanecer em silêncio, por ser de caráter relativo, deve ser

---

[1228] STJ. **REsp 1438571 SP 2014/0042634-9**. 6ª turma. Relator: Min. Sebastião Reis Júnior. Data de julgamento: 28 abr. 2015. Data de publicação: DJe, 13 maio 2015.

[1229] STJ. **HC 92521 RS 2007/0242271-3**. 6ª Turma. Relator: Min. Rogerio Schietti Cruz. Data de julgamento: 6 fev. 2014. Data de publicação: DJe, 27 fev. 2014.

[1230] Para uma visão histórica ver RODRIGUES, Fábio Wellington; QUEIROZ, João Eduardo Lopes. Histórico do princípio 'nemo tenetur se detegere' (não produzir provas contra si mesmo) e marcos históricos sobre a não observação do princípio. **Revista Magister de Direito Penal e Processual Penal**, Porto Alegre, v. 13, n. 74, p. 55-74, out./nov. 2016.

[1231] QUEIJO, Maria Elizabeth. **O direito de não produzir prova contra si mesmo**: o princípio 'nemo tenetur se detegere' e suas decorrências no processo penal. 2. ed. São Paulo: Saraiva, 2012. p. 190 e ss.

[1232] Queijo, *op. loc. cit.*

arguida nos termos do art. 571 do CPP, sob pena de preclusão, demonstrando-se o efetivo prejuízo".[1233]

Ainda nesse mesmo sentido, o e. STF já se pronunciou afirmando que "mas, em matéria de direito ao silêncio e à informação oportuna dele, a apuração do gravame há de fazer-se a partir do comportamento do réu e da orientação de sua defesa no processo: o direito à informação oportuna da faculdade de permanecer calado visa assegurar ao acusado a livre-opção entre o silêncio – que faz recair sobre a acusação todo o ônus da prova do crime e de sua responsabilidade – e a intervenção ativa, quando oferece versão dos fatos e se propõe a prová-la: a opção pela intervenção ativa implica abdicação do direito a manter-se calado e das consequências da falta de informação oportuna a respeito"[1234], criando assim uma distinção não prevista na própria Constituição, com a menção à "intervenção ativa" que geraria (i) inversão do ônus da prova, com a obrigação de o acusado provar sua versão e (ii) desnecessidade de reafirmação da fruição do direito ao silêncio em atos posteriores àquele no qual a pessoa acusada resolveu se manifestar "ativamente".

Com a devida vênia, no que tange à base dogmática destes **Comentários**, tal entendimento é demasiado elástico. Em primeiro plano, porque as manifestações da pessoa acusada não têm, de modo absoluto, o condão de inverter o ônus da prova e, em segundo lugar, porque o dever de informar o direito de não produzir prova contra si mesmo não é exercido apenas num momento estático do processo, mas deve ser esclarecido em todos aqueles nos quais a pessoa acusada possa vir a se encontrar em situação de produzir prova contra si mesma.

4. Necessidade da observação no direito comparado

Spencer[1235], em relação ao direito comparado, assim esclarece:

> Na Inglaterra a polícia tem a obrigação de alertar o suspeito antes de questioná-lo e se ela não o faz o resultado é que a Corte excluirá a declaração com base na seção 78 do PACE 1984. Os códigos de processo penal tanto na Alemanha quanto na Itália também impõem o claro dever de alerta. Na Alemanha onde a obrigação da informação foi introduzida em 1964, as Cortes, após uma hesitação inicial, eventualmente inclinaram-se a favor da exclusão das declarações feitas sem a observância da obrigação. Na Itália, surpreendentemente, a jurisprudência se encaminhou para o

> outro lado. A inobservância de alertar o suspeito ou réu quanto ao seu direito ao silêncio não foi vista como uma causa automática de deflagração da inadmissibilidade de acordo com o art. 191 do CPP, mas meramente a possibilidade (e não a certificação) de se ter o ato anulado de acordo com o art. 180. Contudo, a Lei n. 63, de 1º de março de 2001 alterou este quadro, e declarações obtidas sem advertência ao suspeito de seu direito ao silêncio são agora inadmissíveis. Na Bélgica, em contraste, não há obrigação de alertar o suspeito e assim não existe o questionamento da exclusão da declaração prestada pelo réu sem tal aviso. Até recentemente este também era o caso na França. Entretanto, uma significativa obrigação de alertar foi introduzida em 2000 como parte de uma série de outras reformas. Como texto não prevê expressamente que esta obrigação se dá 'sob pena de nulidade' caberá às Cortes decidir se a inobservância do alerta abalará os direitos da defesa e dará vazão a uma "nulidade substancial" [suprimidas as notas de rodapé do texto original].

5. Provas obtidas com a violação do direito ao silêncio

Tendem a ser consideradas provas ilícitas, cuja discussão já foi feita a partir do art. 155 e seguintes destes **Comentários**. Ressalte-se aqui que a omissão da informação, pelo juiz, para que a pessoa acusada possa vir a exercer o direito ao silêncio é por nós entendida como causa de nulidade absoluta. Numa estrutura social como a nossa, na qual os primados constitucionais mal são conhecidos – quanto menos exercidos! –, a omissão dessa informação tem significado particularmente mais grave do que a eventualmente ocorrente em países de democracia estabilizada e, se mesmo na maior parte dessas matrizes há o reconhecimento de nulidade, não haveria por que ser diferente por aqui.

Art. 187. O interrogatório será constituído de duas partes: sobre a pessoa do acusado e sobre os fatos. (Redação dada pela Lei n. 10.792, de 1º-12-2003)

1. Divisão do ato de interrogatório

O direito brasileiro divide a forma de ser do interrogatório em dois momentos: um sobre a pessoa acusada e outro sobre os fatos tratados na ação penal em que se realiza o ato de interrogar. A questão que se coloca é a da inobservância dessa divisão, com a

---

1233 STJ. **HC 27339 MS 2003/0034280-5**. 5ª Turma. Relator: Min. Jorge Scartezzini. Data de julgamento: 2 mar. 2004. Data de publicação: DJ, 24 maio 2004. p. 300.

1234 STF. **HC 78.708**. Relator: Min. Sepúlveda Pertence. 16 abr. 1999.

1235 DELMAS-MARTY, Mireille (Org.). **Processos penais da Europa**. Tradução de Fauzi Hassan Choukr e Ana Cláudia Ferigato Choukr. Rio de Janeiro: Lumen Juris, 2005.

inversão da ordem ou mesmo a supressão de uma delas que, seria, no mais das vezes, da primeira parte (indagações sobre a vida pregressa).

Com efeito, do ponto de vista estritamente técnico, a ausência dessa parte específica do interrogatório haveria de ser considerada como causa de mácula diante do potencial prejuízo que isso poderia acarretar – a favor da pessoa acusada, inclusive – em eventual dosimetria de pena.

> § 1º Na primeira parte o interrogando será perguntado sobre a residência, meios de vida ou profissão, oportunidades sociais, lugar onde exerce a sua atividade, vida pregressa, notadamente se foi preso ou processado alguma vez e, em caso afirmativo, qual o juízo do processo, se houve suspensão condicional ou condenação, qual a pena imposta, se a cumpriu e outros dados familiares e sociais. (Incluído pela Lei n. 10.792, de 1º-12-2003)

1. Informações sobre as condições de vida da pessoa acusada

O presente parágrafo obriga o Magistrado a indagar da pessoa acusada dados sobre sua vida pessoal e familiar e, ao mesmo tempo, informações detalhadas sobre seus eventuais envolvimentos com a Justiça criminal.

Quanto a este último aspecto é de se considerar que, rigorosamente falando, seria desnecessário tal questionário, na medida em que os dados a esse respeito deveriam constar de cadastro oficial acessível de plano pela autoridade interrogante.

No mais, os dados colhidos referentes à vida "civil" da pessoa acusada, *v.g.*, residência, meios de vida ou profissão, oportunidades sociais, lugar onde exerce a sua atividade e outros dados familiares e sociais, deveriam orientar eventual dosimetria da pena, sobretudo se cotejadas as informações com o art. 59 do Código Penal (o juiz, atendendo à culpabilidade, aos antecedentes, à conduta social, à personalidade do agente, aos motivos, às circunstâncias e consequências do crime, bem como ao comportamento da vítima, estabelecerá, conforme seja necessário e suficiente para reprovação e prevenção do crime).

O direito brasileiro, alinhando-se nos que acompanham o paradigma europeu-continental, sempre viu com naturalidade a possibilidade de, no bojo da ação de conhecimento, mesclar informações sobre a conduta praticada e a "vida pregressa do acusado". Nesse sentido, conforme aponta Delmas-Marty, "nos sistemas continentais o acusador público algumas vezes tem seu papel facilitado porque, para convencer o tribunal do fato de modo a lhe dar segurança, é-lhe permitido usar todas as provas que na Inglaterra não poderia, em particular, o fato de que o acusado tem antecedentes criminais".[1236]

A prospecção sobre a vida pregressa da pessoa acusada, notadamente a primeira parte do § 1º deste artigo, funciona exatamente na linha de considerações sobre a *personalidade da pessoa imputada* e, se tais informações apresentam algum relevo – e elas apresentam! –, não se trata do momento adequado para expô-las.

Dentro de uma estrutura equilibrada da persecução, isso se daria no momento da dosimetria da pena e, preferentemente, a partir de estudos sociais feitos por pessoas capacitadas para tal, consubstanciando um estudo técnico colocado à disposição do Juízo – e com a possibilidade de participação das partes sobre seu conteúdo –, de modo a orientá-lo quanto à pena mais adequada e em quais limites se daria essa imposição.

Tal é o modelo que se verifica – não sem críticas, por certo – em países de tradição da *common law*, donde já importamos tantos instrumentos criticáveis, como a mercancia do próprio sistema penal. *De lege ferenda*, seria o caso de transporem-se não somente os mecanismos de abortamento do devido processo legal que lá existem, mas, também, o que o devido processo legal tem de essencial naquele modelo (nos casos residuais em que é empregado): a racionalidade humanista.

2. Opção pelo não fornecimento das informações

O fornecimento das informações solicitadas, uma vez inserida a indagação no ato de interrogatório, não obriga à resposta pela pessoa acusada, mormente quando se tratar de informação que ela repute lhe ser prejudicial.

Exatamente porque inserido no contexto da ampla defesa, não se pode falar na aplicação do art. 68 da Lei das Contravenções Penais (Recusar à autoridade, quando por esta, justificadamente solicitados ou exigidos, dados ou indicações concernentes à própria identidade, estado, profissão, domicílio e residência), que se destina a pessoas em outra situação jurídica.

Nada obstante, o art. 307 do Código Penal poderá ser aplicado, com a devida vênia a entendimentos em sentido contrário, porque não é dado à pessoa acusada servir-se do direito à ampla defesa para incriminar terceiros com o fornecimento da qualificação destes.

[1236] DELMAS-MARTY, Mireille (Org.). **Processos penais da Europa**. Tradução de Fauzi Hassan Choukr e Ana Cláudia Ferigato Choukr. Rio de Janeiro: Lumen Juris, 2005.

§ 2º Na segunda parte será perguntado sobre: (Incluído pela Lei n. 10.792, de 1º-12-2003)

1. Interrogatório sobre os fatos
Na estrutura do interrogatório, a partir do esgotamento das questões referentes às condições de vida da pessoa acusada, passa-se a indagá-la sobre os fatos que deram origem à ação penal – e não sobre quaisquer fatos –, a fim de construir o acervo de conhecimento.

2. A pessoa acusada e o "direito a mentir"
A discussão sobre o "direito de mentir" do acusado apresenta-se normalmente ligada ao *nemo tenetur* e, mais exatamente, ao direito ao silêncio[1237] como apontado em significativo trabalho de levantamento e análise de precedentes que concluiu pela possibilidade do direito de mentir exercido pela pessoa acusada[1238]. Nada obstante, sofre a crítica de Pacelli[1239] que sustenta absoluta diferenciação entre essas situações jurídicas.

Com efeito, mantendo a linha anteriormente traçada nas edições destes *Comentários* distanciamos o *nemo tenetur* do direito de "mentir" (da mesma maneira que o distanciaremos do "direito a se revel") e na mesma forma como exposto por Gomes[1240], esse direito de *não falar a verdade, total ou parcialmente*, não pode prejudicar a esfera jurídica de terceiros, posição que foi assumida pelo STF em julgamento com repercussão geral[1241] e seguida pelo STJ.[1242]

I – ser verdadeira a acusação que lhe é feita; (Incluído pela Lei n. 10.792, de 1º-12-2003)

1. Admissão da acusação: total ou parcial; efeitos
Pode gerar a aplicação da atenuante genérica prevista no art. 65, III, *d*, do Código Penal: "Art. 65. São circunstâncias que sempre atenuam a pena: (...) III – ter o agente: (...) d) confessado espontaneamente, perante a autoridade, a autoria do crime", desde que tenha se passado de forma efetivamente espontânea e seja completa, sem a apresentação de causa excludente de qualquer natureza e diga respeito à integralidade da acusação.

Para o tratamento da confissão ver artigos 197 e seguintes.

II – não sendo verdadeira a acusação, se tem algum motivo particular a que atribuí-la, se conhece a pessoa ou pessoas a quem deva ser imputada a prática do crime, e quais sejam, e se com elas esteve antes da prática da infração ou depois dela; (Incluído pela Lei n. 10.792, de 1º-12-2003)

1. Colaboração com a Justiça
Vide **Comentários** ao art. 190 neste Código.

III – onde estava ao tempo em que foi cometida a infração e se teve notícia desta; (Incluído pela Lei n. 10.792, de 1º-12-2003)

1. Informações sobre o momento do crime
Para o ônus da prova sobre as informações defensivas trazidas pela pessoa acusada – inclusive quanto à informação da sua localização no momento do crime, veja-se art. 156.

IV – as provas já apuradas; (Incluído pela Lei n. 10.792, de 1º-12-2003)

1. Manifestação sobre "as provas já apuradas"
A redação da norma fala em "provas já apuradas", porquanto, à época da entrada em vigor do texto, o interrogatório era o primeiro ato após o recebimento da inicial acusatória, como regra.

Com as reformas procedimentais que alteraram, entre outros, o art. 400 deste Código, a expressão deste inciso perde sua lógica, pois o interrogatório pressupõe o esgotamento da fase probatória mesmo que, por exemplo, haja modificação do conteúdo da acusação quando dos debates, porque, ainda assim,

---

[1237] Aproximação existente em inúmeros precedentes, dentre eles TRF-3. **HC 13727 SP 2008.03.00.013727-0**. 1ª Turma. Relator: Juiz Convocado em Substituição Márcio Mesquita. Data de julgamento: 21 out. 2008 e, anteriormente, no âmbito do STF. **HC 68.929/SP**. 1ª Turma. Relator: Min. Celso de Mello. Data de publicação: DJ, 28 ago. 1992.

[1238] DE OLIVEIRA, Bruno Almeida. A sanção judicial da mentira no interrogatório do réu: apontamentos sobre um problema paradigmático. Anais do 1º Simpósio de Iniciação Científica do Instituto Brasileiro de Ciências Criminais, Edição 1 – Ano 01 – 2014. p. 138.

[1239] PACELLI. **Curso**... Cap. 3, p. 52.

[1240] GOMES, Luiz Flávio. **Princípio da não autoincriminação**: significado, conteúdo, base jurídica e âmbito de incidência. Disponível em: <http://lfg.jusbrasil.com.br/noticias/2066298/principio-da-nao-auto-incriminacaosignificado-conteudo-base-juridica-e-ambito-de-incidencia>. Acesso em: 26 janeiro. 2010.

[1241] STF. **RE 640139 RG**. Relator: Dias Toffoli. Data de julgamento: 22 set. 2011.

[1242] HC 250.126/AL. 6ª Turma. Relator: Min. Nefi Cordeiro. Data de julgamento: 10 mar. 2016. Data de publicação: DJe, 21 mar. 2016.

o réu terá direito a se manifestar por último e sobre todas as provas já produzidas.

> V – se conhece as vítimas e testemunhas já inquiridas ou por inquirir, e desde quando, e se tem o que alegar contra elas; (Incluído pela Lei n. 10.792, de 1º-12-2003)

1. Identificação de vítimas e testemunhas

Não abrange as vítimas e testemunhas protegidas na forma da lei. Vide nestes *Comentários* art. 201, notas 3 a 5.

Neste ponto vale lembrar o seguinte enunciado do Tribunal de Ética da OAB/SP aprovado em 15 de março de 2007:

> Sigilo – Violação por Advogado – Testemunha Reservada – Depoimento – Nos termos do Provimento n. 32/2000, da Corregedoria-Geral de Justiça, do Tribunal de Justiça do Estado de São Paulo, os dados pessoais, especialmente o endereço de testemunhas reservadas, serão anotados fora dos autos e arquivados em pastas reservadas, sob a guarda do escrivão. Viola o dever de sigilo o advogado que transmite a terceiros, inclusive o réu, quaisquer desses dados, aos quais só têm acesso os advogados constituídos, o juiz e o promotor. Não viola sigilo, por inexistente, o advogado que transmite a seu constituinte o teor de depoimento de testemunha, devidamente transcrito nos autos, ao qual o réu deve ter acesso, não só pelo disposto no art. 216 do Código de Processo Penal, como também pela garantia constitucional da ampla defesa e do contraditório. Proc. E-3.412/2007 – v.u., em 15-3-2007, do parecer e ementa do rel. dr. Zanon de Paula Barros – Rev. dr. Fábio Kalil Vilela Leite – Presidente Dr. Carlos Roberto F. Mateucci.[1243]

> VI – se conhece o instrumento com que foi praticada a infração, ou qualquer objeto que com esta se relacione e tenha sido apreendido; (Incluído pela Lei n. 10.792, de 1º-12-2003)

1. Instrumentos e perícias

Vide nestes *Comentários* arts. 158 e seguintes, em particular os referentes à efetivação da perícia nos instrumentos supostamente usados para a prática do ilícito penal. Sobre a forma de apreensão e o momento, ver também nestes *Comentários* art. 6º para a modalidade de investigação inquérito policial.

> VII – todos os demais fatos e pormenores que conduzam à elucidação dos antecedentes e circunstâncias da infração; (Incluído pela Lei n. 10.792, de 1º-12-2003)
> VIII – se tem algo mais a alegar em sua defesa. (Incluído pela Lei n. 10.792, de 1º-12-2003)

1. Demais informações

Tenderiam a completar o acervo de conhecimento para o julgador, mantendo-se sujeitas ao mesmo princípio do *nemo tenetur* incidente ao longo de todo o ato.

> Art. 188. Após proceder ao interrogatório, o juiz indagará das partes se restou algum fato para ser esclarecido, formulando as perguntas correspondentes se o entender pertinente e relevante. (Redação dada pela Lei n. 10.792, de 1º-12-2003)

1. Ordem das perguntas à pessoa interrogada

A pessoa submetida ao interrogatório está sujeita a ser indagada pela acusação e pela própria defesa, nessa ordem.

Com efeito, conforme anotado em acórdão do STF compilando inúmeras posições doutrinárias acerca do tema,

> ninguém ignora a importância de que se reveste, em sede de persecução penal, o interrogatório judicial, cuja natureza jurídica permite qualificá-lo, notadamente após o advento da Lei n. 10.792/2003, como ato de defesa (...), ainda que passível de consideração, embora em plano secundário, como fonte de prova, em face dos elementos de informação que dele emergem e, em assim sendo, parece-nos imperioso concluir que cabe à Defesa do próprio acusado a última palavra em termos de reperguntas/esclarecimentos, sob risco de ofender-se a garantia da ampla defesa constitucionalmente estabelecida.[1244]

Assim, "ainda que o Ministério Público no interrogatório tenha se manifestado para formular perguntas, alegando pontos obscuros do interrogatório, após a fala da defesa, a abertura de vista novamente à defesa, para se manifestar por último, supre eventual vício existente no ato".[1245]

[1243] OAB-SP. Disponível em: <http://www.oabsp.org.br/noticias/2007/04/18/4125/>. Acesso em: 5 abr. 2011.
[1244] STF. **HC 94601 CE**, Relator: Min. Celso de Mello. Data de julgamento: 14 abr. 2010. Data de publicação: DJe-070, 20 abr. 2010 (divulg.); 22 abr. 2010 (public.).
[1245] STJ. **HC 101628 SP 2008/0051474-7**. 6ª Turma. Relatora: Min.ª Jane Silva (Desembargadora Convocada do TJ/MG). Data de julgamento: 21 out. 2008. Data de publicação: DJe, 10 nov. 2008.

1.1 Perguntas formuladas pela defesa da(o) corré(u)

Diante do modo de ser atual do interrogatório, com efetivo exercício de contraditório, é de ser anotada a possibilidade de eventuais pessoas coacusadas, por meio de suas respectivas defesas técnicas, intervirem a fim de efetuar reperguntas ou pedir esclarecimentos.

No julgamento do HC 94.601[1246] decidiu-se que "assiste, a cada um dos litisconsortes penais passivos, o direito – fundado em cláusulas constitucionais (CF, art. 5º, incisos LIV e LV) – de formular reperguntas aos demais corréus, que, no entanto, não estão obrigados a respondê-las, em face da prerrogativa contra a autoincriminação, de que também são titulares. O desrespeito a essa franquia individual do réu, por implicar grave transgressão ao estatuto constitucional do direito de defesa, qualifica-se como causa geradora de nulidade processual absoluta", posição assumida em inúmeros precedentes.[1247]

Contudo, como cediço, há plena possibilidade de indeferimento das perguntas formuladas de forma fundamentada.[1248]

2. Intervenção do assistente de acusação

Caso seja levada em conta a interpretação literal do presente artigo, não é o caso da intervenção do assistente no ato de interrogatório, na medida em que ele é restrito às partes, e assistente não é parte na acepção técnico-formal.

> Art. 189. Se o interrogando negar a acusação, no todo ou em parte, poderá prestar esclarecimentos e indicar provas. (Redação dada pela Lei n. 10.792, de 1º-12-2003)

1. Palavra do acusado e indicação de provas

A estrutura deste artigo deve ser vista em compatibilidade com a presunção da inocência e com o regime do ônus da prova cabível ao acusador público ou privado. Com efeito, diante da disciplina do art. 156 e sua interpretação a partir da CR e da CADH, a produção da prova pela defesa – seja no exercício da autodefesa, seja no exercício da defesa técnica – não pode ser encarada como tradicionalmente faz o Código de Processo Penal, e a "ausência de indicação" de provas pela pessoa acusada não pode ter como consequência automática a assunção como verdadeiros os fatos enunciados na peça postulatória.

> Art. 190. Se confessar a autoria, será perguntado sobre os motivos e circunstâncias do fato e se outras pessoas concorreram para a infração, e quais sejam. (Redação dada pela Lei n. 10.792, de 1º-12-2003)

1. Conceito de confissão

Trata-se do reconhecimento, pela pessoa submetida à persecução, da prática da conduta que lhe é atribuída em sede investigativa ou no âmbito processual. Malgrado a norma processual penal fale em "autoria", a confissão recai sobre qualquer grau de envolvimento da pessoa física – ou jurídica – na empreitada criminosa. No dizer de prestigiosa doutrina, "Trata-se, pois, 'de regra de política processual para facilitar a apuração da autoria e prevenir a eventualidade do erro judiciário'".[1249]

2. Objeto da confissão

Para gerar os efeitos benéficos que dela se quer extrair, a confissão deve recair sobre o objeto da imputação e não sobre fato diverso "pois a confissão de delito diverso da imputação ministerial não tem o condão de minorar a pena, tratando-se de confissão complexa, cujo ônus probatório não se satisfez".[1250]

Assim, deve-se distinguir a confissão parcial daquela diversa, sendo certo que "a confissão de fato diverso, não comprovado durante a instrução criminal, (...) impossibilita a incidência da atenuante genérica de confissão espontânea, prevista no art. 65, III, d, do Código Penal".[1251]

Além disso, é objeto de razoável polemica na doutrina e, sobretudo, na jurisprudência, que a confissão agregada a uma tese defensiva sirva para beneficiar integralmente a pessoa acusada. O STJ já se manifestou tanto para considerar que a alegação de legítima defesa não impede a incidência

---

[1246] STF. Relator: Min. Celso de Mello. Data de publicação: DJe, 31 out. 2008.
[1247] STJ. **HC 172390 GO 2010/0086417-6**, 5ª Turma. Relator: Min. Gilson Dipp. Data de julgamento: 16 dez. 2010. Data de publicação: DJe, 1º fev. 2011; STJ. **HC 238479 PE 2012/0069697-6**. 5ª Turma. Relatora: Min.ª Laurita Vaz. Data de julgamento: 13 nov. 2012.
[1248] TJ-RS. **HC 70055632848 RS**. 1ª Câmara Criminal. Relator: Manuel José Martinez Lucas. Data de julgamento: 21 ago. 2013. Data de publicação: DJ, 30 ago. 2013.
[1249] DOTTI, René Ariel. **Curso de Direito Penal**: Parte Geral. 3. ed. São Paulo: RT, 2010. p. 622.
[1250] TJ-SP. **APL 00960075020138260050 SP 0096007-50.2013.8.26.0050**. 7ª Câmara de Direito Criminal. Relator: Alberto Anderson Filho. Data de julgamento: 14 maio 2015. Data de publicação: 3 jun. 2015.
[1251] STF–HC: 108148 MS, Relator: Min. RICARDO LEWANDOWSKI, Data de Julgamento: 07/06/2011, Primeira Turma, Data de Publicação: DJe-125 DIVULG 30-06-2011 PUBLIC 01-07-2011.

do art. 65, III, "d" do Código Penal[1252] e, da mesma forma, o STF em vários precedentes, dentre eles o HC 99436/RS; Relatora: Min.ª Cármen Lúcia, 26 de outubro de 2010. Nada obstante, o STF possui precedentes em sentido diametralmente oposto como encontrado no HC 119671; Relator: Min. Luiz Fux; Data de julgamento: 5 nov. 2013.

Se a confissão for efetivamente apta a resolver o ponto central converso deve incidir como mecanismo de mitigação da pena e cumprir a sua missão de "política processual" conforme apontado por Dotti na obra acima referida. Caso contrário ela frustraria seu objetivo que não é, como mencionado, buscar uma conversão "moral" da pessoa submetida à persecução.

3. Espontaneidade da confissão

A ausência de qualquer forma de coação sobre o confitente, seja ela física ou moral, decorre da literalidade do texto constitucional quando se lê a impossibilidade da prática da tortura.

Sendo esse um limite evidente para a espontaneidade da confissão, outras situações, como a confissão quando da ocorrência da prisão em flagrante já foram enfrentadas. No mesmo acórdão mencionado no item anterior tem-se que "A prisão em flagrante é situação que afasta a possibilidade de confissão espontânea, uma vez que esta tem como objetivo maior a colaboração para a busca da verdade real"[1253], numa compreensão que, com a devida vênia, nos parece equivocada.

E o equívoco decorre da compreensão de ser a confissão reconhecível – na visão dessa vertente jurisprudencial–apenas quando não estiver em curso atividade persecutória para a qual a colaboração seja prescindível posto que aí não haveria mais a necessidade do auxílio para alcançar-se a "verdade real".

Por outro lado, busca-se que a confissão seja "inequívoca e sincera, de forma a contribuir para a instrução do processo e busca da verdade real".[1254]

Mas, ao mesmo tempo, tem esse ato um caráter objetivo, não se buscando por seu intermédio alguma "conversão espiritual" do confitente, "não fazendo a lei referência alguma a motivos ou circunstâncias que a determinaram".[1255]

4. Momento da confissão

O marco final para o exercício da confissão é o trânsito em julgado da sentença penal condenatória, o que implica na possibilidade de confessar ainda que na pendência de recurso. Após esse momento, no que toca à disposição deste artigo não haveria a possibilidade de reconhecer-se a confissão com seus corolários benéficos. Situação distinta surge no âmbito da Lei n. 12.850/2013 que prevê efeitos do colaboracionismo mesmo na fase da execução penal.

Mas, de grande importância prática é a ocorrência da confissão na fase investigativa e sua possível retratação judicial. Aqui, já se reconheceu que 'Se a confissão na fase inquisitorial, posteriormente retratada em juízo, alicerçou o decreto condenatório, é de ser reconhecido o benefício da atenuante do art. 65, III, alínea d, do CP (Precedentes do STJ e do Pretório Excelso).[1256]

O problema que decorre desse entendimento é que ele mantém o uso da investigação como alicerce da condenação e ameniza esse emprego com a diminuição da pena operável com a confissão. Encobre-se um sério problema sistêmico com a aparente benevolência da pena mais branda.

5. Consequências jurídicas da confissão

Reconhecida a confissão, opera como causa de diminuição de pena nos termos do art. 65, III, "d", do CP sem, contudo, ter o condão de diminuir a pena aquém do mínimo legal nos termos do entendimento da Súmula 231 do STJ: A incidência da circunstância atenuante não pode conduzir à redução da pena abaixo do mínimo legal.

6. Limites do acordo de colaboração: o papel do Judiciário

Conforme assentamos em Obra distinta[1257] a legalidade estrita é parâmetro inarredável para a formalização e homologação do acordo de colaboração.

Atento a essa premissa o STF apreciou o pedido de homologação na Petição 7.265 Distrito Federal tendo como relator o Min. Ricardo Lewandowski e o indeferiu porquanto, entre outros aspectos, "não é lícito às partes contratantes fixar, em substituição ao Poder Judiciário, e de forma antecipada, a pena privativa de liberdade e o perdão de crimes ao colaborador" e

---

[1252] REsp 331075/SC. 6ª Turma. Relator: Min. Fernando Gonçalves. Data de publicação: DJ, 24 fev. 2003.
[1253] STF. **HC 108148 MS**. 1ª Turma. Relator: Min. Ricardo Lewandowski. Data de julgamento: 7 jun. 2011. Data de julgamento: DJe-125, 30 jun. 2011 (divulg.); 1º jul. 2011 (public.).
[1254] TJ-MG. **APR 10702120665543001 MG**. 5ª Câmara Criminal. Relator: Eduardo Machado. Data de julgamento: 3 dez. 2013. Data de publicação: 10 dez. 2013.
[1255] STJ Habeas Corpus 22.927 – MS (2002/0070235-2). Relator: Min. Paulo Gallotti. Data de julgamento: 6 mar. 2003.
[1256] SRJ. **HC 143.719/RJ**. Relator: Min. Felix Fischer. Data de julgamento: 2 set. 2010. Data de publicação: DJe, 11 out. 2010.
[1257] Iniciação ao Processo Penal, especialmente Cap. 08.

O mesmo se diga em relação ao regime de cumprimento da pena, o qual deve ser estabelecido pelo magistrado competente, nos termos do disposto no art. 33 e seguintes do Código Penal, como também no art. 387 do Código de Processo Penal, os quais configuram normas de caráter cogente, que não admitem estipulação em contrário por obra da vontade das partes do acordo de colaboração.

Ao final aponta que

Não há, portanto, qualquer autorização legal para que as partes convencionem a espécie, o patamar e o regime de cumprimento de pena. Em razão disso, concluo que não se mostra possível homologar um acordo com tais previsões, uma vez que o ato jamais poderia sobrepor-se ao que estabelecem a Constituição Federal e as leis do País, cuja interpretação e aplicação – convém sempre relembrar – configura atribuição privativa dos magistrados integrantes do Judiciário, órgão que, ao lado do Executivo e Legislativo, é um dos Poderes do Estado, conforme consigna expressamente o art. 3º do texto magno.

7. As formas de colaboracionismo premiado no sistema penal brasileiro

A incorporação definitiva da colaboração premiada como instrumento de persecução criminal exige do interveniente processual um novo comportamento operacional marcado pela otimização desse mecanismo que apresenta resultados práticos imediatos, nada obstante se possa, desde um plano mais abrangente de análise, sofrer críticas sistêmicas.

A reflexão de fundo sobre esse mecanismo deve continuar a existir, mas num esforço hermenêutico conjunto em torno de redução de danos às bases constitucionais e convencionais posto que a dinâmica de política legislativa nos mostra ser ela (a colaboração premiada) um instrumento de política criminal no Brasil com explícita adesão do STF à sua adequação constitucional[1258], da mesma maneira que a densificação doutrinária a seu respeito.

O objetivo do presente texto situa-se na exploração das potencialidades de emprego técnico a partir da legislação existente ou, melhor seria desde já afirmar, *das legislações* que regram o colaboracionismo penal e seus reflexos no direito material e processual penal.

Basicamente uma questão se coloca como ponto de partida, a de compreender a real dimensão do tecido normativo sobre a premiação pela colaboração na persecução penal. E, uma vez assentada essa premissa, se é possível, e em que medida o seria, conceber a interoperatividade entre as hipóteses legais disponíveis a fim de extrair a máxima eficácia entre os modelos legais coexistentes.

7.1 Modelos normativos do colaboracionismo penal[1259]

Inicialmente é forçoso buscar diferenciar mecanismos colaboradores para deles extrair sua melhor forma de compreensão.[1260]

E, de fato, a colaboração é um *gênero* dentro do qual coexistem *espécies* como a *confissão*, histórica ferramenta de benefícios no cenário de um Direito penal e processual penal tido como "clássico"[1261], concebido num momento histórico de complexidade social reduzida em relação ao que se compreende contemporaneamente como criminalidade organizada e transnacional. Ainda como forma de colaboração existe a *colaboração premiada*, mecanismo que acabou sendo identificado também pelo rótulo de "delação premiada".

Para tanto, um primeiro aspecto é conferir o marco de legalidade estrita desse mecanismo o que, no caso brasileiro, é tarefa complexa.

7.2 Coexistência de modelos normativos de colaboração premiada

A cronologia do colaboracionismo à brasileira é longa[1262] e pode ser sumariada no quadro a seguir:

[1258] A compatibilidade desse mecanismo com a CR/88 foi reconhecida pelo STF no caso da AP 471 (caso "mensalão") quando se afirmou eu emprego "*pro populo*" e, tacitamente, sua adequação constitucional (STF AP 470/MG, Rel. Min. Joaquim Barbosa, julgado em 28/11/2012. (Informativo 690 do STF)). Não se tratando de subsumir a tarefa doutrinária à atividade jurisprudencial, também não é o caso de desconsiderar a relevância de um julgamento plenário do STF para a formação de um raciocínio jurídico sobre o tema.

[1259] Tópico parcialmente extraído de CHOUKR, Fauzi Hassan. **Iniciação ao Processo Penal**. Florianópolis: Empório do Direito, 2017. Cap. 8, passim.

[1260] Neste sentido a observação de ESSADO, Tiago Cintra. Delação Premiada e Idoneidade Probatória. **Revista Brasileira de Ciências Criminais**, São Paulo, v. 101, ano 21, p. 208, mar./abr. 2013, especialmente p. 205/206 não se tratando, com a devida vênia, de uma mera tarefa "cartorial" como sustentando por PINHO. *Op. cit.*

[1261] GENNARINI, Juliana Caramigo. Delação premiada e a aplicabilidade no ordenamento jurídico brasileiro. **Revista Criminal: ensaios sobre a atividade policial**, São Paulo, v. 2, n. 3, p. 57-75, abr./jun. 2008.

[1262] E não raras vezes criticada pela sua ineficiência: RASCOVSKI, Luiz. A (in)eficiência da delação premiada. In: INSTITUTO DE ESTUDOS AVANÇADOS DE PROCESSO PENAL – ASF. **Estudos de processo penal**. São Paulo: Scortecci, 2011. p. 141-197.

Texto Legal	Retribuição estatal	Objeto da colaboração	Incidência penal	Momento da colaboração
Lei n. 12.850/2013	Perdão judicial OU Redução até 2/3 da pena OU Substituição pena privativa de liberdade por restritiva de direitos OU Redução da pena até a metade ou progressão sem preenchimento requisitos objetivos, se a colaboração ocorrer na execução da pena OU Não oferecimento da denúncia.	Identificação coautores ou partícipes OU Revelação estrutura hierárquica e da divisão de tarefas OU Prevenção das infrações penais decorrentes da OC OU Localização da vítima com integridade física preservada.	Nos casos de CO definidos pela lei mencionada.	Na investigação; No processo de conhecimento; Na execução da pena; Não veda a colaboração no curso de medida cautelar.
Lei n. 9.807/1999	Perdão judicial (primário) OU Redução de 1/3 a 2/3 (reincidente).	Identificação coautores ou partícipes; Recuperação total ou parcial do crime e Localização da vítima com integridade física preservada.	Em tese, em todos os casos.	Na investigação e no processo de conhecimento. Silente em relação ao cabimento quando da execução da pena. Não veda a colaboração no curso de medida cautelar.
Lei n. 7.492/1986	Redução de 1/3 a 2/3.	Revelar o crime.	Crimes contra o sistema financeiro nacional.	
Lei 8.072/1990	Redução de 1/3 a 2/3.	Desbaratar o grupo criminoso.	Apenas para o art. 288 do CP.	Em tese, sem qualquer limite temporal e em qualquer espécie de atividade (investigação; tutela de conhecimento, execução e no curso de medida cautelar).
Lei n. 11.343/2006 (revogando a Lei n. 9.613/1998)	Redução de 1/3 a 2/3.	Identificação de coautores e recuperação do produto.	Nos crimes definidos em lei. Não veda a colaboração em crimes conexos.	Na investigação ou no processo de conhecimento; silente para execução penal. Não restringe a colaboração no curso de medida cautelar.
Lei n. 8.137/1990	Redução de 1/3 a 2/3.	Revelar a conduta criminosa.	Nos crimes definidos em lei.	Na investigação ou processo de conhecimento.

A essas previsões de caráter estritamente processual penal e com reflexos e bases no direito penal material some-se a Lei n. 12.529/2011[1263] que regula os "acordos de leniência"[1264] entre investigados (pessoas físicas ou empresas) e órgãos estatais encarregados de persecuções que são tidas como *civis*, mediante os quais pode-se obter a identificação dos coautores e a obtenção de documentos que provem a prática criminosa[1265].

Mas a questão que deve ser colocada a partir do conjunto normativo mencionado é a da possibilidade de convivência simultânea de todas essas previsões e, em caso de resposta positiva, qual o regime jurídico a ser aplicado.

Com efeito, entre a Lei n. 12.850/2013 e as demais há uma diferença de incidência clara: sua aplicação está restrita à persecução que tenha como objeto a criminalidade organizada na forma como definida naquele diploma legal. Portanto, a partir desta especificidade é possível afirmar a coexistência ao, menos, de dois modelos de colaboração:

- O específico para a criminalidade organizada;
- O modelo da Lei n. 9.807/1999 tem incidência penal material *difusa* e, portanto, pode ser assumido como aplicável a todas as persecuções que não digam respeito ao crime organizado.

Contudo, em nenhum momento há a revogação expressa de legislações, de modo que é possível afirmar a convivência simultânea entre todas. Além disso, é subsidiariamente empregado pela Lei n. 12.850/2013 como demonstrado na sequência.

Havendo a coexistência, o passo seguinte é buscar compreender a eventual interoperabilidade entre essas previsões legais e, caso positivo, seu alcance.

7.3 Alcance da interoperabilidade normativa

Reconhecida a coexistência normativa, o passo seguinte é o de investigar se existe a possibilidade de mesclar-se um regime jurídico com o outro tomando-se como premissa que o regime jurídico da Lei n. 12.850/13 é mais abrangente e possui regras materiais e processuais mais benéficas que aquele da Lei n. 9.807/1999 e que todas as demais, posto que incide desde a investigação até a execução penal, possibilita o não exercício da acusação penal (a denominada derrogação da obrigatoriedade da acusação penal) e contém previsão de apenamento mais abrandada sem o que, se ocorrida no curso da execução penal, acarreta diminuição da pena ou progressão de regime sem a observância de requisito objetivo.

Com efeito, tomado o cenário de direitos do colaborador entre as duas legislações que, efetivamente, estabelecem um patamar de direitos extraprocessuais ao colaborador, pode-se apontar comparativamente que:[1266]

[1263] Estrutura o Sistema Brasileiro de Defesa da Concorrência; dispõe sobre a prevenção e repressão às infrações contra a ordem econômica; altera a Lei n. 8.137, de 27 de dezembro de 1990, o Decreto-Lei n. 3.689, de 3 de outubro de 1941 – Código de Processo Penal, e a Lei no 7347, de 24 de julho de 1985; revoga dispositivos da Lei no 8.884, de 11 de junho de 1994, e a Lei no 9.781, de 19 de janeiro de 1999; e dá outras providências.

[1264] Para uma vasta análise do tema dos "acordos de leniência" (e particularmente seus efeitos no mercado de capitais, ver PONTES, Evandro Fernandes de. **Lei 12.846/13, Acordos de Leniência e o Processo Administrativo Sancionador perante a CVM** (texto inédito; original gentilmente cedido pelo Autor).

[1265] Art. 86. "O CADE, por intermédio da Superintendência-Geral, poderá celebrar acordo de leniência, com a extinção da ação punitiva da administração pública ou a redução de 1 (um) a 2/3 (dois terços) da penalidade aplicável, nos termos deste artigo, com pessoas físicas e jurídicas que forem autoras de infração à ordem econômica, desde que colaborem efetivamente com as investigações e o processo administrativo e que dessa colaboração resulte:"

[1266] Os incisos referem-se ao artigo 7º da lei mencionada: Art. 7º Os programas compreendem, dentre outras, as seguintes medidas, aplicáveis isolada ou cumulativamente em benefício da pessoa protegida, segundo a gravidade e as circunstâncias de cada caso.

	Lei n. 12.850/2013 – art. 5º	Lei n. 9.807/1999 (conjugação do art. 7º com 8º e 15)1218
Direitos da pessoa colaboradora	I – usufruir das medidas de proteção previstas na legislação específica;	I – segurança na residência, incluindo o controle de telecomunicações;
Direitos da pessoa colaboradora	II – ter nome, qualificação, imagem e demais informações pessoais preservados;	II – escolta e segurança nos deslocamentos da residência, inclusive para fins de trabalho ou para a prestação de depoimentos;
	III – ser conduzido, em juízo, separadamente dos demais coautores e partícipes;	III – transferência de residência ou acomodação provisória em local compatível com a proteção;
	IV – participar das audiências sem contato visual com os outros acusados;	IV – preservação da identidade, imagem e dados pessoais;
	V – não ter sua identidade revelada pelos meios de comunicação, nem ser fotografado ou filmado, sem sua prévia autorização por escrito;	V – ajuda financeira mensal para prover as despesas necessárias à subsistência individual ou familiar, no caso de a pessoa protegida estar impossibilitada de desenvolver trabalho regular ou de inexistência de qualquer fonte de renda;
	VI – cumprir pena em estabelecimento penal diverso dos demais corréus ou condenados.	VI – suspensão temporária das atividades funcionais, sem prejuízo dos respectivos vencimentos ou vantagens, quando servidor público ou militar;
		VII – apoio e assistência social, médica e psicológica;
		VIII – sigilo em relação aos atos praticados em virtude da proteção concedida;
		IX – apoio do órgão executor do programa para o cumprimento de obrigações civis e administrativas que exijam o comparecimento pessoal.

Desse cenário observa-se que a própria Lei n. 12.850/2013 vale-se da norma de 1999 ao se referir às medidas protetivas (estas previstas no mencionado artigo 7º.) para ampliar o rol de medidas protetivas, sendo certo, portanto, que essas medidas são plenamente aplicáveis a ambos os marcos legais.

Porém, no que toca aos aspectos processuais, questões podem ser desdobradas desse reconhecimento de interoperabilidade, especialmente: a) se é possível não oferecer a acusação penal (art. 3º, §4º da Lei n. 12.850/2013) para situações que não comportem a tipificação no crime organizado; b) na mesma linha, se é possível suspender-se o processo ou investigação nos termos do art. 3º, §3º da mesma lei nessa hipótese.

Além disso há uma reflexão a ser amadurecida que é a de saber se as medidas previstas nessas leis podem ser conjugadas de modo a propiciar que uma pessoa que cumpre pena por determinado processo possa, na condição de *testemunha* em relação a outro caso, valer-se de qualquer dos mecanismos premiais.

A situação ora aventada é de singular relevância prática dada a concreta realidade prisional no Brasil. Com efeito, basta que se cogite a possibilidade de obter-se, por exemplo, informações sobre o cometimento de crimes por facções criminosas dentro e fora do sistema carcerário que possam ser prestadas por pessoas que, não sendo autores, coautores ou partícipes dessas práticas, podem, na condição de testemunhas, apontar importantes meios de prova e forma de sua obtenção em relação àquelas condutas. Porém, não possuem estímulos legais para tanto, pois não terão benefícios práticos de qualquer natureza no(s) processo(s) pelo(s) qual(is) cumprem pena. Sobre essa última situação destina-se o tópico a seguir.

Extensão dos benefícios a testemunhas: limites e possibilidades

Da própria realidade normativa na forma exposta evidencia-se que pessoas acusadas ou investigadas que colaborem podem ter benefícios que, inicialmente, são destinados a testemunhas.

Sendo essa premissa correta não há óbice sistêmico a que se faça o caminho em sentido contrário, facultando a aplicação de determinados instrumentos típicos da Lei n. 12.850/2013 a pessoas sentenciadas que, cumprindo pena, possam ser beneficiadas pela sua colaboração como testemunhas em processos que digam respeito a atividade criminosa organizada.

Esse nos parece ser um limite normativo ainda insuperável: a concessão do benefício típico da execução penal para *testemunhas* que colaborem indicando meios de prova em investigações ou processos que tenham como objeto atividade criminosa organizada na forma como definida na legislação específica.[1267]

E, no âmbito das medidas parece ser de especial relevância eventuais benefícios que incidam no curso da execução tal como determinado na Lei n. 12.850/2013, a mitigação da pena ou a progressão de regime ainda que não satisfeitos os requisitos objetivos, excetuando-se aqueles benefícios que são vedados peremptoriamente por lei como a concessão de livramento condicional a condenados por crime hediondo que sejam reincidentes.

Certamente não são poucos os desafios que surgem da admissão dessa possibilidade[1268]. Em primeiro plano está a definição do juiz natural para apreciação dessa colaboração e, na sequência, a definição da autoridade judicial responsável para sua execução.

Se a resposta ao primeiro aspecto é inata ao aproveitamento da colaboração e, com isso, tem-se que o juiz do conhecimento do caso penal[1269] no qual será aproveitado o fruto da colaboração como o juiz natural para a homologação desse acordo, o segundo momento, o da execução do benefício, pode não ser tão óbvio assim porquanto já há execução em curso, com guia de recolhimento expedida, o que chamaria a competência do juízo das execuções penais.

Mas o que existiria essencialmente na colaboração em que fosse acordada a mitigação da pena (e não apenas o benefício de eventual progressão sem requisito objetivo), seria uma hipótese canhestra de revisão *pro reo* do julgado penal condenatório do qual proveio a guia de recolhimento em execução.

A solução desse cenário somente se dará de forma completa com uma revisão do marco legal de modo a definir claramente as devidas esferas de competência. Mas, *de lege feranda* tem-se que a competência deve ser preservada ao juízo do conhecimento, autorizado que fica a modificar o título penal[1270] quando, na colaboração, sobrevier como fruto do acordo a mitigação do *quantum* de pena.

Discussão não menos importante deverá ocorrer quanto ao órgão de execução do Ministério Público a oficiar nessa hipótese, sendo certo que o responsável pela investigação ou processo deverá estar à frente da formulação do acordo na hipótese aqui tratada. Nada obstante, aquele órgão do Ministério Público que oficiar na execução da pessoa que serviria como *testemunha-colaboradora* deve ter ciência formal do desenvolvimento das tratativas posto que "Promotor Natural" no que toca ao cumprimento da pena.

7.4 Tópicos específicos da colaboração

Para os temas específicos do colaboracionismo ver:

- Colaboracionismo e sigilo: tópico n. do art.;
- Colaboracionismo e sentença: tópico n. do art.;
- Colaboracionismo e legitimados à celebração do acordo: tópico n. do art.

> Art. 191. Havendo mais de um acusado, serão interrogados separadamente. (Redação dada pela Lei n. 10.792, de 1º-12-2003)

1. Incidência da norma em todos os procedimentos

A norma em questão tem sua aplicação projetada em todos os procedimentos, como, *v.g.*, no caso do Tribunal do Júri. Sua inobservância leva à nulidade do feito e, no caso do exemplo mencionado, à dissolução do Conselho de Sentença.

2. Palavra do corréu como prova

A jurisprudência brasileira, não raras vezes, admite a palavra do corréu como prova para condenar mesmo quando essa manifestação tenha ocorrido ainda na fase de investigação, quando de seu interrogatório policial, afirmando-se que "a sentença condenatória pode ser embasada em prova indiciária veemente e

---

1267 Nada obstante, um novo marco legal pode modificar esse cenário para contemplar a colaboração em crimes hediondos que não constituam atividade criminosa organizada.

1268 Desafios estes que surgem mesmo quando houver a colaboração do próprio réu condenado que pratica a colaboração com a execução da pena já em curso.

1269 Na linguagem de Miranda Coutinho (MIRANDA COUTINHO, Jacinto Nelson de. **A lide e o conteúdo do processo penal**. Curitiba: Juruá, 1998) a partir de BREDA, Antonio Acir. Efeitos da declaração de nulidade no processo penal. **Revista do Ministério Público do Paraná**, Curitiba, a. 9, n. 9, p. 171-189, 1980.

1270 Esse é outro desafio, o de aceitar que o acordo de colaboração firmado sirva como um mecanismo de revisão de provimento penal. Se o assunto for analisado sob as luzes do modelo convencional do CPP não parece haver solução possível, mormente quando a condenação vier autonomamente de acórdão que reforme sentença absolutória. No entanto, caso se deseje prestigiar o mecanismo colaborador e os efeitos presumivelmente eficazes de sua prática, o modelo estruturado pelo CPP não pode ser o parâmetro de redefinição legal que se espera.

na confissão do corréu, embora colhida extrajudicialmente, se esta confissão encontra respaldo em outras provas e não se alegou qualquer possibilidade de inimizade ou vingança entre ambos".[1271]

3. Desobediência da norma e consequências processuais

Uma vez entendido que se trata de exercício da autodefesa de forma plena e de modo a possibilitar isonomia na apresentação das versões e valoração destas, temos que a tomada em separado é condição indispensável para a plena validade do ato processual.

Observe-se que o interrogatório em separado de cada uma das pessoas acusadas não significa a concomitância da presença das defesas técnicas, pois "é legítimo, em face do que dispõe o art. 188 do CPP, que as defesas dos corréus participem dos interrogatórios de outros réus. Deve ser franqueada à defesa de cada réu a oportunidade de participação no interrogatório dos demais corréus, evitando-se a coincidência de datas, mas a cada um cabe decidir sobre a conveniência de comparecer ou não à audiência"[1272], vez que, como aponta Pacelli,

> não temos dúvidas em ver incluído, no princípio da ampla defesa, o direito à participação da defesa técnica – do advogado – de corréu durante o interrogatório de "todos os acusados". Isso porque, em tese, é perfeitamente possível a colisão de interesses entre os réus, o que, por si só, justificaria a participação do defensor daquele corréu sobre quem recaiam acusações por parte de outro, por ocasião do interrogatório. A ampla defesa e o contraditório exigem, portanto, a participação dos defensores de corréus no interrogatório de "todos os acusados".[1273]

Art. 192. O interrogatório do mudo, do surdo ou do surdo-mudo será feito pela forma seguinte:
I – ao surdo serão apresentadas por escrito as perguntas, que ele responderá oralmente;
II – ao mudo as perguntas serão feitas oralmente, respondendo-as por escrito; (Redação dada pela Lei n. 10.792, de 1º-12-2003)
III – ao surdo-mudo as perguntas serão formuladas por escrito e do mesmo modo dará as respostas. (Redação dada pela Lei n. 10.792, de 1º-12-2003)

Parágrafo único. Caso o interrogando não saiba ler ou escrever, intervirá no ato, como intérprete e sob compromisso, pessoa habilitada a entendê-lo. (Redação dada pela Lei n. 10.792, de 1º-12-2003)

1. Modo escrito do ato
Diferentemente da regra geral, o interrogatório nas condições deste artigo é realizado por escrito.

2. Ausência de intérprete
Haveria de ser considerada como causa de nulidade absoluta desde que, comprovadamente, a pessoa submetida ao ato não tenha conhecimento suficiente da língua portuguesa o que pode ser auferido por sua manifestação expressa nesse sentido, situação que torna desnecessário o intérprete.[1274]

Nada obstante, já se decidiu como causa de nulidade relativa (RT, 736/576), mesmo "A ausência de intérprete no inquérito policial, durante o interrogatório de indiciado estrangeiro".[1275]

3. Interrogatório de índio aculturado
"Só se faz necessária a presença de intérprete no interrogatório, se o acusado não falar ou não entender a nossa língua (art. 193 do CPP), o que não ocorre no presente caso por tratar-se de índio alfabetizado, eleitor e integrado à nossa civilização, falando fluentemente a língua portuguesa".[1276]

Art. 193. Quando o interrogando não falar a língua nacional, o interrogatório será feito por meio de intérprete. (Redação dada pela Lei n. 10.792, de 1º-12-2003)

1. Ato praticado na língua nacional
Parece evidente que os atos praticados devem ser realizados na língua oficial, que é o português. Nada obstante, já houve situação na qual foi utilizado o idioma inglês e nenhuma censura se deu.

Assim, entendeu-se que

> quando o acusado não falar a língua nacional, o interrogatório será feito por intérprete, a teor da norma do art. 193 do Código de Processo Penal. A circunstância, entretanto, não impede que, na falta de intérprete do idioma do interrogado, o ato se desenrole em língua a ele acessível,

---

[1271] TJSC. Relator: Des. Nilton Macedo Machado. 5 nov. 1996.
[1272] STF. **AP 470-AgR/MG**. Relator: Min. Joaquim Barbosa.
[1273] PACELLI, Oliveira. **Curso de processo penal**. 21. ed. SP: GEN, 2017. p. 14. Cap. 3. (e-book).
[1274] TJ-SP. **HC 22234584320148260000 SP 2223458-43.2014.8.26.0000**. 2ª Câmara de Direito Criminal. Relator: Diniz Fernando. Data de julgamento: 23 mar. 2015. Data de publicação: 24 mar. 2015.
[1275] TRF. 1ª Região. Relator: Des. Fed. Carlos Olavo. Data de publicação: DJU, 2 ago. 2004. p. 80. Relator: Des. Fed. Carlos Olavo.
[1276] TRF-3. **ACR 9266 SP 2007.61.19.009266-6**. 2ª Turma. Relator: Des. Fed. Henrique Herkenhoff. Data de julgamento: 15 dez. 2009.

permitindo-lhe entender os fatos, ter ciência de sua situação e fornecer respostas. Em decorrência, não é nulo o auto de prisão em flagrante de acusado de origem austríaca, falando alemão, mas entendendo o inglês, idioma utilizado em seu interrogatório.[1277]

2. Despesas com intérprete
Devem ser arcadas pelo Estado (sentido amplo).

> O Ministério Público, instituição de defesa da ordem jurídica, atua na ação penal como órgão do Estado, titular do direito de punir, não devendo, como tal, ser condenado ao pagamento de despesas do processo (remuneração de intérprete), que devem ser suportadas pela União, em cujo nome atua.[1278]

3. Compromisso legal
O intérprete, assim como o perito, age sob compromisso legal, comprovado pela lavratura do respectivo termo. Sem embargo, já se decidiu que

> a ausência de termo de compromisso assinado pelo intérprete é mera irregularidade formal, não constituindo causa suficiente a ensejar a nulidade do interrogatório, mormente em face da circunstância de não ter sido demonstrado de que modo a falta dessa formalidade implicou prejuízo à defesa do réu, ora paciente.[1279]

4. Presença de intérprete em todos os atos da investigação e do processo
Malgrado o artigo em questão esteja alocado no capítulo referente ao interrogatório, a presença do intérprete há de ser estendida a todos os atos de investigação e a todos os atos processuais.

Isso decorre da CADH, que, em seu art. 8º, determina que "durante o processo, toda pessoa tem direito, em plena igualdade, às seguintes garantias mínimas: *a)* direito do acusado de ser assistido gratuitamente por tradutor ou intérprete, se não compreender ou não falar o idioma do juízo ou tribunal".

Não se pode assim, com a devida vênia, concordar com determinado provimento que considerou que "a lei processual penal não exige a presença de intérprete para réu estrangeiro, quando da realização da audiência de instrução e julgamento. Tal exigência só é prevista para o interrogatório do réu (art. 223, CPP). A falta de nomeação de intérprete para a audiência não acarretou nenhum prejuízo para a ré que estava acompanhada de sua defensora que fala fluentemente o idioma alemão"[1280], pois:

> a exigência do intérprete não advém do CPP, mas da CR e da CADH;

> tal exigência emana do exercício da autodefesa e da otimização da defesa técnica;

> o idioma oficial do processo é o português, e todos os atores processuais devem poder se comunicar com a pessoa acusada (e vice-versa) no idioma oficial, pouco importando se a defesa fala ou não com fluência a língua da pessoa acusada;

> as manifestações da pessoa acusada devem ser registradas oficialmente, e isso só se dá por meio do intérprete, e não por qualquer outro meio. Neste ponto merece consideração o provimento que considerou que "Ainda que o Juiz conheça o idioma do estrangeiro, não lhe é lícito fazer as vezes do intérprete, sob pena de afronta aos princípios da publicidade e da ampla defesa".[1281]

Em face do mesmo fundamento legal, não se pode concordar com determinado provimento que decidiu que

> a circunstância de não ter a apelante sido assistida por um intérprete quando do seu interrogatório realizado na polícia, o que estaria a violar o disposto na convenção americana dos direitos do homem, não tem o condão de inquinar de nulidade todo o processo criminal, posto que a teor do que dispõe o art. 8º, § 2º, alínea 'a', do mencionado acordo, o direito de o acusado ser assistido gratuitamente por um intérprete, diz respeito à fase judicial, sendo no mesmo sentido o disposto no nosso estatuto processual penal.[1282]

Dentre outras razões, porque no direito brasileiro a peça investigativa (de qualquer origem) é largamente empregada como fundamento da sentença de mérito. Assim, se a investigação tem o condão de sustentar sentenças condenatórias, devem os direitos fundamentais da pessoa investigada ser observados desde o início.

Mas, mesmo que não fosse admitida a possibilidade de a sentença de mérito ser embasada na investigação, é contrário ao espírito protetor da

---

1277 STJ. **RHC 7229 SP 1998/0005614-9**. 6ª Turma. Relator: Min. Fernando Gonçalves. Data de julgamento: 19 mar. 1998. Data de publicação: DJ, 6 abr. 1998. p. 164. LEXSTJ, Vol. 108, ago. 1998. p. 334.
1278 TRF. 1ª Região. Data de publicação: DJU, 25 jan. 2002. p. 54. Relator: Juiz Olindo Menezes.
1279 TRF. 1ª Região. Data de publicação: DJU, 26 jun. 2001. p. 76. Relator: Juiz Ítalo Mendes.
1280 TRF. 3ª Região. Relator: Juiz Arice Amaral. Data de publicação: DJU, 7 nov. 2001.
1281 TRF. 3ª Região. Relatora: Juíza Sylvia Steiner. Data de publicação: DJU, 4 maio 1999. p. 287.
1282 TRF. 3ª Região. Relatora: Juíza Suzana Camargo. Data de publicação: DJU, 5-9-2000, p. 447.

CADH extrair de suas normas uma fonte de diminuição de garantias.

> Art. 194. Revogado pela Lei n. 10.792, de 1º-12-2003.
>
> Texto original: Se o acusado for menor, proceder-se-á ao interrogatório na presença de curador.

1. Artigo revogado pela Lei n. 10.792/2003

> Art. 195. Se o interrogado não souber escrever, não puder ou não quiser assinar, tal fato será consignado no termo. (Redação dada pela Lei n. 10.792, de 1º-12-2003)

1. Consignação em termo
Essencial para o aperfeiçoamento do ato nas condições do art. 195, cuja ausência acarreta nulidade absoluta.

2. Documentação dos atos processuais nos termos do art. 405, § 1º
Com a produção dos atos processuais documentados em mídia, grande parte da valia desse artigo se desfaz, na medida em que se pode verificar por meio de áudio e vídeo a correção do depoimento prestado. Nada obstante, mantém-se a necessidade deste artigo enquanto não informatizada, na totalidade, a atividade judiciária.

> Art. 196. A todo tempo o juiz poderá proceder a novo interrogatório de ofício ou a pedido fundamentado de qualquer das partes. (Redação dada pela Lei n. 10.792, de 1º-12-2003)

1. Critério para novo interrogatório
Prioritariamente a partir do juiz da causa, inclusive no rito do tribunal do júri, podendo, também, ser formulado, de forma fundamentada, pela parte requerente.
Assim,

a falta de realização de novo interrogatório não enseja nulidade do processo criminal, tampouco se pode falar em cerceamento de defesa, tendo em vista tratar-se de uma faculdade do Julgador. Se, no transcurso da ação penal, surgirem elementos capazes de inserir novidades no feito, o Julgador poderá decidir a respeito da realização de novo interrogatório.[1283]

2. Rejeição de realização de novo interrogatório e consequências processuais
Uma vez sendo comprovado que o novo interrogatório se fazia necessário para a plenitude do direito de defesa, seu indeferimento pode levar à nulificação absoluta do processo. Nada obstante, os critérios para a verificação da necessidade do ato, a saber, não se tratar de ato procrastinatório, impertinente ou irrelevante, devem ser usados aqui como sustentação da razão de decidir.

Ademais, diante do novo modelo de rito, com concentração de atos processuais em audiência una e com o interrogatório sendo o último momento antes que se passe aos debates e julgamento, a norma perdeu a força que continha no regime anterior, quando, de regra, era a oitiva da pessoa acusada o primeiro ato processual.

Nada obstante, dada a possibilidade de conversão dos debates e julgamento em diligência, e mesmo porque a concentração absoluta dos atos processuais está longe de ser alcançada na prática, a regra mantém-se necessária.

3. Novo interrogatório na pendência de recursos
As mesmas observações efetuadas no tópico anterior quanto ao controle judicial do novo interrogatório devem se projetar para o interrogatório renovado na pendência de recurso, os que atinem à revisão de prova, somente, pois os que atacam a revisão da análise jurídica dificilmente se adaptam a um novo interrogatório.

CAPÍTULO IV – Da Confissão

> Art. 197. O valor da confissão se aferirá pelos critérios adotados para os outros elementos de prova, e para a sua apreciação o juiz deverá confrontá-la com as demais provas do processo, verificando se entre ela e estas existe compatibilidade ou concordância.

1. Ajustamento da confissão aos termos da CR/88 e da CADH
Diante das bases constitucionais do processo penal, deve-se levar em conta para a valoração válida da confissão que ela tenha ocorrido: (i) livre de qualquer meio que comprometa, de qualquer modo, a autonomia da vontade da pessoa que confessa; (ii) que a pessoa que confessa tenha sido informada e tenha *compreendido substancialmente* seus direitos constitucionais; (iii) que ela tenha sido produzida

---

1283 TJ-PR. **ACR 2858180 PR Apelação Crime – 0285818-0**. Relator: 3ª Câmara Criminal. Lilian Romero. Data de julgamento: 23 jun. 2005. Data de publicação: 8 jul. 2005 DJ: 6907.

em ato jurisdicional; (iv) que ela tenha sido assistida por defensor técnico.

Tais postulados restringem, por certo, o emprego de confissões a policiais, dando vazão à estrutura constitucional do modelo acusatório de processo. Isso não impede, contudo, que os policiais que assistiram à confissão venham a depor como *testemunhas* e, no exercício desse meio de prova, narrem o que souberem da confissão praticada.

Perde, assim, o sentido a largamente empregada "classificação" que divide as confissões em extrajudiciais e judiciais, tomando-se aquelas como as efetuadas na fase investigativa e estas como as produzidas na etapa jurisdicional.

2. Compatibilidade e concordância da confissão e outros meios de prova

Sendo a compatibilidade a "capacidade daquilo que pode existir ou harmonizar-se com outro", e a concordância, o "acordo ou conformidade entre coisas ou pessoas" (Houaiss). A questão aqui não é conceitual, mas, sim, cultural quanto ao que "harmonizar-se" e ao que se colocar "de acordo".

Como será visto na sequência, dada a predominância dos valores inquisitivos, esses vetores de concordância serão buscados *em qualquer momento da intervenção estatal*, a saber, será harmônica ou concorde a confissão com qualquer elemento informativo produzido na investigação e assim será mantida, mesmo se ela for retratada em juízo e nada no processo for produzido em termos probatórios.

> Art. 198. O silêncio do acusado não importará confissão, mas poderá constituir elemento para a formação do convencimento do juiz.

1. Inconstitucionalidade do presente artigo

A fruição do direito ao silêncio, diante da estrutura da CR e da CADH, não permite a subsistência do presente artigo na forma como ele se apresenta, pois de forma direta propicia um juízo negativo de valor sobre o direito de não fazer prova contra si mesmo e de calar.

Com efeito, aponta Queijo[1284] que

> o silêncio do acusado não comporta valoração. É simples ausência de resposta e, por vezes, enquadra-se perfeitamente em determinada estratégia de defesa. Desse modo, o silêncio do acusado não poderá (...) ser valorado em fundamentações de decisões judiciais e, igualmente, ser considerado elemento para a formação do convencimento do julgador. [omitidas as notas de rodapé do texto original]

Neste ponto,

> exercício do direito contra a autoincriminação, além de inteiramente oponível a qualquer autoridade ou agente do Estado, não legitima, por efeito de sua natureza eminentemente constitucional, a adoção de medidas que afetem ou restrinjam a esfera jurídica daquele contra quem se instaurou a *persecutio criminis*, notadamente a decretação de sua prisão cautelar. – A prática do direito ao silêncio, que se revela insuscetível de qualquer censura policial e/ou judicial, não pode ser desrespeitada nem desconsiderada pelos órgãos e agentes da persecução penal, porque o exercício concreto dessa prerrogativa constitucional – além de não importar em confissão – jamais poderá ser interpretado em prejuízo da defesa. Precedentes. Medida cautelar deferida.[1285]

2. Valoração do silêncio e julgamento pelo conselho de sentença

Nada obstante a vedação a que se efetue um juízo de valor negativo acerca do silêncio da pessoa acusada, quando se tratar de julgamento pelo conselho de sentença torna-se impossível, dada a própria forma e fundamentos de atuação do juiz leigo, certificar-se de que tipo de valoração foi efetuada por aquele julgador.

> Art. 199. A confissão, quando feita fora do interrogatório, será tomada por termo nos autos, observado o disposto no art. 195.

1. *Nemo tenetur* e conversas informais

Em caso paradigmático[1286] o STF entendeu que o direito ao silêncio abrange as conversas informais tidas por pessoas investigadas com terceiros, especialmente policiais, cujo conteúdo somente tem valor diante da sua introdução formal aos autos, especialmente em termos de interrogatório.

Assim, no caso concreto o STF considerou que "dita 'conversa informal', modalidade de 'interrogatório' sub-reptício, o qual – além de realizar-se sem as formalidades legais do interrogatório no inquérito policial (C.Pr.Pen., art. 6º, V) –, se faz sem que o indiciado seja advertido do seu direito ao silêncio".

1284 *Op. cit.*, p. 217.
1285 STF. **HC 99.289**. Data de julgamento: 2 jun. 2009. Relator: Min. Celso de Mello. Data de publicação: DJe, 5 jun. 2009.
1286 STF. **HC 80949 RJ**. 1ª Turma. Relator: Sepúlveda Pertence. Data de julgamento: 30 out. 2001. Data de publicação: DJ ,14 dez. 2001. PP-00026; EMENT Vol-02053-06, PP-01145; RTJ, Vol-00180-03, PP-01001.

Essa posição foi posteriormente reiterada[1287] sempre apontado para a ilicitude dessa "prova"[1288] cujos reflexos no curso do processo dependerão de outras variáveis, especialmente o liame de causalidade com outras provas para que se conclua sobre a permanência, ou não, da viabilidade da acusação. Assim,

A gravação da "conversa informal" entre o indiciado e policiais não deve ser considerada prova lícita, eis que afronta o direito à intimidade assegurado pela Constituição da República, sendo importante ressaltar que as conversas não foram gravadas pelo apelado, em defesa, ou por terceiros que se defendiam de uma investida criminosa, de forma a se invocar o princípio da proporcionalidade, mas sim pelo Estado-Polícia para incriminar o recorrido, o que afasta a aplicação do referido princípio, sob pena de se deformar a norma constitucional que garante o direito à intimidade (art. 5º, X, da CR/88), bem como direito ao silêncio (f. art. 5º, LXIII, CR/88).[1289]

Art. 200. A confissão será divisível e retratável, sem prejuízo do livre-convencimento do juiz, fundado no exame das provas em conjunto.

1. "Divisibilidade" da confissão

Embora divisível, a confissão, abarcando apenas parte da imputação ou do objeto do processo, não é considerada numa eventual dosimetria de pena como atenuante genérica.

2. Confissão e retratação

Embora seja possível, a cultura inquisitiva que norteia a aplicação do Código de Processo Penal encontra sempre espaços de argumentação para, mesmo diante da confissão retratada, manter vivos os termos da "confissão extrajudicial". Pode-se concluir, nesse cenário, que, diante da preponderância e sobrevalorização da investigação sobre o próprio conteúdo jurisdicional, há prevalência substancial da confissão policial em detrimento da retratação judicial.

Aliás, exemplo claro dessa posição pode ser encontrado na ementa que apregoa: "Confissão extrajudicial – Retratação em Juízo – Irrelevância – Validade não pelo local em que é prestada, mas pela força de convencimento"[1290] e é assim completada: "a confissão de autoria vale não pelo lugar em que é prestada, mas pela força de convencimento que nela se contém".[1291]

A retratação da confissão já foi desprezada mesmo quando em harmonia com provas judiciais que a confirmavam: "Confissão extrajudicial – Retratação em juízo – Mudança do depoimento de testemunha relevante ao caso que se coaduna com a retratação do réu – Presença, porém, de indícios respeitáveis e suficientes à possível caracterização da autoria".[1292]

2.1 Retratação como empecilho processual

A retratação é vista de modo negativo quando, por exemplo, afirma-se que "a retratação da confissão espontânea exclui a atenuante, isto porque com ela o agente procura comprometer a verdade processual".[1293]

2.2 Retratação e confissão na prisão em flagrante

A confissão no auto de prisão em flagrante aparece neste contexto de forma insubstituível: "Confissão no flagrante – Retratação judicial irrelevante – Recurso não provido".[1294]

3. Mecanismos premiais pela confissão

Além dos mecanismos referentes ao colaboracionismo do acusado (vide arts. 185 e seguintes nestes **Comentários**), a legislação "ordinária" enfatiza a possibilidade de causa genérica de diminuição de pena quando da ocorrência da "confissão espontânea".

Nesse sentido, "a atenuante da confissão espontânea é um ato de colaboração com a busca da verdade processual, contemplando o agente que, espontaneamente, admite seu envolvimento na infração penal. Se o agente se retrata em juízo, dificultando o julgamento do feito, não pode ser beneficiário da redução".[1295]

1287 TRF-3. **ACR 2609 SP 0002609-58.2000.4.03.6103**. 1ª Turma. Relator: Des. Fed. Vesna Kolmar. Data de julgamento: 7 maio 2013.

1288 STJ. **HC 62908 SE 2006/0155046-2**. 5ª Turma. Relator: Min. Laurita Vaz. Data de julgamento: 6 nov. 2007. Data de publicação: DJ, 3 dez. 2007. p. 339. RT, Vol. 870, p. 571.

1289 TJ-MG 102610805935180021 MG 1.0261.08.059351-8/002. Relator: Fernando Starling. Data de julgamento: 24 fev. 2010. Data de publicação: 30 mar. 2010.

1290 TJSP. **Apelação Criminal 152.166-3**. Marília. Relator: Renato Talli. 27 jun. 1994.

1291 TJSP. **Apelação Criminal 190.153-3**. Capivari. 6ª Câmara Criminal. Relator: Nélson Fonseca. 21 set. 1995, v.u.

1292 TJSP. **Recurso em Sentido Estrito 98.422-3/SP**. 3ª Câmara Criminal. Relator: Oliveira Ribeiro. 18 ago. 1998, m.v.

1293 TJSP. **Apelação Criminal 181.545-3/SP**. 1ª Câmara Criminal. Relator: Marcial Hollanda. 18 set. 1995, v.u.

1294 TJSP. **Apelação Criminal 182.467-3/SP**. 5ª Câmara Criminal, rel. Dante Busana, 24-8-1995, v.u.

1295 TJSC. **Revisão Criminal 97.002029-5**. Itajaí. Relator: Des. José Roberge.

Por tal acórdão – que encerra visão largamente dominante na matéria –, retoma-se a preponderância dos atos investigativos sobre os jurisdicionais, compreensão esta encampada pelo e. STF: "A confissão espontânea suficiente a desaguar na observância da atenuante é aquela reveladora da assunção da responsabilidade pelo acusado. A retratação em juízo, com nova versão dos fatos revelados quando da confissão na Delegacia Policial, afasta-a, isso para o efeito previsto no art. 65, inciso III, alínea *d*, do Código Penal".[1296]

CAPÍTULO V – Do Ofendido
(Redação dada pela Lei n. 11.690, de 9-6-2008)

Art. 201. Sempre que possível, o ofendido será qualificado e perguntado sobre as circunstâncias da infração, quem seja ou presuma ser o seu autor, as provas que possa indicar, tomando-se por termo as suas declarações.

§ 1º Se, intimado para esse fim, deixar de comparecer sem motivo justo, o ofendido poderá ser conduzido à presença da autoridade.

§ 2º O ofendido será comunicado dos atos processuais relativos ao ingresso e à saída do acusado da prisão, à designação de data para audiência e à sentença e respectivos acórdãos que a mantenham ou modifiquem.

§ 3º As comunicações ao ofendido deverão ser feitas no endereço por ele indicado, admitindo-se, por opção do ofendido, o uso de meio eletrônico.

§ 4º Antes do início da audiência e durante a sua realização, será reservado espaço separado para o ofendido.

§ 5º Se o juiz entender necessário, poderá encaminhar o ofendido para atendimento multidisciplinar, especialmente nas áreas psicossocial, de assistência jurídica e de saúde, a expensas do ofensor ou do Estado.

§ 6º O juiz tomará as providências necessárias à preservação da intimidade, vida privada, honra e imagem do ofendido, podendo, inclusive, determinar o segredo de justiça em relação aos dados, depoimentos e outras informações constantes dos autos a seu respeito para evitar sua exposição aos meios de comunicação.

1. Tramitação legislativa da Lei n. 11.690/2008

O presente texto não fazia parte da redação enviada pela Comissão Grinover ao Congresso Nacional. Foi acrescido na Emenda Substitutiva Global de Plenário apresentada pelo Deputado João Campos e outros.[1297]

2. A vítima no processo penal – algumas observações históricas e o tratamento contemporâneo da matéria na ordem internacional

A posição da vítima foi alvo de oscilações ao longo da história processual penal, como aponta Scarance Fernandes[1298], e, segundo o mesmo autor, o século XX assiste ao renascimento da importância da vítima, com a instituição de inúmeros documentos na ordem internacional e interna, dando destaque à necessidade de sua proteção, bem como erigindo mecanismos para o exercício dessa nova posição, tendo sido neste contexto que a Assembleia Geral das Nações Unidas adotou a Resolução n. 40/34, de 11 de dezembro de 1985, na qual restaram declarados os princípios básicos de justiça em favor das vítimas de crime e abuso de poder.

Documento que tem por objeto uma definição mais ampla da palavra "vítima", não a restringindo apenas ao contexto criminal, a supracitada Resolução conclamou os Estados-membros a tomarem as medidas necessárias para "promover esforços da comunidade e participação pública na prevenção do crime", bem como "para estabelecer meios para se investigar, processar e sentenciar os culpados por crimes".

Na Declaração estão previstos o tratamento digno da vítima, seu direito ao acesso à justiça, mecanismos de restituição e compensação, além daqueles referentes à assistência quando necessária. No bojo dessas disposições, guarda particular interesse o contido no item 6.a., que confere às vítimas a necessária informação acerca dos seus "deveres e a alçada, ritmo de andamento e progresso do processo e a disposição de seus casos, especialmente onde crimes sérios estejam envolvidos e onde elas tenham requerido estas informações".

Sem embargo, portanto, da necessária proteção que deve ter a vítima, seja por meio de mecanismos asseguratórios da reparação do dano causado pela conduta penalmente tipificada, seja por meio de criação de estruturas que possibilitem até mesmo a

---

[1296] STF. **RE 72.257/SP**. Data de publicação: DJU, 18 ago. 1995. p. 24.897.
[1297] BRASIL. Câmara do Deputados. Disponível em: <http://www.camara.gov.br/sileg/integras/461499.pdf>. Acesso em: 18 abr. 2022.
[1298] FERNANDES, Antonio Scarance. **O papel da vítima no processo criminal**. São Paulo: Malheiros, 1995.

inviolabilidade de sua integridade física na hipótese de situações mais gravosas, inegável que também ela assume deveres na nova ordem processual, como faz deixar bem claro a própria posição da Resolução da ONU anotada, dentre eles, a imperiosa colaboração com a Administração da Justiça.

Tais posturas encontram eco na pauta de direcionamento da matéria no direito brasileiro, já com a estruturação de um sistema de proteção à vítima, assim como na otimização dos mecanismos compensatórios, não se descurando, igualmente, da situação social da vítima para além do processo penal.[1299]

2.1 Introdução: A gênese do modelo brasileiro de proteção à vítima e seu estado atual

A discussão acerca de um sistema jurídico adequado à proteção de vítimas e testemunhas é relativamente recente no cenário brasileiro. Do Código de Processo Penal, em vigor desde 1941, não se pode extrair qualquer articulação consistente sobre o tema, restando apenas disposições isoladas. Dentre aquelas, a retirada da pessoa acusada da sala de audiências a pedido da vítima ou testemunhas (art. 217), ou a retirada dos circunstantes nos julgamentos dos crimes dolosos contra a vida quando da realização da sessão plenária (art. 471), por determinação judicial, para fins de garantir a ordem na sala de audiências.

No mais, a figura típica da "coação no curso do processo", prevista no art. 344 do Código Penal, com pena variando de 01 a 04 anos de reclusão e multa, além da pena correspondente à violência, inserida no tópico referente aos "crimes contra a administração da Justiça", denota bem que o objeto jurídico alcançável não é exatamente a proteção das pessoas, mas sua condição processual. Por conseguinte, pode-se concluir que essa figura típica, antes de tutelar o ser humano, privilegia a realização do processo.

Passadas as eras de exceção ao Estado de Direito patrocinadas pelo regime militar e as violações aos direitos fundamentais especificamente nele vividas, a redemocratização constitucional se deparou com outra realidade social no que diz respeito à violência (urbana e rural) e seus reflexos no direito e no processo penal. Tais condições, aliadas a uma frenética onda midiática de destaque ao fato criminoso, foram essenciais para exigir respostas legislativas "à altura" do momento, sendo exemplo claro dessa manifestação a promulgação da lei dos crimes hediondos.

Ao mesmo tempo, episódios de grande repercussão davam o Brasil como um violador contumaz dos direitos humanos e clamavam por uma definição política de defesa daqueles direitos, o que fez com que o governo federal à época (1996) editasse o primeiro programa nacional de defesa dos direitos humanos, bastante festejado por representativos setores da comunidade acadêmica nacional, que nele viam um momento de inovação, chegando a afirmar que

> foi o primeiro programa para proteção e promoção de direitos humanos da América Latina e o terceiro no mundo. Com o mérito de ter sido formulado a partir de ampla discussão pública conduzida pela Coordenadoria do Programa Nacional de Direitos Humanos, dirigida por José Gregori, chefe de gabinete do ministro da Justiça, Nelson Jobim, responsável por sua preparação, o Programa *não é resultado de decisões tomadas em gabinetes fechados*.[1300]

Esse amplo programa, que viria a ser modificado em 2002, possuía, entre outros tópicos, um destinado à "luta contra a impunidade", tendo como um de seus escopos o de "apoiar a criação nos Estados de Programas de proteção a vítimas e testemunhas de crimes, expostas a grave e atual perigo em virtude de colaboração ou declarações prestadas em investigação ou processo penal". A partir desse contexto, estava desenhada a estrutura daquilo que viria a ser a primeira sistematização do modelo brasileiro de proteção a vítimas e testemunhas, e haveria de se esperar por mais três anos para que a primeira lei brasileira específica sobre o tema saísse dos escaninhos do Congresso Nacional.

E foi longo e sinuoso o caminho de aprovação da lei brasileira. Iniciado com um projeto de lei (PL 610/1995) da autoria do então Deputado Federal Humberto Costa (PT/PE), e apresentado à Câmara em 13 de junho de 1995, a ele se seguiu outro projeto (PL 1.348/1995) da autoria do então Deputado Sérgio Arouca (PPS/RJ), apresentado à Câmara dos Deputados em 7 de dezembro de 1995, ambos, portanto, ainda antes da publicação do Programa Nacional de Direitos Humanos e que não tiveram êxito, tendo sido o primeiro projeto inclusive arquivado em 2 de fevereiro de 1999 e, posteriormente, desarquivado em 2 de março de 1999, ou seja, um mês depois. Foi finalmente transformado em lei (Lei n. 9.807/1999) em 13 de julho de 1999 e se encontra em vigor até o presente momento, não sem inúmeras propostas de modificação.

É importante destacar que a filosofia do então Projeto de Lei n. 610/2005 baseava-se na experiência de um programa assistencial de proteção (Provita) levado a efeito no Estado de Pernambuco pelo

---

1299 SANTOS, Lycurgo de Castro. A vítima do ilícito fora da lide processual penal. **Boletim do Instituto Brasileiro de Ciências Criminais**, n. 10, 1997. p. 7.

1300 MESQUITA NETO, Paulo; PINHEIRO, Paulo Sérgio. Programa nacional de direitos humanos: avaliação do primeiro ano e perspectivas. **Estudos Avançados**, v. 11, n. 30, São Paulo, 1997. p. 117.

Gabinete de Assessoria Jurídica a Organizações Populares (GAJOP), tendo como um de seus principais alicerces o engajamento da sociedade civil, característica esta que acabou prevalecendo no modelo brasileiro, como adiante se verá.

Da gênese do direito brasileiro pode ser extraída a conclusão de que, entre nós – e assim como na maior parte dos países da América Latina –, o tema da proteção de vítimas e testemunhas no processo penal é construído como um tema de *direitos humanos*, e não apenas como fruto de visão utilitarista do emprego do testemunho para a obtenção de um resultado (potencialmente condenatório) ao final da ação penal. Neste ponto há um distanciamento considerável em relação ao emprego desse mesmo mecanismo em países como os Estados Unidos, onde a proteção à vítima e testemunhas é instrumentalizada para o alcance do objetivo condenatório, e do sucesso dessas condenações advém, inclusive, a sustentação orçamentária do programa.[1301]

Ao mesmo tempo em que considerado um tema de *direitos humanos*, o programa de proteção, se observado por uma ótica estritamente processual, pode, também, ser enxergado como uma condição essencial para a realização de um *processo equânime*, na medida em que se consolida como um fator determinante na produção probatória, com a preservação do meio de prova testemunhal.

A condição de proteção como essencial a uma persecução equilibrada é reconhecida contemporaneamente também por textos internacionais, notadamente a Convenção das Nações Unidas Contra Crime Organizado Transnacional, também conhecida como "Convenção de Palermo", adotada em Nova York, em 15 de novembro de 2000, e que o Congresso Nacional aprovou, por meio do Decreto Legislativo n. 231, de 29 de maio de 2003, tendo sido incorporada no direito interno brasileiro por meio do Decreto n. 5.015, de 12 de março de 2004. Em seu art. 25 estão previstas as medidas assistenciais, com a preocupação de que não haja um desequilíbrio entre os envolvidos.

2.2 A concepção do modelo brasileiro na legislação em vigor – Lei n. 9.807/1998

Para compreender o modelo brasileiro, algumas variáveis devem ser levadas em conta, como o papel da União e dos Estados-membros, bem como a forma de gestão do programa de proteção, compreendendo os mecanismos de seleção para ingresso, permanência e saída do programa. Deve-se, ainda, ter em conta o desempenho no processo ou na investigação criminal da pessoa colocada sob proteção.

No que diz respeito ao *papel da União e dos Estados-membros*, a estrutura legislativa estabelecida pela Lei n. 9.807/1998 e pelo Decreto n. 3.518/2000 que a regulamenta, atribui atividade preponderante aos Estados-membros por meio de adoção de políticas locais próprias, assegurando-se a celebração de convênios com a União para execução da gestão. Quando, no entanto, o Estado-membro não estatuir programa próprio, caberá à União, com seus recursos e meios operacionais, efetivar a proteção às vítimas e testemunhas ameaçadas.

No âmbito Federal, o gerenciamento estratégico e operacional do programa de proteção está a cargo da Secretaria Especial dos Direitos Humanos, que no seu Regimento Interno (regulado pela Portaria n. 22, de 22 de fevereiro de 2005), entre outros órgãos, prevê uma coordenação específica para o assunto com amplo leque de atribuições.

Atualmente existem programas próprios em 16 dos 27 Estados-membros, além do DF, a saber: Acre, Amazonas, Bahia, Ceará, Espírito Santo, Goiás, Maranhão, Minas Gerais, Mato Grosso do Sul, Pará, Pernambuco, Paraná, Rio de Janeiro, Rio Grande do Sul, São Paulo e Santa Catarina, que no ano de 2004 alocaram 536 pessoas, perfazendo o total de 69,5% dos casos previstos.[1302]

A *forma de gestão* compreende as seguintes estruturas e dinâmica:

No núcleo gerencial do modelo brasileiro, está o denominado "Conselho Deliberativo", "em cuja composição haverá representantes do Ministério Público, do Poder Judiciário e de órgãos públicos e privados relacionados com a segurança pública e a defesa dos direitos humanos" (Lei n. 9.807/1999, art. 4º), sendo o "órgão executor" um desses integrantes, com a capacitação devida (§ 1º do mencionado artigo e lei).

Como já apontado, por conta das suas raízes históricas, o modelo brasileiro contempla a participação da sociedade civil em todas as etapas burocráticas de operação, conferindo-lhe legitimação para desencadear o mecanismo, na seleção dos casos e, finalmente, na própria execução da proteção, tarefa esta que tem sua efetividade de forma quase exclusiva a cargo de organizações não governamentais.

A *admissão no programa* pressupõe, nos termos da legislação vigente, que a vítima ou a testemunha estejam sendo "coagidas ou expostas a grave ameaça",

---

[1301] STONE, Victor. Estados Unidos (proteção pura). Palestra apresentada no âmbito da 1ª Reunião Regional da Associação Internacional de Promotores – Proteção a Testemunhas. Santiago do Chile. 26 de julho de 2006. Tradução livre a cargo do autor do presente texto.

[1302] BRASIL. Tribunal de Contas da União. **Avaliação do Programa de Assistência a Vítimas e Testemunhas Ameaçadas**. Relator Auditor Lincoln Magalhães da Rocha. Brasília: TCU; Secretaria de Fiscalização e Avaliação de Programas de Governo, 2005. p. 15. (Sumários Executivos. Nova série; 3).

que são conceitos sedimentados na dogmática penal brasileira e mesmo na legislação repressiva. Essa situação deve advir, no entanto, *em função da sua colaboração na investigação ou no processo*, e não simplesmente porque são vítimas ou testemunhas. No entanto, há situações nas quais a pessoa coagida ou ameaçada não perfaz todos os requisitos para ser inserida no programa, condição preocupante a ponto de ensejar a criação de um *mecanismo paralelo ao sistema de proteção* determinado no decreto regulamentador (n. 3.518/2000) em seu art. 10, quando, sob o título de "proteção ao depoente especial", admite a proteção ao *réu colaborador* e à testemunha ou vítima *excluída ou não aceita no programa*.

Situação fática de extrema dificuldade, a proteção se projeta de várias formas, que poderiam, apenas para fins de facilitação didática, ser classificadas em *ordinárias*, *extraordinárias* (ou *excepcionais*) e *urgentes*.

Nas primeiras podem ser compreendidas aquelas como a preservação da identidade, imagens e dados pessoais[1303]; a *excepcional* é declarada pela lei como a alteração de nome completo, e as *urgentes*, como a transferência de residência ou acomodação provisória em local sigiloso, sendo certo que estas podem ser tomadas ainda antes da decisão definitiva quanto à aceitação ou não no programa.

Claro está, no entanto, que a proteção não deve se restringir à pessoa isolada que vai testemunhar, mas deve abarcar seu *núcleo familiar imediato*, aí entendido, de acordo com a legislação em vigor, "o cônjuge, companheiro ou companheira, ascendentes, descendentes e dependentes que tenham convivência habitual com a vítima ou testemunha", que passam a se sujeitar às mesmas regras de admissão e inserção no programa.

Por fim, deve ser igualmente destacado que o modelo brasileiro tem sua gestão a cargo do *Poder Executivo*, e não do Poder Judiciário, descabendo-lhe qualquer ingerência na administração do programa[1304].

Essa ausência de ingerência deve ser refletida no que tange ao *controle jurisdicional* quanto à *não admissão* ou *exclusão* do programa, na medida em que o texto constitucional prevê a inafastabilidade do controle jurisdicional quando da ocorrência de lesão ou ameaça de lesão a direito.

Contudo, progressivamente o papel do Poder Judiciário no controle de inclusão/exclusão de pessoas do programa vem se fazendo sentir.[1305]

Neste ponto haveria de ser aprofundada a discussão sobre o cabimento de mandado de segurança para tanto, ao menos do ponto de vista teórico. Cabe acenar que outras estruturas jurídicas – como a norte-americana – não preveem a possibilidade de recursos judiciais nessa hipótese, tampouco o direito à indenização ligada a qualquer decisão no âmbito do programa[1306].

2.3 Aspectos processuais do modelo brasileiro

O modelo de proteção tem legitimação difusa para ser desencadeado, como já apontado acima. Chama a atenção o papel conferido às denominadas "organizações não governamentais" quanto à possibilidade de verdadeiramente *modificar a estrutura do meio de prova testemunhal*, na medida em que tem legitimação para solicitar a inclusão de alguém no programa protetor, condição esta historicamente não conferida à sociedade civil.

Do ponto de vista do desenvolvimento do processo, é de ser destacado que a inserção de uma pessoa – seja ela vítima ou testemunha – no programa ou na condição de "depoente especial" não tem o condão de alterar o *ritmo do procedimento*.

Nesse particular, é necessário trazer à baila a seguinte consideração apresentada no já citado trabalho de avaliação do modelo nacional, no qual é afirmado que

> por sua vez, os processos criminais que contêm testemunhas dos programas estaduais não são priorizados pelo Poder Judiciário dos estados. Nota técnica da CGPT menciona casos em que, após o ingresso, os respectivos processos judiciais ficaram paralisados, permanecendo a testemunha até quatro anos e meio sem que fosse convocada para oitiva em nenhum procedimento formal. A morosidade desestimula o possível ingresso de testemunhas em potencial, frustra os beneficiários e tende a sobrecarregar

---

1303 Como apreciado em TJ-RO. **APL 00006340220138220018 RO 0000634-02.2013.822.0018**. 2ª Câmara Criminal. Relator: Des.ª Marialva Henriques Daldegan Bueno. Data de julgamento: 11 fev. 2015. Data de publicação: DJ, 18 fev. 2015. Também STJ. **HC 158557 SP 2010/0000403-3**. 5ª Turma. Relator: Min. Marco Aurélio Bellizze. Data de julgamento: 18 out. 2011. Data de publicação: DJe, 28 nov. 2011.

1304 TRF. **Habeas Corpus**. 4ª Região. Data de julgamento: 4 dez. 2001. Data de publicação: DJU, 16 jan. 2002. p. 1381. Relator: José Luiz B. Germano da Silva. Também TRF-4. **HC 23958 PR 2006.04.00.023958-8**. 8ª Turma. Relator: Paulo Afonso Brum Vaz. Data de julgamento: 16 ago. 2006. Data de publicação: DJ, 23 ago. 2006. p. 1398.

1305 Como em TRF-5. **AC 50404620104058500**. 3ª Turma. Relator: Des. Fed. Marcelo Navarro. Data de julgamento: 11 jul. 2013. Data de publicação: 22 jul. 2013.

1306 TRF. **Habeas Corpus**. 4ª Região. Relator: José Luiz B. Germano da Silva. Data de julgamento: 4 dez. 2001. Data de publicação: DJU, 16 jan. 2002. p. 1381.

as entidades executoras, já que prolonga o tempo de permanência das testemunhas no programa.[1307]

Essa demora propicia, igualmente, maior exposição da pessoa dentro da relação processual, sujeitando-a a mais pressões e ameaças, a ponto de, em determinado caso concreto, ter-se determinado, exatamente por esses motivos, a prisão da pessoa acusada.[1308] Com a redação dada pela Emenda n. 45/04 e a necessidade da duração razoável do processo e da instituição de meios que a propiciem, a melhor interpretação tenderá a ser a que venha a privilegiar a prioridade do julgamento nos casos em que houver vítimas ou testemunhas sujeitas à proteção ou mesmo "depoentes especiais" nessas condições.

2.4 Prioridade na oitiva de vítima submetida a programa de proteção – Lei 12.483/2011

Nos termos da Lei n. 12.483, de 8 de setembro de 2011, que incluiu o art. 19-A na Lei n. 9.807, de 1999, "terão prioridade na tramitação o inquérito e o processo criminal em que figure indiciado, acusado, vítima ou réu colaboradores, vítima ou testemunha protegidas pelos programas de que trata esta Lei".

Para complementar o tratamento diferenciado, o parágrafo único do mesmo artigo renovado dispõe que

> Qualquer que seja o rito processual criminal, o juiz, após a citação, tomará antecipadamente o depoimento das pessoas incluídas nos programas de proteção previstos nesta Lei, devendo justificar a eventual impossibilidade de fazê-lo no caso concreto ou o possível prejuízo que a oitiva antecipada traria para a instrução criminal.

Há, aqui, uma antecipação obrigatória de oitiva que se submete à presunção de urgência e risco na eventual demora na tomada do depoimento cuja demonstração se dá com a própria presença da pessoa ameaçada nos sistemas de proteção de qualquer espécie previstos em lei.

Processualmente, a oitiva independe de provocação específica para esse fim e acontece mesmo antes da manifestação defensiva prévia, mas, nos ritos que contêm fase preliminar de verificação da admissibilidade da acusação (*v.g.*, Lei n. 10.343/2006, art. 55), somente se dará após o recebimento da inicial.

Quando a nova norma fala em "após a citação", não faz distinção entre a situação na qual se consegue encontrar a pessoa acusada e a cita pessoalmente e aquela em que ocorre a citação ficta, acarretando a aplicação do art. 366 do CPP.

No primeiro caso, com a marcha processual normal, o rito acaba por possuir a inversão mencionada. Quando, no entanto, a pessoa acusada não for localizada, a colocação da vítima em programa de proteção justifica, por si só, como visto acima, a condição de urgência.

3. Código de Processo Penal e as declarações da vítima

Dado o anacronismo científico que funda o Código de Processo Penal, aliado às condições políticas nas quais tal diploma foi gerado, as discussões criminológicas envolvendo a vítima não têm qualquer repercussão, restando verificar, na rispidez técnica da legislação infraconstitucional, qual o papel que cabe à vítima.

O papel primordial está, sobretudo, no frágil mecanismo da construção da "verdade", em que se evidencia um descompromisso nos termos do art. 201, dada sua "peculiar situação", deixando-a verdadeiramente desatrelada à sorte de suas declarações. Sem embargo, em não raras ocasiões, nossos Tribunais arrimam suas decisões senão exclusiva ou preferencialmente na palavra da vítima, colocando-a em posição definidora, sobretudo em casos mais graves.[1309]

Ainda que se queira deixar a vítima num papel absolutamente secundário no que tange ao compromisso com a verdade, não raras vezes apresenta-se de crucial importância no acervo probatório, sobretudo em delitos de especial gravidade ou clamor público, sendo reiteradas as manifestações jurisprudenciais a esse respeito.

Assim, ora é entendida como único veículo capaz de levar à verdade dos fatos, e é pretensamente colocada num pedestal de moralidade absoluta e eticamente irrepreensível; ora – deixando a postura quase sacralizada do ofendido e emprestando à sua palavra uma feição um tanto quanto mais realista – vários acórdãos sustentam a viabilidade de prolação de decreto condenatório ou apenas com base em sua manifestação ou, quando muito, temperado esse depoimento com eventuais outros indícios existentes nos autos.

A importância da palavra da vítima é sumamente sentida quando da ocorrência de crimes contra os costumes, sendo fonte inequívoca do convencimento do julgador e, em grande parte dos casos, a

---

1307 BRASIL. Tribunal de Contas da União. **Avaliação do Programa de Assistência a Vítimas e Testemunhas Ameaçadas**. Relator Auditor Lincoln Magalhães da Rocha. Brasília: TCU; Secretaria de Fiscalização e Avaliação de Programas de Governo, 2005. p. 16. (Sumários Executivos. Nova série; 3)

1308 STJ. **Habeas Corpus 19.057**. Relator: Jorge Scartezzini. Data de julgamento: 16 maio 2002. Data de publicação: DJ, 18 nov. 2002. p. 248.

1309 STJ. **RHC 6.372/SP**. Relator: Fernando Gonçalves. Data de publicação: DJU, 30 jun. 1997. p. 31.083.

sustentação do decreto condenatório, mormente em casos de crimes sexuais.

4. Condução coercitiva

O processo penal prevê a possibilidade de condução coercitiva da testemunha, obrigando-a, dessa forma, a colaborar com a "instrução" do processo[1310], sem embargo de não possuir compromisso com a verdade. Embora possa ser conduzida coercitivamente, não está sujeita às penas do crime de desobediência.

CAPÍTULO VI – Das Testemunhas

Art. 202. Toda pessoa poderá ser testemunha.

1. Condição genérica para testemunhar

A regra geral do artigo em questão sofrerá exceções em função de inúmeras variáveis, como graus de parentesco, envolvimento com o caso ou condição profissional da pessoa que, em princípio, poderia testemunhar. Tirante essas situações, a obrigação de colaborar com a Justiça é ampla e não pode ser evitada, inclusive sob o risco de cometimento do crime de falso testemunho, expressão genérica que abarca, também, a conduta daquele que cala a verdade.

2. Diferenciação entre a figura da pessoa acusada e a condição para testemunhar

Determinado julgado chegou a afirmar que "tem-se, como princípio universal, que a condição de imputado exclui a de testemunha. Pois que, além de ser parte no processo penal, não tem ele a obrigação de dizer a verdade".[1311]

Tal assertiva deve ser vista com reservas aos olhos do direito comparado, especificamente nos modelos obedientes à tradição da *common law*. Assim, por exemplo, no direito inglês, conforme elucida Spencer[1312], ao afirmar os papéis diferentes que o acusado pode assumir naquele modelo processual, sendo que "um deles, é assumindo a condição de testemunha, situação na qual o réu escolhe prestar testemunho no tribunal e se torna obrigado a responder a todas as questões que lhe forem formuladas pelo órgão da persecução, na exata medida da sua relevância".

3. Menoridade da testemunha

Não a impede de depor, mas cerca o depoimento de condições específicas, como a ausência do juramento sobre a verdade. Realisticamente falando, a legislação brasileira no bojo do Código de Processo Penal nunca foi das mais preocupadas com a forma de testemunhar de pessoas particularmente frágeis, especificamente em função da idade.

4. Adolescente infrator como testemunha

A possibilidade de o adolescente infrator servir como testemunha é largamente admitida[1313], considerando-se que "Os depoimentos do menor infrator valem como prova, quando ele, além de confessar sua participação no planejamento e execução, aponta a de seus comparsas, esclarecendo, de forma convincente, como ocorreu o crime, máxime quando vêm aqueles corroborados por outros elementos de convicção".[1314]

No entanto, deve ser ponderado que mesmo nessa condição de "testemunha" tem o direito de não fazer prova contra si mesmo com base no princípio do *nemo tenetur* que aí também incide, pois "Se não pode a testemunha calar a verdade, jamais poderá em contrapartida ser-lhe violado o constitucional direito à não auto-incriminação, nesse limite mantendo-se a ouvida do paciente".[1315]

5. Testemunhos prestados por policiais: discussão quanto ao seu valor

Embora seja tema de valoração da prova, merece destaque nesta quadra o papel desempenhado por determinados tipos de testemunhas, notadamente os policiais que efetuaram diligências ao longo da investigação que, no campo dos precedentes tem como destaque a afirmação que "A eficácia probatória do testemunho dos policiais não pode ser

---

1310 TJ-RJ. **HC 00164855620128190000 RJ 0016485-56.2012.8.19.0000**. 8ª Câmara Criminal. Relator: Des. Marcus Quaresma Ferraz. Data de julgamento: 10 maio 2012. Data de publicação: 23 jul. 2012.

1311 TJSP. **HC 174.891-3**. Campos do Jordão. Relator: Cunha Camargo. 22 dez. 1994, v.u.

1312 DELMAS-MARTY, Mireille (Org.). **Processos penais da Europa**. Tradução de Fauzi Hassan Choukr e Ana Cláudia Ferigato Choukr. Rio de Janeiro: Lumen Juris, 2005.

1313 TJ-PE. **APL 3016404 PE**. 4ª Câmara Criminal. Relator: Alexandre Guedes Alcoforado Assunção. Data de julgamento: 7 maio 2014. Data de publicação: 15 maio 2014.

1314 TJ-MG. **10116080141389001 MG 1.0116.08.014138-9/001**. Relator: José Antonino Baía Borges. Data de julgamento: 11 mar. 2010. Data de publicação: 9 abr. 2010.

1315 TRF-4. **HC 39222 RS 2009.04.00.039222-7**. 7ª Turma. Relator: Néfi Cordeiro. Data de julgamento: 1 dez. 2009. Data de publicação: DE, 17 dez. 2009.

desconsiderada"[1316], bastando que sejam "colhidos em juízo" para dar-lhes a força desejada.[1317]

A partir desse cenário, construiu-se uma vertente jurisprudencial indicando que

> o testemunho de policial não pode ser rejeitado só pela condição funcional do depoente, merecendo valor probante como de qualquer outra testemunha se isento de suspeita ou de má-fé. Pequenos desencontros nos depoimentos de policiais não retiram a validade da prova, posto que se referem a acontecimentos periféricos, não essenciais à caracterização do crime.[1318]

Por certo que não se pode, *a priori*, desvalorizar o testemunho policial. Mas, a maneira como o campo dos precedentes, sobretudo, trata a matéria importa no acomodamento de baixos padrões de qualidade probatória porquanto assimila de maneira quase automática a palavra do funcionário público à sustentação de uma sentença, no mais das vezes, condenatória.

É um nítido caso em que a tolerância jurisprudencial incentiva o comodismo de políticas públicas na área de segurança. Se a vertente jurisprudencial exige-se uma comprovação visual das diligências efetuadas isso teria implicado na adoção de equipamentos (ainda que de tecnologia vulgar) de registro em áudio e vídeo das condutas policiais, desestimulando práticas impróprias dos agentes públicos.

6. Perito como testemunha
É possível, porém

> o perito, como a testemunha, precisa ser isento. Daí, como acontece com aquela, cumpre prestar compromisso legal, a fim de evidenciar ausência de impedimento, ou suspeição. É impedido servidor de autarquia realizar perícia, relativamente a fatos deduzidos na denúncia, em havendo a pessoa jurídica proposto ação de execução ao denunciado, cuja causa de pedir se relaciona com o fato imputado pelo Ministério Público.[1319]

Art. 203. A testemunha fará, sob palavra de honra, a promessa de dizer a verdade do que souber e lhe for perguntado, devendo declarar seu nome, sua idade, seu estado e sua residência, sua profissão, lugar onde exerce sua atividade, se é parente, e em que grau, de alguma das partes, ou quais suas relações com qualquer delas, e relatar o que souber, explicando sempre as razões de sua ciência ou as circunstâncias pelas quais possa avaliar-se de sua credibilidade.

1. Ausência de advertência sobre o compromisso: consequências
O compromisso com a verdade advém da condição da testemunha, desde que não integrante no rol dos arts. 206 e 208 do Código de Processo Penal. Assim, a advertência não é causa, mas sim consequência, da condição da pessoa que deporá e deve ser feita em todos os momentos em que a pessoa deva ser ouvida, valendo a regra, inclusive, para a fase da investigação preliminar e mesmo em Comissões Parlamentares de Inquérito, a teor do quanto disposto no art. 4º da Lei n. 1.579/1952.

Nada obstante, a ausência da formalidade não é tida como relevante, sendo certo que "o prévio compromisso da testemunha está previsto na lei processual ao intuito de nela estimular a consciência da solenidade e relevância do ato, mas não tem estatura de formalidade essencial, constituindo sua omissão mera irregularidade, que não vicia o depoimento".[1320]

2. Excesso judicial na advertência
Malgrado tenha sido escrito com olhar a partir da "competência penal" da Justiça do Trabalho, é interessante a observação de Ferreira Sobrinho, quando afirma que "certos magistrados, não só trabalhistas, praticam crime de ameaça contra testemunhas embora, estranhamente, pareçam não perceber o fato. Com efeito, não é razoável que um juiz, aos berros e dando socos na mesa, ameace mandar prender uma testemunha se ela mentir. Isto é, pura e simplesmente, crime de ameaça praticado por um juiz. Sim, porque a responsabilização da testemunha que pratica o crime de falso testemunho encontra regulação jurídica nos arts. 211, do Código de Processo Penal, e 342 do Código Penal. Aí está o caminho a ser seguido. Portanto, é necessário que o juiz do Trabalho [sic] não se afaste das diretrizes processuais e materiais

---

1316 TJ-PE. **APL 3045165 PE**. Relator: Fausto de Castro Campos. Data de julgamento: 8 mar. 2016. 1ª Câmara Criminal. Data de publicação: 22 mar. 2016.
1317 TJ-RR. **ACr 0010130028276**. Relator: Des. Leonardo Cupello. Data de publicação: DJe, 26 nov. 2015.
1318 TJSC. Relator: Des. Nilton Macedo Machado. Data de julgamento: 1º out. 1996; também TJ-PB. **APL 00313227220118152002 0031322-72.2011.815.2002**. Câmara Criminal. Relator: Des. Marcio Murilo da Cunha Ramos. Data de julgamento: 27 out. 2015.
1319 STJ. Relator: Luiz Vicente Cernicchiaro. Data de publicação: 1º fev. 1999. p. 232.
1320 TJPR. **HC 146.681-3**. Relator: Luiz Cezar de Oliveira. Data de julgamento: 28 out. 1999. Data da publicação: 19 nov. 1999.

advindas dos artigos referidos sob pena de se expor a eventuais responsabilizações".[1321]

3. Descompromisso da vítima
A vítima não tem a obrigação de prestar compromisso "fator que não compromete a credibilidade das declarações"[1322], particularmente relevantes em "infrações praticadas no âmbito doméstico e familiar, [nos quais] há que se dar elevado crédito ao depoimento da própria vítima, já que em delitos deste jaez, cometidos quase sempre às ocultas, mostra-se difícil a obtenção de prova sobre a autoria delitiva".[1323] (Recurso não provido).

> Art. 204. O depoimento será prestado oralmente, não sendo permitido à testemunha trazê-lo por escrito.
> Parágrafo único. Não será vedada à testemunha, entretanto, breve consulta a apontamentos.

1. Meio de prova oral
Trata-se de meio de prova notadamente oral, que não pode ser substituído por declarações, ainda que registradas em cartório. A entrada nos autos de depoimentos nessas circunstâncias e sua posterior valoração podem dar ensejo à nulidade do feito.

Assim, corretamente já se decidiu que

> o depoimento da testemunha ingressa nos autos de maneira oral. Outrossim, frisou que, desse comando, retiram-se, em especial, duas diretrizes. A primeira, ligada ao relato, que será oral, reforçado, inclusive, pelo art. 204 do CPP. A segunda refere-se ao filtro de fidedignidade, ou seja, ao modo pelo qual a prova ingressa nos autos. Dessa forma, ressaltou que a produção da prova testemunhal, por ser complexa, envolve não só o fornecimento do relato oral, mas também o filtro de credibilidade das informações apresentadas. In casu, tal peculiaridade foi maculada pelo modo como empreendida a instrução, na medida em que o depoimento policial foi chancelado como judicial com uma simples confirmação, não havendo como, dessa maneira, aferir sua credibilidade. Assim, concluiu não se mostrar lícita a mera leitura do magistrado das declarações prestadas na fase inquisitória, para que a testemunha, em seguida, ratifique-a. Com essas, entre outras considerações, a Turma, prosseguindo o julgamento, concedeu a ordem para anular a ação penal a partir da audiência de testemunhas de acusação, a fim de que seja refeita a colheita da prova testemunhal, mediante a regular realização das oitivas, com a efetiva tomada de depoimento, sem a mera reiteração das declarações prestadas perante a autoridade policial.[1324]

> Art. 205. Se ocorrer dúvida sobre a identidade da testemunha, o juiz procederá à verificação pelos meios ao seu alcance, podendo, entretanto, tomar-lhe o depoimento desde logo.

1. Não identificação da testemunha
Ainda dentro da seara do denominado "processo penal de emergência", deve ser anotada determinada providência administrativa tomada no âmbito da e. Corregedoria-Geral da Justiça do Estado de São Paulo, detalhada nos seguintes termos: Art. 3º As vítimas ou testemunhas coagidas ou submetidas a grave ameaça, em assim desejando, não terão quaisquer de seus endereços e dados de qualificação lançados nos termos de seus depoimentos. Aqueles ficarão anotados em impresso distinto, remetido pela Autoridade Policial ao Juiz competente juntamente com os autos do inquérito após edição do relatório. No Ofício de Justiça, será arquivada a comunicação em pasta própria, autuada com, no máximo, duzentas folhas, numeradas, sob responsabilidade do Escrivão (Provimento 32/2000).

2. Testemunha e crime de falsa identidade
Em tese, é possível a prática do crime previsto no art. 307 do Código Penal.

> Art. 206. A testemunha não poderá eximir-se da obrigação de depor. Poderão, entretanto, recusar-se a fazê-lo o ascendente ou descendente, o afim em linha reta, o cônjuge, ainda que desquitado, o irmão e o pai, a mãe, ou o filho adotivo do acusado, salvo quando não for possível, por outro modo, obter-se ou integrar-se a prova do fato e de suas circunstâncias.

1. Exceções à obrigação de depor
Excepcionando o modelo geral contido no art. 202, o presente texto disciplina determinados

---

1321 FERREIRA SOBRINHO, José Wilson. Competência penal e juiz do trabalho. **Revista LTr**, São Paulo, v. 64, n. 1, p. 36-38, jan. 2000. p. 38.
1322 TJ-MS. **ACR 15528 MS 2008.015528-2**. 2ª Turma Criminal. Relator: Des. Claudionor Miguel Abss Duarte. Data de julgamento: 2 jul. 2008. Data de publicação: 15 jul. 2008.
1323 TJ-MG. **APR 10443120015435001 MG**. 4ª Câmara Criminal. Relator: Doorgal Andrada. Data de julgamento: 25 mar. 2015. Data de publicação: 31 mar. 2015.
1324 STJ. **HC 183.696/ES**. Relator: Min. Maria Thereza de Assis Moura. Data de julgamento: 14 fev. 2012.

relacionamentos sociais que inviabilizam o meio de prova testemunhal para determinadas pessoas, *desde que seja possível obter a prova dos fatos por outro meio.*

Dessa forma, em princípio, a inexigibilidade do depoimento não é automática, mas depende do conjunto probatório como um todo e, uma vez sendo demonstrada a absoluta necessidade da oitiva das pessoas aqui enumeradas, elas serão ouvidas, mas na qualidade de *informantes*, sem a necessária tomada de compromisso com a verdade. Enfim, ainda que obrigadas a depor, não estarão no rol de sujeitos ativos do crime de falso testemunho.

2. Taxatividade do rol

Deve ser considerado como de numeração exaustiva, mas flexível a ponto de incorporar mandamentos constitucionais que não existiam à época em que o Código de Processo Penal foi escrito, como a união estável, que gera os mesmos vínculos afetivos que nortearam a exclusão dos cônjuges da condição de testemunhas *a priori* obrigatórias.

Em outras palavras,

> o Estatuto Processual Penal está afinado com o Código Penal que, pelas mesmas nobres razões de respeito à solidariedade que deve existir entre os membros de uma família, exime de pena o ascendente, o descendente, o cônjuge ou o irmão do criminoso que o auxilia a subtrair-se à ação da autoridade.[1325]

Assim, por exemplo, "inexiste norma processual impeditiva da oitiva de testemunha que seja noiva do acusado, *ex vi* dos arts. 206; 207; 208 e 214, todos do Código de Processo Penal"[1326] e, da mesma forma,

> a relação de cunhadio, por graduar parentesco de afinidade colateral em segundo grau, desgravita-se das hipóteses elencadas no art. 206 do Código de Processo Penal, a excepcionar a tomada de compromisso dos chamados a depor em Juízo. No entanto, desde que reputado em mero estímulo moral, solene, a ausência de compromisso não desobriga só por si a testemunha de responder criminalmente pela falsidade das declarações.[1327]

3. Compromisso indevidamente tomado

Já se considerou que

> há mera irregularidade, e não nulidade, na hipótese em que um dos ofendidos – que também era marido da vítima fatal – foi ouvido em Juízo como testemunha, se não está demonstrado qualquer prejuízo pela Defesa, que manifestara, na prévia, interesse na sua oitiva, restando sem nenhum valor ou efeito o compromisso prestado por mero descuido formal, conforme deflui da combinada aplicação dos arts. 206 e 208 do CPP, sendo certo que a advertência para as penas do falso testemunho, embora incabível, só favorece a busca da verdade real.[1328]

> Art. 207. São proibidas de depor as pessoas que, em razão de função, ministério, ofício ou profissão, devam guardar segredo, salvo se, desobrigadas pela parte interessada, quiserem dar o seu testemunho.

1. Vedação absoluta

As justificativas profissionais para não depor são consideradas como derrogáveis no direito brasileiro. Sem embargo, em outros ordenamentos são condições peremptórias para não depor, independentemente da "desobrigação" da parte interessada.

2. Âmbito do conhecimento dos fatos e impedimento

Já se decidiu que "a testemunha, psicóloga, sendo arrolada não para depor sobre fatos gerais do qual tenha conhecimento, mas sim por intermédio de sua atividade como profissional, está impedida de depor, guardando-se o sigilo profissional, como dispõe o art. 207 do CPP".[1329] No corpo do acórdão, tem-se que

> A testemunha arrolada é psicóloga do réu, e foi intimada para depor exatamente devido à função de psicólogo. Se tivesse sido arrolada para depor a respeito de fatos gerais, de que tivesse tido conhecimento de outra forma que não por intermédio da atividade profissional, nenhum motivo teria para a escusa de depor. Mas, patenteando-se, ao requerimento da testemunha, que o objetivo é a pergunta a respeito de fatos ligados à atividade profissional, atua a escusa constante do art. 207 do CPP. Nesse sentido, foi adequada a dispensa, de modo que o recurso não merece provimento.

> Art. 208. Não se deferirá o compromisso a que alude o art. 203 aos doentes e deficientes mentais

---

1325 Apelação Criminal 147.887-3. Junqueirópolis. 1ª Câmara Criminal. Relator: Oliveira Passos. 19 jun. 1995, v.u.
1326 TRF. 3ª Região, rel. Juiz Celio Benevides, 3-6-1998.
1327 TJSP. **Apelação Criminal 126.922-3**. Tatuí. Relator: Gonçalves Nogueira. 1º ago. 1994, v.u.
1328 RJTACRim, 51/63.
1329 RJTACrim, 13/160.

e aos menores de 14 (quatorze) anos, nem às pessoas a que se refere o art. 206.

1. Ausência de compromisso

A partir das exceções previstas neste artigo, a consequência imediata para o rol de pessoas enumeradas no art. 206 é a impossibilidade de virem a ser processadas pelo crime de falso testemunho.

A condição de descompromisso advém da letra da lei, e não da fala do magistrado a esse respeito na audiência. Assim, ainda que incorretamente advertida da obrigação de dizer a verdade, a pessoa que se encontra nas condições do presente artigo não o está.

2. Aferição da menoridade e da condição de debilidade mental

Providenciada no momento em que o depoimento é prestado. Assim, em casos não tão incomuns, um menor de catorze anos pode ser ouvido uma primeira vez na condição de descompromissado com a verdade e, anos mais tarde, tratando-se do ampliado do rito do Tribunal do Júri, ser ouvido quando tiver superado essa idade. As situações jurídicas serão, então, distintas.

Art. 209. O juiz, quando julgar necessário, poderá ouvir outras testemunhas, além das indicadas pelas partes.

1. Testemunha judicial: momento de sua oitiva

Na dinâmica do Código de Processo Penal, é natural que se considere admissível a "Oitiva de testemunha determinante ao caso após a prova da defesa", sem que isso comprometa o devido processo legal[1330].

§ 1º Se ao juiz parecer conveniente, serão ouvidas as pessoas a que as testemunhas se referirem.

1. Testemunha referida: experiência do direito inglês

Conforme assinalado,

A regra contra testemunha de ouvir dizer é proveniente da *common law*, e tem como efeito o fato de, se qualquer uma das partes desejar realizar uma prova do que uma pessoa viu ou ouviu ou, de qualquer outra forma, teve alguma experiência de qualquer natureza, a parte deve provar isto levando ao tribunal a pessoa em questão para que ela seja usada como meio de prova. O depoimento oral desta pessoa não pode ser substituído por qualquer outro, de qualquer outra pessoa em repetindo o que a primeira lhe havia dito, ou de qualquer outra forma de comunicação que tenha vindo diretamente da fonte original, como uma declaração escrita ou uma entrevista gravada em áudio. E, se a fonte original da história ofertar o seu depoimento ao vivo, seu testemunho oral é a única prova permitida a ser produzida; ela não pode ser suplementada pelo uso (por exemplo) de uma declaração escrita que ela tenha prestado sobre ponto anterior.[1331]

2. Testemunho "de ouvir dizer": traços do direito brasileiro

O direito brasileiro não conhece as especificidades da exclusão probatória do testemunho "de ouvir dizer" presentes em outros ordenamentos, particularmente o inglês onde essa regra de exclusão foi criada e se desenvolveu.[1332]

Determinados julgados buscam delimitar o correto âmbito de abrangência desse meio de prova, assinalando que "As atestações indiretas, as cognições reflexas, os depoimentos por ouvir dizer, não têm o caráter de testemunho, mas podem ser considerados somente como elementos não seguros de informação, com base nos quais pode-se, eventualmente, chegar ao verdadeiro testemunho"[1333] e mesmo afirmando que

No caso, ainda que haja menções aos nomes dos réus, todas partem de testemunhos de "ouvir dizer", não tendo quaisquer das testemunhas confirmado que, no momento dos fatos, efetivamente visualizou os réus atentarem contra a vida da vítima. Inexistência de indícios de sua participação no crime, dentre os elementos probatórios produzidos na fase judicial. Ausência de testemunhas presenciais a afirmar a participação dos acusados. Inadmissibilidade do testemunho de "ouvir dizer", denominado *hearsay testimony*. Viabilidade da acusação não demonstrada.[1334]

Em suma, "Havendo dúvidas nos autos e contradições, a absolvição é medida que se impõe. Também

---

1330 TJSP. **HC 327.257-3**. Penápolis. 4ª Câmara Criminal. Relator: Hélio de Freitas. 10 out. 2000, v.u.
1331 SPENCER, in DELMAS-MARTY, 2005.
1332 SPENCER, John R. Hearsay evidence in criminal proceedings. **Bloomsbury Publishing**, 2014. Particularmente Cap. 1, Introdução.
1333 TJSP. **Recurso em Sentido Estrito 169.545-3/SP**. Relator: Dante Busana. 15 set. 1994.
1334 TJ-RS. **RSE 70065756827 RS**. 3ª Câmara Criminal. Relator: Sérgio Miguel Achutti Blattes. Data de julgamento: 10 dez. 2015. Data de publicação: DJ, 29 jan. 2016.

não se pode condenar por suposições ou por testemunhos de 'ouvir dizer'".[1335]

§ 2º Não será computada como testemunha a pessoa que nada souber que interesse à decisão da causa.

1. Exclusão do cômputo
Trata-se de previsão que perde sua força diante do controle judicial da pertinência, relevância ou não procrastinação da oitiva de determinada pessoa. A manutenção deste artigo deve-se a mais uma desconexão de normas que surge quando da opção por reformas parciais, vez que no presente Capítulo foram alterados os arts. 210 e seguintes.

Art. 210. As testemunhas serão inquiridas cada uma de per si, de modo que umas não saibam nem ouçam os depoimentos das outras, devendo o juiz adverti-las das penas cominadas ao falso testemunho. (Redação mantida pela Lei n. 11.690, de 9-6-2008)

Parágrafo único. Antes do início da audiência e durante a sua realização, serão reservados espaços separados para a garantia da incomunicabilidade das testemunhas. (Incluído pela Lei n. 11.690, de 9-6-2008)

1. Tramitação legislativa da Lei n. 11.690/2008
O texto deste artigo não fazia parte da redação original enviada ao Congresso Nacional como fruto dos trabalhos da Comissão Grinover.

Ele foi acrescido na Emenda Substitutiva Global de Plenário apresentada pelo Deputado João Campos e outros.[1336]

2. Ato individual da oitiva
Não há oitivas coletivas de testemunhas no processo penal brasileiro. A audiência é um ato único, porém complexo e dividido em etapas. Nelas se insere o depoimento individual de cada uma das testemunhas, sem interferência das demais que, de forma salutar, devem deixar o recinto de audiência sem que assistam ao depoimento da testemunha posterior.

3. Isolamento das testemunhas
É regra básica. As testemunhas devem se manter incomunicáveis umas em relação às outras, sob pena de comprometimento da regularidade do feito.

4. Quebra da incomunicabilidade
Rigorosamente falando, deveria acarretar a irregularidade do ato. Sem embargo, já se decidiu que a

> ocorrência de comunicação entre as testemunhas acusatórias – Violação ao art. 210, do Código de Processo Penal – Não caracterização – Existência de mera irregularidade formal – Ato pessoal que não se pode transferir ou influenciar – Não demonstração, ademais, de prejuízo a qualquer das partes.[1337]

5. Depoimento especial ("sem dano") e a Lei n. 13.341 de 2017
Buscando diminuir a sobrevitimização, a Lei 13.341/2017 fornece regulamentação específica para depoimentos de pessoas vulneráveis na esteira da Recomendação 33/2010 do CNJ e discutida em segmentos de intervenientes processuais há quase uma década[1338] na esteira de discussões no cenário comparado bem mais antigas cuja matriz é atribuída "aos trabalhos de três psicólogos canadenses: Mary Ann King, John, C.Yulle e Hubert van Gijesghem, bem como aos trabalhos de uma comissão de estudos (o Comitê Badgley) sobre a introdução, no Código Penal canadense, de 1988, de disposições específicas sobre a oitiva de menores vítimas" posteriormente também adotadas na França, por meio de práticas conhecidas como o "procedimento Melanie".[1339]

Agora denominado de depoimento especial, trata-se de "procedimento de oitiva de criança ou adolescente vítima ou testemunha de violência perante autoridade policial ou judiciária" (art. 8º.) mas que, também, vale para o depoimento prestado nessas condições no curso de investigação dirigidas pelo Ministério Público.

1335 TJ-MG. **APR 10429100009829003 MG**. 5ª Câmara Criminal. Relator: Alexandre Victor de Carvalho. Data de julgamento: 24 fev. 2015. Data de publicação: 4 mar. 2015.

1336 BRASIL. Câmara dos Deputados. <http://www.camara.gov.br/sileg/integras/461499.pdf>. Acesso em: 18 abr. 2022.

1337 TJSP. **HC 331.378-3**. Praia Grande. 6ª Câmara Criminal. Relator: Barbosa Pereira. 30 nov. 2000, v.u.

1338 Entre vários textos a respeito ver SOUZA, Jadir Cirqueira de. A implantação do depoimento sem dano no sistema judicial brasileiro. **MPMG Jurídico: Revista do Ministério Público do Estado de Minas Gerais**, Belo Horizonte, n. 23, p. 49-57, maio/ago. 2011; e outra posição desfavorável a essa forma de prestar depoimento (bem antes da atual base legal): GLOECKNER, Ricardo Jacobsen. Depoimento sem dano? Das funções não declaradas ao regime de heteroveridição no processo penal. **Revista Liberdades**, São Paulo, n. 22, p. 128-143, maio/ago. 2016.

1339 Gobert-Razfindrakoto, Pascal. La procédure «Mélanie» relative à la prise en charge des enfants victimes d'abus sexuels. **Gazette du Palais**, 10 novembre 1998, p. 1476-1479. Também em Revue Informations Sociales. La Parole de l'Enfant n. 65/98. Tradução livre do autor.

Trata-se de depoimento considerado como forma cautelar de antecipação de prova, na presença do juiz se assim desejar a pessoa a ser ouvida e regido "por protocolos e, sempre que possível, será realizado uma única vez, em sede de produção antecipada de prova judicial, garantida a ampla defesa do investigado" (art. 11).

A grande questão que se coloca diante da nova base normativa é a da necessidade da superação de precedentes que afirmam "não configura nulidade por cerceamento de defesa o fato de o defensor e o acusado de crime sexual praticado contra criança ou adolescente não estarem presentes na oitiva da vítima devido à utilização do método de inquirição denominado 'depoimento sem dano'".[1340]

Art. 211. Se o juiz, ao pronunciar sentença final, reconhecer que alguma testemunha fez afirmação falsa, calou ou negou a verdade, remeterá cópia do depoimento à autoridade policial para a instauração de inquérito.

Parágrafo único. Tendo o depoimento sido prestado em plenário de julgamento, o juiz, no caso de proferir decisão na audiência (art. 538, § 2º), o tribunal (art. 561), ou o conselho de sentença, após a votação dos quesitos, poderão fazer apresentar imediatamente a testemunha à autoridade policial.

1. Desobrigação de fazer afirmação que a leve à autoincriminação

O tipo delitivo previsto no art. 342 do Código Penal não alcança os testemunhos que tragam no seu bojo um interesse próprio, ligado ao fato em foco no processo, envolvendo uma elucidação que poderá acarretar responsabilidade penal ao depoente.[1341]

Em idêntico sentido, "não responde pelo crime previsto no art. 342 do Código Penal, aquele que testemunha falsamente em depoimento que haja interesse próprio, ligado diretamente ao fato delituoso que está sendo apurado e que poderá acarretar a sua responsabilidade penal".[1342]

2. Falso testemunho em coautoria

Não se pode excluir a possibilidade da coautoria no crime de falso testemunho, desde que caracterizado o compartilhamento com a testemunha que haja praticado a infração penal (Apelação Criminal 130.559-3. Bragança Paulista. Relator: Andrade Cavalcanti. 13 jun. 1994).

3. Teor de contradição e falso testemunho

Corretamente tem-se que

divergências de teor periférico e secundário, esquadrinhadas em testemunho presencial de cena delituosa, não aperfeiçoam por si sós a falsidade a que alude o art. 342 do Código Penal, porque variações desse jaez merecem ser recebidas como naturais a tal tipo de prova, máxime se o confronto se abalançou tão só entre a narrativa perante a autoridade policial, ainda palpitante o apreendido sensorialmente, e o depoimento havido sob a atmosfera solene do contraditório.[1343]

4. O § 2º do art. 538 e o art. 561 foram revogados

Art. 212. As perguntas serão formuladas pelas partes diretamente à testemunha, não admitindo o juiz aquelas que puderem induzir a resposta, não tiverem relação com a causa ou importarem na repetição de outra já respondida.

(Redação dada pela Lei n. 11.690, de 9-6-2008)

Parágrafo único. Sobre os pontos não esclarecidos, o juiz poderá complementar a inquirição.

(Incluído pela Lei n. 11.690, de 9-6-2008)

1. Tramitação legislativa da Lei n. 11.690/2008

A redação original da Comissão Grinover previa apenas a redação contida no *caput*: "Art. 212. As perguntas da parte serão formuladas diretamente à testemunha, indeferindo o juiz aquelas que puderem induzir a resposta, não tiverem relação com a causa ou importarem na repetição de outra já respondida". Surge o acréscimo na Emenda Substitutiva Global de Plenário apresentada pelo Deputado João Campos e outros.[1344]

2. Formulação de perguntas e modelo processual

A não comunicação direta das partes para com suas testemunhas é um traço característico do modelo inquisitivo de inspiração europeu-continental.

Com efeito, o direito brasileiro, salvo a situação do Tribunal do Júri, não permitia a comunicação direta

---

1340 STJ. **RHC 45.589-MT**. 5ª Turma. Relator: Min. Gurgel de Faria. Data de julgamento: 24 fev. 2015.
1341 TJSP. **Apelação Cível 18.767-0**. Garça. Relator: Ney Almada. 21 jul. 1994.
1342 TJSP. **Apelação Criminal 135.505-3**. Sorocaba. 3ª Câmara Criminal. Relator: Franco de Godoi. 5 jun. 1995, v.u.
1343 TJSP. **Apelação Criminal 134.447-3**. Ituverava. Relator: Gonçalves Nogueira. 12 jul. 1994.
1344 BRASIL. Câmara dos Deputados. Disponível em: <http://www.camara.gov.br/sileg/integras/461499.pdf>. Acesso em: 18 abr. 2022.

entre as partes e as testemunhas, sendo o discurso intermediado pelo Magistrado, acarretando dessa forma uma interrupção que, antes de recair exclusivamente sobre a pertinência do tema, interfere no próprio conteúdo do diálogo.

2.1 Modelos de inquirição: breve balanço

"É claro que cada um destes dois métodos tem seus problemas particulares. Quando a Corte questiona a testemunha isto cria o risco de comprometer a neutralidade do julgador e, algumas vezes, é danoso ao acusado que parece privado de poder atacar as testemunhas da persecução eficazmente. Se o acusado considera que as questões que o juiz-presidente está fazendo às testemunhas são injustas, como se queixar? para o juiz: a dizer, para a figura que é ao mesmo tempo responsável pela condução justa do julgamento e de quem o réu se queixa sobre seu comportamento. Ao permitir que se faça a oitiva e a confrontação pelas partes, de outro lado, isto pode claramente distorcer a prova, porque as pessoas que fazem as questões o fazem com a esperança de obter respostas que se amoldem ao caso que estão defendendo".[1345]

O balanço apontado não gera uma situação insolúvel. Cabe lembrar que não se pode descurar da análise do ordenamento brasileiro, buscando adequá-lo aos ditames constitucionais. No "sistema processual brasileiro", a defesa nunca fala diretamente com suas testemunhas. Na fase investigativa, seja em qual modalidade for, ela não pode interferir; na fase judicial, ela fala por intermédio de outrem. Dessa forma, entendemos que, para sistemas processuais inseridos em contextos sociais de sedimentação da cultura democrática no campo penal, o contato direto das partes para com suas testemunhas é uma condição estrutural. Evidentemente, tudo sob o controle judicial quanto à sua adequação e pertinência, esta também uma condicionante do sistema democrático.

3. Papel supletivo do Juiz

A ordem de inquirição indicada no artigo é clara: as partes têm a fala inicial e o Juiz a fala supletiva, invertendo-se a lógica do modelo anterior.[1346] É um passo na direção da acusatoriedade, mas tímido diante do nítido acréscimo dos poderes instrutórios que a reforma, como um todo, trouxe.

Quanto à não presença de qualquer das partes à audiência (em si uma impossibilidade da realização da própria audiência), lúcido acórdão decidiu que a legislação subalterna deu claro passo no rumo do sistema acusatório consagrado na Lei Maior, vindo a determinar que o juiz pergunte após e subsidiariamente às partes. Mas se as partes nada quiserem indagar, ou se, intimadas, não demonstrarem interesse em comparecer na audiência designada, *data venia*, não há o que possa o juiz "complementar": a iniciativa das partes é a de nada perguntar, e não será o juiz que substituirá tal interesse.

E prossegue:

e como a defesa, presente na audiência, não manifestou interesse em qualquer pergunta às ofendidas e às testemunhas, suas indagações alcançaram apenas o interrogatório do acusado, não vejo outro caminho senão o de anular o feito no ponto viciado (fls. 99/106) e determinar a imediata prolação de sentença, à vista, apenas, do interrogatório do réu (neste a defesa demonstrou interesse em realizar indagações e, ademais, o regramento legal incidente na espécie é outro, a teor do que dispõe o art. 188 do CPP).[1347]

4. Consequências do descumprimento da forma de produção da oitiva: reflexos na doutrina e nos Tribunais Estaduais e Superiores

No âmbito do STJ, a apreciação das consequências quanto ao descumprimento da ordem de questionamento encontra-se em aberto.

Alentadamente, na ótica destes **Comentários**, houve decisão no âmbito do STJ que decidiu nulificar um processo pela inversão da ordem de questionamento. Assim,

cuida-se de *habeas corpus* impetrado pelo Ministério Público em favor da paciente, contra acórdão proferido pelo TJ que julgou improcedente reclamação ajuizada nos autos de processo-crime pelo qual foi condenada à pena de um ano e cinco meses e 15 dias de reclusão em regime semiaberto e ao pagamento de 15 dias-multa, pela prática do delito disposto no art. 342, § 1º, do CP. O impetrante narra que, designada audiência de instrução e julgamento, ela se realizou em desacordo com as normas do art. 212 do CPP, com a nova redação que lhe foi dada pela Lei n. 11.690/2008, pois houve inversão na ordem de formulação das perguntas. *Isso posto, a Turma concedeu a ordem para anular a audiência realizada em desconformidade com o art. 212 do CPP e os atos subsequentes,*

1345 SPENCER, in DELMAS-MARTY, 2005,

1346 Ver, entre outos, VIEIRA, Mônica Silveira. Alteração na forma de inquirição de testemunhas no processo penal: a nova redação do art. 212 do CPP. **Jurisprudência Mineira**, Belo Horizonte, v. 60, n. 188, p. 29-31, jan./mar. 2009.

1347 TJRS. **Apelação 70028349843**. 5ª Câmara Criminal. Relator: Des. Amilton Bueno de Carvalho. Data de julgamento: 18 mar. 2009.

determinando-se que outra seja procedida nos moldes do referido dispositivo, ao entendimento de que ficou suficientemente demonstrada a nulidade decorrente do ato em apreço, em razão de evidente ofensa ao devido processo legal, sendo mister reiterar que contra a paciente foi proferida sentença condenatória, bem demonstrando que, diante do novo método utilizado para a inquisição de testemunhas, a colheita da prova de forma diversa, indubitavelmente, acarretou-lhe evidente prejuízo, sendo bastante para declarar nulo o ato reclamado e os subsequentes e determinar que outro seja realizado dentro dos ditames legais.[1348]

Também a mesma Corte afirmou que

a salutar abolição do sistema presidencial pela adoção do método acusatório (as partes iniciam a inquirição e o juiz a encerra) veio tornar mais eficaz a produção da prova oral, visto que permite o efetivo exame direto e cruzado do contexto das declarações tomadas, o que melhor delineia as atividades de acusar, defender e julgar. Assim, a não adoção da nova forma de perquirir causou evidente prejuízo a ponto de anular a audiência de instrução e julgamento e os atos que lhe sucederam para que outra seja realizada, agora acorde com o art. 212 do CPP. Precedentes citados: HC 155.020/RS, *DJe* 1º-2-2010; HC 153.140/MG, *DJe* 13-9-2010, e HC 137.089/DF, *DJe* 2-8-2010.[1349]

Nada obstante, na mesma data, a mesma Corte encontrou solução distinta para caso idêntico:

a Lei n. 11.690/2008 alterou a redação do art. 212 do CPP e modificou a ordem de inquirição das testemunhas, ao estabelecer que, primeiramente, as partes devem perguntar e, só ao final, poderá o juiz fazê-lo de forma suplementar, tal qual pugna o modelo norte-americano (*cross-examination*). Porém, a oitiva de testemunha sem observância dessa nova ordem não resulta nulidade absoluta, pois não se altera o sistema acusatório nem se viola a lei. O juiz, no modelo brasileiro, não é mero expectador, visto que possui participação ativa no processo cujo controle incumbe-lhe. Dele se espera a proteção de direitos e garantias constitucionais e também a busca da verdade real. Anote-se que o próprio CPP, em seu art. 473, permite que, no júri, as perguntas sejam feitas inicialmente pelo juiz-presidente e, depois, pelas partes diretamente. Vê-se que o caráter acusatório é o mesmo nos dois procedimentos, de sorte que não há a nulidade pela alteração da ordem de perguntas. Precedente citado: HC 121.215/DF, *DJe* 18-11-2008.[1350]

Essa visão acabou prevalecendo em inúmeras outras em instâncias distintas, como a que considerou que

da leitura do novo art. 212 do CPP, depreende-se que as partes perguntam primeiro. O magistrado, ao final, formulará perguntas complementares sobre pontos não esclarecidos. Pela redação anterior, o magistrado questionava em primeiro lugar. Após, abria-se às partes a possibilidade de perguntas. Se a intenção fosse apenas permitir perguntas diretas, não haveria necessidade da inclusão do parágrafo único, esclarecendo que o juiz pergunta de forma complementar, apenas se houver ponto não esclarecido. (...) Todavia, ao contrário do suscitado pelo Ministério Público, a falta de observância da nova sistemática não acarreta nulidade absoluta. Pelo que ressai da inteligência do art. 563 do CPP, nenhum ato será declarado nulo se da nulidade não resultar prejuízo para a acusação ou para a defesa. O reclamante limitou-se a alegar que o prejuízo é presumido e que o ato é nulo. Não aponta o prejuízo causado pelo fato de o juiz ter iniciado as perguntas. Nem poderia, pois não há.[1351]

Por fim, ao menos nessa quadra de compreensão da matéria, o próprio STF se posiciona pela "relativização" da nulidade quando da inversão da ordem de realização da audiência, afirmando que

a 2ª Turma negou provimento a recurso ordinário em *habeas corpus* no qual se pretendia fosse anulada audiência de instrução e julgamento em face de suposta inversão na ordem de perguntas formuladas às testemunhas, em contrariedade ao que alude o art. 212 do CPP ("As perguntas serão formuladas pelas partes diretamente à testemunha, não admitindo o juiz aquelas que puderem induzir a resposta, não tiverem relação com a causa ou importarem na repetição de outra já respondida"). O Ministério Público Federal, ora recorrente, sustentava que a magistrada de 1º grau, ao elaborar suas perguntas em primeiro lugar, teria afrontado os princípios do devido processo legal, do contraditório e da iniciativa daquele órgão para a ação penal pública, além de causar constrangimento ilegal na liberdade de locomoção dos recorridos. Asseverou-se que, conforme assentada jurisprudência deste Tribunal, para o reconhecimento de eventual nulidade, necessário demonstrar-se o prejuízo

---

1348 STJ. **HC 145.182/DF**. Relator: Min. Jorge Mussi. Data de julgamento: 4 fev. 2010, grifo nosso.
1349 STJ. **HC 180.705/MG**. Relator: Min. Laurita Vaz. Data de julgamento: 16 jun. 2011.
1350 STJ. **HC 144.909/PE**. Relator: Min. Nilson Naves. Data de julgamento: 4 fev. 2010.
1351 TJDF. **Reclamação 2008.00.2.012057-9**. 1ª Turma. Relator: Des. Sandra de Santis. Data de julgamento: 29 jan. 2009.

por essa pretensa inversão no rito inaugurado por alteração no CPP, o que não teria ocorrido.[1352]

Trilhando caminho diverso, provimento do STF reconheceu o vício parcial na inversão da ordem do ato processual determinada neste artigo afirmando que

> A inquirição de testemunhas pelas partes deve preceder à realizada pelo juízo. Com base nesse entendimento, a Primeira Turma, por maioria, concedeu, em parte, a ordem de "habeas corpus" para que se proceda a nova oitiva, mantidos todos os demais atos processuais. No caso, a magistrada primeiro inquiriu as testemunhas e, só então, permitiu que as partes o fizessem. Vencidos os ministros Marco Aurélio (relator) e Alexandre de Moraes, que concederam a ordem para assentar a nulidade do processo-crime a partir da audiência de instrução e julgamento.[1353]

A modificação legal aqui analisada que poderia configurar um passo bastante sensível em relação ao modelo acusatório (basta que se conceba como é diferente um processo no qual as partes conheçam suas testemunhas e explorem seus depoimentos sem se valer do protagonismo judicial) restou reduzida ao mínimo possível, com a persistência sensível do modelo anterior. Não sendo, como deveria, contemplada com a sanção de nulidade absoluta pelo descumprimento[1354] resta indagar sua mera aparência de reforma do sistema processual.[1355]

Art. 213. O juiz não permitirá que a testemunha manifeste suas apreciações pessoais, salvo quando inseparáveis da narrativa do fato.

1. Objetividade do depoimento

O meio de prova testemunhal não está a serviço das avaliações subjetivas das testemunhas acerca dos fatos e mesmo da personalidade da pessoa acusada. Malgrado seja essa a regra, é frequente a busca no depoimento de informações subjetivas das naturezas acima mencionadas. Testemunhas são instadas a se manifestar sobre a personalidade do(a) réu(é) de forma desautorizada, aumentando potencialmente a materialização de um "direito penal do autor", e não sobre os atos conhecidos.

Caso se some a essa condição a fragilidade dos depoimentos de "ouvir dizer", cujo controle, como já visto nestes **Comentários**, é extremamente frágil no direito brasileiro, pode-se alcançar a dimensão da esgarçadura desse meio de prova na prática.

Art. 214. Antes de iniciado o depoimento, as partes poderão contraditar a testemunha ou arguir circunstâncias ou defeitos, que a tornem suspeita de parcialidade, ou indigna de fé. O juiz fará consignar a contradita ou arguição e a resposta da testemunha, mas só excluirá a testemunha ou não lhe deferirá compromisso nos casos previstos nos arts. 207 e 208.

1. Contradita: momento

Segundo a sistemática do Código de Processo Penal, deve acontecer antes do início do depoimento, sob pena de preclusão.[1356]

1.1 Contradita: efeitos

"Efeito somente quanto ao menor ou maior valor de convencimento do testemunho sopesado na sentença de mérito – Ato que não autoriza a dispensa de depoente regular e tempestivamente arrolado pela parte, sendo, para tanto, irrelevante que outros depoimentos já tenham sido produzidos – Inteligência e aplicação do art. 214 do CPP".[1357]

Assim,

> a contradita somente vedará o depoimento da testemunha nas hipóteses dos arts. 207 e 208 do CPP, afirma o art. 214; o pai ou o cônjuge podem se recusar a depor, diz o art. 206 mas, voluntariamente querendo prestar depoimento (essa a hipótese ora examinada) teriam o direito de o fazer, dispensado, tão somente, o compromisso (art. 214), cabendo ao Juiz valorar, ao seu

---

1352 STF. **RHC 110.623/DF**. Relator: Min. Ricardo Lewandowski. 13 mar. 2012.

1353 HC 111815/SP. Relator originário: Min. Marco Aurélio. Redator: para o acórdão: Min. Luiz Fux. Data de julgamento: 14 nov. 2017 (HC-111815).

1354 Como, entre outros, protagoniza MACHADO, Felipe Daniel Amorim. Nulidade na oitiva de testemunhas: por uma interpretação conforme do art. 212 do CPP. **Revista Brasileira de Ciências Criminais**, São Paulo, v. 18, n. 87, p. 165-187, nov./dez. 2010.

1355 No sugestivo título de MARINHO, Renato Silvestre; LOPES, Anderson Bezerra. Art. 212 do CPP: mera formalidade? **Boletim IBCCRIM**, São Paulo, v. 22, n. 255, p. 13-15, fev. 2014.

1356 TJ-PE. **APL 198359 PE 00003488120068170770**. 2ª Câmara Criminal. Relator: Antônio de Melo e Lima. Data de julgamento: 17 mar. 2010; TJ-MG. **COR 10000140510876000 MG**. Conselho da Magistratura. Relator: Dárcio Lopardi Mendes. Data de julgamento: 6 out. 2014. Data de publicação: 10 out. 2014.

1357 TACrimSP. RT, 670/300.

prudente e justificado arbítrio, as falas de tais testemunhas.[1358]

1.2 Contradita e cerceamento de acusação

"Segundo dispõe o art. 214 do CPP, antes de iniciado o depoimento, as partes poderão contraditar a testemunha ou arguir circunstâncias ou defeitos que a tornem suspeita de parcialidade, ou indigna de fé. O Juiz fará consignar a contradita ou arguição e a resposta da testemunha mas só excluirá a testemunha ou não lhe deferirá compromisso nos casos previstos nos arts. 207 e 208. Assim, incabível a dispensa a pretexto de que outros depoimentos produzidos já são suficientes".[1359]

1.3 Contradita: necessidade de fundamentação

Já se decidiu[1360] que a fundamentação do acolhimento das contraditas é dispensável a partir da leitura do Código de Processo Penal no artigo em comento.

Sem embargo, dados os reflexos que isso tem na avaliação posterior na sentença, é de todo coerente com a CR que o Magistrado explicite as razões de acolhimento ou de rejeição da contradita, mesmo porque, como regra geral,

> ora, todo e qualquer testemunho, por cediço, é de valor relativo, pouco importando a profissão, sexo, credo, grau de instrução, posição social ou algum outro qualificativo do testificante. Em outras palavras, é de valia aferível em face do conjunto instrutório, somente podendo ser, total ou parcialmente, desqualificado se outros elementos do acervo probatório assim o demonstrarem ou se o testemunho for prestado por inimigo capital ou parente ou amigo íntimo do acusado ou, ainda, por qualquer pessoa particularmente interessada no resultado do julgamento, defeitos estes, porém, sujeitos a demonstração e comprovação por meio de contradita e, conquanto assim, se o testificante, à luz do conjunto de provas, da verdade real se apartar. Não se pode aceitar *parti pris*, preconceito vazio, repulsa genérica, apenas calcada na profissão de testemunha. É de mister, pois, demonstrar e provar motivo concreto, particular ao testemunho no caso em julgamento, para destituí-lo de valor probante.[1361]

> Art. 215. Na redação do depoimento, o juiz deverá cingir-se, tanto quanto possível, às expressões usadas pelas testemunhas, reproduzindo fielmente as suas frases.

1. Modelo brasileiro da transcrição de depoimentos

Malgrado todas as inovações tecnológicas, o modo de transcrição do meio de prova testemunhal no direito brasileiro ainda é por demais arcaico e potencialmente infiel àquilo que foi dito pelas testemunhas e pelas partes.

Preso a um modelo concebido há mais de setenta anos, e inflexibilizado por uma cultura operacional talvez mais anterior àquela época, somando-se a isso o discurso eterno da falta de recursos para aparelhamento da máquina judiciária, fato é que o art. 215 parece ser eterno, malgrado sua fadiga operacional.

2. Registro dos atos processuais (art. 405 deste Código)

Para além do que será analisado no art. 405, tem-se que o registro, em mídia, da audiência é método que deve ser mantido em nome da integridade do ato, considerando-se que

> O tribunal *a quo*, em sede de apelação, converteu o julgamento em diligência para que a primeira instância providenciasse a degravação do interrogatório dos acusados, registrado por meio audiovisual. A Turma, entre outras questões, reafirmou o entendimento de que o art. 405 do CPC, com a redação dada pela Lei n. 11.719/2008, ao possibilitar o registro da audiência de instrução em meio audiovisual, buscou dar celeridade ao andamento dos trabalhos com a desnecessidade de redução a termo dos depoimentos do acusado, vítima e testemunhas, bem como possibilitou um registro fiel da íntegra do ato, com imagem e som, em vez de simples escrita. Assim, a Turma concedeu parcialmente a ordem. Precedente citado: HC 153.423/SP, *DJe* 26-4-2010.[1362]

> Art. 216. O depoimento da testemunha será reduzido a termo, assinado por ela, pelo juiz e pelas partes. Se a testemunha não souber assinar, ou não puder fazê-lo, pedirá a alguém que o faça por ela, depois de lido na presença de ambos.

1. Testemunha sem alfabetização

Podendo depor, seu testemunho deve ser cercado de maiores cuidados, a fim de que não venha a sofrer

---

1358 RJTACrim, 3/104.
1359 RJTACrim, 12/132.
1360 RJTACrim, 25/66.
1361 TACrimSP. **Rev. 372.578/9**. Relator: Juiz Fernando Miranda. Data de julgamento: 21 jun. 2000.
1362 STJ. **HC 172.840/SP**. Relator: Min. Gilson Dipp. Data de julgamento: 9 out. 2010.

restrições. A assinatura "a rogo" é um desses mecanismos, acompanhada da leitura da peça, tudo devidamente certificado, devendo o Magistrado, acrescente-se, prudentemente indagar da testemunha se ela realmente compreendeu o conteúdo do que falou e o significado do ato praticado.

> Art. 217. Se o juiz verificar que a presença do réu poderá causar humilhação, temor, ou sério constrangimento à testemunha ou ao ofendido, de modo que prejudique a verdade do depoimento, fará a inquirição por videoconferência e, somente na impossibilidade dessa forma, determinará a retirada do réu, prosseguindo na inquirição, com a presença do seu defensor. (Redação dada pela Lei n. 11.690, de 9-6-2008)
> *Parágrafo único*. A adoção de qualquer das medidas previstas no caput deste artigo deverá constar do termo, assim como os motivos que a determinaram. (Incluído pela Lei n. 11.690, de 9-6-2008)

1. Tramitação legislativa da Lei n. 11.690/2008
O presente texto não fazia parte da redação enviada pela Comissão Grinover ao Congresso Nacional. Foi acrescido na Emenda Substitutiva Global de Plenário apresentada pelo Deputado João Campos e outros.[1363]

2. Temor justificado
O temor há de ser justificado concretamente, cabendo ao juiz deliberar sobre a consistência da manifestação e sobre o eventual prejuízo para o depoimento com a presença da pessoa acusada na sala de audiência.

Assim, "Nos termos do art. 217 do CPP, é permitida a retirada do réu da sala de audiência quando a sua presença causar humilhação, temor ou sério constrangimento à testemunha ou à vítima, de forma a influenciar em seus depoimentos"[1364], com a ressalva que "Conforme preceitua o art. 217, do Código de Processo Penal, o acusado poderá ser retirado da sala de audiência, desde que o juiz verifique que sua presença influirá no depoimento de qualquer testemunha, sendo imprescindível a presença do seu defensor ao prosseguimento do ato".[1365]

De maneira mais ampla, refutou-se a arguição de nulidade ante

> o reclamo de que não estivera [o réu] presente à audiência para a prova oral de acusação. Como exposto, inocorrerá qualquer constrangimento a lesar a eficácia da defesa, pois amoldou-se o incidente ao previsto no art. 217 do CPP, máxime por tratar-se de prática criminosa a acarretar graves repercussões ao emocionalismo das pessoas diretamente envolvidas. Constou da respectiva assentada: "A pedido das vítimas e testemunhas, que se mostravam constrangidas em prestar depoimento na presença do acusado, pelo MM. Juiz foi determinada a retirada do mesmo da sala de audiência, permanecendo na audiência sua defensora, a qual requereu o MM. Juiz a dispensa da rubrica do acusado nas fitas do apanhamento (estenotipia), uma vez que o mesmo não estará presente. Pelo MM. Juiz foi deferido"[1366]

3. Retirada da pessoa acusada e validade de seu depoimento
Na esteira das considerações acima, "a retirada do réu da sala de audiência, para a oitiva da vítima, não é ato de arbitrariedade, mas sim o cumprimento do disposto no art. 217 do CPP. Se há previsão para o ato na lei adjetiva, não se pode repudiá-lo, pelo simples fato de a determinação legal ter sido cumprida. Assim, esse fato não pode resultar no não acolhimento das declarações da ofendida, ainda mais se o prestou na presença do defensor, tornando-o válido e sem qualquer mácula"[1367] e, da mesma maneira,

> o direito de presença do acusado na sala de audiência não é absoluto e a lei, ela mesma, confere ao Juiz, em obséquio primariamente do conhecimento da verdade real, o poder-dever de fazer retirar o réu sempre que pela sua atitude possa influir no ânimo da testemunha (Código de Processo Penal, art. 217). 5. Titulariza, pois, o Juiz o poder-dever legal de proteger a produção da prova oral, assegurando, em obséquio da verdade real, a liberdade subjetiva das testemunhas e vítimas. 6. Ordem denegada.[1368]

1363 BRASIL. Câmara Dos Deputados. Disponível em: <http://www.camara.gov.br/sileg/integras/461499.pdf>. Acesso em: 18 abr. 2022.
1364 TJ-MG. **APR 10512110107749001 MG**. 7ª Câmara Criminal. Relator: Marcílio Eustáquio Santos. Data de julgamento: 4 abr. 2013. Data de publicação: 12 abr. 2013.
1365 TJ-MG. **Rec em Sentido Estrito 10701072062501001 MG**. 6ª Câmara Criminal. Relator: Rubens Gabriel Soares. Data de julgamento: 29 out. 2013. Data de publicação: 1º nov. 2013.
1366 RJTACRim, 4/95.
1367 RJTACrim, 4/154.
1368 STJ. **HC 41.233/SP**. Relator: Min. Hamilton Carvalhido. Data de publicação: DJ, 6 fev. 2006. p. 346.

4. Ato por videoconferência

O emprego da tecnologia vem devidamente prestigiado no presente artigo, que abre as portas para que esse mecanismo seja mais amplamente utilizado no processo penal.

A ordem de preferência desse meio de produção do ato precede a retirada da pessoa acusada fisicamente da sala de audiências, a qual poderá ter acesso posterior aos termos do depoimento, mas não presenciá-lo, vez que o desejado pela norma é que a vítima ou testemunha se sinta segura em saber que não está sendo presenciada, ainda que a distância, pela pessoa acusada.

5. Necessidade de fundamentação

A norma exige, assim como já o fazia a redação anterior, a devida e específica fundamentação da retirada da pessoa acusada da sala da audiência, sendo que "Não carece de nulidade a decisão fundamentada de forma concisa, no sentido de que a forma breve ou sucinta com que foi externada seja suficiente para demonstrar os motivos norteadores da convicção do Magistrado (TJPR. Processo 0246059-3, Apelação Crime. Relator: Antônio Loyola Vieira. Revisor: Marcus Vinicius de Lacerda Costa. Data de julgamento: 1º abr. 2004).

> Art. 218. Se, regularmente intimada, a testemunha deixar de comparecer sem motivo justificado, o juiz poderá requisitar à autoridade policial a sua apresentação ou determinar seja conduzida por oficial de justiça, que poderá solicitar o auxílio da força pública.

1. Comparecimento compulsório

No direito brasileiro, não há formas de constrição da liberdade da testemunha. Sem embargo, é possível que ela seja conduzida coercitivamente para prestar seu depoimento. Tal medida não tem natureza punitiva, mas é, diretamente, constritiva da liberdade e deve durar apenas e tão somente pelo exato tempo destinado ao depoimento ou enquanto sua presença for necessária para que se exerça o meio de prova testemunhal, como pode ocorrer no Tribunal do Júri, onde, depois de ouvida, e antes da finalização dos debates, poderá haver novo depoimento ou acareação.

2. Ausência de testemunha que não tem a obrigação de depor

Não configura o crime de desobediência e não autoriza a sua condução coercitiva com a consequente constrição da liberdade.

> Art. 219. O juiz poderá aplicar à testemunha faltosa a multa prevista no art. 453, sem prejuízo do processo penal por crime de desobediência, e condená-la ao pagamento das custas da diligência. (Redação dada pela Lei n. 6.416, de 24-5-1977)

1. Crime de desobediência como ultima ratio

A figura típica do crime de desobediência incide de forma residual, pois

> A testemunha faltosa somente responde pelo crime de desobediência após esgotadas as medidas de condução coercitiva. Tal interpretação é adequada ao princípio da intervenção mínima do direito penal, sempre invocado como ultima ratio. Destarte, indevida a instauração de ação penal pelo delito de desobediência contra as testemunhas faltosas, sem que esgotadas as medidas cabíveis para trazê-las à audiência, previstas no artigo 218 do CPP, mormente em verificando que elas comparecem na audiência seguinte e foram inquiridas, sem prejuízo ao andamento do feito.[1369]

2. Crime de desobediência e suas "consequências"

A mais grave consequência que pode haver para o emperramento da máquina processual pela ausência injustificada é a incursão da testemunha no crime de desobediência. Dessa forma,

> comete desobediência a testemunha arrolada em processo-crime que deliberada e injustificadamente desatende à intimação judicial regular efetivada por Oficial de Justiça. Não podendo invocar erro de proibição quem, ao ser intimada como testemunha, declara acintosamente ao meirinho que não acudirá a ordem legal e que nem mesmo cem soldados a conduzirão ao Fórum (RJTACrim, 03/121).

Contemporaneamente, com a Lei n. 9.099/1995 e suas modificações, isso significa a imposição, na prática, do pagamento de uma salutar cesta básica.

3. Imposição de multa à testemunha faltosa

"A punição para a testemunha que não comparece a audiência injustificadamente está prevista no art. 219, c/c art. 458, ambos do Código de Processo Penal. – O ato de testemunhar constitui obrigação legal, da qual ninguém pode eximir-se, senão nos casos admitidos por lei (art. 206 do CPP). – O Impetrante não logrou comprovar a natureza de seus compromissos eleitorais e uma possível incompatibilidade com a data da audiência designada, de

---

1369 TJ-RS. **HC 71004523551 RS**. Turma Recursal Criminal. Relator: Cristina Pereira Gonzales. Data de julgamento: 19 ago. 2013. Data de publicação: DJ, 21 ago. 2013.

forma a justificar sua ausência no referido ato. – Não se pode fazer um juízo de valor acerca da relevância ou não de um depoimento não realizado por motivo só atribuível ao impetrante, para afastar multa pelo descumprimento de um dever. Condicionar a aplicação da multa a juízos de valores não previstos na lei, só contribui para enfraquecer os mecanismos disponíveis à Justiça para que possa velar pela efetividade desse dever. – Denegada a segurança".[1370]

Art. 220. As pessoas impossibilitadas, por enfermidade ou por velhice, de comparecer para depor, serão inquiridas onde estiverem.

1. Depoimento fora da sede do Juízo: forma de proceder

Deve ser preparado como qualquer audiência regular, com intimação de acusação, assistente – se houver –, defesa técnica e presença de auxiliares da Justiça e, por certo, do Magistrado.

A participação presencial da pessoa acusada é dispensada diante da peculiaridade do local do ato, seja na residência da pessoa a ser ouvida – vítimas ou testemunhas –, seja em dependências hospitalares, por exemplo. Na primeira, pela própria desumanidade que representaria a ida da pessoa acusada à casa de familiares da vítima; na segunda hipótese, pela precariedade das condições de segurança para o ato. Em ambos os casos, imprescindível é, por certo, a presença da defesa técnica.

Art. 221. O Presidente e o Vice-Presidente da República, os senadores e deputados federais, os ministros de Estado, os governadores de Estados e Territórios, os secretários de Estado, os prefeitos do Distrito Federal e dos Municípios, os deputados às Assembleias Legislativas Estaduais, os membros do Poder Judiciário, os ministros e juízes dos Tribunais de Contas da União, dos Estados, do Distrito Federal, bem como os do Tribunal Marítimo serão inquiridos em local, dia e hora previamente ajustados entre eles e o juiz. (Redação dada pela Lei n. 3.653, de 4-11-1959)

§ 1º O Presidente e o Vice-Presidente da República, os presidentes do Senado Federal, da Câmara dos Deputados e do Supremo Tribunal Federal poderão optar pela prestação de depoimento por escrito, caso em que as perguntas, formuladas pelas partes e deferidas pelo juiz, lhes serão transmitidas por ofício. (Redação dada pela Lei n. 6.416, de 24-5-1977)

§ 2º Os militares deverão ser requisitados à autoridade superior. (Redação dada pela Lei n. 6.416, de 24-5-1977)

§ 3º Aos funcionários públicos aplicar-se-á o disposto no art. 218, devendo, porém, a expedição do mandado ser imediatamente comunicada ao chefe da repartição em que servirem, com indicação do dia e da hora marcados. (Incluído pela Lei n. 6.416, de 24-5-1977)

1. Oitiva acordada

O artigo em questão não se aplica apenas quando as pessoas do *caput* forem testemunhas, mas, também, segundo determinada vertente jurisprudencial, quando forem vítimas. Assim, "sendo a vítima do delito um Magistrado, este pode valer-se das prerrogativas do art. 221 do CPP, consubstanciadas ainda no art. 33 da LOMN, vez que se tal disposição legal refere-se à testemunha, à evidência, o mesmo se aplica quando o ofendido for Juiz de Direito".[1371]

2. Limite ao exercício do direito

Acertadamente já se decidiu que

> o Deputado que tendo conhecimento da necessidade de seu depoimento como testemunha e, mesmo após prazo razoável, não manifesta interesse em marcar data para fazê-lo, permite que o Juiz marque prazo para cumprimento de carta precatória expedida para tal fim, visando evitar a prescrição, não ferindo tal ato o direito do parlamentar previsto no art. 221 do CPP.[1372]

No corpo de acórdão há o fundamento:

> Como bem observou o zeloso órgão da acusação, o Deputado (...) tomou conhecimento da necessidade do seu depoimento, como testemunha arrolada pela defesa, em (...) e quase cinco meses depois ainda não tinha manifestado seu interesse em fazê-lo. Assim, bem agiu o magistrado ao marcar prazo para cumprimento da carta precatória, nos termos do art. 222, *caput*, do CPP, porquanto, escoado tal lapso temporal, podia realizar o julgamento, como lhe faculta o § 2º do citado art. 222 (*RT* 451/378 e 534/436). Descabido o entendimento esposado pelo apelante no sentido de que, marcando-se prazo para aguardar a carta precatória, estar-se-ia impondo dia e hora para o depoimento do parlamentar, situação em que poderia ficar indefinida até à incidência de prescrição da pretensão punitiva. Cabe, aqui, a aplicação do princípio geral de direito (art. 3º, *in*

[1370] TRF-2. **MS 201202010206605**. 1ª Turma Especializada. Relator: Des. Fed. Paulo Espírito Santo. Data de julgamento: 17 abr. 2013. Data de publicação: 26 abr. 2013.

[1371] RJTACrim, 19/60.

[1372] RJTACrim, 22/325.

fine, do CPP), *interpretatio illa sumenda quae absurdum evitetur* (adote-se aquela interpretação que evite o absurdo), estudado por Carlos Maximiliano (*Hermenêutica e aplicação do direito*, 12. ed., Forense, 1992, n. 179, p. 166) e Paula Batista (*Compêndio de hermenêutica jurídica*, 1. ed., Saraiva, 1984, § 12, p. 11-12).

> Art. 222. A testemunha que morar fora da jurisdição do juiz será inquirida pelo juiz do lugar de sua residência, expedindo-se, para esse fim, carta precatória, com prazo razoável, intimadas as partes.

1. Modelo procedimental e atos não praticados pelo juiz natural

É tradicionalmente visto com bastante naturalidade, no modelo procedimental brasileiro, que atos de instrução sejam praticados por quem não é o juiz natural da causa, isso como fruto de uma visão inquisitiva na qual os atos são naturalmente fracionados no espaço e diluídos no tempo. Concentração e oralidade, marcas típicas do modelo acusatório de processo, tenderiam a esvaziar certas práticas que, rigorosamente falando, impõem muito mais sacrifício à defesa do que ao acusador público ou privado.

É assente na jurisprudência pátria o entendimento de que à defesa cabe o monitoramento da precatória. Assim, além de suportar o ônus da produção da prova por quem não é o juiz da causa, à defesa é imposto o ônus da locomoção, o qual não existe na mesma medida para o acusador público, estruturado que está em todas as instâncias e entrâncias.

2. Intimação da precatória

Como um dos mais profundos reflexos inquisitivos da estrutura probatória, e que gera profundos descompassos, existe o acréscimo de que a única obrigação do Estado é informar a *expedição* da precatória, e que ao acusado cabe a vigilância da data do ato instrutório em si. Nada mais cômodo para um Estado carente de estruturas informativas de tecnologia contemporânea e que "serve" a uma larga população que vive à margem da linha de sobrevivência.

Tal concepção é refletida na jurisprudência persistente do STF, pela qual se afirma que

> Consoante jurisprudência desta Suprema Corte, a falta de intimação de Carta precatória para oitiva de testemunha configura nulidade relativa. Precedentes. 3. Em processo, especificamente em matéria de nulidades, vigora o princípio maior

de que, sem prejuízo, não se reconhece nulidade (art. 563 do CPP). 4. Recurso ordinário em habeas corpus a que se nega provimento.[1373]

Ademais, tal situação já foi mesmo sumulada pelo e. STF. Diz a Súmula 155: "É relativa a nulidade do processo criminal por falta de intimação da expedição da precatória para inquirição de testemunha".

3. Depoimento por precatória e presença da pessoa acusada

Também é considerada dispensável para vários julgados. Veja-se, por exemplo:

> O entendimento desta Colenda Corte é firme de que a mera ausência do réu, na assentada de inquirição de testemunhas, não nulifica o processo, cabendo à defesa, em momento oportuno, comprovar a existência de efetivo prejuízo aos cânones do processo penal (arts. 571 e 563 do CPP). 4. Na espécie, a despeito da arguição da questão em momento oportuno, verifica-se que o impetrante limitou-se a afirmar que ação penal seria nula e que teria havido cerceamento de defesa. Porém, não há nos autos comprovação de quais teriam sido os prejuízos suportados pelo paciente, e em que ponto a ausência do acusado, na oitiva das testemunhas, comprometeu a atuação da defesa a prova produzida em audiência. 5. Writ não conhecido.[1374]

4. Balanço geral do tratamento da produção probatória por precatória

Diante de todas as considerações acima, pode-se indicar o "estado espiritual" de larga parte da jurisprudência e da doutrina sobre o tema do meio de prova testemunhal por precatória. Assim, ela:

- não ofende o princípio do juiz natural;
- não necessita ser comunicada à defesa, necessariamente, a expedição da carta;
- não necessita ser comunicada à defesa necessariamente a data da realização do ato, cabendo-lhe ser "diligente" para obter as informações que deseja;
- não se exige a presença da pessoa acusada;
- quaisquer alegações fundadas nos itens anteriores exigem a demonstração de prejuízo, conceito que não existe e é indemonstrável (vide nestes Comentários, uma vez mais, arts. 563 a 573).

1373 STF. **RHC 119817 SP**. 1ª Turma. Relator: Min. Rosa Weber. Data de julgamento: 18 fev. 2014. Data de publicação: DJe-056, 20 mar. 2014 (divulg.); 21 mar. 2014 (public.).

1374 STJ. **HC 204895 SP 2011/0092229-5**. Relator: Min. CAMPOS MARQUES (DESEMBARGADOR CONVOCADO DO TJ/PR), Data de Julgamento: 07/02/2013, T5–QUINTA TURMA, Data de Publicação: DJe 19/02/2013.

§ 1º A expedição da precatória não suspenderá a instrução criminal.

1. Ordem dos atos processuais
Diante da estrutura una e concentrada da audiência, ver notas ao art. 400.

Contudo, os precedentes se repetem para afirmar a literalidade do presente artigo com a constatação que a expedição de carta precatória não suspende a "marcha processual".[1375]

§ 2º Findo o prazo marcado, poderá realizar-se o julgamento, mas, a todo tempo, a precatória, uma vez devolvida, será junta aos autos.

1. Ordem de oitiva das testemunhas
A reforma de 2008, a teor da conjugação do presente artigo com o de n. 400 nada alterou a forma como se desenvolve a oitiva mediante carta-precatória.

Assim, permanece a compreensão anterior à reforma que

> não se vislumbra nos autos a nulidade invocada, pois não há se falar em nulidade do processo por inversão da prova. A prova colhida através de precatória não precisa ser observada a regra de serem as testemunhas da acusação ouvidas antes das de defesa quando esta inversão não causa prejuízo para o réu.[1376]

E ela persiste persiste mesmo depois da reforma de 2008 afirmando-se que "A inversão da ordem na oitiva das testemunhas de acusação e de defesa não gera nulidade quando a inquirição ocorreu através de carta precatória, eis que a expedição desta não inibe o curso da instrução. Inteligência do artigo 400 do CPP".[1377]

§ 3º Na hipótese prevista no caput deste artigo, a oitiva de testemunha poderá ser realizada por meio de videoconferência ou outro recurso tecnológico de transmissão de sons e imagens em tempo real, permitida a presença do defensor e podendo ser realizada, inclusive, durante a realização da audiência de instrução e julgamento. (Incluído pela Lei n. 11.900, de 8-1-2009)

Art. 222-A. As cartas rogatórias só serão expedidas se demonstrada previamente a sua imprescindibilidade, arcando a parte requerente com os custos de envio. (Incluído pela Lei n. 11.900, de 8-1-2009)

Parágrafo único. Aplica-se às cartas rogatórias o disposto nos §§ 1º e 2º do art. 222 deste Código. (Incluído pela Lei n. 11.900, de 8-1-2009)

1. Ato por videoconferência
Para a disciplina da videoconferência, ver **Comentários** ao art. 185.

2. Custos de carta-rogatória
Antes da alteração legislativa em questão decidiu-se que

> 1. A persecução penal e as custas dos respectivos serviços competem ao Estado-juiz, a quem, nos termos do artigo 804 do Código de Processo Penal, está assegurada a posterior restituição pela parte sucumbente. 2. Havendo prejuízo comprovado para os réus, configura cerceamento de defesa a imposição de adiantamento do pagamento das despesas de carta rogatória para oitiva de testemunhas.[1378]

Contudo, a situação de pobreza autoriza a isenção do pagamento desse valor atentando-se que

> De acordo com a jurisprudência do Superior Tribunal de Justiça, para a concessão do benefício de assistência judiciária gratuita basta a simples declaração do interessado no sentido de que não está em condições econômicas de arcar com os valores necessários ao deslinde do processo. Entretanto, a mencionada declaração goza de presunção relativa de veracidade, podendo o magistrado extrair dos autos indícios em sentido contrário. 4. No caso, informaram as instâncias ordinárias possuir o paciente bens e rendas suficientes ao pagamento da diligência solicitada tradução de carta rogatória.[1379]

2.1 Pagamento pelo Ministério Público
Conforme elucidado,

> É essencial a tradução do texto e dos documentos que instruam a carta rogatória, sendo que

---

1375 Dentre tantos, o precedente do TJ-DF. **RSE 20130510032866 DF 0003240-59.2013.8.07.0005**. 1ª Turma Criminal. Relator: Sandra de Santis. Data de julgamento: 25 set. 2014. Data de publicação: DJE, 30 set. 2014. p. 197.
1376 RJTACrim 26/268. Também em STJ. **HC 31573 SP 2003/0200123-0**. 6ª Turma. Relator: Min. Paulo Gallotti. Data de julgamento: 7 abr. 2005. Data de Publicação: DJ, 19 dez. 2005. p. 472.
1377 TJ-RS. **ACR 70050433051 RS**. 5ª Câmara Criminal. Relator: Genacéia da Silva Alberton. Data de julgamento: 21 ago. 2013. Data de publicação: DJ, 3 out. 2013.
1378 TRF-4. **ACR 1141 SC 2003.72.00.001141-8**. 5ª Turma. Relator: Artur César de Souza. Data de julgamento: 27 jun. 2007. Data de publicação: DE, 4 jul. 2007.
1379 STJ. **HC 149663 PR 2009/0194920-2**. 5ª Turma. Relator: Min. Marco Aurélio Bellizze. Data de julgamento: 13 nov. 2012.

«os custos» do tradutor (Protocolo de Assistência Jurídica Mútua em Assuntos Penais no Mercosul, de nº 3.468, de 17.5.00) serão suportados pelo Estado requerente (art. 6, Item 5). Como o MP é isento de custas, as despesas dos atos que requerer serão suportadas ao final pelo vencido.[1380]

> Art. 223. Quando a testemunha não conhecer a lngua nacional, será nomeado intérprete para traduzir as perguntas e respostas.
> *Parágrafo único.* Tratando-se de mudo, surdo ou surdo-mudo, proceder-se-á na conformidade do art. 192.

1. Necessidade da presença do intérprete

Embora já tenha sido considerado que "A Lei não exige a presença de intérprete nas audiências de instrução sendo necessária, apenas, quando alguma testemunha não falar o idioma nacional (artigo 223 do CPP)"[1381] anteriormente à reforma de 2008, com a pretensão de unificação de audiência a providencia da presença do intérprete deve ser tomada a partir do momento em que a parte interessada faz declarar essa necessidade.

> Art. 224. As testemunhas comunicarão ao juiz, dentro de 1 (um) ano, qualquer mudança de residência, sujeitando-se, pela simples omissão, às penas do não comparecimento.

1. Sobre o não comparecimento, *vide* nestes Comentários arts. 218 e 219

> Art. 225. Se qualquer testemunha houver de ausentar-se, ou, por enfermidade ou por velhice, inspirar receio de que ao tempo da instrução criminal já não exista, o juiz poderá, de ofício ou a requerimento de qualquer das partes, tomar-lhe antecipadamente o depoimento.

1. Delimitação da urgência para a produção da prova testemunhal

É fato que

> a prova testemunhal deve ser sempre colhida com a maior urgência por inúmeras razões como o esquecimento pelo decurso do tempo, mudança de endereço da testemunha, morte ou doença que a impeça de depor, sem necessidade de se observarem as circunstâncias concretas elencadas no art. 225 do CPP.[1382]

No corpo de acórdão assentou-se que

> Consoante já decidido anteriormente pela 8ª Câmara desta Corte, ao tempo em que este Julgador a integrava (RSE 1.089.015/4, São Paulo, rel. Juiz René Nunes; MS 323.374/1, São Paulo; RSE 1.153.477/1, Santos e RSE 1.163.459/5, Santos, deste mesmo relator), a prova testemunhal deve ser sempre colhida com a maior urgência por inúmeras razões, entre as quais se alinham: I) o decurso do tempo poderá por esquecimento prejudicar pontos importantes do depoimento; II) a testemunha poderá mudar de endereço, não sendo mais encontrada; III) poderá morrer ou ser acometida de moléstia que a impeça de depor etc. O art. 225 do CPP prevê a possibilidade do depoimento antecipado quando o processo está tendo no curso normal ou prestes a ser iniciado. Nessa hipótese, poder-se-ão antecipar os depoimentos das pessoas que estejam em vias de ausentar-se do juízo da terra, ou que, por enfermidade ou velhice, possam vir a morrer. Assim, nos termos do dispositivo acima citado, somente as pessoas que estejam nas condições lá elencadas é que poderão ter os depoimentos antecipados, pois, estando o processo em andamento, as pessoas que não estejam naquelas condições serão ouvidas brevemente.

Tal posição, restritiva em relação à produção antecipada de prova, deve ser revista aos olhos do art. 366 e, de forma mais ampla, a partir da reconfiguração da fase de investigação, na qual tal medida pode ser tomada com caráter jurisdicional, a requerimento do titular da ação penal.

Capítulo VII – Do Reconhecimento de Pessoas e Coisas

> Art. 226. Quando houver necessidade de fazer-se o reconhecimento de pessoa, proceder-se-á pela seguinte forma:
> I – a pessoa que tiver de fazer o reconhecimento será convidada a descrever a pessoa que deva ser reconhecida;
> II – a pessoa, cujo reconhecimento se pretender, será colocada, se possível, ao lado de outras que com ela tiverem qualquer semelhança,

---

1380 TRF-4. **COR 73129 RS 2001.04.01.073129-9**. 8ª Turma. Relator: Manoel Lauro Volkmer de Castilho. Data de julgamento: 26 nov. 2001. Data de publicação: DJ, 16 jan. 2002. p. 1404.

1381 TRF-3. **ACR 21996 SP 2000.61.19.021996-9**. Relator: Juíza Convocada em Auxílio Marianina Galante. Data de julgamento: 27 ago. 2002.

1382 RJTACrim, 52/222.

convidando-se quem tiver de fazer o reconhecimento a apontá-la;
III – se houver razão para recear que a pessoa chamada para o reconhecimento, por efeito de intimidação ou outra influência, não diga a verdade em face da pessoa que deve ser reconhecida, a autoridade providenciará para que esta não veja aquela;
IV – do ato de reconhecimento lavrar-se-á auto pormenorizado, subscrito pela autoridade, pela pessoa chamada para proceder ao reconhecimento e por duas testemunhas presenciais.
Parágrafo único. O disposto no n. III deste artigo não terá aplicação na fase da instrução criminal ou em plenário de julgamento.

1. Recepção do artigo pela CR/88
Trata-se de "norma que não sofreu alteração com o advento da CR/88 – Ato que continua a prescindir da presença de defensor e/ou de pessoa da família do reconhecido".[1383]

2. Obediência aos parâmetros legais
"As disposições insculpidas no art. 226 do Código de Processo Penal – CP, configuram uma recomendação legal, e não uma exigência, não se cuidando, portanto, de nulidade quando praticado o ato processual (reconhecimento pessoal) de modo diverso. Precedentes. Agravo regimental desprovido."[1384]

Ainda, "A inobservância das formalidades do art. 226 do Código de Processo Penal, no reconhecimento pessoal do acusado, não impede que o julgador se convença também com a identificação *extra formam* do autor do crime"[1385], considerando-se mais, que a "Colocação do réu que se pretende reconhecer junto a outrem constitui recomendação e não exigência – Providência que, se não adotada, não invalida o ato".[1386]

Nada obstante, com a devida vênia a essa forma de compreensão, o processo penal baseia-se num patamar inarredável de legalidade, motivo pelo qual não é possível, como ponto de partida, simplesmente ignorar o marco normativo.

3. Reconhecimento e princípio nemo tenetur se detegere
Incide o aludido princípio também neste ponto, embora se trate de meio de prova que não requeira participação "ativa" da pessoa reconhecida. Segundo Queijo[1387] (2003, p. 264-265), no processo penal, "diante da ausência de normas específicas sobre o dever de colaboração do acusado, que viessem a afastar a incidência do *nemo tenetur*, tem predominado o entendimento de que sua recusa em submeter-se à prova não configura crime de desobediência nem pode ser interpretada a seu desfavor".

Some-se a isso a compreensão que o direito de fazer prova contra si mesmo estaria a exigir comportamentos ativos da pessoa investigada ou acusada, não acobertando os comportamentos passivos como o verificável na norma aqui tratada.

3.1 Reconhecimento de réu preso
Deve ser obrigatoriamente apresentado em audiência: "Juiz processante que, pelo fato de tal providência assegurar a efetiva apuração da verdade real, deve guardar a apresentação do acusado, antes de deferir o reconhecimento fotográfico" (STJ. RT, 782/536).

4. Reconhecimento não facial
Já foi admitida a "identificação realizada sem ser pelo rosto do acusado – Possibilidade de reconhecer o autor do crime pelo conjunto de suas características físicas".[1388]

Assim, "o fato de o agente estar com um capacete de motoqueiro durante a prática de roubo não impede, em tese, o seu reconhecimento fotográfico ou pessoal, pois o apetrecho não encobre todo o rosto, sobretudo os olhos, cuja postura é extremamente significativa para o reconhecimento de alguém".[1389]

5. Reconhecimento fotográfico: limites
"A validade do reconhecimento fotográfico, como meio de prova no processo penal condenatório, é inquestionável e reveste-se de eficácia jurídica suficiente para legitimar, especialmente quando apoiado em outros elementos de convicção, como no caso, a prolação de um decreto condenatório".[1390] Considera-se também sua praticidade, sendo que é

[1383] TACrimSP. RT, 697/325.
[1384] STJ. **AgRg no AREsp 635998 DF 2015/0000051-0**. 6ª Turma. Relator: Min. Ericson Maranho (Desembargador Convocado do TJ/SP). Data de julgamento: 10 mar. 2015. Data de publicação: DJe, 16 mar. 2015.
[1385] TJSP. **Apelação Criminal 227.083-3/São Paulo**. 4ª Câmara Criminal. Relator: Bittencourt Rodrigues. 23-12-1997, v.u.
[1386] TJSP. **Apelação Criminal 227.913-3**. São Bernardo do Campo. 6ª Câmara Criminal. Relator: Debatin Cardoso. 6 maio 1999, v.u.
[1387] *Op. cit.*, p. 264/265.
[1388] TJSP. RT, 817/555.
[1389] RJTACrim, 23/262.
[1390] TJSP. **Apelação Criminal 271.710-3**. São José dos Campos. 6ª Câmara Criminal. Relator: Debatin Cardoso. 5 ago. 1999, v.u.

"deslocamento inútil do réu até outro estado, apenas para ser visualizado – Fotografias nítidas e perfeitamente identificáveis".[1391]

Sem embargo, também já foi visto com reservas, admitindo-se a revisão criminal de "Decreto condenatório que se baseou em reconhecimento fotográfico – Prova deveras frágil, tendo em vista a ação do tempo, o disfarce, más condições de observação, erros por semelhança, a vontade de reconhecer – Pedido deferido".[1392]

Diante disso, é melhor vê-lo com prudência, "tomado o ato isoladamente, insuficiência a espancar virtuais dúvidas acerca da autoria do crime, podendo apenas servir de meio complementar, uma vez confirmado e em sintonia com outras fontes de prova"[1393], acrescendo-se a "irrelevância de não [ser] previsto no sistema processual penal", mas considerando-o como "Meio auxiliar de investigação ante a impossibilidade de cognição pessoal e direta – Necessidade de corroboração por outros firmes elementos contidos nos autos – Conveniência da observância das regras do art. 226 do CPP, cautela destinada a tornar o ato mais convincente"[1394], sempre salientando que, como "fato que, isolado, não pode fundamentar uma decisão condenatória".[1395]

Mesmo porque, "a fotografia atenuando os relevos, eliminando as cores, faz, frequentemente, desaparecer diferenciações notáveis, o que explica por que, muitas vezes, nas fotografias, encontramos semelhanças que nunca havíamos notado nos originais".[1396]

5.1 Condições de validade

Embora precário, conforme exposto e não previsto em lei, vem sendo aceito o "como meio idôneo de prova quando corroborado por outros elementos probatórios, além de ratificado em juízo, sob a garantia do contraditório e da ampla defesa, como ocorreu no presente caso. 2. Agravo regimental improvido".[1397]

5.2 Reconhecimento fotográfico e direito à não autoincriminação

Corretamente já se decidiu que é admissível a recusa do acusado de entregar as fotografias. Inviabilidade de se exigir que, arcando com as despesas, produza prova contra si mesmo – Hipótese em que deverá a autoridade policial valer-se dos recursos que lhe são fornecidos pelo Estado, observadas as formalidades mínimas, para sua obtenção.[1398]

5.3 Reconhecimento fotográfico na fase investigativa

Não é suficiente "O reconhecimento fotográfico em sede policial não tem o condão de sustentar uma condenação quando não é confirmado em Juízo e não há outras provas que confirmem a autoria do fato criminoso."[1399]

6. A elevação do rigor epistêmico no reconhecimento de pessoas

Os Comentários consolidados sobre o tema do reconhecimento de pessoas desde sua 1ª. Edição e constantemente renovados ganharam força com o que se poderia denominar de "giro" hermenêutico promovido pelo STJ, em especial nos votos do Min. Rogério Schietti a partir do julgamento do HC 598.886/SC, onde o e. Ministro asseverou que "O reconhecimento de pessoas deve, portanto, observar o procedimento previsto no art. 226 do Código de Processo Penal, cujas formalidades constituem garantia mínima para quem se vê na condição de suspeito da prática de um crime, não se tratando, como se tem compreendido, de "mera recomendação" do legislador. Em verdade, a inobservância de tal procedimento enseja a nulidade da prova e, portanto, não pode servir de lastro para sua condenação, ainda que confirmado, em juízo, o ato realizado na fase inquisitorial, a menos que outras provas, por si mesmas, conduzam o magistrado a convencer-se acerca da autoria delitiva. Nada obsta, ressalve-se, que o juiz realize, em juízo, o ato de reconhecimento formal, desde que observado o devido procedimento probatório".

E, em igual destaque: "De todo urgente, portanto, que se adote um novo rumo na compreensão dos Tribunais acerca das consequências da atipicidade

---

1391 TJSP. **Apelação Criminal 235.505-3**. Nova Granada. 2ª Câmara Criminal de Férias "Janeiro/98". Relator: Prado de Toledo. 16-2-1998, v.u.

1392 TJSP. **Revisão Criminal 255.637-3/SP**. 3º Grupo de Câmaras Criminais. Relator: Celso Limongi. 16 dez. 2000, m.v.

1393 TJSP. **Apelação Criminal 317.383-3/4**. São Paulo. 3ª Câmara Criminal. Relator: Gonçalves Nogueira. 17 mar. 2001, v.u.

1394 TACrimSP. RT, 633/297.

1395 STF. RT, 706/417.

1396 TJSP. **Apelação Criminal 260.474-3, São Bernardo do Campo**. 5ª Câmara Criminal. Relator: Dante Busana. 10 jun. 1999, v.u.

1397 STJ. **AgRg no AREsp 201891 DF 2012/0147554-7**. 6ª Turma. Relator: Min. Sebastião Reis Júnior. Data de julgamento: 6 ago. 2013. Data de publicação: DJe, 21 ago. 2013.

1398 TACrimSP. RT, 633/297.

1399 TRF-1. **APR 00064771720094013603 0006477-17.2009.4.01.3603**. 3ª Turma. Relator: Des. Fed. Mário César Ribeiro. Data de julgamento: 12 jan. 2016. Data de publicação: 29 jan. 2016. e-DJF1.

procedimental do ato de reconhecimento formal de pessoas; não se pode mais referendar a jurisprudência que afirma se tratar de mera recomendação do legislador, o que acaba por permitir a perpetuação desse foco de erros judiciários e, consequentemente, de graves injustiças."

Também nesse acórdão paradigmático destacou-se o papel precário do reconhecimento fotográfico, ao ser afirmado: "O reconhecimento do suspeito por simples exibição de fotografia(s) ao reconhecedor, a par de dever seguir o mesmo procedimento do reconhecimento pessoal, há de ser visto como etapa antecedente a eventual reconhecimento pessoal e, portanto, não pode servir como prova em ação penal, ainda que confirmado em juízo."

Foram necessárias décadas – de 1988 a 20/04/2021 (data da publicação do acórdão) – para que houvesse a devida indignação com a precariedade prática do desenrolar desse meio de obtenção de prova, exaustivamente conhecido pela sua fragilidade e que sustentou persecuções e condenações desde a entrada em vigor do CPP, em 1942.

Graças a iniciativa do CNJ que criou, pela Portaria CNJ 209/2021, grupo de trabalho para criação de procedimentos a serem observados quando da prática do reconhecimento, e que redundou no Ato Normativo 0007613-32.2022.2.00.0000, aprovado em 06/12/2022[1400], foi produzido relatório denso que, entre outros informes ora sistematizados, comprovam a precariedade empírica conhecida da comunidade jurídica.

Nele tem-se que, "A partir de entrevistas com defensores, promotores, magistrados e delegados de 5 regiões do país, totalizando um universo de 87 entrevistados, a pesquisa revelou o emprego de uma grande variedade de métodos e ambientes para fins de reconhecimento, a saber: vidro espelhado (27, 6%), álbum (14,93%), anteparo com orifício (13,43%), apenas uma foto (11,19%), gabinete (3,73%), viatura (3,73%), retrato falado (2,99%), voz (2,99%), através de foto no celular (2,99%), mídias sociais (2,24%), imprensa (0,75%) etc."[1401] Dessa forma sustentam-se persecuções e condenações.

Mas, antes agora que nunca. E nessa linha de compreensão, minimamente exigida no Estado de Direito, - sobretudo em realidades excludentes, com vieses cognitivos impregnados pelo racismo estrutural – iniciou-se a devida mobilização para que se alcance um mínimo patamar de confiabilidade epistêmica, algo que o direito comparado se ocupa há quase quatro décadas, gerando estudos e iniciativas legislativas que, somente agora, começamos a esboçar.

No ótica comparada, em brevíssimas linhas[1402], merece destaque um aporte inicial no texto mencionado e que serve como base para uma série de considerações futuras naquele trabalho. Cite-se: "As pessoas tendem a ser mais precisas no reconhecimento de pessoas do seu próprio grupo étnico (Shapiro e Penrod – 1986); A etnicidade do arguido e do lesado e a forma como os grupos étnicos se relacionam, podem influenciar o reconhecimento facial; As crianças são menos precisas que os jovens e adultos no reconhecimento facial (Brace e outros. – 2001) e ocorrem deteriorações do reconhecimento facial entre os mais velhos (Yarmey – 1996); Correctas identificações só ocorrem em 46% dos jovens com menos de 17 anos e em 29% com pessoas de mais de 60 anos; O tempo é um importante factor na determinação da fidelidade da identificação e o número de correctas identificações declina à medida que o intervalo de tempo entre o crime e o procedimento de identificação aumenta – Deffenbacher, Carr & Leu, 1981 – Egan, Pittner & Goldstein, 1977 – Malpass & Devine, 1981 – Shepherd & Ellis, 1973; 5 A presença de uma arma afecta negativamente a capacidade de uma testemunha reconhecer o autor do crime – Kramer, Buckhout & Eugénio, 1990 – Loftus, Loftus & Messo, 1987."[1403]

Indo nessa direção, o CNJ aprovou a Resolução N. 484 de 19/12/2022[1404], merecendo destaque o procedimento a ser adotado: "Art. 5º O reconhecimento de pessoas é composto pelas seguintes etapas: I – entrevista prévia com a vítima ou testemunha para a descrição da pessoa investigada ou processada; II – fornecimento de instruções à vítima ou testemunha sobre a natureza do procedimento; III – alinhamento de pessoas ou fotografias padronizadas a serem apresentadas à vítima ou testemunha para fins de reconhecimento; IV – o registro da resposta da vítima ou testemunha em relação ao reconhecimento ou não da pessoa investigada ou processada; e V – o registro do grau de convencimento da vítima ou testemunha, em suas próprias palavras." Ademais, prevê-se a gravação do ato.

Como um todo, a Resolução é manifestamente superior ao texto do CPP e colide com a prática dominante em unidades policiais, órgãos investigativos

---

[1400] Cujo conteúdo pode ser acessado em: <https://www.cnj.jus.br/wp-content/uploads/2022/12/relatorio-final-gt-sobre-o--reconhecimento-de-pessoas-conselho-nacional-de-jusica.pdf>.

[1401] Cit., p. 24

[1402] A ver o estudo de SOUSA, João Henrique Gomes de. Elementos para o estudo comparado do reconhecimento de pessoas em processo penal na óptica do juiz de julgamento. Boletim informação & debate, Lisboa,(Abr. 2007), 2007.

[1403] Trecho particularmente apoiado em BEHRMAN e DAVEY – "Eyewitness Identification in actual Criminal Cases: an Archival Analysis" – Law and Human Behavior, vol. 25, n. 5, pag. 476 (475-491), Outubro de 2001.

[1404] Disponível em: <https://atos.cnj.jus.br/atos/detalhar/4883>.

ou desenvolvimento quotidiano de audiências. E, por isso, merece ser saudada.

O quanto dessa provisão efetivamente se consolidará na experiência viva da persecução penal dependerá do seu confronto com decisões utilitaristas que tenderão a aceitar as falhas sob o manto das "meras irregularidades".

> Art. 227. No reconhecimento de objeto, proceder-se-á com as cautelas estabelecidas no artigo anterior, no que for aplicável.

1. *Vide* **Comentários ao art. 226 para as condições de realização do ato de reconhecimento e sua validade como meio de prova**

> Art. 228. Se várias forem as pessoas chamadas a efetuar o reconhecimento de pessoa ou de objeto, cada uma fará a prova em separado, evitando-se qualquer comunicação entre elas.

1. Para a manifestação individual das testemunhas, ver *Comentários* **complementares no art. 210**

Capítulo VIII – Da Acareação

> Art. 229. A acareação será admitida entre acusados, entre acusado e testemunha, entre testemunhas, entre acusado ou testemunha e a pessoa ofendida, e entre as pessoas ofendidas, sempre que divergirem, em suas declarações, sobre fatos ou circunstâncias relevantes.
> *Parágrafo único.* Os acareados serão reperguntados, para que expliquem os pontos de divergências, reduzindo-se a termo o ato de acareação.

1. Facultatividade da medida
"A feitura de acareação entre o réu e a vítima não constitui direito subjetivo processual da parte, cuidando-se de providência meramente facultativa, sujeita ao prudente arbítrio do Juiz, que virá ou não determinar sua realização se, a seu exclusivo critério, a reputar útil à formação de seu convencimento, não se podendo falar, assim, em cerceamento de defesa".[1405]

Assim, o "pedido de acareação fundado em contradição nos interrogatórios policiais, pode ser indeferido sem acarretar cerceamento de defesa, desde que os interrogatórios judiciais não sejam conflitantes, pois estes servem para esclarecer quaisquer dúvidas surgidas naqueles"[1406], cabendo lembrar que "negativa de autoria é divergência corriqueira entre acusado e vítima, mormente porque o empenho daquele é sempre em fugir à responsabilização"; a acareação, "longe de dirimir conflitos, não se prestaria senão a sujeitar a vítima ao constrangimento de ser desautorizada e cotejada com a palavra de quem não teria outra versão, senão a de instintiva fuga à responsabilidade criminal".[1407]

2. Descompromisso com a verdade
Corretamente já se observou que "quem não tem compromisso com a verdade, *v.g.*, réus envolvidos na mesma acusação, não se presta para participar de acareação cujo resultado, além de discutível, seria imprestável como prova".[1408]

3. Rol de acareados não exaustivo
Pode ser ampliado o rol, que não guarda taxatividade. Assim, "havendo divergência entre as conclusões do laudo pericial e as declarações do réu e das testemunhas, deve-se realizar a acareação destes com os Peritos, em busca da verdade real, sendo que, de outra forma, impõe-se a absolvição".[1409]

4. Acareação na investigação, modalidade inquérito policial
"Tratando-se a acareação de ato exclusivamente policial e, pois, inquisitório, sem maior reflexo no processo, não há que se falar em nulidade diante da ausência do defensor do réu em sua execução, pelo fato de não ter sido intimado para tanto".[1410]

5. Momento da acareação nos termos do art. 400
Na forma como hoje concebida a audiência, dá-se após o encerramento da oitiva das pessoas cujos depoimentos se mostram divergentes, nesse rol não incluídas as autoridades técnicas (peritos),

---

[1405] RJTACrim, 27/183. No mesmo sentido, STJ. **RHC 28557 SP 2010/0117494-6**. 5ª Turma. Relator: Min. Jorge Mussi. Data de julgamento: 2 out. 2012. Data de publicação: DJe, 9 out. 2012.

[1406] RJTACrim, 14/57. Ainda, STJ. **HC 82432 DF 2007/0101368-5**. 6ª Turma. Relator: Min. Nefi Cordeiro. Data de julgamento: 21 out. 2014. Data de publicação: DJe, 4 nov. 2014.

[1407] RJTACrim, 23/217. Ainda, STJ. **AgRg no REsp 1205385 ES 2010/0139770-9**. 6ª Turma. Relator: Min. Nefi Cordeiro. Data de julgamento: 28 abr. 2015. Data de Publicação: DJe, 11 maio 2015.

[1408] RJTACrim, 39/80.

[1409] RJTACrim, 21/270.

[1410] RJTACrim, 21/194.

tampouco havendo possibilidade de acareação entre testemunhas e assistentes técnicos, por exemplo. Neste ponto, peritos são chamados a esclarecer tópicos técnicos na forma preconizada neste Código, e não a discutir sobre esses pontos com testemunhas leigas.

> Art. 230. Se ausente alguma testemunha, cujas declarações divirjam das de outra, que esteja presente, a esta se darão a conhecer os pontos da divergência, consignando-se no auto o que explicar ou observar. Se subsistir a discordância, expedir-se-á precatória à autoridade do lugar onde resida a testemunha ausente, transcrevendo-se as declarações desta e as da testemunha presente, nos pontos em que divergirem, bem como o texto do referido auto, a fim de que se complete a diligência, ouvindo-se a testemunha ausente, pela mesma forma estabelecida para a testemunha presente. Esta diligência só se realizará quando não importe demora prejudicial ao processo e o juiz a entenda conveniente.

1. Acareação por precatória, videoconferência e concentração dos atos processuais

A acareação por precatória mostra-se em completo descompasso com a estrutura atual do Código quando determina concentração e unidade dos atos processuais e, mesmo antes da reforma, com a própria essência do ato, que é a de contrapor diretamente as pessoas que prestam versões divergentes. Neste ponto, a videoconferência mostra-se menos prejudicial, conforme já discutido no art. 185 destes *Comentários*.

CAPÍTULO IX – Dos Documentos

> Art. 231. Salvo os casos expressos em lei, as partes poderão apresentar documentos em qualquer fase do processo.

1. Conceito de documento

Para Frederico Marques[1411], apoiado em Carnelutti, "documento é a prova *histórica real*, visto representar fatos e acontecimentos pretéritos em um objeto físico, servindo assim de instrumento de convicção". E completa: "o documento em sentido estrito, ou documento instrumental é o documento escrito. Os documentos escritos ou instrumentais integram o que se denomina de *prova literal*" (todos os grifos no original).

2. Momento da juntada de documentos no processo de conhecimento de rito ordinário

Segundo a visão predominante,

> Em face do disposto no artigo 231 do CPP, a juntada de documentos pode ser efetivada em qualquer fase do processo. O indeferimento pelo julgador somente se justifica quando resta demonstrado o caráter protelatório ou tumultuário, de forma a dificultar o regular trâmite processual, o que não se verifica na hipótese em tela. 2. Não se pode olvidar que, ao lado da razoável duração do processo – o que, aliás, constitui atualmente dogma constitucional (art. 5º, LXXVIII, CF/88) – o princípio da verdade real é de fundamental importância no processo penal, cuja efetividade depende do conjunto probatório coligido aos autos, sendo a prova requerida, na espécie, pertinente para a solução da causa. 3. Pedido deferido.[1412]

> Art. 232. Consideram-se documentos quaisquer escritos, instrumentos ou papéis, públicos ou particulares.
> *Parágrafo único*. À fotografia do documento, devidamente autenticada, se dará o mesmo valor do original.

1. Espécies de documentos: públicos ou particulares

Ainda de acordo com Frederico Marques[1413], documentos públicos são os "lavrados por oficial público, dentro do círculo de suas atribuições"; e documento particular "é todo aquele que público não for", apoiando suas palavras em Lopes da Costa.

2. Documentos reproduzidos

Devem obedecer ao crivo da autenticação, não apenas quando da dilação probatória, mas, também, quando do momento do próprio oferecimento da inicial penal.

Dessa forma, por exemplo,

> o estelionato, na forma preconizada no art. 171, § 2º, inciso VI, do Código Penal, é crime material que deixa vestígios, exigindo, portanto, para sua caracterização, a prova inequívoca da realização do fim fraudulento visado pelo sujeito – o documento original, como prova do crime de

---

1411 **Elementos**... *op. cit.*, p. 318. vol II.
1412 TRF-4. **COR** 50038252420144040000 5003825-24.2014.404.0000. 7ª Turma. Relator: Salise Monteiro Sanchotene. Data de julgamento: 8 abr. 2014. Data de publicação: DE, 8 abr. 2014.
1413 **Elementos**... *op. cit.*, p. 318.

estelionato, na forma referida, é obrigatório para o oferecimento da denúncia, não bastando a simples juntada de cópia xerográfica não autenticada.[1414]

Sem embargo, tal exigência é mitigada em crimes particularmente graves. Assim, "na hipótese de crime de estupro, a circunstância de não se encontrar a certidão de nascimento autenticada é irrelevante, já que não se suscitou qualquer dúvida sobre a sua autenticidade".[1415]

3. Declarações particulares como documentos
Embora já se tenha admitido[1416] as declarações devem constituir meio de prova testemunhal, e não documental, sendo vedada sua apresentação dessa forma.

4. Documentos e novos meios tecnológicos
Não é necessário discorrer uma vez mais sobre as inovações tecnológicas e seus reflexos no processo, sentidas que são também no campo da prova penal. Nesse cenário, em vez de resistir ao seu emprego, deve-se cercar os aspectos de licitude de sua obtenção e fidelidade de seu conteúdo.

> Art. 233. As cartas particulares, interceptadas ou obtidas por meios criminosos, não serão admitidas em juízo.
> *Parágrafo único.* As cartas poderão ser exibidas em juízo pelo respectivo destinatário, para a defesa de seu direito, ainda que não haja consentimento do signatário.

1. Definição de carta
A Lei n. 6.538/1978, em seu art. 47, define a abrangência de carta como "objeto de correspondência, com ou sem envoltório, sob a forma de comunicação escrita, de natureza administrativa, comercial ou qualquer outra, que contenha informação de interesse específico do destinatário".

2. Carta psicografada
A psicografia, na forma como a compreende a definição espírita, já foi empregada em processos criminais e com aceitação, ainda que restrita, pelos Tribunais quando se afirmou que

> carta psicografada não constitui meio ilícito de prova, podendo, portanto, ser utilizada perante o Tribunal do Júri, cujos julgamentos são proferidos por íntima convicção. Havendo apenas frágeis elementos de prova que imputam à pessoa da ré a autoria do homicídio, consistentes sobretudo em declarações policiais do corréu, que depois delas se retratou, a decisão absolutória não se mostra manifestamente contrária à prova dos autos e, por isso, deve ser mantida, até em respeito ao preceito constitucional que consagra a soberania dos veredictos do Tribunal do Júri. Apelo improvido.[1417]

Não se tratando de prova "ilícita" na acepção técnica, é manifestação que não se submete a qualquer tipo de verificação em contraditório, porquanto radica em manifestação de fé, daí por que sua potencial não aceitação como prova em juízo.

Quando da elaboração desta edição dos **Comentários**, havia, no Congresso Nacional, tramitação do Projeto de Lei n. 1.705/2005 (Deputado Rodovalho, DEM/DF), prevendo a proibição expressa da carta psicografada como meio de prova no processo penal.

> Art. 234. Se o juiz tiver notícia da existência de documento relativo a ponto relevante da acusação ou da defesa, providenciará, independentemente de requerimento de qualquer das partes, para sua juntada aos autos, se possível.

3. Sobre a gestão da prova pelo juiz e modelo processual, ver nestes *Comentários* arts. 155 e seguintes

> Art. 235. A letra e firma dos documentos particulares serão submetidas a exame pericial, quando contestada a sua autenticidade.

4. Sobre exame documentoscópico, ver art. 174 nestes *Comentários*

> Art. 236. Os documentos em língua estrangeira, sem prejuízo de sua juntada imediata, serão, se necessário, traduzidos por tradutor público, ou, na falta, por pessoa idônea nomeada pela autoridade.

1. Acessibilidade geral ao conteúdo do documento
O documento em língua estrangeira deve ser traduzido para que se torne acessível a todos, independentemente da formação individual de qualquer

---

1414 STJ. Relator: Cid Flaquer Scartezzini. Data de publicação: 31 ago. 1992. p. 13.651.
1415 STJ. Relator: Vicente Leal. Data de publicação: 3 set. 2001. p. 260.
1416 TJSP. **Correição Parcial 403.512-3/6-00**. São Paulo. 2ª Câmara Criminal. Relator: Almeida Braga. 9 jun. 2003, v.u.
1417 TJRS. **Apelação Crime 70016184012**. Relator: Manuel José Martinez Lucas. Data de julgamento: 11 nov. 2009.

dos envolvidos na língua estrangeira em questão. Assim, acertadamente se decidiu que é inadmissível a recusa do pedido de tradução pelo juiz sob o fundamento de que o sabia ler, havendo a "necessidade de tradução para o idioma nacional para que seu conteúdo seja acessível a todos", sendo a "dispensa apenas quando o documento for visível e patentemente inócuo para o desfecho da demanda".[1418]

2. Necessidade da tradução avaliada pelo Juiz
O Código de Processo Penal assim não o diz, mas já se decidiu que

> é do julgador a discricionariedade de aferir sobre a necessidade de traduzir-se o documento em língua estrangeira. Considerada desnecessária a tradução, foi transferida à parte a responsabilidade de traduzir o documento, se assim o desejasse. A falta de tradução não foi óbice à apreciação da prova documental.[1419]

3. Desnecessidade da tradução de determinados documentos
Malgrado a textualidade do Código de Processo Penal, já houve provimento que considerou a desnecessidade da tradução de determinados documentos. Assentou-se na ocasião que

> a decisão impugnada por meio deste *habeas corpus* demonstra, claramente, a desnecessidade de traduzir os documentos enumerados pela defesa, seja porque se trata de extratos bancários, seja porque, em relação às constituições das empresas, inexiste qualquer dificuldade ou sequer controvérsia acerca de suas composições, afastando, assim, a plausibilidade jurídica do pedido, eis que não é suficiente a mera alegação de cerceamento de defesa, sem qualquer demonstração concreta do eventual prejuízo decorrente do indeferimento da tradução pleiteada. Ademais, conforme entendimento deste Tribunal Regional, nos termos do art. 236, do Código de Processo Penal, apenas se necessário os documentos redigidos em língua estrangeira serão traduzidos, para que todos tenham acesso ao conteúdo da prova, não justificando tal providência quando inócua para o desfecho da demanda.[1420]

4. Ônus da realização da tradução
Já se decidiu que

> se o Ministério Público junta aos autos documentos em língua estrangeira, cabe-lhe providenciar a tradução através de profissional habilitado ou indicar ao juiz quem possa fazê-la, mediante compromisso, sob pena de a prova não ser considerada. Face à atual autonomia do órgão da acusação não se justifica mais que o Estado-judiciário supra eventuais deficiências na colheita da prova.[1421]

Art. 237. As públicas-formas só terão valor quando conferidas com o original, em presença da autoridade.

1. Sobre documento falso como fundamento da sentença absolutória e a impossibilidade de revisão criminal, ver nestes *Comentários* art. 621

Art. 238. Os documentos originais, juntos a processo findo, quando não exista motivo relevante que justifique a sua conservação nos autos, poderão, mediante requerimento, e ouvido o Ministério Público, ser entregues à parte que os produziu, ficando traslado nos autos.

1. Direito à devolução
Cabível quando o documento não for mais de interesse do processo, mas somente quando do trânsito em julgado.[1422]

Ressalta Marcão que

> Se o que estiver juntado aos autos for cópia, não terá sentido o desentranhamento: nesse caso bastará que dele se faça outra cópia, que então será entregue. Se houver dúvida a respeito da propriedade do documento, a devolução não poderá ser feita até que a questão seja definitivamente resolvida no juízo cível.[1423]

Capítulo X – Dos Indícios

Art. 239. Considera-se indício a circunstância conhecida e provada, que, tendo relação com o fato,

---

1418 TJSP. RT, 637/238.
1419 TRF. 2ª Região. Relator: Juiz Francisco Pizzolante. 24 nov. 1999.
1420 TRF. 1ª Região. **HC**. Relator: Des. Plauto Ribeiro. 4 fev. 2004.
1421 TRF. 4ª Região. Relator: Juiz Vladimir Freitas. 2 set. 1997.
1422 TRF. 5ª Região. Relator: Juiz Lazaro Guimarães. 17 nov. 1994.
1423 Marcão, Renato. **Código de processo penal comentado**. São Paulo: Saraiva, 2016. p. 516.

autorize, por indução, concluir-se a existência de outra ou outras circunstâncias.

1. Conceito de indícios e controle da racionalidade judicial no provimento

Segundo Pacelli, trata-se de "um raciocínio dedutivo... cujo objetivo é a prova da existência de outro fato".[1424]

Assim, na sequência da fala de Lopes Jr., "Então, para que valem os indícios? Para muito pouco"[1425], posição nem sempre compartilhada pela doutrina que procura lhe emprestar valor[1426] ao menos na imputação de autoria, mas sem alcançar a sustentação para condenação[1427] nada obstante para a criminalidade econômica já tenha se tenha considerado possível dar-se a comprovação apenas por indícios na ausência de prova direta uma vez que se mostrem suficientes para superar a "dúvida razoável".[1428]

2. Indícios e sua valoração

Já se afirmou que "os indícios têm a mesma eficácia probante que qualquer outra prova, face ao princípio do livre-convencimento". O julgador deve sopesar todas as provas produzidas, sem prevalência de uma sobre outra, expondo, exaustivamente, na sentença, os motivos que o levaram ao convencimento. "Se, após criteriosa análise, os indícios não deixarem qualquer margem de dúvida, no espírito do julgador, quanto à certeza da imputação, poder-se-á dizer que a conclusão, do exame dos diversos indícios reunidos, é suficiente para a prolação de uma decisão condenatória"[1429], acrescentando-se que "os indícios quando concludentes e todos desfavoráveis ao réu, autorizam uma sentença condenatória"[1430] (JC, 13/341), possuindo "força probatória [quando] veementes, concatenados e conclusivos"[1431] (JTJ, 240/307), mormente quando da "Impossibilidade de colheita de provas diretas".[1432]

3. Indícios e presunções: diferenças

As presunções não têm amparo no campo probatório, num processo penal condizente com o Estado de Direito. Assim, por exemplo, acertadamente tem-se que "presunção de autoria que não deve valer-se de meras conjecturas, baseadas em frágeis indícios, ainda que aptas a gerar fortíssima suspeita. Inteligência do art. 5º, LVII, da CF".[1433]

Capítulo XI – Da Busca e da Apreensão

Art. 240. A busca será domiciliar ou pessoal.

1. Definição, modo e abrangência

"A busca e apreensão é a medida por meio da qual a autoridade judicial e, em alguns casos, a autoridade policial procuram e apreendem coisas relacionadas à prática de crime. Sua finalidade encontra-se taxativamente fixada em lei – let. *b* e let. *h* do § 1º do art. 240 do CPP – 41. Seu pressuposto é a existência de fundadas razões para a diligência, isto é, indícios da ocorrência de ilícito penal, aliados à necessidade de produção probatória, a ser possibilitada pelas coisas que se pretende apreender. Na espécie, a decisão impugnada registrou a existência do pressuposto (fundadas razões) e da finalidade (let. *e* e let. *h* do § 1º do art. 240 do CPP – 41) necessários ao deferimento da diligência. Contudo, a empresa Impetrante não pode ser privada de toda sua documentação, o que viria a impossibilitar sua normal administração. Resolve-se o impasse fotocopiando referidos documentos. O mandado de busca e apreensão, com o qual o Ministério Público obteve documentação da empresa impetrante, foi deferido de forma legal, legítima e lícita, podendo dita documentação ser utilizada, pelo Ministério Público, como entender de direito, inclusive, se for o caso, para fundamentar eventual ação penal. Segurança parcialmente concedida, apenas para confirmar a liminar deferida anteriormente, que já havia determinado a

---

[1424] **Curso...** *op. cit.*, p. 103. Cap. 9.
[1425] **Direito processual penal...** *op. cit.*, p. 379.
[1426] Para uma análise mais ampla MOURA, Maria Thereza Rocha de Assis. **A prova por indícios no processo penal**. São Paulo: Saraiva, 1994.
[1427] Como apontado por PITOMBO, Cleunice A. Valentim Bastos. Força probante dos indícios e sentença condenatória. **Boletim IBCCRIM**, São Paulo, v. 21, n. 242, p. 7-8, jan. 2013.
[1428] MORO, Sergio Fernando. Autonomia do crime de lavagem e prova indiciária. **Revista CEJ**, Brasília, v. 12, n. 41, p. 11-14, abr./jun. 2008.
[1429] TJSC. **Apelação Criminal 96.002747-5**. Relator: Des. Álvaro Wandelli. Data de julgamento: 26 nov. 1996.
[1430] TJ-SC. **APR 24126 SC 2004.002412-6**. 1ª Câmara Criminal. Relator: Solon d Eça Neves. Data de julgamento: 30 ago. 2005. Data de publicação: Apelação Criminal n. 2004.002412-6, de Videira.
[1431] TJ-PR. **APL 13782562 PR 1378256-2 (Acórdão)**. 4ª Câmara Criminal. Relatora: Lidia Maejima. Data de julgamento: 30 jun. 2016. Data de publicação: DJ, 1843, 18 jul. 2016.
[1432] TACrimSP. RT, 805/600.
[1433] TACrimSP. RT, 796/641.

devolução da documentação à Impetrante, garantido ao Ministério Público o direito de fotocopiar todo o material, podendo vir a utilizá-lo em eventual processo criminal a ser instaurado".[1434]

2. Natureza cautelar

A busca e apreensão reveste-se de natureza cautelar: "A busca e apreensão, instituto de natureza acautelatória, é medida autorizada pelo art. 240, § 1º, 'e', do CPP, para se 'descobrir objetos necessários à prova de infração' quando fundadas razões a autorizarem, o que se enquadra na hipótese dos autos. III – Apelo provido"[1435], sendo "necessária para a colheita de elementos de convicção adicionais para eventual e futura propositura de ação penal".[1436]

Assim,

> a busca e apreensão pode ter a natureza de verdadeira ação cautelar assecuratória de prova, proposta pelo Ministério Público em face de simples indiciado, tendo por objetivo averiguar se há indícios de infração penal, e, pois, elementos capazes de autorizar o oferecimento da denúncia. Mas não pode fugir do devido processo legal, com todas as garantias asseguradas pela Constituição e pela lei (juiz natural, ampla defesa, inviolabilidade de domicílio, fundamentação das decisões).[1437]

3. Necessidade de determinação judicial

Coerente com os dispositivos constitucionais, já se decidiu que "após o conhecimento de prática de infração penal, a autoridade policial pode apreender objetos que tenham relação com o fato delituoso, mas não pode, atendendo solicitação de secretário de segurança, efetuar busca e apreensão do produto do crime sem autorização judicial".[1438]

4. Ponderação de direitos fundamentais

Analisando a ponderação de direitos fundamentais que se apresenta latente no tema tratado nestes artigos, decidiu determinado provimento que

> Apesar de consagrados pela Carta Constitucional, os direitos individuais não são absolutos, cedendo ante a existência de interesses maiores, preponderantes. Precedentes do STF (RTJ. 173/805-810. Relator: Min. Celso de Mello. Pleno). No curso das investigações concluiu-se pela existência de indícios em detrimento do impetrante, os quais enquadram-se, em princípio, na previsão de "fundadas razões" a que se refere o art. 240 do CPP. Acresce que, escapa do âmbito estreito do mandado de segurança a apreciação das razões de fato consideradas pelo juiz, assim como também não é possível adentrar no exame do que o magistrado considerou indícios contra o impetrante. São questões que demandam uma apreciação dos fatos e circunstâncias que estão postos no inquérito policial, o que é inviável em sede de mandado de segurança. No tocante à ausência de especificação quanto aos objetos ou documentos que deveriam ser buscados e apreendidos, mister ressaltar que a impossibilidade de tal providência decorreu da natureza dos fatos em apuração, valendo destacar que o mandado de busca e apreensão ressalvou que a medida destinar-se-ia à localização de documentos relacionados a crimes previdenciários. Obviamente, quaisquer documentos que não guardem pertinência com essa finalidade não podem ser apreendidos e, se o forem, têm que ser restituídos ao impetrante. O direito ao sigilo profissional (art. 7º, II, da Lei n. 8.906/94) não é absoluto, valendo observar que o próprio dispositivo legal permite a realização de busca e apreensão, desde que autorizada por magistrado. O que se exige é que o magistrado, nestas hipóteses, cerque-se de maiores cautelas na aferição dos elementos de convicção. Busca e apreensão determinada com base em fatos concretos, apresentados pela autoridade policial e endossados pelo Ministério Público Federal, pelo que não há que se cogitar de ilegalidade, ou abusividade, no caso. Convencimento pessoal do juiz que não desborda da razoabilidade. Segurança denegada[1439]

Outro caso de bastante complexidade foi decidido de idêntica maneira:

> Havendo fundados indícios da prática, pelos pacientes, de crimes envolvendo o descumprimento de legislação trabalhista e previdenciária, mostra-se legítima a autorização judicial para busca e apreensão de documentos e objetos que possam conduzir, ainda que em tese, à prova de tais condutas criminosas (CPP, arts. 240 a 250), cuja apuração resta impraticável na via estreita do *habeas corpus*. A concessão de medidas acautelatórias, conquanto possa atingir diretamente interesses desse ou daquele indivíduo, é plenamente justificável, quando se trata de combater a

---

1434 TRF. 4ª Região. Relator: Juiz Vilson Darós. 18 fev. 1999.
1435 TRF. 1ª Região. Relator: Des. Cândido Ribeiro. 3 ago. 2004.
1436 TRF. 1ª Região. Relator: Des. Ítalo Fioravanti Sabo Mendes. 1º abr. 2003.
1437 TRF. 2ª Região. Relator: Juiz Carreira Alvim. 19 ago. 1996.
1438 TRF. 1ª Região. Relatora: Juíza Vera Carla Cruz. 23 out. 1998.
1439 TRF. 2ª Região. Relator: Juiz Antônio Cruz Netto. 26 mar. 2003.

atividade criminosa, elemento desestabilizador da paz social. Cumpre relativizar a exigência de pormenorizada e imediata discriminação do material apreendido, nos casos em que a adoção de tal procedimento acabe por inviabilizar a efetividade da medida acautelatória, em face do grande volume de seu objeto. Segundo precedentes do STJ e STF, são válidos os atos investigatórios realizados pelo Ministério Público, que, no exercício de sua função institucional de promover, privativamente, a ação penal pública (CF/88, art. 129, I), à luz da Lei Complementar n. 75/93, pode diligenciar, requisitando informações e documentos, solicitando perícias e serviços temporários de servidores da Administração Pública, entre outras providências, a fim de instruir seus procedimentos administrativos, sem que se sujeite, dita atuação, à existência de inquérito policial. (...) Os princípios da razoabilidade e da proporcionalidade, informadores do equilíbrio entre os direitos individuais atingidos pelo Sistema Normativo que legitima a persecução criminal e os direitos da sociedade, protegidos por esse mesmo sistema, recomendam que não se exponha, indiscriminadamente, a intimidade pessoal ou empresarial daqueles atingidos pela busca e apreensão realizada, sendo de se reservar, nesta fase, o exame dos materiais apreendidos às autoridades às quais foi deferida a medida acautelatória.[1440]

5. Endereço da diligência divergente do constante no mandando

Julgado pelo STJ o HC 718.075, Rel. Min. Olindo Menezes, 6ª. T., j. em 09.08.2022 decidiu-se pela anulação da persecução porquanto, "No caso, do que consta dos autos, embora tenham sido expedidos mandados judiciais de busca e apreensão para duas residências, a do acusado e de familiares, e o paciente tenha sido encontrado em um deles, a diligência, com a apreensão do entorpecente, foi cumprida em endereço diverso do constante no mandado. Desse modo, deve ser reconhecida a ilegalidade da busca e apreensão realizada sem a devida autorização judicial, com invasão de domicílio. Soma-se a isso a inexistência de prova do consentimento para ingresso dos policiais no domicílio, o que, consoante recente entendimento jurisprudencial desta Corte, se faz imprescindível."

Descontadas eventuais divergências quanto à conclusão do julgamento no caso concreto, há de se tomar como correta a premissa de que o mandado deve conter o endereço correto da diligência, sob risco de sua invalidação.

6. Busca domiciliar e inteligência policial

A simples informação de inteligência não tem o condão de sustentar a autorização judicial conforme julgado do STJ (AgRg AREsp 2.104.568/MG, rel. Min. Reynaldo Fonseca, j. em 02/08/2022), em consonância com o Tema 280 do STF (repercussão geral). Assim, falta nestas circunstâncias a devida *justa causa da necessidade cautelar*, como já exposto nestes Comentários.

Assim, em situação oposta ao do julgado acima mencionado, quando diligências prévias nas redondezas do local que será objeto da diligência forem efetuadas de modo a dar um mínimo de suporte (justa causa da postulação da necessidade cautelar), a diligência será válida (vide STJ AgRG Resp 2.000.062/PR, Rel. Min. Ribeiro Dantas)

§ 1º Proceder-se-á à busca domiciliar, quando fundadas razões a autorizarem, para:
  a) prender criminosos;
  b) apreender coisas achadas ou obtidas por meios criminosos;
  c) apreender instrumentos de falsificação ou de contrafação e objetos falsificados ou contrafeitos;
  d) apreender armas e munições, instrumentos utilizados na prática de crime ou destinados a fim delituoso;
  e) descobrir objetos necessários à prova de infração ou à defesa do réu;
  f) apreender cartas, abertas ou não, destinadas ao acusado ou em seu poder, quando haja suspeita de que o conhecimento do seu conteúdo possa ser útil à elucidação do fato;
  g) apreender pessoas vítimas de crimes;
  h) colher qualquer elemento de convicção.

§ 2º Proceder-se-á à busca pessoal quando houver fundada suspeita de que alguém oculte consigo arma proibida ou objetos mencionados nas letras b a f e letra h do parágrafo anterior.

1. "Fundadas razões" como lastro para a medida

Inegável que o conceito de "fundadas razões" é de difícil conceituação, aproximando-se da ideia de indícios (vide art. 239). "Quando o § 1º do art. 240 do Código de Processo Penal fala em "fundadas razões", não se refere, por certo, à mera fumaça do bom direito, senão à razão (ou motivo) provável, ou seja, dotada de certo grau de credibilidade que justifique afastar as garantias constitucionais para se colherem elementos capazes de alicerçar eventual ação penal. Meras suspeitas não podem ser identificadas como "fundadas razões", a justificar a expedição, *in limine*, da

---

1440 TRF. 4ª Região. Relator: Juiz Luiz Fernando Wowk Penteado. 9 dez. 2002.

busca e apreensão. A concessão do *mandamus* não impede, contudo, a determinação de novas diligências, desde que justificável por decisão devidamente fundamentada, nem compromete a validade das diligências realizadas, em que se tenha apurado algum fato de interesse das investigações"[1441].

Tenta-se dar algum parâmetro (negativo) ao afirmar que "Não restando devidamente constatada, através de laudo pericial, qualquer irregularidade fiscal, a caracterizar a prática de descaminho, forçosa é a conclusão pela ausência de indícios aptos a autorizarem a execução da medida coercitiva de busca e apreensão. II – O § 1º, do art. 240, do CPP, exige a presença de fundadas razões a autorizarem a decretação da medida extrema de que trata o *caput*, i.e., a busca e apreensão. Se não as houver, não pode ser realizada a diligência, eis que ausente a prévia constatação discricionária, por parte da autoridade judicial, acerca da existência de veementes motivos suspeitosos de prática de ilícito penal. Apelação improvida"[1442].

A consequência é que "É legal a decisão judicial que, apoiada em fundadas razões, determina a busca e apreensão de documentos e coisas relacionados com fato delituoso sob investigação" (art. 240, § 1º, "b", do CPP) (TRF. 2ª Região. Relator: Juiz Paulo Barata. 30 jun. 1999), como no caso em que

> A medida de busca e apreensão realizada pela Polícia Federal ocorreu com observância às normas legais (arts. 240, § 1º, alíneas *e* e *h*, e 241 do CPP), as quais autorizam a apreensão dos "objetos necessários à prova de infração" e a colheita de "qualquer elemento de convicção", desde que acompanhados da expedição de mandado judicial. Os valores apreendidos, caso se confirmem as suspeitas sobre a origem ilícita dos mesmos, são a prova da materialidade do crime tipificado no art. 22, *caput*, da Lei n. 7.492/86, sendo inviável a sua restituição uma vez que interessam ao processo criminal (art. 118 do CPP).[1443]

2. Apreensão do bem em poder de terceiro

Processual penal. Recurso ordinário em mandado de segurança. Busca e apreensão de bem adquirido de terceiro. Apontada boa-fé do adquirente. Dúvida ocorrente. Medida prevista no art. 240, § 1º, letra *b*, do Código de Processo Penal. Paira dúvida respeitante à condição do recorrente como adquirente de boa-fé, o que inocorre quanto à propriedade do bem pelo nomeado fiel depositário.[1444]

3. Recurso cabível contra a decisão

Dependendo da necessária autorização judicial, já se decidiu no

> sentido de que, da decisão que, em fase de inquérito policial, defere medida de busca e apreensão ou indefere a restituição de coisas apreendidas, o recurso cabível é a apelação. Nessa perspectiva, "não cabe mandado de segurança contra ato judicial passível de recurso ou correição" (Súmula n. 267, STF). 3) *In casu*, nem mesmo a excepcionalidade alegada pelas impetrantes é capaz de justificar o processamento da presente ação mandamental, eis que a decisão impugnada está suficientemente fundamentada, não havendo que se falar em excesso ou abuso de poder por parte da autoridade apontada como coatora, que restringiu a medida aos documentos e materiais que se relacionem com o objeto do respectivo inquérito policial. Logo, eventual excesso no cumprimento da decisão atacada no mandado de segurança deve ser atribuído à autoridade policial, que executou a aludida busca e apreensão, e não ao Juízo *a quo*, que agiu dentro dos limites estabelecidos pela legislação de regência (...) É inadmissível, pois, mandado de segurança para impugnar decisão que defere pedido de busca e apreensão, até porque, além de comportar recurso de apelação, cabe, também, requerer, junto ao Juízo de origem, a restituição de coisas apreendidas que não interessarem mais à investigação levada a efeito pela autoridade policial.[1445]

Também já se esclareceu que

> embora seja razoável o entendimento de que, também no processo penal, o recurso cabível contra as decisões interlocutórias deveria ser, por analogia com o processo civil, o agravo de instrumento, o princípio da fungibilidade e uma firme orientação doutrinária e jurisprudencial recomendam a admissibilidade tanto da apelação quanto do mandado de segurança e até da correição parcial, em todos os casos que não se enquadram nas hipóteses de recurso em sentido estrito, especialmente quando houver risco de dano irreparável.[1446]

1441 TRF, 2ª Região, rel. Juiz Carreira Alvim, 19-8-1996.
1442 TRF, 2ª Região, rel. Juiz Sergio Schwaitzer, 13-11-2002.
1443 TRF. 4ª Região. Relator: Juiz Fabio Rosa. 13 ago. 2002.
1444 STJ. **RMS 2164 MT 1992/0024835-7**. 6ª Turma. Relator: Min. Pedro Acioli. Data de julgamento: 11 nov. 1994. Data de publicação: DJ, 12 dez. 1994. p. 34376. RJDTACSP, Vol. 27, p. 289; DJ, 12 dez. 1994, p. 34376; RJDTACSP, Vol. 27, p. 289.
1445 TRF. 1ª Região. Relator: Des. Plauto Ribeiro. 19 mar. 2003.
1446 TRF. 4ª Região. Relator: Juiz Amir Sarti. 3 dez. 2001.

4. Ausência de fundamentos e descabimento da "medida"
Corretamente já se decidiu que "não havendo fundadas razões da existência de crime, ou de que a coisa tenha sido obtida por meio criminoso, ou utilizada na prática de crime, ou que seja necessária à prova de infração penal, não é cabível a busca e apreensão domiciliar (CPP, art. 240, § 1º, *b*, *d* e *e*)".[1447]

5. Excesso na ordem de busca e apreensão
A ordem de busca deve ser pautada nos exatos limites da necessidade da investigação ou da formação de provas sobre o objeto de conhecimento. O excesso no seu cumprimento leva à inadmissibilidade, *a priori*, dos meios de prova (salvo exceção vista na sequência). Dessa forma, a

> Quebra de sigilo de dados e comunicações e ordem de busca e apreensão devidamente fundamentada, com a finalidade de investigação, a requerimento do Ministério Público, convenientemente instruído, adequando-se, portanto, ao imperativo da Constituição. Excesso na ordem de busca e apreensão, podado com a liminar, que fica mantida.[1448]

> Art. 241. Quando a própria autoridade policial ou judiciária não a realizar pessoalmente, a busca domiciliar deverá ser precedida da expedição de mandado.

1. Mandado sempre necessário
Fora das situações de flagrante delito, a expedição do mandado é sempre obrigatória, independentemente da condição de quem o cumpre.

> Art. 242. A busca poderá ser determinada de ofício ou a requerimento de qualquer das partes.

1. Normas gerais para requerimento e cumprimento de mandados de busca e apreensão pela Polícia Federal
No mesmo sentido das repercussões práticas discutidas no art. 246 destes **Comentários**, o Ministro da Justiça baixou a Portaria n. 1.287, de 30 de junho de 2005 (DOU, Seção 1, de 1º jul. 2005, p. 50), que estabelece instruções sobre a execução de diligências da Polícia Federal para cumprimento de mandados judiciais de busca e apreensão.

Pautada pela razoabilidade e buscando fazer incidir a busca e apreensão apenas sobre objetos que potencialmente possam estar ligados àquilo que se apura na investigação – de resto um regra rigorosamente desnecessária quando se pensa num processo penal corretamente adequado à CR e à CADH –, esta Portaria (assim como aquela mencionada no art. 246) tem uma finalidade mais didática que propriamente inovadora, mas serve – e muito – para o assentamento institucional das premissas de funcionamento de uma polícia democrática. Auxilia, também, quando coíbe tentações espetaculosas, com as restrições necessárias de terceiros no ato de cumprimento do mandado, normalmente pessoas ligadas a meios de comunicação que, se devem usufruir do direito a informar, também devem estar atentas à precariedade jurídica desse momento.

> Art. 243. O mandado de busca deverá:
> I – indicar, o mais precisamente possível, a casa em que será realizada a diligência e o nome do respectivo proprietário ou morador; ou, no caso de busca pessoal, o nome da pessoa que terá de sofrê-la ou os sinais que a identifiquem;
> II – mencionar o motivo e os fins da diligência;
> III – ser subscrito pelo escrivão e assinado pela autoridade que o fizer expedir.
>
> § 1º Se houver ordem de prisão, constará do próprio texto do mandado de busca.
>
> § 2º Não será permitida a apreensão de documento em poder do defensor do acusado, salvo quando do constituir elemento do corpo de delito.

1. Desobediência aos termos do mandado e (i)licitude da prova
O e. STF, em determinado julgamento, considerou que

> alegava-se constrangimento ilegal resultante da violação ao inciso LVI do art. 5º da CF, sob o fundamento de que a denúncia oferecida contra o paciente estaria baseada em elementos ilícitos, posto que colhidos em diligência realizada à margem da ordem judicial. No caso, o juízo de primeira instância, ao deferir a expedição de mandado de busca e apreensão domiciliar, determinara que o Delegado de Polícia Federal, ou quem viesse a atuar em substituição, estivesse acompanhado de duas testemunhas estranhas ao quadro da polícia. Essa formalidade, entretanto, não teria sido observada. Entendeu-se que não se poderia falar em nulidade do mandado de busca e apreensão pelo simples fato de serem policiais as testemunhas que acompanharam a medida, sob pena de se admitir a presunção de parcialidade dos agentes de polícia, o que não estaria em consonância com princípios basilares

---

[1447] TRF. 1ª Região. Relator: Juiz Leão Aparecido Alves. 15 dez. 2002.
[1448] TRF. 1ª Região. Relator: Juiz Hilton Queiroz. 13 jun. 2001.

da Administração Pública, em especial, o da impessoalidade e o da moralidade. Asseverou-se, também, que, ainda que a busca e apreensão fosse considerada prova ilícita, ela não teria o condão de inquinar de nulidade todo o processo, porquanto o Ministério Público embasara a denúncia em outras provas que não teriam sido obtidas por derivação dela, tais como depoimentos e documentação apreendida em flagrante. Vencidos os Ministros Marco Aurélio, relator, e Sepúlveda Pertence, que deferiam, em parte, o *writ* ao fundamento de que, não tendo sido cumprido o mandado da forma determinada pela autoridade judicial, as provas colhidas por meio dele seriam ilícitas, devendo ser desentranhadas dos autos.[1449]

2. Delimitação do mandado de busca e apreensão

A ordem de busca não deve ser emanada de modo a autorizar "qualquer busca", autorizando-se a Administração a retirar da esfera de propriedade da pessoa todos os seus bens. Se impossível delimitar antecipadamente quais os objetos que serão apreendidos, nem por isso significa uma autorização "aberta", desprovida de limites.

Por essa razão, deve-se ver, segundo cremos, com cautela considerações que afirmam que

> Como medida acautelatória destinada a evitar o desaparecimento de provas ou vestígios do crime, o mandado de busca e apreensão deve ser executado independentemente de citação ou notificação. Basta que os executores o exibam e leiam ao morador da casa, ou a quem o represente, intimando-o a abrir a porta (CPP, art. 245). Também não se exige que o mandado especifique as coisas a serem apreendidas, quando, fundadas razões autorizarem a busca para "descobrir objetos necessários à prova da infração" (CPP, art. 240, letra *e*). Equivocado cognome atribuído ao recorrente não acarreta nulidade da decisão que indefere, liminarmente, mandado de segurança impetrado pelo agravante, uma vez que há clara referência a seu nome, por extenso, e endereço contidos no mandado de busca e apreensão.[1450]

Por outro lado, coaduna-se com a interpretação aqui dada o precedente que considera que "O mandado de busca domiciliar deve compreender todas as acessões existentes no imóvel alvo da busca, sob pena de se frustrarem seus fins. É admissível a apreensão de bens em poder de terceiro, morador do mesmo imóvel em que reside o investigado, quando interessarem às investigações, máxime diante de indícios de um liame entre ambos. É inexigível a discriminação, no mandado de busca, de todos os bens a serem apreendidos, uma vez que dele constava a determinação para "apreender coisas achadas ou obtidas por meios criminosos", "descobrir objetos necessários à provaa infracao ou a defesa do reu" e "colher qualquer elemento de convicção" (art. 240, § 1º, *b*, *e* e *h*, do CPP). Dada a impossibilidade de indicação, *ex ante*, de todos os bens passíveis de apreensão no local da busca, e mister conferir-se certa discricionariedade, no momento da diligência, a autoridade policial. Descabe a restituição de bens apreendidos em poder de terceiro quando ainda interessarem as investigações, por se destinarem ao esclarecimento dos fatos e de suas circunstâncias (arts. 6º, II e III, CPP), e diante da possibilidade de decretação de sua perda em favor da União.[1451]

3. Especificação do objeto criminoso para sua apreensão

Conforme apontado em determinado provimento,

> em consonância com o Código de Processo Penal (art. 240, § 1º, c/c o art. 122), é necessário que a moeda estrangeira seja *instrumenta sceleris* para que seja apreendida e decretada a sua perda em favor da União. Mera especulação de autoridade fiscal, no sentido de que o dinheiro destinar-se-ia à realização de um ilícito na esfera da legislação monetária e cambial não justifica a sua apreensão e custódia no Banco Central. De outro ângulo, a constrição de bens particulares, embora autorizada na Carta Constitucional, não prescinde da observância do devido processo legal.[1452]

No mais, não há de se reconhecer irregularidade no cumprimento do mandado quando

> não se afigura ilegal ou abusiva a medida acautelatória de busca e apreensão determinada (...), uma vez que o material apreendido no escritório de advocacia do impetrante revela indícios de envolvimento deste com a prática de crimes em detrimento da Previdência Social. Todo o material apreendido foi minuciosamente relacionado em Auto de Apreensão e o termo circunstanciado, devidamente assinado por duas testemunhas, em conformidade com os arts. 240 e seguintes do CPP. Necessidade de retenção do material, uma vez que o INSS ainda está procedendo à sua

---

1449 STF. **HC 84.679/MS**. Relator originário: Min. Marco Aurélio. Relator para acórdão: Min. Eros Grau. 9 nov. 2004.
1450 TRF. 1ª Região, rel. Juiz Aloisio Palmeira Lima, 21-10-1999.
1451 STF. **Pet 5.173 AgR**. 1ª Turma. Relator: Min. Dias Toffoli. Data de julgamento: 30 set. 2014. Data de publicação: DJE, 18 nov. 2014.
1452 TRF. 1ª Região. Relator: Juiz Olindo Menezes. 10 dez. 1997.

análise e terá que ser submetido a exame pericial. Segurança denegada.[1453]

> Art. 244. A busca pessoal independerá de mandado, no caso de prisão ou quando houver fundada suspeita de que a pessoa esteja na posse de arma proibida ou de objetos ou papéis que constituam corpo de delito, ou quando a medida for determinada no curso de busca domiciliar.

1. Conceito legal de arma proibida
Encontra-se estabelecido no Estatuto do Desarmamento, Lei n. 10.826/2003, cuja conduta típica está fixada no seu art. 16.

2. Conceito de "corpo de delito" do presente artigo
"O corpo de delito, na clássica definição de João Mendes, é o conjunto dos elementos sensíveis do fato criminoso. Diz-se direto quando reúne elementos materiais do fato imputado. Indireto, se, por qualquer meio, evidencia a existência do acontecimento delituoso".[1454]

3. Blitzes policiais e busca pessoal: conceito de "fundada suspeita"
Não existem parâmetros claros dados pela lei para identificação da denominada "fundada suspeita". Casuisticamente já se decidiu que

> por ausência de justa causa, a Turma deferiu *habeas corpus* para determinar o arquivamento do termo circunstanciado de ocorrência por meio do qual se autuara o paciente pela prática do crime de desobediência (CP, art. 330), em razão de o mesmo haver se recusado a ser revistado por policial militar quando chegava à sua casa. Considerou-se que a motivação policial para a revista – consistente no fato de o paciente trajar "blusão" passível de encobrir algum tipo de arma – não seria apta, por si só, a justificar a fundada suspeita de porte ilegal de arma, porquanto baseada em critérios subjetivos e discricionários.[1455]

Buscando dar maiores contornos ao tema, Nassaro[1456] (2006) divide as buscas em "preventiva", a saber, aquela procedida

> antes da efetiva constatação da prática delituosa, (...) por iniciativa de autoridade policial competente e constitui ato legitimado pelo exercício do poder de polícia, na esfera de atuação da Administração Pública, com objetivo preventivo (busca pessoal preventiva); continua para afirmar a existência da segunda espécie, aquela "Realizada após a prática, ou em seguida à constatação da prática criminosa, ainda que na sequência da busca preventiva, tenciona atender ao interesse processual (busca pessoal processual), para a obtenção de objetos necessários ou relevantes à prova de infração, ou à defesa do réu (alínea *e*, do § 1º, do art. 240 do Código de Processo Penal).

Nada obstante, remanesce em largo campo discricionário o controle da atividade policial aqui tratada, que busca ser mais bem administrado a partir de projeto de lei do Senado (Projeto de Lei do Senado 77, de 2004), com a seguinte sugestão: O Congresso Nacional decreta: Art. 1º Inclua-se o Parágrafo Único no art. 244 do Decreto-lei n. 3.689 de 3 de outubro de 1941, que passa a vigorar com a seguinte redação: "Art. 244. (...). Parágrafo único: Na hipótese de inexigibilidade de mandado, deverá o executor mencionar o motivo e os fins da diligência, registrando o local, bem como o nome, documento de identidade, sexo, idade, cor e religião da pessoa inspecionada".[1457]

Art. 2º Inclua-se a alínea j ao art. 4º da Lei n. 4.898 de 9 de dezembro de 1965, que passa a vigorar com a seguinte redação: "Art. 4º Constitui também abuso de autoridade: (...) *j*) executar busca pessoal sem a exibição de mandado judicial ou, na hipótese de inexigibilidade deste, sem proceder posterior registro e justificação".

Na Justificação do Projeto, seu autor, Senador Paulo Paim (PT-SP), pondera:

> Em observação não tão acurada vislumbramos inúmeros atos silenciosos mas, intensos e reprováveis denotando o racismo e o preconceito nas nossas relações sociais, por estas razões volta a abordar tal tema em nova propositura legislativa, com a finalidade de estancar mais uma sangria que mina a edificação de uma sociedade pluralista mas fraterna. Não poucas vezes deparamos como uma ação arbitrária e excessiva de serventuário de justiça (Oficial de Justiça) ou policial militar e civil, notadamente quando quem sofre a ação seja uma pessoa de cor negra, procedimento este justificado pelo preconceito que leva ao entendimento de que o negro é primeiro um marginal depois um cidadão. Nesta propositura também atingimos o operador do direito, a quem cabe determinar o mandado também

---

1453 TRF. 2ª Região. Relatora: Juíza Tania Heine. 1º out. 2002.
1454 STJ. **RHC**. Relator: Luiz Vicente Cernicchiaro. 2 mar. 1993.
1455 STF. **HC 81.305/GO**. Relator: Min. Ilmar Galvão. 13 nov. 2001.
1456 NASSARO, Adilson Luís Franco. A busca pessoal e suas classificações. **A força policial:** órgão de informação e doutrina da instituição policial militar, v. 51, n. 51, p. 57-73, jul./set., 2006.
1457 Esse projeto foi encampado pelo PLS 156/09 que estabelece o NCPP.

possa atentar ao previsto no art. 243, inciso II do CPP (Código Processual Penal), especificando detalhadamente no mandado o motivo e os fins, limitando a ação do executor ao que reza no mandado especificamente.

Art. 245. As buscas domiciliares serão executadas de dia, salvo se o morador consentir que se realizem à noite, e, antes de penetrarem na casa, os executores mostrarão e lerão o mandado ao morador, ou a quem o represente, intimando-o, em seguida, a abrir a porta.

§ 1º Se a própria autoridade der a busca, declarará previamente sua qualidade e o objeto da diligência.

§ 2º Em caso de desobediência, será arrombada a porta e forçada a entrada.

§ 3º Recalcitrando o morador, será permitido o emprego de força contra coisas existentes no interior da casa, para o descobrimento do que se procura.

§ 4º Observar-se-á o disposto nos §§ 2º e 3º, quando ausentes os moradores, devendo, neste caso, ser intimado a assistir à diligência qualquer vizinho, se houver e estiver presente.

§ 5º Se é determinada a pessoa ou coisa que se vai procurar, o morador será intimado a mostrá-la.

§ 6º Descoberta a pessoa ou coisa que se procura, será imediatamente apreendida e posta sob custódia da autoridade ou de seus agentes.

§ 7º Finda a diligência, os executores lavrarão auto circunstanciado, assinando-o com duas testemunhas presenciais, sem prejuízo do disposto no § 4º.

1. Consentimento do morador
A busca em residência, se consentida pelo proprietário, é prova lícita. Quando ilícita, não contamina as demais provas.[1458]

Ainda quanto a este tema, o e. STF

por maioria, indeferiu *habeas corpus* impetrado em favor de pacientes acusados de suprimirem tributos (Lei n. 8.137/90, art. 1º, I e II) em que se alegava, em face do princípio da inviolabilidade do domicílio (CF, art. 5º, XI), a inconstitucionalidade da busca e da apreensão de papéis feita pela Receita Federal sem autorização judicial, consubstanciando prova obtida por meio ilícito (CF, art. 5º, LVI). O Tribunal, sem se comprometer com a tese da defesa, indeferiu o pedido uma vez que houve o consentimento dos pacientes à entrada dos agentes do fisco em seu estabelecimento comercial. Vencido o Min. Marco Aurélio, que deferia a ordem por entender que a busca e a apreensão de documentos dependem de autorização judicial.[1459]

2. Desnecessidade do mandado em caso de flagrante delito
O STF concluiu, ao julgar o Recurso Extraordinário (RE) 603616, com repercussão geral reconhecida, por maioria de votos, que

a entrada forçada em domicílio sem mandado judicial só é lícita, mesmo em período noturno, quando amparada em fundadas razões, devidamente justificadas a posteriori, que indiquem que dentro da casa ocorre situação de flagrante delito, sob pena de responsabilidade disciplinar, civil e penal do agente ou da autoridade e de nulidade dos atos praticados.

No corpo do voto do Min. Gilmar Mendes a afirmação que o

fundamental é que se passa a ter a possibilidade de contestação de uma medida de busca e apreensão que deu resultados. Assegura-se à defesa a oportunidade de impugnar, em um processo contraditório, a existência e suficiência das razões para a medida. Ou seja, a validade da busca é testada com base no que se sabia antes de sua realização, não depois.

Art. 246. Aplicar-se-á também o disposto no artigo anterior, quando se tiver de proceder a busca em compartimento habitado ou em aposento ocupado de habitação coletiva ou em compartimento não aberto ao público, onde alguém exercer profissão ou atividade.

1. Limite do conceito
O STF considera que "Estabelecimentos empresariais estão sujeitos a proteção contra o ingresso não consentido. Não verificação das hipóteses que dispensam o consentimento. Mandado de busca e apreensão perfeitamente delimitado. Diligência estendida para endereço ulterior sem nova autorização judicial. Ilicitude do resultado da diligência. Ordem concedida, para determinar a inutilização das provas."[1460]

[1458] TRF. 1ª Região. Relatora: Juíza Eliana Calmon. Data de publicação: DJU, 8 out. 1998. p. 94.
[1459] HC 79.512/RJ. Relator: Min. Sepúlveda Pertence. 16 dez. 1999.
[1460] STF. **HC 106.566**. 2ª Turma. Relator: Min. Gilmar Mendes. Data de julgamento: 16 dez. 2014. Data de publicação: DJE, 19 mar. 2015.

2. Apreensão de material em local de trabalho

"O direito à inviolabilidade do escritório ou local de trabalho do Advogado, dos seus arquivos e dados, da sua correspondência e de suas comunicações, inclusive telefônicas ou afins, não é absoluto, podendo ser afastado em caso de busca e apreensão determinada por magistrado. Naturalmente, o poder judicial também não é ilimitado, o que implicaria inutilizar, na prática, a prerrogativa profissional: o juiz só pode determinar busca e apreensão em escritório ou local de trabalho de Advogado nas precisas hipóteses do art. 240 do Código de Processo Penal. É dizer: o direito do Advogado à privacidade do seu escritório ou local de trabalho, dos seus arquivos e dados, da sua correspondência e de suas comunicações, inclusive telefônica ou afins, não vai além da medida estritamente necessária para a garantia do legítimo exercício da advocacia, em nome da liberdade de defesa e do sigilo inerente a essa atividade profissional, não podendo ser confundido com imunidade para a prática de crimes, para a ocultação de provas ou para o favorecimento de criminosos, hipóteses que legitimam plenamente a busca e apreensão determinada por magistrado. Peculiaridades do caso concreto resolvidas por meio de autorização para que o juiz verifique, pessoalmente assegurada presença das partes, em segredo de justiça, o material apreendido no escritório de advocacia, buscando identificar a existência de elementos que possam ter relevância probatória, no processo penal".[1461]

3. Portarias do Ministério da Justiça para regulamentar cumprimento de mandados de busca e apreensão em escritórios de advocacia

Tema dos mais momentosos é o do cumprimento de mandados de busca e apreensão em escritórios de advocacia, gerando não raras vezes atritos entre Instituições que, no limite, acabaram provocando uma regulamentação específica por parte do Ministério da Justiça para o cumprimento dos mandados. Nesse sentido, vale registrar, inicialmente, a Portaria n. 1.288, de 30 de junho de 2005 (DOU, Seção 1, de 1º jul. 2005. p. 50).

No campo dos precedentes tem-se que

Os escritórios de advocacia, como também os de outros profissionais, não são impenetráveis à investigação de crimes. 2. Contudo, trata-se de evidente excesso a instauração de investigações ou Ações Penais com base apenas em elementos recolhidos durante a execução de medidas judiciais cautelares, relativamente a investigados que não eram, inicialmente, objeto da ação policial. 3. Se a autoridade policial tem os elementos de suspeita, deve instaurar o devido Inquérito Policial; mas autorizar ou homologar a posteriori provas colhidas durante medida de busca e apreensão, se cria uma enorme insegurança para a sociedade.[1462]

Em especial,

A medida de busca e apreensão, sendo uma exceção a inviolabilidade do escritório de advocacia, deve se restringir aos limites definidos e traçados na autorização judicial. precedente específico–HC 149008–STJ. II–Consoante o disposto nos §§ 6º e 7º do art. 7º da Lei n. 8.906/1994, documentos, mídias e objetos pertencentes a clientes do advogado averiguado, bem como demais instrumentos de trabalho que contenham informações sobre clientes, somente poderão ser utilizados caso estes estejam sendo formalmente investigados, como partícipes ou coautores pela prática do mesmo suposto crime que deu causa à quebra de inviolabilidade.[1463]

Art. 247. Não sendo encontrada a pessoa ou coisa procurada, os motivos da diligência serão comunicados a quem tiver sofrido a busca, se o requerer.

1. Dever de informação

Não é mera faculdade, conforme deixa transparecer o artigo em questão, mas dever do agente público que cumpre a medida.

2. Descobrimento de novo crime

Situação que já chamou a atenção da doutrina é a da não localização de qualquer objeto relacionado com o mandado, mas, sim, o encontro de outros objetos que indiquem a prática de crime diverso daquele que originou a ordem. Resta saber, nesse contexto, especialmente se não houver situação de flagrância em relação a esse crime, a licitude da prova obtida.

Quer-nos parecer possível, na medida em que tais objetos tenham sido encontrados fortuitamente quando do cumprimento legal da ordem judicial.

[1461] TRF. 4ª Região. Relator: Juiz Amir Sarti. 3 dez. 2001.
[1462] STJ. **HC 149008 PR 2009/0190819-0**. 5ª Turma. Relator: Min. Arnaldo Esteves Lima. Data de julgamento: 17 jun. 2010. Data de publicação: DJe, 9 ago. 2010.
[1463] TRF-2. **RSE 20125101018946**. 1ª Turma Especializada. Relator: Des. Fed. Antonio Ivan Athié. Data de julgamento: 8 maio 2013.

Art. 248. Em casa habitada, a busca será feita de modo que não moleste os moradores mais do que o indispensável para o êxito da diligência.

1. Conceito de casa: *vide* art. 150 do Código Penal

Art. 249. A busca em mulher será feita por outra mulher, se não importar retardamento ou prejuízo da diligência.

1. Buscas pessoais de gênero
Devem ser realizadas de modo a resguardar a dignidade da pessoa submetida à busca corporal, notadamente se forem inspeções corporalmente invasivas.
Assim,

Nulidade – Ofensa à dignidade da mulher – Inocorrência – Policiais do sexo masculino que realizaram revista pessoal na ré, mas, em nenhum momento, mantiveram contato com partes íntimas de seu corpo – Busca pessoal que se limitou às vestes – Entorpecente localizado no bolso de jaqueta – Validade – Praxe que não tem o condão de revogar a lei – Inexistência de policial feminina no local – Inteligência do art. 249, do Código de Processo Penal – Supremacia do interesse público sobre o particular – Materialidade comprovada – Dúvida, no entanto, quanto à autoria – Absolvição confirmada, mas com alteração do fundamento – Recurso não provido.[1464]

Contudo, de forma a exigir melhor qualidade nos trabalhos policiais:

Revista pessoal na ré realizada por policiais masculinos. Existência de contingente feminino na Comarca. Local de fácil acesso e inexistência de prejuízo à diligência. Irregularidade da atuação policial. Necessidade de solicitar policial feminina. Prova ilícita reconhecida. Afastada a prova ilícita, inexiste nos autos outros elementos a alicerçar a condenação. Apelo provido.[1465]

Art. 250. A autoridade ou seus agentes poderão penetrar no território de jurisdição alheia, ainda que de outro Estado, quando, para o fim de apreensão, forem no seguimento de pessoa ou coisa, devendo apresentar-se à competente autoridade local, antes da diligência ou após, conforme a urgência desta.

§ 1º Entender-se-á que a autoridade ou seus agentes vão em seguimento da pessoa ou coisa, quando:
a) tendo conhecimento direto de sua remoção ou transporte, a seguirem sem interrupção, embora depois a percam de vista;
b) ainda que não a tenham avistado, mas sabendo, por informações fidedignas ou circunstâncias indiciárias, que está sendo removida ou transportada em determinada direção, forem ao seu encalço.

§ 2º Se as autoridades locais tiverem fundadas razões para duvidar da legitimidade das pessoas que, nas referidas diligências, entrarem pelos seus distritos, ou da legalidade dos mandados que apresentarem, poderão exigir as provas dessa legitimidade, mas de modo que não se frustre a diligência.

1. Mandado cumprido em seguimento da pessoa ou coisa
Vide considerações genéricas sobre as condições do flagrante, aqui empregadas por analogia nos arts. 302 e seguintes deste Código.

TÍTULO VIII – Do Juiz, do Ministério Público, do Acusado e Defensor, dos Assistentes e Auxiliares da Justiça

CAPÍTULO I – Do Juiz

Art. 251. Ao juiz incumbirá prover à regularidade do processo e manter a ordem no curso dos respectivos atos, podendo, para tal fim, requisitar a força pública.

1. Garantias inerentes à Magistratura na lição de Ferrajoli
Conforme a distinção operada pelo autor italiano, são

orgânicas as garantias relativas à formação do *juiz* e à sua colocação institucional em relação aos outros poderes do Estado e aos outros sujeitos do processo, tais como: a independência, a imparcialidade, a responsabilidade, a separação entre juiz e acusação, o juiz natural, a obrigatoriedade da ação penal e outras. As garantias do primeiro tipo, ao definir o juiz, são geralmente (salvo a da separação de funções) exigidas para todo tipo de juízo, inclusive não penal, e valem, portanto, para integrar a submissão à jurisdição em sentido

---
1464 TJSP. **Apelação Criminal 326.059-3/SP**. 2ª Câmara Criminal. Relator: Djalma Lofrano. 18 dez. 2000, v.u.
1465 TJ-SP. **APL 00613634720148260050 SP 0061363-47.2014.8.26.0050**. 16ª Câmara de Direito Criminal. Relator: Guilherme de Souza Nucci. Data de julgamento: 17 nov. 2015. Data de publicação: 17 nov. 2015.

lato (...) da independência, da imparcialidade, da necessidade da prova e similares são comuns a todos os tipos de processo, ainda que sua observância seja preferida pelo método acusatório e preterida pelo inquisitivo."[1466]

Art. 252. O juiz não poderá exercer jurisdição no processo em que:
I – tiver funcionado seu cônjuge ou parente, consanguíneo ou afim, em linha reta ou colateral até o terceiro grau, inclusive, como defensor ou advogado, órgão do Ministério Público, autoridade policial, auxiliar da justiça ou perito;
II – ele próprio houver desempenhado qualquer dessas funções ou servido como testemunha;
III – tiver funcionado como juiz de outra instância, pronunciando-se, de fato ou de direito, sobre a questão;
IV – ele próprio ou seu cônjuge ou parente, consanguíneo ou afim em linha reta ou colateral até o terceiro grau, inclusive, for parte ou diretamente interessado no feito.

1. *Vide* art. 112 para a menção às incompatibilidades e impedimento

2. Sobre o mecanismo de exceção por suspeição ou impedimento, ver nestes *Comentários* arts. 95 e seguintes

3. Causas de impedimento
As hipóteses previstas no presente artigo são causas de impedimento, pelas quais o magistrado se vê obstado no exercício de sua função judicante.

4. Consequências processuais
É absolutamente nulo o processo atuado por juiz impedido nas hipóteses do artigo em questão. Assim, por exemplo, como no caso em que "foi proferida sentença por juiz que, posteriormente, foi convocado para compor o TJ e, efetivamente, veio a participar do julgamento da apelação interposta pela defesa do ora paciente, no qual foi mantida a sentença. Houve ofensa ao art. 252, III, do CPP, que prevê regra de impedimento, devendo-se decretar a nulidade do respectivo acórdão por infração à lei processual e, em última razão, à própria imparcialidade do magistrado"[1467].

5. Atos que não geram impedimento
Diante da potencial gama de hipóteses fáticas que podem gerar a invocação do presente artigo, tem-se exemplificativamente que:

Não caracteriza a hipótese do inciso III do presente artigo "O fato de o juiz avocar os autos de ação embargos de terceiro, interposta com o objetivo de liberar bem sequestrado em processo penal, e determinado a juntada de cópias de documentos de ações penais por ele julgadas, ações em que expedida a própria ordem de sequestro, não revela tendenciosidade capaz de configurar sua suspeição, nem se constitui em pré-julgamento da causa. Ademais, tal conduta encontra-se albergada no disposto no art. 130 do CPC".[1468]

A atuação judicial do magistrado que anteriormente havia funcionado em processo administrativo, mas, no caso concreto, com a recomendação do afastamento "pela similitude existente entre o processo administrativo e o criminal. Influência probatória de um processo ao outro. Exceção acolhida Com efeito, a sindicância administrativa instaurada perante magistrado local, com o objetivo de subsidiar a ação persecutória do Ministério Público, não se reveste de aptidão para ocasionar a incompatibilidade da autoridade judiciária no ulterior procedimento penal condenatório que nela tenha fundamento. Isto, porque, só há o impedimento do art. 252 do Código de Processo Penal, se o juiz se pronunciou de fato e de direito sobre a questão, o que não ocorre em simples atos de ordenação processual ou de produção de prova".[1469]

Quando da decisão sobre medidas cautelares, notadamente as de custódia pessoal, considerando-se que "Inocorre o alegado impedimento da juíza sentenciante, eis que seu alegado pronunciamento sobre o mérito, ao fundamentar a custódia preventiva, mesmo que ocorrente, não a impedia de exercer a jurisdição já que ausente o requisito de ter a juíza funcionado como tal em outra instância".[1470]

Do magistrado que rejeita a denúncia e, por força de recurso em sentido estrito, vem a recebê-la, "Hipótese em que não está impedido o juiz de funcionar no processo".[1471]

6. Taxatividade do rol do presente artigo – *vide* art. 96, item 1.1

1466 **Direito e Razão**, *op. cit.*, p. 433.
1467 STJ. **HC 172.009**. 6ª Turma. Relator: Min. Maria T. A. Moura. Data de julgamento: 23 nov. 2010.
1468 TRF. 4ª Região. Relatora: Juíza Maria de Fátima Freitas Labarrère. 14 jan. 2004.
1469 TJSP. **Exceção de Impedimento 18.120-0**. Iguape. Relator: Dirceu de Mello. 12 maio 1994.
1470 TJSP. Relator: Segurado Braz. 18 out. 1993.
1471 TJSP. RT, 638/271.

6.1 Necessidade da adequação do artigo às uniões estáveis e às uniões homoafetivas

Malgrado a posição exposta no tópico anterior, a defasagem de redação do Código em relação às formas de união hoje existentes é gritante, não se limitando o cenário atual à figura do casamento. Tendo sido os evidentes laços que unem marido e mulher a causa da alocação da situação de cônjuge como fator de impedimento do exercício da jurisdição, o mesmo deve ser estendido às outras formas de união, seja a união estável, seja a união homoafetiva.

A propósito do tema, o e. STF manifestou-se pela equiparação dessas últimas, produzindo efeitos jurídicos que, por certo, projetam-se também para o processo penal. Com efeito, acórdão relatado pelo e. Min. Celso de Mello traz as seguintes ponderações:

Não obstante as razões de ordem estritamente formal, que tornam insuscetível de conhecimento a presente ação direta, mas considerando a extrema importância jurídico-social da matéria – cuja apreciação talvez pudesse viabilizar-se em sede de arguição de descumprimento de preceito fundamental –, cumpre registrar, quanto à tese sustentada pelas entidades autoras, que o magistério da doutrina, apoiando-se em valiosa hermenêutica construtiva, utilizando-se da analogia e invocando princípios fundamentais (como os da dignidade da pessoa humana, da liberdade, da autodeterminação, da igualdade, do pluralismo, da intimidade, da não discriminação e da busca da felicidade), tem revelado admirável percepção do alto significado de que se revestem tanto o reconhecimento do direito personalíssimo à orientação sexual, de um lado, quanto a proclamação da legitimidade ético-jurídica da união homoafetiva como entidade familiar, de outro, em ordem a permitir que se extraiam, em favor de parceiros homossexuais, relevantes consequências no plano do Direito e na esfera das relações sociais. Essa visão do tema, que tem a virtude de superar, neste início de terceiro milênio, incompreensíveis resistências sociais e institucionais fundadas em fórmulas preconceituosas inadmissíveis, vem sendo externada, como anteriormente enfatizado, por eminentes autores, cuja análise de tão significativas questões tem colocado em evidência, com absoluta correção, a necessidade de se atribuir verdadeiro estatuto de cidadania às uniões estáveis homoafetivas (Luiz Edson Fachin, *Direito de família* – Elementos críticos à luz do novo Código Civil brasileiro, p. 119-127, item n. 4, 2003, Renovar; Luiz Salem Varella e Irene Innwinkl Salem Varella, *Homoerotismo no direito brasileiro e universal* – parceria civil entre pessoas do mesmo sexo, 2000, Agá Juris Editora, Roger Raupp Rios, *A homossexualidade no direito*, p. 97-128, item n. 4, 2001, Livraria do Advogado Editora – ESMAFE/RS; Ana Carla Harmatiuk Matos, *União entre pessoas do mesmo sexo*: aspectos jurídicos e sociais, p. 161-162, Del Rey, 2004; Viviane Girardi, *Famílias contemporâneas, filiação e afeto*: a possibilidade jurídica da adoção por homossexuais, Livraria do Advogado Editora, 2005; Taísa Ribeiro Fernandes, *Uniões homossexuais*: efeitos jurídicos, Editora Método, São Paulo; José Carlos Teixeira Giorgis, A natureza jurídica da relação homoerótica, *Revista da AJURIS*, n. 88, t. I, p. 224-252, dez. 2002, *v.g.*). Cumpre referir, neste ponto, a notável lição ministrada pela eminente Desembargadora Maria Berenice Dias (*União homossexual*: o preconceito & a justiça, p. 71-83 e p. 85-99, 97, 3. ed., 2006, Livraria do Advogado Editora), cujas reflexões sobre o tema merecem especial destaque: A Constituição outorgou especial proteção à família, independentemente da celebração do casamento, bem como às famílias monoparentais. Mas a família não se define exclusivamente em razão do vínculo entre um homem e uma mulher ou da convivência dos ascendentes com seus descendentes. Também o convívio de pessoas do mesmo sexo ou de sexos diferentes, ligadas por laços afetivos, sem conotação sexual, cabe ser reconhecido como entidade familiar. A prole ou a capacidade procriativa não são essenciais para que a convivência de duas pessoas mereça a proteção legal, descabendo deixar fora do conceito de família as relações homoafetivas. Presentes os requisitos de vida em comum, coabitação, mútua assistência, é de se concederem os mesmos direitos e se imporem iguais obrigações a todos os vínculos de afeto que tenham idênticas características.

Enquanto a lei não acompanha a evolução da sociedade, a mudança de mentalidade, a evolução do conceito de moralidade, ninguém, muito menos os juízes, pode fechar os olhos a essas novas realidades. Posturas preconceituosas ou discriminatórias geram grandes injustiças. Descabe confundir questões jurídicas com questões de caráter moral ou de conteúdo meramente religioso. Essa responsabilidade de ver o novo assumiu a Justiça ao emprestar juridicidade às uniões extraconjugais. Deve, agora, mostrar igual independência e coragem quanto às uniões de pessoas do mesmo sexo. Ambas são relações afetivas, vínculos em que há comprometimento amoroso. Assim, impositivo reconhecer a existência de um gênero de união estável que comporta mais de uma espécie: união estável heteroafetiva e união estável homoafetiva. Ambas merecem ser reconhecidas como entidade familiar. Havendo convivência duradoura, pública e contínua entre duas pessoas, estabelecida com o objetivo de constituição de família, mister reconhecer a existência de uma união estável. Independente do sexo dos parceiros, fazem jus à mesma proteção.

Ao menos até que o legislador regulamente as uniões homoafetivas – como já fez a maioria dos países do mundo civilizado –, incumbe ao Judiciário emprestar-lhes visibilidade e assegurar-lhes os mesmos direitos que merecem as demais relações afetivas. Essa é a missão fundamental da jurisprudência, que necessita desempenhar seu papel de agente transformador dos estagnados conceitos da sociedade.[1472]

> Art. 253. Nos juízos coletivos, não poderão servir no mesmo processo os juízes que forem entre si parentes, consanguíneos ou afins, em linha reta ou colateral até o terceiro grau, inclusive.

1. Definição de parentesco em linha reta
Vide art. 1.591 do Código Civil: "São parentes em linha reta as pessoas que estão umas para com as outras na relação de ascendentes e descendentes".

2. Forma de contagem do parentesco em linha reta
Vide art. 1.594 do Código Civil: "Contam-se, na linha reta, os graus de parentesco pelo número de gerações, e, na colateral, também pelo número delas, subindo de um dos parentes até ao ascendente comum, e descendo até encontrar o outro parente".

3. Definição de parentesco natural ou civil
Vide art. 1.593 do Código Civil: "O parentesco é natural ou civil, conforme resulte de consanguinidade ou outra origem".

4. Definição de parentesco colateral ou transversal
Vide art. 1.592 do Código Civil: "São parentes em linha colateral ou transversal, até o quarto grau, as pessoas provenientes de um só tronco, sem descenderem uma da outra".

5. Definição de parentesco por afinidade
Vide art. 1.595 do Código Civil: "Cada cônjuge ou companheiro é aliado aos parentes do outro pelo vínculo da afinidade. § 1º O parentesco por afinidade limita-se aos ascendentes, aos descendentes e aos irmãos do cônjuge ou companheiro. § 2º Na linha reta, a afinidade não se extingue com a dissolução do casamento ou da união estável".

> Art. 254. O juiz dar-se-á por suspeito, e, se não o fizer, poderá ser recusado por qualquer das partes:
> I – se for amigo íntimo ou inimigo capital de qualquer deles;
> II – se ele, seu cônjuge, ascendente ou descendente, estiver respondendo a processo por fato análogo, sobre cujo caráter criminoso haja controvérsia;
> III – se ele, seu cônjuge, ou parente, consanguíneo, ou afim, até o terceiro grau, inclusive, sustentar demanda ou responder a processo que tenha de ser julgado por qualquer das partes;
> IV – se tiver aconselhado qualquer das partes;
> V – se for credor ou devedor, tutor ou curador, de qualquer das partes;
> VI – se for sócio, acionista ou administrador de sociedade interessada no processo.

1. Taxatividade do rol do art. 254
Em princípio, é taxativo o rol de suspeição constante do art. 254 do Código de Processo Penal[1473] e "em tema de suspeição, descabe trazer à tona qualquer causa não elencada no art. 254 do Código de Processo Penal, cujo rol é taxativo e não admite ampliação para alcançar hipóteses análogas"[1474], vez que "a exceção de suspeição do magistrado não pode se fundar em razões arbitrárias aos motivos não abrangidos pela lei".[1475]

No entanto,

> embora se afirme que a enumeração do art. 254, do Código de Processo Penal, seja taxativa, a imparcialidade do julgador é tão indispensável ao exercício da jurisdição que se deve admitir a interpretação extensiva e o emprego da analogia diante dos termos previstos no art. 3º do Código de Processo Penal.[1476]

1.1 Momento de arguição
A presunção de parcialidade nas hipóteses de suspeição e relativa, pelo que cumpre ao interessado argui-la na primeira oportunidade, sob pena de preclusão.[1477]

2. Necessidade de comprovação das causas de suspeição
É da estrutura da exceção de suspeição (arts. 95 e seguintes do Código de Processo Penal) a necessidade de dilação probatória para a confirmação da existência das causas que geram a quebra da imparcialidade.

[1472] STF. Relator: Celso de Mello. Data de julgamento: 6 fev. 2006.
[1473] TRF. 3ª Região. 2ª Turma. Relatora: Juíza Sylvia Steiner. 29 set. 1999.
[1474] TRF. **Exsusp**. 3ª Região. 5ª Turma. Relatora: Juíza Ramza Tartuce. 20 abr. 1999.
[1475] TRF. **Exsusp** 3ª Região. 5ª Turma. Relator: Juiz Pedro Rotta. 2 jun. 1998.
[1476] STJ. **REsp**. 6ª Turma. Relator: Vicente Leal. 1º out. 2001.
[1477] STF. **HC 107.780**. 1ª Turma. Relatora: Min.ª Carmen Lucia. Data de julgamento: 13 set. 2011. Data de publicação: DJE, 5 out. 2011.

Dessa forma, "Descabe o afastamento de magistrado das funções que lhe foram conferidas pelo Estado, pela tão só afirmação de inimizade pela interessada. Prova induvidosa do interesse pessoal do magistrado na solução da demanda é requisito essencial ao deferimento da Exceção de Suspeição".[1478]

2.1 Extensão das causas aos juízes leigos

"É incontroverso que as causas de impedimento ou de suspeição dos juízes togados são aplicáveis aos jurados, juízes leigos, que igualmente decidem 'de fato', nas deliberações do Júri".[1479]

2.2 Motivo de foro íntimo

"A suspeição por motivo de 'foro íntimo' somente pode ser manifestada pelo juiz e não por imposição das partes"[1480].

3. Causas de suspeição e nulidade

Consoante entendimento esposado pela 2ª Turma do Eg. Supremo Tribunal Federal[1481], a suspeição do Juiz implica nulidade absoluta, não sendo passível de preclusão. A hipótese de suspeição prevista no art. 254, inciso II, do CPP, exige que o próprio Juiz, seu cônjuge ou parente próximo esteja respondendo a processo-crime sobre fato análogo ao imputado ao réu, sobre cujo caráter criminoso haja controvérsia. *In casu*, o cônjuge da Juíza de primeiro grau está respondendo a processo de furto ocorrido nas dependências do Fórum local, não havendo controvérsia acerca do caráter criminoso do fato capaz de influir no julgamento da Magistrada em relação ao paciente, acusado de latrocínio, inexistindo qualquer relação de conexão ou continência entre os feitos. Ordem denegada.[1482]

3.1 Comportamentos processuais e alcance das causas de suspeição

Variada é a casuística sobre as hipóteses de comportamento processual que não alcançam a esfera do comprometimento pessoal do juiz para com a causa.

Um vetor interpretativo pode ser encontrado em determinado provimento que considerou que "não denota parcialidade ou tendenciosidade capaz de suportar suspeição o fato de o Juiz praticar atos puramente jurisdicionais, públicos, sujeitos ao contraditório e à ampla defesa, em processos sujeitos à sua direção e dependentes de seu impulso decisório, mormente se há recursos próprios a atacá-los. A independência funcional do Juiz nem sempre o levará a decidir conforme a pretensão das partes ou no mesmo sentido do entendimento dos Tribunais"[1483], sendo certo que "contra o Magistrado que se limita a extrair considerações *ad argumentandum*, ante o que lhe foi oferecido nos autos, nada inventando e nem dando interpretação tendenciosa às provas, não é cabível arguição de exceção de suspeição, máxime quando feita em preliminar de apelação".[1484]

Assim, "o fato de o juiz ter, atendendo determinação da instância superior, posto o réu em liberdade, e, logo em seguida, decretado a sua prisão, possibilidade esta apontada, inclusive, pelo tribunal, não configura suspeição".[1485]

Da mesma forma, "o simples fato de ter julgado procedente o recurso em sentido estrito em favor da acusação, mesmo após a prolação de sentença condenatória, não permite que se declare o impedimento do órgão julgador para apreciar eventuais recursos a serem interpostos no mesmo processo" (STJ. HC. 5ª Turma. Relator: Felix Fischer. 20 ago. 2001) ou mesmo quando

> o magistrado, ao prestar informações em outro *habeas corpus* impetrado pelo paciente, na instância *a quo*, não prejulga a causa, mas, atento aos ditames do art. 312, do CPP, limita-se a demonstrar, fincado no material coligido pelo inquérito policial, a presença dos requisitos para decretação de prisão preventiva, correto foi o acórdão atacado em rejeitar a exceção de suspeição, cujas hipóteses estão catalogadas *numerus clausus* no Código de Processo Penal.[1486]

Em igual sentido, a situação na qual

> O modo de proceder da excepta ao realizar o interrogatório do réu, ao inserir nas perguntas o nome dos outros acusados, não pode ser considerado como indicação de parcialidade da Juíza; ao contrário, o que se nota é que, assim procedendo, teve em vista esclarecer como se deram os fatos, bem como as pessoas envolvidas, buscando firmar sua convicção, sendo que, em nenhum

---

[1478] TRF. **Exsusp**. 1ª Região. 4ª Turma. Relator: Juiz Hilton Queiroz. 1º dez. 2000.
[1479] STJ. **REsp**. 6ª Turma. Relator: Vicente Leal. 1º out. 2001.
[1480] TRF. **Agrexs**. 4ª Região. 2ª Turma. Relator: Juiz Élcio Pinheiro de Castro. 13 out. 1999.
[1481] HC 77930/MG. Relator: Min. Maurício Corrêa. Data de publicação: *DJ*, 9 abr. 1999.
[1482] STJ. **HC**. 5ª Turma. Relator: José Arnaldo da Fonseca. 10 jun. 2002.
[1483] TRF. 4ª Região, Exsusp, 1ª T., rel. Juíza Eloy Bernst Justo, 14-6-2000.
[1484] *RJTACrim*, 25/139.
[1485] TRF. **Exsusp**. 1ª Região. 3ª Turma.Relator: Juiz Tourinho Neto. 13 set. 1993.
[1486] STJ. **HC**. 6ª Turma. Relator: Fernando Gonçalves. 11 out. 1999.

momento, constata-se que tenha atuado com parcialidade.[1487]

Da mesma forma, considera-se que "O uso de adjetivos pejorativos é natural da fundamentação da segregação cautelar e o fato de o juiz fazer referência ao depoimento das testemunhas perante o Tribunal do Júri não implica, por si só, parcialidade ou prejulgamento".[1488]

Em suma, "somente uma atitude de manifesta parcialidade é que evidenciaria uma propensão da magistrada no julgamento da causa. 4. Exceção de suspeição improcedente".[1489]

4. Alcance da inimizade

Já se considerou que o mau relacionamento entre juiz e advogado não é considerado como causa de suspeição.[1490]

Quanto às rusgas entre o Juiz e o acusador público, considerou-se em determinado caso que

o fato de a d. magistrada apresentar ponto de vista diverso daquele defendido pelo Ministério Público não pode ser aceito com prova cabal de sua parcialidade. Haveria necessidade da prova de que decisões tomadas em casos semelhantes aos dos autos tiveram solução diversa da que foi decidida pela excepta nos casos acima mencionados. Exceção rejeitada quanto a este fundamento. A decisão que se encontra transcrita na exceção e que indicaria um aconselhamento da parte não pode ser entendida como tal. Há de se considerar a qualidade intelectual e a experiência do advogado do réu para verificar que a recomendação de recorrer aos Tribunais Superiores apresentava-se como algo desnecessário e do qual o d. advogado já tinha conhecimento. A inimizade capital não é apenas possível de ocorrer entre o juiz e o réu, e sim pode acontecer entre o magistrado e o advogado ou entre o magistrado e o Ministério Público. Se a magistrada chegou a ponto de sentir-se lesada em direitos de sua personalidade, promove uma ação por dano moral contra os membros do Ministério Público que atuam neste caso, verifica-se que entre ela e os excipientes configurou-se a situação descrita e aceita com inimizade capital, que não é apenas o ódio, o rancor ou o desejo de causar mal

irreversível, mas que se configura também com o estado de aversão recíproca e incompatibilidade insuperável. Desta forma, é de ser provida a exceção de suspeição com base na configuração da hipótese de inimizade capital.[1491]

É certo que

a simples alegação da existência de conflitos de opiniões ou de posicionamentos divergentes durante o procedimento não é suficiente para caracterizar uma "inimizade capital", expressão que tem mais a ver com ódio, rancor, ou seja, com sentimentos fortes, diferentes daqueles que surgem em meros incidentes processuais em que o juiz repele, ainda que com veemência, pretensões do réu.[1492]

Conforme bem apontado em determinado provimento, "a amizade que determina a suspeição do Magistrado não é aquela que decorre das relações profissionais e obrigatórias na função forense, senão a amizade íntima de tal forma que retire do Juiz a isenção de julgar, sendo necessário ao conhecimento da exceção a atribuição de gestos concretos e também o cumprimento dos requisitos procedimentais previstos no art. 98 do CPP" (RJTACrim, 35/203), não se enquadrando neste âmbito a situação de "os juízes terem relacionamento diário e serem vizinhos de gabinete".[1493]

No mesmo sentido, a ocorrência de "almoço no intervalo do expediente, em local público e na companhia de terceiro magistrado, não caracteriza amizade íntima entre Juiz Federal que preside autos de ação penal e outro que figura como assistente de acusação"[1494] ou mesmo "por haver [o juiz] declarado na sentença que o delegado de polícia que presidira o inquérito merecia sua confiança. Afirmação que, por si só, não induz amizade íntima".[1495]

Art. 255. O impedimento ou suspeição decorrente de parentesco por afinidade cessará pela dissolução do casamento que lhe tiver dado causa, salvo sobrevindo descendentes; mas, ainda que dissolvido o casamento sem descendentes,

---

1487 TRF. **Exsusp**. 4ª Região. 1ª Turma. Relator: Juiz José Luiz B. Germano da Silva. 4 jul. 2001.
1488 STJ. **HC**. 5ª Turma. Relator: Gilson Dipp. 6 out. 2003.
1489 TRF. **Exsusp**. 4ª Região. 7ª Turma. Relator: Juiz Fabio Rosa. 11 jun. 2003.
1490 TRF. **Exsusp**. 1ª Região. 3ª Turma. Relator: Juiz Tourinho Neto. 10 jun. 1991.
1491 TRF. **Exsusp**. 3ª Região. 1ª Turma. Relator: Juiz Fausto de Sanctis. 25 nov. 2003.
1492 TRF. **Exsusp**. 2ª Região. 2ª Turma. Relator: Juiz Antônio Cruz Netto. 23 abr. 2002.
1493 TRF. **Exsusp**. 4ª Região. 1ª Turma. Relator: Juiz José Luiz B. Germano da Silva, 4 jul. 2001.
1494 TRF. 4ª Região. 2ª Turma. Relator: Juiz Élcio Pinheiro de Castro. 13 out. 1999.
1495 TACrimSP. *RT*, 533/368.

não funcionará como juiz o sogro, o padrasto, o cunhado, o genro ou enteado de quem for parte no processo.

1. Dissolução do casamento e seus efeitos
Quando da dissolução da sociedade conjugal nos termos da Lei n. 6.515, de 26 de dezembro de 1977 (Lei do Divórcio) e do Código Civil, haverá reflexos patrimoniais (término do regime matrimonial de bens adotado pelos cônjuges), e parentais, para fins do presente artigo, com a cessação das causas de impedimento ou suspeição, salvo para a condição do juiz natural da causa, que não poderá permanecer funcionando nos autos quando tiver sido sogro, cunhado ou genro de quem for parte no processo.

Extensiva a essa ideia de parte, quer-nos parecer, ainda que não peremptoriamente declarado pela lei processual penal, que se deva considerar o assistente de acusação legalmente habilitado e, uma vez interposto recurso por terceiro interessado não habilitado em fase anterior, pelos mesmos fundamentos não pode permanecer como juiz da causa o magistrado nas condições apontadas.

2. Extensão para as "sociedades de fato"
As sociedades de fato, da mesma forma que o casamento regular, na medida em que constitucionalmente aproximadas, devem ser consideradas para fins do presente artigo nas mesmas condições do casamento.

3. Demais situações do presente artigo
O presente artigo ainda cuida de situações como a do padrasto e a do enteado, cuja natureza de parentesco merece relevo, ainda que não mais subsista a relação que a gerou.

> Art. 256. A suspeição não poderá ser declarada nem reconhecida, quando a parte injuriar o juiz ou de propósito der motivo para criá-la.

1. Princípio geral
Não pode aproveitar a torpeza aquele que lhe deu causa. Assim, se o fator que gera a suspeição for motivado por ato provocado especificamente para esta finalidade pela parte que deseja o afastamento de determinado membro da magistratura ou órgão do Ministério Público, não se pode reconhecer a hipótese.[1496]

CAPÍTULO II – Do Ministério Público

> Art. 257. Ao Ministério Público cabe: (Redação dada pela Lei n. 11.719, de 20-6-2008)

1. Fundamento constitucional da instituição Ministério Público: *vide* CR, arts. 127 e seguintes

2. Discussão sobre a posição institucional do Ministério Público
Um processo penal de caráter acusatório implica um grau de independência do acusador público para que, de forma independente, possa exercer o papel que lhe é reservado.

Para compreender melhor as consequências dessa colocação, é forçoso resgatar um pouco da discussão dogmática sobre a posição institucional do Ministério Público, cotejando textos anteriores à CR em vigor, aqueles que lhe serviram de instrumental teórico e alguma literatura que se seguiu.

No direito brasileiro pós-1988, surge o Ministério Público como exteriorização do imaginário da eficiência de todo aparato investigativo e fiscalizador. Tal missão institucional foi trabalhada pela dogmática que alicerçou a Constituição em vigor, que atrelou o fortalecimento do Ministério Público ao conceito de democracia e à legitimidade do processo de reconstitucionalização, como se observa nas palavras de renomado conhecedor da matéria, ao afirmar que

> Nesta época em que se desenvolvem estudos preparatórios da nova ordem jurídica constitucional no país, é oportuno submeter a debate enquadramento constitucional, as funções, os princípios e as garantias do Ministério Público, buscando fortalecer esta Instituição toda ela voltada primordialmente à defesa dos interesses indisponíveis da sociedade, pois somente a um Estado plenamente democrático convirá um Ministério Público realmente forte e independente, capaz de defender os interesses da sociedade e não os do governo ou dos governantes.[1497]

Com isso também se destacava a[1498], como se fora própria dessa instituição uma vocação quase quixotesca para a defesa dos menos favorecidos, visão

---

[1496] STF. **RHC 119.892**. 2ª Turma. Relator: Min. Gilmar Mendes. Data de julgamento: 25 ago. 2015. Data de publicação: DJE, 1º out. 2015.

[1497] MAZZILLI, Hugo Nigro. **Justitia**, 137/57. São Paulo, 1987. Também disponível em: <http://www.mazzilli.com.br/pages/artigos/mpconstituinte.pdf>.

[1498] FAGUNDES, Seabra. O Ministério Público e a preservação da ordem jurídica no interêsse coletivo. **Rev. Dir. Públ. e Ciência Política**, Rio de Janeiro, v. IV, n. 9, set./dez. 1961.

quase que romântica do papel do *parquet* muito bem ilustrada pelas palavras candentes de Dinamarco, ao afirmar que

> Por isso, a muitos não convém que exista um Ministério Público integrado nesse movimento de publicização dos direitos subjetivos, e de ampliação do número dos participantes dos bens da vida. E o resultado é o que hoje estamos vendo. São lutas memoráveis, são angústias sem fim, e mal consegue o Ministério Público um palmo de terreno em matéria de garantias e prerrogativas, contra ele se desencadeiam as forças retrógradas dessa reação desligada da realidade social, política e econômica do mundo moderno.[1499]

Normalmente, esse caminho é saudado com entusiasmo e de forma enfática não só pelos integrantes do Ministério Público, mas, também, por grande parte da cultura jurídica nacional, que aplaudiu o novo figurino do *parquet*, louvando-lhe as novas atribuições, estas sempre justificadas pelo "interesse público"[1500], concluindo-se que "a defesa da ordem jurídica significa a defesa da correta aplicação da Constituição e das leis, que, conjugada com a defesa do regime democrático, significa, enfim, a defesa do Estado de Direito. Consideradas a destinação institucional, a defesa dos interesses sociais – expressão que compreende os interesses coletivos e difusos – somada à defesa dos interesses indisponíveis, pode-se afirmar que a atuação do Ministério Público estará sempre fulcrada na defesa do interesse público"[1501], exultando seu engrandecimento institucional e seu incomparável *status* constitucional em relação às demais constituições ocidentais, de forma geral avalizando a opção (política) que o apresenta teoricamente como independente em relação aos demais "poderes" do Estado.[1502]

Aliás, é de ser dito que, em não raras ocasiões, aclamou-se o Ministério Público como um "quarto poder", tema cuja discussão é longa na história institucional e da dogmática pátria, podendo ser encontrados antecedentes ainda na década de 1940, quando se buscava a realocação constitucional do *parquet*[1503], ou mais recentemente, quando se afirmou que "teoricamente nada impediria estar o Ministério Público dentro de qualquer dos ramos do poder ou ser erigido, por opção legislativa, a um quarto Poder"[1504].

O discurso, no entanto, já havido sido mais ameno, quando foi afirmada uma posição "genuína" do *parquet*, como "nem Poder Judiciário, nem Poder Executivo, nem mesmo quarto poder, necessariamente, mas, em essência, organismo ao lado e do lado da sociedade e sua vontade disciplinada, definida e expressa na ordem jurídica"[1505], ou, quando menos, justificando-o como "categoria à parte"[1506], com o que alguns estudiosos do assunto parecem concordar[1507].

No entanto, tal entendimento sempre foi alvo da desconfiança de renomados nomes da doutrina nacional[1508], com a reserva explícita a tal entendimento de Frederico Marques, ao afirmar que "o Ministério Público nem é um quarto poder, nem tampouco órgão integrante do Poder Judiciário (...) o Ministério Público está na zona extrema da administração, justamente onde esta confina com a atividade jurisdicional".[1509]

Ao mesmo tempo em que o Ministério Público assume a posição de legitimado ativo nas ações civis públicas e vai buscando ainda mais sua intervenção no processo civil por força de um movimento expansionista, o *parquet* irá ascender ao topo da legitimação ativa para a propositura da acusação penal pública, sendo controlado neste ponto apenas formalmente pela ação penal privada subsidiária da pública, cujo emprego é praticamente nulo na história processual penal pátria.

Existe aqui uma incorreta identificação teórica entre os papéis do Ministério Público no processo civil e no processo penal, fruto, talvez, da dependência dogmática do segundo em relação ao primeiro e da influência de pensamentos oscilantes

---

[1499] DINAMARCO, Candido Rangel. O Ministério Público na sistemática do direito brasileiro. **Justitia**, ano XXX, v. LXI, abr./jun. p. 161-173, 1968.
[1500] BURLE FILHO, José Emmanuel; GOMES, Maurício Augusto. Ministério Público, as funções do estado e seu posicionamento constitucional. In: VIII CONGRESSO NACIONAL DO MINISTÉRIO PÚBLICO. Teses aprovadas no VIII Congresso Nacional do Ministério Público. Série Temas Institucionais. São Paulo: Associação Paulista do Ministério Público, 1990. Também disponível em *Justitia*, São Paulo, v. 53, n. 153, p. 41-58, jan./mar. 1991.
[1501] COELHO, Inocêncio Mártires. O controle externo da atividade policial pelo Ministério Público. **Justitia**, 154/1991.
[1502] BURLE, *op. loc. cit.*
[1503] SALIGNAC E SOUSA, Leôncio de. O Ministério Público do Brasil. **Justitia**, v. 5, set. 1942 e abr. 1943.
[1504] SARABANDO, José Fernando Marreiros. Controle externo da atividade policial pelo Ministério Público. Justitia 177/1997.
[1505] CAMARGO PENTEADO, Jaques de. O princípio do promotor natural. **Justitia**, 129/1985.
[1506] SIQUEIRA, *op. cit.*
[1507] MAZZILI, *op. cit.*
[1508] NONATO, Orosimbo. Em defesa das garantias do Ministério Público. **Justitia**, 32/1961.
[1509] MARQUES, José Frederico. A chefia do Ministério Público e a Constituição Federal. **Justitia**, 76/1972.

de renomados processualistas acerca do papel do *parquet*, dentre eles e, sobretudo, Carnelutti[1510], que apresentava o Ministério Público como *un juez disfrazado de parte* e por vezes lhe dava o rótulo de parte artificial[1511], na tentativa de edificar a distinção entre parte "formal" e "substancial".

No processo penal hodierno, não se coloca mais em discussão a absoluta pertinência do modelo acusatório com o Estado Democrático de Direito, dele decorrendo – mas a ele não se limitando os traços definidores–a tripartição de funções entre o julgador, o acusador e a defesa; não se cogita no processo penal contemporâneo de feição democrática a possibilidade da mescla de funções entre o órgão julgador e o acusatório, sendo que o papel de promovente da ação recai, no caso da ação penal pública, nos ombros da instituição do Ministério Público, seja em sede de persecução nacional ou internacional, como nos mostra o recente Tribunal Penal Internacional de caráter permanente.

De todo o exposto se conclui, a partir da ótica do Estado de Direito e seu correspondente no processo penal, que:

- o Ministério Público é parte no processo penal;
- como tal, deve se submeter às regras processuais cabíveis às partes, não ostentando possibilidade de fruição de direitos que sejam dispensáveis ao exercício independente da ação penal;
- não se configura como "quarto poder" ou qualquer adjetivo semelhante, inserindo-se nas estruturas do Estado com vinculação mitigada ao Poder Executivo;
- está sujeito ao controle processual pelos mecanismos próprios, notadamente o controle de sua inação por meio da ação penal subsidiária da pública.

3. Garantias constitucionais do Ministério Público: compreensão e âmbito de atuação

A CR, ao mesmo tempo em que conferiu os poderes processuais e extraprocessuais ao Ministério Público, também lhe deu garantias funcionais para que possa exercer a acusação pública e os meios de sua preparação de forma compatível com o Estado de Direito.

Assim, o art. 128, § 5º, da CR dispõe que

leis complementares da União e dos Estados, cuja iniciativa é facultada aos respectivos Procuradores-Gerais, estabelecerão a organização, as atribuições e o estatuto de cada Ministério Público, observadas, relativamente a seus membros: I – as seguintes garantias: *a)* vitaliciedade, após dois anos de exercício, não podendo perder o cargo senão por sentença judicial transitada em julgado; *b)* inamovibilidade, salvo por motivo de interesse público, mediante decisão do órgão colegiado competente do Ministério Público, por voto de dois terços de seus membros, assegurada ampla defesa; *c)* irredutibilidade de subsídio.

Tais disposições, assimilando as garantias orgânicas do Ministério Público às da Magistratura, na verdade têm respaldo no cenário internacional, cabendo lembrar as diretrizes sobre a função do Ministério Público aprovadas pelo 8º Congresso das Nações Unidas sobre Prevenção do Delito e Tratamento do Delinquente, celebrado em Havana (Cuba), em 1990.

Levou-se em conta que o Ministério Público desempenha um papel fundamental na administração de justiça e que, na esteira do que já havia sido decidido pelo 7º Congresso das Nações Unidas que aprovou os princípios básicos relativos à independência dos Juízes na esteira das Resoluções 40/32, de 29 de novembro de 1985, e 40/146, de 13 de dezembro de 1985 e, para tanto, *el cargo de fiscal estará estrictamente separado de las funciones judiciales* e *Los fiscales, de conformidad con la ley, deberán cumplir sus funciones con imparcialidad, firmeza y prontitud, respetar y proteger la dignidad humana y defender los derechos humanos, contribuyendo de esa manera a asegurar el debido proceso y el buen funcionamiento del sistema de justicia penal*, e, no cumprimento de suas obrigações, os integrantes do Ministério Público *desempeñarán sus funciones de manera imparcial y evitarán todo tipo de discriminación política, social, religiosa, racial, cultural, sexual o de otra índole*.

Assim, deve-se ter em mente que as garantias constitucionais correspondem a um determinado modelo institucional aderente ao Estado de Direito e existem na medida da sua essencialidade para o exercício da persecução penal em conformidade com o modelo constitucionalmente estabelecido (acusatório).

Sem embargo, ao lado das garantias constitucionais acima mencionadas, existem, a partir da Lei Orgânica Nacional do Ministério Público (art. 40 da Lei n. 8.625, de 12 de fevereiro de 1993), inúmeras prerrogativas que guardam certo grau de proximidade com as garantias constitucionais, segundo parte da doutrina, como a de o órgão do Ministério Público ser ouvido, como testemunha ou ofendido, em qualquer processo ou inquérito, em dia, hora e local previamente ajustados com o Juiz ou com a autoridade competente, e a de ser processado e julgado

---

[1510] CARNELUTTI, Francesco. Per una teoria generale del processo. In: **Questione sul processo penale**. Bologna: Dott Cesare Zuffi-Editore, 1950, p. 119.

[1511] Carnelutti, op cit p. 117.

originariamente pelo Tribunal de Justiça de seu Estado, nos crimes comuns e de responsabilidade, ressalvada a exceção de ordem constitucional.

Por outro lado, o art. 41 da mesma Lei enumera outras prerrogativas, como a de receber o mesmo tratamento jurídico e protocolar dispensado aos membros do Poder Judiciário junto aos quais oficiem; usar as vestes talares e as insígnias privativas do Ministério Público ou, por exemplo, tomar assento à direita dos Juízes de primeira instância ou do Presidente do Tribunal, Câmara ou Turma.

Tais prerrogativas não se prendem às garantias constitucionais para o exercício do cargo, e somente a muito custo pode-se alcançar a conclusão de que algum desconforto quanto ao exercício da maioria delas possa influenciar no desempenho das atividades processuais típicas.

Se algumas prerrogativas possuem reflexos processuais (como, *v.g.*, examinar, em qualquer Juízo ou Tribunal, autos de processos findos ou em andamento, ainda que conclusos à autoridade, podendo copiar peças e tomar apontamentos ou examinar em qualquer repartição policial autos de flagrante ou inquérito, findos ou em andamento, ainda que conclusos à autoridade, podendo copiar peças e tomar apontamentos), outras são absolutamente inconsequentes para a finalidade processual (*v.g.*, o local de assento em sala de audiências ou no Tribunal).

Certas intransigências em nome dessas prerrogativas podem chegar às raias do absurdo, mormente quando impossíveis de serem exercidas por absoluta impropriedade física, como no exemplo do local do assento acima mencionado, quando não há viabilidade física para tanto, ou a exigência de uso de vestes talares onde elas não estão disponíveis.

A recusa na realização de um ato processual nessas circunstâncias torna-se muito mais onerosa para a dignidade da pessoa acusada que a realização do ato fora das condições prerrogativamente previstas.

Da mesma maneira exclui-se caso em que

> a denúncia se deu por promotor que não o atuante em face do Tribunal do Júri, exclusivo para essa finalidade. O paciente foi denunciado como incurso nas penas dos arts. 121, "caput", do Código Penal (CP) e 12 da Lei 6.378/1976, por haver ministrado medicamentos em desacordo com a regulamentação legal, tendo a vítima falecido. A Turma reconheceu não haver ferimento ao princípio do promotor natural. No caso concreto, a "priori", houve o entendimento de que seria crime não doloso contra a vida, fazendo os autos

remetidos ao promotor natural competente. Não obstante, durante toda a instrução se comprovou que, na verdade, tratava-se de crime doloso. Com isso, o promotor que estava no exercício ofereceu a denúncia e remeteu a ação imediatamente ao promotor do Júri, que poderia, a qualquer momento, não a ratificar. O colegiado entendeu, dessa maneira, configurada ratificação implícita. Outrossim, asseverou estar-se diante de substituição, consubstanciada nos princípios constitucionais do Ministério Público (MP) da unidade e da indivisibilidade, e não da designação de um acusador de exceção. Vencido o ministro Marco Aurélio, por considerar violado o princípio do promotor natural.[1512]

4. A posição topográfica do Ministério Público na sala de audiências – ADI 4768

O tema vem sendo debatido desde 2012, quando o Conselho Federal da OAB aforou ADI (registrada sob n. (ADI) 4768) para declarar inconstitucional norma existente no Estatuto do Ministério Público da União (Lei Complementar n. 75/1993) e da Lei Orgânica do MP (Lei n. 8.625/1993), especificamente artigo no 18, I, "a", da Lei Orgânica do Ministério Público da União (Lei Complementar n. 75/1993) e artigo 41, XI, da Lei Orgânica Nacional do Ministério Público (Lei n. 8.625/1993).

Julgada no mérito em 23/11/2022[1513] foi considerado constitucional o aparato normativo que posiciona o Ministério Público ao lado do órgão julgador. Neste ponto, o voto da Min. Carmen Lúcia aponta o caminho para o entendimento majoritário: "Longe da referência inquisitorial arguida pelo autor, a distribuição dos sujeitos processuais nas audiências e sessões de julgamento decorre da própria posição assumida pelo Estado na prestação da justiça e na solução dos litígios pela aplicação da lei. Assume o Estado, na figura do juiz, o papel central e destacado de condutor e ordenador dos trabalhos, seguindo-se, ao seu lado, também o Estado, pelo Ministério Público, em defesa do interesse de toda a coletividade e, imediatamente, surge o jurisdicionado ou seu representante, na ilustre figura do advogado, em busca da tutela de interesses individuais".[1514]

Contudo, a Lei n. 14.508, de 27 de dezembro de 2022 modifica essa análise porquanto reserva à Defesa posição topográfica equivalente ao do órgão julgador e, por extensão, ao próprio Ministério Público.

Para uma análise mais extensa dessa legislação ver comentários no art. 400, "caput"

1512 STF. **HC 114093/PR**. Relator originário: Min. Marco Aurélio. Redator para o acórdão: Min. Alexandre de Moraes. Data de julgamento: 3 out. 2017. (HC 114093)
1513 Tramitação disponível em:<https://portal.stf.jus.br/processos/detalhe.asp?incidente=4233888>. Acesso em: 28 dez. 2022.
1514 Voto disponível em: <https://www.conjur.com.br/dl/oab-discorda-votos-carmen-favor-multa1.pdf>. Acesso em: 28 dez. 2022.

I – promover, privativamente, a ação penal pública, na forma estabelecida neste Código; e (Incluído pela Lei n. 11.719, de 20-6-2008)
II – fiscalizar a execução da lei. (Incluído pela Lei n. 11.719, de 20-6-2008)

1. Tramitação legislativa da Lei n. 11.719/2008

Nos trabalhos iniciais da Comissão Grinover, o texto sugerido era "Art. 257. Ao Ministério Público cabe promover, privativamente, a ação penal pública, na forma estabelecida neste Código", tendo sido alterado para a forma que seria a definitiva quando da entrega do anteprojeto ao Congresso Nacional.

Observa-se, assim, desde o início, a opção por não adentrar em minúcias quanto ao que "cabe" ao Ministério Público, principalmente no que tange às conduções *proprio motu* das investigações, tema que também não foi abordado no texto do anteprojeto sobre essa matéria.

2. Correspondência constitucional

O texto alterado nada mais faz que atualizar o CPP aos ditames constitucionais, reproduzindo no inciso I o quanto consta no art. 129, I, da CR/88.

3. Princípio do promotor natural

O precedente que se afigura como um grande marco na discussão do tema do promotor natural (e, pela sua dinâmica concreta, também de investigação pelo Ministério Público como necessária à tutela de direitos fundamentais) é o HC 48728[1515] que apreciou a investigação feita pelo então Procurador de Justiça Hélio Bicudo, especialmente designado pela Procuradoria Geral de Justiça de SP[1516], sobre a atuação do delegado de Polícia do DOPS de São Paulo Sérgio Paranhos Fleury[1517] e suas atividades no denominado "Esquadrão da Morte".[1518]

O então Ministro Relator Luiz Gallotti reconheceu a possibilidade da investigação ser conduzida pelo Ministério Público e a legalidade da portaria de designação de um procurador de justiça para atuar em primeiro grau, investigando, tema que gerou dissidências na Corte, em especial o voto do Min. Amaral dos Santos que via, sobretudo, a impossibilidade do mesmo órgão do Ministério Público que havia investigado, vir a oferecer a acusação.[1519]

Camargo Penteado[1520], num dos textos fundamentais do assunto expõe, conclusivamente, que "o princípio do Promotor Natural, isto é, os membros do *Parquet* terão cargos específicos, proibidas as simples e discricionárias designações, afastando-se Promotor de Justiça *ad hoc*, está inserido na Constituição da República".

Em caso paradigmático, o e. STF decidiu que:

Promotor natural. Existência expressa na CF. Âmbito de aplicação. O postulado do Promotor Natural, que se revela imanente ao sistema constitucional brasileiro, repele, a partir da vedação de designações casuísticas efetuadas pela Chefia da Instituição, a figura do acusador de exceção. Esse princípio consagra uma garantia de ordem jurídica, destinada tanto a proteger o membro do Ministério Público, na medida em que lhe assegura o exercício pleno e independente de seu ofício, quanto a tutelar a própria coletividade, a quem se reconhece o direito de ver atuando, em qualquer causa, apenas o Promotor cuja intervenção se justifique a partir de critérios abstratos e predeterminados, estabelecidos em lei. A matriz constitucional desse princípio assenta-se nas cláusulas da independência funcional e da inamovibilidade dos membros da Instituição. O postulado do Promotor Natural limita, por isso mesmo, o poder do Procurador-Geral que, embora expressão visível da unidade institucional, não deve exercer a Chefia do Ministério Público de modo hegemônico e incontrastável. Posição dos Ministros Celso de Mello (relator), Sepúlveda Pertence, Marco Aurélio e Carlos Velloso. Divergência, apenas, quanto à aplicabilidade imediata do princípio do Promotor natural: necessidade da *interpositio legislatoris* para efeito de atuação do princípio (Ministro Celso de Mello); incidência do postulado, independentemente de intermediação legislativa (Ministros Sepúlveda Pertence, Marco Aurélio e Carlos Velloso). Reconhecimento da possibilidade de instituição do princípio do Promotor Natural mediante lei (Ministro Sydney Sanches). Posição de expressa rejeição à existência desse princípio consignada nos votos dos Ministros Paulo Brossard, Octávio Gallotti, Néri da Silveira e Moreira Alves. Não votaram os Ministros Francisco

---

[1515] STF. **RHC 48728 SP**. Relator: Min. Luis Gallotti. Tribunal Pleno. Data de julgamento: 26 maio 1971. Data de publicação: DJ, 20 nov. 1972. PP-07668; Ement, Vol-00893-02; PP-00465; RTJ, 63-03/299.

[1516] Portaria de 23 de julho de 1970, designação essa que também foi discutida no acórdão mencionado na nota anterior. Esse aresto contém elementos que, anos mais tarde, dariam vazão ao chamado "promotor natural".

[1517] Para contextualização desse episódio ver CHOUKR, F. H. **Transição e Consolidação da Democracia**. Florianópolis: Empório do Direito, 2016. v. 1. Especialmente Cap. 1.

[1518] As condutas seriam, também, investigadas por IPM.

[1519] Afirmação que viria a ser repetida décadas mais tarde quando houve o adensamento da discussão sobre a condução da investigação pelo Ministério Público. In: MACHADO, Luiz Alberto. Conversa com a polícia judiciária. **A & C Revista de Direito Administrativo & Constitucional**, v. 1, n. 4, p. 45-59. Curitiba: Juruá, 2000.

[1520] Camargo Penteado, *op. cit.*

Rezek e Ilmar Galvão (STF. HC 67.759. Relator: Min. Celso de Mello. Data de julgamento: 6 ago. 1992. Data de publicação: DJU, 1º jul. 1993. p. 13.143). No mesmo sentido, entendendo ter sido adotado o princípio do promotor natural pela CF, art. 5º, LIII, RSTJ, 39/461.

Aceito o princípio, deve-se apenas manifestar que, conforme determinado provimento,

> o princípio do Promotor Natural apenas tem aplicabilidade para se evitar o denominado acusador de exceção, designado com critérios políticos e manipulações casuísticas. Nesse contexto, exclui-se a hipótese de remessa do feito a outro juízo, de igual competência, quando afirmada suspeição pelo Juiz a quem originalmente foi distribuída a ação penal. Há transferência do processo em toda sua plenitude.[1521]

Art. 258. Os órgãos do Ministério Público não funcionarão nos processos em que o juiz ou qualquer das partes for seu cônjuge, ou parente, consanguíneo ou afim, em linha reta ou colateral, até o terceiro grau, inclusive, e a eles se estendem, no que lhes for aplicável, as prescrições relativas à suspeição e aos impedimentos dos juízes.

1. Sobre as definições civis de parentesco, ver art. 253 nestes *Comentários*

CAPÍTULO III – Do Acusado e seu Defensor

Art. 259. A impossibilidade de identificação do acusado com o seu verdadeiro nome ou outros qualificativos não retardará a ação penal, quando certa a identidade física. A qualquer tempo, no curso do processo, do julgamento ou da execução da sentença, se for descoberta a sua qualificação, far-se-á a retificação, por termo, nos autos, sem prejuízo da validade dos atos precedentes.

1. Existência de identificação física como pressuposto

O artigo em questão, rigorosamente falando, não poderia ser considerado como recepcionado pela CR e pela CADH, pois é altamente questionável que, num Estado organizado (e como vocação para estado social e democrático), se pudesse aceitar o início da persecução penal sem a correta qualificação da pessoa imputada, ainda que, por óbvio, constatada fisicamente a identidade.

Sem embargo, não há sinais significativos de repúdio a essa norma na jurisprudência, que, manifestando-se a respeito, posiciona-se afirmando que "o art. 259 do CPP, ao permitir que a identificação do acusado seja postergada para fase mais adiantada do processo, não dispensa desde o início da formação processual a certeza quanto à identidade física do mesmo".[1522]

Art. 260. Se o acusado não atender à intimação para o interrogatório, reconhecimento ou qualquer outro ato que, sem ele, não possa ser realizado, a autoridade poderá mandar conduzi-lo à sua presença.

Parágrafo único. O mandado conterá, além da ordem de condução, os requisitos mencionados no art. 352, no que lhe for aplicável.

1. Sobre a não obrigação de fazer prova contra si mesmo (princípio *nemo tenetur se detegere*), ver nestes *Comentários* art. 186

2. A ADF n. 444 e a condução coercitiva

No momento em que a 8ª. Edição destes Comentários foi finalizada havia sido deferida liminar na ADPF 444 que tem como objeto a limitação do uso da condução coercitiva e como relator o Min. Gilmar Mendes.

No corpo do despacho monocrático o Relator assentou que

> a condução coercitiva no curso da ação penal tornou-se obsoleta. A partir da Constituição de 1.988, foi consagrado o direito do réu de deixar de responder às perguntas, sem ser prejudicado – direito ao silêncio. A condução coercitiva para o interrogatório foi substituída pelo simples prosseguimento da marcha processual, à revelia do acusado – art. 367 do CPP, com redação dada pela Lei 9.271/96.

Ao lado do direito ao silêncio também foi considerado que "Eventual autoincriminação decorrente da condução coercitiva poderia estar ligada à surpresa, ao pouco tempo para fazer uma opção informada entre falar, ou não, e para estruturar uma tese defensiva".

E conclui que

> condução coercitiva não é medida completamente atípica. O art. 260 do CPP admite a condução coercitiva, muito embora mencione a prévia intimação. Ou seja, haveria base legal para restringir a liberdade do imputado, forçando-o a comparecer ao ato processual. O problema estaria na inobservância do rito legal, nos casos em que dispensada a intimação prévia.

[1521] STJ. Reltor: Fernando Gonçalves. 15 mar. 1999.
[1522] *RJTACRim*, 3/219.

Comunga-se aqui da posição adotada no despacho concessivo da liminar diante do quanto já afirmamos em outra Obra[1523] diante da potencial ofensa ao direito de não produzir prova contra si mesmo no que tange à pessoa investigada ou acusada e, no que atine aos demais intimados com obrigação de depor e dizer a verdade obedecidos os parâmetros cautelares que norteiam a coercibilidade do meio de prova testemunhal e o rito especificado no CPP.

3. ADPF 395 e Julgamento definitivo conjunto com a ADPF 444

Houve outro aforamento questionando a inconstitucionalidade do art. 260 por meio da ADPF 395, esta provocada pelo Partido dos Trabalhadores e que teve liminar inicialmente concedida pelo Min. Relator, Gilmar Mendes em termos idênticos ao da anterior.

No mérito foi reconhecida a violação do texto constitucional quando a condução coercitiva se der em desfavor da pessoa suspeita ou acusada por violação do princípio do *nemo tenetur*, nada obstante votos contrários a este entendimento, entre eles o do Min. Fachin quem afirmou,

> Sob essa ótica, sem discordar da integralidade das razões invocadas pelo eminente Ministro Relator para fundar suas conclusões e sem descurar das advertências que lança quanto à necessidade de se estar atento a abusos, compreendo possível a decretação judicial da condução coercitiva de investigados, sempre que o for em substituição a uma medida cautelar típica mais grave, das quais são exemplo a prisão preventiva prevista no art. 312 do Código de Processo Penal e a prisão temporária prevista na Lei 7.960/89.

Na sequência esse voto divergente se apoiará no "poder geral de cautela" a partir de uma ótica da "teoria geral do processo" para afirmar que

> Com efeito, leciona a doutrina que a tutela cautelar, no âmbito processual civil, é caracterizada pela atipicidade, de modo que a alegação de perigo da demora, associada à plausibilidade do direito, legitima o exame da matéria em sede de urgência, ainda que inexista previsão normativa específica que dê azo a tal proceder.

De início é de se constatar mais uma indesejável e inadmissível consequência da propalada "teoria geral" já destacada em vários escritos anteriores[1524] quebrando a legalidade estrita que norteia a aplicação das normas processuais penais.

Por outro lado é forçoso pontuar o desvirtuamento da aplicação das conduções na forma exposta no voto divergente, como "medida cautelar" desvirtuada da sua função cautelar própria que, nesse caso, é a obtenção coercitiva de meio de prova.[1525]

Sendo certo que a coercibilidade da condução é, de fato, providência cautelar típica, sua finalidade é específica e não se enquadra nas possibilidades gerais do art. 312 porque, embasando sua aplicação está o princípio da impossibilidade de exigir-se que alguém faça prova contra si mesmo. Se é certo que se pode cautelarmente prender alguém por comprometer o acervo probatório – e, nesse caso, mesmo a pessoa suspeita ou acusada – não se pode impor a ela uma prisão cautelar para que produza meios de prova coercitivamente em seu desfavor.

Art. 261. Nenhum acusado, ainda que ausente ou foragido, será processado ou julgado sem defensor.

Parágrafo único. A defesa técnica, quando realizada por defensor público ou dativo, será sempre exercida através de manifestação fundamentada. (Incluído pela Lei n. 10.792, de 1º-12-2003)

---

1. Fundamento da CR/88

Além do art. 5º, LV, o tema também merece guarida nos arts. 133 e 134.

2. Fundamento na CADH

Na Convenção Americana de Direitos do Homem, o tema está previsto no art. 8º, item 2, com a seguinte redação:

> Toda pessoa acusada de delito tem direito a que se presuma sua inocência enquanto não se comprove legalmente sua culpa. Durante o processo, toda pessoa tem direito, em plena igualdade, às seguintes garantias mínimas: (...) *d)* direito do acusado de defender-se pessoalmente ou de ser assistido por um defensor de sua escolha e de comunicar-se, livremente e em particular, com seu defensor; *e)* direito irrenunciável de ser assistido por um defensor proporcionado pelo Estado, remunerado ou não, segundo a legislação interna, se o acusado não se defender ele próprio nem nomear defensor dentro do prazo estabelecido pela lei.

3. Necessidade de assistência por profissional devidamente habilitado

Já se considerou – acertadamente – que a "defesa promovida por quem não tenha qualidade para fazê-lo

---

[1523] **Iniciação ao Processo Penal**, *op. cit.*, especialmente Capítulos 12 e 8.
[1524] *Vide* nosso "Iniciação ao Processo Penal", *op. cit.* Cap. 1.
[1525] **Iniciação ao Processo Penal**, *op. cit.* Cap. 12 e 8.

equivale a ausência de defesa, nulidade absoluta que não é sanada pela preclusão".[1526]

4. Previsão do Estatuto da OAB
O Estatuto da OAB (Lei n. 8.906/1994) dispõe em seu art. 4º:

> São nulos os atos privados de advogados praticados por pessoa não inscrita na OAB, sem prejuízo das sanções civis, penais e administrativas. Parágrafo único. São também nulos os praticados por advogado impedido – no âmbito do impedimento – suspenso, licenciado ou que passar a exercer atividade incompatível com a advocacia.

5. Hipótese de incompatibilidade
Constitui nulidade absoluta do processo, arguida a qualquer tempo, a defesa do réu realizada por advogado que já atuara nos autos na qualidade de Promotor de Justiça. O julgamento popular desse modo realizado traz em seu âmago visível nulidade (art. 563 do Código de Processo Penal), pois, quando nada, causa perplexidade aos jurados, influenciando de modo negativo na decisão de cada um, com prejuízo flagrante e presumido para a acusação e, consequentemente, para a apuração da verdade dos fatos.[1527]

6. Defesa efetiva
A redação do parágrafo único tem efeito mais didático do que substancial, na medida em que a defesa efetiva, fundamentada, poderia – e deveria! – ser extraída automaticamente do CR e da CADH.

No entanto, a norma vem na tentativa de evitarem-se situações tais como as descritas no seguinte julgado, no qual

> na fase do art. 500 do CPP, a advogada constituída, embora intimada, deixou de apresentar a defesa final. Então o MM. Juiz, sem mais nem menos, desde logo nomeou um advogado dativo para apresentá-la. Aí se constata outra irregularidade, porquanto, antes de nomear o dativo, competia ao Juiz conceder ao acusado a possibilidade de constituir outro advogado de sua confiança para apresentar as alegações finais. Mas não é só. O advogado irregularmente nomeado apresentou alegações finais extremamente sucintas, que, na realidade, correspondem ao nada. Limitou-se a pleitear a absolvição, como facilmente se percebe, sem analisar as provas. A minguada e inconsistente defesa foi resumida em menos de três linhas, sem fazer referência a qualquer prova específica: "(...) o alegado na inicial não ficou comprovado. A prova é frágil e contraditória, o que não pode exigir um decreto condenatório". Nesses termos, são nulas as alegações finais apresentadas. A rigor, hão de ser consideradas até mesmo como inexistentes. Ajustam-se ao caso em testilha, nessa parte, os argumentos expendidos por este mesmo relator em caso anterior análogo: "O *jus libertatis* do cidadão, pobre ou rico, natural ou alienígena, presente ou revel, sempre há de ser respeitado não só pelos juízes, advogados, parte acusadora e demais pessoas que atuam no processo, como também pelos legisladores e pelo povo em geral, pois, para a garantia e tranquilidade de todos os homens, a própria coletividade tem interesse em ver que qualquer condenação somente seja decretada em um processo justo, formalmente em ordem, no qual, em harmoniosa tessitura, se observem os ordenamentos da lei ordinária e os preceitos superiores consagrados pela Constituição". Logo, nenhuma arranhadura ao princípio da ampla defesa há de ser tolerada. Tão excelso princípio, sobre constar da Constituição escrita, promulgada pela soberania de um povo, erige-se também em um daqueles valores naturais e absolutos que está inserido naquela Constituição Suprema, gerada, no correr dos séculos, pela consciência da humanidade. Claro está, portanto, que a defesa do acusado sempre há de ser exercida com amor e destemor, com diligência e muito empenho, com atenção e vigilância, com respeito e ponderação. O advogado, ainda que dativo, jamais poderá descurar sobre um dos mais sagrados direitos do réu, qual seja o de ter uma defesa real, consistente, efetiva. Inadmissível que o defensor apareça no cenário jurídico com um papel meramente decorativo, em estado inerte e silente, sem participar, ativamente, do debate e da luta judiciária. Intolerável que o defensor seja nomeado em determinado processo apenas para formalizá-lo, para lhe dar ilusórios aspectos de legalidade. Essa, como todos sabem, não é nem mesmo a vontade do representante do povo – o Ministério Público – pois este órgão, embora acuse, também zela pela formação do processo legal. A nobre função do advogado deve traduzir-se, desde o princípio até o último instante do processo, em atos de participação consciente e devotada, jamais se esquecendo quão sagrado é o *jus libertatis*.[1528]

[1526] STJ. Data de publicação: 11 maio 1998. p. 164. Relator: Vicente Leal.
[1527] STJ. **REsp 136062 MG 1997/0040919-8**. 6ª Turma. Relator: Min. Fernando Gonçalves. Data de julgamento: 16 dez. 1997. Data de Publicação: DJ, 26 abr. 1999. p. 130. REVJMG, Vol. 148, p. 441.
[1528] *RJTACrim*, 01/86.

Art. 262. Ao acusado menor dar-se-á curador.

1. Dispensa do curador para o acusado menor
Diante das inovações do Código Civil quanto à menoridade, refletidas que foram nos arts. 185 e seguintes, o acusado menor de 21 anos (e, por óbvio, maior de 18) não necessitará da presença de curador.

Art. 263. Se o acusado não o tiver, ser-lhe-á nomeado defensor pelo juiz, ressalvado o seu direito de, a todo tempo, nomear outro de sua confiança, ou a si mesmo defender-se, caso tenha habilitação. Parágrafo único. O acusado, que não for pobre, será obrigado a pagar os honorários do defensor dativo, arbitrados pelo juiz.

1. Indispensabilidade da defesa técnica
Deriva da CR e da CADH (citados no art. 261 destes *Comentários*) a indispensabilidade da defesa técnica, cuja eventual ausência é causa de nulidade absoluta.

2. Defensoria pública e "honorários"
O parágrafo único perde sentido diante da estrutura constitucional da Defensoria Pública. Mesmo nos casos em que atuem profissionais conveniados, e não Defensores Públicos, a norma não se aplica.

Art. 264. Salvo motivo relevante, os advogados e solicitadores serão obrigados, sob pena de multa de cem a quinhentos mil-réis, a prestar seu patrocínio aos acusados, quando nomeados pelo Juiz.

1. Artigo revogado quanto à multa pela desatualização monetária e à figura do "solicitador"
Nem a moeda corrente do país é a mencionada no artigo, tampouco existe a figura do "solicitador", inicialmente prevista no

> primeiro estatuto (Regulamento da Ordem – Decreto nº 22478, de 1933, e leis subsequentes). A Lei nº 794, de 29 de agosto de 1949, permitia a inscrição de provisionados e solicitadores no quadro da OAB. A Lei nº 4215/63, previa, no artigo 47, a inscrição dos provisionados. Aos alunos do quarto ano, autorizava a lei a concessão da carta de solicitado.[1529]

Essa figura foi extinta pelo art. 94 da Lei 8906/1994 (Estatuto OAB).

2. Nomeação do defensor técnico
Na estrutura da assistência jurídica brasileira, a indicação do advogado não pertence à parte e também não cabe ao magistrado quando atuada por meio dos órgãos públicos.

No caso de convênios, como o existente no Estado de São Paulo entre o Poder Executivo e a Ordem dos Advogados do Brasil, a administração prática destes cabe à Procuradoria-Geral do Estado (e não ao Poder Judiciário), que indica, dentre uma lista prévia de advogados(as) inscritos(as), o que atuará no caso concreto, obedecendo-se a determinada escala. Nem o Juiz, nem a parte influem no momento dessa escolha.

Outrossim, acresça-se que o próprio Estatuto da OAB tem previsão expressa a respeito:

> Art. 22. A prestação de serviço profissional assegura aos inscritos na OAB o direito aos honorários convencionados, aos fixados por arbitramento judicial e aos de sucumbência. § 1º O advogado, quando indicado para patrocinar causa de juridicamente necessitado, no caso de impossibilidade da Defensoria Pública no local da prestação de serviço, tem direito aos honorários fixados pelo juiz, segundo tabela organizada pelo Conselho Seccional da OAB, e pagos pelo Estado.

Art. 265. O defensor não poderá abandonar o processo senão por motivo imperioso, comunicado previamente o juiz, sob pena de multa de 10 (dez) a 100 (cem) salários mínimos, sem prejuízo das demais sanções cabíveis. (Redação dada pela Lei n. 11.719, de 20-6-2008)

1. Tramitação legislativa da Lei n. 11.719/2008
O texto em foco não fazia parte do material enviado pela Comissão Grinover ao Congresso Nacional. Também não aparece no texto inicial da Câmara dos Deputados nem no Diário do Senado na sessão de 12 de junho de 2007, quando a matéria foi publicada.

Ele surgirá na Sala de Reuniões da Comissão Diretora, em 5 de dezembro de 2007, quando da apresentação da redação sugerida pelo Senador vencido, para o turno suplementar, do Substitutivo do Senado ao Projeto de Lei da Câmara n. 36, de 2007 (n. 4.207, de 2001, na Casa de origem, e assim foi mantido na sanção presidencial).

1.1 Inovações da redação
A primeira reforma diz respeito à atualização monetária da multa imposta ao defensor desidioso, neste ponto nada inovando em relação ao regime anterior.

1529 SZKLAROWSKY, Leon Frejda. Exame de Ordem – A quem interessa sua extinção? **Âmbito Jurídico**, Rio Grande, X, n. 48, dez 2007. Disponível em: <https://www.migalhas.com.br/depeso/52509/exame-de-ordem-a-quem-interessa-sua-extincao>, citando a literatura correspondente.

Por outro lado, supera-se a imposição anterior da realização da audiência mesmo diante da ausência justificada do Defensor, cuja substituição era possível, em tese, desde que atuasse o substituto de maneira substancial na defesa da pessoa acusada, sendo descabida a nomeação apenas para satisfazer formalmente a realização do ato. Nesses casos, é possível a anulação do ato de acordo com os preceitos da CR e da CADH, agora explicitados pelo art. 261, parágrafo único, deste Código.

Nada obstante, a justificativa deve acontecer até a abertura da audiência, sob o risco de não ser postergado o ato e acarretando o mesmo risco apontado no comentário acima.

2. Abandono do processo ou recusa infundada do patrocínio

Constitui infração disciplinar de acordo com o Estatuto da OAB em seu art. 34: "Art. 34. Constitui infração disciplinar: (...) XII – recusar-se a prestar, sem justo motivo, assistência jurídica, quando nomeada em virtude de impossibilidade da Defensoria Pública".

§ 1º A audiência poderá ser adiada se, por motivo justificado, o defensor não puder comparecer. (Incluído pela Lei n. 11.719, de 20-6-2008)

1. Adiamento justificado

Integram as possibilidades da presente norma as ocorrências de caso fortuito ou força maior que concretamente impeçam a presença do patrono, sob risco da realização do ato na forma do parágrafo seguinte e das implicações disciplinares no âmbito da ordem dos Advogados do Brasil.

§ 2º Incumbe ao defensor provar o impedimento até a abertura da audiência. Não o fazendo, o juiz não determinará o adiamento de ato algum do processo, devendo nomear defensor substituto, ainda que provisoriamente ou só para o efeito do ato. (Incluído pela Lei n. 11.719, de 20-6-2008)

1. Limites do presente parágrafo

Malgrado a intenção do legislador em buscar ao máximo o aproveitamento do ato, é forçoso reconhecer que a defesa técnica não pode fazer-se apenas de maneira formal, devendo atuar substancialmente no patrocínio da pessoa acusada. Assim, caso o novo profissional indicado não tenha condições de sustentar materialmente a defesa, o ato não poderá ser realizado, devendo ser adiado.

Art. 266. A constituição de defensor independerá de instrumento de mandato, se o acusado o indicar por ocasião do interrogatório.

1. Previsão do Estatuto da OAB

Como regra geral do Estatuto da OAB, determina o art. 5º:

O advogado postula, em juízo ou fora dele, fazendo prova do mandato. § 1º O advogado, firmando urgência, pode atuar sem procuração, obrigando-se a apresentá-la no prazo de quinze dias, prorrogável por igual período. § 2º A procuração para o foro em geral habilita o advogado a praticar todos os atos judiciais, em qualquer juízo ou instância, salvo os que exijam poderes especiais. § 3º O advogado que renunciar ao mandato continuará, durante os dez dias seguintes à notificação da renúncia, a representar o mandante, salvo se for substituído antes do término desse prazo.

Art. 267. Nos termos do art. 252, não funcionarão como defensores os parentes do juiz.

1. Ver também nestes *Comentários* arts. 252 e seguintes

Capítulo IV – Dos Assistentes

Art. 268. Em todos os termos da ação pública, poderá intervir, como assistente do Ministério Público, o ofendido ou seu representante legal, ou, na falta, qualquer das pessoas mencionadas no art. 31.

1. Posição jurídica do assistente

O assistente não é parte, assiste-a. Assim, suas manifestações jurídicas devem ser sempre subordinadas àquelas assumidas pelo acusador público. Ademais, não pode postular de forma independente, autônoma ou contraditória em relação ao que faz o Ministério Público.

Subordinada a essa condição, a presença do assistente da acusação é legítima no processo penal dentro do marco constitucional-convencional.

1.1 Rol de legitimados: expansão regrada

Com efeito, para além do rol aqui mencionado deve-se considerar que "De acordo com o disposto no art. 268 do CPP, em todos os termos da ação pública, poderá intervir, como assistente do Ministério Público, o ofendido ou seu representante legal, ou, na falta, o cônjuge, ascendente, descendente ou irmão. (...) É bem verdade, todavia, que há certas hipóteses em que são legitimados a intervir como assistente de acusação pessoas ou entidades que não são, de fato, ofendidas pelo delito. Por exemplo, a Lei n. 7.492/1996 prevê, em seu art. 26, parágrafo único, que

> será admitida a assistência da Comissão de Valores Mobiliários – CVM, quando o crime tiver sido praticado no âmbito de atividade sujeita à disciplina e à fiscalização dessa Autarquia, e do Banco Central do Brasil quando, fora daquela hipótese, houver sido cometido na órbita de atividade sujeita à sua disciplina e fiscalização.

No mesmo sentido, o CDC, em seu art. 80, reza que

> No processo penal atinente aos crimes previstos neste código, bem como a outros crimes e contravenções que envolvam relações de consumo, poderão intervir, como assistentes do Ministério Público, os legitimados indicados no art. 82, inciso III e IV, aos quais também é facultado propor ação penal subsidiária, se a denúncia não for oferecida no prazo legal.

Nesses casos expressamente previstos em lei, a legitimidade para a intervenção como assistente do Ministério Público é ampliada.[1530]

No caso concreto acima mencionado igualmente considerou-se que

> A seguradora não tem direito líquido e certo de figurar como assistente do Ministério Público em ação penal na qual o beneficiário do seguro de vida é acusado de ter praticado o homicídio do segurado. (...) na situação em análise, a seguradora não é vítima do homicídio. Isso porque, como o sujeito passivo do crime de homicídio é o ser humano e o bem jurídico protegido é a vida, o fato de existir eventual ofensa ao patrimônio da seguradora não a torna vítima desse crime. Na espécie em exame (...) não existe regra que garanta esse direito à seguradora recorrente. Logo, não há falar em violação a direito líquido e certo a autorizar a concessão da ordem.[1531]

1.2 Assistente e busca da verdade

Há de ser considerado, com reservas, determinado provimento que assentou que

> o assistente também é interessado na averiguação da verdade substancial. O interesse não se restringe à aquisição de título executório para reparação de perdas e danos. O direito de recorrer, não o fazendo o Ministério Público, se dá quando a sentença absolveu o réu, ou postulado aumento da pena. A hipótese não se confunde com a justiça privada. A vítima, como o réu, tem direito a decisão justa.[1532]

2. Inadmissibilidade de intervenção em *habeas corpus*

É incabível a intervenção do assistente de acusação na ação de *habeas corpus*.[1533]

3. Inadmissibilidade de intervenção do assistente na investigação preliminar

Com efeito,

> Somente se admite o ingresso do assistente de acusação após a deflagração da ação penal, vale dizer, após o recebimento da denúncia (CPP, art. 268), razão pela qual não há falar-se em sua admissibilidade na fase de inquérito policial e, consequentemente, em legitimidade recursal (CPP, art. 577).[1534]

Assim,

> O assistente de acusação só poderia ingressar no feito após o início da ação penal, e, não tendo esta ocorrido, inclusive, tendo sido arquivado o inquérito policial, não há que se falar em ilegalidade ou abuso de poder no caso em tela. Não há que se falar em direito líquido e certo, pois, o Ministério Público requereu o arquivamento do inquérito policial, o que foi acolhido pela autoridade coatora. Determinado o arquivamento do inquérito policial pelo MM. Juiz e não permitindo a legislação em vigor recurso de tal decisão, incabível a concessão da segurança. Não se tratando de crime de ação privada e nem da hipótese prevista no artigo 29 do Código de

---

[1530] STJ. **RMS 47.575-SP**. Relatora: Min.ª Maria Thereza de Assis Moura. Data de julgamento: 14 abr. 2015. Data de publicação: DJe, 23 abr. 2015.

[1531] STJ. **RMS 47.575-SP**. Relator: Min.ª Maria Thereza de Assis Moura. Data de julgamento: 14 abr. 2015. Data de publicação: DJe, 23 abr. 2015.

[1532] STJ. **REsp 13375 RJ 1991/0015724-4**. 6ª Turma. Relator: Min. Luiz Vicente Cernicchiaro. Data de julgamento: 12 nov. 1991. Data de publicação: DJ, 17 fev. 1992. p. 1381. RSTJ, Vol. 30, p. 492; RT, Vol. 681, p. 40.

[1533] STJ. 5ª Turma. Relator: Min. Assis Toledo. Data de publicação: *DJ*, 16 nov. 1992. p. 21.153.

[1534] TJ-SC. **RC 20130536251 SC 2013.053625-1 (Acórdão)**. 2ª Câmara Criminal Julgado. Relator: Salete Silva Sommariva. Data de julgamento: 10 mar. 2014.

Processo Penal, o oferecimento da denúncia compete exclusivamente ao Ministério Público, que, evidentemente, não pode ser substituído na sua condição de titular da ação penal pelo Assistente de Acusação.[1535]

4. Possibilidade de o assistente ser pessoa jurídica de direito público ou privado

Nada impede que o assistente seja pessoa jurídica, representando interesse de classe[1536], tampouco a municipalidade, pois

> inexiste impedimento legal à intervenção de pessoas jurídicas de direito público como assistente de acusação em ação penal cujos os denunciados tenham praticado os delitos em detrimento dos cofres estaduais. Assim, estando os entes públicos não condição de ofendidos, legítima a intervenção como assistente de acusação (CPP, art. 268).[1537]

Assim,

> Ao lume dos arts. 268 e, no caso, do parágrafo 1º do art. 2º do Dec_Lei nº 200/67, observa-se não haver impedimento legal ao ingresso do ente municipal como assistente de acusação, em ação penal onde se apuram irregularidades supostamente cometidas por ex-prefeito no período de sua administração. Embora seja certo que o Ministério Público exerça a proteção do interesse de toda comunidade, não há identidade absoluta deste com o interesse imediato do ente municipal na obtenção de decreto condenatório dos acusados com vistas à eventual reparação do seu patrimônio lesado, direito a ser exercido na esfera cível. – O disposto no parágrafo 1º art. 2º, do Dec. Lei nº 200/67, que trata da responsabilidade de prefeitos e vereadores, assegura que os órgãos federais, estaduais ou municipais, interessados na apuração da responsabilidade do Prefeito, podem intervir, em qualquer fase do processo, como assistente da acusação.–Ordem concedida.[1538]

4.1 Defensoria Pública como assistente do Ministério Público

Nas ações penais públicas "Quando a Defensoria Pública atuar como representante do assistente de acusação, é dispensável a juntada de procuração com poderes especiais. Isso porque o defensor público deve juntar procuração judicial somente nas hipóteses em que a lei exigir poderes especiais (arts. 44, XI, 89, XI, e 128, XI, da LC 80/1994). Ressalte-se que a Defensoria Pública tem por função institucional patrocinar tanto a ação penal privada quanto a subsidiária da pública, não havendo incompatibilidade com a função acusatória. Assim, nada impede que a referida instituição possa prestar assistência jurídica, atuando como assistente de acusação, nos termos dos arts. 268 e seguintes do CPP (HC 24.079-PB, Quinta Turma, DJ 29/9/2003)"[1539], tratando-se de reiteração de entendimento quanto à possibilidade de a Defensoria Pública atuar como assistente de acusação (STJ. HC 24079. 5ª Turma. Relator: Min. Felix Fischer. Data de publicação: DJ, 29 set. 2003) em compasso com posições doutrinárias de igual sentido.[1540]

5. Condição da pessoa titulada como assistente

Sendo o caso de pessoa que já havia sido ouvida como testemunha antes de se habilitar como tal no processo, é de ser tida a desvalia do seu depoimento.

> Art. 269. O assistente será admitido enquanto não passar em julgado a sentença e receberá a causa no estado em que se achar.

1. Admissão do assistente

"Segundo o cânon inscrito no art. 269, do CPP, o assistente da acusação é admitido no processo antes do trânsito em julgado da sentença condenatória, porém receberá a causa no estado em que se encontre, não podendo intervir em fases processuais pretéritas. – Admitido quando já interposta a apelação pelo Ministério Público e intimado o apelado para oferecer contrarrazões, não mais poderá o assistente apresentar razões em aditamento ao recurso do órgão da acusação pública, não sendo aplicável

---

1535 TJ-MG. **MS 10000150347441000 MG**. 1ª Câmara Criminal. Relator: Walter Luiz. Data de julgamento: 9 ago. 2015. Data de publicação: 17 ago. 2015.
1536 STJ. Relator: Min. Assis Toledo. Data de publicação: DJ, 26 out. 1992. p. 19.063.
1537 TRF-4. **COR 3118 RS 2009.04.00.003118-8**. 7ª Turma. Relator: Tadaaqui Hirose. Data de julgamento: 23 abr. 2009. Data de publicação: DE, 13 maio 2009.
1538 TRF-5. **MSTR 94969 PB 0041725-80.2006.4.05.0000**. 2ª Turma. Relator: Des. Fed. José Baptista de Almeida Filho. Data de julgamento: 28 nov. 2006. Data de publicação: DJ, 8 jan. 2007. p. 348, n. 5, 2007.
1539 STJ. **HC 293.979-MG**. Relator: Min. Gurgel de Faria. Data de julgamento: 5 fev. 2015. Data de publicação: DJe, 12 fev. 2015.
1540 NICOLITT, André Luiz. **Manual de Processo Penal**. 4. ed. Rio de Janeiro: Elsevier, 2013. p. 236.

à hipótese a regra do § 1º do art. 600 do Código de Processo Penal".[1541]

Art. 270. O corréu no mesmo processo não poderá intervir como assistente do Ministério Público.

1. Vedação absoluta
O corréu está impedido de atuar como assistente do Ministério Público por vedação expressa do Código de Processo Penal e pela sua posição constitucional.
De forma mais ampla:

> intervenção como tal que é exclusiva do ofendido, isto é, daquele que, na sua pessoa ou nos seus bens, sofreu as consequências diretas, os efeitos imediatos da infração penal – Inviabilidade de admissão, nessa qualidade, de corréu no mesmo processo pois, se a despeito de ter sido alcançado como última pela ação delituosa ou por uma das ações, houver sido incluído na denúncia, como responsável por outra atividade, também delituosa, a sua posição tem de ser de defesa e não de acusação.[1542]

A admissão de pessoa nessas condições como assistente do acusador público acarreta a possibilidade de impugnação por parte da pessoa acusada, e os meios de prova por ele requeridos e praticados podem chegar ao limite da impossibilidade de utilização. Da mesma maneira, o recurso interposto não tem o condão de impedir a coisa julgada ou a preclusão.

Art. 271. Ao assistente será permitido propor meios de prova, requerer perguntas às testemunhas, aditar o libelo e os articulados, participar do debate oral e arrazoar os recursos interpostos pelo Ministério Público, ou por ele próprio, nos casos dos arts. 584, § 1º, e 598.

1. Limites gerais ao papel do assistente
Acertadamente já se decidiu que "só cabe ao assistente de acusação intervir como parte secundária para reforçar a acusação; nunca alternando a atividade do titular da ação penal pública (incondicionada ou condicionada), cujo domínio é exclusivo do Ministério Público" (inteligência do art. 129, I, da CF).[1543]

2. Limites à atividade recursal do assistente
A redação do presente artigo sugere que a atividade recursal do assistente seja ampla. No entanto, possui a limitação à impugnação da impronúncia e da sentença final.

Quanto a este último ponto, é de ser considerado que "mesmo em se tratando de sentença condenatória, pode a assistência da acusação, na omissão do Ministério Público, pelejar por pena maior. Não se trata de *vindita*, mas da busca pela pena justa".[1544]

Tal posição é, contudo, questionável. Se há

> divergência sobre a admissibilidade da apelação supletiva do ofendido, assistente do MP, que vise apenas à exasperação da pena aplicada pela sentença condenatória (...) é de induvidoso cabimento quando se questiona a própria mudança da infração penal pela qual condenado o agente, com patente alteração das consequências da condenação, sobretudo, como ocorre na espécie, quando a desclassificação do fato para lesões corporais implica atribuição aos ofendidos da prática de denunciação caluniosa pela imputação ao réu do crime de roubo.[1545]

§ 1º O juiz, ouvido o Ministério Público, decidirá acerca da realização das provas propostas pelo assistente.

1. Limites à produção probatória pelo assistente
Os limites à produção probatória (requerimento de atuação de meios de prova) pelo assistente do Ministério Público podem ser assim dispostos:

- limitação probatória cabível às partes no processo, com a inadmissibilidade das provas ilícitas;
- compatibilidade do meio de prova requerido com o momento procedimental em que ele adentrou ao processo;
- concordância do Ministério Público.

Nesse sentido, quanto à possibilidade do requerimento do meio de prova testemunhal,

> embora seja do melhor entendimento doutrinário e jurisprudencial, que ao Assistente é defeso arrolar testemunhas, isto porque, podendo ser ele admitido em qualquer fase do processo, ao ser admitido, o momento pudesse ser incompatível com a produção daquela,

---

1541 STJ. Relator: Min. Vicente Leal. Data de julgamento: 9 abr. 1997. Data de publicação: *DJ*, 26 maio 1997. p. 22.569.
1542 TJSP. *RT*, 675/356.
1543 TJPB. Relator: Des. Manoel Taigy Filho. Data de julgamento: 25 maio 1995. Data de publicação: 1º jun. 1995.
1544 STJ. 6ª Turma. Relator: Adhemar Maciel. Data de julgamento: 24 ago. 1993. Data de publicação: *DJ*, 8 nov. 1993. p. 23.586.
1545 STF. **HC 75353 RJ**. Relator: Sepúlveda Pertence. Data de julgamento: 19 ago. 1997. 1ª Turma. Data de publicação: DJ, 12 set. 1997. PP-43715; Ement Vol-01882-02; PP-00204.

sem que se causasse tumulto processual, é de se ter presente que, diante do que lhe é permitido propor pelo art. 271 do Código de Processo Penal, se arrolar testemunhas antes do início da instrução acusatória, em número que somado ao das testemunhas arroladas na denúncia não ultrapasse o número legal, sem oposição do Ministério Público, não se vê por que não admitir o rol apresentado, principalmente sabendo-se que ao Ministério Público é lícito desistir de testemunhas arroladas, substituí-las pelas não encontradas e até mesmo requerer a oitiva de testemunhas referidas.[1546]

§ 2º O processo prosseguirá independentemente de nova intimação do assistente, quando este, intimado, deixar de comparecer a qualquer dos atos da instrução ou do julgamento, sem motivo de força maior devidamente comprovado.

1. Direito à intimação para recorrer

Sendo portador de algum grau de legitimidade recursal, é imperioso que o assistente seja intimado regularmente do ato decisório. "Por conseguinte, é nula a publicação que omite o nome do assistente da acusação, mesmo dizendo que a recorrente é a justiça pública".[1547]

Buscando temperar um pouco as consequências da omissão, em vez de inclinar-se pela nulidade, decidiu determinado provimento pela "conversão do julgamento em diligência".[1548]

Art. 272. O Ministério Público será ouvido previamente sobre a admissão do assistente.

1. Obrigatoriedade da oitiva

A ausência de oitiva prévia do Ministério Público macula o ingresso do assistente, comprometendo a validade dos atos por ele praticados. Implica, ainda, a possibilidade de impugnação, via ação autônoma, pelo órgão ministerial.

Art. 273. Do despacho que admitir, ou não, o assistente, não caberá recurso, devendo, entretanto, constar dos autos o pedido e a decisão.

1. Irrecorribilidade da decisão

Malgrado o texto do Código de Processo Penal, entende-se admissível a interposição do remédio heróico contra a decisão judicial que denega pedido de habilitação de assistente de acusação em autos de ação penal. Inexiste qualquer incompatibilidade no exercício do munus de assistente de acusação por membro da defensoria pública, devendo-se conceder o mandado de segurança para garantir à impetrante o direito líquido e certo de ingressar nos autos na qualidade de assistente do Parquet.[1549]

CAPÍTULO V – Dos Funcionários da Justiça

Art. 274. As prescrições sobre suspeição dos juízes estendem-se aos serventuários e funcionários da justiça, no que lhes for aplicável.

1. Sobre as causas de suspeição, ver art. 252 nestes *Comentários*

2. Sobre as incompatibilidades e impedimento, ver art. 112 nestes *Comentários*

3. Sobre a exceção de suspeição, ver arts. 95 e seguintes nestes *Comentários*

CAPÍTULO VI – Dos Peritos e Intérpretes

Art. 275. O perito, ainda quando não oficial, estará sujeito à disciplina judiciária.

1. Subordinação legal dos peritos

Os órgãos encarregados das perícias criminais são, ao menos no Estado de São Paulo, subordinados ao Poder Executivo, e constituem autarquia que não se vincula, até mesmo, com a Polícia "Judiciária". Com efeito, pela Lei Estadual n. 756, de 1994, foi criada a Superintendência da Polícia Técnico-Científica (SPTC), que teve sua estrutura organizacional disposta no Decreto n. 42.847, de 9 de fevereiro de 1998, e engloba o *Instituto de Criminalística* e o *Instituto Médico Legal*.

No sentido da independência dos organismos encarregados de realização de perícias, é alvo de preocupação do Ministério da Justiça que, em proposta de alteração legislativa, discorre que

a perícia é vital para a persecução penal. Os Institutos de Criminalística e os Institutos Médico

---

[1546] TJSP. **Correição Parcial 326.492-3/SP**. 1ª Câmara Criminal. Relator: Raul Motta. 5 fev. 2001, v.u.
[1547] STJ. Relator: Min. Jesus Costa Lima. Data de publicação: *DJ*, 4 out. 1993. p. 20.563.
[1548] TJSC. Relator: Des. Alberto Costa. **Recurso Criminal 97.001996-3**. Caçador.
[1549] TJ-MS. **MS 12357 MS 2005.012357-8**. Seção Criminal. Relator: Des. Carlos Stephanini. Data de julgamento: 17 out. 2005. Data de publicação: 27 out. 2005.

Legal devem ser constituídos e organizados de forma autônoma, de tal modo que toda a ingerência nos laudos produzidos seja neutralizada. Uma aproximação maior desses órgãos com as universidades, centros de pesquisas e com o Poder Judiciário é fundamental para o Sistema Integrado de Segurança Pública que se pretende instituir. Na maioria dos Estados, os órgãos de perícia estão sucateados, desprovidos de equipamentos modernos, treinamento especializado e distantes da comunidade científica. Eles devem, em curto prazo, estar organizados em carreira própria.

E completa-se, afirmando:

O princípio estruturante de um departamento de perícia competente é a descentralização com integração sistêmica. Sua construção, por prudência, economia e realismo, deverá obedecer a um plano modular, de modo que novos laboratórios se incorporem, sucessivamente, de acordo com o desenvolvimento do processo de implantação e os resultados do impacto da demanda sobre os serviços oferecidos pelas universidades conveniadas. A combinação entre centralização gerencial e descentralização dos serviços, mobilizando inclusive unidades móveis, reitera, no campo da polícia técnica, a matriz que deve ser aplicada em toda a área de segurança.[1550]

2. Nova estrutura legal do serviço de peritos

Vide o disposto na Lei n. 12.030/2009, especificamente nas seguintes normas: Art. 2º No exercício da atividade de perícia oficial de natureza criminal, é assegurado autonomia técnica, científica e funcional, exigido concurso público, com formação acadêmica específica, para o provimento do cargo de perito oficial. Art. 3º Em razão do exercício das atividades de perícia oficial de natureza criminal, os peritos de natureza criminal estão sujeitos a regime especial de trabalho, observada a legislação específica de cada ente a que se encontrem vinculados. Art. 5º Observado o disposto na legislação específica de cada ente a que o perito se encontra vinculado, são peritos de natureza criminal os peritos criminais, peritos médico-legistas e peritos odontolegistas com formação superior específica detalhada em regulamento, de acordo com a necessidade de cada órgão e por área de atuação profissional.

3. Hipóteses de peritos "não oficiais"

Vide nestes *Comentários* art. 159, § 1º, para o compromisso dos peritos não oficiais.

Art. 276. As partes não intervirão na nomeação do perito.

1. Peritos não oficiais e intervenção das partes

A estrutura oficial dos serviços de peritagem não permite que as partes intervenham na escolha do experto. Nada obstante, poderão impugná-lo mediante arguição de suspeição (art. 105) e estão eles sujeitos às causas de incompatibilidade e impedimento na forma do art. 112.

Art. 277. O perito nomeado pela autoridade será obrigado a aceitar o encargo, sob pena de multa de cem a quinhentos mil-réis, salvo escusa atendível.
Parágrafo único. Incorrerá na mesma multa o perito que, sem justa causa, provada imediatamente:
a) deixar de acudir à intimação ou ao chamado da autoridade;
b) não comparecer no dia e local designados para o exame;
c) não der o laudo, ou concorrer para que a perícia não seja feita, nos prazos estabelecidos.

1. Sanção pela desídia

A multa mencionada neste artigo não tem atualização monetária, incorrendo o perito desidioso em infrações disciplinares e, ainda, no crime de desobediência. Na hipótese concreta, o crime de prevaricação poderá igualmente ser apurado.

Art. 278. No caso de não comparecimento do perito, sem justa causa, a autoridade poderá determinar a sua condução.

1. Sobre a estrutura disciplinar, ver art. 275 destes *Comentários*

2. Sobre o crime de desobediência, ver art. 330 do Código Penal

Art. 279. Não poderão ser peritos:
I – os que estiverem sujeitos à interdição de direito mencionada nos ns. I e IV do art. 69 do Código Penal;
II – os que tiverem prestado depoimento no processo ou opinado anteriormente sobre o objeto da perícia;

1550 BRASIL. Ministério da Justiça. Disponível em: www.mj.gov.br. Acesso em: 10 ago. 2004, com grifo no original.

III – os analfabetos e os menores de 21 (vinte e um) anos.

1. Desatualização legislativa
O inciso I está revogado pela Parte Geral do Código Penal.

2. Manifestações públicas dos peritos
No Estado de São Paulo, há Portaria do Perito Criminal Diretor, de 19 de novembro de 2002 (*Diário Oficial do Estado* de 22 de novembro de 2002) nos seguintes termos: "Considerando o que determina o art. 63, Capítulo XXII, da Lei Complementar n. 207/79; Considerando que o resultado da Perícia Criminal só poderá ser divulgado através do Laudo Pericial; Considerando que declarações inoportunas atrapalham o bom andamento da Investigação Criminal; O Perito Criminal do Instituto de Criminalística, Determina: Todas as declarações prestadas por Peritos Criminais ou qualquer funcionário deste Instituto à imprensa escrita, falada ou televisada, terão que ter autorização prévia individual para cada caso, do Diretor de Departamento do Instituto de Criminalística. (Portaria IC 235/02)".

Art. 280. É extensivo aos peritos, no que lhes for aplicável, o disposto sobre suspeição dos juízes.

1. Sobre suspeição de Juízes, ver arts. 252 e seguintes nestes *Comentários*

Art. 281. Os intérpretes são, para todos os efeitos, equiparados aos peritos.

1. Sobre a atividade dos intérpretes, os momentos de suas atuações e consequências quando não presentes, ver arts. 185 a 197 destes *Comentários*

TÍTULO IX – Da Prisão, das Medidas Cautelares e da Liberdade Provisória

(Redação dada pela Lei n. 12.403, de 4-5-2011)

1. Bases gerais para a compreensão do modelo cautelar reformado[1551]
Para a imposição de uma medida cautelar a uma pessoa submetida à persecução criminal, seja na fase investigativa, seja no curso do processo de conhecimento deve estar presente aquilo que nesta Obra é denominado de *necessidade cautelar* cujo conceito será exposto no tópico seguinte.

Ademais, o modelo legal (normativo) deveria estabelecer com clareza a gradação das medidas restritivas da liberdade, partindo das menos gravosas para aquelas mais gravosas (a prisão cautelar) impondo uma clara limitação da duração temporal e a imperiosa revisão periódica da permanência ou não da *necessidade cautelar* ao longo da persecução.

E, finalizando, a reforma que se consumou em 2011 deveria ter modificado substancialmente o método decisório cautelar, assentando uma concreta cognição cautelar marcada pela oralidade a fim de romper substancialmente com a estrutura de decisão historicamente consagrado pelo CPP que é o burocrático-escrito, quase sempre tomado sem a presença da pessoa submetida à persecução.[1552]

Lamentavelmente não se passou assim com o texto reformado que, nada obstante ter introduzido as chamadas "medidas alternativas" no artigo 319 as quais são, na verdade, medidas obrigatoriamente antecedentes à prisão cautelar, nada alterou na forma de tomada de decisão e nada dispôs quanto à duração da medida cautelar e sua revisão periódica.

Pelo modelo reformado existem dois núcleos normativos para a adoção de uma medida cautelar: o primeiro deles alocado no art. 282 e o segundo, na somatória dos artigos 312 e 313.

O art. 282 tem a pretensão de estar inserido numa espécie de "bases gerais" para a imposição das medidas cautelares norma que, no entanto, limita-se a afirmar que essa imposição deve obedecer à *necessidade* que se apresenta de três formas:

- Para aplicação da lei penal;
- Para a investigação e
- Para prevenir novas práticas criminosas (art. 282, I)

Uma vez presente essa *necessidade*, a medida deve ser imposta de forma "*adequada*" (art. 282, II). Trata-se, a adequação, de passo seguinte ao da determinação: primeiro reconhece-se a necessidade cautelar para, depois, analisar-se qual(quais) a(s) medida(s) adequada(s).

Ao lado do art. 282 que serve, portanto, de pano de fundo existem as previsões dos arts. 312 e 313 as quais, pela literalidade da lei, destinam-se exclusivamente à hipótese da prisão preventiva gerando, assim o seguinte quadro legal:

[1551] Parte das considerações aqui expostas está também em CHOUKR, Fauzi Hassan. **Iniciação ao processo penal**. Florianópolis: Empório do Direito, 2017. p. 737/738.

[1552] Realidade que será alterada, apenas, com a introdução da denominada "audiência de custódia". Ver, nesta Obra, *Comentários* aos arts. 301 e seguintes.

Artigo 282	Art. 312	Art. 313
Bases gerais para todas as medidas	Aplicável apenas à prisão cautelar	Aplicável apenas à prisão cautelar
Baseada na necessidade para a. aplicação da lei penal b. investigação c. prevenir novas práticas criminosas	Garantir ordem pública Garantir instrução criminal Garantir futura aplicação lei penal Garantir a ordem econômica	Crimes dolosos punidos com pena privativa de liberdade máxima superior a 4 (quatro) anos se tiver sido condenado por outro crime doloso, em sentença transitada em julgado se o crime envolver violência doméstica e familiar contra a mulher, criança, adolescente, idoso, enfermo ou pessoa com deficiência, para garantir a execução das medidas protetivas de urgência. Também será admitida a prisão preventiva quando houver dúvida sobre a identidade civil da pessoa ou quando esta não fornecer elementos suficientes para esclarecê-la, devendo o preso ser colocado imediatamente em liberdade após a identificação, salvo se outra hipótese recomendar a manutenção da medida.
Exige aplicação de forma adequada		

Assim, pela forma como a reforma de 2011 tratou o tema, as medidas "alternativas" podem ser impostas apenas pelo binômio necessidade-adequação sendo que o conteúdo da "necessidade" já está presente como fundamento no art. 312 (necessidade para aplicação da lei penal), assim como a necessidade para "evitar a reiteração de práticas criminosas" também se encontra no art. 312 na chamada cláusula "garantia da ordem pública" e a necessidade para a "investigação" é fundamento estrito da denominada prisão temporária.

Nesse cenário truncado e de sobreposição de fundamentos resta, então, a indagação sobre quais são os fundamentos efetivamente cautelares que impõem a adoção das medidas menos gravosas as quais deveriam ser o ponto de partida.

Mas, como se verá visto na sequência, a prisão manteve-se como marco inicial do sistema, que não alterou, neste ponto, a lógica inquisitiva. E assim o é pelo teor do art. 321 (nada obstante o disposto no art. 282, §6º que fica substancialmente inoperante) que condiciona a imposição das medidas "alternativas" ao descabimento da prisão.

Para tentar reestruturar de forma hermenêutica a permanência inquisitiva e a baixa densidade técnica da reforma de 2011 a proposta desta Obra sobre o tema é buscar reconhecer que os fundamentos do art. 312 e os requisitos do art. 313 compõem o quadro global das cautelares pessoais, não se restringindo, assim, à determinação da prisão preventiva. E assim o é porque, caso contrário, a determinação das cautelares não privativas da liberdade se daria única e exclusivamente pela "necessidade", enfraquecendo a cognição cautelar e a fundamentação da decisão que determina a imposição da(s) medida(s). Mais ainda: seria excluída da fundamentação da necessidade cautelar aquela que é a única das fundamentações apontada como tipicamente cautelar pela melhor doutrina e, mesmo, pela compreensão que é dada pela CADH: a imposição de uma medida cautelar para preservação da integridade do acervo probatório.

Pelas razões acima expostas, e com vistas a dar algum sentido às bases cautelares condizentes com o marco constitucional-convencional entendemos que:

> A cognição da necessidade cautelar exige a conjugação dos artigos 312, 313 e 282 para a imposição de qualquer medida cautelar, seja ela privativa da liberdade ou não;

> A base dos fundamentos cautelares encontra-se no art. 312, mantido em sua redação anterior à reforma de 2011 com todos os problemas que isso implica, notadamente o fundamento "ordem pública" como adiante se verá;

> A redação do art. 313 autoriza a imposição da prisão nos casos ali enunciados que, no entanto, só poderá ser determinada se necessária e adequada a medida a luz do art. 282, esgotada a análise da possibilidade de imposição de medidas não encarceradoras. Nenhuma das hipóteses ali previstas (art. 313) autoriza a determinação da prisão de forma automática;

O art. 282 rege a imposição das medidas de forma adequada, sendo certo que se deve partir das menos gravosas para as mais gravosas na forma como demonstrada a postulação da necessidade cautelar e, apenas, pelo quanto necessário para a satisfação da necessidade processual, jamais como forma de antecipação de pena.

Como complemento, a verificação da existência dessa necessidade cautelar deve ser revista periodicamente a fim de que seja justificada sua manutenção (ainda que seja aplicável medida não encarceradora) evitando-se, assim, seu emprego como pena antecipada.

2. Conceito de necessidade cautelar

Necessidade cautelar é o resultado da constatação judicial sobre a adoção de uma ou mais medidas invasivas da liberdade estritamente previstas no ordenamento para que o processo penal possa se desenvolver de forma regular e consiga alcançar uma solução de mérito.

3. Uma conclusão antecipada: o baixo impacto real das modificações trazidas pela Lei n. 12.403/2011

Quando analisamos em obra publicada em 2001 os inúmeros projetos de reforma que dariam vazão a mais uma rodada de alterações pontuais do CPP[1553], dentre eles o das medidas cautelares, apontamos em relação ao anteprojeto que

A retórica cautelar assentada no Código de Processo Penal nos fundamentos do art. 312 (ordem pública, garantia da instrução criminal e da futura aplicação da lei penal) e posteriormente acrescida [1554] manteve-se na sua essência inalterada.

E isto se devia à identificação, já na exposição de motivos do anteprojeto, de uma busca ao retorno da sistematização do CPP

Tomando-se este ponto de partida, preocupa a exposição de motivos do anteprojeto que, na sua redação, indica primordialmente um retorno à sistematização perdida pelo CPP pelas inúmeras reformas.[1555]

E completávamos afirmando que "diante disto fica praticamente desimportante do ponto de vista dogmático que se sugira (e apenas se sugira) a restrição da liberdade como exceção dentro das cautelares."

Posto que, no âmago do anteprojeto identificamos

Outros textos sugeridos [que] dão a entender a primazia da constrição da liberdade nos mesmos moldes atuais, ao aduzirem que, "Quando não couber prisão preventiva, o juiz poderá decretar outras medidas cautelares".

Apontando que o art. 312 se sobreporia por todo o "novo" modelo que, desde seu início careceria de consistência diante da redação daquilo que viria a ser o atual art. 321 (ver infra) asseveramos que "*Desta forma, embora apregoando-se uma revolução cultural no sistema cautelar, a própria redação sugerida induz à manutenção do sistema na práxis e cultura*"[1556] (grifo nosso).

Era natural, portanto, que desde os trabalhos acadêmicos, dentre todos os fundamentos de cautelaridade, a permanência da ordem pública, com as críticas de aderência constitucional e as tentativas jurisprudenciais[1557], sobretudo no âmbito do STF, de conceituá-la viesse a ser um (ou "o") fator decisivo na inalterabilidade do modelo cautelar pessoal no Brasil com as incompatibilidades perante a Constituição e a Convenção Americana de Direitos Humanos.

Assim, quando se depara com acórdão que afirma que

No tocante ao tema da garantia da ordem pública, reiterou-se que esta envolve, em linhas gerais, as seguintes circunstâncias principais: a) necessidade de resguardar a integridade física ou psíquica do paciente ou de terceiros; b) objetivo de impedir a reiteração das práticas criminosas, desde que lastreado em elementos concretos expostos fundamentalmente no decreto de custódia cautelar; e c) necessidade de assegurar a credibilidade das instituições públicas, em especial o Poder Judiciário, no sentido da adoção tempestiva de medidas adequadas, eficazes e fundamentadas quanto à visibilidade e transparência da implementação de políticas públicas de persecução criminal.[1558]

1553 AMBOS, Kai; CHOUKR, Fauzi Hassan. **A reforma do processo penal no Brasil e na América Latina**. São Paulo: Método, 2001.
1554 Na lei de combate ao "crime do colarinho branco" surgiu a prisão cautelar como garantia da ordem econômica.
1555 *In verbis*: O projeto sistematiza e atualiza o tratamento da prisão, das medidas cautelares e da liberdade provisória, com ou sem fiança. Busca, assim, superar as distorções produzidas no Código de Processo Penal com as reformas que, rompendo com a estrutura originária, desfiguraram o sistema.
1556 CHOUKR, Fauzi H. e AMBOS, Kai. **A Reforma do Processo Penal No Brasil e na América Latina**. São Paulo: Método, 2001.
1557 Tema que nos é caro de há muito. Veja-se CHOUKR, F. H. A ordem pública como fundamento da prisão cautelar. **Revista do Instituto Brasileiro de Ciências Criminais**, SP, v. 4, p. 89, 1993.
1558 HC 91386/BA. Relator: Min. Gilmar Mendes. 19 fev. 2008.

É imperioso refletir nas consequências de um poder jurisdicional cautelar que venha a atender a "implementação de políticas públicas de persecução criminal" quando intervenientes do processo judicial, notadamente o Juiz, passe a conceber sua função, no processo, como integrante de um mecanismo de efetivação de políticas públicas criminais, o que pode perigosamente aproximá-lo de uma função que não lhe é própria. Isso é muito diferente do controle jurisdicional de políticas publicas por meio, sobretudo, da verificação de sua compatibilidade constitucional por meio de ações próprias.

E, numa percepção genérica, pode-se opor a manutenção desse fundamento como contraponto à estrutura processual penal aderente ao Estado de Direito que prima pela presunção de inocência. É, assim, a "ordem pública" um dos principais alicerces de refutação de um ordenamento condizente com a Constituição que, para muitos, é visto pejorativamente como "garantista" e em excesso.

Aqui é necessário acrescer um breve comentário sobre os profundos equívocos que repousam sob o rótulo de "garantismo". Sem pretender adentrar na extensão conceitual desse assunto destaca-se que o garantismo, sobretudo na obra de seu autor mais reconhecido no Brasil, Luigi Ferrrajoli (e distorcidamente tido como o "pai" dessa construção), preconiza um modelo de estrita subsunção legal[1559], a dizer, de normatividade estrita e com apelo aos direitos fundamentais como sustentação de um modelo político que se reflete no jurídico.

Assim, opõe-se esse modo de construir o constitucionalismo (garantista) daquele principialista no qual aspectos morais integram padrões decisórios buscando evidenciar, assim que "a distinção entre direito e moral envolve, ainda, uma limitação à figura dos juízes, repelindo arbitrariedades derivadas de juízos morais. Equivale, ainda, a uma limitação às atividades do Poder Legislativo, repelindo que este se imiscua na vida moral dos cidadãos".[1560]

Aliás,

É com base nos direitos fundamentais e não na conexão entre direito e moral que, para Ferrajoli (2012, p. 23), se fundamenta a dimensão substancial da democracia constitucional, direitos estes que são direitos de todos, e condicionam a validade substancial e a coerência do direito positivo (...) São os direitos fundamentais, portanto, vínculos impostos normativamente, titularizados por todos, e razão de ser do ente estatal.[1561]

Afastando-se do constitucionalismo principialista busca-se, desta forma, evitar a expansão de poderes judiciais por meio de flexibilização da estrutura hierárquica normativa que se opera com emprego de ponderação de princípios num determinado caso concreto. As críticas que são feitas em nome de uma cruzada "antigarantista" não raras vezes passam completamente ao largo dessas reflexões.[1562]

Pode-se afirmar no âmbito da técnica processual que a manutenção do fundamento "ordem pública" na "reforma" de 2011 nada alterou o expansionismo judicial processual penal. O resultado concreto é que um sistema que se apregoou como tendente à minimização resistiu e se manteve vivo em sua essência, e os resultados positivos propagandeados só acontecem por meio de maquiagens das estatísticas.

Capítulo I – Disposições Gerais

Art. 282. As medidas cautelares previstas neste Título deverão ser aplicadas observando-se a: (Redação dada pela Lei n. 12.403, de 4-5-2011)

1. A necessária inversão valorativa: liberdade como regra; prisão como exceção

Conforme já anotamos em textos anteriores, a CR de 1988 e a CADH, ao introduzirem o sistema acusatório, inverteram as bases axiológicas do Código de Processo Penal e, dentre outras consequências de suas premissas, alçaram o investigado/réu à posição de efetivo sujeito de direitos.

Assim, havia nítido contraste entre a CR e a CADH com a tópica do Código quanto ao tratamento do relacionamento liberdade/prisão, pois a legislação infraconstitucional concebe esta última como instrumento essencial do modelo persecutório, e aloca a liberdade num plano de exceção em relação àquela.

Tais bases valorativas são facilmente encontradas nas locuções empregadas pela jurisprudência e pela doutrina dominantes, que utilizam expressões como "concede-se" ao se referir à liberdade, "benefício" ou "benesse" para o tema das contracautelas pessoais, notadamente a "liberdade provisória", esta última expressão bem emblemática do tratamento

---

[1559] FERRAJOLI, Luigi. Constitucionalismo principialista y constitucionalismo garantista. DOXA, Cuadernos de Filosofía del Derecho, 34 (2011) ISSN: 0214-8676 pp. 15-53.

[1560] CADEMARTORI, D. M. L.; NEVES, I. F. Constitucionalismo garantista X Constitucionalismo principialista: aproximações entre Ferrajoli e Zagrebelsky. In: Flávia de Ávila; Carlos Magno Spricigo Venerio; Antonio Carlos Wolkmer. (Org.). Teoria do Estado e da Constituição. 1ed.Florianópolis: Fundação Boiteux-UFSC, 2012, v. 1, p. 126-144.

[1561] Idem.

[1562] Magalhães, Vlamir Costa. O garantismo penal integral: enfim, uma proposta de revisão do fetiche individualista. **Revista da EMERJ**, v. 13, n. 52, 2010: 200.

do tema, aliás, pois dela se extrai que provisória não é a prisão, mas sim a liberdade. A lógica do sistema inquisitivo persiste, não apenas no plano normativo, mas também no plano cultural.

É necessário, contudo, como anota Perfecto Ibáñez[1563], assinalar que na maior parte dos países a prisão "processual" ocupa "un lugar privilegiado en la economía real del sistema penal e que desborda funcionalmente los límites que le están asignados en tal caracterización formal, marcados en apariencia por las notas de provisionalidad y accesoriedad, puesto que no sólo cumple fines procesales, sino que en su función efectiva aparece dotada de connotaciones sustantivas de penalización inmediata", isso porque o autor,

> asistimos a un progresivo empobrecimiento de la eficacia de la sanción como momento de restauración del orden violado y a una correspondiente recuperación de la finalidad de prevención y de intimidación, de manera pronta y ejemplar, dentro del juicio penal (...) es el proceso que se convierte en pena, por retomar la recordada ecuación carneluttiana, y en esta transfiguración la prisión provisional desempeña un papel nuclear.

2. Presunção de inocência e a jurisdição cautelar

Tomando-se como ponto central a presunção de inocência, que determina, no plano da CR (art. 5º, LVII), que "ninguém será considerado culpado até o trânsito em julgado de sentença penal condenatória" e na CADH (art. 8º, item 2) que "toda pessoa acusada de delito tem direito a que se presuma sua inocência enquanto não se comprove legalmente sua culpa", somente pode haver um marco distintivo: o trânsito em julgado da sentença condenatória, a partir do qual a presunção de inocência é quebrada e se impõe uma pena definitiva.

Como ensina Ferrajoli,

> a história da detenção cautelar do imputado antes do julgamento é estritamente conexa com a do princípio da presunção de inocência, na medida e nos limites em que a primeira foi sendo cada vez mais admitida e praticada, seguiram-se de perto os desenvolvimentos teóricos e normativos do segundo. Desse modo, ocorreu que enquanto em Roma, após experiências alternadas, chegou-se a proibir por completo a prisão preventiva, na Idade Média, com o desenvolvimento do procedimento inquisitório, ela se tornou o pressuposto ordinário da instrução, baseada essencialmente na disponibilidade do corpo do acusado como meio de obter a confissão *per tormenta*. E só voltou a ser estigmatizada com o Iluminismo, concomitantemente à reafirmação do princípio *nulla pena, nulla culpa sine judicio* e à redescoberta do processo acusatório (...) Diderot, Filangieri, Condorcet, Pagano, Bentham, Constant, Lauzé di Peret e Carrara denunciam com força a "atrocidade", a "barbárie", a "injustiça" e a "imoralidade" da prisão preventiva, exigindo sua limitação, tanto na duração como nos pressupostos, aos casos de "estrita necessidade" do processo.[1564]

Dito isso, deve ser ponderado que, à exceção de algumas vozes razoavelmente isoladas (dentre elas o próprio Ferrajoli), concebe-se a possibilidade de algum grau de convivência entre a presunção de inocência e a prisão anterior à sentença condenatória, desde que, para tanto, algumas condições estejam claramente estabelecidas:

> A natureza essencialmente cautelar da constrição, que não pode ser, sob qualquer hipótese, tomada como medida antecipada de pena. Assim, as privações de liberdade anteriormente havidas devem ter, sempre e necessariamente, fundamentação e finalidade cautelares.

> Decorre disso a impossibilidade de a legislação infraconstitucional determinar hipóteses de prisão "automática" em função de determinada tipificação penal.

> Estrita legalidade da medida, que não pode ser tomada fora dos restritos limites impostos por lei. Existe aqui, sem dúvida, uma necessária tipicidade da prisão que se reveste, tal como no tipo penal material, de certeza e da lei escrita.

> Definição estrita dos limites temporais da coerção, que não pode se estender para além do necessário para a jurisdição cautelar.

> Proporcionalidade da coerção física em relação ao processo de conhecimento ou de execução. Essa situação é particularmente inexistente no cenário do Código de Processo Penal, que trabalha preponderantemente com a prisão como mecanismo essencial das cautelas pessoais (vide aprofundamento da análise nos tópicos seguintes).

> A prisão deve ser sempre jurisdicional (mesmo na hipótese do flagrante delito, que deve ser comunicada imediatamente ao Juiz de Direito) e sua decisão, assentada na análise dos fundamentos

---

[1563] PERFECTO IBÁÑEZ, Andrés. Presunción de inocencia y prision sin condena. **Revista de la Asociación de Ciencias Penales de Costa Rica**, año 9, n. 13, ago. 1997. p. 13.

[1564] **Direito e Razão**... *op. cit.*, p. 443.

estritamente cautelares; este Juiz deve ser o juiz natural da causa, e não qualquer outro juiz.

A lei processual deve propiciar a realização da cognição cautelar, em contraditório – porém possibilitada a constrição liminar *inauditur altera pars* –, que verse sobre o objeto da cautela, e não sobre os aspectos de mérito do processo de conhecimento ou de execução a serem acautelados.

Assentados esses fundamentos, deve-se ter, com Hassemer[1565] que, dentro do Estado de Direito, a constrição da liberdade nessa forma somente se legitima para fazer um processo na presença do acusado e para assegurar a instrução criminal ("La prisión preventiva es irrenunciable y legítima en tanto se pretenda ejecutar el procedimiento en presencia del imputado, averiguar la verdad y asegurar las consecuencias del procedimiento. Es legítima frente a aquel que es sospechado en forma vehemente del hecho").

Observe-se que os itens "e" e "g" supra já faziam parte destes **Comentários** nas edições anteriores, tendo a Lei n. 12.403/2011 vindo ao encontro do marco teórico desta obra.

3. Vinculação dos fundamentos ao juiz: controle da racionalidade judicial na adoção das medidas cautelares

A nova estrutura das medidas cautelares deveria enfraquecer a prática da deficiência da fundamentação das cautelares diante da necessidade de decompor os fundamentos que embasam a decretação da medida, pois

> Para que o decreto de custódia cautelar seja idôneo, é necessário que especifique, de modo fundamentado, elementos fáticos concretos que justifiquem a medida, o que não ocorre na espécie. 3. É da jurisprudência da Corte o entendimento de que "a legalidade da decisão que decreta a prisão cautelar ou que denega liberdade provisória deverá ser aferida em função dos fundamentos que lhe dão suporte, e não em face de eventual reforço advindo dos julgamentos emanados das instâncias judiciárias superiores (...). A motivação há de ser própria, inerente e contemporânea à decisão que decreta (ou que mantém) o ato excepcional de privação cautelar da liberdade, pois a ausência ou a deficiência de fundamentação não podem ser supridas 'a posteriori'."[1566_1567]

Significa, também, o exaurimento legal da técnica da compulsoriedade da prisão por expressa disposição legal e sem observância dos fundamentos cautelares estritos.

Neste ponto, a simples comparação dos seis artigos do Código de Processo Penal em vigor até a Lei n. 12.403/2011, 311 a 316 – com a redação a estes dada pela Lei n. 5.349, de 3 de novembro de 1967, deixava evidente que só se cogitou naquela reforma legislativa, da extinção da chamada prisão preventiva compulsória que vinha antes adotada no art. 312 do Código de Processo Penal: "A prisão preventiva será decretada nos crimes a que for cominada pena de reclusão por tempo, no máximo, igual ou superior a dez anos". A lei de 1967 excluiu dispositivo que segundo a "Exposição de Motivos do Código de Processo Penal", de autoria do ex-Ministro Francisco Campos, acima de todos, permitia à prisão preventiva desprender-se "dos limites estreitos" até à vigência do atual diploma processual penal "traçados à sua admissibilidade". Teria esta medida cautelar, considerada, pelo próprio Francisco Campos, obrigatória, como se vê no item VIII da mencionada Exposição de Motivos.[1568]

Sobre o superado regime inicial do Código de Processo Penal, preleciona a doutrina que "a prisão preventiva é obrigatória nos crimes a que for cominada pena de reclusão por tempo, no máximo, igual ou superior a 10 anos".[1569]

4. Medidas cautelares e quantificação de pena

Observado como um todo, as medidas cautelares independem da quantidade de pena prevista em abstrato para qualquer tipo penal, excetuando-se aquelas infrações cuja punição não acarreta penas privativas de liberdade. Fala-se, nesse contexto, no reduzido espaço das contravenções penais, cuja incidência é cada vez menos relevante no cenário jurídico penal brasileiro.

Essa nova estrutura implica um vigoroso aumento de controle sobre pessoas no sistema penal, conforme também analisado nos *Comentários* ao art. 282, § 4º, e ao art. 282, § 6º.

[1565] HASSEMER, Winfried. **Critica al derecho penal de hoy**. Tradução de Patricia S. Ziffer. Universidad Externado de Colombia, 1998. p. 117/118.
[1566] HC 98.821/CE. 2ª Turma. Relator: Min. Celso de Mello. Data de publicação: *DJe*, 16 abr. 2010.
[1567] STF. **HC 101.980/SP**. Relator: Min. Dias Toffoli. Data de julgamento: 11 maio 2010.
[1568] GOMES DA CRUZ, José Raimundo. Justa causa e abuso de poder referentes à propositura da ação penal. **Justitia**, ano 29, v. 58. São Paulo, 3. trim. 1967.
[1569] WUNDERLICH, Alberto. Da prisão como pena à prisão preventiva. **Boletim Jurídico de Uberaba/MG**, 2006, citando Tourinho Filho no trecho específico.

Aqui implica dizer que mesmo infrações penais de menor potencial ofensivo que escapavam, como regra, a qualquer espécie de controle cautelar agora podem vê-las em atuação. Nesse sentido, trata-se de exasperação do sistema controlador cautelar em patamares até mesmo superiores àqueles previstos antes da edição da Lei n. 9.099/1995.

Assim, é possível afirmar que o atual sistema é francamente expansivo dos mecanismos de controle, não apenas porque oferece um leque significativo de medidas anteriores à prisão, mas, também, porque passa a incidir sobre todo o sistema jurídico penal de maneira muito mais incisiva.

4.1 Medidas cautelares e elemento subjetivo do tipo

Outra significativa modificação com o novo regime jurídico das medidas cautelares é a possibilidade de imposição dessas medidas inclusive nos crimes culposos, os quais ficavam praticamente isentos de qualquer incidência cautelar pessoal efetiva no regime anterior, embora já tivesse sido decidido possível a decretação da prisão preventiva em situação de réu "preso e denunciado pela prática, em tese, dos crimes de homicídio culposo e lesões corporais de natureza culposa, em concurso formal", considerando-se, na espécie, a

> necessidade de acautelamento da ordem pública e asseguramento da aplicação da lei penal. Paciente com personalidade voltada para a prática delitiva e que permaneceu foragido durante mais de um ano. (...) 2. A manutenção do paciente em cárcere, por força de decreto de prisão preventiva, faz-se necessária em razão de sua personalidade voltada para a prática delitiva e, também, no fato de que, após fugir da cadeia pública, permaneceu mais de um ano foragido da justiça pública 3. Precedentes do STJ.[1570]

Com efeito, se não se pode cogitar da imposição da prisão preventiva direta nos moldes do art. 313, nada impede que outras medidas venham a ser aplicadas. Isso significa a manutenção do regime anterior (prisão em flagrante nos crimes culposos, *v.g.*, homicídio culposo no trânsito), com a imposição de medidas cautelares distintas da prisão, ampliando-se, como tratado nestes **Comentários**, as formas de controle sobre a pessoa suspeita ou acusada.

I – necessidade para aplicação da lei penal, para a investigação ou a instrução criminal e, nos casos expressamente previstos, para evitar a prática de infrações penais; (Incluído pela Lei n. 12.403, de 4-5-2011)

1. Conceito de necessidade

A necessidade surge, aqui, como um *conceito instrumental*, voltado para a obtenção da correta "aplicação da lei penal" para a "investigação" ou "instrução criminal" e para evitar-se o cometimento (prática) de "infrações penais".

Tal emprego não é desconhecido da práxis da prisão preventiva, já tendo sido considerado que "As condições para o decreto de prisão preventiva são aferidas no presente, devendo o magistrado apontar a sua necessidade e a sua conveniência para que se atinja qualquer dos objetivos listados no art. 312 do Código de Processo Penal".[1571]

2. Vinculação da necessidade quanto ao objetivo: aplicação da lei penal

O objetivo "aplicação da lei penal" surge como escopo da necessidade geral das cautelares pessoais, da mesma forma que surgirá como fundamento específico da prisão preventiva, a teor do *caput* do art. 312, que, neste particular, foi mantido na sua redação anterior à reforma de 2011.

Não se trata de duas formas distintas de entender a mesma locução, mas da *função* dessa cláusula no âmbito das cautelares.

Assim, enquanto *fundamento geral* ela servirá de *suporte* a *qualquer* das *medidas* cautelares pessoais e deverá se relacionar com o conceito de adequação presente neste mesmo artigo.

2.1 Vinculação da necessidade quanto ao momento: investigação

A necessidade vincula-se temporalmente a dois momentos distintos: a investigação e a instrução criminal.

Note-se que, de forma clara, não se vincula a medida cautelar a uma única espécie de investigação, mas, sim, a qualquer uma delas, atendendo-se dessa forma ao reconhecimento da existência de outras fontes de investigação que não o inquérito policial (vide nota 3 ao art. 4º nestes *Comentários*). Exigirá, outrossim, que se esteja diante de uma investigação formalmente instaurada, sendo impossível a decretação da(s) medida(s) sem que esteja em curso esse momento da persecução.

[1570] STJ. **HC 39.696/MG** (2004/0164319-1). Relatora: Min.ª Laurita Vaz. Data de julgamento: 9 ago. 2005. Em idêntico sentido, STJ. **HC 2004/0106704-0**. Relator: Min. Gilson Dipp. Data de julgamento: 15 mar. 2005.
[1571] STF. **HC 107.382/SP**. Relatora: Min.ª Cármen Lúcia. Data de julgamento: 26 abr. 2011.

2.1.1 Necessidade da prisão para investigação e prisão temporária

Malgrado a previsão de "necessidade para as investigações" como fundamento para a prisão preventiva mesmo na fase investigativa, não nos parece, com a devida vênia a entendimentos contrários, ter havido esvaziamento da prisão temporária em nome do alargamento da prisão preventiva.

Com efeito, permanece intacta a temporária em função de crimes especificamente previstos (alguns dos quais, como a quadrilha ou bando) que não admitem a prisão preventiva de plano e mesmo diante da ausência de comprovação de residência por parte da pessoa suspeita e de divergência em seus registros criminais.

2.2 Vinculação da necessidade quanto ao momento: instrução criminal

Para o conceito de "instrução criminal", veja-se nestes *Comentários* a nota 2 ao art. 400.

3. Vinculação da necessidade em relação à pessoa suspeita ou acusada: inibição da prática de novas infrações penais

A inibição da reiteração da prática de infrações penais era empregada, em larga medida, na cláusula "garantia da ordem pública" presente desde o regime jurídico anterior (*vide* nestes *Comentários* o art. 312). Nesse sentido, entre tantos outros julgados, STF. HC 82.516-8/SP. 1ª Turma. Relator: Min. Sydney Sanches. Data de julgamento: 11 fev. 2003. Data de publicação: DJU, 11 abr. 2003.

Agora, aparece de forma específica e acoplado a uma locução de caráter genérico, a saber, prática de "infrações penais", a dizer, não se restringe ao cometimento de "crimes" no sentido da bipartição historicamente presente no direito brasileiro (crime e contravenção) e, tampouco, parece ligar-se exclusivamente às denominadas "infrações penais de menor potencial ofensivo" da maneira como estabelecidas para a competência dos juizados especiais criminais.

Assim, parece ganhar espaço, definitivamente, o emprego dessa expressão (infrações penais) para designar, de maneira genérica, qualquer conduta violadora de uma norma penal incriminadora.

Nada obstante, o escopo da necessidade sob esse fundamento tem aplicação restritiva, porquanto cabível apenas nos casos "expressamente previstos", a dizer, impossível de ser utilizado de forma genérica para qualquer tipo de infração penal.

Resta, portanto, verificar quais são as hipóteses previstas em lei para as quais a medida cautelar esteja vinculada à "inibição da prática de novas infrações penais". Nesse sentido, a análise da legislação, mesmo aquela que pode ser rotulada como emergencial, demonstra a carência de previsão desse fundamento específico.

> II – adequação da medida à gravidade do crime, circunstâncias do fato e condições pessoais do indiciado ou acusado. (Incluído pela Lei n. 12.403, de 4-5-2011)

1. Conceito de adequação

A adequação compreende uma ideia de relação entre a necessidade da decretação da medida e aquela que vier a ser imposta. Trata-se, assim, de equilibrar, dentre as medidas cautelares, a que melhor vier servir à instrumentalização do processo para alcançar seu objetivo final, a apreciação do mérito no processo de conhecimento ou efetivação do processo de execução.

2. Tríplice projeção da adequação e cumulatividade dos conteúdos da adequação

A redação da adequação da medida cautelar pessoal indica a cumulatividade dos seus desdobramentos, a saber, a demonstração de que a medida é adequada levando-se em conta a gravidade do crime, circunstâncias do fato e condições pessoais de quem é apontado(a) como autor(a) do crime.

3. Vinculação da adequação à gravidade do crime

A jurisprudência do STF oscilava em aceitar esse aspecto (gravidade do crime praticado) como supedâneo para a decretação de medida cautelar, mas com maior inclinação para aceitá-lo.[1572]

Recorde-se que o STF já decidiu que "é cabível prisão preventiva baseada na gravidade do delito quando há indicação de fatos concretos a justificar a medida. Nessa linha, deve-se considerar o perigo que o agente representa para a sociedade como fundamento apto à manutenção da segregação".[1573]

Afastando a gravidade como fundamento da decretação da prisão cautelar, tem-se que

> homicídio consumado e tentado. Gravidade do crime como fundamento da prisão cautelar. Inidoneidade. Precedentes. 2. Não é dado às instâncias subsequentes aditar, retificar ou suprir

---

[1572] HC 106.991. Relator: Min. Ricardo Lewandowski. Data de julgamento: 26 abr. 2011; HC 105.043/SP. Relator: Min. Cármen Lúcia. Data de julgamento: 12 abr. 2011, e HC 102.617/PE. Relatora: Min.ª Ellen Gracie. Data de julgamento: 29 mar. 2011.

[1573] HC 90.398/SP. Relator: Min. Ricardo Lewandowski. Data de publicação: *DJ*, 18 maio 2007; HC 105.033/SP. Relatora: Min.ª Ellen Gracie. Data de julgamento: 14 dez. 2010.

decisões judiciais. Invalidade da afirmação, pelas instâncias precedentes, de que a prisão cautelar encontraria justificativa na gravidade do crime aferida pelo *modus operandi*. Habeas corpus deferido.[1574]

Parece-nos relevante frisar que a gravidade em comento deve ser dividida em seus aspectos gerais (crimes abstratamente tidos como particularmente graves, como os hediondos ou os a ele assemelhados) e na gravidade em concreto, com o que se deve levar em conta a forma de execução do cometimento do crime.

Pela estrutura do artigo em comento, a gravidade aqui enfocada tende a ser muito mais aquela em abstrato do que a gravidade "em concreto", esta mais ligada às "circunstâncias do crime", conforme apregoa a sequência da redação do presente inciso, como, aliás, já prevê a Lei n. 7.492/1986 em seu art. 30, que, nos crimes contra o sistema financeiro, permite a preventiva "em razão da magnitude da lesão causada".

4. Vinculação da adequação às circunstâncias do fato

Tais "circunstâncias do fato" devem ser apontadas de forma concreta, pois "a decretação da prisão cautelar se baseou em fatos concretos, notadamente a periculosidade do paciente e dos demais denunciados, não só em razão da gravidade dos crimes perpetrados, mas também pelo *modus operandi* da quadrilha".[1575]

No mais, as "circunstâncias do fato" sempre estiveram ligadas, em alguma medida, à "ordem pública", pois

> o fato é que, quando da maneira de execução do delito sobressair a extrema periculosidade da conduta debitada ao agente, abre-se ao decreto de prisão a possibilidade de estabelecer um vínculo funcional entre o *modus operandi* do suposto crime e a garantia da ordem pública. Noutro dizer: se a situação for de evidente necessidade de acautelamento do meio social, não há como refugar a aplicabilidade do conceito de ordem pública.[1576]

5. Vinculação da adequação às condições pessoais do indiciado ou acusado

As "condições pessoais do indiciado ou acusado" sempre surgiram na estrutura das cautelares pessoais como argumento para a não decretação da prisão, sobretudo quando se aponta(va) a inexistência de antecedentes em desfavor da pessoa a ser presa ou a existência de "residência fixa" e "ocupação lícita".

A esse respeito, o STF, em inúmeras ocasiões, já decidiu considerando o "perigo que o agente representa para a sociedade como fundamento apto à manutenção da segregação" (HC 90.398/SP. Relator: Min. Ricardo Lewandowski. DJ, 18 maio 2007). 9. A "primariedade, bons antecedentes, residência fixa e profissão lícita" são "circunstâncias que, por si sós, não afastam a possibilidade da preventiva".[1577]

> § 1º As medidas cautelares poderão ser aplicadas isolada ou cumulativamente. (Incluído pela Lei n. 12.403, de 4-5-2011)

1. Aplicação isolada ou cumulativa de medida cautelar

A partir da necessidade de adequação à nova estrutura das medidas cautelares, as medidas impostas poderão ser atuadas de maneira isolada ou cumulativa.

Com fundamentação vinculante na forma dos incisos I e II do art. 282, a imposição de medidas cumulativas pode gerar algumas questões práticas, como a do descumprimento parcial das medidas, a ensejar a imposição da prisão preventiva em razão do fracasso das medidas previamente adotadas.

Fato é que, diante da nova estrutura, a imposição das medidas de forma cumulada pode alcançar um resultado prático de restrição da liberdade de locomoção que, se obviamente não será idêntico à prisão, aproxima-se muito do objetivo da limitação de locomoção.

> § 2º As medidas cautelares serão decretadas pelo juiz a requerimento das partes ou, quando no curso da investigação criminal, por representação da autoridade policial ou mediante requerimento do Ministério Público. (Redação dada pela Lei nº 13.964, de 2019)
>
> REDAÇÃO ANTERIOR: § 2º As medidas cautelares serão decretadas pelo juiz, de ofício ou a requerimento das partes ou, quando no curso da investigação criminal, por representação da autoridade policial ou mediante requerimento do Ministério Público. (Incluído pela Lei n. 12.403, de 4-5-2011)

1. Medidas" cautelares e direito de ação: confrontação a partir da CR e da CADH

O Código de Processo Penal estruturava toda a atividade cautelar de forma quase administrativa no

---

[1574] STF. **HC 99.380/MG**. Relator: Min. Eros Grau. Data de julgamento: 1º jun. 2010.
[1575] STF. **HC 98.157/RJ**. Relator: Min. Ellen Gracie. Data de julgamento: 5 out. 2010.
[1576] STF. **HC 99.801/RJ**. Relator: Min. Ayres Britto. Data de julgamento: 28 set. 2010.
[1577] STF. **HC 98.157/RJ**. Relator: Min. Ellen Gracie. Data de julgamento: 5 out. 2010.

sentido do automatismo da sua decretação para determinados crimes (na redação original) e na inexistência de um verdadeiro "devido processo penal cautelar".

Não existia – e ainda assim o é, embora de forma atenuada com a reforma – a materialização de uma pretensão cautelar por meio de uma provocação postulatória especificamente baseada em provas sobre a necessidade da cautela a ser tomada e, tampouco, existe um verdadeiro procedimento cautelar específico que materialize, com o emprego substancial do devido processo legal, o caminho cognitivo a ser percorrido pelo Magistrado para que alcance seu provimento.

Assim, o modelo anterior estimulava o emprego das "medidas" cautelares como mecanismo essencial no funcionamento do sistema persecutório (característica essa que não pode ser considerada como abolida pela reforma diante da cultura processual penal dominante) e propiciava a repetição das "fórmulas legais" (v.g., art. 312) como sustentação da adoção das medidas, sem que houvesse verdadeiramente a comprovação de seus fundamentos. A esse quadro se somava a formalização da "postulação das medidas" de forma tosca, normalmente nos próprios autos da "ação de conhecimento", sem qualquer base procedimental própria e muitas vezes sem qualquer zelo na sua apresentação.

Ainda, "Embora sem criar relação processual autônoma, mas de forma incidental, existe pretensão cautelar nos casos de requerimentos de prisão provisória, de aplicação provisória de interdições de direitos e medidas de segurança, de sequestro dos bens adquiridos com o provento da infração penal, visando assegurar efeito da sentença penal condenatória e a antecipação de prova testemunhal prevista no artigo 225 do Código de Processo Penal de 1941"[1578], diante da "impossibilidade de conceber-se um *processo penal cautelar*, bem como uma *ação (ação da parte) penal cautelar* (...) no *processo penal* há lugar somente, para a adoção de *medidas cautelares*, efetiváveis, quer no processo de conhecimento, quer no de execução".[1579]

Todas essas posições teóricas, de inegável repercussão na história das ideias do processo penal brasileiro, precisam ser lidas, com a devida vênia, agora sob a ótica constitucional e da CADH.

2. Decretação "de ofício"

Remanescente do cenário anterior à reforma, a decretação das medidas de ofício permanece como um símbolo da administrativização do modelo e de sua potencial inquisitividade, nada obstante sua possibilidade estar, agora, restrita ao curso do processo e não mais desde a investigação (ao menos na forma da imposição inicial).

A base doutrinária, mesmo anterior à Constituição, permanece intacta no ponto em que afirma que "Assim, no processo penal, exerce o juiz atividade instrumental de natureza cautelar, seja em face de uma pretensão, seja sem qualquer provocação".[1580]

Há de se ponderar, por certo, que alguns aspectos da nova legislação atenuam essa intervenção de ofício. Com efeito, da leitura conjunta da presente norma com o art. 313 (de redação truncada), tem-se que a decretação (que difere da conversão da prisão em flagrante na preventiva; vide nota 2 ao art. 310, II, nestes *Comentários*) de ofício somente pode ocorrer no curso da ação penal, e não mais na fase investigativa. Sob esse prisma, trata-se de expansão da impossibilidade de autuação de ofício já prevista na lei da prisão temporária.

3. Decretação por "requerimento das partes"

A redação atual apresenta uma divisão quanto ao momento da persecução para que as "partes" possam provocar a jurisdição a fim de que seja(m) decretada(s) a(s) medida(s) cautelar(es).

Num primeiro momento, o da investigação criminal, além da impossibilidade de uma decretação de ofício, intervêm como postuladores a Autoridade Policial por meio da "representação" e o Ministério Público por meio da "representação", mantendo-se a histórica estrutura vigente nesse ponto, mas inovadora no que tange à impossibilidade de decretação da prisão preventiva de ofício.

Ao ser ajuizada a ação penal e recebida a denúncia, surge a ideia de postulação pelas "partes", expressão que causa alguma perplexidade técnica porquanto parte no polo ativo será o titular da ação penal (Ministério Público ou querelante), sendo certo que as intervenções do Ministério Público nas ações penais privadas exclusivas não tornam o *parquet* parte processual, restando, nas ações penais privadas subsidiárias da pública, a legitimação extraordinária do particular que, diante da inércia do titular da ação penal, vê-se possibilitado a exercer os poderes de parte em sua plenitude.

Ainda observado o curso da ação penal, surge a possibilidade de o magistrado, sem provocação, decretar de ofício a prisão preventiva ou seu sucedâneo, de acordo com o caso concreto.

Mas a atual estrutura parece atender a alguma expectativa de ampliação dos poderes postulatórios

---

[1578] JARDIM, Afrânio Silva. Reflexões teóricas sobre o processo penal. **Justitia**, 127/1984.
[1579] TUCCI, Rogério Lauria. **Direitos e garantias individuais no processo penal brasileiro**. 3. ed. rev. São Paulo: Revista dos Tribunais, 2009. p. 496-497.
[1580] JARDIM, Afrânio Silva. Reflexões teóricas sobre o processo penal. *Justitia* 127/1984.

do assistente da acusação (que, rigorosamente falando, não é parte, mas assistente, como indica explicitamente o próprio nome), algo não consagrado no regime anterior.[1581]

Aqui, o novo regime jurídico parece ter ficado a meio caminho para facultar totalmente a intervenção da assistência do Ministério Público no âmbito das cautelares, na medida em que não prevê, expressamente, poderes para que a assistência da acusação possa postular, *inicialmente*, a adoção das medidas, mas lhe faculta a intervenção quando houver o *descumprimento* destas.

4. "Representação" da Autoridade Policial: limites para sua apresentação

A "Autoridade Policial" (vide conceito no art. 4º, nestes **Comentários**) mantém, no âmbito de suas atuações, o poder de "representar" pela medida cautelar, agora não limitada essa representação às hipóteses de prisão preventiva ou temporária, mas abrangendo todas as medidas prévias legalmente estabelecidas.

No que tange ao momento da persecução, a representação da autoridade policial somente é possível até a finalização da investigação, a partir do que sua postulação não será mais admitida para esse fim diante do encerramento da intervenção policial como um todo.

> § 3º Ressalvados os casos de urgência ou de perigo de ineficácia da medida, o juiz, ao receber o pedido de medida cautelar, determinará a intimação da parte contrária, para se manifestar no prazo de 5 (cinco) dias, acompanhada de cópia do requerimento e das peças necessárias, permanecendo os autos em juízo, e os casos de urgência ou de perigo deverão ser justificados e fundamentados em decisão que contenha elementos do caso concreto que justifiquem essa medida excepcional. (Redação dada pela Lei nº 13.964, de 2019)
>
> REDAÇÃO ANTERIOR: § 3º Ressalvados os casos de urgência ou de perigo de ineficácia da medida, o juiz, ao receber o pedido de medida cautelar, determinará a intimação da parte contrária, acompanhada de cópia do requerimento e das peças necessárias, permanecendo os autos em juízo. (Incluído pela Lei n. 12.403, de 4-5-2011)

1. "Medidas" cautelares e contraditório prévio

De todas as modificações havidas com a reforma da Lei n. 12.403/2011, aquela que parece ter causado maior perplexidade e, para certos segmentos de operadores do direito, a maior rejeição é a possibilidade do exercício de algum grau de contraditório no âmbito das cautelares, o que em parte se deve ao histórico modelo administrativista da adoção dessas medidas, como já anotado nestes **Comentários**, para o qual medidas decretadas são incompatíveis com cognição sobre o tema e, por extensão, com o contraditório, admitindo-se, *a posteriori*, algum grau de exercício de direito de defesa, o que, na prática, em larga maioria dos casos se dá por meio de *habeas corpus*.

Importa considerar que a ideia de um contraditório prévio à decretação das medidas existiu desde o início dos trabalhos pela Comissão de Juristas presidida pela e. Professora Ada Pellegrini Grinover, que apresentou a redação inicial do tema, então prevista no art. 320, § 2º, da seguinte forma: "§ 2º Ao receber o pedido de medida cautelar, o juiz determinará a intimação da parte contrária, acompanhada de cópia do requerimento e das peças necessárias, permanecendo os autos em juízo". Na primeira versão, não existia a ressalva às situações de urgência ou ineficácia da medida, o que só veio no final dos trabalhos daquela e. Comissão, quando se inseriu a redação que acabou sendo aprovada no Parlamento e sancionada da forma como agora se encontra.

Com efeito, o automatismo das medidas cautelares penais, desvinculadas que estão de um verdadeiro processo cautelar em que medidas são incidentais, sempre sujeitas a um contraditório ainda que posterior, e obedientes a determinada procedimentalização, soa incompatível com a ideia de cognição e contraditório prévios à decretação. Sob esse enfoque, a norma em vigor parece, realmente, desnecessária e ilógica.

Somente haverá sentido em interpretar-se a norma em questão a partir de alguma conversão de entendimento sobre a estrutura jurídica e o papel das medidas cautelares em consonância com a Constituição, observando-se, a partir dessas premissas, que há uma distinção entre medidas decretáveis *inaudiatur altera pars* (sem oitiva da parte contrária) e outras que, pela situação concreta, podem admitir contraditório prévio, lembrando-se a posição de Calamandrei, para quem o processo cautelar não é um fim em si; existe em relação ao processo de conhecimento e de execução. Daí o seu caráter instrumental. Enquanto o processo de conhecimento e de execução serve à tutela do direito, a medida cautelar serve à tutela do processo.[1582]

[1581] STJ. **Medida Cautelar n. 9.627-RJ**. Relator: Min. Hamilton Carvalhido. Data de julgamento: 31 mar. 2005. Data de publicação: *DJU*, 5 abr. 2005. p. 342.

[1582] CALAMANDREI, Piero. **Introdução ao estudo sistemático dos procedimentos cautelares**. Tradução de Carla Roberta Andreasi Bassi. Campinas: Servanda, 2000.

2. Fundamento de exceção ao contraditório prévio: urgência

Não há, dentro de uma interpretação literal do presente artigo, e mesmo numa visão sistêmica das medidas cautelares, obrigatoriedade de contraditório prévio à determinação de qualquer medida.

Assim, a urgência surge como fundamento para que a medida seja determinada sem a oitiva da pessoa sobre quem deva recair a determinação constritiva. Nada existe de novo nesse aspecto, sendo a urgência fundamento classicamente empregado como justificador da ocorrência do denominado "contraditório diferido".

2.1 Fundamento de exceção ao contraditório prévio: perigo de ineficácia da medida

A ideia de ineficácia da medida de que trata esta norma é claramente a da medida cautelar, posto que a dilação da cognição para implemento da medida acarretaria seu potencial fracasso.

Calamandrei, citado por Frederico Marques, pontuava que,

> sempre que a eficácia de uma decisão jurisdicional, atingível só através de longo procedimento, corra risco de ser diminuída ou anulada pelo retardamento (*periculum in mora*), o processo cautelar, antecipando provisoriamente as prováveis consequências da decisão principal, visa a fazer com que o pronunciamento final possa, a seu tempo, produzir efeitos. Tende, assim, o processo cautelar a assegurar a eficácia futura de outro processo a que está preordenado.[1583]

3. Procedimentalização do contraditório

O contraditório previsto neste artigo se forma em autos apartados, instruídos com "as peças necessárias" e o requerimento formulado.

Algumas questões desde logo precisam ser destacadas. A primeira delas é que a formação dessa atuação é procedida "de ofício", independentemente de provocação de quem o requereu.

Também é, de ofício, o conteúdo da instrução desses autos, não havendo maiores especificações na lei sobre quais são as "peças necessárias". Nesse sentido, para evitar-se eventual alegação de cerceamento de direito de defesa nos casos em que cabível o contraditório prévio, essencial o envio da documentação mais completa possível.

A parcialidade da documentação, prejudicando o exercício do direito de defesa, com eventual determinação de medida nessas condições, pode ser atacada por meio de *habeas corpus*.

Lamenta-se que a Lei não tenha estabelecido prazos específicos para essa ritualização, providência essa que nunca foi pensada nem mesmo no início dos trabalhos da Comissão Grinover, que sempre insistiu na existência dessa fase, mas sem a disciplinar. Assim, haverá de ser regido pelo ideal próprio da premência das cautelares o ritmo desse contraditório, sempre visando resguardar a eficácia da "tutela" de conhecimento.

A lentidão exagerada na formação dessa autuação pode ensejar, pela parte requerente – quando se der a providência em Juízo e não na fase investigativa –, a possibilidade do manejo da correição parcial ou, em situações-limite, a própria impetração de mandado de segurança para a correta formação (quanto ao prazo e quanto ao conteúdo) desses autos em apartado.

> § 4º No caso de descumprimento de qualquer das obrigações impostas, o juiz, mediante requerimento do Ministério Público, de seu assistente ou do querelante, poderá substituir a medida, impor outra em cumulação, ou, em último caso, decretar a prisão preventiva, nos termos do parágrafo único do art. 312 deste Código. (Redação dada pela Lei nº 13.964, de 2019)
>
> REDAÇÃO ANTERIOR: § 4º No caso de descumprimento de qualquer das obrigações impostas, o juiz, de ofício ou mediante requerimento do Ministério Público, de seu assistente ou do querelante, poderá substituir a medida, impor outra em cumulação, ou, em último caso, decretar a prisão preventiva (art. 312, parágrafo único). (Incluído pela Lei n. 12.403, de 4-5-2011)

1. Descumprimento: noção geral

O desatendimento (descumprimento) da medida imposta é causa de alteração daquela inicialmente determinada ou de cumulação com outra que vier a ser escolhida (dentro dos critérios de necessidade e adequação), restando para última hipótese a conversão da medida em prisão preventiva.

O descumprimento da medida poderá ser o campo de melhor atuação do contraditório prévio, embora a literalidade do § 3º do presente artigo induza à interpretação de que ele apenas surgiria na decretação inicial da medida, o que não nos parece, contudo, a melhor interpretação do ponto de vista do novo sistema, malgrado desde a primeira redação da Comissão Grinover ter-se optado por expressar o contraditório apenas na decretação.

Contudo, a possibilidade de justificar-se eventual descumprimento de condições impostas já é de larga tradição no direito processual penal brasileiro por exemplo no art. 89 da Lei n. 9.099/1995 e mesmo na transação, nos termos do art. 72 dessa mesma lei, e,

---

1583 MARQUES, José Frederico. **Elementos de direito processual penal**: v. 1 a 4. 3. ed. atual. Campinas: Millennium, 2009. p. 326.

ainda, em sede de execução penal, no cumprimento das condições do *sursis* e determinadas situações no regime aberto. Não nos parece haver razão para excluir essa possibilidade no novo regramento.

1.1 Descumprimento justificado e injustificado

A demonstração da voluntariedade do descumprimento parece-nos necessária para a alteração do quadro inicial, sem o que a substituição careceria de sentido. Isso porque o reforço da cautela penal (existente em situações no regime anterior, mas em hipóteses mais raras) somente tem sentido quando a medida inicialmente decretada não for capaz de assegurar o Juízo por ato de deliberado descumprimento.

Hipóteses fora desse contexto não demonstram a presença da necessidade ou adequação previstas no novo regime, o que pode acontecer em situações como a impossibilidade de comparecimento em juízo quando uma grave situação de enfermidade for apresentada.

1.2 Descumprimento parcial na cumulação de medidas

A redação do § 4º é clara em falar no descumprimento de "qualquer" das medidas, denotando, dessa forma, o interesse do legislador em não tolerar a inobservância, ainda que parcial, de qualquer das restrições impostas. Vale notar que essa redação, na maneira em que se encontra – malgrado em outra colocação tópica –, já se apresentava desde a primeira redação da Comissão Grinover.

2. "Legitimados" à postulação da substituição ou cumulação

O rol restrito de legitimados para postular a conversão da medida, por força de seu descumprimento, inclui o assistente do Ministério Público e do querelante.

Na primeira hipótese, forçosamente, está-se diante do curso da ação penal, posto que a assistência não é admitida durante a fase investigativa; na segunda hipótese, importa reconhecer que a condição de querelante é válida, seja na situação da ação penal privada "genuína" ou na subsidiária da pública.

3. Prisão preventiva fundamentada no descumprimento de outras medidas cautelares

A questão que necessita ser colocada aqui diz respeito à conjugação da decretação da prisão preventiva por descumprimento de outras medidas com os limites impostos no art. 313, I, que determina que "será admitida a decretação da prisão preventiva: I – nos crimes dolosos punidos com pena privativa de liberdade máxima superior a 4 (quatro) anos".

Em outras palavras, uma infração penal de menor potencial ofensivo (*v.g.*, ameaça) pode, em tese, admitir medidas cautelares a teor do disposto no art. 319. Pode-se, nesse contexto, ser cautelarmente determinado que o agente deixe de frequentar determinados ambientes (uma *lan house*, por exemplo, se a ameaça tiver sido praticada por meio de computador num local como aquele).

O que resta saber é se o descumprimento dessa medida (e de outra que eventualmente lhe tiver substituído ou com ela tiver sido imposta em cumulação) ensejará, esgotadas todas as possibilidades, a prisão preventiva diante do limite de pena imposta nos termos do art. 313.

Para responder a essa indagação, que nos parece de evidente relevância prática, devem ser levadas em conta algumas premissas.

A primeira delas é que, mesmo na vigência do modelo anterior, a liberdade provisória condicionada (de forma bem tênue) ao comparecimento dos atos processuais, quando do descumprimento dessas condições, podia gerar, com certos limites, a decretação da prisão preventiva.

Diz-se isso para afirmar que, por menor que tenha sido o interesse da nova estrutura legal em evitar-se a prisão como "primeira medida", ela tende a surgir como "última" esfera de defesa da instrumentalização cautelar do processo. Admitir o contrário seria prestigiar o descumprimento de todas as outras medidas precedentes sem que qualquer sanção disso se pudesse extrair.

Sendo assim, o art. 313 acaba sendo destinado àquelas hipóteses em que o sistema cautelar autoriza a prisão preventiva como primeira medida diante da combinação dos critérios de necessidade e adequação.

Determinadas condutas subsumidas a determinados crimes (*v.g.*, latrocínio, estupro seguido de morte, homicídio qualificado) tendem a essa possibilidade e, ponderadas as premissas dos incisos I e II do art. 282, é viável que se decrete, nesses casos, a prisão preventiva sem o emprego de outras medidas cautelares prévias.

Para essas situações (a decretação da prisão preventiva em primeiro plano), o patamar de 4 anos de reclusão acaba sendo imperativo, mas não é determinante quando se pensa nessa sanção como *ultima ratio*, somente empregada diante do fracasso acintoso das medidas prévias (e descumpridas).

Acatado o raciocínio exposto como correto do ponto de vista da lógica teórica e prática do sistema das cautelares, é de ser concluído que a nova estrutura é tendentemente expansiva do próprio emprego da prisão preventiva pois, em tese, poderá ser ela aplicada também em searas nas quais, no sistema anterior, fundamentalmente ela não teria mais incidência, como nos casos de tipos penais que admitiam a transação penal do art. 76 da Lei n. 9.099/1995.

> § 5º O juiz poderá, de ofício ou a pedido das partes, revogar a medida cautelar ou substituí-la quando verificar a falta de motivo para que subsista, bem como voltar a decretá-la, se sobrevierem razões que a justifiquem. (Redação dada pela Lei nº 13.964, de 2019)
>
> REDAÇÃO ANTERIOR: § 5º O juiz poderá revogar a medida cautelar ou substituí-la quando verificar a falta de motivo para que subsista, bem como voltar a decretá-la, se sobrevierem razões que a justifiquem. (Incluído pela Lei n. 12.403, de 4-5-2011)

1. Controle judicial da subsistência das medidas

O modelo acusatório de processo nada mais é que uma opção política direcionada para um Estado democrático e de direito, tendo como uma de suas consequências diretas um novo mapeamento de interesses e valores para o aparato instrumental penal. Entre eles está um reequilíbrio da balança que tem em cada extremidade as ideias de segurança pública e garantias individuais, fazendo com que a Jurisdição seja a única responsável pela mitigação cautelar da liberdade e, por conseguinte, da revisão da sua necessidade/adequação e da própria permanência da medida.

2. Superveniência dos fundamentos cautelares: conceito

Os fundamentos cautelares assentados na adequação e necessidade da medida podem estar presentes num primeiro momento e servir de arrimo à decretação, e podem desaparecer ao longo do processo, tornando desnecessária a manutenção da medida.

Nada obstante, pode a medida cautelar ser reeditada, seja pela superveniência de fatos novos ou pelo conhecimento de fatos anteriores que não eram, até então, de conhecimento do Juízo.

Nesse segundo modo, tem-se a situação do desfazimento de bens cuja negociação era desconhecida no processo e que podem implicar em dano a este, sendo plenamente viável que, embora já revogada a medida, seja ela recobrada mesmo por fato anterior à determinação de sua cessação.

> § 6º A prisão preventiva somente será determinada quando não for cabível a sua substituição por outra medida cautelar, observado o art. 319 deste Código, e o não cabimento da substituição por outra medida cautelar deverá ser justificado de forma fundamentada nos elementos presentes do caso concreto, de forma individualizada. (Redação dada pela Lei nº 13.964, de 2019)
>
> REDAÇÃO ANTERIOR: § 6º A prisão preventiva será determinada quando não for cabível a sua substituição por outra medida cautelar (art. 319). (Incluído pela Lei n. 12.403, de 4-5-2011)

1. Gradação das medidas cautelares pessoais – nota do regime anterior

Como observado pela doutrina mais autorizada no regime jurídico anterior,

> no CPP brasileiro, mesmo sem haver sistematização e logicidade no tratamento da matéria, é possível dizer que existe uma graduação das medidas cautelares substitutivas da prisão em flagrante. Figuraria em primeiro lugar a liberdade provisória sem vínculos estabelecida no art. 321; viria depois a liberdade provisória sem fiança, com o vínculo de comparecimento a todos os atos do processo (art. 310 e parágrafo único, do CPP); em terceiro lugar, está a liberdade provisória sem fiança, com os vínculos de comparecimento aos atos do inquérito e da instrução criminal (art. 327) e de não mudança de residência, sem prévia permissão da autoridade processante, ou de ausência por mais de 8 (oito) dias da residência, sem comunicação do local em que poderá ser encontrado (art. 328), fixada no art. 350 do CPP; em quarto lugar, estaria a liberdade provisória com fiança, em que, além de pagamento do valor da fiança, há os vínculos de comparecimento aos atos do inquérito e da instrução criminal (art. 327) e de não mudança e residência, sem prévia permissão da autoridade processante, ou ausência por mais de 8 (oito) dias de sua residência, sem comunicação do local em que poderá ser encontrado (art. 328). Nos últimos degraus, estão os casos em que se mantém a prisão provisória porque presentes os requisitos da preventiva: o réu pode ficar detido em seu domicílio (art. 1º, da Lei n. 5.256, de 6.4.67, e art. 24, da Lei n. 6.368), em quartéis ou locais especiais (art. 295 do CPP e Leis 2.860, de 31.8.56; 5.606, de 9.9.70, e 7.172, de 14.12.83), ou, ainda, em sala especial do Estado-Maior (art. 89-V, da Lei n. 4.215, de 27.4.65), ou, finalmente, ficar em cadeia pública ou presídios, separado dos presos definitivos.[1584]

2. Expansão ou retração das medidas cautelares

A situação exposta no tópico anterior agora encontra, ao menos, determinada resistência legislativa

---

1584 SCARANCE FERNANDES, Antonio. A fiança criminal e a Constituição Federal. **Justitia**, v. 155, 1991.

infraconstitucional, na medida em que se coloca – no discurso formal – a prisão como *ultima ratio*, abrindo um leque de medidas anteriores à constrição cautelar da liberdade.

Sendo isso uma constatação, deve-se atentar a que a prisão cautelar como última medida não significa e não traduz, necessariamente, a atrofia do emprego das cautelares no processo penal e, nem mesmo, a própria retração da prisão preventiva na forma como já analisado nestes **Comentários**.

Cremos que, bem ao contrário, tenderá a haver, diante da cultura inquisitiva do processo penal brasileiro, uma verdadeira expansão das cautelares diante das inúmeras possibilidades necessariamente precedentes à prisão.

Em outras palavras, de um modelo (incorretamente) dicotômico "prisão X liberdade", no qual, ausentes pressupostos da prisão cautelar, induzia-se à concessão da liberdade submetida a condições muito tênues, passa-se à atual sistemática que abre uma maior possibilidade de controle sobre os "corpos" (numa aproximação a Foucault), inclusive com o emprego da tecnologia.

Exatamente da vigilância sobre as condições impostas e de seu potencial descumprimento, a exasperação da prisão tende a ressurgir, e com uma força bastante razoável, vez que o não cumprimento (injustificado) traduzirá base concreta para o incremento do discurso da necessidade da prisão.

Mais ainda. Seria necessária determinada conversão "espiritual" do modelo (o que não se verifica, sequer, em médio prazo) para admitir que a ampliação do rol das medidas cautelares não venha a significar o incremento dos casos de sua "decretação", o que, somado à inexistência do efetivo controle do binômio "necessidade-adequação", que potencialmente pende a ser transformado em uma retórica mecânica, fará o modelo ora em vigor tender à ampliação prática da decretação das medidas.

Art. 283. Ninguém poderá ser preso senão em flagrante delito ou por ordem escrita e fundamentada da autoridade judiciária competente, em decorrência de prisão cautelar ou em virtude de condenação criminal transitada em julgado. (Redação dada pela Lei nº 13.964, de 2019)

§ 1º As medidas cautelares previstas neste Título não se aplicam à infração a que não for isolada, cumulativa ou alternativamente cominada pena privativa de liberdade. (Incluído pela Lei nº 12.403, de 2011)

§ 2º A prisão poderá ser efetuada em qualquer dia e a qualquer hora, respeitadas as restrições relativas à inviolabilidade do domicílio. (Incluído pela Lei nº 12.403, de 2011)

REDAÇÃO ANTERIOR: Art. 283. Ninguém poderá ser preso senão em flagrante delito ou por ordem escrita e fundamentada da autoridade judiciária competente, em decorrência de sentença condenatória transitada em julgado ou, no curso da investigação ou do processo, em virtude de prisão temporária ou prisão preventiva. (Redação dada pela Lei n. 12.403, de 4-5-2011)

1. Hipóteses da constrição pessoal da liberdade em sede cautelar

O modelo brasileiro das cautelares pessoais passa a aderir normativamente ao quanto já reformado em 2008 com a nova redação dos arts. 386, I a III, e 387, parágrafo único (vide nestes *Comentários* nota 1 ao art. 386 e notas 1 a 4 ao art. 387, § 1º), com maior obediência ao texto constitucional e à CADH, tendo o seguinte cenário da prisão anterior à sentença condenatória recorrível: precautela processual – prisão em flagrante; cautelas em espécies: na investigação: prisão temporária/prisão preventiva; no curso da ação penal: prisão preventiva.

2. Flagrante delito

Ver nestes *Comentários* arts. 302 e seguintes.

3. As fases interpretativas do STF sobre o tema prisão antes do trânsito em julgado

3.1 O primeiro movimento

3.1.1 O apego ao sistema jurídico anterior a 1988[1585]

Ao longo de vinte anos o STF repetiu, sem qualquer inflexão à base constitucional-convencional a estrutura anterior lastreada na forma como o CPP organizava as hipóteses de prisão sem condenação definitiva, algumas delas de incidência automática.[1586]

[1585] Para uma visão sobre o tema ver BRANDÃO, João Pedro Pereira. A execução antecipada da pena nos tribunais superiores brasileiros: os limites da garantia constitucional da presunção de não-culpabilidade. **Revista Brasileira de Ciências Criminais**, São Paulo, v. 17, n. 80, p. 150-207., set./out. 2009.

[1586] Com extrema confusão conceitual a previsão antes de 1988 da prisão automática decorrente de pronúncia (modificada pela chamada "Lei Fleury"); prisão por sentença condenatória recorrível (sem natureza cautelar e de forma automática), a prisão em flagrante (sem natureza cautelar segundo vasta posição doutrinária) e a prisão preventiva (esta de natureza cautelar). E, na redação original do CPP, a possibilidade aguardar-se preso o resultado da apelação interposta pela acusação em face de sentença absolutória.

Mas esse desapego constitucional-convencional tinha uma dimensão prática: a insuficiência da estrutura judiciária em julgar definitivamente processos dentro de um prazo razoável. As distorções se avolumavam (e ainda assim o é) para criar casos concretos nos quais presos sem condenação definitiva aguardavam largo tempo o julgamento do recurso interposto e lhes era negada a fruição de benefícios somente previstos para condenados definitivos. Por esse motivo viam-se em situação amplamente desfavorável por não poderem usufruir, por exemplo, da progressão de regime.

Atento a esta situação, prestigiosa doutrina ainda no início dos anos 1990 apontava o cenário caótico[1587] e pontuava que a solução encontrada na época era a de afastar explicitamente a cautelaridade[1588] justificando desta forma a criação de uma execução inexistente a partir da expedição de um documento igualmente não previsto em lei: a GRP – guia de recolhimento provisória[1589], com a qual uma pessoa presa – que rigorosamente só poderia ser assim considerada com fundamento cautelar – fosse admitida como uma pessoa sentenciada para fins de obtenção de "benefícios processuais" específicos da execução da pena.[1590]

Por esse viés "positivo" um instrumento legal inexistente no marco normativo e apoiado na ineficiência estrutural da Poder Judiciário em dar vazão a julgamentos de mérito no prazo razoável passou a ser defendido por segmentos acadêmicos.[1591]

3.1.2 A supremacia da lógica infraconstitucional sobre as bases constitucionais convencionais

Nesse primeiro movimento também se faz presente um argumento de direito interno que parece resumir aquilo que se deseja do núcleo da discussão: a (in)existência de efeitos suspensivos a determinados recursos, especialmente os de natureza constitucional.

Verdadeiramente este é argumento presente no leading case do STF – HC 68.726 (Rel. Min. Néri da Silveira) no qual o Relator, apoiado em texto doutrinário de 1959 (portanto quase trinta anos anterior ao texto constitucional) deu prevalência a estrutura infraconstitucional às bases constitucionais, tratando a prisão decorrente de sentença recorrível como algo independente, não cautelar, e que merecia execução imediata diante da interposição de recursos sem efeito suspensivo.

Esse argumento de forte presença entre 1988 a 2009 voltou a carga em 2016 escorado numa visão de "teoria geral do processo" e sensível a necessidade de dotar de "eficiência" o sistema processual penal, sobretudo diante do alegado número de recursos disponível às partes.

1587 SUANNES, Adauto Alonso Silvinho. Podemos falar em execução penal antecipada (jurisprudência comentada). **Revista Brasileira de Ciências Criminais**, São Paulo, v. 2, n. 7, p. 167-173, jul./set. 1994.

1588 SUANNES, *op. cit.*, neste ponto específico mencionando as falas de Afrânio Silva Jardim e Sérgio Médice (obras citadas no texto) que afastavam a natureza cautelar desse encarceramento. Além desses autores ver, no mesmo sentido, CARVALHO, Luís Gustavo Grandinetti Castanho de. **O processo penal em face da Constituição**. 2. ed. Rio de Janeiro: Forense, 1998.

1589 Neste ponto o CNJ não apenas endossou esse procedimento à margem do marco constitucional e da legalidade que dele decorre como o regulamentou por meio de Resolução gerando, inclusive, o pertinente questionamento sobre a extensão desse instrumento para legislar no campo penal. Para uma aguda crítica desse aspecto ver SOUZA, José Barcelos de. Execução provisória de pena privativa de liberdade. **Revista Magister de Direito Penal e Processual Penal**, Porto Alegre, v. 4, n. 19, p. 42-54, ago./set. 2007.

1590 Entendimento que acabou sendo sumulado (sem efeito vinculante) pelo próprio STF: Súmulas 716 e 717 como reflexo das posições doutrinárias mencionadas, dentre elas a de Kuehne ao citar uma vez mais Afrânio Silva Jardim e Sérgio Médici. **In verbis**: "Pela sua integral pertinência, remetemos ao estudo de Afrânio Silva Jardim: A prisão, em decorrência de sentença condenatória recorrível", in Direito Processual Penal, Editora Forense, 4ª edição, pág 389/409, onde, na parte que nos interessa, é apresenta" da a seguinte conclusão: "O reconhecimento da natureza de execução provisória à prisão em decorrência de sentença condenatória recorrível permite ao réu se beneficiar dos direitos outorgados pela Lei de Execução Penal, mesmo antes da apreciação do seu recurso. Assim, o exercício do direito de recorrer não prejudica a situação processual do réu". Oportunas, por igual, as colocações de Sérgio de Oliveira Médici". KUEHNE, Maurício. **Revisão do decênio da reforma penal**: 1985-1995 – considerações sobre a execução provisória da sentença penal. Faculdade de Direito de Curitiba, 1995. A afirmação deste autor é particularmente significativa do ponto de vista político pois viria a ocupar, anos depois da publicação desse artigo, a Direção do DEPEN junto ao Ministério da Justiça.

1591 Também por autores de outra geração, já formados e atuantes sob o marco constitucional-convencional. A propósito ver DEZEM, Guilherme Madeira. Presunção de inocência: efeito suspensivo dos recursos extraordinário e especial e execução provisória. **Revista Brasileira de Ciências Criminais**, São Paulo, v. 16, n. 70, p. 269-290, jan./fev. 2008, para quem "o acusado que se encontra preso, por exemplo, tendo sido condenado e não tendo sido admitido que recorresse em liberdade, sofrerá a chamada execução provisória, o que é plenamente constitucional". Neste trecho mescla-se a justificação cautelar da prisão com os efeitos que advêm da sentença condenatória irrecorrível, sobreposição dominante na jurisprudência mencionada neste tópico do trabalho.

3.2 O segundo movimento

3.2.1 A sustentação constitucional convencional para superação do entendimento anterior

Esse segundo momento se dá com o julgamento, no STF, do HC 84.078/MG que nas palavras de seu Relator, o então Min. Eros Grau afirmou claramente que "A prisão antes do trânsito em julgado da condenação somente pode ser decretada a título cautelar" e em cujo voto destaca-se a base doutrinária de direito interno[1592] e este referido estritamente às bases constitucionais brasileiras sem sequer mencionar qualquer compromisso internacional assumido pelo Brasil que diga respeito ao tema.[1593]

Nada obstante, no voto divergente proferido pelo Min. Menezes Direito usou-se – como seria feito mais tarde – o "direito comparado" para sustentar a divergência com o Relator afirmando-se que

> A prisão na pendência de recurso é admitida em sistemas de países reconhecidamente liberais, como, por exemplo, os Estados Unidos da América (Subseção "b" do § 3.582, D, Capítulo 227, Parte II, Título 18 do US Code), o Canadá (arts. 679 e 816 do Criminal Code) e a França (art. 367 do Code de Procédure Pénale). Nos Estados Unidos, o sistema é bem claro ao admitir o imediato início do cumprimento da pena, sendo certo que a interposição de recurso de revisão de que decorreria a possibilidade de alteração não é suficiente para obstar seu imediato cumprimento.

Nesse breve trecho destacam-se deficiências que seriam posteriormente acentuadas: a redução do comparativismo legal a menção a artigos de lei, sua descontextualização normativa em relação ao restante do funcionamento do sistema jurídico e o absoluto silêncio àquilo que se mencionou no tópico introdutório como "juriscultura".

3.3 O terceiro movimento e a fragilidade argumentativa

O terceiro movimento é dado com o julgamento, pelo STF, do julgamento do HC 126.292 cujo caso fático merece aqui ser destacado.[1594]

Com efeito, trata-se de acusação penal pela prática de crime de roubo qualificado imputada a dois acusados quem, inicialmente presos, tiveram a liberdade provisória concedida e aguardaram o julgamento de mérito em liberdade.

Um deles foi condenado à pena padrão de cinco anos e quatro meses; o outro a uma reprimenda maior, de 06 anos e 08 meses. O sentenciado à pena padrão, por ser primário, pode apelar em liberdade; o outro teve sua prisão cautelar determinada e ambos recorreram. O Ministério Público não recorreu, pelo que o máximo da pena para ambos já estava determinada.

O TJSP julgou a apelação pouco mais de um ano após o encaminhamento dos autos àquela Corte quando, na apreciação da apelação, as condenações foram mantidas e mesmo o réu primário teve sua prisão decretada. É inegável que esse sentenciado teve sua situação processual piorada com o recurso por ele manejado.

Contra a determinação daquela prisão foi impetrado habeas corpus junto ao STJ, com parecer favorável do MPF à concessão, mas a liminar pretendida foi negada, o que levou à impetração do caso junto ao STF (aqui, o HC 126.292), tendo a liminar sido deferida pelo então Min. Teori Zavascki reconhecendo a ilegalidade da prisão determinada pelo TJSP.

Submetido ao pleno do STF para análise da liminar concedida naquela Corte, o resultado final foi não apenas o do retrocesso processual no caso concreto, em verdadeiro emprego de um habeas corpus com resultado in malam partem como no retrocesso geral de compreensão da matéria.

Nesse julgado o então Relator, Min Teori Zavaski retomou a argumentação precedente a 2009 para afirmar que "Ressalvada a estreita via da revisão criminal, é, portanto, no âmbito das instâncias ordinárias que se exaure a possibilidade de exame de fatos e provas e, sob esse aspecto, a própria fixação da responsabilidade criminal do acusado".

E concluiu:

> É dizer: os recursos de natureza extraordinária não configuram desdobramentos do duplo grau de jurisdição, porquanto não são recursos de ampla devolutividade, já que não se prestam ao debate da matéria fático-probatória. Noutras palavras, com o julgamento implementado pelo Tribunal de apelação, ocorre espécie de preclusão da matéria envolvendo os fatos da causa.

[1592] Posição que viria a ser reforçada em texto doutrinário posterior: GRAU, Eros Roberto. Execução antecipada da pena. In: LIVRO homenagem a Miguel Reale Júnior. PASCHOAL, Janaína Conceição; SILVEIRA, Renato de Mello Jorge (Coord.). Rio de Janeiro: G/Z, 2014.

[1593] Como, por exemplo, o Pacto Internacional de Direitos Civis e Políticos, adotado na legislação interna brasileira por força do Decreto 591, de 06.07.1992, Art. 14, 2. Toda pessoa acusada de um delito terá direito a que se presuma sua inocência enquanto não for legalmente comprovada sua culpa.

[1594] Com apoio na descrição feita por STRECK, Lênio Luiz. **O estranho caso que fez o STF sacrificar a presunção da inocência**. Disponível em: <https://www.conjur.com.br/2016-ago-11/senso-incomum-estranho-fez-stf-sacrificar-presuncao-inocencia>. Acesso em: 10 out. 2017.

Nesse trecho afigura-se, também para o direito interno, uma afirmação de grande perplexidade ao condicionar o duplo de grau às espécies de efeitos que determinados recursos possuem, trilhando uma seara interpretativa de rara presença quando se observa, à luz da compreensão do Direito Internacional Público, nas decisões das Cortes protetivas de direitos humanos, as características básicas do que aqui se denomina de "duplo grau".

As razões para alteração de entendimento no caso concreto são muitas e ao menos uma delas pode ser aqui exposta: a irracionalidade do sistema recursal brasileiro. A situação vem a ser exemplificada por julgamento amplamente noticiado pela mídia jurídica:

> A ministra Rosa Weber saiu ontem da 1ª turma do STF e se dirigiu à 2ª turma para julgar feitos afetos à sua relatoria perante o colegiado. Logo de cara, já foi incumbida de tarefa hercúlea: manter o fôlego e ler o feito apregoado para julgamento, em tramitação na Corte desde 2002: (...) "Embargos de declaração no agravo regimental no agravo regimental no agravo regimental nos embargos de divergência nos embargos de declaração nos embargos de declaração nos embargos de declaração no agravo regimental no agravo de instrumento 394.065".[1595]

Por sinal, tratava-se de um caso de homicídio em que se discutia a prescrição etária depois de se ter ingressado naquela Corte aventando uma vez mais alegadas nulidades que já haviam sido reportadas em Recurso Especial no STJ.

Assentemos de forma clara: Duplo grau de jurisdição não significa discussão eterna e tampouco significa a existência de uma miríade de impugnações que retirem a eficácia do julgado penal havido em obediência ao devido processo legal.

Sentindo essa ausência de funcionalidade, o Senador Ricardo Ferraço encampou a ideia de reconfigurar os recursos constitucionais como ações rescisórias (PEC 15/2011) da forma então defendida pelo Min. Cesar Peluso. No Senado foi a PEC relatada pelo Sen. Aloysio Nunes que, malgrado seu longo parecer, apresenta emenda substitutivas com potenciais problemas de incompatibilidade com o texto constitucional posto que simplesmente antecipa os efeitos da sentença condenatória penal antes de seu trânsito em julgado.

Ao mesmo tempo, os Senadores Requião, Gleise Hoffman, Álvaro Dias, e o próprio Aloysio Nunes encabeçam o projeto de lei do Senado 402 de 2015 com idêntica redação àquela do substitutivo da PEC 15/2011 e, portanto, incidindo nos mesmos problemas. Da mesma forma como o entendimento ora esposado pelo STF.

Desse cenário legislativo, é de se ponderar que a redação original transforma os recursos no STJ e STF em ações rescisórias e isto não fere o duplo grau de jurisdição, sendo compatível com a Constituição, com a Convenção Americana de Direitos Humanos e demais tratados internacionais que regulam o acesso à justiça, posto que preservado um já extenso caminho do duplo grau de jurisdição.

Ademais, não fere a presunção de inocência e prestigia a vocação dos Tribunais superiores citados para serem Cortes de atuação residual e de defesa dos mais altos valores jurídicos e não tribunais recursais vulgares, ao mesmo tempo em que valoriza os Tribunais estaduais e Regionais Federais e torna mais rápida a conclusão do processo e início de cumprimento de pena.

O processo legislativo ainda dormita e o STF resolveu trilhar seu próprio caminho. E, nesse caminho, há a invocação do direito comparado, com resvalos no direito internacional.

Com efeito, é do Min. Teori, relator para o HC supramencionado, que "No tocante ao direito internacional, o ministro citou manifestação da ministra Ellen Gracie (aposentada) no julgamento".

3.4 A óbvia declaração de constitucionalidade do art. 283 do CPP

A quarta fase interpretativa tem como precedente principal a ADC 43/DF (também, ADC 44 E 54)[1596] e que teve como relator o Min Marco Aurélio.

Discutindo se o artigo 283 deveria, então, ser declarado constitucional diante dos termos do precedente líder da fase interpretativa então dominante (assunto que havia sido ignorado no HC 126.292), o argumento foi o óbvio:

> a Carta Federal consagrou a excepcionalidade da custódia no sistema penal brasileiro, sobretudo no tocante à supressão da liberdade anterior ao trânsito em julgado da decisão condenatória. A regra é apurar para, em execução de título judicial condenatório precluso na via da recorribilidade, prender. [...] Ao editar o dispositivo em jogo, o Poder Legislativo, mediante a lei 12.403/11, limitou-se a concretizar, no campo do processo, garantia explícita da lei Maior, adequando-se à compreensão então assentada pelo próprio Supremo.

Retomou-se, com isso, a evidente leitura constitucional-convencional seguida como marco teórico para estes Comentários desde sua primeira Edição.

1595 Disponível em: <http://www.migalhas.com.br/Pilulas/229469>.
1596 STF. **ADC 43**. Relator: Min. Marco Aurélio. Tribunal Pleno. Data de julgamento: 17 nov. 2019.

4. Hipóteses de cautelaridade: prisão temporária

4.1 Origem e distinção em relação às outras medidas cautelares pessoais

Como já tivemos oportunidade de salientar, a prisão temporária entrou em nosso Direito pela Medida Provisória n. 111, de 24 de novembro de 1989, e foi confirmada com pequena mudança de redação pela Lei n. 7.960, de 21 de dezembro do mesmo ano, devendo-se destacar que "não pode haver confusão entre os fundamentos e as finalidades da prisão temporária com as demais espécies de prisão cautelar". Nesse sentido:

> de natureza puramente instrumental, a prisão temporária só se legitima nos crimes previstos no diploma que a criou (art. 1º, I, II e III, da Lei n. 7.960/89), quando imprescindível às investigações do inquérito policial (inciso I), quando o indiciado não tiver residência fixa ou, finalmente, não fornecer elementos necessários ao esclarecimento de sua identidade (inciso II). Não tem lugar, pois, para a garantia da ordem pública (evitar a reiteração delituosa), apartando-se, neste passo, da prisão preventiva. Quisesse o legislador fazer da prisão temporária mera antecipação, com prazo determinado, da prisão preventiva a subordinaria aos mesmos pressupostos daquela, com a indeclinável adaptação: falaria em conveniência da investigação policial em vez de conveniência da instrução criminal. Não o fez, porém, preferindo criar modalidade de prisão cautelar com perfil próprio, inteiramente a serviço da investigação policial – e só dela –, em alguns crimes mais graves.[1597]

Outrossim, é plenamente possível a conversão da prisão temporária em preventiva desde que alterada a fundamentação pela necessidade diferenciada da custódia, decorrência direta de suas distintas finalidades e fundamentações, cuidando-se apenas para que não se transforme a conversão em antecipação de pena, o que quebraria a natureza cautelar da medida e faria com que ela se chocasse com o princípio da presunção de inocência.

4.2 Legitimidade para requerer a prisão temporária

A legitimidade para seu requerimento, no entanto, está possibilitada à autoridade policial e ao Ministério Público.

4.3 Momento da decretação da prisão temporária[1598]

Como já apontado,

a prisão temporária dá-se no desenvolvimento da investigação criminal, que, na sua modalidade de inquérito policial, tem início a partir da portaria de instauração pela autoridade policial, tendo como ponto de partida um boletim de ocorrência, requisição judicial ou do Ministério Público ou requerimento da parte interessada. Esta situação já coloca um primeiro problema de ordem cronológica, que é o de saber se entre a data da comunicação do fato por qualquer dos meios atrás apontados e a efetiva instauração de inquérito policial, haveria a possibilidade de solicitação da medida constritiva ora analisada. A resposta é negativa, vez que há necessidade da formalização do início das investigações através da regular inscrição do feito na unidade policial para que qualquer medida restritiva possa ser efetuada, pois a prisão deve ser entendida como um instrumento para a persecução já em desenvolvimento e não como fundamento para sua instauração.

4.4 Os fundamentos da prisão temporária: ser imprescindível para as investigações do inquérito policial[1599]

Como já expusemos, é necessária a presença de ao menos dois dos três requisitos da lei mencionada, sendo um deles, forçosamente, que o delito investigado esteja contemplado no rol exaustivo previsto em lei. Este último ponto nos faz retornar aos juízos de valor efetivados pelas agências públicas ao longo da investigação, pois, havendo o domínio fático do inquérito pela polícia, não raras vezes a capitulação invocada no momento do requerimento da decretação dessa modalidade de prisão não será sustentada na denúncia, causando potencialmente o questionamento sobre a própria legalidade da prisão.

Já foi assentado em texto doutrinário que

> para as apurações do crime há necessidade da cooperação do indiciado, porém, muitas vezes, essa cooperação se torna indispensável. Embora não seja necessária a colaboração ativa do indiciado, pode acontecer que ele seja objeto de prova, como na acareação, na reconstituição do crime ou como no reconhecimento. Em razão dessa cooperação não seria razoável que a polícia tivesse de procurá-lo a cada momento em que dele necessitasse, sendo então, sua presença indispensável. Verdadeiramente, é neste momento

---

1597 TJSP. **HC 183.026-3/6**. Itanhaém. 5ª Câmara Criminal. Relator: Dante Busana, v.u. Data de julgamento: 23 mar. 1995.
1598 CHOUKR, Fauzi Hassan. **Garantias constitucionais na investigação criminal**. 2. ed. Rio de Janeiro: Lumen Juris, 2001.
1599 CHOUKR, Fauzi Hassan. **Garantias constitucionais na investigação criminal**. 2. ed. Rio de Janeiro: Lumen Juris, 2001.

que pode ser vislumbrada a maior ofensa da lei em foco ao texto constitucional, sobretudo quando se coteja com o princípio da presunção de inocência, que impede o tratamento do réu como objeto do processo e mesmo da investigação. Sem embargo, têm a doutrina e a jurisprudência admitido como constitucional essa cláusula.

4.5 Os fundamentos da prisão temporária: o indiciado não tiver residência fixa ou não fornecer elementos necessários ao esclarecimento de sua identidade

Este tópico divide-se, na verdade, em dois, sendo que o primeiro diz respeito à inexistência de residência fixa por parte do indiciado e, o outro, ao fato de ele não fornecer elementos necessários ao esclarecimento de sua identidade.

Com a reforma processual e a adoção da hipótese de "retenção de pessoas", equivocadamente denominada de prisão preventiva nos termos do art. 313, parágrafo único, o fundamento da inexistência de elementos necessários para o esclarecimento da identidade do suspeito parece perder sentido.

Remanesce, no entanto, a hipótese dessa cautelar para as situações em que não houver comprovação de ter a pessoa suspeita residência fixa.

4.6 Os fundamentos da prisão temporária: houver fundadas razões, de acordo com qualquer prova admitida na legislação penal, de autoria ou participação do indiciado em outros crimes

Antes de qualquer consideração, é imperioso afirmar que a legislação pátria elencou de forma expressa os crimes que podem ser alvo de prisão temporária, a saber: homicídio doloso, sequestro ou cárcere privado, roubo, extorsão mediante sequestro, estupro, atentado violento ao pudor, rapto violento, epidemia com resultado morte, envenenamento de água potável ou substância alimentícia ou medicinal qualificado por morte, quadrilha ou bando, genocídio, tráfico de drogas e crimes contra o sistema financeiro, rol este que não pode ser ampliado por obra de interpretação doutrinária ou jurisprudencial.

4.7 Prazo da prisão temporária

A prisão será decretada pelo juiz, mediante representação da autoridade policial ou a requerimento do Ministério Público. Dar-se-á pelo prazo máximo de cinco dias, prorrogável por igual período em caso de extrema e comprovada necessidade, sendo que o despacho que decretar a prisão temporária, que deverá ser prolatado dentro de 24 horas, deverá ser fundamentado, com o enquadramento típico em concreto, e não basta menção a situação genérica prevista na lei. Ao final do prazo, deverão os autos ser remetidos ao juízo, não devendo ser toleradas as lentidões burocráticas normalmente verificáveis, sendo o *dies a quo* contado a partir da data da constrição. No caso dos crimes considerados hediondos, o prazo estende-se por até 30 dias, prorrogável por igual período.

4.8 Necessidade de fundamentação típica da prisão temporária

Por todo o exposto em termos de peculiaridades da prisão temporária, necessariamente diferenciada deverá ser sua fundamentação, com a demonstração da absoluta necessidade da medida para o curso da investigação, não se admitindo a mera repetição do texto legal ou a lacuna pura simples de exposição do convencimento. Não se pode admitir, jamais, que esta custódia (como qualquer outra) seja atuada apenas pela discricionariedade do julgador, e não pode escapar aos requisitos atrás apontados, fundamentando-se em pontos distintos dos legalmente determinados.

4.9 Regime de cumprimento da prisão temporária

O tema acabou sendo revigorado com a edição da Lei n. 10.792/2003, que, em seu texto, dispõe que

> a prática de fato previsto como crime doloso constitui falta grave e, quando ocasione subversão da ordem ou disciplina internas, sujeita o preso provisório, ou condenado, sem prejuízo da sanção penal, ao regime disciplinar diferenciado, com as seguintes características: (...) § 1º O regime disciplinar diferenciado também poderá abrigar presos provisórios ou condenados, nacionais ou estrangeiros, que apresentem alto risco para a ordem e a segurança do estabelecimento penal ou da sociedade; § 2º Estará igualmente sujeito ao regime disciplinar diferenciado o preso provisório ou o condenado sob o qual recaiam fundadas suspeitas de envolvimento ou participação, a qualquer título, em organizações criminosas, quadrilha ou bando.

Como a redação não obedece à técnica do Código de Processo Penal e da legislação extravagante ao mencionar "preso provisório", deve-se entendê-lo como todo aquele que tem sua liberdade constrita antes da sentença condenatória definitiva e, nesse cenário, insere-se o preso temporário. Assim, abre-se uma regra dentro do sistema emergencial, pela qual se dá uma diferenciação de regime penitenciário mesmo para os não condenados. O que preocupa na redação, da forma como se encontra, é o fato de prever um prazo total de permanência do preso por trezentos e sessenta dias, sem prejuízo de repetição da sanção, *indistintamente* para cada tipo de preso. A não ser que se interprete com alguma boa vontade o art. 52 em seu inciso I, destacando-se que o preso provisório não pode ser submetido a uma restrição desse tipo por um período máximo de um sexto da constrição operada, pode-se cair na grave compreensão de que alguém pode ser provisoriamente confinado no regime disciplinar diferenciado por um período que corresponda ao total dessa modalidade cautelar, o que, no caso dos crimes hediondos, chega a 60 dias sem que haja, sequer, a imputação formulada pelo legitimado ativo. E, neste ponto, um efeito colateral prático se faz sentir: sendo esta última a interpretação dominante, o prazo da prisão temporária passa a ser sempre o máximo previsto em lei, e não aquilo que é estritamente necessário à investigação.

4.10 Considerações críticas finais

A prisão temporária permite, no direito brasileiro, que se mantenha em custódia, para fins de investigação, uma pessoa por até 60 dias (hipótese dos crimes hediondos). Tal disciplina não encontra simetria no direito comparado, no qual a prisão para fins de investigação tem prazo exíguo e com outra diferença fundamental: a pessoa detida deve ser, incontinenti, levada à presença do julgador, sob pena de revogação da constrição.

No direito brasileiro, além da excessiva dilação temporal, dois pontos turvam o respeito desta modalidade cautelar ao Estado de Direito (à parte as considerações sobre a viabilidade constitucional em si dessa forma cautelar pessoal): i) a não apresentação imediata do preso à autoridade judicial, em desrespeito à CADH, art. 7º, sendo meramente facultativa (e de rara incidência prática) a previsão do art. 2º, § 3º, da Lei n. 7.960/1989, e ii) o fato de, pelas próprias deficiências estruturais já comentadas do inquérito policial, simplesmente não haver acusação formal contra a pessoa presa por todo esse tempo.

Tais hipóteses (especialmente a última) poderiam gerar a responsabilidade do Estado pela prisão indevida. No entanto, não é da cultura nacional a persecução civil por esse tipo de dano, sendo praticamente inexistente sua incidência na jurisprudência.

No que diz respeito ao convívio da prisão temporária com as medidas cautelares na nova estrutura legal, parece-nos que há espaço para a continuidade dessa medida com as demais de forma quase inalterada, pois se é certo que a hipótese do art. 313, parágrafo único (indevidamente denominada de prisão preventiva), pode ter se sobreposto ao art. 1º, II, da Lei n. 7.960/1989, isso se dá apenas parcialmente, porquanto não previstas na norma invocada do CPP as hipóteses de ausência de residência fixa e mesmo de incerteza quanto aos dados constantes nos registros criminais, mas, sim, da incerteza dos dados civis.

No mais, a hipótese do inciso II da Lei especial permanece intacta e, por certo, não está condicionada aos ditames da prisão temporária, dados os pressupostos específicos da prisão preventiva. Neste ponto remanesce intacta a diversidade e infungibilidade de fundamentos entre uma espécie de prisão cautelar e outra.

5. Hipóteses de cautelaridade: prisão preventiva

Vide nestes *Comentários* arts. 312 e 313 e notas respectivas.

> § 1º As medidas cautelares previstas neste Título não se aplicam à infração a que não for isolada, cumulativa ou alternativamente cominada pena privativa de liberdade. (Incluído pela Lei n. 12.403, de 4-5-2011)

1. Limitação das cautelares: espécie de pena

A norma em questão se justifica quando se entende o desejo de não impor medidas cautelares nas situações em que a própria lei penal não admitir a pena privativa de liberdade como pena definitiva.

Observada a legislação penal material, é de ser concluído, contudo, que ficam de fora da incidência das cautelares, basicamente, apenas as contravenções penais e, acrescente-se, a minoria delas. O restante do sistema penal material invariavelmente preverá a existência de uma pena privativa de liberdade.

> § 2º A prisão poderá ser efetuada em qualquer dia e a qualquer hora, respeitadas as restrições relativas à inviolabilidade do domicílio. (Incluído pela Lei n. 12.403, de 4-5-2011)

1. Fundamento constitucional

Ver CR/88, art. 5º, XI, com a seguinte redação: XI – a casa é asilo inviolável do indivíduo, ninguém nela podendo penetrar sem consentimento do morador, salvo em caso de flagrante delito ou desastre, ou para prestar socorro, ou, durante o dia, por determinação judicial.

2. Prisão no período noturno

A preocupação com a ausência de uma definição legal do que vem a ser "período noturno" é constante na doutrina brasileira. Castelo Branco já pontuava que

> a lei não esclarece qual o período que deve ser considerado *dia* e qual o período que deve ser considerado *noite*, dentro do período de vinte e quatro horas. Compreende-se que deva ser considerado *noite* o lapso de tempo que vai do crepúsculo vespertino ao alvorecer matutino,

restando ao executor, na dúvida, abster-se de iniciar a diligência.[1600]

3. Conceituação de domicílio

Trata-se de hipótese particularmente aplicável aos crimes permanentes, pois, como já decidido,

> diante da previsão constitucional de que o domicílio é lugar inviolável, afigura-se indiscutível a excepcionalidade do estado flagrancial, no qual o direito do cidadão cede espaço ao bem da coletividade, podendo sofrer as mitigações do aparato repressivo. *In casu*, presente a figura do tráfico de entorpecentes, cuja permanência lhe é peculiar, garante-se aos agentes públicos o poder de adentrar o domicílio do suspeito, independentemente de mandado, para coibir e interromper a ação delituosa.[1601]

> Art. 284. Não será permitido o emprego de força, salvo a indispensável no caso de resistência ou de tentativa de fuga do preso.

1. Súmula Vinculante do STF

Súmula Vinculante 11:

> só é lícito o uso de algemas em caso de resistência e de fundado receio de fuga ou de perigo à integridade física própria ou alheia, por parte do preso ou de terceiros, justificada a excepcionalidade por escrito, sob pena de responsabilidade disciplinar civil e penal do agente ou da autoridade e de nulidade da prisão ou do ato processual a que se refere, sem prejuízo da responsabilidade civil do Estado.

2. Excepcionalidade de atuação da norma – análise antes da edição da Súmula

Analisando a excepcionalidade do presente artigo, merece atenção a seguinte ementa:

> O art. 284 do Código de Processo Penal é norma de exceção, enquanto permissiva de emprego de força contra preso, que não admite, por força de sua natureza, interpretação extensiva, somente se permitindo, à luz do direito vigente, o emprego de força, no caso de resistência à prisão ou de tentativa de fuga do preso, hipótese esta que em nada se identifica com aqueloutra de quem, sem haver sido alcançado pela autoridade ou seu agente, põe-se a fugir. Não há falar em estrito cumprimento do dever legal, precisamente porque a lei proíbe à autoridade, aos seus agentes e a quem quer que seja desfechar tiros de revólver ou pistola contra pessoas em fuga, mais ainda contra quem, devida ou indevidamente, sequer havia sido preso efetivamente. O resultado morte, transcendendo embora o *animus laedendi* do agente, era plenamente previsível, pela natureza da arma, pelo local do corpo da vítima alvejado e pelas circunstâncias do fato, havendo o recorrido, em boa verdade, tangenciado o dolo eventual. Ao direito penal se comete a função de preservar a existência mesma da sociedade, indispensável à realização do homem como pessoa, seu valor supremo. Há de ser mínimo e subsidiário. O respeito aos bens jurídicos protegidos pela norma penal é, primariamente, interesse de toda a coletividade, sendo manifesta a legitimidade do Poder do Estado para a imposição da resposta penal, cuja efetividade atende a uma necessidade social. Daí por que a ação penal é pública e atribuída ao Ministério Público, como uma de suas causas de existência. Deve a autoridade policial agir de ofício. Qualquer do povo pode prender em flagrante. É dever de toda e qualquer autoridade comunicar o crime de que tenha ciência no exercício de suas funções. Dispõe significativamente o art. 144 da Constituição da República que "a segurança pública, dever do Estado, direito e responsabilidade de todos, é exercida para a preservação da ordem pública e da incolumidade das pessoas e do patrimônio". Não é, portanto, da índole do direito penal a feudalização da investigação criminal na Polícia e a sua exclusão do Ministério Público. Tal poder investigatório, independentemente de regra expressa específica, é manifestação da própria natureza do direito penal, da qual não se pode dissociar a da instituição do Ministério Público, titular da ação penal pública, a quem foi instrumentalmente ordenada a Polícia na apuração das infrações penais, ambos sob o controle externo do Poder Judiciário, em obséquio do interesse social e da proteção dos direitos da pessoa humana. Em nossa compreensão, é esse o sistema de direito vigente. Diversamente do que se tem procurado sustentar, como resulta da letra de seu art. 144, a Constituição da República não fez da investigação criminal uma função exclusiva da Polícia, restringindo-se, como se restringiu, tão somente a fazer exclusivo da Polícia Federal o exercício da função de polícia judiciária da União (§ 1º, inciso IV). Essa função de polícia judiciária – qual seja, a de auxiliar do Poder Judiciário –, não se identifica com a função investigatória, qual seja, a de apurar infrações penais, bem distinguidas no verbo constitucional, como exsurge, entre outras disposições, do preceituado no § 4º do art. 144 da Constituição Federal, *verbis*: "§ 4º às polícias civis, dirigidas por delegados de polícia de carreira,

---

1600 CASTELO BRANCO, Tales. **Da prisão em flagrante**. 5. ed. São Paulo: Saraiva, 2001. p. 66.
1601 STJ. **RHC 14.946/SP**. Relator: Min. José Arnaldo da Fonseca. Data de publicação: *DJ*, 3 maio 2004. p. 184.

incumbem, ressalvada a competência da União, as funções de polícia judiciária e a apuração de infrações penais, exceto as militares." Tal norma constitucional, por fim, define, é certo, as funções das polícias civis, mas sem estabelecer qualquer cláusula de exclusividade. O poder investigatório que, pelo exposto, se deve reconhecer, por igual, próprio do Ministério Público é, à luz da disciplina constitucional, da espécie excepcional, fundada na exigência absoluta de demonstrado interesse público ou social. O exercício desse poder investigatório não é, por óbvio, estranho ao Direito, subordinando-se, à falta de norma legal particular, no que couber, analogicamente, ao Código de Processo Penal, sobretudo na perspectiva da proteção dos direitos fundamentais e da satisfação do interesse social, que impedem a reprodução simultânea de investigações, reclamam o ajuizamento tempestivo dos feitos inquisitoriais e determinam a obrigatória oitiva do indiciado autor do crime e a observância das normas legais relativas ao impedimento, à suspeição e à prova e sua produção. Em figurando autoridade policial ou seu agente como sujeito ativo do delito, levado a cabo a pretexto de cumprimento de dever legal, é óbvia a legitimidade do Ministério Público, na dupla perspectiva da proteção dos direitos fundamentais e da satisfação do interesse social, que mais se potencializam à luz do seu dever-poder de "exercer o controle externo da atividade policial" (Constituição da República, art. 129, VII).[1602]

2.1 Meios para conter resistência ou tentativa de fuga: o emprego de algemas – análise antes da edição da Súmula

O artigo em comento já foi empregado, por analogia, para regular o emprego de algemas, cujo uso não está regulamentado de forma específica no Código de Processo Penal. Assim, para Gomes, depois de citar a LEP e criticar a posição de Marqui quando afirma que "o uso de algemas vem sendo normatizado, há muito tempo, com excelentes resultados práticos, desde a edição do Decreto Estadual n. 19.903, de 30 de outubro de 1950, bem como através dos mandamentos contidos na Resolução do então Secretário de Segurança Pública, Res. SSP-41, publicada no Diário Oficial do Estado de 2 de maio de 1983", conclui que "em todos os momentos em que (a) não patenteada a imprescindibilidade da medida coercitiva ou (b) a necessidade do uso de algemas ou ainda (c) quando evidente for seu uso imoderado há flagrante violação ao princípio da proporcionalidade, caracterizando-se crime de abuso de autoridade".[1603]

2.2 Disciplina do emprego de algemas no Código de Processo Penal Militar – análise antes da edição da Súmula

À míngua de disposições expressas na legislação "civil", há de se atentar para o disposto na legislação processual penal militar, que, após redação próxima à do CPP sobre o emprego da força, determina no seu art. 234, § 1º, que "o emprego de algemas deve ser evitado, desde que não haja perigo de fuga ou de agressão da parte do preso, e de modo algum será permitido, nos presos a que se refere o art. 242".

No rol mencionado no citado art. 242, encontram-se:

- os ministros de Estado;
- os governadores ou interventores de Estado, ou Territórios, o prefeito do Distrito Federal, seus respectivos secretários e chefes de Polícia;
- os membros do Congresso Nacional, dos Conselhos da União e das Assembleias Legislativas dos Estados;
- os cidadãos inscritos no Livro de Mérito das ordens militares ou civis reconhecidas em lei;
- os magistrados;
- os oficiais das Forças Armadas, das Polícias e dos Corpos de Bombeiros, Militares, inclusive os da reserva, remunerada ou não, e os reformados;
- os oficiais da Marinha Mercante Nacional;
- os diplomados por faculdade ou instituto superior de ensino nacional;
- os ministros do Tribunal de Contas;
- os ministros de confissão religiosa.

2.3 Uso de algemas e constrangimento ilegal – análise antes da edição da Súmula

Em rumoroso caso, o e. STF deferiu liminarmente salvo-conduto ao paciente para que não fosse algemado em sua condução ao STJ, local onde estava processada a ação penal contra ele instaurada. Tendo em conta que o paciente encontra-se preso e que o seu pedido estende-se à obtenção da ordem para que as autoridades policiais não voltem a utilizar algemas em qualquer outro procedimento, considerou-se inexistente, nessa parte, o prejuízo da impetração. Em seguida, esclareceu-se que a questão posta nos autos não diz respeito à prisão do paciente, mas cinge-se à discussão sobre o uso de algemas a que fora submetido, o que configuraria, segundo a defesa, constrangimento ilegal, porquanto sua conduta em face da prisão fora passiva e o cargo por ele ocupado confere-lhe *status* similar ao dos membros da magistratura, o qual, nos termos do Código Penal Militar, não se sujeita ao uso daquele instrumento.

1602 STJ. Relator: Hamilton Carvalhido. Data de julgamento: 21 out. 2003. Data de publicação: *DJ*, 15 dez. 2003.
1603 GOMES, Luiz Flávio. O uso de algemas no nosso país está devidamente disciplinado? **Revista Jus Navigandi**, Teresina, ano 7, n. 56, 1 abr. 2002. Disponível em: <https://jus.com.br/artigos/2921>. Acesso em: 14 abr. 2022.

Asseverou-se que as garantias e demais prerrogativas previstas na CF (art. 73, § 3º) concernentes aos Ministros do Tribunal de Contas da União referem-se ao estatuto constitucional, enquanto os preceitos repetidos, por simetria, na Constituição do referido Estado-membro, à condição legal. Ademais, salientou-se a natureza especial da norma processual penal militar. Afirmou-se, no ponto, que somente por analogia seria permitido o aproveitamento desta para a sua aplicação ao presente caso. No tocante à necessidade ou não do uso de algemas, aduziu-se que esta matéria não é tratada, específica e expressamente, nos códigos Penal e de Processo Penal vigentes. Entretanto, salientou-se que a Lei de Execução Penal (art. 199) determina que o emprego de algema seja regulamentado por decreto federal, o que ainda não ocorreu. Afirmou-se que, não obstante a omissão legislativa, a utilização de algemas não pode ser arbitrária, uma vez que a forma juridicamente válida do seu uso pode ser inferida a partir da interpretação dos princípios jurídicos vigentes, especialmente o princípio da proporcionalidade e o da razoabilidade. Citaram-se, ainda, algumas normas que sinalizam hipóteses em que aquela poderá ser usada (CPP, arts. 284 e 292; CF, art. 5º, incisos III, parte final e X; as regras jurídicas que tratam de prisioneiros adotadas pela ONU, n. 33; o Pacto de San José da Costa Rica, art. 5º, 2). Entendeu-se, pois, que a prisão não é espetáculo e que o uso legítimo de algemas não é arbitrário, sendo de natureza excepcional e que deve ser adotado nos casos e com as finalidades seguintes: a) para impedir, prevenir ou dificultar a fuga ou reação indevida do preso, desde que haja fundada suspeita ou justificado receio de que tanto venha a ocorrer; b) para evitar agressão do preso contra os próprios policiais, contra terceiros ou contra si mesmo. Concluiu-se que, no caso, não haveria motivo para a utilização de algemas, já que o paciente não demonstrara reação violenta ou inaceitação das providências policiais. Ordem concedida para determinar às autoridades tidas por coatoras que se abstenham de fazer uso de algemas no paciente, a não ser em caso de reação violenta que venha a ser por ele adotada e que coloque em risco a sua segurança ou a de terceiros, o que, em qualquer situação, deverá ser imediata e motivadamente comunicado ao STF.[1604]

2.4 Caso paradigmático que deu origem à Súmula

Tratou-se do Habeas Corpus 91.952-9/SP, tendo como relator o Min. Marco Aurélio, que assim se posicionou em seu voto:

> O tema não é novo. Na apreciação do Habeas Corpus 71.195-2/SP, relatado pelo ministro Francisco Rezek, cujo acórdão foi publicado no *Diário da Justiça* de 4 de agosto de 1995, a 2ª Turma assentou que a utilização de algemas em sessão de julgamento somente se justifica quando não existe outro meio menos gravoso para alcançar o objetivo visado. (...) Assim também decidiu a Primeira Turma desta Corte no Habeas Corpus 89.429-1/RO, relatora ministra Cármen Lúcia, acórdão veiculado no *Diário da Justiça* de 2 de fevereiro de 2007. Assentou o Colegiado: (...) o uso legítimo de algemas não é arbitrário, sendo de natureza excepcional, a ser adotado nos casos e com as finalidades de impedir, prevenir ou dificultar a fuga ou reação indevida do preso, desde que haja fundada suspeita ou justificado receio de que tanto venha a ocorrer, e para evitar agressão do preso contra os próprios policiais, contra terceiros ou contra si mesmo. (...) No caso, sem que houvesse uma justificativa socialmente aceitável para submeter um simples acusado à humilhação de permanecer durante horas e horas com algemas, na oportunidade do julgamento, concluiu o Tribunal de Justiça do Estado de São Paulo que a postura adotada pelo Presidente do Tribunal do Júri, de não determinar a retirada das algemas, fez-se consentânea com a ordem jurídico-constitucional. (...) Não foi apontado, portanto, um único dado concreto, relativo ao perfil do acusado, que estivesse a ditar, em prol da segurança, a permanência com algemas. Quanto ao fato de apenas dois policiais civis fazerem a segurança no momento, a deficiência da estrutura do Estado não autorizava o desrespeito à dignidade do envolvido. Incumbia sim, inexistente o necessário aparato de segurança, o adiamento da sessão, preservando-se o valor maior, porque inerente ao cidadão.

Pode-se refletir se o uso de algemas, mesmo na ótica empregada no r. Voto, teria efetivamente o condão de anular um veredicto soberano do Tribunal do Júri.

Nada obstante, julgado o HC e editada a súmula, fica claro que:

- o uso de algemas não deve ser encarado como regra;
- enquanto exceção, pode existir, desde que motivado.

Pode-se acrescer a indagação do momento em que as algemas são dispensáveis ou não, questão de natureza operacional tormentosa e que exigirá inegável cautela prática, que deverá contar com a indispensável palavra do agente estatal encarregado de efetivar o transporte da pessoa custodiada, a avaliar se terá ou não condições de garantir a segurança exigida pela súmula (para a própria pessoa custodiada e terceiros).

[1604] STF. **HC 89.429/RO**. Relatora: Min.ª Cármen Lúcia. 22 ago. 2006.

2.5 Fundamentação idônea para o emprego de algemas

Ao longo da vigência da súmula supramencionada, vem se consolidando no âmbito do STF o entendimento de que

> só é lícito o uso de algemas em casos de resistência e de fundado receio de fuga ou de perigo à integridade física própria ou alheia, por parte do preso ou de terceiros, justificada a excepcionalidade por escrito, sob pena de responsabilidade disciplinar, civil e penal do agente ou da autoridade e de nulidade da prisão ou do ato processual a que se refere, sem prejuízo da responsabilidade civil do Estado. 2. A leitura do ato ora reclamado evidencia que a excepcionalidade da medida foi determinada em razão do perigo que o Reclamante representaria à integridade física daqueles que participaram da audiência se estivesse sem as algemas. Pautou-se a autoridade Reclamada na evidente periculosidade do agente. Fundamento consistente. Inexistência de contrariedade à Súmula Vinculante n. 11 do Supremo Tribunal. Precedentes.[1605]

Realmente não se pode de maneira onírica argumentar apenas com o dever abstrato de segurança que o Estado deve à coletividade em geral, mas, sim, descer ao caso vivo em que se deve verificar o potencial risco ao ato judicial que o não uso da algema acarretaria "diante da possibilidade de o paciente atentar contra a própria integridade física ou de terceiros" (STF. HC 107.644/SP. Relator: Min. Ricardo Lewandowski. Data de julgamento: 6 set. 2011) e, mesmo antes do próprio processo ter início,

> Se a utilização das algemas na transferência do recorrente da delegacia para o presídio, ocasião em que as autoridades policiais já possuíam algum conhecimento acerca da pessoa com quem estavam lidando, se mostrou válida, com muito maior razão se justifica sua utilização no flagrante, momento em que os policiais ainda não sabiam exatamente quem estavam enfrentando.[1606]

2.6 O Decreto n. 8.858, de 26 de setembro de 2016 e o uso de algemas

Referido Decreto regulamenta o disposto no art. 199 da Lei nº 7.210, de 11 de julho de 1984–Lei de Execução Penal e determina que (Art. 2º) É permitido o emprego de algemas apenas em casos de resistência e de fundado receio de fuga ou de perigo à integridade física própria ou alheia, causado pelo preso ou por terceiros, justificada a sua excepcionalidade por escrito e, no at. 3º: É vedado emprego de algemas em mulheres presas em qualquer unidade do sistema penitenciário nacional durante o trabalho de parto, no trajeto da parturiente entre a unidade prisional e a unidade hospitalar e após o parto, durante o período em que se encontrar hospitalizada.

Tais diretrizes, somadas ao enunciado da Súmula acima discutida orientam o emprego de algemas no contexto do processo penal como um todo, e não apenas na fase da execução penal.

Art. 285. A autoridade que ordenar a prisão fará expedir o respectivo mandado.

Parágrafo único. O mandado de prisão:
a) será lavrado pelo escrivão e assinado pela autoridade;
b) designará a pessoa, que tiver de ser presa, por seu nome, alcunha ou sinais característicos;
c) mencionará a infração penal que motivar a prisão;
d) declarará o valor da fiança arbitrada, quando afiançável a infração;
e) será dirigido a quem tiver qualidade para dar-lhe execução.

---

1. Substituição do mandado pelo provimento que determina a prisão

Nada impede que, "em ordenando o Juiz ele mesmo de forma expressa e motivada que, em face da urgência, se efetue a prisão cautelar à luz do seu próprio decreto, que supera as exigências do art. 285 do Código de Processo Penal, não há falar em nulidade" (STJ. Data de julgamento: 18 dez. 2002. Data de publicação: DJ, 23 jun. 2003. Relator: Hamilton Carvalhido).

2. Inobservância dos requisitos legais

Já se aduziu que "Não há que falar em nulidade do mandado de prisão, por não constar expressamente o crime imputado ao paciente, se a decisão que decretou a prisão preventiva o acompanhou. Trata-se de mera irregularidade. O que deve ser observado é se o decreto prisional apresenta adequada motivação.[1607]

Por certo, as omissões e irregularidades que não se restrinjam a evidentes equívocos materiais não podem ser admitidas neste documento, notadamente se a leitura for feita em conjunto com o

---

1605 STF. **Rcl 8712/RJ**. Relatora: Min.ª Cármen Lúcia. Data de julgamento: 20 out. 2011.
1606 STF. **RHC 102.962/MG**. Relator: Min. Ellen Gracie. Data de julgamento: 14 dez. 2010.
1607 TJ-MS. **HC 14043660520148120000 MS 1404366-05.2014.8.12.0000**. 1ª Câmara Criminal. Relator: Des. Dorival Moreira dos Santos. Data de julgamento: 26 maio 2014. Data de publicação: 28 maio 2014. No mesmo sentido, STJ. **HC 70977 MG 2006/0259461-2**. 6ª Turma. Relatora: Min.ª Maria Thereza de Assis Moura. Data de julgamento: 28 ago. 2007. Data de publicação: DJe, 17 mar. 2008.

art. 289 (vide nestes **Comentários**) e a consequência, por se tratar de mecanismo altamente coativo da liberdade, deve ser a nulidade "absoluta", observando-se que do mandado emanam inúmeros direitos à pessoa presa, dentre eles o direito à informação.

Padece de incompatibilidade com a CR e com a CADH a expedição de ordem que, não mencionando a correta qualificação da pessoa a ser presa, apenas indica seus "sinais característicos", expressão que não se coaduna com as balizas de um processo penal aderente à legalidade estrita.

> Art. 286. O mandado será passado em duplicata, e o executor entregará ao preso, logo depois da prisão, um dos exemplares com declaração do dia, hora e lugar da diligência. Da entrega deverá o preso passar recibo no outro exemplar; se recusar, não souber ou não puder escrever, o fato será mencionado em declaração, assinada por duas testemunhas.

1. Sobre identificação da pessoa que efetua a prisão na hipótese do flagrante, ver CR, art. 5º, LXIV

2. Sobre assinatura a rogo, ver nestes *Comentários* arts. 301 a 310, notadamente quanto à hipótese no flagrante

> Art. 287. Se a infração for inafiançável, a falta de exibição do mandado não obstará a prisão, e o preso, em tal caso, será imediatamente apresentado ao juiz que tiver expedido o mandado, para a realização de audiência de custódia. (Redação dada pela Lei nº 13.964, de 2019)
>
> REDAÇÃO ANTERIOR Art. 287. Se a infração for inafiançável, a falta de exibição do mandado não obstará à prisão, e o preso, em tal caso, será imediatamente apresentado ao juiz que tiver expedido o mandado.

1. Dever de apresentação imediata da pessoa acusada presa

Malgrado o disposto neste artigo, o qual, aparentemente, daria concretude à disciplina da CADH, não há disciplina legal que materialize o ato de apresentação *imediata* do preso (por mandado) ao juiz (natural) da causa, restando o necessário desdobramento do feito em seus inúmeros atos no rito ordinário para que se tenha a apresentação da pessoa acusada.

Mais ainda, desconhece-se o uso constante deste artigo e a exigência de sua operacionalização diante da CADH na prática forense, sendo praticamente inexistentes os pronunciamentos do "direito vivido" acerca desta norma. Nada obstante, ela é um mecanismo que, se lido à luz da CR e da CADH, pode se converter num modo de estancar as violências estatais sobejamente denunciadas na mídia, zelando pela integridade física da pessoa presa e, na essência, por um processo penal mais aderente ao Estado de Direito.

> Art. 288. Ninguém será recolhido à prisão, sem que seja exibido o mandado ao respectivo diretor ou carcereiro, a quem será entregue cópia assinada pelo executor ou apresentada a guia expedida pela autoridade competente, devendo ser passado recibo da entrega do preso, com declaração de dia e hora.
>
> *Parágrafo único.* O recibo poderá ser passado no próprio exemplar do mandado, se este for o documento exibido.

1. Sobre cópia do mandado em caso de extradição

Já se admitiu desnecessária a expedição de cópia do mandado em caso de extradição.[1608]

> Art. 289. Quando o acusado estiver no território nacional, fora da jurisdição do juiz processante, será deprecada a sua prisão, devendo constar da precatória o inteiro teor do mandado. (Redação dada pela Lei n. 12.403, de 4-5-2011)

1. Indispensabilidade da precatória

Na estrutura do Código de Processo Penal, a expedição da deprecata é essencial para a formalização da "prisão em decorrência de mandado originário de outro Estado", e sua não expedição é causa de constrangimento ilegal.[1609]

Contudo, já se ponderou que

> De todo modo, eventual incompetência territorial, seja no cumprimento de mandado de prisão ou de busca e apreensão, seja na ausência de expedição de carta precatória para a execução de diligência, encerra nulidade relativa, que, por ter sido praticada no curso de um inquérito policial, procedimento dispensável e investido de natureza inquisitória, não alcança a ação penal subsequente, nem anula a prisão cautelar.[1610]

[1608] *RT*, 759/525.
[1609] TJMT. *RT*, 578/372.
[1610] TJ-SC. **HC 20140341442 SC 2014.034144-2 (Acórdão)**. 4ª Câmara Criminal Julgado. Relator: Rodrigo Collaço. Data de julgamento: 25 jun. 2014.

Quando do "cumprimento da ordem em lugar fora da jurisdição", deve conter a carta precatória "o inteiro teor do mandado".[1611] Por isso,

> Uma vez constante da carta precatória o inteiro teor do mandado de prisão, como determina o art. 289 do Código de Processo Penal, e tendo sido a ordem lavrada com observância do disposto no art. 285 do estatuto processual, inexiste qualquer ilegalidade a reparar, muito menos violação ao que estipula o art. 5º, LXI, da Constituição.[1612]

Certamente, os limites do juízo deprecado existem em relação ao teor do mandado, sendo exemplo disso a impossibilidade de análise do "Pedido objetivando a discussão sobre a verdadeira identidade do paciente [quando da] prisão determinada por carta precatória [sendo] matéria a ser discutida no juízo deprecante".[1613]

Hipótese patológica é aquela

> quando se constata que o paciente foi preso em virtude de carta precatória expedida por Comarca de outro Estado, sem sequer mencionar o crime que ali responde, e passados vários meses desse recolhimento ao xadrez, com flagrante omissão das autoridades deprecantes quanto ao seu recambiamento, caracteriza-se, aí, a coação ilegal.[1614]

2. Reiteração e substituição de precatórias

Determinado julgado, apreciando situação em que houve "mandado expedido para a delegacia estadual de capturas", considerou que se trata de "autoridade com atribuição em todo o Estado", com a consequente "possibilidade de desdobramento do mandado em quantos necessários e efetivação da medida em qualquer parte do território" e a "inexistência de violação do art. 289 do mesmo estatuto".[1615]

No mais,

> evidenciado que a expedição da segunda carta precatória consistiu em retificação da primeira, visando suprir requisito anteriormente omitido, não há que se falar em sua nulidade, eis que restaram preenchidas as exigências dos arts. 285 e 289 do CPP, possibilitando o devido trâmite e cumprimento pelo d. Juízo Deprecado. Ausente, nos autos, cópia do decreto de prisão preventiva, torna-se impossível a análise de sua legalidade, bem como da suficiência de sua fundamentação, sendo certo que não se exige que o mandado de prisão contenha as razões que embasaram a decretação da custódia.[1616]

§ 1º Havendo urgência, o juiz poderá requisitar a prisão por qualquer meio de comunicação, do qual deverá constar o motivo da prisão, bem como o valor da fiança se arbitrada. (Incluído pela Lei n. 12.403, de 4-5-2011)

§ 2º A autoridade a quem se fizer a requisição tomará as precauções necessárias para averiguar a autenticidade da comunicação. (Incluído pela Lei n. 12.403, de 4-5-2011)

1. Prisão ordenada via "fax"

É totalmente possível. Nesse sentido, tem-se a "Validade da prisão efetuada com base em cópia do mandado de prisão transmitida via fax"[1617] e, quando o processo penal sair de sua obsolescência tecnológica, também por e-mail ou outros meios de comunicação devidamente oficializados.

§ 3º O juiz processante deverá providenciar a remoção do preso no prazo máximo de 30 (trinta) dias, contados da efetivação da medida. (Incluído pela Lei n. 12.403, de 4-5-2011)

1. Recambiamento e excesso de prazo

Malgrado o prazo de trinta dias determinado neste artigo não possa ser considerado um prazo processual próprio, devendo ser tomado à luz da razoabilidade necessária para a efetivação da medida, a qual, em larga parte, não depende apenas do Poder Judiciário, deve-se ter em conta que a demora prolongada e injustificada no recambiamento do preso acarreta constrangimento ilegal, propiciando sua soltura.

Assim,

> vislumbra-se (...) evidente constrangimento por injusta duração da medida constritiva que, há 3 anos e 6 meses, perdura sobre o réu, que se vê privado de sua liberdade e da entrega da prestação jurisdicional em primeira instância devido à incapacidade estatal em recambiá-lo ao distrito da culpa.[1618]

[1611] STJ. *RT*, 751/558.
[1612] STJ. Relator: Carlos Thibau. Data de julgamento: 8 maio 1990. Data de publicação: *DJ*, 4 jun. 1990.
[1613] TJMS. *RT*, 559/399.
[1614] TJPB. Relator: Des. José Martinho Lisboa. 27 fev. 1996.
[1615] STF. *RT*, 625/366.
[1616] STJ. Relator: Gilson Dipp. Data de julgamento: 28 ago. 2001. Data de publicação: *DJ*, 8 out. 2001.
[1617] STJ. Relator: Candido Ribeiro. Data de julgamento: 20 mar. 2002. Data de publicação: DJ, 26 abr. 2002.
[1618] STJ. **HC 130.106/SP**. Relator: Min. Jorge Mussi Data de julgamento: 28 set. 2010.

Da mesma maneira, julgou-se em outro aresto situação na qual havia

> paciente que está preso cautelarmente desde 10.08.08, portanto, há mais de 1 (um) ano e 7 (sete) meses, sem que tenha havido qualquer andamento processual, estando o feito absolutamente paralisado apenas aguardando o recambiamento do paciente. 3. Constrangimento ilegal evidenciado, haja vista o tempo que perdura a custódia provisória em um processo totalmente parado por responsabilidade do Estado, que não providencia a remoção do paciente, inexistindo qualquer previsão para o julgamento pelo Tribunal do Júri.[1619]

Em idêntico sentido, usando, ainda, o princípio da "dignidade da pessoa humana" ao lado da razoabilidade.[1620]

> Art. 289-A. O juiz competente providenciará o imediato registro do mandado de prisão em banco de dados mantido pelo Conselho Nacional de Justiça para essa finalidade. (Incluído pela Lei n. 12.403, de 4-5-2011)
>
> § 1º Qualquer agente policial poderá efetuar a prisão determinada no mandado de prisão registrado no Conselho Nacional de Justiça, ainda que fora da competência territorial do juiz que o expediu. (Incluído pela Lei n. 12.403, de 4-5-2011)
>
> § 2º Qualquer agente policial poderá efetuar a prisão decretada, ainda que sem registro no Conselho Nacional de Justiça, adotando as precauções necessárias para averiguar a autenticidade do mandado e comunicando ao juiz que a decretou, devendo este providenciar, em seguida, o registro do mandado na forma do caput deste artigo. (Incluído pela Lei n. 12.403, de 4-5-2011)
>
> § 3º A prisão será imediatamente comunicada ao juiz do local de cumprimento da medida o qual providenciará a certidão extraída do registro do Conselho Nacional de Justiça e informará ao juízo que a decretou. (Incluído pela Lei n. 12.403, de 4-5-2011)
>
> § 4º O preso será informado de seus direitos, nos termos do inciso LXIII do art. 5º da Constituição Federal e, caso o autuado não informe o nome de seu advogado, será comunicado à Defensoria Pública. (Incluído pela Lei n. 12.403, de 4-5-2011)
>
> § 5º Havendo dúvidas das autoridades locais sobre a legitimidade da pessoa do executor ou sobre a identidade do preso, aplica-se o disposto no § 2º do art. 290 deste Código. (Incluído pela Lei n. 12.403, de 4-5-2011)
>
> § 6º O Conselho Nacional de Justiça regulamentará o registro do mandado de prisão a que se refere o caput deste artigo. (Incluído pela Lei n. 12.403, de 4-5-2011)

1. Obrigatoriedade de registro do mandado no CNJ (Resolução n. 137, de 13 de julho de 2011)

Trata-se de providência agora determinada pelo Código de Processo Penal em obediência à necessidade de concentrar, agilizar e racionalizar o cumprimento de mandados de prisão cujo volume gira em torno de 50 a 300 mil. A imprecisão dos números divulgados pela mídia denota a importância da estruturação desse cadastro.

Do ponto de vista prático, a partir do momento em que tal cadastro esteja em funcionamento, qualquer "agente policial" poderá dar cumprimento à ordem de prisão, ainda que fora da competência territorial do órgão judicante que determinou a constrição, possibilidade de inegável importância operacional quando se fala, especialmente, na jurisdição estadual.

O Código não prevê, como certamente não lhe caberia diante das minúcias que envolvem o tema, a forma como será instituído tal cadastro, tampouco disciplina prazo para que a medida seja implementada, o que acabou se dando com a Resolução n. 137, de 13 de julho de 2011.

De acordo com a norma regulamentadora, os Tribunais alimentarão a base de dados num prazo de seis meses da entrada em vigor da Resolução para os "mandados expedidos anteriormente à entrada em vigor da presente Resolução e ainda não cumpridos, se vigentes", sendo que para as novas ordens de prisão "a informação do mandado de prisão, para fins de registro no Conselho Nacional de Justiça, será prestada, no prazo de 24 (vinte e quatro) horas a partir da expedição, diretamente pelos sistemas dos tribunais ao BNMP".

2. Prisão extraterritorial sem registro no CNJ

A prisão extraterritorial sem a existência do cadastro torna-se igualmente possível, condicionada às providências de inscrição, pelo juiz responsável pela decretação, do mandado junto ao cadastro do CNJ, o que efetivamente se dará com a criação concreta do banco de dados.

1619 STJ. **HC 161.072/MT**. Relatora: Maria Thereza de Assis Moura. Data de julgamento: 5 abr. 2010.
1620 STJ. **HC 154.265/SP**. Relatora: Laurita Vaz. Data de julgamento: 3 ago. 2010.

3. Prisão e comunicação dos direitos do preso

Agora fica previsto que toda e qualquer forma de cumprimento da constrição da liberdade – e não apenas a prisão em flagrante – exige que a pessoa presa seja informada de seus direitos constitucionalmente estabelecidos.

Medida salutar, acabará por incorrer nos mesmos problemas enfrentados à luz dos arts. 302 e seguintes deste Código, a fim de apurar-se o grau de invalidação da medida quando essa informação não for prestada de forma adequada, sendo pouco provável que venha a ser reconhecida a invalidade da prisão quando não tiver havido informação, ao menos parcial, ao preso, de seus direitos.

4. Atuação da defensoria pública

Da mesma forma, a atuação da Defensoria Pública passa a existir em todas as espécies de cumprimento de mandados de prisão, e não apenas na formalização do flagrante.

Vemos a extensão como igualmente salutar para a regular execução do mandado, legitimando-se a providência quando corretamente executada e prontamente atuando nas hipóteses de irregularidade no cumprimento, vez que, como já se reconheceu, a homonímia é inevitável. Todavia, podem ser adotadas cautelas a fim de a condenação penal não afetar pessoa estranha ao processo.[1621]

> Art. 290. Se o réu, sendo perseguido, passar ao território de outro município ou comarca, o executor poderá efetuar-lhe a prisão no lugar onde o alcançar, apresentando-o imediatamente à autoridade local, que, depois de lavrado, se for o caso, o auto de flagrante, providenciará para a remoção do preso.
>
> § 1º Entender-se-á que o executor vai em perseguição do réu, quando:
> a) tendo-o avistado, for perseguindo-o sem interrupção, embora depois o tenha perdido de vista;
> b) sabendo, por indícios ou informações fidedignas, que o réu tenha passado, há pouco tempo, em tal ou qual direção, pelo lugar em que o procure, for no seu encalço.
>
> § 2º Quando as autoridades locais tiverem fundadas razões para duvidar da legitimidade da pessoa do executor ou da legalidade do mandado que apresentar, poderão pôr em custódia o réu, até que fique esclarecida a dúvida.

1. Sobre flagrante lavrado por autoridade fora de sua circunscrição, ver nestes *Comentários* arts. 301 a 310

2. Sobre diligências policiais realizadas fora da circunscrição dos agentes policiais, ver nestes *Comentários* arts. 301 a 310

> Art. 291. A prisão em virtude de mandado entender-se-á feita desde que o executor, fazendo-se conhecer do réu, lhe apresente o mandado e o intime a acompanhá-lo.

1. Sobre identificação da pessoa que cumpre o mandado, ver nestes *Comentários* arts. 301 a 310

> Art. 292. Se houver, ainda que por parte de terceiros, resistência à prisão em flagrante ou à determinada por autoridade competente, o executor e as pessoas que o auxiliarem poderão usar dos meios necessários para defender-se ou para vencer a resistência, do que tudo se lavrará auto subscrito também por duas testemunhas.

1. Sobre emprego de meios para cumprimento da ordem de constrição, ver art. 284 nestes *Comentários*

2. Lavratura do auto de resistência

Deve seguir as mesmas linhas procedimentais, no que cabível, do auto de prisão em flagrante.

3. Nulificação da prisão por violência indevida

Caso paradigmático já enfrentou a matéria do emprego da violência injustificada quando da prisão. Na hipótese, decidiu-se que "anula-se a prisão em flagrante, ainda que por infração de suma gravidade, do réu que comprovadamente sofreu ofensa física por parte de policiais, ainda que nada tenha confessado".[1622]

> Art. 293. Se o executor do mandado verificar, com segurança, que o réu entrou ou se encontra em alguma casa, o morador será intimado a entregá-lo,

---

[1621] STJ. **RHC 9.433/SP**. Relator: Min. Felix Fischer. Data de julgamento: 15 ago. 2000.
[1622] STJ. **HC 5.040/RJ**. 5ª Turma. Data de julgamento: 14 out. 1996. Relator: Edson Vidigal. Data de publicação: *DJU*, 10 nov. 1997. *RT*, 749/609.

à vista da ordem de prisão. Se não for obedecido imediatamente, o executor convocará duas testemunhas e, sendo dia, entrará à força na casa, arrombando as portas, se preciso; sendo noite, o executor, depois da intimação ao morador, se não for atendido, fará guardar todas as saídas, tornando a casa incomunicável, e, logo que amanheça, arrombará as portas e efetuará a prisão.

Parágrafo único. O morador que se recusar a entregar o réu oculto em sua casa será levado à presença da autoridade, para que se proceda contra ele como for de direito.

1. Auxílio ao preso oculto e favorecimento pessoal

O auxílio a pessoa procurada pode configurar o crime de favorecimento pessoal. Nesse sentido, "configura o crime de favorecimento pessoal a conduta do advogado que proporciona a fuga de seu cliente, levando-o em seu veículo quando este se encontra em casa cercado por policiais que aguardavam a chegada de cópia de mandado de prisão".[1623]

Art. 294. No caso de prisão em flagrante, observar-se-á o disposto no artigo anterior, no que for aplicável.

1. Para a análise da prisão em flagrante, ver arts. 301 a 310 nestes *Comentários*

Art. 295. Serão recolhidos a quartéis ou a prisão especial, à disposição da autoridade competente, quando sujeitos a prisão antes de condenação definitiva:

I – os ministros de Estado;
II – os governadores ou interventores de Estados ou Territórios, o prefeito do Distrito Federal, seus respectivos secretários, os prefeitos municipais, os vereadores e os chefes de Polícia; (Redação dada pela Lei n. 3.181, de 11-6-1957)
III – os membros do Parlamento Nacional, do Conselho de Economia Nacional e das Assembleias Legislativas dos Estados;
IV – os cidadãos inscritos no "Livro de Mérito";
V – os oficiais das Forças Armadas e os militares dos Estados, do Distrito Federal e dos Territórios; (Redação dada pela Lei n. 10.258, de 11-7-2001)
VI – os magistrados;
VII – os diplomados por qualquer das faculdades superiores da República;
VIII – os ministros de confissão religiosa;
IX – os ministros do Tribunal de Contas;
X – os cidadãos que já tiverem exercido efetivamente a função de jurado, salvo quando excluídos da lista por motivo de incapacidade para o exercício daquela função;
XI – os delegados de polícia e os guardas-civis dos Estados e Territórios, ativos e inativos. (Redação dada pela Lei n. 5.126, de 20-9-1966).

§ 1º A prisão especial, prevista neste Código ou em outras leis, consiste exclusivamente no recolhimento em local distinto da prisão comum. (Incluído pela Lei n. 10.258, de 11-7-2001)

§ 2º Não havendo estabelecimento específico para o preso especial, este será recolhido em cela distinta do mesmo estabelecimento. (Incluído pela Lei n. 10.258, de 11-7-2001)

§ 3º A cela especial poderá consistir em alojamento coletivo, atendidos os requisitos de salubridade do ambiente, pela concorrência dos fatores de aeração, insolação e condicionamento térmico adequados à existência humana. (Incluído pela Lei n. 10.258, de 11-7-2001)

1. Súmula 717 do STF

Não impede a progressão de regime de execução da pena, fixada em sentença não transitada em julgado, o fato de o réu se encontrar em prisão especial.

2. Prisão especial no projeto da "Comissão Grinover"

Segundo apontamos em texto anterior[1624],

> o ambiente social do país, com a constante exposição à mídia do tema da prisão especial, acabou fazendo brotar um novo anteprojeto acerca do assunto para substituir a Lei n. 5.256, de 6 de abril de 1967, reguladora do Código de Processo Penal neste ponto (e pontuada por inúmeras leis esparsas), sendo que, segundo prestigiosa doutrina, "a Comissão, lamentavelmente, a nosso juízo, limitou-se a acrescentar alguns parágrafos ao art. 295 e, assim procedendo (...), no anteprojeto, já convolado em projeto, objetivou retirar dos presos 'privilégios injustificados', restringindo o conceito de 'prisão especial' às condições que 'resguardam a segurança, saúde e dignidade humana', sendo que, segundo crítica efetuada à época por renomado processualista, 'objetiva-se com a medida, ao que se tem propalado, extinguir o 'privilégio' em homenagem ao princípio da isonomia. A frase soa bem aos ouvidos dos mal-informados. A circunstância de, em determinados

---

[1623] TACrim/SP, *RJD* 27240.
[1624] AMBOS, Kai; CHOUKR, Fauzi Hassan. **A reforma do processo penal no Brasil e na América Latina**. São Paulo: Método, 2001.

casos, as Autoridades permitirem, por exemplo, televisão e telefone celular nos locais reservados aos presos especiais não é motivo para se reduzir a prisão especial à sua expressão mais simples".

3. O atual regime da "prisão especial"
Fruto da concepção tratada no tópico anterior, a redação atual do Código de Processo Penal afirma que a prisão especial nada mais é que o simples "recolhimento distinto da prisão comum".

4. Delimitação temporal do direito à prisão especial
Cabível apenas a título cautelar. Após, o regime é regido pela LEP, e a prisão "especial" não mais incide.

5. Denegação da prisão especial
A casuística incorpora certas restrições de acordo com a motivação que fundamenta a segregação cautelar à luz do Código de Processo Penal. Assim, sendo o "decreto, porém, fundado na garantia da ordem pública", há "Incompatibilidade com o benefício".[1625]

6. Prisão especial e "prisões especiais"
Com efeito, além da disciplina deste Código, outras fontes normativas criaram espécies de prisões especiais como, *v.g.*, para os integrantes da OAB. Respondendo a essa situação, inúmeros provimentos afirmam que "O dispositivo do art. 295 do Código de Processo Penal, com as modificações introduzidas pela Lei n. 10.258/2001, aplica-se a todas as modalidades de prisão especial e alcança aquela prevista pelo art. 7º, inciso VI, da Lei n. 8.906/94. O direito subjetivo do Advogado e, bem assim, o de qualquer outro preso especial, traduz-se na garantia de recolhimento em local diverso da prisão comum (art. 295, § 1º, do CPP). Inexistindo estabelecimento específico, poderá o preso ser recolhido à cela distinta da prisão comum (art. 295, § 2º, do CPP), observadas as condições mínimas de salubridade e dignidade da pessoa humana. Na espécie, encontra-se o paciente recolhido, a seu próprio pedido, em cela distinta, em conjunto com os demais indiciados pelo mesmo processo, preservadas as condições adequadas ao isolamento do paciente em face dos demais presidiários. Constrangimento ilegal que não se manifesta".[1626]

Ainda, "a prisão especial para os advogados foi alterada pela Lei n. 10.258/2001, que regula todas as formas de prisão especial – tanto as previstas no Diploma Processual Penal, quanto as previstas em outras leis. O direito subjetivo do advogado, portanto, assim como de qualquer outro preso especial, fica circunscrito à garantia do recolhimento individualizado em local distinto da prisão comum. Não havendo estabelecimento específico, é suficiente que ele fique separado em cela distinta dos demais presos. Encontrando-se, o paciente – advogado, em cela especial, com instalações condignas e separado dos demais detentos, não há que se falar em constrangimento ilegal, sendo descabido o deferimento da prisão domiciliar, sob o argumento de inexistência de Sala do Estado-Maior das Forças Armadas".[1627]

7. Prerrogativa de advogado e sala de Estado-Maior
Ainda com relação à ausência de condições físicas para dar cumprimento a ordem de prisão no caso de pessoas detentoras do direito à "prisão especial", o e. STF decidiu que

> Constitui direito público subjetivo do advogado, decorrente de prerrogativa profissional, o seu recolhimento em sala de Estado-Maior, com instalações e comodidades condignas, até o trânsito em julgado de decisão penal condenatória e, em sua falta, na comarca, em prisão domiciliar. Com base nesse entendimento, a Turma, por considerar que não se aplica, aos advogados, a Lei n. 10.258/2001 (que alterou o art. 295 do CPP), eis que subsistente, quanto a esses profissionais, a prerrogativa inscrita no inciso V do art. 7º da Lei n. 8.906/94, deferiu *habeas corpus*, impetrado em favor de advogados recolhidos em cadeia pública estadual que não atendia o dispositivo estatutário, tornando definitiva medida cautelar anteriormente concedida, a fim de assegurar-lhes, em face da comprovada ausência, no local, de sala de Estado-Maior, o direito ao recolhimento e permanência em prisão domiciliar (Lei n. 8.906/94, art. 7º, V, *in fine*), até o trânsito em julgado da sentença condenatória contra eles proferida. Prosseguindo, a Turma acolheu proposta suscitada pelo Min. Cezar Peluso e concedeu, de ofício, o *writ*, de modo a garantir aos pacientes, em maior extensão, o direito de aguardar em liberdade a conclusão do processo-crime, até o trânsito em julgado da condenação penal nele proferida, expedindo-se, em consequência, alvará de soltura,

---

[1625] TJSP. RT 616/300.
[1626] STJ. Relator: Paulo Medina. Data de julgamento: 18 maio 2004. Data de publicação: *DJ*, 21 jun. 2004. p. 258. Também STJ. **HC 87933 SP 2007/0177112-1**. 5ª Turma. Relator: Min. Felix Fischer. Data de julgamento: 15 maio 2008. Data de publicação: DJ, 23 jun. 2008.
[1627] STJ. **HC 30230 MG 2003/0157835-9**. 5ª Turma. Relator: Min. Gilson Dipp. Data de julgamento: 4 nov. 2003. Data de publicação: DJ, 1º dez. 2003. p. 386. Ainda, TJ-PR. **HC 3997840 PR 0399784-0**. 5ª Câmara Criminal. Relatora: Rosana Andriguetto de Carvalho. Data de julgamento: 26 abr. 2007. Data de publicação: DJ, 7362.

se por outro motivo não estiverem presos. Precedentes citados: ADI 1.127/DF (*DJU* 26-5-2006); HC 85.431/SP (*DJU* 7-11-2005); Rcl 4.535 MC/AC (*DJU* 3-8-2006).[1628]

8. Inexistência de local adequado para a medida

Crônico e aparentemente insolúvel, o problema da falta de condições adequadas para (qualquer tipo de) encarceramento também se reflete no caso da prisão especial. Assim, para tentar minimizar a situação, pondera-se que

> Não havendo vagas nos quartéis e nas unidades que se prestam para a guarda de presos especiais, a manutenção do acautelamento em acomodações que atendam os requisitos de salubridade do ambiente, com aeração, insolação e temperaturas adequadas à existência humana, devidamente separadas da prisão comum ou, inexistindo estabelecimento específico, em cela distinta, cumpre as exigências legais. Inteligência do art. 295, §§ 1º, 2º e 3º, do CPP, com as modificações introduzidas pela Lei n. 10.258/2001, em consonância com a jurisprudência do STJ.[1629]

No mais,

o direito de qualquer preso especial, deve circunscrever-se à garantia de recolhimento em local distinto da prisão comum (art. 295, § 1º do CPP). Não havendo estabelecimento específico, poderá a presa ser recolhida à cela distinta da prisão comum (art. 295, § 2º do CPP), observadas as condições mínimas de salubridade e dignidade da pessoa humana. – Verificado que o local em que se encontra a paciente atende, aparentemente, aos requisitos legais exigidos, não há que se falar, a princípio, em ocorrência de constrangimento ilegal.[1630]

> § 4º O preso especial não será transportado juntamente com o preso comum. (Incluído pela Lei n. 10.258, de 11-7-2001)

1. Inexistência de meio de transporte especial

Acarreta os mesmos problemas da nota anterior, com as dificuldades práticas decorrentes da previsão legal, as quais podem ser mitigadas com a realização do ato pelos meios tecnológicos, notadamente a videoconferência.

> § 5º Os demais direitos e deveres do preso especial serão os mesmos do preso comum. (Incluído pela Lei n. 10.258, de 11-7-2001)

1. Forma de tratamento

Passa a ser o regime disciplinar e de fruição de direitos o mesmo previsto na Lei das Execuções Penais. Assim, por exemplo, malgrado o direito à cela especial, pode se sujeitar ao regime disciplinar diferenciado, nos termos do art. 52 daquela Lei: "A prática de fato previsto como crime doloso constitui falta grave e, quando ocasione subversão da ordem ou disciplina internas, sujeita o preso provisório, ou condenado, sem prejuízo da sanção penal, ao regime disciplinar diferenciado".

> Art. 296. Os inferiores e praças de pré, onde for possível, serão recolhidos à prisão, em estabelecimentos militares, de acordo com os respectivos regulamentos.

1. Extensão aos militares reformados

Já se decidiu que,

> em hipóteses extremas e atento ao princípio constitucional que assegura a "integridade física e moral dos presos" (CF, art. 5º, XLIX), razão não há para negar, ao praça reformado, a extensão do benefício da prisão especial disposto no art. 296 da Lei Adjetiva Penal. Ordem concedida para, convolando em definitiva a medida liminar deferida, determinar que o paciente fique custodiado em estabelecimento militar até o trânsito em julgado de sua condenação.[1631]

> Art. 297. Para o cumprimento de mandado expedido pela autoridade judiciária, a autoridade policial poderá expedir tantos outros quantos necessários às diligências, devendo neles ser fielmente reproduzido o teor do mandado original.

1. Requisitos do mandado

Ver art. 285 para os requisitos do mandado de prisão.

> Art. 298. Revogado pela Lei n. 12.403, de 4-5-2011.
>
> Texto original: Se a autoridade tiver conhecimento de que o réu se acha em território estranho ao da sua jurisdição, poderá, por via postal ou

---

1628 STF. **HC 88.702/SP**. Relator: Min. Celso de Mello. 19 set. 2006.
1629 STJ. Data de julgamento: 1º abr. 2004. Data de publicação: *DJ*, 17 maio 2004. p. 250.
1630 STJ. **HC 30202 MG 2003/0157366-2**. 5ª Turma. Relator: Min. Jorge Scartezzini. Data de julgamento: 19 fev. 2004. Data de publicação: DJ, 3 maio 2004. p. 192.
1631 STJ. **HC 17718 GO 2001/0091580-9**. 6ª Turma. Relator: Min. Hamilton Carvalhido. Data de julgamento: 18 dez. 2001. Data de publicação: DJ, 6 maio 2002. p. 320. RSTJ, Vol. 164. p. 505.

> telegráfica, requisitar a sua captura, declarando o motivo da prisão e, se afiançável a infração, o valor da fiança.

1. Comunicação do mandado
Nada impede que seja utilizado sistema informatizado para expedição do mandado. Experiência nesse sentido passou a ser empregada no Tribunal de Justiça do Mato Grosso a partir do ano de 2009, o denominado Sistema Integrado de Mandado de Prisão (SIMP) que, on-line, interligou, na forma de projeto-piloto, as varas criminais de Cuiabá e Várzea Grande com a Secretaria de Justiça e Segurança Pública.

> Art. 299. A captura poderá ser requisitada, à vista de mandado judicial, por qualquer meio de comunicação, tomadas pela autoridade, a quem se fizer a requisição, as precauções necessárias para averiguar a autenticidade desta. (Redação dada pela Lei n. 12.403, de 4-5-2011)

1. Comunicação do mandado – formas
A respeito das formas de comunicação da expedição do mandado de prisão, veja-se o quanto comentado no art. 289, §§ 1º e 2º.

> Art. 300. As pessoas presas provisoriamente ficarão separadas das que já estiverem definitivamente condenadas, nos termos da lei de execução penal. (Redação dada pela Lei n. 12.403, de 4-5-2011)
>
> *Parágrafo único*. O militar preso em flagrante delito, após a lavratura dos procedimentos legais, será recolhido a quartel da instituição a que pertencer, onde ficará preso à disposição das autoridades competentes. (Incluído pela Lei n. 12.403, de 4-5-2011)

1. Segregação diferenciada
Ver nestes *Comentários* art. 295 para a prisão especial.

2. Segregação como regra obrigatória: diferença do regime anterior
O novo regime jurídico impõe a segregação diferenciada entre o preso definitivo e o provisório (cautelar). Tal situação, contudo, não era desconhecida no regime anterior, no qual já se havia censurado a colocação de detentos com situação prisional distinta no mesmo ambiente carcerário.

Nada obstante, o direito à segregação diferenciada, mesmo no regime anterior, não autoriza(va) a colocação do preso cautelar com presos "não penais". Dessa forma,

> Preso provisório – Permanência em centro de custódia destinado exclusivamente ao cumprimento de prisão civil – Impossibilidade – Encarceramento no complexo penitenciário estadual – Decisão correta – Integridade física preservada – Ausência de direito líquido e certo – Mandado de segurança – Denegação – 1) O preso provisório de natureza penal não tem direito líquido e certo de permanecer segregado em centro de custódia destinado apenas ao cumprimento de prisão civil, mormente quando sua integridade física se encontra preservada pelo encarceramento em cela individual de pavilhão especial do complexo penitenciário estadual e sob ostensiva vigilância, 2) Segurança denegada.[1632]

3. Segregação e constrangimento ilegal
Já se considerou que "nega vigência à lei a segregação de preso provisório, sem motivação plausível, em Penitenciária de Segurança Máxima, trancafiado em cela comum, em contato com sentenciados de altíssima periculosidade".[1633]

4. Segregação e indenização
O Estado brasileiro se vê como absolutamente irresponsável pela segregação cautelar indevida, sendo dominante o entendimento no sentido do "simples fato da absolvição que não torna a prisão cautelar, realizada em flagrante e mantida antes da sentença fruto de excesso ou erro"[1634], mesmo porque, "as decisões judiciais, como atos de soberania do Estado, não propiciam ressarcimento por eventuais danos causados ao acusado, mormente em não havendo erro judiciário ou abuso ou ilegalidade".[1635]

Poucas são as decisões em sentido contrário, como a presente na seguinte ementa:

> Suspeito de prática de crime (guarda de cocaína) preso em flagrante em virtude do resultado positivo do laudo de constatação, não confirmado no exame químico-toxicológico – Direito à indenização pelo dano moral resultante da prisão cautelar, com base na responsabilidade objetiva da Administração – Incidência dos arts. 5º, X, e 37, 6º, da Constituição da República – Ação julgada improcedente em Primeiro Grau – Apelação provida para julgá-la parcialmente procedente,

---

1632 TJAP. *RT*, 904/638.
1633 TJPB. Relator: Des. Raphael Carneiro Arnaud. 5 set. 1996.
1634 TJSP. **Apelação Cível 63.208-5/SP**. 8ª Câmara de Direito Público. Relator: Teresa Ramos Marques. 6 set. 2000, v.u.
1635 TJSP. **Apelação Cível 95.537-5/SP**. 8ª Câmara de Direito Público. Relator: Toledo Silva, 20-12-2000, v.u.

fixado o valor da indenização no correspondente a quinhentos salários mínimos da época do fato, corrigidos desde então.[1636]

Capítulo II – Da Prisão em Flagrante

1. Considerações sobre o marco constitucional

A regulamentação da prisão em flagrante é matéria constitucional desde o Império (art. 179, VIII), passando por todas as Constituições republicanas (art. 72, §§ 13 e 14, na CF/1891; art. 113, itens 21 e 22, na CF/1934; art. 122, 11, na CF/1937; 141, §§ 20/22, na CF/1946; art. 150, § 12, na CF/1967; e art. 153, § 12, na EC 1/1969). Inovador, pois, foi o texto magno quando dispôs acerca dos direitos do preso, estes previstos em dois incisos, o LXIII e LXIV do já aludido art. 5o, especificando que o preso será informado de seus direitos, entre os quais o de permanecer calado, sendo-lhe assegurada a assistência da família e de advogado e, ainda, o preso tem direito à identificação dos responsáveis por sua prisão ou por seu interrogatório policial. A preocupação com a prisão em flagrante delito é marcante no novo texto magno, dedicando o art. 5o ainda mais quatro incisos a esta situação: LXI, LXII, LXV e LXVI, pela ordem.

2. Estado de flagrância; voz de prisão em flagrante e formalização da prisão

A flagrância é uma situação de fato (estado) que, dentro das restritas hipóteses legais previstas, autoriza que seja proferida a denominada "voz de prisão em flagrante" a qual, como regra na investigação da criminalidade ordinária, acarreta a lavratura do auto de prisão em flagrante.

A necessidade de separar de forma clara e precisa os momentos indicados surge dos diferentes fundamentos e funções de cada posto que

> No âmbito do flagrante, a prisão é o próprio objetivo da "voz". Destarte, por raciocínio de exclusão, sempre que não for caracterizado o estado de flagrância também não caberá a voz de prisão (em flagrante). Note-se, ainda, que em algumas situações, apesar do estado de flagrância, não é cabível a prisão e, assim, por coerência, também não será cabível o proferimento da voz de prisão.[1637]

Assim, com a devida vênia a entendimentos em sentido contrário, a impossibilidade de lavrar-se o auto de prisão não significa a inocorrência do estado de flagrante, tampouco desautoriza que, nos casos de flagrante obrigatório, seja proferida a voz de prisão.

A diferenciação das situações também auxilia a compreender os âmbitos de alteração que a legislação processual vem sofrendo no cenário das reformas pontuais já concretizadas e no campo da reforma global projetada bem como – e principalmente – a própria natureza da prisão que decorre do estado de flagrância que, após ter sido proferida a voz de prisão, se corporifica no auto próprio. Trata-se, assim, de tema de importância teórica e de inegáveis repercussões práticas.

Pode-se, desta forma, analisar o cenário daquilo que se denominaria de forma abrangente e genérica como "flagrante delito" pelos seguintes aspectos: a) "natureza" da constrição da liberdade que advém do flagrante; b) fundamentos legais que caracterizam o estado de flagrância e c) formalização do auto de prisão em flagrante.

3. Prisão em flagrante como precautela

A natureza jurídica da prisão em flagrante estabelecida pela Lei 12.403/11 deve ser compreendia como *precautela* sendo que a manutenção de alguém preso decorrerá da *conversão* da prisão em flagrante em preventiva ou temporária de acordo com estritos fundamentos cautelares.

Assim, supera-se a construção da doutrina que, após a reforma penal de 1977 – e que se tornaria dominante desde então –, afirmava que o flagrante havia se tornado uma verdadeira cautela penal[1638], afirmação que contou com apoio teórico mesmo depois da CR/1988[1639] que, no entanto, se esforça para conciliar a necessidade da decisão judicial determinante da

---

1636 TJSP. **Apelação Cível 109.115-5/8**. São Paulo. 6ª Câmara de Direito Público. Relator: Coimbra Schmidt, 25 jun. 2001, v.u.

1637 NASSARO, Adilson Luís Franco. A voz de prisão em flagrante. **Jus Navigandi**, Teresina, ano 12, n. 1319, 10 fev. 2007. Disponível em: <http://jus.com.br/revista/texto/9483>. Acesso em: 14 fev. 2013.

1638 *In verbis*: "Retomando à problemática específica da prisão em flagrante, podemos afirmar que, após a reforma da Lei 6.416/77, passou ela a depender do efetivo periculum in mora. Em outras palavras, a sua manutenção ficará condicionada a um criterioso juízo de necessidade, tornando visível a sua condição de verdadeira medida cautelar", o que não se dava até então, sendo que "Difícil era enquadrar tal espécie de prisão provisória dentre as chamadas medidas cautelares penais. Até o ano de 1977, preso o agente em razão de flagrante deveria necessariamente assim aguardar o julgamento, salvo nos casos em que o Código permitia livrar-se solto ou que, através do instituto da fiança, quando cabível, fosse deferida a sua liberdade provisória. Igual benefício já era também admitido se houvesse prova de que a conduta se encontrava justificada por alguma excludente de ilicitude, nos termos do art. 310 do CPP". JARDIM, Afrânio Silva. Visão sistemática da prisão provisória no Código de Processo Penal. **Justitia**, 132/1985.

1639 Fernandes, Antonio Scarance. **Reação defensiva à imputação**. São Paulo: RT, 2002. p. 137.

prisão com o fato de que era – e é – com a constrição efetivada por autoridades administrativas na sua formalização e passível de ser deflagrada por qualquer um do povo por meio da "voz de prisão". A solução encontrada era a de apresentar-se o flagrante como algo único e que dependia de cognição judicial imediata para verificação de sua legalidade, inclusive por determinação constitucional.

Chega-se nesse sentido a ser afirmado, sem muita atenção ao primado constitucional que se trata de "*modalidade de prisão cautelar, de natureza administrativa, realizada no instante em que desenvolve ou termina de se concluir a infração penal (crime ou contravenção penal)*".[1640]

Outro aspecto destacado na sustentação da prisão em flagrante como medida cautelar era a

> a ausência de qualquer instrumentalidade entre a prisão em flagrante e eventual medida cautelar restritiva à liberdade de locomoção que venha a se fazer necessária. Se a prisão em flagrante tivesse qualquer natureza pré-cautelar, todos os crimes que se apenam com detenção com relação aos quais seria impossível a decretação de uma prisão preventiva, a teor do disposto no artigo 313, I, do CPP, e que não se encontram no rol daqueles passíveis de prisão temporária (artigo 1o da Lei 7.960/89), vale dizer, todos os crimes com relação aos quais jamais seria possível a emissão de um decreto de prisão cautelar na fase pré-processual, não autorizariam, por conseguinte, qualquer segregação em flagrante.[1641]

Ambas construções acima mencionadas manifestam profundo descompasso com a estrutura constitucional instaurada em 1988 e com todas as convenções internacionais assumidas pelo Brasil desde então que, verdadeiramente, impõem a necessária concepção precautelar a essa forma de prisão e, como consequência, a necessária análise dos requisitos cautelares para a continuidade da custódia em seu título jurídico adequado, a da prisão preventiva.

Desta forma, posições como as anteriormente expostas autorizavam, do ponto de vista prático, que uma pessoa fosse mantida presa sem fundamentos cautelares expressos, mas apenas com base no estado de flagrância assumindo-se que a prisão pudesse ser um fim em si mesmo.

A "natureza" precautelar viria a ser retomada por parte da doutrina muito após a entrada em vigor da CR/88 – encampando, neste ponto, o discurso anterior a 1977[1642] –, destacando-se que a discussão sobre a "natureza jurídica" não é meramente teórica e tem como consequência prática a de se exigir, de imediato, a apreciação judicial da presença dos requisitos cautelares para manter-se a pessoa presa, não podendo subsistir a constrição, durante todo processo a título da prisão decorrente do estado de flagrância.[1643]

> Art. 301. Qualquer do povo poderá e as autoridades policiais e seus agentes deverão prender quem quer que seja encontrado em flagrante delito.

1. Fundamento constitucional

A disciplina constitucional tem sua base no art. 5º, inciso LXI, que determina: "ninguém será preso senão em flagrante delito ou por ordem escrita e fundamentada de autoridade judiciária competente, salvo nos casos de transgressão militar ou crime propriamente militar, definidos em lei".

Complementa esta disposição um rol de garantias estabelecidas para a constrição em flagrante, como o contato com terceiros (LXII – a prisão de qualquer pessoa e o local onde se encontre serão comunicados imediatamente ao juiz competente e à família do preso ou a pessoa por ele indicada) e o direito à informação (LXIII – o preso será informado de seus direitos, entre os quais o de permanecer calado, sendo-lhe assegurada a assistência da família e de advogado), a identificação dos responsáveis por sua prisão ou por seu interrogatório policial (LXIV), além do direito ao silêncio, tudo isso tendo como sede a CR.

Complementada a leitura com a CADH, tem-se que: "Toda pessoa detida ou retida deve ser conduzida, sem demora, à presença de um juiz ou outra autoridade autorizada pela lei a exercer funções judiciais" (art. 7º, inciso 4). Efetivamente, essa garantia não se faz presente no direito brasileiro, sendo letra absolutamente morta mesmo na hipótese do art. 287 do Código de Processo Penal.

Como se verá, sem embargo da existência da necessária jurisdicionalização do flagrante, o que se

---

1640 NUCCI, Guilherme de Souza. **Código de Processo Penal comentado**. p. 601.
1641 SILVA, Marcelo Cardozo da. **Prisão em flagrante e prisão preventiva**. Porto Alegre: TRF, 4ª Região, 2008. (Currículo Permanente. Caderno de Direito Penal: módulo 4). Disponível em: <http://www2.trf4.jus.br/trf4/upload/editor/rom_MARCELO_CARDOZO.pdf>. Acesso em: 14 abr. 2022.
1642 LOPES JÚNIOR, Aury. Crimes hediondos e a prisão em flagrante como medida pré-cautelar. **Revista de Estudos Criminais**, n. 3, 2001. p. 73-83.
1643 Não configura constrangimento ilegal a sentença penal condenatória que, ao manter a prisão em flagrante delito, veda ao recorrente a possibilidade de recorrer em liberdade, mediante decisão fundamentada nos termos do art. 312 do Código de Processo Penal, em especial, quanto à garantia da ordem pública e à conveniência da instrução criminal. STF. **RHC 103744/SP**. Relator: Min. Ricardo Lewandowski. Relator para acórdão: Min. Dias Toffoli. Data de julgamento: 31 ago. 2010.

esgota na mera comunicação formal da prisão ao juiz, não existe contato direto do magistrado com o preso, e não se pode dizer que a autoridade policial exerça "funções judiciais" e possa suprir a omissão desse contato. Mais ainda, conforme alentada vertente jurisprudencial, a prisão pode se dar em local distinto daquele em que atua o juiz natural do feito, e não seja este juiz o que vai ser oficialmente comunicado da prisão, enfraquecendo ainda mais a garantia constitucional.

2. Presunção de inocência e prisão em flagrante

Parece ser absolutamente inconciliável a presunção de inocência e a prisão em flagrante, para certos precedentes, chegando-se a afirmar que: "Com o flagrante delito, surge uma presunção relativa quanto à materialidade e autoria, cabendo ao acusado fazer prova em contrário" (TRF. 4ª Região. 8ª Turma. Relator: Juiz Luiz Fernando Wowk Penteado. 14 jan. 2004), e mesmo que:

> Nas hipóteses de prisão em flagrante ocorre a inversão do ônus, cabendo ao réu demonstrar a desnecessidade de sua segregação cautelar, comprovando primariedade, antecedentes, residência fixa, profissão lícita e que, em liberdade, não atentará contra a ordem pública, aplicação da lei penal ou conveniência da instrução.[1644]

3. O chamado flagrante "obrigatório" e o "facultativo"

Distingue-se de acordo com aquele que efetuará a prisão, cabendo aos funcionários o dever de fazê-lo e aos particulares a faculdade, consoante a tradição do direito brasileiro.

Observe-se, à guisa de comparação, que, no direito inglês, a

> Seção 24 do Ato sobre Polícia e Prova Penal de 1984 – que codificou a *common law* preexistente – determina limitações ao poder de prisão efetuado por particulares. Estes podem prender qualquer pessoa que esteja cometendo ou acabado de cometer qualquer infração ou qualquer pessoa sobre quem recaia uma fundada suspeita de estar cometendo ou tenha acabado de cometer uma infração. Nestas hipóteses, o particular pode efetuar a prisão mas seus poderes são mais limitados. Ele pode prender alguém que realmente tenha cometido uma infração punível com prisão, ou qualquer um sobre quem recaia fundada suspeita de ter praticado um ato criminoso, desde que comprove que o fato realmente aconteceu. Quando não se tratar de uma infração punida com prisão e que tenha sido efetivamente cometida, a prisão efetuada pelo particular ocorre sob seu risco. Surpreendentemente, talvez, o poder de uma pessoa particular prender outra não é limitado aos casos de captura quando da prática de um ato criminoso ou logo após tê-lo praticado.[1645]

4. Autoridade para fins de determinação da prisão em flagrante

Numa operação policial, o envolvimento de vários funcionários é frequente, cabendo lembrar a situação mencionada em determinado julgado ao afirmar que:

> Caracteriza-se o flagrante quando o agente é preso logo após aterrissar o avião de onde, minutos antes, lançara tonéis cheios de cocaína, tendo a perícia encontrado vestígios do alcaloide no interior da aeronave. Pouco importa que a prisão haja sido executada por autoridade diversa daquela que surpreendeu a operação aérea, identificando, por meio de binóculos, a cor e o prefixo da aeronave. A perseguição não precisa ser física, nem pessoal e o trabalho de equipe entre policiais certamente deve ser admitido e prestigiado como meio idôneo para combater a criminalidade, cada vez mais aparelhada.[1646]

5. "Flagrante preparado", "flagrante esperado" e ação controlada

Distinção antiga na doutrina e de grande repercussão prática é aquela entre o "flagrante preparado" e o "flagrante esperado", sendo que aquele não se confunde com este último, "em que a atividade policial é apenas de alerta".[1647]

A distinção também se faz presente com frequência nos textos dogmáticos que são repetidos nos acórdãos, lembrando-se que

> no primeiro, "o agente é induzido à prática de um crime pela 'pseudovítima', por terceiro ou pela polícia, no caso chamado de agente provocador"; no segundo, "os policiais ou particulares 'criam' provas de um crime inexistente"; já no terceiro, "a atividade policial é apenas de alerta, sem instigar o mecanismo causal da infração, e que procura colher a pessoa ao executar a infração (...), quer porque recebeu informações a respeito

---

[1644] TRF. 1ª Região. 3ª Turma. Relator: Des. Luciano Tolentino Amaral. 25 abr. 2003.
[1645] Spencer, John. **O direito inglês**. In: DELMAS-MARTY, 2005.
[1646] TRF. 4ª Região. 1ª Turma. Relator: Juiz Amir Sarti. 4 out. 2000.
[1647] TRF. 3ª Região. Relator: Juiz Ferreira da Rocha. 7 jan. 2004.

do provável cometimento do crime, quer porque exerça vigilância sobre o delinquente".[1648]

A condensação de entendimentos foi sumulada pelo e. STF, na Súmula 145, que aduz: "Não há crime quando a preparação do flagrante pela polícia torna impossível a sua consumação".

6. Distinção entre flagrante delito e prisão em flagrante delito

Ainda ecoa na jurisprudência contemporânea antiga lição doutrinária que afirma que: "Não há confundir prisão em flagrante delito com o flagrante delito ele mesmo", eis que, como anota Hélio Tornaghi, "o que é flagrante é o delito; a flagrância é uma qualidade da infração" (in *Manual de processo penal*, v. I, Freitas Bastos RJ/SP, 1963, p. 469), caracterizando-se aquela quando efetuada durante a flagrância do delito. 2. E é do flagrante delito que cuida o art. 302 do Código de Processo Penal, fazendo-o compreender a flagrância (I), a quase flagrância (II) e situações em que, logo após ou logo depois do cometimento do crime, deve-se presumir a sua autoria por pessoa determinada (III e IV). 3. O tempo e a certeza da autoria é que são essenciais à flagrância presumida (incisos III e IV do art. 302 do Código de Processo Penal), bem se ajustando a este estado as espécies em que o autor do delito, logo depois de cometê-lo, foge do local e se apresenta a agente de autoridade, confessando a sua prática, sendo então, com induvidosa supressão de sua liberdade de locomoção, conduzido à presença da autoridade policial. 4. *Habeas corpus* denegado.[1649]

6.1 Distinção entre prisão em flagrante e outras diligências policiais

Conforme anotado pela jurisprudência,

> Não se pode confundir flagrante com diligências policiais *post delictum*, cujo valor probante, por mais forte que pareça, não se encadeia com eles objetivos, que entrelaçam, indissoluvelmente, no tempo e no espaço, a prisão e a atualidade ainda palpitante do crime. O simples encontro da *res* em poder de alguém não consubstancia flagrância, em qualquer de suas modalidades.[1650]

6.2 Regras especiais aplicáveis à prisão em flagrante

Nem todas as situações que ensejam a prisão em flagrante têm o mesmo tratamento previsto no Código de Processo Penal. Com efeito, inúmeras disposições dão colorido especial quando a pessoa a ser presa for detentora de determinadas condições profissionais.

No âmbito do Ministério Público, tem-se que – São prerrogativas dos membros do Ministério Público da União: (...) II – processuais: d) ser preso ou detido somente por ordem escrita do tribunal competente ou em razão de flagrante de crime inafiançável, caso em que a autoridade fará imediata comunicação àquele tribunal e ao Procurador-Geral da República, sob pena de responsabilidade (art. 18 da Lei Complementar n. 75, de 20 de maio de 1993, que dispõe sobre a organização, as atribuições e o Estatuto do Ministério Público da União, estendendo-se igual norma para o Ministério Público dos Estados).

O mesmo vale para os Defensores Públicos (art. 44 da Lei Complementar n. 80/1994): são prerrogativas dos membros da Defensoria Pública da União: (...) II – não ser preso, senão por ordem judicial escrita, salvo em flagrante, caso em que a autoridade fará imediata comunicação ao Defensor Público-Geral.

Também para os advogados, o Estatuto da OAB (Lei n. 8.906, de 4 de julho de 1994), no art. 7º, preconiza que "são direitos do advogado: (...) IV – ter a presença de representante da OAB, quando preso em flagrante, por motivo ligado ao exercício da advocacia, para lavratura do auto respectivo, sob pena de nulidade e, nos demais casos, a comunicação expressa à seccional da OAB".

Merece destaque, por fim, a disposição do art. 301 do Código de Trânsito (Lei n. 9.503/97), ao dispor que "ao condutor de veículo, nos casos de acidentes de trânsito de que resulte vítima, não se imporá a prisão em flagrante, nem se exigirá fiança, se prestar pronto e integral socorro àquela".

6.2.1 A prisão em flagrante de integrante do Congresso Nacional

6.2.1.1 Uma palavra introdutória

O presente tópico nasce da notoriedade de um caso concreto que, para além dessa qualificação, é também um fato inédito na História brasileira.[1651] Tais atributos compelem os atores sociais e, particularmente, os jurídicos, a alguma reflexão dentro de suas respectivas áreas de conhecimento no sentido de contribuir para a compreensão dos mecanismos empregados e da interpretação que lhes foi dada.

Portanto, a análise que se seguirá, embora marcada por situações práticas, não quer se constituir – e não se constitui – num instrumento de julgamento de atos ou teses jurídicas esposadas pelos operadores concretos algo que, inclusive, seria antiético.

1648 STJ. **HC 17.483/GO**. Relator: Min. Hamilton Carvalhido. Data de publicação: *DJU*, 4 fev. 2002.
1649 STJ. **HC**. 6ª Turma. Relator: Hamilton Carvalhido. 4 ago. 2003.
1650 TRF. 4ª Região, 2ª Turma. Relator: Juiz Osvaldo Alvarez. 19 set. 1989.
1651 Trata-se da prisão em flagrante Senador Delcídio Amaral na manhã do dia 25 de novembro de 2015.

Mas é, sim, uma tentativa de compreender, do ponto de vista estritamente técnico, as escolhas efetuadas, sem trazer para essa tarefa adjetivações ufanistas pelo que foi decidido e, tampouco, achincalhar os entendimentos esposados.

Mesmo porque tudo que se passou do ponto de vista jurídico não é um produto isolado, mas, sim, fruto de silêncios doutrinários que construíram e mantiveram um sistema cautelar que, malgrado reformado há pouco, tem profundas ligações com suas matrizes mais primitivas, aquelas do espírito que instituiu o CPP, bem como é uma reiteração de entendimentos jurisprudenciais de longa consolidação especialmente no âmbito do STF.

É um cenário fruto, igualmente, da paralisia legislativa em não adequar o CPP às suas fontes primárias, a CR e CADH, além de apostar numa imutabilidade histórica geradora de gritantes desigualdades, aquela do foro por prerrogativa de função, matéria que não possui sequer investigação criminal plenamente desenvolvida em lei[1652] apostando, talvez, que certas situações nunca se verificassem no mundo da vida.

6.2.1.2 Um modelo constitucional ainda construído com os olhos no passado

FLAGRANTE COMO MEDIDA CAUTELAR

A EC 35 de 2001 foi fruto de um trabalho legislativo que buscava, em parte, destravar o modelo persecutório estabelecido na CR das amarras da autorização da Casa Legislativa para que a própria investigação tivesse início, não se preocupando, assim, com discussões próprias da técnica processual que viriam, anos depois, a se tornar essenciais para a escorreita apreciação do caso concreto.

Talvez por isso a reforma descurou cogitar que a formalização jurídica do estado de flagrância, que se dá com o auto de prisão em flagrante, devesse ser considerada como uma precautela. A consequência é que, ao assumir o flagrante a natureza precautelar passa-se a exigir, de imediato, a apreciação judicial da presença dos requisitos cautelares para manter-se a pessoa presa, não podendo subsistir a constrição durante toda a relação processual a título da prisão decorrente do estado de flagrância.[1653]

Assim, a redação atual da CR perpetuou um modelo já em descrédito mesmo em parte da doutrina anterior à reconstrução democrática, enfatizando a possibilidade da manutenção da prisão de alguém a título exclusivo flagrancial. Tal norma constitucional, se já era distante do melhor encaminhamento em 2001, passou a ficar isolada com o advento da Lei n. 12.403/2011 que evoluiu no sentido da precautelaridade do flagrante.

Disso advém que eventuais afirmações sobre a impossibilidade de prender-se um Parlamentar com fundamento cautelar estarão inevitavelmente atreladas a um modelo infraconstitucional já superado. Se na normativa anterior era possível que um Parlamentar permanecesse preso todo o processo exclusivamente a título de sua prisão em flagrante – o que era, isso sim, um absurdo – hoje essa normativa evoluiu para considerar que só permanecerá preso quem estiver numa situação de concreta *necessidade cautelar*.

Num futuro provavelmente considerado implausível quando a EC entrou em vigor, aquela amarra teórica viria a se tornar um dos mais tormentosos problemas diante do ineditismo da sua operação prática. Outra amarra, contudo, de igual relevo, serviria para analisar a correta extensão do alcance do texto constitucional: a inafiançabilidade.

INAFIANÇABILIDADE COMO CRITÉRIO DETERMINANTE

As mesmas matrizes históricas que foram destacadas no tópico anterior alimentaram o apego ao critério da inafiançabilidade na reforma constitucional (EC 35), que acabou surgindo como um critério qualificador ao ato da formalização em flagrante, a dizer, somente se confirma a prisão em flagrante quando o crime for inafiançável.

E isto remete a um outro ponto da própria CR posto que o regime de concessão de fiança tem base constitucional específica na medida em que ali estão peremptoriamente previstos crimes aos quais não se poderá conceder fiança[1654], mas não se limita o julgador infraconstitucional àquelas hipóteses.

Quando entrou em vigor, em 1988, a CR se sobrepunha a um modelo legal – o do CPP – que reconhecia, desde sua origem, a fiança como um instrumento relevante na estrutura prisão/liberdade, malgrado reforças legislativas – sobretudo a de 1977 como se verá – tenham modificado aspectos relevantes do texto original.

E com a Lei n. 9.099/1995 a importância desse instrumento praticamente desapareceu posto que

---

1652 Por todos, SILVA, Danielle Souza de Andrade. **A investigação preliminar nos delitos de competência originária de tribunais**. Rio de Janeiro: Lumen Juris, 2012.

1653 LOPES JÚNIOR, Aury. Crimes hediondos e a prisão em flagrante como medida pré-cautelar. **Revista de Estudos Criminais**, n. 3, 2001. p. 73-83.

1654 CR, art. 5º XLII – a prática do racismo constitui crime inafiançável e imprescritível, sujeito à pena de reclusão, nos termos da lei; XLIII – a lei considerará crimes inafiançáveis e insuscetíveis de graça ou anistia a prática da tortura , o tráfico ilícito de entorpecentes e drogas afins, o terrorismo e os definidos como crimes hediondos, por eles respondendo os mandantes, os executores e os que, podendo evitá-los, se omitirem; XLIV – constitui crime inafiançável e imprescritível a ação de grupos armados, civis ou militares, contra a ordem constitucional e o Estado Democrático.

larga parte dos crimes que poderiam ser alvo da fiança passou a obedecer um regime jurídico onde a prisão em flagrante e a preventiva não mais operariam como regra em nome de uma idílica promessa de consensualidade manifestada em transações penais.

Nada obstante, na reforma trazida com a Lei 12.403/11 a fiança ressurge para "assegurar o comparecimento a atos do processo, evitar a obstrução do seu andamento ou em caso de resistência injustificada à ordem judicial".

A base do tratamento do tema está no renovado art. 322, que dispõe que "A autoridade policial somente poderá conceder fiança nos casos de infração cuja pena privativa de liberdade máxima não seja superior a 4 (quatro) anos. Parágrafo único. Nos demais casos, a fiança será requerida ao juiz, que decidirá em 48 (quarenta e oito) horas". Após esse limite a fiança passa a ser possível apenas por determinação judicial e, na roupagem da nova lei, pode vir acompanhada ou não de outras medidas alternativas à prisão.

E esse tratamento revigorou uma discussão sobre a "natureza" da fiança que oscilava entre cautela ou contracautela, posição essa não mais aceitável diante da estrutura das cautelares a partir de 2011 que explicitamente a aloca dentre as medidas cautelares antecedentes àquelas que constrangem a liberdade.

Sobre o tema, já no início de vigência do texto constitucional, Scarance Fernandes afirmava que,[1655] "aquela posição anterior, que via a fiança como contra-cautela, era, de certa forma, resquício da premissa de a regra ser a prisão durante o processo, principalmente se se tratasse de manter detido o agente pilhado em flagrante", e que "O raciocínio deve ser outro. O pressuposto inicial é de que o réu, presumido inocente, deve ficar em liberdade durante o processo, só se admitindo a prisão em situações excepcionais. Assim, se antes a regra devia ser a permanência do réu em custódia provisória, hoje, em razão da presunção inicial de inocência, a regra deve ser a sua liberdade, que será cerceada em maior ou menor grau em consonância com critérios expressamente definidos pelo legislador, e em hipóteses taxativamente previstas" para concluir que

> A fiança tem, portanto, natureza cautelar. Figura ela em uma escala de possíveis medidas cautelares, que substituem a prisão em flagrante, restringindo a liberdade. Impõem-se ao réu, para que fique ou permaneça livre, o pagamento de determinada importância em dinheiro e outros ônus processuais.

Como se verá em tópico na sequência, no mesmo ambiente do modelo constitucional de 1988 – como o da reforma da EC 35/2001 – convivia um modelo infraconstitucional que, por labiríntico na sua estrutura continha (e contém!) uma norma – art. 324, IV do CPP – que torna inafiançável toda conduta típica que esteja revestida dos fundamentos do art. 312 do mesmo diploma legal, a dizer, os fundamentos da prisão preventiva.

Esse critério seria reavivado no caso concreto e se tornaria um dos aspectos fundamentais da decisão histórica inédita, colocando em destaque uma discussão essencial: a inafiançabilidade é (a) um conceito definido aprioristicamente a partir da CR e se dirige apenas ao legislador que se vê na impossibilidade de construir casos de concessão de fiança para os crimes estabelecidos na matriz constitucional – mas não em outros – ou (b) um conceito que pode ser construído também empiricamente a partir do disposto no art. 324 acima mencionado e que criaria um duplo modelo de inafiançabilidade: o normativo, dirigido ao Legislador e o empírico, dirigido ao Julgador. Esse segundo entendimento tem amparo em prestigiosa doutrina contemporânea.[1656]

Controle da prisão na Casa Parlamentar

A Constituição da República (CR)[1657] determina ao Supremo Tribunal Federal que julgue, nas infrações penais comuns: o Presidente da República, o Vice-Presidente, os membros do Congresso Nacional, seus próprios Ministros e o Procurador-Geral da República.

Prevê, ainda, que nas infrações penais comuns e nos crimes de responsabilidade julgará: os Ministros de Estado e os Comandantes das Forças Armadas, ressalvado o disposto no art. 52, I; os membros dos Tribunais Superiores, os do Tribunal de Contas da União e os chefes de missão diplomática de caráter permanente.

Já o Superior Tribunal de Justiça[1658] tem competência originária nas infrações penais comuns os crimes cometidos pelos Governadores dos Estados e do Distrito Federal e, nas infrações penais comuns e nos crimes de responsabilidade as seguintes autoridades: os desembargadores dos Tribunais de Justiça dos Estados e do Distrito Federal; os membros dos Tribunais de Contas dos Estados e do Distrito Federal; os dos Tribunais Regionais Federais, dos Tribunais Regionais Eleitorais e do Trabalho; os membros dos Conselhos ou Tribunais de Contas dos Municípios e os do Ministério Público da União que oficiem perante tribunais.

[1655] SCARANCE FERNANDES, Antonio. A fiança criminal e a constituição federal. **Justitia**, 155 1991.
[1656] SANGUINÉ, Odone. **Prisão cautelar, medidas alternativas e direitos fundamentais**. Rio de Janeiro: Forense, 2014. p. 786.
[1657] Art. 102, I, "b" e "c".
[1658] CR, art. 105, I, "a".

Essa disciplina constitucional é a base primária do desencadeamento do denominado foro por prerrogativa de função, sendo certo que[1659],

O Procedimento a ser observado nos crimes da competência originaria dos Tribunais reveste-se de certa complexidade, oriundas das fontes normativas de que promana a "prerrogativa de função", como também do próprio conceito que a doutrina e o entendimento da jurisprudência emprestam a forma de determinação da competência ratione personae que, no entanto, situa-se no amplo campo da distribuição do poder de julgar na divisão relativa a competência funcional. O exame dessa função jurisdicional exige, desde logo, a apreciação dos motivos que inspiraram essa forma de determinação da competência.

Dessa complexidade faz parte o controle judicial da prisão nos moldes do art. 53 da CR que, como já mencionado, modificado pela EC 35/2001 determina: § 2º *Desde a expedição do diploma, os membros do Congresso Nacional não poderão ser presos, salvo em flagrante de crime inafiançável. Nesse caso, os autos serão remetidos dentro de vinte e quatro horas à Casa respectiva, para que, pelo voto da maioria de seus membros, resolva sobre a prisão*. Criou-se, assim, uma hipótese de prisão cujo controle dá-se pelo Legislativo, e não pelo Judiciário.

Talvez seja então um bom momento para que se adense a discussão sobre o exato teor do disposto na CADH ao dispor que "Toda pessoa detida ou retida deve ser conduzida, sem demora, à presença de um juiz ou outra autoridade autorizada pela lei a exercer funções judiciais" (Art. 7, inciso 4) e entender-se que essa apresentação não é apenas da pessoa presa em flagrante, mas da pessoa presa a qualquer título, dado que a CADH não faz essa distinção que, por tal motivo não é encampada pela jurisprudência da Corte, da mesma forma que não basta a mera comunicação da ratificação da prisão pela casa legislativa, por ofício.[1660]

6.2.1.3 O ineditismo da tarefa hermenêutica no isolado caso concreto

O caso concreto é inédito na história política e jurídica brasileiras. Por essa fundamental razão dá azo a discussões por ângulos aparentemente inéditos entre os operadores do sistema jurídico e, em particular, os do sistema penal.

Assim, do desenvolvimento dos fatos que geraram o pronunciamento judicial é de se destacar: a) o emprego do art. 324, IV, do CPP e sua relação com a estrutura contemporânea da precautelaridade e cautelaridade; b) a extensão do conceito de permanência e a legislação versada sobre a macrocriminalidade; c) obtenção de elementos informativos que alimentam as bases fático-jurídicas empregadas na situação específica. Inicia-se com os temas próprios do modelo brasileiro de cautelaridade pessoal no processo penal.

a. A FLAGRÂNCIA E A APRECIAÇÃO DA NECESSIDADE CAUTELAR

A ESTRITA LEGALIDADE DA FORMALIZAÇÃO DA PRISÃO EM FLAGRANTE

A conduta atribuída à pessoa submetida à persecução no caso concreto ensejou a determinação da prisão o que implica dizer, a verificação de um estado de flagrância ao qual se segue a formalização dessa prisão.

Mesmo com toda a particularidade, o regime jurídico é aquele estabelecido pelo CPP onde a concreta verificação fático-jurídica do estado de flagrância é tarefa que, do ponto de vista operativo, cabe nos casos comuns precipuamente à autoridade policial[1661] que formará sua convicção acerca das providências jurídicas a serem tomadas tendo como fundamento as hipóteses previstas no artigo 302 do CPP e que não podem ser ampliadas na atuação policial.

Esse artigo rege a prisão em flagrante em qualquer sede de competência quando se observa que ele define que se encontra em estado de flagrância quem "está cometendo a infração penal" e, no inciso II, a situação em que a pessoa "acaba de cometê-la" referindo-se, portanto, ao próprio momento em que a infração está em execução e nele se dá a prisão do

---

[1659] DE CAMPOS BARROS, Romeu Pires. O procedimento nos crimes da competência originária dos tribunais. **Revista de Direito PGE-GO**, v. 16, 2013.

[1660] Entre vários precedentes, Caso Acosta Calderón Vs. Equador. Sentença de 24/06/2005: Tal y como lo ha señalado en otros casos, este Tribunal estima necesario realizar garantía establecida en el artículo 75 de la Convención son claros en cuanto a que la persona detenida debe ser llevada sin demora ante un juez o autoridad judicial competente, conforme a los principios de control judicial y inmediación procesal. Esto es esencial para la protección del derecho a la libertad personal y para otorgar protección a otros derechos, como la vida y la integridad personal. El simple conocimiento por parte de un juez de que una persona está detenida no satisface esa garantía, ya que el detenido debe comparecer personalmente y rendir su declaración ante el juez o autoridad competente.

[1661] Merece destacar, igualmente, que nesse particular ambiente do estado de flagrância, o legislador optou por ampliar o leque de intervenientes surgindo daí a divisão da prisão em flagrante (rectius: da voz em prisão em flagrante) em "obrigatório" ou "facultativo" que leva em conta os que têm a obrigação legal de fazê-lo (funcionários) e aos particulares, que detêm a faculdade de "dar voz de prisão" e seu fundamento legal está no art. 301 do CPP que dispõe que "Qualquer do povo poderá e as autoridades policiais e seus agentes deverão prender quem quer que seja encontrado em flagrante delito".

agente. Ambas situações compõem o denominado "flagrante próprio" e não exigem, como era do sistema jurídico anterior à unificação legislativa processual penal, a presença do chamado "clamor público"[1662] para sua caracterização.

A CONDUTA PERMANENTE E O ESTADO DE FLAGRÂNCIA

Contudo, a situação fática que especificamente se analisa resvala na ocorrência do flagrante nos chamados crimes permanentes que, conforme disposto no art. 303 do CPP, "Nas infrações permanentes, entende-se o agente em flagrante delito enquanto não cessar a permanência" e de longa data a doutrina trabalha a conceituação do crime permanente, cujo resultado prático, para fins processuais penais, é o de perpetuar o estado de flagrância.

A expansão da permanência exigirá do hermeneuta um aprofundado estudo da pertinência do verbo empregado no tipo àquela categoria, sob risco de vulgarizar a garantia da inviolabilidade do domicílio e deturpar a tipicidade processual penal das hipóteses flagranciais.

Portanto, toda essa dinâmica se compõe das seguintes etapas: a) verificação do estado de flagrância; b) voz de prisão em flagrante; c) formalização da prisão em flagrante com a lavratura do auto; d) controle judicial da prisão com a apreciação da **necessidade cautelar** que, seguindo o encaminhamento exposto na sequência se satisfaz com medidas alternativas à prisão ou, como última medida, a prisão cautelar.

O ESTABELECIMENTO DA NECESSIDADE CAUTELAR

Impende considerar que a lei 12.403/11 inovou ao sistematizar algum tipo de "teoria geral de cautela penal", atrelando a imposição das medidas aos critérios de necessidade e adequação, os quais orientarão os provimentos jurisdicionais na espécie, iniciativa que já se fazia presente nos trabalhos iniciais da Comissão Grinover mas com redação distinta daquela que viria a ser aprovada ao final.[1663]

De alguma maneira essa nova sistematização buscou conferir racionalidade a um modelo que se assentava basicamente nos ditames do art. 312 do CPP, mas que deixava larga margem de discricionariedade quanto ao conteúdo de cada um dos fundamentos ali presentes.

Sem que se possa aproximar exageradamente os dois modelos, há algum aporte na atual legislação brasileira de algo presente na legislação alemã onde, para a decretação da prisão preventiva a previsão legal "distribui-se em dois tipos de pressupostos: os materiais, assim denominados porque situados fora do campo processual, no próprio crime ou no agente, e os formais, referentes ao processo, ou seja, à forma de efetivação da prisão."[1664]

Anota-se que

> Os pressupostos materiais são: 1.º) a forte suspeita de cometimento do delito (*dringend Verdach*); 2.º) o motivo da prisão (*Haftgrund*), que se divide em quatro motivos possíveis: a) fuga ou perigo de fuga (*Flucht oder Fluchtverdach*); b) perigo de obscurecimento da prova (*Verdunkelungsgefahr*); c) gravidade do fato (*Schwerer der Tat*); d) perigo de cometimento de novos crimes (*Wiederholungsgefahr*).[1665]

Como apontado em estudo comparado sobre o assunto,

> Submetida ao princípio da proporcionalidade (*die Verhältnismässigkeitsprinzip*), esta forma de prisão não subsiste se não houver a reunião de todas as hipóteses mencionadas, ou quando a prisão for desproporcional ao caso e à pena que dele se espera (§ 120, StPO). Ela termina, também, por requerimento do Ministério Público (ao qual o juiz atenderá, lembrando-se que a fase investigativa é dirigida pelo Ministério Público), ou a requerimento do detido por meio de um pedido de liberdade (*dier Haftprüfungsantrag*, § 117, StPO) ou por um recurso (*die haftbeschwerde*), perante um tribunal regional (ou para o tribunal superior, em caso de rejeição: § 310, StPO).[1666]

Malgrado não tenha havido a adoção explícita da nomenclatura "proporcionalidade" como sugerido na literatura internacional o seu conteúdo

---

1662 DELMANTO Junior, Roberto. **As modalidade de Prisão Provisória e seu prazo de duração**. 2. ed. Rio de Janeiro: Renovar, 2001. p. 100.

1663 Art. 320 – As medidas cautelares previstas neste Capítulo serão aplicadas com base nos seguintes critérios: I – necessidade para aplicação da lei penal, para a investigação ou a instrução criminal, e, nos casos de internação provisória e suspensão de função ou atividade, para evitar a prática de novas infrações penais; II – adequação da medida à gravidade do crime, circunstâncias do fato e condições pessoais do investigado, suspeito ou acusado. A diferença fica por conta que no critério "necessidade", a prisão para evitar a reiteração da prática criminosa estava vinculada especificamente aos casos de internação provisória e suspensão da atividade.

1664 BENETTI, S. **Prisão provisória**: Direitos alemão e brasileiro. **RT**, São Paulo, n. 669, p. 267 e seguintes, jul. 1991. Disponível em: <www.revistasrtonline.com.br>. Acesso em: 14 abr. 2022.

1665 BENETTI, *op. loc. cit.*

1666 "Direito Alemão". In: Processos Penais da Europa. (Delmas-Marty, Mireille e Spencer, John. Org.). Tradução para o português de Fauzi H. Choukr com a colaboração de Ana Cláudia Ferigato Choukr. Rio de janeiro: Lumen Juris, 2005.

encontra-se presente (ao menos parcialmente) no presente texto.

Com efeito, "A subdivisão da regra da proporcionalidade em três subregras, adequação, necessidade e proporcionalidade em sentido estrito" se faz presente na doutrina pátria carecendo observar que essa ordem não é aleatória, pois

> Se simplesmente as enumeramos, independentemente de qualquer ordem, pode-se ter a impressão de que tanto faz, por exemplo, se a necessidade do ato estatal é, no caso concreto, questionada antes ou depois da análise da adequação ou da proporcionalidade em sentido estrito. Não é o caso. A análise da adequação precede a da necessidade, que, por sua vez, precede a da proporcionalidade em sentido estrito.

Caso seja assumida essa posição teórica para cotejar com a legislação renovada é de ser concluído que não houve a adoção da proporcionalidade porquanto na ordem nova legal a adequação, enquanto critério, é posterior à necessidade e, rigorosamente falando, a legislação não estabeleceu a proporcionalidade em sentido estrito como item decomposto da proporcionalidade em sentido lato.

Quanto à necessidade, deve ser confinada (sob o risco de, não o fazendo, todas as prisões serem concebidas como necessárias) desde que se compreenda que "Um ato estatal que limita um direito fundamental é somente necessário caso a realização do objetivo perseguido não possa ser promovida, com a mesma intensidade, por meio de outro ato que limite, em menor medida, o direito fundamental atingido."[1667] Nesse ponto visualizar o *objetivo* da persecução penal [1668] passa a ser de nodal importância para dar contornos ao emprego do critério "necessidade", assim como para aquele da adequação.

A somatória dessas condicionantes aponta, quando do resultado positivo, que uma determinada medida cautelar é necessária e, na lógica processual penal a partir da CR, a prisão aparecerá como a última das medidas, apenas empregável quando das insuficiências daquelas que lhe são anteriores.

Necessidade cautelar e o art. 312

Já tivemos a oportunidade de destacar que a Lei n. 12.403/2011 teve, ao lado de alguns méritos, inúmeros problemas, dado que manteve em pontos centrais de sua redação – desde o anteprojeto da Comissão que o concebeu – estruturas que reproduziam a lógica operacional e a cultura do modelo anterior que alegadamente se queria superar.[1669]

As permanências[1670] do regime Varguista são sensíveis nos fundamentos da prisão (a ordem pública e sua eterna presença[1671]), no método de apuração cautelar (escrito e, portanto, avesso à oralidade) e a lógica da prisão como mecanismo primeiro (artigo 321 "reformado"[1672]).

Mas, para além de tudo quanto já exposto em outros momentos, o caso concreto tornou a evidenciar que a reforma da Lei n. 12.403/2011 manteve uma regra instituída pela Lei n. 6.416, de 24 maio 1977 que, por sua vez, introduzira inciso no art. 324, também com o número IV, que viria a ser literalmente preservado em 2011.

Aquela reforma, tida como modernizadora do sistema de penas, incursionou também por searas do processo penal e o texto original do projeto, nascido no Executivo, teve apenas uma manifestação contrária parlamentar, assim rebatida pela relatoria da Comissão Mista que apreciava a matéria:[1673]

> A Emenda n. 0 49, do Deputado José Bonifácio Neto, busca a supressão do inciso IV que se pretende acrescentar ao art. 324 do Código de

---

[1667] Idem, *ibidem*.
[1668] A propósito veja-se BINDER, Alberto M. Tensiones Político-Criminales En El Proceso Penal. Ponencia presentada en el XXVIII Congreso Colombiano de Derecho Procesal, realizado en Bogota, 5 al 7 de Septiembre del 2007, organizado por el Instituto Colombiano de Derecho Procesal. Disponível em <http://www.cejamericas.org/portal/index.php/es/biblioteca/biblioteca-virtual/doc_details/5349-tensiones-politico-criminales-en-el-proceso-penal>. Acesso em: 14 abr. 2022.
[1669] Na sequência de nossa reflexão sobre a matéria: CHOUKR, F. H.; AMBOS, K. **A Reforma do Processo Penal?** No Brasil e na América Latina. São Paulo: Método, 2001; CHOUKR, F. H. **Medidas Cautelares e Prisão Processual** – Comentários à Lei n. 12.403, de 4 de maio de 2011. Rio de Janeiro: Forense Ltda., 2011. v. 1. 144p.; CHOUKR, F. H. **Prisão e liberdade na etapa investigativa**. 2015; Tema: Prisão e liberdade na etapa investigativa. (*Site*).
[1670] Aqui no sentido empregado por MARTINS, Rui Cunha. Democracia, Ditadura e Mudança Política: o argumento da historicidade (o caso do Portugal contemporâneo). **Cercles: revista d'història cultural**, n. 14, p. 141-151, 2011. Também CHOUKR, F. H. Reformas e continuismos no processo penal brasileiro. **Pensamento Jurídico**, v. 1, p. 79-100, 2012.
[1671] CHOUKR, F. H. **As medidas cautelares pessoais no processo penal brasileiro: panorama dos três anos da Lei 12403/11**. (Apresentação de Trabalho/Conferência ou palestra). Belo Horizonte, nov. 2014.
[1672] A esse respeito o lapidar acórdão do STJ. 6.ª Turma. **HC 282.509**. Relator: Rogério Schietti Machado Cruz. Data de julgamento: 19 nov. 2013. Data de publicação: 22 nov. 2013.
[1673] MIOTTO, Armida Bergamini. A reforma do sistema de penas: a lei n. 6.416, de 24 de maio de 1977 – circunstâncias e fatores que influíram para a sua gênese e na sua elaboração – outras considerações. **Revista de Informação Legislativa**, v. 14, n. 54, p. 153-316, abr./jun. 1977, 04/1977.

Processo Penal. Alega o autor que a proposição atenta contra "a liberdade individual das pessoas", além de "contrariar o próprio espírito da alteração legislativa". Cremos ter examinado suficientemente a matéria, na apreciação das emendas anteriores, pertinentes à concessão da fiança pela autoridade Judicial. Insistimos em que o Projeto amplia consideravelmente os casos de fianças e que em razão mesma de sua liberalidade acabou por impor uma cautela. Essas, reservando ao Juiz a faculdade de negar a fiança quando presentes os motivos que autorizam a decretação da prisão preventiva, não desnatura o espírito da proposição, sabidamente liberal. Somos por estas razões, contrários à aprovação da emenda.

Ou seja, o artigo concebido no âmbito de uma reforma "liberal" em pleno momento de estado de exceção foi tido como excessivamente permissivo e foi propositalmente manejado como um mecanismo refreador do emprego do mecanismo da fiança. As permanências culturais fazem com que não se surpreenda que em 2011, depois de 11 anos de tramitação de processo legislativo tendente a reformar a estrutura cautelar essa norma tenha sido mantida em sua literalidade.

O resultado prático é que a *necessidade cautelar* se encontra duplamente assentada no art. 312: como seu fundamento e como impeditivo da concessão da fiança. E assim se vai até uma nova "reforma" ou até que se proceda uma limpeza hermenêutica constitucional com supressão de texto, tarefa que caberia ao STF em último plano.

O CONTROLE NA CASA LEGISLATIVA DA PRISÃO DE PARLAMENTAR

Tomando como base toda a compreensão teórica atrás apontada é de ser destacado que, quando a situação envolve membro do Congresso Nacional pode ocorrer o estado de flagrância (Parlamentar comete a conduta na forma disposta no art. 302) e se lhe dá a voz de prisão para, na sequência, lavrar-se o respectivo auto de prisão em flagrante. E assim é porque o art. 53, §2º da CR afirma que o controle da Casa Parlamentar, no caso o Senado, se dá em até 24 horas quando o auto deverá lhe ser enviado para a análise.

E o conteúdo dessa análise é outro aspecto de evidente relevância para se delimitar se seria uma verificação jurídica ou política da prisão. Nesse ponto, embora seja reservado ao Senado excepcional papel judicante nos termos do art. 52, I, da CR[1674] isso somente se dá para os crimes de responsabilidade. Portanto, em sentido contrário, a verificação da manutenção ou não da prisão se dá no contexto de uma avaliação política e não jurídica. E tanto assim é que essa votação, na forma regimental, poderia ser "fechada" e "imotivada" o que não seria possível numa apreciação de caráter jurisdicional.

Se o trabalho da Casa Parlamentar é político e não jurídico, e sendo o momento da prisão em flagrante distinto da apreciação da necessidade cautelar (primeiro os requisitos da precautela; depois as apreciações cautelares) deve-se indagar se haveria a possibilidade da análise conjunta dessas condicionantes e requisitos num único ato jurisdicional.

CONVERSÃO DA PRISÃO EM FLAGRANTE EM MEDIDA CAUTELAR

No normal da aplicação da Lei n. 12.403/2011 a conversão se dá por ato jurisdicional seguido ao recebimento da informação da ocorrência da prisão ou, no marco do Projeto Audiência de Custódia do CNJ, nesse ato, ocasião em que se verifica a *necessidade cautelar* e como essa necessidade deve ser satisfeita, se com a aplicação das medidas alternativas ou com a constrição da liberdade, necessariamente nessa ordem lógica.

Seriam, pois momentos distintos no tempo e com fundamentos jurídicos que não se confundem pois não se pode mesclar a tipicidade precautelar (flagrante) com os fundamentos cautelares (art. 312, 313 e 282, I e II, todos do CP). No caso concreto toda essa lógica é normativamente desvirtuada pois a Casa Parlamentar não tem poderes jurisdicionais de conversão da prisão de flagrante em cautelar, mas, apenas, "pelo voto da maioria de seus membros, resolva sobre a prisão" (Art. 53, §2º da CR) numa análise, como já visto, política.

Assim, em se tratando de competência originária do STF o modelo jurídico tende a centralizar nessa única Corte os poderes de reconhecer a flagrância e analisar a possibilidade de impor outras medidas antes da prisão, dentre elas a concessão de fiança ou, como visto acima, tornar inafiançáveis determinadas condutas porque presentes os ditames do art. 312 em conjunto com o art. 324, IV, ambos do CPP.

Nesse contexto, determinadas formas típicas trazem consigo uma potencial vocação para se tornarem, pela avaliação judicial, inafiançáveis e insuscetíveis de medidas diversas da prisão diante da presença dos requisitos do art. 312 do CPP. É o caso da Lei 12.850 de 2013 que buscando acompanhar os compromissos internacionais assumidos pelo Brasil deu vida a novos tipos penais que, no seu conjunto, além de propiciarem uma nova disciplina de métodos investigativos já existentes – e de praticidade tímida dada a forma como eram anteriormente concebidos – também viria a reproduzir

---

[1674] Processar e julgar o Presidente e o Vice-Presidente da República nos crimes de responsabilidade, bem como os Ministros de Estado e os Comandantes da Marinha, do Exército e da Aeronáutica nos crimes da mesma natureza conexos com aqueles; (Redação dada pela Emenda Constitucional n. 23, de 02/09/99).

a discussão sobre o caráter de permanência de algumas de suas condutas.

Os crimes dos arts. 1º e 2º, "caput" e §1º da Lei 12.850/2013

Que o verbo "associar-se" tem caráter permanente isto não é novo e assim é entendido em todas as interpretações judiciais em que ele é empregado pelo legislador[1675]. Nesse ponto, no caso concreto, a solução para considerar a conduta como permanente foi atrelá-la ao art. 2º entendendo que a pessoa a ser submetida à constrição integra organização criminosa.

É certo que se assim não fosse problemas insuperáveis existiriam para caracterizar a permanência e justificar a prisão em flagrante. Exemplo disso seria a fundamentação exclusiva com a norma prevista no §1º do art. 2º que pune aquele que "impede ou, de qualquer forma, embaraça" investigação criminal.[1676]

Analisando o artigo em questão, Gomes e Silva[1677] depois de criticarem a posição tópica da norma que se destina à proteção da administração da Justiça – enquanto outros analistas assim não o fazem[1678] – e de apontarem que se trata de texto nascido dos já mencionados compromissos assumidos pelo Brasil definem a conduta como "crime de atentado" que, pela sua natureza, não admite tentativa e, rigorosamente falando, não se trata de conduta permanente.

A sustentação indiciária dos fatos apontados como geradores do estado de flagrância

Aspecto de singular relevância é a procedência das informações que desencadearam a provocação, pelo PGR, do STF. Trata-se, ao que consta, de gravação ambiental entre presentes realizada por um deles sem o conhecimento dos demais.

Trata-se, na verdade, de caso clássico de discussão sobre a licitude desse meio de informação – e não prova no sentido técnico formal – que se apresenta na doutrina e jurisprudência pátrias de há muito e merecedora de apreciação pelo mesmo STF de apreciação em sede de recurso repetitivo com o seguinte resultado: O Tribunal, por maioria, reconheceu a existência de repercussão geral no tema objeto de recurso extraordinário interposto contra acórdão de Turma Recursal dos Juizados Especiais Cíveis e Criminais de Comarca do Estado do Rio de Janeiro, reafirmou a jurisprudência da Corte acerca da admissibilidade do uso, como meio de prova, de gravação ambiental realizada por um dos interlocutores, e deu provimento ao apelo extremo da Defensoria Pública, para anular o processo desde o indeferimento da prova admissível e ora admitida. Vencido o Min. Março Aurélio que desprovia o recurso, ao fundamento de que essa gravação, que seria camuflada, não se coadunaria com os ares constitucionais, considerada a prova e também a boa-fé que deveria haver nas relações humanas. Alguns precedentes citados: RE 402717/RP (DJE, 13 fev. 2009); AI 578858 AgR/RS (DJE, 28 ago. 2009); AP 447/RS (DJE, 28 maio 2009); AI 503617 AgR/PR (DJU, 4 mar. 2005); HC 75338/RJ (DJU, 25 set. 98); Inq 657/DF (DJU, 19 nov. 93); RE 212081/RO (DJU, 27 mar. 1998). [1679]

E esse entendimento condensava casos que mereceram, pela mesma Corte, as seguintes soluções em períodos diferentes da história do STF: A gravação de conversa entre dois interlocutores, feita por um deles, sem conhecimento do outro, com a finalidade de documentá-la, futuramente, em caso de negativa, nada tem de ilícita, principalmente quando constitui exercício de defesa.[1680]

6.2.1.4 A título de alguma conclusão parcial

Os entendimentos esposados pelos intervenientes judiciais no caso concreto podem não se coadunar, para alguns, como os melhores possíveis.

Mas, sem julgar os críticos e os criticados, buscou-se demonstrar quais os caminhos escolhidos entre os entendimentos possíveis e, na locução do Min. Relator nos autos da AC 4039,

> d) à excepcionalidade do quadro há de corresponder a excepcionalidade da forma de interpretar e aplicar os princípios e regras do sistema constitucional, não permitindo que para prestigiar uma regra – mais ainda, de exceção e de proibição e aplicada a pessoas para que atuem em benefício da sociedade – se transmute pelo seu isolamento de todas as outras do sistema e, assim, produza

---

[1675] Como, por exemplo, na associação para o tráfico: STJ. **HC 229648 RS 2011/0311867-2**. 5 Turma. Relator: Min. Laurita Vaz. Data de julgamento: 10 dez. 2013. Data de publicação: DJe, 3 fev. 2014; STJ. **RHC 38492 SP 2013/0184840-0**. 5ª Turma. Relator: Min. Jorge Mussi. Data de julgamento: 1º out. 2013. Data de publicação: DJe, 10 out. 2013.

[1676] Art. 2º Promover, constituir, financiar ou integrar, pessoalmente ou por interposta pessoa, organização criminosa: Pena – reclusão, de 3 (três) a 8 (oito) anos, e multa, sem prejuízo das penas correspondentes às demais infrações penais praticadas. § 1º Nas mesmas penas incorre quem impede ou, de qualquer forma, embaraça a investigação de infração penal que envolva organização criminosa.

[1677] GOMES, Luiz Flávio e SILVA, Marcelo Rodrigues da. Organizações criminosas e técnicas especiais de investigação – questões controvertidas, aspectos teóricos e práticos e análise da Lei 12.850/2013. Ssalvador. **Jus Podivm**, 2015, p. 162-163.

[1678] *Op. cit.*, fls. 161 para as posições discordantes.

[1679] STF. **RE 583937 QO/RJ**. Relator: Min. Cezar Peluso. 19 nov. 2009. (RE-583937)

[1680] STF. **AI 503617 AgR/PR**. Relator: Min. Carlos Velloso. Data de julgamento: 1º fev. 2005.

efeitos opostos aos quais se dá e para o que foi criada e compreendida no ordenamento.

7. Inviolabilidade do domicílio e prisão em flagrante

A Constituição Federal, art. 5º, XI, assegura a inviolabilidade do domicílio, mas excepciona a situação de flagrante delito (STJ, 5ª T., rel. Edson Vidigal, 8-4-2002), consoante expressa disposição constitucional (XI – a casa é asilo inviolável do indivíduo, ninguém nela podendo penetrar sem consentimento do morador, salvo em caso de flagrante delito ou desastre, ou para prestar socorro, ou, durante o dia, por determinação judicial).

Nada obstante, a construção de tipos penais materiais com verbos que se caracterizam como permanentes faz com que essa garantia seja potencial fragilizada. Não por outra razão frequentemente a doutrina e a jurisprudência se debruçam sobre o assunto, cabendo ao STF, em última análise, o enfrentamento do assunto dada sua matriz constitucional.

E, por esse prisma, acórdão daquela Corte ganhou destaque ao afirmar que

> Seriam estabelecidas, portanto, quatro exceções à inviolabilidade: a) flagrante delito; b) desastre; c) prestação de socorro; e d) determinação judicial. A interpretação adotada pelo STF seria no sentido de que, se dentro da casa estivesse ocorrendo um crime permanente, seria viável o ingresso forçado pelas forças policiais, independentemente de determinação judicial. Isso se daria porque, por definição, nos crimes permanentes, haveria um interregno entre a consumação e o exaurimento. Nesse interregno, o crime estaria em curso. Assim, se dentro do local protegido o crime permanente estivesse ocorrendo, o perpetrador estaria cometendo o delito. Caracterizada a situação de flagrante, seria viável o ingresso forçado no domicílio. Desse modo, por exemplo, no crime de tráfico de drogas (Lei n. 11.343/2006, art. 33), estando a droga depositada em uma determinada casa, o morador estaria em situação de flagrante delito, sendo passível de prisão em flagrante. Um policial, em razão disso, poderia ingressar na residência, sem autorização judicial, e realizar a prisão. Entretanto, seria necessário estabelecer uma interpretação que afirmasse a garantia da inviolabilidade da casa e, por outro lado, protegesse os agentes da segurança pública, oferecendo orientação mais segura sobre suas formas de atuação. Nessa medida, a entrada forçada em domicílio, sem uma justificativa conforme o direito, seria arbitrária. Por outro lado, não seria a constatação de situação de flagrância, posterior ao ingresso, que justificaria a medida. Ante o que consignado, seria necessário fortalecer o controle "a posteriori", exigindo dos policiais a demonstração de que a medida fora adotada mediante justa causa, ou seja, que haveria elementos para caracterizar a suspeita de que uma situação a autorizar o ingresso forçado em domicílio estaria presente. O modelo probatório, portanto, deveria ser o mesmo da busca e apreensão domiciliar – apresentação de "fundadas razões", na forma do art. 240, §1º, do CPP –, tratando-se de exigência modesta, compatível com a fase de obtenção de provas. Vencido o Ministro Marco Aurélio, que provia o recurso por entender que não estaria configurado, na espécie, o crime permanente.[1681]

O acórdão em questão nada inovou na compreensão da Corte sobre o tema e deixou a descoberto um dos grandes dilemas práticos, aquele do consentimento da pessoa presente no interior do domicílio conferido às autoridades que ali ingressam sem ordem judicial. Neste ponto, a ilustrar a instabilidade da situação tome-se caso concreto no qual quando do

> Ingresso de policiais militares em domicílio, de madrugada (1h30m), sem mandado judicial, portando armamento pesado (fuzis), [o que] descaracteriza eventual consentimento do morador, mãe do apelante. (...) . Apelante que apresenta lesão corporal comprovada, em seguida à prisão, situação caracterizadora de violência física que torna ilícita a diligência. 5. Familiares do apelante que também se queixam de igual violência, sendo que é de um deles o depoimento que admitiu que o apelante atirara suposta arma de fogo pela janela. 6. Teses não enfrentadas pelo Juiz e pelos integrantes do Ministério Público que oficiaram nos autos. 7. Prova duplamente ilícita. Provimento do recurso defensivo para absolver.[1682]

Art. 302. Considera-se em flagrante delito quem:

1. Taxatividade das hipóteses do art. 302

Conforme já exposto nestes **Comentários**, as hipóteses de constrição da liberdade em sede cautelar estão fundadas na sua estrita legalidade e limites fixados em lei que não podem ser alargados pelo intérprete doutrinário ou pelo magistrado. É assim que

> são pois, insuscetíveis de interpretação extensiva, visto referirem-se a possibilidade de tolher

---

1681 STF. **STF RE 603616/RO**. Relator: Min. Gilmar Mendes 4-5 nov. 2015.
1682 TJ-RJ. **APL 03736851320108190001 RJ 0373685-13.2010.8.19.0001**. 6ª Câmara Criminal. Relator: Des. Grandinetti Carvalho. Data de julgamento: 10 abr. 2012. Data de publicação: 17 jul. 2012.

a liberdade de locomoção, não podendo esta regra se submeter a critérios de conveniência processual. Da mesma forma, a decretação da prisão deve trazer elementos fáticos que comprovem a presunção de autoria e materialidade, não bastando a mera referência aos dizeres da lei, para configurar a possibilidade de decretá-la.[1683]

Exatamente em nome dessa premissa, aduz determinado julgado que

> não caracterizada qualquer das hipóteses de flagrância previstas no art. 302 do Código de Processo Penal, cujo rol é taxativo, há de ser considerada ilegal a prisão em flagrante do paciente. Não estando o paciente, quando da prisão, cometendo a infração ou acabando de cometê-la, bem como não existindo qualquer perseguição ao mesmo, haja vista ter sido encontrado em sua própria residência muito tempo após a prática delituosa, não há que se falar em flagrante delito. *Writ* concedido para relaxar a prisão em flagrante, sem prejuízo de eventual decretação fundamentada da prisão preventiva.[1684]

No mesmo sentido vai outro provimento quando reafirma em determinado caso concreto que "não se caracterizou nenhuma das hipóteses de flagrância dentre as previstas no art. 302 do CPP, cujo rol é taxativo. Não estava a paciente, quando da prisão, cometendo a infração ou acabando de cometê-la. Tampouco houve perseguição e, por derradeiro, na ocasião, nada se encontrou que presumisse ser a paciente autora da infração"[1685], motivo pelo qual "inocorrendo qualquer uma das 4 (quatro) situações previstas no art. 302 do CPP, não há como ratificar prisão em flagrante, por total inexistência do estado de flagrância".[1686]

2. "Nulidade" do auto de prisão em flagrante e continuidade do processo penal

Malgrado todo o rigorismo de que se reveste a modalidade de constrição ora em comento, as eventuais falhas que eventualmente venham a acontecer na produção jurídica do auto de prisão em flagrante *não obstam o exercício da acusação penal*.

Rigorosamente falando, pois, a ausência de qualquer projeção futura (fora, eventualmente, persecuções administrativas contra os agentes públicos envolvidos na produção do ato defeituoso) serve como um incentivo – ou, ao menos de uma confortável posição – para a prática de ilegalidades por parte do Estado. Nem sequer a exclusão dos elementos nulificados no flagrante existe no direito brasileiro, sendo aproveitável *in totum* seu conteúdo. Some-se a isso tudo o que já foi dito sobre a fase investigativa na modalidade inquérito policial e tem-se a manutenção tranquila do *ethos* inquisitivo no cotidiano da persecução, sendo que, para tanto, "a jurisprudência pacificou o entendimento segundo o qual eventual irregularidade do auto de prisão em flagrante resta superada com o recebimento da denúncia".[1687]

Refletindo quadro dominante, inúmeros julgados dão pelo total aproveitamento das informações em sede de ação penal, quando muito determinando-se "o levantamento do valor da fiança prestada"[1688], expressamente assentando que "ademais, a eventual irregularidade do auto de prisão em flagrante não possui o condão de repercutir sobre processo penal de conhecimento, bem assim, sobre o juízo condenatório superveniente".[1689]

Certamente, pode-se aduzir que um resultado prático é a imediata soltura daquele que foi preso por um auto nulo.

I – está cometendo a infração penal;

1. Critério temporal do imediatismo

O primeiro dos critérios taxativos diz respeito ao próprio momento em que a infração está em execução e se dá a prisão do agente.

Assim, é entendido pela jurisprudência em situações tais que a do "réu surpreendido quando, em sua residência, agentes policiais lograram encontrar objetos utilizados na reprodução desautorizada de cartões magnéticos alheios. Flagrante evidente e regular (art. 302, incisos I e IV, do CPP)".[1690]

1683 TRF. 4ª Região. **HC**. 1ª Turma. Relator: Juiz Gilson Dipp. 2 out. 1996.
1684 STJ. **HC 21078 SP 2002/0025432-8**. 5ª Turma. Relator: Min. Felix Fischer. Data de julgamento: 13 ago. 2002. Data de publicação: DJ, 16 set. 2002. p. 211.Também, TJ-MT. **HC 00427194420058110000 42719/2005**. 3ª Câmara Criminal. Relator: Des. Paulo da Cunha. Data de julgamento: 5 dez. 2005. Data de publicação: 16 dez. 2005.
1685 STJ. **HC**. 5ª Turma. Relator: Felix Fischer. 15 abr. 2002.
1686 TRF. **HC**. Turma Especial de Férias. Relator: Juiz Jirair Aram Meguerian. 14 ago. 2001.
1687 TRF. **HC**. 4ª T. Relator: Juiz Mário César Ribeiro. 16 out. 2000.
1688 STJ. **RHC 11509 AP 2001/0082030-4**. 5ª Turma. Relator: Min. José Arnaldo da Fonseca. Data de julgamento: 18 out. 2001. Data de publicação: DJ, 4 fev. 2002. p. 416; também, STJ, RHC, 5ª T., rel. Assis Toledo, 6-6-199.
1689 TRF-4. ACR: 27970 RS 1998.04.01.027970-5, Relator: JOSÉ FERNANDO JARDIM DE CAMARGO, Data de Julgamento: 12/11/1998, SEGUNDA TURMA, Data de Publicação: DJ 27/01/1999 PÁGINA: 453.
1690 STJ. **RHC 13420 PE 2002/0124152-3**. 6ª Turma. Relator: Min. Paulo Medina. Data de julgamento: 19 ago. 2003. Data de publicação: DJ, 15 set. 2003. p. 402.

2. Processo penal de emergência e a derrogação do imediatismo: a hipótese da "ação controlada"

Sem embargo de tudo quanto já foi dito nestes *Comentários* a propósito do denominado processo penal de emergência e seus reflexos na fase investigativa, cabe aqui retornar ao tema da denominada "ação controlada", que nada mais é que a verdadeira quebra dos padrões de prisão em flagrante na forma como estabelecida no Código de Processo Penal e, em larga medida, carente de apoio na CR e na CADH.

Nada obstante, a norma vem tendo sua constitucionalidade reconhecida em alguns provimentos. Num deles afirma-se que

> a Lei n. 9.034/95, art. 2º, inciso II, expressamente prevê a ação controlada, que "consiste em retardar a interdição policial do que se supõe ação praticada por organizações criminosas ou a ela vinculado, desde que mantida sob observação e acompanhamento para que a medida legal se concretize no momento mais eficaz do ponto de vista da formação de provas e fornecimento de informações", medida que legitima a conduta dos agentes policiais que efetivaram a prisão em flagrante pouco tempo depois da prisão de corréus, período em que o paciente foi mantido sob vigilância, fundando-se a prisão no inciso I do art. 302 do Código de Processo Penal (flagrante próprio). Irrelevante o fato de a prisão em flagrante efetuar-se em local diverso ou distante da consumação do crime de tráfico, ou sem a posse de objeto que denote a prática criminosa, se presente um conjunto de indícios de participação na conduta ilícita de tráfico internacional de entorpecentes a autorizar a prisão. Paciente, ademais, investigado pela prática de crime de associação para o tráfico, crime de natureza permanente, cuja consumação se protrai no tempo que permite a prisão a qualquer tempo. Há indícios nos autos de efetiva participação do paciente na infração imputada na ação penal, sendo que em delitos de tráfico de entorpecentes, notoriamente praticados com envolvimento de pessoas que apenas dão suporte à ação ilícita praticada por outros diretamente, tudo praticado às escondidas, com ações repudiadas de forma veemente em nossa sociedade, estando a prisão preventiva autorizada para garantia da ordem pública.[1691]

Recorde-se, por oportuno, que "Se o monitoramento policial é efetuado por um curto espaço de tempo, não há que se falar na chamada 'ação policial controlada' (art. 53, da Lei n. 11.343/2006), visto que se trata de simples operação de rotina, que prescinde de autorização judicial."[1692]

II – acaba de cometê-la;

---

1. Distinção entre o "flagrante próprio" e o "presumido"

O presente inciso trata do denominado "flagrante próprio", considerando-se que

> está em estado de flagrância quem acaba de cometer o delito (art. 302, II, do CPP – flagrante próprio), e/ou, logo depois, são encontrados, em seu poder, bens adquiridos, também, com moedas falsas, fazendo presumir ter sido ele o autor da infração (art. 302, IV, do CPP – flagrante presumido).[1693]

No mais, tem-se

> Prisão efetuada muitas horas após o cometimento da infração – auto eivado de ilegalidades. O paciente não fora surpreendido na perpetração do crime, bem como não fora perseguido pelo clamor público, não tendo ocorrido o clássico "pega"! "pega"! Nem o "prendam João da parte del-rey". Prisão efetuada após invasão domiciliar, sem que houvesse suspeita fundada de estado flagrancial.[1694]

III – é perseguido, logo após, pela autoridade, pelo ofendido ou por qualquer pessoa, em situação que faça presumir ser autor da infração;

---

1. "Flagrante impróprio" ou "quase flagrante"

De acordo com o Código de Processo Penal, "Não há ilegalidade no flagrante quando a prisão ocorre logo após o crime"[1695], sendo que a lei considera em flagrante delito quem é perseguido, logo após, pela autoridade, pelo ofendido, ou por qualquer outra pessoa, em situação que faça presumir ser o autor da infração (art. 302, II, do CPP).

2. Expressão "logo após" e seus problemas operacionais

Como já foi dito nestes *Comentários*, as normas sobre privação da liberdade em sede cautelar (e em qualquer outra) não podem ser redigidas de modo

---

1691 TRF. 3ª Região. 2ª Turma. Relator: Juiz Souza Ribeiro. 9 out. 2002.
1692 TJ-MG. **HC 10000130911159000 MG**. 6ª Câmara Criminal. Relator: Jaubert Carneiro Jaques. Data de julgamento: 28 jan. 2014. Data de publicação: 3 fev. 2014.
1693 TRF. 3ª Turma. Relator: Des. Luciano Tolentino Amaral. 25 abr. 2003.
1694 TRF. 5ª Região. 1ª Turma. Relator: Juiz Geraldo Apoliano. 10 out. 1997.
1695 STJ. 5ª Turma. Relator: Edson Vidigal. 29 out. 1996.

a conter conceitos "porosos" (vide art. 312), como acontece com a expressão "logo após".

Diante da estrutura do Código de Processo Penal, simplesmente não há baliza concreta na qual possa se orientar o operador, cabendo verdadeiramente ao *casuísmo* (e não a uma construção empírica logicamente desenvolvida) resolver pontualmente a situação.

Assim, já se entendeu que "a expressão 'logo após', não significa minutos depois, podendo ser tida com tempo razoável entre a ocorrência do fato criminoso e a perseguição ininterrupta do acusado"[1696], e nesse lapso de razoabilidade está a situação na qual foi a "Prisão efetuada 03 horas após a ocorrência do fato delituoso em circunstâncias que configuram a chamada quase flagrância prevista no art. 302, inc. III, do CPP"[1697], ou períodos ainda mais longos, como aquele em que houve a prisão "mesmo passadas vinte e quatro horas entre o crime e a prisão, uma vez que, logo após a ciência do fato delituoso, a autoridade policial diligenciou, sem qualquer solução de continuidade, no sentido de localizá-la e prendê-la" (TRF. 4ª Região. 2ª Turma. Relator: Juiz Vilson Darós. 1º mar. 1995).

Mas, reconhecendo a total impossibilidade de delimitação *legal* do conceito "logo após", já se considerou que "o chamado flagrante impróprio (quase flagrante) deixa ao judicioso alvedrio do Magistrado a interpretação do lapso de tempo entre o fato delituoso e a captura do infrator" (art. 302, inc. III, do CPP)[1698], complementando-se o raciocínio com a afirmação explícita de que "o inciso III ("é perseguido, logo após, pela autoridade, pelo ofendido, ou por qualquer pessoa") deve ser entendido normativamente.

> O dado cronológico passa para plano secundário. Assim, se uma pessoa, em tempo razoável, a perseguir, por si mesma, o agente do delito, preferiu, porque mais eficaz, buscar o auxílio do policial, normativamente, está havendo a perseguição. O tempo não se mede no relógio; necessário socorrer-se do juízo de razoabilidade.[1699]

Por conseguinte, "demonstrado que os agentes policiais entraram em ação, perseguindo os acusados, imediatamente após o crime, reveste-se de regularidade o auto de prisão em flagrante, ainda que tenha ocorrido em local mais distante"[1700], o que ocorre mesmo nas situações em que os agentes

> ainda não haviam se desvinculado totalmente do lugar do delito, porquanto se deslocavam deste para outra cidade levando consigo a vítima e as mercadorias de forma previamente ajustada, apesar de estarem em veículos diversos. Configurada a hipótese do art. 302, inciso II, do Código de Processo Penal.[1701]

Dessa forma, "tendo sido os pacientes procurados e perseguidos logo após a consumação do delito, descabe atacar o auto de prisão em flagrante, eis que configurada hipótese de flagrante impróprio ou quase flagrante" (STJ, 5ª T., rel. José Arnaldo da Fonseca, 25-2-2002), sendo que "não há falar em ausência de flagrante, quando a perseguição ao autor do delito se deu imediatamente ao fato e se fez ininterrupta até a sua prisão" (STJ. 6ª Turma. Relator: Hamilton Carvalhido. 23 out. 2000).

Em sentido contrário, há situação na qual "a prisão do acusado ocorreu muitas horas depois do cometimento do crime, em outra cidade, sem que tenha havido perseguição, muito menos em circunstâncias que pudessem indicar a sua ligação à prática delituosa, não há como se entender pela configuração do flagrante".[1702]

3. Flagrante "impróprio" e presunção de cometimento do delito

O inciso em tela se baseia na presunção de que alguém tenha cometido o delito, presunção esta que nasce da perseguição havida "logo após" a ocorrência do crime.

Nesse sentido, "Não há que se falar em irregularidade da prisão em flagrante, se o paciente foi perseguido, logo após a prática de eventual delito de estupro, sendo preso em situação que o fez presumir como o possível autor da infração. É o que se chama de flagrante impróprio ou quase flagrante (art. 302, III, CPP) (Precedentes)"[1703], tratando-se de "estado de flagrância impróprio, *ex vi* do art. 302, III, do CPP, situação sujeita, para efeito de contestação, ao exame da prova e demonstração eficiente da tese da defesa".[1704]

Acresça-se que, para determinado provimento,

1696 STJ. 5ª Turma. Relator: Jorge Scartezzini. 18 nov. 2002.
1697 STJ. 5ª Turma. Relator: José Arnaldo da Fonseca. 16 ago. 1999.
1698 STJ. 5ª Turma. Relator: Gilson Dipp. 13 out. 1998.
1699 STJ. 6ª Turma. Relator: Luiz Vicente Cernicchiaro. 16 set. 1996.
1700 STJ. **RHC 422 ES 1989/0013134-6**. 5ª Turma. Relator: Min. Edson Vidigal. Data de julgamento: 28 mar. 1990. Data de publicação: DJ, 18 jun. 1990. p. 5688.
1701 TRF. 3ª Região. 1ª Turma. Relator: Juiz Johonsom di Salvo. 2 out. 2003.
1702 STJ. 5ª Turma. Relator: Edson Vidigal. 29 abr. 2002.
1703 STJ. 5ª Turma. Relator: Felix Fischer. 7 jun. 2004.
1704 STJ. 5ª Turma. Relator: José Arnaldo da Fonseca. 14 jun. 2004.

à luz do preceito inscrito no art. 302, III, do Código de Processo Penal, reveste-se de legalidade a prisão em flagrante quando o agente é perseguido, logo após a notícia do crime, e é encontrado em situação que faça presumir ser o autor da infração. Configura-se o estado de quase flagrante, susceptível de ordem de prisão prevista no art. 302, do CPP, a situação em que o agente do crime de homicídio é preso pela Polícia, logo após souberam da prática do delito, portando em seu poder objetos indicativos do crime.[1705]

> IV – é encontrado, logo depois, com instrumentos, armas, objetos ou papéis que façam presumir ser ele autor da infração.

1. Flagrante por presunção (flagrante ficto)

Se a hipótese anterior já tratava de uma determinada presunção, o inciso vertente fala, na verdade, de uma ficção, reconhecendo-se que "a doutrina e a jurisprudência vêm concedendo uma interpretação mais elástica à expressão 'logo depois' contida no inciso IV, do art. 302, da Lei Instrumental Penal, mais até do que a prevista no inciso anterior ('logo após')".[1706]

Com efeito,

> a expressão "logo após" permite interpretação elástica, havendo maior margem na apreciação do elemento cronológico, quando o agente é encontrado em circunstâncias suspeitas, aptas, diante de indícios, a autorizar a presunção de ser ele o autor do delito, estendendo o prazo a várias horas, inclusive ao repouso noturno até o dia seguinte, se for o caso (HC 7.622/MG, rel. Min. Fernando Gonçalves, DJ 8-9-1998).[1707]

Nesse contexto, é até natural que se diga que "tem-se como legítimo o flagrante, atendida a flexibilidade cronológica da expressão 'logo depois', de homicida que estava sendo procurado e foi encontrado treze horas após o crime, ainda com o veículo e arma por ele utilizados (art. 302, IV, do CPP)"[1708], descurando-se, muitas vezes, que "é imprescindível que entre o delito praticado e o ato de coação da autoridade haja um mínimo de imediatidade".[1709]

Assim sendo, uma vez "caracterizado o estado de flagrância previsto no inciso IV, do art. 302 do CPP, não há que se falar em ilegalidade da prisão"[1710], enquadrando-se aí a situação na qual foi "Surpreendido o paciente na posse do vasto material indicativo da prática de infração penal (...) legitimando-se a sua prisão, devidamente autuada, com observância das formalidades legais"[1711], mas delas escapando a hipótese de

> quem é preso em casa horas depois de ter sido ouvido na delegacia de polícia civil, onde fora levado por policiais militares, a respeito da infração de que é acusado; muito menos quem é preso mais tarde por imputação de coautoria, sem que em quaisquer dos casos esteja tipificada a hipótese prevista no art. 302, IV, do Código de Processo Penal.[1712]

Determinado provimento resume a forma dominante de compreensão da matéria.

Afirma-se:

> Emerge dos autos, de forma inequívoca, a existência de indícios no sentido de estar caracterizada a situação de flagrância, de molde a não haver nenhuma ilegalidade na custódia cautelar da Paciente, cuja prisão ocorreu logo após a prisão em flagrante de seu companheiro, os quais estavam sendo investigados pelo Departamento de Polícia Federal, há alguns meses, estando configurado o estado flagrancial, nos moldes do art. 302, inciso IV do CPP. II – O estado de flagrância caracteriza-se não somente quando alguém é surpreendido cometendo a infração penal, mas, também, quando acaba de cometê-la, ou ainda, quando é perseguido logo após o cometimento do crime, bem como na circunstância de ser encontrado, em seguida, com instrumentos, armas, objetos ou papéis que façam presumir ser ele o autor da infração. Trata-se da chamada flagrância presumida (art. 302, IV, do CPP). (...) Ainda que provisoriamente, os indícios constantes dos autos denotam que a paciente integrava uma associação voltada ao tráfico internacional de entorpecentes, restando evidenciada a ocorrência do estado de flagrância previsto no art. 302, IV, do CPP, quando de sua prisão. V – Nenhuma mácula existe a contaminar o auto de prisão em flagrante, pois foi lavrado em estrita observância

---

1705 STJ. 6ª Turma. Relator: Vicente Leal. 27 maio 2002.
1706 STJ. **HC 27839 MG 2003/0054027-9**. 6ª Turma. Relator: Min. Paulo Medina. Data de julgamento: 10 jun. 2003. Data de publicação: DJ, 4 ago. 2003. p. 443; também, TJ-ES. **HC 100080013467 ES 100080013467**. 1ª Câmara Criminal. Relator: Sérgio Bizzotto Pessoa de Mendonça. Data de julgamento: 9 jul. 2008. Data de publicação: 28 jul. 2008.
1707 STJ, 5ª T., rel. José Arnaldo da Fonseca, 1º-7-2002.
1708 STJ. 6ª Turma. Relator: Assis Toledo. 16 mar. 1992.
1709 TRF. 3ª Turma. Relator: Juiz Cândido Ribeiro. 30 maio 1997.
1710 STJ. 5ª Turma. Relator: Felix Fischer. 18 nov. 2002.
1711 TRF. 4ª Turma. Relator: Juiz Hilton Queiroz. 20 abr. 1998.
1712 TRF. 4ª Região. 1ª Turma. Relator: Juiz Ari Pargendler. 11 maio 1994.

às formalidades legais previstas nos arts. 304 e ss. do CPP, sendo pacífico o entendimento de que o *habeas corpus* constitui-se em meio impróprio para a análise aprofundada ou exame valorativo das provas.[1713]

Em todo esse contexto, no qual é sempre invocada a necessária "confiança no juiz" (*vide* art. 312 nestes **Comentários**) e sua "razoabilidade" como critérios para concretizar a norma processual penal de matiz inquisitiva, o risco é o do abandono ao mínimo de literalidade da lei, como quando se decidiu sobre a hipótese do inciso em comento que

> não sendo necessário, para sua configuração, ter sido a pessoa surpreendida na posse do objeto do delito, dado bastar os indícios evidenciadores de sua vinculação com a substância entorpecente encontrada, não havendo, assim, que falar em ilegalidade da privação de liberdade a reclamar o seu relaxamento.[1714]

Art. 303. Nas infrações permanentes, entende-se o agente em flagrante delito enquanto não cessar a permanência.

1. Tipicidade penal e expansão temporal da consumação

De longa data a doutrina trabalha a conceituação do crime permanente, cujo resultado prático, para fins processuais penais, é o de perpetuar o estado de flagrância.

Fica claro, pois, que a forma de construção do tipo penal vincula-se estreitamente com a concepção de flagrante. Com isso, tipos penais que contemplam pluralidade de verbos acabam sendo passíveis de constrição em flagrante, pois potencialmente alguns desses modos verbais se caracterizam como "permanente".

A situação fica clara num diploma legal como a Lei n. 6.368/76, no seu art. 12, pelo qual há "Crime permanente, podendo ser efetuada a qualquer momento a prisão"[1715], na medida em que "Guardar" e "trazer consigo" é de natureza permanente [estando o] Crime consumado antes de qualquer diligência policial".[1716]

2. Crime permanente, coautoria e prisão em flagrante

Interessante provimento analisou caso no qual o coautor intelectual foi preso em flagrante delito e, postulando por via de *habeas corpus* a sua liberdade sob alegação de inexistência da situação de flagrante, teve seu pleito reconhecido.

No corpo do acórdão, o seguinte argumento:

> O coautor, mediante cumplicidade, que emprega outrem na tarefa de distribuição da droga ao consumo, não mantém uma relação direta, em termos de tempo e espaço, com a flagrância da ação de transportar. O narcotráfico admite o concurso eventual de pessoas, mas a sua flagrância, a teor do art. 302, inciso I, do Código de Processo Penal, só ocorre relativamente a quem o estiver cometendo. Muito embora o crime, sob a ação de transportar, assuma nítida e indisfarçável natureza permanente, o mesmo já cessara às completas, quando a polícia apreendeu a droga e prendeu o executor.

Segue-se para afirmar que

> Logo, a prisão do coautor intelectual, que organizou ou determinou a realização do crime, se deu depois da ultrapassagem do momento consumativo e por meio de um expediente que a polícia utilizou para aproximá-lo, em termos de tempo e espaço, de uma infração pretérita. A posse ou guarda da droga, por parte do paciente, sendo anterior ao transporte, que foi praticado pelo corréu, também pouco importa à flagrância. Precisamente porque é mais velha que a ação de transportar, a qual era, conforme se assinalou, pretérita à prisão do paciente, não ensejava, com maioria de razão, a medida cautelar. Sem embargo da gravidade do crime, não é viável, pois, sob o prisma técnico-jurídico, reconhecer-se, no caso, a flagrância no que pertine ao paciente, cuja autoria restringiu-se ao nível intelectual. Em resumo, a coautoria intelectual, à medida que se distancia no tempo e no espaço do momento consumativo do crime, ainda que de natureza permanente, não guarda compatibilidade com a flagrância. Impõe-se, pois, a declaração de inexistência da flagrância no que diz respeito ao paciente e consequentemente a decretação de nulidade da medida cautelar, a fim de que o constrangimento ilegal dela oriundo sofra pronta e imediata reparação.[1717]

O resultado prático de tal compreensão é que aquele que detém o domínio intelectual da conduta criminosa, por não estar presente *in locu* quando da ação materialmente concebida, jamais poderá ser preso em flagrante delito, o que é, no mínimo,

---

1713 TRF. 3ª Região. 2ª Turma. Relatora: Juíza Cecilia Mello. 26 mar. 2004.
1714 TRF. 3ª Região. 5ª Turma. Relatora: Juíza Suzana Camargo. 13 jun. 2000.
1715 TJSP. **HC 165.942-3/SP**. Relator: Gentil Leite. 26 maio 1994.
1716 TJSP. **Apelação Criminal 158.321-3**. Piraju. Relator: Gonçalves Nogueira. 25 abr. 1994.
1717 TJSC. **HC 97.004472-0**, rel. Desembargador José Roberge

questionável. E, pela ótica do acórdão supramencionado, tampouco se enquadrava dentro das possibilidades de prisão preventiva ou mesmo temporária.

> Art. 304. Apresentado o preso à autoridade competente, ouvirá esta o condutor e colherá, desde logo, sua assinatura, entregando a este cópia do termo e recibo de entrega do preso. Em seguida, procederá à oitiva das testemunhas que o acompanharem e ao interrogatório do acusado sobre a imputação que lhe é feita, colhendo, após cada oitiva suas respectivas assinaturas, lavrando, a autoridade, afinal, o auto. (Redação dada pela Lei n. 11.113, de 13-5-2005)

1. Garantia do juiz natural e prisão em flagrante – comentários anteriores à introdução da "audiência de custódia" – vide artigo 310 do CPP

Vem sendo enfatizado nestes *Comentários* que não se pode tratar o tema apenas pelo seu enfoque "administrativo", que acarreta como consequência direta o esvaziamento da garantia do juiz natural.

Se, dentro de algum aspecto, pode-se considerar correta a afirmação de que "inexiste incompetência *ratione loci*, no fato do auto de prisão em flagrante ter sido lavrado em cidade diversa daquela onde se deu a detenção. Trata-se de mera irregularidade que não desnatura referido ato"[1718], e que "a lavratura de prisão em flagrante realizada em lugar diverso daquele onde foi efetuada a prisão não configura ilegalidade, na medida em que o policial não exerce função jurisdicional, mas tão somente administrativa"[1719], ou mesmo que "a prisão, em localidade diversa daquela onde ocorreram os fatos, não desnatura o flagrante, desde que as circunstâncias indiquem perseguição contínua. Em se tratando de quase flagrante (art. 302, III, CPP) não há que se exigir, como anota a doutrina, visibilidade do delito"[1720], isso não é suficiente.

Deve-se, cremos, acrescer em qualidade a análise, para frisar que, sem embargo poder ser o auto lavrado em local distinto daquele em que será efetivamente desenvolvido o juízo de valor do titular da ação penal e do potencial *locus* para o desenvolvimento do processo de conhecimento e das "medidas" cautelares, é o *juiz natural, e não qualquer outro juiz*, que deve apreciar a imediata legalidade da constrição.

Observe-se, pelo seguinte caso concreto, que a crítica não é meramente cerebrina, mas apresenta invulgar importância prática: "Pedido de relaxamento de prisão em flagrante porque o paciente estaria à disposição de autoridade incompetente. Informações do Juízo Federal de Guarulhos no sentido de que o auto de prisão em flagrante foi remetido a uma das varas de Pedro Leopoldo, em Minas Gerais, porque reconheceu a sua incompetência para a análise do inquérito policial, tendo em vista que dele constava terem sido presas várias pessoas no aeroporto de Confins – Minas Gerais pela prática dos crimes previstos nos arts. 239, da Lei n. 8.069/90 e 304 c/c 297, ambos do Código Penal, tendo o paciente conseguido embarcar em avião e viajar até o Aeroporto Internacional de São Paulo. Assim, o estado de flagrância teria se desencadeado no aeroporto mineiro, ensejando o declínio da competência. A prisão do paciente no Aeroporto Internacional de São Paulo é desdobramento do estado flagrancial dos supostos delitos praticados no Aeroporto de Confins/MG (art. 302, III, do CPP). Hipótese de flagrante que se configura quando o agente conclui a infração penal mas não é preso no local do delito, pois consegue fugir, fazendo com que haja perseguição policial. No caso em exame, a Polícia Federal, que tem jurisdição em todo o território nacional e que exerce as funções de polícia aeroportuária, poderia, perfeitamente, como o fez, prender o paciente em fuga de um aeroporto a outro. Correta a decisão da autoridade impetrada: determinou a remessa do flagrante do paciente ao Juízo de Pedro Leopoldo, com jurisdição sobre o território do aeroporto de Confins/MG, a cuja disposição ele passa a estar, embora sob custódia da Polícia Federal, seja aqui em São Paulo, seja em Minas Gerais. Com o declínio da competência pelo Juízo impetrado, este não poderia apreciar o pedido de liberdade provisória mediante fiança, o que não prejudica a legalidade da prisão em flagrante. Ausência de ilegalidade quanto à transferência do paciente para Minas Gerais, pois a providência atende a critérios de oportunidade e conveniência da administração da justiça, facilita a futura instrução processual, garante a segurança pública e a do próprio preso, dada a proximidade com o juízo natural da causa, competente para a análise de qualquer incidente quanto à prisão cautelar. Ainda, é medida que favorece o paciente porque este teria domicílio em Minas Gerais, de forma que ficará encarcerado em estabelecimento no mesmo Estado em que supostamente estão seus familiares, que lhe poderão prestar o auxílio de que necessitar"[1721].

2. "Autoridade competente" para o flagrante

Sem embargo do evidente equívoco do vocábulo "competente" no *caput* do artigo, já se decidiu em determinado caso concreto que

---

1718 STJ. 6ª Turma. Relator: Anselmo Santiago. 22 set. 1997.
1719 STJ. 5ª Turma. Relator: Edson Vidigal. 13 ago. 2001.
1720 STJ. 6ª Turma. Relator: Fernando Gonçalves. 17 fev. 1999.
1721 TRF. 3ª Região. 1ª Turma. Relator: Juiz Johonsom di Salvo. 30 mar. 2004.

O juiz trabalhista não tem poderes para decretar prisão por crime de desobediência. O flagrante não se realiza por mandado, mas lavra-se auto. A voz de prisão é dada numa das hipóteses do art. 302 do CPP. O procedimento a ser adotado é o encaminhamento de peças para o Ministério Público ou à Polícia para as providências cabíveis.[1722]

3. Ausência de assinaturas no auto lavrado

A não presença da pessoa presa é situação de grande incidência prática, bastando lembrar a hipótese na qual "Pacientes que foram presos logo após o roubo em razão de acidente automobilístico que sofreram. Pacientes que se achavam hospitalizados. Circunstância que não impedia a lavratura do auto de prisão em flagrante. Hipótese do art. 302, IV, do CPP".[1723] Dessa forma, "a ausência de assinatura do réu no auto de prisão em flagrante não o nulifica, já que foi assinado por duas testemunhas, consoante possibilita o Código de Processo Penal, art. 304, § 3º";[1724]

De forma geral, como já exposto, tais máculas não afetam qualquer desenvolvimento da persecução.

Assim, determinado julgado analisou pleito de "nulidade da sentença porquanto embasada em elementos amealhados quando da elaboração do auto de prisão em flagrante, ato que diz formalmente nulo porque lavrado sem sua presença e sem que nenhuma assinatura de testemunha fosse colhida para suprir sua ausência" e o repudiou, afirmando que

> O argumento, *data venia*, peca pela base. É certo que o auto de prisão em flagrante foi lavrado, ao menos parcialmente, sem a presença desse apelante já que logrou ele fugir no correr da lavratura. O aspecto, todavia, restou amplamente testemunhado no próprio auto, com o que despiciendo à sua validade que se colhesse assinatura de mais uma testemunha para suprir sua ausência. A medida reclamada, bem de ver, foi tomada e até mesmo de forma mais ampla. Mesmo que assim não fosse, cumpre não deslembrar que eventuais irregularidades no auto de prisão em flagrante quando muito o fariam imprestável como elemento de convicção, afetando a análise do mérito mas sem ensejar nulidade, até porque, como de trivial sabença e de referto entendimento doutrinário e pretoriano, eventuais irregularidades do inquérito não têm o condão de macular a ação penal.[1725]

4. Analfabetismo e lavratura do auto de prisão em flagrante

É certamente dominante a compreensão de que "A falta de nomeação de curador para acusado analfabeto durante o inquérito policial não gera a nulidade da ação penal, pois eventuais vícios na fase inquisitorial não maculam a ação penal subsequente, sendo aquela mera fase investigativa, não sujeita às formalidades solenes, próprias da relação processual".[1726]

E, em complemento,

> Não há qualquer ilegalidade no auto de prisão em flagrante se a autoridade policial deixou de nomear intérprete para o preso analfabeto. O disposto no parágrafo único do art. 192 do CPP é direcionado para o caso de réu mudo, surdo ou surdo-mudo, que também é analfabeto. Não procede a alegação de vício da confissão efetuada no inquérito, se esta é reiterada no interrogatório judicial. Ordem denegada.[1727]

5. Ritualização e consequências práticas da Lei n. 11.113/2005

A disciplina legal impõe uma nova ordem para a oitiva das pessoas quando da lavratura do auto de prisão em flagrante e uma nova formatação do auto em si. Dentro da nova disciplina, a ordem de oitiva está assim disposta:

- ouvir o condutor, entregando-lhe cópia do seu termo de depoimento;
- elaborar o "recibo de entrega do preso", fornecendo uma via ao condutor;
- colher depoimentos de testemunhas e declarações de vítimas, em peças independentes, dispensando cada parte após a respectiva oitiva e a coleta isolada da assinatura no termo próprio;
- proceder ao interrogatório do preso, em termo próprio;
- redigir o auto de prisão em flagrante delito, conglobando as peças antecedentemente produzidas.

1722 TRF. 3ª Região. 5ª Turma. Relator: Juiz Andre Nabarrete. 9 set. 2003.
1723 *RJTACrim*, 31/304.
1724 STJ. 5ª Turma. Relator: Edson Vidigal. 25 set. 2000. Também STJ. 6ª Turma. **HC 29019 PE 2003/0112729-5**. Relator: Min. Hamilton Carvalhido. Data de julgamento: 27 out. 2004. Data de publicação: DJ, 1º fev. 2005. p. 614.
1725 *RJTACrim*, 30/180.
1726 TJ-MG. **APR 10338110125543001 MG**. 6ª Câmara Criminal. Relator: Furtado de Mendonçal. Data de julgamento: 14 maio 2013. Data de publicação: 24 maio 2013.
1727 TJ-ES. **HC 00009498920048080000**. 2ª Câmara Criminal. Relator: Manoel Alves Rabelo. Data de julgamento: 18 ago. 2004. Data de publicação: 8 nov. 2004.

> Obedecidas as formalidades, tem-se como regular a prisão e a sequência da persecução.[1728]

> § 1º Resultando das respostas fundada a suspeita contra o conduzido, a autoridade mandará recolhê-lo à prisão, exceto no caso de livrar-se solto ou de prestar fiança, e prosseguirá nos atos do inquérito ou processo, se para isso for competente; se não o for, enviará os autos à autoridade que o seja.

1. Não recepção parcial do § 1º pela CR
Quando o § 1º menciona "prosseguirá nos atos do inquérito ou processo", em relação a este último deve-se dar a norma como não recepcionada, pois dizia respeito ao antigo procedimento "judicialiforme", no qual a ação penal poderia ser desencadeada pela autoridade policial.

> § 2º A falta de testemunhas da infração não impedirá o auto de prisão em flagrante; mas, nesse caso, com o condutor, deverão assiná-lo pelo menos duas pessoas que hajam testemunhado a apresentação do preso à autoridade.

1. Terminologia
Com alguma desatenção à melhor terminologia, fala-se em "infração" no presente parágrafo. Nada obstante, por certo não se trata apenas de "infração" no sentido de "infração penal de menor potencial ofensivo", mas, sim, de qualquer conduta penalmente típica.

No campo dos precedentes já se considerou de forma ampla que "a) As testemunhas fedatárias não são testemunhas de um fato, mas de um ato, e somente são chamadas para assinar o auto quando o preso se recusar a assiná-lo, não souber ou não puder fazê-lo, exigindo a lei que tenham ouvido a leitura do interrogatório na presença do conduzido. Seu objetivo é confirmar se as declarações ali escritas conferem com as efetivamente – Habeas Corpus nº 1.059.194-9 – 2 oferecidas pelo preso. Na hipótese, observa-se que o auto de interrogatório do paciente foi assinado por duas testemunhas de leitura".[1729]

> § 3º Quando o acusado se recusar a assinar, não souber ou não puder fazê-lo, o auto de prisão em flagrante será assinado por duas testemunhas, que tenham ouvido sua leitura na presença deste. (Redação dada pela Lei n. 11.113, de 13-5-2005)

1. Inadequação da terminologia
À luz da correta terminologia, não se trata aqui de "acusado", posição processual que a pessoa ocupa após ter sido a denúncia contra si oferecida devidamente recebida pelo juiz natural da causa.

2. Ausência da pessoa presa na lavratura do auto
É possível, com expressa previsão legal. Assim, "A ausência dos indiciados na lavratura do auto de prisão em flagrante, por encontrarem-se hospitalizados, inviabilizando, assim, o cumprimento daquela formalidade, não torna inválido o ato".[1730]

> § 4º Da lavratura do auto de prisão em flagrante deverá constar a informação sobre a existência de filhos, respectivas idades e se possuem alguma deficiência e o nome e o contato de eventual responsável pelos cuidados dos filhos, indicado pela pessoa presa. (Incluído pela Lei nº 13.257, de 2016)

1. Proteção à primeira infância
Para compreender as razões da introdução dessa norma remetemos aos comentários do atual art. 13-A.

> Art. 305. Na falta ou no impedimento do escrivão, qualquer pessoa designada pela autoridade lavrará o auto, depois de prestado o compromisso legal.

1. Não recepção deste artigo pela CR/1988
A teor do art. 144 da cr/1988, a formalização do auto de prisão em flagrante como ato de polícia investigativa é de atribuição específica da autoridade policial na forma como já conceituada esta autoridade nos **Comentários** aqui feitos.

> Art. 306. A prisão de qualquer pessoa e o local onde se encontre serão comunicados imediatamente ao juiz competente, ao Ministério Público e à família do preso ou à pessoa por ele indicada. (Redação dada pela Lei n. 12.403, de 4-5-2011)

1. Fundamento constitucional do caput do art. 306
De toda a ordem garantidora da prisão em flagrante constante no novo texto constitucional, assoma em

---

1728 STJ. **RHC 59203 GO 2015/0102134-1**. Relator: Min. Rogerio Schietti Cruz. Data de publicação: DJ, 20 maio 2015.
1729 TJ-PR. **Habilitação 10591949 PR 1059194-9 (Acórdão)**. 3ª Câmara Criminal. Relator: Rogério Kanayama. Data de julgamento: 6 jun. 2013. Data de publicação: DJ, 1119, 13 jun. 2013b.
1730 TRF. 3ª Região. 5ª Turma. Relatora: Juíza Suzana Camargo. 5 set. 2000.

significado e compromisso democrático a identificação dos autores da detenção lato sensu, bem como a leitura dos direitos constitucionais, assim como a individualização da autoridade que efetua a lavratura do auto. A questão da identificação assume compromisso democrático na medida em que exterioriza repúdio cabal à prática ditatorial e policialesca das prisões por desconhecidos que, policiais ou não, privavam "suspeitos" da liberdade, tudo em nome de um Estado autoritário.

A preocupação com a prisão em flagrante delito é marcante no novo texto magno, dedicando o art. 5o ainda mais quatro incisos a esta situação: LXI, LXII, LXV e LXVI, pela ordem.

O primeiro deles trata da consideração de excepcionalidade do flagrante em relação aos demais tipos de prisão, estes últimos sempre com ordem judicial, dispondo que ninguém será preso senão em flagrante delito ou por ordem escrita e fundamentada da autoridade judiciária competente, salvo nos casos de transgressão militar ou crime propriamente militar, definidos em lei.

Dentro de certos limites, pode-se verificar a existência desse direito à informação já na Declaração Universal dos Direitos do Homem (1948), no seu artigo IX, que dispõe: Ninguém será arbitrariamente preso, detido ou exilado. O Pacto Internacional dos Direitos Civis e Políticos (1966), também no art. 9o, prevê a todos o direito à liberdade e segurança pessoais, bem como a impossibilidade de prisão ou encarceramento arbitrário. No item 2 do mencionado art. temos que qualquer pessoa, ao ser presa, deverá ser informada das razões de sua prisão e notificada, sem demora, das acusações formuladas contra ela. A Convenção Americana sobre Direito Humanos (Pacto de São José da Costa Rica – 1969) contém normas no mesmo sentido, prevendo no art. 7o a impossibilidade de detenção ou encarceramento arbitrários (7°-3), assim como o direito que tem toda pessoa detida de ser informada das razões de sua detenção e notificada, sem demora, da(s) acusação(ões) que lhe pesa(m) (7°-4). Mesmo dentro da Convenção sobre Direitos da Criança (1989) existe norma similar (art. 37, b), impossibilitando a detenção arbitrária de menores, inclusive prevendo a prisão (sentido amplo) como medida a ser a todo custo evitada.

Tradicionalmente, o ordenamento brasileiro tratou do tema do direito à informação quando da prisão ligando-o à informação da acusação. Ao menos é o que se pode deduzir pelo mecanismo intitulado nota de culpa, documento existente na órbita do processo penal desde o Império. Por sinal, a Constituição de 1824 tinha norma ricamente detalhada sobre o tema, apontando que ninguém poderá ser preso sem culpa formada, exceto nos casos declarados em lei; e nestes, dentro de vinte e quatro horas contadas da entrada na prisão. O Juiz, por uma Nota, por ele assinada, fará constar ao réu o motivo da prisão, o nome do seu acusador, e o das testemunhas, havendo-as (art. 179, VIII).

A Constituição de 1891, de forma idêntica à do Império, deu tratamento ao tema (art. 72, § 16), mas a de 1934 foi mais pobre, silenciando quanto ao tema da nota de culpa, fazendo inserir menção apenas aos casos de flagrante delito (art. 113,21). Nesse ponto foi seguida pela de 1937 (art. 122, 11). Nestes casos, a redação empobrecida fez apenas constar a impossibilidade de prisão em determinados casos, omitindo-se a expedição da nota (e, por consequência, a explicitação da acusação e do identificador do acusador). Isto ficou disciplinado apenas pela legislação infraconstitucional. Posteriormente, a Constituição de 1946, no art. 141, §§ 20 a 22, deu semelhante tratamento ao tema, secundada pela de 1967, art. 150, § 12, e pela seguinte Emenda Constitucional no 1/69, que disciplinava o tema no art. 153, § 12. Chegou-se assim ao texto de 1988, bem mais amplo que todos os anteriores. Antes de analisá-lo, contudo, algumas conclusões em relação aos textos anteriores devem ser extraídas.

A primeira delas é que o direito à informação sempre esteve ligado basicamente à idéia de informação da acusação através do mecanismo da nota de culpa, que até determinado momento teve status constitucional (Constituição do Império e de 1891). De lá até a de 1967, tivemos tratamento superficial para o tema, não se sensibilizando pelo assunto mesmo as Constituições de 1934 e 1946, tidas como exemplos de movimentos democráticos.

Direito à informação enquanto identificação do agente efetuador da prisão apenas houve nas duas primeiras Constituições brasileiras que, como se verá, jamais alcançaram o grau de extensão do atual texto Magno, assim como nenhuma das manifestações constitucionais anteriores deu atenção à informação de familiares ou de pessoas indicadas pelo preso.

Já o segundo versa sobre a comunicação imediata, à autoridade judiciária e aos familiares ou terceiros indicados, da prisão e do local em que o preso se encontra, dispondo que a prisão de qualquer pessoa e o local em que ela se encontre serão comunicados imediatamente ao juiz competente e à família do preso ou à pessoa por ele indicada. Não é um primor de técnica este inciso, mas pode-se concluir que existem dois destinatários da norma. Um, necessariamente o juiz, mas não qualquer juiz, senão o competente que, na ausência de outra definição e estipulação legal, é o juiz natural para a causa. Isto tendo em vista a excepcionalidade do flagrante, onde ocorre uma convalidação póstuma. Nesse ponto, como apontado no capítulo próprio, seria interessante ter o constituinte definido um prazo para a comunicação, não a deixando em aberto, ao sabor de interpretações, dada a gravidade da situação. Trata-se de infeliz hábito do constituinte pátrio, que ainda não experimentou regular um prazo fixo para essa comunicação, deixando ao sabor da doutrina e da jurisprudência a delimitação, ao passo que mesmo a nota de culpa apresenta prazo específico de entrega. Hoje em dia, com as modernas técnicas de comunicação, não há mais sentido em se deixar em aberto este termo; ao contrário, deve apresentar-se exíguo justamente em razão das tecnologias disponíveis.

Outro destinatário é a família do preso, ou pessoa por ele indicada, tratando-se de disposição inédita em matriz constitucional. Ainda que se trate de algo acadêmico, não é demais lembrar que o texto constitucional não faz a distinção pessoa física ou jurídica, motivo pelo qual se pode concluir que se o preso desejar que se avise o local de sua prisão a um jornal ou sindicato, por exemplo, não se poderá negá-lo. O influxo democrático que inspirou a atual Constituição Federal procurou tornar o máximo transparente possível o ato de prisão em flagrante e, numa postura de repúdio ao período ditatorial anterior, erigiu normas que dessem publicidade ao máximo da medida cautelar pessoal, nesse passo inserindo a comunicação aventada.

Importante frisar que este rico quadro de garantias não pode ser burlado com simples obediência às formas constitucionalmente previstas. Vale dizer, é necessário velar pela substancial aplicação desses pressupostos, sob pena de esvaziamento do direito à informação. Quando da lavratura do auto de prisão em flagrante, por exemplo, deverá a autoridade que lavrá-lo explicitar as garantias e consequências de cada norma mencionada.

Do quadro exposto, podem-se extrair as seguintes conclusões:

há nítida preocupação em proteger o preso das arbitrariedades cometidas pelo Estado quanto a uma detenção (sentido amplo) ilegal;

esta postura coloca o direito à informação como direito fundamental na ordem constitucional pátria, no melhor caminho dos Documentos internacionais de proteção do Homem;

enquanto direito fundamental, seu desrespeito gera ilegalidade da prisão cometida, obrigando o Judiciário a declará-la como tal, impondo a imediata soltura do encarcerado (mecanismo denominado de relaxamento da prisão).

2. Inclusão do Ministério Público entre os destinatários da comunicação obrigatória

Dentre as inovações trazidas com a Lei n. 12.403/2011, está a obrigatoriedade da informação, ao Ministério Público, da lavratura do auto de prisão em flagrante, mecanismo que incrementa, assim, o controle externo da atividade policial pelo MP e acentua, igualmente, o controle interno das investigações policiais, cujo destinatário, por certo, é o titular da ação penal.

A norma não estava prevista na primeira redação da Comissão Grinover nem naquela final do anteprojeto, tendo sido inserida pela Câmara dos Deputados a partir de sugestão do Grupo de Trabalho de Direito Penal e Processual Penal, instituído no âmbito daquela Casa Legislativa, sob a coordenação do Deputado João Campos, e mantida no Senado, no então relatório do Sen. Demóstenes Torres (DEM-GO), e assim finalmente acolhida pelo então Deputado José Eduardo Martins Cardoso (PT-SP).

3. Preso estrangeiro e comunicação ao corpo consular

Caso versando sobre a matéria apreciou que "Paciente estrangeiro. Ausência de comunicação da prisão em flagrante aos órgãos consulares. Inexistência de solicitação expressa do paciente ou de recusa ao atendimento de referido pedido. Afastado o cerceamento de defesa"[1731] dando a entender que o cumprimento da obrigação internacional estaria condicionado à manifestação de vontade da pessoa presa.

§ 1º Em até 24 (vinte e quatro) horas após a realização da prisão, será encaminhado ao juiz competente o auto de prisão em flagrante e, caso o autuado não informe o nome de seu advogado, cópia integral para a Defensoria Pública. (Redação dada pela Lei n. 12.403, de 4-5-2011)

1. *Vide* art. 310 para a discussão sobre a audiência de custódia e superação parcial do presente artigo

2. A defesa técnica na nova redação do art. 306

Importante inovação, e, a nosso ver, salutar, é a contida no § 1º, quando se determina a imediata comunicação da ocorrência da prisão em flagrante à Defensoria Pública quando a pessoa presa não informar o nome de seu advogado.

Sem embargo, algumas ponderações precisam ser feitas no intuito de otimizar a fruição dessa norma emanada da CR. A primeira delas diz respeito à necessidade de estruturação adequada dessa

---

[1731] TJ-SP. **HC 22234584320148260000** SP 2223458-43.2014.8.26.0000. 2ª Câmara de Direito Criminal. Relator: Diniz Fernando. Data de julgamento: 23 mar. 2015. Data de publicação: 24 mar. 2015.

fundamental Instituição que é a Defensoria Pública, para que ela possa cumprir de forma efetiva o mandamento infraconstitucional.

Outro ponto que pode ser extraído de uma exegese em conformidade com a efetivação do preceito constitucional da defesa técnica é que a comunicação ao órgão defensivo deva se dar quando da lavratura do flagrante, e não após sua consumação. Tal medida, ao contrário de obstar os trabalhos policiais, tende a dotar-lhes de inegável transparência, conferindo ainda mais peso e credibilidade aos procedimentos específicos, inclusive quando discutidos ao longo da ação penal.

Há de ser ponderado, no entanto, que eventual sanção pelo descumprimento da norma, ocasionando o relaxamento da prisão em flagrante, somente ocorrerá quando houver omissão da autoridade policial (ou de quem tenha efetuado o flagrante) em comunicar à Defensoria Pública, e não quando esta, uma vez comunicada, quedar-se inerte por qualquer razão.

> § 2º No mesmo prazo, será entregue ao preso, mediante recibo, a nota de culpa, assinada pela autoridade, com o motivo da prisão, o nome do condutor e os das testemunhas. (Redação dada pela Lei n. 12.403, de 4-5-2011)

1. Observância do prazo legal

A expedição fora do prazo é causa de "relaxamento"[1732], nada obstante já se tenha considerado que "não se pronuncia a nulidade do flagrante em decorrência da falta de entrega imediata da nota de culpa ao preso quando se verifica que a omissão da formalidade decorreu de impossibilidade material, e o paciente, já denunciado e interrogado inclusive em Juízo, foi devidamente cientificado da acusação feita contra ele. Válido o flagrante, deve a Autoridade Judiciária unicamente se manifestar acerca da concessão ou não da liberdade provisória ao preso, podendo tal manifestação ser sucinta uma vez que, acusado de crime reputado hediondo, a própria lei lhe veda a outorga de liberdade provisória, em dispositivo a propósito do qual o próprio Supremo Tribunal já considerou não infringir a Constituição. Constituição."[1733]

2. Alteração da nomenclatura "nota de culpa" no documento

Houve determinada situação na qual o documento em questão foi expedido sob outro rótulo, caso em que a "nota de culpa regularmente expedida ao paciente, com o rótulo de nota de garantias constitucionais, no prazo de lei"[1734], obviamente, não lhe desnatura.

3. Efetiva compreensão das razões que determinam o flagrante

Conforme já exposto nestes *Comentários*, o direito à informação se projeta de várias formas, sendo uma delas a de ser assistido por um intérprete caso a pessoa a ser submetida ao ato persecutório não fale a língua portuguesa.

Nada obstante essa premissa, houve provimento que desconsiderou o tema, sob a (duvidosa) alegação de que, em caso de pessoas oriundas de país cuja língua-mãe é o espanhol, não teria havido prejuízo no fato de terem sido interrogados sem que houvesse a presença de um intérprete, pois "existe muita proximidade entre as línguas portuguesa e espanhola. A ausência de intérprete na fase policial seria, se fosse o caso, incapaz de levar à nulidade do processo. Aos presos foi explicado, ainda que de maneira sumária e dentro das circunstâncias, seus direitos constitucionais. Foi-lhes dada a oportunidade de indicar endereços de familiares e de nomear advogado. Não há, assim, violação do inciso LXII do art. 5º da Constituição"[1735].

> Art. 307. Quando o fato for praticado em presença da autoridade, ou contra esta, no exercício de suas funções, constarão do auto a narração deste fato, a voz de prisão, as declarações que fizer o preso e os depoimentos das testemunhas, sendo tudo assinado pela autoridade, pelo preso e pelas testemunhas e remetido imediatamente ao juiz a quem couber tomar conhecimento do fato delituoso, se não o for a autoridade que houver presidido o auto.

1. Acumulação de funções

Embora se trate de provimento anterior à CR e à CADH, o caso a seguir reveste-se de bastante importância para a análise do artigo em comento. Transcreve-se:

> No caso em testilha, a autoridade policial acumulou, simultaneamente, várias funções: 1.

[1732] TRF. 3ª Região. 2ª Turma. Relator: Juiz Souza Ribeiro. 20 mar. 2002.
[1733] TJPR. **HC 83.938-5**. 2ª Câmara Criminal. Relator: Gil Trotta Telles. Data de julgamento: 25 nov. 1999. Data de publicação: *DJ*, 6 dez. 1999.
[1734] TRF. **HC**. 4ª Turma. Relator: Juiz Hilton Queiroz. 12 abr. 2002.
[1735] TRF. **HC**. 3ª Turma. Relator: Juiz Adhemar Maciel. 3 dez. 1990.

pessoalmente "deu voz de prisão", conduzindo a ré à delegacia; 2. ele mesmo ratificou a prisão; 3. presidiu a lavratura do auto de prisão em flagrante, dando início à ação penal; 4. depôs, como testemunha, nesse auto (colhendo o próprio depoimento); 5. nomeou um Advogado Dativo; 6. autenticou o auto de apreensão; 7. arbitrou a fiança para colocar a acusada em liberdade; 8. enfim, praticou outros importantes atos no processo em que à acusada foi imputada a contravenção do "jogo do bicho". Podia a autoridade policial, legalmente, acumular essas funções? À primeira vista, contando-se apenas com a literal disposição do art. 307 do CPP a resposta se inclina no sentido afirmativo, porquanto referida norma autoriza a própria autoridade que presenciou o fato delituoso efetuar a prisão do agente e presidir o auto de prisão em flagrante. Entretanto, cumpre lembrar, desde logo, que o direito não emana só de uma norma isolada, mas sim do ordenamento jurídico considerado em seu todo. É como o rio formado por múltiplas nascentes. Na consideração axiológica, é forçoso concluir que o preceito do art. 307 diz respeito aos casos em que a autoridade policial dá início, unicamente, ao simples inquérito policial, que é inquisitivo ou unilateral, sem publicidade e de índole meramente informativa. Os elementos de ordem pessoal, nele colhidos, se não ratificados em Juízo correspondem ao nada. (...) A verdade é que, bem analisado o ordenamento jurídico em5. seu todo, principalmente quando se lembra do princípio da ampla defesa, a resposta certa àquela indagação só pode ser negativa. Com efeito, se o próprio Delegado condutor preside o auto de prisão em flagrante, colhendo seu próprio depoimento, é óbvio que outras testemunhas, que nele tenham de depor, sofrem indisfarçáveis constrangimentos, pois ficam preocupadas em não contrariar, de forma alguma, mesmo nas questões menos relevantes, o que antes já dissera a referida autoridade. Demais, consciente ou inconscientemente, as perguntas às demais testemunhas serão feitas somente no sentido de mostrar a legalidade do ato por ela praticado. Como desmentir um Delegado em sua própria presença? Até mesmo o Advogado, ainda que intrépido, ficará constrangido em fazer certas reperguntas e cujas respostas possam pôr em "xeque" a versão do condutor, testemunha e presidente do auto de prisão em flagrante.[1736]

Art. 308. Não havendo autoridade no lugar em que se tiver efetuado a prisão, o preso será logo apresentado à do lugar mais próximo.

1. Conceito de autoridade
Ver nestes *Comentários* art. 4º.

Art. 309. Se o réu se livrar solto, deverá ser posto em liberdade, depois de lavrado o auto de prisão em flagrante.

1. Significado da expressão "livrar-se solto"
Na estrutura atual do sistema processual penal, tende-se a referir às hipóteses de flagrante delito nas infrações penais de menor potencial ofensivo, nas quais o auto em si não é lavrado mediante o compromisso de comparecimento do autor do fato perante as autoridades, quando chamado a tanto (art. 69, parágrafo único, da Lei n. 9.099/1995).

Art. 310. Após receber o auto de prisão em flagrante, no prazo máximo de até 24 (vinte e quatro) horas após a realização da prisão, o juiz deverá promover audiência de custódia com a presença do acusado, seu advogado constituído ou membro da Defensoria Pública e o membro do Ministério Público, e, nessa audiência, o juiz deverá, fundamentadamente: (Redação dada pela Lei nº 13.964, de 2019)

REDAÇÃO ANTERIOR DO CAPUT: Art. 310. Ao receber o auto de prisão em flagrante, o juiz deverá fundamentadamente: (Redação dada pela Lei n. 12.403, de 4-5-2011)
   I – relaxar a prisão ilegal; ou
   II – converter a prisão em flagrante em preventiva, quando presentes os requisitos constantes do art. 312 deste Código, e se revelarem inadequadas ou insuficientes as medidas cautelares diversas da prisão; ou (Incluído pela Lei n. 12.403, de 4-5-2011)
   III – conceder liberdade provisória, com ou sem fiança.

§ 1º Se o juiz verificar, pelo auto de prisão em flagrante, que o agente praticou o fato em qualquer das condições constantes dos incisos I, II ou III do caput do art. 23 do Decreto-Lei nº 2.848, de 7 de dezembro de 1940 (Código Penal), poderá, fundamentadamente, conceder ao acusado liberdade provisória, mediante termo de comparecimento obrigatório a todos os atos processuais, sob pena de revogação. (Renumerado do parágrafo único pela Lei nº 13.964, de 2019) (Vigência)

§ 2º Se o juiz verificar que o agente é reincidente ou que integra organização criminosa armada ou milícia, ou que porta arma de fogo de uso restrito, deverá denegar a liberdade provisória, com ou sem medidas cautelares. (Incluído pela Lei nº 13.964, de 2019) (Vigência)

§ 3º A autoridade que deu causa, sem motivação idônea, à não realização da audiência de custódia no prazo estabelecido no caput deste artigo responderá administrativa, civil e penalmente pela omissão. (Incluído pela Lei nº 13.964, de 2019) (Vigência)

§ 4º Transcorridas 24 (vinte e quatro) horas após o decurso do prazo estabelecido no caput deste artigo, a não realização de audiência de custódia sem motivação idônea ensejará também a ilegalidade da prisão, a ser relaxada pela autoridade competente, sem prejuízo da possibilidade de imediata decretação de prisão preventiva. (Incluído pela Lei nº 13.964, de 2019) (Vigência) (Vide ADI 6.298) (Vide ADI 6.300) (Vide ADI 6.305)

1. O controle judicial da prisão em flagrante e a verificação da necessidade cautelar: redimensionamento da matéria com a efetivação da "audiência de custódia"

1. Os caminhos da reforma

1.1 Um caminhar silencioso: o pls 544 de 2011

Não foi com o alarde próprio das reformas penais que atendem clamores midiáticos de pronta aparição que o Senador Antônio Carlos Valadares preconizou a seguinte nova redação para o art. 306 do CPP: "§ 1.0 No prazo máximo de vinte e quatro horas depois da prisão, o preso deverá ser conduzido à presença do juiz competente, ocasião em que deverá ser apresentado o auto de prisão em flagrante acompanhado de todas as oitivas colhidas e, caso o autuado não informe o nome de seu advogado, cópia integral para a Defensoria Pública". Nascia, assim, o PLS com número 544 no ano de 2011 em 06/09/2011.

Não ganhou o interesse da mídia, nem mesmo a especializada jurídica e não ganharia também o interesse de setores mais comerciais do mundo editorial jurídico que, rigorosamente falando, até o final do ano de 2014 pouco, ou quase nada, haviam escrito a respeito. Sobrava, apenas, o reduto já esperado da Academia intimamente ligado com a necessária conformação do processo penal à Constituição e que, cada vez mais, alarga(va) a visão para conformá-lo também à Convenção Americana de Direitos do Homem (doravante CADH).[1737]

As Instituições de "operadores" – péssima palavra, à sombra de sua larga utilização – pouco ou quase nada apareciam na tramitação do PLS. Uma rápida batida d'olhos na página oficial do Senado[1738] mostrará que durante largo tempo o processo legislativo foi consumido por ofícios e requerimentos protocolares obedientes a prazos regimentais. E, de resto, no tempo da espera da(na) Política (em maiúsculo pela dimensão do tema e suas consequências).

Ao longo desse período, nenhuma insurgência de classe, seja de policiais – aparentemente um dos nichos mais diretamente envolvidos com o tema –, Defensores, Juízes e Ministério Público. Nada que se descortinasse a avalanche de críticas que viriam (vide item 2 "c", infra) a se projetar com voracidade invulgar sobre o assunto. Naquele momento, nem mesmo o mais classista dos integrantes dos quadros policiais poderia imaginar que, mais de cento e cinquenta anos depois, sua carreira – a de delegado de polícia – viria a ser vista como portadora de funções jurisdicionais em sentido estrito.[1739]

E tudo mudaria como num piscar de olhos, com a necessidade de uma resposta político-jurídica ao cenário perene da emergência cautelar: o número de prisões sem condenação no Brasil.

1.2 A "repentina descoberta" do controle judicial da detenção à luz da CADH

Não foi por uma conversão normativa do CPP à CADH e à CR que o tema entrou em debate público. Muito menos por uma conversão espiritual, aquela do/para um determinado sistema, modelo e tampouco cultura de projeção da pessoa humana no processo penal. Foi, sim, pela abertura, na pauta política, de um espaço necessário para fazer algo que a reforma de 2011 no âmbito das cautelares pessoais penais não conseguiu: diminuir a população carcerária de presos sem condenação definitiva.[1740]

Natural, pois, que o assunto acendesse no pátio amplo do ativismo extraparlamentar. Uma fogueira cujo primeiro grande toco de madeira coube ser jogado pelo CNJ que há tempos acompanhava a situação ainda ao largo da lenta tramitação da Lei n. 12.403/2011:

> a situação das prisões brasileiras tornou-se tão grave que, em 2008, o Conselho Nacional de Justiça colocou em ação um programa emergencial

---

[1737] Por todos, neste último aspecto, GIACOMOLLI, Nereu José. **O Devido Processo Penal**. São Paulo: Atlas, 2014.

[1738] Disponível em: <http://www25.senado.leg.br/web/atividade/materias/-/materia/102115>.

[1739] FRANCELIN, Antonio Edison. "Com duzentos anos, Polícia Civil já foi judiciária." (2010). Também em: <http://www.conjur.com.br/2010-ago-09/duzentos-anos-historia-policia-civil-foi-policia-judiciaria>.

[1740] Ver nosso CHOUKR, Fauzi Hassan. "Medidas cautelares e prisão processual: comentários à lei 12.403/2011." (2011).

para revisar os processos das pessoas encarceradas. Os relatórios dos Mutirões Carcerários apresentam exemplos claros dos abusos cometidos, como estes citados por Santos (2010): "FLS foi preso em 26 de dezembro de 2007. Em quase dois anos a instrução sequer havia sido iniciada. AA furtou dois tapetes em um varal. Foi preso em novembro de 2006 e condenado, em julho de 2009, a um ano de prisão no regime aberto. Apesar disso, apenas uma semana após a sentença AA foi liberado. LSM foi preso em janeiro de 1998. Sem sentença até junho de 2009, LSM foi solto no mutirão carcerário. RS ficou preso mais de 2 anos sem sequer ser denunciado."[1741]

Somado a isso a constância (in)explicável da prática de abusos policiais, eufemismo providencial para seu nome completo: prática de tortura. Instrumento quase "natural" dos aparatos estatais de repressão largamente presente nos anos de exceção ao estado de direito e que parece ter uma vocação mórbida para sobreviver naquilo que, localmente, denominamos de democracia. Os números a esse respeito são mais conhecidos e reverberados no exterior que propriamente entre nós, salvo nos nichos inconformados de sempre.

Por fim, um argumento raro de ser encontrado nas discussões do funcionamento do sistema penal: seus custos. Lembrou-se, ainda que um pouco mais tarde no palco das discussões que

O preso custa hoje aqui no Brasil, em média para os cofres públicos estaduais ou federais, cerca de R$ 3 mil. Se nós multiplicarmos 120 mil presos por 12, teremos a impressionante cifra de R$ 4,3 bilhões em um ano. Evidentemente é um dinheiro que, ao invés de manter pessoas que não precisam ser presas, nós poderemos investir em áreas essenciais.[1742]

Abriu-se, assim, a temporada de resgate do humano no processo penal, primeiramente enxergado pela classe política de todos os Poderes instituídos.

1.3 A aposta política

Políticos os há em todos os espaços de convivência; públicos ou privados. E, nos públicos, não apenas nos de carreira formal na política. O CNJ, criado em 2004 e até hoje não muito bem digerido por parte dos que lhe são matéria prima de trabalho, milita não raras vezes na seara política com a roupagem vetusta do ativismo que já nem é jurídico, é político legislativo.

Ali, na troca de gestão em 2014, a então atual Presidência, cuja vida acadêmica tem na sua tese de doutorado na Faculdade de Direito da Universidade de São Paulo um dos pontos mais sensíveis pois falava na "proteção internacional dos direitos humanos"[1743] numa época de poucos direitos e de poucos humanos com direitos no Brasil do início dos anos 1980, resolveu abordar o quadro avassalador das prisões sem condenação no Brasil.

Os números não mentem, mas pouco explicam porque escondem na generalidade do quadro as entranhas das minúcias: em 2011 o Brasil possuía uma população carcerária de presos sem condenação da ordem de 40%. Alto como um todo; abissal na análise individual com Estados da Federação chegando a 70%.[1744] Depois, percebeu-se que número linear, contabilizado ao longo de um ano civil não corresponderia, obrigatoriamente, ao da população carcerária ao longo do ano, dado que ela flutua pela movimentação natural de sua decretação/ revogação. Assim, o abismo tendentemente é maior que o mostrado pelos números.

E, pois, o que fazer já que, após 11 anos (!) de tramitação legislativa a partir de um PL oriundo de um anteprojeto acadêmico permeado de problemas técnicos e de continuísmo cultural o quadro não diminuía em rigorosamente nada?

Inicialmente tentou-se via ativismo do CNJ mudar-se a metodologia de contabilização de presos sem condenação. A partir de uma nova visualização da realidade, extremamente própria para tentar contorná-la, extirpou-se da população de presos sem condenação os que deveriam se beneficiar da prisão domiciliar entendendo, em suma, que essa forma de cumprimento desnaturaria o caráter cautelar da constrição. O raciocínio, inconsistente do ponto de vista jurídico, fez bem às estatísticas, diminuindo em quase dez pontos percentuais os níveis de cautelaridade[1745]:

Não se levou em conta que, em sede cautelar, a prisão domiciliar é um regime de cumprimento da prisão preventiva. Os números retrocederam; o mundo da vida não necessariamente.

1741 ZACKSESKI, Cristina. **O problema dos presos sem julgamento no Brasil**. 2010. Disponível em: <http://www.criminologiacritica.com.br>. Acesso em: 6 out. 2015; também citado por TEIXEIRA, Luciana de Sousa. **Audiência de custódia**: eficaz para a redução da banalização das prisões cautelares? 2015.

1742 Explicou o Min. Lewandowski em: <http://agazetadoacre.com/noticias/ministro-do-stf-ricardo-lewandowski-lanca-projeto-de-audiencia-de-custodia-no-tjac/>.

1743 LEWANDOWSKI, Enrique Ricardo. **Proteção dos direitos humanos na ordem interna e internacional**. Rio de Janeiro; Forense, 1984.

1744 GOMES, Luiz Flávio. **Encarceramento (massivo) de presumidos inocentes**: 42,9%. Disponível em <http://www.lfg.com.br>. Acesso em: 30 jul. 2009.

1745 Estatística disponibilizada pelo CNJ em junho de 2014.

Havia, igualmente, a clara percepção que os magistrados não haviam exatamente aderido à lógica da prisão como exceção e não como regra. Nada de muito a se estranhar diante das permanências culturais do sistema processual. E, de quebra, a evidente falta de interesse estatal em operacionalizar as medidas alternativas com os necessários mecanismos de acompanhamento. A impunidade não poderia, por certo, campear e, portanto, a prisão é o destino de referência.

O discurso da construção de um modelo cautelar à medida do ser humano, na feliz locução de Eser[1746], apareceu lastreado na CADH e num mecanismo jamais cogitado na tramitação da "lei das cautelares": a necessidade de apresentação da pessoa presa imediatamente ao Juiz competente.

Tamanha ousadia – determinar *em audiência* como regra obrigatória uma "medida cautelar" – só havia sido cogitada no projeto Frederico Marques, em plena época ditatorial. E por lá a sugestão ficou.[1747]

Leve-se em conta um outro dado do discurso: o do enfrentamento das violências policiais. Haveria, então, de ser construído um bloco jurídico de sustentação para dar vazão minimamente aos preceitos da lei antitortura, em vigor desde 1997, desencadeada igualmente não pelo zelo brasileiro aos compromissos internacionais ou pela assunção da pessoa humana em sua dignidade no centro da *polis*. Deveu-se, muito mais, à pontual comprovação de (mais uma) atrocidade cometida por um policial cujo nome não poderia ter sido mais sugestivo na História: "Rambo".[1748]

O fato de entender, à luz da melhor interpretação da CADH que a apresentação é da pessoa presa – e não apenas presa em flagrante! – ao Juiz competente seria demais para um momento tão frágil de enfrentamento às estruturas processuais concebidas e repetidas da mesma forma desde o Estado Novo. Ficou-se, assim, com a delimitação do tema no âmbito flagrancial. E não haveria de ser pouca coisa.

Aceso o pavio da fogueira iniciou-se uma corrida política pela implantação daquilo que à brasileira se nominou "audiência de custódia".

Foi assim que uma onda de voluntarismo humanista percorreu larga parte do Judiciário brasileiro construindo um aparato que seria, não muito depois, criticado pela sua seletividade (vide item 3, "a" "iii" infra) e geraria discursos generosos de proteção de direitos fundamentais no marco do "projeto audiência de custódia", slogan empregado pelo CNJ, a partir de São Paulo, mas não com o nominado "pioneirismo" paulista, dado que a primazia do primeiro encanto coubera ao Maranhão que havia instituído a "audiência" meses antes.[1749]

Políticos de ofício igualmente aderiram ao discurso a demonstrar prontamente que tudo o que fosse necessário seria colocado à disposição para concretizar a salvaguarda daqueles direitos. Assim, por um segundo na história da administração pública brasileira não faltaram recursos materiais e humanos para a polícia[1750] e para o judiciário. Viaturas, policiais, servidores e até mesmo gasolina (!)[1751] para transporte apareceram sem grande esforço e a roda da efetivação da CADH começou a girar.

1.4 A insurgência técnica

Verdade seja dita, em alto e bom som poucos se atreveram a afirmar que errada era a CADH e certo o CPP com suas alterações na matéria porque, no Brasil, delegado de polícia exerce funções judiciais em sentido estrito[1752].

Em menor número, ainda, os que afirmaram que depois de tantos anos em vigor somente agora teria

---

[1746] ESER, Albin. Una justicia penal a la medida del ser humano: Visión de un sistema penal y procesal orientado al ser humano como individuo y ser social. **Revista de Derecho penal y Criminología**, n. 1, p. 131-152, 1998. Entre nós, igualmente, GIACOMOLLI, Nereu José. "Resgate necessário da humanização do processo penal contemporâneo." Política criminal contemporânea: criminologia, direito penal e direito processual penal: Homenagem do Departamento de Direito Penal e Processual Penal pelos 60 (2008).

[1747] Projeto "Frederico Marques". Brasil: Senado. **Anteprojeto de reforma do Código de Processo Penal**. Brasília: Diário do Congresso Nacional. Seção I. Suplemento A. Edição de 12 de junho de 1975. p. 34/35.

[1748] RIFIOTIS, Theophilos. Violência policial e imprensa: o caso da Favela Naval. **São Paulo Perspec. [online]**, v. 13, n. 4, p. 28-41, 1999. Disponível em: <http://www.scielo.br/scielo.php?script=sci_arttext&pid=S0102-88391999000400004-&lng=en&nrm-iso>. Acesso em: 14 abr. 2022.

[1749] Provimentos 21 e 23 de 2014 do TJMA de novembro de 2014.

[1750] Na locução do titular da pasta da segurança em SP: Disponível em: <http://tvcultura.cmais.com.br/rodaviva/secretario--de-seguranca-publica-de-sao-paulo-e-o-entrevistado-do-roda-viva>. Acesso em: 14 abr. 2022.

[1751] Não são raras as explorações, na mídia, a respeito da falta de gasolina para viaturas policiais: Disponível em: <http://extra.globo.com/casos-de-policia/em-meio-falta-de-gasolina-policial-abastece-viatura-com-dinheiro-do-proprio-bolso-foto-14983576.html>. Acesso em: 14 abr. 2022. ainda: Disponível em: <http://extra.globo.com/casos-de-policia/pm-confirma--falta-de-abastecimento-de-combustivel-racionamento-criticado-pela-associacao-de-pracas-um-risco-14934391.html>. Acesso em: 14 abr. 2022.

[1752] Entre eles, Garcia, Gustavo Assis. A falácia da audiência de custódia. Disponível em: <http://asmego.org.br/wp-content/uploads/2015/07/audiencia-de-custodia_Gustavo-Assis-Garcia.pdf>. Acesso em: 14 abr. 2022.

apercebido a Academia da existência da CADH e que os tantos anos de inadequação do modelo brasileiro seriam, assim, seu atestado de boa conduta para que a malsinada audiência voltasse às perfumarias do direito internacional público de onde, talvez, nunca devesse ter saído. E, ao que consta, apenas um articulista resolveu mesclar num mesmo texto ambos argumentos[1753] fazendo-o, acrescente-se, logo após ter sido criticado duramente e à exaustão pela Academia[1754] que se ocupou de analisar negativamente um paradigmático acórdão tendo-o como Relator.[1755]

Partindo de uma leitura reduzida e reducionista da literatura jurídica afastou-se o autor-Magistrado de toda uma produção consolidada de mais de vinte anos sobre a conformação constitucional e convencional do CPP ao pontuar que "Noutros termos, como se, em 23 anos, o Judiciário descumprisse cláusula fundamental de direitos humanos e, pior, ninguém percebeu. Nem advogados, nem promotores, nem delegados, *nem mesmo a doutrina*" (sic, grifo nosso).

Da mesma maneira esqueceu-se de recordar que em nenhuma fonte atual (entenda-se desde a Proclamação da República, em 1881) a literatura processual penal brasileira assimila as funções policiais às judiciais em sentido estrito.

E que em nenhuma obra de direito constitucional – fiquemos aqui pós 1988 – qualquer autor, ao interpretar o art. 144 sequer insinua que policiais civis da carreira delegado de polícia são detentores de fração da jurisdição. E, usando a mesma lógica empregada pelo autor criticado, esse silêncio tem sua eloquência.

Por fim, com a palavra Caio Paiva que, num essencial e exaustivo texto sobre audiência de custódia enfrentou a impossibilidade desse ato ser conduzido ou substituído por qualquer outro agente público.[1756]

Aqui cabe apenas recordar projeto encabeçado pelo Instituto Terra, Trabalho e Cidadania e da Pastoral Carcerária Nacional com apoio da Open Society Foundations e focado nas prisões cautelares na cidade de São Paulo "mostrou, ... quão decisiva é a postura dos atores do sistema de justiça criminal, incluindo a polícia. Juízes e promotores – e também defensores públicos – corroboram a seletividade e a violência promovidas pelas polícias e raramente questionam a necessidade da prisão cautelar. Há uma grande resistência dos operadores, que não se dão ao trabalho nem mesmo de atentar para o caso concreto, emitindo cotas e decisões caracterizadas pela generalidade e pela pobreza argumentativa"[1757] (p. 93) e acrescentava que "Durante a execução do projeto, entrou em vigor a Lei n. 12.403/2011, que alterou dispositivos relativos às medidas cautelares. O relatório oferece material abundante para a avaliação de seus impactos, já que logrou construir um retrato da dinâmica da prisão provisória em São Paulo".[1758] (p. 94)

E, na esteira daquilo que é a responsabilidade intelectual, cabe a todos que assumem esse papel deslegitimar o estado de coisas acima mencionado posto que o discurso do *status quo* é reprodutor de violência sistêmica.

1.5 A resistência prática

Parece certo que a maior parte das Instituições foi pega com o discurso já consolidado do "Projeto".

Os Juízes criticaram a audiência[1759]; o Ministério Público de SP, na sua visão institucional criticou, desde um primeiro momento, a audiência[1760] e, depois, a associação de classe do Ministério Público de São Paulo chegou a aforar mandado de segurança contra a resolução paulista cujo destino foi o precoce reconhecimento de fulminante inépcia da inicial

---

1753 Nesse sentido é e causar perplexidade a linha argumentativa traçada por Nucci, Guilherme de Souza em Os mitos da audiência de custódia http://genjuridico.com.br/2015/07/17/os-mitos-da-audiencia-de-custodia/
1754 Por todos, em dois textos, Moreira, Romulo Andrade. **A audiência de custódia, o CNJ e os pactos internacionais de direitos humanos**. Disponível em: <http://romulomoreira.jusbrasil.com.br/artigos/160776698/a-audiencia-de-custodia-o-cnj-e-os-pactos-internacionais-de-direitos-humanos> e, também, precisamente sobre o acórdão em questão de Andrade Moreira, Rômulo. "A "lamúria de pessoa detida" e a audiência de custódia-crônica de uma morte anunciada." Direito UNIFACS–Debate Virtual 182 (2015). E o mais veemente: O TJ/SP rasgou os Pactos Internacionais e desautorizou o CNJ. Disponível em: <http://romulomoreira.jusbrasil.com.br/artigos/193355080/o-tj-sp-rasgou-os-pactos-internacionais-e-desautorizou-o-cnj>.
1755 TJSP. **Habeas Corpus 2016152-70.2015.8.26.0000**. Relator: Souza Nucci.
1756 PAIVA, Caio. **Audiência de custódia e o processo penal brasileiro**. Florianópolis: Empório do Direito, 2015. Especialmente pgs. 47/53.
1757 **Tecer Justiça: presas e presos provisórios na cidade de São Paulo**/Instituto Terra, Trabalho e Cidadania e Pastoral Carcerária Nacional; coordenação de obra coletiva: Heidi Ann Cerneka, José de Jesus Filho, Fernanda Emy Matsuda, Michael Mary Nolan e Denise Blanes. São Paulo: ITTC, 2012.
1758 Idem.
1759 Disponível em: <http://blog.oquartopoder.com/aldirdantas/?p=3684>.
1760 Disponível em: <http://www.conjur.com.br/2015-fev-24/audiencia-custodia-comeca-resistencia-ministerio-publico>.

com o sepultamento da iniciativa[1761]. Por fim, delegados de polícia buscaram as portas do STF para açoitar a iniciativa legislativa[1762], situação que específica que será trabalhada em apartado mais adiante.

Mas a maioria não é a totalidade. No âmbito da Magistratura a AJD fez se sentir publicamente a favor da iniciativa[1763]. E, claro, instituições ligadas mais diretamente ao direito de defesa como a OAB e a Defensoria Pública. E mesmo nas instituições mais críticas vozes se levantaram pela necessidade da adoção da audiência.

Não há, ainda, uma análise mais abrangente que possa indicar com segurança outros motivos que não os técnicos – se existem – que façam com que aquelas primeiras instituições mencionadas se voltem tão duramente contra a implantação minimamente efetiva da CADH. Mas há quem estude o fenômeno dessa resistência quase pandêmica nas instituições judiciárias brasileiras[1764] com uma precisa conclusão a respeito:

A ação da Comissão Interamericana Sobre Direitos Humanos e as condenações perante a Corte Interamericana de Direitos Humanos impostas ao Estado Brasileiro podem estar causando desconfortos entre as autoridades. Neste contexto, observamos um crescimento do conflito entre o Estado Brasileiro e a Comunidade Internacional, tendo como mola propulsora levada à tensão crescente por parte dos Tribunais, e do vazio de poder ou inconsequência legislativa, omissões e subserviências do Poder Legislativo, talvez acreditando na possibilidade de engodo sobre a Comunidade Internacional em questão aos Direitos Humanos e respectivos Tratados Internacionais.

Crítica efetuada no contexto do ativismo judicial na seara processual civil, estende-se facilmente ao processo penal e ao tema aqui tratado.

Até porque, no limite técnico, os argumentos desfavoráveis ao cumprimento do Pacto de São José da Costa Rica não são exatamente robustos.

1.6 Primeiras percepções teórico-práticas

1.6.1 Fruição plena de direitos fundamentais: o afago teórico à inevitável internacionalização dos direitos

Insatisfação de muitos, o tema foi levado ao campo da solução judicial por poucos. E exatamente por aqueles que são colocados numa delicada posição teórico-prática com o estrito cumprimento da CADH.

Assim nasceu a Adi (n. 5240) aforada pela ADEPOL – Associação dos Delegados de Polícia do Brasil – afirmando na sua inicial que

ao dispor sobre apresentação de pessoa presa em audiência de custódia nas 24 horas seguintes à prisão em flagrante, o ato normativo legislou sobre Direito Processual, tema de competência legislativa privativa da União, nos termos do art. 22, I, da Constituição da República. O Provimento Conjunto 3/2015 violaria também o princípio da legalidade, uma vez que possuiria natureza infralegal, e o princípio da divisão funcional de poder, pois delegados de polícia se subordinam ao Executivo, por força do art. 144, § 6o, da CR.[1765]

A e. Procuradoria Geral da República em sua manifestação processual, depois de manifestar-se pelo não conhecimento da ação em seu mérito apontou que

O Provimento Conjunto 3/2015 visa apenas a regulamentar tratados internacionais de direitos humanos devidamente incorporados ao ordenamento jurídico brasileiro, que passaram pela apreciação e aprovação do Congresso Nacional e da Presidência da República. A realização da audiência de custódia, portanto, é norma de nível legal vigente e (ao menos potencialmente) eficaz no Direito brasileiro. Não foi o provimento atacado que inovou no ordenamento jurídico. Conforme assinalou a Advocacia-Geral da União, a Presidência e a Corregedoria-Geral da Justiça do TJSP atuaram de acordo com a autonomia conferida pela Constituição da República aos tribunais para dispor sobre competência e funcionamento dos respectivos órgãos jurisdicionais e administrativos (art. 96, I, a, da CR).[1766]

E concluiu:

1761 Mandado de Segurança 2031658-86.2015.8.26.0000 TJSP: "Assim sendo, sendo a impetrante carecedora da ação por falta de interesse processual, indefiro a petição inicial e julgo extinto o processo sem resolução de mérito, com fundamento no art. 267, VI, c/c art. 295, III, do Código de Processo Civil. Por consequência, denego a segurança, nos termos do artigo 6º, §5º, da Lei 12.016/2.009". Relator Luiz Antonio De Godoy.
1762 Disponível em: <http://www.conjur.com.br/2015-fev-13/delegados-entram-adi-audiencia-custodia>.
1763 Disponível em: <http://www.ajd.org.br/arquivos/publicacao/86_ajd66.pdf>.
1764 ROCHA REBOUÇAS, Ramiro Carlos; MORALES SIERRA, Vânia. Poder Judiciário no Brasil: Incompatibilidades e Resistências ao Pacto de San Jose da Costa Rica. **Cadernos de Direito**, v. 14, n. 26, p. 71-86, 2014.
1765 Disponível em: <https://redir.stf.jus.br/paginadorpub/paginador.jsp?docTP=TP&docID=10167333>.
1766 Disponível em: <https://portal.stf.jus.br/processos/detalhe.asp?incidente=4711319

A realização de audiência de custódia, com apresentação da pessoa presa a juiz até 24 horas após a prisão e participação do Ministério Público, da Defensoria Pública (quando necessário) e de advogado, é prática salutar no contexto do sistema criminal e da segurança pública brasileira e possibilita tratamento humanizado do preso, de acordo com a metanorma da dignidade do ser humano. Cumpre, ademais, compromisso internacional antigo do país, que até hoje não foi honrado pelas instituições do sistema de justiça.[1767]

O e. STF conheceu por maioria da Adi e, no seu mérito, acompanhou o raciocínio da Procuradoria Geral da República.

Os limites do presente texto não permitem uma extensa análise de cada um dos argumentos expostos na inicial e sua rejeição respectiva pela PGR e pelo STF. Cabe, apenas, destacar aqui que se tomou uma posição de compreensão da máxima eficácia de fruição dos direitos fundamentais e, com isso, consolida-se mais um valioso precedente nesse campo.

O mais espantoso em todo esse cenário é que há duas normas em vigor no direito brasileiro sobre a mesma matéria e em momento algum houve tanto repúdio jurídico a qualquer uma delas.

1.6.2 Integração do ordenamento: preenchendo lacunas com o que já existe

No Código Eleitoral, desde 1965, o artigo 236 prevê a imediata apresentação da pessoa presa ao Juízo competente quando de sua prisão em flagrante[1768].

É norma obrigatória[1769] e respeitada na jurisprudência.[1770]

Mais ainda, na criticada lei sobre a prisão temporária existe norma semelhante, apenas que de caráter facultativo quanto à determinação da apresentação da pessoa presa[1771].

Não há, pois, razão para repudiar a normatividade da regulamentação da audiência de custódia posto que, no mínimo, se poderia empregar a analogia como integração do sistema, seja pelo art. 4º. da Lei de Introdução às Normas do Direito Brasileiro para não mencionar, de plano, o próprio artigo 3º do Código de Processo Penal.

Estas duas normas, em seu conjunto ou mesmo isoladamente são capazes de satisfazer tanto os alinhados com uma concepção de internacionalização do Direito e a plena fruição dos direitos humanos a partir de compromissos internacionais como os mais conservadores que tendem a buscar arrimo às suas posições nas construções mais apegadas a um saber jurídico tradicional.

1.6.3 Ativismo judicial processual penal: seletividade explícita

Um flanco que permanece fragilizado nessa construção é a seletividade criada pelo "Projeto" que, à míngua do andamento devido do PLS mencionado, efetivamente, situações jurídicas de proteção às pessoas presas em flagrante.

É observável com facilidade a partir das leituras dos provimentos estaduais reguladores da matéria que apenas as capitais estão abarcadas ou, quando muito, as maiores cidades do país. Louvável do ponto de vista de um aprendizado pela prática, no

---

1767 Disponível em: <https://portal.stf.jus.br/processos/detalhe.asp?incidente=4711319>.
1768 Para uma brevíssima visão histórica consultar:<http://www.tre-sc.jus.br/site/resenha-eleitoral/edicoes/n-2-juldez-2012/integra/2012/12/consideracoes-sobre-o-art-236-do-codigo-eleitoral/indexe2ec.html?no_cache=1&cHash=4cac54918d8c2dd94881c8cbb90da384>.
1769 Art. 236. Nenhuma autoridade poderá, desde 5 (cinco) dias antes e até 48 (quarenta e oito) horas depois do encerramento da eleição, prender ou deter qualquer eleitor, salvo em flagrante delito ou em virtude de sentença criminal condenatória por crime inafiançável, ou, ainda, por desrespeito a salvo-conduto.
§ 1º Os membros das mesas receptoras e os fiscais de partido, durante o exercício de suas funções, não poderão ser detidos ou presos, salvo o caso de flagrante delito; da mesma garantia gozarão os candidatos desde 15 (quinze) dias antes da eleição.
§ 2º Ocorrendo qualquer prisão o preso será imediatamente conduzido à presença do juiz competente que, se verificar a ilegalidade da detenção, a relaxará e promoverá a responsabilidade do coator.
1770 Constitucional. Habeas Corpus. Eleições 2006. Prisão. Flagrante Delito. Requisitos (Art. 302, CPP). Inocorrência. Liminar Concedida. Dia Das Eleições. Art. 236, Código Eleitoral. Aplicabilidade. Mérito. Pedido Procedente. Habeas Corpus Concedido. 1. Inexistentes os requisitos da prisão em flagrante, o habeas corpus fora liminarmente concedido para a imediata soltura do Paciente. 2. Não configurado o flagrante delito e prevalecente, in casu, o disposto no caput do art. 236 do Código Eleitoral, concede-se a ordem de habeas corpus definitivamente. (TRE-CE–15: 11042 CE , Relator: Tarcísio Brilhante De Holanda, Data de Julgamento: 08/05/2007, Data de Publicação: DJ–Diário de Justiça, Volume 92, Data 17/05/2007, Página 172).
1771 Lei 7960 de 1989: Art. 2º A prisão temporária será decretada pelo Juiz, em face da representação da autoridade policial ou de requerimento do Ministério Público, e terá o prazo de 5 (cinco) dias, prorrogável por igual período em caso de extrema e comprovada necessidade.
(...)
§ 3º O Juiz poderá, de ofício, ou a requerimento do Ministério Público e do Advogado, determinar que o preso lhe seja apresentado, solicitar informações e esclarecimentos da autoridade policial e submetê-lo a exame de corpo de delito.

mundo real cria clivagens no devido processo legal que, rigorosamente falando, não são aceitáveis.

Não por outra razão, o TJPR na apreciação do Habeas Corpus 1.358.323-2, do foro central da comarca da região metropolitana de Curitiba lastreia sua compreensão do tema a partir dos compromissos internacionais assumidos pelo Brasil e assume como essencial que se dê a imediata apresentação do preso ao Juiz e o faz afirmando que

> Isto porque os direitos humanos são extraídos dos tratados de direitos humanos ratificados pelo Brasil, e, por isso, não se exige da jurisdição apenas um controle de constitucionalidade, com vistas a efetivar os direitos previstos na Constituição, mas também um controle de convencionalidade, com o objetivo de efetivar os direitos humanos previstos na ordem internacional. (...) 3. Nesse contexto, o controle de convencionalidade das leis pela jurisdição contribui para que os direitos humanos previstos nos tratados internacionais sejam incorporados às decisões judiciais, permitindo a interiorização deste consenso por meio das decisões judiciais. Deste modo, a jurisdição constitucional funciona como instrumento potencializador da efetividade dos direitos humanos, na medida em que, a partir da compreensão crítica da realidade, sob o prisma direitos humanos, aplica este consenso no âmbito interno, operando, assim, como ferramenta de transformação social.

Naquele caso a ordem foi concedida para a realização da audiência. Mas esta posição está longe de ser tida como prevalente mesmo no âmbito daquele TJ (antes da instituição do "Projeto" no Paraná), para quem: Audiência de Custódia. Esta Corte já se posicionou no sentido de que o

> Código de Processo Penal, atento à excepcionalidade da segregação cautelar e em homenagem ao princípio da dignidade humana, buscou dotar o Magistrado de diversos mecanismos de controle da legalidade da prisão. Assim, a ausência de audiência de custódia', prevista no art. 7º, item 5, da Convenção Americana de Direitos Humanos, não implica na ilegalidade da prisão. b) O Magistrado, ao receber o auto, analisará a legalidade do flagrante e, se constada a ilegalidade, deverá relaxar a prisão. Caso contrário, deverá o Magistrado converter a prisão em flagrante em preventiva ou conceder liberdade provisória, com ou sem fiança, nos termos do art. 310, do Código de Processo Penal.(...) (STJ. HC 250.947/MG, Rel. Ministro JORGE MUSSI, QUINTA TURMA, julgado em 16/04/2013, DJe 25/04/2013).' (TJPR, Habeas Corpus nº 1.191.505-4, Relator Desembargador Rogério Kanayama, 3ª Câmara Criminal, J.em 27 de março de 2014) (TJPR – HCC 1245054-53ª – Câmara Criminal) ORDEM NÃO CONCEDIDA. Tribunal de Justiça do Estado do Paraná (TJPR – 3ª Câmara Criminal – HCC 1257671-7 – Ponta Grossa – Relator: Gamaliel Seme Scaff – Unânime – J. 09.04.2015)[1772]

Ainda que no âmbito daquele Estado a realidade normativa já tenha se alterado, essa alteração se deu como no resto do país ou seja, parcialmente, do que é possível concluir que a tendência é continuar negando a existência da CADH fora dos limites territoriais onde o "Projeto" atua. E esse entendimento pode não se restrito ao e. TJPR.

2. Resultados práticos

2.1 Do que falam as (poucas) estatísticas?

Nesta primeira quadra de estabelecimento do "Projeto" não há, rigorosamente, análise qualitativa e quantitativa confiáveis.

Com efeito, na grande mídia que se ocupou do assunto no embalo do discurso político, os primeiros números foram sensacionais para aqueles que esperam uma aplicação equilibrada do modelo das cautelares com o efetivo emprego da prisão como *ultima ratio* cautelar.

Assim, noticiou-se que no primeiro dia de funcionamento na cidade de São Paulo, dos 24 casos apresentados, em 17 haviam sido concedidas liberdades provisórias[1773] uma proporção que se pode afirmar com a sensibilidade prática, era incomum sem a apresentação do preso perante o juiz. Pouco mais de um mês depois de seu início o percentual de liberdades caiu para a casa do 40%[1774] mantendo-se abaixo de 50% desde então, percentual este superado por outras capitais onde o "Projeto" já deslanchava.[1775] Ainda quantitativamente, "entre os dias 24 de fevereiro, quando o programa começou,

---

1772 TJ-PR. **HC 12576717 PR 1257671-7 (Acórdão)**. 3ª Câmara Criminal. Relator: Gamaliel Seme Scaff. Data de julgamento: 9 abr. 2015. Data de publicação: DJ 1568, 20 maio 2015.

1773 Disponível em: <http://sao-paulo.estadao.com.br/noticias/geral,no-1-dia-de-audiencia-de-custodia-juizes-julgam-24-detidos-em-flagrante-na-capital,1638927#>. Acesso em: 14 abr. 2022.

1774 Disponível em: <http://sao-paulo.estadao.com.br/noticias/geral,audiencia-de-custodia-revoga-40-das-prisoes,1655034>. Acesso em: 14 abr. 2022.

1775 Disponível em: <http://sao-paulo.estadao.com.br/noticias/geral,audiencia-de-custodia-em-sp-mantem-mais-prisoes,1726719>. Acesso em: 14 abr. 2022.

e 31 de agosto [...] Nesse período, foram realizadas 7.852 audiências de custódia na capital".[1776]

Esse percentual é significativamente diferente daquele apresentado pela Secretaria de Segurança Pública de São Paulo:

> Desde o início do projeto, já foram realizadas 5.442 audiências, com 6.149 réus. Cerca de 52% (ou 3.204) dos detidos tiveram a detenção em flagrante convertida em prisão preventiva. Outros 48% (2.945 pessoas) deixaram de ficar meses na cadeia quando podiam ser soltos para responder em liberdade. No mesmo período, não houve nenhum caso em que os juízes considerassem as prisões abusivas ou ilegais por parte da polícia.[1777]

O percentual médio de 50% é aquele reconhecido pelo CNJ [1778] até o momento em que este trabalho foi finalizado.

2.2 Há, de fato, a construção de um "caso cautelar" na audiência de custódia? A qualidade da audiência

Se falar quantitativamente já é difícil, mais ainda o é falar na qualidade da audiência. Fatores das mais variadas ordens comprometem essa análise, desde a estrutura material colocada à disposição até a efetiva atividade cognitiva que ali se desenvolve.

Note-se, por exemplo, a entusiasmada observação a respeito da operacionalização do Projeto no Rio de Janeiro:

> Sobre o sistema, a ideia é que o delegado envie a ficha criminal do acusado no mesmo tempo em que a pessoa presa em flagrante está sendo encaminhada para a audiência de custódia. Assim, o juiz poderá verificar se o acusado tem antecedentes criminais antes de decidir se ele deve permanecer preso ou não.[1779]

Outra experiência destacada informa que

> Para colocar as audiências em prática, duas equipes de juízes, defensores e promotores estão atuando, no Fórum Lafayette. Eles analisam rapidamente o processo, e o defensor conversa com o preso. Foi criada uma carceragem no fórum para abrigar os detidos. Anteontem, havia 40 no local. Como não dormem no fórum, as equipes dão encaminhamento a todos eles. "A gente sabia que a média seria de 30 a 35 audiências por dia. Se vier um volume maior, teremos que pedir reforço", contou a juíza Maria Luiza Pires.

As equipes estão trabalhando no limite e ainda se adaptando ao novo modelo. Quando falta um servidor, já atrasa todo o processo. Foi o caso de anteontem, que a carceragem ficou cheia e as audiências ultrapassaram o horário em 30 minutos. Durante a semana, elas ocorrem das 8h às 18h; nos fins de semana, das 8h às 13h. Caso eles não deem conta no plantão, Maria Luiza explica que o jeito é decidir a situação do preso sem a audiência, como era feito antes. "As audiências de custódia existem por força de regulamentação, mas a lei não nos obriga a ouvi-los em até 24 horas", explicou.[1780]

Naquela mesma comarca o tempo médio da audiência na experiência acima é de 10 minutos.[1781]

Fato é que a audiência entra num momento da persecução penal no qual os intervenientes estão fartamente acostumados à escrita e não à oralidade. Se já é notória a dificuldade de construir-se casos no processo de conhecimento diante de seu apego visceral ao modo inquisitivo de processo mais ainda o é no âmbito cautelar.

Não por outra razão desde o anteprojeto acadêmico que originou a atual normatização cautelar não se mudou – sequer se cogitou – alterar uma vírgula no procedimento de apuração cautelar. Sobre isso remetemos o leitor a outro texto de nossa autoria onde o assunto é mais desenvolvido.[1782]

Se, pelo aspecto da determinação cautelar modo de ser e o ambiente cautelar permanecem os mesmos, em São Paulo chamou a atenção que "Desde seu início em fevereiro, as audiências de custódia em São Paulo permitiram o recolhimento de indícios de que ao menos 277 presos em flagrante

---

[1776] Disponível em: <http://noticias.uol.com.br/ultimas-noticias/agencia-estado/2015/09/21/audiencia-de-custodia-revela--indicio-de-tortura-em-277-casos-de-prisoes.htm>. Acesso em: 14 abr. 2022.
[1777] Disponível em: <http://www.ssp.sp.gov.br/Mobile/Presentation/View.aspx?id=35982>. Acesso em: 14 abr. 2022.
[1778] Disponível em: <http://www.conjur.com.br/2015-set-18/audiencias-custodia-libertaram-mil-presos-provisorios?utm_source=dlvr.it&utm_medium=facebook>. Acesso em: 14 abr. 2022.
[1779] Disponível em: <http://www.conjur.com.br/2015-set-17/audiencia-custodia-rio-sistema-integrado-policia>. Acesso em: 14 abr. 2022.
[1780] Disponível em: <http://www.otempo.com.br/cidades/decis%C3%A3o-sai-em-dez-minutos-1.1090359>. Acesso em: 14 abr. 2022.
[1781] Disponível em: <http://www.otempo.com.br/cidades/decis%C3%A3o-sai-em-dez-minutos-1.1090359>. Acesso em: 14 abr. 2022.
[1782] CHOUKR, Fauzi Hassan. **As medidas cautelares pessoais no processo penal brasileiro**: panorama dos três anos da Lei n.º 12.403/1. Disponível em: <http://fhchoukr.jusbrasil.com.br/artigos/156575232/as-medidas-cautelares-pessoais-no-processo-penal-brasileiro-panorama-dos-tres-anos-da-lei-n-12403-11>. Acesso em: 14 abr. 2022.

sofreram tortura ou agressão praticadas por agentes de segurança. Policiais militares estão envolvidos em 79,4% dos casos".

Acresça-se que

> Todas as declarações passaram por apuração interna da Justiça, que as confrontou com outras informações, como laudos de exame de corpo de delito. O objetivo era evitar que policiais fossem investigados por casos em que houve uso legítimo da força ou até automutilação praticada pelos presos. Quando os indícios de violência foram confirmados, a denúncia foi encaminhada à corregedoria do órgão que fez a prisão. Após essa apuração, o TJ-SP pediu que 220 casos envolvendo a Polícia Militar e outros 45 registros com a Polícia Civil fossem investigados. Também foram encaminhadas outras 12 ocorrências para a Corregedoria da Guarda Civil Metropolitana (GCM), vinculada à Prefeitura de São Paulo. Nenhuma dessas investigações foi concluída.[1783]

E não apenas em São Paulo:

> As audiências de custódia recolheram, em 40 dias, 15 relatos de tortura ou agressão praticada por policiais contra presos em flagrante, na capital. A informação é do coordenador do Grupo Permanente de Monitoramento e Fiscalização do Sistema Carcerário do Tribunal de Justiça do Amazonas (TJAM), desembargador Sabino Marques.[1784]

Não se pode cotejar esses dados com os do sistema empregado pelo CPP pois simplesmente estes últimos não existem até onde a vista alcança. Pode-se, apenas, constatar que esse número de suspeitas concretas de violência policial não faz parte dos corredores forenses.

1.1.3 Prolongamentos (indevidos) do conteúdo do controle judicial da detenção

Ainda é cedo para constatar as possíveis patologias práticas que o "Projeto" pode acarretar. Uma delas, no entanto, vale a pena pontuar: a do uso distorcido das declarações da pessoa presa. Não que os provimentos estaduais ou mesmo o PLS tenham descurado do tema. Ao contrário: pontuam especificamente a impossibilidade de usar esse depoimento como matéria cognitiva na análise do mérito.

Contudo, resta o inconfinável mundo da vida no qual os contornos jurídicos escapam entre os dedos. E, nessa situação pode perfeitamente escapar o argumento que se trata de uma audiência efetivamente jurisdicional na qual, em determinado momento, a pessoa presa desejou espontaneamente falar sobre o mérito.

Gravada, como determinam os provimentos, mas isolada dos autos principais por igual sede normativa, como impedir que o acusador a use ou mesmo que o Magistrado – potencialmente o mesmo da análise do mérito ou, se tanto, não impedido de vir a sê-lo pela sistemática do CPP – venha a dela se valer, será um dos grandes desafios práticos a ser enfrentado. Até para não transformar essa audiência numa produção antecipada de cognição do mérito.

4. Audiência de custódia em formato telepresencial

A denominada "audiência de custódia" significa, além de uma manifestação clara do modelo acusatório de acordo com as bases constitucionais a incorporação de um parâmetro mínimo de conformidade do direito brasileiro às bases convencionais e à cultura do sistema interamericano de direitos humanos[1785] quando este preconiza a necessidade do controle judicial da detenção, situação amplamente reconhecida no direito comparado latino-americano[1786] e europeu[1787].

[1783] Disponível em: <http://noticias.uol.com.br/ultimas-noticias/agencia-estado/2015/09/21/audiencia-de-custodia-revela--indicio-de-tortura-em-277-casos-de-prisoes.htm>. Acesso em: 14 abr. 2022.

[1784] RODRIGUES, Gisele. Audiência de custódia revela violência dos policiais nas prisões em flagrante. **Diário do Amazonas**, ano 28, n. 11528, 23 set. 2015. Cidades.

[1785] A este respeito ver, dentre outros, LIMA, Guilherme Graciliano Araújo. Audiência de custódia e sistema de direitos humanos na América Latina: por um olhar descolonial na busca da concretização de sua normatização legal no Brasil. Revista Brasileira de Ciências Criminais, São Paulo, v. 26, n. 147, p. 311-331., set. 2018. Disponível em: <http://200.205.38.50/biblioteca/index.asp?codigo_sophia=145606>. Acesso em: 19 mar. 2020.

[1786] Em particular observada a situação chilena em CARVALHO, Luis Gustavo Grandinetti Castanho de; SILVA, Lália Terra Vieira da. A audiência de custódia no Brasil e a audiência de controle de detenção no Chile: um estudo comparado. In: GONZÁLEZ POSTIGO, Leonel. Desafiando a inquisição: ideias e propostas para a reforma processual penal no Brasil. Coordenação de Paula Rodriguez BALLESTEROS. Chile: Centro de Estudios de Justiça de las Américas - CEJA, 2017. Disponível em: <http://200.205.38.50/biblioteca/index.asp?codigo_sophia=135728>. Acesso em: 19 mar. 2020. Disponível em: <http://200.205.38.50/biblioteca/index.asp?codigo_sophia=136206>. Acesso em: 19 mar. 2020.

[1787] Dentre outros, ver CARVALHO, Claudia Bonard de. Aplicação da audiência de custódia no Brasil diante das experiências internacionais - estudo comparativo. In: AUDIÊNCIA de custódia. Organização de Antonio Eduardo Ramires SANTORO, Carlos Eduardo GONÇALVES. Belo Horizonte: D'Plácido, 2017. Disponível em: <http://200.205.38.50/biblioteca/index.

É de ser destacado, igualmente, que o regramento caminhou na direção correta ao não estimular a realização dessa audiência de modo telepresencial[1788], providência já tentada e rechaçada pelo CNJ na apreciação do questionamento da Resolução CM 09/2019 do TJSC, impugnada no CNJ que acolheu o (correto) inconformismo (n. CNJ 0008866-60.2019.2.00.0000).

No mesmo sentido decisão no STJ: CC 168.522-PR, Rel. Min. Laurita Vaz, Terceira Seção, por unanimidade, julgado em 11/12/2019, DJe 17/12/2019 onde se afirmou que "Assim, demanda-se que seja realizada pelo juízo com jurisdição na localidade em que ocorreu o encarceramento. É essa autoridade judicial que, naquela unidade de exercício do poder jurisdicional, tem competência para tomar medidas para resguardar a integridade do preso, bem assim de fazer cessar agressões aos seus direitos fundamentais, e também determinar a apuração das responsabilidades, caso haja relato de que houve prática de torturas e maus tratos. Nesse contexto, foge à *ratio essendi* do instituto a sua realização por meio de videoconferência."

Assim, a excepcionalidade da situação da pandêmica não pode estimular a continuidade desse modo de realização da audiência no contexto do retorno à normalidade.

5. Imprescindibilidade da audiência de custódia

Precisa ser constante reafirmada nada obstante toda sua imprescindibilidade no marco constitucional-convencional.

Assim, nesse sentido, o STF apreciou o tema afirmando no (AgRg Rcl 29.303/RJ, Rel. Min. Edson Fachin, j. em 21/03/2019) que "Não há, nesse contexto, dúvidas da imprescindibilidade da audiência de custódia, quer em razão de prisão em flagrante (como determinado expressamente no julgamento da ADPF 347), quer também nas demais modalidades de prisão por conta de previsão expressa na legislação processual penal (art. 287 do CPP). Tal implementação legislativa vem ao encontro do cerne da manifestação do Plenário na APDF 347, que reside na sistemática e persistente implementação de garantias e direitos essenciais da população carcerária. Essa realidade da audiência de custódia, como se vê, não se cinge à ambiência das pessoas presas em razão de flagrância, alcançando, como agora disposto no Código de Processo Penal, também os presos em decorrência de mandados de prisão temporária e preventiva. Aliás, as próprias normas internacionais que asseguram a realização de audiência de apresentação, a propósito, não fazem distinção a partir da modalidade prisional, considerando o que dispõem a Convenção Americana sobre Direitos Humanos (Artigo 7.5) e o Pacto Internacional sobre Direitos Civis e Políticos (Artigo 9.3)".

6. Conceito de "relaxamento"

O relaxamento implica o reconhecimento da ocorrência de ilegalidade na prisão, seja pelo descumprimento de algum aspecto formal, seja pela própria insubsistência material, a dizer, pelo pronto reconhecimento de que a conduta subsumida não constitui fato típico.

7. "Relaxamento" como dever, e não como faculdade

O reconhecimento da ilegalidade que enseja o relaxamento é obrigatório no controle jurisdicional. Daí por que a comunicação da prisão em flagrante se reveste de instrumento essencial para o funcionamento correto do sistema penal, e sua ausência enseja mácula de fundo constitucional, não podendo ser tratada nos padrões de nulidade relativa e, menos ainda, de mera irregularidade. Além do que a ausência de comunicação imediata implica em crime de abuso de autoridade (Lei n. 4.898/1965), nos termos do art. 4º, "c".

8. "Relaxamento" e abuso de autoridade

A autoridade que, com elemento subjetivo específico previsto na Lei n. 4.898/1965, prender alguém de forma manifestamente ilegal, responderá pelos crimes ali previstos (art. 3º, "a", "b"; art. 4º, *a*), da mesma maneira que a omissão no controle jurisdicional implica em crime de igual tratamento, a teor da alínea "d", do art. 4º.

9. "Relaxamento" e indenização civil

A ocorrência da prisão em flagrante manifestamente ilegal, além das consequências processuais internas à persecução e externas em relação à autoridade que a determinou (no campo penal e no campo administrativo), gera, ainda, o direito à indenização civil a favor do lesado. Assim, já se decidiu que: Comprovado nos autos a ilegalidade da prisão do apelado constatada pela absoluta falta de provas de sua participação no delito de que foi

---

asp?codigo_sophia=137770>. Acesso em: 19 mar. 2020. p. 189-206. Disponível em: <http://200.205.38.50/biblioteca/index.asp?codigo_sophia=137920>. Acesso em: 19 mar. 2020.

1788 Ver, entre outros, VITAGLIANO, Daniella; SOUZA, Ricardo André de. Audiência de custódia por videoconferência: incompatibilidade à luz da Convenção Americana de Direitos Humanos. In: CADERNOS estratégicos: análise estratégica dos julgados da Corte Interamericana de Direitos Humanos. Rio de Janeiro: Defensoria Pública do Estado do Rio de Janeiro, 2018. p. 226-245.

acusado, com notória repercussão negativa da imagem do réu pela mídia, confirma-se a sentença que agasalhou seu pedido de indenização por danos materiais e morais. (...) Ocorrendo a prisão ilegal, em desatendimento aos pressupostos que informam a flagrância, com notória repercussão negativa pela mídia, cabe ao Estado o dever de indenizar, em vista da responsabilidade objetiva do Estado, ainda que o dano decorra de um ato judicial.[1789]

Capítulo III – Da Prisão Preventiva
(Redação dada pela Lei n. 5.349, de 3-11-1967)

Art. 311. Em qualquer fase da investigação policial ou do processo penal, caberá a prisão preventiva decretada pelo juiz, a requerimento do Ministério Público, do querelante ou do assistente, ou por representação da autoridade policial. (Redação dada pela Lei nº 13.964, de 2019)

1. A posição nuclear da prisão no âmbito das medidas cautelares

Uma das grandes permanências do modelo cautelar reformado em 2011 foi a manutenção da prisão como prima ratio das medidas, o que pode ser verificado, inclusive, por sua colocação tópica ao abrir o leque de medidas passíveis de imposição.

2. Desconformidade da prisão preventiva "obrigatória" com o regime processual do Estado de Direito

É do regime processual penal no Estado de Direito, como já destacado, a impossibilidade da determinação da prisão cautelar *ex lege*, a dizer, compulsoriamente a partir da imputação a conduta típica determinada, situação que existia na redação original do art. 312 do CPP, com o seguinte texto: "A prisão preventiva será decretada nos crimes a que for cominada pena de reclusão por tempo, no máximo, igual ou superior a dez anos".

Na sucessão de leis processuais penais, a Lei n. 5.349, de 3 de novembro de 1967, extinguiu a prisão preventiva compulsória que, segundo a "Exposição de Motivos do Código de Processo Penal", de autoria do ex-Ministro Francisco Campos, permitia à prisão preventiva desprender-se "dos limites estreitos".

No entanto, à luz da Constituição e da Convenção Americana de Direitos do Homem, é imperiosa a presença dos fundamentos cautelares para a determinação da prisão anterior à sentença condenatória irrecorrível, conformação desobedecida pelas normas contidas (em ordem cronológica): no art. 2º, II, da Lei n. 8.072/1990 (crimes hediondos); no art. 21, da Lei n. 10.826/2003 (Estatuto do Desarmamento); no art. 44, *caput*, da Lei n. 11.343/2006 (drogas); e mesmo no art. 3º da Lei n. 9.613/1998 ("Lavagem de Dinheiro"), superado pela Lei n. 12.683, de 9 de julho de 2012, que ora impediam a "liberdade provisória", ora efetivamente impunham a prisão compulsória, sendo que aquela do Estatuto do Desarmamento teve sua "Inconstitucionalidade reconhecida, visto que o texto magno não autoriza a prisão *ex lege*, em face dos princípios da presunção de inocência e da obrigatoriedade de fundamentação dos mandados de prisão pela autoridade judiciária competente".[1790]

Da mesma maneira, o Plenário do STF, no julgamento do HC 104.339, declarou, incidentalmente, a inconstitucionalidade da vedação da liberdade provisória constante do art. 44, *caput*, da Lei n. 11.343/2006 (Lei de Drogas) com o fundamento de que

essa vedação apriorística de concessão de liberdade provisória (Lei 11.343/2006, art. 44) é incompatível com o princípio constitucional da presunção de inocência, do devido processo legal, entre outros. É que a Lei de Drogas, ao afastar a concessão da liberdade provisória de forma apriorística e genérica, retira do juiz competente a oportunidade de, no caso concreto, analisar os pressupostos da necessidade do cárcere cautelar, em inequívoca antecipação de pena, indo de encontro a diversos dispositivos constitucionais. (...) a segregação cautelar – mesmo nos crimes atinentes ao tráfico ilícito de entorpecentes – deve ser analisada tal quais as prisões decretadas nos casos dos demais delitos previstos no ordenamento jurídico, o que conduz à necessidade de serem apreciados os fundamentos da decisão que denegou a liberdade provisória ao ora paciente, no intuito de verificar se estão presentes os requisitos do art. 312 do CPP que rege a matéria. (...) Ante o exposto, declaro, *incidenter tantum*, a inconstitucionalidade da vedação à liberdade provisória imposta pelo art. 44 da Lei 11.343/2006.[1791]

1789 TJES. **Ap. 24.920.057.684**. 3ª Câmara. Data de julgamento: 1º ago. 1995. Relator: Des. José Eduardo Grandi Ribeiro.

1790 STF. **ADI 3.112**. Relator: Min. Ricardo Lewandowski. Plenário. Data de julgamento: 2 maio 2007. Data de publicação: *DJE*, 26 out. 2007.

1791 HC 104.339. Voto do Relator: Min. Gilmar Mendes. Plenário. Data de julgamento: 10 maio 2012. Data de publicação: *DJE*, 6 dez. 2012.

No mesmo sentido, inúmeros outros precedentes do STF.[1792]

Na mesma esteira, até mesmo para as normas de direito internacional, como a contida na denominada "Convenção de Palermo". Para esta última, valendo-se de precedentes ligados às normas de direito interno, o STF decidiu que

> Cláusulas inscritas nos textos de tratados internacionais que imponham a compulsória adoção, por autoridades judiciárias nacionais, de medidas de privação cautelar da liberdade individual, ou que vedem, em caráter imperativo, a concessão de liberdade provisória, não podem prevalecer em nosso sistema de direito positivo, sob pena de ofensa à presunção de inocência, dentre outros princípios constitucionais que informam e compõem o estatuto jurídico daqueles que sofrem persecução penal instaurada pelo Estado. A vedação apriorística de concessão de liberdade provisória é repelida pela jurisprudência do STF, que a considera incompatível com a presunção de inocência e com a garantia do *due process*, dentre outros princípios consagrados na CR, independentemente da gravidade objetiva do delito. Precedente: ADI 3.112/DF. A interdição legal *in abstracto*, vedatória da concessão de liberdade provisória, incide na mesma censura que o Plenário do STF estendeu ao art. 21 do Estatuto do Desarmamento (ADI 3.112/DF), considerados os postulados da presunção de inocência, do *due process of law*, da dignidade da pessoa humana e da proporcionalidade, analisado este na perspectiva da proibição do excesso. O legislador não pode substituir-se ao juiz na aferição da existência de situação de real necessidade capaz de viabilizar a utilização, em cada situação ocorrente, do instrumento de tutela cautelar penal. Cabe, unicamente, ao Poder Judiciário, aferir a existência, ou não, em cada caso, da necessidade concreta de se decretar a prisão cautelar.[1793]

3. Legitimação do "querelante" para postular a prisão preventiva

O querelante que assumiu essa posição diante da inércia do Ministério Público e que passa a atuar a ação penal privada subsidiária da pública, podia, por conseguinte, mesmo no regime anterior, postular as medidas cautelares pessoais.

A situação expande-se agora para as ações penais de iniciativa exclusivamente privada, na medida em que mesmo nessas medidas cautelares distintas da prisão poderão ser requeridas e, em caso de descumprimento, convertidas em preventiva.

4. Possibilidade de o assistente de acusação postular a prisão preventiva

O assistente da acusação, admitido que é apenas no curso da ação penal, não pode postular diretamente a decretação da prisão preventiva, mas, apenas, a conversão desta quando do fracasso das medidas anteriormente impostas. Embora tenha a nova legislação incrementado a atuação do assistente no âmbito das cautelares pessoais, ainda não o foi a ponto de autorizar-lhe o desencadeamento do pedido inicial de prisão sem que o titular da ação penal o tivesse feito.

5. Postulação policial da necessidade cautelar

O processo penal brasileiro sempre aceitou a postulação policial para imposição de medidas cautelares ou, no marco teórico destes Comentários, para provocação da cognição sobre a necessidade cautelar.

A base constitucional deveria ter sido mais que suficiente para superar essa concepção autonomista que, embora pudesse preservar a provocação, deveria torná-la dependente da manifestação (preferentemente a priori) do acusador.

Mas, a leitura do marco constitucional parece admitir que postulações policiais possam se sobrepor à avaliação do acusador público, como se vê no próprio STF, no AgRg no RHC 198.182, julgado em

---

1792 **HC 101.758**. 1ª Turma. Relator: Min. Marco Aurélio. Data de julgamento: 16 out. 2012. Data de publicação: *DJE*, 8 nov. 2012; **HC 105.915**. 1ª Turma. Relator: Min. Dias Toffoli. Data de julgamento: 5 jun. 2012. Data de publicação: *DJE*, 23 ago. 2012; **HC 109.528**. 1ª Turma. Relator: Min.ª Rosa Weber. Data de julgamento: 5 jun. 2012. Data de publicação: *DJE*, 7 ago. 2012; **HC 106.963**. 2ª Turma. Relator: Min. Ayres Britto. Data de julgamento: 27 set. 2011. Data de publicação: *DJE*, 11 out. 2011; **HC 100.185**. 2ª Turma. Relator: Min. Gilmar Mendes. Data de julgamento: 8 jun. 2010. Data de publicação: *DJE*, 6 ago. 2010; **HC 101.055**. 2ª Turma. Relator: Min. Cezar Peluso Data de julgamento: 3 nov. 2009. Data de publicação: *DJE*, 18 dez. 2009; **HC 100.742**. 2ª Turma. Relator: Min. Celso de Mello. Data de julgamento: 3 nov. 2009. Data de publicação: *DJE*, 1º set. 2011. Em sentido contrário: **HC 97.059**. 1ª Turma. Relator: Min. Ayres Britto. Data de julgamento: 19 maio 2009. Data de publicação: *DJE*, 19 jun. 2009; **HC 95.539**. 2ª Turma. Relator: Min. Eros Grau. Data de julgamento: 25 nov. 2008. Data de publicação: *DJE*, 24 abr. 2009; **HC 92.495**. 2ª Turma. Relatora: Min.ª Ellen Gracie. Data de julgamento: 27 maio 2008. Data de publicação: *DJE*, 13 jun. 2008; **HC 93.940**. 1ª Turma. Relator: Min. Ricardo Lewandowski. Data de julgamento: 6 maio 2008. Data de publicação: *DJE*, 6 jun. 2008. *Vide*: **HC 99.717**. 1ª Turma. Relator: Min. Ricardo Lewandowski. Data de julgamento: 9 nov. 2010. Data de publicação: *DJE*, 25 nov. 2010; **HC 101.719**. 2ª Turma. Relator: Min. Eros Grau. Data de julgamento: 9 mar. 2010. Data de publicação: *DJE*, 7 maio 2010.

1793 STF. **HC 94.404**. 2ª Turma. Relator: Min. Celso de Mello. Data de julgamento: 18 nov. 2008. Data de publicação: *DJE*, 18 jun. 2010.

08/06/2021, da relatoria da Min. Rosa Weber e, mais ainda, possam ser decretadas mesmo quando o Ministério Público as vê como desnecessárias – STF AgRg HC 193.592, j. em 21.02.2022, da relatoria do Min. Gilmar Mendes.

> Art. 312. A prisão preventiva poderá ser decretada como garantia da ordem pública, da ordem econômica, por conveniência da instrução criminal ou para assegurar a aplicação da lei penal, quando houver prova da existência do crime e indício suficiente de autoria e de perigo gerado pelo estado de liberdade do imputado. (Redação dada pela Lei nº 13.964, de 2019)
>
> § 1º A prisão preventiva também poderá ser decretada em caso de descumprimento de qualquer das obrigações impostas por força de outras medidas cautelares (art. 282, § 4º). (Redação dada pela Lei nº 13.964, de 2019)
>
> § 2º A decisão que decretar a prisão preventiva deve ser motivada e fundamentada em receio de perigo e existência concreta de fatos novos ou contemporâneos que justifiquem a aplicação da medida adotada. (Incluído pela Lei nº 13.964, de 2019)

1. Crítica aos fundamentos da prisão preventiva: "ordem pública"

Há mais de uma década, tivemos oportunidade de realizar a análise do fundamento "ordem pública" para a prisão preventiva, alcançando o resultado de sua inadequação constitucional. Dada a atualidade da matéria, reproduzimos aqui os pontos principais daquele texto.[1794]

Assentávamos, de início, "que a fórmula "garantia de ordem pública" dificilmente se coaduna com o texto constitucional, sobretudo no cotejo com o princípio da presunção de inocência", e observávamos que "ordem pública" seria visualizada a partir da ótica jurisprudencial, buscando-se identificar a existência de um conceito dentro da atividade dos magistrados", com a "intenção, também, estratificar tal definição (se existente) no plano espacial e temporal. Mais precisamente, deseja-se saber se, dentro de uma determinada região mais ou menos uniforme geopoliticamente existe um determinado parâmetro, e se o conceito teria sofrido, ao longo dos anos de vigência do estatuto processual, alguma alteração em virtude de fatores políticos ou alterações legislativas", acrescentando que,

> dentro do plano de trabalho, foi ainda tema de pauta buscar a função do Supremo Tribunal Federal no quadro apontado. Como decorrência lógica do sistema organizacional da justiça brasileira, só poderia ser uma a sua missão: catalisar os eventuais conceitos, dando-lhe uma visão de conjunto e, por que não, uma certa orientação jurisprudencial.

O resultado foi a identificação de um cenário marcado pelo profundo descompasso entre o Código de Processo Penal e a CR e a CADH, com algumas decisões em que se busca uma conceituação do tema, sem, contudo, firmar-se um juízo de valor coeso a respeito. A procura de uma identificação espacial e cronológica, como inicialmente proposto, revelou-se frustrante. A única tímida manifestação de unidade (mesmo assim não podendo ser considerada como posição jurisprudencial, dada sua diluição) foi a da aproximação do conceito de "ordem pública" com o de "periculosidade" a partir da revogação da prisão obrigatória em fins da década de 1960.

Nem mesmo o Supremo Tribunal Federal mostrou-se capaz de fornecer linhas de atuação, deixando ao sabor arbitrário do julgador (vez que inexistem parâmetros) no caso concreto entender o que é ou não ordem pública. A ausência de parâmetros faz com que aflore o uso da fórmula em seu aspecto puramente retórico, nela podendo ser inserida ou retirada a hipótese desejada sem que trauma formal algum seja sentido.

Ao longo daquele texto, algumas utilizações mais comuns puderam ser sentidas, dentre elas, as seguintes.

2.1 Ordem pública como "confiança" na Justiça

No julgamento do Habeas Corpus 60.973, oriundo do Paraná, o STF em voto proferido pelo Min. Francisco Rezek aproximou o conceito de ordem pública com a

> preservação da credibilidade do Estado na Justiça" (RTJ, 106/573), havendo, ainda, a inclusão de alguns outros elementos como a potencialidade lesiva do crime (a ser observado posteriormente) e garantia da própria segurança do acusado. Tal ideia mostra-se claramente insuficiente. Todo processo, no limite, tenta reproduzir a confiabilidade da justiça do Estado, que um dia substituiu a justiça de "mão própria". Veja-se que o espectro de tal posição, extremamente largo, permite que o réu seja detido cautelarmente em qualquer feito, pois em todos os processos a justiça deve ser "confiável".

Acrescente-se que a ideia da confiança se faz presente no largo subjetivismo conferido ao Juiz e seu poder de decretar medidas cautelares de

---

[1794] CHOUKR, Fauzi Hassan. A ordem pública como fundamento da prisão cautelar: uma visão jurisprudencial. **Revista Brasileira de Ciências Criminais**, São Paulo, v. 1, n. 4, p. 89-93, out./dez. 1993.

forma geral[1795], concretizado na ideia de que o juiz "atuando no local onde os crimes foram perpetrados e conhecendo as pessoas neles envolvidas é quem melhor pode avaliar a necessidade da decretação da medida cautelar".[1796]

2.2 Ordem pública e mera repetição da fórmula legal

A repetição da fórmula legal é presente em várias decisões, sendo uma das linhas mais perceptíveis, mesmo porque não se dá ao trabalho de tentar definir o que seja ordem pública, limitando-se a decretar a prisão cautelar (ou mantê-la apenas proferindo a letra da lei).

Interessante acórdão contido na RT 531/296 aponta para a insuficiência da repetição da fórmula legal. No caso concreto, o julgador apontou que não basta a simples repetição da fórmula "garantia de ordem pública" para embasar o encarceramento preventivo. O acórdão é instigante na medida em que aponta a necessidade de definir um conceito, repudiando a acomodação judicial, que, na impossibilidade da construção de bases para a matéria, assenta suas manifestações apenas na repetição das palavras sacras.

2.3 Ordem pública e lei penal

O acórdão do RHC 60.642; data de julgamento: 18 mar. 1983 (RT, 575/455), procura uma definição do conceito, asseverando que "a garantia da ordem social, que é a mesma da ordem pública, não se efetiva com o simples término da tomada da prova. Integra-a a aplicação da lei penal". Essa decisão guarda muita semelhança com aquela citada, em que a ordem pública significava credibilidade na Justiça, apenas que com outra roupagem.

2.4 Ordem pública e periculosidade

Pode-se afirmar que a partir do momento em que saiu do mundo jurídico a necessidade da prisão em virtude da presunção legal de periculosidade ou gravidade do delito, a utilização da disposição ordem pública passou, no mais das vezes, a tomar-lhe o lugar. Assim, não foi com surpresa que se encontrou, no início da década de 1970, uma enxurrada de decisões utilizando a ideia nos casos em que o agente se mostrava perigoso, como observado nos julgados contidos nas RT 477/401, 504/436, 534/366, 549/398, 538/458 e 489/344.

2.5 Ordem pública e clamor público

Também foi a partir do momento citado no tópico anterior que se empregou com alguma frequência a expressão "clamor público", como no acórdão contido na RT 593/399. No julgado apontado, a revolta da população surge como fonte autorizadora da custódia cautelar, assimilando sua ocorrência à ideia de desordem, que deve ser eliminada pela constrição da liberdade do acusado.

Acresça-se que o profundo trabalho realizado por Sanguiné[1797] demonstrou lapidarmente a inconstitucionalidade dessa concepção.

De certa maneira, há uma consolidação dessa visão no próprio STF (acórdãos posteriores ao nosso trabalho já mencionado), a qual pode ser verificada nos julgados HC 71.289/RS (DJU, 6 set. 1996); RHC 64.420/RJ (DJU, 13 mar. 1987); HC 78.425/PI. Relator: Min. Néri da Silveira. 9 fev. 1999; HC 80.719/SP (DJU, 28 set. 2001); HC 80.826/CE. Relator: Min. Celso de Mello. 4 dez. 2001, os quais reproduzem a ideia de que

> Considerando que a gravidade em abstrato do crime, o clamor público, o risco à credibilidade da justiça e a repercussão social não são suficientes, por si sós, para justificar a manutenção da custódia cautelar, a Turma deferiu em parte *habeas corpus* para decretar a nulidade do decreto de prisão expedido contra o paciente. Salientou-se, ainda, que o delito imputado ao paciente – contrabando de cigarros e de produtos eletrônicos e de informática – não pressupõe a ocorrência de risco à ordem pública também invocada como fundamento do decreto de prisão, sob pena de antecipação da sanção penal.[1798]

Nada obstante, ainda se encontra o emprego desse fundamento no próprio Tribunal mencionado, como no caso em que se afirmou que é

> pacífico o entendimento no STJ de que nem sempre as circunstâncias da primariedade, bons antecedentes e residência fixa são motivos a obstar a declaração da excepcional medida, se presentes os pressupostos para tanto. O clamor público, no caso, comprova-se pela repulsa profunda gerada no meio social.

O exame do ato decisório em questão permite assim resumir, em seus aspectos essenciais, os fundamentos em que se sustenta a prisão cautelar do ora paciente, decretada com apoio na manifestação do Ministério Público local, cuja promoção foi acolhida, pela magistrada, como razão de decidir

---

1795 TJSC. **HC 02.019959-7**. Itajaí. Relator: Des. Gaspar Rubik. Data de julgamento: 29 out. 2002.
1796 TJSC. **HC 2003.021049-0**. Itaiópolis. Relator: Jorge Schaefer Martins.
1797 SANGUINÉ, Odone. A inconstitucionalidade do clamor público como fundamento da prisão preventiva. In: SHECAIRA, Sérgio Salomão (Org.). **Estudos em homenagem a Evandro Lins e Silva** – o criminalista do século. São Paulo: Método, 2000.
1798 STF. **HC 82.909/PR**. Relator: Min. Marco Aurélio. 5 ago. 2003.

(fls. 56/57 e 48/53): (a) intensa repercussão social do evento delituoso (clamor público), (b) privilegiada condição socioeconômica do acusado, cuja soltura "causaria imediato (...) descrédito ao Poder Judiciário", (c) evasão do distrito da culpa, logo após a prática do delito e (d) probabilidade de o réu atemorizar, pressionar e constranger testemunhas, além de poder frustrar a regular instrução do processo penal. Passo a apreciar o pedido. Todos sabemos que a privação cautelar da liberdade individual é qualificada pela nota da excepcionalidade. Não obstante o caráter extraordinário de que se reveste, a prisão preventiva pode efetivar-se, desde que o ato judicial que a formalize tenha fundamentação substancial, com base em elementos concretos e reais que se ajustem aos pressupostos abstratos – juridicamente definidos em sede legal – autorizadores da decretação dessa modalidade de tutela cautelar penal.[1799]

2.5.1 Impossibilidade da fundamentação "clamor público": consolidação da jurisprudência do e. STF

Na esteira das considerações do tópico precedente, o e. STF consolidou sua posição quanto à impossibilidade de emprego do fundamento "clamor público" para sustentar a manutenção da prisão cautelar da pessoa acusada, o que pode ser verificado nos seguintes precedentes: **HC 79.781**. Relator: Min. Sepúlveda Pertence. Data de publicação: DJ, 9 set. 2000; **RHC 79.200**. Relator: Min. Sepúlveda Pertence. Data de publicação: DJ, 13 ago. 1999; **HC 84.662**. Relator: Min. Eros Grau. Data de publicação: DJ, 22 out. 2004; **HC 83.828**. Relator: Min. Sepúlveda Pertence. Data de publicação: DJ, 20 fev. 2004, e onde se invocam os **HC 71.289**. Relator: Min. Ilmar Galvão; **HC 78.425**. Relator: Min. Néri da Silveira; **HC 79.200**. Relator: Min. Sepúlveda Pertence; **HC 80.719**. Relator: Min. Celso de Mello.

E, no corpo do precedente HC 112888[1800]

> A ideia de revolta da população como fonte legitimadora da prisão cautelar, por assimilação à ideia de desordem, cuja eliminação custaria a liberdade do acusado, transpira a inconstitucionalidade e, salvo precedentes isolados, nunca foi tolerada pelo Supremo Tribunal Federal (cf. Fauzi Hassan Choukr, *Código de Processo Penal* – comentários consolidados e crítica jurisprudencial, RJ, Lumen Juris, 2005, p. 499-500).

2.5.2 Clamor público e mídia

Das concepções de ordem pública, o clamor parece ser o que mais comunga de um relacionamento questionável com a mídia e com a influência que ela exerce em vários segmentos de operadores do direito e em parte do seio social.

Nesse sentido, com a devida vênia, é bastante criticável o conteúdo de determinado provimento que, em sua fundamentação, aduziu que

> a continuidade da custódia provisória encontra-se bem arrazoada pela decisão singular, sobretudo porque a repercussão da ação delituosa, a partir da veiculação dos fatos em rede nacional pelo programa Linha Direta [sic], e a fuga do réu justificaram a proteção da ordem pública e a garantia da aplicação da lei penal, não havendo o que repor. É razoável admitir-se o excesso de prazo quando o caso é complexo, envolvendo a hipótese de desaforamento e o cumprimento da medida preventiva em localidade distante, na qual o réu foi capturado.[1801]

2.6 Ordem pública e segurança do acusado

Ordem pública é um argumento que já foi utilizado até em favor do acusado (!) para sustentar a decretação de prisão preventiva. Raciocinou-se, na decisão contida na RT 593/339, que era mais seguro deixar o réu encarcerado que solto, ante a notoriedade do crime praticado. Portanto, o Estado já concluiu que, a fim de garantir a incolumidade do acusado, este deveria ter sua liberdade privada.

2.7 Conceito negativo

Se alguma definição para ordem pública os Tribunais constituíram, não foi ela de caráter positivo, mas sim negativo. Analisando um caso em que, além do delito cometido, o agente possuía uma vida econômica arruinada, com inúmeras ações de execução na esfera civil, o Tribunal de Alçada Criminal de São Paulo decidiu em 23 de junho de 1977 que a existência de tais ações não significava um risco à ordem pública para os fins de medida cautelar penal.

Ainda que pela linha de exclusão, o julgado serve de parâmetro para um início de delimitação da expressão, não se admitindo a existência de "dívidas civis" para sustentar a prisão preventiva. Trata-se de postura amplamente correta, notadamente num país com a nossa estrutura econômica. Se levada a sério, pode significar a impossibilidade da prisão cautelar em face da situação econômica do acusado, tendo reflexos até na noção de domicílio certo, cuja ausência em várias oportunidades sustenta a prisão cautelar.

[1799] *RTJ*, 134/798. Relator para o acórdão: Min. Celso de Mello.
[1800] STF. **HC 112888 MC**. Relator: Min. Cezar Peluso. Data de julgamento: 12 jun. 2012. Data de publicação: DJe-119, 18 jun. 2012 (divulg.); 19 jun. 2012 (public.), acima mencionado (processo eletrônico).
[1801] STJ. Relator: Min. José Arnaldo da Fonseca. Data de julgamento: 23 mar. 2004. Data de publicação: *DJ*, 26 abr. 2004. p. 188.

2.8 Tentativa de conceituação de ordem pública pelo STF

O STF jamais excluiu do ordenamento processual penal a cláusula da ordem pública. Ao contrário, reiterou-se que esta envolve, em linhas gerais, as seguintes circunstâncias principais: a) necessidade de resguardar a integridade física ou psíquica do paciente ou de terceiros; b) objetivo de impedir a reiteração das práticas criminosas, desde que lastreado em elementos concretos expostos fundamentadamente no decreto de custódia cautelar; e c) necessidade de assegurar a credibilidade das instituições públicas, em especial o Poder Judiciário, no sentido da adoção tempestiva de medidas adequadas, eficazes e fundamentadas quanto à visibilidade e transparência da implementação de políticas públicas de persecução criminal.[1802]

2.9 Fundamentos idôneos na leitura jurisprudencial

Se a ordem pública apresenta os incontáveis problemas já enumerados há um sensível esforço na jurisprudência para identificar fundamentos considerados idôneos a embasar a fundamentação cautelar. O primeiro deles, amplamente reconhecido é o risco de fuga que ameaça a própria instrução criminal.

2.9.1 Risco à instrução criminal pela fuga

O risco de fuga é amplamente reconhecido pela jurisprudência como se observa das reiteradas posições do STJ [1803]. Mas, risco de fuga não é sinônimo de não localização, pelo Estado, da pessoa acusada. Assim, a revelia, por si, não autoriza a confirmação da necessidade cautelar e a imposição direta da prisão preventiva[1804].

2.9.2 Condições subjetivas em cotejo com fatos concretos

As condições subjetivas favoráveis não militam, na leitura cautelar da jurisprudência, soberanamente a favor da pessoa submetida à persecução de modo a desonerá-la de qualquer vínculo cautelar com o processo.[1805]

Essa compreensão é, em si, correta, pois a análise dos fundamentos da *necessidade cautelar* deve ser feita de acordo com a situação concreta que pode, de maneira justificada, impor a adoção de uma ou mais medida.

2.9.3 Reiteração delitiva

É passível de justificar a necessidade cautelar e impor a prisão preventiva, sobretudo quando houver "indícios suficientes de que esteja fazendo da prática de crimes o seu meio de subsistência".[1806]

Nada obstante muitas vezes os precedentes aplicam a prisão cautelar de forma direta uma vez demonstrada a inexistência de inquéritos ou processos em curso[1807] invocando-se o jargão "periculum libertatis".[1808]

2.9.4 Condições objetivas da prática criminosa

Ainda na tentativa de construir um conceito jurisprudencial de ordem pública, o STF debruçou-se sobre a relação dessa locução com a criminalidade organizada, dispondo que

> Com a aplicação da legislação sobre criminalidade organizada sedimentou-se uma corrente de entendimento que verifica a ordem pública na "necessidade de se interromper ou diminuir a atuação de integrantes de organização criminosa,

---

[1802] STF. **HC 91.386/BA**. Relator: Min. Gilmar Mendes. 19 fev. 2008.

[1803] STJ. **HC 307469/SP**. 5ª Turma. Relator: Min. Jorge Mussi. Data de julgamento: 3 mar. 2015. Data de publicação: DJe, 23 mar. 2015; **RHC 53927/RJ**. 5ª Turma. Relator: Min. Felix Fischer. Data de julgamento: 5 mar. 2015. Data de publicação: DJe, 17 mar. 2015; **HC 312188/PR**. 6ª Turma. Relatora: Min.ª Maria Thereza De Assis Moura. Data de julgamento: 24 fev. 2015. Data de publicação: DJe, 2 mar. 2015; **HC 303501/MG**. 6ª Turma. Relator: Min. Rogerio Schietti Cruz. Data de julgamento: 25 nov. 2014. Data de publicação: DJe, 16 dez. 2014.

[1804] STJ RHC 44594/SP, Rel. Ministro Felix Fischer, Quinta Turma, julgado em 02/10/2014, DJe 03/11/2014; HC 299733/RJ, Rel. Ministra Maria Thereza De Assis Moura, Sexta Turma, julgado em 09/12/2014, DJe 19/12/2014.

[1805] Nesse sentido, dentre outros, STJ. **HC 299126/SP**. 5ª Turma. Relator: Min. Jorge Mussi. Data de julgamento: 5 mar. 2015. Data de publicação: DJe, 19 mar. 2015; **RHC 53347/MG**. 5ª Turma. Relator: Min. Felix Fischer. Data de julgamento: 3 fev. 2015. Data de publicação: DJe, 3 mar. 2015.

[1806] TJ-CE. **HC 06201972620168060000 CE 0620197-26.2016.8.06.0000**. 1ª Câmara Criminal. Relatora: Maria Edna Martins. Data de publicação: 1º mar. 2016.

[1807] STJ. 5ª Turma. **RHC 55365/CE**. Relator: Min. Jorge Mussi. Data de julgamento: 17 mar. 2015. Data de publicação: DJe, 6 abr. 2015; **RHC 48897/MG**. 5ª Turma. Relator: Min. Felix Fischer. Data de julgamento: 2 out. 2014. Data de publicação: DJe, 13 out. 2014; **HC 285466/PR**. 5ª Turma. Relatora: Min.ª Laurita Vaz. Data de julgamento: 5 ago. 2014. Data de publicação: DJe, 21 ago. 2014.

[1808] TJ-AL. **HC 08035626520148020000 AL 0803562-65.2014.8.02.0000**. Câmara Criminal. Relator: Des. Otávio Leão Praxedes. Data de julgamento: 25 mar. 2015. Data de publicação: 7 abr. 2015.

[...] constituindo fundamentação cautelar idônea e suficiente para a prisão preventiva".[1809]

Ademais, "o envolvimento em organizações criminosas e forma concreta da prática criminosa são condições usadas pela jurisprudência como capazes de justificar a necessidade cautelar na forma de prisão, impossibilitando a sua substituição por medidas alternativas na forma do art. 319".[1810]

3. Garantia da ordem econômica como fundamento da prisão preventiva

Esse fundamento foi introduzido pela Lei n. 8.884/1994 que, em seu art. 86 providenciou a alteração do art. 312 do CPP para fazer constar a ordem econômica no rol das situações autorizadoras da prisão preventiva.

Sua estrutura não difere daquela já discutida para ordem pública, destacando-se como linha de raciocínio que se efetiva a constrição cautelar considerando-se que 'A manutenção da atuação de grupos organizados como o dos autos interfere, sobremaneira, no desenvolvimento econômico do País, seja em termos macroeconômicos, prejudicando as políticas estabelecidas e a estabilidade do mercado, seja em termos microeconômicos, em que a atuação criminosa dá azo às situações de concorrência desleal e de perturbação na circulação de bens no mercado.[1811]

4. Conveniência da instrução criminal

Trata-se do fundamento que melhor se amolda às finalidades estritamente cautelares, posto que tutela a integridade do processo de conhecimento com a proteção à produção probatória, sobretudo – mas não exclusivamente – a testemunhal.

A tutela da testemunha ou vítima sempre merece atenção diferenciada, mas que deve estar apoiada em narrativa de risco minimamente embasada dado que, se

Não é exigível, para o reconhecimento do risco à instrução criminal, tenha havido ameaça clara e aberta, pois não é o que usualmente ocorre. Com efeito, ameaças – não raramente – são proferidas de forma velada e disfarçada.[...] Caso, porém, no qual a suposta ameaça está cercada de tamanhas incertezas que não permite conclusão de que teria de fato ocorrido, o que é ilustrado pela circunstância de dois dos pacientes sequer terem sido denunciados pelo fato.[1812]

O risco apresenta-se, assim, na produção da prova testemunha, destacando que essa produção pode vir a ser renovada, situação na qual persistirá a necessidade da tutela.

Essa, aliás, a situação do júri, onde a verdadeira instrução perante o juiz natural se dá após a colheita de prova perante o juiz togado. Como já decidido,

A previsão de atos instrutórios também em Plenário do Júri (arts. 473 a 475 do CPP) autoriza a manutenção da custódia preventiva, decretada sob o fundamento da conveniência da instrução criminal. Isso porque não é de se ter por encerrada a fase instrutória, simplesmente com a prolação da sentença de pronúncia.[1813]

Essa proteção estende-se, por certo, a todos os meios de prova e não apenas àquela testemunhal. Assim, a destruição de documentos e o comprometimento do trabalho pericial são igualmente tutelados desde que devidamente demonstrados, sendo certo que

O fundamento esposado pelo magistrado coator, no sentido de que o paciente, em liberdade, poderia destruir provas, não conta com um só fato que corrobore essa conclusão, que, totalmente desprovida de substrato material, não passa de mera conjectura, imprópria para embasar o decreto de prisão provisória do investigado.[1814]

Por outro lado, será legal quando "Demonstrada está a imprescindibilidade da custódia preventiva

---

1809 STF, HC n. 95.024, Rel. Ministra Cármen Lúcia, Primeira Turma, julgado em 14/10/2008; RHC 106.697, Rel. Ministra Rosa Weber, Primeira Turma, julgado em 03/04/2012.

1810 STJ. **HC 311909/CE**. 6ª Turma. Relatora: Min.ª Maria Thereza De Assis Moura. Data de julgamento: 10 mar. 2015. Data de publicação: DJe, 16 mar. 2015; **RHC 54423/MG**. 6ª Turma. Relator: Min. Rogerio Schietti Cruz. Data de julgamento: 10 mar. 2015. Data de publicação: DJe, 17 mar. 2015; **RHC 53944/SP**. 5ª Turma. Relator: Min. Jorge Mussi. Data de julgamento: 10 mar. 2015. Data de publicação: DJe, 19 mar. 2015; **RHC 36608/BA**. 6ª Turma. Relator: Min. Sebastião Reis Júnior. Data de julgamento: 10 mar. 2015. Data de publicação: DJe, 20 mar. 2015; **RHC 53927/RJ**. 5ª Turma. Relator: Ministro Felix Fischer. Data de julgamento: 5 mar. 2015. Data de publicação: DJe, 17 mar. 2015.

1811 STJ. **RHC 49062 RJ 2014/0147331-0**. Relator: Min. Rogério Schietti. Data de publicação: 23 out. 2014.

1812 STF. **HC 111.836**. 1ª Truma. Relator para o acórdão: Min.ª Rosa Weber. Data de julgamento: 20 mar. 2012. Data de publicação: DJE, 25 set. 2012.

1813 STF. **HC 100.480**. 1ª Turma. Relator: Min. Ayres Britto. Data de julgamento: 10 nov. 2009. Data de publicação: DJE, 4 dez. 2009. No mesmo sentido: HC 99.287. 2ª Turma. Relator: Min. Gilmar Mendes. Data de julgamento: 1º fev. 2011. Data de publicação: DJE, 9 mar. 2011.

1814 TRF. **HC 9855 AP 2007.01.00.009855-8**. 3ª Região. Relator: Des. Fed. Olindo Menezes. Data de publicação: DJ, 18 maio 2007. p. 18.

para a conveniência da instrução criminal, quando presentes elementos que revelam a destruição de provas pelo paciente, tanto acerca da autoria quanto da materialidade delitiva".[1815]

5. Para assegurar futura aplicação da lei penal

Trata-se de fundamento potencialmente mais ligado à execução da pena, quando a pessoa sentenciada e condenada dá mostras que buscará frustrar a eficácia da condenação. Essa a linha contida nos seguintes precedentes do STF. **RHC 93.174**. 1ª Turma. Relator: Min. Ayres Britto. Data de julgamento: 18 mar. 2008. Data de publicação: DJE, 19 set. 2008. No mesmo sentido: **HC 98.815**. 2ª Turma. Relator: Min. Gilmar Mendes. Data de julgamento: 24 ago. 2010. Data de publicação: DJE, 10 set. 2010; **HC 97.750**. 1ª Turma. Relator para o acórdão: Min. Dias Toffoli. Data de julgamento: 6 abr. 2010. Data de publicação: DJE, 28 maio 2010; **HC 95.064**. 2ª Turma. Relator: Min. Eros Grau. Data de julgamento: 9 dez. 2008. Data de publicação: DJE, 14 ago. 2009; **HC 96.955**. 1ª Turma. Relator: Min. Ricardo Lewandowski. Data de julgamento: 19 maio 2009. Data de publicação: DJE, 14 ago. 2009.

6. Quando houver prova da existência do crime

A prova da existência do crime é a possível de ser auferida nos limites de cognição cautelar e não se confunde, certamente, com a produzida em cognição exauriente. O mesmo vale para apreciação das causas exculpantes, que somente afastarão esse fundamento desde que demonstradas de forma inabalável de plano.

7. Existência de indício suficiente de autoria

Da mesma forma que a comprovação da ocorrência do crime, a existência de indícios de autoria está ligada à extensão da cognição desenvolvida em sede cautelar que, não sendo exauriente, contenta-se com apontamentos preliminares de imputação, sendo que se "A autoria delitiva não restou evidenciada, sendo o mínimo para o decreto da prisão preventiva. Os requisitos legais para ser decretada a prisão preventiva não restou comprovada nos autos, não tendo sido demonstrado através de fatos concretos o fundamento da decisão".[1816]

§ 1º A prisão preventiva também poderá ser decretada em caso de descumprimento de qualquer das obrigações impostas por força de outras medidas cautelares (art. 282, § 4º). (Redação dada pela Lei nº 13.964, de 2019)

§ 2º A decisão que decretar a prisão preventiva deve ser motivada e fundamentada em receio de perigo e existência concreta de fatos novos ou contemporâneos que justifiquem a aplicação da medida adotada. (Incluído pela Lei nº 13.964, de 2019)

1. Prisão preventiva em razão de descumprimento de outras medidas cautelares

Ao lado das hipóteses preexistentes, a nova legislação emprega como fundamento para a prisão o descumprimento (injustificado) de qualquer medida prévia. Passa, assim, a constrição a ser um mecanismo sancionador (cautelar) das demais medidas, conforme já apontado nos *Comentários* ao art. 282, *caput*.

O artigo (art. 282, § 4º) em referência deixa claro que a prisão preventiva como sanção cautelar ao descumprimento de outra(s) medida(s) é a última opção, sendo precedida, na ordem determinada na nova norma, pela: a) substituição e, fracassada esta, a cumulação. Apenas esgotado esse itinerário de insucesso no cumprimento das medidas alternativas, a legislação invoca a prisão preventiva como instrumento para garantia cautelar do processo.

Art. 313. Nos termos do art. 312 deste Código, será admitida a decretação da prisão preventiva: (Redação dada pela Lei n. 12.403, de 4-5-2011)

1. Hipóteses de cabimento

Para a correta interpretação sistêmica da presente norma, é forçoso retomar a distinção entre conversão e decretação já abordada no art. 310, II, nota 2, nestes *Comentários*, e àquela distinção é importante somar a figura da conversão tratada no parágrafo único do art. 312.

Assim, tem-se na nova disciplina legal o seguinte cenário: (i) autuação; (ii) conversão; (ii) substituição; (iv) cumulação e (v) decretação com momentos distintos para a efetivação de cada qual e com papéis distintos para os atores da persecução penal, e cada uma dessas formas e em cada etapa.

1.1 Comparecimento espontâneo e conversão

O regime atual eliminou a possibilidade de decretação da prisão preventiva na hipótese do anterior art. 317, que continha a seguinte redação: Art. 317. A apresentação espontânea do acusado à autoridade não impedirá a decretação da prisão preventiva nos casos em que a lei a autoriza.

Contudo, na análise da necessidade cautelar nada impede que o julgador, verificando a necessidade

---

[1815] STJ. **HC 179398 RJ 2010/0129324-2**. Relator: Min. Jorge Mussi. Data de julgamento: 17 mar. 2011.
[1816] TJMA. **HC 28122005**. Relatora: Maria dos Remédios Buna Costa Magalhães. Data de julgamento: 28 abr. 2005.

de acautelar o Juízo, imponha medida cautelar não restritiva da liberdade, de início.

> I – nos crimes dolosos punidos com pena privativa de liberdade máxima superior a 4 (quatro) anos;

1. Máximo da pena em abstrato

Trata-se de limitação à decretação da medida em primeiro plano ou quando da conversão da prisão em flagrante ou da prisão temporária. Neste último caso, é importante lembrar que há situações nas quais o tipo penal autoriza a prisão temporária, mas a quantidade de pena máxima abstratamente prevista é inferior a quatro anos, *v.g.*, crime de quadrilha ou bando (art. 288 do Código Penal), com pena máxima de três anos.

Não se aplica, contudo, às hipóteses conjugadas do art. 312, parágrafo único, e do art. 282, § 4º, situações nas quais a prisão preventiva aparece como sanção processual cautelar decorrente do descumprimento injustificado daquela(s) inicialmente estabelecida(s).

1.1 Hipóteses de concurso formal, material e crime continuado

As limitações processuais que levam em conta quantidade de pena em abstrato prevista para os tipos penais acarretam, quase que como regra, a discussão sobre sua incidência na hipótese de concursos de crimes, o que se deu, por exemplo, em relação à suspensão condicional do processo (art. 89 da Lei n. 9.099/95), quando a doutrina analisou a possibilidade de incidência desse mecanismo no caso de concurso formal.

Nesse ponto, considerando que as infrações deveriam ser analisadas isoladamente, pode-se verificar a posição de Giacomolli[1817] que se confrontava com o entendimento de Batista e Fux[1818], para quem, uma vez somadas as causas de aumento, aquele instituto não se aplicaria.

Por fim, a compreensão de Gonçalves[1819], para quem a somatória, em abstrato, das penas cominadas a cada delito impediria a suspensão, tese esta encampada pela Súmula 243 do Superior Tribunal de Justiça, que também adotou a posição de Batista e Fux: "O benefício da suspensão do processo não é aplicável em relação às infrações penais cometidas em concurso material, concurso formal ou continuidade delitiva, quando a pena mínima cominada, seja pelo somatório, seja pela incidência da majorante, ultrapassar o limite de um (01) ano".

Cremos ser possível fazer a interpretação da mesma forma em relação ao presente inciso, para concluir que nas hipóteses de concurso formal, material e crime continuado as penas em abstrato devem ser somadas, superando eventualmente o máximo em abstrato de quatro anos e o respectivo impedimento para a decretação, de plano, da prisão preventiva.

1.2 Exclusão dos crimes culposos

O direito brasileiro não prevê a possibilidade da constrição cautelar pessoal para os crimes culposos como primeira medida, restando a possibilidade de prisão preventiva nessas hipóteses diante do descumprimento de outras previamente determinadas nos termos da conjugação dos arts. 282, § 4º, e 312, parágrafo único.

1.3 Prisão preventiva e infrações penais de menor potencial ofensivo

Da estrutura anterior, podia-se extrair a viabilidade de decretação da prisão preventiva no caso de crimes dolosos apenados com detenção que integrem o conceito de "menor potencial ofensivo". Prado e Grandinetti[1820], em abalizada obra, defendem essa possibilidade. Nada obstante, já houve determinado provimento que considerou que se tratando "de conduta sujeita à competência dos Juizados Especiais, a custódia preventiva se mostra desnecessária, sobretudo diante das implicações ideológicas dos chamados tipos de menor potencial ofensivo", tendo sido o recurso provido para revogar a prisão preventiva.[1821]

Na nova disciplina legal, é admissível a prisão preventiva como sucedâneo das medidas anteriormente impostas quando forem descumpridas, nos termos dos arts. 282, § 4º, e 312, parágrafo único, inclusive nos casos de infração penal de menor potencial ofensivo, reiterando-se a lição doutrinária acima mencionada.

> II – se tiver sido condenado por outro crime doloso, em sentença transitada em julgado,

---

[1817] GIACOMOLLI, N. J. **Juizados especiais criminais**. 2. ed. Porto Alegre: Livraria do Advogado, 2002. p. 44. Número 3.4.

[1818] MARTINS, Batista Weber; FUX, Luiz. **Juizados especiais cíveis e criminais e suspensão condicional do processo**. Rio de Janeiro: Forense, 1996. p. 365.

[1819] GONÇALVES, Victor Eduardo Rios. **Juizados especiais criminais**: doutrina e jurisprudência atualizadas. 2. ed. São Paulo: Saraiva, 2002. p. 67.

[1820] PRADO, Geraldo; CASTANHO DE CARVALHO, Luiz Gustavo Grandinetti. **Leis dos juizados especiais criminais**. 3. ed. Rio de Janeiro: Lumen Juris, 2003.

[1821] STJ. Relator: José Arnaldo da Fonseca. Data de publicação: *DJ*, 16 fev. 2004. p. 274.

> ressalvado o disposto no inciso I do caput do art. 64 do Decreto-lei n. 2.848, de 7 de dezembro de 1940 – Código Penal; (Redação dada pela Lei n. 12.403, de 4-5-2011)

1. Limites à condenação anterior
Nos termos do art. 64 do Código Penal:

> Para efeito de reincidência: I – não prevalece a condenação anterior, se entre a data do cumprimento ou extinção da pena e a infração posterior tiver decorrido período de tempo superior a 5 (cinco) anos, computado o período de prova da suspensão ou do livramento condicional, se não ocorrer revogação.

A condenação anterior por crime culposo ou contravenção não induz a ocorrência do presente artigo.

2. Inconstitucionalidade da presente norma
Admitir-se que a determinação da necessidade cautelar esteja condicionada à existência de condenação anterior é aproximar-se de um direito processual penal do autor pela sua conduta de vida, deixando de lado fatores eminentemente cautelares.

Assim, mesmo como indicativo da necessidade cautelar que imponha uma medida não constritiva da liberdade, a presente previsão não tem aderência constitucional-convencional. Menos ainda o terá se for tomada como um fundamento ex legge, a dizer, "porque houve condenação anterior logo a necessidade cautelar está demonstrada de forma apriorística".

> III – se o crime envolver violência doméstica e familiar contra a mulher, criança, adolescente, idoso, enfermo ou pessoa com deficiência, para garantir a execução das medidas protetivas de urgência; (Redação dada pela Lei n. 12.403, de 4-5-2011)

1. Medidas protetivas e previsão legal
Pelo art. 42 da Lei n. 11.340/2006, já havia previsão de prisão preventiva "se o crime envolver violência doméstica e familiar contra a mulher, nos termos da lei específica, para garantir a execução das medidas protetivas de urgência".

A denominada "Lei Maria da Penha" foi a responsável pela sistematização de medidas protetivas de urgência, que são divididas entre as que dizem respeito ao ofensor e as que se destinam à mulher ofendida. Entre esses dois tipos, a referência diz respeito às do primeiro tipo, previstas no art. 22 da lei supracitada que são: I – suspensão da posse ou restrição do porte de armas, com comunicação ao órgão competente, nos termos da Lei n. 10.826, de 22 de dezembro de 2003; II – afastamento do lar, domicílio ou local de convivência com a ofendida; III – proibição de determinadas condutas, entre as quais: a) aproximação da ofendida, de seus familiares e das testemunhas, fixando o limite mínimo de distância entre estes e o agressor; b) contato com a ofendida, seus familiares e testemunhas por qualquer meio de comunicação; c) frequentação de determinados lugares a fim de preservar a integridade física e psicológica da ofendida; IV – restrição ou suspensão de visitas aos dependentes menores, ouvida a equipe de atendimento multidisciplinar ou serviço similar; V – prestação de alimentos provisionais ou provisórios.

Cumpre destacar, ainda, que a presente norma previu medidas protetivas "de urgência" em relação a pessoas não incluídas na Lei Maria da Penha, sendo certo que eventuais previsões de medidas protetivas contidas, por exemplo, no Estatuto da Criança e do Adolescente não se confundem com as da Lei n. 11.340/2006, pois aquelas são cabíveis quando da "ação ou omissão da sociedade ou do Estado", ou "por falta, omissão ou abuso dos pais ou responsável". De resto, o mesmo tratamento já se apresentava no Estatuto do Idoso (Lei n. 10.741/2003, arts. 43 e 45).

Do conteúdo do presente inciso não se extrai, de qualquer forma, o automatismo da constatação da necessidade cautelar e imposição de uma medida. A dizer, não existe o fundamento *ex legge*, devendo ser demonstrada a necessidade cautelar no caso concreto.

Assim, na esteira do quanto aqui afirmado, "A orientação desta Corte Superior é no sentido de que o descumprimento reiterado das medidas protetivas da Lei Maria da Penha (Lei n. 11.340/2006), com risco concreto à integridade física da vítima, justifica a custódia cautelar do Agressor. Precedentes. II – Nos termos do art. 313, III, do Código de Processo Penal, é cabível a decretação da prisão cautelar para garantir a execução das medidas de urgência em favor da mulher"[1822], observando-se que

> A custódia cautelar fustigada se estriba em motivação concreta, apta a ensejar a adoção da medida, ante a reiteração delitiva e ao efetivo risco que o réu representa para a integridade física da vítima. 3. Não se cuida de possibilidade abstrata ou mera ilação do juízo, a contumácia das agressões evidencia a inviabilidade de substituir a prisão por medidas cautelares, que se revelaram

---

[1822] STJ. **RHC 40567 DF 2013/0296858-2**. 5ª Turma. Relatora: Min.ª Regina Helena Costa. Data de julgamento: 5 dez. 2013. Data de publicação: DJe, 11 dez. 2013.

insuficientes para resguardar a ordem pública e por a vítima a salvo da fúria do réu.[1823]

IV – Revogado pela Lei n. 12.403, de 4-5-2011.

Texto original: se o crime envolver violência doméstica e familiar contra a mulher, nos termos da lei específica, para garantir a execução das medidas protetivas de urgência.
Parágrafo único. Também será admitida a prisão preventiva quando houver dúvida sobre a identidade civil da pessoa ou quando esta não fornecer elementos suficientes para esclarecê-la, devendo o preso ser colocado imediatamente em liberdade após a identificação, salvo se outra hipótese recomendar a manutenção da medida. (Incluído pela Lei n. 12.403, de 4-5-2011)

1. Hipótese do presente parágrafo: retenção de pessoas

Malgrado a presente norma tenha falado em prisão preventiva nessa hipótese, o que existe, de fato, é a previsão legal de retenção de pessoas. Sem embargo da literalidade da lei, há lacunas sensíveis entre ela e a atuação prática.

Com efeito, se o tema é agora disciplinado no direito brasileiro, a análise do direito comparado nos mostra profundas diferenças operacionais. Delmas-Marty[1824] (2005, *passim*) pontua como exemplo similar detenção na Alemanha:

o Ministério Público e seus policiais podem tomar todas as medidas úteis para a verificação da identidade da pessoa suspeita de ter cometido um crime (§ 163 b, StPO), inclusive determinando sua prisão temporária, por um período máximo de doze horas, no qual a pessoa suspeita terá direito a contatar um parente ou pessoa de sua confiança (§ 163, *c*, II, StPO).

Da maneira semelhante, a verificação de identidades é prevista no direito italiano, cujo ordenamento prevê que "a polícia pode verificar a identidade de qualquer pessoa que esteja submetida a investigação e de qualquer pessoa que se encontre numa posição que possa ser útil para obtenção de informação na reconstrução dos eventos (art. 349, Código de Processo Penal)".[1825]

Segundo a mesma fonte,

a ideia de permitir à polícia realizar a verificação de identidade é politicamente controvertida na Inglaterra e, para a surpresa de muitos observadores estrangeiros, não há nenhum texto legal que lhe dê o poder de realizar a verificação. De fato, a seção do Ato sobre Prova Penal e Polícia de 1984 realmente vai a ponto de especificar que o policial que parar alguém e realizar uma busca numa pessoa não pode compeli-la a produzir prova de sua identidade. Contudo, a seção do PACE de 1984 dá poder ao policial para prender um suspeito quando uma das possíveis condições estiver presente, sendo uma delas a de que o nome da pessoa não seja conhecido do policial, e não se possa rapidamente identificá-la, e outra hipótese é a situação na qual o policial tem razoáveis indícios para duvidar que o nome fornecido seja o real. Em complementação, há textos específicos que permitem à polícia checar a identidade de pessoas determinadas: por exemplo, motoristas suspeitos de infrações de trânsito.

Fora isso, "Antes de 1984 a polícia podia, em teoria, prender somente aquelas pessoas contra as quais tivesse suficientes provas da imputação, e uma vez tendo-as detido não poderia, em teoria, fazê-lo na expectativa de obter delas novas provas. Mas, a Seção 37 do Ato de 1984 explicitou para além de qualquer dúvida que a polícia poderia deter uma pessoa na tentativa de obter, mediante interrogatório, prova suficiente para a imputação. O período máximo de tal detenção é cuidadosamente regulado pelo Ato e o Código C regula as condições sob as quais a pessoa pode ser detida e interrogada", sendo tal prazo de trinta e seis horas.[1826]

Na França,

a identidade de qualquer pessoa pode ser verificada pela polícia, seja para prevenir um atentado à ordem pública (controle da polícia administrativa), seja quando da existência de algum indício que faça presumir que tal pessoa tenha cometido ou tentado cometer uma infração, seja um *crime* ou *delito*, ou, ainda, que ela possa fornecer informações úteis a uma investigação sobre um *crime* ou *delito* que já esteja em curso (controle da polícia judiciária). Pode haver uma verificação

---

1823 TJ-PE. **HC 60089120108170810 PE 0011954-78.2012.8.17.0000**. 1ª Câmara Criminal. Relator: Fausto de Castro Campos. Data de julgamento: 18 set. 2012. Data de publicação: 179. Também TJ-SP. **HC 21095740220158260000 SP 2109574-02.2015.8.26.0000**. 2ª Câmara de Direito Criminal. Relator: Bandeira Lins. Data de julgamento: 10 ago. 2015. Data de publicação: 18 ago. 2015.

1824 JUY-BIRMANN, Rudolphe. O sistema alemão. In: DELMAS-MARTY, Mireille (Org.). **Processos penais da Europa**. Tradução de Fauzi Hassan Choukr e Ana Cláudia Ferigato Choukr. Rio de Janeiro: Lumen Juris, 2005.

1825 PERRODET, Antoinette. O sistema italiano. In: DELMAS-MARTY, Mireille (Org.). **Processos penais da Europa**. Tradução de Fauzi Hassan Choukr e Ana Cláudia Ferigato Choukr. Rio de Janeiro: Lumen Juris, 2005.

1826 SPENCER, J.R. O sistema inglês. DELMAS-MARTY, Mireille (Org.). **Processos penais da Europa**. Tradução de Fauzi Hassan Choukr e Ana Cláudia Ferigato Choukr. Rio de Janeiro: Lumen Juris, 2005.

de identidade de qualquer pessoa numa área específica com base numa *instrução* por escrito do Procurador da República com finalidade de realizar a investigação e persecução de quaisquer infrações por ele elencadas (arts. 78-2 e 78-2-1 do Código de Processo Penal). Pode-se determinar a verificação da identidade para prevenir ameaça à ordem pública (particularmente uma ameaça à segurança e bens das pessoas) e, independentemente de qualquer infração penal, quando assim a pessoa se comportar (arts. 78-2, § 3º, do Código de Processo Penal). Esta lei, que procurou solucionar problemas havidos em casos anteriores (Cass. Crim., 10 de novembro de 1992 (1993) Dalloz 36, observa D. Mayer), foi acrescida pela lei de 10 de agosto de 1993, e declarada em conformidade com a constituição. Contudo, o Conselho Constitucional determinou que a tarefa do judiciário, guardião das liberdades individuais, é verificar as condições relativas à legalidade, realidade e pertinência das razões dadas para a verificação das identidades; para esta finalidade, ele deve avaliar, se necessário, o comportamento das pessoas envolvidas (DC n. 93.323, de 5 de agosto de 1993). Na prática, a fim de prevenir ameaça à ordem pública, ela frequentemente se justifica com o risco da quebra da lei numa área específica.[1827]

§ 1º Também será admitida a prisão preventiva quando houver dúvida sobre a identidade civil da pessoa ou quando esta não fornecer elementos suficientes para esclarecê-la, devendo o preso ser colocado imediatamente em liberdade após a identificação, salvo se outra hipótese recomendar a manutenção da medida. (Redação dada pela Lei nº 13.964, de 2019)

§ 2º Não será admitida a decretação da prisão preventiva com a finalidade de antecipação de cumprimento de pena ou como decorrência imediata de investigação criminal ou da apresentação ou recebimento de denúncia. (Incluído pela Lei nº 13.964, de 2019)

Art. 314. A prisão preventiva em nenhum caso será decretada se o juiz verificar pelas provas constantes dos autos ter o agente praticado o fato nas condições previstas nos incisos I, II e III do caput do art. 23 do Decreto-lei n. 2.848, de 7 de dezembro de 1940 – Código Penal. (Redação dada pela Lei n. 12.403, de 4-5-2011)

1. Excludentes e verificação da necessidade cautelar

A presente norma aloca-se como exemplo claro da predominância da lógica da prisão no sistema das cautelares mesmo depois da reforma de 2011.

Como efeito, mais uma vez está-se diante da impossibilidade da prisão como prima ratio, mas nada impede que o julgador, ao analisar a necessidade cautelar, verifique a necessidade da imposição de uma medida não restritiva da liberdade aplicando-se o rol do art. 319.

1. Verificação das excludentes, liberdade e juízo de mérito

Muito embora desde há muito tenha sido dito que "Não é necessário que a legítima defesa seja estreme de dúvidas, para se anularem os efeitos da prisão preventiva. Basta que esteja esboçada, se não cairia em prejulgamento"[1828], fato é que se torna bastante difícil do ponto de vista concreto separar limpidamente esta situação. Ainda que dentro de um juízo de verificação cautelar, ao trazer para seu interior matéria típica do mérito do processo de conhecimento, há, em alguma medida, nuances de julgamento antecipado.

Não por outra razão, a afirmação de que "a alegação da ocorrência de causa excludente de antijuridicidade, qual seja, a legítima defesa, para o fim de concessão do direito de responder ao processo em liberdade provisória, é insuscetível de exame na via do *habeas corpus* se reclama, como na espécie, o revolvimento do contexto fático-probatório em que ocorreu o fato criminoso"[1829], deixando claro que existe um objeto de cognição que se vincula estreitamente com o objeto de conhecimento da ação "principal".

Art. 315. A decisão que decretar, substituir ou denegar a prisão preventiva será sempre motivada e fundamentada. (Redação dada pela Lei nº 13.964, de 2019) (Vigência)

§ 1º Na motivação da decretação da prisão preventiva ou de qualquer outra cautelar, o juiz deverá indicar concretamente a existência de fatos novos ou contemporâneos que justifiquem a aplicação da medida adotada. (Incluído pela Lei nº 13.964, de 2019) (Vigência)

§ 2º Não se considera fundamentada qualquer decisão judicial, seja ela interlocutória, sentença

---

1827 DERVIEUX, Valérie. O sistema francês. DELMAS-MARTY, Mireille (Org.). **Processos penais da Europa**. Tradução de Fauzi Hassan Choukr e Ana Cláudia Ferigato Choukr. Rio de Janeiro: Lumen Juris, 2005.
1828 TJBA. **HC 7.634**. Relator: Des. Batista Neves.
1829 STJ. Relator: Felix Fischer. Data de julgamento: 6 maio 2003. Data de publicação: *DJ*, 23 jun. 2003. p. 394.

ou acórdão, que: (Incluído pela Lei nº 13.964, de 2019) (Vigência)

I – limitar-se à indicação, à reprodução ou à paráfrase de ato normativo, sem explicar sua relação com a causa ou a questão decidida; (Incluído pela Lei nº 13.964, de 2019) (Vigência)
II – empregar conceitos jurídicos indeterminados, sem explicar o motivo concreto de sua incidência no caso; (Incluído pela Lei nº 13.964, de 2019) (Vigência)
III – invocar motivos que se prestariam a justificar qualquer outra decisão; (Incluído pela Lei nº 13.964, de 2019) (Vigência)
IV – não enfrentar todos os argumentos deduzidos no processo capazes de, em tese, infirmar a conclusão adotada pelo julgador; (Incluído pela Lei nº 13.964, de 2019) (Vigência)
V – limitar-se a invocar precedente ou enunciado de súmula, sem identificar seus fundamentos determinantes nem demonstrar que o caso sob julgamento se ajusta àqueles fundamentos; (Incluído pela Lei nº 13.964, de 2019) (Vigência)
VI – deixar de seguir enunciado de súmula, jurisprudência ou precedente invocado pela parte, sem demonstrar a existência de distinção no caso em julgamento ou a superação do entendimento. (Incluído pela Lei nº 13.964, de 2019) (Vigência)

1. Alteração legislativa: "despacho" e "decisão"

Tratou-se de melhor adequação terminológica para o processo penal, que empregava o verbo decretar, anteriormente, o que acentuava o espírito quase administrativo da determinação da medida cautelar.

A atualização legislativa não veio, contudo, acompanhada da devida correspondência ao modelo recursal, que continua fortemente atado aos ditames rígidos de enumeração (e interpretação) do art. 581, cuja leitura precisará ser adequada para fazer caber as demais hipóteses decisórias agora previstas em lei.

2. Garantia da motivação das decisões no âmbito das cautelares pessoais

A falta de motivação das decisões acarreta nulidade absoluta dado que

a garantia da fundamentação consiste na demonstração da necessidade da custódia cautelar, a teor do inciso LXI do art. 5º da Carta Magna e do art. 312 do CPP. A falta de fundamentação do decreto de prisão inverte a lógica elementar da Constituição, que presume a não culpabilidade do indivíduo até o momento do trânsito em julgado de sentença penal condenatória.[1830]

Compreendendo-se que "a formulação de observações genéricas não preenche a exigência legal (art. 315 do CPP c/c o art. 93, inciso IX, 2ª parte, da Lex Maxima)"[1831] uma vez que, nesse caso

não se enxerga no decreto de prisão o conteúdo mínimo da garantia da fundamentação real das decisões judiciais. Garantia constitucional que se lê na segunda parte do inciso LXI do art. 5º e na parte inicial do inciso IX do art. 93 da Constituição e sem a qual não se viabiliza a ampla defesa nem se afere o dever do juiz de se manter equidistante das partes processuais em litígio. Noutro falar: garantia processual que junge o magistrado a coordenadas objetivas de imparcialidade e propicia às partes conhecer os motivos que levaram o julgador a decidir neste ou naquele sentido.[1832]

E serve esta garantia

que se lê na segunda parte do inciso LXI do art. 5º e na parte inicial do inciso IX do art. 93 da Constituição e sem a qual não se viabiliza a ampla defesa nem se afere o dever do juiz de se manter equidistante das partes processuais em litígio. Noutro falar: garantia processual que junge o magistrado a coordenadas objetivas de imparcialidade e propicia às partes conhecer os motivos que levaram o julgador a decidir neste ou naquele sentido.[1833]

2.1 Fundamentação sucinta

"A falta de fundamentação não se confunde com fundamentação sucinta. Interpretação que se extrai do inciso IX do art. 93 da CF/1988".[1834]

[1830] STF. **HC 93.712**. 1ª Turma. Relator: Min. Ayres Britto. Data de julgamento: 1º abr. 2008. Data de publicação: DJE, 17 out. 2008. No mesmo sentido: HC 97.013. 1ª Turma. Relator para o acórdão: Min. Dias Toffoli. Data de julgamento: 28 set. 2010. Data de publicação: DJE, 15 fev. 2011; RHC 97.506. 1ª Turma. Relator: Min. Marco Aurélio. Data de julgamento: 6 abr. 2010. Data de publicação: DJE, 28 maio 2010.
[1831] STJ. Relator: Felix Fischer. Data de publicação: *DJ*, 16 dez. 2002. p. 353.
[1832] STF. **HC 98.006**. 1ª Turma. Relator: Min. Ayres Britto. Data de julgamento: 24 nov. 2009. Data de publicação: DJE, 5 fev. 2010.
[1833] STF. **HC 98.006**. 1ª Turma. Relator: Min. Ayres Britto. Data de julgamento: 24 nov. 2009. Data de publicação: DJE, 5 fev. 2010.
[1834] STF. **HC 105.349-AgR**. 2ª Turma. Relator: Min. Ayres Britto. Data de julgamento: 23 nov. 2010. Data de publicação: DJE, 17 fev. 2011.

2.2 Fundamentação "*per relationem*" ou "referida"

Há larga tolerância no âmbito do STF para com essa forma de motivar, a qual

> Revela-se legítima e plenamente compatível com a exigência imposta pelo art. 93, IX, da CR a utilização, por magistrados, da técnica da motivação per relationem, que se caracteriza pela remissão que o ato judicial expressamente faz a outras manifestações ou peças processuais existentes nos autos, mesmo as produzidas pelas partes, pelo Ministério Público ou por autoridades públicas, cujo teor indique os fundamentos de fato e/ou de direito que justifiquem a decisão emanada do Poder Judiciário. Precedentes.[1835]

3. Fundamentação individualizada na hipótese de concurso de agentes (necessário ou eventual)

Não há que se admitir a generalização da medida e seus fundamentos quando da hipótese de concurso (necessário ou eventual) de agentes. Com efeito, consoante já decidiu determinado provimento, analisando "decisão judicial que decretou a prisão preventiva de inúmeros corréus, observa-se que o julgador em nenhum momento particularizou a conduta delitiva do ora Recorrente e tampouco motivou concretamente a necessidade da imposição de sua segregação cautelar", gerando assim constrangimento ilegal a ser sanado, por exemplo, pela via do *habeas corpus*.[1836]

> Art. 316. O juiz poderá, de ofício ou a pedido das partes, revogar a prisão preventiva se, no correr da investigação ou do processo, verificar a falta de motivo para que ela subsista, bem como novamente decretá-la, se sobrevierem razões que a justifiquem. (Redação dada pela Lei nº 13.964, de 2019) (Vigência)
>
> *Parágrafo único*. Decretada a prisão preventiva, deverá o órgão emissor da decisão revisar a necessidade de sua manutenção a cada 90 (noventa) dias, mediante decisão fundamentada, de ofício, sob pena de tornar a prisão ilegal. (Incluído pela Lei nº 13.964, de 2019) (Vigência)

1. Postulação da necessidade cautelar e modelo acusatório

Por todo marco teórico destes Comentários, mesmo antes da Lei 13964/2019, o modelo acusatório constitucionalmente estabelecido deveria levar à interpretação sistemicamente coerente da impossibilidade de decretação de prisões "de ofício" ou, como desenvolvido nestes Comentários, a impossibilidade de apreciação oficiosa da necessidade cautelar.

O chamado "pacote anticrime – Lei 13964/2019" trilhou este caminho pela conjugação dos artigos 3º, 311 e 316, ao menos no que tange ao reconhecimento oficioso da necessidade cautelar para a "decretação" inicial da medida.

Mas, deixou em aberto a possibilidade de sua ocorrência como "sanção" pelo descumprimento das inicialmente determinadas e, nos termos do art. 316, quando for constatada – de forma oficiosa – a necessidade superveniente após o esgotamento de situação anterior.

Também nesse contexto deve ser analisado se a postulação de determinada medida após o reconhecimento da sua necessidade vincula, pela ótica acusatória, o órgão julgador. A respeito do tema o STJ, em voto do Min. Rogerio Schietti, pontuou que ""Uma vez provocado pelo órgão ministerial a determinar uma medida que restrinja a liberdade do acusado em alguma medida, deve o juiz poder agir de acordo com o seu convencimento motivado e analisar qual medida cautelar pessoal melhor se adequa ao caso"".

Descontado o emprego da lógica do livre convencimento, a determinação da cautelar cabível pode ser judicialmente determinada de forma mais gravosa que a solicitada pelo órgão acusador. Mas, para tanto, deve ser racionalmente exposto, sem expansão dos motivos apresentados e sem provas de ofício sobre a necessidade cautelar, que as medidas inicialmente postuladas são insuficientes no caso concreto.

2. Atuação do órgão jurisdicional na apreciação da *necessidade cautelar*

A atuação judicial está amparada no modelo acusatório tal como já discutido no art. 3º com sua redação atual. Assim, posturas proativas e inserções supletivas àquelas do órgão acusador posto que reconstroem a lógica inquisitiva.

[1835] STF. **MS 25.936-ED**. Relator: Min. Celso de Mello. Data de julgamento: 13 jun. 2007. Plenário. Data de julgamento: DJE, 18 set. 2009.) No mesmo sentido: **HC 101.684**. 2ª Turma. Relator: Min. Joaquim Barbosa. Data de julgamento: 4 out. 2011. Data de publicação: DJE, 27 out. 2011; **RE 635.729-RG**. Relator: Min. Dias Toffoli. Plenário. Data de julgamento: 30 jun. 2011. Data de publicação: DJE, 24 ago. 2011, com repercussão geral; **HC 100.221**. 1ª Turma. Relator: Min. Marco Aurélio. Data de julgamento: 4 maio 2010. Data de publicação: DJE, 28 maio 2010; **HC 101.911**. 1ª Turma. Relator: Min.ª Cármen Lúcia. Data de julgamento: 27 abr. 2010. Data de publicação: DJE, 4 jun. 2010; **HC 96.517**. 1ª Turma. Relator: Min. Menezes Direito. Data de julgamento: 3 fev. 2009. Data de publicação: DJE, 13 mar. 2009; **RE 360.037-AgR**. 2ª Turma. Relator: Min. Cezar Peluso. Data de julgamento: 7 ago. 2007. Data de publicação: DJ, 14 set. 2007; **HC 75.385**. 2ª Turma. Relator: Min. Nelson Jobim. Data de julgamento: 7 out. 1997. Data de publicação: DJ, 28 nov. 1997.

[1836] STJ. Relator: Laurita Vaz. Data de publicação: *DJ*, 10 nov. 2003. p. 198.

Nesse sentido, ainda que de maneira lenta e nem sempre tomando a base constitucional como vetor prioritário de interpretação, mas louvando-se na Lei 13964/2019, é de se destacar positivamente o entendimento do STJ no Habeas Corpus n. 687583 tendo como Relator o Ministro Antonio Saldanha Palheiro, j. em 16/08/2021, apoiado no HC 188.888 julgado pelo STF, mas sempre com apoio na legislação infraconstitucional, que limita o papel judicial à provação do acusador diante da já mencionada estrutura acusatória.

3. Coisa julgada e cautelar

Rotineiramente, aduz-se, em face do disposto no presente artigo, que a "prisão preventiva [está] sujeita à cláusula *rebus sic stantibus* [com a] Possibilidade de ser revogada ou novamente decretada, se desaparecerem ou reaparecerem os motivos determinantes da custódia", sendo exemplo dessa situação aquela do "réu que durante a ação penal dirigiu ameaças a testemunhas depois de livrar-se solto".[1837]

Sem embargo, é forçoso sempre lembrar que

é inconsequente aludir-se ao disposto no art. 316 do CPP – parte final – como suporte legal para o restabelecimento de custódia preventiva, se não restou comprovada a ocorrência de fato novo, após a revogação da medida excepcional. Não se admite que o despacho de restauração de prisão preventiva se ancore nos fundamentos da primeira decretação da medida cautelar.[1838]

Esses "novos fatos" devem juridicamente se subsumir aos fundamentos da necessidade cautelar que, por certo, ainda continua a reger a matéria.[1839]

4. Controle periódico da necessidade cautelar – art. 316, parágrafo único – observações gerais[1840]

O artigo 316, parágrafo único, com a redação adotada pela Lei n. 13.964/2019 o, "pacote anticrime" (sic) chegou tarde no direito brasileiro. Tarde o suficiente para fazer crer por gerações de práticos e teóricos que *necessidade cautelar* não possui controle temporal. Ou, se possuísse, seria restrito à "instrução", na canhestra construção da estrutura concebida pela jurisprudência a partir da estrutura originária do CPP e ela mesma desprezada desde a "reforma" de 2008.

A inovação é saudável e, historicamente, em termos positivados, rara. Por isso, deve ser festejada. Mas, olhada à lupa, com a lente expandida do direito comparado e dos julgados das Cortes internacionais de Direitos Humanos, é tímida. Portanto, é um ponto de partida, não de chegada e de plena satisfação.

Um primeiro aspecto da timidez é sua restrição à reanálise da necessidade cautelar apenas da "prisão" quando, verdadeiramente, deve incidir sobre toda medida cautelar não encarceradora que, pela lógica de um sistema bem articulado não é uma "alternativa" à prisão cautelar, mas obrigatoriamente *precedente* àquela.

Outro aspecto é que, na forma como concebida, é um *monólogo interior* judicial. Não se impõe pela nova norma a provocação do titular da ação penal em cujo silêncio dever-se-ia (perdão pela mesóclise) compreender como desinteressante para o processo a continuidade da medida. Ademais, não é discutida essa situação jurídica (sem qualquer referência a escolas processuais sobre teoria do processo) em audiência, pela metodologia oral, mas mantida a tradição escrita. E, nesse *monólogo interior* o protagonismo desencadeador é ainda judicial, com o que o devido processo legal se amesquinha. Salva-se a previsão de ilegalidade pelo "não-ato", a indicar que a não verificação sazonal leva à arbitrariedade da cautela imposta.

A *refundação* do processo penal, que é muito mais que sua mera reforma – e, neste sentido a norma analisada é uma norma de refundação, ainda que seja apenas o primeiro passo desta etapa – exige coragem cultural para compreender a necessária *accountability* de toda a engrenagem de funcionamento da persecução penal – e o 2º. Grau está obviamente nela – em relação à liberdade e à satisfação jurisdicional para com a vítima.

Mas, uma das mais sentidas lacunas, que só é preenchida pela hermenêutica constitucional-convencional é a necessidade de sua adoção em 2º. Grau de jurisdição, ao longo de qualquer atividade que ali se desenvolva com manutenção da medida cautelar. Afinal, foi-se o tempo em que seu controle era só durante a "instrução". Ou não? A resposta vem com as manifestações interpretativas a seguir.

5. Manifestações interpretativas no STJ

5.1 Inexistência de revisão – consequências

A desconstrução dos efeitos práticos do parágrafo único do art. 316 se dá em decisões do STJ como a datada de 6 de maio de 2020:[1841]

[1837] TJSP. **HC 347.041-3**. Osasco. 1ª Câmara Criminal Extraordinária. Relator: Cerqueira Leite. 6 jun. 2001, m.v.

[1838] TJPB. Des. José Martinho Lisboa. 16 abr. 1996.

[1839] STJ. Relator: Laurita Vaz. 4 mar. 2004. Data de publicação: *DJ*, 5 abr. 2004. p. 306.

[1840] O texto deste tópico é uma compilação de ideias expostas em CHOUKR, Fauzi Hassan. "o indispensável controle da duração da medida cautelar". **Boletim Revista do Instituto Baiano de Direito Processual Penal**. ano 3, n. 10, ago. 2020. Disponível em:<http://www.ibadpp.com.br/novo/wp-content/uploads/2020/09/AGOSTO-2020-WEB.pdf>. Acesso em: 14 abr. 2022.

[1841] STJ. **Habeas Corpus 577057-RJ (2020/0098614-0)12**. Relator: Rogerio Schitti Cruz.

"Os prazos previstos na legislação processual penal não têm as características de fatalidade e de improrrogabilidade. Data venia, não é possível determinar a soltura automática do paciente, sem nenhuma ponderação, somente porque não ocorreu a revisão da prisão preventiva 90 (noventa) dias após a vigência da Lei n. 13.964.2019".

Essa visão, igualmente com a devida vênia ao entendimento esposado, repete a práxis interpretativa anterior ao marco constitucional-convencional, perpetuando cânones normativos e hermenêuticos que não condizem até mesmo com a literalidade da lei que dispõe que deve haver a revisão (da necessidade cautelar) a cada noventa dias "sob pena de tornar a prisão ilegal".

6. Limitação da revisão ao término da "instrução" – desobrigação em grau recursal

No HC 589544, tendo como Relatora a eminente Min. Laurita Vaz, o STJ manifestou-se sobre a não incidência da norma durante a tramitação recursal. As palavras falam por si mais do que consta na sua textualidade, pois demonstram a permanência de um *ethos* do processo penal que não se quer mais manter porque incondizente com tudo o que já se sabe e se construiu sobre o tema no direito comparado, na literatura internacional das Cortes e na doutrina brasileira de fundo constitucional-convencional:

> Pretender o intérprete da lei nova que essa obrigação – de revisar, de ofício, os fundamentos da prisão preventiva, no exíguo prazo de 90 dias, e em períodos sucessivos – seja estendida por toda a cadeia recursal, impondo aos tribunais (todos abarrotados de recursos e entupidos de habeas corpus) tarefa desarrazoada ou, quiçá, inexequível, sob pena de tornar a prisão preventiva "ilegal", é o mesmo que permitir uma contracautela de modo indiscriminado, impedindo o Poder Judiciário de zelar pelos interesses da persecução criminal e, em última análise, da sociedade.

O desprezo pela norma de controle temporal em grau recursal e sua limitação ao período da "instrução" foi reiterado pelo STJ na sequência, quando se afirmou que "Nesse passo, seja de uma interpretação sistemática do CPP seja porque a lei "não contém palavras inúteis", conclui-se que a aplicação dos referidos dispositivos restringe-se tão somente à fase de conhecimento da ação penal. Isto é, o reexame da necessidade da prisão cautelar, de ofício, deve ser feito desde a fase policial até o fim da instrução criminal, quando ainda não se tem um juízo de certeza sobre a culpa do réu, e, sendo assim, com muito mais razão, o julgador deve estar atento em conferir celeridade ao feito e em restringir a liberdade apenas de acusados que representem risco concreto à instrução criminal, aplicação da lei penal e à ordem pública.[1842]

A interpretação refratária à extensão da análise da persistência da necessidade cautelar em segundo grau é mais uma herança histórica do modelo normativo e hermenêutico anterior ao marco constitucional-convencional.

Há, como já apontado nestes Comentários, imperfeições de técnica legislativa na norma em comento, mas nada que desobrigue a apreciação da persistência – ou não – da necessidade cautelar (e como ela deve ser satisfeita) em grau recursal. E isso nada se relaciona com a impetração de habeas corpus – que, aliás, aumentará diante do desrespeito da norma.

A existência de menção a ser feita a revisão pelo "o órgão emissor da decisão" não desobriga o órgão jurisdicional em grau recursal, antes enfatiza a obrigação primária daquele juízo que inicialmente decidiu pela necessidade cautelar (e pela forma que deve ser exercida), mas não veda a análise pelos órgãos judicantes subsequentes intervenientes.

E isto porque se trata de norma de direito fundamental, que exige a interpretação hermenêutica mais ampla e favorável à pessoa submetida à constrição estatal da liberdade. É absolutamente ilógico diante desta característica interpretativa própria (e óbvia) dos direitos fundamentais afirmar que só há direito à revisão periódica durante uma fase restrita da persecução penal.

Capítulo IV – Da Prisão Domiciliar

(Redação dada pela Lei n. 12.403, de 4-5-2011)

Art. 317. A prisão domiciliar consiste no recolhimento do indiciado ou acusado em sua residência, só podendo dela ausentar-se com autorização judicial. (Redação dada pela Lei n. 12.403, de 4-5-2011)

1. O que é a "prisão domiciliar"

A prisão domiciliar é um modo de cumprimento da prisão preventiva lastreado nas condições enunciadas no art. 318.

Tem-se, assim, que na verificação da necessidade cautelar a cognição desenvolvida apontou para a imposição da medida restritiva da liberdade e, como a pessoa a ser submetida à constrição encontra-se em qualquer das situações descritas na norma subsequente, terá sua liberdade restrita no modo exposto no presente artigo.

[1842] STJ. **Agravo Regimental no HC 569701 SP 2020/0077077-2**. Relator: Min. Ribeiro Dantas. Data de julgamento: 9 jun. 2020. Relator: Min. Ribeiro Dantas.

2. Definição de residência

Residência é um conceito jurídico que integra o de domicílio, que lhe é mais amplo a teor do disposto no art. 70 do Código Civil: "o domicílio da pessoa natural é o lugar onde ela estabelece a sua residência com ânimo definitivo".

Assim, recorda a doutrina civilista contemporânea pátria que há dois elementos que integram o conceito de domicílio, a saber, um de caráter objetivo, que é a residência, e outro de caráter subjetivo, que é o ânimo de ali alocar-se de forma permanente.[1843]

3. Conceito de "ausência de residência"

A ausência da residência deve ser caracterizada como de forma permanente, desnaturando o elemento subjetivo que acompanha esse conceito e, por consequência, o próprio conceito de domicílio.

É nesse sentido que a norma deve ser observada quando determina a autorização judicial para se ausentar do domicílio. Saídas de curta duração, por exemplo para o atendimento médico, não se enquadrariam na espécie.

> Art. 318. Poderá o juiz substituir a prisão preventiva pela domiciliar quando o agente for: (Redação dada pela Lei n. 12.403, de 4-5-2011)
>
> Art. 318-A. A prisão preventiva imposta à mulher gestante ou que for mãe ou responsável por crianças ou pessoas com deficiência será substituída por prisão domiciliar, desde que:
> I – não tenha cometido crime com violência ou grave ameaça a pessoa;
> II – não tenha cometido o crime contra seu filho ou dependente.
>
> Art. 318-B. A substituição de que tratam os arts. 318 e 318-A poderá ser efetuada sem prejuízo da aplicação concomitante das medidas alternativas previstas no art. 319 deste Código.

1. Antecedentes da Lei 13769/18

A Lei 13769/2018 é fruto do PL 10.269/2018 apresentado após o julgamento do HC 143.641/SP, em 20 de fevereiro de 2018, pelo STF que se tratava de

> habeas corpus coletivo, com pedido de medida liminar, em favor de todas as mulheres presas preventivamente que ostentem a condição de gestantes, de puérperas ou de mães de crianças sob sua responsabilidade, bem como em nome das próprias crianças. Afirmaram que a prisão preventiva, ao confinar mulheres grávidas em estabelecimentos prisionais precários, subtraindo-lhes o acesso a programas de saúde pré-natal,

assistência regular na gestação e no pós parto, e ainda privando as crianças de condições adequadas ao seu desenvolvimento, constitui tratamento desumano, cruel e degradante, que infringe os postulados constitucionais relacionados à individualização da pena, à vedação de penas cruéis e, ainda, ao respeito à integridade física e moral da presa.

Concedida a ordem, determinou-se

> a substituição da prisão preventiva pela domiciliar – sem prejuízo da aplicação concomitante das medidas alternativas previstas no art. 319 do CPP – de todas as mulheres presas, gestantes, puérperas ou mães de crianças e deficientes, nos termos do art. 2º do ECA e da Convenção sobre Direitos das Pessoas com Deficiências (Decreto Legislativo 186/2008 e Lei 13.146/2015) neste processo pelo DEPEN e outras autoridades estaduais, enquanto perdurar tal condição, excetuados os casos de crimes praticados por elas mediante violência ou grave ameaça, contra seus descendentes.

2. A forma de cumprimento da prisão preventiva

Como trabalhado nestes **Comentários** e em outras obras de nossa autoria[1844] a "prisão domiciliar" não é uma nova medida cautelar, mas uma forma de cumprir-se a prisão preventiva, cuja incidência se dá nas hipóteses estritas do art. 318, normalmente amparada essa forma de cumprimento em critérios humanísticos.

A Lei n. 13.769/2018 tratou dessa forma de cumprimento para a mulher gestante (de resto já tratada em 2016 por força do Estatuto da Primeira Infância) condicionando-a à inocorrência da prática de crime cometido com violência ou grave ameaça e desde que a prática criminosa não tenha tido como vítima filho ou dependente.

Na forma do art. 318-A essa forma de cumprimento é obrigatória, e não uma mera faculdade, desde que a medida tenha sido a prisão preventiva, não se aplicando a eventuais casos de prisão temporária.

3. Substituição como direito

Havendo nos autos a devida comprovação das condições estipuladas nos incisos do presente artigo, o indeferimento da substituição somente pode se dar com fundamentação apoiada no caso concreto, e não em generalidades, por exemplo a gravidade do crime em abstrato.

A negativa com fundamentação insuficiente ou sem fundamentação é atacável por *habeas corpus*.

1843 GONÇALVES, Carlos Roberto. **Comentários ao Código Civil**. São Paulo: Saraiva, 2003. v. 11.
1844 *V.g.* **Iniciação**... *op. cit.* Cap. 12.

4. Hipóteses taxativas

As hipóteses tratadas nos incisos são exaustivas, dada a excepcionalidade da substituição, e marcadas por características pessoais da pessoa submetida à custódia cautelar.

5. Art. 318 e proteção à primeira infância

Apreciando o tema, o STF decidiu [1845] que

Em observância à proteção integral e à prioridade absoluta conferidas pela Constituição Federal de 1988 (CF) às crianças e às pessoas com deficiência, é cabível a substituição da prisão preventiva em prisão domiciliar, nos casos dos incisos III e VI do art. 318 do CPP, quando o contexto familiar do investigado ou réu demonstrar a sua importância para a criação, o suporte, o cuidado e o desenvolvimento de criança ou pessoa com deficiência, bem como em decorrência das atuais circunstâncias de grave crise na saúde pública nacional que geram riscos mais elevados às pessoas inseridas no sistema penitenciário, em especial em razão da proliferação do Coronavírus (Covid-19) no Brasil. Eventual recusa à substituição deve ser amplamente fundamentada pelo magistrado e só deve ocorrer em casos graves, tais como a prática pelo acusado de crime com violência ou grave ameaça à pessoa ou a prática de delitos contra sua própria prole. Ressalte-se que o art. 318, VI, do CPP, prevê expressamente que, nos casos de presos do sexo masculino, o juiz deverá substituir a prisão preventiva pela domiciliar caso ele seja o único responsável pelos cuidados do filho de até 12 (doze) anos de idade incompletos. Em se tratando de outras pessoas presas que não sejam a mãe ou o pai, o inciso III estabelece que deverá o juiz substituir a prisão preventiva pela domiciliar se o preso for imprescindível aos cuidados especiais de pessoa menor de 6 (seis) anos de idade ou com deficiência.

Aqui, deve ficar registrado que essa norma existe para proteção da criança no curso da primeira infância e não à pessoa submetida à medida cautelar privativa da liberdade, por isso a negação da forma domiciliar de cumprimento da prisão preventiva deve ser excepcional fundada em fatos do caso e não em argumentação genérica e abstrata.

> I – maior de 80 (oitenta) anos; (Incluído pela Lei n. 12.403, de 4-5-2011)

1. Critério etário

Desde os trabalhos da Comissão Grinover, há previsão do critério etário como justificador da prisão domiciliar. Apenas que, naqueles trabalhos, a idade sugerida era de 70 (setenta) anos.

Para a configuração da hipótese, é necessário o perfazimento da idade quando da decretação da medida, não podendo ser aceito prognóstico de duração do processo para argumentar que, no período futuro e incerto, a idade se completará.

> II – extremamente debilitado por motivo de doença grave; (Incluído pela Lei n. 12.403, de 4-5-2011)

1. Condições de saúde

Não é inédita a autorização judicial para o cumprimento da prisão preventiva em ambiente domiciliar quando a pessoa presa for portadora de grave condição de saúde, inclusive sem a oitiva do Ministério Público, cujo cerceamento da participação não nos parece condizente com o perfil acusatório do processo penal a partir da leitura constitucional.

Mais ainda, o precedente abaixo mencionado surge na impetração de mandado de segurança, conhecido e concedido de forma a indicar que, na inteligência daquele aresto, considerou-se, mesmo antes de previsão legal a respeito, inexistência de direito líquido e certo contra a pretensão do recolhimento domiciliar.

Acórdão contido na RT, 760/608 possui a seguinte ementa:

> Prisão Domiciliar – Concessão a preso provisório, em estado grave de saúde – Admissibilidade – Dispensabilidade da oitiva do órgão do Ministério Público para a efetivação da transferência – Inteligência dos arts. 2º, parágrafo único, e 117, II, da Lei n. 7.210/84. É legalmente admissível a transferência de preso provisório, em estado grave de saúde, para o regime de prisão domiciliar, por força da combinação dos arts. 2º, parágrafo único, e 117, II, da Lei n. 7.210/84, sendo dispensável a oitiva do órgão do Ministério Público para a efetivação da concessão do benefício.[1846]

2. Conceito de "doença grave"

Para compreender o que vem a ser "doença grave", é adequado aplicar o quanto determina a Lei n. 12.008/2009, que, alterando o Código de Processo Civil e criando o art. 69-A na Lei n. 9.784, de 29 de janeiro de 1999, definiu parâmetros para compreensão jurídica do que vem a ser doença grave nos seguintes termos:

> pessoa portadora de tuberculose ativa, esclerose múltipla, neoplasia maligna, hanseníase, paralisia irreversível e incapacitante, cardiopatia

---

[1845] STF. **HC 165704/DF**. Relator: Min. Gilmar Mendes. Data de julgamento: 20 out. 2020. (HC-165704).
[1846] TJSP. **MS 261.151-3/4**. 2ª Câmara. Relator: Des. Canguçu de Almeida. Data de julgamento: 19 out. 1998.

grave, doença de Parkinson, espondiloartrose anquilosante, nefropatia grave, hepatopatia grave, estados avançados da doença de Paget (osteíte deformante), contaminação por radiação, síndrome de imunodeficiência adquirida, ou outra doença grave, com base em conclusão da medicina especializada, mesmo que a doença tenha sido contraída após o início do processo.

> III – imprescindível aos cuidados especiais de pessoa menor de 6 (seis) anos de idade ou com deficiência; (Incluído pela Lei n. 12.403, de 4-5-2011)

1. Critério assistencial

O critério assistencial também se fez presente desde os trabalhos da Comissão Grinover. Nada obstante, era previsto para pessoa menor de 7 (sete) anos.

Aqui, o emprego da palavra pessoa se ajusta melhor àquela portadora de deficiência, vez que na legislação brasileira há terminologia própria no Estatuto da Criança e do Adolescente referindo-se a "criança". Também há de ponderar que a palavra "deficiente" carece de adequação sistêmica em relação ao restante do ordenamento, tendo sido preferível o emprego da locução "portadora de necessidades especiais".

Para a configuração do presente inciso, é de ser provada com destaque a condição de imprescindibilidade, sem o que a hipótese não se aperfeiçoa.

> IV – gestante (Redação dada pela Lei n° 13.257, de 2016)
> V – mulher com filho de até 12 (doze) anos de idade incompletos; (Incluído pela Lei n° 13.257, de 2016)
> VI – homem, caso seja o único responsável pelos cuidados do filho de até 12 (doze) anos de idade incompletos. (Incluído pela Lei n° 13.257, de 2016)

1. Imprecisão médica da contagem do tempo na redação original da Lei n. 12.403/2011

A contagem da gravidez, segundo a atualizada literatura médica, não se dá em meses, mas, sim, em semanas, o que causaria imprecisão prática bastante relevante. Nada obstante, a terminologia aqui empregada estava presente já nos trabalhos da Comissão Grinover, que se referia à presente hipótese nos mesmos termos que foram sancionados.

2. Extensão aos presos preventivos responsáveis por criança – necessidade de comprovação da condição legal

Uma das singulares modificações trazidas com a norma é a possibilidade do regime domiciliar a pessoas presas preventivamente do sexo masculino, uma vez comprovada a situação de responsabilidade única por crianças até 12 anos, desde que comprovada essa condição, algo diferente da mãe, a quem basta essa situação, não se exigindo, pois, a condição de "única responsável".

Quanto à situação paterna, o STJ se posicionou na forma acima mencionada negando a prisão domiciliar a um preso que não comprovou a condição de "único responsável":

> O Estatuto da Primeira Infância (Lei n° 13.257/2016), a partir das Regras de Bangkok, normatizou diferenciado tratamento cautelar em proteção à gestante e à criança (a mãe com legalmente presumida necessidade de cuidar do filho, o pai mediante casuística comprovação – art. 318, IV, V e VI do Código de Processo Penal), cabendo ao magistrado justificar a excepcional não incidência da prisão domiciliar – por situações onde os riscos sociais ou ao processo exijam cautelares outras, cumuladas ou não, como o monitoramento eletrônico, a apresentação judicial, ou mesmo o cumprimento em estabelecimento prisional. 2. Decisão atacada que valora não ter sido comprovado o requisito legal de ser o acusado o único responsável pelos cuidados da criança, ou mesmo de que é imprescindível para esses cuidados, pois somente teria o condão de auxiliar a esposa com os cuidados com o filho, pois, segundo mencionado, ela encontra-se dividida entre os afazeres de casa, sustento do lar e cuidados com o filho, de modo que não há ilegalidade a ser sanada.[1847]

3. Prisão domiciliar e condição de mãe

Um dos primeiros casos levados ao STF foi o HC n. 134.734/SP relatado pelo Min. Celso de Mello, em 4/4/2016 em que se considerou que o fato de ser mãe, por si só, não basta para a conversão da prisão preventiva em domiciliar. Em seu voto, Celso de Mello advertiu que é preciso analisar também a conduta e a personalidade da presa e, sobretudo, a conveniência e o atendimento ao superior interesse do menor. "Todas essas circunstâncias devem constituir objeto de adequada ponderação, em ordem a que a adoção da medida excepcional da prisão domiciliar efetivamente satisfaça o princípio da proporcionalidade e respeite o interesse maior da criança. Esses vetores, por isso mesmo, hão de orientar o magistrado na

---

[1847] STJ. RHC 81300/SP (2017/0040499-3). 6ª Turma. Relator: Min. Nefi Cordeiro. Autuado em: 24 fev. 2017. Data de julgamento: 9 mar. 2017.

concessão da prisão domiciliar", mas concedeu a ordem após essa análise.

Distanciando-se dessa compreensão no que tange à existência de outros requisitos que não a condição de "mãe", o STJ alcançou solução razoável em determinado caso concreto no qual, concedida a prisão domiciliar por essa condição, impôs cumulativamente o monitoramento eletrônico a presa de alta periculosidade, em situação de gravidez e mãe de outra criança ponderando que

> A novel legislação teve reflexos no Código de Processo Penal, imprimindo nova redação ao inciso IV do seu art. 318, além de acrescer-lhe os incisos V e VI. Tais mudanças encontram suporte no próprio fundamento que subjaz à Lei n. 13.257/2016, notadamente a garantia do desenvolvimento infantil integral, com o "fortalecimento da família no exercício de sua função de cuidado e educação de seus filhos na primeira infância"(art. 14, § 1º). 5. A despeito da benéfica legislação, que se harmoniza com diversos tratados e convenções internacionais, vale o registro de que o uso do verbo "poderá", no caput do art. 318 do Código de Processo Penal, não deve ser interpretado com a semântica que lhe dão certos setores da doutrina, para os quais seria "dever" do juiz determinar o cumprimento da prisão preventiva em prisão domiciliar ante a verificação das condições objetivas previstas em lei. Semelhante interpretação acabaria por gerar uma vedação legal ao emprego da cautela máxima em casos nos quais se mostre ser ela a única hipótese a tutelar, com eficiência, situação de evidente e imperiosa necessidade da prisão. Ademais, importaria em assegurar a praticamente toda pessoa com prole na idade indicada no texto legal o direito a permanecer sob a cautela alternativa, mesmo se identificada a incontornável urgência da medida extrema. (...) Assim, sopesando os direitos das crianças menores e o estágio final de gravidez da paciente, mesmo diante da justificada necessidade de se assegurar a ordem pública em razão da sua periculosidade e da extrema gravidade do crime, entendo, por ora, ser possível o deferimento da prisão domiciliar em conjunto com monitoramento eletrônico, nos termos do art. 318, IV e V, do Código de Processo Penal. Ante o exposto, defiro em parte a liminar para substituir a prisão preventiva (...) pela prisão domiciliar com monitoramento eletrônico, até o julgamento do presente habeas corpus.[1848]

Parágrafo único. Para a substituição, o juiz exigirá prova idônea dos requisitos estabelecidos neste artigo. (Incluído pela Lei n. 12.403, de 4-5-2011)

1. Dilação probatória

A apresentação de prova idônea está sujeita a contraditório, situação não regulada especificamente no presente artigo. À míngua de maiores disciplinas, o incidente sobre autenticidade/falsidade de documento pode ser empregado nas hipóteses já previstas no CPP, mas não tem o condão de atacar o argumento da idoneidade em si.

Da mesma maneira, não existe previsão recursal expressa para a situação, valendo-se o interessado do *habeas corpus*, e a parte acusadora, sem grandes instrumentos recursais à disposição, ficará em situação desequilibrada, valendo-se, se tanto e com muito esforço interpretativo, do mandado de segurança, sob o argumento de ter direito líquido e certo a ver a prisão cumprida da forma legal.

Capítulo V – Das Outras Medidas Cautelares (Redação dada pela Lei n. 12.403, de 4-5-2011)

Art. 319. São medidas cautelares diversas da prisão: (Redação dada pela Lei n. 12.403, de 4-5-2011)

1. "Natureza" cautelar

Malgrado a disposição contida no art. 321, as medidas previstas no presente artigo têm natureza cautelar e não podem ser determinadas sem que exista a presença de tais fundamentos na conjugação do arts. 312 e 282.

Entender o contrário seria considerar a possibilidade de que, sem a presença de quaisquer fundamentos cautelares, alguém viesse a ter sua liberdade restringida, o que significaria inevitável antecipação de pena.

Assim, na lógica constitucional, o modelo atual deve ser visto como um leque de opções dos quais a liberdade para acompanhar o processo sem qualquer restrição haveria de ser entendida como regra (posto que ausentes os fundamentos cautelares), e a prisão, no outro extremo, como a medida mais drástica (ainda com base nos artigos mencionados).

Entre eles existe, pois, o arco de medidas a serem determinadas pelo Juiz com atenção ao presente artigo, considerada a necessidade e adequação da constrição cautelar.

[1848] STJ. **HC 397311 SP 2017/0093062**. Relator: Min. Reynaldo Soares da Fonseca. Data de publicação: DJ, 5 maio 2017.

2. Taxatividade das medidas

Diante das mesmas orientações expendidas no que diz respeito à impossibilidade de ocorrer o denominado "poder geral de cautela", decorre a consequência da taxatividade das medidas, que não podem ser ampliadas por criação jurisprudencial ou doutrinária.

3. Precedência dessas medidas em relação à prisão

As presentes medidas devem preceder à determinação da prisão como regra. Nesse sentido não são "alternativas" à constrição da liberdade, mas, sim, precedentes a ela da mesma forma que a prisão como pena é a ultima ratio em relação a penas não privativas da liberdade.

4. Medidas cautelares não encarceradoras e *habeas corpus*

A natureza cautelar das medidas precedentes (ditas "alternativas") e sua restrição à liberdade de locomoção autorizam o emprego do habeas corpus para impugná-las. Neste sentido, "O habeas corpus pode ser empregado para impugnar medidas cautelares de natureza criminal diversas da prisão."[1849]

Assim,

> Conquanto o afastamento do cargo público não afete diretamente a liberdade de locomoção do indivíduo, o certo é que com o advento da Lei 12.403/2011 tal medida pode ser imposta como alternativa à prisão preventiva do acusado, sendo que o seu descumprimento pode ensejar a decretação da custódia cautelar.[1850]

> I – comparecimento periódico em juízo, no prazo e nas condições fixadas pelo juiz, para informar e justificar atividades; (Redação dada pela Lei n. 12.403, de 4-5-2011)

1. Fixação judicial das condições de comparecimento

Diversamente de outros textos que tratam da periodicidade de comparecimento por exemplo o art. 89 da Lei n. 9.099/1995, em seu inciso IV (periodicidade mensal), o presente inciso deixa ao arbítrio judicial a periodicidade da ida ao Juízo.

2. Natureza do comparecimento: informação e justificação das atividades

O comparecimento determinado tem dois objetivos distintos: informar e justificar as atividades. Decomposto dessa maneira, é correto entender-se que a ausência de um desses elementos acarreta o descumprimento da condição imposta, gerando a possibilidade de sua conversão, cumulação ou, até mesmo, em situações concretas, a imposição da prisão preventiva.

> II – proibição de acesso ou frequência a determinados lugares quando, por circunstâncias relacionadas ao fato, deva o indiciado ou acusado permanecer distante desses locais para evitar o risco de novas infrações; (Redação dada pela Lei n. 12.403, de 4-5-2011)

1. Proibição de acesso e de frequência

Trata-se de vedação de ingressar, entrar em determinado lugar e nele ir com certa assiduidade. Assim, a redação dessa medida busca evitar a discussão sobre habitualidade (frequência) como descaracterizadora do eventual descumprimento, na medida em que veda o próprio ato de ingressar em lugares predeterminados, conduta cuja habitualidade não é requerida.

2. Conceito de "lugar": espaço físico e virtual

A ideia de lugar não pode ser confinada ao espaço físico, merecendo a extensão ao lugar virtual e, dessa maneira, expandindo o conceito de acesso também ao espaço cibernético, restrição essa que se mostra adequada para determinados tipos de criminalidade, especialmente os cometidos por meios informatizados, sendo certo que abalizada literatura nessa área aponta que, em face do grande volume de incidentes e forte impacto das fraudes eletrônicas sobre o setor bancário, a Febraban defende que fraudes na internet passem a constar na legislação do país como crime inafiançável, pautando-se na premissa de que há falta de uma legislação específica capaz de punir de forma adequada o cibercriminoso no Brasil.[1851]

3. Restrições direcionadas e motivadas em relação ao fato

Para a aplicação dessa específica medida, deve-se levar em conta, num primeiro momento, o ambiente (com amplitude da palavra) em que a infração penal

---

[1849] STF. **HC 147426/AP**. 2ª Turma; e **HC 147303/AP**. Relator: Min. Gilmar Mendes. Data de julgamento: 18 dez. 2017.

[1850] ST. **HC-262.103/AP**. 5ª Turma. Relator: Min. Jorge Mussi. Data de publicação:DJe, 15 set. 2014.

[1851] CAMARGO SANTOS, Coriolano Aurélio de Almeida; FRAGA, Ewelyn Schots. **As múltiplas faces dos crimes eletrônicos e dos fenômenos tecnológicos e seus reflexos no universo jurídico**. 2. ed. São Paulo: OAB/SP, 2010. Disponível em: <http://www.oabsp.org.br/comissoes2010/direito-eletronico-crimes-alta-tecnologia/livro-sobre-crimes-eletronicos/Livro2Edicao.pdf>. Acesso em: 13 abr. 2022.

foi cometida. Assim, perfaz o sentido da norma quando o crime foi cometido no ambiente de um bar e a medida imposta vem vedar o ingresso e a frequência em estabelecimentos semelhantes.

Particularmente neste ponto, os crimes cometidos na forma determinada no Estatuto do Torcedor (Lei n. 10.671/2003, arts. 41-A e seguintes) podem apresentar particular incidência dessa medida cautelar, com a proibição de ingresso em praças esportivas e frequência a esses eventos.

4. Restrições teleologicamente motivadas: prevenção de cometimento de novos fatos (semelhantes)

Outro aspecto ligado à aplicação dessa medida é não somente a verificação da pertinência do local onde o crime foi cometido, como, igualmente, a identificação da possibilidade de reiterações de infrações penais se a pessoa submetida à medida continuar a ingressar e frequentar determinados lugares.

> III – proibição de manter contato com pessoa determinada quando, por circunstâncias relacionadas ao fato, deva o indiciado ou acusado dela permanecer distante; (Redação dada pela Lei n. 12.403, de 4-5-2011)

1. Proibição: conceito e finalidade

A proibição aqui tratada tem a mesma estrutura daquela já prevista na Lei Maria da Penha, definida por aquela legislação como medida protetiva de urgência.

Sobre aquela legislação, já se decidiu que "as medidas protetivas de urgência, de natureza cautelar, podem ser deferidas *inaudita altera pars*, quando suficientemente demonstrado o *periculum in mora* pelas palavras da vítima e de testemunhas, que relatam a prática das agressões"[1852].

Porém, a "natureza" cível ou criminal dessas cautelares sempre foi alvo de alguma controvérsia doutrinária. A esse propósito, relembre-se a posição de Pacheco:

> Assim, firmamos um primeiro ponto: há procedimentos cíveis e criminais separados, conduzidos por juízes com competência cumulativa, cível e criminal, quanto à matéria violência doméstica e familiar contra a mulher. As medidas protetivas, por sua vez, são, conforme o caso, medidas cautelares preparatórias, preventivas ou incidentes, como constatamos por suas características e por interpretação sistemática com outras leis. A mudança de denominação ("protetivas") não lhes retirou seu caráter. Por outro lado, há várias medidas protetivas, na Lei n. 11.340/2006,

que têm, de modo geral, caráter dúplice, podendo ser utilizadas como medidas cautelares cíveis ou criminais.[1853]

> IV – proibição de ausentar-se da Comarca quando a permanência seja conveniente ou necessária para a investigação ou instrução; (Incluído pela Lei n. 12.403, de 4-5-2011)

1. Temporalidade da ausência

A ausência vedada é aquela com ânimo definitivo ou de longa duração, incompatível com a finalidade do processo ou da investigação. A temporalidade transitória para fins de atividade específica não se enquadraria, *a priori*, em causa de descumprimento da presente medida quando imposta.

2. Definição de comarca

Comarca é definida pela lei de organização judiciária estadual, possuindo seu equivalente na esfera federal, levando-se em conta critérios socioeconômicos e geográficos. Em muitas situações, uma comarca é composta de mais de um município.

3. Convivência com a lei da prisão temporária

Malgrado a presente norma possa aparentar alguma colisão com aquela prevista na prisão temporária, é importante destacar a especificidade daquela forma de prisão cautelar quanto ao tempo (cabível apenas na investigação) e quanto à sua incidência material (cabível para crimes especificados, sem interpretação ampliativa).

No mais, a prisão temporária afigura-se necessária e adequada a determinadas situações, *a priori*, e a presente medida aplica-se apenas em caso de substituição de medida constritiva de liberdade.

> V – recolhimento domiciliar no período noturno e nos dias de folga quando o investigado ou acusado tenha residência e trabalho fixos; (Incluído pela Lei n. 12.403, de 4-5-2011)

1. Conceito de "período noturno"

Vide nota ao art. 283, § 2º, nestes **Comentários**.

2. Necessidade de comprovação de residência e trabalho fixos

Dá-se com comprovações idôneas, com identificação da pessoa suspeita ou investigada, não devendo ser acatada, como regra geral, comprovação em nome de terceiros. Nessas hipóteses, a imposição dessa medida deve ser desestimulada quando aplicada de

---

[1852] TJMG. **Apelação Criminal 1.0637.07.055497-6/001**. Relator: Des. Hélcio Valentim. Data de julgamento: 6 out. 2009.
[1853] PACHECO, Denilson Feitoza. **Direito processual penal**: teoria, crítica e práxis. Rio de Janeiro: Impetus, 2009. p. 206.

forma isolada ou deve vir, prudentemente, acompanhada de medida complementar.

> VI – suspensão do exercício de função pública ou de atividade de natureza econômica ou financeira quando houver justo receio de sua utilização para a prática de infrações penais; (Incluído pela Lei n. 12.403, de 4-5-2011)

1. Suspensão da função pública

Trata-se de medida preventiva ligada ao relacionamento entre o delito apurado e a condição funcional da pessoa suspeita ou acusada, sendo incabível essa suspensão na ausência desse liame fático.

2. Suspensão das atividades funcionais e direitos estatutários

Tratando-se de medida cautelar de natureza penal, a suspensão da função não tem disciplina especificamente prevista para os efeitos nos demais relacionamentos do servidor com a Administração Pública.

Assim, é procedente integrar pela analogia interpretativa os efeitos dessa suspensão cautelar com aqueles eventualmente previstos no regime estatutário ao qual o servidor pertence, como forma de solucionar eventuais problemas funcionais que advenham da aplicação dessa medida.

3. Suspensão de função pública, mandato parlamentar e foro por prerrogativa de função

No marco da discussão da Ação Cautelar 4.327 (Distrito Federal) o STF chegou a, cautelarmente, impor ao acusado Sen. Aécio Neves (PSDB-MG) as seguintes medidas precedentes (alternativas) à prisão a pedido da PGR quando do oferecimento da inicial acusatória:

(i) suspensão do exercício das funções parlamentares ou de qualquer outra função pública; (ii) proibição de contatar qualquer outro investigado ou réu no conjunto dos feitos em tela e (iii) proibição de se ausentar do País, devendo entregar seus passaportes. Além disso, também por maioria, a Turma acrescentou a medida cautelar diversa de prisão, prevista no art. 319, V, do Código de Processo Penal, de recolhimento domiciliar no período noturno.

Diversas questões foram suscitadas quando do julgamento desse caso sendo as mais relevantes: a) se o parlamentar poderia ou não ser submetido a medidas cautelares; b) se poderia, ou não, ser-lhe restringido o exercício do mandato eletivo e, finalmente, se haveria necessidade da aquiescência da Casa Parlamentar para efetivação do comando jurisdicional.

No primeiro caso a matriz do tema encontra-se no texto constitucional que no Art. 53 determina que

> Os Deputados e Senadores são invioláveis, civil e penalmente, por quaisquer de suas opiniões, palavras e votos. § 1º Os Deputados e Senadores, desde a expedição do diploma, serão submetidos a julgamento perante o Supremo Tribunal Federal. § 2º Desde a expedição do diploma, os membros do Congresso Nacional não poderão ser presos, salvo em flagrante de crime inafiançável. Nesse caso, os autos serão remetidos dentro de vinte e quatro horas à Casa respectiva, para que, pelo voto da maioria de seus membros, resolva sobre a prisão.

A literalidade do texto constitucional vedaria, assim, a possibilidade de qualquer medida porquanto, quando da edição do texto de 1988 era dominante a compreensão de que a prisão em flagrante seria uma espécie de cautelar pessoal, entendimento superado pela hermenêutica constitucional e encampado definitivamente pela reforma das cautelares, em 2011.

Assim, em primeiro plano é necessária a filtragem hermenêutica da própria Constituição para admitir que, após a prisão em flagrante, por meio da cognição judicial própria, deve ser apreciada a presença – ou não – daquilo que denominamos de *necessidade cautelar*.

Admitido esse primeiro passo, aquele seguinte é de considerar, à luz do mesmo artigo 53 da CR, se a determinação de qualquer medida cautelar deve ser referendada pela Casa Parlamentar a qual pertence a pessoa acusada, numa extensão dos poderes que são conferidos ao Parlamento sobre a suspensão ou não do processo crime. In verbis: § 3º Recebida a denúncia contra o Senador ou Deputado, por crime ocorrido após a diplomação, o Supremo Tribunal Federal dará ciência à Casa respectiva, que, por iniciativa de partido político nela representado e pelo voto da maioria de seus membros, poderá, até a decisão final, sustar o andamento da ação; § 4º O pedido de sustação será apreciado pela Casa respectiva no prazo improrrogável de quarenta e cinco dias do seu recebimento pela Mesa Diretora. § 5º A sustação do processo suspende a prescrição, enquanto durar o mandato.

> VII – internação provisória do acusado nas hipóteses de crimes praticados com violência ou grave ameaça, quando os peritos concluírem ser inimputável ou semi-imputável (art. 26 do Código Penal) e houver risco de reiteração; (Incluído pela Lei n. 12.403, de 4-5-2011)

1. Inimputabilidade e internação provisória

Trata-se de medida que visa possibilitar a internação anterior à eventual aplicação de medida de segurança em casos cometidos com violência ou grave ameaça.

No CPP, há previsão de suspensão do processo com internação em caso de doença mental superveniente (art. 152; vide nota 1 a esse artigo nos presentes **Comentários**), mas seu caráter cautelar se apresentava em segundo plano.

Na nova legislação, essa internação está condicionada a critérios materiais (forma de cometimento do crime), verificação médica especializada (laudos) e prognóstico judicial amparado nos elementos processuais que apontem o risco de reiteração.

> VIII – fiança, nas infrações que a admitem, para assegurar o comparecimento a atos do processo, evitar a obstrução do seu andamento ou em caso de resistência injustificada à ordem judicial; (Incluído pela Lei n. 12.403, de 4-5-2011)

1. Fundamento constitucional

A base legal da fiança no direito brasileiro encontra-se na CR. Assim, "ninguém será levado à prisão ou nela mantido quando a lei admitir a liberdade provisória, com ou sem fiança" (CF, art. 5º, LXVI). – Ao preso em flagrante por crime punido com pena mínima de reclusão não superior a 2 anos, sem necessidade de prisão preventiva será concedida fiança, nos termos dos arts. 323, I, c/c o art. 324, IV, ambos do Código de Processo Penal (STJ. DJ, 25 ago. 2003. p. 375. Relator: Vicente Leal), sendo que

> A jurisprudência do Col. Supremo Tribunal Federal e deste E. Tribunal de Alçada Criminal tem proclamado que a fiança se constitui em direito subjetivo do cidadão, que não lhe pode ser negado a não ser nos casos expressos em lei, não se justificando o seu indeferimento nem mesmo pela só invocação dos maus antecedentes do acusado.[1854]

2. Fiança e presunção de inocência: revisão do conceito à luz da CR e da CADH

Boa parte da doutrina trata a fiança como contracautela de ordem patrimonial, incidindo como substituição de uma cautela de natureza prioritariamente pessoal. Pode ser determinada pelo Juiz de Direito ou, em casos residuais, pela Autoridade Policial.[1855]

Buscando uma leitura mais adequada à CR e à CADH, Scarance Fernandes[1856] afirma que, "aquela posição anterior, que via a fiança como contracautela, era, de certa forma, resquício da premissa de a regra ser a prisão durante o processo, principalmente se se tratasse de manter detido o agente pilhado em flagrante", e que "o raciocínio deve ser outro. O pressuposto inicial é de que o réu, presumido inocente, deve ficar em liberdade durante o processo, só se admitindo a prisão em situações excepcionais. Assim, se antes a regra devia ser a permanência do réu em custódia provisória, hoje, em razão da presunção inicial de inocência, a regra deve ser a sua liberdade, que será cerceada em maior ou menor grau em consonância com critérios expressamente definidos pelo legislador, e em hipóteses taxativamente previstas", para concluir que

> A fiança tem, portanto, natureza cautelar. Figura ela em uma escala de possíveis medidas cautelares, que substituem a prisão em flagrante, restringindo a liberdade. Impõem-se ao réu, para que fique ou permaneça livre, o pagamento de determinada importância em dinheiro e outros ônus processuais.[1857]

A reforma operada apresenta a fiança como cautela, e não como contracautela, podendo tal conclusão ser extraída da própria colocação tópica desse "instituto" como outra medida cautelar, substitutiva da própria prisão preventiva.

3. Crítica ao modo da fiança no direito brasileiro

Seu emprego vinha sendo, ao longo dos anos, alvo de inúmeras críticas. Assim[1858], já se aduziu que

> a fiança é medida cautelar para a preservação do *status libertatis* do acusado, no caso de necessidade de uma medida cautelar contra a atividade nociva deste. Com a fiança ocorre um arremedo de analogia com a sub-rogação real: é como se ficasse "presa" uma quantidade de dinheiro em lugar da própria pessoa do acusado, o qual, para evitar a perda desse dinheiro pela quebra da fiança, deixa de fugir ou de atentar contra o processo. A fiança, fixada em importâncias significativas, é expressiva na Alemanha, ao passo que, no Brasil, o fenômeno inflacionário, a má regulamentação legal e a notória parcimônia do meio jurídico brasileiro na fixação de somas elevadas, correspondentes ao patrimônio do acusado e à relevância do caso, tornaram o utilíssimo instituto da fiança instrumento de menor relevância judiciária.

No novo regime, a fiança surge aparentemente prestigiada com o aumento de seus valores. Nada

---

[1854] RJTACrim, 7/205.
[1855] CAMPOS BARROS, 1982, p. 311.
[1856] SCARANCE FERNANDES, Antonio. A fiança criminal e a Constituição Federal. **Justitia**, v. 155, 1991.
[1857] SCARANCE FERNANDES, Antonio. A fiança criminal e a Constituição Federal. **Justitia**, v. 155, 1991.
[1858] *RJTACrim*, 3/21.

obstante, como será visto, a exoneração da fiança permanece de maneira praticamente idêntica ao modelo revogado. Pode-se, assim, em certa medida, manter-se a crítica já efetuada diante da lei anterior.

4. Fiança e Lei n. 9.099/1995: impossibilidade quando do flagrante

Dentro da expressa norma da Lei n. 9.099/95, a fiança não pode ser exigida. Na verdade, com o advento da mencionada Lei, o "sistema" brasileiro de exigibilidade de fiança praticamente ruiu, na medida em que os tipos penais que admitiam a sua prestação estão inseridos no âmbito das infrações penais de menor potencial ofensivo.

Em igual sentido, "a infração imputada ao paciente deve ser, de fato, reconhecida como de menor potencial ofensivo e, assim, submetida a todo o procedimento especial previsto na Lei dos Juizados Especiais, que não prevê a abertura (ou continuidade) do inquérito policial, nem tampouco a prisão em flagrante e fiança".[1859]

> IX – monitoração eletrônica. (Incluído pela Lei n. 12.403, de 4-5-2011)

1. Monitoração eletrônica

A previsão do monitoramento eletrônico dá-se na esteira da discussão do emprego da tecnologia no processo penal e seus limites, partindo-se de experiência do direito comparado e que foi introduzida no Brasil[1860], em princípio, exclusivamente no âmbito da execução penal pela Lei n. 12.258/2010, que alterou a Lei das Execuções Penais para prever no parágrafo único do art. 122 que "a ausência de vigilância direta não impede a utilização de equipamento de monitoração eletrônica pelo condenado, quando assim determinar o juiz da execução" e introduziu a disciplina do monitoramento no art. 146-A da LEP, prevendo que o juiz poderá definir a fiscalização por meio eletrônico para autorizar a saída temporária no regime semiaberto e determinar a prisão domiciliar.

Instituíram-se, também, os deveres do preso de receber visitas do servidor responsável pela monitoração eletrônica, responder aos seus contatos e cumprir suas orientações; abster-se de remover, de violar, de modificar, de danificar de qualquer forma o dispositivo de monitoração eletrônica ou de permitir que outrem o faça, sendo que a violação dessas disposições acarretaria: a regressão do regime; a revogação da autorização de saída temporária; a revogação da prisão domiciliar; advertência, por escrito.

Por fim, "a monitoração eletrônica poderá ser revogada: quando se tornar desnecessária ou inadequada ou se o acusado ou condenado violar os deveres a que estiver sujeito durante a sua vigência ou cometer falta grave".

2. Regulamentação da monitoração como medida cautelar

O Decreto n. 7.627, de 24 de novembro de 2011, veio regulamentar o presente inciso do CPP e alterar o texto da Lei das Execuções Penais, inicialmente definindo-a como "a vigilância telemática posicional a distância de pessoas presas sob medida cautelar ou condenadas por sentença transitada em julgado, executada por meios técnicos que permitam indicar a sua localização" (art. 2º).

3. Direitos da pessoa submetida ao monitoramento

A pessoa submetida ao monitoramento goza dos seguintes direitos:

> Direito à informação (Art. 3º A pessoa monitorada deverá receber documento no qual constem, de forma clara e expressa, seus direitos e os deveres a que estará sujeita, o período de vigilância e os procedimentos a serem observados durante a monitoração).
>
> Direito ao sigilo de dados (Art. 6º O sistema de monitoração será estruturado de modo a preservar o sigilo dos dados e das informações da pessoa monitorada e Art. 7º O acesso aos dados e informações da pessoa monitorada ficará restrito aos servidores expressamente autorizados que tenham necessidade de conhecê-los em virtude de suas atribuições).
>
> Direito à dignidade (Art. 5º) O equipamento de monitoração eletrônica deverá ser utilizado de modo a respeitar a integridade física, moral e social da pessoa monitorada.

4. Organização administrativa do monitoramento

Estabelece-se que a responsabilidade administrativa sobre o funcionamento da medida caberá

> "aos órgãos de gestão penitenciária" (art. 4º), a quem incumbirá: I – verificar o cumprimento dos deveres legais e das condições especificadas na decisão judicial que autorizar a monitoração eletrônica; II – encaminhar relatório

---

[1859] TRF. 2ª Região. Data de publicação: *DJU*, 4 jul. 2003. p. 440. Relator: Juiz Raldênio Bonifácio Costa.
[1860] A respeito ver JAPIASSÚ, Carlos Eduardo Adriano; MACEDO, Celina Maria. O Brasil e o monitoramento eletrônico. In: BRASIL. Ministério da Justiça. Conselho Nacional de Política Criminal e Penitenciária. **Monitoramento eletrônico**: uma alternativa à prisão? – experiências internacionais e perspectivas no Brasil. Brasília: CNPCP, 2008. p. 11-35.

circunstanciado sobre a pessoa monitorada ao juiz competente na periodicidade estabelecida ou, a qualquer momento, quando por este determinado ou quando as circunstâncias assim o exigirem; III – adequar e manter programas e equipes multiprofissionais de acompanhamento e apoio à pessoa monitorada condenada; IV – orientar a pessoa monitorada no cumprimento de suas obrigações e auxiliá-la na reintegração social, se for o caso; e V – comunicar, imediatamente, ao juiz competente sobre fato que possa dar causa à revogação da medida ou modificação de suas condições.

> § 4º A fiança será aplicada de acordo com as disposições do Capítulo VI deste Título, podendo ser cumulada com outras medidas cautelares. (Incluído pela Lei n. 12.403, de 4-5-2011)

1. Cumulatividade da fiança com outras medidas cautelares

A cumulatividade da fiança com outras medidas cautelares deve vir amparada pela aplicação das normas gerais previstas no art. 282, I e II, revelando-se em decisão fundamentada e vinculante os critérios de necessidade e adequação.

> Art. 320. A proibição de ausentar-se do País será comunicada pelo juiz às autoridades encarregadas de fiscalizar as saídas do território nacional, intimando-se o indiciado ou acusado para entregar o passaporte, no prazo de 24 (vinte e quatro) horas. (Redação dada pela Lei n. 12.403, de 4-5-2011)

1. Tipificação da medida de entrega de passaporte

O artigo em questão regulou prática algo comum e aceita pelos Tribunais Superiores quando decidiam que:

> I – Ainda que reconhecida a ausência de fundamentos concretos para a manutenção da custódia cautelar, é possível ao magistrado, com base no poder geral de cautela disposto no art. 798 do CPC c/c art. 3º do CPP, condicionar a revogação do decreto de prisão preventiva a exigências concretamente pertinentes (Precedentes). II – Dessa forma, o condicionamento da revogação da custódia cautelar ao comparecimento quinzenal do acusado ao juízo para assinatura de termo, ao acautelamento do passaporte e

à proibição de viagens ao exterior não constituem, no presente caso, constrangimento ilegal. III – Cumpre destacar que em recente decisão liminar o e. Min. Marco Aurélio, do Pretório Excelso, determinou revogação de prisão preventiva com as ressalvas de que "o paciente deverá permanecer no distrito da culpa, atendendo aos chamamentos judiciais, e proceder ao depósito do passaporte. Viagem ao exterior ficará na dependência de autorização judicial.[1861]

Observamos de longa data que a norma processual penal não dá vazão ao denominado "poder geral de cautela", posição esta defendida por parte de abalizada doutrina (malgrado a existência de posições em sentido contrário[1862], a maior parte delas enfatizando a "eficiência" do processo penal como justificadora dessa ampliação da atuação judicial.

Neste ponto, nunca é demais recordar a lição correta de Barros[1863], ao afirmar que:

> A possibilidade jurídica na ação cautelar consiste em se verificar *prima facie*, se a medida cautelar pleiteada é admissível no estatuto processual ou em qualquer lei dessa natureza. Existe uma tipicidade processual não diferente da tipicidade de direito substancial. Portanto, importa verificar se o pedido do autor pode subsumir-se num dos modelos descritos nos preceitos normativos do direito vigorante. Inexistindo no ordenamento jurídico a medida cautelar pleiteada, não há possibilidade jurídica para o pedido do autor.

Capítulo VI – Da Liberdade Provisória, com ou sem Fiança

> Art. 321. Ausentes os requisitos que autorizam a decretação da prisão preventiva, o juiz deverá conceder liberdade provisória, impondo, se for o caso, as medidas cautelares previstas no art. 319 deste Código e observados os critérios constantes do art. 282 deste Código. (Redação dada pela Lei n. 12.403, de 4-5-2011)

1. Meios alternativos à prisão cautelar: itinerário de reformas

A busca de mecanismos alternativos à prisão cautelar não é nova no direito brasileiro.

Com efeito, no projeto "Frederico Marques" (PL 633/1975) havia previsão no então artigo 472 que abria o título "das providências cautelares" (título IV,

---

[1861] STJ. **RHC 20124 RJ 2006/0189332-7**. 5ª Turma. Relator: Min. Felix Fischer. Data de julgamento: 13 nov. 2007. Data de publicação: DJ, 10 dez. 2007. p. 398.

[1862] ALVES, Rogério Pacheco. O poder geral de cautela no processo penal. **Revista do Tribunais**, n. 799, maio 2002, p. 423 e ss. Disponível em: <http://www.revistasrtonline.com.br>. Acesso em: 13 abr. 2022.

[1863] CAMPOS BARROS, Romeu Pires. **Processo penal cautelar**. Rio de Janeiro: Forense, 1982.

capítulo I) com vistas a "assegurar a atuação da justiça penal" de que pessoa acusada ou suspeita pudesse vir a ser submetida a um regime de prisão e, alternativamente, liberdade provisória com ou sem fiança.

Na sequência era concebida a possibilidade da submissão às seguintes "medidas": a) medida de segurança provisória; b) inabilitações provisórias e c) restrições processuais. Malgrado as diferenças estruturais entre aquela proposta legislativa e a Lei n. 12.403/2011 a busca pela alternatividade à prisão era a mesma e a forma como compreendida a fundamentação da prisão e a imposição dessas medidas têm alguns aspectos semelhantes.

Posteriormente, no Projeto de Lei n. 1.655, de 1981, proveniente dos trabalhos de Comissão de Juristas instituída no Governo Geisel havia a sugestão de medidas que viessem a suceder a constrição da liberdade acompanhando a já preconizada no "Projeto Frederico Marques" (este também presente na comissão dos trabalhos do mencionado PL 1655) de forma a conferir ao Magistrado o "c) poder de aplicação, pelo juiz, de medidas alternativas à prisão provisória. O projeto foi retirado do Congresso Nacional em 1989 quando se encontrava no Senado" (PLC, 175/1984).

Tais previsões acompanhavam as recomendações da Organização das Nações Unidas em Congresso realizado em 1980 em Caracas, Venezuela, sobre "Prevenção do Crime e Tratamento do Delinquente" e foram atualizadas pelas denominadas "Regras Mínimas das Nações Unidas para a elaboração de Medidas não Privativas de Liberdade (Regras de Tóquio)" adotadas pela Assembleia Geral das Nações Unidas na sua resolução 45/110, de 14 de Dezembro de 1990 que, em seu item 2.1, determinam:

> As disposições pertinentes das presentes Regras aplicam-se a todas as pessoas que são objeto de procedimento de julgamento ou de execução de sentença, em todas as fases da administração da justiça penal. Para os fins das presentes Regras, estas pessoas são denominadas "delinquentes" – quer se trate de suspeitos, de acusados ou de condenados.

Na sequência, tratando especificamente sobre a prisão de natureza cautelar define que (item 6) "A prisão preventiva como medida de último recurso" e (6.1). A prisão preventiva deve ser uma medida de último recurso nos procedimentos penais, tendo devidamente em conta o inquérito sobre a presumível infracção e a proteção da sociedade e da vítima". Por fim, (6.2) "As medidas substitutivas da prisão preventiva são utilizadas sempre que possível. A prisão preventiva não deve durar mais do que o necessário para atingir os objetivos enunciados na regra 6.1. e deve ser administrada com humanidade e respeitando a dignidade da pessoa" e (6.3) "O delinquente tem o direito de recorrer, em caso de prisão preventiva, para uma autoridade judiciária ou para qualquer outra autoridade independente".

Encerrada a tramitação dos projetos reformistas das décadas de 1970 e 1980, no transcurso das reformas pontuais nos anos 1990, nos trabalhos da Comissão presidida pelo então Ministro Sálvio de Figueiredo Teixeira instituída pelo Poder Executivo houve, entre as inúmeras propostas, a de reformar a disciplina da prisão cautelar para contemplar "a ampliação das hipóteses de prisão preventiva e a possibilidade de sua substituição por medidas restritivas de liberdade que dispensam o recolhimento à prisão, contribuindo para a melhoria do sistema carcerário".

Naquela sugestão

> Existem dois tipos de medidas que constituem alternativas à prisão preventiva. Elas podem restringir a liberdade ou outros direitos do imputado. As primeiras estão previstas no art. 319, verbis: "A prisão preventiva poderá ser substituída por medidas restritivas de liberdade, consistentes em: I – apresentação semanal em local determinado; II – proibição, sem autorização judicial, de ausentar-se: a) da comarca, ou seção judiciária, por mais de oito dias; b) do País; c) da residência, salvo para exercer as funções relativas ao trabalho".

As outras estão descritas no art. 320:

> No caso de crime contra a fé pública, contra a administração pública, a ordem tributária, a ordem econômica, as relações de consumo ou contra o sistema financeiro, será facultado ao juiz impor, também, as seguintes medidas: I – afastamento do exercício da função pública; II – impedimento de participar, direta ou indiretamente, de licitação pública, ou de contrato com a administração pública direta, indireta ou fundacional, e com empresas públicas e sociedades de economia mista.

Com a interrupção também daquele processo legislativo o tema foi retomado com a instituição da Comissão Grinover e, desde a redação do anteprojeto, a concepção das medidas cautelares alternativas à prisão surgiu de forma bastante semelhante àquela que, quase dez anos depois, viria a ser sancionada.

Assim, a retenção de passaporte como corolário da impossibilidade de ausentar-se do país vem merecendo a chancela dos Tribunais[1864], mas observadas as situações concretas, como aquela em que

---

[1864] A ver, entre outros, STJ. **HC 422.500/CE**. 5ª Turma. Relator: Min. Reynaldo Soares da Fonseca. Data de julgamento: 5 dez. 2017.

A necessidade da medida cautelar de retenção do passaporte à acusada resta esvaziada pelo transcurso de 6 anos sem informação de qualquer intercorrência no trâmite processual, revelando-se adequada sua substituição pelo dever de comunicar as viagens. 3. Recurso ordinário parcialmente provido para impor, substitutivamente à retenção do passaporte, o dever de comunicar, antecipadamente, ao juízo, todas as viagens que pretenda fazer ao exterior, determinando a devolução do passaporte.[1865]

Da mesma maneira, "em situações excepcionais, a sujeição de requerimento justificado de saída do País à prévia autorização judicial, com emissão de comunicado à Polícia Federal, supre a necessidade de retenção de passaporte e atende suficientemente ao resguardo da aplicação da Lei penal para o caso".[1866]

2. Os problemas do art. 321 reformado

O grande problema, desde o início dos trabalhos legislativos, é que o art. 321 mantém a prisão como primeira medida do leque das cautelares e, mais que isto, dá a entender que a imposição das medidas alternativas não acarreta constrição da liberdade. Trata-se, pois, de deformação sistêmica inaceitável pois o modelo de funcionamento desejado é completamente diverso.

Para correta compreensão do modelo que se quis reformar é necessário, em primeiro lugar, encontrar aquilo que se deve denominar de "necessidade cautelar" diante da somatória dos arts. 312, 313 e 282, I e II, todos do CPP. A dizer, o julgador deve analisar, diante dos artigos mencionados, se há necessidade de imposição de alguma medida cautelar de forma a assegurar o Juízo penal.

Depois, deve-se partir das hipóteses não intervenientes na liberdade contidas no art. 319 do CPP para, após verificar a (in)suficiência dessas possibilidades chegar-se, como "ultima ratio" à prisão cautelar.

O art. 321 embaralha por completo esse caminho e induz a compreensões distintas da finalidade do modelo alternativo. Por isso há de ser saudado com ênfase relevante acórdão do STJ, da lavra do Min. Rogério Schietti Machado Cruz – Relator (HC 282.509. 6ª Turma. Data de julgamento: 19 nov. 2013; public. 22 nov. 2013) que trabalhou o tema de forma lapidar:

> Com efeito, as medidas alternativas à prisão preventiva não pressupõem, ou não deveriam pressupor, a inexistência de requisitos ou do cabimento da prisão preventiva, mas sim a existência de uma providência igualmente eficaz (idônea, adequada) para o fim colimado com a medida cautelar extrema, porém com menor grau de lesividade à esfera de liberdade do indivíduo. É essa, precisamente, a ideia da subsidiariedade processual penal, que permeia o princípio da proporcionalidade, em sua máxima parcial (ou subprincípio) da necessidade (proibição de excesso): o juiz somente poderá decretar a medida mais radical – a prisão preventiva – quando não existirem outras medidas menos gravosas ao direito de liberdade do indiciado ou acusado por meio das quais seja possível, com igual eficácia, os mesmos fins colimados pela prisão cautelar. Trata-se de uma escolha comparativa, entre duas ou mais medidas disponíveis – in casu, a prisão preventiva e alguma(s) das outras arroladas no artigo 319 do CPP – igualmente adequadas e suficientes para atingir o objetivo a que se propõe a providência cautelar. Desse modo, é plenamente possível que estejam presentes os motivos ou requisitos que justificariam e tornariam cabível a prisão preventiva, mas, sob a influência do princípio da proporcionalidade e a luz das novas opções fornecidas pelo legislador, deverá valer-se o juiz de uma ou mais das medidas indicadas no artigo 319 do CPP, desde que considere sua opção suficiente e adequada para obter o mesmo resultado – a proteção do bem sob ameaça – de forma menos gravosa. (...) Isso equivale a dizer que os motivos justificadores da prisão preventiva são os mesmos que legitimam a determinação do recolhimento noturno ou qualquer outra das medidas cautelares a que alude o artigo 319 do CPP, sendo equivocado condicionar a escolha de uma dessas últimas ao não cabimento da prisão preventiva. Na verdade, a prisão preventiva é, em princípio, cabível, mas a sua decretação não é necessária, porque, em avaliação judicial concreta e razoável, devidamente motivada, considera-se suficiente para produzir o mesmo resultado a adoção de medida cautelar menos gravosa. Logo, a dicção normativa do artigo 321, ao condicionar, se for o caso, a imposição das medidas cautelares – observados os critérios constantes do artigo 282 do Código – a que estejam "ausentes os requisitos que autorizam a decretação da prisão preventiva", suscita a seguinte indagação: com base em quê será autorizada a providência cautelar menos gravosa, dentre as previstas no artigo 319?

Urge, pois, que se opere a devida filtragem constitucional para que essa norma ganhe contornos compatíveis com a estatura constitucional do

---

[1865] STJ. **RHC 40153 PE 2013/0271220-7**. 6ª Turma. Relator: Min. Nefi Cordeiro. Data de julgamento: 3 mar. 2015. Data de publicação: DJe, 29 abr. 2015.

[1866] TRF-3. **HC 32019 SP 0032019-20.2012.4.03.0000**. 5ª Turma. Relatora: Juíza Convocada Louise Filgueiras. Data de julgamento: 4 fev. 2013.

processo penal e, enquanto ela não vier, o que se tem é a pauperização das medidas alternativas e seu emprego sem fundamento cautelar, conclusão última que se pode alcançar.

O aqui exposto pode ser demonstrado graficamente da seguinte maneira:

> Art. 322. A autoridade policial somente poderá conceder fiança nos casos de infração cuja pena privativa de liberdade máxima não seja superior a 4 (quatro) anos. (Redação dada pela Lei n. 12.403, de 4-5-2011)
>
> Parágrafo único. Nos demais casos, a fiança será requerida ao juiz, que decidirá em 48 (quarenta e oito) horas. (Redação dada pela Lei n. 12.403, de 4-5-2011)

1. Natureza do prazo
Trata-se de mais uma das hipóteses para as quais o Código de Processo Penal disciplina prazo que, se superado, não acarreta consequências processuais. Como todos os prazos ligados à atividade decisória, este também é tido como "impróprio".

2. Instrução processual para concessão da fiança
Deve o juiz decidir o pedido de fiança em quarenta e oito horas (CPP, art. 322, parágrafo único). Não estando o pedido devidamente instruído, deve o juiz determinar quais os documentos que deve o requerente apresentar.[1867]

3. Oitiva do Ministério Público
A literalidade do Código de Processo Penal não impõe a oitiva do órgão do Ministério Público, evidenciando-se ainda mais que na estrutura do Código de Processo Penal não existe uma verdadeira conformação das cautelares ao direito de ação, possuindo as "medidas" uma feição quase administrativa, como já debatido nestes **Comentários**.

4. Imputação e quantidade de pena para fins de fiança
Conforme já analisado nestes **Comentários**, o Código de Processo Penal apresenta sérios descompassos no que tange à formação da imputação, destacando-se uma vez mais dois pontos básicos: (i) a realização de um juízo de valor por quem não é o titular da ação penal; (ii) a potencial variação da imputação e do objeto do processo diante da (des)estrutura do sistema vigente.

No mais, deve ser levada em conta a possibilidade de concurso material ou formal para a verificação da possibilidade da concessão da fiança. Refletindo esse contexto, determinado provimento num caso concreto considerou que "a soma das penas mínimas dos delitos imputados ao paciente ultrapassa o limite previsto no art. 323, I, do Código de Processo Penal, não sendo admitida a fixação de fiança (Súmula n. 81 do Superior Tribunal de Justiça)".[1868]

Todo esse cenário se reflete também no tópico da concessão da fiança, na medida em que o Código de Processo Penal condiciona a contracautela a determinados requisitos "objetivos" de quantificação da pena que são auferidos dada a classificação abstrata do delito e, portanto, trazem consigo todos os problemas apontados no parágrafo anterior.

No limite dessa desestrutura, já se afirmou explicitamente quanto à fiança que ela deve se pautar pela "classificação do tipo da infração feita pelo juiz, na fase do inquérito, para fins de seu arbitramento"[1869].

> Art. 323. Não será concedida fiança: (Redação dada pela Lei n. 12.403, de 4-5-2011)

1. Adequação constitucional da restrição à concessão da fiança
O presente artigo, ao redefinir as hipóteses de impossibilidade material da concessão da fiança, fez apenas repetir, na essência, o texto constitucional.

> I – nos crimes de racismo; (Redação dada pela Lei n. 12.403, de 4-5-2011)

1. Definição do crime de racismo
A definição normativa dos crimes de racismo encontra-se no texto da Lei n. 7.716/1989, com a alteração trazida pela Lei n. 9.459, de 13 de maio de 1997 (Serão punidos, na forma desta lei, os crimes resultantes de discriminação ou preconceito de raça, cor, etnia, religião ou procedência nacional).

> II – nos crimes de tortura, tráfico ilícito de entorpecentes e drogas afins, terrorismo e nos definidos como crimes hediondos; (Redação dada pela Lei n. 12.403, de 4-5-2011)

1. Terrorismo: tipificação na legislação brasileira pós-1988 e Lei de Segurança Nacional
A singela menção a terrorismo na legislação brasileira ainda é encontrada na Lei n. 7.170/1983 (Lei de Segurança Nacional), que estabelece, em seu art. 20,

---

[1867] TRF. 3ª Região. Relator: Juiz Tourinho Neto. Data de publicação: DJU, 29 set. 1995. p. 66.063.
[1868] TRF. 3ª Região. Relator: Juiz Souza Ribeiro. Data de publicação: *DJU*, 22 out. 2001. p. 1.063.
[1869] TAPR, *RT* 566/377.

as condutas de "devastar, saquear, extorquir, roubar, sequestrar, manter em cárcere privado, incendiar, depredar, provocar explosão, praticar atentado pessoal ou atos de terrorismo, por inconformismo político ou para obtenção de fundos destinados à manutenção de organizações políticas clandestinas ou subversivas", ou, ainda, "constituir, integrar ou manter organização ilegal de tipo militar, de qualquer forma ou natureza, armada ou não, com ou sem fardamento, com finalidade combativa" (art. 24).

Contudo, a Lei 13.260, de 16 de março de 2016 veio a regulamentar o XLIII do art. 5º da Constituição Federal, disciplinando o terrorismo, tratando de disposições investigatórias e processuais e reformulando o conceito de organização terrorista; e altera as Leis nos 7.960, de 21 de dezembro de 1989, e 12.850, de 2 de agosto de 2013.

Pelo seu artigo 2º,

> O terrorismo consiste na prática por um ou mais indivíduos dos atos previstos neste artigo, por razões de xenofobia, discriminação ou preconceito de raça, cor, etnia e religião, quando cometidos com a finalidade de provocar terror social ou generalizado, expondo a perigo pessoa, patrimônio, a paz pública ou a incolumidade pública.

1.1 Tratados internacionais ratificados pelo Brasil sobre o tema do combate ao terrorismo

Como apontado em texto anterior [1870]

> o Brasil se tornou parte da maioria dos documentos internacionais sobre a matéria, tais como a Convenção das Nações Unidas para a Repressão ao Apoderamento Ilícito de Aeronaves, Convenção para a Repressão aos Atos Ilícitos contra a Segurança da Aviação Civil, a Convenção Interamericana contra o Terrorismo e a Convenção Internacional para a Supressão do Financiamento do Terrorismo. Apesar de ter aderido aos principais documentos internacionais em matéria de terrorismo, a legislação se mostra deficiente para lidar com o tema. O Brasil ainda não criminalizou o financiamento do terrorismo de acordo com os requerimentos da Convenção, o que, portanto, faz com que não tenha implementado totalmente as disposições internacionais a esse respeito. Pode-se dizer que a definição de financiamento do terrorismo é inexistente ou, ao menos, deficiente na legislação brasileira.

2. Inafiançabilidade nos crimes hediondos

Se a liberdade provisória não pode ser automaticamente negada pela rotulação de um crime como hediondo, a impossibilidade da concessão de fiança é vista, em princípio, como uma restrição aceitável, recordando-se que

> a inafiançabilidade da prisão, mesmo em flagrante (inciso XLIII do art. 5º da CF), quer apenas significar que a lei infraconstitucional não pode prever como condição suficiente para a concessão da liberdade provisória o mero pagamento de uma fiança. A prisão em flagrante não pré-exclui o benefício da liberdade provisória, mas, tão só, a fiança como ferramenta da sua obtenção. A inafiançabilidade de um crime não implica, necessariamente, vedação do benefício à liberdade provisória, mas apenas sua obtenção pelo simples dispêndio de recursos financeiros ou bens materiais. Tudo vai depender da concreta aferição judicial da periculosidade do agente, atento o juiz aos vetores do art. 312 do Código de Processo Penal.[1871]

Neste sentido, como aponta Câmara,

> sempre foi desconforme o Estado de direito o fato de a prisão em flagrante, além de manifestar-se como autorizativa do encarceramento do provável agente, pudesse também autorizar a sua custódia cautelar. A manutenção da cautela – em decorrência inclusive de mandamento constitucional – só podia se dar quando presentes os pressupostos da custódia preventiva, devendo a manutenção ser fundamentada. (...) O legislador de 2011 agiu bem ao promover a correção e deixar expressa (pois clara ela sempre foi) a subcautelaridade da medida: hoje os efeitos da prisão em flagrante não persistem indefinidamente no tempo.[1872]

Desde um primeiro momento é necessário harmonizar o sentido dessa proteção ao Parlamentar, natural e necessária para a democracia representativa, com a própria atividade parlamentar de modo que essas prerrogativas existam quando o ato praticado disser respeito ao próprio exercício do mandato. Nesse sentido se trata da própria restrição do conceito de "prerrogativa por função" que inspira a atual formulação do conceito ora em curso no STF.[1873]

Nesse cenário, a migração da decisão, do Judiciário para o Parlamento, somente poderia existir quando houvesse um crime alegadamente praticado em decorrência da atividade parlamentar, e não

---

[1870] CHOUKR, Fauzi Hassan; JAPIASSÚ, Carlos Eduardo Adriano. Financiamento do terrorismo e legislação brasileira. **Revista do Conselho Nacional de Política Criminal e Penitenciária**, v. 1, p. 49-70, 2008.
[1871] STF. **HC 110.844/RS**. Relator: Min. Ayres Britto. Data de julgamento: 10 abr. 2012.
[1872] CÂMARA, Luis Antonio. **Medidas cautelares pessoais**. 2. ed. Curitiba: Juruá, 2011. p. 198.
[1873] STF. Questão de Ordem na Ação Penal (AP) 937.

em qualquer outra hipótese.[1874] Como, de resto, haveria de ser a melhor exegese constitucional para a aplicação do depreciativamente denominado "foro privilegiado".

Na esteira dessa discussão foi aforada a ADI 5526 e o Plenário STF,

> Por maioria de votos, (...) decidiu que o Poder Judiciário tem competência para impor a parlamentares as medidas cautelares do artigo 319 do Código de Processo Penal (CPP). Apenas no caso da imposição de medida que dificulte ou impeça, direta ou indiretamente, o exercício regular do mandato, a decisão judicial deve ser remetida, em 24 horas, à respectiva Casa Legislativa para deliberação, nos termos do artigo 53, parágrafo 2º, da Constituição Federal.

Por fim há a questão de saber se a suspensão de função pública é semelhante à suspensão do mandato parlamentar, tese que contou com a simpatia de alguns integrantes do STF, aparentemente com o suporte de um texto que emprestaria similitude a essas duas situações jurídicas[1875] afirmação que não é compartilhado por prestigiosa doutrina[1876] diante da ausência de previsão específica para tanto e por ofender a proporcionalidade (observada a situação concreta do Senador envolvido).

> III – nos crimes cometidos por grupos armados, civis ou militares, contra a ordem constitucional e o Estado Democrático; (Redação dada pela Lei n. 12.403, de 4-5-2011)

1. Defesa da ordem constitucional: lei de segurança nacional

Ainda como herança do regime militar, a Lei n. 7.170, de 14 de dezembro de 1983, define os denominados "Crimes Contra a Segurança Nacional", sendo que no art. 1º dispõe-se que "Esta Lei prevê os crimes que lesam ou expõem a perigo de lesão: I – a integridade territorial e a soberania nacional; II – *o regime representativo e democrático, a Federação e o Estado de Direito*; III – a pessoa dos chefes dos Poderes da União" (grifo nosso). Essa mesma norma condiciona parâmetros para aplicação dos tipos expressamente previstos no diploma 7.170/83, afirmando que "levar-se-ão em conta, para a aplicação desta Lei, I – a motivação e os objetivos do agente e II – a lesão real ou potencial aos bens jurídicos mencionados no artigo anterior".

As premissas axiológicas da Lei de Segurança Nacional que fundam o conceito de ofensa ao Estado de Direito não são as mesmas que estruturam a ordem pós-constitucional, donde seria o momento de inverter os vetores no sentido da proteção da dignidade humana como fundamentadores desse novo direito penal. Da forma como está, permanecem as bases do antigo sistema punitivo, cujas fontes têm essências distintas.

> Art. 324. Não será, igualmente, concedida fiança:
>
> I – aos que, no mesmo processo, tiverem quebrado fiança anteriormente concedida ou infringido, sem motivo justo, qualquer das obrigações a que se referem os arts. 327 e 328 deste Código; (Redação dada pela Lei n. 12.403, de 4-5-2011)

1. Quebra de fiança e impossibilidade de nova concessão

O mesmo se dava na vigência da legislação anterior, compreendendo-se a impossibilidade, ainda que o delito comportasse a suspensão condicional do processo. Nesse sentido, A prática de outra infração penal implica na quebra da fiança e no recolhimento à prisão, do agente que se encontra em liberdade provisória, mediante fiança, ainda que à segunda infração tenha se aplicado a suspensão condicional do processo (Lei n. 9.099/1995).[1877]

No mais,

> provadas a materialidade e a autoria do crime, e tendo ocorrido a quebra de fiança anteriormente concedida, a prisão preventiva apresenta-se como medida necessária para assegurar a aplicação da lei penal. 2. Presentes, *in casu*, os pressupostos da prisão preventiva, não merece censura a decisão que, de maneira fundamentada, justificou a necessidade da segregação cautelar do réu, ora paciente. 3. *Habeas Corpus* denegado.[1878]

Contudo, mesmo no regime anterior já se considerava que

> de acordo com o art. 324 do Código de Processo Penal, após a quebra da fiança, é vedada a

---

[1874] Como aliás, já decidiu em outras ocasiões o STF. **Inq 1.400-QO**. Pleno. Data de puvblicação: DJU, 10 out. 2003.
[1875] CAPEZ, Rodrigo. "Prisão e Medidas Cautelares Diversas: A individualização da Medida Cautelar no Processo Penal", SP, Quartier Latin.
[1876] BADARÓ, Gustavo. O STF pode suspender o exercício de mandato eletivo? Judiciário não poderia afastar Aécio Neves. Disponível em: <https://www.jota.info/opiniao-e-analise/artigos/o-stf-pode-suspender-o-exercicio-de-mandato-eletivo-27092017>. Acesso em: 13 abr. 2022.
[1877] TJDF. **HC 7.637/97**. 2ª Turma. Data de julgamento: 5 jun. 1997. Relator: Des. Joazil M. Gardés. *RT*, 749/714.
[1878] TJRR. **2001.01.00.025708-6**. Relator: Juiz Ítalo Mendes. Data de julgamento: 21 ago. 2001. Data de publicação: *DJ*, 5 set. 2001. p. 122.

concessão de nova fiança. Entretanto, na hipótese de condenação por crime sem violência ou grave ameaça, à pena inferior a três anos de reclusão, em regime diferente do fechado, à luz do princípio da proporcionalidade, é plausível o restabelecimento da liberdade provisória, desde que haja apresentação, fornecimento de endereço e o compromisso de colaboração com a Justiça, nos moldes dos arts. 327 e ss. do Estatuto Processual Penal.[1879]

> II – em caso de prisão civil ou militar; (Redação dada pela Lei n. 12.403, de 4-5-2011)

1. Impossibilidade de fiança na prisão civil – hipóteses atuais dessa forma de prisão

Encontra-se restrita à possibilidade de prisão civil por inadimplência alimentar, visto a ilicitude da prisão civil do depositário infiel, dado o teor da súmula vinculante do STF com a seguinte redação: "É ilícita a prisão civil de depositário infiel, qualquer que seja a modalidade do depósito" (DJe, 238, 23 dez. 2009. p. 1. DOU, 23 dez. 2009. p. 1).

> IV – quando presentes os motivos que autorizam a decretação da prisão preventiva (art. 312). (Redação dada pela Lei n. 12.403, de 4-5-2011)

1. Impossibilidade de concessão da fiança diante das causas de decretação da prisão preventiva

Vide notas ao art. 312 e seu parágrafo único nestes *Comentários*.

> Art. 325. O valor da fiança será fixado pela autoridade que a conceder nos seguintes limites: (Redação dada pela Lei n. 12.403, de 4-5-2011)

1. Juiz natural e fiança

O Código de Processo Penal condiciona o arbitramento da fiança a duas situações: (i) a lavratura do auto de prisão em flagrante; (ii) o arbitramento pelo "juiz competente". Acrescente-se para o item (i) que o auto deve ser *validamente* lavrado, pois suas irregularidades acarretam o denominado "relaxamento" e a soltura da pessoa presa, não se cogitando da fiança.

Já para o item (ii), a situação merece ser vista sempre com os olhos na garantia do juiz natural, que, como já analisada nestes *Comentários*, apresenta-se sensivelmente enfraquecida no cenário cautelar, especialmente quando se cogita da possibilidade da lavratura do auto de prisão em flagrante em local distinto do julgamento da causa, vez que é apregoado que inexiste vínculo entre a atividade administrativa da lavratura e a competência.

Disso decorre, como já visto, que, potencialmente, existe a possibilidade de o juiz comunicado da prisão em flagrante não ser o juiz natural da causa, acarretando, por extensão, o comprometimento dessa garantia para o arbitramento da fiança.

Mais ainda, deve ser levado em consideração que as informações sobre as condições econômicas da pessoa presa chegam filtradas pela polícia e, na medida em que inexiste um momento processual adequado para a apresentação imediata da pessoa encarcerada ao juiz natural (como determina a CADH e já visto nestes *Comentários*), a avaliação das condições econômicas e demais aspectos subjetivos da fiança (*vide* art. 326) dificilmente são conhecidos de maneira *imediata* pelo juiz natural. Na construção prática, trata-se uma vez mais da sobreposição da atividade administrativa-policial sobre a cognição estritamente judicial.

Sem o que, a situação guarda grande dose de praticidade, não somente pelo aspecto do arbitramento como, também, pelo aspecto da *cassação* da fiança concedida.

2. Impossibilidade de arbitramento de fiança por autoridade administrativa

A fiança enquanto medida cautelar precedente ("alternativa") à prisão cautelar está sujeita à reserva da jurisdição.

Nada obstante é da "tradição" processual penal brasileiro que autoridade administrativa, a dizer, o(a) Delegado(a) de Polícia possa arbitrá-la dentro dos limites estabelecidos no CPP.

Contudo, a Lei 13.641, de 3 de abril de 2018, ao modificar a denominada "Lei Maria da Penha" aproximou o modelo infraconstitucional às bases constitucionais ao dispor que "Art. 24-A. Descumprir decisão judicial que defere medidas protetivas de urgência previstas nesta Lei: (...) § 2º Na hipótese de prisão em flagrante, apenas a autoridade judicial poderá conceder fiança".

Com efeito a dificuldade de perceber-se a fiança como medida cautelar sujeita à reserva da jurisdição é fruto de certa dose de fragilidade sistêmica da reforma de 2011 no âmbito das cautelares[1880] e, com isso, permanece sua imposição por autoridade administrativa, também sob a justificativa de "celeridade" na decisão sobre o tema. Mas, a rigor do modelo constitucional, a reforma da Lei n. 13.641/18 é um início da conversão constitucional da matéria.

1879 STJ. **HC 88.681/PE (2007/0188205-8)**. Relator: Min. Maria Thereza de Assis Moura. Data de julgmento: 25 fev. 2008.
1880 *Vide* nosso "Iniciação ao Processo Penal". 2. ed. 2019. Capítulo 12.

3. Imputação e objeto do processo
Conforme já reiteradamente exposto nestes *Comentários*, existe grande inadequação do modelo de fiança aos postulados constitucionais no que é pertinente ao legitimado ativo para a ação penal e ao estabelecimento dos parâmetros da imputação e do objeto do processo.

Frise-se uma vez mais que se mantém a supremacia do modelo administrativo-policial sobre o jurisdicional nos estritos moldes do Código de Processo Penal e, nesse ambiente normativo-cultural, é natural que se afirme que

> Para o cálculo da fiança criminal devem ser observados os limites do art. 325 do Código de Processo Penal, assim como a natureza da infração penal, a valoração do prejuízo e as condições econômicas do réu, a fim de ser eficaz para vincular o indiciado à provável condenação e aos deveres assumidos quando da concessão de sua liberdade provisória. Pode ser considerada a sanção do tipo penal abstrato, provisoriamente aplicada em prisão em flagrante, e não necessariamente a da tipificação da exordial acusatória, se houver dúvidas quanto à qualificadora proposta na denúncia.[1881]

> I – de 1 (um) a 100 (cem) salários mínimos, quando se tratar de infração cuja pena privativa de liberdade, no grau máximo, não for superior a 4 (quatro) anos; (Incluído pela Lei n. 12.403, de 4-5-2011)
> II – de 10 (dez) a 200 (duzentos) salários mínimos, quando o máximo da pena privativa de liberdade cominada for superior a 4 (quatro) anos. (Incluído pela Lei n. 12.403, de 4-5-2011)

1. Fiança e quantidade de pena máxima
O escalonamento da fiança se dá em função da quantidade de pena prevista em abstrato, e não da espécie de pena ou mesmo do elemento subjetivo envolvido na conduta, tornando mais objetivo o sistema em relação ao quanto dispunham os anteriores arts. 322 e 323.

> § 1º Se assim recomendar a situação econômica do preso, a fiança poderá ser: (Redação dada pela Lei n. 12.403, de 4-5-2011)
> I – dispensada, na forma do art. 350 deste Código; (Redação dada pela Lei n. 12.403, de 4-5-2011)
> II – reduzida até o máximo de 2/3 (dois terços); ou (Redação dada pela Lei n. 12.403, de 4-5-2011)
> III – aumentada em até 1.000 (mil) vezes. (Incluído pela Lei n. 12.403, de 4-5-2011)

1. Escalonamento do valor e aplicação no caso concreto
Considera-se a "necessidade de observância dos limites do art. 325 do CPP", não podendo haver "Omissão quanto à consideração da realidade financeira do réu", e sim a "adequação do valor arbitrado ao caso fático".[1882]

No mais, "no arbitramento da fiança há que se observar a situação financeira do indiciado".[1883]

2. Alteração dos índices legais e fiança
Diante do cenário econômico largamente conhecido, que implicou historicamente uma sucessão de moedas e índices, vale registrar sobre a matéria o seguinte julgado:

> Segundo o Código de Processo Penal, a base de cálculo do valor da fiança, em atenção a pena privativa de liberdade abstratamente cominada, é o salário mínimo de referência (SMR). Extinto o SMR (Lei n. 7.789, de 3-7-1989, art. 5º), os valores nele expressos passaram a ser calculados em função do Bônus do Tesouro Nacional, a razão de 40 BTNs para cada SMR (Lei n. 7.843, de 18-10-1989, art. 2º). Extintos o BTN e o BTN Fiscal, pela Lei n. 8.177, de 1º-3-1991, foram esses índices substituídos pela Taxa Referencial (TR) e pela Taxa Referencial Diária (TRD), sendo estipulado o último valor do BTNF, para conversão em cruzeiros, em Cr$ 126,8621.4. Para fixação do *quantum* da fiança, em cada caso, deve ser apanhado esse último valor do BTN e atualizado no primeiro dia de cada mês, pela TR do mês anterior (art. 5º, Lei n. 8.177/91). Em seguida, faz-se a incidência das regras do art. 325 do CPP, com aplicação de 40 BTNs para cada SMR. 5. Não deve ser alterada a decisão que, mesmo fixando a fiança em salários mínimos, não extrapolou o resultado que, em reais, e pelas regras próprias de arbitramento do benefício, seria efetivamente devido.[1884]

Art. 326. Para determinar o valor da fiança, a autoridade terá em consideração a natureza da infração, as condições pessoais de fortuna e vida pregressa do acusado, as circunstâncias

---
[1881] *RT*, 651/305.
[1882] TRF. 4ª Região. *RT*, 736/729.
[1883] TRF-4. **HC 50451001620154040000 5045100-16.2015.404.0000**. 8ª Turma. Relator: João Pedro Gebran Neto. Data de julgamento: 9 dez. 2015. Data de publicação: DE, 9 dez. 2015.
[1884] TRF. **HC 17.072-RO 95.01.17072-1**. 1ª Região. 3ª Turma. Relator: Juiz Olindo Menezes. Data de julgamento: 4 set. 1995. Data de julgamento: 29 set. 1995. Data de publicação: *DJ*, p. 66054.

indicativas de sua periculosidade, bem como a importância provável das custas do processo, até final julgamento.

1. Critérios subjetivos para concessão de fiança

Diversamente do artigo antecedente,

o art. 326 do Código de Processo Penal estabeleceu os critérios objetivos e subjetivos para a autoridade fixar o valor da fiança, cabendo assim ao julgador, após atentar para a sanção máxima cominada in abstracto, ater-se às condições pessoais e econômicas do preso, bem como à importância provável das custas do processo.[1885]

2. Individualização da situação da pessoa acusada em caso de concurso de agentes

Também no arbitramento da fiança, as situações individuais de cada pessoa acusada devem ser essencialmente observadas, até para que se dê cumprimento aos preceitos subjetivos do artigo em análise.[1886]

3. Fiança como direito da pessoa acusada

Deve ser considerado, na esteira do contido nestes **Comentários**, que "a liberdade provisória, com ou sem fiança, é direito subjetivo processual do acusado, mesmo sendo preso em flagrante delito, quando desnecessária a sua preservação cautelar. Seu arbitramento deve ter em conta as circunstâncias referidas no art. 326 do CPP: natureza da infração, as condições pessoais de fortuna, vida pregressa do acusado, sua periculosidade e as custas processuais, observados, no entanto, os limites do art. 325 e parágrafos do CPP"[1887], destoando, assim, o entendimento de determinado provimento quando afirma que

de acordo com o art. 326 do CPP, o Juiz tem ampla discricionariedade no arbitramento da fiança, encontrando limite apenas na capacidade econômica do réu, portanto, é preciso deixar de conferir-lhe sentido meramente simbólico e inócuo, impondo-a em valores irrisórios, para transformá-la em efetiva contrapartida econômica ao encarceramento de natureza processual.[1888]

Art. 327. A fiança tomada por termo obrigará o afiançado a comparecer perante a autoridade, todas as vezes que for intimado para atos do inquérito e da instrução criminal e para o julgamento. Quando o réu não comparecer, a fiança será havida como quebrada.

1. Quebramento de fiança: conceito processual

Tem-se a fiança como quebrada, segundo a estrutura do Código de Processo Penal, quando a pessoa suspeita ou acusada deixar de comparecer aos atos instrutórios da ação penal ou atos de investigação para os quais sua presença seja determinada.

Quanto a este último aspecto, deve-se ter em conta que a concessão da fiança, condicionando-o a comparecer aos atos da persecução (no sentido amplo da expressão), não pode se chocar com o princípio constitucional afirmador de que ninguém está obrigado a fazer prova contra si mesmo. Assim, não se pode dar por quebrada a fiança quando a pessoa investigada não comparece a um ato como o da "reconstituição" do crime, no qual seria obrigada – direta ou indiretamente – a auxiliar na formação de um juízo de convicção contrário a si ou, quando intimada para depor, cala-se.

Fora dessas colisões, a situação se resolve com certa objetividade. Assim, quando os acusados deixam de comparecer à audiência designada para oitiva de testemunhas, tem-se a possibilidade de quebra da fiança[1889], ou como no caso do "afiançado que fornece endereço inexistente e, citado por editais, deixa de estar presente ao interrogatório".[1890]

2. Recorribilidade

Tem-se como irrecorrível a decisão que indefere o pedido de quebra de fiança – por ausência de previsão legal, sendo a "analogia inadmissível conforme arts. 2º e 3º do Código de Processo Penal".[1891]

Art. 328. O réu afiançado não poderá, sob pena de quebramento da fiança, mudar de residência, sem prévia permissão da autoridade processante, ou ausentar-se por mais de 8 (oito) dias de sua residência, sem comunicar àquela autoridade o lugar onde será encontrado.

1. Quebramento de fiança: conceito pessoal

Se o artigo anterior vincula a quebra da fiança ao descompromisso processual, o artigo em tela

---

1885 TRF. 3ª Região. Relatora: Juíza Suzana Camargo. Data de publicação: *DJU*, 26 jun. 2001. p. 200.
1886 TRF. 5ª Região. Relator: Des. Fed. Paulo Gadelha. Data de publicação: *DJ*, 8 abr. 2003. p. 590.
1887 TRF. 1ª Região. Relator: Juiz Luciano Tolentino Amaral. Data de publicação: *DJ*, 19 abr. 2002. p. 131.
1888 *RJTACrim*, 30/416.
1889 TJSP. *RT*, 787/608.
1890 TACrimSP, *RT* 777/615.
1891 TJSP. **Recurso em Sentido Estrito 296.861-3/SP**. 1ª Câmara Criminal. Relator: Fortes Barbosa. 25 jun. 2001, v.u.

vincula esse conceito a determinadas atitudes da pessoa acusada. Tais posturas, quando ocorridas, fazem presumir que a fiança não será honrada, tendo como consequência a sua quebra. Dessa maneira, a mera mudança de residência sem permissão da "autoridade processante" implica a retomada da constrição da liberdade, bem como a ausência da residência por período superior a oito dias sem a devida satisfação à autoridade em informar o local em que poderá ser encontrado.

2. Comunicação de mudança e juiz natural
Diferentemente de outras situações, aqui o Código de Processo Penal parece ter dado alguma importância ao tema do juiz natural, determinando que a comunicação da mudança ou do deslocamento seja feita à "autoridade processante", e não a qualquer outra "autoridade".

Certamente há de cogitar que a expressão "autoridade processante", na sua literalidade, prende-se apenas ao Juiz Natural, e não à autoridade administrativa que preside uma investigação na modalidade inquérito policial, mesmo porque ela não efetua atos processuais.

> Art. 329. Nos juízos criminais e delegacias de polícia, haverá um livro especial, com termos de abertura e de encerramento, numerado e rubricado em todas as suas folhas pela autoridade, destinado especialmente aos termos de fiança. O termo será lavrado pelo escrivão e assinado pela autoridade e por quem prestar a fiança, e dele extrair-se-á certidão para juntar-se aos autos. Parágrafo único. O réu e quem prestar a fiança serão pelo escrivão notificados das obrigações e da sanção previstas nos arts. 327 e 328, o que constará dos autos.

1. Consignação em "termo"
O termo de fiança ao qual alude o parágrafo único é essencial, sendo que é considerada como irregular a concessão quando da "Ausência do respectivo termo no qual constem as obrigações que o afiançado deve cumprir, sob pena de revogação do benefício".[1892]

> Art. 330. A fiança, que será sempre definitiva, consistirá em depósito de dinheiro, pedras, objetos ou metais preciosos, títulos da dívida pública, federal, estadual ou municipal, ou em hipoteca inscrita em primeiro lugar.

> § 1º A avaliação de imóvel, ou de pedras, objetos ou metais preciosos será feita imediatamente por perito nomeado pela autoridade.

> § 2º Quando a fiança consistir em caução de títulos da dívida pública, o valor será determinado pela sua cotação em Bolsa, e, sendo nominativos, exigir-se-á prova de que se acham livres de ônus.

1. Rol taxativo
As opções dadas pelo presente artigo são taxativas e não podem ser alargadas por emprego de analogia.

2. Fiança prestada em cheque
Para Coelho, "cheque é ordem de pagamento à vista, emitida contra um banco, em razão de provisão que o emitente possui junto ao sacado, proveniente essa de contrato de depósito bancário ou abertura de crédito"[1893] e seu emprego não está estritamente previsto na norma em questão.

3. Noção sobre "título da dívida pública"
"Os títulos públicos são ativos de renda fixa que se constituem em boa opção de investimento para a sociedade. Os títulos públicos possuem a finalidade primordial de captar recursos para o financiamento da dívida pública, bem como para financiar atividades do Governo Federal, como educação, saúde e infraestrutura".[1894]

4. Fiança e reparação civil
A fiança serve, também, para a reparação civil do dano. Assim, determinada súmula de acórdão explicitou:

> Hipótese em que o devedor pretende que, nos termos do acórdão do Tribunal de Alçada Criminal de São Paulo, a fiança sirva para reparar o dano do crime, mas nada providenciou para tanto – Penhora mantida – Fiança, todavia, continuará à disposição para aquela reparação, enquanto não liquidada inteiramente a obrigação – Recurso não provido, com essa observação.[1895]

> Art. 331. O valor em que consistir a fiança será recolhido à repartição arrecadadora federal ou estadual, ou entregue ao depositário público, juntando-se aos autos os respectivos conhecimentos.
> *Parágrafo único.* Nos lugares em que o depósito não se puder fazer de pronto, o valor será

[1892] RT, 556/316.
[1893] COELHO, Fábio Ulhoa. **Curso de direito comercial**. 9. ed. São Paulo: Saraiva, 2005. v. 9. p. 433.
[1894] Disponível em: <http://www.tesouro.fazenda.gov.br/tesouro_direto/titulos_publicos.asp>. Da mesma maneira o são nas esferas estadual e municipal.
[1895] TJSP. **Apelação Cível 3.770-4**. Guarujá. 1ª Câmara de Direito Privado. Relator: Gildo dos Santos. 2 abr. 1996, v.u.

> entregue ao escrivão ou pessoa abonada, a critério da autoridade, e dentro de 3 (três) dias dar-se-á ao valor o destino que lhe assina este artigo, o que tudo constará do termo de fiança.

1. Arrecadação da fiança e forma de recolhimento

Acórdão de interesse para a matéria decidiu que

> Recolhimento em guia inadequada – Responsabilidade da entidade bancária – Ao agente que é preso em flagrante e se livra solto através de fiança arbitrada pela Autoridade Policial, uma vez absolvido, deve ser restituído o valor pago. A caução nominada fiança é Receita Federal, que deve ser depositada e recolhida em Banco Federal, dado o seu caráter de figura processual prevista no Código de Processo Penal, sendo incabível o repasse do montante à Receita Estadual no 5º dia útil. Recolhida a fiança em guia inadequada e preenchida erroneamente, a responsabilidade inclina-se contra a entidade bancária que, mediante omissão, permite o recolhimento da garantia em dinheiro, sem orientação ao contribuinte.[1896]

No corpo do provimento, tem-se que:

> o fulcro da questão resume-se na negativa da Caixa Econômica Federal em não devolver a garantia, sob a alegação de que a repassou no quinto dia útil à Fazenda Estadual. O órgão federal arrecadador não demonstrou sua impossibilidade quanto ao recolhimento da mencionada fiança. Ora, a caução nominada fiança é receita federal, que deve ser depositada e recolhida em banco federal, dado o seu caráter de figura processual prevista no Código de Processo Penal, eminentemente nacional. Daí, então, a regularidade do recolhimento junto ao cofre federal. Não existe nenhum óbice quanto ao seu recebimento pela Caixa Econômica Federal, que, aliás, acolheu-a em seu cofre mediante guia de recolhimento. O fato é inquestionável. No caso em exame, a fiança não é tributo estadual, mas sim uma garantia processual-penal representada em dinheiro, que não é repassável no 5º dia útil à Receita Estadual. E, ainda, se destinada ao cofre estadual, o apelante nada teria que ver com o artifício contábil. Ressalte-se, também, que, se a guia não mais usada foi preenchida irregularmente pelo depositante, caberia ao caixa do estabelecimento bancário apontar o erro e declinar do seu recolhimento. No caso em questão, o ônus não é do contribuinte, mas sim do órgão arrecadador, que teria recebido indevidamente, sob seu argumento, importância em dinheiro destinada a outra fonte de arrecadação. O argumento é simplista, pois, raciocinando logicamente, se o caixa do banco é válido para o recebimento, também o será para a devolução. A responsabilidade não é do apelante, mas sim da instituição bancária, que tem autorização para recebimento. Por outro lado, recolhida a fiança em guia inadequada e preenchida erroneamente, a responsabilidade inclina-se contra a entidade bancária, que, mediante omissão, permitiu o recolhimento da garantia e dinheiro, sem orientação ao contribuinte. O descompasso causou prejuízo ao apelante. Em realidade, a Caixa Econômica Federal, como se nada tivesse com o caso, quer que o apelante faça sua promoção junto à esfera estadual, eximindo-se da responsabilidade. A praxe em casos dessa natureza é, constatado o equívoco, o recolhimento da verba como depósito em conta judicial à disposição da Autoridade Judiciária competente. Posto isto, dá-se provimento ao apelo.

> Art. 332. Em caso de prisão em flagrante, será competente para conceder a fiança a autoridade que presidir ao respectivo auto, e, em caso de prisão por mandado, o juiz que o houver expedido, ou a autoridade judiciária ou policial a quem tiver sido requisitada a prisão.

1. Fiança e flagrante

Repetindo-se abalizada lição doutrinária, tem-se que

> Romeu Pires de Campos Barros diz que a fiança ainda tem alguma aplicação, porque, no auto de prisão em flagrante, pode a autoridade policial concedê-la nos crimes punidos com detenção (art. 322, *caput*), enquanto a liberdade sem fiança só pode ser deferida pelo juiz de direito (art. 310 e parágrafo único). Isso sem dúvida representa alguma vantagem, pois a demora na apreciação judicial do pedido de liberdade provisória sem fiança, prevendo a lei a oitiva prévia do Ministério Público, poderia fazer com que o preso ficasse alguns dias encarcerado. Mas, deve o juiz, após ser instaurado o processo, verificar, a pedido ou de ofício, se cabia a liberdade provisória sem fiança, e, em sendo possível, impõe-se-lhe determinar a restituição da importância recolhida.[1897]

> Art. 333. Depois de prestada a fiança, que será concedida independentemente de audiência do

---

[1896] *RJTACrim*, 27/124.
[1897] SCARANCE FERNANDES, Antonio. A fiança criminal e a Constituição Federal. **Justitia**, v. 155, 1991.

Ministério Público, este terá vista do processo a fim de requerer o que julgar conveniente.

1. Ver nestes *Comentários* a participação do Ministério Público na estrutura das "medidas cautelares" e respectivas "contracautelas"

> Art. 334. A fiança poderá ser prestada enquanto não transitar em julgado a sentença condenatória. (Redação dada pela Lei n. 12.403, de 4-5-2011)

1. **Limites temporais à concessão da fiança**
Na locução do e. STF,

> a falta de efeito suspensivo dos recursos extraordinário e especial e a consequente possibilidade de execução provisória da condenação não impedem a concessão de fiança ao réu, nos termos do art. 334, CPP, ("A fiança poderá ser prestada em qualquer termo do processo, enquanto não transitar em julgado a sentença condenatória"). Com base nesse dispositivo, a Turma deu provimento a recurso em *habeas corpus* interposto em favor de réu julgado originariamente e condenado pelo Tribunal de Justiça do Estado do Rio Grande do Sul por infração ao art. 20 da Lei de Imprensa ("caluniar alguém, imputando-lhe falsamente fato definido como crime"), para que o presidente daquela corte arbitre a fiança a ser satisfeita pelo paciente, sendo-lhe assegurada a liberdade até o trânsito em julgado da decisão condenatória. Precedentes citados: HC 72.169/RJ (*DJU* 9-6-1996); HC 73.151/RJ (*DJU* 19-4-1996).[1898]

2. **Pendência de recurso**
Também o e. STF a respeito já se manifestou, afirmando que

> a fiança, quando cabível, pode ser prestada a qualquer tempo, desde que não transitada em julgado decisão condenatória (CPP, art. 334), sendo irrelevante a inexistência de efeito suspensivo dos recursos eventualmente cabíveis. Com esse entendimento, a Turma deferiu o *writ* para que o paciente, satisfeita a fiança a ser arbitrada pelo Tribunal de Justiça do Estado de São Paulo, defenda-se solto até o trânsito em julgado da sentença condenatória. Precedentes citados: HHCC 72.169/RS (*DJU* 9-6-1995) e 74.452/RJ (*DJU* 25-4-1997) (*Informativo* n. 80 do STF. Disponível em: <http://www.stf.jus.br/arquivo/informativo/documento/informativo80.htm>).

> Art. 335. Recusando ou retardando a autoridade policial a concessão da fiança, o preso, ou alguém por ele, poderá prestá-la, mediante simples petição, perante o juiz competente, que decidirá em 48 (quarenta e oito) horas. (Redação dada pela Lei n. 12.403, de 4-5-2011)

1. **Apresentação ao juiz competente**
Ver comentários ao art. 310 e a audiência de custódia.

> Art. 336. O dinheiro ou objetos dados como fiança servirão ao pagamento das custas, da indenização do dano, da prestação pecuniária e da multa, se o réu for condenado. (Redação dada pela Lei n. 12.403, de 4-5-2011)
>
> *Parágrafo único.* Este dispositivo terá aplicação ainda no caso da prescrição depois da sentença condenatória (art. 110 do Código Penal). (Redação dada pela Lei n. 12.403, de 4-5-2011)

1. **As custas no Estado de São Paulo – Lei n. 11.608, de 29 de dezembro de 2003, e a decisão do Conselho Nacional de Justiça**
Pela decisão do Procedimento de Controle Administrativo 200810000027096, tendo como Relator o Conselheiro Altino Pedrozo dos Santos, o Conselho Nacional de Justiça decidiu que

> Está em desacordo com os princípios da presunção de inocência, do devido processo legal e de acesso à justiça a cobrança antecipada de despesa de diligência de oficial de justiça em ação penal pública. – É legal a antecipação das despesas com oficial de justiça apenas quando se tratar de carta rogatória e de ação penal privada.

> Art. 337. Se a fiança for declarada sem efeito ou passar em julgado sentença que houver absolvido o acusado ou declarada extinta a ação penal, o valor que a constituir, atualizado, será restituído sem desconto, salvo o disposto no parágrafo único do art. 336 deste Código. (Redação dada pela Lei n. 12.403, de 4-5-2011)

1. **Art. 89 da Lei n. 9.099/1995 e devolução da fiança**
Conforme já se decidiu,

> quando o réu é absolvido, o valor da fiança lhe é devolvido (art. 337 do CPP). A mesma conduta deve estar presente quando não houver condenação, como no caso. A devolução deve ocorrer, entretanto, quando se julgar extinto o processo, pelo cumprimento das obrigações assumidas.

[1898] STF. **RHC 74.035/RS**. Relator: Min. Francisco Rezek. 27 ago. 1996.

Depois, a perda do valor da fiança não tem nada a ver com a singularidade do caso e não se justifica.

2. Forma de atualização do valor prestado como fiança
Dá-se pelos índices oficiais empregados pelo Tribunal de Justiça ou, se de competência da Justiça Federal, conforme disciplinado por aquela Justiça.

> Art. 338. A fiança que se reconheça não ser cabível na espécie será cassada em qualquer fase do processo.

1. Cassação como ato judicial
Embora possível de ser concedida por autoridade administrativa, a cassação da fiança somente o será por provimento jurisdicional, a teor da CR/88 e da CADH.

2. "Fase do processo"
Na verdade, a locução contempla igualmente a fase de investigação, desde a qual ela, a fiança, pode incidir, bem como deve-se atentar para o fato de que não se pode, a rigor, falar em fiança na execução da pena.

> Art. 339. Será também cassada a fiança quando reconhecida a existência de delito inafiançável, no caso de inovação na classificação do delito.

1. Alteração na capitulação da conduta e cassação da fiança
Diante da desestrutura já assinalada nestes **Comentários**, pela qual existem juízos de valor sobre a conduta que não são efetuados pelo legitimado ativo, sempre haverá espaço para alteração e instabilidade desses "juízos", refletindo-se pragmaticamente o tema no campo da concessão (ou não) da fiança. Indo mais além, é possível que, diante da "classificação provisória" ofertada pela autoridade policial e daquela que efetivamente será abarcada na denúncia (se for o caso de promover a ação penal), haja tanto a possibilidade de manter-se preso quem teria direito à fiança como de, por outro lado, soltar-se quem efetivamente não teria esse direito.

Em caso interessante sobre a matéria assim se posicionou:

> Se a classificação provisória do delito, feita pela autoridade policial no flagrante, é alterada ante nova capitulação atribuída na denúncia recebida (ou mesmo no curso do processo após a denúncia), passando de afiançável para inafiançável, a fiança deve ser cassada, nos termos do art. 339 do CPP.

No corpo do mencionado acórdão, o qual lidava com a delicada questão da classificação do delito nos termos da Lei n. 6.768/1976, explicitava-se que Vicente Greco Filho ensina:

> O problema, porém, é que a necessidade de classificação da conduta, como enquadrável no art. 12 ou no art. 16, coloca-se não apenas no momento da sentença, mas desde o flagrante, porque o delito do art. 16, por ser de detenção, enseja a concessão da fiança, o que não ocorre com os do art. 12. Neste caso, conforme a sistemática da lei, caberá à autoridade que proceder à prisão justificar, em despacho fundamentado, as razões que a levaram a determinada classificação legal do fato. Posteriormente, por ocasião da denúncia, poderá o Ministério Público entender diferentemente, pedindo, se for o caso, a cassação da fiança. A classificação do delito feita pelo Ministério Público, como é evidente, também não é definitiva, cabendo a definição conclusiva ao juiz que deverá, conforme o caso, aplicar os arts. 383 e 384 do Código de Processo Penal para a adequação da acusação aos fatos colhidos no processo (*Tóxicos*, 11. ed. Saraiva, São Paulo, 1996, p. 172).

Eduardo Espínola Filho é elucidativo:

> "Se, no curso do processo, se altera a classificação do delito, fazendo-se a mudança de delito afiançável para inafiançável, cassa-se a fiança concedida, quando o ato reclassificatório não foi recorrido, ou foi recorrido não suspensivamente, ou foi confirmado no recurso suspensivo. A desclassificação pode operar-se, no próprio despacho de recebimento da denúncia, o qual, legitimamente, cassa a fiança e faz expedir mandado de captura do réu" (*Código de Processo Penal brasileiro anotado*, v. III, 6. ed., Borsói, Rio de Janeiro, 1965, p. 516).

"Verificando o Juiz ser a fiança incabível, ante a nova capitulação atribuída ao crime pelo douto Promotor de Justiça, deve a mesma ser cassada, eis que a classificação provisória do delito é a da denúncia, e não a da autoridade policial (*RT* 584/431)" (Recurso Criminal 96.011050-0. Jaraguá do Sul. Relator: Des. José Roberge. Data de julgamento: 11-3-1997).[1899]

> Art. 340. Será exigido o reforço da fiança:
> I – quando a autoridade tomar, por engano, fiança insuficiente;
> II – quando houver depreciação material ou perecimento dos bens hipotecados ou caucionados, ou depreciação dos metais ou pedras preciosas;

[1899] TJSC. **HC 97.004141-1**. Imbituba. Relator: Des. Nilton Macedo Machado. Data de julgamento: 3 jun. 1997.

III – quando for inovada a classificação do delito.
Parágrafo único. A fiança ficará sem efeito e o réu será recolhido à prisão, quando, na conformidade deste artigo, não for reforçada.

1. Sobre os valores para concessão da fiança, ver art. 325 nestes *Comentários*

2. Sobre a "inovação" da classificação da conduta criminosa, ver nestes *Comentários* art. 339

3. Prisão da pessoa por não "reforço" da fiança
Deve ser condicionada a contraditório prévio acerca dos fundamentos que ensejam essa possibilidade. A ausência dessa etapa pode gerar constrangimento ilegal.

> Art. 341. Julgar-se-á quebrada a fiança quando o acusado: (Redação dada pela Lei n. 12.403, de 4-5-2011)

1. Hipóteses restritas para a cassação
Como decorrência natural da estrutura da norma processual penal, a taxatividade das causas que justificam a quebra é de rigor. Assim, por exemplo, é inadmissível a "cassação por Juiz de Direito sob alegação de ter o réu praticado conduta incompatível com sua situação jurídica".[1900]

No julgamento de *habeas corpus*, a Turma, preliminarmente, reconheceu que o art. 341 (redação anterior à Lei n. 12.403/2011) do CPP foi recebido pela CF/88 (CPP, Art. 341: Julgar-se-á quebrada a fiança quando o réu, legalmente intimado para ato do processo, deixar de comparecer, sem provar, incontinenti, motivo justo, ou quando, na vigência da fiança, praticar outra infração penal). Considerou-se que tal dispositivo não viola o princípio da presunção de inocência, uma vez que a liberdade mediante fiança significa dizer que não há, naquele momento, contra o acusado, razões suficientes para sua custódia e que, ocorrendo no curso do processo fatos que desabonem essa situação, torna-se legítima a prisão preventiva, sem que com isso haja qualquer antecipação da pena a que se sujeita o réu em tese. Prosseguindo no julgamento, a Turma indeferiu o *habeas corpus* – em que se alegava a incompetência absoluta do Presidente do Tribunal de Justiça do Estado do Rio de Janeiro para quebrar, em ação penal originária, a fiança arbitrada em *habeas corpus* pelo STJ, por entender que, estando expressamente previsto em lei o motivo da quebra, cumpre ao dirigente do processo simplesmente aplicar a lei em face do fato superveniente, sendo desnecessário exigir-se a submissão da questão ao órgão superior que deferiu o benefício.[1901]

2. Fundamentação do provimento que cassa a fiança
Além do comando constitucional que impõe a fundamentação de todos os provimentos judiciais que tenham algum conteúdo cognitivo, a fundamentação em questão está ligada às hipóteses legais do presente artigo, não podendo expandi-las, como anotado no tópico acima, sendo igualmente inadmissível qualquer forma de "cassação implícita", pois ela "deve ser expressa e constar de despacho fundamentado" (RT, 680/343).

3. Restabelecimento da fiança pelo emprego do recurso em sentido estrito
O recurso em sentido estrito é o mecanismo previsto pelo Código de Processo Penal para atacar a decisão que julga quebrada a fiança (art. 581, V).

> I – regularmente intimado para ato do processo, deixar de comparecer, sem motivo justo; (Incluído pela Lei n. 12.403, de 4-5-2011)

1. Fiança, comparecimento ao processo e o princípio do *nemo tenetur*
Conforme já verificado nestes *Comentários*, o princípio do *nemo tenetur se detegere*, pelo qual a pessoa acusada não está obrigada a fazer prova contra si mesma, deve também servir de base para a interpretação deste artigo à luz da CR/88 e da CADH.

> II – deliberadamente praticar ato de obstrução ao andamento do processo; (Incluído pela Lei n. 12.403, de 4-5-2011)

1. Ato de obstrução
Vide nestes *Comentários* o art. 319, VIII.

> III – descumprir medida cautelar imposta cumulativamente com a fiança; (Incluído pela Lei n. 12.403, de 4-5-2011)

1. Hipóteses de descumprimento de outras medidas
Vide nestes *Comentários* notas ao art. 282, § 4º.

[1900] STJ. RT, 747/608.
[1901] STF. **HC 82.215/RJ**. Relator: Min. Maurício Corrêa. 18 fev. 2003.

IV – resistir injustificadamente a ordem judicial; (Incluído pela Lei n. 12.403, de 4-5-2011)

1. Resistência "injustificada" e ordens administrativas
Vide nestes *Comentários* notas ao art. 284.

V – praticar nova infração penal dolosa. (Incluído pela Lei n. 12.403, de 4-5-2011)

1. Crime anterior e cassação de fiança
Diante da fragilidade do sistema de informações da Justiça brasileira, não são poucas as situações nas quais a fiança é concedida a pessoa que *já* possuía condenação anterior. Nesses casos, a jurisprudência admite a cassação sob a justificativa de que, à época da concessão, a pessoa afiançada não fazia jus a esse "benefício".[1902]

Art. 342. Se vier a ser reformado o julgamento em que se declarou quebrada a fiança, esta subsistirá em todos os seus efeitos.

1. Decorrência automática
A reforma do provimento no qual se deu por quebrada a fiança implica, *automaticamente*, o restabelecimento da fiança com efeitos integrais.

Art. 343. O quebramento injustificado da fiança importará na perda de metade do seu valor, cabendo ao juiz decidir sobre a imposição de outras medidas cautelares ou, se for o caso, a decretação da prisão preventiva. (Incluído pela Lei n. 12.403, de 4-5-2011)

1. Consequência patrimonial
É a da perda da metade do valor.[1903]

Art. 344. Entender-se-á perdido, na totalidade, o valor da fiança, se, condenado, o acusado não se apresentar para o início do cumprimento da pena definitivamente imposta. (Incluído pela Lei n. 12.403, de 4-5-2011)

1. Perdimento total dos bens
É decorrência direta da não apresentação da pessoa condenada *definitivamente* e que não se apresenta à prisão.

Art. 345. No caso de perda da fiança, o seu valor, deduzidas as custas e mais encargos a que o acusado estiver obrigado, será recolhido ao fundo penitenciário, na forma da lei. (Incluído pela Lei n. 12.403, de 4-5-2011)

1. Fundo penitenciário
O Fundo Penitenciário Nacional foi criado pela Lei Complementar n. 79, de 7 de janeiro de 1994, com a finalidade de proporcionar recursos e meios para financiar e apoiar as atividades de modernização e aprimoramento do Sistema Penitenciário Brasileiro. O Funpen encontra regulamentação no Decreto n. 1.093, de 3 de março de 1994.

Art. 346. No caso de quebramento de fiança, feitas as deduções previstas no art. 345 deste Código, o valor restante será recolhido ao fundo penitenciário, na forma da lei. (Incluído pela Lei n. 12.403, de 4-5-2011)

1. Recolhimento da fiança "quebrada"
Nas hipóteses de "quebra" de fiança, conforme já exposto nestes *Comentários*, o destino do valor será igualmente o Fundo Penitenciário Nacional, da mesma maneira como ocorre na hipótese da fiança "perdida".

Art. 347. Não ocorrendo a hipótese do art. 345, o saldo será entregue a quem houver prestado a fiança, depois de deduzidos os encargos a que o réu estiver obrigado.

1. Recomposição monetária
É de rigor e não pode ser elidida por meio de burocracias bancárias sobre as quais não se tem conhecimento e, muito menos, controle.
Exatamente enfrentando este tema, já houve julgado que decidiu que

> restituição – responsabilização da Fazenda Estadual pelo pagamento de juros e correção monetária – Impossibilidade: A Fazenda Estadual não pode ser responsabilizada, a não ser através de regular ação civil, ou outro remédio processual adequado, pelo pagamento de juros e correção monetária sobre o valor da fiança, em caso de esta ter de ser restituída, quando a mesma não foi depositada em conta judicial, mas sim recolhida aos cofres da Fazenda Estadual, através de guia própria e sob código específico de receita.[1904]

1902 *RT*, 560/421.
1903 TJSP. **Apelação Criminal 219.232-3/SP**. 3ª Câmara Extraordinária Criminal. Relator: Otávio Henrique. 8 set. 1997, v.u.
1904 *RJTACrim*, 22/423.

No corpo do acórdão, tem-se que a Fazenda Pública impetrou mandado de segurança contra ato judicial em determinado processo no qual o réu

> preso em flagrante por ter efetuado disparo de arma de fogo contra uma pessoa, prestou fiança para responder ao inquérito em liberdade. Não sendo, contudo, incluído na denúncia, por se constatar sua condição de vítima e não de agressor, requereu e obteve a restituição do que havia pago, determinando o Juiz que esta se fizesse com o acréscimo de juros e correção monetária. Ocorre, entretanto, que o valor da fiança não foi depositado em conta judicial, mas sim recolhido aos cofres da Fazenda Estadual, através de guia própria e sob código específico de receita (fls. 42). Por esse motivo é que a Secretaria da Fazenda do Estado, embora admitindo a restituição pelo valor nominal recolhido, recusa-se a fazê-lo com o acréscimo de juros e correção monetária. Invoca, para tanto, obstáculos de ordem contábil e orçamentária, tendo em vista a transformação do valor recolhido em código orçamentário próprio, passando a incorporar o orçamento do Estado, inexistindo normas legais que autorizem a Administração a debitar, além do valor originário, mais correção monetária e juros. E tem razão a impetrante. Conforme bem considerou acórdão do Eg. Tribunal de Justiça em julgamento de caso idêntico proferido em 12-2-1990, em que foi relator o E. Des. Andrade Cavalcanti (*RJTJESP* 125/491), "ainda que se admita injusta a devolução do valor nominal, pura e simplesmente, sem previsão legal não há como proceder-se a ela com reajuste eis que os atos da administração estão sujeitos ao princípio da legalidade". Além do mais, "foge à competência da autoridade judiciária determinar a restituição de quantia superior à caucionada, quando o depósito não foi realizado em conta com juros e correção monetária, cabendo ao interessado discutir seu pretenso direito no âmbito da Secretaria da Fazenda", recorrendo ao Judiciário, se necessário. De fato, a impetrante não é parte no processo e nem figurou como depositária judicial. Assim, não pode ser responsabilizada, ainda que a título de enriquecimento sem causa, pelo pagamento de juros e correção monetária, senão através de regular ação cível ou outro remédio jurídico processual adequado. Concede-se, pois, a ordem, para sustar a exigência de juros e correção monetária na restituição do valor depositado como fiança.

> Art. 348. Nos casos em que a fiança tiver sido prestada por meio de hipoteca, a execução será promovida no juízo cível pelo órgão do Ministério Público.

1. Foro competente
É o juízo cível. Ver **Comentários** adicionais aos arts. 137 e seguintes.

2. Legitimação ao Ministério Público
Não subsiste após a CR/88. Sendo interesse do Estado na parte arrecadatória, caberá à Procuradoria-Geral do Estado ou quem lhe faça as vezes no âmbito de cada Estado ou da União.

> Art. 349. Se a fiança consistir em pedras, objetos ou metais preciosos, o juiz determinará a venda por leiloeiro ou corretor.

1. Regras para a venda
À míngua de maiores dados no Código de Processo Penal, pode-se usar as regras de execução previstas no Código de Processo Civil naquilo que forem compatíveis com a finalidade prevista neste artigo.

> Art. 350. Nos casos em que couber fiança, o juiz, verificando a situação econômica do preso, poderá conceder-lhe liberdade provisória, sujeitando-o às obrigações constantes dos arts. 327 e 328 deste Código e a outras medidas cautelares, se for o caso. (Redação dada pela Lei n. 12.403, de 4-5-2011)
> *Parágrafo único.* Se o beneficiado descumprir, sem motivo justo, qualquer das obrigações ou medidas impostas, aplicar-se-á o disposto no § 4º do art. 282 deste Código. (Redação dada pela Lei n. 12.403, de 4-5-2011)

1. Liberdade provisória como substitutiva da fiança por impossibilidade econômica de sua prestação
A pobreza, no sentido técnico formal de sua expressão, é causa que autoriza a substituição da fiança pela liberdade provisória, sendo possível seu reconhecimento mesmo em sede de *habeas corpus*.

Observe-se, a respeito, o seguinte julgado:

> O paciente foi preso em flagrante, vê-se processar por furto tentado, qualificado pelo rompimento de obstáculo. Após o interrogatório, mesmo tendo sido condenado por outro delito na 14ª Vara Criminal – mas sem trânsito em julgado, pendente ainda de julgamento o apelo interposto –, teve deferida liberdade provisória, mediante prestação de fiança à ordem de uma base salarial mínima (fl. 15). Argumenta não ter como solver tal quantia, para não fazê-lo viu impetrar a presente ordem de *habeas corpus*, onde a liminar

veio a ser concedida. E onde a d. Procuradoria opinou pela final concessão. Que não tem condições financeiras de recolher o valor da fiança, parece óbvio. No auto de prisão em flagrante figurou como desempregado (fl. 9), não tendo sequer completado o Primeiro Grau. Deu conta, ao confessar, que estava furtando para auferir algum ganho, "visto que está necessitado, pois sua primeira filha está para nascer e precisava comprar fraldas e outras roupas para a criança". Interrogado em Juízo, afirmou (fl. 13) exercer o mister de Ajudante de Serralheiro, sabidamente humilde. E o próprio fato de aqui se ver defender através da Procuradoria de Assistência Judiciária (PAJ), corrobora tratar-se de réu pobre. Sendo assim, achava-se ao abrigo da norma do art. 350 do CPP: "nos casos em que couber fiança, o juiz, verificando ser impossível ao réu prestá--la, por motivo de pobreza, poderá conceder-lhe a liberdade provisória, sujeitando-o às obrigações constantes dos arts. 327 e 328". A matéria sob exame, fática embora, pode perfeitamente vir a ser examinada em sede de *habeas corpus*. Pois se regula pelas mesmas normas que preveem dispensa de reparação civil, na hipótese de reabilitação criminal – os princípios são exatamente os mesmos, não se exige miserabilidade, apenas dificuldade manifesta no solver –, ou autorizam o não pagamento da multa cominada, com base em insolvência. (...) Aqui a situação não teria por que ser diferente. Presumida a pobreza à vista de tudo quanto antes se colocou (modesto Auxiliar de Serralheiro desempregado, defendido pela PAJ, presume-se não ter como prover ao próprio sustento, a não ser com dificuldade; e, bem por isso, não poder desfalcar seus minguados haveres com custas e despesas processuais, inclusive o valor da fiança), a ordem ora se concede, convalidada a liminar de início deferida.[1905]

Título X – Das Citações e Intimações

Capítulo I – Das Citações

Art. 351. A citação inicial far-se-á por mandado, quando o réu estiver no território sujeito à jurisdição do juiz que a houver ordenado.

1. Ver CADH, art. 8º, n. 2, sobre a comunicação pessoal e direta, ao acusado, do conteúdo da acusação

2. Sobre modo de comunicação do conteúdo da acusação à pessoa presa, ver nestes *Comentários* art. 360

3. Sobre a instabilidade do conteúdo da acusação e objeto do processo no modelo brasileiro, ver art. 41 nestes *Comentários*

4. Sobre a organização judiciária e seu papel na definição do juiz natural, ver nestes *Comentários* arts. 69 e seguintes

5. Sobre citação por juiz incompetente, ver nestes *Comentários* arts. 69 e seguintes

6. Direito à informação no processo
Como decorrência direta do princípio do contraditório (CF, art. 5º, LV), o réu tem amplo direito à informação dos atos processuais, desde o início da ação penal e em todos seus ulteriores termos. Tal direito foi ainda mais exaltado pela legislação infraconstitucional com o advento da Lei n. 9.261/1997, que impossibilita o prosseguimento da ação penal pública nos casos de réu revel, desde que presentes as seguintes condições: seja citado por edital, vez que não localizado; não compareça ao seu interrogatório e, ainda, não nomeie defensor. Esse direito à informação também está ligado ao princípio da publicidade.

7. A Lei n. 11.419, de 19 de dezembro de 2006, e a citação no processo penal
Como já exposto nestes *Comentários*, a Lei n. 11.419 inova com a criação do processo informatizado, projetando-se para o processo penal. Sem embargo, há uma explícita limitação da informatização na seara processual penal, que é a impossibilidade da citação por via eletrônica, a teor expresso do art. 6º: "Observadas as formas e as cautelas do art. 5º desta Lei, as citações, inclusive da Fazenda Pública, excetuadas as dos Direitos Processuais Criminal e Infracional, poderão ser feitas por meio eletrônico, desde que a íntegra dos autos seja acessível ao citando". Há de ser compreendida a limitação em face do disposto na CADH, que determina o conhecimento pessoal, do acusado, do teor da acusação. A citação informatizada do réu penal potencialmente gerará nulidade tida como "absoluta".

Contudo, é absolutamente possível que, quando se trate de citação empregando-se o mecanismo das cartas precatórias, a tramitação da carta se dê por via eletrônica, restando o ato citatório, e apenas este, a ser fisicamente realizado.

1905 *RJTACrim*, 46/395.

8. Conceito de citação
É o ato processual pelo qual o Estado dá conhecimento à pessoa acusada do conteúdo da acusação.

8.1 Pessoalidade da citação
É a regra no processo penal condizente com o Estado de Direito, reforçado entre nós pela vigência da CADH. Disso se extrai que o esgotamento das buscas de localização da pessoa acusada deve ser total.

Dessa forma,

> não se acolhe alegação de nulidade da intimação da sentença condenatória por edital, se os autos evidenciam terem sido esgotados todos os meios à disposição do juízo para, em seguida, proceder à citação editalícia, tratando-se de réu que se encontrava em lugar incerto e não sabido desde a sua fuga do estabelecimento prisional. [1906]

8.2 Súmula 351 do STF
A citação da pessoa localizável por via ficta (vide nestes *Comentários* arts. 366 e seguintes) é causa de nulidade, mormente se estiver sob custódia do Estado. Este é o enunciado da Súmula 351 do e. STF: "É nula a citação por edital de réu preso na mesma unidade da Federação em que o juiz exerce a sua jurisdição".

Nada obstante, deve ser considerado que não cabe à pessoa processada arcar com os ônus das deficiências estruturais do Estado, donde se pode concluir que será nulo o processo, tendo sido a pessoa acusada citada por edital quando se encontrava, sob qualquer forma, custodiada pelo Estado, ainda que em local distinto daquele onde o processo tramita.

Por tal motivo, não se pode, com a devida vênia, comungar do entendimento que apregoa que a "citação por edital de réu custodiado em Comarca diversa daquela em que corre o processo, não caracteriza nulidade, especialmente se tal circunstância é desconhecida do Juízo Processante".[1907]

8.3 Citação da pessoa jurídica nos crimes ambientais
Como a legislação brasileira que responsabiliza criminalmente a pessoa jurídica não dispôs qualquer regra específica sobre como se dariam os atos processuais, um ponto que fica em aberto é a quem citar nesses casos, recaindo, intuitivamente, a citação na pessoa de seu responsável legal.

Com base nesse entendimento, já se negou *habeas corpus* impetrado por "paciente que não figura como réu no processo-crime, sendo que o mandado de citação foi a ele dirigido por ter sido apontado como representante legal da ré, já que, por óbvio, a mesma não pode apresentar-se em Juízo, por constituir uma ficção do direito".[1908]

8.4 Requisitos da citação
De acordo com Lima[1909], os requisitos da citação podem ser divididos em duas categorias: (i) intrínsecos, ligados ao disposto no art. 352 e (ii) extrínsecos, "a serem atendidos pelo oficial de justiça quando do cumprimento do mandado", estes previstos no art. 357.

9. Imprecisão terminológica
Não há que se falar em citação que não seja "inicial", posto que se trata do ato inaugural, no processo, de comunicação da pessoa acusada. Nem mesmo a hipótese de aditamento à acusação modifica esse conceito, posto que ali se dá uma nova citação, e não um mero complemento da anterior.

10. Citação por mandado
Na forma determinada nos termos do art. 352.

11. Citação por carta precatória
Quando a pessoa a ser citada encontra-se em outra fração territorial que não a da comarca onde o processo terá seu curso.

12. Imprecisão terminológica
Mais exatamente, trata-se de competência do Juízo, e não do "juiz", figura humana que exerce a jurisdição.

13. Citação por redes sociais
A relação entre processo penal e tecnologia se manifesta na aceitação da citação válida aquela realizada por meio de aplicativos de mensagens. Neste sentido, o STJ "tem admitido no âmbito do processo penal o emprego de aplicativos de mensagens como o WhatsApp e o Telegram para a citação do acusado, desde que observada a concorrência de três elementos indutivos da autenticidade do destinatário, a saber, **o número de telefone, confirmação escrita e foto individual** (HC 641.877/DF, Rel. Ministro RIBEIRO DANTAS, QUINTA TURMA, julgado em 09/03/2021, DJe 15/03/2021; AgRg no HC 685.286/PR, Rel. Ministro ANTONIO SALDANHA PALHEIRO, SEXTA TURMA, julgado em 22/02/2022, DJe 25/02/2022; HC 699.654/SP, Rel. Ministra LAURITA VAZ, SEXTA TURMA, julgado em 16/11/2021, DJe

---

1906 STJ. Relatora: Gilson Dipp. Data de julgamento: 29 set. 2003.
1907 STJ. Relator: Gilson Dipp Data de julgamento: 25 fev. 2002.
1908 STJ. Relator: Gilson Dipp Data de julgamento: 29 set. 2003.
1909 LIMA, Walberto Fernandes de. **Processo penal**: sujeitos e atos processuais. Rio de Janeiro: Lumen Juris, 2004. p. 202.

25/11/2021; AgRg no RHC 141.245/DF, Rel. Ministro RIBEIRO DANTAS, QUINTA TURMA, julgado em 13/04/2021, DJe 16/04/2021)."

Ademais, no curso das restrições causadas pela pandemia COVID-19 no período 2020-2022 foram aceitas – e com razão diante da excepcionalidade daquele momento – as citações via aplicativos como o Microsoft Teams, especialmente para pessoas acusadas presas.

O que deve ser preservado, como já fixado no marco teórico destes Comentários, é a obediência à *pessoalidade* da realização do ato por força do determinado na Convenção Americana de Direitos Humanos.

Este conhecimento pessoal (e efetivo) do qual decorre toda a gama de direitos defensivos a ele inerente, pode ser feito de forma remota em situações excepcionais (como a pandemia) ou devidamente regulamentado facultando-se o emprego de outros aplicativos na perspectiva de ampliação da cidadania digital, cujos primeiros e tímidos passos foram dados no Brasil pela EC 115.

> Art. 352. O mandado de citação indicará:
> I – o nome do juiz;
> II – o nome do querelante nas ações iniciadas por queixa;
> III – o nome do réu, ou, se for desconhecido, os seus sinais característicos;
> IV – a residência do réu, se for conhecida;
> V – o fim para que é feita a citação;
> VI – o juízo e o lugar, o dia e a hora em que o réu deverá comparecer;
> VII – a subscrição do escrivão e a rubrica do juiz.

1. Indicação da finalidade do ato
Malgrado o texto expresso do Código de Processo Penal e a óbvia necessidade de indicar para qual finalidade se tratava o chamamento a fim de garantir a devida defesa, já se decidiu que "O simples fato de não ter sido expressamente indicado, no mandado de citação, que a apresentação do recorrente em Juízo se daria por motivo de seu interrogatório, não é hábil a ensejar a nulidade do feito"[1910].

2. Falta de assinatura do escrivão
É causa de nulidade. Dessa forma, já se considerou que "Declara-se a nulidade da citação cujo mandado não contém assinatura do Oficial de Justiça, desde que tal eiva implique prejuízo para a defesa. *In casu*, tal prejuízo restou comprovado, eis que, citado irregularmente, o réu não compareceu ao interrogatório, sendo-lhe decretada a revelia".[1911]

3. Certidão do oficial de justiça no mandado de citação
As certidões apostas pelo Oficial de Justiça no mandado de citação devidamente cumprido revestem-se de fé pública, não sendo passíveis de anulação em face de mera alegação de falsidade de assinatura.[1912]

4. Falta de rubrica do juiz
Entende-se ser nulidade sanável. Assim, "a falta de rubrica do magistrado no mandado de citação é uma irregularidade sanável. No caso dos autos, o ato foi praticado e atingiu o seu fim, ou seja, chamou o réu para o processo, portanto, sanada a irregularidade nos termos do art. 572, II, do Código de Processo Pena"[1913] e, em idêntico sentido, "a falta de assinatura do magistrado no mandado de citação, que fora efetivamente cumprido, sem a demonstração do prejuízo resultante de tal vício de formalidade, constitui mera irregularidade, insuficiente à anulação do processo (art. 563 do Código de Processo Penal)".[1914]

> Art. 353. Quando o réu estiver fora do território da jurisdição do juiz processante, será citado mediante precatória.

1. Vício na citação deprecada e revisão criminal
Já se decidiu que "para que o vício de citação possa ser reconhecido em sede de Revisão Criminal, é indispensável que o réu demonstre, de forma inequívoca, que é verdadeiro o endereço certificado nos autos da Carta Precatória como inexistente, e que aí residia, efetivamente, ao tempo da citação".[1915]

> Art. 354. A precatória indicará:
> I – o juiz deprecado e o juiz deprecante;
> II – a sede da jurisdição de um e de outro;
> III – o fim para que é feita a citação, com todas as especificações;

1910 STJ. Relator: Gilson Dipp. Data de julgamento: 2 ago. 2004.
1911 STJ. Relator: José Arnaldo da Fonseca. Data de julgamento: 24 maio 1999.
1912 STJ. Relator: Juiz Fabio Rosa. Data de julgamento: 3 out. 2001.
1913 STJ. Relator: Juiz Roberto Haddad. Data de julgamento: 15 abr. 1997.
1914 STJ. **HC 59.138/GO**. Relator: Min. Arnaldo Esteves Lima. Data de publicação: *DJe*, 4 ago. 2008.
1915 *RJTACrim*, 40/387.

IV – o juízo do lugar, o dia e a hora em que o réu deverá comparecer.

1. Tratamento da pessoa acusada no ato por precatória
Como bem lembrado por Lima[1916], "embora não expresso em lei, na carta precatória deve constar o endereço do acusado situado no território do juízo deprecado, ou, na ausência deste, as indicações pelas quais possa ser ele encontrado".

> Art. 355. A precatória será devolvida ao juiz deprecante, independentemente de traslado, depois de lançado o "cumpra-se" e de feita a citação por mandado do juiz deprecado.
>
> § 1º Verificado que o réu se encontra em território sujeito à jurisdição de outro juiz, a este remeterá o juiz deprecado os autos para efetivação da diligência, desde que haja tempo para fazer-se a citação.
>
> § 2º Certificado pelo oficial de justiça que o réu se oculta para não ser citado, a precatória será imediatamente devolvida, para o fim previsto no art. 362.

1. Precatória "itinerante"
É a característica do ato judicial enunciado no § 1º de qualquer forma, o ônus do acompanhamento desse itinerário é imposto à defesa, segundo a visão tradicional. Dessa forma, "cabe ao defensor acompanhar o trâmite da carta precatória junto ao juízo deprecado, verificando, inclusive, a data de realização da audiência, em face de seu caráter itinerante".[1917]

> Art. 356. Se houver urgência, a precatória, que conterá em resumo os requisitos enumerados no art. 354, poderá ser expedida por via telegráfica, depois de reconhecida a firma do juiz, o que a estação expedidora mencionará.

1. Sobre atos deprecados e excesso de prazo, ver nestes *Comentários* arts. 222 e 648

> Art. 357. São requisitos da citação por mandado:
> I – leitura do mandado ao citando pelo oficial e entrega da contrafé, na qual se mencionarão dia e hora da citação;
> II – declaração do oficial, na certidão, da entrega da contrafé, e sua aceitação ou recusa.

1. Estado de saúde e recebimento da citação
Caso de interessante ementa foi assim julgado:

> Citação por mandado – Certidão atestando a impossibilidade de efetuá-la por ser o réu portador de AIDS e em fase terminal da doença – Suspensão do processo determinado pelo juiz com base em tal peça – Insubsistência – Fé pública do meirinho que não se estende a matéria médica nem alcança o diagnóstico de moléstias infecciosas – Necessidade de citação do médico assistente do acusado ou de nomeação de perito oficial para testar a certeza do diagnóstico e a efetiva impossibilidade, em virtude do estado de saúde, de ser citado e de assistir à instrução, em juízo ou no local em que se encontra.[1918]

2. Falta de assinatura do oficial de justiça
"A lei processual penal não exige a assinatura do citando na certidão do oficial de justiça ou na primeira via do mandado. Para a perfeição do chamamento, é suficiente que o meirinho certifique sobre a aceitação ou recusa da contrafé, após a leitura do mandado (inteligência do art. 357, do CPP)".[1919]

3. Falta de contrafé e nulidade
Trata-se de formalidade essencial, cuja ausência acarreta nulidade do feito. Assim, sendo o "mandado omisso quanto à entrega de contrafé e sua aceitação ou recusa", é de considerar que "fé pública que abrange os fatos consignados na certidão, não os omitidos pelo oficial de justiça a despeito de exigência legal" – Aplicação do art. 357, II, do CPP (STF. RT, 637/328).

> Art. 358. A citação do militar far-se-á por intermédio do chefe do respectivo serviço.

1. Revogação do artigo pela CADH
O presente artigo colide com a CADH, que determina que a comunicação do conteúdo da acusação deve ser *pessoalmente* feita à pessoa acusada. Assim, com a devida vênia, não se pode comungar do entendimento de que "a citação, via seu superior hierárquico, de militar acusado é válida, sobretudo se o denunciado atende ao chamamento, nada alega contra o ato e indica seu advogado".[1920]

1916 LIMA, Walberto Fernandes de. **Processo penal**: sujeitos e atos processuais. Rio de Janeiro: Lumen Juris, 2004. p. 205.
1917 STJ. Relator: Fernando Gonçalves. Data de julgamento: 17 fev. 2003.
1918 TJSP. *RT*, 642/297.
1919 STJ. Relator: José Dantas. Data de publicação: 30 set. 1996. p. 36.646.
1920 STJ. **HC 11391 RJ 1999/0110180-8**. 6ª Turma. Relator: Min. Fontes de Alencar. Data de julgamento: 21 mar. 2002. Data de publicação: DJ, 29 abr. 2002. p. 327. RSTJ, Vol. 158, p. 522.

Também pelas mesmas razões, não se deve admitir mais, diante da ordem constitucional, a compreensão de que

A citação, notificação ou intimação do militar mediante ofício requisitório ao comandante da unidade, na forma prevista no art. 358 do Código de Processo Penal não consubstancia um privilégio ou imunidade processual, mas uma providência legal para atender as condições especiais do serviço e da disciplina castrenses.[1921]

Art. 359. O dia designado para funcionário público comparecer em juízo, como acusado, será notificado assim a ele como ao chefe de sua repartição.

1. Conceito de funcionário público para fins penais: ver art. 327 do Código Penal

Ver art. 327 do Código Penal: Considera-se funcionário público, para os efeitos penais, quem, embora transitoriamente ou sem remuneração, exerce cargo, emprego ou função pública.

Art. 360. Se o réu estiver preso, será pessoalmente citado. (Redação dada pela Lei n. 10.792, de 1º-12-2003)

1. Coadunação com a CADH

A redação anterior dispunha que "Se o réu estiver preso, será requisitada a sua apresentação em juízo, no dia e hora designados", o que contrariava a CADH desde 1992, quando da sua entrada em vigor no direito brasileiro, possuindo, no mínimo, *status* de lei ordinária federal.

2. Resistência à mudança constitucionalmente estabelecida

Com efeito, malgrado a norma tenha entrado em vigor, ainda se prendem determinados julgados à cultura anterior (vide nestes **Comentários**, dentre outros pontos, os arts. 563 e seguintes para as estratégias de manutenção da cultura inquisitiva), decidindo que "No caso de réu preso, prescinde-se da citação pessoal para o interrogatório, vez que a requisição, nos termos do art. 360, do Código de Processo Penal, supre a falta de citação pessoal por mandado judicial. Precedentes desse Egrégio Superior Tribunal de Justiça [1922]".

Art. 361. Se o réu não for encontrado, será citado por edital, com o prazo de 15 (quinze) dias.

1. Esgotamento da procura pessoal

"Não conduz à nulidade do feito a citação por edital do réu que – procurado no endereço que indicara quando do depoimento à autoridade policial, onde residem parentes próximos – não é encontrado, havendo o oficial de justiça certificado que se encontra em lugar não sabido (art. 361, do CPP)".[1923]

Por outro lado,

a citação por edital só é cabível, em matéria penal, quando esgotados todos os meios possíveis à localização do citando. Não procurado este regularmente no endereço que declinou quando interrogado perante a autoridade policial, configura-se o vício a inquinar de nulidade o processo, impondo-se a concessão da ordem para anular todos os atos praticados, e tornar sem efeito a medida constritiva decretada.[1924]

2. Clareza da certidão

"Como medida de exceção que é, a Citação Editalícia somente é possível quando esgotados os meios possíveis à localização pessoal do acusado, o que deve ser atestado através de Certidão precisa e suficientemente esclarecedora (CPP, art. 361)".[1925]

Art. 362. Verificando que o réu se oculta para não ser citado, o oficial de justiça certificará a ocorrência e procederá à citação com hora certa, na forma estabelecida nos arts. 227 a 229 da Lei n. 5.869, de 11 de janeiro de 1973 – Código de Processo Civil. (Redação dada pela Lei n. 11.719, de 20-6-2008)

Parágrafo único. Completada a citação com hora certa, se o acusado não comparecer, ser-lhe-á nomeado defensor dativo (Incluído pela Lei n. 11.719, de 20-6-2008)

1. Tramitação legislativa da Lei n. 11.719/2008

Nos trabalhos iniciais da Comissão Grinover, o texto se encontrava no art. 366, com a seguinte redação:

(Art. 366). O processo terá completada a sua formação quando realizada a citação pessoal, ou com hora certa, do acusado. § 1º Não sendo encontrado o acusado, será procedida a citação por edital. § 2º Não se aplicará o disposto no § 1º se o acusado furtar-se, de qualquer modo, a receber a citação; caso em que, certificada a ocorrência pelo oficial de justiça encarregado da diligência,

---

1921 STJ. Relator: Vicente Leal. Data de publicação: 10 jun. 1996. p. 20.401.
1922 STJ. Relator: José Arnaldo da Fonseca. 8 mar. 2004. p. 304.
1923 STJ. Relator: Paulo Medina. Data de publicação: 30 ago. 2004. p. 335
1924 TJPB. Relator: Des. Marcos Antônio Souto Maior. Data de julgamento: 21 dez. 1993.
1925 TJPB. Relator: Des. Raphael Carneiro Arnaud. Data de publicação: 10 dez. 1996.

ela será efetuada com hora certa, na forma estabelecida nos arts. 227 a 229 do Código de Processo Civil. § 3º Completada a citação com hora certa, se o acusado não comparecer, ser-lhe-á nomeado defensor, passando a correr o prazo para oferecimento de defesa, na forma da lei.

Essa redação foi mantida no Senado, apenas com seu deslocamento para o então sugerido art. 363, mantido mesmo no voto vencido na Comissão de Redação, alcançando a numeração definitiva posteriormente como foi sancionado.

Observa-se, assim, o desejo inequívoco de adotar essa modalidade de citação no processo penal, mesmo com as severas críticas quanto à sua inconstitucionalidade que potencialmente virão e como já eram de certa forma antecipadas nas edições anteriores destes **Comentários**.

2. Citação por hora certa no processo penal

Malgrado a incompatibilidade entre a forma original do artigo modificado com a CR e a CADH já anotada nas edições anteriores destes **Comentários**, a "inovação" da citação por hora certa acabou sendo sancionada. Neste ponto, fica evidente a impropriedade de assimilação de "institutos" típicos e aceitáveis no processo civil ao processo penal, fruto da criticada "teoria geral do processo", na forma como dominantemente veiculada e já criticada nestes **Comentários**.

Vale ressaltar que o art. 8º da CADH impõe expressamente a comunicação pessoal da acusação à pessoa acusada, e a citação "por hora certa", ficta que é, não se coaduna com a exigência.

Neste ponto, malgrado prestigiosa doutrina afirme que "a nosso ver, isso não impede no processo penal, a citação por hora certa, mas exige redobrado cuidado na verificação dos pressupostos que a ensejam, a fim de que essa 'garantia mínima' seja satisfeita. O Estado não pode ficar à mercê daquele que, deliberadamente, se oculta especificamente para não ser citado. Em outras palavras, o próprio beneficiário da garantia é que procura frustrá-la, e não o Estado"[1926], é de ser ponderado que a ocultação da pessoa acusada imporia sua custódia cautelar para garantia da instrução regular (que não se iniciaria sem a citação) e da aplicação da lei penal (em sentido amplo, e não apenas da lei material penal).

Nada obstante a incompatibilidade constitucional acima mencionada, o STJ considera regular essa forma de citação[1927], mesmo

> não tendo sido [o réu] localizado até o presente momento, apesar de procurado em vários endereços diferentes, inclusive naquele fornecido pelo próprio paciente, razão pela qual foi determinada, recentemente, pelo Juiz de primeiro grau, sua citação por hora certa, nos termos do art. 362 do CPP.[1928]

Por derradeiro, o STF, no Recurso Extraordinário (RE) 635145, com repercussão geral reconhecida, os ministros entenderam que essa modalidade de citação não compromete o direito de ampla defesa, constitucionalmente assegurado a todos os acusados em processo criminal.

Art. 363. O processo terá completada a sua formação quando realizada a citação do acusado. (Redação dada pela Lei n. 11.719, de 20-6-2008)

(...)

§ 1º Não sendo encontrado o acusado, será procedida a citação por edital. (Incluído pela Lei n. 11.719, de 20-6-2008)

(...)

§ 4º Comparecendo o acusado citado por edital, em qualquer tempo, o processo observará o disposto nos arts. 394 e seguintes deste Código. (Incluído pela Lei n. 11.719, de 20-6-2008)

1. Tramitação legislativa da Lei n. 11.719/2008

Nos trabalhos da Comissão Grinover, a redação apresentada ao Congresso Nacional era: "Art. 363. A citação ainda será feita por edital quando inacessível, em virtude de epidemia, de guerra ou por outro motivo de força maior, o lugar em que estiver o réu" (NR), texto que não constava na primeira versão dos trabalhos daquele grupo.

Já no Senado da República, o texto foi substancialmente alterado em relação àquele da Comissão, passando a contar com a seguinte redação:

Art. 363. O processo terá completada a sua formação quando realizada a citação pessoal, ou com hora certa, do acusado.
I – (revogado);
II – (revogado).

§ 1º Não sendo encontrado o acusado, será procedida a citação por edital.

§ 2º Não se aplicará o disposto no § 1º deste artigo se o acusado furtar-se, de qualquer modo, a receber a citação; caso em que, certificada a ocorrência pelo oficial de justiça encarregado da diligência, ela será efetuada com hora certa, na forma estabelecida nos arts. 227 a 229 da Lei n. 5.869, de 11 de janeiro de 1973 – Código de Processo Civil.

[1926] PACHECO, Denilson Feitoza. **Direito processual penal**: teoria, crítica e práxis. Rio de Janeiro: Impetus, 2009. p. 957.
[1927] STJ. **RHC 31.421/SP**. Relator: Min. Laurita Vaz. Data de publicação: DJe, 21 maio 2012.
[1928] STJ. **HC 174.136/SP**. Relator: Min. Haroldo Rodrigues. Data de publicação: DJe, 25 out. 2010.

§ 3º Completada a citação com hora certa, se o acusado não comparecer, ser-lhe-á nomeado defensor, passando a correr o prazo para oferecimento de defesa, na forma da lei.

§ 4º Não comparecendo o acusado citado por edital, nem constituindo defensor:
I - ficará suspenso o curso do prazo prescricional pelo correspondente ao da prescrição em abstrato do crime objeto da ação (art. 109 do Código Penal); após, recomeçará a fluir aquele;
II - o juiz, a requerimento do Ministério Público ou do querelante ou de ofício, determinará a produção antecipada de provas consideradas urgentes e relevantes, observando a necessidade, adequação e proporcionalidade da medida;
III - o juiz poderá decretar a prisão preventiva do acusado, nos termos do disposto nos arts. 312 e 313 deste Código.

§ 5º As provas referidas no inciso II do § 4º deste artigo serão produzidas com a prévia intimação do Ministério Público, do querelante e do defensor público ou dativo, na falta do primeiro, designado para o ato.

§ 6º Comparecendo o acusado citado por edital, em qualquer tempo, o processo observará o disposto nos arts. 394 e seguintes deste Código. (NR)

Ainda no Senado, houve a emenda supressiva para excluir do art. 1º do PLC 36/2007, no que se refere ao art. 363, do Código de Processo Penal, a expressão "pessoal ou com hora certa", tendo sido a emenda sugerida pela Comissão composta no âmbito do Poder Judiciário e apresentada aos senadores do Grupo de Trabalho de Reforma Processual Penal, sob a justificativa de que não apenas as modalidades pessoal e com hora certa completam a relação processual. A citação editalícia também completa a relação processual e, uma vez procedida a citação por edital, se o réu comparecer espontaneamente, não será novamente citado, mas meramente intimado para o interrogatório.

Art. 364. No caso do artigo anterior, n. I, o prazo será fixado pelo juiz entre 15 (quinze) e 90 (noventa) dias, de acordo com as circunstâncias, e, no caso de n. II, o prazo será de 30 (trinta) dias.

1. Revogação do inciso I

O texto invocado no presente artigo foi revogado pela Lei n. 11.719, de 2008.

Art. 365. O edital de citação indicará:
I - o nome do juiz que a determinar;
II - o nome do réu, ou, se não for conhecido, os seus sinais característicos, bem como sua residência e profissão, se constarem do processo;
III - o fim para que é feita a citação;
IV - o juízo e o dia, a hora e o lugar em que o réu deverá comparecer;
V - o prazo, que será contado do dia da publicação do edital na imprensa, se houver, ou da sua afixação.
Parágrafo único. O edital será afixado à porta do edifício onde funcionar o juízo e será publicado pela imprensa, onde houver, devendo a afixação ser certificada pelo oficial que a tiver feito e a publicação provada por exemplar do jornal ou certidão do escrivão, da qual conste a página do jornal com a data da publicação.

1. Inobservância dos prazos

Já foi sumariado que "se não se respeita o prazo fixado pelo Juiz, compreendido entre as datas da publicação do edital e do interrogatório do acusado, padece de nulidade irredimível a citação ficta pela imprensa, visto cuidar-se de uma das formalidades a consubstanciar a própria essência do ato processual".[1929]

No corpo do acórdão, vê-se a seguinte fundamentação: Como se vê, deixou de se completar o interregno, aprazado justamente para melhor difundir a convocação ao citando. Sob plausibilidade, além de fácil descortino, trata-se de norma cogente o estatuído no art. 365 do CPP, ao elencar em seus incisos os componentes formais para a citação através de éditos. A toda evidência, enfim, concernem as garantias individuais, para a ampla e efetiva defesa, pondo-se *pari passu* em relevância o chamamento judicial ao longo da topografia a compor a relação processual. Em arremate, eis aí a razão por que a inobservância a respeito importa em nulidade de timbre insuprível. Na esteira dessa linha de orientação, coleciona-se expressiva jurisprudência, mormente desta E. Corte de Justiça. E, diante das sobreditas diretivas, podemos sumariá-la ao deixar assente que, se não se respeita o prazo fixado pelo Juiz, compreendido entre as datas da publicação do edital e do interrogatório do réu, padece de nulidade irredimível a citação ficta pela imprensa, visto cuidar-se de uma das formalidades a consubstanciar a própria essência desse ato processual (Julgados do TACrim, 65/146, 73/23-1, 78/54-92/360; RT 563/93; 57/465 etc.).

2. Regras de publicidade

"A afixação do edital é providência determinada pela lei adjetiva e seu descumprimento impede que a citação editalícia se complete. Outra não pode ser

---
[1929] RJTACrim, 2/63.

a conclusão, mormente se considerarmos que o art. 564, III, *e*, considera nulidade a violação à fórmula determinada para a citação do denunciado". No mesmo acórdão, segue a seguinte motivação:

> O parágrafo único, do art. 365, do CPP, determina que a citação editalícia seja feita pela publicação pela imprensa e pela afixação do edital à porta do edifício onde funcionar o Juízo. Depreende-se desse parágrafo que duas são as formalidades a serem cumpridas: publicação pela imprensa e afixação no átrio do fórum. A primeira, na hipótese dos autos, foi cumprida. A segunda foi olvidada. A afixação do edital é providência determinada pela lei adjetiva e seu descumprimento impede que a citação editalícia se complete. Outra não pode ser a conclusão, mormente se considerarmos que o art. 564, III, *e*, considera nulidade a violação à fórmula determinada para a citação do denunciado. Sendo a afixação do edital uma determinação legal para se completar a citação editalícia, seu olvido configura violação à fórmula determinada para o cumprimento do ato, o que acarreta mácula ao mesmo e, consequentemente, sua invalidade. Não se pode argumentar que a publicação pela imprensa supre a afixação determinada pela lei adjetiva. Se essa fosse a intenção do legislador, ele teria mencionado que bastaria a publicação pela imprensa para que a citação se consolidasse e que a afixação somente seria exigida onde não houvesse imprensa para o edital ser publicado. O legislador, em lugar de efetuar essa afirmação, determinou que se fizesse a publicação pela imprensa e que, ao mesmo tempo, se afixasse o edital no átrio do edifício do fórum. Essa determinação é plenamente justificável, pois poucos têm acesso à imprensa oficial, onde o edital é publicado, e muitos possuem acesso ao átrio do edifício do fórum, onde o mesmo é afixado, o que permite que alguém que conheça o denunciado tome ciência do processo pelo edital afixado e o avise.[1930]

3. Erro de grafia no nome do réu
Tratando-se de forma de chamamento presumida, deve se revestir da máxima obediência aos preceitos dispostos no presente artigo, sob pena de mácula de toda a relação processual.

4. Assinatura do magistrado
Tratando-se de "edital que preenche os requisitos legais, não havendo exigência de assinatura do juiz na cópia da peça editalícia nem de reprodução dos termos da acusação".[1931]

Art. 366. Se o acusado, citado por edital, não comparecer, nem constituir advogado, ficarão suspensos o processo e o curso do prazo prescricional, podendo o juiz determinar a produção antecipada das provas consideradas urgentes e, se for o caso, decretar prisão preventiva, nos termos do disposto no art. 312. (Redação dada pela Lei n. 9.271, de 17-4-1996)

§ 1º Revogado pela Lei n. 11.719, de 20-6-2008.

Texto original: As provas antecipadas serão produzidas na presença do Ministério Público e do defensor dativo. (Parágrafo acrescentado pela Lei n. 9.271, de 17-4-1996 – Revogado pela Lei n. 11.719/2008)

§ 2º Revogado pela Lei n. 11.179, de 20-6-2008.

Texto original: Comparecendo o acusado, ter-se-á por citado pessoalmente, prosseguindo o processo em seus ulteriores atos. (Parágrafo acrescentado pela Lei n. 9.271, de 17-4-1996)

1. Fundamentos políticos da Lei n. 9.271/1996
Com a impossibilidade de realização do processo à revelia, nos moldes tratados nestes artigos, "evita-se o quase sempre inútil processo à revelia que leva a centenas de expedições de mandados de prisão descumpridos, sem risco de impunidade, dada a suspensão do prazo prescricional, que incentivará o acusado a comparecer para efetivamente defender-se", e se busca a construção de uma relação processual penal contraditória em sua plenitude, com o exercício total da ampla defesa e do próprio contraditório. Mais ainda. Com a contemporânea vinculação desta última garantia ao direito à prova, pode-se concluir que a ausência do réu macula a própria construção da verdade processual, colocando em risco a estrutura acusatória constitucionalmente construída. Afinal, dizer-se que o processo penal almeja ser um "processo de partes" e dar a uma delas a aparição meramente formal, é fazer apenas um jogo retórico sem qualquer repercussão no mundo dos fatos.

No que de perto interessa ao caso brasileiro, a Convenção de Proteção aos Direitos Humanos (Pacto de San Jose da Costa Rica) possui regra específica quanto ao direito de o acusado ser pessoalmente comunicado da acusação contra ele lançada, a teor do disposto no art. 8º, 2 "b", que dispõe que toda pessoa acusada de um delito tem direito à comunicação prévia e pormenorizada da imputação lançada.

1.1 Tramitação legislativa da Lei n. 11.719/2008
Na redação original da Comissão Grinover, era:

1930 *RJTACrim*, 8/211.
1931 STJ. Relator: Juiz Peixoto Junior. Data de publicação: 22 jul. 2002. p. 323.

Art. 366. O processo terá completada a sua formação quando realizada a citação pessoal, ou com hora certa, do acusado.

§ 1º Não sendo encontrado o acusado, será procedida a citação por edital.

§ 2º Não se aplicará o disposto no § 1º se o acusado furtar-se, de qualquer modo, a receber a citação; caso em que, certificada a ocorrência pelo oficial de justiça encarregado da diligência, ela será efetuada com hora certa, na forma estabelecida nos arts. 227 a 229 do Código de Processo Civil.

§ 3º Completada a citação com hora certa, se o acusado não comparecer, ser-lhe-á nomeado defensor, passando a correr o prazo para oferecimento de defesa, na forma da lei.

§ 4º Não comparecendo o acusado citado por edital, nem constituindo defensor:
I – ficará suspenso o curso do prazo prescricional pelo correspondente ao da prescrição (art. 109 do Código Penal); decorrido esse prazo, recomeçará a fluir o da prescrição;
II – o juiz, a requerimento do Ministério Público ou do querelante, ou de ofício, determinará a produção antecipada de provas consideradas urgentes e relevantes, observando a necessidade, adequação e proporcionalidade da medida;
III – o juiz poderá decretar a prisão preventiva do acusado, nos termos do disposto nos arts. 312 e 313.

§ 5º As provas referidas no inciso II do § 4º serão produzidas com a prévia intimação do Ministério Público, do querelante e do defensor nomeado pelo juiz.

§ 6º Comparecendo o acusado citado por edital, em qualquer tempo, o processo observará o disposto nos arts. 394 e seguintes. (NR)

Observa-se, assim, que o tratamento era muito mais técnico e adequado que o da redação finalmente sancionada, inclusive com a previsão legal do tempo pelo qual a suspensão da prescrição se daria, colocando fim, assim, à polêmica instaurada sobre esse assunto desde a edição da Lei n. 9.261/1996, e assim foi mantida, embora com alteração do número do artigo, quando da passagem pelo Senado.

1.2 Natureza da norma penal, processual penal ou mista

A verdadeira importância de estudar-se a norma sobre prescrição da forma como restou disciplinada está ligada à sua (ir)retroatividade, conclusão que só é alcançada após a precisa delimitação de sua natureza.

Numa das primeiras manifestações sobre a matéria, Damásio de Jesus apontou a natureza mista da norma, aduzindo que o diploma legal, "quando (...) prevê a suspensão do prazo prescricional é (norma) de Direito Penal material. Temos, então, uma disposição mista, impondo princípios de direito substantivo e processual. Quando isto ocorre, prevalece a natureza penal"[1932], tendo de imediato sido acompanhado por Gomes, que, apoiado em prestigiosa doutrina – sobretudo lusitana –, concluiu que "é irretroativa a lei nova que afeta um direito substancial, é retroativa a lei nova que beneficia o autor da infração de qualquer modo".[1933]

A partir do elastério acima citado, restou basicamente assentada na doutrina e jurisprudência pátrias a natureza mista da norma em questão, com a seguinte consequência no plano prático: a lei, em sendo aplicável aos casos já em curso quando de sua entrada em vigor, suspenderia o processo, mas não o prazo prescricional.

Tal entendimento foi ampliado pelo laborioso acórdão do Tribunal de Justiça de Santa Catarina, da lavra do eminente Des. Nilton Macedo Machado, em que, julgando caso acontecido antes da entrada em vigor da lei, decidiu que

> A nova redação do art. 366 do Código de Processo Penal, no seu comando processual, aplica-se imediatamente ao processo penal pendente, ainda não julgado, suspendendo-o com resguardo dos atos anteriormente praticados (...); no entanto, não se aplica na parte de direito penal, material, vale dizer, suspenso o processo não pode haver suspensão do prazo prescricional em curso quando da vigência da lei nova, a qual não pode retroagir para prejudicá-lo.[1934]

2. Citação editalícia

A não localização pessoal do acusado é a primeira causa ensejadora da incidência da norma em exame. Como já sedimentado na doutrina e jurisprudência, a citação ficta é excepcional em relação àquela pessoal, e somente tentada quando frustrado o contato direto com o acusado. Mesmo assim, ainda

---

[1932] JESUS, Damásio E. de. Notas ao art. 366 do Código de Processo Penal, com redação da Lei 9.271/96. **Boletim IBCCrim**, n. 42, jun. 1996.
[1933] GOMES, Luiz Flávio. Citação por edital (Lei n. 9.271/96): suspensão do processo, direito à prescritibilidade e a controvertida questão da sua retroatividade, in *Estudos de direito penal e processo penal*. São Paulo: RT, 1998, pp 152 e ss.
[1934] TJSC, **Recurso Criminal 96.008927-6**. Relator: Des. Nilton Macedo Machado. Data de julgamento: 10 dez. 1996. Relator: Des. Nilton Macedo Machado.

que citado por edital, o acusado deve ser buscado por outros meios (expedição de ofícios, concurso policial etc.).

2.1 Exaurimento da localização pessoal do réu e citação editalícia

Há posição consolidada no e. STF no sentido de considerar suficiente a citação por edital quando "precedida de medidas diligentes no sentido da localização do paciente, que se achava foragido antes mesmo da denúncia. Nesse sentido, afirmou-se que o STF tem por legítima a citação editalícia do acusado quando este é procurado no único endereço por ele fornecido". Precedentes citados: HC 71.297/MG (DJU, 30 set. 1994); HC 73.165/SP (DJU, 29 mar. 1996); HC 88.515/RN (DJU, 4 ago. 2006); HC 81.160/PR (DJU, 1º fev. 2002).[1935]

Afastada a hipótese de aplicação dessa norma à revelia intercorrente, também é necessário especificar que a simples ausência do acusado em face da citação ficta não é, por si só, causa ensejadora da aplicação da lei, vez que outros requisitos impõem-se para que seja o processo – e o prazo prescricional – suspenso.

3. Não comparecimento do denunciado

Ao lado da citação por edital, deve realmente o réu estar ausente do processo, não atender ao chamado da Justiça. Certa é a disciplina da norma, vez que, ao menos em tese, pode o acusado ter acesso por meio do Diário Oficial e dos editais de citação afixados no átrio do Fórum da imputação que lhe foi feita, por mais hipotética que seja a situação.

No entanto, ao se falar em comparecimento do acusado, é necessário indagar em relação a qual acusação o denunciado quedou-se ausente, pergunta esta que se coloca em face do aditamento à denúncia. Mas não é só, pois é forçoso indagar em relação a qual fundamento de aditamento se está a falar.

Como aponta Camargo Penteado et al.,

> inegável que, havendo aditamento, não em função do Parágrafo único do art. 384 do Código de Processo Penal, mas por força de conexão, deva seguir-se citação do réu e novo interrogatório, aplicando-se o parágrafo único do art. 384 daquele Estatuto no que tange às provas complementares, por analogia. É o exemplo do inicialmente acusado por rixa qualificada que, posteriormente, sujeita-se à adição em sede de homicídio.[1936]

Nesses casos – aditamento por força de conexão – estamos diante de duas acusações distintas, para as quais o réu deve ser citado distintamente. Caso tenha respondido à primeira e tornando-se revel em relação à segunda, pode-se concluir que o processo terá seu normal prosseguimento em face daquela e será suspenso em face deste último. Isso se encontra em harmonia com o resto do sistema, inclusive sendo causa interruptiva do prazo prescricional.

Situação que merece reflexão à parte dentro do quadro do aditamento diz respeito ao acréscimo da inicial quando fundada no art. 384, parágrafo único, do Código de Processo Penal. Nessa hipótese, existe o agravamento da situação do acusado, que deverá ser instado a se manifestar em novo interrogatório, sem que, entretanto, tenha havido uma nova citação. Coloca-se aqui a indagação se, ausentando-se a partir do aditamento nesses moldes, o acusado teria o processo suspenso.

Observado o tema dentro de certos padrões técnicos, a resposta seria negativa, na medida em que a relação processual penal está instaurada com a citação inicial que, regularmente efetivada, teve o condão de trazer o acusado para o bojo do processo em que, por sua vez, com a participação efetiva do denunciado, construiu-se uma verdade (processual) que levou ao complemento da acusação ou, mais exatamente, sua alteração.

Nesse caso, não haveria a suspensão do processo, porque se trataria de hipótese de revelia intercorrente, e não daquela inicial que reclama a lei em estudo. O denunciado já esteve nos autos e se ausentou quando a situação se lhe tornou mais gravosa. Sem o que, essa hipótese aditiva não acarreta nova citação, apenas novo interrogatório, que é um argumento a mais a favor do entendimento.

4. Não nomeação do defensor

Além de ter sido citado por edital e não ter comparecido, para fins de efetivação da suspensão do processo, a revelia se caracteriza pela ausência de defensor constituído pelo acusado, não suprindo, dessa forma, a presença do causídico a nomeação, pelo juiz, de defensor dativo.

Dentro do espírito da lei, o que se busca é a plena capacidade defensiva do acusado, o que somente aconteceria na hipótese do contato direto com seu defensor regularmente constituído, a quem teria tido a oportunidade de explanar suas razões e apresentar meios de prova suficientemente hábeis para sua defesa, caracterizando aquilo que a doutrina chama de efetiva paridade de armas entre acusação e defesa, característica marcante do denominado "processo de partes" ou de matriz acusatória.

Uma questão particularmente interessante que se coloca nesse momento é a da interposição de uma manifestação defensiva sem a juntada do respectivo mandato. Ao lado desta, outra igualmente interessante se apresenta, aquela na qual há uma

---

[1935] STF. **HC 88.334/PA**. Relator: Min. Carlos Britto. 12 set. 2006.
[1936] CAMARGO PENTEADO, Jacques de. et al. **O aditamento no processo penal**. São Paulo: Saraiva, 1992. p. 30.

procuração juntada aos autos ainda em fase de investigação e não reproduzida em juízo porque ausente o réu citado por edital.

O primeiro caso merece a prudência do julgador. Antes de não decretar a suspensão do processo apenas pela juntada da petição – desacompanhada do respectivo mandato –, é forçosa a intimação do defensor para que apresente a respectiva outorga, sob pena de não ser considerado como efetivo patrono do réu. Apenas com a regular juntada do instrumento pode ser considerado o réu defendido por advogado constituído e não ser decretada a suspensão do feito.

Uma vez considerado como patrono regularmente constituído, será ele devidamente intimado dos atos praticados por meio da imprensa oficial ou, a teor do disposto no art. 370 do CPP com a nova redação, "a intimação do defensor constituído, do advogado do querelante e do assistente far-se-á por publicação no órgão incumbido da publicidade dos atos judiciais na Comarca".

No segundo caso, o teor da procuração ofertada merece ser analisado. Se inexiste previsão expressa de poderes para a defesa em juízo, ditando o instrumento procuratório poderes apenas para acompanhamento da investigação, indubitavelmente não há como se extrair a constituição do patrono, limitando-se aquele mandato aos seus exatos termos. Assim, ausente o acusado, não se pode extrair que esteja ele defendido por causídico constituído, devendo ser suspenso o processo.

No entanto, uma segunda hipótese pode ser aventada, qual seja, a da possibilidade de, no mandato juntado aos autos da investigação – ainda não terminada – exista a expressa outorga de poderes para o acompanhamento de futura ação penal. Ainda assim, não há de ser tido o patrono como constituído nos termos ora analisados.

A principal das razões diz respeito à finalidade da investigação. Serve o procedimento administrativo como esteio para convencimento do titular da ação penal que, ao analisá-la, ofertará – ou não – a peça inaugural penal nos termos de seu convencimento e definição jurídica que melhor se adequar ao caso investigado.

Isso significa que a definição alcançada pelo *parquet* pode ser razoavelmente diversa de tudo quanto encaminhado pela autoridade policial, e o denunciado está a se defender dos fatos contidos na vestibular acusatória, e não dos termos vagos lançados na investigação. E, mais ainda, pode ter havido quebra de confiança do então suspeito e agora réu em relação ao patrono inicialmente constituído, e não se pode presumir que o acusado ainda deseje aquele defensor.

É verdade que o problema poderia ser contornado com a melhor redação do artigo em que se funda a matéria, para que constasse a estrutura "vier a constituir defensor", que assim eliminaria as indagações, vez que o verbo empregado no infinitivo, como está, possibilita a interpretação que pode não ser a mais adequada ao espírito da lei.

5. Consequências da suspensão em face da revelia

Aperfeiçoadas as causas autorizadoras da suspensão, vez que estabelecida a revelia do acusado, é necessário verificar quais são as consequências do não prosseguimento do feito, algumas de caráter obrigatório, outras de feição facultativa, mas que a prática vem transformando em obrigatórias.

5.1 Interrupção do prazo prescricional

De todas as consequências da lei em exame, a que primeiro chamou a atenção da doutrina e da jurisprudência foi aquela relativa à prescrição, vez que o fluxo do prazo prescricional é interrompido quando da suspensão do processo. Resta destacar inicialmente que, uma vez determinada a suspensão, é da letra da lei a imediata suspensão do prazo prescricional, tendo, nessa hipótese, o legislador criado uma causa suspensiva além daquelas previstas no Código Penal (art. 107).

Das grandes questões levantadas pela suspensão do processo em face da revelia, a da aparente imprescritibilidade é a mais tormentosa. Identificado desde o início o problema, como assentado por Silva Franco, "o texto legal cria, de modo oblíquo, mais um caso de delito imprescritível, fora das hipóteses referidas nos incisos XLII e XLIV", situação esta que seria inadmissível, vez que o texto político, ao criar hipóteses de imprescritibilidade, não operou qualquer causa ampliativa do rol a ser suprida por obra do legislador ordinário, como tivemos oportunidade de salientar em texto da mesma época.[1937]

Sendo assim, determinado o *dies ad quo* como o da data da decisão suspensiva, resta saber qual será o *dies ad quem*, a partir do qual o prazo terá sua fluência continuada, somando-se o lapso de tempo operado entre a data do recebimento da denúncia e a da decisão suspensiva, vez que se trata de causa suspensiva, e não interruptiva, em que o prazo se reiniciaria na integralidade, também no dizer de Bastos.[1938]

A doutrina passou a trabalhar as hipóteses possíveis, variando sobre qual o caminho a seguir, mas acentuando a necessidade de fixação de um termo final para a suspensão, como apontam também Ferrari e Custódio.[1939] Basicamente, as possibilidades levaram sempre em conta como parâmetro

---

[1937] SILVA FRANCO, Alberto. Suspensão do processo e suspensão da prescrição. **Boletim IBCCrim**, n. 42, jun. 1996.
[1938] BASTOS, Marcelo Lessa. Lei 9271/96: dois problemas e propostas de solução. **Boletim IBCCrim**, n. 56, jul. 1997.
[1939] CUSTÓDIO, Rosier B. e Ferrari Eduardo R. A Lei 9271/96 e sua aplicação prática. **Boletim IBCCrim**, n. 56, jul. 1997.

o art. 109 do Código Penal, restando saber se seria empregada a pena mínima ou a máxima.

Naquela oportunidade, tivemos a chance de afirmar que, pelo contexto global do tema, a pena mínima seria a mais adequada, como ainda nos parece, *venia concessa* às opiniões contrárias. Causou certo impacto e demorou-se a perceber que há um hiato processual com termo inicial, mas com termo final que, quando superado, faz necessariamente com que a marcha procedimental tenha seu fluxo normal.

Aliás, este é um dos pontos mais delicados da lei e que ainda merece maior atenção. Lutar contra a imprescritibilidade significa dizer – pelo expresso teor da lei – que não há declaração da extinção da punibilidade quando da superação do prazo em que a prescrição restou "congelada", mas sim a retomada da marcha processual. Na verdade, da forma como está, o objetivo de eficácia do contraditório e da ampla defesa é projeto com data marcada para seu término, vez que, depois, a relação processual, no seu aspecto procedimental, deve ser reiniciada.

O que nos fez caminhar pelo mínimo da pena – e não pelo máximo dela, como sustentado por Damásio – foi, sobretudo, o texto da Convenção Interamericana de Direitos Humanos (em vigor entre nós, como já citado – vide infra), que determina uma duração "razoável" para o término do procedimento. Impor ao acusado um prazo suspensivo pela pena em abstrato e depois reiniciar a marcha procedimental pelo mesmo lapso pode chegar a resultados práticos extremamente custosos para o acusado que, durante todo esse termo, teria a "espada de Dâmocles" do processo contra si, para usar a imagem de Silva Franco.

Mas aqui o que mais carece de urgente correção é a disciplina daquilo que se pretende com a "suspensão" do prazo prescricional, evidenciando que ele tem começo e fim – evitando-se, assim, a imprescritibilidade disfarçada – e, ao dotá-lo de fim, dizer o que efetivamente acontece quando de seu derradeiro termo.

Aqui um ponto assaz delicado da legislação em vigor aflora em complexidade. Como a lei não pensou no tema da imprescritibilidade como corolário da suspensão indefinida, também não pensou – porque não era necessário – na solução jurídica para o *dies ad quem*, o que torna a situação atual um paradoxo.

Observe-se que, não podendo haver a imprescritibilidade, findo o termo suspensivo – e não importa qual critério adotado –, deve o procedimento ter um encaminhamento, e o único possível é a sua retomada. Ora, se se vai retomá-lo, o único resultado possível é a continuidade da tramitação nos mesmos moldes anteriores à entrada em vigor da lei em apreciação, sendo que nesse contexto resultaria indagar qual a serventia de toda a disciplina.

Por outro lado, não pode ser extraído do sistema penal que o fim do prazo suspensivo (porque ele tem de ocorrer) significaria extinção da punibilidade, mas que, finda a causa suspensiva, o procedimento terá sua retomada pelo tempo remanescente (e não integral, pois isso só se dá na interrupção), daí por que não se poder concluir que com o *dies ad quem* teríamos a extinção da punibilidade.

Assim, precisa urgentemente a lei de uma reforma para tomar posição em face da matéria, não apenas para reconhecer a prescritibilidade como para definir o que virá com o *dies ad quem*, que só poderá ser, por força do sistema, a extinção da pretensão punitiva estatal.

Malgrado toda essa exposição e os problemas práticos que surgem mais de uma década após a entrada em vigor da comentada norma, o STF decidiu que

> conforme assentou o Supremo Tribunal Federal, no julgamento da Ext. 1042, 19.12.06, Pertence, a Constituição Federal não proíbe a suspensão da prescrição, por prazo indeterminado, na hipótese do art. 366 do C.Pr.Penal. 2. A indeterminação do prazo da suspensão não constitui, a rigor, hipótese de imprescritibilidade: não impede a retomada do curso da prescrição, apenas a condiciona a um evento futuro e incerto, situação substancialmente diversa da imprescritibilidade. 3. Ademais, a Constituição Federal se limita, no art. 5º, XLII e XLIV, a excluir os crimes que enumera da incidência material das regras da prescrição, sem proibir, em tese, que a legislação ordinária criasse outras hipóteses. 4. Não cabe, nem mesmo sujeitar o período de suspensão de que trata o art. 366 do C.Pr.Penal ao tempo da prescrição em abstrato, pois, "do contrário, o que se teria, nessa hipótese, seria uma causa de interrupção, e não de suspensão." 5. RE provido, para excluir o limite temporal imposto à suspensão do curso da prescrição.[1940]

Da mesma maneira, a Súmula 415 do Superior Tribunal de Justiça, com a seguinte redação: "O período de suspensão do prazo prescricional é regulado pelo máximo da pena cominada".

5.2 Determinação cautelar de produção de provas

Determinada a suspensão do processo, autoriza expressamente a lei em exame que as provas de caráter urgente poderão ser efetuadas, amparada a sua realização pelo espírito geral do processo cautelar e que já se encontrava disciplinado de certa forma pelo próprio Código de Processo Penal.

Com efeito, como já apontado por Campos de Barros, ao analisar o chamado depoimento *ad perpetuam rei memoriam*,

> pode, porém, acontecer que alguma testemunha por moléstia ou outro impedimento não

---

[1940] RE 460.971/RS. Relator: Min. Sepúlveda Pertence. Data de julgamento: 13 fev. 2007.

possa comparecer no momento processual adequado. Daí a necessidade de antecipação dessa prova. A natureza cautelar desta inquirição preventiva não pode ser posta em dúvida, uma vez que com ela se antecipa o momento normal da produção testemunhal, correspondendo a uma "instrução preventiva no curso da causa", para completar esclarecendo que apenas na oportunidade processual adequada "é que se vai discutir a prova pelas partes e será feita a apreciação pelo juiz. Daí explicar Florian, que nesse caso existe apreensão antecipada da prova mas não debate antecipado".[1941]

Como se está em sede cautelar, é forçoso relembrar que a tutela emergencial tem fundamentos distintos daquela de conhecimento e da executiva.

Daí por que a mera suspensão do processo em face da revelia não se constitui em causa autorizadora da determinação da prova antecipada. A suspensão, por si apenas, não constitui situação que gere *periculum in mora*, ainda que o *fumus boni iuris* possa ser *a priori* identificado. Assim, na fundamentação da admissibilidade, o julgador não poderá apenas se escorar no decreto suspensivo, vez que este, isoladamente, nada diz em relação à tutela cautelar.

Não por outra razão, o STJ sumulou o tema nos seguintes termos: "A decisão que determina a produção antecipada de provas com base no art. 366 do CPP deve ser concretamente fundamentada, não a justificando unicamente o mero decurso do tempo" (Súmula 455).

É importante frisar este ponto, vez que, se o objetivo da lei é a plena participação do acusado na construção da verdade processual, a prova produzida antecipadamente de forma inadequada pode servir para frustrar o objetivo da lei, que é por demais saudável, e, na verdade, servir – metaforicamente – apenas como uma cilada processual, em que o réu ausente, ao ser localizado, já encontrará um acervo definido, apenas aguardando a valoração final.

5.3 Decretação da prisão preventiva

A mesma base de raciocínio vale para a decretação da prisão preventiva em seu cotejo com a suspensão do processo em face da revelia. Descontados argumentos utilitaristas, a prisão preventiva deve estar assentada em todos os pressupostos do processo cautelar de ordem pessoal, sob pena de afrontar o texto constitucional e tornar-se uma espécie de "prisão obrigatória" de nada saudosa lembrança.

Tal entendimento já houvera sido esposado por Gomes Filho, ao sustentar que

não se trata aqui, como apressadamente poderia se supor, de um corolário automático da suspensão do processo pela ausência do réu. Semelhante entendimento viria a colidir, inclusive, com o preceito constitucional da presunção de inocência (art. 5º, LVII), que embora não vede as prisões anteriores à condenação torna, certamente, inadmissível a prisão processual obrigatória, banida de nossa legislação pela Lei n. 5.349/67.[1942]

6. Suspensão do processo e a Lei n. 9.613/1998 e 12683/2012

Na lei brasileira de "lavagem de capitais", há expressa disposição da não aplicação das normas atinentes à suspensão do processo, posição esta que mereceu as mais duras críticas por parte de autorizada doutrina, inclusive pela absoluta falta de técnica legislativa do mencionado diploma legal. Tal norma ainda deverá ser apreciada em sede jurisprudencial, mas já é possível afirmar, na esteira da lição doutrinária apontada, que ela peca por ofensa ao texto constitucional.

Ponto final para reflexão: há a efetiva proteção às garantias constitucionais fundantes da lei?

Apontados alguns dos aspectos fundamentadores e controvertidos da lei, resta saber se ela cumpre ou não a missão que a inspirou, ou seja, proteger o réu, dando-lhe a possibilidade de efetivar um contraditório pleno e, de outro lado, permitir a completa persecução penal, entendendo-se aí a efetividade da sanção imposta.

Malgrado alguns problemas redacionais, a lei é correta em seu espírito e não discrepa das redações encontráveis no direito comparado. O maior temor, no entanto, diz respeito às atividades cautelares – de ordem probatória e pessoal – que a lei permite.

Será tarefa do intérprete evidenciar que a lei em questão não criou uma espécie de prisão preventiva obrigatória e que não pode ser ela decretada ante a simples revelia. Da mesma maneira, a produção antecipada de provas não pode surgir como uma verdadeira "armadilha processual", determinada sem os pressupostos cautelares e, uma vez produzida, ficar-se no aguardo da presença do réu para se ver apenas sentenciado.

Com a entrada em vigor da nova legislação criminalizante da lavagem de capitais, estudo dedicado ao tema pontuou que

Vale ressaltar que a vedação de que seja aplicado o art. 366 do CPP aos processos por crime de lavagem existe desde a redação original da Lei n.º 9.613/98. O que a Lei n.º 12.683/2012 fez foi apenas melhorar a redação do art. 2º, § 2º deixando claro que, além de não se aplicar a suspensão de

---

1941 Campos Barros, 1992, *op. cit.*, p. 447/447.
1942 GOMES FILHO, Antonio Magalhães. Medidas Cautelares da Lei 9271/96: produção antecipada de provas e prisão preventive. **Boletim IBCCrim**, n. 42, jun. 1996.

que trata o art. 366 do CPP, o juiz nomeará defensor dativo para fazer a defesa técnica do réu e o processo irá prosseguir normalmente até o seu julgamento.[1943]

7. Meios de impugnação da decisão suspensiva

Um ponto que remanesceu em aberto no tocante à decisão que determina a suspensão é o do recurso cabível. No verdadeiro quadro de imprecisão técnica em que se reveste a tipologia das decisões no processo penal brasileiro – e a consequente repercussão na órbita recursal –, fica a pergunta acerca do recurso cabível, vez que, não sendo decisão terminativa de mérito, rigorosamente se afigura como decisão interlocutória. No entanto, como sabido, as decisões interlocutórias no direito brasileiro têm disciplina recursal irregular, na medida em que nem todas são passíveis de impugnação (*v.g.*, decisão que não admite incidente de sanidade ou que não admite a presença do assistente). Assim, não sendo o caso de sentença terminativa ou com força de terminativa, não é o caso de apelação, que pode ser de plano descartada. Dois outros recursos disputariam, pois, a primazia de seu emprego no caso em questão: o recurso em sentido estrito e a correição parcial.

O que chama à discussão o recurso em sentido estrito é o fato de ser ele o aplicável às decisões que julgam pela declaração da extinção da punibilidade (prescrição, decadência). Mas, em sendo uma decisão que suspende o processo – ainda que reflexamente se atinja a prescrição –, não há que se falar na utilização desse recurso, vez que sua aplicabilidade é limitada às hipóteses taxativamente previstas, ou, como tradicionalmente se diz, *numerus clausus*.

Resta, pois, a correição parcial empregável quando houver inversão indevida no procedimento ou, mais amplamente considerada, quando se tratar de *error in procedendo*. Como a suspensão da Lei n. 9.271/96 não atinge o direito de ação, mas sim a marcha do procedimento, tendo sido indevidamente decidido pela suspensão (ou não), o recurso cabível será o da correição parcial, também empregável quando se falar na produção indevida de provas. Fugirá desse contexto, porque com previsão expressa no art. 581, V, do Código de Processo Penal, a decisão que determinar a prisão preventiva, vez que aí o recurso será o em sentido estrito, sem maiores polêmicas.

Nesse campo, merece ainda atenção o problema da legitimidade para recorrer ou, mais exatamente, se o Ministério Público poderá recorrer a favor do réu revel para que seja decidido pela suspensão do processo. A resposta é positiva. Já é assente na doutrina e jurisprudência a possibilidade de o Ministério Público apelar (e, até mesmo, propor ações impugnativas) em favor do réu, pleiteando sua absolvição. Se, para modificar a decisão de direito material, de mérito, pode o Ministério Público atuar, não há razão para não reconhecer sua legitimidade recursal nessa hipótese.

Outra questão que pode ser aqui aventada é a do emprego de ações impugnativas no caso em tela, por excelência o *habeas corpus* e o mandado de segurança. Estando presentes os requisitos da suspensão e o juiz não a decretar, ou faltando um deles o juiz suspender o processo, estaria sujeita sua decisão a qualquer das ações mencionadas e, se positiva a resposta, cumpriria indagar qual seria mais adequada.

Pela tradição do processo penal, o *habeas corpus* seria o primeiro remédio empregável, salientando-se que a indevida paralisação ou continuidade do feito constituiria um indevido gravame à liberdade do acusado. Parece acertado esse entendimento – desde que se considere a possibilidade da substituição do recurso pelo meio impugnativo autônomo –, sobretudo nas hipóteses em que a suspensão vier acompanhada da decretação da prisão preventiva.

7.1 Recurso cabível da decisão que revoga a revelia

No quadro de ausência do imputado, carece ser mencionada a situação na qual a revelia inicialmente decretada é revogada, fixando-se, em primeiro lugar, a situação mais evidente, que é a da localização e comparecimento do acusado. Nesses casos, deve o juiz decretar a continuidade da relação processual.

No entanto, por razões de diversas ordens, a jurisprudência já encontrou situações nas quais o magistrado revogou o decreto anterior, sem a necessária presença do acusado, e determinou o prosseguimento do feito. Sem embargos das contestações que possam ser expendidas aos motivos de tal postura, resta neste ponto indagar qual o recurso cabível contra essa decisão, renovando-se as observações quanto ao problema da legitimidade atrás expendidas.

Alinhave-se, no entanto, algumas considerações quanto à natureza de decisão de decretação da revelia, principalmente no sentido de saber se está sujeita ou não a qualquer tipo de preclusão ou se, ao contrário, pode ser modificada em seu conteúdo ao talante do magistrado. A resposta aproxima-se mais da primeira situação apontada.

Com efeito, a revelia regularmente decretada somente por ser desconsiderada quando as causas justificativas tiverem desaparecido (*v.g.*, o acusado comparece ou nomeia defensor para intervir nos autos). Nesse sentido, aproxima-se um pouco do que a doutrina considera como uma cláusula *rebus sic stantibus* presente em outros momentos processuais, inclusive fora do processo penal, a

---

1943 CAVALCANTE, Márcio André Lopes. Comentários à Lei n.º 12.683/2012, que alterou a Lei de Lavagem de Dinheiro. **Dizer o Direito**. Disponível em: <http://www.dizerodireito.com.br>. Acesso em: 13 abr. 2022.

autorizar a modificação de seu conteúdo desde que causas inerentes à substância do quanto decidido se modifiquem.

No caótico cenário recursal em que se movimenta o processo penal brasileiro, não é fastidioso lembrar que inexiste recurso propriamente previsto também para tal hipótese, fazendo-se uma vez mais a apologia da taxatividade das hipóteses do recurso em sentido estrito, consoante a doutrina e jurisprudência dominantes. Também não sendo, sem sombra de dúvidas, a hipótese de sentença de mérito, restaria uma vez mais o emprego do questionável recurso da correição parcial.

Art. 367. O processo seguirá sem a presença do acusado que, citado ou intimado pessoalmente para qualquer ato, deixar de comparecer sem motivo justificado, ou, no caso de mudança de residência, não comunicar o novo endereço ao juízo. (Redação dada pela Lei n. 9.271, de 17-4-1996)

1. Revelia "voluntária"
A primeira hipótese do presente artigo trata do não comparecimento da pessoa regularmente citada que, se ausente, não implicará a suspensão do processo. Pode-se denominar a esse tipo de revelia de "voluntária" ou para distingui-la da hipótese do art. 366.

2. Revelia "intercorrente"
Diz respeito à hipótese da ausência da pessoa acusada já no curso do processo, situação essa que se distingue da acima mencionada em função do momento processual em que ocorre.

3. Ausência "justificada"
Implica o adiamento da realização do ato processual, desde que a justificativa seja plausível e apresentada tempestivamente.

4. Ônus da comunicação da mudança de endereço
Cabe principalmente à pessoa acusada. Nesse sentido,

> não se acolhe alegação de nulidade da citação por edital, se foram esgotados todos os meios à disposição do juízo, que determinou a realização de diligências para a localização do paciente com base nos endereços constantes dos autos, a fim de promover a citação por mandado. Pertence ao acusado o ônus da devida comunicação de mudança de endereço, nos autos de cada feito a que responde. Pedido de aguardar em liberdade o julgamento de recurso de apelação prejudicado,

em função do não reconhecimento da nulidade apontada. Recurso desprovido.[1944]

Art. 368. Estando o acusado no estrangeiro, em lugar sabido, será citado mediante carta rogatória, suspendendo-se o curso do prazo de prescrição até o seu cumprimento. (Redação dada pela Lei n. 9.271, de 17-4-1996)

1. Regime de carta rogatória
Ver nestes *Comentários* arts. 780 e seguintes.

Art. 369. As citações que houverem de ser feitas em legações estrangeiras serão efetuadas mediante carta rogatória. (Redação dada pela Lei n. 9.271, de 17-4-1996)

1. Conceito de "legações estrangeiras"
Embora situadas no território nacional, na estrutura do Código são tratadas como pertencentes a outro país, daí a necessidade de expedição de carta rogatória.

CAPÍTULO II – Das Intimações

Art. 370. Nas intimações dos acusados, das testemunhas e demais pessoas que devam tomar conhecimento de qualquer ato, será observado, no que for aplicável, o disposto no Capítulo anterior. (Redação dada pela Lei n. 9.271, de 17-4-1996)

§ 1º A intimação do defensor constituído, do advogado do querelante e do assistente far-se-á por publicação no órgão incumbido da publicidade dos atos judiciais da comarca, incluindo, sob pena de nulidade, o nome do acusado. (Redação dada pela Lei n. 9.271, de 17-4-1996)

§ 2º Caso não haja órgão de publicação dos atos judiciais na comarca, a intimação far-se-á diretamente pelo escrivão, por mandado, ou via postal com comprovante de recebimento, ou por qualquer outro meio idôneo. (Redação dada pela Lei n. 9.271, de 17-4-1996)

§ 3º A intimação pessoal, feita pelo escrivão, dispensará a aplicação a que alude o § 1º. (Incluído pela Lei n. 9.271, de 17-4-1996)

1944 STJ. **RHC 15.108/SP**. 5ª Turma. Relator: Min. Gilson Dipp. Data de publicação: *DJU*, 25 fev. 2004. p. 191.

§ 4º A intimação do Ministério Público e do defensor nomeado será pessoal. (Incluído pela Lei n. 9.271, de 17-4-1996)

1. Definição
Inserida no âmbito das atividades comunicacionais do processo, imprescindível para o exercício pleno do contraditório, tem-se que "intimação é a comunicação de ato praticado".

2. A Lei n. 11.419, de 19 de dezembro de 2006, e a nova disciplina das intimações dos atos processuais
Deve-se ter em conta que há duas possibilidades de comunicação dos atos processuais: aquelas feitas pelo *Diário Oficial* eletrônico e as efetuadas pelo correio eletrônico.

A propósito do chamado *Diário Oficial eletrônico*, a nova lei dispõe que (Art. 4º) "Os tribunais poderão criar *Diário da Justiça* eletrônico, disponibilizado em sítio da rede mundial de computadores, para publicação de atos judiciais e administrativos próprios e dos órgãos a eles subordinados, bem como comunicações em geral" e (§ 2º) "A publicação eletrônica na forma deste artigo substitui qualquer outro meio e publicação oficial, para quaisquer efeitos legais, à exceção dos casos que, por lei, exigem intimação ou vista pessoal".

Neste ponto, tem-se como mantida a redação do § 4º do art. 370, ou seja, a intimação do Ministério Público e do defensor dativo continua sendo pessoal, restando a aplicação da intimação eletrônica a defensores constituídos ou ao assistente da acusação, por exemplo.

Quanto ao segundo ponto (comunicação processual por via de correio eletrônico), a lei em questão determina, inicialmente, o *credenciamento* do interessado (art. 2º) junto ao Poder Judiciário na forma como determinado administrativamente pelos Tribunais, sendo que (§ 2º) "ao credenciado será atribuído registro e meio de acesso ao sistema, de modo a preservar o sigilo, a identificação e a autenticidade de suas comunicações". A partir daí, tem-se a comunicação do ato e as repercussões quanto ao fluxo do prazo conforme apresentado nestes **Comentários** ao art. 798.

Nos termos do art. 5º, § 5º:

Nos casos urgentes em que a intimação feita na forma deste artigo possa causar prejuízo a quaisquer das partes ou nos casos em que for evidenciada qualquer tentativa de burla ao sistema, o ato processual deverá ser realizado por outro meio que atinja a sua finalidade, conforme determinado pelo juiz.

Como conclusão, há de ser considerado que a informatização da comunicação dos atos processuais é regra que somente não se aplica por motivos de inviabilidade técnica (art. 9º, § 2º), e não por opção do Juízo. Isso vai ao encontro daquilo que já foi exposto nestes **Comentários** quando se afirmou que não pode haver a possibilidade de optar-se pelos meios menos céleres de produção do "processo".

3. Princípio da pessoalidade
Trata-se, pois, de aplicação do denominado "princípio da pessoalidade", pelo qual,

a teor do disposto no § 5º do art. 5º da Lei n. 1.060/50, acrescido por força da Lei n. 7.871/89, "nos Estados onde a assistência judiciária seja organizada e por eles mantida, o defensor público, ou quem exerça cargo equivalente, será intimado pessoalmente de todos os atos do processo, em ambas as instâncias, contando-se-lhes em dobro todos os prazos". A Lei n. 8.701/93, no que conferiu nova redação à norma geral do art. 370 do Código de Processo Penal, não teve o condão de revogar o citado preceito, porque de natureza especial.[1945]

Tem-se, assim, a impossibilidade de intimação dos atos processuais na forma do diário oficial, mas não necessariamente na pessoa do subscritor das atividades processuais. Assim,

considera-se atendido o critério da pessoalidade quando a intimação haja recaído em defensor que atua no órgão de origem do processo, não subsistindo a óptica da especificidade, no tocante àquele que subscreveu peça constante dos autos. A expressão "intimação pessoal" é antônima da intimação ficta via Diário da Justiça.[1946]

Outrossim, embora cabível nas hipóteses de defensoria pública exercitada por organismos estatais assim criados e rotulados, a mais elevada Corte brasileira criou um padrão de desigualdade em relação aos acusados defendidos por entidades conveniadas para a prestação de assistência jurídica gratuita aos réus hipossuficientes, decidindo que o art. 5º, § 5º, da Lei n. 1.060/1950, com a redação dada pela Lei n. 7.871/1989 ("Nos Estados onde a Assistência Judiciária seja organizada e por eles mantida, o defensor público, ou quem exerça cargo equivalente, será intimado pessoalmente de todos os atos do processo, em ambas as instâncias, contando-se-lhes em dobro todos os prazos.") *é prerrogativa exclusiva da defensoria pública oficial, não podendo ser estendido a outras entidades de assistência jurídica gratuita*, e, com esse entendimento, a Turma, por maioria, indeferiu *habeas corpus* em que se pretendia a aplicação da referida norma relativamente aos advogados do Departamento

---

[1945] STF. **HC 74.260**. Relator: Min. Marco Aurélio. Data de julgamento: 24 set. 1996.
[1946] STF. **RHC 77.290**. Relator: Min. Marco Aurélio. Data de julgamento: 6 out. 1998.

Jurídico XI de Agosto da Faculdade de Direito da Universidade de São Paulo, com a consequente nulidade do trânsito em julgado do acórdão condenatório do paciente pela falta de intimação pessoal da defesa, vencido o Min. Ilmar Galvão, relator, que deferia a ordem por entender que a mencionada entidade, conveniada com a Procuradoria de Assistência Judiciária do Estado de São Paulo, enquadra-se na expressão "cargo equivalente" contida no mencionado dispositivo.[1947]

4. Intimação pessoal da defesa dativa

No que tange à forma de participação do defensor no processo, a intimação pessoal continua sendo uma regra fundamental para a defensoria dativa, donde se conclui que

> implica nulidade da intimação e consequentemente da certidão de trânsito em julgado do acórdão, por inobservância ao art. 5º, § 5º, da Lei n. 1.060/50, com a redação dada pela Lei n. 7.871/89, se o defensor dativo não foi pessoalmente intimado, mas tão somente pela publicação na imprensa oficial. A Lei n. 8.701/93 não se aplica à assistência judiciária organizada e mantida pelos Estados.[1948]

E o fato da presença do Defensor Público em audiência não altera essa obrigação, posto que "A intimação da Defensoria Pública, a despeito da presença do defensor na audiência de leitura da sentença condenatória, se aperfeiçoa com sua intimação pessoal, mediante a remessa dos autos", dado que "constitui prerrogativa da Defensoria Pública, conforme estabelecido no art. 370, § 4º, do CPP; art. 5º, § 5º, da Lei 1.060/1950; e art. 44, I, da LC 80/1994, bem como que sua não observância acarretaria nulidade processual."[1949]

Art. 371. Será admissível a intimação por despacho na petição em que for requerida, observado o disposto no art. 357.

1. Vide art. 357 nestes Comentários

Art. 372. Adiada, por qualquer motivo, a instrução criminal, o juiz marcará desde logo, na presença das partes e testemunhas, dia e hora para seu prosseguimento, do que se lavrará termo nos autos.

1. Nova designação de audiência por precatória: vide nestes Comentários art. 222

2. Sobre nova designação de audiência em virtude de greve de funcionários públicos do Poder Judiciário e "excesso de prazo", ver nestes Comentários art. 648

3. Sobre nova designação de audiência em virtude da não apresentação, pelo Poder Público, das pessoas custodiadas e "excesso de prazo", ver nestes Comentários art. 648

Art. 373. A aplicação provisória de interdições de direitos poderá ser determinada pelo juiz, de ofício, ou a requerimento do Ministério Público, do querelante, do assistente, do ofendido, ou de seu representante legal, ainda que este não se tenha constituído como assistente:
 I – durante a instrução criminal após a apresentação da defesa ou do prazo concedido para esse fim;
 II – na sentença de pronúncia;
 III – na decisão confirmatória da pronúncia ou na que, em grau de recurso, pronunciar o réu;
 IV – na sentença condenatória recorrível.

§ 1º No caso do n. I, havendo requerimento de aplicação da medida, o réu ou seu defensor será ouvido no prazo de 2 (dois) dias.

§ 2º Decretada a medida, serão feitas as comunicações necessárias para a sua execução, na forma do disposto no Capítulo III do Título II do Livro IV.

Art. 374. Não caberá recurso do despacho ou da parte da sentença que decretar ou denegar a aplicação provisória de interdições de direitos, mas estas poderão ser substituídas ou revogadas:
 I – se aplicadas no curso da instrução criminal, durante esta ou pelas sentenças a que se referem os ns. II, III e IV do artigo anterior;
 II – se aplicadas na sentença de pronúncia, pela decisão que, em grau de recurso, a confirmar, total ou parcialmente, ou pela sentença condenatória recorrível;
 III – se aplicadas na decisão a que se refere o n. III do artigo anterior, pela sentença condenatória recorrível.

Art. 375. O despacho que aplicar, provisoriamente, substituir ou revogar interdição de direito, será fundamentado.

Art. 376. A decisão que impronunciar ou absolver o réu fará cessar a aplicação provisória da interdição anteriormente determinada.

[1947] STF. **HC 75.707/SP**. Relator originário: Min. Ilmar Galvão. Redator para o acórdão: Min. Octavio Gallotti. 16 jun. 1998.
[1948] STF. **HC 71.877-9/SP**. 2ª Turma. Relator: Min. Maurício Corrêa. Data de julgamento: 11 abr. 1995.
[1949] STF. **HC 125270/DF**. Relator: Min. Teori Zavascki. 23 jun. 2015.

Art. 377. Transitando em julgado a sentença condenatória, serão executadas somente as interdições nela aplicadas ou que derivarem da imposição da pena principal.

Art. 378. A aplicação provisória de medida de segurança obedecerá ao disposto nos artigos anteriores, com as modificações seguintes:
I – o juiz poderá aplicar, provisoriamente, a medida de segurança, de ofício, ou a requerimento do Ministério Público;
II – a aplicação poderá ser determinada ainda no curso do inquérito, mediante representação da autoridade policial;
III – a aplicação provisória de medida de segurança, a substituição ou a revogação da anteriormente aplicada poderão ser determinadas, também, na sentença absolutória;
IV – decretada a medida, atender-se-á ao disposto no Título V do Livro IV, no que for aplicável.

Art. 379. Transitando em julgado a sentença, observar-se-á, quanto à execução das medidas de segurança definitivamente aplicadas, o disposto no Título V do Livro IV.

Art. 380. A aplicação provisória de medida de segurança obstará a concessão de fiança, e tornará sem efeito a anteriormente concedida.

1. Revogação legislativa

Os arts. 373 a 380 foram revogados pela Lei de Execuções Penais (Lei n. 7.210/84), arts. 147, 171 e 172.

Título XII – Da Sentença

Art. 381. A sentença conterá:
I – os nomes das partes ou, quando não possível, as indicações necessárias para identificá-las;
II – a exposição sucinta da acusação e da defesa;
III – a indicação dos motivos de fato e de direito em que se fundar a decisão;
IV – a indicação dos artigos de lei aplicados;
V – o dispositivo;
VI – a data e a assinatura do juiz.

1. Conceito dogmático de sentença

Aplica-se aqui a definição de sentença tal como apresentada na obra de Nassif:[1950]

> é o ato de reduzir a um espaço documentado, estrito, oficial, praticado por juiz competente, toda a gama de circunstâncias e emoções visíveis e descritíveis informadas com as garantias constitucionais do processo, ocorrentes em um fato praticado com a necessária intervenção humana, que a lei traduz como crime, para efeito de confirmar ou desconstituir, impondo sanções legais, o estado de inocência do cidadão-acusado.

2. Conceito normativo de sentença

O Código de Processo Penal não possui, diversamente do Código de Processo Civil, um conceito normativo para sentença e uma maior racionalidade na definição dos provimentos jurisdicionais de forma geral.

No NCPC o tema está tratado da seguinte forma:

Art. 203. Os pronunciamentos do juiz consistirão em sentenças, decisões interlocutórias e despachos.

§ 1º Ressalvadas as disposições expressas dos procedimentos especiais, sentença é o pronunciamento por meio do qual o juiz, com fundamento nos arts. 485 e 487, põe fim à fase cognitiva do procedimento comum, bem como extingue a execução.

§ 2º Decisão interlocutória é todo pronunciamento judicial de natureza decisória que não se enquadre no § 1º.

§ 3º São despachos todos os demais pronunciamentos do juiz praticados no processo, de ofício ou a requerimento da parte.

§ 4º Os atos meramente ordinatórios, como a juntada e a vista obrigatória, independem de despacho, devendo ser praticados de ofício pelo servidor e revistos pelo juiz quando necessário.

Art. 204. Acórdão é o julgamento colegiado proferido pelos tribunais.

Sem embargo, como analisado nestes *Comentários* no tema dos "recursos" (arts. 573 e seguintes), tal definição normativa não se aplica de forma direta ao modelo processual penal do Código de Processo Penal, acarretando problemas por vezes intransponíveis na dinâmica recursal.

3. Efeito preclusivo da sentença

A sentença prolatada sana, no dizer de inúmeros provimentos e doutrinadores, as fases anteriores, de tal sorte, por exemplo, que "Uma vez prolatada sentença penal condenatória, fica sem objeto o *mandamus* que objetiva a declaração de nulidade do auto de prisão em flagrante e a revogação da prisão preventiva decretada contra o ora paciente".[1951]

[1950] NASSIF, Aramis. **Sentença penal**: o desvendar de Themis. Rio de Janeiro: Lumen Juris, 2005. p. 21.
[1951] STJ. Relator: Felix Fischer. Data de publicação: *DJ*, 7 mar. 2005. p. 303.

4. Indicação dos fundamentos e bases legais da decisão e o controle de constitucionalidade difuso

Vinculada à racionalidade do provimento, a indicação dos fundamentos e das bases legais apresenta-se aspecto verdadeiramente delicado quando se trata de um ordenamento penal como o brasileiro, no qual as desconformidades da legislação infraconstitucional em relação à CR e à CADH não são poucas.

Dito de outro modo, a cada vez que uma determinada sentença, sem flexionar o dispositivo legal rumo à CR, dá como "vigente" um determinado dispositivo penal – processual ou de direito material –, ela estará reiterando um estado de contrariedade à Constituição, reafirmando a supremacia da legislação infraconstitucional em detrimento dos fundamentos do ordenamento, postura das mais comuns nos operadores do direito.

Assim sendo, é de ser ressaltada aqui – como o será no tópico do *habeas corpus* – a necessidade da existência de mecanismos efetivos para o controle de constitucionalidade difusa no sistema penal, alcançando, inclusive, a eficácia *erga omnes*. Para maiores detalhes nestes **Comentários**, remetemos ao tema do *habeas corpus*.

Não por outra razão, deve-se evidenciar o acerto de acórdão que, apreciando o tema aqui enfocado, decidiu que "A simples remissão do desembargador relator aos fundamentos da sentença atacada e ao parecer ministerial – sem sequer transcrever os trechos indicativos da motivação acolhida – não permitiu aferir as razões que teriam sido incorporadas à sua decisão. Não obstante seja admissível, na fundamentação do *decisum*, reportar-se a outras peças constantes do processo, exige-se que o julgado exponha, de forma clara, as razões que o motivaram e ensejaram o desprovimento do apelo, garantindo-se às partes e à sociedade a possibilidade de acessá-las e compreendê-las. Não atendidos os requisitos que as cortes superiores impõem para admitir a motivação *ad relationem*"[1952], bem como outro aresto que afirmou que "a simples repetição da sentença recorrida não só desrespeita o referido dever constitucional, mas também causa prejuízo à garantia do duplo grau de jurisdição, pois descarta a substancial revisão judicial da primeira decisão".[1953]

5. Motivação das decisões

Trata-se de tormentosa aplicação prática, sem embargo da explícita necessidade que parte da Constituição. Com efeito, poucos não são os casos nos quais a fundamentação não existe como tal, sanando-se tais situações com adjetivos generosos como "fundamentação sucinta"[1954], a partir da qual se acobertam, não raras vezes, situações de inexistência do elemento de fundamentação.

Assim, há de ser aplaudido provimento que considerou que

a fundamentação das decisões do Poder Judiciário, tal como resulta da letra do inciso IX do art. 93 da Constituição da República, é condição absoluta de sua validade e, portanto, pressuposto da sua eficácia, substanciando-se na definição suficiente dos fatos e do direito que a sustentam, de modo a certificar a realização da hipótese de incidência da norma e os efeitos dela resultantes. Tal fundamentação, para mais, deve ser deduzida em relação necessária com as questões de direito e de fato postas na pretensão e na sua resistência, dentro dos limites do pedido, não se confundindo, de modo algum, com a simples reprodução de expressões ou termos legais, postos em relação não raramente com fatos e juízos abstratos, inidôneos à incidência da norma invocada.[1955]

5.1 Necessidade de menção às teses da defesa

Seria caso de nulidade, mas inúmeros provimentos não reconhecem a situação dessa forma, aduzindo que

a sentença que, ao acolher a tese da acusação, contém satisfatória menção aos fundamentos de fato e de direito a ensejar o decreto condenatório, não é nula, apenas pelo fato de não se referir explicitamente à tese da defesa, mormente se, pela sentença condenatória, restou claro que o Juiz adotou posicionamento contrário.[1956]

6. Falta do tópico dispositivo

É de ser considerada como causa de nulidade da sentença, embora se reconheça a regularidade da situação omissiva, afirmando-se que "não há que se anular a decisão condenatória, sob a alegação de omissão, na fundamentação da pena, quanto ao dispositivo legal a ser aplicado no caso, se a toda evidência se sabia que a condenação se referia ao delito previsto no art. 157, § 2º, I e II, do CP".[1957]

Igualmente não se pronuncia nulidade quando "tendo o juiz, apesar da fundamentação da sentença, não colocado na parte dispositiva a incidência

---

1952 STJ. **HC 176.238**. 5ª Turma. Relator: Min. Jorge Mussi. Data de julgamento: 24 maio 2011.
1953 STJ. **HC 91.892**. 6ª Turma. Relator: Min. Maria T. A. Moura. Data de julgamento: 5 ago. 2010.
1954 STJ. Relator: Felix Fischer. Data de julgamento: 24 set. 2001.
1955 STJ. Relator: Hamilton Carvalhido. Data de publicação: *DJ*, 29 nov. 2004. p. 416.
1956 STJ. Relator: Felix Fischer. Data de publicação: *DJ*, 13 dez. 2004. p. 388.
1957 STJ. Relator: Felix Fischer. Data de publicação: *DJ*, 3 nov. 2004. p. 213.

do art. 14, II, do Código Penal, cumpre proceder à correção, de ofício, uma vez que materializa mero erro material, não influenciando no resultado do julgamento".[1958]

> Art. 382. Qualquer das partes poderá, no prazo de 2 (dois) dias, pedir ao juiz que declare a sentença, sempre que nela houver obscuridade, ambiguidade, contradição ou omissão.

1. Sobre embargos de declaração ver nestes *Comentários* art. 619

> Art. 383. O juiz, sem modificar a descrição do fato contida na denúncia ou queixa, poderá atribuir-lhe definição jurídica diversa, ainda que, em consequência, tenha de aplicar pena mais grave. (Redação dada pela Lei n. 11.719, de 20-6-2008)
>
> § 1º Se, em consequência de definição jurídica diversa, houver possibilidade de proposta de suspensão condicional do processo, o juiz procederá de acordo com o disposto na lei. (Incluído pela Lei n. 11.719, de 20-6-2008)
>
> § 2º Tratando-se de infração da competência de outro juízo, a este serão encaminhados os autos. (Incluído pela Lei n. 11.719, de 20-6-2008)

1. Tramitação legislativa da Lei n. 11.719/2008

Nos trabalhos iniciais da Comissão Grinover, não havia previsão expressa sobre esse assunto, mas, quando do envio do texto produzido por aquele grupo ao Congresso Nacional, apresentou-se a seguinte redação:

> Art. 383. O juiz, sem modificar a descrição do fato contida na denúncia ou queixa, poderá atribuir-lhe definição jurídica diversa, ainda que, em consequência, tenha de aplicar pena mais grave.
>
> § 1º As partes, todavia, deverão ser intimadas da nova definição jurídica do fato antes de prolatada a sentença.
>
> § 2º A providência prevista no *caput* deste artigo poderá ser adotada pelo juiz no recebimento da denúncia ou queixa.

> § 3º Se, em consequência de definição jurídica diversa, houver possibilidade de proposta de suspensão condicional do processo, o juiz procederá de acordo com o disposto na lei.
>
> § 4º Tratando-se de infração da competência do Juizado Especial Criminal, a este serão encaminhados os autos. (NR)

Tratava-se, como se observa, de disciplina mais completa que a finalmente aprovada, sendo que a redação tal como se apresenta no texto sancionado se fez apresentar no Congresso Nacional.

No Senado chegou-se a cogitar na não alteração do artigo original do CPP, sob a justificativa de que o texto do projeto não traz grandes avanços em relação ao texto atual do Código de Processo Penal. O juiz nunca pode modificar a descrição do fato, daí não fazer sentido a expressão "o juiz, sem modificar a descrição do fato".[1959]

2. Tratamento tradicional do tema: *emendatio libelli*

A larga maioria da doutrina e da jurisprudência via com absoluta naturalidade o artigo revogado, afirmando, inclusive, que a *emendatio* ou a *mutatio libelli*, previstas, respectivamente, nos arts. 383 e 384 do Código de Processo Penal, "são institutos de que pode se valer o Juiz quando da prolação da sentença, não havendo previsão legal para sua realização em momento anterior, muito menos no juízo de prelibação"[1960], sempre com o apego à ideia de que "no processo penal, o sujeito passivo da relação processual defende-se dos fatos a ele imputados na peça acusatória, e não de sua capitulação jurídico-legal".[1961]

Acrescente-se, ainda, que "em se tratando de *emendatio libelli*, não há óbice para sua aplicação em segunda instância, desde que não implique *reformatio in pejus*".[1962]

3. *Comentários* à nova redação: alteração da capitulação jurídica

O cerne da matéria (possibilidade de o juiz dar nova definição jurídica à conduta descrita) permanece pois o artigo 383 nada altera significativamente a espinha dorsal de compreensão da possibilidade de nova capitulação jurídica[1963] como uma decorrência do brocardo latino "dá-me os fatos e eu te darei o direito" (*da mihi factum, dabo tibi jus*).

[1958] TJSC. **2011.071719-2 (Acórdão)**. Caçador. 1ª Câmara Criminal. Relator: Carlos Alberto Civinski. 23 ago. 2012.

[1959] BRASIL. Senado. Disponível em: <http://www.senado.gov.br/sf/atividade/Materia/getHTML.asp?t=11184>. Acesso em: 13 abr. 2022.

[1960] STJ. Relator: Laurita Vaz. Data de publicação: *DJ*, 14 mar. 2005. p. 383.

[1961] STJ. Relator: Paulo Medina. Data de publicação: *DJ*, 14 mar. 2005. p. 425.

[1962] STJ. Relator: Gilson Dipp. Data de publicação: *DJ*, 14 jun. 2004. p. 253.

[1963] Como aceita, por exemplo, MOREIRA, Romulo de Andrade. A *emendatio libelli* e o contraditório – a posição do STF 1. **Direito UNIFACS–Debate Virtual**, n. 149, 2012.

Há, contudo, dois aspectos que não podem ser ignorados no cenário constitucional-convencional e que foram margeados pela reforma de 2008: o primeiro, que o reconhecimento da capitulação mais gravosa exigiria manifestação defensiva pelos inúmeros reflexos que possui[1964] (v.g., na forma do cumprimento da pena); e que a formulação da acusação implica, sim, na sujeição aos termos da capitulação lançada limitando, para o processo penal, a aplicação do brocardo acima mencionado.

E há de se considerar, ainda a partir do marco constitucional-convencional que a acusação penal deve ser estabilizada o mais cedo possível na marcha processual a fim de garantir-se o pleno e efetivo direito de defesa, algo que não foi alcançado na reforma de 2008 que manteve a mesma alocação dos arts. 383 e 384 no momento da sentença.

Por isso acompanhamos a afirmação de Giacomolli quanto à não adequação constitucional desta norma, posição seguida por inúmeros outros estudiosos do processo penal[1965] que, inclusive, se esforçam para distinguir o fato penal do fato processual, dando a este último maior abrangência.[1966]

3.1 A suspensão condicional do processo com a nova capitulação

A modificação que toca à possibilidade da proposta de suspensão condicional do processo "de acordo com o disposto em lei" já era objeto de tratamento jurisprudencial.

No mais, consoante reiteradas decisões, o oferecimento da proposta cabe ao Ministério Público, com observância dos requisitos subjetivos e objetivos do art. 89 da Lei n. 9.099/1995, e a recusa em fazê-la deve ser fundamentada, bem como sujeita à aplicação analógica do art. 28 do CPP quando desprovida de fundamento. Nesse sentido, a proposta de suspensão condicional do processo é de iniciativa exclusiva do Ministério Público.

> A eventual divergência entre o órgão de acusação e o órgão julgador acerca da concessão do *sursis* processual se resolve, na hipótese de recusa de proposta, pela aplicação do mecanismo previsto no art. 28 do CPP (precedentes do Pretório Excelso e do STJ). Recurso conhecido e parcialmente provido.[1967]

3.1.1 Emprego do *habeas corpus* para efetivar a proposta de suspensão condicional do processo

Já era assente o entendimento no sentido de que "O *habeas corpus* é o meio processual próprio para combater a decisão que não conhece o direito ao benefício de suspensão condicional do processo".[1968] Tal posição parece-nos ainda agora reforçada.

3.2 O deslocamento de competência

Por fim, para a hipótese de desclassificação e remessa ao juízo competente, necessário que se observe o quanto disposto no art. 74, § 2º, deste Código, sendo que a alteração da competência sujeita-se ao recurso em sentido estrito nos termos do art. 581, II.

> Art. 384. Encerrada a instrução probatória, se entender cabível nova definição jurídica do fato, em consequência de prova existente nos autos de elemento ou circunstância da infração penal não contida na acusação, o Ministério Público deverá aditar a denúncia ou queixa, no prazo de 5 (cinco) dias, se em virtude desta houver sido instaurado o processo em crime de ação pública, reduzindo-se a termo o aditamento, quando feito oralmente. (Redação dada pela Lei n. 11.719, de 20-6-2008)
>
> § 1º Não procedendo o órgão do Ministério Público ao aditamento, aplica-se o art. 28 deste Código. (Incluído pela Lei n. 11.719, de 20-6-2008)
>
> § 2º Ouvido o defensor do acusado no prazo de 5 (cinco) dias e admitido o aditamento, o juiz, a requerimento de qualquer das partes, designará dia e hora para continuação da audiência, com inquirição de testemunhas, novo interrogatório do acusado, realização de debates e julgamento. (Incluído pela Lei n. 11.719, de 20-6-2008)
>
> § 3º Aplicam-se as disposições dos §§ 1º e 2º do art. 383 ao caput deste artigo. (Incluído pela Lei n. 11.719, de 20-6-2008)
>
> § 4º Havendo aditamento, cada parte poderá arrolar até 3 (três) testemunhas, no prazo de 5 (cinco) dias, ficando o juiz, na sentença, adstrito aos termos do aditamento. (Incluído pela Lei n. 11.719, de 20-6-2008)
>
> § 5º Não recebido o aditamento, o processo prosseguirá. (Incluído pela Lei n. 11.719, de 20-6-2008)

1964 Ver, nesse sentido, SILVA, Frankyn Roger Alves. O princípio da correlação no processo penal à luz da lei nº 11.719/08. **Revista Eletrônica de Direito Processual**, v. 5, n. 5, 2016.
1965 GIACOMOLLI, Nereu. **Reformas(?) do Processo Penal**. *op. cit.* p. 107.
1966 LOPES JR. **Direito...** *op. cit.* p. 659.
1967 STJ. **Recurso Especial**. Relator: José Arnaldo da Fonseca. Data de julgamento: 17 jun. 2004.
1968 STJ. **HC 29.887/SP**; HC 2003/0146583-1. 6ª Turma. Relator: Min. Paulo Medina. Data de julgamento: 15 jun. 2004.

1. Tramitação legislativa da Lei n. 11.719/2008
Nos trabalhos da Comissão Grinover, o texto sugerido era o seguinte:

> Art. 384. Encerrada a instrução probatória, se entender cabível nova definição jurídica do fato, em consequência de prova existente nos autos de elemento ou circunstância da infração penal não contida na acusação, o Ministério Público poderá aditar a denúncia ou queixa, se em virtude desta houver sido instaurado o processo em crime de ação pública, reduzindo-se a termo o aditamento, quando feito oralmente.
>
> § 1º Ouvido o defensor do acusado e admitido o aditamento, o juiz, a requerimento de qualquer das partes, designará dia e hora para continuação da audiência, com inquirição de testemunhas, novo interrogatório do acusado, realização de debates e julgamento.
>
> § 2º Aplicam-se ao previsto no *caput* deste artigo as disposições dos §§ 3º e 4º do art. 383.
>
> § 3º Havendo aditamento, cada parte poderá arrolar até três testemunhas, no prazo de três dias.
>
> § 4º Não recebido o aditamento, a audiência prosseguirá. (NR)

No mais, com a significativa alteração, é sempre oportuno lembrar a natureza instrumental da norma, "como é o caso da revelada no art. 384 do CPP, tem-se a validade dos atos praticados sob a vigência da lei anterior – art. 2º do CPP" [1969].

2. Aditamento pelo Ministério Público
Afirmávamos diante do ordenamento anterior que

> o parágrafo único também se não presta à compatibilidade com a CR. Isto porque o juiz mantém postura ativa com relação ao conteúdo do objeto do processo, ainda que se instigue o Ministério Público a "aditar" a denúncia, momento no qual, diante de eventual recusa deste em proceder à modificação, seria utilizado o mecanismo do art. 28 por analogia.

E, quanto à gênese da reforma de 2008 igualmente pontuávamos que

> o grande acerto da nova disciplina vem na correta configuração da acusatoriedade quanto ao "caput" do art. 384, que na verdade se constitui em texto não recepcionado pela Constituição em vigor por significar verdadeiro exercício do direito de ação pelo magistrado. Doravante, com a aprovação do texto na forma em que se encontra, haverá a necessidade de manifestação do titular da ação penal para a reconfiguração do tipo penal quanto à essência da sua conduta, apresentando-se o acusado para contrariar a alteração, e com isto preservando a correlação entre acusação e sentença, cujo "(...) *princípio* (...), também chamado da congruência da condenação com a imputação, ou, ainda, da correspondência entre o objeto da ação e o objeto da sentença, liga-se ao princípio da inércia da jurisdição e, no processo penal, constitui efetiva garantia do réu, dando-lhe certeza de que não poderá ser condenado sem que tenha tido oportunidade de se defender da acusação."[1970]

Tal entendimento acabou por ser expressamente reconhecido na nova legislação.

A recusa ao aditamento implica a manutenção da acusação na forma inicial, descabendo ao Magistrado alterá-la e, caso convencido da impropriedade da forma como foi formulada e mantida, dar pela improcedência da ação.

3. Aditamento da "queixa"
Deve-se entender a queixa-crime na "ação penal privada subsidiária da pública", e não na ação privada "genuína", vez que nesta o Ministério Público não deve nem pode assumir ônus de parte naquela forma de legitimação, sendo clara, ademais, a redação atual quando afirma que em virtude desta "queixa" foi dado início a uma ação penal de legitimação pública.

4. Prazo para aditamento "por escrito"
Trata-se de prazo impróprio, não acarretando a preclusão, mas gerando a possibilidade, em tese, de discutir-se se, superado o prazo e diante da inércia do Ministério Público, poderia aqui se prestar o oferecimento de queixa "subsidiária", hipótese em tese possível pelo papel de controle que esse mecanismo exerce diante da *inação* do legitimado ativo público.

5. Provocação judicial para o aditamento
A lei nova silencia quanto ao papel do magistrado no sentido de provocar o acusador público, rompendo com isso seu papel ativo em atos postulatórios que somente cabem ao Ministério Público, nos termos do art. 129, I, da CR.

O problema que agora se renova, vez que já existente no modelo legal anterior, é o da quebra da imparcialidade no julgar do Magistrado ao provocar o aditamento pelo Ministério Público.

[1969] STF. **HC 96.296/RS**. Relator: Min. Marco Aurélio.
[1970] AMBOS, Kai; CHOUKR, Fauzi Hassan. **A reforma do processo penal no Brasil e na América Latina**. São Paulo: Método, 2001.

Historicamente, nunca se questionou a fundo a quebra do juiz natural ao exercer um papel que, aos olhos da redação original do CPP, lhe era cabível, sendo tal compreensão reiteradamente encontrada em julgados.

Nada obstante, caso se queira usar a "reforma" não apenas como uma atualização de artigos francamente descompassados com o modelo constitucional, mas, verdadeiramente, para construir a *ruptura* com a estrutura inquisitiva do CPP, seria bom encaminhamento dar o passo seguinte – e que a norma ainda não deu neste ponto –, que é de afastar da condição de juiz natural aquele que provocou o aditamento, vez que potencialmente antecipou seu entendimento sobre o mérito da causa.

6. Vinculação judicial ao aditamento

Aditada a peça acusadora, vincula-se o julgador à nova postulação, não podendo valer-se estritamente daquela inicialmente oferecida para julgar o mérito. Assim, não há que se falar em "alternância" da denúncia, como já exposto nestes **Comentários** no art. 41 e agora expressamente reconhecida na norma do § 4º do presente artigo.

7. Intervenção defensiva

O presente artigo limitou-se a prever a manifestação defensiva, em cinco dias, quando a denúncia for aditada, seja oralmente, seja por escrito, e a possibilidade consequente de arrolar testemunhas até o número de três.

Nada se prevê quanto à renovação da citação dos novos termos da acusação, falha técnica que precisa ser suprida por interpretação sistêmica que venha a indicar a renovação da citação nessa hipótese, com todos os problemas que podem vir a surgir na forma discutida nestes **Comentários** ao art. 366, para onde remetemos o leitor.

8. Não recebimento do aditamento

Implica a possibilidade do recurso em sentido estrito, em consonância com o disposto no art. 581, I, do CPP.

> Art. 385. Nos crimes de ação pública, o juiz poderá proferir sentença condenatória, ainda que o Ministério Público tenha opinado pela absolvição, bem como reconhecer agravantes, embora nenhuma tenha sido alegada.

1. A (não) recepção do presente artigo pela CR/88 e pela CADH: fundamentos da discussão

Dependendo da forma como encarado, o presente artigo pode traduzir mais uma potencial face do modelo inquisitivo de processo reinante no Código de Processo Penal, pois permite ao juiz ir contra a postulação do legitimado ativo na ação penal de iniciativa do acusador público, postulação esta que é tratada como "opinião" [sic] pelo Código de Processo Penal.

Com efeito, o apego à estrutura original do CPP manifestada no presente artigo permanece inalterado em obras contemporâneas, como faz Dezem ao aproximar o tema dos "princípios" da obrigatoriedade e indisponibilidade e, especificamente esta última, a possibilidade da condenação diante do pedido de absolvição.[1971]

Aqui, nada obstante o brilho acadêmico do autor mencionado, é de ser destacada a ocorrência de um manifesto equívoco tópico, pois o artigo em comento não se dirige ao acusador e, sim, ao julgador, donde a invocação aos "princípios" empregados aparece deslocada.

Mas, esse deslocamento tópico involuntário tem um imprevisto efeito didático: o de apontar para o equívoco de assimilar-se a "indisponibilidade" a um pedido *"tout court"* de condenação ela, que por sua vez, não é sequer delineada na formação da peça acusadora, apenas "pedida"[1972], situação vista com naturalidade pois

> O reconhecimento das circunstâncias agravantes, na sentença, não constantes na tipificação do crime narrado na denúncia não tem o condão de prejudicar a defesa, haja vista que esta se constrói em relação aos fatos narrados na peça acusatória e não à sua capitulação jurídica. Não vislumbrada ofensa aos princípios constitucionais. Inteligência do art. 385 do CPP.[1973]

Na verdade, para o enfrentamento dessa situação é necessário abandonar por completo as matrizes infraconstitucionais (mesmo as reformadas que ainda tratam o papel do Ministério Público como consultivo ao dizer que ele "opina") e olhar o processo a partir do marco constitucional-convencional, caso contrário permanecerá uma visão distorcida que conclui que, a admitir-se a vinculação do juiz à manifestação do acusador, estar-se-ia atribuindo

---

[1971] DEZEM. **Curso...** *op. cit.* p. 88.
[1972] Estrutura felizmente repudiada pelo STJ no HC 59416/MS. Relator: Min. Nefi Cordeiro. Data de julgamento: 6 nov. 2014, mas longe de ser a posição dominante.
[1973] TJ-RJ. **APL 01472591620088190001** RJ 0147259-16.2008.8.19.0001. 4ª Câmara Criminal. Relator: Des. Gizelda Leitao Teixeira. Data de julgamento: 25 fev. 2014. Data de publicação: 3 abr. 2014.

a este o julgamento de mérito, culminando com a ideia de que "a circunstância de o Ministério Público ter pedido absolvição (...) não exime o Magistrado (...), pois não se vincula ao entendimento do órgão acusatório".[1974]

No entanto, se o art. 129, I, toma a cena como vetor de interpretação, e se a promoção da acusação penal pública não se exaure com a simples veiculação da acusação, mas encerra toda uma gama de poderes e deveres, o art. 385 não tem como subsistir na sua redação, pois não há como sustentar a condenação de alguém quando o próprio acusador avalia a impropriedade da sanção.

1.1 "Disposição" da acusação penal pelo acusador público

Na estrutura do atual Código de Processo Penal é necessário deixar claro que o irrestrito incentivo à possibilidade de o acusador público, *na última fase postulatória*, pedir a absolvição – e assim desencadear uma *necessária sentença absolutória* – pode apresentar danoso efeito colateral: o estímulo ao exercício da ação penal sem um mínimo suporte de existência e, com isso, acentuar a inquisitividade do modelo.

Por conseguinte, toda a discussão do presente artigo, quer-nos parecer, passa, prioritariamente, pela necessária reformulação do juízo de admissibilidade do desencadeamento da ação penal, momento no qual se verifica potencialmente a existência ou não de *fundamento* para o exercício da acusação.

1.2 Distanciamento do tema para com o "livre convencimento motivado"

Buscando integrar o artigo à matriz constitucional o STJ aproximou a possibilidade da condenação do "livre convencimento motivado" ao afirmar que "O fato de o Ministério Público manifestar-se pela absolvição do réu, nas alegações finais e nas contrarrazões de apelação, não vincula o julgador, por força do princípio do livre convencimento motivado, nos termos do art. 385 do Código de Processo Penal. 3. Ordem denegada".[1975]

Essas duas situações não se aproximam pois, enquanto uma diz respeito à vinculação do julgador para aquilo que lhe é pedido a outra diz, em tese, à racionalização da decisão, ela mesma sujeita a críticas severas da doutrina contemporânea, particularmente de Streck que é "um dos poucos juristas de

terrae brasilis que sustentam – com veemência – que juízes não possuem poder discricionário. Também, por consequência, sustento que não possuem "livre convencimento" e tampouco podem fazer "livre apreciação da prova". Aqui, já de pronto, é necessário alertar para o fato de que o livre convencimento não se constitui em evolução em relação da íntima convicção. Ledo engano. E tampouco cabe dizer que o art. 93, IX, da Constituição do Brasil, teria albergado o "livre convencimento motivado". Ora, de que adianta exigir motivação, se o convencimento é livre? Trata-se de uma contradição insolúvel no plano filosófico. Mas, se isso é assim, por que os livros de Processo Penal continuam falando disso? E por que as expressões "livre convencimento" ou "livre apreciação" aparecem tanto nos votos dos tribunais e nos livros doutrinários? Para ser mais incisivo:

> juízes e tribunais não devem nem podem julgar segundo a consciência ou segundo seus sentimentos. Isso não é democrático nem republicano, pelo simples fato de que o que se passa na "consciência" do juiz pode não coincidir com a estrutura legal-constitucional do País.[1976]

E tal situação se mantém, segundo o mesmo autor, no projeto de NCPP.[1977]

2. Impropriedade terminológica

A opção pelo verbo "opinar" no presente artigo denota o distanciamento do legislador originário do Código dos fundamentos do modelo acusatório de processo, em que partes não "opinam", mas, sim, postulam.

Ao inclinar-se por ser o titular da ação penal um mero "opinador", abre-se a porta, do ponto de vista da estrutura linguística, para que opiniões sejam relevadas ou não e, mais que isso, retira-se semanticamente o papel de postulador.

> Art. 386. O juiz absolverá o réu, mencionando a causa na parte dispositiva, desde que reconheça:
> I – estar provada a inexistência do fato;
> II – não haver prova da existência do fato;
> III – não constituir o fato infração penal;
> IV – estar provado que o réu não concorreu para a infração penal; (Redação dada pela Lei n. 11.690, de 9-6-2008)

1974 RJTACrim, 33/152.
1975 STJ. **HC 229331 SP 2011/0310013-8**. 5ª Turma. Relator: Min. Laurita Vaz. Data de julgamento: 27 mar. 2012. Data de publicação: DJe, 3 abr. 2012.
1976 STRECK, Lenio Luiz. As incongruências da doutrina: o caso da Ap 470, a teoria do domínio do fato e as citações descontextualizadas. **Revista de Estudos Criminais**, p. 97-111, 2015.
1977 STRECK, Lenio Luiz. Novo código de processo penal: o problema dos sincretismos de sistema (inquisitorial e acusatório). 2009. Do mesmo autor, STRECK, Lenio Luiz. Dogmática jurídica, senso comum e reforma processual penal: o problema das mixagens teóricas. **Pensar – Revista de Ciências Jurídicas**, v. 16, n. 2, p. 626-660, 2012.

V – não existir prova de ter o réu concorrido para a infração penal; (Redação dada pela Lei n. 11.690, de 9-6-2008)

VI – existirem circunstâncias que excluam o crime ou isentem o réu de pena (arts. 20, 21, 22, 23, 26 e § 1º do art. 28, todos do Código Penal), ou mesmo se houver fundada dúvida sobre sua existência; (Redação dada pela Lei n. 11.690, de 9-6-2008)

VII – não existir prova suficiente para a condenação. (Incluído pela Lei n. 11.690, de 9-6-2008)

1. Identidade física do juiz

A previsão legal da "identidade física do juiz",

> aplicável no processo penal com o advento do § 2º do art. 399 do CPP, incluído pela Lei n. 11.719/2008, pode ser excetuad[a] nas hipóteses em que o magistrado que presidiu a instrução encontra-se afastado por um dos motivos dispostos no art. 132 do CPC – aplicado subsidiariamente, conforme permite o art. 3º do CPP, em razão da ausência de norma que regulamente o referido preceito em matéria penal.[1978]

Assim, de forma mais ampla, a mesma Corte decidiu que

> o princípio da identidade física do juiz passou a ser aplicado também no âmbito do Direito Penal a partir da Lei n. 11.719/2008, que incluiu o § 2º no art. 399 do CPP ao dispor que o magistrado que presidir a instrução criminal deverá proferir a sentença no feito. Contudo, o aludido princípio não tem aplicação absoluta. O STJ vem admitindo mitigação do aludido princípio nos casos de convocação, licença, promoção ou de outro motivo que impeça o juiz que tiver presidido a instrução de sentenciar o feito, aplicando, por analogia, o art. 132 do CPC. Assim, em razão do princípio da identidade física do juiz, a sentença deverá, em regra, ser proferida pelo magistrado que participou de produção das provas durante o processo criminal, admitindo-se, excepcionalmente, que juiz diverso o faça quando aquele estiver impossibilitado de realizar o ato em razão das hipóteses acima narradas. No caso, o juiz prolator de sentença encontrava-se em gozo de férias regulamentares.[1979]

Para outros comentários sobre o mencionado "princípio", veja-se o art. 399 deste Código.

2. Prolação de sentença e *habeas corpus* que visa trancamento da ação penal

Em princípio, a prolação da sentença faz com que se perca o objeto de *habeas corpus*. Mas, em caso de rara particularidade, já se manifestou o STJ, decidindo que

> quanto a isso, não se desconhece entendimento jurisprudencial de que estaria prejudicado o *habeas corpus* que persegue o trancamento da ação penal quando sobrevinda a sentença absolutória ou condenatória. Contudo, ele não se mostra como verdade indiscutível: quando a impetração, desde seu nascedouro, insurge-se contra a validez formal e substancial da denúncia, é possível o exame do tema mesmo que já haja sentença. Quanto ao trancamento, conforme o parecer do MPF, diante da singularidade da hipótese, conclui-se que só mediante o exame aprofundado de fatos e provas, inclusive perícias, seria possível infirmar a acusação, quanto mais se afastada a alegação de inépcia da denúncia, pois apta a iniciar a persecução penal mediante o atendimento de todos os requisitos do art. 41 do CPP e a permitir a defesa da paciente.[1980]

3. Alteração de fundamentação e legitimidade recursal

Já se considerou antes da reforma legal que "Falta legítimo interesse em agir no Apelo que visa à mudança na capitulação legal em que fundamentada a absolvição, pois não demonstrado o prejuízo que o inciso aplicado confere à defesa"[1981], posição que se manteve mesmo depois de 2008 para reforçar o entendimento em "recurso do réu visando mudança no fundamento da absolvição. Impossibilidade. Provas de responsabilidade existentes, porém, com outras, também colhidas, gerando dúvida. Fundamento no artigo 386, VII do Código de Processo Penal confirmado".[1982]

De forma mais ampla,

> A absolvição criminal somente tem repercussão nas instâncias civil e administrativa quando a sentença penal absolutória afasta a existência do fato (art. 386, inc. I, CPP) ou a concorrência do

---

[1978] STJ. **HC 133.407**. 5ª Turma. Relator: Min. Jorge Mussi. Data de julgamento: 3 fev. 2011.

[1979] STJ. **HC 184.838**. 5ª Turma. Relator: Min. Jorge Mussi. Data de julgamento: 4 ago. 2011.

[1980] STJ. **HC 120.601**. 6ª Turma. Relator: Min. Celso Limongi (Desembargador Convocado, TJSP). Data de julgamento: 5 maio 2011.

[1981] TRF-4. **ACR 82642 SC 2001.04.01.082642-0**. 7ª Turma. Relator: Vladimir Passos de Freitas. Data de julgamento: 6 ago. 2002. Data de publicação: DJ, 28 ago. 2002.

[1982] TJ-SP. **APL 0061313552013826 0050 SP 0061313-55.2013.8.26.0050**. 8ª Câmara de Direito Criminal. Relator: Alcides Malossi Junior. Data de julgamento: 27 nov. 2014. Data de publicação: 1º dez. 2014.

réu para a infração penal (art. 386, inc. IV, CPP). 2. Sendo igualmente indiferente, à luz da independência das esferas, se a absolvição se deu com fundamento no inciso V ou no inciso III do artigo 386 do Código de Processo Penal porque ambos os casos não impedem a futura responsabilização civil e administrativa, resta ausente o interesse recursal que autorize a admissão do apelo na instância ordinária, nos termos do parágrafo único do artigo 577 do Código de Processo Penal. 3. Recurso improvido."[1983]

Contudo, ainda que de forma esparsa, a aceitação do recurso com vistas à modificação do fundamento absolutório tem aceitação, sendo "Possível conhecer de recurso da defesa contra a sentença absolutória, quando busca modificar o fundamento da decisão para algum dos incisos do art. 386 do CPP, que certificam determinada situação. 2. Evidenciado o cometimento do fato ilícito, impossível a absolvição com base nos incisos I, II ou III do art. 386 do CPP."[1984]

4. Distinção entre os incisos I e II

"Existe diferença jurídica entre a absolvição por falta de provas e por não constituir o fato infração penal, pois, na primeira, restará sempre a dúvida da prática de um crime que não se logrou provar, enquanto que, na segunda, tem-se a certeza de que o fato imputado não se constitui infração penal".[1985]

5. Distinção entre os incisos I e VI (atual inciso VII)

"Se o fato existiu, mas a prova não pode precisar o que realmente ocorreu, o réu deve ser absolvido com fundamento no art. 386, VI, do CPP, e não no inciso I, do mesmo dispositivo".[1986]

6. Conformação constitucional do inciso VII

Afirmávamos nas edições anteriores destes *Comentários* que, das hipóteses de fundamentação previstas neste artigo, aquela presente no antigo inciso VI (atual inciso VII) parecia ser a que menos se amoldava ao processo penal conforme ao Estado de Direito, vez que inverte a lógica da presunção de inocência. Sem embargo, essa conformação à CR não se apresentava como regra na jurisprudência e pouco sobre ela se explora na doutrina dominante.

A redação inovada busca corrigir a distorção apontada, indicando claramente como fundamento da absolvição a inexistência de prova suficiente para a condenação, invertendo a lógica da "absolvição por falta de provas".

Lógica essa já abordada por prestigiosa doutrina quando se afirmava que

> entende-se até que o juiz possa ter esta tentação; entende-se, ao contrário, menos que, no campo do processo penal o legislador lhe autorize a ceder à tentação. A assim chamada absolvição por *insuficiência de provas*, com efeito, não é que uma rejeição de escolher; e portanto denuncia, como disse várias vezes, o insucesso da administração da justiça. Entre o sim e o não, o juiz, quando absolve por insuficiência de provas, confessa a sua incapacidade de superar a dúvida e deixa o acusado na condição em que se encontrava antes do processo: acusado por toda a vida.[1987]

Parágrafo único. Na sentença absolutória, o juiz:
I – mandará, se for o caso, pôr o réu em liberdade;
II – ordenará a cessação das medidas cautelares e provisoriamente aplicadas; (Redação dada pela Lei n. 11.690, de 9-6-2008)
III – aplicará medida de segurança, se cabível.

1. Colocação da pessoa acusada em liberdade

A presente norma deve ser lida no sentido de determinar-se a soltura da pessoa absolvida caso estivesse presa cautelarmente, com a "expedição de alvará de soltura do paciente, se por outro motivo não tiver que permanecer preso".[1988]

2. Cessação das medidas cautelares ou provisórias

A redação desse inciso vinculava-se, nos trabalhos da Comissão Grinover, ao projeto de medidas cautelares, que modificava o tema em relação ao modelo atual no sentido de prever medidas cautelares pessoais que não a prisão cautelar pura e simples.

Mas o tema ganhou nova dimensão com a "Lei Maria da Penha" (Lei n. 11.340/2006), que, em vigor, prevê uma série de medidas de cunho protetivo emergencial e/ou cautelar que podem incidir diretamente neste tópico da sentença.

[1983] STJ. **REsp 1367482 SC 2013/0042537-2**. 6ª Turma. Relator: Min. Maria Thereza de Assis Moura. Data de julgamento: 2 out. 2014. Data de publicação: DJe, 13 out. 2014.

[1984] TRF-4–ACR: 1064 PR 2007.70.03.001064-8, Relator: TADAAQUI HIROSE, Data de Julgamento: 14/12/2010, SÉTIMA TURMA, Data de Publicação: D.E. 14/01/2011.

[1985] *JTACrim*, 22/395.

[1986] *JTACrim*, 22/396.

[1987] CARNELUTTI, Francesco. **Verità, dubbio, certeza. Rivista di Diritto Processuale**. Padova: Cedam, 1965. p. 7. Série XX. v. II.

[1988] STF. **HC 94.168/PB**. Relator: Min. Carlos Britto. Data de julgamento: 5 ago. 2008.

3. Medida de segurança cabível

Nos termos do Código Penal (art. 97) – Se o agente for inimputável, o juiz determinará sua internação (art. 26). Se, todavia, o fato previsto como crime for punível com detenção, poderá o juiz submetê-lo a tratamento ambulatorial e, ainda (art. 98) – Na hipótese do parágrafo único do art. 26 deste Código e necessitando o condenado de especial tratamento curativo, a pena privativa de liberdade pode ser substituída pela internação, ou tratamento ambulatorial, pelo prazo mínimo de 1 (um) a 3 (três) anos, nos termos do artigo anterior e respectivos §§ 1º a 4º.

> Art. 387. O juiz, ao proferir sentença condenatória:
> I – mencionará as circunstâncias agravantes ou atenuantes definidas no Código Penal, e cuja existência reconhecer;
> II – mencionará as outras circunstâncias apuradas e tudo o mais que deva ser levado em conta na aplicação da pena, de acordo com o disposto nos arts. 59 e 60 do Decreto-lei n. 2.848, de 7 de dezembro de 1940 – Código Penal; (Redação dada pela Lei n. 11.719, de 20-6-2008)
> III – aplicará as penas de acordo com essas conclusões; (Redação dada pela Lei n. 11.719, de 20-6-2008)

1. Dosimetria da pena

O tratamento desta matéria cabe ao Código Penal, restando ao processo mera repetição daquela estrutura, repetição esta que, rigorosamente falando, seria desnecessária pela conjugação do dever constitucional de motivar com as normas do Código Penal que determinam o iter de alcance do *quantum* da pena. Assim, em caso que

> Conforme se verificou, a pena-base está devidamente fundamentada em circunstâncias concretas aptas a justificar a exacerbação – notadamente o alto grau de reprovabilidade da conduta e a tentativa de fuga do paciente –, o que inviabiliza o reexame da dosimetria em sede de *mandamus*. Inexistindo, portanto, desacerto na consideração da circunstância judicial, errônea aplicação do método trifásico ou violação a literal dispositivo da norma, considera-se inadequado o uso do instrumento constitucional.[1989]

Nada obstante, as patologias evidentemente existem, como caso em que "houve inequívoca ofensa aos critérios legais (arts. 59 e 68 do CP) que regem a dosimetria da resposta penal. Não se trata de reavaliar a justiça da decisão, mas sim de reconhecer a ilegalidade decorrente da ausência de fundamentação idônea na fixação da pena"[1990] ou mesmo quando "há flagrante ilegalidade na consideração, como circunstâncias judiciais negativas, de condenações anteriores atingidas pelo instituto da prescrição da pretensão punitiva".[1991]

> IV – fixará valor mínimo para reparação dos danos causados pela infração, considerando os prejuízos sofridos pelo ofendido; (Redação dada pela Lei n. 11.719, de 20-6-2008)

1. Tramitação legislativa da Lei n. 11.719/2008

A primeira redação da Comissão Grinover já apontava para a inserção da reparação civil na sentença penal, com o seguinte texto: "Art. 387. (...) VII – Fixará valor mínimo para reparação dos danos causados pela infração, considerando os prejuízos sofridos pelo ofendido", e assim foi mantido no texto enviado para o Congresso Nacional, onde foi preservado esse trecho específico e acrescentados os demais tópicos que igualmente foram reformados, buscando atender certa posição doutrinária que sustentava

> Com efeito, a vítima, para lograr uma definição sobre a responsabilidade civil, conexa, com a penal, deve aguardar o trânsito em julgado da sentença condenatória, sem que tenha sido prevista uma antecipação, ainda que parcial, da reparação, como seria possível através de medidas provisionais, suscetíveis de execução provisória. [1992]

Ainda no Senado, foi apresentada emenda que acabou não sendo acatada na redação final, com o seguinte texto:

> Art. 387. (...)
> IV – especificará, na parte dispositiva, o valor da reparação do dano ao ofendido.
> § 1º Para fins do que dispõe o inciso IV deste artigo, a sentença penal condenatória é título executivo, líquido, certo e exigível, podendo ser executado nos mesmos autos. (NR)

A justificativa do i. Senador Demóstenes Torres para a alteração merece igual atenção:

> "A presente emenda visa adequar o texto do PLC 36, de 2007, por tratar de matéria específica sobre reparação de dano em decorrência da prática de

---

1989 STJ. **HC 198.194**. 5ª Turma. Relator: Min. Gilson Dipp. Data de julgamento: 1º dez. 2011.
1990 STJ. **HC 112.536**. 5ª Turma. Relator: Min. Arnaldo Esteves. 19 fev. 2009.
1991 STJ. **RvCr 974**. 3ª Seção. Relator: Min. Maria T. A. Moura. Data de julgamento: 25 ago. 2010.
1992 PISANI, Mario. A reparação às vítimas de crime no projeto brasileiro e nas tendências jurídicas contemporâneas. **Justitia**, 86/1974.

infração penal, ao que já foi objeto de projeto de lei aprovado pelo Senado e que se encontra na Câmara com relatório aprovado pela Comissão de Segurança Pública pronto para votação, sob o n. "Projeto de Lei n. 7.222, de 2006, origem Senado Federal (PLS 140, de 2005)".

Em 2005, apresentei o referido projeto de lei objetivando disciplinar a reparação de dano em decorrência da prática de infração penal, que recebeu o número PLS 140, de 2005. Teve como relator o ilustre Senador Pedro Simon, foi aprovado e encaminhado à Câmara dos Deputados, lá recebeu o n. 7.222, de 2006. Atualmente se encontra aprovado pela Comissão de Segurança Pública daquela Casa, cujo relator é o Deputado Federal Neucimar Fraga.

O PLS 140 é de fundamental importância para ajustar o Código de Processo Penal pátrio às novas demandas sociais, assim como para corrigir uma inexplicável deficiência presente desde o momento em que ele entrou em vigor, em 1941: a preocupação com a vítima. A nossa lei processual penal, infelizmente, parece se preocupar mais com o réu do que com aquele que sofreu o dano decorrente do ato infracional.

Além de constituir inegável avanço, pois acompanha a tendência internacional de se valorizar a vítima, esquecida pelo nosso direito processual penal, produz alguns efeitos indiretos não menos importantes: estimula o réu a comparecer e a se defender; cria nele o interesse num processo mais célere, para que seus bens não fiquem indisponíveis por muito tempo; e estimula um maior concerto entre a polícia e o MP na fase de investigação.

Se o direito penal demanda a impávida presença estatal para investigar e punir aquele que infringe suas normas, tal intervenção deve ser completa, para abarcar também o dano que tal infração ocasiona à vítima e às pessoas de sua família, o que não deve, jamais, deixar de ser do interesse público.

O texto acima representa um grande avanço no sistema processual penal pátrio. A sociedade ressente-se de instrumento jurídico que lhe faculta a reparação do dano de forma célere, bem como prevenir a reparação do dano, para evitar que ocorra o perigo da demora com resultado negativo irreparável: como no caso de criança que fica órfã em razão da perda do mantenedor ou mantenedora em decorrência de infração penal. Quantas injustiças foram e ainda são impostas a inocentes em decorrência da prática de infração penal. O projeto já aprovado no Senado está preste de se transformar em lei. Esse é um fato

auspicioso. Pois, efetivamente, se corrige a deficiência do nosso Código de Processo Penal no que se tange a reparação do dano e ajusta-o às demandas sociais na seara.

Passa, assim, a reparação do dano ser um dos componentes da persecução processual penal, incorporando-a ao rito tradicional. De sorte que concomitantemente à fixação da reprimenda penal, o juiz expede um título judicial, líquido, certo e exigível em favor da vítima. Efetivamente a sentença revestirá de duplo efeito: penal e de efetiva reparação do dano.

No mesmo desdobramento estão os arts. 63 e 394, que precisam sofrer adequação, assim, quando da aprovação do projeto sobre reparação de dano em decorrência de infração penal, seus dispositivos legais estarão em simetria com as alterações promovidas pelo PLC 36, de 2007, ora em exame.[1993]

Nada obstante, se a ideia é a da efetiva reparação à vítima de crime, quer-nos parecer que não basta dar maior liquidez à sentença ou prever medidas executivas antecipadas em sede civil, sendo necessário prever mecanismos aptos a enfrentar a não liquidez do devedor. E, como aponta Duek Martins, no Brasil, o problema não é novo. Paulo Ladeira lembra projeto antigo de Esmeraldino Bandeira (1912) que prevê uma "Caixa de Multas", com o objetivo de suprir a falta de indenização porque o réu era insolvente, concluindo que 1. há necessidade de lei que regule a reparação dos danos à vítima de crime, criando novos meios de ser obtido o ressarcimento, mais eficazes do que os existentes e 2. no Brasil inexistem, no momento, condições de ser exigido que o Estado se responsabilize pela integral indenização de todas as vítimas de crimes, o que, aliás, nem mesmo países mais ricos o fazem. Com estas duas premissas, entendemos que, na criação do novo diploma legal, a reparação deve inicialmente cobrir danos mais graves, resultantes da prática de delitos cometidos mediante violência, nos casos em que o réu não foi identificado ou é insolvente e a vítima não conseguiu, por outros meios, a suficiente indenização.[1994]

Para maiores considerações sobre o modelo brasileiro de reparação do dano à vítima do crime ver comentários aos arts. 68 a 68.

2. Valor da reparação de danos na sentença

A lei fala em "valor mínimo para reparação dos danos causados pela infração, considerando os prejuízos sofridos pelo ofendido".

Nada dispõe sobre como esse valor é alcançado, se deve haver prévia manifestação da vítima a esse respeito, inclusive para indicar parâmetros para estipulação desse *quantum*, e, tampouco, se deve

---

[1993] BRASIL. Senado. Disponível em: <http://www.senado.gov.br/sf/atividade/Materia/getHTML.asp?t=11373>. Acesso em: 13 abr. 2022.
[1994] DUEK Martins, Oswaldo. O estado na reparação do dano à vítima do crime. **Justitia**, 156/1991.1.

haver alguma menção expressa do Ministério Público quando a persecução for de legitimação pública.

Na redação sugerida, entre as várias lacunas, ainda pode ser ponderada a inexistência de limitação dos prejuízos quanto ao seu aspecto patrimonial ou moral e, diante da ausência de definições, não há por que se excluir eventual indenização por danos morais.

Mas é no fato de que não havendo previsão expressa de pedido sem que haja, portanto, a exposição de fatos referentes à indenização de forma particular e individualizada, de modo que possa gerar o cabível contraditório sobre o tema, que parecem residir os maiores entraves para que se admita a plena compatibilidade do presente artigo com a estrutura constitucional.

> V – atenderá, quanto à aplicação provisória de interdições de direitos e medidas de segurança, ao disposto no Título XI deste Livro;

1. Inciso V – sem previsão no Código de Processo Penal a partir da reforma de 1984

> VI – determinará se a sentença deverá ser publicada na íntegra ou em resumo e designará o jornal em que será feita a publicação (art. 73, § 1º, do Código Penal).

1. Inciso VI – sem previsão no Código Penal a partir da reforma de 1984

> § 1º O juiz decidirá, fundamentadamente, sobre a manutenção ou, se for o caso, imposição de prisão preventiva ou de outra medida cautelar, sem prejuízo do conhecimento de apelação que vier a ser interposta. (Renumerado pela Lei n. 12.736, de 30-11-2012)

1. Imposições de medidas cautelares

A nova redação reconhece a necessidade de fundamentação cautelar para a adoção de medidas cautelares, neste ponto indo ao encontro do quanto se produziu na doutrina e na jurisprudência consentâneas com a CR e com a CADH sobre o assunto, e que pode ser condensado no voto do Min. Ricardo Lewandowski, no julgamento da Ação de Declaração Direta de Inconstitucionalidade n. 3.112, quando se decidiu que

> penso que o texto constitucional não autoriza a prisão *ex lege*, em face do princípio da presunção de inocência (art. 5º, LVII, da CF), e da obrigatoriedade de fundamentação dos mandados de prisão pela autoridade judiciária competente (art. 5º, LXI, da CF). A prisão obrigatória, de resto, fere os princípios constitucionais da ampla defesa e do contraditório (art. 5º, LV), que abrigam um conjunto de direitos e faculdades, os quais podem ser exercidos em todas as instâncias jurisdicionais, até a sua exaustão. Esses argumentos, no entanto, não afastam a possibilidade de o juiz, presentes os motivos que recomendem a prisão *ante tempus*, decretar justificadamente a custódia cautelar. O que não se admite, repita-se, é uma prisão *ex lege*, automática, sem motivação. Em outras palavras, o magistrado pode, fundamentadamente, decretar a prisão cautelar, antes do trânsito em julgado da condenação, se presentes os pressupostos autorizadores, que são basicamente aqueles da prisão preventiva, previstos no art. 312 do Código de Processo Penal. É dizer, cumpre que o juiz demonstre, como em toda cautelar, a presença do *fumus boni iuris*, e do *periculum in mora* ou, no caso, do *periculum libertatis*.

2. A nova ordem constitucional – o recolhimento do réu à prisão quando do exercício do recurso

Poucas matérias geraram tamanha discussão na doutrina e na jurisprudência à luz da CR e da CADH quanto o artigo em comento.[1995] Não é o objetivo, aqui, fazer uma "fortuna crítica" de toda essa literatura, mas deixar, na linha ideológica que perpassa estes **Comentários**, claro que:

- a norma em questão somente pode ser considerada recepcionada pela CR e pela CADH desde que compreendida sua natureza cautelar, sendo vedada a prisão automática como pressuposto para apelar;
- apenas a partir de estritos pressupostos cautelares é que se pode encontrar algum grau de compatibilidade entre a exigência da prisão para recorrer e a presunção de inocência;
- os fundamentos cautelares são distintos dos fundamentos do mérito da causa, devendo ser explicitados em tópico exclusivo da sentença para essa finalidade;

1995 *Vide*, entre tantos outros: GOMES JÚNIOR, **Revista Brasileira de Ciências Criminais**, São Paulo, v. 4, p. 161-166, out./dez. 1993; BATISTA, **Revista Brasileira de Ciências Criminais**, São Paulo, v. 10, p. 151-156, abr./jun. 1995; BIRER, **Boletim IBCCrim**, São Paulo, n. 14, p. 7, mar. 1994; ROCHA, **Boletim IBCCrim**, São Paulo, n. 55, p. 10-12, jun. 1997; LAURIA FILHO, Márcio. **Revista Brasileira de Ciências Criminais**, São Paulo, v. 15, p. 385-387, jul./set. 1996; BARANDIER, **Boletim IBCCrim**, São Paulo, n. 42, p. 5, jun. 1996.

- devem ser levadas em consideração nessa fundamentação as restrições constitucionais aos fundamentos previstos no art. 312 que (*vide* a análise nestes **Comentários**), à míngua de disposições específicas, regem a cautelaridade pessoal no exercício da apelação;
- nesse contexto, parece se aproximar do único fundamento válido o risco da não submissão à lei penal, pois, embora em tese seja possível algum tipo de dilação probatória, ela raramente ocorre em segundo grau;
- da mesma forma que a fuga do acusado na relação jurídica processual antes da sentença de primeiro grau não gera julgamento antecipado do mérito penal, nem pode implicar, por si, um juízo negativo quanto à sua culpabilidade na análise de mérito, a fuga do acusado durante o recurso não implica prejuízo na continuidade da relação processual (*vide* **Comentários** ao art. 595).

Lúcido, pois, o acórdão que reconhece, logo no início da vigência da CR/88 que o "apelo em liberdade deve ser a regra geral, considerando-se, hoje, em face da atual Constituição Federal e do princípio de presunção de inocência nela inscrito, que não podem subsistir os arts. 594 do Código Penal e 35 da Lei n. 6.368/76, que instituem a prisão preventiva obrigatória".[1996]

Apenas nesse contexto se compreende que "Se o réu respondeu solto aos termos do processo, a ordem de recolhimento à prisão, para que possa apelar, há de ser fundamentada, e demonstrada a necessidade da constrição"[1997], pois, após o advento da Constituição Federal de 1988, introduzindo no sistema jurídico pátrio o princípio da presunção de inocência, não basta à luz do art. 594 do CPP, para o acusado que respondeu o processo em liberdade, invocar-se a condição de crime hediondo como forma de condicionar eventual recurso de apelação ao prévio recolhimento à prisão. Faz-se mister decisão fundamentada em que se coloque em destaque a necessidade da custódia, que se dá quando verificadas, *in concreto*, as hipóteses autorizadoras da medida prevista no art. 312 do CPP, excluída, evidentemente, a causa relativa à conveniência da instrução criminal (STJ. Relator: Fernando Gonçalves. Data de julgamento: DJ, 17 maio 1999. p. 243); da mesma forma, "o juiz, na sentença, ao proferir decisão condenatória, deverá, fundamentadamente, decidir se o réu poderá apelar em liberdade, ou não. As partes (Ministério Público e réu) têm o direito de conhecer as razões de decidir" (STJ. RHC 4.625-2/RS. 6ª Turma. Relator: Min. Luiz Vicente Cernicchiaro. Data de julgamento: 29 ago. 1995, v.u. Data de publicação: DJU, 6 maio 1996. p. 14.474), e se "o réu encontrava-se solto e a própria sentença condenatória reconheceu circunstâncias favoráveis como a primariedade, a ausência de consequências graves do crime e o direito ao regime semiaberto, inexiste a necessária fundamentação a justificar o recolhimento à prisão para apelar" (TRF. HC 96.04.06010-4/PR. 4ª Região. 2ª Turma. Relator: Juiz Dória Furquim. Data de julgamento: 21 mar. 1996, v.u. Data de publicação: DJU, 2 maio 1996. p. 28.061).

3. Apelação em liberdade como "favor" do Estado: as repercussões do direito público subjetivo

Apenas a título de ilustração, retoma-se aqui a crítica ao emprego do "direito público subjetivo" como fundamento de certos institutos processuais penais. Noutro trecho dos presentes **Comentários**, afirmou-se que o emprego de tal fundamento corresponde a uma concessão do Estado à liberdade individual. Esta não é um atributo natural da pessoa humana, mas uma benesse do Estado. Isso fica claro no seguinte julgado: "Solto o réu da instrução ao julgamento pelo Júri, na própria pronúncia reconhecidos a primariedade e os bons antecedentes, não há negar-se o *favorecimento* do art. 594 do CPP" (STJ. HC 4.421/RJ. 5ª Turma. Relator: Min. José Dantas. Data de julgamento: 8 abr. 1996, v.u. Data de publicação: DJU, 6 maio 1996. p. 14.433. grifo nosso). Da mesma maneira, em outro caso se viu a apelação em liberdade como sendo de "caráter extraordinário" (STJ. HC 8.204/SP. 5ª Turma. Relator: Min. José Arnaldo da Fonseca. Data de julgamento: 15 dez. 1998, v.u. Data de publicação: DJU, 22 fev. 1999, p. 117).

Entender o apelo em liberdade como um "favor" a partir das premissas anteriormente expostas é obstar a discussão da não constitucionalidade dessa norma do Código de Processo Penal, dificultando a sedimentação da cultura acusatória. Acresça-se que o sistema acusatório pode se coadunar com medidas restritivas da liberdade em sede cautelar, como já exposto em outro tópico destes **Comentários**, desde que obedecidos os pressupostos de estrita legalidade da ação cautelar, e não se empregando, de forma alguma, como medida antecipatória de pena.

4. Prisão para recorrer e presunção de inocência

A presunção de inocência se mostra compatível com a atividade cautelar, desde que "a segregação antecipada aí deve ser concretamente fundamentada quando se trata de sentenciada que respondeu o feito em liberdade" (STJ. HC 8.062/SP. 5ª Turma.

[1996] HC 176.992-3. Ribeirão Preto. Relator: Celso Limongi. Data de publicação: 26 jan. 1995, v.u.
[1997] TRF. **HC 97.03.008377-3**. 3ª Região. 2ª Turma. Relator: Juíza Sylvia Steiner. Data de julgamento: 8 abr. 1997, v.u. Data de publicação: *DJU*, 21 maio 1997. p. 35.898.

Relator: Min. Félix Fischer. Data de julgamento: 3 dez. 1998, v.u. Data de publicação: DJU, 22 fev. 1999, p. 115). Na verdade, não apenas quando a pessoa respondeu à "primeira fase da relação processual" (a entender-se o recurso como uma "segunda fase", na linha dos comentários já feitos em outro tópico), mas em toda e qualquer situação se deve ter uma sentença "concretamente fundamentada" com base nos pressupostos cautelares compatíveis com a CR e a CADH, conforme já tivemos oportunidade de frisar em vários textos anteriores, e que na doutrina nacional se apresenta também na correta lição de Alberto Silva Franco:

> o princípio da presunção de inocência não entra, portanto, em rota de colisão com a prisão cautelar desde que esta tenha o caráter de excepcionalidade e não perca sua qualidade instrumental. A verificação dessas duas características básicas importa no reconhecimento de que apelação à liberdade não pode decorrer de um automatismo legal (prisão cautelar obrigatória), uma vez que o exercício do poder cautelar deverá estar sempre subordinado à comprovação, real, efetiva, concreta do *periculum libertatis*, nem pode ter desvirtuado o seu feitio instrumental que tem alicerces fundados numa palavra-chave: a necessariedade. O exercício do poder cautelar, no processo penal, para preservar o princípio constitucional da presunção de inocência, não poderá ser, em resumo, nem automático, nem desnecessário.[1998]

§ 2º O tempo de prisão provisória, de prisão administrativa ou de internação, no Brasil ou no estrangeiro, será computado para fins de determinação do regime inicial de pena privativa de liberdade. (Incluído pela Lei n. 12.736, de 30-11-2012)

1. Medidas cautelares e fixação de regime inicial de pena

Esse parágrafo tratou de otimizar as consequências da duração da prisão cautelar, efetivada no Brasil ou no exterior, no cumprimento da pena imposta. Com efeito, a análise da nova norma tem sido objeto de dissenso para muitos articulistas.

Segundo determinada vertente, ao tratar a matéria como tópico de *progressão de regime*, indica que "a pena definitiva e o verdadeiro regime inicial de cumprimento da pena, inclusive o que será indicado na carta de guia a ser enviada à Vara de Execução Penal, são aqueles determinados pelo art. 110 da LEP, ou seja, os encontrados no capítulo da pena definitiva (e não naquela detraída da prisão preventiva já cumprida). É preciso rememorar que a pena definitiva não tem somente a função de fixação do regime inicial do cumprimento da pena, mas é também referência para o cômputo do prazo prescricional da pretensão punitiva ou executória, unificação de penas, indultos e comutações, benefícios para trabalho externo e saídas temporárias", concluindo que "A detração a ser realizada pelo juiz de conhecimento, conforme determinado pela nova lei, é apenas para fins de regime de pena, em relação tão somente ao início de cumprimento da reprimenda".[1999]

Almeida[2000] parte da constatação de ser a norma em questão de natureza "material", visto que "Não há um só manual que indique não ser o regime inicial de cumprimento da pena parte integrante de sua fixação e, portanto, instituto de direito material", para, contudo, reconhecer na sequência que

> O exame poderia se restringir a indicar que o regime inicial de cumprimento de pena é conceito diverso da progressão de regime, como já se indicou, e se pautar nesta colocação para indicar que deve ser interpretado como verdadeiro regime inicial de cumprimento de pena a locução existente no texto legal.

Ao final, o autor defenderá a inconstitucionalidade da norma em questão por quebra da isonomia, afirmando que "o tempo de prisão processual não é elemento suficiente a justificar a adoção de regimes de início de cumprimento de pena, sendo justificável, sim, que aquele que esteve preso tenha direito ao cômputo do tempo de prisão para que possa obter a progressão", para concluir que

> A não ser assim, indivíduos que permaneceram soltos durante o processo, ante a desnecessidade de sua prisão cautelar, teriam que cumprir reprimenda mais severa que aqueles que tiveram a sua prisão cautelar decretada, o que nem o princípio da proporcionalidade, tampouco a razoabilidade do *discrimen* apontada por Celso Antônio Bandeira de Mello permitem. Admitindo-se a situação como constitucional, poder-se-ia ter a situação inusitada em que o réu busque a prorrogação de sua prisão provisória com vistas

---

1998 SILVA FRANCO, Alberto. **Crimes hediondos**. 3. ed. São Paulo: RT, 1994. p. 193.
1999 TEIXEIRA, Rejane Zenir Jungbluth. **Lei 12.736/12 e a nova detração penal**. Disponível em: <http://www.tjdft.jus.br/institucional/imprensa/artigos/2012/lei-12-736-12-e-a-nova-detracao-penal-juiza-rejane-zenir-jungbluth-teixeira>. Acesso em: 10 jan. 2014.
2000 ALMEIDA, Gustavo Tinôco de. A inconstitucionalidade da Lei n. 12.736/2012 e da detração como forma de se alcançar o regime inicial de cumprimento de pena. **Jus Navigandi**, Teresina, ano 18, n. 3475, 5 jan. 2013. Disponível em: <http://jus.com.br/artigos/23389>. Acesso em: 10 jan. 2014.

a receber regime inicial de cumprimento de pena mais brando quando da prolação da sentença em razão da necessidade de redução do prazo de prisão processual por ocasião da fixação do regime de cumprimento de pena, em dissonância com o princípio que veda o *venire contra factum proprium*, podendo alcançar benefícios por seu próprio comportamento processual contrário ao direito.

Respeitados os entendimentos diversos naturalmente existentes quando se introduz normas que manifestam uma reconversão sistêmica – e não apenas tendem a reproduzir estruturas consolidadas com roupagens diferenciadas –, insiste-se, nas linhas explicitamente adotadas nestes **Comentários**, com a matriz constitucional e convencional que deve nortear o entendimento do tema.

A partir desse marco teórico, tem-se que não se pode impor à pessoa que aguarda a resposta da jurisdição a duração irrazoável do processo, o que também significa a necessidade de o ordenamento jurídico ser dotado de instrumentos legais que facilitem a prestação jurisdicional, facilitando sua finalização e seus resultados práticos.

Dessa premissa advém uma reconstrução técnica necessariamente a ela moldada, o que, no caso do artigo em comento, significa, em primeiro plano, entender-se que se está diante de uma medida compensatória penal, constatação direta da situação objetiva do encarceramento cautelar, que, em si, já impôs evidente gravame à pessoa acusada.

Tratando-se de medida compensatória, deve ser acrescido que o mecanismo criado pela presente norma, "ao permitir a análise pelo juiz da fase de conhecimento do tempo de prisão provisória para fixação do regime, visou impedir que permaneça preso quem já suportou cautelarmente mais tempo de privação de liberdade do que o necessário para a progressão de regime".[2001]

E tal situação visa exatamente resguardar a isonomia das pessoas submetidas à persecução, e não, ao contrário do afirmado no texto supracitado, ofender esse "princípio" constitucional, exatamente porque seria desigual manter preso alguém em cumprimento de pena que viesse a ser somado àquele período em que já houve constrição cautelar.

Como consequência, exige-se uma acurácia diferenciada na determinação da prisão cautelar e no controle do fluxo da prestação jurisdicional quando houver pessoa presa cautelarmente para que não ocorra a patológica situação de alguém ficar mais tempo preso cautelarmente do que ficaria encarcerado no regime fechado ou mesmo em relação ao total da pena determinada, situações muito mais comuns do que a da pessoa acusada "buscar" a prisão cautelar com vistas a iniciar o cumprimento da pena em regime menos gravoso.

Daí por que, nas linhas destes **Comentários**, entende-se o acerto do provimento que considerou que

> A Lei n. 12.736/2012, ao introduzir o art. 387, § 2º, do Código de Processo Penal, permitiu, salutarmente, que o magistrado sentenciante, na fixação do regime inicial de cumprimento de pena, já considerasse o período cumprido em decorrência da prisão cautelar. A interpretação sistemática da legislação processual é no sentido da possibilidade da alteração do regime inicial decorrente da pena fixada na sentença caso o período de prisão cautelar até então cumprido seja equivalente ao período necessário para o atendimento do requisito objetivo para progressão de regime. Entendimento contrário gera inconsistência no sistema e tratamento desigual entre o preso provisório e o definitivo. 3. Embargos de declaração parcialmente conhecidos e improvidos.[2002]

Art. 388. A sentença poderá ser datilografada e neste caso o juiz a rubricará em todas as folhas.

1. Defasagem do presente artigo

O anacronismo do presente artigo salta diante das novas tecnologias de produção dos atos processuais e da informatização das atividades forenses, mas mantém-se diante da existência de livro de registro de sentenças.

Art. 389. A sentença será publicada em mão do escrivão, que lavrará nos autos o respectivo termo, registrando-a em livro especialmente destinado a esse fim.

1. Registro de sentença: marco de imutabilidade

O registro da sentença configura marco de imutabilidade de seus termos. Dessa forma, é inadmissível a inovação no caso, por exemplo, do "Magistrado que altera o regime para prisão-albergue, após a

---

[2001] PINHEIRO, Lucas Corrêa Abrantes. **Do cômputo do tempo de prisão provisória para fins de fixação de regime na sentença penal condenatória: considerações sobre a Lei 12.736/2012**. Disponível em: <http://participacao.mj.gov.br/pensandoodireito/wp-content/uploads/2013/01/ARTIGO-detração-penal-na-fixação-de-regime-versão-final-2.pdf>. Acesso em: 13 abr. 2022.

[2002] TRF. 4ª Região. 8ª Turma. **Embargos de Declaração em Embargos de Declaração em Apelação Criminal 0004492-27.2003.404.7002**. Relator: Juiz Federal Sergio Fernando Moro, por unanimidade. Data de publicação: DE, 4 out. 2013.

publicação e o registro da sentença – Restabelecimento do regime semiaberto com o provimento do apelo".[2003]

E ela se torna imutável levando-se em "Consideração, para tal efeito, da data do recebimento pelo escrivão, independentemente de registro e outras diligências, e não da publicação para efeito de intimação das partes".[2004]

2. Recebimento da sentença pelo escrivão e prescrição

"Se não há nos autos termo de publicação da sentença, ignorando-se a data em que o Escrivão recebeu a decisão, deve prevalecer, para efeito de contagem do lapso prescricional, a data de registro da sentença no livro próprio do Cartório".[2005]

> Art. 390. O escrivão, dentro de 3 (três) dias após a publicação, e sob pena de suspensão de 5 (cinco) dias, dará conhecimento da sentença ao órgão do Ministério Público.

1. Efetivo conhecimento pelo órgão do Ministério Público

É tema sempre sujeito a discussão na doutrina e na jurisprudência. Nesse contexto, encontra-se, por exemplo, a consideração de que

> havendo divergência de datas entre certidão genérica do cartório, referente à intimação da sentença ao Promotor e a data do "ciente" na própria sentença aposto pelo representante do Ministério Público, prevalece esta última. "Em matéria de recurso, na dúvida decide-se em favor de sua admissibilidade, em consequência do princípio da pluralidade dos graus de jurisdição (...) Recurso conhecido e provido".[2006]

No mais ver art. 798 nestes *Comentários*.

> Art. 391. O querelante ou o assistente será intimado da sentença, pessoalmente ou na pessoa de seu advogado. Se nenhum deles for encontrado no lugar da sede do juízo, a intimação será feita mediante edital com o prazo de 10 (dez) dias, afixado no lugar de costume.

1. Intimação do assistente

"O prazo recursal para o Assistente de acusação inicia-se com a data da sua intimação da sentença. Entretanto, como este não pode recorrer concomitantemente com o Representante do Ministério Público, há duas hipóteses: se o Assistente é intimado após o trânsito em julgado da sentença para o Ministério Público o prazo recursal se inicia na data da intimação; se antes ou no mesmo dia da intimação do Representante do *Parquet*, começa a fluir do dia em que a sentença transitar em julgado para este".[2007]

2. Intimação do assistente e de seu advogado

"Para o Assistente do Ministério Público o prazo para apresentação de recurso de apelação começa a fluir da intimação da sentença, seja ela efetuada pessoalmente ou na pessoa de seu Advogado, sendo, portanto, desnecessário ambos sejam intimados".[2008]

3. Intimação do querelante e de seu advogado

"Procedida a intimação da querelante, desnecessária a que se fez de seu advogado, até porque o prazo recursal começará a fluir daquele primeiro ato".[2009]

> Art. 392. A intimação da sentença será feita:

1. Conceito de intimação

Ato processual oficial pelo qual se dá ciência às partes (no caso do presente artigo, à pessoa acusada) de ato já praticado e sobre o qual, desejando-se, será oportunizado o contraditório cabível.

Assim, a intimação se refere a ato já praticado e, por isso, diferirá da "notificação", que, segundo referências doutrinárias sedimentadas, refere-se a ato futuro. Nesse sentido, "notificação projeta-se no futuro, visto que leva ao conhecimento do sujeito processual, ou de outra pessoa que intervenha no processo, pronunciamento jurisdicional que determine um *facere* ou um *non facere*. A intimação, ao revés, se relaciona com atos pretéritos" (Frederico Marques, 1998, p. 208).

2003 TJSP. *RT*, 685/308.
2004 TACrimSP. *RT*, 641/351.
2005 *RJTAcrim*, 2/130.
2006 STJ. **REsp 8.677/RJ**. Relator: Min. Assis Toledo. 3 abr. 1991.
2007 *RJTACrim*, 5/159.
2008 *RJTAcrim*, 10/201.
2009 *RJTACrim*, 27/187.

1.1 Contagem de prazo – Súmula 310 do STF
Quando a intimação tiver lugar na sexta-feira ou a publicação com efeito de intimação for feita nesse dia, o prazo judicial terá início na segunda-feira imediata, salvo se não houver expediente, caso em que começará no primeiro dia útil a seguir.

> I – ao réu, pessoalmente, se estiver preso;

1. Incidência em primeiro grau
A necessidade de intimação pessoal do réu, a que se refere o art. 392, do Código de Processo Penal, só tem aplicabilidade nas decisões de primeiro grau, não alcançando, pois, as intimações em segundo grau e nas instâncias superiores (STJ. HC 168.038/RS. Relator: Min. Laurita Vaz. Data de publicação: DJe, 28 jun. 2012) e, no mesmo sentido, a intimação pessoal do acusado, nos termos do art. 392, incisos I e II, do Código de Processo Penal, é necessária apenas em relação à sentença condenatória proferida em primeira instância, de tal sorte que a intimação do acórdão prolatado em segunda instância se aperfeiçoa com a publicação da decisão na imprensa oficial (Precedentes STJ e STF).[2010]

> II – ao réu, pessoalmente, ou ao defensor por ele constituído, quando se livrar solto, ou, sendo afiançável a infração, tiver prestado fiança;

1. Necessidade de intimação pessoal da pessoa acusada, mesmo com defensor dativo
Provimento do e. STF apreciou situação na qual se considerou não bastar a intimação do defensor dativo, ampliando a abrangência da ideia de autodefesa. Com efeito, no caso em tela,

> a turma deu provimento a recurso ordinário em *habeas corpus* interposto em favor de dois condenados, cuja sentença absolutória fora reformada pelo TRF da 1ª Região, sem que realizada a intimação pessoal de ambos desse acórdão. No caso, os pacientes, na ação penal, não constituíram advogado, sendo-lhes atribuído defensor dativo, este, sim, intimado. Em interpretação sistemática dos arts. 261, 263 e 392 do CPP, asseverou-se que deve ser concedido ao último dispositivo alcance de modo a viabilizar o exercício do direito de defesa. Distinguindo a situação em que advogado constituído, da confiança do réu, vem acompanhando o processo, daquela em que a defesa ocorre por defensor dativo, que não integra o quadro da Defensoria Pública, surgindo o decreto condenatório apenas em segunda instância, entendeu-se pela necessidade de intimação pessoal dos pacientes. Ademais, como um dos réus fora citado por edital e, por força de lei, de igual modo deveria proceder-se em relação à intimação (CPP, art. 392, VI), seria razoável concluir-se pela necessidade de intimação do réu que, localizado, não constituíra defensor. RHC provido para tornar insubsistente a certidão de trânsito em julgado da decisão proferida, procedendo-se às intimações dos condenados.[2011]

Contudo, é comum o entendimento de que

> segundo o que prevê o art. 392, incisos I e II, do Código de Processo Penal, a obrigatoriedade de intimação pessoal do acusado somente ocorre se este se encontrar preso, podendo ser dirigida unicamente ao patrocinador da defesa na hipótese de réu solto. No caso dos autos, o Paciente encontrava-se em liberdade na ocasião do julgamento da apelação, tendo sido correta a intimação somente de seu Defensor dativo.[2012]

> III – ao defensor constituído pelo réu, se este, afiançável, ou não, a infração, expedido o mandado de prisão, não tiver sido encontrado, e assim o certificar o oficial de justiça;

1. Intimação pessoal do defensor dativo
É obrigatória, sob pena de nulidade. Assim, o Supremo Tribunal Federal, por mais de uma vez, deixou assentado que: "a falta de intimação pessoal do defensor público ou equivalente para ciência da decisão recorrível enseja a nulidade da certidão de seu trânsito em julgado (art. 564, III, *o*, do CPP)" (RTJ, 156/165 e RT, 719/546). Dessa forma, para efeito de ciência da sentença, a intimação do Defensor, nomeado ou constituído, deve ser pessoal, *ex vi* do art. 392 do CPP.[2013]

Contudo,

> não se pode exigir que a intimação de defensor público seja feita por meio de mandado na pessoa do mesmo membro oficiante da causa. Verificou-se, nos autos, que o ofício intimatório foi dirigido ao Defensor Público-Geral Estadual, tendo sido recebido com antecedência de seis dias, em observância aos termos do art. 128, I, da LC 80/1994 e art. 5º, § 5º, da Lei n. 1.060/1950 (acrescentado pela Lei n. 7.787-1989). Tal circunstância

---

2010 STJ. **HC 223.096/SC**. Relator: Min. Jorge Mussi. Data de publicação: *DJe*, 29 fev. 2012.
2011 STF. **RHC 86.318/MG**. Relator: Min. Marco Aurélio. 6 dez. 2005.
2012 STJ. **HC 161.430/SP**. Relatora: Min.ª Laurita Vaz. Data de publicação: *DJe*, 15 mar. 2012.
2013 *RJTACrim*, 48/304.

elide a apontada nulidade no julgamento da apelação por ausência de intimação pessoal do defensor público. Com esse entendimento, a Turma, ao prosseguir o julgamento, denegou a ordem, cassando a liminar.[2014]

> IV – mediante edital, nos casos do n. II, se o réu e o defensor que houver constituído não forem encontrados, e assim o certificar o oficial de justiça;

1. Intimação por edital e nulidade

Corretamente já se decidiu que é "Nula a certidão de trânsito em julgado se o acusado não é procurado nos endereços constantes dos autos para a intimação pessoal da sentença, máxime se o dia em que foi publicado o edital não está certificado no processo".[2015]

2. Intimação de réu foragido

Pode acontecer exclusivamente na figura do defensor:

> No caso de o réu não ser encontrado para intimação pessoal da condenação por delito inafiançável, em razão de se achar foragido, conforme certidão do Oficial de justiça, é suficiente a intimação do defensor constituído, a teor do art. 392, III, do CPP, para que se opere o trânsito em julgado da sentença.[2016]

3. Intimação da pessoa acusada revel

Conforme anotado,

> A intimação de sentença ao réu revel somente pode ser feita por edital após tentativa frustrada de sua intimação pessoal, consoante o disposto no art. 392, VI, do CPP, mesmo que não haja sido ele encontrado, anteriormente, para ser citado ou intimado no endereço constante dos autos. Precedentes da jurisprudência. IV – Ordem de habeas corpus concedida, em parte.[2017]

> V – mediante edital, nos casos do n. III, se o defensor que o réu houver constituído também não for encontrado, e assim o certificar o oficial de justiça;

> VI – mediante edital, se o réu, não tendo constituído defensor, não for encontrado, e assim o certificar o oficial de justiça.

§ 1º O prazo do edital será de 90 (noventa) dias, se tiver sido imposta pena privativa de liberdade por tempo igual ou superior a 1 (um) ano, e de 60 (sessenta) dias, nos outros casos.

§ 2º O prazo para apelação correrá após o término do fixado no edital, salvo se, no curso deste, for feita a intimação por qualquer das outras formas estabelecidas neste artigo.

1. Esgotamento das tentativas de localização

É necessário o esgotamento das tentativas de localização pessoal e, a partir daí, "tratando-se de réu que se encontrava em lugar incerto e não sabido, não há que se falar em nulidade da intimação da sentença condenatória, se os autos evidenciam terem sido esgotados todos os meios à disposição do juízo para, em seguida, proceder-se à intimação editalícia".[2018]

2. Requisitos do edital

Deve seguir o disposto no art. 365 deste Código. Assim,

> o parágrafo único do art. 365 do Código de Processo Penal determina que o edital deve ser afixado à porta do edifício onde funcionar o juízo e publicado pela imprensa, dispensando-se este último requisito na ausência de imprensa local. II. *In casu*, proferida sentença condenatória, foi determinada a intimação do réu por edital, através da afixação no átrio do fórum local, tendo sido dispensada a publicação diante da inexistência de imprensa local na comarca. III. A Resolução n. 13/2007, instituiu, no âmbito do Tribunal de Justiça de Goiás, o Diário de Justiça eletrônico como veículo oficial de publicações, podendo ser acessado em qualquer comarca da capital ou interior do Estado de Goiás por meio da internet. IV. Assim, sendo o Diário de Justiça Eletrônico o veículo oficial naquela comarca, o edital de intimação da sentença condenatória, além de afixado no átrio do fórum local, deveria ser publicado naquele meio para que se cumprissem os requisitos previstos no parágrafo único do art. 365, do Código de Processo Penal. V. Deve ser anulado o processo a partir da sentença condenatória, a fim

---

2014 STJ. **HC 43.629**. 6ª Turma. Relator: Min. Og Fernandes. 9 jun. 2009.
2015 *JUTACrim*, 1/139.
2016 *RJTACrim*, 2/246.
2017 TRF-1. **HC 101975 DF 1999.01.00.101975-3**. 3ª Turma. Relator: Juiz Antonio Ezequiel. Data de julgamento: 6 jun. 2000. Data de publicação: 20 out. 2000. DJ p.74) (RT 534/458).
2018 STJ, HC 131.753/MG, rel. Adilson Vieira Macabu, *DJe* 16-4-2012.

de que o paciente seja intimado da condenação, seguindo-se as formalidades legais.[2019]

> Art. 393. Revogado pela Lei n. 12.403, de 4-5-2011.
>
> Texto original: São efeitos da sentença condenatória recorrível:
> I – ser o réu preso ou conservado na prisão, assim nas infrações inafiançáveis, como nas afiançáveis enquanto não prestar fiança;
> II – ser o nome do réu lançado no rol dos culpados.

1. A execução provisória da sentença penal recorrível
Ver *Comentários* ao art. 597 neste Código.

2. Finalidade da existência de um "rol de culpados"
Supostamente se trata de "providência que servirá para eventuais averiguações futuras, pesquisa e apuração de primariedade ou reincidência, até que, por prescrição ou reabilitação, se apaguem os registros pertinentes ao seu passado delinquencial".[2020]

2.1 Momento do "lançamento" do nome da pessoa no "rol dos culpados"
"O lançamento do nome do réu no rol dos culpados só será efetivado com o trânsito em julgado da sentença, sendo ainda passível de retificação em segunda instância".[2021]

Livro II – Dos Processos em Espécie

Título I – Do Processo Comum

Capítulo I – Da Instrução Criminal

> Art. 394. O procedimento será comum ou especial. (Redação dada pela Lei n. 11.719, de 20-6-2008)

1. Tramitação legislativa da Lei n. 11.719/2008
Na primeira redação produzida pela Comissão Grinover, o texto se apresentava da seguinte forma:

> Art. 394. O procedimento será comum ou especial.
>
> § 1º O procedimento comum será ordinário, sumário ou sumaríssimo:
>
> a) ordinário, quando tiver por objeto crime cuja pena máxima cominada seja superior a 4 anos de prisão;
>
> b) sumário, quando tiver por objeto crime cuja pena máxima cominada seja igual ou inferior a 4 anos de prisão;
>
> c) sumaríssimo, para as infrações penais de menor potencial ofensivo, na forma da lei específica.
>
> § 2º Aplicam-se as disposições do procedimento sumário à instrução dos processos de competência do Tribunal do Júri, realizada perante o juiz singular.
>
> § 3º As disposições dos Capítulos I, II e V deste Título aplicam-se a todos os procedimentos penais de primeiro grau, ainda que não regulados neste Código.
>
> § 4º Aplicam-se subsidiariamente aos procedimentos especial, sumário e sumaríssimo as disposições do procedimento ordinário.

Assim, o material foi enviado para o Congresso Nacional, onde, mantendo-se a estrutura inicial, corrigiu-se imprecisão técnica, que era o emprego da palavra "prisão", terminologia empregada apenas na lei das contravenções penais e que não se confunde com a reclusão e a detenção, consoante o art. 1º da Lei de Introdução ao Código Penal, *in verbis*:

> Considera-se crime a infração penal a que a lei comina pena de reclusão ou de detenção, quer isoladamente, quer alternativa ou cumulativamente com a pena de multa; contravenção, a infração penal a que a lei comina, isoladamente, pena de prisão simples ou de multa, ou ambas, alternativa ou cumulativamente.

O rito ordinário sugerido tinha prazo estipulado para a realização da audiência, que deveria acontecer em, no máximo, trinta dias, com a seguinte ordem cronológica de atos:

- tomada de declarações do ofendido;
- inquirição das testemunhas arroladas pela acusação (máximo oito);
- inquirição das testemunhas arroladas pela defesa (máximo oito);
- esclarecimentos dos peritos;
- acareações;
- reconhecimento de pessoas e coisas;
- reconhecimento de coisas;
- interrogatório do réu.

Ao final da "instrução", renova-se com linguagem diferenciada o então art. 499 do CPP (últimas diligências). No entanto, não havia previsão para a produção dessa nova audiência (o rigor parece ter se restringido apenas à primeira audiência, na qual

---

[2019] STJ. **HC 218.605/GO**. Relator: Gilson Dipp. Data de publicação: *DJe*, 5 set. 2012.
[2020] *RJTACrim*, 22/195.
[2021] *RJTACrim*, 27/97.

tudo supostamente deve estar resolvido). Por fim, chegava-se à etapa dos debates, com a seguinte ordem:

- alegações finais orais, por 20 (vinte) minutos, pela acusação (prorrogáveis por mais 10 (dez));
- assistente do Ministério Público, 10 (dez) minutos;
- alegações finais orais, por 20 (vinte) minutos, pela defesa (prorrogáveis por mais 10 (dez) e por mais (dez) minutos se houver assistente da acusação).

Embora trabalhado como oral e concentrado, o sistema inicialmente concebido predispunha a possibilidade da reversão dos debates para a forma escrita em abono à complexidade do caso, com apresentação futura de memoriais, vindo com isso a regulamentar uma prática que mereceu reparos na jurisprudência, inclusive pela forma inadvertida com que se substituía a audiência pela apresentação de memoriais.

Por sua vez, no novo rito sumário, a disposição dos atos processuais se apresenta da seguinte forma em audiência (a ser realizada no prazo máximo de 15 (quinze) dias):

- tomada de declarações do ofendido;
- inquirição das testemunhas arroladas pela acusação e pela defesa, nesta ordem;
- esclarecimentos dos peritos;
- acareações;
- reconhecimento de pessoas e coisas;
- debate.

Com prazo de encerramento em noventa dias, como já apontado, não se possibilita a prorrogação ou adiamento da audiência, salvo para realização de prova imprescindível. Pode-se concluir que a diferença entre o rito ordinário e o sumário é a possibilidade de dilação probatória, vez que, no mais, as coisas se equivalem.

1.1 Procedimento "ordinário" na redação original do Código de Processo Penal e estrutura inquisitiva

Ao longo da estrutura do procedimento no Código de Processo Penal, pode-se observar o grau de inquisitividade do modelo brasileiro. Com efeito, afigura-se o rito "ordinário" com os seguintes traços:

- ampla diluição de atos no tempo;
- atos predominantemente escritos;
- baixo grau de oralidade;
- baixo grau de imediação na produção da prova, inclusive com a decantada ausência do "princípio da identidade física do juiz".

Do procedimento conformado ao modo de ser inquisitivo do processo, brotam anomalias que são tratadas pela doutrina e pela jurisprudência com naturalidade, como se não houvesse outro modo de ser diante do texto constitucional a impulsionar a elevação espiritual do processo penal brasileiro.

Assim, por exemplo, do item c anterior, derivam as seguintes patologias:

- superação do prazo procedimental quando a pessoa acusada está presa;
- nessa perspectiva, a passagem da contagem "rígida" do prazo para a sua "flexibilização" (vide art. 648 nestes **Comentários**);
- inexistência de uma responsabilização civil do Estado pela excessiva demora no processo de conhecimento, que, em si, transforma-se não raras vezes na pena cumprida ao término de um processo com sentença absolutória.

Dos itens b e c conjugados, tem-se:

- potencial grau de recorribilidade das interlocutórias ou, quando impossível esse meio impugnativo, potencial emprego de ações autônomas de impugnação, notadamente o habeas corpus (vide arts. 647 e seguintes nestes Comentários);
- desdobramento do rito em inúmeras fases, distanciando a produção probatória do tempo do ato supostamente criminoso praticado;
- encarecimento do funcionamento da máquina judiciária como um todo, burocratizando a rotina processual com aumento de atos de comunicação e os custos a eles inerentes, sejam custos de pessoal, sejam custos de material;
- perdimento do sentido do fim da pena, dada a dilação temporal entre a conduta e a eventual reprimenda;
- toda uma sorte de sanções indiretas na vida da pessoa acusada, estigmatizada pela duração do processo que, em alguns casos, dada a estrutura do Código, pode desaguar numa sentença de non liquet (vide nestes **Comentários** a impronúncia, art. 409).

Do item d tem-se:

- o afastamento do juiz para com a prova, admitindo-se como "normais" provas produzidas por quem não é juiz natural (precatórias);
- o afastamento do juiz natural da causa para com a pessoa acusada no ato de maior contato entre eles, que é o interrogatório, notadamente quando feito por precatória;
- a consequente sobrevalorização dos elementos de informação contidos na investigação, em qualquer de suas modalidades, que, com o passar do tempo, tornam-se mais "confiáveis", pois obtidos mais proximamente aos fatos. Com isso se fortalece a "policialização" do processo penal em detrimento de sua jurisdicionalização;

- a sedimentação absoluta, em contrariedade à CR/88 e à CADH, da inexistência do "princípio da identidade física do juiz" no processo penal.

2. Aplicação da norma no tempo

Tem-se, como regra, a aplicação do art. 2º deste Código e, assim, o cabimento do "rito procedimental previsto na Lei n. 11.719/2008, cuja aplicação é imediata aos processos em curso".[2022]

> § 1º O procedimento comum será ordinário, sumário ou sumaríssimo: (Incluído pela Lei n. 11.719, de 20-6-2008)

1. Divisão das espécies de procedimento

Buscando dar racionalidade aos procedimentos, fez-se a divisão das espécies de rito em comum e especial, sendo o comum dividido entre o ordinário, o sumário e o sumaríssimo, levando-se em conta o *quantum* da pena prevista em abstrato para a conduta, sendo que esse último (sumaríssimo) se destina às infrações penais de menor potencial ofensivo, regrado o procedimento nos termos da Lei n. 9.099/1995.

Altera-se, assim, a tradição histórica do processo penal que levava em conta as espécies de pena, estas divididas em reclusão, detenção e prisão.

> I – ordinário, quando tiver por objeto crime cuja sanção máxima cominada for igual ou superior a 4 (quatro) anos de pena privativa de liberdade; (Incluído pela Lei n. 11.719, de 20-6-2008)
> II – sumário, quando tiver por objeto crime cuja sanção máxima cominada seja inferior a 4 (quatro) anos de pena privativa de liberdade; (Incluído pela Lei n. 11.719, de 20-6-2008)
> III – sumaríssimo, para as infrações penais de menor potencial ofensivo, na forma da lei. (Incluído pela Lei n. 11.719, de 20-6-2008)

1. Forma do cômputo dos incisos I e II

Deve-se levar em consideração as causas de aumento ou diminuição de pena, conforme apontam várias observações doutrinárias.[2023]

1.1 Procedimento "equivocado": consequências

A reforma de ritos processuais sempre traz consigo a preocupação de não gerar cerceamentos indevidos às manifestações das partes, a dizer, a fruição plena do direito a um procedimento adequado à necessária extensão cognitiva. A legislação atual não está imune a esses problemas, mas a situação é, hoje, menos gravosa do que a do regime inicial do Código, porquanto tanto o rito sumário como o ordinário têm como solução a apreciação do mérito do caso em audiência concentrada e una, ao menos como "proposta" de lei.

Nada obstante, a solução de erros procedimentais deve levar em conta se houve ou não prejuízo defensivo ou eventual mácula à oportunidade do Acusador público ou particular de exercer seus poderes de parte.

Inevitavelmente, a posição dominante levará em conta que

> sem ofensa ao sentido teleológico da norma não haverá prejuízo e como, aliás, já foi decidido quando se afirmou que "conquanto o princípio do devido processo legal compreenda a garantia ao procedimento tipificado em lei, não se admitindo a inversão da ordem processual ou a adoção de um **rito** por outro, não se pode olvidar que as regras procedimentais não possuem vida própria, servindo ao regular desenvolvimento do processo, possibilitando a aplicação do direito ao caso concreto. 2. A adoção de procedimento incorreto só pode conduzir à nulidade do processo se houver prejuízo às partes, o que, de fato, não se verifica ter ocorrido na hipótese, já que o impetrante se limitou a pleitear a anulação da ação penal sem declinar, contudo, a extensão de eventuais danos suportados pela defesa. 3. Ademais, em nenhum momento da instrução processual a defesa se opôs ao **rito** adotado pelo juízo singular, o que implica no reconhecimento da preclusão da eiva suscitada".[2024]

2. Rito das infrações penais de menor potencial ofensivo

É aquele previsto na Lei n. 9.099/1995,

> providos por juízes togados, ou togados e leigos, competentes para a conciliação, o julgamento e a execução de causas cíveis de menor complexidade e infrações penais de menor potencial ofensivo, mediante os procedimentos oral e sumaríssimo, permitidos, nas hipóteses previstas em lei, a transação e o julgamento de recursos por turmas de juízes de primeiro grau (art. 98, I, da CR/88).

[2022] STJ. **AgRg no HC 130.377/SP**. Relator: Min. Adilson Vieira Macabu. Data de publicação: *DJe*, 29 maio 2012.
[2023] MENDONÇA, Andrey Borges de. **Nova reforma do Código de Processo Penal**: comentada artigo por artigo. São Paulo: Método, 2008. p. 254. Ainda: GOMES, Luiz Flávio; CUNHA, Rogério Sanches; PINTO, Ronaldo Batista. **Comentários às reformas do Código de Processo Penal e da lei de trânsito**. São Paulo: RT, 2008. p. 336.
[2024] STJ. **HC 195.796/DF**. Relator: Min. Jorge Mussi. Data de publicação: *DJe* 28-6-2012.

§ 2º Aplica-se a todos os processos o procedimento comum, salvo disposições em contrário deste Código ou de lei especial. (Incluído pela Lei n. 11.719, de 20-6-2008)

1. Procedimento comum como regra geral

Como da tradição das estruturas processuais, o procedimento comum é o genericamente adotado (aqui, no caso, dividido em ordinário, sumário ou sumaríssimo).

Isso não significa o abandono das especificidades dos ritos especiais que continuam a existir com autonomia e que prevalecem como regra especial que se sobrepõe à genérica tomando-se como base a *facti species*.[2025]

Assim,

a Lei n. 11.343/2006 regulamenta o procedimento a ser seguido nas ações penais deflagradas para a apuração da prática dos delitos ali descritos, dentre os quais o de tráfico de entorpecentes e associação para tal fim, estabelecendo, assim, rito especial em relação ao comum ordinário, previsto no Código de Processo Penal. 2. Por conseguinte, e em estrita observância ao princípio da especialidade, existindo rito próprio para a apuração do delito atribuído ao paciente, afastam-se as regras do procedimento comum ordinário previstas no Código de Processo Penal, cuja aplicação pressupõe, por certo, a ausência de regramento específico para a hipótese. Se a Lei n. 11.343/2006 determina que o interrogatório do acusado será o primeiro ato da audiência de instrução e julgamento, ao passo que o art. 400 do Código de Processo Penal prevê a realização de tal ato somente ao final, não há dúvidas de que deve ser aplicada a legislação específica, pois, como visto, as regras do procedimento comum ordinário só têm lugar no procedimento especial quando nele houver omissões ou lacunas.[2026]

Contudo, deve-se ter em conta que a especificidade dos ritos obviamente está subordinada à matriz constitucional.

Essa é uma observação de particular relevância quando se discute, no rito da Lei n. 11.343/2006 a posição do interrogatório da pessoa acusada, ali mantido como primeiro ato do procedimento após o acolhimento da acusação como era da tradição inicial do CPP.

No marco destes **Comentários** há de ser privilegiado o interrogatório pela sua natureza de direito de defesa, alocando-se o ato para o final do procedimento como previu a reforma de 2008.

Contudo, no campo dos precedentes o STF considerou, na AP 528, em voto do Min. Lewandowski que

Não se pode negar que se trata de um tema de altíssima relevância dado o reflexo que a referida inovação legal exerce sobre o direito constitucional, a ampla defesa, embora não tenha tido ainda o Supremo Tribunal Federal a oportunidade de posicionar-se definitivamente a respeito dele, nem mesmo em sede de questão de ordem.[2027]

No campo penal eleitoral essa compreensão se fez sentir ao afirmar a

Possibilidade de conciliação do rito disposto no Código Eleitoral com a alteração introduzida pela pela Lei n. 11.719/08 ao artigo 400 do Código de Processo Penal. Precedente do Supremo Tribunal Federal harmonizando as normas especial e geral, visando uma maior concretização das garantias do réu. Preservação, no restante, do procedimento previsto em lei específica, em homenagem ao critério da especialidade. Inexistência de prejuízo ao devido processo legal, expressão máxima do contraditório e da ampla defesa. Concessão parcial da ordem para determinar a realização do interrogatório ao final da instrução probatória.[2028]

Mesmo no campo do processo penal militar entendeu-se que em *habeas corpus*

impetrado diante do indeferimento do pedido de aplicação da Lei nº 11.719/2008, com a inversão do interrogatório como ato derradeiro da instrução processual penal militar. Alegação de violação ao contraditório e à ampla defesa [sob argumento que] A referida lei não alterou a redação do Código Processual Castrense, prevalecendo a redação do art. 302 do CPPM, em virtude do princípio da especialidade. (...) A pretensão da Impetrante está apenas em que o interrogatório do Paciente, acusado de prática de crime militar seja realizado ao final da instrução, nos termos do art. 400, do Código de Processo Penal, alterado pela Lei 11.719/2008. 8. No ponto, a decisão do Superior Tribunal Militar, pela qual foi indeferido pedido de realização de interrogatório do Paciente ao final da instrução, parece destoar do entendimento neste Supremo Tribunal, no sentido de que a aplicação do art. 400, do Código de Processo Penal, alterado pela Lei 11.719/2008,

---

2025 FERRAZ JR., Tércio Sampaio. **Introdução ao estudo do direito**. São Paulo: Atlas, 2007. p. 126.
2026 STJ. **HC 195.796/DF**. Relator: Min. Jorge Mussi. Data de publicação: *DJe*, 28 jun. 2012.
2027 STF. **Agravo Regimental na Ação Penal n. 528**. Relator: Min. Ricardo Lewandowski. Data de julgamento: 24 mar. 2011. Data de publicação: DJE, 8 jun. 2011.
2028 TRE/RS. **HC 25314**. Relator: Des. Gaspar Marques Batista. Data de julgamento: 13 set. 2011.

aos delitos disciplinados pela legislação especial. (...) Assim, neste exame preliminar, os elementos constantes dos autos são suficientes para demonstrar plausibilidade do direito alegado, porque, ao indeferir o requerimento de realização de interrogatório do Paciente ao final da instrução, a decisão do Superior Tribunal Militar diverge de precedente deste Supremo Tribunal sobre a matéria.[2029]

Essa posição, contudo, nem sempre é seguida pelo STJ que em inúmeras oportunidades concluiu que

> A ordem dos atos processuais, para a apuração de crimes relacionados ao tráfico de drogas, observa o regramento específico estabelecido no art. 57 da Lei n. 11.343/2006 e não o estatuto geral do Código de Processo Penal. É legítimo o interrogatório do Réu antes da ouvida das testemunhas de acusação e da prova pericial.

Precedentes das Turmas que compõe a 3ª Seção desta Corte: "II – Agravo Regimental improvido".[2030]

> É firme neste Tribunal Superior o entendimento de que "para o julgamento dos crimes previstos na Lei n.º 11.343/06 há rito próprio, no qual o interrogatório inaugura a audiência de instrução e julgamento (art. 57). Desse modo, a previsão de que a oitiva do réu ocorra após a inquirição das testemunhas, conforme disciplina o art. 400 do Código de Processo Penal, não se aplica ao caso, em razão da regra da especialidade (art. 394, § 2º, segunda parte, do Código de Processo Penal)".[2031-2032]

Assim, em determinado caso o mesmo STJ considerou que

> Dessa forma, verifica-se que a decisão da Corte a quo, ao declarar a nulidade da oitiva do recorrido por esta ter inaugurado a audiência de instrução e julgamento, encontra-se em dissonância com a jurisprudência do STJ sobre o tema. Por todo o exposto, com fundamento no art. 557, § 1º-A, do Código de Processo Civil, c/c art. 3º do Código de Processo Penal, dá-se provimento ao recurso especial para cassar o acórdão recorrido, determinando-se o retorno dos autos ao Tribunal de Justiça do Estado do Rio Grande do Sul, para que prossiga a análise do recurso ali interposto,

considerando válido o interrogatório de fls. 102/106.[2033]

A questão, aqui, antes de ser a aplicação geral do presente artigo diz respeito à necessária compatibilização dos ritos com a CR e a CADH os quais, antes da reforma de 2008 dispunham de forma assimétrica sobre o interrogatório, alguns sequer o prevendo como obrigatório como no processo crime eleitoral.

Assim, reiterando o que já foi exposto no art. 185 destes **Comentários** tem-se a imposição do interrogatório como último ato não por conta do artigo aqui comentado mas, sim, pela sua correta aderência ao texto constitucional, minimamente obedecido pelo presente artigo reformado do CPP.

§ 3º Nos processos de competência do Tribunal do Júri, o procedimento observará as disposições estabelecidas nos arts. 406 a 497 deste Código. (Incluído pela Lei n. 11.719, de 20-6-2008)

1. Autonomia procedimental no tribunal do júri

Veja-se nestes **Comentários** art. 406 e seguintes.

§ 4º As disposições dos arts. 395 a 398 deste Código aplicam-se a todos os procedimentos penais de primeiro grau, ainda que não regulados neste Código. (Incluído pela Lei n. 11.719, de 20-6-2008)

1. Limites à aplicação dos arts. 395 a 397 a todos os ritos

Os artigos mencionados (395, 396 e 397) serão alvo de comentários específicos. Adiante-se, porém, que a interpretação que se nos afigura mais adequada de maneira sistêmica leva em consideração a aplicação desses artigos em ritos nos quais não exista, sobretudo, a previsão de uma resposta à acusação (deficitariamente regrada na reforma de 2008) que seja anterior ao recebimento da denúncia ou queixa e não preveja uma fase específica de "absolvição sumária".

Isso porque o art. 395 fala da rejeição da peça acusatória que pode, inclusive, dar-se de ofício mesmo sem a resposta que a reforma desejou que fosse "preliminar" (mas que acabou sendo uma mera repetição da defesa prévia do regime anterior), sendo,

---

2029 STF. **HC 122673 PA**. Relator: Min.ª Cármen Lúcia. Data de julgamento: 3 jun. 2014. Data de publicação: DJe-109, 5 jun. 2014 (divulg.); 6 jun. 2014 (public.).
2030 STJ. **AgRg no RHC 40.647/MG**. 5ª Turma. Relatora: Min.ª Regina Helena Costa. Data de julgamento: 11 mar. 2014. Data de publicação: DJe, 18 mar. 2014.
2031 STJ. **HC 260.795/DF**. 5ª Turma. Relator: Min. Laurita Vaz. Data de publicação: DJe 28 fev. 2013.
2032 STJ. **AgRg no AREsp 225.476/SP**. 6ª Turma. Relator: Min. Maria Thereza de Assis Moura. Data de julgamento: 11 amr. 2014, DJe 24/03/2014.
2033 STJ. **REsp 1523726 RS 2015/0071114-1**. Relator: Min. Leopoldo de Arruda Raposo (Desembargador Convocado do TJ/PE). Data de publicação: DJ, 16 jun. 2015.

por certo, cabível em qualquer rito, mesmo que a norma assim não o previsse.

Outros ritos, como o da Lei n. 11.343/2006, possuem fase de verificação da admissibilidade da acusação mais bem regrada (art. 55) e não devem ser tidas como revogadas pela norma aqui tratada.

Da mesma maneira se dá com a fase primeira do rito do júri, que o legislador previa anteriormente – e continua a fazê-lo – como portadora de uma decisão (sentido amplo) de "absolvição sumária", não havendo, pois, a incidência do art. 397 naquele procedimento.

§ 5º Aplicam-se subsidiariamente aos procedimentos especial, sumário e sumaríssimo as disposições do procedimento ordinário. (Incluído pela Lei n. 11.719, de 20-6-2008)

1. Aplicação subsidiária do procedimento ordinário: conexão e continência

Trata-se, na verdade, de regra sempre presente em qualquer estrutura processual, partindo-se da premissa de que o rito ordinário se afigura mais "completo" e, portanto, com maiores oportunidades de as partes atuarem em suas posições processuais.

Desta forma, por exemplo, "havendo conexão entre o ilícito previsto no art. 33 da Lei n. 11.343/2006 e o disposto no art. 14 da Lei n. 10.826/2003, a observância do procedimento comum ordinário é medida que se impõe, já que o mencionado rito proporciona maiores condições de defesa ao acusado. Precedentes"[2034], "notadamente no que se refere à quantidade de testemunhas que podem ser arroladas pelas partes e à ordem de inquirição na audiência de instrução e julgamento".[2035]

Assim, o que existe é a analogia como integração do sistema do rito ordinário em relação aos demais. Essa observação é de significativa importância para que se tenha noção dos limites da "subsidiariedade", a fim de que o rito ordinário não solape os demais, tornando a própria distinção legislativa entre os ritos uma mera ficção.

Vale, contudo, destacar que a regra é igualmente válida para adoção do rito ordinário como aplicável quando crimes imputados com a ocorrência de conexão ou continência tenham procedimentos distintos entre si.

Assim, o STJ[2036] pontuou que "verificando-se a existência de conexão ou continência entre o crime de tráfico ilícito de entorpecentes, que possui rito peculiar, e outras infrações penais, o procedimento a ser adotado será o ordinário, ressalvados os da competência absoluta do júri e das jurisdições especiais" e, ainda, "Segundo a jurisprudência desta Corte, nos casos de conexão dos delitos previstos na Lei de Drogas, que possui procedimento peculiar, com outros cujo rito atribuído é o ordinário, é de se adotar a unidade de processo e de julgamento, de acordo com o estabelecido no art. 79 do Código de Processo Penal, implicando na prevalência do rito ordinário"[2037], mesmo porque

> quando os crimes conexos demandam julgamento em um único rito procedimental, como no caso, não há nulidade na adoção do rito ordinário para o processamento do feito, por se tratar de procedimento mais amplo que, em tese, assegura com maior amplitude o exercício do contraditório e da ampla defesa.[2038]

Art. 394-A. Os processos que apurem a prática de crime hediondo terão prioridade de tramitação em todas as instâncias. (Incluído pela Lei nº 13.285, de 2016).

1. Prioridade de tramitação e crimes hediondos

Como recorda trabalho específico sobre o assunto[2039]

> O projeto de lei teve origem na Câmara dos Deputados (PL 2839/2011), e foi apresentado em 1º de dezembro de 2011 pela Deputada Keiko Ota (PSB/SP), tendo como justificativa a "necessidade de que tais delitos hediondos e seus autores sejam julgados preferentemente a qualquer outro delito, para que se faça a tão esperada Justiça". Aprovado e encaminhado ao Senado (PLC nº 20/2014) recebeu relatório do Senador Antônio Carlos Valadares, onde ficou consignado que "os crimes hediondos são aqueles considerados mais graves, merecedores de maiores restrições (...) comovem a população e as próprias autoridades, principalmente porque não adianta agravar a pena se o processo não anda, não tem fim".

2034 STJ. **HC 113.893/RJ**. Relator: Min. Jorge Mussi. Data de publicação: *DJe* 1º ago. 2011.
2035 STJ. **HC 127.211/MT**. Relator: Min. Jorge Mussi, *DJe* 30 jun. 2011.
2036 HC 114.997/SP, 2008/0197279-4. Relator: Maria Thereza de Assis Moura. Data de publicação: 28 jun. 2011.
2037 STJ. **RHC 28.942/SP**. Relator: Min. Maria Thereza de Assis Moura. Data de publicação: *DJe*, 11 abr. 2012.
2038 STJ. **HC 172.224/SP**. Relator: Min. Laurita Vaz. Data de publicação: *DJe*, 16 nov. 2010.
2039 ROCHA, Jorge Bheron e ROSA Alexandre Morais da. **Politicamente Correta e sem efeito prático a tramitação prioritária dos processos que apuram Crimes Hediondos** – Primeiras impressões sobre a Lei 13.285/2016. Disponível em: <http://emporiododireito.com.br/processos-que-apuram-crimes-hediondos/>. Acesso em: 13 abr. 2022.

Adverte a mesma fonte que "Entretanto, esta prioridade deve ser harmonizada com outras tantas prioridades estabelecidas pelo legislador ordinário, como, por exemplo, os processos em que figuram como parte (lato sensu) pessoa idosa (art. 71 da Lei nº 10.471/2003) ou portadora de doença grave (art. 1.048 da Lei nº 13.105/2016), pouco importando seja ela acusada, vítima ou assistente de acusação; ou as causas decorrentes da prática de violência doméstica e familiar contra a mulher (art. 33 da Lei nº 11.340/2006)"[2040], às quais agregamos a prioridade de tramitação dos processos e investigações que contem com testemunha protegida nos termos da Lei 12.483, de 8 de setembro de 2011 que inseriu o art. 19-A no âmbito da Lei 9.807, de 13 de julho de 1999.[2041]

Todas essas formas nada acarretam processualmente caso descumpridas, possuindo um caráter mais didático que coercitivo. Gerarão, quando muito, sanções disciplinares diante de um descumprimento injustificado.

E, do ponto de vista técnico, a presente norma descuida da verdadeira razão da prioridade da tramitação, que é a condição da pessoa submetida à persecução estar ou não submetida a uma medida cautelar privativamente da liberdade como abordado em vários tópicos destes **Comentários**.

Art. 395. A denúncia ou queixa será rejeitada quando: (Redação dada pela Lei n. 11.719, de 20-6-2008)
I – for manifestamente inepta; (Incluído pela Lei n. 11.719, de 20-6-2008)
II – faltar pressuposto processual ou condição para o exercício da ação penal; ou (Incluído pela Lei n. 11.719, de 20-6-2008)
III – faltar justa causa para o exercício da ação penal. (Incluído pela Lei n. 11.719, de 20-6-2008)
Parágrafo único. (Revogado pela Lei n. 11.719, de 20-6-2008)

1. Tramitação legislativa da Lei n. 11.719/2008

Nos trabalhos originais da Comissão Grinover, a redação sugerida foi:

Art. 395. Nos procedimentos ordinário e sumário, oferecida a denúncia ou queixa, o juiz, se não a rejeitar liminarmente, ordenará a citação do acusado para responder à acusação, por escrito, no prazo de dez dias, contados da data da juntada do mandado aos autos ou, no caso de citação por edital, do comparecimento pessoal do acusado ou do defensor constituído.

§ 1º Na resposta o acusado poderá arguir preliminares e alegar tudo que interesse à sua defesa, oferecer documentos e justificações, especificar as provas pretendidas e arrolar testemunhas, qualificando-as e, dependendo o comparecimento de intimação, requerê-la desde logo.

§ 2º A exceção será processada em apartado, nos termos dos arts. 95 a 112.

§ 3º Não apresentada a resposta no prazo legal, ou se o acusado, citado, não constituir defensor, o juiz nomeará dativo para oferecê-la, concedendo-lhe vista dos autos por dez dias.

§ 4º Apresentada a defesa, o juiz ouvirá o Ministério Público ou o querelante sobre preliminares e documentos, em cinco dias.

§ 5º Entendendo imprescindível, o juiz determinará a realização de diligências, no prazo máximo de dez dias, podendo ouvir testemunhas e interrogar o acusado. (NR)

Aquilo que corresponde ao atual artigo, na redação original da Comissão Grinover, estava previsto no artigo nomenclaturado como 396.

2. Rejeição da denúncia ou queixa e motivação da decisão

Há clara distinção doutrinária e jurisprudencial quanto à necessidade de motivar o provimento jurisdicional nos casos de recebimento e rejeição da peça postulatória inicial.

Com efeito, mesmo depois da reforma de 2008 e décadas após a CR/1988 e CADH/1992-1998 preserva-se no campo dos precedentes que

A questão relativa à alegada ausência de fundamentação da decisão que recebeu a denúncia não se apresenta como constrangimento ilegal à liberdade de locomoção do agravante, pois observa-se que o magistrado singular apenas postergou a análise de determinadas questões para a ocasião da audiência de instrução e julgamento, deixando de se pronunciar sobre o mérito

---

[2040] ROCHA, Jorge Bheron e ROSA Alexandre Morais da. **Politicamente Correta e sem efeito prático a tramitação prioritária dos processos que apuram Crimes Hediondos** – Primeiras impressões sobre a Lei 13.285/2016. Disponível em: <http://emporiododireito.com.br/processos-que-apuram-crimes-hediondos/>. Acesso em: 13 abr. 2022.

[2041] Art. 1º A Lei no 9.807, de 13 de julho de 1999, passa a vigorar acrescida do seguinte art. 19-A: Art. 19-A. Terão prioridade na tramitação o inquérito e o processo criminal em que figure indiciado, acusado, vítima ou réu colaboradores, vítima ou testemunha protegidas pelos programas de que trata esta Lei. Parágrafo único. Qualquer que seja o rito processual criminal, o juiz, após a citação, tomará antecipadamente o depoimento das pessoas incluídas nos programas de proteção previstos nesta Lei, devendo justificar a eventual impossibilidade de fazê-lo no caso concreto ou o possível prejuízo que a oitiva antecipada traria para a instrução criminal.

da ação penal, tendo em vista a prematura fase em que se encontra o feito.[2042]

Ou, de forma mais objetiva, "A ausência de fundamentação no recebimento da denúncia não enseja a nulidade do feito, por se tratar de despacho sem conteúdo decisório"[2043], em "momento embrionário do feito, em fase processual que ainda não houve instrução probatória, razão pela qual a fundamentação aduzida pela autoridade judicial apontada coatora poderá ser concisa sem que se configure nulidade, sob pena de indevida análise aprofundada do mérito da causa".[2044] Daí porque "A decisão que recebe a denúncia tem forma interlocutória e, por esta razão, não se qualifica nem se equipara a ato de caráter decisório, para os fins a que se refere o art. 93, inciso IX, da Constituição Federal. Dessa forma, o juízo positivo de admissibilidade da acusação penal prescinde de fundamentação complexa."[2045]

Em suma, artifícios retóricos para manter intacta a estrutura do CPP na sua forma original, descontada a reforma de 2008 que, malgrado as críticas técnicas que devam ser feitas à sua redação, buscou dar uma mínimo de racionalidade a uma fase cumprida de forma protocolar a fim de evitar-se acusações frágeis, quando não temerárias.

Sendo correto tal entendimento, relembramos texto anterior[2046], quando escrevemos que

> Nosso modelo não prevê como regra a existência de um mecanismo de filtragem de viabilidade da ação penal. Há na nossa estrutura uma verificação delibativa da existência das "condições da ação penal", observando-se se a inicial acusatória obedeceu ou não aos requisitos do art. 43 do CPP e se existe a propalada justa causa para seu exercício. O espaço reservado ao julgador nesse momento é por demais pequeno e acaba se transformando num dos pontos de estrangulamento do sistema processual pátrio. Para flexibilizar a atuação da justiça criminal dentro das ideias de garantismo e eficiência, é de todo recomendável a criação de uma fase intermediária entre o oferecimento da inicial e seu recebimento (...). Na verdade a introdução desse momento configura aspiração nos movimentos de aprimoração dos códigos processuais penais. A maleabilidade preconizada colocaria fim às distorções do sistema como hoje encontradas. De um lado, preservar-se-ia o modelo acusatório, propiciando ao titular da ação penal a valoração do acervo investigatório durante o seu transcurso de forma exclusiva. De outro, conferir-se-ia ao julgador a possibilidade mais elástica de verificação da viabilidade da ação penal mesmo antes de seu nascedouro, sem ofender o paradigma da distribuição de funções preconizada no sistema acima. Para o acusado haveria a possibilidade real de não ser submetido injustamente à persecução penal do Estado, tendo sua liberdade indevidamente comprometida".

Se, com relação ao recebimento, a jurisprudência tolera a ofensa à garantia constitucional da motivação das decisões, no caso de rejeição se dá o contrário. Com efeito, é emblemático o entendimento no sentido de que a falta de fundamentação "não implica qualquer nulidade, mas, ao contrário, evita prejulgamento da causa. Exigência somente quando se tratar de crime falimentar – Praxe de fundamentação somente no caso de rejeição da denúncia" (JTJ 231/292). Tudo se resolve, assim, no âmbito de uma praxe que afasta a obrigação constitucional de um lado (como se, ao receber automaticamente a inicial, o juiz também não estivesse realizando um ato de valor) e a assume de outro, muito menos por conta dos preceitos constitucionais e muito mais por hábito.

3. Inépcia da inicial (denúncia ou queixa)

A inépcia é um conceito "negativo", pelo qual se indica a ausência de aptidão para que a inicial possa surtir seus efeitos jurídicos, e tal "aptidão" encontra-se, em princípio, nos termos do art. 41 do CPP.

4. Falta de pressupostos processuais

Ao mencionar expressamente a falta de pressupostos processuais como causa de rejeição da denúncia (ou queixa), a reforma adentrou em tema dogmático sujeito a inúmeras controvérsias.

Numa linha de exposição do tema, tem-se que pressupostos processuais se dividem em subjetivos e objetivos. Os subjetivos são os que tratam dos sujeitos principais da relação processual, ou seja, o juiz

---

[2042] STJ. **AgRg no HC 293589 SP 2014/0099265-3**. Relator: Ministro SEBASTIÃO REIS JÚNIOR, Data de Julgamento: 20/05/2014, T6–SEXTA TURMA, Data de Publicação: DJe 05/06/2014.

[2043] TJ-MG. **APR 10145074084834001 MG**. Relator: Alberto Deodato Neto, Data de Julgamento: 08/04/2014, Câmaras Criminais / 1ª CÂMARA CRIMINAL, Data de Publicação: 22/04/2014.

[2044] TJ-RJ. HC: 00386681620158190000 RJ 0038668-16.2015.8.19.0000, Relator: DES. JOSE MUINOS PINEIRO FILHO, Data de Julgamento: 01/09/2015, SEGUNDA CAMARA CRIMINAL, Data de Publicação: 18/09/2015 16:03.

[2045] TJ-MS–APL: 00210086920138120001 MS 0021008-69.2013.8.12.0001, Relator: Des. Francisco Gerardo de Sousa, Data de Julgamento: 12/05/2014, 1ª Câmara Criminal, Data de Publicação: 15/05/2014.

[2046] AMBOS, Kai; CHOUKR, Fauzi Hassan. **A reforma do processo penal no Brasil e na América Latina**. São Paulo: Método, 2001.

e as partes, e os objetivos se referem à subordinação do procedimento às normas legais e à inexistência de fatos impeditivos, como a litispendência ou a coisa julgada.

De qualquer forma, a tendência é ter os pressupostos processuais como essenciais para a instauração da relação válida no âmbito processual, o que parece reafirmado pela disciplina renovada do presente artigo.

Deve ser destacado, igualmente, que os pressupostos processuais não se confundem com as condições de ação, sobretudo numa linguagem à Chiovenda, numa perspectiva de direito concreto de ação, porquanto estes últimos condicionam um pronunciamento favorável ao autor, enquanto os primeiros apenas autorizam o funcionamento da Administração da Justiça e não implicam uma sentença de mérito favorável ao autor.

5. Reproposituta da ação penal

A possibilidade de repropor a ação penal que inicialmente havia sido rejeitada não pode se dar em todos os casos do presente artigo, sendo inviável fazê-lo quando decidida a ausência de justa causa para tanto, por exemplo, ou quando manifestamente inepta nos termos do art. 41 deste Código.

Nada obstante, tratando-se de caso em que tiver havido algum problema com a capacidade para estar em juízo, a priori pode ser cogitada a possibilidade de ajuizar novamente a ação.

6. (Re)visitando a construção conceitual de justa causa antes da Lei n. 11.719, de 2008

6.1 Tentativa de conceituação

Com efeito, recorde-se, inicialmente, que a justa causa ocupa espaço destacado nas reflexões da dogmática processual penal de longa data, sendo oportuno recordar que já Lyra[2047] aduzia: "(...) faço da justa causa para a ação penal ponto de partida dinâmico, realista, consequente, do estudo... De que depende a tarefa inicial? De justa causa, isto é, a prática de infração penal. E, quando há justa causa, por que meio surge e se traduz a intervenção da Justiça penal? Pela ação penal".

Conceito de difícil solidificação – malgrado sua posição nodal no sistema persecutório penal – foi apresentada por Frederico Marques[2048] como "causa segundo o direito, causa lícita, ou causa que a ordem prevê", completando que "(...) faltará justa causa para a coação, sempre que esta se apresente como ato *contra jus*"; por Tornaghi[2049] como "a causa suficiente baseada em lei, é aquela sem a qual a coação não terá base em lei. Ela ainda é vista em Hungria:[2050] 'A expressão justa causa do art. 648 I, quer dizer causa legítima e não se confunde com ausência de elementos de convicção'".

Dessa concepção normativa da justa causa, que a assimilava com a própria vigência formal da norma penal, a doutrina parcialmente migra para uma concepção probatória, como pontua Batista[2051], que supera a conceituação "normativa" da justa causa e definitivamente envereda por assimilá-la à análise do acervo probatório:

> As garantias expressas e implícitas nas constituições dos países democráticos têm levado suas leis de processo a impedir que alguém seja levado às barras do tribunal sem que haja contra ele um mínimo de prova, um *fumus bonis iuris*.

> Antes de iniciada a ação, a denúncia é submetida ao controle do juiz e uma das coisas que deve este verificar é se tal peça está instruída com a *informatio delicti*, consubstanciada em inquérito policial ou em outras peças de informação que fundamentem a suspeita de crime e o interesse de agir.

Surge, pois, a posição de Silva Jardim[2052], com a tentativa de definir claramente o tema proposto, afirmando que

> Justa causa é suporte probatório mínimo em que se deve lastrear a acusação, tendo em vista que a simples instauração do processo penal já atinge o chamado *status dignitatis* do imputado. Tal lastro probatório nos é fornecido pelo inquérito policial ou pelas peças de informação, que devem acompanhar a acusação penal, arts. 12, 39, § 5º, e 46, § 1º do CPP.

Posteriormente à aproximação do conceito de justa causa à possibilidade de demonstrar sua existência por meio de um *suporte probatório*, Moura[2053] contribuiu para a discussão da matéria, assimilando-a à "possibilidade da ocorrência da condenação", ao afirmar que "justa causa para ação penal

---

[2047] LYRA, Roberto. **Guia do ensino e do estudo de direito penal**. Rio de Janeiro: Forense, 1956. p. 18, 37, 38.
[2048] **Elementos**... v. I, p. 52, 68, 81, 284, 293, 322; V. IV 364/365.
[2049] 1980, v. 1, p. XI, XII, XIII, p. 59, 271, 311, 20; V. 2, 384.
[2050] HUNGRIA, Nélson. **Comentários ao Código Penal**. Rio de Janeiro: Forense, 1955. v. I, t. 1. e 2.V. I, t. 1, p. 10; V. I, t. 2, p. 11.
[2051] BATISTA, Weber Martins. **O furto e o roubo no direito e no processo penal**. Rio de Janeiro: Forense, 1997. p. 429, 430-432.
[2052] 1999, p. 95, 205-221.
[2053] MOURA, Maria Thereza Rocha de Assis. **Justa causa para a ação penal**: doutrina e jurisprudência. São Paulo: RT, 2001. p. 222.

corresponde, no plano jurídico, à legalidade da acusação. E, no plano axiológico, à legitimidade da acusação", completando que "para que alguém seja acusado em juízo, faz-se imprescindível que a ocorrência do fato típico esteja evidenciada; que haja, no mínimo, probabilidade (e não mera possibilidade) de que o sujeito incriminado seja seu autor, e um mínimo de culpabilidade".

Toda essa preocupação conceitual não é, no entanto, fruto de mera elucubração acadêmica.

Ao contrário, funda-se na legítima necessidade de, no processo penal de matiz constitucional, evitar-se a persecução penal infundada, visto que a existência da persecução penal inegavelmente atinge a dignidade da pessoa àquela, como destaca Afrânio Silva Jardim na passagem acima mencionada, fazendo eco a todos quantos veem o processo a partir de seu fundamento constitucional.[2054]

Daí a preocupação com um dos possíveis desdobramentos do conceito de justa causa: o abuso do direito de acusar.[2055]

Nesse ponto, e com a mesma preocupação de delimitação do poder de acusar e de não fazê-lo gratuitamente, a posição de Pacheco[2056], para quem o conceito de justa causa parece "acanhado" e insuficiente para acompanhar a estrutura constitucional do processo. A solução por ele preconizada para o tema será objeto de análise adiante, levando-se em conta que as posições expostas foram construídas antes da reforma legislativa de 2008.

Assim, das posições que contemporaneamente sobressaem na tentativa de conceituar justa causa, pode-se esquematizar o cenário em:

- justa causa como *suporte probatório mínimo* para lastrear a acusação;
- *possibilidade* (e não mera probabilidade) da *ocorrência da condenação*.

6.2 Tentativa de colocação tópica do conceito

Ao lado das discussões tendentes a construir um conceito de justa causa, sobressai outra, de igual relevância, a de tentar inseri-la topicamente no quadro de categorias do processo penal, mais exatamente na forma de encará-la ou não como uma condição da ação.

De inegável sabor processual civil, o tema das condições da ação entra no processo penal fortemente influenciado pela obra de Liebman, cuja conhecida teoria inicial das condições da ação (legitimidade para agir, interesse para agir e possibilidade jurídica do pedido) influenciou a Escola Processual de São Paulo[2057] e, por conseguinte, a elaboração do Código de Processo Civil de 1973.

Transpondo quase que linearmente as considerações daquela construção teórica para o processo penal, inclusive pela influência de uma "teoria geral do processo", a geração diretamente influenciada pela Escola Processual passou a considerar a existência das condições da ação de forma simétrica (legitimidade para agir; interesse para agir e possibilidade jurídica do pedido) ao processo civil e a debater se a justa causa seria uma condição da ação autônoma em relação às demais ou se deveria ser tratada como uma parte de uma das já existentes, nesse ponto inserida no interesse para agir.[2058]

A importância prática desse tema reside nas consequências da decisão que tenham como fundamento a justa causa e projetem essa motivação para o tópico dispositivo. Se considerada como condição da ação, ela não estaria, *a priori*, sujeita ao manto da coisa julgada material, podendo ser a postulação renovada. Neste ponto, ela não se confundiria com o mérito propriamente dito; caso afastada do cenário de condição de ação e, portanto, sendo passível de ser inserida num contexto de mérito, a decisão sobre sua (in)existência faria coisa julgada material e não haveria a possibilidade de repeti-la em juízo.

Silva Jardim[2059] alocou-a como uma quarta condição da ação, ao lado das outras que foram trazidas da doutrina processual civil, e isso antes da reforma legislativa de 2008, como lembra Oliveira (2011, p. 54)[2060], ao afirmar que "além das conhecidas condições da ação – genéricas e específicas –, Afrânio Silva Jardim, muito antes da Lei n. 11.719/2008, enumerava outra, que seria, a seu aviso, a quarta condição da ação: a justa causa".

Nada obstante, outras afirmações sobre o tema marcam o cenário jurídico, como a de Grinover, para quem a justa causa se trata de "condição de procedência do pedido"[2061] ou a conclusão de Miranda Coutinho, para quem as condições da ação seriam: "a) tipicidade objetiva; b) punibilidade concreta; c)

[2054] GÖSSEL, Karls Heinz. **El derecho procesal penal en el estado de derecho**. Buenos Aires: Rubinzal-Culzoni, 2007. p. 137-139.
[2055] SOUZA, Alexandre Araújo de. O abuso do direito no processo penal. Rio de Janeiro: Lúmen Júris, 2007. p. 92-93.
[2056] PACHECO, Denilson Feitoza. **Direito processual penal**: teoria, crítica e práxis. Rio de Janeiro: Impetus, 2009. p. 298.
[2057] MARQUES, José Frederico. **O direito processual em** *São Paulo*. São Paulo: Saraiva, 1977.
[2058] FIORATTO, Débora Carvalho; BARROS, Flaviane de Magalhães. **Diferenças de tratamento das condições da ação no processo civil para o processo penal brasileiro**. Disponível em: <http://www.conpedi.org/manaus/arquivos/anais/salvador/deboracarvalhofioratto.pdf>. Acesso em: 28 jan. 2010.
[2059] 2000, p. 166-167.
[2060] PACELLI, Oliveira. **Curso de processo penal**. 21. ed. SP: GEN, 2017. Cap. 5. p. 18. (*e-book*)
[2061] GRINOVER, Ada Pellegrini. **As condições da ação penal: uma tentativa de revisão**. São Paulo: Bushatsky, 1977. p. 133.

legitimidade da parte; d) justa causa (referente ao art. 43, III, 2ª parte do CPP)"[2062], contexto no qual se procura extrair a diferença entre condição da ação como tema de mérito ou não e as já mencionadas consequências para a coisa julgada.

Numa abordagem sincrética, Pacheco culminou por afirmar que "Enfim, as condições da ação penal é mérito e é preliminar. Mérito em relação à possibilidade jurídica e à legitimidade *ad causam* passiva, e preliminar em relação ao interesse de agir e à legitimidade *ad causam* ativa".[2063]

6.3 O reflexo conceitual na práxis dos Tribunais

Como reflexo das inúmeras concepções sobre o tema, não há, na jurisprudência, uma definição clara do que se entende por justa causa. Podem ser encontradas, se tanto, linhas jurisprudenciais que tentarão lhe dar algum conteúdo. Dentre elas, podem ser destacadas: a) justa causa assimilada ao "elemento normativo subjetivo do tipo"[2064]; b) justa causa assimilada à existência de um conjunto de elementos informativos que "demonstram a prática, em tese, de crime, e indicam a autoria"[2065]; c) justa causa assimilada à não ocorrência da extinção da punibilidade; d) justa causa assimilada à "imprestabilidade" da peça acusatória.

Como decorrência direta dessas compreensões, ter-se-á a possibilidade da concessão do *habeas corpus* "quando, pela mera exposição dos fatos, se constata que há imputação de fato penalmente atípico ou que inexiste qualquer elemento indiciário demonstrativo da autoria do delito"[2066], a dizer, o reconhecimento "de pronto, sem um exame detalhado da prova (...) a manifesta imprestabilidade da peça acusatória".[2067]

Por essa linha jurisprudencial, pode-se observar que justa causa, afinal de contas, pode não representar um conceito autônomo, mas apenas a negação da presença de alguns elementos essenciais para a veiculação da acusação ou ao próprio objeto do processo. Com efeito, a) enquanto "negação do elemento subjetivo normativo do tipo", justa causa nada mais seria que a atipicidade da conduta; b) da mesma maneira, não havendo justa causa por falha na indicação do polo passivo ("indícios de autoria"), o que se tem é a negação da legitimação passiva e, por fim; c) quando se reconhece a inexistência de justa causa em face da extinção da punibilidade, *a contrario sensu* está-se dizendo que há justa causa para a ação penal toda vez que ainda estiver em curso um prazo prescricional ou decadencial, por exemplo.

Nada obstante, a conceituação de justa causa à existência de um acervo probatório tem, contemporaneamente, largo espaço na jurisprudência, sobretudo se observadas decisões do STF[2068], mesmo porque,

> é na ação penal que deverá se desenvolver o contraditório, na qual serão produzidos todos os elementos de convicção do julgador e garantidos ao paciente todos os meios de defesa constitucionalmente previstos. Não é o *habeas corpus* o instrumento adequado para o exame de questões controvertidas, inerentes ao processo de conhecimento.[2069]

6.4 Oportunidades procedimentais e mecanismos para discussão da justa causa

Antes da reforma pontual dos ritos processuais contidos no Código de Processo Penal em 2008 escrevíamos que seria essencial reestruturar a fase de admissibilidade da denúncia para, inclusive, minimizar as influências indevidas da investigação criminal no curso da ação penal:

> Ao juiz, uma nova estrutura que lhe dê a necessária imparcialidade e possibilite não somente exercitar as funções de garantia, mas, ainda, *as de efetuar um juízo de admissibilidade sem ferir estruturas processuais e ceifando no nascedouro ações inúteis, possibilitando mais espaço para efetuar justiça em casos verdadeiramente ofensivos aos bens penais tutelados.* [2070] [sem grifo no original]

Isso porque, na estrutura então vigente, a admissibilidade da denúncia (focando especificamente

---

[2062] MIRANDA COUTINHO, Jacinto Nelson de A lide e o conteúdo do processo penal. Curitiba: Juruá, 1998. p. 148-149.
[2063] FIORATTO, Débora Carvalho; BARROS, Flaviane de Magalhães. **Diferenças de tratamento das condições da ação no processo civil para o processo penal brasileiro**. Disponível em: <http://www.conpedi.org/manaus/arquivos/anais/salvador/deboracarvalhofioratto.pdf>. Acesso em: 28 jan. 2010.
[2064] *LEXSTJ*, 122/282.
[2065] *JSTJ*, 8/397.
[2066] STJ. Relator: Min. Vicente Leal. Data de publicação: *DJ*, 18 mar. 2002. p. 302.
[2067] STJ. Relator: Min. Paulo Gallotti. Data de publicação: *DJ*, 5 abr. 2004. p. 327.
[2068] Inúmeros julgados podem ilustrar a concepção: STF. **HC 94.835**. Relatora: Min. Ellen Gracie. Data de julgamento: 7 out. 2008; STF. **HC 94.619**. Relatora: Min. Ellen Gracie. Data de julgamento: 2 set. 2008; STF. **HC 94.752**. Relator: Min. Eros Grau. Data de julgamento: 26 ago. 2008; STF. **HC 92.110**. Relator: Min. Cezar Peluso. Data de julgamento: 1º abr. 2008; STF. **HC 93.291**. Relator: Min. Menezes Direito. Data de julgamento: 18 mar. 2008.
[2069] STF. **HC 90.187**. Relator: Min. Menezes Direito. Data de julgamento: 4 mar. 2008.
[2070] CHOUKR, Fauzi Hassan. **Processo penal à luz da Constituição**. Bauru: Edipro, 1999.

neste ponto as denominadas "ações penais públicas") era, de regra, um rito burocrático e cartorial, perdendo-se a oportunidade de uma verificação sobre sustentabilidade da ação penal, inexistindo outro mecanismo para insurgir-se contra o recebimento frugal (no sentido de simplicidade) da inicial acusatória, senão o do *habeas corpus*.

Nada obstante, paradoxalmente o conceito de justa causa como suporte probatório mínimo faz(ia) do *habeas corpus* o menos indicado dos mecanismos para discutir a existência ou não de tal acervo. Neste ponto, paradigmática e ilustrativa a seguinte conclusão jurisprudencial:

> A atuação do Supremo Tribunal Federal, na apreciação dos pedidos de *habeas corpus* voltados ao trancamento de ação penal, deve ocorrer com bastante cuidado, somente sendo possível a concessão da ordem vindicada quando restar evidente e manifesta a atipicidade da conduta, a presença de causa de extinção da punibilidade do paciente ou a ausência de indícios mínimos de autoria e materialidade delitivas. Não é a hipótese dos autos. 3. *A alegação de falta de justa causa não é comprovada de plano no presente habeas corpus e, por isso, deve ser relegada para o procedimento próprio (ou seja, a ação penal já deflagrada) a discussão acerca do conteúdo (formal e material) dos documentos (não apenas o apresentado pelo Ministério Público, mas também o referido pelo impetrante).* 4. Habeas corpus denegado.[2071]

Assim, para fugir das amarras de um conceito reduzido de justa causa que o assimilava à mera legalidade formal da acusação, o conceito proposto, ligando-a ao acervo probatório, acaba(va) por limitar sua análise prática, vez que o mecanismo do *habeas corpus* não se presta(va) a essa tarefa, dada sua diminuta extensão cognitiva.

7. A renovação legislativa (Lei n. 11.719/2008) e a (re)construção do conceito de justa causa

A tarefa de conceituar justa causa ganhou, com a Lei n. 11.719, de 2008, novo ânimo, na medida em que pontos importantes da legislação foram alterados ou simplesmente criados de forma inédita.

Em primeiro plano, a tentativa de construir, de forma genérica, um momento de admissibilidade da denúncia que gerou o deslocamento do tema da justa causa para as hipóteses de rejeição da inicial.

Depois, a conceituação legal do que vem a ser prova, diferenciando-a dos informes colhidos na investigação. *In verbis*:

A essa disciplina probatória deve ser acrescido o controle sobre as provas impertinentes, irrelevantes ou procrastinatórias, a teor do quanto disposto no atual art. 411, § 2º.

Ainda, há de ser considerado que a reforma de 2008 trouxe uma fase que permite, sem a produção probatória integral, a ocorrência de absolvição sumária nas situações enumeradas no art. 397.

No mais, a manutenção da expressão ausência de justa causa que impõe o trancamento da ação penal mediante o emprego do *habeas corpus*.

Todo esse cenário passa a ter reflexos na tentativa de conceituação de justa causa após as reformas de 2008, como adiante se procurará investigar.

7.1 Justa causa e suporte probatório mínimo

A relevância e a grandeza da construção de Silva Jardim para o tema da justa causa colocam em xeque qualquer tentativa de crítica leviana. Assim, o primeiro aspecto a ser considerado é o da pertinência do conceito de justa causa como *suporte probatório mínimo*, visto que esse suporte não se confunde com a justa causa em si, *mas é, na verdade, o meio de sua demonstração processual*.

Poder-se-ia, inclusive, acrescentar que esse *suporte probatório mínimo* deve explicitamente consagrar apenas as *provas lícitas*, observação que, embora basilar e simplória, é essencial no direito brasileiro, dado que *pode haver um suporte probatório mínimo manifestado em provas ilícitas que*, inadmissíveis no processo, *tornariam a justa causa processualmente indemonstrável*.

Mas, sendo justa causa aquilo que pode ser processualmente demonstrado por meio de provas lícitas, é de se ponderar que *essa demonstração cumpre* uma determinada *finalidade concreta*, na esteira do quanto considerado por Pacheco a partir da síntese que faz entre a posição de Silva Jardim e a obra de Moura, todas acima mencionadas.

Neste ponto, ao invés do sincretismo preconizado, atemo-nos ao quanto já foi, ainda que sucintamente, trabalhado em obra anterior, quando afirmamos que

> essa visão é condizente com uma estrutura processual na qual o direito de ação é um direito "concreto", pois somente há sentido em submeter-se alguém à jurisdição quando houver a necessidade de recomposição do mundo da vida, e caso essa submissão ainda não tenha acontecido. O exercício "abstrato" do direito de ação viola o modelo constitucional e induz ao reconhecimento da justa causa *tout court* quando formalmente veiculada a acusação.[2072]

2071 STF. **HC 91.603**. Relator: Min. Ellen Gracie. Data de julgamento: 9 set. 2008.

2072 CHOUKR, Fauzi Hassan. Justa causa – reflexões em torno da obra de Afrânio Silva Jardim. In: BASTOS, Marcelo Lessa; AMORIM, Pierre Souto Maior Coutinho de. (Org.). **Tributo a Afrânio Silva Jardim**: escritos e estudos. Rio de Janeiro: Lúmen Juris, 2011.

Acrescentávamos à época afirmando que

se justa causa pode ser conceituada de alguma forma, malgrado a polissemia que o termo apresenta no Código e o ceticismo que impera em parte da doutrina sobre a possibilidade de conceituação inicialmente, seria interessante aclarar se ela diz respeito à imputação ou ao objeto do processo. Caso se queira vincular justa causa a um dos requisitos da imputação, ter-se-ia uma redundância, pois a presença desses requisitos é tratada pela ideia da aptidão da acusação, enquanto a ausência dos requisitos da imputação é tratada pela inépcia. Os resultados práticos não seriam bons porque as falhas da peça de imputação podem ser sanadas a qualquer tempo (na linguagem do CPP) e, eventualmente, podem precluir caso não demonstrado o "prejuízo" para a parte (entenda-se, a pessoa acusada). Assim, se o conceito de justa causa existir de forma autônoma em relação a qualquer outro já exposto neste campo, seria mais apropriado encontrá-lo perante o objeto do processo a dizer, a descrição naturalística sobre a qual recairá, inclusive, o manto da coisa julgada objetiva, impeditiva do *bis in idem*. Corretamente pode-se dizer, assim, que falta justa causa – e há constrangimento ilegal – por exemplo, ao submeter alguém a uma persecução pelos mesmos fatos já julgados. Mais ainda, autoriza que se entenda inexistir recomposição do mundo da vida diante de certas condutas que, em si, embora formalmente típicas, não significam a violação de um bem jurídico penal, o que é frequente nos crimes considerados de "bagatela". Neste último aspecto, está ela mais intimamente ligada à denominada "tipicidade conglobante" tal como definida por Zaffaroni, e não pela "tipicidade aparente", entendida como mera repetição do enunciado legal. Significaria mais ainda, caso houvesse uma aproximação (necessária e desejável) entre os fins da pena e o processo penal, pois se poderia dizer, com coerência, que não há recomposição válida do mundo da vida quando uma pena que viesse a ser aplicada não alcançasse os objetivos que lhe são próprios num Estado de Direito. O que agora se afirma não deve causar espanto ao leitor neófito, na medida em que o mecanismo existe no direito brasileiro quando se fala no perdão judicial. Tem-se, isto sim, a necessidade de rever a existência de justa causa em situações como estas, onde a verdadeira pena é o processo, e a submissão à jurisdição, neste ponto, um exercício abstrato.[2073]

Assim, justa causa, veiculada processualmente por meio das provas lícitas, cumpre uma finalidade basilar no Estado de Direito, a de evitar-se que a ação penal tenha um conteúdo abstrato, submetendo-se alguém ao alvedrio estatal sem que exista a probabilidade (na linguagem de Moura) da recomposição do mundo da vida, o que, pelo Direito Penal, somente se dá com o esgotamento de alguma das finalidades preconizadas para a pena[2074] que seja compatível com a estrutura daquele mesmo Estado de Direito.

Acrescente-se, ainda, a igualmente basilar noção de que essa recomposição, no caso do sistema penal, somente se pode dar por meio do processo penal, revestido de suas garantias próprias, as quais legalizam e legitimam o curso da recomposição acima mencionada. Trata-se, mais que qualquer outro campo, da inafastabilidade do controle jurisdicional que nessa seara alcança a maior extensão de seu significado técnico-jurídico.

Pode-se assim resumir que justa causa é:

- Enquanto conceito: é a *perspectiva* da necessidade de recomposição do mundo da vida mediante o inafastável emprego do processo com a demonstração mínima diante das provas lícitas e elementos de informação trazidos da investigação criminal.
- Enquanto demonstração: pelo emprego dos meios de prova lícitos.
- Enquanto finalidade: a recomposição do mundo da vida pela imposição da pena e a submissão a ela nos limites da lei.

Sendo esse um caminho teoricamente válido a ser seguido, impõe pesquisar como ele pode ser compatível com a nova estrutura legal, quando ela define de maneira inédita o que é prova e estabelece que a justa causa é uma das hipóteses de rejeição liminar da denúncia (e não causa de absolvição sumária).

7.2 Justa causa como hipótese autônoma para o recebimento da inicial acusatória (denúncia ou queixa-crime)

O art. 395 reformado incluiu explicitamente a justa causa como uma das hipóteses de rejeição da denúncia ou queixa. De forma igualmente explícita, não a alocou como uma "condição" da ação, fazendo-se omisso em explicitar qual seria "a" condição da ação

---

[2073] CHOUKR, Fauzi Hassan. Justa causa – reflexões em torno da obra de Afrânio Silva Jardim. In: BASTOS, Marcelo Lessa; AMORIM, Pierre Souto Maior Coutinho de. (Org.). **Tributo a Afrânio Silva Jardim**: escritos e estudos. Rio de Janeiro: Lúmen Juris, 2011.

[2074] CARVALHO, Salo de. Garantismo e direito de punir: teoria agnóstica da pena. In: Anuário do Programa de Pós-Graduação em Direito da Universidade do Vale do Rio dos Sinos – UNISINOS. São Leopoldo: EdUNISINOS, 2000, p. 154-171; ZAFFARONI, Eugenio Raúl et al. **Direito penal brasileiro**: primeiro volume: teoria geral do direito penal. 4. ed. Rio de Janeiro: Revan, 2013. p. 108.

(a literalidade da lei fala apenas em condição da ação no singular, abrindo espaço para a minimização da construção de Liebmann no processo penal). Nesse ponto, diferentemente de Oliveira (2011), não cremos que se está diante de uma ampliação das condições da ação, mas, ao contrário, do enxugamento dessas hipóteses, com as consequências já anunciadas para o tema da coisa julgada, malgrado o ceticismo de Pacheco[2075] para com essa conclusão.

Assim, fundamentar a rejeição da inicial por justa causa isoladamente implica considerar que a inicial de acusação era formalmente apta, a dizer, cumpriu com os requisitos do art. 41 do Código de Processo Penal (como regra geral).

Do art. 41, que orienta a formação estrutural da denúncia ou queixa, pode-se afirmar que não implica inépcia o seguinte rol de situações:

- ausência do rol de testemunhas, posto que facultativa sua indicação;
- capitulação equivocada do tipo legal afirmado, dado o teor do art. 383 reformado do Código;
- a qualificação da pessoa acusada, quando não implicar processar alguém indevidamente, seja pela impossibilidade etária de fazê-lo, seja por se tratar de equívoco de dado de qualificação da pessoa que efetivamente é acusada, mas que não implique atribuir essa identidade a pessoa diversa.

7.3 Conceito legalmente estabelecido de prova, julgamento antecipado e justa causa

A justa causa foi alocada corretamente, dentro da perspectiva que seguirá no plano da rejeição da denúncia ou queixa quando do aforamento dessas peças.

Isso porque, sendo prova no sentido técnico formal aquilo que se produz em contraditório como regra e, como exceção, os meios de informação produzidos na investigação criminal que, revestidos da condição de cautelaridade, irrepetibilidade e antecipação, acabam por galgar essa "natureza", parece-nos que somente é possível entender as hipóteses de absolvição sumária dentro de uma moldura constitucional a partir da qual já houve um mínimo de cognição – ainda que não exaurida – que demonstra, de plano, a ocorrência das hipóteses do art. 397, excetuando-se a que fala em "absolvição sumária" pelo reconhecimento de "extinta a punibilidade do agente", fundamento que, rigorosamente falando, não diz respeito a matéria absolutória, mas, sim, a perda do direito de punir pelo Estado.

Assim, é com a rejeição da denúncia ou queixa, de plano, que se reconhece a inexistência da *perspectiva* da necessidade de recomposição do mundo da vida mediante o inafastável emprego do processo com a demonstração mínima diante das provas lícitas e elementos de informação trazidos da investigação criminal", e não como o "direito a fazer prova daquilo que se alega".

Efetivamente, ao entender a matéria dessa forma tem-se, com a devida vênia, a inversão da razão de ser do devido processo legal. Quanto ao argumento da imprevisibilidade do conteúdo da sentença condenatória, ou "prognóstico", tal como afirmado em vários provimentos anteriormente mencionados, é de ser ponderado que a "projeção" é usada em inúmeras passagens do processo penal sem que isso seja tão traumatizante para o Magistrado. Com efeito, ao afirmar a potencial possibilidade de "voltar a delinquir" e, assim, decretar a prisão preventiva de alguém com fundamento na "ordem pública", não está fazendo outra coisa o julgador senão um prognóstico, uma previsão, uma conjectura.

Conclusivamente, a justa causa nos moldes propostos funciona como um mecanismo de adesão ao processo penal constitucional, visto que impede o exercício abstrato da Justiça criminal, condicionando o seu fundamento a uma concreta demonstração da necessidade da recomposição do mundo da vida pela aplicação de uma pena que atenda às suas finalidades estritas num Estado Democrático e de Direito.

Como decorrência do quanto exposto, justa causa não seria uma condição da ação nos moldes preconizados por Grinover[2076], não se tratando de uma condição de procedência do pedido inicial, ou mesmo no sentido dado por *Liebman* ao interesse para agir, seja na modalidade "necessidade" ou na sua forma "adequação", conceitos de puro sabor processual-civilista e que dificilmente se encaixam na teoria processual penal, e o manto da coisa julgada, estampada na parte dispositiva do provimento – rejeição da denúncia ou queixa com base no art. 395, III –, impediria a propositura de nova ação penal.

Mesmo que isso já pudesse ser extraído da redação do art. 648 do Código de Processo Penal que se mantém inalterado até o momento, é da nova estrutura da rejeição liminar da denúncia ou queixa, analisada em conjunto com os temas que lhe são correlatos, como a absolvição sumária e o conceito técnico-formal de prova no processo penal, que se pode alcançar o resultado acima exposto.

Art. 396. Nos procedimentos ordinário e sumário, oferecida a denúncia ou queixa, o juiz, se não a rejeitar liminarmente, recebê-la-á e ordenará a citação do acusado para responder à acusação, por escrito, no prazo de 10 (dez) dias. (Redação dada pela Lei n. 11.719, de 20-6-2008)

Parágrafo único. No caso de citação por edital, o prazo para a defesa começará a fluir a partir do

---

[2075] PACHECO, Denilson Feitoza. **Direito processual penal**: teoria, crítica e práxis. Rio de Janeiro: Impetus, 2009.
[2076] GRINOVER, Ada Pellegrini. **As condições da ação penal**: uma tentativa de revisão. São Paulo: Bushatsky, 1977. p. 133

comparecimento pessoal do acusado ou do defensor constituído. (Redação dada pela Lei n. 11.719, de 20-6-2008)

1. Tramitação legislativa da Lei n. 11.719/2008

Na redação apresentada pela Comissão Grinover ao Congresso Nacional, o texto era:

Art. 396. O juiz, fundamentadamente, decidirá sobre a admissibilidade da acusação, recebendo ou rejeitando a denúncia ou queixa.
Parágrafo único. A denúncia ou queixa será rejeitada quando:
I – for manifestamente inepta;
II – faltar pressuposto processual ou condição para o exercício da ação penal;
III – faltar justa causa para o exercício da ação.
(NR)

Miranda Coutinho[2077] aponta que

tal artigo, ainda como art. 395, quando da tramitação do Projeto de Lei n. 4.207/2001 no Congresso Nacional, recebeu a Emenda n. 1, de 17-5-2007, do Deputado João Campos, com proposta (acolhida) de inclusão do verbo "receber", em mesóclise, restando assim a redação definitiva: "Nos procedimentos ordinário e sumário, oferecida a denúncia ou queixa, o juiz, se não a rejeitar liminarmente, recebê-la-á e ordenará a citação do acusado para responder à acusação, por escrito, no prazo de 10 (dez) dias". O Senado tentou mudar a alteração feita, para se retornar ao texto originário, mas se voltou ao texto da Câmara dos Deputados, o qual se tornou definitivo após a Emenda n. 8, da lavra do ilustre Deputado Federal Regis Fernandes de Oliveira, então relator: a renumeração do artigo (de 395 para 396) veio com o substitutivo apresentado.

O problema do duplo recebimento da denúncia, no entanto, já se afigurava desde a redação inicial sugerida pela Comissão Grinover, que, ao mencionar a palavra "citação", já descortinava a duplicidade de momentos para o recebimento da denúncia. A tramitação legislativa apenas o enfatizou.

À época em que o anteprojeto foi apresentado ao Congresso Nacional, apontávamos que "no que tange ao recebimento parcial da imputação, em princípio ela faz sentido no sistema em que se verifica de modo efetivamente jurisdicionalizado (com debates, em contraditório) a viabilidade da acusação, e não no sistema atual em que tal ato chega a ser considerado pela jurisprudência como sem conteúdo decisório (e, portanto, não necessariamente motivado). O problema que poderá surgir é o limite da cognição do julgador no exercício da rejeição parcial, conjugado com o recebimento parcial e absolvição sumária, situação legalmente possível de coexistir, principalmente levando-se em conta os casos de conexão instrumental. Quando analisado por este prisma, a junção de distintos e plúrimos juízos deliberativos aflora a necessária cautela no emprego deste mecanismo, aparentemente simples na sua estrutura e supostamente voltado para uma maior celeridade processual", e concluíamos afirmando que "muitas vezes a identificação de juízos deliberativos com a celeridade processual é ilusória, bastando lembrar a possibilidade do exercício recursal para que se perca essa sinonímia".[2078]

2. Hipótese de rejeição liminar da denúncia ou queixa

As hipóteses são as tratadas no art. 395, para onde remetemos o leitor destes **Comentários**.

3. Momento do recebimento da denúncia ou queixa

Se a reforma tivesse se limitado a estipular o disposto no presente artigo, o sistema renovado teria andado a contento. O problema é que os ritos ordinário e sumário possuem *dois momentos de* "recebimento da denúncia ou queixa": o previsto no presente artigo e aquele previsto no art. 399, causando imensa perplexidade em quem quer que se aventure a interpretar esse "novo" sistema.

Assim, a primeira dificuldade é verificar qual, efetivamente, é *o momento do recebimento da denúncia ou queixa*, inclusive para definir-se o marco interruptivo da prescrição e a "natureza" da defesa que se seguirá.

Afirmávamos quando de primeiro enfrentamento da matéria que "somos levados a observar que o recebimento da denúncia se dá nos termos do presente artigo, quando já houve um juízo positivo de admissibilidade com o afastamento da rejeição liminar da inicial acusatória e com a determinação da *citação* da pessoa acusada. Assim, *a defesa que se seguirá não é uma defesa preliminar*, no sentido de precedente ao recebimento da denúncia nos termos da "lei de tóxicos" (Lei n. 11.343/2006), mas mais se aproxima da defesa prévia que já existia no ordenamento

---

[2077] MIRANDA COUTINHO, Jacinto Nelson. Da diferença entre ação e processo: nulidade do processo decorrente do recebimento de denúncia em caso de parcelamento do crédito nos crimes contra a ordem tributária; parecer. **Revista Brasileira de Ciências Criminais**, São Paulo, v. 16, n. 73, p. 316-336, jul./ago. 2008.

[2078] AMBOS, Kai; CHOUKR, Fauzi Hassan. **A reforma do processo penal no Brasil e na América Latina**. São Paulo: Método, 2001.

anterior, e que agora se encontra renovada em termos de prazo e com a possibilidade de, se for uma peça processual suficientemente robusta, ensejar o encerramento precoce da ação penal nos termos do art. 397" (*Comentários* na 4ª e 5ª edições).

Tal posição foi igualmente perfilada por outros comentadores do Código quando da reforma[2079] e acabou sendo reconhecida pela jurisprudência, ao decidir-se que

> de acordo com a melhor doutrina, após a reforma legislativa operada pela Lei n. 11.719/2008, o momento do recebimento da denúncia se dá, nos termos do art. 396 do Código Penal, após o oferecimento da acusação e antes da apresentação de resposta à acusação, seguindo-se o juízo de absolvição sumária do acusado, tal como disposto no art. 397 da Lei Processual Penal. 2. A alteração legal promovida pelo referido diploma legal criou para o magistrado o dever, em observância ao princípio da duração razoável do processo e do devido processo legal, de absolver sumariamente o acusado ao vislumbrar hipótese de evidente atipicidade da conduta, a ocorrência de causas excludentes da ilicitude ou culpabilidade, ou ainda a extinção da punibilidade, situação em que deverá, por imposição do art. 93, inciso IX, da Constituição Federal, motivadamente fazê-lo, como assim deve ser feito, em regra, em todas as suas decisões.[2080]

Nada obstante, autorizadas vozes manifestam-se em sentido contrário[2081] afirmando que

> oferecida a denúncia ou queixa e se não houver imediata rejeição, por aplicação do disposto no artigo 395 do Código de Processo Penal, o juiz determinará a citação do acusado para responder à acusação, por escrito, em dez dias. Somente depois disso é que o juiz poderá receber a inicial (artigo 399), caso não a rejeite à luz dos novos argumentos ou não absolva o acusado com fundamento em alguma das causas previstas no artigo 397 do mesmo estatuto.

4. Ausência de apresentação da peça

Uma vez regularmente intimada a defesa e transcorrido o prazo processual sem a apresentação da peça, não há mácula. Assim, "A falta de apresentação de defesa prévia não constitui nulidade processual se houve a intimação necessária para sua apresentação"[2082], sendo que "A ausência de defesa prévia não acarreta qualquer nulidade, vez que ela não é peça essencial à validade do processo"[2083].

5. Recebimento da denúncia no rito da Lei n. 9.099/1995: diferenciação didática com o "novo" modelo

O recebimento da denúncia naquele rito especial é precedido de um juízo de valoração sobre o seu conteúdo, fase essencial que, se suprimida, causa nulidade absoluta no feito por flagrante ofensa ao direito de defesa.

Nesse sentido é o seguinte e alentado julgado:[2084]

> as infrações de menor potencial ofensivo devem submeter-se ao procedimento introduzido pela Lei n. 9.099/1995, ocorrendo nulidade do Processo, por descumprimento do rito, na hipótese de recebimento de denúncia sem a prévia manifestação da Defesa e de antecipação do interrogatório, em afronta ao disposto no art. 81 da Lei dos Juizados Especiais Criminais.

Art. 396-A. Na resposta, o acusado poderá arguir preliminares e alegar tudo o que interesse à sua defesa, oferecer documentos e justificações, especificar as provas pretendidas e arrolar testemunhas, qualificando-as e requerendo sua intimação, quando necessário. (Incluído pela Lei n. 11.719, de 20-6-2008)

§ 1º A exceção será processada em apartado, nos termos dos arts. 95 a 112 deste Código. (Incluído pela Lei n. 11.719, de 20-6-2008)

§ 2º Não apresentada a resposta no prazo legal, ou se o acusado, citado, não constituir defensor, o juiz nomeará defensor para oferecê-la, concedendo-lhe vista dos autos por 10 (dez) dias. (Incluído pela Lei n. 11.719, de 20-6-2008)

---

1. Sobre exceções, ver nestes *Comentários* arts. 95 e seguintes

2. Sobre justificações, ver no rito do júri *Comentários* ao art. 406

3. Sobre cômputo do prazo, ver nestes *Comentários* art. 798

[2079] SANTOS, 2008, p. 23; SILVA JUNIOR, 2009, p. 90; Mendonça, 2008, p. 267-268.
[2080] STJ. **HC 210.319/DF**. 5ª Turma. Relator: Min. Jorge Mussi. Data de julgamento: 27 set. 2011.
[2081] PRADO, Geraldo. Sobre procedimentos e antinomias. **Boletim IBCCRIM**, São Paulo, v. 16, n. 190, p. 4-5, set. 2008.
[2082] *RJTACrim*, 5/131.
[2083] *RJTACrim*, 23/412.
[2084] *RJTACrim*, 53/134.

4. Tramitação legislativa da Lei n. 11.719/2008

O texto tal como sancionado não fazia parte dos trabalhos iniciais da Comissão Grinover e veio a ser acrescido no Congresso Nacional quando se fracionou a estrutura inicialmente concebida por aquela Comissão.

No Senado, chegou-se a sugerir a seguinte redação ao art. 396-A num projetado § 4º que acabou não se confirmando na redação final: "Caberá às partes justificar, ao arrolarem as testemunhas, a necessidade de sua oitiva, podendo o juiz indeferir a oitiva de testemunhas não justificadas, confirmatórias de atos oficiais públicos e as que nada acrescentem ao deslinde da autoria ou materialidade em exame" (NR), sob a justificativa de que a medida visava conferir ao Juiz maior controle na produção da prova testemunhal, evitando distorções ou abusos.[2085]

5. Finalidade da defesa prévia

Caso se dê a interpretação de ser essa defesa como "prévia", considerando-se que a denúncia já foi efetivamente recebida, essa oportunidade de defesa pode ser entendida desdobrando-se em duas finalidades: uma, de buscar o julgamento abreviado da causa nos termos do art. 397; outra, de preparar a apreciação do mérito na sua integralidade, antevendo a possibilidade de alcançar-se a audiência definitiva.

6. Ausência de oportunidade para a defesa prévia: consequências

Na vigência da norma sobre a "defesa prévia", apontávamos em edições anteriores destes *Comentários* que

> É causa de nulidade. Sem embargo, já se decidiu o inverso, afirmando-se que "a ausência de intimação do defensor constituído para a apresentação da defesa prévia, não implica nulidade absoluta do processo, dependendo de arguição oportuna e de demonstração de efetivo prejuízo".[2086]

Mais acertadamente, a nosso ver, contudo, quando se afirma que "a inexistência de intimação de Advogados dativos para apresentação de defesa prévia e arrolamento de testemunhas defensórias, constitui nulidade, por implicar na ofensa aos princípios da ampla defesa e do contraditório, o que acarreta prejuízo ao acusado".[2087] No mesmo sentido, "é indispensável a intimação de Defensor constituído que não esteve presente no interrogatório judicial para a apresentação da defesa prévia, considerando-se tal falha nulidade insanável, que afronta o princípio da ampla defesa".[2088]

No atual regime, a não apresentação da peça processual implica a nomeação de novo defensor para efetivamente apresentá-la, alterando-se a lógica que se via projetada na jurisprudência ao afirmar-se que "a falta de apresentação de defesa prévia não constitui nulidade processual se houve a intimação necessária para sua apresentação"[2089], sendo que "a ausência de defesa prévia não acarreta qualquer nulidade, vez que ela não é peça essencial à validade do processo".[2090]

7. Requerimento de provas e preclusão

Completando o quanto já foi dito nestes *Comentários* ao art. 41 acerca do "princípio da eventualidade" quando do oferecimento da denúncia, pondera-se aqui que, embora seja essa defesa prévia revigorada o momento processual *inicialmente* adequado para a especificação das provas, não há neste ponto o rigorismo processual civil a ditá-las como definitivamente preclusas em nome do conteúdo da "ampla defesa" no processo penal, o que não significa a dispensa de justificar a prova requerida a destempo.

8. Cômputo do prazo

Às regras estabelecidas no art. 798 deste Código e para o qual remetemos os demais Comentários, acresça-se a discussão sobre a duplicação de prazos quando estiverem sendo acusadas várias pessoas pela prática criminosa.

O tema já foi discutido também em sede ação penal de competência originária (STF. Inq 3983/DF. Relator original: Min. Teori Zavascki. Redator para o acórdão: Min. Luiz Fux. 3 set. 2015) ocasião em que o Tribunal, por maioria, deferiu o pedido formulado por denunciado no sentido de que lhe fosse duplicado o prazo de oferecimento de resposta à acusação vencidos os Ministros Teori Zavascki, Edson Fachin, Roberto Barroso e Rosa Weber, que indeferiam o pleito por considerarem incabível a aplicação analógica da sobredita norma.

Rigorosamente falando não há previsão no CPP a embasar essa pretensão, havendo tratamento distinto do processo penal em relação ao processo civil sobre o tema sendo que, no primeiro caso, a própria locução "litisconsórcio" não é apropriada e apenas com alguma elasticidade teórica ela é aceita

---

[2085] BRASIL. Senado. Disponível em: <http://www.senado.gov.br/sf/atividade/Materia/getHTML.asp?t=11190>. Acesso em: 13 abr. 2022.
[2086] *RJTACrim*, 4/52.
[2087] *RJTACrim*, 13/162.
[2088] *RJTACrim*, 22/131.
[2089] *RJTACrim*, 5/131.
[2090] *RJTACrim*, 23/412.

na persecução penal, mas num sentido doutrinário diferente. É o que faz, por exemplo, Frederico Marques ao tratar da assistência da acusação como desdobramento da participação da vítima no processo penal.[2091]

> Art. 397. Após o cumprimento do disposto no art. 396-A, e parágrafos, deste Código, o juiz deverá absolver sumariamente o acusado quando verificar: (Redação dada pela Lei n. 11.719, de 20-6-2008)
> I – a existência manifesta de causa excludente da ilicitude do fato; (Incluído pela Lei n. 11.719, de 20-6-2008)
> II – a existência manifesta de causa excludente da culpabilidade do agente, salvo inimputabilidade; (Incluído pela Lei n. 11.719, de 20-6-2008)
> III – que o fato narrado evidentemente não constitui crime; ou (Incluído pela Lei n. 11.719, de 20-6-2008)
> IV – extinta a punibilidade do agente. (Incluído pela Lei n. 11.719, de 20-6-2008)

1. Tramitação legislativa da Lei n. 11.719/2008

O texto inicial da Comissão Grinover previa: "Art. 397. Considerando plenamente comprovada a improcedência da acusação ou a existência manifesta de causa excludente da ilicitude do fato ou da culpabilidade do agente, salvo inimputabilidade, o juiz absolverá sumariamente o acusado, facultada às partes a prévia produção de provas".

Nos trabalhos legislativos, acrescentaram-se o inciso III e o inciso IV, este último de alguma impropriedade, porquanto a verificação da extinção da punibilidade se encerra como causa de rejeição da inicial.

2. Conceito de "absolvição sumária"

Trata-se de provimento de natureza terminativa pelo qual, diante das hipóteses enumeradas neste artigo, o Juiz Natural decide pela improcedência da peça inicial acusatória, sujeitando-se a sentença aos efeitos tratados no art. 386, parágrafo único, incisos I e II.

A marca distintiva desse provimento de cunho absolutório é a dispensa de cognição aprofundada, daí a diferença de fundamentos entre a presente norma e aquela do art. 386, cujos fundamentos, quando adotados, sobrevêm ao exaurimento do acervo probatório.

Mas, sob o manto de absolvição, a norma coloca o tema da extinção da punibilidade, conceito que, rigorosamente, não permite adentrar-se no mérito,

posto que significa, na essência, a impossibilidade de o poder punitivo atuar mesmo na fase de cognição.

Na verdade, o reconhecimento da ocorrência da prescrição, de plano, é causa de rejeição da inicial (denúncia ou queixa), e não exatamente de "absolvição".

3. Apreciação judicial das teses defensivas

Ainda que fosse desnecessário destacar diante da obviedade do tema, é forçoso recordar diante da ocorrência de inúmeros precedentes localizáveis na jurisprudência que

> Após a fase de apresentação de resposta à acusação, o magistrado, ao proferir decisão que determina o prosseguimento do processo, deverá ao menos aludir àquilo que fora trazido na defesa preliminar, não se eximindo também da incumbência de enfrentar questões processuais relevantes e urgentes. De fato, na fase do art. 397 do CPP, nada impede que o juiz faça consignar fundamentação de forma não exauriente, sob pena de decidir o mérito da causa. Contudo, o julgador deve ao menos aludir àquilo que fora trazido na defesa preliminar. Incumbe-lhe, ainda, enfrentar questões processuais relevantes e urgentes ao confirmar o aceite do exordial acusatório. Com efeito, a inauguração do processo penal, por representar significativo gravame ao status dignitatis, deve, sim, ser motivada. Dessa maneira, suprimida tão importante fase procedimental, preciosa conquista democrática do Processo Penal pátrio, de rigor é o reconhecimento da nulidade.[2092]

4. Hipóteses de "exclusão da ilicitude"

São as previstas no art. 23 do Código Penal, em que se prevê que "não há crime" quando o agente pratica o fato em estado de necessidade; em legítima defesa ou em estrito cumprimento de dever legal ou no exercício regular de direito, mas "responderá pelo excesso doloso ou culposo", motivo pelo qual se fala em "existência manifesta" das excludentes.

5. Excludente de culpabilidade

São as seguintes previstas na legislação penal: a) erro de proibição (art. 21, *caput*); b) coação moral irresistível (art. 22, 1ª parte); c) obediência hierárquica (art. 22, 2ª parte); d) inimputabilidade por doença mental ou desenvolvimento mental incompleto ou retardado (art. 26, *caput*); e) inimputabilidade por menoridade penal (art. 27); f) inimputabilidade por embriaguez completa, proveniente de caso fortuito ou força maior (art. 28, § 1º).

2091 MARQUES, José Frederico. **Elementos de direito processual penal**. v. 2. p. 52.
2092 STF. **RHC 46.127-MG**. Relator: Min. Maria Thereza de Assis Moura. Data de julgamento: 12 fev. 2015. Data de publicação: DJe 25/2/2015 (Informativo 556).

Há, ainda, a discussão, hoje mais moderada, sobre a existência de causas "supralegais" de exclusão da culpabilidade, tema que encontrou, na estrutura de julgamentos dos crimes dolosos contra a vida, maior repercussão, sobretudo quando da quesitação desse tema. A propósito, veja-se o quanto comentado a partir do art. 406 deste Código.

6. Inimputabilidade
As causas de exclusão da imputabilidade são: a) doença mental; b) desenvolvimento mental incompleto; c) desenvolvimento mental retardado (estas no art. 26, *caput*, do CP) e d) embriaguez completa, proveniente de caso fortuito ou força maior (art. 28, § 1º).

7. O fato narrado evidentemente não constituir crime
A hipótese de absolvição sumária por não constituir "evidentemente" crime o fato narrado precisa ser enquadrada corretamente na classificação brasileira das condutas criminalmente relevantes, dividida que é historicamente entre crimes e contravenções. Nada obstante, a CR/88 ainda fala em "infrações penais de menor potencial ofensivo", as quais também devem ser levadas em consideração nesse contexto.

8. Extensão da palavra "evidentemente"
Como em inúmeras outras passagens do Código de Processo Penal, a vagueza terminológica deixa ao critério do operador do direito no caso concreto preencher um conteúdo em si indeterminado.

O processo penal, a permitir tais desdobramentos, autoriza que resultados distorcidos aconteçam, pois é exatamente o raciocínio oposto, empregando o mesmo artigo sob um aspecto em que não se quer ver "evidentemente" a inocorrência do crime que impõe a ação penal tendo como objeto delitos "bagatelares", estas sim condutas que, inofensivas ao bem jurídico, não constituem crime.

9. Já estiver extinta a punibilidade, pela prescrição ou outra causa
O sistema penal trabalha com mecanismos limitadores do seu funcionamento, a dizer, que impedem o exercício da persecução penal a partir de determinadas causas. Um dos principais fatores impeditivos do funcionamento do sistema penal é o tempo, que rege instrumentos como a prescrição e a decadência. A limitação temporal para o exercício da persecução é um dos grandes fundamentos do direito penal (e processual penal), não se concebendo, *como regra*, que num Estado de Direito o Estado possa exercer o direito ao exercício da ação por toda a existência física da pessoa imputada.

Nada obstante, em sede constitucional surgem crimes denominados imprescritíveis, como o racismo e os atentatórios à própria existência do Estado Democrático e de Direito. No âmbito internacional, os crimes previstos no Estatuto de Roma, que fundou o Tribunal Penal Internacional, são tidos como imprescritíveis. Com relação a estes últimos, há razões historicamente profundas que levem à necessidade de considerar tais atos (como o genocídio e os crimes contra a humanidade) como impossíveis de prescreverem.

Com a expansão "horizontal" do Direito Penal, a dizer, com o aumento de tipos penais, sobretudo com o emprego do sistema repressivo como instrumento de auxílio ao Fisco na sua necessidade de arrecadação, alguns mecanismos que tradicionalmente não se enquadrariam como causas de extinção da punibilidade (como o pagamento ou o parcelamento do débito) passaram a ser encarados, em maior ou menor grau, como causas de extinção do interesse do Estado em punir.

10. Reconhecimento da prescrição antecipada (em perspectiva)
Dada a estrutura do modelo de reconhecimento da prescrição no direito brasileiro, surgiu a discussão sobre a possibilidade jurídica de deixar-se de proceder à acusação quando, analisando determinados fatores objetivos (delito imputado) e subjetivos (condições pessoais da pessoa acusada), reconhecer-se, *em projeção*, a ocorrência da prescrição.

No entanto, inúmeros provimentos rechaçaram essa ideia, afirmando que "Antes que advenha sentença condenatória, a prescrição somente poderá ser reconhecida quando se operar o transcurso do respectivo prazo baseado na sanção em abstrato, o que não ocorre na hipótese dos autos, em que se busca extinção de pena que venha a ser imposta no caso de condenação".[2093]

Assim, é "impossível o reconhecimento de prescrição retroativa antecipada, visto que esta não encontra amparo legal dentro do nosso Ordenamento Jurídico, não havendo, pois, que se falar em constrangimento ilegal".[2094] No mesmo sentido: "Carece totalmente de amparo jurídico, em nosso sistema processual penal, a denominada prescrição antecipada que tem como referencial condenação hipotética (Precedentes do STF e do STJ)".[2095]

Os argumentos podem ser resumidos nos seguintes pontos:

[2093] STJ. Data de publicação: *DJ*, 23 set. 2002. p. 400.
[2094] STJ. Data de publicação: *DJ*, 11 mar. 2002. p. 278. Relator: Vicente Leal.
[2095] STJ. Data de publicação: *DJ*, 3 nov. 1999. p. 122.

- ausência de amparo legal (entenda-se, ausência de previsão expressa no CPP e no CP);
- a pena teria sua prescrição reconhecida com base num prognóstico ("Não tem qualquer amparo legal, extinguir-se a punibilidade de alguém, com prognóstico da pena a ser eventualmente aplicada"[2096]);
- há necessidade, pois, do trânsito em julgado da sentença penal condenatória.

Acrescendo alguns argumentos diferenciados ao repúdio à possibilidade de reconhecimento da prescrição antecipada, decidiu-se que

> a prescrição antecipada tem como referência dados aleatórios, ou seja, hipotética condenação. Seu reconhecimento acarreta manifesta ofensa à Constituição. A condenação urge pelo devido processo legal, não podendo ser delimitada pela parte, muito menos transacionada; não se trata de direito disponível. Tal tese é carecedora de amparo jurídico.[2097]

O mesmo entendimento pode ser encontrado em ementa mais alentada:

> O art. 109 do Código Penal determina que, durante o curso do processo, a prescrição é regulada pelo máximo da pena privativa de liberdade cominada ao crime, e o art. 110 só autoriza que se tome por parâmetro a pena aplicada depois do trânsito em julgado para a acusação de sentença condenatória. Carece totalmente de amparo jurídico, em nosso sistema processual penal, a denominada prescrição antecipada que tem como referencial condenação hipotética, ainda que exista a possibilidade futura de ser concretizada a pena mínima, ante a primariedade e os bons antecedentes do réu. 3. Não está autorizado o juiz a presumir a pena em concreto e extinguir a punibilidade do réu antes mesmo de sentenciar, sob pena de violar o devido processo legal, uma vez que, além de inexistir previsão legal para essa medida, privará o réu da oportunidade de ver-se eventualmente absolvido e o Ministério Público de pretender majorar a pena que poderá ser fixada, em caso de condenação.[2098]

Assim, além dos itens anteriormente expostos, os mencionados acórdãos dedicam à impossibilidade do reconhecimento da prescrição antecipada os seguintes fundamentos:

- violação à CR por ofensa ao "devido processo legal";
- o juiz não pode presumir a pena que irá aplicar, e
- não se pode transacionar sobre a pena, e a condenação não está condicionada à vontade das partes.

No mesmo sentido é a conclusão de Scarance Fernandes, quando afirma que, em casos como o presente, "faltaria justa causa para a ação penal, seja como interesse de agir, na posição de alguns doutrinadores, seja no exame provisório e antecipado de mérito para aferir da justiça da acusação".[2099]

Na demonstração dos principais argumentos que admitem ou repelem o reconhecimento da prescrição em perspectiva, um chama a atenção em especial: o emprego da CR como fundamento da possibilidade de impor-se ao imputado um processo penal cujo resultado é potencialmente inócuo.

Nesse sentido, a verdadeira pena a que foi submetida a pessoa acusada não é a de direito material, mas sim a própria existência do processo. E tal consequência se encontra amparada, nessa parte da jurisprudência, pelo próprio devido processo legal.

Quanto ao argumento da imprevisibilidade do conteúdo da sentença condenatória, ou "prognóstico", tal como afirmado em vários provimentos anteriormente mencionados, é de ser ponderado que a "projeção" é usada em inúmeras passagens do processo penal sem que isso seja tão traumatizante para o Magistrado. Com efeito, ao afirmar a potencial possibilidade de "voltar a delinquir" e, assim, decretar a prisão preventiva de alguém com fundamento na "ordem pública", não está fazendo outra coisa o julgador senão um prognóstico, uma previsão, uma conjectura. E, no entanto, como será visto em outro trecho destes **Comentários** (vide art. 312), isso é plenamente aceito pela maioria da doutrina e da jurisprudência.

Fato é que, também aqui, a ausência de uma verdadeira fase de admissibilidade condizente com a estrutura de um processo penal adequado ao Estado de Direito serve como mola propulsora do desvirtuamento. Se existisse, seria o palco correto para dimensionar a questão e alcançar-se um resultado, aí sim, verdadeiramente condizente com a CR e com a CADH.

11. Prescrição em perspectiva e a posição contemporânea do STF

O Supremo Tribunal Federal em repercussão geral dos questionamentos acerca do reconhecimento da prescrição da pretensão punitiva em perspectiva, virtual ou antecipada, julgou, à unanimidade, a sua

---

[2096] STJ. Data de publicação: *DJ*, 22 set. 1997. p. 46.560. Relator: Anselmo Santiago.
[2097] TRF. 2ª Região. Data de publicação: *DJU*, 4 out. 2002. p. 510. Relator: Juiz Sergio Schwaitzer.
[2098] TRF. 2ª Região. Data de publicação: *DJU*, 21 ago. 2001. Relator: Juiz André Fontes.
[2099] A provável prescrição retroativa e a falta de justa causa para a ação penal. **Caderno de Doutrina e Jurisprudência da Associação Paulista do Ministério Público**. v. 6.

inadmissibilidade sob o fundamento de ausência de previsão legal[2100]:

> Surgindo a prerrogativa de o investigado ter o inquérito em curso no Supremo, cumpre ao Juízo, defrontando-se com recurso em sentido estrito, remeter os autos ao Tribunal competente, atuando este sob o ângulo da revisão do que decidido. Prescrição em perspectiva. Inexiste norma legal que, interpretada e aplicada, viabilize assentar a prescrição da pretensão punitiva considerada possível sentença condenatória.

12. A posição contemporânea do STJ sobre a prescrição em perspectiva

STJ editou a súmula 438 acerca da impossibilidade de reconhecimento da prescrição em perspectiva: "É inadmissível a extinção da punibilidade pela prescrição da pretensão punitiva com fundamento em pena hipotética, independentemente da existência ou sorte do processo penal".

> Art. 398. Revogado pela Lei n. 11.719, de 20-6-2008.
>
> Texto original: Na instrução do processo serão inquiridas no máximo oito testemunhas de acusação e até oito de defesa.
> *Parágrafo único.* Nesse número não se compreendem as que não prestaram compromisso e as referidas.

1. Referência atual

O tema atualmente encontra-se disposto no art. 401, §§ 1º e 2º, deste Código, onde serão feitos os comentários pertinentes.

> Art. 399. Recebida a denúncia ou queixa, o juiz designará dia e hora para a audiência, ordenando a intimação do acusado, de seu defensor, do Ministério Público e, se for o caso, do querelante e do assistente. (Redação dada pela Lei n. 11.719, de 20-6-2008)
>
> § 1º O acusado preso será requisitado para comparecer ao interrogatório, devendo o poder público providenciar sua apresentação. (Incluído pela Lei n. 11.719, de 20-6-2008)
>
> § 2º O juiz que presidiu a instrução deverá proferir a sentença. (Incluído pela Lei n. 11.719, de 20-6-2008)

1. Tramitação legislativa da Lei n. 11.719/2008

A redação apresentada reflete aquela proposta pela Comissão Grinover, nos seguintes termos:

> Art. 399. Recebida a acusação, o juiz designará dia e hora para a audiência, ordenando a intimação do acusado, do Ministério Público e, se for o caso, do querelante e do assistente.
>
> § 1º O acusado preso será requisitado para comparecer ao interrogatório, devendo o Estado providenciar sua apresentação.
>
> § 2º O juiz que presidiu a instrução deverá proferir a sentença. (NR)

No Senado da República, houve a apresentação, pelo i. Senador Antonio Carlos Valadares, de substitutivo para corrigir o flagrante problema surgido com a redação, apresentado nos seguintes termos: "Art. 399. Recebida a acusação, o juiz designará dia e hora para a audiência, ordenando a intimação do defensor, do Ministério Público e, se for o caso, do querelante e do assistente".

A justificativa foi apresentada nos seguintes termos: A proposta consubstanciada no Projeto estabelece a possibilidade de a defesa do réu ser apresentada antes da eventual absolvição sumária prevista no art. 397 do CPP, para tanto sendo providenciada a intimação do acusado (réu), do seu defensor, do Ministério Público e, se for o caso, do querelante ou assistente.

Como de notório saber, o vetor de orientação do Projeto é a alteração substancial no Código de Processo Penal (CPP), de modo a tornar os processos penais mais céleres, eficazes, garantindo a segurança jurídica, o direito de defesa e a não impunidade.

Não obstante, segundo a Associação dos Juízes Federais do Brasil (AJUFE), se por um lado essa regra evidencia um esforço no sentido de garantir o princípio da ampla defesa, por outro, pode tornar o feito mais lento. Dessa feita, buscando inibir qualquer tipo de morosidade processual, a presente Emenda acolhe sugestão dos juízes federais, estabelecendo que a intimação não seja pessoal, e sim na pessoa do advogado (defensor), inclusive porque o réu já terá sido citado pessoalmente para responder à acusação (art. 396 do Projeto) e acompanhar todos os atos do processo.[2101]

[2100] STF. **Inq 3574 AgR**. 1ª Turma. Relator: Min. Marco Aurélio. Data de julgamento: 2 jun. 2015. DJe-114, 15 jun. 2015 (divulg.); 16 jun. 2015 (public.). Acórdão eletrônico.

[2101] BRASIL. Câmara dos Deputados. Disponível em: <http://www.senado.gov.br/sf/atividade/Materia/getHTML.asp?t=11424>. Acesso em: 13 abr. 2022.

O tema foi levado à discussão no Senado[2102] onde se observa claramente a palavra da i. Senadora relatora (Ideli Salvatti – PT/SC) que, especificamente sobre a matéria, assim se pronunciou:

> Em primeiro lugar, o Ministério Público oferece a denúncia. Oferecida a denúncia, o juiz determina a citação do acusado e lhe dá um prazo de dez dias para a apresentação de uma defesa preliminar. Apresentada a defesa preliminar, o juiz julga se a acusação e a defesa têm consistência para dar continuidade ao processo ou se a defesa preliminar é suficientemente substancial, a ponto de ele absolver sumariamente o acusado. Esse procedimento de absolvição sumária, com certeza, eliminará dos tribunais milhares e milhares de processos que vão até as últimas consequências, sem qualquer sustentação consistente para sua continuidade. Não sendo o acusado absolvido sumariamente, o juiz recebe a denúncia e marca uma audiência de instrução e julgamento.

Apresentado dessa forma, o tema foi colocado em debate por *dez minutos*, ocupado pelos Senadores para abordar tema estranho ao projeto em votação, mas politicamente candente naqueles dias (caso "Renan Calheiros"), e somente voltou a ser discutido na fala do i. Senador Demóstenes Torres, que utilizou seu tempo para afirmar: "Quero dizer que a matéria relatada pela Senadora Ideli Salvatti é da maior importância também para a fluência do processo penal, dentro do nosso ordenamento jurídico. Por quê? Porque cria, de forma saudável, princípios do Direito Civil, porque insere princípios do Direito Civil dentro do processo penal", concluindo que "também estamos contribuindo para melhorar o Direito no nosso País". O projeto foi, na sequência, aprovado.

2. Um "segundo recebimento" da denúncia?

A redação induz a um segundo recebimento da denúncia, supostamente ocorrido após ter sido superado o momento da "absolvição sumária" do art. 397. Essa forma de conceber o rito já se apresentava desde os trabalhos iniciais da Comissão Grinover, apenas com as numerações alteradas dos artigos.

Assim, recorde-se o texto apresentado por aquela e. Comissão ao Congresso Nacional:

Inicialmente o sugerido art. 395:

> Nos procedimentos ordinário e sumário, oferecida a denúncia ou queixa, o juiz, se não a rejeitar liminarmente, ordenará a citação do acusado para responder à acusação, por escrito, no prazo de dez dias, contados da data da juntada do mandado aos autos ou, no caso de citação por edital, do comparecimento pessoal do acusado ou do defensor constituído.

Assim, com o afastamento da rejeição liminar, *a denúncia já era recebida e implicava a citação da pessoa acusada*.

Posteriormente, ainda segundo a sugestão da Comissão Grinover, tinha-se sugerido artigo, que à época recebia o número 396, que ocorria após a resposta da pessoa acusada quando citada nos termos que hoje correspondem aos arts. 396 e 396-A: O juiz, fundamentalmente, decidirá sobre a admissibilidade da acusação, recebendo ou rejeitando a denúncia ou queixa.

Essa denúncia seria recebida, assim, uma segunda vez se não fosse a hipótese da sua "absolvição sumária" nos termos hoje tratados no art. 397 e que naqueles trabalhos da Comissão recebeu o mesmo número (ver nestes **Comentários** art. 397).

Uma vez não tendo sido o caso da "absolvição sumária", seria designada a audiência para "instrução, debates e julgamento".

Já havíamos despendido larga crítica a essa estrutura[2103], considerando que o momento do efetivo recebimento era o segundo, e não o primeiro ato jurisdicional, posição essa que, diante da lei aprovada, não pode ser mantida, porquanto a estrutura aponta para a inicial recebida quando o juiz faz a primeira verificação da admissibilidade da causa.

Não é possível conceber o segundo momento como o do recebimento da denúncia, porque não se pode conceber uma "absolvição sumária" de uma acusação não recebida, o que, como já expusemos, seria o ápice de concessão ao modelo abstrato do direito de ação[2104], incompatível com a estrutura constitucional do processo penal.

3. Direito da pessoa acusada a estar presente na audiência

Conforme já discutido nestes **Comentários** quando do art. 186 e o tema do interrogatório por videoconferência, surge como uma manifestação do direito da ampla defesa na modalidade autodefesa a presença da pessoa acusada na audiência que, rigorosamente, não poderia sem ela se realizar, mormente quando o(a) acusado(a) estiver preso(a).

2102 BRASIL. Senado. http://www.senado.gov.br/sf/publicacoes/diarios/pdf/sf/2007/12/05122007/43667.pdf. Acesso em: 13 abr. 2022.

2103 AMBOS, Kai; CHOUKR, Fauzi Hassan. **A reforma do processo penal no Brasil e na América Latina**. São Paulo: Método, 2001.

2104 AMBOS, Kai; CHOUKR, Fauzi Hassan. **A reforma do processo penal no Brasil e na América Latina**. São Paulo: Método, 2001.

Razões de "ordem prática" são sempre sustentadas para justificar o não encaminhamento ao Juízo das pessoas nessas condições, apresentadas pela insuficiência de recursos humanos e materiais pelo Estado. Certamente tais argumentos pragmáticos não se sustentam dentro da racionalidade constitucional e não podem servir de arrimo para impedir a fruição de um direito.

Mais ainda, a não apresentação com base nessas premissas mascara o verdadeiro problema da desestrutura procedimental no processo penal brasileiro, tal como constante nestes **Comentários**, no tópico introdutório ao Capítulo I do Título I do Livro II do Código, quando se iniciou o tratamento do tema do procedimento. Com efeito, o desgaste operacional na condução de presos às audiências somente tem sentido quando se fala de um procedimento ordinário longo, escrito e, portanto, sujeito à fragmentação de atos que inevitavelmente eleva às alturas os custos operacionais, inclusive – e não só – com o deslocamento da pessoa acusada quando custodiada.

Sensível a toda essa situação, o e. STF, ao analisar o HC 86.634 MC/RJ, tendo como relator o Min. Celso de Mello, empregando fundamentos constitucionais e igualmente apoiado de forma explícita na CADH, assim decidiu:[2105]

> A garantia constitucional da plenitude de defesa: uma das projeções concretizadoras da cláusula do *due process of law*. Caráter global e abrangente da função defensiva: defesa técnica e autodefesa (direito de audiência e direito de presença). Pacto internacional sobre direitos civis e políticos/ONU (art. 14, n. 3, "d") e Convenção Americana de Direitos Humanos/OEA (art. 8º, § 2º, "d" e "f"). Dever do Estado de assegurar, ao réu preso, o exercício dessa prerrogativa essencial, especialmente a de comparecer à audiência de inquirição das testemunhas, ainda mais quando arroladas pelo Ministério Público – Razões de conveniência administrativa ou governamental não podem legitimar o desrespeito nem comprometer a eficácia e a observância dessa franquia constitucional.
>
> Doutrina. Precedentes. Medida cautelar deferida. Decisão: Não obstante a incidência, na espécie, da Súmula n. 691/STF, não posso ignorar que os fundamentos que dão suporte a esta impetração revestem-se de inquestionável plausibilidade jurídica, pois o caso ora em exame põe em evidência uma controvérsia impregnada da mais alta relevância constitucional, consistente no pretendido reconhecimento de que assiste, ao réu preso, sob pena de nulidade absoluta, o direito de comparecer, mediante requisição do Poder Judiciário, à audiência de instrução processual em que serão inquiridas testemunhas arroladas pelo Ministério Público.
>
> Tenho sustentado, nesta Suprema Corte, com apoio em autorizado magistério doutrinário (Fernando da Costa Tourinho Filho, *Processo Penal*, v. 3/136, 10. ed., 1987, Saraiva; Fernando de Almeida Pedroso, *Processo penal – o direito de defesa*, p. 240, 1986, Forense; Jaques de Camargo Penteado, *Acusação, defesa e julgamento*, p. 261-262, item n. 17, e p. 276, item n. 18.3, 2001, Millennium; Ada Pellegrini Grinover, *Novas Tendências do direito processual*, p. 10, item n. 7, 1990, Forense Universitária; Antonio Scarance Fernandes, *Processo penal constitucional*, p. 280-281, item n. 26.10, 3. ed., 2003, RT; Rogério Lauria Tucci, *Direitos e garantias individuais no processo penal brasileiro*, p. 189, item n. 7.2, 2. ed., 2004, RT; Antonio Magalhães Gomes Filho, *Direito à prova no processo penal*, p. 154-155, item n. 9, 1997, RT; Vicente Greco Filho, *Tutela constitucional das liberdades*, p. 110, item n. 5, 1989, Saraiva; Jorge de Figueiredo Dias, *Direito processual penal*, v. 1, p. 431-432, item n. 3, 1974, Coimbra Editora, *v.g.*), que o acusado, embora preso, tem o direito de comparecer, de assistir e de presenciar, sob pena de nulidade absoluta, os atos processuais, notadamente aqueles que se produzem na fase de instrução do processo penal, que se realiza, sempre, sob a égide do contraditório, sendo irrelevantes, para esse efeito, "(...) as alegações do Poder Público concernentes à dificuldade ou inconveniência de proceder à remoção de acusados presos a outros pontos do Estado ou do País", eis que "(...) alegações de mera conveniência administrativa não têm – e nem podem ter – precedência sobre as inafastáveis exigências de cumprimento e respeito ao que determina a Constituição (RTJ, 142/477-478. Relator: Min. Celso de Mello).
>
> Esse entendimento, embora minoritário neste Tribunal, tem por suporte o reconhecimento – fundado na natureza dialógica do processo penal acusatório, impregnado, em sua estrutura formal, de caráter essencialmente democrático (José Frederico Marques, O processo penal na atualidade, in *Processo penal e Constituição Federal*, p. 13-20, 1993, Apamagis/Ed. Acadêmica) – de que o direito de audiência, de um lado, e o direito de presença do réu, de outro, esteja ele preso ou não, traduzem prerrogativas jurídicas que derivam da garantia constitucional do *due process of law* e que asseguram, por isso mesmo, ao acusado, o direito de comparecer aos atos processuais a serem realizados perante o juízo processante, ainda que situado este em local diverso daquele em que esteja custodiado o réu. Vale referir, neste ponto, ante a extrema pertinência de suas

---

[2105] STF. **HC 86.634 MC/RJ**. Relator: Min. Celso de Mello.

observações, o douto magistério de Rogério Schietti Machado Cruz (*Garantias processuais nos recursos criminais*, p. 132-133, item n. 5.1, 2002, Atlas): "A possibilidade de que o próprio acusado intervenha, direta e pessoalmente, na realização dos atos processuais, constitui, assim, a autodefesa (...). Saliente-se que a autodefesa não se resume à participação do acusado no interrogatório judicial, mas há de estender-se a todos os atos de que o imputado participe. (...). Na verdade, desdobra-se a autodefesa em 'direito de audiência' e em 'direito de presença', é dizer, tem o acusado o direito de ser ouvido e falar durante os atos processuais (...), bem assim o direito de assistir à realização dos atos processuais, sendo dever do Estado facilitar seu exercício, máxime quando o imputado se encontre preso, impossibilitado de livremente deslocar-se ao fórum.

Incensurável, por isso mesmo, sob tal perspectiva, a decisão desta Suprema Corte, de que foi Relator o eminente Ministro Leitão de Abreu, em acórdão assim ementado (*RTJ* 79/110):

Habeas corpus. Nulidade processual. O direito de estar presente à instrução criminal, conferido ao réu, assenta na cláusula constitucional que garante ao acusado ampla defesa. A violação desse direito importa nulidade absoluta, e não simplesmente relativa, do processo. Nulidade do processo a partir dessa audiência. Pedido deferido.

Cumpre destacar, nesse mesmo sentido, inúmeras outras decisões emanadas deste Supremo Tribunal Federal, que consagraram entendimento hoje não mais prevalecente nesta Corte (RTJ, 64/332; RTJ, 66/72; RTJ, 70/69; RTJ, 80/37; RTJ, 80/703), cabendo registrar, por relevante, julgamento em que esta Suprema Corte reconheceu essencial a presença do réu preso na audiência de inquirição de testemunhas arroladas pelo órgão da acusação estatal, sob pena de ofensa à garantia constitucional da plenitude de defesa:

Habeas corpus. Nulidade processual. O direito de estar presente à instrução criminal, conferido ao réu e seu defensor, assenta no princípio do contraditório. Ao lado da defesa técnica, confiada a profissional habilitado, existe a denominada autodefesa, através da presença do acusado aos atos processuais. [*RTJ* 46/653. Relator: Min. Djaci Falcão – grifo nosso]

Essa orientação, hoje minoritária nesta Suprema Corte (que não vislumbra a ocorrência de nulidade absoluta na preterição dessa formalidade essencial), reflete-se no magistério jurisprudencial de outros Tribunais (RT 522/369; RT 537/337; RT 562/346; RT 568/287; RT 569/309; RT 718/415): "O direito conferido ao réu de estar presente à instrução criminal assenta-se na cláusula constitucional que garante ao acusado ampla defesa. A violação desse direito importa nulidade absoluta, e não apenas relativa, do processo" (RT 607/306. Relator: Des. Baptista Garcia). Não constitui demasia assinalar, neste ponto, analisada a função defensiva sob uma perspectiva global, que o direito de presença do réu na audiência de instrução penal, especialmente quando preso, além de traduzir expressão concreta do direito de defesa (mais especificamente da prerrogativa de autodefesa), também encontra suporte legitimador em convenções internacionais que proclamam a essencialidade dessa franquia processual, que compõe o próprio estatuto constitucional do direito de defesa, enquanto complexo de princípios e de normas que amparam qualquer acusado em sede de persecução criminal, mesmo que se trate de réu processado por suposta prática de crimes hediondos ou de delitos a estes equiparados.

A justa preocupação da comunidade internacional com a preservação da integridade das garantias processuais básicas reconhecidas às pessoas meramente acusadas de práticas delituosas tem representado, em tema de proteção aos direitos humanos, um dos tópicos mais sensíveis e delicados da agenda dos organismos internacionais, seja em âmbito regional, como o Pacto de São José da Costa Rica (art. 8º, § 2º, "d" e "f"), aplicável ao sistema interamericano, seja em âmbito universal, como o Pacto Internacional sobre Direitos Civis e Políticos (art. 14, n. 3, "d"), celebrado sob a égide da Organização das Nações Unidas, e que representam instrumentos que reconhecem, a qualquer réu, dentre outras prerrogativas eminentes, o direito de comparecer e de estar presente à instrução processual, independentemente de achar-se sujeito, ou não, à custódia do Estado.

Devo reconhecer, no entanto, lealmente, que esse entendimento já não mais prevalece na jurisprudência desta Corte (RTJ, 137/720; RTJ, 139/161; RTJ, 139/519; RTJ, 152/533; RTJ, 175/1065, *v.g.*), consoante evidencia recente decisão proferida pelo Supremo Tribunal Federal, na qual – fiel à minha pessoal convicção – restei vencido como Relator originário da causa, pois entendia revelar-se essencial e imprescindível, tratando-se de réu preso, a sua requisição para comparecer e assistir à instrução processual, sob pena de nulidade absoluta:

Recurso ordinário em *habeas corpus*. 2. Oitiva de testemunhas por precatória. 3. Prescindibilidade da requisição do réu preso, sendo bastante a intimação do defensor da expedição da carta precatória. 4. Desnecessidade de intimação do advogado da data da inquirição da testemunha. 5. Precedentes. 6. Recurso desprovido" (RHC 81.322/SP, rel. p/ o acórdão Min. Gilmar Mendes).

A despeito dessa diretriz consagrada pela jurisprudência desta Suprema Corte, em relação à qual guardo respeitosa divergência, tenho para mim que a magnitude do tema constitucional versado na presente impetração impõe que se conceda a medida cautelar ora postulada, seja para impedir que se desrespeite uma garantia instituída pela Constituição da República em favor de qualquer réu, seja para evitar eventual declaração de nulidade do processo penal instaurado contra o ora paciente e em curso perante a Justiça Federal da Seção Judiciária do Estado do Rio de Janeiro. Com o deferimento desse provimento cautelar, permitir-se-á, ao Supremo Tribunal Federal, a reapreciação de sua diretriz jurisprudencial, quer para mantê-la, quer para revê-la. Sendo assim, e tendo em consideração as razões expostas, defiro o pedido de medida cautelar, para suspender, provisoriamente, até final julgamento da presente ação de *habeas corpus*, o andamento do Processo-crime n. 2004.5101508953-0 (5ª Vara Federal Criminal da Seção Judiciária do Estado do Rio de Janeiro), sustando, inclusive, a realização da audiência de instrução já designada para o próximo dia 14 de setembro de 2005 (fls. 118) (data da decisão: 12 de setembro de 2005).

4. O princípio da "identidade física do juiz"

Na doutrina e na jurisprudência brasileiras, era dominante a compreensão dando pela inexistência da chamada "identidade física do juiz". Em outras palavras, ao longo de um procedimento sempre burocrático e multifásico, poderia haver tantos juízes quantos, no limite, fossem os atos processuais fracionados até que, em última análise, o juiz que venha a decidir sobre o mérito da causa não tenha tido com ela qualquer contato.

Assim, os reflexos dessa compreensão podiam ser vistos em julgados como os que apreciam:

Que "o princípio da identidade física do juiz não está consagrado no sistema processual penal".[2106]

Que

> não há nulidade no fato de se realizar o interrogatório do paciente, preso em outra comarca, mediante carta precatória, posto que não vigora no processo penal brasileiro o princípio da identidade física do juiz, assim como não há imposição legal quanto ao deslocamento de réu preso para o fim de ser interrogado.[2107]

Que, entendem, enfim, que "a matéria, por ora, é de alçada literária".[2108]

Malgrado todas as respeitáveis opiniões em sentido contrário, apontamos desde a primeira edição destes **Comentários** que a ideia do fracionamento do órgão julgador na forma como ortodoxamente contemplada pela doutrina e jurisprudência brasileiras não resistia à leitura constitucional.

O argumento dominante era, então, a mera literalidade do Código de Processo Penal, considerando-se que "O princípio da identidade física do juiz é instituto de processo civil, sem vigência face ao Estatuto Processual Penal em vigor".[2109]

Com efeito, a alteração legislativa fulminou o argumento da ausência de previsão legal, sendo importante verificar que, no modelo acusatório constitucionalmente estabelecido, a figura do juiz competente – objetiva e subjetivamente – alicerça o próprio conceito de prova, como igualmente acabou por ser estabelecido a partir de 2008. E não por acaso. O juiz que colhe a prova é aquele perante o qual as partes produziram seus argumentos, suas razões e exercitaram seus meios de convencimento.

A substituição do julgador só é vista com naturalidade a partir do momento em que se aceita o baixo grau de oralidade, concentração dos atos processuais e, por consequência, mediação na produção das provas (típicos do sistema inquisitivo).

4.1 Posição singular na jurisprudência sobre o princípio da identidade física do Juiz

Nada obstante, permanece a compreensão do potencial desprezo a esse "princípio", considerando-se que "A aplicação do princípio da identidade física do juiz no processo penal antes do advento da Lei n. 11.719/2008, sob a perspectiva da instrumentalidade das formas, impunha reconhecer nulidade apenas no caso de patente descompasso entre a decisão e as provas colhidas".[2110]

No mais, costuma-se excepcionar, na jurisprudência, a ofensa ao princípio quando

> o magistrado que presidiu a instrução encontra-se afastado por um dos motivos dispostos no art. 132 do CPC – aplicado subsidiariamente, conforme permite o art. 3º do CPP, em razão da ausência de norma que regulamente o referido preceito em matéria penal" [2111] ou, mais amplamente, "assim, diante da ausência de outras normas específicas que regulamentem o mencionado dispositivo legal, o STJ entende dever ser

---

[2106] STJ. Data de publicação: 13 dez. 1999. p. 169. Relator: Felix Fischer.
[2107] STJ. Data de publicação: 30 jun. 2003. p. 268. Relator: Felix Fischer.
[2108] STJ. Data de publicação: 26 fev. 1996. p. 4.118. Relator: Luiz Vicente Cernicchiaro.
[2109] *RJTACrim*, 19/65.
[2110] STJ. **HC 104.075/SE**. Redator para acórdão: Min. Luiz Fux. (*Info* 633).
[2111] STJ. **HC 133.407**. 5ª Turma. Relator: Min. Jorge Mussi. Data de julgamento: 3 fev. 2011.

admitida a mitigação do aludido princípio nos casos de convocação, licença, promoção, aposentadoria ou afastamento por qualquer motivo que impeça o juiz que presidiu a instrução a sentenciar o feito, por aplicação analógica, devidamente autorizada pelo art. 3º do CPP, da regra contida no art. 132 do CPC. Ao prosseguir o julgamento, a Turma concedeu a ordem para anular a sentença proferida contra o paciente.[2112]

Ainda, o TRF da 2ª Região (Proc. 2009.02.01.000069-0) decidiu que o art. 3º do Código de Processo Penal admite a "interpretação extensiva e aplicação analógica, bem como o suplemento dos princípios gerais de direito". No entendimento do magistrado, isso significa que deve ser aplicado, no caso, o art. 132 do Código de Processo Civil, que estabelece justamente que "o juiz, titular ou substituto, que concluir a audiência julgará a lide, salvo se estiver convocado, licenciado, afastado por qualquer motivo, promovido ou aposentado, casos em que passará os autos ao seu sucessor". Para o relator, é com base nessa regra que deve ser interpretada a Lei n. 11.719/2008:

> A necessidade de relativização fica até mais evidente no Processo Penal, diante de processos com réus presos, que não poderiam, obviamente, aguardar o retorno de licença ou férias, para que fossem sentenciados. Do mesmo modo, se o juiz foi promovido, removido ou designado para outra vara, não deve perdurar a vinculação, diante do afastamento do juiz da vara competente para o processamento e julgamento. O princípio, todavia, é de grande importância para se impedir a prática alternadamente entre juízes na mesma vara, especialmente quando houve colheita de prova, como depoimentos e interrogatório.

No caso concreto, o Ministério Público Federal postulava exatamente o oposto, afirmando que a pessoa física do juiz (e não a vara) que presidira a instrução, e que analisara as provas, teria melhores condições de dar uma sentença "mais fiel ao sentido do conjunto probatório da causa do que aquela que dela conhecer apenas pelo que estiver reproduzido nos autos".

> Art. 400. Na audiência de instrução e julgamento, a ser realizada no prazo máximo de 60 (sessenta) dias, proceder-se-á à tomada de declarações do ofendido, à inquirição das testemunhas arroladas pela acusação e pela defesa, nesta ordem, ressalvado o disposto no art. 222 deste Código, bem como aos esclarecimentos dos peritos, às acareações e ao reconhecimento de pessoas e coisas, interrogando-se, em seguida, o acusado. (Redação dada pela Lei n. 11.719, de 20-6-2008)

1. Tramitação legislativa da Lei n. 11.719/2008

Nos trabalhos iniciais da Comissão Grinover, o texto correspondente ao do artigo sancionado tinha redação com marcantes diferenças, como se observa:

> Art. 400. Na audiência de instrução e julgamento, a ser realizada no prazo máximo de trinta dias, proceder-se-á à tomada de declarações do ofendido, se possível, à inquirição das testemunhas arroladas pela acusação e pela defesa, nesta ordem, bem como aos esclarecimentos dos peritos, às acareações e ao reconhecimento de pessoas e coisas, interrogando-se, em seguida, o acusado.

Quando da passagem pelo Senado, foi inserida a menção ao art. 222 no *caput* do presente artigo, com a redação assim sugerida: "Art. 400. Na audiência de instrução e julgamento, a ser realizada no prazo máximo de 60 (sessenta) dias, proceder-se-á à tomada de declarações do ofendido, se possível, à inquirição das testemunhas arroladas pela acusação e pela defesa, nesta ordem preferencialmente, ressalvado o disposto no art. 222 deste Código, bem como aos esclarecimentos dos peritos, às acareações e ao reconhecimento de pessoas e coisas, interrogando-se, em seguida, o acusado." (NR), sob a justificativa de que a sugestão guarda correspondência com a atual lei de entorpecentes (Lei n. 11.343/2006). As testemunhas, embora arroladas pelas partes, devem depor sobre os fatos que conhecem, não havendo presunção de que irão beneficiar, deliberadamente, acusação ou defesa. A inversão na ordem, por si só, não gera prejuízo, e toda a sistemática de nulidades deve ser pautada pelo prejuízo causado à defesa.[2113]

A posição legislativa abria as portas para a problemática inversão da ordem de oitiva, o que acabou sendo rechaçado na redação final sancionada, que retirou da redação o termo "preferencialmente".

2. Conceito de "instrução criminal"

A expressão "instrução criminal" pode apresentar concepções distintas de acordo com as premissas dogmáticas empregadas na sua utilização. Para além das meras divagações acadêmicas, o conceito de instrução reveste-se de suma importância, porque integra um dos fundamentos da prisão preventiva, conforme o disposto no art. 312 deste Código, por exemplo.

E, diante daquilo que já foi exposto nestes ***Comentários*** sobre a estrutura da norma processual penal, não é possível que se funde uma constrição

---

2112 STJ. **HC 185.859**. 6ª Turma. Relator: Min. Sebastião Reis Jr. Data de julgamento: 13 set. 2011.
2113 BRASIL. Senado. Disponível em: <http://www.senado.gov.br/sf/atividade/Materia/getHTML.asp?t=11191>. Acesso em: 13 abr. 2022.

da liberdade com base numa norma aberta, de conteúdo não precisado. À míngua de uma clara definição legal sobre o conceito de "instrução criminal", é necessário, em primeiro plano, indagar os limites da aplicação da palavra instrução.

Inicialmente, deve ficar registrada a forte inclinação do direito pátrio para incluir na locução acima a fase investigativa, sendo que inúmeras manifestações doutrinárias e jurisprudenciais empregarão a "conveniência" da instrução como fundamento da constrição cautelar, e dirão, que caso a pessoa suspeita esteja sendo "inconveniente" com sua conduta (ameaçando testemunhas, por exemplo) ainda durante a investigação – na modalidade inquérito policial, por exemplo –, ela poderá ser presa cautelarmente.[2114]

No entanto, o emprego de "instrução" para a fase investigativa tende a produzir efeitos sistêmicos não menos danosos, sendo um dos fatores determinantes para que esses mesmos setores doutrinários e jurisprudenciais emprestem *similaridade* dos atos de investigação aos judiciais, aceitando potencialmente com isso que sentenças de mérito venham a ser proferidas com base na "instrução" investigativa.

Por outro lado, mesmo quando se analisa o desenvolvimento da "relação processual em juízo", nem sempre se vê com a devida clareza quando a instrução efetivamente começa ou termina. Exemplo da primeira situação – quando começa a instrução – está na discussão sobre o papel processual do interrogatório da pessoa acusada, conforme já debatido nestes **Comentários** (vide arts. 185 e seguintes). No segundo caso, pode-se exemplificar com a estrutura do Código, que permite atos instrutórios após as postulações das partes e mesmo na fase recursal, *ex officio*.

Outro exemplo claro dessa dificuldade de enxergar a conclusão da instrução num processo de conhecimento é o que se dá no procedimento especial do tribunal do júri, quando a instrução somente é finalizada com a realização da sessão plenária na qual, perante os verdadeiros juízes naturais da causa, a produção probatória se desenvolve. Isso significa dizer que, ao lado da insubsistência da "prisão decorrente de pronúncia", tal como prevista neste Código e abordada nestes **Comentários**, é fundamento legítimo a partir da premissa constitucional adotada aqui para o conceito de instrução que a pessoa acusada que se evada para frustrar a realização da sessão plenária tenha sua liberdade constrita.

3. Emenda Constitucional n. 45/2004: duração razoável e celeridade do processo

A EC n. 45/2004 reforçou no direito brasileiro a existência de uma duração razoável para a prestação jurisdicional, já em vigor entre nós com a CADH, em seu art. 8º, e que agora ganha com o texto acrescido da Constituição a seguinte disposição: "Art. 5º (...) LXXVIII – a todos, no âmbito judicial e administrativo, são assegurados a razoável duração do processo e os meios que garantam a celeridade de sua tramitação". Tal base constitucional colocava em xeque toda a estrutura processual com seus ritos fragmentados e marcado por lacunas de oralidade.

É da estrutura lógica dos países de tradição da *civil law* a busca de conceitos sempre fechados para suas disposições legais. No caso concreto, a busca do conceito de duração razoável tende a levar a impasses na dogmática e na jurisprudência. Como não há, no direito brasileiro, tradição de enfrentamento da matéria, seja porque largamente a dogmática nunca dela se ocupou com consistência e regularidade, seja porque não há uma análise sedimentada da jurisprudência internacional, com o exame dos julgados da Corte Interamericana de Direitos do Homem ou mesmo da Corte Europeia de Direitos do Homem, nos quais alguns antecedentes poderiam ser encontrados, nesse primeiro momento (na verdade, um momento que existe legislativamente desde 1992, quando a CADH entrou em vigor entre nós) de abordagem haverá uma tendência ao emprego da literatura comparada.

No cenário latino-americano, a Argentina tem produzido há tempos bases dogmáticas acerca da duração razoável do processo, cabendo a Pastor[2115] uma das obras mais alentadas sobre o assunto.

Nela, há pontos essenciais de reflexão, a saber: (i) é possível a construção de um conceito "fechado" de razoabilidade?; (ii) quais as consequências jurídicas da superação do "prazo razoável", tenha ele ou não um conceito determinado?".

Para o festejado autor argentino, indo de encontro à doutrina dominante sobre o tema que trabalha com a abertura do conceito de razoabilidade, a dizer, sem a definição prévia do que venha a ser o prazo razoável, há a necessidade de definição legal da duração processual, tomando como base, para o direito argentino, os prazos máximos de duração da prisão cautelar.[2116]

Com efeito, nada obstante a dificuldade de construir um conceito fechado para "duração razoável do processo", entendemos ser necessário esforço diferenciado para alcançar essa definição, mormente em um país com nossa tradição histórica de violação aos direitos fundamentais e ainda com largas parcelas

---

2114 PACHECO, 2009, p. 1.009 e segs.
2115 PASTOR, Daniel. **El plazo razonable en el proceso del estado de derecho**. Buenos Aires: Ad-Hoc, 2002.
2116 PASTOR, Daniel. **El plazo razonable en el proceso del estado de derecho**. Buenos Aires: Ad-Hoc, 2002. p. 488.

dos operadores do direito ideologicamente fincados na inquisitividade processual.

Assim, malgrado a correta observação de Silva Franco[2117] quanto ao espírito de entendimento de que o prazo razoável não venha a ser compreendido em desfavor da pessoa acusada, a cultura inquisitiva atrás mencionada tendentemente provocará a deformação da interpretação, não raras vezes ancorada em dificuldades materiais de operacionalização do aparato judicial, justificativa essa que, como se verá na sequência destes **Comentários**, também não mais pode ser aceita de forma passiva.

O tema da delimitação temporal da prestação jurisdicional (empregando-se aqui um vocábulo mais amplo para compreender a tutela de conhecimento e as "medidas" cautelares), como já apontado nestes **Comentários**, sempre teve no direito brasileiro uma vocação para recair sobre as "medidas" cautelares, notadamente as de caráter pessoal, embora as medidas patrimoniais cautelares também tenham delimitação temporal supostamente rigorosa.

Com a nova redação constitucional, deve ainda ficar mais clara a necessidade de delimitação temporal *da tutela de conhecimento tanto quanto da tutela cautelar* (vide **Comentários** ao art. 648).

Assim, não é mais possível a manutenção do cenário atual, em que, superado o prazo fixado em lei para a duração das medidas cautelares, o processo de conhecimento se protrai no tempo de forma indefinida, não raras vezes tanto quanto dure a prescrição da pena "em abstrato".

Enfim, o discurso do processo como pena em si. Fundamentalmente duas situações podem ser identificadas para a análise inicial:

- a existência de um processo de conhecimento sem a incidência de qualquer medida cautelar;
- a existência de um processo de conhecimento com uma medida cautelar de ordem pessoal.

Certamente, a ideia de duração razoável, com a redação constitucional, escapa dos limites até hoje tratados, ou seja, quando da ocorrência de uma medida cautelar (*vide* art. 648 nestes **Comentários**). Razoabilidade (concretamente determinada) incide claramente na tutela de conhecimento, englobando toda a atividade persecutória estatal.

Não é possível a acomodação, por força do texto constitucional, com situações nas quais a pessoa acusada se vê submetida a uma "relação processual" que se prolonga até alcançar a prescrição regulada pela pena em abstrato.

E assim não o é porque nessas hipóteses a norma penal material se vê suplantada pelo processo que, em si, passa a ser a verdadeira pena. Também por tal razão, a dizer, a impossibilidade de assimilar-se duração razoável à prescrição, não se pode usar analogicamente o art. 109 do Código Penal como parâmetro, pois aquela tabela diz respeito à prescrição e nada além.

Neste ponto, apontávamos em edições anteriores destes **Comentários** que o legislador deverá intervir prontamente para assegurar por via ordinária a necessária estipulação legal do prazo razoável.

Intervenção esta que, por sinal, não seria inédita no ordenamento brasileiro pós-CR/88. Com efeito, a "lei de combate ao crime organizado", em sua edição reformada (Lei n. 9.034/1995, alterada pela Lei n. 9.303/1996), dispõe em seu art. 8º que "o prazo para encerramento da instrução criminal, nos processos por crime de que trata esta Lei, será de 81 (oitenta e um) dias, quando o réu estiver preso, e de 120 (cento e vinte) dias, quando solto".

Tal disciplina legal, embora incorra no crônico problema de regular a duração da "instrução", a dizer, limitando-se a regrar temporalmente a produção de alguns poucos atos processuais, teve o mérito de dispor com clareza para a duração do processo de conhecimento e discernir as situações nas quais haja réu preso ou solto.

Nessa situação, o tema se torna um pouco mais complexo, podendo-se indagar se a fixação do limite para a tutela cautelar se projeta também para a tutela de conhecimento. Exemplificativamente, se o prazo de 81 dias construído pela jurisprudência e durante largo tempo assumido pela doutrina é, não só, o máximo para a duração da medida cautelar pessoal como, *também*, o máximo para a tutela de conhecimento.

Dentro de uma perspectiva acusatória da constrição cautelar, inclusive com a superação do conceito de "medidas", tal como exposto nestes **Comentários**, dotando a cautelaridade de seus pressupostos meramente instrumentais – e jamais como antecipação de pena –, o fim do prazo para a constrição deveria acarretar consequências, igualmente, na própria duração do processo de conhecimento, conforme adiante se verá.

Tal conclusão quer nos parecer logicamente decorrente do sistema constitucional, pois a extensão do processo de conhecimento depois de expirado o prazo para constrição cautelar indica claramente que a restrição da liberdade não tinha um propósito instrumental, mas antecipatório da pena.

Esta, pois, uma primeira consequência direta: *a duração razoável do processo deve abarcar a prestação jurisdicional como um todo, e não meramente uma instância de julgamento, tampouco apenas uma parte do procedimento.*

O ponto de partida que se sugere para a construção legislativa desse prazo tende a levar em conta *quantum* mínimo previsto para o tipo penal material

---

2117 FRANCO, Alberto Silva. Prazo razoável e o estado democrático de direito. **Boletim IBCCRIM**, São Paulo, v. 13, n. 152, p. 6-7, jul. 2005.

que se apura e, na essencial adaptação legislativa que deve efetivamente regular essa razoabilidade, pode vir a se constituir na pena mínima aplicada ou numa fração desta, levando-se em conta variáveis como a possibilidade de crimes em concurso formal ou material. Isso porque parece ser lógico que, quando o processo tem uma duração maior que a pena minimamente prevista – e que potencialmente pode vir a ser a aplicada –, será ele, o processo, potencialmente a verdadeira pena, e não a sanção material.

Se o caminho efetivamente for esse, fica claro que todo o modelo de definição do conteúdo e estabilidade da acusação/imputação, tal como exposto nestes **Comentários**, também deverá ser obrigatoriamente reformado e, no limite, o procedimento ordinário, tal como previsto no Código "em vigor", também não subsiste.

Mas, para além da delimitação, é necessário observar a ocorrência das sanções (processuais) da inobservância. Como aponta Pastor, uma vez mais[2118], as conclusões aqui também expostas, de monta muito inferior à complexidade da obra do festejado autor argentino, exigem uma completa revisão dos postulados anteriores ao texto constitucional, seja na sua forma original de 1988, seja acrescido da CADH e ainda mais robustecido pela EC n. 45 neste tópico específico.

Parece inócua a existência da previsão do prazo razoável caso não advenha dela qualquer *sanção processual*, contentando-se o operador (ou o ordenamento) com meras sanções posteriores de cunho notadamente patrimonial ou mesmo administrativas em relação aos agentes públicos envolvidos.

Um resultado sancionador a ser considerado é o da terminação imediata do feito, posição esta que já mereceu a atenção da doutrina[2119], para quem o

> ideal é operar na dimensão processual, com a extinção do feito pela demora excessiva (ou a pena de *inutilizzabilità* do art. 407.3 do CPP italiano), em prazos muito inferiores aos da prescrição (até porque, o objeto aqui é outro). Mas isso ainda encontra sérias resistências e o modelo brasileiro não contempla nenhuma solução verdadeiramente processual.

Essa também foi a conclusão previamente alcançada por Pastor na obra mencionada[2120], ao sugerir que a superação do prazo razoável venha a se constituir numa causa de finalização antecipada do processo, fazendo nascer para o Estado a proibição de continuar com a persecução penal na medida em que houve a quebra de um direito fundamental. Para o autor mencionado, contudo, parece não ser possível que advenha uma sanção nesse processo finalizado. A sanção que recai sobre o Estado pela superação do prazo razoável é a da impossibilidade de aplicação da norma de direito penal.

Parece-nos inadequada a nossa tradição jurídica – ou ao menos enquanto um passo histórico intermediário, até que se desenvolva uma cultura processual penal adequadamente acusatória – cogitar num "julgamento conforme o estado do processo" diante da superação do prazo fechado ou impor a dissolução da causa por esse mesmo motivo.

Sem embargo, afigura-nos ineficaz prever a duração razoável e admitir sua superação sem qualquer sanção *processual*, no feito em que a violação ocorreu. Assim, ao lado do estabelecimento de um critério legal de prazos fechados, pode-se cogitar que no feito em que houve a superação injustificada do prazo razoável, e sendo o caso de condenação, o que foi superado temporalmente seja abatido da condenação. Tal solução nada mais é que a extensão para o processo de conhecimento da regra já existente na esfera cautelar, quando o prazo da prisão anterior da sentença definitiva é abatido da pena. Para os casos em que se chegue à solução de absolvição, quer nos parece não restará alternativa senão a indenização patrimonial, cuja estrutura haverá de ser explicitada legislativamente e de forma específica para o processo penal.

A sanção processual *interna* no feito em que o direito fundamental foi violado pode, no entanto, *coexistir* com outras de caráter patrimonial, creditados à vítima pelo Estado, ou com a responsabilização dos agentes públicos que deram causa à violação da norma constitucional.

3.1 Duração razoável do processo na nova estrutura procedimental

No presente artigo, houve a previsão do encerramento do prazo de sessenta dias para a realização da audiência de instrução, debates e julgamento, não havendo distinção da situação entre haver prisão cautelar determinada ou não.

Nada obstante, nada se prevê, como no regime anterior, para a efetiva entrega jurisdicional, compreendendo a atividade de segundo grau.

Igualmente, a superação do prazo estipulado nada contém de expressa previsão sancionadora, cabendo apenas a interpretação do art. 648, nesse tópico, como se passava na legislação anterior.

Mas, diversamente do regime precedente, a legislação renovada nada distingue a duração do processo (*rectius*: de uma parte do procedimento) entre

---

[2118] 2002, p. 547.
[2119] LOPES JR., Aury. A (de)mora jurisdicional e o direito de ser julgado em um prazo razoável no processo penal. **Boletim IBCCRIM**, São Paulo, v. 13, n. 152, p. 4-5, jul. 2005.
[2120] PASTOR, Daniel. **El plazo razonable en el proceso del estado de derecho**. Buenos Aires: Ad-Hoc, 2002. p. 541.

pessoas acusadas soltas ou presas e, quanto a estas últimas, incrementou o emprego de jargões como razoabilidade e proporcionalidade.

4. Ordem de oitiva e sua inversão: nulidade

No regime atual, o STJ já considerou que a inversão na ordem de oitiva dos depoimentos das testemunhas de acusação e defesa não gera nulidade, especialmente se não for demonstrado nenhum prejuízo para o paciente.[2121]

4.1 Inversão de oitivas e carta precatória – *vide* artigo 222 nestes *Comentários*

4.2 Greve e prazos processuais

Ao lado dos **Comentários** já efetuados no art. 648, acresça-se a discussão, uma vez mais, da fruição dos prazos em períodos de paralisação do Judiciário em virtude de greve.

Em casos tais, não raras vezes se tem que

> Havendo eventual dilação prazal para a conclusão do feito, por motivo de força maior – greve dos servidores do Poder Judiciário –, tendo os elementos e dados do caso específico se mostrado complexos e, estando os atos processuais regularizados, não há se falar em ilegalidade prejudicial ao paciente.[2122]

5. A posição topográfica da Defesa na sala de audiências – Lei n. 14.508, de 27 de dezembro de 2022

Fruto direto das discussões havidas na ADI 4768 (vide comentários no art. 257) a aprovação Lei n. 14.508, de 27 de dezembro de 2022 culmina um processo legislativo iniciado com o PL 6262/2016 da autoria do Carlos Bezerra – PMDB/MT que, na justificativa da sua proposta de lei destacou que "Em rápidas palavras, pode-se dizer que paridade de armas é a igualdade de tratamento entre as partes no curso do processo, em relação ao exercício de direitos e faculdades, aos meios de defesa, aos ônus e deveres, à oportunidade de manifestação e à aplicação de sanções processuais. Essa igualdade alcança a posição topográfica dos patronos dos contendores, que não pode ser privilegiada em relação a nenhum deles, seja no que se refere à proximidade ou ao distanciamento do juiz, seja no que concerne à visibilidade."[2123]

A condição igualitária entre Defensores e Magistrados e, por extensão, ao órgão acusador público é objeto de debate há tempos entre os que têm o marco constitucional-convencional como estruturantes do processo penal[2124] e mesmo em caso individual as normas da afirmada quebra de isonomia já foram reconhecidas como inconstitucionais[2125].

Assim, pela nova legislação, nas "audiências de instrução e julgamento" será preservada a equidistância o que, no caso do processo penal, afigura-se como restrição incompreensível pois, pela rigorosa literalidade da norma isso não se aplicaria às audiências de custódia ou, mesmo, às audiências de admissibilidade na fase de pronúncia, no júri, ainda que se reconheça que, em determinadas situações, possam ser elas terminativas.

Daí por que a interpretação que se projeta como a mais provável é a extensão dessa configuração espacial também nestas outras audiências.

> § 1º As provas serão produzidas numa só audiência, podendo o juiz indeferir as consideradas irrelevantes, impertinentes ou protelatórias. (Incluído pela Lei n. 11.719, de 20-6-2008)

1. Tramitação legislativa da Lei n. 11.719/2008

O texto sancionado fazia parte dos trabalhos da Comissão Grinover, com a seguinte redação:

> Art. 400. Na audiência de instrução e julgamento, a ser realizada no prazo máximo de trinta dias, proceder-se-á à tomada de declarações do ofendido, se possível, à inquirição das testemunhas arroladas pela acusação e pela defesa, nesta ordem, bem como aos esclarecimentos dos peritos, às acareações e ao reconhecimento de pessoas e coisas, interrogando-se, em seguida, o acusado. Parágrafo único. As provas serão produzidas numa só audiência, podendo o juiz indeferir as consideradas irrelevantes, impertinentes ou protelatórias (NR).

[2121] HC 83.758/MT. Relator: Min. Arnaldo Esteves Lima. Data de julgamento: 18 jun. 2009.

[2122] TJ-MT. **HC 00826403420108110000 82640/2010**. 1ª Câmara. Relator: Des. Juvenal Pereira da Silva. Data de julgamento: 19 out. 2010. Data de publicação: 10 nov. 2010.

[2123] Texto disponível em: <https://www.camara.leg.br/proposicoesWeb/prop_mostrarintegra?codteor=1497441&filename=PL%206262/2016>. Acesso em: 28 dez. 2022.

[2124] Entre vários textos a respeito, ver: ROSA, Karine Azevedo Egypto et al. A Disposição cênica das salas de audiências e tribunais brasileiros: a inconstitucionalidade da prerrogativa de assento do Ministério Público no processo penal. **Revista da Defensoria Pública do Estado do Rio Grande do Sul**, n. 18, p. 49-73, 2017.

[2125] E assim analisadas por STRECK, Lenio Luiz. A concepção cênica da sala de audiências e o problema dos paradoxos. **Revista de Estudos Criminais**, Porto Alegre, v. 6, n. 22, p. 57-74, abr./jun. 2006. Disponível em: <http://200.205.38.50/biblioteca/index.asp?codigo_sophia=60149>. Acesso em: 28 dez. 2022.

2. Oralidade como traço característico do modelo acusatório

Repetimos aqui certas observações feitas a propósito de trabalho anterior[2126] sobre o tema:

Ao analisar a busca pelo juízo penal público como decorrência da evolução histórica e ideológica do processo penal na sociedade argentina, Maier apresenta suas características fundamentais, assentando que

> Ella implica, sintéticamente, presencia ininterrumpida del imputado, su defensor, el acusador, los jueces que van a dictar el fallo, y, en su caso, los demás sujetos procesales durante todo el debate que incorpora los elementos – únicos – en los cuales se puede fundar la decisión (inmediación), que ese debate sea oral, para posibilitar su continuidad, tanto interna como con la sentencia final, y su desarrollo en un lapso breve, que los actos que lo integran sean los únicos idóneos para fundar la decisión y, finalmente, que los jueces que presencian ininterrumpidamente ese debate sean los únicos habilitados a dictar la sentencia (identidad física). Tal forma de juicio justo representa **transparencia republicana**. [Maier, 1991, grifo nosso]

Com efeito, os atos marcados pela oralidade acabam se revestindo nessa ótica de "transparência republicana" como os únicos capazes de constituir-se num apoio válido para a sentença[2127], não se esquecendo da advertência de que

> por lo general, la oralidad no abarca todas las fases del proceso. Todavía aparece incrustada la instrucción, con mayor o menor incidencia en la fase de juicio, concluindo-se que la verdad es que "un proceso penal es oral, si la fundamentación de la sentencia se realiza exclusivamente mediante el material de hecho, introducido verbalmente en el juicio".[2128]

A adoção da oralidade significa, dessa forma, o esforço em trazer para dentro do processo toda a complexidade "cênica"[2129] dos protagonistas da relação processual penal, superando assim a tentativa inquisitiva contida na redução apresentada na fórmula *quod non est in actis, non est in mundo*.

Em essência, a oralidade redimensiona a forma de produção de um determinado saber, importando numa nova relação entre os envolvidos na cena processual (para continuar-se com a linguagem de Hassemer), agora enfrentando-se diretamente e com isso influenciando de maneira assaz diferente a percepção do julgador para com o objeto do conhecimento.

Dela decorre, igualmente, uma nova dimensão de outra garantia processual, que é a da motivação das decisões[2130], eis que produzida de uma forma distinta daquela presente no modelo escrito, a compreensão da causa pelo julgador.

A oralidade apresenta-se, dessa forma, como corolário indissociável do modelo acusatório de processo. Na doutrina brasileira, Prado[2131] que, relembrando Francisco Morato, aponta como características da oralidade: "a predominância da palavra falada; a imediatidade da relação do juiz com as partes e os meios de prova; a identidade física do órgão judicante em todo decorrer do processo e a concentração da causa no tempo".

No entanto, a ausência da oralidade como vetor essencial do procedimento penal é lamentada por prestigiosa fonte doutrinária, ao afirmar que

> já o princípio da oralidade, hoje se apresenta quase como uma utópica aspiração de uma atividade jurisdicional mais célebre. A verdadeira sofreguidão de tudo reduzir-se a escrito, numa desmedida ânsia de segurança e culto à forma, tem sacrificado o processo penal moderno, eternizando o seu deslinde e transformando-o em instrumento de verdadeiro empecilho à aplicação do direito. Resta a esperança de que o espírito conservador que reina no foro brasileiro não adultere o procedimento sumaríssimo consagrado no futuro Código de Processo Penal, tal qual foi feita com este rito no processo civil. A volta ao princípio da oralidade, em toda a sua extensão, para nós, é condição *sine qua non* para que se resgate a credibilidade da Justiça Penal em nossa pátria.[2132]

No entanto, veja-se a advertência correta de Demercian[2133] ao apontar a distinção entre atos orais e documentação escrita desses atos.

[2126] AMBOS, Kai; CHOUKR, Fauzi Hassan. **A reforma do processo penal no Brasil e na América Latina.** São Paulo: Método, 2001.

[2127] HASSEMER, Winfried. **Fundamentos del derecho penal.** Barcelona: Bosch, 1984. p. 193.

[2128] ALVAREZ, Daniel González. La oralidad como facilitadora de los fines, principios y garantías del proceso penal. **Ciencias Penales – Revista de La Asociación de Ciencias Penales de Costa Rica**, ano 8, n. 11, jul. 1996.

[2129] A expressão é de HASSEMER, 1984, p. 193.

[2130] IACOVIELLO, Francesco M. **La motivazione della sentenza penale e il suo controllo in cassazione.** Milão: Giuffrè, 1997. p. 115 e ss.

[2131] PRADO, Geraldo. **Sistema acusatório.** 2. ed. Rio de Janeiro: Lumen Juris, 2000. p. 171.

[2132] JARDIM, Afrânio Silva. **Direito processual penal.** 10. ed. Rio de Janeiro: Forense, 2001.

[2133] DEMERCIAN, Pedro Henrique. **A oralidade no processo penal brasileiro.** São Paulo: Atlas, 1999. p. 49.

3. Conceito de prova irrelevante, impertinente ou protelatória

Ver nestes *Comentários* art. 411, § 2º.

Nada obstante, aponte-se desde já que na leitura do STF é sobretudo no princípio do livre convencimento racional, que se encontra o amparo teórico do § 1º do art. 400 do CPP a facultar o indeferimento das provas irrelevantes, impertinentes ou protelatórias.[2134]

§ 2º Os esclarecimentos dos peritos dependerão de prévio requerimento das partes. (Incluído pela Lei n. 11.719, de 20-6-2008)

1. Momento processual para arrolar o perito

No rito em questão, o perito deve ser arrolado na defesa da pessoa acusada, e, no caso do acusador público, quando do oferecimento da denúncia, como regra geral. Nada obstante, se dúvida insuperável surgir na audiência concentrada, poderá haver a indicação de sua oitiva nessa oportunidade, seguindo-se a tramitação nos termos do art. 404.

Art. 400-A. Na audiência de instrução e julgamento, e, em especial, nas que apurem crimes contra a dignidade sexual, todas as partes e demais sujeitos processuais presentes no ato deverão zelar pela integridade física e psicológica da vítima, sob pena de responsabilização civil, penal e administrativa, cabendo ao juiz garantir o cumprimento do disposto neste artigo, vedadas: (Incluído pela Lei nº 14.245, de 2021)

I – a manifestação sobre circunstâncias ou elementos alheios aos fatos objeto de apuração nos autos; (Incluído pela Lei nº 14.245, de 2021)

II – a utilização de linguagem, de informações ou de material que ofendam a dignidade da vítima ou de testemunhas. (Incluído pela Lei nº 14.245, de 2021)

1. Justificativa da denominada "Lei Mariana Ferrer"

Proposto pelos congressistas Lídice da Mata – PSB/BA, Marcelo Nilo – PSB/BA, Vilson da Fetaemg – PSB/MG e outros, o então Projeto de Lei 5096/2020, apresentado em 05/11/2020, nasceu a partir de fato determinado – mas não raro – de aviltamento da dignidade de pessoas ouvidas em audiência.

Assim, segundo a justificativa parlamentar, "Recentemente o país ficou perplexo com a divulgação de imagens de uma audiência de instrução e julgamento realizada no processo que apura crime de estupro praticado contra a blogueira Mariana Ferrer. As imagens foram divulgadas pelo site The Intercept e demonstram que a vítima sofreu uma verdadeira violência psicológica durante o ato processual. Enquanto juiz e promotor se omitiam, o advogado de defesa do réu ofendeu diversas vezes a honra da vítima, tentando desqualificá-la, apresentando fatos e provas alheias aos autos."[2135]

Aprovado na Câmara em 18/03/2021[2136], foi encaminhado ao Senado (PL 5.096-A/2020) onde foi apreciado e levado à sanção em 04/11/2021. No relatório da Sen. Simone Tebet (MDB/MT) o caso concreto foi uma vez mais invocado: "A proposta legislativa em questão é uma resposta ao caso ocorrido com a influenciadora digital Mariana Ferrer, que foi humilhada durante audiência de processo criminal na qual ela acusou um empresário de estupro."[2137]

Essencialmente a norma nasce da alegada inércia dos intervenientes processuais – especial a figura do magistrado – em estancar o desenrolar dos fatos que, segundo documentação existente, extrapolava os limites cognitivos.

Neste sentido, rigorosamente não se trata de uma situação que já não contasse com os instrumentos legais, seja no processo concreto com mecanismos para impedir o excesso, seja na responsabilização administrativa, civil e penal em relação aos agentes públicos bem como aos que desempenhavam a atividade da advocacia. Todos com seus limites de atuação.

Mas, diante da repercussão social, a resposta legislativa há de ser louvado o didatismo da norma aprovada.

2. Abrangência

De forma somente explicável diante do fato que originou o PL mencionado, restringiu-se todo esse aparato protetivo à "instrução", deixando-se de lado, literalmente, a oitiva da pessoa no âmbito investigativo, espaço no qual a dignidade deve, evidentemente, ser preservada. Assim à mingua de disposição expressa,

---

[2134] Dentre outros, no STF. **HC 106.734**. Relator: Min. Ricardo Lewandowski. Data de publicapção: DJe, 4 maio 2010; **HC 108.961**. Relator: Min. Dias Toffoli. Data de publicação: DJe, 8 ago. 2012; **AI 794.090/SP-AgR**. Relator: Min. Gilmar Mendes. Data de publicação: DJe, 10 fev. 2011; e **RHC 115.133/DF**. Relator: Min. Luiz Fux. Disponível em: <https://www.camara.leg.br/proposicoesWeb/prop_mostrarintegra?codteor=1940755&filename=PL%205096/2020>. Acesso em: 19 dez. 2022.

[2135] Disponível em: <https://www.camara.leg.br/proposicoesWeb/prop_mostrarintegra?codteor=1940755&filename=PL%205096/2020>. Acesso em: 19 dez. 2022.

[2136] Tramitação disponível em: <https://www.camara.leg.br/proposicoesWeb/fichadetramitacao?idProposicao=2265028>. Acesso em: 19 dez. 2022.

[2137] Disponível em: <https://legis.senado.leg.br/sdleg-getter/documento?dm=9032043&ts=1641418261785&disposition=inline>. Acesso em: 19 dez. 2022.

deve-se usar por analogia a disciplina construída no presente artigo para todas as etapas da persecução.

3. Destinatários da norma
Outra limitação é a de direcionar a norma a "todas as partes e demais sujeitos processuais presentes no ato deverão", sendo certo que terceiros presentes que não são partes nem sujeitos processuais também deveriam (devem!) a ela se submeter, como policiais ou serventuários da Justiça e, em caso de sessões de tribunal do júri com assistência, também esta deve se submeter à regra em questão.

4. Protagonismo judicial
Na esteira do quanto já exposto, a determinação de que o poder de polícia na audiência cabe ao órgão julgador soa redundante. Mas, se àquela figura cabe o controle final, aos demais cabe a devida intervenção para estimular o julgador a agir. Neste sentido, todos os intervenientes processuais são zeladores e guardiões da dignidade da pessoa ouvida.

5. Vedações materiais
A norma elenca comportamentos e conteúdos vedados.

Assim, quanto aos comportamentos, está a vedação da linguagem ofensiva à dignidade da pessoa ouvida, bem como a manifestação sobre circunstâncias ou elementos alheios aos fatos objeto de apuração. Quanto aos conteúdos, vedada é a utilização de informações ou de material que ofendam a dignidade da vítima ou de testemunhas.

Ambas as restrições devem ser analisadas sob o prisma da potencial ofensividade à dignidade da pessoa submetida ao questionamento ou a ela direcionado na intervenção processual, ofensividade que deve ser tomada em termos objetivos, socialmente avaliados dentro do contexto protetivo da dignidade da pessoa humana.

Parâmetros para tanto devem ser tomados no âmbito já consolidados em textos protetivos internacionais – num primeiro momento – e dos parâmetros protetivos já existentes na legislação interna.

6. Consequências extraprocessuais
A responsabilidade civil e administrativa encontra parâmetros consolidados, nada obstante a aplicação prática ser residual.

No campo penal, a Lei de Abuso de Autoridade (lei 1386/2019), no seu art. 15-A pode ser invocada para situações como a presente, com uma pena restritiva de liberdade passível de substituição por pena restritiva de direitos (detenção, de 3 (três) meses a 1 (um) ano, e multa).

7. Consequências processuais
Nos procedimentos perante o juiz singular não há previsão de consequências internas (endoprocessuais). Não se projeta, na literalidade da norma, eventual ilicitude ou ilegalidade do meio de prova sendo possível, no exercício do poder disciplinar de audiência, a suspensão ou interrupção do ato, medida que pode ser humanitariamente a mais elevada diante do potencial desgaste da situação concreta.

8. Tramitação da ora denominada "Lei Mariana Ferrer"

> Art. 401. Na instrução poderão ser inquiridas até 8 (oito) testemunhas arroladas pela acusação e 8 (oito) pela defesa. (Redação dada pela Lei n. 11.719, de 20-6-2008)

1. Tramitação legislativa da Lei n. 11.719/2008
O texto, tal como aprovado, foi assim concebido desde os trabalhos iniciais da Comissão Grinover.

FORMA DE CONTAGEM DO NÚMERO DE TESTEMUNHAS
Acompanhando a tradição jurídica do regime anterior

> 1. O limite máximo de 8 (oito) testemunhas descrito no art. 398, do Código de Processo Penal, deve ser interpretado em consonância com a norma constitucional que garante a ampla defesa no processo penal (art. 5º, LV, da CF/88).
> 2. Consoante o entendimento jurisprudencial desta Corte Superior e do col. STF, corroborada pela doutrina, para cada fato delituoso imputado ao acusado, não só a defesa, mas também a acusação, poderá arrolar até 8 (oito) testemunhas, levando em conta o princípio da razoabilidade e proporcionalidade.[2138]

Assim, continua-se a considerar que

> O art. 401, do CPP, estabelece que na instrução poderão ser inquiridas até 8 (oito) testemunhas arroladas pela acusação e 8 (oito) pela defesa. O número limite de testemunhas previsto em lei refere-se a cada fato criminoso e devem ser observados os princípios da razoabilidade da proporcionalidade ao se levar em consideração a quantidade de fatos imputados ao denunciado.[2139]

2138 STJ. **HC 63712 GO 2006/0165143-1**. 6ª Turma. Relator: Min. Carlos Fernando Mathias (Juiz Convocado do TRF). Data de julgamento: 27 set. 2007. Data de publicação: DJ, 15 out. 2007. p. 356.

2139 STJ. **RHC 29236 SP 2010/0201120-3**. 5ª Turma. Relator: Min. Gilson Dipp. Data de julgamento: 28 jun. 2011. Data de publicação: DJe, 1º ago. 2011. No mesmo sentido: STJ. **HC 55702 ES 2006/0048180-3**. 5ª Turma. Relator: Min. Honildo Amaral De

Certamente, num processo obediente à estrutura acusatória o limite haveria de existir, mas não com esse controle apriorístico imposto por lei. Com efeito, havendo uma fase delibativa consistente para o recebimento da denúncia, seria ali também o instante de as partes propugnarem e *justificarem* os meios de prova que pretenderiam produzir, explicitando a pertinência de cada qual. Aí sim estaria legitimada a intervenção judicial para aquilatar o que seria ou não pertinente e determinar a oitiva de pessoas que fossem, concretamente, úteis ao acertamento dos fatos, já afirmávamos em edições anteriores destes *Comentários*.

2.1 Forma do cômputo do número máximo legal
Obedece ao disposto no presente artigo, em seu § 1º, para dela excluir determinadas pessoas.

3. Dispensa de ofício da testemunha e nulidade
"O Juiz não é, por certo, mero espectador indiferente da instrução da ação penal, a ele cabendo o direito (e também o dever) de coarctar manobras manifestamente protelatórias e abusivas, já que não pode o acusado, por mais amplo que seja (e deve ser) o mandato da ampla defesa, prolongar, abusivamente, o desfecho da ação penal. Havendo, contudo, algum razoável liame entre o que possa vir a ser dito pela testemunha e fato, pelo menos, também de razoável importância na solução do processo, ouvir a testemunha constitui direito da defesa, também por certo abrigado sob aquele manto" (RJTACrim 06/114).

4. Substituição unilateral de testemunha "comum"
"Não ocorre cerceamento de defesa, se o defensor permaneceu inerte, quando teve oportunidade de se manifestar sobre a substituição de testemunha comum das partes, pelo Ministério Público, sem demonstração de prejuízo".[2140]

§ 1º Nesse número não se compreendem as que não prestem compromisso e as referidas. (Incluído pela Lei n. 11.719, de 20-6-2008)

1. Testemunhas isentas de prestar compromisso
Vide art. 206, notas 1 a 3.

2. Testemunhas referidas
Vide art. 209, § 1º, notas 1 a 3.

3. Testemunhas "do juízo"
Não se inserem no número legal, decorrendo da compreensão dos poderes instrutórios do Juiz, na forma do art. 156 (vide notas no art. 156, nestes *Comentários*).

§ 2º A parte poderá desistir da inquirição de qualquer das testemunhas arroladas, ressalvado o disposto no art. 209 deste Código. (Incluído pela Lei n. 11.719, de 20-6-2008)

1. Desistência de testemunha arrolada como "comum" e "princípio da comunhão da prova"
É recorrente na literatura processual a invocação do denominado "princípio da comunhão da prova", chegando-se a afirmar que "por força desse princípio é que a testemunha arrolada por uma das partes pode ser inquirida também pela outra; um documento produzido por qualquer delas pode ser invocado pela adversária, e assim por diante".[2141]

Embora verdadeiramente não haja um sentido contundente em desdobrar-se o contraditório na forma indicada pela prestigiosa doutrina citada acima, a ideia de uma prova que pertença "ao processo" não induz à impossibilidade de uma das partes declinar da indicação de determinado meio de prova (no caso do artigo em comento, meio de prova testemunhal).

O mencionado "princípio" da "comunhão", no mais, atinge a prova já produzida e mesmo as próprias declarações da pessoa acusada para determinadas interpretações jurisprudenciais, como as que asseveram que "As declarações do corréu, pelo princípio da comunhão das provas, integram o material cognitivo que, no seu conjunto, pode, sem desprezo àquelas, conduzir a um fundado juízo condenatório"[2142] e, mesmo, "apesar de ser meio de prova da defesa, aquilo que é dito no interrogatório integra o

---

Mello Castro (Desembargador Convocado do TJ/AP). Data de julgamento: 5 out. 2010. Data de publicação: DJe, 25 out. 2010; TJ-RS. **COR 70056129497 RS**. 5ª Câmara Criminal. Relator: José Luiz John dos Santos. Data de julgamento: 20 nov. 2013. Data de publicação: DJ, 29 nov. 2013.

[2140] TJSP. **Recurso em Sentido Estrito 227.354-3**. Pirassununga. 4ª Câmara Criminal. Relator: Bittencourt.
[2141] TORNAGHI, Hélio. **Curso de processo penal**. 4. ed. São Paulo, Saraiva, 1987. p. 269.
[2142] STJ. **REsp 252.617/MG**. Relator: Min. Felix Fischer. Data de publicação: DJ, 4 fev. 2002. p. 462.

material cognitivo por força do princípio da comunhão probatória".[2143]

1.1 "Princípio" da comunhão das provas e produto da investigação

O STF em caso concreto uniu o denominado "princípio" da comunhão com a investigação criminal, particularmente com aquela dirigida pelo Ministério Público, afirmando que "O procedimento investigatório instaurado pelo Ministério Público deverá conter todas as peças, termos de declarações ou depoimentos, laudos periciais e demais subsídios probatórios coligidos no curso da investigação, não podendo, o Parquet, sonegar, selecionar ou deixar de juntar, aos autos, quaisquer desses elementos de informação, cujo conteúdo, por referir-se ao objeto da apuração penal, deve ser tornado acessível tanto à pessoa sob investigação quanto ao seu Advogado. O regime de sigilo, sempre excepcional, eventualmente prevalecente no contexto de investigação penal promovida pelo Ministério Público, não se revelará oponível ao investigado e ao Advogado por este constituído, que terão direito de acesso considerado o princípio da comunhão das provas a todos os elementos de informação que já tenham sido formalmente incorporados aos autos do respectivo procedimento investigatório".[2144]

2. Desistência de oitiva de testemunha e deficiência da defesa

Não é causa, isoladamente, de nulidade, cabendo ser apreciada a postura da defesa técnica no conjunto de suas atividades nos autos.

> Art. 402. Produzidas as provas, ao final da audiência, o Ministério Público, o querelante e o assistente e, a seguir, o acusado poderão requerer diligências cuja necessidade se origine de circunstâncias ou fatos apurados na instrução. (Redação dada pela Lei n. 11.719, de 20-6-2008)

1. Tramitação legislativa da Lei n. 11.719/2008

O texto, tal como se encontra sancionado, foi assim redigido desde os trabalhos da Comissão Grinover, que assim o previu: "Art. 402. Produzidas as provas, ao final da audiência o Ministério Público, o querelante e o assistente e, a seguir, o acusado poderão requerer diligências cuja necessidade ou conveniência se origine de circunstâncias ou fatos apurados na instrução" (NR).

Rigorosamente falando, é a repetição textual do art. 499 revogado; assim, potencialmente, continuam valendo observações feitas a respeito daquele artigo no "novo" regime.

2. Finalidade das "últimas diligências"

Consoante já se decidiu, a fase do dispositivo é apropriada para a realização de alguma diligência cuja necessidade surja durante a instrução. Não é, entretanto, fase para a indicação ampla de provas.[2145]

No mais,

> a fase do art. 499 do CPP não é de reabertura ou renovação da instrução criminal, e sim a sede para pretensões posteriores ao exercício da defesa prévia e cuja pertinência decorra do conteúdo e circunstâncias da instrução. Significa que ao juiz do processo cabe aferir a necessidade e conveniência das provas requeridas nessa fase, disso não advindo constrangimento ilegal. Admitem-se provas que não se apresentavam cabíveis desde o início do processo, do contrário estar-se-á diante de um processo perpétuo, com novas provas ou contraprovas a cada prova acrescida.[2146]

2.1 Supressão da fase e suas consequências processuais

Na prática, não se dá grande valia operacional a esta "quadra" processual. Note-se:

> não há obrigação de se intimarem as partes para se cumprir o determinado no art. 499 do CPP. Essa omissão não acarreta nenhuma nulidade. As diligências são facultativas. A parte que não foi intimada, ou não se manifestou nessa fase, poderá, em preliminar, quando apresentar alegações finais, requerer diligências. Se nessa oportunidade nada requerer, limitando-se a afirmar que não foi intimada para o ato, percebe-se que nenhum prejuízo sofrera, pois mesmo que tivesse sido intimada, o prazo transcorreria *in albis*, eis que nenhuma diligência tinha para requerer. Não se pode, também, acolher essa preliminar.[2147]

De forma ainda mais clara, "inocorre nulidade em razão da não concessão do prazo previsto no art. 499 do CPP, se presente manifestação da

---

2143 STJ. **HC 100.792/RJ**. Relator: Min. Felix Fischer. Data de publicação: DJe, 30 jul. 2008.
2144 STF. **HC 107555 SP**. Relator: Min. Roberto Barroso. Data de julgamento: 2 nov. 2014. Data de publicação: DJe-239, 4 dez. 2014 (divulg.); 5 dez. 2014 (public.).
2145 RT, 484/296 – Idem, RT, 512/377 (RJTACrim, 1/135).
2146 RT, 730/526.
2147 RJTACrim, 2/137.

defesa no sentido de nada ter a requerer na citada fase processual".[2148]

2.2 Impossibilidade de repetição de atos anteriores

Não cabe o emprego da fase em questão apenas para reiterar atos já praticados sem que qualquer novo fundamento exista para tanto. Nesse sentido, "não há de se falar em cerceamento de defesa pelo indeferimento de ouvida de testemunhas requerida na fase do art. 499 do CPP, se o réu, apesar de citado, deixa de comparecer ao interrogatório e constituir defensor".[2149]

Da mesma maneira, é "Inadmissível a requisição de certidões de antecedentes na fase do art. 499 do CPP se implicar paralisação do trâmite processual, máxime se as certidões requeridas já se encontram nos autos"[2150], acrescentando-se que

> a fase do art. 499 do CPP, presta-se, ordinariamente, para a execução de diligência revelada como necessária frente ao apurado na instrução. Tem-se admitido, nesse momento, a requisição de certidões de antecedentes, através de razoável e condescendente ampliação interpretativa nos exatos termos do preceito. Mas o deferimento do pedido, como na espécie ocorreu, não importa na paralisação do trâmite processual *ad eternun*, principalmente, quando o acusado está assistido por defensor constituído, inclusive, porque a não existência das anotações lhe favorece.

> Art. 403. Não havendo requerimento de diligências, ou sendo indeferido, serão oferecidas alegações finais orais por 20 (vinte) minutos, respectivamente, pela acusação e pela defesa, prorrogáveis por mais 10 (dez), proferindo o juiz, a seguir, sentença. (Redação dada pela Lei n. 11.719, de 20-6-2008)

1. Tramitação legislativa da Lei n. 11.719/2008

Nos trabalhos desenvolvidos pela Comissão Grinover, já se observava a estrutura que viria a ser sancionada, com o seguinte texto:

> Art. 403. Não havendo requerimento de diligências, ou sendo indeferido, serão oferecidas alegações finais orais, por vinte minutos, respectivamente, pela acusação e pela defesa, prorrogáveis por mais dez, proferindo o juiz, a seguir, sentença.
>
> § 1º Havendo mais de um acusado, o tempo previsto para a defesa de cada um será individual.

> § 2º Ao assistente do Ministério Público, após a manifestação deste, serão concedidos dez minutos, prorrogando-se por igual período o tempo de manifestação da defesa.
>
> § 3º O juiz poderá, considerada a complexidade do caso ou o número de acusados, conceder às partes o prazo de cinco dias, sucessivamente, para a apresentação de memoriais. Nesse caso, terá o prazo de dez dias para proferir a sentença. (NR)

2. Alegações orais como regra

Aponte-se, inicialmente, que as "alegações orais" já eram admissíveis na prática anterior. Note-se o seguinte relatório de acórdão:

> Concordaram as partes em formular os requerimentos da fase do art. 499 do CPP na própria audiência de instrução, pleiteando a acusação a requisição de comprovantes de antecedentes, tendo o ilustre Magistrado resolvido que, "sem prejuízo da vinda das F.A., dava a palavra às partes para se manifestarem, se se julgarem em condições, em alegações finais, na fase do art. 500 do CPP, em audiência" (fls. 31). Estas (alegações finais) foram então deduzidas no próprio termo e o MM. Juiz imediatamente proferiu sentença em que condenou o réu a quatro meses de reclusão e a pagar três dias-multa, esclarecendo que as bases foram fixadas no mínimo legal e reduzidas ao máximo por se tratar de tentativa (fs. 32/35).[2151]

A sistemática agora expressamente adotada, buscando enaltecer a oralidade e a concentração dos atos processuais, bem como em atenção ao contato direto do Magistrado com as provas e as partes, determina a existência de debates orais.

O impulso de buscar no rito do júri abordagem analógica para o artigo inovado é natural, mormente quando se pensa que o Juiz togado deverá usar poderes de polícia em audiência, nos termos do art. 497 deste Código, para, por exemplo, conter o excesso de linguagem. Contudo, uma diferença merece atenção: a inexistência de "apartes" regulados no presente artigo, que, dispondo especificamente sobre o tema, não os permite.

3. Ordem de apresentação de alegações finais de réu colaborador

Tema que apareceu com grande impacto na mídia pelas consequências processuais e extraprocessuais foi a discussão sobre o momento da apresentação das alegações finais do colaborador, assentando-se

---

[2148] RJTACrim, 10/125.
[2149] RJTACrim, 8/141.
[2150] RJTACrim 10/106
[2151] RJTACrim, 1/139.

que elas devem ocorrer antes dos demais acusados não colaboradores a fim de garantir o efetivo contraditório.

O caso foi analisado no HC 166.373 Paraná relatado pelo Min. Edson Fachin. Do voto do Min. Gilmar Mendes tem-se que "Portanto, presumir o interesse do colaborador em produzir ou alcançar provas forjadas não é um equívoco, mas um dever constitucional do juiz. O natural é que o colaborador dê versões o mais próximo o possível do que lhe coloque em uma posição melhor para negociar, não de como os fatos realmente se passaram."[2152]

E, conclui: "Diante das premissas teóricas e do procedente assentado na Segunda Turma deste Supremo Tribunal Federal, pode-se firmar que, em prol de um contraditório efetivo, para resguardar a vulnerável posição jurídica dos corréus delatados, o interrogatório e a apresentação de alegações finais pelo colaborador devem ocorrer em momentos anteriores aos dos delatados. Portanto, a abertura de prazo para alegações finais deve se dar de modo sucessivo, possibilitando que os corréus delatados se manifestem ao final do processo, tendo conhecimento de todos os elementos incriminatórios produzidos também pelos corréus delatados."[2153]

Certo que a votação contou com votos divergentes (do Relator e do então Min. Marco Aurelio), que denegavam a ordem e propugnavam por um prazo comum.

Mas, o precedente acabou sendo replicado no STJ, (AgRg 119.520 - SP (2019/0315335-3) Relator : Ministro Reynaldo Soares Da Fonseca), onde se destacou que "Por outro lado, a única exigência, até o momento, para a declaração da nulidade aqui examinada diz respeito à necessidade de o vício ser alegado a tempo e modo, ou seja, na primeira oportunidade em que a defesa pode se manifestar nos autos, evitando, assim, a malfada "nulidade guardada", em que falha processual sirva como uma 'carta na manga', para utilização eventual e oportuna pela parte, apenas caso seja do seu interesse. (HC 452.528/SP, Rel. Ministro SEBASTIÃO REIS JÚNIOR, SEXTA TURMA, julgado em 12/05/2020, DJe 19/05/2020)."

A ordem desse ato se submete ao direto crivo constitucional, pouco importando a existência ou não de previsão infraconstitucional. E, pela ótica da amplitude do direito de defesa, aquele que é delatado tem o consequente direito a se manifestar por último, dada sua condição processual.

§ 1º Havendo mais de um acusado, o tempo previsto para a defesa de cada um será individual. (Incluído pela Lei n. 11.719, de 20-6-2008)

1. Pluralidade excessiva de réus e sustentação oral

É necessário que haja parcimônia do julgador na apreciação do caso concreto, sob risco de tornar-se inviável a realização dos debates quando houver pluralidade considerável de pessoas acusadas. Daí por que a regra do § 3º, abaixo, transformando os debates orais em memoriais que, como será visto (vide nota 1 àquele texto de lei), não pode ser traduzido como regra geral.

§ 2º Ao assistente do Ministério Público, após a manifestação desse, serão concedidos 10 (dez) minutos, prorrogando-se por igual período o tempo de manifestação da defesa. (Incluído pela Lei n. 11.719, de 20-6-2008)

1. Manifestação da assistência do MP em audiência

Sempre após o acusador público, tratando-se de intervenção facultativa. Ausente o assistente da audiência para a qual tenha sido regularmente intimado, não será possível intervir posteriormente para requerer oportunidade de manifestação.

2. Manifestação da assistência do MP em memoriais

Será efetuada após a apresentação dos memoriais pelo Ministério Público. Caso ausente o assistente da audiência, cremos ser possível, nessa hipótese, facultar-lhe a apresentação do memorial, diferindo essa situação daquele apontada na nota anterior.

§ 3º O juiz poderá, considerada a complexidade do caso ou o número de acusados, conceder às partes o prazo de 5 (cinco) dias sucessivamente para a apresentação de memoriais. Nesse caso, terá o prazo de 10 (dez) dias para proferir a sentença. (Incluído pela Lei n. 11.719, de 20-6-2008)

1. Apresentação de memoriais como exceção

Nada obstante, os debates orais são substituíveis por memoriais, dada a existência alternativa de duas condições: complexidade do caso ou número de acusados. São hipóteses taxativas, às quais não é dado ao julgador ampliar ou, simplesmente, deferir os debates por comodismo seu ou das partes.

[2152] Disponível em: <https://www.conjur.com.br/dl/leia-voto-gilmar-ordem-alegacoes-finais.pdf>. Acesso em: 19 dez. 2022.
[2153] Fonte citada.

Outrossim, serão transformados os debates orais em memoriais, nos termos do art. 404, após a realização de diligências consideradas imprescindíveis, sendo que, após sua realização, será apresentado, por cada parte, o respectivo memorial.

No mais, acompanha-se a lição de Guaragni[2154] ao criticar a existência de memoriais como significativa quebra do modelo acusatório de processo e ofensa direta à oralidade que dele decorre.

2. Forma de contagem de prazo para os "memoriais"

Havendo regra específica, não se aplica o quanto disposto no art. 798 deste Código. Para maiores considerações, veja-se nestes *Comentários* art. 798, bem como para a contagem em dobro do prazo no caso da defensoria dativa.

2.1 Natureza do prazo

Tratando-se de prazo legal, sua natureza é preclusiva.

> Art. 404. Ordenado diligência considerada imprescindível, de ofício ou a requerimento da parte, a audiência será concluída sem as alegações finais. (Redação dada pela Lei n. 11.719, de 20-6-2008)
> *Parágrafo único.* Realizada, em seguida, a diligência determinada, as partes apresentarão, no prazo sucessivo de 5 (cinco) dias, suas alegações finais, por memorial, e, no prazo de 10 (dez) dias, o juiz proferirá a sentença. (Incluído pela Lei n. 11.719, de 20-6-2008)

1. Tramitação legislativa da Lei n. 11.719/2008

Nos trabalhos da Comissão Grinover, o texto já se apresentava com a seguinte redação:

> Art. 404. Ordenada diligência considerada imprescindível, de ofício, ou a requerimento da parte, a audiência será concluída sem as alegações finais.
> *Parágrafo único.* Realizada, em seguida, a diligência determinada, as partes apresentarão, no prazo sucessivo de cinco dias, suas alegações finais, por memorial e, no prazo de dez dias, o juiz proferirá a sentença. (NR)

2. Memoriais como regra

A norma impõe a realização de memoriais posteriormente à prova acrescida. Neste ponto, o artigo em comento poderia ter sido mais fiel à desejada concentração e oralidade, pois transforma em regra a exceção da apresentação de memoriais.

Nada impede, no entanto, caso se queira realmente assumir essa característica da acusatoriedade procedimental, que a prova acrescida seja produzida em audiência, ainda que documental ou mesmo pericial (apresentação de laudo ou sua complementação), e, em seguida, sejam efetivados os debates quando a causa não for complexa ou mínimo o número de pessoas acusadas.

> Art. 405. Do ocorrido em audiência será lavrado termo em livro próprio, assinado pelo juiz e pelas partes, contendo breve resumo dos fatos relevantes nela ocorridos. (Redação dada pela Lei n. 11.719, de 20-6-2008)

1. Tramitação legislativa da Lei n. 11.719/2008

A redação original proposta pela Comissão Grinover era algo distinta daquela sancionada após a tramitação legislativa. Literalmente:

> Art. 405. Do ocorrido em audiência será lavrado termo em livro próprio, assinado pelo juiz e pelas partes, contendo breve resumo dos fatos relevantes nela ocorridos.
> *Parágrafo único.* Sempre que possível, o registro dos depoimentos do investigado, indiciado, ofendido e testemunhas será feito pelos meios ou recursos de gravação magnética, estenotipia ou técnica similar, inclusive audiovisual, destinada a obter maior fidelidade das informações. Na forma por último indicada, será encaminhado ao Ministério Público o registro original, sem necessidade de transcrição. (NR)

Evoluiu o texto final em relação àquele inicial para suprimir a menção ao encaminhamento do material ao Ministério Público, sem a necessidade de transcrição, substituindo-a pela menção do encaminhamento "às partes".

> § 1º Sempre que possível, o registro dos depoimentos do investigado, indiciado, ofendido e testemunhas será feito pelos meios ou recursos de gravação magnética, estenotipia, digital ou técnica similar, inclusive audiovisual, destinada a obter maior fidelidade das informações. (Incluído pela Lei n. 11.719, de 20-6-2008)

1. Registro e documentação dos atos processuais

Na pendência da lei anterior, afirmávamos nestes *Comentários* que

---

[2154] GUARAGNI, F. A. Memoriais no processo penal: a consagração de um equívoco. **Revista Jurídica da UNIPAR**, Umuarama, v. 1, n. 1, nov. 1998. p. 76.

na atual estrutura do procedimento ordinário, onde a burocracia é fruto direto de uma determinada concepção de Estado, poder e administração dos "corpos" (para usar uma imagem à Foucault) no processo, sedimentada no imaginário de inúmeros operadores do direito para quem nada melhor que um bom ofício ao invés de um singelo telefonema (*e-mail* é algo inimaginável e documentos escaneados parecem ser fruto da bruxaria que a inquisição sempre disse combater...), falar em meios necessários à celeridade pode não ter muito sentido. No entanto, para além da reforma procedimental imposta pelo novo texto constitucional, é necessária a incorporação do espírito reformista também na forma de *produção e documentação* dos atos processuais, *assim como na forma de comunicação desses atos*, sendo inadmissível o não emprego de recursos tecnológicos já consolidados. Certamente este aspecto implica uma conversão orçamentária suficientemente apta a arcar com os custos operacionais desse "novo processo". Possuindo um instrumento de chaves-públicas eficiente para as correspondências eletrônicas e demais meios operacionais informatizados – cujas experiências de emprego não podem ser mais consideradas como fatos isolados no país –, passando-se pela recomposição dos meios de comunicação processual com o crescente emprego do aparato tecnológico, é possível, desde já, interpretar o atual texto constitucional de forma a alterar significativamente comportamentos já consolidados na doutrina e na jurisprudência. Com efeito, no âmbito da duração das medidas cautelares, como a prisão preventiva, por exemplo (*vide* nestes **Comentários** art. 312, sobretudo no tópico "limite temporal à custódia cautelar e "razoabilidade" do prazo"), toda a vertente argumentativa de tolerância de excesso de prazo em face de diligências solicitadas pela defesa (argumento rechaçado nesta Obra) ou o apego às dificuldades operacionais quando da expedição de cartas-precatórias para pontos opostos do país deve ceder diante de uma pergunta inicial, a de se saber se os meios empregados para a realização dos atos processuais foram os mais aptos a propiciar e a garantir a "celeridade da sua tramitação". Vê-se, assim, que a CR definitivamente vinculou comportamentos cotidianos tidos historicamente como de "simples movimentação de autos" de forma a impor-lhes a opção pelos meios efetivamente mais céleres. Assim, ao Magistrado não cabe mais "optar" pela lentidão, preferindo etapas desnecessariamente burocráticas àquelas tecnologicamente já consolidadas e definitivamente mais rápidas. Certo é também, quer-nos parecer, que a pessoa acusada não pode arcar com os custos da opção da lentidão, submetendo-se a um procedimento já em si contrário aos primados da CR e ainda alimentado pela opção pela lentidão.

A nova redação incorpora, lamentavelmente como mera "recomendação", o uso da tecnologia para registro dos atos processuais. O que se espera é que aquilo que é tratado apenas como "recomendado na medida do possível" torne-se a regra sem exceção.

As vantagens da midiatização dos atos processuais é manifesta pela sua rapidez, confiabilidade, facilidade de circulação e perenidade, mas, também, pode vir a se tornar um poderoso instrumento para o fomento de uma cultura acusatória, na medida em que inibirá a perpetuação de práticas inquisitivas que, ao menos formalmente, quer-se superar, bastando lembrar, por exemplo, que esse mecanismo pode servir para desestimular frequentes substituições de debates orais por memoriais.

1.1 Transcrição de ato e Resolução 5, de 6 de abril de 2010, do CNJ

A Resolução 5/2010 do CNJ, considerando, entre outros aspectos, que "embora o art. 405, § 2º, do Código de Processo Penal, quando documentados os depoimentos pelo sistema audiovisual, dispense a transcrição, há registro de casos em que se determina a devolução dos autos aos juízes para fins de degravação" e, ainda "que para cada minuto de gravação leva-se, no mínimo, 10 (dez) minutos para a sua degravação, o que inviabiliza a adoção dessa moderna técnica de documentação dos depoimentos como instrumento de agilização dos processos", bem como "considerando que caracteriza ofensa à independência funcional do juiz de primeiro grau a determinação, por magistrado integrante de tribunal, da transcrição de depoimentos tomados pelo sistema audiovisual", determinou que (Art. 2º) Os depoimentos documentados por meio audiovisual não precisam de transcrição, excepcionando, entretanto, (Parágrafo único) que "O magistrado, quando for de sua preferência pessoal, poderá determinar que os servidores que estão afetos a seu gabinete ou secretaria procedam à degravação, observando, nesse caso, as recomendações médicas quanto à prestação desse serviço".

1.2 A Lei n. 11.419, de 19 de dezembro de 2006, e os meios necessários à celeridade processual

Indo ao encontro dos **Comentários** efetuados no tópico anterior, a Lei n. 11.419/2006 estabeleceu parâmetros para a informatização do processo judicial, incluindo-se o processo penal em todas as suas formas procedimentais e em qualquer grau de jurisdição (art. 1º e seu § 1º).

Desde já quer-nos parecer que, embora mencionando "processos judiciais", não há razão para que as tecnologias informatizadas não sejam disponibilizadas também na fase investigativa, em qualquer modalidade de investigação (inquérito policial, investigação pelo Ministério Público), garantidas as mesmas bases previstas na lei específica.

Muito embora exista a previsão no sentido de que a conservação dos autos do processo poderá ser efetuada total ou parcialmente por meio eletrônico (art. 12), quer nos parecer ser objetivo da nova legislação a manutenção dos autos informatizada, sendo a base física situação excepcional, devendo ser expendidos esforços para que os autos já em tramitação passem a assumir a forma digital.

1.3 Documentação dos atos processuais nas Cortes Superiores

O problema da documentação dos atos processuais projeta-se também para as Cortes Superiores.

Com efeito, discute-se nulidade de acórdão do STJ, em razão da ausência de juntada das notas taquigráficas requeridas pela parte. No caso, após a publicação do aresto, a defesa opusera embargos declaratórios, em que pugnara pela juntada das notas taquigráficas da sessão de julgamento do recurso especial, bem como pela republicação da decisão colegiada, com a devolução do prazo recursal. O STJ rejeitara os embargos de declaração, diante da inexistência de divergência entre os votos escritos e as manifestações orais. O Ministro Gilmar Mendes (relator) concedeu a ordem para determinar que o STJ providenciasse a juntada das notas taquigráficas relativas ao julgamento do recurso especial ou, caso não disponíveis, repetisse o julgamento, bem como para determinar a reabertura do prazo para recursos, no que foi acompanhado pelo Ministro Teori Zavascki. Afirmou que seria da tradição dos tribunais o registro dos debates nas sessões de julgamento por meio de sistema de notas. No STJ, o registro seria feito pelo sistema de taquigrafia, com posterior juntada das notas aos autos, de acordo com os artigos 100 e art. 103, §1º, do RISTJ ("Art. 100. As conclusões da Corte Especial, da Seção e da Turma, em suas decisões, constarão de acórdão no qual o relator se reportará às notas taquigráficas do julgamento, que dele farão parte integrante" e "Art. 103. Em cada julgamento, as notas taquigráficas registrarão o relatório, a discussão, os votos fundamentados, bem como as perguntas feitas aos advogados e suas respostas, e serão juntadas aos autos, com o acórdão, depois de revistas e rubricadas. § 1º Prevalecerão as notas taquigráficas, se o seu teor não coincidir com o do acórdão"). Portanto, o regimento interno disporia que a juntada das notas taquigráficas seria obrigatória (art. 100) e que prevaleceriam sobre o próprio acórdão (art. 103, §1º). Realçou que o STJ deveria observar o próprio regimento interno, sob pena de violar a segurança jurídica. Do ponto de vista subjetivo, aquela Corte deixara de proteger a confiança legítima, ao prever em seu regimento interno a documentação da própria sessão de julgamento e, na hipótese dos autos, ter transferido esse ônus à parte, a qual não teria a obrigação de demonstrar a discrepância entre os votos escritos e as manifestações vogais. Isso porque apenas com a juntada das notas seria possível avaliar se elas alterariam a situação jurídica do interessado. Desse modo, se houvesse debate, não se poderia negar a juntada das notas ao interessado que a postulasse. Concluiu, que o não atendimento à solicitação da parte interessada na juntada das notas taquigráficas, tanto na oposição de embargos de declaração, quanto no protocolo de simples requerimento durante o prazo recursal, bastaria para se ter configurado o prejuízo e a consequente pronúncia de nulidade.[2155]

---

§ 2º No caso de registro por meio audiovisual, será encaminhado às partes cópia do registro original, sem necessidade de transcrição. (Incluído pela Lei n. 11.719, de 20-6-2008)

1. Transcrição dispensada do registro oral para as partes

O objetivo da celeridade processual não se coaduna com a burocrática transcrição em texto do registro audiovisual da audiência, sendo correto o espírito da norma, quer-nos parecer. Nada obstante, em disciplina de regulamentação do presente artigo, haverá de ser cuidada a fidelidade das cópias entregues às partes mediante mecanismos técnicos que inviabilizem a deturpação do conteúdo original.

2. Transcrição e duplo grau de jurisdição

No caso do manuseio dos autos em Segundo Grau, cabe considerar a regra da dispensabilidade da transcrição pelos mesmos motivos já apontados na nota anterior. Com efeito, isso se traduzirá numa nova forma de operacionalização da tramitação recursal e, também, na própria forma de construção dos julgados.

[2155] STF. **HC 123144/PR**. Relator: Min. Gilmar Mendes. 22 set. 2015.

CAPÍTULO II – Do Procedimento Relativo aos Processos da Competência do Tribunal do Júri (Redação dada pela Lei n. 11.689, de 9-6-2008)

SEÇÃO I – Da Acusação e da Instrução Preliminar

Art. 406. O juiz, ao receber a denúncia ou a queixa, ordenará a citação do acusado para responder a acusação, por escrito, no prazo de 10 (dez) dias.

1. Qual juiz?

Lembrando a literatura essencial de Ferrajoli, tem-se que

a alternativa entre juízes-magistrados e juízes--cidadãos sempre formou, não obstante, a opção mais decisiva em matéria de ordenamento judicial (...). Trata-se de uma alternativa franca, que atravessa e caracteriza toda a história do processo penal e é em larga medida correlativa àquela examinada (...) entre tradição acusatória e tradição inquisitória. Enquanto ao sistema acusatório de fato convém um juiz espectador, dedicado acima de tudo à valoração objetiva e imparcial dos fatos, e portanto mais prudente que sapiente, o rito inquisitório exige um juiz ator, representante do interesse punitivo e por isso leguleio, versado nos procedimentos e dotado de capacidade investigativa.[2156]

1.1 Júri moderno e sua origem

Nos limites destes **Comentários**, aponte-se que o renascimento da participação popular na administração da justiça, com a edificação do denominado "estado moderno", dá-se com o modelo de julgamento (*jury*) inglês. Para entender o espírito dessa legislação, é necessário ter em mente o significado jurídico-político do julgamento popular para o mundo da *commom law* e que leva operadores do direito a não conceber a realização da justiça fora dessa procedimentalização, ou que leva Lord Devlin a assinalar que '*de todas as instituições criadas pelo sistema inglês, o tribunal do júri é a que pode ser chamada por antonomásia do privilégio de todas as pessoas do Reino Unido*'. De fato, o nascimento da corte popular dá-se com Henrique II, que teria a função de, dentro da respectiva área de atuação, apresentar os criminosos suspeitos perante uma autoridade que apenas os custodiaria, até o julgamento definitivo. Tal estrutura, idealizada desde o século XII, enraizou-se irreversivelmente na estrutura social, cultural e jurídica da sociedade anglo-saxã, que, com variações – às vezes sensíveis –, soube manter o cerne da administração da Justiça da forma instituída desde sua gênese.

1.2 Júri no direito brasileiro

Como já apontamos em texto anterior[2157], "o sistema de Jurado foi a culminação lógica da participação popular aplicada à judicatura, num movimento liberal que havia sido iniciado com a adoção da fortíssima figura do Juiz de Paz, com os ideais de autonomia judicial e localismo e que veio a constituir um ataque frontal à elite judicial. O sistema do júri havia sido implantado três meses antes da independência, ainda sob o domínio português, apenas para crimes de imprensa, e com os jurados eleitos".

1.3 O júri como procedimento bifásico: escorço histórico

Já tivemos a oportunidade de analisar o tema em estudos anteriores e, diante da necessidade de justificar algumas críticas ao sistema em vigor, é necessário retornar àquelas observações. Relembre-se que no sistema imperial já se previa o procedimento como bifásico, mas com uma estrutura completamente diversa da atualmente existente. Nele, o "juízo de admissibilidade" era efetuado também por um colegiado popular, denominado "grande júri", composto por vinte e três jurados sorteados entre sessenta presentes.

Tal era a disciplina do art. 238 do Código:

No dia assignado, achando-se o Juiz de Direito, Escrivão, Jurados, o Promotor nos crimes, em que deve accusar, e a parte accusadora, havendo-a; principiará a sessão pelo toque, da campainha. Em seguida, o Juiz de Direito abrirá a urna das sessenta cedulas, e verificando publicamente, que se acham todas, as recolherá outra vez; feita logo pelo Escrivão a chamada dos Jurados, e achando-se completo numero legal, observando-se o disposto nos arts. 313 e 315, mandará o mesmo Juiz extrahir da urna por um menino, vinte e trez sedulas.

A possibilidade de recusas injustificadas existia, sendo regulada pelo art. 275:

Entrando-se no sorteamento para a formação do 2º conselho, e à medida que o nome de cada um Juiz de Facto, fôr sendo lido pelo Juiz de direito, farão o accusado, e o accusador suas recusações sem as motivarem. O accusado poderá recusar doze, e o accusador, depois delle, outros tantos tirados á sorte.

Nesse juízo de admissibilidade, a presidência do Conselho de Jurados à época era desempenhada pelo

---

2156 FERRAJOLI, Luigi. **Direito e razão**. 4. ed. Tradução de Fauzi Hassan Choukr et al. São Paulo: RT, 2010.
2157 CHOUKR, Fauzi Hassan; AMBOS, Kai. **Polícia e estado de direito na América Latina**. Rio de Janeiro: Lumen Juris, 2004.

primeiro jurado sorteado (admitido) entre os vinte e três, consoante redação do mesmo art. 238, *in fine*: "As pessoas que ellas designarem formarão o primeiro Conselho de Jurados, que será interinamente presidido pelo primeiro, que tiver sahido á sorte".

O método de assunção ou não da admissibilidade da causa era a resposta a um único quesito, com o seguinte teor: "Há neste processo sufficiente esclarecimento sobre o crime, e seu autor, para proceder à accusação?" (art. 245).

Caso a resposta fosse negativa, ou seja, não houvesse a admissibilidade da causa, haveria um tipo de revisão necessária, a teor do art. 246:

> a decisão fôr negativa, por não haver sufficiente esclarecimento sobre o crime, ou seu auctor, o Presidente dará as ordens necessarias, para que sejam admittidos na sala da sua conferencia o queixoso, ou denunciante, ou o Promotor Publico, e o réo, se estiver presente, e as testemunhas, uma por uma, pararatificar-se processo, sujeitando-se todas estas pessoas a novo exame.

Refeita a instrução, nova decisão a partir de questionamento ao Conselho, da seguinte maneira (art. 248):

> Finda a ratificação do processo, ou formada a culpa, o Presidente fará sahir da sala as pessoas admittidas, e depois do debate, que se suscitar entre as Jurados, porá a votos a questão seguinte: Procede a accusação contra alguem?, devendo O Secretario escreverá as respostas pelas formulas seguintes: O Jury achou materia para accusação; O Jury não achou materia para accusação.

Uma vez existindo fundamento para a admissibilidade da causa, abrir-se-ia a segunda fase do procedimento, também desenvolvida perante um Conselho de Jurados, com a seguinte disciplina:

> há materia para accusação, o accusador offerecerá em juizo o seu libello accusatorio dentro de vinte e quatro horas, e o Juiz de Direito mandará notificar o accusado, para comparecer na mesma sessão de Jurados, ou na proxima seguinte, quando na presente não seja possivel ultimar-se a acusação (art. 254).

Nesse momento, o "Segundo Conselho de Jurado", então composto por 12 membros (que não poderiam ter integrado o primeiro conselho), analisaria o mérito da causa e responderia às seguintes questões para alcançar o veredicto: "§ 1º Se existe um crime no facto, ou objecto da accusação? § 2º Se o accusado é criminoso? § 3º Em que gráo de culpa tem incorrido? § 4º se houve reincidencia (se disso se tratar)? § 5º Se há lugar a indenização?".

O método era o da votação, após debate entre os jurados, vencendo a maioria, de conformidade com o art. 270: "Retirando-se os Jurados a outra sala, conferenciarão sós, e a portas fechadas, sobre cada uma das questões propostas, e o que fôr julgado pela maioria absoluta de votos, será escripto, e publicado como no Jury de accusação".

O que importa verificar é que, pelas razões históricas demonstradas no texto cujo trecho acima foi extraído[2158], a realização da fase de admissibilidade, assacada do Juiz Natural, acaba entregue a um juiz burocrático, causando toda a sorte de transtornos processuais que serão vistos na sequência destes *Comentários*.

2. Considerações preliminares sobre a nova estrutura da fase de admissibilidade

A modificação operada parte da constatação de que a anterior regulamentação pecava pela extrema burocratização da primeira fase do procedimento, que nada mais era que o próprio rito "ordinário" tradicional do processo penal.

Para tentar alterar esse quadro, propôs-se, inicialmente, que seria criada uma fase de admissibilidade, antes da qual a denúncia ou queixa *ainda não teria sido recebida*, com ampla produção probatória e contraditório prévio.

Sendo essa a proposição da "Comissão Grinover", conforme se observa da redação original, profunda mudança foi operada quando da tramitação na Câmara dos Deputados, a qual redundou na apreciação da admissibilidade da inicial, ao se referir que o Juiz receberá a denúncia ou queixa se não a indeferir liminarmente, abrindo-se a oportunidade para a *citação* da pessoa acusada e, daí, o desdobramento da fase de admissibilidade.

3. Hipótese de "queixa"

A hipótese cabível na atual previsão da CR/88 diz respeito à ação penal privada subsidiária da pública. Vide nestes *Comentários* art. 29.

4. A disciplina da citação no juízo de admissiblidade

Conforme acima apontado, a comparação dos textos desde a primeira versão proposta pela Comissão, passando pelo texto apresentado no Congresso Nacional até a versão definitiva, apresenta um importante ponto técnico modificado, o qual, sem dúvida, alterou o sentido da existência da fase preliminar de admissibilidade.

Com a redação definitivamente sancionada, tem-se que o texto em vigor fala em *recebimento da inicial caso ela não seja liminarmente rejeitada*. Sendo assim, dúvida não resta de que a inicial *foi recebida*, e o que se tem é o regime de citação enquanto comunicação da acusação.

[2158] CHOUKR, Fauzi Hassan; AMBOS, Kai. **Polícia e estado de direito na América Latina**. Rio de Janeiro: Lumen Juris, 2004.

E, neste ponto, há inevitável aplicação do art. 366 do Código, o qual, por sua vez, repete texto da CADH e da CR/88, concluindo-se, portanto, que é mantida a possibilidade de revelia inicial da pessoa acusada quando ela não for encontrada pessoalmente, citada por edital não comparecer e não nomear defensor.

Admitir-se o contrário, além de significar interpretação em total contrariedade à literalidade da lei, impõe concluir a volta do processo à revelia inicial, pois a defesa preliminar poderia ser oferecida por defensor dativo, com completo alijamento da pessoa acusada dessa fase procedimental, que *continua sendo não o juízo de admissibilidade para o recebimento da inicial, mas o juízo de admissibilidade para envio da causa ao plenário*, pois a inicial, frise-se uma vez mais, *já foi recebida*.

Assim, se o réu citado por edital não comparecer e não nomear defensor, temos que, a teor do disposto no art. 366 do CPP (*vide* os **Comentários** ali expostos), o processo haverá de ser suspenso, com as consequências jurídicas determinadas naquela norma.

4.1 Hipótese de "citação inválida"
Deve-se atentar para o quanto disposto acerca da forma da citação da pessoa acusada disciplinada nos arts. 351 e seguintes do Código.

> § 1º O prazo previsto no caput deste artigo será contado a partir do efetivo cumprimento do mandado ou do comparecimento, em juízo, do acusado ou de defensor constituído, no caso de citação inválida ou por edital.

1. Forma de contagem do prazo para resposta
Fugindo da estrutura tradicional do art. 798 do CPP e aproximando-se daquela forma de contagem estabelecida pelo Código de Processo Penal, tem-se que o início do decêndio se dá com a juntada do mandado devidamente cumprido, em cartório, observando-se, no mais, as regras de prazos diferenciados para a Defensoria Pública.

2. Presença física da pessoa acusada perante o Juiz Togado
Sendo correta a interpretação atrás mencionada, deve-se ter em conta um marcante problema de harmonização sistêmica quanto à presença física da pessoa acusada perante o Juiz Natural da causa e mesmo quanto à "natureza jurídica" desse comparecimento.

Isso porque, na nova estrutura, a pessoa acusada não precisa, necessariamente, ser levada à presença do Conselho de Sentença, este sim o verdadeiro juiz natural da causa, para que o julgamento do mérito se dê. Dessa forma, a incongruência reside na imperiosidade da sua apresentação ao juiz togado por força da aplicação – correta – do art. 366, mas da facultatividade de sua presença perante o Juiz Natural. Isso parece decorrer da forma como historicamente é compreendido o papel do juiz leigo no Direito brasileiro, como explicitado no início dos **Comentários** aos artigos 406 e seguintes.

> § 2º A acusação deverá arrolar testemunhas, até o máximo de 8 (oito), na denúncia ou na queixa.

1. Número máximo de testemunhas
Há previsão neste artigo para o número máximo das testemunhas quando do oferecimento da denúncia e, embora não se diga, o mesmo vale para a "queixa", por analogia de integração do ordenamento. Neste ponto, pode-se observar que, nas redações iniciais propostas, o número de testemunhas possível era menor: cinco. Tal limitação incide, igualmente, na defesa inicial.

Diversamente do quanto anteriormente disciplinado na estrutura do CPP, o número máximo de 8 testemunhas (daí excluídas as eventuais vítimas e peritos, que não são tecnicamente testemunhas) não diz respeito *a cada fato, mas, sim, ao número total*.

2. Limite de testemunhas e verificação de pertinência da produção da prova testemunhal
Conforme já exposto no art. 401, a indicação de número máximo de testemunhas somente tem sentido num modelo processual em que a verificação da pertinência da produção da prova seja frágil, meramente formal. Muita vez pode acontecer, sobretudo em caso de considerada complexidade, que seja necessário ouvir mais pessoas que a quantidade abstratamente estipulada. Teria sido melhor, nesse ponto, que houvesse liberdade de indicação do número de testemunhas, realizando o magistrado criteriosa análise de conveniência e oportunidade da oitiva de cada qual após expressa justificação, pela parte interessada, da importância de cada qual, situação esta disciplinada com a nova estrutura.

3. Testemunhas referidas ou que não prestam compromisso
A teor do art. 398, as testemunhas referidas e as que não prestam compromisso – nesse caso, não tecnicamente testemunhas, mas, sim, informantes – não são computadas no limite de indicação.

Nada obstante, a redação expressa deste artigo implica a indicação de testemunhas, donde se pode concluir que ali não se compreendem os peritos e os informantes; nada, no entanto, com relação às testemunhas referidas. Estas, desconhecidas até o ato probatório, não podem integrar o rol inicial, mas, uma vez detectadas, podem vir a *substituir* alguma inicialmente indicada se seu depoimento for verdadeiramente essencial.

4. Qualificação das testemunhas
Nada obstante a redação indicar que apenas a defesa deve qualificar suas testemunhas, trata-se de dever processual para ambas as partes, o que, no caso da acusação, surge de forma mais simplificada diante da fase investigativa precedente na qual, normalmente, as testemunhas já se encontram qualificadas.

5. Apresentação espontânea de testemunhas
Malgrado a disciplina da apresentação espontânea venha dirigida à Defesa, quando se estipula que ela pode requerer "sua intimação [da testemunha], quando necessário", é possível a apresentação espontânea igualmente pelo acusador público ou privado, com o ônus da preclusão diante de eventual não comparecimento.

> § 3º Na resposta, o acusado poderá arguir preliminares e alegar tudo que interesse a sua defesa, oferecer documentos e justificações, especificar as provas pretendidas e arrolar testemunhas, até o máximo de 8 (oito), qualificando-as e requerendo sua intimação, quando necessário.

1. A manutenção do apego à forma escrita do procedimento
Ainda que apregoado com ares de mudança – e aparentemente tendo cumprido essa promessa –, da análise da nova fase de admissibilidade percebe-se a manutenção do apego ao rito escrito em detrimento da oralidade, característica essencial do processo acusatório construído pela CR/88.

Isso se manifesta com a propositura oral da inicial penal e com a resposta por escrito àquela peça. Também milita a favor da forma procedimental escrita a manutenção do rito das exceções na forma como já existente no Código de Processo Penal, situações todas que poderiam ser evitadas se adotado um rito verdadeiramente oral, em audiência concentrada para discussão desses pontos. Milita a favor da oralidade, apenas, a previsão da audiência única na forma comentada nos artigos seguintes, que, malgrado as boas intenções reformistas, pode não ter a dimensão prática desejada.

2. Defesa preliminar: autodefesa ou defesa técnica?
Pela redação empregada, deve-se concluir que a manifestação por escrito deverá ser ofertada por defensor técnico, constituído ou dativo, sendo insuficiente a peça subscrita pelo próprio acusado, a menos que atuando em causa própria.

2.1 Defesa preliminar e nulidade pela sua não observância
Outro aspecto que deve ser superado caso se queira dar robustez cultural à nova estrutura é o de considerar essa fase como dispensável, cuja não aplicação gera nulidade de caráter "relativo", como se observa em inúmeros julgados que, apreciando tema análogo, decidem afirmando que

> A Turma, embora reconhecendo a inobservância do art. 38 da Lei n. 10.409/2002, indeferiu, por maioria, *habeas corpus* impetrado em favor de condenado pela prática dos crimes de tráfico ilícito de entorpecentes e associação para o tráfico (Lei n. 6.368/76, arts. 12 e 14), cuja citação para oferecimento de defesa preliminar não fora realizada. Inicialmente, ressaltou-se a existência de precedentes da Corte no sentido de que a não observação do rito previsto na Lei n. 10.409/2002, especialmente no que concerne à apresentação de defesa preliminar, nos termos do citado art. 38, pode acarretar nulidade da ação penal, desde o recebimento da denúncia. Entretanto, aduziu-se que o STF já reconhecera a necessidade de ser demonstrado, pelo impetrante, o efetivo prejuízo decorrente da inobservância da aludida regra processual, independentemente de se tratar de nulidade absoluta ou relativa. Asseverou-se que, no caso, não existiriam elementos que indicassem a ocorrência de constrangimento ilegal a ensejar a concessão da ordem para anular a ação penal desde o recebimento da inicial acusatória, tendo em conta que os demais atos processuais foram perfeitamente realizados, e por meio dos quais se oportunizaram ao paciente todos os meios de defesa em direito admitidos.[2159]

2.2 Inaplicabilidade da Súmula 330 do STJ
Pelos mesmos fundamentos, não se pode aqui aplicar a Súmula 330 do STJ, que possui a seguinte redação: "É desnecessária a resposta preliminar de que trata o art. 514, do Código de Processo Penal, na ação penal instruída por inquérito policial".

Com efeito, sobredita súmula, distanciando-se dos princípios basilares do processo penal, e não apenas daqueles óbvios do contraditório e ampla defesa, mas, sobretudo, também se vendo na observância correta do procedimento um direito das partes integrante do devido processo legal, somente pode ser compreendida por um viés utilitarista para evitar a deflagração de reiteradas nulidades por inobservância dessa determinação.

[2159] STF. **HC 94.011/SP**. Relator: Min. Menezes Direito. Data de julgamento: 10 jun. 2008.

Sendo a defesa preliminar integrante indispensável da nova estrutura procedimental, cabem aqui as ponderações do STF ao rechaçar mencionada súmula, ao afirmar que

> Sob a égide da Constituição Federal de 1988, a jurisprudência desta Corte se consolidou no sentido de que eventual nulidade decorrente da não observância do art. 514 do CPP teria caráter relativo. "A Constituição de 1988 (art. 5º, LV) ampliou o direito de defesa, assegurando aos litigantes, em processo judicial ou administrativo, e aos acusados em geral, o contraditório e a ampla defesa, com os meios e recursos a ela inerentes. "Há muito vem a doutrina constitucional enfatizando que o direito de defesa não se resume a um simples direito de manifestação no processo. Efetivamente, o que o constituinte pretende assegurar – como bem anota Pontes de Miranda – é uma pretensão à tutela jurídica. "A afirmação desse novo sentido constitucional tem servido de base para revisitar a jurisprudência do Tribunal em uma série de questões penais ou que envolvam constrangimento da liberdade de ir e vir do cidadão. Arrolo alguns casos: crimes hediondos (HC 82.959, rel. Min. Marco Aurélio, Pleno, *DJ* 1º-9-2006), apelação em liberdade (Rcl 2.391 (QO), rel. Min. Marco Aurélio, *DJ* 13-4-2005), direito de defesa no inquérito policial (HC 88.190, rel. Min. Cezar Peluso, 2ª T., *DJ* 6-10-2006), direito de defesa nas Comissões Parlamentares de Inquérito (Caso Brokers, rel. Min. Celso de Mello, Pleno, *DJ* 4-8-2006), prisão civil por dívida (RE 349.703/RS, rel. Min. Carlos Britto, julgamento não concluído), dentre outros. "Para análise da consistência dos fundamentos que norteiam a tese da jurisprudência que se consolidou nesta Corte, ressalto que aqueles que defendem resultar em nulidade relativa o não cumprimento do art. 514 do CPP, o fazem sob o fundamento de que referida nulidade poderá ser arguida em tempo oportuno, tornando-se necessária a comprovação da existência do prejuízo. E entendem, ainda, que há prescindibilidade da aplicação deste artigo naqueles casos em que a denúncia for lastreada em inquérito policial. "Creio, porém, que o caso concreto demanda análise desta orientação jurisprudencial, a partir da recente conformação que o direito de defesa tem recebido no Plenário deste Supremo Tribunal Federal. "Ao se deparar com esse tema, ainda sob a égide da Constituição anterior, Oscar Corrêa já sustentava que possíveis nulidades decorrentes da não aplicação do art. 514 do CPP teriam caráter absoluto (...)" Em última instância, entendo que uma persecução penal não pode ser legitimamente instaurada sem o atendimento mínimo dos direitos e garantias constitucionais vigentes em nosso Estado Democrático de Direito (CF, art. 1º, *caput*). No caso concreto, portanto, vislumbro típica situação de violação do direito constitucional de defesa. "Desse modo, ao contrário do sustentado pelo parecer da PGR (fls. 126/128), a simples alegação de que a denúncia teria se lastreado em inquérito policial não me parece fundamento jurídico idôneo para justificar o afastamento da norma do art. 514, do Código de Processo Penal. Tal afastamento, a meu ver, configura ofensa ao princípio da dignidade da pessoa humana (CF, art. 1º, III), ao direito constitucional de defesa (CF, art. 5º, LV), ao devido processo legal (CF, art. 5º, LIV) e ao contraditório (CF, art. 5º, LV). "E, caso meu posicionamento seja vencido, considero que é hora de o Supremo Tribunal Federal rediscutir a jurisprudência ora vigente, ao considerar ser de ordem relativa a nulidade decorrente do não cumprimento do art. 514, do CPP, e, ainda, que é prescindível a aplicação deste artigo naqueles casos em que a denúncia for lastreada em inquérito policial. "Urge que este mesmo Supremo Tribunal Federal reconheça a atual imposição do pleno exercício do direito de defesa prévia, em conformidade com a recente conformação que o direito de defesa tem recebido desta Corte, independentemente mesmo da afiançabilidade do delito".[2160]

3. Oferecimento de "justificações"

Tratava-se, na estrutura anterior, de incidente probatório de natureza cautelar, na fase que antecedia o julgamento de mérito em plenário, após o oferecimento do libelo e sua contrariedade.

Pela nova dinâmica, ainda se trata de incidente de caráter probatório, mas passível de ser atuado ainda na fase de discussão da admissibilidade da causa. A redação aprovada induz que o oferecimento das justificações seria ato privativo da Defesa, o que, em nome da paridade de armas, parece não ser a melhor interpretação.

Esse problema de redação não é novo no processo penal, e pode ser detectado claramente no âmbito da Lei n. 9.296/2006 (lei das interceptações telefônicas), em seu art. 3º, que, pela sua redação, poderia induzir o intérprete a impossibilitar a interceptação telefônica a pedido da Defesa, o que contrariaria a paridade de armas já mencionada.

Assim, a teor do art. 409, *infra*, será possível o requerimento de "justificações" inclusive pelo Acusador.

[2160] STF, **HC 85.779/RJ**. Relator: Min. Gilmar Mendes.

3.1 Objeto da justificação
O Código de Processo Penal prevê neste artigo a possibilidade de "justificações", mas, diferentemente do regramento anterior, não fez menção às perícias como integrantes dessa mecânica processual. Mais ainda. Caso se queira confirmar provimento que afirma que "não se pode falar em cerceamento de defesa, no indeferimento do pedido da justificação judicial para inquirição de testemunhas, se estas podem ser ouvidas no plenário do júri"[2161], está-se diante do fato de que as justificações, alcançando apenas o meio de prova testemunhal, servem como uma medida cautelar "para preservação da memória", diante do potencial perdimento daquele meio.

3.2 Procedimento (prazo, legitimação, decisão e recorribilidade)
O Código de Processo Penal, como em grande parte de outras situações processuais cautelares, não menciona o procedimento a ser seguido para as justificações, donde o emprego analógico do Código de Processo Civil para a matéria (arts. 861-866 do CPC). Também não se prevê qualquer possibilidade recursal contra a decisão que rejeita a justificação, recaindo-se uma vez mais na vala comum de indagações sobre o emprego de correição parcial ou mandado de segurança, este último mais difícil de ser concebido concretamente diante da dificuldade de se confirmar a existência de um "direito líquido e certo" à justificação. Por outro lado, os fundamentos da correição parcial (representação, assim denominada em alguns Estados) também não se afiguram cristalinos, pois não se vislumbra *error in procedendo* diante do indeferimento motivado.

Quanto ao momento processual, a fase de admissibilidade afigura-se expressamente prevista para Defesa e Acusação manejarem o instrumento da "justificação", mas nada impede que venha a ser ele empregado entre a admissibilidade e o julgamento de mérito, conforme dispunha o então vigente art. 423 do CPP.

3.3 Hipóteses de cabimento da justificação
Embora disciplinado na estrutura do júri, entende-se que "pedido visando preconstituir prova para fins de revisão criminal. Admissibilidade. Irrelevância de se referir o art. 423 do CP que prevê a medida, apenas ao sumário do Júri – Aplicação subsidiária dos arts. 861-866 do CPC, ante a omissão do Código de Processo Penal".[2162]

> Art. 407. As exceções serão processadas em apartado, nos termos dos arts. 95 a 112 deste Código.

1. Tramitação legislativa da Lei n. 11.689/2008
Observa-se a inexistência de alterações neste artigo a partir da primeira redação da Comissão, do projeto tal como apresentado no Congresso e da redação final aprovada, salvo a necessária constatação de que existem várias hipóteses de "exceção" no âmbito dos arts. 95 a 112.

2. Sobre as exceções e seus procedimentos, ver arts. 95 a 112

3. Processamento "em apartado"
Aplicável a todas as formas de exceção, compreendendo autos próprios nos quais haja a dedução do objeto da exceção, sua eventual demonstração por meios de prova, contraditório sobre a matéria e decisão sobre o tema provocado.

> Art. 408. Não apresentada a resposta no prazo legal, o juiz nomeará defensor para oferecê-la em até 10 (dez) dias, concedendo-lhe vista dos autos.

1. Indispensabilidade da defesa preliminar
Pelo texto, ela é obrigatória, sendo causa de nulidade a supressão dessa fase ou mesmo sua inexistência nos autos, embora tenha havido defensor constituído para tanto.

Acrescente-se, reiterando-se o quanto dito nestes **Comentários** ao art. 406, que a Defesa Preliminar somente pode acontecer se a pessoa acusada tiver sido pessoalmente citada ou, se por edital, tiver tomado conhecimento da acusação pessoalmente ou, ainda, se tiver alternativamente nomeado defensor para atuar no processo.

1.1 A defesa preliminar e seu caráter substancial
Para além da mera recomposição do procedimento, é imperioso que haja a necessária absorção cultural do modelo – o que, convenha-se, não se faz apenas com a mudança da letra da lei – para que não se repitam, entre os operadores do Direito, interpretações como aquelas empregadas na aplicação do então vigente art. 406 do CPP ao tratar das "alegações finais" no rito anterior.

Assim, deve-se afastar a tendência da jurisprudência que encara com absoluta naturalidade a tese que aduz "Sendo o juízo de pronúncia provisório, não estão obrigados a apresentar alegações derradeiras os defensores constituídos porque poderão expor

---

[2161] RSTJ, 8/113.
[2162] RT, 641/355.

sua tese em plenário, de acordo com suas convicções, apesar de terem deixado fluir o prazo deferido".[2163]

Atualizando que não se trata mais de "alegações derradeiras" (antigo art. 406), o que a nova disciplina exige, quer-nos parecer, é não apenas uma defesa formal, mas substancial, não "podendo a parte então abster-se taticamente e reservar-se ao plenário para a exposição dos seus argumentos"[2164], afastando-se a principal justificativa teórica de que "A ausência das alegações finais, nos processos de competência do Tribunal do Júri, não enseja a declaração de nulidade, pois, na sentença de pronúncia, não há julgamento de mérito e, sim, um mero juízo de admissibilidade, positivo ou negativo, da acusação formulada"[2165], posição essa com a qual, com a devida vênia, não se podia concordar mesmo na disciplina anterior, na medida em que nos casos de exclusão da ilicitude há, sim, verdadeiro juízo de valor efetuado pelo juiz togado quanto ao mérito da conduta.

Raciocina-se, dentro da lógica do modelo brasileiro, que a omissão é uma "estratégia", uma "tática" pela qual as partes (entenda-se: a maior parte dos julgados e da doutrina apenas comenta a abstenção da defesa, pois para o acusador público – ou privado – a hipótese não é ventilada de forma tão corriqueira) farão com que os argumentos surjam verdadeiramente em plenário. Tratar-se-ia, assim, de "Tática habitual utilizada como estratégia nos procedimentos da espécie, como forma de se evitar o desnudamento antecipado da tese defensiva".[2166]

Evidentemente, havia um custo adicional a ser pago na então lógica do Código, que era o da preclusão dos vícios ocorridos até então. Nesse sentido, "os possíveis vícios ocorridos na fase instrutória deverão ser arguidos quando do oferecimento das razões últimas. Não ocorrendo o protesto oportuno, necessária se faz a aplicação da preclusão pela intempestividade da arguição"[2167]. Alguns julgados, isoladamente, contrariam – corretamente – essa forma de entendimento, verificando a ocorrência de alguma sorte de constrangimento[2168] com o não esgotamento da forma defensiva prevista no texto legal comentado.

Assim, caso se queira continuar a caminhar pela mesma senda da maior parte dos julgados, a repelir nulidade em casos nos quais a defesa é tida em "deficiência de sua atuação, não oferecendo defesa prévia, não reperguntando às testemunhas e deixando de comparecer a audiência realizada em outra comarca, através de precatória – Decurso, ademais, *in albis* do prazo do art. 406 do CPP"[2169], pode-se concluir que, realmente, a primeira parte do procedimento, mesmo com a nova disciplina, é apenas um rito de passagem, quase desnecessário, porquanto tudo se resolverá no plenário, onde, é certo, encontram-se os juízes naturais, mas, também, onde a prova não é ordinariamente produzida, e sim, se tanto, reproduzida.

1.2 **Concordância do defensor dativo com a pronúncia: consequência**

Entende-se majoritariamente na jurisprudência que a defesa não precisava se manifestar na fase das alegações finais, como já salientado, e deve ser repelida a manutenção dessa concepção diante da nova disciplina. Nada obstante, interessante julgado mostra que é nulo o processo no qual a defesa, nessa fase, pede a pronúncia do réu.[2170]

2. **Omissão do defensor constituído**

Necessariamente há de ser suprida por um defensor "dativo", o que significa que, nessa fase, não há possibilidade de ausência de manifestação da defesa técnica, diferenciando-se de jurisprudência construída no regime jurídico anterior, conforme apontado em outras edições destes **Comentários**.

3. **Iniciativa judicial e prazo para resposta**

A iniciativa judicial restringe-se à falta da defesa no prazo legal, e não à sua inconsistência técnica, esta última não sendo motivo para desconsiderar a peça apresentada e para nomear-se novo defensor.

O prazo é de dez dias para a apresentação da petição de defesa e, não tendo havido modificação específica do regime de contagem de prazo, poderia se cogitar que devesse ser aqui aplicado o disposto no art. 798 do CPP. Nada obstante, parece ser melhor interpretação sistêmica considerar o prazo fluindo a partir da juntada do mandado de intimação em cartório, conforme especificamente restou determinado no art. 406 renovado.

[2163] TJPB. Relator: Des. Júlio Aurélio Moreira Coutinho. Data de julgamento: 18 out. 1995.
[2164] TJSP. **Recurso em Sentido Estrito 144.456**. Relator: Gonçalves Nogueira. Data de julgamento: 31 out. 1994.
[2165] STJ. Relator: José Arnaldo da Fonseca. Data de publicação: DJ, 29 mar. 2004. p. 254.
[2166] RT, 674/291.
[2167] TJPB. Relator: Des. Marcos Antônio Souto Maior. Data de julgamento: 19 ago. 1993.
[2168] RT 608/406.
[2169] RT 585/414.
[2170] RT, 601/443.

4. "Natureza" do prazo

A se seguir a classificação proposta em obra doutrinária[2171], o prazo deveria ser considerado como próprio, acarretando a preclusão pelo seu vencimento sem a devida manifestação. Nada obstante, a intenção da nova redação é que a defesa, que é substancial, precisa ser apresentada, donde não se trata exatamente de preclusão do ato, mas da necessária passagem dos autos a outro Defensor para apresentar a peça.

> Art. 409. Apresentada a defesa, o juiz ouvirá o Ministério Público ou o querelante sobre preliminares e documentos, em 5 (cinco) dias.

1. Início do contraditório

Com o emprego do verbo "ouvir", surge a possibilidade de entender-se que as considerações devam acontecer em audiência a ser designada em prazo máximo de cinco dias a contar do recebimento da impugnação.

Sendo esse o entendimento, a impugnação – então, em audiência – deverá limitar-se às eventuais preliminares e a documentos eventualmente juntados, eventualmente possibilitada a justificação conforme exposto em artigo anterior. Considerações que transbordem esse limite tendem a ferir o objetivo dessa fase, devendo ser apreciadas na audiência que se poderia denominar de "mérito".

Insistindo-se na ideia de que essas impugnações devam acontecer em audiência, seria ela dispensada se a parte acusadora manifestar-se expressamente pela sua não realização por falta de interesse processual para tanto, o que não significaria a impossibilidade de redarguir em outra oportunidade processual as denominadas matérias "de ordem pública".

Se, no que tange aos documentos, também haverá, em tese, a possibilidade de contraditá-los em outro momento processual – na audiência de debates –, restaria indagar qual a utilidade da previsão desse artigo fora das hipóteses de justificação. Quando muito se poderia indagar ser este o momento específico para que a parte acusadora solicitasse a verificação da autenticidade ou falsidade do documento. No entanto, diante da natureza do tema tratado, soa pouco razoável entender-se que essa matéria ficaria preclusa e que a parte acusada pudesse se valer de documento falso em sua defesa.

Caso se entenda da forma menos literal o emprego do verbo "ouvir", interpretando-se que se trata de manifestação escrita – como mais habitual na literatura processual penal brasileira –, o conteúdo da peça e sua utilidade teriam as mesmas características atrás expostas.

1.1 Possibilidade de intervenção do assistente da acusação

Uma vez que a inicial penal já foi recebida a teor do disposto no art. 406, é de entender-se possível já ter havido o pedido de assistência, e, sendo assim, caberia indagar se esse assistente também teria direito a manifestar-se nos termos do artigo em questão.

Da conjugação do art. 248 com o presente artigo, tem-se que a resposta é positiva, devendo o assistente ser intimado para manifestar-se, seja em audiência ou por escrito, conforme prevalecer o entendimento sobre o verbo "ouvir".

> Art. 410. O juiz determinará a inquirição das testemunhas e a realização das diligências requeridas pelas partes, no prazo máximo de 10 (dez) dias.

1. O mito do prazo conclusivo

Sempre louvando a intenção da mudança legislativa tendente a dar maior celeridade a essa primeira etapa do procedimento, deve-se, no entanto, se render à comprovada ineficiência de prazos aparentemente rigorosos e que nunca obtêm repercussão prática, servindo, a fixação de um termo com tal "rigor", apenas para desprestigiar e deslegitimar o sistema.

Tratando-se de prazo impróprio – a dizer, sem a sanção da preclusão –, a superação dos dez dias nada acarretará à marcha procedimental. Melhor seria ter havido um regramento a partir da razoabilidade, obedecendo-se ao mandamento constitucional e iniciando-se, quem sabe por esse procedimento, a construção de um parâmetro legal de razoabilidade que pudesse ser estendido aos demais procedimentos.

> Art. 411. Na audiência de instrução, proceder-se-á à tomada de declarações do ofendido, se possível, à inquirição das testemunhas arroladas pela acusação e pela defesa, nesta ordem, bem como aos esclarecimentos dos peritos, às acareações e ao reconhecimento de pessoas e coisas, interrogando-se, em seguida, o acusado e procedendo-se o debate.

1. Ordem dos atos processuais

Uma das grandes novidades estruturais é a colocação do interrogatório do réu ao final da "instrução", forma de entender sua fala como meio de defesa, e não de prova, como topicamente alocado na redação do CPP.

Mas a disciplina, que não é inédita no direito brasileiro, vez que se encontra privilegiada desde a Lei n. 9.099/1995 (art. 81), pode sofrer dos mesmos

---

[2171] GRINOVER et al., *op. cit.*

males operacionais enfrentados na prática daquele diploma legal, sobretudo da ausência de *compreensão cultural* do ato de interrogatório.

Assim, dentro do marco teórico destes **Comentários**, a inversão dessas oitivas, notadamente a antecipação do interrogatório em relação às demais pessoas ouvidas, é de ser entendida como causa de nulidade absoluta.

2. Sobre a forma da oitiva do ofendido, ver nestes *Comentários* arts. 212 e seguintes

3. Sobre a forma de oitiva das testemunhas, ver nestes *Comentários* arts. 202 e seguintes

4. Sobre a forma de proceder-se à acareação, ver nestes *Comentários* arts. 229 e 330

4.1 Momento da acareação

Sendo a acareação possível entre as testemunhas, vítimas e pessoa acusada, e sendo o ato de interrogatório o último neste ato concentrado, é de considerar-se que somente será possível a acareação com a pessoa acusada após sua oitiva, o que possibilita certa inversão na ordem estabelecida no artigo.

5. Vários acusados e ordem de seus interrogatórios

O presente artigo não explicita a ordem de interrogatório quando da pluralidade de réus. Nada obstante, é possível usar-se por analogia o novo art. 469, § 2º (Determinada a separação dos julgamentos, será julgado em primeiro lugar o acusado a quem foi atribuída a autoria do fato ou, em caso de coautoria, aplicar-se-á o critério de preferência do art. 429), que, nada obstante tratar de "separação de julgamentos", induz uma ordem lógica na apreciação do mérito da causa.

6. Sobre o reconhecimento de pessoas ou coisas, ver nestes *Comentários* arts. 226 e 230

§ 1º Os esclarecimentos dos peritos dependerão de prévio requerimento e de deferimento pelo juiz.

1. Oitiva do perito

Embora marcada por certo laconismo, a redação indica alguns pontos essenciais de interpretação. Um deles é a eventual impossibilidade de oitiva do perito por determinação *ex officio*, o que viria a ser rechaçado pela regra geral de atividade probatória do Magistrado.

Mas a oitiva do perito quanto à sua pertinência e oportunidade em nada difere do quanto já estipulado para a oitiva das demais pessoas, cuja verificação de relevância para a causa vem estipulada no § 2º do presente artigo. Assim, restaria indagar o porquê do tratamento à parte para a oitiva dos peritos. Diante da possibilidade de atuação de assistentes técnicos, é de entender que também a estes pode incidir a presente norma.

2. Momento para requerimento da oitiva do perito

Para a Defesa, no momento da apresentação de sua defesa preliminar, nos termos do art. 406, § 3º; para a acusação, quando da propositura da ação penal, neste ponto fazendo-o de maneira expressa, e não como articulação genérica ou no prazo de resposta determinado no art. 409.

3. Momento do (in)deferimento pelo juiz e meio de impugnação

Essa decisão, de natureza interlocutória, não se apresenta impugnável por recurso específico, cabendo a impetração de mandado de segurança desde que se consiga sustentar o direito líquido e certo à produção desse meio de prova. Embora não diga respeito diretamente ao direito de locomoção, em última análise será afetado na perspectiva da pessoa acusada, podendo-se cogitar também o emprego do *habeas corpus*.

§ 2º As provas serão produzidas em uma só audiência, podendo o juiz indeferir as consideradas irrelevantes, impertinentes ou protelatórias.

1. Concentração de atos processuais em audiência

Uma das mais relevantes modificações trazidas pela nova legislação, e que procura aproximar realmente o modelo brasileiro – ou parte dele – da matriz acusatória, é a previsão da concentração dos atos processuais, mecanismo paulatinamente incorporado em outras legislações como a atual Lei n. 11.343/2006 (Lei de Tóxicos) e, num antecedente já mais distante, a ação penal na Lei n. 9.099/1995.

A concentração em audiência, no entanto, é mais um objetivo em tese que uma construção concreta. Isso porque a cláusula de exceção possibilita o desdobramento da audiência diante da necessidade de realização de atos imprescindíveis, por exemplo o interrogatório da pessoa acusada ou a oitiva de testemunhas ou peritos, tudo por carta-precatória, mecanismo ainda subsistente no modelo processual penal.

De nada adiantará, no entanto, a previsão legal se a cultura processual mantiver-se arraigada aos padrões do procedimento escrito, cujo fruto mais direto no presente tópico é a frequente conversão dos debates em audiência nos "memoriais", mecânica que impede a substancial assunção dos cânones de oralidade e concentração que inspiram o modelo processual acusatório.

1.1 Audiência una e desdobramento do ato em dias sucessivos

A audiência no modelo proposto é ato complexo, mas uno. Sua cisão em dias sucessivos é possível sem que com isso se perca a unidade, aproximando-se de alguma maneira da sessão de julgamento de mérito na forma existente no modelo anterior e mesmo na lei reformada.

Isso pode ser realmente o caminho a se seguir diante da possibilidade, em tese, de verdadeiras *sessões de julgamento da admissibilidade*, levando-se em conta o número máximo de testemunhas arroladas pelas partes, oitivas de peritos, demais atos (*v.g.*, acareações) e oitiva de réu(s), com a consequente duração prolongada do ato processual.

Na prevalência da cultura processual atual, esse ato complexo poderá sofrer de várias patologias, como a tendência inercial para a divisão da audiência de forma desnecessária ou mesmo a impaciência com sua finalização, vez que o processo oral e a concentração de atos processuais nunca foram, no processo penal, exatamente assumidos.

2. O papel do juiz na condução da instrução

Conforme já exposto nestes *Comentários*, ao Juiz sempre coube o papel de indeferir provas de caráter protelatório ou as impertinentes para a causa, o que agora vem consagrado no rito do júri.

A compatibilização da nova regra com o princípio da "ampla defesa", constitucionalmente estabelecido, é possível, porquanto esta última não dá à pessoa acusada o direito de conduzir o processo à sua vontade. O controle judicial, sempre necessariamente *motivado especificamente sobre esse ponto*, deve, no entanto, possibilitar à Defesa oportunidade de movimento probatório de modo a que não veja cerceada sua função.

Mas, por esse artigo, é dado um passo largo no sentido da acusatoriedade na forma já exposta nas edições anteriores destes *Comentários*, quando se reserva ao Juiz o papel de guardião constitucional da legalidade processual, dos direitos da pessoa acusada e, no campo probatório, da avaliação da pertinência das provas postuladas no processo.

Mais ainda, diminui sensivelmente o papel supletivo do magistrado na produção de provas *ex officio* supostamente em favor da Defesa (largo argumento dos adeptos a essa possibilidade sem que com isso se fira mortalmente o modelo acusatório), vez que não há sentido em negar a atividade probatória defensiva para, depois, procurar supri-la.

2.1 Momento do indeferimento das provas irrelevantes, impertinentes ou protelatórias

A oportunidade é aquela prevista após o art. 410, depois da manifestação do acusador sobre a Defesa Preliminar e, certamente, antes da designação da data de audiência.

2.2 Meio de impugnação

Como característica do modelo de concentração de atos processuais que, pela sua forma, desestimula a recorribilidade das decisões interlocutórias, o modelo legal renovado não se ocupa de meio recursal contra o indeferimento dos meios de prova, o que significa o potencial emprego de mandado de segurança (compreendido o "direito líquido e certo" à produção probatória) ou mesmo de *habeas corpus* para impugnar, por via autônoma, a decisão.

Assim sendo, a propalada celeridade dessa fase pode ter aqui um ponto de estrangulamento, tornando-se o *habeas corpus*, ainda, mais um instrumento de intervenção no processo, com as consequências daí advindas, como a sobrecarga dos Tribunais e a prevenção para eventuais recursos futuros, por exemplo.

3. Conceito de irrelevância

Trata-se de postulação de prova cuja qualidade não apresenta importância para o deslinde da causa.

4. Conceito de impertinência

Trata-se da postulação da produção de prova não relacionada ao assunto tratado, despropositada em relação a ele.

5. Conceito de protelação

É toda postulação de prova que visa provocar adiamento, retardamento, postergação desnecessária do deslinde da causa.

> §3º Encerrada a instrução probatória, observar-se-á, se for o caso, o disposto no art. 384 deste Código.

1. *Vide* nestes *Comentários* art. 384

2. Meio de impugnação

A aplicação do art. 384, seja no seu *caput* ou no seu parágrafo único, não ensejará, de início, o emprego de qualquer meio específico de impugnação por parte da pessoa acusada, sendo-lhe facultadas, a teor do art. 384 na sua redação original do CPP, as intervenções defensivas.

A recusa do órgão Acusador em efetivar o aditamento da denúncia poderá gerar, conforme já exposto nestes *Comentários*, a aplicação analógica do art. 28 do Código de Processo Penal.

§4º As alegações serão orais, concedendo-se a palavra, respectivamente, à acusação e à defesa, pelo prazo de 20 (vinte) minutos, prorrogáveis por mais 10 (dez).

1. Substituição das alegações "orais" por "memoriais"
Conforme já apontado em vários tópicos destes *Comentários*, a substituição dos debates por "memoriais" apresenta largo emprego na prática processual penal, advinda, sem dúvida, da matriz inquisitiva que inspira o modelo brasileiro.

Inserir tão importante mecanismo diretamente vinculado ao modelo acusatório de processo no caldo cultural anterior é potencialmente desgastar-lhe, a não ser que um profundo processo de capacitação fornecido aos operadores do Direito lhes incuta o real significado teórico e prático da conversão. Caso contrário, serão reiterados entendimentos (existentes mesmo no processo civil) de que se trata de mera irregularidade, sujeita à preclusão.[2172]

No mais, vide nestes *Comentários* a análise do art. 572, na qual o mesmo tema é abordado.

2. Delimitação legal do tempo para os debates
Analisado o presente dispositivo a partir de sua tramitação legislativa, observa-se a duplicação do tempo destinado a cada uma das partes no texto final sancionado em relação àquele inicialmente proposto pela "Comissão Grinover".

A mudança pode ser explicada por um apego aos termos do antigo "rito sumário" previsto na redação original do CPP, no então art. 539, § 2º, a qual veio posteriormente reproduzida mais recentemente na Lei n. 11.343/2006 (Lei de Tóxicos), em seu art. 57.

Nada obstante, se for analisado o sistema processual numa perspectiva de comparação das disciplinas dos debates orais, será verificado que a Lei n. 9.099/95, em seu art. 81, não disciplina tempo máximo para os debates, donde pode ser apontada a incongruência consistente na limitação temporal para as alegações orais de forma expressa para casos de muito maior gravidade e na ausência de limitação para as infrações de menor potencial ofensivo.

Mas tanto a modificação quanto a redação original, na verdade, são estipulações desprovidas de qualquer substrato empírico concretamente demonstrado, pois, até onde se tem conhecimento, inexistem estudos consolidados, de conhecimento amplo, sobre a adequação temporal das falas destinadas a cada uma das partes.

2.1 Uso da prorrogação
Assim como se entendia no sistema anterior quando dos debates em plenário, o emprego da "réplica" é uma faculdade do Acusador, e sua utilização, pela Defesa, somente será possível se aquele tiver usado seu direito à fala prorrogada.

§5º Havendo mais de 1 (um) acusado, o tempo previsto para a acusação e a defesa de cada um deles será individual.

1. Pluralidade de acusados e administração do tempo para os debates
Considerando-se que no regime anterior, quando da sessão plenária, havia sempre a crítica de que, em havendo a pluralidade de réus, o tempo da Defesa era comum, houve a preocupação em cindir o tempo defensivo em relação a cada uma das pessoas acusadas. O problema prático, no entanto, permanece.

Se, no regime anterior, uma das consequências era a cisão da sessão plenária mediante o regime de recusas a fim de que os acusados não fossem obrigados a compartilhar o tempo comum dos debates, aqui a patologia tenderá a ser o emprego da substituição dos debates por memoriais.

Isso porque, numa audiência concentrada em que existam apenas dois acusados e sem assistente de acusação – para tomar-se o mínimo possível de intervenção na hipótese de pluralidade de réus –, apenas de debates pode-se alcançar o limite de duas horas, tempo que, somado ao quanto já decorrido na oitiva de testemunhas, peritos e réus, tende a ser a justificativa, na prática, para que os debates venham a ser efetivamente substituídos por peças escritas ou, no mínimo, para que a sentença não seja prolatada na audiência.

2. Ordem da fala da Defesa
Reitera-se aqui o entendimento, por analogia, do art. 469, § 2º (Determinada a separação dos julgamentos, será julgado em primeiro lugar o acusado a quem foi atribuída a autoria do fato ou, em caso de coautoria, aplicar-se-á o critério de preferência do art. 429).

§ 6º Ao assistente do Ministério Público, após a manifestação deste, serão concedidos 10 (dez)

[2172] JTACrim, 5/142.

minutos, prorrogando-se por igual período o tempo de manifestação da defesa.

1. Ver art. 403, § 2º, para a manifestação do assistente do MP

§ 7º Nenhum ato será adiado, salvo quando imprescindível à prova faltante, determinando o juiz a condução coercitiva de quem deva comparecer.

1. Adiamento e concentração

O sistema brasileiro renovado buscou se pautar pela ideia de concentração de atos processuais, sendo o adiamento uma exceção realmente indesejável no desenho jurídico. Mas, diferentemente de outros modelos processuais nos quais a oralidade e a concentração são, efetivamente, demonstrações da incorporação do modelo, o modelo brasileiro, *apenas parcialmente reformado*, pode não alcançar os objetivos pretendidos.

Isso em função da estrutura de oitiva de pessoas (testemunhas, peritos ou mesmo acusados) residentes onde não tramita o processo, as quais podem ser ouvidas por meio do mecanismo das "cartas-precatórias" e que sem dúvida, assim o continuarão sendo, seja porque não se aceita a possibilidade da realização de atos processuais a distância, com emprego de mecanismos tecnológicos, seja porque sequer se chegou próximo àquilo que, no nosso entender, seria efetivamente o correto: impor às partes o ônus de apresentar, na audiência concentrada, as pessoas que desejam ouvir.

Essa posição, por certo, não encontra qualquer possibilidade estrutural no modelo brasileiro, seja na ótica do velho CPP, seja na lei nova. Para sua concreção haveria de ser pensado o modelo processual como um todo, com suas projeções orçamentárias para as Instituições envolvidas, inclusive a Defesa gratuita estatal, considerações essas que escaparam por completo aos longos anos de tramitação da Lei que, assim, pode ter mudado para ficar no mesmo, nesse aspecto.

E isso somente não ocorrerá se houver um efetivo controle judicial sobre as provas nos termos deste artigo, em seu § 2º, pois, caso contrário, a unicidade se perde por completo.

2. Imprescindibilidade da prova faltante

Divididos os meios de prova na forma tradicionalmente concebida (testemunhal, documental e pericial), *o artigo em comento deve ser interpretado de forma a preservar a unidade e concentração da audiência de instrução*. Assim, se a prova faltante puder ser obtida por outros meios disponíveis em audiência, não

deve o ato ser cindido e consequentemente adiado. No mais, veja-se neste artigo o § 2º.

3. Condução coercitiva de pessoas ausentes

A norma incide em relação a testemunhas civis ou funcionários públicos, inclusive aí entendidos eventuais peritos, não havendo justificativa legal para que, uma vez regularmente intimados e não tendo apresentado justificativa idônea em tempo hábil para a ausência, deixe-se de realizar o ato processual.

§ 8º A testemunha que comparecer será inquirida, independentemente da suspensão da audiência, observada em qualquer caso a ordem estabelecida no caput deste artigo.

1. Oitiva das testemunhas presentes

Há de ser observado que a ordem das testemunhas não pode ser alterada de modo a prejudicar a pessoa acusada. Assim, a inversão para oitiva das "testemunhas presentes" que acarrete na precedência daquelas defensivas sobre as da acusação não pode ser admitida, por ofensa à ampla defesa.

2. Impossibilidade de alterar-se o momento da oitiva da pessoa acusada

Embora expressamente disciplinado que se trata da possibilidade de oitiva das testemunhas presentes, deve ficar assentado que não é possível ouvir-se a pessoa acusada se apenas esta estiver presente, ou mesmo se outras estiverem, acarretando que seu interrogatório venha a se tornar ato inicial, ou mesmo intermediário, do processo.

§ 9º Encerrados os debates, o juiz proferirá a sua decisão, ou o fará em 10 (dez) dias, ordenando que os autos para isso lhe sejam conclusos.

1. Finalização dos debates e término da instrução

Pela ótica dominante mesmo no regramento anterior, entendia-se que a partir deste momento não se estaria mais no contexto da "instrução", descabendo falar em excesso de prazo e, portanto, em constrangimento ilegal.[2173]

Como, no entanto, não há previsão de diferenciação de prazo, nos termos do artigo seguinte, entre as situações de prisão ou não da pessoa acusada, pondera-se que não há que se falar em constrangimento na forma como anteriormente a matéria era tratada.

[2173] TJSP. **HC 305.372-3**. Relator: Djalma Lofrano. 26 jan. 2000, v.u.

2. Separação entre audiência e sentença

O Senado da República inovou isoladamente ao criar a cisão entre a audiência e a sentença, algo que, pela tramitação legislativa, não havia sido desejado desde a proposta inicial da "Comissão Grinover".

A inovação, contudo, pode ser explicada apenas pelo apego histórico às matrizes culturais do modelo inquisitivo do processo, descabendo outra justificativa senão o reiterado emprego desse mecanismo, cuja única exceção é, exatamente, a da sessão plenária de julgamento pelo Júri, ocasião em que a sentença deve, necessariamente, ser prolatada em audiência.

Acrescente-se que essa separação acarreta custo adicional de atos processuais, com o desencadeamento da necessária dinâmica de comunicação da sentença, o que seria evitado pela disciplina inicialmente prevista e que foi afastada, assim como, por consequência, a maior fluidez dos prazos recursais.

3. Prazo impróprio para prolação da sentença

Além de tudo quanto acima exposto, é de se considerar que esse prazo é impróprio, não gerador de sanção processual quando de sua superação, restando apenas eventuais mecanismos de controle no âmbito interno hierárquico da Magistratura.

> Art. 412. O procedimento será concluído no prazo máximo de 90 (noventa) dias.

1. Duração razoável do processo e prazos impróprios

Desde o início dos trabalhos da "Comissão Grinover", houve a imposição do prazo de 90 dias para a conclusão da fase de admissibilidade, e assim o tema foi encaminhado durante todo o processo legislativo.

Sobre esse assunto, dois pontos, pelo menos, merecem destaque. Um, o da não diferenciação da duração entre réus presos e soltos, quebrando-se assim uma larga tradição (razoavelmente operacional) de distinção entre essas situações; outro, o do já aventado "mito" da improrrogabilidade do prazo.

2. Pessoa acusada presa e término da fase de admissibilidade em Primeiro Grau

Inexistindo previsão expressa que excepcione a duração da fase de admissibilidade quando a pessoa acusada estiver presa daquela situação em que se encontra solta, o prazo de 90 dias será idêntico e considerado como o termo final do "procedimento".

Descontada a impropriedade técnica do termo "procedimento", é de se concluir que tendo havido prisão temporária decretada pelo prazo máximo na hipótese de hediondez (60 dias), somado ao prazo para oferecimento da denúncia (5 dias), e os mesmos 90 dias para término dessa etapa, tem-se um período de 95 dias de privação cautelar da liberdade, aos quais se somarão os quantos vierem no decurso da atividade recursal para, então, desdobrar-se o rito no encaminhamento ao plenário e julgamento definitivo de mérito.

Nesse sentido, o prazo estabelecido na Lei do Crime Organizado, impondo 81 dias para a conclusão da "instrução" nos processos por ela regidos, afigura-se comparativamente menor, embora sujeito aos mesmos critérios de "razoabilidade" e "proporcionalidade" que inspiram a dilação temporal.

3. Pessoa acusada solta e término da fase de admissibilidade em primeiro grau

A superação dos 90 dias, como inerente à "natureza" desse prazo, não acarreta qualquer sanção processual, nada havendo na Lei que possa servir como censura pelo avanço no prazo determinado em abstrato, diferentemente do que se passa na denominada "segunda fase" do rito, quando, pelas novas regras, poderá surgir uma espécie de desaforamento pela demora no julgamento.

Assim, mantém-se o quanto se compreende historicamente do tema do relacionamento do juiz natural com a fase de admissibilidade e o julgamento de mérito: o juiz togado pode se alongar de maneira diferenciada na definição dessa etapa processual, mas o juiz natural leigo se vê privado do conhecimento do mérito por conta da demora processual causada, exatamente, pelo juiz técnico.

SEÇÃO II – Da Pronúncia, da Impronúncia e da Absolvição Sumária

> Art. 413. O juiz, fundamentadamente, pronunciará o acusado, se convencido da materialidade do fato e da existência de indícios suficientes de autoria ou de participação.

1. A pronúncia e o papel do juiz togado

Como analisado em texto anterior[2174], a fase de pronúncia, tal como existente desde a reforma do procedimento do júri em 1841 (e posteriormente repetida em 1938 e no atual Código), corresponde a uma exigência do distanciamento do juiz natural da causa do momento de apreciação da admissibilidade ou não do julgamento do mérito. Com efeito, "Após os movimentos de rebelião no início do segundo reinado adveio o movimento reacionário que culminou com a reforma de 1841, tendo como uma de suas mais diretas consequências o enfraquecimento do juiz de paz. No entanto, mudanças no júri também

---

[2174] CHOUKR, Fauzi Hassan. **Temas de direito e processo penal**. Rio de Janeiro: Lumen Juris, 2004.

se fizeram sentir" e, dentre as principais, a abolição do juízo de admissibilidade também pelo juiz popular. Desde aquela época, passou-se a apresentar como absolutamente normal e condizente com a estrutura (quase sempre constitucional) do Tribunal do Júri que o verdadeiro juiz natural (que não é o togado) do caso ficasse reservado a um único ato dentro do longo e complexo procedimento bifásico: a sessão plenária. E assim se mantém, inclusive, nos inúmeros projetos de lei que buscaram (re)formar a matéria. Tal (des)estrutura tem como uma de suas consequências diretas o ora disposto no artigo em comento: os limites do conhecimento e da motivação do magistrado togado no campo da admissibilidade para o julgamento do mérito.

1.1 A pronúncia e seus problemas estruturais

Na mesma obra supramencionada, analisamos que a jurisprudência procura encontrar balizas e freios para os problemas estruturais da fase de admissibilidade, passando a afirmar que pronúncia é "sentença meramente declaratória que admite a acusação e não a responsabilidade"[2175] e que "Ocorrendo eventuais dúvidas decorrentes do confronto entre os vários elementos da prova, face à natureza da sentença de pronúncia, devem estas ser dirimidas pelo Tribunal do Júri, juiz natural do processo"[2176], vez que ao Magistrado é vedado o exame aprofundado do mérito da causa, pois incumbe ao juiz natural, o Tribunal do Júri[2177], fazê-lo, sendo que, nessas hipóteses, "é de confiar-se que o Juiz Natural faça no caso a justiça adequada".[2178]

Dessa maneira, se a sentença de pronúncia revela, em seu conteúdo intrínseco, os elementos essenciais à configuração do juízo de admissibilidade da acusação, torna-se legítima a submissão do réu a julgamento por seu juiz natural: o Tribunal do Júri[2179], sendo tal raciocínio válido mesmo com relação às eventuais qualificadoras, vez que não se deve subtraí-las do julgamento pelo Tribunal do Júri, juiz natural dos crimes dolosos contra a vida, devendo ser mantidas pelo Magistrado, se a prova contida nos autos não as repele manifesta e declaradamente.[2180]

Num exercício de linguagem bastante casuístico, a jurisprudência vai respondendo no "direito vivido" com decisões que buscam "incentivar" a pronúncia. A lógica do raciocínio, na medida em que o juízo de admissibilidade não pertence ao juiz natural, é exatamente deixar que tudo se resolva em plenário. O custo desse mecanismo é alto para todos os envolvidos, mas, sobretudo, para o réu, que poderia ter o caso solucionado com mais presteza se, efetivamente, o juiz natural (que é uma "garantia") fosse o responsável pela deliberação do prosseguimento ou não do caso.

Dessa forma, afirma-se que, "para a absolvição sumária nos crimes de competência do Júri, é necessário que haja uma prova segura, incontroversa, plena, límpida, cumpridamente demonstrada e escoimada de qualquer dúvida pertinente à justificativa ou dirimente, de tal modo que a formulação de um juízo de admissibilidade da acusação representaria uma manifesta injustiça"[2181], sendo que qualquer "dúvida quanto a excludente (...) leva à pronúncia"[2182] e o "reconhecimento da legitimidade da conduta nesta fase do feito que somente se admite se a inocência do envolvido transparecer de forma induvidosa".[2183] Assim, "para subtrair do Júri, Juiz natural do processo, o julgamento do caso, haveria que ficar demonstrada, de forma clara, induvidosa, a legítima defesa, assim como a ausência de ânimo homicida".[2184]

O que "prova segura", "incontroversa", "plena", "forma induvidosa" verdadeiramente significam variará de modo a colocar em xeque a verdadeira legalidade dessa estrutura. Por vezes, de forma até corajosa, há decisões que tentam definir essa linguagem em si indecifrável, para afirmar que a locução "estreme de dúvida", usada amiúde, adquire para as situações de polaridade jurídico-penal – em culminâncias de mérito que se travam – o significado de algo em concreto na prova e sem a mínima possibilidade de reversão de expectativas[2185], sendo que "a menor restrição dessa causa de licitude, basta para o julgamento da matéria se transfira para o Tribunal do Júri".[2186]

[2175] TJSP. **Recurso em Sentido Estrito 133.467-3**. Poá. Relator: Egydio de Carvalho. 27 dez. 1993.
[2176] TJSP. **Recurso em Sentido Estrito 176.955-3**. Diadema. 1ª Câmara Criminal de Férias julho/95. Relator: David Haddad. 31 jul. 1995, v.u.
[2177] TJSP. **Recurso em Sentido Estrito 176.671-3**. Cotia. 2ª Câmara Criminal. Relator: Devienne Ferraz, 12-7-1995, v.u.
[2178] TJSP. **Recurso em Sentido Estrito 124.446-3**. Espírito Santo do Pinhal. Relator: Djalma Lofrano. 26 ago. 1993.
[2179] TJSP. **Recurso em Sentido Estrito 170.716-3**. Matão. Relator: Jarbas Mazzoni. 26 set. 1994.
[2180] TJSP. **Recurso em Sentido Estrito 193.882-3**. Barretos. 2ª Câmara Criminal. Relator: Prado de Toledo. 23 out. 1995, v.u.
[2181] TJSP. **Recurso em Sentido Estrito 180.083-3**, Itapetininga, 1ª Câmara Criminal de Férias, rel. Oliveira Passos, 31-7-1995, v.u.
[2182] TJSP. **Recurso em Sentido Estrito 137.276-3/SP**. São Bernardo do Campo. Relator: Silva Pinto. 2 maio 1994.
[2183] TJSP. **Recurso Criminal 98.139-3**. Relator: Ângelo Gallucci. 6 maio 1991.
[2184] TJSP. **Recurso em Sentido Estrito 167.115-3/SP**. 1ª Câmara Criminal. Relator: Oliveira Passos. 29 maio 1995, v.u.
[2185] TJSP. **Recurso em Sentido Estrito 137.198-3**. Cubatão. Relator: Gonçalves Nogueira. 16 maio 1994.
[2186] TJSP. **Recurso Criminal 101.407-3**. Guarulhos. Relator: Bento Mascarenhas. 11 mar. 1991.

1.2 A pronúncia e o "princípio *in dubio pro societate*"

Ponto culminante de todo esse momento procedimental é o surgimento de um "princípio" autodenominado de *in dubio pro societate* (que inspira também o momento de recebimento da denúncia).

Tal "princípio" não existe fora do seu mero emprego retórico (e este emprego existe à saciedade), e ele nada mais é que fruto direto das manipulações ideológicas que alteraram as estruturas do Tribunal do Júri e que afastaram o juiz natural do momento de admissibilidade. Como um funcionário burocrático do Estado é o responsável por este momento, nada mais lógico que onerar o acusado (e o próprio Estado) com a dilação elástica do procedimento, deixando que tudo se resolva em plenário.

Observe-se que tal "princípio" não tem enunciado. Se o que se quer dizer com ele é que todos têm direito a serem julgados pelo juiz natural no mérito (e, acrescente-se, não apenas no mérito, mas em qualquer momento e em qualquer espécie de ação – conhecimento, cautelar ou execução), o que se tem nada mais é que a garantia do juiz natural. Assim, tal "princípio" somente tem algum sentido de existir quando alguém, que não é o juiz natural, efetuar qualquer juízo no processo e, "na dúvida", remete-se o caso para conhecimento do verdadeiro juiz natural. O problema, pois, não é do conteúdo do provimento de admissibilidade (sua extensão de cognição), mas sim *de quem o prolata*.

E, sendo a verdadeira questão esta – não é o juiz natural que efetua o juízo de admissibilidade –, uma situação deve ser colocada de forma explícita diante da CR e da CADH: a da incompatibilidade da estrutura "em vigor" perante os textos fundamentais, na medida em que um juiz, que não o natural, pode servir como autorizador ou não da admissibilidade da causa.

Assim, fora isoladíssimos entendimentos doutrinários como o de Torres[2187], para quem não "parece devido nem jurídico invocar, na pronúncia" o aludido princípio[2188], e acórdãos que dão pela "aplicação do aforismo *in dubio pro reo* e não do *in dubio pro societate*"[2189] nesta fase, caudalosa jurisprudência, inclusive considerando a pronúncia como um "despacho"[2190], vai afirmar que

nessa fase processual há inversão daquela regra procedimental para a do *in dubio pro societate* (TJSP, *RT* 587/296; no mesmo sentido: *RT* 729/545; *RT* 730/463 e *RT* 778/583), valendo o raciocínio para todo o conteúdo de imputação, inclusive "o exame de circunstâncias qualificadoras".[2191]

Alguns provimentos ainda buscam dar algum tipo de sustentação ao *in dubio pro societate*, alegando que

a sentença de pronúncia, como decisão sobre a admissibilidade da acusação, constitui juízo fundado de suspeita, não o juízo de certeza de que se exige para a condenação. Daí a incompatibilidade do provérbio *in dubio pro reo* com ela. É a favor da sociedade que nela se resolvem as eventuais incertezas propiciadas pela prova.[2192]

1.3 A superação do princípio *in dubio pro societate* na estrutura atual do rito do júri

Diante da nova estrutura da absolvição sumária, em conjunto com o *caput* do presente artigo, é de se ponderar que o mencionado princípio *in dubio pro societate* não parece resistir à própria cognição que deve efetuar o magistrado togado acerca da autoria, vez que lhe cabe, diante da inexistência de provas sobre a autoria, absolver a pessoa acusada de plano. Assim, no confronto entre provas da não autoria e indícios da sua ocorrência, não cabe a invocação da dúvida, com a submissão do caso ao Conselho de Sentença.

Talvez também pela nova estrutura normativa – ao lado de uma necessária revisão conceitual do assunto –, o STJ decidiu que "A acusação, no seio do Estado Democrático de Direito, deve ser edificada em bases sólidas, corporificando a justa causa, sendo abominável a concepção de um chamado princípio *in dubio pro societate*".[2193]

1.4 Provimento de pronúncia como condicionante da acusação na segunda etapa do procedimento: quebra do modelo acusatório?

Na atual estrutura do Código de Processo Penal, é o provimento de pronúncia que condiciona os termos da acusação a ser desenvolvida em plenário quanto ao máximo da carga de imputação que o acusado pode suportar. Sendo assim, é legítimo colocar em discussão que, nessa moldura, a verdadeira

---

2187 TORRES, José Henrique Rodrigues. Quesitação: a importância da narrativa do fato na imputação inicial, na pronúncia, no libelo e nos quesitos. In: TUCCI, Rogério Lauria (Org.). **Tribunal do Júri**: estudo sobre a mais democrática instituição jurídica brasileira. São Paulo: RT, 1999.

2188 Sendo também esta a crítica de RANGEL, **Direito Processual Penal**... 8.4.2.1.3., p. 147/277.

2189 TJPR. RT, 534/416.

2190 TJPR. RT, 641/360.

2191 TJSP. **Recurso em Sentido Estrito 263.393-3**. Suzano. 4ª Câmara Criminal. Relator: Passos de Freitas. 9 fev. 1999, v.u.

2192 TJSP. **Recurso em Sentido Estrito 152.523-3/SP**. Relator: Andrade Cavalcanti. 21 mar. 1994.

2193 STJ. **HC 175.639/AC**. Relatora: Min. Maria Thereza de Assis Moura. Data de publicação: DJe, 11 abr. 2012. Também na RT, 921/690.

imputação se dá por uma atividade do Magistrado, e não do acusador público (ou residualmente privado).

Tal situação difere substancialmente dos modelos que possuem juízos de admissibilidade para o recebimento de petições iniciais penais, onde e quando, eventualmente, nem toda a carga imputativa é absorvida. Isso porque, nesta última estrutura, não existe a reelaboração da acusação, o que se dá explicitamente no caso da relação pronúncia-libelo crime. Como se verá, o libelo-crime é a "porta de entrada" da pretensão acusatória na segunda fase do procedimento, repetindo, inafastavelmente, o conteúdo do provimento de pronúncia.

1.5 Pronúncia como causa interruptiva da prescrição

A pronúncia do acusado sempre interrompe a prescrição. Com esse fundamento, o STF afastou alegação de que, vindo o júri a desclassificar o delito pelo qual o paciente fora pronunciado – de homicídio qualificado, para lesões corporais seguidas de morte –, não teria ocorrido a interrupção da prescrição, nos termos do art. 117, II, do CP.[2194]

1.6 Incidência do dispositivo legal

A pronúncia pode restringir o leque de imputação lançado na peça acusatória inicial. A dizer, pode haver uma redução da carga imputativa com, por exemplo, o não reconhecimento de uma qualificadora. Afastam alguns provimentos a possibilidade de incluir circunstância agravante, considerando que se trata de "Decisão que, em sua parte classificatória, deve prever apenas o dispositivo legal em que incurso o pronunciado"[2195], bem como hipóteses concursais (como o concurso material) ou a continuidade delitiva[2196], "omitindo referências outras, adstritas à aplicação da pena".[2197]

1.7 Pronúncia e crime conexo: posição dominante

Na cumulação de ações por força de conexão ou continência, a pronúncia encerra o juízo de admissibilidade da infração atraída, conforme a posição doutrinária e jurisprudencial predominante, sendo vedada a análise de mérito sobre a infração atraída.

1.8 Pronúncia e crime conexo: outra concepção

Posições em sentido contrário, como a de Nassif, são francamente minoritárias, nada obstante apresentarem maior consistência sistêmica, pois a CR dispõe sobre a competência material do júri de forma estrita e nada menciona sobre a ampliação dessa competência por força de causas modificativas como a conexão ou a continência.

Assim, segundo o autor supracitado,

os crimes conexos aos da competência do Tribunal do Júri não são objetos de sentença de pronúncia, além dos estritos limites da declaração da conexidade. Acontece que, primeiro, a lei não trata em qualquer parte desta decisão; em segundo, deve-se ter presente que, entendendo admissível a postulação acusatória, ela trata de reconhecer a existência do fato e a autoria, ainda que indiciariamente. Tais afirmativas judiciais para os crimes que não admitem teses como, por exemplo, de legítima defesa (v.g., estupro), pode decretar, se pronunciado, a própria condenação do acusado pela certa influência que exercerá no âmbito dos jurados. Por isso mesmo já decidiu o TJRS que, (...) havendo pronúncia em relação ao delito prevalente (homicídio), não cabe ao juiz, no ato pronunciatório, manifestar-se sobre o delito conexo (lesões corporais) (...) (TJRS, Apel. 696.188.994, j. 28-11-1996). Ocorrendo desclassificação pelo Tribunal Popular, haveria, no mínimo, embaraço para absolver quando o magistrado julgar o fato cuja autoria e existência atestara anteriormente. Agrava-se o quadro em perspectiva se outro for o juiz que, para a absolvição, deverá arrostar o entendimento da pronúncia.[2198]

2. Prova da materialidade

O discurso jurisprudencial aponta que "A pronúncia é um mero juízo de admissibilidade da acusação, onde não se exige prova incontroversa da existência do crime, sendo suficiente que o juiz se convença de sua materialidade".[2199]

Nada obstante, a materialidade deve ter sua comprovação em termos praticamente inquestionáveis, "uma vez que o exame de corpo de delito, apto a comprovar a materialidade do crime de homicídio, foi realizado e juntado aos autos".[2200]

3. Dúvida quanto à autoria e à ocorrência do crime

Como se verá, acarreta a impronúncia que, na forma como estatuída neste Código, viola a CR e a CADH.

[2194] STF. **HC 73.774/MG**. Relator: Min. Sydney Sanches. 30 abr. 1996.
[2195] RT, 633/271.
[2196] RT, 671/310.
[2197] RT, 656/275.
[2198] NASSIF, Aramis. **O júri objetivo**. Porto Alegre: Livraria do Advogado, 2001.
[2199] STJ. **AgRg no AREsp 133.378/PI**. Relator: Min. Og Fernandes. Data de publicação: DJe, 22 ago. 2012.
[2200] STJ. **HC 55.815/PI**. Relator: Gilson Dipp. Data de publicação: DJe, 9 abr. 2012.

Na nova redação, aponta-se expressamente para a diferença entre autoria e participação. Temas dos mais árduos na ciência penal, autoria e participação são sempre controversas na prática, mormente quando se trata de avaliar o potencial conhecimento do agente quanto à prática criminosa e o grau de seu envolvimento com o delito. Como apontam Pierangeli & Zaffaroni, "nos últimos anos, tem aberto caminho na doutrina um critério distintivo conhecido como o domínio do fato", sendo que "possui domínio do fato quem detém em suas mãos o curso, o 'se' e o 'como' do fato, podendo decidir preponderantemente a seu respeito".[2201]

§ 1º A fundamentação da pronúncia limitar-se-á à indicação da materialidade do fato e da existência de indícios suficientes de autoria ou de participação, devendo o juiz declarar o dispositivo legal em que julgar incurso o acusado e especificar as circunstâncias qualificadoras e as causas de aumento de pena.

1. A pronúncia e seus excessos de linguagem na motivação

A CR determina a motivação das decisões judiciais, e isso se reflete, evidentemente, no tipo de provimento em análise, que vez ou outra é considerado como "sentença em sentido formal e não substancial".[2202] Dada a forma pela qual essa etapa é construída no direito brasileiro, há sempre a indagação dos limites da linguagem empregada pelo juiz da pronúncia. O excesso é punido como nulidade, e a consequência é a nova prolação do provimento.

Efetivamente, uma vez mais, tudo é empírico, e o subjetivismo tem largo campo de surgimento. Não se admite ter ocorrido excesso quando da "Explicação com coerência, porque acreditava ou desacreditava nas palavras das testemunhas" feita pelo juiz[2203] ou, de forma mais ampla, "Se as expressões usadas pelo Juiz na sentença de pronúncia em nada podem exercer qualquer influência sobre o ânimo e vontade dos jurados, não faz sentido pretender-se a sua nulidade sob alegação de excesso de linguagem".[2204]

Quando não se retorna ao modo de análise do tópico anterior, para afirmar que o

> Magistrado que apenas fundamentou a impossibilidade de reconhecimento da excludente de legítima defesa, porquanto indemonstrada de forma cristalina – Linguagem prudente e moderada que evitou apreciações personalíssimas, capazes de influir no ânimo dos jurados – Eventual nulidade que existiria caso faltasse fundamentação *quantum satis*.[2205]

No mais, "se as expressões usadas pelo Juiz na sentença de pronúncia em nada podem exercer qualquer influência sobre o ânimo e vontade dos jurados, não faz sentido pretender-se a sua nulidade sob alegação de excesso de linguagem"[2206], que não se confundem com a extensão do provimento, pois "ainda que a linguagem usada pelo juiz ao apreciar a sentença de pronúncia não seja sucinta, mas sendo prudente e moderada, evitando apreciações personalíssimas capazes de influir no ânimo dos jurados, inocorre vício que nulifique o *decisum* em questão".[2207]

Contudo, uma vez reconhecida a ocorrência do excesso, é necessário que seja o provimento substituído por outro de linguagem adequada, não sendo suficiente qualquer outra providência como a simples restrição a seu acesso. Assim,

> Constatado o excesso de linguagem na pronúncia tem-se a sua anulação ou a do acórdão que incorreu no mencionado vício; inadmissível o simples desentranhamento e envelopamento da respectiva peça processual. Com base nessa orientação, a Primeira Turma, por maioria, deu provimento a recurso ordinário em "habeas corpus" para anular o aresto por excesso de linguagem. Na espécie, o excesso de linguagem apto a influenciar os jurados mostrara-se incontroverso, reconhecido pelo STJ à unanimidade. A Turma asseverou que o abandono da linguagem comedida conduziria principalmente o leigo a entender o ato não como mero juízo de admissibilidade da acusação, mas como título condenatório. Assentada pelo STJ a insubsistência do acórdão confirmatório da pronúncia por excesso de linguagem, a única solução contemplada no ordenamento jurídico seria proclamar a sua nulidade absoluta, determinando-se a prolação de outra. O simples envelopamento da denúncia não se mostraria suficiente ante o disposto no CPP ("Art. 472 ... Parágrafo único. O jurado (...) receberá cópias da pronúncia ou, se for o caso, das decisões posteriores que julgaram admissível a acusação e do relatório do processo"). Vencido o Ministro Roberto Barroso, que negava provimento ao recurso. Assentava ser satisfatória a solução

---

[2201] PIERANGELI, Jose Henrique; ZAFFARONI, Eugenio Raul. **Manual de direito penal brasileiro.** São Paulo: RT, 1997.
[2202] JTJ, 164/281.
[2203] JTJ, 248/505.
[2204] RSTJ, 90/344.
[2205] TJSP. **Recurso em Sentido Estrito 285.914-3/2**. Ribeirão Preto. 3ª Câmara Criminal. Relator: Luiz Pantaleão. 8 out. 2000, m.v.
[2206] RSTJ, 90/344.
[2207] JC, 51/320.

do envelopamento porque os jurados não teriam acesso ao que nele contido, além de ser compatível com a razoável duração do processo.[2208]

1.1 Papel da pronúncia diante da supressão do libelo

Na longeva disciplina anterior, era recorrente a afirmação de que

> O libelo é uma emanação e corolário obrigatório da pronúncia e nela se espelha, não podendo ultrapassar tanto quanto restou decidido na sentença respectiva, razão pela qual constitui a principal fonte do questionário que será submetido aos jurados. Nele os fatos são narrados em proposições simples e curtas, assim como as circunstâncias qualificadoras e outras que possam influir na dosimetria da pena. É apresentado sob a forma de articulado, ou seja, "exposição por artigos", como diz a lei (CPP, art. 417, inc. III). Exige-se perfeita correlação entre a pronúncia e o libelo-crime.[2209]

Com a supressão do libelo, a pronúncia passa a reger a parte da quesitação "flexível" no plenário, qual seja, a que não se encaixa nos três quesitos "fixos" que propõem ao Conselho de Sentença a manifestação sobre a materialidade, a autoria e, por fim, para saber se o "jurado absolve o acusado".

Se, na estrutura anterior, poder-se-ia indagar se, ao moldar o libelo, a pronúncia não se substituiria aos termos da acusação em si, quebrando dessa forma o modelo acusatório especificamente no art. 129, I, da CR, a situação fica mais evidente com o novo regime jurídico. Agrava-se ainda mais a situação quando se concebe a hipótese de julgamento de mérito no qual o Acusador venha a sustentar tese mais benéfica que aquela contida na pronúncia, situação usualmente aceita no regime anterior. No mais, veja-se nestes **Comentários** o art. 422.

2. Indicação da materialidade do fato, indícios suficientes de autoria ou participação

A norma aprovada ecoa entendimentos consolidados na doutrina e na jurisprudência. Nesta última, pouco antes da sanção da lei reformadora houve acórdão do STF, mais uma vez, enunciando que

> A pronúncia exige, tão somente, a demonstração da materialidade e de indícios suficientes de autoria. A conciliação do preceito constitucional

que, de um lado, obriga a fundamentação das decisões judiciais, com aquele que, de outro, afirma a soberania dos veredictos do Tribunal do Júri, impõe que o magistrado se abstenha de realizar, na sentença de pronúncia, exame aprofundado do acervo probatório.[2210]

3. Declaração do dispositivo legal

A pronúncia pode restringir o leque de imputação lançado na peça acusatória inicial. A dizer, pode haver uma redução da carga imputativa com, por exemplo, o não reconhecimento de uma qualificadora. A inclusão, porém, está adstrita ao emprego do mecanismo do art. 384 do Código de Processo Penal, invocado expressamente na regulamentação do Júri.

No mais, a especificação deve recair, igualmente, sobre o crime conexo, quando existente, e, por extensão, entre a relação deste e o crime doloso contra a vida (concurso formal ou material, por exemplo).

4. Especificação das circunstâncias qualificadoras

Referem-se a todas as circunstâncias qualificadoras dos crimes dolosos contra a vida, assim como do crime conexo, quando existente.

Há, no entanto, situações nas quais a circunstância qualificadora toca diretamente a tema distinto da mera qualificação, por exemplo o da materialidade. Assim, nos casos cuja qualificação seja a asfixia, a menção à qualificadora remeterá à discussão da materialidade. Quando se tratar da hipótese de qualificadora objetiva, cuja comprovação pericial induzir necessariamente àquela referência, não haverá maiores problemas de ordem prática.

O que se quer evitar com a disciplina legal – de resto muito próxima ao regramento anterior – é que, no caso das qualificadoras ditas subjetivas para os crimes dolosos contra a vida, a pronúncia, excedendo-se na linguagem, interfira na isenção necessária para a descrição dessa espécie de causa de exasperação da pena.

5. Causas de aumento de pena

Afastavam alguns provimentos a possibilidade de incluir causa de aumento de pena, considerando que se trata de "Decisão que, em sua parte classificatória, deve prever apenas o dispositivo legal em que incurso o pronunciado"[2211], bem como hipóteses concursais (como o concurso material) ou a continuidade

---

[2208] STF. **RHC 127522/BA**. Relator: Min. Marco Aurélio. 18 ago. 2015.
[2209] MARREY, Adriano; FRANCO, Alberto Silva; STOCO, Rui. **Teoria e prática do júri**. 7. ed. São Paulo: RT, 2000.
[2210] STF. **HC 89.833/PR**. Relator: Min. Ricardo Lewandowski.
[2211] RT, 633/271.

delitiva[2212], "omitindo referências outras, adstritas à aplicação da pena".[2213]

No entanto, a nova redação dada, bem como aquela presente no art. 483, V, do CPP, deixam claro que as causas de aumento de pena devem, expressamente, constar da pronúncia e, mais ainda, sobre elas deve se manifestar o Conselho de Sentença em quesito específico.

> § 2º Se o crime for afiançável, o juiz arbitrará o valor da fiança para a concessão ou manutenção da liberdade provisória.

1. Crimes afiançáveis e júri

De pouca importância prática tal disposição, na medida em que dentre os crimes de competência do tribunal do júri, tal como disposta a matéria nos dias de hoje, são residuais. À época da entrada em vigor do CPP, em virtude da possibilidade de outros crimes (v.g., os crimes contra e economia popular) serem de competência da corte popular, a situação tinha outra dimensão.

No mais, sobre fiança, veja-se nestes **Comentários** art. 321 e seguintes.

> § 3º O juiz decidirá, motivadamente, no caso de manutenção, revogação ou substituição da prisão ou medida restritiva de liberdade anteriormente decretada e, tratando-se de acusado solto, sobre a necessidade da decretação da prisão ou imposição de quaisquer das medidas previstas no Título IX do Livro I deste Código.

1. Prisão decorrente da pronúncia

A prisão que advém neste momento processual deve ser fundamentada nos termos cautelares que estão previstos neste Código, sendo incabível sua decretação "automática". Isso alcança também as situações nas quais a lei ordinária (em contrariedade à CR e à CADH) induz à prática desse automatismo (v.g., a lei dos crimes hediondos).

Nesse sentido, o e. STF já decidiu que

> Considerando que a Lei dos Crimes Hediondos admite que o réu, em caso de sentença condenatória, possa recorrer em liberdade (Lei n. 8.072/90, art. 2º, § 2º), a Turma, por maioria, deferiu *habeas corpus* para que o paciente – primário e de bons antecedentes, pronunciado por tentativa de homicídio qualificado – aguarde em liberdade o julgamento perante o tribunal do júri. Vencidos os Ministros Carlos Velloso e Maurício Corrêa, que indeferiam o *writ* sob o entendimento de que a Lei n. 8.072/90 não admite a liberdade provisória (art. 2º, I).

Também no âmbito do c. STF, já se decidiu que uma vez

> anulado o julgamento absolutório do Tribunal do Júri, por força de apelo do Ministério Público, restabelecem-se os efeitos da sentença de pronúncia. Com esse fundamento, a Turma indeferiu pedido de *habeas corpus*. Vencidos os Ministros Maurício Corrêa e Marco Aurélio, que – invocando jurisprudência da Corte [HC 73.049/RJ (*DJU* 8-3-1996), HC 72.675/RJ (*RTJ* 158/925) e HC 61.177/MG (*RTJ* 110/105)] – entendiam que a anulação da decisão do Júri não implica restabelecimento automático da custódia decorrente da pronúncia – a nova prisão deve ser fundamentada. Precedentes citados: HC 60.622/RS (*RTJ* 109/76), HC 63.708/PE (*RTJ* 122/45) e HC 72.807/RJ (*DJU* 29.9.95).[2214]

Com a devida vênia, a posição minoritária guarda mais consistência para com a CR do que o resultado final alcançado.

1.1 Tribunal do júri: revelia e prisão cautelar

Dentro da necessidade de fundamentação cautelar específica apontada no tópico anterior, cabe destaque para a possibilidade, diante do modelo acusatório, da determinação da prisão quando a pessoa acusada tiver sido revel (revelia intercorrente ou fora das hipóteses suspensivas do art. 366 deste Código) ao longo da formação da admissibilidade. Em tal hipótese, considerou o e. STF que

> a revelia do acusado, desde o início do processo, justifica, por si só, a ordem de prisão contida na pronúncia, dada a necessidade de sua presença para que se realize o júri. Com base nesse entendimento, a Turma indeferiu *habeas corpus* impetrado em favor de pronunciados pela prática do crime de homicídio qualificado (CP, art. 121, § 2º, II e IV, c/c art. 29) que, citados pessoalmente, optaram pela revelia, em face do não comparecimento aos interrogatórios marcados e aos demais atos instrutórios. Pretendia-se, na espécie, a revogação da prisão cautelar, sob a alegação de ausência de fundamentação. Aduzia-se a demora no julgamento pelo Tribunal do Júri e, ainda, a idade avançada dos pacientes, a primariedade e o fato de serem benquistos na região, residirem e trabalharem na zona rural do distrito da culpa, estarem filiados ao Sindicato dos Trabalhadores Rurais, terem problemas de saúde e possuírem família constituída, residência fixa e profissão lícita. Entendeu-se cabível a custódia.

2212 RT, 671/310.
2213 RT, 656/275.
2214 HC 75.387/RJ, rel. Min. Carlos Velloso, j. 3-6-1997

Asseverou-se, ademais, que a primariedade e os bons antecedentes dos réus, por si sós, não afastam a possibilidade de decretação de prisão preventiva e que as demais circunstâncias referidas não são suficientes para motivar a concessão da ordem. Precedentes citados: HC 80.794/RJ (*DJU* 14-12-2001); HC 82.704/PA (*DJU* 13-6-2003); HC 82.662/RS (*DJU* 11-4-2003). HC 86.751/CE, rel. Min. Gilmar Mendes, 6-12-2005.

2. Substituição de medidas cautelares

Ver nestes **Comentários** art. 282 e seguintes para as cautelares e art. 319 para as chamadas "medidas alternativas" à prisão cautelar.

> Art. 414. Não se convencendo da materialidade do fato ou da existência de indícios suficientes de autoria ou de participação, o juiz, fundamentadamente, impronunciará o acusado.
> *Parágrafo único.* Enquanto não ocorrer a extinção da punibilidade, poderá ser formulada nova denúncia ou queixa se houver prova nova.

1. A inconstitucionalidade da "impronúncia"

A estrutura do presente artigo não foi recepcionada pela CR/88 e pela CADH (assim como, num exercício histórico, pode-se dizer o mesmo em relação à CR/46, 67 e EC n. 1/69). Trata-se de uma situação de *non liquet*, inadmissível no Estado de Direito.

Aramis Nassif é uma das poucas vozes a se insurgirem igualmente contra essa insustentável situação, na qual o Estado não alcança qualquer resultado de fundo e impõe a uma pessoa que sobre ela recaia o ônus da sujeição à persecução pelo tempo que restar para o decurso do prazo prescricional em abstrato.

Assim, a "impronúncia" afigura-se contrária à CR e à CADH, pois:

- viola o princípio da presunção de inocência, com a imposição de uma "suspeita indefinida" (nos limites da prescrição), na qual o Estado afirma a inocorrência do crime e aduz não haver indícios de autoria para, ao final, impor a possibilidade de voltar a efetuar a persecução sobre os mesmos fatos;
- justifica, sob o manto de "controvérsia jurisprudencial"[2215], que possam existir provimentos que não ponham fim a uma determinada pretensão, como se não houvesse ocorrido qualquer tipo de atividade cognitiva sobre o objeto do processo.

Rigorosamente falando, o resultado alcançado por tais silogismos encontrados na doutrina e jurisprudência dominantes é marcantemente gravoso para a pessoa acusada. Neste ponto, a distorção é tamanha que se torna mais desejável seja a pessoa "pronunciada" e submetida a júri, em que inexoravelmente alcançará um resultado de mérito, que ficar aguardando a produção de provas numa prescrição vintenária.

1.1 Impronúncia e coisa julgada

Pelas razões aqui expostas, não se pode concordar com as consequências da análise técnica advogadas por Coelho Nogueira, ao afirmar que

> A decisão proferida no sumário de culpa, prevista no art. 409 do CPP – que esse código chama de "sentença de impronúncia" no § 1º de seu art. 584 – enquadra-se perfeitamente no conceito de sentença terminativa de mérito, pois enfrenta o *meritum facti*, entendendo não haver prova da existência do crime ou indício de autoria, mas não condena nem absolve. Trata-se, contudo, de sentença muito peculiar, pois somente produz coisa julgada formal (já que não pode ser rediscutida no mesmo processo em que foi proferida), não adquirindo, porém, os contornos da coisa julgada material, uma vez que, a teor do parágrafo único do art. 409, nova ação penal pode ser intentada, a qualquer tempo, contra o mesmo indivíduo, pelos mesmos fatos, desde que surjam novas provas e não tenha ocorrido a prescrição ou outra causa extintiva da punibilidade. Em consequência, exatamente por não fazer coisa julgada material, não apresenta nenhuma autoridade e não pode, por não transitar completamente em julgado, ser impugnada em revisão criminal, já que falta, para o acolhimento da via revisional, seu pressuposto básico, que é a sentença penal completamente passada em julgado.[2216]

A distinção técnica entre coisa julgada formal e material, possibilitando nova persecução sobre os mesmos fatos quando já tiver havido, como reconhece o renomado autor, sentença de mérito sobre a ação penal, não se coaduna com a base normativa da CADH, que expressamente veda tal situação. Trata-se de exposição emblemática da necessidade da superação do paradigma formal-tecnicista advindo da literatura exclusiva do CPP como fonte e da necessidade de adequar aos patamares constitucionais a cultura processual penal.

2215 RT, 636/320.
2216 COELHO NOGUEIRA, Carlos Frederico. **Coisa julgada penal**: autoridade absoluta e autoridade relativa. Disponível em: <http://www.tj.ro.gov.br/emeron/sapem/2001/setembro/1409/ARTIGOS/A05.htm>. Acesso em: 13 abr. 2022.

2. O tratamento ordinário conferido ao tema pela jurisprudência: diferença entre provas e indícios de autoria

No cotidiano da aplicação desse artigo, quando não se analisa sua (im)pertinência constitucional, o tratamento recai sobre a sua literalidade. Um dos primeiros aspectos é a diferença entre provas e indícios de autoria.

Assim, afirma-se que

> A lei, quando fala em indícios de autoria, não os confunde com a mera conjectura, porque indícios são sensíveis, reais, ao passo que a conjectura, muitas vezes, funda-se em criação da imaginação ou de possíveis antipatias, não provadas. O indício, bem ao contrário, deve ser necessariamente provado (TJSP, rel. Nelson Fonseca, Recurso em Sentido Estrito 134.527-3/SP, 17-3-1994). Em outros termos, quando a lei processual fala em indícios de autoria (art. 408, *caput*, do Código de Processo Penal), não se contenta com mera suspeita ou possibilidade de ser o réu o autor do delito. Entenda-se como Juízo de probabilidade de ser o autor do crime (TJSP. Recurso em Sentido Estrito 182.798-3/SP. 5ª Câmara Criminal de Férias. Relator: Celso Limongi. 6 set. 1995, v.u.).

Disso se conclui que

> Tanto a pronúncia como a absolvição sumária reclamam a prova, nos autos, da materialidade da infração e (ao menos indiciária) da autoria, provas essas que, se faltarem, serão motivo da impronúncia (TJSP, Recurso em Sentido Estrito 179.173-3, Cubatão, 1ª Câmara Criminal de Férias, rel. Oliveira Passos, 31-7-1995, v.u.).

2.1 O tratamento ordinário conferido ao tema pela jurisprudência: diferença entre "impronúncia" e absolvição

Outro aspecto sempre tocado é o da diferença entre "impronúncia" e absolvição. Afirma-se que "Se o magistrado se convence pela inexistência de indícios convergentes para a acusação da prática de homicídio tentado, a hipótese é de impronúncia do agente e não de absolvição (art. 409 do CPP)".[2217] A consequência, dentro do entendimento exposto, é a impossibilidade do emprego de recurso de ofício, este só cabível (no confronto entre ambas) para a hipótese de absolvição sumária.[2218]

2.2 O tratamento ordinário conferido ao tema pela jurisprudência: falta de comprovação da materialidade

Na locução "inexistência do crime", a jurisprudência insere a falta de comprovação da materialidade. Assim, quando a "Materialidade do crime não (for) demonstrada (...) tão ilegal e abusiva será a pronúncia, como a condenação".[2219]

2.3 Impronúncia e crime conexo

Havendo a impronúncia, julgados apontam que tal "decisão que (...) remete ao juízo competente o conhecimento do delito conexo".[2220]

3. "Nova formulação" de denúncia ou queixa: ausência de comprovação da materialidade

Surge como razoavelmente intrigante a nova redação da impronúncia no que tange à formulação de nova denúncia ou queixa. Ainda estruturalmente ligada à inexistência de indícios de autoria e, agora, de participação, bem como à falta de comprovação da materialidade, possibilita-se o oferecimento de nova peça inaugural.

O problema na estrutura renovada é que ela possui o mesmo problema da anterior, isto é, a denúncia (ou queixa) *já foi recebida*, vez que nesse momento o que se tem é a verificação da admissibilidade da acusação *em plenário*. O equívoco de tratar a impronúncia como um simulacro do art. 18 do CPP permanece, assim, na íntegra, com todos os vícios já apontados.

Melhor seria tratar o tema como tecnicamente recomendável: impossível o ajuizamento da ação penal sem a prova da materialidade e, portanto, sem ela, a denúncia ou queixa deveria ser rechaçada de plano.

3.1 "Nova formulação" de denúncia ou queixa: ausência de indícios da autoria ou participação

Não havendo indícios da autoria ou da participação, a pessoa acusada, a teor do atual art. 414, deve ser *impronunciada*. Nada obstante, o art. 415 fala da inexistência de provas quanto à autoria ou participação, gerando sua absolvição de plano.

Assim, o que diferenciará a impronúncia da absolvição no que tange à autoria ou participação é a gradação entre "indícios" para a primeira hipótese e prova segura para a segunda. Com a devida vênia, não poderia ser mais indesejável o tratamento da matéria. Neste ponto, deve ser destacado que a redação inicialmente proposta pela "comissão Grinover" não incidia nesse grave problema técnico,

---

[2217] TJPB. Relator: Des. Joaquim Sérgio Madruga. 24 ago. 1995.
[2218] JTJ, 209/293.
[2219] TJSP. **Recurso em Sentido Estrito 143.342-3**. Presidente Epitácio. Relator: Dante Busana. 22 set. 1994.
[2220] RT, 554/341.

o qual surgiu na redação dada pela Câmara dos Deputados ao artigo.

Isso porque, ao exigir prova segura para a absolvição, está-se movendo pela lógica de que é a defesa que deve projetar sua inocência, e não a acusação que deve quebrá-la, mesmo para essa fase processual. Neste ponto, indícios bastam para que a acusação fique num limbo processual, aguardando a possibilidade de "nova" denúncia ou queixa, sob o manto da incerteza da autoria ou da participação.

4. Impronúncia e contagem do prazo prescricional

Na locução da legislação renovada, assim como já se passava na vigência anterior, a impronúncia gera a possibilidade de reabertura do caso se novas provas surgirem enquanto não expirado o prazo prescricional.

A impronúncia, no entanto, não é causa interruptiva da prescrição, a teor do art. 117, II, do Código Penal, o qual somente se refere à pronúncia como provimento capaz de interromper a prescrição. Assim, para fins da contagem do prazo prescricional para eventual reabertura do caso na forma preconizada pelo presente artigo, o último prazo interruptivo terá sido o do recebimento da denúncia, mesmo que a impronúncia sobrevenha por força de interposição de recurso em sentido estrito, desconstituindo a anterior pronúncia prolatada.

> Art. 415. O juiz, fundamentadamente, absolverá desde logo o acusado, quando:
> I – provada a inexistência do fato;
> II – provado não ser ele autor ou partícipe do fato;
> III – o fato não constituir infração penal;
> IV – demonstrada causa de isenção de pena ou de exclusão do crime.

1. Mudança de nomenclatura e ampliação de fundamentos

No presente artigo, operou-se mudança de nomenclatura do provimento, deixando a qualificação "sumária" para o substantivo absolvição e prevendo-se as mesmas hipóteses de fundamentação da sentença do juiz togado nos demais ritos, agora expandidas para essa verdadeira sentença, pois coloca fim ao mérito da causa.

A mudança de nomenclatura, se tomada isoladamente, pode colocar fim ao denominado recurso de ofício desde já, enquanto não se aguarda a entrada em vigor de uma nova estrutura recursal que o elimine por escrito definitivamente. Nada que não pudesse, por oportuno, ser extraído da interpretação constitucional, como tratado no art. 574 destes *Comentários*.

No entanto, a nomenclatura anterior, "absolvição sumária", será resgatada pelo artigo seguinte (art. 416), que, ao tratar do regime recursal remodelado, a ela se referirá de forma expressa.

2. Absolvição e impronúncia: situações processuais distintas

Clara é a distinção feita pelo Código de Processo Penal entre a absolvição e a impronúncia, com flagrantes diferenças entre as consequências jurídicas de cada qual. Aqui, está-se diante de uma situação de isenção de pena ou exclusão de crime, ao passo que naquela outra se fala em inexistência do crime ou de indício suficiente de que seja o réu o seu autor. Na absolvição se fala (inconstitucionalmente) em recurso de ofício; na impronúncia isso não existe e (também inconstitucionalmente) se possibilita que o processo "seja reaberto" enquanto não vingado o prazo prescricional.

3. Absolvição: uma verdadeira análise de mérito

Muito embora exista todo o esforço retórico, mencionado em outro ponto destes *Comentários*, no sentido de afastar dessa fase qualquer juízo de mérito, fato é que, quando o juiz verifica a ocorrência de uma excludente como a legítima defesa (ainda que surja como "cristalina", "estreme de dúvidas" ou quaisquer outros adjetivos semelhantes), está ele mergulhando profundamente no mérito (ainda que realizando uma cognição sumária). Aqui, um dos pontos mais comuns de confusão: a análise de mérito plena pode vir com uma cognição sumária.

Sendo isso correto, tem-se a extrapolação do papel reservado ao juízo de admissibilidade quando efetuado pelo juiz monocrático. Evidentemente, com isso não se apregoa que qualquer demanda, mesmo as infundadas, seja transportada para o plenário. Serve, isso sim, para demonstrar que um juízo de admissibilidade consentâneo com a CR e com a CADH não pode ser feito senão pelo juiz natural, que não é funcionário burocrático do Estado, mas sim o juiz leigo.

4. Absolvição e crime conexo

Uma vez reconhecida a absolvição, com a consequente desaparição da *vis atractiva* para o Tribunal do Júri, haverá de ser deslocada a competência para o julgamento do crime conexo. Caso o juiz profira sobre o mérito desse crime, haverá a potencial nulidade dessa parte da sentença.[2221]

[2221] JTJ, 124/571; JTJ, 248/408; RT, 600/409.

4.1 Absolvição, crime conexo e recurso de ofício

Já foi exposto nestes *Comentários* (art. 574) que o recurso de ofício não foi recepcionado pela CR e pela CADH. Sendo a absolvição sumária uma das hipóteses reservadas pelo Código de Processo Penal para o emprego desse mecanismo, deve-se frisar uma vez mais a não recepção dessa modalidade.

Para a corrente jurídica que ainda se aferra à manutenção desse "recurso", a consequência lógica é a necessidade do efetivo trânsito em julgado do "recurso involuntário", para que, somente então, haja (caso "desprovido") o julgamento do crime conexo. Caso contrário haverá (mais uma) ofensa ao juiz natural.

> *Parágrafo único.* Não se aplica o disposto no inciso IV do caput deste artigo ao caso de inimputabilidade prevista no caput do art. 26 do Decreto-lei n. 2.848, de 7 de dezembro de 1940 – Código Penal, salvo quando esta for a única tese defensiva.

1. Precedente do STF

A norma inovada vem, em parte, ao encontro do quanto decidido pelo STF quando apreciou

> *habeas corpus* impetrado em favor de pronunciado pela suposta prática dos crimes previstos nos arts. 121, § 2º, I e IV (duas vezes) e 121, § 2º, V, c/c os arts. 14, II e 29, todos do CP que, em razão de exame de sanidade mental indicando a sua inimputabilidade, fora absolvido sumariamente (CPP, art. 411), em recurso apresentado pela defesa, pelo tribunal de justiça local, o qual lhe impusera, em consequência, medida de segurança de internação em estabelecimento próprio.
>
> Sustenta-se, na espécie, a impropriedade da aplicação do disposto no mencionado art. 411 do CPP, porquanto o emprego desse dispositivo competiria ao tribunal do júri, órgão competente para julgá-lo, bem como porque demonstrado pelo perito que o problema de saúde do paciente seria superveniente à ocorrência dos fatos criminosos. Alega-se, também, existência de defesa temerária e ofensa ao princípio do devido processo legal, uma vez que o tribunal de origem substituíra-se ao juízo natural. Por fim, requer-se a cassação do acórdão do Tribunal de Justiça do Estado de São Paulo, para que tenha sequência a ação penal com a submissão do paciente ao tribunal do júri, perante o qual, afirma-se, restará demonstrada a respectiva inocência.
>
> O Min. Carlos Britto, em voto-vista, indeferiu o *writ* por entender que a conjugação da absolvição sumária com a imposição de medida de segurança se impõe sempre que manifesta a inimputabilidade do agente e quando inexistir proposição defensiva que possibilite decisão mais favorável, pelo conselho de sentença, que a própria aplicação da medida de segurança. Nesse sentido, asseverou que a tese de somente competir ao júri absolver sumariamente o acusado inimputável e, em seguida, aplicar-lhe medida de segurança pode implicar prejuízo ao réu, se o júri vier a reconhecer a sua imputabilidade à época do cometimento do fato típico. Ademais, tendo em conta que, na espécie, o laudo de insanidade mental não fora questionado em nenhum momento, que o acusado, recolocado no convívio de sua família, fora repelido ante sua periculosidade e que sua defesa técnica recorrera da sentença de pronúncia pedindo absolvição sumária, considerou-se demonstrada a inimputabilidade, a ensejar a aplicação imediata da norma do art. 411 do CPP, a qual, em homenagem ao inciso III do art. 5º da CF ("ninguém será submetido a tortura nem a tratamento desumano ou degradante"), impede que um acusado, que já era inimputável quando do cometimento dos fatos descritos na denúncia, seja submetido ao desgastante procedimento do júri. Por fim, rejeitou a alegação de vício na defesa técnica do paciente.
>
> A Turma concluiu,
>
>> em face do empate na votação, deferiu-se o *writ* para afastar do mundo jurídico os acórdãos proferidos pelo tribunal de origem e pelo STJ, quanto à absolvição do paciente e imposição da medida de segurança, a fim de que se prossiga com a submissão ao tribunal do júri. Entendeu-se que a conjugação da absolvição com a medida de segurança conflita com a soberania do tribunal do júri, tendo em conta o direito de o cidadão somente ter a culpa presumida após o exercício do direito de defesa perante o juiz natural, no caso, o tribunal do júri. No tocante ao art. 411 do CPP, asseverou-se que este dispositivo somente pode ser aplicado pelo juízo ou pelo órgão revisor quando implicar simples absolvição, não resultando na imposição de medida de segurança, haja vista que esta consubstancia sanção penal. Os Ministros Carlos Britto e Sepúlveda Pertence indeferiam a ordem, sendo que este o fazia em maior extensão, porquanto, embora mantendo a absolvição sumária, concedia *habeas corpus*, de ofício, a fim de excluir a medida de segurança, sem prejuízo da interdição civil promovida pelo Ministério Público (STF, HC 87.14/SP, rel. Min. Marco Aurélio, 3-4-2007).[2222]

A submissão, ao júri, do totalmente inimputável afigura-se como adequada quando a defesa postular, por exemplo, a negativa de autoria como tese de absolvição, havendo flagrante excesso em impor, nessa condição, em sede de absolvição sumária, a

---

[2222] Informativo STF, 462.

medida de segurança sem que o conselho de sentença analisasse o mérito da causa.

> Art. 416. Contra a sentença de impronúncia ou de absolvição sumária caberá apelação.

1. "Natureza jurídica" da impronúncia ou da absolvição sumária

A sistemática reformada impõe à absolvição sumária e à impronúncia a natureza de sentença. Como a classificação dos atos decisórios no processo penal não sofreu alteração, não há como se considerar que sentença diga respeito apenas aos atos decisórios que põem termo ao processo, apreciando seu mérito, ou não, como faz o Código de Processo Civil.

O artigo reformado é bom exemplo disso, se tomada em conta a impronúncia que, nada decidindo no mérito, não põe fim ao processo e é impugnável por via da apelação, mecanismo tradicional de ataque à sentença. E deixa ainda em aberto a discussão sobre a profundidade de cognição na absolvição sumária que, de juízo de admissibilidade, continua exercendo papel de cognição razoavelmente profunda na apreciação da causa.

2. Reforma do regime recursal

A nova disciplina legal, no entanto, apresenta o recurso de apelação como o que pode ser interposto da sentença de impronúncia ou absolvição sumária, quebrando a estrutura anterior que impunha o emprego do recurso em sentido estrito como via recursal.

Talvez toda a gama de modificações não seja a desejada, porquanto a reforma da parte atinente aos recursos ainda não se deu e essa disposição, verdadeiramente, só se faz de pleno sentido se, tomados os projetos em seu conjunto, fosse observado que o recurso em sentido estrito cede lugar ao recurso de agravo e, com a nova tipologia dos atos decisórios (ou, mais exatamente, com a criação de alguma tipologia no Processo Penal), restaria, inevitavelmente, o recurso de apelação para o caso em tela.

> Art. 417. Se houver indícios de autoria ou de participação de outras pessoas não incluídas na acusação, o juiz, ao pronunciar ou impronunciar o acusado, determinará o retorno dos autos ao Ministério Público, por 15 (quinze) dias, aplicável, no que couber, o art. 80 deste Código.

1. Momento processual: prolação da sentença

A norma em questão aprecia a possibilidade de surgimento de indícios de autoria ou de participação de outras pessoas que não aquelas enumeradas na denúncia ou queixa na fase da prolação da sentença.

Nada obstante, essa mesma situação pode ter sido já verificada anteriormente e, em caso positivo, o mecanismo seria o do aditamento à denúncia, que, na nova estrutura, se não é obviamente vedado, é certamente inibido, desde que se observe a dinâmica dos atos concentrados em audiência una. Nesse contexto, o caminho se volta para o desestímulo ao aditamento no mesmo feito e à aplicação quase natural do art. 80, com a cisão de processos, mecanismo que tem no descompasso procedimental uma de suas justificações maiores.

Mas, ao afirmar que já houve provimento de pronúncia, ainda que não transitado em julgado, o caminho inevitável será mesmo – e exclusivamente – o do art. 80, com a persecução em relação ao eventual novo corréu, na condição de autor ou partícipe em outra relação processual, dado o descompasso procedimental em relação à causa inicial.

Eventualmente, unificação processual poderá haver se, tendo havido interposição de recurso em sentido estrito contra a pronúncia, na pendência do recurso houver o oferecimento da denúncia contra o novo autor ou partícipe, e ao final daquela tramitação recursal, com a confirmação da pronúncia, o caso desdobrado estiver em fase idêntica. Nessa hipótese, poderá ser apreciada a reunião de causas com vistas à realização da sessão plenária conjunta.

Na mesma mecânica, encontra-se o envio dos autos, quando da impronúncia, para o Ministério Público, não importando aqui – como na hipótese da pronúncia – se o provimento pende de apreciação recursal (no caso da pronúncia, pelo recurso em sentido estrito; no da impronúncia, pela apelação), podendo o Acusador oferecer peça inaugural contra o novo autor ou partícipe.

2. Inação do Acusador por não entender que é o caso de nova denúncia

A forma como redigido o artigo em comento induz a uma equivocada obrigatoriedade do oferecimento da denúncia em relação ao novo autor, coautor ou partícipe para, só então, aplicar-se o art. 80. E, com efeito, é de nova denúncia que se trata, e não de mero aditamento diante da fase processual em que se encontra, com a prolação da pronúncia – ou impronúncia – ainda que pendente o recurso cabível.

No entanto, não se pode obrigar o Acusador a formular acusação contra sua convicção em face do contido no art. 129, I, da CR, e, no caso, diante da recusa explícita em não se efetivar a propositura da nova ação penal, caberia, por analogia, o emprego do art. 28 do CPP.

Nesse sentido, é inegável a inferioridade técnica da redação sancionada diante do texto aprovado na Câmara e mesmo diante daqueles inicialmente propostos pela "Comissão Grinover", nada obstante aquele material conceber a fase de admissibilidade de forma distinta da que acabou sendo estabelecida ao longo do processo legislativo.

O texto da Câmara, aqui tomado como parâmetro, embora questionável no que tange ao emprego de aditamento após a prolação do provimento de pronúncia/impronúncia, mencionava expressamente a titularidade da ação penal pelo Acusador como mecanismo para desencadear essa nova persecução. A redação aprovada, mais preocupada, sem dúvida, com a celeridade do curso do processo, buscou apenas solucionar a separação das relações processuais.

2.1 Inação do Acusador sem qualquer providência

Situação diversa surge quando o Acusador, ao tomar conhecimento do material acrescido, queda inerte na sua apreciação pelo prazo legal. Aqui, a ação de legitimação privada subsidiária funciona como mecanismo de controle à inação acusadora.

> Art. 418. O juiz poderá dar ao fato definição jurídica diversa da constante da acusação, embora o acusado fique sujeito a pena mais grave.

1. (In)adequação constitucional do dispositivo

A mesma crítica efetivada no âmbito do art. 383 da redação original do CPP cabe na presente norma, e para aquele texto remetemos o leitor nestes **Comentários**.

2. Ampliação judicial da acusação sem acréscimo de condutas dolosas contra a vida (impossibilidade de imposição de crimes conexos)

Sendo possível ao magistrado mudar a qualificação jurídica contida na acusação inicial, aparentemente não haveria limitação a que, com a nova qualificação, houvesse desdobramento de delitos com a "nova qualificação".

Sem embargo, se já é questionável a possibilidade dessa nova qualificação mais gravosa por ato oficioso judicial (basta que se tenha em mente a alteração da imputação do infanticídio para o homicídio), não se pode ir além do quanto já elasticamente permitido para não se permitir que a nova qualificação jurídica implique em desdobramentos que acarretem a ampliação da acusação para fazer figurar, ao lado do crime doloso contra a vida, eventual crime conexo. Nessa hipótese, ter-se-ia a necessidade da aplicação do disposto no art. 384. Essa, aliás, é posição doutrinária consolidada, quando se afirma que

> ao juiz não é dado pronunciar o acusado por fato estranho à acusação, quer dizer, não mencionado na denúncia. É a imputação contida na denúncia o que fixa o alcance da pronúncia. O juiz, para ir além, ao reconhecer a possibilidade de nova definição jurídica do fato, em consequência de prova existente nos autos, de circunstância elementar não contida, explícita ou implicitamente na peça vestibular da ação penal, ou que importe na aplicação de pena mais grave, deverá proceder na forma do art. 384 e parágrafo único do CPP, (...) Somente com esse procedimento se poderá alargar ou alterar o teor da acusação.[2223]

3. Ampliação judicial da acusação com expansão das condutas inicialmente infirmadas (alteração da forma de concurso: formal para material)

Cabendo à pronúncia esclarecer as causas de aumento de pena e as circunstâncias agravantes, pela nova redação permanecerá a discussão se ela deve ou não se manifestar sobre as hipóteses concursais, visto que o concurso formal, material e mesmo o crime continuado não se cingem às hipóteses acima.

Assim, pela linha de pensamento predominante no texto anterior, "a pronúncia não se deve referir às situações de concurso ou continuidade delitiva, posto que adstritas à aplicação da pena, devendo apenas prever o dispositivo legal no qual incurso o réu, tantas vezes quantas forem as vítimas, omitindo referências outras"[2224], pois

> a parte classificatória da sentença de pronúncia deve prever apenas o dispositivo legal em que o acusado foi denunciado, omitindo outras referências como ser o crime privilegiado, circunstâncias agravantes ou atenuantes, concurso formal, crime continuado etc., consoante ditame do art. 408, § 1º, do CPP.[2225]

> Art. 419. Quando o juiz se convencer, em discordância com a acusação, da existência de crime diverso dos referidos no § 1º do art. 74 deste Código e não for competente para o julgamento, remeterá os autos ao juiz que o seja.
>
> *Parágrafo único.* Remetidos os autos do processo a outro juiz, à disposição deste ficará o acusado preso.

1. Espécies de desclassificação

É consolidado o entendimento no sentido de ser a desclassificação mencionada neste artigo "imprópria", na medida em que efetuada pelo juiz monocrático; a ela se oporá a denominada classificação

---

2223 MARREY, Adriano; FRANCO, Alberto Silva; STOCO, Rui. **Teoria e prática do júri**. 4. ed. São Paulo: RT, 1997.
2224 RT, 671/310.
2225 TJSP. RT, 633/271.

"própria", operada pelos jurados quando da votação dos quesitos na sala secreta.

Assim, na fala de Rangel, analisando o tema da desclassificação de forma mais ampla, destarte, a classificação ocorre sempre que o juiz entende tratar-se de crime diverso do capitulado na denúncia, seja ele competente ou não para processá-lo ao juiz que o seja. Exemplo: desclassificação de tentativa de homicídio para lesão corporal grave. Entretanto, tratando-se de desclassificação para um crime da competência própria do Tribunal do Júri, haverá desclassificação imprópria, ou seja, não é o crime capitulado na denúncia, porém continua o juiz competente para processá-lo e mandá-lo a júri. Neste caso, a desclassificação é imprópria porque tem cunho de uma verdadeira pronúncia, já que o tribunal do Júri é que deverá julgar o mérito da imputação, que será delineado no libelo. Exemplo: desclassificação de homicídio para infanticídio. Neste caso, continua o Tribunal do Júri competente para apreciar a causa, motivo pelo qual a desclassificação importa verdadeira pronúncia, pois recolhe-se a prova da existência do crime e indícios suficientes de autoria, mas não o crime capitulado na denúncia.[2226]

2. Desclassificação e crime conexo

Na estrutura do Código de Processo Penal, uma vez operada a desclassificação do crime doloso contra a vida, afasta-se também a competência para o crime conexo, se houver. Por outro lado, deve-se reconhecer acertadamente que

> o Juiz competente para processar os crimes da competência do Júri, na fase do *judicio accusationis*, não pode pronunciar o réu pelo crime doloso contra a vida e, no mesmo contexto processual, condená-lo ou absolvê-lo da imputação de crime que seria da competência do juiz singular, reunido, na mesma denúncia em virtude de conexão.[2227]

Em suma,

> se o julgador não pode impronunciar o réu, quanto ao crime conexo, porque impedido de examinar o mérito da matéria, que é da competência do Júri, em razão da conexão com o homicídio, é imperioso reconhecer que, para pronunciá-lo, também lhe está vedado apreciar este mérito como incursão avaliatória no contexto probatório.[2228]

3. Desclassificação e readaptação do rito

Anteriormente à Lei n. 9.099/95, o tema se resolvia de forma mais simplificada pela aplicação direta do Código de Processo Penal, que não contemplava mecanismos transacionais. Com o advento da disciplina legal que dá às partes a possibilidade de efetuarem a mercancia da pena, questões novas surgiram.

Uma delas, a da possibilidade da ocorrência da transação sobre a pena, caso a hipótese de desclassificação tenha descambado para a lesão corporal leve, por exemplo.

Com alentada fundamentação, tem-se o seguinte provimento, no qual se analisou hipótese em que não foi aplicada a modificação do rito:

> A desclassificação deu-se do crime de tentativa de homicídio para o de lesões corporais leves, figura penal que após a vigência da Lei n. 9.099/95 fez inserir entre os crimes considerados de menor potencial ofensivo, a serem processados perante os Juizados Especiais Criminais, de acordo com o rito especial previsto na lei referida. (...) Com efeito, fosse o feito remetido ao Juizado Especial Criminal para que ali se sujeitasse aos ditames da Lei n. 9.099/95, poderiam as partes na fase preliminar entrar em acordo em relação à composição dos danos civis, do que resultaria a renúncia ao direito de representação de acordo com o art. 74, parágrafo único, da Lei n. 9.099/95. Além disso, no procedimento em referência, existiria a possibilidade de que fosse realizada a transação penal, o que lhe evitaria possível reincidência (art. 76, §§), ou mesmo de que fosse suspenso condicionalmente o processo (art. 89), viabilizando futura extinção da punibilidade; institutos estes que, se aplicados, deixariam o acusado em situações bem menos gravosas em relação à que atualmente se encontra submetido, mesmo considerando que à presente data já deva ter sido integralmente cumprida a pena imposta, uma vez que persistem em relação ao mesmo os demais efeitos da condenação. Parece-nos, então, que a solução para o presente impasse seria o de considerar excepcionado o art. 492, § 2º, do Código de Processo Penal, sempre que a desclassificação em plenário se der para crime sujeito ao rito estatuído na recente Lei n. 9.099/95. *Contrario sensu*, estar-se-ia usurpando ao réu o direito de ser processado de acordo com as regras de procedimento que lhe é inegavelmente mais benéfico. Demais disso, a competência dos Juizados Especiais Criminais para o julgamento dos crimes de menor potencial é prevista na Constituição

---

2226 RANGEL, Paulo. **Investigação criminal direta pelo Ministério Público**. Rio de Janeiro: Lumen Juris, 2003b.
2227 TJSP. **Recurso em Sentido Estrito 136.346-3**. Dracena. Relator: Silva Pinto. 9 maio. 1994.
2228 TJSP. **Recurso em Sentido Estrito 226.500-3**. Campinas. 4ª Câmara Criminal. Relator: Bittencourt Rodrigues. 14 out. 1997, v.u.

Federal, de modo que a questão se resolveria no âmbito da hierarquia das leis, restando a norma do art. 492, § 2º, CPP, restringida pelas disposições do art. 98, I, da CF – fls. 58/61.[2229]

Em suma, "uma vez desclassificada pelo conselho de sentença a tentativa de homicídio para lesão corporal leve, o feito só poderá ser sentenciado com observância ao art. 91 da Lei n. 9.099/95".[2230]

Sendo tal raciocínio válido para a transação sobre a pena, o mesmo deve ser dito em relação à transação sobre o rito. Assim, "Operada, pelo Conselho de Sentença, a desclassificação do delito para lesão corporal grave (art. 129, § 1º, II, do CP), deve o Juiz processante conceder ao Ministério Público oportunidade para propor a suspensão condicional do processo, uma vez presentes os requisitos legais".[2231]

4. Impugnação da decisão de desclassificação

No regime inicial do CPP, a decisão de desclassificação era impugnável por meio do recurso em sentido estrito, a teor do disposto no art. 581, II, ao afirmar ser esse o meio de impugnação da decisão que "concluir pela incompetência do Juízo".

A nova legislação não alterou esse tópico, diversamente do que se deu em relação à sentença de impronúncia e de absolvição sumária, para as quais determinou a alteração do recurso cabível para o de apelação, em vez do recurso em sentido estrito.

Art. 420. A intimação da decisão de pronúncia será feita:

1. Regime jurídico anterior e a necessária intimação pessoal da pronúncia para os crimes inafiançáveis

No regime anterior, a intimação pessoal da pronúncia era um dos eixos principais para a passagem à segunda etapa do rito do tribunal do júri, no caso dos crimes inafiançáveis.

Isso acarretava, naquela disciplina, que, sem que a pessoa acusada fosse cientificada dos termos da pronúncia, o procedimento não poderia ter continuidade. Sendo a pronúncia a verdadeira baliza de imputação que será levada a julgamento perante o juiz natural, é nesse momento que o réu potencialmente saberá do que efetivamente se defenderá em

grau máximo, a dizer, qual a maior carga imputativa que recairá sobre si.

Afirmou-se nestes **Comentários** que, caso se entendesse que dentro da estrutura do Código de Processo Penal a pronúncia conforma a acusação (o que, mais uma vez, repita-se, colide com a matriz acusatória estabelecida na CR e na CADH), há de se arcar com o fato de que se está diante não de uma "intimação", mas sim do ato que verdadeiramente dá ciência do teor da imputação e do objeto do processo e, por extensão, que em qualquer hipótese de crime (afiançável ou não) essa comunicação processual há de ser pessoal, a despeito do que afirma o artigo em comento. Seu corolário lógico e prático é que, em qualquer hipótese, a ausência de "intimação" pessoal deve acarretar nulidade absoluta.

Mesmo para exercer o duplo grau de jurisdição, a intimação era indispensável, pois, quando ainda não realizada, tem-se "circunstância que impede a marcha do processo e, consequentemente, o recebimento do recurso em sentido estrito interposto".[2232] Deve estar nos autos, segundo determinados provimentos, a certidão da intimação[2233], não a suprindo a "ciência da ré, em cópia da sentença, juntada por petição de advogado", vez que se trata de "prerrogativa de oficial de justiça".[2234]

No mesmo diapasão, "Nem mesmo a admissão de conhecimento da decisão ou a intimação do procurador dispensa a intimação pessoal. A sua falta implica nulidade absoluta do processo a partir da pronúncia, exclusive".[2235]

Assim, a não localização da pessoa pronunciada tinha como consequência direta a possibilidade de sua prisão cautelar. Com efeito, carecendo o processo da produção probatória diante do julgador natural, é legítimo na estrutura do Estado de Direito que se constranja a liberdade do acusado até o ponto necessário de realizar a definitiva "instrução" penal.[2236]

Malgrado já tivesse sido objeto de provimento a dispensabilidade da intimação pessoal quando o réu fosse pronunciado em segundo grau, por força de recurso[2237], tal interpretação se chocava com a estrutura do provimento de pronúncia e com sua função (nesse sentido, não recepcionada na CR e na CADH) processual, que é a de conformar a atividade do acusador público e o próprio objeto do processo.

Como consequência daquela mecânica, do disposto no parágrafo único tinha-se, no mais, a regra

---

2229 STJ. Relator: Min. José Dantas. Data de publicação: DJ, 1º fev. 1999. p. 218.
2230 RT, 762/565.
2231 STJ. Data de publicação: DJ, 5 abr. 2004. p. 329. Relator: Paulo Medina.
2232 TJMS. RT, 651/324.
2233 TJMS. RT, 644/316.
2234 TJSP. RT, 679/331.
2235 TJSP. **Recurso em Sentido Estrito 146.683-3**. Diadema. 3ª Câmara Criminal. Relator: Gonçalves Nogueira. 30 out. 1995, v.u.
2236 TJSP. **Recurso em Sentido Estrito 92.125-3**. Santa Isabel. Relator: Dante Busana. 17 jun. 1993.
2237 JTJ, 204/291.

do desmembramento dos autos em relação àquela pessoa acusada que não fora localizada.

Outra consequência era a de que o provimento não fazia trânsito em julgado, permanecendo "em aberto" enquanto perdurasse a não localização da pessoa acusada. Tal situação durará enquanto não decorrido integralmente o prazo prescricional. Assim, "não há como se conhecer do recurso da sentença de pronúncia, quando o acusado dela não for pessoalmente intimado"[2238], pois,

> em se tratando de processo de competência do Tribunal do Júri, onde a intimação pessoal do acusado é indispensável, inclusive para o recurso, já que se cuida de infração inafiançável, ante o disposto no art. 414 da Lei Adjetiva, a ausência de ciência pessoal do réu da decisão de pronúncia impede, efetivamente, o prosseguimento do processo.[2239]

Do art. 414 do CPP, depreendia-se que, "sendo o réu pronunciado pela prática de homicídio, deve ser intimado pessoalmente de tal decisão, pois, a inobservância desse preceito, incide em nulidade absoluta dos atos praticados após a pronúncia".[2240]

Apreciando a completude ou não da intimação pessoal da pronúncia no regime anterior, já se decidira igualmente que "Não é nula a intimação pessoal dela ao réu, quando feita só da parte conclusiva daquela, porque, intimado seu defensor, foi-lhe possibilitado oferecer recurso e razões".[2241]

Diante da sistemática trazida pela lei da "informatização" dos processos judiciais, nos termos do art. 4º, § 2º, da Lei n. 11.419/2006, quando a lei dispuser a necessidade de intimação pessoal, a forma eletrônica não poderá ser empregada. Assim, a comunicação do ato decisório da pronúncia mantém-se da forma estabelecida pelo Código de Processo Penal, como física e pessoal.

> I – pessoalmente ao acusado, ao defensor nomeado e ao Ministério Público;

1. Regime da pessoalidade da intimação

Trata-se da regra geral aplicável à pessoa acusada, ao órgão Acusador e ao Defensor nomeado – sem distinção de tratar-se de integrante da Defensoria Pública ou que atue por força de convênios de prestação de assistência judiciária –, para os quais não se aplicará a possibilidade de intimação eletrônica, como já o era na legislação anterior.

Apenas o esgotamento das vias de localização pessoal, e não apenas o mandado sem cumprimento diante da não localização, gerará a possibilidade de intimação por edital. Assim, antes da intimação ficta, deverá ser tentada a localização pessoal por meio de expedição de solicitação de informações a órgãos públicos e privados que possam ser úteis ao encontro da pessoa acusada de acordo com as informações já constantes nos autos.

A prisão da pessoa acusada em Estado da Federação distinto daquele onde tramita o processo não pode, a nosso ver, gerar sua não localização, a dizer, se preso em unidade federativa distinta donde está sendo processado, é dever do Estado prover a informação necessária, otimizando sua base de dados.

Rigorosamente falando, a possibilidade de intimação ficta, com a consequente possibilidade de realização do plenário sem a presença do réu que foi "regularmente intimado", aproxima muito o "novo" rito do júri ao quanto existia no direito brasileiro antes da edição da Lei n. 9.216/96, que alterou o regime de julgamento à revelia, com mudança do art. 366 do CPP.

> II – ao defensor constituído, ao querelante e ao assistente do Ministério Público, na forma do disposto no § 1º do art. 370 deste Código.

1. *Vide* **Comentários** ao art. 370, § 1º

Mesmo levando-se em conta que os trabalhos da Comissão Grinover tiveram início antes da edição da Lei n. 11.419/2006 e que não poderiam, por óbvio, antever o que viria a ser a disciplina da informatização dos atos de comunicação do processo, não é desculpável neste ponto o anacronismo legislativo que poderia – e deveria – ter sido corrigido no Congresso Nacional. Assim, a desatualização da referência força o trabalho doutrinário de atualização, impondo o reconhecimento da possibilidade de comunicação por via eletrônica, por força do diploma legal acima referido.

> *Parágrafo único.* Será intimado por edital o acusado solto que não for encontrado.

1. Intimação ficta do acusado solto: justificativas de modificação desse regime jurídico

Uma das mais significativas propostas de mudança no rito do júri, observável desde os trabalhos da "Comissão Grinover", foi a alteração do regime de comunicação da sentença de pronúncia.

Para tanto, desde a redação apresentada por aquela Comissão, passou-se a prever a intimação ficta da pessoa acusada quando estivesse solto, independentemente de ser o crime afiançável ou não,

---

2238 Rev. do Foro, 87/337.
2239 TJSP. **Recurso em Sentido Estrito 159.330-3**. Barueri. Relator: Devienne Ferraz, v.u.
2240 TJPB. Relator: Des. José Martinho Lisboa. Data de julgamento: 3 abr. 1997.
2241 TJBA. **Rec. 52/78**. Relator: Des. Walter Nogueira.

proposta que acabou sendo acolhida em todas as demais etapas do processo legislativo e assim foi transformada em Lei.

O argumento para a modificação sempre foi o caráter utilitário da nova disciplina, seja pela possibilidade da ocorrência da prescrição, seja pela demora na realização da sessão plenária, com a necessidade de redesignação da sessão de julgamento, à qual se virá somar a possibilidade do julgamento sem a presença física da pessoa acusada nos termos do art. 457.

Neste ponto, caso de singular exemplaridade assim decidiu:

> Não é de se confundir desconhecimento da ação da justiça com intenção de impunidade, certo que, na espécie, além de transcorridos mais de 15 anos da sentença de pronúncia, dispõe o paciente de advogado constituído que se mostra plenamente inteirado das circunstâncias processuais. Na espécie, do longo período de 11 anos que tem o paciente logrado subtrair-se aos chamamentos do Tribunal do Júri para a realização de seu julgamento, resulta bem evidente o seu poder de fato de liberar-se da ação da Justiça, que se mostra apto, por outro lado, a produzir a extinção da punibilidade do crime contra a vida de que é acusado, evadindo-se pela porta larga da prescrição. Que cabe à Justiça realizar as comunicações processuais, dúvida não há, como também certo é que a só referência, a título de exemplo, a alguns resultados de diligências intimatórias é bastante para dar autoridade ao fundamento jurisdicional de sua prisão, consistente nos obstáculos evidentes e inequívocos postos pelo réu, com sucesso, ao seu julgamento. 5. Provocando o descrédito do Poder Judiciário, o sentimento de impunidade, que se expande no social, decorrente da efetiva e eficaz subtração do paciente à autoridade do Estado, serve como motivo suficiente a autorizar a medida constritiva antecipada. 6. Eventuais condições pessoais favoráveis ao paciente, tais como primariedade e bons antecedentes, não têm o condão de elidir a constrição, se existem outras, que, como reconhecidas tanto no decreto de prisão preventiva quanto no acórdão impugnado, lhe recomendam a custódia cautelar.[2242]

Sem embargo, malgrado a situação-limite tratada no aresto acima, como frequentemente acontece quando da criação ou reforma legislativa em nosso país, o argumento utilitário, sempre presente, de grande apelo midiático e com grande potencial de comoção, vem desamparado de qualquer sustentação empírica. Desconhece-se a presença de estudos dessa natureza que possam demonstrar de maneira segura que a dispensabilidade da intimação pessoal venha a propiciar concretamente um menor número de casos prescritos, seja nos crimes dolosos contra a vida, seja nos a eles conexos.

2. Intimação por edital do réu revel (pronúncia anterior à Lei n. 9.271/1996)

Existe situação processual, ainda identificável na prática – embora cada vez mais rara, por conta do decurso do tempo –, na qual a pessoa acusada tenha sido pronunciada à revelia inicial ainda antes da entrada em vigor da Lei n. 9.271/1996, a dizer, em nenhum momento até aquela fase processual tenha tido contato direto com o processo, e, com a edição da reforma operada pela Lei n. 11.689/2008, que alterou o artigo em comento, venha a ser intimada por edital da pronúncia e, também, da data do julgamento em plenário que, por fim, acaba se realizando sem sua presença.

A hipótese acima acarretaria o julgamento à revelia total, o que não nos parece aceitável à luz da CADH, ainda que, pela literalidade do art. 2º do CPP isso se fizesse possível pela aplicação irrestrita (e irrefletida) do axioma (ou "princípio") *tempus regit actum*, que é identificado, como já exposto, pelo binômio "a) *irretroatividade* de nova lei processual penal, de sorte que os atos realizados em conformidade com as disposições da antiga permaneçam válidos; e b) *imediatidade* da nova lei processual, que passa a disciplinar o desenvolvimento restante do processo".[2243]

3. Prazo e formalidades do edital

Vide neste Código art. 392 e os *Comentários* ali desenvolvidos.

> Art. 421. Preclusa a decisão de pronúncia, os autos serão encaminhados ao juiz-presidente do Tribunal do Júri.

1. Decisão de pronúncia e coisa julgada

Já foi assentado em determinado provimento que

> A pronúncia não gera coisa julgada. Com efeito, após o contraditório, acolhe, total, ou parcialmente a imputação constante da denúncia, ou a rejeita, podendo, inclusive, declarar a inexistência de infração penal. Não encerra condenação alguma. Tal como denúncia, nos crimes da competência do Juiz, a pronúncia não condena o réu. Ao contrário, obediente ao procedimento do Tribunal do Júri, é pressuposto do libelo.[2244]

Embora se admita a "inexistência de trânsito em julgado",

2242 STJ. Relator: Hamilton Carvalhido. Data de publicação: DJ, 18 fev. 2002. p. 503.
2243 TUCCI, Rogério Lauria. **Persecução penal, prisão e liberdade**. São Paulo: Saraiva, 1980.
2244 STJ. Relator: Luiz Vicente Cernicchiaro. Data de publicação: DJ, 23 ago. 1999. p. 164.

é vedado ao Juiz-Presidente do Tribunal do Júri, em sessão plenária, retificar a pronúncia, invertendo o nome dos pronunciados para adequá-los em outra conduta, diferente da descrita na denúncia, pronúncia e libelo, em total afronta ao devido processo legal e ao princípio da plenitude de defesa, precisamente porque contra tal acusação não se defenderam os réus, e porque não revela circunstância superveniente que modifique a classificação do delito.[2245]

Assim o é porquanto a pronúncia se classifica como uma decisão, e não como uma sentença terminativa que aprecia ou não o mérito. E, nesse ponto, cabe lembrar novamente a lição de Coelho Nogueira[2246], ao afirmar que

> fixado, assim, o limite da expressão decisão interlocutória – como aquela que equivale à interlocutória simples da doutrina, devemos salientar que não se pode falar, quanto a ela, em coisa julgada. Não são muitas, aliás, as interlocutórias recorríveis, já que vige em nosso processo penal, ao contrário do que se vê no processo civil, o sistema da irrecorribilidade das interlocutórias, estando no rol do art. 581 do CPP, em vários de seus incisos, as decisões dessa categoria que podem ser impugnadas por via recursal. Quando, no entanto, uma interlocutória recorrível se torna irrecorrível, ou porque ninguém a impugnou ou porque os recursos dela interpostos foram improvidos, não faz ela coisa julgada, mas tão somente preclusão.

E continua o mencionado autor, citando José Frederico Marques, que

> sob o aspecto objetivo, a preclusão é um fato impeditivo destinado a garantir o avanço progressivo da relação processual e a obstar seu recuo para fases anteriores do procedimento. Sob o aspecto subjetivo, é a perda de uma faculdade ou direito processual que, por se haver esgotado ou por não ter sido exercido em tempo oportuno, fica praticamente extinto.[2247]

2. Pendência de recurso especial ou extraordinário, preclusão e designação de sessão plenária.

§ 1º Ainda que preclusa a decisão de pronúncia, havendo circunstância superveniente que altere a classificação do crime, o juiz ordenará a remessa dos autos ao Ministério Público.

1. Alteração da classificação do crime

Concodando-se com as bases teóricas acima expostas, entendendo-se que a pronúncia não é sentença, mas decisão de caráter interlocutório e que, dessa forma, não gera coisa julgada, mas, sim, preclusão, fica aberta a seguinte situação: (i) é possível alterar parte de seu conteúdo; (ii) é necessário fixar um limite a partir do qual a preclusão tem-se como operada em definitivo, não podendo sofrer alterações.

Enfrentando normalmente a matéria, tem-se que a possibilidade de alteração da classificação do crime existe na hipótese em que, pronunciado por crime doloso tentado, a vítima vem a falecer em virtude das lesões sofridas naquela tentativa de homicídio, alterando, assim, o evento naturalístico decorrente da ação. Essa situação é apresentada como preclusão *pro judicato* e, por ela, estaria justificada a alteração acima mencionada.

Nos limites conceituais expostos nestes *Comentários*, pode-se admitir a quebra da preclusão quando isso não implique em alteração do objeto do processo, ou seja, do conjunto de fatos articulados com as consequências expostas nos *Comentários* ao art. 41.

2. Obrigatoriedade da remessa dos autos ao Ministério Público

A previsão de remessa dos autos ao Ministério Público existia desde os trabalhos iniciais da Comissão Grinover, mas o texto final, aprovado pelo Senado (e modificador do texto aprovado na Câmara), alterou substancialmente o sentido da disposição, eliminando o necessário contraditório que deve existir nesse momento.

Assim, malgrado o texto não se refira à manifestação defensiva após a fala do Acusador sobre eventual quebra da preclusão da pronúncia, o contraditório sobre o tema é imprescindível e deve ser observado no prazo de cinco dias, tomado como análogo ao quanto disposto na fase anterior do rito (art. 409).

A decisão sobre a matéria modificada, tratando-se uma vez mais de decisão de pronúncia, é impugnável por meio do recurso em sentido estrito, nos moldes existentes também na lei revogada.

2245 REVJMG, 165/438.
2246 COELHO NOGUEIRA, Carlos Frederico. **Coisa julgada penal**: autoridade absoluta e autoridade relativa. Disponível em: <http://www.tj.ro.gov.br/emeron/sapem/2001/setembro/1409/ARTIGOS/A05.htm>. Acesso em: 13 abr. 2022.
2247 COELHO NOGUEIRA, *op. cit.*

§ 2º Em seguida, os autos serão conclusos ao juiz para decisão.

1. Nova decisão
Trata-se de nova decisão de pronúncia, gerando a possibilidade de sua impugnação por via do recurso em sentido estrito e interrompendo o prazo disposto no art. 428 para o desaforamento por decurso de prazo motivado pelo excesso de serviço.

SEÇÃO III – Da Preparação do Processo para Julgamento em Plenário

> Art. 422. Ao receber os autos, o presidente do Tribunal do Júri determinará a intimação do órgão do Ministério Público ou do querelante, no caso de queixa, e do defensor, para, no prazo de 5 (cinco) dias, apresentarem rol de testemunhas que irão depor em plenário, até o máximo de 5 (cinco), oportunidade em que poderão juntar documentos e requerer diligência.

1. Peça processual autônoma
Para a indicação de testemunhas e requerimento de diligências, com a extinção do libelo, passou-se a proceder mediante peça autônoma, inominada. A verificação da pertinência das diligências será feita na forma do artigo seguinte (art. 423).

2. Pluralidade de acusados e manifestação processual do presente artigo
No caso de pluralidade de pessoas acusadas, a manifestação do presente artigo, embora seja una, deve se reportar a cada uma delas individualmente, dadas as especificidades processuais de cada qual.

3. Princípio da eventualidade para requerimento de oitiva de testemunhas
Ainda que dentro do modelo anterior, e ressalvada a extinção do libelo, deve-se recordar que este é o momento oportuno e exclusivo para arrolar testemunhas e vítimas a serem ouvidas em plenário. Desta sorte, "não requerendo, no libelo, a intimação da vítima para prestar declarações em plenário, não pode a promotoria pública arguir a nulidade por essa omissão".[2248]

O mesmo princípio deve imperar para a fala defensiva. Nada obstante, já houve provimento que, decidindo sobre a situação de "testemunhas arroladas fora da contrariedade ao libelo e ouvidas em plenário [onde a] Acusação que tomou ciência da apresentação extemporânea do rol e não o impugnou", deu pelo convalescimento.[2249]

Sob a égide anterior, determinado provimento concluiu que

> Constitui causa de nulidade a falta de "intimação das testemunhas arroladas no libelo e na contrariedade, nos termos estabelecidos pela lei" (...), não podendo o juiz deixar de fazê-lo, ainda que, para tanto, tenha de expedir precatório, quando, como no caso, a testemunha residir em lugar distante.[2250]

Sem embargo, afirmou-se em edição anterior destes **Comentários** que a oitiva por precatória de testemunhas que devem depor em plenário é a exata antítese da estrutura de julgamento do Tribunal do Júri, em que as provas devem ser colhidas perante o juiz natural da causa, a dizer, o conselho de sentença. Dificuldades de deslocamento devem ser arcadas pelas partes (acusação e defesa), a quem cabe o ônus de provar o que alegam.

4. Corréu como testemunha
Ao lado das considerações já expendidas nestes **Comentários** a propósito deste mesmo tema, reforça-se a impossibilidade de arrolar como testemunha num libelo aquele que é corréu em outro, por força da conexão. Neste ponto, a decisão que defere a oitiva torna-se eivada.[2251]

5. Contagem do prazo
Como nada foi disposto expressamente a respeito, a contagem do prazo seria determinada pela forma genérica e residual do art. 798 deste Código. A ideia de prazo concomitante em cartório, no entanto, criticada nestes **Comentários**, vale uma vez mais, na medida em que não confere às partes a oportunidade de exercerem análise processual adequada nesse momento. O correto seria o prazo sucessivo, iniciando-se pela acusação, até mesmo para que esta não venha a tomar ciência – ainda que de forma incidental – dos requerimentos defensivos antes de sua própria manifestação, invertendo inadequadamente a forma das falas no processo.

6. Exclusão da(s) vítima(s) do limite de pessoas arroladas
Conforme já aventado nestes **Comentários** (art. 406, § 2º), as vítimas não integram o aludido rol, restrito às testemunhas. No mesmo cenário está a situação dos peritos.

2248 TJBA. **Ap. Crim. 139/90**. Relator: Des. Jatahy Fonseca.
2249 RT, 546/346.
2250 RSTJ, 93/396.
2251 TJSP. **HC 147.917-3**. Relator: Gomes de Amorim. 27 jun. 1993.

7. Distinção entre testemunhas prescindíveis e imprescindíveis
É mantida na nova redação, a teor do art. 461, sendo que, na oportunidade do presente artigo, ao arrolar a testemunha é que a parte deverá declinar o caráter de imprescindibilidade ou não da oitiva. Para alusões complementares, vide nestes **Comentários** art. 461.

8. Intimação das partes e das testemunhas
Ressalve-se, no entanto, que tendo sido

> evidenciado que o oficial de justiça teria deixado o mandado de intimação do paciente para a sessão de julgamento pelo Tribunal do Júri com uma pessoa qualquer, que passava pela rua e disse conhecer o réu, não se pode afirmar que o paciente tenha sido validamente notificado, razão pela qual não se poderia exigir a sua presença naquele ato.[2252]

9. Testemunha residente fora da comarca do julgamento
Na estrutura do Código de Processo Penal, afirma-se a "inexistência de obrigação do deslocamento de testemunha ao local em que se realizará a sessão do Júri, se em Comarca diversa daquela em que reside".[2253]

Tal situação tem particularidades no procedimento do júri, no qual, rigorosamente falando, não há sentido em ouvir por precatórias pessoas que deveriam estar presentes, perante o juiz natural, para ofertarem seus depoimentos, embora determinados provimentos já tenham convalidado essa possibilidade.[2254]

Contudo, tal situação apresenta certa confusão em determinados provimentos, na medida em que se confunde comparecimento físico em plenário com a informação, por via de intimação, da realização daquele ato. Muitos acórdãos sacramentam a impossibilidade de a testemunha ser avisada – por carta precatória – da data do julgamento.[2255]

Numa linha tanto mais coerente, tem-se a inadmissibilidade do indeferimento do "requerimento da defesa para intimação das testemunhas residentes fora da terra"[2256] ou a assertiva de que "constitui causa de nulidade a falta de "intimação das testemunhas arroladas no libelo e na contrariedade, nos termos estabelecidos pela lei" (CPP, art. 564, III, *h*),

não podendo o juiz deixar de fazê-lo, ainda que, para tanto, tenha de expedir precatório, quando, como no caso, a testemunha residir em lugar distante.[2257]

Para uma reconstrução do modelo com a nova legislação, ver o art. 423 nestes **Comentários**.

10. Intimação da "testemunha imprescindível"
O Código de Processo Penal, como já exposto nestes *Comentários*, divide as testemunhas arroladas nessa fase em "prescindíveis" ou "imprescindíveis", com consequências distintas para cada qual.

Uma delas diz respeito à "falta de intimação de testemunha arrolada pela acusação sob cláusula de imprescindibilidade", que se converte em causa de nulidade.[2258] Ressalva-se, no entanto, o caso da "Ausência ao julgamento em razão de não haver sido consignado nos autos o endereço correto da sua residência, o que frustrou a diligência visando à intimação"[2259], ou quando se afirma que

> inexiste nulidade no julgamento pelo Júri sem a oitiva de testemunha arrolada pela acusação e defesa, que apesar de intimada, não é localizada, encontrando-se "desaparecida". Além do mais, na ata de julgamento consta a desistência do Ministério Público com relação à referida testemunha e a concordância da defesa com relação a isso.[2260]

11. Intimação do réu: situação patológica
Já houve caso de aberrante contorno fático, no qual se decidiu:

> Não é de se confundir desconhecimento da ação da justiça com intenção de impunidade, certo que, na espécie, além de transcorridos mais de 15 anos da sentença de pronúncia, dispõe o paciente de advogado constituído que se mostra plenamente inteirado das circunstâncias processuais. Na espécie, do longo período de 11 anos que tem o paciente logrado subtrair-se aos chamamentos do Tribunal do Júri para a realização de seu julgamento, resulta bem evidente o seu poder de fato de liberar-se da ação da Justiça, que se mostra apto, por outro lado, a produzir a extinção da punibilidade do crime contra a vida de que é acusado, evadindo-se pela porta larga da prescrição. Que cabe à Justiça realizar as

---

2252 LEXSTJ, 146/388.
2253 TJSP. **Conflito de Jurisdição 80.594-0/5**. São Paulo. Câmara Especial. Relator: Alvaro Lazzarini. 12 jul. 2001, v.u.
2254 JTJ, 246/372; RT, 657/278.
2255 RT, 558/312.
2256 TJSP. **HC 288.449-3**. São José do Rio Preto. 4ª Câmara Criminal de Férias "julho/99". Relator: Passos de Freitas. 29 jul. 1999, v.u. No mesmo sentido, JTJ, 225/324.
2257 RSTJ, 93/396.
2258 TJMG. RT, 619/346.
2259 TJAC. RT, 779/608.
2260 STJ. Relator: Jorge Scartezzini. Data de publicação: DJ, 8 abr. 2002. p. 240.

comunicações processuais, dúvida não há, como também certo é que a só referência, a título de exemplo, a alguns resultados de diligências intimatórias é bastante para dar autoridade ao fundamento jurisdicional de sua prisão, consistente nos obstáculos evidentes e inequívocos postos pelo réu, com sucesso, ao seu julgamento. 5. Provocando o descrédito do Poder Judiciário, o sentimento de impunidade, que se expande no social, decorrente da efetiva e eficaz subtração do paciente à autoridade do Estado, serve como motivo suficiente a autorizar a medida constritiva antecipada. 6. Eventuais condições pessoais favoráveis ao paciente, tais como primariedade e bons antecedentes, não têm o condão de elidir a constrição, se existem outras, que, como reconhecidas tanto no decreto de prisão preventiva quanto no acórdão impugnado, lhe recomendam a custódia cautelar.[2261]

Art. 423. Deliberando sobre os requerimentos de provas a serem produzidas ou exibidas no plenário do júri, e adotadas as providências devidas, o juiz-presidente:

1. Deliberação sobre requerimento de provas a serem exibidas

Ainda dentro do mesmo critério de verificação, estariam as provas a serem exibidas. Há, neste ponto, quer-nos parecer, alguma incongruência.

Isso porque, se as provas já foram produzidas e sendo, obviamente, lícitas – caso contrário estariam excluídas do processo, a teor do renovado art. 157 –, a exibição de todas elas ao Conselho de Sentença, verdadeiro juiz natural da causa, é, antes que uma matéria que dependa de requerimentos da parte, obrigação a ser tomada pelo juiz togado. Dessa forma, se a prova já existe nos autos desde a fase da admissibilidade, não pode ser sua exibição tolhida.

Essa redação, presente desde os trabalhos iniciais da Comissão Grinover, na verdade tinha apenas sentido quando sistematizada com a norma que previa a exclusão da cognição pelo Juiz Natural das provas outras que não fossem repetíveis ou cautelares, mas que, pela supressão do então texto sugerido, faz perder o sentido as demais regras que com ela se harmonizavam.

Assim, esse tópico, agora, mais parece se aproximar da necessidade de disponibilizar às partes os eventuais recursos tecnológicos para que as provas que dependam de meio próprio para exibição assim o sejam, pois os objetos que foram devidamente apreendidos nos autos, igualmente de forma automática, devem ser exibidos ao Conselho de Sentença.

1.1 Deliberação sobre requerimento de provas a serem produzidas

As postulações probatórias tratadas no art. 422 são objeto de decisão na forma preconizada na presente norma, e sobre ela recaem as mesmas análises feitas a propósito do art. 411, § 2º, sobre as provas de caráter impertinente, irrelevante ou protelatório.

2. Adoção das "providências devidas": particularidade do meio de prova testemunhal

Se o artigo for interpretado de maneira pouco além do convencional, pode-se afirmar que a disposição diz respeito à disponibilização dos meios necessários para que os meios de prova sejam atuados na sessão de julgamento de forma não muito distinta da que existia na regulamentação anterior.

Mas, caso se queira dar um passo adiante, pensando-se na hipótese de requerimento de prova testemunhal cuja pessoa a ser ouvida resida fora da comarca de julgamento, pode-se, inicialmente, cogitar na disponibilização dos recursos audiovisuais para que, por exemplo, a vítima seja ouvida por videoconferência, a teor do disposto no art. 217, o mesmo cabendo às testemunhas.

Mas a redação sancionada pode possibilitar ainda outro salto na compreensão da matéria. Entendendo-se pertinente a produção do meio de prova testemunhal com pessoa residente fora da comarca de julgamento, pode-se entender por "providências devidas" a disponibilização, pelo Estado, dos meios de deslocamento da pessoa até o Tribunal, o que, convenha-se, nada tem de extraordinário.

E, para o eterno argumento da falta de recursos, muito cômodo para a manutenção de enrijecidos *status quo*, um pouco de iniciativa administrativa não é desaconselhável, por exemplo a celebração de convênios com empresas de transporte e eventuais vantagens fiscais para que essas empresas se sintam estimuladas a firmar esses acordos de cooperação.

> I – ordenará as diligências necessárias para sanar qualquer nulidade ou esclarecer fato que interesse ao julgamento da causa;

1. Diligências para saneamento de nulidades

No rito atual, sendo a fase de admissibilidade encurtada para a audiência concentrada, potencialmente o risco de nulidades diminui, como inevitavelmente acontece com modelos procedimentais de caráter acusatório que privilegiam a concentração de atos e a oralidade.

Mas, tratando-se do plano de nulidades do CPP e de acordo com as críticas já feitas nestes **Comentários**, deve-se levar em conta que tais nulidades

---

2261 STJ. Relator: Hamilton Carvalhido. Data de publicação: DJ, 18 fev. 2002. p. 503.

devem ser consideradas como de "natureza" relativa, vez que as absolutas não se podem convalidar.

2. A administração probatória
Sobre este ponto já se decidiu que

> a circunstância de já ter sido prolatada sentença de pronúncia contra o réu não impede que o juiz-presidente do tribunal do júri determine a realização de diligências para produção de provas periciais e testemunhais, conforme o disposto no art. 425, do CPP ("O presidente do Tribunal do Júri, depois de ordenar, de ofício, ou a requerimento das partes, as diligências necessárias para sanar qualquer nulidade ou esclarecer fato que interesse à decisão da causa, marcará dia para julgamento, determinando sejam intimadas as partes e as testemunhas"). Com base nesse entendimento e afastando a alegada ofensa aos princípios do devido processo legal e da ampla defesa (CF, art. 5º, LIV e LV), a Turma indeferiu *habeas corpus* em que se pretendia ver anulada a sentença de pronúncia do paciente em face do deferimento de diligências solicitadas pelo Ministério Público.[2262]

Tal possibilidade, no entanto, não se estende até a sessão plenária. Assim, há nulidade quando da "reabertura de prova pelo magistrado após concluídos os debates sem consulta aos jurados e às partes" por ofensa ao art. 425 do CPP, sendo "novo julgamento ordenado".[2263]

3. Diligências para esclarecimento de fato que interesse ao julgamento
A determinação de diligências para esclarecimento de *fato* que interesse ao julgamento surge desde a redação original da Comissão Grinover e se insere na concepção dominante de amplos poderes instrutórios do juiz, donde o magistrado não se encontra limitado à deliberação sobre os requerimentos apresentados pelas partes.

A única limitação que se apresenta na redação é que as diligências versariam sobre matéria de fato, escapando-se dessa órbita as eventuais matérias de direito. Nada obstante, diligências podem ser requeridas que, versando sobre fato, incidem igualmente no plano "do direito", por exemplo a verificação da idade da pessoa acusada diante de informes supervenientes que coloquem em dúvida sua imputabilidade etária.

II – fará relatório sucinto do processo, determinando sua inclusão em pauta da reunião do Tribunal do Júri.

1. Designação de data para julgamento
A regra a inspirar este artigo, a partir da CR e da CADH, é a de submeter a pessoa acusada a julgamento o mais prontamente possível. Fiel a essa concepção, decidiu-se que "Ocorre o excesso de prazo capaz de caracterizar o constrangimento ilegal, a demora abusiva para designação de data para julgamento pelo Tribunal do Júri".[2264]

2. Determinação da inclusão do caso na pauta de julgamento e adiamento do julgamento a pedido
Enfocando o assunto da possibilidade de adiamento da sessão a pedido das partes, já decidiu o e. STF que

> advogados, membros do Ministério Público e magistrados devem-se respeito mútuo. A atuação de cada qual há de estar voltada à atenção ao desempenho profissional do homem médio e, portanto, de boa-fé. Não há como partir para a presunção do excepcional, porque contrária ao princípio da razoabilidade. (...) Ao Estado-juiz cumpre a prática de atos viabilizadores do exercício pleno do direito de defesa. O pleito de adiamento de uma Sessão, especialmente do Tribunal de Júri, no que das mais desgastantes, deve ser tomado com espírito de compreensão.[2265]

3. Demais observações sobre o "preparo para julgamento"
A burocracia para a realização da sessão plenária tem fama justificada. Na verdade, por ser ato de extrema concentração de atividades – o que é inusual nos procedimentos brasileiros –, muitos "detalhes" precisam ser verificados, emergindo daí a preocupação com a capacitação profissional daqueles que cuidam dessa parte.

Podem-se elencar, dentre outras providências, as seguintes:

> Verificar se os autos estão em cartório. Cobrá-los se não estiverem; Verificar se foram cumpridos todos os mandados e as cartas para intimação dos réus, das testemunhas, dos jurados, da Promotoria, dos Assistentes, da Defesa, do assistente da defesa. (...); Se o preso foi requisitado à Polícia, caso esteja preso; Se foi requisitada escolta policial, para vistoria dos assistentes, segurança

---

2262 STF. **HC 75.315/RJ**. Relator: Min. Marco Aurélio. Data de julgamento: 5 ago. 1997.
2263 TJSP. RT, 641/325.
2264 TJMT. **HC 3.956/98**. Diamantino. Relator: Des. Antonio Bitar Filho.
2265 HC 71.408/RJ. Relator: Min. Marco Aurélio. Data de julgamento: 16 ago. 1999.

no recinto e nas proximidades; Conferência de todo o material a ser usado durante a sessão, como: cédulas contendo as palavras SIM e NÃO; campainha, urnas, cartões com os nomes dos jurados titulares e suplentes, som; Se a aparelhagem de som, no salão do júri, está em pleno funcionamento. Providenciar: água, café, copos plásticos, papel higiênico nos banheiros, lanches, comprimidos para dor de cabeça. Se possível, contar com profissional da área médica ou de enfermagem; Elaborar a escala dos oficiais de Justiça e outros funcionários, fazendo a convocação; Se o local do julgamento está em condições de limpeza e higiene; Reserva de cadeiras para o réu e policial; Reserva de local, em cadeiras, para as autoridades; Separar os instrumentos do crime e objetos apreendidos. Certificar nos autos o número dos 21 jurados sorteados (art. 427); Juntar aos autos cópia do edital de convocação do Júri (art. 429); Certificar nos autos se o edital de convocação do Júri foi afixado na porta do Fórum e foi publicado na imprensa; Elaborar escala dos processos que serão julgados e fixar no quadro (art. 432); Intimar o réu pessoalmente ou expedir mandado para esse fim, entregando-lhe cópia do libelo (art. 564, III, *g*); Intimar o Promotor, Assistente, Defensor, Assistente, Testemunhas; Expedir mandado de intimação dos jurados (art. 429, última parte).[2266]

4. Elaboração de relatório sucinto do processo

Na redação primitiva da Comissão Grinover, não se qualificava o relatório como "sucinto", adjetivo que foi inserido por aquela mesma Comissão quando da finalização de seus trabalhos. O objetivo desse relatório é a sua distribuição aos jurados na forma do art. 472, parágrafo único, de forma que o Conselho tenha conhecimento da causa e possa acompanhar os debates.

Toda essa estrutura, pontue-se, somente tem sentido na medida em que as provas não são obrigatoriamente produzidas perante o Juiz Natural, que pode continuar a ser, mesmo na estrutura renovada, um mero espectador dos debates entre as partes, bastando para tanto que testemunhas e peritos não sejam ouvidos em plenário e que o réu, usando dos instrumentos que lhe cabem, fique em silêncio. O que resta – assim como já se passava no regime anterior – é puramente a leitura de peças pretéritas (denominadas "provas") e os debates entre os atores em plenário.

5. Definição de "reunião"

A reunião mencionada nesta norma é o conjunto de sessões plenárias designadas para um determinado período na forma do art. 453. Dividem-se, por sua vez, em ordinárias e extraordinárias.

> Art. 424. Quando a lei local de organização judiciária não atribuir ao presidente do Tribunal do Júri o preparo para julgamento, o juiz competente remeter-lhe-á os autos do processo preparado até 5 (cinco) dias antes do sorteio a que se refere o art. 433 deste Código.
> *Parágrafo único*. Deverão ser remetidos, também, os processos preparados até o encerramento da reunião, para a realização de julgamento.

1. Preparação do processo

A atividade compreende aspectos jurisdicionais e administrativos. A nova disciplina determina que, nas hipóteses em que houver juiz diverso do Juiz-Presidente do Tribunal do Júri, àquele caberá tomar todas as providências mencionadas.

2. Remessa dos autos a destempo

Embora possa causar embaraços de ordem administrativa, diante da proximidade do sorteio de 25 jurados que comporão o corpo de jurados "em abstrato" para a reunião, deve ser encarado como prazo impróprio, e sua inobservância, desde que não inviabilize a condução dos trabalhos, comportará apenas eventuais consequências administrativas.

3. Atribuição de atividades jurisdicionais

Assim entendido o conceito de organização judiciária, projeta-se a concepção para o tema do júri, afirmando-se, por exemplo, em determinado caso concreto que

> a previsão contida no Código de Organização Judiciária do Estado de designação de juiz auxiliar, com jurisdição plena, legitima ato do Tribunal que a delimita considerada a pronúncia, isto face ao teor do art. 412 do Código de Processo Penal – "Nos Estados onde a lei não atribuir a pronúncia ao Presidente do Júri, ao juiz competente caberá proceder na forma dos artigos anteriores". A expressão "em regime especial", indicadora da atividade do juízo, equivale a "em regime de exceção", mormente quando o ato baixado tem como móvel o retardamento na tramitação dos processos. Atribuída a competência para implementá-lo, ao próprio Tribunal, regular é a

---

2266 A lista citada encontra-se exposta em: <http://www.soleis.adv.br>, acessado em 20-12-2004> e deve ser lida com as devidas adaptações aos números dos artigos de Lei, ressalvada a extinção do libelo.

prorrogação do regime pelo Presidente, quando autorizado.[2267]

Sobre o delicado tema da alteração de competência para os crimes dolosos contra a vida diante da reorganização judiciária, já se decidiu que

> a atuação do tribunal do júri é norteada pelo princípio segundo o qual o réu deve ser julgado pelos concidadãos (pares). Esta peculiaridade transmuda a espécie de incompetência, excepcionando a regra referente a definida a partir do elemento territorial. De relativa, passa a absoluta. Desdobrada a área geográfica de um certo tribunal do júri, criando-se um outro, para este devem ser remetidos os processos em curso, pouco importando a fase em que se encontrem, no que envolvam acusados domiciliados na área resultante do desmembramento. Esta conclusão mais se robustece quando haja surgido uma nova circunscrição, uma nova comarca, alfim, um novo foro, como ocorreu relativamente à organização judiciária do Distrito Federal – Lei n. 8.185/91 – e, mais especificamente, quanto às circunscrições de Taguatinga e Ceilândia. Inaplicabilidade da norma vedadora da redistribuição às novas varas.[2268]

4. Lei n. 11.340/2006 (Lei Maria da Penha) e juízo de admissibilidade do tribunal do júri

Julgando caso em que se questionava a competência para o juízo de admissibilidade quando incidente a "Lei Maria da Penha", o STF, preliminarmente, entendeu que o MP tem legitimidade para propor *habeas corpus* que objetiva o julgamento pela autoridade que entende competente. Não se trata de revisão *pro societate*, mas sim de questão de ordem pública, qual seja, a competência *ratione materiae*. No mérito, asseverou que a Lei de Organização Judiciária local, no caso, o Distrito Federal, estabelece que cabe ao juiz-presidente do Tribunal do Júri processar os feitos de sua competência, ainda que anteriores à propositura da ação penal (art. 19 da Lei n. 8.185/1991, com a redação da Lei n. 9.699/1998). Assim, nulo é o processo por crime doloso contra a vida, mesmo que decorrente de prática de violência doméstica e familiar contra a mulher, que transita perante o juizado especial criminal. Logo, ao prosseguir o julgamento, a Turma concedeu a ordem para anular o processo a partir do recebimento da denúncia, encaminhando os autos para o Tribunal do Júri, o competente para processar e julgar o feito.[2269]

Seção IV – Do Alistamento dos Jurados

Art. 425. Anualmente, serão alistados pelo presidente do Tribunal do Júri de 800 (oitocentos) a 1.500 (um mil e quinhentos) jurados nas comarcas de mais de 1.000.000 (um milhão) de habitantes, de 300 (trezentos) a 700 (setecentos) nas comarcas de mais de 100.000 (cem mil) habitantes e de 80 (oitenta) a 400 (quatrocentos) nas comarcas de menor população.

1. Experiências históricas sobre critérios de escolha

A dinâmica dos critérios de escolha dos jurados ao longo da história é lapidarmente exposta por Ferrajoli, ao afirmar que "correlativamente, de tempos em tempos na cultura jurídica mudaram os requisitos exigidos à pessoa do juiz. Na tradição inquisitória pré-moderna *iudex illiteratus repellitur*: os juízes, acrescentava-se, *non possunt esse viles, ignobiles aut filii clericorum*, mas deviam ser, não diversamente dos atuais juízes concursados, *doctores legum*, ou seja, juristas de profissão, às vezes vindos de fora para exercitar seu "competente" magistério. Ao contrário, a cultura iluminista contrastou unanimemente com a ideia do juiz técnico e profissional, optando por um juiz não técnico e popular em seu lugar, não diverso da cozinheira que seria almejada por Lênin para o exercício de todo poder público: um "homem de ordinário bom senso", como conjecturou Beccaria; "todo homem que não seja nem estúpido nem louco, e que tenha uma certa conexão de ideias e uma suficiente experiência do mundo", como propôs Filangieri; um "bom pai de família" com os dons comuns do "homem natural", como escreveu Bentham; um "homem moral" e dotado de "equidade", segundo Lauzé di Peret; uma pessoa *peu savant* mas dotada de experiência, como exigiu Voltaire; um cidadão de "educação média", segundo as palavras de Nicola Niccolini. E antes ainda "as qualidades que fazem um bom juiz", todas de caráter não técnico, tinham sido assim enumeradas por Hobbes: "1. Um justo entendimento da lei principal da natureza chamada equidade", que depende "não da leitura dos escritos de outros homens mas da bondade da própria razão natural e da própria meditação (...) 2. O desprezo por inúteis opulências e promoções; 3. Ser capaz, ao julgar, de se desvencilhar de todo temor, fúria, ódio, amor e compaixão; 4. Paciente e diligente atenção para escutar e memória para reter, ordenar e aplicar o que foi ouvido".[2270]

2267 STF. Relator: Min. Marco Aurélio. RTJ, 137-02/775.
2268 STF. **HC**. Relator: Paulo Brossard. Data de publicação: DJ, 25 nov. 1994. p. 32.302.
2269 HC 121.214/DF. Relator: Min. Maria Thereza de Assis Moura. Data de julgamento: 19 maio 2009.
2270 FERRAJOLI, Luigi. **Direito e razão**. 4. ed. Tradução de Fauzi Hassan Choukr et al. São Paulo: RT, 2010.

2. O papel administrativo do juiz togado na tradição brasileira

Ao Presidente do Tribunal do Júri cabe a missão administrativa de organizar a arregimentação "em abstrato" do corpo de jurados. Fiel à tradição instaurada com a reforma de 1841, a indicação de jurados é feita "mediante escolha por conhecimento pessoal ou informação fidedigna" do próprio Juiz-Presidente, e, pela nova estrutura, "requisitará", na locução do artigo, "às autoridades locais, associações de classe, sindicatos profissionais e repartições públicas a indicação de cidadãos que reúnam as condições legais".

Sobre esse tema, Tucci chegou a afirmar a necessidade do alistamento de jurados também em diversificados centros de convivência, com a efetiva participação das associações de bairros, instituições de ensino, entidades culturais; de todos os núcleos populares enfim que, "à luz das garantias constitucionais, estão se desenvolvendo de forma autônoma, e refletem as expressões de cidadania, que é um dos princípios fundamentais da República e a base institucional do Tribunal do Júri"[2271], o que, em certa medida, acabou sendo contemplado no § 2º do presente artigo.

Nada obstante, como apontamos em texto anterior[2272], a estrutura ainda aparece "impulsionada pelo Estado, na medida em que o Juiz requisitará da comunidade as indicações de pessoas aptas ao desempenho da função de jurado, substancialmente nada diferindo do modelo".

3. Entendimento da palavra "anualmente"

Trata-se do denominado "ano-calendário", com início de vigência da lista em 2 de janeiro do ano seguinte à sua elaboração e homologação até 31 de dezembro do mesmo ano, não se disciplinando a matéria pelo conceito de ano trazido pela Lei n. 810, de 6 de setembro de 1949, que define ano como "o período de doze meses contado do dia do início ao dia e mês correspondentes do ano seguinte" (art. 1º), também denominado "ano civil".

4. Margem de número de alistados

A atualização do número de alistamentos era necessária diante da defasagem visível do art. 439. Mas os números escolhidos, à míngua de qualquer demonstração concreta de como foram alcançados, o que não existia nem na exposição de motivos da Comissão Grinover, tampouco na exposição de justificativas no Parlamento, parecem ser fruto de escolha casual, ampliada a teor do quanto disposto no § 1º, que possibilita a ampliação do rol de alistados e a formação de listas suplementares.

> § 1º Nas comarcas onde for necessário, poderá ser aumentado o número de jurados e, ainda, organizada lista de suplentes, depositadas as cédulas em urna especial, com as cautelas mencionadas na parte final do § 3º do art. 426 deste Código.

1. Aumento do número de alistados e organização da lista de suplentes

Deve vir por decisão administrativa motivada e, sem dúvida, obedecendo-se às mesmas regras de alistamento, assim como a lista de suplentes. Ambas as providências, obedientes à anualidade, devem ser tomadas antes do prazo determinado no art. 426.

> § 2º O juiz-presidente requisitará às autoridades locais, associações de classe e de bairro, entidades associativas e culturais, instituições de ensino em geral, universidades, sindicatos, repartições públicas e outros núcleos comunitários a indicação de pessoas que reúnam as condições para exercer a função de jurado.

1. Experiências históricas da forma de arregimentação em abstrato

Dada a forma pela qual a administração da arregimentação de jurados se dá no Código de Processo Penal, experiências de toda sorte surgiram ao longo dos anos. Um modo bastante interessante deu-se, segundo relato, na arregimentação do júri no Estado do Rio de Janeiro:

> Um dos fatores do bom funcionamento do Júri no Rio de Janeiro, por exemplo, é, fora de qualquer dúvida, o empenho e o cuidado na seleção dos jurados. E basta recordar, que, quando Magarinos Torres assumiu a presidência do então Tribunal do Júri na ex-capital federal, percebeu, de imediato, que era preciso dar toda a atenção para as listas dos jurados, que até então era composta do rebotalho do funcionalismo. Eis o grande milagre. O Juiz-Presidente assumiu o dever principal que a lei lhe confere: cuidar pessoalmente da escolha dos jurados. E de Magarinos Torres a esta data, todos os presidentes de Júri da cidade maravilhosa, com exceção talvez de um só, assumiram a responsabilidade na escolha dos jurados. Ora, no interior, onde o Juiz muitas das vezes sequer mora na Comarca, comparecendo

---

2271 TUCCI, Rogério Lauria. Tribunal do Júri: origem, evolução, características e perspectivas. In: TUCCI, Rogério Lauria (Org.). **Tribunal do Júri**: estudo sobre a mais democrática instituição jurídica brasileira. São Paulo: RT, 1999; GRINOVER, Ada Pellegrini. A participação popular nos tribunais penais. **Revista Jurídica do Rio Grande do Sul**, v. 139, p. 5, maio 1989.

2272 CHOUKR, Fauzi Hassan. Participação cidadã e processo penal. **Revista dos Tribunais**, São Paulo, v. 782, dez. 2000.

a ela em dias certos da semana, tal escolha é feita, comumente, sem um critério mais rígido, em alguns casos até pelo escrivão e quase sempre atendendo a pedido de amigos, acabando por gerar, não uma seleção de jurados – selecionar é escolher os melhores –, mas um simples ajuntamento de pessoas despreparadas e sem um mínimo de condições para participar de um julgamento. Como deve proceder um Juiz-Presidente para escolher os seus jurados? Os critérios são múltiplos e dependem de fatores diversos. Mas é de meu dever registrar o que constatei na Comarca de Duque de Caxias no Estado do Rio de Janeiro. O Juiz-Presidente do Júri local mandou imprimir um formulário-questionário que será preenchido pelo candidato a jurado. Após há uma entrevista pessoal do Juiz com o candidato onde as respostas serão examinadas e só então, será o candidato aprovado ou não.[2273]

Art. 426. A lista geral dos jurados, com indicação das respectivas profissões, será publicada pela imprensa até o dia 10 de outubro de cada ano e divulgada em editais afixados à porta do Tribunal do Júri.

1. Publicação da lista de jurados pela imprensa e em "editais" na "porta do Júri"
A redação aprovada no *caput* do presente artigo repete quase que literalmente o quanto disposto no antigo art. 440, reiterando, inclusive, seus anacronismos, pois a ideia de publicação de "editais na porta do júri" teria sentido na época em que o Código foi originalmente editado.

Assim, para que se dê efetiva publicidade, nada impede – e, ao contrário, deve ser estimulado – que meios informatizados sejam empregados, com divulgação nos sítios dos Tribunais de Justiça e mesmo nos endereços dominiais das Comarcas e das Varas específicas do Júri.

2. Prazos para conclusão parcial e definitiva das listas
Os prazos são peremptórios e não sujeitos à dilação por liberalidade judicial. A eventual superação desses prazos, não podendo acarretar prejuízos ao funcionamento do Tribunal popular no ano seguinte, ficará sujeita a sanções de ordem administrativa.

§ 1º A lista poderá ser alterada, de ofício ou mediante reclamação de qualquer do povo ao juiz-presidente até o dia 10 de novembro, data de sua publicação definitiva.

1. Natureza da atividade e meios impugnativos
Com efeito, tem-se aqui uma típica atividade de administração levada a efeito pelo Poder Judiciário. Assim, o art. 581, XIV, prevê o recurso em sentido estrito contra a decisão "que incluir jurado na lista geral ou desta o excluir", e já se tentou a "Interposição" de correição parcial contra o "despacho que indefere pretendida alteração da lista anual de jurados".[2274]

§ 2º Juntamente com a lista, serão transcritos os arts. 436 a 446 deste Código.

1. Publicidade da lista e controle das causas de suspeição ou impedimento
A publicidade da lista anual já foi empregada como fundamento para afastar-se a ocorrência de suspeição ou impedimento, decidindo o STF que

a suspeição dos jurados é matéria preclusa, já que relacionada ao julgamento em plenário deveria ser suscitada antes do sorteio. Se depois, há preclusão, ainda que o motivo seja descoberto após o julgamento. Não procede a alegação de que o óbice apenas foi descoberto posteriormente, visto que, com a publicação da lista de jurados, era plenamente possível à defesa examinar a ocorrência de impedimento ou de suspeição – ou mesmo de mera inconveniência na atuação de determinada pessoa no Conselho de Sentença – para que, em plenário, pudesse requerer as exclusões necessárias. Injustificável, portanto, que, somente após o resultado desfavorável, venha a parte alegar nulidade.[2275]

§ 3º Os nomes e endereços dos alistados, em cartões iguais, após serem verificados na presença do Ministério Público, de advogado indicado pela Seção local da Ordem dos Advogados do Brasil e de defensor indicado pelas Defensorias Públicas competentes, permanecerão guardados em urna fechada a chave, sob a responsabilidade do juiz-presidente.

1. "Urna fechada a chave"
Outro mecanismo de marcante anacronismo é a preservação do segredo de dados pessoais dos alistados por meio do emprego de "urna fechada a chave", a qual ficará "sob a responsabilidade do juiz", como se

---

2273 TORRES DE MELLO, Carlos Alberto. Ministério Público e júri. **Justitia**, 80/1973.
2274 RT, 566/305, com decisão de indeferimento deste "recurso".
2275 STF. **C. 71.722-5/RJ**. Relatoor: Min. Ilmar Galvão. Data de publicação: DJU, 25 nov. 1994. p. 32.301.

meios informatizados não fossem superiormente eficientes para tal fim, com a criptografia de dados para os fins colimados.

Da mesma forma que no tópico anterior, não há por que se restringir o emprego de mecanismos informatizados desde que a segurança de dados almejada seja realmente garantida.

Assim, potencialmente poderia ser evitada situação como a registrada em acórdão que decidiu sobre "arguição de nulidade, por haver participado jurado que não constava da lista geral. Inexistência da nulidade, porquanto a sua ficha ficou encerrada na urna, havendo apenas omissão na publicação".[2276]

2. Participação das Instituições na lacração da urna

A participação do Ministério Público, OAB e Defensoria Pública é essencial para a completa fiscalização do ato de constituição do sigilo. Deve-se ter em conta que a Lei não se contenta com a mera cientificação dessas Instituições, mas exige a presença concreta de seus integrantes indicados para o ato.

3. Dúvida sobre identidade do jurado e suas consequências

O sistema atual, repetindo as mesmas bases que o anterior e marcantemente avesso ao emprego de tecnologias no processo, tende a reproduzir situações anotadas por antiga jurisprudência, como a que decidiu sobre "dúvidas improcedentes quanto a identidade de jurado, que tomou parte no julgamento"[2277] ou, anos mais tarde, teve de se pronunciar afirmando que "O descompasso atribuível a equívoco datilográfico não sugere a nulidade do veredicto. Isto ocorre quando na lista grafou-se o patronímico de certo jurado como Adilson e no termo de compromisso constou Adailson".[2278]

> § 4º O jurado que tiver integrado o Conselho de Sentença nos 12 (doze) meses que antecederem à publicação da lista geral fica dela excluído.

1. A "profissionalização" do juiz leigo

Dada a sistemática que orientava o Código de Processo Penal, havia a possibilidade concreta de uma pessoa servir durante largo tempo de sua vida como juiz leigo, beirando a situação a uma indesejada "profissionalização". A matéria chegou a ser ventilada na prática, como em determinada situação na qual se afirmou, num recurso defensivo, que "o réu não foi julgado por pares da sociedade leigos, mas foi submetido a julgamento praticado por juízes de fato experimentados e profissionalizados, considerando-se que vários dos sete juízes haviam participado de até três julgamentos no mês de julho de 2000. A participação de vários julgamentos elimina o caráter laico do juiz de fato e prejudica o réu", concluindo o acórdão que "não há qualquer dispositivo legal que dê guarida ao afirmado pela defesa. Ao contrário, nos termos do art. 427, combinado com o 442, ambos do Código de Processo Penal, é possível que um mesmo jurado funcione em várias sessões, bastando que, para tanto, resulte sorteado".[2279]

A nova sistemática coloca como regra o que era a faculdade prevista no art. 436, X, do CPP, que previa a mera possibilidade da exclusão do jurado reiteradamente participante da lista anual. Nada obstante, não impedirá que a mesma pessoa sirva como jurada a cada dois anos, possibilitando, assim, ao longo do tempo, inúmeras participações.

2. Jurado integrante do Conselho de Sentença e sua exclusão da lista anual

Para a exclusão, não basta que o jurado tenha sido sorteado para a sessão de julgamento. É necessário que não tenha sido recusado – motivada ou imotivadamente – ou que não tenha se declarado suspeito ou impedido, vindo a participar *concretamente* do julgamento, a teor da literalidade do artigo.

Também deverá ser considerado como efetivamente participante do Conselho de Sentença mesmo que a composição tenha sido dissolvida por qualquer razão, pois não há distinção legal neste aspecto.

No mais, veja-se o art. 433 nestes **Comentários**.

> § 5º Anualmente, a lista geral de jurados será, obrigatoriamente, completada.

1. Obrigatoriedade do complemento da lista

A obrigatoriedade aqui tratada surge a cada ano, com a inclusão do número de jurados que seja suficiente para completar o quadro determinado em lei, obedecendo-se ao disposto nos parágrafos anteriores deste artigo.

SEÇÃO V – Do Desaforamento

> Art. 427. Se o interesse da ordem pública o reclamar ou houver dúvida sobre a imparcialidade do júri ou a segurança pessoal do acusado, o Tribunal,

---

[2276] STF. **HC 60.519**. Relator: Djaci Falcão. Data de publicação: DJ, 6 maio 1983. p. 16023.
[2277] STF. **HC 31.489**. Relator: Min. Edgard Costa. Data de julgamento: 24 jan. 1951.
[2278] STF. **HC 70.938**. Relator: Min. Marco Aurélio. Data de julgamento: 10 jun. 1994.
[2279] JC, 94/504.

a requerimento do Ministério Público, do assistente, do querelante ou do acusado ou mediante representação do juiz competente, poderá determinar o desaforamento do julgamento para outra comarca da mesma região, onde não existam aqueles motivos, preferindo-se as mais próximas.

1. Exceção ao julgamento pelo juiz natural: o desaforamento

Diferentemente do que ocorre no texto constitucional, quando se derroga o critério de fixação em razão da matéria – o que normalmente ocorre pela colisão com o critério de fixação hierárquico-funcional, sempre com a prevalência deste –, o critério de fixação em razão do território sofre flexibilizações a partir de normas inferiores previstas no Código de Processo Penal.

Surge, numa determinada quadra do tratamento legislativo da matéria, um mecanismo diferenciado para afastar a regra da territorialidade, cujo emprego se dá em caráter tido como excepcional, cabível apenas para os crimes de competência do tribunal do júri, dentro daquilo que se poderia chamar de jurisdição penal comum.

Magalhães Noronha apregoava que *"é regra fundamental que o réu seja julgado no distrito da culpa, isto é, no local onde cometeu o delito"*, ante a prevalente circunstância do "princípio de que o réu seja julgado por seus pares, isto é, por pessoas que o conheçam, saibam de sua vida etc. (1996) e segundo o sempre mencionado Frederico Marques, o desaforamento constitui (...) uma verdadeira mudança nas regras de competência territorial, justificável tão só pelas peculiaridades do júri, sendo *uma derrogação da competência territorial, consentida pela lei em face de razões contingentes*.[2280]

Do quadro exposto, pode-se concluir preliminarmente que:

- embora se reconheça a importância da fixação territorial, ela decorre de norma infraconstitucional, diferentemente do que ocorre no critério de fixação em função da matéria;
- o reconhecimento da importância do critério da territorialidade dá-se muito mais como decorrência de uma regra geral cabível a todo o processo penal do que como uma conclusão de um modo peculiar dessa forma da administração da justiça penal;
- diversamente do critério material, o territorial tem sua derrogação por disposições administradas pelo Código de Processo Penal.

2. Impossibilidade de aplicação do desaforamento fora dos casos de competência do Tribunal do Júri

Trata-se de mecanismo de "impossível (...) aplicação em outros delitos. Veja-se o seguinte julgado: Latrocínio e formação de quadrilha ou bando – Não cabimento – Pedido cabível somente em processos de competência do Tribunal do Júri – Inteligência do art. 414, do Código de Processo Penal – Pedido não conhecido".[2281]

3. Momento da ocorrência do desaforamento

O desaforamento ocorre após a fase de admissibilidade, quando da preparação do caso para ser levado a conhecimento do juiz natural popular.

Situação que é enfrentada pela doutrina diz respeito à impossibilidade, como regra, de desaforamento de um caso quando, em sede recursal, determina-se a anulação do primeiro julgamento e a realização de segunda sessão plenária. A resposta é preliminarmente negativa, ressalvando-se que, se "novos fatos" autorizarem, a regra territorial poderá ser quebrada. Seguindo ementa de julgado do e. STF: *Realizado o primeiro julgamento, não é mais possível pedido de desaforamento, a não ser que surjam novos motivos.*

No mais, já se rechaçou a argumentação

> de que o desaforamento só pode ser determinado quando já esteja constituído o Conselho de Sentença, com o sorteio dos Jurados. Basta que o seja a tempo, ou seja, na fase preparatória, antes, pois, de iniciado o julgamento no foro de origem, pois o Código de Processo Penal não contém norma expressa em contrário.[2282]

4. Natureza da relação processual sobre o desaforamento

Da forma destinada pelo CPP (mesmo na legislação reformada) ao tema do desaforamento, observa-se o padrão inquisitivo que permeia a matéria, sobretudo quando há "representação" (de resto, termo empregado muito mais em atividades corretivas que jurisdicionais) de ofício pelo juiz togado. Como toda estrutura inquisitiva, é marcantemente difícil cogitar a existência de uma verdadeira relação processual.

Inexistindo a chamada relação jurídica no tema em exame, mas sim uma sujeição das partes a um mandamento quase administrativo do Estado, lastreado, por sua vez, em fundamentos marcadamente não recepcionados pela Constituição, o tema do desaforamento afigura-se como uma incógnita na sua estrutura essencial: deveria ser marcado por

---

2280 CHOUKR, Fauzi Hassan. Juiz natural: para uma releitura constitucional do tema do desaforamento. In: BONATO, Gilson (Org.). **Processo penal**: leituras constitucionais. Rio de Janeiro: Lumen Juris, 2003. v. 1.
2281 TJSP. **Desaforamento 332.489-3**. Itaporanga. Relator: Debatin Cardoso. 16 ago. 2001, v.u.
2282 STF. **HC 74.946/PB**. Relator: Min. Sydney Sanches. Data de julgamento: 11 mar. 1997.

um tipo de relação de conhecimento, mas conhecimento algum existe no seu procedimento; culmina com um acórdão que, em caso positivo (deferimento do desaforamento), possui uma espécie de trânsito em julgado que, a dizer da maioria da doutrina e da jurisprudência, somente vale em relação à comarca desaforada, mas nada impede um *novo* pedido de desaforamento para comarca distinta, se o caso exigir.

Não se pode, contudo, olhar o tema sem o respeito ao texto constitucional, para observar que o juiz natural da causa não somente é o competente em razão da matéria, mas, também, os pares do(a) acusado(a) de uma determinada comunidade. Assim, o critério territorial é tão absoluto quanto o material, como já exposto, e sua derrogação, que se dá reconhecidamente em caráter excepcional, somente pode ser mantida enquanto persistirem os motivos ensejadores do deslocamento. A dizer, sua natureza é essencialmente cautelar.

Porquanto cautelar, sua atividade de cognição também existe e deve ser medida dentro dos parâmetros da aparência do direito tutelado e da emergência da medida, condição esta já reconhecida em acórdão citado ao longo do texto, pelo qual se diz da atuação de um *poder geral de cautela* quando da concessão da liminar de suspensão do julgamento. Fato é que inexiste no processo penal esse *poder geral*, mas o raciocínio de ser uma cautelar típica na sua essência e na sua forma existe e é correto. É nitidamente instrumental essa decisão (sentido lato), posto que não diz respeito ao mérito da causa e *visa garantir aquele que dela faz uso contra uma situação de perigo, sendo que sua provisoriedade está em função da possibilidade de dano resultante dessa situação, estando o provimento cautelar subordinado a essa situação objetiva de perigo*.[2283]

5. Fundamentos do desaforamento no Código de Processo Penal e sua (in)adequação à Constituição: manutenção das críticas

Com base no disposto no art. 424 do CPP, a doutrina praticamente cuida de repetir o enunciado como justificação da existência desse mecanismo de exceção. Eduardo Espínola Filho é um exemplo dessa forma de tratamento doutrinário. Aduz o festejado autor que

> no sistema do Código, o desaforamento pode se impor à vista do fundado receio de que o julgamento, no lugar, acarretará desordem pública; ou de que, aí, venham a faltar, a despeito das melhores precauções, garantias para integridade física

do ou dos réus; ou, finalmente, quando o crime tenha de tal modo desequilibrado os sentimentos da população, provocando a paixão exaltada dos habitantes, em favor ou contra o ou os acusados, que falte a segurança de que os seus concidadãos o ou os julgarão com imparcialidade.[2284]

Tais fundamentos aparecem em numeração taxativa, sendo expressamente vedada sua ampliação, consoante reconhecimento dos Tribunais[2285] e praticamente sem nenhuma censura jurisprudencial ou doutrinária mesmo antes da CR/88, o tema continuou a receber a atenção pasteurizada após a reestruturação constitucional, embora alguns de seus fundamentos não tenham sido recepcionados pela Constituição.

6. Manutenção da ordem pública

Assim como na situação mencionada para as cautelares, no tema do desaforamento a expressão "ordem pública" apresenta-se no mais das vezes sem qualquer significado, bastando sua enunciação por si mesma[2286].

Situação que foge desse panorama foi enfrentada em singular acórdão[2287] no qual o tema da ordem pública foi identificado com a necessidade de obediência estrita à organização do corpo de jurados. A ementa é a seguinte:

> Desaforamento. Defeituosa organização do Tribunal do Júri. Corpo de Jurados ilegalmente constituído e alistado. Concessão do desaforamento por interesse de ordem pública e imperativo de ordem legal. Em face do que dispõem os arts. 129 e 439 e seguintes, respectivamente da vigente Lei de Organização Judiciária do Estado e do C. Proc. Pen., vê-se, sem sombra de dúvida, que atualmente, a cada município baiano corresponde um Tribunal do Júri privativo, o qual, presidido pelo Juiz da Comarca a que pertencer e constituído por um Corpo de Jurados selecionado, exclusivamente, entre os seus habitantes, é organizado em novembro e dezembro de cada ano, para funcionar inalteravelmente até igual período do ano imediato. Diante disso, desde que na sua composição tenham sido alistados elementos estranhos ao território de sua jurisdição, não terá as mesmas condições legais para se reunir ou funcionar. Nesta hipótese, e enquanto a competente revisão dos jurados não for processada, justifica-se, plenamente, o desaforamento

---

2283 CAMPOS BARROS, Romeu Pires. **Processo penal cautelar**. Rio de Janeiro: Forense, 1982.
2284 Nota n. 2180: corrigir para ESPÍNOLA Filho, Eduardo. **Código de Processo Penal brasileiro anotado**. 6. ed. Rio de Janeiro: Freitas Bastos, 1980. v. 4. Comentário aos arts. 381-502.
2285 TJRS, Desaforamento 250.633-3/SP, rel. Walter Guilherme, 23-6-1998, v.u.
2286 TJSP, Desaforamento 272.924-3, Santa Branca, rel. Debatin Cardoso, 27-5-1999, v.u.
2287 TJBA. **Desaforamento 57**. Relator: Des. Arivaldo A. de Oliveira.

dos processos de sua competência por interesse de ordem pública a fim de não se prejudicar a própria Justiça com decisões nulas ou a procrastinação indefinida dos julgamentos dos acusados.

Sua redação é de rara valia, porque insere num contexto de ordem pública um fator essencial para a própria razão de ser da existência do tribunal popular: um Corpo de Jurados selecionado, exclusivamente, entre (os seus) habitantes de uma determinada comunidade que, na condição de pares do(a) réu(ré), administrarão a justiça. Muito embora, *a priori*, não se possa compactuar com uma condição como "ordem pública" essencialmente porque ela tem o significado que o julgador, no caso concreto, quer que ela tenha, a situação do julgado baiano nos mostra que, de forma objetiva, pode-se tentar limitar essa amplitude sem cair no arbítrio e no casuísmo.

7. Preservação da imparcialidade do julgador leigo

A imparcialidade surge como único fundamento verdadeiramente próximo à garantia do juiz natural, tal como disciplinado na CR/88. Por uma razão lógica, a imparcialidade se presume, sendo que a situação oposta (imparcialidade) deve vir comprovada de forma específica. Como já apontado pela doutrina,

> deve-se salientar que simples suspeita do acusado quanto à imparcialidade do Júri, levantada só pela forma como o crime foi consumado, não é motivo suficiente a autorizar o desaforamento. Tratando-se de medida de exceção, é mister resultem comprovados os motivos alegados, de molde a justificarem a necessidade da derrogação da competência normal do julgamento.[2288]

Afastam-se, assim, desse contexto, as meras conjecturas[2289], devendo haver prova inequívoca da situação geradora da imparcialidade.[2290] Em outras palavras, "sendo o desaforamento medida excepcional recepcionada no Código de Processo Penal, implicando o deslocamento da competência territorial dos julgadores naturais, nos casos de júri, somente pode e deve ser concedido em casos especialíssimos, desde que se faz clara, manifesta, visível e patente situação que possa comprometer um julgamento imparcial, máxime se essa circunstância é referendada ou denunciada pelo magistrado que preside o feito"[2291], sendo que uma dessas situações é a comoção total da comunidade[2292], que necessariamente não advém do presumido prestígio dos envolvidos no local.[2293] Quando, no entanto, a sociedade local debate amplamente o fato, com a presença de movimentos inclusive pró-absolvição, já se anteviu nesse cenário a quebra da necessária imparcialidade.[2294]

8. Preservação da segurança do réu

Neste fundamento, o Estado reconhece sua inapetência para preservar a integridade física do acusado e, como solução do "problema", pune-o com a privação do juiz natural popular. Sendo fundamento distinto da perda da imparcialidade, a preservação da segurança atinge a figura do acusado, e não a de seu julgador. O réu, que deve se submeter à guarda do estado precipuamente quando preso, e não tendo sua segurança assegurada, deve se ver submetido a julgamento em base territorial distinta daquela que seria a originariamente correta. O mesmo valeria, segundo orientação de Marrey, para a segurança pessoal do defensor do réu[2295], citando precedentes do STF. Sem embargo da posição exposta, não nos parece crível privar o réu de seu juiz natural por problemas que digam respeito ao seu patrono.

9. Do procedimento do desaforamento

Prevista sumariamente, a regra procedimental é a seguinte:

- legitimação: qualquer das partes ou juiz;
- forma de postulação: requerimento (partes)/representação (juiz);
- informação do juiz se a medida não tiver sido solicitada, de ofício, por ele próprio;
- prazos: não há;
- encaminhamento no Tribunal: parecer da PGJ;
- acórdão (do Tribunal de Apelação, pela linguagem do CPP).

Dela se depreende a inexistência de qualquer formação de um acervo de conhecimento específico para o tema, redundando toda a discussão na alegação de parte a parte, e, nesse aspecto, embora se afirme a impossibilidade de decidir com base em conjecturas ou suposições (RTJ, 45/461), é difícil fugir desses aspectos exatamente pela ausência da uma forma de produção de provas sobre o alegado.

2288 MARREY, Adriano; FRANCO, Alberto Silva; STOCO, Rui. **Teoria e prática do júri**. 4. ed. São Paulo: RT, 1997.
2289 TJSP. **Desaforamento 341.051-3**. Relator: Canellas de Godoy. 7 ago. 2001, v.u.
2290 TJSP. **Desaforamento 219.204-3**. Relator: Geraldo Xavier. 20 fev. 1997, v.u.
2291 TJSP. Desaforamento 52/97.
2292 TJSP. **Desaforamento 168.332-3**. Relator: Dante Busana. 1 set. 1994.
2293 RT, 587/320.
2294 Rev. do Foro 91/463.
2295 MARREY, Adriano; FRANCO, Alberto Silva; STOCO, Rui. **Teoria e prática do júri**. 4. ed. São Paulo: RT, 1997.

Os Tribunais procuram delimitar alguns parâmetros, como o da necessidade da oitiva da parte contrária[2296], quando o requerimento for emanado de uma delas. A não oitiva da parte contrária causaria constrangimento passível de ataque por *habeas corpus*.[2297]

Pode-se questionar se o *habeas corpus* seria efetivamente o melhor caminho para o ataque ao tema ou se não se estaria aí diante de uma situação de flagrante ofensa a um direito líquido e certo (direito líquido e certo ao devido processo legal). No entanto, o HC surge sempre como primeiro instrumento a ser usado no processo penal enquanto ação impugnativa.

Outro aspecto é a sobrevalorização das informações do juiz *a quo* quanto à necessidade ou não da adoção da medida.[2298] Quando, no entanto, tratar-se de uma "representação" do juiz togado, tudo se dá numa forma correicional, descabendo intervenção das partes, limitando-se a interferência de "terceiros" a um parecer da Procuradoria-Geral de Justiça.

Vê-se, como regra, que não há prazo para coisa alguma quando do desencadeamento do procedimento, tampouco especificação da maneira pela qual se forma o encaminhamento para o Tribunal. À míngua de maiores considerações do Código a respeito, fica-se com a disciplina geral dos prazos, empregando-se o Código de Processo Civil subsidiariamente e correndo o prazo em cartório.

Contudo, importante modo operacional se instaurou na prática do desaforamento: a possibilidade da concessão de liminar para adiamento do julgamento, quando já determinada a data de sua realização, aguardando-se o julgamento do mérito do pedido. Assim, já se decidiu que

> a suspensão liminar de julgamento do Tribunal do Júri, até que se decida acerca do pedido de desaforamento insere-se no poder geral de cautela do juiz, não se compadecendo com eventual falta de regramento legal para a medida que, a teor da jurisprudência desta Corte, *mutatis mutandis*, não se sujeita ao crivo do *habeas corpus*, sob pena de supressão de instância, a não ser que se apresente teratológica, o que não acontece na hipótese vertente. Ademais, a medida ancora-se em norma regimental.[2299]

9.1 Súmula 712 do STF
É nula a decisão que determina o desaforamento de processo da competência do júri sem audiência da defesa.

10. Regras para a redistribuição da causa: *Comentários* referentes ao regramento anterior

Como forma de minimizar o deslocamento físico, o Código anterior procurava dimensionar a remessa do caso *para comarca ou termo próximo*.

A palavra "termo" era de anacronismo ímpar, dizendo respeito à forma de distribuição territorial prevista no Código Criminal do Império, em seu art. 1º, que determinava que nos *Juízes de primeira instância continuará a divisão em Districtos de Paz, termos e Comarcas* (sem grifo no original), sendo que em *cada termo* ou *julgado haverá um Conselho de Jurados, um juiz Municipal, um Promotor Público, um Escrivão das execuções e os Officiaes de Justiça que os Juízes julgarem necessários* (art. 5º). Sem embargo, continua a ser usado como se houvesse essa forma de divisão territorial. A respeito, veja-se o seguinte acórdão: Ordem deferida para que o Colegiado de origem, atento nas circunstâncias do caso, precise a comarca ou *termo* próximo que deva receber o feito para julgamento.[2300]

A remessa dos autos para comarca fora desses padrões somente pode ser aceita em hipóteses excepcionais (RT 710/368), com fundamentação própria para tal fim.[2301] Caso contrário, deve ser mantida a proximidade geográfica.

Dessa visão jurisprudencial, pode-se concluir que a decisão de desaforar não carece de motivação específica quanto à redistribuição espacial no caso de comarcas próximas, havendo apenas a necessidade de fazê-lo em caso de deslocamento para além dessas fronteiras físicas. No entanto, há um aspecto pouco enfrentado, que é o da escolha da comarca mais próxima, que, a dizer dos julgados, não carece de motivação específica. *Em outras palavras, com quais critérios se escolhe a comarca mais próxima*.

Neste ponto, a jurisprudência e a doutrina, sempre construídas a partir de um raciocínio de *negação* e de *exclusão*, não conseguem se justificar. Simplesmente não há, dentro do Código e de seus intérpretes mais comuns, clareza alguma para essa redistribuição, ficando ao puro sabor casuísta esse deslocamento.

Eventualmente, existe acórdão isolado que determina a imposição de motivação ao deslocamento para determinada comarca, como no caso em que o STF decidiu que

> não podia, o acórdão impugnado, indicar, desde logo, o 1º Tribunal do Júri da comarca da Capital para o julgamento do paciente. É que, nos termos do art. 45 do Código de Organização Judiciária do

---

[2296] STF. HC 63.807 (RTJ 131/125) e HC 69.054 (RTJ 139/242 e RTJ 128/1170).
[2297] STJ. **HC 9.800/SP**. Relator: Vicente Leal.
[2298] RT, 639/387 e RT, 639/291.
[2299] STJ. **HC 9.163**. Relator: Fernando Gonçalves.
[2300] STJ. **HC 8.763**. Rel. Fontes de Alencar, RSTJ 123/407 – sem grifo no original.
[2301] TJGO. RT, 647/335.

Estado da Paraíba, "aos Juízes de 1º e 2º Tribunais do Júri compete processar e julgar, por distribuição: a) – os feitos de competência do Tribunal do Júri e presidir ao seu julgamento". E o acórdão não indicou razão alguma para a opção pelo 1º Tribunal do Júri. 6. "HC" deferido, em parte, ou seja, apenas para se determinar que o processo criminal seja distribuído, por sorteio, ao Juiz do 1º ou 2º Tribunal do Júri de João Pessoa, Paraíba, procedendo-se, em seguida, ao julgamento, como de direito.[2302]

Indo mais além no mesmo tema, a situação ainda é mais delicada quando, na comarca que recebe o feito desaforado, não há mecanismo algum de impugnação ao recebimento da causa estranha àquela comunidade, vez que não se trata de qualquer modalidade de conflito negativo de competência. Quando muito será empregado o mesmo mecanismo do desaforamento, se as causas do art. 424 subsistirem no novo foro.

A limitação, por sinal, não se dá apenas pela impossibilidade anteriormente mencionada, mas, igualmente, pela restrição das formas de impugnação do próprio provimento de segundo grau que decidiu favoravelmente ao pleito. Vista sob esse prisma, a ordem de desaforamento está mais próxima de uma decisão administrativa, o que se acentua quando se analisa a "relação processual" que desencadeia essa decisão (sentido lato).

10.1 Regra para deslocamento no novo regime

Excetuando-se o inevitável banimento da palavra "termo", a nova legislação limita-se a estabelecer que o caso desaforado deve ser deslocado para "cidade da mesma região", tendo como único fator direcionador a constatação da inexistência, nessa nova comarca, dos "motivos" que deram vazão ao deslocamento.

10.2 Natureza do provimento jurisdicional sobre o desaforamento

Considerado como uma relação jurídica de natureza cautelar, seu provimento será revestido dessas características e deverá perdurar em seus efeitos enquanto as causas que o fundamentam ainda estiverem presentes, pois, caso contrário, realizar-se-á um julgamento em afronta a um dos critérios essenciais da *ratio* do julgamento popular.

Essa posição, que não é sustentada pela doutrina mais rente à edição do Código abre as portas para a consideração sobre a revisão das causas justificadoras do desaforamento.

10.3 Revisão das causas justificadoras do desaforamento: desaforamentos sucessivos

A ideia de desaforamentos sucessivos aparece como decorrência da constatação, no foro que recebeu a causa, dos mesmos motivos previstos no art. 424. Como não há meio de impugnação específico para esse provimento – consoante comentado em tópico anterior –, nada resta senão a invocação de novo provimento cautelar para afastar o caso do novo foro. No entanto, como se verá a seguir, o desaforamento sucessivo deve ter como limite a verificação da possibilidade de o foro original receber a causa em virtude do desaparecimento das causas que justificaram a derrogação inicial da competência territorial.

10.4 Reaforamento

Tema que aparece como decorrência lógica da estrutura atrás exposta é o reaforamento.

Negado pela doutrina em muitas ocasiões, sobretudo pela que entende a natureza da decisão da forma atrás exposta, tem-se que a justificativa é de uma presunção "absoluta" da manutenção da causa autorizadora do desaforamento. Assim, *o que pode ocorrer será um novo desaforamento para terceira comarca, se, porventura, o foro indicado para o julgamento, pelo Tribunal, não possuir mais as mesmas garantias. Reaforamento, não.*[2303]

De forma idêntica, Hermínio Porto se manifesta.[2304] No entanto, toda a fundamentação quanto à impossibilidade do retorno ao juiz natural pelo local da infração baseia-se em meros argumentos de autoridade, sem qualquer justificativa lógica que os ampare. Pura e simplesmente se nega a hipótese. Um dos poucos autores contemporâneos que se dedicaram ao tema, ainda que de forma bastante breve, foi Tucci[2305], admitindo o retorno da causa ao juiz natural, empregando-se o mesmo procedimento previsto para o desaforamento.

Essa impossibilidade, muito mais forjada pela doutrina do que cabível em qualquer disposição legal, sofreu sensível contestação por parte do e. STF ao decidir que

> se no novo foro subsistem também os motivos que determinaram o desaforamento, outro há de ser eleito, nada impedindo, inclusive, o reaforamento se não mais subsistirem as razões que

---

[2302] STF. **HC 74.946/PB**. Relator: Min. Sydney Sanches. Data de julgamento: 11 mar. 1997.
[2303] PLESE, João J. Desaforamento de julgamento pelo tribunal do júri. **Justitia**, 98/1977.
[2304] *Apud* CHOUKR, Fauzi Hassan. Juiz natural: para uma releitura constitucional do tema do desaforamento. In: BONATO, Gilson (Org.). **Processo penal**: leituras constitucionais. Rio de Janeiro: Lumen Juris, 2003. v. 1.
[2305] TUCCI, Rogério Lauria. Tribunal do Júri: origem, evolução, características e perspectivas. In: TUCCI, Rogério Lauria (Org.). **Tribunal do júri**: estudo sobre a mais democrática instituição jurídica brasileira. São Paulo: RT, 1999.

determinaram o deslocamento da competência anterior, principalmente quando as razões foram de ordem meramente material, como a falta das instalações adequadas para o julgamento.[2306]

Pela natureza da relação processual, tal como defendida no texto, bem como – e principalmente – pela necessidade da preservação do juiz natural, desaparecidas as causas autorizadoras do deslocamento (descontada a crítica da não recepção pela CR/88 de muitas delas), inevitavelmente o feito deve retornar à comarca originária territorialmente. Neste ponto, a crítica quanto à inexistência de um procedimento específico para tal fim não serve para obstar a obediência à Constituição. Quando muito, o procedimento de *justificação* pode ser empregado por analogia; caso contrário, nada impede que se use o próprio procedimento do desaforamento tal como sustentado por Tucci.

10.5 Impugnação do provimento sobre o desaforamento

O provimento de desaforamento comporta apenas os recursos extraordinários (especial e extraordinário em sentido estrito) pelos fundamentos constitucionais dessas vias impugnativas recursais. Dessa decisão não há de caber *habeas corpus* como sucedâneo desses recursos, utilizando-se a ação autônoma quando houver fundada restrição da liberdade de locomoção.

10.6 Conclusões

De todo o exposto, pode-se apresentar analiticamente as seguintes conclusões:

- o critério de fixação da competência em razão do território integra-se nos fundamentos de existência da administração da justiça pelos pares;
- ao lado do critério em razão da matéria, constitui fonte de fixação absoluta da competência;
- o regramento infraconstitucional em vigor não foi parcialmente recepcionado pela CR/88, restando, quando muito, como único fundamento verdadeiramente aderente à Constituição o da preservação da imparcialidade do *todo* do corpo de jurados;
- o tratamento previsto no art. 427 do CPP não contempla aderência à CR/88 e não possibilita a formação de uma verdadeira relação processual sobre a matéria;
- no mesmo artigo, o procedimento previsto não se amolda, igualmente, aos ditames da CR/88, carecendo de mínima estrutura na formação do acervo de conhecimento sobre os fundamentos do pedido;

- o provimento do desaforamento decorre do exercício da tutela *cautelar* e, portanto, somente subsiste enquanto perdurarem os fundamentos em sede cautelar; *uma vez desaparecidas as causas, deve-se privilegiar o retorno dos autos ao juiz natural.*

§ 1º O pedido de desaforamento será distribuído imediatamente e terá preferência de julgamento na Câmara ou Turma competente.

1. *Vide* **nota 9 ao** *caput* **do presente artigo**

§ 2º Sendo relevantes os motivos alegados, o relator poderá determinar, fundamentadamente, a suspensão do julgamento pelo júri.

1. Realização do julgamento na pendência do julgamento do pedido de desaforamento

É da melhor cautela a suspensão do julgamento no juízo desaforado enquanto pende a apreciação final do pedido de desaforamento. Nesse sentido, ao menos que o pedido tenha sido indeferido no seu processamento, a realização da sessão plenária na pendência da apreciação do mérito do pedido corre o risco de transformar-se em ato completamente nulo.

2. Suspensão liminar e realização de diligências

O STJ julgou caso em que

> o paciente foi denunciado e pronunciado pela suposta prática de homicídio qualificado por motivo torpe (inadimplência de dívida), mas a sessão plenária acabou suspensa em razão do deferimento de liminar em pedido de desaforamento feito, não pelo MP, mas sim pela defesa. Nesse mesmo pedido, ela pugnou pela realização de diligências, requerimento que foi acolhido, em parte, pelo desembargador relator. A defesa alega, agora, que, a partir da liminar, não teria mais participado dos atos processuais subsequentes, que culminaram na improcedência do pedido de desaforamento: nem sequer lhe foi oportunizado manifestar-se sobre as provas produzidas, o que foi concedido à acusação, em franca disparidade de tratamento, além da ausência de intimação do defensor público para a sessão de julgamento, fato que causaria nulidade absoluta. Quanto a isso, correto se mostra o entendimento de que, a princípio, o pedido de desaforamento não comporta dilação probatória. Contudo, excepcionalmente, diante da realização das diligências requeridas, que levaram ao ingresso de novos elementos no feito, há a

---

2306 RT 581/390.

necessidade de ciência da defesa, quanto mais se isso foi conferido ao *Parquet*. Porém, a alegação de falta de intimação da defesa para sessão de julgamento não merece guarida, visto que o regimento interno do TJ em questão traz dispositivo quanto ao desaforamento prescindir de inclusão em pauta, ao fundamento de ser levado em mesa para julgamento. Anote-se que a jurisprudência deste Superior Tribunal entende pela imprescindibilidade de intimação quando se referir à sessão de julgamento de *habeas corpus*, em que ela foi previamente requerida, isso em prol da garantia da mais ampla defesa. Com esse entendimento, a Turma concedeu, em parte, a ordem, para determinar a anulação do julgamento do desaforamento, assegurar à defesa a oportunidade de se manifestar sobre a prova acrescida e, se quiser, requerer intimação da nova sessão de julgamento, restabelecida a liminar antes deferida que suspendeu o julgamento do paciente. Precedentes citados: HC 84.932/MG, DJ 12-11-2007; HC 42.004/MG, DJe 14-4-2008, e HC 47.525/SP, DJ 7-2-2008. HC 55.802/RJ, rel. Min. Maria Thereza de Assis Moura, j. 18-6-2009.

§ 3º Será ouvido o juiz-presidente, quando a medida não tiver sido por ele solicitada.

1. Provocação judicial para o desaforamento
Vide nota 9 ao *caput* do presente artigo.

§ 4º Na pendência de recurso contra a decisão de pronúncia ou quando efetivado o julgamento, não se admitirá o pedido de desaforamento, salvo, nesta última hipótese, quanto a fato ocorrido durante ou após a realização de julgamento anulado.

1. Limites procedimentais à postulação do desaforamento
O desaforamento pressupõe o trânsito em julgado da "decisão de pronúncia", bem como não se processa tal pedido após a ocorrência do julgamento no juízo que se alega necessário ser desaforado.

Nesse último caso, contudo, abre a norma exceção ao caso em que, tendo havido julgamento em sessão plenária no juízo desaforado, vem o julgamento a ser considerado nulo. Mesmo aí, as hipóteses do *caput* do presente artigo devem ter ocorrido durante ou após a realização do julgamento anulado.

Art. 428. O desaforamento também poderá ser determinado, em razão do comprovado excesso de serviço, ouvidos o juiz-presidente e a parte contrária, se o julgamento não puder ser realizado no prazo de 6 (seis) meses, contado do trânsito em julgado da decisão de pronúncia.

1. Designação de data para julgamento
A regra a inspirar este artigo, a partir da CR e da CADH, é a de submeter a pessoa acusada a julgamento o mais prontamente possível. Fiel a essa concepção, decidiu-se que "ocorre o excesso de prazo capaz de caracterizar o constrangimento ilegal, a demora abusiva para designação de data para julgamento pelo Tribunal do Júri".[2307]

2. Marco inicial da contagem de prazo
Suprimido o libelo, o termo inicial para contagem do prazo de seis meses passa a ser o do trânsito em julgado da pronúncia (*rectius*: da preclusão da decisão confirmatória da pronúncia).

Nada obstante, faltou certa assimetria com o disposto em artigo precedente (art. 421, § 1º), pois deve-se levar em conta a possibilidade de circunstância superveniente alterar o conteúdo da decisão original de pronúncia, sendo a partir dessa nova decisão que se deve tomar o termo inicial aqui tratado.

3. Extrapolação do limite temporal para a realização do plenário no regime anterior
Uma das causas autorizadoras da quebra da territorialidade no regime anterior era *se o julgamento não se realizar no período de 1 (um) ano, contado do recebimento do libelo, desde que para a demora não haja concorrido o réu ou a defesa*. Aqui se punia o acusado com o deslocamento da competência territorial pela ineficiência administrativa do Estado que, não provendo a estrutura necessária ao Poder Judiciário, onera o jurisdicionado com a privação de seu juiz natural.

Um limite ao menos era colocado pela jurisprudência, o da impossibilidade de deslocamento da causa em decisão tomada em âmbito meramente administrativo[2308], motivada por excesso de serviço, algo que a nova disciplina resolveu incorporar expressamente.

4. O adiamento da sessão plenária e o desaforamento
A nova disciplina impõe a realização da sessão de julgamento em 6 meses a contar da data da preclusão da pronúncia, e nada pondera sobre a possibilidade de o adiamento gerar a dilação desse prazo, talvez porque no art. 429 induza a que o caso adiado seja colocado em pauta uma vez mais ainda na mesma "reunião ordinária".

Mas, se o "excesso de serviço" impedir a colocação do caso adiado em pauta dentro do prazo de seis meses, pela nova estrutura não há que se cogitar o

---

[2307] TJMT. **HC 3.956/98**. Relator: Des. Antonio Bitar Filho.
[2308] RT, 747/617.

adiamento como "causa interruptiva" daquele período, a não ser que, empregando-se uma vez mais a lógica proposta no renovado sistema, o adiamento tenha se dado por conta de provação da Defesa.

> § 1º Para a contagem do prazo referido neste artigo, não se computará o tempo de adiamentos, diligências ou incidentes de interesse da defesa.

1. Provas de defesa e não incidência do prazo
Ao final dessa cláusula, o legislador soube condicionar sua ocorrência às atividades exclusivas da defesa, como se a defesa se movimentasse no processo sem controle jurisdicional e pudesse fazer e desfazer da "relação processual" como melhor lhe aprouvesse.

Assim, não se pode conceber a restrição num modelo legal em que o Juiz é constantemente chamado a decidir sobre a conveniência e oportunidade da realização de provas, devendo rechaçar aquelas impertinentes, procrastinatórias ou impertinentes. Se a prova foi deferida, é porque interessa ao processo, e não apenas a uma das partes e, assim sendo, a dilação por conta de alegados atos defensivos não é sistemicamente adequada. Acrescente-se que tal previsão vem assim redigida desde os trabalhos da Comissão Grinover.

2. Cômputo do prazo no Juízo desaforado
Uma vez determinado o desaforamento, resta a indagação do prazo para realização do julgamento no novo Juízo. Aparentemente, a solução é a aplicação do mesmo prazo de seis meses.

Deve-se acrescer que, como nos termos do art. 429 não existe qualquer regra de precedência para os casos desaforados na nova comarca em relação aos que ali já aguardavam julgamento na pauta preestabelecida, o caso novo entrará obedecendo à mesma ordem do mencionado artigo, e isso acarreta, potencialmente, a possibilidade do desaforamento sucessivo pelo excesso de prazo.

> § 2º Não havendo excesso de serviço ou existência de processos aguardando julgamento em quantidade que ultrapasse a possibilidade de apreciação pelo Tribunal do Júri, nas reuniões periódicas previstas para o exercício, o acusado poderá requerer ao Tribunal que determine a imediata realização do julgamento.

1. Ausência de distinção entre a situação de réus presos e soltos
Sendo correto que a nova disciplina ordenou expressamente a prevalência na designação de reunião de julgamento do processo do réu preso em relação àquele solto (art. 429), o presente artigo peca em desproporcionalidade ao inserir no mesmo contexto ambas as situações.

Com efeito, apresentando – como em outras passagens já demonstrado – a mesma quebra de tratamento diferenciado para as situações de réus presos e soltos, como se isso importasse apenas para a fixação da pauta de julgamento, há de se entender que os seis meses são os mesmos para ambos os casos.

2. Pedido de antecipação de julgamento
Da mesma forma, a possibilidade de antecipação do julgamento diante de lacunas na pauta; a pessoa acusada pode requerer a redesignação da data do julgamento de mérito.

Neste ponto, falando em "acusado" (sic), o texto de Lei pode deixar a oportunidade de interpretar que o pedido pode ser feito como exercício de autodefesa, não dependendo, obrigatoriamente, da manifestação técnica, e assim o acreditamos, pois o "direito ao julgamento no prazo razoável", que de certa maneira inspira o presente texto, não precisa ficar restrito à provocação da Defesa técnica.

> **SEÇÃO VI** – Da Organização da Pauta

> Art. 429. Salvo motivo relevante que autorize alteração na ordem dos julgamentos, terão preferência:
> I – os acusados presos;
> II – dentre os acusados presos, aqueles que estiverem há mais tempo na prisão;
> III – em igualdade de condições, os precedentemente pronunciados.

1. Escalonamento da pauta para julgamento em plenário
Descontado o fato de que remansosa corrente jurisprudencial vê com bastante naturalidade a inexistência de excesso de prazo para julgamento em plenário, a ponto de não reconhecer qualquer excesso de prazo nessa etapa, bem como a aplicação do art. 424 do Código de Processo Penal para fins de desaforamento, o artigo em questão procura estabelecer alguma ordem para submissão da pessoa acusada a julgamento em plenário.

Assim, os presos têm preferência para julgamento em relação aos não presos, sendo certo que "Estando o paciente preso em virtude de pronúncia, encontrando-se o processo devidamente preparado, não pode, o MM Juiz, preteri-lo da pauta da 4ª reunião convocada, como dispõe a Lei Adjetiva Penal, máxime pela ausência de motivos que o justifiquem"[2309], sempre se ressalvando a hipótese de "dilação razoável".[2310]

No mais, deve-se interpretar, dentro de algum espírito sistêmico, que a causa da prisão a que se referem os incisos diga respeito ao caso que será submetido a julgamento, descontando-se o fato de que o réu venha a estar preso por outros processos.

2. Ampliação das causas de escalonamento

Diante do texto do Código de Processo Penal, não há outras causas de escalonamento. Tentou-se, na realização de julgamento de crime em concurso de agentes, que fosse determinado "o julgamento do mandante do crime antes do mandatário", sendo rejeitada por "inexistência de previsão legal que determine".[2311]

A precedência para julgamento do autor em relação ao coautor somente será levada em conta, a teor do disposto no art. 469, § 2º, para o caso de desmembramento da sessão de julgamento.

Da mesma forma, como tratado no art. 428, não há previsão de precedência explícita para o caso de desaforamento na comarca que recebe o júri desaforado, eventualmente resolvendo-se o tema pelo inciso III do presente artigo.

> § 1º Antes do dia designado para o primeiro julgamento da reunião periódica, será afixada na porta do edifício do Tribunal do Júri a lista dos processos a serem julgados, obedecida a ordem prevista no caput deste artigo.

1. Ausência de consequências da não publicação da pauta

Como em tantos outros momentos do Código de Processo Penal, a inobservância dos preceitos legais não gera qualquer repercussão prática. Assim, "a publicação tardia da pauta de julgamento constitui mera irregularidade, não resultando em nulidade, máxime se não demonstrado qualquer prejuízo decorrente do fato".[2312]

> § 2º O juiz-presidente reservará datas na mesma reunião periódica para a inclusão de processo que tiver o julgamento adiado.

1. Adiamento e reuniões periódicas

A nova regra determina que na mesma "reunião periódica" deverá ser reservada data para a realização do júri que, naquela mesma "reunião", tiver sido adiado, proposição apresentada desde os trabalhos iniciais da Comissão Grinover.

Assim, se o júri não puder ser realizado ainda dentro da mesma "reunião", porque, havendo pauta livre, o Magistrado não o quis designar, caberá a aplicação do art. 428, § 2º; se a pauta não comportar a realização da sessão de julgamento por excesso de serviço e a nova designação extrapolar o prazo de seis meses, pode ser aplicado o art. 428, com a exceção do quanto disposto no § 1º daquele artigo.

Cabe considerar que na ordem de pauta estabelecida neste artigo, cuja redação no seu *caput* basicamente repetiu o modelo anterior, teria sido prudente – e tempo houve para tanto – acrescentar na ordem de hierarquia de designação de data para julgamento não apenas o desaforamento como exposto no art. 427 destes **Comentários**, mas, também, a hipótese da redesignação.

> Art. 430. O assistente somente será admitido se tiver requerido sua habilitação até 5 (cinco) dias antes da data da sessão na qual pretenda atuar.

1. Sobre a forma de habilitação do assistente, ver art. 271 e seguintes neste Código

2. Sobre a forma de contagem do prazo processual, ver art. 798 deste Código

> Art. 431. Estando o processo em ordem, o juiz-presidente mandará intimar as partes, o ofendido, se for possível, as testemunhas e os peritos, quando houver requerimento, para a sessão de instrução e julgamento, observando, no que couber, o disposto no art. 420 deste Código.

1. A intimação do réu solto que foi intimado por edital da decisão de pronúncia

A pessoa acusada solta, que foi intimada por edital da pronúncia, não pode ser levada a julgamento sem que tenha sido, ainda que fictamente, intimada da realização da sessão de julgamento designada.

Para tanto, a expedição do edital, precedida das providências necessárias de esgotamento da localização pessoal, deverá seguir o quanto disposto no art. 361 combinado com o art. 370, e não, como se poderia eventualmente cogitar, no art. 392.

Isso porque o art. 392 trata da intimação da *sentença*, e com prazo de 90 dias para escoamento, por se tratar de crime com pena privativa de liberdade superior a um ano, enquanto o art. 370 fala

---

[2309] TJPB. Relator: Des. Júlio Aurélio Moreira Coutinho. Data de publicação: 22 dez. 1995.
[2310] RT, 587/320.
[2311] TJSP. RT, 684/306.
[2312] LEXSTJ, 155/341.

expressamente na intimação de pessoas, entre elas o acusado, da prática de atos processuais, determinando que se aplique o disposto no art. 361. A consequência prática é a sensível diminuição do prazo editalício, que cai para 15 dias.

SEÇÃO VII – Do Sorteio e da Convocação dos Jurados

Art. 432. Em seguida à organização da pauta, o juiz-presidente determinará a intimação do Ministério Público, da Ordem dos Advogados do Brasil e da Defensoria Pública para acompanharem, em dia e hora designados, o sorteio dos jurados que atuarão na reunião periódica.

1. Arregimentação "em abstrato" para a sessão

O Código de Processo Penal prevê duas formas de arregimentação de jurados: uma, "em abstrato", na qual se compreende a formação da lista anual de jurados e, posteriormente, o sorteio dos que farão parte da "reunião"; a segunda é a arregimentação "em concreto", compreendida a escolha dos sete que farão parte especificamente do conselho de sentença para o julgamento de determinado caso.

2. Modelo anterior: inexistência de participação das partes

Era do sistema brasileiro, uma vez privilegiando toda a gerência do funcionamento do Tribunal (em sentido amplo, e não apenas nos aspectos administrativos puros) nas mãos do juiz togado – entenda-se: na burocracia estatal –, que as partes estivessem verdadeiramente alijadas da participação na arregimentação em abstrato e tivessem uma participação essencialmente formal na arregimentação em concreto.

E tudo isso era visto com muita naturalidade, como quando se decidiu que se trata de "Ato que se realiza antes de apregoadas as partes, sendo próprio e exclusivo do juiz-presidente do Tribunal do Júri [...] a] Falta de participação da acusação ou da defesa que não enseja nulidade".[2313]

Rigorosamente falando, embora o artigo falasse em ato realizado "a portas abertas", não existia previsão explícita de comunicação para comparecimento das partes, tornando esta aparente publicidade potencialmente inócua.

3. Modelo anterior: Inobservância das determinações do modo de proceder ao sorteio

Consequência lógica de toda uma forma de compreensão da forma de ser e da estrutura de funcionamento do Tribunal do Júri, não se vê, em vários provimentos, maiores resultados nas inobservâncias legais. Assim, o "eventual descumprimento da regra de sorteio não torna inválidos os atos subsequentes".[2314]

4. Modelo atual: Regime participativo na arregimentação em abstrato de jurados

Conforme já assentado nestes *Comentários* ao art. 425, a arregimentação em abstrato do corpo de jurados passa por inúmeras etapas, as quais, pela atual disposição, contam com a participação da sociedade civil e de instituições públicas.

Assim, a participação do Ministério Público, OAB e Defensoria Pública nos Estados onde existente ou da Defensoria Pública da União nos casos de competência da Justiça Federal para composição e atuação do Tribunal do Júri, mais que mera faculdade ou possibilidade, é uma necessidade de transparência. Nada obstante, o art. 433 disciplina a matéria de forma totalmente inversa, tornando meramente formal a presença das partes nesse ato.

5. Definição da pauta como condicionante do sorteio de jurados

Quando da redação do art. 427 no regime anterior, tivemos a oportunidade de apontar que

> o Código de Processo Penal não traz qualquer consequência aparente ao descumprimento do prazo mencionado neste artigo. Nada obstante, a partir do momento em que se compreende que se está falando da fruição da garantia do juiz natural, deve-se considerar que a convocação no prazo determinado reflete-se também para as partes, que têm o direito de conhecer, com um mínimo de antecedência (no caso o mínimo é de 10 dias), quem julgará a causa. Isto se projeta para potenciais verificações de causas de impedimento/suspeição que também recairão sobre os jurados.

Agora, nos termos do presente art. 429, a pauta para a "reunião periódica" deve ser definida e, somente após tal definição, deve acontecer o sorteio dos jurados que atuarão naquele período. Essa ordem é importante para a administração do sistema de suspeições e impedimentos, pois o jurado nessas condições que for sorteado deverá potencialmente ser descartado de plano da lista daqueles que comporão os julgadores que ficarão à disposição para a determinada "reunião periódica".

[2313] TJRS. RT, 659/298.
[2314] TJSP. RT, 696/347.

6. Ata (Livro) para registro do sorteio

Havia no regime anterior determinação legal para sua existência, devendo neste documento constar qualquer impugnação. Era regra potencialmente inutilizável, na medida em que as partes disso não participavam de forma obrigatória, como exposto acima.

No regime atual, o artigo em comento não traz qualquer disposição expressa sobre o modo de registro do ato de sorteio dos jurados para sessão periódica, mas evidentemente haverá a necessidade de alguma forma de registro, inclusive para fazer constar as eventuais impugnações.

> Art. 433. O sorteio, presidido pelo juiz, far-se-á a portas abertas, cabendo-lhe retirar as cédulas até completar o número de 25 (vinte e cinco) jurados, para a reunião periódica ou extraordinária.

1. Regime anterior: sorteio por pessoa menor de 18 anos

A exigência já se encontrava presente no art. 238 do CCI.[2315]

Tal exigência já foi rotulada de "ridícula" por Frederico Marques.[2316] Nada obstante, já foi alvo de controvérsias recentes na jurisprudência, quando se decidiu em determinado provimento que "O fato de menor, a quem cometida a tarefa do sorteio dos jurados ser filha de uma das juradas sorteadas e sobrinha do escrivão do crime, a par de não constituir impedimento (art. 462 do CPP) não acarreta prejuízo para a defesa".[2317]

2. Regime atual: desnecessidade do sorteio por pessoa menor de 18 anos

O desaparecimento de tal exigência configura, sem dúvida, um mínimo de atualização legislativa, com a substituição da presença do impúbere por organismos da sociedade civil e instituições públicas.

3. Aumento do número de jurados para a "reunião"

Esse aumento vem em atendimento de suposto reclamo do não alcance do número mínimo de jurados para cada sessão de julgamento em alguns centros. Assim, acreditando-se que o acréscimo de quatro jurados na "reunião" baste para minimizar o problema, houve a modificação.

Nada obstante a boa vontade reformadora, parece-nos inevitável ponderar que o número alcançado (25) é fruto do acaso, vez que, como sempre, inexistem dados empíricos concretos que indiquem a razão dessa escolha, bem como que não será o aumento nominal de jurados que irá atacar as causas de fundo que estão por trás do distanciamento da comunidade para com as tarefas judicantes em determinadas comarcas.

> § 1º O sorteio será realizado entre o 15º (décimo quinto) e o 10º (décimo) dia útil antecedente à instalação da reunião.

1. Natureza do prazo

De natureza legal, este prazo haveria de ser tido como improrrogável e sua inobservância acarretaria a impossibilidade de instalação da sessão na forma como inicialmente estabelecida.

Observada a razão de ser da norma, a de dar ciência às partes, em tempo razoável, do grupo de jurados que irá funcionar na reunião, o rigorismo acima mencionado pode vir a ser atenuado sem prejuízo do processo se ficar demonstrado que as partes não foram cerceadas no exercício do direito à informação. Eventualmente, remanesceriam sanções de ordem administrativa àqueles que deram causa ao não cumprimento da norma.

> § 2º A audiência de sorteio não será adiada pelo não comparecimento das partes.

1. Dispensabilidade das partes

Vai ao encontro do quanto já foi afirmado nestes *Comentários* acerca da fragilidade dos mecanismos de seleção em abstrato do corpo de jurados.

> § 3º O jurado não sorteado poderá ter o seu nome novamente incluído para as reuniões futuras.

1. Manutenção do jurado não sorteado em outras reuniões

Ao afirmar-se que apenas o jurado não sorteado poderá ser incluído em sorteio para as "reuniões futuras" – daquele mesmo ano, por certo –, deve-se concluir que o jurado que foi sorteado para uma determinada "reunião periódica" não mais poderá sê-lo em outras daquele mesmo ano.

No mais, a previsão se casa em sentido com o disposto no art. 426, § 4º, que é o artigo que disciplina a exclusão da pessoa sorteada em sessão de julgamento em concreto para a lista geral do ano seguinte ao do julgamento realizado.

Assim:

[2315] *Vide* nestes *Comentários* art. 447 para a redação integral.
[2316] MARQUES, José Frederico. **A instituição do júri**. Campinas: Bookseller, 1997.
[2317] STJ. Relator: Fernando Gonçalves. Data de publicação: DJ, 18 fev. 2002. p. 517.

- Ao ser sorteado para uma determinada reunião periódica, o jurado não mais poderá sê-lo para outras reuniões durante o ano em curso, não fazendo a lei, neste ponto, a distinção entre reuniões "periódicas" ou "extraordinárias".
- Se não sorteado para aquela reunião, poderá sê-lo para outras no mesmo ano, não fazendo a lei, neste ponto, a distinção entre reuniões "periódicas" ou "extraordinárias".
- Caso sorteado para a reunião periódica ou extraordinária e vier a fazer parte do conselho de sentença – não bastando, portanto, que tenha sido sorteado, mas, sim que não tenha sido recusado –, não poderá servir como jurado no ano seguinte.

> Art. 434. Os jurados sorteados serão convocados pelo correio ou por qualquer outro meio hábil para comparecer no dia e hora designados para a reunião, sob as penas da lei.
> *Parágrafo único*. No mesmo expediente de convocação serão transcritos os arts. 436 a 446 deste Código.

1. Modos de comunicação pessoal dos jurados

Já defendíamos, na vigência anterior, que a convocação pessoal deveria ser feita empregando-se todos os meios de comunicação válidos para tanto, inclusive os eletrônicos, na medida em que existe toda uma disciplina legal para atos públicos por este meio, o que acabou sendo consagrado na nova regra.

2. "Convocação" aos jurados

A legislação anterior falava em "convite" aos jurados. Rigorosamente falando, não se tratava de "convite", mas sim de verdadeira convocação para comparecimento. Essa terminologia, "convocação", acabou sendo adotada na nova regra, presente a alteração desde a primeira redação da Comissão Grinover.

> Art. 435. Serão afixados na porta do edifício do Tribunal do Júri a relação dos jurados convocados, os nomes do acusado e dos procuradores das partes, além do dia, hora e local das sessões de instrução e julgamento.

1. Publicidade do julgamento

Diversamente da legislação anterior, que previa a publicação, pela imprensa, do edital dos casos levados a julgamento em determinada sessão, o presente artigo apenas menciona a necessidade de afixação da relação dos jurados convocados, os nomes do acusado e dos procuradores das partes, além do dia, hora e local das sessões de instrução e julgamento. Mesmo no regime anterior, no entanto, já se afirmava que "Será dispensável a publicação na imprensa, desde que a afixação no lugar de costume haja atingido sua finalidade".[2318]

A ausência dessa providência, destinada à publicidade externa do processo, merece censura, mas não a ponto de causar mácula ao mérito processual, donde as consequências se restringirem ao âmbito administrativo.

2. Identificação dos "procuradores das partes"

A impropriedade terminológica impõe que se compreenda que, sendo a ação de legitimação pública e levada a efeito pelo Ministério Público, cabe apenas a menção à presença institucional, sendo desnecessária a menção ao órgão de execução que atuará em plenário.

Tratando-se de legitimação extraordinária em termos de ação "privada subsidiária da pública", a menção a "procurador da parte" também não se afigura terminologicamente adequada, diante da natureza dessa legitimação.

Por fim, a previsão legal se afigura omissa em relação a eventual assistente de acusação.

SEÇÃO VIII – Da Função do Jurado

> Art. 436. O serviço do júri é obrigatório. O alistamento compreenderá os cidadãos maiores de 18 (dezoito) anos de notória idoneidade.

1. Limites etários

O Código de Processo Penal dispõe sobre limites mínimo e máximo para a possibilidade do "alistamento" como jurado.

O mínimo etário é causa de não aceitação peremptória do jurado, enquanto para o limite máximo, agora de setenta anos, permanece a faculdade do alistamento.

2. Conselho de sentença composto por menor de 18 anos

O regime anterior colocava como idade mínima 21 anos. Tratava-se de situação não bem aceita pela jurisprudência, que já deu a presença de menor de 21 anos como causa de nulidade[2319], mas também já reconheceu a regularidade do julgamento na hipótese.[2320]

O Código de Processo Penal, no entanto, parecia ter acompanhado a maioridade civil vigente à época

---

[2318] RT, 504/389.
[2319] TJAL. RT, 751/637.
[2320] RT, 732/659.

de sua entrada em vigor. Anotávamos em edição anterior destes **Comentários** que

> Sendo essa a eventual *ratio* da norma, pode-se afirmar que a presença de um menor de vinte e um anos, mas maior de dezoito, pode ser aceita sem causar qualquer vício para o julgamento. Sempre restará alguma discussão, no entanto, acerca do momento em que esta idade deve ser aferida.

A nova regra explicitamente coloca o limite mínimo de 18 anos para a função de jurado.

3. Emancipados e participação no corpo de jurados

Nada impede, porém, que pessoas maiores de 60 anos atuem como jurados, mas os emancipados que ainda não tenham 21 anos não poderão fazê-lo. Por outro lado, a presença, no Tribunal do Júri, de menor de 21 anos não será causa de nulidade, se sua participação não influir no resultado da votação. Mesmo casado, o menor de 21 anos não pode ser jurado.

4. Condição de "cidadão" para desempenhar as funções de jurado

A fruição da cidadania é requisito indispensável para aquisição da condição de jurado, ou seja, poder usufruir dos denominados "direitos políticos", que

> consistem no conjunto de normas que asseguram o direito subjetivo de participação no processo político e nos órgãos governamentais, garantindo a participação do povo no poder de dominação política por meio das diversas modalidades de sufrágio: direito de voto nas eleições, direito de elegibilidade, direito de voto nos plebiscitos e referendo, assim como por outros direitos de participação popular: o direito de iniciativa popular, o direito de propor ação popular e o direito de organizar e participar de partidos políticos.[2321]

Levando-se em conta que a nacionalidade pode ser obtida pelo estrangeiro, e sendo a função de jurado excluída daquelas previstas no rol taxativo do art. 12, § 3º, da CR/88, que contém o elenco das funções privativas do brasileiro nato, conclui-se que é possível ao estrangeiro naturalizado o exercício da função de jurado.

5. Notória idoneidade

Previsão recorrente no tema, esteve contida, também, no Decreto-lei n. 167, de 1938, em seu art. 7º, ressaltou: "os jurados devem ser escolhidos dentre os cidadãos que, por suas condições, ofereçam garantias de firmeza, probidade e inteligência no desempenho da função".

> § 1º Nenhum cidadão poderá ser excluído dos trabalhos do júri ou deixar de ser alistado em razão de cor ou etnia, raça, credo, sexo, profissão, classe social ou econômica, origem ou grau de instrução.

1. Causas que inviabilizam a exclusão

A pessoa que deseje ser jurada não poderá ser excluída seja da lista geral, seja dos trabalhos concretos da sessão em razão de cor ou etnia, raça, credo, sexo, profissão, classe social ou econômica, origem ou grau de instrução.

Essa previsão tem caráter mais pedagógico que de operacionalização concreta, pois, diante das razões enumeradas, não poderia ser qualquer pessoa excluída da lista geral por força de disposição constitucional.

Da mesma maneira, não poderia ser recusada em sessão plenária, motivadamente, empregando-se qualquer dessas razões e, no âmbito das recusas imotivadas, não há como evitar que indiretamente essas categorias sejam empregadas para que determinada pessoa seja excluída de um caso concreto, mantendo-se, da mesma forma – embora limitada em quantidade – a exclusão por razões preconceituosas.

> § 2º A recusa injustificada ao serviço do júri acarretará multa no valor de 1 (um) a 10 (dez) salários mínimos, a critério do juiz, de acordo com a condição econômica do jurado.

1. Cobrança de multa

Deve ficar a cargo do próprio órgão jurisdicional encarregado da preparação do alistamento, sujeita a execução nos termos da legislação processual civil em caso de inadimplência.

> Art. 437. Estão isentos do serviço do júri:
> I – o Presidente da República e os Ministros de Estado;
> II – os Governadores e seus respectivos Secretários;
> III – os membros do Congresso Nacional, das Assembleias Legislativas e das Câmaras Distrital e Municipais;
> IV – os Prefeitos Municipais;
> V – os Magistrados e membros do Ministério Público e da Defensoria Pública;
> VI – os servidores do Poder Judiciário, do Ministério Público e da Defensoria Pública;

2321 SILVA, José Afonso Da. **Curso de direito constitucional positivo**. 30. ed. São Paulo: Malheiros, 2008. p. 308.

VII – as autoridades e os servidores da polícia e da segurança pública;
VIII – os militares em serviço ativo;
IX – os cidadãos maiores de 70 (setenta) anos que requeiram sua dispensa;
X – aqueles que o requererem, demonstrando justo impedimento.

1. Momento da verificação das condições de isenção

Malgrado a colocação tópica do presente artigo, temos que as situações de isenção devem ser vistas, inicialmente, no momento de arregimentação em abstrato, quando da produção da lista anual, e não na forma do art. 454, conforme as críticas ali feitas nestes **Comentários**, para onde remetemos o leitor.

2. Formação da lista anual e rol de isentos para o serviço do júri: longa tradição histórica

Sobre o assunto, já dispunha o Código de Processo Criminal do Império no seu: Art. 23:

> São aptos para serem Jurados todos os cidadãos, que podem ser Eleitores, sendo de reconhecido bom senso e probidade. Exceptuam-se os Senadores, Deputados, Conselheiros, e Ministros de Estados, Bispos, Magistrados, Officiaes de Justiça, Juízes Ecclesiasticos, Vigarios, Presidentes, e Secretarios dos Governos das Provincias, Commandantes das Armas e dos Corpos da 1ª linha.

Sobre a forma como se dava a lista geral, completava o art. 27:

> As Camaras Municipaes com os Juízes de Paz, e Parochos, logo que receberem as listas parciaes dos districtos, formarão uma lista geral, excluindo sómente della os que notoriamente não gozarem de conceito publico por falta de intelligencia, integridade, e bons costumes. Se porém em algum Termo, ainda mesmo depois de reunidos, como dispões o art. 7º, resultarem apenas sessenta Juízes de Facto, ou pouco mais, de sorte que não bastem para supprirem as faltas, que por ventura accorram, se ampliará a apuração até numero tal, que seja suficiente.

3. Taxatividade da lista de pessoas excluídas *ab initio*

A lista é taxativa. Assim, "o exercício de cargo de confiança perante a Comissão Permanente de Licitação Municipal não é incompatível com o exercício desse múnus público, eis que não está elencado nas exceções previstas no parágrafo único do art. 436 do CPP, cujo rol é taxativo".[2322]

4. Exclusão de estagiários do Ministério Público: caso concreto

No momento em que a presente edição dos *Comentários* está sendo preparada, caso *sub judice* enfrenta a exclusão da listagem de cidadãos relacionados para compor o quadro de jurados de 2008 do Tribunal de Justiça de São Paulo, a pedido da OAB/SP e da Defensoria Pública de São Paulo, de nomes de servidores públicos ligados ao Ministério Público de São Paulo, além de policiais civis e militares, servidores da Secretaria de Segurança Pública e Guarda Civil Metropolitana.

> Art. 438. A recusa ao serviço do júri fundada em convicção religiosa, filosófica ou política importará no dever de prestar serviço alternativo, sob pena de suspensão dos direitos políticos, enquanto não prestar o serviço imposto.
>
> § 1º Entende-se por serviço alternativo o exercício de atividades de caráter administrativo, assistencial, filantrópico ou mesmo produtivo, no Poder Judiciário, na Defensoria Pública, no Ministério Público ou em entidade conveniada para esses fins.
>
> § 2º O juiz fixará o serviço alternativo atendendo aos princípios da proporcionalidade e da razoabilidade.

1. Regime anterior: perda de direitos políticos e a sua não recepção pela CR e pela CADH

Como já se decidiu em caso extrapenal – contudo, totalmente aplicável à espécie –, "O efeito decorrente da escusa de consciência, com o advento da Constituição Federal de 1988, perdeu automaticamente sua validade por incompatibilidade com a ordem instaurada".[2323]

2. Regime atual: suspensão de direitos políticos como sanção residual

O regime atual procurou evitar a perda de direitos políticos de plano, diante da recusa em servir como jurado, passando a prever, inicialmente, a prestação de serviço alternativo e, com seu descumprimento, a *suspensão* (e não mais perda) de tais direitos, amoldando-se ao quanto disposto no art. 15 da CR/88, c/c art. 5º, VIII.

[2322] TRF. 1ª Região. Relator: Desembargador Federal Hilton Queiroz. Data de publicação: DJ, 11 set. 2003. p. 48.
[2323] TRF. 4ª Região. Data de publicação: DJU, 18 jun. 2003. p. 606. Relatora: Juíza Maria de Fátima Freitas Labarrère.

Art. 439. O exercício efetivo da função de jurado constituirá serviço público relevante e estabelecerá presunção de idoneidade moral.

1. Fim da "prisão especial" para o jurado
A modificação da norma visou suprimir o direito à pessoa que exerceu a função de jurada à prisão especial, mantida a relevância do serviço e a presunção de idoneidade moral.

2. Prisão especial em caso de "crime comum" – redação anterior à Lei n. 12.430/2011
A classificação doutrinária de crimes pode ser efetuada por vários critérios e, em pelo menos três deles, a classificação de "crime comum" aparece.

Num deles se classifica o crime "comum" como os que podem ser praticados por qualquer pessoa, deles se diferenciando os "crimes próprios", que exigem ser o agente portador de capacidade especial. Esse assunto está situado no campo da tipicidade: é a descrição legal que exige, para configuração do tipo, que haja sujeito ativo específico; e, por fim, os "crimes de mão própria", que podem ser cometidos por qualquer pessoa, mas não podem ser praticados por intermédio de outrem.

Noutra classificação, os crimes "comuns" se diferenciam dos "crimes políticos", quais sejam,

> quando presentes os pressupostos do artigo 2º da Lei de Segurança Nacional (Lei n. 7.170/82), ao qual se integram os do artigo 1º: a materialidade da conduta deve lesar real ou potencialmente ou expor a perigo de lesão a soberania nacional, de forma que, ainda que a conduta esteja tipificada no artigo 12 da LSN, é preciso que se lhe agregue a motivação política. Precedentes. 3. Recurso conhecido e provido, em parte, por seis votos contra cinco, para, assentada a natureza comum do crime, anular a sentença e determinar que outra seja prolatada, observado o Código Penal.[2324]

Haveria, ainda, a necessidade de diferenciar o crime comum do crime militar, este último, de forma ampla, podendo ser caracterizado pela sua previsão na legislação militar e ainda podendo ser dividido em própria ou impropriamente militar.

Sendo a segregação do jurado uma providência razoável para que não se imiscua eventualmente com outros presos, entre os quais alguns que tenha julgado, a conceituação de crime comum deve ser o mais restrita possível, a fim de que aquele julgador tenha potencialmente direito à prisão especial no maior número de casos. Assim, ao crime comum deve se contrapor o crime político ou militar, evitando-se a primeira das classificações acima apontadas.

3. Arregimentação em abstrato e assunção da condição de julgador
As obrigações, direitos e deveres do juiz leigo surgem em virtude de sua participação em concreto, e não da sua mera nominação na lista anual. Assim, quando da verificação da possibilidade de usufruir ou não de "prisão especial", deve-se levar em conta que se trata de "Benefício que pressupõe tenha o acusado integrado o Conselho de Sentença em algum julgamento pelo Júri [com a] Insuficiência da mera inclusão de seu nome na lista geral de jurados".[2325]

4. Previsão na Lei de Crimes de Responsabilidade
Ao lado das menções de eventual incidência típica nas quais os jurados podem incorrer na forma preconizada neste artigo, cabe lembrar que os jurados, no exercício da soberania de julgamento pelo Tribunal do Júri, podem ser *vítimas* de condutas tipificadas como crimes de responsabilidade.

Neste ponto, a Lei n. 1.079, de 10 de abril de 1950 – Crimes de Responsabilidade, dispõe no art. 6º que são crimes de responsabilidade contra o livre-exercício dos Poderes Legislativo e Judiciário e dos poderes constitucionais dos Estados "usar de violência ou ameaça, para constranger juiz, ou jurado, a proferir ou deixar de proferir despacho, sentença ou voto, ou a fazer ou deixar de fazer ato do seu ofício".

Também o Código Penal, no art. 357 (exploração de prestígio) prevê a tutela ao livre-exercício da judicatura pelo leigo:

> Solicitar ou receber dinheiro ou qualquer outra utilidade, a pretexto de influir em juiz, jurado, órgão do Ministério Público, funcionário de justiça, perito, tradutor, intérprete ou testemunha: Pena – reclusão, de 1 (um) a 5 (cinco) anos, e multa. Parágrafo único. As penas aumentam-se de um terço, se o agente alega ou insinua que o dinheiro ou utilidade também se destina a qualquer das pessoas referidas neste artigo.

Art. 440. Constitui também direito do jurado, na condição do art. 439 deste Código, preferência, em igualdade de condições, nas licitações públicas e no provimento, mediante concurso, de cargo ou função pública, bem como nos casos de promoção funcional ou remoção voluntária.

1. Ampliação do rol de "direitos do jurado"
A preferência em licitações ou em provimento de cargo ou função pública, bem como na hipótese de promoção funcional ou remoção funcional voluntária, dá-se no caso de empate entre os concorrentes, funcionando o *efetivo* serviço de jurado

---

[2324] STF. **RC 1.468/RJ**. Relator: Min. Maurício Corrêa. Data de publicação: DJ, 16 ago. 2000.
[2325] STJ. RT, 698/423.

como diferencial para o desempate a favor daquele que o prestou.

Assim, não se trata de uma vantagem *a priori* no processo seletivo, mas, sim, de preferência nas condições apontadas.

> Art. 441. Nenhum desconto será feito nos vencimentos ou salário do jurado sorteado que comparecer à sessão do júri.

1. Os custos sociais da função de jurado

A participação popular na Administração da Justiça, uma vez entendida como manifestação do Estado de Direito, efetivamente é custosa. Não por outra razão, os países de tradição anglo-saxã, reconhecendo toda a pertinência estrutural desse mecanismo como forma de realizar a justiça penal, também reconhecem seu elevadíssimo custo social e, também por esse motivo, incentivam mecanismos negociais anteriores ao julgamento.

No caso brasileiro, não há tradição do enfrentamento da questão dos custos sociais da função de jurado, nem do quanto isso possa vir a significar em termos gerais da administração da justiça penal dentro de uma perspectiva mais ampla quanto ao custo da violência dos crimes dolosos contra a vida no sistema jurídico-penal brasileiro.

Abordando o tema quando da análise dos custos da violência no Brasil, o Núcleo de Estudos da Violência da Universidade de São Paulo (NEV-USP) expõe claramente que

> Um dos grandes obstáculos para o desenvolvimento de uma metodologia de cálculo dos custos jurídicos da violência no Brasil é a reduzida produção contínua de dados primários de qualidade e compatíveis pelos órgãos diretamente envolvidos, tanto no sistema Judiciário – zeloso da manutenção de sigilo sobre seus salários e carreiras, bem como sobre sua produtividade.[2326]

Assim sendo, o quanto significa efetivamente o custo social da função de jurado, certamente nela se computando apenas como um dos dados de interesse a impossibilidade de restrição de vencimentos, é algo distante de ser auferido com um mínimo de precisão.

2. Interpretação contemporânea dos serviços no júri e impossibilidade de desconto de vencimentos

No momento em que estes *Comentários* estão sendo preparados, caso de significativa importância para o tema em pauta se encontra pendente de apreciação no e. STF, já tendo sido alvo de decisão no c. STJ, com a seguinte ementa:

Recurso Especial 355.630/CE[2327], interposto pela União, com fundamento nas alíneas "a" e "c", do inciso III, do art. 105, da Constituição da República, contra v. acórdão proferido pelo egrégio Tribunal Regional Federal da 5ª Região.

Do histórico do caso depreende-se que foi impetrado mandado de segurança, com pedido liminar, contra ato da superintendente da Receita Federal da 3ª Região Fiscal no qual os impetrantes, ocupantes do cargo de auditor fiscal, que ao editar a Ordem de Serviço n. 2, de 5 de fevereiro de 1999, a autoridade coatora determinou que o servidor do órgão, convocado como jurado, que não compusesse o Conselho de Sentença na Sessão do Tribunal do Júri, deveria voltar a cumprir as atribuições do cargo. Com base nesse entendimento, foi descontada parcela significativa dos vencimentos dos *impetrantes* por ausências injustificadas ao serviço.

O r. Juízo sentenciante concedeu a ordem, confirmada a liminar, para determinar que

> a ordem de serviço n. 2, de 5-2-1999, não incida sobre a situação dos impetrantes, assegurados a eles todos os direitos decorrentes de suas justificadas faltas para comparecimento às sessões do Tribunal do Júri, contando-se integralmente as mesmas como efetivo tempo de serviço para todos os efeitos legais (fls. 67, n. 1).

Ao depois, deferiu o d. Presidente do TRF da 5ª Região pedido de suspensão da segurança formulado pela União, sob o fundamento de que lhe parecia

> evidente que a dispensa do serviço a integrantes de carreira de tal relevância para o Estado por período tão distenso (atingindo, em alguns casos, quatro anos) – superior, inclusive, ao lapso temporal em que servem efetivamente como jurados – acarreta lesão grave à economia pública e à ordem administrativa (fls. 310/312).

À apelação da União e à remessa oficial, houve por bem a egrégia Corte de origem negar provimento, em acórdão que espelha a seguinte ementa:

> Mandado de segurança. Administrativo. Servidores convocados para participarem das sessões do tribunal do júri. Ausência de participação no conselho de sentença. Desconto nos vencimentos. Impossibilidade. 1. Proibição de desconto nos vencimentos dos jurados que tomem parte nas sessões do Tribunal do Júri, ainda que não participem dos julgamentos. 2. Servidores que

---

[2326] CARDIA, Nancy; SINGER, Helena; PEDRO, Mônica Varasquim. In: CARDIA, Nancy (Coord.). **Desenvolvimento de metodologia para medição dos custos da violência**. São Paulo: USP, 1998. Disponível em: <www.nevusp.org/portugues/index2.php?option=com...1>. Acesso em: 10 maio 2008.

[2327] 2001/0130545-4.

estiveram presentes em todos os dias úteis dos meses de fevereiro a junho, conforme informações prestadas pelos próprios Juízes-Presidentes dos Tribunais do Júri. Impossibilidade de desempenho das funções normais de auditor fiscal. 4. Apelação e remessa oficial improvidas (fl. 351).

Diante desse desate, sobreveio o presente recurso especial, no qual aduz a União, em síntese, que foram violados os comandos dos arts. 5º, VIII, 15, IV, e 37 da Constituição Federal, bem como dos arts. 37 e 102, VI, da Lei n. 8.112/90, 435, 437 e 457 do Código de Processo Penal e a Ordem de Serviço n. 02/99. Nesse sentido, argumenta que "a interpretação lógica dos arts. 430 e 437 do CPP, nos leva à seguinte ilação: nenhum desconto será feito nos vencimentos do jurado sorteado que comparecer às sessões do júri e compuser o Conselho de Sentença".

Afirma, outrossim, que "não pode ser considerado de efetivo exercício o tempo em que o servidor público se ausenta das suas funções, sem assumir as atividades de julgador de fato no Tribunal do Júri" (fl. 358).

Aponta a recorrente, também, precedente desta egrégia Corte, *qual seja*, o HC 2.674/MG, relatado pelo eminente Ministro Assis Toledo, DJU, 24 de maio de 1993, que diz ter aplicação analógica ao caso dos autos, no qual restou consignado que "a função de jurado somente se caracteriza quando a pessoa assume efetiva participação no Conselho de Sentença, integrando algum julgamento pelo Júri" (fl. 360).

Apreciando toda a matéria, o c. STJ assim decidiu:

É consabido que o serviço obrigatório prestado ao Tribunal do Júri, considerado serviço público relevante e essencial para a formação do devido processo legal no julgamento de crimes dolosos contra a vida, é imposto a todos os brasileiros. Há expressa disposição normativa no sentido de que "*nenhum desconto será feito nos vencimentos do jurado sorteado que comparecer às sessões do júri*" (art. 430 do CPP). Essa prerrogativa se estende, igualmente, aos servidores públicos alistados, inclusive *por força do* disposto no art. 102, inciso VI, da Lei n. 8.112/90, que considera dias de efetivo serviço o *afastamento* em virtude da prestação de serviço no Tribunal *do* Júri. Não se justifica, no particular, o desconto na remuneração *dos* auditores fiscais em razão da Ordem de Serviço n. 02/99, da Superintendência da Receita Federal (3ª Região Fiscal). Segundo consta dos termos do r. voto condutor *do* acórdão *recorrido,* com amparo em declarações dos Juízes-Presidentes dos 1º, 2º e 3º Tribunais do Júri de Fortaleza, compareceram os servidores todos os dias úteis dos meses de fevereiro a junho de 1999 às sessões do Tribunal do Júri. Recurso especial não conhecido.

Do voto do Min. Franciulli Netto (Relator), tem-se que:

consoante consta do relatório supra, o presente recurso especial brotou de acórdão proferido nos autos de mandado de segurança em que pleitearam os impetrantes, servidores públicos federais lotados em órgãos da Secretaria da Receita Federal a suspensão dos efeitos da Ordem de Serviço n. 02, de 5-2-1999 da Superintendência da Receita Federal da 3ª Região Fiscal. Por meio do referido ato administrativo, estabeleceu a autoridade coatora que:

"1. Os servidores lotados nas unidades da Receita Federal – 3ª Região Fiscal, convocados para o Serviço obrigatório do Tribunal do Júri, nos termos do art. 427 do CPP, c.c. art. 434, do Estatuto Processual Penal, terão suas ausências consideradas como de efetivo exercício, na forma do inciso VI, do art. 102 da Lei n. 8.112/1990, desde que estejam no efetivo exercício da função de jurado, sorteados na forma do art. 457 do CPP.

(...)

4. O servidor dispensado da sessão para compor o Conselho de Sentença não terá sua ausência ao serviço considerada como efetivo exercício, na forma do item 01 desta Ordem de Serviço, devendo permanecer no efetivo exercício das atribuições do cargo que ocupa, em sua Unidade de Lotação, garantindo-se o período compreendido entre a abertura da sessão do júri e o sorteio que consolida a formação do conselho de sentença".

Essas disposições repercutiram na redução da remuneração dos impetrantes, sob o fundamento de tratar-se de ausências injustificadas ao serviço. Não se conforma a União com o entendimento da Corte de origem concernente à impossibilidade "de desconto nos vencimentos dos impetrantes, que compareceram efetivamente às sessões do Tribunal do Júri, mesmo quando não compuseram o Conselho de Sentença, porque, ainda nesses dias, só foram dispensados no final da tarde, segundo documentos acostados aos autos". Sustenta a recorrente, nesse passo, que, a teor do disposto nos arts. 430 e 437 do CPP,

não se afigura defensável o argumento segundo o qual a simples requisição de servidores públicos para integrarem o corpo de vinte e um jurados que tiverem de servir nas sessões dos Conselhos de Sentença torna incompatível o desempenho das atividades administrativas normais do servidor, impondo-se-lhe, *ipso facto*, o afastamento da repartição à qual está vinculado por força do contrato administrativo (fl. 357).

Acresce, ainda, que

a Ordem de Serviço n. 02/99 garante o período compreendido entre a abertura da sessão e o sorteio para composição do Conselho de Sentença, bem como a compensação dos períodos que excedam a carga horária de 08 horas diárias a que se devem submeter os servidores, excluindo, apenas, o período em que o servidor esteja dispensado, para que não seja remunerado quando não preste serviço em nenhuma das instituições, o que nos afigura ser o procedimento correto (fl. 358).

A irresignação, *data venia*, não logra perspectiva de êxito. (...) É consabido que o serviço obrigatório prestado ao Tribunal do Júri, considerado serviço público relevante e essencial para a formação do devido processo legal no julgamento de crimes dolosos contra a vida (cf. art. 437, do CPP), é imposto a todos os brasileiros.

Realizado o alistamento anual dos cidadãos pelo Magistrado que preside o Júri, deverão os alistados, ressalvadas as escusas legais, comparecer às sessões *do* plenário para as quais tenham sido convocados, a fim de compor o *quorum* dos vinte e um jurados necessário para a instalação da sessão. Surge, então, para os jurados, dentre outros, o dever de comparecimento às sessões e, embora inexequível a multa prevista no art. 443 do CPP, em razão da falta de atualização *do* valor original, há autores que entendem não estar isento o jurado intimado de ser denunciado pelo crime de desobediência pelo não comparecimento, se *no* mandado constar essa cláusula.[2328] Assegura-lhe a lei, por outro lado, que "nenhum desconto será feito nos vencimentos do jurado sorteado que comparecer às sessões do júri" (art. 430 do CPP). Essa prerrogativa se estende, igualmente, *aos* servidores públicos alistados, inclusive por força *do* disposto no art. 102, inciso VI, da Lei n. 8.112/1990, *verbis*: "Art. 102. Além das ausências ao serviço previstas no art. 97, são considerados como de efetivo exercício os afastamentos em virtude de: I a V – *omissis*; VI – júri e outros serviços obrigatórios por lei". Ao comentar o tema, pontifica Eduardo Espínola Filho que

> porque considere o dia de cada sessão de julgamento, a que o julgado comparecer, como dedicado ao desempenho de serviço público, com preferência pela sua relevância, não tolera o Código sofra qualquer prejuízo nos seus vencimentos. O Decreto-lei n. 167, de 1938, a respeito, fez uma proclamação pomposa em fórmula muito significativa: "os dias de sessão do júri reputam-se por inteiro consagrados ao serviço da Justiça, não se fazendo ao jurado que comparecer nenhum desconto nos proventos do seu emprego" (*Código de Processo Penal anotado*. São Paulo, Bookseller, 2000, v. IV, p. 424-425).

Desse ponto de vista,

forçoso concluir que não se justifica, no particular, o desconto na remuneração dos auditores fiscais em razão da Ordem de Serviço n. 02/1999, mormente quando há elementos nos autos, corroborados pelo acórdão da Corte de origem, que certificam o comparecimento dos impetrantes às sessões designadas. Segundo consta dos termos do r. voto condutor do acórdão recorrido, com amparo em declarações dos Juízes-Presidentes dos 1º, 2º e 3º Tribunais do Júri de Fortaleza, compareceram todos os dias úteis dos meses de fevereiro a junho de 1999 às sessões do Tribunal do Júri. Poder-se-ia alegar, como de fato se alega, que, nas datas em que não coube aos impetrantes compor o cômputo dos sete membros do Conselho de Sentença, não seria tal atividade incompatível, após a necessária dispensa pela Presidência da Sessão do Júri, com o exercício subsequente das funções atinentes ao cargo público que ocupam. Ocorre, todavia, que, no caso vertente, não há demonstração de que tenham os autores sido dispensados em horário que viabilizasse a realização do mister. Ao revés, consta do teor do acórdão recorrido, ao menos em relação à auditora Mônica Barros Gentil, que mesmo nos dias em que não fez parte do Conselho de sentença, foi dispensada às 17:30h, quando já suficientemente avançado o dia para exigir-se o início da jornada de trabalho. Eventuais distorções no exercício de notável função pública, que não se exclui possam existir, não autorizam apenar os impetrantes elencados no presente *writ*, se o que dos autos exsurge em nada lhes é *desfavorável*. A circunstância de que tenham sido parte do corpo de jurados em anos subsequentes, segundo noticia a União, embora desaconselhada, em prol da imparcialidade exigida do julgador leigo, em nada desmerece, *per se*, o pagamento das verbas pecuniárias que lhes são devidas pelo exercício do cargo. [todos os grifos no original]

Art. 442. Ao jurado que, sem causa legítima, deixar de comparecer no dia marcado para a sessão ou retirar-se antes de ser dispensado pelo presidente será aplicada multa de 1 (um) a 10 (dez) salários mínimos, a critério do juiz, de acordo com a sua condição econômica.

1. Falta justificada e injustificada

O Código de Processo Penal distingue as hipóteses de falta entre as de causa justificada e as de causa injustificada, sendo que estas acarretam a imposição de pena de multa.

[2328] Cf. NUCCI, Guilherme de Souza. Código de Processo Penal Comentado. **Revista dos Tribunais**, São Paulo, 2002. p. 646.

A sistemática atual – assim como a anterior – indica duas situações potencialmente geradoras da multa: (i) ausência na "sessão" (que se deve entender como sessão de instrução e julgamento) e (ii) retirar-se antes de ser dispensado pelo Juiz-Presidente nos termos do art. 444, para onde remetemos o leitor nestes **Comentários**.

2. Regime anterior e responsabilização do jurado faltoso

O regime anterior apresentava-se, de certa forma, mais rigoroso que o atual, na medida em que impunha multa ao jurado faltoso; inicialmente, pelo simples fato da ausência, bem como cumulava multa a cada dia de falta diante da impossibilidade da realização da sessão por falta de número mínimo de jurados ou mesmo por aquelas realizadas.

3. Regime anterior e a desatualização monetária do Código de Processo Penal

Era de óbvia constatação. Afirmávamos na edição anterior destes **Comentários** que "Sua atualização dependeria de reforma do próprio texto do Código de Processo Penal, sendo vedada a correção por atos normativos de outra natureza. O resultado é, por óbvio, a caducidade da "pena" ao jurado desidioso".

4. Imposição de multa e recurso cabível

Outra singular hipótese de irrecorribilidade no âmago do Código de Processo Penal. Já se tentou a interposição de recurso em sentido estrito, considerando-se inadequado, vez que se trata de "Hipótese não elencada na enumeração exaustiva do art. 581 do Código de Processo Penal", sugerindo-se no mesmo o acórdão o "mandado de segurança como caminho viável para a solução da questão".[2329]

5. Ausência de previsão da forma de cobrança

Diversamente do regime anterior, que no seu art. 444 previa que "as multas em que incorrerem os jurados serão cobradas pela Fazenda Pública, a cujo representante o juiz remeterá no prazo de 10 (dez) dias, após o encerramento da sessão periódica, com a relação dos jurados multados, as certidões das atas de que constar o fato, as quais, por ele rubricadas, valerão como título de dívida líquida e certa" e "sem prejuízo da cobrança imediata das multas, será remetida cópia das certidões à autoridade fiscal competente para a inscrição da dívida", o atual modelo não prevê a cobrança com essas minúcias.

Nada obstante, pela natureza da multa, pode-se depreender que a melhor sistemática de cobrança permanece a mesma e com as mesmas vicissitudes, pois, tratando-se de dívida a ser cobrada pela Fazenda Pública pelo rito adequado da legislação processual civil, o valor imposto, em muitos casos, está aquém do piso.

> Art. 443. Somente será aceita escusa fundada em motivo relevante devidamente comprovado e apresentada, ressalvadas as hipóteses de força maior, até o momento da chamada dos jurados.

1. Momento da chamada dos jurados

No regime anterior, o art. 443, § 2º, cuja redação era idêntica à do presente texto, harmonizava-se com a previsão do art. 447, no qual se dispunha que

> Aberta a sessão, o presidente do tribunal, depois de resolver sobre as escusas, na forma dos artigos anteriores, abrirá a urna, dela retirará todas as cédulas, verificando uma a uma, e, em seguida, colocará na urna as relativas aos jurados presentes e, fechando-a, anunciará qual o processo que será submetido a julgamento e ordenará ao porteiro que apregoe as partes e as testemunhas.

Já vem de longa data a "verificação das cédulas" na forma como estampada no presente artigo. Com efeito, o Código Criminal do Império dispunha em seu art. 238 que:

> No dia assignado, achando-se o Juiz de Direito, Escrivão, Jurados, o Promotor nos crimes, em que deve accusar, e a parte accusadora, havendo-a; principiará a sessão pelo toque, da campainha. Em seguida, o Juiz de Direito abrirá a urna das sessenta cedulas, e verificando publicamente, que se acham todas, as recolherá outra vez; feita logo pelo Escrivão a chamada dos Jurados, e achando-se completo numero legal, observando-se o disposto nos arts. 313 e 315, mandará o mesmo Juiz extrahir da urna por um menino, vinte e trez cédulas. As pessoas que ellas designarem formarão o primeiro Conselho de Jurados, que será interinamente presidido pelo primeiro, que tiver sahido á sorte.

Marrey et al., observando o tema da verificação das cédulas e com apoio em antiquíssimo julgado, afirmam que cabe ao Juiz-Presidente aludida verificação, ao mesmo tempo em que se deve fazer constar expressamente da ata de julgamento a produção do ato, sob pena de considerá-lo como não realizado.[2330]

O modelo atual nada dispõe de semelhante, nada obstante contemple o momento da "chamada dos jurados" como limite para que a escusa seja apresentada e verificada sua pertinência, optando por considerar, a teor do disposto no art. 454, que a sessão

---

[2329] JTJ, 218/357.
[2330] MARREY, Adriano; FRANCO, Alberto Silva; STOCO, Rui. **Teoria e prática do júri**. 4. ed. São Paulo: RT, 1997.

ainda não está "aberta" e que, antes desse momento, será procedida a mencionada verificação.

2. Forma de apresentação da escusa
A escusa não necessita ser apresentada de forma solene, por escrito, diante da redação do presente artigo. Necessária se faz, no entanto, a apresentação da comprovação para que a dispensa seja deferida.

> Art. 444. O jurado somente será dispensado por decisão motivada do juiz-presidente, consignada na ata dos trabalhos.

1. Saída do jurado e manifestação judicial
Com efeito, a saída do jurado da sessão depende de autorização judicial. Assim, tem-se como bom exemplo o "pedido de dispensa sob a alegação de consulta médica previamente marcada"[2331] como causa autorizadora, pelo Magistrado, da saída do jurado.

2. Responsabilidade do Juiz-Presidente
No regime anterior, havia previsão de responsabilidade para o Juiz-Presidente ao dispor que "§ 4º Sob pena de responsabilidade, o presidente só relevará as multas em que incorrerem os jurados faltosos, se estes, dentro de 48 (quarenta e oito) horas, após o encerramento da sessão periódica, oferecerem prova de justificado impedimento".

Diversamente do quanto disposto anteriormente, o regime atual dispõe que a comprovação deva se dar de plano e, também de forma distinta do quanto antes estipulado, não prevê sanção ao Magistrado que deferir, sem fundamento devidamente demonstrado, a escusa.

3. Necessidade de consignação em ata
Mesmo na atual estrutura, a ata de julgamento continua tendo função essencial e, dentre elas, a de conter a solicitação e a decisão sobre o pedido de dispensa.

Assenta-se, assim, uma vez mais, como já o era no regime anterior, que

> o valor da ata de julgamento, cujo conteúdo é a expressão fiel de todas as ocorrências do julgamento (CPP, art. 495), reveste-se de importância essencial. Meras alegações discordantes da parte, desprovidas de qualquer comprovação, não se revelam suficientes para descaracterizarem o teor de veracidade que esse registro processual reflete. A ausência de reclamação ou de protesto

da parte interessada reveste-se de aptidão para gerar, de modo irrecusável, a preclusão de sua faculdade processual de arguir qualquer nulidade porventura ocorrida.[2332]

Por essa razão, há de se coadunar com o novo sistema acórdão prolatado na vigência anterior sobre tema idêntico, quando se decidiu pela regularidade de julgamento em que teria havido

> Irregularidades na formação do Corpo de Jurados: um jurado teria se apresentado em nome de outro e teria ocorrido dispensa de jurado não impedido de participar do julgamento. Pontos não objeto da ata de julgamento. Matéria de fato insuscetível de reexame em recurso extraordinário. No aresto recorrido, sequer se teve como comprovado o fato da substituição de um jurado por outro.[2333]

4. Dispensa "de ofício"
Analisando caso no qual o Juiz-Presidente decidiu, "de ofício", dispensar jurado, ato que posteriormente foi atacado pela Defesa, o STJ decidiu que "A dispensa de jurado pelo juiz-presidente não é causa de nulidade ante a ausência de prejuízo para a defesa, configurada no resultado da votação em que maioria expressiva recusa a tese favorável ao réu".[2334]

O resultado alcançado parece vincular o procedimento de dispensa com o resultado final alcançado, como se a observância da regra correta dependesse do resultado em concreto, o que não quer nos parecer, com a devida vênia, a melhor compreensão do tema.

5. Dispensa de jurados e participação de outros julgamentos na mesma sessão
A possibilidade da presença do jurado dispensado já foi avalizada jurisprudencialmente, decidindo-se pela desnecessidade da convocação do suplente. Assim: "Jurado dispensado de servir em um dos julgamentos, vindo depois a participar dos subsequentes da mesma sessão periódica – Nulidade – Inocorrência – Ausência de violação da regra contida no § 4º, do art. 445, CPP – Jurado não substituído por suplente no julgamento do qual fora dispensado".[2335]

> Art. 445. O jurado, no exercício da função ou a pretexto de exercê-la, será responsável

---

2331 TJSP. RT, 773/571.
2332 RTJ, 136-3/1.233.
2333 STF. **RE 115.784**. Data de publicação: DJ, 13 mar. 1992. Relator: Min. Néri da Silveira.
2334 STJ. **RHC 2.156**. Relator: Min. Edson Vidigal. Data de julgamento: 21 set. 1992. Relator: Min. Edson Vidigal.
2335 TJMG. **Processo 1.0000.00.213993-9/000(1)**. Relator: Kelsen Carneiro. Data de publicação: 12 set. 2001.

criminalmente nos mesmos termos em que o são os juízes togados.

1. Assimilação aos juízes togados para fins de responsabilidade penal
A redação do artigo é induvidosa, restando apenas ratificar que essa responsabilidade se perfaz com a assunção da posição de jurado no caso concreto, e não com a mera indicação para a lista anual.

2. Responsabilização "civil"
Diante da estrutura de funcionamento do Tribunal do Júri, pela qual se compreende que o jurado é "livre" e "soberano" no seu veredicto, não há que se falar em responsabilização civil pelos seus atos a título individual, cabendo eventuais discussões apenas em face do Estado estritamente considerado.

3. Responsabilização criminal
O revogado art. 438 dispunha que "Os jurados serão responsáveis criminalmente, nos mesmos termos em que o são os juízes de ofício, por concussão, corrupção ou prevaricação (Código Penal, arts. 316, 317, §§ 1º e 2º, e 319)". Pela atual redação, a responsabilização criminal é mais ampla, podendo alcançar outros crimes não expressamente previstos na redação anterior.

> Art. 446. Aos suplentes, quando convocados, serão aplicáveis os dispositivos referentes às dispensas, faltas e escusas e à equiparação de responsabilidade penal prevista no art. 445 deste Código.

1. Incidência da norma
Depende da concreta convocação, e não apenas da mera inclusão da pessoa no rol da suplência.

2. Condições de convocação
Ver nestes *Comentários* arts. 463 e 464.

3. Publicidade da convocação de jurados suplentes
Já se entendeu que "a convocação de suplentes a integrar o Conselho de Sentença de julgamento do Tribunal Popular sem a devida publicidade, é causa de nulidade relativa, *ex vi* dos arts. 564, IV, combinado com o 572, ambos do CPP, sanável se não arguido *opportune tempore*".[2336]

SEÇÃO IX – Da Composição do Tribunal do Júri e da Formação do Conselho de Sentença

> Art. 447. O Tribunal do Júri é composto por 1 (um) juiz togado, seu presidente e por 25 (vinte e cinco) jurados que serão sorteados dentre os alistados, 7 (sete) dos quais constituirão o Conselho de Sentença em cada sessão de julgamento.

1. Definição "em concreto" do número de jurados
Tendo por base o tratamento constitucional dispensado para a matéria, tem-se que na primeira Constituição da República, de 1890, constava apenas: "É mantida a instituição do júri".

Posteriormente, a Constituição de 1946, em seu art. 141, dispunha: "§ 28. É mantida a instituição do júri, com a organização que lhe der a lei, contanto que seja sempre ímpar o número de seus membros e garantido o sigilo das votações, a plenitude da defesa do réu e a soberania dos veredictos".

2. Superação do número legal
Já se decidiu diante do regime anterior que

> a convocação, mediante sorteio, de jurados em número superior ao previsto no art. 433 do CPP (vinte e um para a composição do tribunal do júri), configura nulidade relativa, a exigir oportuna impugnação pela parte interessada, sob pena de preclusão. Com base nesse entendimento, por maioria de votos, a Turma indeferiu *habeas corpus* em que se requeria a anulação do julgamento proferido pelo tribunal do júri.[2337]

Na mesma linha de raciocínio, o mesmo STF reconheceu, mais de uma década depois, que, "Convocação, mediante sorteio, de jurados em número superior ao previsto no art. 433 do Código de Processo Penal configura nulidade relativa, a exigir prova de haver influído na apuração da verdade substancial ou na decisão da causa".[2338]

3. Inobservância das determinações do modo de proceder ao sorteio
Consequência lógica de toda uma forma de compreensão da forma de ser e da estrutura de funcionamento do Tribunal do Júri, não se vê, em vários provimentos, maiores resultados nas inobservâncias legais. Assim, o "eventual descumprimento

---

2336 STJ. **RHC 3.697-4/RS**. Relator: Min. Pedro Acioli. Data de publicação: DJU, 12 dez. 1994. p. 34.377.
2337 STF. **HC 72.652/RJ**. Relator original: Min. Celso de Mello. Relator para acórdão: Min. Ilmar Galvão. Data de julgamento: 5 dez. 1995.
2338 STF. **Ação Originária 1.046/RR**. Relator: Min. Joaquim Barbosa. Revisor: Min. Eros Grau. Data de julgamento: 23 abr. 2007.

da regra de sorteio não torna inválidos os atos subsequentes".[2339]

> Art. 448. São impedidos de servir no mesmo Conselho:
> I – marido e mulher;
> II – ascendente e descendente;
> III – sogro e genro ou nora;
> IV – irmãos e cunhados, durante o cunhadio;
> V – tio e sobrinho;
> VI – padrasto, madrasta ou enteado.

1. Ver também nestes *Comentários* art. 426

2. Tratamento da matéria no plano das nulidades

Já houve acertado entendimento no sentido de serem tais hipóteses do artigo em tela causas de nulidade absoluta.[2340]

Recente julgado do STJ, no entanto, afirmou que "Nos termos do art. 571, VIII, do CPP, eventuais nulidades ocorridas em Plenário do Júri, tais como, impedimento ou suspeição de jurado, devem ser arguidas no momento oportuno, sob pena de preclusão"[2341], distanciando-se assim das premissas expostas nestes *Comentários* e verdadeiramente tratando o tema do juiz natural como algo que possa ser administrado no plano das nulidades relativas em casos como o presente.

Quando não, procura-se criar uma situação intermediária, reconhecendo-se a nulidade diante do quórum obtido na votação quando o afastamento foi indevido, vez que "A exclusão do jurado, do conselho de sentença, sem impedimento legal, acarreta a nulidade do julgamento que, pelo resultado da votação, por maioria mínima, causa potencial prejuízo para a parte arguente"[2342], ou afastando-se a nulidade quando a situação for inversa.

> § 1º O mesmo impedimento ocorrerá em relação às pessoas que mantenham união estável reconhecida como entidade familiar.
>
> § 2º Aplicar-se-á aos jurados o disposto sobre os impedimentos, a suspeição e as incompatibilidades dos juízes togados.

1. Ver também nestes *Comentários* os arts. 252 e seguintes

2. Outras hipóteses de impedimento não reconhecido

Já houve provimento que, analisando situação na qual houve "participação no Conselho de Sentença do pai de promotor que oficiou nos autos (...) que, entretanto, não foi o autor da denúncia ou do libelo e nem produziu a acusação"[2343], deu pela não configuração do impedimento.

Por outro turno, também se decidiu que

> Não está impedido de compor o conselho de sentença, jurado parente de testemunha de defesa, mormente quando o depoimento desta se ateve aos antecedentes do acusado, sem qualquer influência direta no desfecho da causa – a teor do art. 462 do Código de Processo Penal, o impedimento diz respeito apenas entre os membros do conselho.[2344]

Também já se considerou o caso de "participação no Conselho de Sentença de primo do advogado do réu" como admissível.[2345]

Todas essas situações tendem a demonstrar que as causas exclusivamente legais de impedimento podem não atender ao aspecto subjetivo da garantia do juiz natural. Como já apontado em texto anterior nestes *Comentários*, seria muito mais producente que houvesse uma fase concreta de verificação do eventual grau de comprometimento dos jurados para com o objeto do processo ou para com as pessoas nele envolvidas.

3. Serventuários da Justiça e causa de impedimento

Normalmente, "Não constitui causa de impedimento a inclusão de jurado, no conselho de sentença, que possui parentesco com auxiliar da justiça que atuou no feito".[2346]

4. Advertência sobre os impedimentos

Deve ser certificada em ata. Nada obstante, o julgamento que contou com a participação de jurado impedido é causa de "nulidade que pode ser declarada de ofício a qualquer tempo"[2347], não se

---

[2339] TJSP. RT, 696/347.
[2340] RT, 782/650.
[2341] STJ. **HC 57.726**. Relator: Min. Arnaldo de Lima. Data de publicação: DJ, 7 fev. 2008.
[2342] RT, 718/486.
[2343] STF. RT, 556/411.
[2344] LEXSTJ, 62/331.
[2345] RT, 554/327.
[2346] LEXSTJ, 109/297.
[2347] RT, 782/650.

enquadrando exatamente nas hipóteses em que "as nulidades processuais ocorridas na sessão de julgamento pelo Júri deverão ser arguidas logo após o ato, sob pena de preclusão"[2348], vez que se trata de ofensa ao princípio do juiz natural.

Não se pode, pois, com a devida vênia, comungar do entendimento que afirma que

> a convocação de jurados é feita com ampla publicidade. O edital é afixado à porta do fórum e publicado pela imprensa. Visa ensejar ao réu o conhecimento e possibilitar recusa por impedimento ou suspeição. Eventual omissão ou irregularidade, por si só, não enseja nulidade. Além de prova do prejuízo, no ato do sorteio, a parte teve a necessária ciência. Silenciando, não poderá fazê-lo depois de conhecido o resultado do julgamento. O desdobramento dos quesitos busca evitar a complexidade, a fim de não haver dúvida para a resposta. Só se impõe quando a resposta admitir caracterização de pluralidade de institutos.[2349]

5. Jurados: causas de impedimento
Determinado provimento reconhece, inicialmente, que

> É incontroverso que as causas de impedimento ou de suspeição dos juízes togados são aplicáveis aos jurados, juízes leigos, que igualmente decidem "de fato", nas deliberações do Júri. – Embora se afirme que a enumeração do art. 254, do Código de Processo Penal, seja taxativa, a imparcialidade do julgador é tão indispensável ao exercício da jurisdição que se deve admitir a interpretação extensiva e o emprego da analogia diante dos termos previstos no art. 3º do Código de Processo Penal.[2350]

Já houve provimento, contudo, que, analisando casos em que "Jurados (...) eram primos [deu pela] Irrelevância [e a] Inexistência de impedimento legal".[2351]

6. Oportunidade de arguição dos impedimentos
"A oportunidade para se discutir sobre impedimento ou suspeição do jurado é no momento do sorteio. Depois disso os jurados convocados são aqueles constantes do respectivo termo, não se podendo permitir que a Justiça Pública, silenciosa no momento em que deveria falar, conserve em segredo um trunfo para opor à validade dos julgamentos que não se lhe sejam favoráveis"[2352], e mesmo "a suspeição do jurado deve ser oposta logo após seu sorteio para integrar o Conselho de Sentença, como é previsto nos arts. 406 e 571, VIII, do CPP, sob pena de preclusão, nos termos do art. 572, I, do citado estatuto".[2353]

7. Jurado e perito
Já restou assentado que não pode ser admitido como jurado o perito que serviu no inquérito policial (CPP, art. 252, II). Entretanto, se abstraído que fosse o seu voto, não haveria alteração no resultado, não se anula o julgamento.[2354] No sentido da nulidade: TJSP, RT 445/364. A premissa da aceitação é aquela reiteradamente exposta e criticada nestes *Comentários*, como se a ofensa ao juiz natural estivesse condicionada à contabilidade dos votos que compõem o veredicto do Conselho de Sentença.

> Art. 449. Não poderá servir o jurado que:
> I – tiver funcionado em julgamento anterior do mesmo processo, independentemente da causa determinante do julgamento posterior;

1. Súmula 206 do STF
Já foi alvo de apreciação do STF, que assim sumulou a matéria: "É nulo o julgamento ulterior pelo júri com participação de jurado que funcionou em julgamento anterior do mesmo processo".

> II – no caso do concurso de pessoas, houver integrado o Conselho de Sentença que julgou o outro acusado;

1. Participação em julgamento de corréu
O STF considerou que "o jurado que compôs o Conselho de Sentença de anterior julgamento de corréu está impedido de participar do posterior julgamento de outro corréu".[2355]

Posteriormente, porém, decidiu o STF que inocorre nulidade se a participação do jurado impedido não influiu no resultado da votação.[2356] No mesmo sentido, decidiu o STJ: A participação de jurado, no

---

[2348] Data de publicação: DJ, 18 fev. 2002. p. 517. Relator: Fernando Gonçalves.
[2349] RSTJ, 21/479.
[2350] RF, 364/418.
[2351] TJSP. **Apelação Criminal 155.951-3**. Relator: Egydio de Carvalho. Data de julgamento: 11 abr. 1994.
[2352] RT, 583/332, 608/324.
[2353] RT, 590/436-437.
[2354] STF. RTJ, 66/480.
[2355] RT, 485/376.
[2356] RHC 57.789. Data de publicação: DJU, 12 set. 1980. p. 6897. RTJ, 95/151 e 96/250.

mesmo processo em julgamento de corréu, acarreta a nulidade do julgamento, se a condenação se deu por quatro a três, pois espelha evidente prejuízo para a defesa.[2357]

> III – tiver manifestado prévia disposição para condenar ou absolver o acusado.

1. Manifestação de voto do jurado

É situação bastante delicada. Já houve provimento no qual se decidiu pela negação da "quebra da incomunicabilidade dos jurados [diante do] fato de jurado ter balançado a cabeça à luz de informações da Promotoria de Justiça".[2358]

No mais,

a quebra da incomunicabilidade pressupõe que os jurados, durante a sessão, bem como nos respectivos intervalos, conversem entre si ou com terceiros, a respeito do processo objeto do julgamento, ou manifestem sua opinião a respeito deste, não se caracterizando se membro do Conselho de Sentença limita-se à leitura de peças do processo indicadas pelo Promotor de Justiça, sem emitir sua opinião sobre o caso, logo, não exercendo influência no ânimo dos demais, cuja íntima convicção restou, assim, preservada, de modo que decidiram livremente.[2359]

Outras situações mais claras ensejam a manifestação de voto, como aquela em que o "jurado que, durante o intervalo, diante dos demais, emite palavras que denotam sua posição condenatória antecipada sobre o julgamento, dirigidas ao advogado de defesa [com a] Influência do ato sobre o convencimento dos outros jurados, com a condenação do acusado".[2360]

> Art. 450. Dos impedidos entre si por parentesco ou relação de convivência, servirá o que houver sido sorteado em primeiro lugar.

1. Ver nestes *Comentários* arts. 252, 448 e 449

> Art. 451. Os jurados excluídos por impedimento, suspeição ou incompatibilidade serão considerados para a constituição do número legal exigível para a realização da sessão.

1. Sobre impedimentos, suspeição ou incompatibilidade, ver nestes *Comentários* arts. 252 e seguintes; arts. 448 e 449

2. Sobre o número de jurados para composição da sessão, ver nestes *Comentários* art. 447

3. Formação do número mínimo de jurados, computando-se os jurados excluídos

Trata-se de regra destinada a viabilizar a realização da sessão plenária e mostra-se válida se o número de recusas facultativas não impedir definitivamente a instalação dos trabalhos.

> Art. 452. O mesmo Conselho de Sentença poderá conhecer de mais de um processo, no mesmo dia, se as partes o aceitarem, hipótese em que seus integrantes deverão prestar novo compromisso.

1. Sobre o compromisso, ver o art. 472 deste Código

2. Sessões sucessivas e identidade de conselho

Na estrutura do Código de Processo Penal, existe a possibilidade de, teoricamente, o mesmo Conselho conhecer de mais de um processo no mesmo dia. Do ponto de vista prático, a operacionalização da norma é bastante restrita.

SEÇÃO X – Da Reunião e das Sessões do Tribunal do Júri

> Art. 453. O Tribunal do Júri reunir-se-á para as sessões de instrução e julgamento nos períodos e na forma estabelecida pela lei local de organização judiciária.

1. Normas de organização judiciária

A disciplina das reuniões do Tribunal do Júri se encontra nas leis de organização judiciária. Fato é que o modo de organizar as sessões periódicas tem profunda relevância na prestação jurisdicional como um todo, podendo se transformar em causa de patologias, como o desaforamento em face da

---

2357 REsp 23.917-9/MG. 5ª Turma. Relator: Min. Jesus Costa Lima. Data de publicação: DOU, 7 mar. 1994. p. 3.670.
2358 TJSP. **Apelação Criminal 160.745-3**. Relator: Irineu Pedrotti, v.u.
2359 TJRS. **Apelação Criminal 2003.030492-4**. Relator: Sérgio Torres Paladino. Data de julgamento: 16 mar. 2004. Relator: Sérgio Torres Paladino.
2360 TJRS. RT, 790/685.

demora na realização do julgamento de mérito. Em determinado caso concreto, para sanar situação de grave consequência prática, houve "providência administrativa tomada pelo Conselho Superior da Magistratura, consistente no prolongamento das sessões periódicas do Tribunal do Júri" de determinada Comarca "para aferição da situação atualizada quanto à presteza dos trabalhos do Tribunal do Júri, na referida Comarca".[2361]

Assim é que, por exemplo, no caso do Estado de São Paulo, o Decreto-lei Complementar n. 3, de 27 de agosto de 1969, que institui o Código Judiciário do Estado de São Paulo, prevê em seu art. 2º que "São órgãos da Justiça Comum do Estado: (...) III – Os Tribunais do Júri e os de Economia Popular" e em seu art. 30 que "Os Tribunais do Júri funcionarão permanentemente, salvo nos domingos e feriados, nas férias da Semana Santa e no período de 23 de dezembro a 2 de janeiro", com alterações posteriores naturalmente surgidas diante do crescimento das comarcas no interior do Estado.

Particularmente no que diz respeito ao funcionamento do Júri na Comarca de São Paulo, é ainda o Decreto n. 9.008, de 24 de fevereiro de 1938, o qual estabelece em seu art. 5º que "na Capital, a sessão periódica do Tribunal de Júri será iniciada no primeiro dia útil de cada mês, encerrando-se quando estiverem julgados os processos preparados, ou no último dia útil do mês, se não forem todos julgados".

Ainda sobre o Estado de São Paulo, a título de ilustração, anote-se, no que diz respeito às comarcas do interior, que seu funcionamento está disposto no art. 49 do Código, com a redação da Lei Complementar n. 334, de 8 de dezembro de 1983:

> O Tribunal do Júri realizará: Nas comarcas de primeira e de segunda entrância, quatro reuniões por ano, nos meses de março, junho, setembro e dezembro; Nas comarcas de terceira entrância, seis reuniões por ano, nos meses pares, exceto naquelas em que os serviços do Júri estejam atribuídos à Vara Criminal, cumulativamente com as execuções criminais e e política judiciária, nas quais o Tribunal do júri funcionará permanentemente, salvo férias, recesso ou feriados.

A Lei paulista encontra-se efetivamente desatualizada por conta do diploma que reorganizou a estrutura das entrâncias das comarcas paulistas (Lei Complementar n. 980/2005).

2. Sessões concomitantes

A forma de administrar as sessões de julgamento apresenta, ainda, influência direta em outros dispositivos. Nesse sentido, já se decidiu que

O procedimento de subdividir a Vara do Júri em plenários, como forma de enfrentar a superabundância de processos, resguarda em essência a *ratio iuris* quanto à convocação dos jurados para virem a perfazer o conselho de Sentença. Para as reuniões do Júri, que se realizam concomitantemente, são convocados 21 jurados sorteados de cada subdivisão. Caso não haja quórum mínimo em um plenário, o aproveitamento de jurados presentes, mas de outro, não acarreta eiva de nulidade, pois, apenas por razões administrativas ocorreu convocação separada, já que todos pertencem à unidade judicial, cuja lista geral é do conhecimento público, e as partes têm acesso aos dados das pessoas que podem servir como juiz de fato no designado julgamento.[2362]

Art. 454. Até o momento de abertura dos trabalhos da sessão, o juiz-presidente decidirá os casos de isenção e dispensa de jurados e o pedido de adiamento de julgamento, mandando consignar em ata as deliberações.

1. Sobre adiamento da sessão a pedido da defesa e desaforamento, ver art. 428 nestes *Comentários*

2. Sobre a ata de julgamento, ver nestes *Comentários* art. 495

3. Sobre dispensa dos jurados, ver nestes *Comentários* art. 444

4. Casos de "isenção"

Os casos de "isenção" são aqueles previstos no atual art. 437 e, pela estrutura da lei atual, que aloca a matéria na "Seção VII", que dispõe sobre "Do Sorteio e da Convocação dos Jurados", pode-se concluir que as pessoas mencionadas naquele dispositivo podem vir a ser integrantes do rol anual, fazer parte do corpo de jurados escolhido para determinada "reunião" (ordinária ou extraordinária) e somente não virem a servir como juradas quando da sessão (de instrução e julgamento).

Sendo assim, é de se ponderar que o momento primordial para a verificação da situação de isenção é na formação da lista anual, ocasião em que muitas das causas que a geram já podem e devem ser detectadas, afastando-se, de plano, a pessoa nas condições do art. 437 quando já constituída essa situação no momento da formação da lista anual.

[2361] TJSP. **Desaforamento 294.472-3**. Itapecerica da Serra. Relator: Oliveira Ribeiro. 7 dez. 1999, v.u.
[2362] TJSP. **Mandado de Segurança 279.606-3/SP**. Relator: Gonçalves Nogueira. 25 maio 1999, m.v.

Certamente, algumas dessas situações podem ser supervenientes, por exemplo a do bacharel em Direito que, alistado para o ano, é aprovado em concurso público para a Magistratura, tomando posse no transcurso do ano em que serviria como jurado e durante o período da reunião para a qual estava convocado.

Mas, uma vez constituída a situação de isenção, não há motivo para que seja aguardada a sessão de julgamento em concreto para que a pessoa seja afastada da condição de jurado.

Neste ponto, teria andado melhor a nova lei se tivesse disciplinado a "função de jurado" antes de seu sorteio e convocação (como se dava no regime anterior), não gerando essa distorção.

5. Adiamento do julgamento a pedido

Há possibilidade de adiamento da sessão a pedido das partes. Enfocando o assunto, já decidiu o e. STF que

> advogados, membros do Ministério Público e magistrados devem-se respeito mútuo. A atuação de cada qual há de estar voltada à atenção ao desempenho profissional do homem médio e, portanto, de boa-fé. Não há como partir para a presunção do excepcional, porque contrária ao princípio da razoabilidade. (...) Ao Estado-juiz cumpre a prática de atos viabilizadores do exercício pleno do direito de defesa. O pleito de adiamento de uma Sessão, especialmente do Tribunal de Júri, no que das mais desgastantes, deve ser tomado com espírito de compreensão.[2363]

> Art. 455. Se o Ministério Público não comparecer, o juiz-presidente adiará o julgamento para o primeiro dia desimpedido da mesma reunião, cientificadas as partes e as testemunhas.

1. Regime anterior: adiamento da sessão de julgamento e excesso de prazo

Já houve provimento reconhecendo que "a remarcação do julgamento do réu pelo Tribunal de Júri para, aproximadamente, 1 (um) ano e 3 (três) meses depois do respectivo adiamento, cuja causa está sendo objeto de apuração pela Corregedoria-Geral de Justiça da Corte *a quo*, não gera, em atenção ao princípio da razoabilidade, a revogação da prisão cautelar decorrente da decisão de pronúncia" (STJ. Relator: Felix Fischer. Data de publicação: DJ, 26 maio 2003. p. 373).

Tal posição vai ao encontro do majoritário entendimento pretoriano pelo qual se afirma que não há excesso de prazo entre a pronúncia e a sessão de julgamento. Quebra ao menos parcialmente essa larga vertente situação na qual há

> Paciente pronunciado por homicídio, aguardando preso o julgamento pelo tribunal do júri. Poder judiciário estadual em greve há vários meses. Julgamento na data marcada: inocorrência, em virtude da paralisação das atividades forenses. Nova data para o julgamento: sem previsão. Excesso de prazo da custódia provisória: caracterizado. Ordem concedida à unanimidade.[2364]

2. Regime atual: adiamento da sessão, desaforamento e antecipação do julgamento: *vide* arts. 427 e 428 nestes *Comentários*

> Parágrafo único. Se a ausência não for justificada, o fato será imediatamente comunicado ao Procurador-Geral de Justiça com a data designada para a nova sessão.

1. Regime anterior: promotor *ad hoc*

O regime anterior previa a possibilidade da nomeação de promotor *ad hoc* no caso da ausência do órgão de execução do Ministério Público.

Diante daquele cenário, observávamos, em edição anterior destes **Comentários**, que "pode-se agregar a tudo quanto já foi dito, a observação de Pinto Ferreira (*Comentários à Constituição brasileira*, 1995, p. 149)".

A Constituição de 1988, em seu art. 129, § 2º, preceitua uma proibição absoluta para a nomeação de promotor *ad hoc*. Os órgãos ou pessoas que não integram a carreira de cada MP não estão habilitados ao exercício das funções próprias da instituição, inclusive os antigos adjuntos de curador de casamentos. Só quem deve atuar no processo é o promotor natural. Ele intervém de acordo com o seu entendimento pelo zelo do interesse público. Tal avaliação está condicionada ao próprio juízo de avaliação do órgão ministerial, que é o tutor natural de defesa de tais interesses. O Poder judiciário não tem assim competência para aferir a intensidade nem a própria existência do zelo do interesse público, nem a defesa da lei atribuída ao MP. Quando o membro do MP for intimado em determinado processo e deixar de comparecer, deverá adiar o ato ou acionar o substituto legal, sob pena de responsabilidade funcional.

2. Regime das ausências

O presente artigo disciplina duas modalidades de ausência: com e sem justificativa. A primeira não

---

2363 HC 71.408/RJ. Relator: Min. Marco Aurélio. Data de julgamento: 16 ago. 1999.
2364 STJ. Relator: Adhemar Maciel. Data de publicação: DJ, 26 ago. 1996. p. 29.724.

acarreta o desencadeamento de ações administrativas no âmbito do Ministério Público, enquanto a segunda gera a comunicação ao Procurador-Geral. Ambas exigem que a sessão seja redesignada para o primeiro dia desimpedido da "reunião".

> Art. 456. Se a falta, sem escusa legítima, for do advogado do acusado, e se outro não for por este constituído, o fato será imediatamente comunicado ao presidente da seccional da Ordem dos Advogados do Brasil, com a data designada para a nova sessão.

1. Regime anterior: adiamento por ausência de defensor

"Conforme dispõe o art. 449 c/c 450, do Código de Processo Penal, a ausência injustificada do patrono constituído pelo réu enseja a nomeação de Defensor Dativo para o julgamento pelo Júri, devendo a sessão ser adiada uma única vez".[2365]

Analisando a mesma situação, o e. STF já decidiu que

> Ausente o advogado por motivo socialmente aceitável, incumbe ao presidente do Tribunal do Júri adiar o julgamento. Injustificada a falta, compete-lhe, em primeiro lugar, ensejar ao acusado a constituição de um novo causídico, o que lhe é garantido por princípio constitucional implícito. Somente na hipótese de silêncio do interessado que, para tanto, há de ser pessoalmente intimado, cabe a designação de defensor dativo. Inteligência dos artigos 261, 448, 449, 450, 451 e 452 do Código de Processo Penal, à luz da Carta da República, no que homenageante do direito de defesa, da paridade de armas, enfim, do devido processo legal. Júri realizado com o atropelo de garantias asseguradas à defesa e, por isso mesmo, merecedor da pecha de nulo.[2366]

2. Regime atual: sanções administrativas ao patrono

A possibilidade de sanção administrativa estatuída pelo *caput* não inova o ordenamento jurídico, na medida em que apenas atualiza o antigo art. 450, bem como apenas reconhece que a ausência indevida do patrono gera prejuízo ao seu cliente, incidindo o profissional em infração disciplinar, a teor do disposto no art. 34, IX, da Lei n. 8.906/94 (Estatuto da OAB). Nada obstante, a previsão expressa, ainda que não contenha em si qualquer novidade jurídica, possui efeito didático interessante e apenas por esse aspecto pode ser saudada.

3. Condição de defensor e nulidade

Corretamente, já se decidiu que

> Constitui nulidade absoluta do processo, arguida a qualquer tempo, a defesa do réu realizada por advogado que já atuara nos autos na qualidade de Promotor de Justiça. O julgamento popular deste modo realizado traz em seu âmago visível nulidade (art. 563 do Código de Processo Penal), pois, quando nada, causa perplexidade aos jurados, influenciando de modo negativo na decisão de cada um, com prejuízo flagrante e presumido para a acusação e, consequentemente, para a apuração da verdade dos fatos.[2367]

> § 1º Não havendo escusa legítima, o julgamento será adiado somente uma vez, devendo o acusado ser julgado quando chamado novamente.

1. Adiamento e designação de novo plenário

A norma somente pode ser aplicada se tiver havido a precaução de intimar-se a Defensoria Pública ou aqueles que desempenham função equivalente a fim de que se preparassem para o julgamento, ficando de sobreaviso na data reagendada. Caso contrário, a realização da sessão com defensor que não possui prévio conhecimento do processo acarretará cerceamento de defesa.

> § 2º Na hipótese do § 1º deste artigo, o juiz intimará a Defensoria Pública para o novo julgamento, que será adiado para o primeiro dia desimpedido, observado o prazo mínimo de 10 (dez) dias.

1. Intimação da Defensoria

A regra haverá de incidir onde a Defensoria Pública esteja instalada ou não. Nesta última hipótese, diante da inexistência do órgão estatal supramencionado (enquanto esta edição dos ***Comentários*** é produzida, o Estado de Santa Catarina não possui, por exemplo, aquela Instituição), os órgãos encarregados da gestão da prestação de serviço de assistência jurídica (normalmente a OAB) deverão ser intimados para indicar o novo Defensor para o caso.

> Art. 457. O julgamento não será adiado pelo não comparecimento do acusado solto, do assistente

---

[2365] STJ, *DJ* 18-11-2002, p. 246, rel. Jorge Scartezzini
[2366] HC 71.408/RJ, rel. Min. Marco Aurélio, j. 16-8-1999. Acórdão também citado no art. 425 destes *Comentários*.
[2367] REVJMG, 148/441.

ou do advogado do querelante, que tiver sido regularmente intimado.

1. A presença da pessoa acusada no julgamento: notas sobre o regime anterior e o atual

O sistema brasileiro exigia a presença física da pessoa acusada na hipótese de crimes inafiançáveis, sob pena de não realização do ato. Inúmeras vezes, tal "exigência" foi vista como mero formalismo e chegou-se ao ponto de pensar em sua supressão.

Mesmo antes da reforma, em recente acórdão, o STJ admitiu o julgamento sem a presença do réu, afirmando que

> a Constituição da República de 1988 consagra ser direito do réu silenciar. Em decorrência, não desejando, embora devidamente intimado, não precisa comparecer à sessão do Tribunal do Júri. Este, por isso, pode funcionar normalmente. Conclusão que se amolda aos princípios da verdade real e não compactua com a malícia do acusado de evitar o julgamento.[2368]

Caminhando razoavelmente próximo ao sentido atribuído pela Corte ao direito ao silêncio, o então anteprojeto da denominada "Comissão Grinover" foi alvo de considerações de nossa lavra, afirmando que

> a presença física na sessão de julgamento (...) mereceu tratamento radicalmente diverso do vigente, possibilitando-se a realização da sessão plenária sem a presença do réu. Argumenta-se que *O anteprojeto permite a realização do julgamento sem a presença do acusado que, em liberdade, poderá exercer a faculdade de não comparecimento como um corolário lógico do direito ao silêncio constitucionalmente assegurado. O acusado preso poderá requerer dispensa de comparecimento à sessão de julgamento, sem prejuízo de sua realização.*

Continuávamos para afirmar que,

> no entanto, algumas ponderações tocantes às justificativas apresentadas para o texto merecem ser feitas. Num primeiro plano é de ser questionada a propalada sinonímia entre direito ao silêncio e possibilidade de ausência que, se levada no limite, pode acarretar o puro e simples escanteamento do réu da ciência da relação processual. Outrossim, estimular a ausência do réu significa diminuir a possibilidade do exercício da autodefesa que, ao lado da defesa técnica, formam o sustentáculo de uma participação efetiva na relação jurídica de direito processual.

O argumento principal para os que entendem necessária a presença física do acusado na sessão de julgamento repousa na constatação de que "deve ser sempre lembrado que é o corpo de jurados o juiz natural dos crimes dolosos contra a vida e que a sessão de julgamento é o primeiro (e único) momento em que o acusado pessoalmente se fará conhecer (e conhecerá) pelos seus julgadores".

Assim,

> há nesse tratamento legislativo projetado a preocupante possibilidade de o acusado ser submetido a um julgamento sem o contato direto com o juiz natural da causa. Ainda que se argumente que tal pode se dar no rito perante o juiz monocrático (ex. réu citado e que espontaneamente não comparece para os atos processuais) a situação perante o júri popular é substancialmente diferente pela própria natureza da estrutura valorativa e procedimental que ornamentam a participação popular na administração da Justiça.

1.1 Ausência da pessoa acusada: réu "solto" e réu "foragido"

A regra sancionada não distingue mais a situação entre crimes afiançáveis e inafiançáveis, bem como possibilita a realização da sessão de instrução e julgamento sem a presença da pessoa acusada, quer ela já esteja presa ou solta.

Para o caso de a pessoa acusada se encontrar solta, a única exigência legal é a da sua regular intimação. Caso inexistente ou imperfeita a comunicação processual, o réu ausente poderá reclamar a nulificação da sessão plenária, de natureza absoluta, porquanto fere o direito à autodefesa. Nada obstante ser esse o entendimento que melhor se coaduna com o marco teórico destes **Comentários**, a cultura dominante processual penal potencialmente tenderá a exigir da pessoa ré a demonstração do "prejuízo" da sua ausência.

Para a pessoa acusada, a situação já é mais complexa, porquanto, em primeiro plano, cremos deva-se verificar a natureza da prisão. Se ela estiver presa por outro processo e não houver incidência de qualquer "medida" cautelar de constrição da liberdade no processo a ser submetido ao júri popular, sua ausência – embora ainda censurável nos termos destes **Comentários** – pode ser mais bem explicada.

No entanto, quando a prisão for de natureza cautelar decretada no processo a ser submetido ao tribunal popular, parece-nos de todo injustificável e inexplicável a regra, que somente pode ser visualizada pelo ângulo de uma prestação jurisdicional que se quer ver decididas com os mais baixos custos operacionais possíveis, na medida em que o deslocamento de presos é dos temas mais sensíveis diante de seus alegados altos custos, realidade criticada

---

2368 RT, 710/344.

em praticamente todo o País. Tomem-se, a título de ilustração, duas referências.

Mas, se a prisão há de ter fundamento cautelar, e sendo legítima a constrição para, por exemplo, preservar a instrução criminal e sendo a sessão "de instrução e julgamento", a teor da nomenclatura empregada na reforma legislativa, nos termos dos arts. 431, 453 e 468, parágrafo único, por exemplo – terminologia adequada, diga-se de passagem –, não há sentido em prender-se alguém sob essa justificativa e essa pessoa não participar exatamente do ato instrutório que ensejou sua constrição.

§ 1º Os pedidos de adiamento e as justificações de não comparecimento deverão ser, salvo comprovado motivo de força maior, previamente submetidos à apreciação do juiz-presidente do Tribunal do Júri.

1. Ausência justificada de réu solto e adiamento da sessão de julgamento

O regime atual faculta a realização da sessão plenária do réu que se encontra solto, sem a sua presença, desde que tenha sido regularmente intimado. Nada obstante, é um direito do(a) réu(ré) estar presente na sessão de julgamento e, uma vez justificada sua ausência, pode a sessão ser adiada. Vide, em complemento, comentários ao *caput* do presente artigo.

§ 2º Se o acusado preso não for conduzido, o julgamento será adiado para o primeiro dia desimpedido da mesma reunião, salvo se houver pedido de dispensa de comparecimento subscrito por ele e seu defensor.

1. Faculdade da ausência do réu preso em plenário

Para o caso do réu preso, a lei determina a concomitância de duas manifestações de concordância: a da pessoa acusada e a de seu defensor. Não estabelece a lei qualquer solenidade para a manifestação, bastando que seja certificada nos autos.

Potencialmente, aqui, instaurar-se-á o mesmo tipo de conflito existente na hipótese da discordância de posições entre defesa técnica e autodefesa quando da interposição de recursos, porquanto, embora textual a lei no sentido da congruência das vontades, pode haver situação de divergência de manifestações.

Nesse ponto, caso entendida a presença física como manifestação exclusiva da autodefesa e, como querem alguns, como manifestação do *nemo tenetur*, haveria de ser dada preponderância à manifestação da pessoa acusada quando colidente com a do defensor técnico.

Outro ponto a ser destacado é a possibilidade da retratação da manifestação de ausência no plenário, na medida em que, não prevendo tempo mínimo para que esse desejo se manifeste, a lei também acaba por silenciar quanto à possibilidade de revisão da manifestação, não sendo suficiente a previsão do § 1º, deixando em aberto quando essa solicitação deve ser feita, na medida em que se limita a usar o advérbio "previamente".

2. Ausência do réu preso e redesignação da sessão

Ausente o réu preso e não tendo sido solicitada sua dispensa na forma do § 2º, ao final, deverá ser ele submetido a julgamento na mesma "reunião", cabendo neste ponto, quando da organização da pauta, a previsão de datas livres para esse fim.

Art. 458. Se a testemunha, sem justa causa, deixar de comparecer, o juiz-presidente, sem prejuízo da ação penal pela desobediência, aplicar-lhe-á a multa prevista no § 2º do art. 436 deste Código.

1. Possibilidade de condução coercitiva

Prevista no art. 218 do CPP. Excetua-se, no entanto, a situação da "testemunha residente em circunscrição diversa".[2369]

2. Desobediência e sua persecução penal

Ao falar em "ação penal" pelo crime de desobediência, quer-se compreender a persecução na forma determinada pela Lei n. 9.099/1995, com a eventual possibilidade de transação penal, conforme disposto naquele diploma legal, que, se frustrada, dará ensejo ao oferecimento de denúncia.

3. Testemunha ausente com causa justificada

Não se submete à sanção administrativa da multa, bem como à persecução penal.

4. Intimação das partes e das testemunhas

Ressalve-se, no entanto, que tendo sido

> evidenciado que o oficial de justiça teria deixado o mandado de intimação do paciente para a sessão de julgamento pelo Tribunal do Júri com uma pessoa qualquer, que passava pela rua e disse conhecer o réu, não se pode afirmar que o paciente tenha sido validamente notificado,

---

2369 STF. RT 634/368.

razão pela qual não se poderia exigir a sua presença naquele ato."[2370]

5. Testemunha residente fora da comarca do julgamento

Na estrutura do Código de Processo Penal, afirma-se a "Inexistência de obrigação do deslocamento de testemunha ao local em que se realizará a sessão do Júri, se em Comarca diversa daquela em que reside".[2371]

Tal situação tem particularidades no procedimento do júri, no qual, rigorosamente falando, não há sentido em ouvir por precatórias pessoas que deveriam estar presentes, *perante o juiz natural*, para ofertarem seus depoimentos, embora determinados provimentos já tenham convalidado essa possibilidade.[2372]

Contudo, tal situação apresenta certa confusão em determinados provimentos, na medida em que se confunde comparecimento físico em plenário com a informação, por via de intimação, da realização daquele ato. Muitos acórdãos sacramentam a impossibilidade de a testemunha ser avisada – por carta precatória – da data do julgamento.[2373]

Numa linha tanto mais coerente, tem-se a inadmissibilidade do indeferimento do "requerimento da defesa para intimação das testemunhas residentes fora da terra"[2374], ou a assertiva de que

> Constitui causa de nulidade a falta de "intimação das testemunhas arroladas no libelo e na contrariedade, nos termos estabelecidos pela lei"[2375], não podendo o juiz deixar de fazê-lo, ainda que, para tanto, tenha de expedir precatório, quando, como no caso, a testemunha residir em lugar distante".[2376]

6. Intimação da "testemunha imprescindível"

O Código de Processo Penal, como já exposto nestes *Comentários*, divide as testemunhas arroladas nesta fase em "prescindíveis" e "imprescindíveis", com consequências distintas para cada qual.

Uma delas diz respeito à "Falta de intimação de testemunha arrolada pela acusação sob cláusula de imprescindibilidade", que se converte em causa de nulidade.[2377] Ressalva-se, no entanto, o caso da "ausência ao julgamento em razão de não haver sido consignado nos autos o endereço correto da sua residência, o que frustrou a diligência visando à intimação"[2378] ou quando afirmado que

> inexiste nulidade no julgamento pelo Júri sem a oitiva de testemunha arrolada pela acusação e defesa, que apesar de intimada, não é localizada, encontrando-se "desaparecida". Além do mais, na ata de julgamento consta a desistência do Ministério Público com relação à referida testemunha e a concordância da defesa com relação a isso.[2379]

> Art. 459. Aplicar-se-á às testemunhas a serviço do Tribunal do Júri o disposto no art. 441 deste Código.

1. Extensão da palavra "testemunha"

Diante dos objetivos pretendidos no presente artigo, a palavra "testemunha" deve escapar de seu sentido técnico-formal e aplicar-se, também, às pessoas que não prestam compromisso e às demais exceções previstas nos arts. 206, 207 e 208 deste Código.

2. Testemunhas "a serviço" do Tribunal do Júri

Regularmente intimadas e presentes, devem se beneficiar da regra independentemente da sua efetiva oitiva em plenário, vez que ficaram à disposição da Justiça até sua efetiva dispensa pelo Juiz-Presidente. Não pode, no entanto, valer-se dessa prerrogativa quando a sessão plenária não se instala.

> Art. 460. Antes de constituído o Conselho de Sentença, as testemunhas serão recolhidas a lugar onde umas não possam ouvir os depoimentos das outras.

1. Sobre testemunhas em gozo de proteção especial, ver nestes *Comentários* arts. 202 e seguintes

2. Sobre o regime de incomunicabilidade, ver nestes *Comentários* art. 210

2370 LEXSTJ, 146/388.
2371 TJSP. **Conflito de Jurisdição 80.594-0/5**. Relator: Alvaro Lazzarini. 12 jul. 2001, v.u.
2372 JTJ, 246/372; RT, 657/278.
2373 RT, 558/312.
2374 TJSP. **HC 288.449-3**. São José do Rio Preto. Relator: Passos de Freitas. 29 jul. 1999. v.u. No mesmo sentido, JTJ 225/324.
2375 CPP, art. 564, III, "h".
2376 RSTJ 93/396.
2377 TJMG. RT, 619/346.
2378 TJAC. RT, 779/608.
2379 STJ. Relator: Jorge Scartezzini. Data de publicação: DJ, 8 abr. 2002. p. 240. Relator: Jorge Scartezzini.

3. Consequências jurídicas do descumprimento da norma

Entende-se, corretamente, como causa de nulidade.[2380] Dentro da compreensão dominante, tal nulidade se revestiria de caráter relativo, sujeita às fórmulas dos arts. 563 e seguintes (*vide* nestes *Comentários*).

4. Testemunhas comunicáveis antes da constituição do Conselho de Sentença

Muito embora o Código de Processo Penal se refira ao início da incomunicabilidade a partir da constituição do conselho de sentença, para os bons andamentos dos trabalhos e a fim de evitar percalços, como potenciais intimidações, é de bom-tom que as testemunhas sejam separadas, na prática, desde o momento em que se identificam aos meirinhos, ao chegarem às dependências do Fórum.

> Art. 461. O julgamento não será adiado se a testemunha deixar de comparecer, salvo se uma das partes tiver requerido a sua intimação por mandado, na oportunidade de que trata o art. 422 deste Código, declarando não prescindir do depoimento e indicando a sua localização.
>
> § 1º Se, intimada, a testemunha não comparecer, o juiz-presidente suspenderá os trabalhos e mandará conduzi-la ou adiará o julgamento para o primeiro dia desimpedido, ordenando a sua condução.
>
> § 2º O julgamento será realizado mesmo na hipótese de a testemunha não ser encontrada no local indicado, se assim for certificado por oficial de justiça.

1. Momento para indicação das testemunhas

Vide nestes *Comentários* art. 422.

2. "Classificação" das testemunhas quanto à necessidade de comparecimento

Quanto à indispensabilidade, o Código de Processo Penal distingue as testemunhas em "prescindíveis" ou "imprescindíveis", de acordo com a manifestação de vontade das partes quanto à importância de cada uma delas para a produção probatória. Em tese, de acordo com o Código, todas as testemunhas arroladas no libelo e na contrariedade (no máximo cinco) podem ser tidas como "imprescindíveis".

2.1 Consequências jurídicas da distinção: testemunha "imprescindível"

Há sensíveis consequências jurídicas para cada uma dessas "espécies" de testemunhas. Com efeito, nos limites deste artigo, o adiamento da sessão plenária pode ocorrer com a ausência (justificada) da testemunha arrolada como imprescindível, desde que ela tenha sido intimada, não sendo sua "ausência ao julgamento em razão de não haver sido consignado nos autos o endereço correto da sua residência, o que frustrou a diligência visando à intimação"[2381] causa de qualquer vício processual.

2.2 Testemunha presa arrolada como imprescindível para ser ouvida no plenário: condução pelo Estado

Questão interessante que se coloca no plano das denominadas "testemunhas imprescindíveis" é o da sua condução forçosa, pelo Estado, quando estiver presa em local distinto da comarca onde o julgamento será realizado.

Ordinariamente falando, como já visto, há farto entendimento no sentido de ser impossível que se obrigue o deslocamento da testemunha, mesmo quando considerada imprescindível, sob o argumento de que esse não é o regime do Código, que facultaria a expedição de carta precatória para tal fim.

A situação muda de figura quando a pessoa a ser ouvida, arrolada pela acusação ou pela defesa, estiver presa (a qualquer título) e, portanto, sob a custódia do Estado. Aqui caberia o emprego analógico da solução dada ao acusado preso, que deve ser deslocado sob a responsabilidade do Estado. Em tal situação, quer-nos parecer que a recusa na apresentação gera prejuízo à parte que arrolou a testemunha, inquinando de nulidade o feito, caso não haja desistência espontânea da oitiva.

2.3 Consequências jurídicas da distinção: testemunha "prescindível"

A testemunha tida como "prescindível", e que não comparece, não dá causa ao adiamento nem a "falta de inquirição de testemunha na sessão de julgamento [de] pessoa não arrolada como imprescindível na contrariedade do libelo" é causa de nulidade inocorrente.[2382] No mesmo sentido: "falta de oitiva, em plenário, de testemunha faltosa, não induz à nulidade do julgamento, se o depoimento da mesma não estava gravado com cláusula de imprescindibilidade".[2383]

Acresça-se, ainda, que

[2380] TJSP. **Apelação Criminal 275.535-3**. Relator: Oliveira Ribeiro. 27 jul. 1999, v.u.
[2381] TJAC. RT, 779/608.
[2382] TJSP. **Apelação Criminal 269.060-3**. Relator: Haroldo Luz. 29 jun. 1999, v.u.
[2383] STJ. Relator: Gilson Dipp. Data de publicação: DJ, 17 jun. 2002. p. 288.

não há se falar em cerceamento de defesa pela não substituição de testemunha quando a própria defesa declina os nomes das que seriam ouvidas, mas não seus endereços, impedindo, assim, a ação do oficial de justiça, que jamais poderia certificar a possível ausência, e como tal, serem substituídas.[2384]

2.4 Testemunha imprescindível: não localização e ciência do cumprimento do mandado

Já se decidiu que

não há nulidade processual na falta de intimação do defensor para substituição de testemunha não localizada, diante da falta de previsão legal. Com efeito, o art. 405 do CPP não determina a abertura de prazo para a defesa se manifestar acerca da substituição de testemunhas não encontradas, sendo imprescindível o requerimento da defesa, o qual não ocorrendo, no prazo de 3 (três) dias, acarretará o prosseguimento no julgamento do processo. Nesse sentido: HC 36.794/RJ, 5ª T., rel. Min. Gilson Dipp, DJ 9-2-2005, p. 208.[2385]

3. Substituição de testemunha

Possível, desde que não localizada no endereço indicado. No mais, de maneira genérica, pode-se afirmar que

Não há ilegalidade na decisão que indefere pedido de substituição de testemunha se o Julgador, no uso da sua faculdade expressa no art. 397 do Código de Processo Penal, motiva devidamente a impropriedade de tal requerimento. Hipótese em que a defesa não atendeu às diversas intimações para declinação dos endereços das primeiras testemunhas, arrolando, quando do pedido de substituição, pessoas sem qualquer ligação com o objeto da ação penal.[2386]

> Art. 462. Realizadas as diligências referidas nos arts. 454 a 461 deste Código, o juiz-presidente verificará se a urna contém as cédulas dos 25 (vinte e cinco) jurados sorteados, mandando que o escrivão proceda à chamada deles.

1. Quóruns diferenciados: mínimo de 15 para instalar a sessão e de 25 para o julgamento da causa

Com efeito, o Código de Processo Penal trabalha com um notável labirinto numerológico para colocar em funcionamento o julgamento individualmente considerado.

Assim, 15 é o número mínimo de jurados para que a sessão de julgamento seja *instalada*; 25 é o número para que ela se realize. Para sanar essa diferença de sete julgadores, é "de rigor que se proceda ao sorteio dos suplentes em número necessário a completar os 21 jurados que funcionarão na nova data do julgamento"[2387], concluindo-se que a ausência do número total (21) dá causa ao adiamento da sessão.

Observando a questão sempre sob a ótica da administração da corte popular a partir da visão burocrática estatal – e, por isso, não enxergando a completa proporção da fruição da garantia do juiz natural –, chegou-se a decidir que

A indigitada nulidade – convocação de 03 suplentes a integrar o conselho de sentença de julgamento do tribunal popular sem a devida publicidade, é relativa, *ex vi* dos arts. 564, IV, combinado com o 572, ambos do CPP, logo sanável, se não arguido *opportuno tempore*. No caso em tela, ocorreu a preclusão da alegação. Ademais, os recorrentes, em momento algum, provaram que os jurados convocados estivessem, por alguma razão, impedidos ou suspeitos de participar da sessão do tribunal do júri. Assim, não adviria nenhum prejuízo para os pacientes, em suma, *pas de nullité sans grief*.[2388]

2. Consequência da ausência e substituição

O jurado injustificadamente ausente será substituído e não mais terá o *munus* de julgar, de acordo com a literalidade do Código de Processo Penal. Do ponto de vista processual, isso significa a perda da condição de juiz natural da causa, com todos os desdobramentos de direitos e deveres que a função encerra. Desaparecem sobre ele as causas de suspeição e impedimento, por exemplo, da mesma maneira que passa a viger para o substituído toda essa gama de situações jurídicas.

No mais, na vigência da legislação anterior, afirmou-se que, "a jurisprudência pacificou-se no

---

2384 RSTJ, 90/310.
2385 REsp 800.745/RJ. 5ª Turma. Relator: Min. Gilson Dipp. Data de publicação: DJ, 24 abr. 2006.
2386 STJ. Relatora: Gilson Dipp. Data de publicação: DJ, 22 set. 2003. p. 346.
2387 Rev. do Foro, 91/421.
2388 STJ. Relator: Pedro Acioli. Data de publicação: DJ, 12 dez. 1994. p. 34.377.

entendimento de que o art. 445, § 3º, do Código de Processo Penal, dispõe sobre a disciplina dos jurados, em nada repercutindo na validade do processo penal do Júri".[2389]

> Art. 463. Comparecendo, pelo menos, 15 (quinze) jurados, o juiz-presidente declarará instalados os trabalhos, anunciando o processo que será submetido a julgamento.

1. Número mínimo para instalar a sessão: 15 jurados

De acordo com a literalidade da norma, "a sessão para o julgamento pelo júri pode ser instalada com pelo menos quinze jurados (CPP, art. 442). Irrelevante, haver o juiz sorteado suplentes para compor o 'quórum'".[2390]

Assim, "não enseja nulidade a complementação do número regulamentar mínimo de 15 jurados, por suplentes do mesmo Tribunal do Júri (Precedentes)[2391]", "desde que haja prévia aquiescência da defesa".[2392]

1.1 Ausência do número mínimo (15) de jurados

Em situações nas quais não haja possibilidade de "cessão" de jurados de uma vara para outra, o tema se desloca para se saber qual o procedimento diante da ausência do número legal de jurados. Vendo o problema com os mesmos olhos mencionados no tópico anterior, convalidou-se o julgamento realizado com a convocação de suplentes[2393], embora determinado julgado já decidiu pela "necessidade de adiamento da sessão para o primeiro dia útil seguinte", sendo a convocação de suplentes causa de nulidade absoluta.[2394]

1.2 Júri sem o número legal de jurados

É causa de nulidade. No entanto, como desdobramento do tema, considerou determinado provimento que "Tendo sido anulado o julgamento realizado perante o Tribunal do Júri, em decisão proferida por esta Corte Superior, por ausência de quórum mínimo de jurados (art. 442 do CPP), não há como determinar o desentranhamento das provas colhidas, por ausência de previsão legal".[2395]

2. Número para formação "completa" do Tribunal do Júri

Conforme já exposto nestes **Comentários**, o Tribunal do Júri, com sua formação "completa", compreende 25 jurados. Quinze é o número mínimo para início dos trabalhos, sem o qual a sessão não pode sequer chegar a ser instalada.

3. A possibilidade de "cessão" de jurados

O tema se mostra de grande praticidade, dados os problemas típicos enfrentados em comarcas de grande porte. Caso emblemático, neste ponto, teve a seguinte ementa de acórdão:

> Primeiro tribunal do júri da comarca de São Paulo. Divisão administrativa em unidades. Jurados: comparecimento de onze para a unidade em questão, com complementação de mais quatro jurados de outras unidades. Alegação de nulidade (CPP, art. 564, III, i). Inexistência de arguição oportuna ou demonstração de prejuízo (CPP, art. 571, V, e art. 563).[2396]

Outro provimento decidiu que

> caso não houver quórum mínimo em um plenário, o aproveitamento de jurados presentes, mas de outro, não acarreta eiva de nulidade, pois, apenas por razões administrativas ocorreu convocação separada, já que todos pertencem à unidade judicial, cuja lista geral é de conhecimento público, e as partes têm acesso aos dados das pessoas que podem servir como juiz de fato no designado julgamento.[2397]

Acórdão em sentido idêntico apontou que a "convocação de dois jurados componentes de outro Tribunal, na mesma comarca [com a] Ausência de reclamação no momento processual oportuno [gera] Ocorrência de preclusão".[2398]

Considera-se no âmago deste tema que "o intérprete da norma jurídica não deve ficar preso ao texto, que não é imutável, mas avançar imbuído de compreensão histórico-evolutiva, a fim de ajustar

---

[2389] STJ. Relator: José Arnaldo da Fonseca. Data de publicação: DJ, 12 abr. 2004. p. 232.
[2390] STJ. Relator: Luiz Vicente Cernicchiaro. Data de publicação: DJ, 9 jun. 1997. p. 25.582.
[2391] STJ. Relator: Hamilton Carvalhido. Data de publicação: DJ, 23 jun. 2003. p. 444.
[2392] STJ. Relator: Vicente Leal. Data de publicação: DJ, 1º jul. 2002. p. 401.
[2393] JTJ, 129/513.
[2394] JTJ, 153/285.
[2395] STJ. **HC 24.963**. Data de publicação: DJ, 28 out. 2003. p. 309.
[2396] RSTJ, 84/340.
[2397] TJSP. **HC 292.533-3**. Relator: Walter Guilherme. 5 out. 1999, v.u.
[2398] TJSP. **Revisão Criminal 261.311-3**. Relator: Silva Pinto. 27 mar. 2000, v.u.

os preceitos às vicissitudes surdentes no decorrer do tempo".[2399]

3.1 Empréstimo de jurados e nulidade

Diversamente das decisões mencionadas no tópico anterior, recente acórdão do e. STF abordou igual tema, concluindo pela nulidade absoluta no "empréstimo" de jurados, tendo deferido *habeas corpus*

> impetrado em favor de condenado pela prática do crime de homicídio (CP, art. 121, § 2º, II) que, em seu julgamento, tivera como membro integrante do Conselho de Sentença jurado convocado de outro plenário para complementar o número regulamentar mínimo. No caso, por ocasião do apregoamento das partes, a defesa arguira violação ao art. 442 do CPP, haja vista a ausência de quórum legal para a instalação da sessão, já que presentes apenas 11 jurados. Em consequência, jurados de plenários distintos daqueles constantes do edital publicado referente ao júri do paciente, mas pertencentes ao mesmo Tribunal do Júri, foram chamados de empréstimo. Inicialmente, rejeitou-se o argumento de preclusão da matéria, uma vez que o não comparecimento de 15 jurados constitui nulidade absoluta (CPP, arts. 564, i, e 572). Entendeu-se que jurados não convocados para aquele julgamento específico não poderiam ser utilizados, tendo em conta a necessidade de conhecimento prévio daqueles que poderiam compor o Conselho de Sentença. Ademais, ressaltou-se que não seria razoável exigir-se das partes a consulta da relação de jurados convocados para todos os plenários. Por fim, aplicando-se a regra de que somente se declara a nulidade quando esta tenha influído na decisão da causa e considerando-se, ainda, que a atenuante proposta fora afastada por votação de 4X3, asseverou-se que, na espécie, a efetiva influência do jurado "emprestado" no resultado do julgamento seria de prova impossível. HC deferido para anular o julgamento, a fim de que outro se realize. Mantida, contudo, a prisão do paciente, uma vez que a nulidade da condenação restabelece o título antecedente da prisão, cuja validade não fora contestada no presente *writ*.[2400]

A posição do e. STF parece-nos muito mais consentânea, com a devida vênia aos entendimentos contrários, com a estrutura do juiz natural no julgamento do Tribunal do Júri que aqueles tendentes a tolerar o "empréstimo".

4. Posição física das partes na sessão de julgamento

Assim como já foi discutido nos termos dos arts. 257 e 258 destes *Comentários*, também no Tribunal do Júri discutiu-se a questão da posição física do órgão acusatório no plenário.

Apreciando a questão na Medida Cautelar 12.417/SP, tendo como requerente a Quinquagésima Sétima Subseção de Guarulhos da Ordem dos Advogados do Brasil – Seccional de São Paulo, na qual se pleiteava a concessão ao fundamento de que a prerrogativa de o Ministério Público ocupar assento à direita dos magistrados decorre da própria legislação, inexistindo, *in casu*, ato ilegal ou abusivo a exigir reparação, o e. STJ decidiu que

> a prerrogativa de os membros do Ministério Público tomarem assento à direita dos Juízes de primeira instância ou do Presidente do Tribunal, Câmara ou Turma decorre da própria legislação de regência (art. 41, XI, da Lei n. 8.625/93), a qual leva em conta a importância das funções desempenhadas pela instituição (arts. 127, *caput*; e 129, da Constituição Federal), inexistindo qualquer ofensa à igualdade entre as partes. Não bastasse isso, a jurisprudência deste Sodalício firmou entendimento em sentido "Criminal. HC. Homicídio. Pleito de alteração do posicionamento da acusação e defesa no julgamento do tribunal do júri. Princípio da igualdade. Equidistância entre o juiz e as partes. Posição do promotor e do advogado que configuraria constrangimento ilegal. Inexistência de ameaça à liberdade de locomoção. Recurso desprovido. O fato de o defensor do réu não estar assentado ao lado do Juiz-Presidente por ocasião de julgamento na Sessão Plenária do Tribunal do Júri não configura constrangimento ilegal à liberdade de ir e vir. A igualdade entre as partes, defesa e acusação, no Tribunal Popular, é verificada pelo mesmo tempo de que dispõem para que, em pé, da mesma forma, diante dos jurados, possam proferir suas alegações, sustentando a tese defensiva ou acusatória. A posição do patrono ao lado do réu possibilita a melhor comunicação entre eles, facilitando eventuais orientações e obtenção de informações para a promoção da defesa. O posicionamento do Ministério Público, que se coloca sentado ao lado do Magistrado Presidente do Tribunal do Júri, decorre da Lei n. 8.625/93, não significando superioridade em relação ao defensor. Não se configura constrangimento ilegal a ser reparado na via eleita por *writ*, já que não evidenciada qualquer ameaça ao direito de locomoção do paciente, por abuso de poder ou ilegalidade – o que impende

---

[2399] TJSP. **Mandado de Segurança 279.606-3**. Relator: Gonçalves Nogueira. 25 maio 1999 – m.v., já citado parcialmente nos Comentários do art. 426.

[2400] HC 88.801/SP. Relator: Min. Sepúlveda Pertence. 6 jun. 2006.

atentar-se aos termos da previsão constitucional que institucionalizou o *habeas corpus* como meio próprio à preservação do direito de locomoção, quando demonstrada a ofensa ou a ameaça referidas. Recurso desprovido".[2401]

§ 1º O oficial de justiça fará o pregão, certificando a diligência nos autos.

1. A importância do pregão
Na estrutura da sessão de julgamento, a realização do pregão está ligada ao tema das *nulidades* posteriores à pronúncia.

Com efeito, de acordo com o determinado no art. 571, V, é após ter o oficial de justiça apregoado as pessoas determinadas no presente artigo que as partes ou a assistência da acusação deverão impugnar o que entenderem de direito, sob pena de preclusão, caso o tema debatido não enseje nulidade de índole absoluta, a qual, pela sua natureza, não preclui.

Nesse sentido, tem-se que

em tema de júri, por sua natureza especial, há momentos certos para arguição de nulidade, sob pena de incidência do fenômeno da preclusão. Defeitos da pronúncia, que eventualmente envolvam falta de correlação entre motivação e motivo fútil, ausência ou excesso de fundamentação, devem ser alegadas em sede de recurso próprio, direito expressamente recusado exercer pelo réu. Vícios do libelo, sendo posteriores à pronúncia, também só podem ser apontados até o instante em que anunciado o julgamento e apregoadas as partes, segundo clara previsão legal, sob pena de preclusão. E equívocos na elaboração de quesitos, por sua casual prolixidade, inversão de ordem de submissão aos jurados, e mesmo envolventes de teses diferentes, devem ser objeto de protesto no instante em que submetidos aos interessados. Inexistindo registro em ata quanto ao inconformismo de parte, como não há, inviável questioná-lo após insucesso na votação. Nulidades repelidas.[2402]

§ 2º Os jurados excluídos por impedimento ou suspeição serão computados para a constituição do número legal.

1. Jurados impedidos ou suspeitos: cômputo no número legal
Visando sempre otimizar os trabalhos do júri, determinado provimento já considerou que "os jurados excluídos por impedimento ou suspeição serão computados para a constituição do número legal para a formação do conselho de sentença".[2403]

Art. 464. Não havendo o número referido no art. 463 deste Código, proceder-se-á ao sorteio de tantos suplentes quantos necessários, e designar-se-á nova data para a sessão do júri.

1. Ausência de participação das partes
Não há participação das partes no procedimento de escolha dos suplentes, sendo que "ato que se realiza antes de apregoadas as partes, sendo próprio e exclusivo do juiz-presidente do Tribunal do Júri [... a] Falta de participação da acusação ou da defesa que não enseja nulidade – Inteligência e aplicação dos arts. 445 e 447 do CPP".[2404]

2. Ausência de jurados
É de se distinguir entre os faltosos com ou sem justificativa. Assim: "Jurados que deixaram de comparecer à primeira sessão – Ausências justificadas – desnecessidade da realização de sorteio de suplentes, pois os faltosos continuam a integrar o corpo de jurados da sessão periódica".[2405]

Art. 465. Os nomes dos suplentes serão consignados em ata, remetendo-se o expediente de convocação, com observância do disposto nos arts. 434 e 435 deste Código.

1. Requisito para suplência
O texto revogado sobre o assunto dispunha que "nos Estados e Territórios, serão escolhidos como suplentes, dentre os sorteados, os jurados residentes na cidade ou vila ou até a distância de 20 (vinte) quilômetros", não havendo na nova disciplina menção à restrição da distância e a menção a "cidade ou vila".

2401 RHC 13.720/SP. Relator: Min. Gilson Dipp. Data de publicação: DJ, 6 out. 2003, indeferindo-se, ao final, a liminar (Relator: Min. Francisco Peçanha Martins. Data de julgamento: 24 jan. 2007).
2402 STJ. **REsp 811.154/RJ**. Relator: Min. Gilson Dipp. Data de publicação: DJU, 9 out. 2006.
2403 STJ. Relator: Luiz Vicente Cernicchiarov. Data de publicação: DJ, 19 jun. 1995. p. 18.756.
2404 TJRS. RT, 659/298.
2405 TJSP. RT, 765/573.

2. Lista de jurados

Já foi afirmado jurisprudencialmente que a "possível irregularidade na publicação da lista de jurados deve ser apontada tão logo anunciado o julgamento e apregoadas as partes – arts. 564, inciso IV, 571, inciso V e 572, inciso I, do Código de Processo Penal".[2406]

> Art. 466. Antes do sorteio dos membros do Conselho de Sentença, o juiz-presidente esclarecerá sobre os impedimentos, a suspeição e as incompatibilidades constantes dos arts. 448 e 449 deste Código.

1. Advertência sobre os impedimentos

Deve ser certificada em ata. Nada obstante, o julgamento que contou com a participação de jurado impedido é causa de nulidade que pode ser declarada de ofício a qualquer tempo (RT, 782/650), não se enquadrando exatamente nas hipóteses em que "as nulidades processuais ocorridas na sessão de julgamento pelo Júri deverão ser arguidas logo após o ato, sob pena de preclusão"[2407], vez que se trata de ofensa ao princípio do juiz natural.

Não se pode, pois, com a devida vênia, comungar do entendimento que afirma que

> A convocação de jurados é feita com ampla publicidade. O edital é afixado à porta do fórum e publicado pela imprensa. Visa ensejar ao réu o conhecimento e possibilitar recusa por impedimento ou suspeição. Eventual omissão ou irregularidade, por si só, não enseja nulidade. Além de prova do prejuízo, no ato do sorteio, a parte teve a necessária ciência. Silenciando, não poderá fazê-lo depois de conhecido o resultado do julgamento.[2408]

1.1 Jurados: causas de impedimento

Determinado provimento reconhece, inicialmente, que

> é incontroverso que as causas de impedimento ou de suspeição dos juízes togados são aplicáveis aos jurados, juízes leigos, que igualmente decidem "de fato", nas deliberações do Júri. – Embora se afirme que a enumeração do art. 254, do Código de Processo Penal, seja taxativa, a imparcialidade do julgador é tão indispensável ao exercício da jurisdição que se deve admitir a interpretação extensiva e o emprego da analogia diante dos termos previstos no art. 3º do Código de Processo Penal.[2409]

Já houve provimento, contudo, que analisando casos em que "Jurados que eram primos [deu pela] Irrelevância [e a] Inexistência de impedimento legal".[2410]

§ 1º O juiz-presidente também advertirá os jurados de que, uma vez sorteados, não poderão comunicar-se entre si e com outrem, nem manifestar sua opinião sobre o processo, sob pena de exclusão do Conselho e multa, na forma do § 2º do art. 436 deste Código.

§ 2º A incomunicabilidade será certificada nos autos pelo oficial de justiça.

1. Incomunicabilidade interna

Os princípios norteadores da comunicação "interna", a dizer, com os demais jurados, funcionários, partes, juiz togado e outras pessoas presentes à sessão de julgamento, são os mesmos do tópico anterior.

Assim,

> aos jurados não é vedado manter contato com outro membro do Conselho de Sentença a menos que a conversa diga respeito ao caso em julgamento, de molde a influenciar na decisão da causa, com o que não se equipara a comunicação feita no intervalo reservado ao lanche, na presença do Presidente do Júri e das partes, sobre assunto alheio ao caso em apreciação.[2411]

Tampouco está nesse contexto "o fato de ter um jurado, que passou mal, se ausentando momentaneamente do recinto, junto com o oficial de justiça, dirigindo-se até um corredor próximo, não implica quebra da incomunicabilidade. Ademais, tal acontecimento sequer constou da ata de julgamento".[2412]

Lembre-se, "ademais, a regra da incomunicabilidade não é absoluta pois os jurados poderão – desde que não externem opinião ou convicção – dirigir perguntas e solicitar esclarecimentos ao juiz e por intermédio deste às partes (arts. 476 e 478, CPP), além de inquirir testemunhas (art. 468, CPP)"[2413], não constituindo ofensa à incomunicabilidade a situação em que há "jurado que durante a votação, em resposta a esclarecimento solicitado ao Juiz, por outro jurado,

---

[2406] STF. **HC 70.938**. Data de publicação: DJ, 10 jun. 1994. p 14.766. Relator: Min. Marco Aurélio.
[2407] STJ. Relator: Fernando Gonçalves. Data de publicação: DJ, 18 fev. 2002. p. 517.
[2408] RSTJ, 21/479.
[2409] RF, 364/418.
[2410] TJSP. **Apelação Criminal 155.951-3**. Relator: Egydio de Carvalho. Data de julgamento: 11 abr. 1994.
[2411] TJPB. Relator: Des. Raphael Carneiro Arnaud. Data de julgamento: 19 set. 1995. Data da publicação: 21 set. 1995.
[2412] JTJ, 128/460.
[2413] TRF. 4ª Região. Relatora: Juiz Amir Sarti. Data de publicação: DJU 19 set. 2001. p. 526.

recorda trecho dos debates, sem revelar sua opinião ou voto – Preliminar rejeitada".[2414]

1.1 Comunicabilidade interna no momento da decisão

Frise-se, apenas, que "conforme demonstra a Doutrina, o princípio da incomunicabilidade dos jurados deve ser interpretado limitadamente à não interferência de um jurado na formação da convicção dos demais"[2415].

2. Incomunicabilidade externa

O artigo em comento afirma que o juiz determinará que os jurados não poderão se comunicar, instaurando assim algo que se poderia denominar "estado de incomunicabilidade" dos jurados, que deverá perdurar enquanto durar o julgamento da causa.

A incomunicabilidade deverá ser assegurada, e registrada especificamente em ata essa situação, garantindo assim o cumprimento do preceito legal, muito embora já se tenha decidido que "a lei processual não erige como formalidade essencial a lavratura de termo de incomunicabilidade dos jurados, pois o que sobreleva é a própria incomunicabilidade".[2416]

Este é, na verdade, um dos esteios de funcionamento do tribunal do júri, tal como compreendido no direito brasileiro. O conceito de incomunicabilidade precisa ser compreendido para que se saiba aquilo que o jurado pode ou não fazer em termos de comunicação.

Assim, parece correto o teor de determinado provimento que afirma que "a incomunicabilidade não é isolamento do jurado. Vedado comentar o fato em julgamento. Simples telefonema, por si só, não é vedado. Notadamente quando dado antes dos debates. Além disso, só acarreta nulidade demonstrado o prejuízo".[2417]

Trata-se de situação razoavelmente semelhante àquela da

> Hipótese em que se alega a quebra da incomunicabilidade de jurado que atendeu a ligação telefônica, durante o intervalo do julgamento. A mera transcrição ou juntada de ementas não é suficiente para a demonstração da alegada divergência jurisprudencial, sendo necessária a explicitação dos pontos que assemelham ou diferenciam os acórdãos confrontados. Não se justifica a anulação do julgamento quando não

demonstrado efetivo prejuízo à defesa, especialmente se apurado – através da declaração de oficial de justiça – que a incomunicabilidade do jurado não fora quebrada, eis que seu contato com o ambiente externo ao do julgamento restringiu-se a assuntos não relacionados ao caso.[2418]

No mais, "Não é possível, em sede de *habeas corpus*, a apreciação da alegação de quebra de incomunicabilidade dos jurados que não está inequivocamente provada, pois demandaria instrução processual e cotejo de provas".[2419]

Dessas posições jurisprudenciais, pode-se concluir que:

- A incomunicabilidade "externa" não é absoluta, restringindo-se apenas a assuntos que digam respeito ao objeto do processo.
- É possível o emprego de meios de comunicação para se dirigir ao mundo exterior.
- É necessária, além disso, a demonstração de prejuízo. Por isso se compreende que o tema gira em torno das "nulidades relativas".

O item "a" demonstra-se razoável no seu fundamento, assim como o item "b". O último tópico, no entanto, carece de melhor análise. Com efeito, a comunicação exterior, no direito brasileiro, e sobre temas relativos à causa, é motivo de nulidade, mas não a relativa, e sim a absoluta. Com efeito, a partir do momento em que o juiz natural quebra a disposição legal e passa a ter, com terceiros, ponderações sobre o art. 458 do Código de Processo Penal, deslinde do processo ou sobre determinado aspecto probatório, ele está, efetivamente, quebrando o cerne jurídico e político da sua participação como juiz do caso.

No mais, também não se considera quebra da incomunicabilidade externa a situação na qual houve "vazamento da informação do resultado após a saída dos jurados da sala secreta e antes da leitura da sentença".[2420]

Art. 467. Verificando que se encontram na urna as cédulas relativas aos jurados presentes, o

---

2414 TJSP. **Apelação Criminal 166.099-3**. Relator: Dante Busana. Data de julgamento: 20 out. 1994.
2415 TJPB. Relator: Des. Júlio Aurélio Moreira Coutinho. Data de julgamento: 5 set. 1995. Data de publicação: 14 set. 1995.
2416 RSTJ, 89/459.
2417 RSTJ, 21/244.
2418 STJ. Relator: Gilson Dipp. Data de publicação: DJ, 4 ago. 2003. p. 371.
2419 STJ. Relator: Felix Fischer. Data de publicação: DJ, 22 maio 2000. p. 124.
2420 TRF. 5ª Região. Relator: Juiz Lazaro Guimarães. Data de publicação: DJ, 18 dez. 1990. p. 5.536.

juiz-presidente sorteará 7 (sete) dentre eles para a formação do Conselho de Sentença.

1. Verificação das cédulas: longa tradição no direito brasileiro

Já vem de longa data a "verificação das cédulas" na forma como estampada no presente artigo. Com efeito, o Código Criminal do Império dispunha em seu art. 238 que:

> No dia assignado, achando-se o Juiz de Direito, Escrivão, Jurados, o Promotor nos crimes, em que deve accusar, e a parte accusadora, havendo-a; principiará a sessão pelo toque, da campainha. Em seguida, o Juiz de Direito abrirá a urna das sessenta cedulas, e verificando publicamente, que se acham todas, as recolherá outra vez; feita logo pelo Escrivão a chamada dos Jurados, e achando-se completo numero legal, observando-se o disposto nos arts. 313 e 315, mandará o mesmo Juiz extrahir da urna por um menino, vinte e trez cédulas. As pessoas que ellas designarem formarão o primeiro Conselho de Jurados, que será interinamente presidido pelo primeiro, que tiver sahido á sorte.

Marrey et al., observando o tema da verificação das cédulas e com apoio em antiquíssimo julgado, afirmam que cabe ao Juiz-Presidente aludida verificação, ao mesmo tempo em que se deve fazer constar expressamente da ata de julgamento a produção do ato, sob pena de considerá-lo como não realizado.[2421]

2. Composição do conselho de sentença

O processo seletivo é controlado pelo juiz togado, que tem a incumbência de demonstrar, de público, que todos os nomes dos jurados que se encontram presentes estarão na urna da qual serão sorteados os nomes das sete pessoas integrantes do Conselho.

Tal procedimento deve constar da ata, sendo que "Dizer da nulidade no termo de sorteio e compromisso do conselho de sentença, em virtude de falta de assinatura do juiz e dos jurados (...) trata-se de irregularidade que não causou nenhum prejuízo à defesa"[2422], sendo que "Eventuais nulidades referentes ao sorteio de jurados devem ser arguidas oportunamente, sob pena de preclusão".[2423]

> Art. 468. À medida que as cédulas forem sendo retiradas da urna, o juiz-presidente as lerá, e a defesa e, depois dela, o Ministério Público poderão recusar os jurados sorteados, até 3 (três) cada parte, sem motivar a recusa.

1. Ordem da recusa de jurados

É peremptória e causa de nulidade, se invertida, pois cabe à pessoa acusada apontar, em primeiro plano, o juiz natural da causa. Outrossim, a inversão tornaria inviável o sistema de desmembramento do julgamento, tal como estipulado no Código de Processo Penal.

2. O sistema de recusas no direito brasileiro: antecedentes históricos

O sistema de recusas no direito brasileiro tem larga tradição histórica. Com efeito, o CCI já previa no seu art. 275:

> Entrando-se no sorteamento para a formação do 2º conselho, e à medida que o nome de cada um Juiz de Facto, fôr sendo lido pelo Juiz de direito, farão o accusado, e o accusador suas recusações sem as motivarem. O accusado poderá recusar doze, e o accusador, depois delle, outros tantos tirados á sorte.

3. Recusa "peremptória" e assistente da acusação

Já houve julgado no qual se decidiu que elas "são da competência (sic) do Ministério Público. Faculdade não conferida ao assistente de acusação".[2424]

Parágrafo único. O jurado recusado imotivadamente por qualquer das partes será excluído daquela sessão de instrução e julgamento, prosseguindo-se o sorteio para a composição do Conselho de Sentença com os jurados remanescentes.

1. A (ir)racionalidade do sistema de recusas imotivadas e a arregimentação "em concreto" do juiz natural

As recusas podem ser motivadas (quando das hipóteses de suspeição/impedimento) ou imotivadas (caso do presente artigo). Estas últimas guardam grande grau de irracionalidade e seu emprego faz parte de largo folclore sobre a "instituição" do júri. Por mitos e lendas (ou símbolos e rituais, como apõe Lênio Streck no título de sua obra), estereótipos sociais são reforçados e pessoas são aceitas ou recusadas em função de preconceitos das mais variadas espécies.

2421 MARREY, Adriano; FRANCO, Alberto Silva; STOCO, Rui. **Teoria e prática do júri**. 4. ed. São Paulo: RT, 1997.
2422 JSTJ, 12/272.
2423 STJ. Relator: Assis Toledo. Data de publicação: DJ, 5 ago. 1996. p. 26.380.
2424 TJSP. **Apelação Criminal 132.403-3**. Relação: Jarbas Mazzoni. Data de julgamento: 8 ago. 1994.

Art. 469. Se forem 2 (dois) ou mais os acusados, as recusas poderão ser feitas por um só defensor.

1. Sistema de recusas: notas sobre o regime anterior

Afirmou-se na edição anterior destes *Comentários*, diante da redação do antigo art. 461, que "A estrutura deste artigo parece contemplar a garantia do juiz natural. Assim se justifica que haja a desunião de causas quando houver concurso de agentes e, com defensores distintos, não se der concordância entre eles sobre quem deve ser o juiz a julgar o feito".

Da mesma sorte, ainda diante da lei revogada, aduziu-se quanto à concordância da recusa que "é operação permitida pelo Código de Processo Penal", sendo que, "tratando-se de dois ou mais réus, se as defesas concordaram que apenas um defensor faria as recusas, inexiste nulidade, se assim se procedeu".[2425]

No mais, consoante a disciplina do Código de Processo Penal revogado, há recusas que não ensejam o desmembramento do feito, enquanto outras têm esse efeito. Essencialmente, a distinção se opera na prática quando, havendo defensores distintos, um deles recusa determinado jurado e, na sequência, o órgão do Ministério Público também aceita o julgador leigo que foi aceito por apenas um dos réus. Nessa situação, define-se o juiz natural diante da concordância de um dos acusados e do acusador, desmembrando-se o feito em relação aos demais. Outra situação, distinta da acima exposta, se dá quanto o acusador também recusa o jurado. Na "Hipótese em que não aceito pelo defensor do corréu e pelo promotor [tem-se] Caso de simples recusa", sendo impossível a separação de julgamentos.[2426]

2. Sistema atual: recusas e desmembramento do julgamento

O sistema atual altera o modelo anterior na medida em que a recusa a determinado jurado não implica, necessariamente, o desmembramento do julgamento, o que somente se dará quando, em virtude de sucessivas recusas, nelas incluídas as eventuais recusas justificadas, não for alcançado o número mínimo de julgadores leigos.

2.1 Manifestação defensiva para as recusas

No regime anterior, quando da pluralidade de réus com pluralidade de defensores, cada patrono tinha direito a recusar, em nome de seu cliente, jurados. Esse modelo ainda pode persistir, porquanto o *caput* do presente artigo não obriga que as recusas sejam feitas de forma unificada, mas, apenas, possibilita que apenas um dos patronos se manifeste por todas as pessoas acusadas.

E nem poderia ser de outra maneira, pois, na hipótese de defensor constituído, não haveria possibilidade de obrigar a pessoa acusada a ter parte de sua defesa atuada por quem ela não contratou. Da mesma maneira, não se poderia obrigar o defensor dativo a ceder parte de sua defesa a outro, ainda que ambos sejam integrantes da mesma carreira pública (Defensoria Pública).

§ 1º A separação dos julgamentos somente ocorrerá se, em razão das recusas, não for obtido o número mínimo de 7 (sete) jurados para compor o Conselho de Sentença.

1. Recusas e separação de julgamento

Verdadeiramente, não apenas o sistema de recusas pode acarretar a separação de julgamentos, mas, também, o sistema de impedimentos e suspeição na forma já exposta nestes *Comentários*.

A presente norma, no entanto, visa evitar mecanismo existente no modelo anterior pelo qual a mera recusa de um jurado provocava a cisão dos julgamentos, sendo manobra comum em plenário naquele modelo legal. Hoje, tal somente ocorre com a insuficiência de jurados pelas recusas e pelo sistema de suspeição e impedimentos.

§ 2º Determinada a separação dos julgamentos, será julgado em primeiro lugar o acusado a quem foi atribuída a autoria do fato ou, em caso de coautoria, aplicar-se-á o critério de preferência disposto no art. 429 deste Código.

1. Ordem para julgamento dos processos separados

Deve obedecer ao quanto disposto no § 2º do presente artigo, e sua desobediência sem justificativa, acarretando inversão do julgamento entre o autor e aquele que não ostenta essa condição, pode ensejar a nulificação do julgamento.

Art. 470. Desacolhida a arguição de impedimento, de suspeição ou de incompatibilidade contra o juiz-presidente do Tribunal do Júri, órgão do Ministério Público, jurado ou qualquer funcionário, o julgamento não será suspenso, devendo,

---

[2425] STJ. DJ 8-9-1992, p. 14.371, rel. Jesus Costa Lima.
[2426] TJSP. RT, 624/300.

entretanto, constar da ata o seu fundamento e a decisão.

1. Continuidade da sessão de julgamento
A arguição da suspeição não impede a realização da sessão de julgamento. Para confronto com o mecanismo de exceção de suspeição em relação ao juiz togado fora das hipóteses do júri, ver nestes *Comentários* arts. 110 e seguintes.

2. Declaração pelo próprio jurado quanto à sua condição de suspeito/impedido
A integração de conselho de sentença por jurado que declarou suspeição por motivos de foro íntimo é inadmissível, por ser "função análoga à do juiz, para o qual a declaração de ser suspeito por motivo íntimo é o bastante para o tornar *judex inhabilis*", constituindo-se em "vício de caráter absoluto que não se sujeita ao princípio da arguição oportuna".[2427]

3. Omissão na ata
A omissão na ata implica, à luz de considerável corrente jurisprudencial, preclusão para discussão do tema.

4. Momento da insurgência
De acordo com a estrutura do Código de Processo Penal, a insurgência das partes contra quaisquer das pessoas elencadas neste artigo deve se dar quando da instalação da sessão, consignando-se o inconformismo em ata.

Assim, "acolhe-se a preliminar de nulidade do Júri quando a suspeição de jurado é arguida oralmente, em momento oportuno, e contém relevância e fundamento no que preceituam as normas processuais penais"[2428], descabendo, por outro lado, o reconhecimento da "suspeição de jurado por circunstância já conhecida [quando houver] Alegação em recurso, e não na sessão de julgamento".[2429]

> Art. 471. Se, em consequência do impedimento, suspeição, incompatibilidade, dispensa ou recusa, não houver número para a formação do Conselho, o julgamento será adiado para o primeiro dia desimpedido, após sorteados os suplentes, com observância do disposto no art. 464 deste Código.

1. Reagendamento da sessão
A norma deve ser interpretada de forma objetiva, entendendo-se que o primeiro dia útil se refere àquela mesma reunião ou, no máximo, à reunião seguinte, diante da inviabilidade material de realizar-se o julgamento ainda naquela reunião, e não, genericamente, ao "primeiro dia desimpedido".

De qualquer forma, o sorteio de suplentes somente terá sentido se houver a designação da nova data ainda na mesma reunião, diante da manifesta impossibilidade de realizar-se a sessão com as pessoas que não podem servir para serem juradas do caso em concreto.

> Art. 472. Formado o Conselho de Sentença, o presidente, levantando-se, e, com ele, todos os presentes, fará aos jurados a seguinte exortação:
>
> Em nome da lei, concito-vos a examinar esta causa com imparcialidade e a proferir a vossa decisão de acordo com a vossa consciência e os ditames da justiça.
>
> Os jurados, nominalmente chamados pelo presidente, responderão:
>
> Assim o prometo.

1. Exortação nominal e individualizada
O juramento é individual e deve ser nominalmente invocado a cada jurado, que deve ter consciência do conteúdo do compromisso que presta. Assim, antigo julgado, embora anterior à CR, pode emprestar uma ideia da extensão da responsabilidade desse compromisso, tendo decidido sobre situação na qual houve "Assinatura a rogo no termo de compromisso do citado conselho e no da votação de quesitos viciosos e, portanto, sem validade".[2430]

1.1 Irregularidade na identificação de jurado
Já se decidiu que "O descompasso atribuível a equívoco datilográfico não sugere a nulidade do veredicto. Isto ocorre quando na lista grafou-se o patronímico de certo jurado como Adilson e no termo de compromisso constou Adailson".[2431]

[2427] TJPR. RT, 644/304.
[2428] TJPB. Relator: Des. José Martinho Lisboa. Data de julgamento: 30 abr. 1996.
[2429] TJRJ. RT, 619/335.
[2430] TJBA. **AP 38/79**. Relator: Des. Walter Nogueira.
[2431] STF. **HC 70.938**. Data de publicação: DJ, 10 jun. 1994. p. 14.766. Relator: Min. Marco Aurélio.

1.2 Descontentamento em servir como jurado
Não induz nulidade do julgamento pelo júri o fato de que, após sorteado, um dos jurados haja manifestado sua contrariedade em servir, prejudicando seus afazeres profissionais, se, não obstante, em seguida, prestou o compromisso legal: ao jurado impõe a lei que decida com imparcialidade, de acordo com sua consciência e os ditames[2432] –, mas não exige – nem poderia fazê-lo – que funcione de bom grado.[2433]

2. Irregularidade na prestação do "compromisso"
O compromisso deve constar de termo próprio (assim como o sorteio), no qual devem constar as assinaturas dos jurados e do juiz. Contudo, "dizer da nulidade no termo de sorteio e compromisso do conselho de sentença, em virtude de falta de assinatura do juiz e dos jurados, além de importar em reexame de provas, com inegável incursão na seara fático-probatória, trata-se de irregularidade que não causou nenhum prejuízo à defesa"[2434], sendo, por isso, incabível de ser apreciado em sede de *habeas corpus*.

3. Julgamento "por consciência" e racionalidade decisória do conselho de sentença
A tudo quanto já foi dito nestes **Comentários** no art. 591, conforme anteriormente exposto, pode-se agregar alguma lição do direito comparado sobre a tentativa de, no sistema do júri, dotar de racionalidade a decisão dos jurados que, por longa tradição histórica, carece desse fundamento.

Analisando o tema, Spencer[2435] aponta que

> o júri, nunca se manifesta além de um simples "culpado" ou "não culpado" e não há meios de fazer com que apresentem suas razões. Ao longo dos anos a natureza oral do veredicto do júri foi alçada à condição de um grande princípio, a ponto que, em 1981, foi tornada uma infração penal punível com a prisão "obter, apresentar ou solicitar quaisquer declarações tomadas, opiniões expressas, argumentos antecipados ou votos de membros de um júri em andamento em qualquer procedimento legal". Como a Corte Europeia de Direitos Humanos considera parte integrante de um "justo processo" a motivação, e o Ato de Direitos Humanos de 1988 tenta incorporar a Convenção e a sua jurisprudência no Reino Unido, foi necessário fazer algumas modificações. Com a aproximação da implementação do Ato de Direitos Humanos, a Chancelaria expediu nota aos magistrados no sentido de que eles deveriam, dali por diante, motivar suas decisões, e desde então isto tem sido a prática usual. No momento da elaboração deste trabalho o veredicto do júri continua ser da forma tradicional, e até que ponto seja necessário alterá-lo para conformá-lo à Convenção é debatível. Uma decisão do júri, diversamente de uma decisão não motivada dos magistrados, não é dada num vácuo, mas como uma resposta à direção fornecida pelo juiz ao lhes dizer quais fatos devem levar em conta para condenar, e se eles não forem aceitos, o resultado deve ser a absolvição. Pode ser argumentado, no entanto, que quando a direção e o veredicto são visualizados no conjunto, a Corte da Coroa prolata (com efeito) uma decisão motivada.

> *Parágrafo único*. O jurado, em seguida, receberá cópias da pronúncia ou, se for o caso, das decisões posteriores que julgaram admissível a acusação e do relatório do processo.

1. Caráter propedêutico do relatório
Confinado a uma mera formalidade (vide comentários na sequência), o relatório pode ter, na prática, uma função digna. Num sistema no qual o juiz natural da causa é um expectador tardio na produção das "provas", o relatório deveria ter a dimensão prática de expor, *realmente*, tudo quanto se produziu no processo, e não se transformar numa liturgia enfadonha e, não raras vezes, omissa sobre pontos essenciais dos autos.

1.1 Ausência de relatório
"A ausência de relatório da sessão plenária do julgamento pelo Tribunal do Júri, por se tratar de nulidade relativa, deve ser arguida *opportuno tempore*, nos termos dos arts. 571, inciso VIII, e 572, inciso I, ambos do CPP, sob pena de preclusão".[2436]

1.2 Distribuição de peças pelo juiz e a requerimento das partes: notas sobre o regime anterior
Embora o Código de Processo Penal fale em distribuição de cópias aos jurados de peças determinadas (libelo e contrariedade) e outras não especificadas a partir de determinação do juiz togado, isso também pode se dar por requerimento das partes e não exclui,

---

[2432] CPP, art. 464.
[2433] STF. **HC 71.947-3/RGS**. Relator: Min. Sepúlveda Pertence. Data de publicação: DJU, 7 abr. 1995. p. 8.872/73.
[2434] JSTJ, 12/272.
[2435] SPENCER, J.R. O sistema inglês. DELMAS-MARTY, Mireille (Org.). **Processos penais da Europa**. Tradução de Fauzi Hassan Choukr e Ana Cláudia Ferigato Choukr. Rio de Janeiro: Lumen Juris, 2005.
[2436] STJ. Relator: Gilson Dipp. Data de publicação: DJ, 2 set. 2002. p. 215. Relator: Gilson Dipp.

por certo, o direito dos jurados de irrestrito acesso aos autos a qualquer tempo.

Nessa linha de ideias, já houve provimento que analisou caso do

> promotor de Justiça que entregou ao jurado cópia de peças do processo para que acompanhasse a leitura [considerada] circunstância que não prejudicou o andamento dos trabalhos e não causou prejuízo à defesa (...) Na verdade, o expediente utilizado teve apenas como objetivo fazer com que os senhores jurados se certificassem de que tudo o que estava sendo lido em plenário através de cópias de peças que se encontravam devidamente encartadas nos autos.[2437]

1.3 Distribuição de peças: notas sobre o regime atual

O regime atual continua não vedando a distribuição de cópias pelas partes e, agora, impõe que ao Conselho de Sentença sejam disponibilizadas cópias da pronúncia ou, se for o caso, das decisões posteriores que julgaram admissível a acusação e do relatório do processo.

Neste ponto, alguma perplexidade se instaura, na medida em que o art. 478 dispõe que "durante os debates as partes não poderão, sob pena de nulidade, fazer referências: I – à decisão de pronúncia, às decisões posteriores que julgaram admissível a acusação ou à determinação do uso de algemas como argumento de autoridade que beneficiem ou prejudiquem o acusado".

Assim, em primeiro plano, o juiz leigo pode ter acesso ao conteúdo da pronúncia e de suas eventuais confirmações, conhecendo-o integralmente, mas as partes não podem usá-lo em suas respectivas falas. Para outros desdobramentos desse assunto, veja-se nestes **Comentários** o art. 478.

> **SEÇÃO XI** – Da Instrução em Plenário
>
> Art. 473. Prestado o compromisso pelos jurados, será iniciada a instrução plenária quando o juiz-presidente, o Ministério Público, o assistente, o querelante e o defensor do acusado tomarão, sucessiva e diretamente, as declarações do ofendido,

> se possível, e inquirirão as testemunhas arroladas pela acusação.

1. Metodologia do emprego do meio de prova testemunhal: regime anterior e atual

Já no regime anterior, "as reperguntas às testemunhas no Plenário do Júri são feitas diretamente pelo promotor, assistente, defensor e pelos jurados – Caso houver justificado motivo, poderá o juiz impedir essa reinquirição pessoal".[2438]

Cumpre cifrar que essa metodologia de trabalho se aproxima um pouco mais de uma das técnicas procedimentais típicas do modelo acusatório, sendo um direito das partes, e não uma mera faculdade.[2439]

No regime reformado, a estrutura se mantém, com a palavra inicialmente tomada pelo Juiz-Presidente e, em seguida, pelas partes, que "de forma direta e sucessiva" farão suas perguntas às pessoas enunciadas no presente artigo e na forma de vocação aqui disposta.

2. Produção probatória (testemunhal) na sessão plenária

Conforme vimos apontando nestes *Comentários* quanto à estrutura ideológica que norteia a "participação popular" na justiça penal no ordenamento brasileiro, ela se reflete na produção probatória (sobretudo) testemunhal na sessão plenária.

Recorde-se que este momento é o único no qual o juiz natural da causa tem efetiva atuação e justamente aí se percebe o quão distante ele está da prova. Aliás, se observado o conceito de prova já exposto nestes **Comentários**, verifica-se que, tecnicamente falando, o que se tem até esse momento é a mera coleta de informações.

E a patologia do modelo pode ser verificada quando se imagina a hipótese em que: (i) o réu se cala; (ii) há leituras de peças; (iii) não há vítimas/testemunhas ouvidas em plenário. Em tais situações, o que resta de *efetiva cognição* do juiz natural em termos probatórios é nada.

O que o júri "conhecerá" se resumirá às interpretações das partes sobre os autos, sobrelevando os atributos artísticos de cada operador do direito ao longo da sessão plenária, traduzindo-se esse aspecto numa das grandes críticas pelos céticos do tribunal do júri a esta "instituição".

2.1 Desistência de testemunha pela parte

Sendo a testemunha arrolada pela parte, a ela cabe verificar o interesse na sua oitiva ou não. Nada obstante, e sem grande apego legal ou doutrinário – com

---

2437 TJSP. **Apelação Criminal 154.112-3**. Relator: Augusto César. Data de julgamento: 7 abr. 1994.
2438 TJSP. **Apelação Criminal 197.248-3**. Relator: Gonçalves Nogueira, v.u.
2439 JTJ, 203/297.

a devida vênia –, já se afirmou que "A desistência da inquirição de testemunha, seja ela da defesa ou da acusação, em plenário, depende da aprovação da parte contrária. – Se esta particularidade não foi observada, tem-se como inválido o julgamento".[2440]

Situação que também repudia ao devido processo legal é aquela em que a testemunha arrolada no libelo teve sua oitiva indeferida, sendo o "fato verificado em Plenário sem que o Conselho de Sentença fosse consultado".[2441]

2.2 Testemunha e impressão pessoal

Rigorosamente falando, não é o caso de a testemunha ofertar seus subjetivismos ao depoimento, devendo se ater aos fatos. Nada obstante, já se decidiu que a "manifestação em plenário da impressão pessoal do fato" é irrelevante, vez que as "impressões pessoais que eram inseparáveis da narrativa do fato. Jurados, ademais, com discernimento para distinguir a prova de opinião de testemunha".[2442]

2.3 Oitiva de testemunha e retirada do réu do recinto do plenário

É possível por interpretação do art. 217, cabendo lembrar, como em determinado provimento, que a deliberação "foi justificada e constou da ata do julgamento".[2443]

2.4 Oitiva de testemunha e esvaziamento do plenário

Muito embora o procedimento do Tribunal do Júri seja pautado pela regra da publicidade, há permissivo legal[2444] para que o plenário seja esvaziado diante da necessidade da "preservação da ordem" e pelo risco potencial de intimidação que a presença do público pode causar.

2.5 Partes atuando como "testemunhas"

Ao longo dos debates, as partes podem se arvorar na condição de ofertar "depoimentos pessoais" e agir "como testemunhas". Tal comportamento, além de transbordar os limites éticos, macula o julgamento. Nesse sentido, o "Defensor que, em plenário, de ciência própria e não contidas nos autos, faz revelações sobre pontos controvertidos do fato principal e suas circunstâncias [com o] Manifesto propósito de influenciar os jurados" gera nulidade pelo ineditismo do testemunho. Ante o desrespeito aos princípios do contraditório e do tratamento igualitário, não se admite a qualquer das partes, no correr dos debates em plenário, expressar-se como se testemunha fosse, mediante revelações inéditas, não contidas nos autos, desse modo colhendo de surpresa o adversário, passível de acarretar nulidade do julgamento se tocar em ponto controvertido da causa.[2445]

> § 1º Para a inquirição das testemunhas arroladas pela defesa, o defensor do acusado formulará as perguntas antes do Ministério Público e do assistente, mantidos no mais a ordem e os critérios estabelecidos neste artigo.

1. Ordem da colheita da prova testemunhal defensiva

A inversão da ordem aqui estabelecida pode gerar nulidade absoluta por cerceamento do direito de defesa.

> § 2º Os jurados poderão formular perguntas ao ofendido e às testemunhas, por intermédio do juiz-presidente.

1. Perguntas formuladas pelo jurado

Obrigatoriamente, as perguntas do corpo de jurados devem ser intermediadas pelo juiz-presidente, a fim, inclusive, de preservar o sigilo da intenção de voto.

1.1 Perguntas pelos jurados e reperguntas pelas partes

Como já se decidiu diante da ordem jurídica anterior, cujos fundamentos ainda se mantêm válidos,

> se os jurados formulam perguntas às testemunhas, nada impede que se dê nova oportunidade de inquirição às partes. Ausência de violação ao art. 467 do CPP. No caso, a única testemunha inquirida pelo Conselho de Sentença não sofreu nenhum questionamento das partes, embora chamadas a fazê-lo. 3. O parágrafo único do art. 204 do CPP apenas impede que "a testemunha leve tudo por escrito, adredemente preparado, sem sinceridade ou veracidade". Possibilidade de ratificação de depoimento prestado, em Juízo, sob o crivo

---

[2440] TJPB. Relator: Des. Manoel Taigy Filho. Data de julgamento: 29 ago. 1995.
[2441] RT, 607/275.
[2442] TJSP. **Apelação Criminal 166.108-3/SP**. Relator: Augusto César. 1º set. 1994.
[2443] TJSP. **Apelação Criminal 157.955-3**. Relator: Augusto Marin. Data de julgamento: 23 maio 1994.
[2444] Art. 792 do Código de Processo Penal.
[2445] TJSP. Apelação Criminal 239.746-3, rel. Gonçalves Nogueira, 7-12-1999, v.u.

do contraditório. Precedentes. 4. *Habeas corpus* indeferido.[2446]

§ 3º As partes e os jurados poderão requerer acareações, reconhecimento de pessoas e coisas e esclarecimento dos peritos, bem como a leitura de peças que se refiram, exclusivamente, às provas colhidas por carta precatória e às provas cautelares, antecipadas ou não repetíveis.

1. Acareação entre réus
Já se decidiu que a "acareação, em Plenário, do réu com corréu anteriormente condenado, sem haver intimação prévia do ato, tanto do Ministério Público quanto da defesa" é inadmissível[2447].

2. Momento para a leitura de peças no novo procedimento do júri
Não se encontra fixado no procedimento atual o momento para a leitura de peças, cabendo ponderar que, fazendo parte da instrução, deve anteceder aos debates. Sendo assim, tratando-se de providência de incidência restrita e que pode vir a ser objeto de confronto com a palavra de testemunhas, perito ou mesmo em relação à pessoa acusada, entendemos que deve ser procedida antes do início dos depoimentos de vítima e testemunhas.

2.1 Limites às peças que podem ser lidas
É rol taxativo e visa evitar prática corriqueira no modelo anterior, no qual se tolerava irrestrita leitura de peças, cuja finalidade prática era pouca, além de obter o cansaço de todos que trabalhavam no julgamento. Nada obstante, impossibilita-se a leitura de peças, nesse momento processual, de outras que não as elencadas na norma, mas nada impede que elas venham a ser lidas pelas partes em seus tempos de fala.

2.2 Consequências para o descumprimento da limitação à leitura de peças
Tratar-se-ia de nulidade relativa, cujo prejuízo – de acordo com a estrutura do regime de nulidades deste Código – haveria de ser demonstrado pela parte arguinte.

2.3 Leitura de peças e estrutura inquisitiva
A leitura de peças é um dos grandes instrumentos inquisitivos para, em estruturas consideradas "mistas", arejar com "acusatoriedade" atos processuais/procedimentais tomados fora da abrangência plena do devido processo legal. Neste ponto, o procedimento do júri contempla amplamente essa possibilidade, e por isso também merece reparos quando é considerado um procedimento largamente acusatório.

2.4 Leitura de peças e provocação das partes
A leitura deve vir sempre por provocação das partes ou por determinação do jurado. O Código de Processo Penal não contempla a determinação da leitura pelo juiz togado. A não realização da leitura, diante do silêncio das partes, não é causa de qualquer vício processual[2448]. No mais, o "pedido de leitura de uma peça feito por um dos juízes leigos – Ato que não importa em manifestação de convicção ou antecipação de voto".[2449]

2.5 Impossibilidade de determinação de leitura de peças pelo Juiz-Presidente
A providência aqui mencionada não pode ser determinada de ofício pelo Juiz togado, pendente de provocação das partes e do julgador leigo. Não sendo parte no sentido técnico-formal, pela literalidade da norma, o assistente não poderia requerer a leitura.

2.6 Leitura de peças e documento novo
O artigo em comento guarda relação com o art. 479, pois somente é possível a leitura das peças previamente encartadas nos autos. É possível, no entanto, a "leitura de peças dos próprios autos e referência a outro processo".[2450]

2.7 Leitura "preconceituosa" de peças
Dada a imensa carga retórica de que se reveste a sessão de julgamento, o comedimento na forma da leitura de peças (a rigor realizada por serventuários da Justiça) deve ser a tônica. Qualquer desvirtuamento deve, contudo, ser registrado em ata. Nesse sentido, a "pretendida parcialidade do juiz na leitura das peças dos autos aos jurados (...) Ausência, entretanto, de protesto a respeito na ata".[2451] A omissão desse documento acarreta preclusão.

2446 STF. **HC 89.467**. Relator: Min. Carlos Britto. Data de julgamento: 8 abr. 2008.
2447 TJGO. RT, 761/657.
2448 TJSP. Relator: Walter Guilherme. 11 ago. 1998, v.u.
2449 TJSP. RT, 779/569.
2450 TJPR. RT, 749/729.
2451 TJRS. RT, 562/375.

Art. 474. A seguir será o acusado interrogado, se estiver presente, na forma estabelecida no Capítulo III do Título VII do Livro I deste Código, com as alterações introduzidas nesta Seção.

§ 1º O Ministério Público, o assistente, o querelante e o defensor, nessa ordem, poderão formular, diretamente, perguntas ao acusado.

1. Perguntas das partes
Passam a ser feitas diretamente, sem a intervenção do Juiz-Presidente, tal como se dá com as testemunhas na forma preconizada pelo atual art. 212.

§ 2º Os jurados formularão perguntas por intermédio do juiz-presidente.

1. Perguntas pelos jurados
Feitas por intermédio do Juiz-Presidente, de modo a preservar o sigilo do voto e a incomunicabilidade dos integrantes do Conselho de Sentença.

§ 3º Não se permitirá o uso de algemas no acusado durante o período em que permanecer no plenário do júri, salvo se absolutamente necessário à ordem dos trabalhos, à segurança das testemunhas ou à garantia da integridade física dos presentes.

1. Sobre o emprego de algemas, ver art. 284 nestes *Comentários*

2. Certificação da segurança no plenário e uso de algemas
Trata-se de providência essencial, envolvendo outros valores no caso concreto, como a segurança de todos os envolvidos nos trabalhos e da assistência, os quais devem ser ponderados ao lado dos direitos da pessoa acusada. Assim, é de boa prudência que o Magistrado, no uso dos poderes do art. 497, obtenha dos responsáveis pela escolta um grau de certificação das condições de segurança do plenário com a retirada das algemas.

Art. 474-A. Durante a instrução em plenário, todas as partes e demais sujeitos processuais presentes no ato deverão respeitar a dignidade da vítima, sob pena de responsabilização civil, penal e administrativa, cabendo ao juiz presidente garantir o cumprimento do disposto neste artigo, vedadas: (Incluído pela Lei nº 14.245, de 2021)

I – a manifestação sobre circunstâncias ou elementos alheios aos fatos objeto de apuração nos autos; (Incluído pela Lei nº 14.245, de 2021)
II – a utilização de linguagem, de informações ou de material que ofendam a dignidade da vítima ou de testemunhas. (Incluído pela Lei nº 14.245, de 2021)

1. Lei Mariana Ferrer
Para os comentários sobre essa inovação legislativa ver a análise no art. 400-A.

2. Consequências processuais da violação da norma
Diversamente do que se passa perante o juiz singular profissional, a ofensa à dignidade às pessoas destinatárias da norma pode influenciar decisivamente o julgador leigo. Por tal razão, em princípio, é possível a dissolução do conselho de sentença se o comportamento ofensivo mostrar-se inviabilizador da cognição adequada dos julgadores leigos.

Como apontado[2452], haverá de ser discutido no caso concreto o limite da ofensividade em cotejo com a plenitude do direito de defesa, nenhum dos dois absoluto e ambos com guarida constitucional.

Art. 475. O registro dos depoimentos e do interrogatório será feito pelos meios ou recursos de gravação magnética, eletrônica, estenotipia ou técnica similar, destinada a obter maior fidelidade e celeridade na colheita da prova.

Parágrafo único. A transcrição do registro, após feita a degravação, constará dos autos.

1. Sobre a forma de registro dos atos processuais, ver nestes *Comentários* art. 405

2. Obrigatoriedade da degravação e transcrição
No caso do julgamento pelo Júri, diferentemente do disposto no art. 405, a degravação aparece como obrigatória, restringindo-se aos atos instrutórios, e não àquilo que constou dos debates, conteúdo que será sumariado em ata.

SEÇÃO XII – Dos Debates

Art. 476. Encerrada a instrução, será concedida a palavra ao Ministério Público, que fará a acusação, nos limites da pronúncia ou das decisões

---

[2452] PEREIRA E SILVA, Rodrigo Faucz; SAMPAIO, Denis; TACHY Mayara e AVELAR, Daniel Ribeiro Surdi de **Outra abordagem sobre a Lei Mariana Ferrer: aspectos práticos no júri**. Disponível em:<https://www.conjur.com.br/2021-dez-04/tribunal-juri-outra-abordagem-lei-mariana-ferrer-aspectos-praticos-juri>. Aceso em: 28 dez. 2022.

> posteriores que julgaram admissível a acusação, sustentando, se for o caso, a existência de circunstância agravante.

1. Debates, imputação e objeto do processo

A formação processual e procedimental do tribunal do júri no direito brasileiro permite que se chegue ao plenário, na fase dos debates, ainda com uma grande dose de incerteza quanto à imputação e ao objeto do processo, malgrado a aparente rigidez da relação pronúncia-quesito.

Isso porque o acusador público, adstrito à pronúncia quanto ao grau *máximo* da imputação, pode, nada obstante, *diminuir* a carga imputativa, postulando uma incidência penal *aquém* daquela formulada. Não raras vezes, a própria descrição dos eventos no mundo dos fatos (objeto do processo) atribuídos a determinada pessoa pode sofrer iguais restrições (jamais, no entanto, ampliações).

O tema não é, em si, novo, havendo algum histórico jurisprudencial nesse sentido[2453], sempre enfocando o tema numa literatura anterior à CR e à CADH, mas que, malgrado essa condição temporal, continua a orientar inúmeros provimentos e a embasar postulados teóricos "atuais".

Toda essa situação, rigorosamente falando, não se compraz com a matriz acusatória edificada pela Constituição e pela CADH, porquanto a imputação e o objeto do processo devem ser estabilizados o mais cedo possível. Dessa forma, permitir que se chegue à sessão plenária para que se peça, nesse momento, a absolvição, apenas fundando-a numa divergência de compreensão do acusador oficiante na sessão em relação a todo o acervo probatório e à carga de imputação ou, ainda pior, somente por uma questão de "consciência", é algo que somente se justifica num cenário altamente inquisitivo.

Nada obstante, a situação ainda se apresenta mais distorcida, na medida em que os quesitos formulados que direcionarão o veredicto do conselho de sentença levarão em conta a carga de imputação trazida *na pronúncia*, e não, necessariamente, aquilo que foi postulado pelo órgão acusatório nos debates. Tal postura evidencia com mais clareza a domesticação da acusação a partir do conteúdo do provimento de pronúncia (sendo o libelo apenas uma mera ratificação daquela ordem judicial), agora de forma expressamente prevista em lei e sem a intermediação do "libelo".

Em suma:

- a pronúncia (provimento jurisdicional) consubstancia a acusação;
- mesmo que o órgão acusador pleiteie a diminuição da acusação ou do objeto do processo tendente a favorecer a pessoa acusada, os quesitos serão formulados a partir do determinado no item (i);
- o conselho de sentença, no exercício da soberania que a CR lhe assegura – e da forma como ela é interpretada pela doutrina dominante –, estará "livre" (no limite das provas dos autos) para decidir, não com base na postulação do acusador em plenário, mas com base na decisão jurisdicional (item "i"). Pode, assim, alcançar um resultado mais gravoso para o acusado do que aquele pleiteado na acusação em debates.

2. O que constitui o "debate"

Ponto que pode parecer curial, mas substancialmente não o é, diz respeito ao conteúdo dos debates. Há limites que precisam ser obedecidos. Alguns, de índole ética; outros, de caráter probatório. Sobre estes últimos há regras restritivas.

Sem dúvida, eloquência e tecnicidade são qualificativos que devem fazer parte de qualquer atuação profissional nos debates, mas sempre a serviço da estrutura imputação-falsificação (linguagem de Ferrajoli) típica do Processo Penal num Estado de Direito, já tendo sido definida a carga da acusação e estabilizado o acervo probatório. Por isso, com a devida vênia, não se pode concordar com entendimento que, analisando a

> Reconstituição do crime em plenário [com a] Falta de prévia comunicação à defesa [ser] Conduta contida nos limites permissivos dos debates e que não pode ser equiparada a "produção ou leitura de documento" sem antecedente comunicação à parte contrária. Inexistência, portanto, de violação do art. 475 do CPP.[2454]

2.1 Comedimento no uso da palavra quando dos debates

Os debates se constituem num espaço muitas vezes propício para impetuosidades desnecessárias que, no imaginário popular – e no senso comum de muitos "juristas" –, convertem-se na essência do funcionamento do Tribunal do Júri.

Já se analisou caso em que houve "gesto exibido da faca, pelo defensor do acusado, ainda que revestido das increpações direcionadas à conduta da vítima", em sessão na qual se deram "arroubos da dicção e gesticulação do advogado, que patrocinava a defesa do réu".[2455]

2453 RJTJSP, 2/329; RT, 496/265, e RT, 568/284, dentre outros.
2454 TJSP. RT, 630/289.
2455 TJSP. **Apelação Criminal 198.172-3**. Relator: Oliveira Ribeiro. Data de julgamento: 6 ago. 1996, v.u.

3. Pluralidade de acusadores públicos

Já foi registrado caso em que houve mais de um promotor de justiça atuando em plenário, sem que isso fosse considerado como justificação de mácula do julgamento.[2456] E, de fato, "a participação de dois promotores na acusação, apesar de constituir um fato estranho e curioso, não importa nulidade, já que o tempo usado nas orações não ultrapassou o previsto em lei, além de não causar prejuízo ao acusado".[2457] Certamente, deverá apenas ser preservada a estrutura do "promotor natural".

> § 1º O assistente falará depois do Ministério Público.

1. Intervenção do assistente de acusação

Além das análises já expendidas nos arts. 271 e seguintes destes **Comentários**, anote-se o conteúdo de determinado provimento que afirmou que "Tratando-se de nulidade relativa, a falta de comunicação, no prazo de três dias antes do Júri, de intervenção do assistente de acusação, é, por si só, insuficiente para causar a nulidade do julgamento, se não comprovado prejuízo para a defesa".[2458]

> § 2º Tratando-se de ação penal de iniciativa privada, falará em primeiro lugar o querelante e, em seguida, o Ministério Público, salvo se este houver retomado a titularidade da ação, na forma do art. 29 deste Código.

1. Ação penal privada subsidiária da pública

Ver nestes **Comentários** as notas ao art. 29.

> § 3º Finda a acusação, terá a palavra a defesa.

1. Dimensão do exercício da defesa

Ponto de fundamental importância é o da verificação de estar a pessoa acusada realmente sendo defendida tecnicamente. Caso não o esteja, o resultado é sua declaração como indefeso, a desconstituição do conselho de sentença e designação de nova data para julgamento.

Nesse cenário se encontra a situação do "Defensor que usa da palavra por apenas 10 minutos para pleitear somente o abrandamento da pena"[2459], cabendo ser a "inaptidão reconhecida pelo juiz-presidente do Júri (...) prerrogativa assegurada ao magistrado pela lei processual penal para salvaguarda do direito de defesa".[2460]

1.1 Presença física do advogado no recinto dos debates

O "calor dos debates", expressão sob a qual se acoberta uma série de distorções em detrimento da boa técnica e da boa educação das partes, muitas vezes faz com que se expresse em retirada das partes do recinto dos debates. A saída de qualquer uma delas, com ânimo definitivo, teria como consequência a dissolução do conselho e designação de nova data de julgamento (além de eventuais sanções disciplinares no âmbito das respectivas instituições). No entanto, para determinado provimento, fugiu desse cenário a situação na qual houve "Abandono do recinto pelo advogado, em sinal de protesto e com ânimo definitivo [com sua] permanência, porém, na antessala, retomando em seguida para a tréplica. Réu que, portanto, não chegou a ficar indefeso".[2461]

> § 4º A acusação poderá replicar e a defesa treplicar, sendo admitida a reinquirição de testemunha já ouvida em plenário.

1. Não utilização da tréplica

Assim como em inúmeras outras passagens deste Código de Processo Penal, a ausência do emprego dos meios defensivos é sempre vista com tolerância e sem que isso cause mácula ao processo. Exemplo típico dessa posição pode se ver na seguinte ementa de acórdão: "Defensor que não se valeu da tréplica – Cerceamento de defesa – Não caracterização – Mera faculdade do causídico que pode exercitar segundo sua conveniência – Preliminar rejeitada".[2462] Muito lógico dentro do espírito norteador do Código.

1.1 Réplica pelo acusador: mera faculdade e condicionante do exercício da tréplica

O exercício da réplica não é processualmente obrigatório. Dessa forma, o emprego da tréplica, pela defesa, estará condicionado ao uso, pelo acusador, do tempo destinado à contestação, sem o que a defesa não poderá ter novamente a palavra nos debates.

[2456] RT, 468/306.
[2457] RT, 578/375.
[2458] STJ. Relator: Gilson Dipp. Data de publicação: DJ, 10 jun. 2002. p. 239.
[2459] TJMT. RT, 564/367.
[2460] TJSP. RT, 637/252.
[2461] TJSP. RT, 632/290.
[2462] TJSP. **Apelação Criminal 271.564-3**. Relator: Xavier de Souza. Data de julgamento: 16 maio 2001, v.u.

1.2 Uso da palavra na réplica e comedimento

O tema já foi parcialmente exposto nestes *Comentários* no art. 472, e volta à baila diante de caso paradigmático quanto ao excesso das partes (no caso concreto, o acusador público) e ao prejuízo pela ausência de comedimento, com a determinação de novo julgamento. Verdadeiramente, o acórdão encerra entendimento assaz correto, e que merece ser referenciado.

Assim, trata-se de caso[2463] no qual

> a Dra. Promotora de Justiça caiu em prantos ao sustentar oralmente o pedido de condenação e, com isso, emocionou os jurados, à semelhança de um testemunho pessoal que enseja a anulação do julgamento, de vez que, por maioria mínima, rejeitou a tese do homicídio privilegiado. (...) Diante disso, o recurso ora conhecido, inclusive por seus próprios limites, é restrito à tese da nulidade relacionada à postura da Dra. Promotora de Justiça durante os debates no Plenário do Júri, porque, aos prantos, teria exercido indevida influência no ânimo dos jurados ao pleitear a condenação do acusado, numa atitude invulgar semelhante ao testemunho pessoal. Consta da Ata da Sessão de Julgamento a anotação de que a Dra. Promotora efetivamente chorou durante a sua manifestação na réplica. A redação simplista da ata não permite avaliação mais acurada desse incidente, impedindo valorar até que ponto poderia ter influenciado os juízes leigos, de sorte que milita em prol do acusado, cuja tese de homicídio privilegiado foi rejeitada por quatro votos contra três, a propensão de afirmar que as lágrimas da representante do *parquet* acarretaram tendenciosismo. Lembrado por Adriano Marrey, na obra escrita em parceria com Alberto Silva Franco e Rui Stoco, Pimenta Bueno ensinava: "o acusador, por decoro próprio e sobretudo por obrigação estrita, jamais deverá injuriar o réu, ou por qualquer forma olvidar-se do respeito devido ao Tribunal. Pelo contrário, refletido e moderado, embora enérgico em sua argumentação, deve produzir a acusação sem cólera, sem arrebatamento, sem exageração, pena de ser advertido pelo Presidente do Júri. Jamais deve o acusador dirigir-se ao acusado e, sim, ao Júri ou ao Juiz de Direito, expondo o fato e suas circunstâncias, sua demonstração e provas sem digressões e menos declamações assaz impróprias da eloquência criminal. A lei autoriza-o a produzir os meios de convicção e não a excitar paixões; qual é o fim delas senão abalar a firmeza dos jurados no cumprimento do seu dever? São porventura eles soberanos que disponham da lei? Deve esta permitir uma flagrante sedução?". Ora, o passionalismo da acusadora foge à sobriedade e ao profissionalismo recomendados, em condições de abalar o espírito dos jurados. Nesse ponto, as citações feitas a Cordeiro Guerra, Roberto Lyra, Ary Franco e Firmino Whitacker no parecer da douta Procuradoria-Geral de Justiça são bastante apropriadas, todas banindo do acusador o sensacionalismo, a dramaticidade, o ódio, a paixão e as alegrias profissionais.

1.3 Réplica apenas pela assistência da acusação

O assistente da acusação se subordina à atuação do legitimado ativo, e não pode exceder atos postulatórios por ele não praticados. Nesse sentido, não fazendo uso da palavra o acusador em sede de réplica, não pode o assistente fazê-lo[2464].

Da mesma maneira, a postura do acusador, segundo a linha destes **Comentários**, rege também a atuação do assistente, que não pode colidir com a do legitimado ativo. Neste ponto, seria caótico imaginar que, diante do pedido absolutório, o assistente pudesse se insurgir contra quem detém a legitimação ativa, não havendo que se falar em "atuação do acusador particular impedida por omissão do promotor, acorde com a defesa do réu", inexistindo, pois "cerceamento da defesa do ofendido".[2465]

2. Tréplica e inovação de teses defensivas

Situação que guarda grande importância prática é a da possibilidade – ou não – de a defesa "inovar" nas teses que constarem nos quesitos em sede de "tréplica". O ponto central do problema é saber se tal "inovação" constitui algum tipo de ofensa ao contraditório e ao tratamento igualitário das partes.

Uma visão panorâmica pelos julgados mostrará que

> Não há violação ao princípio do contraditório na sustentação de nova tese na tréplica pela defesa. Ao contrário, constitui prejuízo ao acusado, passível de nulidade, a não indagação sobre os quesitos relativos a tese alternativa, máxime já se encontrando o réu condenado pela rejeição da primeira tese. A defesa, ao contrário da acusação, é ampla, irrestrita e versátil.[2466]

Outro argumento de qualidade sobre o tema aduz que a "proibição de apresentar nova tese por ocasião da tréplica não consta(nte) do estatuto penal

---

[2463] TJSP, Apelação Criminal 256.085-3, rel. Cerqueira Leite, j. 16-2-2000, v.u.
[2464] Em sentido contrário: JTJ, 130/469.
[2465] TJRJ. RT, 619/335.
[2466] TJPB. Relator: Des. Otacílio Cordeiro da Silva. Data de julgamento: 3 jun. 1997.

adjetivo"[2467], havendo, em suma, "ausência de impedimento expresso na lei processual que impeça a alegação de novas teses na tréplica".[2468]

Nada obstante, pode-se afirmar, com alguns julgados, que "Não pode o defensor, na tréplica, inovar, apresentando tese não debatida na primeira fase (...), pois isto implicaria surpresa para o Promotor de Justiça e, portanto, cerceamento de acusação, violados os princípios do contraditório e ampla defesa (acusação)".[2469]

O foco da questão precisa ficar bem definido para que os julgados tenham algum sentido no seu emprego. Com efeito, cumpre cifrar que: (i) o objeto do processo e a imputação já estão definidos, e são esses pontos que não podem sofrer uma carga de *acréscimo*, em detrimento da pessoa acusada; (ii) os debates versam sobre as provas dos autos e nada mais são que interpretações sobre elas dadas pelas partes de acordo com seu interesse processual.

Sendo assim, parece evidente que a vedação não pode recair sobre o argumento (teses), desde que calcado nas provas existentes, advindo daí a "Inexistência de violação ao princípio do contraditório, vez que fundada em provas constantes dos autos [com a] necessidade de formulação de quesitos relativos àquela, sob pena de cerceamento de defesa".[2470]

Os argumentos podem variar, sendo que, como já foi dito, a "obrigatoriedade da imputação ser certa e determinada (...) não se aplica à defesa, [concluindo que] nenhum artigo existe no estatuto processual penal que proíba a apresentação de nova tese da defesa na tréplica".[2471]

Restaria o argumento em sentido contrário ao aqui exposto, que é o da (suposta) quebra da paridade de armas, pois a acusação se veria surpreendida pela "nova tese". Sendo tal "inovação" um exercício de postulação dentro da prova dos autos, só haverá surpresa se o acusador público ou particular não for cauto o suficiente para expor ao conselho de sentença as possibilidades de teses defensivas, todas elas já devidamente traçadas num plano lógico ao longo do processo e que não podem se distanciar das provas dos autos. Pode-se resumir que esse é o ônus de acusar num Estado Democrático e de Direito.

A situação acima ganha contornos diferentes quando a defesa "inova teses" apoiadas em provas que não estão nos autos. Mas, neste ponto, a estrutura carcomida do Código de Processo Penal pode ter algo de útil a empregar: o art. 476, parágrafo único, que, embora dirigido aos jurados, pode ser empregado, por extensão, pelo acusador, requerendo ao juiz que exija da parte contrária a demonstração, *nos autos*, da prova. Somado a isso, pode-se ganhar alguma relevância no relatório feito pelo juiz, na entrega de cópias das peças processuais aos jurados e, no limite, do próprio antigo art. 477.

> Art. 477. O tempo destinado à acusação e à defesa será de uma hora e meia para cada, e de uma hora para a réplica e outro tanto para a tréplica.

1. Limitação do tempo de fala e exercício da ampla defesa

Frederico Marques[2472] dedicou algum espaço para conjecturar sobre a legitimidade constitucional sobre a limitação do tempo de fala (preocupado especificamente com a limitação de fala para a defesa), concluindo pela adequação constitucional da regra do Código de Processo Penal. Com efeito, não há razão para questionar a norma, tampouco para crer que as limitações temporais, quando propiciam efetivo exercício do direito de defesa, apresentem-se como ofensivas à CR e à CADH.

§ 1º Havendo mais de um acusador ou mais de um defensor, combinarão entre si a distribuição do tempo, que, na falta de acordo, será dividido pelo juiz-presidente, de forma a não exceder o determinado neste artigo.

1. Superação do tempo pelas partes

O tempo destinado à fala de cada uma das partes é peremptório quanto ao seu limite máximo. O que pode ser alvo de acordos está disciplinado no § 1º. Nada obstante, algumas situações práticas podem levar a dilações, sobretudo quando houver o emprego de "apartes", agora regulados pelo art. 497, para onde remetemos o leitor.

2. Desnecessidade do esgotamento do tempo destinado a cada uma das partes

A estrutura processual é bastante clara, e o Código de Processo Penal a reflete, quanto à desnecessidade do esgotamento total do tempo destinado a cada uma das partes. Assim, corretamente julgou-se caso de "Causídico que, em sessão do Júri, não esgota o tempo que a lei lhe reserva para debates (...) Irrelevância se o

---

[2467] TJSP. RT, 696/331.
[2468] JTJ, 213/294.
[2469] TJSP. **Apelação Criminal 300.671-3**. Relator: Walter Guilherme. Data de julgamento: 14 nov. 2000, m.v. JTJ, 241/289.
[2470] TJSP. RT, 661/268.
[2471] TJSP. **Apelação Criminal 130.336-3/SP**. Relator: Celso Limongi. 9 dez. 1992. No mesmo sentido: TJPR. RT, 536/344 e RT, 630/303.
[2472] MARQUES, José Frederico. **A instituição do júri**. Campinas: Bookseller, 1997.

pronunciamento é considerado jurídico e adequado", afastando-se a nulidade[2473].

> § 2º Havendo mais de 1 (um) acusado, o tempo para a acusação e a defesa será acrescido de 1 (uma) hora e elevado ao dobro o da réplica e da tréplica, observado o disposto no § 1º deste artigo.

1. Extensão do tempo em face da pluralidade de réus

A presença de mais de um acusado é causa de dilação temporal, consoante o § 2º deste artigo, não importando se eles estão sendo defendidos pelos mesmos patronos ou se possuem defensores comuns.

> Art. 478. Durante os debates as partes não poderão, sob pena de nulidade, fazer referências:
> I – à decisão de pronúncia, às decisões posteriores que julgaram admissível a acusação ou à determinação do uso de algemas como argumento de autoridade que beneficiem ou prejudiquem o acusado;

1. Impossibilidade de menção à pronúncia: razão da norma

A presente norma foi fruto de inovação quando da passagem do projeto de lei pelo Senado da República, pois, até então, o art. 478 dispunha sobre o tempo destinado às partes para os debates conforme a redação sugerida pela Comissão Grinover e a tramitação do texto até a Câmara dos Deputados.

Como já exposto nos **Comentários** ao art. 472, os jurados devem receber cópia das decisões confirmatórias da pronúncia, quando estas existirem, assim como da própria pronúncia, o que se justifica naquele contexto, porquanto, diante do desaparecimento do libelo, é a pronúncia que conforma a acusação, dela não se podendo afastar o acusador.

Sendo assim, a pronúncia deve se limitar a orientar o julgador leigo na sessão de instrução e julgamento, mas não pode ser alvo de valoração das partes quando dos debates, situação esta que, quando existente, gerará a nulificação mencionada no *caput*.

1.1 Impossibilidade de menção à pronúncia: extensão da nulidade

Ao afirmar que haverá "nulidade" quando as partes utilizarem a pronúncia ou suas subsequentes decisões confirmatórias no transcurso dos debates, deve-se fazer esforço interpretativo para que não haja a perda de todos os trabalhos já decorridos na sessão plenária, de modo a preservar a cognição já desenvolvida pelos jurados para o caso em julgamento.

Isso porque não se pode desconsiderar a hipótese de que haja menção proposital às peças decisórias em comento, por qualquer das partes, para que, dando ensejo à nulidade aventada no *caput*, tudo seja reiniciado, com o suposto objetivo de melhorar sua posição processual diante de alguma desvantagem já detectada na sessão de julgamento em curso. Em outras palavras, nada mais se trata que a aplicação da regra de que não pode aproveitar a nulidade a quem, propositadamente, lhe deu causa, nos termos do art. 565, para onde também remetemos o leitor nestes **Comentários**.

Assim, com o objetivo de preservar toda a cognição já desenvolvida, esposamos nestes **Comentários** a posição de que essa nulificação deva dizer respeito *exclusivamente à impossibilidade de os jurados levarem em consideração, quando da votação, a utilização, por qualquer das partes, do conteúdo da pronúncia e suas eventuais confirmações, quando tiver havido menção a tais decisões (sentido lato) nos debates.*

Isso implica, por consequência, *maior e efetivo controle judicial sobre o conteúdo material dos debates*, algo que sempre existiu no ordenamento, mas que agora se vê reforçado pela presente regra.

Sem dúvida, o entendimento aqui exposto pode vir a ser criticado diante do método pelo qual o jurado alcança seu veredicto, a dizer, o denominado "julgado por consciência", imotivado supostamente pela sua própria natureza, e hoje conduzido por um sistema de quesitação mais simplificado que o anterior.

Nada obstante, além da existência de idêntico mecanismo no direito comparado em que se emprega o julgamento pelo júri na sua forma "pura" (a dizer, sem a mescla com juízes togados na produção do veredicto), a advertência da exclusão do comentário preserva os trabalhos até então desenvolvidos.

1.2 Impossibilidade de menção à pronúncia: limites à referência

Sendo a intenção suposta a de limitar o emprego retórico da pronúncia e confiná-la à cognição necessária do julgador, para que conheça os parâmetros máximos da acusação em plenário, é necessário compreender quais os limites de referência possíveis àqueles provimentos.

Isso significa afirmar que, sendo vedada a menção à pronúncia ou às suas decisões confirmatórias posteriores *do caso em apreço, não se veda a leitura de referências doutrinárias ou jurisprudenciais análogas*, as quais, não dizendo respeito ao caso concreto, continuam podendo ser usadas, inclusive porque não se constituem como documento novo nos termos do art. 479.

Igualmente, escapa do limite de referências imposto no presente artigo a leitura de decisão (sentido

---

[2473] TJSP. RT, 759/589.

lato) anterior que foi *reformada*, a dizer, por exemplo, a leitura de absolvição sumária que, tendo sido alvo de recurso, foi reformada pela Instância recursal. A Lei vedou a leitura do acórdão, mas nada disse em relação à primeira sentença, que, por via de consequência, acaba tendo sua leitura permitida.

Além do quanto já exposto é necessário frisar que a leitura deve ser empregada como argumento de autoridade visando influenciar o ânimo do julgador leigo pela potencial influência da decisão tomada em outra quadra processual por um julgador togado.

Nesse sentido, o STF "negou provimento a recurso ordinário em "habeas corpus" no qual se pleiteava a anulação de julgamento realizado por tribunal do júri, em razão da leitura em plenário, pelo membro do Ministério Público, de trecho da decisão proferida em recurso em sentido estrito interposto pelo réu contra a decisão de pronúncia, o que, segundo alegado, ofenderia o art. 478, I, do CPP, na redação dada pela Lei 11.689/2008. (...) O Colegiado asseverou, inicialmente, que a norma em comento vedaria a referência à decisão de pronúncia "como argumento de autoridade", em benefício ou em desfavor do acusado. Por outro lado, a mesma lei que modificara a redação do referido dispositivo – Lei n. 11.689/2008 – estabelecera, no parágrafo único do art. 472, que cada jurado recebesse, imediatamente após prestar compromisso, cópia da pronúncia ou, se fosse o caso, das decisões posteriores que julgassem admissível a acusação. A distribuição de cópia da pronúncia seria explicável pelo fato de ser essa a peça que resumiria a causa a ser julgada pelos jurados. A redação original do CPP previa o oferecimento, pela acusação, do libelo acusatório, com a descrição do fato criminoso, como admitido na decisão de pronúncia (artigos 416 e 417). Assim, se a denúncia contivesse circunstância em relação a qual não fora admitida – uma qualificadora, por exemplo – o libelo narraria a acusação a ser submetida ao plenário já livre dessa circunstância. Na sistemática atual, no entanto, abolida essa peça intermediária, seria a própria decisão de pronúncia que resumiria a causa em julgamento. Isso explicaria porque a peça seria considerada de particular importância pela lei, a ponto de ser a única com previsão de entrega aos jurados. Além disso, muito embora recebessem apenas a cópia da decisão de pronúncia, os jurados teriam a prerrogativa de acessar a integralidade dos autos, mediante solicitação ao juiz presidente (CPP, art. 480, § 3º). Assim, ao menos em tese, poderiam tomar conhecimento de qualquer peça neles entranhada. Dada a incoerência entre as normas que vedam a leitura da pronúncia e outras peças e, ao mesmo tempo, determinam o fornecimento de cópia da pronúncia e autorizam os jurados a consultar qualquer peça dos autos – incoerência essa apontada pela doutrina – seria cabível a redução teleológica. Em suma, a lei não vedaria toda e qualquer referência à pronúncia, mas apenas a sua utilização como forma de persuadir o júri a concluir que, se o juiz pronunciara o réu, logo este seria culpado. No caso sob análise, porém, nada indicaria que a peça lida fora usada como argumento de autoridade. Aparentemente, estar-se-ia diante de pura e simples leitura da peça, e, portanto, não haveria nulidade a ser declarada. O Ministro Celso de Mello acrescentou que o art. 478 do CPP, na redação conferida pela Lei n. 11.689/2008, ensejaria grave restrição à liberdade de palavra do representante do Ministério Público, o que ocasionaria um desequilíbrio naquela relação paritária de armas que deveria haver entre as partes, notadamente no plenário do júri.[2474]

2. Sobre o emprego de algemas, *vide* art. 284 nestes *Comentários*

> II – ao silêncio do acusado ou à ausência de interrogatório por falta de requerimento, em seu prejuízo.

1. Sobre o silêncio da pessoa acusada, ver nestes *Comentários* arts. 185 e seguintes

> Art. 479. Durante o julgamento não será permitida a leitura de documento ou a exibição de objeto que não tiver sido juntado aos autos com a antecedência mínima de 3 (três) dias úteis, dando-se ciência à outra parte.

1. Vedação de "surpresa" às partes

Diferentemente do modelo inglês de júri, no qual a surpresa é um fator aceito no julgamento, o direito brasileiro repudia seu emprego, sendo que, ainda na vigência da lei anterior, afirmava-se que "O escopo do art. 475, do CPP, é evitar a surpresa, em obediência ao Princípio do Contraditório".[2475]

Mas, mesmo no cenário comparado,

> embora a lei inglesa tradicional tenha tomado posição no sentido que nenhuma das partes tem qualquer obrigação de apresentar antecipadamente suas provas à outra, e que a "surpresa" foi concebida como uma técnica adequada tanto para a acusação como para a defesa, a moderna legislação britânica determina que, em princípio,

---

[2474] STF. **RHC 120598/MT**. Relator: Min. Gilmar Mendes. 24 mar. 2015.
[2475] STJ. Relator: Jorge Scartezzini. Data de publicação: DJ, 14 abr. 2003. p. 238.

deve haver a troca de informação entre as partes antes do julgamento.[2476]

1.1 O "conceito" de "surpresa": notas sobre o regime anterior

Sendo a evitabilidade da surpresa a meta a ser defendida, cumpre cifrar que alguns julgados entendem inexistir essa situação na "hipótese em que o Promotor apenas leu xerocópia de outra denúncia apresentada contra o apelante [sendo que a] Leitura de peças de certo processo que não importa em surpresa para a defesa"[2477], ou mesmo quando da "leitura, em plenário, de peças extraídas de outro processo a que respondeu o acusado – Sentença e folha de antecedentes".[2478]

Por outro lado, já se decidiu pela inocorrência de nulidade quando a defesa, "no curso dos debates, utiliza-se de bonecos, sem previamente dar conhecimento de tal expediente à acusação", com "prejuízo que não restou demonstrado, mormente se houve réplica e a acusação teve oportunidade de rebater os argumentos defensivos".[2479]

A questão deve se colocar, pois, dentro do aspecto de influência, ou não, a ponto de alterar as provas sobre a imputação, ou sobre o objeto do processo. Não por outra razão, em determinada situação decidiu-se que "Não há de se falar em proibição da exibição dos pedaços de árvores como arma do crime, eis que foram utilizados para abater a vítima, sendo parte integrante do processo. Assim, estando apreendidos e periciados, a defesa poderia e deveria saber da possibilidade de serem exibidos"[2480], ou mesmo de "instrumento que consta dos autos desde o início do processo, não se podendo falar em desconhecimento ou surpresa".[2481]

Assim, a surpresa não recai apenas sobre "documentos", como insinua o artigo em comento, mas sobre qualquer objeto que tenha a capacidade de alterar o quadro probatório sobre a imputação ou sobre o objeto do processo.

E, racionalmente, é ilógico permitir-se a apresentação de objetos ou documentos para aferir, *a posteriori*, se houve ou não prejuízo. Dessa sorte, aparece como peremptória a regra em questão, vedando-se a produção de *qualquer* objeto ou documento após

o tríduo legal, prazo este que, em si, também é acanhado demais de acordo com o tipo de documento ou objeto cuja juntada se produziu.

Note-se, ademais, que a lei fala em mera "ciência" à parte contrária, restando para o próprio plenário a eventual impugnação que, dentro da moldura do Código de Processo Penal, deve ser feita no início do julgamento, sob pena de preclusão (na visão tradicional de entendimento da matéria). Por isso, a "leitura em plenário, pela defesa, de documento juntado aos autos antes do tríduo legal mas sem ciência da parte contrária [causa] cerceamento da acusação".[2482]

2. Pertinência do documento para a causa: controle judicial de sua manutenção nos autos

Como toda prova, sua pertinência para com o caso deve ser aferida pelo Magistrado. A juntada não acarreta, necessariamente, a manutenção do documento nos autos, ainda que tenha sido encartado no tríduo legal antecedente.

Assim,

> Não constitui motivo de nulidade do julgamento pelo Tribunal do Júri o indeferimento da juntada de documento para leitura em plenário, mesmo requerida com mais de três (3) dias antes da reunião, se o documento não diz respeito ao crime em si, mas a pretensa acusação de abuso de autoridade do policial, que presidiu o inquérito contra os réus, documento considerado sem pertinência com o caso *sub judice* e ataca a idoneidade de quem não teria oportunidade de defender-se.[2483]

A questão gravita, pois, na surpresa da produção de determinado documento ou objeto que venha a influir no "veredicto do Conselho de Sentença".[2484]

Pareceu escapar desse contexto, para determinado provimento, a "leitura em plenário do 'Decálogo do Promotor de Justiça' (...) Texto doutrinário bastante difundido pelas publicações especializadas"[2485] ou mesmo recortes de jornais. Em ambas as hipóteses, pode-se acabar por produzir, apenas pelo emprego da retórica, uma alteração no estado anímico do jurado, comprometendo o julgamento.

2476 SPENCER, J.R. O sistema inglês. DELMAS-MARTY, Mireille (Org.). **Processos penais da Europa**. Tradução de Fauzi Hassan Choukr e Ana Cláudia Ferigato Choukr. Rio de Janeiro: Lumen Juris, 2005.
2477 TJSP. **Apelação Criminal 158.236-3**. Relator: Egydio de Carvalho. Data de julgamento: 2 maio 1994.
2478 STF. RT, 535/394.
2479 TJMS. RT, 788/651.
2480 TJSP. **Apelação Criminal 113.913-3**. Salto. Relator: Fortes Barbosa. 16 dez. 1991.
2481 TJSP. RT, 632/289.
2482 STJ. RT, 660/355.
2483 TJPB. Relator: Des. Manoel Taigy Filho. Data de julgamento: 15 fev. 1996.
2484 Rev. do Foro, 89/227.
2485 RT, 573/356.

3. Natureza do prazo e consequências de seu descumprimento

O prazo estipulado em lei é do tipo "legal", acarretando preclusão. A ofensa ao disposto neste artigo gera nulidade, no entender da maior parte dos julgados e da doutrina, do tipo "relativa", sendo que "existindo dados acerca da ausência de surpresa, não há que se falar de nulidade" (arts. 563, 565 e 566 do CPP).[2486]

3.1 Forma de contagem do prazo estipulado neste artigo

A "ciência a parte contrária dependente de providência cartorária", sendo que "a contagem do tríduo previsto no art. 475 do CPP" deve levar em conta o "dia do começo com o despacho ou protocolo da petição instruída com as peças cuja leitura se pretenda".[2487]

4. Intimação do assistente do Ministério Público

Com efeito, já houve provimento que decidiu que "sendo legítima a participação do assistente de acusação, no processo, e não sendo ele mero auxiliar do Ministério Público, deveria ser intimado da juntada de documentação".[2488] Nada obstante, há de ser reparado que o assistente é, sim, com a devida vênia, auxiliar do Ministério Público e não pode deduzir interesses distintos dos do assistido.

> *Parágrafo único.* Compreende-se na proibição deste artigo a leitura de jornais ou qualquer outro escrito, bem como a exibição de vídeos, gravações, fotografias, laudos, quadros, croqui ou qualquer outro meio assemelhado, cujo conteúdo versar sobre a matéria de fato submetida à apreciação e julgamento dos jurados.

1. Sobre a extensão da vedação na nova lei

Ao afirmar o atual artigo que "compreende-se na proibição deste artigo a leitura de jornais ou qualquer outro escrito, bem como a exibição de vídeos, gravações, fotografias, laudos, quadros, croqui ou qualquer outro meio assemelhado, cujo conteúdo versar sobre a matéria de fato submetida à apreciação e julgamento dos jurados", houve, na verdade, a ampliação e explicitação de objetos vedados a serem apresentados em plenário sem que a parte contrária deles tenha conhecimento no termo anterior de três dias. Além dessa limitação temporal, há de ser verificada a pertinência da apresentação do objeto, tarefa esta que caberá ao Juiz-Presidente.

2. Meios midiáticos e sua utilização no júri: notas sobre o regime anterior

Embora o Código de Processo Penal tenha equiparado à condição de documento os jornais ou "quaisquer escritos", há certa tolerância para com a leitura, "sem prévio conhecimento da defesa, de recorte de jornal", concluindo-se "Nulidade inexistente por não versar sobre a matéria de fato constante do processo, mas fato análogo", com a "inexistência, portanto, de violação do art. 475 do CPP"[2489], ou mesmo a "Leitura em plenário de notícia de jornal sobre a violência em geral [com a] Desnecessidade de ciência prévia à parte contrária. Cerceamento de defesa não configurado".[2490]

Da mesma maneira, em outro provimento deu-se que a

> Leitura em Plenário, pela acusação, de reportagem inserta em revista, relativa ao índice de criminalidade [sendo] Notícia jornalística pública e notória, não tendo relação nenhuma com a matéria fática do processo. Conduta que não se confunde com produção de prova nova, com surpresa para a outra parte. Nulidade inexistente.[2491]

Afirmávamos na edição anterior destes ***Comentários*** que

> sempre com a devida vênia, é necessário ver com reservas tais posturas. Inegável a influência da mídia em todas as camadas sociais, não raras vezes com a adoção de um discurso de pânico que, facilmente, ganha a adesão popular. Por esta razão, se à época em que o Código de Processo Penal foi escrito já havia preocupação com a projeção da mídia no julgamento em plenário, parece ser ainda mais atual o tema. Desta forma, peças jornalísticas que, rigorosamente, em nada se relacionam com a imputação ou com o objeto do processo, não têm sentido de serem lidas em plenário. E, se têm algum relacionamento com a "causa" precisam se enquadrar nos ditames do artigo em comento.

[2486] STJ. Relator: Felix Fischer. Data de publicação: DJ, 29 mar. 1999. p. 207.
[2487] TJSP. RT, 702/328.
[2488] STJ. Relator: William Patterson. Data de publicação: DJ, 5 maio 1997. p. 17.129.
[2489] TJSP. RT, 642/287.
[2490] TJSP. RT, 645/281.
[2491] TJSP. RT, 674/296.

3. Documento novo e *softwares*: nota sobre o regime anterior

Diante das inovações tecnológicas, já foi alvo de determinado provimento a hipótese em que "A utilização de programa de computador no plenário do tribunal do júri para ilustrar a tese de uma das partes não está sujeita à comunicação prevista no art. 475 do CPP".[2492]

> Art. 480. A acusação, a defesa e os jurados poderão, a qualquer momento e por intermédio do juiz-presidente, pedir ao orador que indique a folha dos autos onde se encontra a peça por ele lida ou citada, facultando-se, ainda, aos jurados solicitar-lhe, pelo mesmo meio, o esclarecimento de fato por ele alegado.

1. Solicitação de indicação da fonte da peça lida ou indicada

Conforme já era apontado em edição anterior destes *Comentários*, não cabe apenas ao jurado, mas, por extensão, também à parte contrária àquela que faz referência a tal peça, entendimento que acabou sendo consolidado no presente artigo, que prevê o requerimento da indicação de peças pela acusação e defesa, nada objetando que o Juiz-Presidente, com os poderes que lhe são conferidos, determine-o diretamente.

> § 1º Concluídos os debates, o presidente indagará dos jurados se estão habilitados a julgar ou se necessitam de outros esclarecimentos.

1. Esclarecimentos, *non liquet* e presunção de inocência

A situação na qual o jurado não encontrou, ainda, elementos para formar sua convicção acarreta o resultado de *non liquet*, impossível de ser admitido no Estado de Direito e no processo penal que a ele corresponde. A busca de esclarecimentos almeja exatamente sanar a lacuna na formação de convencimento. O resultado dessa procura pode ser, inclusive, a formação de uma dúvida insanável diante da prova dos autos, o que, por força da presunção de inocência, leva à aplicação do aforismo *in dubio pro reo*.

Embora de uma aplicação prática mecânica, a importância do artigo em comento para o julgamento é vital, na medida em que, se os "Jurados (...), indagados após os debates, responderam estarem aptos ao julgamento", entram na sala secreta em condições de alcançar um veredicto, não há que se falar em nulidade a partir daí.[2493]

No entanto, a situação-limite, na qual o jurado se mostra insuperavelmente inabilitado para julgar, pode acarretar a dissolução do conselho e a designação de nova data para julgamento. Isso, porém, depois de esgotadas todas as possibilidades de realização de diligências e da prestação de informações pelo juiz togado para que o jurado alcance, no mínimo, o estado de dúvida (o que levaria à absolvição da pessoa acusada, como visto anteriormente).

1.1 Comedimento nos esclarecimentos

Da frágil relação "juiz togado – jurado" no que tange às potenciais influências do primeiro em relação ao segundo, advém, no momento dos esclarecimentos, uma particular tensão, na medida em que a linha divisória entre o esclarecimento "objetivo" e uma eventual tomada de postura em relação a uma das partes (conscientemente ou não) pode levar à nulidade do julgamento. Por isso, o "esclarecimento indevido dado pelo Juiz, a jurado, a respeito da divergência entre a palavra do réu e a da testemunha" pode acarretar "vício insanável".[2494]

1.2 Esclarecimentos pedidos pelos jurados

"O jurado, antes da votação dos quesitos, pode pedir esclarecimento ao Juiz acerca dos mesmos, sem que o fato venha a acarretar a nulidade do julgamento. As circunstâncias características do fato criminoso devem ser expostas e perquiridas ao Tribunal do Povo, que sobre as mesmas cabe decidir".[2495]

Assim, a manifestação do jurado durante os esclarecimentos deve ser vista, dentro da ótica dominante, com "cautela", sendo que um determinado jurado que, "durante a votação, em resposta a esclarecimento solicitado ao Juiz, por outro jurado, recorda trecho dos debates, sem revelar sua opinião ou voto" não dá causa à nulidade.[2496]

> § 2º Se houver dúvida sobre questão de fato, o presidente prestará esclarecimentos à vista dos autos.

1. "Pontos" e "questões" na teoria processual

Na redação da norma, existe a menção a esclarecimentos sobre "questões de fato". O vocábulo "questão", na linguagem processual a partir de Carnelutti, significa a divergência sobre determinados "pontos"

[2492] STF. **HC 73.381/SP**. Relator: Min. Moreira Alves. 9 abr. 1996.
[2493] RT, 548/308.
[2494] JTJ, 126/482.
[2495] TJPB. Relator: Des. Joaquim Sérgio Madruga. Data de julgamento: 18 abr. 1995.
[2496] TJSP. **Apelação Criminal 166.099-3**. Jacareí. Relator: Dante Busana. 20 out. 1994.

arguidos pelas partes. Os pontos controvertidos tornam-se, assim, "questões".

A aparente lógica do texto legal, que repousa no fato de que os jurados são juízes "de fato", e não "de direito", cai por terra quando se observa, com bastante clareza, no direito brasileiro, que os leigos são chamados a resolverem questões "de direito" às vezes com profunda carga de complexidade.[2497] Exemplos mais comuns disso são os quesitos sobre "excesso culposo" ou "doloso" na legítima defesa, ou sobre teses que têm ganhado algum destaque desde há alguns anos, como a "inexigibilidade de conduta diversa".

§ 3º Os jurados, nesta fase do procedimento, terão acesso aos autos e aos instrumentos do crime se solicitarem ao juiz-presidente.

1. Os autos informatizados e o acesso pelos jurados

Levando-se em conta o disposto no art. 8º da Lei n. 11.419/2006 (os órgãos do Poder Judiciário poderão desenvolver sistemas eletrônicos de processamento de ações judiciais por meio de autos total ou parcialmente digitais, utilizando, preferencialmente, a rede mundial de computadores e acesso por meio de redes internas e externas), cabe a necessidade de adaptação desse dispositivo ao Tribunal do Júri, porquanto os jurados têm direito a acessar os autos, não apenas na sala secreta, mas, também, a qualquer momento do desenvolvimento do processo, exigindo que as partes indiquem a fonte processual donde extraem suas manifestações.

Nesse caso, o entrave é meramente instrumental. Não se trata, a nosso ver, de qualquer obstáculo jurídico, mas, sim, de adequações orçamentárias para aquisição dos equipamentos devidos e da correta adaptação das instalações forenses para que as sessões do Tribunal do Júri ocorram de acordo com a possibilidade técnica oferecida pela Lei. Superados esses entraves, temos que o acesso informatizado, em tempo concomitante à fala das partes, poderá se transformar num importante instrumento de esclarecimento dos jurados e de impedimento de discussões estéreis e conflituosas entre as partes.

1.1 O jurado e o contato com as informações/provas

Conforme vem sendo exposto ao longo destes *Comentários*, a produção probatória perante o juiz natural (jurado) é praticamente uma exceção na estrutura em vigor, que foi montada ideologicamente (e refletida procedimentalmente) para confinar o juiz natural a uma mera parcela de ato, no final de um longo procedimento.

Sendo o ideal a completa reformulação do modelo vigente de forma vigorosa, ao menos cabe acompanhar determinado provimento que identifica a necessidade de o jurado ter contato absoluto com as informações que foram obtidas sem sua participação. Nesse sentido, se há "Documentos entranhados nos autos encerrados em envelope sigiloso", com a "Impossibilidade de sua exibição aos jurados", deve ser "Novo julgamento ordenado".[2498]

Parece igualmente correto o entendimento que, conjugando o presente artigo com o artigo antecedente, decide sobre caso em que a parte faz "Exibição de documentos em plenário, apenas exibindo-os, dizendo aos jurados a natureza deles, mas sem declinar o conteúdo. Desnecessidade de dizer do conteúdo, vez que já mencionado anteriormente pela testemunha que os trouxe e os entregou ao promotor de justiça. Nulidade reconhecida".[2499]

1.2 Momento do contato do jurado com os autos e objetos

Muito embora o artigo em comento fale do contato do jurado com os autos e com objetos quando do "recolhimento" à sala secreta, é necessário frisar que, na qualidade de juiz natural da causa, pode ele ter esse acesso a qualquer momento, e não apenas nos limites temporais estabelecidos nesta norma.

Art. 481. Se a verificação de qualquer fato, reconhecida como essencial para o julgamento da causa, não puder ser realizada imediatamente, o juiz-presidente dissolverá o Conselho, ordenando a realização das diligências entendidas necessárias.

Parágrafo único. Se a diligência consistir na produção de prova pericial, o juiz-presidente, desde logo, nomeará perito e formulará quesitos, facultando às partes também formulá-los e indicar assistentes técnicos, no prazo de 5 (cinco) dias.

1. Excepcionalidade da medida probatória prevista neste artigo

Como bem apontado em determinado provimento,

o requerimento da realização de diligências deve ocorrer por ocasião da juntada do libelo e da contrariedade. As diligências cogitadas pelo art. 477 do Código de Processo Penal são excepcionais e supõem que sua necessidade surja *ex*

[2497] Veja-se a respeito a formação dos quesitos no art. 484.
[2498] RT, 571/326.
[2499] TJSP. **Apelação Criminal 220.535-3**. Relator: Souza Goulart. 22 set. 1997, v.u.

novo. De qualquer modo o juízo da oportunidade fica sob critério exclusivo do juiz.[2500]

O Conselho, uma vez dissolvido, não será reunido com a mesma composição. No novo julgamento deverá ser procedida a escolha de um novo corpo de jurados.

2. Controle judicial das diligências requerias

Como toda atividade probatória, seu controle está sujeito à atividade judicial, para fins de verificação de sua necessidade. Dessa forma, é plenamente possível, diante de "requerimento pelo Promotor de Justiça no momento do julgamento pelo Tribunal do Júri", que seja ele indeferido, não havendo que se falar em "Direito líquido e certo", pois

> Não está o Magistrado obrigado a deferir requerimento das partes para realização de provas no momento do julgamento em plenário. Cabe-lhe, como dispõe o art. 497, IV, do Código de Processo Penal, resolver as questões incidentes e ordenar, acolhendo ou não requerimento das partes, diligências destinadas a suprir falta que prejudique o esclarecimento da verdade.[2501]

Certamente, quando houver situação extrema como a "Necessidade de realização de diligências complementares para fixação do nexo etiológico entre lesão e morte", há de ser "novo julgamento ordenado".[2502]

SEÇÃO XIII – Do Questionário e sua Votação

Art. 482. O Conselho de Sentença será questionado sobre matéria de fato e se o acusado deve ser absolvido.

1. Jurados e apreciação de matéria "de fato"

Mais uma vez se busca confinar a participação do julgador leigo às "matérias de fato", algo preconizado desde a Constituição do Império, a qual, segundo Nassif[2503], "definindo o Júri como um dos ramos do Poder Judiciário, estabeleceu em seus arts. 151 e 152, que o *Poder Judicial é independente, e será composto de juízes e jurados, os quais terão lugar, assim no cível como no crime, nos casos e pelo modo que os Códigos determinarem e os jurados se pronunciam sobre o fato, e os juízes aplicam a lei*" (grifo do autor).

Nada obstante, assim como no regime anterior – talvez apenas em menor intensidade –, o jurado será chamado a definir matérias de direito, como será visto na sequência destes **Comentários**.

Parágrafo único. Os quesitos serão redigidos em proposições afirmativas, simples e distintas, de modo que cada um deles possa ser respondido com suficiente clareza e necessária precisão. Na sua elaboração, o presidente levará em conta os termos da pronúncia ou das decisões posteriores que julgaram admissível a acusação, do interrogatório e das alegações das partes.

1. Quesito "único": violação ao padrão estabelecido pelo Código de Processo Penal

O Código de Processo Penal brasileiro, diversamente do que acontece nas estruturas da *common law*, não admite a existência de um único quesito. No modelo anglo-saxão, "o júri, nunca se manifesta além de um simples 'culpado' ou 'não culpado'".[2504]

Na ótica do Código, como acontece em países onde a participação popular se dá, sobretudo, por meio do escabinado, há formulação de uma série de indagações, justificando-se que "o desdobramento dos quesitos busca evitar a complexidade, a fim de não haver dúvida para a resposta [e] se impõe quando a resposta admitir caracterização de pluralidade de institutos" (RSTJ, 21/479). Dessa forma, por exemplo, "os jurados devem ser questionados acerca de cada um dos elementos componentes da legítima defesa, ficando ao juiz a tarefa de verificar se das respostas dadas resulta a sua configuração. A simples indagação de haver o réu praticado o fato em defesa própria, induz nulidade do julgamento"[2505], e, uma vez "negado pelo Conselho de sentença o quesito inicial quanto a existência da legítima defesa, restam prejudicados os demais quesitos quanto ao desdobramento da excludente".[2506]

2. Redação "complexa" do quesito, "perplexidade" e nulidades

Causa considerada como de nulidade insanável é a da ocorrência de quesitos que levam os jurados à "perplexidade". Não existe, no entanto, um conceito do que venha a ser "perplexidade" para o mundo jurídico, cabendo apenas o registro de que se trata

---

[2500] TJSP. **Apelação Criminal 116.484-3**. Relator: Dante Busana. Data de julgamento: 11 fev. 1993.
[2501] TJSP. **Mandado de Segurança 149.295-3**. Relator: Dirceu de Melo. Data de julgamento: 30 set. 1993. No mesmo sentido: JTJ, 202/343.
[2502] TJSP. RT, 634/267.
[2503] NASSIF, Aramis. **O júri objetivo**. Porto Alegre: Livraria do Advogado, 2001.
[2504] SPENCER, in DELMAS-MARTY, 2004, *passim*.
[2505] RSTJ, 92/390.
[2506] TRF. 1ª Região. Data de publicação: DJ, 2 abr. 2004. p. 16. Relator: Des. Federal Carlos Olavo.

de nulidade absoluta, que não se convalida com o "Silêncio das partes"[2507]. Assim,

> No julgamento do Tribunal do Júri, onde sobreleva a rigorosa observância da garantia da plenitude de defesa (CF, art. 5º, XXXVIII, *a*) impõe-se absoluta cautela na formulação dos quesitos, de modo a evitar dúvida, confusão ou perplexidade na formação do juízo de certeza pelos integrantes do Conselho de Jurados.[2508]

2.1 Redação dos quesitos de forma "negativa"
Na situação de perplexidade, por vezes, reconhece-se a hipótese de serem os "Quesitos formulados sob forma negativa [com a] Dificuldade em se entender a resposta", dando causa à nulidade.[2509]

2.2 Quesitação, autodefesa e defesa técnica
Interessante provimento abordou a questão perante o regramento anterior, sumulando que a formulação de quesitos

> se refere a defesa técnica, aquela aduzida por profissional habilitado com potencialidade idônea a qualificar de razoável a arguição. Insuficiência desse pressuposto jurídico legal capaz de tornar compulsória a formulação do quesito relativo à excludente, a mera e episódica referência a qualquer das causas previstas no artigo citado.[2510]

Já se reconheceu nulidade no caso em que a "Tese sustentada pelo acusado que colidiu com a defesa técnica e não suscitou formulação de quesitos", com a "interpretação do art. 5º, LV, da CF e dos arts. 484, III, e 564, III, *k*, do CPP".[2511]

Pela nova disciplina, haverá a necessidade de formularem-se quesitos sobre a matéria trazida pela Defesa técnica, assim como pela autodefesa.

Art. 483. Os quesitos serão formulados na seguinte ordem, indagando sobre:

1. Súmula 156 do STF – nulidade no júri
É absoluta a nulidade do julgamento, pelo júri, por falta de quesito obrigatório.

2. Quesitos de formulação obrigatória
O Código de Processo Penal determinava, já na redação anterior, não apenas uma ordem necessária para a formulação de indagações como, também, a inclusão de indagações necessárias. Sua não formulação vicia o julgamento[2512]. Nada obstante a imposição legal e a vital importância da quesitação para a obtenção do veredicto, não raras vezes a doutrina e, sobretudo, a jurisprudência veem nas deficiências de formação do questionário causa de nulidade "relativa", dependente da demonstração de prejuízo.

Exemplos dessa situação podem ser encontrados em provimentos que afirmam que "Obrigatória é a indagação a propósito da existência de atenuantes. A omissão sobre quais das hipóteses legais aplicáveis quando muito poderá gerar nulidade relativa, que depende da demonstração inequívoca de prejuízo".[2513]

Sem embargo, com maior precisão, tem-se que "É absoluta a nulidade do julgamento pelo júri, decretável a qualquer momento, quando verificada a falta de quesito obrigatório, sendo irrelevante o protesto do interessado"[2514], tratando-se, dessa forma, de "Vício não sanado a despeito do silêncio da defesa".[2515]

3. Ordem obrigatória dos quesitos
Na estrutura anterior do Código de Processo Penal,

> a ordem da sequência dos quesitos é a estabelecida no art. 484 do Código Penal, sendo regra impostergável a de que após os relativos ao fato principal (fato típico, relação de causalidade e autoria), devem seguir-se os quesitos de defesa (art. 484, inc. III). É a ordem lógica que se impõe, inclusive para evitar respostas contraditórias.[2516]

[2507] STF. RT, 568/384 e RT, 743/614.
[2508] STJ. Data de publicação: DJ, 1º abr. 2002. p. 227. Relator: Vicente Leal.
[2509] TJSP. RT, 685/303.
[2510] STJ. RT, 701/383.
[2511] TJSP. RT, 775/576.
[2512] TJMT. RT, 558/345.
[2513] TJPB. Relator: Des. Raphael Carneiro Arnaud. Data de julgamento: 16 abr. 1996.
[2514] TJPB. Relator: Des. Otacílio Cordeiro da Silva. Data de julgamento: 10 set. 1996.
[2515] TJSP. RT, 635/358.
[2516] TJSP. **Apelação Criminal 108.854-3**. Relator: Carlos Bueno. Data de julgamento: 24 fev. 1992.

Como decorrência, afirmava-se, diante da antiga norma, que a "formulação de quesitos sobre dolo direto ou eventual antes dos quesitos que isentam de pena, excluem o crime ou o desclassificam" é inadmissível[2517], assim como a "Indagação das qualificadoras do homicídio antecedendo a relativa ao homicídio privilegiado"[2518], escapando dessa situação, para determinado provimento, hipótese de "causa especial de diminuição da pena (...) em que não deve anteceder a qualificadora do delito".[2519]

A nova disciplina dos quesitos impõe, igualmente, ordem obrigatória que, desatendida, é causa potencialmente geradora de nulidade.

4. Quesitação e nulidades

Como já frisado em outro tópico nos **Comentários** a este artigo, há certa vertente jurisprudencial que concebe a possibilidade de ocorrência de nulidades relativas no âmbito da quesitação. Um dos casos diz respeito à "Ausência de indagação acerca das circunstâncias atenuantes. Hipótese em que não houve prejuízo, por haver sido a pena fixada no mínimo legal, em face do reconhecimento do homicídio privilegiado"[2520].

Sem embargo, já se repudiou, por exemplo, a "Indagação genérica sobre a existência de circunstâncias qualificadoras e atenuantes. Inadmissibilidade. Necessidade da formulação de quesitos correspondentes a cada uma das causas alegadas".[2521]

5. Desdobramento de quesitos obrigatórios

A nova disciplina legal pode levar o leitor, à primeira vista, a acreditar numa fixação definitiva de quesitos com suas respectivas finalidades. Nada obstante, não é assim que *a leitura do direito processual, coadunada com o direito material*, impõe que se faça. Fixa é a ordem das perguntas, com seus respectivos *desdobramentos*, existentes, exatamente, por conta do Direito Penal.

Assim, tema como o da autoria e participação, previsto no quesito n. 2, deve ser desdobrado diante da estrutura do art. 29 do Código Penal e não pode ser confinado numa única pergunta ultra-abarcativa que elimine as nuances da autoria, participação, participação de menor importância ou participação em delito menos grave, havendo, assim, a "necessidade de desdobramento dos quesitos em séries distintas para cada um dos acusados e para cada crime".[2522]

Tal desdobramento ocorre em relação *às teses* espostas pelas partes, sendo inadmissível, por exemplo, a "Formulação de uma única série de quesitos quando são três os fatos típicos atribuídos ao réu [o] que acarreta evidente prejuízo à defesa".[2523]

6. Quesito sobre falso testemunho

Assim como na legislação anterior, na qual não havia previsão expressa para o questionamento ao conselho de sentença acerca da eventual ocorrência do falso testemunho no âmbito da quesitação, a nova disciplina também se cala a respeito.

Acreditamos, no entanto, que o tratamento da matéria deva continuar da mesma maneira, com a formulação do quesito a respeito desse eventual ilícito ao final do questionário sobre o mérito da causa em curso, diante da regra geral prevista no art. 211, parágrafo único.

I – a materialidade do fato;

1. Desdobramento de quesitos entre materialidade e causalidade?

Diante da forma como orientada a formulação de quesitos, passou-se a questionar se haveria a necessidade de desdobrar o primeiro quesito em dois, para destinar um deles especificamente ao tema da causalidade.

Neste ponto, merece atenção a crítica de Ramires[2524] à posição de Nucci quando este aponta a necessidade do desmembramento para que haja "o reconhecimento progressivo do evento criminoso". Afirma o magistrado gaúcho que

> a tese desse doutrinador tem vários problemas. A começar, confunde o problema do nexo causal com o do dolo. (...) Depois, é difícil compreender o que Nucci quer dizer quando afirma ficar "praticamente impossível" a declinação de competência por parte do Júri com a fusão de materialidade e nexo.

No supramencionado texto, aponta-se como uma melhor alternativa a lição pertinente de Nassif,

---

[2517] TJSC. RT, 579/364.
[2518] STF. RT, 549/429.
[2519] STF. RT, 616/410.
[2520] STF. RT, 538/447.
[2521] TJAL. RT, 750/667.
[2522] TJSP. RT, 640/285.
[2523] TJAL. RT, 750/667.
[2524] RAMIRES, Maurício. **Aspectos práticos da redação dos quesitos da materialidade e da autoria no tribunal do júri após a Lei 11.689/08**. Disponível em:<https://www.tjrs.jus.br/export/poder_judiciario/tribunal_de_justica/centro_de_estudos/doutrina/doc/Aspectos_Praticos_Mauricio_Ramires.doc>. Acesso em: 12 abr. 2022.

quando afirma que "a negativa de nexo causal também é tese desclassificatória e, como tal, deverá ser questionada na fase do § 4º do art. 483 do Código de Processo Penal"[2525], reservando-se o desdobramento quando for a quebra do nexo de causalidade uma tese autônoma em relação a qualquer outra.

Permitimo-nos endossar as observações efetuadas no preciso texto referido, adotando-as para justificar a desnecessidade, como regra, do desdobramento do quesito da materialidade em relação àquele da autoria.

II – a autoria ou participação;

1. Participação de menor importância

Haveria de ser votada após o quesito número 2, que fala em autoria e participação, nos moldes do art. 29, pois seu § 1º ainda diz respeito ao mesmo elemento anímico do crime doloso contra a vida, disso se distinguindo do § 2º, que, embora tratando de participação "de crime menos grave", induz à desclassificação delitiva, embora assim não o seja necessariamente em todos os casos.

Assim, pode haver participação em crime menos grave quando a pessoa acusada manifestar a intenção homicida, mas não com o emprego de meio cruel, ao qual, supostamente, procurou evitar. Sendo assim, cremos que a votação do quesito referente à participação em "crime menos grave" deva vir como desdobramento da participação prevista no quesito número 2.

Nada obstante, quando a participação em crime menos grave significar a desclassificação delitiva para crime não doloso contra a vida, sua indagação deverá vir após o quesito número 3. Nesse sentido, inclusive, deve ser entendido o § 4º do presente artigo.

III – se o acusado deve ser absolvido;

1. Justificativa teórica para o quesito genérico de absolvição

No dizer de Stoco[2526],

> o terceiro quesito e, dentre todos, o mais importante e fundamental tem redação na lei. Aos jurados será indagado apenas se absolvem ou condenam o acusado, através de cédulas especiais contendo as palavras "absolvo" ou "condeno". Assim, respondidos afirmativamente os dois primeiros quesitos acerca da materialidade do fato e sobre a autoria ou participação, será formulado o terceiro quesito, que engloba todas as teses apresentadas pela defesa. Com essa providência, afasta-se a maior fonte de nulidades, atende-se à determinação constitucional de que aos jurados apenas se propõem questões sobre matéria de fato, simplifica o julgamento e, segundo nos parece, protege melhor o acusado, permitindo segurança e garantia de um julgamento justo.

Nada obstante, Pires[2527] coloca óbice a tamanha simplificação, asseverando que

> no que concerne à simplificação do questionário a ser submetido ao júri para colher a sua decisão, ninguém discute que é preciso simplificar a processualística nessa parte. Todavia, saiu-se de um extremo e caiu-se em outro, no meu modo de ver. Somos contra a submissão ao júri daqueles questionários extensos, que misturam matéria de fato com matéria de direito (...). Mas também não estamos de acordo que se possa julgar alguém, apenas indagando se ele deve ser condenado, ou se deve ser absolvido. Por quê? Porque em se tratando de defesas que veiculem mais de uma tese não se saberia qual a adotada, inviabilizando a discussão do mérito em sede recursal.

2. Teses defensivas e quesito genérico: legítima defesa real

O regime anterior, criticado pela sua complexidade, tinha em teses defensivas, como a da legítima defesa, um dos mais claros exemplos de rebuscamento em virtude dos desdobramentos inerentes à redação do art. 25 do Código Penal e do art. 23, parágrafo único, inclusive servindo como parâmetro para demonstrar que o jurado, longe de apreciar exclusivamente "matéria de fato", também era questionado em "matéria de direito".

O regime atual poderia ser efetivamente portador de maior simplicidade, não fosse o localizado problema da identificação do excesso doloso ou culposo, cuja análise não parece ser absorvida por qualquer dos *quesitos obrigatórios*, pois não se prende ao tema da materialidade (inciso I), tampouco da autoria (inciso II), e não basta a votação ao quesito III para que seja apreciado. Igualmente, não comporta votação

---

[2525] RAMIRES, Maurício. **Aspectos práticos da redação dos quesitos da materialidade e da autoria no tribunal do júri após a lei 11.689/08**. Disponível em: <https://www.tjrs.jus.br/export/poder_judiciario/tribunal_de_justica/centro_de_estudos/doutrina/doc/Aspectos_Praticos_Mauricio_Ramires.doc>. Acesso em: 12 abr. 2022.

[2526] STOCCO, Rui. Tribunal do júri e o projeto de reforma de 2001. **Revista Jurídica**, Porto Alegre: Notadez, ano 50, n. 302, dez. 2002.

[2527] PIRES, Ariosvaldo de Campos. A reforma do júri. **Revista Síntese de Direito Penal e Processual Penal**, Porto Alegre: Síntese, n. 16, out./nov. 2002.

nos termos das questões que se poderia denominar *facultativas* (§ 3º, I e II; § 4º e § 5º), pois o excesso não diz respeito a causa de diminuição de pena alegada pela defesa, ou mesmo a circunstância qualificadora ou causa de aumento de pena, e não se trata de hipótese de desclassificação.

Sendo assim, não restará alternativa senão a inclusão de quesitos desdobrados especificamente em relação a esse ponto. Mas, sendo essa a alternativa, restaria ainda a indagação de como proceder a tal desdobramento.

Resultante do afastamento de tese absolutória da legítima defesa, a conclusão inicial é que eventuais quesitos sobre excesso doloso e, depois, culposo (nessa ordem obrigatória) devem vir após a resposta negativa por maioria ao quesito número 3, o que não causa maior complexidade quando a legítima defesa for a única tese anunciada pela defesa técnica *e* pela autodefesa.

Não nos parece possível deixar de apreciar a tese do excesso doloso, porquanto, diante da inexistência do desdobramento dos requisitos da legítima defesa, não se sabe por que o afastamento da tese se deu.

Conforme texto de prestigiosa fonte doutrinária,

> afirmado, pelos jurados, o quesito do excesso culposo, entendemos ter ocorrido uma desclassificação, que pode ser tida por imprópria, pois, com a resposta afirmativa, os jurados indicaram a existência de uma forma de conduta ilícita que tem, quanto à pena e a alguns de seus componentes, aproximação com o homicídio culposo e com o crime de lesões corporais culposas, não cabendo, no presente trabalho, a conceituação doutrinária do chamado excesso culposo. Desclassificação, dissemos, imprópria, porque não acarreta o afastamento da competência do Tribunal do Júri, sim a indicação de uma modalidade culposa de crime. Assim, afirmado o excesso culposo, já estará o réu condenado por crime culposo – homicídio ou lesões (quando, para esta consequência, é formulada a justificativa em acusação por tentativa de homicídio). Com a afirmação do quesito do excesso culposo – que não significa desclassificação própria, para competência do Juiz-Presidente –, prossegue a apresentação, aos jurados, do questionário quanto a quesitos obrigatórios (art. 484, parágrafo único, III e IV) ou pleiteados pela acusação (art. 484, parágrafo único, II, também do Código de Processo Penal) e que dizem de regras para a fixação de pena o crime já identificado pelos jurados.[2528]

Nada obstante, mais acertadamente se tem que o "Excesso culposo reconhecido pelo Conselho de Sentença" leva "julgamento afeto ao juízo singular".[2529]

No mais, em primeiro plano é essa a ordem do art. 23, parágrafo único, do Código Penal; depois, porque a manutenção da competência do Júri se dá pela valoração de ter agido ou não a pessoa acusada com *dolo*, e não com culpa (em sentido estrito), e, assim, com a resposta positiva ao quesito do excesso doloso, mantém-se a competência da Corte Popular para, inclusive, apreciar eventual crime conexo.

3. Teses defensivas e quesito genérico: estrito cumprimento de dever legal, estado de necessidade e exercício regular de direito

As mesmas observações já efetuadas em relação à legítima defesa cabem aqui para as demais hipóteses do art. 23 do Código Penal, residindo a maior complexidade, uma vez mais, na questão do excesso, que deverá ser votada na forma explicitada no tópico anterior.

4. Teses defensivas e quesito genérico: coação irresistível e obediência hierárquica

A tese defensiva da coação irresistível, assim como a da obediência hierárquica, fica englobada pelo quesito ultra-abarcador previsto na questão número 3.

5. Teses defensivas e quesito genérico: erro de tipo

Há de ser verificada a disciplina do erro de tipo diante de suas várias manifestações (erro direto ou indireto (discriminante)). Assim, no caso do art. 20, § 1º, primeira parte, existe verdadeira isenção de pena caso não haja previsão de pena a título de culpa (segunda parte da mesma norma).

Restaria indagar se o quesito ultra-abarcador seria suficiente para apreciar todas as circunstâncias de fato que gravitam em torno da ocorrência do erro, as quais deveriam ser explicitadas pela defesa para a inclusão da quesitação, como se afirmava no regime anterior, sendo que, caso contrário, naquela disciplina

> não há [havia] como se acolher alegação de nulidade no indeferimento de quesitos sugeridos pela defesa, se evidenciado que não foram indicadas as circunstâncias fáticas que teriam levado o réu a erro, induzindo-o a acreditar que a sua conduta seria lícita e autorizada – impossibilitando o questionamento dos jurados sobre as circunstâncias.[2530]

2528 MARQUES PORTO, Hermínio Alberto. Aspectos do julgamento pelo tribunal do júri. **Justitia**, 61/1968.
2529 TJBA. RT, 608/375.
2530 STJ. **HC 24.566**. Relator: Min. Gilson Dipp. Data de julgamento: 11 fev. 2003.

A intenção da norma é a de que as questões "de fato" possam ser consideradas como todas integrantes do quesito número 3, restando indagar o resultado jurídico que deve advir, pois se trata de ausência de culpabilidade, gerando a *isenção de pena apenas se não houver previsão de pena a título de conduta culposa*, isso quando se falar no erro de proibição direto, pois o indireto tratará de alguma discriminante como a legítima defesa, com seu regime próprio.

Assim, quer-nos parecer que a resposta positiva por maioria à indagação "o jurado absolve o réu" encerra qualquer desdobramento, impondo sua absolvição, enquanto a resposta negativa não afastará integralmente a tese do erro de proibição, que deverá ser apreciada nos termos do § 4º do presente artigo, após o terceiro quesito.

6. Teses defensivas e quesito genérico: inexigibilidade de conduta diversa

Tome-se, como exemplo, a tese da "inexigibilidade de conduta diversa", já abordada por inúmeros operadores[2531], cuja possibilidade de quesitação no regime anterior era alvo de controvérsias.

Assim, na sempre elogiada palavra de Assis Toledo[2532],

a doutrina alienígena, assim como a jurisprudência dos Tribunais brasileiros têm manifestado sérias restrições à aceitação da inexigibilidade de outra conduta como cláusula geral de exculpação, dada a possibilidade de que venha ela a transformar-se numa espécie de autorização para delinquir e, na área dos crimes dolosos contra a vida, na tolerância para com o homicídio ou o assassinato.

Reflexo dessa posição podia ser encontrado em provimento que afirma que a "formulação (...) deve versar sobre fatos e circunstâncias, e não sobre mero conceito jurídico"[2533] ou mesmo quando se aduz que se trata de "Circunstância não prevista como excludente de culpabilidade no rol do art. 386 do CPP [com a] impossibilidade, ademais, de aplicação de analogia *in bonam partem*".[2534] Dessa forma, dá-se a "não formulação de quesitos relativos à inexigibilidade de outra conduta e da coação moral da sociedade [pois são] hipóteses não enunciadas na lei penal como causa da exclusão da culpabilidade".[2535]

Em suma, trata-se de "Hipótese em que a inexigibilidade de conduta diversa, por se tratar de suporte ontológico, não foi reduzida a termos legiferantes, não fazendo parte do ordenamento jurídico legal".[2536]

Nada obstante, ao longo da última década do século passado, a posição passou por transformações na jurisprudência, que, progressivamente, passou a aceitar sua inclusão, reconhecendo-se tratar-se de "causa legal e supralegal de exclusão de culpabilidade, cuja admissibilidade no direito brasileiro já não pode ser negada", com a "Possibilidade, em tese, desde que se apresentem ao júri quesitos sobre fatos e circunstâncias, não sobre mero conceito jurídico"[2537], pois "Na formulação de quesitos é inviável indagar aos jurados, que se têm por leigos, teses ou conceitos jurídicos".[2538]

Resume-se que

a exigibilidade de conduta diversa, apesar de apresentar muita polêmica, é, no entendimento predominante, elemento da culpabilidade. Por via de consequência, sem adentrar na questão dos seus limites, a tese da inexigibilidade de conduta diversa pode ser apresentada como causa de exclusão da culpabilidade. Especificada e admitida a forma de inexigibilidade, aos jurados devem ser indagados os fatos ou as circunstâncias fáticas pertinentes à tese.[2539]

Assim, o e. STJ "firmou entendimento no sentido da possibilidade de quesito referente à causa supralegal de excludente de culpabilidade, desde que apresentada pela defesa nos debates perante o Tribunal do Júri"[2540], e hoje se pode afirmar majoritariamente que "Por ocasião do julgamento pelo Júri, tendo a defesa formulado a tese de inexigibilidade de conduta diversa, o quesito correspondente deve ser formulado aos Jurados, mesmo que inexista

---

[2531] Dentre outros, VELO, 1993; SANTOS, 1996, p. 185-197; COSTA, 1999; SILVA, 1984, v. 126, p. 232-235; YAROCHEWSKY, 2000; NAHUM, 2001.
[2532] ASSIS TOLEDO, Francisco. Culpabilidade e tribunal do júri. In: TUCCI, Rogerio Lauria (Org.). **Tribunal do júri**. São Paulo: RT, 1999.
[2533] STJ. RT, 660/358.
[2534] TJSP. RT, 749/641.
[2535] TJRS. RT, 570/386.
[2536] TJSP. **Apelação Criminal 102.943-3/SP**. Relator: Andrade Cavalcanti. 14 out. 1991.
[2537] RT, 660/358.
[2538] STJ. Relator: Jorge Scartezzini. Data de publicação: DJ, 22 nov. 1999. p. 174.
[2539] RF, 366/323.
[2540] STJ. Relator: Gilson Dipp. Data de publicação: DJ, 29 set. 2003. p. 335; no mesmo sentido: STJ. Relator: Paulo Gallotti. Data de publicação: DJ, 7 out. 2002. p. 302.

expressa previsão legal sobre tal tese nos dispositivos do Código Penal".[2541]

Com efeito, afirmávamos que não há como negar a possibilidade de inclusão nos quesitos a tese em foco. Não se sustenta o argumento do seu tecnicismo exacerbado pois outras teses defensivas apresentam o mesmo problema (v.g., legítima defesa e seus eventuais excessos). Sempre deverá preocupar, contudo, a forma de redação dos quesitos, como bem apontado em determinados provimentos citados anteriormente, na medida em que já houve caso em que a "quesitação aparentemente simples que levou, todavia, os jurados ao não entendimento dos fatos".[2542]

No novo cenário, tal tema, de profunda complexidade técnica, estará subsumido ao quesito genérico supramencionado, causando a potencial perplexidade já apontada.

7. Quesito genérico e inimputabilidade penal total

Trata-se de caso de inimputabilidade detectada após o juízo de admissibilidade, pois, se anterior, *e sendo essa a única "tese defensiva"*, será caso de absolvição sumária na forma do art. 415, parágrafo único, conforme já examinado nestes **Comentários**.

Como a inimputabilidade total gera a absolvição denominada "imprópria", vez que dela decorre a imposição de medida de segurança, a resposta "sim" ao terceiro quesito põe fim à votação, mas não exime, por óbvio, a determinação da medida de segurança cabível que deverá ser aplicada nos termos determinados pelo art. 492, II, "c", com previsão expressa, repetindo-se assim posição pretoriana existente no regime anterior cuja pertinência ainda se dá, ao afirmar-se que é possível a "Imposição de medida de segurança pelo juiz-presidente ao réu, embora inexistente quesito sobre sua periculosidade real no questionário".[2543]

O pedido a ser formulado, mesmo pelo acusador – e que pode parecer contraditório aos olhos leigos –, é o de *absolvição*, com os necessários esclarecimentos aos integrantes do Conselho de Sentença das consequências jurídicas dessa "absolvição".

O que muda em relação ao regime anterior neste tópico é a quesitação da insanidade do acusado, não mais necessária diante da pergunta número 3, e sendo "matéria só ventilada em plenário [o seu] reconhecimento inadmissível sem a instauração do incidente competente [sendo o] indeferimento da pergunta que, portanto, não implica nulidade".[2544]

O reconhecimento da inimputabilidade completa, na nova sistemática, implica, dessa forma, a necessidade de prévia instauração de incidente de sanidade, que, tendo sua imperiosa necessidade reconhecida pelo Conselho de Sentença, nos termos do art. 480, e sendo necessária a produção de laudo pericial, não restará alternativa senão a dissolução daquele corpo julgador na forma do art. 481, solução esta, acrescente-se, já existente no regime anterior.

8. Absolvição imprópria e teses defensivas

Quando a tese defensiva da pessoa acusada completamente inimputável for de negativa de autoria, não haverá maiores problemas de quesitação com a apreciação da pergunta n. 2 do questionário legal e obrigatório.

Quando, no entanto, houver tese absolutória que deva ser apreciada no item 3, o resultado "absolve" por maioria não leva à conclusão definitiva da vontade dos jurados, vez que a absolvição "imprópria" gera a imposição de medida de segurança, enquanto a "própria" isenta a pessoa de qualquer sanção penal.

Assim, cremos na necessidade da imposição de um quesito específico, após aquele de n. 3, no qual deverá ser indagado sobre a imposição de medida de segurança. Uma alternativa seria a indagação, no item 3, de forma a colocar ao Conselho de Sentença se "absolve" "sem medida de segurança" ou "com medida de segurança". A hipótese levantada inicialmente, no entanto, parece-nos ser de maior clareza para o julgador leigo.

9. Teses defensivas, quesito genérico e inimputabilidade parcial

Não gera absolvição sumária, mas condenação em sentido próprio com imposição de medida, *pena reduzida por força do § 1º do art. 26 do Código Penal*, com a necessária apreciação do caso pelo Conselho de Sentença.

Assim, diversamente da hipótese anterior, na qual há absolvição e em que tudo se resume ao resultado positivo ao quesito número 3, aqui deve ser sustentado o pedido de condenação e, com resultado negativo ao quesito número 3, a causa de diminuição será objeto de apreciação nos termos do § 3º do presente artigo.

[2541] STJ. Relator: Jorge Scartezzini. Data de publicação: DJ, 10 jun. 2002. p. 227.
[2542] STJ. Relator: Adhemar Maciel. Data de publicação: DJ, 6 fev. 1995. p. 1376.
[2543] RT, 563/316; no mesmo sentido: RT, 576/366.
[2544] TJMG. RT, 652/316.

> IV – se existe causa de diminuição de pena alegada pela defesa;

1. Hipóteses das "causas de diminuição"

São as previstas na Parte Geral ou Especial do Código Penal ou em legislações extravagantes que diminuem, mediante parâmetros fixados na norma penal, o *quantum* da pena a ser aplicada. Diante da opção trifásica para a dosimetria da pena contida no art. 68 do Código Penal, após a aplicação do art. 59 do Código Penal (primeira fase), com a qual se alcança a denominada "pena básica", aplica-se o art. 61 do mesmo diploma legal, ponderando-se a existência de circunstâncias agravantes ou atenuantes (segunda fase) e, por fim, aplicar-se-á a causa de aumento ou diminuição (terceira fase).

1.1 Requerimento das partes

Malgrado a redação do presente artigo indicar apenas a defesa como postulante de causa de diminuição da pena, na estrutura da postulação presente no processo penal brasileiro, nada impede que o próprio acusador requeira o reconhecimento de alguma causa de diminuição.

> V – se existe circunstância qualificadora ou causa de aumento de pena reconhecidas na pronúncia ou em decisões posteriores que julgaram admissível a acusação.

1. Hipóteses de qualificação do crime

São as expressamente previstas no tipo penal que majoram a pena dentro de limites prefixados e que serão apreciadas no último momento do critério trifásico, de acordo com o art. 68 do Código Penal.

2. Hipóteses de causa de aumento de pena

São as hipóteses previstas na Parte Geral ou Especial do Código Penal ou em legislações extravagantes que aumentam o *quantum* da pena em proporção não definida *a priori*, cabendo ao Magistrado fixá-la de acordo com os demais parâmetros estabelecidos pela Lei Penal.

3. Necessidade de reconhecimento nas decisões que admitem a acusação

Diversamente do que se passa na esfera dos interesses da Defesa, as causas que, de forma ampla, exasperam a pena, devem ser reconhecidas judicialmente na admissibilidade da causa quando da sua confirmação após apreciação recursal. Não podem ser inovadas em plenário, sob risco de nulidade absoluta do julgamento caso reconhecidas.

§ 1º A resposta negativa, de mais de 3 (três) jurados, a qualquer dos quesitos referidos nos incisos I e II do caput deste artigo encerra a votação e implica a absolvição do acusado.

1. *Quorum* para obtenção do veredicto

O sistema atual repete o anterior no que diz respeito ao quórum para obtenção do veredicto e, embora mencionando esta estrutura apenas em relação aos incisos I e II, deve-se ter a mesma metodologia empregada para todos os demais, por força do disposto no art. 489, para onde remetemos o leitor destes *Comentários* e que repete a estrutura anterior.

§ 2º Respondidos afirmativamente por mais de 3 (três) jurados os quesitos relativos aos incisos I e II do caput deste artigo será formulado quesito com a seguinte redação:

O jurado absolve o acusado?

1. Votação ao terceiro quesito

Existente a partir do momento em que os jurados reconhecem materialidade e autoria, passam os jurados a decidir sobre o "mérito" do fato, implicando a resposta ao quesito direto "*O jurado absolve o acusado?*", cuja resposta positiva, por maioria, implica a condenação da pessoa acusada. Nesse quesito estão implicadas todas as teses defensivas, como as que excluem a tipicidade, a antijuridicidade e a culpabilidade, insertas na mesma preposição de acordo com a ambição dos autores da reforma.

Se a simplificação era, sem dúvida, um dos principais objetivos dos trabalhos reformistas, conforme já apontado nestes **Comentários**, o alcance da simplificação operada pode gerar problemas operacionais incontroláveis, na medida em que a superposição de teses defensivas, não raras vezes contraditórias umas com as outras, pode gerar perplexidade no julgador leigo que, diante do quesito genérico dessa envergadura, fica sem o rumo necessário, função essa, a de norteador, precípua nesse modelo de quesitação.

2. Quesito genérico e sua votação obrigatória: tese defensiva exclusiva de negativa de autoria

Após a entrada em vigor do novo modelo de quesitação, indagou-se, na experiência prática, a necessidade de votar-se o quesito "genérico" quando a tese defensiva fosse, exclusivamente, a de negativa de autoria, posto que haveria, então, suposta contradição numa eventual absolvição caso os jurados reconhecessem a procedência para a pergunta abarcativa.

Progressivamente, e com acerto, quer-nos parecer, a jurisprudência foi consolidando a indispensabilidade da votação desse quesito na situação acima exposta, sob o argumento de que "O quesito genérico 'O jurado absolve o acusado?' é obrigatório quando respondidos afirmativamente os dois primeiros quesitos, ainda que a única tese defensiva sustentada em plenário tenha sido negativa de dolo ou de autoria, abarcadas por outros quesitos. Possibilidade de os jurados decidirem por motivo desconhecido, desde que a decisão encontre guarida no contexto probatório dos autos"[2545] e, por tal fundamento, igualmente se decidiu por anular caso em que

> na sessão de julgamento, foi admitida a existência do fato e reconhecida a autoria do crime, em seguida, questionou-se a respeito da tentativa, tendo os jurados respondido afirmativamente. Assim, tornou-se prejudicada a votação de qualquer quesito relativo à tese de desclassificação do delito. No entanto, explica que, mantido o crime doloso contra a vida, o quesito genérico sobre a absolvição do paciente deixou de ser formulado pela presidência do júri conforme dispõe o art. 483, III e § 2º, do CPP. Dessarte, trata-se de quesito obrigatório, incidindo, na espécie, a Súm. 156/STF. Em consequência, anulou-se o julgamento do tribunal do júri.[2546]

> § 3º Decidindo os jurados pela condenação, o julgamento prossegue, devendo ser formulados quesitos sobre:
> I – causa de diminuição de pena alegada pela defesa;

1. STF – Súmula 162 – Nulidade no Tribunal do Júri em virtude de quesitação inadequada
É absoluta a nulidade do julgamento, pelo júri, quando os quesitos da defesa não precedem aos das circunstâncias agravantes.

2. Quesitação de causa de diminuição
Deve ser submetida aos jurados não apenas por provocação da Defesa técnica ou da autodefesa, mas, também, por eventual postulação do Acusador que, como cediço, poderia fazê-lo na medida em que implica situação mais favorável à pessoa acusada. No caso dos crimes dolosos contra a vida, aqui se enquadraria a hipótese do homicídio privilegiado.

3. Atenuantes genéricas
Não são mais submetidas à votação, como regra, havendo a possibilidade de considerar necessário votá-las quando se tratar de conhecimento de matéria de fato, e não de "direito" (*v.g.*, nesse último caso, menoridade do agente).

Nada obstante, é possível considerar a possibilidade do reconhecimento das atenuantes sem que tenha havido expressa provocação das partes nesse sentido, pois cabe ao Juiz, nesse particular, efetivar o reconhecimento das causas que minimizem a aplicação da pena, mesmo que de ofício. Em igual sentido ao que aqui exposto, Duccini[2547], enfatizando, ainda, que não haveria a possibilidade do reconhecimento de agravantes genéricas sem que tivesse existido qualquer menção acusatória para tanto.

> II – circunstância qualificadora ou causa de aumento de pena, reconhecidas na pronúncia ou em decisões posteriores que julgaram admissível a acusação.

1. Exasperação da pena
Vide notas 1 a 3 ao inciso V do *caput* deste artigo.

> § 4º Sustentada a desclassificação da infração para outra de competência do juiz singular, será formulado quesito a respeito, para ser respondido após o 2º (segundo) ou 3º (terceiro) quesito, conforme o caso.

1. Tese desclassificatória e modificação da competência
A desclassificação operada no curso da sessão plenária é alvo de indagação específica e que, pela ordem determinada no presente artigo, deve vir após a indagação da materialidade (primeiro quesito) e temas de autoria (segundo quesito).

Não é possível alocá-la em momento diverso, seja pela estrutura dada à quesitação, seja pela *finalidade* a que se destina, qual seja, a de *retirar* do tribunal do júri a *competência* para *julgamento* definitivo da causa (*v.g.*, homicídio doloso para homicídio culposo).

O resultado positivo interrompe a continuidade da votação com as demais perguntas, vez que cessada a competência da corte popular.

> § 5º Sustentada a tese de ocorrência do crime na sua forma tentada ou havendo divergência sobre a tipificação do delito, sendo este da competência do Tribunal do Júri, o juiz formulará quesito

---

[2545] TJRS. **Embargos Infringentes 70038695334**. 2º Grupo Criminal. Relator: Des. Gaspar Marques Batistal. Data de julgamento: 8 out. 2010.

[2546] STJ. **HC 137.710**. 6ª Turma. Relator: Min. Og Fernandes. Data de julgamento: 16 dez. 2010.

[2547] DUCCINI, Clarence Willians. Das agravantes e atenuantes em plenário nos crimes contra vida. **Jus Navigandi**, Teresina, ano 14, n. 2.352, 9 dez. 2009. Disponível em: <http://jus.com.br/revista/texto/13978>. Acesso em: 4 out. 2012.

acerca destas questões, para ser respondido após o segundo quesito.

1. Tese desclassificatória sem modificação da competência
No caso presente, a finalidade da desclassificação não é a de afastar a competência da corte popular, mas alterar a tipificação penal (*v.g.*, homicídio para infanticídio) com os crimes previstos na competência do próprio júri. Daí sua alocação após a indagação da materialidade (primeiro quesito), mas antes dos temas de autoria, segundo a opção adotada na reforma de 2008.

> § 6º Havendo mais de um crime ou mais de um acusado, os quesitos serão formulados em séries distintas.

1. Pluralidade de crimes de competência do júri
Exige a votação em séries distintas de quesitos, obedecendo-se à formação do questionário na forma já exposta.

2. Pluralidade de crimes: crimes conexos
O crime conexo deve ser apreciado em série distinta de quesitação, a qual, à míngua de outras disposições expressas, deve seguir, o quanto possível, a ordem genericamente estabelecida.

3. Pluralidade de pessoas acusadas
Como já se fazia no regime anterior, cada uma das pessoas acusadas deve ser julgada individualmente, com as respectivas indagações em relação a cada um do(s) crime(s) imputado(s), seja na esfera dos crimes dolosos contra a vida, seja em crimes conexos.

> Art. 484. A seguir, o presidente lerá os quesitos e indagará das partes se têm requerimento ou reclamação a fazer, devendo qualquer deles, bem como a decisão, constar da ata.

1. Formação dos quesitos e momento de impugnação
As eventuais irregularidades na formação dos quesitos são vistas como causas de nulidade relativa, consoante expressa maioria na doutrina e na jurisprudência, nada obstante o caráter verdadeiramente nuclear das perguntas para obtenção do veredicto.

Na esteira dessa compreensão majoritária, o art. 479 constitui o momento no qual as falhas devem ser arguidas, sob pena de preclusão[2548]. Esse momento ocorre ainda no plenário, antes de as partes e de os jurados se deslocarem para a sala secreta, onde os problemas de redação, a rigor (e sempre diante da visão dominante), não poderão mais ser aventados, à exceção daquelas situações de redação que "causem perplexidade" nos julgadores.

Assim, repete-se à saciedade que os "vícios existentes [serão] considerados sanados se ultrapassada aquela fase, em face da ocorrência da preclusão"[2549], tratando-se de "nulidade que deve ser arguida no momento oportuno, ao final dos debates".[2550]

2. Inclusão de quesito na sala secreta
Não é possível. Nesse sentido, a "Pretendida inclusão de quesito, já na sala secreta, para a apreciação da tese de homicídio privilegiado" há de merecer o "Indeferimento pelo Juiz".[2551]

3. Impugnações e registro em ata
Mais uma vez, a "ata" aparece como peça fundamental no sistema impugnativo, na medida em que dela devem constar os reclamos das partes, sob pena de preclusão.

> *Parágrafo único*. Ainda em plenário, o juiz-presidente explicará aos jurados o significado de cada quesito.

1. Orientações do juiz togado
Como em todos os momentos nos quais há um relacionamento direto entre o juiz togado e o jurado, o oferecimento de explicações técnicas também é sujeito a melindres e potenciais ocorrências de irregularidades.

Da situação na qual a "Intervenção da juíza presidente na sala secreta para dar explicações quanto ao significado legal de cada quesito, e outras explicações técnicas [sendo] ato que demonstra empenho orientador, se realizado com imparcialidade e respeitado o sigilo no sufrágio dos jurados"[2552] até aquela em que as "Explicações dadas pelo juiz na sala secreta sobre a significação dos quesitos que teriam influído na decisão dos jurados"[2553] existe

---

[2548] RT, 736/670.
[2549] TJRR. RT, 776/678.
[2550] TJSP. RT, 675/354; STF. RT, 537/398; TJSC. RT, 574/421.
[2551] STF. RT, 775/528.
[2552] TJSP. RT, 797/573.
[2553] RT 577/354

uma linha tênue, que não é resolvida a contento pelo modelo brasileiro.

Com efeito, diante das linhas expositivas destes **Comentários**, a questão é de deficiência estrutural, na medida em que num determinado momento histórico decidiu-se concentrar o controle absoluto do jurado leigo nas mãos do juiz togado. Assim, ela não será resolvida com interpretações, apenas, mas com uma verdadeira reconversão de fundo do modelo, no sentido de resgatar a essência do seu funcionamento, que é a administração da justiça penal por uma determinada forma de juiz natural.

2. Explicações jurídicas e leitura pública dos quesitos

Na esteira dos comentários ao artigo anterior, "a explicação do significado legal dos quesitos deverá ser efetuada na presença do público, antes de ingresso na sala secreta, podendo, todavia, ser aí feita alguma explicação jurídica"[2554].

> Art. 485. Não havendo dúvida a ser esclarecida, o juiz-presidente, os jurados, o Ministério Público, o assistente, o querelante, o defensor do acusado, o escrivão e o oficial de justiça dirigir-se-ão à sala especial a fim de ser procedida a votação.

1. A abolição, no Brasil, da possibilidade de os jurados dialogarem sobre a causa

Nas origens históricas da profunda reforma operada em 1841 e repercutida em reformas posteriores no sistema processual penal brasileiro, encontra-se um ponto que é a impossibilidade de os jurados discutirem, entre todos, a prova (e sem a presença do juiz togado na sala secreta).

Com efeito, aparece com naturalidade para o júri brasileiro que os jurados não possam dialogar sobre a prova e os debates, e é expressa a previsão de que o juiz togado deve evitar que "uns influenciem os outros", exatamente o oposto daquilo que se deseja quando se fala em participação e democracia, conceitos que, na sua essência, exigem o diálogo e uma superação das divergências.

Em outros termos, entendidas as origens históricas da norma e sua função político-ideológica, percebe-se com clareza que o objetivo da estrutura dominante é o de, efetivamente, evitar o diálogo entre os juízes naturais, complementando-se o modelo em vigor por um mecanismo de quesitação fadado, no mínimo, a controvérsias jurídicas.

Nada disso, rigorosamente falando, está previsto na CR e na CADH. Sigilo das votações e soberania não se confundem com o confinamento do jurado em seu silêncio e com a perda da oportunidade de aprender, com as diferenças alheias, o melhor voto a oferecer para o veredicto.

Assim, o sigilo das votações é não apenas *externo*, mas também *interno*, apenas por uma determinação legal. Que, para o público externo (aí incluídas as partes) se deva manter o segredo, é até aceitável. Mas exigi-lo entre os próprios juízes naturais, todos em igual condições, é quebrar uma das vigas mestras do sistema, tal como edificado historicamente.

2. Julgamento público e sala secreta

Vem da CR/88, a partir do art. 5º, XXXVIII, a ideia da manutenção da sala secreta como decorrência do sigilo das votações previsto na alínea *b* daquele inciso.

Por essa razão, vários provimentos entendem que foi a

> Providência mantida após o advento da Constituição Federal de 1988, que não aboliu a denominada "sala secreta", sendo que a "votação do Conselho de Sentença em plenário que importa nulidade absoluta do julgamento"[2555], e pode-se acrescer que o "Princípio da publicidade das decisões judiciais não [foi] violado em face do facultativo prescrito pela parte final do art. 93, IX, que recepcionou os preexistentes dispositivos da lei processual penal", mais uma vez concluindo que "a votação do Conselho de Sentença em plenário importa nulidade absoluta do julgamento".[2556]

Nada obstante, também já se decidiu pela irrelevância da "Votação realizada fora da sala secreta [dada a] inexistência de obrigatoriedade de se proceder à votação em sala especial".[2557]

> § 1º Na falta de sala especial, o juiz-presidente determinará que o público se retire, permanecendo somente as pessoas mencionadas no *caput* deste artigo.

1. Retirada da pessoa acusada

Não há previsão da possibilidade de a pessoa acusada acompanhar o julgamento, com base na CR, que garante o sigilo das votações. A defesa será, nesse momento, a defesa técnica (art. 481).

Pelos mesmos motivos, não é possível a presença de terceiros no ambiente da "sala secreta".

2554 RSTJ, 172/565.
2555 TJRJ, 658/321; no mesmo sentido: RT, 683/343 e RT, 693/389.
2556 TJMS. RT, 679/372.
2557 JTJ, 164/300.

> § 2º O juiz-presidente advertirá as partes de que não será permitida qualquer intervenção que possa perturbar a livre-manifestação do Conselho e fará retirar da sala quem se portar inconvenientemente.

1. Intervenção das partes na sala secreta

Em princípio, é vedada, resguardada a possibilidade de pedir a palavra, "pela ordem", com o fito de resguardar alguma grave incorreção procedimental. Qualquer inobservância desse postulado deve constar expressamente na ata, para fins de eventuais impugnações, sob pena de preclusão.[2558]

Se a situação já é delicada no seu aspecto estrutural e na operacionalização prática quanto ao juiz natural, fica ainda mais sensível quando há

> intervenção do representante do *Parquet*, quando os jurados estavam recolhidos à sala secreta, visando apenas sanar dúvidas sobre determinado aspecto da votação de quesito que se processava. Inexistência de despropositada interferência, ao extremo de influenciar na votação e perturbar a livre-manifestação do Conselho.[2559]

2. Necessidade da presença das partes na sala secreta

Na estrutura do Código de Processo Penal, a presença das partes na sala é obrigatória. A ausência, segundo determinada fonte jurisprudencial, é causa de nulidade. Assim, "A presença das partes durante a votação dos quesitos é imprescindível, constituindo nulidade a ausência do Ministério Público".[2560] Parece-nos mais acertado, com a devida vênia, entender que é necessário que seja dada às partes a oportunidade de adentrarem à sala secreta, sendo a vedação do acesso, isso sim, causa de nulidade.

3. Manifestação indevida e prejuízo

Nada obstante a potencial incorreção procedimental com a manifestação das partes na sala secreta, já foi considerado em determinado provimento que

> É vedada, sem dúvida, a intervenção das partes na votação do questionário. Todavia, a eventual nulidade deve se subordinar, também, ao princípio geral que preside a declaração de qualquer nulidade no processo penal, isto é, "nenhum ato será declarado nulo, se da nulidade não resultar prejuízo para a acusação ou para a defesa".[2561]

> Art. 486. Antes de proceder-se à votação de cada quesito, o juiz-presidente mandará distribuir aos jurados pequenas cédulas, feitas de papel opaco e facilmente dobráveis, contendo 7 (sete) delas a palavra sim, 7 (sete) a palavra não.

1. Votação por cédulas

Diante do já apontado método brasileiro de obtenção do veredicto, a votação por cédulas se mostra como um corolário direto da quesitação e da presidência da sessão pelo juiz togado. A mais, a qualidade física do documento protege hipoteticamente o sigilo da votação, atributo este determinado pela CR.

Nesse contexto, já foi apreciado que a "dificuldade na manipulação das cédulas" é causa de nulidade do julgamento[2562].

> Art. 487. Para assegurar o sigilo do voto, o oficial de justiça recolherá em urnas separadas as cédulas correspondentes aos votos e as não utilizadas.

1. Metodologia do recolhimento dos votos

Pela redação anterior do Código de Processo Penal, e atendendo a um primado lógico, o recolhimento das cédulas se dava por dois oficiais de justiça distintos, sendo que, *ao primeiro*, caberia o recolhimento do voto que consagra a vontade do(a) jurado(a) e, consequentemente, ao segundo oficial caberia reunir os votos descartados.

A nova redação altera a quantidade obrigatória de oficiais de Justiça na sala de votação, o qual ficará encarregado de recolher ambas as cédulas, mas em urnas separadas. A fim de que confusões desnecessárias não se instaurem nesse crucial momento e diante da modificação operada – que empobrece a dinâmica em relação ao texto anterior, a nosso ver –, é de todo recomendável que haja dois ciclos de recolhimento dos votos, um referente aos votos válidos; outro, referente ao descarte, orientando o Magistrado a finalidade de cada recolhimento.

> Art. 488. Após a resposta, verificados os votos e as cédulas não utilizadas, o presidente determinará que o escrivão registre no termo a votação de cada quesito, bem como o resultado do julgamento.

[2558] Nesse sentido, JTJ, 134/427.
[2559] RT, 786/628.
[2560] TJSP, **Apelação Criminal 154.313-3**. Relator: Cyro Bonilha. 31 jul. 1995, v.u.
[2561] RT, 536/292-3.
[2562] JTJ, 126/483.

Parágrafo único. Do termo também constará a conferência das cédulas não utilizadas.

1. Termo de votação: importância estrutural
É correto afirmar, dentro da estrutura do Código de Processo Penal, que é nele que a "Vontade dos representantes da sociedade [é] exteriorizada conforme Termo de Votação"[2563], sendo que a "falta do termo de votação" dá causa à nulidade do julgamento.[2564]

Assim, pode-se concluir como acertado provimento que assenta: "O termo de votação dos quesitos (...) é formalidade essencial: sua ausência, no entanto, não traz, por si só, nulidade do julgamento, desde que seja suprida por lançamento da votação na 'folha de quesitos', com assinatura inclusive dos jurados, constando igualmente o resultado da ata".[2565]

1.1 Deformações no termo de votação e suas consequências
Num primeiro plano, o termo mencionado neste artigo pode ser substituído por outro documento, e eventuais falhas nele ocorridas, como a falta de assinaturas, podem ser tratadas como "mera irregularidade".[2566] Nesse sentido, as irregularidades devem ser alvo de "protesto oportuno".[2567]

Integram essa situação, segundo determinados provimentos, a hipótese do "registro equivocado" de quesitos, tratada com "irrelevância, diante do fato de o engano haver sido observado apenas nas anotações no rol dos quesitos, não comprometendo a validade do termo de votação"[2568], ou, ainda, a "circunstância de o termo de votação consignar apenas os votos majoritários não nulifica o julgamento".[2569]

Nesse mesmo contexto está o caso em que houver

> Conflito entre o termo de votação e a ata de julgamento. Prevalência da ata de julgamento. Inexistência de vício da manifestação volitiva dos jurados do conselho de sentença. O teor da ata de julgamento do Júri reflete fielmente todas as ocorrências (CPP, art. 495), preponderando sobre o termo de votação, em havendo contradição entre ambos, quando as evidências do ocorrido conduzirem a tal conclusão.[2570]

Assim, a "contradição entre a sentença e o termo de votação" é inadmissível.[2571] Também nessa linha se encontra a situação na qual há "Rasura no termo de votação e registro conflitante com a ata dos trabalhos [acarretando] Dúvida quanto à correta expressão da vontade do colegiado leigo".[2572]

Art. 489. As decisões do Tribunal do Júri serão tomadas por maioria de votos.

1. Votação por maioria
O direito brasileiro se contenta com a maioria simples de voto para a verificação do veredicto. Assim, para considerar uma das teses vencedoras, deve haver, no mínimo, quatro votos a seu favor; dessa forma, a "Variação do número de votos (...) não compromete a coerência do julgado. Decisão por maioria".[2573]

Assim, não cabe qualquer juízo de valor do juiz monocrático profissional (em qualquer instância) sobre a margem de maioria do Conselho de Sentença, quando da "deliberação, tomada por maioria de votos, no exercício de sua soberania".[2574]

Também neste ponto, "Sendo a decisão tomada por maioria, inexiste contradição quando, embora por quantidades diversas de votos negativos e afirmativos, os jurados respondem, em conclusão idêntica, afirmativa ou negativamente a quesitos iguais inseridos em diferentes séries"[2575], com o que "jurados que, na hipótese de maioria de votos, não estão vinculados ao seu voto anterior"[2576], fazendo parte do sistema o caso em que há "incoerência por parte de um dos jurados (...) uma vez que as decisões do Tribunal do Júri são tomadas por maioria de votos"[2577], com a possibilidade dos "Jurados vencidos

---

2563 TJSP. **Apelação Criminal 286.379-3**. Relator: Hélio de Freitas. 19 set. 2000.
2564 TJPR. RT 553/422.
2565 TJSC. **Ap. Crim. 32.221**. Relator: Des. Nilton Macedo Machado. Data de julgamento: 12 set. 1995.
2566 RT, 552/398.
2567 TJMS. RT, 552/394.
2568 TJSE. RT, 794/689.
2569 RSTJ. 5/358.
2570 STJ. Relator: Paulo Medina. Data de publicação: DJ, 2 fev. 2004. p. 368. Relator: Paulo Medina.
2571 TJSC, RT 569/356.
2572 TJPB. Relator: Des. Joaquim Sérgio Madruga. Data de julgamento: 30 nov. 1995.
2573 TJSP. **Apelação Criminal 148.408-3**. Relator: Dante Busana. 2 dez. 1993.
2574 TJSP, rel. Emeric Levai, Apelação Criminal 149.660-3, j. 7-3-1994.
2575 TJSP. **Apelação Criminal 138.999-3**. Relator: Luiz Pantaleão. 7 jun. 1993.
2576 TJSP. **Apelação Criminal 254.823-3**. Relator: Hélio de Freitas. 10 ago.1999, v.u.
2577 STJ. RT, 764/528.

em determinado quesito que aderem nos subsequentes à versão da corrente majoritária".[2578]

> Art. 490. Se a resposta a qualquer dos quesitos estiver em contradição com outra ou outras já dadas, o presidente, explicando aos jurados em que consiste a contradição, submeterá novamente à votação os quesitos a que se referirem tais respostas.

1. Contradição: conceito de aprendizagem empírica

O conceito de contradição, para os fins deste artigo, é dominado com a aprendizagem prática, na medida em que as teses juridicamente antagônicas excluem-se naturalmente, como a impossibilidade do reconhecimento do homicídio privilegiado e de uma qualificadora subjetiva, como a torpeza, por exemplo.

Também está neste âmbito a situação do "reconhecimento da legítima defesa e da qualificadora da surpresa", que, antes de constituir contradição na votação pelos jurados, deve-se muito mais à inobservância do procedimento de votação pelo magistrado togado.[2579]

Quando não, cabe muito mais a problemas de redação dos quesitos. Assim,

> denunciado e pronunciado como coautor, inadmissível venha o réu de suportar condenação a título de partícipe, em resultado de defeito na formulação de quesito, dando azo a induzir os jurados a equívoco ou perplexidade sobre o real procedimento do agente e, bem por isso, a ocasionar nulidade absoluta do julgamento.[2580]

1.1 Contradição: um conceito "negativo"

Assim como em outras passagens do Código de Processo Penal[2581], tem-se uma certa "intuição" daquilo que contradição *não é*.

Dessa forma, como decorrência natural do quórum necessário para obtenção do veredicto no direito brasileiro, tem-se que a "Afirmação de alguns quesitos por maioria e de outros por unanimidade de votação" não configura contradição[2582], admitindo-se que é "comum o jurado mudar de orientação durante a votação dos quesitos, depois de vencido em um deles, sem que o fato implique nulidade".[2583] Assim, "variação na votação dos quesitos que não caracteriza contradição fundamental"[2584], reconhecendo-se "nulidade existente somente quando a resposta como um todo a um quesito contrariar a do outro"[2585].

Também não é considerado hipótese de contradição "quando os jurados reconhecem a existência de qualificadora relativa, tão somente, a um dos réus, e não a todos"[2586].

1.2 Contradição e sua consequência: repetição da votação

Já foi afirmado em determinado provimento que "por não repetição da votação de quesitos, devidamente explicados, quando a resposta a eles dada envolve contradição inconciliável, a anulação do julgamento se impõe".[2587]

A solução está em um desdobramento de etapas: primeiro, o esclarecimento pelo magistrado togado; depois, a repetição da votação, *na sua integralidade*, "escapando ao Juiz, a pretexto de contradição entre as respostas proferidas, submeter a nova votação exclusivamente o quesito negado, procedimento que, por induzir o Júri a erro, inquina de nulidade absoluta o julgamento".[2588]

Nada obstante, já se decidiu que "ocorrendo contradição entre as respostas aos quesitos formulados, deve o juiz-presidente, de acordo com o art. 489, do CPP, submeter novamente à votação os quesitos a que se referem as respostas antagônicas, explicando antes aos jurados os motivos da contradição".[2589] Parece-nos, entretanto, mais correto entender, com a devida vênia, que a "renovação da votação [é] Ato que deve abranger todos os quesitos a que se referirem tais respostas, sob pena de coibição da liberdade de convicção dos juízes populares, além de potencial persuasão"[2590].

[2578] TJAP. RT, 775/635.
[2579] JTJ, 207/286.
[2580] TJSP. **Apelação Criminal 143.235-3**. Relator: Gonçalves Nogueira. 17 jan. 1995.
[2581] V.g., "prejuízo"; ver arts. 563 e seguintes nestes *Comentários*.
[2582] RT, 547/308.
[2583] TJSP. **ACr 116.863-3**. Relator: Denser de Sá. 15 jan. 1992.
[2584] TJSP. **Apelação Criminal 160.990-3**. Relator: Andrade Cavalcanti. 30 maio 1994.
[2585] TJAC. RT, 779/608.
[2586] STJ. Relator: Edson Vidigal. Data de publicação: DJ, 13 set. 1999, p. 80.
[2587] TJSP. **Apelação Criminal 118.946-3**. Relator: Cunha Bueno. Data de julgamento: 15 abr. 1993.
[2588] TJPB. Relator: Des. Raphael Carneiro Arnaud. Data de julgamento: 8 ago. 1996.
[2589] STJ. Relator: Jorge Scartezzini. Data de publicação: DJ, 18 dez. 2000. p. 224.
[2590] TJSP. RT, 668/265.

1.3 Pedido da parte para renovação da votação a partir de suposta contradição

Muito embora a redação do artigo – e a ideologia do Código de Processo Penal – indique que a provocação quanto à contradição deva partir do juiz togado, nada impede que as partes, presentes na sala de votação, peçam a palavra "pela ordem" para apontar o equívoco, sem, obviamente, macularem a ocorrência dos trabalhos. Numa leitura mais rente à literalidade do Código de Processo Penal, julgou-se com a seguinte ementa: "Renovação da votação a pedido do Ministério Público – Inadmissibilidade – Ausência de contradição nas respostas – Iniciativa, ademais, que cabe ao Juiz-Presidente do Tribunal do Júri – Recursos providos para mandar o réu a novo julgamento".[2591]

> *Parágrafo único.* Se, pela resposta dada a um dos quesitos, o presidente verificar que ficam prejudicados os seguintes, assim o declarará, dando por finda a votação.

1. Prejudicialidade na votação dos quesitos

O tema, muitas vezes, é tratado no âmbito da "contradição" da votação dos jurados, como já exposto nestes *Comentários*, quando, na verdade, a hipótese é de encaminhamento equivocado do magistrado togado que coloca em votação quesitos que já deveriam ser tidos como prejudicados.

Exatamente neste âmbito, certo provimento analisou hipótese em que

> uma vez fixadas pela sentença de pronúncia, pela leitura do libelo e pelas refutações da defesa, as circunstâncias da participação do réu no homicídio, que o davam unicamente como seu mandante, apresentam-se insuperavelmente contraditórias as respostas dos jurados, que afirmaram não ter sido o réu o autor intelectual do crime tendo, porém, concorrido de algum outro modo para o evento. A essa situação se chegou porque não foi adotada a providência determinada no art. 490 do Código de Processo Penal.
>
> Ocorrência da nulidade prevista no parágrafo único do art. 564 da lei processual, eis que, face ao princípio da soberania dos veredictos do júri (CR/88, art. 5º, XXXVIII), não poderia a magistratura togada emendar a decisão do conselho de sentença, considerando inexistente a resposta dada ao segundo quesito. Como, em decorrência da soberania do veredicto do júri, mesmo

contraditório, é impossível sua substituição por decisão ou sentença de qualquer outro órgão judiciário, deve-se anular o julgamento e submeter-se o réu a novo júri.[2592]

No mesmo diapasão está a situação em que, "Acolhendo os Jurados as perquirições relativas à materialidade, autoria e letalidade, prejudicado se encontra o quesito da defesa, concernente à negativa da prática do delito".[2593]

Claro está também que "Não há que se perguntar se o erro derivou de culpa quando os jurados já haviam dito que não houve erro"[2594] e, didaticamente, tem-se que

> Afirmado o quesito inicial (dolo direto), o subsequente (dolo eventual) fica prejudicado. Negado o quesito inicial, o quesito subsequente (dolo eventual) deve ser submetido à votação. Afirmado tal quesito, a tese da desclassificação do homicídio para o delito de lesões corporais seguida de morte fica superada, negado o quesito, a desclassificação se opera.[2595]

1.1 Desdobramento de teses em vários quesitos e prejudicialidade

Do ponto de vista prático, a legítima defesa e seus desdobramentos nos inúmeros quesitos que a compõem são um dos campos mais próprios para equívocos sobre a ocorrência ou não de prejudicialidade e consequente interrupção da votação, dando larga margem à ocorrência de nulidades.

Pode ser aprendido com determinado provimento que

> reclama a legítima defesa, real ou putativa, para sua configuração, a presença de toda uma série de requisitos (agressão injusta, atual ou iminente, a direito próprio ou de outrem, repelida através dos meios necessários moderadamente empregados), que, ausente qualquer um deles, inviabiliza a admissão da excludente de criminalidade. E, por isso, a falta de indagação aos jurados sobre um desses pressupostos, como aqui se deu a propósito da moderação, resulta em nulidade do julgamento, com precipitada admissão da absolvição que acabou erroneamente proclamada.[2596]

Complemente-se quanto à mesma excludente que,

2591 JTJ, 147/303.
2592 RSTJ, 4/1318.
2593 TJPB. Relator: Des. Joaquim Sérgio Madruga. Data de julgamento: 5 out. 1995.
2594 TJSP. **Apelação Criminal 104.077-3**. Relator: Ângelo Gallucci. Data de julgamento: 14 out. 1991.
2595 TJSP. **Apelação Criminal 271.280-3/0**. Relator: Cerqueira Leite. 30 maio 2001, v.u.
2596 TJSP. **Apelação Criminal 130.039-3**. Relator: Canguçu de Almeida. 18 abr. 1994.

Caso a repulsa seja imoderada ou desnecessária haverá o excesso, que pode ser culposo inicialmente, acarretando a desclassificação para o homicídio culposo e se votado o excesso doloso o fato retorna à classificação inicial de homicídio doloso consumado se afirmativo o resultado da votação.[2597]

1.2 Consideração de prejudicialidade e teses juridicamente compatíveis

Outro ponto que diz respeito à situação na qual o magistrado togado ou leva adiante, ou obstaculiza a votação de teses jurídicas que são compatíveis e que, por equívoco técnico, são dadas como prejudicadas.

Assim, é

compatível a subjetividade do homicídio privilegiado em quaisquer das variantes. Relevante valor social ou moral e domínio de violenta emoção. Com as qualificativas objetivas do crime, tal como o emprego de meio cruel, por relacionarem-se aos modos de execução. Ademais, a indagação era obrigatória, segundo o admitido na sentença de pronúncia e o articulado do libelo. [2598]

1.3 Ordem obrigatória dos quesitos e prejudicialidade

Como já foi frisado nestes *Comentários*, a ordem dos quesitos não é uma faculdade do julgador togado, mas obedece aos critérios que protegem a ampla defesa constitucionalmente estabelecida.

Não por outra razão,

Em nenhuma hipótese, qualquer quesito que possa ser desfavorável ao réu deve ser indagado aos jurados antes de outro que, de algum modo, favoreça o acusado. Se ocorrer a inversão, nulo será o julgamento, pois o quesito favorável pode ser declarado prejudicado, em face da resposta positiva ao mais gravoso.[2599]

Art. 491. Encerrada a votação, será o termo a que se refere o art. 488 deste Código assinado pelo presidente, pelos jurados e pelas partes.

1. Falta de assinatura: consequências

Antigo julgado dá o tom do entendimento potencial predominante na matéria, afirmando que "ata de sessão de julgamento – a falta de assinatura do órgão do Ministério Público, na ata da sessão de julgamento pelo Tribunal do Júri, é mera irregularidade e que só ao Ministério Público interessa, aliás"[2600].

SEÇÃO XIV – Da Sentença

Art. 492. Em seguida, o presidente proferirá sentença que:

1. Sobre desconformidade entre a sentença e o veredicto, ver nestes *Comentários* art. 493

2. Sobre disposições da condenação, ver art. 387 nestes *Comentários*

3. Sobre os requisitos da prisão cautelar, ver art. 312 nestes *Comentários*

4. Sobre imposição de medida de segurança, ver nestes *Comentários* art. 483

5. Sobre desclassificação da conduta, no plenário, para infrações penais de menor potencial ofensivo, ver nestes *Comentários* art. 78

6. Momento de prolação da sentença

Na estrutura do Código de Processo Penal, a prolação da sentença pelo juiz togado é, obrigatoriamente, logo em seguida ao veredicto obtido junto ao conselho de sentença, ao final da sessão de julgamento. Não há possibilidade de postergação, mesmo porque o prazo para eventual recurso começa a fluir a partir desse momento, quando se dão a publicação e a cientificação das partes.

I – no caso de condenação:
a) fixará a pena-base;
b) considerará as circunstâncias agravantes ou atenuantes alegadas nos debates;
c) imporá os aumentos ou diminuições da pena, em atenção às causas admitidas pelo júri;
d) observará as demais disposições do art. 387 deste Código;

2597 TJSP. **Apelação Criminal 152.038-3**. Relator: Fortes Barbosa. Data de julgamento: 7 fev. 1994.
2598 TJSP. **Apelação Criminal 223.585-3**. Relator: Gonçalves Nogueira. Data de julgamento: 4 maio 1999, v.u.
2599 TJSP. **Apelação Criminal 315.053-3**. Relartor: Celso Limongi. Data de julgamento: 22 mar. 2001, v.u.
2600 TJRS. **Apelação Crime 685031585**. 2ª Câmara Criminal. Relator: Alaor Antônio Wiltgen Terra. Data de julgamento: 12 set. 1985.

e) mandará o acusado recolher-se ou recomendá-lo-á à prisão em que se encontra, se presentes os requisitos da prisão preventiva, ou, no caso de condenação a uma pena igual ou superior a 15 (quinze) anos de reclusão, determinará a execução provisória das penas, com expedição do mandado de prisão, se for o caso, sem prejuízo do conhecimento de recursos que vierem a ser interpostos; (Redação dada pela Lei nº 13.964, de 2019)

f) estabelecerá os efeitos genéricos e específicos da condenação;

1. Fixação da pena-base
Na forma trifásica determinada pelos arts. 68 e 59 do Código Penal.

2. Consideração das circunstâncias agravantes ou atenuantes
Circunstâncias que, no entanto, não podem configurar surpresa em prejuízo da defesa, pois

> O procedimento do Júri, marcado por duas fases distintas e procedimentos específicos, exige a correlação obrigatória entre pronúncia-libelo-quesitação. Correlação, essa, que decorre não só da garantia da ampla defesa e do contraditório do réu – que não pode ser surpreendido com nova imputação em plenário –, mas também da necessidade de observância à paridade de armas entre acusação e defesa. Daí a impossibilidade de alteração, na segunda fase do Júri (*judicium causae*), das teses balizadas pelas partes na primeira fase (*judicium accusationis*), não dispondo o Conselho de Sentença dos amplos poderes da *mutatio libelli* conferidos ao juiz togado.[2601]

3. Manutenção da prisão, atendidos os pressupostos cautelares
Vide art. 387.

4. Fixação dos efeitos da condenação
Vide art. 387.

5. A "execução antecipada da pena" nas decisões oriundas do conselho de sentença

5.1 Para uma visão geral ver comentários ao art. 283 onde o mesmo assunto é tratado

II – no caso de absolvição:
a) mandará colocar em liberdade o acusado se por outro motivo não estiver preso;
b) revogará as medidas restritivas provisoriamente decretadas;
c) imporá, se for o caso, a medida de segurança cabível.

1. Medidas restritivas provisoriamente adotadas
Com a edição da Lei "Maria da Penha" (Lei n. 11.340/2006), na qual são previstas medidas de idêntica natureza, cuja incidência também pode se dar nos casos dos crimes dolosos contra a vida ou a ele conexos, haverá o Magistrado de se pronunciar sobre a manutenção ou não daquelas deferidas ao longo da persecução.

Outrossim, o quadro das medidas tidas como "alternativas" às cautelares também se insere nesta norma, sendo de rigor a perda de seus efeitos diante da sentença de absolvição.

> § 1º Se houver desclassificação da infração para outra, de competência do juiz singular, ao presidente do Tribunal do Júri caberá proferir sentença em seguida, aplicando-se, quando o delito resultante da nova tipificação for considerado pela lei como infração penal de menor potencial ofensivo, o disposto nos arts. 69 e seguintes da Lei n. 9.099, de 26 de setembro de 1995.
>
> § 2º Em caso de desclassificação, o crime conexo que não seja doloso contra a vida será julgado pelo juiz-presidente do Tribunal do Júri, aplicando-se, no que couber, o disposto no § 1º deste artigo.

1. Desclassificação operada pelo conselho de sentença: a denominada "desclassificação própria"
Na estrutura do Código, "Cessando a competência do Conselho de Sentença, que passa para o Juiz-Presidente, a quem cumpre proferir sentença, ao largo do seu livre-convencimento, em função da prova".[2602] Trata-se da denominada "desclassificação própria", para distingui-la da "imprópria", esta operada pelo juiz togado ainda na fase de admissibilidade da causa.

2601 HC 82.980. 1ª Turma. Relator: Min. Ayres Britto. Data de julgamento: 17 mar. 2009. Data de publicação: DJE, 23 out. 2009.
2602 TJPB. Relator: Des. Miguel Levino de O. Ramos. Data de julgamento: 19 set. 1991.

1.1 Desclassificação e crimes conexos

Lembra com bastante acerto Frederico Marques[2603] a possibilidade de existirem crimes conexos e, nesse caso, a conexão se dar conjuntamente a outro crime doloso contra a vida ou não. No primeiro caso, havendo a desclassificação de um deles, persiste a votação das séries em relação ao outro[2604] do Tribunal do Júri que deve ser feita pelos jurados; na hipótese de o crime conexo não ser crime doloso contra a vida, há "Suspensão da votação, prejudicado o resto do questionário, competindo ao Juiz-Presidente proferir a sentença".[2605]

> § 3º O presidente poderá, excepcionalmente, deixar de autorizar a execução provisória das penas de que trata a alínea e do inciso I do caput deste artigo, se houver questão substancial cuja resolução pelo tribunal ao qual competir o julgamento possa plausivelmente levar à revisão da condenação. (Incluído pela Lei nº 13.964, de 2019)
>
> § 4º A apelação interposta contra decisão condenatória do Tribunal do Júri a uma pena igual ou superior a 15 (quinze) anos de reclusão não terá efeito suspensivo. (Incluído pela Lei nº 13.964, de 2019)
>
> § 5º Excepcionalmente, poderá o tribunal atribuir efeito suspensivo à apelação de que trata o § 4º deste artigo, quando verificado cumulativamente que o recurso: (Incluído pela Lei nº 13.964, de 2019)
>
> I – não tem propósito meramente protelatório; e (Incluído pela Lei nº 13.964, de 2019)
>
> II – levanta questão substancial e que pode resultar em absolvição, anulação da sentença, novo julgamento ou redução da pena para patamar inferior a 15 (quinze) anos de reclusão.
>
> § 6º O pedido de concessão de efeito suspensivo poderá ser feito incidentemente na apelação ou por meio de petição em separado dirigida diretamente ao relator, instruída com cópias da sentença condenatória, das razões da apelação e de prova da tempestividade, das contrarrazões e das demais peças necessárias à compreensão da controvérsia. (Incluído pela Lei nº 13.964, de 2019)

> Art. 493. A sentença será lida em plenário pelo presidente antes de encerrada a sessão de instrução e julgamento.

1. Leitura da sentença em plenário e sua importância

A disposição da leitura da sentença prolatada pelo Juiz Togado em consonância com o veredicto, além de constituir norma praticamente isolada no sistema processual – penal que, para os demais casos, sempre concede a faculdade de prolação *a posteriori* da audiência de instrução e debates, possui importância também para o sistema de comunicação dos atos processuais, pois a partir desse momento, presente a Defesa Técnica – e, agora, opcionalmente, a pessoa acusada –, gera o termo *a quo* para interposição do recurso cabível, independentemente da data em que o ato processual se passou.

Nesse sentido, já se decidiu que "O simples fato de a prolação da sentença ter ocorrido em dia de feriado nacional, não faz com que a intimação do decreto condenatório tenha que ser transferida para o primeiro dia útil subsequente. II. O Código de Processo Penal dispensa a intimação formal das partes quando o advogado do réu estiver presente na sessão de julgamento, tendo tomado conhecimento do teor da sentença após a sua leitura pelo Juiz, não havendo que se falar na necessidade de advertência expressa acerca do início do transcurso do quinquídio legal"[2606], e mesmo que

> o Código de Processo Penal dispensa a intimação formal das partes, sendo certo que o advogado do réu foi regularmente intimado, pois estava presente na sessão de julgamento, tendo tomado conhecimento do teor da sentença após a sua leitura pelo Juiz. Não há que se falar em constrangimento ilegal se o impetrante, constituído defensor pelo réu após o trânsito em julgado da sentença condenatória, ainda assim demorou mais de 01 mês para interpor o apelo.[2607]

[2603] MARQUES, José Frederico. **Da competência em matéria penal**. São Paulo: Saraiva, 1953.

[2604] Também de competência *ratione materiae*, *v.g.*, no Recurso em Sentido Estrito 305.333-3 (TJSP). Relator: Passos de Freitas. 4 abr. 2000.

[2605] JTJ, 208/288.

[2606] STJ. **HC 66.810**. Relator: Min. Gilson Dipp. Data de publicação: DJ, 5 fev. 2007, p. 310.

[2607] STJ. **HC 62.649**. Data de publicação: DJ, 30 out. 2006, p. 367, rel. Min. Gilson Dipp.

SEÇÃO XV – Da Ata dos Trabalhos

Art. 494. De cada sessão de julgamento o escrivão lavrará ata, assinada pelo presidente e pelas partes.

1. Importância da ata

A importância da ata de julgamento já foi definida em acórdão do STF no qual se afirmou que

> As reclamações das partes devem constar da ata de julgamento, cujo conteúdo é a expressão fiel de todas as ocorrências verificadas em plenário do júri. Essa ata vale pelo que nela se contém. Se dela não constam protestos ou reclamações deduzidas pelas partes a respeito de pontos impugnados, torna-se inviável invalidar o julgamento. A mera alegação discordante da parte não se revela suficiente para descaracterizar o teor de veracidade que a ata de julgamento, enquanto registro processual, reflete. A ausência de reclamação ou de protesto da parte reveste-se de aptidão para gerar a preclusão de sua faculdade jurídica de arguir, no procedimento penal do júri, qualquer nulidade porventura ocorrida. A inexistência de reclamação ou de protesto assume, nesse contexto, irrecusável efeito preclusivo. Protestos das partes, inclusive da defesa, não se presumem. Hão de ser especificamente lavrados, sob pena de a inércia de qualquer dos sujeitos da relação processual penal traduzir a consumação da preclusão da faculdade jurídica de protestar e de reclamar contra eventuais erros ou defeitos cometidos ao longo do julgamento ou da elaboração dos questionários.[2608]

1.1 Lavratura da ata

Caso revestido de certa bizarrice[2609] apontou para hipótese que analisou o modo pelo qual a ata foi lavrada. Assim,

> Se a ata da sessão de julgamento foi lavrada pelo Escrivão e pelo próprio assinada, a nenhuma nulidade induz a circunstância de ter sido ela digitada. De outra parte, a ausência das assinaturas do Juiz e do Promotor na ata de julgamento não constitui nulidade, e sim mera irregularidade, tanto mais quando se quedou indemonstrada, nas duas hipóteses, a ocorrência de qualquer prejuízo para a defesa.
>
> Continua o julgado, afirmando que, "em suas razões, o acusado objetiva a anulação do julgamento, alegando, em preliminar, as seguintes nulidades: a) a ata acostada a fls. 654/657 dos autos não é cópia do livro próprio, inexistindo certidão de ser cópia autêntica, faltando, inclusive, a assinatura do Magistrado e do Promotor de Justiça, restando vulnerado, *in casu*, o disposto no art. 494 do Código de Processo Penal", e concluiu que
>
> No que tange às prefaciais de nulidade suscitadas, apresentam-se improcedentes, conforme muito bem salientou o (...) parecer de fls. 699 a 702, cujos fundamentos adotam-se como razão de decidir, e bem por isso vão transcritos, *in verbis*: "De fato, não há falar-se em nulidade do julgamento porque infringido o disposto pelo art. 494 do CPP. Embora referido artigo determine que a ata da sessão do julgamento, lavrada pelo escrivão, deva ser assinada pelo juiz e pelo órgão do Ministério Público e tal não se tenha verificado na hipótese dos autos, ainda assim referida omissão não pode ser levada à conta de motivo determinante da anulação do julgamento, pois, além de a referida omissão não ter causado qualquer prejuízo ao apelante, nada mais representou do que mera irregularidade.

Art. 495. A ata descreverá fielmente todas as ocorrências, mencionando obrigatoriamente:
I – a data e a hora da instalação dos trabalhos;
II – o magistrado que presidiu a sessão e os jurados presentes;
III – os jurados que deixaram de comparecer, com escusa ou sem ela, e as sanções aplicadas;
IV – o ofício ou requerimento de isenção ou dispensa;
V – o sorteio dos jurados suplentes;
VI – o adiamento da sessão, se houver ocorrido, com a indicação do motivo;
VII – a abertura da sessão e a presença do Ministério Público, do querelante e do assistente, se houver, e a do defensor do acusado;
VIII – o pregão e a sanção imposta, no caso de não comparecimento;
IX – as testemunhas dispensadas de depor;
X – o recolhimento das testemunhas a lugar de onde umas não pudessem ouvir o depoimento das outras;
XI – a verificação das cédulas pelo juiz-presidente;
XII – a formação do Conselho de Sentença, com o registro dos nomes dos jurados sorteados e recusas;
XIII – o compromisso e o interrogatório, com simples referência ao termo;

2608 STF. RTJ, 142-02/570.
2609 Apreciado no *STJ*. **REsp 215995 SC 1999/0045493-6**. 6ª Turma. Relator: Min. Fernando Gonçalves. Data de julgamento: 20 mar. 2003. Data de publicação: DJ, 7 abr. 2003 p. 34.

XIV – os debates e as alegações das partes com os respectivos fundamentos;
XV – os incidentes;
XVI – o julgamento da causa;
XVII – a publicidade dos atos da instrução plenária, das diligências e da sentença.

1. Ata: documento essencial do processo

As considerações efetuadas no artigo anterior sobre a essencialidade da ata de julgamento complementam-se com a consideração de que a consignação das ocorrências na sessão plenária reveste-se de especial importância no modelo tradicionalmente concebido para o tribunal do júri no direito brasileiro, "Sendo a Ata do julgamento o espelho das ocorrências nele verificadas"[2610] e, portanto, a baliza para as impugnações, especialmente no âmbito das irregularidades que são tidas como causas de nulidade "relativa", que, portanto, vê no silêncio da impugnação em ata um sinônimo de preclusão.[2611] No mesmo sentido: Eventuais defeitos no julgamento do Tribunal do Júri, se não impugnados na fase própria, com registro na ata da sessão do Conselho de Sentença, são atingidos pela preclusão.[2612]

Nesse contexto, a ata serve como base das impugnações a partir das ocorrências em geral, por exemplo a retirada do acusado quando da oitiva de determinada testemunha[2613] ou a "alegada influência dos jurados por palavras proferidas pelo Magistrado" com "Protesto ou incidente não registrados na ata do julgamento".[2614]

Dessa forma, não se pode, com a devida vênia, afirmar que "A simples ausência da ata do julgamento nos autos não constitui nulidade, pois que não inserida entre as enumeradas no inc. III do art. 564 do CPP", indo mais longe, para afirmar que "Do mesmo modo, a falta das assinaturas do Juiz, do Promotor e do escrivão importa em mera irregularidade. Máxime se não alegado ou configurado qualquer prejuízo".[2615]

Nada obstante, muito embora o Código de Processo Penal preveja inúmeros tópicos a serem contemplados na ata de julgamento, já houve provimento que reconheceu que "A falta de assinaturas na ata de julgamento constitui mera irregularidade, sem força para anular o julgamento, ante a inexistência de prejuízo, notadamente porque de acordo com as prescrições do art. 495 do CPP".[2616] De igual modo,

o fato de na Ata de Julgamento não constarem os nomes dos 21 jurados sorteados e tão somente os que compuseram o Conselho de Sentença não gera nulidade, pois para invocá-la é necessário, a princípio, demonstração do prejuízo ocorrido.[2617]

Art. 496. A falta da ata sujeitará o responsável a sanções administrativa e penal.

1. Sessão de julgamento sem lavratura da ata

Hipótese tecnicamente rara, a não dizer inviável, diante de toda a estrutura da sessão de julgamento, a "falta da ata" acarreta sanções administrativa e penal e, diante da não especificação do artigo, deve-se entender como incidente a norma em relação ao Juiz Togado que preside a sessão de instrução e julgamento e a quem cabe toda a coordenação dos trabalhos em plenário, nos termos do art. 497, assim como aos funcionários diretamente responsáveis pelo ato, ao menos no âmbito administrativo.

No âmbito penal, eventual delito cabível na hipótese seria o de prevaricação, demonstrando-se necessariamente que a omissão no "ato de ofício", a saber, a confecção da ata, deveu-se para satisfazer interesse ou sentimento pessoal, nos termos do art. 319 do Código Penal.

SEÇÃO XVI – Das Atribuições do Presidente do Tribunal do Júri

Art. 497. São atribuições do juiz-presidente do Tribunal do Júri, além de outras expressamente referidas neste Código:

1. A administração da sessão plenária pelo magistrado togado

Como linha geral, tem-se que

> Embora expressivo o rol de atribuições conferidas ao presidente do Tribunal do Júri, nos termos do art. 497, do Código de Processo Penal, não lhe cabe manifestar opinião acerca de eventual incompatibilidade de teses defensivas, sob pena de ocorrer indevida influência na decisão a ser tomada pelos jurados".[2618]

[2610] TJPB. Relator: Des. Otacílio Cordeiro da Silva. Data de julgamento: 18 fev. 1997.
[2611] HC 82.202/RJ. Relator: Min. Maurício Corrêa. Data de julgamento: 29 out. 2002.
[2612] STJ. Relator: Vicente Leal. Data de publicação: DJ, 5 maio 2003, p. 327.
[2613] TJSP. **Apelação Criminal 157.955-3**. Relator: Augusto Marin. Data de julgamento: 23 maio 1994.
[2614] TJSP. **Apelação Criminal 150.745-3**. Relator: Oliveira Passos, v.u. Data de julgamento: 21 ago. 1995.
[2615] Rev. do Foro, 90/362.
[2616] STJ. Relator: Fernando Gonçalves. Data de publicação: DJ, 7 abr. 2003, p. 341. Relator: Fernando Gonçalves.
[2617] TJPB. Relator: Des. Manoel Taigy Filho. Data de julgamento: 21 dez. 1995.
[2618] RSTJ, 172/565.

> I – regular a polícia das sessões e prender os desobedientes;

1. "Prisão dos desobedientes"
Na verdade, seu encaminhamento para o Juizado Especial Criminal, diretamente, ou para a unidade policial, a fim de lavrar termo circunstanciado de audiência diante da condição de infração de menor potencial ofensivo dessa norma penal.

> II – requisitar o auxílio da força pública, que ficará sob sua exclusiva autoridade;

1. Medidas de força
Vide notas ao art. 284.

> III – dirigir os debates, intervindo em caso de abuso, excesso de linguagem ou mediante requerimento de uma das partes;

1. Direção dos debates
O juiz *dirige* os debates e neles não intervém, salvo para resguardar a ocorrência de excessos verbais dos intervenientes, bem como o emprego de documentos ou argumentos vedados. Este último aspecto, aliás, inovado diante da impossibilidade *material* do emprego dos chamados "argumentos de autoridade" sobre a vida pregressa ou de decisões confirmatórias da pronúncia.

Não pode, no entanto, intrometer-se no mérito dos debates, cerceando fora das hipóteses legais a fala da Acusação e da Defesa.

> IV – resolver as questões incidentes que não dependam de pronunciamento do júri;

1. Resolução de "questões incidentes"
Corretamente, questões que não sejam resolvidas, porque de Direito (*v.g.*, litispendência, coisa julgada), pelo Conselho de Sentença.

> V – nomear defensor ao acusado, quando considerá-lo indefeso, podendo, neste caso, dissolver o Conselho e designar novo dia para o julgamento, com a nomeação ou a constituição de novo defensor;

1. Declaração do réu como indefeso
Não é uma faculdade do julgador, mas sua obrigação. Neste ponto reside um legítimo papel proativo do magistrado, assumindo realmente a função constitucional de guardião da CR e da CADH e velando pelo devido processo legal.

Assim, com a "inaptidão reconhecida pelo juiz-presidente do Júri [e a] Dissolução do Conselho de Sentença por considerar o réu indefeso, designado novo dia para julgamento"[2619], materializa-se uma das faces do "juiz garantidor", numa linguagem usada por parte da doutrina brasileira.

> VI – mandar retirar da sala o acusado que dificultar a realização do julgamento, o qual prosseguirá sem a sua presença;

1. Medidas de força
Vide notas ao art. 284.

> VII – suspender a sessão pelo tempo indispensável à realização das diligências requeridas ou entendidas necessárias, mantida a incomunicabilidade dos jurados;

1. Preservação da incomunicabilidade
Vide notas ao § 1º do art. 466.

> VIII – interromper a sessão por tempo razoável, para proferir sentença e para repouso ou refeição dos jurados;

1. Bem-estar dos jurados
Deve ser preservado ao máximo, não sendo submetido o conselho de sentença a esforço físico ou privação de alimentação adequada.

> IX – decidir, de ofício, ouvidos o Ministério Público e a defesa, ou a requerimento de qualquer destes, a arguição de extinção de punibilidade;
> X – resolver as questões de direito suscitadas no curso do julgamento;
> XI – determinar, de ofício ou a requerimento das partes ou de qualquer jurado, as diligências destinadas a sanar nulidade ou a suprir falta que prejudique o esclarecimento da verdade;

1. Iniciativa probatória do juiz
Também diante do espírito norteador do Código de Processo Penal e suas interpretações mais corriqueiras, em que o juiz suplanta a atividade das partes, anote-se caso em que houve "Substituição de testemunha [com a] Oitiva do perito criminal em plenário para investigação da verdade e esclarecimentos", dando pela sua admissibilidade e pela "inexistência de ofensa ao princípio do contraditório",

---
2619 RT, 637/252.

com a preliminar de nulidade afastada por aplicação do art. 497, XI, do CPP.[2620]

> XII – regulamentar, durante os debates, a intervenção de uma das partes, quando a outra estiver com a palavra, podendo conceder até 3 (três) minutos para cada aparte requerido, que serão acrescidos ao tempo desta última.

1. Introdução legal do mecanismo dos "apartes"

A nova disciplina veio regular mecanismo que, na prática, era de rotineira ocorrência, causando a lacuna legal do tratamento da matéria e deixando ao sabor casuísta a solução para as – não raras vezes graves – ocorrências.

Caso bastante interessante nesse contexto se apresenta em acórdão relatado pelo Exmo. Des. Nilton João de Macedo Machado[2621], no qual se analisou situação em que a acusação acabou por exceder o tempo que lhe era destinado, sendo esse um dos argumentos empregados no recurso interposto pelo réu.

Do corpo do v. acórdão, tem-se que "a ata registra a acusação e a defesa, com as teses apresentadas, anotando apenas que a acusação terminou cinco (5) minutos após o prazo de duas (2) horas, em virtude de intervenções inoportunas da defesa, sem que tenham sido concedidos apartes, o que levou a MM. Juíza a assegurar a palavra ao r. Promotor de Justiça, concedendo referido acréscimo pelo tempo perdido, concluindo por requerer a condenação do acusado" (fls. 529). Em seguida, aponta a ata, que às 3:45 horas foi dada a palavra ao (...) defensor do acusado, que fez sua defesa pelo espaço de duas (2) horas concluindo às 15:45 horas requerendo a absolvição do acusado pela tese de negativa de autoria ou mesmo a condenação pela "intenção de participar em crime menos grave sugerindo o sequestro" (fls. 530). Na réplica, os trabalhos foram concluídos com cinco (05) minutos de acréscimo face intervenções inoportunas da defesa, sem que tenham sido concedidos apartes e ratificando o pedido de condenação do réu. Vê-se, pois, que foi assegurada a defesa integral do acusado, não constando tenha lhe sido suprimido um minuto sequer do seu tempo legal de duas (2) horas; houve, pelo que a ata denuncia, necessidade de acrescer cinco (5) minutos à acusação, como compensação por não ter concedido apartes e a defesa feito intervenções inoportunas, levando à intervenção da Juíza Presidente para assegurar a palavra ao acusador oficial. O procedimento foi, é verdade, inusitado, pois compete ao Juiz-Presidente, segundo o disposto no art. 497, III, do CPP, regular os debates, decidindo se cada contendor poderá ou não apartear o outro (James Tubenchlak, *Tribunal do júri: contradições e soluções*, p. 106, n. 4.5), reconhecendo-se que a concessão de apartes é praxe, não prevista na lei, esclarecendo Vicente Grecco Filho que se "o acusador ou o defensor exigir exclusividade, o Juiz deverá providenciar para que seja respeitada, determinando, inclusive, a retirada daquele que estiver perturbando o andamento dos trabalhos" (*Manual de processo penal*, Saraiva, 1991, p. 371). Quando permitidos apartes, cumpre sejam antes solicitados àquele que estiver fazendo uso da palavra e que sejam breves, moderados, limitados ao propósito de apoiar ou desaprovar asserções ou conclusões de ordem pessoal (*Júri: teoria e prática*, Adriano Marrey e outros, p. 131), valendo a lembrança do falecido prof. Manuel Pedro Pimentel ao advogado e também aos acusadores, que quando se abre "baterias de ataques pessoais"; ferindo-se o juiz, o promotor ou advogado adverso, com doestos, "as razões perdem em importância, não devendo o aparteante, de modo nenhum, permitir-se a liberdade de caçoar do adversário, pilheriando com a parte ou com o seu representante legal. O processo é uma coisa séria e nele são tratados sérios interesses. Por isso, as pessoas que nele intervêm também devem estar sérias e tratar com seriedade as questões. Se é admissível o fino humor, que transparece numa rápida tirada de espírito, inevitável às vezes em certos temperamentos, é intolerável a demonstração de humorismo, a chacota, visando ridicularizar o opositor. Pode-se aniquilar um adversário com argumentos e provas, mas deve-se respeitá-lo sempre pelo que ele representa" (*Advocacia Criminal*, 2ª ed., T. 1975, p. 205). De qualquer forma, como sustenta Júlio Fabrini Mirabete, com apoio em julgados que cita, "eventual excesso de prazo na acusação não constitui nulidade se concedido à defesa exceder-se, também, pelo mesmo tempo (*RT*, 632/289-90). Entende-se não ser caso de declarar-se nulidade na hipótese de o Juiz-Presidente, por um lapso, não ter concedido o prazo legal, para a defesa, quando esta não formulou oportuno protesto nem foi a circunstância registrada em ata (*RT 585/282*)" (*Processo penal*, Atlas, 1991, p. 500). Lê-se, do acórdão citado, que lá houve encerramento da defesa antes mesmo do tempo legal pois o defensor foi avisado que lhe faltavam 15 minutos e logo terminou a defesa, quando, na realidade, ainda dispunha de uma (01) hora e quarenta e cinco (45) minutos – (eram três réus) e, mesmo assim, porque o engano do magistrado a respeito não foi registrado na ata nem objeto de oportuno protesto pela defesa, reconhece-se preclusão e deu-se o julgamento como válido (*Revista dos Tribunais* 585/28228; TJSP e JC 66/482). No Supremo Tribunal Federal há precedente: Processual penal.

[2620] TJSP. RT, 618/286.
[2621] Na Jurisprudência Catarinense, 71/402-403.

Júri. Terceiro julgamento. Dispensa de testemunhas; não apresentação de novo libelo-crime; *excesso de prazo na sustentação oral da acusação*. Nulidades inocorrentes. (...) O excesso do prazo na tentação da acusação constitui mera irregularidade, com a qual não reclamou a Defesa que, ademais, poderia, também, ter pleiteado dilatação do prazo que lhe cabia. 'As nulidades relativas, ademais, ainda que inexistentes, deveriam ter sido arguidas nas oportunidades próprias, sob pena de serem consideradas sanadas (*Código de Processo Penal*, art. 571, V, combinado com os arts. e 572. 1)' – *Revista Trimestral de Jurisprudência*, v. 129/919. No caso dos autos não há qualquer protesto da defesa registrado na ata, como se viu pela transcrição do trecho respectivo, denotando-se que o réu foi defendido em sua plenitude".

Essa foi, de fato, uma situação patológica, calcada no exercício indevido da intromissão de uma parte na fala da outra conforme o modelo anterior. O que se deve repudiar, no entanto, é a ideia de que as partes podem acordar a superação do tempo determinado em lei, ainda que "à defesa foi deferida idêntica permissão, não advindo qualquer prejuízo ao réu".[2622]

Capítulo III – Do Processo e do Julgamento dos Crimes da Competência do Juiz Singular

Art. 498. Revogado pela Lei n. 11.719, de 20-6-2008.

Texto original: No processo dos crimes da competência do juiz singular, observar-se-á, na instrução, o disposto no Capítulo I deste Título.

Art. 499. Terminada a inquirição das testemunhas, as partes – primeiramente – o Ministério Público ou o querelante, dentro de 24 (vinte e quatro) horas, e depois, sem interrupção, dentro de igual prazo, o réu ou réus – poderão requerer as diligências, cuja necessidade ou conveniência se origine de circunstâncias ou de fatos apurados na instrução, subindo logo os autos conclusos, para o juiz tomar conhecimento do que tiver sido requerido pelas partes.

Art. 500. Esgotados aqueles prazos, sem requerimento de qualquer das partes, ou concluídas as diligências requeridas e ordenadas, será aberta vista dos autos, para alegações, sucessivamente, por 3 (três) dias:

I – ao Ministério Público ou ao querelante;
II – ao assistente, se tiver sido constituído;
III – ao defensor do réu.

§ 1º Se forem dois ou mais os réus, com defensores diferentes, o prazo será comum.

§ 2º O Ministério Público, nos processos por crime de ação privada ou nos processos por crime de ação pública iniciados por queixa, terá vista dos autos depois do querelante.

Art. 501. Os prazos a que se referem os arts. 499 e 500 correrão em cartório, independentemente de intimação das partes, salvo em relação ao Ministério Público.

Art. 502. Findos aqueles prazos, serão os autos imediatamente conclusos, para sentença, ao juiz, que, dentro em 5 (cinco) dias, poderá ordenar diligências para sanar qualquer nulidade ou suprir falta que prejudique o esclarecimento da verdade.

Parágrafo único. O juiz poderá determinar que se proceda, novamente, a interrogatório do réu ou a inquirição de testemunhas e do ofendido, se não houver presidido a esses atos na instrução criminal.

1. Arts. 498 a 502 revogados pela Lei n. 11.719/2008

Título II – Dos Processos Especiais

Capítulo I – Do Processo e do Julgamento dos Crimes de Falência

Art. 503. Nos crimes de falência fraudulenta ou culposa, a ação penal poderá ser intentada por denúncia do Ministério Público ou por queixa do liquidatário ou de qualquer credor habilitado por sentença passada em julgado.

Art. 504. A ação penal será intentada no juízo criminal, devendo nela funcionar o órgão do Ministério Público que exercer, no processo da falência, a curadoria da massa falida.

Art. 505. A denúncia ou a queixa será sempre instruída com cópia do relatório do síndico e da ata da assembleia de credores, quando esta se tiver realizado.

Art. 506. O liquidatário ou os credores poderão intervir como assistentes em todos os termos da ação intentada por queixa ou denúncia.

Art. 507. A ação penal não poderá iniciar-se antes de declarada a falência e extinguir-se-á quando reformada a sentença que a tiver decretado

Art. 508. O prazo para denúncia começará a correr do dia em que o órgão do Ministério Público receber os papéis que devem instruí-la. Não se computará, entretanto, naquele prazo o tempo consumido posteriormente em exames ou diligências requeridos pelo Ministério Público ou na obtenção de cópias ou documentos necessários para oferecer a denúncia.

Art. 509. Antes de oferecida a denúncia ou a queixa, competirá ao juiz da falência, de ofício ou a requerimento do Ministério Público, do síndico, do liquidatário ou de qualquer dos credores, ordenar inquéritos, exames ou quaisquer outras diligências destinadas à apuração de fatos ou circunstâncias que possam servir de fundamento à ação penal.

Art. 510. O arquivamento dos papéis, a requerimento do Ministério Público, só se efetuará no juízo competente para o processo penal, o que não impedirá seja intentada ação por queixa do liquidatário ou de qualquer credor.

Art. 511. No processo criminal não se conhecerá de arguição de nulidade da sentença declaratória da falência.

Art. 512. Recebida a queixa ou a denúncia, prosseguir-se-á no processo, de acordo com o disposto nos Capítulos I e III, Título I, deste Livro.

1. Os artigos deste Capítulo foram revogados pela Lei n. 11.101/2005

2. Nova Lei de Falências – Lei n. 11.101/2005 – *vacatio legis*
A nova Lei de Falências alterou significativamente a estrutura processual do Código de Processo Penal. O diploma legal tinha período de *vacatio legis* de 120 dias após sua publicação, de acordo com o art. 201.

Levando-se em conta que referida lei foi publicada em 9 de fevereiro de 2005, sua entrada em vigor se deu em 9 de junho de 2005.

3. Crimes falimentares e juizados especiais criminais
Com o advento da Lei n. 9.099/1995, posteriormente acrescida da Lei n. 10.259/2001, será julgado pela justiça consensual penal o delito previsto no art. 190 da Lei de Falências:

> Será punido com detenção, de 1 (um) a 2 (dois) anos, o juiz, o representante do Ministério Público, o síndico, o perito, o avaliador, o escrivão, o oficial de justiça ou o leiloeiro que, direta ou indiretamente, adquirir bens da massa, ou, em relação a eles, entrar em alguma especulação de lucro.

Os demais tipos penais permanecem na competência da "justiça ordinária".

4. Derrogação do "juízo universal" da falência
Pela estrutura processual, tem-se que a universalidade do juízo falimentar "se restringe aos fatos da vida comercial do falido e não aos crimes comuns por ele cometidos" (TACrimSP. RT, 691/327).

5. Prescrição na Lei n. 11.101/2005
De acordo com a nova Lei de Falências, o regime de contagem da prescrição obedecerá ao disposto nos arts. 109 e seguintes do Código Penal, de acordo com o art. 182 da nova Lei.

6. Procedimento para apuração dos crimes falimentares na nova Lei falimentar
Com a entrada em vigor da Lei n. 11.101/2005, o procedimento é o sumário, tal como previsto nos arts. 531 e seguintes do presente Código.

> **Capítulo II** – Do Processo e do Julgamento dos Crimes de Responsabilidade dos Funcionários Públicos

Art. 513. Nos crimes de responsabilidade dos funcionários públicos, cujo processo e julgamento competirão aos juízes de direito, a queixa ou a denúncia será instruída com documentos ou justificação que façam presumir a existência do delito ou com declaração fundamentada da impossibilidade de apresentação de qualquer dessas provas.

1. Crimes funcionais "próprios"
O presente Capítulo diz respeito aos crimes funcionais "próprios" que são crimes "comuns", em nada se relacionando aos crimes de responsabilidade previstos na Lei n. 1.079/1950 pois é "cediço que o procedimento previsto nos artigos 513 e 514 do CPP se reserva aos casos em que a denúncia descreve apenas a prática de crimes funcionais típicos (CPP, artigos 312 a 326)".[2623]

2. Concurso de crimes e afastamento do rito específico
Há consolidada compreensão no campo doutrinário e dos precedentes que "Havendo imputação de crimes funcionais e não funcionais, não se aplica o procedimento previsto nos arts. 513 e seguintes do Código de Processo Penal, a tornar prescindível a fase

---

[2623] TRF-3. **HC 15943 SP 2008.03.00.015943-5**. 2ª Turma. Relator: Juiz Convocado Paulo Sarno. Data de julgamento: 19 ago. 2008.

de resposta preliminar nele prevista"[2624], posição essa também fortemente presente no STJ[2625] onde

> A jurisprudência desta Corte Superior de Justiça consolidou-se no sentido de que, sendo o funcionário público acusado não só da prática de crimes funcionais próprios, mas também de infrações penais comuns, não tem aplicabilidade o procedimento previsto nos artigos 513 a 518 do Código de Processo Penal.

> **Art. 514.** Nos crimes afiançáveis, estando a denúncia ou queixa em devida forma, o juiz mandará autuá-la e ordenará a notificação do acusado, para responder por escrito, dentro do prazo de 15 (quinze) dias.
> *Parágrafo único.* Se não for conhecida a residência do acusado, ou este se achar fora da jurisdição do juiz, ser-lhe-á nomeado defensor, a quem caberá apresentar a resposta preliminar.

1. Etapa procedimental cabível apenas nos crimes funcionais "próprios"

Consequente à limitação dos tipos penais, tem-se que o "Art. 514 do Código de Processo Penal que somente é aplicável nos crimes de funcionários típicos"[2626] ou, de forma mais ampla, "as providências determinadas nos arts. 513 e seguintes do CPP somente se aplicam aos crimes funcionais típicos, quais sejam, os cometidos por funcionário público contra a administração em geral (arts. 312 a 326 do CP), e não na hipótese de outros crimes".[2627]

1.1 Cabimento para a defesa apenas de funcionários

Além do cabimento específico para os crimes funcionais "próprios", consolidou-se no campo dos precedentes que "o procedimento especial previsto no artigo 514 do CPP não é de ser aplicado ao funcionário público que deixou de exercer a função na qual estava investido".[2628]

A resposta prévia ao recebimento da denúncia aqui prevista não se confunde com aquela tratada na reforma nos artigos 395 a 397 como já visto nestes **Comentários**. Ela se identifica com aquela prevista no art. 55 da Lei 11343/2006 servindo como verdadeiro mecanismo anterior ao formal acolhimento da acusação pública.

Assim, configurando manifestação expressa de direito defensivo a impedir o acolhimento de acusações insubsistentes, ou, ainda, como controle jurisdicional sobre essa mesma situação a fim de evitar a própria formação de um processo de frágil sustentação, essa etapa não poderia ser suprimida com a reforma de 2008.

Some-se a isso a observação que a norma, inicialmente concebida para crimes "afiançáveis" é agora cabível a todos os crimes dolosos previstos no Código Penal para a espécie diante da redação atual do art. 323 do CPP.

2. Súmula 330 do STJ e sua inadequação sistêmica

O STJ consolidou sua compreensão quanto à desnecessidade da defesa prévia quando a acusação tiver sido lastreada em investigação na modalidade de inquérito policial. O verbete: "É desnecessária a resposta preliminar de que trata o art. 514 do Código de Processo Penal, na ação penal instruída por inquérito policial".

Trata-se de posição jurídica verdadeiramente inusitada, seja por assimilar a manifestação do exercício do direito de defesa ao desenvolvimento de uma das formas de investigação, seja porque, rigorosamente falando, as situações não guardam qualquer relação entre si.

Mas, na esteira desse entendimento mesmo o STF se manifestou para afirmar que

> A partir do julgamento do HC 85.779/RJ, passou-se a entender, nesta Corte, que é indispensável a defesa prévia nas hipóteses do art. 514 do Código de Processo Penal, mesmo quando a denúncia é lastreada em inquérito policial (Informativo 457/STF). (...) Esta Corte decidiu, por diversas vezes, que a defesa preliminar de que trata o art. 514 do Código de Processo Penal tem como objetivo evitar a propositura de ações penais temerárias contra funcionários públicos e, por isso, a sua falta constitui apenas nulidade relativa. IV – O entendimento deste Tribunal, de resto, é o de que para o reconhecimento de eventual nulidade, ainda que absoluta, faz-se necessária a demonstração do prejuízo, o que não ocorreu na espécie.[2629]

Não surpreende, diante da lógica inquisitiva que perpassa a interpretação do CPP que o exercício do

---

[2624] STF. Recurso Ordinário em Habeas Corpus 127.296. Paraná. Relator: Min. Dias Toffoli. Também no STF. **HC 89.686/SP**. Relator: Min: Sepúlveda Pertence. Data de publicação: DJe, 17 ago 2007.
[2625] STJ. **HC 255.736/PR**. Relator: Min. Jorge Mussi.
[2626] TJSP, rel. Denser de Sá, Recurso Criminal 114.739-3, Jandira/Barueri, 6-5-1993.
[2627] TACrimSP. **AP**. Relator: Ericson Maranho. RJD, 24/295.
[2628] STF. **HC 95.402-ED/SP**. Relator: Min. Eros Grau.
[2629] STF. **HC 110361 SC**. 2ª Turma. Relator: Min. Ricardo Lewandowski. Data de julgamento: 5 jun. 2012. Data de publicação: DJe-150, 31 jul. 2012 (divulg.); 1º ago. 2012 (public.).

direito de defesa tratado neste artigo continue a ser visto como algo dispensável e sanável à luz da compreensão das nulidades relativas.

Assim, em sentido contrário ao padrão dos precedentes, acertadamente, decidiu-se que

> A luz dos novos precedentes do STF, ressalvado o particular entendimento da relatora sobre a matéria, é imperiosa a aplicação do artigo 514 do CPP – apresentação de resposta preliminar nos crimes funcionais afiançáveis –, mesmo estando a denúncia amparada em inquérito policial, sob pena de haver ofensa aos princípios constitucionais do devido processo legal, da ampla defesa e do contraditório. V – De ofício, declarada a nulidade da ação penal desde o início, garantindo ao réu a apresentação da defesa prévia, prejudicado o recurso ministerial.[2630]

> Art. 515. No caso previsto no artigo anterior, durante o prazo concedido para a resposta, os autos permanecerão em cartório, onde poderão ser examinados pelo acusado ou por seu defensor. Parágrafo único. A resposta poderá ser instruída com documentos e justificações.

1. Resposta preliminar e defesa técnica
É imprescindível que a resposta seja ofertada por profissional técnico, e não apenas pelo próprio acusado.

> Art. 516. O juiz rejeitará a queixa ou denúncia, em despacho fundamentado, se convencido, pela resposta do acusado ou do seu defensor, da inexistência do crime ou da improcedência da ação.

1. Sobre rejeição da denúncia ou queixa, ver nestes Comentários art. 581 para o recurso cabível

> Art. 517. Recebida a denúncia ou a queixa, será o acusado citado, na forma estabelecida no Capítulo I do Título X do Livro I.

1. *Vide* nestes *Comentários* arts. 361 e seguinte

> Art. 518. Na instrução criminal e nos demais termos do processo, observar-se-á o disposto nos Capítulos I e III, Título I, deste Livro.

1. *Vide* Capítulos I e III, Título I deste Livro nestes *Comentários*

Capítulo III – Do Processo e do Julgamento dos Crimes de Calúnia e Injúria, de Competência do Juiz Singular

> Art. 519. No processo por crime de calúnia ou injúria, para o qual não haja outra forma estabelecida em lei especial, observar-se-á o disposto nos Capítulos I e III, Título I, deste Livro, com as modificações constantes dos artigos seguintes.

> Art. 520. Antes de receber a queixa, o juiz oferecerá às partes oportunidade para se reconciliarem, fazendo-as comparecer em juízo e ouvindo-as, separadamente, sem a presença dos seus advogados, não se lavrando termo.

> Art. 521. Se depois de ouvir o querelante e o querelado, o juiz achar provável a reconciliação, promoverá entendimento entre eles, na sua presença.

> Art. 522. No caso de reconciliação, depois de assinado pelo querelante o termo da desistência, a queixa será arquivada.

> Art. 523. Quando for oferecida a exceção da verdade ou da notoriedade do fato imputado, o querelante poderá contestar a exceção no prazo de 2 (dois) dias, podendo ser inquiridas as testemunhas arroladas na queixa, ou outras indicadas naquele prazo, em substituição às primeiras, ou para completar o máximo legal.

1. Capítulo I, Título I do Livro
Trata-se do disposto nos arts. 394 a 405, para onde remetemos o leitor.

2. Capítulo III, Título I do Livro
Tratava-se do disposto nos arts. 498 a 502, revogados pela Lei n. 11.719/2008.

3. A posição da legislação brasileira após a Lei n. 9.099/1995 e a Lei n. 10.259, de 12 de julho de 2001
Diante da redação original da Lei n. 9.099/95, os crimes contra a honra previstos no Código Penal, na Lei de Imprensa, no Código Eleitoral e no Código Penal Militar não se amoldavam à figura de infração

---

2630 TRF-3. **ACR. 11422 SP 2005.61.81.011422-6**. Relator: DESEMBARGADORA FEDERAL CECILIA MELLO, Data de Julgamento: 29/03/2011, SEGUNDA TURMA.

penal de menor potencial ofensivo, e acabavam por ter o procedimento na forma prevista no Código de Processo Penal, pois "os crimes contra a honra uma vez que possuem rito especial, conforme o disposto no art. 61 da referida Lei ('Consideram-se infrações penais de menor potencial ofensivo, para os efeitos desta Lei, as contravenções penais e os crimes a que a lei comine pena máxima não superior a um ano, excetuando os casos em que a lei preveja procedimento especial')"[2631], embora alguns comentaristas se colocassem em posição oposta à da literalidade da lei.

No entanto, a Lei n. 10.259, de 12 de julho de 2001, inicialmente destinada a cuidar do tema da apuração das infrações penais de menor potencial ofensivo apenas na esfera federal, acabou por subverter o conceito inicialmente estabelecido, mudando os critérios de definição daquelas infrações, a teor do art. 2º, parágrafo único, como os crimes a que a lei comine pena máxima não superior a dois anos, ou multa e, assim, abandonou o critério da ausência de procedimento especial como essencial para a caracterização daquelas infrações. Manteve, no entanto, o tópico referente à complexidade das investigações.

O resultado prático para os crimes contra a honra previstos no Código Penal é que, na sua forma básica, os tipos penais de calúnia, difamação e injúria são tidos como de menor potencial ofensivo e estão sujeitos, definitivamente, à chamada justiça penal de negociação.

O mesmo é valido para o Código Eleitoral, excetuando-se a legislação militar por expressa vedação legal.

> **Capítulo IV** – Do Processo e do Julgamento dos Crimes contra a Propriedade Imaterial

> Art. 524. No processo e julgamento dos crimes contra a propriedade imaterial, observar-se-á o disposto nos Capítulos I e III do Título I deste Livro, com as modificações constantes dos artigos seguintes.

1. Capítulo I, Título I do Livro
Trata-se do disposto nos arts. 394 a 405, para onde remetemos o leitor.

2. Capítulo III, Título I do Livro
Tratava-se do disposto nos arts. 498 a 502, revogados pela Lei n. 11.719, de 2008.

3. Crimes contra propriedade imaterial e ritos
Como acertadamente elucida Badaró[2632],

> Em suma, atualmente, há dois procedimentos especiais para os crimes contra a propriedade imaterial. O procedimento dos artigos 524 a 530 do Código de Processo Penal, aplicável aos crimes perseguidos mediante ação penal de iniciativa privada, no caso, violação de direito autoral, tipificado no caput do artigo 184 do Código Penal. Por outro lado, há o procedimento especial dos artigos 530-B a 530-H do Código de Processo Penal, aplicável aos crimes perseguidos mediante ação penal pública, quais sejam, os crimes de violação de direito autoral, dos parágrafos 1º a 3º do artigo 184, da lei penal.

> Art. 525. No caso de haver o crime deixado vestígio, a queixa ou a denúncia não será recebida se não for instruída com o exame pericial dos objetos que constituam o corpo de delito.

1. Sobre corpo de delito e respectivas perícias, ver nestes *Comentários* arts. 157 e seguintes

2. Sobre rejeição da denúncia, ver art. 395

3. Juntada obrigatória do exame pericial
O laudo é indispensável para o recebimento, e não para o oferecimento da inicial. Nesse sentido:

> O crime do art. 184, § 2º, do CP, está sujeito a procedimento especial, que exige rigorosa prova técnica da materialidade do crime (art. 530-B, 530-C e 530-D, do CPP). Logo, se o auto de apreensão e o laudo pericial não descrevem os CDs e DVDs em sua totalidade e com explicitação das características das obras e das vítimas da contrafação, a prova material é imprestável para a condenação. [2633]

3.1 Dispensabilidade do laudo
Nada obstante a literalidade da norma, já se decidiu que, ao menos para o recebimento da acusação

---

[2631] STF. **HC 75.386/MG**. Relator: Min. Moreira Alves. 3 jun. 1997.
[2632] BADARÓ. Gustavo I.R. **Súmula 574 do STJ traz incertezas sobre crime contra direito autoral**. Disponível em: <http://www.conjur.com.br/2016-jul-05/gustavo-badaro-sumula-574-stj-traz-incertezas-crime-direito-autoral>. Acesso em: 12 abr. 2022.
[2633] TJ-MG. **APR 10040070598517001 MG**. 4ª Câmara Criminal. Relator: Delmival de Almeida Campos. Data de julgamento: 6 fev. 2013. Data de publicação: 20 fev. 2013.

que "Porquanto, muito embora se tratem de crimes que deixam vestígios e não tendo sido juntados os laudos definitivos, a fim de comprovar a materialidade delitiva, verifica-se que tal omissão, por ora, para fins de recebimento da denúncia, restou satisfatoriamente suprida por outros elementos de prova, que demonstram satisfatoriamente a materialidade dos delitos"[2634], muito embora chegue-se a afirmar sua dispensabilidade mesmo para a condenação considerando-se que

> A descrição individualizada de um único CD ou DVD apreendido, tido como falsificado, basta para a comprovação da materialidade do delito de violação de direito autoral, cuja elementar do tipo exige simples original ou cópia de obra intelectual ou fonograma reproduzido com violação do direito de autor.[2635]

4. Perícia por amostragem e a posição contemporânea do STJ

O STJ aprovou em 22/06/2016 o enunciado 574:

> Para a configuração do delito de violação de direito autoral e a comprovação de sua materialidade, é suficiente a perícia realizada por amostragem do produto apreendido, nos aspectos externos do material, e é desnecessária a identificação dos titulares dos direitos autorais violados ou daqueles que os representem.

> Art. 526. Sem a prova de direito à ação, não será recebida a queixa, nem ordenada qualquer diligência preliminarmente requerida pelo ofendido.

1. Sobre a legitimação para agir e suas espécies, ver nestes *Comentários* arts. 41 e seguintes

2. "Prova do direito de ação"

Trata-se, na verdade, de comprovação da propriedade do bem, como o direito autoral[2636], que teria sido lesionado pela conduta atribuída à pessoa acusada. Isso acarreta a legitimidade para postular a acusação e não exatamente o "direito à ação".

Segundo Cezar Roberto Bitencourt,

> o bem jurídico protegido é o direito autoral, que, na verdade, constitui um complexo de direitos – morais e patrimoniais – nascidos com a criação da obra". Outrossim, "a violação dos direitos de autor pode concretizar-se de formas variadas, tais como a reprodução gráfica da obra original, ou comercialização de obras originais, sem a autorização do autor ou seu representante legal (Tratado de Direto Penal. Parte Especial. v. 3. 8. ed. São Paulo: Saraiva, 2012, p. 398).[2637]

3. Laudo homologado e acusação penal

A homologação do laudo é vista pela maioria da doutrina e dos precedentes como uma "condição de procedibilidade" para o exercício da acusação penal.

> Art. 527. A diligência de busca ou de apreensão será realizada por dois peritos nomeados pelo juiz, que verificarão a existência de fundamento para a apreensão, e quer esta se realize, quer não, o laudo pericial será apresentado dentro de 3 (três) dias após o encerramento da diligência.
> *Parágrafo único.* O requerente da diligência poderá impugnar o laudo contrário à apreensão, e o juiz ordenará que esta se efetue, se reconhecer a improcedência das razões aduzidas pelos peritos.

1. Busca e apreensão

Ver nestes *Comentários* arts. 6º e 240 e seguintes para o tema da busca e apreensão.

Ainda,

> com efeito, em relação aos crimes contra a propriedade imaterial, o Código de Processo Penal prevê uma medida preliminar de busca e apreensão e a realização de exame pericial para os ilícitos que deixam vestígios, conforme se depreende pela leitura dos art. 524 a 528 do Código de Processo Penal, com o objetivo de colher os elementos necessários para o exercício do direito de queixa. 3. Nesses casos, o prazo decadencial para oferecimento da queixa-crime é de 30 (trinta) dias, contados da ciência da homologação do laudo pericial, produzido na medida preparatória de busca e apreensão, nos termos do disposto dos arts. 529 e 530 do mesmo diploma legal. Precedentes desta Corte. 4. Embora a medida cautelar tenha por objeto reunir condições de sustentação e procedibilidade ao futuro ajuizamento da queixa-crime, tal procedimento preparatório

---

2634 TJ-PR. **RSE 12614836 PR 1261483-6 (Acórdão)**. 2ª Câmara Criminal. Relator: Laertes Ferreira Gomes. Data de julgamento: 11 dez. 2014. Data de publicação: DJ 1491, 23 jan. 2015.
2635 TJ-MG. **APR 10701082422141001 MG**. 4ª Câmara Criminal. Relator: Delmival de Almeida Campos, Data de julgamento: 3 jul. 2013. Data de publicação: 10 jul. 2013.
2636 TJ-SP. **APL 257061820068260602 SP 0025706-18.2006.8.26.060**. 3ª Câmara de Direito Criminal. Relator: Ruy Alberto Leme Cavalheiro. Data de julgamento: 19 jul. 2011. Data de publicação: 3 ago. 2011.
2637 Trecho mencionado em STJ. **REsp 1456239 MG 2014/0125133-0**. Relator: Min. Rogerio Schietti Cruz. Data de publicação: DJ, 11 maio 2015.

prescinde do contraditório. 5. Ademais, quando houver questões de fato controvertidas a exigir maiores esclarecimentos, como na hipótese dos autos – ocorrência ou não da alegada renúncia tácita –, cujo deslinde reclama investigação probatória, a matéria deve ficar reservada ao processo principal. 6. A busca e apreensão do livro que supostamente reproduziu a obra literária do agravado tornou-se desnecessária, como bem ressaltou o agravante, porque o material já foi juntado aos autos – processo em apenso, motivo pelo qual o recurso especial foi provido tão somente para determinar ao Juiz de primeiro grau a realização da perícia necessária ao exercício de eventual direito de queixa do ora agravado.[2638]

1.1 Busca e apreensão e comprovação da materialidade

Aqui devem ser obedecidas as formalidades específicas, sendo que

> O auto de apreensão é requisito indispensável para a comprovação da materialidade dos delitos contra a propriedade imaterial. In casu, há a lavratura do auto de apreensão, porém com inobservância à formalidade legal constante do artigo 530-C do CPP – assinatura de duas testemunhas; descrição de todos os bens apreendidos e informações sobre suas origens. Tal circunstância nulifica o auto de apreensão e afasta a prova.[2639]

De forma mais abrangente,

> O auto de apreensão é requisito indispensável para a comprovação da materialidade dos delitos contra a propriedade imaterial. Logo, se na sua lavratura não é observada a formalidade legal constante do artigo 530-C do CPP – assinatura de duas testemunhas – absolvição é medida de rigor. – Se na perícia realizada por peritos criminais não são declinados os artistas lesados pela contrafação tampouco individualizados os títulos das obras falsificadas, resta ausente a materialidade da conduta e, portanto, a configuração do crime. – Recurso não provido.[2640]

2. Necessidade de dois peritos

"Nos crimes sujeitos à ação penal privada, a medida preparatória cautelar deve ser realizada por dois peritos nomeados pelo juiz, conforme os arts. 527 e 530-A do CPP. A hipótese trata de crimes contra a propriedade imaterial, puníveis mediante ação penal privada, e, apesar de o mandado de busca e apreensão se fundar no art. 240 do CPP, a medida seguiu o rito especial disposto na legislação de regência, à exceção da presença de duas testemunhas (art. 530-C do CPP).

Destacou-se que o fato de apenas um perito oficial (acompanhado de um assistente, cuja qualificação técnica se desconheça nos autos) ter efetivado o exame do corpo de delito em questão não leva à nulidade do procedimento. Essa conclusão decorre da interpretação sistêmica dos arts. 527 e 159 do CPP, já na redação que lhe deu a Lei n. 11.690/2008, que passou a exigir a presença de dois peritos tão somente nos exames realizados sem o profissional oficial. Também não enseja nulidade a falta da assinatura de testemunhas, especificamente designadas para esse fim no termo de busca e apreensão (arts. 245, § 7º, e 530-C do CPP), por se tratar de mera irregularidade formal, sendo certo que os policiais e os oficiais de justiça que participaram da medida podem figurar como testemunha, para testar a legalidade da diligência. Anote-se que o ato contou com a participação de representantes legais de ambas as partes com a autorização expressa do juízo. Por último, vê-se que o interessado não demonstrou ser-lhe imposto qualquer prejuízo (pas de nullité sans grief). Precedentes citados do STF: HC 85.177-RJ, DJ 1º/7/2005; do STJ: REsp 543.037-RJ, DJ 16/11/2004; AgRg no REsp 978.445-MS, DJe 28/2/2011; HC 139.256-RO, DJe 14/3/2011; HC 175.212-MG, DJe 8/6/2011, e AgRg no APn 510-BA, DJe 19/8/2010".[2641]

3. Participação defensiva

Verifica-se como necessária diante da forma jurisdicionalizada que a medida possui. Assim, ainda que a determinação da busca possa se dar sem prévia oitiva da pessoa suspeita, deve-se faculta a possibilidade de indicação de assistente técnico para formulação de quesitos.[2642]

2638 STJ. **Agravo Regimental no Recurso Especial 402.488**. Relator: Min. Og Fernandes. Data de publicação: DJe 7-12-2009.

2639 TJ-RS. **EI 70047509047 RS**. Segundo Grupo de Câmaras Criminais. Relator: Francesco Conti. Data de julgamento: 11 maio 2012. Data de publicação: DJ, 17 maio 2012.

2640 TJ-MG. **APR 10525100119367001 MG**. 2ª Câmara Criminal. Relator: Nelson Missias de Morais. Data de julgamento: 28 maio 2015. Data de publicação: 8 jun. 2015.

2641 STJ. **RMS 31.050-RS**. Relator: Min. Og Fernandes. Data de julgamento: 28 jun. 2011.

2642 Sobre o exercício de direitos defensivos ver GOMES, Franklin. **A incidência do contraditório nas medidas preparatórias de busca e apreensão nos crimes contra a propriedade imaterial**. 2008. Disponível em: <https://www.ibccrim.org.br/artigo/9822-Artigo-A-incidencia-do-contraditorio-nas-medidas-preparatorias-de-busca-e-apreensao-nos-crimes-contra-a-propriedade-imaterial>. Acesso em: 12 abr. 2022.

Art. 528. Encerradas as diligências, os autos serão conclusos ao juiz para homologação do laudo.

1. Sobre a aceitabilidade dos trabalhos técnicos pelo juiz, ver nestes *Comentários* arts. 157 e seguintes

Art. 529. Nos crimes de ação privativa do ofendido, não será admitida queixa com fundamento em apreensão e em perícia, se decorrido o prazo de 30 (trinta) dias, após a homologação do laudo.

1. Natureza do prazo do presente artigo
Conforme já decidido, "O prazo para o oferecimento de queixa-crime, no caso de crimes contra a propriedade imaterial que deixam vestígios, é de trinta dias contados a partir da intimação da homologação do laudo pericial pelo Juiz. Inteligência do art. 529 do CPP".[2643]

Didaticamente,

O conhecimento pelo ofendido da autoria do fato criminoso dá início à contagem do prazo decadencial de 6 meses para a propositura da ação penal privada (art. 38 do CPP); contudo, iniciado procedimento judicial de apuração, em que se objetiva averiguar a autoria ou a materialidade do delito, o prazo decadencial a ser aplicado deve ser o de 30 dias, ex vi do art. 529 do CPP. 2. Eventual defeito na representação processual do querelante só pode ser sanada dentro do prazo decadencial que, in casu, é de 30 dias a partir da homologação do laudo pericial.[2644]

Contudo, deve-se ter a "Inaplicabilidade do art. 529 do CPP porque não cumprido pelo querelante o procedimento especial previsto para os crimes contra a propriedade imaterial."[2645]

Parágrafo único. Será dada vista ao Ministério Público dos autos de busca e apreensão requeridas pelo ofendido, se o crime for de ação pública

e não tiver sido oferecida queixa no prazo fixado neste artigo.

1. Sobre decadência e ação penal privada, ver nestes *Comentários* arts. 44 e seguintes

2. Sobre legitimação concorrente no processo penal, ver nestes *Comentários* arts. 41 e seguintes

3. Especificidade da regra
A persecução penal dos denominados crimes contra a propriedade imaterial que deixam vestígios exige, como condição para o recebimento da queixa-crime, a demonstração prévia da existência da materialidade do delito atestada por meio de perícia técnica. A norma do art. 529, do Código Processual Penal, de caráter especial, prevalece sobre a geral do art. 38, desse mesmo diploma legal. Em consequência, o direito de queixa é de 30 (trinta) dias, contados da sentença homologatória do laudo pericial.[2646]

Nada obstante, já se admitiu na jurisprudência que

Mesmo na hipótese dos crimes contra a propriedade imaterial, em que não se admite a queixa fundada em apreensão ou perícia, se decorrido o prazo de 30 dias após a homologação do laudo (CPP, art. 529), impõe-se a observância do prazo semestral de decadência, como previsto no art. 38, do Código de Processo Penal, pois sendo o mesmo instituído para tutelar o direito de liberdade, não seria lógico que a promoção da ação penal ficasse a juízo de oportunidade do ofendido que poderia dilatá-lo, retardando a busca e apreensão ou a perícia.[2647]

4. Laudo e ausência de justa causa
A comprovação do crime pela perícia é fundamental para a caracterização da "justa causa" para a ação penal, pois, "seja o Código de Processo Penal, seja o Código de Propriedade Industrial exigem, nos crimes contra a propriedade imaterial que deixam vestígio, como pressuposto à admissibilidade da queixa-crime, a prévia comprovação da materialidade e autoria do ilícito pela apreensão dos bens

---

[2643] STJ. **RHC 17390 SP 2005/0034294-0**. 5ª Turma. Relator: Min. Arnaldo Esteves Lima. Data de julgamento: 14 jun. 2005. Data de publicação: DJ, 22 ago. 2005 p. 304. RT, Vol. 840, p. 548.

[2644] STJ. **HC 91101 RJ 2007/0223578-5**. 5ª Turma. Relator: Min. Napoleão Nunes Maia Filho. Data de julgamento: 17 jun. 2008. Data de publicação: DJe, 30 jun. 2008.

[2645] TJ-RS. **RC 71004491981 RS**. Turma Recursal Criminal. Relator: Cristina Pereira Gonzales. Data de julgamento: 7 out. 2013. Data de publicação: DJ, 15 out. 2013.

[2646] RT, 814/566.

[2647] RT, 768/532.

e realização de perícia".[2648] *In casu*, verifica-se que o laudo pericial homologado pelo Magistrado que recebeu a queixa-crime não atestou a existência de qualquer delito, inexistindo justa causa para o prosseguimento da ação penal ante a total ausência de prova da materialidade do delito.[2649]

> Art. 530. Se ocorrer prisão em flagrante e o réu não for posto em liberdade, o prazo a que se refere o artigo anterior será de 8 (oito) dias.

1. Sobre prisão em flagrante, ver arts. 301 e seguintes nestes *Comentários*

> Art. 530-A. O disposto nos arts. 524 a 530 será aplicável aos crimes em que se proceda mediante queixa. (Incluído pela Lei n. 10.695, de 1º-7-2003)
>
> Art. 530-B. Nos casos das infrações previstas nos §§ 1º, 2º e 3º do art. 184 do Código Penal, a autoridade policial procederá à apreensão dos bens ilicitamente produzidos ou reproduzidos, em sua totalidade, juntamente com os equipamentos, suportes e materiais que possibilitaram a sua existência, desde que estes se destinem precipuamente à prática do ilícito. (Incluído pela Lei n. 10.695, de 1º-7-2003)
>
> Art. 530-C. Na ocasião da apreensão será lavrado termo, assinado por 2 (duas) ou mais testemunhas, com a descrição de todos os bens apreendidos e informações sobre suas origens, o qual deverá integrar o inquérito policial ou o processo. (Incluído pela Lei n. 10.695, de 1º-7-2003)
>
> Art. 530-D. Subsequente à apreensão, será realizada, por perito oficial, ou, na falta deste, por pessoa tecnicamente habilitada, perícia sobre todos os bens apreendidos e elaborado o laudo que deverá integrar o inquérito policial ou o processo. (Incluído pela Lei n. 10.695, de 1º-7-2003)
>
> Art. 530-E. Os titulares de direito de autor e os que lhe são conexos serão os fiéis depositários de todos os bens apreendidos, devendo colocá-los à disposição do juiz quando do ajuizamento da ação. (Incluído pela Lei n. 10.695, de 1º-7-2003)
>
> Art. 530-F. Ressalvada a possibilidade de se preservar o corpo de delito, o juiz poderá determinar, a requerimento da vítima, a destruição da produção ou reprodução apreendida quando não houver impugnação quanto à sua ilicitude ou quando a ação penal não puder ser iniciada por falta de determinação de quem seja o autor do ilícito. (Incluído pela Lei n. 10.695, de 1º-7-2003)
>
> Art. 530-G. O juiz, ao prolatar a sentença condenatória, poderá determinar a destruição dos bens ilicitamente produzidos ou reproduzidos e o perdimento dos equipamentos apreendidos, desde que precipuamente destinados à produção e reprodução dos bens, em favor da Fazenda Nacional, que deverá destruí-los ou doá-los aos Estados, Municípios e Distrito Federal, a instituições públicas de ensino e pesquisa ou de assistência social, bem como incorporá-los, por economia ou interesse público, ao patrimônio da União, que não poderão retorná-los aos canais de comércio. (Incluído pela Lei n. 10.695, de 1º-7-2003)
>
> Art. 530-H. As associações de titulares de direitos de autor e os que lhes são conexos poderão, em seu próprio nome, funcionar como assistente da acusação nos crimes previstos no art. 184 do Código Penal, quando praticado em detrimento de qualquer de seus associados.
>
> Art. 530-I. Nos crimes em que caiba ação penal pública incondicionada ou condicionada, observar-se-ão as normas constantes dos arts. 530-B, 530-C, 530-D, 530-E, 530-F, 530-G e 530-H. (Incluído pela Lei n. 10.695, de 1º-7-2003)

1. Sobre a ação de legitimação privada, ver nestes *Comentários* arts. 44 e seguintes

2. Sobre a forma legal da busca e apreensão, ver arts. 240 e seguintes nestes *Comentários*

3. Sobre busca e apreensão, ver arts. 6º e 240 e seguintes nestes *Comentários*

4. Sobre corpo de delito e perícia, ver nestes *Comentários* arts. 155 e seguintes

5. Efeito da condenação – ver art. 397 deste Código

6. Sobre assistência da acusação, ver nestes *Comentários* arts. 269 e seguintes

---

[2648] STJ. **RHC 11.848/SP**. Relator: Min. Vicente Leal. Data de publicação: DJ, 11 mar. 2002.
[2649] STJ. Relator: José Arnaldo da Fonseca. Data de publicação: 27 maio 2002. p. 181.

7. Razões da reforma legislativa

As modificações introduzidas pela Lei 10.695/2003[2650] nasceram com o MSC 1.349/1996, iniciativa do Poder Executivo apresentada em 18 de dezembro de 1996.

E tal iniciativa deveu-se ao

> acordo TRIPS (ou ADPIC), um amplo acordo internacional promovido pela OMC (Organização Mundial do Comércio) e cujo vigor principiou em 1995, do qual o Brasil é signatário, estabelece, em sua seção 5, artigo 61: Os Membros proverão a aplicação de procedimentos penais e penalidades pelo menos nos casos de contrafação voluntária de marcas e pirataria em escala comercial. Os remédios disponíveis incluirão prisão e/ou multas monetárias suficientes para constituir um fator de dissuasão, de forma compatível com o nível de penalidades aplicadas a crimes de gravidade correspondente. Em casos apropriados, os remédios disponíveis também incluirão a apreensão, perda e destruição dos bens que violem direitos de propriedade intelectual e de quaisquer materiais e implementos cujo uso predominante tenha sido na consecução do delito. Os Membros podem prover a aplicação de procedimentos penais e penalidades em outros casos de violação de direitos de propriedade intelectual, em especial quando eles forem cometidos voluntariamente e em escala comercial. Portanto, deste dispositivo depreende-se que a tutela penal sobre determinados direitos de Propriedade Intelectual (Direito Autoral e Marcas), é, hoje, acordo internacional à qual o país se obrigou.[2651]

CAPÍTULO V – Do Processo Sumário

> Art. 531. Na audiência de instrução e julgamento, a ser realizada no prazo máximo de 30 (trinta) dias, proceder-se-á à tomada de declarações do ofendido, se possível, à inquirição das testemunhas arroladas pela acusação e pela defesa, nesta ordem, ressalvado o disposto no art. 222 deste Código, bem como aos esclarecimentos dos peritos, às acareações e ao reconhecimento de pessoas e coisas, interrogando-se, em seguida, o acusado e procedendo-se, finalmente, ao debate. (Redação dada pela Lei n. 11.719, de 20-6-2008)

1. Anotações gerais sobre o rito sumário

Os traços marcantes do rito sumário são os mesmos do rito ordinário, motivo pelo qual todos os problemas enfrentados no âmbito dos arts. 399 e seguintes são aqui reproduzidos. Assim, para todos os problemas estruturais, remete-se aos **Comentários** dos arts. 399 e seguintes.

Pode-se concluir que a diferença entre o rito ordinário e o sumário é a possibilidade de dilação probatória, vez que, no mais, as coisas se equivalem. Certamente, não se levam em conta nessa conclusão os prazos estabelecidos, que se afiguram como prazos impróprios (não acarretam preclusão ou qualquer outro tipo de sanção processual) e, portanto, ainda que não se queira fazer um exercício de esoterismo jurídico, pode-se "adivinhar" que serão desrespeitados sem qualquer sanção.

Outrossim, é de se reconhecer que é mantido o entendimento no sentido de que os ritos processuais estabelecidos no Código de Processo Penal são de ordem pública e, enquanto não alterados, não podem ser mudados por quem preside a relação processual, mesmo com a anuência das partes[2652], e prossegue o festejado acórdão da lavra do eminente magistrado Nilton Macedo, do e. TJSC, aduzindo que,

> na fixação de um determinado rito processual são consideradas nuanças, que podem variar tendo em vista a necessidade e objetivo de momento. Mas, aos que foram estabelecidos no Código de Processo Penal, sem dúvida alguma, pesou a gravidade da infração cometida, quando os atos procedimentais, neste caso, são mais numerosos. Assim, de salientar, nos ritos estabelecidos no diploma penal processual, quanto mais grave a infração, maior o número de atos e prazos, no sentido de possibilitar o exercício da defesa com maior desenvoltura. Por outro lado, a Constituição em vigor assegura aos acusados ampla defesa, com os meios e recursos a ela inerentes (art. 5º, inciso LV). Ampla defesa, com os meios e recursos a ela inerentes, evidentemente, se contém na observância de procedimento prescrito ao caso concreto, mormente quando é mais abrangente, possibilitando a amplitude daquele

---

[2650] Ver, entre outros, VANZOLINI, Maria Patricia. Crimes contra a propriedade imaterial: comentários às alterações do código penal e do código de processo penal. In: GOMES, Luiz Flávio; VANZOLINI, Maria Patricia (Coord.). Reforma criminal: comentários às leis: lei 10.406/2002–Código civil, lei 10.684/2003–Refis, lei 10.695/2003–crimes contra a propriedade imaterial, lei 10.701/2003–lavagem de capitais, lei 10.713/2003–alterações à LEP, lei 10.732/2003. São Paulo: Revista dos Tribunais, 2004. p. 43-90.

[2651] REQUENA, Rodrigo Leitão; ANDRADE Douglas; MAIA Livia Barboza. **A Tutela Penal dos Direitos de Propriedade Intelectual no Brasil:** uma análise de precedentes. 2012. Iniciação científica. Pontifícia Universidade Católica do Rio de Janeiro. Orientador: Pedro Marcos Nunes Barbosa.

[2652] TJSC. **Apelação Criminal 97.003957-3.** Biguaçu. Relator: Des. Nilton Macedo Machado.

ônus com pleno conhecimento e domínio do que existe no processo. No caso em análise, o rito desobedecido dava margem a que o defensor, no prazo das diligências, examinasse com cuidado e profundidade todo o elenco probatório coletado, desde a fase preliminar, e se fosse o caso, requeresse diligência esclarecedora de algum ponto obscuro. Vencida esta fase, disporia de três dias para alegações finais, por escrito, oportunidade em que, calcado em amadurecido exame do processo, poderia escolher e desenvolver alguma tese que viesse em favor do defendido. Posteriormente, o Dr. Juiz de Direito, na quietude de seu gabinete, longe do burburinho de uma sala de audiências, arrefecido da tensão decorrente da tomada de depoimentos, prolataria sua decisão com tranquilidade, quando possível pesar e repesar determinadas colocações, e até mesmo determinar diligências (art. 502, CPP).

Nesse mesmo diapasão, ainda, JC 38/436, JC 42/384 e JC 44/423.

1.1 Tramitação legislativa da Lei n. 11.719/2008
Na sugestão original da Comissão Grinover, o texto indicava: "Art. 531. Na audiência de instrução e julgamento, a ser realizada no prazo máximo de quinze dias, proceder-se-á à tomada de declarações do ofendido, se possível, à inquirição das testemunhas arroladas pela acusação e pela defesa, nesta ordem, bem como aos esclarecimentos dos peritos, às acareações e ao reconhecimento de pessoas e coisas, interrogando-se, em seguida, o acusado e procedendo-se, finalmente, ao debate".

Observa-se, assim, que as diferenças entre a primeira redação sugerida e aquela sancionada são o prazo para a realização da "audiência de instrução, debates e julgamento", inicialmente prevista para acontecer em 15 dias e finalmente aprovada com o prazo de 30 dias, e a possibilidade da inversão das oitivas quando da expedição de cartas precatórias.

Art. 532. Na instrução, poderão ser inquiridas até 5 (cinco) testemunhas arroladas pela acusação e 5 (cinco) pela defesa. (Redação dada pela Lei n. 11.719, de 20-6-2008)

1. Tramitação legislativa da Lei n. 11.719/2008
A sugestão inicial da Comissão Grinover era idêntica à que foi finalmente sancionada: "Art. 532. Na instrução poderão ser inquiridas até cinco testemunhas arroladas pela acusação e cinco pela defesa".

2. Número de testemunhas
Ver nestes *Comentários* art. 401 para o mesmo desenvolvimento da matéria.

Art. 533. Aplica-se ao procedimento sumário o disposto nos parágrafos do art. 400 deste Código. (Redação dada pela Lei n. 11.719, de 20-6-2008)

§ 1º (Revogado pela Lei n. 11.719, de 20-6-2008).

§ 2º (Revogado pela Lei n. 11.719, de 20-6-2008).

§ 3º (Revogado pela Lei n. 11.719, de 20-6-2008).

§ 4º (Revogado pela Lei n. 11.719, de 20-6-2008).

1. Tramitação legislativa da Lei n. 11.719, de 2008
O texto sugerido desde os trabalhos da Comissão Grinover era o mesmo: "Art. 533. Aplica-se ao procedimento sumário o disposto no parágrafo único do art. 400".

2. Regime de testemunhas
Ver nestes *Comentários* art. 400, §§ 1º e 2º.

Art. 534. As alegações finais serão orais, concedendo-se a palavra, respectivamente, à acusação e à defesa, pelo prazo de 20 (vinte) minutos, prorrogáveis por mais 10 (dez), proferindo o juiz, a seguir, sentença. (Redação dada pela Lei n. 11.719, de 20-6-2008)

§ 1º Havendo mais de um acusado, o tempo previsto para a defesa de cada um será individual. (Incluído pela Lei n. 11.719, de 20-6-2008)

§ 2º Ao assistente do Ministério Público, após a manifestação deste, serão concedidos 10 (dez) minutos, prorrogando-se por igual período o tempo de manifestação da defesa. (Incluído pela Lei n. 11.719, de 20-6-2008)

2. Debates orais
Ver nestes *Comentários* art. 403.

Art. 535. Nenhum ato será adiado, salvo quando imprescindível a prova faltante, determinando o juiz a condução coercitiva de quem deva comparecer. (Redação dada pela Lei n. 11.719, de 20-6-2008)

§ 1º (Revogado pela Lei n. 11.719, de 20-6-2008).

§ 2º (Revogado pela Lei n. 11.719, de 20-6-2008).

1. Tramitação legislativa da Lei n. 11.719/2008
Era idêntica a redação na sugestão da Comissão Grinover: "Art. 535. Nenhum ato será adiado, salvo quando imprescindível a prova faltante, determinando o juiz a condução coercitiva de quem deva comparecer".

2. Prova acrescida
Ver nestes *Comentários* art. 404.

> Art. 536. A testemunha que comparecer será inquirida, independentemente da suspensão da audiência, observada em qualquer caso a ordem estabelecida no art. 531 deste Código. (Redação dada pela Lei n. 11.719, de 20-6-2008)

1. Tramitação legislativa da Lei n. 11.719/2008
A redação sugerida pela Comissão Grinover era idêntica àquela finalmente aprovada: Art. 536. A testemunha que comparecer será inquirida, independentemente da suspensão da audiência, observada em qualquer caso a ordem estabelecida no art. 531.

> Art. 537. Revogado pela Lei n. 11.719, de 20-6-2008.
>
> Texto original: Interrogado o réu, ser-lhe-á concedido, se o requerer, o prazo de 3 (três) dias para apresentar defesa, arrolar testemunhas até o máximo de três e requerer diligências.
> *Parágrafo único.* Não comparecendo o réu, o prazo será concedido ao defensor nomeado, se o requerer.

1. Revogado pela Lei n. 11.719/2008

> Art. 538. Nas infrações penais de menor potencial ofensivo, quando o juizado especial criminal encaminhar ao juízo comum as peças existentes para a adoção de outro procedimento, observar-se-á o procedimento sumário previsto neste Capítulo. (Redação dada pela Lei n. 11.719, de 20-6-2008)
>
> § 1º (Revogado pela Lei n. 11.719, de 20-6-2008).
>
> § 2º (Revogado pela Lei n. 11.719, de 20-6-2008).
>
> § 3º (Revogado pela Lei n. 11.719, de 20-6-2008).
>
> § 4º (Revogado pela Lei n. 11.719, de 20-6-2008).

1. Tramitação legislativa da Lei n. 11.719/2008
Era idêntica a redação sugerida pela Comissão Grinover: Art. 538. Nas infrações penais de menor potencial ofensivo, quando o juizado especial criminal encaminhar ao juízo comum as peças existentes para a adoção de outro procedimento, observar-se-á o procedimento sumário previsto neste Capítulo.

2. Hipóteses de transferência da competência
As hipóteses de alteração de competência são as previstas na Lei n. 9.099/95, a saber:

Art. 66. A citação será pessoal e far-se-á no próprio Juizado, sempre que possível, ou por mandado. (...) Parágrafo único. Não encontrado o acusado para ser citado, o Juiz encaminhará as peças existentes ao Juízo comum para adoção do procedimento previsto em lei; e Art. 77. Na ação penal de iniciativa pública, quando não houver aplicação de pena, pela ausência do autor do fato, ou pela não ocorrência da hipótese prevista no art. 76 desta Lei, o Ministério Público oferecerá ao Juiz, de imediato, denúncia oral, se não houver necessidade de diligências imprescindíveis. (...) § 2º Se a complexidade ou circunstâncias do caso não permitirem a formulação da denúncia, o Ministério Público poderá requerer ao Juiz o encaminhamento das peças existentes, na forma do parágrafo único do art. 66 desta Lei.

Assim, "não sendo encontrado o autor do fato delituoso, após efetuadas diversas diligências, os respectivos elementos de prova remetidos ao Juizado Especial devem ser encaminhados à Justiça Criminal Comum, nos termos do parágrafo único do art. 66 da Lei n. 9.099/95"[2653] e, ainda, "Se o termo circunstanciado não oferece elementos suficientes para o imediato oferecimento da denúncia, fazendo-se necessárias outras investigações e diligências, as peças deverão ser remetidas ao Juízo Criminal comum, na forma preconizada pelo art. 77, § 2º, da Lei n. 9.099/95".[2654]

> Art. 539. Revogado pela Lei n. 11.719, de 20-6-2008.
>
> Texto original: Nos processos por crime a que não for, ainda que alternativamente, cominada a pena de reclusão, recebida a queixa ou a denúncia, observado o disposto no art. 395, feita a intimação a que se refere o art. 534, e ouvidas as testemunhas arroladas pelo querelante ou pelo Ministério Público, até o máximo de cinco, prosseguir-se-á na forma do disposto nos arts. 538 e seguintes.
>
> § 1º A defesa poderá arrolar até cinco testemunhas.
>
> § 2º Ao querelante ou ao assistente será, na audiência do julgamento, dada a palavra pelo tempo de 20 (vinte) minutos, prorrogável por mais 10 (dez), devendo o primeiro falar antes do órgão do Ministério Público e o último depois.
>
> § 3º Se a ação for intentada por queixa, observar-se-á o disposto no art. 60, III, salvo quando se tratar de crime de ação pública (art. 29).

Art. 540. Revogado pela Lei n. 11.719, de 20-6-2008.

[2653] STJ. **HC**. Relator: Paulo Gallotti. Data de julgamento: 19 dez. 2003.
[2654] STJ. **RHC**. Relator: Gilson Dipp. Data de julgamento: 17 maio 2005.

Texto original: No processo sumário, observar-se-á, no que lhe for aplicável, o disposto no Capítulo I do Título I deste Livro.

1. Revogado pela Lei n. 11.719/2008

CAPÍTULO VI – Do Processo de Restauração de Autos Extraviados ou Destruídos

Art. 541. Os autos originais de processo penal extraviados ou destruídos, em primeira ou segunda instância, serão restaurados.

§ 1º Se existir e for exibida cópia autêntica ou certidão do processo, será uma ou outra considerada como original.

§ 2º Na falta de cópia autêntica ou certidão do processo, o juiz mandará, de ofício, ou a requerimento de qualquer das partes, que:
a) o escrivão certifique o estado do processo, segundo a sua lembrança, e reproduza o que houver a respeito em seus protocolos e registros;
b) sejam requisitadas cópias do que constar a respeito no Instituto Médico-Legal, no Instituto de Identificação e Estatística ou em estabelecimentos congêneres, repartições públicas, penitenciárias ou cadeias;
c) as partes sejam citadas pessoalmente, ou, se não forem encontradas, por edital, com o prazo de 10 (dez) dias, para o processo de restauração dos autos.

§ 3º Proceder-se-á à restauração na primeira instância, ainda que os autos se tenham extraviado na segunda.

1. Providências preliminares

Ocorrendo desaparecimento dos autos, somente após a certidão de extravio, que deve ser mediante prévia e detalhada busca física, é que podem ser adotadas providências de natureza civil, como a restauração dos autos ou a sua extinção, bem como as de natureza disciplinar e até mesmo penal.[2655]

Assim, portanto, será desnecessário o procedimento no caso em que

> não tendo sido deflagrada a fase instrutória, que se inicia com o interrogatório do acusado, logo após o oferecimento da denúncia (art. 394 do CPP), inocorrem motivos que justifiquem a tramitação de restauração de autos extraviados em Juízo cujos feitos foram redistribuídos a nova Vara Federal, porquanto somente a peça acusatória e documentos que a instruem formam o todo desaparecido, que pode vir a ser recomposto através de mera expedição de ofícios às repartições públicas detentoras da documentação pertinente.[2656]

2. Recomposição das peças por meio "indireto"

"Se, na restauração de autos, não for possível a juntada de cópia da denúncia, deverá ser feita reconstituição indireta, mediante certidão de lembrança do Escrivão, supridas eventuais omissões mediante aditamento. Impossível será a oferta de nova denúncia, contemporânea à restauração, para ser somente então recebida".[2657]

No corpo do acórdão, tem-se que se não foi obtida cópia da denúncia, por certo que não será exigida tal cópia, pena do perecimento da ação penal – *ad impossibilia nemo tenetur*. Deverá ela ser reconstituída, com base em elementos de que possa dispor a serventia (eventual cópia de precatória, p. ex.), a data de sua oferta e recebimento eventualmente identificadas se houver registro da carga do inquérito ao Ministério Público e sua devolução a Cartório – ou de elementos equivalentes. Se assim não for possível, caberá a reconstituição, ainda que indireta, mais uma vez mediante "certidão de lembrança" ou com base em quaisquer outros elementos idôneos que possam ser amealhados. Foi, aliás, o que já afirmou o E. Supremo Tribunal Federal, em ven. aresto lembrado por Damásio E. de Jesus (*Código de Processo Penal anotado*, Saraiva, 5. ed., 1986, p. 337) em comentário referido pela Justiça Pública, de Primeiro e Segundo Graus, nestes autos:

> De acordo com o Supremo Tribunal Federal, "não há como exigir, para a validade da sentença, em autos restaurados na forma da lei, que deles conste o que materialmente não foi possível inserir, porque não foi encontrado". A hipótese era de omissão da denúncia nos autos restaurados. Entendeu o Pretório Excelso que era suficiente a sua reconstituição, direta ou indiretamente, para a inexistência da nulidade (RTJ 74/250).

3. Ausência de citação: nulidade

A ausência de citação do acusado para a restauração é vista como "omissão de formalidade essencial", cabendo o reconhecimento da nulidade.[2658]

No entanto,

2655 TRF. 2ª Região. Relator: Juiz Ricardo Perlingeiro. Data de publicação: DJU, 1º mar. 2002. p. 288.
2656 TRF. 2ª Região. Relator: Juiz Fernando Marques. Data de publicação: DJU, 13 fev. 2001.
2657 RJTACrim, 02/145.
2658 TACrimSP. **RT 551/347**; no mesmo sentido, RT 727/502.

não se reconhece a arguida nulidade dos autos de restauração de ação penal, por ausência de citação válida, se esta foi procedida nos termos do art. 541, § 2º, alínea *c*, do CPP, e na hipótese de réu que promove mudança de endereço sem comunicação ao Juízo, pois, assim procedendo, sujeita-se a não ser mais intimado nos autos.[2659]

4. Perda de autos em 2ª instância e nulidade processual

Acertadamente, já se decidiu que

a perda dos autos em 2ª Instância, caso seja impossível uma restauração condigna, acarreta a nulidade do processo por vertical ofensa ao amplo direito de defesa, a evidenciar a trágica inconstitucionalidade por desrespeito ao princípio do devido processo legal, vez que a presença dos dados e provas nele constantes se faz imprescindível para o regular julgamento de uma controvérsia, nos vários campos do direito aplicável, seja ele estatal ou não.

No fundamento do v. acórdão, tem-se que

a perda dos autos em 2ª Instância acarretou, diante da impossibilidade de restauração condigna, a nulidade do processo por vertical ofensa ao amplo direito de defesa. Poucas foram as peças que se puderam repetir. Validamente às concernentes à etapa da investigação administrativa, pois, da fase judicial restaram a denúncia, os interrogatórios dos dois acusados e a sentença. Sequer as razões do apelo formulado (...) Com o desaparecimento de tais peças, impossível se torna o necessário confronto para qualquer eventual apreciação do conteúdo do processado. Nem bastaria a simples repetição das razões do apelo, para viabilizar a recomposição do que se perdeu. As perdas decorrentes do extravio dos autos originários foram irreversíveis. Com o novo ordenamento constitucional brasileiro, adotou-se expressamente o princípio consagrado no Direito anglo-saxão do *due process of law* que veio acentuar, de modo enfático, a rigidez do princípio da legalidade, reforçando-o. Em respeito ao devido processo legal, apregoado no art. 5º, LIV, do Texto Magno de 1988, dentre outros requisitos, desponta aquele que particulariza a necessidade da presença instrumentária do processo, com todos os comemorativos dos atos processuais levados a efeito, encadeados cronologicamente, mas indispensavelmente contidos no corpo materializado do processo, seja ele judicial, administrativo, seja este último composto à luz do direito estatal ou até mesmo do direito costumeiro, como o vigente em instituições particulares como clubes, associações do comércio, por exemplo. A presença desse enfeixamento de dados e provas que corporificam o que se convencionou chamar de processo, mais do que nunca se faz imprescindível para o regular julgamento de uma controvérsia, nos vários campos do direito aplicável, seja ele estatal ou não. A proteção à liberdade, bem como dos bens materiais ou imateriais do homem, na dicção do texto constitucional em referência, somente será plena, se ao lado de todas as essências legalmente asseguradas para a batalha processual, tiver o acusado o indeclinável direito à presença íntegra do instrumento do processo. Sem os indicativos materializados do que se fez, ao longo do curso da ação, não se há de ter a necessária certeza sobre o que aconteceu, porque se viesse esta certeza a ser apregoada, decerto que haveria de ser fruto de conclusão meramente intuída, mas jamais decorrente do inarredável poder de constatação do juiz. Por outro lado, o mister da defesa, nesta altura, estaria fragmentado, sem possibilidade de atingir notadamente o que de melhor para o acusado se faz preciso, ou seja, o de se fiscalizar os atos processuais pretéritos e provas correlatas, como efetivamente se fizeram, como foram colhidas, na justificação do desfecho que foi desfavorável ao apenado. Sem poder compulsar os autos do processo que serviu de base à condenação por não se conservar a integridade do primitivo acervo instrumentário, a fragmentação do direito à ampla defesa seria total, a evidenciar a trágica inconstitucionalidade por desrespeito ao preceito invocado. Posto que lamentável a providência que se impõe, redunda a mesma de fator jurídico intransponível, que não deixa lugar para outra qualquer solução.[2660]

5. Competência quando do extravio em segundo grau

A restauração de autos extraviados ou destruídos, quando já decidido o recurso especial interposto, pendentes de apreciação embargos de declaração tempestivamente oferecidos (art. 619 do CPP), observadas, no que forem compatíveis, as prescrições dos arts. 541 *usque* 548 do CPP, inclusive no que respeita à citação da parte, deverá ser procedida, em princípio, no próprio Superior Tribunal de Justiça[2661].

[2659] Tribunal de Alçada Criminal – TACRIM-SP, AP, Rel. Oliveira Ribeiro, RJDTACrim 17/146

[2660] Aresto também citado por RODRIGUES, João Gaspar. O procedimento de restauração de autos no processo penal. **Jus Navigandi**, Teresina, ano 15, n. 2621, 4 set. 2010. Disponível em: <http://jus.com.br/artigos/17335>. Acesso em: 7 abr. 2022.

[2661] RSTJ, 150/550.

6. Competência em primeiro grau de jurisdição

"No presente caso, depois de lavrada pelo Diretor da Secretaria a 'certidão de lembrança', não há mais motivo para se reter o processo de restauração de autos de ação penal no juízo originário se desdobrado vier a ser este (...) As providências a serem tomadas, daqui em diante, dizem respeito, primordialmente, a diligências a serem cumpridas junto a repartições públicas e à memória das partes, pelo que a permanência dos autos na Vara de origem, na hipótese, não influirá na efetivação da restauração".[2662]

Art. 542. No dia designado, as partes serão ouvidas, mencionando-se em termo circunstanciado os pontos em que estiverem acordes e a exibição e a conferência das certidões e mais reproduções do processo apresentadas e conferidas.

Art. 543. O juiz determinará as diligências necessárias para a restauração, observando-se o seguinte:
I – caso ainda não tenha sido proferida a sentença, reinquirir-se-ão as testemunhas, podendo ser substituídas as que tiverem falecido ou se encontrarem em lugar não sabido;
II – os exames periciais, quando possível, serão repetidos, e de preferência pelos mesmos peritos;
III – a prova documental será reproduzida por meio de cópia autêntica ou, quando impossível, por meio de testemunhas;
IV – poderão também ser inquiridas sobre os atos do processo, que deverá ser restaurado, as autoridades, os serventuários, os peritos e mais pessoas que tenham nele funcionado;
V – o Ministério Público e as partes poderão oferecer testemunhas e produzir documentos, para provar o teor do processo extraviado ou destruído.

1. Ausência da denúncia na restauração
Já foi aceita sem ser considerada como causa de nulidade.[2663]

2. Não aplicação do procedimento à fase de investigação
São prescindíveis as formalidades previstas nos arts. 541 a 548 do CPP, tratando-se de restauração de autos inquisitoriais, e não autos de processo penal.[2664]

Art. 544. Realizadas as diligências que, salvo motivo de força maior, deverão concluir-se dentro de 20 (vinte) dias, serão os autos conclusos para julgamento.
Parágrafo único. No curso do processo, e depois de subirem os autos conclusos para sentença, o juiz poderá, dentro em 5 (cinco) dias, requisitar de autoridades ou de repartições todos os esclarecimentos para a restauração.

1. Natureza do prazo
Impróprio, não acarretando preclusão.

Art. 545. Os selos e as taxas judiciárias, já pagos nos autos originais, não serão novamente cobrados.

1. Despesas processuais
Vide comentários ao art. 336.

Art. 546. Os causadores de extravio de autos responderão pelas custas, em dobro, sem prejuízo da responsabilidade criminal.

1. Restauração e crime de sonegação de autos (art. 356 do CP)
A restauração dos autos não exime o réu da responsabilidade criminal, uma vez que: "A possibilidade de restauração dos autos retirados do cartório sem devolução não exclui o crime previsto no art. 356 do Código Penal"[2665].

Art. 547. Julgada a restauração, os autos respectivos valerão pelos originais.
Parágrafo único. Se no curso da restauração aparecerem os autos originais, nestes continuará o processo, apensos a eles os autos da restauração.

1. Coisa julgada
A sentença que decide o incidente da restauração não se torna imutável, como se fora uma sentença de mérito, de maneira a restar assegurado o direito do réu quanto à sua defesa, que será exercida perante o Júri, no debate da causa.[2666]

[2662] TRF. 2ª Região. Relator: Juiz Valmir Peçanha. Data de publicação: DJU, 31 out. 2000.
[2663] RT, 727/432.
[2664] LEXSTJ, 130/300. No mesmo sentido, TJ-RS. **HC 70053229258 RS**. 1ª Câmara Criminal. Relator: Manuel José Martinez Lucas. Data de julgamento: 20 mar. 2013. Data de publicação: DJ, 10 maio 2013.
[2665] TACrim/SP. **AC 321.369**. Relator: Nogueira Camargo.
[2666] TJSP. **Apelação Criminal 130.785-3**. Presidente Venceslau. Relator: Emeric Levai. 19-9-1994

2. Desobediência às formas de instrução e nulidades

Eventual irregularidade no processo de restauração dos autos, sem prova de influência na busca da verdade ou repercussão na sentença, não tem relevância jurídica e resulta sanada, à míngua de arguição na fase prevista no art. 571, II, do CPP.[2667]

Art. 548. Até à decisão que julgue restaurados os autos, a sentença condenatória em execução continuará a produzir efeito, desde que conste da respectiva guia arquivada na cadeia ou na penitenciária, onde o réu estiver cumprindo a pena, ou de registro que torne a sua existência inequívoca.

1. Necessidade da suspensão da execução

Já foi decidido que, enquanto durar a restauração, a execução deverá ser suspensa, tratando-se de execução *provisória* do julgado penal.[2668]

CAPÍTULO VII – Do Processo de Aplicação de Medida de Segurança por Fato Não Criminoso

Art. 549. Se a autoridade policial tiver conhecimento de fato que, embora não constituindo infração penal, possa determinar a aplicação de medida de segurança (Código Penal, arts. 14 e 27), deverá proceder a inquérito, a fim de apurá-lo e averiguar todos os elementos que possam interessar à verificação da periculosidade do agente.

Art. 550. O processo será promovido pelo Ministério Público, mediante requerimento que conterá a exposição sucinta do fato, as suas circunstâncias e todos os elementos em que se fundar o pedido.

Art. 551. O juiz, ao deferir o requerimento, ordenará a intimação do interessado para comparecer em juízo, a fim de ser interrogado.

Art. 552. Após o interrogatório ou dentro do prazo de 2 (dois) dias, o interessado ou seu defensor poderá oferecer alegações.
Parágrafo único. O juiz nomeará defensor ao interessado que não o tiver.

Art. 553. O Ministério Público, ao fazer o requerimento inicial, e a defesa, no prazo estabelecido no artigo anterior, poderão requerer exames, diligências e arrolar até três testemunhas.

Art. 554. Após o prazo de defesa ou a realização dos exames e diligências ordenados pelo juiz, de ofício ou a requerimento das partes, será marcada audiência, em que, inquiridas as testemunhas e produzidas alegações orais pelo órgão do Ministério Público e pelo defensor, dentro de 10 (dez) minutos para cada um, o juiz proferirá sentença.
Parágrafo único. Se o juiz não se julgar habilitado a proferir a decisão, designará, desde logo, outra audiência, que se realizará dentro de 5 (cinco) dias, para publicar a sentença.

Art. 555. Quando, instaurado processo por infração penal, o juiz, absolvendo ou impronunciando o réu, reconhecer a existência de qualquer dos fatos previstos no art. 14 ou no art. 27 do Código Penal, aplicar-lhe-á, se for caso, medida de segurança.

1. Artigos revogados

A medida de segurança prevista neste Capítulo do Código de Processo Penal foi alvo de redefinição jurídica com a Parte Geral do Código Penal na reforma de 1984.

TÍTULO III – Dos Processos de Competência do Supremo Tribunal Federal e dos Tribunais de Apelação

CAPÍTULO I – Da Instrução

Art. 556. Revogado pela Lei n. 8.658, de 26-5-1993.

Texto original: Nos processos por delitos comuns e funcionais, da competência do Supremo Tribunal Federal e dos Tribunais de Apelação, a denúncia ou a queixa será dirigida ao tribunal e apresentada ao seu presidente para a designação de relator.

Art. 557. Revogado pela Lei n. 8.658, de 26-5-1993.

Texto original: O relator será o juiz da instrução do processo, com as atribuições que o Código confere aos juízes singulares.
Parágrafo único. Caberá agravo, sem efeito suspensivo, para o tribunal, na forma do respectivo regimento interno, do despacho do relator que:
a) receber ou rejeitar a queixa ou a denúncia, ressalvado o disposto no art. 559;
b) conceder ou denegar fiança, ou a arbitrar;
c) decretar a prisão preventiva;
d) recusar a produção de qualquer prova ou a realização de qualquer diligência.

Art. 558. Revogado pela Lei n. 8.658, de 26-5-1993.

Texto original: Recebida a queixa ou a denúncia, notificar-se-á o acusado para que, no prazo

---

[2667] STJ. Relator: Vicente Leal. Data de publicação: 16 nov. 1999. p. 230.
[2668] STJ, publicado em 2-8-2004, p. 570, rel. Hamilton Carvalhido.

improrrogável de 15 (quinze) dias, apresente resposta escrita, excetuados os seguintes casos:
I – achar-se o acusado fora do território sujeito à jurisdição do tribunal, ou em lugar desconhecido ou incerto;
II – ser o delito inafiançável.
Parágrafo único. A notificação, acompanhada de cópias do ato de acusação e dos documentos que o instruírem, será encaminhada ao acusado sob registro postal, ou por intermédio de qualquer autoridade do lugar onde se encontre.

Art. 559. Revogado pela Lei n. 8.658, de 26-5-1993.

Texto original: Se a resposta ou defesa prévia do acusado convencer da improcedência da acusação, o relator proporá ao tribunal o arquivamento do processo.

Art. 560. Revogado pela Lei n. 8.658, de 26-5-1993.

Texto original: Não sendo vencedora a opinião do relator, ou se ele não se utilizar da faculdade que lhe confere o artigo antecedente, proceder-se-á à instrução do processo, na forma dos Capítulos I e III, Título I, deste Livro, e do regimento interno do tribunal.
Parágrafo único. O relator poderá determinar que os juízes locais procedam a inquirições e outras diligências.

Capítulo II – Do Julgamento

Art. 561. Revogado pela Lei n. 8.658, de 26-5-1993.

Texto original: Finda a instrução, o tribunal procederá, em sessão plenária, ao julgamento do processo, observando-se o seguinte:
I – por despacho do relator, os autos serão conclusos ao presidente, que designará dia e hora para o julgamento. Dessa designação serão intimadas as partes, as testemunhas e o Ministério Público;
II – aberta a sessão, apregoadas as partes e as testemunhas, lançado o querelante, que deixar de comparecer (art. 29), e, salvo o caso do art. 60, III, proceder-se-á às demais diligências preliminares;
III – a seguir, o relator apresentará minucioso relatório do feito, resumindo as principais peças dos autos e a prova produzida. Se algum dos juízes solicitar a leitura integral dos autos ou de parte deles, o relator poderá ordenar seja ela efetuada pelo secretário;
IV – o relator passará depois a inquirir as testemunhas de acusação e de defesa, que não tiverem sido dispensadas pelas partes e pelo tribunal, podendo repergunta-las os outros juízes, o órgão do Ministério Público e as partes;
V – findas as inquirições, e efetuadas as diligências que o tribunal houver determinado, o presidente dará a palavra, sucessivamente, ao acusador, se houver, ao órgão do Ministério Público e ao acusado, ou a seu defensor, para sustentarem oralmente a acusação e a defesa, podendo cada um ocupar a tribuna durante 1 (uma) hora, prorrogável pelo tribunal;
VI – encerrados os debates, o tribunal passará a funcionar em sessão secreta, para proferir o julgamento, que será anunciado em sessão pública;
VII – o julgamento efetuar-se-á em uma ou mais sessões, a critério do tribunal, observado, no que for aplicável, o disposto no Título XII do Livro I.

Art. 562. Revogado pela Lei n. 8.658, de 26-5-1993.

Texto original: Logo após os pregões (art. 561, II), o réu poderá, sem motivação, recusar um dos juízes e o acusador, outro. Havendo mais de um réu ou mais de um acusador e se não entrarem em acordo, será determinado, por sorteio, quem deva exercer o direito de recusa.

1. Nova disciplina legal da matéria
A Lei n. 8.658, de 26 de maio de 1993, trata das Ações Penais Originárias e foi publicada no *DOU* de 27 de maio de 1993. Seu art. 1º dispõe que as normas dos arts. 1º a 12, inclusive, da Lei n. 8.038, de 28 de maio de 1990, aplicam-se às ações penais de competência originária dos Tribunais de Justiça dos Estados e do Distrito Federal, e dos Tribunais Regionais Federais.

Livro III – Das Nulidades e dos Recursos em Geral

Título I – Das Nulidades

Art. 563. Nenhum ato será declarado nulo, se da nulidade não resultar prejuízo para a acusação ou para a defesa.

1. A função do sistema de nulidades no processo penal consentâneo com o Estado Social e Democrático de Direito
Afirmar a importância central do sistema de nulidades pode parecer desnecessário. A literatura empregada nos comentários a seguir apresenta-se farta nesse sentido. Quer-se, no entanto, destacar um aspecto que, embora possa ser considerado presente em toda discussão sobre o tema de nulidades, nem sempre é afirmado expressamente: o valor do sistema de nulidades para a consolidação

dos primados do Estado Social e Democrático de Direito no processo penal.

Como será visto, é pelo sistema de nulidades e, mais exatamente, pelo método da convalidação dos atos desconformes que se tem uma baliza, um termômetro do grau de aceitação dos valores emanados pela CR e pela CADH para o processo penal. Dessa forma, a manutenção dos cânones de compreensão do sistema de nulidades, ainda apegados aos postulados inquisitivos, seguramente serve como fonte de represamento dos novos valores no processo penal; obsta o amadurecimento das normas constitucionais e serve de entrave para a solidificação da cultura democrática no processo penal. Os comentários a seguir procurarão demonstrar essas afirmações em pontos específicos.

2. A matriz constitucional como condicionante do sistema de nulidades

Na doutrina brasileira, foram Grinover et al.[2669] os primeiros a tentar introduzir alguma forma de "tipificação constitucional" como mecanismo superior ao Código de Processo Penal, a fim de redimensionar o sistema de nulidades herdado da matriz inquisitiva de que somos historicamente portadores. Partindo de uma noção de "tipicidade processual penal", os festejados doutrinadores inserem uma carga axiológica nesse "tipo", introduzindo-lhe a matriz constitucional.

Vem daí uma sorte de "adequação típica constitucional" que, em sua formulação, também levará em conta um grau de "interesse público". Aliás, é da locução direta da obra mencionada que "as garantias constitucionais-processuais, mesmo quando aparentemente postas em benefício da parte, visam em primeiro lugar ao interesse público na condução do processo segundo as regras do devido processo legal".[2670]

Acrescente-se que tal compreensão vai totalmente ao encontro de matrizes dogmáticas como o "direito público subjetivo" e a visão "publicista" do processo. Por mais que se queira avançar rumo à acusatoriedade na forma como trabalhada nestes *Comentários*, tais posturas ainda mantêm o réu como um verdadeiro objeto da relação processual, embora lhe *concedendo*, a partir da ótica do Estado, algumas *benesses* processuais (como já visto ao longo desta obra).

A posição dos autores brasileiros, que apresenta algum grau de inovação em relação ao modo anterior de tratamento da matéria, é parcialmente compartilhada por outro autor de renome (ver Binder, 2003b, Cap. I, passim, em especial p. 8) que, embora lhe dê crédito quanto ao emprego da matriz constitucional, enxerga alguma timidez na proposta e, no limite, conclui que da forma como exposta não serve como verdadeiro mecanismo de sedimentação dos valores constitucionais, levando-se em consideração que o sistema de garantias, para o autor argentino (assim como na formulação de Ferrajoli), está a serviço do mais débil, que, na relação processual penal, é o imputado.

O que significa dizer que o cenário brasileiro (entendida a presença da CR, da CADH e do CPP) pode ser apresentado em alguns pontos principais:

as inobservâncias às prescrições constitucionais constituem nulidades que não podem ser alvo de convalidação;

no entanto, dadas as premissas teóricas, os autores brasileiros tenderão a empregar mecanismos interpretativos que toleram as inobservâncias constitucionais;

as disposições infraconstitucionais não são lidas de forma idêntica pelas duas correntes expostas. Para os autores brasileiros, as limitações do Código de Processo Penal (a dizer, as denominadas "nulidades relativas") continuam a ser interpretadas basicamente da mesma maneira, sendo totalmente recepcionadas em seu aspecto normativo e cultural; já na posição aqui exposta de Binder, a leitura é completamente diversa e, como decorrência, tudo quanto será discutido em tópicos posteriores destes *Comentários* (vide art. 563) não poderia ser admitido com a naturalidade que o é pela doutrina e jurisprudência brasileiras (vide tratamento do réu, modo de encarar a postura da defesa, modo de visualização do procedimento, especificamente em atos que são tendentes ao exercício do direito de defesa);

como decorrência do tópico anterior, Binder demonstra, seguindo em muitos aspectos Ferrajoli, que as interpretações frequentemente empregadas na doutrina e jurisprudência brasileiras (embora nenhum dos dois em suas respectivas obras empregue a situação brasileira como ponto de abordagem) dificultam a compreensão acusatória e a dimensão dos direitos fundamentais que a sedimenta.

[2669] GRINOVER, Ada Pellegrini; SCARANCE FERNANDES, Antonio; GOMES FILHO, Antonio. **As nulidades no processo penal**. 12. ed. rev. e atual. São Paulo: Revista dos Tribunais, 2011.

[2670] GRINOVER, Ada Pellegrini; SCARANCE FERNANDES, Antonio; GOMES FILHO, Antonio. As nulidades no processo penal–12. ed. rev. e atual.–São Paulo: Editora Revista dos Tribunais, 2011, p. 25.

3. Teoria das nulidades e sistema inquisitivo

Binder[2671] mostra o sistema da enumeração taxativa das hipóteses de nulidade como decorrência histórica direta do modelo inquisitivo. Lembra o autor argentino que "é comum que nos códigos processuais penais ligados ao modelo italiano de 1930 (...), se considere que a inobservância das formas prescritas para os atos processuais é causa de nulidade somente nos casos em que esta é cominada expressamente pela lei".

A questão colocada pelo autor – e que pode ser assumida também como uma preocupação nestes **Comentários** – é a da convivência do sistema tipicamente inquisitivo com as matrizes constitucionais do sistema de nulidades, e é assim formulada: "a norma geral não pode ser outra que uma cláusula aberta de base constitucional, sem vínculo algum com uma interpretação restritiva, ideia de legalidade ou tipicidade das nulidades. Todos esses conceitos são inaplicáveis a uma interpretação ampla e progressiva dos direitos fundamentais".

4. Graus de irregularidade: da inexistência à mera irregularidade

Seguindo-se a linha mais empregada na doutrina brasileira, as ofensas às formas apresentam gradação que vai da própria inexistência do ato à mera irregularidade sem maiores repercussões.

A *inexistência* é frequentemente associada à ideia de um "não ato" que, de tamanha distorção na sua forma de produção, não entra em hipótese alguma na esfera de produção de efeitos. A violação do juiz natural sempre foi um dos temas mais usados para exemplificar o "não ato". Mesmo antes da CR/88 já se dava como exemplo a situação na qual

> Entregue a prestação jurisdicional, o Juiz sentenciante não tem possibilidade de mudá-la, ainda que para fins de reconhecer a extinção retroativa da punibilidade, porque não é mais o Juiz do feito. Assim, a decisão proferida nesse sentido é declarável, de ofício, inexistente, uma vez que desprovida dos pressupostos que informam a existência do ato processual.[2672]

Rigorosamente falando, o ato inexistente não deve produzir efeitos, constituindo violação a imposição daqueles a partir de um ato de tamanha desconformidade ao modelo legal. Eventualmente, restará o emprego de ações autônomas de impugnação para evitar a imposição fática de pseudoefeitos nessas circunstâncias.

A partir do "não ato", resta o plano das nulidades que, a teor da teoria dominante (*vide* crítica de Binder, 2003b, *passim*), conceitualmente é uno, dividindo-se em "relativas" ou "absolutas", cujas principais características são assim expostas.

- a nulidade "absoluta" independe de provocação da parte, constituindo-se em matéria de "ordem pública", podendo ser arguida a qualquer tempo e em qualquer grau de jurisdição e do procedimento ("Conquanto se trate de nulidade absoluta, cuja declaração pode ser feita de ofício e a qualquer tempo, inclusive após o trânsito em julgado da condenação, cabe à parte sua inequívoca comprovação" – RT 813/525);
- seu reconhecimento retroage ao momento do ato absolutamente nulo. Por parte da doutrina brasileira, é identificada com as lesões constitucionais (vide comentário supra) quando a ofensa não constituir verdadeira causa de inexistência do ato. A nulidade absoluta nunca se convalida, e pode ser objeto de discussão em ação de revisão criminal ou de habeas corpus, caso tenha, por qualquer razão, ocasionado o "trânsito em julgado";
- por outro lado, a nulidade "relativa" está amparada nas considerações de tempestividade de arguição, demonstração de prejuízo e relevância da ofensa para a solução do mérito, como demonstrado nestes Comentários ao art. 563. Não pode ser declarada ex officio.

Por fim, resta o plano das *meras irregularidades*. Nele estão situações como

> "A ausência de rubricas, pelos peritos, em todas as páginas do laudo elaborado pelo Instituto Psiquiátrico Forense, não tem o condão de acarretar a nulidade do feito. Trata-se de mera irregularidade, porquanto ele foi formalizado segundo os demais requisitos exigidos no Código de Processo Penal"[2673];

> "Se o defensor nomeado no interrogatório, indevidamente, substabelece a outro advogado a nomeação e este oferece a defesa prévia, que é recebida, e participa de todos os atos do processo, não se pode inquinar de nulidade seus atos, que se constituem em mera irregularidade, suprível por nomeação pelo juiz do processo[2674];

2671 BINDER, Alberto. **O descumprimento das formas processuais**: elementos para uma crítica da teoria das nulidades no processo penal. Rio de Janeiro: Lumen Juris, 2003. Cap. I. *passim*.
2672 Julgados do TACrim, 50/393.
2673 STJ. **AgRg no REsp 966041 RS 2007/0154224-0**. 5ª Turma. Relatora: Min.ª Laurita Vaz. Data de julgamento: 20 set. 2011. Data de publicação: DJe, 3 out. 2011.
2674 TJ-SC. **APR 694524 SC 1988.069452-4**. 1ª Câmara Criminal. Relator: Claudio Marques. Data de julgamento: 28 fev. 1994. Data de publicação: Apelação criminal n. 30.811, de Braço do Norte.

"uso de papel timbrado de outra comarca como mera irregularidade não incidente em nulidade – quesitação elaborada como determina a lei".[2675]

"a ausência de certidão do expediente nos autos constitui mera irregularidade, que não gera nulidade ou mesmo violação à ampla defesa, e que também não impede o imediato julgamento do recurso. Observância dos princípios da instrumentalidade das formas, da razoabilidade e da proporcionalidade, ante a ausência de prejuízo à Defesa".[2676]

"A ausência de membro do Ministério Público na audiência de oitiva de testemunha, por si só, não nulifica o ato praticado, devendo a defesa alegar, a tempo e modo, o defeito processual, bem como demonstrar o prejuízo suportado pelo réu, sob pena de preclusão. – No caso, a apontada nulidade só foi levantada pela defesa após o trânsito em julgado da sentença penal condenatória, devendo, pois, ser declarada preclusa a matéria, bem como o impetrante/paciente não demonstrou o prejuízo, aplicando-se à espécie o princípio pas de nulité sans grief (art. 563 do Código de Processo Penal). – Por outro lado, nos termos do art. 565 do Código de Processo Penal, não é permitido ao impetrante questionar nulidade referente a formalidade cuja observância só à parte contrária interesse. – Habeas corpus não conhecido".[2677]

"Não apresentação do mandado de prisão quando do recolhimento do paciente -Mera irregularidade que não gera nulidade, pois existia ordem judicial de prisão".[2678]

"O eventual descumprimento do prazo para o oferecimento da denúncia não gera nulidade do processo, cuida-se de mera irregularidade. Precedentes. 2. Recurso desprovido".[2679]

5. A nulidade processual como objeto de "declaração"

A nulidade processual deve ser reconhecida por meio de um provimento específico para tal fim. Até o momento em que declarada, o ato processual opera na relação processual e será nessa declaração que se delimitará a extensão do dano causado pela nulidade. Tais observações são válidas tanto para as nulidades tidas como "absolutas" como para as "relativas".

6. Âmbito de abrangência do artigo: nulidades "relativas"

Na lógica em que se funda o sistema de nulidades no processo penal brasileiro, tem-se neste artigo o âmbito das denominadas "nulidades relativas".[2680]

Os alicerces desse mecanismo estão assim dispostos:

- demonstração de prejuízo ("Tratando-se de nulidade relativa, é imprescindível, para o seu reconhecimento, que se faça a indicação do prejuízo causado ao réu..." (STJ, *DJ* 6-10-2003, p. 286, rel. Gilson Dipp);
- arguição da nulidade em momento oportuno ("a nulidade relativa, (...) fica preclusa, quando não arguida no momento próprio. STF, HC 75.600, rel. Min. Sydney Sanches);
- influência da irregularidade para o deslinde da persecução, vez que "não se anula ato processual praticado sem a demonstração do efetivo prejuízo para a defesa ou acusação, bem como aquele que não tenha influenciado na apuração da verdade substancial" (STJ, *DJ* 10-11-2003, p. 200, rel. Laurita Vaz); pois "eventual irregularidade no curso da instrução, sem prova de influência na busca da verdade ou repercussão na sentença, não tem relevância jurídica e resulta sanada, à míngua de arguição na fase, prevista no art. 571, II, do CPP" (*RSTJ* 59/674).

O critério temporal, dos três itens anteriormente expostos, é o único de caráter objetivo, o que não significa dizer que está isento das influências ideológicas do modelo inquisitivo brasileiro. A noção de "prejuízo", à qual vem se agregar a de "influência" para o deslinde da causa, está de forma ainda mais aparente ligada à cultura inquisitiva do Código de Processo Penal, como se verá na sequência.

[2675] TJ-AL. **APL 00220966820068020001 AL 0022096-68.2006.8.02.0001**. Câmara Criminal. Relator: Des. Orlando Monteiro Cavalcanti Manso. Data de publicação: 6 jul. 2011.

[2676] TJ-MG. **107020305624830011 MG 1.0702.03.056248-3/001(1)**. Relator: Armando Freire. Data de julgamento: 22 nov. 2005. Data de publicação: 29 nov. 2005.

[2677] STJ. **HC 79712 MG 2007/0064711-5**. 6ª Turma. Relator: Min. Marilza Maynard (Desembargadora Convocada do TJ/SE). Data de julgamento: 21 nov. 2013. Data de publicação: DJe, 10 dez. 2013.

[2678] TJ-SC. **HC 751325 SC 1988.075132-5**. Câmara de Férias. Relator: Torres Marques. Data de julgamento: 21 jul. 1994. Data de publicação: Habeas corpus n. 11.703, de Ponte Serrada.

[2679] TSE. **RHC 12781 RJ**. 11ª Câmara de Direito Criminal. Relator: Min. Laurita Hilário Vaz. Data de julgamento: 12 mar. 2013. Data de publicação: DJE, 19 abr. 2013. Também TJ-SP. **APL 00024878120078260394 SP 0002487-81.2007.8.26.0394**. Relator: Xavier de Souza, Data de julgamento: 5 fev. 2014. Data de publicação: 11 fev. 2014.

[2680] STJ. Relator: Felix Fischer. Data de publicação: DJ, 3 nov. 2003. p. 339.

7. A noção de "prejuízo" no processo penal como fator de convalidação: considerações teóricas

Basicamente, toda a literatura processual em tema de nulidades está assentada no conceito de prejuízo, que, no dizer de prestigiosa doutrina nacional,

> configura a viga mestra do sistema de nulidades e decorre da ideia geral que as formas processuais representam tão somente um instrumento para a correta aplicação do direito (...) sem ofensa ao sentido teleológico da norma não haverá prejuízo e, por isso, o reconhecimento da nulidade nessa hipótese consistiria a consagração de um formalismo exagerado e inútil, que sacrificaria o objetivo maior da atividade jurisdicional.[2681]

Admitindo-se tais considerações como ponto de partida, e na esteira das bases dogmáticas destes **Comentários**, deve-se concluir que:

a ideia de prejuízo é dada por um determinado sentido de interpretação;

como fruto de determinado processo interpretativo, está condicionada aos fatores culturais que a norteiam;

como já explanado reiteradamente nestes Comentários, a cultura inquisitiva, mais do que sua simples condicionante normativa, impera largamente entre os operadores do processo penal pátrio;

o "conceito" de prejuízo está, assim, determinantemente influenciado pela cultura inquisitiva e não se mostra largamente sensível aos valores da CR e da CADH.

Como característica geral do modelo inquisitivo de processo, os conceitos não são definidos com clareza, sendo, pois, impossível apresentar na doutrina e jurisprudência uma forma concreta desse prejuízo, nada obstante a retórica da "teleologia" da interpretação da norma, como acima descrito. Assim, antes de dizer o que *é* prejuízo, a doutrina e a jurisprudência tendem a dizer o que ele *não é*. Veja-se, na sequência, demonstrativo dessa forma de conceber o processo penal.

7.1 A noção de "prejuízo" no processo penal como fator de convalidação: considerações práticas

Não seria necessário ir-se muito longe para verificar que não existe um conceito concreto do que seja "ausência de prejuízo" para a defesa, conceito este tão empregado nos acórdãos mencionados, e muitas vezes identificado de forma rasa com a ausência de confissão, a dizer, se o acusado nega os fatos então prejuízo não lhe houve.

Tal sinonímia (ausência de confissão = inexistência de prejuízo para a defesa) nada mais é que fruto direto da roupagem inquisitiva de processo, onde o grande objetivo buscado era justamente a confissão como forma de expiação máxima da culpa e absolvição dos pecados. Tal situação é tratada de maneira tão banal pelo direito vivido que se pode encontrar exemplo ainda mais gritante de descaso para com a defesa técnica (constituída ou por defensor conferido pelo Estado), quando o réu encontra-se preso em outra localidade e nessa há de ser interrogado. Já se decidiu em tal situação que o defensor pode puramente ser escanteado da prática do ato processual, sequer devendo ser intimado para o ato sem que tal omissão cause qualquer mácula à relação processual.

Tais observações, feitas anteriormente à edição da Lei n. 10.792, de 1º de dezembro de 2003, não se perdem como mera referência histórica pois, além das críticas já apontadas nestes **Comentários** aos arts. 185 e seguintes, demonstram um modo de ser do processo em relação ao tratamento do réu.

Se o tratamento conferido ao acusado quando da produção de seu interrogatório assimila prejuízo à ausência de confissão, no desenvolvimento do procedimento melhor sorte não lhe assiste. Note-se a seguinte interpretação jurisprudencial a respeito do rito do Tribunal do Júri:

> Nulidade – Inocorrência – Falta de alegações finais pela defesa – Irrelevância – Fase do art. 406 do Código de Processo Penal – Recurso não provido. Compreende-se que na etapa procedimental do *jus accusationis* não é imprescindível a apresentação de alegações finais, visto que a pronúncia versa somente sobre a admissibilidade da pretensão acusatória a ser levada ao júri, não sendo sentença definitiva de mérito, podendo a parte por isso abster-se taticamente e reservar-se ao plenário para a exposição dos seus argumentos.[2682]

Essa linha de entendimento, perfeitamente compreensível no figurino inquisitivo, identifica ausência de manifestações de defesa com "tática" e, no limite, se expandido o raciocínio, conduzirá à conclusão de que a primeira fase do rito especial do Tribunal do Júri é irrelevante na prática.

Mas não só no Tribunal do Júri a supressão de instâncias defensivas é reconhecida como ausência de prejuízo. Basicamente, nos parcos ritos processuais penais brasileiros nos quais se estabelece algum tipo de defesa preliminar ao recebimento formal da exordial acusatória, tende-se a compreender que esta fase é tão irrelevante quanto a mencionada acima. Assim, *v.g.*,

---

2681 GRINOVER et al. **Nulidades...**, p. 28.
2682 TJSP. **Recurso em Sentido Estrito 144.456-3/SP**. Relator: Gonçalves Nogueira. 31 out. 1994.

Consoante o entendimento da Colenda 5ª Turma do Superior Tribunal de Justiça, no julgamento do HC 26.900/SP, a inobservância do art. 38, da Lei n. 10.409/2002, consubstanciada na falta de oportunidade ao acusado de apresentação de defesa preliminar antes do recebimento da peça inicial acusatória, não constitui nulidade absoluta, mas relativa, dependendo, para o seu reconhecimento, de efetivo prejuízo.[2683]

As deficiências técnicas da defesa também são assimiladas à inexistência de prejuízo, vez que,

em tema de nulidades no processo penal, é dogma fundamental a assertiva de que não se declara a nulidade de ato se dele não resulta prejuízo para a acusação ou para a defesa ou se não houver influído na apuração da verdade substancial ou na decisão da causa. – O cerceamento de defesa, susceptível de causar nulidade do processo, deve ser suficientemente demonstrado, com indicação objetiva do prejuízo, não merecendo acolhida mera alegação de deficiência de defesa patrocinada pelo anterior advogado do paciente. – Eventuais defeitos no julgamento do Tribunal do Júri, se não impugnados na fase própria, com registro na ata da sessão do Conselho de Sentença, são atingidos pela preclusão.[2684]

No mesmo sentido está a imposição de um único defensor para o patrocínio de acusados com versões colidentes, sendo que

não se anula ato processual praticado sem a demonstração do efetivo prejuízo para a defesa ou acusação, bem como aquele que não tenha influenciado para a apuração da verdade substancial ou na decisão da causa, consoante o disposto nos arts. 563 e 566 do CPP. No caso concreto, não houve demonstração do prejuízo causado para a defesa, com a nomeação de um único advogado *ad hoc* para a defesa de réus com defesas colidentes, em audiência inquiritória, além do que, a inquirição da testemunha ouvida em nada influenciou na condenação do Paciente, cujo depoimento não foi sequer mencionado na sentença.[2685]

A ausência física do acusado nos atos do processo é também assim tratada. Veja-se:

a ausência do acusado na audiência da oitiva de testemunhas da acusação não constitui nulidade, se demonstrado que o defensor nomeado para o ato dispensou sua presença e, ainda, não levantou qualquer arguição para salientar o não comparecimento do acusado. A nulidade relativa, no processo penal, deve ser arguida no momento oportuno, sob pena de restar convalidada.[2686]

A lista de situações consideradas reparáveis, que vão desde a presença do acusado no processo e sua participação substancial em atos procedimentais, passando pela qualidade da defesa técnica e pela supressão de atos defensivos encaixados no procedimento com o fim retórico de lhe dar alguma oportunidade de influenciar na decisão do julgador, vai se enriquecendo com outros temas, como o da produção probatória, para se afirmar que "Não merece reparo a decisão do Tribunal *a quo* que entendeu inexistir qualquer constrangimento ilegal imposto ao paciente, uma vez que a nulidade arguida em relação ao laudo elaborado por um só perito é relativa, só podendo ser declarada com a comprovação do prejuízo"[2687], até alcançar os fundamentos do juiz natural.

Quanto a este último ponto, além das considerações já expendidas nos arts. 69 e seguintes destes **Comentários**, a figura do julgador competente para apreciação da causa se vê esvaziada diante da quebra de regras que são consideradas como básicas na lógica do Código de Processo Penal.

Nesse sentido, "de acordo com a regra do art. 75, parágrafo único, do CPP, as medidas de caráter urgente que devam ser tomadas antes da instauração da ação penal (*v.g.*, concessão de fiança, decretação de prisão preventiva, prisão temporária etc.) também se submetem à regra da prévia distribuição. II – Todavia, a inobservância de tal regra constitui nulidade relativa, cujo reconhecimento depende da demonstração de efetivo prejuízo, inocorrente, no caso. Precedentes desta Corte e do colendo Supremo Tribunal Federal"[2688], estendendo-se para o próprio juiz natural leigo, a considerar-se que a

convocação de 03 suplentes a integrar o conselho de sentença de julgamento do tribunal popular sem a devida publicidade, é relativa, *ex vi* dos arts. 564, IV, combinado com o 572, ambos do CPP, logo sanável, se não arguido *opportuno tempore*. No caso em tela, ocorreu a preclusão da alegação. Ademais, os recorrentes, em momento algum, provaram que os jurados convocados estivessem, por alguma razão, impedidos ou suspeitos de participar da sessão do tribunal do júri. Assim,

---

[2683] STJ. Relator: Laurita Vaz. Data de publicação: DJ, 13 out. 2003. p. 388.
[2684] STJ. Relator: Vicente Leal. Data de publicação: DJ, 2 set. 2002. p. 248.
[2685] STJ. Relator: Laurita Vaz. Data de publicação: DJ, 17 mar. 2003. p. 253.
[2686] STJ. Relator: Gilson Dipp. Data de publicação: DJ, 22 set. 2003. p. 355.
[2687] STJ. Relator: José Arnaldo da Fonseca. Data de publicação: DJ, 3 nov. 1998. p. 184.
[2688] STJ. Relator: Felix Fischer. Data de publicação: DJ, 23 jun. 2003. p. 390.

não adviria nenhum prejuízo para os pacientes, em suma, *pas de nullité sans grief*.[2689]

Art. 564. A nulidade ocorrerá nos seguintes casos:

1. O apego do Código de Processo Penal a situações predeterminadas de nulidade
Como já apontado em outro trecho destes *Comentários*, a enumeração exaustiva das causas de nulidade é uma das muitas heranças do modelo inquisitivo e não se sustenta diante da alteração da matriz ideológica do Código de Processo Penal a partir da CR e da CADH.

Sem embargo, ainda se encontram provimentos que, apegados ao "modelo da enumeração legal", excluem do âmbito das nulidades inúmeras situações (pois não expressamente previstas), como "a falta de intimação das partes para manifestarem-se sobre os laudos produzidos não foi erigida como causa de nulidade absoluta da instrução, por não estar incluída nas hipóteses elencadas no art. 564 do Código de Processo Penal".[2690]

I – por incompetência, suspeição ou suborno do juiz;

1. Sobre a verificação da incompetência do juízo, ver nestes *Comentários* arts. 69 a 91 e 96 a 109

2. Sobre as situações de suspeição, ver nestes *Comentários* arts. 252 a 256

3. Sobre os efeitos quanto aos atos decisórios, ver nestes *Comentários* art. 567

4. Classificação da incompetência para fins da nulidade
Tem-se como uma marca razoavelmente constante na jurisprudência e na doutrina que "a incompetência absoluta do juízo acarreta nulidade insanável e pode ser reconhecida a qualquer tempo, inclusive de ofício, pelo órgão julgador, não se sujeitando ao entendimento da Súmula n. 160 do Supremo Tribunal Federal"[2691].

5. Fixação da competência e nulidades
Nada obstante a linha predominante, nem sempre os critérios de fixação ou modificação de competência são vistos como causas de nulidade absoluta.

Já foi decidido que

o critério legal de fixação de competência não se confunde com o de sua determinação, eis que não repercute na validade do processo, pelo menos de forma absoluta; a inobservância da prevenção, quando se entenda que ultrapassa os limites da irregularidade, deve ser alegada *opportuno tempore*, pena de sanação da nulidade induvidosamente relativa; (...) O processo penal pátrio é regido pelo princípio *pas de nullité sans grief*, pelo qual não se declara nulidade onde inexiste prejuízo para a apuração da verdade substancial da causa. "O projeto não deixa respiradouro para o frívolo curialismo, que se compraz em espiolhar nulidades. É consagrado o princípio geral de que nenhuma nulidade ocorre se não há prejuízo para a acusação ou a defesa" (Exposição de Motivos do Código de Processo Penal, item XVII).[2692]

O acórdão citado, além de buscar a distinção entre as formas de "fixação" e de "determinação" da competência, vale-se da exposição de motivos do Código de Processo Penal, com toda sua ideologia, para justificar a administração da garantia do juiz natural, tal como determinado pela CR e pela CADH, evidentemente com a consequência da não compatibilização normativa e cultural desses documentos.

II – por ilegitimidade de parte;

1. Sobre o tema da legitimação das partes, ver nestes *Comentários* arts. 43, III, 95, IV, e 110

2. Sobre a sanabilidade da legitimação incorreta, ver nestes *Comentários* art. 568

3. Inimputabilidade etária e ilegitimidade
A inimputabilidade etária, normalmente, é tratada como um caso de "nulidade absoluta" (Declarada a nulidade da Ação penal *ab initio*, com relação ao apelante), inimputável por ser menor de 18 anos à época dos fatos, e, portanto, parte ilegítima para figurar no polo passivo da ação penal. Inteligência dos arts. 27 do Código Penal e 564, II, do Código de Processo Penal (TRF. 3ª Região. Relator: Juiz Theotonio Costa. Data de publicação: DJ, 28 jul. 1998. p. 58.).

2689 STJ. Relator: Pedro Acioli. Data de publicação: DJ, 12 dez. 1994. p. 34.377.
2690 TRF. 3ª Região. Relator: Juiz Theotonio Costa. Data de publicação: DJ, 1º ago. 1995. p. 47.138.
2691 STJ. **HC 10.912**. Relator: Gilson Dipp. Data de julgamento: 16 maio 2000. Data de publicação: DJ, 26 mar. 2001. p. 437.
2692 STJ. **HC 15.523**. Relator: Hamilton Carvalhido. Data de publicação: DJ, 29 out. 2001. p. 271.

Afirmar a situação acima como de nulidade absoluta implica o aproveitamento de atos processuais, ainda que parcialmente.

Sem embargo, a situação melhor se enquadra na seara da inexistência. Isso porque não é possível, sob qualquer argumento, a convalidação de atos num processo dessa natureza, bem como, por consequência, nenhum efeito pode dele emanar.

> III – por falta das fórmulas ou dos termos seguintes:
> a) a denúncia ou a queixa e a representação e, nos processos de contravenções penais, a portaria ou o auto de prisão em flagrante;

1. Sobre a denúncia, a queixa e a representação, ver nestes *Comentários* arts. 26, 39 e 395

2. Sobre os requisitos do flagrante, ver nestes *Comentários* arts. 302 e seguintes

3. O descompasso do Código de Processo Penal em relação à CR e à CADH

A alínea em questão deixa clara a possibilidade de ser cogitado o início de uma relação processual penal sem as respectivas peças vestibulares (denúncia, nos casos de crimes de ação penal pública, por exemplo) e menciona algo totalmente superado pela CR (portaria, no sentido da peça inaugural do "procedimento judicialiforme").

Obviamente, não se concebe a colocação em funcionamento da jurisdição sem as peças iniciais, sendo descabida a manutenção da redação na forma em que se encontra. A dizer, em outros termos, ela perde o sentido diante do comando constitucional.

Se, obviamente, não há possibilidade da supressão das peças inaugurais, nem sempre há muita clareza quanto àquilo que delas pode ser omitido.

Às considerações já feitas em artigos anteriores (*vide* tópico supra), some-se a compreensão de que

> a data do fato delituoso não é elemento essencial da denúncia. Logo, a ausência daquele dado na peça acusatória configura nulidade relativa, sanável se não arguida no momento oportuno. Ademais, o réu deve arguir os defeitos da denúncia antes da sentença, sob pena de preclusão, consoante se infere do disposto no art. 569 do CPP. Contendo o mandado citatório flagrante erro quanto ao nome do acusado, de forma a influir decisivamente no resultado da diligência,

que restou infrutífera por ter sido procurada pessoa diversa ou com o nome trocado, ocorre nulidade absoluta que macula o ato citatório e de resto todo o processo, *ex vi* do art. 564, III, *e*, do CPP. Ademais, no caso, o réu foi processado à revelia, o que acarretou evidente prejuízo para a sua defesa.[2693]

> b) o exame do corpo de delito nos crimes que deixam vestígios, ressalvado o disposto no art. 167;

1. Ver nestes *Comentários* arts. 158 e seguintes para a situação do exame de corpo de delito

2. Súmula 361 do e. STF

"No processo penal, é nulo o exame realizado por um só perito, considerando-se impedido o que tiver funcionado anteriormente na diligência de apreensão."

3. Prova pericial e sistema de nulidades

Ao lado das considerações já expendidas nos *Comentários* aos arts. 158 e seguintes, merece destaque acórdão do e. STJ que afirma:

> a nulidade insanável decorrente da falta de exame de corpo de delito nos crimes que deixam vestígio constitui, sem dúvida, resquício do ultrapassado sistema da prova legal. No processo moderno, orientado pela busca da verdade real, todas as provas devem ser igualmente consideradas, não existindo, entre elas, hierarquia. Em havendo outras provas lícitas e idôneas a esclarecer a verdade dos fatos e formar o convencimento do juiz, a exigência indeclinável da prova pericial, evidentemente, desvirtuaria os fins do processo penal.[2694]

Há muitos aspectos questionáveis na v. ementa: que o processo penal "moderno" seja orientado pela "verdade real" e que a "exigência indeclinável" da prova pericial seria uma causa de desvirtuação das finalidades do processo penal. Com a devida vênia, sem repetir tudo quanto já foi dito no sistema probatório, ressalte-se uma vez mais o apego da ideologia da "verdade real" ao sistema inquisitivo de processo, que nada se confunde com a "modernidade" deste, seja lá exatamente o que se queira conceituar como "moderno" no processo penal.

> c) a nomeação de defensor ao réu presente, que o não tiver, ou ao ausente, e de curador ao menor de 21 (vinte e um) anos;

[2693] STJ. **HC 8349 RJ 1998/0098114-4**. 5ª Turma. Relator: Min. José Arnaldo da Fonseca. Data de julgamento: 30 jun. 1999. Data de publicação: DJ, 23 ago. 1999. p. 136. JSTJ, vol. 9, p. 333.

[2694] STJ. **REsp 62.366**. Data de publicação: DJ, 3 ago. 1998. p. 275. Relartor: Edson Vidigal.

1. Sobre o curador na audiência de interrogatório judicial, ver nestes *Comentários* art. 185, com a redação dada pela Lei n. 10.792, de 1º-12-2003

2. Súmula 352 do e. STF
"Não é nulo o processo penal por falta de nomeação de curador ao réu menor que teve a assistência de defensor dativo".

3. Súmula 523 do e. STF
"No processo penal, a falta da defesa constitui nulidade absoluta, mas a sua deficiência só o anulará se houver prova de prejuízo para o réu".

4. Natureza dessa nulidade
Pelo fundamento constitucional do direito à ampla defesa, a qual compreende, como cediço, a defesa técnica, trata-se de nulidade de natureza absoluta.

d) a intervenção do Ministério Público em todos os termos da ação por ele intentada e nos da intentada pela parte ofendida, quando se tratar de crime de ação pública;

1. Ver nestes *Comentários* arts. 24 e 29

2. Ver artigos nestes *Comentários* para a posição do Ministério Público no processo penal a partir da CR e da CADH

3. Ver nestes *Comentários* art. 572

e) a citação do réu para ver-se processar, o seu interrogatório, quando presente, e os prazos concedidos à acusação e à defesa;

1. Sobre a citação do réu preso e seu contato prévio com a defesa, ver nestes *Comentários* arts. 185 e seguintes, com a redação da Lei n. 10.792/2003

2. Súmula 351 do e. STF
"É nula a citação por edital de réu preso na mesma unidade da federação em que o juiz exerce a sua jurisdição."

3. Natureza da nulidade: absoluta
Os vícios citatórios, como já explanado em outro ponto destes *Comentários*, são causa de nulidade absoluta. Nesse sentido: a inobservância dos procedimentos citatórios enseja nulidade absoluta (art. 564, III, *e*, do CPP), conforme pacífico entendimento deste colegiado e do Pretório Excelso.[2695]

f) a sentença de pronúncia, o libelo e a entrega da respectiva cópia, com o rol de testemunhas, nos processos perante o Tribunal do Júri;

1. Para a pronúncia, ver nestes *Comentários* art. 413

2. Para a supressão do libelo, ver art. 422 nestes *Comentários*

g) a intimação do réu para a sessão de julgamento, pelo Tribunal do Júri, quando a lei não permitir o julgamento à revelia;

1. Para intimação da pronúncia, ver nestes *Comentários* art. 420

2. Para intimação da sessão de julgamento, ver nestes *Comentários* arts. 431 e 457

h) a intimação das testemunhas arroladas no libelo e na contrariedade, nos termos estabelecidos pela lei;

1. Sobre a supressão do libelo e indicação de testemunhas, ver art. 422 e seus *Comentários*

i) a presença pelo menos de 15 (quinze) jurados para a constituição do júri;

1. Ver nestes *Comentários* art. 463

j) o sorteio dos jurados do conselho de sentença em número legal e sua incomunicabilidade;

1. Ver nestes *Comentários* arts. 463 a 472

k) os quesitos e as respectivas respostas;

1. Ver nestes *Comentários* arts. 482 a 491

[2695] STJ. RHC. Relator: Jorge Scartezzini. Data de publicação: DJ, 26 ago. 2002. p. 249.

2. Súmula 156 do STF
"É absoluta a nulidade do julgamento, pelo júri, por falta de quesito obrigatório."

3. Súmula 162 do STF
"É absoluta a nulidade do julgamento, pelo júri, quando os quesitos da defesa não precedem aos das circunstâncias agravantes".

> l) a acusação e a defesa, na sessão de julgamento;

1. Ver nestes *Comentários* arts. 476 a 481

> m) a sentença;

1. Ver nestes *Comentários* arts. 381 a 393 para a sentença prolatada pelo juiz togado e 492-493 para a sentença prolatada pelo juiz-presidente do Tribunal do Júri

> n) o recurso de ofício, nos casos em que a lei o tenha estabelecido;

1. Ver nestes *Comentários* arts. 574 e 746

> o) a intimação, nas condições estabelecidas pela lei, para ciência de sentenças e despachos de que caiba recurso;

1. Ver nestes *Comentários* arts. 370 a 372, 390, 392 e 420

> p) no Supremo Tribunal Federal e nos Tribunais de Apelação, o quorum legal para o julgamento;

1. Extinção dos "tribunais de apelação"
Refere-se o texto ao que atualmente constitui o Tribunal de Justiça de cada Estado.

> IV – por omissão de formalidade que constitua elemento essencial do ato.

1. Ver nestes *Comentários* arts. 571 e 572

> V – em decorrência de decisão carente de fundamentação. (Incluído pela Lei nº 13.964, de 2019)
>
> *Parágrafo único.* Ocorrerá ainda a nulidade, por deficiência dos quesitos ou das suas respostas, e contradição entre estas. (Incluído pela Lei n. 263, de 23-2-1948)

1. Ver nestes *Comentários* art. 490

> Art. 565. Nenhuma das partes poderá arguir nulidade a que haja dado causa, ou para que tenha concorrido, ou referente a formalidade cuja observância só à parte contrária interesse.

1. Legitimidade para arguição da nulidade
Na leitura tradicional do Código de Processo Penal, dois são os princípios básicos no tema das nulidades: a ocorrência do prejuízo (art. 563 do CPP) e que a própria parte não tenha dado causa à irregularidade (art. 565 do CPP).

Conforme anotado em determinado provimento, "Ao processo penal não é estranha a exigência de um conteúdo ético nas manifestações das partes, expresso no art. 565 do CPP, que não admite o proveito obtido à custa, de escolher oportunidade para alegar este ou aquele vício"[2696], lembrando o próprio julgado determinada lição doutrinária, para afirmar que

> seria antieconômico e nada sensato que, ocorrida uma nulidade, se praticassem atos sucessivos ao ato viciado, para mais tarde, com a anulação daquele ato, ficarem também invalidados os atos posteriores, perdendo-se, assim, inutilmente, trabalho, dinheiro e tempo, e tornando o processo moroso, complicado e oneroso. Além do que vem de ser dito, a exigência legal de ter a parte que arguir desde logo a nulidade destina-se a coibir o abuso de se fazer da nulidade uma arma de recurso, um meio estratégico... Felizmente a lei não mais admite que o processo se preste a semelhantes manobras estratégicas, de esperteza e capciosa habilidade, manobras que viriam pôr abaixo os seus fins e os seus requisitos.

Não por outra razão, repete-se à saciedade que "A nulidade não pode ser arguida pela parte que haja dado causa ou concorrido para o ato, principalmente se não acarretar prejuízo para a mesma"[2697] e que não pode reclamar quem, "dado ao seu silêncio, concorreu para a alardeada imperfeição do ato – Impossibilidade de reclamação – Inteligência do art. 565 do CPP" (TJPB. Des. Otacílio Cordeiro da Silva. Data de julgamento: 6 mar. 1997).

[2696] RJTACrim, 2/67.
[2697] STJ. **RHC**. Relator: José Arnaldo da Fonseca. Data de publicação: DJ, 5 out. 1998. p. 112.

Art. 566. Não será declarada a nulidade de ato processual que não houver influído na apuração da verdade substancial ou na decisão da causa.

1. A relevância processual do ato inquinado de nulo

A exposição da relevância do ato rotulado de nulo para a "apuração da verdade substancial" ou "na decisão da causa" em certa medida é o reverso da medalha do tema do "prejuízo". De redação nitidamente aberta, apresentando locuções que não têm conceituação definida, o Código de Processo Penal fala em verdade "substancial", de um lado, e em "decisão da causa", de outro.

Se houvesse espaço para uma interpretação ao pé da literalidade da lei, poder-se-ia observar que tais locuções são alternativas, o que implicaria dizer que poderia haver o reconhecimento da nulidade do ato que influenciasse o descobrimento da verdade "substancial", mas que, ao mesmo tempo, não tivesse sido determinante na "decisão da causa". É difícil reconhecer uma alternativa desse porte, na medida em que se acredita que tudo que for integrante da verdade "substancial" deva, por uma razão lógica, ser influente na decisão da causa (ainda que numa decisão interlocutória).

Mas buscar interpretações sistêmicas consentâneas com um processo penal de matiz acusatória é tarefa de pouco relevo prático, na medida em que, aos olhos do operador, tudo se resumirá na incerta conceituação de prejuízo que, carente de balizas claras, pode colocar qualquer argumentação por terra.

O padrão, por certo, é o desmerecimento das irregularidades (sentido amplo) que digam respeito à defesa. Assim, "a falta de intimação dos advogados constituídos pelo réu para, querendo, comparecerem à audiência admonitória. Irregularidade irrelevante, obstando a anulação do ato que atingiu sua finalidade e não trouxe prejuízo ao apenado, a quem o Juiz nomeou defensor (arts. 563 e 566 do CPP)"[2698], ou mesmo a ausência física do acusado em audiência.[2699]

2. Atuação "extra-autos" e influência na decisão da causa

Houve provimento de rara especificidade que, analisando caso levado a julgamento pelo Tribunal do Júri, abordou atuação de determinado órgão de execução do Ministério Público "extra-autos" e, analisando argumento defensivo que via nessa atividade suposta causa de nulidade de julgamento, rechaçou a tese.

Trecho de importância significativa do acórdão aduz que

Primeiramente, no que toca à preliminar suscitada, maneira outra não há senão afastá-la diante da total incompatibilidade de sua proposição em sede de recursos, assim como impossível constatar-se nexo causal entre o fato de o Promotor – atuante na comarca como o deve ser – ao visitar as escolas locais, ter influenciado no convencimento dos jurados sobre a conduta ilícita praticada pelos acusados. (...) "Verdade é que o signatário, desde que assumiu a Promotoria de Justiça de Correia Pinto (3-9-2001), tem buscado uma constante integração com a comunidade local, visitando não só escolas, mas também hospitais, prefeituras, câmaras municipais, dentre outros, com o único propósito de detectar as necessidades da população e reivindicar melhorias, longe de qualquer intenção nebulosa ou imoral". "Válido anotar que todas estas visitas encontram-se devidamente registradas nos relatórios mensais que são remetidos à Corregedoria-Geral do Ministério Público". (...) "E como devidamente analisado também pelo Promotor de Justiça no trecho citado acima, nunca é demais ressaltar que a nulidade sugerida pelo presente recurso, no momento da sessão do Júri, passou inócua, não constando qualquer inconformismo defensivo sobre o tema na ata da Sessão de Julgamento do Tribunal do Júri, de sorte que a referida objeção resta preclusa, pois não suscitada em momento oportuno. Já se decidiu: "A ausência de reclamação ou de protesto da parte interessada reveste-se de aptidão para gerar, de modo irrecusável, a preclusão de sua faculdade processual de arguir qualquer nulidade porventura ocorrida".[2700]

Art. 567. A incompetência do juízo anula somente os atos decisórios, devendo o processo, quando for declarada a nulidade, ser remetido ao juiz competente.

1. Classificação dos provimentos e incompetência do juízo

Conforme já visto nestes **Comentários**, existe um ambiente caótico quanto à tipologia das decisões, o que, em parte, auxilia a acomodação da cultura inquisitiva mesmo após a CR e a CADH.

Nesse contexto, apenas reitere-se a existência de interpretações que, em provimentos como o do recebimento da denúncia, afirmam que eles não são

---

2698 STJ. Relatora: José Arnaldo da Fonseca. Data de publicação: DJ, 1º dez. 2003. p. 368. Relatora: José Arnaldo da Fonseca.
2699 STJ. **RHC**. Relator: Fernando Gonçalves. Data de publicação: DJ, 8 jun. 1998. p. 177. STJ. Relator: Laurita Vaz. Data de publicação: DJ, 10 nov. 2003. p. 200.
2700 TJSC. **Apelação Criminal 2002.016190-5**. Correia Pinto. Relator: Des. Solon d'Eça Neves.

portadores de carga decisória. Dessa forma, na jurisprudência, com frequência, encontra-se que

> o ato do juiz que recebe a denúncia, não obstante seja dotado de uma carga decisória, por implicar um juízo provisório sobre o *fumus boni juris* da ação penal, não é ato decisório, tendo em vista que o art. 567 do Código de Processo Penal permite sua ratificação na hipótese de incompetência, sem que seja acoimado da nulidade estabelecida pelo art. 564 do mesmo diploma legal.[2701]

Assim, interessante julgado decidiu que

> Com base no art. 567 do Código de Processo Penal seria possível aproveitar os atos probatórios e ordinatórios, ocorrendo a nulidade apenas dos atos decisórios. Portanto é possível o aproveitamento dos atos processuais praticados perante autoridade incompetente, desde que devidamente ratificados no Juízo Competente. No entanto, o exame dos autos revela situação diversa na medida em que a digna magistrada praticou dois atos absolutamente incompatíveis entre si: ela recebeu nova denúncia formulada pelo Ministério Público Federal e ratificou os demais atos praticados perante a Justiça Estadual. Ora, o recebimento da denúncia instaura sempre uma relação jurídica processual nova, que requer, necessariamente, a citação do réu e a renovação dos atos instrutórios.[2702]

2. Conceito de "prova" e incompetência de juízo

Conforme já exposto nestes **Comentários** (arts. 155 e ss.), o conceito de prova é integrado pela garantia do juiz natural. Se levada essa premissa a todas as consequências, não haveria como se admitir o aproveitamento dos atos probatórios "em homenagem aos princípios da instrumentalidade do processo e da economia processual"[2703] quando da realização diante de um juiz incompetente.

Cumpre frisar que o recorrente apelo aos "princípios" anteriormente mencionados deve-se, em grande parte, ao fracionamento dos ritos que, tal como apresentados no processo penal pátrio, decorrem da ideologia inquisitiva. De uma maneira clara, a concentração dos atos processuais, dando vazão à oralidade como vetor do procedimento penal de cariz acusatória, coloca por terra o desdobramento da produção probatória e, por consequência, o "aproveitamento" desses atos produzidos por quem não é o juiz natural.

3. Sentença por juiz absolutamente incompetente e projeção de seus limites para julgamentos futuros

Tema que também merece consideração com particular interesse é o da projeção de "efeitos" do ato decisório prolatado por juiz absolutamente incompetente como em precedente que, adotando posição de parte da doutrina, considerou que "a sistemática processual não admite a chamada *reformatio in pejus*, como se observa da norma do art. 617 do Código de Processo Penal. Não existe, contudo, proibição de agravamento quando a sentença foi anulada por incompetência absoluta *ratione materiae*"[2704], posição reiterada quando se afirma que "Anulada a sentença em razão de incompetência absoluta do Juízo processante, a ela não se vincula a prestação jurisdicional. Reformatio in pejus que não se reconhece. 2. 'Habeas Corpus' conhecido; pedido indeferido".[2705]

A racionalidade que norteia o entendimento nestes **Comentários** é que tais efeitos não podem se projetar em detrimento da condição processual da pessoa acusada, mormente num sistema como o brasileiro, no qual as regras de competência são definidas *a priori*. É importante frisar que, num procedimento oral e concentrado como o que marca o sistema acusatório (e que deveria ser por nós obedecido se possuíssemos uma estrutura condizente com a CR e com a CADH), o espaço para questionamentos como os ora analisados seria potencialmente diminuído.

E tal entendimento, ainda que com outro fundamento encontra-se amparado em precedente didático que aponta

> Embora haja grande discussão acerca da natureza da sentença proferida por magistrado absolutamente incompetente – se nula ou inexistente –, tem-se que tal questão não é determinante para solução do tema ora em debate, já que até mesmo aqueles que entendem que os atos praticados por juiz absolutamente incompetente são inexistentes admitem que deles podem emanar certos efeitos. 2. Ainda que a definição sobre a natureza da sentença proferida por juiz absolutamente incompetente não seja crucial

---

2701 TRF. 3ª Região. Data de publicação: DJ, 31 out. 1995. Relator: Juiz Sinval Antunes.
2702 STJ. Data de publicação: DJ, 16 ago. 2001. p. 1.361. Relator: Ferreira da Rocha.
2703 STJ. Relator: Cândido Ribeiro. Data de publicação: DJ, 6 jun. 1997. p. 1.456.
2704 TRF. 3ª Região. Relator: Juiz Helio Nogueira. Data de publicação: DJU, 30 jan. 2001. p. 479.
2705 STJ. **HC 12673 SP 2000/0025615-3**. 5ª Turma. Relator: Min. Edson Vidigal. Data de julgamento: 29 jun. 2000. Data de publicação: DJ, 14 ago. "Buscando dar alguma explicação sistêmica ao Código de Processo Penal na parte recursal, mas, a bem da verdade, nem sempre explicitando seu caráter inquisitivo e tornando mornas as críticas ao modelo vigente, a dogmática processual dominante fala em "decisões, na verdade, de natureza assaz variada" (Espínola, 1942, v. IV, p. 7-13), dividindo-se o provimento em "despachos de expediente" (2000, p. 185).

para o deslinde da presente controvérsia, é de se ter em mente que tem prevalecido o entendimento segundo o qual o referido ato é nulo, e não inexistente. Precedentes. 3. Ao se admitir que em recurso exclusivo da defesa o processo seja anulado e, em nova sentença, seja possível impor pena maior ao acusado, se estará limitando sobremaneira o direito do acusado à ampla defesa, já que nele se provocaria enorme dúvida quanto conveniência de se insurgir ou não contra a decisão, pois ao invés de conseguir modificar o julgado para melhorar a sua situação ou, ao menos, mantê-la como está, ele poderia ser prejudicado. 4. O artigo 617 do Código de Processo Penal, no qual está explicitada a vedação da reformatio in pejus, não estabelece qualquer ressalva quanto aos casos de anulação do processo, ainda que por incompetência absoluta, não devendo o intérprete proceder à tal restrição. 5. Mesmo que haja anulação do feito por incompetência absoluta, deve-se ter presente que se este acontecimento só se tornou possível diante de irresignação exclusiva da defesa, como na hipótese vertente, razão pela qual não é admissível que no julgamento proferido pelo Juízo competente seja agravada a situação do réu, devendo prevalecer o princípio que proíbe a reformatio in pejus. Doutrina. Precedentes. 6. O princípio do juiz natural, previsto como direito fundamental no inciso XXXVII do artigo 5º da Constituição Federal, é instituído essencialmente em favor daquele que é processado, a quem se confere o direito de ser julgado por quem esteja regular e legitimamente investido dos poderes de jurisdição, não sendo concebível que uma garantia estabelecida em favor do acusado seja contra ele invocada, a fim de possibilitar o agravamento de sua situação em processo no qual apenas ele recorreu. Precedente. 7. Ordem concedida apenas para determinar que a Corte de origem redimensione a pena do paciente, tendo como parâmetro o teto estabelecido pela sentença anulada.[2706]

Art. 568. A nulidade por ilegitimidade do representante da parte poderá ser a todo tempo sanada, mediante ratificação dos atos processuais.

1. Ver nestes *Comentários* arts. 38 a 44

Art. 569. As omissões da denúncia ou da queixa, da representação, ou, nos processos das contravenções penais, da portaria ou do auto de prisão em flagrante, poderão ser supridas a todo o tempo, antes da sentença final.

1. Ver nestes *Comentários* arts. 38, 39 e 41

2. Relativização das falhas da peça postulatória

Faz sentido dentro da ótica inquisitiva do Código de Processo Penal que se considere que

> a inépcia da denúncia não se trata de causa de nulidade absoluta e sim relativa. Assim, cabe tal alegação até a prolatação da sentença, após a qual torna-se matéria preclusa, por não ter sido alegada *opportuno tempore*. Int. dos arts. 569, 571 e 500 do CPP. Ademais, se o réu não a alega a tempo, é porque pôde, através da denúncia, defender-se da acusação, pelo que não há que suscitar tal matéria depois da condenação.[2707]

Com tal construção, esvai-se a necessária solidez do objeto do processo, da imputação, dos direitos correlatos a essas premissas (*v.g.*, informação sobre a "acusação" em sentido amplo, autodefesa, defesa técnica etc.), típicos que são do modelo acusatório de processo.

Art. 570. A falta ou a nulidade da citação, da intimação ou notificação estará sanada, desde que o interessado compareça, antes de o ato consumar-se, embora declare que o faz para o único fim de argui-la. O juiz ordenará, todavia, a suspensão ou o adiamento do ato, quando reconhecer que a irregularidade poderá prejudicar direito da parte.

1. Abordagem complementar ao tema da citação

Sem embargo de tudo quanto já foi exposto sobre o tema nos artigos acima mencionados, cabe frisar uma vez mais que o artigo em questão sempre foi usado como esteio para o enfraquecimento do efetivo exercício do direito de defesa, notadamente na situação da pessoa acusada presa.

Com efeito, sempre trabalhando o tema a partir do inexistente conceito de "prejuízo" e, no mais das vezes, empobrecendo o direito ao conhecimento do conteúdo da acusação previsto na CADH, sempre foi dito que

> e, em se tratando de réu preso, é predominante o entendimento jurisprudencial sobre a desnecessidade de citação por mandado, bastando mera requisição (art. 360, CPP). Entretanto, ainda que desnecessário [sic], foram ambos os réus citados

---

[2706] STJ. **HC 114729 RJ 2008/0194162-0**. 5ª Turma. Relator: Min. Jorge Mussi. Data de julgamento: 21 out. 2010. Data de publicação: DJe, 13 dez. 2010.

[2707] TRF. 3ª Região. Relator: Juiz Souza Ribeiro. Data de publicação: DJU, 9 out. 2002. p. 434.

por mandado, com observância das formalidades legais (f. 117 e verso).

Por consequência, "a teor do art. 570 do Código de Processo Penal, comparecendo o acusado para interrogatório, consideram-se sanadas eventuais irregularidades do ato de citação"[2708], chegando-se mesmo a considerar que "não há nulidade quando o interrogatório se realiza na mesma data na qual o réu é cientificado da acusação, tomando ciência do fato criminoso pelo qual está sendo responsabilizado"[2709] ou, em outras palavras, que

> Não constitui nulidade processual o fato de o réu haver sido citado no próprio dia designado para a realização de seu interrogatório judicial, notadamente se, atendendo a esse chamamento, compareceu perante o órgão processante, respondeu voluntariamente à inquirição e, sempre sem qualquer restrição, trouxe aos autos a sua própria versão concernente ao evento delituoso. A circunstância de a citação haver ocorrido no próprio dia do interrogatório judicial não constitui, por si só, ato capaz de infirmar a validade formal do processo penal de conhecimento, exceto quando demonstrada a efetiva ocorrência de prejuízo para o réu, ou para a sua defesa.[2710]

Em idêntico sentido, "Não há nulidade quando o interrogatório se realiza na mesma data na qual o réu é cientificado da acusação, tomando ciência do fato criminoso pelo qual está sendo responsabilizado".[2711] Sempre escorado em entendimentos doutrinários que comungam da mesma tese, os provimentos se repetem.[2712]

Malgrado a reforma nominal de vários artigos do Código de Processo Penal no que tange ao interrogatório e ao espírito que norteou a alteração dos arts. 366 e seguintes, e que deveria, sem dúvida, servir de base para toda a matéria, como já exposto nestes **Comentários**, a cultura inquisitiva manifestada no campo das nulidades por excelência continua a se manifestar e a obstar o desenvolvimento dos valores constitucionais refletidos num processo de matiz acusatória.

Art. 571. As nulidades deverão ser arguidas:
I – as da instrução criminal dos processos da competência do júri, nos prazos a que se refere o art. 406;
II – as da instrução criminal dos processos de competência do juiz singular e dos processos especiais, salvo os dos Capítulos V e VII do Título II do Livro II, nos prazos a que se refere o art. 500;
III – as do processo sumário, no prazo a que se refere o art. 537, ou, se verificadas depois desse prazo, logo depois de aberta a audiência e apregoadas as partes;
IV – as do processo regulado no Capítulo VII do Título II do Livro II, logo depois de aberta a audiência;
V – as ocorridas posteriormente à pronúncia, logo depois de anunciado o julgamento e apregoadas as partes (art. 447);
VI – as de instrução criminal dos processos de competência do Supremo Tribunal Federal e dos Tribunais de Apelação, nos prazos a que se refere o art. 500;
VII – se verificadas após a decisão da primeira instância, nas razões de recurso ou logo depois de anunciado o julgamento do recurso e apregoadas as partes;
VIII – as do julgamento em plenário, em audiência ou em sessão do tribunal, logo depois de ocorrerem.

1. Desatualização legislativa

Os incisos I, II, III e VI sofrem desatualização legislativa com as reformas dos artigos mencionados em seus textos.

Permanecem com algum grau de praticidade dos incisos VII e VIII, dada a permanência da estrutura tal como concebida, de forma geral, na redação original do Código, particularmente a sessão plenária do tribunal do júri.

Art. 572. As nulidades previstas no art. 564, III, d e e, segunda parte, g e h, e IV, considerar-se-ão sanadas:
I – se não forem arguidas, em tempo oportuno, de acordo com o disposto no artigo anterior;
II – se, praticado por outra forma, o ato tiver atingido o seu fim;
III – se a parte, ainda que tacitamente, tiver aceito os seus efeitos.

1. O "princípio da instrumentalidade das formas"

A ideia do aproveitamento dos atos processuais produzidos com algum grau de irregularidade aparece em praticamente todos os ordenamentos e não

---

[2708] TJSC. **HC 99.006294-5**. Itajaí, rel. Des. Paulo Gallotti, j. 18-5-1999.
[2709] TJSC. **Apelação Criminal 01.001409-8**. Criciúma. Relator: Des. Irineu João da Silva.
[2710] HC 72.132/GO. 1ª Turma. Relator: Min. Celso de Mello. Data de publicação: DJU, 9 maio 1997.
[2711] TJSC. **Ap. Crim. 00.006976-0**. Tijucas. Data de julgamento: 5 dez. 2000.
[2712] TJSC. **Apelação Criminal (Réu Preso) 01.014321-6 da Capital**. Relator: Des. Maurílio Moreira Leite.

pode, apenas por essa justificativa, ser usada *tout court* no cenário brasileiro.

É necessário compreender o quanto o alargamento de um conceito como o da "instrumentalidade das formas" e da "convalidação" dos atos processuais pode ser danoso em sistemas de tradição inquisitiva como o nosso e que apresenta uma profunda dificuldade cultural e normativa para se amoldar ao Estado de Direito e ao seu reflexo no sistema processual penal, que é o modelo acusatório.

Não basta, com a devida vênia, afirmar que "o princípio da instrumentalidade das formas tem como corolário a ideia de que não existe nulidade sem prejuízo. Em matéria processual penal, é de se aplicar, portanto, o que dispõe o art. 563 do CPP, segundo o qual 'nenhum ato será declarado nulo, se da nulidade não resultar prejuízo para a acusação ou para a defesa'" (TRF, 1ª Região, *DJ* 27-11-2000, p. 26, rel. Juiz Luciano Tolentino Amaral). Ou mesmo que "o princípio da 'instrumentalidade das formas' ou sistema teleológico, em contraposição ao sistema formalista, dá validade aos atos que atingem seus objetivos", "ainda que realizados sem obediência à forma legal".[2713]

Mas cabe saudar positivamente determinado provimento que, analisando o tema, decidiu que

> O pouco que se pode asseverar encontra-se na inafastabilidade da garantia constitucional do devido processo penal. Ele se torna efetivo, na observância do procedimento marcado. Vale dizer: na forma estabelecida em lei (art. 5º, LIV, da Const. da República c/c arts. 519 a 523, do Cód. de Proc. Penal). O chamado princípio da instrumentalidade das formas jamais opera, salvando procedimento, em que se suprimiu ato essencial; ou foi substituído por outro, de modo arbitrário; ou, ainda, terminou praticado de maneira inadequada ao seu fim. Em nenhum procedimento judicial, as pessoas, ou sujeitos do Juízo, podem, cada qual, atuar como lhes apetece.[2714]

Art. 573. Os atos, cuja nulidade não tiver sido sanada, na forma dos artigos anteriores, serão renovados ou retificados.

§ 1º A nulidade de um ato, uma vez declarada, causará a dos atos que dele diretamente dependam ou sejam consequência.

§ 2º O juiz que pronunciar a nulidade declarará os atos a que ela se estende.

1. O "princípio da causalidade" no âmbito das nulidades

A ideia de causalidade é também central no plano das nulidades, indicando que somente deverão ser tidos como nulos os atos que tenham dependência direta com aqueles produzidos com algum grau de irregularidade.

Assim, considera-se que "a lei processual não impõe o anulamento de todos os atos subsequentes àquele porventura inválido, mas tão somente daqueles que dependam, em linha de causalidade, do ato reputado irregular"[2715] ou, como se afirmou em outro provimento,

> não há que se falar, também, em nulidade do processo por cerceamento de defesa se, da análise dos autos, restou evidenciado que o postulado do devido processo legal foi observado em sua plenitude, tendo sido assegurado ao paciente o exercício do contraditório e da ampla defesa em todo o processo e nenhuma fase processual lhe foi suprimida. Ademais, a decisão de desistir da oitiva de testemunhas, além de autorizada pelo art. 404 do CPP, não trouxe, no caso, qualquer prejuízo à defesa, porquanto inexistente qualquer relação de causalidade entre aquele ato de desistência e o juízo de condenação.[2716]

TÍTULO II – Dos Recursos em Geral

Art. 574. Os recursos serão voluntários, excetuando-se os seguintes casos, em que deverão ser interpostos, de ofício (8), pelo juiz:
I – da sentença que conceder habeas corpus;
II – da que absolver desde logo o réu com fundamento na existência de circunstância que exclua o crime ou isente o réu de pena, nos termos do art. 411.

1. O direito ao exercício do duplo grau de jurisdição e o devido processo legal

De forma generalizada na doutrina nacional, discute-se o exercício do duplo grau de jurisdição como decorrente do devido processo legal.[2717]

Graças ao cunho político do devido processo legal, o duplo grau assume uma feição também política,

---

2713 TRF. 1ª Região. Relator: Des. Fed. Luciano Tolentino. Data de publicação: DJ, 5 set. 2003. p. 51.
2714 RJTACrim, 23/386.
2715 RJTACrim, 33/375.
2716 STJ. **HC 10.633/RJ**. Relator: Min. José Arnaldo da Fonseca. Data de publicação: DJU 22 nov. 1999.
2717 Para uma visão histórica e anterior à CR/88 PASSOS, José Joaquim Calmon de. O devido processo e o duplo grau de jurisdição. **Revista Forense**, Rio de Janeiro, v. 277, p. 1-7, jan./mar. 1982.

sendo responsável por algum tipo de controle sobre a atividade precedente. Como se verá na sequência destes *Comentários*, a forma como estruturada a "garantia" do duplo grau dificilmente cumpre as missões formais apontadas no relato dogmático anterior.

2. Fundamentos jurídicos do duplo grau de jurisdição na CR/88 e na CADH

No âmago das discussões sobre os fundamentos do duplo grau, o de caráter jurídico sobressai na leitura tradicional.

Grinover resume a discussão, afirmando a inexistência de texto expresso na CR/88 sobre o assunto e, dando o compasso de entendimento sobre o tema, afirma a existência da garantia de maneira implícita a partir da organização do Poder Judiciário e sentencia que o "juízo único" fere o devido processo legal.[2718]

Toda a matéria mereceu novo tratamento a partir da entrada em vigor da CADH, que, em seu art. 8º (Garantias judiciais), n. 2, assegura que "durante o processo, toda pessoa tem direito, em plena igualdade, às seguintes garantias mínimas: (...) h) direito de recorrer da sentença para juiz ou tribunal superior".

3. A releitura do duplo grau de jurisdição a partir da CADH

Contudo, a introdução no ordenamento brasileiro do duplo grau de jurisdição, a partir da CADH, faz com que essa garantia venha a sofrer uma marcante releitura. Com efeito, poucos, como Prado[2719], tiveram essa percepção a partir da leitura instigante de Julio B. J. Maier.

Não se trata apenas do apego à literalidade da CADH, a qual dá a entender que o recurso teria cabimento apenas pelo interesse processual do acusado. Ela se funda numa revisão da natureza da relação jurídica recursal e apresenta como consequência que o exercício do recurso pelo acusador público ou privado contra a sentença absolutória configuraria, na verdade, um novo julgamento, violando a impossibilidade de que alguém se submeta a uma nova persecução com base na mesma situação fática já decidida.

Sem embargo da precisão conceitual e da plena adequação desses postulados a um processo penal condizente com o Estado Social de Direito, o seu alcance ainda não se faz sentir com a devida profundidade mesmo no espaço acadêmico e, muito menos, nas discussões legislativas sobre a reforma do "sistema recursal".

Do ponto de vista prático, para a grande parte dos operadores do direito, tal compreensão soaria, no mínimo, como herética e a favor da "impunidade". Sempre haverá, também, a partir de uma leitura funcional, a possibilidade de interpretar que a locução "em plena igualdade" pressupõe a existência do recurso pelo acusador público ou particular, mantendo-se intacáveis as bases de compreensão sobre a relação jurídica recursal.

5. A lógica inquisitiva do sistema recursal brasileiro

A lógica inquisitiva do sistema recursal se manifesta historicamente pela crítica ao "número excessivo de recursos" como causa de entrave ao funcionamento do sistema penal. Nada obstante, a organização caótica da forma de impugnação também é exteriorização de um sistema processual inquisitivo e, no direito brasileiro, apresenta-se, dentre outras, com as seguintes características:

> a) Não sistematização dos tipos de provimento jurisdicional, acarretando com isso que:
> aa) não haja congruência entre determinados tipos de decisão e determinados tipos de recursos;
> ab) existam decisões sobre as quais não haja qualquer meio impugnativo de caráter recursal, sobretudo as criadas em leis posteriores ao Código de Processo Penal, mas também no interior do próprio Código;.
> ac) a ausência de recursos específicos gera duas possibilidades: a disputa entre dois recursos para um determinado caso ou o emprego de meios impugnativos autônomos (vide comentários na sequência);
> ad) quando dois recursos forem disputados para um determinado caso para o qual não se preveja especificamente qualquer um, problemas práticos como o do prazo para interposição e o procedimento correto do recurso serão inevitáveis, devendo-se resolver a situação sempre em favor da defesa.

Da inexistência de recursos específicos para determinadas decisões advém o emprego das chamadas ações autônomas de impugnação, com as seguintes desvantagens para o sistema processual penal:

[2718] GRINOVER, Ada Pelegrini; GOMES FILHO, Antônio Magalhães; FERNANDES, Antônio Scarance. **Recursos no processo penal**: teoria geral dos recursos, recursos em espécie, aços de impugnação, reclamação aos tribunais. 4. ed. São Paulo: Revista dos Tribunais, 2005. p. 66.

[2719] PRADO, Geraldo. Duplo grau de jurisdição no processo penal brasileiro: visão a partir da Convenção Americana de Direitos Humanos em homenagem às ideias de Julio B. J. Maier. In: BONATO, Gilson (Org.). Direito penal e direito processual penal: uma visão garantista. Rio de Janeiro: Lumen Juris, 2001.p. 105-119

- dificuldade de acesso processual aos Tribunais Superiores, onde normalmente se encontra a competência originária para essas ações. Essa dificuldade não é superada nem mesmo pelo emprego de tecnologias como o envio de petições por fax ou pela internet, pois embora petições possam ser assim encaminhadas, isso dependerá do grau de informatização de cada Tribunal e do grau de acesso da parte a essas tecnologias, o que não se dá uniformemente e é ainda mais prejudicado quando se trata de uma parte que se valha da assistência judiciária gratuita;
- trata-se de uma *nova ação*, disso decorrendo novas condições para seu exercício, que não se confundem com as "condições para recorrer". Exemplo claro é o "direito líquido e certo" no mandado de segurança, que não se confunde com qualquer "condição para recorrer";
- forma-se um "mérito processual bipartido", com não raras vezes o mérito da ação impugnativa adentrando no mérito da ação da qual aquela deriva, criando espaços de perplexidade nos Tribunais para se saber até onde a primeira pode ir ou não em relação à segunda (exemplo marcante nas várias hipóteses de *habeas corpus*). Potencialmente, isso pode significar a inoperância do meio autônomo que não pode desenvolver uma cognição aprofundada. O resultado prático é o da não resposta do Estado a uma situação de violação a direitos fundamentais, nem pela via recursal, nem pela via autônoma de impugnação.

Some-se a isso que toda a lógica procedimental no processo penal brasileiro de índole inquisitiva trabalha com procedimentos escritos, dando maior lentidão e um inegável apelo burocrático à via recursal (o mesmo se dá na ação de impugnação autônoma), situação esta que já mereceu a devida atenção dos pesquisadores do processo penal.[2720] Fora isso, pode ser evidenciado nos e. Tribunais do Estado de São Paulo, nos quais, no momento em que estes **Comentários** são escritos, há o aguardo, *por até quatro anos*, para a *distribuição* de um recurso penal em processo que não haja prisão em curso.

6. O tratamento dogmático do sistema recursal brasileiro: tipologia dos provimentos jurisdicionais

"Buscando dar alguma explicação sistêmica ao Código de Processo Penal na parte recursal, mas, a bem da verdade, nem sempre explicitando seu caráter inquisitivo e tornando mornas as críticas ao modelo vigente, a dogmática processual dominante fala em 'decisões, na verdade, de natureza assaz variada' (Espínola, 1942, v. IV, p. 7-13), dividindo-se o provimento em 'despachos de expediente', 'decisão interlocutória', com a qual 'Decidem-se, dessa forma, as questões incidentes ou emergentes do processo (...) sem ferir o fundo da causa principal, embora, não raro, tenha o juiz de, para isso, entrar no exame da essência dessa'. E daí precipitam-se subdivisões em 'interlocutórias simples' e 'interlocutórias com força de definitiva' ou "interlocutória mista", o que indica ter a decisão aspecto de despacho e de sentença".[2721]

Assim, na sempre presente tarefa de sistematização "neutra" axiologicamente a que se propõe o juspositivismo, pode ser resumida toda a empreitada na passagem de Tourinho.[2722] As tentativas de sistematização que tendem à eterna divergência e variação segundo cada autor, se não aprofundadas na ideologia de sustação do Código de Processo Penal, parecem encerrar sua finalidade em si mesmas. Mais importante, pois, segundo cremos, é a discussão tal como levantada no tópico precedente, e partir-se para uma reestruturação *axiológica* do modelo impugnativo processual penal a partir da sua aderência à CR/88 e à CADH.

7. Aspectos dogmáticos do sistema recursal: a relação jurídica no exercício do duplo grau de jurisdição

Um aspecto teórico de profunda relevância prática – sobretudo após a reconstitucionalização formal do País – é o da natureza da relação processual que embasa o exercício do duplo grau de jurisdição.

Rangel[2723] aponta três linhas de entendimento a partir da dogmática dominante: o recurso como desdobramento da relação jurídico-processual em curso, indicando os que são simpáticos a essa corrente; recurso como ação autônoma, igualmente apontando os que sustentam essa posição, e uma terceira corrente que identifica os recursos com os meios autônomos de impugnação, adotando o prestigiado

---

[2720] Entre outros, CRUZ, Rogerio Schietti Machado; BARROS, Suzana de Toledo. A oralidade nas turmas recursais. **Boletim IBCCRIM**, v. 89, p. 7, abr. 2000.

[2721] GRINOVER, Ada Pelegrini; GOMES FILHO, Antônio Magalhães; FERNANDES, Antônio Scarance. **Recursos no processo penal**: teoria geral dos recursos, recursos em espécie, aços de impugnação, reclamação aos tribunais. 4. ed. São Paulo: Revista dos Tribunais, 2005. p. 58-61.

[2722] TOURINHO FILHO, Fernando da Costa. **Código de processo penal comentado**: arts. 1º a 393º. 14. ed. São Paulo: Saraiva, 2012. p. 220-224.

[2723] RANGEL, Paulo. **Direito processual penal**. 25. ed. São Paulo: Atlas, 2017 (e-book). p. 710 e ss.

autor a posição inicial, a saber, a de ser um recurso um desdobramento da relação processual originária.

Nesse sentido, além de todos os processualistas mencionados por Rangel, pode-se acrescer o entendimento de Pontes de Miranda, ao afirmar que "o que caracteriza o recurso é ser impugnativo dentro da mesma relação jurídica processual em que ocorreu a decisão judicial que se impugna"[2724], ou mesmo o de Nery Jr., quando explica que "O recurso é medida destinada a provocar, na mesma relação jurídica processual, o reexame ou integração da decisão impugnada. Existe uma correlação entre ação e recurso, de sorte que se poderia aqui fazer um paralelo sobre as condições da ação e as de admissibilidade do recurso"[2725], autores que, embora tratando do processo civil, apresentam compreensão do assunto que é assimilada na dogmática processual penal.

Resumindo boa parte da literatura (civil e penal) a respeito, Zanoide de Moraes[2726] também se filia à compreensão dominante, assumindo ser o recurso um desdobramento da relação processual originária.

Alguns aspectos merecem ser refletidos com maior acuidade, segundo cremos, a partir da CADH, e podem ser formulados nos seguintes termos:

A impugnação sobre matéria *de fato* em sede recursal admite compreender o recurso como uma relação jurídica desdobrada da pretensão trazida pelo acusador público ou particular na sua postulação inicial?

Caso positivo, qual o limite para a discussão de matéria *de fato* dentro de uma mesma relação processual?

A impugnação sobre matéria *de direito* se traduz na mesma relação processual instaurada com a acusação formulada ou tem outro objeto e, portanto, caracteriza-se como uma nova relação jurídica?

Para enfrentar essas questões, é necessário esclarecer que o direito brasileiro conhece os denominados *recursos ordinários e os extraordinários*. Os primeiros têm base no Código de Processo Penal, e os segundos têm base na CR e se apresentam, desde 1988, em duas modalidades: recurso extraordinário – endereçado ao STF, e recurso especial – endereçado ao STJ. Estes últimos somente apreciam *matéria de direito*, não comportando reapreciação dos fatos.

Para os recursos que têm como fundamento a rediscussão de *matéria de fato* – e admitindo-se que se trate da mesma relação jurídica inaugurada com a ação proposta –, o limite da discussão desse objeto é exatamente o esgotamento das vias recursais ordinárias, com as quais se encerra a possibilidade de debater os fatos, passando-se, assim – e somente se presentes os estritos pressupostos legais –, para o emprego da via recursal para a discussão sobre a matéria de direito. Trata-se, assim, de uma limitação *legal* à relação jurídica inicial, que não pode ser desdobrada em sede recursal com esse fundamento.

Sendo tal premissa correta, o desenvolvimento do raciocínio deve levar à seguinte reflexão: o quanto se pode dilatar a relação jurídica processual inicial, desdobrando-a em recursos, para discutir matéria de fato?

Se a presença do devido processo legal, como imperativo constitucional, com todos seus requisitos e consequências, deve-se fazer sentir mesmo antes da propositura da ação (*vide* a análise nestes **Comentários** à investigação prévia à ação penal e toda literatura ali mencionada), deve-se acolher a posição já mencionada de Prado, somando-se aos fundamentos lá citados os que agora se fazem. Dilatar a relação processual com *recursos sobre matérias de fato* em desfavor da defesa significa ampliar as tentativas de obtenção do reconhecimento da existência do direito de ação por parte do órgão acusador e, com tal reconhecimento, o exercício da jurisdição, impondo a alteração do mundo da vida com a sanção estabelecida em lei.

Claro que sempre haverá o argumento da falibilidade humana que é, em si, irrespondível, a dizer que o "juiz de primeiro grau errou". Mas isso não invalida o raciocínio construído, pois, em si, uma decisão colegiada não é *a priori* passível de ser considerada mais correta juridicamente ou mais justa que a decisão do juiz monocrático, e, do ponto de vista estrutural, o mesmo colegiado que existe em segundo grau (e que parece ser enaltecido como mecanismo de minimização dos equívocos humanos) pode, muito bem, existir em primeiro grau de jurisdição.

Para tanto, basta que se altere a construção axiológica – que se reflete normativamente – da estrutura do Poder Judiciário, e se dê ao primeiro grau uma estrutura colegiada como, aliás, existe em várias outras partes das matrizes culturais que inspiram o direito brasileiro. E, rigorosamente falando, nem mesmo a questão dos custos que isso envolve pode servir de óbice, pois a construção da Justiça num Estado Social de Direito envolve investimentos que, se parecem elevados num primeiro momento, na verdade diluem-se facilmente com a sedimentação da certeza jurídica mais prontamente efetivada, sendo

---

2724 MIRANDA, Pontes de. **Tratado da ação rescisória das sentenças e de outras decisões**. 5. ed. Rio de Janeiro: Forense, 1976. p. 172-173.

2725 NERY JR., Nelson. Aspectos da teoria geral dos recursos no processo civil. Justitia 50 (144), São Paulo, out./dez. 1988.

2726 ZANOIDE DE MORAES, Maurício. **Interesse e legitimação para recorrer no processo penal brasileiro**: análise doutrinária e jurisprudencial de suas estruturas. São Paulo: Revista dos Tribunais, 2000. p. 33-37.

a "certeza jurídica" sempre um dos valores maiores em debate nesse contexto.

Admitir que a relação jurídica recursal seja uma mera continuação da relação inicial não é, pois, uma mera questão técnica sem contornos ideológicos e sem importância prática. Ela se faz refletir sensivelmente na operacionalização do sistema penal e precisa ser moldada aos valores da CR e da CADH.

Por outro lado, a discussão sobre matéria *de direito* em sede recursal não nos parece sustentável como desdobramento da relação jurídica inicial. Mesmo que as partes sejam idênticas às da relação jurídica inicial, na verdade o objeto é completamente distinto daquela pretensão. Naquela se pretende uma alteração do mundo da vida a partir da provocação do acusador público ou particular, o que se dará com a imposição de uma pena; nesta, a correção do erro de interpretação jurídica, que, se reconhecido, projetar-se-á para a relação processual inicial, implicando a sua reelaboração. Podem ter pontos em comum, mas seus objetos são diversos.

8. Não recepção pela CR e pela CADH do chamado "recurso de ofício" ou "não voluntário"

Já tivemos a oportunidade de salientar em vários textos anteriores que o recurso de ofício não foi recepcionado pela CR.

O tema já foi alvo de vários acórdãos, alguns dos quais aderentes ao entendimento esposado nestes **Comentários**, afirmando-se que "A Constituição Federal de 1998 estabeleceu ser a iniciativa da ação penal privativa do Ministério Público. Sendo o recurso de ofício uma forma de iniciativa da ação, que faz prosseguir o exercício da jurisdição, têm-se como revogados os dispositivos da lei processual penal que determinam a obrigatoriedade da sua interposição pelo Juiz"[2727], sustentando-se que "o art. 129, (...) baniu da administração da Justiça Criminal o sistema inquisitivo e implantou o sistema acusatório"[2728], banindo-se, pois, "o sistema administrativo da justiça Criminal".[2729]

Sem embargo, sob argumentos dos mais diversos, muitos operadores do direito ainda sustentam sua recepção pela CR e pela CADH. Um desses argumentos, com sabor fortemente hierárquico, é o teor da Súmula 423 do e. STF, que afirma: "Não transita em julgado a sentença por haver omitido o recurso *ex officio*, que se considera interposto *ex lege*".

Outro argumento dogmático (e jurisprudencial) é o que procura desqualificar o recurso de ofício como um "recurso".

8.1 Recurso de ofício: fundamentos

Procurando manter no ordenamento o recurso não voluntário, já se decidiu que se trata de "denominação que é imprópria, (pois) (...) Não se trata de recurso em sentido próprio e técnico, mas indicação de que a decisão deverá ser submetida a duplo grau de jurisdição". Assim, "o impropriamente denominado recurso *ex officio* não foi revogado pelo art. 129, I, da Constituição, que atribui ao MP a função de promover, privativamente, a ação penal, e, por extensão, a de recorrer nas mesmas ações" e "a pesquisa da natureza jurídica do que contém sobre a expressão 'recurso *ex officio*' revela que se trata, na verdade, de decisão que o legislador submete a duplo grau de jurisdição e não de recurso no sentido próprio e técnico".[2730]

Outros provimentos, embora o reconheçam como um "recurso anômalo", afirmam que ele "nada mais é que o reexame da perfeita distribuição da justiça garantida através do princípio do duplo grau de jurisdição (art. 574, I, do CPP e Súmula n. 423, do STF)".[2731]

Com base em tal entendimento se mantém a "necessidade de interposição nos casos expressamente previstos em leis ordinárias".[2732]

Nenhuma das posições adotadas para justificar a manutenção dessa modalidade recursal, com a devida vênia, satisfaz, porque:

> a história desse mecanismo jurídico desmente a afirmação de que não se trata de um recurso. Veja-se que desde o Código de Processo Criminal de Primeira Instância de 1832 já se contemplava, no Capítulo V (Da denúncia dos crimes de responsabilidade dos empregados públicos, e forma do processo respectivo), o art. 167, que determinava: "Da sentença que não pronunciar, appellará o Juiz ex-officio para a Relação do Districto, e os autos serão immediatamente remettidos pelo Escrivão respectivo ex-officio sem formalidade

---

[2727] TRF. **RC ex officio, 96.04.08026-1/PR**. 4ª Região. 1ª Turma. Relator: Juiz Vladimir Freitas. Data de julgamento: 9 abr. 1996, v.u. Data de publicação: DJU, 2 maio 1996. p. 27.998, embora, com a devida vênia, não se trate exatamente de "revogação", mas sim de não recepção da norma processual penal.

[2728] RT, 659/305.

[2729] RT, 684/336; RT, 676/348; RT, 677/374; RT, 684/336.

[2730] STF. **HC 74.714-1**. Relator: Maurício Corrêa. Data de publicação: DJU 27 ago. 1997. No mesmo sentido: RTJ, 138/239; RTJ, 140/849; RTJ, 142/535 e HC 70.548/PA (DJ, 30 jun. 1995). HC 73.352/TO. Relator: Min. Néri da Silveira. 26 mar. 1996.

[2731] TRF. **Recurso em Habeas Corpus ex Officio – 433. Processo: 1999618100-58105/SPSP**. 3ª Região. 1ª Turma. Data de julgamento: 6 jun. 2000.

[2732] RT, 691/328.

alguma". Posteriormente, a Lei n. 261, de 3 de dezembro de 1841, sobre a reforma do código do processo criminal, no Título I (Disposições Criminaes), no Capítulo X, Dos recursos, dispunha no art. 69 que "Dar-se há recurso: (...) 7º Da decisão que concede soltura em consequencia de Habeas corpus: este recurso será interposto ex-officio. É sómente competente para conceder Habeas-corpus o Juiz superior ao que decretou a prisão", seguindo-se o art. 70. "Estes recursos serão interpostos para a Relação do Districto quando as decisões forem proferidas pelos Juízes de Direito, ou Chefes de Policia, nos casos em que lhes competirem. Dar-se-ha, porém, para o Juiz de Direito, quando proferidas por outras Auctoridades judiciarias superiores. O recurso de não pronuncia, nos casos de responsabilidade será interposto ex-officio". Como se vê, o tratamento da matéria não deixa dúvidas de que se trata de um mecanismo de revisão, e não se pode afirmar que a palavra "recurso", no caso, seja uma denominação "imprópria";

mais afrontoso ainda para um ordenamento processual é não considerar essa modalidade recursal como um meio impugnativo, vez que isso leva à inevitável consequência de configurar supressão de instância, na medida em que o julgamento definitivo não se dá pelo juiz natural da causa, mas por um órgão hierarquicamente superior na estrutura do Poder Judiciário.

A manutenção do recurso de ofício somente pode ser entendida caso sejam mantidas as bases que lhe deram origem: uma forma de manipulação do segundo grau de jurisdição em face do primeiro para determinadas matérias julgadas de particular interesse.

Deve ser acrescido que, num processo penal pautado pelos valores do Estado Social de Direito, não têm guarida mecanismos compulsórios de devolução do conhecimento da causa a um juiz que não é o natural, para usar uma expressão de Frederico Marques.[2733]

Aliás, este prestigiado autor, quando teve oportunidade de contribuir para a concepção de um novo Código de Processo Penal, observando rigidamente as recomendações do sistema acusatório, aboliu, "de vez, todo e qualquer procedimento *ex officio*" (Exposição de Motivos, 1), seguindo os passos do anteprojeto de Código de Processo Penal, apresentado por Hélio Tornaghi, que suprimia o recurso de ofício, dispondo no art. 704: todos os recursos são voluntários, não havendo nenhum de ofício.

Merece destaque, igualmente, uma justificativa para a existência da modalidade "de ofício" do recurso, que é a de ser uma "condição de eficácia da sentença", entendimento esposado por autores do porte de Grinover, Fernandes e Gomes Filho.[2734]

Tal posição é encontrada na jurisprudência, considerando-se que

> Inobstante a controvérsia existente acerca da recepção (ou não) de tal dispositivo pela CF/88 (que confere ao Ministério Público a atribuição exclusiva de promover a ação penal pública), o STF assentou sua constitucionalidade, eis que o instituto em tela não trata de recurso na acepção estrita do termo, mas de requisito essencial à eficácia da sentença, de forma que, concedendo o julgador o *mandamus*, deve enviar o feito à superior instância para fins de reexame, sem que isso signifique usurpação das funções ministeriais.[2735]

Na verdade, como demonstrado por Campos Barros[2736], a compreensão do recurso de ofício como uma "condição de eficácia da sentença" daqueles festejados autores parece vir de Buzaid, que, analisando o tema da apelação "de ofício" à luz do Código de Processo Civil de 1939, repudiava sua natureza "inquisitiva", e buscava conceituá-la como uma "providência ditada por motivo de ordem pública", baseada numa "vontade da lei" para que o juiz assim aja, consubstanciando-se numa "ordem de devolução à instância superior", sendo que a ela "devolve-se (...) o conhecimento integral de todas as questões, suscitadas e discutidas no processo".

Quer nos parecer, com a devida vênia, que essa saída eminentemente técnica não se coaduna com o sistema processual, tal como o sustentamos ao longo destes **Comentários**.[2737]

Isso porque condicionar a eficácia da decisão (*rectius*: de qualquer provimento) a quem não é o juiz natural da causa fere a estrutura constitucional do processo penal. Trata-se de uma justificativa teórica – aquela esposada pelos renomados autores – de natureza "circular", na medida em que nada impediria, portanto, que houvesse outra "condição de eficácia

---

2733 Quando define recurso de ofício como "aquele em que a devolução à superior instância se opera por ato do juiz". MARQUES, José Frederico. **Da competência em matéria penal**. São Paulo: Saraiva, 1953. p. 317.

2734 GRINOVER, Ada Pelegrini; GOMES FILHO, Antônio Magalhães; FERNANDES, Antônio Scarance. **Recursos no processo penal**: teoria geral dos recursos, recursos em espécie, aços de impugnação, reclamação aos tribunais. 4. ed. São Paulo: Revista dos Tribunais, 2005. p. 36-37.

2735 TRF. 4ª Região. 8ª Turma. **REOHC Ex Officio, 39, Processo 200270000559026/PR**. Data de julgamento: 4 nov. 2002.

2736 CAMPOS BARROS, Romeu Pires. **Sistema do processo penal brasileiro**. Rio de Janeiro: Forense, 1990. p. 359-362.

2737 Também sustentando a verdadeira natureza recursal SANTIAGO, Nestor Eduardo Araruna. **Do recurso ex officio no processo penal**: coleção ciências criminais. Belo Horizonte: Mandamentos, 2002. p. 61.

do acórdão" que apreciou o recurso não voluntário e assim sucessivamente, até que se esgotasse toda a estrutura do Poder Judiciário. E tudo haveria de ser considerado correto sob o prisma de se tratar de uma condição de eficácia. O juiz natural da causa, que teve o contato com as partes e com as provas, decidindo o mérito em estrita observância ao devido processo legal, seria apenas uma "etapa" num caminho, suprimível enquanto instância decisória em nome da "vontade da lei" e "por motivo de ordem pública", na lição de Buzaid.

Tais concepções não se sustentam diante dos fundamentos do processo penal no Estado Social de Direito.

8.2 Restritividade das hipóteses do recurso de ofício

Enquanto não se convence da nova ordem jurídica instaurada, boa parte dos operadores do direito ao menos concede a taxatividade ao rol de cabimento do recurso involuntário. Isso se deve menos à descrença na modalidade recursal em análise e mais a uma tradição de exaustão das hipóteses de cabimento para os recursos na sistemática do Código de Processo Penal (v.g., no recurso em sentido estrito), em nome do "princípio da taxatividade recursal". Assim, paradoxalmente, mesmo não sendo para alguns um "recurso", a ele são emprestados os princípios destes...

Assim, reconhece-se que "Não cabe a interposição de recurso de ofício, previsto no art. 574, II, do CPP, contra a sentença que declara a extinção da punibilidade do réu ante a prescrição da ação penal já que esta não se confunde com a hipótese de absolvição sumária".[2738]

8.3 À guisa de conclusões práticas sobre a discussão do recurso de ofício

Nada adiantaria discutir a natureza jurídica do recurso de ofício e sua inaplicabilidade perante a CR e a CADH se não fossem extraídos resultados práticos dessa empreitada.

Uma vez reconhecida a não recepção do recurso de ofício pela CR, tem-se que os atos praticados por esse mecanismo não podem gerar efeitos jurídicos. Assim, na hipótese de uma ordem de *habeas corpus* concedida, ou de uma absolvição sumária no caso do júri, havendo exclusivamente o emprego do recurso de ofício, não é possível que se extraiam consequências em desfavor do acusado, não podendo ser mantidas – ou tomadas – quaisquer medidas constritivas sob a justificativa de estar em "tramitação" o aludido recurso.

Num certo sentido, é também essa a posição de Rangel[2739], devendo ser acrescido um dado relevante do mundo do direito vivido, e que já foi mencionado em outro trecho destes **Comentários**: no caso do Estado de São Paulo, atualmente, significa uma espera de, no mínimo, quatro anos para a ocorrência do trânsito em julgado, período no qual quem arca com o ônus não é o Estado, mas o acusado, num primeiro plano, e a sociedade como um todo, se analisado o sistema jurídico de forma mais ampla.

> Art. 575. Não serão prejudicados os recursos que, por erro, falta ou omissão dos funcionários, não tiverem seguimento ou não forem apresentados dentro do prazo.

1. Sobre prazos e formas de contagem, vide *Comentários* aos arts. 798 e seguintes

2. Tempestividade recursal: a discussão nos moldes da redação original do Código de Processo Penal

A apresentação do recurso dentro do prazo configura-se como um dos requisitos *objetivos* da impugnação. Do ponto de vista prático, a tempestividade está vinculada à certificação da ciência do provimento a ser impugnado, o que remete o tema ao da *comunicação dos atos processuais*, que, no direito brasileiro, apresenta-se sempre passível de inúmeros percalços burocráticos, pois a estrutura do procedimento (rito), sempre escrita e diluída no tempo, exige que os atos de comunicação se deem, no mais das vezes, *a posteriori*, e não no momento em que o provimento jurisdicional é prolatado. Isso obviamente implica desperdício de tempo e esforço humano, acarretando o aumento de custos do processo. Para solucionar todos esses problemas – ou ao menos minimizá--los –, a adoção da oralidade como norteadora do procedimento é o caminho, como já explanado em outra parte destes **Comentários**.

Mas, enquanto a necessária reconfiguração do processo penal não vem, inúmeros problemas materiais acontecem.

Um dos pontos mais comuns de atrito da letra da lei com a prática diz respeito à data da intimação das partes para que se tenha o início do cômputo do prazo recursal. Nesse sentido, já se decidiu, em caso ligado ao Ministério Público, que, "Havendo divergência de datas entre certidão genérica do cartório, referente à intimação da sentença ao Promotor e a data do 'ciente' na própria sentença aposto pelo representante do Ministério Público, prevalece esta última". Isso porque, "Em matéria de recurso, na dúvida decide-se em favor de sua admissibilidade, em

---

[2738] STF. **HC 75.417/DF**. Relator: Min. Octavio Gallotti. 12 ago. 1997.
[2739] Op. cit., p. 717.

consequência do princípio da pluralidade dos graus de jurisdição".[2740]

Disso decorre que

havendo dúvidas nos autos na data de intimação do apelante, fica sobrestado o recurso, para que seja comprovada a data da inequívoca intimação do recorrente, a fim de saber-se da tempestividade do apelo. No entanto, analisando-se os autos, constata-se que o representante do Ministério Público não apôs seu ciente nos autos, onde consta o carimbo de intimação do mesmo, está o ciente do sentenciado, manifestado por sua assinatura. Não existindo o ciente do representante do *Parquet*, gerando dúvidas quanto sua intimação do édito atacado, deve o recurso baixar em diligência, para que a Escrivania da Primeira Vara Criminal de Joinville esclareça a data exata da intimação do apelante, utilizando-se, inclusive, do obrigatório livro de carga de autos.[2741]

Em suma, "em havendo dúvida razoável quanto a tempestividade do recurso, recomenda-se admiti-lo, por imperativo dos princípios que regem o acesso ao judiciário".[2742]

3. Prazo em dobro para o Ministério Público – inaplicabilidade

Enquanto a Defensoria Pública – em sentido restrito, como visto no art. 390 – goza do benefício processual do prazo dobrado para interpor recursos o mesmo não se aplica para o acusador público ou privado.

Assim,

O Ministério Público não possui, em matéria criminal, ao contrário da Defensoria Pública, a prerrogativa de prazo recursal em dobro. (1) Lei 8.038/1990: "Art. 39 – Da decisão do Presidente do Tribunal, de Seção, de Turma ou de Relator que causar gravame à parte, caberá agravo para o órgão especial, Seção ou Turma, conforme o caso, no prazo de cinco dias."[2743]

Art. 576. O Ministério Público não poderá desistir de recurso que haja interposto.

1. Fundamento da impossibilidade de desistência do recurso

Tradicionalmente, a impossibilidade da desistência do recurso é tida como corolário da indisponibilidade da ação penal. Assim, o Ministério Público pode não ajuizar a ação, mas, se o fizer, dela não poderá desistir. Da mesma forma com o recurso, o qual não necessitará exercitar, mas, se o fizer, dele não poderá desistir.

No plano lógico-formal assim se dá, mas necessariamente a impossibilidade de desistência não se opera apenas com uma petição formal com esse conteúdo, porém pode se dar substancialmente por *atos* que contrariem a razão de ser da impugnação.

Isso pode ser exemplificado com a ocorrência de dissenso entre os órgãos de execução do Ministério Público (*vide* **Comentários** a artigo posterior), quando o órgão que interpõe o recurso é substituído por outro que entende não ser a impugnação cabível e, nas razões, não postula a reforma do provimento. Ou mesmo em situações mais raras, quando o órgão do Ministério Público deixa de provocar a produção de uma prova qualquer que poderia ser feita em âmbito recursal; afinal, como aponta prestigiosa doutrina, nada impede a dilação probatória em segundo grau[2744]; são hipóteses nas quais, embora oficialmente não haja desistência, substancialmente ela ocorre.

No entanto, dada a lógica inquisitiva reinante no direito brasileiro, argumentos desse cariz podem ser empregados para sustentar a indisponibilidade recursal sem que se atente para as nuanças expostas no parágrafo anterior. Assim, não raras vezes se conhecerá do recurso mesmo com razões antagônicas ao apresentado na interposição (onde se considera que está o fundamento do efeito devolutivo do recurso) e se suplantará facilmente o papel da parte pela missão da "descoberta da verdade real" pelo juiz onipresente.

Art. 577. O recurso poderá ser interposto pelo Ministério Público, ou pelo querelante, ou pelo réu, seu procurador ou seu defensor.

1. Súmula 705 do STF

"A renúncia do réu ao direito de apelação, manifestada sem a assistência do defensor, não impede o conhecimento da apelação por este interposta".

2. Súmula 708 do STF

"É nulo o julgamento da apelação se, após a manifestação nos autos da renúncia do único defensor, o réu não foi previamente intimado para constituir outro".

[2740] STJ. **REsp 8.677/RJ**. Relator: Min. Assis Toledo. 3 abr. 1991.
[2741] TJSC. **Apelação Criminal 28.298**. Joinville. Relator: Des. Solon d'Eça Neves.
[2742] STJ. **RSTJ 64/267**. Relator: Min. Luiz Vicente Cernicchiaro.
[2743] STF. **HC 120275/PR**. Relator: Min. Marco Aurélio. Data de julgamento: 15 maio 2018 (HC-120275).
[2744] GRINOVER, Ada Pelegrini; GOMES FILHO, Antônio Magalhães; FERNANDES, Antônio Scarance. **Recursos no processo penal**: teoria geral dos recursos, recursos em espécie, aços de impugnação, reclamação aos tribunais. 4. ed. São Paulo: Revista dos Tribunais, 2005.

3. O recurso como atividade da parte

Anima o exercício do recurso a ideia que ele somente poderá ser atuado pela vontade das partes, como consequência lógica da voluntariedade que vige no sistema recursal. Uma exceção à ideia de parte, como se verá, é o recurso do terceiro não habilitado.

4. Dissenso entre a manifestação do réu e de seu representante: o desejo de recorrer da defesa técnica e a renúncia ao recurso pelo acusado

É assentado pela doutrina, neste ponto, que, embora divergências existam, "deva prevalecer a vontade do defensor sobre a do acusado, considerando-se que a defesa técnica é indisponível, devendo ser garantida no processo ainda que contra a vontade do acusado, cabendo ao defensor velar pelos interesses da defesa".[2745]

Tal compreensão se faz sentir também na jurisprudência, onde se lê que "o conflito de vontades entre o acusado e o defensor, quanto à interposição de recurso, resolve-se, de modo geral, em favor da defesa técnica, seja porque tem melhores condições de decidir da conveniência ou não de sua apresentação, seja como forma mais apropriada de garantir o exercício da ampla defesa"[2746], sendo que é "condição de validade da renúncia do acusado (...) a assistência da defesa técnica, que intervirá para aconselhar e esclarecer o renunciante sobre as consequências de seu ato".[2747]

Em suma, "no conflito entre a vontade do réu e a de seu defensor, deve prevalecer a do profissional, que está qualificado para avaliar a conveniência de interposição de recurso visando a beneficiar o acusado, prestigiando-se o princípio constitucional da ampla defesa".[2748]

Sem embargo, ainda é possível encontrar entendimentos em sentido oposto, que dão pela "prevalência da vontade do condenado" e o consequente não conhecimento do recurso[2749].

5. Dissenso entre a manifestação do réu e de seu representante: o desejo de recorrer do acusado e a renúncia ao recurso pela defesa técnica

A hipótese agora apresenta como solução, segundo parte da doutrina e da jurisprudência, a inversão da preponderância de interesses, com o reconhecimento da insuficiência de atividade do defensor, e sua consequente substituição, seja ele dativo ou contratado pelo próprio acusado. A interposição se considera efetuada, não havendo prejuízo para o acusado, restando apenas a apresentação das razões de inconformismo. Um dos fundamentos invocados é o art. 2º, § 2º, do Estatuto da Ordem dos Advogados do Brasil.[2750]

Cruz acrescenta que esse *munus* da efetivação da defesa técnica deve recair de igual maneira entre os acusados que são defendidos por patronos dativos ou contratados, "pois o único fator determinante da nulidade do processo, em virtude da ausência (ou deficiência total) da defesa efetiva, deveria residir precisamente na constatação de que o acusado foi prejudicado".[2751]

Assim, "ainda que não tenham sido apresentadas as razões do inconformismo em favor do apelante, porquanto seu defensor constituído, regularmente intimado, subscreveu petição postulando a 'desistência do prazo', e o réu pessoalmente intimado manifestou a vontade de recorrer, deve-se conhecer da súplica"[2752], em face da necessidade de se preservar o princípio da ampla defesa.

6. Interposição pelo réu na Lei n. 9.099/1995

O raciocínio da redação do artigo em comento continua em vigor mesmo perante o juizado especial criminal. Nesse sentido,

a Lei n. 9.099/95, em seu art. 82, I, não modificou a norma do art. 577, *caput*, do CPP, que confere capacidade postulatória ao próprio acusado, para a interposição de Apelação, sendo possível, quando o inconformismo é manifestado pela assinatura do termo de recurso, a apresentação posterior das razões, devendo, para tanto, ser aberta vista dos autos à Defesa técnica".[2753]

2745 GIANELLA, Berenice Maria. **Assistência jurídica no processo penal**. São Paulo: RT, 2002. p. 184.
2746 STF. **RE 188.703-6**. Relator: Min. Francisco Rezek; no mesmo sentido, JTJ 242/371 e, também, TJSC. **Ap. Crim. 30.611**. São José. Relator: Des. José Roberge. Data de julgamento: 11 fev. 1994.
2747 TJSP. **Apelação Criminal 152.945-3**. São Bento do Sapucaí. Relator: Dante Busana. 25 ago. 1994.
2748 TJSC. **Apelação Criminal 98.002359-9**. Relator: Des. Paulo Gallotti. Data de julgamento: 25 ago. 1998.
2749 TJSP, Apelação Criminal 226.957-3, Votuporanga, 3ª Câmara Criminal de Férias de "Julho/97", rel. Silva Leme, 25-11-1997, v.u.
2750 GIANELLA, 2002. p. 184.
2751 CRUZ, Rogério Schietti. **Garantias processuais nos recursos criminais**. São Paulo: Atlas, 2002. p. 150.
2752 TJSC. **Apelação Criminal 97.004487-9**. Porto União. Relator: Des. Nilton Macedo Machado; no mesmo sentido: TJSP. **Apelação Criminal 156.914-3**. Araras. Relator: Lustosa Goulart. 14 abr. 1994.
2753 RJTACRIM 32/210

E não poderia ser diferente, na medida em que a lei extraordinária, não prevendo diversamente do Código de Processo Penal nesse ponto, a ele se amolda naquilo que não dispõe.

7. Recurso do Ministério Público: ausência de interposição e posterior apresentação de razões

Não se pode conhecer do inconformismo do acusador público quando não se interpõe o recurso regularmente, limitando-se o Ministério Público a apresentar posteriores razões. Nesse sentido, "A não formalização do pedido suprime fase processual importante, necessária e indispensável ao juízo de admissibilidade ou não de agravo em execução. A simples apresentação das razões não suprime nem supre a fase primeira do recurso, qual seja, a formalização da interposição".[2754] Pode-se acrescer que o mesmo raciocínio é válido para qualquer das partes.

8. Recurso interposto pelo Ministério Público – promotor natural

Levando-se em conta os princípios constitucionais da unidade e da indivisibilidade do Ministério Público, considera-se interposto o recurso quando o órgão de execução da instituição apresenta tempestivamente a petição de interposição, obstando a produção do trânsito em julgado. Não importa, nesse contexto, a posição na carreira do órgão atuante – se Promotor de Justiça titular ou substituto, vitalício ou não –, desde que se comprove que "tinha atribuição legal para tanto" (TJSP. Recurso Criminal 108.267-3. Itapetininga. Relator: Fortes Barbosa. 3 fev. 1992).

9. Colisão de entendimentos entre órgãos de execução do Ministério Público

Na forma tradicional de compreensão deste ponto, a jurisprudência, assim como a doutrina, entende que "Inexiste impedimento para a interposição de recurso contra a decisão judicial proferida acompanhando manifestação de outro membro do Ministério Público, se cada um agir segundo a sua consciência jurídica, amparados ambos, pelo princípio da independência funcional".[2755]

Assim, mesmo quando o "promotor (...) pede absolvição do réu", considera-se possível a "interposição pelo sucessor do membro do *parquet* de apelação contra a sentença absolutória", pois "a manifestação do promotor de justiça pela absolvição do réu não impede que a apelação de seu sucessor em juízo, visando à reforma da sentença absolutória, seja conhecida, sendo que o juiz não está adstrito ao pedido final do MP, podendo condenar mesmo diante da proposta de absolvição".[2756]

Ambas as decisões parecem colidir com as premissas de um processo penal condizente com a CR e com a CADH. Não há como sustentar, num processo penal de cariz acusatório, que o titular da ação penal "jogue dados" com a sorte da persecução e oscile entre a pretensão punitiva consubstanciada numa medida sancionadora e a postulação da absolvição do acusado. É parte, e como parte deve agir, postulando com coerência, sob o risco de ver desaparecer seu interesse processual em recorrer. Por isso, merece atenção acórdão que reconhece que "O Juiz poderá não atender o pedido da Acusação. Contudo, se atender o pedido, nos limites do requerido, a Acusação não poderá insurgir-se contra essa decisão por lhe faltar interesse na reforma ou modificação da decisão, por inexistir qualquer sucumbência em sua pretensão".[2757]

10. Recurso do Ministério Público e interposição autônoma do assistente de acusação

Levando-se em conta o quanto já foi dito nos *Comentários* aos arts. 268-271, deve-se considerar que "havendo recurso do Ministério Público, não se pode conhecer do recurso do Assistente de Acusação, quando as pretensões são idênticas. Tendo o Promotor apelado, deve o Assistente oferecer suas razões de apoio a este, não podendo, porém, neste caso, pretender autonomia recursal".[2758]

Precedente do STF considerou nessa hipótese que

> Diversamente do que sucede nessa última espécie – a ação privada subsidiária – não pode o assistente ser considerado parte, pelo menos no sentido próprio, de elemento indispensável ao processo, sendo quando muito, parte contingente, adjunta ou adesiva como costumam denominá-la os autores especializados. Fazem-se sentir os efeitos de tal distinção, também no âmbito do Código de Processo Penal comum, onde não se acha, v.g., qualificado o assistente para recorrer da sentença que decreta a absolvição sumária, nos crimes de competência do Tribunal do Júri (artigos 271, 411 e 584 do CPP). Não cabe, igualmente, recurso (mesmo ordinário) da decisão concessiva de habeas corpus, embora suscetível de operar o trancamento da ação penal (Súmula 208 do STF). O mesmo se observa a propósito da

---

[2754] RJDTACRIM, 5/27.
[2755] RJDTACRIM, 2/48.
[2756] TACrimSP. **Recurso em Sentido Estrito 914.057**. 13ª Câmara. Relator: Abreu Oliveira. Data de julgamento: 4 abr. 1995.
[2757] RJTACrim, v. 33, jan./mar. 1997, p. 273.
[2758] RJDTACRIM, 9/63.

inadmissibilidade do extraordinário manifestado pelo assistente, contra acórdão absolutório, proferido em revisão criminal (cfr. Re 59.995, RTJ 36/459 e RE 76.848, RTJ 70/500).[2759]

Correta a distinção entre o legitimado subsidiário e a posição do assistente, pois aquela se encontra fundada no controle da inação do Ministério Público como mecanismo constitucional de fiscalização das atividades do acusador público. Não há, pois, sentido em restringir-se a via recursal extraordinária ao acusador privado subsidiário.

11. Acusação pública tendo como vítima funcionário público ofendido

Já se posicionou o STF em caso no qual

> tendo o ofendido optado pela ação penal pública condicionada, ao invés da ação penal privada, e tendo integrado a lide como assistente de acusação, é admissível seu recurso extraordinário interposto em ação de habeas corpus? Estimo que a resposta há de ser positiva, a despeito da Súmula 208 desta Corte e que assim dispõe: (...). Isso porque, a orientação atual desta Corte, que admitiu, a partir do julgamento do INQ 726-AgR, rel. Min. Sepúlveda Pertence, DJ 29.04.94, a legitimidade concorrente tanto do ofendido, para promover a ação penal privada, quanto do Ministério Público, para a ação pública condicionada, quando se cuidar de ofensa "propter officium", certamente levou em consideração o fato de que o legislador ao dar ao Ministério Público a atribuição de se substituir ao servidor, no exercício da ação, teve em bista não sobrecarregar a ele (servidor) como ônus do processo. Trata-se, portanto, de um benefício concedido ao servidor que poderá optar ou pela queixa privada ou pela representação ao Ministério Público. Disso resulta que a opção mencionada, não poderá, de forma alguma, prejudicar o servidor ofendido. Vale dizer, fazendo a opção pela representação, eventual inércia do Ministério Público, nos prazos previstos nos art. 40, § 1º da Lei 5.250/67 e 46 do Código de Processo Penal, ou até mesmo sua recusa em propor a ação penal, não impedirá que o próprio ofendido se socorra da queixa privada, como já decidiu o plenário desta Corte no julgamento da AO 191, rel. min. Marco Aurélio, DJ 17.06.94. Tudo porque

o ofendido é o maior interessado na preservação da própria honra, cuja inviolabilidade é assegurada constitucionalmente (CF, art. 5º, X).[2760]

> *Parágrafo único.* Não se admitirá, entretanto, recurso da parte que não tiver interesse na reforma ou modificação da decisão.

1. Conceito de interesse para recorrer

O interesse para recorrer – na locução do Código de Processo Penal, "interesse na reforma ou modificação da decisão" – é dos temas mais debatidos na dogmática processual penal, que, como em muitos outros assuntos, "importa" inúmeras reflexões da dogmática civil.

Com efeito, em expressiva obra acadêmica, Maurício Zanoide de Moraes[2761] ocupou-se da matéria, esmiuçando as inúmeras posições a respeito e apresentando o que, no seu entender, seria a distinção entre o interesse para agir, a justa causa e o interesse para recorrer, conceitos que, embora muitas vezes convergentes, não se confundem, reiterando, igualmente, a insuficiência do conceito de sucumbência para a materialização do interesse em recorrer, ponto sobre o qual, com particular ênfase, detém-se o autor citado.

Suas críticas partem das três identificações possíveis de sucumbência: como prejuízo; como "pedido" e como noção de "parte no processo". Ao final, na empreitada de substituir o espancado conceito por algum outro a partir do qual se possa objetivamente operacionalizar o recurso, vale-se o professor paulistano do conceito de "utilidade" como "aferidor do interesse recursal" e, "para se determinar o 'interesse-utilidade' recursal, portanto, leva-se a cabo uma operação racional pela qual se extrai a existência (ou não) de um prático benefício ao recorrente" (2000, p. 187). Essa operação é levada a efeito numa base hipotética "sobre a existência de um benefício passível de concessão caso o recurso não seja provido", em cuja análise se levará em conta "a situação jurídica do recorrente no momento do recurso e originada pela decisão impugnável" e "a situação jurídica almejada", esta última sendo "potencial e comparativamente mais vantajosa ao recorrente".[2762]

Na verdade, a preocupação com a sucumbência é antiga na literatura processual, conforme relembra

---

2759 STF .RMS 23285, Relator Ministro Octavio Gallotti, Primeira Turma, julgamento 20.4.1999, DJ de 3.9.1999

2760 STF. **RE 387974**. 2ª Turma. Relatora: Min.ª Ellen Gracie. Data de julgamento: 14 out. 2003. Data de publicação: DJ, 26 mar. 2004.

2761 ZANOIDE DE MORAES, Maurício. **Interesse e legitimação para recorrer no processo penal brasileiro**: análise doutrinária e jurisprudencial de suas estruturas. São Paulo: Revista dos Tribunais, 2000. p. 98 e ss.

2762 ZANOIDE DE MORAES, Maurício. **Interesse e legitimação para recorrer no processo penal brasileiro**: análise doutrinária e jurisprudencial de suas estruturas. São Paulo: Revista dos Tribunais, 2000.p. 188.

Silva Jardim[2763], a partir da obra de Barbosa Moreira. Menciona-se que não é suficiente a ideia de sucumbência para sustentar o interesse para recorrer a partir de situações como o recurso do assistente não habilitado no processo penal, bem como do assistente habilitado e do próprio Ministério Público na ação penal privada. Todas essas situações são apregoadas como carecedoras de sucumbência e, todavia, portadoras de interesse recursal para as partes legitimadas.

Com efeito, identificar o que seja interesse em recorrer não é das tarefas mais simples a partir da análise estrutural do Código de Processo Penal em vigor. Resta indagar se, a partir da estrutura da CR e da CADH, existem parâmetros diferenciados que possam auxiliar na construção do conceito de interesse para recorrer.

Para tanto, é forçoso retomar, na esteira de outros pontos destes **Comentários**, que o exercício do direito de ação apenas num sentido *concreto*, sobre o qual se ergue o conceito de jurisdição no Estado Social de Direito, reclama a existência de um vínculo material que se projeta para a relação processual.

Assim, o direito de ação, quando reconhecido como existente por um provimento definitivo de mérito, tem como efeito a alteração do mundo da vida. Essa alteração, numa sentença condenatória, significa a imposição de uma sanção pelo Estado. A sentença absolutória traduz que não há alteração do mundo dos fatos a ser produzida, confirmando-se a presunção de inocência, não se falando no caso do exercício do direito de ação, mas sim de direito à administração da Justiça. Para as partes legítimas na relação processual, esse esquema parece funcionar de forma bastante satisfatória, restando averiguar como se comportaria com a complexidade de outros elementos na equação jurídica.

A situação parece se complicar quando se adentra nas hipóteses de "prejuízo" como sinônimo de sucumbência lembradas por Silva Jardim. Qual interesse na recomposição do mundo da vida teria o terceiro não habilitado como assistente? Ou quais seriam os limites de interesse do assistente já formalizado ao longo da relação processual?

Com relação a este último, sem que se valha de novos ensinamentos dogmáticos a partir da CR, pode-se encontrar um final adequado: tratando-se de assistência na modalidade "simples" – usando-se da analogia com a estrutura em outro ramo processual –, seu regime deve obedecer ao legitimado ativo. Não pode, jamais, expandir o conteúdo da postulação inicial nem terá interesse em recorrer quando o legitimado ativo não o fizer (vide nestes **Comentários** os arts. 268 a 271), bem como não terá recurso autônomo quando o legitimado ordinário já o tiver exercido.

No que tange ao recurso do terceiro não habilitado previsto no art. 598, tem-se uma hipótese de legitimação extraordinária autônoma e exclusiva, para empregar uma vez mais a metodologia de Barbosa Moreira. Nada há de se estranhar neste ponto, pois assim como quando da inação do Ministério Público existe a ação penal privada subsidiária da pública por expresso mandamento constitucional, como forma de controle social pela não atuação do *parquet*, aqui também se dá da mesma forma.[2764]

Outra situação diz respeito ao interesse do Ministério Público em recorrer nas ações penais privadas "genuínas" ou "exclusivas", nas quais o órgão estatal não funciona como parte, mas como *custos legis*, na expressão da doutrina tradicional. Com efeito, não tendo interesse na recomposição do mundo da vida em face da natureza do bem jurídico tutelado, o Ministério Público não terá interesse senão na *obediência jurídica* ao devido processo legal. Disso decorre que ele não exercitará impugnação sobre matéria de fato, mas apenas sobre matéria de direito, por exemplo para que não prevaleça um provimento calcado numa prova ilícita.

1.1 O interesse para recorrer do Ministério Público

O exercício do direito de recorrer está condicionado à existência de interesse direto na reforma total ou parcial da decisão recorrida, seja no processo de conhecimento, no de execução ou no cautelar. De qualquer maneira, clama a jurisprudência por algum tipo de "coerência" na postura da parte ao longo de toda a relação processual.

Assim, em relação ao processo penal cautelar, já se decidiu que

> O Ministério Público não tem interesse de recorrer, buscando decretação de prisão preventiva de acusado se anteriormente requereu, em favor deste, a "extinção do processo"; se houve equívoco no nome do recorrido, a instância superior não pode corrigi-lo para não prejudicar quem não faz parte do procedimento recursal.[2765]

1.2 O interesse para recorrer do acusado

O interesse para recorrer do acusado está pautado pela manutenção da sua situação de vida jurídica com o reconhecimento da inexistência do direito de ação pelo Estado. Não lhe cabe – como a nenhuma outra parte – o recurso sob um fundamento meramente moral (o que não se confunde com o direito

---

[2763] JARDIM, Afrânio Silva. O Ministério Público e o interesse em recorrer no processo penal. In: **Direito processual penal**. 4. ed. Rio de Janeiro: Forense, 1992. p. 317 e ss.
[2764] Tal entendimento é também compartilhado por MORAES, *op. cit.*
[2765] TJSC. **Recurso Criminal 96.011051-8**. Jaraguá do Sul. Relator: Des. Nilton Macedo Machado.

a reparação dos danos morais pelo exercício do direito à administração da justiça que denegriu sua honra, por exemplo).

Numa perspectiva concreta da jurisdição, o acusado, que graças à presunção de inocência somente pode ter sua situação jurídica alterada quando houver o reconhecimento do direito de ação pelo Estado – a dizer, com a imposição de uma sanção e a consequente quebra do princípio da presunção de inocência –, não se pauta por interesse "em perspectiva", como defendido por prestigiosos autores contemporâneos, mas sim pela manutenção do reconhecimento do seu estado de inocência.

Nesse sentido, é de se compreender o interesse do acusado em alterar o fundamento da sentença absolutória com base no art. 386, VII, desde que se mantenha o – discutível – entendimento de que ele foi recepcionado pela CR e pela CADH – pois, diante de uma visão concreta do direito de ação, uma pessoa não pode ter contra si projetado um provimento jurisdicional que equivale a um *non liquet* diante das provas do processo, como já exposto em outro ponto destes **Comentários** –, ou mesmo diante das outras hipóteses que fundamentam a absolvição na literalidade do Código de Processo Penal.

Isso porque mesmo a sentença absolutória penal pode alterar outras esferas da vida jurídica do acusado, como eventual persecução civil ou mesmo efeitos civis na situação administrativa ou nas suas relações de trabalho, graças a uma generalizada compreensão de jurisdição como mecanismo abstrato no direito brasileiro. Assiste razão neste ponto a Cruz[2766] quando afirma que o recurso, nesse caso, não é um mero "capricho" do réu.

Não exatamente por uma visão concreta de jurisdição, já se decidiu que "Embora absolvido, o acusado tem legítimo interesse para recorrer da sentença visando à mudança do fundamento legal invocado (alteração de um inciso para outro, do art. 386 do CPP)".[2767]

1.3 O interesse para recorrer do assistente do Ministério Público devidamente habilitado

O interesse para recorrer do assistente está ligado à razão de sua intervenção no processo penal, cujas bases já foram explicitadas nos *Comentários* aos arts. 268 a 271.

1.4 O interesse para recorrer do assistente do Ministério Público não habilitado no processo de conhecimento

Via de regra, o interesse em recorrer do terceiro não habilitado como assistente ao longo da relação processual tem como fundamento o controle da inação do Ministério Público, do mesmo modo que teria este terceiro o interesse na propositura da ação penal privada subsidiária da pública.

No entanto, considera-se que "Falece legitimidade recursal ao terceiro que não preenche os requisitos de admissibilidade como assistente da Acusação e não demonstra qual o prejuízo suportado em face da r. decisão hostilizada".[2768]

Art. 578. O recurso será interposto por petição ou por termo nos autos, assinado pelo recorrente ou por seu representante.

1. Forma de interposição: noções gerais

A forma de interposição dos recursos pode ser escrita ou oral, teoricamente, para o inconformismo interposto junto ao juízo de primeiro grau e sempre escrita para o recurso apresentado perante qualquer Tribunal. Sem embargo, interposições orais em primeiro grau são mais frequentes em casos de competência do Tribunal do Júri, no qual, *obrigatoriamente*, a sentença deve ser prolatada ao final daquele procedimento especial. Nos demais casos, embora exista para alguns ritos especiais ou para o rito sumário a previsão da sentença lida em audiência, fato é que a cultura inquisitiva brasileira induz ao procedimento escrito e, portanto, haverá a necessidade de intimação do ato decisório por mandado, implicando o emprego da interposição escrita como regra geral na prática.

De todo o cenário descrito no parágrafo anterior, vislumbra-se, mais uma vez, que a deformação burocrática do modelo inquisitivo operada pela adoção de ritos marcantemente com a predominância de atos escritos reflete-se no emprego das vias recursais, sendo uma causa a mais na demora na prestação jurisdicional e no aumento dos custos financeiros e sociais do processo.

1.1 Interposição recursal e Lei n. 11.419/2006

Levando-se em conta o disposto no art. 10 da Lei n. 11.419/2006, a interposição dos recursos (e apresentação das respectivas razões, acrescente-se), todos em formato digital, nos autos do processo eletrônico, pode ser feita diretamente pelos advogados públicos e privados, sem necessidade da intervenção do cartório ou secretaria judicial, situação em que a autuação deverá se dar de forma automática, fornecendo-se recibo eletrônico de protocolo e (§ 1º): "Quando o ato processual tiver que ser praticado em determinado prazo, por meio de petição eletrônica,

---

[2766] CRUZ, Rogério Schietti. Garantias processuais nos recursos criminais. São Paulo: Atlas, 2002.cit., p.52.
[2767] RJDTACRIM, 2/143.
[2768] RJTACRIM, 40/356.

serão considerados tempestivos os efetivados até as 24 (vinte e quatro) horas do último dia".

1.2 Forma de interposição: aspectos jurisprudenciais

Segundo o Supremo Tribunal Federal, a apelação se considera interposta, desde que, tempestivamente e de forma clara, tenha a parte, ainda que por intermédio de simples cota ao tomar conhecimento da decisão, manifestado inconformismo com a sentença (RTJ, 77/119).

Nesse diapasão, "a simples aposição da expressão 'apelo' no mandado, feita pelo réu, constitui manifestação suficiente para o conhecimento da apelação" (STF, *RTJ* 89/781). Deve-se igualmente conhecer a "apelação criminal (...) (interposta por) manifestação por cota nos autos com assinatura do recorrente", mesmo que se trate do Ministério Público.[2769]

Como já explanado acima, exceção existe a essa regra ao menos no caso do Tribunal do Júri, em cujo procedimento, quando da leitura da sentença em plenário, pode advir a interposição da impugnação verbalmente, sendo que "as razões podem ser deduzidas posteriormente".[2770]

1.3 Interposição: ausência de assinatura na petição

Trata-se de "circunstância que não obsta seu conhecimento, visto tratar-se de simples irregularidade, mormente se não há dúvida sobre a autenticidade do arrazoado nem sobre a capacidade postulatória do autor".[2771] No entanto, "não supre a exigência legal a singela anotação consignada na sentença pelo Promotor de Justiça com os dizeres 'MP ciente, com recurso'".[2772]

1.4 Efeito devolutivo do recurso

Dada a ausência de sistematização do Código de Processo Penal, em que a parte reservada a aspectos gerais dos recursos não esgota os parâmetros comuns a todas as espécies recursais, o tema dos efeitos que possuem as impugnações recursais e seus limites acaba por encontrar-se diluído ao longo de normas esparsas, dificultando o intérprete numa análise global quer normativa, quer culturalmente, do Código.

Um desses aspectos é o "efeito" que possui um recurso, na verdade não apenas um, mas vários. O que aqui se analisa é o denominado efeito "devolutivo", cuja raiz inquisitiva já foi muito bem demonstrada por Maier[2773], que identifica na delegação do segundo grau de jurisdição para o primeiro a tarefa de conhecer da causa. Assim, em grau de recurso, o conhecimento da matéria lhe é "devolvido".

Neste ponto, a doutrina se ocupa em dizer que não há limites de devolução para as denominadas "matérias de ordem pública", que podem ser conhecidas a qualquer tempo por qualquer órgão jurisdicional. Nelas se enquadram, por exemplo, as condições da ação e limites temporais como a prescrição e decadência. No mais, é preocupante saber onde se estabelece o parâmetro do que vai ou não ser objeto de conhecimento do Tribunal que apreciará o recurso, questão que é importante para o processo penal, na medida em que o direito brasileiro conhece dois momentos distintos para o exercício do inconformismo: a interposição e a apresentação das razões recursais.

1.5 Interposição: seu limite com a devolução da matéria a ser conhecida em segundo grau de jurisdição

Já foi afirmado que "as razões recursais visam a demonstrar os motivos (legais, doutrinários, jurisprudenciais) pelos quais o recorrente impugna a decisão. Porém, a peça exordial do recurso é ver a petição ou termo". Na sequência, afirma que "outro argumento a nosso ver é a regra prevista no art. 601 do Código de Processo Penal que, literalmente, informa-nos que, *com as razões* ou *sem elas* os autos serão remetidos à instância superior" (grifos no original). Com tais ponderações, o festejado mestre fluminense se opõe a Camargo Aranha, que entende estarem nas razões os limites da devolução da matéria a ser conhecida no tribunal.

Tal compreensão merece agasalho jurisprudencial, afirmando-se que "o limite do recurso ministerial é o declinado na petição de interposição de recurso. O recurso ministerial não devolve à segunda instância o reexame total da matéria discutida em primeiro grau"[2774], e a partir dessas interpretações divide-se o conhecimento do recurso em *total* [2775] ou *parcial*, dependendo da amplitude do conhecimento "devolvido".

[2769] STJ. 6ª Turma. Data de julgamento: 12 ago. 1997. Data de publicação: DJ, 1º set. 1997. p. 40.894. Relator: Min. Fernando Gonçalves.
[2770] STJ. 6ª Turma. Relator: Min. Luiz Vicente Cernicchiaro. Data de julgamento: 30 jun. 1992. Data de publicação: DJ, 3 ago. 1992. p. 11.336.
[2771] RT, 780/623.
[2772] RJDTACRIM, 19/154.
[2773] *Apud* RANGEL. Item 13.7.1. p. 26/116. RJDTACRIM, 19/154.
[2774] RJTACrim, São Paulo, v. 25, jan./fev./mar. 1995, p. 343.
[2775] RJTACrim, São Paulo, v. 46, abr./jun. 2000, p. 505.

§ 1º Não sabendo ou não podendo o réu assinar o nome, o termo será assinado por alguém, a seu rogo, na presença de duas testemunhas.

1. Casos de impossibilidade de assinatura

O parágrafo trata de situações distintas. Uma, a condição de não alfabetização do acusado ou, se estrangeiro, da sua impossibilidade de compreender o idioma português. Outra, a impossibilidade de o réu assinar o termo de interposição.

Quanto à condição do réu estrangeiro, não era preocupação do legislador de 1940 descer a detalhes do devido processo legal para acusados dessa condição. Por isso, como a maioria dos atos processuais se dá por escrito no procedimento penal brasileiro, também aqui o réu que não fala português estará diante de um entrave ao exercício da sua defesa. Deve-se considerar, mais que a assistência de um tradutor ou intérprete para os atos de audiência, ser necessário que, ao ser intimado para recorrer, esteja o acusado ao lado desses auxiliares do processo penal – o que é por vezes impraticável, principalmente quando esteja o acusado solto – ou que o termo de interposição seja traduzido para seu idioma natal.

Quanto ao acusado que teria o português como seu idioma natal, mas que carece de alfabetização, sua condição pessoal deve pesar em prol do interesse em recorrer, mormente se houver dissenso com o defensor, pois "reverencia-se o caráter técnico da defesa ante a condição humílima do réu"[2776]

O termo de desejo de recorrer se considerará assinado

> se o agente, ao ser intimado de decisão condenatória, subscreve o termo de renúncia do direito de recorrer, nele lançando, logo após a sua assinatura, a expressão "inocente", pois há, neste caso, inequívoco inconformismo com a condenação que lhe foi imposta (RJDTACRIM, 27/276).

Outro ponto que merece destaque, prevalecendo a interposição do inconformismo, é a situação de insanidade do réu, considerando-se que "É inválida a renúncia do réu ao direito de recorrer se, no momento da assinatura do termo, o condenado não se encontra em seu perfeito estado psíquico, sendo duvidosa sua plena capacidade de discernimento" (RJDTACRIM, 24/458).

§ 2º A petição de interposição de recurso, com o despacho do juiz, será, até o dia seguinte ao último do prazo, entregue ao escrivão, que certificará no termo da juntada a data da entrega.

1. Natureza e função do prazo

Tende a ser prazo de natureza própria, preclusivo portanto, a partir do qual se pede "ao Escrivão para lavrar o termo, fluindo a partir daí o prazo de oito dias para arrazoar"[2777], no caso do recurso de apelação, por exemplo.

2. Aspectos de certidão

A certidão, porquanto dotada de fé pública, é requisito essencial na tramitação recursal, considerando-se que "é intempestivo o recurso deixado em cartório sem qualquer elemento que torne certa a sua data de apresentação, e só submetido a despacho depois de expirado o quinquídio"[2778]. Contudo, o "poder certificante dos serventuários que não têm o condão de substituir a atividade de controle jurisdicional sobre os pressupostos recursais"[2779], em acórdão que trata sobre o conhecimento de recurso extraordinário sobre matéria cível, mas com aplicação analógica à matéria penal).

Acrescente-se o entendimento sumulado do e. STF. Na Súmula 320, tem-se que "a apelação despachada pelo juiz no prazo legal não fica prejudicada pela demora da juntada, por culpa do cartório". Na Súmula 428, entende-se que "não fica prejudicada a apelação entregue em cartório no prazo legal, embora despachada tardiamente".

§ 3º Interposto por termo o recurso, o escrivão, sob pena de suspensão por 10 (dez) a 30 (trinta) dias, fará conclusos os autos ao juiz, até o dia seguinte ao último do prazo.

1. Juízo de admissibilidade

Na estrutura recursal do direito brasileiro, é histórica a divisão entre os denominados juízos de *admissibilidade e de mérito*. Na clara locução de Barbosa Moreira (RF 333/83),

> o recurso – como, aliás, todo ato postulatório – pode ser objeto de apreciação judicial por dois ângulos perfeitamente distintos: o da admissibilidade e o do mérito. Ao primeiro deles, trata-se de saber se é possível dar atenção ao que o recorrente pleiteia, seja para acolher, seja para rejeitar a impugnação feita à decisão contra a qual se recorre. Ao outro, cuida-se justamente de averiguar se tal impugnação merece ser acolhida,

---

[2776] RJDTACRIM, 9/65.
[2777] RJTACrim, v. 7, jul./set. 1990.
[2778] TJSP. **Apelação Cível 132.749-3**. Teodoro Sampaio. Relatora: Dante Busana. 23 dez. 1992.
[2779] RT 780/179.

porque o recorrente tem razão, ou rejeitada, porque não a tem. É intuitivo que à segunda etapa só se passa se e depois que, na primeira, concluiu-se ser admissível o recurso; sendo ele inadmissível, com a declaração da inadmissibilidade encerra-se o respectivo julgamento, sem nada acrescentar-se a respeito da substância da impugnação. Semelhante relação entre os dois juízos permite caracterizar o primeiro como preliminar ao segundo.

Assim, trata-se de um juízo que pode ser positivo ou negativo, acarretando, o primeiro, o seguimento do recurso para superior instância, e o segundo, sua obstrução, que, em alguns casos, poderá ser atacada por via da carta testemunhável ou agravos regimentais. Substancialmente,

> reveste-se de caráter preliminar, qualificando-se, por conseguinte, como ato jurisdicional meramente provisório, uma vez que sujeito, sempre, à confirmação ulterior desta Corte, que reapreciará, em toda a sua extensão, a ocorrência ou não dos pressupostos legitimadores da interposição do recurso especial.[2780]

A construção do Código de Processo Penal não previa a forma que alguns recursos contemporaneamente possuem, pelo qual o juízo de admissibilidade é feito pelo Tribunal *ad quem*, como o agravo disciplinado pelo atual Código de Processo Civil. Nesses casos, por exemplo,

> Como o juízo de admissibilidade do agravo é da exclusiva competência da Corte *ad quem*, a equivocada aplicação do princípio da fungibilidade recursal pelo Juízo *a quo*, ao receber como "agravo" "embargos de declaração" manifestados contra decisão *declinatoria fori*, não induz preclusão ou vinculação para o Tribunal, que deverá, na hipótese, tê-lo como manifestamente inadmissível".[2781]

Art. 579. Salvo a hipótese de má-fé, a parte não será prejudicada pela interposição de um recurso por outro.

1. O caótico "sistema" recursal do Código de Processo Penal e a fungibilidade recursal

O denominado "princípio da fungibilidade" significa a possibilidade do conhecimento do recurso equivocado pelo correto quando não tiver o engano sido fruto de má-fé, desonerando, assim, a parte do comportamento contrário à disciplina do Código, sendo que "O sentido moderno dos princípios que regem o acesso ao Judiciário recomenda a fungibilidade dos recursos, uma vez ausentes a má-fé e o efeito meramente procrastinatório".[2782]

No entanto, dada a situação em que se encontra contemporaneamente o sistema recursal, o qual já era deficiente à época da edição do Código de Processo Penal e foi sensivelmente agravado com leis posteriores, há situações nas quais simplesmente não existe previsão legal de recurso ou outras nas quais se disputa, doutrinária e jurisprudencialmente, qual o recurso cabível.

A inviabilidade de tal situação num processo penal condizente com o Estado Social de Direito é notória. Não podem as partes não saber qual o recurso correto a ser empregado e deixar-se ao sabor do julgador ou do acadêmico a eleição do meio de impugnação ou do procedimento correto.

É mais uma das situações entre as tantas mencionadas nestes **Comentários** que, no dizer de Salo de Carvalho, apresentam-se como *déficit de legalidade*. Na sequência há alguns exemplos.

1.1 Fungibilidade e erro grosseiro

Muito embora o Código de Processo Penal fale apenas em má-fé como fato impeditivo da fungibilidade recursal, sendo que

> há, também, restrição relativa ao prazo, pois a transformação do recurso erroneamente interposto fica sujeita à observância do prazo previsto para o recurso correto. Superadas estas duas restrições, e mesmo considerando que os erros cometidos são incomuns, é de rigor a aplicação da norma que determina o aproveitamento dos recursos equivocadamente interpostos.[2783]

Entretanto, não raras vezes se estende a fundamentação da impossibilidade de aceitar-se o recurso erroneamente interposto quando o equívoco consubstanciar erro grosseiro. Embora contrário à expressão literal da lei processual penal, invoca-se o Código de Processo Civil como subsídio para a ampliação mencionada (*RJTACrim*, São Paulo, v. 6, abr./jun. 1990, p. 46; no mesmo sentido, v. 27, jul./set. 1995, p. 35). Na casuística, "considera-se erro grosseiro, não se aplicando o princípio da fungibilidade dos recursos, a interposição de agravo regimental contra acórdão proferido por uma das Turmas do STF, porquanto tal recurso se destina a impugnar despacho monocrático" (RE – EDcl-AgRg-AgRg – 258.627/BA.

2780 STJ. 6ª Turma. Relator: Hamilton Carvalhido. Data de julgamento: 19 ago. 2003.
2781 TRF. 1ª Região. Relator: Juiz Luciano Tolentino Amaral. Data de publicação: DJ, 3 ago. 1998. p. 396.
2782 STJ. 6ª Turma. **Rec. em MS 3.099-7/DF**. Relator: Min. Anselmo Santiago. Data de julgamento: 20 set. 1994, m.v. Data de publicação: DJU, 31 out. 1994. p. 29.524.
2783 STF. **RHC 74044-8**. Relator: Min. Mauricio Correa.

Relator: Min. Moreira Alves. 9 out. 2001), e releva-se o equívoco nominal da peça, já tendo determinado que "se processe como embargos infringentes impugnação interposta no prazo desses contra acórdão condenatório tomado em apelação por maioria de votos e visando à prevalência do voto vencido, sendo irrelevante o equívoco de denominá-la de 'razões de apelação'".[2784]

1.2 Fungibilidade e dúvida quanto ao recurso cabível: o recurso em sentido estrito e o agravo da lei das execuções penais

Neste ponto, é preciso fixar o começo da execução penal, porque essa fixação é que distinguirá a hipótese de cabimento do recurso, assim como a competência, delimitando-se onde termina a competência do juízo de conhecimento e onde começa a competência do juízo das execuções. De forma geral, esse momento é o da expedição da carta de guia, sendo o título executivo a sentença penal condenatória transitada em julgado.

Dentro do processo executivo, há os chamados incidentes de execução, em que se desenvolve uma atividade de conhecimento e que culminam em decisões de fundo sobre os direitos que fundam a matéria incidental, que, a rigor, estariam previstas apenas na Lei das Execuções Penais. São exemplos desses incidentes a progressão de regime, o cálculo de detração da pena pelos dias trabalhados, remissão da pena, concessão de liberdade condicional, decisões estas que seriam impugnadas em princípio apenas pelo recurso ora enfocado, e não mais pelo recurso em sentido estrito na forma preconizada no Código de Processo Penal.

Os argumentos de ordem procedimental invocada tiveram apoio de parte da doutrina mas, com a devida vênia, sucumbem diante do sistema instaurado pela Lei das Execuções Penais, que criou uma modalidade impugnativa própria para as decisões executivas, contexto no qual se insere a unificação da pena. Situações embaraçosas criadas pelos regimentos internos (*v.g.*, ausência de possibilidade de sustentação oral) devem ser resolvidas *interna corporis* e jamais serem alçadas à condição de modificadores do sistema. Outrossim, a suposta impossibilidade de oposição de embargos restou totalmente superada pelo Supremo Tribunal Federal diante de acórdão emanado em agravo de execução.[2785]

Mais uma decorrência da indisciplina legal para o procedimento do recurso de agravo será sentida na questão (fundamental) da tempestividade do recurso, bem como na sua procedimentalização.

Entendido o procedimento como o do recurso em sentido estrito, o prazo será de cinco dias para a interposição, pois "o recurso de agravo a que se refere art. 197 da LEP ('Das decisões proferidas pelo juiz caberá recurso de agravo, sem efeito suspensivo') tem a natureza de recurso em sentido estrito" e, por conta disso, "indeferiu o *habeas corpus*, confirmando acórdão do Tribunal de Justiça do Rio de Janeiro que julgara intempestivo o recurso interposto pelo réu, que entendia aplicável à espécie a disciplina do agravo prevista no CPC (arts. 522 a 529), que prevê o prazo de 10 dias para sua interposição".[2786]

No entanto, é de ser considerado que a matéria, pela ausência de pacificidade que a cerca, não pode ser óbice para o exercício do duplo grau. Disso se extrai que deve haver tolerância para a interposição pelo rito do agravo previsto na legislação civil que serve como suporte eventual para esse recurso no processo penal, cujo prazo de interposição é de dez dias, com as demais características que o cercam quanto ao seu procedimento.

Não é cabível falar-se em "erro grosseiro", como na hipótese de interposição de apelação em caso de incidente executivo a impedi-la, aplicando-se, por conseguinte, a fungibilidade recursal (*rectius*: a possibilidade de entender-se a procedimentalização pela forma habitualmente discutida para a matéria).

O fundamento para tal conclusão reside na matriz constitucional do duplo grau de jurisdição, que, mal regulado em lei inferior no caso ora tratado, não pode ser limitado pelas interpretações casuísticas e pontuais de magistrados singulares ou Tribunais, ainda que apoiados em abalizada doutrina. A eventual denegação do prosseguimento pela intempestividade pode ser atacada por via do mandado de segurança.

1.3 Fungibilidade em segundo grau de jurisdição

É admissível ao Juiz Relator aplicar o princípio da fungibilidade, em 2ª Instância, consoante o art. 579 do CPP.[2787]

> *Parágrafo único*. Se o juiz, desde logo, reconhecer a impropriedade do recurso interposto pela parte, mandará processá-lo de acordo com o rito do recurso cabível.

1. Readequação do procedimento

Como desdobramento da fungibilidade, uma vez reconhecido que o recurso interposto não foi o correto, mas também não tendo havido má-fé na interposição equivocada, cabe ao juiz corrigir a impetração. A hipótese de não reconhecimento da

---

2784 STF. **Habeas Corpus 80.220/SP**. Relator: Min. Sepúlveda Pertence.
2785 STF. **HC 76.449/SP**. Relator: Min. Sydney Sanches.
2786 STF. **HC 75.178/RJ**. **HC 76.208/RJ**. Relator: Min. Carlos Velloso. 17 fev. 1998.
2787 TACrimSP. **Agravo Regimental 171.884/8**. Relator: Walter Swensson (designado).

fungibilidade – e, portanto, de não seguimento do recurso, com o consequente trânsito em julgado do provimento e a preclusão impugnativa – é tratada em casos específicos do Código de Processo Penal, com o emprego da carta testemunhável, por exemplo.

Aqui se fala na correção do rito, inclusive com a possibilidade de emprego de ações impugnativas autônomas para tal fim. Em caso assim fundamentado, já houve deferimento de *habeas corpus*,

> Com base no art. 579 do CPP (...) contra acórdão do STJ, que indeferira o processamento de recurso denominado "razões de apelação", por entender caracterizado erro grosseiro –, para assegurar o processamento, como embargos infringentes, de recurso interposto pelo paciente contra decisão condenatória não unânime do Tribunal de Alçada do Estado de São Paulo.[2788]

> Art. 580. No caso de concurso de agentes (Código Penal, art. 25), a decisão do recurso interposto por um dos réus, se fundado em motivos que não sejam de caráter exclusivamente pessoal, aproveitará aos outros.

1. O denominado efeito "extensivo" dos recursos

Partindo da constatação da equivalência objetiva da situação dos acusados numa mesma relação jurídica processual, o denominado efeito extensivo obriga que os efeitos do recurso se projetem para todos os que em iguais condições, independentemente de terem recorrido ou não. Contudo, "se a situação objetivamente, é distinta em relação à dos corréus já beneficiados com a concessão de *writ*, não é possível conceder o efeito extensivo da decisão, cabendo-lhe buscar perante a instância de origem o exame da *quaestio*, sob pena de supressão de instância".[2789]

Trata-se de uma obrigação estatal o reconhecimento da extensão dos efeitos do recurso que favoravelmente se projetam para réus em situação idêntica, sendo sua aplicação "de rigor".[2790] Exatamente por não ser uma faculdade, a extensão dos efeitos "da decisão proferida no recurso poderá ser ordenada de ofício ou a requerimento da parte, inclusive em sede de embargos de declaração"[2791].

Há de ser ponderado, contudo, que havendo condenação em hipótese de concurso de agentes, e recurso apelatório de apenas alguns deles, a sentença passa em julgado em relação aos que, devidamente intimados, não manifestaram recurso. Em tal situação, o chamado efeito extensivo da apelação – pelo qual a decisão da instância superior, em relação ao corréu recorrente, estende-se aos que não recorreram, se não fundada em razão de caráter exclusivamente pessoal (art. 580 – CPP) – não impede o trânsito em julgado, tampouco o início da execução.[2792]

O efeito extensivo não é exclusivo dos recursos, sendo perfeitamente aplicável às ações impugnativas autônomas como o *habeas corpus*, pois "por ser regra de caráter geral e efeito da própria decisão, aplica-se também aos pedidos de *habeas corpus*, desde que, idêntica a situação processual dos réus e que não sejam os motivos de caráter pessoal"[2793], e a revisão criminal, além do mandado de segurança.

Com relação à revisão criminal, aplica-se o que já restou assentado pela jurisprudência: "o efeito extensivo, previsto no art. 580 do CPP, à Revisão Criminal, tanto por ser com ela compatível, como por ser o pedido revisional considerado pela lei como recurso".[2794]

Aplica-se também aos meios de prova que não podem ser considerados objetivamente lícitos para um réu e ilícitos para os demais quando todos estiverem no mesmo contexto da relação processual (com relação a este último aspecto, "Se o restante da prova foi considerado imprestável para uma condenação, correta a aplicação do efeito extensivo, *ex vi* art. 580 do CPP".[2795]

> Art. 581. Caberá recurso, no sentido estrito, da decisão, despacho ou sentença:

1. Rol taxativo do art. 581

Um dos pontos historicamente tidos como incontroversos sobre o recurso em sentido estrito é o da taxatividade das hipóteses enunciadas no art. 581 do Código de Processo Penal de acordo com a literatura dominante na doutrina e no campo dos precedentes.

Realmente, fiel a esse entendimento, encontra-se a maioria significativa dos provimentos, e o resultado prático é, sem dúvida, o de deixar inúmeros atos decisórios absolutamente desamparados de recursos, devendo a parte interessada se valer,

---

2788 STF. **HC 80.220/SP**. Relartor: Min. Sepúlveda Pertence. 27 jun. 2000.
2789 STJ. **HC**. 5ª Turma. Relator: Felix Fischer. Data da decisão: 19 mar. 2002.
2790 STJ. **HC**. 6ª Turma. Relator: Vicente Leal. Data da decisão: 27 maio 1996.
2791 STJ. 6ª Turma. Relator: Vicente Leal. Data de julgamento: 7 maio 1996.
2792 TRF. **HC**. 1ª Região. 3ª Turma. Relator: Juiz Olindo Menezes. Data de julgamento: 5 out. 1999. Relator: Juiz Olindo Menezes.
2793 TRF. **HC**. 2ª Região. 6ª Turma. Relator: Juiz Poul Erik Dyrlund. Data de julgamento: 24 abr. 2002.
2794 RJTACrim, São Paulo, v. 32, out./dez. 1996, p. 496.
2795 STJ. **Processo 199900696166**. 5ª Turma. Relator: Felix Fischer. Data de julgamento: 15 fev. 2000.

quando possível, de ações impugnativas autônomas, com os riscos e o desgaste já mencionados nestes **Comentários**.

Os problemas para o sistema processual se acentuaram no decorrer das décadas de "vigência" do Código de Processo Penal e, substancialmente, ao longo da década de 1990, quando inúmeras normas processuais entraram em vigor e não previram – graças à ausência de visão global típica das reformas parciais – mecanismos impugnativos recursais.

Exemplo claro dessa situação é o provimento que afirma que

> A enumeração do art. 581 do Código de Processo penal é taxativa (e exaustiva) e não exemplificativa, não cabendo recurso nas hipóteses não contempladas. Ainda que se queira amoldar a suspensão do processo pela revelia do réu, pelo seu espírito, na hipótese do inciso XVI, esbarra tal pretensão no claro texto daquele dispositivo, que restringe o recurso em sentido estrito aos casos de suspensão do processo em virtude de questão prejudicial, com fins e efeitos diversos.[2796]

Como exemplo dos inúmeros aspectos que não merecem aplicação do recurso em sentido estrito na forma como apresentada pela literatura dominante, tem-se a impossibilidade de "Interposição da decisão que repele a reunião de processos movidos contra o acusado"[2797], bem como o não conhecimento da "Interposição do despacho que indefere a remoção de condenado para outro presídio"[2798] ou da "decisão que adia o julgamento".[2799]

I – que não receber a denúncia ou a queixa;

1. Súmula 707 do STF

Constitui nulidade a falta de intimação do denunciado para oferecer contrarrazões ao recurso interposto da rejeição da denúncia, não a suprindo a nomeação de defensor dativo.

2. Súmula 709 do STF

Salvo quando nula a decisão de primeiro grau, o acórdão que provê o recurso contra a rejeição da denúncia vale, desde logo, pelo recebimento dela.

3. Interposição da decisão que aprecia o aditamento à denúncia

Muito embora se fale em taxatividade do art. 581 e suas hipóteses, algumas situações fogem à literalidade da lei, e dentre elas se encontra a apreciação do aditamento à inicial da ação penal, conhecendo-se o recurso quando do

> O aditamento, enquanto substancia imputação de fato criminoso, submete-se à disciplina legal da acusatória inicial quanto à sua forma, matéria e impugnação recursal, correndo firme a jurisprudência dos Tribunais Superiores no sentido de que cabe recurso em sentido estrito contra decisão que indefere aditamento da denúncia. 2. Recurso conhecido.[2800]

Uma vez "Reconhecido o cabimento de recurso em sentido estrito contra decisão que não recebe aditamento à denúncia. O artigo 581, inciso I, do C.P.P. permite entender-se que denúncia e seu aditamento têm a mesma natureza".[2801]

Mas, nessa hipótese, "O recurso em sentido estrito, interposto contra decisão que rejeita aditamento de denúncia, não tem efeito suspensivo e, portanto, não justifica a paralisação do curso da ação penal".[2802]

Cabe esse mesmo recurso diante da *mutatio libelli*, menos "quando não se está diante de prova da presença de circunstância ou elementar prevista em lei que tenha sobrevindo no decorrer da instrução criminal, que possa resultar em alteração da capitulação jurídica do fato relatado na peça acusatória, com o consequente agravamento das sanções. 2. Não ocorrendo alteração fática, torna-se prescindível o aditamento à denúncia. 3. Recurso desprovido."[2803]

2796 TJSC. **Rec. Crim. 96.008162-3**. São Miguel do Oeste. Relator: Des. José Roberge. Data de julgamento: 5 nov. 1996; para uma análise mais abrangente, ver nestes **Comentários** art. 366.
2797 TACrimSP, RT 553/381.
2798 TACrimSP, RT 541/401.
2799 TJMS, RT 706/348.
2800 STJ. **REsp 254494 DF 2000/0033664-5**. 6ª Turma. Relator: Min. Fernando Gonçalves. Data de julgamento: 24 nov. 2004. Data de publicação: DJ, 1º fev. 2005. p. 621.
2801 TRF-3. **RCCR 85726 SP 98.03.085726-6**. Relator: Juiz Andre Nabarrete. Data de julgamento: 11 set. 2001. Data de publicação: DJU, 13 nov. 2001. p. 644.
2802 TJ-PR. **HC 7429489 PR 0742948-9**. 3ª Câmara Criminal. Relator: Rogério Kanayama. Data de julgamento: 27 jan. 2011. Data de publicação: DJ, 567. No mesmo sentido, STJ. **HC 261211 RJ 2012/0261693-1**. 6ª Turma. Relator: Min. Sebastião Reis Júnior. Data de julgamento: 10 set. 2013. Data de publicação: DJe, 26 set. 2013.
2803 TJ-DF-RSE: 20130310205270 DF 0020234-71.2013.8.07.0003, Relator: SILVÂNIO BARBOSA DOS SANTOS, Data de Julgamento: 05/03/2015, 2ª Turma Criminal, Data de Publicação: Publicado no DJE : 13/03/2015 . Pág.: 417.

4. Rejeição parcial da denúncia e recurso cabível

Tem-se igualmente o recurso em sentido estrito para apreciação do provimento que recebe apenas parcialmente a denúncia.

Nesse sentido, "contra a rejeição parcial da denúncia, o recurso previsto na lei é o disposto no art. 581, I, do Código de Processo Penal"[2804], isso porque, segundo inúmeros provimentos,

> É preciso anotar, em primeiro lugar, não haver previsão de ordem legal vedando o recebimento parcial da denúncia. Se a acusação formulada em face de um dos delitos não está em consonância com os elementos informativos do inquérito, nada impede que o Juiz delibere pela instauração da ação penal apenas em função de outra conduta, desde que ela esteja amparada em evidências materiais. A rejeição parcial é possível. Seria inadmissível a instauração da ação penal fundada em mera presunção e sem elementos informativos mínimos acerca da autoria e materialidade de um dos crimes, submetendo-se o cidadão a evidente constrangimento, ao argumento de que, ao final, ele poderá vir a ser absolvido de um dos delitos.[2805]

II – que concluir pela incompetência do juízo;

---

1. Sobre a garantia do juiz natural, ver nestes *Comentários* arts. 69 e ss.

2. Sobre a distinção entre as denominadas incompetências absoluta e relativa, ver nestes *Comentários* arts. 69 e ss.

3. Definição de competência e taxatividade do emprego do recurso em sentido estrito (ver art. 581)

Nesse contexto, provimento que, apreciando a impugnação da "decisão que determina a redistribuição do feito", dá pela "falta de previsão legal na taxativa enumeração do art. 581 do CPP" e a consequente "irrecorribilidade"[2806].

III – que julgar procedentes as exceções, salvo a de suspeição; (1)

---

1. Julgamento das exceções e taxatividade do emprego do recurso em sentido estrito

No mesmo espírito do entendimento dominante explicitado nestes *Comentários*, tem-se que a rejeição da exceção da coisa julgada não pode ser objeto de recurso em sentido estrito interposto da decisão, pois é

> hipótese não elencada no art. 581 do CPP, cuja enumeração é taxativa, e não exemplificativa [com a] Interpretação *a contrario sensu* do inc. III do dispositivo – Ressalva à parte da possibilidade de ver apreciada a matéria ao ser interposta apelação da sentença proferida na causa principal ou mesmo por via de *habeas corpus*.[2807]

O resultado do provimento supra, qual seja, o de onerar a parte com a submissão a todo *iter* processual para, ao final, eventualmente rediscutir a exceção da coisa julgada em sede de apelação da sentença de mérito, pode não ser o mais direto, pois nada impede, dentro do "sistema" do Código de Processo Penal, que o tema possa vir a ser analisado ainda em sede de *habeas corpus*, cujo emprego de há muito transbordou, no caso brasileiro, ao menos, as raízes históricas desse mecanismo.

IV – que pronunciar o réu; (Redação dada pela Lei n. 11.689, de 9-6-2008)

---

1. Sobre a pronúncia e a impronúncia, ver arts. 413 e 414 nestes *Comentários*

V – que conceder, negar, arbitrar, cassar ou julgar inidônea a fiança, indeferir requerimento de prisão preventiva ou revogá-la, conceder liberdade provisória ou relaxar a prisão em flagrante; (Redação dada pela Lei n. 7.780, de 22-6-1989)

---

1. CADH e recorribilidade do provimento constritor da liberdade

A CADH dispõe no seu art. 7º (6) que "toda pessoa privada da liberdade tem direito a recorrer a um juiz ou tribunal competente, a fim de que este decida, sem demora, sobre a legalidade de sua prisão ou detenção e ordene sua soltura se a prisão ou a detenção

---

[2804] TJBA. **Recl. 19.747-7**. Relator: Jatahy Fonseca. Admitindo o recurso TJ-SP. **RSE 90000415220118260477 SP 9000041-52.2011.8.26.0477**. 7ª Câmara de Direito Criminal. Relator: J. Martins. Data de julgamento: 31 jul. 2014. Data de publicação: 21 ago. 2014; e, negando-o no caso concreto, TJ-DF. **RSE 20140510090413**. 3ª Turma Criminal. Relator: Humberto Adjuto Ulhôa. Data de julgamento: 2 jul. 2015. Data de publicação: DJE, 6 jul. 2015. p. 26.

[2805] JUTACrim 65/160.

[2806] TJSP, RT 618/307.

[2807] TJSP, RT 662/274.

forem ilegais. Nos Estados-Partes cujas leis preveem que toda pessoa que se vir ameaçada de ser privada de sua liberdade tem direito a recorrer a um juiz ou tribunal competente a fim de que este decida sobre a legalidade de tal ameaça, tal recurso não pode ser restringido nem abolido. O recurso pode ser interposto pela própria pessoa ou por outra pessoa". O direito brasileiro dá certa guarida a essa disposição por meio do recurso em sentido estrito, mas, sobretudo, por meio da ação autônoma de impugnação que é o *habeas corpus*.

2. Taxatividade e mecanismos cautelares de constrição da liberdade

Conforme já anotado nestes *Comentários* sobre o "princípio" da irrecorribilidade, das sentenças de mérito cabe o recurso de apelação, ainda que nelas se avente o tema da constrição da liberdade, tema que, isoladamente, deve ser impugnado pelo recurso em sentido estrito.

Exatamente nesse espírito, o provimento que considera o emprego do recurso em sentido estrito, com a "interposição de despacho que indefere pedido de liberdade provisória mediante fiança exarado após a sentença", argumentando que

> a decisão que indefere liberdade provisória não integrando a sentença condenatória e estando fora dela, enseja a interposição de recurso em sentido estrito, e não apelação. O recurso em sentido estrito é hábil para atacar decisão autônoma que nega o benefício de prestação de fiança ao réu condenado anteriormente por sentença de primeiro grau.[2808]

> VI – que absolver o réu, nos casos do art. 411; (Revogado pela Lei n. 11.689, de 9-6-2008)

1. Revogado pela Lei n. 11.689/2008

> VII – que julgar quebrada a fiança ou perdido o seu valor;

1. Sobre a fiança, ver arts. 321 e seguintes neste Código

> VIII – que decretar a prescrição ou julgar, por outro modo, extinta a punibilidade;

1. Sobre absolvição sumária e causa extintiva da punibilidade, ver neste Código art. 397

> IX – que indeferir o pedido de reconhecimento da prescrição ou de outra causa extintiva da punibilidade;

1. Causas de extinção da punibilidade e emprego de recurso em sentido estrito

Dentre as causas de extinção da punibilidade, não se afigura, como já visto nestes *Comentários*, a reabilitação, donde não ser possível o emprego do recurso em sentido estrito contra a decisão denegatória daquela pretensão, sendo "simples medida de política criminal que visa à restauração jurídica da dignidade social [é o] recurso adequado de apelação, eis que tal decisão tem força definitiva – Aplicação do art. 593, II, inteligência do art. 743 do CPP e da Lei n. 7.209/84".[2809]

Mas, quebrando a inflexibilidade do rol do art. 581, já se admitiu o recurso em sentido estrito quando da "negativa pelo juiz de cancelamento do nome do réu do rol dos culpados, uma vez extinta a punibilidade" com "Conhecimento, inobstante atípico o pedido, por não enquadrado no n. IX do art. 581 do CPP".[2810]

> X – que conceder ou negar a ordem de habeas corpus;

1. Ver nestes *Comentários* arts. 641 e seguintes

> XI – que conceder, negar ou revogar a suspensão condicional da pena;
> XII – que conceder, negar ou revogar livramento condicional;

1. Desatualização legislativa

O recurso cabível na espécie é o agravo previsto no art. 197 da Lei das Execuções Penais.

> XIII – que anular o processo da instrução criminal, no todo ou em parte;

1. Sobre as hipóteses de nulidade, ver arts. 563 e seguintes neste Código

> XIV – que incluir jurado na lista geral ou desta o excluir;

1. Atividade administrativa

Embora decisão de caráter totalmente administrativo, sem que haja qualquer pretensão processual em andamento, há previsão do recurso em sentido

---

2808 STF, RE 100.961-6/PR, 2ª T., j. 24-4-1984, rel. Min. Francisco Rezek, DJU 15-6-1984 – RT 588/425.
2809 TACrimSP, RT 647/313.
2810 TJMT, RT 638/321.

estrito contra "a decisão que rejeita a renovação do quadro de jurados proposta pelo Ministério Público".[2811]

> XV – que denegar a apelação ou a julgar deserta;

1. Sobre deserção na apelação, ver nestes *Comentários* arts. 591 e seguintes

2. Sobre o não recebimento do recurso de apelação por intempestividade, ver nestes *Comentários* arts. 591 e seguintes

> XVI – que ordenar a suspensão do processo, em virtude de questão prejudicial;

1. Sobre questões prejudiciais, ver nestes *Comentários* arts. 92 e 93

2. Sobre o emprego do recurso em sentido estrito no âmbito da revelia processual, ver nestes *Comentários* art. 366

3. Sobre o emprego do recurso em sentido estrito e suspensão condicional do processo, ver nestes *Comentários* art. 41

Diante do cenário do Código de Processo Penal, há situações excluídas por determinados provimentos jurisdicionais do âmbito de aplicação do presente inciso.

Um deles diz respeito à "decisão que determina a realização de exame de dependência toxicológica [por ser] Incidente que não configura questão prejudicial", sendo que

> descabe recurso em sentido estrito, com fundamento no art. 581, XVI, do Código de Processo Penal, da decisão que determina a realização de exame de insanidade mental, em que se inclui o exame de dependência toxicológica, vez que tal incidente não configura questão prejudicial. Referido despacho é irrecorrível, tendo cabimento apenas a correição parcial para aferição da existência ou não de *error in procedendo*.[2812]

> XVII – que decidir sobre a unificação de penas;

1. Manutenção da vigência no Código de Processo Penal do recurso cabível sobre unificação de penas

Inúmeros acórdãos reconhecem que a "decisão proferida em pedido de unificação de penas" deve ter seu recebimento como recurso em sentido estrito, com a aplicação do inc. XVII do art. 581 do CPP, não revogado pelo art. 197 da Lei n. 7.210/84.[2813] O tema já foi abordado quando da análise do princípio da fungibilidade dos recursos, para onde remetemos o leitor.

> XVIII – que decidir o incidente de falsidade;

1. Sobre incidente de falsidade, ver nestes *Comentários* arts. 145 e seguintes

> XIX – que decretar medida de segurança, depois de transitar a sentença em julgado;
> XX – que impuser medida de segurança por transgressão de outra;
> XXI – que mantiver ou substituir a medida de segurança, nos casos do art. 774;
> XXII – que revogar a medida de segurança;
> XXIII – que deixar de revogar a medida de segurança, nos casos em que a lei admita a revogação;
> XXIV – que converter a multa em detenção ou em prisão simples.

1. Desatualização legislativa

O recurso cabível na espécie é o agravo previsto no art. 197 da Lei das Execuções Penais.

> XXV – que recusar homologação à proposta de acordo de não persecução penal, previsto no art. 28-A desta Lei. (Incluído pela Lei nº 13.964, de 2019)

1. *Vide Comentários* no art. 28-A sobre o Acordo de Não Persecução Penal

> Art. 582. Os recursos serão sempre para o Tribunal de Apelação, salvo nos casos dos ns. V, X e XIV.

2811 RT 556/315.
2812 TJSP. **Recurso em Sentido Estrito 121.682-3**. Relator: Carlos Bueno. Guaratinguetá. 27 abr. 1992.
2813 TJSP, RT 656/288.

> *Parágrafo único.* O recurso, no caso do n. XIV, será para o presidente do Tribunal de Apelação.

1. Desatualização da nomenclatura

O descompasso entre a nomenclatura do Código de Processo Penal e a empregada contemporaneamente é evidente neste artigo.

Não há, pois, "Tribunais de Apelação", mas sim Tribunais de Justiça e, em alguns Estados, "Tribunais de Justiça". A norma deve ser relida, pois, à luz das respectivas Constituições Estaduais e respectivos Regimentos Internos de cada Tribunal.

> Art. 583. Subirão nos próprios autos os recursos:
> I – quando interpostos de ofício;
> II – nos casos do art. 581, I, III, IV, VI, VIII e X;
> III – quando o recurso não prejudicar o andamento do processo.
> *Parágrafo único.* O recurso da pronúncia subirá em traslado, quando, havendo dois ou mais réus, qualquer deles se conformar com a decisão ou todos não tiverem sido ainda intimados da pronúncia.

1. Sobre recursos involuntários (de ofício), ver nestes *Comentários* art. 574

2. Sugestão de reforma do recurso em sentido estrito e formação de instrumento, ver nestes *Comentários* art. 473

> Art. 584. Os recursos terão efeito suspensivo nos casos de perda da fiança, de concessão de livramento condicional e dos ns. XV, XVII e XXIV do art. 581.
> § 1º Ao recurso interposto de sentença de impronúncia ou no caso do n. VIII do art. 581, aplicar-se-á o disposto nos arts. 596 e 598.
> § 2º O recurso da pronúncia suspenderá tão somente o julgamento.
> § 3º O recurso do despacho que julgar quebrada a fiança suspenderá unicamente o efeito de perda da metade do seu valor.

1. Sobre o princípio da presunção de inocência e os efeitos recursais, ver nestes *Comentários* art. 473

2. Sobre os efeitos do recurso em sentido estrito e a prisão determinada no provimento de pronúncia, ver nestes *Comentários* art. 581

3. Efeito suspensivo, recurso em sentido estrito e mandado de segurança: ver nestes *Comentários* art. 581

4. Aplicação restrita do efeito suspensivo

O efeito suspensivo somente tem aplicação nas hipóteses restritas mencionadas neste artigo; "é inadmissível a aplicação do efeito suspensivo ao recurso em sentido estrito quando não se apresentar nenhuma das situações descritas no art. 584 do CPP".[2814]

> Art. 585. O réu não poderá recorrer da pronúncia senão depois de preso, salvo se prestar fiança, nos casos em que a lei a admitir.

1. Sobre a impossibilidade de imposição automática da prisão como condição para o exercício do recurso, ver nestes *Comentários* art. 594

> Art. 586. O recurso voluntário poderá ser interposto no prazo de 5 (cinco) dias.
> *Parágrafo único.* No caso do art. 581, XIV, o prazo será de 20 (vinte) dias, contado da data da publicação definitiva da lista de jurados.

1. Sobre a forma de contagem do prazo para fins de tempestividade de interposição, ver nestes *Comentários* arts. 473 e seguintes

2. Sobre a apresentação das razões recursais e sua tempestividade, ver nestes *Comentários* arts. 473 e seguintes

> Art. 587. Quando o recurso houver de subir por instrumento, a parte indicará, no respectivo termo, ou em requerimento avulso, as peças dos autos de que pretenda traslado.
> *Parágrafo único.* O traslado será extraído, conferido e concertado no prazo de 5 (cinco) dias, e dele constarão sempre a decisão recorrida, a certidão de sua intimação, se por outra forma não for possível verificar-se a oportunidade do recurso, e o termo de interposição.

1. Superação do prazo para formação do traslado

Nada obstante a previsão legal de cinco dias para as providências de formação do traslado, tem-se de levar em conta a ausência de quaisquer consequências caso esse prazo seja superado.

[2814] RJTACrim, 19/199.

2. Omissões na formação do traslado

Embora o Código de Processo Penal preveja a formação do instrumento, muitos julgados não veem nas omissões dessa peça causa para não conhecimento do recurso. Já se chegou a afirmar em determinado provimento que analisava recurso interposto "que estes autos de recurso em sentido estrito estão mal instruídos porque o recorrente deixou de providenciar o traslado de peças necessárias para o julgamento. No entanto, não competindo a este Tribunal suprir a falha, o recurso deve ser apreciado da maneira como se encontra instruído" [2815].

> Art. 588. Dentro de 2 (dois) dias, contados da interposição do recurso, ou do dia em que o escrivão, extraído o traslado, o fizer com vista ao recorrente, este oferecerá as razões e, em seguida, será aberta vista ao recorrido por igual prazo.
> *Parágrafo único.* Se o recorrido for o réu, será intimado do prazo na pessoa do defensor.

1. Forma de contagem dos prazos e formação de instrumento
Já se decidiu que

> em face dos princípios constitucionais da ampla defesa, do contraditório, e do princípio da preclusão, imprescindível se torna a intimação do recorrente para oferecimento de suas razões, quando o recurso em sentido estrito se processa nos próprios autos da ação. Quando o recurso houver de subir por instrumento, após extraído o traslado, impõe-se a abertura de vista para que o recorrente ofereça suas razões.[2816]

> Art. 589. Com a resposta do recorrido ou sem ela, será o recurso concluso ao juiz, que, dentro de 2 (dois) dias, reformará ou sustentará o seu despacho, mandando instruir o recurso com os traslados que lhe parecerem necessários.

1. Súmula 707 do STF
Constitui nulidade a falta de intimação do denunciado para oferecer contrarrazões ao recurso interposto da rejeição da denúncia, não a suprindo a nomeação de defensor dativo.

> *Parágrafo único.* Se o juiz reformar o despacho recorrido, a parte contrária, por simples petição, poderá recorrer da nova decisão, se couber recurso, não sendo mais lícito ao juiz modificá-la.

Neste caso, independentemente de novos arrazoados, subirá o recurso nos próprios autos ou em traslado.

1. Efeito "regressivo" do recurso em sentido estrito (juízo de retratação)
Trata-se de "efeito" específico do recurso em sentido estrito, tomando-se como parâmetro o disposto no Código de Processo Penal. Nada mais é que

> o reexame, pelo próprio prolator, da decisão guerreada; nessa oportunidade o Juiz tanto pode manter o *decisum* quanto alterá-lo; existindo essa possibilidade nada impede que o Magistrado, preliminarmente, ordene alguma diligência capaz de suprir dúvida que o tenha assaltado; assim procedendo estará o Juiz, com toda legitimidade, procurando confortar seu espírito.[2817]

2. Inobservância da possibilidade da retratação
É corretamente entendida por vários provimentos como causa de nulidade.

Nesse sentido, "a ausência do chamado "juízo de retratação", próprio do recurso em sentido estrito importa em nulidade, a ser declarada a partir do despacho que determinou a subida do recurso" [2818].

Confirmando tal entendimento, que nos parece correto, o e. STF decidiu hipótese na qual não havia sido obedecida a possibilidade de retratação e concedeu ordem de *habeas corpus* de ofício sob o fundamento de que

> tendo em conta que o Ministério Público pugnara pelo retorno do feito ao magistrado da pronúncia, em face da não efetivação do juízo de retratação, quando o recurso fora enviado ao Tribunal de Justiça local, e que, atendido este requerimento, a nulidade dessa remessa fora reconhecida, determinando-se o seu retorno para o cumprimento do art. 589 do CPP, concluiu-se que aquele juiz não poderia apenas se referir ao anterior despacho existente nos autos, reputado não realizado pelo relator do recurso em sentido estrito, e novamente enviar os autos ao tribunal estadual. HC deferido, de ofício, para anular o julgamento do recurso em sentido estrito e determinar que os autos do processo principal sejam devolvidos ao juízo de primeiro grau para que cumpra o despacho do relator do recurso em sentido estrito. Reconheceu-se, em consequência, o excesso de prazo posterior à pronúncia, o qual não poderia ser imputado à defesa, e concedeu-se

---

2815 RJTAcrim, 24/492.
2816 TRF. 1ª Região. Relator: Juiz Nelson Gomes da Silva. Data de publicação: DJ, 26 mar. 1990. Relator: Juiz Nelson Gomes da Silva.
2817 Tribunal Regional Federal da 3ª Região Trf-3: 0027457-65.2012. Rel. Des. Federal JOHONSOM DI SALVO.
2818 STJ. Data de julgamento: 23 mar. 1998. Relator: Edson Vidigal.

liberdade provisória ao paciente, se não estiver preso por outro motivo (HC 88.708 AgR/PE, rel. Min. Sepúlveda Pertence, 19 set. 2006).

3. Juízo "positivo" de retratação

Dá-se na hipótese em que o Magistrado revê o provimento em face da interposição do recurso.

Neste ponto, a teor do disposto no parágrafo único, a parte que passa a ser onerada com a revisão tem o direito de, por simples petição, pedir o encaminhamento dos autos para superior instância, ficando claro, no entanto, que "O inconformismo com decisão prolatada em juízo de retratação, em sede de recurso em sentido estrito, prescinde de novos arrazoados da parte adversa".[2819]

A remessa dos autos ao Tribunal *ad quem* não se aplicaria, contudo,

> quando o juiz, no uso da faculdade prevista no art. 589 – CPP, exerce o juízo de retratação e recebe a denúncia, essa decisão não propicia a subida dos autos ao Tribunal, com base na previsão do parágrafo daquele dispositivo, pois não é recorrível o despacho que recebe a denúncia.[2820]

Mas a situação neste ponto específico é bem mais complicada.

Observando-se que no mais das vezes o procedimento penal não prevê qualquer fase delibativa para o recebimento da inicial acusatória (notadamente no caso das ações penais de legitimação pública), ficaria desamparado o polo passivo da denúncia no caso do presente artigo, vez que, como ainda não se instaurou a "relação processual", ele não seria intimado do juízo de retratação positivo.

Há, no entanto, provimento que, olhando (corretamente) o cenário a partir da CR e da CADH, decidiu que

> ainda que o contraditório não se faça presente, no mais das vezes, na fase do inquérito policial, nem por isso o direito de defesa do indivíduo, garantido na nossa Carta Magna, bem como o princípio do duplo grau de jurisdição, reconhecido expressamente na Convenção Americana dos Direitos do Homem, devam restar prejudicados, visto que somente com a intimação do investigado ou do indiciado para contra-arrazoar o recurso, é que poderá vir a manifestar-se em caso de juízo de retratação positivo, no sentido de o novo *decisum* poder ser submetido a exame e julgamento pela instância superior. Não se constitui em mera faculdade, mas, sim,

em obrigação do magistrado proceder à intimação do recorrente, ainda que investigado ou indiciado, para, em querendo, contra-arrazoar o recurso em sentido estrito.[2821]

3.1 Juízo de retratação e princípio da fungibilidade

Exatamente pela existência da possibilidade do juízo de retratação,

> É inadmissível o recebimento de Apelação quando for cabível o Recurso em Sentido Estrito, pois, apesar do princípio da fungibilidade e da inexistência de má-fé, referida interposição suprime o juízo de retratação inerente ao recurso do art. 581 do CPP, a exigir reexame da decisão em 1º Grau (RJTACrim, 33/38).

3.2 Juízo de retratação e apresentação de razões

Também por conta do denominado "efeito regressivo", tem-se que "para o conhecimento do recurso em sentido estrito, a apresentação das razões é imprescindível, sendo certo que as mesmas não podem ser oferecidas em 2ª Instância, como ocorre com a apelação, pois com isto o Magistrado de 1º Grau estaria impedido de exercer o juízo de retratação" (RJTACrim 23/484), enfatizando o mesmo acórdão que "o recurso em sentido estrito, para ser conhecido, deve estar acompanhado das razões. A falta das mesmas ou sua intempestividade, que é forma de ausência, acarreta o não conhecimento da irresignação" (RT 562/377), julgado este que, no mesmo sentido, coleciona outros (Revista de Jurisprudência do TJRS, 64/28; 68/82 e 76/58).

3.3 Juízo de retratação e fundamentação da decisão

Como todas as decisões judiciais, por força da CR e da CADH, o provimento de retratação necessita de fundamentação. Já se decidiu, no entanto, que "não é desprovida de fundamento a decisão que, em juízo de retratação, mantém sentença de pronúncia pelas razões já esposadas naquele julgado"[2822].

4. Necessidade de cientificação pessoal das partes

Pelas razões já expostas nestes *Comentários*, as partes devem ser intimadas dos provimentos como decorrência do devido processo legal. Diversamente, entendeu-se que

> a intimação apenas do defensor constituído da decisão que, ao proceder ao juízo de retratação

---

2819 TRF. 1ª Região. Relator: Juiz Hilton Queiroz. Data de julgamento: DJ, 23 nov. 2000. p. 755.
2820 TRF. 1ª Região. Data de julgamento: 7 nov. 2003. Relator: Des. Fed. Olindo Menezes.
2821 TRF. 3ª Região. Relator: Juiz Erik Gramstrup. Data de julgamento: 28 ago. 2001. Data de publicação: DJ, p. 647.
2822 STJ. Data de julgamento: 29 abr. 2002. Relator: Edson Vidigal.

no curso do processamento de recurso em sentido estrito, invalida a que decretara a prescrição da pretensão punitiva antes da prolação da sentença e respectivo trânsito em julgado para o *dominus litis*, não gera nulidade, à míngua de norma que obrigue a que dela se dê ciência pessoal ao réu.[2823]

> Art. 590. Quando for impossível ao escrivão extrair o traslado no prazo da lei, poderá o juiz prorrogá-lo até o dobro.
>
> Art. 591. Os recursos serão apresentados ao juiz ou tribunal ad quem, dentro de 5 (cinco) dias da publicação da resposta do juiz a quo, ou entregues ao Correio dentro do mesmo prazo.
>
> Art. 592. Publicada a decisão do juiz ou do tribunal ad quem, deverão os autos ser devolvidos, dentro de 5 (cinco) dias, ao juiz a quo.

1. Natureza do prazo

Os prazos aqui tratados são de natureza "imprópria", não acarretando sanção processual mas, sim, eventual repreensão administrativa.

> Art. 593. Caberá apelação no prazo de 5 (cinco) dias: (Redação dada pela Lei n. 263, de 23-2-1948)

1. A apelação como recurso sobre matéria de fato e/ou de direito

Tradicionalmente enfocada sob o prisma da decisão que busca impugnar, o recurso de apelação encerra em seu exercício uma finalidade que é bifronte: ora ataca o mérito, exigindo do Tribunal *ad quem* o papel de substituto do juiz natural, ora ataca erros de direito, fazendo com que o Tribunal opere um efeito de cassação sobre o julgado recorrido, devolvendo-o para o juiz natural da causa, a fim de que este profira o julgamento do mérito.

Essa forma de encarar o recurso de apelação no direito brasileiro clama por uma reestrutura para além de meros aspectos formais, com uma verdadeira redefinição do modo da prestação jurisdicional. Essa abordagem já foi sentida por autores de peso[2824] e necessita ser aprofundada não apenas em aspectos de futuras legislações, mas no direito "em vigor" à luz da CR e da CADH, na esteira do que foi já explanado nestes Comentários a propósito da discussão sobre a natureza da relação jurídica processual e o duplo grau de jurisdição.

Não é demasiado, contudo, repisar que a forma como se concebe tradicionalmente o recurso de apelação, com a devolução "plena" do conhecimento da causa ao juízo apelado, mais do que significar um potencial "inchaço" dos Tribunais, ideologicamente encerra um mecanismo inquisitivo (recordando-se da discussão sobre a origem histórica do termo "devolução" em outra parte destes **Comentários**) que esvazia o papel do juiz natural da causa, que não é a Corte apelada, mas sim o primeiro grau de jurisdição.

Exatamente por esse ponto, entendemos ser necessária a alteração de enfoque do tema, o que parece, sem dúvida, vir na contramão das tendências contemporâneas brasileiras, animadas exatamente pela ideologia oposta (mesmo no processo civil), pela qual a via recursal confere cada vez mais poderes aos Tribunais (*v.g.*, a conformação do atual agravo que, disciplinado no processo civil, se projeta também para o processo penal), em especial poderes específicos dados a Relatores de determinados tipos de recurso.

1.1. O aspecto residual da apelação em cotejo com o recurso em sentido estrito

É da lógica do sistema recursal que a apelação surja residualmente em comparação com o recurso em sentido estrito. Isso decorre do fato de que o recurso em sentido estrito tem previsão taxativa de aplicação.

Como as demais hipóteses previstas no Código de Processo Penal têm especificidades que muitas vezes até comprometem sua natureza enquanto recurso, a Apelação surge como recurso que, juntamente com o previsto no art. 581, ataca matérias de fato e de direito, desdobrando a relação jurídica processual iniciada com a petição inicial acusatória, e, portanto, quando operada pelo acusador público ou particular significa uma possibilidade a mais desses legitimados em buscar o reconhecimento da ocorrência do direito de ação e, assim, movimentar-se a jurisdição com a aplicação de uma pena.

Diante do contexto anteriormente exposto é que se compreende que

> inviável é a utilização do recurso em sentido estrito, não se afigurando o *decisum* recorrido dentre aqueles mencionados pelo art. 581, do Código de Processo Penal, devido a enumeração taxativa de suas hipóteses de cabimento, podendo, todavia, ser aplicado o princípio da fungibilidade recursal, de conformidade com o art. 579, da mesma norma processual, para o efeito de receber a insurgência como recurso de apelação,

---

2823 TJSP. **Apelação Criminal 2003.001671-6**. Chapecó. Relator: Des. Sérgio Paladino.
2824 GRINOVER, Ada Pelegrini; GOMES FILHO, Antônio Magalhães; FERNANDES, Antônio Scarance. **Recursos no processo penal**: teoria geral dos recursos, recursos em espécie, aços de impugnação, reclamação aos tribunais. 4. ed. São Paulo: Revista dos Tribunais, 2005. p. 112.

verificando-se que a hipótese de cabimento que melhor se amolda ao caso, está prevista no art. 593, inciso II, do referido diploma legal, e não restando, ademais, caracterizado qualquer erro grosseiro, nem mesmo má-fé do recorrente na interposição do recurso.[2825]

2. Apego histórico ao prazo de cinco dias para interposição

A opção legislativa do prazo de cinco dias para interpor o recurso de apelação é antiga no direito brasileiro, podendo ser encontrada, dentre outros textos de lei, no Regulamento n. 120, de 31 de janeiro de 1842, que regula a execução da parte policial e criminal da Lei n. 261, de 3 de dezembro de 1841, em cujo art. 442 se assentava: "Os recursos interpostos pelas partes, o serão por meio de uma petição simples, assinada pelo recorrente, ou seu legítimo Procurador, dirigida ao Juiz que proferiu a decisão, ou despacho de que se recorre, dentro de cinco dias".

3. Aspectos da tempestividade

Retomando as discussões sobre a tempestividade e forma de apresentação dos recursos em geral, é reconhecido largamente na jurisprudência que a "petição submetida a despacho do juiz após o quinquídio legal" é causa de intempestividade. Assim, "Na apelação interposta por petição, o despacho do juiz há de ser exarado no quinquídio, para comprovação da tempestividade do recurso, se nenhuma anotação ou certidão existe nos autos, esclarecedora de que dita petição, por motivo de força maior, tenha sido entregue em cartório dentro do prazo legal"[2826].

Há de se destacar que situações como greve de funcionários do Poder Judiciário têm o condão de suspender o prazo já em curso, retomando-se o fluxo no "primeiro dia útil seguinte, quando começa a contagem do prazo recursal, e aquele em que foram retomadas as atividades forenses"[2827] e que "O recebimento de recurso em setor indevido não poderá dar ensejo à declaração de intempestividade, caso este tenha sido protocolizado dentro do prazo assinado em lei", em que caso o qual o recurso fora protocolado na contadoria daquele tribunal tempestivamente. A contadoria recebera a apelação e a encaminhara ao setor de protocolo um dia após o vencimento do prazo. A Turma assentou que o referido erro não poderia ser atribuído exclusivamente ao advogado do apelante, mas também ao setor que recebera a petição do recurso indevidamente.[2828]

I – das sentenças definitivas de condenação ou absolvição proferidas por juiz singular;

1. A aplicação prática da classificação do Código de Processo Penal

Assim, por exemplo, "é apelável a decisão que indefere pedido de restituição de coisa apreendida, pois, segundo o art. 593 do CPP, cabe apelação das decisões definitivas, ou com força de definitivas, proferidas pelo Juiz singular, ressalvadas aquelas a que se refere o art. 581 do mesmo estatuto"[2829].

No mesmo diapasão, reconhece-se que "são apeláveis as sentenças definitivas ou as que têm força definitiva (interlocutórias mistas). Não é sentença o ato que indefere pedido de liberação do valor da fiança. Cabimento excepcional do recurso genérico de apelação à falta de recurso específico previsto na legislação processual", ante a "ausência das hipóteses previstas no art. 337 do Código de Processo Penal para restituição do valor da fiança".[2830]

Já

a decisão proferida em ação penal que indefere o cancelamento dos respectivos registros na distribuição, com a finalidade de obter certidão negativa, tendo em vista a remessa dos autos a justiça estadual face a incompetência desta justiça, não é apelável, visto não se enquadrar nas hipóteses do art. 593 do Código de Processo Penal.[2831]

Tema que é propício à dúvida recursal em face da desestrutura do "sistema", como já apontado em tópicos anteriores, é se saber qual o recurso cabível em face da redação do art. 366 do Código de Processo Penal.

Como já tivemos oportunidade de analisar em texto anterior[2832],

---

2825 TRF. 3ª Região. Relatora: Juíza Suzana Camargo. Data de publicação: DJU, 11 mar. 2003. p. 310.
2826 RT 401/343. No mesmo sentido: JC, v. 18/455-56. Recurso Criminal 9.117. Urussanga. Relator: Des. Nilton Macedo Machado; Ap. Criminal 20.382. Urubici. Relator: Des. Ayres Gama.
2827 TJ-CE. 1ª Câmara Criminal. **RSE 0001323-47.2013.8.06.0000**. Relator: Mario Parente Teófilo Neto. Data de publicação: 8 dez. 2015.
2828 STF. **RE 755613 AgR-ED/ES**. Relator: Min. Dias Toffoli. 22 set. 2015.
2829 RJTACrim, São Paulo, v. 8, out./dez. 1990, p. 75.
2830 TRF. 5ª Região. Relator: Juiz Idalvo Costa. Data de publicação: DJ, 9 out. 1998. p. 657.
2831 TRF. 4ª Região. Relator: Juiz Vilson Darós. Data de publicação: DJ, 16 nov. 1995. p. 78.821.
2832 CHOUKR, Fauzi Hassan. **Processo penal à luz da Constituição**. Bauru: Edipro, 1999. Linhas fundamentais do processo penal brasileiro; Ordem constitucional e processo penal; Prisão temporária; Ordem pública como fundamento da prisão

no quadro de ausência do imputado, carece ser mencionada a situação na qual a revelia inicialmente decretada é revogada, fixando-se, em primeiro lugar, a situação mais evidente, que é a da localização e comparecimento do acusado. Nestes casos, deve o juiz decretar a continuidade da relação processual. No entanto, por razões de diversas ordens, a jurisprudência já encontrou situações onde o magistrado revogou o decreto anterior, sem a necessária presença do acusado e determinou o prosseguimento do feito. Sem embargo das contestações que possam ser expendidas aos motivos de tal postura, resta neste ponto indagar qual o recurso cabível contra esta decisão, renovando-se as observações quanto ao problema da legitimidade atrás expendidas. Alinhave-se, no entanto, algumas considerações quanto à natureza de decisão de decretação da revelia, principalmente no sentido de saber se está sujeita ou não a qualquer tipo de preclusão ou se, ao contrário, pode ser modificada em seu conteúdo ao talante do magistrado. A resposta aproxima-se mais da primeira situação apontada. Com efeito, a revelia regularmente decretada somente por ser desconsiderada quando as causas justificativas tiverem desaparecido (*v.g.*, o acusado comparece ou nomeia defensor para intervir nos autos). Nesse sentido, aproxima-se um pouco do que a doutrina considera como uma cláusula *rebus sic stantibus* presente em outros momentos processuais, inclusive fora do processo penal, a autorizar a modificação de seu conteúdo desde que causas inerentes à substância do decidido se modifiquem. No caótico cenário recursal em que se movimenta o processo penal brasileiro, não é fastidioso lembrar que inexiste recurso propriamente previsto também para tal hipótese, fazendo-se uma vez mais a apologia da taxatividade das hipóteses do recurso em sentido estrito, consoante a doutrina e jurisprudência dominantes. Também não sendo, sem sombra de dúvidas, a hipótese de sentença de mérito, restaria uma vez mais o emprego do questionável recurso da correição parcial.

Seguíamos para explanar que

consoante explanação anterior, sendo necessária a fixação de um prazo para a suspensão do procedimento, é imperioso frisar que tal termo deve ser apontado na decretação da revelia, como medida de controle para o regular exercício da relação processual. Ausente tal fixação, é de importância não apenas teórica mas, sobretudo prática, encontrar o meio impugnativo do *decisum* que,

embora sem força do mérito, é uma genuína decisão interlocutória. Justamente por tal natureza, ficariam inicialmente descartados os embargos de declaração, instrumento recursal válido para sentenças terminativas. No entanto, o direito processual brasileiro possui alguma experiência no emprego de tais embargos para sentenças não terminativas (e nem com força destas), como é o caso, por excelência, da decisão (sentença?) de pronúncia, onde se emprega tal remédio para sanar obscuridade, contradição ou lacuna no *decisum*. Assim, por analogia o emprego dos embargos neste ponto parece, diante da ilogicidade do Código nos assuntos impugnativos, o meio mais adequado para sanar a omissão do julgador, sem prejuízo de futuro emprego de correição parcial diante da negativa judicial na fixação do termo.

Comprovando a ausência de sistematicidade e aderência aos valores determinantes do processo penal ao Estado Social de Direito, não se ocupou o legislador posterior a 1996 em corrigir a gritante omissão, contentando-se uma vez mais com a simples anomia e, por consequência, relegando à doutrina e à jurisprudência disputar sobre a via impugnativa adequada, aumentando as incertezas jurídicas nessa área e tratando potencialmente de forma desigual partes em situação processual idêntica.

Assim, por exemplo, decidiu-se que

a apelação, prevista no art. 593, inciso II, do Código de Processo Penal é o recurso cabível em face da decisão que suspende o processo com fulcro no art. 366 deste mesmo código. De fato, a decisão em apreço não está elencada nas hipóteses previstas, expressamente, no art. 581 do Código de Processo Penal – que cuida de recurso no sentido estrito – hipóteses estas que são taxativas e não exemplificativas, não admitido, portanto, ampliação por analogia. O dispositivo contido no art. 366, *caput*, do Código de Processo Penal, caracteriza-se como norma de natureza processual e material, no que pertine, respectivamente, à suspensão do processo e à suspensão do prazo prescricional. É incabível a dissociação das duas normas, reconhecendo a retroatividade do dispositivo tão somente na parte favorável ao réu. Qualquer interpretação que, admitindo a cisão do dispositivo, lhe conferisse incidência imediata no que tange à suspensão do processo e efeito irretroativo na parte em que impõe a suspensão da prescrição, importaria em cerceamento do direito de punir do Estado, pois, com a combinação da antiga norma com o novo texto legal,

---

cautelar: visão jurisprudencial; Delimitação temporal da prisão cautelar e o segundo grau de jurisdição; Suspensão do processo em face de revelia; Ação penal privada nos crimes de ação penal pública não intentada no prazo legal; Mandado de segurança contra ato judicial em processo penal.

estar-se-ia criando uma terceira regra, em total desrespeito à vontade do legislador.[2833]

Mas, ao mesmo tempo, em outra Corte decidiu-se que

A Correição Parcial é o recurso cabível contra decisão que suspende o curso do processo, em face da revelia do réu citado por edital, uma vez que não se cogita de Apelação frente à decisão que não põe fim à relação processual, e tampouco de Recurso em Sentido Estrito, diante da taxatividade do rol de hipóteses do art. 581 do CPP, restando entender, no caso de procedência da irresignação, que a referida suspensão tumultua o andamento normal do feito.[2834]

No mesmo sentido, afirmou-se que

Contra decisão que suspende o curso do processo devido a revelia do acusado citado por edital, não é cabível Recurso em Sentido Estrito, pois o elenco do art. 581 do CPP é taxativo, nem recurso de Apelação, porque a decisão impugnada não é definitiva, e nem tem força de definitiva, para colocar fim à relação processual, restando admissível apenas a Correição Parcial, uma vez que a decisão proferida estaria tumultuando o normal andamento do processo.[2835]

O mesmo Tribunal, contudo, reconheceu diversamente em outro caso, afirmando que "a decisão que suspende o curso do processo do réu revel citado por edital, com apoio na nova redação dada pela Lei n. 9.271/96 ao art. 366 do CPP, é passível de ser atacada através do recurso em sentido estrito".[2836]

Diante da dificuldade de enfrentamento prático do tema,

É viável o reconhecimento do princípio da fungibilidade na hipótese prevista no art. 579 do CPP. Recurso em sentido estrito conhecido como correição parcial. MÉRITO. Decisão que dá aplicação parcial ao art. 366 do CPP, determinando o transcurso regular do prazo de prescrição. Nulidade, diante da ausência de fundamentação, em afronta ao princípio estabelecido no art. 93, IX, da Constituição Federal.[2837]

E assim se poderia caminhar, demonstrando em casos idênticos soluções divergentes, tarefa essa fadada ao mero exercício de compilação. O que importa ser dito é que, embora seja parte inerente da atividade jurídica um certo grau de dissenso interpretativo, não é exatamente disso que se trata no caso em análise. Aqui, diante da lacuna legal, ao julgador ou ao acadêmico é relegado um trabalho que deve ser precipuamente levado a efeito pela lei.

A já citada anomia, além de criar situações de desigualdade, fomenta a inquisitividade cultural do sistema e o distancia dos valores da CR e da CADH.

3. Apelação e acordo de colaboração premiada

Diante da inexistência de previsão legal específica, o STJ, no REsp 1834215/RS que teve como relator o ministro Rogerio Schietti Cruz: afirmou que "Analisadas as espécies de recursos elencados no Código de Processo Penal, tem-se que a apelação criminal é apropriada para confrontar a decisão que recusar a homologação da proposta de acordo de colaboração premiada. 5. O ato judicial: a) não ocasiona uma situação de inversão tumultuária do processo, a atrair o uso da correição parcial e b) tem força definitiva, uma vez que impede o negócio jurídico processual, com prejuízo às partes interessadas. Ademais, o cabimento do recurso em sentido estrito está taxativamente previsto no art. 581 do CPP e seus incisos não tratam de hipótese concreta que se assemelha àquela prevista no art. 4º, § 8º, da Lei n. 12.850/2013. 6. De toda forma, ante a existência de dúvida objetiva quanto ao instrumento adequado para combater o provimento jurisdicional, não constitui erro grosseiro o manejo de correição parcial, principalmente quando esse instrumento foi aceito em situações outras pelo Tribunal".

Dada a finalidade última desse mecanismo negocial, e à mingua de disposição legal expressa em outro sentido – diversamente do que ocorre no ANPP – a solução encontrada é sistemicamente adequada ao modelo recursal do CPP.

> II – das decisões definitivas, ou com força de definitivas, proferidas por juiz singular nos casos não previstos no Capítulo anterior;

1. Decisões definitivas ou com força de definitivas

Decisões "definitivas" ou "com força de definitivas" estão espraiadas ao longo de todo o Código de Processo Penal. "Na linguagem do Código, consideram-se

---

[2833] TRF. 3ª Região. Relator: Juíza Ramza Tartuce. Data de publicação: DJ, 15 jun. 1999. p. 892. Relator: Juíza Ramza Tartuce.
[2834] RJTACrim, São Paulo, v. 33, jan./mar. 1997, p. 429. Também, TJ-RS. **COR 70051176782 RS**. 7ª Câmara Criminal. Relator: Carlos Alberto Etcheverry. Data de julgamento: 18 abr. 2013. Data de publicação: DJ, 10 maio 2013.
[2835] RJTACrim, São Paulo, v. 35, jul./set. 1997, p. 324.
[2836] RJTACrim-SP 34, abr./jun. 1997, p. 511.
[2837] TJ-RS. **RSE 70059985614 RS**. 7ª Câmara Criminal. Relator: Carlos Alberto Etcheverry. Data de julgamento: 17 jul. 2014. Data de publicação: DJ, 28 jul. 2014.

decisões com força de definitivas as que solucionam procedimentos e processos incidentais, as terminativas (que encerram o processo sem julgamento de mérito)"[2838].

2. O conceito do Código de Processo Penal e a Lei n. 9.099/1995

Discorrendo sobre o tema proposto, merece transcrição literal o seguinte julgado (embora o autor destes **Comentários** reserve-se o direito de discordar do resultado alcançado pelo v. acórdão no seu mérito, com a devida vênia), na medida em que procurará racionalizar o provimento jurisdicional que julga a homologação da transação penal.

Ela configura um claro exemplo do ponto a que se pode chegar com o caótico sistema recursal a partir de uma classificação distorcida dos provimentos jurisdicionais, cuja ausência de clareza induz a resultados inconsistentes com o Estado de Direito e seus reflexos no processo penal.

Simplesmente porque, ao seu final, muito embora tenha havido uma aplicação de pena, a lógica empregada irá reconhecer a possibilidade de dar-se continuidade ao procedimento, com oferecimento de denúncia, em face da pena não cumprida diante da homologação. É o teor do acórdão:

A homologação da transação penal pelo MM. Juiz monocrático é, sem qualquer dúvida, um ato jurídico de conteúdo decisório. Estes atos decisórios estão previstos no art. 800 do CPP e se dividem em decisões definitivas, interlocutórias mistas, interlocutórias simples e despachos de expedientes. Estes últimos referem-se ao andamento do processo. Os primeiros põem fim ao mérito da causa. O ato que homologa a transação penal prevista na Lei n. 9.099/1995, à evidência, não se constitui em despacho de expediente ou decisão definitiva. Portanto, trata-se de decisão interlocutória. As decisões interlocutórias simples decidem questões controvertidas sobre a regularidade ou ordem do processo sem pôr-lhe fim e sem ter possibilidade para isto. Diferem das interlocutórias mistas, porque estas têm força de definitiva, ou seja, "se a decisão é somente relativa à ordem do processo, a sentença denomina-se interlocutória simples; e se de algum modo prejudica a questão principal, ou põe fim ao juízo e à instância (...) denomina-se mista". A decisão interlocutória mista, ou seja, que põe fim ao juízo e à instância, ainda se divide em não terminativa e terminativa. Aquela, após ela, o processo não se encerra (sentença de pronúncia). A decisão interlocutória mista terminativa põe fim à relação processual sem resolver o mérito (decisão que rejeita a denúncia). O ato que homologa a transação na Lei n. 9.099/1995 põe fim ao processo sem resolver o mérito, posto que não resolve a responsabilidade criminal ou inocência do réu. É, assim, decisão interlocutória mista com força terminativa, especialmente porque a referida Lei, em seu art. 76, §§ 4º e 5º, prevê aplicação de "pena" da qual caberá "apelação". De outro lado, coisa julgada é, segundo Giuseppe Chiovenda, um bem julgado, reconhecido ou desconhecido pelo Juiz, que se torna incontestável. A coisa julgada em sentido formal traz a preclusão definitiva das questões propostas (ou proponíveis) quando no processo se obteve uma sentença não mais sujeita a impugnações. A coisa julgada em sentido material traz a eficácia da decisão quanto ao mérito do pedido. "Enquanto a coisa julgada formal fica limitada ao processo que com ela se encerra, o problema da coisa julgada material transcende nos seus efeitos para atingir processo posterior sobre seu litígio". Quando o legislador, no art. 76, § 4º, da Lei n. 9.099/1995, permite ao Juiz acolher a proposta do Ministério Público aceita pelo autor da infração, para aplicar a pena, à evidência, há o reconhecimento tridimensional da existência do fato típico gerador do procedimento. Sem o fato típico não haveria consenso entre as partes, acolhimento de proposta e pena. Assim, o trânsito em julgado desta decisão constitui o trânsito em julgado do fato gerador, ou seja, o trânsito em julgado material. Se a "coisa julgada material transcende nos seus efeitos para atingir processo posterior sobre seu litígio", este mesmo fato gerador não poderá fundamentar novo procedimento (ou continuação do anteriormente resolvido) vez que, como afirmado, transitou em julgado materialmente e produziu efeitos *ex tunc*, ficando, assim, superada a tese do recebimento, ou não, da denúncia. Se perfeito é o reconhecimento do fato gerador da relação processual e declarado seu trânsito em julgado, impossível nova lide com fundamento num fato marcado pela coisa julgada. Por isso, embora dando nova denominação ao que chamamos decisão interlocutória mista com força terminativa, afirmam Ada Pellegrini Grinover, Antonio Magalhães Gomes Filho, Antonio Scarance Fernandes e Luiz Flávio Gomes: "na verdade, a sentença não é absolutória nem condenatória. Trata-se simplesmente de uma sentença homologatória de transação".

> Mas é inquestionável que a homologação da transação configure sentença, passível de fazer coisa julgada material, dela derivando o título executivo penal. Por isso, se não houver cumprimento da obrigação assumida pelo autor do fato, nada se

---

[2838] GRINOVER, Ada Pelegrini; GOMES FILHO, Antônio Magalhães; FERNANDES, Antônio Scarance. **Recursos no processo penal**: teoria geral dos recursos, recursos em espécie, aços de impugnação, reclamação aos tribunais. 4. ed. São Paulo: Revista dos Tribunais, 2005. p. 116.

poderá fazer, a não ser executá-la, nos expressos termos da lei.[2839]

III – das decisões do Tribunal do Júri, quando:

1. Momento da interposição
Como já explanado, "a apelação, no Tribunal do Júri, pode ser interposta por requerimento verbal e as razões podem ser deduzidas posteriormente", sendo que "a falta de indicação do amparo legal específico não pode impedir o processamento do apelo".[2840]

2. A apelação como recurso de cassação
As considerações levantadas quanto ao papel do recurso de apelação como um recurso sobre matéria de fato e de direito repercutem no seu papel de cassação, a dizer, na impossibilidade de alterar o mérito do provimento impugnado, remetendo o caso para o juiz natural da causa que reapreciará o mérito.

Nesse contexto se pode acompanhar o raciocínio do julgado que reconheceu que

> as decisões proferidas pelo Tribunal do Júri não podem ser alteradas, relativamente ao mérito, pela instância *ad quem*, podendo, tão somente, dentro das hipóteses previstas no art. 593, do Código de Processo Penal, ser cassadas para que novo julgamento seja efetuado pelo Conselho de Sentença, sob pena de usurpar a soberania do Júri. Na verdade, o veredicto não pode ser retificado ou reparado, mas sim, anulado.[2841]

Na sequência, o v. acórdão adentra no tema do relacionamento entre a apelação no caso vertente e a revisão criminal, matéria que será aprofundada no capítulo referente à revisão. No entanto, cabe desde já deixar apontado que

> o cerne da questão, no presente pedido, situa-se no fato de que a decisão do Júri foi reformada, em seu mérito, em sede revisional que, diferentemente da apelação, cuja natureza é recursal, trata-se de verdadeira ação que é ajuizada sob o manto do trânsito em julgado. A meu sentir, seguindo a exegese da melhor doutrina, o reconhecimento pelo Tribunal *a quo*, de que a decisão do Júri foi manifestamente contrária à prova dos autos, ainda que em sede revisional, não tem o

condão de transferir àquela Corte, a competência meritória constitucionalmente prevista como sendo do Tribunal do Júri. Portanto, entendo que cabe ao Tribunal, mesmo em sede de revisão criminal, somente a determinação de que o paciente seja submetido a novo julgamento.[2842]

3. Restrição do fundamento
Deve-se aqui reiterar que "a apelação contra a decisão do Júri tem natureza restritiva, não devolvendo ao Tribunal todo o conhecimento da causa (assim, dentre outros, nos HC 71.872, 70.381, 68.878 e 68.109)".[2843]

Tal entendimento merecerá ressalvas, como se verá na sequência destes **Comentários**.

4. Súmula 713 do STF
"O efeito devolutivo da apelação contra decisões do Júri é adstrito aos fundamentos da sua interposição".

E, em consonância com esse verbete, o STF manifestou-se para afirmar que

> É importante ressaltar que a previsão contida no artigo 593, III, do Código de Processo Penal não se constitui mera hipótese de cabimento de recurso. Em verdade, o cabimento e o provimento do recurso de apelação nos casos ali delineados estão imbricados com a ocorrência de uma das hipóteses fáticas delineadas na mencionada norma processual penal. Portanto, a apelação contra sentença proferida pelo Tribunal do Júri tem natureza restrita, não sendo devolvido à superior instância o conhecimento integral da causa criminal, o que significa dizer que o conhecimento do Tribunal estadual fica circunscrito aos motivos invocados na interposição. É o enunciado da Súmula 713 do Supremo Tribunal Federal, in verbis: "O efeito devolutivo da apelação contra decisões do Júri é adstrito aos fundamentos da sua interposição".[2844]

a) ocorrer nulidade posterior à pronúncia;

1. Nulidades posteriores à pronúncia
Sem que se retome a discussão sobre a estrutura da pronúncia no direito brasileiro, apenas relembre-se que, entre aquele provimento e a realização da sessão plenária, inúmeros atos processuais se sucedem,

---

2839 RJTACrim, São Paulo, v. 49, jan./fev. 2001, p. 207.
2840 STJ. **REsp 139.233/PE**. 5ª Turma. Relator: Min. Felix Fischer. Data de julgamento: 16 1997, v.u., Data de publicação: DJU, 13 out. 1997. p. 51.627.
2841 STJ. **HC 19419 DF 2001/0172238-4**. 5ª Turma. Relator: Min. Jorge Scartezzini. Data de julgamento: 25 jun. 2002. Data de publicação: DJ, 18 nov. 2002. p. 251. RT, Vol. 811, p. 557.
2842 STJ. **HC 19419 DF 2001/0172238-4**. 5ª Turma. Relator: Min. Jorge Scartezzini. Data de julgamento: 25 jun. 2002. Data de publicação: DJ, 18 nov. 2002. p. 251. RT, Vol. 811, p. 557.
2843 STF, HC 71.382-3, rel. Min. Moreira Alves, Informativo STF 40, DJU 21-8-1996, sem página.
2844 RE 638757 AgR. 1ª Turma. Relator: Min. Luiz Fux. Data de julgamento: 9 abr. 2013. Data de publicação: DJe, 26 abr. 2013.

b) for a sentença do juiz-presidente contrária à lei expressa...

antes e durante o julgamento do mérito do feito, que, pela sua vasta abrangência, não poderiam ser aqui novamente analisados.

Os atos viciados – na forma como já se compreendeu o tema das nulidades nestes *Comentários* – ocorridos nesse interregno são atacados por via do recurso de apelação, embora, rigorosamente, não digam respeito a qualquer das hipóteses dos incisos I e II do art. 593. Apenas se justifica a sistemática pela especialidade que o julgamento dos casos submetidos ao Tribunal do Júri sempre teve no direito brasileiro, como já explicado em outro trecho desta obra.

Compreendido esse contexto, emprega-se o recurso de apelação contra a prova clandestinamente produzida quando da arguição de "vício formal de exame cadavérico e ausência de certidão de óbito da vítima"[2845] ou quando

> Após o prazo do artigo 422 do CPP, sem que houvesse arrolado testemunhas de plenário ou pedido diligência nesse sentido, sponte sua, o Ministério Público requisitou à autoridade policial realização de reconhecimento pessoal do réu, o que se fez, sem conhecimento da defesa e assistência de algum defensor, juntando-se o resultado aos autos do processo. Subsequente condenação. Prova ilegítima, que deve ser expungida dos autos e contaminou o julgamento pelo Tribunal do Júri, que vai desconstituído.[2846]

2. Limite da devolução do conhecimento para a segunda instância

Levando-se em consideração o quanto já foi discutido na parte geral dos recursos destes *Comentários* a respeito da peça que delimita o objeto do conhecimento nos recursos – a peça de interposição, e não as razões oferecidas.

Contudo, no campo dos precedentes têm-se que

> O efeito devolutivo do recurso de apelação criminal encontra limites nas razões expostas pelo recorrente, em respeito ao princípio da dialeticidade que rege os recursos no âmbito processual penal pátrio, por meio do qual se permite o exercício do contraditório pela parte que defende os interesses adversos, garantindo-se, assim, o respeito à cláusula constitucional do devido processo legal.[2847]

b) for a sentença do juiz-presidente contrária à lei expressa ou à decisão dos jurados;

1. O recurso de apelação e a alteração do provimento do juiz togado

A obediência do juiz togado, na estrutura do Tribunal do Júri, à lei e ao veredicto alcançado pelo Conselho de Sentença é um dos pontos basilares dessa forma de administração popular da justiça penal. Por isso, a sentença monocrática deve ser projetada em perfeita consonância com aquelas balizas. Nesse contexto, o provimento do recurso de apelação não implica uma reanálise do mérito da causa, mas a correção do trabalho do juiz integrante da burocracia oficial, como se verá na sequência.

2. Fundamento do recurso e impossibilidade de sua alteração

O emprego desse fundamento recursal impede a sua alteração para qualquer outro, estando a "sentença em sintonia com a lei e a decisão dos jurados", sendo que

> no processo do Júri, a apelação não devolve à superior instância o conhecimento pleno da matéria discutida no processo, ficando este limitado aos motivos invocados pelo recorrente. Inadmissível, portanto, o acolhimento de fundamento estranho ao declinado na petição do apelo. Assim é que, fundamentado o recurso no art. 593, III, *b*, do CPP ("for a sentença do Juiz-Presidente contrária à lei expressa ou a decisão dos jurados"), não há como conhecê-lo pela letra *d*, desse mesmo dispositivo ("for a decisão manifestamente contrária à prova dos autos"). E, se a sentença do Juiz-Presidente, que, na aplicação da pena, declinou os fundamentos à luz do art. 59 do CP, não se mostra contrária à lei expressa e está em perfeita sintonia com a decisão dos jurados, não há qualquer nulidade a reconhecer.[2848]

c) houver erro ou injustiça no tocante à aplicação da pena ou da medida de segurança;

1. Conceitos abertos: "erro" e "injustiça"

Diferentemente da hipótese anterior, a alínea em questão trabalha com conceitos abertos, que fogem ao parâmetro da legalidade estrita que deve nortear o processo penal no Estado de Direito e ferem o contido na CR e na CADH.

[2845] TJ-MA. **APR 151972002 MA**. Barão de Grajaú. Relator: Benedito de Jesus Guimarães Belo. Data de julgamento: 23 dez. 2002. Barão de Grajaú.

[2846] TJ-RS. **ACR 70051824092 RS**. 3ª Câmara Criminal. Relator: João Batista Marques Tovo. Data de julgamento: 28 fev. 2013. Data de publicação: DJ, 10 jul. 2013.

[2847] STJ. **HC n. 214.606/RJ**. Relator: Min. Jorge Mussi. Data de publicação: DJe, 3 out. 2012.

[2848] TJPB. Des. Raphael Carneiro Arnaud. Data de julgamento: 7 set. 1996.

Tal norma permite ao Tribunal apelado monitorar o juízo de valor efetuado pelo juiz togado em obediência ao decidido pelo juiz natural da causa e se constitui em mecanismo de controle ideológico das atividades de primeiro grau. Dadas suas características, abre espaço a um crescente "direito penal do autor", em detrimento ao "direito penal do fato", como se dá em inúmeras outras passagens já apontadas nestes **Comentários**.

No plano formal, há julgado que reconhece que "à instituição do júri, por força do que dispõe o art. 5º, inciso XXXVIII, alínea c, da Constituição da República, é assegurada a soberania de veredictos. O art. 593, § 2º, do Código de Processo Penal, todavia, autoriza que, havendo erro ou injustiça no tocante à aplicação da pena, o tribunal *ad quem* a retifique", acrescendo que

> não há que falar em usurpação da competência do júri na hipótese de a Corte Estadual, examinando apelação interposta pelo Ministério Público, constatar ter a conduta perpetrada pelo réu chegado bem próxima ao resultado almejado, e, em consequência, impor-lhe, na punição por tentativa, pena mais gravosa do que aquela outra estabelecida pelo Juiz-Presidente do Tribunal Popular.[2849]

Para tentar se esquivar dessa situação, a jurisprudência, inúmeras vezes, coloca no âmbito do "erro" situações em que a sentença do juiz-presidente é contrária à letra da lei, como no caso de a "causa agravante (...) incidir sobre a pena-base"[2850], ou quando "o Juiz, equivocadamente e em desfavor do réu, considera primeiro a causa de diminuição de pena, para só depois apropriar-se da circunstância atenuante obrigatória (art. 68, *caput*, do CP)"[2851], ensinando-se nessa linha de julgamento que

> A imposição final da reprimenda ocorre mediante a observância de fases distintas e obrigatórias. A pena-base deve ser inicialmente fixada com atenção aos preceitos relativos ao tipo em que foi enquadrado o réu e aos critérios do art. 59 do Código Penal, sopesados o fato revelador da personalidade direcionada para o cometimento do ilícito e suas consequências sociais.[2852]

d) for a decisão dos jurados manifestamente contrária à prova dos autos.

1. Análise do tema a partir da CR e da CADH

O ponto de partida para a análise deste tópico encontra-se na Constituição Federal, que em seu art. 5º, XXXVIII, assim dispõe: "é reconhecida a instituição do júri, com a organização que a lei lhe der, assegurados: *a)* a plenitude de defesa; *b)* o sigilo das votações; *c)* a soberania dos veredictos; *d)* a competência para o julgamento dos crimes dolosos contra a vida". Há a necessidade de afastar-se, de imediato, qualquer sinonímia entre soberania e inquestionabilidade da decisão.

Significa dizer que, embora soberano, o veredicto encontra-se sujeito a um sistema revisional que busca zelar pela sua efetiva legalidade (nesse sentido, é "firme o entendimento desta Corte sobre a compatibilidade do sistema de recursos contra os veredictos do Júri com o princípio constitucional da soberania deles"[2853]).

No plano político (e este não pode ser esquecido, vez que se trata de matéria constitucional), a possibilidade de revisão justifica-se pela estrutura do Estado Democrático, em que inexistem atividades de poder estatal "absolutas".

Ao não se admitir a revisão dos veredictos (numa imperfeita visualização do primado constitucional), estar-se-ia instituindo uma função estatal sem controle, impensável no sistema do Estado de Direito. Por outro lado, a possibilidade de revisão das decisões do Conselho de Sentença insere-se no modelo do *due process of law*, este compreendido como um feixe de garantias justapostas que, uma vez observadas, garantem a produção de um resultado "justo".

A complexa temática das provas e de sua admissibilidade no processo tem hoje matriz constitucional, na medida em que o mesmo art. 5º acima apontado, em seu inciso LVI, proclama que "são inadmissíveis, no processo, as provas obtidas por meios ilícitos", quais sejam, aquelas produzidas em desconformidade às garantias constitucionalmente asseguradas e em desacordo com os ditames de legislação ordinária.

Serve de ponto de partida o texto supra para o problema enfrentado. Pode-se dizer que a soberania da decisão (veredicto) não pode estar apoiada em provas ilícitas de um lado, e, de outro, não pode desprezar as provas licitamente angariadas. Válido será, certamente, no cotejo de provas lícitas, a adoção valorada de uma das correntes, nisso consistindo um dos significados da soberania constitucionalmente estabelecida (e assim é tradicionalmente tratada a matéria).

Mas a temática inserida na Carta Magna para o tema probatório ainda apresenta outro desdobramento para a edificação de um conceito de soberania em função dos veredictos do Tribunal do Júri. Diz respeito à impossibilidade de o Conselho

---

2849 STJ. Relator: Hamilton Carvalhido. Data de publicação: DJ, 24 fev. 2001. p. 349.
2850 TJPB. Relator: Des. Raphael Carneiro Arnaud. Data de julgamento: 25 out. 1995.
2851 TJPB. Des. Joaquim Sérgio Madruga. Data de julgamento: 30 out. 1996.
2852 STJ. Relator: Laurita Vaz. Data de publicação: DJ, 23 jun. 2003. p. 396.
2853 STF. **HC 77.340/SC**. Relator: Min. Moreira Alves.

d) для a decisão dos jurados manifestamente contrária à prova dos autos...

de Sentença afastar-se do acervo probatório, a seu alvedrio, e decidir sem fundamento nos autos. É algo um pouco diverso da enunciação contida no texto do Código de Processo Penal, no artigo em comento. Na verdade, o conteúdo infraconstitucional primitivo não trabalhava claramente com a ideia de um "devido processo legal", daí por que não alcançar o modelo de licitude estrita das provas, tal como enunciado no art. 5º da CR/88.

Interpretada a situação pela ótica do processo constitucional, pode-se delimitar outra fronteira para o conceito de soberania do veredicto: o julgamento contrário à prova (lícita) dos autos significa a quebra do princípio do *due process of law*, porque introduz como base da decisão um elemento cognitivo inexistente entre as partes legítimas. Difere essa situação daquela consagrada pela doutrina e jurisprudência que é a da opção entre provas (lícitas) contidas no acervo dos autos. A situação anteriormente exposta traduz um limite "negativo", por assim dizer, de soberania, enquanto a opção ora enfocada materializa a fronteira "positiva" dessa mesma ideia.

Toda a discussão anterior perde completamente sua base de sustentação diante da situação peculiar que é a da ausência de fundamentação do veredicto do Conselho de Sentença. Se, desde um plano de vista histórico, tal condição é verificável, no plano constitucional brasileiro isso pode e deve ser questionado, como de forma ímpar o fez Albernaz.[2854]

Acompanhando o mencionado autor, "saliente-se, desde logo, a fim de se evitar indesejáveis equívocos, que preconizar a imposição aos jurados do dever de motivar as suas decisões, em momento algum implica a diminuição da soberania dos veredictos, nem tampouco torna público o conteúdo do voto dos juízes leigos, paradigmas constitucionais na organização do júri, e que, portanto, devem nos pautar na busca de quaisquer soluções"[2855], recordando-se que a soberania dos veredictos "não é rigorosamente absoluta, já que outro Conselho de Sentença pode substituir a decisão precedente nos casos de protesto por novo júri e de apelação com fulcro no art. 593, III, *d*, e seu § 3º, do Código de Processo Penal", e que "possui um significado técnico bem definido pela doutrina, que a insere na temática da competência funcional dos órgãos jurisdicionais", concluindo que "Da mesma forma, ao sigilo do *conteúdo* do voto dos jurados (CF, art. 5º, XXXVIII, *b*), nenhuma ofensa causaria a obrigatoriedade de motivar as decisões, posto que isso não faz supor a necessidade de identificar os jurados que votaram de tal ou qual maneira, preservando o princípio constitucional". Sem o que, como sabido à saciedade, a promulgação da unanimidade da votação quebra evidentemente o sigilo do voto, pela curial observação do conteúdo da manifestação de cada um dos jurados, como também lembrado pelo autor.

Da ausência de motivação se depreende que o labor desempenhado pelos tribunais superiores na apreciação de um recurso com esse fundamento é meramente adivinhatório e significa uma revisão de toda a atividade cognitiva desempenhada pelo leigo julgador. Quando tal se dá, assim como em inúmeras outras situações verificáveis no julgamento pelo Júri no direito brasileiro, abrem-se as portas para recursos que levam em conta "tipos de autor", e não "um direito penal do fato", pois, se não se sabe quais as provas concretas que os jurados sopesaram, não há critérios objetivos para aferir o que afastaram ou o que privilegiaram na votação (já direcionada) dos quesitos.

Mais uma vez, deve ser observada a lição do autor supramencionado:

> Esse sistema, ao desobrigar o julgador de demonstrar a consonância da sua decisão com a verdade obtida pela atividade contraditória, dialética, das partes, extingue qualquer fronteira porventura existente entre a discricionariedade e a arbitrariedade na atividade jurisdicional, possibilitando aos integrantes do Conselho manipular os fatos e o direito como melhor lhes aproveite, julgando o fato da vida a eles apresentado, consoante critérios puramente subjetivos, pessoais e, quando não, formar o seu convencimento a partir de elementos não só estranhos aos autos, mas estranhos, inclusive, ao ilícito que ao acusado se imputa. Faz, em outras palavras, dada a natureza instrumental do dever de motivar adequadamente, letra morta os princípios garantidores de um Direito Penal da liberdade, em especial, o princípio da estrita legalidade; torna inútil e mero exercício de retórica, os princípios fundamentais de um modelo processual penal acusatório, garantista.[2856]

Numa sistemática processual que permite a realização do julgamento de mérito sem que qualquer prova tenha sido produzida perante o juiz natural (como já explicado em comentários anteriores), a ausência de motivação coroa um procedimento no qual o nível de descompromisso com a prova é

[2854] ALBERNAZ, Flávio Boechat. O princípio da motivação das decisões do Conselho de Sentença. **Revista Brasileira de Ciências Criminais**, São Paulo, v. 5, n. 19, p. 125-159, jul./set. 1997.

[2855] ALBERNAZ, Flávio Boechat. O princípio da motivação das decisões do Conselho de Sentença. **Revista Brasileira de Ciências Criminais**, São Paulo, v. 5, n. 19, p. 125-159, jul./set. 1997.

[2856] ALBERNAZ, Flávio Boechat. O princípio da motivação das decisões do Conselho de Sentença. **Revista Brasileira de Ciências Criminais**, São Paulo, v. 5, n. 19, p. 125-159, jul./set. 1997.

tamanho que se julga com base em relatos das partes (debates) e se decide sem qualquer fundamentação.

O limite da "consciência" dos jurados, no qual supostamente se assenta a legitimidade da decisão, parece ser muito pouco para um Estado que, como o nosso, possui a extensão da motivação das decisões da forma como se encontra.

3. Avaliação do conjunto probatório
Na esteira das considerações feitas no tópico inicial deste inciso, tem-se que

> Se as provas de acusação e defesa podem ser sopesadas, em confronto valorativo, não cabe afirmar a ocorrência, pura e simplesmente, de julgamento do tribunal popular contrário à regra *legis* invocada, mas, apenas, seria possível asseverar que, numa visão técnica da prova dos autos, a prova da acusação seria preferível à da defesa. Tal juízo formulável no julgamento de instâncias ordinárias comuns, não é, todavia, plausível diante de decisão de tribunal popular, em que o convencimento dos jurados se compõe segundo parâmetros distintos dos em que se situa o julgamento do magistrado profissional".[2857]

A solução é diversa, no entanto, quando a "Decisão do conselho de sentença que colidiu com as provas técnica e testemunhal legitimamente produzidas, de maneira a consistir a tese da legítima defesa em versão absolutamente inaceitável", quando "a posição do réu é isolada e não pode efetivamente se pôr em confronto valorativo com a versão acolhida pelo aresto, com apoio na prova testemunhal e técnica", configurando-se "hipótese em que a incidência do art. 593, III, d), do CPP, não contraria o preceito maior do art. 5º, XXXVIII, c, da Constituição, quanto à soberania do Júri, nos termos em que essa há de entender-se dentro do nosso sistema jurídico" (RE 166.896/RS. Relator: Min. Néri da Silveira. Data de julgamento: 26 mar. 2002).

4. Bilateralidade do recurso sob o fundamento de ter sido o julgamento contrário à prova dos autos
Não se pode negar, a partir da visão tradicional que se tem do emprego do sistema recursal brasileiro (e que exige uma nova compreensão, como já explicitado em outro trecho destes **Comentários**), que

> A apelação contra decisão dos jurados, manifestamente contrária à prova dos autos, não constitui recurso privativo da defesa. Com efeito, tratando-se as modalidades de defesa exclusivas, como se trata, de benefícios processuais do réu, têm, por isso mesmo, suas hipóteses expressamente elencadas no Código de Processo Penal. Daí por que, adite-se, o art. 607 é categórico em afirmar que o protesto por novo júri é privativo da defesa e o art. 609 é incisivo ao exigir decisão de segunda instância desfavorável ao réu para o cabimento dos embargos infringentes e de nulidade. Não se deve, pois, à luz das regras elementares de hermenêutica, estender privilégios processuais a hipóteses não previstas em lei. (...) O art. 593, inciso IV, alínea d, do Código de Processo Penal, autoriza que, em sendo a decisão manifestamente contrária à prova dos autos, ou seja, quando os jurados decidam arbitrariamente, dissociando-se de toda e qualquer evidência probatória, é de ser anulado o julgamento proferido pelo Tribunal Popular. Oferecidas aos jurados vertentes alternativas da verdade dos fatos, fundadas pelo conjunto da prova, mostra-se inadmissível que o Tribunal de Justiça, em sede de apelação, desconstitua a opção do Tribunal do Júri – porque manifestamente contrária à prova dos autos sufragando, para tanto, tese contrária.[2858]

5. Impossibilidade do emprego do conceito de soberania das decisões do Júri para a Justiça Militar
O conceito de soberania dos veredictos atribuído pela CR/88 ao funcionamento do Tribunal do Júri não se projeta para outros órgãos colegiados com competência penal, como é o caso dos Conselhos de Auditoria Militar, o que faz sentido com a sistemática constitucional e com a própria estrutura e funcionamento da corte popular.

Analisando caso com esse teor, o e. STF

> indeferiu *habeas corpus* em que se pretendia a nulidade de acórdão do STM, ao prover apelação do Ministério Público, condenara o paciente pela prática de homicídio qualificado (CPM, art. 205, § 2º, I e IV). No caso concreto, a decisão condenatória do Tribunal do Júri fora posteriormente anulada pelo STJ, que fixara a competência da Justiça Militar para o feito. Remetidos os autos para o Conselho de Justiça da Auditoria Militar, o paciente fora absolvido por insuficiência de provas. Contra esta decisão, o *parquet* interpusera recurso que, acolhido pelo STM, ensejara a referida condenação. Sustentava-se a ausência de motivação do julgado recorrido e a impossibilidade de o Tribunal *a quo* alterar a decisão do Conselho de Justiça quanto ao mérito, sob a alegação de soberania dos veredictos, já que se trataria de hipótese semelhante às decisões do Tribunal do Júri. Assim, afirmava-se que

---

2857 STF. **HC 80.115**. Relator: Min. Néri da Silveira. Data de julgamento: 23 maio 2000.
2858 STJ. Relator: Hamilton Carvalhido. Data de publicação: DJ, 24 jun. 2002. p. 346.

ao Tribunal Superior competiria apenas verificar se a decisão fora manifestamente dissociada dos elementos apurados no processo, tendo o acórdão impugnado concluído contrariamente à evidência dos autos. Asseverou-se que a restrição, no processo penal comum, do efeito devolutivo da apelação do mérito dos veredictos do Conselho de Sentença não tem por base o crime cogitado, na espécie, o de homicídio, mas sim a nota de soberania das decisões do júri que a estrutura da Justiça Militar não comporta. Deste modo, entendeu-se incabível a simples cassação do julgado, porquanto esta seria exclusiva dos casos submetidos ao júri, não se aplicando quando o homicídio tem conotação de crime militar. Ademais, rejeitou-se o argumento de deficiência na motivação, uma vez que o acórdão recorrido fundamentara-se em fatos e provas, cujo revolvimento seria inviável nesta sede. Precedentes citados: RE 122.706/RJ (*RTJ* 137/418); HC 71.893/ES (DJU 3 mar. 1995).[2859]

> § 1º Se a sentença do juiz-presidente for contrária à lei expressa ou divergir das respostas dos jurados aos quesitos, o tribunal ad quem fará a devida retificação. (Redação dada pela Lei n. 263, de 23-2-1948)

1. Desnecessidade de nova sessão plenária

Trata-se de hipótese em que não se reavalia o conjunto fático e a apreciação que dele foi feita pelo Conselho de Sentença, não se justificando, assim, nova sessão de julgamento.

> § 2º Interposta a apelação com fundamento no n. III, c, deste artigo, o tribunal ad quem, se lhe der provimento, retificará a aplicação da pena ou da medida de segurança. (Redação dada pela Lei n. 263, de 23-2-1948)

1. A sentença de primeiro grau como parâmetro da sanção a ser imposta em decorrência do recurso

A hipótese do presente parágrafo remete mais uma vez ao emprego de expressões abertas ("erro ou injustiça") e ao controle de emprego efetuado pelo juiz monocrático togado após o veredicto exarado pelo Conselho de Sentença. Esse controle, exercitado pelo Tribunal em grau de recurso, satisfaz-se com a prolação de nova sentença, sem a necessidade de novo julgamento, o que é correto, pois, em tese, não se está tratando da análise de mérito, a qual já foi efetivada soberanamente pelo jurado leigo.

Outra questão, no entanto, permanece em relevo: a de se saber se, de alguma forma, a sentença "errada" ou "injusta" deve servir de algum parâmetro para o novo julgado. Pela ótica do Código de Processo Penal, nada impediria que a resposta fosse negativa, contentando-se o legislador – e, talvez, muitos intérpretes – em afirmar que não se pode exigir o parâmetro para penas que devam ser elevadas em relação ao julgado inicial, pois, justamente, ou ele é "errado" ou ele é "injusto".

No entanto, julgados afirmam a existência desse parâmetro, afirmando que "A análise das variáveis do art. 59 do CP, conquanto de discricionária apreciação do magistrado, constitui-se em formalidade essencial à fixação da pena. A omissão das reputadas decisivas para a dosagem, importa na anulação do *decisum*, nessa parte, a fim de que outro seja proferido, sem prejuízo da prisão do agente e respeitada a proibição da *reformatio in pejus* indireta"[2860], levando-se em conta, pois, que o recurso foi exclusivo da defesa.

> § 3º Se a apelação se fundar no n. III, d, deste artigo, e o tribunal ad quem se convencer de que a decisão dos jurados é manifestamente contrária à prova dos autos, dar-lhe-á provimento para sujeitar o réu a novo julgamento; não se admite, porém, pelo mesmo motivo, segunda apelação. (Redação dada pela Lei n. 263, de 23-2-1948)

1. Soberania dos veredictos e impossibilidade de novo julgamento

É decorrência da estrutura constitucional a impossibilidade reiterada de apelações, sob o mesmo fundamento, atacando o veredicto do conselho de sentença[2861] e, ademais,

> Como é cediço, a parte final do 3º do art. 593, do CPP, veda a interposição de segunda apelação com base no inciso III, alínea d (decisão manifestamente contrária à prova dos autos), mesmo que a primeira apelação tenha sido interposta pela parte contrária. 2. O recurso não conhecido.[2862]

2859 HC 84.690/DF. Relator: Min. Sepúlveda Pertence. 27 set. 2005.
2860 TJPB. Des. Raphael Carneiro Arnaud. Data de julgamento: 10 out. 1996.
2861 Neste sentido, TJ-PR. **ACR 1663814 PR 0166381-4**. 2ª Câmara Criminal. Relator: Campos Marques. Data de julgamento: 25 maio 2006.
2862 TJ-ES. **APR 35089002774 ES 35089002774**. 1ª Câmara Criminal. Relator: Sérgio Bizzotto Pessoa de Mendonça. Data de julgamento: 17 dez. 2008. Data de publicação: 14 jan. 2009.

2. Novo julgamento e resultado mais gravoso para o réu

Há de se destacar o problema da imposição de pena mais gravosa ao acusado quando, em recurso exclusivo da defesa, reconhece-se ter havido julgamento contrário à prova dos autos.

Há linha jurisprudencial afirmativa para a situação, pela qual se compreende que o

> Entendimento do STF que se assenta no dizer de "anulada a sentença condenatória em recurso exclusivo do réu, a nova decisão não pode impor pena mais grave" se ajusta a julgamento monocrático, quando o Juiz togado prolata uma sentença em processo de sua competência, nunca em feito atinente a seu julgamento pelo Tribunal do Júri.[2863]

Mais ainda,

> A regra que estabelece que a pena estabelecida, e não impugnada pela acusação, não pode ser majorada se a sentença vem a ser anulada, em decorrência de recurso exclusivo da defesa, sob pena de violação do princípio da vedação da reformatio in pejus indireta, não se aplica em relação as decisões emanadas do Tribunal do Júri em respeito à soberania dos veredictos (Precedentes). II – Desse modo, e neste contexto, tem-se que uma vez realizados dois julgamentos pelo Tribunal popular devido à anulação do primeiro, e alcançados, nas referidas oportunidades, veredictos distintos, poderá a pena imposta no segundo ser mais gravosa que a fixada no primeiro. Recurso especial provido.[2864]

Não se pode, com a devida vênia, dar guarida a tal interpretação.

Com efeito, em casos de recurso exclusivo da defesa, com o consequente trânsito em julgado para o Ministério Público, não pode ver o réu piorada sua situação pelo emprego da via recursal.

O limite da pena imposta há de ser respeitado diante de duas situações possíveis: ou o réu havia sido condenado e, no novo julgamento, é absolvido (e portanto não há que se falar em nova pena), ou é mantida sua condenação, reconhecendo o novo conselho de sentença a mesma imputação anterior, donde a pena dosada pelo magistrado togado há de servir como parâmetro.[2865]

Trata-se, na verdade, de

> Ressalvadas as situações excepcionais como a referente à soberania do Tribunal do Júri, quanto aos veredictos, em regra a pena estabelecida, e não impugnada pela acusação, não pode ser majorada se a sentença vem a ser anulada, em decorrência de recurso exclusivo da defesa, sob pena de violação do princípio da vedação da reformatio in pejus indireta (Precedentes). II – Desse modo, e neste contexto, tem-se que uma vez realizados dois julgamentos pelo Tribunal popular devido à anulação do primeiro, e alcançados, em ambas oportunidades, veredictos idênticos, não poderá a pena imposta no segundo ser mais gravosa que a fixada no primeiro sob pena de reformatio in pejus indireta. Ordem concedida.[2866]

A situação poderá ser diversa quando, no novo julgamento, o conselho de sentença, no exercício de sua soberania, reconhecer uma qualificadora que havia sido afastada no primeiro júri.

A situação é substancialmente distante da acima exposta, pois diferentemente do que ocorre com o juiz monocrático, o conselho de sentença recebe o mérito da causa sem qualquer parâmetro dado pelo conselho anterior na apreciação da causa.

Tanto assim se dá, que o jurado que participou do primeiro conselho não pode participar do segundo corpo de jurados. Portanto,

> Em crimes de competência do Tribunal do Júri, a garantia da vedação à reformatio in pejus indireta sofre restrições, em respeito à soberania dos veredictos. 2. Os jurados componentes do segundo Conselho de Sentença não estarão limitados pelo que decidido pelo primeiro, ainda que a situação do acusado possa ser agravada, em face do princípio da soberania dos veredictos, disposto no art. 5.º, inciso XXXVIII, alínea c, da Constituição Federal.[2867]

Isso implica, na verdade, uma devolução completa do objeto de conhecimento, justificável pela soberania do juiz leigo na apreciação da causa. Assim, na verdade, já se decidiu, quando de "decisão anulada que envolve a própria essência do julgamento (a) Soberania do Tribunal do Júri que não permite que se lhe imponham limitações, com base no princípio da *reformatio in pejus* indireta" (JTJ, 128/569).

O resultado lógico dessa construção pode ser desastroso para o réu que apela visando melhorar

---

2863 TJSP. **Apelação Criminal 101.643-3**. Bauru. Relator: Denser de Sá. 21 ago. 1991.
2864 STJ. **REsp nº 1068191/SP**. 5ª Turma. Relator: Min. Felix Fischer. Data de julgamento: 13 abr. 2010. Data de publicação: DJe 10 maio 2010.
2865 TJSP. **EI 71.203-3**. Apiaí. Relator: Canguçu de Almeida. 11 jun. 1990.
2866 STJ. **HC 108.333/SP**. 5ª Turma. Relator: Min. Felix Fischer. Data de julgamento: 16 jun. 2009. Data de publicação: DJe, 8 set. 2009.
2867 STJ. **AgRg no REsp nº 1290847/RJ**. 5ª Turma. Relator: Min. Laurita Vaz. Data de julgamento: 19 jun. 2012. Data de publicação: DJe, 28 jun. 2012.

sua situação. Sensível a essa possibilidade, já houve decisão que reconheceu que

> A soberania garantida constitucionalmente à instituição do júri tem o caráter de relativa e está insculpida no capítulo das Garantias dos Direitos Individuais e não em outra parte. Tudo, pois, quanto aparece em termos de garantia diz respeito ao indivíduo e não à instituição propriamente dita (TJSP, rel. Djalma Lofrano, Revisão Criminal 116.491-3, Santos, 30 set. 1993).

§ 4º Quando cabível a apelação, não poderá ser usado o recurso em sentido estrito, ainda que somente de parte da decisão se recorra. (Redação dada pela Lei n. 263, de 23 fev. 1948)

1. Sobre a questão da fungibilidade, ver análise do art. 575 nestes *Comentários*

Art. 594. Revogado pela Lei n. 11.719, de 20-6-2008.

Texto original: O réu não poderá apelar sem recolher-se à prisão, ou prestar fiança, salvo se for primário e de bons antecedentes, assim reconhecido na sentença condenatória, ou condenado por crime de que se livre solto. (Redação dada pela Lei n. 5.941, de 22-11-1973)

Art. 595. Revogado pela Lei n. 12.403, de 4-5-2011.

Texto original: Se o réu condenado fugir depois de haver apelado, será declarada deserta a apelação.

Art. 596. A apelação da sentença absolutória não impedirá que o réu seja posto imediatamente em liberdade. (Redação dada pela Lei n. 5.941, de 22-11-1973)

Parágrafo único. A apelação não suspenderá a execução da medida de segurança aplicada provisoriamente. (Redação dada pela Lei n. 5.941, de 22-11-1973 e tacitamente revogada pela Reforma Penal de 1984)

1. Efeito imediato de colocação em liberdade

A partir de uma visão aderente à CR e à CADH, e descontada a origem histórica da norma em apreço que já foi abordada em outro ponto destes *Comentários*, observa-se que a liberdade imediata daquele que se encontrava preso e foi absolvido, mais do que ser um favor do Estado, é uma exigência de justiça e de lógica do sistema.

Assim,

Sobrevindo sentença absolutória, ainda que haja recurso da apelação, deve necessariamente o réu que estiver preso ser posto em liberdade, excetuada a hipótese do art. 411 do CPP ou no caso de estar ele preso por outro motivo, logo, estando o réu solto, não poderia haver a edição de um decreto de prisão preventiva.[2868]

No mesmo diapasão, "a absolvição do réu preso importa na sua imediata soltura. Inteligência do art. 596 e § 1º do Código de Processo Penal em face da alteração pela Lei n. 5.941/73. Descabimento da manutenção da prisão até o trânsito em julgado".[2869]

2. Efeito da sentença quando da existência de feitos na Justiça Federal e na Estadual

Na relação entre as distintas Justiças, há de se considerar o efeito imediato da liberdade do réu absolvido como regra. A simples existência de outros feitos, nos quais não haja ordem constritiva para que, *neles*, mantenha-se a prisão cautelar, não pode servir de argumento para a manutenção do acusado sob custódia na relação processual em que ele foi absolvido, ainda que pendente o recurso. Nesse sentido:

> Se o paciente, que teve sua prisão em flagrante mantida pela autoridade judiciária ao argumento de estarem presentes os motivos para a decretação da custódia preventiva, veio a ser absolvido no processo a que respondia em relação aos crimes de competência da justiça federal, deve ser imediatamente posto em liberdade, ainda que remanesçam quanto ao mesmo delitos a serem julgados pela justiça estadual. Aplicação do disposto no art. 596 do Código de Processo Penal. – Somente a autoridade judiciária competente para julgar os demais crimes pode decretar, quanto aos mesmos e se for o caso, a prisão cautelar do réu, observância dos arts. 5º, LXI, da CF e 648, III, do Código de Processo Penal.[2870]

Art. 597. A apelação de sentença condenatória terá efeito suspensivo, salvo o disposto no art. 393, a aplicação provisória de interdições de direitos e de medidas de segurança (arts. 374 e 378), e o caso de suspensão condicional de pena.

1. Efeito suspensivo

O efeito suspensivo é marcante em grande parte dos recursos ordinários e se configura excepcional nos recursos extraordinários, como se verá oportunamente nestes *Comentários*.

Traduz-se pela suspensão dos *efeitos* da sentença de primeiro grau, com a impossibilidade de impor

---

2868 TRF. 3ª Região. 5ª Turma. Relator: Juiz Fausto de Sanctis. Data de publicação: DJU, 5 set. 2000. p. 557.
2869 TRF. 4ª Região. Relator: Juiz Volkmer de Castilho. Data de publicação: DJ, 11 dez. 1991. p. 31.827.
2870 TRF. 5ª Região. Relator: Des. Fed. Edvaldo Batista da Silva Júnior. Data de publicação: DJ, 6 abr. 2001. p. 303.

ao acusado uma situação de gravame. Se condenado, não lhe poderá ser impingido maior ônus que o eventualmente suportado com a decorrência do trânsito em julgado. Este último aspecto norteará a execução provisória do julgado penal na forma exposta na sequência.

A absolvição importa em recurso que não tem efeito suspensivo, como visto no artigo anterior.

2. Apelação e execução provisória do julgado penal
Vide nestes Comentários art. 283.

> Art. 598. Nos crimes de competência do Tribunal do Júri, ou do juiz singular, se da sentença não for interposta apelação pelo Ministério Público no prazo legal, o ofendido ou qualquer das pessoas enumeradas no art. 31, ainda que não se tenha habilitado como assistente, poderá interpor apelação, que não terá, porém, efeito suspensivo.

1. O terceiro não habilitado como assistente e a interposição de apelação
Já foi discutido em outro trecho desses *Comentários* que o recurso do terceiro não habilitado funciona como mecanismo fiscalizador da inação do Ministério Público, em estreita analogia com o papel desempenhado funcionalmente pela ação penal privada subsidiária da pública.

Tal entendimento parece vir ao encontro daquilo que foi decidido pelo e. STJ, ao afirmar que

> em si mesma, a titularidade privativa da ação penal pública, deferida pela Constituição ao Ministério Público, veda que o poder de iniciativa do processo de ação penal pública se configura a outrem, mas nada antecipa sobre a outorga ou não de outros direitos e poderes processuais a terceiros no desenvolvimento da consequente relação processual. Ao contrário, a legitimidade questionada para a apelação supletiva, nos quadros do Direito Processual vigente, se harmoniza, na Constituição, não apenas com a garantia da ação privada subsidiária, na hipótese de inércia do Ministério Público (CF, art. 5º, LIX), mas também, e principalmente, com a do contraditório e da ampla defesa e a do devido processo legal, dadas as repercussões que, uma vez proposta a ação penal pública, a sentença absolutória poderá acarretar, *secundum eventum litis*, para interesses próprios do ofendido ou de seus sucessores (C. Pr. Pen., arts. 65 e 66; C. Civ., art. 160).[2871]

Assim, "afronta a jurisprudência dominante e nega vigência ao art. 598 do Código de Processo Penal, acórdão que não conhece da apelação do assistente, regularmente admitido como tal, negando-lhe essa condição contra a evidência dos autos e a sua condição de única vítima do crime".[2872]

2. O limite recursal do terceiro não habilitado
É entendimento dominante na jurisprudência e correto do ponto de vista dogmático que o terceiro não habilitado não pode recorrer senão pela via da apelação, sendo-lhe vedada a interposição recursal extraordinária. Nesse sentido:

> para não se admitir a intervenção do ora recorrente, que se apresenta na qualidade de terceiro prejudicado em recurso extraordinário criminal, é suficiente acentuar que ele não figura na ação penal como ofendido, nem comprovou, nos autos, que preenche qualquer dos requisitos para figurar como assistente (art. 268 combinado com o art. 31, ambos do Código de Processo Penal). Mas, ainda que tivesse havido essa comprovação, não teria ele legitimidade para recorrer extraordinariamente, tendo em vista o enunciado da Súmula 208: "O Assistente do Ministério Público não pode recorrer extraordinariamente de decisão concessiva de *habeas corpus*" (STF, RECRA 116.983/MG, rel. Min. Sepúlveda Pertence, j. 14-5-1991), vez que "no processo de *habeas corpus* o Ministério Público funciona como fiscal da lei e não como parte acusadora". Assim, "trancada ação penal pública através de *habeas corpus*, o assistente não tem poderes para interpor recurso especial, segundo entendimento que se extrai da Súmula 208 do STF.[2873]

Da mesma forma, "o art. 271, do Código de Processo Penal, disciplina o campo de atuação do assistente do Ministério Público, que se restringe, em tema de recurso, aos casos previstos nos arts. 584, § 1º, e 598, do mesmo código, não havendo lugar, assim, para irresignação supletiva, no caso de pronúncia" (STJ. RSTJ, 6/413).

> *Parágrafo único.* O prazo para interposição desse recurso será de 15 (quinze) dias e correrá do dia em que terminar o do Ministério Público.

1. Distinção de prazos entre assistente habilitado e não habilitado
É fato que o artigo em comento não parece fazer distinção entre o assistente habilitado e o não

---

[2871] STF, HC 59.668, *RTJ* 105/90.
[2872] STJ, *DJ* 23-10-1989, p. 16.200, rel. Min. Assis Toledo.
[2873] STJ. Relator: Min. Jesus Costa Lima. 27 maio 1991.

habilitado para fins do prazo para apelar e, por conseguinte, para considerar tempestiva a impugnação.

Em acórdão sobre a matéria, entendeu-se que

> Não obstante jurisprudência recente, a partir do HC 59.668-STF, que distingue entre assistente habilitado, ou não, na concessão de prazos diferenciados de quinze dias ou de cinco dias para a apelação, deve-se modificar esse entendimento, concedendo-se ao assistente, em qualquer hipótese, o prazo único do art. 598, já que a lei não distingue e, por outro lado, pode haver dificuldades de constatação imediata da omissão do Ministério Público ensejadora do recurso substitutivo (RSTJ, 63/271).

No entanto, ainda que não se queira admitir a cisão, o máximo de tempo que se pode conferir ao assistente, ainda que não habilitado, é de quinze dias. Isso posto, assente-se que

> o assistente da acusação pode habilitar-se enquanto não transita em julgado a sentença, recebendo a causa no estado em que se encontra, se é verdade, que o advogado recorrente esteve em cartório e, repetidas vezes, foi informado que os autos se encontravam conclusos para sentença, cumpria-lhe, cautelarmente, habilitar-se, e não, depois de ultrapassado de muito o prazo de quinze dias do término daquele reservado para o Ministério Público, bem assim de certificado o trânsito em julgado, tentar habilitar-se e recorrer. É sabido que o ofendido não é intimado da sentença, a menos que esteja habilitado como assistente do Ministério Público.[2874]

Art. 599. As apelações poderão ser interpostas quer em relação a todo o julgado, quer em relação a parte dele.

1. Matéria devolvida ao tribunal apelado

É condizente com toda a estrutura inquisitiva que permeia o processo penal brasileiro a concepção de uma devolução irrestrita da matéria ao segundo grau (considerando-se as particularidades das hipóteses do Tribunal do Júri, na forma já exposta), muitas vezes fazendo-o sob o manto da CR, como quando se afirma que "O tribunal deve conhecer da apelação, não apenas nos limites traçados pela defesa técnica, mas também de toda a matéria abordada no 1º Grau de Jurisdição, consoante a dimensão constitucional do Princípio da Ampla Defesa".[2875]

Com a devida vênia, isso não se afigura em consonância com o princípio do juiz natural, que se vê esvaziado da sua missão constitucional. Nesse sentido, é correto afirmar que "Não pode o Tribunal acolher apelação do Ministério Público por fundamento não constante do recurso".[2876]

Usa-se nesse contexto "o princípio *tantum devolutum quantum appellatum*", o qual "condiciona a atividade processual dos tribunais em sede recursal. Sendo assim, não é lícito ao Tribunal, quando do julgamento de recurso interposto pelo MP, ultrapassar os limites temáticos fixados na petição recursal subscrita pelo órgão da acusação penal. A reforma da sentença, em ponto que não havia sido impugnado pelo MP, e da qual resulte o agravamento do *status poenalis* do condenado, por constituir pronunciamento *ultra petita* não admitido pelo sistema processual, configura situação tipificadora de injusto constrangimento ao *status libertatis* do paciente".[2877]

Art. 600. Assinado o termo de apelação, o apelante e, depois dele, o apelado terão o prazo de 8 (oito) dias cada um para oferecer razões, salvo nos processos de contravenção, em que o prazo será de 3 (três) dias.

1. O caráter não preclusivo do prazo para apresentação das razões recursais

Na medida em que todo o sistema de fixação dos limites cognitivos da apelação está amparado no termo de interposição, como já visto nestes *Comentários*, as razões de apelação aparecem com um papel secundário – e, no limite, desnecessário.

A cisão se deve, no direito brasileiro, a uma estrutura herdada da época imperial.

Assim, por exemplo, no art. 73 da Lei n. 261/1841 já se previa (dentre outras disposições de teor semelhante) que

> dentro de cinco dias, contados da interposição do recurso, deverá o recorrente ajuntar á sua petição

---

[2874] STJ. 5ª Turma. Relator: Min. Jesus Costa Lima. Data de publicação: DJ, 27 mar. 1995. p. 7.183.
[2875] TRF. **Ap. 97.03.032957-8**. 3ª Região. 5ª Turma. Relator: Juiz Pietro de Souza. Data de julgamento: 24 jan. 1997, v.u. Data de publicação: DJU, 26 maio 1998. p. 666.
[2876] Precedentes do STF: RC 1.260/CE. Min. Xavier de Albuquerque. RTJ 76/672; HC 56.927/ES. Min. Cordeiro Guerra. RTJ 90/70; HC 56.580/SP. Min. Leitão de Abreu. RTJ 90/825; RECr 91.791/CE. Min. Soares Muños. RTJ 98/811; HC 60.027/MG. Min. Décio Miranda. RTJ 103/1.023; HC 61.697/RS. Min. Francisco Rezek. RTJ 109/556; HC 68.109/PE. Min. Celso de Mello. RTJ 136/606; HC 68878/RJ. Min. Celso de Mello. RTJ 140/140; RH 73.399/SP. Min. Maurício Corrêa. Data de publicação: DJ, 3 maio 1996; HC 75.668-9/SP. 2ª Turma. Min. Carlos Velloso Data de julgamento: 25 nov. 1997, v.u. Data de publicação: DJU, 13 fev. 1998. p. 3.
[2877] STF. **HC 71.822-1**. 1ª Turma. Relator: Min. Celso de Mello. Data de julgamento: 20 set. 1994, v.u. Data de publicação: DJU, 4 nov. 1994. p. 29.830.

todos os ditos traslados e razões; e se dentro desse prazo o recorrido pedir vista ser-lhe-á concedida por cinco dias contados daquelle em que findarem os do recorrente e ser-lhe-á permitido ajuntar as razões e traslados que quizer.

Como consequência prática, a superação do prazo para arrazoar é ungido de natureza de prazo impróprio, que não acarreta a preclusão. Assim, inúmeros julgados decidem que

> a apresentação das razões de apelação após escoado o prazo estatuído no art. 600 do Código de Processo Penal não é motivo impeditivo para o julgamento do recurso, segundo decorre da regra do art. 601 do Código de Processo Penal. Considera-se a apelação interposta com a petição entregue em Cartório, desde que tempestivamente e de forma clara tenha a parte manifestado o inconformismo com a sentença.[2878]

Em suma,

> pode ser conhecida a Apelação interposta dentro do prazo, mesmo sem a apresentação das razões, uma vez que o art. 601 do CPP deixa a possibilidade de os autos serem remetidos à superior Instância sem suas razões, até porque, com o instrumento de interposição, toda a matéria é devolvida para ser analisada pelo Tribunal, não havendo prejuízo à Defesa.[2879]

§ 1º Se houver assistente, este arrazoará, no prazo de 3 (três) dias, após o Ministério Público.

1. Prazo preclusivo
Havendo tolerância expressa com a intempestividade das razões recursais das partes, o mesmo não se pode dizer irrestritamente das razões que são ofertadas a destempo pelo assistente, considerada preclusa sua manifestação mesmo que, fora do prazo, tenha ocorrido antes da manifestação da parte adversa.

§ 2º Se a ação penal for movida pela parte ofendida, o Ministério Público terá vista dos autos, no prazo do parágrafo anterior.

1. Sobre o papel do Ministério Público na ação penal privada, ver *Comentários* aos arts. 24 e seguintes

§ 3º Quando forem dois ou mais os apelantes ou apelados, os prazos serão comuns.

1. Divisão de trabalhos no prazo comum
De significativa dificuldade prática, a divisão de trabalhos no prazo comum – de resto, outra tradição inquisitiva de discutível recepção pela CR e pela CADH, em face da dificuldade do exercício do direito de defesa, e que pode ser sanada com a reconfiguração procedimental como um todo do modelo processual penal pátrio – merecia tratamento pormenorizado no antigo Estatuto da Ordem dos Advogados do Brasil. Com efeito, a então Lei n. 4.215, de 1963, em seu art. 89, XVII, estabelecia como direitos do Advogado: "ter vistas ou retirar, para os prazos legais, os autos dos processos judiciais ou administrativos, de qualquer natureza, desde que (...) no cartório ou na repartição competente" e, no § 2º: "I – quando o prazo for comum aos Advogados de mais de uma parte e eles não se acordarem nas primeiras vinte e quatro horas sobre a divisão daquele entre todos, acordo do qual o Escrivão ou Funcionário lavrará termos nos autos, se não constar de petição subscrita pelos Advogados;" (...) "IV – até o encerramento do processo, ao Advogado que houver deixado de devolver os respectivos autos no prazo legal, se só o fizer depois de intimado".

O atual Estatuto, no entanto (Lei n. 8.906, de 4 de julho de 1994), dispõe de maneira mais genérica a situação, afirmando no art. 7º que "São direitos do advogado: (...) XV – ter vista dos processos judiciais ou administrativos de qualquer natureza, em cartório ou na repartição competente, ou retirá-los pelos prazos legais", sem adentrar nas minúcias do texto anterior.

§ 4º Se o apelante declarar, na petição ou no termo, ao interpor a apelação, que deseja arrazoar na superior instância serão os autos remetidos ao tribunal ad quem onde será aberta vista às partes, observados os prazos legais, notificadas as partes pela publicação oficial. (Incluído pela Lei n. 4.336, de 1º-6-1964)

1. Menção expressa na interposição
Tratando-se de apresentação extravagante, a faculdade da apresentação das razões em segundo grau deve constar expressamente da interposição. O acolhimento do requerido, que pela redação do Código de Processo Penal não estaria sujeito a um controle de admissibilidade do juízo *a quo*, implica a impossibilidade de a parte contrária apresentar

---

2878 STF. **HC 73.684-0**. 1ª Turma. Relator: Min. Ilmar Galvão. Data de julgamento: 12 mar. 1996, v.u. Data de publicação: DJU, 3 maio 1996. p. 13.90.
2879 RJTACrim, São Paulo, v. 42, abr./jun. 1999, p. 6.

desde logo sua peça recursal, sob pena de inversão procedimental.

2. Apresentação das razões perante o Tribunal pela defesa

Não há óbice ao emprego do parágrafo em comento pela defesa, mesmo que de forma extemporânea, como já se decidiu em caso no qual a apresentação das razões "ocorreu fora de prazo, sendo elas, assim, juntadas por linha e em apenso"[2880].

3. (In)aplicabilidade da norma e o Ministério Público

Várias situações precisam ser distinguidas no presente tópico. A primeira, o emprego da norma por órgão de execução do Ministério Público, em primeiro grau, fazendo com que a Procuradoria de Justiça ofereça as razões junto ao Tribunal competente.

Neste ponto já se decidiu que o parágrafo que autoriza a apresentação das razões não se aplica ao Ministério Público, em qualquer tipo de recurso, mesmo no âmbito do processo de execução. Em caso sobre a matéria, decidiu-se pela

> inaplicabilidade do art. 601 do CPP aos Membros do *Parquet*: As razões recursais ineptas equivalem a ausência de razões, mas tal circunstância, em se tratando de agravo em execução tirado por Membro do Ministério Público, não se pode entender irrelevante, à luz do art. 601 do CPP, pois esse dispositivo é inaplicável aos membros do *Parquet*, sob pena de nulidade acarretada pela omissão do dever de funcionar imposto pelo art. 67 da LEP.[2881]

O tema foi tratado monograficamente por Melo Rodrigues[2882], que apontou as posições a favor do raciocínio exposto (notadamente a de Tourinho Filho) e as que são contrárias a tal entendimento (*v.g.*, Magalhães Noronha), filiando-se o autor à impossibilidade, empregando para tanto o argumento do jurista que lhe dá suporte para dizer que

> não poderia o promotor exercer a faculdade porque o membro do Ministério Público que atua no interior não pode praticar atos processuais fora de sua comarca, ressalvando "a hipótese raríssima de um membro do Ministério Público da Capital ser designado para funcionar em processo do interior". (*op. cit.*).[2883]

Acreditamos na impossibilidade do emprego do § 4º do art. 600 do Código de Processo Penal ao Ministério Público, mas pelo fato de que, se assim fosse permitido ao órgão de execução de primeiro grau, estaria ele delegando à Procuradoria de Justiça uma atividade funcional, poder esse que não lhe é conferido na Instituição.

Uma segunda situação diz respeito ao emprego da faculdade pela defesa, a saber, quem deve se pronunciar em nome do Ministério Público. Como se entende majoritariamente, é o "promotor natural" do caso em primeiro grau que deve se manifestar; há inegável desgaste processual, pois os autos são encaminhados à superior instância, na qual a defesa apresenta suas razões, e, na sequência, devolvidos ao juízo de primeiro grau, em que o órgão oficiante do Ministério Público se pronunciará, retornando-os para o Tribunal.

4. O emprego pelo assistente do Ministério Público

Levando-se em conta a possibilidade de o assistente do Ministério Público interpor determinados recursos, parece acertada a visão de Melo Rodrigues[2884] para conferir a possibilidade da apresentação das razões pelo assistente quando este apela, ante a literalidade do parágrafo, que não distingue a condição de quem faz uso da apelação.

> Art. 601. Findos os prazos para razões, os autos serão remetidos à instância superior, com as razões ou sem elas, no prazo de 5 (cinco) dias, salvo no caso do art. 603, segunda parte, em que o prazo será de 30 (trinta) dias.

1. A (in)compatibilidade com a CR e com a CADH

Somente na lógica inquisitiva do Código de Processo Penal se pode admitir que o exercício da impugnação por meio do recurso se satisfaça com a peça de interposição, a qual, como já visto, delimita o objeto do conhecimento para o segundo grau, pouco importando as razões ofertadas pelas partes que podem ou não ser encaminhadas ao juízo apelado.

2880 RJTACrim, São Paulo, v. 17, jan./mar. 1993, p. 53.
2881 RJTACrim, São Paulo, v. 22, abr./jun. 1994, p. 417.
2882 MELO RODRIGUES, Eduardo Silveira. O excepcional arrazoamento de recurso em segunda instância (o artigo 600, parágrafo 4º, do Código de Processo Penal). **Justitia**, 167/1994.
2883 MELO RODRIGUES, Eduardo Silveira. O excepcional arrazoamento de recurso em segunda instância (o artigo 600, parágrafo 4º, do Código de Processo Penal). **Justitia**, 167/1994.
2884 MELO RODRIGUES, Eduardo Silveira. O excepcional arrazoamento de recurso em segunda instância (o artigo 600, parágrafo 4º, do Código de Processo Penal). **Justitia**, 167/1994.

Se, mesmo antes da reconstitucionalização, já se enxergava a ofensa ao processo penal de partes[2885], apoiado em lição dogmática estampada jurisprudencialmente para dizer que "não se compreende que, no momento mais relevante do processo, ou seja, naquele em que o acusado usa da última chance de que dispõe para modificar uma decisão que o desfavorece, possa ser ele privado do que mais necessita: da assistência técnica do defensor. A subida do apelo à segunda instância sem razões ou com razões genéricas, não atinentes ao fato criminoso, deixa o exame do decisório ao critério do maior ou menor empenho do julgador, transformando a impugnação num exercício de descoberta por intuição daquilo que o acusado objetiva mudar na sentença. E isto significa manifesta restrição à defesa, que, nos termos constitucionais, deve, necessariamente, ser a mais ampla possível" (RT 555/361, rel. Silva Franco), muito menos se pode admitir sua recepção pelo texto constitucional da forma em que se encontra a redação deste artigo do Código de Processo Penal, não sendo possível seguir a linha de entendimento que apregoa que "se o condenado pode, sem violação aos princípios do contraditório e da ampla defesa, deixar de apelar, com maior razão pode, em apelando, deixar de apresentar razões, como autorizado pelo *caput*, do art. 601, do CPP"[2886], sendo incabível a analogia ali proposta.

Como se observa, a crítica que ora se faz é sistêmica, que não pode ser lida isoladamente, sob pena de grave distorção de interpretação. Deve-se ter em mente a estrutura acusatória da CR, seja normativa, seja culturalmente, aplicando-se a todo o processo e procedimento. Nessa reconfiguração, deve-se privilegiar o modelo oral de procedimento, a partir do qual se podem corrigir as distorções espraiadas por inúmeros pontos das vias recursais, enxugando-se a apresentação do inconformismo com a eliminação de prazos distintos de interposição e de apresentação de razões, estas vindo a limitar o objeto de conhecimento a ser apurado em segundo grau. Tudo isso, ao lado da necessária reavaliação da natureza jurídica dos recursos, na forma já exposta em outro ponto destes **Comentários**.

§ 1º Se houver mais de um réu, e não houverem todos sido julgados, ou não tiverem todos apelado, caberá ao apelante promover extração do traslado dos autos, o qual deverá ser remetido à instância superior no prazo de 30 (trinta) dias, contado da data da entrega das últimas razões de apelação, ou do vencimento do prazo para a apresentação das do apelado.

1. Natureza do prazo

Tendo em vista não se tratar de prazo processual próprio, sua desobediência não tem qualquer efeito para a relação jurídica processual, figurando na lista das irregularidades que não apresentam relevo para a discussão do mérito.

Podem significar, contudo, algum tipo de motivo para punição administrativa ou, em casos mais extremados, configurar o crime de prevaricação, quando, então, também poderão acarretar alguma sanção com base na lei de improbidade administrativa.

§ 2º As despesas do traslado correrão por conta de quem o solicitar, salvo se o pedido for de réu pobre ou do Ministério Público.

1. Inaplicabilidade no Estado de São Paulo

No Estado de São Paulo, não havia a incidência da taxa:

> A condenação do réu ao pagamento das custas e/ou despesas processuais, embora prevista pelo art. 805 do CPP, não subsiste, no Estado de São Paulo, desde o advento da Lei n. 4.952, de 27-12-1985, cujo art. 6º, I, exclui a incidência da taxa judiciária que tem por fato gerador a prestação de serviços públicos de natureza forense e abrange todos os atos processuais, em qualquer ação penal.[2887]

A condenação pecuniária do acusado passou a ser prevista pela Lei Estadual n. 11.608, de 29 de dezembro de 2003 (Dispõe sobre a Taxa Judiciária incidente sobre os serviços públicos de natureza forense), sendo que o § 9º do art. 4º dispõe que

> nas ações penais, salvo aquelas de competência do Juizado Especial Criminal – JECRIM, em primeiro grau de jurisdição, o recolhimento da taxa judiciária será feito da seguinte forma: *a*) nas ações penais, em geral, o valor equivalente a 100 (cem) UFESPs, será pago, a final, pelo réu, se condenado.

[2885] RJTACrim, São Paulo, v. 2, abr./jun. 1989, p. 55.
[2886] RJTACrim, São Paulo, v. 9, jan./mar. 1991. p. 61.
[2887] RJTACRIM, São Paulo, 9/192.

Art. 602. Os autos serão, dentro dos prazos do artigo anterior, apresentados ao tribunal ad quem ou entregues ao Correio, sob registro.

1. Natureza do prazo
Trata-se de prazo manifestamente impróprio, sem consequências processuais e, eventualmente, apenas as administrativas.

Art. 603. A apelação subirá nos autos originais e, a não ser no Distrito Federal e nas comarcas que forem sede de Tribunal de Apelação, ficará em cartório traslado dos termos essenciais do processo referidos no art. 564, III.

1. Desatualização da norma
A norma em comento encontra-se desatualizada no que tange à estrutura do Poder Judiciário quando se refere a "Tribunais de Apelação" e quando excepciona a situação do "Distrito Federal".

Art. 604 a Art. 606. (Revogados pela Lei n. 263, de 23-2-1948).

Capítulo IV – Do Protesto por Novo Júri

Art. 607. Revogado pela Lei n. 11.689, de 9-6-2008.

Texto original: O protesto por novo júri é privativo da defesa, e somente se admitirá quando a sentença condenatória for de reclusão por tempo igual ou superior a 20 (vinte) anos, não podendo em caso algum ser feito mais de uma vez.

§ 1º Revogado pela Lei n. 11.689, de 9-6-2008.

Texto original: Não se admitirá protesto por novo júri, quando a pena for imposta em grau de apelação (art. 606).

§ 2º O protesto invalidará qualquer outro recurso interposto e será feito na forma e nos prazos estabelecidos para interposição da apelação.

§ 3º No novo julgamento não servirão jurados que tenham tomado parte no primeiro.

Art. 608. Revogado pela Lei n. 11.689, de 9-6-2008.

Texto original: O protesto por novo júri não impedirá a interposição da apelação, quando, pela mesma sentença, o réu tiver sido condenado por outro crime, em que não caiba aquele protesto. A apelação, entretanto, ficará suspensa, até a nova decisão provocada pelo protesto.

Capítulo V – Do Processo e do Julgamento dos Recursos em Sentido Estrito e das Apelações, nos Tribunais de Apelação

Art. 609. Os recursos, apelações e embargos serão julgados pelos Tribunais de Justiça, câmaras ou turmas criminais, de acordo com a competência estabelecida nas leis de organização judiciária. (Redação dada pela Lei n. 1.720-B, de 3-11-1952)

Parágrafo único. Quando não for unânime a decisão de segunda instância, desfavorável ao réu, admitem-se embargos infringentes e de nulidade, que poderão ser opostos dentro de 10 (dez) dias, a contar da publicação de acórdão, na forma do art. 613. Se o desacordo for parcial, os embargos serão restritos à matéria objeto de divergência. (Redação dada pela Lei n. 1.720-B, de 3-11-1952)

1. Embargos infringentes
Os embargos infringentes não existiam na formulação original do CPP e foram acrescentados ao texto por uma reforma de 1952, tratando-se de modalidade recursal de uso privativo da defesa na hipótese de divergência do órgão colegiado encarregado de analisar o mérito de recursos.

Com isso, elimina-se a possibilidade do exercício dos embargos infringentes quando estivermos diante do julgamento de um *Habeas Corpus*, ou revisão criminal, porque embora proferida essa decisão, *lato sensu*, por um órgão colegiado, e podendo até haver divergência na tomada dessa decisão, não estamos diante de uma típica atividade recursal. Esse é um pressuposto objetivo no emprego do embargo infringente.

Outro pressuposto objetivo é a divergência da decisão, ou seja, ocorre quando houver um dissenso entre os julgadores e esse dissenso for desfavorável ao acusado. O Ministério Público não tem legitimidade para opor os embargos infringentes.

Para entender a estrutura dos embargos infringentes, é necessário compreender a estrutura de composição dos Tribunais. Ordinariamente, os Tribunais são compostos por Câmaras, e, nessas Câmaras, para o caso concreto funcionam três juízes: um relator, um revisor e um terceiro juiz. Pode-se obter um resultado por unanimidade ou por maioria.

Quando o resultado for por maioria, pode-se ter a seguinte situação: o primeiro juiz vota pela manutenção da condenação; o segundo juiz vota pela manutenção da condenação, mas com redução da pena, e o terceiro juiz vota pela absolvição. Tem-se o dissenso formado.

É necessário observar qual o resultado operacional desse dissenso. O resultado é dado pela média dos três votos, a saber: a condenação com redução de pena, vez que de um lado tem-se a condenação extremada, mantida a decisão de 1º grau; de outro, a absolvição, e o equilíbrio das duas é dado pela posição intermediária que é a condenação com a redução da pena. Essa é uma forma de divergência das mais complexas, e esse *decisum* vai ensejar o recurso dos embargos infringentes.

É fundamental estabelecer qual é o limite de conhecimento em relação aos embargos eventualmente opostos: o limite do conhecimento é dado pelo voto mais favorável ao réu, ou seja, pelo voto, nesse exemplo, da absolvição.

Na tramitação desse embargo, mais uma vez precisamos nos socorrer da organização judiciária de cada Estado, de cada Tribunal. Normalmente, o julgamento dos embargos infringentes é feito pela Câmara Plena, ou seja, os cinco juízes da Câmara é que apreciarão o recurso.

Muito embora um recurso privativo da defesa, ele não só é cabível de decisões não uniformes condenatórias, como, também, de decisões absolutórias não uniformes quanto à fundamentação, pelo reflexo que a fundamentação tem, eventualmente, na esfera cível.

No exemplo no qual dois juízes absolvem por falta de provas e um juiz absolve por ter considerado não existente o fato, pode-se opor os embargos infringentes onde o limite do conhecimento é exatamente aquele voto vencido que dá pela não ocorrência do fato, por conta do reflexo na persecução civil de ressarcimento.

2. Determinação da organização judiciária

É dada pela CR/88 no seu art. 125: Os Estados organizarão sua Justiça, observados os princípios estabelecidos nesta Constituição. § 1º – A competência dos tribunais será definida na Constituição do Estado, sendo a lei de organização judiciária de iniciativa do Tribunal de Justiça.

> Art. 610. Nos recursos em sentido estrito, com exceção do de habeas corpus, e nas apelações interpostas das sentenças em processo de contravenção ou de crime a que a lei comine pena de detenção, os autos irão imediatamente com vista ao procurador-geral pelo prazo de 5 (cinco) dias, e, em seguida, passarão, por igual prazo, ao relator, que pedirá designação de dia para o julgamento.
>
> *Parágrafo único*. Anunciado o julgamento pelo presidente, e apregoadas as partes, com a presença destas ou à sua revelia, o relator fará a exposição do feito e, em seguida, o presidente concederá, pelo prazo de 10 (dez) minutos, a palavra aos advogados ou às partes que a solicitarem e ao procurador-geral, quando o requerer, por igual prazo.

1. "Parecer" do Ministério Público em grau recursal

Após a CR/88 não é serena a aceitação doutrinária e jurisprudencial da existência de uma espécie de intervenção do Ministério Público em segundo grau de jurisdição que se configure numa oportunidade diferenciada de fala de modo a desequilibrar a atuação das partes no processo. Com efeito, a redação original do CPP fala em "vista dos autos" à Procuradoria Geral pelo prazo de cinco dias e isso se transformou, na prática, numa potencial duplicidade de sustentação da posição do acusador público quanto ao seu interesse no desfecho do processo.

A manutenção dessa intervenção acrescida do Ministério Público seria justificada pela pretensa distinção de sua atuação como "*custos legis*" em contraposição àquela de "parte" pelo que se entende que

> A emissão de parecer pela Procuradoria de Justiça não ofende o princípio do contraditório e da ampla defesa, porquanto sobre estar atuando o parquet na qualidade de custus legis, função prevista e referendada pelos artigos 257, II , e 610, ambos do CPP, o "órgão Julgador não fica vinculado a seu parecer, de caráter meramente opinativo (art. 638, RITJ-GO). Ordem Denegada".[2888]

Mais aderente à realidade fática e à estrutura constitucional que se quer acusatória a manifestação do então Min. César Peluzo, do STF, no HC n. 87.926-8/SP ao afirmar ser

> ilógico, cindir a atuação do Ministério Público no campo recursal, em processo-crime: não há excogitar que, em primeira instância, seu representante atue apenas como parte formal e, em grau de recurso – que, frise-se, constitui mera fase do mesmo processo –, se dispa dessa função para entrar a agir como simples fiscal da lei.

Em termos doutrinários, Schietti (Garantias Processuais nos Recursos Criminais. S. Paulo: Atlas, 2002, p. 91/94) com a autoridade institucional (ex.: PGJ do MPDFT) e acadêmica que lhe são próprias textualmente aponta a fragilidade da distinção comumente encontrada entre "fiscal da lei" e "parte" para desconstruir a sustentação de atuação do Ministério Público como parecerista em segundo grau, somando-se a outras lições contemporâneas como a de Queiroz (Paulo. **Sobre a intervenção do Ministério Público em segundo grau**. Disponível em: <http://www.pauloqueiroz.net/sobre-a-intervencao-do-ministerio-publico-em-segundo-grau/>. Acesso em: 6 abr. 2022.) que represtina textos mais

---

2888 TJGO. **Habeas-Corpus nº 34242-7/217 (200900509745)**. Goiânia. Acórdão: 17 mar. 2009.

antigos como os de Frederico Marques e Fernando Tourinho, todas posições devidamente condensadas e analisadas no excelente trabalho de Andrade.[2889]

De forma geral alinhamo-nos à crítica à posição confortável de uma divisão artificial que não subsiste ao texto constitucional como apontado por ANDRADE, para quem

> Como se pode observar, na legislação adjetiva não encontramos qualquer norma que aponte para o fato de a ação penal tornar-se acéfala em segundo grau. Ao contrário, há a demonstração da necessidade de o Ministério Público continuar figurando como parte no processo, sob pena de ferimento ao princípio do contraditório na hipótese do artigo 616 do CPP.

E, em assim sendo, é necessária, na reforma global do CPP (já que a hermenêutica constitucional não parece ser suficiente para tanto) rever-se profundamente essa desestrutura processual que não se coaduna com uma matriz acusatória do processual penal na qual o Ministério Público tem um local definido de atuação.

3. Sustentação oral

O acórdão citado no tópico anterior e a base doutrinária exposta, à qual deve ser alinhada a análise de Berclaz é válida para a posição do Ministério Público no desenvolvimento das sustentações orais, tomando-se em conta que sua qualidade de titular da ação penal, que não se perde no exercício do recurso, orienta a ordem de fala mesmo que o inconformismo seja defensivo.

4. Sustentação oral, intimação e adiamento da sessão plenária

O STF no julgamento do HC 126081/RS, rel. Min. Rosa Weber, 25.8.2015 considerou que

> A Defensoria Pública, ao tomar ciência de que o processo será julgado em data determinada ou nas sessões subsequentes, não pode alegar cerceamento de defesa ou nulidade de julgamento quando a audiência ocorrer no dia seguinte ao que tiver sido intimada. Com base nessa orientação, a Primeira Turma, por maioria, denegou a ordem em "habeas corpus" no qual discutida suposta nulidade processual, pela não intimação do representante daquele órgão. Na espécie, apesar de a Defensoria Pública ter sido intimada para a sessão de julgamento da apelação, e ter-lhe sido deferida a sustentação oral, o recurso não fora julgado. Três meses depois, ela fora intimada de lista de 90 processos — entre os quais o recurso de apelação — no sentido de que haveria sessão de julgamento marcada para o dia seguinte. A Turma destacou a jurisprudência da Corte, segundo a qual, embora a sustentação oral não se qualifique como ato essencial da defesa, mostra-se indispensável intimação pessoal da Defensoria Pública. Entrementes, houvera ciência quanto à nova inclusão dos autos para julgamento em sessão do dia seguinte e a Defensoria Pública não requerera adiamento. Vencido o Ministro Marco Aurélio, que concedia a ordem. Entendia que deveria existir um interregno mínimo de 48 horas entre a intimação e o julgamento. Aduzia haver prejuízo para a parte, considerada a não atuação da Defensoria Pública, como o fato de se terem lançado vários processos em uma única assentada, a afrontar o devido processo legal.

5. Sustentação oral e prazo regimental

No REsp 1.388.442-DF, Relator Min. Rogerio Schietti Cruz, julgado em 18 de dezembro de 2014, DJe 25 de fevereiro de 2015, foi decidido que

> O advogado que teve deferido pedido de sustentação oral previamente formulado ao relator por meio de petição e que compareceu à sessão de julgamento antes de apreciada a apelação pelo colegiado não pode ser impedido de exercer o seu direito sob a justificativa de que, no dia da sessão de julgamento, não se inscreveu, antes do término do horário fixado pela Presidência do órgão julgador, para sustentação. A CF assegura, como alguns de seus princípios fundamentais, a observância do devido processo legal, da ampla defesa e do contraditório. Vistos, portanto, como um direito da parte, o contraditório e o respeito a todas as regras que subjazem ao devido processo legal se concretizam no exercício dos poderes processuais necessários para agir ou defender-se em juízo e para poder influir de modo positivo no convencimento judicial. São, desse modo, entendidos como o direito à observância das normas que evitam a lesão ao próprio direito da parte, tornando-se, portanto, uma garantia para o correto desenvolvimento do processo. Ademais, o art. 133 da CF também dispõe que o advogado é indispensável à administração da justiça, o que demonstra a importância da sua atuação no processo judicial. Sob essa perspectiva, a Lei 8.906/1994 estabelece, em seu art. 2º, § 2º, que "No processo judicial, o advogado contribui, na postulação de decisão favorável ao seu constituinte, ao convencimento do julgador, e seus atos constituem múnus público". Por ser o advogado um partícipe no processo de administração da

---

[2889] ANDRADE, M. F.; O Ministério Público de Segundo Grau na Visão do STF. **Revista Ibero-Americana de Ciências Penais**, v. 16, p. 171-194, 2008.

justiça, é assegurado a esse profissional, dentre outras prerrogativas, a possibilidade de realizar sustentação oral. Cabe ressaltar que a sustentação oral permite ao advogado apresentar pessoalmente ao colegiado os argumentos indicados, por escrito, nas peças processuais e, ainda, buscar, com o poder da fala, melhor explicitar dados fáticos e jurídicos inerentes à causa sob julgamento. É importante ferramenta para chamar a atenção, durante a realização do próprio julgamento, de pontos relevantes a serem analisados pelo órgão julgador, oportunizando aos magistrados que não tiveram a possibilidade de manusear o processo, de terem conhecimento dos principais pontos a serem discutidos. A realização da sustentação oral proporciona, portanto, maior lisura ao julgamento, condizente com a finalidade precípua de todo e qualquer processo, qual seja, a busca da justiça. Considerando o viés do respeito ao devido processo legal, o CPP ainda estabelece, no parágrafo único do art. 610, que, "Anunciado o julgamento pelo presidente, e apregoadas as partes, com a presença destas ou à sua revelia, o relator fará a exposição do feito e, em seguida, o presidente concederá, pelo prazo de 10 (dez) minutos, a palavra aos advogados ou às partes que a solicitarem e ao procurador-geral, quando o requerer, por igual prazo". Dessa forma, não é possível cercear o direito do advogado de realizar a sustentação oral em um processo que ainda não tenha sido apreciado, apesar de ele estar presente no momento do julgamento, tão somente porque não se inscreveu, antes do horário fixado pela Presidência do órgão julgador, para a realização de pedido de sustentação oral. Ressalte-se, por fim, que não há ilegalidade alguma no fato de se estabelecerem regramentos para, em reforço às normas regimentais de cada tribunal, conferir maior racionalidade e eficiência no desenvolvimento das sessões; mas, havendo conflito entre direito da parte (e do advogado) de realizar sustentação oral já deferida e eventual restrição regulamentar, há de prevalecer aquele direito.

Art. 611. Revogado pelo Decreto-lei n. 552, de 25-4-1969.

Texto original: Quando o recurso for de habeas corpus, o procurador-geral não terá vista dos autos.

Art. 612. Os recursos de habeas corpus, designado o relator, serão julgados na primeira sessão.

1. Celeridade no julgamento dos *habeas corpus*

É de rigor, dada a natureza dessa ação de conhecimento. Remete-se às considerações dos arts. 645 e seguintes destes *Comentários*.

Art. 613. As apelações interpostas das sentenças proferidas em processos por crime a que a lei comine pena de reclusão, deverão ser processadas e julgadas pela forma estabelecida no Art. 610, com as seguintes modificações:
I – exarado o relatório nos autos, passarão estes ao revisor, que terá igual prazo para o exame do processo e pedirá designação de dia para o julgamento;
II – os prazos serão ampliados ao dobro;
III – o tempo para os debates será de um quarto de hora.

1. Natureza do prazo

Ainda se trata de prazo impróprio, cuja desobediência não gera sanções processuais.

Art. 614. No caso de impossibilidade de observância de qualquer dos prazos marcados nos arts. 610 e 613, os motivos da demora serão declarados nos autos.

1. Natureza do prazo

Mais uma vez trata-se de prazo impróprio, cuja não observância não gera qualquer sanção processual, remanescendo, eventualmente, verificações administrativas.

Art. 615. O tribunal decidirá por maioria de votos.

§ 1º Havendo empate de votos no julgamento de recursos, se o presidente do tribunal, câmara ou turma, não tiver tomado parte na votação, proferirá o voto de desempate; no caso contrário, prevalecerá a decisão mais favorável ao réu.

§ 2º O acórdão será apresentado à conferência na primeira sessão seguinte à do julgamento, ou no prazo de duas sessões, pelo juiz incumbido de lavrá-lo.

1. Ver *Comentários* sobre os embargos infringentes no art. 609

2. Princípio da colegialidade

Insere-se "na garantia fundamental do duplo grau de jurisdição, pois, inerente a esta garantiva sempre esteve ligada a ideia de um direito ao julgamento por órgão fracionário, é bem verdade, mas na forma de um Colegiado"[2890] sendo,

> o princípio que domina e rege todo o Direito Processual Pátrio, em matéria de recurso, o princípio da colegialidade do juízo ad quem[2891], mas que agora também se projeta para julgamento em primeiro grau nas hipóteses de processo tendo como objeto a criminalidade organizada.

Sua aplicação no processo penal, ainda no regime do CPC de 1973 era francamente admitida, pois

> De acordo com o art. 557, caput, do Código de Processo Civil, c.c. o art. 3.º do Código de Processo Penal, é permitido ao Relator negar seguimento ao recurso especial, quando a decisão recorrida for manifestamente inadmissível, improcedente, prejudicada ou estiver em confronto com súmula ou com jurisprudência dominante desta Corte Superior ou do Supremo Tribunal Federal.[2892]

3. Manifestações do princípio da colegialidade

"Segundo a jurisprudência do Supremo Tribunal Federal, ofende o princípio da colegialidade a decisão monocrática do relator que enfrenta diretamente o mérito do habeas corpus, sem submetê-lo à apreciação do órgão competente."[2893]

Porém, "Não viola o princípio da colegialidade a apreciação unipessoal, pelo relator, do mérito do recurso especial, quando obedecidos todos os requisitos para a sua admissibilidade, bem como observada a jurisprudência dominante desta Corte Superior e do Supremo Tribunal Federal. Ademais, a reapreciação da matéria pelo órgão colegiado, no julgamento de agravo regimental, supera eventual violação ao princípio da colegialidade" [2894] ou, mais diretamente, "A orientação do Tribunal é no sentido de que inexiste violação ao princípio da colegialidade na utilização, pelo Ministro relator, da faculdade prevista no art. 38 da Lei nº 8.038/1990 e no art. 21, § 1º, do RI/STF".[2895]

Da mesma maneira, "Não há se falar em ofensa ao princípio da colegialidade, quando a decisão monocrática é proferida em obediência ao artigo 557 do Código de Processo Civil, que franqueia ao relator a possibilidade de negar seguimento ao recurso, quando manifestamente inadmissível e improcedente".[2896]

Art. 616. No julgamento das apelações poderá o tribunal, câmara ou turma proceder a novo interrogatório do acusado, reinquirir testemunhas ou determinar outras diligências.

---

1. Dilação da "instrução"

É possível diante da estrutura do sistema recursal brasileiro (*vide* nestes **Comentários** arts. 574 e seguintes). Em alguns Regimentos Internos, a possibilidade de dilação da instrução é potencialmente delegada ao Relator, como no caso do Regimento do Tribunal de Justiça de São Paulo. *In verbis*: Art. 202. O relator será o juiz preparador do feito, até ao julgamento, cabendo-lhe, além de determinar diligências, inclusive as instrutórias, necessárias ao julgamento dos recursos e das causas originárias.

2. Interrogatório

Deve obedecer aos parâmetros dos arts. 185 e seguintes do Código de Processo Penal.

3. Oitiva de testemunhas

Segue os parâmetros dos arts. 202 e seguintes do Código de Processo Penal.

Art. 617. O tribunal, câmara ou turma atenderá nas suas decisões ao disposto nos arts. 383, 386 e 387, no que for aplicável, não podendo, porém, ser

---

2890 RODRIGUES, Walter Piva. O princípio da colegialidade das decisões nos tribunais. **Revista Dialética de Direito Processual**, n. 1, p. 176, 2003. p. 177.

2891 MARQUES, José Frederico. **Instituições de Direito Processual Civil**. 1. ed. atual., rev. e complm. por Ovídio Rocha Barros Sandoval. Campinas-SP: Millenium, 2000. p. 6. v. IV. Tópico 859.

2892 AgRg no REsp 1288971/SP. 5ª Turma. Relator: Min.ª Laurita Vaz. Data de julgamento: 9 abr. 2013. Data de publicação: DJe, 17 abr. 2013.

2893 STF–HC: 114176 SP, Relator: Min. TEORI ZAVASCKI, Data de Julgamento: 19/03/2013, Segunda Turma, Data de Publicação: DJe-068 DIVULG 12-04-2013 PUBLIC 15-04-2013.

2894 STJ. **AgRg no REsp 1325392 MG 2012/0108836-5**. 5ª Turma. Relator: Min. Marco Aurélio Bellizze. Data de julgamento: 6 nov. 2012. Data de publicação: DJe, 14 nov. 2012.

2895 STF. **HC 106941 MS**. 1ª Turma. Relator: Min. Roberto Barroso. Data de julgamento: 28 out. 2014. Data de publicação: DJe-228, 19 nov. 2014 (divulg.); 20 nov. 2014 (public.).

2896 STJ. **AgRg no REsp 1038773/PR**. 6ª Turma. Relatora: Min. Maria Thereza de Assis Moura. Data de julgamento: 6 mar. 2012. Data de publicação: DJe, 21 mar. 2012.

agravada a pena, quando somente o réu houver apelado da sentença.

1. *Vide* nestes *Comentários* arts. 383, 386 e 387

Art. 618. Os regimentos dos Tribunais de Apelação estabelecerão as normas complementares para o processo e julgamento dos recursos e apelações.

Art. 619. Aos acórdãos proferidos pelos Tribunais de Apelação, câmaras ou turmas, poderão ser opostos embargos de declaração, no prazo de 2 (dois) dias contado da sua publicação, quando houver na sentença ambiguidade, obscuridade, contradição ou omissão.

1. Impossibilidade de modificar o méritodo provimento embargado

Dada sua natureza, "são admissíveis embargos de declaração quando, em sentença ou acórdão, houver obscuridade, omissão, contradição ou ambiguidade, de modo que se tornam incabíveis quando visarem reexame cognitivo do *meritum causae*".[2897]

2. Cabimento nos provimentos de primeiro grau

Malgrado se fale em cabimento em relação aos acórdãos, é plena a possibilidade de opô-los em face dos provimentos de primeiro grau no processo penal, tendo em vista a literalidade do disposto no art. 382 do Código de Processo Penal.

3. Princípio da identidade física do juiz

Entendia-se (como de resto amplamente no processo penal) a sua inexistência para julgamento dos embargos de declaração quando forem opostos contra provimentos de primeiro grau antes da reforma de 2008. Nesse sentido, "não se aplica o princípio de identidade física do juiz para julgamento de embargos de declaração – O sucessor do Juiz sentenciante é competente para conhecer dos embargos".[2898]

Com a nova estrutura legal, a identidade física do juiz do primeiro grau é regra infraconstitucional que, na esteira do marco teórico destes *Comentários*, amolda-se completamente ao quanto disposto na CR e na CADH.

4. Tempestividade

"Nos termos dos arts. 263 do Regimento Interno deste Superior Tribunal de Justiça e 619 do Código de Processo Penal, em se tratando de matéria criminal, o prazo para oposição de embargos declaratórios é de dois dias" (STJ. EDclRHC 9.602/RS. Data de publicação: DJ, 18 dez. 2000). Nos termos do art. 619 do Código de Processo Penal, os embargos declaratórios só são cabíveis quando "houver na sentença ambiguidade, obscuridade, contradição ou omissão".[2899]

Assim, "não se conhece de embargos de declaração ofertados além do prazo do art. 619 do Código de Processo Penal, considerando-se como *dies a quo* a publicação do acórdão invectivado no Diário da Justiça do Estado" (TJMS. Relator: Des. Rui Garcia Dias. Data de julgamento: 18 jun. 2001).

5. Embargos e interrupção da prescrição

"Acórdão embargável que, por maioria de votos, mantém a condenação, não tem o condão de interromper o prazo prescricional – Declaração de ofício – Art. 61 do Código de Processo Penal".[2900]

6. Influência no prazo de outros recursos

Tema muito debatido diante da integração com o processo civil, posto que

> O Código de Processo Penal não prevê a interrupção de prazo para outros recursos quando opostos embargos de declaração, como ocorre no Código de Processo Civil, em seu art. 538, "caput". Contudo, por força do disposto no art. 3º da citada Lei Adjetiva Penal, o mesmo princípio pode ser aplicado nos embargos de declaração na área processual penal.[2901]

Assim, "os embargos de declaração, mesmo em matéria criminal, interrompem o prazo para a interposição de outros recursos (CPC, art. 538 c/c o art. 3º do Código de Processo Penal), o que significa dizer: despreza-se por completo o tempo transcorrido precedentemente".[2902]

7. Omissão: conceito

Segundo Borges da Rosa,

> há omissão, quando há falta de menção de expressão ou de ideia ou de proposição, quando há falta de pronunciamento sobre um ponto ou questão, quando o Julgador silencia, não

---

[2897] RJTACrim 9/162.
[2898] TJSP. **Apelação Criminal 286.767-3**. Cruzeiro. 4ª Câmara Criminal. Relator: Passos de Freitas. 10 fev. 2000, v.u.
[2899] STJ, publicado 17-5-2004, p. 295, rel. Hamilton Carvalhido
[2900] TJSP, rel. Andrade Cavalcanti, Embargos Infringentes 98.500-3/SP, 22-6-1992.
[2901] STJ. EREsp 287.390/RR, Rel. Min. ANTÔNIO DE PÁDUA RIBEIRO.
[2902] STJ, publicado 27-10-1997, p. 54848, rel. Fernando Gonçalves. Também, AI 876.449-AgRg/SP, Rel. Min. MARIA THEREZA DE ASSIS MOURA.

devendo fazê-lo (*Comentários ao Código de Processo Penal*, RT, 3. ed., 1982, p. 732, atualizada por Angelito A. Aiquel).[2903]

8. Ambiguidade, obscuridade, contradição e omissão como fundamentos dos embargos

"Os embargos de declaração, em processo criminal, são cabíveis quando houver, na sentença ou no acórdão, ambiguidade, obscuridade, contradição ou omissão (art. 619 do Código de Processo Penal). Não há que confundir omissão com prestação jurisdicional contrária aos interesses da parte".[2904]

Assim,

não havendo ambiguidades ou contradições a suprir, incabível considerar, no recurso especial, a hipótese de violação do art. 619 do CPP, tornando-se evidente o caráter infringente dos embargos declaratórios opostos, que, diante da ausência de quaisquer vícios no julgado, buscavam, em realidade, o reexame do mérito da questão.[2905]

Como consequência,

contendo a sentença penal omissão em ponto em que se impunha o pronunciamento do julgador – aplicação do art. 62, I, do Código Penal em crime de tóxicos – e não tendo o assunto sido tratado em embargos de declaração (art. 382 – CPP), apesar de ter o Ministério Público manejado o recurso para outra finalidade (perdimento de bens), resta preclusa a matéria, que não é apanhada pelo efeito devolutivo da apelação.[2906]

9. Embargos de declaração e prescrição da pretensão punitiva

Malgrado a impossibilidade sistêmica de modificação de conteúdo de provimentos por via dos embargos declaratórios e, de forma mais abrangente, a impossibilidade de apreciação de questões de mérito quando da análise desse recurso, já entendeu o e. STF ser possível o reconhecimento da prescrição punitiva quando da apreciação desses embargos.[2907]

10. Oposição pelo assistente de acusação

É possível,

Cuidando-se de ação penal pública condicionada por crime de difamação praticado contra servidora pública (magistrada) em razão da função,

o trancamento da ação penal em habeas corpus legitima o assistente da acusação, regularmente admitido, a interpor embargos de declaração. Rejeição dos embargos pela inexistência de seus requisitos (CPP, art. 619).[2908]

Art. 620. Os embargos de declaração serão deduzidos em requerimento de que constem os pontos em que o acórdão é ambíguo, obscuro, contraditório ou omisso.

§ 1º O requerimento será apresentado pelo relator e julgado, independentemente de revisão, na primeira sessão.

§ 2º Se não preenchidas as condições enumeradas neste artigo, o relator indeferirá desde logo o requerimento.

1. Forma escrita

É indispensável, e, de acordo com o artigo, com apresentação articulada indicativa dos pontos atacados.

CAPÍTULO VII – Da Revisão

Art. 621. A revisão dos processos findos será admitida:

1. Importância da correta identificação da "natureza" da Revisão criminal

Ainda que o Código de Processo Penal a tenha colocado no capítulo dos recursos, a doutrina, quase que de forma unânime, aponta sua natureza de verdadeira ação desconstitutiva da coisa julgada penal.

A correta determinação desse instituto, antes de ser um mero exercício acadêmico, apresenta significativas repercussões de ordem prática, a começar, por exemplo, da fixação da competência, na medida em que, diferentemente dos recursos que encerram um prolongamento da relação jurídico-processual anterior, aqui se trata de um novo exercício do direito de ação.

Ainda, pela correta sistematização da revisão, substituem-se também temas como o da fungibilidade recursal por outros mais complexos, como a litispendência entre esta ação e o *habeas corpus*, de resto tema sempre controvertido tanto na doutrina quanto na jurisprudência.

2903 Citado em RJTACrim 8/170.
2904 STJ. Relator: Hamilton Carvalhido. Data de publicação: 17 fev. 2003. p. 381.
2905 STJ. Relator: Gilson Dipp. Data de publicação: 25 fev. 2004. p. 212.
2906 TRF. 1ª Região. Relator: Juiz Olindo Menezes. Data de publicação: DJU, 17 abr. 2000. p. 30. Relator: Juiz Olindo Menezes.
2907 STF. **Inq 1.769 ED/DF**. Relator: Min. Carlos Velloso. 31 ago. 2005.
2908 STF. **HC-ED 85629 RS**. 2ª Turma. Relatora: Ellen Gracie. Data de julgamento: 14 fev. 2006. Data de publicação: DJ, 10 mar. 2006. PP-00053; Ement Vol-02224-01; PP-00198.

Da mesma maneira, é pela correta identificação que se estabelece, com precisão, seu objeto, "condições de atuação", pressupostos processuais e procedimento.

2. Objeto da Revisão criminal e trânsito em julgado

O objeto da revisão é desconstituir a coisa julgada penal condenatória e, com isso, suprimir seus efeitos gerando, ainda, a possibilidade de indenização diante da condenação injusta.

Assim, o STF assentou que "A revisão criminal retrata o compromisso do nosso direito processual penal com a verdade material das decisões judiciais e permite ao Poder Judiciário reparar erros ou insuficiência cognitiva de seus julgados".[2909]

A certificação da ocorrência do trânsito em julgado é essencial para que se possa exercer a revisão criminal. Assim, trânsitos em julgado inexistentes não geram o direito de ação da revisão criminal, e sim, uma vez constatado o não trânsito, será o caso de devolver ao sentenciado o prazo recursal.[2910] As constrições à liberdade decorrentes de trânsito em julgado inexistente podem ser sanadas por *habeas corpus*.

2.1 Revisão criminal e antecipação do trânsito em julgado para "execução provisória" da pena

Um dos efeitos que causa maior perplexidade com o julgamento do HC 126292, em 17 de fevereiro de 2016, pelo STF (*vide* nestes **Comentários** art. 283) é que, com a antecipação do conceito de trânsito em julgado para fins de execução de pena acaba-se, por via reflexa, tocando no tema da revisão criminal.

Afinal, diante de uma pena tida como "definitiva" por aquela Corte (ainda que pendente os recursos constitucionais!) o mecanismo aqui existente, a revisão criminal, haveria de ser cogitado no caso concreto criando-se, assim, uma desestrutura sistêmica ímpar pois cumpre-se uma pena como definitiva, quando não o é e a sujeita a uma revisão criminal quando ainda pendente a apreciação de um recurso constitucional.

2. Revisão criminal e seu limite: a desconstituição da sentença penal condenatória

Para melhor identificação da discussão do tema aborda-se a matéria com sua base anterior ao atual marco constitucional-convencional e, na sequência, com o tratamento conferido pela CR e pela CADH.

2.1 A desconstituição da sentença absolutória (*pro societate*): situação antes da CR/88 e da CADH

Tema dos mais discutidos sempre foi o da possibilidade de rescisão do trânsito em julgado *pro societate*, num sistema que, desde sua implementação, exclusivamente previu a rescisão *pro reo*.

Com efeito,

quando se legislou pela primeira vez no Brasil sobre a revisão criminal, na primeira constituição republicana, de 24 de fevereiro de 1891, foi estabelecido, no art. 81, que ao Supremo Tribunal Federal competiria, em matéria criminal, julgá-la "em benefício dos condenados". Dessa maneira a revisão criminal ingressou no direito legislado brasileiro circunscrita ao reexame dos processos selados por sentença condenatória. (...) a Carta de 1946, reiterando, nos arts. 101, inciso IV, e 104, inciso III, a proibição da legislação processual penal permitir a revisão *pro societate*. Entretanto, a Constituição de 1967 suprimiu essa proibição, que não figurou nem no texto original – art. 114, inciso I, alínea *m*, e art. 117, inciso I, alínea *a* – quer no texto resultante da emenda n. 1 – art. 119, inciso I, alínea *m*, e art. 122, inciso I, alínea *a*. A partir, portanto, do evento da atual carta constitucional brasileira, foi, e nisso invoco a regra *inclusio untus, alterius non est exclusio*, concedida ao legislador ordinário a faculdade de instituir, ou não, na lei do processo penal esse tipo de revisão criminal.[2911]

Diante da Constituição de 1967, afirmava-se que

no Brasil, atualmente não há mais óbice constitucional para se admitir esta revisão. Aliás, no Projeto de Lei n. 1.655/83, em tramitação no Congresso (Projeto de Código de Processo Penal), o art. 382, parágrafo único, prevê uma forma pela qual cessa a eficácia da sentença extintiva de punibilidade, se provada a falsidade da certidão em que se tenha fundado (...) Enfim, o desejável é que a revisão *pro reo* seja sempre admitida de forma ampliativa, não só nas hipóteses de cabimento, como ainda no prazo de sua admissibilidade e na legitimação ativa para requerê-la. Ao contrário, a se admitir revisão *pro societate*, a lei deverá fixar casos estreitos, onde se imponha por razões salutares a reparação do erro judiciário.[2912]

3. Revisão criminal *pro societate*: impossibilidade diante da CR/88 e da CADH

No entanto, o atual sistema constitucional não possibilita essa modalidade de desconstituição do trânsito em julgado. Com efeito, o art. 8º da CADH, em seu

---

2909 STF. **HC 92.435**. 1ª Turma. Relator: Min. Ayres Britto. Data de julgamento: 25 mar. 2008. Data de publicação: DJE, 17 out. 2008.
2910 TACrimSP, RT 663/298.
2911 BORTZ, Horácio. Revisão pro societate. **Justitia**, 71/1970.
2912 MAZZILLI, Hugo Nigro. Revisão pro societate. **Justitia**, 125/1984.

item 4, textualmente determina: "O acusado absolvido por sentença passada em julgado não poderá ser submetido a novo processo pelos mesmos fatos".

Dessa forma, pode-se concluir que nosso sistema não admite a possibilidade da desconstituição do trânsito, mesmo quando se tratar de uma sentença absolutória fundada em documento falso, que é o clássico exemplo da "injustiça" para a discussão da possibilidade de rescindir o trânsito em julgado benéfico ao acusado.

3.1 Revisão da sentença absolutória baseada em documento falso

No STF[2913] já se decidiu "pela possibilidade de revogação de decisão que julga extinta a punibilidade do réu, a vista de certidão de óbito falsa, já que não existe, no caso, coisa julgada em sentido estrito. Caso contrário, o paciente estaria se beneficiando de conduta ilícita, qual seja, a apresentação de certidão de óbito falsa, cuja responsabilidade penal poderá ser definida em ação penal própria", posição igualmente assumida pelo STJ ao afirmar que

> A Turma, entre outras questões, entendeu que pode ser revogada a decisão que, com base em certidão de óbito falsa, julga extinta a punibilidade do ora paciente, uma vez que não gera coisa julgada em sentido estrito. A formalidade não pode ser levada a ponto de tornar imutável uma decisão lastreada em uma falsidade. O agente não pode ser beneficiado por sua própria torpeza.[2914]

4. Revisão criminal e correção de nulidades processuais

O sistema brasileiro não coloca a revisão como um instrumento a serviço da correção das nulidades processuais, não podendo ser extraída de qualquer das hipóteses permissivas do art. 621 essa conclusão. Não por outra razão, em tais situações admite-se que o *habeas corpus* é meio idôneo para afastar constrangimento ilegal, decorrente de nulidade verificada em processo já findo, não podendo ser recusado o seu conhecimento sob o fundamento de que cabível revisão criminal.[2915]

No entanto, o assim denominado "remédio heroico" somente terá cabimento enquanto a pena estiver a ser cumprida, pois *habeas corpus* não é meio hábil para reconhecer a nulidade da sentença após cumprida a pena pelo condenado. Inexistindo ameaça de constrangimento na liberdade de locomoção, mas sim interesse moral e econômico, há que se valer o paciente de revisão criminal, posto que o remédio heroico somente protege violência ou coação iminente, e não a passada.[2916]

Isso decorre das respectivas naturezas jurídicas dos institutos mencionados. O *habeas corpus* não tutela constrição da liberdade já finda. Ao contrário, opera-se contra aquela que está na iminência de ocorrer (tutela preventiva) ou com a coação já em curso. Por outro turno, a revisão tem como fulcro, ao demolir o trânsito em julgado, resgatar o *status dignitatis* do sentenciado, conforme dispõe o art. 622. Assim, não há que falar em empregar-se o *habeas corpus* como verdadeiro substituto da revisão criminal, dado serem distintos os direitos materiais em jogo.

5. Concomitância entre *habeas corpus* e revisão criminal

Vez que são ações distintas e com objeto próprio, caberia indagar se pode haver a concomitância de ambas. A resposta, em princípio, é negativa, embora existam respeitáveis entendimentos no sentido de se permitir que o *habeas corpus* possa amparar direito que deveria ser remediado por revisão criminal, notadamente quando a ilegalidade for manifesta e não depender de exame aprofundado de provas (assertiva que se ampara na busca da verdade real e na garantia da ampla defesa, permitindo a aplicação do princípio da fungibilidade).[2917]

Sendo caso de manifesta nulidade da sentença atacada, ainda que já transitada em julgado, não se trata de ajuizamento de revisão criminal, mas, sim, de impetração de *habeas corpus*.

Apenas que, dado o estreito campo de atuação probatória deste, a nulidade donde emana a coação deve ser manifesta a ponto de ensejar o remédio extremo, sobretudo em face da garantia constitucional da coisa julgada, que também é um valor em jogo, como no caso em que havia o

> Reconhecimento pleiteado com base em ineficiência do oficial de Justiça – Imprecisão quanto às circunstâncias que dariam ensejo à invalidação, não se podendo precisar se ocorreu com irregularidade ou revestida de nulidade insanável – Impossibilidade de exame aprofundado na via eleita – Remessa para a via da revisão criminal.[2918]

Descartada fica, desde logo, a impetração do *habeas corpus* para dar algum efeito suspensivo à revisão, vez que "enquanto não desconstituída a

---

2913 STF. **HC 84.525-8/MG**. Relator: Ministro Carlos Veloso.
2914 STJ. **HC 143.474-SP**. Relator: Min. Celso Limongi (Desembargador convocado do TJ-SP). Data de julgamento: 6 maio 2010.
2915 STJ. **Recurso Habeas Corpus**. Relator: Dias Trindade. Data de publicação: DJ, 16 out. 1989. p. 15.861.
2916 *RSTJ* 14/105.
2917 TRF, 3ª Região, rel. Juiz Carlos Francisco, 2-9-2003.
2918 STF, *RT* 643/358.

sentença condenatória com trânsito em julgado, a execução é de rigor. Conferir efeito suspensivo à revisão criminal implicaria afronta à autoridade da coisa julgada".[2919]

6. Revisão criminal e Tribunal do Júri

Questão interessante que deve ser enfrentada em sede de revisão criminal é sua potencial compatibilidade – ou não – com as decisões tomadas pelo Tribunal do Júri, constitucionalmente competente para o julgamento dos crimes dolosos contra a vida.

Em última análise, a pergunta atine à possibilidade de o juiz togado rever definitivamente no mérito a decisão da Corte popular e, ao fazê-lo, se caberia a pura e simples rescisão do julgado atacado, proferindo novo *decisum*, ou, uma vez reconhecida a procedência da revisão, se o julgamento deve ser devolvido no mérito para apreciação de novo Conselho de Sentença.

Ao longo das discussões doutrinárias duas correntes podem ser invocadas: a atualmente majoritária que admite a revisão com os dois juízos, o rescindendo e o rescisório; outra, baseada na soberania dos veredictos, que admite, somente, anular o julgamento, cabendo ao Tribunal do Júri, que novamente decida.

Na jurisprudência, a admissibilidade da revisão criminal contra sentenças do Tribunal do Júri é dominante, cabendo relembrar alguns dos argumentos trazidos nessa linha, mormente quando se estiver enfocando caso em que se vislumbra a possibilidade de erro judiciário.

Assim,

> É pacífica a jurisprudência que admite a revisão criminal contra decisões condenatórias com trânsito em julgado emanadas do Tribunal do Júri (...) no E. Tribunal de Justiça é pacífica a jurisprudência que admite a revisão criminal contra decisões condenatórias com trânsito em julgado emanadas do Tribunal do Júri". No mesmo *decisum*, acrescentou-se que "Não há, portanto, confundir-se a soberania dos veredictos do Júri com a onipotência insensata e sem freios, porque prevalece na hierarquia dos valores o direito de liberdade. E, se esta é desrespeitada, não há como manter a soberania e intangibilidade, demonstrando concludentemente ter o Júri condenado erradamente.[2920]

O TJSP proferiu decisão[2921], apontando que

> tratando-se de decisão do Júri, a revisão é pertinente, quando a decisão se ofereça manifestamente contrária à prova dos autos, de forma dupla. Primeiro porque o veredicto do Júri, por se revestir da garantia constitucional da soberania, só poderá ser anulado, quando proferido de forma arbitrária, absolutamente distorcido da prova. Segundo porque a própria natureza da revisão sempre pressupõe decisão manifestamente contrária à evidência da prova.

7. Revisão criminal e ônus da prova

Na revisão criminal, ocorre a inversão do *onus probandi*, incumbindo ao requerente a produção da prova dos pressupostos de sua admissibilidade, enumerados no art. 621 do CPP.[2922]

Visando possibilitar o ajuizamento da ação de revisão criminal, há um instrumento cuja finalidade é exatamente a de dar alguma sustentação probatória mínima: a *justificação*.

Considera-se nesse âmbito, com grande largueza, a admissibilidade das provas produzidas nesse mecanismo – talvez com o objetivo de mitigar o pesado ônus da prova –, já tendo sido decidido, por exemplo, que

> deve ser considerada válida a prova obtida por meio de cautelar de antecipação de provas, com o fito de instruir revisão criminal, mesmo que a perícia que constatou a falsidade do documento que baseou a condenação tenha sido feita por apenas um perito oficial. A antecipação de provas realizada na Justiça Estadual, para instruir revisão criminal na Justiça Federal é, em princípio, válida, porquanto a jurisdição é una, sendo a competência apenas um critério de organização do processamento e julgamento dos feitos, tendo em conta, ainda, que a própria Justiça Federal se declarou incompetente para julgar a mencionada cautelar.[2923]

No mais, quanto à competência para apreciação do pedido de justificação, tem-se que, tratando-se de "Medida objetivando a constituição de prova nova autorizadora do reconhecimento de inocência para promoção de revisão criminal", será o "Julgamento afeto ao foro do local da infração, por qualquer juízo da comarca, a ser eleito pela livre-distribuição".[2924]

2919 RSTJ 28/261.
2920 Precedente citado em TJ-SP. **RVCR 376153370000000 SP**. 2º Grupo de Direito Criminal. Relator: Willian Campos. Data de julgamento: 25 nov. 2008. Data de publicação: 13 jan. 2009.
2921 RT 677/341.
2922 TRF. 1ª Região. Relator: Juiz Vicente Leal. 17 nov. 1992.
2923 TRF. 2ª Região. Relator: Juiz Valmir Peçanha. 19 set. 2002.
2924 TJSP. RT 775/589.

8. Hipóteses taxativas do presente artigo

Na medida em que se procura resguardar a segurança da coisa julgada, as hipóteses previstas neste artigo devem ser compreendidas como de número definitivo, não podendo ser alargadas por exercício doutrinário ou jurisprudencial, "pois, caso não fosse este o entendimento, estaríamos estimulando a interposição de inúmeras revisões com objetivo de modificar sentença já transitada em julgado, sem nenhum amparo legal".[2925]

Assim,

a revisão criminal para se concretizar deve estar abalizada em uma das previsões contidas no art. 621 do Diploma Processual penal, ou seja, quando a sentença condenatória for: a) contrária ao texto expresso da lei penal ou à evidência dos autos; b) se fundar em depoimentos, ou documentos falsos e quando após a sentença se descobrirem novas provas que indiquem a inocência do condenado ou de circunstâncias que autorizem a diminuição da pena.[2926]

Isso significa que

as sentenças penais condenatórias transitadas em julgado podem ser desconstituídas por via do instituto da Revisão Criminal, que será admitida se presente, de forma inequívoca, uma das hipóteses taxativamente previstas no art. 621, do Código de Processo Penal, que limitam a causa de pedir e, em consequência, o pedido. Assim sendo, mera reiteração de alegações já expendidas e repelidas no curso da ação penal e do recurso, incabível a revisão criminal, devendo ser inacolhida a pretensão autoral.[2927]

A conclusão a que se chega é que "não se conhece da revisão criminal que não indica o inciso do art. 621 do Código de Processo Penal em que se funda o pedido, pretendendo apenas corrigir possível injustiça da condenação"[2928], embora não seja o caso, data vênia, do emprego da expressão "não se conhece", destinada que é essencialmente aos recursos, os quais são "conhecidos" ou não. Na ementa, pode-se vislumbrar algum apego, ainda que não consciente, à "natureza jurídica" da revisão como recurso.

9. Hipóteses do art. 621 como condições da ação

Quando se fala da revisão como exercício do direito de ação, deve-se ter em conta a discussão sobre qual a correta natureza dos incisos do art. 621, especificamente para saber se configuram ou não condições da ação.

Claro está que, no campo das condições, está a legitimação para agir. Parte da doutrina[2929] coloca as situações dos incisos do presente artigo no campo da possibilidade jurídica do pedido, assumindo, dessa forma, a posição de que se trata, efetivamente, de condições da ação.

Posição diversa pode ser encontrada em determinado julgado, pelo qual se disse que "O entendimento adotado por esta Colenda Seção, afirma que as hipóteses legais arroladas no art. 621 do Código de Processo Penal dizem respeito, intimamente, ao próprio mérito da demanda, de modo que não seriam pressupostos de admissibilidade da ação que busca a revisão da condenação penal".[2930]

O que se percebe por essa rápida incursão dogmática – que é de grande relevância prática – é fruto da assunção como correta – ou não – das ideias de Liebman para o exercício do direito de ação e sua projeção para o processo penal.

11. Revisão da dosimetria da pena

A possibilidade da revisão para dosimetria da pena somente pode ser admitida quando tiver acontecido erro técnico (contrariedade a texto expresso de lei).

Assim, é

inadmissível, por esta via, a redução da reprimenda pela simples reapreciação dos critérios individualizadores da fixação da reprimenda, que serviram como elementos de convicção do Magistrado, confirmados em grau de apelação. Não se conhece de rescisória criminal visando à reavaliação de cálculo da reprimenda, preclusos e incompatíveis com esta via, quando não demonstrada real injustiça ou erro técnico.[2931]

No entanto, é possível em situações como as que foram analisadas no seguinte julgado:

Os maus antecedentes dizem respeito a reincidência. O reconhecimento na sentença condenatória de ambas as circunstâncias constituem *bis in idem*, visto que a segunda constitui um *plus* em relação à primeira, absorvendo-a, devendo a reincidência ser considerada no cálculo da reprimenda a título de circunstância agravante na segunda fase da aplicação da pena. Constitui exacerbação desmedida a elevação da pena no

---

[2925] TRF. 3ª Região. Relator: Juiz Roberto Haddad. 16 maio 2001.
[2926] TRF. 2ª Região. Relator: Juiz Raldênio Bonifácio Costa. 28 set. 2000.
[2927] TRF. 2ª Região. Relator: Juiz Rogério Carvalho. 16 dez. 1999.
[2928] TRF. 2ª Região. Relator: Juiz Ney Valadares. 11 out. 1990.
[2929] QUEIJO, *op. cit.*, p. 180 e seguintes.
[2930] TRF. 3ª Região. Relatora: Juíza Ramza Tartuce. 5 nov. 2003.
[2931] TRF. 3ª Região. Relator: Juiz Oliveira Lima. 18 out. 2000.

máximo legal, pela incidência das qualificadoras do § 2º, I e II, do art. 157 do Código Penal, hipótese reservada ao roubo triqualificado, além de as consequências do crime terem se revelado mínimas. Revisão criminal que se julga parcialmente procedente, a fim de reduzir a pena imposta ao peticionário.[2932]

> I – quando a sentença condenatória for contrária ao texto expresso da lei penal ou à evidência dos autos;

1. Sobre contrariedade ao texto expresso de lei, ver nestes *Comentários* art. 593, III, "b"

2. Decisão contrária ao texto expresso de lei
A mera rediscussão jurídica de temas já aventados na ação original não enseja o reconhecimento do fundamento deste artigo. Nesse quadro está, por exemplo, a situação do "o autor [que] na ação revisional negou tão somente a existência de conexão instrumental ou probatória. Esse quadro, por si só, demonstra que inexiste decisão contrária a texto expresso de lei penal a evidenciar que era competente a Justiça Estadual para processar e julgar a ação original".[2933]

A revisão pode atacar, ainda, a quantidade da pena. Dessa forma, "não sendo a sentença, no que toca à dosimetria da pena, proferida segundo estabelece a lei, é cabível a revisão criminal, em ordem a ser corrigida a situação de injusta desigualdade entre os acusados (art. 621, I – CPP)".[2934]

Também já se entendeu possível a revisão criminal por afronta a texto expresso de lei em caso no qual a pessoa acusada foi defendida por acadêmico. Decidiu-se que

> o estudante de direito, mesmo atuando como estagiário, não pode praticar os atos privativos de advogado. Nulo é o processo penal em que a defesa do acusado, que veio a ser condenado, foi patrocinada exclusivamente por estagiário que, mesmo constituído juntamente com advogado, atuou de forma escoteira e prejudicial ao mandante. A condenação do acusado, em tais circunstâncias, atenta contra a lei expressa, e mesmo contra a Constituição, que garante aos acusados o contraditório e a ampla defesa, com os recursos e meios a ela inerentes, justificando-se o pedido

de revisão criminal, nos termos do art. 621, I, do Código de Processo Penal.[2935]

3. Transação penal como sentença condenatória e revisão criminal
A partir da compreensão de que a transação penal encerra condenação, não existe óbice para aceitar a revisão criminal desse provimento. A posição jurisprudencial, muitas vezes vendo na transação uma mera "homologação" sem conteúdo condenatório, por consequência, nega-lhe o direito de ser revista.

> II – quando a sentença condenatória se fundar em depoimentos, exames ou documentos comprovadamente falsos;

1. Comprovação da falsidade
A comprovação da falsidade deve ser provocada por medida anterior ao ajuizamento da ação de revisão criminal, por meio da "justificação", a qual não é "uma nova e simples ocasião para reinquirição de testemunhas ouvidas no processo da condenação, ou para arrolamento de novas testemunhas"[2936], e,

> de qualquer forma, porém, tratando-se de procedimento destinado a pré-constituir prova, a sentença que julga a justificação não entra em seu mérito, limitando-se o julgador a proclamar a observância dos preceitos legais, cujos autos, depois, serão entregues ao requerente, independentemente de traslado, em conformidade com o disposto nos arts. 861-866 do CPC, de aplicação subsidiária na espécie, ante a omissão do Código de Processo Penal.[2937]

2. Competência para justificação
A competência para processamento da justificação como base probatória deve ser feita "perante o juízo de direito da condenação. Deu-se provimento ao recurso. Unânime".[2938]

> III – quando, após a sentença, se descobrirem novas provas de inocência do condenado ou

---

2932 TRF. 3ª Região. Relator: Juiz Theotonio Costa. 23 out. 1996.
2933 TRF. 1ª Região. Relator: Juiz Mário César Ribeiro. 15 ago. 2001.
2934 TRF. 1ª Região. Relator: Juiz Olindo Menezes. 2 dez. 1998.
2935 TRF. 1ª Região. Relator: Juiz Olindo Menezes. 18 nov. 1998.
2936 STF. **HC 76.664**. 1ª Turma. Relator: Min. Sydney Sanches. Data de publicação: DJ, 11 set. 1998.
2937 RT 641/355.
2938 STJ. **20010710155523/DF**. 2ª Turma Criminal. Relator: Vaz de Mello. Data de julgamento: 18 jun. 2003. Data de publicação: DJU, 11 fev. 2004. p. 74.

de circunstância que determine ou autorize diminuição especial da pena.

1. Estabelecimento do conceito de "novas provas"

São as que, embora potencialmente existentes à época do julgamento, não foram trazidas aos autos por desconhecimento das partes. "Circunstância nova que autoriza a revisão criminal é aquela que altera a situação jurídica do agente, e que não foi apreciada pela sentença porque sua existência era ignorada, ou porque não pode ser alegada no curso do feito" (TRF. 1ª Região. Relator: Juiz Luciano Tolentino Amaral. 13 mar. 2002).[2939]

Assim, pois, "Não há falar em 'novas provas de inocência' se os documentos apontados já constavam dos autos desde a instrução processual, tratando-se, pois, de matéria conhecida pelo julgador originário quando proferiu a decisão condenatória" (TRF. 1ª Região. Relator: Juiz Luciano Tolentino Amaral. 13 mar. 2002).

Dessa forma, não configura prova nova a situação em que o autor quer

atribuir a condição de novo aos desmentidos das próprias vítimas (e de outras testemunhas em forma de declarações de próprio punho) e a uma fita de videocassete, com depoimentos de algumas das vítimas. Tal postulação não se coaduna com a revisão criminal, nos termos do art. 621 do CPP. Se as provas produzidas na ação criminal originária devidamente submetidas ao crivo do contraditório e da ampla defesa serviram de fundamentação para a condenação, não pode o autor, na via revisional, dar uma nova versão sobre os mesmos fatos já anteriormente examinados.[2940]

No mesmo sentido,

não ampara o autor da revisão o fato de o outro acusado, em juízo, retificar em parte suas declarações para excluir o nome do autor da empreitada, porquanto essa retratação não converge no sentido dos demais indícios e evidências trazidos à colação no decorrer do sumário. Não é possível, na revisional, novo exame de provas tão exaustivamente sopesadas nas decisões condenatórias objeto da inconformação.[2941]

Portanto, prova nova não se confunde com *nova interpretação de prova já existente*. Como já assentado, "Não há confundir interpretação da prova (convencimento de mérito) com ausência de provas. Enquanto aquela comporta discussão na via ordinária (já exaurida), a via revisional somente permite o exame de decisão sem amparo nas provas colhidas no curso da instrução".[2942]

2. Causalidade probatória e revisão criminal

O contexto probatório merece ainda ser analisado de acordo com a ligação lógica das provas que fundamentaram a sentença condenatória. Assim, já se decidiu que "A prova falsa que autoriza a revisão criminal é aquela relevante para a condenação, de modo que, se excluída, importaria na modificação do resultado do julgamento".[2943]

3. Revisão criminal e lei mais benéfica na execução da pena

Quando houver interesse na substituição da reprimenda privativa de liberdade por restritiva de direito, será inadmissível a via da rescisão, pois tal "fato (...) caracterizaria supressão de instância. Competência do juiz da execução para aplicar dispositivos novos e mais favoráveis ao condenado – Inteligência do art. 66, I, da Lei n. 7.210/84 e da Súmula n. 611 do STF".[2944]

Art. 622. A revisão poderá ser requerida em qualquer tempo, antes da extinção da pena ou após.

1. Limites temporais da revisão criminal

Dada sua natureza jurídica e os objetivos por ela pretendidos, dentre os quais o resgate da dignidade da pessoa injustamente condenada, a estrutura do Código de Processo Penal admite a possibilidade da revisão criminal mesmo após o cumprimento da pena.

Assim,

o fato de o art. 622 do CPP garantir a revisão criminal, mesmo após a ocorrência da extinção da pena, não retira da ação mandamental os seus pressupostos e a sua finalidade, ainda que a análise se faça em sequência de pedido revisional julgado e não submetido à contestação por meio de expediente recursal próprio. Agravo desprovido (STJ, rel. José Arnaldo da Fonseca, 20-4-2004).

[2939] TRF. 1ª Região. Relator: Juiz Vicente Leal. 17 nov. 1992.
[2940] TRF. 1ª Região. Relator: Des. Cândido Ribeiro. 2 jun. 2004.
[2941] TRF. 1ª Região. Relator: Juiz Cândido Ribeiro. 11 jun. 1997.
[2942] TRF. 1ª Região. Relator: Des. Luciano Tolentino Amaral. 27 ago. 2003.
[2943] TRF. 2ª Região. Relator: Juiz Antônio Cruz Netto. 20 set. 2001.
[2944] TJCE. RT 816/609.

Parágrafo único. Não será admissível a reiteração do pedido, salvo se fundado em novas provas.

1. Revisão criminal como direito de ação e novos fundamentos

Deflui da natureza jurídica do direito de ação a possibilidade de novo ajuizamento da revisão criminal quando houver nova causa de pedir que o autorize, considerando-se que o trânsito em julgado do provimento que julgou a revisão não alcança os fundamentos, mas, somente, a parte dispositiva do acórdão. Dessa forma, "é inadmissível a reiteração do pedido de revisão criminal, salvo se fundado em novas provas (art. 622, parágrafo único, do Código de Processo Penal)"[2945].

Resumindo, a teor do parágrafo único do art. 622 do Código de Processo Penal, "não será admissível a reiteração do pedido, salvo se fundado em novas provas". Hipótese em que as alegações verberadas pelo requerente já foram afastadas por esta eg. Corte, em revisão similar, restando patente que o presente feito configura uma mera repetição da anteriormente ajuizada.[2946]

Art. 623. A revisão poderá ser pedida pelo próprio réu ou por procurador legalmente habilitado ou, no caso de morte do réu, pelo cônjuge, ascendente, descendente ou irmão.

1. Desnecessidade de advogado para ajuizar a revisão criminal

"O art. 623, do CPP autoriza o ajuizamento, pelo próprio condenado, sem intervenção de advogado ou defensor, de revisão criminal. Referido dispositivo, segundo entendimento do STF, secundado por esta Corte, foi recepcionado pela Constituição Federal de 1988. Não obstante, o fato de, na espécie, ter sido, concomitantemente, apresentado arrazoado também pela defensoria pública não rende ensejo a constrangimento ilegal, porquanto, em última *ratio*, há apenas reforço de defesa".[2947]

A desnecessidade da existência de defensor técnico não é totalmente compartilhada nos Tribunais. É de se considerar que a possibilidade do ajuizamento pelo próprio interessado não há de ser vedada, impelindo, no entanto, que a peça inaugural seja ratificada ou retificada pelo profissional habilitado.

2. Recusa da Defensoria Pública para ajuizar a ação

"A revisão criminal, como na letra do art. 623 do Código de Processo Penal, pode ser requerida pelo próprio réu ou por procurador legalmente habilitado ou, no caso de morte do réu, pelo cônjuge, ascendente ou irmão. A recusa da Defensoria Pública em formular revisão criminal não é obstáculo legal para o seu conhecimento pelo Tribunal de Justiça"[2948], completando-se que "pode a Defensoria Pública requerer revisão criminal quando nomeada ou legitimada pela vontade do réu, em nosso sistema processual penal, não se estendendo a nomeação de defensor dativo para a ação penal à rescisão da sentença condenatória".[2949]

3. Revisão criminal pelo próprio réu: possibilidade diante da CR/88

"Não há nulidade por cerceamento de defesa na proposição de revisão criminal pelo próprio réu, *ex vi* do art. 623 do Código de Processo Penal, dispositivo em vigor e que foi recepcionado pela Constituição Federal de 1988"[2950], desde que, conforme acima exposto, seja a petição inicial re/ratificada por um profissional técnico.

Essa posição foi reiterada de forma mais ampla quando o STF afirmou que

> ao interpretar o art. 133 da Constituição da República, reconheceu a indispensabilidade da intervenção do Advogado como princípio de índole institucional, cujo valor, no entanto, não é absoluto em si mesmo, mas condicionado, em seu alcance e conteúdo, pelos limites impostos pela lei, consoante estabelecido pela própria Carta Política. O art. 623 do CPP–que confere capacidade postulatória ao próprio condenado para formular o pedido revisional–foi objeto de recepção pela nova ordem constitucional, legitimando, em conseqüência, a iniciativa do próprio sentenciado, que pode ajuizar, ele mesmo, independentemente de representação por Advogado, a ação de revisão criminal.[2951]

4. Revisão ajuizada por procurador constituído

"A revisão criminal pode ser requerida, a qualquer tempo, pelo réu ou por procurador legalmente

---

[2945] STJ. **HC**. Relator: Hamilton Carvalhido. 17 fev. 2000.
[2946] TRF. 5ª Região. Pleno. Relator: Des. José Maria Lucena. 10 abr. 2002.
[2947] STJ. **HC**. 6ª Turma. Relator: Fernando Gonçalves. 4 out. 2001.
[2948] STJ. **HC**. 6ª Turma. Relator: Hamilton Carvalhido. 13 fev. 2001.
[2949] STJ. **HC**. 6ª Turma. Relator: Hamilton Carvalhido. 16 nov. 2000.
[2950] STJ. **HC**. 5ª Turma. Relator: Gilson Dipp. 3 out. 2000.
[2951] STF. **HC 74309 SP**. 1ª Turma. Relator: Min. Celso de Mello. Data de julgamento: 12 nov. 1996. Data de publicação: DJe-092, 21 maio 2008 (divulg.); 23 maio 2008 (public.). Ement Vol-02320-02; PP-00309; RTJ, Vol-00204-02; PP-00732.

constituído, o que supõe a outorga de procuração conferida por instrumento público ou particular assinado pela parte, estando com a firma reconhecida, o que habilita o advogado a praticar todos os atos do processo (arts. 623 e 3º do CPP, c/c o art. 38 do CPC). À hipótese não se aplica o disposto no art. 266, do CPP. 2. O indeferimento liminar, porque o advogado recusou-se a cumprir o despacho do relator para, em trinta dias, reconhecer a firma do outorgante do instrumento particular com que instruiu o pedido de revisão, não é ilegal ou abusivo, aliás do qual cabe recurso voluntário. A simples ausência do réu, alegada pelo impetrante, se a assinatura aposta no instrumento é mesmo dele, não constitui óbice à autenticação".[2952]

Assim, "basta a exibição de instrumento de mandato, com poderes gerais, outorgado a advogado, devidamente inscrito na OAB".[2953]

5. Impossibilidade de aforamento da revisão pelo Ministério Público

É correta, diante do marco constitucional-convencional a compreensão que

> O Estado-acusador, ou seja, o Ministério Público, não tem legitimidade para formalizar a revisão criminal, pouco importando haver emprestado ao pedido o rótulo de habeas corpus, presente o fato de a sentença já ter transitado em julgado há mais de quatro anos da impetração e a circunstância de haver-se argüido a competência da Justiça Federal, e não da Justiça Estadual, sendo requerente o Procurador da República.[2954]

6. Intervenção do assistente do Ministério Público

O assistente do Ministério Público, que interveio na ação de conhecimento da qual originou o trânsito em julgado que se quer rescindir, não pode atuar na ação rescisória.

Não fosse pela impossibilidade decorrente da literalidade do Código de Processo Penal nos poderes a ele conferidos (vide *Comentários* ao art. 271), a natureza de direito de ação da revisão impõe uma nova relação, da qual o assistente simplesmente não participa.

Art. 624. As revisões criminais serão processadas e julgadas: (Redação dada pelo Decreto-lei n. 504, de 18-3-1969)

I – pelo Supremo Tribunal Federal, quanto às condenações por ele proferidas; (Redação dada pelo Decreto-lei n. 504, de 18-3-1969)

II – pelo Tribunal Federal de Recursos, Tribunais de Justiça ou de Alçada, nos demais casos. (Redação dada pelo Decreto-lei n. 504, de 18-3-1969)

§ 1º No Supremo Tribunal Federal e no Tribunal Federal de Recursos o processo e julgamento obedecerão ao que for estabelecido no respectivo regimento interno. (Redação dada pelo Decreto-lei n. 504, de 18-3-1969)

§ 2º Nos Tribunais de Justiça ou de Alçada, o julgamento será efetuado pelas câmaras ou turmas criminais, reunidas em sessão conjunta, quando houver mais de uma, e, no caso contrário, pelo tribunal pleno. (Redação dada pelo Decreto-lei n. 504, de 18-3-1969)

§ 3º Nos tribunais onde houver quatro ou mais câmaras ou turmas criminais, poderão ser constituídos dois ou mais grupos de câmaras ou turmas para o julgamento de revisão, obedecido o que for estabelecido no respectivo regimento interno. (Redação dada pelo Decreto-lei n. 504, de 18-3-1969)

Revisão criminal, Juizados Especiais Criminais e juiz natural

Com a entrada em vigor da Lei n. 9.099/1995 e o respectivo sistema por ela criado, não se questiona a possibilidade de ajuizamento de revisão criminal dos provimentos condenatórios, restando indagar qual seria o juiz natural para apreciação dessas revisões.

A tendência jurisprudencial é a de considerar que é "Pacífico o entendimento de que os Tribunais de Justiça não têm competência para rever as decisões proferidas pelos Juizados Especiais".

1. Regimento Interno do Supremo Tribunal Federal

No caso do STF, o tema está previsto a partir do art. 263.

2. Composição do Tribunal e regra para julgamento da revisão criminal

Já se decidiu que "compete ao tribunal, em sua composição plenária, o processo e julgamento de revisões criminais, quando em sua composição há

[2952] STJ. **HC**. 5ª Turma. Relator: Jesus Costa Lima. 30 jun. 1993.
[2953] STJ. **REsp**. 5ª Turma. Relator: Assis Toledo. 12 ago. 1992. Também STF. **HC 70903 MG**. 2ª Turma. Relator: Marco Aurélio. Data de julgamento: 30 ago. 1994. Data de publicação: DJ, 7 out. 1994. PP-26824, Ement Vol-01761-01;PP-00059.
[2954] STF. **RHC 80796 SP**. 2ª Turma. Relator: Min. Marco Aurélio. Data de julgamento: 29 maio 2001. Data de publicação: DJ, 10 ago. 2001. PP-00020; Ement Vol-02038-02; PP-00362.

apenas uma câmara ou turma criminal" (art. 624, § 2º, do CPP).²⁹⁵⁵

> Art. 625. O requerimento será distribuído a um relator e a um revisor, devendo funcionar como relator um desembargador que não tenha pronunciado decisão em qualquer fase do processo.
>
> § 1º O requerimento será instruído com a certidão de haver passado em julgado a sentença condenatória e com as peças necessárias à comprovação dos fatos arguidos.

1. Inconveniência terminológica
Não se trata, efetivamente, de "requerimento", como se desse ensejo a uma providência de ordem administrativa, mas, sim, de petição inicial, pois é de ação autônoma de impugnação que se trata.

2. Causa de impedimento
"Em sede de revisão criminal, não podem funcionar como relator ou revisor desembargadores que tenham participado de julgamento em fase anterior do processo (CPP, art. 625), inexistindo qualquer impedimento de participação dos demais membros do órgão colegiado que julgou a apelação".²⁹⁵⁶

No entanto, há "distribuição obrigatória a relator que não tenha pronunciado decisão em qualquer fase do processo – Determinação legal que não impede que, vencidos o relator e o revisor, seja designado julgador que participou do feito – Inteligência do art. 625 do CPP".²⁹⁵⁷

De forma um tanto quanto mais criticável, já se decidiu pela inaplicabilidade do art. 625 do CPP quando "anulada a decisão proferida em revisão criminal, por incompetência da Turma julgadora, não há que se cogitar de ofensa ao art. 625 do CPP se o relator da revisão, no Plenário, for, por distribuição, o mesmo do acórdão anulado".²⁹⁵⁸

3. Requisitos para o ajuizamento
"A revisão criminal é uma ação penal, originária de 2ª instância, que objetiva a desconstituição de uma sentença condenatória transitada em julgado, tendo por finalidade corrigir excepcionais casos de erros judiciários, e, por violar a coisa julgada, deve ficar adstrita às hipóteses taxativas enumeradas na lei. Assim, não se constitui em uma segunda apelação para reformar sentença que não se mostra manifestamente contrária a qualquer dos incisos do art. 621 do CPP. 2. De acordo com o art. 625, I, do CPP, o requerimento da pretensão revisional deve ser instruído com a certidão do trânsito em julgado da sentença condenatória, bem como com peças necessárias à comprovação dos fatos arguidos".²⁹⁵⁹

> § 2º O relator poderá determinar que se apensem os autos originais, se daí não advier dificuldade à execução normal da sentença.
>
> § 3º Se o relator julgar insuficientemente instruído o pedido e inconveniente ao interesse da justiça que se apensem os autos originais, indeferi-lo-á in limine, dando recurso para as câmaras reunidas ou para o tribunal, conforme o caso (art. 624, parágrafo único).

1. Regimento TJSP
No caso paulista, o art. 202 prevê como competência do relator "XII – indeferir liminarmente a revisão criminal, o mandado de segurança e o *habeas corpus*, nos casos de mera reiteração, destituída de fundamento ou fato novo". Após o seu crivo, de acordo com o art. 206, os autos irão para o revisor, sendo que, a teor do "Art. 407. Nos casos de mandado de segurança contra acórdão, de embargos infringentes, de ação rescisória e revisão criminal de acórdão, serão excluídos da distribuição o relator e o revisor e, se possível, os demais integrantes da turma prolatora do acórdão impugnado".

> § 4º Interposto o recurso por petição e independentemente de termo, o relator apresentará o processo em mesa para o julgamento e o relatará, sem tomar parte na discussão.
>
> § 5º Se o requerimento não for indeferido in limine, abrir-se-á vista dos autos ao procurador-geral, que dará parecer no prazo de 10 (dez) dias. Em seguida, examinados os autos, sucessivamente, em igual prazo, pelo relator e revisor, julgar-se-á o pedido na sessão que o presidente designar.

1. Inconveniência terminológica
Não se trata, efetivamente, de recurso, mas, sim, de ação autônoma de impugnação, conforme discutido no art. 621.

2955 STJ. **REsp**. 6ª Turma. Relator: Dias Trindade. 23 out. 1990.
2956 STJ. **HC**. 6ª T., rel. Vicente Leal, 19-9-2000.
2957 TJSP. RT 657/27.
2958 STF. **HC**. 2ª Turma. Relator: Min. Célio Borja. 11 dez. 1990.
2959 TRF. **RVCR**. 4ª Região. 4ª Seção. Relator: Juiz Luiz Fernando Wowk Penteado. 20 maio 2004.

Art. 626. Julgando procedente a revisão, o tribunal poderá alterar a classificação da infração, absolver o réu, modificar a pena ou anular o processo.

Parágrafo único. De qualquer maneira, não poderá ser agravada a pena imposta pela decisão revista.

1. Extensão da reforma

"As disposições insertas nos arts. 617 e 626, parágrafo único, do Código de Processo Penal, certificam o induvidoso acolhimento, no sistema normativo processual penal pátrio, do princípio *non reformatio in pejus*, sendo firmes a doutrina e a jurisprudência na recusa à reforma prejudicial, direta ou indireta".[2960]

De forma geral,

A possibilidade de revisão da dosimetria da pena, em sede de ação revisional, está prevista no artigo 626 do CPP e tem sido aceita pela melhor jurisprudência, em reverência ao dogma constitucional da individualização da pena (...) 4. Evidenciada violação à diretriz estabelecida no artigo 59 do Código Penal, em vista da análise feita pelo próprio juiz que proferiu a sentença condenatória, deve ser revista a dosimetria da pena imposta ao réu/requerente. 5. Pedido julgado parcialmente procedente. Penas reduzidas, nos termos do artigo 626 do CPP.[2961]

2. Inversão do ônus da prova

Como apontado, "Em sede revisional inverte-se o ônus da prova, cabendo ao requerente demonstrar a ocorrência de quaisquer das hipóteses previstas nos arts. 621 e 626, ambos do Código de Processo Penal, sob pena de indeferimento."[2962]

Art. 627. A absolvição implicará o restabelecimento de todos os direitos perdidos em virtude da condenação, devendo o tribunal, se for caso, impor a medida de segurança cabível.

1. Restabelecimento do *status quo*

É consequência automática da revisão. Nesse sentido, o seguinte julgado:

A certidão de nascimento constitui documento hábil à comprovação da menoridade penal do réu. Nos autos de revisão criminal, é possível aceitar-se a certidão de nascimento como prova nova, nos termos do disposto no art. 621, III, do Código de Processo Penal. Havendo dois assentos de nascimento lavrados na mesma data, é forçoso reconhecer que um deles não é autêntico. Não havendo como se apurar, na revisional, qual é a certidão autêntica, deve-se preconizar, em homenagem ao princípio do *in dubio pro reo*, o tratamento menos gravoso para o réu. Revisão criminal julgada procedente para o fim de determinar a anulação do processo em relação ao requerente, absolvendo-o, em razão de sua inimputabilidade à época dos fatos delituosos, com fulcro no art. 626 do Código de Processo Penal, restabelecendo-se todos os direitos perdidos em virtude da condenação, e retornando-se, por consequência, ao *status quo ante*, nos termos do que dispõe o art. 627 do Código de Processo Penal (TRF, 3ª Região, RVCR, 1ª Seção, rel. Juiz Aricê Amaral, 4-11-1998).

Art. 628. Os regimentos internos dos Tribunais de Apelação estabelecerão as normas complementares para o processo e julgamento das revisões criminais.

1. *Vide* art. 624 para exemplos de normas regimentais

Art. 629. À vista da certidão do acórdão que cassar a sentença condenatória, o juiz mandará juntá-la imediatamente aos autos, para inteiro cumprimento da decisão.

1. Oposição de embargos infringentes: inadmissibilidade

"A revisão criminal é ação de conhecimento, de natureza constitutiva-negativa, já que visa à desconstituição do título judicial, presente qualquer das hipóteses previstas no art. 621, do CPP. É semelhante à ação rescisória civil, a qual, prevista no Diploma Processual Civil fora do título dos recursos, tem por fim desconstituir a coisa julgada material civil. Tanto o Regimento Interno desta Corte, como a Lei Adjetiva Penal são expressos no sentido do cabimento dos embargos infringentes tão somente em decisão de segunda instância, sendo que considerado *caput* do art. 609 do CPP, somente serão admitidos nos recursos ali nominados. A revisão criminal tem natureza de ação e não de recurso, de modo que não se pode dizer que o julgamento nela proferido, embora por esta Corte, seja de 2º grau, já que se trata de competência originária dos Tribunais. A interpretação do

---

[2960] STJ. **HC**. 6ª Turma. Relator: Hamilton Carvalhido. 14 nov. 2000.
[2961] TRF-1. **RVCR 21640 PA 2009.01.00.021640-1**. 2ª Seção. Relator: Des. Fed. Carlos Olavo. Data de julgamento: 6 out. 2010. Data de publicação: e-DJF1, 25 out. 2010. p. 6.
[2962] TJ-MS. **RVCR 320 MS 2006.000320-0**. Seção Criminal. Relator: Des. João Carlos Brandes Garcia. Data de julgamento: 15 maio 2006. Data de publicação: 29 maio 2006.

Códex quanto aos embargos infringentes é de ser literal, uma vez que os termos utilizados não são vagos, de modo que não pode ser admitida interpretação extensiva ou mesmo analógica. Assim, somente são cabíveis embargos infringentes nos recursos previstos no *caput* do art. 609, tendo em vista a fórmula casuística nele expressa. O tribunal somente será a 2ª instância das causas já apreciadas pelo julgador de primeiro grau, o que não se verifica em relação à revisão criminal. Não há que se falar em aplicação analógica do CPC, que admite expressamente embargos infringentes em ação rescisória, porquanto a aplicação da analogia somente se dá na omissão de lei que venha a cuidar da matéria, o que não se verifica *in casu*, já que o CPP cuida expressamente das hipóteses de cabimento de referido recurso. Embargos infringentes não conhecidos".[2963]

Art. 630. O tribunal, se o interessado o requerer, poderá reconhecer o direito a uma justa indenização pelos prejuízos sofridos.

§ 1º Por essa indenização, que será liquidada no juízo cível, responderá a União, se a condenação tiver sido proferida pela justiça do Distrito Federal ou de Território, ou o Estado, se o tiver sido pela respectiva justiça.

§ 2º A indenização não será devida:
a) se o erro ou a injustiça da condenação proceder de ato ou falta imputável ao próprio impetrante, como a confissão ou a ocultação de prova em seu poder;
b) se a acusação houver sido meramente privada.

1. Necessidade da indenização mesmo nas ações de legitimação privada

A atribuição da legitimação para a persecução não retira do Estado o dever de indenizar. Não fosse pela óbvia constatação de que a prestação jurisdicional é sempre ofertada pelo Estado, independentemente da legitimação para propor a ação, a própria CADH em seu art. 10 determina que "toda pessoa tem direito de ser indenizada conforme a lei, no caso de haver sido condenada em sentença passada em julgado, por erro judiciário", sem a distinção feita pelo artigo em comento.

2. Erro judiciário e sua não caracterização

São poucas as experiências de indenização por erro judiciário no direito brasileiro. Como já visto nestes *Comentários*, em sede cautelar praticamente não se dá o reconhecimento e, mesmo aqui, quando há uma ação de conhecimento desconstitutiva do trânsito em julgado no qual o erro foi afirmado, a incidência da indenização é baixa. São poucos os acórdãos que afirmam que "é devida indenização uma vez demonstrado erro judiciário *ex vi* art. 5º, inciso LXXV, da Constituição Federal e art. 630 do CPP. *In casu*, restaram devidamente comprovados os prejuízos sofridos pelo recorrente, razão pela qual não há óbice a uma justa indenização".[2964]

A jurisprudência tende a reduzir o campo de atuação sobre o qual o erro incide. Assim, por exemplo,

a discussão estava centrada na conceituação e caracterização do erro judiciário no caso dos autos, em que o órgão julgador da revisão criminal concluiu que a conduta delituosa perpetrada pelo autor não passou de ilícito civil. O exame da matéria referente à caracterização da responsabilidade civil do Estado, decorrente do erro judiciário, envolve, certamente, rigorosa ponderação entre princípios constitucionais, visto que as disposições do art. 630 do Código de Processo Penal sucederam as da Constituição Federal, sobretudo os arts. 5º, inciso LXXXV, e 37, § 6º.[2965]

Outra situação remete ao seguinte provimento:

nulidade que acomete o julgamento e o acórdão. Defensor dativo dos réus não intimado pessoalmente. Pedido de indenização por erro judiciário. Indeferimento. A intimação pessoal do requerente, em segunda instância, não era necessária, porque, *ex vi* do art. 609 do Código de Processo Penal e arts. 79 e 86 do RITFR 3ª Região, bastava a simples publicação pela imprensa oficial, providência tomada. Absolvidos em 1ª instância, os réus foram condenados por este tribunal. Fazia-se imperativo intimar o seu defensor dativo pessoalmente tanto para o julgamento como do acórdão, conforme determinação do art. 44, inciso i, da Lei Complementar n. 80/94 e art. 5º, § 5º, da Lei n. 1.060/50, as quais se referem ao defensor público e que se aplicam aos causídicos que exerçam as mesmas funções (precedentes do STJ) em relação ao pedido de indenização por erro judiciário, à vista do que dispõem os arts. 5º, inciso lxxv, da Constituição Federal e 630 do Código de Processo Penal, indefere-se-o. No âmbito da revisão criminal, nulidade processual pertinente à falta de intimação pessoal do advogado dativo não se enquadra nas hipóteses constitucionais de "condenado por erro judiciário" ou "ficar preso além do tempo estipulado na sentença". é certo, entretanto, que, por via ordinária própria, possa o

---

[2963] TRF. **RVCR**. 3ª Região. 1ª Seção. Relator: Juiz Manoel Alvares. 7 fev. 2001.
[2964] STJ. **REsp**. 5ª Turma. Relator: Felix Fischer. 4 mar. 2004.
[2965] STJ. **REsp**. 2ª Turma. Relator: Eliana Calmon. 10 dez. 2002.

interessado acionar o Estado, ao fundamento do art. 37, § 6º, da Constituição Federal (...) indeferido o pedido de indenização.[2966]

De forma mais didática, houve provimento que definiu a impossibilidade de indenização por erro judiciário da seguinte forma:

> muito embora a Constituição imponha às pessoas jurídicas de direito público a responsabilidade civil por danos que seus agentes, nessa qualidade, causarem a terceiros (arts. 107 da CF, de 1969, e 37, § 6º, da CF de 1988), em se tratando de atos jurisdicionais, emanados da soberania interna do Estado, o cometimento de responsabilidades por danos que tais atos possam causar a terceiros está condicionado a disposições específicas, atualmente inseridas nos arts. 49 da Lei Complementar 35/79, 133 do CPC e art. 630 e parágrafos do Código de Processo Penal. Assim, responde por perdas e danos a fazenda pública, mas o juiz, quando no exercício de suas funções, proceder com fraude ou dolo; recusar, omitir ou retardar, sem justo motivo, providência que deva ordenar de ofício ou a requerimento das partes. E responderá a União se, acolhido pedido de revisão criminal, o tribunal concluir pela ocorrência de erro ou injustiça na condenação, caso em que, a pedido do interessado, poderá reconhecer em seu favor o direito a uma justa indenização pelos prejuízos sofridos – no caso em concreto, porém, não se verificou qualquer das hipóteses em referência, capazes de dar ensejo à reparação pretendida pelos autores.[2967]

> Art. 631. Quando, no curso da revisão, falecer a pessoa, cuja condenação tiver de ser revista, o presidente do tribunal nomeará curador para a defesa.

1. Imprecisão técnica

Não se trata, conforme apregoa a redação, de "defesa" do autor da revisão criminal. A sucessão processual, no caso, somente se justificará na figura do curador se não houver a existência de sucessores naturais ou testamentários.

CAPÍTULO VIII – Do Recurso Extraordinário

Art. 632. Revogado pela Lei n. 3.396, de 2-6-1958.

Texto original: Das decisões criminais, proferidas pelos Tribunais de Apelação, em última ou única instância, caberá recurso extraordinário para o Supremo Tribunal Federal:

I – quando a decisão for contra a letra de tratado ou de lei federal sobre cuja aplicação se haja questionado;
II – quando se questionar sobre a vigência ou a validade de lei federal em face da Constituição, e a decisão do tribunal local negar aplicação à lei impugnada;
III – quando se contestar a validade de lei ou ato dos governos locais em face da Constituição, ou de lei federal, e a decisão do tribunal local julgar válida a lei ou o ato impugnado;
IV – quando decisões definitivas dos Tribunais de Apelação de Estados diferentes, inclusive do Distrito Federal ou dos Territórios, ou decisões definitivas de um desses tribunais e do Supremo Tribunal Federal derem à mesma lei federal inteligência diversa.

Art. 633. Revogado pela Lei n. 3.396, de 2-6-1958.

Texto original: O recurso extraordinário será interposto mediante petição ao presidente do Tribunal de Apelação, dentro de dez dias, contados da publicação do acordão.

Art. 634. Revogado pela Lei n. 3.396, de 2-6-1958.

Texto original: Concedido o recurso e intimado o recorrido, ou, se este for o réu, o seu defensor, extrair-se-á traslado, e depois de conferido e concertado, abrir-se-á vista dos respectivos autos, por quinze dias sucessivamente, ao recorrente e ao recorrido.

Art. 635. Revogado pela Lei n. 3.396, de 2-6-1958.

Texto original: O traslado conterá cópia da denúncia ou da queixa, das sentenças e acórdãos, assim como das demais peças indicadas pelo recorrente.

Art. 636. Revogado pela Lei n. 3.396, de 2-6-1958.

Texto original: O traslado ficará concluído dentro de sessenta dias, contados da data do despacho que conceder o recurso, e os respectivos autos, depois de arrazoados, serão entregues à secretaria do Supremo Tribunal Federal, dentro de cinco dias, devendo ser registrados no Correio, no mesmo prazo, os originários dos Estados ou Territórios.

Art. 637. O recurso extraordinário não tem efeito suspensivo, e uma vez arrazoados pelo recorrido os autos do traslado, os originais baixarão à primeira instância, para a execução da sentença.

Art. 638. O recurso extraordinário e o recurso especial serão processados e julgados no Supremo Tribunal Federal e no Superior Tribunal de Justiça na forma estabelecida por leis especiais, pela lei

---

2966 TRF. **RVCR**. 3ª Região. 1ª Seção. Relatora: Juiz Oliveira Lima. 7 jun. 2000.
2967 TRF. **AC**. 5ª Região. 1ª Turma. Relator: Juiz Orlando Rebouças. 2 ago. 1990.

processual civil e pelos respectivos regimentos internos. (Redação dada pela Lei n° 13.964, de 2019)

1. A disciplina procedimental do recurso extraordinário (e especial)

O tratamento contemporâneo da matéria é dado pela Lei n. 8.038, de 28 de maio de 1990, nos arts. 26 a 29.

2. Necessidade de ofensa direta à CR

Conforme assentado pelo e. STF,

> é pacífica a jurisprudência do STF, no sentido de não admitir, em Recurso Extraordinário, alegação de ofensa indireta à CF, por má interpretação de normas infraconstitucionais, inclusive as de ordem processual. E menos ainda quando tal interpretação é submetida ao Tribunal competente e transita em julgado.[2968]

3. Hipóteses de cabimento do recurso especial: ver Constituição da República, art. 105, III

Contudo, "exige-se, para a admissibilidade do recurso especial, quando interposto sob o fundamento da letra *a*, do inciso III, do art. 105, da Constituição, a particularização dos artigos de lei reputados de violados".[2969]

4. Prazo de Interposição e posicionamento do e. STF

A respeito do prazo de interposição para recurso extraordinário em sede criminal, o STF tem a Súmula 602 com a seguinte redação: nas causas criminais, o prazo de interposição de recurso extraordinário é de 10 (dez) dias.

Sem embargo, foi referida súmula aprovada na Sessão Plenária de 17 de outubro de 1984, portanto na vigência de lei anterior e que, ao nosso entender, não se aplica por força do *caput* do artigo em comento.

5. Concomitância de interposição de recursos extraordinário e especial em sede criminal

A possibilidade de interposição concomitante de recursos extraordinário e especial é reconhecida na doutrina e na jurisprudência brasileiras desde que a Constituição da República ampliou a hipótese de recursos extraordinários (em sentido amplo) para as duas possibilidades hoje existentes (recurso extraordinário – em sentido estrito – e recurso especial), com a observação de que "matéria de índole constitucional deve ser apreciada em recurso extraordinário, não em recurso especial".[2970]

6. Concomitância de recurso extraordinário (sentido estrito) e *habeas corpus*

Versando sobre idêntico objeto e aforados concomitantemente, prevalece o *habeas corpus* se julgado precedentemente (o que o é até por força regimental), pois

> é princípio sedimentado no direito brasileiro de que a recorribilidade da decisão ou a efetiva pendência de recurso contra eles não inibe a admissibilidade paralela do *habeas corpus*; claro, no entanto, que a permissão desse uso simultâneo de dois remédios processuais – o recurso e o *habeas corpus* – contra uma só decisão judicial não é irrestrita, que a permissão da duplicidade de vias de impugnação do mesmo julgado tem por fim viabilizar a cessação da eventual coação ilegal à liberdade tão rapidamente quanto possível, não, porém, a de outorgar direito a dois julgamentos sucessivos sobre uma única questão; por isso, se são idênticas as pretensões veiculadas, as respectivas causas de pedir e a extensão admissível do exame delas em ambas as vias percorridas simultaneamente – o julgamento anterior do recurso ou mesmo o seu início inviabilizam a interposição ou prejudicam o curso do *habeas corpus* perante o mesmo Tribunal ou em juízo ou tribunal de gradação inferior.[2971]

7. Prequestionamento necessário das matérias e dos recursos extraordinário e especial: *vide* Súmula 282 do STF

É inadmissível o recurso extraordinário, quando não ventilada, na decisão recorrida, a questão federal suscitada.

8. Prequestionamento e admissibilidade

Como cediço,

> os recursos de natureza excepcional – recurso extraordinário e recurso especial – reclamam, para efeito de sua cognoscibilidade, a necessária satisfação do requisito concernente ao prequestionamento explícito da matéria de direito que se inclui no domínio temático peculiar a cada uma dessas modalidades de impugnação recursal. A jurisprudência do Supremo Tribunal Federal – pronunciando-se sobre o requisito do prequestionamento – já reconheceu a

---

2968 STF. **Agravo de Instrumento, Agravo Regimental 171.51**. Relator: Min. Sydney Sanches. Data de julgamento: 7 maio 1996.
2969 STJ, Agravo Regimental no Agravo de Instrumento, rel. Pedro Acioli, *DJ* 27-6-1994.
2970 STJ. **Agravo Regimental no Agravo de Instrumento**. Relator: Pedro Acioli. Data de publicação: DJ, 27 jun. 1994.
2971 STF. **Recurso em Habeas Corpus 82.045**. Relator: Sepúlveda Pertence. Data de publicação: DJ, 25 out. 2002. p. 49.

constitucionalidade da exigência pertinente a esse específico pressuposto de admissibilidade dos recursos de caráter extraordinário.[2972]

Na esfera civil, a ritualização é muito mais clara do que a ritualização penal para o exercício do prequestionamento, sobretudo se observado o tema pela ótica da defesa. Mas o problema no processo penal não é apenas de rito e, sim, de estabilidade da demanda (vide nestes *Comentários* arts. 41 e seguintes e 383 e 384), que, podendo ser alterada até a fase da sentença, como pressupõe este Código, pode fazer surgir temas que inicialmente não eram aventados, como, *v.g.*, a possibilidade de reclassificação da conduta para uma das definidas como hediondas, com todas as consequências jurídicas daí advindas, inclusive as discussões constitucionais sobre regime de cumprimento de pena e medidas cautelares restritivas da liberdade, sendo incabível, *a priori*, admitir-se a defesa prévia como momento preclusivo definitivo. Nem mesmo nos casos em que existe uma "resposta preliminar" ao recebimento da denúncia se pode falar dessa estabilidade para que seja admitida a ideia de preclusão no momento da "defesa preliminar".

Assim, no âmbito do prequestionamento, sem uma rigorosa disciplina de estabilização da demanda e clareza de rito, como já observado nestes *Comentários*, a jurisprudência do e. STF e STJ procura definir parâmetros preclusivos, assentando, por exemplo, que "embargos declaratórios não servem para questionar originariamente a ofensa ao texto constitucional não aventada anteriormente".[2973]

Por outro lado, deve ser levado em consideração o teor da Súmula 356 do STF, com a seguinte redação: "O ponto omisso da decisão, sobre o qual não foram opostos embargos declaratórios, não pode ser objeto de recurso extraordinário" por faltar o requisito do prequestionamento.

Ao final, pode-se concluir, de forma geral, que "A preclusão da *quaestio* e a ausência de prequestionamento impedem o conhecimento do inconformismo".[2974]

9. Prequestionamento: manifestação explícita

Sem embargo das dificuldades acima apontadas, há clareza na jurisprudência e na doutrina de que "o prequestionamento da matéria infraconstitucional deve ser explícito, não se admitindo implícito".[2975]

Contudo, a melhor orientação jurisprudencial se expressa no pensamento de que em tema de prequestionamento não se exige a objetiva indicação do dispositivo de lei tido como violado, sendo suficiente para a admissão do recurso especial que o tema de direito penal federal tenha sido debatido no âmbito do acórdão recorrido.[2976]

10. Reexame probatório: impossibilidade no âmbito dos recursos aqui tratados

A impossibilidade de reexame de matéria fática decorre da própria estrutura dos recursos extraordinários e foi consolidada na Súmula 7 do STJ, com a seguinte redação: A pretensão de reexame de provas, em sede de recurso especial, é inadmissível.

Da mesma forma,

> Se a argumentação acerca da contradição entre os fundamentos do acórdão atacado e sua conclusão deságuam, em última *ratio*, em verificação de correta adequação típica de fato delituoso, a irresignação não merece conhecimento, porque demanda incursão na seara fático-probatória, vedada pela Súmula n. 7-STJ (STJ, REsp 196.542, data da decisão 5-10-1999, rel. Fernando Gonçalves).

11. Desobediência dos requisitos da peça de interposição e não conhecimento

O desatendimento dos requisitos elencados neste artigo para a interposição causa o não conhecimento do recurso.

12. Dissídio entre a interpretação da lei federal adotada pelo julgado recorrido e a que lhe haja dado outro Tribunal: formas de comprovação

Para comprovação do dissídio jurisprudencial, deve ser levada em conta a Lei n. 11.341, de 7 de agosto de 2006, que, nada obstante ter alterado artigo específico do Código de Processo Civil (541), aplica-se quando da interposição dos recursos aqui tratados na área penal.

Pela referida lei,

> quando o recurso fundar-se em dissídio jurisprudencial, o recorrente fará a prova da divergência mediante certidão, cópia autenticada ou pela citação do repositório de jurisprudência, oficial ou credenciado, inclusive em mídia

---

2972 RTJ 144/658. Acórdão também citado em STF. **AI 393412 SP**. Relator: Min. Celso de Mello. Data de julgamento: 21 jun. 2002. Data de publicação: DJ, 16 ago. 2002. P-0101.

2973 STF. **Agravo Regimental em Agravo de Instrumento Criminal**. Relator: Sepúlveda Pertence. Data de publicação: DJ, 23 jun. 1995.

2974 STJ. **REsp 327.014**. Relator: Felix Fischer. Data de publicação: 24 fev. 2003.

2975 STJ. **Agravo Regimental no Agravo de Instrumento**. Relator: Pedro Acioli. Data der publicação: DJ, 27 jun. 1994.

2976 STJ. **Embargos de Declaração no Recurso Especial 47.216**. Relator: Vicente Leal. Data de julgamento: 16 dez. 1997.

eletrônica, em que tiver sido publicada a decisão divergente, ou ainda pela reprodução de julgado disponível na Internet, com indicação da respectiva fonte, mencionando, em qualquer caso, as circunstâncias que identifiquem ou assemelhem os casos confrontados.

13. Interposição por fax dos recursos aqui tratados
Malgrado seja possível a interposição por fax do recurso extraordinário, deve ser lembrado que

> a Lei n. 9.800/99 somente tem aplicabilidade aos casos em que a interposição do recurso tenha ocorrido por meio de fac-símile, via equipamentos localizados na Seção de Protocolo e Informações Judiciais, da Coordenadoria de Registros e Informações Processuais da Secretaria Judiciária desta Corte, conectados às linhas telefônicas especificadas na Resolução STF n. 179/99. 2. Hipótese em que o recurso foi interposto por cópia de fac-símile endereçado a aparelhos estranhos aos especificados na Resolução-STF n. 179/99. Agravo regimental não conhecido.[2977]

No mais,

> a utilização de fac-símile, para a veiculação de petições recursais, não exonera a parte recorrente do dever de apresentar, dentro do prazo adicional a que alude a Lei n. 9.800/99 (art. 2º, *caput*), os originais que se referem às peças transmitidas por meio desse sistema, sob pena de não conhecimento, por intempestividade, do recurso interposto mediante "fax".[2978]

E, ainda, deve haver correspondência entre a petição enviada por fax e a original.[2979]

13.1 Supletividade do emprego de email
Situação interessante e peculiar gerou precedente que considerou que

> A interposição do recurso por e-mail decorreu de problemas técnicos no sistema de fax da Justiça Eleitoral, tendo sido certificado que os originais do apelo correspondiam integralmente a versão encaminhada eletronicamente. 2. A solução dada pela Corte Regional em relação à tempestividade do recurso, em vista da excepcionalidade do caso, encontra respaldo nos princípios da razoabilidade e da inafastabilidade da jurisdição. 3. A excepcionalidade do caso, em razão de problemas estruturais do Poder Judiciário, impõe o conhecimento do recurso, pois a parte apenas exerce o seu direito – interposição de recurso por fac-símile, nos moldes da legislação de regência, Lei nº 9.800/99 – não podendo ser prejudicada por falhas técnicas, sob pena de se negar o acesso à Justiça. 4. Agravo regimental desprovido.[2980]

14. Endereçamento equivocado na transmissão do fax
Não há tolerância à interposição equivocada, concluindo-se que "não é de se considerar tempestivo o recurso interposto erroneamente, por meio de fac-símile, para o Superior Tribunal de Justiça".[2981]

15. Recursos extraordinário e especial, efeito devolutivo e princípio da presunção de inocência
É assente no direito pátrio que

> "os recursos de natureza extraordinária – especial e extraordinária – não têm, de regra, efeito suspensivo (art. 27, § 2º, da Lei n. 8.038/90)" (STJ, rel. Felix Fischer, *DJ* 14-8-2000, p. 183. No mesmo sentido: HC 11.768/MG, HC 9.355/RJ, HC 8.981/RJ, HC 10.313/SP, HC 6.209/SP, HC 4.412/PR (STJ); HC 72.610/MG, HC 72.663/SP, HC 74.396/SP (STF), "em razão do que a eventual interposição de tais recursos não suspende a ordem de prisão consequente de decisão condenatória proferida pelas instâncias ordinárias".[2982]

A posição dominante, no entanto, deve ser compreendida com reservas, pois

> a Constituição da República consagrou o Princípio da Presunção de Inocência, ou seja, só se adquire o *status* de condenado, após o necessário trânsito em julgado do decreto condenatório; embora o Recurso Especial possua,

---

2977 STF. **Agravo Regimental, Recurso Extraordinário**. Relator: Min. Eros Grau. Relator: para acórdão: Min. Nelson Jobim. Data de julgamento: 29 mar. 2005.
2978 STF. **Embargos de Declaração no Recurso Extraordinário 345.711**. Relator: Min. Celso de Mello. Data de julgamento: 22 out. 2002.
2979 STF. **ARE 738407 DF**. 2ª Turma. Relator: Min. Ricardo Lewandowski. Data de julgamento: 11 jun. 2013. Data de publicação: DJe-120, 21 jun. 2013 (divulg.); 24 jun. 2013 (public.).
2980 TSE. **AgR-REspe 28281 AM**. Relator: Min. Luciana Christina Guimarães Lóssio. Data de julgamento: 16 out. 2014. Data de publicação: DJE, Tomo 208, 5 nov. 2014. p. 85.
2981 STF. **Agravo Regimental no Recurso Extraordinário 276.835**. Relator: Min. Néri da Silveira. Data de julgamento: 6 fev. 2001.
2982 STJ. **HC 11.497**. Relator: Vicente Leal. Data de julgamento: 3 ago. 2000.

ordinariamente, efeito meramente devolutivo, o Princípio da Presunção de Inocência, consagrado na Carta Política de 1988, recomenda o aguardo, em liberdade, de julgamento em sede de Especial.[2983]

Mais uma vez, o raciocínio que deve imperar é o da possibilidade da constrição cautelar, desde que presentes seus fundamentos típicos, e não como decorrência automática de lei, o que a transformaria em simulacro de execução provisória, inadmissível diante dos fundamentos constitucionais invocados no último acórdão citado.

16. Possibilidade de efeito suspensivo nos recursos aqui tratados

Buscando harmonizar o texto da Lei com o da CR/88, mas, ainda, dando supremacia àquela em relação a esta, decidiu-se que "Nos casos extremos, a solução mais favorável poderá ser obtida através da medida cautelar inominada para concessão, em caráter excepcional, de efeito suspensivo ao recurso (Art. 288 do Regimento Interno)".[2984]

17. Atuação dos Ministérios Públicos estaduais nos Tribunais Superiores

No julgamento do ERESP 1.327.573/RJ O Superior Tribunal de Justiça reconheceu, em caráter definitivo a legitimidade dos Ministérios Públicos estaduais para atuar perante a Corte, nas ações penais e cíveis em que figure como parte, reiterando o quanto decidido no Recurso Especial nº 194.892-RJ. Essa evolução jurisprudencial acabou por ser sacramentada nos autos do RCL-AGR n. 7358 Relator para o acórdão, o Ministro Rogério Schietti Cruz.

18. Repercussão geral do Recurso Extraordinário e Especial: disciplina do NCPC e reflexos no processo penal

A repercussão geral no recurso extraordinário foi inserida a partir do artigo 102, § 3º, da Constituição Federal, com regulamentação, a princípio, pela Lei 11.418/2007, que acrescentou os artigos 543-A e 543-B ao Código de Processo Civil de 1973. No âmbito do RISTF o tema contou com a Emenda 21 de 3 de maio de 2007, que definiu o início de aplicação desse mecanismo.

Em caso paradigmático, o STF entendeu quanto ao cabimento da repercussão geral que

1) que é de exigir-se a demonstração da repercussão geral das questões constitucionais discutidas em qualquer recurso extraordinário, incluído o criminal; 2) que a verificação da existência de demonstração formal e fundamentada da repercussão geral das questões discutidas no recurso extraordinário pode fazer-se tanto na origem quanto no Supremo Tribunal Federal, cabendo exclusivamente a este Tribunal, no entanto, a decisão sobre a efetiva existência da repercussão geral; 3) que a exigência da demonstração formal e fundamentada no recurso extraordinário da repercussão geral das questões constitucionais discutidas só incide quando a intimação do acórdão recorrido tenha ocorrido a partir de 03 de maio de 2007 data da publicação da Emenda Regimental n. 21, de 30 de abril de 2007.[2985]

18.1 Repercussão geral e processo penal: limites

Já no

julgamento do AI 664.567-QO/RS, Rel. Min. Sepúlveda Pertence, esta Corte assentou que não há falar em uma imanente repercussão geral de todo recurso extraordinário em matéria criminal, porque em jogo, de regra, a liberdade de locomoção, pois para obviar a ameaça ou lesão à liberdade de locomoção – por remotas que sejam –, há sempre a garantia constitucional do habeas corpus (CF, art. 5º, LXVIII).[2986]

18.2 Reconhecimento de repercussão geral no processo penal e suspensão da prescrição

Numa decisão de marcante singularidade,

O Plenário do Supremo Tribunal Federal (STF), por maioria de votos, decidiu que é possível a suspensão do prazo prescricional em processos penais sobrestados em decorrência do reconhecimento de repercussão geral. Conforme os ministros, a suspensão se aplica na ação penal, não se implementando nos inquéritos e procedimentos investigatórios em curso no âmbito do Ministério Público, ficando excluídos também os casos em que haja réu preso. O Plenário ressalvou ainda possibilidade de o juiz, na instância de origem, determinar a produção de provas consideradas urgentes. A decisão se deu no julgamento de questão de ordem no Recurso Extraordinário (RE) 966177.

Prossegui o STF para afirmar que

o parágrafo 5º do artigo 1.035 do Código de Processo Civil (CPC), segundo o qual uma vez

---

2983 STJ, HC 9.093, rel. Luiz Vicente Cernicchiaro, DJ 2-8-1999, p. 225.
2984 STJ. **HC 3.008**. Relator: Assis Toledo. Data de publicação: DJ, 20 fev. 1995.
2985 STF. **QOAI n. 664.567**. Relator: Min. Sepúlveda Pertence.
2986 STF. **AI 826865 DF**. 1ª Turma. Relator: Min. Ricardo Lewandowski. Data de julgamento: 23 mar. 2011. Data de publicação: DJe-067, 7 abr. 2011 (divulg.); 8 abr. 2011 (public.). Ement Vol-02499-02; PP-00412.

reconhecida a repercussão geral, o relator no STF determinará a suspensão de todos os processos que versem sobre a questão e tramitem no território nacional, se aplica ao processo penal. Ainda segundo o Tribunal, a decisão quanto à suspensão nacional não é obrigatória, tratando-se de uma discricionariedade do ministro-relator. A suspensão do prazo prescricional ocorrerá a partir do momento em que o relator implementar a regra prevista do CPC.

Criou, assim, uma causa suspensiva da prescrição onde a lei penal não a prevê deixando-a, ademais, à critério do julgador de forma casuísta de modo a gerar insegurança jurídica e quebrar uma das balizas do Direito Penal no Estado de Direito, que é a certeza da norma penal, posto que nela se insere, de forma implícita, o lapso de tempo que o Estado tem para viabilizar a persecução e imposição de pena. Neste sentido referida decisão é atentatória ao marco constitucional-convencional.

19. Incidente de resolução de recursos repetitivos (IRDR) – art. 297 do NCPC e o processo penal

Como afirma Câmara com olhar a partir do processo civil, existem "dois tipos de precedente: o precedente vinculante e o precedente não vinculante (persuasivo ou argumentativo)", sendo que os

> precedentes vinculantes, como a própria denominação indica, são de aplicação obrigatória, não podendo o órgão jurisdicional a ele vinculado, em casos nos quais sua eficácia vinculante se produza, deixar de aplicá-lo e decidir de forma distinta. Já os precedentes não vinculantes são meramente argumentativos, e não podem ser ignorados pelos órgãos jurisdicionais, os quais, porém, podem decidir de modo distinto, desde que isto se faça através de um pronunciamento judicial em que se encontre uma fundamentação específica para justificar a não aplicação do precedente.[2987]

Contudo, elucida o mesmo autor que

> A exigência, contida no caput do art. 927, de que os órgãos jurisdicionais observarão o que ali está elencado indica, tão somente, a exigência de que tais decisões ou enunciados sumulares sejam levados em conta pelos juízes e tribunais em suas decisões. Em outras palavras, o art. 927 cria, para juízes e tribunais, um dever jurídico: o de levar em consideração, em suas decisões, os pronunciamentos ou enunciados sumulares indicados nos incisos do art. 927. Daí não resulta, porém, qualquer eficácia vinculante.[2988]

E completa para afirmar que "Assim é que têm eficácia vinculante as decisões e enunciados sumulares indicados nos incisos I a III do art. 927; e são meramente argumentativas as decisões e verbetes sumulares de que tratam os incisos IV e V do mesmo artigo".[2989]

Abordando o tema de forma mais sistêmica, Didier afirma que

> o IRDR e os recursos repetitivos também se destinam a formar precedentes obrigatórios, que vinculam o próprio tribunal, seus órgãos e os juízos a ele subordinados. O IRDR e os recursos especial e extraordinário repetitivos compõem, por isso, dois microssistemas, cada um deles relacionado a uma de suas duas funções. Eles integram o microssistema de gestão e julgamento de casos repetitivos (art. 928, CPC) pertencem ao microssistema de formação concentrada de precedentes obrigatórios. Quer isso dizer que o julgamento de casos repetitivos é gênero de incidentes que possuem natureza híbrida: servem para gerir e julgar casos repetitivos e, também, para formar precedentes obrigatórios.[2990]

Ponto que merece particular destaque é o da revisão da tese adotada no IRDR nos termos dos arts. 985, II, parte final e 986, com procedimento em contraditório e produção probatória além da possibilidade da presença de *amici curiae* e audiência pública, desenvolvido perante a própria Corte que o firmou e provocado pelo do Ministério Público e da Defensoria Pública, além da instauração "de ofício".

Toda essa discussão foi construída fora do campo processual penal. Nem mesmo os debates que se desenvolveram dentro do contexto constitucional tiveram qualquer olhar específico para o processo penal que, no entanto, parece ser subordinado a tais efeitos vinculantes diante da afirmação que o mecanismo em questão, aplicável no âmbito recursal constitucional, não diferencia o âmbito penal do civil.

Contudo, entendemos que deve haver limites específicos para o campo penal sob risco de quebra do princípio da legalidade estrita aplicável ao direito material e processual penal.

Note-se, por exemplo, o caso do IRDR apreciado pelo STJ por provocação da Min. Maria Thereza Rocha de Assis Moura, a Petição 11.796 – DF (Recurso Especial Representativo da Controvérsia

---

2987 CÂMARA, Alexandre Freitas. **O novo processo civil brasileiro**. 3. ed. São Paulo: Atlas, 2017. p. 374.

2988 CÂMARA, *op. loc. cit.*

2989 Idem, *ibidem*.

2990 DIDIER, Frederico; BRAGA, Paula Sarno; OLIVEIRA, Rafael Alexandria de. **Curso de Direito Processual Civil**. 10. ed. Salvador: Jus Podivm, 2015. p. 590. v. 3.

n. 1.329.088/RS – Tema 600)), acerca da natureza hedionda ou não do tráfico privilegiado de drogas[2991] cujo resultado potencialmente favorece as pessoas acusadas ou condenadas por essa conduta em instrumentos jurídicos como cálculo de progressão de regime (com 1/6 da pena), concessão de liberdade condicional a sentenciados reincidentes e concessão de indulto ou comutação.

Há, nessas situações, um viés aparentemente ampliador de direitos que, no entanto, não existiria se a solução fosse a contrária como na então redação da súmula 512 do STJ, ora superada, se o texto tivesse o efeito de vinculação, que não existia à época da sua edição.

Por essa consequência temos a impossibilidade de, em termos de recursos repetitivos haver efeitos vinculantes no processo penal que deve se submeter ao regime de legalidade estrita, assim como se passa com a norma penal material por força dos argumentos já alinhados nestes **Comentários** quanto à natureza da norma processual.

Assim, há limite à vinculação dos efeitos do acórdão julgador do IRDR seja para beneficiar, seja para prejudicar a situação jurídica ali enfrentada não existindo outro caminho, a nosso juízo, senão a alteração da norma por via do Parlamento. Dessa situação se distingue aquela'outra, que é a declaratória de inconstitucionalidade pela qual a própria eficácia da norma é retirada pela atividade hermenêutica do Supremo Tribunal Federal em controle concentrado de constitucionalidade.

Capítulo IX – Da Carta Testemunhável

Art. 639. Dar-se-á carta testemunhável:
I – da decisão que denegar o recurso;
II – da que, admitindo embora o recurso, obstar à sua expedição e seguimento para o juízo ad quem.

1. Não recepção do presente "recurso"

É inadmissível que se possa, no marco constitucional-convencional, impor que funcionários administrativos deem encaminhamento diverso a ato jurisdicional do que o determinado pelo Magistrado, discussão sobre a qual existe um marcante silêncio na literatura nacional que, como regra, não faz a inflexão do tema aos preceitos constitucionais e convencionais, limitando-se a apontar que "Há controvérsia quanto a sua natureza jurídica, com parte da doutrina considerando ser apenas instrumento processual. Prevalece, no entanto, se tratar de recurso, pois possibilita ao juízo ad quem a reforma da decisão recorrida".[2992]

Assim, nas situações aqui previstas, havendo direito líquido e certo ao seguimento do recurso a via empregável é a do mandado de segurança.

Os comentários feitos na sequência apenas preservam a literatura rente ao CPP.

2. Finalidade: impor o prosseguimento do recurso

Diante da finalidade de dar seguimento ao recurso interposto, a carta testemunhável não se sujeita à delibação do magistrado *a quo*. Com efeito, Espínola Filho diz que:

> Interposto o recurso, será, com exceção unicamente do caso de tratar-se de carta testemunhável, submetido ao Juiz (ao Relator, ou ao Presidente do Tribunal), para que, recebendo-o, lhe determine o seguimento. Assim, a não ser o recurso daquela espécie, o qual é apresentado mediante requerimento ao Escrivão, ou ao Secretário do Tribunal (art. 640), qualquer outro, se interposto por petição, é submetido à apreciação do Juiz, do Relator ou do Presidente do Tribunal, que se manifestará sobre o seu cabimento, ordenando-lhe, ou não, o processamento, para apresentação à Superior Instância, ou ao mesmo Tribunal.[2993]

É, no entanto,

> incabível Carta Testemunhável contra decisão que não aprecia Recurso em Sentido Estrito equivocadamente endereçado ao Juízo Cível, pois tal hipótese não implica denegação do recurso ou a criação de obstáculo ao seu seguimento, sendo, porém, admissível o seu recebimento como Correição Parcial, aplicando-se o princípio da fungibilidade recursal.[2994]

Da mesma maneira, não será acolhida a "Interposição contra decisão que impediu o processamento de recurso manifestamente intempestivo".[2995]

2991 No qual a Terceira Seção, na sessão de 26/10/2016 decidiu afetar o julgamento de questão de ordem a fim de propor a revisão da tese firmada no REsp 1.329.088/RS, da relatoria do Ministro Sebastião Reis (art. 927, § 4º, do CPC e art. 256-S do RISTJ) e determinou "com base no artigo 1.037, II, do Código de Processo Civil, a suspensão do processamento de todos os processos pendentes que versem sobre a questão e tramitem no território nacional".
2992 DEZEM, **Manual**...
2993 RJTACrim 5/27.
2994 RJTACrim 39/301.
2995 TJMT, RT 667/311.

3. Descabimento em relação às ações autônomas de impugnação
Cabe a carta testemunhável exclusivamente quando o *recurso* for denegado ou tiver seu processamento obstado pelo juízo *a quo*.

> Art. 640. A carta testemunhável será requerida ao escrivão, ou ao secretário do tribunal, conforme o caso, nas 48 (quarenta e oito) horas seguintes ao despacho que denegar o recurso, indicando 1. o requerente as peças do processo que deverão ser trasladadas.

1. Tempestividade
"O prazo para interposição de carta testemunhável corre a partir da intimação do despacho denegatório (arts. 640 e 798, § 5º, *a*, do CPP e art. 153, § 15, da Constituição Federal)".[2996]
No corpo do acórdão, lê-se que

> a corrente jurisprudencial majoritária inclina-se pela interpretação literal do disposto no art. 640 do CPP. Segundo tal orientação, o prazo ali previsto, quarenta e oito horas, começa a fluir a partir do momento em que o Juiz denega o recurso ("nas quarenta e oito horas seguintes ao despacho que denegar o recurso"). Existe, porém, corrente mais liberal que, analisando tal disposição legal à luz do princípio constitucional da ampla defesa, reconhece que referido prazo começa a fluir a partir do momento em que o defensor é intimado do despacho denegatório do recurso. E é essa orientação que deve prevalecer. Como bem frisou o eminente Juiz, hoje Desembargador, Celso Limongi, em ven. acórdão de sua lavra, estampado nos *Julgados do TACrim* 89/182, "não se pode conceber que o defensor do réu não se afaste do cartório, aguardando o despacho que determinará o prosseguimento do agravo ou sua denegação" (p. 183). No mesmo sentido, a manifestação do Mestre Tourinho Filho (1983, v. 4, p. 352). "Observe-se que, nos dias que correm, o agigantamento da vida forense não permite que a parte permaneça horas a fio no Fórum, à espera do despacho do Juiz que, nesses casos, normalmente, determina lhe sejam os autos conclusos (...) Quid inde? Voltar ao Fórum no dia seguinte? E se os autos ainda não lhe foram conclusos? Retornar no outro dia? E se o Juiz levar os autos para casa?" Anote-se que o Pretório Excelso, em ven. acórdão publicado na jurisprudência do Supremo Tribunal Federal, *Lex*, 102/300, mencionado pelo testemunhante, em seu bem elaborado memorial, decidiu, por sua Col. Primeira Turma, que o prazo para interposição de carta testemunhável corre a partir da intimação do despacho denegatório (arts. 640 e 798, § 5º, do CPP e art. 153, 415 da Constituição Federal). E essa orientação afina-se com a manifestação de Tourinho Filho (ob. e p. cit.): "Assim, para conciliar as duas correntes, permitimo-nos alvitrar: se o testemunhante despachar a sua petição de recurso com o próprio Juiz, e se este, incontinenti, o denegar, pedirá o testemunhante, ao Magistrado, seja consignada a hora do despacho. Caso contrário, o prazo deverá fluir da intimação, a menos que o testemunhante venha, por outro meio, a tomar conhecimento do despacho (CPP, art. 798, § 5º, *c*)". E é esta orientação que deve prevalecer, pois concilia a interpretação de ambos os dispositivos contidos no Código de Processo Penal, à luz do princípio constitucional de ampla defesa, sem que seja negada vigência ou validade a nenhum deles.

> Art. 641. O escrivão, ou o secretário do tribunal, dará recibo da petição à parte e, no prazo máximo de 5 (cinco) dias, no caso de recurso no sentido estrito, ou de 60 (sessenta) dias, no caso de recurso extraordinário, fará entrega da carta, devidamente conferida e concertada.

1. Necessidade do "recibo da petição"
Trata-se da evidente necessidade de comprovação da interposição dentro do prazo legalmente determinado.

> Art. 642. O escrivão, ou o secretário do tribunal, que se negar a dar o recibo, ou deixar de entregar, sob qualquer pretexto, o instrumento, será suspenso por 30 (trinta) dias. O juiz, ou o presidente do Tribunal de Apelação, em face de representação do testemunhante, imporá a pena e mandará que seja extraído o instrumento, sob a mesma sanção, pelo substituto do escrivão ou do secretário do tribunal. Se o testemunhante não for atendido, poderá reclamar ao presidente do tribunal ad quem, que avocará os autos, para o efeito do julgamento do recurso e imposição da pena.

1. Imposição de penas ao funcionário
Deve obedecer ao devido processo legal, de acordo com o art. 5º, LV, da CR/88.

> Art. 643. Extraído e autuado o instrumento, observar-se-á o disposto nos arts. 588 a 592, no caso de recurso em sentido estrito, ou o processo

[2996] RJTACrim 2/171

estabelecido para o recurso extraordinário, se deste se tratar.

1. *Vide* arts. 588 e 592 nestes *Comentários*

Art. 644. O tribunal, câmara ou turma a que competir o julgamento da carta, se desta tomar conhecimento, mandará processar o recurso, ou, se estiver suficientemente instruída, decidirá logo, de meritis.

1. Para processamento dos recursos, ver arts. 581 e seguintes

Art. 645. O processo da carta testemunhável na instância superior seguirá o processo do recurso denegado.

1. Para processamento dos recursos, ver arts. 581 e seguintes

Art. 646. A carta testemunhável não terá efeito suspensivo.

1. Impossibilidade de efeito suspensivo
É assim reconhecida. [2997]

Capítulo X – Do Habeas Corpus e seu Processo

Art. 647. Dar-se-á habeas corpus sempre que alguém sofrer ou se achar na iminência de sofrer violência ou coação ilegal na sua liberdade de ir e vir, salvo nos casos de punição disciplinar.

1. Súmulas do STF
Súmula n. 690 – compete originariamente ao Supremo Tribunal Federal o julgamento de *habeas corpus* contra decisão de turma recursal de juizados especiais criminais.
Súmula n. 691 – não compete ao Supremo Tribunal Federal conhecer de *habeas corpus* impetrado contra decisão do relator que, em *habeas corpus* requerido a tribunal superior, indefere a liminar.
Súmula n. 692 – não se conhece de *habeas corpus* contra omissão de relator de extradição, se fundado em fato ou direito estrangeiro cuja prova não constava dos autos, nem foi ele provocado a respeito.
Súmula n. 693 – não cabe *habeas corpus* contra decisão condenatória a pena de multa, ou relativo a processo em curso por infração penal a que a pena pecuniária seja a única cominada.
Súmula n. 694 – não cabe *habeas corpus* contra a imposição da pena de exclusão de militar ou de perda de patente ou de função pública.
Súmula n. 695 – não cabe *habeas corpus* quando já extinta a pena privativa de liberdade.

2. Bases normativas na CR/88 e na CADH e a "natureza do *habeas corpus*"
No texto da CR de 88 encontra-se a previsão do habeas corpus em três textos, todos no art. 5º: LXVIII – "conceder-se-á habeas corpus sempre que alguém sofrer ou se achar ameaçado de sofrer violência ou coação em sua liberdade de locomoção, por ilegalidade ou abuso de poder";
LXIX – conceder-se-á mandado de segurança para proteger direito líquido e certo, não amparado por habeas corpus ou habeas data, quando o responsável pela ilegalidade ou abuso de poder for autoridade pública ou agente de pessoa jurídica no exercício de atribuições do poder público;
LXXVII – são gratuitas as ações de habeas corpus e habeas data, e, na forma da lei, os atos necessários ao exercício da cidadania.
Referidas previsões devem ser lidas com conjunto com o texto da Convenção Americana de Direitos do Homem que, no seu art. 7, n. 6 dispõe:

> Toda pessoa privada da liberdade tem direito a recorrer a um juiz ou tribunal competente, a fim de que este decida, sem demora, sobre a legalidade de sua prisão ou detenção e ordene sua soltura, se a prisão ou a detenção forem ilegais. Nos Estados-partes cujas leis preveem que toda pessoa que se vir ameaçada de ser privada de sua liberdade tem direito a recorrer a um juiz ou tribunal competente, a fim de que este decida sobre a legalidade de tal ameaça, tal recurso não pode ser restringido nem abolido. O recurso pode ser interposto pela própria pessoa ou por outra pessoa.

Dos textos em questão, sobretudo o da CADH, observado em cotejo com a colocação tópica do Habeas Corpus no CPP, no capítulo dos recursos, poderia ganhar nova dimensão a discussão sobre a "natureza jurídica" desse instituto, tema que povoou os discursos doutrinários brasileiros durante longo tempo a fim de definir se o HC deve ser compreendido como um recurso ou como uma ação autônoma.
De todas as discussões havidas alinhamo-nos com a posição consagrada de Pontes de Miranda[2998] que vê esse mecanismo como uma ação autônoma de cunho mandamental e de cognição sumária, definição repercutida na jurisprudência brasileira

---

[2997] TJSP. **HC 281.910-3**. Brotas. 4ª Câmara Criminal. Relator: Passos de Freitas. 18 maio 1999, v.u.

[2998] MIRANDA, Francisco Pontes de. **História e prática do habeas corpus**. Campinas: Bookseller 1, 1999. p. 328 e ss.

quando afirma que se trata de "ação constitucionalizada, não se confunde com o recurso, não obstante a colocação topográfica do art. 647 do CPP. Regido pelos princípios que facilitam o acesso ao Judiciário. Possibilidade da impetração, não obstante recurso para atacar decisão judicial".[2999]

A questão que se coloca é a de saber se com o texto da CADH o vocábulo "recurso" teria o sentido técnico-formal da ciência processual e, particularmente, a brasileira ou se deve ser entendido de forma a manter sua compreensão como uma "ação".

De forma mais ampla, isso demanda a devida compreensão da interpretação dos tratados, notadamente aqueles de Direitos Humanos a partir das bases normativas internacionais (especialmente a Convenção de Viena sobre a interpretação dos tratados) como aponta, dentre outros, Killander[3000] ao advertir que "Tanto a Corte Europeia, quanto a Corte Interamericana, em diversas ocasiões, deixaram claro que os dispositivos dos tratados possuem significados autônomos; independentes, portanto, da definição desses termos no direito interno" daí advindo um grande esforço para encontrar caminhos interpretativos que harmonizem as compreensões possíveis e resguardas as margens nacionais de apreciação para "para determinar o alcance de um direito impreciso ou para estabelecer quais limitações a um direito podem ser consideradas "razoáveis" ou "necessárias".

Nesse sentido, a definição decantada na doutrina brasileira de considerar a "natureza" do habeas corpus na forma como atrás exposta (como "ação"), com as consequências já sabidas (sobretudo quanto à extensão de sua utilização) não parece contrária à CADH porquanto é até mais ampla que considerar esse instrumento como um "recurso" no sentido técnico-formal dada sua autonomia em relação a qualquer processo em andamento (veja-se, por exemplo, a ideia de um habeas corpus preventivo ou "salvo-conduto").

Essa mesma "margem nacional de apreciação" implica em admitir-se como válidas restrições do direito interno à luz do texto da CADH acima mencionado, dado que é possível encontrar-se restrições legítimas ao emprego do habeas corpus quando em desacordo com sua finalidade e funcionalidade como será visto em outros tópicos, mas cujos temas podem ser parcialmente antecipados como, por exemplo,

- a restrição do habeas corpus como sucedâneo do emprego de recursos específicos ou da revisão criminal consoante reiteradas posições jurisprudenciais.[3001]
- o descabimento desse instrumento jurídico para reanalisar conjunto probatório.[3002]

Contudo, seja como ação autônoma ou como recurso, esse instrumento jamais pode acarretar a piora da situação jurídica que o manejou, sendo certo que

A proibição da "reformatio in pejus", princípio imanente ao processo penal, aplica-se ao "habeas corpus", cujo manejo jamais poderá agravar a situação jurídica daquele a quem busca favorecer. Com base nessa orientação, a Segunda Turma concedeu a ordem em "habeas corpus" para cassar o acórdão do STJ que dera provimento a recurso especial, e julgar extinta a punibilidade pela prescrição da pretensão punitiva (CP, artigos 107, IV; 109, VI e 110, § 1º). Na espécie, a paciente fora denunciada pela suposta tentativa de furto de 26 barras de chocolate, e o juízo da vara criminal, ao aplicar o princípio da insignificância, a absolvera sumariamente (CPP, art. 397, III). Na sequência, o tribunal de justiça mantivera a absolvição por fundamento diverso (crime impossível) e,

---

[2999] STJ. **RHC 4.027-0/RS**. 6ª Turma. Relator: Min. Luiz Vicente Cernicchiaro. Data de julgamento: 18 out. 1994, v.u. Data de publicação: DJU, 21 nov. 1994. p. 31.787.

[3000] KILLANDER, Magnus. Interpretação dos tratados regionais de direitos humanos. **Revista Internacional de Direitos Humanos**, n. 149, 2010.

[3001] Pelo STJ veja-se, dentre outros, HC 306677/RJ. 6ª Turma. Relator: Min. Ericson Maranho (Desembargador Convocado Do TJ/SP). Relator para acórdão: Min. Nefi Cordeiro. Data de julgamento: 19 maio 2015. Data de publicação: DJe, 28 maio 2015; AgRg no HC 322954/SP. 6ª Turma. Relatora: Min.ª Maria Thereza de Assis Moura. Data de julgamento: 19 maio 2015. Data de publicação: DJe, 27 maio 2015; HC 311257/AL. 5ª Turma. Relator: Min. Felix Fischer. Data de julgamento: 24 mar. 2015. Data de publicação: DJe, 15 abr. 2015; RHC 54165/RJ. 5ª Turma. Relator: Min. Jorge Mussi. Data de julgamento: 17 mar. 2015. Data de publicação: DJe, 25 mar. 2015; HC 132422/SP. 6ª Turma. Relator: Min. Rogerio Schietti Cruz. Data de julgamento: 18 jun. 2014. Data de publicação: DJe, 4 ago. 2014.

[3002] STJ. **HC 119070/SP**. 6ª Turma. Relator: Min. Nefi Cordeiro. Data de julgamento: 12 maio 2015. Data de publicação: DJe, 26 maio 2015; HC 309732/PE. 5ª Turma. Relator: Min. Jorge Mussi. Data de julgamento: 12 maio 2015. Data de publicação: DJe, 20 maio 2015; HC 227449/SP. 6ª turma. Relator: Min. Rogerio Schietti Cruz. Data de julgamento: 28 abr. 2015. DJe, 7 maio 2015; HC 310776/RS. 5ª Turma. Relator: Min. Felix Fischer. Data de julgamento: 24 mar. 2015. Data de publicação: DJe, 30 abr.2015; HC 313585/SP. 6ª Turma. Relatora: Min.ª Maria Thereza de Assis Moura. Data de julgamento: 7 abr. 2015. Data de publicação: DJe, 13 abr. 2015; AgRg no HC 288943/SP. 5ª Turma. Relatora: Min.ª Regina Helena Costa. Data de julgamento: 21 ago. 2014. Data de publicação: DJe, 29 ago. 2014.

em recurso especial do Ministério Público, o STJ a condenara nos termos da denúncia e determinara o retorno dos autos ao tribunal local para fixar a dosimetria da pena, estabelecida em quatro meses de detenção. A Turma apontou a impossibilidade de se agravar a situação jurídica da paciente. Ademais, ao se anular a decisão do STJ que a condenara, a pena a ser concretamente fixada na origem não poderia mais ser agravada. Além disso, já ocorrera a prescrição.[3003]

7. Delimitação do objeto

7.1 Liberdade de locomoção como objeto primário

Com a posição constitucional do habeas corpus desde a reforma constitucional de 1926, seu emprego destina-se à liberdade de locomoção.

Nesse sentido, dentre tantos outros,

> O habeas corpus destina-se a proteger o indivíduo contra qualquer medida restritiva do Poder Público à sua liberdade de ir, vir e permanecer. A jurisprudência prevalecente no STF é dominante no sentido de que não terá seguimento habeas corpus que não afete diretamente a liberdade de locomoção do paciente.[3004]

A amplitude do emprego do HC no processo penal não reside no texto constitucional, mas no sistema impugnativo do processo penal, propositalmente lacunoso em momentos-chave desde sua estrutura pensada no regime Varguista fazendo com que, progressivamente, o popularmente conhecido "remédio heroico" viesse a ocupar esses espaços vazios.

Nesse mesmo contexto, já se considerou, por exemplo, que

> Cabe, também, habeas corpus para declarar a incompetência absoluta do juiz processante, ainda que o paciente não se encontre preso, por se tratar de remédio constitucional contra ato que impõe, ainda que por via reflexa, restrição à liberdade de locomoção, tendo em vista que o procedimento criminal, pelo séquito de gravames que acarreta ao acusado, importa em restrição de sua liberdade de ir e vir.[3005]

A reação vem sendo inevitável:

A jurisprudência tem sido muito liberal para admissão do habeas corpus. Evidente, em homenagem ao direito de liberdade. Deve-se, todavia, promover importante distinção. Em primeiro lugar, afastar a ideia de o Mandado de Segurança ser incompatível com o processo penal. Em segundo, exige-se "pelo menos" ameaça ao direito de liberdade (não se confunde com possibilidade) de concretizar-se a ilegalidade. Rigorosamente, não faz sentido, via Habeas Corpus, propugnar a nulidade da denúncia, se o réu não estiver preso, ou na iminência de ocorrer a prisão. Como registrado, todavia, os Tribunais têm sido tolerantes. Sem exagero, muito tolerantes. Há, contudo, outras situações em que só em tese, por isso, apenas no âmbito da possibilidade, caberia imaginar ocorrer ameaça ao direito de liberdade, de que é ilustração valer-se do Habeas Corpus para dirimir conflito de competência, inexistindo qualquer ameaça concreta (probabilidade) ao direito de locomoção.[3006]

Nessa linha Grinover et ali ponderam que

> Assim, deve ser negado o interesse de agir, por falta da adequação, sempre que se pedir o habeas corpus para remediar situações de ilegalidade contra outros direitos, mesmo aqueles que têm na liberdade de locomoção condição de seu exercício. (...) Para tais hipóteses adequado, em tese, o mandado de segurança, previsto na Constituição justamente para a proteção de "direito líquido e certo, não amparado por habeas corpus ou habeas data".[3007]

A partir dessa linha de pensamento há limites mais claros: o STF no Habeas Corpus nº. 100231 decidiu que esse mecanismo

> "destina-se unicamente a amparar a imediata liberdade de locomoção física das pessoas, revelando-se estranha a sua específica finalidade jurídico-constitucional qualquer pretensão que vise a desconstituir atos que não se mostrem ofensivos, ainda que potencialmente, ao direito de ir, de vir e de permanecer". Nesse singular precedente, o "direito de locomoção" seria exercido em ambiente virtual: "O Paciente deseja, apenas, a sua liberdade de locomoção pelos sítios informativos, sem nenhuma restrição (...)" (fls. 06 – grifei) – conduziria, necessariamente,

---

3003 STF. **HC 126869/RS**. Relator: Min. Dias Toffoli. 23 jun. 2015.

3004 MENDES, Gilmar Ferreira; BRANCO, Paulo Gustavo Gonet. **Curso de direito constitucional**. 7. ed. rev. e atual. São Paulo: Saraiva, 2012.

3005 STF. **HC 75.578-0/RJ**. 2ª Turma. Relator: Min. Maurício Corrêa. Data de julgamento: 25 nov. 1997, v.u. Data de publicação: DJU, 20 fev. 1998. p. 14.

3006 STJ. **HC 7.920/RS**. 6ª Turma. Relator: Min. Luiz Vicente Cernicchiaro. Data de julgamento: 14 dez. 1998, v.u. Data de publicação: DJU, 22 fev. 1999. p. 136-137.

3007 **Recursos no Processo Penal**..., *op. cit.*, p. 352.

à descaracterização desse instrumento tutelar da liberdade de locomoção. Não se pode desconhecer que, com a cessação da doutrina brasileira do "habeas corpus", motivada pela Reforma Constitucional de 1926, restaurou-se, em nosso sistema jurídico, a função clássica desse remédio heroico. Por tal razão, não se revela suscetível de conhecimento a ação de "habeas corpus", quando promovida contra ato estatal de que não resulte, de modo imediato, ofensa, atual ou iminente, à liberdade de locomoção física.[3008]

7.2 Limitação ao emprego do *Habeas Corpus* pelo seu "prequestionamento"

Malgrado a clareza quanto à necessidade do prequestionamento para o emprego os recursos de base constitucional, é importante frisar, diante de determinados precedentes encontrados na jurisprudência recente, que o Habeas Corpus não exige, para sua impetração, qualquer invocação prévia, na Origem, da matéria a ser enfocada quando de seu manejo.

O que ocorre em determinadas situações é o emprego do HC, após a denegação de seguimento de recurso extraordinário ou especial, com idêntico fundamento que estariam presentes nos recursos obstados na origem. Nesse ponto, o habeas corpus seria empregado como sucedâneo de recursos denegados, o que viola o entendimento consolidado tanto do STF como do STJ.

Com essa ressalva deve ser abordado o quanto decidido pelo STJ nos autos do Processo 212457 em que

> a ilegalidade configurou-se com a realização do próprio julgamento em 2º grau – e não a partir dos debates do Tribunal impugnado –, sem a devida observância das regras que homenageiam os princípios do contraditório, da ampla defesa e da publicidade dos atos processuais, porque impediu a defesa de tomar as atitudes que entendera cabíveis, como a distribuição de memoriais e o uso da sustentação oral. 4. Tal circunstância não deixa alternativa ao impetrante, que não o endereçamento do remédio heroico ao Superior Tribunal de Justiça (CF, art. 105, inciso I, alínea "c"), dada a configuração do ato coator emanado do Tribunal a quo, porquanto "é nulo o julgamento de recurso criminal, na segunda instância, sem prévia intimação, ou publicação da pauta, salvo em habeas corpus", consoante preceito da Súmula n. 431-STF.

Posteriormente, o STF, no RHC 118622/ES, Relator Min. Roberto Barroso, 17.3.2015 abordou tema próximo, afirmando que

> É desnecessária a prévia discussão acerca de matéria objeto de "habeas corpus" impetrado originariamente no STJ, quando a coação ilegal ou o abuso de poder advierem de ato de TRF no exercício de sua competência penal originária. Com base nesse entendimento, a 1ª Turma deu provimento a recurso ordinário em "habeas corpus" para determinar o retorno dos autos ao STJ, para que conhecesse de impetração lá ajuizada e analisasse seu mérito. Na espécie, após o recebimento de denúncia em face do ora recorrente – detentor de foro por prerrogativa de função no âmbito de TRF –, a defesa impetrara "habeas corpus" no STJ, no qual se alegava, dentre outras, a nulidade de prova decorrente de interceptação telefônica. O STJ, todavia, não conhecera da impetração, porquanto substitutiva de recurso especial, e, além disso, não examinara a tese relativa à referida nulidade, em razão da ausência de prévio debate no tribunal de origem. A Turma ressaltou que a jurisprudência do STF seria no sentido de que, tratando-se de "habeas corpus" originário, como na hipótese em comento, não se exigiria que a matéria tivesse sido previamente discutida. Ademais, não caberia transportar para o exame do "habeas corpus" requisito próprio à recorribilidade extraordinária, qual seja, o debate e a decisão prévios do tema veiculado na petição inicial do "writ", que poderia, inclusive, ser subscrito por qualquer pessoa.

Nas hipóteses aventadas o que se passou foi a inicial denegação da ordem não por ausência de prequestionamento, mas, sim, porque ela seria empregada como meio de substituir-se ao recurso constitucional terminando por ser considerado que o manejo do HC se dava não como sucedâneo de recurso denegado mas contra ilegal da própria Origem que não possuía outra forma de ser impugnado.

3. Liminar em *habeas corpus*

Não prevista expressamente no Código de Processo Penal,

> A primeira liminar em habeas corpus ocorreu em 31 de agosto de 1964, no Superior Tribunal Militar, concedida pelo Ministro Almirante José Espíndola, (HC nº 27.200). Com o regime militar, a partir de 1964, a instauração de Inquéritos Policiais Militares (IPM) para apurar crimes contra o Estado se tornou prática bastante comum. Um dos inquéritos abertos, em 4 de junho de 1964, foi para investigar atos contrários à probidade administrativa praticados na Caixa Econômica Federal, no estado do Paraná, indiciando Evandro Moniz Corrêa de Menezes, presidente do órgão

---

3008 STF. **Habeas Corpus nº. 100231**. Relator: Min. Celso de Mello.

entre 1956 e 1958 e convocando-o para depoimento. O advogado dele, hoje o consagrado Arnoldo Wald, entrou com um pedido de liminar em habeas corpus junto ao STM, suscitando a incompetência da Justiça Militar Federal para apreciar o feito. Ele solicitou a retirada de seu cliente do IPM, uma vez que se tratava de investigação de atividades de um funcionário civil em uma repartição da mesma natureza. A abertura de tais inquéritos era regulamentada pelo artigo 8º do Ato Institucional 1, de 9 de abril 1964.[3009]

Na sequência, uma outra decisão histórica do e. STF igualmente assim decidiu por em despacho do Ministro Gonçalves de Oliveira, em 14 de novembro daquele ano, em favor do Governador de Goiás Mauro Borges.[3010]

Com efeito, Gáspari descreve episódio em Goiás, envolvendo o então governador Mauro Borges, em situação que, chegando ao STF, deu origem à concessão de liminares em HC: "no final de 1964, porém, conseguiu-se criar um grande caso. Ele emergiu em Goiás, contra o governador Mauro Borges, que fora uma das principais peças na luta pela posse de João Goulart, em 1961", criado que foi pelo tenente-coronel Danilo Darcy de Sá Cunha, "primeiro oficial a associar a tortura à indisciplina" que, a partir de julho daquele ano, "exibiu um misterioso e complexo plano de subversão montado em Goiás". Depois de uma série de prisões arbitrárias, o caso chegou ao STF, que concedeu, pela primeira vez na história, uma decisão de caráter liminar em HC"[3011].

O emprego das liminares tornou-se, desde então, corriqueiro, embora não sem resistências como quando se afirma que "o juiz não é obrigado a conceder liminar em *habeas corpus*; não há lei sobre isso. Concessão de liminar é faculdade; não é obrigação. É para acudir situação urgente, de flagrante ilegalidade, que só o juiz pode impedir com a força do poder cautelar. Não há constrangimento ilegal no Despacho do Vice-presidente do Tribunal que indeferiu pedido de liminar em *habeas corpus*, mandando processar normalmente o pedido. A apreciação do mérito pelo STJ antes de qualquer decisão do Tribunal *a quo* implica supressão de instância"[3012], sendo que a jurisprudência do STJ orienta-se no sentido de que: "A concessão de medida liminar insere-se na órbita de convencimento pessoal do juiz, em sendo assim, a sua negativa não constitui ato coator de possível reparação via *habeas corpus*".[3013]

4. Coisa julgada e *habeas corpus*
Tema dos mais árduos para a dogmática processual é a análise da coisa julgada em *habeas corpus*. Com efeito, uma vez compreendido, como fazem a doutrina e a jurisprudência dominantes, que *habeas corpus* é uma espécie de ação (de conhecimento, de cognição sumária e exauriente), é de ser cogitada a existência de imutabilidade da decisão a partir do trânsito em julgado do provimento que decide sobre o caso.

5. *Habeas corpus* "sucessivos" e liminares
Não se dá guarida a essa modalidade de ação quando o que "se pretende é a concessão de liminar substitutiva de duas denegações sucessivas por tribunais inferiores, o que implicaria a ofensa aos princípios processuais da hierarquia dos graus de jurisdição e da competência".[3014]

No entanto, "é possível o conhecimento de *habeas corpus* contra ato de Desembargador indeferindo liminar em outro *writ*, se evidente a ilegalidade".[3015]

6. *Habeas corpus* e controle de constitucionalidade
No direito brasileiro, uma das mais sentidas distorções advindas da necessidade do emprego do *habeas corpus*, tal como se encontra dimensionado o tema, é a da autofagia do controle difuso de constitucionalidade, que, à míngua de um mecanismo declaratório típico no processo penal (ação de declaração de inconstitucionalidade formalmente estabelecida), vê no "remédio heroico" o modo pelo qual a inconstitucionalidade é ponderada no sistema penal.

Não se pode negar que em determinados casos concretos seja essa a maneira mais célere pela qual se estanca a ferocidade de um sistema penal que (re)

3009 BRASIL. Superior Tribunal Militar. **Legado ao Judiciário**: primeira liminar em habeas corpus no Brasil foi dada pelo Superior Tribunal Militar. 26 jan. 2016. Disponível em: <http://www.stm.jus.br/informacao/agencia-de-noticias/item/5596-legado-ao-judiciario-primeira-liminar-em-habeas-corpus-no-brasil-foi-dada-no-superior-tribunal-militar>. Acesso em: 6 abr. 2022.

3010 STF. Habeas Corpus 41.296, relatado pelo ministro Gonçalves de Oliveira.

3011 GÁSPARI, Elio. A ditadura envergonhada. São Paulo: Companhia das Letras, 2002., p. 187-189 que, nada obstante, parece desconhecer o precedente do STM que é de meses antes.

3012 STJ. **HC 2.875-9/SP**. 5ª Turma. Relator: Min. Edson Vidigal. Data de julgamento: 23 nov. 1994, v.u. Data de publicação: DJU, 20 mar. 1995.

3013 STJ. **HC 2.653-5/SP**. 6ª Turma. Relator: Min. Anselmo Santiago. Data de julgamento: 16 ago. 1994, m.v. Data de publicação: DJU, 6 mar. 1995. p. 4.386.

3014 STF. **HC 76.347/MS**. Relator: Min. Moreira Alves. 25 nov. 1997.

3015 STJ. **HC 3.202-0/MT**. 5ª Turma. Relator: Min. Jesus Costa Lima. Data de julgamento: 8 fev. 1995, v.u. Data de publicação: DJU, 6 mar. 1995. p. 4.372.

produz normas frequentemente em contrariedade com a CR. No entanto, analisando a questão à luz dos efeitos da coisa julgada e a partir de um enfoque sistêmico do tema, é de se considerar que o HC se mostra como um verdadeiro obstáculo prático à produção de uma coisa julgada *erga omnes*, porquanto potencialmente empregado sem que por esse meio se alcance o mecanismo da abrangência dos efeitos da decisão, que, assim, somente se restringem às partes do caso concreto, não sendo ampliados na forma preconizada pelo controle difuso de constitucionalidade.

Este, pois, o ponto sobre o qual se merece refletir, quer-nos parecer: o potencial conflito de mecanismos que faz imbricar num mesmo espaço a declaração de inconstitucionalidade difusa e o emprego do *habeas corpus*, com larga vantagem para este último em detrimento da primeira.

Exemplo prático que deve ser lembrado pelo aspecto paradigmático que possui é o do HC 80.719, julgado pelo e. STF e contido no Informativo 221, no qual o paciente foi singularmente agraciado com visão generosa daquela Corte em relação aos crimes hediondos, que apenas no caso concreto em questão teve seu texto normativo mitigado, para conferir ao interessado algo que a esmagadora maioria dos demais réus em situação semelhante não consegue: liberdade provisória. Houvesse sido acionado o controle difuso de constitucionalidade (e não o "remédio" pontual), haveria de ser indagado se a Corte Suprema teria se comportado da mesma maneira. No limite, o modelo que ora se debate privilegia, sem dúvida, um direito penal do autor, e não do fato.

6.1 O controle de constitucionalidade difuso a partir do emprego do *habeas corpus*: a revogação da lei dos crimes hediondos

Entre as duas primeiras edições destes **Comentários**, o e. STF, empregando o controle difuso de constitucionalidade em sede de *habeas corpus*, produziu uma das mais rumorosas decisões (sentido lato) na área criminal após a edição da CR de 1988.

Com efeito, ao apreciar o HC 82.959-7, São Paulo, tendo como relator o Min. Marco Aurélio, paciente Oseas de Campos e autoridades coatoras os e. Superior Tribunal de Justiça e Tribunal de Justiça do Estado de São Paulo, o Tribunal, por maioria, deferiu o pedido de *habeas corpus* e declarou, *incidenter tantum*, a inconstitucionalidade do § 1º do art. 2º da Lei n. 8.072, de 25 de julho de 1990, nos termos do voto do relator, vencidos os senhores ministros Carlos Velloso, Joaquim Barbosa, Ellen Gracie, Celso de Mello e presidente (Ministro Nelson Jobim). O Tribunal, por votação unânime, explicitou que a declaração incidental de inconstitucionalidade do preceito legal em questão não gerará consequências jurídicas com relação às penas já extintas nesta data, pois esta decisão plenária envolve, unicamente, o afastamento do óbice representado pela norma ora declarada inconstitucional, sem prejuízo da apreciação, caso a caso, pelo magistrado competente, dos demais requisitos pertinentes ao reconhecimento da possibilidade de progressão (Plenário, 23 fev. 2006).

Com relação aos efeitos temporais da decisão, merece especial destaque o voto do Min. Gilmar Mendes apresentado no feito, ao afirmar que

> Embora a Lei n. 9.868, de 10 de novembro de 1999, tenha autorizado o Supremo Tribunal Federal a declarar a inconstitucionalidade com efeitos limitados, é lícito indagar sobre a admissibilidade do uso dessa técnica de decisão no âmbito do controle difuso. Ressalte-se que não estou a discutir a constitucionalidade do art. 27 da Lei n. 9.868, de 1999. Cuida-se aqui tão somente de examinar a possibilidade de aplicação da orientação nele contida no controle incidental de constitucionalidade.

Após analisar a situação no direito norte-americano, matriz do modelo brasileiro de controle difuso, e concluir que, em algumas situações, ele "passou a admitir a mitigação dos efeitos da declaração de inconstitucionalidade e, em casos determinados, acolheu até mesmo a pura declaração de inconstitucionalidade com efeito exclusivamente *pro futuro*", o mencionado Ministro concluiu que:

> No que interessa para a discussão da questão em apreço, ressalte-se que o modelo difuso não se mostra incompatível com a doutrina da limitação dos efeitos. Sem dúvida, afigura-se relevante no sistema misto brasileiro o significado da decisão limitadora tomada pelo Supremo Tribunal Federal no controle abstrato de normas sobre os julgados proferidos pelos demais juízes e tribunais no sistema difuso... Assim, pode-se entender que se o STF declarar a inconstitucionalidade restrita, sem qualquer ressalva, essa decisão afeta os demais processos com pedidos idênticos pendentes de decisão nas diversas instâncias. Os próprios fundamentos constitucionais legitimadores da restrição embasam a declaração de inconstitucionalidade com eficácia *ex nunc* nos casos concretos. A inconstitucionalidade da lei há de ser reconhecida a partir do trânsito em julgado. Os casos concretos ainda não transitados em julgado hão de ter o mesmo tratamento (decisões com eficácia *ex nunc*) se e quando submetidos ao STF... É verdade que, tendo em vista a autonomia dos processos de controle incidental ou concreto e de controle abstrato, entre nós, mostra-se possível um distanciamento temporal entre as decisões proferidas nos dois sistemas (decisões anteriores, no sistema incidental, com eficácia *ex tunc* e decisão posterior, no sistema abstrato, com eficácia *ex nunc*). Esse fato poderá ensejar uma grande insegurança jurídica. Daí

parecer razoável que o próprio STF declare, nesses casos, a inconstitucionalidade com eficácia *ex nunc* na ação direta, ressalvando, porém, os casos concretos já julgados ou, em determinadas situações, até mesmo os casos *sub judice*, até a data de ajuizamento da ação direta de inconstitucionalidade. Essa ressalva assenta-se em razões de índole constitucional, especialmente no princípio da segurança jurídica. Ressalte-se aqui que, além da ponderação central entre o princípio da nulidade e outro princípio constitucional, com a finalidade de definir a dimensão básica da limitação, deverá a Corte fazer outras ponderações, tendo em vista a repercussão da decisão tomada no processo de controle *in abstracto* nos diversos processos de controle concreto. Dessa forma, tem-se, a nosso ver, uma adequada solução para o difícil problema da convivência entre os dois modelos de controle de constitucionalidade existentes no direito brasileiro, também no que diz respeito à técnica de decisão. Aludida abordagem responde a uma outra questão intimamente vinculada a esta. Trata-se de saber se o STF poderia, ao apreciar recurso extraordinário, declarar a inconstitucionalidade com efeitos limitados. Não parece haver dúvida de que, tal como já exposto, a limitação de efeito é um apanágio do controle judicial de constitucionalidade, podendo ser aplicado tanto no controle direto quanto no controle incidental.

O emprego de um mecanismo como o *habeas corpus* para veicular a pretensão da declaração incidental de inconstitucionalidade, como no caso acima, pode ter assento teórico na posição expendida por Nishiyama[3016], para quem

> "pela via difusa pressupõe-se a existência de um caso concreto e a sua decisão terá efeito apenas entre as partes no processo. Pode ser requerida tanto pelo autor como pelo réu e pode ser utilizada qualquer forma processual, p. ex., Mandado de Segurança, Habeas Corpus e nas defesas judiciais". Essa discussão pode chegar ao STF – especialmente pela via do Recurso Extraordinário (RE) previsto no art. 102, III, da CF/88, regulado pela Lei n. 8.038/90 e pelo Regimento Interno do STF – que, como guardião do Texto Magno, tem a tarefa de dar a palavra final sobre este.

A posição doutrinária mencionada e o acórdão que se pode considerar como histórico não alteram, entretanto, a validade da crítica exposta no tópico anterior quando da primeira edição destes *Comentários*. Ao contrário, demonstram claramente que o controle difuso é um mecanismo de aperfeiçoamento da conformação legislativa aos primados do Estado de Direito, entendendo-se aí a obediência normativa e axiológica ao texto constitucional. Se é fato que o *habeas corpus*, nessa situação específica, soube ser empregado para veicular a declaração incidental, não é menos correto que seu emprego ainda descortina inúmeras anomalias procedimentais, pois, diante de um rito que privilegiasse o controle precoce da inconstitucionalidade via incidente, a apreciação da desconformidade constitucional haveria de surgir muito mais cedo.

7. Delimitação do objeto

"A jurisprudência tem sido muito liberal para admissão do *habeas corpus*. Evidente, em homenagem ao direito de liberdade. Deve-se, todavia, promover importante distinção. Em primeiro lugar, afastar a ideia de o Mandado de Segurança ser incompatível com o processo penal. Em segundo, exige-se "pelo menos" ameaça ao direito de liberdade (não se confunde com possibilidade) de concretizar-se a ilegalidade. Rigorosamente, não faz sentido, via *Habeas Corpus*, propugnar a nulidade da denúncia, se o réu não estiver preso, ou na iminência de ocorrer a prisão. Como registrado, todavia, os Tribunais têm sido tolerantes. Sem exagero, muito tolerantes. Há, contudo, outras situações em que só em tese, por isso, apenas no âmbito da possibilidade, caberia imaginar ocorrer ameaça ao direito de liberdade, de que é ilustração valer-se do *Habeas Corpus* para dirimir conflito de competência, inexistindo qualquer ameaça concreta (probabilidade) ao direito de locomoção".[3017]

Nesse mesmo contexto, já se considerou que

> Cabe, também, *habeas corpus* para declarar a incompetência absoluta do juiz processante, ainda que o paciente não se encontre preso, por se tratar de remédio constitucional contra ato que impõe, ainda que por via reflexa, restrição à liberdade de locomoção, tendo em vista que o procedimento criminal, pelo séquito de gravames que acarreta ao acusado, importa em restrição de sua liberdade de ir e vir.[3018]

[3016] NISHIYAMA, Adolfo Mamoru. Aspectos básicos do controle de constitucionalidade de leis e de atos normativos e breve análise da Lei n. 9.868, de 10.11.1999, e da Lei n. 9.882/99, de 03.12.1999. **Revista dos Tribunais**, fasc. Civ., v. 788, n. 90, jun. 2001. p. 79.

[3017] STJ. **HC 7.920/RS**. 6ª Turma: Relator: Min. Luiz Vicente Cernicchiaro. Data de julgamento: 14 dez. 1998, v.u. Data de publicação: DJU, 22 fev. 1999. p. 136-137.

[3018] STF. **HC 75.578-0/RJ**. 2ª Turma. Relator: Min. Maurício Corrêa. Data de julgamento: 25 nov. 1997, v.u. Data de publicação: DJU, 20 fev. 1998. p. 14.

Mas há limites mais claros: "O *habeas corpus* não é o instrumento próprio para assegurar a subida de Recurso Especial ou de Recurso Extraordinário obstaculados na origem".[3019]

8. Inexistência de processo
"O *writ of habeas corpus* é cabível independentemente da existência de processo judicial".[3020]

9. Violação à liberdade de locomoção
A liberdade de locomoção, ameaçada ou em via de ser ilegalmente constrita, é o bem da vida tutelado pelo *habeas corpus*. Dessa forma,

> ao fundamento de inexistir risco ou atualidade de coação sobre a liberdade física do paciente, não se conheceu de *habeas corpus* impetrado contra decisão que julgara incabível revisão criminal por ele ajuizada para desconstituir sentença declaratória de extinção da punibilidade, a fim de que outra, com exame do mérito, fosse proferida.[3021]

10. Caracterização do *habeas corpus* preventivo
"O *habeas corpus* é o remédio constitucional destinado a tutelar a liberdade de locomoção, o direito de ir e vir e, sendo preventivo, o receio de violência deve resultar de ato concreto, de prova efetiva, da ameaça de prisão".[3022]

Sendo assim, "o *habeas corpus* preventivo somente se justifica quando iminente a ameaça de constrangimento ilegal a afetar o paciente, não cabendo se ausente qualquer substrato denotador da possibilidade do cometimento de ilegalidade ou abuso de poder a atingir o direito de liberdade".[3023]

11. Impossibilidade de cabimento contra coações patrimoniais (pena pecuniária)
"Parece efetivamente assentado nesta Turma entendimento no sentido de não caber *habeas corpus* para questionar pena pecuniária, salvo na iminência de conversão em pena privativa de liberdade" (STF, 1ª T., HC 74.002-2, rel. Min. Ilmar Galvão, j. 28-5-1996, v.u., DJU 30-8-1996, p. 30.606).

12. Impossibilidade jurídica do pedido de *habeas corpus* em face de punição disciplinar
"Embora considerando que a restrição do art. 142, § 2º, da CF ("Não caberá *habeas corpus* em relação a punições disciplinares militares") limita-se ao exame do mérito do ato, a Turma negou provimento a recursos de *habeas corpus* objetivando a suspensão de punição disciplinar, ao fundamento de que não cabe *habeas corpus* se a pena já foi cumprida, dado que o instituto tem por objetivo a liberdade de locomoção (CF, art. 5º, LXVIII). Precedentes citados: RHC 61.246/RJ (DJU 25-11-1983); RHC 73.541/RJ (DJU 31-5-1996); HC 70.648/RJ (DJU 4-3-1994); HC 68.715/MG (DJU 14-2-1992); HC 71.035/RJ (DJU 10-6-1994)".[3024]

13. *Habeas corpus* e processo penal contra pessoa jurídica
"O *habeas corpus* é instituto restrito à liberdade física individual, não se prestando para atender reclamos de pessoa jurídica, na qualidade de paciente" (STJ. HC 6.109/SP. 5ª Turma: Relator: Min. Edson Vidigal. Data de julgamento: 4 ago. 1998, v.u. Data de publicação: DJU, 8 set. 1998. p. 70).

14. Análise da ilicitude probatória
"Ação penal. Trancamento por escorada em prova ilícita (escuta telefônica antes da Lei n. 9.296/96). Nova denúncia fundada em outras provas. Inviável, no âmbito do *habeas corpus*, revolver o complexo probatório para aferir-se se determinada prova está ou não contaminada com a prova produzida mediante escuta telefônica autorizada por Magistrado antes do advento da Lei n. 9.296/96".[3025]

15. Emprego de meio de prova e *habeas corpus*
"Submissão compulsória ao fornecimento de sangue para a pesquisa do DNA: estado de questão no direito comparado: precedente do STF que libera do constrangimento o réu em ação de investigação de

---

3019 STJ. **HC 5.444/SP**. 5ª Turma. Relator: Min. Edson Vidigal. Data de julgamento: 10 mar. 1997, v.u. Data de publicação: DJU, 5 maio 1997. p. 17.062.
3020 TRF. **HC 97.04.16183-2/PR**. 4ª Região. 2ª Turma. Relator: Juiz Paim Falcão. Data de julgamento: 23 out. 1997, v.u. Data de publicação: DJU, 16 nov. 1997. p. 102.241.
3021 STF. **HC 72.844/MG**. Relator: Min. Francisco Rezek. 26 set. 1995.
3022 TRF. **RHC 1997.01.00.018475-1/MG**. 1ª Região. 4ª Turma. Relator: Juiz Mário César Ribeiro. Data de julgamento: 7 out. 1997, v.u. Data de publicação: DJU, 1º dez. 1997. p. 103.898.
3023 TRF. **SER 96.03.016098-9/SP**. 3ª Região. 5ª Turma rel. Juíza Suzana Camargo, j. 25-3-1996, v.u., DJU 16-4-1996, p. 24.548.
3024 STF. RHC 78.951/DF, RHC 78.952/DF e RHC 79.037/DF. Relator: Min. Carlos Velloso. 13 abr. 1999.
3025 STJ. **HC 7.100/SP**. 5ª Turma. Relator: Min. José Arnaldo. Data de julgamento: 5 maio 1998, v.u. Data de publicação: DJU, 15 jun. 1998. p. 137.

paternidade (HC 71.373) e o dissenso dos votos vencidos: deferimento, não obstante, do *habeas corpus* na espécie, em que se cuida de situação atípica na qual se pretende – de resto, apenas para obter prova de reforço – submeter ao exame o pai presumido, em processo que tem por objeto a pretensão de terceiro de ver-se declarado o pai biológico da criança nascida na constância do casamento do paciente: hipótese na qual, à luz do princípio da proporcionalidade ou da razoabilidade, se impõe evitar a afronta à dignidade pessoal que, nas circunstâncias, a participação na perícia substantivaria". [3026]

16. Extensão dos efeitos da impetração a corréu

"Se o Tribunal local, ao negar a existência de um dos crimes, o de quadrilha, beneficiou o então apelante, omitindo-se quanto à extensão do benefício ao corréu, este pode requerê-la ao próprio órgão julgador da apelação, mediante simples petição, que deverá apreciá-la com o exame dos autos, requesitando-os, se for necessário. Não é caso, desde logo, de se impetrar *habeas corpus* ao STF, contra a omissão do julgado, quando esta ainda pode ser sanada pelo Tribunal competente. HC não conhecido, com a ressalva do meio adequado". [3027]

Ressalve-se, no entanto, que "a extensão do julgado referente a um réu não se opera automaticamente aos demais. Urge reunir dois requisitos: objetivo (identidade fática) e subjetivo (circunstâncias pessoais). Atendidos os requisitos há de se conceder o pedido". [3028]

17. Descabimento de *habeas corpus* para conferir efeito suspensivo a recurso

Dada sua finalidade constitucional, "o *habeas corpus* destina-se a proteger a liberdade de locomoção contra ato ilegal e abusivo e não para conferir efeito suspensivo a recurso especial. Firme a jurisprudência do Supremo Tribunal Federal no sentido de que lhe cabe processar e julgar *habeas corpus* quando a apontada coação emanar de qualquer Tribunal do país, excluídos apenas o *habeas corpus* originário que for substitutivo do recurso ordinário" [3029].

Art. 648. A coação considerar-se-á ilegal:

I – quando não houver justa causa;

1. Sobre justa causa para ação penal, ver neste Código art. 395, III

II – quando alguém estiver preso por mais tempo do que determina a lei;

1. Excesso de prazo e o tema da duração do procedimento

A regra em questão informará:

o prazo de duração da custódia cautelar no seu relacionamento com o processo de conhecimento; e

no processo de execução, impedirá a manutenção da custódia por tempo além do determinado na sentença condenatória, seja no cômputo geral da pena, seja nas várias hipóteses de progressão de regime quando o preso já fizer jus a esse direito.

2. A duração razoável do processo após a reforma de 2008

A reforma de 2008 manteve-se fiel à tradição normativa de estabelecer prazos *ex legge* cujo descumprimento ficará sempre sujeito a uma análise de razoabilidade e proporcionalidade, cuja lógica de interpretação será a culturalmente inquisitiva.

Assim, o art. 400 para o rito ordinário estabelece o prazo de sessenta dias para finalização da instrução; o art. 531, estabelecendo o prazo de 30 dias para finalização da instrução no rito sumário e o art. 412 prevendo o prazo de 90 para o fim do juízo de admissibilidade no rito do júri não distinguem esses prazos para a situação da pessoa acusada estar presa ou solta, quebrando um pilar – frágil, mas importante – existente no modelo anterior.

A grande nota dessa reforma é a da inexistência de prazos diferenciados para os casos em que haja pessoa submetida a medida cautelar, seja ela restritiva da liberdade ou não. Com isso assumiu relevância singular a análise da proporcionalidade ou razoabilidade na observância da duração da medida cautelar imposta, cujos resultados são, majoritariamente, desfavoráveis à pessoa submetida à persecução.

[3026] STF. **HC 76.060-4**. 1ª Turma. Relator: Juiz Oliveira Lima. Data de julgamento: 16 dez. 1997, v.u. Data de publicação: DJU, 3 mar. 1998. p. 187.

[3027] STF. **HC 71.905-8/SP**. 1ª Turma. Relator: Min. Sydney Sanches. Data de julgamento: 22 nov. 1994, v.u. Data de publicação: DJU, 3 mar. 1995. p. 4.104.

[3028] STJ. **Ped. de Extensão no HC 7.531/RJ**. 6ª Turma. Relator: Min. Luiz Vicente Cernicchiaro. Data de publicação: DJU, 14 dez. 1998. p. 303, v.u.

[3029] STJ. **HC 2.902/RS**. 5ª Turma. Relator: Min. Jesus Costa Lima. Data de julgamento: 28 set. 1994, v.u. Data de publicação: DJU, 17 out. 1994. p. 27.901.

3. Limite temporal à custódia cautelar e "razoabilidade" do prazo

Sem embargo de toda discussão sobre os limites temporais e a necessidade da lei estabelecer prazos claros e objetivos, bem como a consequência da superação desses limites[3030], vem ganhando frequente espaço a adoção do "princípio da razoabilidade" para o tratamento da matéria que somente tem um viés: o alargamento do prazo da forma como mencionada nos tópicos precedentes.

Adotar a razoabilidade como critério somente é possível a partir de uma completa revisão normativa e cultural do modelo em "vigor". Como integrantes desse "conceito" devem ser explicitamente adotados parâmetros que responsabilizem (e não apenas desonerem!) pela consecução da prestação jurisdicional de acordo com a CR e a CADH. Fora disto, da forma como empregada no atual estágio do direito vivido, a "razoabilidade" nada mais é que o emprego de um mantra vazio, que começa e termina apenas quando o julgador (e ninguém mais) achar conveniente.

Uma forma de tentar domesticar esses limites, ao menos em certa fase procedimental, será discutida no tópico a seguir.

4.1 Flexibililização do Excesso de Prazo: Caso Extremado

Um dos grandes problemas da flexibilização do prazo é conseguir um limite claro a partir do qual não há mais como se falar em razoabilidade da dilação. Há situações verdadeiramente aberrantes, como aquela em que o e. STF deferiu habeas corpus impetrado em favor de acusado pela suposta prática dos crimes de quadrilha ou bando, sequestro e homicídio qualificado, *cuja prisão preventiva subsistia por quase sete anos* (sem grifo no original). No caso, a custódia preventiva do paciente fora mantida, não obstante ele haver sido beneficiado, por extensão, com a anulação, pelo STJ, da sentença de pronúncia de corréu. Considerou-se não existir motivo plausível para que a prisão do paciente perdurasse aquele período. Asseverou-se que, antes da decisão do STJ, já se encontrava patenteado o excesso de prazo, apto a desconstituir qualquer fundamento do decreto preventivo. Além disso, tendo em conta a inércia do órgão judicante estadual, o Presidente da Turma, Min. Sepúlveda Pertence, deferiu requerimento do Subprocurador-Geral da República para encaminhamento de cópia integral dos autos à Presidente do Conselho Nacional de Justiça e ao Procurador-Geral da República, para que apurem eventuais desvios de comportamento que possam, em tese, configurar infrações penais ou disciplinares.[3031]

4.2 Limite temporal à custódia cautelar: a situação no segundo grau de jurisdição

Se, como visto, a discussão sobre os limites temporais da custódia tem algum efeito no primeiro grau de jurisdição, em segundo grau não existe sequer a cogitação do problema, o que leva o tema ao caos, certamente em notório prejuízo, em primeiro plano, para a pessoa acusada e, no geral, para a própria prestação jurisdicional como um todo.

Partindo de um determinado caso concreto, produzimos em texto anterior algumas considerações sobre a matéria.[3032]

Com efeito, foi analisada situação processual na qual o réu ficou preso cautelarmente por quase dois anos para, ao final, ser condenado a uma pena de seis meses com direito a sursis. Nesse período o processo tramitou em segundo grau de 13 de novembro de 1989 até 16 de abril de 1991, sendo que em setembro de 1990 foi interposto Habeas Corpus pelo acusado. O remédio heroico atacava a demora injustificada para a finalização da tramitação recursal, rotulando-a de constrangimento ilegal. O trecho fundamental do acórdão sobre esta ação assenta que

> no há que se falar em excesso de prazo entre a pronúncia e o julgamento pelo júri. O paciente recorreu da pronúncia e seu recurso, já julgado, foi apensado ao presente habeas corpus. Como salientado pelo parecer da Procuradoria Geral de Justiça o Código de Processo Penal não fixa prazo para o julgamento pelo Júri, após a pronúncia (rel. Des. Silva Leme).

A conclusão sombria deste processo é a de que o réu foi mantido cautelarmente preso por dois anos (faltavam quatro dias para o término desse prazo), sendo que de todo este período os autos mantiveram-se em segunda instância cerca de 18 meses, sob a argumentação de inexistência de um lapso temporal positivamente imposto para duração do julgamento do recurso. A situação, cuja injustiça salta aos olhos de qualquer leigo, tem como amparo o silêncio legal quanto à duração da prisão cautelar em segundo grau de jurisdição, e conta com o conformismo de grande parte da doutrina e jurisprudência, como adiante se verá.

Por certo, nenhuma leitura constitucional e da CADH foi feita de modo a condicionar a duração do processo a um prazo razoável, acomodando-se na leitura estreita do Código de Processo Penal que silenciou sobre a necessária delimitação temporal da cautela em relação ao desenrolar procedimental em sede de segundo grau.

Fato é que controle algum existe no direito pátrio quanto à duração da cautela em relação ao trâmite

---

[3030] DELMANTO Junior, Roberto. **As modalidades de Prisão Provisória e seu prazo de duração**. 2. ed. Rio de Janeiro: Renovar, 2001. p. 235 e ss.

[3031] HC 87913/PI. Relator: Min. Cármen Lúcia. 5 set. 2006 (HC-87913).

[3032] CHOUKR, Fauzi Hassan. **Processo penal à luz da Constituição**. Bauru: Edipro, 1999.

recursal e os Tribunais se sentem absolutamente livres de quaisquer amarras temporais na realização de suas atividades mesmo estando o acusado preso. Tal posição é insustentável ainda que perante uma cega e extremada visão na linha *law and order*, na medida em que a demora no julgamento definitivo apenas aumenta a sensação de impunidade, uma das palavras mais combatidas por aquela linha criminológica. Surge nesse cenário um indesejável descompromisso entre a atividade jurisdicional de segundo grau e os princípios básicos do processo penal acusatório, sobretudo no tratamento do réu como sujeito de direitos.

É necessária, pois, a apresentação de alguma sugestão que venha a modificar o quadro apresentado, sobretudo em face da CR e da CADH. Atendendo-se aos parâmetros expostos pela CADH, bem como tendo em vista o caso concreto com que se iniciou o presente texto, pode-se imaginar que uma ideia de razoabilidade está ligada ao mínimo legal da pena que vier a ser aplicada em caso de desclassificação delitiva, impedindo-se com isto que, caso haja alteração da capitulação legal para crime menos grave, tenha o réu ficado preso cautelarmente por período superior àquele que será o de sua pena definitiva. O exemplo concreto pode mais uma vez ser aqui utilizado. Havendo a possibilidade de desclassificação do homicídio para as lesões corporais no seu *caput*, a pena mínima desta deve regular o tempo de tramitação do recurso, pois a superação do período já significa um risco de agressão injusta à liberdade individual.

> III – quando quem ordenar a coação não tiver competência para fazê-lo;

1. Sobre competência, ver nestes *Comentários* arts. 69 e seguintes

2. Atos de inquérito policial e *habeas corpus*
Para a larga maioria dos julgados, não significa ofensa à liberdade de locomoção o ato de indiciamento e, igualmente, o atendimento à intimação para depor em investigação na modalidade inquérito policial.

Assim,

> a intimação para prestar declarações em inquérito policial não constitui ameaça de constrangimento ilegal, de modo a autorizar a concessão de *habeas corpus* preventivo. De outra parte, mesmo o indiciamento só o justifica havendo absoluta falta de justa causa para a exclusão do paciente. Havendo crime em tese e indícios da autoria, a instauração do inquérito policial não constitui constrangimento ilegal. Matéria de mérito exigindo o confronto de prova não pode ser discutida nos limites estreitos do *habeas corpus*.[3033]

> IV – quando houver cessado o motivo que autorizou a coação;

1. Sobre prisão em flagrante, ver nestes *Comentários* arts. 301 e seguintes

2. Sobre prisão preventiva, ver nestes *Comentários* arts. 282 e seguintes

> V – quando não for alguém admitido a prestar fiança, nos casos em que a lei a autoriza;

1. Sobre fiança, ver neste Código arts. 321 e seguintes

> VI – quando o processo for manifestamente nulo;

1. Sobre nulidades, ver nestes *Comentários* arts. 563 a 573

> VII – quando extinta a punibilidade.

1. Ver art. 397 nestes *Comentários* para o tema da prescrição antecipada e seu reconhecimento

> Art. 649. O juiz ou o tribunal, dentro dos limites da sua jurisdição, fará passar imediatamente a ordem impetrada, nos casos em que tenha cabimento, seja qual for a autoridade coatora.

1. Súmula do e. STF
Súmula n. 606 – Não cabe *habeas corpus* originário para o Tribunal Pleno de decisão de Turma, ou do Plenário, proferida em *habeas corpus* ou no respectivo recurso.

2. Definição da autoridade coatora e competência
Tema dos mais caros à prática do *habeas corpus* é a definição da autoridade coatora para fins de delimitação da competência na impetração.

Assim, sendo o "ato coator consistente em decisão de Tribunal, proferida em apelação", a

---

[3033] STJ. **RHC 4.255-9/SP**. 5ª Turma. Relator: Min. Jesus Costa Lima. Data de julgamento: 6 mar. 1995, v.u. Data de publicação: DJU, 20 mar. 1995. p. 6.135.

Competência é do STF.[3034] Da mesma maneira, "É da competência do STF o julgamento de *habeas corpus* que ataca decisão proferida em sede de apelação criminal pelo órgão fracionário do Tribunal de Justiça do Estado".[3035]

No entanto,

> havendo o Ministro-Relator, no STJ, em decisão monocrática (em Agravo de Instrumento), transitada em julgado, enfrentando questão de mérito, relacionada com os arts. 59 e 68 do CP, considerando-os não contrariados no acórdão atacado em recurso especial, indeferido na origem, essa decisão é que deve ser impugnada mediante *habeas corpus*; não, mais, o referido acórdão do Tribunal estadual. Sobretudo, em se verificando que as mesmas questões suscitadas no HC ficaram resolvidas na mencionada decisão singular.[3036]

Assim,

> firmou-se jurisprudência de ser da competência do STJ processar e julgar *habeas corpus* impetrado contra ação ou omissão monocrática de integrante de Tribunal. Ressalva-se a hipótese de substituir o Recurso Ordinário ao acórdão denegatório de *habeas corpus*. As demais decisões do Colegiado atraem a competência do STF (STJ, 6ª T., HC 2.818-0/RJ, rel. Min. Luiz Vicente Cernicchiaro, j. 26-9-1994, v.u., *DJU* 7-11-1994, p. 30.031).

3. Fixação de competência para ato praticado por membro do Ministério Público do Distrito Federal e Territórios

Para a fixação da competência quando o ato for praticado por membro do Ministério Público do Distrito Federal e Territórios, o e. STF afirmou que

> compete ao TRF da 1ª Região, com base no art. 108, I, *a*, da CF, processar e julgar, originariamente, os membros do Ministério Público do Distrito Federal e Territórios que atuem em primeira instância. Com base nesse entendimento, a Turma reformou acórdão do Tribunal de Justiça do Distrito Federal e Territórios que afirmara a sua competência para processar e julgar *habeas corpus* em que a coação fora atribuída a membro do Ministério Público daquela unidade da federação. Inicialmente, salientou-se a orientação firmada pelo STF no sentido de que a competência para o julgamento de *habeas corpus* contra ato de autoridade, excetuado o Ministro de Estado, é do Tribunal a que couber a apreciação da ação penal contra essa mesma autoridade. Asseverou-se que o MPDFT está compreendido no MPU (CF, art. 128, I, *d*) e que a Constituição ressalva da competência do TRF somente os crimes atribuíveis à Justiça Eleitoral, não fazendo menção a determinado segmento do MPU, que pudesse afastar da regra específica de competência os membros do MPDFT. Rejeitou-se, portanto, a incidência da regra geral do inciso III do art. 96, da CF, com a consequente competência do Tribunal local para julgar o caso concreto. Ressaltando que, embora se reconheça a atuação dos Promotores de Justiça do DF perante a Justiça do mesmo ente federativo, em primeiro e segundo graus, similar à dos membros do MP perante os Estados-membros, concluiu-se que o MPDFT está vinculado ao MPU, a justificar, no ponto, tratamento diferenciado em relação aos membros do *parquet* estadual.[3037]

Art. 650. Competirá conhecer, originariamente, do pedido de habeas corpus:

I – ao Supremo Tribunal Federal, nos casos previstos no art. 101, I, g, da Constituição;

II – aos Tribunais de Apelação, sempre que os atos de violência ou coação forem atribuídos aos governadores ou interventores dos Estados ou Territórios e ao prefeito do Distrito Federal, ou a seus secretários, ou aos chefes de Polícia.

§ 1º A competência do juiz cessará sempre que a violência ou coação provier de autoridade judiciária de igual ou superior jurisdição.

§ 2º Não cabe o habeas corpus contra a prisão administrativa, atual ou iminente, dos responsáveis por dinheiro ou valor pertencente à Fazenda Pública, alcançados ou omissos em fazer o seu recolhimento nos prazos legais, salvo se o pedido for acompanhado de prova de quitação ou de depósito do alcance verificado, ou se a prisão exceder o prazo legal.

---

1. Tratamento atual da competência na CR/88

No art. 102 da CR/88, tem-se a competência originária do Supremo Tribunal Federal, inciso I, letras *d*: o *habeas corpus*, sendo paciente qualquer das pessoas referidas nas alíneas anteriores; o mandado de segurança e o *habeas data* contra atos do Presidente da República, das Mesas da Câmara dos Deputados e do Senado Federal, do Tribunal de Contas da União,

---

[3034] STJ. **HC 3.019-2/PR**. 5ª Turma. Relator: Min. Assis Toledo. Data de julgamento: 30 nov. 1994, v.u. Data de publicação: DJU, 6 fev. 1995. p. 1.339.

[3035] STJ. **HC 2.543-1/SP**. 6ª Turma. Relator: Min. Anselmo Santiago. Data de julgamento: 23 ago. 1994, v.u. Data de publicação: DJU, 6 mar. 1995. p. 1.361.

[3036] STF, 1ª T., HC 71.485-4/SP, rel. Min. Sydney Sanches, j. 6-12-1994, v.u, DJU 3-3-1994, p. 4.104.

[3037] STF. **RE 418.852/DF**. Relator: Min. Carlos Britto. 6 dez. 2005.

do Procurador-Geral da República e do próprio Supremo Tribunal Federal; *i*: o *habeas corpus*, quando o coator for Tribunal Superior ou quando o coator ou o paciente for autoridade ou funcionário cujos atos estejam sujeitos diretamente à jurisdição do Supremo Tribunal Federal, ou se trate de crime sujeito à mesma jurisdição em uma única instância.

Para o recurso ordinário, inciso II do mesmo artigo, alínea *a*: o *habeas corpus*, o mandado de segurança, o *habeas data* e o mandado de injunção decididos em única instância pelos Tribunais Superiores, se denegatória a decisão.

No caso do STJ, o tema está tratado no art. 105: I – processar e julgar, originariamente: Governadores dos Estados e do Distrito Federal, e, nestes e nos de responsabilidade, os desembargadores dos Tribunais de Justiça dos Estados e do Distrito Federal, os membros dos Tribunais de Contas dos Estados e do Distrito Federal, os dos Tribunais Regionais Federais, dos Tribunais Regionais Eleitorais e do Trabalho, os membros dos Conselhos ou Tribunais de Contas dos Municípios e os do Ministério Público da União que oficiem perante tribunais;

> *b)* os mandados de segurança e os *habeas data* contra ato de Ministro de Estado, dos Comandantes da Marinha, do Exército e da Aeronáutica ou do próprio Tribunal; *c)* os *habeas corpus*, quando o coator ou paciente for qualquer das pessoas mencionadas na alínea *a*, ou quando o coator for tribunal sujeito à sua jurisdição, Ministro de Estado ou Comandante da Marinha, do Exército ou da Aeronáutica, ressalvada a competência da Justiça Eleitoral.

Também: II – julgar, em recurso ordinário: *a)* os *habeas corpus* decididos em única ou última instância pelos Tribunais Regionais Federais ou pelos tribunais dos Estados, do Distrito Federal e Territórios, quando a decisão for denegatória; *b)* os mandados de segurança decididos em única instância pelos Tribunais Regionais Federais ou pelos tribunais dos Estados, do Distrito Federal e Territórios, quando denegatória a decisão.

2. Autoridade coatora

"Tendo o inquérito policial, de onde emanaria a coação, sido aberto por requisição do Ministério Público Estadual, a competência para processar e julgar o *writ*, que visa ao trancamento do investigatório, é do Tribunal de Justiça do Estado. Precedentes do Supremo Tribunal Federal".[3038]

3. Prevenção

"A impetração de *habeas corpus* em 2º grau somente firma a prevenção do relator quando dele se conhece, ou seja, há apreciação de seu mérito, concedendo ou denegando a ordem. Precedentes do Supremo Tribunal Federal".[3039]

> Art. 651. A concessão do habeas corpus não obstará, nem porá termo ao processo, desde que este não esteja em conflito com os fundamentos daquela.

1. *Habeas corpus* e mérito

Uma vez considerado o *habeas corpus* como exercício do direito de ação, conforme apregoado pela maioria da doutrina, o art. 647 prevê as hipóteses do mérito sobre o qual recairá a cognição sumária que se desenvolve no *writ*.

Ponto que deve ser realçado é o tipo de liame que porventura existe entre o mérito do *habeas corpus* e o mérito da ação (de conhecimento, execução ou cautelar) donde proveio qualquer das hipóteses fáticas que dá sustentação ao *writ*.

De uma forma geral, a jurisprudência constrói uma barreira entre esses dois espaços de cognição, escorada na impossibilidade de produção probatória dilatada no instrumento constitucional, procurando com isso evitar que a atividade decisória no *writ* possa ser *tout court* projetada na tutela com a qual ele está de alguma forma vinculado, até porque, segundo o e. STF, Não cabe *habeas corpus* para discutir fatos e provas paralelamente ao processo penal.[3040]

Isso é válido inclusive para constrições de liberdade em sede civil, quando se afirma que

> no âmbito do *habeas corpus* cabe examinar, tão somente, se a ordem de prisão, atual ou iminente, está de conformidade com as formas legais; não é possível, pela natureza do procedimento sumário próprio do *writ*, nem pela sua finalidade, investigar a fundo as questões que dizem respeito ao mérito da lide alimentar.[3041]

A separação dos méritos num plano abstrato de racionalidade pode até ser útil. Porém, nem sempre é clara a distinção entre esses méritos, e *habeas corpus* são ou não concedidos sem um padrão objetivo,

---

[3038] STJ. **REsp 90.175/SP**. 6ª Turma. Relator: Min. Anselmo Santiago. Data de julgamento: 11 dez. 1997, v.u. Data de publicação: DJU, 25 fev. 1998. p. 127.

[3039] TRF. 3ª Região. 1ª Turma. **Ag. Reg. no HC 98.03.00378-0/MS**. Relator: Juiz Theotonio Costa. Data de julgamento: 3 fev. 1998, v.u. Data de publicação: DJU, 17 fev. 1998. p. 231.

[3040] STF. **HC 73.128-7**. Relator: Min. Maurício Corrêa.

[3041] TJSP. HC 105.313-4. Tupã. 4ª Câmara de Direito Privado. Relator: Barbosa Pereira. Data de publicação: 28 jan. 1999, v.u.

embora algumas tentativas nesse sentido sejam feitas, buscando-se afirmar genericamente a "impossibilidade, ademais, de se resolver o ponto central da *persecutio criminis*, no âmbito estreito do *writ*".[3042]

O que vem a ser esse "ponto central" é, na verdade, exercício retórico extremamente flutuante, pois, quando se deseja, vai-se a fundo na análise do próprio elemento subjetivo do tipo.

O fato é que, no entroncamento dos méritos, pode-se afirmar que:

> Malgrado se busque algum tipo de legalidade objetiva com o art. 647, o conhecimento do instrumento constitucional pelo órgão jurisdicional dependerá sempre de um juízo retórico por demais flexível, levando a um resultado de injustiça operacional (porque num caso analisa-se o dolo e em outro não, por exemplo).

> O que é mais perigoso, do ponto de vista do mecanismo constitucional, é que essa flexibilização pode levar ao conhecimento e concessão do *writ* segundo tipos de autor, em desabono a um direito material do fato.

Art. 652. Se o habeas corpus for concedido em virtude de nulidade do processo, este será renovado.

1. Sobre nulidades processuais, ver nestes *Comentários* arts. 563 a 573

Art. 653. Ordenada a soltura do paciente em virtude de habeas corpus, será condenada nas custas a autoridade que, por má-fé ou evidente abuso de poder, tiver determinado a coação.
Parágrafo único. Neste caso, será remetida ao Ministério Público cópia das peças necessárias para ser promovida a responsabilidade da autoridade.

1. Sobre abuso de autoridade, ver Lei n. 4.898/65

Art. 654. O habeas corpus poderá ser impetrado por qualquer pessoa, em seu favor ou de outrem, bem como pelo Ministério Público.
§ 1º A petição de habeas corpus conterá:
a) o nome da pessoa que sofre ou está ameaçada de sofrer violência ou coação e o de quem exercer a violência, coação ou ameaça;
b) a declaração da espécie de constrangimento ou, em caso de simples ameaça de coação, as razões em que funda o seu temor;
c) a assinatura do impetrante, ou de alguém a seu rogo, quando não souber ou não puder escrever, e a designação das respectivas residências.

§ 2º Os juízes e os tribunais têm competência para expedir de ofício ordem de habeas corpus, quando no curso de processo verificarem que alguém sofre ou está na iminência de sofrer coação ilegal.

1. Impetração pelo Ministério Público
É possível.

> O Código de Processo Penal (art. 654) e a Lei Orgânica Nacional do Ministério Público (art. 32, I) conferem legitimidade ao Promotor de Justiça para impetrar *habeas corpus*, desde que, segundo a jurisprudência desta Corte, a impetração não atente contra o interesse do paciente, caracterizando abuso de poder, com o fito de favorecer interesses da acusação.[3043]

2. Ausência de formalidades
"O *habeas corpus*, por ser instrumento processual de dignidade constitucional destinado a proteger o direito de locomoção, prescinde das formalidades clássicas do processo comum, sendo irrelevante a ausência de autenticação de cópias de documentos que instruem o pedido".[3044]

3. Inicial de *habeas corpus*
De forma bastante controversa, já se decidiu que "o *habeas corpus*, como ação, deve estar instruído com a documentação pertinente. Não se conhece, entretanto, se a impetração, subscrita por advogado, não atende a esse pormenor"[3045].

4. Intervenção de terceiros e *habeas corpus*
Tratando-se de mecanismo de claras singularidades, a hipótese de intervenção de terceiros em habeas corpus nunca foi exatamente prestigiada pela jurisprudência e doutrina, com acerto, acrescente-se. Contudo, em algumas ocasiões chegou-se a decidir pela intervenção do querelante em habeas corpus oriundo de ação penal privada. Embora a regra seja a impossibilidade de intervenção de terceiros em sede de habeas corpus, a jurisprudência

---

3042 TJSP. RT 756/553.
3043 STF. **HC 77.017/RS**. Relator: Min. Maurício Corrêa. Inf. do STF 12. Data de publicação: DJU, 16 set. 1998. *Clipping* do DJU: 11 set. 1998.
3044 STJ. **HC 6.127/PR**. 6ª Turma. Relator: Min. Vicente Leal, Data de publicação: DJU, 3 nov. 1997, v.u. p. 56.373.
3045 STJ. **HC 2.668-3/SP**. 6ª Turma. Relator: Min. Luiz Vicente Cernicchiaro. Data de julgamento: 29 jun. 1994, v.u. Data de publicação: DJU, 26 set. 1994. p. 25.668.

do STJ e do STF tem flexibilizado esse entendimento quando se trata de ação penal privada, permitindo-se, por conseguinte, que o querelante participe do julgamento.[3046]

Art. 655. O carcereiro ou o diretor da prisão, o escrivão, o oficial de justiça ou a autoridade judiciária ou policial que embaraçar ou procrastinar a expedição de ordem de habeas corpus, as informações sobre a causa da prisão, a condução e apresentação do paciente, ou a sua soltura, será multado na quantia de duzentos mil-réis a um conto de réis, sem prejuízo das penas em que incorrer. As multas serão impostas pelo juiz do tribunal que julgar o habeas corpus, salvo quando se tratar de autoridade judiciária, caso em que caberá ao Supremo Tribunal Federal ou ao Tribunal de Apelação impor as multas.

1. Multas inexistentes em função da desatualização monetária
A desatualização monetária tornou inócua a previsão do presente artigo.

Art. 656. Recebida a petição de habeas corpus, o juiz, se julgar necessário, e estiver preso o paciente, mandará que este lhe seja imediatamente apresentado em dia e hora que designar.
Parágrafo único. Em caso de desobediência, será expedido mandado de prisão contra o detentor, que será processado na forma da lei, e o juiz providenciará para que o paciente seja tirado da prisão e apresentado em juízo.

Art. 657. Se o paciente estiver preso, nenhum motivo escusará a sua apresentação, salvo:
I – grave enfermidade do paciente;
II – não estar ele sob a guarda da pessoa a quem se atribui a detenção;
III – se o comparecimento não tiver sido determinado pelo juiz ou pelo tribunal.
Parágrafo único. O juiz poderá ir ao local em que o paciente se encontrar, se este não puder ser apresentado por motivo de doença.

1. Apresentação da pessoa presa
A norma em questão tem, hoje, amparo em textos internacionais que condicionam a formação do processo penal brasileiro.
Assim, no Pacto Internacional dos Direitos Civis e Políticos (art. 9º, número 3): "3. Qualquer pessoa presa ou encarcerada em virtude de infração penal deverá ser conduzida, sem demora, à presença do juiz ou de outra autoridade habilitada por lei a exercer funções judiciais e terá o direito de ser julgada em prazo razoável ou de ser posta em liberdade. A prisão preventiva de pessoas que aguardam julgamento não deverá constituir a regra geral, mas a soltura poderá estar condicionada a garantias que assegurem o comparecimento da pessoa em questão à audiência, a todos os atos do processo e, se necessário for, para a execução da sentença".

Também na Convenção Americana sobre os Direitos Humanos (art. 7º, número 5):

5. Toda pessoa detida ou retida deve ser conduzida, sem demora, à presença de um juiz ou outra autoridade autorizada pela lei a exercer funções judiciais e tem direito a ser julgada dentro de um prazo razoável ou a ser posta em liberdade, sem prejuízo de que prossiga o processo. Sua liberdade pode ser condicionada a garantias que assegurem o seu comparecimento em juízo.

Tais previsões são mais amplas e complementam o próprio texto constitucional que prevê (art. 5º, LXII): "A prisão de qualquer pessoa e o local onde se encontre serão comunicados imediatamente ao juiz competente e à família do preso ou à pessoa por ele indicada";

Art. 658. O detentor declarará à ordem de quem o paciente estiver preso.

1. Correção da autoridade coatora
Não impede o conhecimento da impetração e se destina a indicar o responsável civil, administrativo e penal que, eventualmente, responderá pela ilegalidade.

Art. 659. Se o juiz ou o tribunal verificar que já cessou a violência ou coação ilegal, julgará prejudicado o pedido.

1. Pedido prejudicado
Dá-se pela perda do objeto com o fim da constrição ou ameaça de constrição à liberdade de locomoção.

Art. 660. Efetuadas as diligências, e interrogado o paciente, o juiz decidirá, fundamentadamente, dentro de 24 (vinte e quatro) horas.

1. Forma de interrogatório do paciente
Compreende as formas previstas no art. 183 e seguintes, para onde remetemos o leitor.

3046 STJ. **HC 27.540-RJ**. 6ª Turma. Data de publicação: DJ, 27 jun. 2005. REsp 33.527-AM. 6ª Turma. Data de publicação: DJ, 2 ago. 1993. Precedente citado do STF: Pet 423-SP AgR. Tribunal Pleno. Data de publicação: DJ, 13 mar. 1992. RHC 41.527-RJ. Relator: Min. Jorge Mussi. Data de julgamento: 3 mar. 2015. Data de publicação: DJe, 11 mar. 2015.

§ 1º Se a decisão for favorável ao paciente, será logo posto em liberdade, salvo se por outro motivo dever ser mantido na prisão.

§ 2º Se os documentos que instruírem a petição evidenciarem a ilegalidade da coação, o juiz ou o tribunal ordenará que cesse imediatamente o constrangimento.

§ 3º Se a ilegalidade decorrer do fato de não ter sido o paciente admitido a prestar fiança, o juiz arbitrará o valor desta, que poderá ser prestada perante ele, remetendo, neste caso, à autoridade os respectivos autos, para serem anexados aos do inquérito policial ou aos do processo judicial.

§ 4º Se a ordem de habeas corpus for concedida para evitar ameaça de violência ou coação ilegal, dar-se-á ao paciente salvo-conduto assinado pelo juiz.

§ 5º Será incontinenti enviada cópia da decisão à autoridade que tiver ordenado a prisão ou tiver o paciente à sua disposição, a fim de juntar-se aos autos do processo.

§ 6º Quando o paciente estiver preso em lugar que não seja o da sede do juízo ou do tribunal que conceder a ordem, o alvará de soltura será expedido pelo telégrafo, se houver, observadas as formalidades estabelecidas no art. 289, parágrafo único, in fine, ou por via postal.

1. Salvo-conduto

"O salvo-conduto tem por finalidade evitar ameaça de violência ou coação ilegal à liberdade de ir e vir (art. 660, § 4º, do CPP), mas ameaça entendida como real, efetiva, nunca assentada em meras presunções. Desse modo a decisão que a conceder deve ser objetiva quanto a indicar a autoridade tida como coatora e no mencionar a ameaça de coação ilegal a ela imputada, não bastando fazer referência aos direitos e garantias fundamentais a todos os cidadãos estabelecidos pela Constituição Federal em seu art. 5º, XI e LXI".[3047]

Mais ainda, é "impossível conceder-se salvo-conduto em sede de *Habeas corpus* a eventual paciente que nada apresenta de concreto, nem mesmo fundado receio, que justifique tal concessão, sendo que a simples notícia de um jornal que anuncia prisões irregulares não merece a credibilidade de uma prova".[3048]

Art. 661. Em caso de competência originária do Tribunal de Apelação, a petição de habeas corpus será apresentada ao secretário, que a enviará imediatamente ao presidente do tribunal, ou da câmara criminal, ou da turma, que estiver reunida, ou primeiro tiver de reunir-se.

1. Sustentação oral na sessão de julgamento

"Não se intima impetrante para julgamento de *habeas corpus*, que sendo remédio urgente dispensa inclusão em pauta. A falta de sustentação oral não configura prejuízo ao direito à ampla defesa" (STJ. RHC 4.053-0/RS. 5ª Turma. Relator: Min. Edson Vidigal. Data de julgamento: 19 out. 1994, v.u. Data de publicação: DJU, 20 mar. 1995. p. 6.133).

Art. 662. Se a petição contiver os requisitos do art. 654, § 1º, o presidente, se necessário, requisitará da autoridade indicada como coatora informações por escrito. Faltando, porém, qualquer daqueles requisitos, o presidente mandará preenchê-lo, logo que lhe for apresentada a petição.

1. Facultatividade das informações

As informações não são essenciais para o julgamento do *habeas corpus* e não constituem "defesa" no sentido técnico processual que se lhe dá.

No entanto, já se decidiu que

em sede de *habeas corpus*, como o Estado – representado pelo impetrado – tem o direito de se manifestar através das informações, justificando sua atuação, que goza da presunção de legalidade, somente em casos excepcionais, teratológicos mesmo, é que se poderá dispensar a requisição das informações da Autoridade apontada como coatora, o que significa que o julgador não entende possível ou plausível a justificação do ato inquinado de contrário à lei (RJTACRim, 60/142).

Art. 663. As diligências do artigo anterior não serão ordenadas, se o presidente entender que o habeas corpus deva ser indeferido in limine. Nesse caso, levará a petição ao tribunal, câmara ou turma, para que delibere a respeito.

1. Súmula 691 do STF

Não compete ao Supremo Tribunal Federal conhecer de *habeas corpus* impetrado contra decisão do relator que, em *habeas corpus* requerido a Tribunal Superior, indefere a liminar.

Nessas hipóteses, tem-se o não conhecimento da ordem impetrada, salvo

as hipóteses excepcionais em que seja premente a necessidade de concessão do provimento cautelar para evitar flagrante constrangimento ilegal

---

[3047] RJTACrim 8/226.
[3048] RJTACrim 23/465.

ou em que a negativa de decisão concessiva de medida liminar pelo Tribunal Superior importe a caracterização ou a manutenção de situação manifestamente contrária à jurisprudência da Suprema Corte. 2. O descontentamento pela falta de êxito no pleito submetido ao Tribunal *a quo*, sem julgamento definitivo, não pode ensejar o conhecimento desta ação sob pena de supressão de instância e de grave violação das regras de competência. 3. *Habeas corpus* não conhecido.[3049]

Art. 664. Recebidas as informações, ou dispensadas, o habeas corpus será julgado na primeira sessão, podendo, entretanto, adiar-se o julgamento para a sessão seguinte.

Parágrafo único. A decisão será tomada por maioria de votos. Havendo empate, se o presidente não tiver tomado parte na votação, proferirá voto de desempate; no caso contrário, prevalecerá a decisão mais favorável ao paciente.

1. Tramitação no Tribunal e urgência

"Sendo o *habeas corpus* remédio urgente, dispensa-se sua inclusão prévia em pauta pública. É julgado em mesa tão logo conclusos os autos, após indispensável audiência do Ministério Público" (STJ. RHC 4.152-8/SP. 5ª Turma. Relator: Min. Edson Vidigal. Data de julgamento: 14 dez. 1994, v.u. Data de publicação: DJU, 20 mar. 1995. p. 6.133).

Art. 665. O secretário do tribunal lavrará a ordem que, assinada pelo presidente do tribunal, câmara ou turma, será dirigida, por ofício ou telegrama, ao detentor, ao carcereiro ou autoridade que exercer ou ameaçar exercer o constrangimento.

Parágrafo único. A ordem transmitida por telegrama obedecerá ao disposto no art. 289, parágrafo único, in fine.

1. Comunicação imediata da concessão

Possível pelos meios tecnologicamente disponíveis, e não apenas pelos enumerados no presente artigo.

Art. 666. Os regimentos dos Tribunais de Apelação estabelecerão as normas complementares para o processo e julgamento do pedido de habeas corpus de sua competência originária.

Art. 667. No processo e julgamento do habeas corpus de competência originária do Supremo Tribunal Federal, bem como nos de recurso das decisões de última ou única instância, denegatórias de habeas corpus, observar-se-á, no que lhes for aplicável, o disposto nos artigos anteriores, devendo o regimento interno do tribunal estabelecer as regras complementares.

1. Tratamento da matéria no âmbito do STF

O tema está tratado na Lei n. 8.038, de 28 de maio de 1990, que institui normas procedimentais para os processos perante o Superior Tribunal de Justiça e o Supremo Tribunal Federal.

LIVRO IV – Da Execução

TÍTULO I – Disposições Gerais

Art. 668. A execução, onde não houver juiz especial, incumbirá ao juiz da sentença, ou, se a decisão for do Tribunal do Júri, ao seu presidente.

Parágrafo único. Se a decisão for de tribunal superior, nos casos de sua competência originária, caberá ao respectivo presidente prover-lhe a execução.

1. Revogação do presente Livro

Diante da Lei das Execuções Penais (Lei n. 7.210, de 1984), o presente Livro restou praticamente revogado à exceção dos artigos sobre Reabilitação, matéria que não foi disciplinada pela LEP[3050] na visão da maior parte das manifestações a respeito, nada obstante um de seus maiores objetivos tenha sido esvaziado pelo artigo 202 da LEP[3051], a saber, a exclusão de informações sobre condenações anteriores.[3052]

2. A jurisdicionalização da execução penal e seus limites no discurso dogmático brasileiro

Também apoiado em texto anterior, relembramos que A discussão sobre o caráter jurisdicional ou meramente administrativo da execução penal ocupou

---

3049 STF, HC 94.197/PE, rel. Min. Menezes Direito, j. 10-6-2008.

3050 TRF-5. **REOCR 915 AL 2006.05.00.012664-4**. 2ª Turma. Relator: Des. Fed. Napoleão Maia Filho. Data de julgamento: 29 ago. 2006. Data de publicação: DJ, 18 out. 2006. p. 715. n. 200.

3051 "Art. 202. Cumprida ou extinta a pena, não constarão da folha corrida, atestados ou certidões fornecidas por autoridade policial ou por auxiliares da Justiça, qualquer notícia ou referência à condenação, salvo para instruir processo pela prática de nova infração penal ou outros casos expressos em lei".

3052 TJ-DF. **APR 173584420078070007 DF 0017358-44.2007.807.0007**. 1ª Turma Criminal. Relator: João Timóteo. Data de julgamento: 22 out. 2009. Data de publicação: DJ-e, 1º fev. 2010. p. 101.

longo espaço nos debates acadêmicos ainda desde os anos 1970 conforme pontifica Ada P. Grinover[3053] ao analisar as insuficiências da matéria no PL 633/75.

Com a paralisação legislativa daquele PL. já no início dos anos 1980 e às vésperas da edição da Lei das Execuções Penais, a partir dos postulados da Escola Processual de São Paulo[3054], sobretudo quando da celebração das históricas "Mesas de Processo Penal"[3055], parte significativa da comunidade acadêmica apresentou um pensamento consolidado: a execução penal teria ao menos "momentos" jurisdicionais, dentre os quais se destacam o seu início, a decisão sobre seus incidentes e o reconhecimento do fim da aplicação da pena.

Efetivamente vanguardeiro para aquele momento histórico, tal modo de enxergar a persecução penal na fase executiva deu frutos interessantes, podendo ser resumidos na seguinte posição de outro sempre festejado doutrinador paulista: "Com a aceitação de que há processo e jurisdição na execução penal conclui-se que há também partes em contraditório, estando de um lado o Estado como titular da pretensão executória, representado pelo Ministério Público, e de outro o condenado, que deve sempre, ser também assistido por advogado".[3056]

3. Jurisdição executiva penal e Estado de Direito

Na forma como já apreciado anteriormente, "a dificuldade de adequação constitucional do conceito de jurisdição à esfera executiva pode ser identificada pela incompreensão do funcionamento do modelo acusatório. Com efeito, quando se fala em acusatoriedade como manifestação processual de um determinado modo de ser político do Estado, projetando esses valores para o exercício da jurisdição, isto é feito de forma predominante com os olhos na atividade cognitiva (tutela de conhecimento).

Poucos autores, como Carvalho[3057]

> dão a importância ao reconhecimento de uma jurisdição de cariz inquisitiva no desenvolvimento da execução penal. Se, num Estado social e democrático de direito, a legalidade é a baliza do exercício da jurisdição, que não é autônoma em relação às bases do seu funcionamento, mas subordinada estritamente à lei, não se pode negar pelo menos dois pontos fundamentais que violam o exercício jurisdicional a partir dessa premissa: (i) o altíssimo grau de normas administrativas,

criando um sistema legal paralelo à Lei das Execuções Penais, que incidem diretamente no exercício jurisdicional da execução da pena e (ii) a movimentação do Estado-jurisdição na execução da pena sem a necessária previsão normativa. Em outras palavras, o exercício jurisdicional desgarrado de uma determinada norma de direito material. Particularmente exemplificativo desse último ponto é o denominado Regime Disciplinar Diferenciado, criado por um órgão administrativo de um determinado Estado-membro e que, compreendido como um "exemplo" a ser seguido, acabou atraindo presos "notórios" para seu interior. Base legal para tanto, no sentido exigido pela CR/88, não existia até a edição da Lei n. 10.792/03.

Art. 669. Só depois de passar em julgado, será exequível a sentença, salvo:
I – quando condenatória, para o efeito de sujeitar o réu à prisão, ainda no caso de crime afiançável, enquanto não for prestada a fiança;
II – quando absolutória, para o fim de imediata soltura do réu, desde que não proferida em processo por crime a que a lei comine pena de reclusão, no máximo, por tempo igual ou superior a 8 (oito) anos.

Art. 670. No caso de decisão absolutória confirmada ou proferida em grau de apelação, incumbirá ao relator fazer expedir o alvará de soltura, de que dará imediatamente conhecimento ao juiz de primeira instância.

Art. 671. Os incidentes da execução serão resolvidos pelo respectivo juiz.

Art. 672. Computar-se-á na pena privativa da liberdade o tempo:
I – de prisão preventiva no Brasil ou no estrangeiro;
II – de prisão provisória no Brasil ou no estrangeiro;
III – de internação em hospital ou manicômio.

Art. 673. Verificado que o réu, pendente a apelação por ele interposta, já sofreu prisão por tempo igual ao da pena a que foi condenado, o relator do feito mandará pô-lo imediatamente em liberdade, sem prejuízo do julgamento do recurso, salvo se, no caso de crime a que a lei comine pena de

---

[3053] GRINOVER, Ada Pellegrini. O processo de execução e o direito de defesa. **Revista de Informação Legislativa**, v. 15, n. 59, p. 53-62, jul./set. 1978.
[3054] BUZAID, Alfredo. BATISTA, Paula. Atualidades de um velho processualista. **Justitia**, 30-31/1960.
[3055] GRINOVER, Ada Pellegrini. Natureza Jurídica da Execução Penal. In: GRINOVER, Ada Pellegrini (Coord.). **Execução Penal**: mesas de processo penal, doutrina, jurisprudência e súmulas. São Paulo: Max Limonad, 1987. Em especial: Natureza jurídica da execução penal, por Ada Pellegrini Grinover. p. 5-13.
[3056] SCARANCE FERNANDES, Antonio. Execução penal: questões diversas. Justitia, v. 143, p. 63-78, jul./set. 1988a.
[3057] CARVALHO, Salo de. **Pena e garantias**. 2. ed. Rio de Janeiro: Lumen Juris, 2003. p. 172 e ss.

reclusão, no máximo, por tempo igual ou superior a 8 (oito) anos, o querelante ou o Ministério Público também houver apelado da sentença condenatória.

TÍTULO II – Da Execução das Penas em Espécie

CAPÍTULO I – Das Penas Privativas de Liberdade

Art. 674. Transitando em julgado a sentença que impuser pena privativa de liberdade, se o réu já estiver preso, ou vier a ser preso, o juiz ordenará a expedição de carta de guia para o cumprimento da pena.

Parágrafo único. Na hipótese do art. 82, última parte, a expedição da carta de guia será ordenada pelo juiz competente para a soma ou unificação das penas.

Art. 675. No caso de ainda não ter sido expedido mandado de prisão, por tratar-se de infração penal em que o réu se livra solto ou por estar afiançado, o juiz, ou o presidente da câmara ou tribunal, se tiver havido recurso, fará expedir o mandado de prisão, logo que transite em julgado a sentença condenatória.

§ 1º No caso de reformada pela superior instância, em grau de recurso, a sentença absolutória, estando o réu solto, o presidente da câmara ou do tribunal fará, logo após a sessão de julgamento, remeter ao chefe de Polícia o mandado de prisão do condenado.

§ 2º Se o réu estiver em prisão especial, deverá, ressalvado o disposto na legislação relativa aos militares, ser expedida ordem para sua imediata remoção para prisão comum, até que se verifique a expedição de carta de guia para o cumprimento da pena.

Art. 676. A carta de guia, extraída pelo escrivão e assinada pelo juiz, que a rubricará em todas as folhas, será remetida ao diretor do estabelecimento em que tenha de ser cumprida a sentença condenatória, e conterá:

I – o nome do réu e a alcunha por que for conhecido;

II – a sua qualificação civil (naturalidade, filiação, idade, estado, profissão), instrução e, se constar, número do registro geral do Instituto de Identificação e Estatística ou de repartição congênere;

III – o teor integral da sentença condenatória e a data da terminação da pena.

Parágrafo único. Expedida carta de guia para cumprimento de uma pena, se o réu estiver cumprindo outra, só depois de terminada a execução desta será aquela executada. Retificar-se-á a carta de guia sempre que sobrevenha modificação quanto ao início da execução ou ao tempo de duração da pena.

Art. 677. Da carta de guia e seus aditamentos se remeterá cópia ao Conselho Penitenciário.

Art. 678. O diretor do estabelecimento, em que o réu tiver de cumprir a pena, passará recibo da carta de guia para juntar-se aos autos do processo.

Art. 679. As cartas de guia serão registradas em livro especial, segundo a ordem cronológica do recebimento, fazendo-se no curso da execução as anotações necessárias.

Art. 680. Computar-se-á no tempo da pena o período em que o condenado, por sentença irrecorrível, permanecer preso em estabelecimento diverso do destinado ao cumprimento dela.

Art. 681. Se impostas cumulativamente penas privativas da liberdade, será executada primeiro a de reclusão, depois a de detenção e por último a de prisão simples.

Art. 682. O sentenciado a que sobrevier doença mental, verificada por perícia médica, será internado em manicômio judiciário, ou, à falta, em outro estabelecimento adequado, onde lhe seja assegurada a custódia.

§ 1º Em caso de urgência, o diretor do estabelecimento penal poderá determinar a remoção do sentenciado, comunicando imediatamente a providência ao juiz, que, em face da perícia médica, ratificará ou revogará a medida.

§ 2º Se a internação se prolongar até o término do prazo restante da pena e não houver sido imposta medida de segurança detentiva, o indivíduo terá o destino aconselhado pela sua enfermidade, feita a devida comunicação ao juiz de incapazes.

Art. 683. O diretor da prisão a que o réu tiver sido recolhido provisoriamente ou em cumprimento de pena comunicará imediatamente ao juiz o óbito, a fuga ou a soltura do detido ou sentenciado para que fique constando dos autos.

Parágrafo único. A certidão de óbito acompanhará a comunicação.

Art. 684. A recaptura do réu evadido não depende de prévia ordem judicial e poderá ser efetuada por qualquer pessoa.

Art. 685. Cumprida ou extinta a pena, o condenado será posto, imediatamente, em liberdade, mediante alvará do juiz, no qual se ressalvará a hipótese de dever o condenado continuar na prisão por outro motivo legal.

Parágrafo único. Se tiver sido imposta medida de segurança detentiva, o condenado será removido para estabelecimento adequado (art. 762).

Capítulo II – Das Penas Pecuniárias

Art. 686. A pena de multa será paga dentro em 10 (dez) dias após haver transitado em julgado a sentença que a impuser.

Parágrafo único. Se interposto recurso da sentença, esse prazo será contado do dia em que o juiz ordenar o cumprimento da decisão da superior instância.

Art. 687. O juiz poderá, desde que o condenado o requeira:
I – prorrogar o prazo do pagamento da multa até 3 (três) meses, se as circunstâncias justificarem essa prorrogação;
II – permitir, nas mesmas circunstâncias, que o pagamento se faça em parcelas mensais, no prazo que fixar, mediante caução real ou fidejussória, quando necessário. (Redação dada pela Lei n. 6.416, de 24-5-1977)

§ 1º O requerimento, tanto no caso do n. I, como no do n. II, será feito dentro do decêndio concedido para o pagamento da multa.

§ 2º A permissão para o pagamento em parcelas será revogada, se o juiz verificar que o condenado dela se vale para fraudar a execução da pena. Nesse caso, a caução resolver-se-á em valor monetário, devolvendo-se ao condenado o que exceder à satisfação da multa e das custas processuais. (Redação dada pela Lei n. 6.416, de 24-5-1977)

Art. 688. Findo o decêndio ou a prorrogação sem que o condenado efetue o pagamento, ou ocorrendo a hipótese prevista no § 2º do artigo anterior, observar-se-á o seguinte:
I – possuindo o condenado bens sobre os quais possa recair a execução, será extraída certidão da sentença condenatória, a fim de que o Ministério Público proceda à cobrança judicial;
II – sendo o condenado insolvente, far-se-á a cobrança:
a) mediante desconto de quarta parte de sua remuneração (arts. 29, § 1º, e 37 do Código Penal), quando cumprir pena privativa da liberdade, cumulativamente imposta com a de multa;
b) mediante desconto em seu vencimento ou salário, se, cumprida a pena privativa da liberdade, ou concedido o livramento condicional, a multa não houver sido resgatada;
c) mediante esse desconto, se a multa for a única pena imposta ou no caso de suspensão condicional da pena.

§ 1º O desconto, nos casos das letras b e c, será feito mediante ordem ao empregador, à repartição competente ou à administração da entidade paraestatal, e, antes de fixá-lo, o juiz requisitará informações e ordenará diligências, inclusive arbitramento, quando necessário, para observância do art. 37, § 3º, do Código Penal.

§ 2º Sob pena de desobediência e sem prejuízo da execução a que ficará sujeito, o empregador será intimado a recolher mensalmente, até o dia fixado pelo juiz, a importância correspondente ao desconto, em selo penitenciário, que será inutilizado nos autos pelo juiz.

§ 3º Se o condenado for funcionário estadual ou municipal ou empregado de entidade paraestatal, a importância do desconto será, semestralmente, recolhida ao Tesouro Nacional, delegacia fiscal ou coletoria federal, como receita do selo penitenciário.

§ 4º As quantias descontadas em folha de pagamento de funcionário federal constituirão renda do selo penitenciário.

Art. 689. A multa será convertida, à razão de dez mil-réis por dia, em detenção ou prisão simples, no caso de crime ou de contravenção:
I – se o condenado solvente frustrar o pagamento da multa;
II – se não forem pagas pelo condenado solvente as parcelas mensais autorizadas sem garantia. (Redação dada pela Lei n. 6.416, de 24-5-1977)

§ 1º Se o juiz reconhecer desde logo a existência de causa para a conversão, a ela procederá de ofício ou a requerimento do Ministério Público, independentemente de audiência do condenado; caso contrário, depois de ouvir o condenado, se encontrado no lugar da sede do juízo, poderá admitir a apresentação de prova pelas partes, inclusive testemunhal, no prazo de 3 (três) dias. § 2º O juiz, desde que transite em julgado a decisão, ordenará a expedição de mandado de prisão ou aditamento à carta de guia, conforme esteja o condenado solto ou em cumprimento de pena privativa da liberdade.

§ 3º Na hipótese do inciso II deste artigo, a conversão será feita pelo valor das parcelas não pagas. (Redação dada pela Lei n. 6.416, de 24-5-1977)

Art. 690. O juiz tornará sem efeito a conversão, expedindo alvará de soltura ou cassando a ordem de prisão, se o condenado, em qualquer tempo:
I – pagar a multa;

II – prestar caução real ou fidejussória que lhe assegure o pagamento.

Parágrafo único. No caso do n. II, antes de homologada a caução, será ouvido o Ministério Público dentro do prazo de 2 (dois) dias.

Capítulo III – Das Penas Acessórias

Art. 691. O juiz dará à autoridade administrativa competente conhecimento da sentença transitada em julgado, que impuser ou de que resultar a perda da função pública ou a incapacidade temporária para investidura em função pública ou para exercício de profissão ou atividade.

Art. 692. No caso de incapacidade temporária ou permanente para o exercício do pátrio poder, da tutela ou da curatela, o juiz providenciará para que sejam acautelados, no juízo competente, a pessoa e os bens do menor ou do interdito.

Art. 693. A incapacidade permanente ou temporária para o exercício da autoridade marital ou do pátrio poder será averbada no registro civil.

Art. 694. As penas acessórias consistentes em interdições de direitos serão comunicadas ao Instituto de Identificação e Estatística ou estabelecimento congênere, figurarão na folha de antecedentes do condenado e serão mencionadas no rol de culpados.

Art. 695. Iniciada a execução das interdições temporárias (art. 72, a e b, do Código Penal), o juiz, de ofício, a requerimento do Ministério Público ou do condenado, fixará o seu termo final, completando as providências determinadas nos artigos anteriores.

Título III – Dos Incidentes da Execução

Capítulo I – Da Suspensão Condicional da Pena

Art. 696. O juiz poderá suspender, por tempo não inferior a 2 (dois) nem superior a 6 (seis) anos, a execução das penas de reclusão e de detenção que não excedam a 2 (dois) anos, ou, por tempo não inferior a 1 (um) nem superior a 3 (três) anos, a execução da pena de prisão simples, desde que o sentenciado: (Redação dada pela Lei n. 6.416, de 24-5-1977)

I – não haja sofrido, no País ou no estrangeiro, condenação irrecorrível por outro crime a pena privativa da liberdade, salvo o disposto no parágrafo único do art. 46 do Código Penal; (Redação dada pela Lei n. 6.416, de 24-5-1977)

II – os antecedentes e a personalidade do sentenciado, os motivos e as circunstâncias do crime autorizem a presunção de que não tornará a delinquir.

Parágrafo único. Processado o beneficiário por outro crime ou contravenção, considerar-se-á prorrogado o prazo da suspensão da pena até o julgamento definitivo.

Art. 697. O juiz ou tribunal, na decisão que aplicar pena privativa da liberdade não superior a 2 (dois) anos, deverá pronunciar-se, motivadamente, sobre a suspensão condicional, quer a conceda quer a denegue. (Redação dada pela Lei n. 6.416, de 24-5-1977)

Art. 698. Concedida a suspensão, o juiz especificará as condições a que fica sujeito o condenado, pelo prazo previsto, começando este a correr da audiência em que se der conhecimento da sentença ao beneficiário e lhe for entregue documento similar ao descrito no art. 724. (Redação dada pela Lei n. 6.416, de 24-5-1977)

§ 1º As condições serão adequadas ao delito e à personalidade do condenado. (Redação dada pela Lei n. 6.416, de 24-5-1977)

§ 2º Poderão ser impostas, além das estabelecidas no art. 767, como normas de conduta e obrigações, as seguintes condições: (Redação dada pela Lei n. 6.416, de 24-5-1977)

I – frequentar curso de habilitação profissional ou de instrução escolar; (Redação dada pela Lei n. 6.416, de 24-5-1977)

II – prestar serviços em favor da comunidade; (Redação dada pela Lei n. 6.416, de 24-5-1977)

III – atender aos encargos de família; (Redação dada pela Lei n. 6.416, de 24-5-1977)

IV – submeter-se a tratamento de desintoxicação. (Redação dada pela Lei n. 6.416, de 24-5-1977)

§ 3º O juiz poderá fixar, a qualquer tempo, de ofício ou a requerimento do Ministério Público, outras condições além das especificadas na sentença e das referidas no parágrafo anterior, desde que as circunstâncias o aconselhem. (Redação dada pela Lei n. 6.416, de 24-5-1977)

§ 4º A fiscalização do cumprimento das condições deverá ser regulada, nos Estados, Territórios e Distrito Federal, por normas supletivas e atribuída a serviço social penitenciário, patronato, conselho de comunidade ou entidades similares, inspecionadas pelo Conselho Penitenciário, pelo Ministério Público ou ambos, devendo o juiz da execução na comarca suprir, por ato, a falta das normas supletivas. (Redação dada pela Lei n. 6.416, de 24-5-1977)

§ 5º O beneficiário deverá comparecer periodicamente à entidade fiscalizadora, para comprovar a observância das condições a que está sujeito, comunicando, também, a sua ocupação, os salários ou proventos de que vive, as economias que conseguiu realizar e as dificuldades materiais ou sociais que enfrenta. (Redação dada pela Lei n. 6.416, de 24-5-1977)

§ 6º A entidade fiscalizadora deverá comunicar imediatamente ao órgão de inspeção, para os fins legais (arts. 730 e 731), qualquer fato capaz de acarretar a revogação do benefício, a prorrogação do prazo ou a modificação das condições. (Redação dada pela Lei n. 6.416, de 24-5-1977)

§ 7º Se for permitido ao beneficiário mudar-se, será feita comunicação ao juiz e à entidade fiscalizadora do local da nova residência, aos quais deverá apresentar-se imediatamente. (Redação dada pela Lei n. 6.416, de 24-5-1977)

Art. 699. No caso de condenação pelo Tribunal do Júri, a suspensão condicional da pena competirá ao seu presidente.

Art. 700. A suspensão não compreende a multa, as penas acessórias, os efeitos da condenação nem as custas.

Art. 701. O juiz, ao conceder a suspensão, fixará, tendo em conta as condições econômicas ou profissionais do réu, o prazo para o pagamento, integral ou em prestações, das custas do processo e taxa penitenciária.

Art. 702. Em caso de coautoria, a suspensão poderá ser concedida a uns e negada a outros réus.

Art. 703. O juiz que conceder a suspensão lerá ao réu, em audiência, a sentença respectiva, e o advertirá das consequências de nova infração penal e da transgressão das obrigações impostas.

Art. 704. Quando for concedida a suspensão pela superior instância, a esta caberá estabelecer-lhe as condições, podendo a audiência ser presidida por qualquer membro do tribunal ou câmara, pelo juiz do processo ou por outro designado pelo presidente do tribunal ou câmara.

Art. 705. Se, intimado pessoalmente ou por edital com prazo de 20 (vinte) dias, o réu não comparecer à audiência a que se refere o art. 703, a suspensão ficará sem efeito e será executada imediatamente a pena, salvo prova de justo impedimento, caso em que será marcada nova audiência.

Art. 706. A suspensão também ficará sem efeito se, em virtude de recurso, for aumentada a pena de modo que exclua a concessão do benefício. (Redação dada pela Lei n. 6.416, de 24-5-1977)

Art. 707. A suspensão será revogada se o beneficiário: (Redação dada pela Lei n. 6.416, de 24-5-1977)

I – é condenado, por sentença irrecorrível, a pena privativa da liberdade; (Redação dada pela Lei n. 6.416, de 24-5-1977)

II – frustra, embora solvente, o pagamento da multa, ou não efetua, sem motivo justificado, a reparação do dano. (Redação dada pela Lei n. 6.416, de 24-5-1977)

Parágrafo único. O juiz poderá revogar a suspensão, se o beneficiário deixa de cumprir qualquer das obrigações constantes da sentença, de observar proibições inerentes à pena acessória, ou é irrecorrivelmente condenado a pena que não seja privativa da liberdade; se não a revogar, deverá advertir o beneficiário, ou exacerbar as condições ou, ainda, prorrogar o período da suspensão até o máximo, se esse limite não foi o fixado. (Redação dada pela Lei n. 6.416, de 24-5-1977)

Art. 708. Expirado o prazo de suspensão ou a prorrogação, sem que tenha ocorrido motivo de revogação, a pena privativa de liberdade será declarada extinta.

Parágrafo único. O juiz, quando julgar necessário, requisitará, antes do julgamento, nova folha de antecedentes do beneficiário.

Art. 709. A condenação será inscrita, com a nota de suspensão, em livros especiais do Instituto de Identificação e Estatística, ou repartição congênere, averbando-se, mediante comunicação do juiz ou do tribunal, a revogação da suspensão ou a extinção da pena. Em caso de revogação, será feita a averbação definitiva no registro geral.

§ 1º Nos lugares onde não houver Instituto de Identificação e Estatística ou repartição congênere, o registro e a averbação serão feitos em livro próprio no juízo ou no tribunal.

§ 2º O registro será secreto, salvo para efeito de informações requisitadas por autoridade judiciária, no caso de novo processo.

§ 3º Não se aplicará o disposto no § 2º, quando houver sido imposta ou resultar de condenação pena acessória consistente em interdição de direitos.

Capítulo II – Do Livramento Condicional

Art. 710. O livramento condicional poderá ser concedido ao condenado a pena privativa da liberdade igual ou superior a 2 (dois) anos, desde que se verifiquem as condições seguintes: (Redação dada pela Lei n. 6.416, de 24-5-1977)

I – cumprimento de mais da metade da pena, ou mais de três quartos, se reincidente o sentenciado; (Redação dada pela Lei n. 6.416, de 24-5-1977)

II – ausência ou cessação de periculosidade;

III – bom comportamento durante a vida carcerária;

IV – aptidão para prover à própria subsistência mediante trabalho honesto;

V – reparação do dano causado pela infração, salvo impossibilidade de fazê-lo. (Redação dada pela Lei n. 6.416, de 24-5-1977)

Art. 711. As penas que correspondem a infrações diversas podem somar-se, para efeito do livramento. (Redação dada pela Lei n. 6.416, de 24-5-1977)

Art. 712. O livramento condicional poderá ser concedido mediante requerimento do sentenciado, de seu cônjuge ou de parente em linha reta, ou por proposta do diretor do estabelecimento penal, ou por iniciativa do Conselho Penitenciário. (Redação dada pelo Decreto-lei n. 6.109, de 16-12-1943)

Parágrafo único. No caso do artigo anterior, a concessão do livramento competirá ao juiz da execução da pena que o condenado estiver cumprindo.

Art. 713. As condições de admissibilidade, conveniência e oportunidade da concessão do livramento serão verificadas pelo Conselho Penitenciário, a cujo parecer não ficará, entretanto, adstrito o juiz.

Art. 714. O diretor do estabelecimento penal remeterá ao Conselho Penitenciário minucioso relatório sobre:

I – o caráter do sentenciado, revelado pelos seus antecedentes e conduta na prisão;

II – o procedimento do liberando na prisão, sua aplicação ao trabalho e seu trato com os companheiros e funcionários do estabelecimento;

III – suas relações, quer com a família, quer com estranhos;

IV – seu grau de instrução e aptidão profissional, com a indicação dos serviços em que haja sido empregado e da especialização anterior ou adquirida na prisão;

V – sua situação financeira, e seus propósitos quanto ao seu futuro meio de vida, juntando o diretor, quando dada por pessoa idônea, promessa escrita de colocação do liberando, com indicação do serviço e do salário.

Parágrafo único. O relatório será, dentro do prazo de 15 (quinze) dias, remetido ao Conselho, com o prontuário do sentenciado, e, na falta, o Conselho opinará livremente, comunicando à autoridade competente a omissão do diretor da prisão.

Art. 715. Se tiver sido imposta medida de segurança detentiva, o livramento não poderá ser concedido sem que se verifique, mediante exame das condições do sentenciado, a cessação da periculosidade.

Parágrafo único. Consistindo a medida de segurança em internação em casa de custódia e tratamento, proceder-se-á a exame mental do sentenciado.

Art. 716. A petição ou a proposta de livramento será remetida ao juiz ou ao tribunal por ofício do presidente do Conselho Penitenciário, com a cópia do respectivo parecer e do relatório do diretor da prisão.

§ 1º Para emitir parecer, o Conselho poderá determinar diligências e requisitar os autos do processo.

§ 2º O juiz ou o tribunal mandará juntar a petição ou a proposta, com o ofício ou documento que a acompanhar, aos autos do processo, e proferirá sua decisão, previamente ouvido o Ministério Público.

Art. 717. Na ausência da condição prevista no art. 710, I, o requerimento será liminarmente indeferido. (Redação dada pela Lei n. 6.416, de 24-5-1977)

Art. 718. Deferido o pedido, o juiz, ao especificar as condições a que ficará subordinado o livramento, atenderá ao disposto no art. 698, §§ 1º, 2º e 5º. (Redação dada pela Lei n. 6.416, de 24-5-1977)

§ 1º Se for permitido ao liberado residir fora da jurisdição do juiz da execução, remeter-se-á cópia da sentença do livramento à autoridade judiciária do lugar para onde ele se houver transferido, e à entidade de observação cautelar e proteção. (Redação dada pela Lei n. 6.416, de 24-5-1977)

§ 2º O liberado será advertido da obrigação de apresentar-se imediatamente à autoridade judiciária e à entidade de observação cautelar e proteção. (Redação dada pela Lei n. 6.416, de 24-5-1977)

Art. 719. O livramento ficará também subordinado à obrigação de pagamento das custas do processo e da taxa penitenciária, salvo caso de insolvência comprovada.

Parágrafo único. O juiz poderá fixar o prazo para o pagamento integral ou em prestações, tendo em consideração as condições econômicas ou profissionais do liberado.

Art. 720. A forma de pagamento da multa, ainda não paga pelo liberando, será determinada de acordo com o disposto no art. 688.

Art. 721. Reformada a sentença denegatória do livramento, os autos baixarão ao juiz da primeira instância, a fim de que determine as condições que devam ser impostas ao liberando.

Art. 722. Concedido o livramento, será expedida carta de guia, com a cópia integral da sentença em duas vias, remetendo-se uma ao diretor do estabelecimento penal e outra ao presidente do Conselho Penitenciário.

Art. 723. A cerimônia do livramento condicional será realizada solenemente, em dia marcado pela autoridade que deva presidi-la, observando-se o seguinte:

I – a sentença será lida ao liberando, na presença dos demais presos, salvo motivo relevante, pelo presidente do Conselho Penitenciário, ou pelo seu representante junto ao estabelecimento penal, ou, na falta, pela autoridade judiciária local;

II – o diretor do estabelecimento penal chamará a atenção do liberando para as condições impostas na sentença de livramento;

III – o preso declarará se aceita as condições.

§ 1º De tudo, em livro próprio, se lavrará termo, subscrito por quem presidir a cerimônia, e pelo liberando, ou alguém a seu rogo, se não souber ou não puder escrever.

§ 2º Desse termo, se remeterá cópia ao juiz do processo.

Art. 724. Ao sair da prisão o liberado, ser-lhe-á entregue, além do saldo do seu pecúlio e do que lhe pertencer, uma caderneta que exibirá à autoridade judiciária ou administrativa sempre que lhe for exigido. Essa caderneta conterá:

I – a reprodução da ficha de identidade, ou o retrato do liberado, sua qualificação e sinais característicos;

II – o texto impresso dos artigos do presente capítulo;

III – as condições impostas ao liberado;

IV – a pena acessória a que esteja sujeito. (Incluído pela Lei n. 6.416, de 24-5-1977)

§ 1º Na falta de caderneta, será entregue ao liberado um salvo-conduto, em que constem as condições do livramento e a pena acessória, podendo substituir-se a ficha de identidade ou o retrato do liberado pela descrição dos sinais que possam identificá-lo. (Incluído pela Lei n. 6.416, de 24-5-1977)

§ 2º Na caderneta e no salvo-conduto deve haver espaço para consignar o cumprimento das condições referidas no art. 718. (Incluído pela Lei n. 6.416, de 24-5-1977)

Art. 725. A observação cautelar e proteção realizadas por serviço social penitenciário, patronato, conselho de comunidade ou entidades similares, terá a finalidade de: (Redação dada pela Lei n. 6.416, de 24-5-1977)

I – fazer observar o cumprimento da pena acessória, bem como das condições especificadas na sentença concessiva do benefício; (Redação dada pela Lei n. 6.416, de 24-5-1977)

II – proteger o beneficiário, orientando-o na execução de suas obrigações e auxiliando-o na obtenção de atividade laborativa. (Redação dada pela Lei n. 6.416, de 24-5-1977)

Parágrafo único. As entidades encarregadas de observação cautelar e proteção do liberado apresentarão relatório ao Conselho Penitenciário, para efeito da representação prevista nos arts. 730 e 731. (Redação dada pela Lei n. 6.416, de 24-5-1977)

Art. 726. Revogar-se-á o livramento condicional, se o liberado vier, por crime ou contravenção, a ser condenado por sentença irrecorrível a pena privativa de liberdade.

Art. 727. O juiz pode, também, revogar o livramento, se o liberado deixar de cumprir qualquer das obrigações constantes da sentença, de observar proibições inerentes à pena acessória ou for irrecorrivelmente condenado, por crime, à pena que não seja privativa da liberdade. (Redação dada pela Lei n. 6.416, de 24-5-1977)

Parágrafo único. Se o juiz não revogar o livramento, deverá advertir o liberado ou exacerbar as condições. (Redação dada pela Lei n. 6.416, de 24-5-1977)

Art. 728. Se a revogação for motivada por infração penal anterior à vigência do livramento, computar-se-á no tempo da pena o período em que esteve solto o liberado, sendo permitida, para a concessão de novo livramento, a soma do tempo das duas penas.

Art. 729. No caso de revogação por outro motivo, não se computará na pena o tempo em que esteve solto o liberado, e tampouco se concederá, em relação à mesma pena, novo livramento.

Art. 730. A revogação do livramento será decretada mediante representação do Conselho Penitenciário, ou a requerimento do Ministério Público, ou de ofício, pelo juiz, que, antes, ouvirá o liberado, podendo ordenar diligências e permitir a produção de prova, no prazo de 5 (cinco) dias. (Redação dada pela Lei n. 6.416, de 24-5-1977)

Art. 731. O juiz, de ofício, a requerimento do Ministério Público, ou mediante representação do Conselho Penitenciário, poderá modificar as condições ou normas de conduta especificadas na sentença, devendo a respectiva decisão ser lida ao liberado por uma das autoridades ou por um dos funcionários indicados no inciso I do art. 723, observado o disposto nos incisos II e III, e §§ 1º e 2º do mesmo artigo. (Redação dada pela Lei n. 6.416, de 24-5-1977)

Art. 732. Praticada pelo liberado nova infração, o juiz ou o tribunal poderá ordenar a sua prisão, ouvido o Conselho Penitenciário, suspendendo o curso do livramento condicional, cuja revogação ficará, entretanto, dependendo da decisão final no novo processo.

Art. 733. O juiz, de ofício, ou a requerimento do interessado, do Ministério Público, ou do Conselho Penitenciário, julgará extinta a pena privativa de liberdade, se expirar o prazo do livramento sem revogação, ou na hipótese do artigo anterior, for o liberado absolvido por sentença irrecorrível.

TÍTULO IV – Da Graça, do Indulto, da Anistia e da Reabilitação

CAPÍTULO I – Da Graça, do Indulto e da Anistia

1. Indulto e comutação como instrumentos de política carcerária

Aquilo que o STF denominou de "estado de coisas inconstitucional"[3058] ao se referir à forma como a execução penal é gerida da realidade do sistema prisional é uma das razões pelas quais os mecanismos de indulto ou comutação ganharam, ao longo dos anos 2000, papel preponderante na política carcerária, deixando de atuar como mecanismos excepcionais para servirem de claro instrumento de esvaziamento de unidades prisionais.

Coimbra, apoiado em MIRPUIG aponta que:

não são poucos doutrinadores que criticam a possibilidade de interferência do Poder Executivo na esfera do ius puniendi" ao se referir que tais mecanismos extintivos da pena "deveriam compaginar-se com a separação dos poderes, reservando-se a concessão geral da graça e a valoração de sua conveniência política ao Parlamento e sua aplicação nos casos concretos, ao Poder Judiciário, com algum possível controle por parte do Legislativo".[3059]

Como apontado em alentado julgado, "A análise histórica da utilização do instituto do indulto também chama a atenção pelo fato de que jamais o Poder Executivo deixou de editar decreto anual extinguindo a punibilidade de forma ampla aos réus que se enquadravam nas situações hipotéticas descritas. O ato constitucional extraordinário, destinado a corrigir injustiças graves e excepcionais decorrentes de circunstâncias concretas muito específicas de determinados casos, passou a ser reiterado como se estivéssemos diante de instituto jurídico de manejo ordinário. O remédio constitucional de severa intervenção do Poder Executivo sobre os demais banalizou-se."[3060]

E, por tais fundamentos, o mencionado precedente concluiu que "O art. 1º, inciso XIV do Decreto 8.615/15, que concede indulto a quem tenha cumprido apenas ¼ das penas restritivas de direitos a que submetido por condenação lastreada no tipo e nos critérios legais de dosimetria aplicáveis ao caso, atenta contra a separação dos Poderes Legislativo e Judiciário, contra o princípio da individualização da pena, contra a vedação constitucional de que Executivo legisle sobre direito penal e contra o princípio da vedação da proteção insuficiente, na medida em que gera impunidade."

Art. 734. A graça poderá ser provocada por petição do condenado, de qualquer pessoa do povo, do Conselho Penitenciário, ou do Ministério Público, ressalvada, entretanto, ao Presidente da República, a faculdade de concedê-la espontaneamente.

Art. 735. A petição de graça, acompanhada dos documentos com que o impetrante a instruir, será remetida ao Ministro da Justiça por intermédio do Conselho Penitenciário.

Art. 736. O Conselho Penitenciário, à vista dos autos do processo, e depois de ouvir o diretor do estabelecimento penal a que estiver recolhido o condenado, fará, em relatório, a narração do fato criminoso, examinará as provas, mencionará qualquer formalidade ou circunstância omitida na petição e exporá os antecedentes do condenado e seu procedimento depois de preso, opinando sobre o mérito do pedido.

Art. 737. Processada no Ministério da Justiça, com os documentos e o relatório do Conselho Penitenciário, a petição subirá a despacho do Presidente da República, a quem serão presentes os autos do processo ou a certidão de qualquer de suas peças, se ele o determinar.

Art. 738. Concedida a graça e junta aos autos cópia do decreto, o juiz declarará extinta a pena ou penas, ou ajustará a execução aos termos do

---

[3058] STF. **Medida Cautelar na Arguição de Descumprimento de Preceito Fundamental n. 347**. Relator: Min. Marco Aurélio.
[3059] HAMMERSCHIMIDT, Denise; MARANHÃO, Douglas Bonaldi; COIMBRA, Mário (Coord.). Luiz Regis Prado. **Execução Penal**. São Paulo: Revista dos Tribunais, 2009.
[3060] TRF 4ª. Região. **Incidente De Arguição De Inconstitucionalidade nº 5051763-44.2016.4.04.0000/TRF**. Relator: Leandro Paulsen. Suscitante: 8ª turma do TRF. Data de julgamento: 25 maio 2017.

decreto, no caso de redução ou comutação de pena.

Art. 739. O condenado poderá recusar a comutação da pena.

Art. 740. Os autos da petição de graça serão arquivados no Ministério da Justiça.

Art. 741. Se o réu for beneficiado por indulto, o juiz, de ofício ou a requerimento do interessado, do Ministério Público ou por iniciativa do Conselho Penitenciário, providenciará de acordo com o disposto no art. 738.

Art. 742. Concedida a anistia após transitar em julgado a sentença condenatória, o juiz, de ofício ou a requerimento do interessado, do Ministério Público ou por iniciativa do Conselho Penitenciário, declarará extinta a pena.

Capítulo II – Da Reabilitação

Art. 743. A reabilitação será requerida ao juiz da condenação, após o decurso de 4 (quatro) ou 8 (oito) anos, pelo menos, conforme se trate de condenado ou reincidente, contados do dia em que houver terminado a execução da pena principal ou da medida de segurança detentiva, devendo o requerente indicar as comarcas em que haja residido durante aquele tempo.

1. Perfil dogmático

O instituto da reabilitação é antigo na engrenagem do sistema penal.[3061] Contudo, em uma ótica condizente com o Estado de Direito, a reabilitação não se sustenta, na medida em que, uma vez cumprida a pena oriunda de determinada condenação, não podem subsistir efeitos negativos à pessoa condenada. Os "efeitos" que a reabilitação propicia advêm automaticamente com o cumprimento da sanção imposta e transitada em julgado.

Assim, o lapso temporal (de dois anos, segundo o CP, que revogou o CPP nessa parte) e os requisitos abaixo, rigorosamente falando, não se mantêm diante da CR e da CADH. Note-se, inclusive, que exigências como "atestado de boa conduta" ou similares expedidos por "autoridades" não podem impedir que alguém deixe de sofrer os constrangimentos de uma pena que já foi executada na sua integralidade.

Nesse sentido, a "reabilitação" é uma extensão do controle punitivo do Estado – que já se exauriu com a pena imposta –, enfatizando as características de um "direito penal do autor" no funcionamento do sistema penal. No entanto, a reabilitação ainda é como uma providência jurisdicionalizada de caráter administrativo, não configurando o exercício do direito de ação.

Assim,

com a reforma do Código Penal, o instituto da reabilitação criminal alcançou nova perspectiva, firmando-se como medida de política criminal consistente na restauração da dignidade social e na reintegração no exercício de direitos, interesses e deveres sacrificados pela condenação. Restando revogados os dispositivos do Código de Processo Penal que contrariam o Código Penal e a Lei das Execuções Penais. Não se tratando a reabilitação de matéria de execução penal, eis que exige, como um de seus requisitos, a extinção da pena ou o termo de sua execução. Inegável que o art. 746 do CPP não foi revogado.[3062]

Para atualizar o discurso dogmático emprega-se dignidade como fundamento desse mecanismo[3063], argumento que certamente deve ser respeitado, mas que ajuda a encobrir a crítica mais densa da sua inadequação constitucional-convencional como acima foi exposto.

2. Requisitos conjugados do CP e do CPP

Trata-se de instrumento legal cuja base está na conjugação do direito material e processual[3064], este ainda previsto no presente tópico. Assim, "Mantém-se a sentença da reabilitação criminal quando preenchidos os requisitos legais previstos nos artigos 93 e ss. do Código Penal e 743 e ss. do Código de Processo Penal".[3065]

3. Interesse para postular a medida

Já se afirmou, e com boa dose de acerto, que a "Reconhecida a prescrição, retorna-se à situação anterior

---

[3061] MENEZES, Marco Antônio de. A reabilitação criminal no passado e no presente: uma visão histórico-jurídica. **Psic**, São Paulo, v. 3, n. 1, p. 98-109, jun. 2002. Disponível em: http://pepsic.bvsalud.org/scielo.php?script=sci_arttext&pid=S1676-73142002000100007&lng=pt&nrm=iso. Acesso em: 6 abr. 2022.

[3062] RJTACrim 8/229.

[3063] LIMA, Jhéssica Luara Alves de. Reabilitação criminal, ressocialização e direitos humanos. **Âmbito Jurídico**, Rio Grande, XIV, n. 92, set 2011. Disponível em:<http://www.ambitojuridico.com.br/site/index.php?n_link=revista_artigos_leitura&artigo_id=10246>. Acesso em: 6 abr. 2022.

[3064] TJ-RS–Recurso de Ofício: 70058755612 RS, Relator: Rogerio Gesta Leal, Data de Julgamento: 15/05/2014, Quarta Câmara Criminal, Data de Publicação: Diário da Justiça do dia 23/05/2014.

[3065] TJ-MG–REEX: 10557100013357001 MG, Relator: Walter Luiz, Data de Julgamento: 29/07/2014, Câmaras Criminais / 1ª CÂMARA CRIMINAL, Data de Publicação: 08/08/2014.

à acusação formal. Não havendo condenação penal definitiva, torna-se incabível a reabilitação, cujo objetivo é afastar a mácula decorrente da censura penal estatal. É incabível a reabilitação criminal, quando inexistem motivos que restrinjam o exercício da cidadania"[3066] pois "pois nessas hipóteses não há que se falar em condenação".[3067]

4. Competência para apreciação

Malgrado os anos de vigência da LEP, ainda vez por outra o tema da competência volta à tona. Assim, naquilo que vemos como o entendimento mais consentâneo com o modelo legal, Na partida, importante frisar que a competência para a análise do pedido de reabilitação encontra-se regulada no artigo 743 do Código de Processo Penal, como salientou a digna procuradora de justiça, embora tenha ela concluído haver competência concorrente com o Juízo da Execução, posicionamento do qual divirjo, com todas as vênias. 2. Sobre o tema, deve-se destacar que a doutrina é pacífica no sentido de prevalecer o que dispõe o dispositivo legal supra sobre as disposições da Lei de Execuções Penais. Merece registro o posicionamento de Guilherme de Souza Nucci, em seu Código de Processo Penal Comentado, quando cuida da reabilitação. 3. No mesmo sentido, sustenta Fauzi Hassan Choukr. 4. A jurisprudência do Superior Tribunal de Justiça é escassa sobre o tema. Em verdade, os últimos julgados que se colhem sobre a matéria – já há muito não submetida àquela Corte, diante do entendimento pacificado – datam de 1992 e 1997 e afirmam a competência do juízo da condenação, na forma do artigo 743 do Código de Processo Penal. Confiram-se o teor dos julgados (REsp 67.646/RJ. 6ª Turma Relator: Min. Anselmo Santiago. Data de julgamento: 18 ago. 1997. Data de publicação: DJ, 15 set. 1997. p. 44458; REsp 12.525/SP. 5ª Turma. Relator: Min. Cid Flaquer Scartezzini. Data de julgamento: 16 nov. 1992. Data de publicação: DJ, 7 dez. 1992. p. 23327) 5. Como se vê, estando extinta a pena pelo cumprimento, nada há que justifique a competência do Juízo das Execuções. Portanto, superada a questão da competência, que é exclusiva do juízo da condenação, passa-se ao exame, propriamente dito, da correção da sentença que concedeu a reabilitação. 6. Pois bem. Analisando-se as peças que instruem o pedido de reabilitação, verifica-se que foram preenchidos os requisitos legais previstos nos artigos 94 do Código Penal e 744 do Código de Processo Penal, para o acolhimento da pretensão de reabilitação. 7. As penas restritivas de direito aplicadas ao apelado foram extintas pelo cumprimento em 06/10/2011. Fez-se prova de domicílio, com a juntada de comprovante de residência e de bom comportamento através da juntada da cópia da CTPS e certidões negativas dos distribuidores. 8. Assim, apresenta-se irreparável a sentença submetida a reexame necessário.[3068]

5. Condenações em juízos distintos

Deve ser postulada uma reabilitação para cada uma das condenações, sendo inviável a reunião de pedidos num único pleito. Isso porque não existe uma "ação de conhecimento" no caso em tela, não havendo que se falar, portanto, em conexões de ações. A situação fica mais clara, quanto à impossibilidade, na medida em que pode haver condenações nas Justiças Federal e Estadual.

Acrescente-se, ainda, que

> o pedido de reabilitação não pode ser feito com referência a uma só das condenações, havendo mais de uma. Se o agente vem a ser condenado ulteriormente, isso compromete o requisito do efetivo e constante bom comportamento público e privado previsto nos arts. 94, II, do CP e 744, I, do CPP. Assim, não pode o bom comportamento cingir-se ao biênio subsequente à extinção da pena, mas, deve estar presente durante todo o período que antecede a reabilitação, porque o instituto se destina a restaurar por inteiro (e não meramente em parte) o *status dignitatis* do condenado.[3069]

6. Inexistência de rito

A procedimentalização do pedido em questão não está prevista. "Todavia, segundo jurisprudência assente, ela deve ser processada nos próprios autos da condenação com participação do Representante do Ministério Público e com colheita de provas, se necessário"[3070]

7. Lapso temporal para a requisição da reabilitação

O CP em vigor determina o prazo de dois anos e nele deve ser inserido o "período de prova da suspensão e do livramento condicional", desde que não houvesse

---

[3066] STM. **RSE 00000561620147010101 RJ**. Relator: William de Oliveira Barros. Data de julgamento: 10 set. 2014. Data de publicação: 19 set. 2014.

[3067] J-DF. **RMO 18346262011807007 DF 0018346-26.2011.807.0007**. Relator: 2ª Turma Criminal. Roberval Casemiro Belinati. Data de julgamento: 9 fev. 2012. Data de publicação: DJ-e, 17 fev. 2012. p. 226.

[3068] TJ-RJ. **REEX 02852251120148190001 RJ 0285225-11.2014.8.19.0001**. 2ª Câmara Criminal. Relator: Des. José Muinos Pineiro Filho. Data de julgamento: 24 nov. 2015. Data de publicação: 1º dez. 2015.

[3069] RJTACrim 12/218.

[3070] RJTACrim 5/248

ocorrido nova condenação (art. 94 do CP). Também não faz menção a reincidentes ou não.

> Art. 744. O requerimento será instruído com:
> I – certidões comprobatórias de não ter o requerente respondido, nem estar respondendo a processo penal, em qualquer das comarcas em que houver residido durante o prazo a que se refere o artigo anterior;
> II – atestados de autoridades policiais ou outros documentos que comprovem ter residido nas comarcas indicadas e mantido, efetivamente, bom comportamento;
> III – atestados de bom comportamento fornecidos por pessoas a cujo serviço tenha estado;
> IV – quaisquer outros documentos que sirvam como prova de sua regeneração;
> V – prova de haver ressarcido o dano causado pelo crime ou persistir a impossibilidade de fazê-lo.

1. Ônus da prova

Precedente apontou que "No pedido de reabilitação, o ônus de provar o cumprimento dos requisitos legais é atribuído ao requerente. Não cabe, aqui, invocar o princípio do estado de inocência, pois não se trata de procedimento judicial tendente à realização da pretensão punitiva estatal".[3071]

2. Espírito de interpretação

Acertadamente, já se dispôs que "O instituto da reabilitação precisa ser apreciado com elasticidade, porque suas finalidades recomendam que o julgador não se prenda a um esquema de rígido formalismo na verificação dos requisitos secundários, entre estes o ressarcimento do dano"[3072], contemplando-se no corpo do v. acórdão a afirmação de que "a reabilitação somente propiciará ao requerente a faculdade de exercer com plenitude todos os direitos de cidadania, que não podem ficar permanentemente coarctados". Tal entendimento vai ao encontro de prestigiosa fonte doutrinária, que afirma "a reabilitação é medida de Política Criminal, consistente na restauração da dignidade social e na reintegração no exercício de direitos, interesses e deveres sacrificados pela condenação".[3073]

3. Apresentação de "atestados"

"Ainda que se admita a relativização da exigência contida no art. 744, II, do CPP, parece evidente que, ao mencionar 'atestados de autoridades policiais' e no inciso III, 'atestados de bom comportamento fornecidos por pessoas a cujo serviço tenha estado' a mens legis é no sentido de vincular o valor a ser atribuído às declarações, para fins de reabilitação, à ascendência jurídico-penal (no caso de autoridade policial) ou laborativa (no caso de tomador de serviços) exercida sobre o requerente".[3074]

4. Ressarcimento como integrante da reabilitação

Cumpre cifrar, a título de orientação interpretativa, que "a exigência legal do ressarcimento dos danos causados à vítima não deve ser entendida literalmente, somente se exigindo a respectiva prova quando manifesta a presença de prejuízos a compor"[3075], sendo "Admissível a concessão de reabilitação, ainda que não tenha sido ressarcido o dano causado pelo crime, pois seria injusto obrigar o condenado a aguardar a prescrição da ação indenizatória para deferimento do benefício"[3076].

Em precedente mais recente decidiu-se, contudo, que

> Se a vítima ou sua família se mostrarem inertes na cobrança da indenização, deve o condenado fazer uso dos meios legais para o ressarcimento do dano provocado pelo delito, de modo a se livrar da obrigação, salvo eventual prescrição civil da dívida (Precedentes do STF). Recurso desprovido.[3077]

De qualquer sorte, a prescrição civil torna desnecessária a comprovação do ressarcimento havendo a "nexigibilidade da reparação do dano ou da comprovação da impossibilidade de fazê-lo, quando já se operou a prescrição da pretensão ressarcitória na esfera civil – Reabilitação deferida – Precedentes deste Tribunal e do Superior Tribunal de Justiça".[3078]

3071 TRF-2. **APR 201151018065966**. 2ª Turma Especializada. Relator: Des. Fed. Messod Azulay Neto. Data de julgamento: 6 mar. 2012. Data de publicação: 15 mar. 2012.

3072 RJTACrim 5/197.

3073 REALE JR, Miguel. Penas e medidas de segurança no novo código. São Paulo: Forense, 1987. p. 263.

3074 J-RJ. **REAB 00494594920128190000 RJ 0049459-49.2012.8.19.0000**. OE – Secretaria do Tribunal Pleno e Órgão Especial. Relator: Des. José Carlos Maldonado de Carvalho. Data de julgamento: 4 mar. 2013. Data de publicação: 14 ago. 2013.

3075 RJTACrim 3/213.

3076 RJTACrim 4/206.

3077 STJ. **REsp 636307 RS 2004/0033208-9**. 5ª Turma. Relator: Min. Felix Fischer. Data de julgamento: 18 nov. 2004. Data de publicação: DJ, 13 dez. 2004. p. 430. LEXSTJ, Vol. 185, p. 356.

3078 TJ-SP–APL: 00082199620018260606 SP 0008219-96.2001.8.26.0606, Relator: Cesar Mecchi Morales, Data de Julgamento: 18/08/2015, 3ª Câmara de Direito Criminal, Data de Publicação: 01/09/2015.

Art. 745. O juiz poderá ordenar as diligências necessárias para apreciação do pedido, cercando-as do sigilo possível e, antes da decisão final, ouvirá o Ministério Público.

1. Oitiva do Ministério Público
Na lógica que estrutura esse mecanismo, a oitiva do Ministério Público é imprescindível.[3079]

Art. 746. Da decisão que conceder a reabilitação haverá recurso de ofício.

1. Sobre recurso de ofício e sua não recepção pela CR e pela CADH, ver art. 475 nestes Comentários
Como mera repetição de tudo quanto já foi dito sobre o assunto, frise-se uma vez mais que, "O recurso de ofício ou reexame necessário é incompatível com o sistema acusatório consagrado na Constituição Federal e com o princípio da voluntariedade dos recursos. Ademais, o Ministério Público, titular da ação penal, é regularmente intimado da decisão concessiva de reabilitação, podendo interpor recurso de apelação se constatar qualquer ilegalidade."[3080]

2. Manutenção da leitura infraconstitucional
Contudo, os recursos de ofício versando sobre a reabilitação são parte do cotidiano da matéria, não havendo incursões nos respectivos acórdãos questionando a não recepção desse mecanismo.

3. Recurso da decisão que denega, no mérito, o pedido de reabilitação
Emprega-se, segundo certa vertente jurisprudencial, a apelação. Nesse plano, "da decisão do Juiz de 1º Grau que indefere pedido de reabilitação cabe recurso de apelação, conforme dispõe o art. 593, II, do CPP".[3081]

Art. 747. A reabilitação, depois de sentença irrecorrível, será comunicada ao Instituto de Identificação e Estatística ou repartição congênere.

1. Reabilitação e "maus antecedentes"
Na estigmatização típica dos modelos culturais inquisitivos, um registro criminal é (foi, e sempre será) instrumentalizado pelo Estado. Nessa ótica, faz sentido afirmar que os Maus antecedentes penais de réu resultam de sentenças anteriores passadas em julgado sem, contudo, caracterizarem reincidência, enquanto não houver reabilitação. Por isso, a sua prova exige certidões cartorárias pormenorizadas, principalmente quanto ao trânsito em julgado, não bastando, daí, as referências inscritas na folha de antecedentes do Instituto de Identificação da Secretaria da Segurança Pública.[3082]

Art. 748. A condenação ou condenações anteriores não serão mencionadas na folha de antecedentes do reabilitado, nem em certidão extraída dos livros do juízo, salvo quando requisitadas por juiz criminal.

1. Limites à aplicação da reabilitação
Pelos mesmos motivos expostos no tópico anterior, impõem-se limites onde a lei não os prevê, como na situação na qual se afirma que "a reabilitação criminal não impede que a certidão de antecedentes seja expedida com a nota de anterior condenação, se ela se destina à inserção a concurso de ingresso na carreira da Magistratura".

Art. 749. Indeferida a reabilitação, o condenado não poderá renovar o pedido senão após o decurso de 2 (dois) anos, salvo se o indeferimento tiver resultado de falta ou insuficiência de documentos.

Art. 750. A revogação de reabilitação (Código Penal, art. 120) será decretada pelo juiz, de ofício ou a requerimento do Ministério Público.

TÍTULO V – Da Execução das Medidas de Segurança

Art. 751. Durante a execução da pena ou durante o tempo em que a ela se furtar o condenado, poderá ser imposta medida de segurança, se:
I – o juiz ou o tribunal, na sentença:
a) omitir sua decretação, nos casos de periculosidade presumida;
b) deixar de aplicá-la ou de excluí-la expressamente;
c) declarar os elementos constantes do processo insuficientes para a imposição ou exclusão da medida e ordenar indagações

---

[3079] TJ-MG. **REEX 10647130119488001 MG**. 7ª Câmara Criminal. Relator: Cássio Salomé. Data de julgamento: 10 jun. 2014. Data de publicação: 18 jun. 2014.

[3080] TJ-RS. **Recurso de Ofício 70037944477 RS**. 3ª Câmara Criminal. Relator: Odone Sanguiné. Data de julgamento: 25 nov. 2010. Data de publicação: DJ, 14 dez. 2010.

[3081] RJTACrim 4/207.

[3082] RJTACrim 1/126.

para a verificação da periculosidade do condenado;

II – tendo sido, expressamente, excluída na sentença a periculosidade do condenado, novos fatos demonstrarem ser ele perigoso.

Art. 752. Poderá ser imposta medida de segurança, depois de transitar em julgado a sentença, ainda quando não iniciada a execução da pena, por motivo diverso de fuga ou ocultação do condenado:

I – no caso da letra a do n. I do artigo anterior, bem como no da letra b, se tiver sido alegada a periculosidade;

II – no caso da letra c do n. I do mesmo artigo.

Art. 753. Ainda depois de transitar em julgado a sentença absolutória, poderá ser imposta a medida de segurança, enquanto não decorrido tempo equivalente ao da sua duração mínima, a indivíduo que a lei presuma perigoso.

Art. 754. A aplicação da medida de segurança, nos casos previstos nos arts. 751 e 752, competirá ao juiz da execução da pena, e, no caso do art. 753, ao juiz da sentença.

Art. 755. A imposição da medida de segurança, nos casos dos arts. 751 a 753, poderá ser decretada de ofício ou a requerimento do Ministério Público.

Parágrafo único. O diretor do estabelecimento penal, que tiver conhecimento de fatos indicativos da periculosidade do condenado a quem não tenha sido imposta medida de segurança, deverá logo comunicá-los ao juiz.

Art. 756. Nos casos do n. I, a e b, do art. 751, e n. I do art. 752, poderá ser dispensada nova audiência do condenado.

Art. 757. Nos casos do n. I, c, e n. II do art. 751 e n. II do art. 752, o juiz, depois de proceder às diligências que julgar convenientes, ouvirá o Ministério Público e concederá ao condenado o prazo de 3 (três) dias para alegações, devendo a prova requerida ou reputada necessária pelo juiz ser produzida dentro em 10 (dez) dias.

§ 1º O juiz nomeará defensor ao condenado que o requerer.

§ 2º Se o réu estiver foragido, o juiz procederá às diligências que julgar convenientes, concedendo o prazo de provas, quando requerido pelo Ministério Público.

§ 3º Findo o prazo de provas, o juiz proferirá a sentença dentro de 3 (três) dias.

Art. 758. A execução da medida de segurança incumbirá ao juiz da execução da sentença.

Art. 759. No caso do art. 753, o juiz ouvirá o curador já nomeado ou que então nomear, podendo mandar submeter o condenado a exame mental, internando-o, desde logo, em estabelecimento adequado.

Art. 760. Para a verificação da periculosidade, no caso do § 3º do art. 78 do Código Penal, observar-se-á o disposto no art. 757, no que for aplicável.

Art. 761. Para a providência determinada no art. 84, § 2º, do Código Penal, se as sentenças forem proferidas por juízes diferentes, será competente o juiz que tiver sentenciado por último ou a autoridade de jurisdição prevalente no caso do art. 82.

Art. 762. A ordem de internação, expedida para executar-se medida de segurança detentiva, conterá:

I – a qualificação do internando;

II – o teor da decisão que tiver imposto a medida de segurança;

III – a data em que terminará o prazo mínimo da internação.

Art. 763. Se estiver solto o internando, expedir-se-á mandado de captura, que será cumprido por oficial de justiça ou por autoridade policial.

Art. 764. O trabalho nos estabelecimentos referidos no art. 88, § 1º, III, do Código Penal, será educativo e remunerado, de modo que assegure ao internado meios de subsistência, quando cessar a internação.

§ 1º O trabalho poderá ser praticado ao ar livre.

§ 2º Nos outros estabelecimentos, o trabalho dependerá das condições pessoais do internado.

Art. 765. A quarta parte do salário caberá ao Estado ou, no Distrito Federal e nos Territórios, à União, e o restante será depositado em nome do internado ou, se este preferir, entregue à sua família.

Art. 766. A internação das mulheres será feita em estabelecimento próprio ou em seção especial.

Art. 767. O juiz fixará as normas de conduta que serão observadas durante a liberdade vigiada.

§ 1º Serão normas obrigatórias, impostas ao indivíduo sujeito à liberdade vigiada:

a) tomar ocupação, dentro de prazo razoável, se for apto para o trabalho;
b) não mudar do território da jurisdição do juiz, sem prévia autorização deste.

§ 2º Poderão ser impostas ao indivíduo sujeito à liberdade vigiada, entre outras obrigações, as seguintes:

a) não mudar de habitação sem aviso prévio ao juiz, ou à autoridade incumbida da vigilância;
b) recolher-se cedo à habitação;

c) não trazer consigo armas ofensivas ou instrumentos capazes de ofender;
d) não frequentar casas de bebidas ou de tavolagem, nem certas reuniões, espetáculos ou diversões públicas.

§ 3º Será entregue ao indivíduo sujeito à liberdade vigiada uma caderneta, de que constarão as obrigações impostas.

Art. 768. As obrigações estabelecidas na sentença serão comunicadas à autoridade policial.

Art. 769. A vigilância será exercida discretamente, de modo que não prejudique o indivíduo a ela sujeito.

Art. 770. Mediante representação da autoridade incumbida da vigilância, a requerimento do Ministério Público ou de ofício, poderá o juiz modificar as normas fixadas ou estabelecer outras.

Art. 771. Para execução do exílio local, o juiz comunicará sua decisão à autoridade policial do lugar ou dos lugares onde o exilado está proibido de permanecer ou de residir.

§ 1º O infrator da medida será conduzido à presença do juiz que poderá mantê-lo detido até proferir decisão.

§ 2º Se for reconhecida a transgressão e imposta, consequentemente, a liberdade vigiada, determinará o juiz que a autoridade policial providencie a fim de que o infrator siga imediatamente para o lugar de residência por ele escolhido, e oficiará à autoridade policial desse lugar, observando-se o disposto no art. 768.

Art. 772. A proibição de frequentar determinados lugares será comunicada pelo juiz à autoridade policial, que lhe dará conhecimento de qualquer transgressão.

Art. 773. A medida de fechamento de estabelecimento ou de interdição de associação será comunicada pelo juiz à autoridade policial, para que a execute.

Art. 774. Nos casos do parágrafo único do art. 83 do Código Penal, ou quando a transgressão de uma medida de segurança importar a imposição de outra, observar-se-á o disposto no art. 757, no que for aplicável.

Art. 775. A cessação ou não da periculosidade se verificará ao fim do prazo mínimo de duração da medida de segurança pelo exame das condições da pessoa a que tiver sido imposta, observando-se o seguinte:

I – o diretor do estabelecimento de internação ou a autoridade policial incumbida da vigilância, até 1 (um) mês antes de expirado o prazo de duração mínima da medida, se não for inferior a 1 (um) ano, ou até 15 (quinze) dias nos outros casos, remeterá ao juiz da execução minucioso relatório, que o habilite a resolver sobre a cessação ou permanência da medida;

II – se o indivíduo estiver internado em manicômio judiciário ou em casa de custódia e tratamento, o relatório será acompanhado do laudo de exame pericial feito por 2 (dois) médicos designados pelo diretor do estabelecimento;

III – o diretor do estabelecimento de internação ou a autoridade policial deverá, no relatório, concluir pela conveniência da revogação, ou não, da medida de segurança;

IV – se a medida de segurança for o exílio local ou a proibição de frequentar determinados lugares, o juiz, até 1 (um) mês ou 15 (quinze) dias antes de expirado o prazo mínimo de duração, ordenará as diligências necessárias, para verificar se desapareceram as causas da aplicação da medida;

V – junto aos autos o relatório, ou realizadas as diligências, serão ouvidos sucessivamente o Ministério Público e o curador ou o defensor, no prazo de 3 (três) dias para cada um;

VI – o juiz nomeará curador ou defensor ao interessado que o não tiver;

VII – o juiz, de ofício, ou a requerimento de qualquer das partes, poderá determinar novas diligências, ainda que já expirado o prazo de duração mínima da medida de segurança;

VIII – ouvidas as partes ou realizadas as diligências a que se refere o número anterior o juiz proferirá a sua decisão, no prazo de 3 (três) dias.

Art. 776. Nos exames sucessivos a que se referem o § 1º, II, e § 2º do art. 81 do Código Penal, observar-se-á, no que lhes for aplicável, o disposto no artigo anterior.

Art. 777. Em qualquer tempo, ainda durante o prazo mínimo de duração da medida de segurança, poderá o tribunal, câmara ou turma, a requerimento do Ministério Público ou do interessado, seu defensor ou curador, ordenar o exame, para a verificação da cessação da periculosidade.

§ 1º Designado o relator e ouvido o procurador-geral, se a medida não tiver sido por ele requerida, o pedido será julgado na primeira sessão.

§ 2º Deferido o pedido, a decisão será imediatamente comunicada ao juiz, que requisitará, marcando prazo, o relatório e o exame a que se referem os ns. I e II do art. 775 ou ordenará as diligências mencionadas no n. IV do mesmo artigo, prosseguindo de acordo com o disposto nos outros incisos do citado artigo.

Art. 778. Transitando em julgado a sentença de revogação, o juiz expedirá ordem para a desinternação, quando se tratar de medida detentiva, ou para que cesse a vigilância ou a proibição, nos outros casos.

Art. 779. O confisco dos instrumentos e produtos do crime, no caso previsto no art. 100 do Código Penal, será decretado no despacho de arquivamento do inquérito, na sentença de impronúncia ou na sentença absolutória.

LIVRO V – Das Relações Jurisdicionais com Autoridade Estrangeira

1. A justa cooperação penal internacional: aspectos dos desafios brasileiros na construção normativa e prática

É manifesta a defasagem do CPP no que toca à cooperação penal internacional, limitada às formas existentes quando da edição original do Código e francamente insuficientes no contexto contemporâneo.

Por isso, antes da análise das poucas previsões específicas no CPP faz-se uma exposição sobre o estado do tema atualmente, com seus limites e perspectivas diante de um provável NCPP.

1.1 Compromissos internacionais e seus reflexos

É assente na análise do tema cooperação internacional em matéria penal, compreendida como o "conjunto de medidas e mecanismos pelos quais órgãos competentes dos Estados solicitam e prestam auxílio recíproco para realizar, em seu território, atos pré-processuais ou processuais que interessem à jurisdição estrangeira na esfera criminal".[3083]

Evidenciar o fenômeno da globalização e do crescimento da criminalidade organizada transnacional[3084], constatações recorrentes no mundo contemporâneo cujas causas são tão variadas quanto seus efeitos econômicos e políticos nenhum deles, obviamente, positivo.

Da mesma forma, há certo consenso quanto à necessidade de adoção de mecanismos que agilizem a troca de informações e de otimização de intercambio de atos investigativos[3085] e processuais[3086] compondo, assim, o macrocenário da cooperação internacional no âmbito das relações inerentes aos compromissos internacionais assumidos[3087].

Como decorrência, a relação entre normatização internacional e o direito interno assume contornos diferenciados posto que os compromissos internacionais advindos no contexto cooperativo[3088] exigem resultados operacionais imediatos. Portanto, não podem aquelas normas ser vistas apenas pela ótica de um pacto retórico e, menos ainda, como meras aspirações de progresso moral.[3089]

Observado o caso brasileiro, o diálogo entre os compromissos políticos internacionais e suas consequências na normatização interna não é fácil, com largos hiatos entre uma etapa e outra quando se trata de incorporar internamente o texto internacional e, mais ainda, quando se busca harmonizar a legislação interna com os textos internacionais.

A respeito do primeiro aspecto – a internalização dos compromissos internacionais – raro estudo objetivo demonstrou que, diferentemente do que se pode imaginar, não é o Parlamento o verdadeiro obstáculo à incorporação, pelo direito interno, dos

---

[3083] ABADE, Denise Neves. **Direitos fundamentais na cooperação jurídica internacional**: extradição, assistência jurídica, execução de sentença estrangeira e transferência de presos. São Paulo: Saraiva. 2013.

[3084] JAPIASSÚ, Carlos Eduardo Adriano; PUGLIESE, Yuri Sahione. A cooperação internacional em matéria penal no direito brasileiro. In: CHOUKR, Fauzi Hassan; PAGLIARINI, Alexandre Coutinho (Coord.). **Cooperação jurídica internacional**. Belo Horizonte: Fórum, 2014. p. 197-223.

[3085] SALDANHA, Douglas Morgan Fullin. Cooperação jurídica internacional em matéria penal: das cartas rogatórias às equipes de investigação conjuntas. **Segurança pública & cidadania: revista brasileira de segurança pública e cidadania**, Brasília, v. 4, n. 1, p. 115-137, jan./jun. 2011.

[3086] BECHARA, Fábio Ramazzini. **Cooperação jurídica internacional em matéria penal**: eficácia da prova produzida no exterior. São Paulo: Saraiva, 2011.

[3087] ARAÚJO, Nadia de. A importância da cooperação jurídica internacional para a atuação do estado brasileiro no plano interno e internacional. In: BRASIL. Ministério Da Justiça. **Manual de cooperação jurídica internacional e recuperação de ativos**: cooperação em matéria penal. Brasília: Ministério da Justiça, 2008. p. 39-48.

[3088] Para uma ampla visão dos textos internacionais com os quais o Estado brasileiro está comprometido ver BRASIL. Secretaria Nacional de Justiça. Departamento de Recuperação de Ativos e Cooperação Jurídica Internacional. Manual de cooperação jurídica internacional e recuperação de ativos: cooperação em matéria penal / Secretaria Nacional de Justiça, Departamento de Recuperação de Ativos e Cooperação Jurídica Internacional (DRCI). – 3. ed. Brasília: Ministério da Justiça, 2014.

[3089] Como também lembra CASALI ao anotar a superação dessa visão "tradicional". BAHIA, Saulo José Casali. COOPERAÇÃO JURIDICA INTERNACIONAL. In: SECRETARIA DE COOPERAÇÃO INTERNACIONAL. MINISTÉRIO PÚBLICO FEDERAL. BRASIL. (Org.). TEMAS DE COOPERAÇÃO INTERNACIONAL. 1ed.BRASILIA: MPF, 2015, v. 2, p. 39-46, especialmente p. 40.

compromissos externos, mas, sim, o próprio Poder Executivo[3090], denotando que o papel brasileiro no campo da sua inserção internacional é potencialmente retórico.

Com relação ao segundo plano, o da construção normativa interna em obediência aos compromissos internacionais, pode-se considerar que esse descompasso se dá, também, pela forma de relacionamento do Estado brasileiro com os cenários comunitário[3091] e regional[3092], cuja força de entrelaçamento em nada se compara àquela existente no espaço europeu o qual, inclusive, tem como um dos pilares de sua sustentação a cooperação internacional em matéria penal.[3093]

Como fruto dessa assimetria, inúmeros textos internacionais potencialmente geradores de atividades cooperativas não alcançam a necessária absorção interna causando inevitável choque normativo e cultural quando interpretada a situação pelas Cortes internacionais.

Mais ainda, há situações nas quais o espaço regional protetivo dos direitos humanos considera como inerente ao seu tecido normativo texto que sequer foi assinado pelo Estado brasileiro provocando dissonâncias incontornáveis como no caso da Convenção das Nações Unidas sobre a Imprescritibilidade dos Crimes de Guerra e dos Crimes contra a Humanidade (de 1968, e que entrou em vigor em 11 de novembro de 1970) empregado como base da condenação brasileira no caso "Gomes Lund"[3094] pela Corte Interamericana de Direitos Humanos.

No campo da cooperação evidencia-se, portanto, a delicada interface entre aquilo que é a harmonização[3095] do direito interno com os compromissos internacionais[3096], estes sempre banhados pela necessidade de observação dos direitos fundamentais no ambiente cooperador como se afirma de longa data[3097]. Futuro aparentemente inevitável, essa sincronia aconteceria também no campo do direito material[3098] sob risco de não tornar minimamente efetivo o arcabouço cooperativo[3099].

Mas os caminhos internos são ainda mais sinuosos quando se observa, no campo processual penal, o sucateamento do Código de Processo Penal e a insuficiência normativa do campo cooperativo gerando um vazio de legalidade estrita com inevitáveis – e justas–críticas. Falta-nos, aqui, amadurecer aquilo que se pode denominar de *o devido processo cooperatório em matéria penal*.

[3090] CAMINO, Maria Ester Mena Barreto e VALLE, Sandra Graça de Araújo Costa. **Atos internacionais referentes à cooperação judiciária penal, criminalidade transnacional e lavagem de dinheiro**. Brasil: Câmara dos Deputados, 2013. Disponível em: <http://www2.camara.leg.br/documentos-e-pesquisa/publicacoes/estnottec/areas-da-conle/tema8/2012_19047.pdf>. Acessado em: 10 abr. 2016.

[3091] Por exemplo, o Acordo de Extradição entre os Estados Partes do Mercosul, concluído no Rio de Janeiro, em 10 de dezembro de 1998, em vigor no Brasil pelo Decreto nº 4.975, de 30 de janeiro de 2004. Para alentada análise do tema no espaço Mercosul, ver CERVINI, Raúl; TAVARES, Juarez. **Princípios de cooperação judicial penal internacional no protocolo do Mercosul**. São Paulo: RT, 2000. Também, SOUZA, Solange Mendes. **Cooperação jurídica penal no Mercosul**: novas possibilidades. Rio de Janeiro: Renovar, 2001.

[3092] A título de exemplo, no espaço regional, os seguintes compromissos: Convenção Interamericana sobre Assistência Mútua em Matéria Penal, promulgada pelo Decreto n. 6.340, de 3 de janeiro de 2008 2. Convenção Interamericana sobre o Cumprimento de Sentenças Penais no Exterior promulgada pelo Decreto n. 5.919, de 3 outubro de 2006.

[3093] Para uma análise do tema, SOUSA, Constança Urbano de. O novo terceiro pilar da União Européia: a cooperação policial e judiciária em matéria penal. In: DIAS, Jorge de Figueiredo et al. Estudos em homenagem a Cunha Rodrigues I. Coimbra: Coimbra Editora, 2001. v.1. ISBN 972-32-1052-5 [Classificação: 343.2(469) E85]. p. 867-915.

[3094] CORTE INTERAMERICANA DE DIREITOS HUMANOS. **Caso Gomes Lund e outros ("Guerrilha do Araguaia") vs. Brasil**. Disponível em: <http://www.corteidh.or.cr/docs/casos/articulos/seriec_219_por.pdf>. Acesso em: 5 abr. 2022.

[3095] Para uma ampla discussão ver DELMAS-MARTY, Mireille. **Les forces imaginantes du droit – Le relatif et l'universel**. Paris: Seuil, 2004.

[3096] SLAUGHTER, Anne-Marie; Burke-White, William. **The Future of International Law is Domestic**. New Perspectives on the Divide between International and National Law, edited by Andre Nolkaemper and Janne Nijman, 2007. Disponível em: <http://www.princeton.edu/~slaughtr/Articles/NewPerspectives.pdf>. Acesso em: 5 abr. 2022.

[3097] SCHOMBURG, Wolfgang. La regionalización del derecho penal internacional y la protección de los derechos humanos en los procesos de cooperación internacional en materia penal. **Revue Internationale de Droit Pénal**, Ramonville Saint-Agne, v. 66, n. 1/2, p. 94-97, jan./jun. 1995.

[3098] A ver um dos possíveis temas dessa harmonização que gera desafios políticos de monta grande, CUÑARRO, Mônica L. Es posible la armonización de la legislación penal en materia de drogas en el Mercosur?. In: CUÑARRO, Mônica L. (Dir.). La política criminal de la droga. Buenos Aires: Ad-Hoc, 2010. 360 p., 22 cm. ISBN 978-950-894-806-9. p. 229-241.

[3099] BAQUEIRO, Fernanda Ravazzano L. Do conselho de combate ao narcotráfico da UNASUL e a insuficiência dos mecanismos de cooperação jurídica internacional em matéria penal para a repressão ao tráfico internacional de entorpecentes. In: CHOUKR, Fauzi Hassan; PAGLIARINI, Alexandre Coutinho (Coord.). Cooperação jurídica internacional. Belo Horizonte: Fórum, 2014. 434 p., 22 cm. ISBN 978-85-450-007-5. p. 331-362.

1.2 O Caminhar normativo no direito interno

Sob a égide constitucional a partir de 1988, pode-se identificar as seguintes linhas de enfrentamento legislativo para a consolidação das normas referentes à cooperação jurídica internacional de modo a abarcar sua compreensão contemporânea segundo a qual

> há três grandes "ramos" de cooperação entre os Estados em matéria penal: primeiro, o ramo que diz respeito à colaboração no cumprimento de atos instrutórios e cautelares necessários ao desenvolvimento de determinado processo penal; segundo, o que tange à colaboração na localização, detenção e segundo, o que tange à colaboração na localização, detenção e devolução do acusado da prática de determinado delito, ou daquele que já considerado culpado da prática do mesmo, para que responda a processo ou que cumpra a respectiva sanção penal – o que se dá através da extradição; e o terceiro, o que cuida da colaboração na produção de efeitos, no território de um Estado, originários de uma sentença penal condenatória, havida em outro estado.[3100]

Sendo comum a constatação que

> Os mecanismos de cooperação não dispõem, ainda, de um regramento unificado sobre conteúdo e procedimento. A tramitação subordina-se, portanto, às regras constantes da Constituição Federal, em tratados internacionais e acordos bi e multilaterais, em normas internas espalhadas por ao menos três Códigos, além de regimentos internos e portarias.[3101]

Um primeiro movimento legislativo é visualizado com a tentativa do estabelecimento de um corpo autônomo de normas sobre a cooperação jurídica internacional.

Nessa vertente tem-se o PLC 1982 de 2003, apresentado pelo então Deputado Eduardo Valverde – PT/RO, em 16/09/2003,

> fruto do esforço empreendido pela Associação de Juízes Federais do Brasil (AJUFE), que realizou dois seminários, um em abril de 2001, outro em dezembro de 2002[3102], para discutir as dificuldades da Justiça brasileira na investigação de crimes transnacionais e o combate à lavagem de dinheiro.

Essa iniciativa terminou rejeitada pela CCJ da Câmara dos Deputados sob o argumento que, atribuindo ao Ministério da Justiça o papel de Autoridade Central, feriria o quanto constava na EC 32/2001. Além disso, o PLC 1982/2003, na sua redação original, não contemplava a carta-rogatória como mecanismo da cooperação internacional.

Ainda naquele período, o Ministério da Justiça instituiu comissão com o objetivo de planificar anteprojeto sobre cooperação jurídica internacional[3103], cujos trabalhos também não se consolidaram.

Seguindo o caminho de anteprojetos específicos, tramitou no Senado o então PLS n. 326, de 2007, de Autoria do então Senador Pedro Simon que acabou sendo aprovado na forma de seu substitutivo, mas terminou arquivado ao final da legislatura.[3104]

Outro caminho foi o de definir os contornos da cooperação internacional nos processos legislativos de reformas globais dos Códigos de Processo Civil e Processo Penal.

No campo penal, o Código de Processo Penal brasileiro, em vigor desde 1º de janeiro de 1942 contempla, com dificuldade, o que existia à época como manifestação de cooperação entre Estados soberanos: de um lado, a carta rogatória; de outro a execução da sentença estrangeira.

Observado o anteprojeto de reforma do CPP atualmente na Câmara dos Deputados tem-se que a planificação da reconfiguração legislativa se pautou, inicialmente, pelos históricos instrumentos da carta rogatória e execução de sentença estrangeira nos limites do relacionamento das relações judiciais com autoridades estrangeiras, tudo isso no curso com vistas às "citações, inquirições e outras diligências necessárias"[3105].

Na relatoria do Senado, quando da apreciação do anteprojeto que viria ser encaminhado à Câmara dos Deputados na sequência, operou-se sensível modificação para fazer constar como instrumentos da cooperação jurídica internacional (destacada inclusive a mudança da nomenclatura daquele Livro) a: I – extradição; II – ação de homologação de sentença estrangeira; III – carta rogatória; IV – auxílio direto; V – transferência de pessoas condenadas;

3100 Nesse sentido, GUEIROS, Artur, citado em SALDANHA, Douglas Morgan Fullin, op. cit.
3101 MACHADO, Maíra Rocha. Cooperação penal internacional no Brasil: as cartas rogatórias passivas. **Revista Brasileira de Ciências Criminais**, n. 53, mar./abr. 2005. p. 99.
3102 COOPERAÇÃO Judiciária Internacional. In: SEMINÁRIO INTERNACIONAL SOBRE COOPERAÇÃO JUDICIÁRIA E COMBATE À LAVAGEM DE DINHEIRO, 2002, São Paulo. Anais... Brasília: AJUFE, 2003.
3103 A ver considerações sobre esse trabalho em DA SILVA, Ricardo Perlingeiro Mendes. Anotações sobre o anteprojeto de lei de cooperação jurídica internacional. **Revista de Processo**, São Paulo, v. 129, p. 133-168, 2005.
3104 Matéria arquivada ao final da 54ª Legislatura, nos termos do art. 332 do Regimento Interno e do Ato da Mesa nº 2, de 2014. Disponível em: <https://www25.senado.leg.br/web/atividade/materias/-/materia/81485>. Acesso em: 5 abr. 2022.
3105 Art. 644.

VI – transferência de processos penais[3106], além de definir como Autoridade central brasileira o Ministério da Justiça, como regra, destacando-se situações excepcionais em sentido diverso.[3107]

Merece, ainda, destaque positivo o quanto determinado no art. 699 ao dispor que "É admitida a prestação de cooperação jurídica internacional para auxiliar atividades investigativas ou persecutórias levadas a efeito por tribunais internacionais, na forma da legislação ou tratado específico".

Porém, se até o momento o NCPP ainda permanece envolto no processo legislativo, o NCPC (Lei n. 13.105/2015 em vigor desde março de 2016) tratou de disciplinar o tema de forma mais compreensiva.

Da nova legislação processual civil extrai-se, além da festejada organicidade de tratamento da matéria, a superação legal de uma lacuna injustificável no direito brasileiro codificado: a previsão do auxílio direto, modalidade cooperativa pela qual a solicitação de cooperação se dá entre a autoridade central estrangeira e aquela brasileira (Ministério da Justiça)[3108], contemplando cooperações que demandem atuação judicial ou de órgãos administrativos ou, ainda, da conjugação de ambos, concretizando um modelo cooperante mais ágil se comparado às formas tradicionais de cooperação.

A grande nota distintiva é desnecessidade da intervenção de organismos diplomáticos para que essa forma de cooperação se concretize, otimizando os esforços para rápida consecução da empreitada cooperativa que pode abarcar atos de cooperação já no desenrolar de um processo ou mesmo em etapas prévias, preparatórias, como a investigação criminal.

A ausência do tratamento legislativo interno se acentuava porque, de acordo com abalizada doutrina, o auxílio direto é um procedimento de direito interno, que concretiza demanda advinda de outro Estado soberano e que exige uma procedimentalização local, com legitimação específica para seu desencadeamento, como nos casos de competência da Justiça Federal e que não exigem juízo de delibação do Superior Tribunal de Justiça, cujos pedidos são encaminhados pela Autoridade Central brasileira ao Centro de Cooperação Jurídica Internacional (CCJI) da Procuradoria-Geral da República a fim de que se dê o encaminhamento aos órgãos de execução do Ministério Público Federal com atribuição para promover judicialmente os atos necessários à cooperação.

No órgão jurisdicional dá-se a apreciação de compatibilidade com as normas nacionais seja quanto ao pedido (juízo de verificação de sua admissibilidade), seja quanto ao mérito do quanto solicitado em termos de cooperação.[3109]

Nada obstante a evolução trazida com o NCPC e seus inevitáveis reflexos para o processo penal, os quais se farão acompanhar pela doutrina vinculada a uma "teoria geral do processo" – fortemente criticada por segmentos expressivos da doutrina processual penal –, há potencial déficit normativo no processo penal que, diante de suas evidentes especificidades, seria melhor contemplado com as normas previstas no NCPP ou, ainda na ausência deste, em corpo legislativo autônomo como o PLS 326/2007.

Aliás, as especificidades da área processual penal também constituem preocupação de um documento de abrangência latino-americana, o Código modelo de cooperação interjurisdicional para Iberoamérica que, na sua exposição de motivos destaca que

> As modalidades de cooperação interjurisdicional penal que reclamam um procedimento especial em relação à cooperação civil são as seguintes: a. investigação conjunta (arts. 20 e 21); b. comparecimento temporário de pessoas (arts. 22 e 23); c- transferência de processo e de execução penal (arts. 25 e 26); d- extradição (arts. 30 e 31).[3110]

Nada obstante o olhar diferenciado, não especializa o tema do auxílio direto (auxílio-mútuo, na linguagem daquela proposta de lei) para o processo penal.

Por fim, um terceiro movimento legislativo pode ser identificado após a Emenda Constitucional n. 45/2004 que, modificando o papel do Superior Tribunal de Justiça na execução da sentença estrangeira, conferiu-lhe, indiretamente, um poder normativo sobre o tema, que foi exercido na conhecida "resolução n. 09 de 2005".

Naquele texto legal, o art. 7º surgiu com destacada importância pois, a pretexto de regular a execução da sentença estrangeira ali se acomodou um parágrafo único com a seguinte redação: Os pedidos de cooperação jurídica internacional que tiverem por objeto atos que não ensejem juízo de delibação pelo Superior Tribunal de Justiça, ainda que denominados como carta rogatória, serão encaminhados ou devolvidos ao Ministério da Justiça para as providências necessárias ao cumprimento por auxílio direto.

O mesmo artigo, em seu caput, ampliou as hipóteses de carta rogatória para contemplar seu

---

3106 Art. 694.
3107 Art. 693, § 2º.
3108 "É o órgão técnico nacional, exclusivo ou não designado por cada um dos Estados Partes de um tratado para centralizar comunicações e ações de cooperação jurídica internacional", de acordo com a Convenção da Haia de 1965.
3109 ARAUJO, Nadia de. **Direito internacional privado**: Teoria e prática brasileira. 3. ed. Rio de Janeiro: Renovar, 2006. p. 270.
3110 Texto publicado na *Revista Eletrônica de Direito Processual* – REDP. Volume IV. p. 80 e seguintes. Disponível em: <www.redp.com.br>. Acesso em: 5 abr. 2022.

cumprimento para atos não decisórios incidindo, então, as determinações de natureza cautelar como o bloqueio de bens.

Essa norma de evidente superficialidade não se mostrou suficiente para abarcar as complexas manifestações da cooperação internacional em matéria penal e gera mais críticas que enaltecimentos ao longo dos anos de sua vigência.[3111]

1.3 Comportamentos doutrinários

A convivência da doutrina com a cooperação internacional em matéria penal amadurece progressivamente após a CR de 1988, cuja estrutura otimizou as relações internacionais com crescimento exponencial dos compromissos entre os Estados visando o enfrentamento das várias formas de criminalidade, sobretudo a organizada transnacional.

Assim, aos mecanismos tradicionais do CPP somou-se uma série de novos comportamentos entre os Estados cooperadores[3112] com críticas operacionais advindas das carências normativas[3113] e a busca de encontrar limites ao emprego desses novos padrões diante das especificidades da área processual penal[3114].

É da doutrina que se extrai uma das mais agudas críticas à forma de encarar o modo de cooperação desenvolvido no Brasil, sobretudo a forma como a compreendida pelo STF[3115], acarretando o engessamento da atuação dos mecanismos cooperantes na medida em que a Corte Constitucional possuía interpretação restritiva sobre a forma de encarar pedidos de verdadeiro auxílio[3116], acarretando o entendimento que solicitações como a quebra de sigilo bancário seriam atentórios à ordem pública. Clamava-se, assim, pela edificação de uma cultura de cooperação para que os mecanismos então incipientes não se tornassem inoperantes pela forma como os compreendia o Poder Judiciário.[3117] Naquele cenário restritivo, e sobretudo após a EC 45, chegou-se a decidir pela inconstitucionalidade dessa forma de cooperação.[3118]

Coube à tarefa hermenêutica[3119], por exemplo, extrair da CR/1988 a existência do auxílio-direito, sustentada no art. 109, III, do texto constitucional – nada obstante a constatação de sua previsão em tratados[3120] ou acordos bilaterais[3121] que lhe conferia a posição de norma infraconstitucional –, tema que contemporaneamente encontra amparo no NCPC então legitimada, inclusive, com vistas à concretização da duração razoável do processo[3122], viés interpretativo de matiz constitucional-convencional que une as bases cooperantes com as aspirações de um devido processo.

E exatamente o viés da premência do emprego dos meios de prova acabou sendo legitimado doutrinariamente para compreender a importância da modalidade auxílio direto na cooperação, sob o

---

3111 GIACOMOLLI, Nereu José; SANTOS, Laura Rodrigues dos. Cooperação jurídica internacional em matéria criminal: autoridades centrais, das rogatórias aos auxílio direto. **Revista de Estudos Criminais**, Porto Alegre, v. 10, n. 46, p. 97-116, jul./set. 2012, entre outros.

3112 TOFFOLI, José Antonio Dias. Mecanismos de cooperação jurídica internacional no Brasil. In: BRASIL. Ministério da Justiça. **Manual de cooperação jurídica internacional e recuperação de ativos**: cooperação em matéria civil. 2. ed. Brasília: Ministério da Justiça, 2009. p. 21-29.

3113 SOUZA, Carolina Yumi de. Cooperação jurídica internacional em matéria penal: considerações práticas. **Revista Brasileira de Ciências Criminais**, São Paulo, v. 16, n. 71, p. 297-325, mar./abr. 2008.

3114 GIACOMOLLI, Nereu José; DIETTRICH, Eduardo Dalla Rosa. Necessidade e limites na cooperação jurídica internacional em matéria criminal – ordem pública e especialidade. In: CHOUKR, Fauzi Hassan; PAGLIARINI, Alexandre Coutinho (Coord.). **Cooperação jurídica internacional**. Belo Horizonte: Fórum, 2014. p. 257-284.

3115 Nesse sentido o paradigmático artigo de MADRUGA FILHO, Antenor. O Brasil e a Jurisprudência do STF na Idade Média da Cooperação Jurídica Internacional. **Revista Brasileira de Ciências Criminais**, São Paulo, ano 13, n. 54, 2005.

3116 Quanto o STF compreendia que era necessário empregar-se o procedimento de homologação de sentenças estrangeiras para que fossem cumpridos atos executórios, não podendo ser utilizada, portanto, o procedimento das cartas-rogatórias.

3117 MADRUGA, *op. cit.*

3118 DEL GROSSI, Viviane Ceolin Dallasta. **A defesa na cooperação jurídica internacional penal**: o auxílio direto e a atuação por meio de redes. São Paulo: IBCCRIM, 2016. *Vide* nota 76 para menção aos julgados referentes à afirmação lançada.

3119 CORDANI, Dora Cavalcanti. Cooperação Jurídica Internacional em Matéria Penal no Brasil: as cartas rogatórias e o auxílio direto – controle dos atos pela parte atingida. Em VILARDI, Celso, PEREIRA, Flávia Rahal Bresser, DIAS NETO, Theodomiro. **Crimes Econômicos e Processo Penal**. São Paulo: Saraiva, FGV, 2008.

3120 Convenção Interamericana sobre Assistência Mútua em Matéria Penal (Convenção de Nassau), de 1992 internalizado pelo Decreto nº 6.340/2008.

3121 *Vide*, por exemplo, os seguintes diplomas internos advindos de acordos bilaterais: Itália, 17 out. 1989. Decreto n. 862/1993; Portugal, 7 maio 1991, Decreto n. 1.320/1994; França, 28 maio 1996, Decreto n. 3.324/1999; Suíça, 12 maio 2004, Decreto Legislativo n. 300/2006; e Espanha, 22 maio 2006, Decreto n. 6.681/2008.

3122 BARBOSA JÚNIOR, M. M. O auxílio direto como meio de efetividade do direito à razoável duração do processo. **Jus Navigandi**, v. 16, p. 36-55, 2011.

evidente risco do perecimento daqueles meios com o comprometimento da persecução penal na origem.

Essa via, certamente mais célere, também abarca também um certo grau de mitigação do papel da autoridade central que, nada obstante deva ser sempre comunicada do pedido de cooperação, não será interveniente do contato entre organismos investigativos que podem dialogar diretamente entre si.

Exatamente este aspecto faz ressaltar um dos pontos críticos desse modelo cooperador: o protagonismo das agências investigativas e o distanciamento das intervenções defensivas nesses pedidos que, em muitas ocasiões, são realizados ainda na fase de investigação criminal na qual a incidência de instrumentos defensivos é naturalmente precária.[3123]

Aqui surge de maneira preocupante a forma como a investigação criminal é tratada no direito brasileiro, com seu sucateamento legislativo advindo do descompasso com o marco constitucional-convencional.

É fato que num ambiente jurídico no qual a investigação ainda tem protagonismo acentuado nos destinos da ação penal e em cujo desenvolvimento o exercício de direitos defensivos (não se refere aqui ao contraditório) é parcamente tolerado mesmo pela legislação, o emprego do auxílio direto deve vir cercado de cautelas normativas as quais o NCPC pode não abarcar de forma satisfatória, seja porque não se tem ali a mesma estrutura do processo penal, seja porque os objetos de tutela jurisdicional são evidentemente distintos.

Por essa razão acentua-se posição que sustenta

> que se a matéria objeto do pedido de cooperação estiver sujeita à reserva da jurisdição segundo a legislação brasileira, como, por exemplo, a quebra de sigilo bancário e fiscal, o sequestro de bens, a interceptação das comunicações, necessária a observância da competência do Superior Tribunal de Justiça no controle de admissibilidade da solicitação de auxílio, seja a carta rogatória ou o pedido de auxílio direto. Se por outro lado, se a matéria objeto do pedido de cooperação não estiver sujeita à reserva da jurisdição, como o compartilhamento de um documento, de um depoimento de testemunha, de uma prova pericial já produzida, não será necessário observar a competência do STJ, desde que o pedido tenha sido formulado com base em acordo bilateral ou tratado multilateral de que ambos os Estados sejam partes, e sem que necessariamente haja intervenção jurisdicional.[3124]

1.4 Perspectivas de desenvolvimento da matéria

A necessidade do enfrentamento da criminalidade organizada transnacional não pode ser descurada. Mas, da mesma forma não se pode cumprir esse papel de enfrentamento às custas da fragilização do Estado de Direito, no âmbito interno e dos direitos fundamentais desde que sejam tidos como balizas essenciais às relações internacionais na construção de uma ordem internacional justa.

Daí porque deve-se observar com a devida atenção o quanto já trabalhado de forma pioneira no âmbito comunitário que o Brasil integra as postulações de Cervini e Tavares[3125], ao insistirem na edificação de princípios conformadores de uma cooperação internacional justa ou naquilo que se denominou acima de *devida cooperação internacional em matéria penal*, dentre eles a proteção da dignidade da pessoa humana, a mínima e a proporcionalidade.

E, atenta a essa premissa, cumpre considerar a especificidade do tratamento da matéria para a área penal, com regulação específica que não se resuma ao emprego do NCPC em matérias de persecução penal atendendo as especificidades da fase investigativa e dos limites de compartilhamento probatório, por exemplo, a fim de que "o microssistema brasileiro de cooperação internacional em matéria penal", na expressão de Aras[3126] venha a ser consolidado sem qualquer colisão com a ordem constitucional e convencional.

Título Único

Capítulo I – Disposições Gerais

Art. 780. Sem prejuízo de convenções ou tratados, aplicar-se-á o disposto neste Título à homologação de sentenças penais estrangeiras e à expedição e ao cumprimento de cartas rogatórias para citações, inquirições e outras diligências necessárias à instrução de processo penal.

Art. 781. As sentenças estrangeiras não serão homologadas, nem as cartas rogatórias

---

[3123] Numa tentativa de contornar essa situação, veja-se a proposta teórica de atos cooperadores na investigação defensiva como de certa forma preconizado por DEL GROSSI, *op. cit.*

[3124] BECHARA, Fábio Ramazzini. **Novo CPC regulou normas de cooperação internacional de forma sistemática**. Disponível em: <http://www.conjur.com.br/2015-out-17/fabio-bechara-cpc-pacificou-normas-cooperacao-internacional>. Acesso em: 5 abr. 2022.

[3125] CERVINI, Raul; TAVARES, Juarez. Princípios aplicáveis à cooperação judicial penal internacional no protocolo do Mercosul. Tradução de: Marcelo Caetano Guazzelli Peruchin. São Paulo: Revista dos Tribunais, 2000. Passim.

[3126] Tal como veiculada a expressão em: <https://blogdovladimir.wordpress.com/2011/11/15/agora-sao-17-bi/>.

> cumpridas, se contrárias à ordem pública e aos bons costumes.
>
> Art. 782. O trânsito, por via diplomática, dos documentos apresentados constituirá prova bastante de sua autenticidade.

1. Extradição e *habeas corpus*
Prevalece a Súmula 692 do e. STF: "Não se conhece de *habeas corpus* contra omissão de relator de extradição, se fundado em fato ou direito estrangeiro cuja prova não constava dos autos, nem foi ele provocado a respeito".

2. Extradição e nacionalidade
Enunciado 421 da Súmula do STF: "Não impede a extradição a circunstância de ser o extraditando casado com brasileira ou ter filho brasileiro".

3. Salvo-conduto e extradição
O e. STF, por maioria, não conheceu de *habeas corpus* preventivo em que se pretendia evitar a prisão preventiva do paciente, nascido na Itália e filho de brasileira, supostamente destinada a futuro processo de extradição. Inicialmente, afastou-se a possibilidade de discussão acerca de uma nacionalidade prevalecente, para fins da extradição, em razão da inexistência, nos autos, de elementos suficientes que permitissem analisar os "laços fáticos" do paciente com o Brasil ou com a Itália, e dos quais se pudesse inferir a opção por determinada nacionalidade. Ressaltou-se que seria improvável a efetiva ocorrência do pedido de extradição, haja vista o decurso de quase dois anos entre a alegação do risco iminente da protocolização desse pedido no STF e a data presente, bem como a ausência de apresentação de qualquer documento que atestasse a existência de um procedimento criminal em curso na Itália do qual pudesse ter-se originado a suposta decretação da prisão, ou dos crimes atribuídos ao paciente. Vencido o Min. Marco Aurélio, relator, que conhecia do *habeas corpus* e concedia o salvo-conduto pleiteado, tendo em conta a condição de brasileiro nato do paciente, que inviabilizaria o deferimento da extradição, e o risco iminente de o mesmo vir a ser preso (CF, art. 5º, LI: "nenhum brasileiro será extraditado, salvo o naturalizado, em caso de crime comum, praticado antes da naturalização, ou de comprovado envolvimento em tráfico ilícito de entorpecentes e drogas afins, na forma da lei").[3127]

4. Diligências e extradição
Considerando a demora no cumprimento, pelo Estado requerente, de diligência requerida pela defesa e deferida pelo relator da extradição – em que se pede a juntada de documentos que supostamente viabilizariam a identificação do extraditando –, e tendo em conta, ainda, o fato de que o extraditando se encontra preso preventivamente há mais de dois anos, o Tribunal, por maioria, deferiu *habeas corpus* para determinar que o processo extradicional seja trazido a julgamento tão logo seja possível. Vencidos, em parte, os Ministros Marco Aurélio, relator, que concedia a ordem para viabilizar a prisão domiciliar ao paciente, e Cezar Peluso, que concedia a prisão domiciliar na hipótese de os autos não virem a julgamento na próxima sessão ordinária do Tribunal (Lei n. 6.815/80, art. 84, § 2º: "Não estando o processo devidamente instruído, o Tribunal, a requerimento do Procurador-Geral da República, poderá converter o julgamento em diligência para suprir a falta no prazo improrrogável, de sessenta dias, decorridos os quais o pedido será julgado independentemente da diligência").[3128]

5. Extradição e direitos fundamentais
O e. STF, por maioria, conheceu como reclamação o pedido formulado contra a decisão do juízo federal da 10ª Vara da Seção Judiciária do Distrito Federal que autorizara a coleta da placenta de extraditanda grávida, após o parto, para a realização de exame de DNA com a finalidade de instruir inquérito policial instaurado para a investigação dos fatos correlacionados com a origem da gravidez da mesma, que teve início quando a extraditanda já se encontrava recolhida à carceragem da Polícia Federal, em que estariam envolvidos servidores responsáveis por sua custódia. Considerou-se que, estando a extraditanda em hospital público sob a autorização do STF, e havendo a mesma se manifestado expressamente contra a coleta de qualquer material recolhido de seu parto, vinculando-se a fatos constantes dos autos da Extradição (queixa da extraditanda de que teria sofrido "gravidez não consentida" e "estupro carcerário"), a autorização só poderia ser dada pelo próprio STF. Vencidos os Ministros Sepúlveda Pertence, Ilmar Galvão, Celso de Mello e Marco Aurélio, que não conheciam do pedido como reclamação por entenderem não caracterizada, na espécie, a usurpação da competência do STF, uma vez que o fato de a extraditanda estar presa à disposição do STF não impede o curso paralelo de outros procedimentos penais no Brasil.[3129]

3127 STF. **HC 83.450/SP**. Relator original: Min. Marco Aurélio. Relator para acórdão: Min. Nelson Jobim. 26 ago. 2004.
3128 HC 83.326. República Italiana. Relator: Min. Marco Aurélio. 22 out. 2003.
3129 RCL 2.040/DF. Relator: Min. Néri da Silveira. 21 fev. 2002.

6. Extradição e competência

"Tendo em vista que compete ao STF processar e julgar, originariamente, a extradição solicitada por Estado estrangeiro (CF, art. 102, I, *g*), o Tribunal, por maioria, reconheceu sua competência originária para conhecer de *habeas corpus* preventivo interposto em favor de cidadã com dupla nacionalidade, brasileira e portuguesa, contra o Ministro de Estado da Justiça em que se pretendia a extinção de procedimento extradicional instaurado pela República Portuguesa. Vencido o Min. Marco Aurélio, que declinava da competência para o STJ, por entender que a competência se define a partir da autoridade apontada como coatora. Em seguida, o Tribunal resolveu questão de ordem no sentido de julgar prejudicado o pedido de *habeas corpus* pela perda superveniente de seu objeto, em razão das informações prestadas pelo Ministério da Justiça revelando que o governo brasileiro comunicou à missão diplomática da República Portuguesa a impossibilidade do atendimento do pedido extradicional, recusando-se, portanto, a encaminhar o feito ao STF".[3130]

7. Retroatividade do tratado de extradição

Em polêmica decisão, o e. STF decidiu que as normas extradicionais, legais ou convencionais, não constituem lei penal, não incidindo, em consequência, a vedação constitucional de aplicação a fato anterior da legislação penal menos favorável. Precisa a observação de Yussef Cahali (*Estatuto do estrangeiro*, Saraiva, p. 309):

> Argumenta-se, com acerto, que a extradição não é pena; nem têm caráter penal os tratados, convenções e leis que sobre ela dispõem; como ato de processo criminal, tendente à presentação do delinquente no juízo do crime, não constituindo pena, apenas regula a condição para permitir a sua aplicação, fixando as regras segundo as quais o criminoso será entregue ao país que o reclama; o tratado sobre extradição não tem por finalidade direta a punição; seu objetivo imediato é tornar possível a punição, propiciando os meios e as formas necessárias à entrega dos criminosos que escapam à jurisdição do Estado que tem competência para puni-los; daí a possibilidade de seu deferimento por fato cometido anteriormente ao tratado, quanto mais que, não sendo este uma lei, não se lhe aplicaria o princípio da irretroatividade. Albuquerque Mello, embora admitindo que a doutrina e a prática de um modo geral têm sustentado a retroatividade dos tratados de extradição, e que "o Brasil sempre aceitou este princípio", opõe, contudo, ressalva a esse entendimento: "Se na prática a questão parece estar resolvida, no campo doutrinário ela não nos parece ser a mais correta. Duas razões em favor da irretroatividade dos tratados de extradição podem ser alegadas: a) não existe qualquer direito e dever de extradição antes da conclusão do tratado; b) os tratados podem ser concluídos com endereço certo, isto é, apenas para atingir determinado indivíduo". Tais considerações, todavia, não abalam o entendimento assente, ante a reafirmada consideração de que o objetivo da extradição não é punir determinado crime ou determinado delinquente, mas apenas facilitar e assegurar a eficiência da ação da justiça, possibilitando a perseguição do criminoso através das fronteiras internacionais". De resto, as objeções do d. Albuquerque Mello perdem relevo em sistemas, como o nosso, em que, não havendo tratado, a extradição pode ser concedida mediante promessa de reciprocidade que, formulada juntamente com o pedido, é sempre posterior ao delito a cuja persecução visa. 23. A jurisprudência do Tribunal é assente a respeito (*v.g.*, Ext 664, 1º-7-1996, Corrêa, *DJ* 23-8-1996; Ext 759, 10-11-1999, Moreira, *DJ* 26-11-1999; Ext. 759-ED, Moreira, *DJ* 4-2-2000) e vem de ser reafirmada no HC 82.847, requerido em favor do extraditando.

8. Extradição e carta rogatória

O pedido de extradição formulado mediante carta rogatória de autoridade judiciária argentina a órgão judiciário brasileiro não é inválido se o pedido for feito pela representação diplomática do Governo da Argentina. Com esse entendimento, o Tribunal deferiu a extradição de cidadão argentino, requerida pelas vias diplomáticas, rejeitando a alegada falta de formalização do pedido de extradição pelo governo da Argentina. Precedente citado: HC 81.939/SC (*DJU*, 22 nov. 2002).[3131]

9. Extradição e prisão perpétua

Mantendo a orientação da Corte no sentido de não se exigir do Estado requerente, para o deferimento de extradição, compromisso de comutação da pena de prisão perpétua aplicada ao extraditando na pena máxima de trinta anos, o Tribunal, por unanimidade, deferiu pedido de extradição, vencidos em parte os Ministros Celso de Mello, relator, Maurício Corrêa, Sepúlveda Pertence e Marco Aurélio, que condicionavam o deferimento do pedido ao compromisso de o Estado requerente comutar, em pena de prisão temporária, a pena de prisão perpétua eventualmente

---

[3130] STF. **HC (QO) 83.113/DF**. Relator: Min. Celso de Mello. 26 jun. 2003.
[3131] Ext 803. Argentina. Relator: Min. Nelson Jobim. 4 dez. 2002.

aplicável ao extraditando. Precedente citado: Ext 426-EUA (*RTJ* 115/969).[3132]

10. *Habeas corpus* em extradição e excesso de prazo de prisão

No HC 80.660/DF, o e. STF decidiu que "no caso, tratando-se de *habeas corpus* contra decisão concessiva de extradição, que é processo sujeito à jurisdição única desta Corte, mas que não tem por objeto crime sujeito à jurisdição dela em uma única instância, não é ele cabível".[3133]

11. Extradição e Lei n. 9.099/1995: impossibilidade

Para o deferimento de extradição, não se pode exigir do Estado requerente a observância de institutos penais brasileiros. Com base nesse entendimento, o Tribunal, por unanimidade, deferiu a extradição de nacional australiano, rejeitando-se o pedido da defesa no sentido de que fosse assegurada ao extraditando a aplicação, pelo Governo requerente, da Lei n. 9.099/95, que possibilita a suspensão condicional do processo, e da Lei n. 9.714/88, que prevê a substituição da pena privativa de liberdade pela pena restritiva de direitos. Precedentes citados: Extradição 605, EUA (*DJU* 6 maio 1994); Extradição 682, Suécia (*DJU* 5 fev. 1999); Extradição 585, Áustria (*DJU* 8 abr. 1994).[3134]

12. Intervenção de Estado estrangeiro em HC

Resolvendo questão de ordem suscitada pelo relator, o Tribunal entendeu, por maioria de votos, ser legítima a intervenção do Estado requerente da extradição em processo de *habeas corpus* impetrado em favor do extraditando. Vencidos os Ministros Marco Aurélio, Celso de Mello e Néri da Silveira. Precedente citado (quanto à intervenção de terceiro em *habeas corpus*): HC 72.131/RJ (acórdão ainda não publicado).[3135]

CAPÍTULO II – Das Cartas Rogatórias

Art. 783. As cartas rogatórias serão, pelo respectivo juiz, remetidas ao Ministro da Justiça, a fim de ser pedido o seu cumprimento, por via diplomática, às autoridades estrangeiras competentes.

Art. 784. As cartas rogatórias emanadas de autoridades estrangeiras competentes não dependem de homologação e serão atendidas se encaminhadas por via diplomática e desde que o crime, segundo a lei brasileira, não exclua a extradição.

§ 1º As rogatórias, acompanhadas de tradução em língua nacional, feita por tradutor oficial ou juramentado, serão, após exequatur do presidente do Supremo Tribunal Federal, cumpridas pelo juiz criminal do lugar onde as diligências tenham de efetuar-se, observadas as formalidades prescritas neste Código.

§ 2º A carta rogatória será pelo presidente do Supremo Tribunal Federal remetida ao presidente do Tribunal de Apelação do Estado, do Distrito Federal, ou do Território, a fim de ser encaminhada ao juiz competente.

§ 3º Versando sobre crime de ação privada, segundo a lei brasileira, o andamento, após o exequatur, dependerá do interessado, a quem incumbirá o pagamento das despesas.

§ 4º Ficará sempre na secretaria do Supremo Tribunal Federal cópia da carta rogatória.

Art. 785. Concluídas as diligências, a carta rogatória será devolvida ao presidente do Supremo Tribunal Federal, por intermédio do presidente do Tribunal de Apelação, o qual, antes de devolvê-la, mandará completar qualquer diligência ou sanar qualquer nulidade.

Art. 786. O despacho que conceder o exequatur marcará, para o cumprimento da diligência, prazo razoável, que poderá ser excedido, havendo justa causa, ficando esta consignada em ofício dirigido ao presidente do Supremo Tribunal Federal, juntamente com a carta rogatória.

1. Rogatória para citação de brasileiro em processo penal de outro país

O STF entendeu por sua admissibilidade,

> porque a citação não é ofensiva da soberania nacional. Precedente: CR 6.514 (AgRg), Portugal, Gallotti, Plenário, 29-6-1994, *RTJ* 155/154. II – no mesmo caso entendeu-se também que "Quanto aos requerimentos de exumação de cinzas de uma suposta vítima, de registros residenciais e de exame grafotécnico, o Tribunal concedeu o *exequatur*, salientando que não poderá ser o interessado compelido a fornecer padrões gráficos do próprio punho, em face do privilégio contra a autoincriminação, permitindo, ainda, a presença de autoridades estrangeiras para acompanhar as

---

3132 Ext 811. República do Peru. Relator: Min. Celso de Mello. 4 set. 2002.
3133 STF. Relator: Min. Carlos Velloso, Presidente. Data de publicação: *DJU*, 5 fev. 2001.
3134 Extradição 736. Alemanha. Relator: Min. Sydney Sanches. 10 mar. 1999.
3135 HC 74.959/DF (Questão de Ordem). Relator: Min. Ilmar Galvão. 12 mar. 1997.

diligências requeridas, com a ressalva de que não poderão interferir no cumprimento delas nem nos atos processuais a serem praticados".[3136]

CAPÍTULO III – Da Homologação das Sentenças Estrangeiras

Art. 787. As sentenças estrangeiras deverão ser previamente homologadas pelo Supremo Tribunal Federal para que produzam os efeitos do art. 7º do Código Penal.

Art. 788. A sentença penal estrangeira será homologada, quando a aplicação da lei brasileira produzir na espécie as mesmas consequências e concorrerem os seguintes requisitos:
I – estar revestida das formalidades externas necessárias, segundo a legislação do país de origem;
II – haver sido proferida por juiz competente, mediante citação regular, segundo a mesma legislação;
III – ter passado em julgado;
IV – estar devidamente autenticada por cônsul brasileiro;
V – estar acompanhada de tradução, feita por tradutor público.

Art. 789. O procurador-geral da República, sempre que tiver conhecimento da existência de sentença penal estrangeira, emanada de Estado que tenha com o Brasil tratado de extradição e que haja imposto medida de segurança pessoal ou pena acessória que deva ser cumprida no Brasil, pedirá ao Ministro da Justiça providências para obtenção de elementos que o habilitem a requerer a homologação da sentença.

§ 1º A homologação de sentença emanada de autoridade judiciária de Estado, que não tiver tratado de extradição com o Brasil, dependerá de requisição do Ministro da Justiça.

§ 2º Distribuído o requerimento de homologação, o relator mandará citar o interessado para deduzir embargos, dentro de 10 (dez) dias, se residir no Distrito Federal, ou 30 (trinta) dias, no caso contrário.

§ 3º Se nesse prazo o interessado não deduzir os embargos, ser-lhe-á pelo relator nomeado defensor, o qual dentro de 10 (dez) dias produzirá a defesa.

§ 4º Os embargos somente poderão fundar-se em dúvida sobre a autenticidade do documento, sobre a inteligência da sentença, ou sobre a falta de qualquer dos requisitos enumerados nos arts. 781 e 788.

§ 5º Contestados os embargos dentro de 10 (dez) dias, pelo procurador-geral, irá o processo ao relator e ao revisor, observando-se no seu julgamento o Regimento Interno do Supremo Tribunal Federal.

§ 6º Homologada a sentença, a respectiva carta será remetida ao presidente do Tribunal de Apelação do Distrito Federal, do Estado, ou do Território.

§ 7º Recebida a carta de sentença, o presidente do Tribunal de Apelação a remeterá ao juiz do lugar de residência do condenado, para a aplicação da medida de segurança ou da pena acessória, observadas as disposições do Título II, Capítulo III, e Título V do Livro IV deste Código.

Art. 790. O interessado na execução de sentença penal estrangeira, para a reparação do dano, restituição e outros efeitos civis, poderá requerer ao Supremo Tribunal Federal a sua homologação, observando-se o que a respeito prescreve o Código de Processo Civil.

1. Ver CR/88, art. 102

2. Opção do direito brasileiro

O ordenamento positivo brasileiro, tratando-se de sentença penal condenatória estrangeira, admite, em caráter excepcional e de modo restrito, a possibilidade de sua homologação (SE 5.705/EUA. Relator: Min. Celso De Mello), desde que esse ato sentencial tenha por estrita finalidade (a) obrigar o condenado à reparação civil ex delicto (RTJ 82/57) ou (b) sujeitá-lo, quando inimputável ou semi-imputável, à execução de medida de segurança (CP, art. 9º). Doutrina. Precedentes. Possibilidade, contudo, de executar-se, no Brasil, condenação penal estrangeira imposta a brasileiro, desde que a requerimento deste e contanto que tal medida esteja prevista em atos, tratados ou convenções internacionais de caráter bilateral ou de índole multilateral celebrados pelo Estado brasileiro. Rol de alguns desses acordos internacionais firmados pelo Brasil.[3137]

3. Limites à homologação da sentença penal estrangeira

Segundo a visão do STF, "Não pode ser homologada, no Brasil, sentença penal estrangeira que tenha

---

3136 STF. **CR (AgRg) 9.191**. Espanha. Relator: Min. Carlos Velloso. 8 ago. 2001.
3137 STF. **Ext 1223 DF**. 2ª Turma. Relator: Min. Celso De Mello. Data de julgamento: 22 nov. 2011. Data de publicação: DJe-042, 27 fev. 2014 (divulg.); 28 fev. 2014 (public.). Acórdão Eletrônico.

decretado a prisão de pessoa com domicílio em território brasileiro".[3138]

4. Homologação e comprovação de antecedentes
Já se considerou que é prescindível a homologação da sentença penal estrangeira para fins de constatação de antecedentes.[3139]

LIVRO VI – Disposições Gerais

Art. 791. Em todos os juízos e tribunais do crime, além das audiências e sessões ordinárias, haverá as extraordinárias, de acordo com as necessidades do rápido andamento dos feitos.

1. Vide Emenda Constitucional n. 45, promulgada em 8-12-2004

Art. 93, XII – a atividade jurisdicional será ininterrupta, sendo vedado férias coletivas nos juízos e tribunais de segundo grau, funcionando, nos dias em que não houver expediente forense normal, juízes em plantão permanente.

Art. 792. As audiências, sessões e os atos processuais serão, em regra, públicos e se realizarão nas sedes dos juízos e tribunais, com assistência dos escrivães, do secretário, do oficial de justiça que servir de porteiro, em dia e hora certos, ou previamente designados.

§ 1º Se da publicidade da audiência, da sessão ou do ato processual, puder resultar escândalo, inconveniente grave ou perigo de perturbação da ordem, o juiz, ou o tribunal, câmara, ou turma, poderá, de ofício ou a requerimento da parte ou do Ministério Público, determinar que o ato seja realizado a portas fechadas, limitando o número de pessoas que possam estar presentes.

§ 2º As audiências, as sessões e os atos processuais, em caso de necessidade, poderão realizar-se na residência do juiz, ou em outra casa por ele especialmente designada.

1. Sobre a publicidade dos atos processuais, ver CR/88, art. 93, IX
Todos os julgamentos dos órgãos do Poder Judiciário serão públicos, e fundamentadas todas as decisões, sob pena de nulidade, podendo a lei limitar a presença, em determinados atos, às próprias partes e a seus advogados, ou somente a estes, em casos nos quais a preservação do direito à intimidade do interessado no sigilo não prejudique o interesse público à informação.

2. Descabimento de *habeas data*
O *habeas data* não se presta a quebrar o sigilo judicialmente determinado. Nesse sentido,

> O *habeas data* não é meio processual idôneo para obrigar autoridade coatora a prestar informações sobre inquérito que tramita em segredo de justiça, cuja finalidade precípua é a de elucidar a prática de uma infração penal e cuja quebra de sigilo poderá frustrar seu objetivo de descobrir a autoria e materialidade do delito. Não se enquadra, portanto, nas hipóteses de cabimento do *habeas data*, previstas no art. 7º da Lei n. 9.507/97.[3140]

3. Impugnação da decisão sobre segredo de justiça
O despacho de juiz singular que nega, em processo criminal, a decretação de segredo de justiça, pela natureza administrativa, pode ser atacado por mandado de segurança, descabendo exigir-se a prévia interposição de agravo de instrumento (STJ. Relator: William Patterson. Data de publicação: *DJ*, 26 maio 1997. p. 22.570).

4. Compulsoriedade do segredo de justiça
Ementa de determinado acórdão sobre o tema ponderou que:

> com a promulgação da Constituição Federal de 1988 vários institutos previstos no processo penal foram inseridos no *status* constitucional sob o pálio dos direitos e garantias fundamentais (CF, título II), direitos e garantias estes que não são ilimitados, vez que encontram seus limites nos demais princípios consagrados na Carta da República, em seu art. 5º, como os do devido processo legal (LIV), onde encontra como corolários a ampla defesa e o contraditório; da legalidade (inciso II) etc. Inúmeras dúvidas surgiram a partir da inserção de vários direitos e garantias no cânon constitucional, notadamente os previstos nos incisos X e XII, do art. 5º da Lei Maior, quando se referem ao direito à intimidade e à privacidade. Da leitura do texto extrai-se que a garantia do sigilo de dados (XII) complementa o direito à intimidade e à vida privada do homem. Daí não há como negar que informações bancárias constantes nas instituições financeiras constituem parte da vida

---

3138 STF. **SE 5.705**. Relator: Min. Celso de Mello. Data de julgamento: 17 mar. 1998.
3139 TRF-2-RVCR: 201002010106778 RJ 2010.02.01.010677-8, Relator: Desembargador Federal MESSOD AZULAY NETO, Data de Julgamento: 28/04/2011, PRIMEIRA SEÇÃO ESPECIALIZADA, Data de Publicação: E-DJF2R–Data::05/05/2011–Página:127.
3140 STJ. Relator: Min. Teori Albino Zavascki. 11 out. 2004. p. 211.

privada da pessoa física. Tomando como base a Lei n. 4.595/64, as informações relativas ao sigilo bancário somente poderão ser devassadas em caráter excepcional e nos estritos limites legais, pois revestem-se de caráter sigiloso, devendo ser aferida no caso concreto a aplicação do princípio da razoabilidade para fins de sua quebra, observando-se o mandamento constitucional. Para que "a decretação da quebra do sigilo bancário seja autorizada, revela-se imprescindível a existência de causa provável, vale dizer, de fundada suspeita quanto à ocorrência de fato cuja apuração resulte exigida pelo interesse público. Na realidade, sem causa provável, não se justifica, sob pena de inadmissível consagração do arbítrio estatal e de inaceitável opressão do indivíduo pelo Poder Público, a *disclosure* das contas bancárias, eis que a decretação da quebra do sigilo não pode converter-se num instrumento de indiscriminada e ordinária devassa da vida financeira das pessoas" (STF, MS 21.729-4/DF, rel. Min. Celso de Mello). No mesmo sentido: STF, RMS 23002/RJ, 1ª T., rel. Min. Ilmar Galvão, v.u., *DJU* 27-11-1998, p. 33. As xerocópias de movimentações financeiras que instruíram o auto de infração, como visto, foram oriundas de ação penal que tramitava na Justiça Estadual. Ora, a legislação infraconstitucional (Lei n. 4.595/64) é clara ao dispor que a utilização dos dados obtidos pelo Banco Central do Brasil ou pelas instituições financeiras somente se daria para a investigação que lhe deu causa. O Poder Judiciário, ao requisitar tais informações, deverá proceder somente sobre dados referentes às partes litigantes e ao recebê-las deve decretar segredo de justiça, a teor do disposto no art. 155, I, do CPC c/c art. 3º, do CPP.[3141]

Art. 793. Nas audiências e nas sessões, os advogados, as partes, os escrivães e os espectadores poderão estar sentados. Todos, porém, se levantarão quando se dirigirem aos juízes ou quando estes se levantarem para qualquer ato do processo.
Parágrafo único. Nos atos da instrução criminal, perante os juízes singulares, os advogados poderão requerer sentados.

1. Disposição no Estatuto da Ordem dos Advogados do Brasil

Art. 7º, XII – "falar, sentado ou em pé, em juízo, tribunal ou órgão de deliberação coletiva da Administração Pública ou do Poder Legislativo".

Vide Lei Orgânica Nacional do Ministério Público, art. 41: "Constituem prerrogativas dos membros do Ministério Público, no exercício de sua função, além de outras previstas na Lei Orgânica: I – receber o mesmo tratamento jurídico e protocolar dispensado aos membros do Poder Judiciário junto aos quais oficiem".

Art. 794. A polícia das audiências e das sessões compete aos respectivos juízes ou ao presidente do tribunal, câmara, ou turma, que poderão determinar o que for conveniente à manutenção da ordem. Para tal fim, requisitarão força pública, que ficará exclusivamente à sua disposição.

1. Para o poder de polícia na sessão de julgamento do Tribunal do Júri, ver art. 497

Art. 795. Os espectadores das audiências ou das sessões não poderão manifestar-se.
Parágrafo único. O juiz ou o presidente fará retirar da sala os desobedientes, que, em caso de resistência, serão presos e autuados.

1. Para o poder de polícia na sessão de julgamento do Tribunal do Júri, ver art. 497

2. Para o crime de resistência, ver art. 331 do Código Penal

Art. 796. Os atos de instrução ou julgamento prosseguirão com a assistência do defensor, se o réu se portar inconvenientemente.

1. Sobre retirada da pessoa acusada a pedido de vítima ou testemunhas, ver nestes *Comentários* art. 217

2. Expulsão de defensor da sala de audiências
Situação obviamente extrema e sujeita a inevitável tumulto. Sem embargo, já se decidiu que

Não se subtraiu ao réu o direito de nomear defensor de sua confiança, já que o seu patrono, que fora expulso da sala, continuou a exercer sua defensoria, embora tenha sido expulso da audiência por comportamento inconveniente. Com a nomeação de defensor *ad hoc* nenhum prejuízo adveio ao réu, que teve advogado a assisti-lo durante todo o desenrolar do restante da audiência.[3142]

Art. 797. Excetuadas as sessões de julgamento, que não serão marcadas para domingo ou dia feriado, os demais atos do processo poderão ser praticados em período de férias, em domingos e dias feriados. Todavia, os julgamentos iniciados em

---

3141 TRF. 2ª Região. Data de publicação: *DJU*, 3 jul. 2002. Relator: Juiz Benedito Gonçalves.
3142 TJSP. **HC 143.692-3**. Relator: Segurado Braz. Data de julgamento: 17 maio 1993. Data de publicação: *JTJ* 145/296.

dia útil não se interromperão pela superveniência de feriado ou domingo.

1. *Vide* Emenda Constitucional n. 45, promulgada em 8-12-2004

Art. 93, XII – a atividade jurisdicional será ininterrupta, sendo vedado férias coletivas nos juízos e tribunais de segundo grau, funcionando, nos dias em que não houver expediente forense normal, juízes em plantão permanente.

2. Horário dos atos processuais

Interessante caso serve de paradigma ao tema do horário dos atos processuais e seu necessário cumprimento pelos órgãos judiciais:

A audiência deve realizar-se no dia e hora designados. Se o Juiz não comparecer na hora certa, as partes poderão retirar-se do Fórum, após razoável espera, sem que com isso possam sofrer quaisquer consequências ou penalidades. É nula a audiência realizada mais de duas horas após o horário marcado, quando o réu e a Advogada constituída já haviam saído do Fórum, em face do não comparecimento do Juiz, máxime quando este deixou de apreciar o requerimento pedindo a designação de nova data, feito antes da retirada".[3143]

3. A lei para coibir a violência doméstica e familiar contra a mulher e o horário dos atos processuais

Na Lei n. 11.340/2006 há previsão específica e expressa para a realização dos atos processuais, dispondo o art. 14, em seu parágrafo único, que: "Os atos processuais poderão realizar-se em horário noturno, conforme dispuserem as normas de organização judiciária", implicando, assim, a possibilidade de criação de plantões noturnos com o fim específico de apreciação dessas causas.

> Art. 798. Todos os prazos correrão em cartório e serão contínuos e peremptórios, não se interrompendo por férias, domingo ou dia feriado.
>
> § 1º Não se computará no prazo o dia do começo, incluindo-se, porém, o do vencimento.
>
> § 2º A terminação dos prazos será certificada nos autos pelo escrivão; será, porém, considerado findo o prazo, ainda que omitida aquela formalidade, se feita a prova do dia em que começou a correr.
>
> § 3º O prazo que terminar em domingo ou dia feriado considerar-se-á prorrogado até o dia útil imediato.
>
> § 4º Não correrão os prazos, se houver impedimento do juiz, força maior, ou obstáculo judicial oposto pela parte contrária.
>
> § 5º Salvo os casos expressos, os prazos correrão:
> a) da intimação;
> b) da audiência ou sessão em que for proferida a decisão, se a ela estiver presente a parte;
> c) do dia em que a parte manifestar nos autos ciência inequívoca da sentença ou despacho.

1. Limite à aplicação do NCPC ao tema dos prazos processuais

Há norma específica e clara do CPP a respeito, donde o descabimento da invocação do NCPC para abalizar a forma de contagem.

Essa a exata fundamentação do STF ao afirmar que

> a razão da inaplicabilidade do preceito consubstanciado no art. 1.070 do CPC/2015 apoia-se no fato de a regência da matéria encontrar suporte específico na Lei nº 8.038/90, que constitui "lex specialis", inclusive no que concerne ao lapso temporal pertinente ao "agravo interno", tendo em vista a circunstância de o art. 39 dessa mesma Lei nº 8.038/90, que incide no tema ora em exame, não haver sido derrogado pelo novíssimo Código de Processo Civil, ao contrário do que ocorreu, p. ex., com os arts. 13 a 18, 26 a 29 e 38, todos do já referido diploma legislativo (CPC, art. 1.072, inciso IV). Mostra-se importante destacar, ainda, que, tratando-se de prazo processual penal, o modo de sua contagem é disciplinado por norma legal que expressamente dispõe sobre a matéria (CPP, art. 798, "caput"), o que torna inaplicável a regra fundada no art. 219, "caput", do Código de Processo Civil de 2015, pois, como se sabe, a possibilidade de aplicação analógica da legislação processual civil ao processo penal, embora autorizada pelo art. 3º do próprio Código de Processo Penal, depende, no entanto, para incidir, da existência de omissão na legislação processual penal (Lei de Introdução às Normas do Direito Brasileiro, art. 4º). Como anteriormente deixei registrado, inexiste omissão, no Código de Processo Penal, quanto à regulação do modo de contagem dos prazos processuais penais, eis que, nessa específica matéria, há cláusula normativa expressa que estabelece que "Todos os prazos (...) serão contínuos e peremptórios, não se interrompendo por férias, domingo ou dia feriado" (CPP, art. 798, "caput" – grifei), ressalvadas, unicamente, as hipóteses em que o prazo terminar em domingo ou em dia feriado, caso em que se considerará

[3143] *JTACrim*, 1/86.

prorrogado até o dia útil imediato (CPP, art. 798, § 3º), ou em que houver impedimento do juiz, força maior ou obstáculo judicial oposto pela parte contrária (CPP, art. 798, § 4º).[3144]

Também nesse sentido

No âmbito do STJ, mesmo após a vigência do CPC/2015, em controvérsias que versem sobre matéria penal ou processual penal, a contagem do prazo para interposição de agravo contra decisão monocrática de relator continua sendo feita de forma contínua (art. 798 do CPP), e não somente em dias úteis (art. 219 do CPC/2015). Isso porque, diferentemente do que ocorreu com outros artigos da Lei n. 8.038/1990 – norma especial que institui normas procedimentais para os processos que especifica perante o STJ e o STF –, não foi revogado o art. 39, o qual prevê: "Da decisão do Presidente do Tribunal, de Seção, de Turma ou de Relator que causar gravame à parte, caberá agravo para o órgão especial, Seção ou Turma, conforme o caso, no prazo de cinco dias". Ademais, tal previsão legal é secundada pelo disposto no caput do art. 258 do RISTJ, cujo teor prescreve que: "A parte que se considerar agravada por decisão do Presidente da Corte Especial, de Seção, de Turma ou de relator, poderá requerer, dentro de cinco dias, a apresentação do feito em mesa, para que a Corte Especial, a Seção ou a Turma sobre ela se pronuncie, confirmando-a ou reformando-a." Além disso, importa lembrar que o art. 798 do CPP, em seu caput e § 1º, determina, respectivamente, que "Todos os prazos correrão em cartório e serão contínuos e peremptórios, não se interrompendo por férias, domingo ou dia feriado" e que "Não se computará no prazo o dia do começo, incluindo-se, porém, o do vencimento".[3145]

2. Súmula 710 do STF
No processo penal, contam-se os prazos da data da intimação, e não da juntada aos autos do mandado ou da carta precatória ou de ordem.

3. Prazos em cartório e violação ao princípio da ampla defesa
O sistema do Código de Processo Penal inibe o exercício da ampla defesa, pois compele as partes a um uso comum dos autos em prazos marcados pela exiguidade. Outrossim, deve ficar claro que essa discussão somente tem sentido quando o modelo procedimental não é marcado pela oralidade e concentração de atos como exigido pelo modelo acusatório constitucionalmente estabelecido.

4. Modo de contagem
É específico para o Código de Processo Penal e, desse modo, difere daquele previsto no Código Penal.

5. Certificação cartorária
É formalidade importante, mas não é a responsável pelo fenômeno *fático* da ocorrência da superação do prazo.

6. Intimação como momento para início do prazo
Diversamente do Código de Processo Civil, o processo penal brasileiro se orienta pela data da intimação, *e não da juntada do mandado pelo oficial de justiça* para estabelecimento do início da contagem do prazo. Assim,

refoge à subsidiariedade do art. 241, IV, do Cód. de Proc. Civil, a contagem regulada pelo art. 798, § 5º, 'a', do Cód. de Proc. Penal, no caso de intimação por mandado realizada no próprio juízo da ação" (*RSTJ* 67/426). Assim, pouco importa a data da juntada do mandado de intimação, posto que no processo penal o prazo começa a fluir a partir da efetiva intimação, nos precisos termos do art. 798, § 5º, letra 'a', do Código de Processo Penal.[3146]

7. Efetiva ciência do Ministério Público (*vide*, também, art. 390 nestes *Comentários*)

8. A Lei n. 11.419, de 19 de dezembro de 2006, e a nova disciplina dos prazos processuais penais
Tendo cabimento no processo penal, conforme já exposto nestes *Comentários*, à exceção da comunicação dos atos pessoalmente cabíveis de comunicação, como a citação e a intimação da pronúncia, os demais atos podem ser comunicados eletronicamente, abrindo-se, assim, a nova disciplina de fluxo de prazos.

Para o primeiro caso (publicação pelo Diário Oficial eletrônico), no art. 4º há regra para o dia de início do prazo. Assim, (§ 3º) "considera-se como data da publicação o primeiro dia útil seguinte ao da disponibilização da informação no Diário da Justiça eletrônico" e, na sequência, tem-se que (§ 4º) "Os prazos processuais terão início no primeiro dia útil que seguir ao considerado como data da publicação".

3144 STF. **HC 134.554**. Relator: Min. Celso de Mello. Data de publicação: DJe, 15 jun. 2016.
3145 STJ. **AgRg nos EDcl nos EAREsp 316.129-SC**. Relator: Min. Reynaldo Soares da Fonseca. Data de julgamento: 25 maio 2016. Data de publicação: DJe, 1º jun. 2016.
3146 TJSC. **Recurso Criminal 97.008411-0**. Relator: José Roberge. Data de julgamento: 26 ago. 1997.

Quanto ao segundo ponto, após o *credenciamento* do interessado (art. 2º) junto ao Poder Judiciário na forma como determinado administrativamente pelos Tribunais, tem-se que: "Considerar-se-á realizada a intimação no dia em que o intimando efetivar a consulta eletrônica ao teor da intimação, certificando-se nos autos a sua realização" (art. 5º, § 1º), sempre considerado como termo inicial o primeiro dia útil seguinte ao da consulta e, quando essa consulta for realizada em dia não útil, entende-se como efetuada no primeiro dia útil seguinte, respeitado o limite de até 10 (dez) dias corridos contados da data do envio da intimação, sob pena de considerar-se a intimação automaticamente realizada na data do término desse prazo. Tais informações são, para todos os efeitos legais, consideradas como intimações pessoais.

Para a prática dos atos processuais, tem-se que eles se consideram realizados por meio eletrônico "no dia e hora do seu envio ao sistema do Poder Judiciário, do que deverá ser fornecido protocolo eletrônico" (art. 3º) e "Quando a petição eletrônica for enviada para atender prazo processual, serão consideradas tempestivas as transmitidas até as 24 (vinte e quatro) horas do seu último dia" (parágrafo único).

Tal disciplina, embora clara, deve merecer especial atenção para as dimensões físicas nacionais que acarretam diferenças de fuso horário. A solução objetiva, quer-nos parecer, deve levar em conta o horário da sede do juízo do ato praticado, evitando-se casuísmos ou particularismos que gerem desigualdades processuais.

> Art. 798-A. Suspende-se o curso do prazo processual nos dias compreendidos entre 20 de dezembro e 20 de janeiro, inclusive, salvo nos seguintes casos: (Incluído pela Lei n. 14.365, de 2022)
> I – que envolvam réus presos, nos processos vinculados a essas prisões; (Incluído pela Lei n. 14.365, de 2022)
> II – nos procedimentos regidos pela Lei n. 11.340, de 7 de agosto de 2006 (Lei Maria da Penha); (Incluído pela Lei n. 14.365, de 2022)
> III – nas medidas consideradas urgentes, mediante despacho fundamentado do juízo competente. (Incluído pela Lei n. 14.365, de 2022)
> Parágrafo único. Durante o período a que se refere o **caput** deste artigo, fica vedada a realização de audiências e de sessões de julgamento, salvo nas hipóteses dos incisos I, II e III do **caput** deste artigo. (Incluído pela Lei n. 14.365, de 2022)

1. Suspensão de prazos – recesso final de ano

Modificação trazida com a Lei 14.365, de 2 de junho de 2022, que é fruto de projeto de lei proposto pelo Deputado Paulo Abi-ackel – PSDB/MG tramitado sob n. 5284/2020 e que tinha como objeto "alterar e incluir uma série de dispositivos ao Estatuto da Advocacia e da Ordem dos Advogados do Brasil", silente sobre o artigo em questão na sua redação original[3147], tendo sido acrescido no debate legislativo e assim constante no relatório final da Câmara dos Deputados.[3148]

2. Suspensão – consequências

Como tradicionalmente interpretado, a suspensão gera a continuidade do período remanescente quando do final da causa suspensiva, e nisto se diferencia da interrupção de prazos.

3. Exceções à suspensão

São três as situações de exceção à suspensão.

A primeira delas diz respeito a persecuções com pessoa presa, não importando a natureza dessa prisão, seja na modalidade cautelar, seja na execução da pena definitiva. E, dentre aquelas, excetuados os processos com medidas cautelares diversas da prisão que não se submetem ao regime de "prisão".

As execuções penais de penas privativas de liberdade, não importando o regime de cumprimento ou fruição de livramento condicional, não estão abarcadas pela suspensão.

A pena restritiva de direitos, em princípio, terá o processo referente à sua execução suspenso. Mas, se houver notícia de descumprimento injustificado ou violação dos deveres inerentes à forma desse cumprimento de pena, com potencial reconversão em pena privativa de liberdade, o processo será retomado imediatamente.

Por fim, a execução da multa originária, não sendo passível de reconversão em pena privativa de liberdade, estará submetida ao regime suspensivo de prazo.

A segunda hipótese diz respeito às persecuções com fundamento na "Lei Maria da Penha", opção legislativa que se coaduna com a excepcionalidade desse microssistema jurídico que responde à urgência social dos fatos a ele submetidos.

E, por fim, os casos tradicionais de urgência, cujo regime jurídico se relaciona ao disposto no art. 366 para onde remetemos a leitura.

[3147] Íntegra do projeto inicial disponível em: <https://www.camara.leg.br/proposicoesWeb/prop_mostrarintegra?codteor=1944297&filename=PL%205284/2020>. Acesso em: 19 dez. 2022.
[3148] Inteiro teor disponível em: <https://www.camara.leg.br/proposicoesWeb/prop_mostrarintegra?codteor=2157469&filename=REDACAO%20FINAL%20PL%205284/2020>. Acesso em: 19 dez. 2022.

Por expressa disposição legal, quando houver o cadastramento do interessado para o serviço de correio eletrônico, será dispensada a publicação do ato no Diário Oficial, quer eletrônico, quer impresso.

Art. 799. O escrivão, sob pena de multa de cinquenta a quinhentos mil-réis e, na reincidência, suspensão até 30 (trinta) dias, executará dentro do prazo de 2 (dois) dias os atos determinados em lei ou ordenados pelo juiz.

1. Inaplicação do presente artigo

O presente artigo mostra-se inaplicável no que tange à pena de multa, em face da desatualização monetária.

Art. 800. Os juízes singulares darão seus despachos e decisões dentro dos prazos seguintes, quando outros não estiverem estabelecidos:
I – de 10 (dez) dias, se a decisão for definitiva, ou interlocutória mista;
II – de 5 (cinco) dias, se for interlocutória simples;
III – de 1 (um) dia, se se tratar de despacho de expediente.

§ 1º Os prazos para o juiz contar-se-ão do termo de conclusão.

§ 2º Os prazos do Ministério Público contar-se-ão do termo de vista, salvo para a interposição do recurso (art. 798, § 5º).

§ 3º Em qualquer instância, declarando motivo justo, poderá o juiz exceder por igual tempo os prazos a ele fixados neste Código.

§ 4º O escrivão que não enviar os autos ao juiz ou ao órgão do Ministério Público no dia em que assinar termo de conclusão ou de vista estará sujeito à sanção estabelecida no art. 799.

1. Sobre intimação do Ministério Público, ver também arts. 390 e 798 nestes *Comentários*

2. Sobre tempestividade da apelação e do recurso em sentido estrito, ver nestes *Comentários* arts. 581 e seguintes

3. Natureza do prazo para o juiz

É considerado impróprio, a dizer, não acarreta preclusão.

4. Não reconhecimento de constrangimento ilegal

Como decorrência direta da compreensão da impropriedade do prazo para sentença, tem-se que a superação dos períodos mencionados neste artigo não caracteriza constrangimento ilegal para o réu preso cautelarmente e se dá por sanada a "mera irregularidade" com a prolação do provimento [3149].

Art. 801. Findos os respectivos prazos, os juízes e os órgãos do Ministério Público, responsáveis pelo retardamento, perderão tantos dias de vencimentos quantos forem os excedidos. Na contagem do tempo de serviço, para o efeito de promoção e aposentadoria, a perda será do dobro dos dias excedidos.

1. Inaplicação do presente artigo

O presente artigo não se encontra em vigor, em face das Leis Orgânicas do Ministério Público e da Magistratura.

Art. 802. O desconto referido no artigo antecedente far-se-á à vista da certidão do escrivão do processo ou do secretário do tribunal, que deverão, de ofício, ou a requerimento de qualquer interessado, remetê-la às repartições encarregadas do pagamento e da contagem do tempo de serviço, sob pena de incorrerem, de pleno direito, na multa de quinhentos mil-réis, imposta por autoridade fiscal.

1. Inaplicação do presente artigo

O presente artigo não se encontra em vigor, em face das Leis Orgânicas do Ministério Público e da Magistratura.

Art. 803. Salvo nos casos expressos em lei, é proibida a retirada de autos do cartório, ainda que em confiança, sob pena de responsabilidade do escrivão.

1. Ver Estatuto da Ordem dos Advogados do Brasil

Art. 7º, XIII: "examinar, em qualquer órgão dos Poderes Judiciários e Legislativos, ou da Administração Pública em geral, autos de processos findos ou em andamento, mesmo sem procuração, quando não estejam sujeitos a sigilo, assegurada a obtenção de cópias, podendo tomar apontamentos".

Art. 804. A sentença ou o acórdão, que julgar a ação, qualquer incidente ou recurso, condenará nas custas o vencido.

[3149] TJSP. **Apelação Criminal 279.380-3**. Limeira. 4ª Câmara Criminal. Relator: Passos de Freitas. 30 nov. 1999, v.u. *RT*, 694/387.

Art. 805. As custas serão contadas e cobradas de acordo com os regulamentos expedidos pela União e pelos Estados.

Art. 806. Salvo o caso do art. 32, nas ações intentadas mediante queixa, nenhum ato ou diligência se realizará, sem que seja depositada em cartório a importância das custas.

§ 1º Igualmente, nenhum ato requerido no interesse da defesa será realizado, sem o prévio pagamento das custas, salvo se o acusado for pobre.

§ 2º A falta do pagamento das custas, nos prazos fixados em lei, ou marcados pelo juiz, importará renúncia à diligência requerida ou deserção do recurso interposto.

§ 3º A falta de qualquer prova ou diligência que deixe de realizar-se em virtude do não pagamento de custas não implicará a nulidade do processo, se a prova de pobreza do acusado só posteriormente foi feita.

1. Sobre as custas no Estado de São Paulo

Veja-se a Lei n. 11.608, de 29 de dezembro de 2003, que em seu art. 4º determina:

> O recolhimento da taxa judiciária será feito da seguinte forma: § 9º – Nas ações penais, salvo aquelas de competência do Juizado Especial Criminal – JECRIM, em primeiro grau de jurisdição, o recolhimento da taxa judiciária será feito da seguinte forma: *a)* nas ações penais, em geral, o valor equivalente a 100 (cem) UFESPs, será pago, a final, pelo réu, se condenado; *b)* nas ações penais privadas, será recolhido o valor equivalente a 50 (cinquenta) UFESPs no momento da distribuição, ou, na falta desta, antes do despacho inicial, bem como o valor equivalente a 50 (cinquenta) UFESPs no momento da interposição do recurso cabível, nos termos do disposto no § 2º do art. 806 do Código de Processo Penal.

Art. 807. O disposto no artigo anterior não obstará à faculdade atribuída ao juiz de determinar de ofício inquirição de testemunhas ou outras diligências.

1. Sobre a gestão da prova pelo juiz no modelo processual penal brasileiro, ver nestes Comentários arts. 155 e seguintes

Art. 808. Na falta ou impedimento do escrivão e seu substituto, servirá pessoa idônea, nomeada pela autoridade, perante quem prestará compromisso, lavrando o respectivo termo.

1. Sobre as condições de impedimento de funcionário público, ver nestes Comentários, de forma mais abrangente, arts. 95 e seguintes

Art. 809. A estatística judiciária criminal, a cargo do Instituto de Identificação e Estatística ou repartições congêneres, terá por base o boletim individual, que é parte integrante dos processos e versará sobre:

I – os crimes e as contravenções praticados durante o trimestre, com especificação da natureza de cada um, meios utilizados e circunstâncias de tempo e lugar;
II – as armas proibidas que tenham sido apreendidas;
III – o número de delinquentes, mencionadas as infrações que praticaram, sua nacionalidade, sexo, idade, filiação, estado civil, prole, residência, meios de vida e condições econômicas, grau de instrução, religião, e condições de saúde física e psíquica;
IV – o número dos casos de codelinquência;
V – a reincidência e os antecedentes judiciários;
VI – as sentenças condenatórias ou absolutórias, bem como as de pronúncia ou de impronúncia;
VII – a natureza das penas impostas;
VIII – a natureza das medidas de segurança aplicadas;
IX – a suspensão condicional da execução da pena, quando concedida;
X – as concessões ou denegações de habeas corpus.

§ 1º Os dados acima enumerados constituem o mínimo exigível, podendo ser acrescidos de outros elementos úteis ao serviço da estatística criminal.

§ 2º Esses dados serão lançados semestralmente em mapa e remetidos ao Serviço de Estatística Demográfica Moral e Política do Ministério da Justiça. (Redação dada pela Lei n. 9.061, de 14 de jun. de 1995)

§ 3º O boletim individual a que se refere este artigo é dividido em três partes destacáveis, conforme modelo anexo a este Código, e será adotado nos Estados, no Distrito Federal e nos Territórios. A primeira parte ficará arquivada no cartório policial; a segunda será remetida ao Instituto de Identificação e Estatística, ou repartição congênere; e a terceira acompanhará o processo, e, depois de passar em julgado a sentença definitiva, lançados os dados finais, será enviada ao referido Instituto ou repartição congênere.

Art. 810. Este Código entrará em vigor no dia 1º de janeiro de 1942.

Art. 811. Revogam-se as disposições em contrário. Rio de Janeiro, em 3 de outubro de 1941; 120º da Independência e 53º da República. Getúlio Vargas.

1. Regulação da forma de compilação dos dados

A forma de compilação dos dados estatísticos mencionados no art. 809 encontra-se no Decreto-Lei 3992, de 30 de dezembro de 1941, que regulamentou o artigo 809 do CPP.

Segundo Eduardo Del-Campo,

> no Boletim de Identificação Criminal e Modus Operandi (BIC), além das impressões digitais, são consignados dados de três categorias, referentes ao identificado, ao inquérito e ao modus operandi. No que se refere à pessoa do autor, além da qualificação civil completa, devem ter indicadas outras características físicas que permitam a correta individualização do identificado, tais como cútis, cor dos olhos, cor e tipo de cabelo. São anotadas, ainda, a presença de deformidades, cicatrizes, tatuagens, amputações e outras peculiaridades física.[3150]

3150 DEL-CAMPO, Eduardo Roberto Alcântara. **Medicina Legal**. São Paulo: Saraiva, 2005. p.78. (Coleção Curso & Concurso)

Lista de siglas

AASP Associação dos Advogados de São Paulo
ADIn ou ADI Ação direta de inconstitucionalidade
ADPF Arguição de Descumprimento de Preceito Fundamental
AgRg Agravo Regimental
ap. crim. Apelação criminal
BAASP Boletim da AASP
CADH Convenção Americana de Direitos do Homem
Câm. Câmara
Câm. Crim. Câmara Criminal
CAMP-Pt n. Conflito de atribuições no Ministério Público – Protocolado n.
CC Conflito de competência
CCI Código Criminal do Império (versão original de 1832)
CP Código Penal
CPC Código de Processo Civil
CPPI Código de Processo Penal italiano
CPPM Código de Processo Penal Militar
CR Constituição da República
dd data da decisão
DF Distrito Federal
DJU Diário da Justiça da União
DOERJ Diário Oficial do Estado do Rio de Janeiro
ed. edição
Emb. Ac. Crim Embargos em ação criminal
EXSUSP Exceção de Suspeição
Fadusp Faculdade de Direito da Universidade de São Paulo
HC Habeas Corpus
IBCCrim Instituto Brasileiro de Ciências Criminais
JC Jurisprudência Catarinense
JM Revista Justiça Mineira
LEOMP Lei Orgânica do Ministério Público
LEXSTJ Revista Lex do Superior Tribunal de Justiça
m.v. maioria de votos
Min. Ministro
op. cit. obra citada
p.(pp.). página(s)
PGJ Procurador-Geral de Justiça
PR Estado do Paraná
RE Recurso Extraordinário
Rec. Recurso

RECJF Revista do Centro de Estudos da Justiça Federal
Rel. Relator
RES Recurso em Sentido Estrito
REsp Recurso Especial
REVJMG Revista de Jurisprudência de Minas Gerais
RF Revista Forense
RHC Recurso de Habeas Corpus
RISTF Regimento Interno do Supremo Tribunal Federal
RJ Rio de Janeiro (estado ou cidade)
RJADCOAS Revista Jurídica Adcoas
RJE Revista dos Juizados Especiais – São Paulo
RJTACrim Revista de Jurisprudência do Tribunal de Alçada Criminal de São Paulo
RJTJRGS Revista de Jurisprudência do Tribunal de Justiça do Estado do Rio Grande do Sul
RSTJ Revista do Superior Tribunal de Justiça
RT Revista dos Tribunais
RTJ Revista Trimestral de Jurisprudência
RVC Revisão Criminal
SP São Paulo (cidade e estado)
T. Turma
TJAL Tribunal de Justiça de Alagoas
TJAP Tribunal de Justiça do Amapá
TJBA Tribunal de Justiça da Bahia
TJCE Tribunal de Justiça do Ceará
TJMG Tribunal de Justiça de Minas Gerais
TJMT Tribunal de Justiça do Mato Grosso
TJPB Tribunal de Justiça da Paraíba
TJPE Tribunal de Justiça de Pernambuco
TJPI Tribunal de Justiça do Piauí
TJPR Tribunal de Justiça do Paraná
TJRJ Tribunal de Justiça do Rio de Janeiro
TJRS Tribunal de Justiça do Rio Grande do Sul
TJSC Tribunal de Justiça de Santa Catarina
TJSE Tribunal de Justiça de Sergipe
TJSP Tribunal de Justiça de São Paulo
TRF Tribunal Regional Federal
v.u. votação unânime
vol. (ou v.) volume

Referências

ABADE, Denise Neves. **Direitos fundamentais na cooperação jurídica internacional**: extradição, assistência jurídica, execução de sentença estrangeira e transferência de presos. São Paulo: Saraiva, 2013.

AIETA, Siciliano. **A garantia da intimidade como direito fundamental**. Rio de Janeiro: Lumen Juris, 1999.

ALBERNAZ, Flávio Boechat. O princípio da motivação das decisões do Conselho de Sentença. **Revista Brasileira de Ciências Criminais**, São Paulo, v. 5, n. 19, p. 125-159, jul./set. 1997. Também publicado em CHOUKR, Fauzi H. (Org.). **Estudos de processo penal**: o mundo à revelia. Campinas: Agá-Juris, 2000.

ALBERNAZ, Flávio Boechat; PONTES, Evandro Fernandes de. Contraditório e inquérito policial no direito brasileiro. In: CHOUKR, Fauzi H. (Org.). **Estudos de processo penal**: o mundo à revelia. Campinas: Agá-Juris, 2000.

ALBUQUERQUE, Mario de Moura e. O libelo e seus requisitos. **Justitia**, São Paulo, Ministério Público de São Paulo, v. 61, p. 17, jan./mar. 1968.

ALBUQUERQUE, Marly Anne Ojaime Cavalcanti. **Transação penal**: uma análise doutrinária e jurisprudencial do seu descumprimento injustificado, 2008. Disponível em: <https://goo.gl/L9osPX>. Acesso em: 15 jul. 2017.

ALFERES, Eduardo Henrique. **Lei 12.037/09**: novamente a velha identificação criminal. Disponível em: <https://goo.gl/DJ7wLv>. Acesso em: 5 abr. 2022.

ALMEIDA, Duarte Leonardo Lopes de. **Uma breve análise sobre o inquérito policial brasileiro**. Disponível em: <https://goo.gl/rU9XmE>.

ALMEIDA, Gustavo Tinôco de. A inconstitucionalidade da Lei n. 12.736/2012 e da detração como forma de se alcançar o regime inicial de cumprimento de pena. **Jus Navigandi**, Teresina, ano 18, n. 3475, 5 jan. 2013. Disponível em: <https://goo.gl/autAKp>. Acesso em: 10 jan. 2014.

ALVAREZ, Daniel González. La oralidad como facilitadora de los fines, principios y garantías del proceso penal. **Ciencias Penales – Revista de La Asociación de Ciencias Penales de Costa Rica**, ano 8, n. 11, jul. 1996.

ALVES, Leonardo Barreto Moreira. A ação penal nos crimes contra a dignidade sexual após a Lei n. 12.015/2009. **Jus Navigandi**, Teresina, ano 14, n. 2.366, 23 dez. 2009. Disponível em: <https://goo.gl/utrX32>. Acesso em: 14 jan. 2010.

ALVES, Rogério Pacheco. O poder geral de cautela no processo penal. **Revista do Tribunais**, n. 799, maio 2002. Disponível em: <www.revistasrtonline.com.br>. Acesso em: 5 abr. 2022.

AMBOS, Kai *et al*. **Las reformas procesales en latino américa**. Buenos Aires: Ad Hoc, 2000.

AMBOS, Kai. Controle da polícia pelo ministério público x domínio policial da investigação. In: CHOUKR, Fauzi Hassan. **Processo penal e estado de direito**. Campinas: Edicamp, 2002. p. 245-279.

AMBOS, Kai; CHOUKR, Fauzi Hassan. **A reforma do processo penal no Brasil e na América Latina**. São Paulo: Método, 2001.

AMBOS, Kai; GOMES-COLOMER, Juan-Luis; VOGLER, Richard (Ed.). **La policía en los estados de derecho latinoamericanos**: un proyecto de investigación internacional. Bogotá: Ediciones Juridicas Gustavo Ibañez, 2003.

ANDRADE, Andressa Paula de; ÁVILA, Gustavo Noronha de. 'Scherlock Holmes' no processo penal brasileiro? Lineamentos sobre a lei 13.432 de 11 de abril de 2017 e a investigação criminal defensiva. **Boletim IBCCRIM**, São Paulo, v. 25, n. 296, p. 8-9, jul. 2017.

ANDRADE, M. F. **Sistemas processuais penais e seus princípios reitores**. 2. ed. Curitiba: Juruá, 2013. v. 1.

ANDRADE, M. F.; O Ministério Público de segundo grau na visão do STF. **Revista Ibero-Americana de Ciências Penais**, v. 16, p. 171-194, 2008.

ANDRADE, Manuel da Costa. **Sobre as proibições de prova em processo penal**. Coimbra: Coimbra Editora, 2006.

ANDRADE, Mauro Fonseca. **Sistemas processuais penais e seus princípios reitores**. Curitiba: Juruá, 2009.

ARAS, Vladimir. **Videoconferência criminal transnacional**. Disponível em: <https://goo.gl/MmHyhQ>. Acesso em: 5 abr. 2022.

ARAUJO, Luiz Alberto David; NUNES JÚNIOR., Vidal Serrano. **Curso de direito constitucional**. 15. ed. São Paulo: Verbatim, 2011.

ARAÚJO, Nadia de. A importância da cooperação jurídica internacional para a atuação do estado brasileiro no plano interno e internacional. *In:* BRASIL. MINISTÉRIO DA JUSTIÇA. **Manual de cooperação jurídica internacional e recuperação de ativos**: cooperação em matéria penal. Brasília: Ministério da Justiça, 2008. p. 39-48.

ARAÚJO, Nadia de. **Direito internacional privado**. Teoria e prática brasileira. 3. ed. Rio de Janeiro: Renovar, 2006, p. 270.

AREND, Márcia Aguiar. **Criminalística e direitos humanos**. Disponível em: <https://goo.gl/6dddKm>. Acesso em: 5 abr. 2022.

ARGOLO, Francisco Sales de. A eficácia da prisão efetuada a partir da rede Infoseg. **Âmbito Jurídico**, Rio Grande, XIII, n. 79, ago 2010.

ASSIS TOLEDO, Francisco. Culpabilidade e tribunal do júri. In: TUCCI, Rogerio Lauria (Org.). **Tribunal do júri**. São Paulo: RT, 1999.

ASSIS, Araken de. **Eficácia civil da sentença penal**. 2. ed. São Paulo: RT, 2000.

AVENA, Norberto. **Processo penal esquematizado**. 3. ed. São Paulo: Método, 2011.

ÁVILA, Thiago André Pierobom de. O poder de definição da tipicidade das condutas investigadas: uma análise dos papéis processuais do Ministério Público, do juiz e da polícia de investigação. **Revista do Ministério Público do Distrito Federal e Territórios**, n. 7, p. 333-367, 2013.

AVOLIO, Luiz Francisco Torquato. **Provas ilícitas**: interceptações telefônicas e gravações clandestinas: atualizada em face da Lei 9,296/96 e da jurisprudência. São Paulo: Revista dos Tribunais, 1999.

AZEVEDO FRANCO, Ary. **Código de processo penal**. Rio de Janeiro: Livraria Jacyntho Ed., 1946.

BADARÓ, Gustavo H. R. I. **Ônus da prova no processo penal**. São Paulo: RT, 2003.

BADARÓ, Gustavo Henrique Righi Ivahy. A lei estadual n. 11.819, de 05/01/05, e o interrogatório por videoconferência: primeiras impressões. **Boletim IBCCRIM**, São Paulo, v. 12, n. 148, p. 2., mar. 2005.

BADARÓ, Gustavo I. R. **Súmula 574 do STJ traz incertezas sobre crime contra direito autoral**. Disponível em: <https://goo.gl/uVpDnk>. Acesso em: 5 abr. 2022.

BADARÓ, Gustavo. **O STF pode suspender o exercício de mandato eletivo?** Judiciário não poderia afastar Aécio Neves. Disponível em: <https://www.jota.info/opiniao-e-analise/artigos/o-stf-pode-suspender-o--exercicio-de-mandato-eletivo-27092017>. Acesso em: 5 abr. 2022.

BAHIA, Saulo José Casali. Cooperação Jurídica Internacional. In: Secretaria de Cooperação Internacional. Ministério Público Federal. Brasil. (Org.). **Temas de Cooperação Internacional**. Brasília: MPF, 2015. p. 39-46. v. 2.

BAQUEIRO, Fernanda Ravazzano L. Do conselho de combate ao narcotráfico da UNASUL e a insuficiência dos mecanismos de cooperação jurídica internacional em matéria penal para a repressão ao tráfico internacional de entorpecentes. In: CHOUKR, Fauzi Hassan; PAGLIARINI, Alexandre Coutinho (Coord.). **Cooperação jurídica internacional**. Belo Horizonte: Fórum, 2014. 434 p., 22 cm. p. 331-362.

BARANDIER, Antonio Carlos da Gama. Em pleno Estado Novo, STF estigmatizou o art. 594 do CPP. **Boletim IBCCrim**, São Paulo, n. 42, p. 5, jun. 1996.

BARANDIER, Márcio Gaspar. A prova ilícita no processo penal: breves comentários. **RIBCCRIM**, n. 2, 1993.

BARBOSA JÚNIOR, M. M. O auxílio direto como meio de efetividade do direito à razoável duração do processo. **Jus Navigandi**, v. 16, p. 36-55, 2011.

BARCELLOS, Ana Paula de. A viagem redonda: *habeas data*, direitos constitucionais e as provas ilícitas. **RDA**, 213/149-163.

BARROS, Flaviane de Magalhães. O processo, a jurisdição e a ação sob a ótica de Elio Fazzalari. Virtuajus. **Revista Eletrônica da Faculdade Mineira de Direito**, Belo Horizonte, ano 2, 2003.

BARROS, Flaviane de Magalhães. **Reforma do processo penal**: comentários críticos dos artigos modificados pelas Leis n. 11.690/2008, n. 11.719/2008 e n. 11.900/2009. 2. ed. Belo Horizonte: Del Rey, 2009.

BARROS, Romeu Pires de Campos. **Processo penal cautelar**. Rio de Janeiro: Forense, 1982.

BASSIOUNI, Cherif et al. Addressing International Human Trafficking in Women and Children for Commercial Sexual Exploitation in the 21st century. **Revue Internationale de Droit Penal**, v. 81, n. 3, p. 417-491, 2010.

BASTOS, Marcelo Lessa. Lei 9.271/96: dois problemas e propostas de solução. **Boletim IBCCrim**, 56, jul. 1997.

BATISTA, Geraldo de Siqueira. Processo cautelar: atividade recursal. **Justitia**, 95/1976.

BATISTA, Weber Martins. Doutrina nacional: recurso do réu em liberdade: uma releitura dos arts. 594 do CPP e 35 da Lei n. 6.368/76. **Revista Brasileira de Ciências Criminais**, São Paulo, v. 10, p. 151-156, abr./jun. 1995.

BATISTA, Weber Martins. **O furto e o roubo no direito e no processo penal**. Rio de Janeiro: Forense, 1997.

BECHARA, Fábio Ramazzini. **Novo CPC regulou normas de cooperação internacional de forma sistemática**. Disponível em: <https://goo.gl/9TrCuj>. Acesso em: 5 abr. 2022.

BECHARA, Fábio Ramazzini. **Cooperação jurídica internacional em matéria penal**: eficácia da prova produzida no exterior. São Paulo: Saraiva, 2011.

BENETTI, S. **Prisão provisória**: Direitos alemão e brasileiro. São Paulo. RT 669. P. 267 e seguintes. Julho de 1991. Disponível em: <https://goo.gl/aYCvty>. Acesso em: 5 abr. 2022.

BERCLAZ, M. S. O Ministério Público em segundo grau diante do enigma da esfinge (e a Constituição da República): decifra-me ou devoro-te! In: RIBEIRO, Carlos Vinicius Alves. (Org.). **Ministério Público**: Reflexões sobre princípios e funções institucionais. São Paulo: Atlas, 2010. p. 241-285.

BERTOLOTTI, Mariano. El principio *ne bis in idem*: un análisis desde una perspectiva histórico-comparado.

In: HENDLER, Edmund S. (Org.). **Las garantías penales y procesales**: enfoque histórico-comparado. Buenos Aires: Editores del Puerto, 2001.

BINDER, Alberto M. **Introdução do direito processual penal**. Tradução de Fernando Zani. Rio de Janeiro: Lumen Juris, 2003.

BINDER, Alberto. **O descumprimento das formas processuais**: elementos para uma crítica da teoria das nulidades no processo penal. Rio de Janeiro: Lumen Juris, 2003.

BIRER, José Isaac. A prisão, dispensável condição de recurso. **Boletim IBCCrim**, São Paulo, n. 14, p. 7, mar. 1994.

BITENCOURT, Cezar Roberto. A ação penal nos crimes contra a liberdade sexual e nos crimes sexuais contra vulnerável. **Revista de Estudos Criminais**, Porto Alegre, v. 10, n. 36, p. 9-22, jan./mar. 2010.

BITENCOURT, Cezar Roberto. **Juizados especiais criminais e alternativas à pena de prisão**. Porto Alegre: Livraria do Advogado, 1997.

BITENCOURT, Cézar Roberto. **Tratado de Direito Penal**. São Paulo, Saraiva, 2010

BITENCOURT, Cezar Roberto. **Tratado de direito penal**: parte especial. São Paulo: Saraiva, 2004. v. 4.

BORTZ, Horácio. Revisão *pro societate*. **Justitia**, 71/1970.

BOTELHO DE MESQUITA, José Ignácio. **Da ação civil**. São Paulo: RT, 1975.

Brasil. Comissão Nacional da Verdade. **Relatório**: Comissão Nacional da Verdade. – Recurso Eletrônico. – Brasília: CNV, 2014.

BRASIL. Secretaria Nacional de Justiça. Departamento de Recuperação de Ativos e Cooperação Jurídica Internacional. **Manual de cooperação jurídica internacional e recuperação de ativos: cooperação em matéria penal**. Secretaria Nacional de Justiça, Departamento de Recuperação de Ativos e Cooperação Jurídica Internacional (DRCI). 3. ed. Brasília: Ministério da Justiça, 2014.

BRASIL. Senado. **Anteprojeto de reforma do Código de Processo Penal**. Brasília: Senado Federal, 2009. Disponível em: <http://legis.senado.gov.br/mate-pdf/58503.pdf>. Acesso em: 31 jan. 2011.

Brasil. Superior Tribunal de Justiça. Ministra Assusete Magalhães. Quebra de sigilo de dados e das comunicações telefônicas: o dever estatal de preservação da fonte de prova. **Doutrina**: edição comemorativa, 25 anos. Brasília: 2014.

BRASIL. Tribunal de Contas da União. **Avaliação do Programa de Assistência a** *Vítimas e Testemunhas Ameaçadas*. Relator Auditor Lincoln Magalhães da Rocha. Brasília: TCU, Secretaria de Fiscalização e Avaliação de Programas de Governo, 2005. 26 p. (Sumários Executivos. Nova série; 3).

BRASIL. Senado. **Anteprojeto de Reforma do Código de Processo Penal**. Brasília: Diário do Congresso Nacional. Seção I. Suplemento A. Edição de 12 de junho de 1975. Pgs. 34/35. Projeto "Frederico Marques".

BRASIL PGR. Parecer do Ministério Público 19219–OBF – PGR. na ADI 5.032-DF Relator: Ministro Marco Aurélio. Disponível em: <https://goo.gl/i5xd4v>. Acesso em: 5 abr. 2022.

BREDA, Antonio Acir. Efeitos da declaração de nulidade no processo penal. **Revista do Ministério Público do Paraná**, Curitiba, ano 9, n. 9, p. 171-189, 1980.

BUENO FILHO, Edgard Silveira. **O direito à defesa na Constituição**. São Paulo: Saraiva, 1994.

BUENO VIDIGAL, Luiz Eulálio. Prefácio à 1. edição. In: GRINOVER; DINAMARCO; ARAÚJO CINTRA. **Teoria geral do processo**. 14. ed. São Paulo: Malheiros, 1974.

BURLE FILHO, José Emmanuel; GOMES, Maurício Augusto. Ministério Público, as funções do estado e seu posicionamento constitucional. In: VIII CONGRESSO NACIONAL DO MINISTÉRIO PÚBLICO. Teses aprovadas no VIII Congresso Nacional do Ministério Público. Série Temas Institucionais. São Paulo: Associação Paulista do Ministério Público, 1990. Também disponível em **Justitia**, São Paulo, v. 53, n. 153, p. 41-58, jan./mar. 1991.

BUSANA, Álvaro; PERDIZES, Ludgero Henrique. A admissibilidade do arquivamento implícito (jurisprudência comentada). **Revista Brasileira de Ciências Criminais**, São Paulo, v. 2, n. 5, p. 160-163, jan./mar. 1994.

BUSATO, Paulo. **Direito Penal**. Vol I – Parte Geral. SP: Atlas, 2014, 1ª. Ed.

BUZAID, Alfredo. Paula Batista. Atualidades de um velho processualista. **Justitia**, 30-31/1960.

CABETTE, Eduardo Luiz Santos. **Comentários iniciais à nova lei de identificação criminal (Lei 12.037/09)**. Disponível em: <https://goo.gl/NgGf1E>. Acessado em: 17 jun. 2012.

CABRAL NETTO, J. Recurso *ex officio*. **Revista dos Tribunais**, São Paulo, v. 692, p. 242-246, jun./1993.

CACHAPUZ DE MEDEIROS, Antonio Paulo. **O poder de celebrar tratados**. Porto Alegre: Sérgio Antonio Fabris, 1995.

CADEMARTORI, D. M. L.; NEVES, I. F. Constitucionalismo garantista x Constitucionalismo principialista: aproximações entre Ferrajoli e Zagrebelsky. In: ÁVILA, Flávia de; VENERIO, Carlos Magno Spricigo; WOLKMER, Antonio Carlos. (Org.). **Teoria do Estado e da Constituição**. Florianópolis: Fundação Boiteux-UFSC, 2012. p. 126-144. v. 1.

CALAMANDREI, Piero. **Introdução ao estudo sistemático dos procedimentos cautelares**. Tradução de Carla Roberta Andreasi Bassi. Campinas: Servanda, 2000.

CÂMARA, Alexandre Freitas. **O novo processo civil brasileiro**. 3. ed. São Paulo: Atlas, 2017.

CÂMARA, Luis Antonio. **Medidas cautelares pessoais**. 2 ed. Curitiba: Juruá, 2011.

CÂMARA, Luiz Antonio; LEARDINI, Márcia. Breves considerações sobre o sequestro no processo penal brasileiro. **Revista Jurídica**, v. 27, n. 11, p. 92-118, 2012.

CAMARGO PENTEADO, Jacques de et al. **O aditamento no processo penal**. São Paulo: Saraiva, 1992.

CAMARGO PENTEADO, Jaques de. O princípio do promotor natural. **Justitia**, 129/1985.

CAMARGO PENTEADO, Jaques de. Revisão criminal. **Justitia**, 171/1995.

CAMARGO SANTOS, Coriolano Aurélio de Almeida; FRAGA, Ewelyn Schots. **As múltiplas faces dos crimes eletrônicos e dos fenômenos tecnológicos e seus reflexos no universo jurídico**. 2. ed. São Paulo: OAB/SP, 2010. Disponível em: <https://goo.gl/J6v3kr>. Acesso em: 5 abr. 2022.

CAMINO, Maria Ester Mena Barreto; VALLE, Sandra Graça de Araújo Costa. **Atos internacionais referentes à cooperação judiciária penal, criminalidade transnacional e lavagem de dinheiro**. Brasil: Câmara dos Deputados, 2013. Disponível em: <https://goo.gl/vxwsPr>. Acessado em: 10 abr. 2016.

CAMPOS BARROS, Romeu Pires de. O procedimento nos crimes da competência originária dos tribunais. **Revista de Direito PGE-GO**, v. 16, 2013

CAMPOS BARROS, Romeu Pires. **Processo penal cautelar**. Rio de Janeiro: Forense, 1982.

CAMPOS BARROS, Romeu Pires. **Sistema do processo penal brasileiro**. Rio de Janeiro: Forense, 1990.

CANOTILHO, J. J. Gomes. **Direito Constitucional e teoria da constituição**. 2. ed. Coimbra: Almedina, 2001.

CAPE, E.; HODGSON, J.; PRAKKEN, T.; SPRONKEN, T. Suspects in Europe: procedural rights at the investigative stage of the criminal process in the European Union. **Intersentia**, v. 64, 2007.

CAPEZ, Rodrigo. **Prisão e Medidas Cautelares Diversas**: a individualização da Medida Cautelar no Processo Penal, SP, Quartier Latin, 2017.

CAPPELLETTI, Mauro. Efficacia di prove illegittimamente ammesse e comportamento della parte. **Rivista di Diritto Civile**, p. 112, 1961.

CARDIA, Nancy; SINGER, Helena; PEDRO, Mônica Varasquim. In: CARDIA, Nancy (coord.). **Desenvolvimento de metodologia para medição dos custos da violência**. São Paulo: USP, 1998. Disponível em: <https://goo.gl/bMTf9m>. Acesso em: 10 maio 2008.

CARLOS CANÊDO. **O genocídio como crime internacional**. Belo Horizonte: Del Rey, 1999.

CARNELUTTI, Francesco. Per una teoria generale del processo. In: **Questione sul processo penale**. Bologna: Dott Cesare Zuffi-Editore, 1950.

CARNELUTTI, Francesco. Verità, dubbio, certeza. **Rivista di Diritto Processuale**, Padova: Cedam, v. XX, II Série, 1965.

CARVALHO RAMOS, André de. O estatuto do Tribunal Penal Internacional e a Constituição brasileira. In: CHOUKR, Fauzi Hassan; AMBOS, Kai (Org.). **Tribunal Penal Internacional**. São Paulo: RT, 2000.

CARVALHO, Maria Beatriz Andrade. A Justiça Militar Estadual: estrutura, competência e fundamentos de existência. **Revista Jus Navigandi**, Teresina, ano 15, n. 2651, 4 out. 2010. Disponível em: <https://goo.gl/qERT9m>. Acesso em: 20 jun. 2017.

CARVALHO, Milton Paulo de. Ação de reparação de dano resultante do crime. Influência da sentença penal condenatória. **Revista de Processo**, São Paulo: RT, v. 80, p. 75-89, out./dez. 1995.

CARVALHO, Salo de. Garantismo e direito de punir: teoria agnóstica da pena. In: **Anuário do Programa de Pós-Graduação em Direito da Universidade do Vale do Rio dos Sinos – UNISINOS**. São Leopoldo: EdUNISINOS, 2000.

CARVALHO, Salo de. **Pena e garantias**. 2. ed. Rio de Janeiro: Lumen Juris, 2003.

CARVALHO, Salo de; WUNDERLICH, Alexandre. Criminalidade econômica e denúncia genérica: uma prática inquisitiva. *In:* FAYET JÚNIOR, Ney. **Ensaios penais em homenagem ao Professor Alberto Rufino Rodrigues de Sousa**. Porto Alegre: Ricardo Lenz, 2003.

CASTANHO DE CARVALHO, Luiz Gustavo Grandinetti. **O processo penal em face da Constituição**. 10. ed. Rio de Janeiro: Forense, 1992.

CASTELO BRANCO, Tales. **Da prisão em flagrante**. 5. ed. São Paulo: Saraiva, 2001.

CASTILHO, Ela Wiecko Volkmer de. Investigação ciminal pelo Ministério Público. **Boletim dos Procuradores da República**, v.1, n. 11, p. 3-5, mar. 1999.

CASTRO NUNES. **Teoria e prática do Poder Judiciário**. Rio de Janeiro: Forense, 1943.

CASTRO, Pedro Machado de Almeida. Medidas cautelares pessoais, poder geral de cautela e a taxatividade mitigada. **Revista brasileira de direito processual penal**, S.l., v. 3, n. 2, p. 691-716, 2017.

CAUBET, Yannick. **Constituição como produto de um sistema cultural e o controle de constitucionalidade abstrato no Brasil**. Dissertação de Mestrado defendida na UFSC – Florianópolis, 2003. Disponível em: <https://goo.gl/eY7u8n>. Acesso em: 5 abr. 2022.

CAVALCANTE, Márcio André Lopes. **Comentários à Lei n.º 12.683/2012, que alterou a Lei de Lavagem de Dinheiro**. Dizer o Direito. Disponível em: <https://goo.gl/QBF6bL>. Acesso em: 5 abr. 2022.

CEMBRANELLI, Sylvio Glauco Taddei. Cancelamento de registros criminais constantes de folhas de antecedentes nos distribuidores criminais, nos institutos de investigações e estatísticas e nos departamentos de verificação criminal. **Justitia**, v. 147, p. 126-128, jul./set. 1989.

CERVINI, Raul; TAVARES, Juarez. **Princípios aplicáveis à cooperação judicial penal internacional no protocolo do Mercosul**. Tradução de Marcelo Caetano

Guazzelli Peruchin. São Paulo: Revista dos Tribunais, 2000. *Passim*.

CÉSAR SALGADO, José Augusto. O regime da prova no Código de Processo Penal. **Justitia**, 3/1941.

CHAVES JR., José Eduardo de Resende. A Emenda Constitucional n. 45/2004 e a competência penal da Justiça do Trabalho. **Jus Navigandi**, Teresina, ano 10, n. 909, 29 dez. 2005. Disponível em: <https://goo.gl/4mgLDk>. Acesso em: 30 jan. 2006.

CHOUKR, Fauzi Hassan. **As medidas cautelares pessoais no processo penal brasileiro**: panorama dos três anos da Lei n.º 12.403/11. Disponível em: <https://goo.gl/h7Zw3Q>. Acesso em: 5 abr. 2022.

CHOUKR, Fauzi Hassan. **Transição e consolidação da democracia**. Florianópolis: Empório do Direito, 2016.

CHOUKR, Fauzi Hassan. **A convenção interamericana dos direitos humanos e o direito interno brasileiro**: bases para sua compreensão. São Paulo: Edipro, 2001.

CHOUKR, Fauzi Hassan. A necessária delimitação temporal da prisão cautelar e o segundo grau de jurisdição. In: **Processo penal à luz da Constituição**. Bauru: Edipro, 1999a.

CHOUKR, Fauzi Hassan. A ordem pública como fundamento da prisão cautelar: uma visão jurisprudencial. **Revista Brasileira de Ciências Criminais**, São Paulo, v. 1, n. 4, p. 89-93, out./dez. 1993.

CHOUKR, Fauzi Hassan. **Garantias constitucionais na investigação criminal**. 2. ed. Rio de Janeiro: Lumen Juris, 2001.

CHOUKR, Fauzi Hassan. **Iniciação ao processo penal**. Florianópolis: Empório do Direito, 2017.

CHOUKR, Fauzi Hassan. Inquérito policial e peças informativas do crime. Simplificação e modernização do inquérito. Gravação de depoimentos e declarações por meio eletrônico ou magnético. Hipótese de simples remessa de provas documentais ao Ministério Público. **Justitia** – órgão oficial do Ministério Público do Estado de São Paulo, São Paulo, v. 189, 2000a.

CHOUKR, Fauzi Hassan. Juiz natural: para uma releitura constitucional do tema do desaforamento. In: BONATO, Gilson (Org.). **Processo penal**: leituras constitucionais. Rio de Janeiro: Lumen Juris, 2003. v. 1.

CHOUKR, Fauzi Hassan. Juiz natural: para uma releitura constitucional do tema do desaforamento. In: BONATO, Gilson (Org.). **Processo penal**: leituras constitucionais. Rio de Janeiro: Lumen Juris, 2003. v. 1.

CHOUKR, Fauzi Hassan. Justa causa – reflexões em torno da obra de Afrânio Silva Jardim. In: BASTOS, Marcelo Lessa; AMORIM, Pierre Souto Maior Coutinho de. (Org.). **Tributo a Afrânio Silva Jardim**: escritos e estudos. Rio de Janeiro: Lúmen Juris, 2011. v. 1.

CHOUKR, Fauzi Hassan. Participação cidadã e processo penal. **Revista dos Tribunais**, São Paulo, v. 782, dez. 2000.

CHOUKR, Fauzi Hassan. **Processo penal à luz da Constituição**. Bauru: Edipro, 1999.

CHOUKR, Fauzi Hassan. **Processo penal de emergência**. Rio de Janeiro: Lumen Juris, 2002.

CHOUKR, Fauzi Hassan. **Temas de direito e processo penal**. Rio de Janeiro: Lumen Juris, 2004.

CHOUKR, Fauzi Hassan; Ambos, Kai. **A reforma do processo penal no Brasil e na América Latina**. São Paulo: Método, 2001.

CHOUKR, Fauzi Hassan; AMBOS, Kai. **Polícia e estado de direito na América Latina.** Rio de Janeiro: Lumen Juris, 2004.

CHOUKR, Fauzi Hassan; JAPIASSÚ, Carlos Eduardo Adriano. Financiamento do terrorismo e legislação brasileira. **Revista do Conselho Nacional de Política Criminal e Penitenciária**, v. 1, p. 49-70, 2008.

COELHO NOGUEIRA, Carlos Frederico. **Coisa julgada penal**: autoridade absoluta e autoridade relativa. Disponível em: <https://goo.gl/S3KWZk>. Acesso em: 5 abr. 2022.

COELHO NOGUEIRA, Carlos Frederico. **Comentários ao Código de Processo Penal**. São Paulo: Edipro, 2002. v. I: arts. 1º ao 91.

COELHO, Fábio Ulhoa. **Curso de direito comercial**. 9. ed. São Paulo: Saraiva, 2005. v. 9.

COELHO, Inocêncio Mártires. O controle externo da atividade policial pelo Ministério Público. **Justitia**, 154/1991.

CORDANI, Dora Cavalcanti. Cooperação Jurídica Internacional em Matéria Penal no Brasil: as cartas rogatórias e o auxílio direto – controle dos atos pela parte atingida. In: VILARDI, Celso; PEREIRA, Flávia Rahal Bresser; DIAS NETO, Theodomiro. **Crimes econômicos e processo penal**. São Paulo: Saraiva – FGV, 2008.

CORTE INTERAMERICANA DE DIREITOS HUMANOS. **Caso Gomes Lund e outros ("Guerrilha do Araguaia") vs. Brasil**. Disponível em: <https://goo.gl/NjAV4Q>. Acesso em: 5 abr. 2022.

CORTIZO SOBRINHO, Raymundo. Cabimento da ação penal privada subsidiária da pública no arquivamento de inquérito policial. **Arquivos da Polícia Civil: Revista tecno-científica**, São Paulo, n. 48, p. 183-185, 2005.

COSTA, Arthur Trindade Maranhão; OLIVEIRA JUNIOR, Almir de. Novos padrões de investigação policial no Brasil. **Soc. Estado**, Brasília, v. 31, n. 1, p. 147-164, abr. 2016. Disponível em: <https://goo.gl/R2xVrr>. Acesso em: 5 abr. 2022.

COSTA, Djalma Martins da. **Inexigibilidade de conduta diversa**. São Paulo: Forense Universitária, 1999.

COSTA, Rosa. Congresso aprova videoconferência. Lula já pode sancionar pacote que libera interrogatório a distância de presos e fim da prescrição retroativa de crimes. **O Estado de S. Paulo**, São Paulo, 25 out. 2007.

COSTA, Rosa. Congresso aprova videoconferência. **O Estado de São Paulo**, 26 out. 2007. Disponível em: <https://goo.gl/WwPvrb>. Acesso em: 5 abr. 2022.

CRUZ, Rogerio Schietti Machado. A lei n. 10.792/03, o contraditório e o conservadorismo. **Boletim IBCCRIM**, São Paulo, v. 11, n. 135, p. 7-8, fev. 2004.

CRUZ, Rogerio Schietti Machado; BARROS, Suzana de Toledo. A oralidade nas turmas recursais. **Boletim IBCCRIM**, v. 89, p. 7, abr. 2000.

CRUZ, Rogério Schietti. **Garantias processuais nos recursos criminais**. São Paulo: Atlas, 2002.

CUÑARRO, Mônica L. Es posible la armonización de la legislación penal en materia de drogas en el Mercosur? In: CUÑARRO, Mônica L. (Dir.). **La política criminal de la droga**. Buenos Aires: Ad-Hoc, 2010.

CUNHA JR., Eurípedes Brito. **Informatização – o Projeto de Lei n. 5.828/2001 da Câmara e seu substitutivo**. Disponível em: <http://www.ibdi.org.br>. Acesso em: 5 abr. 2022.

CUNHA, Rogério Sanches; PINTO, Ronaldo Batista. **Crime organizado**: comentários à nova lei sobre o crime organizado – Lei 12.850/2013. Salvador: Editora Juspodivm, 2013.

CURY, Rogério. **A extinção da punibilidade pelo perdão do ofendido aceito**. Disponível em: <https://goo.gl/skrDfn>. Acesso em: 5 abr. 2022.

CUSTÓDIO, Rosier B.; FERRARI, Eduardo R. A Lei 9271/96 e sua aplicação prática. **Boletim IBCCrim**, n. 56, jul. 1997.

D'AMBROSO, Marcelo José Ferlin. **Competência criminal da justiça do trabalho e legitimidade do Ministério Público do trabalho em matéria penal**: elementos para reflexão. Disponível em: <https://goo.gl/ZafJRH>. Acesso em: 30 jan. 2006.

DA SILVA, Ricardo Perlingeiro Mendes. Anotações sobre o anteprojeto de lei de cooperação jurídica internacional. **Revista de Processo**, São Paulo, v. 129, p. 133-168, 2005.

DALABRIDA, Sidney Eloy. **Juizados especiais criminais**. 2. ed. São Paulo: RT, 1996.

DE OLIVEIRA, Bruno Almeida. A sanção judicial da mentira no interrogatório do réu: apontamentos sobre um problema paradigmático. **Anais do 1º Simpósio de Iniciação Científica do Instituto Brasileiro de Ciências Criminais**, ano 1, n. 1, 2014.

DEL GROSSI, Viviane Ceolin Dallasta. **A defesa na cooperação jurídica internacional penal**: o auxílio direto e a atuação por meio de redes. São Paulo: IBCCRIM, 2016. *Vide* nota 76 para menção aos julgados referentes à afirmação lançada.

DEL-CAMPO, Eduardo Roberto Alcântara. **Medicina Legal**. São Paulo: Saraiva, 2005. (Coleção Curso & Concurso).

DELMANTO Junior, Roberto. **As modalidades de prisão provisória e seu prazo de duração**. 2. ed. Rio de Janeiro: Renovar, 2001.

DELMANTO, Celso; DELMANTO, Roberto; DELMANTO JUNIOR, Roberto; DELMANTO, Fabio. **Código Penal**. 8. ed. São Paulo: Saraiva, 2010.

DELMAS-MARTY, Mireille (Org.). **Processos penais da Europa**. Tradução de Fauzi Hassan Choukr e Ana Cláudia Ferigato Choukr. Rio de Janeiro: Lumen Juris, 2005.

DELMAS-MARTY, Mireille. **Les forces imaginantes du droit**: Le relatif et l'universel. Paris: Seuil, 2004.

DELMAS-MARTY, Mireille. **Modelos e movimentos de política criminal**. Tradução de Edmundo Oliveira. Rio de Janeiro: Revan, 1992.

DELMAS-MARTY, Mireille. **Três desafios para um direito mundial**. Tradução de Fauzi H. Choukr. Rio de Janeiro: Lumen Juris, 2002.

DEMERCIAN, Pedro Henrique. **A oralidade no processo penal brasileiro**. São Paulo: Atlas, 1999.

DEMERCIAN, Pedro Henrique; MALULY, Jorge Assaf. **Curso de Processo Penal**. 4. ed. Rio de Janeiro: Forense, 2009.

DERVIEUX, Valérie. O sistema francês. DELMAS-MARTY, Mireille (Org.). **Processos penais da Europa**. Tradução de Fauzi Hassan Choukr e Ana Cláudia Ferigato Choukr. Rio de Janeiro: Lumen Juris, 2005.

DEZEM, Guilherme Madeira. **Curso de Processo Penal**. 2. ed. São Paulo: Revista dos Tribunais, 2016. p. 60.

DEZEM, Guilherme Madeira. **Da prova penal**: tipo processual, provas típicas e atípicas (atualizado de acordo com as Leis n. 11.689/2008, 11.690/2008 e 11.719/2008). Campinas: Millenium, 2008.

DIAS JR., P. Roberto. A aplicação da Lei n. 9.271/96 no tempo. **Boletim IBCCrim**, n. 53, abr. 1997.

DIAS, Figueiredo. **Direito Processual Penal**. v. I. Coimbra: Coimbra Editora, 1974.

DIDIER, Fred; BRAGA, Paula Sarno; OLIVEIRA, Rafael Alexandria de. **Curso de Direito Processual Civil**. 10. ed. Salvador: Jus Podivm, 2015. v. 3.

DINAMARCO, Cândido Rangel. **A instrumentalidade do processo**. São Paulo: RT, 1987.

DINAMARCO, Candido Rangel. O Ministério Público na sistemática do direito brasileiro. **Justitia**, ano XXX, v. LXI, abr./jun. 1968. p. 161-173.

DIVAN, Gabriel Antinolfi. Quatro provocações (preliminares) sobre o "princípio da obrigatoriedade" e a ação penal pública no sistema processual-penal brasileiro. **Revista de Estudos Criminais**, Porto Alegre, v. 13, n. 58, p. 111-126, jul./set. 2015.

DOREA, Luiz Eduardo; Carvalho, Victor Paulo; Stumvoll, Visctor Quintela. **Criminalística**. 4. ed. Campinas, São Paulo: Millenium, 2010.

DOS SANTOS, BONNI. Sistemas processuais e interpretação da lei penal na persecução criminal: uma contribuição ao debate. **Revista da EMERJ**, v. 6, n. 21, 2003.

DOS SANTOS, Célio Jacinto. Investigação Criminal e Inteligência: qual a relação? **Revista Brasileira de Ciências Policiais**, v. 2, n. 1, p. 103-131, 2012.

DOTTI, René Ariel. A autoridade policial na lei n. 9.099/95. **Boletim IBCCRIM**, São Paulo, n. 41, p. 5, maio 1996.

DOTTI, René Ariel. A crise da execução penal e o papel do Ministério Público. **Justitia**, v. 129, p. 34-54, abr./jun. 1988.

DOTTI, René Ariel. A presença do defensor no interrogatório. **Revista Síntese de direito penal e processual penal,** Porto Alegre, v. 4, n. 20, p. 5-18., jun./jul. 2003.

DOTTI, René Ariel. **Curso de Direito Penal**: Parte Geral. 3. ed. São Paulo: RT, 2010. p. 622.

DOTTI, René Ariel. Teoria geral da punibilidade. **Revista do Centro de Estudos da Justiça Federal**, n. 7, texto n. 4. Disponível em: <https://goo.gl/pbMt59>. Acesso em: 5 abr. 2022.

DUARTE, Oto Ramos. **Teoria do discurso e correção normativa do direito**. São Paulo: Landy, 2003.

DUCCINI, Clarence Willians. Das agravantes e atenuantes em plenário nos crimes contra vida. **Jus Navigandi**, Teresina, ano 14, n. 2.352, 9 dez. 2009. Disponível em: <https://goo.gl/bg9K4L>. Acesso em: 4 out. 2012.

DUEK Martins, Oswaldo. O estado na reparação do dano à vítima do crime. **Justitia**, 156/1991.1

ECO, Umberto. **Cinco escritos morais**. São Paulo/Rio de Janeiro: Record, 1998.

EDINGER, Carlos. Cadeia de custódia, rastreabilidade probatória. **Revista Brasileira de Ciências Criminais**, São Paulo, v. 24, n. 120, p. 237-257, mai./jun. 2016

EL TASSE, Adel. Indiciamento em inquérito policial. Ato obrigatoriamente motivado. **Revista dos Tribunais**, São Paulo, v. 772, p. 480-484, fev. 2000.

ESER, Albin. Una justicia penal a la medida del ser humano: Visión de un sistema penal y procesal orientado al ser humano como individuo y ser social. **Revista de Derecho penal y Criminología**, v. 1, 131-152, 1998.

ESSADO, Tiago Cintra. Delação Premiada e Idoneidade Probatória. **Revista Brasileira de Ciências Criminais**, São Paulo, v. 101, ano 21, p. 208, mar./abr. 2013, especialmente p. 205/206.

ESPÍNOLA Filho, Eduardo. **Código de Processo Penal brasileiro anotado**. 6. ed. Rio de Janeiro: Freitas Bastos, 1980. v. 1. Comentário aos arts. 1-62.

FAGUNDES, Seabra. O Ministério Público e a preservação da ordem jurídica no interêsse coletivo. **Rev. Dir. Públ. e Ciência Política**, Rio de Janeiro, v. IV, n. 93, set./dez. 1961.

FAZZALARI, Elio. **Istituzioni di diritto processuale**. 5. ed. Padova: Cedam, 1989.

FELDENS, Luciano. Sigilo bancário e ministério público: da necessária coabitação entre as leis complementares 105/01 e 75/93. **Boletim dos Procuradores da República**. p. 12-14, 2002.

FERNANDES, Antonio Scarance. **Reação defensiva à imputação**. São Paulo: RT, 2002.

FERNANDES, Antonio Scarance. A fiança criminal e a Constituição Federal. **Justitia**, v. 155, 1991.

FERNANDES, Antonio Scarance. A inconstitucionalidade da lei estadual sobre videoconferência. **Boletim IBCCRIM**, São Paulo, v. 12, n. 147, p. 7, fev. 2005.

FERNANDES, Antonio Scarance. A mudança no tratamento do interrogatório. **Boletim IBCCRIM**, São Paulo, v. 17, n. 200, p. 19-20., jul. 2009.

FERNANDES, Antonio Scarance. A provável prescrição retroativa e a falta de justa causa para a ação penal. **Cadernos de Doutrina e Jurisprudência da Associação Paulista do Ministério Público**, n. 6, p. 38-43.

FERNANDES, Antonio Scarance. Execução penal: questões diversas. **Justitia**, v. 143, p. 63-78, jul./set. 1988.

FERNANDES, Antonio Scarance. Incidente processual. Questão incidental. Procedimento incidental. **Revista dos Tribunais**, São Paulo: RT, 1991.

FERNANDES, Antonio Scarance. O Estado na reparação do dano à vítima do crime. **Justitia**, São Paulo, v. 53, p. 25-34, 1991.

FERNANDES, Antonio Scarance. **O papel da vítima no processo criminal**. São Paulo: Malheiros, 1995.

FERNANDES, Antonio Scarance. **Prejudicialidade**: conceito, natureza jurídica, espécies judiciais. São Paulo: RT, 1988.

FERNANDES, Antonio Scarance. Reflexos relevantes de um processo de execução penal jurisdicionalizado. **Justitia**, v. 166, 1994.

FERNANDES, Antonio Scarance. **Teoria geral do procedimento e o procedimento no processo penal**. São Paulo: Revista dos Tribunais, 2005.

FERNANDES, Antonio Scarance; GOMES FILHO, Antonio Magalhães. A reforma do processo penal brasileiro. **Justitia**, 2. trim. 1990.

FERNANDES, Paulo Sergio Leite. **Nulidades no processo penal**. São Paulo: RT/Malheiros, 2002.

FERRAJOLI, Luigi. Constitucionalismo principialista y constitucionalismo garantista. **DOXA, Cuadernos de Filosofía del Derecho**, v. 34, p. 15-53, 2011.

FERRAJOLI, Luigi FREPPI et al. **Derechos y Garantias**: la ley del *más débil*. Trotta, 1999.

FERRAJOLI, Luigi. **A soberania no mundo moderno**. Tradução de Márcio Lauria Filho et al. São Paulo: M. Fontes, 2002.

FERRAJOLI, Luigi. **Direito e razão**. 4. ed. Tradução de Fauzi Hassan Choukr et al. São Paulo: RT, 2010.

FERRAJOLI, LUIGI. Legalidad civil y legalidad penal. Sobre la reserva de código en materia penal. **Cuadernos de Doctrina y Jurisprudencia Penal**, v. 9, n. 15, p. 15-30, 2002.

FERRAJOLI, Luigi; CHOUKR, Fauzi Hassan. A teoria do garantismo e seus reflexos no direito e no processo penal (entrevista). **Boletim IBCCRIM**, São Paulo, v. 7, n. 77, p. 3-4, abr. 1999.

FERRAZ JR, Tércio Sampaio. **Introdução ao estudo do direito**. São Paulo: Atlas, 2007.

FERREIRA SOBRINHO, José Wilson. Competência penal e juiz do trabalho. **Revista LTr**, São Paulo, v. 64, n. 1, p. 36-8, jan. 2000.

FERREIRA, Aparecido Hernani. **Dano moral como consequência de indiciamento em inquérito policial**. São Paulo: Juarez de Oliveira, 2000.

FIORATTO, Débora Carvalho; BARROS, Flaviane de Magalhães. **Diferenças de tratamento das condições da ação no processo civil para o processo penal brasileiro**. Disponível em: <https://goo.gl/3j4mCE>. Acesso em: 28 jan. 2010.

FOUCAULT, Michel. **A verdade e as formas jurídicas**: II conferência. 4. ed. São Paulo: NAU, 2005.

FOUREAX, Rodrigo. **A Lei 13.491/17 e a ampliação da competência da Justiça Militar**. Disponível em: <https://goo.gl/Pn3Z6q>. Acesso em: 5 abr. 2022.

FRAGOSO, Heleno Cláudio. **Lições de direito penal**: Parte geral. 12. ed. Rio de Janeiro: Forense, 1990.

FRANÇA, Genival Veloso de. **Medicina legal**. 10. ed. Rio de Janeiro: Guanabara Koogan, 2015.

FRANCELIN, Antonio Edison. **Com duzentos anos, Polícia Civil já foi judiciária**. 2010. Disponível em: <https://goo.gl/9dicuz>. Acesso em: 5 abr. 2022.

FRANCESCHINI, José Luiz Vicente de Azevedo. Da restauração e eficácia de alguns princípios da revisão criminal. **RT**, 402/15.

FRANCO, Alberto Silva. **Crimes hediondos**. 3. ed. São Paulo: RT, 2005.

FRANCO, Alberto Silva. Prazo razoável e o estado democrático de direito. **Boletim IBCCRIM**, São Paulo, v. 13, n. 152, p. 6-7, jul. 2005.

FRANCO, Alberto Silva. Prazo razoável e o estado democrático de direito. **Boletim IBCCRIM**, São Paulo, v. 13, n. 152, p. 6-7, jul. 2005.

FRANCO, Alberto Silva. Suspensão do processo e suspensão da prescrição. **Boletim IBCCrim**, 42, jun. 1996.

FREGAPANI, Guilherme Silva Barbosa. Prova ilícita no direito pátrio e no direito comparado. **Revista da Fundação Escola Superior do Ministério Público do Distrito Federal e Territórios**, n. 6, p. 231-235.

FRISCHEISEN Luiza Cristina Fonseca; GARCIA, Mônica Nicida e GUSMAN, Fábio. **Execução Provisória da Pena**. Panorama nos ordenamentos nacional e estrangeiro. 2015.

FÜHRER, Maximiliano Roberto Ernesto. O art. 366 do CPP e a revolta da doutrina. **Boletim IBCCrim**, p. 5, jan. 1997.

GALANTE FILHO et al. **Identificação humana**. Porto Alegre: Sagra Luzzatto, 1999.

GALLAGHER, Anne T. **The international law of human trafficking**. Cambridge University Press, 2010.

GALVÃO, Fernando. **Não há inconstitucionalidade formal na lei 13.491/2017**. Disponível em: <https://goo.gl/ZuLNef>. Acesso em: 5 abr. 2022.

GARCIA, Gustavo Assis. **A falácia da audiência de custódia**. Disponível em: <https://goo.gl/gZSn5T>. Acesso em: 5 abr. 2022.

GÁSPARI, Elio. **A ditadura envergonhada**. São Paulo: Companhia das Letras, 2002.

GAZOTO, Luís Wanderley. **O princípio da não obrigatoriedade da ação penal pelo Ministério Público**: uma crítica ao formalismo no Ministério Público. Barueri: Manole, 2003.

GENNARINI, Juliana Caramigo. Delação premiada e a aplicabilidade no ordenamento jurídico brasileiro. **Revista Criminal: ensaios sobre a atividade policial**, São Paulo, v. 2, n. 3, p. 57-75, abr./jun. 2008.

GENOFRE, Roberto Mauricio. O indiciado: de objeto de investigações a sujeito de direitos. **Justiça e Democracia**, v. 1, p. 176-183, jan./jun. 1996.

GIACOMOLLI, N. J. **Juizados especiais criminais**. 2. ed. Porto Alegre: Livraria do Advogado, 2002.

GIACOMOLLI, Nereu José. **O devido processo penal**. São Paulo: Atlas, 2014.

GIACOMOLLI, Nereu José. **Resgate necessário da humanização do processo penal contemporâneo**. Política criminal contemporânea: criminologia, direito penal e direito processual penal: Homenagem do Departamento de Direito Penal e Processual Penal pelos 60 (2008).

GIACOMOLLI, Nereu José; DIETTRICH, Eduardo Dalla Rosa. Necessidade e limites na cooperação jurídica internacional em matéria criminal – ordem pública e especialidade. In: CHOUKR, Fauzi Hassan; PAGLIARINI, Alexandre Coutinho (Coord.). **Cooperação jurídica internacional**. Belo Horizonte: Fórum, 2014.

GIACOMOLLI, Nereu José; SANTOS, Laura Rodrigues dos. Cooperação jurídica internacional em matéria criminal: autoridades centrais, das rogatórias ao auxílio direto. **Revista de Estudos Criminais**, Porto Alegre, v. 10, n. 46, p. 97-116, jul./set. 2012, entre outros.

GIACOMOLLI, Nereu. **Reformas(?) do Processo Penal**. Rio de Janeiro: Lumen Juris, 2008.

GIANELLA, Berenice Maria. **Assistência jurídica no processo penal**. São Paulo: RT, 2002.

GLOECKNER, Ricardo Jacobsen. Depoimento sem dano? Das funções não declaradas ao regime de heteroveridição no processo penal. **Revista Liberdades**, São Paulo, n. 22, p. 128-143., maio/ago. 2016.

GLOECKNER, Ricardo Jacobsen. Inaplicabilidade do conceito de ação ao processo penal. **Sistema penal & violência**, v. 3, n. 1, 2011.

GOBERT-RAZFINDRAKOTO, Pascal. La procédure «Mélanie» relative à la prise en charge des enfants victimes d'abus sexuels, **Gazette du Palais**,

10 novembre 1998, p. 1476-1479. Também em **Revue Informations Sociales. la Parole de l'Enfant**, n. 65, 1998.

GOLDSCHMIDT, James. **Teoria general del proceso**. Buenos Aires: EJEA, 1961.

GOMES, Franklin. **A incidência do contraditório nas medidas preparatórias de busca e apreensão nos crimes contra a propriedade imaterial**. 2008. Disponível em: <https://goo.gl/XehMbW>. Acesso em: 5 abr. 2022.

GOMES DA CRUZ, José Raimundo. Justa causa e abuso de poder referentes à propositura da ação penal. **Justitia**, ano 29, v. 58. São Paulo, 3. trim. 1967.

GOMES FILHO, Antonio Magalhães. Medidas Cautelares da Lei 9271/96: produção antecipada de provas e prisão preventiva. **Boletim IBCCrim**, 42, junho/96.

GOMES FILHO, Antonio Magalhães. Medidas cautelares da Lei 9.271/96: produção antecipada de provas e prisão preventiva. **Boletim IBCCrim**, n. 42, jun. 1996.

GOMES FILHO, Antonio Magalhães. Notas sobre a terminologia da prova: reflexos no processo penal brasileiro. In: YARSHELL, Flávio Luiz. **Estudos em homenagem à Professora Ada Pellegrini Grinover**. São Paulo: DPJ, 2005. p. 303-318.

GOMES FILHO, Antonio Magalhães. **Presunção de inocência e prisão cautelar**. São Paulo: Saraiva, 1991.

GOMES FILHO, Antonio Magalhães. Proibição das provas ilícitas na Constituição de 1988. In: MORAES, Alexandre de (Coord.). **Os 10 anos da Constituição Federal**. São Paulo: Atlas, 1999.

GOMES FILHO, Antônio Magalhães. **Sobre o direito à prova no processo penal**. São Paulo: RT, 1995.

GOMES FILHO, Antônio Magalhães. **Direito à prova no processo penal**. São Paulo: RT, 1997.

GOMES JR., Luiz Manoel. Jurisprudência comentada: o recolhimento à prisão como pressuposto de admissibilidade do recurso. Art. 594 do CPP e sua alegada inconstitucionalidade. **Revista Brasileira de Ciências Criminais**, São Paulo, v. 4, p. 161-166, out./dez. 1993.

GOMES, Luiz Flávio e SILVA, Marcelo Rodrigues da. Organizações criminosas e técnicas especiais de investigação – questões controvertidas, aspectos teóricos e práticos e análise da Lei 12.850/2013. **Jus Podivm**, Salvador, p. 162-163, 2015.

GOMES, Luiz Flávio. Citação por edital (Lei n. 9.271/96): suspensão do processo, direito à prescritibilidade e a controvertida questão da sua retroatividade. In: **Estudos de direito penal e processo penal**. São Paulo: RT, 1998.

GOMES, Luiz Flávio. Direito penal mínimo: lineamento das suas metas. **Revista do Conselho Nacional de Política Criminal e Penitenciária**, v. 1, n. 5, 1995.

GOMES, Luiz Flávio. **Encarceramento (massivo) de presumidos inocentes: 42,9%**. Disponível em: <https://goo.gl/7EAuxV>. Acesso em: 30 jul. 2009.

GOMES, Luiz Flávio. **O direito de apelar em liberdade**. São Paulo: RT, 1996.

GOMES, Luiz Flávio. **O uso de algemas no nosso país está devidamente disciplinado?** Disponível em: <https://goo.gl/j3Ycn5>. Acesso em: 15 mar. 2004.

GOMES, Luiz Flávio. **Princípio da não autoincriminação**: significado, conteúdo, base jurídica e âmbito de incidência. Disponível em: <https://goo.gl/6G9K2C>. Acesso em: 26 jan. 2010.

GOMES, Luiz Flávio. **Uso de algemas e constrangimento ilegal**. Disponível em: <https://goo.gl/PU51vU>. Acesso em: 9 out. 2006.

GOMES, Luiz Flávio. O uso de algemas no nosso país está devidamente disciplinado? **Revista Jus Navigandi**, Teresina, ano 7, n. 56, 1 abr. 2002. Disponível em: <https://goo.gl/ziytVV>. Acesso em: 5 abr. 2022.

GOMES, Luiz Flávio; CERQUEIRA, Thales Tácito Pontes Luz de Pádua. As inovações no interrogatório judicial. In: GOMES, Luiz Flávio; VANZOLINI, Maria Patricia (Coord.). **Reforma criminal**: comentários às leis – lei 10.406/2002 – Código civil, lei 10.684/2003 – Refis, lei 10.695/2003 – crimes contra a propriedade imaterial, lei 10.701/2003 – lavagem de capitais, lei 10.713/2003 – alterações à LEP, lei 10.732/2003. São Paulo: Revista dos Tribunais, 2004.

GOMES, Luiz Flávio; CUNHA, Rogério Sanches; PINTO, Ronaldo Batista. **Comentários às reformas do Código de Processo Penal e da lei de trânsito**. São Paulo: RT, 2008.

GOMES, Rodrigo Carneiro. A Lei n. 11.900/2009 e a adoção da videoconferência no Brasil. **Revista CEJ**, Brasília, v. 13, n. 47, p. 84-93, out./dez. 2009.

GONÇALVES, Carlos Roberto. **Comentários ao Código Civil**. São Paulo: Saraiva, 2003. v. 11.

GONÇALVES, Victor Eduardo Rios. **Juizados especiais criminais**: doutrina e jurisprudência atualizadas. 2. ed. São Paulo: Saraiva, 2002.

GÖSSEL, Karls Heinz. **El derecho procesal penal en el estado de derecho**. Buenos Aires: Rubinzal-Culzoni, 2007.

GRINOVER, Ada Pelegrini. GOMES FILHO, Antônio Magalhães. FERNANDES, Antônio Scarance. **Recursos no processo penal**: teoria geral dos recursos, recursos em espécie, aços de impugnação, reclamação aos tribunais. 4. ed. São Paulo: Revista dos Tribunais, 2005.

GRINOVER, Ada Pellegrini. A iniciativa instrutória do juiz no processo penal acusatório. **Revista Brasileira de Ciências Criminais**, São Paulo, v. 7, n. 27, p. 71-79., jul./set. 1999.

GRINOVER, Ada Pellegrini. A participação popular nos tribunais penais. **Revista Jurídica do Rio Grande do Sul**, v. 139, p. 5, maio 1989.

GRINOVER, Ada Pellegrini. **As condições da ação penal**: uma tentativa de revisão. São Paulo: Bushatsky, 1977.

GRINOVER, Ada Pellegrini. Aspectos processuais da responsabilidade penal da pessoa jurídica. In: GOMES,

Luiz Flávio. **Responsabilidade penal da pessoa jurídica e medidas provisórias e direito penal**. São Paulo: RT, 1999.

GRINOVER, Ada Pellegrini. **Novas tendências do direito processual**. Rio de Janeiro: Forense Universitária, 1990.

GRINOVER, Ada Pellegrini. O Ministério Público na reparação do dano às vítimas do crime. **Revista da Fundação Escola Superior do Ministério Público do Distrito Federal e Territórios**, ano 2, n. 4, jul./set. 1994.

GRINOVER, Ada Pellegrini. O processo de execução e o direito de defesa. **Revista de informação legislativa**, v. 15, n. 59, p. 53-62, jul./set. 1978.

GRINOVER, Ada Pellegrini. **O processo em sua unidade – II**. Rio de Janeiro, Forense, 1984.

GRINOVER, Ada Pellegrini; BUSANA, Dante (Coord.). **Execução penal**: Lei n. 7.210, de 11 de julho de 1984. São Paulo: Max Limonad, 1987. Em especial: Natureza jurídica da execução penal, por Ada Pellegrini Grinover, p. 5-13.

GRINOVER, Ada Pellegrini; CINTRA, Antonio Carlos de Araújo; DINAMARCO, Cândido Rangel. **Teoria geral do processo**. 31. ed. São Paulo: Malheiros, 2015.

GRINOVER, Ada Pellegrini; GOMES FILHO, Antonio Magalhães; SCARANCE FERNANDES, Antonio. A exigência de jurisdicionalização da execução. **Fascículos de Ciências Penais**, jul./set. 1991, v. 4, n. 3, p. 3-21.

GRINOVER, Ada Pellegrini; SCARANCE FERNANDES, Antonio; GOMES FILHO, Antonio. **As nulidades no processo penal**. 12. ed. rev. e atual. São Paulo: RT, 2011.

GUARAGNI, F. A. Memoriais no processo penal: a consagração de um equívoco. **Revista Jurídica da UNIPAR**, Umuarama, v. 1, n.1, nov. 1998.

GUIMARÃES, Johnny Wilson Batista. **Imputação criminal preliminar e indiciamento: legitimidade e conformação constitucional**. Belo Horizonte: Editora D'Plácido, 2017.

GUIMARÃES, Rodrigo Régnier Chemim. **Atividade probatória complementar do juiz como ampliação da efetividade do contraditório e da ampla defesa no novo processo penal brasileiro**. Tese de Doutorado. UFPR. 2015. Disponível em: <https://goo.gl/U3a987>. Acesso em: 5 abr. 2022.

GURGEL, Sergio Ricardo do Amaral. **Manual de Processo Penal**. 2. ed. Niterói: Impetus, 2015.

HÄBERLE, Peter. **Teoría de la Constitución como ciencia de la cultura**. Madrid: Tecnos, 2000.

HAMILTON, Sérgio Demoro. A técnica do parecer. *Justitia* 169/1995.

HAMILTON, Sérgio Demoro. Vestígios da jurisdição voluntária no processo penal. **Justitia**, 112/1981.

HASSEMER, Winfried. **Critica al derecho penal de hoy**. Tradução de Patricia S. Ziffer. Universidad Externado de Colombia, 1998.

HASSEMER, Winfried. **Fundamientos del derecho penal**. Barcelona: Bosch, 1984.

HERKENHOFF, João Baptista; PAIXÃO, Antônio Côrtes. Garantias processuais dos direitos humanos no sistema jurídico brasileiro. **Revista de informação legislativa**, v. 45, n. 180, p. 215-241, out./dez. 2008.

HUNGRIA, Nélson. **Comentários ao Código Penal**. Rio de Janeiro: Forense, 1955. v. I. t. 1. e 2.

IACOVIELLO, Francesco M. **La motivazione della sentenza penale e il suo controllo in cassazione**. Milão: Giuffrè, 1997.

INTER-AMERICAN COMMISSION ON HUMAN RIGHTS. Rapporteurship on the Rights of Persons Deprived of Liberty. **Informe sobre el uso de la prisión preventiva en las Américas / [Preparado por la Relatoría sobre los Derechos de las Personas Privadas de Libertad de la Comisión Interamericana de Derechos Humanos]**. (OAS. Documentos oficiales; OEA/Ser.L). 2013.

JAPIASSÚ, Carlos Eduardo Adriano; MACEDO, Celina Maria. O Brasil e o monitoramento eletrônico. In: BRASIL. Ministério da Justiça. Conselho Nacional de Política Criminal e Penitenciária. **Monitoramento eletrônico**: uma alternativa à prisão?; experiências internacionais e perspectivas no Brasil. Brasília: CNPCP, 2008. p. 11-35.

JAPIASSÚ, Carlos Eduardo Adriano; PUGLIESE, Yuri Sahione. A cooperação internacional em matéria penal no direito brasileiro. In: CHOUKR, Fauzi Hassan; PAGLIARINI, Alexandre Coutinho (Coord.). **Cooperação jurídica internacional**. Belo Horizonte: Fórum, 2014. 434 p. p. 197-223.

JARDIM, Afrânio Silva. A prisão no curso do processo em face da nova Constituição. **Justitia**, v. 145, 1989.

JARDIM, Afrânio Silva. Conflito de atribuições entre órgãos de execução de Ministérios Públicos diversos. **Revista Justitia**, São Paulo, 48(133), jan./mar. 1986.

JARDIM, Afrânio Silva. **Direito processual penal**. 10. ed. Rio de Janeiro: Forense, 2001.

JARDIM, Afrânio Silva. O Ministério Público e o interesse em recorrer no processo penal. In: JARDIM, Afrânio Silva. **Direito processual penal**. 4. ed. Rio de Janeiro: Forense, 1992.

JARDIM, Afrânio Silva. O ônus da prova na ação penal condenatória. **Revista Brasileira de Direito Processual**, v. 51, p. 13-34, jul./set. 1986.

JARDIM, Afrânio Silva. O princípio da indivisibilidade e a ação penal pública condicionada. **Justitia**, v. 146, p. 96-99, abr./jun. 1989.

JARDIM, Afrânio Silva. Reflexões teóricas sobre o processo penal. **Justitia**, 127/1984.

JARDIM, Afrânio Silva. Sobre a ilegalidade das sindicâncias policiais. **Justitia**, 135/1986.

JARDIM, Afrânio Silva. Visão sistemática da prisão provisória no Código de Processo Penal. **Justitia**, 132/1985.

JESUS, Damásio E. de. Notas ao art. 366 do Código de Processo Penal, com redação da Lei 9.271/96. **Boletim IBCCrim**, n. 42, jun. 1996.

JUY-BIRMANN, Rudolphe. O sistema alemão. DELMAS-MARTY, Mireille (Org.). **Processos penais da Europa**. Tradução de Fauzi Hassan Choukr e Ana Cláudia Ferigato Choukr. Rio de Janeiro: Lumen Juris, 2005.

KANT DE LIMA, Roberto. Tradição inquisitorial no Brasil, da Colônia à República: da devassa ao inquérito policial. **Religião e Sociedade**, v. 16, n. 1-2, 1992.

KILLANDER, Magnus. Interpretação dos tratados regionais de direitos humanos. **Revista internacional de direitos humanos**, n. 149, 2010.

KNIPPEL, Edson Luz. Denúncia genérica: inconstitucionalidade. In: D'URSO, Umberto Luiz Borges; D'URSO, Clarice. **Temas de direito penal e processo penal**. S.l.: s. n., [2014?]. p. 57-62.

LAURIA FILHO, Márcio. Jurisprudência comentada: princípio constitucional da presunção de inocência, direito de recorrer em liberdade e o art. 594 do CPP. **Revista Brasileira de Ciências Criminais**, São Paulo, v. 15, p. 385-387, jul./set. 1996.

LEONARDO, Paula Velho. A cadeia de custódia e o perito oficial sob a ótica da lei de improbidade administrativa. **Âmbito Jurídico**, Rio Grande, XIII, n. 81, out. 2010.

LEVADA, Cláudio Antônio Soares. A sentença do artigo 76, da Lei N°9099/95, é declaratória. **Boletim IBCCRIM**, São Paulo, n. 35, p. 3, nov. 1995.

LEVADA, Cláudio Antonio Soares. Observações práticas sobre os novos JECrim. **Notícias Forenses**, mar. 1996, p. 28-29; **Boletim do IBCCrim**, n. 35, nov. 1995.

Lewandowski, Enrique Ricardo. **Proteção dos direitos humanos na ordem interna e internacional**. Forense, 1984.

LIMA, Jhéssica Luara Alves de. Reabilitação criminal, ressocialização e direitos humanos. **Âmbito Jurídico**, Rio Grande, XIV, n. 92, set. 2011.

LIMA, Marcellus Polastri. **A tutela cautelar no processo penal**. 3. ed. São Paulo: Atlas, 2014.

LIMA, Renato Brasileiro de. **Manual de Processo Penal**. 4. ed. Salvador: Jus Podyum, 2016.

LIMA, Renato Sérgio de. A produção da opacidade: estatísticas criminais e segurança pública no Brasil. Novos estudos. **Cebrap**, n. 80, p. 65-69, 2008. Disponível em: <https://goo.gl/5gEavT>. Acesso em: 5 abr. 2022.

LIMA, Walberto Fernandes de. **Processo penal**: sujeitos e atos processuais. Rio de Janeiro: Lumen Juris, 2004.

LOPES JR., Aury. A (de)mora jurisdicional e o direito de ser julgado em um prazo razoável no processo penal. **Boletim IBCCRIM**, São Paulo, v. 13, n. 152, p. 4-5, jul. 2005.

LOPES JR., Aury. A (in)existência de poder geral de cautela no processo penal. **Boletim IBCCRIM**, São Paulo, ano 17, n. 203, out. 2009a.

LOPES JR., Aury. Ação penal nos crimes contra a dignidade sexual. As inovações trazidas pela Lei n. 12.015/2009. **Jus Navigandi**, Teresina, ano 13, n. 2.273, 21 set. 2009. Disponível em: <https://goo.gl/BWNHM9>. Acesso em: 14 jan. 2010.

LOPES JR, Aury. Juízes inquisidores e paranoicos: uma crítica à prevenção a partir da jurisprudência do tribunal europeu de direitos humanos. **Boletim IBCCRIM**, São Paulo, v. 11, n. 127, p. 10-11, jun. 2003.

LOPES JÚNIOR, Aury. Crimes hediondos e a prisão em flagrante como medida pré-cautelar. **Revista de Estudos Criminais**, n. 3, 2001. p. 73-83.

LOPES JÚNIOR, Aury. A problemática em torno da ação penal nos crimes contra a dignidade sexual (Lei 12.015/2009). **Boletim IBCCRIM**, São Paulo, v. 17, n. 207, p. 4-5, fev. 2010.

LOPES JÚNIOR, Aury. Quando Cinderela terá suas próprias roupas? a necessária recusa à teoria geral do processo. **Revista brasileira de direito processual penal**, S.l., v. 1, p. 9, 2015.

LOPES JUNIOR, Aury. **Direito Processual Penal**. 13. ed. São Paulo: Saraiva, 2016.

LOPES JÚNIOR, Aury; KLEIN, Roberta Coelho. O indiciamento e a Lei 12.830/2013: um avanço, mas não o suficiente. **Boletim IBCCRIM**, São Paulo, v. 21, n. 249, p. 5-6, ago. 2013.

LOSSO, Tiago Bahia. **Estado Novo**: discurso, instituições e práticas administrativas. Campinas, SP: [s. n.], 2006.

LUISI, Luiz. Juiz natural: comentários sobre a aplicação do princípio em face do parcial deslocamento da competência da Justiça Militar Estadual para a Justiça Comum (Lei 9.299/96). **Revista do IBCcrim**, 21/75.

LYRA, Márcio de Faria Neves Pereira de. **Tradição do Mar**: usos, costumes e linguagem/organizado pelo Capitão de Fragata Márcio Lyra. 6. ed. rev. e aum. Brasília, DF: Serviço de Relações Públicas da Marinha, 1987.

LYRA, Roberto. **Guia do ensino e do estudo de direito penal**. Rio de Janeiro: Forense, 1956.

MACHADO, Felipe Daniel Amorim. Nulidade na oitiva de testemunhas: por uma interpretação conforme do art. 212 do CPP. **Revista Brasileira de Ciências Criminais**, São Paulo, v. 18, n. 87, p. 165-187, nov./dez. 2010.

MACHADO, Maíra Rocha. Cooperação penal internacional no Brasil: as cartas rogatórias passivas. **Revista Brasileira de Ciências Criminais**, fascículo 53, mar./abr. 2005. p. 99.

MACHADO, Margarida Helena Serejo. A Regulamentação da Cadeia de Custódia na Ação Penal: Uma necessidade Premente. **Corpo Delito**, n. 1, p. 18-23, Brasília, 2009.

MACHADO, Naira Blanco. Ponderações sobre a (in)existência de uma teoria geral do processo e as finalidades do processo penal. **Ciências Penais: Revista da**

Associação Brasileira de Professores de Ciências Penais, São Paulo, v. 7, n. 13, p. 225-248, jul./dez. 2010.

MADRUGA FILHO, Antenor. O Brasil e a Jurisprudência do STF na Idade Média da Cooperação Jurídica Internacional. **Revista Brasileira de Ciências Criminais**. São Paulo, ano 13, n. 54, 2005.

MAGALHÃES, Vlamir Costa. O garantismo penal integral: enfim, uma proposta de revisão do fetiche individualista. **Revista da EMERJ** 13.52 (2010): 200.

MAIER, J. B. **Derecho Procesal Penal argentino**. Buenos Aires: Editorial Hamurabi, 1989. (v. 1b: Fundamentos, especialmente p. 19).

MAIER, Julio B. J. Situación de la justicia penal y problemas de los sistemas penales escritos. **Ciencias Penales – Revista de la Asociación de Ciencias Penales de Costa Rica**, año 3, n. 4, jun. 1991.

MALAN, Diogo Rudge. **A sentença incongruente no processo penal**. Rio de Janeiro: Lumen Juris, 2003.

MARANHÃO, Odon Ramos. **Curso básico de medicina legal**. 4. ed. São Paulo: Malheiros, 1992.

Marcão, Renato. **Código de processo penal comentado**. São Paulo: Saraiva, 2016.

MARINHO, Renato Silvestre; LOPES, Anderson Bezerra. Art. 212 do CPP: mera formalidade? **Boletim IBCCRIM**, São Paulo, v. 22, n. 255, p. 13-15, fev. 2014.

MARQUES PORTO, Hermínio Alberto. Aspectos do julgamento pelo tribunal do júri. **Justitia**, 61/1968.

MARQUES, Frederico; TORNAGHI, Hélio; GRINOVER, Ada Pellegrini. **A nova lei penal e a nova lei processual penal**. São Paulo: RT, 1977.

MARQUES, José Frederico. A unidade do processo: o processo penal dos estados democráticos. In: MARQUES, José Frederico. **Estudos de direito processual penal**. 2. ed. Campinas: Millennium, 2001.

MARQUES, José Frederico. **Elementos de direito processual penal**: v. 1 a 4. 3. ed. atual. Campinas: Millennium, 2009.

MARQUES, José Frederico. A chefia do Ministério Público e a Constituição Federal. **Justitia**, 76/1972.

MARQUES, José Frederico. **A instituição do júri**. Campinas: Bookseller, 1997.

MARQUES, José Frederico. **Da competência em matéria penal**. São Paulo: Saraiva, 1953.

MARQUES, José Frederico. **Ensaio sobre a jurisdição voluntária**. 1959.

MARQUES, José Frederico. Evolução histórica do processo penal. São Paulo, Separata da revista **Investigação**, ano I, n. 7, 1949.

MARQUES, José Frederico. **O direito processual em São Paulo**. São Paulo: Saraiva, 1977.

MARREY, Adriano; FRANCO, Alberto Silva; STOCO, Rui. **Teoria e prática do júri**. 7. ed. São Paulo: RT, 2000.

MARREY, Adriano; FRANCO, Alberto Silva; STOCO, Rui. **Teoria e prática do júri**. 4. ed. São Paulo: RT, 1997.

MARTINELLI, J. P. O. Dos crimes de denunciação caluniosa, comunicação falsa de crime ou de contravenção e autoacusação falsa. In: CRESPO, Marcelo Xavier de Freitas. (Org.). **Crimes contra a Administração Pública**: aspectos polêmicos. São Paulo: Quartier Latin, 2010. p. 138-157. v. 1.

MARTINS, Batista Weber; FUX, Luiz. **Juizados especiais cíveis e criminais e suspensão condicional do processo**. Rio de Janeiro: Forense, 1996.

MASI, Carlo Velho. O princípio da retroatividade aplicado às leis processuais penais mais benéficas. **Jus Navigandi**, Teresina, ano 16, n. 3.085, 12 dez. 2011. Disponível em: <http://jus.com.br/revista/texto/20596>. Acesso em: 23 maio 2012.

MAZLOUM, Ali. **Reserva de jurisdição**: os limites do juiz na investigação criminal. São Paulo: Matrix, 2017.

MAZZILLI, Hugo Nigro. **Justitia**, 137:57. São Paulo, 1987. Disponível em: https://goo.gl/HYsxZL. Acesso em: 5 abr. 2022.

MAZZILLI, Hugo Nigro. Revisão pro societate. **Justitia**, 125/1984.

MAZZUOLI, Valério de Oliveira. **Curso de Direitos Humanos**. São Paulo: Método, 2014.

MEIRELLES, José Ricardo. A lei n. 10.446/02: competência federal. **Boletim IBCCRIM**, São Paulo, v. 10, n. 119, p. 7-9., out. 2002.

MELLO FILHO, José Celso de. A tutela judicial da liberdade. **Justitia**, v. 105, ano 1979.

MELLO, Dirceu de. Ação penal privada subsidiária: origem, evolução e efeitos de sua extinção, em perspectiva, no campo da desídia funcional do Ministério Público no direito brasileiro. **Revista de Processo**, v. 2, p. 207-213, abr./jun. 1976.

MELO RODRIGUES, Eduardo Silveira. O excepcional arrazoamento de recurso em segunda instância (o artigo 600, parágrafo 4º, do Código de Processo Penal). **Justitia**, 167/1994.

MENDES DE ALMEIDA, J. Canuto. Estudos sobre o inquérito policial. **Revista Forense**, 88/282.

MENDES, Gilmar Ferreira; BRANCO Paulo Gustavo Gonet. **Curso de direito constitucional**. 7. ed. rev. e atual. São Paulo: Saraiva, 2012.

MENDES, Gilmar Ferreira. O papel do Senado Federal no controle de constitucionalidade: um caso clássico de mutação constitucional. **Revista de Informação Legislativa**, v. 162, p. 149-168, 2004.

MENDONÇA, Andrey Borges de. **Nova reforma do Código de Processo Penal**: comentada artigo por artigo. São Paulo: Método, 2008.

MENEZES, Marco Antônio de. A reabilitação criminal no passado e no presente: uma visão histórico-jurídica. **Psic**, São Paulo, v. 3, n. 1, p. 98-109, jun. 2002. Disponível em: <https://goo.gl/3dFekF>. Acesso em: 5 abr. 2022.

MESQUITA NETO, Paulo; PINHEIRO, Paulo Sérgio. Programa nacional de direitos humanos: avaliação do primeiro ano e perspectivas. **Estudos Avançados**, São Paulo, v. 11, n. 30, 1997.

MICHELOTI, Marcelo Adriano. Consequências do descumprimento da obrigação ambiental prévia à transação penal. **Revista CEJ**, Brasília, v. 13, n. 47, p. 138-140, out./dez. 2009.

MIOTTO, Armida Bergamini. A reforma do sistema de penas: a lei n. 6.416, de 24 de maio de 1977: circunstâncias e fatores que influíram para a sua gênese e na sua elaboração: outras considerações. **Revista de informação legislativa**, v. 14, n. 54, p. 153-316, abr./jun. 1977, 04/1977.

MIRANDA COUTINHO, Jacinto Nelson de. **A lide e o conteúdo do processo penal**. Curitiba: Juruá, 1998.

MIRANDA COUTINHO, Jacinto Nelson de. O projeto de justiça criminal do novo governo brasileiro. In: BONATO, Gilson (Org.). **Processo penal**: leituras constitucionais. Rio de Janeiro: Lumen Juris, 2003.

MIRANDA COUTINHO, Jacinto Nelson. Da diferença entre ação e processo: nulidade do processo decorrente do recebimento de denúncia em caso de parcelamento do crédito nos crimes contra a ordem tributária; parecer. **Revista Brasileira de Ciências Criminais**, São Paulo, v. 16, n. 73, p. 316-336, jul./ago. 2008.

MIRANDA COUTINHO, Jacinto Nelson. Efetividade do processo penal e golpe de cena: um problema às reformas processuais. In: COUTINHO, Jacinto Nelson de Miranda (Org.). **Escritos de direito e processo penal em homenagem ao Professor Paulo Cláudio Tovo**. Rio de Janeiro: Lumen Juris, 2002.

MIRANDA COUTINHO, Jacinto Nelson. Introdução aos princípios gerais do direito processual penal brasileiro. **Revista de Estudos Criminais**, Porto Alegre, n. 1, p. 26-51, 2001.

MIRANDA, Francisco Pontes de. **História e prática do habeas corpus**. Campinas: Bookseller 1, 1999.

MIRANDA, Gladson Rogério de Oliveira. Processo penal cautelar e polícia judiciária. **Revista Jus Navigandi**, Teresina, ano 8, n. 154, 7 dez. 2003. Disponível em: <https://goo.gl/5uhM9S>. Acesso em: 5 abr. 2022.

MIRANDA, Pontes de. **Tratado da Ação Rescisória das Sentenças e de Outras Decisões**. 5. ed. Rio de Janeiro: Forense, 1976.

MONTEIRO, Ruy Carlos de Barros. Crime de "desvio de dinheiro" e inquérito policial com duração arbitrária: caso concreto no STJ. **Revista de julgados do tribunal de alçada criminal do Estado de São Paulo**, n. 55, p. 13-42, jan./fev. 2002.

MONTORO, Tânia. Sangue na tela. In: MOTTA, Luiz Gonzaga (Org.). **Imprensa e poder**. Brasília/São Paulo: UNB – Imprensa Oficial, 2002.

MORAES FILHO, Evaristo. Ministério Público e inquérito policial. **Revista do Instituto Brasileiro de Ciências Criminais**, n. 19, p. 105-110, 1997.

MOREIRA, José Carlos Barbosa. A Constituição e as provas ilicitamente obtidas. **Revista Forense**, v. 337, p. 128, 1996.

MOREIRA, José Carlos Barbosa. Apontamentos para um estudo sistemático da legitimação extraordinária. **Revista dos Tribunais**, v. 404, p. 9-17, 1969.

MOREIRA, José Carlos Barbosa. Que significa não conhecer de um recurso. **Revista Forense**, v. 333, 1996.

MOREIRA, Reinaldo Daniel. A reforma do código de processo penal e a dimensão político-criminal do interrogatório no processo penal. **Boletim IBCCRIM**, São Paulo, v. 16, n. 194, p. 15, jan. 2009.

MOREIRA, Rômulo Andrade. A "lamúria de pessoa detida" e a audiência de custódia-crônica de uma morte anunciada. **Direito UNIFACS – Debate Virtual**, n. 182, 2015.

MOREIRA, Romulo Andrade. **A audiência de custódia, o CNJ e os pactos internacionais de direitos humanos**. Disponível em: <https://goo.gl/tKMUpP>. Acesso em: 5 abr. 2022.

MOREIRA, Rômulo Andrade. **O TJ/SP rasgou os Pactos Internacionais e desautorizou o CNJ**. Disponível em: <https://goo.gl/kk1zch>. Acesso em: 5 abr. 2022.

MOREIRA, Romulo de Andrade. A Emendatio Libelli e o Contraditório: a Posição do STF. **Direito UNIFACS – Debate Virtual**, n. 149, 2012.

MOREIRA, Rômulo De Andrade. A Lei Nº. 12.016/09 e o Mandado de Segurança em Matéria Criminal. **Revista do Instituto de Pesquisas e Estudos: Divisão Jurídica**, v. 45, n. 56, 2016.

MOREIRA, Rômulo de Andrade. A nova lei de identificação criminal. **Jus Navigandi**, Teresina, ano 13, n. 2.289, 7 out. 2009. Disponível em: <https://goo.gl/3q1DD4>. Acesso em: 14 jan. 2010.

MOREIRA, Rômulo de Andrade. A nova lei do interrogatório por videoconferência. **Revista Magister de Direito Penal e Processual Penal**, Porto Alegre, v. 5, n. 27, p. 94-106, dez./jan. 2009.

MOREIRA, Rômulo de Andrade. Ação penal nos crimes contra a liberdade sexual e nos delitos sexuais contra vulnerável – a lei nº 12.015/2009. **Revista IOB de Direito Penal e Processual Penal**, Porto Alegre, v. 10, n. 58, p. 43-50, out./nov. 2009.

MOREIRA, Rômulo de Andrade. Breve esboço a respeito da inexistência de uma teoria geral do processo. **Revista Magister de Direito Penal e Processual Penal**, Porto Alegre, v. 11, n. 61, p. 5-47, ago./set. 2014.

MOREIRA, Rômulo de Andrade. Competência em caso de conexão ou continência entre infração penal comum e de menor potencial ofensivo. **Boletim IBCCRIM**, São Paulo, v. 10, n. 116, p. 3, jul. 2002.

MOREIRA, Rômulo de Andrade. Conexão e continência e os juizados especiais criminais. A Lei n. 11.313/2006. **Jus Navigandi**, Teresina, ano 10, n. 1.108, 14 jul. 2006. Disponível em: <https://goo.gl/FRxD47>. Acesso em: 6 nov. 2006.

MOREIRA, Rômulo de Andrade. Conflito negativo de atribuições entre membros do Ministério Público: quem deveria conhecer e decidir? **Revista Magister de Direito Penal e Processual Penal**, Porto Alegre, v. 7, n. 37, p. 21-34., ago./set. 2010.

MORO, Sergio Fernando. Autonomia do crime de lavagem e prova indiciária. **Revista CEJ**, Brasília, v. 12, n. 41, p. 11-14, abr./jun. 2008.

MOURA, Maria Thereza Rocha de Assis. **Justa causa para a ação penal**: doutrina e jurisprudência. São Paulo: RT, 2001.

MOURA, Maria Thereza Rocha de Assis. **A prova por indícios no processo penal**. São Paulo: Saraiva, 1994.

NAHUM, Marco Antonio Rodrigues. **Inexigibilidade de conduta diversa**. São Paulo: RT, 2001.

NASSARO, Adilson Luís Franco. A busca pessoal e suas classificações. **A força policial**: órgão de informação e doutrina da instituição policial militar, v. 51, n. 51, p. 57-73, jul./set., 2006.

NASSARO, Adilson Luís Franco. A voz de prisão em flagrante. **Jus Navigandi**, Teresina, ano 12, n. 1319, 10 fev. 2007. Disponível em: <https://goo.gl/JiDaqk>. Acesso em: 14 fev. 2013.

NASSIF, Aramis. **O júri objetivo**. Porto Alegre: Livraria do Advogado, 2001.

NASSIF, Aramis. **Sentença penal**: o desvendar de Themis. Rio de Janeiro: Lumen Juris, 2005.

NERY JR., Nelson. Aspectos da teoria geral dos recursos no processo civil. **Justitia**, São Paulo, 50 (144), out./dez. 1988.

NERY JÚNIOR, Nelson. O senado federal e o controle concreto de constitucionalidade de leis e de atos normativos: separação de poderes, poder legislativo e interpretação da CF 52 X. **Revista de informação legislativa**, v. 47, n. 187, p. 193-200, jul./set. 2010. (Constituição de 1988: o Brasil 20 anos depois. v. 3).

NEVES JÚNIOR, Francisco. Ainda o descumprimento da transação penal. In: SOUSA JUNIOR, José Geraldo de. **Na fronteira**: conhecimento e práticas jurídicas para a solidariedade emancipatória. Porto Alegre: Unigran/Síntese/UnB, 2003.

NICOLITT, André Luiz. **Manual de Processo Penal**. 4. ed. Rio de Janeiro: Elsevier, 2013

NISHIYAMA, Adolfo Mamoru. Aspectos básicos do controle de constitucionalidade de leis e de atos normativos e breve análise da Lei n. 9.868, de 10.11.1999, e da Lei n. 9.882/99, de 03.12.1999. **Revista dos Tribunais**, fasc. Civ., v. 788, n. 90, jun. 2001.

NONATO, Orosimbo. Em defesa das garantias do Ministério Público. **Justitia**, 32/1961.

Nucci, Guilherme de Souza. **Os mitos da audiência de custódia**. Disponível em: <https://goo.gl/3VsVfg>. Acesso em: 5 abr. 2022.

NUCCI, Guilherme de Souza. **Código de Processo Penal comentado**. 16. ed. Rio de Janeiro: GEN, 2014.

OCTAVIO, Rodrigo. **Manual do Código Civil brasileiro**. Rio de Janeiro: Livraria Jacintho Editora, 1932. v. I: Parte segunda.

OLIVEIRA E CRUZ, João Claudino de. **Prática dos recursos**. 3. ed. Rio de Janeiro: Forense, 1962. n. 199.

OLIVEIRA, Mozar Costa de. **A operação "castelo de areia" e o Superior Tribunal de Justiça**. 2011.

Disponível em: <https://goo.gl/2RDzey>. Acesso em: 5 abr. 2022.

PACELLI, Oliveira. **A identificação genética/Lei 12.654 – 06.06.2012**. 2 jul. 2012.

PACELLI, Oliveira. **Curso de processo penal**. 21. ed. SP: GEN, 2017. (*e-book*).

PACELLI, Oliveira. **Prova compartilhada**. Disponível em: <https://goo.gl/yt4Eaa>. Acesso em: 5 abr. 2022.

PACHECO, Denilson Feitoza. **Direito processual penal**: teoria, crítica e práxis. Rio de Janeiro: Impetus, 2009.

PAIVA, Caio. **Audiência de custodia e o processo penal brasileiro**. Florianópolis: Empório do Direito, 2015. Especialmente p. 47-53.

PALU, Oswaldo. Direitos e garantias individuais e criminalidade. **Justitia**, São Paulo, v. 5, n. 169, p. 28, jan./mar. 1995.

Passos, Edilenice. **Código de Processo Penal**: notícia histórica sobre as comissões anteriores. Brasília: Senado Federal; Secretaria de Informação e Documentação, 2008.

PASSOS, José Joaquim Calmon de. **Direito, poder, justiça e processo**. Rio de Janeiro: Forense, 2000.

PASSOS, José Joaquim Calmon de. O devido processo e o duplo grau de jurisdição. **Revista Forense**, Rio de Janeiro, v. 277, p. 1-7, jan./mar. 1982.

PASSOS, Paulo Cezar dos. **Uma visão crítica da iniciativa acusatória**. Dissertação de Mestado apresentada na Universidade Paranaense Ano de Obtenção: 2008. Orientador: Fábio André Guaragni. Disponível em: <https://goo.gl/1ujLU2>. Acesso em: 5 abr. 2022.

PASTOR, Daniel. **El plazo razonable en el proceso del estado de derecho**. Buenos Aires: Ad-Hoc, 2002.

PASTOR, DANIEL. **Recodificación penal y principio de reserva de código**. Buenos Aires: Ad-Hoc, 2005

PEDROSO, Fernando Almeida. **Processo penal**. O direito de defesa: repercussão, amplitude e limites. 2. ed. São Paulo: RT, 2001.

PEDROSO, Fernando de Almeida. Ação penal pública condicionada. **Justitia**, 100/1978.

PEDROSO, Fernando de Almeida. Competência penal: conexão e continência. **Justitia**, v. 166, 1994.

PEDROSO, Fernando de Almeida. Competência penal: princípio do esboço do resultado e crimes qualificados pelo evento. **Justitia**, 158/1992.

PEREIRA, Luís Cezar Ramos. Carta rogatória. **Revista de Processo**, n. 34, v. 292.

PERFECTO IBÁÑEZ, Andrés. Presunción de inocencia y prision sin condena. **Revista de la Asociación de Ciencias Penales de Costa Rica**, año 9, n. 13, ago. 1997.

PERRODET, Antoinette. O sistema italiano. DELMAS-MARTY, Mireille (Org.). **Processos penais da Europa**. Tradução de Fauzi Hassan Choukr e Ana Cláudia Ferigato Choukr. Rio de Janeiro: Lumen Juris, 2005.

PERUCHIN, Marcelo Caetano Guazzelli. Da ilegalidade da investigação criminal exercida, exclusivamente, pelo Ministério Público no Brasil. **Revista Jurídica**, São Paulo. v. 52, n. 315, p. 100-106, jan. 2004.

PERUCHIN, Marcelo Caetano Guazzelli. **Ensaios penais em homenagem ao professor Alberto Rufino Rodrigues de Sousa**. Porto Alegre: Ricardo Lenz, 2003, p. 537-544.

PESQUIÉ, Brigitte. O sistema belga. DELMAS-MARTY, Mireille (Org.). **Processos penais da Europa**. Tradução de Fauzi Hassan Choukr e Ana Cláudia Ferigato Choukr. Rio de Janeiro: Lumen Juris, 2005.

PIERANGELI, Jose Henrique; ZAFFARONI, Eugenio Raul. **Manual de direito penal brasileiro**. São Paulo: RT, 1997.

PINHEIRO, Lucas Corrêa Abrantes. **Do cômputo do tempo de prisão provisória para fins de fixação de regime na sentença penal condenatória**: considerações sobre a Lei 12.736/2012. Disponível em: <https://goo.gl/9CrqBB>. Acesso em: 5 abr. 2022.

PIOVESAN, Flávia. A incorporação, a hierarquia e o impacto dos Tratados de proteção dos direitos humanos no direito brasileiro. In: PIOVESAN, Flávia; GOMES, Luiz Flávio (Org.). **O sistema interamericano de proteção dos direitos humanos e o direito brasileiro**. São Paulo: RT, 2000.

PIOVESAN, Flávia. **Direitos humanos e o direito constitucional internacional**. 15. ed. São Paulo: Saraiva, 2015.

PIOVESAN, Flávia. **Parecer**: proposta de federalização dos crimes de direitos humanos. Disponível em: <https://goo.gl/HnGJfP>. Acesso em: 14 out. 2005.

PIRES, Ariosvaldo de Campos. A reforma do júri. **Revista Síntese de Direito Penal e Processual Penal**, Porto Alegre: Síntese, n. 16, out./nov. 2002.

PISANI, Mario. A reparação às vítimas de crime no projeto brasileiro e nas tendências jurídicas contemporâneas. **Justitia**, 86/1974.

PITOMBO, Cleonice A. Valentim Bastos. **Da busca e apreensão**. São Paulo: RT, 1998.

PITOMBO, Cleunice A. Valentim Bastos. Força probante dos indícios e sentença condenatória. **Boletim IBCCRIM**, São Paulo, v. 21, n. 242, p. 7-8, jan. 2013.

PITOMBO, Sergio Marcos de Moraes. Execução penal e regime disciplinar especial dos condenados. **Revista do Conselho Nacional de Política Criminal e Penitenciária**, v. 2, p. 29-48, jul./dez. 1993.

PITOMBO, Sergio Marcos de Moraes. O indiciamento como ato de polícia judiciária. **Revista dos Tribunais**, São Paulo, v. 577, p. 313-316, nov. 1983.

PITOMBO, Sérgio. **Do sequestro no processo penal brasileiro**. São Paulo: José Bushatsky, 1973.

PLESE, João J. Desaforamento de julgamento pelo tribunal do júri. **Justitia**, 98/1977.

PONTES, Evandro Fernandes de. Lei 12.846/13, Acordos de Leniência e o Processo Administrativo Sancionador Perante a Cvm (texto inédito; original gentilmente cedido pelo Autor).

PONTES, Evandro Fernandes de; PONTES, José Antonio Siqueira de. Texto elaborado para o relatório **"O papel do direito penal na transição dos Estados autoritários para a democracia"**, sob coordenação de CHOUKR, Fauzi Hassan. Inédito no Brasil. Projeto de pesquisa do Max Plack Institute – Freiburg im Breisgau – 1999. Na Alemanha, o resumo do relatório brasileiro foi publicado em Freiburg im Breisgau: Iuscrim, 2000.

POZZER, Benedito Roberto Garcia. **Correlação entre acusação e sentença no processo penal brasileiro**. São Paulo: IBCcrim, 2001.

PRADO, Geraldo. Da lei do controle do crime organizado: crítica às técnicas de infiltração e escuta ambiental. *In*: WUNDERLICH, Alexandre (Org.). **Escritos de direito e processo penal em homenagem ao prof. Cláudio Tovo**. Rio de Janeiro: Lumen Juris, 2002.

PRADO, Geraldo. Duplo grau de jurisdição no processo penal brasileiro: visão a partir da Convenção Americana de Direitos Humanos em homenagem às ideias de Julio B. J. Maier. In: BONATO, Gilson (Org.). **Direito penal e direito processual penal**: uma visão garantista. Rio de Janeiro: Lumen Juris, 2001.

PRADO, Geraldo. **Sistema acusatório**. 2. ed. Rio de Janeiro: Lumen Juris, 2000.

PRADO, Geraldo. Sobre procedimentos e antinomias. **Boletim IBCCRIM**, São Paulo, v. 16, n. 190, p. 4-5, set. 2008.

PRADO, Geraldo. **Elementos para uma análise crítica da transação penal**. Rio de Janeiro: Lumen Juris, 2003.

PRADO, Geraldo; CASTANHO DE CARVALHO, Luiz Gustavo Grandinetti. **Leis dos juizados especiais criminais**. 3. ed. Rio de Janeiro: Lumen Juris, 2003.

QUEIJO, Maria Elizabeth. **Da revisão criminal**. Condições da ação. São Paulo: Malheiros, 1998.

QUEIJO, Maria Elizabeth. **O direito de não produzir prova contra si mesmo**: o princípio 'nemo tenetur se detegere' e suas decorrências no processo penal. 2. ed. São Paulo: Saraiva, 2012.

QUEIRÓZ, Paulo. **Ação penal no atual crime de estupro**. Disponível em: <https://goo.gl/MzgNZh>. Acesso em: 14 jan. 2010.

RABELO NETO, Luiz Octavio. Competência da Justiça Militar da União para julgamento de civis: compatibilidade constitucional e com o sistema interamericano de proteção de direitos humanos. **Revista De Doutrina E Jurisprudência Do Superior Tribunal Militar**, v. 25, p. 53-137, 2016.

RAMIDOFF, Mário Luiz. Infâncias, adolescências e juventudes: direitos humanos, políticas públicas e movimentos sociais. Revista de Direitos e Garantias Fundamentais (FDV), v. 17, p. 219-240, 2017.

RAMIRES, Maurício. **Aspectos práticos da redação dos quesitos da materialidade e da autoria no Tribunal do Júri após a Lei 11.689/08**. Disponível em: <https://goo.gl/Rbqpwz>. Acesso em: 5 abr. 2022.

RAMIRES, Maurício. **Aspectos Práticos da Redação dos Quesitos da Materialidade e da Autoria no Tribunal do Júri após a Lei 11.689/08**. Disponível em: <https://goo.gl/FG9JYe>. Acesso em: 5 abr. 2022.

RAMIREZ, Cristián Riego. **Informe comparativo**. Seguimiento de los procesos de reforma judicial en América Latina. Sistemas Judiciales. Centro de Estudios de la Justicia de las Américas, Santiago 2005. p. 9.

RANGEL, Paulo. **Direito processual penal**. 25. ed. São Paulo: Atlas, 2017. (e-book).

RANGEL, Paulo. **Investigação criminal direta pelo Ministério Público**. Rio de Janeiro: Lumen Juris, 2003b.

RASCOVSKI, Luiz. A (in)eficiência da delação premiada. In: **Instituto de Estudos Avançados de Processo Penal – ASF**. Estudos de processo penal. São Paulo: Scortecci, 2011. p. 141-197.

REALE JR, Miguel. **Penas e medidas de segurança no novo código**. São Paulo: Forense, 1987.

REIS, Albani Borges. **Metodologia Científica em Perícia Criminal**. 2. ed. Campinas, 2011.

REQUENA, Rodrigo Leitão, ANDRADE Douglas, MAIA Livia Barboza. **A Tutela Penal dos Direitos de Propriedade Intelectual no Brasil**: uma análise de precedentes. 2012. Iniciação Científica. Pontifícia Universidade Católica do Rio de Janeiro. Orientador: Pedro Marcos Nunes Barbosa.

RIBAS, Júlio César. Anotações sobre o aditamento do processo penal. **Justitia**, 60/1968.

RIFIOTIS, Theophilos. Violência policial e imprensa: o caso da Favela Naval. **São Paulo Perspec**. Rio de Janeiro, v. 13, n. 4 p. 28-41, 1999. Lúmen Juris, 2003. Disponível em: <https://goo.gl/NTq51k>. Acesso em: 5 abr. 2022.

ROCHA REBOUÇAS, Ramiro Carlos; MORALES SIERRA, Vânia. Poder Judiciário no Brasil: Incompatibilidades e Resistências ao Pacto de San Jose da Costa Rica. **Cadernos de Direito**, v. 14, n. 26, p. 71-86, 2014. Disponível em: <https://goo.gl/9ttAcf>. Acesso em: 5 abr. 2022.

ROCHA, Abelardo Julio da. Do "arquivamento indireto" do inquérito policial militar pela justiça militar estadual quando reconhecida a inexistência de crime doloso contra a vida de civil. **Direito Militar: Revista da Associação dos Magistrados das Justiças Militares Estaduais–AMAJME**, Florianópolis, v. 18, n. 108, p. 11-15, jul./ago. 2014.

ROCHA, Fernando Luiz Ximenes. Art. 594 do CPP e o princípio da presunção de inocência. **Boletim IBCCrim**, São Paulo, n. 55, p. 10-12, jun. 1997.

ROCHA, Jorge Bheron e ROSA Alexandre Morais da. **Politicamente Correta e sem efeito prático a tramitação prioritária dos processos que apuram Crimes Hediondos** – primeiras impressões sobre a Lei 13.285/2016. Disponível em: <https://goo.gl/SQCNio>. Acesso em: 5 abr. 2022.

RODRIGUES, Anabela Maria Pinto Miranda. A incriminação do tráfico de pessoas no contexto da política criminal contemporânea. In: ANDRADE, Manuel da Costa; ANTUNES, Maria João; SOUSA, Susana Aires de. **Estudos em homenagem ao Prof. Doutor Jorge Dias de Figueiredo Dias – volume III**. Coimbra: Coimbra Editora, 2009. p. 577-585. (Studia Iuridica, 100. Ad Honorem, 5).

RODRIGUES, Fábio Wellington; QUEIROZ, joão Eduardo Lopes. Histórico do princípio 'nemo tenetur se detegere' (não produzir provas contra si mesmo) e marcos históricos sobre a não observação do princípio. **Revista Magister de Direito Penal e Processual Penal**, Porto Alegre, v. 13, n. 74, p. 55-74, out./nov. 2016.

RODRIGUES, João Gaspar. O procedimento de restauração de autos no processo penal. **Jus Navigandi**, Teresina, ano 15, n. 2621, 4 set. 2010. Disponível em: <https://goo.gl/aJaQgH>. Acesso em: 5 abr. 2022.

RODRIGUES, Walter Piva. O princípio da colegialidade das decisões nos tribunais. **Revista Dialética de Direito Processual**, n. 1, p. 176, 2003.

ROMEIRO, Jorge Alberto. Da ação penal. **Revista Forense**, Rio de Janeiro, n. 79, 1949.

ROMEIRO, Jorge. **Da revisão**. Rio de Janeiro: Forense, 1964.

ROXIN, Claus. **Derecho procesal penal**. Tradução de Daniel Pastor e Gabriela Córdoba. 25. ed. Buenos Aires: Del Puerto, 2000.

SAAD, Marta. **O direito de defesa no inquérito policial**. São Paulo: Revista dos Tribunais, 2004.

SAAD, Marta. Duas formas de ciência da acusação, premissa para pleno exercício do direito de defesa: acusação formal, certa e definida e acesso aos autos do inquérito policial. In: VILARDI, Celso Sanchez; PEREIRA, Flavia Rahal Bresser; DIAS NETO, Theodomiro. **Direito penal econômico**: crimes econômicos e processo penal. São Paulo: Saraiva, 2008.

SALDANHA, Douglas Morgan Fullin. Cooperação jurídica internacional em matéria penal: das cartas rogatórias às equipes de investigação conjuntas. **Segurança pública & cidadania**: Revista brasileira de segurança pública e cidadania, Brasília, v. 4, n. 1, p. 115-137, jan./jun. 2011.

SALIGNAC E SOUSA, Leôncio de. O Ministério Público do Brasil. **Justitia**, v. 5, set. 1942 e abr. 1943.

SALLES JR., Romeu de Almeida. **Inquérito policial e ação penal**. 6. ed. São Paulo: Saraiva, 1992.

SANGUINÉ, Odone. **Prisão cautelar, medidas alternativas e direitos fundamentais**. Rio de Janeiro, RJ: Forense, 2014.

SANGUINÉ, Odone. A inconstitucionalidade do clamor público como fundamento da prisão preventiva. In: SHECAIRA, Sérgio Salomão (Org.). **Estudos em homenagem a Evandro Lins e Silva** – o criminalista do século. São Paulo: Método, 2000.

SANTIAGO, Nestor Eduardo Araruna. **Do recurso ex officio no processo penal – coleção ciências criminais.** Belo Horizonte: Mandamentos, 2002, p. 61.

SANTOS, Cleopas Isaías; VALE, Samyr Béliche. A Lei nº 13.344/2016 e as novas técnicas de localização de vítimas e suspeitos de crimes de tráfico de pessoas: eficácia, legalidade e conformação constitucional. **Revista brasileira de direito processual penal**, v. 3, n. 2, p. 633-658, 2017.

SANTOS, Elaine de Cássia da Fonseca Borges Ribeiro dos. A inexigibilidade de conduta diversa: pela primeira vez, no Júri, agasalhada pela Justiça Paulista de 2º grau. In: **Temas atuais de advocacia criminal**, 1996. p. 185-197.

SANTOS, Juarez Cirino. Crime organizado. In: BONATO, Gilson (Org.). **Direito penal e processual penal**. Rio de Janeiro: Lumen Juris, 2001.

SANTOS, Leandro Galluzzi dos. As reformas no processo penal: as novas Leis de 2008 e os projetos de reforma. In: MOURA, Maria Thereza Rocha de Assis (Org.). São Paulo: RT, 2008.

SANTOS, Lycurgo de Castro. A vítima do ilícito fora da lide processual penal. **Boletim do Instituto Brasileiro de Ciências Criminais**, n. 10, 1997.

SARABANDO, José Fernando Marreiros. Controle externo da atividade policial pelo Ministério Público. **Justitia**, 177/1997.

SARAIVA, Wellington Cabral. Ação civil *ex delicto*: legitimidade ativa do Ministério Público. **Revista dos Tribunais**, p. 484-501, v. 741, jul. 1997.

SARLET, I. W. Integração dos tratados de Direitos Humanos no ordenamento jurídico. **Consultor Jurídico**, São Paulo/SP, 27 mar. 2015.

SCHOMBURG, Wolfgang. La regionalización del derecho penal internacional y la protección de los derechos humanos en los procesos de cooperación internacional en materia penal. **Revue Internationale de Droit Pénal**, Ramonville Saint-Agne, v. 66, 1/2, p. 94-97, jan./jun. 1995.

SCHÜNEMANN, Bernd. La policía alemana como auxiliar del Ministerio Fiscal: estructura, organización y actividades. In: **Obras**. Buenos Aires: Rubinzal, 2010. p. 451-483. t. 2.

SHECAIRA, Sérgio Salomão; SILVEIRA, Renato de Mello Jorge. Tráfico internacional de mulheres e de crianças. **Boletim IBCCRIM**, São Paulo, v. 10, n. 112, p. 3, mar. 2002.

SHIMURA, Sérgio Seiji. Competência para processar o sequestro penal após o trânsito em julgado da decisão condenatória. **Justitia**, v. 155, ano 1991.

SILVA JR., Walter Nunes da. **Reforma tópica do processo penal**: inovações aos procedimentos ordinário e sumário, com o novo regime das provas e principais modificações do júri. Rio de Janeiro: Renovar, 2009.

SILVA, Carlos Alberto de Marzola e. Júri. Inclusão de quesito sobre a inexigibilidade de outra conduta. Inadmissibilidade. Gênero ao qual pertencem as justificativas previstas no Código Penal e que a elas abrange. **Justitia**, v. 126, p. 232-235, jul./set. 1984.

SILVA, Danni Sales. Da validade processual penal das provas obtidas em sites de relacionamento e a infiltração de agentes policiais no meio virtual. **Revista Brasileira de Ciências Criminais**, São Paulo, v. 24, n. 120, p. 203-235, maio/jun. 2016.

SILVA, Danielle Souza de Andrade. **A investigação preliminar nos delitos de competência originária de tribunais**. Rio de Janeiro: Lumen Juris, 2012

SILVA, Frankyn Roger Alves. O princípio da correlação no processo penal à luz da Lei nº 11.719/08. **Revista Eletrônica de Direito Processual**, v. 5, n. 5, 2016.

SILVA, José Afonso da. **Curso de Direito Constitucional Positivo**. 20 ed. São Paulo: Malheiros, 2002.

SILVA, José Afonso Da. **Curso de direito constitucional positivo**. 30. ed. São Paulo: Malheiros, 2008.

SILVA, Marcelo Cardozo da. **Prisão em flagrante e prisão preventiva**. Porto Alegre: TRF – 4a Região, 2008. (Currículo Permanente. Caderno de Direito Penal: módulo 4). Disponível em: <https://goo.gl/XM3FaL>. Acesso em: 5 abr. 2022.

SILVEIRA, Marco Aurélio Nunes da. A ação como elemento da trilogia fundamental do direito processual penal: a urgente necessidade de novos enfoques teóricos–uma crítica histórico-jurídica. **Revista Justiça do Direito**, v. 28, n. 2, p. 278-305, 2014.

SILVEIRA, Marco Aurélio Nunes da; PAULA, Leonardo Costa de. Teoria unitária do processo e sua crise paradigmática: a teoria dualista e a cera de abelha. **Revista de Estudos Criminais**, Porto Alegre, v. 15, n. 62, p. 79-102, jul./set. 2016.

SILVEIRA, Marco Aurélio Nunes da; PAULA, Leonardo Costa de. Teoria unitária do processo e sua crise paradigmática: a teoria dualista e a cera de abelha. **Revista de Estudos Criminais**, Porto Alegre, v. 15, n. 62, p. 79-102, jul./set. 2016.

SIQUEIRA NETTO, Carlos. Ministério Público: uma nova estratégia para seu aperfeiçoamento. **Justitia**, 99/1977.

SIQUEIRA, Geraldo Batista de. Adultério, crime plurissubjetivo, eventualmente delito monossubjetivo. Reflexos na ação penal privada. **Justitia**, 121/1983.

SIQUEIRA, Geraldo Batista de. Ministério Público: *opinio delicti*, consequências vinculatórias. **Justitia**, 1978/103.

SIQUEIRA, Geraldo Batista de; SIQUEIRA, Marina da Silva; BORBA, Sérgio Sávio Bastista. Investigação policial – requisição de inquérito policial – diligências probatórias e *opinio delicti*: Artigos 12, 27, 28, 39, § 5º, 67 e 155, CPP – Lei nº 4.898, artigo 12–artigo 1º, parte final, da lei nº 8.038/90–artigos 5º, II e 13, II, CPP. **Revista Magister de Direito Penal e Processual Penal**, Porto Alegre, v. 6, n. 34, p. 45-56, fev./mar. 2010.

SLAUGHTER, Anne-Marie; Burke-White, William. **The Future of International Law is Domestic**. New

Perspectives on the Divide between International and National Law, edited by Andre Nolkaemper and Janne Nijman. 2007. Disponível em: https://goo.gl/3NNJeN. Acesso em: 5 abr. 2022.

SOARES, Roberta. Escolta de preso custa R$ 3 mil – Valor gasto anualmente pelo Governo do Estado para transportar detentos, do presídio para audiências no fórum, daria para construir 1.500 casas populares. **Jornal do Comércio**, Recife, 25 jan. 2001.

SOUSA, Constança Urbano de. O novo terceiro pilar da União Europeia: a cooperação policial e judiciária em matéria penal. In: DIAS, Jorge de Figueiredo et al. **Estudos em homenagem a Cunha Rodrigues I**. Coimbra: Coimbra Editora, 2001. v. 1. p. 867-915

SOUSA, Stenio Santos. Foro por prerrogativa de função: procedimentos no curso da investigação criminal preliminar. **Revista Criminal: ensaios sobre a atividade policial**, São Paulo, v. 1, n. 1, p. 23-55, out./dez. 2007.

SOUZA, Alexandre Araújo de. **O abuso do direito no processo penal**. Rio de Janeiro: Lumen Juris, 2007.

SOUZA, Carolina Yumi de. Cooperação jurídica internacional em matéria penal: considerações práticas. **Revista Brasileira de Ciências Criminais**, São Paulo, v. 16, n. 71, p. 297-325, mar./abr. 2008

SOUZA, Gilson Sidney Amancio de. Indiciamento em inquérito policial. Conveniência da prévia manifestação do *dominus litis*. **Revistas dos Tribunais**, São Paulo, v. 683, p. 391-393, set. 1992.

SOUZA, Jadir Cirqueira de. A implantação do depoimento sem dano no sistema judicial brasileiro. **MPMG Jurídico: Revista do Ministério Público do Estado de Minas Gerais**, Belo Horizonte, n. 23, p. 49-57, maio/ago. 2011.

SPENCER, J.R. O sistema inglês. DELMAS-MARTY, Mireille (Org.). **Processos penais da Europa**. Tradução de Fauzi Hassan Choukr e Ana Cláudia Ferigato Choukr. Rio de Janeiro: Lumen Juris, 2005.

SPENCER, John R. **Hearsay evidence in criminal proceedings**. Bloomsbury Publishing, 2014.

STEINER, Sylvia Helena de Figueiredo. **A Convenção Interamericana sobre direitos humanos e sua integração ao processo penal brasileiro**. São Paulo: RT, 2000.

STOCCO, Rui. Legitimidade do Ministério Público na ação civil *ex delicto*. **Revista dos Tribunais**, São Paulo, v. 745, p. 431-440, nov. 1997.

STOCCO, Rui. Tribunal do júri e o projeto de reforma de 2001. **Revista Jurídica**, Porto Alegre: Notadez, ano 50, n. 302, dez. 2002.

STONE, Victor. **Estados Unidos (proteção pura)**. Palestra apresentada no âmbito da 1ª Reunião Regional da Associação Internacional de Promotores – Proteção a Testemunhas. Santiago do Chile. 26 de julho de 2006. Tradução livre a cargo do autor do presente texto.

STRECK, L. L. A presunção da inocência e a impossibilidade do ônus da prova em materia criminal: os tribunais estaduais contra o STF. **Revista Jurídica do Ministério Público**, v. 1, p. 201-219, 2015.

STRECK, Lenio Luiz. As incongruências da doutrina: o caso da Ap 470, a teoria do domínio do fato e as citações descontextualizadas. **Revista de Estudos Criminais**, p. 97-111, 2015.

STRECK, Lenio Luiz. Dogmática jurídica, senso comum e reforma processual penal: o problema das mixagens teóricas. **Pensar-Revista de Ciências Jurídicas**, v. 16, n. 2, p. 626-660, 2012.

STRECK, Lenio Luiz. **Novo código de processo penal**: o problema dos sincretismos de sistema (inquisitorial e acusatório). 2009.

STRECK, Lênio Luiz. **Tribunal do júri**: símbolos e rituais. 3. ed. Porto Alegre: Livraria do Advogado, 1998.

STRECK, Lênio Luiz; FELDENS, Luciano. **Crime e Constituição**: a legitimidade da função investigatória do Ministério Público. Rio de Janeiro: Forense, 2003.

STRECK, Lenio Luiz; OLIVEIRA, Marcelo Andrade Cattoni de; LIMA, Martonio Mont'Alverne Barreto. A nova perspectiva do Supremo Tribunal Federal sobre o controle difuso: mutação constitucional e limites da legitimidade da jurisdição constitucional. **Jus Navigandi**, Teresina, ano 11, nº 1.498, 8 ago. 2007. Disponível em: <https://goo.gl/Ju59cY>. Acesso em: 18 fev. 2014.

SZKLAROWSKY, Leon Frejda. Exame de Ordem: a quem interessa sua extinção? **Âmbito Jurídico**, Rio Grande, X, n. 48, dez 2007. Disponível em: <https://goo.gl/XuQAeo>. Acesso em: 5 abr. 2022.

TAVARES, Alexandre Macedo. A inépcia formal da denúncia genérica nos crimes contra a ordem tributária. **Revista Dialética de Direito Tributário**, São Paulo, n. 179, p. 7-13, ago. 2010.

TAVARES, André Ramos. Análise do duplo grau de jurisdição como princípio constitucional. **Revista de Direito Constitucional e Internacional**, v. 30, p. 177-186, jan./mar. 2000.

TÁVORA, Nestor; ALENCAR, Rosmar Antonni Rodrigues Cavalcanti de. **Curso de direito processual penal**. Salvador: JusPodivm, 2012.

Tecer Justiça. **Presas e Presos Provisórios na Cidade de São Paulo**. Instituto Terra, Trabalho e Cidadania e Pastoral Carcerária Nacional; coordenação de obra coletiva: Heidi Ann Cerneka, José de Jesus Filho, Fernanda Emy Matsuda, Michael Mary Nolan e Denise Blanes. São Paulo: ITTC, 2012.

TEIXEIRA, António Manuel de Jesus. **Os limites do efeito à distância nas proibições de prova no processo penal português.** 2014. Tese de Doutorado.

TEIXEIRA, Rejane Zenir Jungbluth. **Lei 12.736/12 e a nova detração penal**. Disponível em: <https://goo.gl/VKsKpF>. Acesso em: 10 jan. 2014.

TOCHETTO, Domingos. **Balística forense**: aspectos técnicos e jurídicos. Porto Alegre: Sagra Luzzatto, 1999.

TOFFOLI, José Antonio Dias. Mecanismos de cooperação jurídica internacional no Brasil. In: BRASIL. Ministério da Justiça. **Manual de cooperação jurídica internacional e recuperação de ativos**: cooperação em matéria civil. 2. ed. Brasília: Ministério da Justiça, 2009. p. 21-29.

TOLEDO, Plisio Machado. Exceção de suspeição. Exigência de procuração com poderes especiais. **Justitia**, v. 117, p. 305-311, abr./jun. 1982.

TORNAGHI, Hélio. **Comentários ao Código de Processo Penal**. Rio de Janeiro: Forense, 1956.

TORNAGHI, Hélio. **Curso de processo penal**. 4. ed. São Paulo, Saraiva, 1987.

TORRES DE MELLO, Carlos Alberto. Ministério Público e júri. **Justitia**, 80/1973.

TORRES, Ana Maria Campos. **A busca e apreensão e o devido processo**. Rio de Janeiro: Forense, 2004.

TORRES, José Henrique Rodrigues. Quesitação: a importância da narrativa do fato na imputação inicial, na pronúncia, no libelo e nos quesitos. In: TUCCI, Rogério Lauria (Org.). **Tribunal do Júri**: estudo sobre a mais democrática instituição jurídica brasileira. São Paulo: RT, 1999.

TOURINHO FILHO, Fernando da Costa. **Código de processo penal comentado**: arts. 1º a 393º. 14. ed. São Paulo: Saraiva, 2012.

TOURINHO FILHO, Fernando da Costa. Crimes contra a liberdade sexual, em face da nova lei. **Revista Magister de Direito Penal e Processual Penal**, Porto Alegre, v. 6, n. 33, p. 78-84, dez./jan. 2010.

TOURINHO FILHO, Fernando da Costa. O princípio da indivisibilidade de ação penal pública (Parecer). **Revista Brasileira de Ciências Criminais**, São Paulo, v. 1, n. 2, p. 107-116., abr./jun. 1993.

TOURINHO FILHO, Fernando da Costa. **Prisão especial?** Disponível em: <http://www.saraivajur.com.br>. Acesso em: 5 abr. 2022.

TUCCI, Rogério Lauria; TUCCI, João Rogério. **Devido Processo Legal e Tutela Jurisdicional**, São Paulo: RT, 1993.

TUCCI, Rogério Lauria. Devido processo penal e alguns dos seus mais importantes corolários. **Revista da Faculdade de Direito**, Universidade de São Paulo, v. 88, p. 463-484, 1993.

TUCCI, Rogério Lauria. **Do corpo de delito no direito processual penal brasileiro**. São Paulo: Saraiva, 1978.

TUCCI, Rogério Lauria. Indiciamento e qualificação indireta. Fase de investigação criminal. Distinção. **Revista dos Tribunais**, São Paulo, v. 571, p. 291-294, maio 1983.

TUCCI, Rogério Lauria. **Persecução penal, prisão e liberdade**. São Paulo: Saraiva, 1980.

TUCCI, Rogério Lauria. Tribunal do Júri: origem, evolução, características e perspectivas. In: TUCCI, Rogério Lauria (Org.). **Tribunal do Júri**: estudo sobre a mais democrática instituição jurídica brasileira. São Paulo: RT, 1999.

TUCCI, Rogério Lauria. **Direitos e garantias individuais no processo penal brasileiro**. 3.ed. rev. São Paulo: Revista dos Tribunais, 2009.

VANZOLINI, Maria Patricia. Crimes contra a propriedade imaterial: comentários às alterações do código penal e do código de processo penal. In: GOMES, Luiz Flávio; VANZOLINI, Maria Patricia (Coord.). **Reforma criminal**: comentários às leis: lei 10.406/2002 – Código civil, lei 10.684/2003 – Refis, lei 10.695/2003 – crimes contra a propriedade imaterial, lei 10.701/2003 —lavagem de capitais, lei 10.713/2003 – alterações à LEP, lei 10.732/2003. São Paulo: Revista dos Tribunais, 2004. p. 43-90.

VELO, Joe Tennyson. **O juízo de censura penal**. Porto Alegre: Sergio Antonio Fabris, 1993.

VIDIGAL, Luiz Eulálio. Prefácio à 1ª edição. In: DINAMARCO, Cândido Rangel et al. **Teoria geral do processo**. 14. ed. São Paulo: Malheiros.

VIEIRA, Mônica Silveira. Alteração na forma de inquirição de testemunhas no processo penal: a nova redação do art. 212 do CPP. **Jurisprudência Mineira**, Belo Horizonte, v. 60, n. 188, p. 29-31, jan./mar. 2009.

VIGORITI, Vicenzo. Prove illecite e costituzione. **Rivista di Diritto Processuale**, p. 64-70, 1968.

VOGLER, Richard. Justiça Consensual e Processo Penal. In: CHOUKR, Fauzi Hassan; AMBOS, Kai (Coord.). **Processo Penal e Estado de Direito**. Tradução de Fauzi Hassan Choukr. Campinas: Edicamp, 2002.

WEBER, Cristiano. **O advogado diante da inquisitorialidade do inquérito policial**. São Leopoldo: Oikos, 2009.

WUNDERLICH, Alberto. Da prisão como pena à prisão preventiva. **Boletim Jurídico de Uberaba/MG**, 2006.

XAVIER DE AQUINO, José Carlos Gonçalves. Qual a natureza jurídica do instituto que extingue a punibilidade do agente nos termos do art. 91 da Lei n. 9.099/95? **RJTACrim**, 27/15.

YAROCHEWSKY, Leonardo Isaac. **Da inexigibilidade de conduta diversa**. Belo Horizonte: Del Rey, 2000.

ZACCARIOTTO, José Pedro. **A polícia judiciária no estado democrático**. Sorocaba: Brazilian Books, 2005.

ZACCARIOTTO, José Pedro. **Portaria 18/98 da Delegacia Geral de Polícia**: fundamentos e aplicações práticas. São Paulo: IBCCRIM–Instituto Brasileiro de Ciências Criminais, 1999.

ZACKSESKI, Cristina. "O problema dos presos sem julgamento no Brasil." **Anuário do (2010)**. Disponível em: <https://goo.gl/7AME2C>. Acesso em: 6 out. 2015; também citado por Teixeira, Luciana de Sousa.

"Audiência de custódia: eficaz para a redução da banalização das prisões cautelares?" (2015).

ZAFFARONI, Eugenio Raúl et al. **Direito penal brasileiro**: primeiro volume: teoria geral do direito penal. 4. ed. Rio de Janeiro: Revan, 2013.

ZAFFARONI, Eugenio Raúl; PIERANGELI, José Henrique. **Manual de Direito Penal brasileiro**: Parte Geral. 5.ed. São Paulo: Revista dos Tribunais, 2004.

ZANOIDE DE MORAES, Maurício. **Interesse e legitimação para recorrer no processo penal brasileiro**: análise doutrinária e jurisprudencial de suas estruturas. São Paulo: Revista dos Tribunais, 2000.

Sobre o autor

Fauzi Hassan Choukr tem Pós-Doutorado pela Universidade de Coimbra (2012/2013). Doutorado (1999) e Mestrado (1994) em Direito Processual Penal pela Universidade de São Paulo. É Especializado em Direitos Humanos pela Universidade de Oxford (New College; 1996) e em Direito Processual Penal pela Universidade Castilla la Mancha (2007). Capacitação profissional para o sistema acusatório junto ao CEJA – Centro de Estudos Jurídicos das Américas(OEA), Chile, 2016; Pesquisador convidado do Instituto Max Planck para direito penal estrangeiro, internacional e criminologia (1997 a 2008); Pesquisador convidado do Collège de France, cátedra sob regência da Profa. MirreileDelmas- Marty (2005 a 2011). É Acadêmico da Academia Paulista de Direito (a partir de 2018, Cadeira Nelson Hungria) e da Academia Jundiaiense de Letras Jurídicas. Também é Membro da Associação Internacional de Direito Penal (AIDP); do Instituto Panamericano de Direito Processual; da Associação Brasileira de Direito Processual(ABDPro); do Instituto Brasileiro de Direito Processual Penal (IBRASPP); do Instituto Brasileiro de Ciências Criminais (IBCCrim). Exerce a função de Presidente do Ibraspp (2016/2019). Coordenador do PPGD da Facamp – Faculdades de Campinas. Realiza pesquisas concentradas nos seguintes temas: direitos fundamentais e sistema penal; internacionalização de direitos e globalização econômica; justiça de transição. Promotor de Justiça no Estado de São Paulo (desde 1989).

Os papéis utilizados neste livro, certificados por instituições ambientais competentes, são recicláveis, provenientes de fontes renováveis e, portanto, um meio **respons**ável e natural de informação e conhecimento.

Impressão: Reproset
Maio/2023